CURSO DE DIREITO DO CONSUMIDOR

O GEN | Grupo Editorial Nacional – maior plataforma editorial brasileira no segmento científico, técnico e profissional – publica conteúdos nas áreas de concursos, ciências jurídicas, humanas, exatas, da saúde e sociais aplicadas, além de prover serviços direcionados à educação continuada.

As editoras que integram o GEN, das mais respeitadas no mercado editorial, construíram catálogos inigualáveis, com obras decisivas para a formação acadêmica e o aperfeiçoamento de várias gerações de profissionais e estudantes, tendo se tornado sinônimo de qualidade e seriedade.

A missão do GEN e dos núcleos de conteúdo que o compõem é prover a melhor informação científica e distribuí-la de maneira flexível e conveniente, a preços justos, gerando benefícios e servindo a autores, docentes, livreiros, funcionários, colaboradores e acionistas.

Nosso comportamento ético incondicional e nossa responsabilidade social e ambiental são reforçados pela natureza educacional de nossa atividade e dão sustentabilidade ao crescimento contínuo e à rentabilidade do grupo.

BRUNO MIRAGEM

CURSO DE DIREITO DO CONSUMIDOR

9ª edição revista, atualizada e ampliada

- O autor deste livro e a editora empenharam seus melhores esforços para assegurar que as informações e os procedimentos apresentados no texto estejam em acordo com os padrões aceitos à época da publicação, e todos os dados foram atualizados pelo autor até a data de fechamento do livro. Entretanto, tendo em conta a evolução das ciências, as atualizações legislativas, as mudanças regulamentares governamentais e o constante fluxo de novas informações sobre os temas que constam do livro, recomendamos enfaticamente que os leitores consultem sempre outras fontes fidedignas, de modo a se certificarem de que as informações contidas no texto estão corretas e de que não houve alterações nas recomendações ou na legislação regulamentadora.

- Fechamento desta edição: *06.09.2023*

- O Autor e a editora se empenharam para citar adequadamente e dar o devido crédito a todos os detentores de direitos autorais de qualquer material utilizado neste livro, dispondo-se a possíveis acertos posteriores caso, inadvertida e involuntariamente, a identificação de algum deles tenha sido omitida.

- **Atendimento ao cliente:** (11) 5080-0751 | faleconosco@grupogen.com.br

- Direitos exclusivos para a língua portuguesa
  Copyright © 2024 by
  Editora Forense Ltda.
  Uma editora integrante do GEN | Grupo Editorial Nacional
  Travessa do Ouvidor, 11 – Térreo e 6º andar
  Rio de Janeiro – RJ – 20040-040
  www.grupogen.com.br

- Reservados todos os direitos. É proibida a duplicação ou reprodução deste volume, no todo ou em parte, em quaisquer formas ou por quaisquer meios (eletrônico, mecânico, gravação, fotocópia, distribuição pela Internet ou outros), sem permissão, por escrito, da Editora Forense Ltda.

- Esta obra passou a ser publicada pela Editora Forense a partir da 9ª edição.

- Capa: Fabricio Vale

- **CIP – BRASIL. CATALOGAÇÃO NA FONTE.
  SINDICATO NACIONAL DOS EDITORES DE LIVROS, RJ.**

M636c
Miragem, Bruno

Curso de direito do consumidor / Bruno Miragem. - 9. ed. - Rio de Janeiro: Forense, 2024.
1304 p. ; 24 cm.

Inclui bibliografia e índice
ISBN 978-65-5964-884-9

1. Defesa do consumidor - Legislação - Brasil. 2. Brasil. [Código de defesa do consumidor (1990)]. I. Título.

23-85793

CDU: 34:366.542(81)

Meri Gleice Rodrigues de Souza – Bibliotecária – CRB-7/6439

A Amanda, Francisco, Joaquim José e Bento.
Ao Instituto Brasileiro de Política e Direito do Consumidor (Brasilcon).

SOBRE O AUTOR

Professor da Universidade Federal do Rio Grande do Sul (UFRGS) nos cursos de graduação e no programa de pós-graduação em Direito. Doutor e Mestre em Direito pela UFRGS. Especialista em Direito Internacional pela mesma instituição. Coordena, na UFRGS, o Núcleo de Estudos sobre Direito e Sistema Financeiro – Atividade Bancária, de Seguros e Mercado de Capitais e o Grupo de Pesquisa CNPq "Direito privado, acesso ao mercado e novas tecnologias". Professor de cursos de pós-graduação no Brasil e no exterior. Ex-Presidente Nacional do Instituto Brasileiro de Política e Direito do Consumidor (Brasilcon) (2014-2016). Palestrante e conferencista com centenas de palestras e trabalhos publicados no Brasil, Uruguai, Argentina, Chile, Peru, Itália, Alemanha, França, Portugal, Espanha, China, Áustria, Suíça e Estados Unidos da América. Advogado, parecerista e árbitro.

APRESENTAÇÃO À 1ª EDIÇÃO

Este estudo tem basicamente dois objetivos. Primeiro, o de expor de modo mais completo possível a disciplina jurídica do direito do consumidor no Brasil, a partir da vigência, entre nós, do Código de Defesa do Consumidor e seu desenvolvimento doutrinário e jurisprudencial nos últimos dezessete anos. Segundo, realizar essa tarefa de modo conectado com a realidade do direito do consumidor, nos foros, na academia, nos órgãos públicos e em todos os demais organismos, governamentais ou não, que têm papel decisivo na sedimentação dessa nova disciplina jurídica, bem como são responsáveis pela alta importância que alcançou entre nós.

O direito do consumidor, como bem se sabe, é disciplina que, no Brasil, se desenvolveu a partir do mandamento constitucional para que o Estado promovesse, na forma da lei, a defesa do sujeito consumidor, assim como que, para tanto, promulgasse um Código de Defesa do Consumidor. E o conteúdo desse Código é que foi, em nosso direito, o embrião dessa nova disciplina jurídica. Contudo, mais do que isso, a edição do Código e a aplicação de suas normas pelo Poder Judiciário, para além da proteção do consumidor, foram, e são ainda hoje, fonte de uma verdadeira renovação do direito privado brasileiro. Se, antes da promulgação do Código Civil de 2002, a importância do direito do consumidor ressaltava-se em vista de seu contraste com o Código Civil de 1916, agora a realidade de interpenetração dos dois sistemas, no âmbito do direito privado, sedimenta, entre nós, uma verdadeira ciência do direito do consumidor, que, lado a lado com as demais disciplinas jurídicas, dá significado e aplicação às disposições normativas, a partir de uma visão constitucional do direito privado. Para tanto colaborou a viva doutrina de direito do consumidor, atualmente respeitada no Brasil e no exterior por sua seriedade científica e comprometimento com o aprofundamento do estudo dessa importante disciplina jurídica.

Em outros ramos do direito não é diferente. O processo civil brasileiro é um antes e outro depois do CDC. Seja no âmbito da tutela coletiva de direitos, em relação à qual o direito do consumidor veio a complementar e avançar no tocante ao conteúdo da pioneira Lei da Ação Civil Pública, de 1985, ou mesmo no âmbito do processo individual, no qual antecipou diversas das reformas processuais que se sucedem até os dias de hoje, o direito do consumidor constitui, indiscutivelmente, disciplina jurídica fundada em dois grandes vetores: a) uma visão social profunda da nova realidade das relações privadas e a necessidade de proteção da pessoa, sobretudo nos países em desenvolvimento; e b) a consideração prática de que não há como se falar sobre a existência de um sistema jurídico nos dias de hoje sem uma decidida preocupação quanto à efetividade de suas normas, na sociedade de consumo, à luz dos princípios constitucionais que asseguram a proteção da pessoa humana.

O presente trabalho, nesse sentido, buscou um caminho de equilíbrio, e restará aos seus leitores concluírem do sucesso ou não desta pretensão do autor. Por um lado, há o caráter didático de uma obra geral como esta que ora se apresenta, na qual, antes de tudo, se busca introduzir o leitor quanto aos aspectos teóricos e práticos fundamentais desta disciplina jurídica. Por outro lado, pretendeu-se igualmente trazer não apenas um tratamento panorâmico das matérias, senão certo aprofundamento que estimule estudantes e profissionais não apenas na obtenção de informação tópica e casuística sobre o direito do consumidor, senão na verdadeira compreensão de seus principais institutos.

Esse propósito de equilíbrio revela-se no plano da obra, a qual se estrutura em atenção ao próprio caráter transversal que caracteriza o direito do consumidor, que, utilizando-se de normas e da lógica de diversos ramos do direito, como o direito privado, o direito constitucional, o direito processual, o direito administrativo e o direito penal. Diante dessa característica tão própria do microssistema do direito do consumidor, dividimos a obra em cinco partes: a primeira é relativa aos fundamentos do direito do consumidor; a segunda é sobre o direito material do consumidor, dando conta do exame dos direitos básicos do consumidor e das normas e dos institutos de direito privado de proteção do consumidor; a terceira parte, por sua vez, diz respeito ao direito processual do consumidor, tratando de examinar a nova concepção de proteção dos direitos, a tutela coletiva, e os novos instrumentos de tutela processual individual; já a quarta parte trata do direito administrativo do consumidor, tendo por conteúdo os deveres e os poderes do Estado na atuação administrativa de proteção do consumidor, por intermédio dos órgãos públicos de proteção, dos encarregados da nova atividade de regulação econômica e dos serviços públicos, assim como no restante da atuação administrativa de proteção vinculada aos termos estabelecidos na Constituição e na lei; por fim, a quinta parte refere-se ao direito penal do consumidor, destinado ao exame dos chamados crimes de consumo previstos no CDC e na Lei 8.137/1990.

Trata-se, enfim, de uma obra escrita para estudantes e profissionais, tanto àqueles que desejam compreender melhor o direito do consumidor quanto aos que, trabalhando permanentemente com o tema, buscam um aprofundamento e, quem sabe, soluções para questões do cotidiano de sua atuação jurídica. Que esses objetivos sejam alcançados é o que se pretende.

PREFÁCIO

É com muito prazer que apresento este excelente livro da lavra de um dos mais brilhantes e talentosos juristas gaúchos: Bruno Miragem. Vem intitulado simplesmente de *Direito do Consumidor*, mas se trata, sem dúvida, de uma das principais contribuições ao direito do consumidor brasileiro recente.

Bruno Miragem, competente, renovador e instigante jurista, já dispensa apresentações, reconhecido e respeitado pelas belas publicações, seja na *Revista dos Tribunais*[1] e na *Revista de Direito do Consumidor*,[2] seja em livros coletivos,[3] bem como coautor de nossos *Comentários ao Código de Defesa do Consumidor*, no qual dividimos a autoria com o brilhante amigo Antonio Herman Benjamin.[4]

Jurista engajado, integra a atual Diretoria do Instituto Brasileiro de Política e Direito do Consumidor (Brasilcon), tendo sido Secretário-Geral e Vice-Presidente dessa entidade decisiva no estudo e na promoção do direito do consumidor no Brasil. Mestre e Doutor pela Universidade Federal do Rio Grande do Sul, deu-me a honra e o prazer de orientá-lo nesses dois estudos, que alcançaram a excelência acadêmica, feito repetido nesta obra.

Bruno Miragem oferece agora, no presente livro, uma visão original e renovadora do direito do consumidor, superando e unindo as análises pontuais antes realizadas. Alia um profundo exame de aspectos próprios dessa área do direito e do Código de Defesa do Consumidor com a feliz análise dos institutos de direito privado, de direito penal, de direito administrativo e de direito processual, tão importantes para a compreensão desse microssistema de proteção

---

[1] Veja MIRAGEM, Bruno. Abuso do direito: ilicitude objetiva no direito privado brasileiro. *Revista dos Tribunais*, São Paulo, v. 842, p. 11-44, dez. 2005.

[2] Veja os instigantes artigos: MIRAGEM, Bruno. O direito do consumidor como direito fundamental: consequências jurídicas de um conceito. *Revista de Direito* do *Consumidor*, São Paulo, v. 43, p. 111-132, jul.-set. 2002; MIRAGEM, Bruno. Diretrizes interpretativas da função social do contrato. *Revista de Direito do Consumidor*, São Paulo, v. 56, p. 22-45, out.-dez. 2005.

[3] Veja, na obra organizada pelo Brasilcon, MIRAGEM, Bruno. Cláusulas abusivas nos contratos bancários e a ordem pública constitucional de proteção do consumidor. In: MARQUES, Claudia Lima; ALMEIDA, João Batista; PFEIFFER, Roberto. *Aplicação do Código de Defesa do Consumidor aos Bancos*: ADIn 2.591. São Paulo: Ed. RT, 2006. P. 308-342, e, nos livros organizados por mim, MIRAGEM, Bruno. Conteúdo da ordem pública e os direitos humanos: elementos para um direito internacional pós-moderno. In: MARQUES, Claudia Lima; ARAÚJO, Nádia de. *O novo direito internacional*: estudos em homenagem a Erik Jayme. Rio de Janeiro: Renovar, 2005 e MIRAGEM, Bruno. Função social do contrato, boa-fé e bons costumes: nova crise dos contratos e a reconstrução da autonomia negocial pela concretização das cláusulas gerais. In: MARQUES, Claudia Lima (coord.). *A nova crise do contrato*: estudos sobre a nova teoria contratual. São Paulo: Ed. RT, 2007, além de outras coletâneas.

[4] MARQUES, Claudia Lima; BENJAMIN, Antônio Herman; MIRAGEM, Bruno. *Comentários ao Código de Defesa do Consumidor*. 2. ed. São Paulo: Ed. RT, 2006.

do consumidor. Com visão prática de advogado e teórica profunda de doutrinador, Bruno Miragem encanta em nova e sólida obra geral sobre direito do consumidor.

Efetivamente, passados 18 anos da promulgação do Código de Defesa do Consumidor, ressentia-se o direito do consumidor da publicação de obras gerais, que abrangessem a totalidade dos institutos e da complexidade da matéria. Aqui está resposta para esse anseio do mercado editorial brasileiro, uma bela reflexão geral, ao mesmo tempo acessível a estudantes e profissionais, estes seu público alvo principal, uma vez que cotidianamente desafiados pelas lides decorrentes das relações de consumo. Assim como outras obras que recentemente foram apresentadas ao cenário jurídico brasileiro,[5] esta busca preencher tal lacuna e ajudar na evolução do direito do consumidor no século XXI. Bruno Miragem, em minha opinião, o faz com grande sucesso.

A obra vem dividida em cinco partes. Na primeira delas, intitulada *Fundamentos do Direito do Consumidor*, o autor dedica-se, com maestria, ao estudo das origens do direito do consumidor, seus fundamentos constitucionais no Brasil – em especial destacando o estudo dos reflexos do direito fundamental à defesa do consumidor, consagrado no artigo 5º, XXII, da Constituição. Igualmente, examina as relações do direito do consumidor e de outras disciplinas jurídicas, os princípios deste novo ramo do direito, bem como o polêmico âmbito de aplicação do Código de Defesa do Consumidor, analisando, pormenorizadamente, os elementos da relação de consumo.

Na segunda parte, a que o autor denomina, de forma original, de *Direito Material do Consumidor*, analisa, em detalhes, os direitos básicos do consumidor, sua proteção contratual, assim como os regimes de responsabilidade do fornecedor previstos no CDC, do fato do produto e do serviço e do vício do produto e do serviço, e, por fim, sua relação com o regime geral da responsabilidade civil em direito privado.

Na terceira parte, dedica-se ao *Direito Processual do Consumidor*. Com profundidade, o autor estuda as principais características das normas processuais do CDC, tanto as que disciplinam a defesa individual do consumidor em juízo quanto as pertinentes à tutela coletiva do consumidor. E, nas relações dessas normas com o Código de Processo Civil e outras leis (como a Lei da Ação Civil Pública), Bruno Miragem propõe a aplicação da teoria do diálogo das fontes (Erik Jayme).[6] Aqui a teoria do diálogo das fontes vem estruturada a partir do paradigma de convivência entre as normas do CDC e do Código Civil de 2002, também para a disciplina do processo civil, dando ênfase à necessidade de assegurar-se, por intermédio do processo, a efetividade dos direitos dos consumidores. Não se descura o autor, ao examinar o processo civil do consumidor, de aspectos práticos tão importantes a estudantes, advoga-

---

[5] Veja MARQUES, Claudia Lima; BENJAMIN, Antônio Herman; BESSA, Leonardo Roscoe. *Manual de direito do consumidor*. São Paulo: Ed. RT, 2007.

[6] Assim, a teoria de Erik Jayme, em seu Curso de Haia, de 1995: JAYME, Erik. Identité culturelle et intégration: le droit international privé postmoderne – cours général de droit international privé. In: ACADÉMIE DE DROIT INTERNATIONAL DE LA HAYE. *Recueil des Cours*: Collected Courses of the Hague Academy of International Law. The Hague: Martinus Nijhoff Publishers, 1995. t. 251, II. p. 251, que tive a oportunidade de desenvolver na introdução de nossos comentários: MARQUES, Claudia Lima; BENJAMIN, Antônio Herman V.; MIRAGEM, Bruno. *Comentários ao Código de Defesa do Consumidor*. 2. ed. São Paulo: Ed. RT, 2006. p. 30, e em MARQUES, Claudia Lima. Três tipos de diálogos entre o Código de Defesa do Consumidor e o Código Civil de 2002: superação das antinomias pelo "diálogo das fontes". In: PASQUALOTTO, Adalberto; PFEIFFER, Roberto. *O Código de Defesa do Consumidor e o Código Civil de 2002*. São Paulo: Ed. RT, 2005. p. 11-82.

dos e magistrados que, no cotidiano de sua atuação profissional, são desafiados por novas questões, ainda hoje.

Na quarta parte, o autor apresenta a *Proteção Administrativa do Consumidor*, tratando do papel e as competências da Administração Pública na realização da defesa do consumidor. Aqui Bruno Miragem faz um exame aprofundado e crítico da atuação das agências reguladoras e da atividade de regulação econômica no Brasil, e da necessária exigência constitucional de proteção do consumidor.

Por fim, a quinta parte, o autor a dedica ao *Direito Penal do Consumidor*, estudando tanto as razões para criminalização das infrações aos direitos dos consumidores, os tipos penais previstos no CDC, quanto também aqueles que derivam de legislação dos crimes contra a ordem econômica, muito especialmente a Lei 8.137/1990, bem como aspectos práticos da tutela penal dos interesses do consumidor.

Em resumo, uma análise balanceada e feliz de todo o Direito do Consumidor, de seus principais desafios dogmáticos e práticos, propostos hoje ao intérprete. Como este já é o terceiro livro que prefacio de Bruno Miragem, permitam-me, não apenas elogiar a obra, mas rememorar o caminho brilhante de seu autor.

Bruno Nubens Barbosa Miragem foi sempre um acadêmico ímpar e destacado, foi meu pesquisador de iniciação científica, com Bolsa BIC da PROPESQ-UFRGS. Suas pesquisas foram premiadas por quatro vezes, ainda aluno da UFRGS (III e IV "Salão de Iniciação Científica do Direito, Faculdade de Direito UFRGS", "XII Salão de Iniciação Científica UFRGS" e IV Congresso Brasileiro do Brasilcon-Acadêmico sobre Direito do Consumidor/UFMG). Seu talento, capacidade de trabalho e de engajamento, aliados a uma forte simpatia e inteligência, fizeram de sua passagem na UFRGS um momento memorável.

Formado, e já Especialista em Direito Civil e Mestre em Direito Civil pela UFRGS, foi selecionado como professor substituto da UFRGS, onde por dois anos atuou fortemente. Alcançou a posição de Vice-líder de meu Grupo de Pesquisa CNPq "Mercosul e Direito do Consumidor", por sua firme e generosa liderança, sua vocação acadêmica e idealista visão de futuro. Homenageado pelos alunos, alcançou sete prêmios de iniciação científica como coorientador. Trabalhou no Ministério da Justiça e depois no Governo do Estado do Rio Grande Sul. Retornando à sua *alma mater*, UFRGS, concluiu com a nota máxima e voto de louvor o Doutorado (em livro sobre abuso de direito indicado pela Banca para melhor tese do ano para a CAPES-MEC). Formou-se ainda como Especialista em Direito Internacional pela UFRGS, e foi fundador e Coordenador Acadêmico no Curso de Pós-Graduação *lato sensu* em Direito do Consumidor e Direitos Fundamentais da UFRGS. Hoje é Professor convidado dos Cursos de Pós-Graduação em Direito Civil, Direito Internacional e Direito do Consumidor na UFRGS, sendo Professor de Direito Civil do UNIRITTER/RS e da Escola Superior da Magistratura do Rio Grande do Sul.

Bruno Miragem é, antes de tudo, uma pessoa muito especial: brilhante e generoso, sábio e perspicaz, um amigo e um excelente colega, engajado e fiel, um grande vencedor.

Destaque-se, ao fim, que são inegáveis as virtudes da presente obra, que chega em excelente hora, consolidando conquistas e apontado caminhos de futuro. Trata-se de um dos melhores exames, completo e profundo da complexa realidade do direito do consumidor brasileiro. É uma análise sólida e útil a estudantes, advogados, magistrados, membros do Ministério Público e todos aqueles que buscam conhecer mais da rica e dinâmica realidade do direito do consumidor no Brasil.

Desejo a todos uma boa leitura e a Bruno Miragem que continue sua carreira de sucesso e nos encante em muitas futuras obras, belas e renovadoras, como esta.

Porto Alegre, abril de 2008.

Claudia Lima Marques

Professora Titular da UFRGS. Doutora em Direito pela Universidade de Heidelberg, Alemanha. Mestre pela Universidade de Tübingen, Alemanha. Ex-Presidente do Brasilcon. Diretora da *Revista de Direito do Consumidor* (publicada pela Editora RT). Membro da Diretoria Executiva da *Association Internationale de Droit de la Consommation*, Bruxelas.

NOTA À 9ª EDIÇÃO

Na sociedade de consumo, o direito do consumidor assume protagonismo na disciplina do mercado de consumo, assegurando um ambiente leal de trocas, sempre sob a diretriz de proteção do consumidor vulnerável. Por isso mesmo, as transformações do mercado de consumo devem ser objeto de atenção do próprio desenvolvimento da disciplina, de modo que assegure sua efetividade e, em especial, no direito brasileiro, a plena realização do direito fundamental de defesa do consumidor, na forma da lei (artigo 5º, XXXV, da CF/1988).

Eis a ideia-força que anima a presente edição, a nona, deste *Curso de Direito do Consumidor*. Estreando em uma nova casa editorial que tão bem a recebe – agora editada sob o selo da Editora Forense, do Grupo GEN –, a obra passou por uma sensível reorganização, para continuar atendendo às expectativas e à confiança do público acadêmico e profissional, conquistada em mais de 15 anos.

Ao longo do tempo, aprofundaram-se o desenvolvimento das novas tecnologias e seu impacto nas relações de consumo. Nesse período, diversas leis foram editadas, contemplando a disciplina da internet, dos bancos de dados de proteção ao crédito ou do tratamento de dados pessoais – apenas para referir as mais relevantes. Da mesma forma, o fornecimento de produtos e serviços no ambiente digital, ou, ainda, com elementos digitais, avança com velocidade, dando conta do desenvolvimento do que já se denominou, na própria obra, há algum tempo, de *mercado de consumo digital*. Essa nova realidade não é paralela, mas parte do mercado em que se dão as relações de consumo, e, por isso mesmo, exige a compreensão das normas do direito do consumidor, e sua aplicação, respeitando a finalidade de proteção dos consumidores vulneráveis, assim como as possibilidades e os riscos que resultam das novas tecnologias. Daí a razão pela qual, a partir desta edição, redefinimos a divisão fundamental da obra, mantendo a parte inicial "Fundamentos do Direito do Consumidor" (Parte I), mas segregando daquela tradicionalmente designada "Direito Material do Consumidor" (Parte II) uma nova específica, denominada "Direito do Consumidor no Mercado de Consumo Digital" (Parte III), o que permitiu desenvolver e aprofundar as repercussões das novas tecnologias e a própria eficácia da relação de consumo no ambiente digital. As demais foram, então, renumeradas ("Direito Processual do Consumidor", Parte IV; "Proteção Administrativa do Consumidor", Parte V; e "Direito Penal do Consumidor", Parte VI).

Desde a última edição, do mesmo modo, aprovou-se a Lei 14.181/2021, que incluiu, no Código de Defesa do Consumidor, a disciplina sobre a prevenção e o tratamento do superendividamento dos consumidores, redefinindo os deveres do fornecedor de crédito e prevendo novos instrumentos de revisão e repactuação das dívidas de consumo. O exame da matéria mereceu atenção detalhada, considerando, especialmente, os impactos sobre a oferta e a contratação do crédito a partir da nova legislação. O tema não era desconhecido dos estudiosos do direito do consumidor, tampouco dos leitores desta obra. A edição da norma, contudo, define fundamentos legais específicos para a matéria, com consequências práticas relevantes no fornecimento de crédito de consumo.

Esses são exemplos de cuidado com a atualidade da obra e a conjugação de sua preocupação teórica e prática com os desafios do direito do consumidor na sociedade de consumo atual. Muitos outros exemplos de atualização – seja examinando novas práticas de mercado, seja analisando a evolução e o desenvolvimento do pensamento jurisprudencial e doutrinário nos diversos aspectos que envolvem as relações de consumo – sempre foram característica deste trabalho, o que é objeto de cuidadosa revisão nesta edição. Merecem atenção, nesse particular, as várias espécies de contrato de consumo e o tema da responsabilidade civil do fornecedor. Permita-me, ainda, citar como exemplos o tema da discriminação dos consumidores, a atividade do *compliance* de consumo, no âmbito da atividade empresarial, ou o atualíssimo – mas ainda pouco conhecido – tema das práticas sociais, ambientais e de governança empresarial *ESG (Environment, Social and Government)* e sua relação com o direito do consumidor. O objetivo deste *Curso*, portanto, segue sendo o de oferecer um amplo e completo exame de todas as questões relevantes sobre o direito do consumidor brasileiro, com a clareza necessária, apresentando as várias visões sobre o tema e se posicionando sobre elas.

Registre-se que o protagonismo do direito do consumidor continua presente no direito brasileiro atual, a exemplo de outros sistemas jurídicos. O que não pode ser diferente: a sociedade de consumo contemporânea, que está em mudança, sob o influxo das novas tecnologias, segue tendo no direito do consumidor um vetor civilizatório do mercado. O correto entendimento de suas normas e de sua lógica própria torna-se, desse modo, instrumento essencial para a prevenção e a solução dos conflitos de consumo, bem como do próprio desenvolvimento econômico, segundo os marcos definidos na Constituição da República.

Fica o registro do desejo de que a obra siga sendo útil a esses objetivos.

Porto Alegre, setembro de 2023.

Bruno Miragem

SUMÁRIO

PARTE I – FUNDAMENTOS DO DIREITO DO CONSUMIDOR 1

1. **Origens Históricas do Direito do Consumidor** 3
   - 1.1 O direito do consumidor e o direito privado clássico 5
   - 1.2 O direito do consumidor e os novos direitos 10
   - 1.3 O microssistema do direito do consumidor 11

2. **Fundamento Constitucional do Direito do Consumidor Brasileiro** 15
   - 2.1 A defesa do consumidor como direito fundamental 18
   - 2.2 A defesa do consumidor como princípio da ordem constitucional econômica 25
   - 2.3 A defesa do consumidor na Constituição da República de 1988 e o Código de Defesa do Consumidor 27
   - 2.4 O CDC como lei de ordem pública e interesse social 29
   - 2.5 Competências legislativas e executivas dos entes federados de defesa do consumidor 34

3. **A Situação do Direito do Consumidor no Sistema Jurídico Brasileiro** 41
   - 3.1 O direito do consumidor e as outras disciplinas jurídicas 41
     - 3.1.1 O direito do consumidor e sua relação com o direito civil 41
     - 3.1.2 O direito do consumidor e sua relação com o direito processual .. 45
     - 3.1.3 O direito do consumidor e o direito penal 47
     - 3.1.4 O direito do consumidor e o direito administrativo 48
     - 3.1.5 O direito do consumidor e o direito empresarial 49
     - 3.1.6 O direito do consumidor e o direito da concorrência 51
     - 3.1.7 Autonomia do direito do consumidor 53
   - 3.2 O direito do consumidor e a ordenação do mercado 54
     - 3.2.1 Direito do consumidor e patentes de invenção 59
     - 3.2.2 Direito do consumidor e proteção das marcas 61
     - 3.2.3 Direito do consumidor e direitos de autor 67
     - 3.2.4 Direito do consumidor e livre concorrência 71
       - 3.2.4.1 Bem-estar do consumidor no direito da concorrência 75

| | | 3.2.4.2 | Modos de atuação | 78 |

3.2.5 Direito do consumidor e defesa do meio ambiente ... 79

    3.2.5.1 Desenvolvimento sustentável e qualidade de produtos e serviços ... 82

    3.2.5.2 A denominada "responsabilidade pós-consumo" ... 84

3.3 Direito do consumidor e práticas sociais, ambientais e de governança empresarial (ESG) ... 87

3.4 Direito do consumidor e *compliance* ... 90

4. Princípios Gerais do Direito do Consumidor ... 95

4.1 Princípio da vulnerabilidade ... 95

    4.1.1 A vulnerabilidade agravada do consumidor criança ... 99

    4.1.2 A vulnerabilidade agravada do consumidor idoso ... 102

    4.1.3 A vulnerabilidade agravada do consumidor analfabeto ... 106

    4.1.4 A vulnerabilidade agravada do consumidor deficiente ... 109

    4.1.5 A vulnerabilidade agravada do consumidor no ambiente digital (vulnerabilidade digital) ... 112

4.2 Princípio da solidariedade ... 114

4.3 Princípio da boa-fé ... 118

4.4 Princípio do equilíbrio ... 122

4.5 Princípio da intervenção do Estado ... 124

4.6 Princípio da efetividade ... 125

4.7 Princípio da harmonia das relações de consumo ... 127

4.8 Princípio da prevenção e tratamento do superendividamento ... 127

5. A Relação Jurídica de Consumo ... 131

5.1 Considerações iniciais ... 131

5.2 A definição jurídica de consumidor ... 132

    5.2.1 O consumidor *standard* ... 132

    5.2.2 O consumidor equiparado ... 135

        5.2.2.1 O artigo 2º, parágrafo único, do CDC: a coletividade ... 135

        5.2.2.2 O artigo 17 do CDC: as vítimas de acidentes de consumo .. 136

        5.2.2.3 O artigo 29 do CDC: os expostos às práticas comerciais ... 138

    5.2.3 Correntes de interpretação da definição jurídica de consumidor ... 142

        5.2.3.1 A interpretação finalista ... 143

        5.2.3.2 A interpretação maximalista ... 146

        5.2.3.3 O "finalismo aprofundado" ... 149

5.3 A definição jurídica de fornecedor ... 154

    5.3.1 O fornecedor como profissional ... 155

	5.3.2 O fornecedor como agente econômico no mercado de consumo	157
5.4	O objeto da relação jurídica de consumo	162
	5.4.1 Definição jurídica de produto	163
	5.4.2 Definição jurídica de serviço	167
	5.4.3 O problema do serviço público como objeto da relação de consumo	172
	5.4.4 O critério da remuneração econômica	184
	5.4.4.1 Remuneração direta	185
	5.4.4.2 Remuneração indireta	185

PARTE II – DIREITO MATERIAL DO CONSUMIDOR 187

1. Os Direitos Básicos do Consumidor 189

1.1	Direito à vida	191
1.2	Direito à saúde e à segurança	192
1.3	Direito à informação	194
1.4	Direito à proteção contra práticas e cláusulas abusivas	197
1.5	Direito ao equilíbrio contratual	198
1.6	Direito à manutenção do contrato	205
1.7	Direito à prevenção de danos	207
1.8	Direito à efetiva reparação de danos	209
1.9	Direito de acesso à justiça	213
1.10	Direito à facilitação da defesa dos seus direitos e inversão do ônus da prova	217
1.11	Direito à prestação adequada e eficaz de serviços públicos	225
1.12	Direito à garantia do crédito responsável e preservação do mínimo existencial	226

2. A Proteção Contratual do Consumidor 229

2.1	A nova teoria contratual e o direito do consumidor	231
	2.1.1 A autonomia privada e o contrato de consumo	236
	2.1.2 Nova visão da relação contratual: o processo obrigacional	238
	2.1.3 A proteção da confiança nos contratos de consumo	239
2.2	A formação do contrato de consumo	242
	2.2.1 A oferta de consumo e sua eficácia vinculante	243
	2.2.1.1 Requisitos da oferta de consumo	248
	2.2.1.2 Solidariedade do fornecedor e seus prepostos e representantes	249
	2.2.2 O regime jurídico da publicidade	252
	2.2.2.1 O fundamento constitucional da atividade publicitária	255
	2.2.2.2 Os princípios da atividade publicitária	260
	2.2.2.2.1 Princípio da identificação	261

		2.2.2.2.2	Princípio da veracidade	264
		2.2.2.2.3	Princípio da vinculação	266
	2.2.2.3	A eficácia vinculativa da publicidade	266
	2.2.2.4	A publicidade ilícita	268
		2.2.2.4.1	Publicidade enganosa	269
		2.2.2.4.2	Publicidade abusiva	274
	2.2.2.5	A publicidade restrita	275
	2.2.2.6	Publicidade comparativa	278
	2.2.2.7	A publicidade infantil	279
	2.2.2.8	Autorregulamentação publicitária	283
2.2.3	Eficácia do direito subjetivo à informação do consumidor	284
	2.2.3.1	Amplitude do direito à informação do consumidor	288
	2.2.3.2	Violação do dever de informar: efeitos para o consumidor	292
2.2.4	Efeitos do descumprimento da oferta pelo fornecedor	293
	2.2.4.1	Cumprimento específico da obrigação	295
	2.2.4.2	Oferecimento de produto ou serviço equivalente	295
	2.2.4.3	Rescisão do contrato	296
	2.2.4.4	Perdas e danos	297

2.3 Execução do contrato de consumo 299

2.3.1 Proteção do consumidor contra práticas abusivas 300

- 2.3.1.1 Caracterização das práticas abusivas 303
- 2.3.1.2 Sanções para a violação da proibição de práticas abusivas 305
- 2.3.1.3 Critérios para interpretação e concreção das condutas definidas como práticas abusivas 307
  - 2.3.1.3.1 Anormalidade ou excesso do exercício da liberdade negocial pelo fornecedor 307
  - 2.3.1.3.2 Dimensão coletiva das práticas abusivas 307
  - 2.3.1.3.3 Deslealdade e violação da boa-fé 309
- 2.3.1.4 As várias espécies de práticas abusivas tipificadas na lei 310
  - 2.3.1.4.1 Condicionamento do fornecimento de produto ou serviço (venda casada) 310
  - 2.3.1.4.2 Recusa de fornecimento 315
  - 2.3.1.4.3 Envio de produto ou oferecimento de serviço não solicitado 316
  - 2.3.1.4.4 Aproveitamento da vulnerabilidade agravada do consumidor 317
  - 2.3.1.4.5 Exigência de vantagem manifestamente excessiva 318

	2.3.1.4.6	Execução de serviços sem elaboração de orçamento prévio	320
	2.3.1.4.7	Divulgação de informações depreciativas decorrente do exercício do direito pelo consumidor	322
	2.3.1.4.8	Oferecimento no mercado de produto ou serviço em desacordo com normas técnicas	322
	2.3.1.4.9	Recusa de fornecimento mediante pronto pagamento	324
	2.3.1.4.10	Elevação de preço sem justa causa (aumento arbitrário)	326
	2.3.1.4.11	Aplicação de fórmula ou índice de reajuste diverso do previsto na lei ou no contrato	331
2.3.1.5		Proibição da discriminação injusta do consumidor	332
	2.3.1.5.1	Discriminação e recusa a contratar	336
	2.3.1.5.2	Discriminação e diferenciação ao contratar	339
2.3.2		Proteção do consumidor e cobrança de dívidas	343
2.3.2.1		Limites do exercício do direito de crédito pelo fornecedor	346
2.3.2.2		Cobrança indevida de dívida	347
2.3.3		Bancos de dados e cadastros de consumidores	350
2.3.3.1		Noções introdutórias: distinção entre bancos de dados e cadastros de consumidores	351
2.3.3.2		A regulação dos bancos de dados e cadastros de consumidores pelo CDC	354
2.3.3.3		Espécies de bancos de dados	359
2.3.3.4		Cadastros de consumidores	361
2.3.3.5		Inclusão do consumidor no banco de dados: o direito à comunicação	362
2.3.3.6		Direitos do consumidor perante sua inclusão no banco de dados	364
	2.3.3.6.1	Direito de acesso à informação	365
	2.3.3.6.2	Direito à correção da informação	366
	2.3.3.6.3	Direito à retificação da informação	367
	2.3.3.6.4	Direito à exclusão da informação	369
2.3.3.7		Prazos de manutenção e divulgação das informações em banco de dados	370
2.3.3.8		Bancos de dados de informações positivas ("cadastro positivo de crédito")	371
	2.3.3.8.1	Abertura do cadastro e inclusão das informações de crédito	374

	2.3.3.8.2	Conteúdo das informações arquivadas nos "cadastros positivos de crédito"	375
	2.3.3.8.3	Direitos do consumidor em relação às informações arquivadas	377
	2.3.3.8.4	Deveres dos fornecedores de crédito (fontes)	381
	2.3.3.8.5	Deveres do gestor do banco de dados	382
	2.3.3.8.6	Origem dos dados e compartilhamento das informações	384
	2.3.3.8.7	Responsabilidade da fonte, do gestor do banco de dados e do consulente	385
	2.3.3.8.8	Temporalidade das informações	386
	2.3.3.9	Sistemas de pontuação de crédito (scoring)	387
2.3.4		O regime das cláusulas abusivas nos contratos de consumo	391
	2.3.4.1	Natureza jurídica das cláusulas abusivas no CDC	395
	2.3.4.2	Eficácia da proteção do consumidor contra cláusulas abusivas	400
	2.3.4.2.1	Nulidade de pleno direito	400
	2.3.4.2.2	Redução do negócio jurídico	407
	2.3.4.3	Controle das cláusulas abusivas e legitimação processual	408
	2.3.4.4	Tipologia das cláusulas abusivas no CDC	410
	2.3.4.5	Principais espécies de cláusulas abusivas	413
	2.3.4.5.1	Cláusulas de limitação ou exoneração de responsabilidade civil	413
	2.3.4.5.2	Cláusulas de renúncia ou disposição de direitos	415
	2.3.4.5.3	Cláusulas de decaimento, controle da cláusula penal e outros efeitos do inadimplemento	416
	2.3.4.5.4	Cláusulas que violem o equilíbrio contratual: o controle dos juros contratados	418
	2.3.4.5.5	Cláusulas que violem o equilíbrio contratual: controle in concreto pelo juiz	423
	2.3.4.5.6	Cláusulas de inversão do ônus da prova em prejuízo do consumidor	428
	2.3.4.5.7	Cláusulas que condicionem ou limitem o acesso ao Poder Judiciário	429
	2.3.4.5.8	Cláusulas-mandato	432
	2.3.4.5.9	Cláusulas potestativas	434
	2.3.4.5.10	Cláusulas-surpresa	435
2.3.5		Interpretação dos contratos de consumo	437
2.4	Extinção do contrato de consumo e seus efeitos		441

2.4.1	Direito de arrependimento do consumidor		441
2.4.2	Adimplemento contratual		443
2.4.3	Inadimplemento contratual e direito à resolução		444
	2.4.3.1	Obstáculo ao direito de resolução: direito à manutenção do contrato	447
	2.4.3.2	Obstáculo ao direito de resolução: direito à revisão do contrato	449
2.4.4	Extinção do contrato e eficácia pós-contratual		450

2.5 As várias espécies de contratos de consumo ... 451

2.5.1	Compra e venda de consumo		451
2.5.2	Contratos imobiliários		452
	2.5.2.1	Cláusulas abusivas nos contratos imobiliários	454
	2.5.2.2	O dever de informar nos contratos imobiliários	459
	2.5.2.3	Extinção do contrato: resolução por inadimplemento e resilição	462
	2.5.2.4	Direito de arrependimento	467
2.5.3	Contratos bancários e financeiros		467
	2.5.3.1	Distinção entre serviços e operações bancárias: irrelevância para aplicação do CDC aos contratos bancários	473
	2.5.3.2	Expansão do crédito e proteção do consumidor	474
	2.5.3.3	Principais contratos bancários e financeiros de consumo	478
		2.5.3.3.1 Mútuo bancário	479
		2.5.3.3.1.1 Disciplina legal dos juros contratados	479
		2.5.3.3.1.2 Comissão de permanência	482
		2.5.3.3.1.3 Pagamento antecipado e multa por inadimplemento	485
		2.5.3.3.2 Contrato de abertura de crédito	486
		2.5.3.3.3 Contratos de conta-corrente e depósito	493
		2.5.3.3.4 Contratos de cartão de crédito	496
2.5.4	Contratos de planos de assistência e seguro de saúde		501
	2.5.4.1	Plano de assistência à saúde e regulação da ANS	504
	2.5.4.2	O interesse útil do consumidor e a natureza dos contratos de planos de assistência à saúde	504
		2.5.4.2.1 Rol de procedimentos e eventos em saúde suplementar	508
		2.5.4.2.2 Exclusão de doenças preexistentes	513
		2.5.4.2.3 Rede credenciada	514

| | 2.5.4.3 | Controle das cláusulas e práticas abusivas nos planos de assistência à saúde | 518 |

2.5.4.4 Planos de saúde coletivos e relação de trabalho 526

2.5.5 Contratos de seguro 527

2.5.5.1 Características do contrato de seguro como contrato de consumo 529

2.5.5.2 Deveres do segurador-fornecedor na contratação do seguro..... 536

2.5.5.3 Formação do contrato de seguro 539

2.5.5.4 Direito do consumidor e regulação do sinistro 541

2.5.5.5 Controle de conteúdo do contrato e as cláusulas limitativas da obrigação de indenizar do segurador 544

2.5.5.6 Prazos para exercício da pretensão pelo consumidor 555

2.5.6 Contratos de consórcio 556

2.5.6.1 Características do contrato de consórcio 557

2.5.6.2 Equilíbrio econômico do contrato de consórcio e o direito do consumidor 558

2.5.6.3 Da resolução do contrato por desistência ou inadimplemento do consorciado 559

2.5.7 Contratos de previdência complementar privada 561

2.5.7.1 Características dos contratos de previdência complementar privada 564

2.5.7.2 Dever de informar nos contratos de previdência complementar privada 567

2.5.7.3 Prazo prescricional para exercício da pretensão de correção ou atualização de valores 569

2.5.8 Contratos de transporte 570

2.5.8.1 Características do contrato de transporte como contrato de consumo 573

2.5.8.2 Responsabilidade do transportador 575

2.5.8.3 Contratos de transporte aéreo e terrestre 578

2.5.8.4 Os programas de fidelidade no transporte aéreo 582

2.5.9 Contratos de serviços turísticos 584

2.5.10 Contratos de hospedagem 590

2.5.10.1 Disciplina legal do contrato de hospedagem 591

2.5.10.2 Cobrança de dívida e penhor legal de bagagens 597

2.5.11 Contratos de serviços educacionais 598

2.5.12 Contratos de serviços de telecomunicação 606

2.5.12.1 Proteção do consumidor de serviços de telecomunicação na fase pré-contratual 609

| | | 2.5.12.2 | Proteção do consumidor dos serviços de telecomunicação na execução do contrato | 610 |

3. Responsabilidade Civil do Fornecedor 615

3.1   Noções introdutórias 616

     3.1.1   Fundamento da responsabilidade civil na sociedade de consumo de massas: a proteção dos interesses legítimos dos consumidores 617

     3.1.2   Tendência contemporânea da responsabilidade civil: abandono do critério da culpa 619

     3.1.3   Novos critérios de imputação da responsabilidade: entre o risco e a vantagem econômica da atividade 621

3.2   Responsabilidade civil pelo fato do produto e do serviço 622

     3.2.1   Definição 625

     3.2.2   Critério de identificação 626

     3.2.3   Requisitos 629

         3.2.3.1   Conduta 633

         3.2.3.2   Defeito 635

             3.2.3.2.1   Defeitos de projeto ou concepção 637

             3.2.3.2.2   Defeitos de execução, produção ou fabricação ... 638

             3.2.3.2.3   Defeitos de informação ou comercialização 642

         3.2.3.3   Nexo de causalidade 644

         3.2.3.4   Dano 649

             3.2.3.4.1   Danos materiais e morais 649

             3.2.3.4.2   Danos individuais, coletivos e difusos 654

     3.2.4   Excludentes de responsabilidade 656

         3.2.4.1   Não colocação do produto no mercado 658

         3.2.4.2   Inexistência de defeito 660

         3.2.4.3   Culpa exclusiva do consumidor ou de terceiro 662

         3.2.4.4   Caso fortuito e força maior como excludentes da responsabilidade civil de consumo 669

     3.2.5   O risco do desenvolvimento 673

     3.2.6   Solidariedade da cadeia de fornecimento 677

         3.2.6.1   Direito de regresso 682

         3.2.6.2   Responsabilidade subsidiária do comerciante 683

     3.2.7   O artigo 931 do Código Civil e o CDC 684

     3.2.8   Responsabilidade dos profissionais liberais por fato do serviço 686

     3.2.9   Prazo prescricional 694

3.3   Responsabilidade por vício do produto ou do serviço 699

     3.3.1   Definição 702

	3.3.2	Requisitos	706
	3.3.3	Solidariedade da cadeia de fornecimento	711
	3.3.4	Eficácia da responsabilidade por vício do produto	718
		3.3.4.1 Substituição do produto	718
		3.3.4.2 Restituição imediata da quantia paga	719
		3.3.4.3 Abatimento do preço	720
		3.3.4.4 Vício de quantidade: complementação do peso ou medida	721
		3.3.4.5 Perdas e danos	721
	3.3.5	Eficácia da responsabilidade por vício do serviço	723
		3.3.5.1 Reexecução do serviço	725
		3.3.5.2 Restituição imediata da quantia paga	725
		3.3.5.3 Abatimento do preço	726
		3.3.5.4 Perdas e danos	726
	3.3.6	Prazo para exercício do direito de reclamar por vícios	730
		3.3.6.1 Espécies de prazos	732
		3.3.6.2 Causas que obstam a fluência do prazo da garantia	733
	3.3.7	Garantia legal e garantia contratual	735
3.4	Extensão da responsabilidade patrimonial do fornecedor		737
	3.4.1	Funções da indenização no CDC	739
	3.4.2	Desconsideração da personalidade jurídica	743
		3.4.2.1 A desconsideração da personalidade jurídica no direito civil	746
		3.4.2.2 A desconsideração da personalidade jurídica no CDC	753
		3.4.2.2.1 Grupos societários e sociedades controladas	755
		3.4.2.2.2 Sociedades consorciadas	757
		3.4.2.2.3 Sociedades coligadas	757
		3.4.2.2.4 A cláusula geral do artigo 28, § 5º, do CDC	758

4. Superendividamento do Consumidor 761

4.1	O fenômeno do superendividamento do consumidor e as funções de uma disciplina legislativa própria	761
4.2	Direitos fundamentais e a proteção do consumidor em situação de superendividamento	763
4.3	Origens e principais características da Lei 14.181/2021	765
4.4	Definição jurídica de superendividamento	768
4.5	Âmbito de aplicação da lei	770
4.6	Preservação do mínimo existencial	772
4.7	A prevenção ao superendividamento: deveres do fornecedor na oferta e contratação do crédito	774

4.7.1	Deveres de informação		776

4.7.1 Deveres de informação 776

4.7.2 Deveres de lealdade e cooperação 779

4.7.3 Deveres de cuidado 782

4.7.4 Sanções da violação aos deveres na oferta e contratação 784

    4.7.4.1 Invalidade parcial ou total do contrato 785

    4.7.4.2 Ineficácia parcial do contrato 785

    4.7.4.3 Revisão judicial ("revisão-sanção") 786

    4.7.4.4 Outras sanções 788

4.7.5 Conexidade contratual entre contratos de consumo de produtos e serviços e contratos de crédito 788

4.7.6 Processo de repactuação de dívidas 789

    4.7.6.1 Conciliação 791

    4.7.6.2 Obrigações do consumidor 794

4.7.7 Processo para revisão e integração dos contratos e repactuação das dívidas remanescentes 795

    4.7.7.1 As fases do procedimento 797

    4.7.7.2 O plano judicial compulsório 797

PARTE III – DIREITO DO CONSUMIDOR NO MERCADO DE CONSUMO DIGITAL 799

1. O Novo Paradigma Tecnológico e o Mercado de Consumo Digital 801

1.1 As transformações do mercado de consumo no mundo digital 804

    1.1.1 As novas formas de oferta e contratação 807

        1.1.1.1 Comércio eletrônico 807

        1.1.1.2 Fornecimento por plataforma digital 809

        1.1.1.3 Contratos inteligentes (Smart contracts) 817

    1.1.2 Os novos produtos e serviços 820

        1.1.2.1 Bens digitais 820

        1.1.2.2 Internet das coisas 824

        1.1.2.3 Inteligência artificial 827

1.2. Repercussão do novo paradigma tecnológico da digitalização sobre o direito do consumidor 833

    1.2.1 Aproximação das categorias de produto e serviço 834

    1.2.2 Os novos riscos e os regimes de responsabilidade dos fornecedores ... 838

    1.2.3 Novos métodos de solução de disputas (resolução de disputas on-line) 839

2. O Direito do Consumidor e a Disciplina Jurídica da Internet 845

2.1 Os princípios da disciplina da internet no Brasil e os direitos do consumidor 846

2.2 Direitos básicos do consumidor no acesso à internet 847

2.3		Proteção do usuário de internet e intervenção na autonomia contratual das partes		848

2.3 Proteção do usuário de internet e intervenção na autonomia contratual das partes 848

2.4 Formação de bancos de dados com informações de usuários da internet 849

3. A Proteção de Dados Pessoais e o Direito do Consumidor 851

3.1 A proteção de dados pessoais e sua repercussão no mercado de consumo 852

3.2 A Lei Geral de Proteção de Dados e o Código de Defesa do Consumidor 855

3.3 Os princípios da LGPD e o direito do consumidor 856

    3.3.1 Boa-fé 856

    3.3.2 Finalidade 858

    3.3.3 Adequação 863

    3.3.4 Necessidade 863

    3.3.5 Livre acesso 864

    3.3.6 Qualidade dos dados 865

    3.3.7 Transparência 866

    3.3.8 Segurança 867

    3.3.9 Prevenção 867

    3.3.10 Não discriminação 868

    3.3.11 Responsabilização e prestação de contas 871

3.4 A disciplina legal especial dos bancos de dados de proteção ao crédito 871

3.5 A Autoridade Nacional de Proteção de Dados e o Sistema Nacional de Defesa do Consumidor 872

3.6 Fundamento legal para o tratamento de dados pessoais de consumidores 875

    3.6.1 O consentimento 876

        3.6.1.1 Requisitos substanciais e formais do consentimento 881

        3.6.1.2 Ônus da prova do consentimento 883

    3.6.2 O cumprimento de obrigação legal ou regulatória 883

        3.6.2.1 Alteração do fundamento legal para tratamento de dados obtidos por consentimento do titular 885

    3.6.3 A execução de contrato ou de procedimentos preliminares ao contrato 885

    3.6.4 O exercício regular de direitos em processo judicial, administrativo ou arbitral 886

    3.6.5 A proteção da vida ou da incolumidade física do titular ou de terceiro 887

    3.6.6 A tutela da saúde em procedimento realizado por profissionais de saúde, serviços de saúde ou autoridade sanitária 888

    3.6.7 Interesses legítimos do controlador ou de terceiro 888

    3.6.8 Tratamento para proteção do crédito 893

    3.6.9 Dados pessoais de acesso público e/ou tornados públicos pelo titular 894

	3.6.10	Outras hipóteses	896
		3.6.10.1 O tratamento de dados pela Administração Pública	896
		3.6.10.2 Realização de estudos por órgão de pesquisa	896
3.7		Direitos subjetivos do titular dos dados	898
	3.7.1	Confirmação da existência de tratamento	898
	3.7.2	Acesso aos dados	899
	3.7.3	Correção dos dados	900
	3.7.4	Anonimização	901
	3.7.5	Portabilidade	901
	3.7.6	Eliminação dos dados	902
	3.7.7	Informação sobre compartilhamento	903
	3.7.8	Revogação do consentimento	903
3.8		Disciplina especial da proteção de dados pessoais sensíveis do consumidor	903
3.9		Disciplina especial da proteção de dados de crianças e adolescentes	905
3.10		Responsabilidade pelos danos aos consumidores quanto ao tratamento indevido de dados pessoais	905

4 Contratos de Consumo Digital 909

4.1		Equivalência funcional	911
4.2		Fornecedores de serviços no ambiente virtual: os provedores de internet	912
	4.2.1	Os provedores de aplicações de internet e o fornecimento de produtos e serviços	914
		4.2.1.1 Aplicativos e sua comercialização	916
		4.2.1.2 Redes sociais	918
		4.2.1.3 Metaverso e gamificação	920
		4.2.1.4 O conteúdo do contrato de consumo nas aplicações de internet: termos de uso e condições gerais contratuais	923
	4.2.2	Provedores de conexão	927
4.3		Aspectos distintivos do contrato de consumo digital	929
4.4		O dever de informar nos contratos de consumo digitais	931
4.5		Dever de informar e formação do contrato de consumo digital	934
4.6		Inadimplemento do contrato de consumo digital	939
4.7		Provedores de intermediação e responsabilidade contratual	940
4.8		Provedores de intermediação e promoção de compras coletivas pela internet	943
4.9		Provedores de intermediação e consumo colaborativo: a economia do compartilhamento na internet	945
4.10		Responsabilidade do fornecedor pelo fato do produto e do serviço na internet	949
4.11		Responsabilidade dos provedores de internet por conteúdo gerado por terceiros na Lei 12.965/2014 (o denominado "Marco Civil da Internet")	955

PARTE IV – DIREITO PROCESSUAL DO CONSUMIDOR... 961

1. Tutela Processual do Consumidor 963

1.1 Noções introdutórias... 965

1.2 Estágio atual do processo civil brasileiro e sua repercussão no direito do consumidor: o Código de Processo Civil de 2015... 967

1.3 Dimensão processual dos direitos básicos do consumidor..................... 971

    1.3.1 Acesso à Justiça.. 971

        1.3.1.1 Jurisdição internacional e foro do domicílio do consumidor... 973

        1.3.1.2 Cláusula de eleição de foro... 974

        1.3.1.3 Foro do domicílio do consumidor e juízo universal na falência do fornecedor... 975

    1.3.2 Facilitação da defesa: distribuição e inversão do ônus da prova.......... 977

    1.3.3 Efetividade do processo.. 984

    1.3.4 Métodos de autocomposição e meios alternativos de solução de conflitos.. 987

        1.3.4.1 Mediação e conciliação... 988

        1.3.4.2 Arbitragem de consumo 991

2. Dimensão Coletiva da Tutela do Consumidor... 995

2.1 Tutela coletiva do consumidor... 995

2.2 Nova classificação dos direitos subjetivos e sua tutela processual......... 996

    2.2.1 Interesses ou direitos difusos 998

    2.2.2 Interesses ou direitos coletivos.. 999

    2.2.3 Interesses ou direitos individuais homogêneos........................... 1000

2.3 Tutela coletiva no CDC e na Lei da Ação Civil Pública........................... 1002

2.4 Legitimidade processual para defesa coletiva do consumidor............... 1003

    2.4.1 Ministério Público.. 1009

        2.4.1.1 Ministério Público e defesa dos interesses individuais homogêneos.. 1010

        2.4.1.2 Procedimentos extraprocessuais do Ministério Público......... 1012

            2.4.1.2.1 Inquérito civil 1012

            2.4.1.2.2 Audiências públicas.............................. 1014

    2.4.2 União, Estados, Municípios e Distrito Federal............................ 1015

    2.4.3 Entidades ou órgãos da Administração Pública........................... 1016

    2.4.4 Associações de consumidores 1019

        2.4.4.1 Requisito da pré-constituição de um ano 1021

        2.4.4.2 Representatividade adequada... 1022

    2.4.5 Compromisso de ajustamento.. 1023

SUMÁRIO

2.5	Ações coletivas para defesa de direitos individuais homogêneos	1026
	2.5.1 Competência	1029
	2.5.2 Eficácia da decisão em caso de procedência do pedido	1031
	2.5.3 Eficácia da decisão em caso de improcedência do pedido	1033
	2.5.4 Liquidação e execução da sentença	1034
	2.5.5 Prazo prescricional e ações coletivas	1037
2.6	Coisa julgada nas ações coletivas	1039
	2.6.1 Coisa julgada nas ações coletivas para defesa de direitos ou interesses difusos	1041
	2.6.2 Coisa julgada nas ações coletivas para defesa de direitos ou interesses coletivos	1042
	2.6.3 Coisa julgada nas ações coletivas para defesa de direitos ou interesses individuais homogêneos	1043
	2.6.4 Coisa julgada *in utilibus*	1044
	2.6.5 Competência do juízo e efeitos da coisa julgada	1045
	2.6.6 Concomitância de ações coletivas	1046
	2.6.7 Custas processuais e honorários profissionais (advocatícios e periciais)	1047
2.7	Dimensão coletiva e tutela individual do consumidor: julgamento de casos repetitivos	1049
	2.7.1 Incidente de resolução de demandas repetitivas	1053
	2.7.2 Recursos especial e extraordinário repetitivos	1056

3. Efetividade da Tutela dos Direitos dos Consumidores 1059

3.1	Ação de cumprimento específico da obrigação	1060
	3.1.1 Disciplina específica do CDC e o Código de Processo Civil de 2015	1062
	3.1.2 Tutela inibitória específica	1065
3.2	Ação de responsabilidade civil do fornecedor	1067
3.3	Incidente de desconsideração da personalidade jurídica	1069
3.4	Produção antecipada da prova e exibição de documentos	1071
3.5	Ações revisionais no direito do consumidor	1074
3.6	Ação de exigir contas	1076

PARTE V – PROTEÇÃO ADMINISTRATIVA DO CONSUMIDOR 1079

1. A Administração Pública e a Defesa do Consumidor 1081

1.1	Agências reguladoras e defesa do consumidor	1082
1.2	Exercício do poder de polícia e defesa do consumidor	1085
1.3	Procedimento administrativo de *recall*	1093

CURSO DE DIREITO DO CONSUMIDOR – Bruno Miragem

2. O Sistema Nacional de Defesa do Consumidor... 1099

   2.1   Composição 1100

   2.2   Competência... 1104

   2.3   Competência concorrente dos órgãos do SNDC 1108

3. A Regulação Administrativa dos Serviços Públicos e o Direito do Consumidor 1119

   3.1   A regulação administrativa dos serviços públicos 1121

   3.2   Marcos regulatórios e direito do consumidor 1127

         3.2.1   Marcos regulatórios gerais... 1130

         3.2.2   Marcos regulatórios setoriais... 1133

4. Sanções Administrativas: Gênese e Aplicação... 1135

   4.1   Sanções objetivas 1138

   4.2   Sanções subjetivas.. 1141

   4.3   Sanções pecuniárias 1143

PARTE VI – DIREITO PENAL DO CONSUMIDOR 1147

1. Função do Direito Penal na Repressão aos Crimes contra as Relações de Consumo.... 1153

2. Tipologia dos Crimes contra as Relações de Consumo: CDC e Lei 8.137/1990 1155

   2.1   Os tipos penais na Lei 8.137/1990... 1159

         2.1.1   Favorecimento ou preferência, sem justa causa, de comprador ou freguês.. 1160

         2.1.2   Venda ou exposição à venda de mercadoria com embalagem ou especificações em desacordo com as prescrições legais.................... 1161

         2.1.3   Mistura de gêneros e mercadorias de espécies diferentes, para venda ou exposição como puros ou de mais alto custo.................... 1162

         2.1.4   Fraude a preços... 1163

         2.1.5   Elevação indevida do valor cobrado nas vendas a prazo....................... 1164

         2.1.6   Sonegação de insumos ou bens para fins de sonegação........................ 1165

         2.1.7   Indução do consumidor ou usuário a erro 1166

         2.1.8   Destruição, inutilização ou dano de matéria-prima ou mercadoria para provocar alta de preço.. 1168

         2.1.9   Venda, depósito ou exposição para venda de mercadoria ou matéria-prima impróprias para o consumo.. 1168

   2.2   Competência para processar e julgar os crimes contra as relações de consumo 1172

3. Tipos Penais no Código de Defesa do Consumidor 1175

   3.1   Omissão de dizeres ou sinais ostensivos e de alerta sobre a nocividade ou periculosidade do produto.. 1175

3.2	Omissão de comunicação e de retirada do produto nocivo ou perigoso do mercado	1177
3.3	Execução de serviço de alto grau de periculosidade sem autorização	1179
3.4	Afirmação falsa ou enganosa, ou omissão de informação relativa a produto ou serviço	1181
3.5	Promoção de publicidade enganosa ou abusiva	1183
3.6	Promoção de publicidade prejudicial ou perigosa	1185
3.7	Omissão na organização de dados relativos à publicidade	1187
3.8	Emprego de componentes usados sem autorização do consumidor	1188
3.9	Cobrança abusiva de dívidas	1189
3.10	Impedimento ou obstáculo de acesso a informações	1191
3.11	Omissão na correção de dados	1192
3.12	Omissão na entrega de termo de garantia	1193

4. Circunstâncias Agravantes e Atenuantes 1195

5. Outras Penalidades e Penas Restritivas de Direitos 1197

6. Responsabilidade dos Dirigentes e Outras Pessoas que Concorrem para o Crime 1201

7. Assistência e Ação Penal Subsidiária nos Crimes contra as Relações de Consumo 1203

Bibliografia 1205

PARTE I

FUNDAMENTOS DO DIREITO DO CONSUMIDOR

A expressão *direito do consumidor* remete ao surgimento de uma nova posição jurídica no âmbito da teoria da relação jurídica, cuja identidade vincula-se, em muitos sistemas, à realização de um ato de consumo ser parte de uma relação de consumo, ou ainda – como é expressamente estabelecido no direito brasileiro – ter intervindo ou simplesmente estar exposto às relações estabelecidas no âmbito do mercado de consumo. Não é desconhecido que a regulação jurídica do direito do consumidor pressupõe a existência do mercado, da produção, da comercialização e do consumo como fenômenos inerentes à realidade histórica e econômica contemporânea. A sociedade de consumo, com seus fenômenos e processos de circulação de riquezas é que justifica a existência do direito do consumidor, cujo traço principal é o de regulação desse complexo sistema de trocas econômicas massificadas, sob a perspectiva da parte vulnerável: aquele que adquire ou utiliza produtos e serviços, sem ser quem os produza ou promova sua prestação, razão pela qual não possui o domínio ou a expertise sobre essa relação.

A compreensão do direito do consumidor, assim, passa não por uma crítica da sociedade de consumo, senão pela constatação da necessidade de regulação dos comportamentos que nela se desenvolvem, em vista da proteção da parte vulnerável. Como tal, ao mesmo tempo que tem por diretriz fundamental a proteção e promoção da igualdade entre as partes (consumidores e fornecedores), tem como efeito o aperfeiçoamento do mercado de consumo, por intermédio da regulação do comportamento de seus agentes.

Sob essa perspectiva, além dos evidentes proveitos a que deu causa o surgimento do direito do consumidor no Brasil há quase duas décadas, o estudo e a compreensão desta nova disciplina jurídica devem ser realizados a partir da noção de uma nova ordenação do mercado, na relação entre todos os agentes econômicos e os destinatários finais dos produtos e serviços produzidos, em vista do princípio da solidariedade que marca nossa ordem econômica, desde seus fundamentos estabelecidos na Constituição da República (artigos 1º, IV, e 170).

ORIGENS HISTÓRICAS DO DIREITO DO CONSUMIDOR

As recentes transformações do direito contemporâneo têm apontado para a adoção de providências legislativas visando à equalização de relações jurídicas marcadas pelo traço da *desigualdade*.[1] *Desigualdade* essa que pode se apresentar de diversos modos, seja originária de desproporção da capacidade econômica das partes, seja da ausência de acesso e compreensão das informações sobre os aspectos da relação jurídica de que participa, assinalando o fenômeno da vulnerabilidade de um dos seus sujeitos.

O *paradigma individualista*,[2] sobretudo no direito privado, cede espaço a novos interesses igualmente reconhecidos pelo Estado, cuja intervenção em favor do sujeito reconhecido como vulnerável tem por objetivo a recomposição da igualdade jurídica, corrigindo os elementos fáticos de desigualdade. Georges Ripert, em estudo clássico, assinala que a democracia moderna repele a fraternidade no que pode lembrar a caridade, assim como rejeita a noção de dever, substituindo-a pela noção do direito. Assinala, pois, que a liberdade não basta para assegurar a igualdade, visto que os mais fortes depressa se tornam opressores, cabendo ao Estado intervir para proteger os fracos.[3]

Essa tem sido a orientação de diversos sistemas jurídicos desde o princípio do século,[4] por intermédio de uma maior intervenção do Estado nas relações dos particulares, e o aumento das inter-relações entre temas tradicionalmente divididos de modo estanque como de direito público ou de direito privado, característica do direito contemporâneo, denominado por muitos como um *direito pós-moderno*.[5]

A esse respeito, o reconhecimento de direitos subjetivos distintos atendeu a diferentes etapas, começando pela tutela de situações específicas – como a proteção do direito dos trabalhadores e o estabelecimento de uma disciplina jurídica própria do direito do tra-

---

[1] Sobre o tema, veja-se o nosso: MIRAGEM, Bruno. O direito do consumidor como direito fundamental: consequências jurídicas de um conceito. *Revista de Direito do Consumidor*, São Paulo, v. 43, p. 111-132, jul.-set. 2002.

[2] Nesse sentido: WALINE, Marcel. *L'individualisme et le Droit*. Paris: Éditions Domat Montchrestien, 1945. p. 19 *et seq*.

[3] RIPERT, Georges. *O regime democrático e o direito civil moderno*. São Paulo: Saraiva, 1937. p. 133.

[4] São variados os exemplos de leis de proteção da parte menos favorecida. Georges Ripert traz diversos exemplos da legislação francesa, como a lei de 1907 que admite a rescisão por lesão nas vendas de adubo, reservando ação de nulidade ao comprador (RIPERT, Georges. *O regime democrático e o direito civil moderno*. São Paulo: Saraiva, 1937. p. 183).

[5] Sobre os efeitos da pós-modernidade sobre o direito privado: GALASSO, Giuseppe. Il diritto privato nella prospettiva post-moderna. *Rivista di Diritto Civile*, Padova, anno XXVI, parte prima, p. 13-31, 1980. Sobre esses efeitos, especificamente no direito do consumidor, veja-se: MARQUES, Claudia Lima. *Contratos no Código de Defesa do Consumidor*. 4. ed. São Paulo: Ed. RT, 2002. p. 155 *et seq*.

balho. O último passo dessa trajetória está na concepção de direitos difusos ou coletivos, em que a determinação dos titulares do direito é relativa, e seus efeitos dizem respeito a todo um grupo ou à coletividade. Nesse sentido, refere Iain Ramsay, ao relembrar as origens do direito do consumidor, que a organização de grupos de consumidores, a partir de seus interesses específicos, foi a base do consumerismo e, no ambiente de múltiplas tendências nas quais se destacavam também os ambientalistas e os movimentos urbanos, deu origem ao direito do consumidor.[6]

Nessa etapa mais recente, incluem-se os direitos do consumidor. Em trabalho conhecido, Fábio Konder Comparato – ainda na década de 1970 – afirmava que a dialética consumidor *versus* produtor é bem mais complexa e delicada do que a dialética capital *versus* trabalho. Ao contrário desta última, em que as definições dos polos da relação de direito são, em regra, claras e precisas, aquela obedece a uma dinâmica própria, na qual os sujeitos estarão ora em um dos polos da relação, ora no outro.[7] Daí por que a proteção do consumidor, antes de consagrar direitos subjetivos específicos a esse novo sujeito de direitos, teve de observar certo período de maturação, visando à consolidação dessa nova posição jurídica.

As origens da preocupação com os direitos dos consumidores são tradicionalmente indicadas ao conhecido discurso, nos Estados Unidos, do Presidente John Kennedy no Congresso norte-americano, em 1962, que, ao enunciar a necessidade de proteção do consumidor, referiu como direitos básicos o *direito à segurança*, o *direito à informação*, o *direito de escolha* e o *direito a ser ouvido*. A partir de então, diversas leis foram aprovadas nos Estados Unidos, ainda nos anos 1960, contendo normas de proteção dos consumidores norte-americanos.

Em 1972, realizou-se, em Estocolmo, a Conferência Mundial do Consumidor. No ano seguinte, a Comissão das Nações Unidas sobre os Direitos do Homem deliberou que o Ser Humano, considerado consumidor, deveria gozar de quatro direitos fundamentais (os mesmos enunciados por Kennedy, anos antes): o *direito à segurança*; o *direito à informação* sobre produtos, serviços e suas condições de venda; o *direito à escolha* de bens alternativos de qualidade satisfatória a preços razoáveis; e o *direito de ser ouvido* nos processos de decisão governamental. Nesse mesmo ano, a Assembleia Consultiva da Comunidade Europeia aprovou a Resolução 543, que deu origem à *Carta Europeia de Proteção ao Consumidor*. Daí por diante, um número crescente de países deu início à elaboração e à promulgação de leis com a finalidade de proteção aos direitos do consumidor.[8] A lei espanhola, por

---

[6] RAMSAY, Iain. Consumer protection in the era of informational capitalism. In: WILHEMSSON, Thomas; TUOMINEM, Salla; TUOMOLA, Heli. *Consumer law in the information society*. Hague: Kluwer Law International, 2001. p. 45-65.

[7] COMPARATO, Fábio Konder. A proteção do consumidor. Importante capítulo do direito econômico. *Revista da Consultoria-Geral do Estado do RS*, Porto Alegre, v. 6, n. 14, p. 81-105, 1976. O autor, referindo-se à dinâmica da relação consumidor *versus* produtor, assinala a dificuldade em precisar os conceitos a respeito dos sujeitos da relação, todavia emprestando à figura do consumidor a definição como sendo aquele que se submete ao poder de controle dos titulares de bens de produção, isto é, os empresários. No mesmo sentido: GALGANO, Francesco. La democrazia dei consumatori. *Rivista Trimestrale di Diritto e Procedura Civile*, v. 35, n. 1, p. 38-48, mar. 1981.

[8] Sobre a proteção jurídica do consumidor nos países europeus, veja-se o panorama de: STIGLITZ, Gabriel. *Protección jurídica del consumidor*. 2. ed. Buenos Aires: De Palma, 1988. p. 54 *et seq*.

exemplo, que é de 1984, regulamentou o artigo 51 da Constituição de 1978 daquele país, o qual estabelece que os poderes públicos garantam a defesa dos consumidores.[9]

Já, em 1985, a Organização das Nações Unidas, por intermédio da Resolução 39/248, de 16 de abril, estabeleceu não apenas a necessidade de proteção dos consumidores em face do desequilíbrio das suas relações com os fornecedores como também regulou extensamente a matéria para garantir, entre outros, os seguintes objetivos: "a) a proteção dos consumidores frente aos riscos para sua saúde e segurança; b) a promoção e proteção dos interesses econômicos dos consumidores; c) o acesso dos consumidores a uma informação adequada que lhes permita fazer eleições bem fundadas conforme os desejos e necessidades de cada qual; d) a educação do consumidor; incluída a educação sobre a repercussão ambiental, social e econômica que têm as eleições do consumidor; e) a possibilidade de compensação efetiva ao consumidor; f) a liberdade de constituir grupos ou outras organizações pertinentes de consumidores e a oportunidade para essas organizações de fazer ouvir suas opiniões nos processos de adoção de decisões que as afetem; g) a promoção de modalidades sustentáveis de consumo". Para tanto, há a conclamação dos países-membros da Organização para prover e manter infraestrutura para adequada proteção dos direitos dos consumidores, assim como editar normas visando regular, principalmente, os seguintes temas: segurança física do consumidor; promoção e proteção dos interesses econômicos do consumidor; padrões de segurança e qualidade dos bens e serviços oferecidos ao consumidor; meios de distribuição de bens e serviços essenciais; regras para obtenção de ressarcimento pelo consumidor; programas de informação e educação do consumidor; e normas de proteção em setores específicos, como de alimentos, água e medicamentos.

No Brasil, o Código de Defesa do Consumidor veio a ser promulgado em princípio dos anos 1990, cumprindo a determinação constitucional específica sobre o tema (artigo 48 do Ato das Disposições Constitucionais Transitórias). Estabelece normas declaradamente de *ordem pública* (artigo 1º), conferindo-lhes efetividade por meio da atribuição de competência jurisdicional cível, criminal e administrativa a diversos órgãos do Estado, assim como reconhece papel de destaque à auto-organização da sociedade civil, por intermédio das associações de consumidores e demais entidades de defesa do consumidor.

1.1 O DIREITO DO CONSUMIDOR E O DIREITO PRIVADO CLÁSSICO

O direito do consumidor, uma vez que se trata de um direito de proteção da parte vulnerável em uma relação de consumo, afasta-se do direito privado clássico e de seus postulados de origem na escola jurídica do jusracionalismo (séculos XVII e XVIII), reproduzidos nas codificações do século XIX, em especial no Código Civil francês de 1804 – o Código de Napoleão.

O direito privado clássico, representado pelo Código Civil como centro do ordenamento jurídico e expressão de todo o direito privado da época, é de tal modo hermético e

---

[9]   SANTOS, Oscar López. Protección jurídica del consumidor de servicios en España. *Revista da Ajuris*, Porto Alegre, v. 1, edição especial, p. 274-282, mar. 1998.

abrangente,[10] a ponto de dar origem à Escola da exegese, pela qual a identificação e a compreensão de todo o direito residiam no Código Civil, e só era direito o que estava expresso nessa codificação.[11] Entre os principais postulados do direito civil moderno, encontra-se a *autonomia da vontade*, sendo o *contrato* e o *direito de propriedade* suas expressões maiores, configurados pela liberdade de manifestação da vontade – e correspondente vinculação ao pactuado (*pacta sunt servanda*) – e pela liberdade de exercício da propriedade, como direito que se exerce de modo mais absoluto (segundo o artigo 544 do Código Civil francês, até hoje vigente, "a propriedade é o direito de dispor e gozar da coisa do modo mais absoluto, sempre que não se faça dela uso proibido por lei ou pelos regulamentos").

Contudo, a força e o protagonismo do princípio do *pacta sunt servanda* irão sofrer, ao longo do final do século XIX, e no decorrer do século XX, sensíveis transformações.

São exemplos dessas alterações o desenvolvimento, na França, da doutrina do *abuso do direito*, a partir de casos judiciais que reconheceram limites ao exercício do direito de propriedade, a chamada revolta do direito contra o código – em contraposição ao caráter absoluto e estrito da interpretação e aplicação da lei – e, adiante, o gradativo reconhecimento, em diversos ordenamentos jurídicos europeus, de uma finalidade social aos direitos subjetivos,[12] atuando, ao mesmo tempo, como critério e limite da vontade individual no exercício dessas prerrogativas.

Já, no princípio do século XX, a autonomia da vontade e sua decorrência lógica, o princípio do *pacta sunt servanda*, sofrem sensível modificação, por conta das consequências da I Guerra Mundial. No caso, a eclosão do conflito e seus efeitos sobre os contratos já celebrados, e que deveriam ser cumpridos, fizeram-se sentir em todo o continente europeu. Então, é que, em resposta às situações que passaram a ocorrer, de impossibilidade do cumprimento das prestações pelas partes, sobretudo por conta de circunstâncias supervenientes, posteriores à celebração do contrato, mas que, ao mesmo tempo, eram imprevisíveis para os contratantes, surge, por obra da jurisprudência francesa,[13] a chamada *teoria da imprevisão*.[14] Destinada a corrigir o desequilíbrio das prestações em contratos,

---

[10] Para uma excelente síntese histórica do direito privado clássico, veja-se, entre outros: THIREAU, Jean-Louis *Introduction historique au droit*. 2 ed. Paris: Flamarion, 2003. p. 269 *et seq.*; e HALPÉRIN, Jean-Louis. *Histoire du droit prive français depuis 1804*. Paris: PUF, 2001. p. 45 *et seq.*

[11] Lembre-se da famosa frase de Bugnet, representante da escola da exegese na França: "Eu não ensino Direito Civil, ensino o Código de Napoleão".

[12] Nesse sentido, por exemplo, a reconhecida palestra de Otto von Gierke, em Viena, publicada no princípio do século XX, sob o título "Função social do direito privado". GIERKE, Otto von. *La función social del derecho privado*. Trad. Por José M. Navarro de Palencia. Madrid: Sociedad Española, 1904. No mesmo sentido, o conhecido trabalho de: RENNER, Karl. *The institutions of private law and their social functions*. Trad. Agnes Schwarzschild. London: Routledge & Kegan Paul, 1976.

[13] Em geral é citado como *leading case* da teoria da imprevisão na França o Caso da Compagnie General d'Éclairage de Bordeaux, decidido pelo Conselho de Estado, em 30 de março de 1916, em que a ocupação em razão da guerra de áreas produtoras de carvão afetou o preço da matéria-prima e, consequentemente, o custo da prestação da concessionária de serviço público, implicando a necessidade de revisão do contrato em virtude das circunstâncias imprevistas determinadas pela guerra. Para a íntegra do caso, veja-se: LONG, M. et al. *Les grands arrêts de la jurisprudence administrative*. 16. ed. Paris: Dalloz, 2007. p. 189-197.

[14] Sobre o desenvolvimento histórico da teoria da imprevisão, veja-se, entre outros: FERREIRA DA SILVA, Luis Renato. *Revisão dos contratos*: do Código Civil ao Código do Consumidor. Rio de Janeiro: Forense, 1998. p. 7 *et seq.*

em face da alteração das circunstâncias, a teoria da imprevisão fundamentou, a partir do ressurgimento da cláusula *rebus sic stantibus* ("enquanto as coisas permanecerem as mesmas"), a possibilidade de revisão do contrato, para restabelecer o equilíbrio.

A possibilidade de revisão, nesse caso, supera a premissa inicial vinculada ao princípio do *pacta sunt servanda*, de imutabilidade do contrato, uma vez que permite a alteração das prestações para corrigi-las, determinando-lhes equilíbrio, em homenagem à justiça contratual.

Adiante, as crises econômicas pelas quais passou o mundo em fins da década de 1910 e durante grande parte da década de 1920, culminando com as consequências da quebra da Bolsa de Valores de Nova York, em 1929, fizeram que a alternativa da revisão contrato, sobretudo sob o risco do inadimplemento, permanecesse a ser utilizada.

Com a Segunda Guerra Mundial, principalmente após seu término, assiste-se à profunda modificação da estrutura econômica dos países capitalistas e de seus modelos de negócio. Em grande parte impulsionada pelos avanços tecnológicos da área militar, consolida-se, após o conflito, uma *crescente indústria dos bens de consumo de massa*, assim como a crescente *massificação do crédito* e da *atividade publicitária*, como novos elementos no cenário econômico mundial. Com isso, altera-se, igualmente, o próprio modelo de contrato que inspirou as codificações do século XIX, e o próprio Código Civil brasileiro de 1916.

O *contrato*, a rigor vislumbrado como um acordo pessoal entre dois sujeitos, que negociam e estabelecem seu objeto por meio do pleno exercício da sua liberdade de contratar, tem seus traços fundamentais sensivelmente alterados.[15] Ocorre o que se convencionou denominar de *despersonalização do contrato*, ou seja, em decorrência da distância, da crescente ausência de contato direto entre os contratantes, não mais se observará uma autêntica negociação dos termos do ajuste. Os contratantes não mais se conhecem, no máximo, o contato se dá com um empregado ou preposto das empresas, muitas vezes sem poder de decisão. Ao mesmo tempo, o crescimento das empresas e a adoção de estruturas cada vez mais complexas de decisão pelas grandes corporações terminam por dar causa a que, por parte destas, passe a existir a necessidade de uniformização dos contratos celebrados, facilitando seu planejamento, e mesmo a obtenção de maiores vantagens. Nasce, aí, a figura das *condições gerais dos contratos* e dos *contratos de adesão*, que restringem a vontade de um dos contratantes apenas à decisão de celebrar ou não o ajuste, mas sem nenhuma relevância para definição do seu conteúdo.[16]

Essas circunstâncias dão origem, então, ao fenômeno dos *contratos de massa*, ou, simplesmente, o fenômeno da *massificação dos contratos*,[17] pelo qual a adoção de práticas agressivas de contratação e a sensível restrição da liberdade de contratar de uma das partes (os não profissionais, leigos) assinalam a debilidade desses sujeitos na relação contratual, indicando a necessidade do reconhecimento dessa situação pelo direito, a fim de promover

---

[15] Nesse sentido, no direito brasileiro, veja-se a lição de: GOMES, Orlando. A função do contrato. *Novos temas de direito civil.* Rio de Janeiro: Forense, 1983. p. 101-109.

[16] Para a crise da teoria contratual clássica, por todos: MARQUES, Claudia Lima. *Contratos no Código de Defesa do Consumidor.* 4. ed. São Paulo: Ed. RT, 2002. p. 52 *et seq.*

[17] ALPA, Guido. *Il diritto dei consumatori.* Roma: Laterza, 2002. p. 174.

a proteção do vulnerável. A *liberdade de contratar* e o princípio da *autonomia da vontade*, que fundamentavam o direito civil clássico, tornam-se insuficientes para assegurar a justiça e o equilíbrio nessas relações contratuais, determinando a necessidade da proteção dos mais fracos na sociedade de consumo de massas.

Isso passa, por certo, pela crítica da noção de *igualdade* advinda da Revolução Francesa, que serve de inspiração para todo o direito civil moderno.[18] A *igualdade formal*, consagrada no direito civil francês e, por sua influência, nos códigos civis de todos os países de tradição romano-germânica até então, propunha que o critério de igualdade que identificava a todos era o fato de existirem como seres humanos, embasando, por outro lado, o individualismo filosófico e, afinal, o individualismo jurídico. Nesse sentido, todos deveriam estar sujeitos a uma mesma lei e exercer sua liberdade na esfera de permissão do direito privado, em absoluta igualdade de condições jurídicas. É certo que esse conceito, que tem sua origem na reação da Revolução Francesa contra estamentos privilegiados do Antigo Regime monárquico (nobreza e clero), atendeu aos reclamos da época em que se desenvolveu e, nesse tempo, teve, certamente, uma importante função de afirmação das liberdades públicas e da proteção do indivíduo contra o Estado.

Todavia, com o advento da sociedade de consumo de massas[19] e da nova forma de produção capitalista, o reconhecimento de que, ainda que sejam todos os seres humanos substancialmente iguais, podem ocupar *posições de desigualdade* no curso das relações sociais e econômicas. Tal consideração inspirou a recuperação, pelo direito, de antiga noção de igualdade, derivada do pensamento de Aristóteles, conhecida como *igualdade material*, admitindo-se o reconhecimento de diferenças, em nesse sentido, a possibilidade de um *tratamento desigual para desiguais*. Consiste a igualdade material na proposição de que se deve tratar os iguais de modo igual, e os desiguais, desigualmente, na medida da sua desigualdade. A sociedade de consumo de massas identificou, em termos de apropriação dos bens de consumo, duas personagens bem definidas. De um lado, um sujeito cuja função econômica é consumir, adquirir os bens da vida de seu interesse ou necessidade. De outro, uma ampla e cada vez mais complexa cadeia de agentes econômicos, ocupados do processo de produção e fornecimento desses bens, que, por sua força econômica ou expertise profissional, assumem posição de poder na relação contratual com o adquirente dos produtos ou serviços fornecidos.

O direito do consumidor tem, nessa tensão entre os interesses dos agentes econômicos que se dedicam ao fornecimento de produtos e serviços e os seus consumidores, seu objeto de regulação e parte do reconhecimento da existência de uma desigualdade entre eles a justificar o estabelecimento de normas de proteção para os consumidores por intermédio da intervenção do Estado em setores que até então estavam confiados

---

[18] THIREAU, Jean-Louis *Introduction historique au droit*. 2 ed. Paris: Flamarion, 2003. p. 294.

[19] Conforme sugere Jean Baudrillard, os consumidores na sociedade de consumo contemporânea ocupam o lugar dos operários no século XIX, sem a possibilidade de intervenção do meio social, com vistas à realização de suas necessidades, ou de um tratamento adequado por parte dos demais agentes econômicos. Segundo essa compreensão do fenômeno do consumo, o poder ou a soberania do consumidor (*powerfull consumer*) existiria apenas em condições nas quais esse consumidor se contente apenas em consumir, e não se insurgir contra a estrutura da sociedade de consumo (BAUDRILLARD, Jean. *A sociedade de consumo*. Trad. Artur Morão. Lisboa: Edições 70, 2007. p. 86-87).

PARTE I · Cap. 1 · ORIGENS HISTÓRICAS DO DIREITO DO CONSUMIDOR | 9

exclusivamente à liberdade de iniciativa dos particulares. Essa distinção implicará, necessariamente, diferenciação das normas do direito do consumidor com relação ao direito civil, tanto em matéria contratual, mediante o reconhecimento de normas cogentes de formação do conteúdo do contrato e de vinculação do fornecedor, quanto em matéria de responsabilidade civil.

Nesse âmbito, as transformações do direito do consumidor em relação ao direito privado clássico são de grande importância. Em matéria de responsabilidade civil, a regra do direito privado clássico era de "nenhuma responsabilidade sem culpa", consagrando a denominada *responsabilidade subjetiva*. As crescentes modificações técnicas e econômicas do século XX e a concentração cada vez maior da população nos grandes centros urbanos, assim como seu crescimento vegetativo,[20] determinaram a insuficiência do critério, diante do surgimento de novos riscos e da dificuldade prática de demonstração da culpa em muitas situações. A noção de culpa, recepcionada pelo direito moderno[21] em face de grande influência do direito canônico e das concepções cristãs da Idade Média,[22] não se apresenta como critério útil para solução das situações das quais decorrem danos, na sociedade complexa do século XX.

No próprio direito civil, há um crescente abandono do critério da presença de culpa em diversas situações, optando-se pela adoção do critério do risco, como fundamento para imputação de responsabilidade, e dando origem à *responsabilidade objetiva*. No caso, a imputação de responsabilidade pelo risco desenvolve-se gradativamente, sobretudo em relação aos critérios de eleição dos riscos a serem considerados para atribuição da responsabilidade.

Daí é que a ciência do direito civil vai desenvolver diversas categorias de risco, indicando cada uma a determinado setor da vida de relações, visando à solução adequada da necessidade de reparação de danos.[23] Surge, então, inicialmente, o *risco-proveito*, cuja causa de imputação de responsabilidade vincula-se a quem obtenha aproveitamento econômico de certas atividades cuja realização acarrete o risco. Segue-se o *risco criado*, cujo critério de imputação considera simplesmente a atividade que tenha dado causa ao risco que venha a projetar-se como dano, sem exigir a presença de vantagem econômica decorrente dessa atividade. Por fim, há o *risco integral*, que amplia sensivelmente o âmbito de imputação de responsabilidade para todos os danos que vierem a ser causados em

---

[20] Esse crescimento vegetativo é especialmente demonstrável entre o final da Segunda Guerra Mundial e o final do século XX. Nestes quase 80 anos, a população mundial aumentou de 1 bilhão para cerca de 7 bilhões de pessoas, segundo cálculos mais recentes.

[21] Para a discussão do conceito de culpa em direito comparado, veja-se o estudo de: BUSSANI. Mário. *As peculiaridades da noção de culpa*: um estudo de direito comparado. Trad. Helena Saldanha. Porto Alegre: Livraria do Advogado, 2000. p. 9 *et seq.*

[22] CHIRONI, G. *La colpa extra contrattuale nel diritto civile odierno*. 2. ed. Torino: Fratelli Bocca Editori, 1906. v. I. p. 3 *et seq.*; MAZEAUD, Henri; MAZEAUD, Leon; TUNC, André. *Tratado teórico práctico de la responsabilidad civil delictual y contractual*. Trad. Luis Alcalá-Zamora y Castillo. Buenos Aires: Ediciones Jurídicas Europa América, 1977. p. 36 *et seq.*

[23] Para a classificação, veja-se: CAVALIERI, Sergio; DIREITO, Carlos Alberto Menezes. *Comentários ao novo Código Civil*: da responsabilidade civil, das preferências e privilégios creditórios. Rio de Janeiro: Forense, 2004. v. XIII. p. 12-16.

razão do desenvolvimento de determinada atividade, não admitindo, em regra, exceções a essa responsabilização.

O direito do consumidor, assim como a premissa da qual parte – de desigualdade fática entre consumidor e fornecedor –, impõe, então, que, em matéria de responsabilidade civil decorrente das relações de consumo, se adote o critério da responsabilidade objetiva, independentemente da demonstração de culpa. A finalidade é contemplar situações nas quais, em face da vulnerabilidade do consumidor e da ausência de conhecimento sobre a atividade de fornecimento de produtos e serviços, o fornecedor, expert em sua atividade profissional habitual, e que dá causa ao risco em razão da atividade econômica que desenvolve, responda pelos danos que dela sejam decorrentes.

É certo, contudo, que o direito do consumidor não existe por si só. Como direito especial que é, não exclui simplesmente o direito civil. Ao contrário, conforme assinala Claudia Lima Marques, o que passa a existir entre o direito do consumidor e o direito civil é uma relação de complementaridade.[24] As bases e os fundamentos do direito do consumidor, sua base conceitual, e a lógica em matéria de direito material do consumidor (contratos e responsabilidade civil) têm sua sede no Código Civil.

Por outro lado, desde o princípio da vigência do Código de Defesa do Consumidor (CDC), o direito do consumidor, dado seu caráter inovador sobre todo o direito privado e, especialmente, considerando que seu advento se deu ainda quando o direito civil brasileiro se encontrava sob a égide do Código Civil de 1916, assume um papel principal no amplo processo de renovação do direito privado brasileiro. Esse fenômeno, aliás, não se deu apenas no direito brasileiro. Na França, Nathalie Souphanor, ao estudar a influência do direito do consumo francês sobre o sistema jurídico daquele país, observa que os diferentes conflitos de leis ou de princípios tradicionais no direito civil clássico dão lugar a uma espécie de coerência restaurada, não apenas vinculada à posição hierárquica das leis mas também – sobretudo – a uma coerência funcional,[25] decorrente do pluralismo de fontes jurídicas,[26] estabelecendo influências específicas entre as diversas normas do ordenamento, em especial entre os microssistemas de direito privado e o próprio Código Civil, na condição de centro do sistema.

1.2 O DIREITO DO CONSUMIDOR E OS NOVOS DIREITOS

Em conhecida obra,[27] o jurista italiano Norberto Bobbio denominou o atual momento histórico do direito como *Era dos direitos*. A expressão cunhada por Bobbio revela uma

---

[24] Assim Claudia Lima Marques, na introdução aos nossos Comentários: MARQUES, Claudia Lima; BENJAMIN, Antônio Herman; MIRAGEM, Bruno. *Comentários ao Código de Defesa do Consumidor*. 2. ed. São Paulo: Ed. RT, 2006. p. 25-58.

[25] SOUPHANOR, Nathalie. *L'influence du droit de la consommation sur lê système juridique*. Paris: LGDJ, 2000. p. 30.

[26] Conforme propõe: JAYME, Erik. Identité culturelle et intégration: le droit international privé postmoderne – cours général de droit international privé. In: ACADÉMIE DE DROIT INTERNATIONAL DE LA HAYE. *Recueil des Cours*: Collected Courses of the Hague Academy of International Law. The Hague: Martinus Nijhoff Publishers, 1995. t. 251, II. p. 251. Entre nós, a conhecida posição de Claudia Lima Marques: MARQUES, Claudia Lima; BENJAMIN, Antônio Herman; MIRAGEM, Bruno. *Comentários ao Código de Defesa do Consumidor*. 2. ed. São Paulo: Ed. RT, 2006. p. 28-29.

[27] BOBBIO, Norberto. *A era dos direitos*. Trad. Nelson Coutinho. 11. ed. Rio de Janeiro: Campus, 1992.

das características dos tempos atuais, em que o reconhecimento dos direitos humanos no plano internacional e de direito interno adquire enorme destaque. Da mesma forma, o reconhecimento crescente dos direitos humanos em nosso tempo vai observar também uma tendência a que se vai identificar como *especificação*. Segundo o mestre italiano, essa tendência consiste "na passagem gradual, porém cada vez mais acentuada, para uma ulterior determinação dos sujeitos titulares de direitos. Ocorreu com relação aos sujeitos, o que desde o início ocorrera com relação à ideia abstrata de liberdade, que se foi progressivamente determinando em liberdades singulares e concretas". E prossegue afirmando: "Essa especificação ocorreu com relação, seja ao gênero, seja às várias fases da vida, seja à diferença entre estado normal e estados excepcionais da existência humana. Com relação ao gênero foram cada vez mais reconhecidas as diferenças específicas entre a mulher e o homem. Com relação às várias fases da vida foram-se progressivamente diferenciando os direitos da infância e da velhice, por um lado, e os do homem adulto por outro...".[28]

Essa tendência de especificação, todavia, não se restringe aos direitos humanos da segunda Declaração Universal dos Direitos do Homem, de 1948, ou mesmo não se dá de modo exclusivo no plano do direito internacional.[29] A incorporação dos direitos humanos pelo ordenamento jurídico interno dos diversos países e sua consagração como direitos fundamentais exigiram, do legislador nacional e dos operadores do direito em geral, a previsão gradativa de instrumentos que lhes deem efetividade. Da mesma maneira, o rol de direitos humanos reconhecidos *a priori* na ordem internacional, é complementado e desenvolvido ao longo do tempo, reconhecendo-se novos direitos e operando sua incorporação no direito interno. É o caso do direito do consumidor. A defesa dos consumidores, como afirma, entre nós, José Afonso da Silva, responde tanto a razões econômicas, derivadas do modo segundo o qual se desenvolve grande parte do tráfico mercantil, quanto à adaptação do texto constitucional ao estado de coisas atual, na sociedade de consumo, "em que o ter mais do que o ser é a ambição de uma grande maioria das pessoas que se satisfaz mediante o consumo".[30] Contudo, mais do que isso, quer parecer que o reconhecimento do direito do consumidor tem por objetivo a proteção da *necessidade de consumir* na sociedade de consumo. Em outros termos, consumir é condição de existência digna na sociedade de consumo de massas contemporânea. Nesse sentido, a consideração e a qualificação jurídica do ato de consumir, e das relações a ele concernentes, impõem o reconhecimento dos direitos do consumidor.

1.3 O MICROSSISTEMA DO DIREITO DO CONSUMIDOR

O direito do consumidor caracteriza-se, em nosso direito, a exemplo de outros sistemas jurídicos de sistema romano-germânico, como espécie de microssistema. A expressão "microssistema" ganhou importância a partir da conhecida obra de Natalino

---

[28] BOBBIO, Norberto. *A era dos direitos*. Trad. Nelson Coutinho. 11. ed. Rio de Janeiro: Campus, 1992. p. 62-63.

[29] Para o tema, veja-se: COMPARATO, Fábio Konder. *Afirmação histórica dos direitos humanos*. São Paulo: Saraiva, 2001. p. 134.

[30] SILVA, José Afonso da. *Curso de direito constitucional positivo*. 19. ed. São Paulo: Malheiros editores, 2000. p. 266.

Irti, na Itália, intitulada *L'età della decodificazione*,[31] cujo argumento principal sustentava que a multiplicação de leis especiais teria feito que o Código Civil perdesse condições de colocar-se como centro do sistema de direito privado. Nesse sentido, sustentava Irti, passara-se à superação da época dos grandes códigos totais, prevendo a universalidade das condutas juridicamente relevantes entre os particulares, operando-se a passagem para um período de relativa atomização das normas e relações jurídicas, que passariam a ser reguladas mais em acordo com suas distinções do que em relação a seus aspectos gerais, em vista de seus aspectos comuns.

Assim, por exemplo, ocorreu no direito francês, no qual diversas leis passam a ser editadas e a conviver com a lei geral (Código Civil), o que se apresenta, inclusive, como uma das razões para a longevidade daquela codificação, de mais de 200 anos.[32] É o caso do Código Rural de 1955, do Código de Urbanismo de 1973, do Código de Seguros de 1976, do Código de Construção e Habitação de 1978, do Código de Propriedade Intelectual de 1992 e do próprio Código do Consumo de 1993 (o qual se faz com a consolidação de diversas normas esparsas já vigentes no direito francês).[33]

Nesta realidade de diversas leis especiais, autônomas, o Código Civil deixa de ter, em um primeiro momento, qualquer espécie de influência sobre o âmbito de aplicação destes novos estatutos, que passam a constituir sistemas próprios, com centros de gravidade autônomos.[34]

O microssistema do direito do consumidor, nesse sentido, surge a partir da promulgação do Código de Defesa do Consumidor. O próprio constituinte, ao determinar, no artigo 48 do Ato das Disposições Constitucionais Transitórias, que o legislador elaboraria um código, indica uma organização normativa sistemática, de regras e princípios, orientada para a finalidade constitucional de proteção do mais fraco na relação de consumo.

A abrangência do microssistema do direito do consumidor foi definida pelo legislador brasileiro a partir da definição dos sujeitos da relação de consumo – consumidor e fornecedor – e do seu objeto – o produto ou serviço. No caso, trata-se de conceitos relacionais, ou seja, a identificação de um consumidor em dada posição jurídica depende da existência de um fornecedor na mesma relação, e um só existirá, quando existir o outro.

A própria estrutura do CDC, nesse sentido, possui características de codificação, uma vez que dá tratamento abrangente àquela relação jurídica específica que elege para regular. Estruturam-se, a partir da identificação do âmbito de incidência da lei, seus princípios (artigo 4º) e direitos básicos do sujeito protegido (eficácia da norma, artigo 6º), assim como os aspectos principais do direito material do consumidor (contratos e responsabilidade civil), direito processual (tutela especial do consumidor), direito administrativo (competências e sanções) e direito penal (crimes de consumo). Faz-se, portanto, um corte transversal em diversas disciplinas jurídicas, incorporando, em uma

---

[31]   IRTI, Natalino. *L'etat della decodificazione*. 3. ed. Milano: Giuffrè, 1989.

[32]   Nesse sentido: AGUIAR JÚNIOR, Ruy Rosado de. Os contratos no Código Civil francês e no Código Civil brasileiro. *Revista do Centro de Estudos Judiciários*, Brasília, n. 28, p. 5-14, jan.-mar. 2005.

[33]   CALAIS-AULOY, Jean; STEINMETZ, Frank. *Droit de la consummation*. 5. ed. Paris: Dalloz, 2000. p. 2-3.

[34]   TEPEDINO, Gustavo. O Código Civil, os chamados microssistemas e a Constituição: premissas para uma reforma legislativa. *Problemas de direito civil-constitucional*. Rio de Janeiro: Renovar, 2000. p. 1-16.

só lei, aspectos próprios de distintos ramos do direito vinculados logicamente pela ideia-força do CDC, de proteção do consumidor. Daí a ideia de que o consumidor é o sujeito a quem o CDC confere direitos subjetivos específicos, o que, naturalmente, não elimina a elementar constatação de que também será titular de deveres e obrigações, sobretudo os que decorram do próprio contrato de consumo, como é o caso da contraprestação com a qual se compromete, em vista da comutatividade do contrato.[35]

Da mesma forma, a definição legal de consumidor, eixo central de determinação do âmbito de aplicação do CDC, é realizada pelo legislador com atenção à Constituição, que estabelece o imperativo da defesa dos seus interesses. O princípio orientador, que, ao mesmo tempo, justifica e orienta a defesa do consumidor, é o da sua vulnerabilidade, que se apresenta como presunção legal: todo consumidor é vulnerável e, por isso, é destinatário de proteção jurídica especial do Código.

---

[35] STJ, AgInt no REsp 1.278.178/MG, 4ª Turma, Rel. Min. Luis Felipe Salomão, j. 18.05.2017, *DJe* 23.05.2017.

2

FUNDAMENTO CONSTITUCIONAL DO DIREITO DO CONSUMIDOR BRASILEIRO

Na exata constatação de Robert Alexy, "os direitos humanos só podem desenvolver seu pleno vigor quando garantidos por normas de direito positivo, isto é, transformados em direito positivo".[1] O constituinte brasileiro, afeito a essa constatação, não apenas garantiu os direitos do consumidor como direito e princípio fundamental mas também determinou ao legislador a realização de um sistema com caráter normativo, que garantisse a proteção estabelecida pela Constituição. O Código de Defesa do Consumidor, consagrando um novo microssistema de direitos e deveres inerentes às relações de consumo, aproxima de modo mais efetivo suas proposições normativas dos fatos da vida que regula. Distingue-se, nesse ponto, da tradição histórica dos códigos de direito privado, de resto construídos sob os auspícios da racionalidade liberal-individualista dos séculos XVIII e XIX.[2] A razão dessa característica do direito do consumidor se encontra basicamente em dois fatos. Primeiro, o de que o significado do sujeito designado como consumidor nasce na *teoria econômica*, sobretudo a partir da identificação de uma *realidade econômica*.[3] Segundo, a característica própria do código que, ao determinar o âmbito de incidência da norma, recorre à definição e aos sujeitos que compõem a relação jurídica de consumo (consumidor

---

[1] ALEXY, Robert. *Teoría del discurso y derechos humanos*. Trad. Luis Villar Borda. Bogotá: Universidad Externado de Colombia, 1995. p. 93.

[2] A respeito, veja-se: WIEACKER, Franz. *História do direito privado moderno*. Lisboa: Fundação Calouste Gubenkian, 1993. p. 305 *et seq*. Igualmente, a *abordagem* de Judith Martins-Costa. *A boa-fé no direito privado*: sistema e tópica no processo obrigacional. São Paulo: Ed. RT, 1999. p. 136 *et seq*.

[3] Nesse sentido as conclusões de Fábio Konder Comparato, em estudo pioneiro na doutrina nacional, de que a realidade das relações entre produtores e consumidores no sistema capitalista forçou o reconhecimento dos economistas de que "a realidade primária a ser levada em consideração, na análise de mercado, não são as necessidades individuais dos consumidores e sim o poder econômico dos organismos produtores, públicos ou privados" (COMPARATO, Fábio Konder. A proteção do consumidor. Importante capítulo do direito econômico. *Revista da Consultoria-Geral do Estado do RS*, Porto Alegre, v. 6, n. 14, p. 81-105, 1976). Essa referência leva a desmistificação do consumidor como elemento determinante do processo econômico, em razão da sua capacidade de determinar a demanda (posição ativa). Em regra, a sofisticação dos processos produtivos determinou a inversão dessa lógica primária, indicando ao consumidor, sobretudo na sociedade pós-moderna de serviços, o papel de receptor de ofertas e convites a contratar de modo intenso, que determina à *oferta* uma posição prevalente em relação à *demanda*, e a situação reflexiva do consumidor em relação ao produtor/fornecedor (posição passiva). No mesmo sentido, para a compreensão do fenômeno no processo de desenvolvimento econômico, veja-se: MOORE JR. Barrington. *Aspectos morais do crescimento econômico*. Rio de Janeiro: Record, 1999. p. 11 *et seq*. Sobre o chamado *movimento dos consumidores* nos países anglo-saxões e seus reflexos jurídicos, veja-se: ALPA, Guido. *Il diritto dei consumatori*. Roma: Laterza, 2002. p. 3-13.

e fornecedor). Esta opção legislativa, embora reconhecidamente desaconselhável no que diz respeito à atividade legislativa, neste caso teve sua razão de ser.[4]

O CDC, como é sabido, surge de expressa determinação constitucional (artigo 48 do ADCT). Tanto na consagração do direito do consumidor como direito fundamental (artigo 5º, XXXII), no seu estabelecimento como princípio da ordem econômica (artigo 170, V), quanto na previsão expressa da competência legislativa da União para legislar sobre responsabilidade por danos causados (artigo 24, VIII), resta identificado como sujeito específico, titular de um direito subjetivo constitucional. Assim, a referência à relação de consumo, como realiza o Código de Defesa do Consumidor, constitui, na verdade, uma estratégia legislativa para identificar, a partir desta, um dos seus sujeitos, e determinar-lhe a proteção. Não há, portanto, uma determinação constitucional de proteção do consumo, mas do consumidor – nas palavras de Claudia Lima Marques, um novo sujeito pós-moderno de direitos.[5]

A consagração de direitos fundamentais para sujeitos de relações privadas, como o consumidor na relação de consumo, choca-se com o conceito liberal clássico de Constituição e sua definição como documento de organização e limitação do poder político.[6] Todavia, é animada por uma nova concepção sobre o sentido e a função da Constituição,[7]

---

[4] Nesse sentido: FILOMENO, José Geraldo Brito et al. *Código Brasileiro de Defesa do Consumidor*: comentado pelos autores do anteprojeto. 6. ed. Rio de Janeiro: Forense Universitária, 1999. p. 17-27. Indica o professor paulista que, ao tempo em que se procurou definir o consumidor de acordo com o significado estritamente econômico do termo, a definição de fornecedor prestou-se à máxima amplitude. Tal opção prende-se à finalidade de excluir do significado de consumidor qualquer sentido de ordem sociológica, psicológica, filosófica ou mesmo literária, permitindo apenas a tomada dos conceitos em termos individuais, coletivos ou por equiparação.

[5] MARQUES, Claudia Lima. Direitos básicos do consumidor na sociedade pós-moderna de serviços: o aparecimento de um sujeito novo e a realização de seus direitos. *Revista de Direito do Consumidor*, São Paulo, v. 35. p. 61-96, jul.-set. 2000. p. 67. Segundo a autora, a noção de sujeito de direito pós-moderno, ou sujeito perfeito, significa que este recebe direitos eficientes e não apenas programáticos, no que estaria adaptado à perspectiva pós-moderna de pluralismo de sujeitos e de leis. A reconhecida análise baseia-se na teoria do professor da Universidade de Heidelberg Erik Jayme, que, ao examinar os reflexos da cultura pós-moderna no direito, identifica o fenômeno de perda do referencial da verdade do discurso jurídico, mas, ao mesmo tempo, o reconhecimento de direitos individuais à diferença, ou seja, sujeitos diferentes reclamando tratamento legal que respeite essa diferença. Segundo Jayme: "Cette affirmation de la différence peut apparaître contraire au principe fondamental, énonce dans plusiers instruments des Nations Unis, de l'égalite de l'homme sans distinction de race, de sexe, de langue ou de religion et aux droits a un traitement égal dans le domaine social, économique et comercial. A mon avis, le contraste n'est qu'apparent. Le principe de l'égalite exige que les situations différents soient traitées différemment". Conforme JAYME, Erik. Identité culturelle et intégration: le droit international privé postmoderne – cours général de droit international privé. In: ACADÉMIE DE DROIT INTERNATIONAL DE LA HAYE. *Recueil des Cours*: Collected Courses of the Hague Academy of International Law. The Hague: Martinus Nijhoff Publishers, 1995. t. 251, II. p. 251.

[6] De acordo com essa concepção liberal-clássica de Constituição, *materialmente constitucionais* seriam apenas as normas que regulassem a organização e o exercício do poder político, bem como as prerrogativas dos jurisdicionados de participação nas questões públicas. As demais, embora consagradas na Constituição, só o seriam em caráter formal, uma vez que estranhas ao caráter impresso pelo artigo 16 da Declaração Universal dos Direitos do Homem e do Cidadão, de 27 de agosto de 1789, que delimitava o caráter das normas constitucionais em conhecidos termos.

[7] Segundo José Afonso da Silva, as constituições contemporâneas constituem-se de normas que regulam e determinam finalidades a matérias as mais diversas, razão pela qual possuem um *caráter polifacético* constituído pelos diversos elementos formadores dessas constituições, quais sejam: (a) *elementos orgânicos*,

PARTE I · Cap. 2 · FUNDAMENTO CONSTITUCIONAL DO DIREITO DO CONSUMIDOR BRASILEIRO | 17

construída a partir do princípio da dignidade da pessoa humana, como base da liberdade, da justiça e da paz – de acordo com o preconizado pela Declaração Universal dos Direitos do Homem da ONU, de 10 de dezembro de 1948.

Em face desse novo significado de Constituição, cujas raízes históricas fogem do objeto do presente estudo – mas guardam sua origem nas transformações sociais profundas desde o início do século XX[8] –, um novo fenômeno de aproximação entre as esferas pública e privada passa a ser realizado. A separação entre o público e o privado, que, no direito, se manifestava, até então, por rígida dicotomia visando à preservação da liberdade individual do homem burguês em relação ao Estado, é superada, sobretudo, pela elevação à esfera constitucional de inúmeras matérias tradicionalmente reguladas por normas ordinárias. A partir desse fenômeno, então, cada uma das categorias fundantes do direito privado (*pessoa, família, propriedade* e *contrato*) passa a estar presente – em maior ou menor grau – na Constituição.[9] Em relação à pessoa, sujeito de direitos, ou seja, em relação a quem as Constituições passam a afirmar expressamente sua dignidade e a disciplinar, em detalhes, seus respectivos direitos, essa transformação será de tal relevância que dará causa a entendimentos identificando o próprio direito civil como espécie de direito constitucional da pessoa, tal a importância da sua tutela.[10]

No Brasil, os reflexos desse fenômeno da *constitucionalização do direito civil* vão se apresentar, de modo expressivo, na Constituição de 1988, por intermédio da disciplina constitucional dos temas vinculados historicamente ao direito privado, e regulados com pretensão exaustiva pelo Código Civil de 1916. Assim, por exemplo, a *propriedade,*[11] a *família*[12] e a *criança e o adolescente*[13] receberam extensa regulação por parte das normas constitucionais. Esta nova realidade, como vai demonstrar Gustavo Tepedino, rompe, do ponto de vista legislativo, com os valores de estabilidade e segurança pretendidos pelo Código Civil de 1916, determinando ao intérprete a tarefa de redesenhar o tecido do direito civil à luz da nova Constituição. Da mesma forma, o legislador intervém nas relações de direito privado, modificando o eixo de referência deste, do Código Civil para a Constituição.[14]

---

que regulam a estrutura do Estado e do Poder; (b) *elementos limitativos,* que se manifestam nas normas que consubstanciam os direitos e as garantias fundamentais; (c) *elementos socioideológicos,* que revelam o estado de compromisso das Constituições entre o Estado individualista e o Estado social; (d) *elementos de estabilização constitucional,* consagrados nas normas de resolução dos conflitos constitucionais e de defesa da Constituição; e (e) *elementos formais de aplicabilidade,* constituídos pelas normas que indicam quais das normas que estabelecem direitos e garantias fundamentais têm aplicação imediata (SILVA, José Afonso. *Curso de direito constitucional positivo.* 19. ed. São Paulo: Malheiros Editores, 2001. p. 44-45).

[8] A respeito, o reconhecido estudo de HOBSBAWM, Eric. *A era dos extremos:* o breve século XX (1914-1991). São Paulo: Companhia das Letras, 1996.

[9] HESSE, Konrad. *Derecho constitucional y derecho privado.* Madrid: Civitas, 1991. p. 70.

[10] HESSE, Konrad. *Derecho constitucional y derecho privado.* Madrid: Civitas, 1991. p. 71-72.

[11] Artigo 5º, XXII, XXIII, XXIV, XXV, XXVI, XXVII, XXVIII, XXIX, XXX e XXXI; artigo 170, II e III; artigo 225, § 1º, III, IV, V, VII e § 2º.

[12] Artigos 226 e 229.

[13] Artigo 227.

[14] TEPEDINO, Gustavo. *Temas de direito civil.* Rio de Janeiro: Renovar, 1999. p. 13. Em verdade, o impacto do Código Civil no direito brasileiro do início do século XX foi, sem dúvida, de uma energia incomparável, dados os próprios atributos que se pretendiam determinar ao Código, como a "constituição do direito

CURSO DE DIREITO DO CONSUMIDOR – *Bruno Miragem*

A incorporação, pela Constituição da República, de relações jurídicas antes determinadas pelo direito civil faz que os direitos de titularidade dos sujeitos dessas relações jurídico-privadas também comportem uma alteração qualitativa de *status*, passando a se caracterizar como direitos subjetivos de matriz constitucional. Essa alteração, antes de significar mero artifício dogmático, tem consequências concretas na tutela dos respectivos direitos. No *mínimo*, estabelecendo-os como *preferenciais* em relação a outros direitos de matriz infraconstitucional. No *máximo*, determinando providências concretas para sua *realização*.

Sobre essas premissas é que se assenta a investigação acerca do significado específico do direito do consumidor e sua previsão expressa na Constituição de 1988 como direito fundamental (artigo 5º, XXXII) e princípio da ordem econômica (artigo 170, V). A importância desse exame se destaca, sobretudo quando existam situações específicas de aparente colisão desses direitos com outros, de fundamento jurídico diverso, como são exemplos as normas de proteção do consumidor e as exigências administrativas (inclusive veiculadas por intermédio de normas administrativas) da prestação dos serviços públicos,[15] ou mesmo a definição dos âmbitos de aplicação das normas do Código de Defesa do Consumidor em relação às situações reguladas pelo Código Civil.

2.1 A DEFESA DO CONSUMIDOR COMO DIREITO FUNDAMENTAL

A caracterização da defesa do consumidor como direito fundamental no ordenamento jurídico brasileiro surge da sua localização, na Constituição de 1988, no artigo 5º, XXXII, que determina, expressamente: "O Estado promoverá, na forma da lei, a defesa do consumidor". Insere-se a determinação constitucional, pois, no Capítulo I, "Dos direitos e deveres individuais e coletivos", do Título II, "Dos direitos e garantias fundamentais". Como primeiro efeito dessa localização topográfica do direito do consumidor no texto constitucional, tem-se assentado, na doutrina e na jurisprudência brasileira, que a localização do preceito constitucional nesse setor privilegiado da Constituição, a rigor, o coloca a salvo da possibilidade de reforma pelo poder constituinte instituído.[16]

Os direitos fundamentais, no sentido observado pela moderna doutrina constitucional, constituem a base axiológica e lógica sobre a qual se assenta o ordenamento jurídico.[17] Por essa razão, colocam-se em posição superior relativamente aos demais preceitos do

---

privado". É esclarecedor, para a compreensão das modificações substantivas das relações entre o direito privado e a Constituição, o exame do entendimento de Clóvis Beviláqua sobre os reflexos da então novel Constituição de 1934 sobre o direito civil, na comparação com os atuais estudos acerca dessas relações. Dos diversos aspectos da Constituição de 1988 já referidos, em 1934 o único que se afigura relevante, sobretudo pelo seu caráter de inovação, é o regime jurídico constitucional da propriedade, tornando defeso o exercício desse direito "contra o interesse social e coletivo, na forma que a lei determinar". Assim: BEVILÁQUA, Clóvis. A Constituição e o Código Civil. *Revista dos Tribunais*, São Paulo, v. 97, ano 34, p. 31-38, set. 1935.

15   O CDC, em seu artigo 22, prevê que os serviços públicos deverão ser adequados, eficientes, seguros e, quanto aos essenciais, contínuos. A respeito, veja-se o item 5.4.3, *infra*.

16   Segundo o artigo 60, § 4º, IV, da Constituição, que estabelece a vedação de que seja objeto de deliberação a proposta de emenda tendente a abolir os direitos e as garantias individuais.

17   PERLINGIERI, Pietro. *Il diritto civile nella legalità costituzionale*. 2. ed. Napoli: Edizioni Scientifiche Italiane, 1991. p. 192 *et seq*. No mesmo sentido: Heck, Luiz Afonso. Direitos fundamentais e sua influência no direito civil. *Revista da Faculdade de Direito da UFRGS*, Porto Alegre, v. 16, p. 112, 1999.

PARTE I • Cap. 2 • FUNDAMENTO CONSTITUCIONAL DO DIREITO DO CONSUMIDOR BRASILEIRO | 19

sistema de normas que conformam o ordenamento. De outro modo, embora encerrem os valores fundantes de determinado sistema jurídico, não se apresentam da mesma forma, ou com idêntica potencialidade para realização ou produção de efeitos. Em regra, a eficácia dos direitos fundamentais vincula-se à norma constitucional que determina seu *status* e, em razão disso, depende desta para a produção dos respectivos efeitos.[18]

A Carta dos Direitos Fundamentais da União Europeia, de 7 de dezembro de 2000 (*DO* 18.12.2000), consagra, expressamente, em seu artigo 38, que "as políticas da União devem assegurar um elevado nível de defesa dos consumidores". Nesse sentido, é preciso identificar, no seu preâmbulo, a consideração da necessidade de conferir maior visibilidade aos direitos fundamentais por intermédio daquela Carta, a fim de reforçar sua proteção "à luz da evolução da sociedade, do progresso social e da evolução científica e tecnológica".

Com relação ao direito do consumidor, tomando por base a doutrina dos direitos fundamentais de Robert Alexy, podemos identificá-los como espécies de *direitos de proteção*, pelos quais o titular do direito o exerce diante do Estado para que este o proteja da intervenção de terceiros.[19] Nesse sentido, o direito do consumidor se constitui, antes de tudo, em *direito à proteção do Estado contra a intervenção de terceiros*, de modo que a qualidade de consumidor lhe atribui determinados direitos oponíveis, em regra, aos entes privados e, em menor grau (com relação a alguns serviços públicos), ao próprio Estado (*e.g.*, o artigo 22 do CDC).

Essa proteção conferida ao consumidor corresponde, ao mesmo tempo, a um dever do Estado de *promover* esse direito.[20] Quanto à forma determinada na Constituição para

---

[18] A respeito da eficácia das normas constitucionais, veja-se, na doutrina brasileira: SILVA, José Afonso da. *Aplicabilidade das normas constitucionais*. 3. ed. São Paulo: Malheiros Editores, 1998. Também: DINIZ, Maria Helena. *Norma constitucional e seus efeitos*. São Paulo: Saraiva, 1989.

[19] ALEXY, Robert. *Teoría de los derechos fundamentales*. Madrid: Centro de Estudios Constitucionales, 1997. p. 435. Entre nós, veja-se: SARLET, Ingo Wolfgang. Os direitos fundamentais sociais na Constituição de 1988. *Revista de Direito do Consumidor*, São Paulo, v. 30, p. 97-124, abr.-jun. 1999. As formas de proteção se estabelecem tanto do ponto de vista legislativo, consagrando direitos e garantias objetivas, quanto por meios reais de tutela desses direitos, a partir de institutos processuais próprios. Veja-se a respeito: BARROSO, Luís Roberto. *O direito constitucional e a efetividade de suas normas*. 5. ed. Rio de Janeiro: Renovar, 2001. Em especial: p. 123 *et seq.*

[20] Assim o artigo 60 da Constituição portuguesa, que consagra o direito dos consumidores à qualidade dos bens e serviços consumidos, à formação e à informação e à proteção de sua saúde, segurança e seus direitos econômicos, bem como a reparação dos danos sofridos. O artigo que estabelece a defesa do consumidor, diga-se, deve ser observado em razão do artigo 9º da mesma Constituição, que, em sua redação determinada pela Reforma de 1982, estabelece como missão fundamental do Estado "acrescer o bem-estar e a qualidade de vida do povo e a igualdade real entre os portugueses, assim como a efetividade dos direitos econômicos, sociais e culturais...". A Constituição espanhola, em seu artigo 51, primeira parte, dispõe: "Os poderes públicos garantirão a defesa dos consumidores e usuários, protegendo mediante procedimentos eficazes, a segurança, a saúde e os legítimos interesses econômicos dos mesmos" (tradução livre). Observe-se a força normativa dos comandos expressos "defesa", "protegendo", "procedimentos eficazes", "legítimos interesses", que vão ser estabelecidos pela Lei 26, de 19 de julho de 1984. No direito argentino, a previsão constitucional da defesa do consumidor se dá a partir da introdução do artigo 42, com a seguinte redação: "Os consumidores e usuários de bens e serviços têm direito, na relação de consumo, à proteção de sua saúde, segurança, e interesses econômicos; a uma informação adequada e veraz; à liberdade de escolha, e a condições de tratamento equitativo e digno. As autoridades proverão a proteção desses direitos, a educação para o consumo, a defesa da concorrência contra toda forma de distorção dos mercados, ao controle dos monopólios naturais e legais, a qualidade e eficiência dos serviços públicos e a constituição de associações de consumidores e usuários. A legislação estabelecerá

a realização do dever, ela se dá por intermédio da atividade do legislador ordinário (a locução "na forma da lei", do preceito constitucional). A Constituição, desse modo, assinala o *dever do Estado* de promover a proteção, indicando a decisão de como realizá-la ao legislador ordinário.[21]

A forma como se passa a compreender os direitos fundamentais, sobretudo a partir da interpretação que lhes dá a Corte Constitucional Alemã, pela aplicação da Lei Fundamental de Bonn, faz que o Estado evolua da posição de adversário – típica da conformação dos chamados *direitos-liberdades* – para uma posição de *garantidor* desses direitos,[22] o que vai determinar do Poder Público não apenas uma proibição do excesso, mas também a proibição da omissão. Fica estabelecido ao Poder Público, a partir da Constituição, um dever de agir, de atuar positivamente na realização dos direitos fundamentais.

Por outro lado, o estabelecimento de proteções e distinções com base em determinadas qualidades individuais do sujeito a quem estas aproveitam sempre faz emergir a questão relativa ao respeito à igualdade. Concretamente, até que ponto aquele a quem se vai determinar como destinatário de proteção jurídica não irá, em razão dessa proteção, estar desrespeitando ou contradizendo o *direito à igualdade*, de mesmo *status* constitucional. No caso dos direitos do consumidor, até que ponto este não romperá com uma relação necessária de igualdade em face dos demais sujeitos, e notadamente quanto ao fornecedor, copartícipe da relação jurídica de consumo?

A doutrina consumerista desde sempre argumenta que, ao estabelecer-se proteção específica ao consumidor, o que se promove é a *equalização*, por meio do direito, de uma relação *faticamente desigual*. Nesse sentido, soa ilusória a percepção de uma relação fática de igualdade em fenômenos nos quais os agentes econômicos distinguem-se pelo poder econômico ou pelo conhecimento e domínio técnico de que dispõem, o que lhes confere determinada dimensão e feixe de prerrogativas no âmbito negocial.[23] Na verdade, o que se convencionou indicar como relação de igualdade, sobretudo centrada na figura do contrato entre *livres* e *iguais*, tratou-se de uma conformação própria do liberalismo político

---

procedimentos eficazes para a prevenção e solução de conflitos, e os marcos regulatórios dos serviços públicos de competência nacional, prevendo a necessária participação das associações de consumidores e de usuários e das províncias interessadas, nos organismos de controle" (tradução livre). Nesse sentido, veja-se: STIGLITZ, Gabriel. Constitucionalización del derecho del consumidor: experiencia argentina. *Revista de Direito do Consumidor*, São Paulo, v. 113, p. 57-63, set.-out. 2017. Sobre a evolução histórica do direito do consumidor argentino, veja-se: S STIGLITZ, Gabriel. Evolución del derecho del consumidor en Argentina. In: STIGLITZ, Gabriel; HERNÁNDEZ, Carlos A (org.). *Tratado de derecho del consumidor*. Buenos Aires: La Ley, 2015. t. I. p. 231 e ss.

[21] No mesmo sentido a jurisprudência constitucional alemã, sublinhada por Alexy, pela qual a decisão de como realizar o dever se encontra, "em primeira linha", "em grande medida" ou "basicamente", com o legislador. Assim o exemplo que cita o autor, do dever de proteção da vida humana, cuja forma de realizá-lo pela escolha de medidas de proteção adequadas e devidas estará na esfera da decisão do Estado (ALEXY, Robert. *Teoría de los derechos fundamentales*. Madrid: Centro de Estudios Constitucionales, 1997. p. 448).

[22] Assim: MENDES, Gilmar Ferreira. *Hermenêutica constitucional e direitos fundamentais*. Brasília: Brasília Jurídica, 2000. p. 209.

[23] ALMEIDA, Carlos Ferreira. *Os direitos dos consumidores*. Coimbra: Almedina, 1982. p. 18. Trata-se do que Canotilho denomina "poderes privados", passíveis, portanto, de uma eficácia horizontal dos direitos fundamentais, protegendo-os contra violação (CANOTILHO, J. J. Gomes. *Direito constitucional e teoria da constituição*. 2. ed. Lisboa: Almedina, 1998. p. 1.157.

e econômico, traduzido no *individualismo jurídico*, que acabou por redundar no dogma da autonomia da vontade. Fundado na ideia de *liberdade para contratar entre iguais*,[24] do que, consequentemente, surgiu a força obrigatória dos pactos contraídos entre homens livres (*pacta sunt servanda*), o único modo de excluir-se da vinculatividade da obrigação, por muito tempo, fora a alegação dos chamados vícios de consentimento.[25] Concentrou--se, pois, na construção de um significado de igualdade jurídica abstrata, manifestada, especialmente, por meio do instituto do contrato,[26] mas que não guardava relação com a situação fática específica.

Nesse aspecto reside o argumento de força que permite sustentar a não violação do direito à igualdade pelo estabelecimento de direitos de proteção em relação ao consumidor. A distinção que propõe Robert Alexy, entre a chamada *igualdade jurídica* (*de iure*) e a *igualdade de fato*, é o cerne da justificação dos chamados *direitos de proteção* que propõe. A interpretação da Corte Constitucional Alemã, conforme indica Alexy, é extremamente ambígua, mas desta avulta o entendimento de que o legislador, a princípio, não pode conformar-se em aceitar as diferenças de fato existentes em determinada situação, se estas são incompatíveis com exigências de justiça. Havendo essa incompatibilidade, deverá eliminá-la.[27] Nesse sentido, a fórmula a que se chega para fundamentar a não violação do direito à igualdade – e, em alguma medida, a isonomia – pelo estabelecimento do direito de proteção do consumidor é a clássica fórmula de raiz aristotélica sobre a igualdade, do *tratamento igual aos iguais e desigual aos desiguais na medida da sua desigualdade*. Em se tratando da relação de consumo, a figura da desigualdade fática é que legitimará o tratamento jurídico desigual na medida dessa desigualdade real.

Do ponto de vista jurídico, Alexy indica a estrutura do direito subjetivo à igualdade, a partir das seguintes fórmulas: "(a) Se não há nenhuma razão suficiente para a permissão de um tratamento desigual, então está ordenado um tratamento igual; (b) Se há uma razão suficiente para ordenar um tratamento desigual, então está ordenado um tratamento desigual".[28] A desigualdade, *in casu*, reside na posição favorecida do fornecedor em relação ao consumidor, sobretudo em razão de um pressuposto poder econômico ou técnico mais significativo, que corresponderá, necessariamente, a uma posição de fragilidade e exposição do consumidor, o que se convencionou denominar de *vulnerabilidade* deste em relação àquele.

---

[24] Sobre o questionamento pós-moderno do paradigma da igualdade dos contratantes, veja-se: GHERSI, Carlos Alberto. La paradoja de la igualdad del consumidor en la dogmatica contractual. *Revista de Direito do Consumidor*, São Paulo, v. 36, p. 38-44, out.-dez. 2000. No mesmo sentido: PINTO VIEIRA, Ana Lúcia. O princípio constitucional da igualdade e o direito do consumidor. Belo Horizonte: Mandamentos, 2002. p. 59 *et seq.*

[25] MARQUES, Claudia Lima. *Contratos no Código de Defesa do Consumidor*. 4. ed. São Paulo: Ed. RT, 2002. p. 44.

[26] Interessante a respeito, a caracterização de Guido Alpa, sobre o conteúdo abstrato da noção de igualdade contratual no seu: ALPA, Guido. *Tutela del consumatore e controllo sull'impresa*. Bologna: Il Mulino, 1977. p. 79-80.

[27] ALEXY, Robert. *Teoría de los derechos fundamentales*. Madrid: Centro de Estudios Constitucionales, 1997. p. 407.

[28] ALEXY, Robert. *Teoría de los derechos fundamentales*. Madrid: Centro de Estudios Constitucionales, 1997. p. 416.

22 | CURSO DE DIREITO DO CONSUMIDOR – *Bruno Miragem*

Uma segunda questão a ser enfrentada acerca do direito do consumidor consiste no esclarecimento se esse direito subjetivo se constitui um direito humano, no sentido atribuído a esse conceito pela doutrina jurídica. Por direitos humanos, há, no plano histórico, uma série de direitos inatos declarados por intermédio da célebre *Declaração Universal dos Direitos do Homem e do Cidadão*, de 1789, à qual se seguiram outros documentos,[29] e, no século XX, há sua expressão de maior relevo na *Declaração Universal dos Direitos Humanos*, de 10 de dezembro de 1948. Nesse aspecto, a expressão *direitos humanos*, como é intuitivo, traz em si a consideração de que é pressuposto necessário a um *direito humano* que o seu titular seja uma *pessoa humana*. Tanto é verdade que, a rigor, o principal fundamento de apoio e legitimidade dos direitos fundamentais a que reconduz todo o seu sistema de proteção é o *princípio da dignidade da pessoa humana*. No exato entendimento de Ingo Wolfgang Sarlet, constitui a dignidade da pessoa o elemento que confere unidade de sentido e legitimidade a determinada ordem constitucional,[30] de modo que todos os direitos e garantias nela estabelecidos guardam uma vinculação maior ou menor com esse princípio.[31]

O princípio da dignidade da pessoa humana, nesse aspecto, servirá igualmente como elemento de legitimidade dos direitos sociais, econômicos e culturais da Constituição,[32] sobretudo ao manifestar o reconhecimento da pessoa humana como valor-fonte do direito,[33] e seu posicionamento a partir de uma dimensão histórica de pessoa, do sentido e da consciência que tenha de si e da necessidade do alargamento em todos os domínios da vida.[34]

A referência a um novo sujeito de direitos, o consumidor, é, antes de tudo, o reconhecimento de uma posição jurídica da pessoa em determinada relação de consumo, bem como a proteção do mais fraco (princípio do *favor debilis*).[35] A rigor, todas as pessoas são, em algum tempo, ou em dado número de relações jurídicas, consumidoras. Nessa perspectiva, a caracterização dos *direitos do consumidor* como *direitos humanos* revela o

---

[29] Conforme Nicola Matteucci, no verbete "Direitos humanos". In: BOBBIO, Norberto; MATTEUCCI, Nicola; PASQUINO, Gianfranco. *Dicionário de política*. 9. ed. Brasília: Editora da UnB, 1997. p. 353-4.

[30] SARLET, Ingo Wolfgang. *Dignidade da pessoa humana e direitos fundamentais*. Porto Alegre: Livraria do Advogado, 2001. p. 79.

[31] SARLET, Ingo Wolfgang. *Dignidade da pessoa humana e direitos fundamentais*. Porto Alegre: Livraria do Advogado, 2001. p. 87.

[32] SARLET, Ingo Wolfgang. *Dignidade da pessoa humana e direitos fundamentais*. Porto Alegre: Livraria do Advogado, 2001. p. 92.

[33] Nesse sentido: REALE, Miguel. *A nova fase do direito moderno*. 2. ed. São Paulo: Saraiva, 1998. p. 59 e ss.

[34] MIRANDA, Jorge. *Manual de direito constitucional*. 2. ed. Coimbra: Coimbra Editora, 1998. t. IV. p. 44-45. Elucidativo também o conceito de dignidade da pessoa humana do professor gaúcho Ingo Wolfgang Sarlet, qual seja, o de "qualidade intrínseca e distintiva de cada ser humano que o faz merecedor do mesmo respeito e consideração por parte do Estado e da comunidade, implicando neste sentido, um complexo de direitos e deveres fundamentais, que assegurem a pessoa tanto contra todo e qualquer ato de cunho degradante e desumano, como venham a lhe garantir condições existenciais mínimas para uma vida saudável, além de propiciar e promover sua participação ativa e corresponsável nos destinos da própria existência e da vida em comunhão com os demais seres humanos" (SARLET, Ingo Wolfgang. *Dignidade da pessoa humana e direitos fundamentais*. Porto Alegre: Livraria do Advogado, 2001. p. 60).

[35] LORENZETTI, Ricardo L. *Consumidores*. Buenos Aires: Rubinzal Culzoni, 2003. p. 15-16.

PARTE I • Cap. 2 • FUNDAMENTO CONSTITUCIONAL DO DIREITO DO CONSUMIDOR BRASILEIRO | 23

reconhecimento jurídico[36] de uma necessidade humana essencial, que é a *necessidade do consumo*. Assim demonstram os conhecidos estudos que buscam aproximar as noções de *necessidades* e *direitos*.[37] Sobretudo, quando da verificação das normas positivas que detalham os direitos dos consumidores, observam-se expressões que dizem respeito, especialmente, à tutela da dimensão personalíssima do consumidor.[38]

Ocorre que a definição legal de consumidor no direito brasileiro abrange, como se verá adiante, "toda pessoa física ou jurídica que adquire produto ou serviço como destinatário final" (artigo 2º). A questão que se apresenta é justamente de se considerar como titular de direitos fundamentais uma pessoa jurídica. É certo que tal seria impensável do ponto de vista lógico-jurídico. Todavia, nota-se que também a pessoa jurídica se compõe de pessoas naturais, e, nesse sentido, a eficácia dos direitos fundamentais abrange, igualmente, a proteção de interesses e direitos de seus sócios e administradores e mesmo da própria pessoa jurídica como projeção daqueles.[39] Imagine-se, por exemplo, a proteção do sigilo bancário de uma pessoa jurídica, largamente reconhecida em nosso direito. É hipótese de proteção de direitos fundamentais a partir da garantia de sigilo de informações de pessoa jurídica que, tipicamente, serve de instrumento à realização de atividade econômica por parte de seus sócios, administradores e empregados. A proteção do consumidor, nesse sentido, visa à proteção de um bem jurídico supraindividual, integrado tanto pelo consumidor individual quanto pela coletividade de consumidores. Nesse contexto, a definição legal estabelecida no CDC não parece destoar da proteção constitucional endereçada ao consumidor, em especial a que a reconhece como direito fundamental do cidadão.

Conforme enfrentaremos mais adiante, ao tratarmos da definição jurídica de consumidor, constitui elemento essencial para precisão do conceito sua subordinação econômica em relação ao fornecedor.[40] Nesse sentido, sustenta Claudia Lima Marques,

---

[36] A rigor, a necessidade de reconhecimento jurídico de grupos ou categorias é uma das características distintivas da pós-modernidade: a busca de um *status* jurídico diferenciado, um estatuto jurídico de grupo, com o objetivo central de autoproteção. Nesse sentido: MARQUES, Claudia Lima. *Contratos no Código de Defesa do Consumidor*. 4. ed. São Paulo: Ed. RT, 2002. p. 89 *et seq.*

[37] No caso, o célebre estudo de: AÑÓN ROIG, María José. *Necesidades y derechos*: un ensayo de fundamentación. Madrid: Centro de Estudios Constitucionales, 1994. Para a autora, a determinação de um vínculo entre necessidades e direitos encontra sua razão na projeção sobre os conceitos de autonomia e liberdade individual, bem como na tomada de decisões normativas de caráter público (p. 23). Trata-se, pois, da identidade entre direito subjetivo e as necessidades do sujeito, tendo por painel a dignidade da pessoa e sua máxima de garantia de condições básicas de vida.

[38] Nesse sentido veja-se o nosso: MIRAGEM, Bruno. Os direitos da personalidade e os direitos do consumidor. *Revista de Direito do Consumidor*, São Paulo, v. 49, p. 40-76, jan. 2004. No mesmo sentido: BITTAR, Eduardo C. B. Direitos do consumidor e direitos da personalidade: limites, intersecções, relações. *Revista de Direito do Consumidor*, São Paulo, v. 37, p. 197-205, jan.-mar. 2000.

[39] Assim: GÓMEZ MONTORO, Angél J. La titularidad de derechos fundamentales por personas jurídicas: um intento de fundamentación. *Revista Española de Derecho Constitucional*, Madrid, n. 65, p. 49-105, 2002.

[40] De valor o entendimento de José Reinaldo de Lima Lopes, que identifica dois elementos centrais na definição de consumidor: de que o *objeto do consumo* sejam bens de consumo, e não bens de capitais, e de que exista *desequilíbrio* entre fornecedor e consumidor, que favoreça o primeiro. Nesse sentido, argumenta que o Código de Defesa do Consumidor "não veio para revogar o Código Comercial ou o Código Civil no que diz respeito a relações jurídicas entre partes iguais, do ponto de vista econômico"

com apoio no direito estrangeiro, que as normas de tutela dos direitos dos consumidores nos contratos de consumo, ao definirem seu âmbito de aplicação, fazem referência tanto à necessidade de que os contratos sejam celebrados entre profissionais e não profissionais (opção francesa) quanto à existência de um dos sujeitos com a finalidade de obtenção de lucro (opção belga).[41] O consumidor, na exata compreensão de Eros Roberto Grau, é identificado, pela ordem constitucional, em uma posição de debilidade e subordinação estrutural em relação ao produtor do bem, produto ou serviço.[42] Ainda assim, há os que sustentam que a proteção do direito do consumidor não se restringirá necessariamente ao vulnerável, o mais fraco na relação de consumo, senão como preconiza a lei, a toda pessoa física ou jurídica destinatária final, fática, do produto ou serviço.

O direito do consumidor, como já se afirmou, resta incluído entre os direitos fundamentais da categoria que Alexy denominou *direitos de proteção*. Estes têm seu fundamento necessário numa situação de desigualdade fática, procurando restabelecer a igualdade por meio da norma de proteção, o que, de resto, se desenvolveu na jurisprudência da Corte Constitucional alemã, por meio do recurso à proteção da dignidade da pessoa.[43] Esse direito de proteção, observe-se, não é concedido de modo livre pelo titular da norma, senão de acordo com o rígido critério de estabelecimento de uma igualdade fática, sob pena de se estar violando o próprio direito à igualdade, o que tornaria condenável eventual discriminação. Ao retornarmos ao conteúdo dos direitos fundamentais, indissociável destes será o reconhecimento do princípio da dignidade da pessoa humana, e da adequada realização de uma necessidade humana básica – a *necessidade do consumo na sociedade de consumo*.[44]

Daí por que o direito do consumidor, tutelando uma necessidade humana a partir do reequilíbrio de uma relação de desigualdade, não tem por objetivo o estabelecimento de uma proteção que viole o princípio geral de igualdade jurídica, mas, ao contrário, tendo em vista a amplitude e a vagueza *do que seja* igualdade, a partir de múltiplos critérios, incide sobre as relações de consumo, estabelecendo uma preferência aos interesses dos

---

(LOPES, José Reinaldo de Lima. *Responsabilidade civil do fabricante e a defesa do consumidor*. São Paulo: Ed. RT, 1992. p. 78-79).

[41] MARQUES, Claudia Lima. *Contratos no Código de Defesa do Consumidor*. 4. ed. São Paulo: Ed. RT, 2002. p. 143 *et seq*. Nota a autora que a opção jurisprudencial alemã acabou por estender à generalidade das contratações o dever de boa-fé negocial do § 242 do Código Civil. Assim também a impressão de Thierry Bourgoignie, para quem o direito europeu adere à tendência de considerar o conceito de consumidor a partir de um critério subjetivo e negativo, de uso privado e não profissional. BOURGOIGNIE, Thierry. O conceito jurídico de consumidor. *Revista de Direito do Consumidor*, São Paulo, v. 2, 1992. p. 24.

[42] GRAU, Eros Roberto. *A ordem econômica na Constituição de 1988*: interpretação e crítica. 3. ed. São Paulo: Malheiros Editores, 1997. p. 260.

[43] ALEXY, Robert. *Teoría de los derechos fundamentales*. Madrid: Centro de Estudios Constitucionales, 1997. p. 421.

[44] Nesse sentido a lição de Bourgoignie, para quem, na sociedade capitalista de consumo, o fenômeno do consumo caracteriza-se por dois atributos: (a) a produção de uma espécie de "norma social de consumo", em que o consumidor perde a supremacia dos seus interesses com base na perda de sua expressão individual; e (b) o surgimento de um conjunto socioeconômico reagrupando diversas categorias de consumidores, mas que apresentam todo o caráter comum de uma relação obrigada ao consumo no mercado como meio de existência (BOURGOIGNIE, Thierry. O conceito jurídico de consumidor. *Revista de Direito do Consumidor*, São Paulo, v. 2, 1992. p. 18).

PARTE I · Cap. 2 · FUNDAMENTO CONSTITUCIONAL DO DIREITO DO CONSUMIDOR BRASILEIRO | 25

consumidores. Faz isso tomando o conceito a partir da definição de liberdade,[45] a fim de garantir à pessoa humana *a igualdade no exercício das suas liberdades*. No caso dos contratos de consumo, isso resulta da sua *liberdade negocial*, que, à ausência de norma de proteção específica, faria que a liberdade do economicamente mais forte anulasse a liberdade do mais fraco.

A referência legal à pessoa jurídica como consumidora, nessa perspectiva, só se justifica quando, sob a forma de pessoa jurídica, estão presentes, de maneira imediata, necessidades de consumo.[46] Nesses casos, embora *juridicamente* se apresentem sob a forma de pessoa jurídica, *faticamente* estão procurando viabilizar a satisfação de necessidades propriamente individuais ou coletivas.

A extensão à pessoa jurídica do conceito de consumidor, assim, deve ser interpretada não de forma indistinta, mas de acordo com a finalidade pretendida pela norma, de proteção do vulnerável. Isso – é forçoso identificar – se constitui pela promoção de condições e capacidades semelhantes aos sujeitos de uma relação de consumo, sob o risco de, assim não sendo, promover o estabelecimento de um privilégio contrário à igualdade e, portanto, inconstitucional.

Desse modo, o direito do consumidor, como *direito fundamental*, justifica-se no reconhecimento de uma situação de desigualdade, à qual as normas de proteção do consumidor realizam a equalização de condições, na linha de entendimento do que disciplinou o direito europeu, por intermédio do artigo 38 da Carta dos Direitos Fundamentais da União Europeia, que refere: "As políticas da União devem assegurar um elevado nível de defesa dos consumidores".

2.2 A DEFESA DO CONSUMIDOR COMO PRINCÍPIO DA ORDEM CONSTITUCIONAL ECONÔMICA

A forma de tutela jurídica mais efetiva é, sem dúvida, a concessão de direitos subjetivos. Neste aspecto, em se tratando da defesa do consumidor, observa-se como parte da estratégia legislativa do código, tanto a inovação de *constituir* novos direitos e indicar-lhes à titularidade do sujeito de direitos consumidor, quanto o de *referir* direitos pré-existentes, em alguma medida universais, à tutela específica do consumidor. O legislador brasileiro, como modo de realização do direito fundamental, optou por constituir novos direitos ou referir os já existentes por meio da criação pela lei, dos chamados *direitos básicos do consumidor*. Estes direitos básicos, estabelecidos no artigo 6º do Código, devem ser vislumbrados, em princípio, não como um grupo de normas dotadas, originariamente, de coerência e homogeneidade. São, antes, normas que derivam de um sem-número de diplomas legais e disciplinas tradicionais da ciência e da dogmática jurídica e que, a

---

[45] Para um exame mais apurado do conceito relacional de igualdade sob a perspectiva da liberdade, veja--se: AÑÓN ROIG, María José. *Necesidades y derechos*: un ensayo de fundamentación. Madrid: Centro de Estudios Constitucionales, 1994. p. 289.

[46] Como é caso relativamente comum, das pessoas naturais que se estruturam sob a forma de pessoas jurídicas apenas em razão de determinados interesses (por exemplo, facilidades tributárias ou de limitação da responsabilidade patrimonial). Não se caracterizam, pois, necessariamente, como uma organização de meios e condições que lhes indiquem igualdade substancial em relação aos seus cocontratantes, na hipótese de uma relação de consumo.

partir de um critério de identidade com determinado interesse reconhecido pela ordem jurídica, redundam na formação de um corpo específico de normas de proteção, a partir da constituição de um sistema de defesa que realizasse a determinação constitucional da promulgação de um código.

Verifica-se caráter de maior relevo da defesa do consumidor também quando se observa essa determinação elevada pela Constituição a princípio fundamental da ordem econômica (artigo 170, V). Situa-se, pois, no texto constitucional, como princípio da ordem econômica que não se observa exclusivamente com conteúdo proibitivo ou limitador da autonomia privada, senão com caráter interventivo e promocional, de efetivação dos preceitos constitucionais que o estabelecem como direito e como princípio. Assume, pois, um caráter *conformador* da ordem econômica.[47]

Essa característica conformadora dos princípios consagrados no artigo 170 da Constituição da República, antes de tudo, determina que não se estabeleçam, *a priori*, distinções de qualidade entre eles. Não há sentido – pois o texto da Constituição não autoriza – na determinação de importância ou hierarquia maior ou menor em relação a quaisquer dos princípios ali estabelecidos: (I) soberania nacional; (II) propriedade privada; (III) função social da propriedade; (IV) livre concorrência; (V) defesa do consumidor; (VI) defesa do meio ambiente, inclusive mediante tratamento diferenciado conforme o impacto ambiental dos produtos e serviços e de seus processos de elaboração e prestação; (VII) redução das desigualdades regionais e sociais; (VIII) busca do pleno emprego; e (IX) tratamento favorecido para empresas de pequeno porte constituídas sob as leis brasileiras e que tenham sua sede e administração no País.

Por outro lado, ao tempo que tais princípios assumem caráter conformador da ordem econômica, sujeitam-se, em maior ou menor grau, a situações práticas de colisão. Nesse particular, então, apesar de não se estar tratando de hierarquia ou *status* diferenciados entre princípios, formas de solucionar as eventuais colisões devem ser consideradas pelo ordenamento. É nesse aspecto que o recurso à proporcionalidade é a fórmula usual, sendo esta – em vista panorâmica – a que enseja a verificação: (a) da compatibilidade entre o meio empregado pelo legislador e o fim visado (bem com a legitimidade dos fins); (b) da necessidade ou exigibilidade da medida; e (c) da ponderação do ônus imposto menor do que o benefício alcançado.[48]

A aferição da legitimidade dos fins que a ordem econômica deve realizar tem de respeitar, mediatamente, o princípio maior da dignidade da pessoa humana, conformador do próprio conceito de Estado Democrático de Direito consagrado na Constituição.[49] Nesse

---

[47] GRAU, Eros Roberto. *A ordem econômica na Constituição de 1988*: interpretação e crítica. 3. ed. São Paulo: Malheiros Editores, 1997. p. 260.

[48] BARROSO, Luís Roberto. *Interpretação e aplicação da Constituição*. 3. ed. São Paulo: Saraiva, 1999. p. 219-20. Relativamente à colisão de direitos, veja-se: MENDES, Gilmar Ferreira. *Hermenêutica constitucional e direitos fundamentais*. Brasília: Brasília Jurídica, 2000. p. 271 *et seq.*

[49] Para José Afonso da Silva, "é claro que a formação capitalista da Constituição de 1988 tem que levar em conta a construção do Estado Democrático de Direito, em que (...) se envolvem direitos fundamentais do homem que não aceitam a permanência de profundas desigualdades, antes pelo contrário, reclamam uma situação em que a dignidade da pessoa humana seja o centro das considerações da vida social" (SILVA, José Afonso. *Curso de direito constitucional positivo*. 19. ed. São Paulo: Malheiros Editores, 2001. p. 771).

PARTE I · Cap. 2 · FUNDAMENTO CONSTITUCIONAL DO DIREITO DO CONSUMIDOR BRASILEIRO | 27

sentido, ao vincular os princípios conformadores da ordem constitucional econômica à dignidade da pessoa humana, por certo que o conteúdo daquela se vê indicado pela realização das necessidades da pessoa, tal qual serão consagradas ou reconhecidas por norma constitucional própria. Nessa perspectiva, está-se a afirmar sobre direitos fundamentais próprios à satisfação de necessidades da pessoa, entre os quais aqueles que não garantam mera subsistência, senão uma forma qualificada de sobrevivência, que, entre nós, em linguagem comum, temos denominado de *qualidade de vida*.[50] Entre estes, insere-se o conteúdo próprio do direito fundamental de defesa do consumidor, que acabará por determinar, em caso de aparente colisão de princípios, opção por qual deles tutelará de modo mais efetivo a realização das necessidades da pessoa humana.

A forma como se há de reconhecer maior relevo tópico a um princípio em vez de outro será estabelecida em cada caso, conforme as questões de precedência lógica evidenciadas na hipótese. Desse modo, o exame *in concreto* da proteção do consumidor pode indicar que este poderá ter preferência em relação a outros princípios, como a livre-iniciativa[51] – sob o critério do amplo espaço de autonomia negocial – ou a liberdade de expressão – quando esta for exercida a fim de atingir o discernimento ou mesmo a integridade do consumidor. Não pode, entretanto, preferir o próprio direito à vida, à saúde ou à segurança, que são a razão de ser da satisfação da necessidade humana de consumo e conteúdo de direito básico da pessoa como consumidor (artigo 6º, I, do CDC). Isso, embora se deva registrar que qualquer conflito que eventualmente ocorra nessa segunda hipótese constituirá conflito aparente, uma vez que não se pode conceber a necessidade humana de consumo, em uma sociedade de consumo, sem estar vinculada e não contradizer os direitos fundamentais à vida, à saúde e à segurança.

2.3 A DEFESA DO CONSUMIDOR NA CONSTITUIÇÃO DA REPÚBLICA DE 1988 E O CÓDIGO DE DEFESA DO CONSUMIDOR

O direito do consumidor brasileiro tem sua origem normativa na Constituição da República. Como observa Eros Roberto Grau, o *direito do consumidor*, expresso como *direito fundamental*, não configura mera expressão de ordem pública, senão que sua promoção deve ser lograda pela implementação de normatividade específica e medidas de caráter interventivo.[52] Nesse sentido, o artigo 5º, XXXII, ao estabelecer, pela locução "na forma da lei", um comando específico ao legislador para que realizasse o detalhamento da proteção constitucional, reconheceu a este a possibilidade de construção das normas próprias de proteção, a fim de otimizar a finalidade específica da disposição constitu-

---

[50] Opta por essa expressão. LORENZETTI, Ricardo L. *Fundamentos do direito privado*. Trad. Véra Maria Jacob de Fradera. São Paulo: Ed. RT, 1998. p. 154.

[51] Assim, veja-se: STF, RE 349.686, 2ª Turma, Rel. Min. Ellen Gracie, j. 14.06.2005, *DJ* 05.08.2005. No mesmo sentido: AgIn 636.883-AgR, 1ª Turma, Rel. Min. Cármen Lúcia, j. 08.02.2011, *DJ* 01.03.2011.

[52] GRAU, Eros Roberto. *A ordem econômica na Constituição de 1988*: interpretação e crítica. 3. ed. São Paulo: Malheiros Editores, 1997. p. 260. Trata-se, nesse sentir, de acordo com a classificação dos direitos fundamentais, de um direito à prestação jurídica, uma vez que, para sua efetividade, estará dependente da edição de lei, qual seja, do Código de Defesa do Consumidor. Assim, a classificação de: MENDES, Gilmar Ferreira; COELHO, Inocêncio Mártires; BRANCO, Paulo Gustavo Gonet. *Curso de direito constitucional*. São Paulo: Saraiva, 2007. p. 248-249.

cional. De outra parte, note-se que a extensão do comando da norma constitucional ao legislador não se restringiu apenas à determinação da produção de uma lei, senão que, em face do que dispõe o artigo 48 do Ato das Disposições Constitucionais Transitórias, foi determinado ao legislador que aprovasse um *Código de Defesa do Consumidor*.

O significado de *código* para a doutrina jurídica guarda em si, desde o seu advento, uma ideia de sistematização a partir de princípios e regras, com a função de organização do ordenamento jurídico.[53] No caso do Código de Defesa do Consumidor, tratou-se de uma determinação constitucional, não de uma opção ou conveniência legislativa. Assim, em vista da regra de interpretação pela qual a norma não conhece palavras inúteis, ao determinar a realização de um *código*, o artigo 48 estabeleceu regra com significado próprio a ser observado.

Trata-se, na verdade, de uma exigência da interpretação, à luz do denominado *princípio da unidade da Constituição*, cuja razão de ser prende-se à constatação de que o texto constitucional consiste em um sistema normativo fundado em determinadas ideias-forças que lhe configuram um núcleo irredutível, com um sistema interno unitário, de normas e princípios.[54] A Constituição, ao determinar, no artigo 48 do ADCT, a realização de um Código de Defesa do Consumidor, estava, em verdade, determinando a realização do conteúdo eficacial da norma constitucional consagradora do direito fundamental (artigo 5º, XXXII), que tinha seus efeitos integrais condicionados à produção da lei – portanto, *norma de eficácia limitada*.[55]

Nesse sentido, em que pese ter sido aprovada na forma de lei ordinária, por razões de estratégia legislativa já explicitadas por Ada Pellegrini Grinover e Antônio Herman Benjamin,[56] é fato que, em vista do seu significado global, possui nítidas características de um código. Estrutura as normas de proteção do consumidor no Brasil (e, portanto, realiza o direito fundamental), em um sistema de proteção explicitado no seu artigo 4º (Sistema Nacional de Defesa do Consumidor), cujas vantagens evidentes são as de garantir à realização desse direito fundamental um caráter de coerência e homogeneidade, fazendo possível, inclusive, sua autonomia.[57]

---

[53] A respeito, veja-se o estudo de: ANDRADE, Fábio Siebeneichler de. *Da codificação*: crônica de um conceito. Porto Alegre: Livraria do Advogado, 1997. p. 153 *et seq*.

[54] CANOTILHO, J. J. Gomes. *Direito constitucional e teoria da constituição*. 2. ed. Lisboa: Almedina, 1998. p. 1096-1097; MIRANDA, Jorge. *Manual de direito constitucional*. Coimbra: Coimbra Editora, 2000. t. II. p. 261; BARROSO, Luís Roberto. *Interpretação e aplicação da Constituição*. 3. ed. São Paulo: Saraiva, 1999. p. 188.

[55] Segundo a classificação de: SILVA, José Afonso da. *Aplicabilidade das normas constitucionais*. 3. ed. São Paulo: Malheiros Editores, 1998. p. 73. Para Konrad Hesse, "quando o texto constitucional se expressa com formulações tais como 'a lei regulará...', 'a lei possibilitará...', 'os poderes públicos manterão...', (...) o futuro verbal não somente significa um fato futuro senão também – e na sua acepção jurídica mais frequente um mandado (imperatividade) ou uma obrigatoriedade" (HESSE, Konrad. *Derecho constitucional y derecho privado*. Madrid: Civitas, 1991. p. 112) (tradução livre).

[56] GRINOVER, Ada Pellegrini et al. *Código Brasileiro de Defesa do Consumidor*: comentado pelos autores do anteprojeto. 6. ed. Rio de Janeiro: Forense Universitária, 1999. p. 8. Na explicação dos respeitáveis juristas, tratou-se a aprovação do Código, na forma de lei ordinária, em estratégia para superação dos óbices levantados no Congresso Nacional para a tramitação de um projeto de Código.

[57] GRINOVER, Ada Pellegrini et al. *Código Brasileiro de Defesa do Consumidor*: comentado pelos autores do anteprojeto. 6. ed. Rio de Janeiro: Forense Universitária, 1999. p. 9.

2.4 O CDC COMO LEI DE ORDEM PÚBLICA E INTERESSE SOCIAL

O Código de Defesa do Consumidor estabelece, em seu artigo 1º, que se trata de lei de *ordem pública* e *interesse social*. Essa sua característica tem fundamento na origem da norma, qual seja, o *direito fundamental a uma ação positiva normativa* do Estado.[58] Configura-se a norma infraconstitucional, pois, na realização da prestação normativa do Estado para proteção do titular do direito, o *sujeito* consumidor.

A sede constitucional do direito do consumidor, como já observado, tem a realização integral dos seus efeitos condicionada à produção da lei (eficácia limitada). De outro modo, pelo simples fato de consagrar direito fundamental, possui uma carga eficacial específica, independentemente da realização da prestação.[59] O que se determina com o reconhecimento da fonte constitucional de determinado direito realizado por meio de norma infraconstitucional – identificável com clareza nas que se estabelecem a partir do chamado fenômeno da *constitucionalização do direito privado* –, antes de tudo, é a elevação do conteúdo ao âmbito da *norma fundamental e fundamentadora*.[60] Disso decorre a assunção, pela lei, de um *status* diferenciado em relação às demais normas legais que não possuem esse fundamento constitucional imediato.

Nessa acepção é que devem ser vislumbradas as características indicadas pelo Código de Defesa do Consumidor em seu artigo 1º. A determinação da lei como de *ordem pública*[61] revela um *status* diferenciado à norma que, revestindo-se de ordem pública de proteção, em razão da vulnerabilidade reconhecida ao consumidor,[62] embora não a torne hierarquicamente superior às demais, lhe outorga um *caráter preferencial*. De outra parte, ao realizar o conteúdo de um direito fundamental, de matriz constitucional, retira da esfera de autonomia privada das partes a possibilidade de derrogá-la (norma imperativa).[63]

---

[58] ALEXY, Robert. *Teoría de los derechos fundamentales*. Madrid: Centro de Estudios Constitucionales, 1997. p. 194.

[59] Já reconheceu a doutrina majoritária, como parte do conteúdo eficacial próprio dos direitos fundamentais de prestação, autônomos em relação à produção da lei, os seguintes efeitos: (a) a aptidão para revogação dos atos normativos anteriores e contrários ao seu conteúdo; (b) a vinculação permanente do legislador; (c) a determinação da inconstitucionalidade, por via de ação, dos atos normativos posteriores a si; (d) a constituição de parâmetro para interpretação, integração e aplicação das normas jurídicas; (e) a geração de uma espécie de posição jurídico-subjetiva em sentido amplo, e não necessariamente na concepção de um direito individual subjetivo de fruição da prestação; f) a determinação da proibição do retrocesso; g) a possibilidade de gerar efeitos de natureza defensiva. O elenco de efeitos é de: SARLET, Ingo Wolfgang. Os direitos fundamentais sociais na Constituição de 1988. *Revista de Direito do Consumidor*, São Paulo, v. 30, abr.-jun. 1999. p. 117.

[60] A expressão é de: HESSE, Konrad. *Derecho constitucional y derecho privado*. Madrid: Civitas, 1991. p. 102.

[61] LORENZETTI, Ricardo L. Consumidores. Buenos Aires: Rubinzal Culzoni, 2003. p. 24-33.

[62] Para um exame mais aprofundado da caracterização e efeitos da ordem pública, sob a perspectiva do direito internacional, veja-se nosso trabalho: MIRAGEM, Bruno. Conteúdo da ordem pública e os direitos humanos. Elementos para um direito internacional pós-moderno. In: MARQUES, Claudia Lima; ARAÚJO, Nádia de. *O novo direito internacional. Estudos em homenagem a Erik Jayme*. Rio de Janeiro: Renovar, 2005. p. 307-354.

[63] Nesse sentido, o expressivo significado do artigo 3º da Constituição italiana de 1947, que estabelece: "Compete à República remover os obstáculos de ordem econômica e social, que, limitando de fato a liberdade e a igualdade dos cidadãos, impedem o pleno desenvolvimento da pessoa humana e a efetiva participação de todos os trabalhadores na organização política, econômica e social do país". Disso se observa a superação do critério clássico de igualdade, legitimador do amplo espaço de autonomia, conforme: PRATA, Ana. *A tutela constitucional da autonomia privada*. Coimbra: Almedina, 1982. p. 91.

Convém, assim, examinar a natureza desses direitos fundamentais no que diz respeito à sua titularidade. De um lado, há a pretensão de conservar seu caráter individualista, numa concepção afeta à doutrina clássica dos direitos subjetivos. De outro, há a compreensão dos direitos fundamentais que tem por objetivo a determinação de uma igualdade fática ou substancial, não como direitos subjetivos de titularidade individual, senão como pertencentes a categorias ou grupos, abstratamente estabelecidos pela ordem jurídica, a partir da eleição de critérios fáticos que determinem seu significado supraindividual. A consequência prática mais importante desta acepção se observa quando da limitação da autonomia privada na disposição desses direitos e da impossibilidade de renunciar a eles.[64] No caso dos direitos do consumidor, trata-se da eleição de critério com fonte constitucional – daí o caráter de ordem pública da legislação infraconstitucional e a correspondente limitação da autonomia privada, esfera de liberdade do titular do direito. Isso não exclui as esferas de atuação da autonomia privada que a lei expressamente permite e, em alguma medida, promove, como é o caso das convenções coletivas de consumo (artigo 107 do CDC).

A *ordem pública* indicada ao código, em primeiro, determina o seu caráter de *lei cogente*,[65] o que se pode observar, claramente, na hipótese da nulidade das cláusulas abusivas determinada pelo artigo 51,[66] ou, ainda antes, quando se refere às práticas comerciais abusivas (artigos 39 a 41),[67] o que manifesta a limitação da autonomia das partes e de sua liberdade de contratar, aos estritos limites determinados em lei.

O caráter de ordem pública do Código de Defesa do Consumidor, desse modo, e independentemente da expressa referência do artigo 1º da lei, é manifesto quando se observa seu conteúdo concreto. Trata-se, como afirmamos, da realização do direito fun-

---

[64] PRATA, Ana. *A tutela constitucional da autonomia privada*. Coimbra: Almedina, 1982. p. 121.

[65] No mesmo caminho, o entendimento de Vicente Ráo sobre o significado das normas de ordem pública como sendo aquelas que, em determinadas relações de direito privado fazem que o caráter geral e o interesse social predominem sobre os interesses individuais. São normas que distinguem o fenômeno da chamada *publicização dos direitos* (RÁO, Vicente. *O direito e a vida dos direitos*. São Paulo: Ed. RT, 1997. v. 1. p. 220-221). Já o professor Jacob Dolinger, em trabalho monográfico sobre o tema, sustenta que não é só o que "a lei proíbe que afeta a ordem pública e não é tudo que a lei proíbe que se enquadra na ordem pública. Este princípio fica acima, além e ao mesmo tempo aquém da classificação das leis em direito público, direito privado, leis imperativas, leis permissivas etc. O princípio da ordem pública é conceitual, filosófico, moral, indefinível, elástico, relativo, alterável, volúvel, sempre na dependência do conceito, da opinião, do sentido, da sensibilidade média do grupo social em determinada época, que vai encontrar expressão clássica na sentença judicial" (DOLINGER, Jacob. *A evolução da ordem pública no direito internacional privado*. Rio de Janeiro: Gráfica Luna, 1979. p. 10).

[66] Nesse sentido, copiosa jurisprudência do STJ reconhecendo a possibilidade do conhecimento de ofício da nulidade de cláusulas abusivas com fundamento em norma de ordem pública. Assim: REsp 310.093/CE, 6ª Turma, Rel. Min. Vicente Leal, j. 04.10.2001, *DJ* 22.10.2001. Note-se, todavia, a exceção – com a qual não concordamos – estabelecida pela mesma Corte, por intermédio da Súmula 381, de 2009, vedando o reconhecimento de ofício das cláusulas abusivas nos contratos bancários. Essa súmula, contudo, em nosso entender, conflita com o texto expresso do artigo 51, *caput*, do CDC. A ordem pública também fundamenta a rejeição da intervenção de terceiros em processo, se em prejuízo do consumidor, conforme o Ag no AgIn 184.616/RJ, 3ª Turma, Rel. Min. Nancy Andrighi, j. 29.03.2001, *DJ* 28.05.2001. Também: "Direito civil. Promessa de compra e venda. Extinção. Iniciativa do promissário comprador. Perda das parcelas pagas. Cláusula abusiva. Código de Defesa do Consumidor. Norma de ordem pública. Artigos 51, IV e 53. Derrogação da liberdade contratual. Redução. Possibilidade. Recurso desacolhido" (STJ, REsp 292.942/MG, 4ª Turma, Rel. Min. Sálvio de Figueiredo Teixeira, j. 03.04.2001, *DJ* 07.05.2001).

[67] GRINOVER, Ada Pellegrini et al. *Código Brasileiro de Defesa do Consumidor*: comentado pelos autores do anteprojeto. 6. ed. Rio de Janeiro: Forense Universitária, 1999. p. 24.

PARTE I · Cap. 2 · FUNDAMENTO CONSTITUCIONAL DO DIREITO DO CONSUMIDOR BRASILEIRO | 31

damental do consumidor. O direito especial que se origina da norma consagradora do direito fundamental vai se apresentar com *status* diverso das demais normas, o que, em direito brasileiro, se vai utilizar pela designação do critério da *ordem pública*.

O conteúdo do conceito jurídico de ordem pública vai estar vinculado – e, nesse sentido, o preceito do artigo 1º do CDC – aos princípios superiores que dão forma e substância ao ordenamento. Noutros termos, são o *núcleo de interesses essenciais de uma ordem jurídica*, que encerram uma série de elementos políticos, sociais, morais e jurídicos, denotativos de uma compreensão de mundo. No entendimento de Elmo Pilla Ribeiro, ao distinguir o significado de ordem pública interna e ordem pública internacional, aquela terá o domínio de relações ou situações fáticas de natureza privada cujos elementos dizem respeito apenas à ordem jurídica do aplicador da lei. Nesse aspecto, vai estabelecer a limitação da autonomia privada pela determinação de cogência da norma.[68]

No caso, esse *núcleo de interesses essenciais* será, relativamente à ordem jurídica de sede constitucional, aquele que se constitua da realização ou projeção dos direitos fundamentais estabelecidos pela Constituição, e cujo reconhecimento do atributo próprio de ordem pública terá efeitos concretos em âmbitos diversos, sobretudo quando configurado eventual conflito de leis.

É o caso do conflito entre as normas do CDC e a de tratados internacionais incorporados no direito brasileiro. Durante largo tempo, esses tratados foram considerados hierarquicamente equiparados à lei ordinária, admitindo-se, por isso, a prevalência do CDC. Nesses termos, o caráter de ordem pública e o fundamento constitucional da proteção do consumidor afastariam a aplicação da norma de direito internacional quando esta conflitasse com o direito interno. O exemplo sempre citado foi o da disciplina da responsabilidade civil do transportador aéreo em contratos de transporte internacional. Trata-se de matéria objeto de disciplina prevista na Convenção de Varsóvia (Convenção para a Unificação de Certas Regras Relativas ao Transporte Aéreo Internacional, assinada em Varsóvia, em 12 de outubro de 1929), que, entre suas disposições, estabelece a limitação do valor da indenização por extravio de bagagens, lesão e morte de passageiros. A Convenção de Varsóvia (e suas alterações posteriores, como a Convenção de Montreal de 2003, vigente no Brasil a partir de 2006), quando em conflito com as disposições do CDC, em especial em relação à limitação dos valores da indenização, teve, segundo esse entendimento, sua incidência afastada pelas Cortes brasileiras,[69]

---

[68] RIBEIRO, Elmo Pilla. *O princípio de ordem pública em direito internacional privado*. Porto Alegre: [s.n.], 1966. p. 73-74. Ainda nesse sentido, do mesmo autor: RIBEIRO, Elmo Pilla. *Contribuição ao estudo da norma de direito internacional privado*. Porto Alegre: [s.n.], 1964. p. 18.

[69] "Indenização. Dano moral. Extravio de mala em viagem aérea. Convenção de Varsóvia. Observação mitigada. Constituição federal. Supremacia. O fato de a Convenção de Varsóvia revelar, como regra, a indenização tarifada por danos materiais não exclui a relativa aos danos morais. Configurados esses pelo sentimento de desconforto, de constrangimento, aborrecimento e humilhação decorrentes do extravio de mala, cumpre observar a Carta Política da República – incisos V e X do artigo 5.º, no que se sobrepõe a tratados e convenções ratificados pelo Brasil" (STF, RE 172.720/RJ, 2ª Turma, Rel. Min. Marco Aurélio, j. 06.02.1996, *DJU* 21.02.1997, p. 2.831). E: "Indenização. Dano moral. Extravio de mala em viagem aérea. Convenção de Varsóvia. Longe fica de vulnerar o artigo 5.º, II, e § 2.º decisão mediante a qual, a partir do disposto nos incisos 5.º e 10 nele contidos, é reconhecido o direito à indenização por dano moral decorrente de atraso em voo e perda de conexão. Precedente: 2.ª T., RE 172.720-9, *DJ* 21.02.1997" (STF, AgRg no AgIn 196.379/RJ, 2ª Turma, Rel. Min. Marco Aurélio, j. 23.03.1998, *DJU* 24.04.1998, p. 5). No mesmo sentido é o entendimento

32 | CURSO DE DIREITO DO CONSUMIDOR – *Bruno Miragem*

inclusive na jurisprudência do STF.[70] Em decisão de 2017, contudo, a Corte Constitucional brasileira reformou seu entendimento, em evidente desprestígio do direito fundamental de defesa do consumidor, passando a entender pela prevalência das regras da Convenção de Varsóvia em detrimento do Código de Defesa do Consumidor para a reparação de danos patrimoniais, para o que se fundou no disposto no artigo 178 da Constituição da República, que dispõe: "A lei disporá sobre a ordenação dos transportes aéreo, aquático e terrestre, devendo, quanto à ordenação do transporte internacional, observar os acordos firmados pela União, atendido o princípio da reciprocidade".[71] O

---

pacificado do Superior Tribunal de Justiça, conforme se observa do julgado: "Civil e processual. Ação de indenização. Atraso de voo internacional. Indenização. Ilegitimidade passiva da empresa aérea. 'contrato de compartilhamento'. Revisão. Impossibilidade. Súmulas n. 5 e 7 do STJ. Dano moral. Valor. Convenção de Varsóvia. CDC. Prevalência. Tarifação não mais prevalente. Valor ainda assim excessivo. Redução. I. A questão acerca da transferência da responsabilidade para outra transportadora, que opera trecho da viagem, contrariamente ao entendimento das instâncias ordinárias, enfrenta o óbice das Súmulas n. 5 e 7 do STJ. II. Após o advento do Código de Defesa do Consumidor, não mais prevalece, para efeito indenizatório, a tarifação prevista tanto na Convenção de Varsóvia, quanto no Código Brasileiro de Aeronáutica, segundo o entendimento pacificado no âmbito da 2.ª Seção do STJ. Precedentes do STJ. III. Não obstante a infraestrutura dos modernos aeroportos ou a disponibilização de hotéis e transporte adequados, tal não se revela suficiente para elidir o dano moral quando o atraso no voo se configura excessivo, a gerar pesado desconforto e aflição ao passageiro, extrapolando a situação de mera vicissitude, plenamente suportável. IV. Não oferecido o suporte necessário para atenuar tais situações, como na hipótese dos autos, impõe-se sanção pecuniária maior do que o parâmetro adotado em casos análogos, sem, contudo, chegar-se a excesso que venha a produzir enriquecimento sem causa. V. Recurso especial parcialmente conhecido e provido em parte, para reduzir a indenização a patamar razoável (STJ, REsp 740.968/RS, 4ª Turma, Rel. Min. Aldir Passarinho Júnior, j. 11.09.2007, *DJU* 12.11.2007, p. 221).

[70] Nesse sentido, deve-se mencionar o entendimento dominante do STF, com exceção de uma decisão divergente da Ministra Ellen Gracie, de 2006: "Prazo prescricional. Convenção de Varsóvia e Código de Defesa do Consumidor. 1. O artigo 5.º, § 2.º, da CF se refere a tratados internacionais relativos a direitos e garantias fundamentais, matéria não objeto da Convenção de Varsóvia, que trata da limitação da responsabilidade civil do transportador aéreo internacional (RE 214.349, rel. Min. Moreira Alves, *DJ* 11.06.1999). 2. Embora válida a norma do Código de Defesa do Consumidor quanto aos consumidores em geral, no caso específico de contrato de transporte internacional aéreo, com base no artigo 178 da Constituição Federal de 1988, prevalece a Convenção de Varsóvia, que determina prazo prescricional de dois anos. 3. Recurso provido" (STF, RE 297.901/RN, 2ª Turma, rel. Min. Ellen Gracie, j. 07.03.2006, *DJU* 31.03.2006, p. 38). Mais adiante, contudo, observou-se a uniformidade das decisões no sentido da aplicação preferencial do CDC: "Recurso Extraordinário. Danos morais decorrentes de atraso ocorrido em voo internacional. Aplicação do Código de Defesa do Consumidor. Matéria infraconstitucional. Não conhecimento. 1. O princípio da defesa do consumidor se aplica a todo o capítulo constitucional da atividade econômica. 2. Afastam-se as normas especiais do Código Brasileiro da Aeronáutica e da Convenção de Varsóvia quando implicarem retrocesso social ou vilipêndio aos direitos assegurados pelo Código de Defesa do Consumidor. 3. Não cabe discutir, na instância extraordinária, sobre a correta aplicação do Código de Defesa do Consumidor ou sobre a incidência, no caso concreto, de específicas normas de consumo veiculadas em legislação especial sobre o transporte aéreo internacional. Ofensa indireta à Constituição de República. 4. Recurso não conhecido" (STF, RE 351.750, 1ª Turma, Rel. Min. Marco Aurélio, Rel. p/ Acórdão Min. Carlos Britto, j. 17.03.2009, *DJe* 25.09.2009).

[71] "Recurso extraordinário com repercussão geral. 2. Extravio de bagagem. Dano material. Limitação. Antinomia. Convenção de Varsóvia. Código de Defesa do Consumidor. 3. Julgamento de mérito. É aplicável o limite indenizatório estabelecido na Convenção de Varsóvia e demais acordos internacionais subscritos pelo Brasil, em relação às condenações por dano material decorrente de extravio de bagagem, em voos internacionais. 5. Repercussão geral. Tema 210. Fixação da tese: 'Nos termos do art. 178 da Constituição da República, as normas e os tratados internacionais limitadores da responsabilidade das transportadoras aéreas de passageiros, especialmente as Convenções de Varsóvia e Montreal, têm prevalência em relação ao Código de Defesa do Consumidor'. 6. Caso concreto. Acórdão que aplicou o

PARTE I • Cap. 2 • FUNDAMENTO CONSTITUCIONAL DO DIREITO DO CONSUMIDOR BRASILEIRO | 33

mesmo STF, todavia, revisitando o tema em 2022, definiu tese de que não se aplicam as Convenções de Varsóvia e Montreal às hipóteses de danos extrapatrimoniais decorrentes de contrato de transporte aéreo internacional.[72]

O caráter de ordem pública do CDC foi desafiado, igualmente, pela legislação de emergência editada em razão das repercussões da pandemia de coronavírus (covid-19), em 2020,[73] que deu causa à edição de leis excepcionalizando o atendimento dos deveres previstos aos fornecedores de serviços diretamente afetados pelas medidas de enfrentamento à pandemia – caso do transporte aéreo, pela Lei 14.034/2020, e de serviços turísticos, pela Lei 10.046/2020. Por outro lado, a Lei 14.010/2020, que dispôs sobre o Regime Jurídico Emergencial e Transitório das relações jurídicas de Direito Privado (RJET) no período da pandemia do coronavírus (covid-19), preservou a aplicação das normas especiais do CDC no tocante à revisão dos contratos (artigo 7º, § 1º), porém delimitando-a para não permitir sua aplicação a relações entre empresas ou empresários (artigo 7º, § 2º). A única regra do CDC expressamente afastada, e por período específico, foi a que consagra o direito de arrependimento, especificamente para "a hipótese de entrega domiciliar (*delivery*) de produtos perecíveis ou de consumo imediato e de medicamentos" (artigo 8º). O caráter excepcional da situação de pandemia e suas repercussões sociais, econômicas e jurídicas devem ser delimitados, inclusive para efeito de exame da própria constitucionalidade das medidas adotadas. Desse modo, as leis de emergência, em circunstâncias excepcionais, não desnaturam o caráter de ordem pública afirmado no artigo 1º do CDC.

Código de Defesa do Consumidor. Indenização superior ao limite previsto no art. 22 da Convenção de Varsóvia, com as modificações efetuadas pelos acordos internacionais posteriores. Decisão recorrida reformada, para reduzir o valor da condenação por danos materiais, limitando-o ao patamar estabelecido na legislação internacional. 7. Recurso a que se dá provimento" (STF, RE 636.331/RJ, Tribunal Pleno, Rel. Min. Gilmar Mendes, j. 25.05.2017, *DJ* 13.11.2017).

[72] "Direito civil. Responsabilidade civil. Danos extrapatrimoniais decorrentes de contrato de transporte aéreo internacional. Inaplicabilidade do Tema 210 da repercussão geral. Distinção. Não incidência das normas previstas na Convenções de Varsórvia e Montreal. Questão constitucional. Potencial multiplicador da controvérsia. Repercussão geral reconhecida com reafirmação de jurisprudência. Recurso extraordinário a que se nega provimento. 1. O entendimento da Corte de origem não diverge da jurisprudência do Supremo Tribunal Federal, no sentido de que a aplicação dos limites das Convenções de Varsóvia e de Montreal, definida no julgamento do Tema 210 da repercussão geral, está adstrita aos casos de indenização por danos materiais. 2. Recurso extraordinário não provido. 3. Fixada a seguinte tese: Não se aplicam as Convenções de Varsóvia e Montreal às hipóteses de danos extrapatrimoniais decorrentes de contrato de transporte aéreo internacional" (STF, RE 1.394.401, Repercussão Geral, Tribunal Pleno, Rel. Min. Rosa Weber, j. 15.12.2022, *DJ* 03.03.2023). Esse entendimento abrange de modo amplo as pretensões que envolvem a reparação dos danos extrapatrimoniais, inclusive no tocante ao prazo prescricional, conforme decidiu também o STF em acórdão anterior de órgão fracionário: STF, RE 1.320.225 AgR, Rel. p/ Acórdão Min. Luis Roberto Barroso, 1ª Turma, j. 29.08.2022, *DJe* 15.09.2022.

[73] A escala de contaminação pela doença do coronavírus (covid-19) deu causa à declaração, pela Organização Mundial da Saúde, de uma pandemia, em razão de alastrar-se por todos os continentes do planeta. No Brasil, a Portaria 188, de 3 de fevereiro de 2020, do Ministério da Saúde declarou Emergência de Saúde Pública de Importância Nacional, cabível em situações que demandem o emprego urgente de medidas de prevenção, controle e contenção de riscos, danos e agravos à saúde pública, nos termos do artigo 2º do Decreto 7.616/2011, em razão de situação epidemiológica. O artigo 2º, § 1º, do Decreto 7.616/2011 define que: "Consideram-se situações epidemiológicas, para os fins de aplicação do inciso I do *caput*, os surtos ou epidemias que: I – apresentem risco de disseminação nacional; II – sejam produzidos por agentes infecciosos inesperados; III – representem a reintrodução de doença erradicada; IV – apresentem gravidade elevada; ou V – extrapolem a capacidade de resposta da direção estadual do Sistema Único de Saúde – SUS". Da mesma forma, a Lei 13.979, de 6 de fevereiro de 2020, dispôs sobre as medidas para enfrentamento da emergência de saúde pública de importância internacional decorrente do coronavírus.

2.5 COMPETÊNCIAS LEGISLATIVAS E EXECUTIVAS DOS ENTES FEDERADOS DE DEFESA DO CONSUMIDOR

Na realização do direito fundamental de defesa do consumidor, a própria Constituição estabeleceu competências com a finalidade de conferir às diversas esferas de atuação do Estado poderes para realização dessa verdadeira norma-objetivo constitucional. No caso, a própria Constituição, ao estabelecer as competências legislativas da União, refere, no artigo 22, I, que lhe compete privativamente "legislar sobre direito civil, comercial, penal, processual, eleitoral, agrário, marítimo, aeronáutico, espacial e do trabalho", assim como o inciso XXIX inclui, nessa mesma competência, legislar sobre "propaganda comercial".

Por outro lado, o artigo 24, que estabelece as competências legislativas concorrentes da União, dos estados e do Distrito Federal, inclui, em seu rol, "produção e consumo" (inciso V), assim como a responsabilidade por danos ao consumidor (inciso VIII). Vale lembrar, nesse caso, que nas hipóteses de competência concorrente, a própria Constituição vai estabelecer que a União limita-se à edição de normas gerais (artigo 24, § 1º), ao mesmo tempo que sua competência para legislar sobre normas gerais "não exclui a competência suplementar dos Estados" (artigo 24, § 2º). Da mesma forma, quando inexistirem normas gerais da União, os estados são autorizados a exercer competência plena, para atender a suas peculiaridades (artigo 24, § 3º). Igualmente, observe-se que a competência legislativa municipal, restringe-se, segundo a Constituição, ao poder de "legislar sobre assuntos de interesse local" (artigo 30, I).

O desafio em matéria de legislação sobre direito do consumidor parece estar na identificação das competências – entre as diversas relacionadas na Constituição – em que se situa o âmbito material de sua regulamentação.

Até pela clareza do texto constitucional, é intuitivo que, em matéria de responsabilidade civil das relações de consumo, incide a norma do artigo 24, VIII, da Constituição – logo, estabelecendo-se a competência legislativa concorrente da União e dos estados. Por outro lado, a expressão "produção e consumo", também referida no rol das competências legislativas concorrentes, em termos semânticos, permite referir-se tanto aos aspectos técnico-econômicos e sanitários, além de outras características que envolvem as atividades de produção e consumo, quanto às relações jurídicas que as caracterizam, como a hipótese das relações de empresários-produtores entre si, e em suas relações com os consumidores.

Essa conclusão, contudo, para prevalecer, deve ainda superar outra competência fixada pela Constituição. Trata-se da competência privativa da União, referida no artigo 22, I, da Constituição da República. Quem eventualmente se opor à possibilidade de competência legislativa concorrente dos entes federados em matéria de direito do consumidor poderá argumentar que, entre os institutos a serem considerados na produção normativa em direito do consumidor, se encontram os contratos, cuja vinculação lógico-jurídica é mais apropriada, em direito privado, com o *direito civil*. Este, todavia, é matéria cuja regulação insere-se no rol de competências privativas da União. Avançando um pouco mais nessa mesma linha de argumentação, poder-se-ia sustentar, de acordo com os mesmos pressupostos, que as normas de proteção do consumidor, uma vez que dizem respeito a um modo de intervenção do Estado-legislador na autonomia privada dos particulares (em especial, dos fornecedores), têm por consequência necessária a afetação do seu patrimônio, o que leva a concluir que legislar sobre a matéria implica intervenção estatal no direito

PARTE I • Cap. 2 • FUNDAMENTO CONSTITUCIONAL DO DIREITO DO CONSUMIDOR BRASILEIRO | 35

de propriedade, matéria típica de direito civil – de competência legislativa privativa da União. Esta, aliás, foi a decisão do Supremo Tribunal Federal em caso no qual se discutia a possibilidade de regulamentação por lei do Distrito Federal da remuneração dos valores cobrados por estacionamentos de escolas privadas. Nessa ocasião, decidiu a Corte: "(...) Não compete ao Distrito Federal, mas, sim, à União legislar sobre direito civil, como, por exemplo, cobrança de preço de estacionamento de veículos em áreas pertencentes a instituições particulares de ensino fundamental, médio e superior, matéria que envolve, também, direito decorrente de propriedade. 4. Ação direta julgada procedente, com a declaração de inconstitucionalidade da expressão ou particulares, contida no artigo 1º da Lei 2.702, de 04.4.2001, do Distrito Federal" (ADIn 2.448, Rel. Min. Sydney Sanches, *DJ* 13.06.2003). De modo mais direto, outra decisão da Corte afirmou "Aos Estados é vedado, a pretexto de veicularem norma em defesa do consumidor, legislar sobre direito civil, notadamente sobre relações contratuais" (STF, RE 877.596 AgR/RJ, 1ª Turma, Rel. Min. Rosa Weber, j. 09.06.2015, *DJe* 30.06.2015).

A essas questões agrega-se, por fim, a dificuldade de precisão do conceito que delimita o conteúdo material da competência legislativa municipal no direito brasileiro: os assuntos de *interesse local*. A rigor, implica discutir o que se deverá considerar como matéria de interesse local e, sob esse prisma, se é admissível, a partir da repartição de competências da Constituição, que a proteção dos consumidores de determinado município possa ser considerada, em si mesmo, um critério que autorize edição de legislação municipal sobre o direito do consumidor.

Durante a vigência da Constituição da República de 1988, o Supremo Tribunal Federal tem sido provocado a se manifestar inúmeras vezes sobre a questão. No que se refere à competência do município para legislar sobre assunto de interesse local, mesmo quando este envolva a defesa do consumidor, decidiu o STF:

> "*Estabelecimentos bancários. Competência do município para, mediante lei, obrigar as instituições financeiras a instalar, em suas agências, dispositivos de segurança. Inocorrência de usurpação da competência legislativa federal.* Alegação tardia de violação ao artigo 144, § 8º, da Constituição – matéria que, por ser estranha à presente causa, não foi examinada na decisão objeto do Recurso Extraordinário. Inaplicabilidade do princípio *jura novit curia*. Recurso improvido. O Município pode editar legislação própria, com fundamento na autonomia constitucional que lhe é inerente (CF, artigo 30, I), com o objetivo de determinar, às instituições financeiras, que instalem, em suas agências, em favor dos usuários dos serviços bancários (clientes ou não), equipamentos destinados a proporcionar-lhes segurança (tais como portas eletrônicas e câmaras filmadoras) ou a propiciar-lhes conforto, mediante oferecimento de instalações sanitárias, ou fornecimento de cadeiras de espera, ou, ainda, colocação de bebedouros. Precedentes" (AI-AgR 347.717/RS, Rel. Min. Celso de Mello, *DJU* 05.08.2005).[74]

---

[74] No mesmo sentido: STF, ARE 1.013.975/SC AgR-segundo, Rel. Min. Rosa Weber, 1ª Turma, j. 17.10.2017, *DJe* 22.11.2017.

36 | CURSO DE DIREITO DO CONSUMIDOR – *Bruno Miragem*

No mesmo sentido, decisão do Ministro Eros Roberto Grau, que observa a linha de entendimento de diversos precedentes[75] do STF:

> *"Recurso extraordinário. Constitucional. Consumidor. Instituição bancária. Atendimento ao público. Fila. Tempo de espera. Lei municipal. Norma de interesse local. Legitimidade. Lei municipal 4.188/01. Banco.* Atendimento ao público e tempo máximo de espera na fila. Matéria que não se confunde com a atinente às atividades-fim das instituições bancárias. Matéria de interesse local e de proteção ao consumidor. Competência legislativa do Município. Recurso extraordinário conhecido e provido" (RE 432.789, Rel. Min. Eros Grau, *DJU* 07.10.2005).

Note-se, por outro lado, que o princípio de proteção do consumidor, em situação na qual o exercício da competência municipal, *in concreto*, violava este e outros princípios informadores da ordem constitucional econômica, foi aplicado como fundamento para decretar a inconstitucionalidade da norma municipal:

> *"Autonomia municipal. Disciplina legal de assunto de interesse local.* Lei municipal de Joinville, que proíbe a instalação de nova farmácia a menos de 500 metros de estabelecimento da mesma natureza. Extremo a que não pode levar a competência municipal para o zoneamento da cidade, por redundar em reserva de mercado, ainda que relativa, e, consequentemente, em afronta aos princípios da livre concorrência, da defesa do consumidor e da liberdade do exercício das atividades econômicas, que informam o modelo de ordem econômica consagrado pela Carta da República (artigo 170 e parágrafo, da CF)" (RE 203.909, Rel. Min. Ilmar Galvão, *DJU* 06.02.1998).

Em outras situações, contudo, quando do exame de lei estadual versando sobre a data de vencimento de mensalidades escolares, entendeu o STF, por maioria, qualificar a matéria como hipótese de legislação sobre contratos, matéria típica de direito civil, razão pela qual julgou procedente ação direta de inconstitucionalidade contra lei estadual que dispunha sobre a matéria:

> *"Ação direta de inconstitucionalidade. Lei 10.989/93 do Estado de Pernambuco. Educação: serviço público não privativo. Mensalidades escolares. Fixação da data de vencimento. Matéria de direito contratual. Vício de iniciativa.* 1. Os serviços de educação, seja os prestados pelo Estado, seja os prestados por particulares, configuram serviço público não privativo, podendo ser desenvolvidos pelo setor privado independentemente de concessão, permissão ou autorização. 2. Nos termos do artigo 22, I, da Constituição do Brasil, compete à União legislar sobre direito civil. 3. Pedido de declaração de inconstitucionalidade julgado procedente" (ADIn 1.007, Rel. Min. Eros Grau, *DJU* 24.02.2006).

---

[75] *"Agravo regimental em recurso extraordinário. (...)* 2. Recurso que não demonstra o desacerto da decisão agravada, proferida em consonância com entendimento desta Corte. 3. Agências bancárias. Instalação de bebedouros e sanitários. Competência legislativa municipal. Interesse local. Precedentes. 4. Agravo regimental a que se nega provimento" (STF, AgRg em RE 418.492/SP, 2ª Turma, Rel. Min. Gilmar Mendes, j. 13.12.2005, *DJU* 03.03.2006). No mesmo sentido: *"Agravo regimental no recurso extraordinário. Agências bancárias. Tempo de atendimento ao público. Competência. Município. Artigo 30, I, CB/88.* 1. Ao legislar sobre o tempo de atendimento ao público nas agências bancárias estabelecidas em seu território, o município exerceu competência a ele atribuída pelo artigo 30, I, da CB/88. 2. Matéria de interesse local. Agravo regimental improvido" (STF, AgRg em RE 433.515/RS, 1ª Turma, Rel. Min. Eros Grau, *DJU* 07.10.2005).

O mesmo se concluiu em relação à lei estadual que impôs às operadoras de planos de saúde prazo máximo para autorização de exames aos seus consumidores assistidos:

> "Ação Direta de Inconstitucionalidade. Lei estadual que fixa prazos máximos, segundo a faixa etária dos usuários, para a autorização de exames pelas operadoras de planos de saúde. (...) 2. Por mais ampla que seja, a competência legislativa concorrente em matéria de defesa do consumidor (CF/88, art. 24, V e VIII) não autoriza os Estados-membros a editarem normas acerca de relações contratuais, uma vez que essa atribuição está inserida na competência da União Federal para legislar sobre direito civil (CF/88, art. 22, I). 3. Os arts. 22, VII e 21, VIII, da Constituição Federal atribuem à União competência para legislar sobre seguros e fiscalizar as operações relacionadas a essa matéria. Tais previsões alcançam os planos de saúde, tendo em vista a sua íntima afinidade com a lógica dos contratos de seguro, notadamente por conta do componente atuarial. 4. Procedência do pedido" (STF, ADI 4.701/PE, Tribunal Pleno, Rel. Min. Roberto Barroso, j. 13.08.2014, *DJe* 25.08.2014).

Frise-se, nesse caso, o entendimento divergente do Ministro Carlos Ayres Britto sobre o tema, ao sustentar que se tratava a hipótese de matéria pertinente à defesa do consumidor, indicada, portanto, à competência legislativa concorrente, a teor do artigo 24, V, da Constituição da República.[76]

Nosso entendimento é de que, tal como se estabelece a repartição de competências em acordo com as normas constitucionais em vigor, a defesa do consumidor constitui matéria de competência legislativa concorrente dos entes federados (União, estados e Distrito Federal), a teor do que estabelece o artigo 24, V e VIII, da Constituição da República. Tal conclusão não exclui a possibilidade de o município exercer sua competência legislativa própria, nas hipóteses em que reconhecer a defesa do consumidor como matéria de interesse local, demonstrada a pertinência da medida e a efetiva realização de seus interesses. Nesse sentido é que parece ter se consolidado o entendimento do STF, sobretudo a partir dos casos que envolvem o controle de constitucionalidade das leis estabelecendo deveres específicos a determinados fornecedores de serviços (*e.g.*, limitação do tempo de fila em bancos).

O próprio Supremo Tribunal Federal, em muitos julgados, parece ter adotado esse mesmo entendimento, conforme se vislumbra da decisão da Corte na medida cautelar em ação direta de inconstitucionalidade tendo por objeto lei do estado do Paraná que estabelecia deveres específicos de informação aos postos de combustíveis, com respeito à natureza, à procedência e à qualidade dos produtos comercializados. Segundo sustentou o Ministro Sidney Sanches na oportunidade, agrega-se à competência legislativa concorrente prevista na Constituição da República a regra estabelecida no artigo 55 do CDC, a qual estabelece a competência legislativa suplementar dos entes federados em matéria de defesa do consumidor. Assim decidiu o STF:

> *"Direito constitucional e administrativo. Ação direta de inconstitucionalidade da Lei 12.420, de 13.01.1999, do Estado do Paraná, que assegura ao consumidor o direito de obter informações sobre natureza, procedência e qualidade dos produtos combustíveis, comercializados nos postos revendedores situados naquela unidade da federação. Alegação de ofensa aos artigos 22, I, IV e*

---

[76] Nesse sentido, veja-se o inteiro teor do julgado, no sítio do Supremo Tribunal Federal: stf.gov.br. Acesso em: 15.06.2006.

XII, 177, §§ 1º e 2º, I e III, 238 e 170, IV, da Constituição Federal. Medida cautelar. 1. A plausibilidade jurídica da ação direta de inconstitucionalidade ficou consideravelmente abalada, sobretudo diante das informações do Exmo. Sr. Governador do Estado do Paraná. 2. Com efeito, a Constituição Federal, no artigo 24, V e VIII, atribui competência concorrente à União, aos Estados e ao Distrito Federal para legislar sobre produção e consumo e responsabilidade por dano ao consumidor. O § 1º desse artigo esclarece que, no âmbito da legislação concorrente, a competência da União limitar-se-á a estabelecer normas gerais. E o § 2º que a competência da União para as normas gerais não exclui a suplementar dos Estados. 3. No caso, a um primeiro exame, o Estado do Paraná, na Lei impugnada, parece haver exercido essa competência suplementar, sem invadir a esfera de competência da União, para normas gerais. Aliás, o próprio Código do Consumidor, instituído pela Lei 8.078/90, no artigo 55, a estabeleceu. 4. E, como ficou dito, o diploma acoimado de inconstitucional não aparenta haver exorbitado dos limites da competência legislativa estadual (suplementar), nem ter invadido a esfera de competência concorrente da União, seja a que ficou expressa no Código do Consumidor, seja na legislação correlata, inclusive aquela concernente à proteção do consumidor no específico comércio de combustíveis. 5. É claro que um exame mais aprofundado, por ocasião do julgamento de mérito da Ação, poderá detectar alguns excessos da Lei em questão, em face dos limites constitucionais que se lhe impõem, mas, por ora, não são eles vislumbrados, neste âmbito de cognição sumária, superficial, para efeito de concessão de medida cautelar. 6. Ausente o requisito da plausibilidade jurídica, nem é preciso verificar se o do *periculum in mora* está preenchido. Ademais, se tivesse de ser examinado, é bem provável que houvesse de militar no sentido da preservação temporária da eficácia das normas em foco. 7. Medida Cautelar indeferida. Plenário: votação unânime" (ADIn 1.980-MC, Rel. Min. Sydney Sanches, *DJU* 25.02.2000).

Essa compreensão avança também para a conclusão de que leis estaduais não podem afetar o regime de delegação dos serviços públicos fixado pela União, definidos por lei ou por contrato,[77] nem o trânsito, a entrada e a saída de produtos dos

---

[77] "Ação direta de inconstitucionalidade. Lei n. 4.824/2016 do Estado do Mato Grosso do Sul. Prestação de serviço de telefonia. Obrigação de apresentar mensalmente a velocidade diária média de envio e de recebimento de dados. Usurpação de competência privativa da União para legislar sobre exploração de serviços de telecomunicações. Afronta aos arts. 21, XI, e 22, IV, da Constituição da República. Precedentes. 1. Ao obrigar as empresas prestadoras de serviço de internet móvel e de banda larga, na modalidade pós-paga, a apresentar ao consumidor, na fatura mensal, gráficos informando a velocidade diária média de envio e de recebimento de dados entregues no mês, a Lei nº 4.824/2016 do Estado do Mato Grosso do Sul, a pretexto de tutelar interesses consumeristas, altera, no tocante às obrigações das empresas prestadoras, o conteúdo dos contratos administrativos firmados no âmbito federal para a prestação do serviço público de telefonia, perturbando o pacto federativo. 2. Segundo a jurisprudência reiterada desta Suprema Corte, revela-se inconstitucional, por invadir a competência privativa da União para regular a exploração do serviço público de telefonia – espécie do gênero telecomunicação –, a lei estadual cujos efeitos não se esgotam na relação entre consumidor-usuário e o fornecedor-prestador, interferindo na relação jurídica existente entre esses dois atores e o Poder Concedente, titular do serviço (arts. 21, XI, 22, IV, e 175 da Constituição da República). Precedentes. Ação direta de inconstitucionalidade julgada procedente" (STF, ADI 5569/MS, Tribunal Pleno, Rel. Min. Rosa Weber, j. 18.05.2017, *DJe* 01.06.2017). No mesmo sentido: "Ação direta de inconstitucionalidade. Constitucional. Repartição de competências. Lei 15.829/2012 do Estado de Santa Catarina, que determina às empresas operadoras do Serviço Móvel Pessoal a instalação de bloqueadores de sinais de radiocomunicações nos estabelecimentos penais. Alegação de violação aos artigos 21, IX; 22, IV; e 175, parágrafo único, I e II, da Constituição Federal. 2. Inconstitucionalidade formal.

estados.[78] Mais recentemente, o STF julgou improcedente a ADI 6.893/ES, na qual era questionada a constitucionalidade de lei estadual que impôs o dever das empresas prestadoras de serviços de internet de apresentar registro da velocidade efetivamente fornecida, nas faturas mensais enviadas aos consumidores, afirmando, portanto, a validade da norma e reconhecendo a competência dos estados na matéria.[79]

Por outro lado, o próprio Código de Defesa do Consumidor, em seu artigo 55, estabelece que "a União, os Estados e o Distrito Federal, em caráter concorrente e nas suas respectivas áreas de atuação administrativa, baixarão normas relativas à produção, industrialização, distribuição e consumo de produtos e serviços". Essa competência reitera os termos do mencionado artigo 24 da Constituição da República e, como já examinamos em estudo anterior,[80] diz respeito a normas gerais de consumo, sendo autênticas normas de competência, endereçadas a todos os entes federados,[81] para exercício em conformidade com as competências constitucionalmente estabelecidas.

Ao ser constatada aparente incidência de determinado assunto a mais de um tipo de competência, deve-se realizar interpretação que leve em consideração duas premissas: a intensidade da relação da situação fática normatizada com a estrutura básica descrita no tipo da competência em análise e, além disso, o fim primário a que se destina essa norma, que possui direta relação com o princípio da predominância de interesses. Competência da União para explorar serviços de telecomunicação (art. 21, XI) e para legislar sobre telecomunicações (art. 22, IV). O Supremo Tribunal Federal tem firme entendimento no sentido da impossibilidade de interferência do Estado-membro nas relações jurídicas entre a União e as prestadoras dos serviços de telecomunicações. Em conformidade com isso, a jurisprudência vem reconhecendo a inconstitucionalidade de normas estaduais que tratam dos direitos dos usuários; do fornecimento de informações pessoais e de consumo a órgãos estaduais de segurança pública; e da criação de cadastro de aparelhos celulares roubados, furtados e perdidos no âmbito estadual. Precedentes. A Lei 15.829/2012, do Estado de Santa Catarina, trata de telecomunicações, na medida em que suprime a prestação do serviço atribuído pela CF à União, ainda que em espaço reduzido – âmbito dos estabelecimentos prisionais. Interferência considerável no serviço federal. Objetivo primordialmente econômico da legislação – transferência da obrigação à prestadora do serviço de telecomunicações. Invasão indevida da competência legislativa da União. 3. Ação direta julgada procedente para declarar a inconstitucionalidade da Lei 15.829/2012 do Estado de Santa Catarina" (STF, ADI 4.861/DF, Tribunal Pleno, Rel. Min. Gilmar Mendes, j. 03.08.2016, *DJe* 01.08.2017). Ainda: ADI 2.615/SC, Tribunal Pleno, Rel. p/ acórdão Min. Gilmar Mendes, *DJe* 18.05.2015; ADI 4.369/SP, Tribunal Pleno, Rel. Min. Marco Aurélio, *DJe* 03.11.2014; ADI 3.847/SC, Tribunal Pleno, Rel. Min. Gilmar Mendes, *DJe* 09.03.2012; ADI 4.478/AP, Tribunal Pleno, Rel. p/ Acórdão o Min. Luiz Fux, *DJe* 30.11.2011.

[78] STF, ADI 3.852/SC, Rel. Min. Dias Toffoli, *DJe* 11.12.2015; ADI 3.813/RS, Rel. Min. Dias Toffoli, *DJe* 20.04.2015; ADI 280/MT, Rel. Min. Francisco Rezek, *DJ* 17.06.1994; ADI 3.035/PR, Rel. Min. Gilmar Mendes, *DJ* 14.10.2005.

[79] STF, ADI 6.893/ES, Rel. Min. Cármen Lúcia, Tribunal Pleno, j. 11.10.2021, *DJ* 21.11.2021.

[80] Assim no nosso MARQUES, Claudia Lima; BENJAMIN, Antônio Herman; MIRAGEM, Bruno. *Comentários ao Código de Defesa do Consumidor*. 2. ed. São Paulo: Ed. RT, 2006. p. 837.

[81] GRINOVER, Ada Pellegrini et al. *Código Brasileiro de Defesa do Consumidor*: comentado pelos autores do anteprojeto. 6. ed. Rio de Janeiro: Forense Universitária, 1999. p. 564.

3

A SITUAÇÃO DO DIREITO DO CONSUMIDOR NO SISTEMA JURÍDICO BRASILEIRO

3.1 O DIREITO DO CONSUMIDOR E AS OUTRAS DISCIPLINAS JURÍDICAS

O direito do consumidor, como microssistema jurídico, adquire o caráter de transversalidade, impresso na sua relação com as diversas outras disciplinas jurídicas, em vista da complementação de suas normas, e, no sentido inverso, na especialização das normas dos ramos tradicionais da ciência jurídica, em vista do princípio básico de proteção do consumidor vulnerável. Assim, a técnica legislativa do CDC remete a normas de naturezas distintas – civil, penal, administrativa, processual –, razão pela qual a relação do direito do consumidor com estas e outras disciplinas jurídicas é estabelecida para dar sentido e aplicação a tais normas, de modo coerente com o sentido do código e os preceitos que orientam as disciplinas a que se referem originariamente.

3.1.1 O direito do consumidor e sua relação com o direito civil

Um exame desatento das relações de consumo e da proteção jurídica do consumidor pode resultar na falsa conclusão de que o Estado, ao promover a defesa do consumidor, orienta-se por uma finalidade exclusivamente econômica ou, no sentido inverso, a fim de promover uma intervenção de cunho social, com a prevenção ou a compensação das perdas de uma grande parcela da sociedade. Orientar-se por uma justificação meramente econômica ou, de outro lado, identificar, na defesa dos consumidores, a promoção de uma política social do Estado são considerações parciais do fenômeno e, por isso mesmo, incorretas.

É evidente que o caráter econômico das relações de consumo e o caráter social da proteção dos mais fracos numa relação da vida (*weaker parties*) são finalidades compreendidas na defesa do consumidor. Entretanto, reduzir o fenômeno a visões parciais como essas é restringir o sentido e o alcance dos direitos do consumidor, em especial no modo como o direito brasileiro os consagra, a partir da sua sede constitucional (artigos 5º, XXXII, e 170, V).

É cediço entre nós que, ao consagrar a defesa do consumidor em disposição específica no artigo 5º da Constituição da República, o direito brasileiro a relacionou como espécie própria de direito fundamental, a exigir uma prestação positiva do Estado,[1] o reconhecendo como titular de direitos fundamentais.[2]

---

[1] Assim já observamos: MIRAGEM, Bruno. O direito do consumidor como direito fundamental: consequências jurídicas de um conceito. *Revista de Direito do Consumidor*, São Paulo, v. 43, p. 111-132, jul.-set. 2002.

[2] MARQUES, Claudia Lima. *Contratos no Código de Defesa do Consumidor*. 4. ed. São Paulo: Ed. RT, 2003. p. 304 *et seq.*

A edição do Código Civil de 2002, e sua vigência desde o princípio de 2003, suscitou dúvidas sobre a possibilidade de que a nova lei viesse a revogar o direito anterior no que este lhe fosse diverso, em face da clássica regra de solução de antinomias *lex posterior derrogat priori* (lei posterior revoga a anterior).

A questão é enfrentada pela doutrina consumerista. Em trabalhos que se seguiram à edição do Código Civil de 2002, como o de Adalberto Pasqualotto,[3] encontra-se o entendimento sobre a perfeita adequação da coexistência de ambas as leis, vislumbrando a possibilidade de aprimoramento da aplicação do CDC, a partir da teoria finalista de consumidor.[4] Segundo o renomado professor gaúcho, uma das possíveis consequências das normas constantes no novo Código Civil, que é o destaque da interpretação finalista do consumidor, é a distinção das relações entre consumidor e fornecedor, e entre empresários, as quais se encontram, a princípio, sob o abrigo das disposições constantes do Livro do Direito da Empresa, e das definições que este refere sobre os conceitos de *empresário* e *sociedade empresária*.[5]

No mesmo sentido vai posicionar-se Claudia Lima Marques, que, em estudo original, reconhece, na coexistência entre o Código Civil atual e o CDC, espécie de solução sistemática pós-moderna, da *convivência de paradigmas*.[6] Identifica, assim, a existência de um *diálogo de subsidiariedade* e *complementaridade* entre as leis. Trata-se, segundo a autora, de oportunidade para a coordenação entre o caráter especial, teleológico (proteção do vulnerável) e hierárquico (fundamento constitucional) do CDC, e o caráter subsidiário do Código Civil. Isso é demonstrado, por exemplo, por intermédio do reconhecimento, nas disposições da lei de proteção do consumidor, da *função social dos contratos* (prevista pelo artigo 421 do CC) em relação aos contratos de consumo.[7]

---

[3] PASQUALOTTO, Adalberto de Souza. O Código de Defesa do Consumidor em face do novo Código Civil. *Revista de Direito do Consumidor*, São Paulo, v. 43, p. 96-110, jul.-set. 2002. Defende o autor que "a preservação do CDC como lei dos consumidores situa-se na raiz da corrente finalista, que deplora a aplicação indiscriminada, como uma forma de regresso à igualdade formal, subvertendo o princípio de que a justiça deve tratar desigualmente os desiguais. O novo Código Civil traz elemento importante na definição que gerou a polêmica (...) ao promover a unificação entre as obrigações civis e comerciais (...)". Conclui, então, que "parece assim selada a sorte sobre o campo de aplicação do CDC, devendo prevalecer o postulado básico da corrente finalista, que sempre defendeu a preservação do CDC como lei especial" (PASQUALOTTO, Adalberto de Souza. O Código de Defesa do Consumidor em face do novo Código Civil. *Revista de Direito do Consumidor*, São Paulo, v. 43, jul.-set. 2002. p. 107). Indica, assim, a retirada do âmbito de aplicação do CDC às relações em que o empresário (definido pelo artigo 966 do CC) atuar na realização de sua atividade típica.

[4] Para distinção das correntes de interpretação, veja-se, adiante, o item 5.2.3 desta Parte I.

[5] PASQUALOTTO, Adalberto de Souza. O Código de Defesa do Consumidor em face do novo Código Civil. *Revista de Direito do Consumidor*, São Paulo, v. 43, p. 96-110, jul.-set. 2002. p. 107.

[6] MARQUES, Claudia Lima. Diálogo entre o Código de Defesa do Consumidor e o novo Código Civil: do "diálogo das fontes" no combate às cláusulas abusivas. *Revista de Direito do Consumidor*, São Paulo, v. 45, p. 70-99, jan.-mar. 2003. MARQUES, Claudia Lima; BENJAMIN, Antônio Herman; MIRAGEM, Bruno. *Comentários ao Código de Defesa do Consumidor*. 2. ed. São Paulo: Ed. RT, 2006. p. 30 *et seq*. Igualmente, o nosso: MIRAGEM, Bruno. *Eppur si muove*: diálogo das fontes como método de interpretação sistemática no direito brasileiro. In: MARQUES, Claudia Lima (org.). *Diálogo das fontes*: do conflito à coordenação de normas do direito brasileiro. São Paulo: Ed. RT, 2012. p. 67 *et seq*.

[7] MIRAGEM, Bruno. *Eppur si muove*: diálogo das fontes como método de interpretação sistemática no direito brasileiro. In: MARQUES, Claudia Lima (org.). *Diálogo das fontes*: do conflito à coordenação de normas do direito brasileiro. São Paulo: Ed. RT, 2012. p. 86-91.

Uma segunda possibilidade, então, surge do fato de a nova codificação civil constituir espécie de base conceitual do CDC, na qualidade de norma central do sistema de direito privado, cujas definições determinam o significado da terminologia adotada em outras normas ou microssistemas, como é o caso do direito do consumidor. A relação que passa a existir é de *complementaridade conceitual*, em que o Código Civil assume o caráter de base conceitual geral. Nesse sentido, o CDC continua – como lei especial –, a ser aplicado de forma prioritária às relações de consumo. Uma definição legal de conteúdo genérico presente no Código Civil, contudo, poderá ser utilizada como base conceitual do sistema do CDC quando este não contar com uma definição própria. É o que a professora gaúcha denominará *diálogo sistemático de coerência*.[8]

Em sentido idêntico, a vigência do Código Civil atual permite a redefinição do campo de aplicação do CDC (norma de proteção do vulnerável), com exclusão das relações jurídicas interempresariais, oportunidade que Claudia Lima Marques denomina *diálogo das influências recíprocas sistemáticas*.[9]

A proteção conferida pelo CDC ao consumidor contempla a indicação desse *novo sujeito de direitos* como titular de diversos direitos subjetivos específicos. O artigo 6º do código vai estabelecer uma série do que denomina serem os *direitos básicos do consumidor*. Seu inciso I estabelece como tais: "A proteção da vida, saúde e segurança contra os riscos provocados por práticas no fornecimento de produtos e serviços considerados perigosos ou nocivos". O inciso IV, por seu turno, determina o direito à "proteção contra a publicidade enganosa e abusiva, métodos comerciais coercitivos ou desleais, bem como contra práticas e cláusulas abusivas ou impostas (...)". Já o inciso VI vai referir como direito subjetivo a "efetiva prevenção e reparação de danos patrimoniais e morais, individuais, coletivos e difusos". A efetiva proteção dos direitos básicos estabelecidos no artigo 6º, por sua vez, vai ter seu *modus operandi* especializado pelas disposições que o seguem no próprio CDC.

O artigo 7º do CDC, entretanto, vai indicar aos direitos básicos relacionados no artigo antecedente um caráter meramente exemplificativo (*numerus apertus*), permitindo que se identifiquem, além dos direitos subjetivos ali expressamente consagrados, outros tantos previstos nas mais diversas normas.[10]

Como já referimos, propôs Claudia Lima Marques, por ocasião da vigência do Código Civil de 2002 e sua influência no direito do consumidor, que a relação entre as duas leis se orienta por uma *técnica de coordenação* das diferentes fontes jurídicas,[11] por intermédio do *diálogo das fontes*. Nesse sentido expõe: "Diálogo, porque há influências recíprocas

---

[8] MIRAGEM, Bruno. *Eppur si muove*: diálogo das fontes como método de interpretação sistemática no direito brasileiro. In: MARQUES, Claudia Lima (org.). *Diálogo das fontes*: do conflito à coordenação de normas do direito brasileiro. São Paulo: Ed. RT, 2012. p. 94-95.

[9] MIRAGEM, Bruno. *Eppur si muove*: diálogo das fontes como método de interpretação sistemática no direito brasileiro. In: MARQUES, Claudia Lima (org.). *Diálogo das fontes*: do conflito à coordenação de normas do direito brasileiro. São Paulo: Ed. RT, 2012. p. 77.

[10] "Art. 7º Os direitos previstos neste Código não excluem outros decorrentes de tratados ou convenções internacionais de que o Brasil seja signatário, da legislação interna ordinária, de regulamentos expedidos pelas autoridades administrativas competentes, bem como dos que derivem dos princípios gerais de direito, analogia, costumes e equidade."

[11] MARQUES, Claudia Lima; BENJAMIN, Antônio Herman; MIRAGEM, Bruno. *Comentários ao Código de Defesa do Consumidor*. 2. ed. São Paulo: Ed. RT, 2006. p. 28.

(...) porque há aplicação conjunta das duas normas ao mesmo tempo e ao mesmo caso, seja complementarmente, seja subsidiariamente, seja permitindo a opção voluntária das partes sobre a fonte prevalente (especialmente em matéria de convenções internacionais e leis-modelos), ou mesmo permitindo uma opção por uma das leis em conflito abstrato. Uma solução flexível e aberta, de interpenetração, ou mesmo a solução mais favorável ao mais fraco da relação (tratamento diferente dos diferentes)".[12]

São três os tipos de diálogos sustentados pela professora gaúcha. O diálogo sistemático de *coerência*, o diálogo de *complementaridade* e *subsidiariedade* e o diálogo de *coordenação* e *adaptação sistemática*. No primeiro caso, o *diálogo de coerência* apresenta-se pelo fato do uma lei poder servir de base conceitual para outra.[13] No caso, o Código Civil, como centro do sistema de direito privado, forma os conceitos básicos para interpretação e aplicação do direito do consumidor. A definição de responsabilidade civil, prescrição e contrato compete ao Código Civil; já a aplicação específica desses institutos, em face da existência de uma relação de consumo, cabe ao CDC.

O *diálogo de complementaridade e subsidiariedade* consiste na adoção de princípios e normas, em caráter complementar, por um dos sistemas, quando se fizer necessário para solução de um caso concreto.[14] Nesse sentido, não há, necessariamente, o afastamento de uma lei, ou sua superação por outra, mais nova ou especial, senão que essas normas se complementam na aplicação, em vista do caso que se está a decidir. Será o caso, por exemplo, do reconhecimento e da aplicação da função social do contrato, prevista no artigo 421 do CC, também no tocante às relações de consumo reguladas pelo CDC.

Por fim, o *diálogo de coordenação e adaptação sistemática*[15] apresenta-se sobre dois aspectos principais. De um lado, a possibilidade de transposição da reflexão doutrinária e jurisprudencial da *praxis* do direito do consumidor, durante o período de vigência do CDC, para interpretação e aplicação do Código Civil, o que muito bem pode ocorrer em matéria de obrigações e contratos, por exemplo (é o caso do resultado da aplicação da boa-fé objetiva, prevista no CDC, da interpretação e da aplicação da cláusula geral de boa-fé prevista no Código Civil de 2002). Da mesma forma, pode o atual Código Civil influenciar uma redefinição do âmbito de aplicação do CDC, porquanto se tenha uma legislação renovada para as relações jurídicas entre iguais, com princípios e normas atualizadas em relação ao tempo e aos desafios contemporâneos, certa vocação expansionista na aplicação do CDC seja reduzida[16] e seu âmbito de aplicação seja direcionado à aplicação para proteção do destinatário final fático e econômico do produto ou serviço, vulnerável na relação de consumo.

---

[12] MARQUES, Claudia Lima; BENJAMIN, Antônio Herman; MIRAGEM, Bruno. *Comentários ao Código de Defesa do Consumidor*. 2. ed. São Paulo: Ed. RT, 2006. p. 28-29.

[13] MARQUES, Claudia Lima; BENJAMIN, Antônio Herman; MIRAGEM, Bruno. *Comentários ao Código de Defesa do Consumidor*. 2. ed. São Paulo: Ed. RT, 2006. p. 30.

[14] MARQUES, Claudia Lima; BENJAMIN, Antônio Herman; MIRAGEM, Bruno. *Comentários ao Código de Defesa do Consumidor*. 2. ed. São Paulo: Ed. RT, 2006. p. 30-31.

[15] MARQUES, Claudia Lima; BENJAMIN, Antônio Herman; MIRAGEM, Bruno. *Comentários ao Código de Defesa do Consumidor*. 2. ed. São Paulo: Ed. RT, 2006. p. 31.

[16] Veja-se o item sobre as correntes de interpretação do conceito de consumidor (finalistas *versus* maximalistas) e, consequentemente, de definição do âmbito de aplicação do Código de Defesa do Consumidor no direito brasileiro.

3.1.2 O direito do consumidor e sua relação com o direito processual

As relações do direito do consumidor com o direito processual devem ser compreendidas, antes de tudo, a partir de uma nova concepção das relações entre o Estado (e, nessa hipótese, o Estado-juiz) e o cidadão. Como assinala Luiz Guilherme Marinoni, "na atualidade, o Estado tem um verdadeiro dever de proteger os direitos".[17] Nesse sentido, as normas processuais do Código de Defesa do Consumidor, a exemplo da relação entre suas normas de direito material e as do Código Civil, também vão dar causa a um grande impacto na compreensão tradicional do processo civil. Isso por duas razões principais. Em primeiro lugar, as normas processuais do direito do consumidor confiam ao juiz um papel ativo na condução da relação processual,[18] seja no exame das circunstâncias de um dos litigantes – o consumidor – e na realização do seu direito de acesso à Justiça, bem como na facilitação da defesa dos direitos de que é titular (com a oportunidade da inversão do ônus da prova), seja no aumento dos poderes instrutórios do magistrado, de direção da relação processual.

Por outro lado, a tutela processual do consumidor prevista no CDC afasta-se de uma perspectiva meramente individualista do processo, a partir da definição de novas categorias de direitos ou interesses a serem tutelados processualmente. Nesse sentido, não é demais lembrar que as definições legais do CDC, acerca do que sejam *interesses ou direitos difusos, coletivos e individuais homogêneos*, possuem um caráter instrumental, de modo que permita a tutela coletiva desses direitos e sua consideração metaindividual, em vista da proteção da parte ou mesmo de toda a coletividade.

O traço comum entre os direitos difusos, coletivos e individuais homogêneos, do que se depreende do artigo 81, parágrafo único, do CDC, é justamente o seu caráter instrumental. Trata-se do que Ricardo Lorenzetti bem denomina como o *direito dos grupos*, tutelando interesses comuns e dando origem a um *direito privado coletivo*, ocupado da identificação de interesses de grupos de pessoas ligadas por elemento comum (*e.g.*, origem do interesse, relação jurídica básica) e pela ampliação da legitimação para agir em defesa desses interesses.[19]

A relação jurídica processual decorrente do processo civil clássico estruturou-se sob a premissa da desconfiança do juiz, a quem seria atribuído exclusivamente o dever de aplicação instantânea da lei – o juiz como "a boca que pronuncia as palavras da lei"[20] – e da consideração a interesses individuais presentes no litígio. Essa visão tradicional do processo transforma-se, a partir do papel decisivo do CDC, em normas que passam a expressar uma maior confiança no juiz, conferindo-lhe novos poderes. Não por acaso, muitas das normas originárias do CDC seriam, depois, incorporadas nas reformas do Código de Processo Civil, realizadas a partir de 1994. Outra grande influência das normas

---

[17] MARINONI, Luiz Guilherme. *Técnica processual e tutela dos direitos*. São Paulo: Ed. RT, 2004. p. 84.

[18] Esse fenômeno do reforço dos poderes do juiz, em vista da finalidade de efetivação dos direitos dos consumidores, também é percebido no direito francês, como refere: SOUPHANOR, Nathalie. *L'influence du droit de la consommation sur lê système juridique*. Paris: LGDJ, 2000. p. 280 *et seq.*

[19] LORENZETTI, Ricardo L. *Fundamentos do direito privado*. Trad. Véra Maria Jacob de Fradera. São Paulo: Ed. RT, 1998. p. 192 *et seq.*

[20] A conhecida expressão é de MONTESQUIEU, Charles Louis de Secondat. *Do espírito das leis*. São Paulo: Abril Cultural, 1979.

de direito do consumidor sobre o processo civil será a organização e ampliação da tutela coletiva de direitos. O processo civil brasileiro, a partir das normas do CDC, passa a admitir e promover, diante das dimensões coletivas dos conflitos contemporâneos (muitos dos quais com uma mesma causa, mas com um número imenso de titulares de pretensão), o alargamento da tutela jurisdicional substituindo a figura tradicional do litisconsórcio multitudinário mediante a ampliação da legitimação para interposição de uma só ação cuja decisão se projeta sobre todos os titulares de interesses veiculados na demanda.

No direito do consumidor, a importância da tutela coletiva de direitos, desenvolvida e aprofundada pelo CDC, em movimento subsequente à Lei da Ação Civil Pública (de 1985), sustenta-se, basicamente, em dois argumentos. Primeiro, de conveniência da concentração de um número imenso de pretensões em um mesmo processo. Por outro lado, tal possibilidade revela-se como condição de efetividade da proteção dos direitos dos consumidores. Conforme observa Marinoni, "instituir a possibilidade de tutela de direitos individuais de origem comum, por meio de uma única ação deferida por ente idôneo e capaz, é fundamental para que o ordenamento jurídico (...) não se transforme em letra morta".[21]

Ao lado dessa ampliação da legitimidade para tutela do direito dos consumidores, o CDC também se ocupou da previsão de instrumentos específicos visando à efetividade da proteção outorgada pela norma. Esse é o caso da ação judicial prevista no artigo 84 do CDC, que dispõe sobre a possibilidade de o consumidor exigir o cumprimento específico da obrigação de fazer ou não fazer ("Art. 84. Na ação que tenha por objeto o cumprimento da obrigação de fazer ou não fazer, o juiz concederá a tutela específica da obrigação ou determinará providências que assegurem o resultado prático equivalente ao do adimplemento"), assim como autoriza o juiz tanto a conceder liminar quando existir receio de ineficácia do provimento final (artigo 84, § 3º) quanto a adotar as medidas que se fizerem necessárias para a tutela específica da pretensão ou o seu resultado equivalente (artigo 84, § 5º).

Nesse mesmo sentido, a efetividade do direito do consumidor contará com outra norma de importância decisiva, sobretudo em sua *praxis* jurisprudencial, que é a possibilidade de inversão do ônus da prova em favor do consumidor, quando se observar, a critério do juiz, hipossuficiência ou verossimilhança das alegações desse sujeito protegido no processo ("Art. 6º São direitos básicos do consumidor: (...) VIII – a facilitação da defesa de seus direitos, inclusive com a inversão do ônus da prova, a seu favor, no processo civil, quando, a critério do juiz, for verossímil a alegação ou quando for ele hipossuficiente, segundo as regras ordinárias de experiências"). Essas normas terminam por outorgar ao processo civil de defesa do consumidor um perfil próprio, vinculado à efetividade dos direitos consagrados no CDC. Todavia, a eficácia dessas normas ultrapassa os limites dos litígios de consumo para regular, muitas delas (em especial as relativas ao processo coletivo), uma série de aspectos processuais estranhos à relação de consumo, caracterizando a influência do direito processual do consumidor sobre todo o sistema processual, em especial no que se refere ao processo civil coletivo.

---

[21] MARINONI, Luiz Guilherme. *Técnica processual e tutela dos direitos*. São Paulo: Ed. RT, 2004. p. 101.

3.1.3 O direito do consumidor e o direito penal

O direito penal ocupa-se da eleição, da proibição e da punição de condutas típicas ofensivas aos bens jurídicos tutelados pelo ordenamento. Já foi demonstrado que a defesa do consumidor, tendo sua origem na realização de direito fundamental estabelecido pela Constituição da República, constitui-se em interesse de importância reconhecida pelo ordenamento jurídico. Eis o fundamento da tipificação penal de condutas dos fornecedores que são ofensivas aos interesses dos consumidores com o objetivo de garantir a efetividade da proteção jurídica conferida pela legislação. Como anota João Batista de Almeida, no âmbito penal, a defesa do consumidor é anterior ao próprio CDC.[22] Nesse sentido, são exemplos as normas penais que têm por objeto condutas hoje atinentes à proteção das relações de consumo, o Decreto-lei da Usura, de 1933 (Dec.-lei 22.626/1933), os diversos tipos penais estabelecidos no Código Penal de 1940, visando à proteção do consumidor (ainda que sem a utilização específica da expressão), assim como a edição, em 1951, da Lei 1.521/1951, que tipificava e reprimia os crimes contra a economia popular. No mesmo ano da promulgação do CDC, houve a edição da Lei 8.137, de 27 de dezembro de 1990, que, a par das disposições penais presentes no código, prevê a repressão de uma série de comportamentos típicos como *crimes contra a economia popular*, ao tempo que relaciona, no seu artigo 7º, uma série de tipos penais reunidos sob a referência de *crimes contra as relações de consumo*.[23]

O método de eleição e determinação de condutas lesivas ao consumidor tipificadas penalmente deu-se de modo vinculado à violação dos direitos dos consumidores e, da mesma forma, dos deveres indicados aos fornecedores pelas normas do CDC. Nesse sentido, foram previstas ao menos 12 condutas típicas, abrangendo diferentes aspectos da relação de consumo, desde a sua formação (pela oferta ou publicidade, por exemplo) até o oferecimento de produtos e serviços nocivos ou perigosos ao consumidor. Nessa

---

[22] ALMEIDA, João Batista de. *A proteção jurídica do consumidor*. 5. ed. São Paulo: Saraiva, 2006. p. 209.

[23] Assim o artigo 7º da Lei 8.137/1990: "Constitui crime contra as relações de consumo: I – favorecer ou preferir, sem justa causa, comprador ou freguês, ressalvados os sistemas de entrega ao consumo por intermédio de distribuidores ou revendedores; II – vender ou expor à venda mercadoria cuja embalagem, tipo, especificação, peso ou composição esteja em desacordo com as prescrições legais, ou que não corresponda à respectiva classificação oficial; III – misturar gêneros e mercadorias de espécies diferentes, para vendê-los ou expô-los à venda como puros; misturar gêneros e mercadorias de qualidades desiguais para vendê-los ou expô-los à venda por preço estabelecido para os demais mais alto custo; IV – fraudar preços por meio de: a) alteração, sem modificação essencial ou de qualidade, de elementos tais como denominação, sinal externo, marca, embalagem, especificação técnica, descrição, volume, peso, pintura ou acabamento de bem ou serviço; b) divisão em partes de bem ou serviço, habitualmente oferecido à venda em conjunto; c) junção de bens ou serviços, comumente oferecidos à venda em separado; d) aviso de inclusão de insumo não empregado na produção do bem ou na prestação dos serviços; V – elevar o valor cobrado nas vendas a prazo de bens ou serviços, mediante a exigência de comissão ou de taxa de juros ilegais; VI – sonegar insumos ou bens, recusando-se a vendê-los a quem pretenda comprá-los nas condições publicamente ofertadas, ou retê-los para o fim de especulação; VII – induzir o consumidor ou usuário a erro, por via de indicação ou afirmação falsa ou enganosa sobre a natureza, qualidade do bem ou serviço, utilizando-se de qualquer meio, inclusive a veiculação ou divulgação publicitária; VIII – destruir, inutilizar ou danificar matéria-prima ou mercadoria, com o fim de provocar alta de preço, em proveito próprio ou de terceiros; IX – vender, ter em depósito para vender ou expor à venda ou, de qualquer forma, entregar matéria-prima ou mercadoria, em condições impróprias ao consumo; Pena – detenção, de 2 (dois) a 5 (cinco) anos, ou multa".

CURSO DE DIREITO DO CONSUMIDOR – *Bruno Miragem*

perspectiva, o bem jurídico tutelado pelos tipos penais do CDC, a toda vista, são os diversos direitos básicos do consumidor relacionados na lei,[24] ou – no entendimento que perfilamos – a proteção do bem jurídico *relação de consumo*.[25] Constituem-se todos os tipos penais previstos no CDC *crimes de perigo* ou de *mera conduta*, uma vez que não vão necessitar da ocorrência de efetivo dano ao consumidor. Daí por que se venha a afirmar, com a vigência do CDC e da Lei 8.137/1990, a existência de uma disciplina própria, decorrente da especialização do direito penal econômico, que se pode caracterizar como o *direito penal do consumidor*.[26]

3.1.4   O direito do consumidor e o direito administrativo

O direito do consumidor e o direito administrativo relacionam-se, uma vez que o dever de proteção do consumidor, estabelecido a partir da norma constitucional, vincula todos os poderes públicos, visando à realização dos direitos fundamentais em geral e à defesa do consumidor em particular. Nesse sentido, a atuação da Administração Pública regula-se pelo direito administrativo, o qual, no que seja pertinente ao direito do consumidor, vai ocupar-se, precipuamente, da disciplina do exercício do poder de polícia administrativo, fiscalização e controle das atividades dos fornecedores, assim como do exercício do poder regulamentar, de especificar condutas e critérios previstos em lei.

O Código de Defesa do Consumidor prevê a atuação administrativa do Estado na defesa do consumidor em diversos momentos. Primeiro, pela previsão da Política Nacional das Relações de Consumo, integrada, entre outras iniciativas, pela "ação governamental no sentido de proteger efetivamente o consumidor" (artigo 4º, II). Essa atuação estatal deve se operacionalizar: "a) por iniciativa direta; b) por incentivos à criação e desenvolvimento de associações representativas; c) pela presença do Estado no mercado de consumo; d) pela garantia dos produtos e serviços com padrões adequados de qualidade, segurança, durabilidade e desempenho". Também integra a Política Nacional das Relações de Consumo o objetivo de "racionalização e melhoria dos serviços públicos".

Da mesma maneira, visando à proteção da segurança e da saúde do consumidor, o artigo 10, § 1º, do CDC estabelece a intervenção da autoridade competente na hipótese "[d]o fornecedor de produtos e serviços que, posteriormente à sua introdução no mercado de consumo, tiver conhecimento da periculosidade que apresentem". É o caso do procedimento de *recall*, coordenado em âmbito federal pelo Ministério da Justiça.

Por fim, o CDC, ao constituir o Sistema Nacional de Defesa do Consumidor e indicar sua coordenação ao Departamento de Proteção e Defesa do Consumidor (atual Secretaria Nacional do Consumidor), do Ministério da Justiça, confere a esse órgão e aos

---

[24]   ALMEIDA, João Batista de. *A proteção jurídica do consumidor*. 5. ed. São Paulo: Saraiva, 2006. p. 211.

[25]   MARQUES, Claudia Lima; BENJAMIN, Antônio Herman; MIRAGEM, Bruno. *Comentários ao Código de Defesa do Consumidor*. 2. ed. São Paulo: Ed. RT, 2006. p. 895. FONSECA, Antonio Cezar Lima da. *Direito penal do consumidor*: Código de Defesa do Consumidor e Lei 8.137/90. 2. ed. Porto Alegre: Livraria do Advogado, 1999. p. 45.

[26]   Assim o entendimento de Antônio Herman Benjamin: MARQUES, Claudia Lima; BENJAMIN, Antônio Herman; MIRAGEM, Bruno. *Comentários ao Código de Defesa do Consumidor*. 2. ed. São Paulo: Ed. RT, 2006. p. 893-895; e FONSECA, Antonio Cezar Lima da. *Direito penal do consumidor*: Código de Defesa do Consumidor e Lei 8.137/90. 2. ed. Porto Alegre: Livraria do Advogado, 1999. p. 21 *et seq.*

PARTE I · Cap. 3 · A SITUAÇÃO DO DIREITO DO CONSUMIDOR NO SISTEMA JURÍDICO BRASILEIRO | 49

demais órgãos do sistema uma série de competências executivas (artigos 105 e 106), assim como, ao estabelecer as sanções administrativas a serem impostas em face de violação dos direitos dos consumidores (artigo 56), confere, claramente, à Administração o dever de aplicá-las, a fim de promover a efetividade das normas de proteção do consumidor.

Essa atuação da Administração, por sua vez, se dá por intermédio das competências regulamentares e executivas previstas no artigo 55 do CDC, que dispõe: "Art. 55. A União, os Estados e o Distrito Federal, em caráter concorrente e nas suas respectivas áreas de atuação administrativa, baixarão normas relativas à produção, industrialização, distribuição e consumo de produtos e serviços. § 1º A União, os Estados, o Distrito Federal e os Municípios fiscalizarão e controlarão a produção, industrialização, distribuição, a publicidade de produtos e serviços e o mercado de consumo, no interesse da preservação da vida, da saúde, da segurança, da informação e do bem-estar do consumidor, baixando as normas que se fizerem necessárias. (...) § 3º Os órgãos federais, estaduais, do Distrito Federal e municipais com atribuições para fiscalizar e controlar o mercado de consumo manterão comissões permanentes para elaboração, revisão e atualização das normas referidas no § 1º, sendo obrigatória a participação dos consumidores e fornecedores. § 4º Os órgãos oficiais poderão expedir notificações aos fornecedores para que, sob pena de desobediência, prestem informações sobre questões de interesse do consumidor, resguardado o segredo industrial".

Entre os princípios fundamentais do direito administrativo, encontra-se o princípio da legalidade, cujo conteúdo impõe que os agentes públicos atuem vinculados aos limites estabelecidos por lei, em vista da realização dos comandos normativos. Nesse sentido, o estrito cumprimento das normas de direito do consumidor estabelecidas no CDC e em outras leis não constitui mera faculdade da autoridade administrativa, senão exigência legal intransmissível. Da mesma forma, não se há de considerar, em muitos setores, o afastamento das normas legais de direito do consumidor, em face de outras normas oriundas do poder regulamentar da administração (infralegais), ou mesmo normas legais contraditórias. As normas do CDC constituem *normas legais especiais* diante de outras de regulação da atividade administrativa geral, razão pela qual devem prevalecer. A vinculação da autoridade pública à lei, assim, determina o estrito cumprimento das normas de defesa do consumidor.

Por outro lado, a atuação administrativa, por intermédio do direito administrativo que regula a relação do Estado-administração com os particulares, observa, em matéria de defesa do consumidor, os mesmos limites impostos em outras circunstâncias à atuação da Administração, como é o caso dos limites ao exercício do poder de polícia e do poder regulamentar (não se admitindo sua contrariedade à lei). Igualmente, nas circunstâncias em que o exercício da atividade administrativa se fundamenta no poder discricionário da autoridade, este resta indicado pela decisão que melhor realize o interesse público, o que, no caso, se satisfaz pela realização do direito fundamental de defesa do consumidor.

3.1.5   O direito do consumidor e o direito empresarial

Convém igualmente examinarmos a relação entre o direito do consumidor e o direito empresarial, inclusive para salientarmos suas distinções, delimitando os temas que circunscrevem cada uma das áreas. A rigor, como refere Paula Forgioni, "a proteção do consumidor significa o incremento do fluxo de relações econômicas, que por sua vez atua em prol do 'interesse geral do comércio".[27]

O direito empresarial, como se sabe, sofreu grande evolução, deixando de adotar critério de disciplina dos atos de comércio, original em nosso direito desde o Código Comercial de 1850, e de acordo com a tradição vinda do direito francês, para centrar-se na atividade empresarial, especialmente pela influência do Código Civil italiano de 1942,[28] adotando a teoria de Cesare Vivante,[29] que congregou os fatores natureza, capital, organização, trabalho e risco como requisitos elementares a qualquer empresa. Nesse sentido, os atos de empresa (*atti d'impresa*) são objetivamente reconhecíveis na sua concatenação com os outros atos de empresa, exatamente porque os atos de empresa, normalmente, não são atos isolados, mas, sim, ligados funcionalmente a outros atos de empresa, de acordo com os requisitos estabelecidos pela lei para configuração da atividade empresária.[30]

No direito brasileiro, o desenvolvimento dessa ideia culmina na unificação das obrigações civis e empresariais no Código Civil de 2002 – e na previsão, nessa norma, de um livro do direito da empresa –, no qual consta, em seu artigo 966: "Considera-se empresário quem exerce profissionalmente atividade econômica organizada para a produção ou a circulação de bens ou de serviços. Parágrafo único. Não se considera empresário quem exerce profissão intelectual, de natureza científica, literária ou artística, ainda com o concurso de auxiliares ou colaboradores, salvo se o exercício da profissão constituir elemento de empresa". Aqui, há uma distinção importante entre a relação de consumo e a relação empresarial. A primeira se dá entre um profissional (que, na maioria das vezes, será empresário, podendo, contudo, se tratar de profissional liberal) e um leigo, não profissional. A segunda, por sua vez, ocorre entre dois profissionais, empresários, atuando com a mesma finalidade legalmente autorizada: o lucro.

Todavia, não há dúvida de que o direito do consumidor exerce influência no direito empresarial. Em primeiro lugar, em razão do entendimento – em relação ao qual sustentamos a necessidade de uma interpretação restrita – de que a aplicação do artigo 29 do CDC a relações entre empresários dá causa à equiparação a consumidor e, consequentemente, à aplicação das normas de proteção do consumidor em favor do empresário. Trata-se de equiparação a consumidor autorizada, segundo critério atualmente utilizado pela jurisprudência, pela presença de desigualdade de posição jurídica e, por consequência, de poder entre as partes (vulnerabilidade).

Da mesma forma, representam os direitos do consumidor um novo centro de interesse do qual se aproxima a atividade empresarial,[31] a definir, inclusive, novas bases éticas sobre as quais se funda a confiança necessária tanto às relações interempresariais quanto

---

[27] FORGIONI, Paula Andreia. *A evolução do direito comercial brasileiro*: da mercancia ao mercado. São Paulo: Ed. RT, 2009. p. 221.

[28] COELHO, Fábio Ulhoa. *Curso de direito comercial*. São Paulo: Saraiva, 2011. v. 1. p. 37-40.

[29] VIVANTE, Cesare. *Trattato di Diritto Commerciale*. 4. ed. Milano: Casa Editrice Dott. Francesco Vallardi, 1920.

[30] RIVOLTA, Gian Carlo M. Gli atti d'impresa. *Rivista di Diritto Civile*, Padova, n. 1, anno XL, genn.-febbr. 1994. p. 121.

[31] DE LUCCA, Newton. *Da ética geral à ética empresarial*. São Paulo: Quartier Latin, 2009. p. 354-355.

PARTE I · Cap. 3 · A SITUAÇÃO DO DIREITO DO CONSUMIDOR NO SISTEMA JURÍDICO BRASILEIRO | 51

àquelas entre a empresa como fornecedora e o consumidor.[32] Desse modo, as normas de direito do consumidor, embora não se apliquem – como regra – à disciplina das atividades empresariais, não apenas determinam a necessidade de diferenciação entre as naturezas de ambas as relações jurídicas mas também contribuem com a própria delimitação da autonomia do direito empresarial diante da complexidade das relações econômicas.[33]

Refira-se, ainda, que uma série de temas objeto de regulação pelo direito empresarial, como é o caso da propriedade intelectual (marcas e patentes), assim como das relações internas da cadeia de fornecimento (entre fabricantes, distribuidores e importadores, além de outros) repercute na aplicação do CDC na proteção dos consumidores.

3.1.6 O direito do consumidor e o direito da concorrência

Das diversas disciplinas jurídicas com as quais se relaciona o direito do consumidor, o direito da concorrência é aquele com o qual guarda maior afinidade em vista de sua origem comum. Em estudo pioneiro sobre o direito do consumidor no Brasil, Fábio Konder Comparato mencionava-o como ramo do direito econômico, ao lado do direito da concorrência. A rigor, os direitos da concorrência e do consumidor são ramos muito próximos, se os considerarmos como respostas do direito a uma série de transformações e fenômenos econômicos nos últimos 60 anos. Por outro lado, ambos se assemelham quanto a certos fins comuns que propugnam, como é o caso da eficiência do mercado (proteção contra as *falhas do mercado*). Diante disso, cresce, entre nós, a tese sobre a absoluta necessidade de interação entre o direito do consumidor e o direito da concorrência, o que pode ser promovido pela consideração do interesse da proteção do consumidor pelas decisões adotadas pelos órgãos vinculados à defesa da livre concorrência. Nesse sentido as reflexões de Heloísa Carpena, para quem a interpenetração entre as duas esferas (consumidor e concorrência) observa-se, atualmente, tanto na jurisprudência quanto nas remissões legislativas entre o CDC e a legislação de defesa da concorrência.[34] Nessa perspectiva, afirma a jurista: "A opção pelos interesses dos consumidores, não como objeto direto e imediato, mas como finalidade axiológica da proteção da concorrência decorre da aplicação dos princípios constitucionais, não se admitindo por tal razão, a posição de alguns autores que, embora os reconheçam como um dos objetivos da disciplina antitruste, atribuem-lhe uma importância menor, secundária, constituindo apenas um objeto mediato".[35] E conclui, com acerto: "A proteção da concorrência não é um fim em si mesmo, mas constitui instrumento que, fundado no princípio da igualdade, visa preservar as forças no mercado, a transparência

---

[32] WEINGARTEN, Celia. El valor económico de la confianza para empresas y consumidores. *Revista de Direito do Consumidor*, São Paulo, v. 33, p. 33-50, jan. 2000.

[33] FORGIONI, Paula Andreia. *A evolução do direito comercial brasileiro*: da mercancia ao mercado. São Paulo: Ed. RT, 2009. p. 141-142.

[34] CARPENA, Heloisa. *O consumidor no direito da concorrência*. Rio de Janeiro: Renovar, 2005. p. 245. No direito argentino, veja-se: CARLUCCI, Aída Kemelmajer de. Derecho de los consumidores y derecho de la libre competencia. In: STIGLITZ, Gabriel; HERNÁNDEZ, Carlos A (org.). *Tratado de derecho del consumidor*. Buenos Aires: La Ley, 2015. t. I. p. 437 e ss.

[35] CARPENA, Heloisa. *O consumidor no direito da concorrência*. Rio de Janeiro: Renovar, 2005. p. 258.

CURSO DE DIREITO DO CONSUMIDOR – *Bruno Miragem*

nas informações que nele circulam e, em última análise, garantir opções para que o consumidor possa exercer seu direito básico de escolha".[36]

Naturalmente, a relação entre o direito do consumidor e o direito da concorrência não se faz sem a necessidade de uma aproximação entre a *razão econômica* e a *razão jurídica*. A *razão econômica* sustenta-se na construção de tipos ideais a partir de critérios econômicos, com destaque para a comparação entre *custo e benefício*. Esses critérios pautam, a seu modo, a racionalidade do juízo econômico,[37] uma vez que é possível identificar eventuais perdas e ganhos decorrentes de determinada decisão, decorrendo daí o próprio fundamento da ideia de *bem* a ser conquistado.

Em relação ao direito, a formação do tipo ideal passa pela discussão dos pressupostos, a partir dos quais se deve identificar sua finalidade. Esse debate – como demonstra José Reinaldo de Lima Lopes – destaca-se no último século, a partir da divergência entre Hans Kelsen e Herbert Hart em relação a aspectos essenciais do modo de pensar jurídico. Enquanto o primeiro indica a construção do raciocínio jurídico por meio da identificação da conduta correta, para evitar a imposição da sanção,[38] o segundo vai fazê-lo simplesmente a partir do questionamento de qual seja a conduta devida (independentemente da sanção).[39] Ambas as hipóteses, contudo, possuem o traço comum de sustentarem-se no cumprimento de regras preestabelecidas.[40]

O direito da concorrência apoia-se nos direitos do consumidor, como um dos critérios de preservação da liberdade de concorrência. Em certo sentido, é possível afirmar que a defesa da livre concorrência se constitui em espécie de defesa indireta dos direitos dos consumidores,[41] uma vez que seu resultado se apresenta como a eficiência do mercado e melhores condições de contratação para todos. Esta é, aliás, a proposição básica de uma *interpretação econômica do direito do consumidor*, propugnando que a defesa mais eficiente do interesse de um consumidor em relação a um fornecedor é a existência de outro, propondo-se a oferecer melhores condições.[42] Nesse sentido, o direito da concorrência surge como uma das garantias básicas da efetividade do direito do consumidor.[43]

Do ponto de vista legislativo, um dos aspectos mais destacados acerca da relação entre o direito do consumidor e o direito da concorrência constitui-se no regime das práticas comerciais abusivas no CDC (artigo 39). Boa parte das práticas relacionadas na disposição legal informa situações que configuram, ao mesmo tempo, infração às normas

---

[36]   CARPENA, Heloisa. *O consumidor no direito da concorrência*. Rio de Janeiro: Renovar, 2005. p. 259.

[37]   LOPES, José Reinaldo de Lima. Raciocínio jurídico e economia. *Revista de Direito Público e Economia*, Belo Horizonte, n. 8., p. 137-170, out.-dez. 2004.

[38]   KELSEN, Hans. *Teoria pura do direito*. Trad. João Baptista Machado. São Paulo: Martins Fontes, 1999. p. 35 *et seq.*

[39]   HART, Herbert. *O conceito de direito*. 2. ed. Trad. Ribeiro Mendes. Lisboa: Fundação Calouste Gulbenkian, 1994. p. 26 *et seq.*

[40]   LOPES, José Reinaldo de Lima. Raciocínio jurídico e economia. *Revista de Direito Público e Economia*, Belo Horizonte, n. 8., p. 137-170, out.-dez. 2004. p. 141.

[41]   ALMEIDA, Carlos Ferreira de. *Os direitos dos consumidores*. Coimbra: Almedina, 1982. p. 72.

[42]   FRIEDMAN, Milton; FRIEDMAN, Rose. *Free to choose*: a personal statment. San Diego: Harvest Book, 1990. p. 222-223.

[43]   Nesse sentido propõe: GLÓRIA, Daniel Firmato de Almeida. *A livre concorrência como garantia do consumidor*. Belo Horizonte: Del Rey, 2003. p. 113 *et seq.*

do direito da concorrência e do direito do consumidor. Assim, por exemplo, a vedação da venda casada (artigo 39, I), a recusa do atendimento do consumidor mesmo havendo disponibilidade de estoque (artigo 39, II) ou o aumento injustificado de preços (artigo 39, X). Da mesma forma, a repressão à publicidade enganosa pode ser tomada como meio para proteção não apenas dos consumidores mas também dos agentes econômicos que concorrem no mercado.[44] Desse modo, o direito da concorrência, ao visar à regulação do comportamento dos agentes econômicos no mercado, assegurando a livre competição entre os fornecedores, termina por influenciar, decisivamente, o direito do consumidor, de maneira que a proteção da livre concorrência resulta, ainda que indiretamente,[45] na proteção dos direitos do consumidor.

3.1.7 Autonomia do direito do consumidor

O direito do consumidor, a partir do seu fundamento constitucional e das normas estipuladas no Código de Defesa do Consumidor, realiza um corte transversal nas diversas disciplinas jurídicas, incorporando, no seu texto normativo e em seus princípios fundamentais, institutos de diversas áreas do direito, como o direito civil, o direito pro-

---

[44] Nesse sentido, o preciso precedente do STJ: "Recurso especial. Direito empresarial e direito econômico. Direito da concorrência. Ação fundada em publicidade enganosa, proposta por sociedade empresária concorrente e não por consumidor. Alegada negativa de prestação jurisdicional. Não ocorrência. Alegada violação do art. 38 do CDC não configurada. Normas relativas à publicidade previstas no CDC que se aplicam também à relação entre concorrentes e não apenas à relação com o consumidor. Normas que acabam por ampliar também a defesa da concorrência. Diálogo das fontes. Diálogo de coordenação e de adaptação sistemática entre direito da concorrência e direito do consumidor. Art. 38 do CDC que, no entanto, não deve ser observado na relação concorrencial. Inversão do ônus da prova *ope legis* que não se justifica em relações concorrenciais. Norma que não apenas não representa incremento à defesa da concorrência como ainda, em determinadas circunstâncias, pode prejudicá-la. 1. Violação do arts. 489, § 1º, IV, e do art. 1.022, II, do CPC não configurada, tendo o Tribunal de origem se manifestado de forma clara e suficiente acerca de todas as alegações relevantes à solução da lide. 2. Caso concreto em que a controvérsia recursal versa acerca da possibilidade de aplicação da inversão do ônus da prova operada de forma direta e automática pelo art. 38 do CDC às ações fundadas em publicidade enganosa propostas não por consumidor, mas por sociedade empresária concorrente. 3. Direito da Concorrência e Direito do Consumidor que apresentam relação simbiótica, pois, em termos gerais, quanto maior a concorrência, maior tende a ser o bem-estar do consumidor e que, quanto maior a proteção do consumidor, mais justa e leal tende a ser a concorrência. 4. Normas previstas no CDC relativas aos limites da publicidade ao consumidor, incluindo a proibição às publicidades enganosa e abusiva, que se aplicam também às relações concorrenciais, uma vez que elas acabam por reforçar a defesa da concorrência. 5. Diálogo de coordenação e de adaptação sistemática entre as normas do Direito da Concorrência e as do Direito do Consumidor que, no entanto, não alcança o art. 38 do CDC, que impõe, *ope legis*, a inversão do ônus da prova em desfavor do anunciante. 6. Norma que tem como fundamento a vulnerabilidade do consumidor e como objetivo garantir a igualdade material e reforçar sua proteção, inclusive no acesso à Justiça. 7. Vulnerabilidade que não pode ser pressuposta, como regra, na relação concorrencial. Norma do art. 38 do CDC cuja aplicação não se justifica nas relações concorrenciais por não reforçar a defesa da concorrência.8. Eventual dificuldade ou mesmo impossibilidade de o autor arcar com o ônus da prova, verificada no caso concreto, que pode ser resolvida por meio da distribuição dinâmica do ônus da prova. Art. 373, § 1º, do CPC. 9. Inversão determinada 'ope legis' que, em alguns casos, poderia até mesmo prejudicar a defesa da concorrência, já que acabaria por facilitar o abuso do direito de ação com finalidade anticoncorrencial, em prática amplamente conhecida pelo termo em inglês 'sham litigation'. 10. Recurso especial desprovido" (STJ, REsp 1.866.232/SP, 3ª Turma, rel. Min. Paulo de Tarso Sanseverino, j. 21.03.2023, *DJe* 23.03.2023).

[45] ALPA, Guido. *Il diritto dei consumatori*. Roma: Laterza, 2002. p. 107.

54 | CURSO DE DIREITO DO CONSUMIDOR – *Bruno Miragem*

cessual, o direito penal, o direito administrativo, entre outros. Não é demais reafirmar que, ao determinar a aprovação, pelo Congresso Nacional, de um Código de Defesa do Consumidor, o constituinte indicou a essa norma um caráter sistemático, vinculado a uma ideia básica de proteção ao interesse do consumidor.

Como ensina Claudia Lima Marques, a noção de *código* remete a um todo construído e lógico,[46] vinculado à noção de microssistema jurídico admitido em nosso direito, e desenvolvido a partir das linhas essenciais estabelecidas pelo texto constitucional. Naturalmente, a concepção clássica de *código*, pela qual este é considerado como conjunto de normas que regula uma universalidade de relações jurídicas, não tem mais lugar no direito contemporâneo. A multiplicação das leis especiais e o surgimento dos microssistemas fazem que as codificações passem a identificar a regulação parcial de determinado fenômeno, de acordo com um critério de especialização. No caso do CDC, sua sistemática orienta-se em vista de uma ideia-base, de proteção do consumidor, e materializa-se pelo estabelecimento de deveres aos fornecedores, assim como pela imputação de responsabilidade na hipótese de violação desses deveres.

O direito do consumidor brasileiro, desse modo, uma vez que é dotado de princípios e regras próprias, possui produção científica e doutrinária já afirmada e de especialização das relações jurídicas sobre as quais incidem suas normas, passa a ostentar plena autonomia em relação às demais disciplinas jurídicas das quais se origina. Da mesma forma, não se pode mais vislumbrar o direito do consumidor como um fenômeno passageiro, em face de uma suposta transitoriedade da sociedade de consumo diante da realidade histórica.[47] Diante da separação das etapas e dos sujeitos responsáveis pelas atividades humanas de produção e consumo, afirma-se uma realidade que sustenta a necessidade de tutela específica do destinatário final de produtos e serviços. Por tais razões, é correto afirmar a existência, no direito contemporâneo, ao lado das disciplinas jurídicas tradicionais, como o direito civil, penal, administrativo, ou constitucional, do direito do consumidor, como disciplina autônoma da ciência do direito.

3.2 O DIREITO DO CONSUMIDOR E A ORDENAÇÃO DO MERCADO

Um aspecto pouco explorado do estudo do direito do consumidor diz respeito a sua repercussão como ordenador do mercado de consumo e, consequentemente, sua repercussão no domínio econômico em geral. Na verdade, mesmo nas situações em que essa análise é feita, não raras vezes se dá de forma restrita, de modo que, ao identificar as normas de proteção do consumidor como modo de intervenção do Estado no domínio econômico, sobre a forma ou o conteúdo dessa intervenção se estabelece uma avaliação crítica, favorável ou contrária, conforme dada orientação política sobre as relações entre o Estado e o mercado. O que se deixa de perceber, contudo, nessas análises é a repercussão que a aplicação das normas de direito do consumidor tem na ordenação do próprio mercado de consumo. Ao regularem a relação de consumo, impondo deveres aos fornecedores, as

---

[46] MARQUES, Claudia Lima. *Contratos no Código de Defesa do Consumidor*. 3. ed. São Paulo: Ed. RT, 1998. p. 224.

[47] Conforme dá conta, para discutir a autonomia da disciplina: ALMEIDA, Carlos Ferreira de. *Direito do consumo*. Coimbra: Almedina, 2005. p. 71.

PARTE I • Cap. 3 • A SITUAÇÃO DO DIREITO DO CONSUMIDOR NO SISTEMA JURÍDICO BRASILEIRO | 55

normas de direito do consumidor influenciam/determinam comportamentos dos agentes econômicos em geral, seja determinando (intervenção por direção), seja induzindo e promovendo (intervenção por indução) a conduta dos agentes econômicos no mercado. Essa intervenção estatal, por intermédio do direito, tem por finalidade, como é sabido, a correção de falhas de mercado[48], especialmente de suas externalidades negativas, assim entendidas como os efeitos das relações entre os agentes econômicos prejudiciais a outras pessoas que não sejam parte daquela relação e à sociedade.

O direito do consumidor tem, igualmente, claro caráter promocional na perspectiva econômica. Justifica-se não apenas sob o fundamento ético de proteção da pessoa humana na sociedade de consumo, mas também sob o critério da economicidade[49] que orienta o conteúdo da intervenção legislativa do Estado na regulação do mercado. Significa dizer: ao impor deveres jurídicos aos fornecedores, visa ao estabelecimento de um *standard* de conduta que diz respeito não apenas às relações individuais entre consumidores e fornecedores, mas também ao padrão de qualidade e eficiência do mercado, gerando efeitos positivos tanto aos interesses individuais dos consumidores quanto ao próprio incremento das relações econômicas. É fator com que contribui, pois, com o próprio desenvolvimento econômico.

O mandamento constitucional de defesa do consumidor e as normas que o concretizam no plano legal (CDC e demais leis de proteção ao consumidor) também se constituem como critérios para interpretação e aplicação de normas que disciplinam outras relações jurídicas e econômicas que possam repercutir na efetividade da defesa dos interesses dos consumidores. A noção do direito como um sistema, ou seja, a ideia de um sistema jurídico exige a relação de compatibilidade e não contradição entre as normas que o compõem.[50] Assim, não é admissível que direitos assegurados no Código de Defesa do Consumidor possam ser restringidos ou mesmo desconsiderados e/ou afastados por normas que regulem outras relações jurídicas. Em tais situações, havendo incompatibilidade entre as normas, não se deixa de reconhecer que deve prevalecer a norma, ou certa interpretação que reconheça direitos ao consumidor, em vista de sua compatibilidade com o direito fundamental de defesa do consumidor. É o que, aliás, propõe a teoria do diálogo das fontes na lição autorizada de Erik Jayme, para quem "um método que se destine a coordenar as fontes é preferível a uma solução hierárquica".[51] Desse modo, as normas que disciplinam relações econômicas, cujo resultado concreto possa repercutir sobre a garantia e a efetividade dos direitos do consumidor, devem ter sua interpretação compatível com o respeito a esses direitos, ou ainda ampliá-los, nos termos do artigo 7º do CDC. No entanto, não podem reduzir o nível de proteção dos consumidores já estabelecido, sob pena de violação do mandamento constitucional. Conforme ensina Claudia Lima Marques, "a consciência

---

[48]   NUSDEO, Fábio. *Curso de economia*: uma introdução ao direito econômico. São Paulo: Ed. RT, 1997. p. 161 *et seq.*

[49]   CARVALHOSA, Modesto. *Direito econômico*. São Paulo: Ed. RT, 1973. p. 322.

[50]   CANARIS, Claus-Wilhelm. *Pensamento sistemático e conceito de sistema na ciência do direito*. Trad. António Menezes Cordeiro. Lisboa: Fundação Calouste Gulbenkian, 1996. p. 40.

[51]   JAYME, Erik. Identité culturelle et intégration: le droit international privé postmoderne – cours général de droit international privé. In: ACADÉMIE DE DROIT INTERNATIONAL DE LA HAYE. *Recueil des Cours*: Collected Courses of the Hague Academy of International Law. The Hague: Martinus Nijhoff Publishers, 1995. t. 251, II. p. 60-61.

da origem do sujeito de direitos consumidor, como sujeito identificado (e protegido) por mandamento constitucional, deve servir para a interpretação de todo o sistema de normas criado pelo CDC e outras normas protetivas (ou não) aplicáveis às relações de consumo. Como afirma Erik Jayme, a origem constitucional serve ao 'diálogo das fontes', assegurando efeito útil e eficácia prática aos valores constitucionalmente protegidos e às normas daí oriundas".[52]

A relação entre as normas de direito do consumidor e outras de ordenação do mercado se estabelecem em diversas áreas, como é o caso das normas de defesa da livre concorrência, direito de propriedade industrial (marcas e patentes), direitos autorais, proteção do meio ambiente, comércio internacional etc. A compatibilidade entre elas, privilegiando-se o efeito útil que promovem reciprocamente, é exigência que se percebe do projeto de vida comum que a Constituição estabelece,[53] a partir da disciplina da ordem constitucional econômica.

O Código de Defesa do Consumidor estabelece, como princípio da Política Nacional das Relações de Consumo, em seu artigo 4º, VI, a "coibição e repressão eficientes de todos os abusos praticados no mercado de consumo, inclusive a concorrência desleal e utilização indevida de inventos e criações industriais das marcas e nomes comerciais e signos distintivos, que possam causar prejuízos aos consumidores". Da mesma forma, o inciso VIII do mesmo artigo refere o "estudo constante das modificações do mercado de consumo". De ambos os princípios, pode-se perceber, desde logo, as seguintes premissas da relação entre as normas de direito do consumidor e as demais que disciplinam o mercado:

a) O reconhecimento de que o mercado de consumo, como realidade compreendida no contexto das atividades econômicas em geral, modifica-se constantemente. Quer dizer: o comportamento de consumidores e fornecedores, assim como seus interesses imediatos, deve ser identificado a partir das mudanças constantes no mercado de consumo, seja pelo surgimento de novos produtos ou serviços, seja pela identificação de vantagens ou desvantagens de produtos e serviços já existentes, seja, ainda, pelas alterações na organização das atividades econômicas influenciadas por fatores políticos e sociais, seja mesmo pela substituição e/ou pela alteração de critérios para medir a racionalidade do comportamento dos agentes econômicos – todos esses aspectos devem ser considerados na interpretação e aplicação das normas do código;[54]

---

[52] MARQUES, Claudia Lima. *Contratos no Código de Defesa do Consumidor*. 6 ed. São Paulo: Ed. RT, 2011. p. 406-407.

[53] Colhe-se a expressão de LORENZETTI, Ricardo. *Teoria da decisão judicial*: fundamentos de direito. Trad. Bruno Miragem. São Paulo: Ed. RT, 2010. p. 83-84.

[54] Nesse sentido observa, corretamente, Ronaldo Porto Macedo Júnior que capacidade de modificação do mercado e de produtos e serviços é parte da própria estrutura econômica que se desenha a partir do segundo pós-guerra, uma vez que "a estratégia de especialização flexível ou pós-fordista visa fundamentalmente obter vantagens de mercado, oferecendo um produto com tecnologia única, qualidade única ou apoiada por serviço único. A oferta de um bem único permite a criação de um nicho, o que por sua vez permite a manutenção de alto grau de lucratividade e estabilidade comercial. Isso, entretanto, requer a constante mudança do produto, a combinação de inovação com formas flexíveis de produção. (...) pode-se dizer que a estratégia da especialização flexível procura manter o pleno uso da capacidade de produção, ao mesmo tempo em que procura reagir rapidamente (através da inovação do produto) às constantes mudanças no mercado e no plano de produção. Ambas as características são obtidas através do planejamento de longo prazo que, todavia, é revisto diariamente. Assim, por um lado, a produção

b) Tanto a concorrência desleal quanto a utilização indevida de inventos e criações industriais das marcas e dos nomes comerciais, assim como signos distintivos, que possam causar prejuízos aos consumidores, são consideradas comportamentos abusivos dos agentes econômicos, passíveis, portanto, das sanções previstas no CDC ou na legislação que os regule, quando implicam – ou podem implicar – prejuízos aos consumidores;

c) Os prejuízos aos consumidores cuja causação a norma do artigo 4º, VI, visa coibir são atuais ou futuros ("(...) que possam causar prejuízos"). Compreende, assim, tanto a reparação quanto, principalmente, quando se refere à ordenação do mercado, a prevenção desses danos, nos termos, aliás, previstos pelo direito básico do consumidor à efetiva prevenção e reparação de danos no artigo 6º, VI, do CDC;[55]

d) É possível identificar a convergência, em várias situações, entre os interesses legítimos de consumidores e fornecedores passíveis de tutela, em vista da violação praticada, por outros fornecedores, de normas protetivas da livre concorrência ou da propriedade intelectual. Nesse sentido, a interpretação dessas normas e a repressão ao ilícito no âmbito das relações jurídicas que disciplinam devem considerar, para efeito de sua aplicação, os direitos dos consumidores previstos na legislação.

É importante mencionar, contudo, que proteção dos interesses dos consumidores, nesse caso, identifica-se de acordo com a máxima efetividade dos direitos assegurados pelo CDC. Isso porque, em situações concretas, não raras vezes os interesses imediatos e específicos do consumidor tomado individualmente podem não ser homogêneos,[56] seja pela contraposição entre o interesse individual e o coletivo (dos consumidores em geral), seja pela dissociação de interesses entre consumidores atuais e potenciais ou futuros. Nesses casos, é o *standard* legal que define o interesse a ser protegido, ou seja, o conteúdo das normas previstas no CDC.

Assim, por exemplo, com relação à possibilidade de conflitos da primeira espécie (interesses individuais *vs.* interesse coletivo), observe-se a situação de oferta de um produto ou serviço no mercado por preço abaixo do seu valor de custo, conduta coibida pelas normas de defesa da concorrência. Trata-se de comportamento que agentes econômicos adotam tanto para prejudicar e/ou eliminar concorrentes no mercado interno quanto, no plano do comércio internacional, para conquistar mercados mediante uma postura agressiva aos fabricantes de produtos similares nacionais (*dumping*).[57] A Lei de Defesa

---

é planejada tendo-se em vista a sua manutenção por lapsos temporais prolongados e prevendo-se a continuidade das relações de troca. Um exemplo desse tipo de estratégia pode ser encontrado na associação de empresas em redes produtivas tendo em vista a produção de bens no setor têxtil, informática ou indústria automobilística. Tal estratégia produtiva exigirá esforços cada vez maiores de cooperação econômica e solidariedade de interesses estratégicos" (MACEDO JÚNIOR, Ronaldo Porto. Globalização e direito do consumidor. *Revista de Direito do Consumidor*, São Paulo, v. 32, out. 1999. p. 45 e ss.).

[55] Ver Parte II, itens 1.7 e 1.8, deste *Curso*.

[56] DE LUCCA, Newton. *Direito do consumidor*. 2. ed. São Paulo: Quartier Latin, 2008.

[57] Richard identifica entre as espécies de *dumping*: (a) o *dumping* predatório, quando o agente econômico adota preços abaixo do custo por certo período, para eliminar a concorrência, passando a elevar novamente seus preços quando atingido o resultado desejado; (b) o *dumping* persistente, quando um agente econômico estrangeiro introduz no mercado de certo país produtos com preços diferentes dos praticados em seu país, pela eliminação de custos gerais; e c) *dumping* ocasional, quando o um agente econômico coloca excedentes esporádicos a preço menor no mercado estrangeiro (RICHARD, Efraín Hugo. Daños produzidos por el dumping. In: ITURRASPE, Jorge Mosset et al. Daños: *globalización – Estado – econo-*

CURSO DE DIREITO DO CONSUMIDOR – *Bruno Miragem*

da Concorrência (Lei 12.529/2011) prevê como infração à ordem econômica, em seu artigo 36, § 3º, XV, "vender mercadoria ou prestar serviços injustificadamente abaixo do preço de custo". O interesse individual e atual do consumidor orienta-se no sentido de identificar no pagamento de preço abaixo do valor do custo uma vantagem. Contudo, quando, da oferta nessas condições, resulta a possibilidade de restrição/eliminação da livre concorrência, o ilícito opõe-se ao interesse de consumidores potenciais e futuros, que têm, no ambiente de concorrência entre vários fornecedores, condição de melhoria da qualidade e preços de produtos e serviços.

Outro exemplo são os custos adicionais impostos aos fornecedores, e por estes distribuídos aos consumidores mediante a fixação de preços dos produtos ou serviços, relativos à redução de danos ao meio ambiente. Nesse caso, igualmente, o custo econômico do aperfeiçoamento de produtos ou serviços visando reduzir a poluição a que dão causa pode resultar na imposição aos consumidores atuais de preços mais elevados, em vista do direito das gerações futuras relativo à preservação do meio ambiente.

Aliás, no caso da compatibilização dos interesses atuais e futuros dos consumidores – assim como, de resto, da sociedade em geral –, percebe-se, claramente, a necessidade de fixar-se a ideia de solidariedade entre gerações (solidariedade intergeracional). Esse tema, cujo desenvolvimento se deve imputar primeiro ao direito ambiental,[58] mas que, atualmente, domina temas próprios de diversas áreas, no direito do consumidor perpassa uma série de questões, tais como as relativas aos efeitos futuros dos níveis de consumo atuais (base para promoção do consumo sustentável) e à equação econômica que mantenha a base de contratos de planos de assistência à saúde, seguros e previdência privada. No direito privado em geral, tanto a noção de tutela do interesse das futuras gerações quanto a responsabilidade decorrente de sua atuação surgem – ainda que em estágio inicial – do desenvolvimento do princípio da precaução e seus efeitos,[59] bem como da possibilidade e conveniência de sua proteção autônoma em relação aos titulares atuais de direitos.[60]

---

mía. Buenos Aires: Rubinzal Culzoni, 2000. p. 61). No mesmo sentido: W. BARRAL, *Dumping e comércio internacional*: a regulamentação *antidumping* após a Rodada do Uruguai. Rio de Janeiro: Forense, 2000. p. 11. Registre-se, igualmente, a evolução do entendimento da Organização Mundial do Comércio, ao deixar de considerar, nas medidas *antidumping*, apenas os interesses dos produtores nacionais de cada país, para considerar também seus efeitos indiretos sobre os consumidores, conforme referem: DEITOS, Marc; MICHEL, Voltaire de Freitas. A inclusão do consumidor como parte interessada na aplicação das medidas *antidumping*: a evolução do tema na Organização Mundial do Comércio e a transposição para o direito brasileiro. *Revista de Direito do Consumidor*, São Paulo, v. 118, ano 27, p. 481-498, jul.-ago. 2018.

[58] Nesse sentido a Declaração da Conferência das Nações Unidas sobre o Meio Ambiente Humano, 16.06.1972, que indicou como princípio que "O homem tem o direito fundamental à liberdade, à igualdade e ao desfrute de condições de vida adequadas, em um meio ambiente de qualidade tal que lhe permita levar uma vida digna, gozar de bem-estar e é portador solene de obrigação de proteger e melhorar o meio ambiente, para as gerações presentes e futuras". Para o tema no direito ambiental, veja-se os trabalhos de Edith Brown Weiss, citados por BORDIN, Fernando Lusa. Justiça entre gerações e a proteção do meio ambiente: um estudo do conceito de equidade intergeracional em direito internacional ambiental. *Revista de Direito Ambiental*, São Paulo, v. 52, p. 37-61, out. 2008.

[59] GAILLARD, Émile. *Générations futures et droit privé*: vers un droit des générations futures. Paris: LGDJ, 2011. p. 351-352.

[60] GAILLARD, Émile. *Générations futures et droit privé*: vers un droit des générations futures. Paris: LGDJ, 2011. p. 511 *et seq.*

PARTE I · Cap. 3 · A SITUAÇÃO DO DIREITO DO CONSUMIDOR NO SISTEMA JURÍDICO BRASILEIRO | 59

É relevante, assim, examinar-se a relação entre as normas de direito do consumidor e aquelas que disciplinam outras relações de mercado, especialmente diante da necessidade de sua compatibilização sistemática em vista do mandamento constitucional de defesa do consumidor como sujeito vulnerável na sociedade de consumo. Examina-se, a seguir, a relação entre o direito do consumidor e a disciplina jurídica da propriedade intelectual, tomada em seu sentido amplo, abrangendo a proteção jurídica tanto das invenções quanto das marcas e dos sinais distintivos, além dos direitos de autor,[61] assim como as disciplinas de defesa da livre concorrência e proteção do meio ambiente, todas de ampla repercussão sobre a ordenação jurídica do mercado.

3.2.1 Direito do consumidor e patentes de invenção

A propriedade industrial abrange a proteção jurídica das patentes de invenção e modelos de utilidade, do desenho industrial e do registro de marcas. Tem por fundamento o artigo 5º, XXIX, da Constituição Federal, o qual prevê que "XXIX – a lei assegurará aos autores de inventos industriais privilégio temporário para sua utilização, bem como proteção às criações industriais, à propriedade das marcas, aos nomes de empresas e a outros signos". É disciplinada pela Lei 9.279, de 14 de maio de 1996, bem como por *tratados e convenções internacionais, entre os quais a mais importante é o acordo TRIPS (Agreement on Trade-Related Aspects of Intellectual Property Rights*, ou Acordo Relativo aos Aspectos do Direito da Propriedade Intelectual Relacionados com o Comércio), celebrado em 1994, no âmbito da regulação do direito do comércio internacional.

No caso das patentes de invenção, trata-se do "título de exploração temporal, concedido pela Administração (Estado) ao inventor, em contrapartida à divulgação, bem como da exploração fidedigna do seu invento (...) é um documento expedido pelo órgão competente do Estado que reconhece o direito de propriedade industrial reivindicado pelo titular."[62] São condições a serem atendidas por aquele que requer o registro de patente três elementos simultâneos, a saber: (a) novidade, (b) atividade inventiva; e (c) aplicação

---

[61]   Nesse sentido, refere Aurélio Wander Bastos: "a legislação sobre a propriedade de criações intelectuais, particularmente as invenções tecnológicas e as obras literárias e artísticas. Os direitos de propriedade intelectual estendem-se, também, para proteger marcas, invenções modelos de utilidade, desenhos industriais, indicações de procedências, denominações de origem, a concorrência desleal, *know-how*, direitos autorais e conexos e o *software*. No direito brasileiro e na maioria absoluta das demais legislações estrangeiras, a propriedade intelectual engloba as proteções oferecidas, conjuntamente, pela propriedade industrial e pelo direito do autor. Encontramos exceção no direito espanhol que designa por propriedade intelectual as provisões referentes exclusivamente a direito autoral" (BASTOS, Aurélio Wander. *Dicionário de propriedade industrial e assuntos conexos*. Rio de Janeiro: Lumen Juris, 1997. p. 232). Ou, como bem refere Guilherme Calmon Nogueira da Gama, "Há, na realidade, duas vertentes no âmbito das situações relacionadas aos direitos autorais, às marcas e patentes, ainda que também se reconheça distinção entre as duas principais modalidades de propriedade intelectual: os direitos autorais (ou propriedade intelectual *stricto sensu*) e as marcas e patentes (ou propriedade industrial). Sob a vertente pessoal, tais direitos compreendem a paternidade da obra em virtude da criação (daí decorrer da personalidade do autor ou inventor). Sob a vertente patrimonial, tais direitos consistem na possibilidade de sua utilização econômica, com a publicação, sua difusão, reprodução, tradução, entre outras espécies de exploração" (GAMA, Guilherme Calmon Nogueira da. Propriedade intelectual. *Revista dos Tribunais*, São Paulo, v. 907, maio 2011. p. 123 *et seq.*).

[62]   BASTOS, Aurélio Wander. *Dicionário de propriedade industrial e assuntos conexos*. Rio de Janeiro: Lumen Juris, 1997. p. 209-210.

industrial. O registro da patente concede ao titular o direito de explorar, em caráter exclusivo, seu objeto e/ou autorizar terceiros que o façam. A finalidade da concessão desse direito exclusivo, por um lado, é permitir ao inventor que recupere seus investimentos realizados no desenvolvimento de invenção. Por outro lado, visa permitir sua remuneração como instrumento de estímulo ao desenvolvimento tecnológico de novos bens para uso da comunidade.

Na perspectiva do direito do consumidor, a proteção das patentes de invenção expõe o conflito entre o direito à qualidade de produtos e serviços colocados no mercado de consumo (o estímulo à evolução tecnológica depende da possibilidade de obtenção de retorno econômico pelos inventores) e a possibilidade de acesso a esses produtos e serviços, o que implica crítica ao privilégio exclusivo de exploração como espécie de restrição da livre concorrência e imposição de condições economicamente gravosas para aquisição desses bens pelo consumidor. Trata-se, portanto, de compatibilizar interesses na qualidade de produtos e serviços no mercado (que, afinal, é um dever jurídico do fornecedor, conforme os artigos 8º e 10 do CDC) com estímulo à inovação tecnológica,[63] a qual resulta em melhorias do mercado de consumo. Esse mesmo objetivo, aliás, é perseguido pela legislação de defesa da concorrência. Daí a razão pela qual constitui infração à ordem econômica "açambarcar ou impedir a exploração de direitos de propriedade industrial ou intelectual ou de tecnologia" (artigo 36, § 3º, XIV, da Lei 12.529/2011).

Uma visão positiva do sistema jurídico de proteção das patentes o identifica como garantia de segurança do consumidor contra riscos dos produtos e serviços. Para sustentar esse entendimento, parte-se da premissa de que seu titular possui melhores condições de produzi-lo, assim como, uma vez que se submete ao amplo controle do Estado quanto às características e às consequências da utilização do produto por ocasião do processo administrativo que verifica as condições de patenteabilidade (artigo 19 e seguintes da Lei 9.279/1996), reduz o risco de fornecedores que não observam as mesmas condições introduzirem produtos de menor qualidade no mercado, inclusive com riscos à saúde e à segurança dos consumidores.

Por outro lado, o sistema de patentes também oferece riscos aos direitos dos consumidores. Isso porque, ao permitir a exploração econômica exclusiva, ou mediante licenciamento, por certo período, dos produtos que tenham inventado, acentuam a vulnerabilidade do consumidor na relação de consumo, ao mesmo tempo que restringem, de modo expressivo, a livre concorrência no mercado. O próprio Código de Defesa do Consumidor estabelece que o princípio da harmonia das relações de consumo[64] deve contemplar a "compatibilização da proteção do consumidor com a necessidade de desenvolvimento econômico e tecnológico" (artigo 4º, III, do CDC).

Antônio Herman Benjamin reconhece a existência de limites subjetivos e materiais para o exercício do direito de propriedade industrial pelo titular da patente. No caso dos limites subjetivos, exigiriam condições particulares do público consumidor, tanto em

---

[63] CUEVA, Ricardo Villas Bôas. A proteção da propriedade intelectual e a defesa da concorrência nas decisões do CADE. *Revista do Ibrac – Direito da concorrência, Consumo e Comércio Internacional*, São Paulo, v. 16, n. 1, p. 121-147, jan. 2009.

[64] Veja-se, sobre o princípio, a Parte I, item 4.7, deste *Curso*.

PARTE I · Cap. 3 · A SITUAÇÃO DO DIREITO DO CONSUMIDOR NO SISTEMA JURÍDICO BRASILEIRO | 61

âmbito nacional quanto internacional, como é o caso de situação específica que agrave a vulnerabilidade de certos grupos de consumidores. Já no caso dos limites materiais, trata--se de reconhecer a possibilidade de limitação do direito decorrente da patente ao entrar em conflito com direitos de igual valor ou superiores, como os direitos à vida e à saúde.[65]

A Lei 9.279/1996 prevê, expressamente, no seu artigo 68, a possibilidade de licenciamento compulsório quando ocorre o exercício abusivo do direito que a patente concede ao inventor, bem como a não exploração do objeto da patente, ou quando a comercialização não satisfaz às necessidades do mercado: "Art. 68. O titular ficará sujeito a ter a patente licenciada compulsoriamente se exercer os direitos dela decorrentes de forma abusiva, ou por meio dela praticar abuso de poder econômico, comprovado nos termos da lei, por decisão administrativa ou judicial. § 1º Ensejam, igualmente, licença compulsória: I – a não exploração do objeto da patente no território brasileiro por falta de fabricação ou fabricação incompleta do produto, ou, ainda, a falta de uso integral do processo patenteado, ressalvados os casos de inviabilidade econômica, quando será admitida a importação; ou II – a comercialização que não satisfizer às necessidades do mercado".

Da mesma forma, admite-se a licença compulsória, nos termos do artigo 71 da Lei 9.279/1996, nos casos de emergência nacional ou interesse público, declarados em ato do Poder Executivo Federal: "Art. 71. Nos casos de emergência nacional ou internacional ou de interesse público declarados em lei ou em ato do Poder Executivo Federal, ou de reconhecimento de estado de calamidade pública de âmbito nacional pelo Congresso Nacional, poderá ser concedida licença compulsória, de ofício, temporária e não exclusiva, para a exploração da patente ou do pedido de patente, sem prejuízo dos direitos do respectivo titular, desde que seu titular ou seu licenciado não atenda a essa necessidade".

A possibilidade de licenciamento compulsório se vislumbra também orientada pelo interesse do consumidor, especialmente no tocante à tutela de acesso a bens necessários à vida e à saúde, mas igualmente como limite ao exercício do direito de exclusividade de exploração econômica pelo titular da patente. Por outro lado, tais restrições ao direito do titular da patente, mesmo comunicadas, como deve ser, pelo princípio da função social da propriedade (artigos 5º, XXIII, e 170, II, da Constituição Federal), não podem servir para retirar todo o conteúdo desse direito, de modo que desestimule o investimento em pesquisa e desenvolvimento tecnológico no aperfeiçoamento e na invenção de novos produtos e serviços, bem como sua oferta no mercado de consumo.

3.2.2 Direito do consumidor e proteção das marcas

A proteção jurídica da marca e o seu aproveitamento econômico consistem em um importante ativo do patrimônio da empresa, constituindo importante capítulo da atividade empresarial. Define o artigo 122 da Lei 9.279/1996 que: "São suscetíveis de registro como marca os sinais distintivos visualmente perceptíveis, não compreendidos nas proibições legais". Já o artigo 123, da mesma lei, define os conceitos de marca de produto ou serviço como sendo "aquela usada para distinguir produto ou serviço de outro idêntico, semelhante ou afim, de origem diversa"; marca de certificação, "aquela usada

---

[65] BENJAMIN, Antônio Herman V. Proteção do consumidor e patentes: o caso dos medicamentos. *Revista de Direito do Consumidor*, São Paulo, v. 10, p. 21-26, abr. 1994.

CURSO DE DIREITO DO CONSUMIDOR – *Bruno Miragem*

para atestar a conformidade de um produto ou serviço com determinadas normas ou especificações técnicas, notadamente quanto à qualidade, natureza, material utilizado e metodologia empregada" (inciso II); e marca coletiva, "aquela usada para identificar produtos ou serviços provindos de membros de uma determinada entidade" (inciso III). Por sua vez, a doutrina costuma classificar as marcas como nominativas, figurativas ou mistas. As primeiras, nominativas, seriam as marcas compostas apenas de palavras, que não apresentam uma forma de letras particular. Já as marcas figurativas seriam aquelas consistentes em desenhos ou logotipos. Por fim, as marcas mistas seriam aquelas que contêm palavras escritas com letras revestidas de uma forma particular ou inseridas em logotipos.[66]

No âmbito das relações de consumo, a marca tem grande importância na atividade econômica do fornecedor, especialmente no contexto da sociedade da informação e da dimensão que a publicidade assume nas relações econômicas massificadas nos dias atuais. Sua avaliação econômica, em larga medida, se estabelece de modo autônomo ao produto ou ao serviço a que se referem, compondo, muitas vezes, uma estratégia de *marketing* em que o valor do próprio produto ou serviço termina por ser proporcionalmente muito menor do que o atribuído à marca. É importante para o fornecedor, uma vez que serve como meio de aquisição e manutenção de consumidores, permitindo a identificação dos produtos e serviços oferecidos no mercado.

Na perspectiva do fornecedor, a proteção jurídica da marca visa proteger juridicamente seu investimento na criação, na divulgação e na consolidação junto ao mercado consumidor, assim como cria incentivos para que o implemente e/ou mantenha a qualidade de produtos ou serviços associados àquela marca. [67]

No plano internacional, o uso indevido de marca é considerado causa caracterizadora da concorrência desleal. Assim o artigo 10 bis da Convenção de Paris para a Proteção da Propriedade Industrial (cujo texto atual é ratificado pelo Decreto 1.263/1994): "Artigo 10 bis 1) Os países da União obrigam-se a assegurar aos nacionais dos países da União proteção efectiva contra a concorrência desleal. 2) Constitui ato de concorrência desleal qualquer ato de concorrência contrário aos usos honestos em matéria industrial ou comercial. 3) Deverão proibir-se especialmente: 1º Todos os atos suscetíveis de, por qualquer meio, estabelecer confusão com o estabelecimento, os produtos ou a atividade industrial ou comercial de um concorrente; 2º As falsas afirmações no exercício do comércio, suscetíveis de desacreditar o estabelecimento, os produtos ou a atividade industrial ou comercial de um concorrente; 3º As indicações ou afirmações cuja utilização no exercício do comércio seja suscetível de induzir o público em erro sobre a natureza, modo de fabrico, características, possibilidades de utilização ou quantidade das mercadorias". Na legislação brasileira de defesa da concorrência, encontra-se um tipo geral de infração à ordem econômica, de "exercer ou explorar abusivamente direitos de propriedade industrial, intelectual, tecnologia ou marca" (artigo 36, § 3º, XIX, da Lei 12.529/2011).

---

[66] Indicando a distinção, mas alertando em relação à sua inutilidade para fins jurídicos: COELHO, Fábio Ulhôa. *Curso de direito comercial*. 15. ed. São Paulo: Saraiva, 2011. v. 1. p. 155.

[67] BARBOSA, Denis Borges. *Proteção das marcas*: uma perspectiva semiológica. Rio de Janeiro: Lumen Juris, 2008. p. 13-16.

PARTE I · Cap. 3 · A SITUAÇÃO DO DIREITO DO CONSUMIDOR NO SISTEMA JURÍDICO BRASILEIRO | 63

Entretanto, a proteção jurídica da marca também observa um claro benefício ao interesse dos consumidores, o que justifica a coibição e repressão eficientes ao seu uso indevido, assim como dos nomes comerciais e signos distintivos, pelo CDC, nos termos do disposto em seu artigo 4º, VI. Notadamente, entre as finalidades da proteção jurídica da marca, está assegurar a liberdade de escolha do consumidor, uma vez que lhe seja permitido, mediante o direito de uso exclusivo por determinado fornecedor, identificar e distinguir produtos e serviços, diminuindo seu esforço de busca e evitando possíveis confusões. A marca é elemento considerado pelo CDC na avaliação do valor econômico e mesmo de uso dos produtos para atendimento ao interesse legítimo do consumidor. Nesse sentido é que os artigos 18, § 4º, e 19, III, tutelam o interesse do consumidor, na hipótese de substituição do produto com vício, de receber outro da mesma marca, em perfeitas condições.

A proteção jurídica da marca e o direito de exclusividade de sua utilização pelo fornecedor, assim, projetam-se na esfera jurídica do consumidor para proteger a confiança despertada e legítima expectativa em relação a sua vinculação a determinados produtos ou serviços, inclusive em produtos destinados a consumidores com vulnerabilidade agravada, caso dos direcionados a crianças.[68] Desse modo, é possível concluir que, sempre onde existe uma violação ao direito de uso exclusivo de marca pelo fornecedor, está presente, em alguma medida, prejuízo aos interesses do consumidor.[69]

Nesse sentido, o artigo 124 da Lei 9.279/1996 estabelece, em seu inciso XIX, que não é registrável como marca a "reprodução ou imitação, no todo ou em parte, ainda que com acréscimo, de marca alheia registrada, para distinguir ou certificar produto ou serviço idêntico, semelhante ou afim, suscetível de causar confusão ou associação com marca alheia". O mesmo ocorre em relação às marcas que induzam falsamente indicação geográfica ou alguma qualidade específica do produto. Os incisos IX e X do mesmo artigo impedem o registro de marca em que haja: "IX – indicação geográfica, sua imitação suscetível de causar confusão ou sinal que possa falsamente induzir indicação geográfica; X – sinal que induza a falsa indicação quanto à origem, procedência, natureza, qualidade ou utilidade do produto ou serviço a que a marca se destina".

O Superior Tribunal de Justiça, em diversas situações, vem firmando seu entendimento na associação entre a tutela do direito do titular da marca e a proteção do direito dos consumidores. No Recurso Especial 1.032.104/RS, a relatora, Min. Nancy Andrighi, referiu, expressamente, que "a finalidade da proteção ao uso das marcas é dupla: por um

---

68 STJ, REsp 1.188.105/RJ, 4ª Turma, Rel. Min. Luis Felipe Salomão, J. 05.03.2013, DJe 12.04.2013.

69 Sendo presumidos em relação ao titular da marca, conforme decidiu o STJ: "Civil e comercial. Recurso especial. Propriedade industrial. Marca. Uso indevido. Danos materiais. Presunção. Danos morais. Comprovação. 1. Os embargos declaratórios têm como objetivo sanar eventual obscuridade, contradição ou omissão existente na decisão recorrida. Inexiste ofensa ao artigo 535 do CPC, quando o Tribunal de origem pronuncia-se de forma clara e precisa sobre a questão posta nos autos, assentando-se em fundamentos suficientes para embasar a decisão, como ocorrido na espécie. 2. Na hipótese de uso indevido de marca, capaz de provocar confusão entre os estabelecimentos e consequente desvio de clientela, desnecessária a prova concreta do prejuízo, que se presume. 3. Há que ser demonstrado o efetivo prejuízo de ordem moral sofrido pelo titular do direito de propriedade industrial, decorrente da sua violação. Na hipótese, configurado pelo protesto efetuado. 4. Recurso especial provido" (STJ, REsp 1.174.098/MG, 3ª Turma, Rel. Min. Nancy Andrighi, j. 04.08.2011, DJe 15.08.2011).

lado protegê-la contra usurpação, proveito econômico parasitário e o desvio desleal de clientela alheia e, por outro, evitar que o consumidor seja confundido quanto à procedência do produto".[70] Nesse sentido, protege-se o uso exclusivo da marca tanto quando seu uso indevido possa dar causa ao desvio de clientela,[71] prejudicando o interesse do fornecedor, quanto em razão da possibilidade de gerar confusão para os consumidores, frustrando ou se aproveitando de sua confiança.[72]

O interesse do consumidor é relevante, inclusive, para distinguir o próprio âmbito de aplicação da proteção jurídica da marca, como no REsp 862.067/RJ, decidido pelo STJ, em que se discutia a violação do direito de marca pela denominação de um condomínio com o mesmo nome de uma empresa imobiliária. Nessa situação, o relator do caso, em seu voto condutor, assinalou que "a marca e os outros sinais distintivos permitem impedir que alguém use, *no exercício de actividades económicas*, sinal idêntico ou semelhante para os mesmos elementos para que o sinal foi registrado e que possa causar risco de confusão ou de associação no público", aduzindo, pois, que "a marca serve para registrar produtos ou serviços",[73] coibindo-se daí a reprodução ou imitação da marca.

Observe-se que, para o reconhecimento do uso indevido da marca, basta que exista a possibilidade de confusão entre mais de uma delas, não havendo a necessidade de demonstrar-se que tenha efetivamente ocorrido.[74] Em sentido contrário, não se de-

---

[70] STJ, REsp 1.032.104/RS, 3ª Turma, Rel. Min. Nancy Andrighi, j. 18.08.2011, *DJe* 24.08.2011. No mesmo sentido: REsp 1.105.422/MG, 3ª Turma, Rel. Min. Nancy Andrighi, j. 10.05.2011, *DJe* 18.05.2011; AgRg no REsp 954.378/MG, 4ª Turma, Rel. Min. João Otávio de Noronha, j. 14.04.2011, *DJe* 03.05.2011; REsp 929.604/SP, 3ª Turma, Rel. Min. Sidnei Beneti, j. 22.03.2011, *DJe* 06.05.2011; REsp 1.204.488/RS, 3ª Turma, Rel. Min. Nancy Andrighi, j. 22.02.2011, *DJe* 02.03.2011; REsp 887.686/RJ, 4ª Turma, Rel. Min. Luis Felipe Salomão, j. 23.11.2010, *DJe* 26.11.2010; REsp 1.418.171/CE, 3ª Turma, rel. Min. Nancy Andrighi, j. 01.04.2014, *DJe* 10.04.2014; REsp 1.342.741/RJ, 4ª Turma, Rel. Min. Luis Felipe Salomão, j. 05.05.2016, *DJe* 22.06.2016.

[71] STJ, REsp 1.174.098/MG, 3ª Turma, Rel. Min. Nancy Andrighi, j. 04.08.2011, *DJe* 15.08.2011.

[72] "Comercial e civil. Direito marcário. Uso indevido de marca caracterizada. Abstenção. Indenização. A violação marcária se dá quando a imitação reflete na formação cognitiva do consumidor que é induzido, por erronia, a perceber identidade nos dois produtos de fabricações diferentes. O uso indevido de marca alheia sempre se presume prejudicial a quem a lei confere a titularidade. Recurso parcialmente conhecido e, nessa parte, provido" (STJ, REsp 510.885/GO, 4ª Turma, Rel. Min. Cesar Asfor Rocha, j. 09.09.2003, *DJ* 17.11.2003). Ou, como conclui a Corte em mais um precedente da Min. Nancy Andrighi: "Direito empresarial. Contrafação de marca. Produto falsificado cuja qualidade, em comparação com o original, não pôde ser aferida pelo Tribunal de Justiça. Violação da marca que atinge a identidade do fornecedor. Direito de personalidade das pessoas jurídicas. Danos morais reconhecidos. O dano moral corresponde, em nosso sistema legal, a lesão a direito de personalidade, ou seja, a bem não suscetível de avaliação em dinheiro. Na contrafação, o consumidor é enganado e vê subtraída, de forma ardil, sua faculdade de escolha. O consumidor não consegue perceber quem lhe fornece o produto e, como consequência, também o fabricante não pode ser identificado por boa parte de seu público-alvo. Assim, a contrafação é verdadeira usurpação de parte da identidade do fabricante. O contrafator cria confusão de produtos e, nesse passo, se faz passar pelo legítimo fabricante de bens que circulam no mercado. Certos direitos de personalidade são extensíveis às pessoas jurídicas, nos termos do artigo 52 do CC/2002 e, entre eles, se encontra a identidade. Compensam-se os danos morais do fabricante que teve seu direito de identidade lesado pela contrafação de seus produtos. Recurso especial provido" (STJ, REsp 1.032.014/RS, 3ª Turma, Rel. Min. Nancy Andrighi, j. 26.05.2009, *DJe* 04.06.2009).

[73] STJ, REsp 862.067/RJ, 3ª Turma, Rel. Des. Vasco Della Giustina (Desembargador convocado do TJRS), j. 26.04.2011, *DJe* 10.05.2011.

[74] STJ, REsp 954.272/RS, 3ª Turma, Rel. Min. Nancy Andrighi, j. 13.11.2008, *DJe* 01.04.2009; no mesmo sentido: REsp 401.105/RJ, 4ª Turma, Rel. Min. Honildo Amaral de Mello Castro (Desembargador convocado do TJ/AP), j. 20.10.2009, *DJe* 03.11.2009.

monstrando as hipóteses de confusão do consumidor, concorrência desleal e/ou desvio de clientela, não deverá ser reconhecida a possibilidade de impedir o uso da marca.[75] Note-se, nesse particular, que o critério adotado pelo STJ é de que a possibilidade de confusão possa ocorrer ao "consumidor desatento", ou, como explica corretamente a Min. Nancy Andrighi, em seu voto no Recurso Especial 698.855/RJ, "em nenhum momento a Lei exige que a semelhança entre as marcas seja grande a ponto de confundir até mesmo o observador atento. Para a Lei, basta que os produtos sejam parecidos a ponto de gerar confusão. (...) A Lei se destina, não ao consumidor atento, mas justamente ao consumidor que, por qualquer motivo, não se encontra em condições de diferenciar os produtos similares. Não se pode descurar o fato de que, muitas vezes, o consumidor não pode ler a embalagem de um produto ou, ao menos, tem dificuldade de fazê-lo, seja por seu grau de instrução, por problemas de saúde ocular ou mesmo por pressa. Nesses casos, tudo o que o consumidor distinguirá será a forma da embalagem, as características gerais do produto, as cores apresentadas e assim por diante".[76] Acrescente-se que a identificação de

---

[75] "Agravo de instrumento. Propriedade industrial. Registro de marca. Anulação. Ausência de afronta ao artigo 535, II do CPC. Tribunal *a quo* de acordo com a jurisprudência do STJ. Reexame de prova. Agravo regimental ao qual se nega provimento. (...) 2. Anulação de Registro de Marca: ao firmar a conclusão de que não há possibilidade de confundir-se o consumidor entre a marca 'Unilever' da recorrente e a marca 'Unilevel' da recorrida, porque o circuito de distribuição e comercialização dos produtos por ela assinalados é totalmente distinto, não se podendo cogitar de concorrência desleal ou desvio de clientela, o Tribunal recorrido tomou em consideração os elementos fáticos carreados aos autos. Incidência da Súmula 7/STJ. 3. Exceção: somente o alto renome, não comprovado na espécie, a justificar a proteção em todas as classes de produtos, implicaria na desconstituição do registro da marca. Precedentes. Incidência da Súmula 83/STJ. 4. Agravo regimental ao qual se nega provimento" (STJ, AgRg nos EDcl no Ag 1.079.375/RJ, 4ª Turma, Rel. Min. Luis Felipe Salomão, j. 04.06.2009, *DJe* 22.06.2009). No mesmo sentido: "Propriedade industrial. Colisão de marcas. 'moça fiesta' e 'fiesta'. Possibilidade de erro, confusão ou dúvida no consumidor. Não caracterização. Para impedir o registro de determinada marca é necessária a conjunção de três requisitos: a) imitação ou reprodução, no todo ou em parte, ou com acréscimo de marca alheia já registrada; b) semelhança ou afinidade entre os produtos por ela indicados; c) possibilidade de a coexistência das marcas acarretar confusão ou dúvida no consumidor (Lei 9.279/96, artigo 124, XIX). Afastando o risco de confusão, é possível a coexistência harmônica das marcas" (STJ, REsp 949.514/RJ, 3ª Turma, Rel. Min. Humberto Gomes de Barros, j. 04.10.2007, *DJ* 22.10.2007).

[76] "Propriedade Industrial. Alegação de imitação de marca cujo registro fora solicitado pela autora, mas ainda não concedido por ocasião da propositura da ação. Registro obtido no curso do processo. Acórdão que julga improcedente o pedido com fundamento em que, apesar de muito parecidas, as marcas da autora e da ré não seriam capazes de gerar confusão em consumidor atento. Necessidade de reformada decisão. Recurso provido. Não se conhece do recurso especial por ofensa ao artigo 535 do CPC nas hipóteses em que não há omissão, contradição ou obscuridade no acórdão recorrido. O fato de o acórdão impugnado não ter tomado em consideração a existência de registro, no curso do processo, da marca cuja proteção se pleiteia, não influiu no julgamento porquanto o Tribunal desenvolveu, como argumento subsidiário, a ideia de que, mesmo registrada a marca, ela não mereceria proteção na hipótese dos autos. O fundamento utilizado pelo Tribunal 'a quo', de que as marcas do autor e do réu para o sabão em pedra controvertido são parecidas, mas não a ponto de confundir o consumidor atento não pode prosperar. O consumidor atento jamais confundiria embalagens de produtos, por mais parecidas que sejam. O que a lei visa a proteger em relação a imitações é a possibilidade de o produto concorrente ser adquirido, por engano, justamente pelo consumidor desatento ou incapaz de reparar nos detalhes da embalagem, seja por falta de instrução, por problemas de visão ou por pressa. Daí a necessidade de prover o recurso especial nessa parte, para conferir aos recorrentes a proteção da marca no período posterior ao deferimento do registro. A proteção conferida pelo artigo 129 da LPI protege apenas a marca a partir do deferimento do registro. O período compreendido entre o protocolo e a concessão do registro é protegido, ou pelo artigo 130, III, da referida Lei, ou pelo artigo 21, XVI, da Lei 8.884/95, conforme o caso. Não tendo sido

quem seja o consumidor desatento, na verdade, realiza-se também a partir da incidência do princípio da vulnerabilidade, para o que se deverá levar em consideração aspectos como a espécie e a destinação do produto, seu público-alvo, modo de comercialização e outras condições que permitam, concretamente, avaliar a possibilidade de confusão do consumidor. Nesse sentido, o mesmo ocorre em relação às situações que não se trate do uso da marca propriamente dita, mas do conjunto visual da embalagem e/ou apresentação do produto e/ou do fornecedor, que dê causa à confusão do consumidor, o denominado *trade dress* ("conjunto-imagem"), reconhecido pela jurisprudência como causa de concorrência desleal,[77] mas que deve também admitir a tutela da transparência e boa-fé do consumidor.[78] Nesses termos, o que se avalia para a identificação de concorrência desleal na hipótese de semelhança do *trade dress* é a utilização conjunta – por determinado fornecedor – de elementos, sujeitos ou não a registro, como a marca ou o desenho, que sejam suficientes para causar confusão no consumidor, mediante associação ou remissão a produtos ou serviços concorrentes.[79]

---

arguida a violação de nenhum desses artigos, o recurso não merece prosperar nesse aspecto. Recurso parcialmente conhecido e, nessa parte, provido" (REsp 698.855/RJ, 3ª Turma, Rel. Min. Nancy Andrighi, j. 25.09.2007, *DJ* 29.10.2007).

[77] STJ, REsp 1.306.690/SP, 4ª Turma, Rel. Min. Luis Felipe Salomão, j. 10.04.2012, *DJe* 23.04.2012. Para o tema sob a perspectiva da proteção à propriedade intelectual, veja-se os comentários de José Roberto D'Affonseca Gusmão e Laetitia Maria Alice Pablo D'Hanens ao acórdão do TJSP, na ApCív 0107915-70.2007.8.26.0000, 9ª Câmara de Direito Privado, de relatoria do Des. José Luiz Gavião de Almeida, j. 14.02.2012 (GUSMÃO, José Roberto D'Affonseca; D'HANENS, Laetitia Maria Alice Pablo. Breves comentários à proteção do *trade dress* no Brasil. *Revista dos Tribunais*, São Paulo, v. 919, p. 585-597, maio 2012). Da mesma forma, veja-se, com interessante pesquisa jurisprudencial, o artigo de: MELLO, Erika Farah de. *Trade dress*: análise comparativa dos tribunais nacionais de 1996 a 2011. *Revista da ABPI*, São Paulo, v. 121, p. 3-23, nov.-dez. 2012. No mesmo volume, de igual modo, o estudo de: PINTO, André Almeida Matos de; MONTENEGRO, Diego; PINHEIRO, Lauro Augusto Vieira Santos. O *trade dress* e sua aplicação no Brasil. *Revista da ABPI*, São Paulo, v. 121, p. 45-54, nov.-dez. 2012.

[78] "Recurso especial. Propriedade industrial. Concorrência desleal. Violação de *trade dress*. Ação cominatória e de reparação por ato ilícito. Proteção do conjunto-imagem. Lei de propriedade industrial e Código de Defesa do Consumidor. Funcionalidade, distintividade e confusão ou associação indevida. Pressupostos. Premissas fáticas assentadas pelos juízos de origem. Valoração jurídica da prova. Necessidade de reparação do dano material. 1 – Ação ajuizada em 10.05.2016. Recurso especial interposto em 16.06.2015 e encaminhado à Relatora em 25.08.2016. 2 – O propósito recursal é definir se a importação e a comercialização, pela recorrida, dos motores estacionários Motomil 168F configura prática de concorrência desleal, em razão de sua similaridade com aqueles fabricados pelas recorrentes sob a marca Honda GX. 3 – A despeito da ausência de expressa previsão no ordenamento jurídico pátrio acerca da proteção ao *trade dress*, é inegável que o arcabouço legal brasileiro confere amparo ao conjunto-imagem, sobretudo porque sua usurpação encontra óbice na repressão da concorrência desleal. Incidência de normas de direito de propriedade industrial, de direito do consumidor e do Código Civil. 4 – A aparência extrínseca identificadora de determinado bem ou serviço não confere direitos absolutos a seu titular sobre o respectivo conjunto-imagem, sendo necessária a definição de determinados requisitos a serem observados para garantia da proteção jurídica, como os que dizem respeito à funcionalidade, à distintividade e à possibilidade de confusão ou associação indevida. 5 – Valoração jurídica das premissas fáticas incontroversas assentadas pelos juízos de origem que não esbarra no óbice da Súmula 7/STJ. 6 – Os danos suportados pelas recorrentes decorrem de violação cometida ao direito legalmente tutelado de exploração exclusiva do conjunto-imagem por elas desenvolvido. 7 – O prejuízo causado prescinde de comprovação, pois se consubstancia na própria violação do direito, derivando da natureza da conduta perpetrada. A demonstração do dano se confunde com a demonstração da existência do fato, cuja ocorrência é premissa assentada, devendo o montante ser apurado em liquidação de sentença. 8 – Recurso especial provido" (STJ, REsp 1.677.787/SC, 3ª Turma, Rel. Min. Nancy Andrighi, j. 26.09.2017, *DJe* 02.10.2017).

[79] STJ, REsp 1.353.451/MG, 3ª Turma, Rel. Min. Marco Aurélio Bellizze, j. 19.09.2017, *DJe* 28.09.2017.

PARTE I · Cap. 3 · A SITUAÇÃO DO DIREITO DO CONSUMIDOR NO SISTEMA JURÍDICO BRASILEIRO | 67

A possibilidade de dar causa à confusão do consumidor, todavia, não é considerada na hipótese de marcas de alto renome, assim declaradas pelo Instituto Nacional de Propriedade Industrial (Inpi), nos termos do artigo 125 da Lei 9.279/1996. É considerada de alto renome, nos termos do artigo 1º da Resolução 107/2013 do Inpi, "a marca registrada cujo desempenho em distinguir os produtos ou serviços por ela designados e cuja eficácia simbólica levam-na a extrapolar seu escopo primitivo, exorbitando, assim, o chamado princípio da especialidade, em função de sua distintividade, de seu reconhecimento por ampla parcela do público, da qualidade, reputação e prestígio a ela associados e de sua flagrante capacidade de atrair os consumidores em razão de sua simples presença".

O efeito do reconhecimento dessa qualidade pelo Inpi sustenta, justamente, que é por conta da notoriedade da marca que seu uso não é suscetível de causar confusão aos consumidores, de modo que esse critério não será útil para discutir-se o cabimento da proteção ou não das marcas assim declaradas.[80]

Percebe-se, portanto, a intersecção da proteção jurídica das marcas com o direito à informação do consumidor, cuja tutela é direta por força do artigo 6º, III, do CDC, assim como as disposições dessa norma relativas à oferta e à publicidade de produtos e serviços no mercado de consumo.

3.2.3 Direito do consumidor e direitos de autor

As relações entre os direitos de autor e o direito do consumidor observam importância crescente, especialmente na sociedade da informação, na qual as obras protegidas por direitos de autor[81] convertem-se em produtos ou serviços ofertados pelos diversos

---

[80] "Propriedade industrial. Recurso Especial. Ação cominatória. Proibição ao uso de marca de alto renome. Exceção ao princípio da especialidade. Impossibilidade de associação entre produtos e serviços. Irrelevância. Declaração do INPI reconhecendo a marca de 'alto renome'. Imprescindibilidade. – O direito de propriedade da marca é limitado, entre outros, pelo princípio da especialidade/especificidade, o qual é previsto, de forma implícita no artigo 124, XIX, da Lei 9279/96. – O princípio da especialidade não se aplica às marcas de alto renome, sendo assegurada proteção especial em todos os ramos da atividade, nos termos do artigo 125 da Lei 9279/96. É irrelevante, para fins de proteção das marcas de alto renome, a discussão a respeito da impossibilidade de confusão pelo consumidor na aquisição de produtos ou serviços. Para se conceder a proteção conferida pelo artigo 125 da Lei 9279/96, é necessário procedimento junto ao INPI, reconhecendo a marca como de 'alto renome'. Recurso especial a que nega provimento" (STJ, REsp 951.583/MG, 3ª Turma, Rel. Min. Nancy Andrighi, j. 27.10.2009, *DJe* 17.11.2009).

[81] Segundo o artigo 7º da Lei 9.610/1998: "Art. 7º São obras intelectuais protegidas as criações do espírito, expressas por qualquer meio ou fixadas em qualquer suporte, tangível ou intangível, conhecido ou que se invente no futuro, tais como: I – os textos de obras literárias, artísticas ou científicas; II – as conferências, alocuções, sermões e outras obras da mesma natureza; III – as obras dramáticas e dramático-musicais; IV – as obras coreográficas e pantomímicas, cuja execução cênica se fixe por escrito ou por outra qualquer forma; V – as composições musicais, tenham ou não letra; VI – as obras audiovisuais, sonorizadas ou não, inclusive as cinematográficas; VII – as obras fotográficas e as produzidas por qualquer processo análogo ao da fotografia; VIII – as obras de desenho, pintura, gravura, escultura, litografia e arte cinética; IX – as ilustrações, cartas geográficas e outras obras da mesma natureza; X – os projetos, esboços e obras plásticas concernentes à geografia, engenharia, topografia, arquitetura, paisagismo, cenografia e ciência; XI – as adaptações, traduções e outras transformações de obras originais, apresentadas como criação intelectual nova; XII – os programas de computador; XIII – as coletâneas ou compilações, antologias, enciclopédias, dicionários, bases de dados e outras obras, que, por sua seleção, organização ou disposição de seu conteúdo, constituam uma criação intelectual".

68 | CURSO DE DIREITO DO CONSUMIDOR – *Bruno Miragem*

meios de comunicação e transmissão de dados no mercado de consumo.[82] A facilitação do acesso à informação e sua compreensão como bem objeto de oferta no mercado de consumo passam a exigir o exame dos pontos de aproximação e, ao mesmo tempo, de distinção entre o direito do consumidor e os direitos de autor. Ambos são titulares de direitos fundamentais específicos (artigo 5º, XXVII, XXVIII e XXXII, da Constituição Federal), o que por si só induz a necessidade de compatibilizar os interesses de ambos[83] em vista da sua efetiva proteção.

Assim, por exemplo, no tocante aos efeitos da internet sobre a eficácia da proteção dos direitos autorais, diga-se que estão relacionados também com a associação da obra objeto de proteção como espécie de produto no mercado de consumo. Nesse sentido, a repercussão da internet para os direitos autorais pode ser assim sistematizada: (a) a alteração do processo de divulgação/publicação da obra, que, tradicionalmente, envolvia a relação do autor com a empresa que organizava sua exploração econômica e desta com os consumidores, agora admite a possibilidade de relação direta entre autores e consumidores, ou mesmo de consumidores entre si; (b) há, do mesmo modo, uma facilitação da reprodução e modificação das obras no meio digital; e (c) a desmaterialização das obras e a possibilidade de divulgação dispensando suportes físicos tradicionais implicam redução significativa dos custos de comercialização, provocando a discussão sobre a transferência dessas vantagens para o preço oferecido ao consumidor.

É preciso, contudo, identificar algumas premissas: (1) os interesses de consumidores e titulares de direitos autorais não são necessariamente coincidentes – como regra, interessa ao autor a divulgação de sua obra, mas também o retorno econômico de suas criações; ao consumidor interessa, especialmente, o acesso à obra ao custo menor possível; 2) a proteção da integridade da obra e o controle de sua integridade pelo autor nem sempre se compatibilizam com o interesse do consumidor, principalmente nos novos meios digitais, e as práticas denominadas "colaborativas", que permitem a intervenção de diversos autores modificando-se permanentemente o conteúdo de determinada obra, ou tomá-la por inspiração para obras novas.

Os direitos de autor costumam-se distinguir em patrimoniais e morais (ou pessoais). Os primeiros são relativos à proteção do autor como titular do direito de perceber as vantagens econômicas de exploração da obra.[84] Os segundos são relacionados à associação entre o autor e sua obra, de modo que não apenas seja reconhecida sua autoria, como lhe indica a prerrogativa de controlar a integridade do seu conteúdo e o acesso à obra (este último, aliás, tem sido, de acordo com Ascensão, o grande prejudicado pela globalização dos direitos de autor).[85]

No direito brasileiro, os direitos autorais são disciplinados pela Lei 9.610/1998, que confere ao autor "direito exclusivo de utilizar, fruir e dispor da obra literária, artística ou

---

[82] Para o tema, sob a perspectiva sociológica, veja-se o excelente trabalho de CASTELLS, Manuel. *Communication power*. London: Oxford University Press, 2009. p. 54 *et seq.*

[83] BITTAR, Carlos Alberto. O direito de autor e o impacto das novas técnicas. *Revista dos Tribunais*, v. 701, p. 13 *et seq.* São Paulo: RT, mar. 1994.

[84] Veja-se sobre o tema: ASCENSÃO, José de Oliveira. *Direito autoral*. Rio de Janeiro: Forense, 1980. p. 71 *et seq.*

[85] ASCENSÃO, José de Oliveira. Direito fundamental de acesso à cultura e direito intelectual. In: SANTOS, Manoel J. Pereira dos (coord.). *Direito de autor e direitos fundamentais*. São Paulo: Saraiva, 2011. p. 21.

PARTE I · Cap. 3 · A SITUAÇÃO DO DIREITO DO CONSUMIDOR NO SISTEMA JURÍDICO BRASILEIRO | 69

científica" (artigo 28). Da mesma forma, disciplina os direitos morais de autor, estabelecendo, em seu artigo 24, que "São direitos morais do autor: I – o de reivindicar, a qualquer tempo, a autoria da obra; II – o de ter seu nome, pseudônimo ou sinal convencional indicado ou anunciado, como sendo o do autor, na utilização de sua obra; III – o de conservar a obra inédita; IV – o de assegurar a integridade da obra, opondo-se a quaisquer modificações ou à prática de atos que, de qualquer forma, possam prejudicá-la ou atingi-lo, como autor, em sua reputação ou honra; V – o de modificar a obra, antes ou depois de utilizada; VI – o de retirar de circulação a obra ou de suspender qualquer forma de utilização já autorizada, quando a circulação ou utilização implicarem afronta à sua reputação e imagem; VII – o de ter acesso a exemplar único e raro da obra, quando se encontre legitimamente em poder de outrem, para o fim de, por meio de processo fotográfico ou assemelhado, ou audiovisual, preservar sua memória, de forma que cause o menor inconveniente possível a seu detentor, que, em todo caso, será indenizado de qualquer dano ou prejuízo que lhe seja causado".

Todavia, desde quando colocadas como produtos no mercado de consumo, as obras protegidas por direitos de autor colocam-se também sob a égide das normas que disciplinam as relações econômicas em geral, como é o caso das leis que tutelam a livre concorrência e os direitos do consumidor. Em relação ao direito do consumidor, são duas as questões principais que exigem a análise coordenada de suas normas e das que disciplinam os direitos autorais: (a) eventual exercício abusivo dos direitos de autor, a fim de restringir o acesso à obra, ou obter vantagens econômicas excessivas de sua exploração; e (b) o direito de reprodução para fins não econômicos ("cópia privada").

Segundo aduz Helenara Avancini, a primeira situação, de exercício abusivo, caracterizaria um "excesso de titularidade", "caracterizado pelos atos praticados por uma pessoa física ou jurídica que detém legitimamente o direito exclusivo de exploração de uma obra, com fim de impedir ou não autorizar o uso da obra por terceiros, para perpetuar a exploração exclusiva, com o objetivo de obter, para si, uma vantagem econômica direta ou indireta, em frontal prejuízo da ordem econômica e social".[86] A definição desse exercício abusivo em relação a um interesse coletivo de acesso à obra, contudo, exige grandes cuidados, especialmente por dizer respeito à limitação de uma das prerrogativas essenciais sobre a qual se funda o direito do autor, que é a de ter o controle sobre a própria obra.

Um critério tradicionalmente utilizado para examinar a legitimidade das limitações aos direitos autorais é a denominada "regra dos três passos", estabelecida pela Convenção de Berna, de 1886. Segundo essa regra, a limitação aos direitos de autor, especialmente no tocante à reprodução da obra será admitida: (a) em certos casos especiais; (b) desde que tal reprodução não prejudique a exploração normal da obra; e (c) nem cause um prejuízo injustificado aos legítimos interesses do autor. Atualmente, a interpretação da regra e sua introdução nos diferentes sistemas jurídicos se fazem de diferentes modos, dando causa a esforços acadêmicos no sentido de uniformizar seu entendimento como critério para determinação do equilíbrio de interesses entre o titular do direito e a coletividade.[87]

---

[86] AVANCINI, Helenara Braga. Direito autoral e dignidade da pessoa humana: a compatibilização com os princípios da ordem econômica. In: SANTOS, Manoel J. Pereira dos (coord.). *Direito de autor e direitos fundamentais*. São Paulo: Saraiva, 2011. p. 69-70.

[87] GEIGER, Christophe; GRIFFITHS, Jonathan; HILTY, Reto M. Declaração sobre o "Teste dos três passos" do direito de autor. *Revista de Direito Privado*, São Paulo, v. 41, p. 293-312, jan. 2010.

Essa questão remete, então, ao segundo tema relevante na relação entre os direitos autorais e o direito do consumidor, quanto ao direito de reprodução das obras, realizada para fins não lucrativos, denominada como "cópia privada". Há uma tendência, inclusive no direito brasileiro, de aumentarem as permissões de uso sem necessidade de remuneração,[88] bem como de permitir-se a reprodução da obra para fins privados. Ao referir-se à "cópia privada", está-se a tratar do direito de reprodução de obra para uso individual, sem fins de lucro.[89]

O artigo 46, II, da Lei 9.610/1998 estabelece: "Art. 46. Não constitui ofensa aos direitos autorais: (...) II – a reprodução, em um só exemplar de pequenos trechos, para uso privado do copista, desde que feita por este, sem intuito de lucro". Ao limitar-se a pequenos trechos de obra a possibilidade de reprodução, entende-se que a legislação proibiu a denominada cópia privada.[90] Desse modo, considere-se que, ainda que para uso privado, é considerada violação ao direito do autor reprodução para além de pequenos trechos da obra.[91] Naturalmente, a definição do que se consideram "pequenos trechos" admite interpretações diversas, bem como, na prática, diante da evolução tecnológica, se torna difícil impedir que a reprodução de pequenos trechos possam compor, mediante sucessivas operações, a obra inteira (de modo que caracterize um ilícito aos direitos de autor). No tocante às relações de consumo, contudo, considerando haver direito de reprodução de pequenos trechos, quando a obra se caracteriza como produto comercializado no mercado, é razoável admitir que essa possibilidade não poderá ser impedida por meios tecnológicos, sob pena da caracterização de vício do produto, ou, por outro lado, discutir-se sua possibilidade desde que previamente comunicada ao consumidor. Por outro lado, será lícito ao fornecedor que reproduz comercialmente e a introduz no mercado impedir sua reprodução integral pelos meios disponíveis para esse fim. Registre-se, finalmente, que se observa a tendência de admitir a ampliação das situações em que será admissível a reprodução com fins não lucrativos, conforme iniciativas de reforma legislativa que, no Brasil, são objeto de grande debate nos últimos anos, especialmente pela necessidade de adaptação às novas tecnologias,[92] sobretudo quanto à internet. Nesse caso, tais iniciativas deverão compatibilizar a proteção legítima dos direitos de autor com o direito de acesso ao consumo de bens culturais.[93]

Em se tratando de produtos objeto de proteção pela legislação de direitos autorais, sua fabricação e oferta no mercado de consumo devem compatibilizar os interesses envolvidos. No entanto, o direito do consumidor à qualidade do produto estabelece um limite

---

[88] BITELLI, Marcos Alberto Sant'Anna. O anteprojeto de revisão da Lei de Direito Autoral do governo Lula. *Revista de Direito das Comunicações*, São Paulo, v. 3, p. 153-170, jan. 2011.

[89] FURTADO, Wilson. A cópia privada e direitos fundamentais. In: SANTOS, Manoel J. Pereira dos (coord.). *Direito de autor e direitos fundamentais*. São Paulo: Saraiva, 2011. p. 296.

[90] ABRÃO, Eliane Yachou. *Direitos de autor e direitos conexos*. São Paulo: Editora do Brasil, 2002, p. 148.

[91] FRIAS, Felipe Barreto. Instituto da cópia privada no direito autoral brasileiro – análise dogmática e crítica. *Revista dos Tribunais*, São Paulo, v. 846, p. 66-96, abr. 2006.

[92] BITELLI, Marcos Alberto Sant'Anna. Direito de autor e novas mídias. *Revista de Direito Privado*, São Paulo, v. 3, p. 95-109, jul. 2000.

[93] Para o exame do acesso a bens primários, entre os quais o acesso ao consumo como paradigma do direito contemporâneo, veja-se: LORENZETTI, Ricardo L. *Teoria da decisão judicial*: fundamentos de direito. Trad. Bruno Miragem. São Paulo: Ed. RT, 2009. p. 244.

PARTE I · Cap. 3 · A SITUAÇÃO DO DIREITO DO CONSUMIDOR NO SISTEMA JURÍDICO BRASILEIRO | 71

ao fornecedor de não dar causa a nenhuma restrição quanto ao seu uso, além daqueles permitidos pela Lei de Direitos Autorais (Lei 9.610/1998). Igualmente, para exame do dever de adequação, há necessidade de identificação dos fins que o consumidor, legitimamente, espera de sua utilização, os quais devem ser interpretados de acordo com o uso lícito admitido pela legislação. A interpretação da norma, contudo, deverá considerar os fins econômicos e sociais do direito de autor para determinação do exato significado dos seus termos.

3.2.4 Direito do consumidor e livre concorrência

Conforme examinamos no item 3.1.6 *retro*, as relações entre o direito do consumidor e o direito da concorrência decorrem não apenas de sua origem comum (direito econômico) mas também do fato de, na prática, em muitas situações, ser o interesse do consumidor, ou, ainda, o bem-estar do consumidor, o critério para definir a admissibilidade ou não de certas condutas que podem ser consideradas restritivas à livre concorrência. Isso porque, a rigor, presume-se o interesse do consumidor na visão de mercado pela qual a concorrência dos agentes econômicos estimule maior qualidade e melhores condições para aquisição de produtos e serviços. Trata-se, portanto, de um interesse mensurável, a partir do qual devem ser examinadas as condutas dos agentes econômicos no mercado.

O interesse do consumidor pode ser observado segundo duas visões no direito da concorrência. A primeira reconhece a proteção do consumidor como *finalidade* a ser assegurada pela livre concorrência.[94] A segunda, por sua vez, refere que o interesse do consumidor é *critério útil* de interpretação das normas do direito da concorrência, determinando, portanto, seu sentido e sua aplicação.[95] É certo, porém, que, embora não haja, nas normas de defesa da concorrência, uma defesa imediata dos interesses do consumidor, elas repercutem, decisivamente, na tutela de seus interesses essenciais.[96]

Segundo Newton De Lucca, contudo, "pouco importa que, isoladamente consideradas, essas duas lógicas – a do direito do consumidor e a do direito da concorrência – persigam objetivos diversos, assim como pouco importa, igualmente, que a primeira conceba o consumidor como sujeito passivo, enquanto a segunda o considere como destinatário final do mercado (ora como sujeito ativo, ora como agente econômico)". Daí por que refere, apoiado na lição de Bienayme, que o consumidor *é o sujeito central, mas fantasmagórico do direito da concorrência*.[97] Entretanto, ainda que haja certa difi-

---

[94] Nesse sentido, na doutrina brasileira, entre outros: CARPENA, Heloisa. *O consumidor no direito da concorrência*. Rio de Janeiro: Renovar, 2005; GLÓRIA, Daniel Firmato Almeida. *A livre concorrência como garantia do consumidor*. Belo Horizonte: Del Rey, 2003; SCHMITT, Cristiano Heineck. A proteção do interesse do consumidor por meio da garantia à liberdade de concorrência. *Revista dos Tribunais*, São Paulo, v. 880, p. 9-32, fev. 2009.

[95] Ou como ensina Danièle Meledo-Briand, em relação à experiência do direito europeu, "o regramento da concorrência assume expressamente o consumidor entre os seus critérios de análise nos diferentes Estados-Membros, assim como no Tratado de Roma. Ele inclui o consumidor nos seus preceitos de duas maneiras, ou pela consideração do seu interesse (A), ou pela atribuição a ele – consumidor – de direitos específicos (B)" (MELEDO-BRIAND, Danièle. A consideração dos interesses do consumidor e o direito da concorrência. *Revista de Direito do Consumidor*, São Paulo, v. 35, jul. 2009. p. 39 *et seq.*).

[96] PFEIFFER, Roberto. *Defesa da concorrência e bem-estar do consumidor*. São Paulo: Ed. RT, 2015. p. 143.

[97] DE LUCCA, Newton. *Direito do consumidor*. 2. ed. São Paulo: Quartier Latin, 2008. p. 206.

culdade de definir uma interpretação comum do que deva ser considerado o interesse do consumidor, ensina corretamente De Lucca, para quem "é o direito da concorrência que deverá se esforçar para preservá-la, fazendo com que ela não venha a ser conspurcada por eventuais benefícios de curto prazo que poderão, no entanto, ser transformados em malefícios certos, a longo prazo (...)".[98]

Está correta a observação do eminente professor da USP. De fato, a defesa da livre concorrência e a defesa do consumidor podem colocar em relevo a tensão entre interesses atuais e futuros dos consumidores. Isso porque, em regra, a conduta anticoncorrencial será reconhecida como infração à ordem econômica, ou decorrente do aproveitamento de determinada posição do fornecedor para oferecer condições imediatamente mais vantajosas ao consumidor – mas que não se justificam sob o critério de racionalidade econômica (preços abaixo do custo de produção, venda casada aparentemente benéfica para o consumidor, p. ex.) –, porém cujos efeitos a médio e longo prazo são claramente lesivos aos interesses dos consumidores em geral, por conta do objetivo ou do efeito que delas resulta, que é a restrição ou a eliminação dos demais concorrentes do mercado. Por outro lado, há, igualmente, condutas anticoncorrenciais que revelam imediatamente seu caráter prejudicial ao consumidor, como é o caso, entre outros, do acordo entre concorrentes sobre preços e condições de oferta de produtos e serviços ("cartel"), previsto no artigo 36, § 3º, I e II, da Lei 12.529/2011.[99] Assinale-se, contudo, que, nos termos da legislação, em vista da própria liberdade de iniciativa econômica base do sistema econômico brasileiro, "a conquista de mercado resultante de processo natural fundado na maior eficiência de agente econômico em relação a seus competidores" não caracteriza o ilícito de dominação de mercado relevante (artigo 36, § 1º, da Lei 12.529/2011). Em outros termos, não há vedação aos agentes econômicos que promovam eficientemente sua atividade, de alcançar posição dominante de mercado. O que será impositivo, em relação àqueles que tenham posição dominante, é que não a exerçam com a finalidade de restrição à livre concorrência.

Independentemente do entendimento a que se chegue quanto à posição do interesse do consumidor para o direito da concorrência – se finalidade cogente a ser perseguida ou como critério útil para interpretação e aplicação de suas normas –, note-se que o artigo 1º da Lei 12.529/2011, que estrutura o Sistema Brasileiro de Defesa da Concorrência, determina: "Esta Lei estrutura o Sistema Brasileiro de Defesa da Concorrência – SBDC e dispõe sobre a prevenção e a repressão às infrações contra a ordem econômica, orientada pelos ditames constitucionais de liberdade de iniciativa, livre concorrência, função social

---

[98] DE LUCCA, Newton. *Direito do consumidor*. 2. ed. São Paulo: Quartier Latin, 2008. p. 207.

[99] Nesse sentido, refira-se que a nova Lei de Defesa da Concorrência (Lei 12.529/2011) previu, com melhor detalhamento, a infração consistente no concerto entre concorrentes para uniformizar ou acordar condições de oferta de produtos no mercado (os cartéis). Nessa perspectiva dispôs em seu artigo 36, § 3º, I e II: "I – acordar, combinar, manipular ou ajustar com concorrente, sob qualquer forma: a) os preços de bens ou serviços ofertados individualmente; b) a produção ou a comercialização de uma quantidade restrita ou limitada de bens ou a prestação de um número, volume ou frequência restrita ou limitada de serviços; c) a divisão de partes ou segmentos de um mercado atual ou potencial de bens ou serviços, mediante, dentre outros, a distribuição de clientes, fornecedores, regiões ou períodos; d) preços, condições, vantagens ou abstenção em licitação pública; II – promover, obter ou influenciar a adoção de conduta comercial uniforme ou concertada entre concorrentes (...)".

da propriedade, *defesa dos consumidores* e repressão ao abuso do poder econômico". A prevenção e a repressão às infrações à ordem econômicas orientam-se pelos ditames (melhor seria "princípios", nos termos do artigo 170 da Constituição Federal) constitucionais, entre os quais a defesa do consumidor. Daí resultam duas conclusões essenciais: a interpretação e a aplicação das normas de direito da concorrência devem orientar-se pelo princípio constitucional de defesa do consumidor.[100] Isso significa dizer que: as decisões adotadas pelas autoridades competentes devem ser justificadas/fundamentadas também pela demonstração de sua adequação com o interesse do consumidor. Da mesma forma, os efeitos decorrentes dessas decisões devem ser aferidos segundo os benefícios ou a ausência de prejuízos ao interesse dos consumidores. Nesse sentido, a eficiência ou a racionalidade econômica que fundamenta as decisões em matérias que envolvam o direito da concorrência não pode ser demonstrada apenas em termos abstratos ou meramente financeiros mas também de acordo com sua aptidão de atender ou não se opor aos interesses dos consumidores que se tornem evidenciados no caso.

Ademais, atualmente, a intervenção do Estado no domínio econômico em matéria de defesa da livre concorrência e dos consumidores é desafiada em muitos setores, mas especialmente no campo da chamada nova economia, relativa aos serviços informáticos e de internet, por iniciativas e condutas dos agentes de mercado que resultam na aproximação cada vez maior entre as políticas antitruste e de defesa do consumidor.[101] Não se desconhece, naturalmente, que, em muitas questões que envolvem possível violação da livre concorrência, se opõem interesses de agentes econômicos cuja atividade não implica que sejam parte de relações de consumo, visto que não se configuram diretamente como fornecedores de produtos e serviços no mercado. Assim, por exemplo, agentes econômicos que explorem matérias-primas para produtos e/ou serviços, ou infraestrutura de serviços, entre várias outras atividades, não se relacionam diretamente com o consumidor, mas, ao contrário, desenvolvem atividades em geral reguladas pelo direito civil e empresarial. Nesses casos, pode surgir a dúvida de como considerar o interesse dos consumidores. Ocorre que qualquer das condutas ou contratos entre empresas repercute nos custos de suas atividades, bem como no sistema de distribuição desses custos, de modo que impacta, igualmente, o preço e a qualidade de produtos e serviços, os quais, em algum momento das relações econômicas que se desenvolvem no mercado, serão percebidos pelos consumidores. É o caso da discussão acerca da validade de cláusulas que dispõem sobre a exigência de exclusividade de médicos organizados em cooperativas de prestação de serviços, que impedem seu credenciamento junto a outras operadoras de planos de saúde, descumprindo o dever previsto no artigo 18, III, da Lei 9.656/1998 (Lei dos Planos de Saúde). Ainda que se discuta a questão exclusivamente sob a perspectiva do direito da concorrência (em face da limitação de ingresso de

---

[100] Nesse sentido decidiu o STJ ao entender pela legalidade da cláusula de exclusividade territorial (cláusula de raio) em contratos de locação de lojas em shopping centers, em razão de que sua eventual nulidade poderia, a par de outras consequências, representar efetivo prejuízo aos interesses do consumidor: STJ, REsp 1.535.727/RS, 4ª Turma, Rel. Min. Marco Buzzi, j. 10.05.2016, *DJe* 20.06.2016.

[101] OLIVEIRA, Amanda Flávio de. Defesa da concorrência e proteção do consumidor: análise da situação político-institucional brasileira em relação à defesa do consumidor e da concorrência tendo em perspectiva os estudos empreendidos por ocasião dos 90 anos da Federal Trade Commission. *Revista do Ibrac – Direito da Concorrência, Consumo e Comércio Internacional*, São Paulo, v. 14, p. 169-181, jan. 2007.

outros concorrentes no mercado),[102] parece evidente que qualquer decisão sobre a questão deve considerar seus efeitos perante o interesse dos consumidores, especialmente no tocante a eventual reforço da catividade contratual ou da restrição à possibilidade de escolha para contratação de outros fornecedores. Tais circunstâncias impactam diretamente o preço, a qualidade e outras condições relevantes dos contratos a serem celebrados entre os fornecedores e os consumidores dos serviços de saúde privada.

---

[102] "Processual civil. Recurso especial. Administrativo. Cooperativa de médicos. Pacto cooperativo. Cláusula de exclusividade. Fidelidade do médico à cooperativa do plano de saúde. 1. Os contratos de exclusividade das cooperativas médicas não se coadunam com os princípios tutelados pelo atual ordenamento jurídico, notadamente à liberdade de contratação, da livre-iniciativa e da livre concorrência. 2. As relações entre a Cooperativa e os médicos cooperados devem obedecer a cláusula final inserta no artigo 18, III, da Lei 9.656/1998, estando as disposições internas daquele ente em desarmonia com a legislação de regência. 3. O referido dispositivo enuncia: 'Artigo 18. A aceitação, por parte de qualquer prestador de serviço ou profissional de saúde, da condição de contratado, credenciado ou cooperado de uma operadora de produtos de que tratam o inciso I e o § 1º do artigo 1º desta Lei, implicará as seguintes obrigações e direitos: III – a manutenção de relacionamento de contratação, credenciamento ou referenciamento com número ilimitado de operadoras, sendo expressamente vedado às operadoras, independente de sua natureza jurídica constitutiva, impor contratos de exclusividade ou de restrição à atividade profissional'. 4. Deveras, a Constituição Federal, de índole pós-positivista, tem como fundamentos a livre concorrência, a defesa do consumidor, a busca pelo pleno emprego (artigo 170, IV, V e VIII da CF), os valores sociais do trabalho e da livre-iniciativa, bem assim, a dignidade da pessoa humana, como fundamentos do Estado Democrático de Direito (CF, artigo 1º, incisos III e IV), com vistas na construção de uma sociedade livre, justa e solidária (CF, artigo 3º, I) e com *ratio essendi* dos direitos dos trabalhadores a liberdade de associação (artigo 8º, da CF). Regras maiores que prevalecem a interdição à exclusividade. 5. Destarte, o direito pleiteado pela recorrente compromete, por via obliqua, os direitos à saúde (CF. artigo 196), na medida em que a exclusividade cerceia o acesso àqueles médicos profissionais vinculados à cooperativa. 6. Destarte, a tutela dos interesses privados não pode se sobrepor ao interesse público, notadamente quando envolver interesses constitucionais indisponíveis. 7. Recurso especial desprovido" (STJ, REsp 768.118/SC, 1ª Turma, Rel. Min. Luiz Fux, j. 11.03.2008, *DJe* 30.04.2008). No mesmo sentido: "Violação do artigo 535 do CPC. Unimed. Cooperativa de saúde. Submissão irrestrita às normas jurídicas que regulam a atividade econômica. Cláusula de exclusividade para médicos cooperados. Impossibilidade tanto sob o aspecto individual quanto sob o aspecto difuso. Inaplicabilidade ao profissional liberal do § 4º do artigo 29 da Lei 5.764/71, que exige exclusividade. Causa de pedir remota vinculada a limitações à concorrência. Violação, pelo tribunal de origem, do artigo 20, I, II e IV; do artigo 21, IV E V, ambos da Lei 8.884/94, e do artigo 18, III, da Lei 9.656/98. Infrações ao princípio da livre concorrência pelo agente econômico configuradas. (...) 2. A Constituição Federal de 1988, ao tratar do regime diferenciado das cooperativas não as excepcionou da observância do princípio da livre concorrência estabelecido pelo inciso IV do artigo 170. 3. A causa de pedir remota nas lides relativas à cláusula de exclusividade travadas entre o cooperado e a cooperativa é diversa da causa de pedir remota nas lides relativas a direito de concorrência. No primeiro caso, percebe-se a proteção de suposto direito ou interesse individual; no segundo, a guarda de direito ou interesse difuso. Portanto, inaplicáveis os precedentes desta Corte pautados em suposto direito ou interesse individual. 4. Ao médico cooperado que exerce seu labor como profissional liberal, não se aplica a exigência de exclusividade do § 4º do artigo 29 da Lei 5.764/71, salvo quando se tratar de agente de comércio ou empresário. 5. A cláusula de exclusividade em tela é vedada pelo inciso III do artigo 18 da Lei 9.656/98, mas, ainda que fosse permitida individualmente a sua utilização para evitar a livre concorrência, através da cooptação de parte significativa da mão de obra, encontraria óbice nas normas jurídicas do artigo 20, I, II e IV, e do artigo 21, IV e V, ambos da Lei 8.884/94. Portanto, violados pelo acórdão de origem todos aqueles preceitos. 6. Ainda que a cláusula de exclusividade não fosse vedada, a solução minimalista de reputar lícita para todo o sistema de cláusula contratual, somente por seus efeitos individuais serem válidos, viola a evolução conquistada com a criação da Ação Civil Pública, com a promulgação da Constituição Cidadã de 1988, com o fortalecimento do Ministério Público, com a criação do Código de Defesa do Consumidor, com a revogação do Código Civil individualista de 1916, com a elaboração de um futuro Código de Processos Coletivos e com diversos outros estatutos que celebram o interesse público primário. Recurso especial provido" (REsp 1.172.603/RS, 2ª Turma, Rel. Min. Humberto Martins, j. 04.03.2010, *DJe* 12.03.2010).

PARTE I • Cap. 3 • A SITUAÇÃO DO DIREITO DO CONSUMIDOR NO SISTEMA JURÍDICO BRASILEIRO | 75

O direito da concorrência protege, essencialmente, a liberdade de escolha do consumidor. Essa ideia traz em si dois significados distintos. *Liberdade de escolha* significa a manutenção de condições que assegurem a possibilidade de escolher, ou seja, existem concorrentes no mercado oferecendo produtos e/ou serviços em condições reconhecidas vantajosas e passíveis de contratação pelo consumidor. A existência de vantagens para o consumidor, contudo, embora possa auxiliar a justificação da decisão,[103] não imuniza determinada conduta dos agentes econômicos, em relação à identificação de eventual lesão à livre concorrência. Trata-se, aqui, mais uma vez, de aferir o equilíbrio entre interesses atuais e futuros, ou entre interesses individuais e coletivos.

Da mesma forma, tais interesses dos consumidores devem ser considerados em sua totalidade. Isso significa que a indicação de uma vantagem específica ao consumidor não serve para legitimar determinada conduta do agente econômico se dela se percebem outras repercussões que resultam na anulação da vantagem tópica identificada, dando causa a lesão evidente a interesses do consumidor. Para exemplificar, o caso em que eventual redução de preços implique a redução de qualidade com o comprometimento da utilidade do produto, ou, como já mencionamos, a situação em que eventual redução de preço ao consumidor tenha por finalidade ou resultado a eliminação da concorrência.

3.2.4.1 Bem-estar do consumidor no direito da concorrência

O critério desenvolvido pelo direito da concorrência para colocar em destaque a consideração do interesse do consumidor na interpretação e aplicação das normas con-

---

[103] Como se percebe neste precedente do STJ relativo à oferta de medicamentos por farmácia ligada à cooperativa médica: "Agravo regimental em recurso especial. Administrativo e processual civil. Recurso especial. Violação do artigo 535, II, do CPC. Inocorrência. Farmácia vinculada a plano de saúde. Cooperativa sem fins lucrativos. Possibilidade. Inaplicabilidade, *in casu*, do artigo 16, *g*, do Decreto 20.931/32. Concorrência desleal. Inexistência. 1. O artigo 16, *g*, do Decreto 20.931/32, que veda aos médicos 'fazer parte, quando exerça a clínica de empresa que explore a indústria farmacêutica ou seu comércio', não se aplica às farmácias que não ostentem finalidade comercial, posto instituídas por cooperativas, e que visem apenas atender aos seus médicos cooperados e usuários conveniados, vendendo remédios a preço de custo. Essa exegese que implica no acesso aos instrumentos viabilizadores do direito à saúde, atende aos fins sociais a que a lei se destina. 2. É assente na Corte que 'inexiste concorrência desleal com farmácias em geral e farmacêuticos se uma cooperativa médica, sem fins lucrativos, presta assistência aos segurados de seu plano de saúde, quando respeitados os Códigos de Ética Médica e de Defesa do Consumidor' (REsp 611.318/GO, rel. Min. José Delgado). Isto porque 'a manutenção de farmácia por cooperativa médica não encontra proibição no artigo 16, 'g', do Decreto 20.931/1932, ainda mais se a instituição atende, tão somente, a seus cooperados e usuários conveniados, com a venda de medicamentos a preço de custo' (Precedentes: REsp 608.667/RS, rel. Min. Francisco Falcão, *DJ* 25.04.2005; REsp 610.634/GO, deste Relator, *DJ* de 25.10.2004; e REsp 611.318/GO, rel. Min. José Delgado, *DJ* 26.04.2004) 3. Deveras, a Cooperativa não se encarta no conceito de empresa, que por força da Lei específica que lhe veda atos de mercancia (Lei 5.764/71), quer pelo fato de adstringir seus destinatários. 4. Destarte, a sua presença implica em que outros segmentos, para atender a suposta concorrência 'legal', viabilizem o acesso da população aos remédios necessários, a preços admissíveis com o que se protege, no seu mais amplo sentido, a 'vida digna', eleita como um dos fundamentos da República. 5. Os embargos de declaração que enfrentam explicitamente a questão embargada não ensejam recurso especial pela violação do artigo 535, II, do CPC, tanto mais que, o magistrado não está obrigado a rebater, um a um, os argumentos trazidos pela parte, desde que os fundamentos utilizados tenham sido suficientes para embasar a decisão. 6. Agravo Regimental desprovido" (STJ, AgRg no REsp 1.016.213/SP, 1ª Turma, Rel. Min. Luiz Fux, j. 09.06.2009, *DJe* 05.08.2009).

correnciais é o de bem-estar do consumidor (*Consumer welfare*). Compreende a ideia de que a maior eficiência do mercado só pode ser identificada quando existe a distribuição dos benefícios dessa eficiência aos consumidores em geral, seja sob a forma de custos e preços menores de produtos ou serviços, seja pela melhoria da qualidade dos produtos. Entretanto, é preciso observar que a definição exata do conceito não é isenta de grandes divergências, especialmente em face do uso indiscriminado da ideia de bem-estar do consumidor para justificar a regularidade ou não das condutas dos agentes econômicos sob a égide do direito da concorrência.[104]

Como já indicamos, o bem-estar do consumidor estará relacionado a vantagens obtidas em um destes três aspectos: (a) melhores preços; (b) melhor qualidade; e (c) maior diversidade de oferta. Todavia, diferentes visões do conceito de bem-estar do consumidor observam que a noção econômica de eficiência alocativa pode, em muitas situações, melhorar os resultados do agente econômico, sem representar necessariamente melhoria imediata para o consumidor. Resulta, entretanto, da necessidade de compatibilizar interesses dos consumidores com os interesses da sociedade.[105] Outros modelos sugeridos para a precisão dessa noção de bem-estar do consumidor privilegiam a prevalência da liberdade de escolha,[106] ou, ainda, como o modelo oferecido por Evans, baseado na compatibilização de quatro fatores principais: (a) escolha; (b) transparência; (c) inovação; e (d) equidade.[107]

É a compatibilização de interesses legítimos dos consumidores entre si e dos fornecedores e demais agentes econômicos que permite identificar *in concreto* o bem-estar do consumidor. O benefício imediato ao consumidor por dada conduta do agente econômico não significará necessariamente ausência de infração à ordem econômica, critério que deve ser observado na aplicação tanto das normas do CDC quanto da Lei de Defesa da Concorrência. Um exemplo interessante, nesse sentido, é a prática de venda casada. O artigo 39, I, do CDC considera prática abusiva, proibindo, portanto, a venda casada, consistente na conduta de "condicionar o fornecimento de produto ou de serviço ao fornecimento de outro produto ou serviço, bem como, sem justa causa, a limites quantitativos". O artigo 36, § 3º, XVIII, da Lei 12.529/2011, por sua vez, classifica como infração à ordem econômica "subordinar a venda de um bem à aquisição de outro ou à utilização de um serviço, ou subordinar a prestação de um serviço à utilização de outro ou à aquisição de um bem". Note-se que, nas duas normas, não se cogita de benefício ao consumidor individualmente considerado. A única regra de autorização que admite a venda casada se dá quando, com justa causa, há subordinação dos termos da oferta a determinados limites quantitativos. Ao mesmo tempo, note-se que dizem respeito não apenas à oferta em si de um produto ou serviço mas também às condições dessa oferta.

---

[104] MARTINEZ, Ana Paula. A defesa dos interesses dos consumidores pelo direito da concorrência. *Revista do Ibrac – Direito da Concorrência, Consumo e Comércio Internacional*, São Paulo, v. 11, p. 67-99, jan. 2004.

[105] MACCULLOCH, Angus. The consumer and competition law. In: HOWELLS, Geraint et al. *Handbook of research on international consumer law*. Cheltenham: Edward Elgar Publishing, 2010. p. 84.

[106] MACCULLOCH, Angus. The consumer and competition law. In: HOWELLS, Geraint et al. *Handbook of research on international consumer law*. Cheltenham: Edward Elgar Publishing, 2010. p. 87.

[107] MACCULLOCH, Angus. The consumer and competition law. In: HOWELLS, Geraint et al. *Handbook of research on international consumer law*. Cheltenham: Edward Elgar Publishing, 2010. p. 88.

É nesses termos, aliás, que decidiu o STJ, em precedente de que foi relator o Min. Herman Benjamin, relativo ao caso em que o fornecedor condicionava a oferta de modo de pagamento a prazo de um produto (no caso, gasolina) à aquisição de outro produto (refrigerantes). Referiu o voto condutor que "a norma é clara: há ilegalidade quando o fornecimento de produto ou serviço é condicionado à aquisição, pelo consumidor, de outro bem ou de injustificados limites quantitativos. Na primeira situação, a prática abusiva se configura pela falta de pertinência (ou necessidade natural) na venda conjunta dos produtos ou serviços, ou seja, pela exigência, qualquer que seja o motivo, de aquisição combinada de bens de consumo que, como regra, são oferecidos ou fornecidos separadamente. Na hipótese dos autos, a premissa fática do acórdão recorrido, evidencia que, para fins de pagamento a prazo, a compra do produto objetivado pelo consumidor (gasolina) estava condicionada à aquisição de outro completamente distinto (refrigerantes), o que configura inequívoca prática abusiva, na modalidade de venda casada. A dilação do prazo para pagamento, embora seja uma liberalidade do fornecedor – assim como o é a própria colocação no comércio de determinado produto ou serviço –, não o exime de observar as normas legais que visam a coibir os abusos que vieram a reboque da massificação dos contratos na sociedade de consumo e da reconhecida vulnerabilidade do consumidor (...). Ademais, impende anotar que apenas na segunda hipótese do artigo 39, I, do CDC, referente aos limites quantitativos, está ressalvada a possibilidade de exclusão da prática abusiva por justa causa. Não se admite justificativa, portanto, para a imposição de outros produtos ou serviços que estejam à margem da vontade real do consumidor. Em outras palavras, a venda (ou melhor, fornecimento) casada é avessa à justa causa; dito de outra forma, é prática inexoravelmente abusiva, por mais que se busquem pretextos criativos para legitimá-la. Assim, o fato de a venda casada ser imposta apenas para pagamento a prazo não descaracteriza a prática abusiva, permanecendo o indevido condicionamento à aquisição do produto objetivado pelo consumidor".[108]

No tocante ao exame dos atos de concentração, a regra é de que são proibidos aqueles que "impliquem eliminação da concorrência em parte substancial de mercado relevante,

---

[108] "Consumidor. Pagamento a prazo vinculado à aquisição de outro produto. 'Venda casada'. Prática abusiva configurada. 1. O Tribunal *a quo* manteve a concessão de segurança para anular auto de infração consubstanciado no artigo 39, I, do CDC, ao fundamento de que a impetrante apenas vinculou o pagamento a prazo da gasolina por ela comercializada à aquisição de refrigerantes, o que não ocorreria se tivesse sido paga à vista. 2. O artigo 39, I, do CDC, inclui no rol das práticas abusivas a popularmente denominada 'venda casada', ao estabelecer que é vedado ao fornecedor 'condicionar o fornecimento de produto ou de serviço ao fornecimento de outro produto ou serviço, bem como, sem justa causa, a limites quantitativos'. 3. Na primeira situação descrita nesse dispositivo, a ilegalidade se configura pela vinculação de produtos e serviços de natureza distinta e usualmente comercializados em separado, tal como ocorrido na hipótese dos autos. 4. A dilação de prazo para pagamento, embora seja uma liberalidade do fornecedor – assim como o é a própria colocação no comércio de determinado produto ou serviço –, não o exime de observar normas legais que visam a coibir abusos que vieram a reboque da massificação dos contratos na sociedade de consumo e da vulnerabilidade do consumidor. 5. Tais normas de controle e saneamento do mercado, ao contrário de restringirem o princípio da liberdade contratual, o aperfeiçoam, tendo em vista que buscam assegurar a vontade real daquele que é estimulado a contratar 6. Apenas na segunda hipótese do artigo 39, I, do CDC, referente aos limites quantitativos, está ressalvada a possibilidade de exclusão da prática abusiva por justa causa, não se admitindo justificativa, portanto, para a imposição de produtos ou serviços que não os precisamente almejados pelo consumidor. 7. Recurso Especial provido" (STJ, REsp 384.284/RS, 2ª Turma, Rel. Min. Herman Benjamin, j. 20.08.2009, *DJe* 15.12.2009).

78 | CURSO DE DIREITO DO CONSUMIDOR – *Bruno Miragem*

que possam criar ou reforçar uma posição dominante ou que possam resultar na dominação de mercado relevante de bens ou serviços" (artigo 88, § 5º, da Lei 12.529/2011). Todavia, o § 6º do mesmo artigo prevê que poderão ser autorizados "desde que sejam observados os limites estritamente necessários para atingir os seguintes objetivos: I – cumulada ou alternativamente: a) aumentar a produtividade ou a competitividade; b) melhorar a qualidade de bens ou serviços; ou c) propiciar a eficiência e o desenvolvimento tecnológico ou econômico; e II – sejam repassados aos consumidores parte relevante dos benefícios decorrentes". Ou seja, nos atos de concentração econômica, sua aprovação é condicionada por lei, quando importam em comprometimento à livre concorrência, necessariamente ao repasse para os consumidores de parte relevante dos benefícios que deles se originem.[109] Desse modo, note-se que o bem-estar do consumidor é pressuposto para autorização dos atos de concentração econômica, justificando, inclusive, eventual restrição à livre concorrência.

3.2.4.2 *Modos de atuação*

A influência do direito do consumidor sobre o direito da concorrência assume relevância crescente. Nesse sentido, o consumidor revela-se, como aponta Angus MacCulloch a partir da experiência norte-americana, um *ator institucional* com grande repercussão, por intermédio de reclamações acerca dos efeitos das condutas anticoncorrenciais sobre o mercado, de ações judiciais individuais ou de ações coletivas.[110] Na experiência brasileira, é preciso dizer que ainda não se observa essa presença institucional dos órgãos ou das entidades de defesa do consumidor junto aos órgãos do Sistema Brasileiro de Defesa da Concorrência. Ocorre, na prática, ao menos no que se refere à atuação administrativa, especialmente por intermédio do Conselho Administrativo de Defesa Econômica (Cade), que eventuais representações ou denúncias de condutas anticoncorrenciais e o interesse no exame dos atos de concentração econômica são provocados, em regra, por outros agentes econômicos concorrentes e, eventualmente, pelo Ministério Público. No âmbito judicial, sobretudo no que se refere à repressão das infrações da ordem econômica, o protagonismo pertence ao Ministério Público, inclusive porque concentra as competências para a defesa do consumidor e da livre concorrência, bem como é titular da ação penal relativa aos crimes que eventualmente se verifiquem nessa matéria.

É certo, todavia, no tocante às condutas dos fornecedores que se revelam, ao mesmo tempo, passíveis de serem qualificadas como infração aos direitos dos consumidores e à ordem econômica, que atuam ambos os órgãos de defesa do consumidor e de defesa da concorrência, fiscalizando e aplicando as respectivas sanções, no âmbito de suas competências. Por se tratar de uma mesma situação fática, não significa que possa o fornecedor

---

[109] Para o exame da proteção do interesse do consumidor como critério no exame dos atos de concentração sob o regime da revogada Lei 8.884/1994, veja-se: VAZ, Isabel. Os interesses do consumidor nas fusões e incorporações de empresas. *Revista de Direito do Consumidor*, São Paulo, v. 35, p. 219-231, jul. 2000. No mesmo sentido, a visão atualizada de: PFEIFFER, Roberto. *Defesa da concorrência e bem-estar do consumidor*. São Paulo: Ed. RT, 2015. p. 153 e ss.

[110] MACCULLOCH, Angus. The consumer and competition law. In: HOWELLS, Geraint et al. *Handbook of research on international consumer law*. Cheltenham: Edward Elgar Publishing, 2010. p. 98-103.

PARTE I · Cap. 3 · A SITUAÇÃO DO DIREITO DO CONSUMIDOR NO SISTEMA JURÍDICO BRASILEIRO | **79**

eximir-se de qualquer uma das sanções alegando a proibição do *bis in idem*, ou seja, de que estaria sendo punido duas vezes pela mesma infração. Como explica corretamente Roberto Pfeiffer, "a configuração de *bis in idem* exige a identidade de partes, fato e fundamento. Nesse contexto, é possível que uma mesma conduta seja capitulada como infração contra a ordem econômica e como prática abusiva, caso os pressupostos específicos de cada uma estiverem presentes, sem incidir em *bis in idem*, pois são distintas as esferas jurídicas tuteladas, havendo assim diversidade de fundamentos para lastrear a tipificação".[111]

Observe-se, contudo, que o exame das relações entre o direito do consumidor e o direito da concorrência encontra-se, ainda, na experiência brasileira, em estágio bastante incipiente.

3.2.5 Direito do consumidor e defesa do meio ambiente

A defesa do consumidor e a do meio ambiente inserem-se em um mesmo contexto histórico, ambas são representativas do que se reconhece como *novos direitos*. Têm em comum, portanto, o reconhecimento de novos interesses juridicamente relevantes, a serem protegidos mediante atuação estatal, tanto legislativa quanto executiva. Da mesma forma, possuem uma dimensão coletiva, em que se encontram cada vez mais próximas, de modo que, em muitas situações, incidem, ao mesmo tempo, as normas de proteção ao consumidor e ao meio ambiente.

A preservação do meio ambiente é um dos desafios do direito contemporâneo. Redimensionou o modo de exame do próprio Direito, impondo a produção, a aplicação e a efetividade das normas em geral a um novo paradigma ambiental.[112] O meio ambiente passou a ser objeto de proteção jurídica nos diversos sistemas jurídicos do mundo a partir da década de 1970.[113] No Brasil, a proteção legal teve como marco a Lei 6.938/1981, que instituiu a Política Nacional do Meio Ambiente, porém teve sua consagração com a promulgação da Constituição de 1988, que, em seu artigo 225, *caput*, estabeleceu: "Art. 225. Todos têm direito ao meio ambiente ecologicamente equilibrado, bem de uso comum do povo e essencial à sadia qualidade de vida, impondo-se ao Poder Público e à coletividade o dever de defendê-lo e preservá-lo para as presentes e futuras gerações". Eis aqui, inclusive, um dos aspectos de mais difícil interpretação *in concreto*, que é o equilíbrio do interesse entre as presentes e futuras gerações, ou seja, entre interesses atuais e futuros, seja no âmbito do direito ambiental, seja no direito do consumidor. Segundo Émile Gaillard, essa tensão possível entre interesses reforçaria a importância do papel do Ministério Público na proteção das futuras gerações.[114]

---

[111] PFEIFFER, Roberto Augusto Castellanos. Proteção do consumidor e defesa da concorrência: paralelo entre práticas abusivas e infrações contra a ordem econômica. *Revista de Direito do Consumidor*, São Paulo, v. 76, p. 131-151, out. 2010.

[112] LORENZETTI, Ricardo L. *Teoria da decisão judicial*: fundamentos de direito. Trad. Bruno Miragem. São Paulo: Ed. RT, 2009. p. 341.

[113] BENJAMIN, Antônio Herman V. Introdução ao direito ambiental brasileiro. *Revista de Direito Ambiental*, São Paulo, v. 14, p. 48-82, abr. 1999.

[114] GAILLARD, Émile. *Générations futures et droit privé*: vers un droit des générations futures. Paris: LGDJ, 2011. p. 518.

A degradação ambiental pode prejudicar ou comprometer o consumo humano de determinados bens (p. ex., a poluição das águas, o uso de agrotóxicos e seus efeitos sobre produtos agrícolas, fauna e flora). No entanto, não se desconhecem, outrossim, situações em que é o consumo humano a causa de degradação,[115] e a necessidade de ter-se em conta, na regulação jurídica da produção e do consumo, também o tratamento ou a prevenção de danos ao ambiente. Na Lei 6.938/1981, a própria definição legal de poluição compreende claro vínculo com o interesse direto do consumidor ao referi-la como: "a degradação da qualidade ambiental resultante de atividades que direta ou indiretamente: a) prejudiquem a saúde, a segurança e o bem-estar da população; b) criem condições adversas às atividades sociais e econômicas (...)" (artigo 3º, III, *a* e *b*).

As normas de proteção do consumidor relacionam-se imediatamente com a proteção do meio ambiente quando consagram, entre outros: (a) o direito básico à vida, à saúde e à segurança contra riscos de produtos perigosos e nocivos (artigo 6º, I, do CDC); (b) a efetiva prevenção de danos (artigo 6º, VI, do CDC); (c) a proibição expressa ao fornecedor que coloque, no mercado de consumo, produto ou serviço que sabe ou deveria saber apresentar alto grau de nocividade ou periculosidade à saúde ou à segurança (artigo 10 do CDC); (d) a proibição da publicidade que desrespeita valores ambientais, porque abusiva (artigo 37, § 2º); (e) a qualificação como prática abusiva, e consequente proibição, da colocação, no mercado de consumo, de qualquer produto ou serviço em desacordo com as normas expedidas pelos órgãos oficiais competentes ou expedidas pela Associação Brasileira de Normas Técnicas ou outra entidade credenciada pelo Conselho Nacional de Metrologia, Normalização e Qualidade Industrial (Conmetro); e (f) a definição como abusiva da cláusula contratual que infrinja ou possibilite a violação de normas ambientais.

Por outro lado, direitos característicos da tutela do consumidor, como é o caso do direito à informação ou à liberdade de escolha do consumidor, admitem aplicação sob a perspectiva da promoção do consumo sustentável. Trata-se da informação ambiental, que parte da premissa da necessidade de esforço comum no âmbito do mercado e da sociedade em geral, para conscientização e esclarecimento sobre a importância da preservação ambiental. No tocante às relações de consumo, esse processo encontra na informação que o fornecedor repassa ao consumidor por intermédio dos variados meios de divulgação de produtos e serviços – tais como materiais publicitários, embalagem e rótulos – um instrumento decisivo. Nesse caso, há tríplice finalidade: informações sobre aspectos ambientais ligados tanto ao processo de produção/execução de produto ou serviço quanto aos efeitos do seu consumo ou às consequências dos resíduos de seu consumo sobre o meio ambiente, assim como o modo adequado de mitigar/prevenir eventuais efeitos danosos, podem integrar o dever de informar, visando: (a) auxiliar na decisão dos consumidores sobre o produto ou serviço a ser adquirido, fomentando, inclusive, uma saudável *concorrência ambiental* entre diferentes fornecedores; (b) esclarecer os consumidores sobre o consumo ambientalmente menos danoso ao meio ambiente; (c) informar sobre condutas a serem adotadas após o consumo, em especial no tratamento dos respectivos resíduos.[116] De se

---

[115] MONTEIRO, António Pinto. O papel dos consumidores na política ambiental. *Revista de Direito Ambiental*, São Paulo, v. 11, p. 69-74, jul. 1998.

[116] MIRAGEM, Bruno. Consumo sustentável e desenvolvimento: por uma agenda comum do direito do consumidor e do direito ambiental. *Revista do Ministério Público do Rio Grande do Sul*, Porto Alegre, n. 74, p. 229-244, jan.-abr. 2014.

anotar, contudo, em especial com relação à divulgação de informações sobre o atendimento a normas ambientais, ou à adoção de práticas ecologicamente corretas por fornecedores, o risco de promover-se espécie de maquiagem ambiental (*greenwashing*), hipótese em que a divulgação de informações não corresponde à conduta efetivamente adotada pelo agente econômico.[117] Conforme o caso, será hipótese de infração ao artigo 31, e mesmo a caracterização de publicidade enganosa, nos termos do artigo 37, § 1º, do CDC.

Desde a perspectiva de ordenação do mercado de consumo, assim, são de grande relevância as iniciativas que, ao imporem deveres aos fornecedores, também atuem na promoção de comportamentos ambientalmente adequados. É o caso, por exemplo: da diferenciação de produtos e serviços em face de processos produtivos ambientalmente adequados e certificados por selos ambientais;[118] da internalização dos custos ambientais de produtos e serviços pelo fornecedor; do dever de informar do fornecedor em relação a produtos que ofereçam riscos, mesmo que desconhecidos, simultaneamente ao consumidor e ao meio ambiente;[119] do tratamento adequado de resíduos etc.[120]

Uma das questões que aproximam na prática a proteção dos consumidores e do meio ambiente é a adequada compreensão e aplicação do princípio da precaução. Este foi consagrado na Declaração de Princípios da Conferência das Nações Unidas sobre Meio Ambiente e Desenvolvimento, realizada no Rio de Janeiro, em 1992, que, em seu item 15, dispôs: "De modo a proteger o meio ambiente, o princípio da precaução deve ser amplamente observado pelos Estados, de acordo com as suas capacidades. Quando houver ameaça de danos sérios ou irreversíveis, a ausência de absoluta certeza científica não deve ser utilizada como razão para postergar medidas eficazes e economicamente viáveis para prevenir a degradação ambiental".[121]

Da mesma forma, conforme transcreve Paulo Afonso Leme Machado, o Relatório da Comissão Europeia sobre precaução, de 2000, busca a afirmação do princípio nos seguintes termos: "a invocação do princípio da precaução é uma decisão exercida quando

---

[117] LEMOS, Patrícia Faga Iglecias et al. *Consumo sustentável*: caderno de investigações científicas. Brasília: Ministério da Justiça, 2013. v. 3. p. 134 e ss. Brasília: Ministério da Justiça, 2013. Para exame do *greenwashing* no desvirtuamento do dever de informar na rotulagem de produtos, veja-se: EFING, Antônio Carlos; GREGORIO, Carolina Lückemeyer. Greenwashing e rotulagem ambiental no direito do consumidor à informação. *Revista de Direito do Consumidor*, v. 113, ano 26, p. 439-455, set.-out. 2017.

[118] MANIET, Françoise. Os apelos ecológicos, os selos ambientais e a proteção dos consumidores. *Revista de Direito do Consumidor*, São Paulo, v. 4, p. 7-25, out. 1992.

[119] Como no caso da informação sobre a composição de alimentos e ingredientes alimentares destinados ao consumo humano ou animal que contenham ou sejam produzidos a partir de organismos geneticamente modificados, previsto pelo Decreto 4.680/2003.

[120] Um inventário extenso de medidas é referido por: STIGLITZ, Gabriel. El principio de acceso al consumo sustentable. In: STIGLITZ, Gabriel; HERNÁNDEZ, Carlos A (org.). *Tratado de derecho del consumidor*. Buenos Aires: La Ley, 2015. t. I. p. 317 e ss.

[121] Antes de sua consagração na Declaração do Rio de Janeiro, o princípio da precaução é reconhecido, pela primeira vez, no Ato de Poluição do Ar, de 1974, e, em seguida, entre outras, na Carta Mundial da Natureza, aprovada pela Assembleia Geral das Nações Unidas em 1982, na Convenção de Viena de 1985, para proteção da camada de ozônio, na Declaração Ministerial da Segunda Conferência do Mar do Norte, de 1987, na Conferência Internacional do Conselho Nórdico sobre Poluição dos Mares, de 1989, e na Convenção de Bamako, de 1991, relativa à interdição de importação de lixos perigosos e ao controle da sua movimentação transfronteiriça na África.

a informação científica é insuficiente, não conclusiva ou incerta e haja indicações de que os possíveis efeitos sobre o ambiente, a saúde das pessoas ou dos animais ou a proteção vegetal possam ser potencialmente perigosos e incompatíveis com o nível de proteção escolhido".[122] No direito brasileiro, a Lei 11.105/2005 (Lei de Biossegurança), adota, expressamente, o princípio da precaução em relação a atividades que envolvam organismos geneticamente modificados (artigo 1º).

Quanto às suas consequências no direito ambiental, sintetiza Benjamin que "o princípio da precaução inaugura uma nova fase para o próprio Direito Ambiental. Nela já não cabe aos titulares de direitos ambientais provar efeitos negativos (= ofensividade) de empreendimentos levados à apreciação do Poder Público ou do Poder Judiciário (...), impõe-se aos degradadores potenciais o ônus de corroborar a inofensividade de sua atividade proposta, principalmente naqueles casos onde eventual dano possa ser irreversível, de difícil reversibilidade ou de larga escala".[123] Embora não previsto expressamente no CDC, é possível identificar o princípio da precaução como fundamento do dever de abstenção do fornecedor, estabelecido em seu artigo 10: "O fornecedor não poderá colocar no mercado de consumo produto ou serviço que sabe ou deveria saber apresentar alto grau de nocividade ou periculosidade à saúde ou segurança". Ademais, articula-se com o princípio da prevenção, como se percebe do seu § 1º, ao referir que "O fornecedor de produtos e serviços que, posteriormente à sua introdução no mercado de consumo, tiver conhecimento da periculosidade que apresentem, deverá comunicar o fato imediatamente às autoridades competentes e aos consumidores, mediante anúncios publicitários".[124]

3.2.5.1 Desenvolvimento sustentável e qualidade de produtos e serviços

Como consequência das preocupações com o impacto ambiental da atividade econômica e sua capacidade de poluição do meio ambiente, inclusive por intermédio do aumento do consumo de bens oferecidos no mercado, passaram a surgir iniciativas com o objetivo de controlar também os efeitos posteriores ao consumo. Nesse sentido, surge um conjunto de iniciativas sociais espontâneas ou estimuladas – consistente na racionalização do uso de produtos e serviços diversos – designado, comumente, sob a noção de "consumo sustentável". Todavia, essa noção relaciona-se com outra, de desenvolvimento sustentável,

---

[122] MACHADO, Paulo Afonso Leme. O princípio da precaução e a avaliação de riscos. *Revista dos Tribunais*, São Paulo, v. 856, p. 35-50, fev. 2007.

[123] BENJAMIN, Antônio Herman V. Responsabilidade civil pelo dano ambiental. *Revista de Direito Ambiental*, São Paulo, n. 9, jan.-mar. 1998. p. 5 *et seq.*

[124] Nesse sentido, veja-se a decisão do STJ no REsp 866.636/SP, acerca da responsabilidade de laboratório farmacêutico pela colocação de anticoncepcional placebo ineficaz no mercado. Tendo tomado conhecimento do defeito do produto introduzido no mercado, segundo bem sintetiza o voto condutor da relatora, Min. Nancy Andrighi, "a empresa fornecedora descumpre o dever de informação quando deixa de divulgar, imediatamente, notícia sobre riscos envolvendo seu produto, em face de juízo de valor a respeito da conveniência, para sua própria imagem, da divulgação ou não do problema. Ocorreu, no caso, uma curiosa inversão da relação entre interesses das consumidoras e interesses da fornecedora: esta alega ser lícito causar danos por falta, ou seja, permitir que as consumidoras sejam lesionadas na hipótese de existir uma pretensa dúvida sobre um risco real que posteriormente se concretiza, e não ser lícito agir por excesso, ou seja, tomar medidas de precaução ao primeiro sinal de risco" (STJ, REsp 866.636/SP, 3ª Turma, Rel. Min. Nancy Andrighi, j. 29.11.2007, *DJ* 06.12.2007).

PARTE I • Cap. 3 • A SITUAÇÃO DO DIREITO DO CONSUMIDOR NO SISTEMA JURÍDICO BRASILEIRO | 83

mediante associação entre as várias teorias do desenvolvimento e os direitos humanos,[125] que vem observando crescente densidade jurídica.[126] No plano internacional a noção de desenvolvimento sustentável afirmou-se a partir de importantes documentos no âmbito das Nações Unidas, como é o caso do conhecido Relatório Brundtland, de 1987, elaborado pela Comissão Mundial do Meio Ambiente, que associa o desenvolvimento sustentável ao atendimento de suas necessidades pelas gerações atuais, sem comprometer a mesma capacidade das gerações futuras.[127] Para tanto, defende-se a necessidade de modernização estrutural do mercado visando à sustentabilidade ambiental.[128]

Embora tenha iniciado como iniciativa fortemente marcada pela necessidade de compatibilizar a proteção do meio ambiente com o desenvolvimento econômico, a partir, especialmente, do documento Estratégia de Conservação Mundial, publicado pelo União Internacional para a Conservação da Natureza (IUCN), em 1980,[129] compreende-se, atualmente, mediante sua associação íntima com a proteção e promoção da qualidade de vida.[130] A proteção e promoção da qualidade de vida consta já da Declaração das Nações Unidas sobre o Meio Ambiente, de 1972, que refere: "O homem tem o direito fundamental à liberdade, à igualdade e ao desfrute de condições de vida adequadas, em um meio ambiente de qualidade tal que lhe permita levar uma vida digna, gozar de bem-estar e é portador solene de obrigação de proteger e melhorar o meio ambiente (...)". No direito brasileiro, constitui interesse jurídico tutelado pelo artigo 225 da Constituição Federal ("sadia qualidade de vida"), de modo que o objeto do direito ambiental compreende a promoção do bem-estar da população.

Dessa disciplina normativa resulta um vínculo indissociável entre o direito à sadia qualidade de vida e a proteção e promoção do bem-estar do consumidor. O direito à saúde e à vida do consumidor compreende a manutenção e promoção de sua qualidade de vida, o que, por conseguinte, depende, em boa medida, da preservação do meio ambiente.

Daí por que, no direito do consumidor, o reconhecimento de um dever de qualidade de produtos e serviços imposto aos fornecedores que o introduzem no mercado de consumo compreende não apenas sua adequação aos fins que legitimamente se espera, ou que não causem danos à integridade psicofísica dos consumidores. O padrão de qualidade de produtos e serviços deve também compreender o atendimento a normas ambientais, assim entendidas aquelas que impõem deveres em relação à preservação ambiental.

Nesse âmbito, inclusive, situa-se a preocupação atual com políticas que assegurem uma durabilidade razoável de produtos, visando coibir a prática da denominada obsolescência programada, pela qual fornecedores de produtos duráveis têm sua durabilidade e

---

[125] SEN, Amartya. *Desenvolvimento como liberdade*. Trad. Laura Teixeira Motta. São Paulo: Companhia das Letras, 2000. p. 261.

[126] Veja-se: DERANI, Cristiane. *Direito ambiental econômico*. São Paulo: Max Limonad, 2001. p. 36 *et seq.*

[127] COMISSÃO MUNDIAL SOBRE O MEIO AMBIENTE E DESENVOLVIMENTO. *Nosso futuro comum*. Rio de Janeiro: FGV, 1987.

[128] NOBRE, Marcos. Desenvolvimento sustentável: origens e significado atual. In: NOBRE, Marcos; AMAZONAS, Maurício de Carvalho. *Desenvolvimento sustentável*: a institucionalização de um conceito. Brasília: Edições Ibama, 2002. p. 71 *et seq.*

[129] REDCLIFT, Michael. *Sustainable development*. London: Methuen, 1987. p. 33.

[130] PRIEUR, Michel. *Droit de l'environnement*. Paris: Éditions Dalloz, 2004. p. 4.

utilidade reduzidas, mediante a própria concepção ou posterior dificuldade de acesso a peças de reposição e serviços de manutenção, com o objetivo de acelerar sua substituição pelo consumidor por meio de novas aquisições. Essa prática, que também dá causa à frustração indevida da expectativa legítima do consumidor sobre a utilidade do produto, representa riscos ambientais em face do aumento do descarte de resíduos.[131]

Não se desconhece que a atividade econômica implica, *per se*, impacto ambiental.[132] Nem é possível pretender que, por intermédio do direito, se pretenda assegurar a oferta de produtos e serviços eliminando-se as consequências ambientais decorrentes de sua produção e mesmo do consumo. Contudo, deve-se reconhecer como integrante da noção de qualidade de produtos e serviços o atendimento a normas ambientais que buscam controlar ou minimizar esse impacto. Essa compreensão tem como fundamento técnico-jurídico a interpretação extensiva do dever de segurança imposto ao fornecedor de produtos e serviços, assim como da noção de risco de danos dele decorrentes, a fim de abranger não apenas os consumidores individualmente considerados mas também a coletividade, e, sucessivamente, não apenas os consumidores atuais, mas igualmente as gerações futuras.

Essa interpretação deve ser feita, contudo, com prudência e razoabilidade, ponderando duas premissas essenciais, quais sejam: (a) toda a atividade econômica produz impacto ambiental; e b) cabe ao direito estabelecer limites consentâneos com a realidade fática e a situação da ciência e da técnica no estágio histórico a que se refere, para minimizar esse impacto, assim como definir as sanções às quais se submetem os agentes econômicos que desrespeitam tais limites.

3.2.5.2 A denominada "responsabilidade pós-consumo"

Dessa associação entre a regulação do consumo e a proteção do consumidor e do meio ambiente, observa-se intensa atividade legislativa visando abranger outros aspectos não contemplados originalmente na disciplina jurídica das relações de consumo. É o caso do que se convencionou denominar "responsabilidade pós-consumo". Tecnicamente, não é de responsabilidade que se trata, mas da imposição de deveres jurídicos originários que pressupõem a existência de uma relação de consumo anterior. Deveres que têm por finalidade disciplinar, especialmente, a destinação dos resíduos de produtos e serviços após o exaurimento de sua fruição pelo consumidor.

A imposição desses deveres relativos à destinação de resíduos, naturalmente, implica custos adicionais, que, segundo o critério adotado pelo direito brasileiro, devem ser assumidos pelos fornecedores, uma vez que serão redistribuídos por estes por intermédio do sistema de fixação de preços.

---

[131] Nesse sentido orienta-se a União Europeia, ao fixar, no âmbito de sua política de desenvolvimento sustentável, o combate às práticas que fomentem a obsolescência programada de produtos, conforme refere: BOURGOIGNIE, Thierry. Proteção do consumidor e desenvolvimento sustentável: consumidor soberano, poluidor, responsável ou vítima? Trad. Matheus Linck Bassani. *Revista de Direito do Consumidor*, São Paulo, v. 109, p. 17-37, jan.-fev. 2017. No direito brasileiro, merece registro o estudo de: SEGALL, Pedro Machado. *Obsolescência programada*: a tutela do consumidor nos direitos brasileiro e comparado. Rio de Janeiro: Lumen Juris, 2018. p. 5 e ss.

[132] MILARÉ, Édis. *Direito do ambiente*. São Paulo: Ed. RT, 2005. p. 72.

A legislação brasileira vem contemplando, já há alguns anos, a imposição de deveres específicos aos agentes econômicos com relação à destinação e ao tratamento de resíduos sólidos. Citem-se, exemplificativamente, as resoluções expedidas pelo Conselho Nacional do Meio Ambiente – Conama –, tais como: a Resolução 5/1993, que dispôs sobre o gerenciamento de resíduos sólidos gerados nos portos, aeroportos, terminais ferroviários e rodoviários; a Resolução 452/2012, sobre o controle de importação de resíduos; a Resolução 273/2000, que dispôs sobre a prevenção e o controle da poluição em postos de combustíveis, determinando o recolhimento e a disposição adequada de óleo lubrificante usado; a Resolução 307/2002, que estabeleceu diretrizes, critérios e procedimentos para a gestão dos resíduos da construção civil; a Resolução 313/2002, sobre o Inventário Nacional de Resíduos Sólidos Industriais; a Resolução 358/2005, sobre o tratamento e a disposição final dos resíduos dos serviços de saúde; a Resolução 401/2008, que disciplina o recolhimento e a destinação final de pilhas e baterias; e a Resolução 416/2009, que dispõe sobre a prevenção à degradação ambiental causada por pneus inservíveis e sua destinação ambientalmente adequada.

Já a Lei 12.305/2010, que dispõe sobre a Política Nacional de Resíduos Sólidos, diciplina uma ordem de prioridade na gestão e no gerenciamento de resíduos sólidos, a saber, "não geração, redução, reutilização, reciclagem, tratamento dos resíduos sólidos e disposição final ambientalmente adequada dos rejeitos" (artigo 9º).[133] A referida lei estabeleceu a responsabilidade compartilhada pelo ciclo de vida dos produtos, "a ser implementada de forma individualizada e encadeada, abrangendo os fabricantes, importadores, distribuidores e comerciantes, os consumidores e os titulares dos serviços públicos de limpeza urbana e de manejo de resíduos sólidos" (artigo 30). Da mesma forma, estabelece seu artigo 31: "Sem prejuízo das obrigações estabelecidas no plano de gerenciamento de resíduos sólidos e com vistas a fortalecer a responsabilidade compartilhada e seus objetivos, os fabricantes, importadores, distribuidores e comerciantes têm responsabilidade que abrange: I – investimento no desenvolvimento, na fabricação e na colocação no mercado de produtos: a) que sejam aptos, após o uso pelo consumidor, à reutilização, à reciclagem ou a outra forma de destinação ambientalmente adequada; b) cuja fabricação e uso gerem a menor quantidade de resíduos sólidos possível; II – divulgação de informações relativas às formas de evitar, reciclar e eliminar os resíduos sólidos associados a seus respectivos produtos; III – recolhimento dos produtos e dos resíduos remanescentes após o uso, assim como sua subsequente destinação final ambientalmente adequada, no caso de produtos objeto de sistema de logística reversa na forma do artigo 33; IV – compromisso de, quando firmados acordos ou termos de compromisso com o Município, participar das ações previstas no plano municipal de gestão integrada de resíduos sólidos, no caso de produtos ainda não inclusos no sistema de logística reversa".

Essa imposição de deveres a fabricantes, importadores, distribuidores e comerciantes, de um lado, dá causa a novos custos que deverão ser incorporados aos preços dos produtos. Por outro lado, implica uma alteração no tocante à destinação dos resíduos

---

[133] Sobre o tema, veja-se: LEMOS, Patrícia Faga Iglecias. *Resíduos sólidos e responsabilidade civil pós-consumo*. São Paulo: Ed. RT, 2011. Para um amplo exame sobre as repercussões do Plano Nacional de Resíduos Sólidos em relação à noção de consumo sustentável e ao próprio direito do consumidor, veja-se: RIBEIRO, Alfredo Rangel. Direito do consumo sustentável. São Paulo: Ed. RT, 2018. p. 240 e ss.

decorrentes do consumo, mediante a imposição de dever de recolhimento por meio de logística reversa, de produtos indicados no artigo 33 da mesma lei. Observe-se, conforme refere Ferri, que "pela sistemática da logística reversa, os produtos consumidos e posteriormente descartados retornarão às cadeias e canais reversos (pós-venda e pós-consumo) para destinação final adequada".[134] Estabelece o artigo 33 da Lei 12.305/2010: "Art. 33. São obrigados a estruturar e implementar sistemas de logística reversa, mediante retorno dos produtos após o uso pelo consumidor, de forma independente do serviço público de limpeza urbana e de manejo dos resíduos sólidos, os fabricantes, importadores, distribuidores e comerciantes de: I – agrotóxicos, seus resíduos e embalagens, assim como outros produtos cuja embalagem, após o uso, constitua resíduo perigoso, observadas as regras de gerenciamento de resíduos perigosos previstas em lei ou regulamento, em normas estabelecidas pelos órgãos do Sisnama, do SNVS e do Suasa, ou em normas técnicas; II – pilhas e baterias; III – pneus; IV – óleos lubrificantes, seus resíduos e embalagens; V – lâmpadas fluorescentes, de vapor de sódio e mercúrio e de luz mista; VI – produtos eletroeletrônicos e seus componentes". Da mesma forma, prevê que, considerando a viabilidade técnica e econômica da logística reversa (artigo 33, § 2º), nos termos do regulamento, acordos setoriais e termos de compromisso firmados entre o Poder Público e os fornecedores serão estendidos a produtos comercializados em embalagens plásticas, metálicas ou de vidro, e a outros produtos e embalagens, considerando, prioritariamente, o grau e a extensão do impacto à saúde pública e ao meio ambiente dos resíduos gerados (artigo 33, § 1º). De acordo com o disposto no Decreto 10.936/2022, consistem os acordos setoriais em "atos de natureza contratual, firmados entre o Poder Público e os fabricantes, importadores, distribuidores ou comerciantes, visando à implantação da responsabilidade compartilhada pelo ciclo de vida do produto" (artigo 21 do Decreto). O termo de compromisso é cabível nas hipóteses em que não houver, na mesma área de abrangência, acordo setorial ou regulamento específico, bem como para o estabelecimento de compromissos e metas mais exigentes que o previsto em acordo setorial ou regulamento vigentes (artigo 25, I e II, do Decreto 10.936/2022), mediante proposta ao Ministério do Meio Ambiente (art. 26 do Decreto 10.936/2022).

Entre as medidas previstas na lei, e que poderão ser adotadas pelos fornecedores, estão a implantação de procedimentos de compra de produtos ou embalagens usados; tornar disponíveis postos de entrega de resíduos reutilizáveis e recicláveis; e parcerias com cooperativas e outras formas de associação de catadores de materiais reutilizáveis e recicláveis (artigo 33, § 3º). Estabelece, entretanto, um processo para a devolução dos resíduos, impondo aos consumidores o dever de devolvê-los aos comerciantes ou aos distribuidores, e estes aos fabricantes ou aos importadoras a quem cabe dar a destinação ambientalmente adequada de acordo com as normas do Conselho Nacional do Meio Ambiente ou, se houver, do plano municipal de gestão dos resíduos sólidos (artigo 33, §§ 4º a 6º).

O artigo 42 da Lei 12.305/2010, igualmente, prevê a possibilidade de adoção de certos instrumentos econômicos de estímulo à implementação de práticas de tratamento adequado

---

[134] FERRI, Giovani. O princípio do desenvolvimento sustentável e a logística reversa na Política Nacional de Resíduos Sólidos (Lei 12.305/2010). *Revista dos Tribunais*, São Paulo, v. 912, out. 2011. p. 95.

de resíduos sólidos, entre os quais: "I – prevenção e redução da geração de resíduos sólidos no processo produtivo; II – desenvolvimento de produtos com menores impactos à saúde humana e à qualidade ambiental em seu ciclo de vida; III – implantação de infraestrutura física e aquisição de equipamentos para cooperativas ou outras formas de associação de catadores de materiais reutilizáveis e recicláveis formadas por pessoas físicas de baixa renda; (...) V – estruturação de sistemas de coleta seletiva e de logística reversa; (...) VII – desenvolvimento de pesquisas voltadas para tecnologias limpas aplicáveis aos resíduos sólidos; VIII – desenvolvimento de sistemas de gestão ambiental e empresarial voltados para a melhoria dos processos produtivos e ao reaproveitamento dos resíduos". O Decreto 10.936/2022, por sua vez, previu ainda outras medidas com impacto direto nas relações de consumo, dentre as quais a concessão de incentivos fiscais, financeiros e econômicos, concessão de terrenos públicos, subvenções econômicas e o pagamento por serviços ambientais (art. 85).

A efetiva implantação desse sistema de tratamento de resíduos decorrentes do consumo, todavia, dependerá da atuação do Estado na execução da política prevista em lei, além do controle e da fiscalização do atendimento aos seus preceitos. Ademais, é essencial o cumprimento pelos fornecedores dos deveres que lhes cabem, especialmente no tocante à implementação dos processos de logística reversa, e da educação e do estímulo aos consumidores para que atendam ao seu dever de colaboração com tais iniciativas.

3.3 DIREITO DO CONSUMIDOR E PRÁTICAS SOCIAIS, AMBIENTAIS E DE GOVERNANÇA EMPRESARIAL (ESG)

ESG é acrônimo formado pelas letras iniciais, em língua inglesa, de *environment, social and governance* (meio ambiente, social e governança), designando um conjunto de práticas desenvolvidas, originalmente, no âmbito do comércio internacional e com o fomento de organismos internacionais para conferir às empresas outras finalidades que coexistem com a de gerar lucro, vinculadas à preservação do meio ambiente, assim como de contribuir positivamente para a sociedade – inclusive com a restrição a empresas que violem sistematicamente direitos reconhecidos –, além da adoção de práticas de governança que privilegiem a transparência e a atuação ética dos administradores. O ESG é designado ora como um "movimento", ora como uma "doutrina". A rigor, trata-se de um conjunto de padrões e regras surgidas no âmbito internacional, sem caráter vinculante (*soft law*) associado à ideia de sustentabilidade, e com crescente reconhecimento no âmbito nacional, inclusive com a incorporação de parte do seu conteúdo em normas regulatórias, caso do mercado de capitais e do sistema bancário e de seguros.

Entre as origens atribuídas ao ESG, são mencionadas iniciativas como a Socially Responsible Investing (SRI), que promoveu, na década de 1980, campanha para retirada dos investimentos em empresas da África do Sul, como forma de protesto ao regime de *apartheid* racial levado a efeito naquele país. Esse propósito, vinculado a estratégia de investimentos éticos ou moralmente relevantes, contudo, colocava-se em conflito com o dever fiduciário ao gestor de recursos de terceiros: de atuar com lealdade ao interesse únicos dos beneficiários.[135] Na década de 1990, por iniciativas comuns de setores eco-

---

[135] SCHANZENBACH, Max M.; SITKOFF, Robert H. Reconciling fiduciary duty and social conscience: the law and economics of ESG investing by a trustee. *Stanford Law Review*, v. 72, 2020. p. 388.

CURSO DE DIREITO DO CONSUMIDOR – *Bruno Miragem*

nômicos e das Nações Unidas, foi considerada a identificação de convergências entre os objetivos de paz e desenvolvimento perseguidos pela ONU e os da atividade empresarial, de modo que pudessem apoiar-se mutuamente.A partir daí, inclui-se a governança, buscando indicar que tais padrões também poderiam melhorar a gestão dos riscos das empresas, maximizando o retorno aos investidores. Em 2004, um relatório das Nações Unidas, utiliza-se, pela primeira vez, do acrônimo ESG para designar essas novas práticas, definindo, inicialmente em relação ao setor financeiro, que a boa gestão de questões ESG contribui para a criaçao de valor para o acionista, permitindo uma melhor gestão de riscos, antecipando-se a alterações regulatórias e riscos e tendências de consumo. Ao mesmo tempo, reconhece que a adoção dessas práticas pode ter forte impacto na redução de custos e na reputação de marcas das empresas, de modo que elas não devem se concentrar em questões específicas, mas em toda o conjunto de padrões ESG relevantes para seus negócios.[136]

A formação de um pacto global, liderado pelas Nações Unidas com grandes investidores, enunciou princípios relacionados à proteção do meio ambiente, das relações trabalhistas e dos direitos humanos, pontuando compromissos a serem considerados na atividade empresarial.[137] Esses princípios relacionam-se também com os Objetivos do Desenvolvimento Sustentável, promovidos pelas Nações Unidas (Agenda 2030).

O respeito aos direitos do consumidor integra a dimensão social do ESG, especialmente em vista tanto do reconhecimento de um compromisso social dos fornecedores quanto dos custos decorrentes da sua violação e dos riscos reputacionais decorrentes dessa atuação no mercado de consumo. Nesse sentido, tanto a violação de padrões reconhecidos, seja pelas leis de proteção do consumidor, seja por outras que visem à preservação do meio ambiente e à proteção da criança, de trabalhadores ou de direitos humanos em geral, quanto o envolvimento em casos de corrupção ou outros crimes podem dar causa à decisão dos consumidores de deixar de consumir produtos ou serviços do fornecedor envolvido com tais fatos, preferindo outras opções. Por outro lado, também a divulgação de adesão e implementação de padrões ESG pode constituir uma distinção para fornecedores em relação a consumidores que valorizem tal conduta. Essa é a razão, inclusive, de que eventual falsidade na divulgação dessa adesão a padrões ESG, ou mesmo a práticas específicas nela previstas, pode constituir, conforme o caso, espécie de publicidade en-

---

[136] POLLMAN, Elizabeth. The making and meaning of ESG. *European Corporate Governance Institute – Law Working Paper*, n. 659, 2022. p. 10-11. Disponível em: deliverypdf.ssrn.com/delivery.php?ID=21812506810211712512309502109509901010308206102000506308610209512701212611310011307812311810012005010411211907408012302400210402005900503907709412510510012607207304901401107812311809201500006903008411406709602607811301112006808802808710111111006021098&EXT=pdf&INDEX=TRUE. Acesso em: 17.07.2023.

[137] São estes os dez princípios do Pacto Global: "1. As empresas devem apoiar e respeitar a proteção de direitos humanos reconhecidos internacionalmente; 2. Assegurar-se de sua não participação em violações destes direitos; 3. As empresas devem apoiar a liberdade de associação e o reconhecimento efetivo do direito à negociação coletiva; 4. A eliminação de todas as formas de trabalho forçado ou compulsório; 5. A abolição efetiva do trabalho infantil; 6. Eliminar a discriminação no emprego; 7. As empresas devem apoiar uma abordagem preventiva aos desafios ambientais; 8. Desenvolver iniciativas para promover maior responsabilidade ambiental; 9. Incentivar o desenvolvimento e difusão de tecnologias ambientalmente amigáveis; 10. As empresas devem combater a corrupção em todas as suas formas, inclusive extorsão e propina".

ganosa (artigo 37, § 1º, do CDC),[138] como é o caso da que sinaliza de modo inverídico o respeito ao meio ambiente (*greenwashing*) ou aos direitos humanos em geral (*bluewashing*).

Embora adotados, originalmente como espécie de *soft law*, tais padrões ESG vêm sendo gradualmente incorporados a normas jurídicas vinculantes, seja no âmbito da regulação do mercado de capitais, a exigir das sociedades anônimas de capital aberto que divulguem informações relativas ao seu compromisso com as práticas ali consagradas, seja pelas exigências impostas no âmbito dos serviços financeiros para demonstração de conformidade a tais padrões para a concessão de empréstimos, financiamentos ou realização de investimentos. Na União Europeia, delibera-se, atualmente, inclusive, acerca de proposta de diretiva sobre o dever de diligência das empresas e responsabilidade empresarial, cujo texto em discussão visa "garantir que as empresas abrangidas pelo seu âmbito de aplicação que operem no mercado interno cumpram o seu dever de respeitar os direitos humanos, o ambiente e a boa governação e não causem efeitos negativos, potenciais ou reais, nos direitos humanos, no ambiente e na boa governação, ou para eles contribuam, através das suas próprias atividades ou das atividades diretamente relacionadas com as suas operações, os seus produtos ou os seus serviços de uma relação empresarial ou nas suas cadeias de valor, e que previnam e atenuem esses efeitos negativos". No direito brasileiro,[139] especificamente sobre o respeito aos direitos humanos, o Decreto 9.571, de 21 de novembro de 2018, estabelece as Diretrizes Nacionais sobre Empresas e Direitos Humanos definindo uma série de atribuições específicas a serem adotadas no âmbito da atividade empresarial. A rigor, o ESG adota o compromisso empresarial com diversos objetivos. A título exemplificativo, em relação ao meio ambiente, destacam-se as mudanças climáticas, a redução de emissões e descartes de resíduos, o desmatamento das florestas e o comprometimento da biodiversidade; em relação aos aspectos sociais, ressaltam-se a saúde e a segurança no trabalho, assim como a remuneração adequada aos trabalhadores e o respeito aos direitos previstos na legislação, além do combate ao trabalho escravo, entre outros; no tocante à governança, salientam-se as exigências de transparência, o combate a corrupção empresarial, a garantia de autonomia decisória para os órgãos societários e a disponibilidade de canais de denúncias.

No âmbito das relações de consumo, a imputação de deveres aos fornecedores em relação a toda a cadeia de fornecimento quanto ao respeito da legislação nos diversos interesses tutelados pelos padrões ESG pode dar causa também à extensão de responsabilidade, por lei. Diante dos consumidores, nos termos do CDC, a adoção dessas práticas, segundo o direito vigente, impõe o dever de informação adequada e clara em relação às práticas da empresa, assim como a proibição de associação dessas práticas a comportamentos que não são efetivamente adotados pelo fornecedor.

---

[138] Nesse sentido, sugerindo o reconhecimento de dano moral coletivo para os consumidores no caso de *bluewashing*: VERBICARO, Denis; OHANA, Gabriela. O reconhecimento do dano moral coletivo consumerista diante da prática empresarial do *bluewashing*. *Revista de Direito do Consumidor*, São Paulo, v. 129, p. 369-398, maio-jun. 2020.

[139] A maior parte dos exemplos é tomada do prefácio de Marcelo Gomes Sodré, na excelente coletânea editada pelo Ibrac sobre o tema, com a referência a inúmeros aspectos práticos da repercussão dos padrões ESG às relações de consumo: SODRÉ, Marcelo Gomes. Prefácio. In: TUTIKIAN, Priscila David Sansone et al. *ESG nas relações de consumo* – ESG in consumer relations. São Paulo: Singular, 2022. p. 18.

3.4 DIREITO DO CONSUMIDOR E *COMPLIANCE*

Entre os princípios consagrados pela Política Nacional das Relações de Consumo, estão a "harmonização dos interesses dos participantes das relações de consumo e compatibilização da proteção do consumidor com a necessidade de desenvolvimento econômico e tecnológico, de modo a viabilizar os princípios nos quais se funda a ordem econômica (art. 170 da Constituição Federal), sempre com base na boa-fé e equilíbrio nas relações entre consumidores e fornecedores" (artigo 4º, III, do CDC). Da mesma forma, o inciso V do mesmo artigo 4º do CDC dispõe como princípio da Política Nacional das Relações de Consumo o "incentivo à criação pelos fornecedores de meios eficientes de controle de qualidade e segurança de produtos e serviços, assim como de mecanismos alternativos de solução de conflitos de consumo".

O princípio da efetividade do direito do consumidor, nesse sentido, resulta da preocupação evidente, na experiência brasileira, de assegurar-se tanto o respeito à lei quanto o alcance dos seus resultados concretos.[140] São conhecidas as situações de desrespeito ou simples desconsideração da existência da lei, assim como os vários expedientes possíveis para evitar que ela produza os resultados concretos concebidos quando da sua elaboração. Com esse efeito, incide o princípio da efetividade do direito do consumidor, definindo que, entre as diversas possibilidades de ação ou decisão, a opção necessária por aquela que proteja de modo mais efetivo o direito dos consumidores, o que resulta, em última análise, do dever de oferecer máxima efetividade ao direito fundamental de defesa do consumidor,[141] devendo se estender também para o reconhecimento de esforços dos próprios fornecedores, visando ao atendimento aos deveres que lhe são impostos. Nesses termos, a adoção de procedimentos de *compliance,* em especial do programa de integridade, deve ser compreendida como instrumento de fomento à eficiência da atividade dos fornecedores no mercado de consumo e à efetividade do direito dos consumidores.[142]

O *compliance* é reconhecido como instrumento para melhor governança da empresa em relação aos vários riscos que envolvem a atividade, assim como para proteção de administradores e empregados. Seu efeito imediato, na legislação brasileira e em vários outros sistemas jurídicos, é o da mitigação das sanções administrativas decorrentes da atuação ilícita.[143] Com crescente destaque na atividade empresarial, não elimina a possibilidade de violação do direito, mas visa reduzir os riscos de que ocorra,[144] mediante o incentivo de procedimentos internos juntos às sociedades empresárias visando a prevenção e denúncia

---

[140] Tercio Sampaio Ferraz Jr. distingue, para a efetividade da norma, sobre a necessidade da presença de requisitos fáticos ou técnico-normativos, ou seja, se a norma jurídica simplesmente não é seguida espontaneamente por seus destinatários, ou se também não é exigida pelos tribunais, que, por isso, não sancionam sua violação (FERRAZ JR., Tercio Sampaio. *Introdução ao estudo do direito*: técnica, decisão, dominação. 2. ed. São Paulo: Atlas, 1994. p. 199).

[141] Sobre o dever dos agentes públicos e dos particulares de assegurar a máxima efetividade dos direitos fundamentais, veja-se a obra de: SARLET, Ingo Wolfgang. *A eficácia dos direitos fundamentais*. 6. ed. Porto Alegre: Livraria do Advogado, 2006. p. 381.

[142] MIRAGEM, Bruno. *Compliance* e o direito do consumidor: aspectos conceituais. In: MIRAGEM, Bruno; DENSA, Roberta (coord.). Compliance *e relações de consumo*. Indaiatuba, SP: Foco, 2022. p. 1 e ss.

[143] CUEVA, Ricardo Villas Bôas. Funções e finalidades dos programas de *compliance*. In: CUEVA, Ricardo Villas Bôas; FRAZÃO, Ana (coord.). *Compliance*: perspectivas e desafios dos programas de conformidade. Belo Horizonte: Fórum, 2018. p. 58-59.

[144] MENDES, Francisco Schertel; CARVALHO, Vinicius Marques. *Compliance*: concorrência e combate à corrupção. São Paulo: Trevisan Editora, 2017. p. 29.

de irregularidades (*e.g.*, artigo 7º, VIII, da Lei 12.846/2013) e a adoção de políticas de boas práticas e governança (como ocorre em relação ao tratamento de dados pessoais, arts. 50 e 51 da Lei 13.709/2018), assim como o estímulo à prevenção e à mitigação de riscos da atividade empresarial. Parte-se da ideia correta de que, em relação à sociedade empresária, dado o conjunto diverso de pessoas e ações envolvidos na sua atuação, nem tudo é voluntariedade no cumprimento da lei; o risco de descumprimento (ou desconformidade) resulta de falhas muitas vezes involuntárias, no âmbito do risco da atividade empresarial. A adoção de procedimentos que permitam identificar, prevenir e corrigir falhas no cumprimento da lei revela-se uma estratégia de proteção da própria atividade empresarial em relação a riscos diversos, desde os custos financeiros diretamente relacionados a eventual responsabilização em diferentes âmbitos (civil, penal e administrativo) até os prejuízos decorrentes do dever de reparar danos que venha a causar e os prejuízos a sua reputação e à confiança em relação a suas práticas negociais. Especialmente no mercado de consumo, os fornecedores se apresentam, com cada vez maior frequência, como complexas organizações empresariais, com distintos níveis de atuação, fluxo de informações e poder decisório, cujo funcionamento raramente é todo apreendido por seus consumidores. Do mesmo modo, os deveres de conduta dispostos em lei, que muitas vezes se definem a partir de conceitos indeterminados, a exigir concreção pelo intérprete, merecerão, do *compliance* e dos programas de integridade que o compõem, a determinação de meios que assegurem seu cumprimento.[145] Assim é o caso do *dever de segurança* e do *dever de adequação*, que se referem imediatamente ao produto ou ao serviço objeto da relação de consumo, mas que se projetam sobre a totalidade da relação de consumo, valorizando não apenas o dever principal de prestação mas também os deveres secundários e anexos que integram a obrigação.

O exercício do *compliance* supõe a implementação de um programa de integridade da sociedade empresária. O Decreto 11.129, de 11 de julho de 2022, que regulamenta a Lei 12.846/2012, define, em seu artigo 56, o programa de integridade, tomado como o "conjunto de mecanismos e procedimentos internos de integridade, auditoria e incentivo à denúncia de irregularidades e na aplicação efetiva de códigos de ética e de conduta, políticas e diretrizes, com objetivo de: I – prevenir, detectar e sanar desvios, fraudes, irregularidades e atos ilícitos praticados contra a administração pública, nacional ou estrangeira; e II – fomentar e manter uma cultura de integridade no ambiente organizacional". A estruturação e a aplicação do programa de integridade, por sua vez, devem se dar considerando as características e os riscos das atividades realizadas pela pessoa jurídica, inclusive com sua constante atualização, a fim de garantir-lhe efetividade.[146]

---

[145] Alguns autores identificam um paralelismo entre normas estatais e privadas decorrente da fragmentação de instituições e de normas que caracteriza a realidade atual, em especial pelo crescente poder das empresas transnacionais. Nesse sentido: TEUBNER, Gunther. Corporate codes in the varieties of capitalism: how their enforcement depends upon difference between production regimes. *Indiana Journal of Global Legal Studies*, v. 24, n. 1, p. 81-97, Winter 2017. No direito brasileiro, assim refere: NASCIMENTO, Victor Hugo Alcade. Os desafios do *compliance* contemporâneo. *Revista dos Tribunais*, São Paulo, v. 1003, p. 51-75, maio 2019.

[146] Para uma crítica atual sobre os desafios e as insuficiências do *compliance* – em especial na perspectiva criminal – nos Estados Unidos da América, veja-se: LAUFER, William S. The compliance game. *Revista dos Tribunais*, São Paulo, v. 988, p. 67-80, fev. 2018.

A referência ao *compliance* de consumo deve ser considerada como a conformidade de atuação da sociedade empresária na condição de fornecedora de produtos e serviços às normas de proteção do consumidor. Tais normas, naturalmente, são as previstas no Código de Defesa do Consumidor, centro do sistema de defesa do consumidor que qualifica e disciplina as relações de consumo. No entanto, também estão previstas em todo o ordenamento jurídico, seja em razão do disposto no artigo 7º, *caput*, do CDC (diálogo das fontes), seja pelo caráter transversal das normas que disciplinam as relações de consumo, no âmbito da legislação que discipline setores econômicos ou aspectos que repercutam diretamente sobre o mercado e o interesse dos consumidores. É o caso, atualmente, do que vem sendo referido como "*compliance* de dados" – a rigor, atentando para a conformidade da atuação de controladores e operadores nas operações de tratamento de dados, inclusive com a formulação de regras de boas práticas e adoção de programas de governança (artigo 50 da Lei 13.709/2018), ou do que vem sendo notado como "*compliance* antidiscriminatório"[147] para favorecer a diversidade no âmbito da empresa e de suas relações jurídicas relevantes. Ademais, há o atendimento de normas relativas à saúde pública, à segurança de produtos e serviços, aos deveres previstos em regulamentação infralegal sobre informações e esclarecimento aos consumidores, entre outros numerosos exemplos.

Uma questão que surge, naturalmente, é de quais as vantagens para o fornecedor na adoção desses procedimentos de *compliance,* visando assegurar o atendimento às normas de defesa do consumidor, prevenção e correção de vícios ou defeitos de produtos e serviços, além dos demais deveres que lhe incumbem na relação de consumo. A rigor, trata-se, antes, da redução de riscos de perda ao fornecedor, aí compreendidos tanto prejuízos econômicos diretos de eventual dever de reparação dos danos causados por irregularidades cometidas pela sociedade empresária quanto agravos a sua reputação, dos quais possa resultar perda de clientela, redução de faturamento, entre outras desvantagens.

Por outro lado, a referência ao *compliance* de consumo lança novas luzes também sobre o sentido e o alcance das normas jurídicas de proteção do consumidor, especialmente para revalorização da relação de consumo tomada como um *continuum* de atos e comportamentos do fornecedor e do consumidor, que, embora tenham, no seu objeto principal – produto ou serviço em troca da respectiva remuneração –, o interesse imediato das partes, contam com uma sucessão de deveres secundários e anexos que merecem atenção, podendo se refletir ou não no dever principal de prestação.

A adoção dos procedimentos de *compliance*, em especial do programa de integridade a partir do *standard* previsto na legislação, pode contribuir para a promoção do melhor interesse do consumido, sobretudo, em dois sentidos: (a) a adoção de procedimentos de *compliance* pode favorecer a maior efetividade dos direitos do consumidor previstos na legislação; e (b) esses procedimentos podem contribuir para uma maior eficiência e qualidade dos produtos e serviços ofertados, a partir do incremento de diversos aspectos parcelares que formam esse interesse do consumidor (utilidade, segurança, custo, entre outros). Daí o incentivo à adoção dos procedimentos de *compliance* empresarial pelos forencedores, como instrumento de redução de riscos de lesão a direitos do consumidor,

---

[147] Veja-se, a respeito: ROSA, Fabiano Machado da; COSTA, Luana Pereira da. *Compliance* antidiscriminatório: lições práticas para um novo mundo corporativo. São Paulo: Ed. RT, 2022. p. 55 e ss.

com vantagens reputacionais e de custos em relação a reclamações e litígios. Por outro lado, deve-se atentar às situações em que a divulgação da existência de práticas de *compliance* e da adoção de programa de integridade tem finalidade meramente publicitária, sem efetiva implementação pelo fornecedor, hipótese em que, inclusive em casos nos quais tal circunstância seja anunciada como um diferencial ou vantagem em anúncios publicitários, pode caracterizar-se a publicidade ilícita (artigo 37 do CDC).

com vantagens reputacionais e de custos em relação a reclamações e litígios. Por outro lado, deve-se alertar às situações em que a divulgação da existência de práticas de compliance e da adoção de programa de integridade tem finalidade meramente publicitária, sem efetiva implementação pelo fornecedor. Hipótese em que, inclusive em casos nos quais tal declaração seja anunciada como um diferencial ou vantagem em anúncios publicitários, pode caracterizar-se a publicidade ilícita (artigo 37 do CDC).

4

PRINCÍPIOS GERAIS DO DIREITO DO CONSUMIDOR

Os princípios gerais do direito do consumidor que se reconhecem a partir do Código de Defesa do Consumidor incidem sobre as relações jurídicas de consumo, visando à correta interpretação e aplicação das regras que as regulamentam. A moderna doutrina e jurisprudência, ao examinarem o conceito de norma jurídica, distinguem entre suas espécies, as regras e os princípios jurídicos. Por regras jurídicas consideram-se as normas cuja determinação da hipótese legal e a consequência de sua aplicação são percebidas *prima facie*, ou seja, identificadas de modo imediato como determinantes de certa conduta devida, um dever-ser normativo. Já os princípios revelam-se como normas com alto grau de generalidade que atuam como mandatos de otimização, uma vez que ordenam que algo seja realizado, na maior medida possível, de acordo com as condições fáticas e jurídicas existentes.[1] Da mesma forma, o significado do que se considere princípio jurídico abrange igualmente as diretrizes ou o sentido a serem conferidos para determinada disciplina jurídica.

Nesse sentido, o direito do consumidor é dotado de uma base principiológica de alta importância para interpretação, compreensão e aplicação de suas normas. De modo geral, os princípios do direito do consumidor encontram-se expressos no Código de Defesa do Consumidor. Nada impede, contudo, o reconhecimento de princípios implícitos, que sejam retirados do contexto normativo da própria lei, ou da diretriz de proteção do consumidor vulnerável, a qual constitui o fundamento teleológico de todo o microssistema.

Examinemos, pois, os princípios do direito do consumidor.

4.1 PRINCÍPIO DA VULNERABILIDADE

O princípio da vulnerabilidade é o princípio básico que fundamenta a existência e a aplicação do direito do consumidor. O artigo 4º, I, do CDC estabelece, entre os princípios informadores da Política Nacional das Relações de Consumo, o "reconhecimento da vulnerabilidade do consumidor no mercado de consumo". A existência do direito do consumidor justifica-se pelo reconhecimento da vulnerabilidade do consumidor. É essa vulnerabilidade que determina ao direito que se ocupe da proteção do consumidor.

A vulnerabilidade do consumidor constitui presunção legal absoluta, que informa *se* as normas do direito do consumidor devem ser aplicadas e *como* devem ser aplicadas. Há, na sociedade atual, o desequilíbrio entre dois agentes econômicos, *consumidor* e *for-*

---

[1]   ALEXY, Robert. *Teoría de los derechos fundamentales*. Madrid: Centro de Estudios Constitucionales, 1997. p. 82-87.

necedor, nas relações jurídicas que estabelecem entre si. O reconhecimento dessa situação pelo direito é que fundamenta a existência de regras especiais, uma lei *ratione personae* de proteção do sujeito mais fraco da relação de consumo.

Nesse sentido, é necessário fazer uma distinção entre *vulnerabilidade* e *hipossuficiência*, ambas expressões presentes no CDC. No caso da hipossuficiência, presente no artigo 6º, VIII, do CDC, a noção aparece como critério de avaliação judicial para a decisão sobre a possibilidade ou não de inversão do ônus da prova em favor do consumidor. Refere a norma em comento, indicando direito básico do consumidor: "A facilitação da defesa de seus direitos, inclusive com a inversão do ônus da prova, a seu favor, no processo civil, quando, a critério do juiz, for verossímil a alegação ou quando for ele hipossuficiente, segundo as regras ordinárias de experiência". Ou seja, nem todo consumidor será hipossuficiente, devendo essa condição ser identificada pelo juiz no caso concreto. Trata-se, portanto, de um critério que depende, segundo duas linhas de entendimento: (a) da discricionariedade do juiz,[2] permitindo que ele identifique, topicamente, a existência ou não de debilidade que dificulte ao consumidor, no processo, sustentar suas alegações com provas que demonstrem a veracidade das suas alegações; (b) de conceito indeterminado, cujo preenchimento de significado deve se dar conforme critérios objetivos, porém sem espaço de escolha para o juiz, senão de mera avaliação dos fatos da causa e sua subsunção à norma. De qualquer sorte, a impossibilidade de realizar a prova no processo, a nosso ver, não se restringe apenas à falta de meios econômicos para tanto, mas pode se caracterizar também pela ausência de meios para obtê-la (por exemplo, o fornecedor que se recusa a oferecer a cópia do contrato para o consumidor, ou, simplesmente, a realização do contrato meramente verbal, com ausência de um documento escrito).

A noção de vulnerabilidade no direito associa-se à identificação de fraqueza ou debilidade de um dos sujeitos da relação jurídica em razão de determinadas condições ou qualidades que lhe são inerentes ou, ainda, de uma posição de força que pode ser identificada no outro sujeito da relação jurídica. Nesse sentido, há possibilidade de sua identificação ou determinação *a priori, in abstracto*, ou, ao contrário, sua verificação *a posteriori, in concreto*, dependendo, neste último caso, da demonstração da situação de vulnerabilidade.[3] A opção do legislador brasileiro, como já referimos, foi pelo estabelecimento de uma presunção de vulnerabilidade do consumidor, de modo que todos os consumidores sejam considerados vulneráveis, uma vez que, a princípio, não possuem o poder de direção da relação de consumo, estando expostos às práticas comerciais dos fornecedores no mercado.

Com fundamento no princípio da vulnerabilidade, o âmbito de aplicação das normas de proteção do consumidor pode ser restringido ou ampliado. Em face do princípio da vulnerabilidade, é possível restringir a aplicação da legislação protetiva apenas aos destinatários finais da relação de consumo (critério para definição de consumidor do artigo 2º do CDC). Entretanto, é também possível, com base no mesmo princípio, estender a

---

[2] Assim: MARTINS-COSTA, Judith. A guerra do vestibular e a distinção entre publicidade enganosa e clandestina. *Revista de Direito do Consumidor*, São Paulo, v. 6, p. 219-231, abr.-jun. 1993.

[3] FIECHTER-BOULEVARD, Frédérique. La notion de vulnérabilité et as consécration par le droit. In: COHET-CORDEY, Frédérique (org.). *Vulnérabilité et droit*: le développement de la vulnérabilité et ses enjeux en droit. Grenoble: Presses Universitaires de Grenoble, 2000. p. 13-32.

aplicação das normas do CDC às relações em que esteja presente o desequilíbrio de forças entre os sujeitos da relação. É o caso do que dispõe o artigo 29 do CDC, ao estabelecer que as normas de proteção constantes nos capítulos seguintes, relativas à *formação* e à *execução* do contrato de consumo, são aplicáveis a todos os que estiverem expostos às práticas ali descritas. Essa disposição vem permitindo uma interpretação ampliativa do âmbito de aplicação do CDC, dos denominados intérpretes *maximalistas*, sustentando essa aplicabilidade com base na vulnerabilidade de um dos sujeitos da relação jurídica (desequilíbrio das partes).

O reconhecimento de presunção absoluta da vulnerabilidade a todos os consumidores não significa, contudo, que eles serão igualmente vulneráveis perante o fornecedor. A doutrina e a jurisprudência vêm distinguindo diversas espécies de vulnerabilidade. Entre nós, é conhecida a lição de Claudia Lima Marques que distinguiu a vulnerabilidade em três grandes espécies:[4] *vulnerabilidade técnica, vulnerabilidade jurídica* e *vulnerabilidade fática*. Mais adiante, será possível identificar uma quarta espécie de vulnerabilidade, a *vulnerabilidade informacional.*[5]

A *vulnerabilidade técnica* do consumidor se dá em face da hipótese na qual o consumidor não possui conhecimentos especializados sobre o produto ou serviço que adquire ou utiliza em determinada relação de consumo. O fornecedor, por sua vez, presume-se que tenha conhecimento aprofundado sobre o produto ou serviço que ofereça. É dele que se exige a expertise e o conhecimento mais exato das características essenciais do objeto da relação de consumo. O que determina a vulnerabilidade, nesse caso, é a falta de conhecimentos específicos pelo consumidor e, por outro lado, a presunção ou exigência desses conhecimentos pelo fornecedor. É o exemplo da relação entre médico e paciente, na qual o primeiro detém informações científicas e clínicas que não estão ao alcance do consumidor leigo nesse assunto. Da mesma forma a relação de consumo que envolve qualquer produto industrializado. Cogite-se de uma dona de casa que adquira um computador. Não se pode exigir que possua conhecimentos especializados sobre informática. Ora, as técnicas de fabricação e as características do produto presumem-se ser do conhecimento do fornecedor. Aliás, exige-se, em muitos casos, o dever de conhecimento como extensão do dever de cuidado, inerente a qualquer relação humana (o *duty of care* presente no direito norte-americano). Entretanto, em relação ao consumidor, sobretudo o consumidor não profissional, que não adquire o produto ou serviço para fins profissionais, presume-se ausente o domínio de tal conhecimento. Da mesma maneira subsiste a presunção com relação ao consumidor profissional quando não se possa deduzir, dessa sua atividade, conexão necessária com a posse de conhecimentos específicos sobre o produto ou serviço objeto da relação de consumo. Daí sua condição de *vulnerabilidade técnica*.

A *vulnerabilidade jurídica*, a nosso ver, se dá na hipótese da falta de conhecimentos, pelo consumidor, dos direitos e deveres inerentes à relação de consumo que estabelece, assim como no caso da ausência da compreensão sobre as consequências jurídicas dos contratos que celebra. Claudia Lima Marques denomina essa espécie de vulnerabilidade

---

[4]   MARQUES, Claudia Lima. *Contratos no Código de Defesa do Consumidor*. 3. ed. São Paulo: Ed. RT, 1999. p. 147.

[5]   MARQUES, Claudia Lima. *Contratos no Código de Defesa do Consumidor*. 5. ed. São Paulo: Ed. RT, 2006. p. 330.

de *jurídica* ou *científica*,[6] incluindo sob essa classificação também a ausência de conhecimentos em economia ou contabilidade pelo consumidor, o que determina sua incapacidade de compreensão das consequências efetivas das relações que estabelece sobre o seu patrimônio. A vulnerabilidade jurídica é presumida com relação ao consumidor não especialista, pessoa natural, não profissional, a quem não se pode exigir a posse específica desses conhecimentos. Todavia, com relação ao *consumidor pessoa jurídica*, ou o *consumidor profissional*, é razoável exigir-lhe o conhecimento da legislação e das consequências econômicas dos seus atos, daí por que a presunção, nesse caso, ainda que se trate de presunção relativa (*iuris tantum*), é de que deva possuir tais informações.

Já a *vulnerabilidade fática* é espécie ampla, que abrange, genericamente, diversas situações concretas de reconhecimento da debilidade do consumidor. A mais comum, nesse caso, é a vulnerabilidade econômica do consumidor em relação ao fornecedor. No caso, a fraqueza do consumidor situa-se justamente na falta dos mesmos meios ou do mesmo porte econômico do consumidor (suponha-se um consumidor pessoa natural, não profissional, contratando com uma grande rede de supermercados, ou com uma empresa multinacional). Por outro lado, a vulnerabilidade fática também abrange situações específicas relativas a alguns consumidores. Assim, é vulnerável faticamente, ou duplamente vulnerável, o consumidor criança ou o consumidor idoso, os quais podem ser, em razão de suas qualidades específicas (reduzido discernimento, falta de percepção), mais suscetíveis aos apelos dos fornecedores. Também nesse caso, podemos indicar o consumidor analfabeto, a quem faltará, certamente, a possibilidade de pleno acesso a informações sobre a relação de consumo que estabeleça. Há, inclusive, o consumidor doente, que apresenta espécie de vulnerabilidade fática especial em vista de sua situação de debilidade física (nesse caso, considere-se a relação entre o paciente e o médico, a instituição hospitalar ou, ainda, o plano de saúde privado). Nesse sentido, depreende-se, daí, como subespécie, a vulnerabilidade informacional, característica da atual sociedade, conhecida como sociedade da informação, em que o acesso às informações do produto e a confiança despertada em razão da comunicação e da publicidade colocam o consumidor em uma posição passiva e sem condições, *a priori*, de atestar a veracidade dos dados, bem como suscetível aos apelos do *marketing* dos fornecedores.

Paulo Valério Dal Pai Moraes, em excelente trabalho sobre o tema,[7] distingue, além dessas, outras espécies de vulnerabilidade, como a *vulnerabilidade política* ou *legislativa*, a *vulnerabilidade biológica* ou *psíquica* e a *vulnerabilidade ambiental*. No caso da vulnerabilidade política e legislativa, identifica a ausência ou debilidade de poder do consumidor em relação ao *lobby* dos fornecedores nas casas parlamentares e demais autoridades públicas, pressionando para aprovação de leis favoráveis a seus interesses. Por outro lado, a vulnerabilidade biológica ou psíquica identifica-se como sendo a que caracteriza o consumidor diante das modernas técnicas de *marketing* adotadas pelos fornecedores e dos seus efeitos sobre a decisão de consumir – do consumidor. Por fim, a vulnerabilidade ambiental é aquela que apresenta ao consumidor, no mercado de consumo,

---

[6] MARQUES, Claudia Lima. *Contratos no Código de Defesa do Consumidor*. 3. ed. São Paulo: Ed. RT, 1999. p. 148.

[7] MORAES, Paulo Valério Dal Pai. *Código de Defesa do consumidor*: o princípio da vulnerabilidade no contrato, na publicidade e nas demais práticas comerciais. Porto Alegre: Síntese, 1999.

PARTE I · Cap. 4 · PRINCÍPIOS GERAIS DO DIREITO DO CONSUMIDOR | 99

produtos e serviços que, destacando seus benefícios, apresentam, em verdade, grandes riscos de dano ao meio ambiente, afetando, por via reflexa, o direito à vida, à saúde e à segurança do consumidor.[8]

Em resumo, o princípio da vulnerabilidade é aquele que estabelece a presunção absoluta de fraqueza ou debilidade do consumidor no mercado de consumo, a fim de fundamentar a existência de normas de proteção e orientar sua aplicação na relação de consumo. Poderá, todavia, variar quanto ao modo como se apresenta em relação a cada consumidor, em face de suas características pessoais e suas condições econômicas, sociais ou intelectuais.

Da mesma forma, certas qualidades pessoais do consumidor podem dar causa a uma soma de fatores de reconhecimento da vulnerabilidade, razão pela qual se pode falar em situação de vulnerabilidade agravada, ou, como também vem denominando a doutrina, hipervulnerabilidade do consumidor.[9] A utilidade do reconhecimento de causas que acentuem a vulnerabilidade do consumidor, agravando sua condição, se estabelece como um critério de interpretação e aplicação das normas de proteção – ou, como sugere a doutrina, originando um dever de cuidado especial[10] – atendendo a essa situação peculiar de certos consumidores. Examina-se, a seguir, a vulnerabilidade agravada do consumidor segundo condições subjetivas específicas: a criança, a pessoa idosa, o analfabeto e a pessoa com deficiência, assim como o consumidor submetido a certas condições objetivas, caso das relações de consumo no ambiente digital. Poderia haver outras causas para esse agravamento da situação de vulnerabilidade, entre as quais a própria condição social do consumidor: a vulnerabilidade agravada decorrente da pobreza deve também ser considerada.[11] Todavia, a complexidade da sua definição, que tem na carência de recursos econômicos apenas um dos seus traços distintivos, compreendendo a restrição de acesso a outros bens e relações essenciais a uma vida digna, torna-se excessivamente ampla para indicar repercussão concreta e objetiva sobre a interpretação e a aplicação das normas de proteção do consumidor.

4.1.1 A vulnerabilidade agravada do consumidor criança

A proteção da criança encontra fundamento constitucional no artigo 227 da Constituição da República, que dispõe: "É dever da família, da sociedade e do Estado assegurar à criança e ao adolescente, com absoluta prioridade, o direito à vida, à saúde, à alimentação, à educação, ao lazer, à profissionalização, à cultura, à dignidade, ao res-

---

[8]   MORAES, Paulo Valério Dal Pai. *Código de Defesa do consumidor*: o princípio da vulnerabilidade no contrato, na publicidade e nas demais práticas comerciais. Porto Alegre: Síntese, 1999. p. 161-174.

[9]   Assim, o nosso: MARQUES, Claudia Lima; MIRAGEM, Bruno. *O novo direito privado e a proteção dos vulneráveis*. São Paulo: Ed. RT, 2012. Em relação à vulnerabilidade agravada dos deficientes, veja-se: DENSA, Roberta. *Direito do consumidor*. 9. ed. São Paulo: Atlas, 2014. p. 18.

[10]   Assim sustentam Adalberto de Souza Pasqualotto e Flaviana Rampazzo Soares, atentando para o fato de, sob o conceito, não se eliminar a noção de autodeterminação do consumidor: PASQUALOTTO, Adalberto de Souza; SOARES, Flaviana Rampazzo. Consumidor hipervulnerável: análise crítica, substrato axiológico, contornos e abrangência. *Revista de Direito do Consumidor*, São Paulo, v. 113, p. 81-109, set.-out. 2017.

[11]   Assim: SOUZA, Motauri Cicochetti de; FREITAS, Denilson de Souza. As pessoas em situação de pobreza nas relações de consumo: a hipervulnerabilidade e os direitos humanos. *Revista de Direito do Consumidor*, São Paulo, v. 141, maio-jun. 2022. p. 171-200.

peito, à liberdade e à convivência familiar e comunitária, além de colocá-los a salvo de toda forma de negligência, discriminação, exploração, violência, crueldade e opressão". Nesse sentido, resta consagrado, no sistema jurídico brasileiro, o princípio da absoluta prioridade do interesse da criança, espécie de princípio de proteção do vulnerável, que indica deveres de efetivação desse direito à família, à sociedade e ao Estado. Embora a eficácia desse princípio protetivo diga muito às relações de família, não é desconhecido de outras disciplinas jurídicas, em especial do direito do consumidor. Lembre-se, a esse respeito, que o Estatuto da Criança e do Adolescente consagra em favor destes o *direito ao respeito*, abrangendo a inviolabilidade da integridade física, psíquica e moral da criança e do adolescente (artigo 17 do ECA).

No caso da criança, a vulnerabilidade é um estado *a priori*, considerando que vulnerabilidade é justamente o estado daquele que pode ter um ponto fraco, que pode ser "ferido" (*vulnerare*) ou é vítima facilmente.[12]

Afirma a Declaração dos Direitos da Criança, adotada em 20 de novembro de 1959 pela Assembleia Geral das Nações Unidas, que a vulnerabilidade da criança é reconhecida universalmente: "a criança, por motivo da sua falta de maturidade física e intelectual, tem necessidade de uma protecção e cuidados especiais, nomeadamente de protecção jurídica adequada, tanto antes como depois do nascimento".

De acordo com a Convenção de Direitos da Criança da ONU, podemos considerar criança o ser humano de seu nascimento até os 18 anos, aí abarcando os adolescentes. Essa segunda categoria aqui analisada, os adolescentes, seria de mais difícil determinação. A medicina identifica a adolescência a partir de sinais de sexualidade que aparecem entre 12 e 14 anos e terminam com a maioridade, entre 18, 21 e – antigamente – 25 anos. Os instrumentos internacionais preferem outra denominação ("juventude" ou *young people*), identificando com o pleno exercício de direitos públicos, como o voto, mesmo que não atingida a maioridade civil e analisando também as linhas de responsabilidade, igualmente penal, desses jovens.

Estudos demonstram a importância de crianças e adolescentes na definição dos hábitos de consumo dos adultos, em relação a produtos de interesse tanto do menor quanto da própria família.[13] Esse "poder" da criança e do adolescente nas decisões de compra familiar, por sua vez, contrasta com a vulnerabilidade que apresentam em relação à atuação negocial dos fornecedores no mercado, por intermédio das técnicas de *marketing*. Nesse sentido, se os apelos de *marketing* são sedutores aos consumidores em geral, com maior intensidade presume-se que o sejam em relação às crianças e aos adolescentes. Estes se encontram em estágio da vida em que não apenas podem se deixar convencer com maior facilidade, em razão de uma formação intelectual incompleta, como também não possuem, em geral, o controle sobre aspectos práticos da contratação, como os valores

---

[12] MARQUES, Claudia Lima; MIRAGEM, Bruno. *O novo direito privado e a proteção dos vulneráveis*. São Paulo: Ed. RT, 2012. p. 129 e ss. No mesmo sentido: FIECHTER-BOULEVARD, Frédérique. La notion de vulnérabilité et as consécration par le droit. In: COHET-CORDEY, Frédérique (org.). *Vulnérabilité et droit*: le développement de la vulnérabilité et ses enjeux en droit. Grenoble: Presses Universitaires de Grenoble, 2000. p. 16 e ss.

[13] SHETH, Jagdish N.; MITTAL, Banwari; NEWMAN, Bruce I. *Comportamento do cliente*: indo além do comportamento do consumidor. São Paulo: Atlas, 2001. p. 553.

PARTE I · Cap. 4 · PRINCÍPIOS GERAIS DO DIREITO DO CONSUMIDOR | 101

financeiros envolvidos, os riscos e os benefícios do negócio. Daí resulta que estejam em posição de maior debilidade com relação à vulnerabilidade que se reconhece a um *consumidor standard*.[14] Essa vulnerabilidade agravada da criança é reconhecida no âmbito da publicidade, e o próprio CDC estabelece o caráter abusivo da publicidade que venha a aproveitar-se da deficiência de julgamento da criança (artigo 37, § 2º). Igualmente, ainda que não se trate de publicidade, qualquer conduta negocial do fornecedor que venha a prevalecer-se da fraqueza ou ignorância do consumidor, em vista, entre outras condições de sua idade e seu conhecimento, será considerada prática abusiva (artigo 39, IV), ilícita, podendo ensejar tanto a imposição das sanções cabíveis quanto eventual ineficácia do contrato (ou ato existencial) que resulte dessa contratação.

Está presente no debate a possibilidade – e conveniência – da imposição de restrições à publicidade direcionada a crianças, o que se justificaria em razão de sua vulnerabilidade. A rigor, percebe-se que o artigo 37, § 2º, já define critério essencial para um controle de conteúdo e forma da publicidade dirigida a crianças. Todavia, outra solução *de lege ferenda* tem no direito comparado distintas soluções, desde a supressão de qualquer publicidade dirigida a crianças até a ausência de restrições, passando por critérios etários, em vista de outras circunstâncias, como a idade escolar, por exemplo.[15] Isso tem especial relevância, atualmente, no tocante à vulnerabilidade da criança diante de novas tecnologias, sobretudo quanto à internet e à diversidade de aplicações direcionadas ou acessíveis por ela. Nesse sentido, tanto a exposição da criança a conteúdos impróprios quanto o estímulo ao consumo mediante adoção de técnicas de persuasão direcionadas ao público infantil revelam um agravamento ainda maior da sua vulnerabilidade.[16] Nessa perspectiva, destacam-se deveres de cuidado dos fornecedores em relação ao oferecimento desses conteúdos,[17] assim

---

[14]   Káren Bertoncello, em reputado estudo, observa, igualmente, os efeitos deletérios da publicidade infantil no próprio processo de socialização das crianças e no estímulo à deterioração das relações entre pais e filhos mediante inserção de uma lógica de recompensas materiais. Veja-se: BERTONCELLO, Káren Rick Danilevicz. Os efeitos da publicidade na vulnerabilidade agravada: como proteger as crianças consumidoras? *Revista de Direito do Consumidor*, São Paulo, v. 90, p. 69-90, nov.-dez. 2013.

[15]   Para diferentes visões sobre o tema, veja-se a obra organizada por Adalberto de Souza Pasqualotto: PASQUALOTTO, Adalberto de Souza; BLANCO, Ana. *Publicidade e proteção da infância*. Porto Alegre: Livraria do Advogado, 2014.

[16]   Veja-se, a respeito, a tese de: HENRIQUES, Isabella. *Direitos fundamentais da criança no ambiente digital*: o dever de garantia da absoluta prioridade. São Paulo: Ed. RT, 2023.

[17]   Sustentando um dever geral de cuidado inclusive das plataformas estendendo o dever dos provedores de aplicação para além do disposto no texto do art. 19 da Lei 12.965/2014, a partir da sua interpretação sistemática com o art. 227 da Constituição e as normas de proteção da criança e do adolescente, veja-se: FRAZÃO, Ana. *Dever geral de cuidado das plataformas diante de crianças e adolescentes*. São Paulo: Instituto Alana, 2021. p. 217-220. Entendimento esse, que converge, em parte, com precedente do STJ: "Direito civil, infantojuvenil e telemático. Provedor de aplicação. Rede social. Danos morais e à imagem. Publicação ofensiva. Conteúdo envolvendo menor de idade. Retirada. Ordem judicial. Desnecessidade. Proteção integral. Dever de toda a sociedade. Omissão relevante. Responsabilidade civil configurada. 1. O Estatuto da Criança e do Adolescente (art. 18) e a Constituição Federal (art. 227) impõem, como dever de toda a sociedade, zelar pela dignidade da criança e do adolescente, colocando-os a salvo de toda forma de negligência, discriminação, exploração, violência, crueldade e opressão, com a finalidade, inclusive, de evitar qualquer tipo de tratamento vexatório ou constrangedor. 1.1. As leis protetivas do direito da infância e da adolescência possuem natureza especialíssima, pertencendo à categoria de diploma legal que se propaga por todas as demais normas, com a função de proteger sujeitos específicos, ainda que também estejam sob a tutela de outras leis especiais. 1.2. Para atender ao princípio da proteção integral consagrado no direito infantojuvenil, é dever do provedor de aplicação na rede mundial de computa-

102 CURSO DE DIREITO DO CONSUMIDOR – *Bruno Miragem*

como do não prevalecimento da condição da criança para impingir-lhe a contratação de produtos e serviços (artigo 39, IV, do CDC).

Por outro lado, não se descura da necessidade de que os órgãos públicos responsáveis pelo controle e pela fiscalização das atividades econômicas no mercado de consumo, assim como o juiz quando chamado a decidir sobre causas que envolvam a participação de crianças e adolescentes em relações de consumo – ou mesmo que induzam ao consumo –, considerem a vulnerabilidade agravada da criança e do adolescente como diretriz de sua atuação.[18]

4.1.2 A vulnerabilidade agravada do consumidor idoso

Outra espécie de vulnerabilidade agravada é a do consumidor idoso.[19] Por idosos a lei considera as pessoas com idade igual ou maior de 60 (sessenta) anos (artigo 1º do Estatuto da Pessoa Idosa – Lei 10.741/2003).[20] Assim como ocorre em relação à criança e ao adolescente, sua proteção tem assento constitucional, inspirado nos princípios

---

dores (Internet) proceder à retirada de conteúdo envolvendo menor de idade – relacionado à acusação de que seu genitor havia praticado crimes de natureza sexual – logo após ser formalmente comunicado da publicação ofensiva, independentemente de ordem judicial. 2. O provedor de aplicação que, após notificado, nega-se a excluir publicação ofensiva envolvendo menor de idade, deve ser responsabilizado civilmente, cabendo impor-lhe o pagamento de indenização pelos danos morais causados à vítima da ofensa. 2.1. A responsabilidade civil, em tal circunstância, deve ser analisada sob o enfoque da relevante omissão de sua conduta, pois deixou de adotar providências que, indubitavelmente sob seu alcance, minimizariam os efeitos do ato danoso praticado por terceiro, o que era seu dever. 2.2. Nesses termos, afigura-se insuficiente a aplicação isolada do art. 19 da Lei Federal n. 12.965/2014, o qual, interpretado à luz do art. 5º, X, da Constituição Federal, não impede a responsabilização do provedor de serviços por outras formas de atos ilícitos, que não se limitam ao descumprimento da ordem judicial a que se refere o dispositivo da lei especial. 3. Recurso especial a que se nega provimento" (STJ, REsp 1.783.269/MG, 4ª Turma, Rel. Min. Antonio Carlos Ferreira, j. 14.12.2021, *DJe* 18.02.2022).

[18] Nesse sentido, veja-se a decisão do TJMG: "Consumidor. Criança. Ingestão de esfera metálica que compunha o produto. Fabricação. Prova pericial. Dever de informação. Advertência. Insuficiência. Dano moral. O Código de Defesa do Consumidor impõe ao fornecedor a adoção de um dever de conduta, ou de comportamento positivo, de informar o consumidor a respeito das características, componentes e riscos inerentes ao produto ou serviço. Sendo a prova pericial no sentido de ausência de falha na fabricação do produto, a análise da controvérsia deve se dar sob o enfoque do cumprimento ou não do dever de informação. Ao informar o consumidor, sobre os eventuais riscos apresentados pelo produto, deve o fornecedor prover dados claros sob a ótica de todos os consumidores, inclusive aqueles mais vulneráveis, os chamados hipervulneráveis, como as crianças, mormente quando, pela apresentação do produto no mercado, torna-se lícita a crença de que o bem de consumo se destina ao público infantil. Informação adequada implica em correção, clareza, precisão e ostensividade, sendo o silêncio, total ou parcial, do fornecedor, a respeito dos possíveis riscos do produto, uma violação do princípio da transparência que rege as relações de consumo" (TJMG, ApCív 1.0145.08.501050-5/001, 14ª Câm. Cív., Rel. Estevão Lucchesi, j. 05.07.2012, publicado em 17.07.2012).

[19] No mesmo sentido, indicando a *vulnerabilidade potencializada* do consumidor idoso: MARQUES, Claudia Lima. Solidariedade na doença e na morte: sobre a necessidade de ações afirmativas em contratos de planos de saúde e de planos funerários frente ao consumidor idoso. *Revista Trimestral de Direito Civil*, Rio de Janeiro, v. 8, p. 3-41, 2001.

[20] Contudo, os critérios para definição de idoso podem variar. Admite-se, assim, além do critério cronológico estabelecido na lei, o critério psicobiológico (levando em consideração aptidões físicas ou intelectuais), econômico-financeiro (alguns idosos, por essa condição, acentuam sua vulnerabilidade), social (considerando o ambiente em que a pessoa idosa vive, com a família ou em casa de repouso, asilo) (MARTINEZ, Wladimir Novaes. *Comentários ao Estatuto do Idoso*. São Paulo: LTr, 2004. p. 18).

da solidariedade e da proteção.[21] Estabelece o *caput* do artigo 230 da Constituição da República: "A família, a sociedade e o Estado têm o dever de amparar as pessoas idosas, assegurando sua participação na comunidade, defendendo sua dignidade e bem-estar e garantindo-lhes o direito à vida".

A preocupação com a necessidade de proteção do consumidor idoso não é nova.[22] O envelhecimento da população mundial, como resultado de uma multiplicidade de fatores relacionados a avanços tecnológicos e melhoria das condições de vida, faz que os organismos internacionais, os Estados nacionais e a sociedade civil se ocupem da proteção do idoso. É nesse contexto que, já em 1982, o *Plano de Ação Internacional de Viena sobre Envelhecimento*, aprovado pela Assembleia Mundial sobre o Envelhecimento (convocada em 1978, pela Resolução 33/1952 da Assembleia Geral da ONU), em sua Recomendação 18, ocupava-se da proteção dos consumidores idosos, referindo como obrigação dos governos: "(a) Garantir que os alimentos, produtos de uso doméstico, as instalações e os equipamentos cumpram normas de segurança que tenham em conta a vulnerabilidade das pessoas de idade; (b) Promover o uso prudente dos medicamentos, produtos químicos que se utilizam no lar, e outros produtos, exigindo que os fabricantes coloquem nesses produtos advertências e instruções necessárias para seu emprego; (c) Coloquem ao alcance das pessoas de idade fármacos, aparelhos auditivos, próteses dentárias, óculos e outras próteses, para que possam continuar uma vida ativa e independente; (d) Limitem a publicidade intensiva e outras técnicas de venda destinadas, fundamentalmente, a explorar os escassos recursos das pessoas de idade". Já o plano de ação aprovado pela Segunda Assembleia Mundial sobre Envelhecimento de Madrid, em 2002, chama a atenção, por sua vez, para a necessidade de prevenção das fraudes ao consumidor idoso, indicando medidas como a promulgação de leis que coíbam os abusos, assim como a eliminação de práticas nocivas tradicionais contra idosos.[23]

A vulnerabilidade do consumidor idoso é demonstrada a partir de dois aspectos principais: (a) diminuição ou perda de determinadas aptidões físicas ou intelectuais que o tornam mais suscetível e débil em relação à atuação negocial dos fornecedores; b) necessidade e cautividade em relação a determinados produtos ou serviços no mercado de consumo que o colocam numa relação de dependência em relação aos seus fornecedores.

Quanto ao primeiro aspecto assinalado, note-se que as mesmas regras de proteção da criança e do adolescente se projetam também para a proteção do consumidor idoso. Isso porque a publicidade que se aproveita da deficiência da compreensão do idoso, ou, ainda, se aproveita, de qualquer modo, dessa condição, para impingir-lhe produtos e serviços – mesmo sem expressa indicação na norma – é qualificada como espécie de publicidade abusiva, uma vez que desrespeita valores éticos socialmente reconhecidos. Igualmente, a mesma regra do artigo 39, IV, que classifica como prática abusiva a conduta

---

[21]   MENDES, Gilmar Ferreira; COELHO, Inocêncio Mártires; BRANCO, Paulo Gustavo Gonet. *Curso de direito constitucional*. São Paulo: Saraiva, 2007. p. 1.307.

[22]   Veja-se, ainda: GRAEFF, Bibiana. Direitos do consumidor idoso no Brasil. *Revista de Direito do Consumidor*, São Paulo, v. 86, p. 65-74, mar. 2013. No mesmo sentido, a tese de doutoramento de SCHMITT, Cristiano Heineck. *Consumidores hipervulneráveis*: a proteção do idoso no mercado de consumo. São Paulo: Atlas, 2014. p. 1 e ss.

[23]   BRASIL. *Plano de ação internacional para o envelhecimento*. II Assembleia Mundial do Envelhecimento, realizada de 8 a 12 de abril de 2002, em Madri, promovida pela ONU. Brasília: Conselho Nacional dos Direitos do Idoso, 2003. p. 71-72.

do fornecedor que busca prevalecer-se do consumidor em razão – entre outros critérios – de sua idade, tem aplicação na proteção do idoso. Não é demais lembrar que o artigo 10, § 2º, do Estatuto da Pessoa Idosa igualmente assegura o direito dos idosos ao respeito, protegendo sua integridade física, psíquica e moral.

Em relação ao segundo aspecto distintivo da vulnerabilidade do consumidor idoso, é evidente que uma maior necessidade referente a produtos ou serviços de parte do idoso faz presumir que eventual inadimplemento por parte do fornecedor dê causa a danos mais graves do que seriam de se indicar aos consumidores em geral.

É o caso típico do descumprimento pelo fornecedor de sua prestação nos contratos de assistência e seguros privados de saúde.[24] Note-se que, nesses contratos, ao lado de uma catividade e dependência extrema (os consumidores, por vezes, desenvolvem relações contratuais de longa duração justamente para poderem usufruir dos serviços quando se tornarem pessoas idosas, e estes, por seu turno, se tornarem mais necessários), o descumprimento do contrato e a frustração do consumidor idoso envolverão, quase sempre, danos ou temor de dano à integridade física e psíquica do paciente e perda ou diminuição da cura de doenças. Da mesma forma, o sofrimento psicológico decorrente da ausência da prestação do serviço que lhe é devida, em vista da premente necessidade de preservação de sua vida e integridade.

A importância, para o consumidor idoso, dos contratos de assistência e seguros privados de assistência à saúde não é desconhecida da legislação.[25] O Estatuto da Pessoa Idosa, em seu artigo 15, § 3º, veda a discriminação do idoso nos planos de saúde pela cobrança de valores diferenciados em razão da idade, motivo pelo qual a cláusula contratual que prevê hipótese de aumento de prestação nesse sentido, a par de ser abusiva (artigo 51, IV, X, XIII e XV, do CDC), é, a rigor, ilícita por violar disposição de lei, dando causa, desde logo, à sua nulidade absoluta. A plena eficácia dessa norma, contudo, relaciona-se à decisão do Supremo Tribunal Federal na ADIn 1.931/DF, na qual se questiona a constitucionalidade, entre outros dispositivos, do artigo 35-E da Lei 9.656/1998 (Lei dos Planos de Saúde), que dispõe de regra semelhante à indicada no Estatuto do Idoso, estendendo sua aplicação aos contratos em curso. Medida cautelar deferida no âmbito dessa ação direta[26] suspendeu a eficácia da norma até a decisão final da ação, a qual segue pendente. Note-se que a efetividade da norma protetiva estabelecida pelo Estatuto do Idoso é, na grande maioria dos casos, dependente do reconhecimento de sua aplicação a contratos celebrados antes de sua vigência, uma vez que a alteração vedada, da cobrança de valores diferenciados, supõe a existência de um contrato, o qual poderá ter sido, em boa parte das vezes, celebrado antes da edição da lei. Tais circunstâncias remetem à necessidade de cotejo entre a norma em questão e a regra constitucional de irretroatividade da lei quando esta dê causa à violação do ato jurídico perfeito.[27] No entanto, considerando que não há,

---

[24] SCHMITT, Cristiano Heineck. Indenização por dano moral do consumidor idoso no âmbito dos contratos de planos e de seguros privados de assistência à saúde. *Revista de Direito do Consumidor*, São Paulo, v. 51, p. 130-154, 2004.

[25] Veja-se: BARLETTA, Fabiana Rodrigues. *O direito à saúde da pessoa idosa*. São Paulo: Saraiva, 2010.

[26] STF, ADI-MC 1931/DF, rel. Min. Maurício Corrêa, j. 21.08.2003, *DJU* 28.05.2004, p. 3.

[27] Essa discussão, no que se refere às normas de proteção do consumidor e aos contratos em curso, não é nova. Sobre ela, referimos, em nossos *Comentários*: "Na experiência de direito comparado, conforme

PARTE I · Cap. 4 · PRINCÍPIOS GERAIS DO DIREITO DO CONSUMIDOR | 105

até o momento, questionamento quanto à eficácia do artigo 15, § 3º, do Estatuto da Pessoa Idosa,[28] assim como se aplicam plenamente aos contratos em questão as normas que

---

leciona Claudia Lima Marques (*Contratos no Código de Defesa do Consumidor*, 4. ed., p. 562), as experiências identificadas demonstram que as novas leis de defesa do consumidor foram aplicadas a todas as relações contratuais em curso. No Brasil, a definição de ato jurídico perfeito e de direito adquirido alcançou alto nível de sofisticação teórica, sendo entretanto, sobretudo nas últimas décadas objeto de uma série de discussões judiciais acerca do que se define por aquisição de direitos ou o momento de vinculação jurídica admitido na definição de ato jurídico perfeito. Neste contexto é que o Min. Moreira Alves, na ADIn 493-0/DF, ao observar que no direito brasileiro a garantia de irretroatividade da lei tem sede constitucional (artigo 5º, XXXVI), afasta a utilização das soluções de direito comparado, em que o debate sobre a aplicação da norma de ordem pública resolve-se basicamente no âmbito infraconstitucional. Entretanto, note-se que o alcance das disposições do CDC pode ser vislumbrado sob outra perspectiva, qual seja, a partir do questionamento mesmo dos conceitos de direito adquirido e ato jurídico perfeito, cuja concepção ideológica prende-se ainda à prevalência da força vinculativa da manifestação da vontade (*pacta sunt servanda*), justamente o que será objeto de flexibilização por parte das normas do CDC. De outra parte, em relação ao ato jurídico perfeito, considerando este como ato que foi consumado sob a égide da lei anterior (artigo 2º da LICC [atual LINDB]), a questão se coloca justamente no que se deverá de considerar como consumação do ato. Ou seja, se por ato consumado se reconheça aquele que tendo sido celebrado sob a égide do direito anterior ou esta consumação diga respeito também à produção dos efeitos pelo mesmo. O STF, na já mencionada ADIn 493-0, de que foi relator o Min. Moreira Alves, fixou o entendimento de que se trata a consumação do ato desde o momento de sua constituição, ou seja, quanto aos contratos, o momento de sua celebração. Esta decisão terminou por guiar o entendimento da maior parte da jurisprudência nacional pela impossibilidade de aplicação do CDC aos contratos celebrados anteriormente à sua vigência. Entretanto, note-se que o conceito de ato jurídico perfeito pressupõe o cumprimento de todos os requisitos legais para sua consumação ao tempo da lei antiga. Assim, ainda que se possa identificar a celebração do contrato antes da vigência do CDC, há de se exigir, para reconhecê-lo como consumado, o exato cumprimento dos requisitos legais, tanto em relação aos critérios formais, quanto em relação ao conteúdo do contrato. Isto implica na consideração de que contratos em que se configure abuso do direito ou qualquer outra espécie de elemento que ofenda o regime contratual anterior ao CDC de modo idêntico ao sistema determinado por suas normas, podem ser da mesma forma invalidados total ou parcialmente independente da aplicação aos mesmos da nova lei, considerando que na expressão já consagrada entre nós, não pode se admitir o direito adquirido ao abuso" (MARQUES, Claudia Lima; BENJAMIN, Antônio Herman; MIRAGEM, Bruno. *Comentários ao Código de Defesa do Consumidor*. 2. ed. São Paulo: Ed. RT, 2006. p. 1.253-1.254).

[28] "*Agravo de instrumento. Antecipação de tutela. Reajuste de mensalidade. Estatuto do Idoso.* Preenchidos os requisitos estabelecidos no artigo 273 do CPC, cabível o deferimento do pedido de antecipação de tutela requerido. Inviabilidade do reajuste da mensalidade do plano de saúde em razão de o segurado ter completado 70 anos de idade. Infringência à Lei dos Planos de Saúde e ao Estatuto de Idoso. Agravo provido" (TJRS, AI 70.021.955.893, 5ª Câm. Cív., Rel. Des. Umberto Guaspari Sudbrack, j. 05.12.2007). No mesmo sentido: "*Plano de saúde. Reajuste das contraprestações em razão da mudança de faixa etária. Abusividade da cláusula. Inexistência de irretroatividade da lei e do ato jurídico perfeito. Precedente das turmas que uniformiza o entendimento.* É nula, de pleno direito, por abusiva e por não redigida de forma clara e destacada, a cláusula que, em contrato de Plano de Saúde, estabelece o reajuste das contraprestações pecuniárias em função da idade do segurado, elevando a contribuição para montante excessivamente oneroso. Violação ao Código de Defesa do Consumidor e ao Estatuto do Idoso (Lei 10.741/2003). Aplicação imediata do artigo 15, § 3º, da Lei 10.741/2003. Situação que não caracteriza violação à regra de irretroatividade das leis e ao ato jurídico perfeito. Precedente da 3ª Turma Recursal Cível. Recurso provido" (TJRS, Recurso Cível 71.001.399.740, 1ª Turma, Rel. Des. Ricardo Torres Hermann, j. 29.11.2007); e "*Plano de saúde. Reajuste da mensalidade em razão da mudança de faixa etária. Idoso.* 1. As variações de preços propostas pelas seguradoras e operadoras dos planos de saúde devem observar os limites legais impostos pela Lei dos Planos de Saúde (Lei 9.656/1998), pelo Estatuto do Idoso (Lei 10.471/2003), pelo Código de Proteção e Defesa do Consumidor, bem como as regras da Agência Nacional de Saúde Suplementar – ANS. 2. Considera-se abusivo o reajuste que desrespeitar os limites legais, ou que onere de modo a colocar o consumidor idoso em condição de desvantagem exagerada, provocando, por exemplo, a sua desistência do contrato. 3. Caso em que o reajuste praticado pela ope-

vedam a imposição de cláusulas abusivas nos contratos de consumo (artigo 51 do CDC), a alteração unilateral de preço, permitida ou não por cláusula contratual, configura, a toda prova, abuso do fornecedor e, portanto, não gera efeitos em relação ao consumidor.

Por fim, cumpre lembrar, em relação ao consumidor idoso, as contratações de empréstimos financeiros com pagamento consignado em folha, permitidos pela autarquia responsável pelos benefícios e proventos de aposentadorias da Previdência Social. Trata-se, também nesses casos, de uma contratação em que deve se ter em conta a vulnerabilidade agravada do idoso, em especial diante da realidade social dos baixos valores pagos pela Previdência Social, que fazem do recurso ao empréstimo consignado em folha de pagamento, muitas vezes, uma necessidade do consumidor idoso para atendimento de despesas ordinárias pessoais ou, ainda, em vista da taxa de juros favorecida, como recurso para o atendimento das necessidades de parentes ou amigos próximos. Aqui se reforçam os deveres de lealdade, informação e colaboração entre o consumidor idoso e a instituição financeira que realiza o empréstimo, em vista de suas condições de adimplir o contrato sem o comprometimento de necessidades vitais, assim como a se evitar o consumo irresponsável de crédito e o superendividamento. Nesses casos, portanto, a vulnerabilidade agravada do idoso será critério para interpretação das circunstâncias negociais, e do atendimento, pelo fornecedor, do dever de informar, considerando o direito básico do consumidor à informação eficiente e compreensível. A vulnerabilidade agravada do consumidor idoso, nesse sentido, será critério para aplicação, na hipótese, de diversas disposições do CDC, como as estabelecidas nos artigos 30, 35 (ambos sobre oferta), 39, IV (sobre prática abusiva), 46 (sobre ineficácia das obrigações não comunicadas) e 51 (sobre nulidade de cláusulas abusivas). Do mesmo modo, deve-se ter em conta a vulnerabilidade agravada da pessoa idosa como critério de interpretação do contrato,[29] ou do seu comportamento no tocante a danos e fraudes de que venha a ser vítima, inclusive para aferição precisa dos riscos atribuídos ao fornecedor como inerentes ao negócio,[30] e o conteúdo do dever diligência e as providências concretas que deva adotar para prevenir danos, de acordo com a segurança legitimamente esperada.

4.1.3 A vulnerabilidade agravada do consumidor analfabeto

Outra causa de vulnerabilidade agravada para o consumidor reside na falta de compreensão da linguagem escrita, saber ler e escrever, na condição de analfabeto. Segundo o PNAD, em 2012, esse grupo de pessoas analfabetas, com 15 anos ou mais de idade, somava 13,2 milhões no Brasil, a maioria residente no Nordeste do País.[31] Em âmbito mundial,

---

radora do plano de saúde onerou demasiadamente o contrato, desrespeitando os limites legais. Apelo desprovido" (TJRS, ApCív 70.021.577.416, 5ª Câm. Cív., Rel. Des. Paulo Sérgio Scarparo).

[29] Assim se orienta precedente do STJ, ao estender a noção de perda da condição de dependência do titular de plano de saúde coletivo para situação de divórcio de pessoa idosa, a fim de reconhecer o direito a se manter no plano em nova condição de titular: "O beneficiário idoso, que perde a condição de dependente por ter sido excluído a pedido do titular, depois de mais de 10 anos de contribuição, tem o direito de assumir a titularidade do plano de saúde coletivo por adesão, desde que arque com o respectivo custeio" (STJ, REsp 1.986.398/MT, 3ª Turma, Rel. Min. Nancy Andrighi, j. 14.06.2022, *DJe* 21.06.2022).

[30] STJ, REsp 1.995.458/SP, 3ª Turma, Rel. Min. Nancy Andrighi, j. 09.08.2022, *DJe* 18.08.2022.

[31] Veja em: brasil.gov.br/educacao/2013/09/pnad-2012-cai-o-percentual-de-pessoas-sem-instrucao.

de acordo com a Unesco,[32] em 2011, havia 774 milhões de adultos analfabetos no mundo, uma redução de apenas 1% desde o início do século XXI (2000), e, até 2015, esse número caiu apenas ligeiramente, para 743 milhões. Relevante notar, ainda, um possível problema de gênero, pois, segundo o relatório da Unesco,[33] quase dois terços dos adultos analfabetos são mulheres. O Brasil está em 8º lugar entre os países com maior número de analfabetos adultos,[34] hoje em sua maioria idosos. Dados do censo de 2022 indicam que, enquanto a taxa de analfabetismo no Brasil é de 5,6% da população maior de 15 anos, nos estados do Nordeste essa realidade é ainda mais dura, com 11,7% da população analfabeta.[35]

Da mesma forma, além daqueles que não possuem nenhum conhecimento sobre a linguagem escrita, há uma segunda categoria de pessoas: trata-se daquelas que, embora tenham, formalmente, a habilidade de se comunicarem por escrito com o uso do alfabeto, bem como para leitura de textos simples e a assinatura do próprio nome, não têm capacidade para compreender as ideias explicitadas no texto, tampouco formar juízo crítico sobre estas. Essa categoria, dos denominados analfabetos funcionais, embora tenha capacidade para decodificar textos, não é capaz de compreendê-los. Nesses casos, tais pessoas possuem, igualmente, uma vulnerabilidade agravada no âmbito das relações de consumo, talvez até mais intensa do que aquela dos analfabetos em geral, considerando que, ao saberem assinar o nome, celebram contratos e se vinculam juridicamente com maior facilidade, sem, contudo, terem plenas condições de compreender os direitos e as obrigações envolvidos nessas relações.

A habilidade de se expressar e comunicar por intermédio da comunicação escrita, bem como de conhecer e compreender essa mesma forma de comunicação por meio do uso do alfabeto, é uma das principais formas de interação cultural na sociedade contemporânea. Na sociedade de consumo, oferta e publicidade, assim como muitos contratos de consumidores e fornecedores, se dão por escrito. A capacidade de compreender as mensagens negociais por todos os meios está diretamente vinculada ao conhecimento da linguagem escrita. O artigo 31 do CDC estabelece, entre os deveres a ser atendidos pelos fornecedores na oferta, o de assegurar "informações corretas, claras, precisas, ostensivas e em língua portuguesa".

O direito privado protege, tradicionalmente, os não alfabetizados.[36] O Código Civil de 2002 prevê uma série de instrumentos para proteção, tais como a presença de duas testemunhas para celebração do contrato de prestação de serviços (artigo 595) ou de quatro testemunhas para celebração válida dos casamentos em que um dos nubentes não saiba ler e escrever (artigo 1.534, § 2º, do CC/2002). A preocupação com a integridade da declaração de vontade dos não alfabetizados admite regras gerais para a lavra de escritura

---

[32] ROSE, Pauline (dir.). *Relatório de Monitoramento Global de Educação para Todos*. Paris: Unesco, 2013. p. 5. Disponível em: unesco.org ou efareport.unesco.org.

[33] ROSE, Pauline (dir.). *Relatório de Monitoramento Global de Educação para Todos*. Paris: Unesco, 2013. p. 5. Disponível em: unesco.org ou efareport.unesco.org.

[34] ROSE, Pauline (dir.). *Relatório de Monitoramento Global de Educação para Todos*. Paris: Unesco, 2013. p. 10. Disponível em: unesco.org ou www.efareport.unesco.org.

[35] Veja em: https://agenciadenoticias.ibge.gov.br/agencia noticias/2012-agencia-de-noticias/noticias/37089- -em-2022-analfabetismo-cai-mas-continua-mais-alto-entre-idosos-pretos-e-pardos-e-no-nordeste. Acesso em: 5 set. 2023.

[36] Veja-se, a respeito: MARQUES, Claudia Lima; MIRAGEM, Bruno. *O novo direito privado e a proteção dos vulneráveis*. 2. ed. São Paulo: Ed. RT, 2014.

pública (artigo 215, § 2º) e de disposições de última vontade, como o testamento público (artigo 1.865 do CC/2002).

Nas relações de consumo, o domínio da comunicação escrita, saber ler e escrever, assume importância ainda maior. Isso porque, seja no ajuste das condições negociais, seja a própria submissão do consumidor a técnicas de venda e persuasão que são próprias da sociedade contemporânea, o domínio mínimo da linguagem é decisivo para compreender, ainda que em termos básicos, os termos da mensagem negocial. A ausência desse conhecimento mínimo da linguagem escrita constitui, evidentemente, causa de agravamento da vulnerabilidade do consumidor.

O reconhecimento dessa vulnerabilidade agravada do consumidor analfabeto exige do fornecedor o reforço dos seus deveres de diligência e cuidado, especialmente no momento da contratação[37] ou da oferta de garantias,[38] sob risco, inclusive, de anulação do negócio em vista de vício do consentimento.[39] Com mesma razão se faça essa ponderação no caso das contratações a distância[40] ou a domicílio[41], quando, embora ausente alguma comunicação inicial escrita, se utilize de condições de vulnerabilidade do consumidor para induzi-lo a erro.

Além do momento de formação do contrato propriamente dito, a proteção do consumidor analfabeto se dá também na vedação à prática abusiva prevista no artigo 39, IV, do CDC, que proíbe o fornecedor de "prevalecer-se da fraqueza ou ignorância do consumidor, tendo em vista sua idade, saúde, conhecimento ou condição social, para impingir-lhe seus produtos ou serviços". Embora ausente previsão expressa no direito brasileiro, por intermédio dessa norma, deve ser reconhecida a proibição do denominado assédio de consumo, pelo qual o fornecedor se aproveita de condição de vulnerabilidade agravada do consumidor para promover a contratação, conforme reconhecido no direito europeu – artigo 9º da Diretiva 2005/29/CE.[42]

---

[37] TJSP, ApCív 2015.0000719531, 6ª Câmara de Direito Privado, Rel. José Roberto Furquim Cabella, j. 24.09.2015; TJRS, Embargos Infringentes 70064178650, 9º Grupo de Câmaras Cíveis, Rel. Giovanni Conti, j. 19.06.2015; TJRS, Apelação Cível 70062458138, 12ª Câmara Cível, Rel. Mário Crespo Brum, j. 05.03.2015; TJRS, Apelação Cível 70058421066, 16ª Câmara Cível, Rel. Catarina Rita Krieger Martins, j. 26.02.2015; TJRJ, ApCív 0000731-15.2007.8.19.0044, 9ª Câmara Cível, Rel. Rogério de Oliveira Souza, j. 06.07.2011.

[38] TJRS, Recurso Cível 71003845179, 2ª Turma Recursal Cível, Rel. Des. Carlos Eduardo Richinitti, j. 21.05.2013.

[39] TJSP, ApCív 1011626-68.2015.8.26.0100, 13ª Câmara de Direito Privado, Rel. Francisco Giaquinto, j. 18.01.2016; TJRS, Recurso Cível 71004671236, 3ª Turma Recursal Cível, Rel. Cleber Augusto Tonial, j. 23.10.2014.

[40] TJRS, Recurso Cível 71004228813, 1ª Turma Recursal Cível, Rel. Lucas Maltez Kachny, j. 26.11.2013.

[41] TJSP, ApCív 0006135-78.2008.8.26.0024, 23ª Câmara de Direito Privado, Rel. José Marcos Marrone, j. 09.12.2015; TJSP, ApCív 2015.0000867810, 33ª Câmara de Direito Privado, Rel. Sá Moreira de Oliveira, j. 16.11.2015.

[42] Assim o artigo 9º da Diretiva 2005/29/CE, sobre práticas comerciais desleais: "Artigo 9º – Utilização do assédio, da coacção e da influência indevida: A fim de determinar se uma prática comercial utiliza o assédio, a coacção – incluindo o recurso à força física – ou a influência indevida, são tomados em consideração os seguintes elementos: a) O momento e o local em que a prática é aplicada, sua natureza e persistência; b) O recurso à ameaça ou a linguagem ou comportamento injuriosos; c) O aproveitamento pelo profissional de qualquer infortúnio ou circunstância específica de uma gravidade tal que prejudique a capacidade de decisão do consumidor, de que o profissional tenha conhecimento, com o objetivo de

PARTE I · Cap. 4 · PRINCÍPIOS GERAIS DO DIREITO DO CONSUMIDOR | 109

4.1.4 A vulnerabilidade agravada do consumidor deficiente

A proteção das pessoas com deficiência é um imperativo ético-jurídico reconhecido, inicialmente, por efeito da Declaração Universal dos Direitos do Homem, de 1948.[43] Mais adiante, o desenvolvimento das normas internacionais sobre o tema deu causa, em 1971, à Declaração dos Direitos das Pessoas Mentalmente Retardadas. Posteriormente, em 1975, aprovou-se, também no âmbito das Nações Unidas, a Declaração dos Direitos das Pessoas Deficientes. Segundo essa Declaração, a expressão "pessoa deficiente" se aplica "a qualquer pessoa incapaz de assegurar por si mesma, total ou parcialmente, as necessidades de uma vida individual ou social normal, em decorrência de uma deficiência, congênita ou não, em suas capacidades físicas ou mentais". Trata-se, contudo, de um conceito em permanente evolução, destacando as dificuldades de interação da pessoa com o ambiente em condições de igualdade com quem não apresente as mesmas características.[44]

Da mesma forma, a Declaração da ONU de 1975 assegura, entre outros direitos, que "as pessoas deficientes têm o direito inerente de respeito por sua dignidade humana. As pessoas deficientes, qualquer que seja a origem, natureza e gravidade de suas deficiências, têm os mesmos direitos fundamentais que seus concidadãos da mesma idade, o que implica, antes de tudo, o direito de desfrutar de uma vida decente, tão normal e plena quanto possível". Além disso, prevê que "as pessoas deficientes deverão ser protegidas contra toda exploração, todos os regulamentos e tratamentos de natureza discriminatória, abusiva ou degradante" e "deverão poder valer-se de assistência legal qualificada quando tal assistência for indispensável para a proteção de suas pessoas e propriedades. Se forem instituídas medidas judiciais contra elas, o procedimento legal aplicado deverá levar em consideração sua condição física e mental". Por intermédio do Decreto 6.949/2009, foi promulgada a Convenção Internacional sobre os Direitos das Pessoas com Deficiência e seu Protocolo Facultativo, assinados em Nova York, em 30 de março de 2007.

No direito brasileiro, a Lei 7.853/1989 instituiu a Política Nacional para integração da Pessoa Portadora de Deficiência, a qual reconheceu a legitimidade do Ministério Público para a tutela jurisdicional de interesses coletivos ou difusos das pessoas deficientes, bem como sua intervenção obrigatória em processos que envolvam seus interesses.[45]

A Constituição de 1988 comprometeu-se largamente com a proteção dos direitos da pessoa com deficiência, seja assegurando seu acesso ao trabalho (artigo 7º, XXXI), determinado reserva de vagas para provimento de cargos e empregos públicos por concurso (artigo 37, VIII), seja definindo sua habilitação e reabilitação, assim como sua integração

---

influenciar a decisão do consumidor; d) Qualquer entrave extracontratual oneroso ou desproporcionado imposto pelo profissional, quando o consumidor pretenda exercer os seus direitos contratuais, incluindo o de resolver o contrato, ou o de trocar de produto ou de profissional; e) qualquer ameaça de intentar uma ação, quando tal não seja legalmente possível".

[43] OLIVEIRA, Moacyr de. Deficientes: sua tutela jurídica. *Doutrinas essenciais de direitos humanos*. São Paulo: Ed. RT, 2011. v. 4. p. 1051-1061.

[44] FONSECA, Ricardo Tadeu Marques da. O novo conceito constitucional de pessoa com deficiência: um ato de coragem. In: FERRAZ, Carolina Valença et al. (coord.). *Manual de direitos da pessoa com deficiência*. São Paulo: Saraiva, 2012. p. 12-32.

[45] Veja-se: MAZZILLI, Hugo Nigro. O deficiente e o Ministério Público. *Revista dos Tribunais*, São Paulo, v. 629, p. 64-71, mar. 1988.

à vida comunitária como objetivo da assistência social (artigo 203, IV). O artigo 208, III, da Constituição, por sua vez, assegura o "atendimento educacional especializado aos portadores de deficiência, preferencialmente na rede regular de ensino". Já, em relação à criança e ao adolescente portadores de deficiência, o artigo 227, § 1º, II, da Constituição define como dever do Estado a "criação de programas de prevenção e atendimento especializado para as pessoas portadoras de deficiência física, sensorial ou mental, bem como de integração social do adolescente e do jovem portador de deficiência, mediante o treinamento para o trabalho e a convivência, e a facilitação do acesso aos bens e serviços coletivos, com a eliminação de obstáculos arquitetônicos e de todas as formas de discriminação".

O Brasil também é signatário da Convenção Interamericana para a Eliminação de Todas as Formas de Discriminação contra as Pessoas Portadoras de Deficiência, de 1999, a qual foi incorporada pelo direito interno mediante promulgação do Decreto 3.956, de 8 de outubro de 2001. A definição de deficiência trazida pela convenção amplia o conceito, referindo-se a uma "restrição física, mental ou sensorial, de natureza permanente ou transitória, que limita a capacidade de exercer uma ou mais atividades essenciais da vida diária, causada ou agravada pelo ambiente econômico e social". Admite-se, na convenção, da mesma forma, a discriminação positiva em favor da pessoa com deficiência, reconhecendo sua vulnerabilidade como causa para adoção de medidas estatais para sua integração e desenvolvimento pessoal.

É no cenário dessa evolução normativa, tanto em direito interno quanto em direito internacional, que vem a ser editado o Estatuto da Pessoa com Deficiência (Lei 13.146, de 6 de julho de 2015), tendo por base a Convenção sobre os Direitos das Pessoas com Deficiência e seu Protocolo Facultativo, celebrados em Nova York em 1999, ratificados pelo Congresso Nacional por meio do Decreto Legislativo 186, de 9 de julho de 2008, e promulgados pelo Decreto 6.949/2009. Tanto é assim que a definição do artigo 2º, *caput*, do Estatuto, reproduz o artigo 1º da Convenção, ao considerar "pessoa com deficiência aquela que tem impedimento de longo prazo de natureza física, mental, intelectual ou sensorial, o qual, em interação com uma ou mais barreiras, pode obstruir sua participação plena e efetiva na sociedade em igualdade de condições com as demais pessoas".

Em relação ao consumidor com deficiência, sua proteção se viabiliza, inicialmente, pelo reforço dos deveres de cuidado exigíveis do fornecedor.[46] O Estatuto da Pessoa com Deficiência, contudo, estabeleceu deveres específicos a serem atendidos, em especial no tocante à informação dos consumidores com deficiência. Seu artigo 69 assim estabelece: "O poder público deve assegurar a disponibilidade de informações corretas e claras sobre os diferentes produtos e serviços ofertados, por quaisquer meios de comunicação empregados, inclusive em ambiente virtual, contendo a especificação correta de quantidade, qualidade, características, composição e preço, bem como sobre os eventuais riscos à saúde e à segurança do consumidor com deficiência, em caso de sua utilização, aplicando-se, no que couber, os arts. 30 a 41 da Lei nº 8.078, de 11 de setembro de 1990". Os §§ 1º e 2

---

[46] PIERRI, Deborah. Políticas públicas e privadas em prol dos consumidores hipervulneráveis – idosos e deficientes. *Revista de Direito do Consumidor*, São Paulo, v. 92, p. 221-298, mar.-abr. 2014.

PARTE I · Cap. 4 · PRINCÍPIOS GERAIS DO DIREITO DO CONSUMIDOR | **111**

do mesmo artigo, por sua vez, referem: "§ 1º Os canais de comercialização virtual e os anúncios publicitários veiculados na imprensa escrita, na internet, no rádio, na televisão e nos demais veículos de comunicação abertos ou por assinatura devem disponibilizar, conforme a compatibilidade do meio, os recursos de acessibilidade de que trata o art. 67 desta Lei, a expensas do fornecedor do produto ou do serviço, sem prejuízo da observância do disposto nos arts. 36 a 38 da Lei nº 8.078, de 11 de setembro de 1990.[47] § 2º Os fornecedores devem disponibilizar, mediante solicitação, exemplares de bulas, prospectos, textos ou qualquer outro tipo de material de divulgação em formato acessível".

Busca-se, portanto, proteger o consumidor com deficiência qualificando os deveres de informação e esclarecimento, especialmente quanto aos meios que os tornem acessíveis e compreensíveis, o que deve ser considerado tanto na fase pré-contratual[48] quanto na execução e nos efeitos que se estendam para além da extinção do contrato. Esse é o sentido do artigo 6º, parágrafo único, do CDC, incluído pelo Estatuto da Pessoa com Deficiência, que dispõe: "A informação de que trata o inciso III do *caput* deste artigo deve ser acessível à pessoa com deficiência, observado o disposto em regulamento". A norma regulamentar, contudo, ainda não foi editada.

Da mesma forma, em relação às informações arquivadas em bancos de dados e cadastros de consumidores, deverão ser tornadas acessíveis ao consumidor com deficiência, mediante solicitação, conforme estabelece o artigo 43, § 6º, do CDC, também incluído pelo Estatuto da Pessoa com Deficiência.

Mencione-se, afinal, a renovada importância de assegurar-se o devido esclarecimento do consumidor com deficiência, em vista também da profunda alteração que se deu, com o Estatuto da Pessoa com Deficiência, em relação a um dos meios tradicionais de proteção previsto pelo direito privado, mediante os institutos da incapacidade para o exercício de direitos. Segundo o artigo 6º, *caput*, do Estatuto, regra geral, a *deficiência não afeta a capacidade civil*. Nos mesmos termos, o artigo 84 refere: "A pessoa com deficiência tem assegurado o direito ao exercício de sua capacidade legal em igualdade de condições com as demais pessoas". O § 3º do artigo 84 refere, então, que "A definição de curatela de pessoa com deficiência constitui medida protetiva extraordinária, proporcional às necessidades e às circunstâncias de cada caso, e durará o menor tempo possível". Daí a importância, no cumprimento do dever de informar em relação à pessoa com deficiência, e em vista das suas reais condições de compreensão do contrato, a aplicação do artigo 46 do CDC, tornando ineficaz a obrigação, no caso de não ter havido "a oportunidade de tomar conhecimento prévio de seu conteúdo". A interpretação da regra deve considerar,

---

[47] Trata-se a acessibilidade na regra mestra da proteção dos consumidores com deficiência, conforme referem: NISHIYAMA, Adolfo Mamoru; ARAÚJO, Luiz Alberto David. O Estatuto da Pessoa com Deficiência e a tutela do consumidor: novos direitos? *Revista de Direito do Consumidor*, São Paulo, v. 105, p. 103-121, maio-jun. 2016.

[48] Nesse sentido, veja-se a decisão do STJ em ação coletiva que condenou as instituições financeiras pela não oferta de informações pré-contratuais em braile, atendendo à obrigação prevista na Convenção Internacional sobre os Direitos das Pessoas com Deficiência: REsp 1.315.822/RJ, 3ª Turma, Rel. Min. Marco Aurélio Bellizze, j. 24.03.2015, *DJe* 16.04.2015. No mesmo sentido: REsp 1.349.188/RJ, 4ª Turma, Rel. Min. Luis Felipe Salomão, j. 10.05.2016, *DJe* 22.06.2016. Igualmente: MARTINS, Fernando Rodrigues. A emancipação insuficiente da pessoa com deficiência e o risco patrimonial ao novo emancipado na sociedade de consumo. *Revista de Direito do Consumidor*, São Paulo, v. 104, p. 203-255, mar.-abr. 2016.

em relação aos consumidores deficientes, o sentido amplo em vista da plena acessibilidade às informações constantes no contrato, tornando ineficaz a obrigação para eles quando não tiver oportunidade de tomar conhecimento, inclusive em razão de sua deficiência.

Em outra perspectiva, quando a legislação estabelece regras de acessibilidade como condição de acesso e fruição do serviço oferecido pelo consumidor, a adaptação da sua forma de prestação, com a viabilização das modificações necessárias ao pleno atendimento dos consumidores deficientes, constitui obrigação própria do fornecedor direto. Isso é particularmente relevante em relação aos prestadores de serviços públicos mediante delegação, que se encontram sob a égide do CDC – caso do transporte público urbano de passageiros, por exemplo –, em que a exigência de atendimento das condições de plena acessibilidade aos consumidores deficientes não pode ser frustrada por alegações acerca do equilíbrio econômico-financeiro do contrato,[49] cuja pretensão os delegatários deverão exercer em relação ao Poder Público titular do serviço. Da mesma forma, nas situações em que o serviço é ofertado indistintamente, deve o fornecedor assegurar as condições de sua prestação ao consumidor deficiente sem submetê-lo a constrangimento.[50]

Tais situações, ao considerarem e valorarem a vulnerabilidade agravada dos consumidores com deficiência, promovem sua inclusão no mercado em condições de assegurar o atendimento a sua necessidade de fazer parte de relações de consumo[51] pautadas pelo respeito e pela colaboração dos fornecedores em vista de suas dificuldades.

4.1.5 A vulnerabilidade agravada do consumidor no ambiente digital (vulnerabilidade digital)

O reconhecimento da vulnerabilidade é princípio do direito do consumidor (artigo 4º, I, do CDC), servindo, ao mesmo tempo, com fundamento e critério de aplicação de suas normas. Não por acaso, será também no direito do consumidor no qual tem origem o desenvolvimento de uma noção específica de *vulnerabilidade digital*, sobretudo visando aos novos riscos decorrentes da aplicação das tecnologias da informação no mercado de consumo digital. Há, nesse sentido, novos modelos de oferta – no comércio eletrônico –, inclusive por plataformas digitais –, assim como o tratamento de dados pessoais dos consumidores para a definição de perfis de consumo, que alteram *o modo* de consumir. A economia baseada em dados converte a experiência humana em dados comportamentais,[52] identificando, influenciando e persuadindo as decisões dos consumidores. O mesmo ocorre em relação aos bens digitais, em que a aplicação crescente de inteligência artificial e o desenvolvimento da internet das coisas, acrescentando automação dos produtos e serviços, modificam substancialmente *o objeto* do consumo.[53] Desse modo, justifica-se

---

[49] STJ, REsp 1.595.018/RJ, 2ª Turma, Rel. Min. Humberto Martins, j. 18.08.2016, *DJe* 29.08.2016.

[50] STJ, REsp 1.611.915/RS, 4ª Turma, Rel. Min. Marco Buzzi, j. 06.12.2018, *DJe* 04.02.2019.

[51] Veja-se, por exemplo, a decisão do STJ que imputou a responsabilidade solidária dos fornecedores que, tendo organizado evento e comunicado as condições de acessibilidade existentes em 'camarote *premium*' cujos ingressos havia adquirido o consumidor com deficiência, deixaram de prestar o serviço tal qual ofertado: STJ, REsp 1.912.548/SP, 3ª Turma, Rel. Min. Nancy Andrighi, j. 04.05.2021, *DJe* 07.05.2021.

[52] ZUBOFF, Shoshana. *The age of surveillance capitalism*: the fight for a human nature at the new frontier of power. New York: Public Affairs, 2019. p. 8.

[53] MIRAGEM, Bruno. *Curso de direito do consumidor*. 8. ed. São Paulo: Ed. RT, 2019. p. 123 e ss.

PARTE I • Cap. 4 • PRINCÍPIOS GERAIS DO DIREITO DO CONSUMIDOR | **113**

o reconhecimento de vulnerabilidade que repercute tanto na interpretação das manifestações nele emitidas ou recebidas quanto na própria capacidade de resposta adequada a seus interesses nas relações jurídicas que daí resultem. Trata-se de situação de vulnerabilidade do consumidor facilmente percebida, e passível de explicação por abordagens distintas, como outra dimensão da vulnerabilidade informacional, que não se resume à falta ou à pouca qualidade da informação prestada, mas à ausência de habilidade ou familiaridade com o ambiente digital. Essa vulnerabilidade digital, em relação ao meio (ambiente), à forma de contratação e ao seu objeto (produto ou serviço), será tanto de natureza neuropsicológica,[54] a partir dos estímulos do meio digital e da resposta dos consumidores,[55] quanto de inferências da economia comportamental e da estrutura de incentivos (*nudges*)[56] ao comportamento dos consumidores na internet – em especial aqueles que induzem a uma compreensão de maior facilidade na celebração do contrato, minimizando cautelas relativas à exigência do cumprimento das prestações pactuadas. A internet revela-se ambiente propício a uma nova estratégia de comunicação, tendo em conta que as escolhas do consumidor não serão totalmente racionais (*bounded rationality*)[57], mas influenciadas por cores, formatos, *design*, discurso e outros elementos da apresentação de produtos, serviços ou do próprio contrato, formando incentivos sensoriais ou emocionais direcionados à tomada de decisão.[58]

A vulnerabilidade digital, contudo, não se restringe às relações de consumo ou à posição do consumidor. A rigor, reflete-se na posição da pessoa humana diante das novas

---

[54] Refere-se, aqui, à explicação de MORAES, Paulo Valério Dal Pai. *Código de Defesa do Consumidor*: o princípio da vulnerabilidade no contrato, na publicidade, nas demais práticas comerciais (interpretação sistemática do direito). 3. ed. Porto Alegre: Livraria do Advogado, 2009. p. 166 e ss.

[55] GAZOTTO, Gustavo Martinelli Tanganelli; EFING, Antônio Carlos. Os limites toleráveis do *neuromarketing* nas relações de consumo. *Revista de Direito do Consumidor*, São Paulo, v. 135, p. 375-396, maio-jun. 2021; MARTINS, Guilherme Magalhães; BASAN, Arthur Pinheiro. Limites ao *neuromarketing*: a tutela do corpo eletrônico por meio dos dados neurais. *Revista de Direito do Consumidor*, São Paulo, v. 143, p. 259-283, set.-out. 2022.

[56] Da variada bibliografia, remeta-se, por todos, ao conhecido trabalho de THALER, Richard H.; SUNSTEIN, Cass R. *Nudge*: improving decisions about health, wealth and happiness. New York: Penguin Books, 2008. Em especial, p. 83 e ss. Especificamente em relação ao comportamento do consumidor, veja-se o texto de: THALER, Richard H. Mental accounting and consumer choice. *Marketing Science*, v. 4, n. 3, p. 199-214, Summer 1985.

[57] SIMON, Herbert A. Rational choice and the structure of the environment. *Psychological Review*, Washington, v. 63, n. 2, p. 129-138, 1956.

[58] Assim, por exemplo, o estímulo emocional que pode ser utilizado para promover uma necessidade do consumidor, seja real, seja criada artificialmente pelo fornecedor. A internet, pela aplicação de *softwares* de apresentação gráfica e, sobretudo, pela personalização de ofertas e publicidade ao consumidor mediante tratamento de dados pessoais, potencializa os incentivos sensoriais ou emocionais para tomada de decisão do consumidor no mercado de consumo digital. Da mesma forma, as relações estabelecidas pela internet dão causa a novos riscos, como os que envolvem o acesso ilícito a dados, desvios de recursos e fraudes contra o consumidor, favorecidos pelo meio. Veja-se: MIRAGEM, Bruno. Princípio da vulnerabilidade: perspectiva atual e funções no direito do consumidor contemporâneo. In: MIRAGEM, Bruno; MARQUES, Claudia Lima; DIAS, Lucia Ancona Lopez de Magalhães (org.). *Direito do consumidor*: os 30 anos do CDC. Rio de Janeiro: Forense, 2020. p. 233 e ss. A relação entre a vulnerabilidade do consumidor e o consumismo também é registrada por: VERBICARO, Denis; OLIVEIRA, Lis Arrais. A vulnerabilidade algorítmica do consumidor: a extração e o compartilhamento indevidos de dados pessoais nas relações de consumo digitais. In: EHRHARDT JÚNIOR, Marcos; CATALAN, Marcos; MALHEIROS, Pablo (coord.). *Direito do consumidor e novas tecnologias*. Belo Horizonte: Fórum, 2021. p. 48.

tecnologias da informação, em especial do risco de perda do controle sobre os próprios dados pessoais, com repercussão na privacidade e na proteção da personalidade em geral. Nessa perspectiva, todo titular de dados pessoais – toda pessoa natural, portanto – é vulnerável no que diz respeito a esses riscos sobre sua autodeterminação informativa. Da mesma forma, esses riscos se projetam para o ambiente público, com a possibilidade de interferência nociva, mediante uso da tecnologia, do debate público (*e.g.*, discurso de ódio, "perseguição digital" – *cyberbullying* – ou atentado às instituições que sustentam o regime democrático), dando ensejo a uma situação de vulnerabilidade institucional dos indivíduos em geral, participantes diretos ou não do processo político.

Também as pessoas jurídicas se podem considerar vulneráveis no ambiente digital. A falta de controle sobre divulgação de afirmações, verídicas ou não, e sobre dados relativos a tais pessoas jurídicas na internet ou em bancos de dados privados representa um risco em relação à reputação, ao crédito ou a práticas concorrenciais desleais, por exemplo. As dificuldades de resposta adequada do Direito a eventual atuação ilícita que prejudique a posição da pessoa jurídica (tutelas ressarcitória, preventiva ou repressiva) podem representar um incentivo à violação de seus direitos.

A vulnerabilidade digital ordena-se, assim, como de um critério de diferenciação sobre as consequências ou os efeitos de certas relações jurídicas estabelecidas em paralelo, ao mesmo tempo, na internet e fora dela, ou, ainda, para justificar determinada interpretação sobre o sentido e o alcance de normas legais cujo preceito não se direcione especificamente para a internet, mas nela colha, a partir da transformação digital, exemplos significativos.

4.2 PRINCÍPIO DA SOLIDARIEDADE

O *princípio da solidariedade* não se trata de princípio exclusivo do direito do consumidor, uma vez que seu fundamento se apresenta na Constituição da República, ao estabelecer esta, entre os fundamentos da República Federativa do Brasil, "os valores sociais do trabalho e da livre iniciativa" (artigo 1º, IV). Da mesma maneira, o artigo 170 da Constituição estabelece que "a ordem econômica, fundada na valorização do trabalho humano e na livre-iniciativa, tem por fim assegurar a todos existência digna, conforme os ditames da justiça social".

O princípio da solidariedade, de fundamento constitucional, estabelece uma autêntica *orientação solidarista do direito*[59] e impõe a necessidade de observar os reflexos da atuação individual perante a sociedade.[60] No direito civil, atualmente, esta tem sido bastante trabalhada sob a égide da *função social do contrato*, estabelecida no artigo 421 do CC.[61]

---

[59] FERREIRA DA SILVA, Luis Renato. A função social do contrato no novo Código Civil e sua conexão com a solidariedade social. In: SARLET, Ingo Wolfgang (org.). *O novo Código Civil e a Constituição*. Porto Alegre: Livraria do Advogado, 2003. p. 127-150.

[60] TEPEDINO, Gustavo. O Código Civil, os chamados microssistemas e a Constituição: premissas para uma reforma legislativa. *Problemas de direito civil-constitucional*. Rio de Janeiro: Renovar, 2000. p. 1-16.

[61] MIRAGEM, Bruno. Diretrizes interpretativas da função social do contrato. *Revista de Direito do Consumidor*, São Paulo, v. 56, p. 22-45, out.-dez. 2005. O texto original do artigo 421 do Código Civil, como se sabe, era: "A liberdade de contratar será exercida em razão, e nos limites, da função social do contrato". A locução "em razão" foi, historicamente, objeto de crítica, considerando a própria noção de limites externos ao exercício da liberdade de contratar, mas não como um critério interno a restringir a própria concepção de autonomia contratual. A Lei 13.874/2019 – cognominada "Lei da Liberdade

PARTE I · Cap. 4 · PRINCÍPIOS GERAIS DO DIREITO DO CONSUMIDOR | 115

Todavia, sua presença no direito do consumidor não se restringe apenas à proteção do mais fraco nos contratos de consumo mas também à consideração dos múltiplos aspectos da relação de consumo e à sua repercussão social.

Orienta-se pelo princípio da solidariedade a divisão de riscos estabelecidos pelo CDC. A regra da responsabilidade civil objetiva estendida a toda a cadeia de fornecimento (todos os fornecedores que participam do ciclo econômico do produto ou serviço no mercado) é resultado dos ditames de solidariedade social, uma vez que orienta a adoção de um critério sobre quem deve arcar com os riscos da atividade econômica no mercado de consumo, afastando a regra da culpa para imputação da responsabilidade. A responsabilidade civil do fornecedor no CDC, desse modo, apresenta um novo critério de repartição dos riscos sociais, em vista, justamente, dos reflexos da sua atividade econômica diante do mercado. Esse é o caso também da proteção pelo CDC não apenas do consumidor adquirente de produto ou serviço, senão do usuário, ou daqueles que simplesmente estavam expostos ou foram vítimas de eventos decorrentes do desempenho da atividade econômica do fornecedor.

Por outro lado, o princípio da solidariedade se apresenta, sobretudo em direito privado, com o efeito de ampliar o âmbito de eficácia do contrato. O primeiro efeito percebido da função social do contrato no direito brasileiro diz respeito ao reconhecimento de seus efeitos não apenas em relação aos contratantes mas também a terceiros que, de algum modo, tomam contato com o objeto pactuado. Trata-se de uma superação da regra romana, segundo a qual *res inter alios acta allius neque nocere neque prodesse potest* (o negociado entre as partes não pode nem prejudicar nem beneficiar terceiros).[62] Nesse sentido, como refere Antônio Junqueira de Azevedo, embora não sejam partes dos contratos, *os terceiros não podem se comportar como se o contrato não existisse*,[63] distinguindo daí as noções de *relatividade* e *oponibilidade* com relação aos contratos. De acordo com essa distinção, embora os contratos produzam seus efeitos quanto aos contratantes, na relação de débito/crédito, débito/responsabilidade, *sua existência é oponível a todos*,[64] de modo que todo aquele que contribua para o seu descumprimento, seja parte, seja terceiro, responderá pelos prejuízos que causar, inclusive à coletividade.[65] Da mesma forma, segundo lição do direito comparado, há um gradativo abandono da relatividade da falta contratual,[66]

Econômica" – terminou por suprimi-la, de modo que o texto em vigor resulta: "A liberdade contratual será exercida nos limites da função social do contrato." Os modelos de interpretação da função social do contrato, contudo, já atenuavam o alcance da expressão suprimida, e mesmo não se atinham, para constituição do princípio jurídico, aos seus termos semânticos, razão pela qual não são abalados pela alteração do texto legal.

[62] MIRAGEM, Bruno. Diretrizes interpretativas da função social do contrato. *Revista de Direito do Consumidor*, São Paulo, v. 56, out.-dez. 2005. p. 33-37.

[63] AZEVEDO, Antônio Junqueira de. Os princípios do atual direito contratual e a desregulamentação do mercado – direito de exclusividade nas relações contratuais de fornecimento – função social do contrato e responsabilidade aquiliana do terceiro que contribui com o inadimplemento contratual. *Estudos e pareceres de direito privado*. São Paulo: Ed. RT, 2004. p. 137-147.

[64] GHESTIN, Jacques. Introduction. In: FONTAINE, Marcel; GHESTIN, Jacques. *Les effets du contrat à l'egard des tiers*: comparaisons franco-belges. Paris: LGDJ, 1992. p. 11-18.

[65] STJ, REsp 1.487.046/MT, 4ª Turma, Rel. Min. Luis Felipe Salomão, j. 28.03.2017, *DJe* 16.05.2017.

[66] WINTGEN, Robert. *Étude critique de la notion d'opposabilité*: les effets du contrat à l'égard des tiers en droit français et allemand. Paris: LGDJ, 2004. p. 282 *et seq.*

116 | CURSO DE DIREITO DO CONSUMIDOR – *Bruno Miragem*

a fim de permitir o ressarcimento de todos quanto sejam diretamente prejudicados, o que é especialmente importante em direito do consumidor com relação à extensão da responsabilidade solidária a todos que, vinculados contratualmente entre si (contratos conexos), contribuem para o inadimplemento do consumidor.

Assim, por exemplo, a situação de contrato celebrado entre segurado e seguradora, na qual, tendo existido a inadimplência do primeiro, e ocorrido o sinistro, sendo provada a falta de meios do culpado para o pagamento, se autorizou, em caráter excepcional, a ação direta[67] da vítima contra a seguradora.[68] Posteriormente, embora o STJ tenha modificado seu entendimento, em especial a Súmula 529,[69] atualmente mantém o reconhecimento da possibilidade de ação direta da vítima contra o segurador quando pacífica a responsabilidade do segurado pelo dano.[70] Da mesma forma contratos celebrados no âmbito do Sistema Financeiro da Habitação, entre o construtor e o agente financeiro, visando

---

[67] A possibilidade da ação direta contra a seguradora já é admitida em vários sistemas europeus. Nesse sentido, veja-se os estudos reunidos na obra organizada por Ghestin e Fontaine, como: CORBISIER, Isabelle. A la recherche d'une action directe en droit allemand des obligations e des assurances. In: FONTAINE, Marcel; GHESTIN, Jacques. *Les effets du contrat à l'égard des tiers*: comparaisons franco--belges. Paris: LGDJ, 1992. p. 325-334.

[68] Assim decidiu o STJ: "*Denunciação da lide. Seguradora. Execução da sentença*. 1. A impossibilidade de ser executada a sentença de procedência da ação de indenização contra a devedora, porque extinta a empresa, permite a execução diretamente contra a seguradora, que figurara no feito como denunciada a lide, onde assumira a posição de litisconsorte. 2. Não causa ofensa ao artigo 75, I, CPC, o acórdão que assim decide. Recurso não conhecido" (STJ, REsp 97.590/RS, Rel. Min. Ruy Rosado de Aguiar Jr., j. 15.10.1996, *DJU* 18.11.1996, p. 44.901).

[69] Assim a Súmula 529/STJ: "No seguro de responsabilidade civil facultativo, não cabe o ajuizamento de ação pelo terceiro prejudicado direta e exclusivamente em face da seguradora do apontado causador do dano" (2ª Seção, j. 13.05.2015, *DJe* 18.05.2015).

[70] "Recurso especial. Civil e processual civil. Seguro de automóvel. Garantia de responsabilidade civil. Acidente de trânsito. Terceiro prejudicado. Ação de reparação de danos. Inclusão única da seguradora. Possibilidade. Segurado. Causador do sinistro. Admissão do fato. Acionamento da apólice. Pagamento na esfera administrativa. Objeto da lide. Valor da indenização securitária. 1. Recurso especial interposto contra acórdão publicado na vigência do Código de Processo Civil de 1973 (Enunciados Administrativos nos 2 e 3/STJ). 2. Cinge-se a controvérsia a saber se a vítima de acidente de trânsito (terceiro prejudicado) pode ajuizar demanda direta e exclusivamente contra a seguradora do causador do dano quando reconhecida, na esfera administrativa, a responsabilidade dele pela ocorrência do sinistro e paga, a princípio, parte da indenização securitária. 3. A Segunda Seção do Superior Tribunal de Justiça consagrou o entendimento de que, no seguro de responsabilidade civil facultativo, descabe ação do terceiro prejudicado ajuizada direta e exclusivamente contra a seguradora do apontado causador do dano (Súmula nº 529/STJ). Isso porque a obrigação da seguradora de ressarcir danos sofridos por terceiros pressupõe a responsabilidade civil do segurado, a qual, de regra, não poderá ser reconhecida em demanda em que não interveio, sob pena de vulneração do devido processo legal e da ampla defesa. 4. Há hipóteses em que a obrigação civil de indenizar do segurado se revela incontroversa, como quando reconhece a culpa pelo acidente de trânsito ao acionar o seguro de automóvel contratado, ou quando firma acordo extrajudicial com a vítima obtendo a anuência da seguradora, ou, ainda, quando esta celebra acordo diretamente com a vítima. Nesses casos, mesmo não havendo liame contratual entre a seguradora e o terceiro prejudicado, forma-se, pelos fatos sucedidos, uma relação jurídica de direito material envolvendo ambos, sobretudo se paga a indenização securitária, cujo valor é o objeto contestado. 5. Na pretensão de complementação de indenização securitária decorrente de seguro de responsabilidade civil facultativo, a seguradora pode ser demandada direta e exclusivamente pelo terceiro prejudicado no sinistro, pois, com o pagamento tido como parcial na esfera administrativa, originou-se uma nova relação jurídica substancial entre as partes. Inexistência de restrição ao direito de defesa da seguradora ao não ser incluído em conjunto o segurado no polo passivo da lide. 6. Recurso especial provido" (STJ, REsp 1.584.970/MT, 3ª Turma, Rel. Min. Ricardo Villas Bôas Cueva, j. 24.10.2017, *DJe* 30.10.2017).

PARTE I · Cap. 4 · PRINCÍPIOS GERAIS DO DIREITO DO CONSUMIDOR | **117**

ao financiamento da obra, e no qual foi dado em garantia o respectivo terreno onde ela seria levada a efeito. O adquirente do imóvel, que contratara com o construtor a aquisição do bem, pagou-lhe o valor devido. O construtor, contudo, não realizou o pagamento da dívida com o agente financeiro, razão pela qual este decide executar a garantia hipotecária. Tendo sido opostos embargos pelos adquirentes do bem, então, decidiu o STJ, em acórdão do Ministro Ruy Rosado de Aguiar Júnior,[71] pela minoração dos efeitos relativos ao contrato, apontando que o agente financeiro, uma vez tendo sido interrompidos os pagamentos, "deveria reconhecer a eficácia em relação a si, dos pagamentos anteriores feitos pelos adquirentes, e para garantir direitos futuros, deveria notificar estes para que passassem a depositar as prestações subsequentes, sob pena de se sujeitarem aos efeitos da hipoteca assumida pelo incorporador".[72]

Percebe-se, nessas situações, a flexibilização da separação absoluta do terceiro em relação ao contrato, com a *superação da dicotomia entre as partes e o terceiro*. Nesse contexto, a releitura do princípio da relatividade à luz do princípio da solidariedade e da função social do contrato conduz a duas consequências principais: quando alguém que não participe do contrato (terceiro) sofra as consequências do seu inadimplemento, e a hipótese inversa, quando terceiro contribua para o inadimplemento contratual por parte do devedor.[73]

Da mesma forma se observa com respeito às relações externas do contrato, quando, além dos direitos e deveres a que credor e devedor opõem-se mutuamente por força do princípio da relatividade, poderão ser identificados tanto *efeitos em relação a terceiros* quanto *efeitos diante do mercado*.[74] Nesse sentido, podem existir situações nas quais,

---

[71] STJ, REsp 187. 940, Rel. Min. Ruy Rosado Aguiar Júnior, j. 18.02.1999, *DJU* 21.06.1999, p. 164. No caso específico em comento, não houve a menção expressa à função social do contrato. Em outros acórdãos do STJ, contudo, decisões do mesmo sentido, do Ministro Luis Fux, fizeram referência expressa ao princípio como fundamento das suas decisões. Assim: "*Alienação de imóvel financiado pelo SFH. Mútuo hipotecário. Conhecimento do agente financeiro. Presunção de consentimento tácito*. 1. É cediço na Corte que 'passando o agente financeiro a receber do cessionário as prestações amortizadoras do financiamento, após tomar conhecimento da transferência do imóvel financiado a termo, presume-se que ele consentiu tacitamente com a alienação' (EREsp 70.684, rel. Min. Garcia Vieira, *DJ* 14.02.2000). 2. A alienação do imóvel objeto do contrato de mútuo operou-se em 1989, quando ainda inexistia exigência legal de que o agente financeiro participasse da transferência do imóvel, não estando a mesma vedada por nenhum dispositivo legal. Consequentemente, inaplicáveis as regras contidas na Lei 8.004/1990, que obriga a interveniência do credor hipotecário e a assunção, pelo novo adquirente, do saldo devedor existente na data da venda. 3. Situação fática em que o credor (Banco Itaú) foi notificado em três ocasiões sobre a transferência do contrato. Embora tenha manifestado sua discordância com o negócio realizado, permaneceu recebendo as prestações até o mês de abril de 1995, ensejando a anuência tácita da transferência do mútuo. 4. Consoante o princípio *pacta sunt servanda*, a força obrigatória dos contratos há de prevalecer, porquanto é a base de sustentação da segurança jurídica, segundo o vetusto Código Civil de 1916, de feição individualista, que privilegiava a autonomia da vontade e a força obrigatória das manifestações volitivas. Não obstante, esse princípio sofre mitigação, uma vez que sua aplicação prática está condicionada a outros fatores, como *v.g.*, a função social, as regras que beneficiam o aderente nos contratos de adesão e a onerosidade excessiva" (STJ, EDcl no REsp 573.059/RS, Rel. Min. Luiz Fux, j. 03.05.2005, *DJU* 30.05.2005, p. 216).

[72] FERREIRA DA SILVA, Luis Renato. A função social do contrato no novo Código Civil e sua conexão com a solidariedade social. In: SARLET, Ingo Wolfgang (org.). *O novo Código Civil e a Constituição*. Porto Alegre: Livraria do Advogado, 2003. p. 143-144.

[73] NEGREIROS, Teresa. *Teoria do contrato*: novos paradigmas. Rio de Janeiro: Renovar, 2002. p. 229.

[74] LORENZETTI, Ricardo L. *Tratado de los contratos*: parte general. Buenos Aires: Rubinzal Culzoni, 2004. t. I. p. 84.

em face de determinado contrato, se legitime a pretensão de terceiro que mantenha um segundo contrato com um dos contratantes originários, para que possa demandar o outro pelo descumprimento sucessivo do seu contrato em razão de situação ocorrida no primeiro pacto. Ricardo Lorenzetti cita, nesse caso, a relação contratual existente entre franqueador e franqueado, a qual poderá outorgar a quem realize contrato com este último a prerrogativa de demandar contra o primeiro na hipótese de ele ter dado causa ao descumprimento.[75] Da mesma forma, não se desconsidera a hipótese nas chamadas *redes contratuais*,[76] em que a prestação final ao último contratante dependa de uma série de contratações anteriores levadas a efeito por outros agentes econômicos, de modo que se possa reconhecer a pretensão ao último contratante que tenha sido prejudicado, para acionar aquele que tenha dado causa ao inadimplemento da prestação, independentemente da existência de contrato entre o agente econômico que deu causa ao prejuízo e a vítima.

O princípio da solidariedade, assim, apresenta-se como importante princípio informador do direito do consumidor, uma vez que promove a repartição de riscos sociais em vista da melhor satisfação dos consumidores vítimas de eventos no mercado de consumo, assim como fomenta uma nova compreensão do contrato para além dos efeitos tradicionais e exclusivos entre os contratantes, mas igualmente diante do mercado e de terceiros.

4.3 PRINCÍPIO DA BOA-FÉ

O princípio da boa-fé constitui-se em um dos princípios basilares do direito do consumidor, assim como no direito privado em geral. A boa-fé está prevista, expressamente, no artigo 4º, III, do CDC. É necessário distinguir, todavia, a *boa-fé subjetiva* da *boa-fé objetiva*. Quando se trata do princípio da *boa-fé,* faz-se referência, necessariamentem à *boa-fé objetiva*. Isso porque a boa-fé subjetiva não se trata de princípio jurídico, mas tão somente de um *estado psicológico* que se reconhece à pessoa e que constitui requisito presente no suporte fático presente em certas normas jurídicas, para produção de efeitos jurídicos.[77] A boa-fé subjetiva, nesse sentido, diz respeito, invariavelmente, à ausência de conhecimento sobre determinado fato ou, simplesmente, à falta da intenção de prejudicar outrem (assim, por exemplo, quando se diga que determinada pessoa "agiu de boa-fé").

A boa-fé objetiva, que se constitui em princípio do direito do consumidor e do direito privado em geral, tem sua origem remota no direito alemão, por intermédio do parágrafo 242 do Código Civil de 1900 (*BGB*). Este determina que os contratantes devem comportar-se de acordo com a boa-fé e os usos do tráfico. O desenvolvimento posterior dessa cláusula geral de boa-fé vai defini-la como fonte de deveres jurídicos não expressos,

---

[75] LORENZETTI, Ricardo L. *Tratado de los contratos*: parte general. Buenos Aires: Rubinzal Culzoni, 2004. t. I. p. 86.

[76] Para o tema, veja-se: LORENZETTI, Ricardo L. Redes contractuales: conceptualización jurídica, relaciones internas de colaboración, efectos frente a terceros. *Revista da Faculdade de Direito da UFRGS*, Porto Alegre, v. 16, 1999. p. 161 *et seq*.

[77] Assim, por exemplo, as regras do Código Civil quanto aos efeitos da posse de boa-fé sobre a existência ou não do possuidor sobre os frutos da coisa (artigo 1.214 do CC) ou, ainda, o requisito de boa-fé para a aquisição da propriedade por usucapião. Em ambos os casos, trata-se de falta de conhecimento do possuidor sobre determinado vício que inquinava sua posse, tornando-a irregular ou injusta.

ou seja, deveres que não estão estabelecidos na lei ou no contrato, mas que decorrem da incidência do princípio sobre determinada relação jurídica, implicando o reconhecimento de deveres jurídicos de conduta. Segundo ensina Karl Larenz, "o princípio da boa-fé significa que cada um deve guardar fidelidade com a palavra dada e não frustrar a confiança ou abusar dela, já que está forma a base indispensável de todas as relações humanas".[78] Para sua aplicação, por outro lado, vai reclamar um juízo valorativo segundo o que o momento e o lugar exijam, de acordo com as "exigências geralmente vigentes de justiça".[79]

Desse modo, o princípio da boa-fé objetiva implica a exigência, nas relações jurídicas, do respeito e da lealdade com o outro sujeito da relação, impondo um dever de correção e fidelidade, assim como o respeito às expectativas legítimas geradas no outro. O exercício da liberdade de contratar, ou dos direitos subjetivos de que se é titular por força da lei ou do contrato, não pode se dar em vista, exclusivamente, dos interesses egoísticos de uma das partes. Ao contrário, a boa-fé objetiva impõe que, ao atuar juridicamente, sejam levados em consideração também os legítimos interesses alheios, a fim de evitar seu desrespeito. Nesse sentido, como ensinou Clóvis do Couto e Silva, a aplicação do princípio da boa-fé tem uma função harmonizadora, conciliando o rigorismo lógico-dedutivo do século XIX, com as exigências éticas dos tempos atuais.[80] São três, basicamente, as funções do princípio da boa-fé objetiva: (a) *fonte autônoma de deveres jurídicos*; (b) *limite ao exercício de direitos subjetivos*; e (c) *critério de interpretação e integração dos negócios jurídicos*.[81]

Nas relações obrigacionais, o princípio da boa-fé implicará a mudança da própria forma como estas são compreendidas.[82] Em primeiro lugar, há a identificação da relação obrigacional não como algo estático, mas, sim, dinâmico, pressupondo a existência de uma fase de nascimento da obrigação e desenvolvimento dos deveres das partes e outra do seu adimplemento.[83] Nesse sentido, a conduta de acordo com a boa-fé, agindo com lealdade em relação aos outros, deve ser observada mesmo antes da formalização de determinada relação e, do mesmo modo, estende-se para além do momento de sua extinção formal.

Assim, por exemplo, ao considerar-se um contrato, a boa-fé objetiva impõe deveres tanto antes da sua celebração formal – como os deveres de informar corretamente, ou realizar uma oferta clara, sem equívocos – quanto durante a execução e após a sua extinção, podendo permanecer, findo o ajuste, deveres a serem respeitados pelas partes (por exemplo, a garantia contra vícios).

---

[78] LARENZ, Karl. *Derecho de obligaciones*. Trad. Jaime Santos Brinz. Madrid: Editorial Revista de Derecho Privado, 1958. t. I. p. 142.

[79] LARENZ, Karl. *Derecho de obligaciones*. Trad. Jaime Santos Brinz. Madrid: Editorial Revista de Derecho Privado, 1958. t. I. p. 143.

[80] COUTO E SILVA, Clóvis do. *A obrigação como processo*. Porto Alegre: UFRGS, 1964. p. 43.

[81] Com a vigência do Código Civil de 2002, também no direito civil passou-se a contar com o reconhecimento expresso do princípio da boa-fé objetiva, nos artigos 113, 187 e 422 da nova Lei: o artigo 113 prevendo sua função interpretativa; o artigo 187 reconhecendo-a como limite ao exercício dos direitos subjetivos; e o artigo 422 indicando-a como fonte autônoma de deveres jurídicos.

[82] Assim também no direito norte-americano, a partir do reconhecimento de um dever de boa-fé (*duty of good faith*), e sua caracterização como fonte de redistribuição de riscos contratuais e de obrigação de melhores esforços (*best efforts*), conforme: MURPHY, Edward J.; SPEIDEL, Richard E.; AYRES, Ian. *Studies in contract law*. 5. ed. Westbury, NY: The Foundation Press, Inc., 1997. p. 765.

[83] COUTO E SILVA, Clóvis do. *A obrigação como processo*. Porto Alegre: UFRGS, 1964. p. 47.

Da mesma forma, a incidência da boa-fé implica a multiplicação de deveres das partes. Assim, são observados não apenas os deveres principais da relação obrigacional (o dever de pagar o preço ou entregar a coisa, por exemplo) mas também deveres anexos ou laterais, que não dizem respeito diretamente com a obrigação principal, mas, sim, com a satisfação de interesses globais das partes, como os deveres de cuidado, previdência, segurança, cooperação, informação ou mesmo os deveres de proteção e cuidado relativos à pessoa e ao patrimônio da outra parte.[84]

No direito do consumidor, a eficácia do princípio da boa-fé objetiva é percebida sob diferentes aspectos. No que se refere ao contrato de consumo, o efeito vinculante do fornecedor em razão da oferta e da publicidade que faz veicular é resultado típico da incidência do princípio da boa-fé, visto que é protegida pela legítima expectativa gerada pela informação. Da mesma maneira, a sanção que o CDC estabelece para a falta de informação, por intermédio do seu artigo 46, o qual estabelece que os contratos não obrigam os consumidores "se não lhes for dada a oportunidade de tomar conhecimento prévio de seu conteúdo, ou se os respectivos instrumentos forem redigidos de modo a dificultar a compreensão de seu sentido e alcance".

O princípio da boa-fé impõe ao fornecedor, nesse sentido, um *dever de informar qualificado*, uma vez que não exige simplesmente o cumprimento formal do oferecimento de informações, senão o dever substancial de que estas sejam efetivamente compreendidas pelo consumidor. Nesse âmbito é que podem se desenvolver, de acordo com as peculiaridades da relação de consumo de que se trate, modos específicos sobre como devem ser cumpridas as exigências do princípio da boa-fé. É o caso do *dever de esclarecimento*, pelo qual o fornecedor é obrigado a informar sobre os riscos do serviço, as situações em que o mesmo é prestado, sua forma de utilização, entre outros aspectos relevantes da contratação.[85] Da mesma forma, o *dever de aconselhamento*, reconhecido nas relações de consumo existentes entre um profissional especialista e um não especialista, implicando o fornecimento das informações suficientes para que o consumidor possa realizar, de modo livre e consciente de todas as consequências possíveis, a decisão sobre qual o conteúdo do contrato que irá estabelecer.[86]

No que se refere aos *deveres de proteção e cuidado com relação à pessoa e ao patrimônio da outra parte*, o CDC igualmente prevê esse efeito decorrente do princípio da boa-fé ao consagrar os direitos do consumidor a saúde e segurança e ao estabelecer, em consequência, o dever do fornecedor de respeitá-los (artigos 8º a 10 do CDC). A própria estrutura da relação de responsabilidade civil no CDC reflete essa ideia, ao fazer uma distinção entre a responsabilidade pelo *fato* do produto ou do serviço e a responsabilidade pelo *vício* do produto ou do serviço, em razão do interesse tutelado do consumidor. No primeiro caso, protege-se a *segurança do consumidor* (artigos 12 a 14) e, no segundo, a *finalidade* pretendida por ele na realização do contrato de consumo (artigos 18 a 20).

---

[84] ALMEIDA COSTA, Mário Júlio de. *Direito das obrigações*. 9. ed. Coimbra: Almedina, 2004. p. 66-67.

[85] MARQUES, Claudia Lima. *Contratos no Código de Defesa do Consumidor*. 3. ed. São Paulo: Ed. RT, 1999. p. 112.

[86] MARQUES, Claudia Lima. *Contratos no Código de Defesa do Consumidor*. 3. ed. São Paulo: Ed. RT, 1999. p. 112.

PARTE I · Cap. 4 · PRINCÍPIOS GERAIS DO DIREITO DO CONSUMIDOR | **121**

Por fim, percebe-se, ainda, a eficácia do princípio da boa-fé objetiva em diversas situações em que o CDC expressamente limita o exercício da liberdade negocial e o exercício de direitos pelas partes de uma relação de consumo. A eficácia da boa-fé em matéria de exercício de direitos subjetivos é amplamente reconhecida pela doutrina e jurisprudência. O mestre português António Menezes Cordeiro, ao examinar as figuras típicas que resultam da limitação ao exercício de direitos, relaciona a *exceptio doli*, o *venire contra factum proprium*, a *supressio*, a *surrectio* e o *tu quoque*. A *exceptio doli* aparece como sendo a faculdade potestativa de paralisar o comportamento de outra parte na hipótese de dolo.[87] Quanto ao *venire contra factum proprium*, configura-se na proibição do comportamento contraditório,[88] ou seja, a proibição a que alguém que, tendo se conduzido de determinada maneira em razão da qual deu causa a expectativas legítimas da outra parte, venha a frustrar essa expectativa em virtude de comportamento diverso e inesperado. Por sua vez, a *supressio* caracteriza-se como a situação na qual um direito subjetivo que, não tendo sido exercido em certas circunstâncias, durante determinado lapso de tempo, não possa mais sê-lo por contrariar a boa-fé.[89] Em sentido parcialmente contrário, a *surrectio* é caracterizada como o fenômeno pelo qual há o surgimento de um direito não existente antes de forma jurídica, mas que era socialmente tido como presente.[90] Já o *tu quoque* caracteriza-se pela regra segundo a qual a pessoa que viole uma norma jurídica não pode, sem que se caracterize abuso, exercer a situação jurídica que essa mesma norma violada lhe tenha atribuído,[91] ou seja, recusa-lhe a possibilidade de que aja com pesos e medidas distintos em situações que lhe prejudicam e beneficiam, tomando em consideração uma mesma regra.

Em direito do consumidor, todavia, o efeito típico do princípio da boa-fé em matéria de limitação do exercício de liberdade ou direito subjetivo constitui-se em um preceito de proteção do consumidor, em face da atuação abusiva do fornecedor. A proteção do consumidor em relação ao abuso do direito por parte do fornecedor aparece em diversos momentos como a proibição da publicidade abusiva (artigo 37, § 2º), das práticas abusivas (artigo 39), assim como da cominação de nulidade absoluta às cláusulas contratuais abusivas. Nesses casos, entretanto, além do conteúdo material da conduta propriamente dita, o caráter abusivo é assinalado pela existência de posição dominante do fornecedor em face da vulnerabilidade do consumidor.[92] O caráter abusivo e a contrariedade à boa-fé resultam do fato de o fornecedor ter se aproveitado da sua posição de força perante o consumidor para impor-lhe condições desfavoráveis e, nesse sentido, violar os deveres de consideração impostos pelo princípio.

---

[87] MENEZES CORDEIRO, António Manuel da Rocha e. *Da boa fé no direito civil*. Coimbra: Almedina, 2001. p. 740.

[88] MENEZES CORDEIRO, António Manuel da Rocha e. *Da boa fé no direito civil*. Coimbra: Almedina, 2001. p. 742 *et seq.*

[89] MENEZES CORDEIRO, António Manuel da Rocha e. *Da boa fé no direito civil*. Coimbra: Almedina, 2001. p. 797.

[90] MENEZES CORDEIRO, António Manuel da Rocha e. *Da boa fé no direito civil*. Coimbra: Almedina, 2001. p. 816.

[91] MENEZES CORDEIRO, António Manuel da Rocha e. *Da boa fé no direito civil*. Coimbra: Almedina, 2001. p. 837.

[92] MIRAGEM, Bruno. Abuso do direito: ilicitude objetiva no direito privado brasileiro. *Revista dos Tribunais*, São Paulo, v. 842, p. 11-44, dez. 2005.

4.4 PRINCÍPIO DO EQUILÍBRIO

O reconhecimento da vulnerabilidade do consumidor e o caráter desigual com que este se relaciona com o fornecedor ressaltam a importância do princípio do equilíbrio no direito do consumidor. Este parte, exatamente, do pressuposto da vulnerabilidade do consumidor e, portanto, sustenta a necessidade de reequilíbrio da situação fática de desigualdade por intermédio da tutela jurídica do sujeito vulnerável. Da mesma forma, o princípio do equilíbrio incide sobre as consequências patrimoniais das relações de consumo em geral para o consumidor, protegendo o equilíbrio econômico das prestações do contrato de consumo.

Segundo ensina Laurence Fin-Langer, o princípio do equilíbrio pode ser visto desde um sentido descritivo, no qual constitui a explicação das normas de direito positivo que protegem o equilíbrio contratual, até em um sentido normativo, estabelecendo ele próprio uma conduta devida a ser observada pelas partes no direito dos contratos.[93] Em direito do consumidor, esse caráter descritivo decorre da interpretação e aplicação das normas que sustentam a proteção do equilíbrio do contrato, como é o caso do artigo 5º, V, e do artigo 51, ambos do CDC. Já, no que se refere ao seu caráter normativo, o princípio impõe que se estabeleça a proteção do equilíbrio das partes, sendo considerado como critério de interpretação das normas legais e do próprio contrato, assim como nas hipóteses de integração do negócio jurídico (artigo 51, § 2º), no preenchimento de eventuais lacunas.

Desse modo, é possível identificar, entre os efeitos básicos do princípio do equilíbrio sobre as relações de consumo: (a) a proteção da posição do consumidor em face da sua vulnerabilidade; (b) a proteção do equilíbrio econômico do contrato. Projeta-se, assim, como desenvolvimento do princípio da igualdade substancial presente da Constituição da República.[94]

A proteção da posição do consumidor em face de sua vulnerabilidade desenvolve-se, basicamente, a partir da limitação do campo de atuação do fornecedor, por conta de sua posição dominante, estabelecendo uma proibição geral ao abuso do direito.[95] Nesse sentido, o artigo 6º, IV, estabelece o direito básico do consumidor à "proteção contra a publicidade enganosa e abusiva, métodos comerciais coercitivos ou desleais, bem como contra práticas e cláusulas abusivas ou impostas no fornecimento de produtos e serviços". No caso das cláusulas abusivas, isso é representativo quando se observa que serão consideradas nulas pelo CDC não apenas as cláusulas contratuais relativas ao equilíbrio econômico das prestações das partes mas também aquelas que "coloquem o consumidor em desvantagem exagerada" (artigo 51, IV), independentemente do caráter dessa desvantagem, como é o caso da cláusula de eleição de foro diverso do domicílio do consumidor,[96] ou

---

[93] FIN-LANGER, Laurence. *L'équilibre contractuel*. Paris: LGDJ, 2002. p. 399-404.

[94] Nesse sentido: AZEVEDO, Antônio Junqueira de. Os princípios do atual direito contratual e a desregulamentação do mercado – direito de exclusividade nas relações contratuais de fornecimento – função social do contrato e responsabilidade aquiliana do terceiro que contribui com o inadimplemento contratual. *Estudos e pareceres de direito privado*. São Paulo: Ed. RT, 2004. p. 137-147. No mesmo sentido: NEGREIROS, Teresa. *Teoria do contrato*: novos paradigmas. 2. ed. São Paulo: Renovar, 2006. p. 157-158.

[95] L'HEREUX, Nicole. *Droit de la consommation*. 4. ed. Québec: Yvon Blais, 1993. p. 16-17.

[96] Assim decide o STJ: "*Conflito de competência. Ação de busca e apreensão. Contrato de financiamento. Alienação fiduciária. Cláusula de eleição de foro. Abusividade. Incidência do Código de Defesa do Consu-*

PARTE I · Cap. 4 · PRINCÍPIOS GERAIS DO DIREITO DO CONSUMIDOR | 123

da que pré-autoriza, de modo amplo, o fornecedor a agir em nome do consumidor para satisfazer interesse preponderante do representante (cláusula-mandato).

O equilíbrio da relação entre consumidor e fornecedor, de outro modo, é protegido não apenas pelo contrato, senão também pela responsabilidade civil extracontratual (pela regra da responsabilidade objetiva, sem culpa), assim como pelo equilíbrio processual das partes, garantido pelo papel ativo do juiz na lide, mas, principalmente, pela possibilidade de inversão do ônus da prova.

Por outro lado, o princípio do equilíbrio das relações de consumo também incide na proteção do equilíbrio econômico do contrato entre consumidor e fornecedor. Conforme ensina Teresa Negreiros: "A ênfase no tratamento paritário, em substituição à ênfase na liberdade não deixa de representar uma escolha com colorações valorativas. No domínio das relações contratuais, a concepção de justiça, outrora formulada em termos de autonomia e liberdade, altera-se profundamente à luz do princípio do equilíbrio econômico. Em lugar da liberdade, ressalta o valor social da liberdade e do equilíbrio que (...) aproxima a justiça contratual de uma certa tradição filosófica, a qual considera a regra da justiça uma regra de distribuição paritária, proporcional, e nesta medida, uma regra, em todos os seus sentidos e projeção social".[97]

A rigor, desde o direito romano, há preocupação do direito com o equilíbrio econômico do contrato, o que se traduziu pelo desenvolvimento do instituto da lesão enorme ao longo da história do direito privado.[98] Inicialmente, e até hoje, em face da previsão do artigo 157 do CC, a lesão exigirá – ao lado do equilíbrio objetivo do contrato – a presença de elemento subjetivo (inexperiência ou necessidade da parte prejudicada), da mesma forma como ocorre nas soluções de direito estrangeiro.[99]

Com a percepção crescente sobre a necessidade de proteção da utilidade das trocas econômicas e, no caso dos contratos de consumo, a posição vulnerável do consumidor, desenvolveram-se novas formas de proteção, com gradativo afastamento do elemento

---

midor. Possibilidade de reconhecimento de ofício. Precedentes. 1. Em se tratando de relação de consumo, tendo em vista o princípio da facilitação de defesa do consumidor, não prevalece o foro contratual de eleição, por ser considerada cláusula abusiva, devendo a ação ser proposta no domicílio do réu, podendo o juiz reconhecer a sua incompetência *ex officio*. 2. Conflito conhecido e declarado competente o juízo de direito da 3ª Vara Cível de Macaé/RJ, o suscitante" (STJ, CComp 48.097/RJ, Rel. Min. Fernando Gonçalves, j. 13.04.2005, *DJU* 04.05.2005, p. 153). Assinale-se, contudo, o entendimento do STJ de que a abusividade da cláusula de eleição de foro depende da caracterização, *in casu*, da violação do equilíbrio contratual, em prejuízo do consumidor: "*Conflito de competência. Foro de eleição em contrato*. Pelo Código de Defesa do Consumidor, o que afasta a eficácia de cláusula pactuada, caracterizando-a como abusiva e tornando-a nula de pleno direito, é a excessividade do ônus que acarreta. Ausente a demonstração da excessividade onerosa ao adquirente de equipamento médico de vultoso valor, capaz de conduzi-lo a desvantagem exagerada, mantida há de ser a cláusula acordada. Competência do juízo do foro de eleição, ficando prejudicado o agravo, por perda do objeto" (STJ, CComp 40.450/SP, Rel. Min. Castro Filho, j. 26.05.2004, *DJU* 14.06.2004, p. 155).

[97] NEGREIROS, Teresa. *Teoria do contrato*: novos paradigmas. 2. ed. São Paulo: Renovar, 2006. p. 169.

[98] Para detalhes, veja-se, por todos, o precursor do tema no direito brasileiro: PEREIRA, Caio Mário da Silva. *Lesão nos contratos*. 2. ed. Rio de Janeiro: Forense, 1959. p. 13 *et seq*.

[99] Nesse sentido preveem os Códigos Civis alemão (1900), italiano (1942) e português (1966). Para tanto, veja-se o estudo de BECKER, Anelise. *Teoria geral da lesão nos contratos*. São Paulo: Saraiva, 2000. p. 193.

subjetivo original (vontade, inexperiência, necessidade), a fim de aproximar-se de uma concepção vinculada à proteção do *interesse útil* do contrato.

O artigo 6º, V, estabelece o direito básico do consumidor à "modificação das cláusulas contratuais que estabeleçam prestações desproporcionais ou sua revisão em razão de fatos supervenientes que as tornem excessivamente onerosas". No caso, o CDC supera a tradicional visão do direito civil que autoriza a revisão dos contratos apenas na hipótese de imprevisão (quando "em face de fatos supervenientes e imprevisíveis", como refere o artigo 317 do CC). Consagra, nesse sentido, ampla possibilidade de revisão contratual quando esteja comprometido o equilíbrio econômico do contrato, esteja o desequilíbrio presente no momento da celebração do contrato ou em momento posterior. No caso, preserva-se, na hipótese, a *justiça contratual*, superando a exigência do requisito subjetivo (a imprevisibilidade), uma vez que busca tutelar exclusivamente a proteção do *sinalagma* (equilíbrio) entre as prestações. Para tanto, admite, inclusive, a redução do negócio jurídico, com a decretação da nulidade apenas da cláusula contratual abusiva que causa o desequilíbrio (artigo 51, § 2º, do CDC), sem a necessidade de anulação ou rescisão do negócio, como é a solução admitida pelo direito civil.

O princípio do equilíbrio em direito do consumidor, assim, revela-se ao lado do princípio da vulnerabilidade, como resultado do reconhecimento da desigualdade do consumidor nas relações de consumo e da necessidade de sua proteção pelo direito, cuja finalidade específica será garantir o equilíbrio dos interesses entre consumidores e fornecedores.

4.5 PRINCÍPIO DA INTERVENÇÃO DO ESTADO

O princípio da intervenção do Estado resulta do reconhecimento da necessidade da atuação do Estado na defesa do consumidor. A Constituição brasileira, ao consagrar o direito do consumidor como direito fundamental, o faz impondo ao Estado o dever de defesa desse direito.[100] Nessa perspectiva, impõe que, por intermédio da lei, intervenha no sentido de proteção do interesse do consumidor. Assim, não se exige do Estado a neutralidade ao arbitrar, via legislativa ou judicial, as relações entre consumidores e fornecedores. Ao contrário, o dever estatal de defesa do consumidor faz que, por exemplo, o Código de Defesa do Consumidor, nessa condição, estabeleça aos consumidores uma série de direitos subjetivos e aos fornecedores os respectivos deveres de respeitar e realizar tais direitos.

Essa situação resulta da nova concepção de Estado vigente, afastando-se da concepção originária do Estado Liberal, no qual este se limitava ao papel de árbitro dos conflitos interindividuais. Passa, então, a ter um papel ativo no processo econômico e social, inclusive com a tarefa precípua de organizar e recompor os diversos interesses presentes na sociedade.[101] Para tanto, a previsão de novos direitos fundamentais sociais e econômicos faz deste novo Estado Social um partícipe ativo na proteção e realização destes novos interesses. Como ensina J. J. Gomes Canotilho, "as tarefas constitucionalmente impostas ao Estado para concretização destes direitos devem traduzir-se na edição

---

[100] A respeito, veja-se: NISHIYAMA, Adolfo Mamoru. *A proteção constitucional do consumidor*. Rio de Janeiro: Forense, 2002. p. 71 *et seq.*

[101] ALMEIDA, João Batista de. *A proteção jurídica do consumidor*. 5. ed. São Paulo: Saraiva, 2006. p. 28.

PARTE I · Cap. 4 · PRINCÍPIOS GERAIS DO DIREITO DO CONSUMIDOR | **125**

de medidas concretas e determinadas, e não em promessa vagas e abstratas".[102] Nesse sentido, igualmente observa Eros Roberto Grau, para quem não configuram as medidas de defesa do consumidor meras expressões de ordem pública, senão que "sua promoção há de ser lograda mediante a implementação de específica normatividade e das medidas de caráter interventivo".[103]

O artigo 4º, II, do CDC estabelece que a ação governamental na defesa do consumidor será feita: "a) por iniciativa direta; b) por incentivos à criação e desenvolvimento de associações representativas; c) pela presença do Estado no mercado de consumo; d) pela garantia dos produtos e serviços com padrões adequados de qualidade, segurança, durabilidade e desempenho". Da mesma forma, o artigo 5º vai referir que essa atuação do Estado vai se dar, sem prejuízo de outros instrumentos, pela: "I – manutenção de assistência jurídica, integral e gratuita para o consumidor carente; II – instituição de Promotorias de Justiça de Defesa do Consumidor, no âmbito do Ministério Público; III – criação de delegacias de polícia especializadas no atendimento de consumidores vítimas de infrações penais de consumo; IV – criação de Juizados Especiais de Pequenas Causas e Varas Especializadas para a solução de litígios de consumo; V – concessão de estímulos à criação e desenvolvimento das Associações de Defesa do Consumidor".

No plano interno da relação de consumo, um dos efeitos mais sensíveis da intervenção do Estado é a limitação da eficácia jurídica da declaração da vontade do consumidor, visando a sua própria proteção. Considerando a vulnerabilidade do consumidor, bem como as características atuais do mercado de consumo, há, por intermédio do CDC, uma limitação da eficácia jurídica da declaração de vontade do consumidor, com vista a evitar seu comprometimento com disposições contratuais que lhe sejam prejudiciais (cláusulas abusivas, por exemplo) ou, ainda, que não lhe tenham sido suficientemente comunicadas (o artigo 46 do CDC estabelece que os contratos de que não tenha sido dado conhecimento prévio não obrigam o consumidor).

O princípio da intervenção do Estado se apresenta, por outro lado, pela função determinada a instituições públicas, como o Ministério Público e órgãos administrativos de defesa dos interesses dos consumidores, de atuar na proteção, implementação e efetividade dos direitos desse sujeito vulnerável, caracterizando-se como efeito do dever fundamental do Estado, estabelecido na Constituição da República.

4.6 PRINCÍPIO DA EFETIVIDADE

Na experiência brasileira, uma das grandes preocupações quanto ao seu sistema jurídico é o da efetividade da aplicação das normas integrantes do ordenamento jurídico. O problema da efetividade envolve, entre nós, tanto a questão do mero respeito à lei quanto o alcance dos seus resultados concretos.[104] São conhecidas as situações de desrespeito ou

---

[102] CANOTILHO, J. J. Gomes. *Direito constitucional e teoria da Constituição*. 2. ed. Coimbra: Almedina, 1998. p. 440.

[103] GRAU, Eros Roberto. *A ordem econômica na Constituição de 1988*. 8. ed. São Paulo: Malheiros Editores, 2003. p. 218.

[104] Tercio Sampaio Ferraz Jr. distingue, para a efetividade da norma, sobre a necessidade da presença de requisitos fáticos ou técnico-normativos, ou seja, se a norma jurídica simplesmente não é seguida espontaneamente por seus destinatários, ou se também não é exigida pelos tribunais, que, por isso, não

126 CURSO DE DIREITO DO CONSUMIDOR – *Bruno Miragem*

simples desconsideração da existência da lei, assim como os vários expedientes possíveis para evitar que ela produza os resultados concretos concebidos quando da sua elaboração.

Consciente dessa realidade, o legislador do CDC, em mais de uma oportunidade, indicou a necessidade de que a aplicação da norma deve ter em vista a proteção efetiva, ou eficiente, do consumidor. É o caso do artigo 4º, VI, do CDC, que determina a "coibição e repressão eficientes de todos os abusos praticados no mercado de consumo, inclusive a concorrência desleal e utilização indevida de inventos e criações industriais das marcas e nomes comerciais e signos distintivos, que possam causar prejuízos aos consumidores". Da mesma forma, o artigo 6º, VI, estabelece, entre os direitos básicos do consumidor, "a *efetiva* prevenção e reparação de danos patrimoniais e morais, individuais, coletivos e difusos".

Independentemente da referência expressa à efetividade da defesa do consumidor, percebe-se, pelas normas do CDC, uma preocupação evidente com a efetividade da tutela legal. Nesse sentido se orientam, por exemplo, as normas relativas à estipulação da responsabilidade solidária dos fornecedores pelos danos causados ao consumidor, à ampla previsão da desconsideração da personalidade jurídica do fornecedor, além das hipóteses tradicionalmente admitidas, "sempre que sua personalidade for, de alguma forma, obstáculo ao ressarcimento de prejuízos causados aos consumidores" (artigo 28, § 5º).

Da mesma forma se orientam as normas processuais previstas no CDC, prevendo a possibilidade da tutela coletiva de direitos difusos, coletivos e individuais homogêneos. Complementando essas normas, previu o legislador a legitimação ativa para interposição das ações, bem como a ampliação dos efeitos da coisa julgada e as novas possibilidades de liquidação e execução da sentença decorrente desses processos. Igualmente, encontram-se as amplas competências administrativas conferidas ao Estado para regulação, fiscaliza- ção e controle do mercado de consumo, assim como a criação do Sistema Nacional de Defesa do Consumidor, integrando os órgãos e as entidades com tal finalidade em todo o território nacional.

Em todos esses casos, observa-se a finalidade precípua do legislador, de assegurar a real aplicação das normas do CDC, buscando, com isso, alcançar os resultados práticos pretendidos pela norma. A presença de múltiplos órgãos e entidades, públicos e privados, assim como a multiplicação das técnicas de tutela de direitos (judicial ou administrativa), e a adoção de novos instrumentos visando à proteção *in concreto* dos direitos dos consu- midores revelam uma estratégia legislativa clara em benefício da efetividade da norma.

Por outro lado, o princípio da efetividade incide também sobre os processos de tomada de decisão de todas as autoridades (judiciais ou administrativas) que se ocupam da aplicação das normas do CDC, determinando-lhes, entre as diversas possibilidades de ação ou decisão, a opção necessária por aquela que proteja de modo mais efetivo o direito dos consumidores, o que resulta, em última análise, do dever de oferecer *máxima efetividade*[105] ao direito fundamental de defesa do consumidor.

---

sancionam sua violação (FERRAZ JR., Tercio Sampaio. *Introdução ao estudo do direito*: técnica, decisão, dominação. 2. ed. São Paulo: Atlas, 1994. p. 199).

[105] Sobre o dever dos agentes públicos e dos particulares de assegurar a máxima efetividade dos direitos fundamentais, veja-se a obra de: SARLET, Ingo Wolfgang. *A eficácia dos direitos fundamentais*. 6. ed. Porto Alegre: Livraria do Advogado, 2006. p. 381.

4.7 PRINCÍPIO DA HARMONIA DAS RELAÇÕES DE CONSUMO

O princípio da harmonia das relações de consumo é previsto no artigo 4º, III, do CDC, ao referir-se à "harmonização dos interesses dos participantes das relações de consumo" – no caso, o consumidor e o fornecedor. A noção de harmonia de interesses das partes, na verdade, apresenta-se no direito já quando, com fundamento na boa-fé, se considera, na relação jurídica moderna, que os interesses de seus sujeitos não são contrapostos, mas complementares, com vista a sua satisfação, levando a relação obrigacional à extinção.[106]

A harmonia indicada pelo CDC, todavia, pressupõe a igualdade substancial das partes, razão pela qual suas normas, uma vez que protegem o consumidor, devem ter por objetivo a garantia dessa igualdade material. Contudo, a proteção da harmonia e do equilíbrio, da mesma forma, não impõe ao fornecedor gravames excessivos,[107] mas exclusivamente aqueles vinculados à natureza de sua atividade e à proteção dos interesses legítimos dos sujeitos da relação. Nesse sentido, é válido considerar que o CDC protege o consumidor de boa-fé, não aquele que se oculta por trás de suas normas para a obtenção de vantagens indevidas. Assim é, por exemplo, na situação em que as normas de proteção do CDC autorizam o enriquecimento do consumidor em detrimento do fornecedor. São os casos da obrigação de devolução em dobro de valores cobrados indevidamente (artigo 42, parágrafo único), ou, ainda, quando se estabelece que o produto ou serviço oferecido enviado ao consumidor sem prévio consentimento seu desobriga o pagamento (artigo 39, parágrafo único). Nesses casos, o eventual enriquecimento do consumidor decorre de uma conduta abusiva do fornecedor e, nesse sentido, é vislumbrado como sanção desse comportamento. Em outros casos, como na hipótese de decretação da cláusula abusiva, o direito do consumidor à manutenção do negócio jurídico só se realiza quando o contrato se torna equilibrado sem a cláusula nula, ou, ainda, quando o juiz realiza sua integração. Caso contrário, resultando um desequilíbrio insanável, apesar dos *esforços de integração do juiz* (artigo 51, § 2º), haverá o reconhecimento da invalidade de todo o contrato.

Daí por que os interesses de consumidores e fornecedores não devem ser necessariamente contrários. A defesa do consumidor, como princípio constitucional, informa a ordem econômica, que, por sua vez, é fundada nos valores do *trabalho* e da *livre-iniciativa* (artigo 170). Nesse sentido, a pretendida harmonia de interesses, ainda que se trate de norma-objetivo,[108] deve ser considerada em conjunto com a boa-fé para efeito de obtenção de maior justiça no mercado de consumo.

4.8 PRINCÍPIO DA PREVENÇÃO E TRATAMENTO DO SUPERENDIVIDAMENTO

A Lei 14.181/2021 incluiu, no artigo 4º do CDC, dois incisos, IX e X, definindo, como princípios da Política Nacional das Relações de Consumo, o "fomento de ações

---

[106] Nesse sentido: COUTO E SILVA, Clóvis do. *A obrigação como processo*. Porto Alegre: UFRGS, 1964. p. 11-12.

[107] STJ, REsp 1.794.991/SE, 3ª Turma, Rel. Min. Nancy Andrighi, j. 05.05.2020, *DJe* 11.05.2020.

[108] GRAU, Eros Roberto. *A ordem econômica na Constituição de 1988*. 8. ed. São Paulo: Malheiros Editores, 2003. p. 145.

direcionadas à educação financeira e ambiental dos consumidores" e a "prevenção e tratamento do superendividamento como forma de evitar a exclusão social do consumidor."

A sociedade de consumo contemporânea sustenta-se no crédito. O protagonismo da atividade financeira nos sistemas econômicos é incontornável, de modo que o consumidor, para adquirir produtos e serviços no mercado, deve estar inserido no mercado de crédito. O estímulo ao consumo associado à oferta de crédito aos consumidores, de um lado, facilita essa aquisição de produtos e serviços, muitos dos quais, não fosse a possibilidade da obtenção de empréstimo ou financiamento, só poderiam ser adquiridos depois de muito tempo, mediante poupança e acumulação dos recursos necessários. Por outro lado, o crédito para o consumo também tem a finalidade de atender a necessidades imprevistas pelo consumidor que lhe demandem despesas extraordinárias.

A concessão de crédito mediante empréstimos, financiamentos ou outro modo de tornar disponível recursos financeiros ao consumidor por instituições financeiras é objeto da relação de consumo, assim como a aquisição de produtos e serviços a prazo. Contudo, envolve riscos de parte a parte, seja do fornecedor que concede o crédito, em relação ao inadimplemento do consumidor, seja deste diante das consequências do não pagamento, em especial a restrição de celebração de novos contratos de consumo, ou a perda do seu patrimônio para satisfazer a dívida. Daí a relevância do tema para o direito do consumidor, a fim de prever normas que busquem tanto prevenir situações de endividamento excessivo ("super"), que dificultem ou impeçam o pagamento pelo consumidor de suas dívidas, quanto, configurado o superendividamento, prever um modo específico de facilitação do adimplemento, mediante estímulo à renegociação das dívidas,[109] assim como intervenção do Estado, por intermédio do Poder Judiciário, para revisar e repactuar os contratos que lhe dão origem.

Tais normas foram incluídas no CDC, também pela Lei 14.181/2021, com a inclusão de capítulo próprio ("Capítulo VI-A: Da prevenção e tratamento do superendividamento"). No tocante à prevenção, destacam-se normas que asseguram o cumprimento detalhado e efetivo do dever de esclarecimento do consumidor sobre a oferta e a publicidade de crédito, assim como sanções por sua violação. Em relação ao denominado tratamento do superendividamento, a previsão de processos específicos promovendo a renegociação e conciliação global das dívidas de consumo e, se inexitoso, a revisão e repactuação, com a definição de plano judicial compulsório para pagamento, somam-se a novos poderes conferidos ao juiz para permitir a satisfação das dívidas.

No tocante ao princípio previsto no artigo 4º, X, do CDC, contudo, merece destaque a vinculação entre a prevenção e o tratamento do superendividamento e a sua finalidade de "evitar a exclusão social". Trata-se do reconhecimento jurídico-normativo de que: (a) a capacidade de consumir é condição de inclusão social na sociedade de consumo; e (b) a conexão entre a proteção do consumidor e o direito de acesso a bens necessários à preservação da sua dignidade, expressão do direito fundamental de defesa do consumidor

---

[109] O estímulo à renegociação de dívidas aqui deve ser considerado, preferencialmente, a partir do procedimento definido pela Lei 14.181/2021, e incluído no CDC. Sem prejuízos de outras iniciativas, como programas governamentais específicos (por exemplo, o previsto pela Medida Provisória 1.176/2023, Programa "Desenrola Brasil") para atender a situações conjunturais, mas que não se confundem com o procedimento legal para assegurar a efetividade do direito do consumidor à renegociação.

(artigo 5º, XXXII, da Constituição da República). Desse modo, o princípio previsto no artigo 4º, X, do CDC não apenas justifica a disciplina dada ao tema em capítulo próprio como também condiciona a interpretação e a concreção das suas disposições. Terá especial relevância, embora a isso não se restrinja, para a concreção do conceito de mínimo existencial previsto na legislação (artigos 6º, XI e XII, 54, § 1º, 104-A e 104-C, § 1º, do CDC) e cujo sentido, seja pelo intérprete, seja pelo titular da competência regulamentar (uma vez que será definido "nos termos da regulamentação"), não pode consagrar resultado que deixe de evitar a exclusão social, frustrando os objetivos explícitos da norma. Como bem sinaliza a doutrina, a garantia de uma existência digna, "abrange mais do que a garantia de mera sobrevivência física (...) situando-se, de resto, além do limite da pobreza absoluta. Sustenta-se, neste sentido, que se uma vida sem alternativas não corresponde às exigências da dignidade humana, a vida humana não pode ser reduzida à mera existência".[110] Nesses termos, o princípio se converte em critério para exame da conformidade da interpretação e aplicação das normas que integram a disciplina da prevenção e do tratamento do superendividamento.

---

[110] SARLET, Ingo Wolfgang. Mínimo existencial e relações privadas: algumas aproximações. In: MARQUES, Claudia Lima; CAVALAZZI, Rosângela Lunardelli; LIMA, Clarissa Costa de (org.). *Direitos do consumidor endividado II*: vulnerabilidade e inclusão. São Paulo: Ed. RT, 2016. p. 117.

5
A RELAÇÃO JURÍDICA DE CONSUMO

A identificação da *relação de consumo* e seus elementos é o critério básico para determinar o âmbito de aplicação do Código de Defesa do Consumidor e, portanto, das *normas de direito do consumidor*. Observa-se, aliás, que uma das mais recorrentes alegações de fornecedores para escapar à aplicação das normas protetivas do consumidor é de que a relação sob exame em determinado processo não pode ser caracterizada como relação de consumo. Nesse sentido, destaca-se a importância do estudo da definição do que se deva entender como *relação de consumo*, assim como a identificação de seus elementos para efeito da aplicação das normas do CDC.

A doutrina jurídica distingue, entre os elementos de uma relação jurídica, os sujeitos, o objeto, o fato jurídico e a garantia.[1] No caso, a definição do âmbito de aplicação da lei especial do consumidor, visando à sua proteção em determinadas relações nas quais ostente essa qualidade, impõe, antes de tudo, a definição conceitual dos seus elementos constitutivos.

5.1 CONSIDERAÇÕES INICIAIS

É preciso referir que, de acordo com a técnica legislativa adotada no direito brasileiro, não existe, no CDC, uma definição específica sobre o que seja *relação de consumo*. Optou o legislador nacional por conceituar os sujeitos da relação, *consumidor* e *fornecedor*, assim como seu objeto, *produto* ou *serviço*. No caso, são considerados conceitos relacionais e dependentes. Só existirá um *consumidor* se também existir um *fornecedor*, bem como um *produto* ou *serviço*. Os conceitos em questão não se sustentam por si mesmos nem podem ser tomados isoladamente. Ao contrário, as definições são dependentes umas das outras, devendo estar presentes para ensejar a aplicação do CDC.

Todavia, o âmbito de aplicação do CDC define-se tanto *ratione personae*, a partir da definição do conceito de consumidor, quanto *ratione materiae*,[2] pela exclusão expressa de determinadas relações do âmbito de aplicação da norma, como é o caso das relações trabalhistas e dos contratos administrativos, cada qual com leis específicas para sua regulação.

---

[1] MOTA PINTO, Carlos Alberto da. *Teoria geral do direito civil*. 3. ed. Coimbra: Coimbra Editora, 1996. p. 168.

[2] MARQUES, Claudia Lima. *Contratos no Código de Defesa do Consumidor*. 4. ed. São Paulo: Ed. RT, 2003. p. 252.

5.2 A DEFINIÇÃO JURÍDICA DE CONSUMIDOR

A definição jurídica de consumidor é estabelecida pelo CDC por intermédio do seu artigo 2º, que estabelece o conceito de *consumidor-padrão, standard*, o qual vai ser complementado por outras três definições, a que a doutrina majoritária qualifica como espécies de *consumidores equiparados*, uma vez que, independentemente de se caracterizarem como tal pela realização de um do ato material de consumo, são referidos desse modo para permitir a aplicação da tutela protetiva do CDC em favor da coletividade, das vítimas de um acidente de consumo ou mesmo de um contratante vulnerável, exposto ao poder e à atuação abusiva do parceiro negocial mais forte.

5.2.1 O consumidor *standard*

O artigo 2º do CDC estabelece: "Consumidor é toda pessoa física ou jurídica que adquire ou utiliza produto ou serviço como destinatário final". A aparentemente simples definição legal, na verdade, permite, a partir de uma rápida interpretação, concluir que: (a) consumidores serão pessoas naturais ou jurídicas. Logo, tanto uma quanto outra poderão estar sob a égide das normas de proteção do CDC; (b) será consumidor tanto quem *adquirir*, ou seja, contratar a aquisição de um produto ou serviço, quanto quem apenas *utilizar* esse produto ou serviço. Logo, é possível concluir que a relação de consumo pode resultar de um contrato, assim como pode se dar apenas em razão de uma relação meramente de fato (um *contato social*),[3] que, por si só, determina a existência de uma relação de consumo.

Por outro lado, o critério que oferece maior desafio para a definição do *consumidor standard* é a interpretação da expressão *destinatário final*. Isso porque, em geral, vai se considerar o consumidor, para efeito de justificar a proteção legal que recebe, como o leigo, o não profissional que adquire produto ou serviço de um profissional, especialista, que, por isso, se coloca em posição mais favorável, caracterizando a vulnerabilidade do consumidor.[4]

Ocorre que expressão *destinatário final* admite distintas interpretações. Por ela podemos identificar, em um primeiro momento, aquela que implica a utilização do bem, mediante sua destruição, aproximando-se do conceito de bens consumíveis, presente no direito civil. Por outro lado, por destinatário final se pode identificar como sendo o *destinatário fático*, ou seja, aquele que, ao realizar o ato de consumo (adquirir ou utilizar), retira o produto ou serviço do mercado de consumo, usufruindo, de modo definitivo, sua utilidade.

---

[3] A noção de *contato social* deriva da sociologia (nesse sentido, veja-se: WIESE, Leopold; BECKER, H. O contacto social. In: CARDOSO, Fernando Henrique; IANNI, Octávio (org.). *Homem e sociedade*: leituras básicas de sociologia geral. São Paulo: Companhia Editora Nacional, 1961. p. 145-161), tendo sido incorporada ao direito ao passar a ser reconhecida tanto como fonte de efeitos jurídicos quanto entre estrangeiros como Dölle, no direito alemão, para quem esse contato negocial é apto a determinar o surgimento de deveres jurídicos. Assim MARQUES, Claudia Lima. *Contratos no Código de Defesa do Consumidor*. 4. ed. São Paulo: Ed. RT, 2003. p. 615. Em direito brasileiro, é Clóvis do Couto e Silva quem vai determiná-lo como fonte de obrigações: COUTO E SILVA, Clóvis do. *A obrigação como processo*. Porto Alegre: UFRGS, 1964. p. 91-94.

[4] BOURGOIGNIE, Thierry. *Éléments pour une théorie du droit de la consommation*. Bruxelles: Story-Scientia, 1988. p. 60-61.

PARTE I · Cap. 5 · A RELAÇÃO JURÍDICA DE CONSUMO | **133**

Todavia, ainda se pode considerar como destinatário final quem não apenas retira o produto ou serviço do mercado de consumo mas também, ao fazê-lo, *exaure sua vida econômica*, ou seja, não apenas o retira do mercado como também não volta a reempregá--lo, tornando-se, por isso, o *destinatário fático e econômico* do produto ou serviço em questão. Neste último caso, é destinatário final por ter praticado ato de consumo, e não pela aquisição de insumos[5] que posteriormente reempregará na atividade no mercado, transformando-os em outros produtos ou aproveitando-os no oferecimento de outro serviço.[6]

A definição da expressão *destinatário final* e, por consequência, a definição de consumidor admitem, portanto, diversas interpretações. Sustentamos, entretanto, que o conceito de consumidor deve ser interpretado a partir de dois elementos, quais sejam: (a) a aplicação do princípio da vulnerabilidade e (b) a destinação econômica não profissional do produto ou do serviço. Assim, em linha de princípio e tendo em vista a teleologia da legislação protetiva, deve-se identificar *o consumidor como o destinatário final fático e econômico do produto ou serviço*.

Isso porque, ainda que, quando do seu surgimento, o CDC tenha assumido o caráter de lei renovadora do direito privado[7] – em face das deficiências do Código Civil de 1916, vigente à época –, hoje, com a incorporação de muitos dos avanços legislativos trazidos pelo CDC no Código Civil de 2002, não se justifica essa ampliação do âmbito de sua aplicação. Como ensina Eros Roberto Grau, a defesa do consumidor serve à proteção da parte fraca contra as formas assimétricas de mercado.[8] Logo, não deve tutelar situações em que essa assimetria não exista.

---

[5] "Sistema Financeiro da Habitação. Mutuário empresário que explora o ramo da construção civil. Incidência do Código de Defesa do Consumidor não autorizada. Limitação dos juros com fundamento no artigo 25 da Lei 8.962/93. Impossibilidade. Capitalização de juros pela aplicação da tabela Price. Súmulas 5 e 7/STJ. I. A empresa do ramo de construção civil que capta recursos do Sistema Financeiro da Habitação para fomentar a sua atividade comercial não pode ser considerada consumidora para efeito da aplicação das regras protetivas da Lei 8.078/90. II – A interpretação gramatical e sistêmica do artigo 25 da Lei 8.962/93 autoriza concluir que a limitação dos juros ali estabelecida alcança apenas os 'adquirentes da casa própria'. Excluídos, portanto, aqueles mutuários que contraem financiamento para construir unidades habitacionais destinadas à venda. III – Nos contratos celebrados no âmbito do Sistema Financeiro da Habitação, é vedada a capitalização de juros em qualquer periodicidade. Não cabe ao STJ, todavia, aferir se há capitalização de juros com a utilização da Tabela Price, por força das Súmulas 5 e 7/STJ. IV – Recurso especial parcialmente provido" (STJ, REsp 917.463/RS, 3ª Turma, Rel. Min. Sidnei Beneti, j. 02.12.2010, *DJe* 16.02.2011). Sobre a inaplicabilidade do CDC para aquisição de insumos por grande produtor rural: STJ, AgInt no REsp 1.656.318/MT, 3ª Turma, Rel. Min. Moura Ribeiro, j. 15.08.2022, *DJe* 17.08.2022.

[6] "Processual Civil e Consumidor. Agravo no Agravo de Instrumento. Ação de indenização por perdas e danos. Exceção de incompetência. Aquisição de equipamentos médicos. CDC. Inaplicabilidade. Validade da cláusula de eleição de foro. Em se tratando de contrato de aquisição de equipamento médico, não se aplica o CDC, sendo válida a cláusula que estipula a eleição de foro. Agravo no agravo de instrumento não provido" (STJ, AgRg no Ag 1.303.218/MS, 3ª Turma, Rel. Min. Nancy Andrighi, j. 16.11.2010, *DJe* 24.11.2010).

[7] Nesse sentido, veja-se: TEPEDINO, Gustavo. As relações de consumo e a nova teoria contratual. *Temas de direito civil*. Rio de Janeiro: Renovar, 1999. p. 199-215.

[8] GRAU, Eros Roberto. *A ordem econômica na Constituição de 1988*. 8. ed. São Paulo: Malheiros Editores, 2003. p. 218.

Antônio Herman Benjamin, em conhecido trabalho anterior ao CDC, definiu consumidor como sendo "todo aquele que, para seu uso pessoal, de sua família, ou dos que se subordinam por vinculação doméstica ou protetiva a ele, adquire ou utiliza produtos, serviços, ou quaisquer outros bens ou informação colocados a sua disposição por comerciantes ou por qualquer outra pessoa natural ou jurídica, no curso de sua atividade ou conhecimento profissionais".[9]

O conceito, embora de grande relevo, não se coaduna com o sentido em seguida positivado no CDC, que, expressamente, inclui a pessoa jurídica como consumidora. No direito comparado, conforme ensina Claudia Lima Marques, sobretudo no que se refere aos sistemas francês e alemão, assim como no direito italiano,[10] a tendência tem sido de indicar o conceito de consumidor ao não profissional. No direito francês, essa tendência só é afastada quando se trata de pequenos empresários ou profissionais liberais, que eventualmente se apresentem em situação de vulnerabilidade que justifique a aplicação na relação das normas de proteção previstas no *Code de la Consommation*.[11] Por outro lado, no direito alemão, após a reforma do seu Código Civil (ano 2000), introduziu-se o § 13 com a definição de consumidor nos seguintes termos: "Consumidor e a pessoa física que conclui um negócio jurídico, cuja finalidade não tem ligação comercial ou com sua atividade profissional".[12]

Desse modo, mesmo os tribunais brasileiros, atualmente, não são unânimes na aplicação de um critério para definição de consumidor. Observa-se, na jurisprudência, assim, a identificação tanto de entendimentos qualificando o consumidor e aplicando o CDC para destinatários finais meramente fáticos – que, inclusive, reempregam o produto ou serviço em uma atividade econômica, fazendo que retornem ao mercado – quanto dos que adotam o critério da destinação final fática e econômica, exigindo que o emprego ou a utilização do produto ou serviço seja não profissional, ou, ainda, que o adquirente possua essa qualidade (sendo também o destinatário final um não profissional, e não apenas o modo de utilização do bem)[13]. Nesse caso, a noção de não profissional também

---

[9]   BENJAMIN, Antônio Herman V. O conceito jurídico de consumidor. *Revista dos Tribunais*, São Paulo, v. 628, fev. 1988. p. 78.

[10]   Assim o artigo 3º, 1, *a*, do *Codice del Consumo* italiano, que define: "consumatore o utente: la persona fisica che agisce per scopi stranei all'attivittà impreditoriale o professionale eventualmente svolta". Veja-se o texto do Código, na íntegra, na *Revista de Direito do Consumidor*, São Paulo, v. 57, p. 344-399, jan.-mar. 2006. Segundo Andrea Marighetto, essa definição legal parte do pressuposto de que "a pessoa jurídica opera sempre com carter necessariamente profissional, enquanto exercita a própria atividade em medida organizada e não ocasional" (MARIGHETTO, Andrea. Proposta de leitura comparativa e sistemática do Código de Consumo italiano. *Revista de Direito do Consumidor*, São Paulo, v. 80, p. 13-47, out.-dez. 2011).

[11]   CALAIS-AULOY, Jean; STEINMETZ, Frank. *Droit de la consommation*. 5. ed. Paris: Dalloz, 2000. p. 11-17.

[12]   MARQUES, Claudia Lima. *Contratos no Código de Defesa do Consumidor*. 4. ed. São Paulo: Ed. RT, 2003. p. 263.

[13]   "Recursos Especiais. Processual Civil e Direito do Consumidor. Omissão. Não constatação. Matéria constitucional. Inviabilidade. Reexame de provas em recurso especial. Óbice sumular. Relação entre distribuidores e postos revendedores de combustíveis. Mercantil. 1. Não caracteriza omissão quando o tribunal adota outro fundamento que não aquele defendido pela parte. 2. Embora seja dever de todo magistrado velar pela Constituição Federal, para que se evite a supressão de competência do egrégio STF, não se admite a apreciação, na via especial, de matéria constitucional. 3. Orienta a Súmula 07 desta Corte que a pretensão de simples reexame de provas não enseja recurso especial. 4. A relação existente entre distribuidores e

PARTE I · Cap. 5 · A RELAÇÃO JURÍDICA DE CONSUMO | 135

suscita questionamentos. No caso, se por não profissional há de se entender aquele que não visa ao lucro em suas atividades ou, à parte do lucro, o que não seja especialista em sua atividade. Considere-se uma instituição assistencial, uma fundação ou um clube de mães que não visam ao lucro, podem ser considerados profissionais? Parece-nos que a resposta, nesses casos, deve ser negativa.

Nosso entendimento é de que *consumidor é pessoa física ou jurídica que adquire ou utiliza produto ou serviço como destinatário final fático e econômico*, isto é, sem reempregá-lo no mercado de consumo com o objetivo de lucro. Admite-se, todavia, em caráter excepcional, que agentes econômicos de pequeno porte, quando comprovadamente vulneráveis, e sem o dever de conhecimento sobre as características de determinado produto ou serviço, ou sobre as consequências de determinada contratação, possam ser considerados consumidores para efeito de aplicação das normas do CDC.

A referência à vulnerabilidade do consumidor, até porquanto resulte de presunção absoluta da lei, determina a interpretação do conceito de consumidor como aquele que adquire ou utiliza produto ou serviço como destinatário final fático ou econômico. Há, portanto, uma relação necessária de subordinação. Fora disso, o próprio CDC permitirá diversas equiparações para efeito da aplicação das suas normas.

5.2.2   O consumidor equiparado

Como já se referiu, ao lado do conceito de consumidor *standard*, presente no artigo 2º, *caput*, o CDC estabeleceu três definições de consumidor equiparado, ou seja, que se consideram consumidor por equiparação, com a finalidade de permitir a aplicação das normas de proteção previstas no Código. São os casos do artigo 2º, parágrafo único, artigo 17 e artigo 29 do CDC. Em todos eles, o que se percebe é a desnecessidade da existência de um ato de consumo (aquisição ou utilização direta), bastando, para incidência da norma, que esteja o sujeito exposto às situações previstas no Código, seja na condição de integrante de uma coletividade de pessoas (artigo 2º, parágrafo único), como vítima de um acidente de consumo (artigo 17), seja como destinatário de práticas comerciais, e de formação e execução do contrato (artigo 29).

5.2.2.1   *O artigo 2º, parágrafo único, do CDC: a coletividade*

Prevê o artigo 2º, parágrafo único, do CDC, que: "Equipara-se a consumidores a coletividade de pessoas, ainda que indetermináveis, que haja intervindo nas relações de consumo". O sentido dessa equiparação é o de fazer abranger pelas normas do CDC não apenas os consumidores atuais, participantes reais de relações de consumo, como também a consideração da universalidade, do "conjunto de consumidores de produtos ou

---

revendedores de combustíveis, em regra, não é de consumo, sendo indevida a aplicação de dispositivos do Código de Defesa do Consumidor, especialmente para admitir a postergação do pagamento de mercadorias. 5. Recursos especiais parcialmente conhecidos para, na extensão, dar parcial provimento apenas ao da Distribuidora, para reconhecer como indevida a aplicação do Código de Defesa do Consumidor e, por conseguinte, afastar a possibilidade de postergação, pelo autor, do pagamento de combustíveis" (STJ, REsp 782.852/SC, 4ª Turma, Rel. Min. Luis Felipe Salomão, j. 07.04.2011, *DJe* 29.04.2011).

serviços, ou mesmo o grupo, classe ou categoria deles".[14] A finalidade da equiparação é instrumental. No caso, serve para fundamentar a tutela coletiva dos direitos e interesses difusos, coletivos e individuais homogêneos estabelecidos no artigo 81 e ss. do CDC.

Note-se que essa definição estabelece como consumidor mesmo quem não seja determinado, mas que "haja intervindo nas relações de consumo". A questão que se apresenta, todavia, diz respeito justamente à natureza dessa intervenção nas relações de consumo de que trata o preceito. Ou seja, a qualidade dessa intervenção no mercado de consumo exige a realização de um ato de consumo, a aquisição ou a utilização de produto ou serviço, ou, ao contrário, basta o fato de estar exposto ao mercado, na condição de consumidor potencial?

A relação jurídica básica que vincula os sujeitos da relação no caso da equiparação não é a existência de ato de consumo, mas a mera situação do consumidor como membro de uma coletividade cuja intervenção no mercado de consumo não precisa ser necessariamente ativa (realizando um ato de consumo), mas pode se configurar simplesmente pela subordinação aos efeitos da ação dos fornecedores no mercado. Nesse sentido, como membro de uma coletividade de pessoas, sofrerá, da mesma forma que os demais membros, os efeitos dessa intervenção, razão pela qual poderá ter seus interesses reconhecidos e protegidos por intermédio das regras relativas à tutela coletiva de direitos prevista no CDC. Daí por que se deve considerar como coletividade de pessoas que haja intervindo nas relações de consumo não apenas os que tenham realizado atos de consumo (adquirido ou utilizado produto ou serviço), mas, sim, todos que estejam expostos às práticas dos fornecedores no mercado de consumo.

5.2.2.2 O artigo 17 do CDC: as vítimas de acidentes de consumo

O artigo 17 do CDC estabelece: "Para os efeitos desta seção, equiparam-se aos consumidores todas as vítimas do evento". A seção em questão é a que regula a responsabilidade dos fornecedores por fato do produto ou do serviço, qual seja, a responsabilidade por danos à saúde, à integridade ou ao patrimônio do consumidor (*acidentes de consumo*). Desse modo, consideram-se consumidores equiparados todas as vítimas de um acidente de consumo, não importando se tenham ou não realizado ato de consumo (adquirido ou utilizado produto ou serviço). Basta, para ostentarem tal qualidade, que tenham sofrido danos decorrentes de um acidente de consumo (fato do produto ou do serviço). Trata-se da extensão para o terceiro (*bystander*) que tenha sido vítima de um dano no mercado de consumo, e cuja causa se atribua ao fornecedor,[15] da qualidade

---

[14] FILOMENO, José Geraldo Brito et al. *Código Brasileiro de Defesa do Consumidor*: comentado pelos autores do anteprojeto. 8. ed. Rio de Janeiro: Forense Universitária, 2005. p. 38.

[15] "Recurso especial. Ação indenizatória. Danos oriundos de quebra de safra agrícola. Defensivo agrícola ineficaz no combate à 'ferrugem asiática'. Aplicação do Código de Defesa do Consumidor por equiparação. Responsabilidade objetiva. Redação do parágrafo único do artigo 927 do Código Civil. Fundamentação do acórdão não impugnada. Súmula 283/STF. Ônus da prova. Inversão. Não ocorrência. Prescindibilidade atestada pelo acórdão. Deficiência na fundamentação recursal. Súmula 284/STF. Necessidade de reexame de provas. Impossibilidade. Súmula 7/STJ. Dano moral. Configuração. Honorários advocatícios. Arbitramento irrisório. Não ocorrência. Inexistência de correlação necessária com o valor da causa. 1. Com relação à apontada ofensa ao artigo 2º do Código de Defesa do Consumidor, ao argumento de não incidência da norma consumerista ao caso concreto, o acórdão recorrido apresentou fundamento, suficiente à manutenção de suas conclusões, que não foi impugnado pela recorrente: 'mesmo que o caso não configurasse relação de consumo, a responsabilidade da apelada seria objetiva, afinal ninguém há de negar que a fabri-

PARTE I · Cap. 5 · A RELAÇÃO JURÍDICA DE CONSUMO | 137

de consumidor, da proteção indicada pelo regime de responsabilidade civil extracontratual do CDC.[16]

Assim, por exemplo, o transeunte que, passando pela calçada, é atingido pela explosão de um caminhão de gás que realizava entregas ou quem é ferido pelos estilhaços de uma garrafa de refrigerante que explode em um supermercado ou pelos cacos de vidro de garrafas deixadas na calçada pelo distribuidor de determinado fabricante de cervejas,[17] mesmo não tendo uma relação de consumo em sentido estrito com o fornecedor, equipara-se a consumidor para efeito da aplicação das normas do CDC.

A regra da equiparação do CDC parte do pressuposto de que a garantia de qualidade do fornecedor vincula-se ao produto ou ao serviço oferecido. Nesse sentido, prescinde do contrato, de modo que o terceiro, consumidor equiparado, deve apenas realizar a prova de que o dano sofrido decorre de um defeito do produto.[18] Essa proteção do terceiro foi gradativamente reconhecida no direito norte-americano a partir do conhecido caso

---

cação de fungicidas se subsume à atividade de risco referida no parágrafo único do artigo 927 do Código Civil'. Incidência da Súmula 283 do Supremo Tribunal Federal. 2. A jurisprudência desta Terceira Turma encontra-se pacificada no sentido de que se equiparam ao consumidor 'todas as pessoas que, embora não tendo participado diretamente da relação de consumo, venham sofrer as consequências do evento danoso, dada a potencial gravidade que pode atingir o fato do produto ou do serviço, na modalidade vício de qualidade por insegurança' (REsp 181.580/SP, Rel. Ministro Castro Filho, Terceira Turma). 3. A tese de que os recorrentes 'não produziram uma única prova de que teriam adquirido e utilizado os fungicidas fabricados pela recorrente', contraditada pelo tribunal de origem, não autoriza a abertura da via especial de recurso, observado o rigor da Súmula 7 desta Corte. 4. Mesmo que afastada a incidência do Código de Defesa do Consumidor, à Bayer caberia a prova da existência de fato impeditivo, modificativo ou extintivo do direito do autor, nos termos do artigo 333, II, do CPC, providência da qual ela não se desincumbiu. 5. A afirmação das teses invocadas pela Bayer – relacionadas à impropriedade na utilização dos defensivos por ela comercializados, ao excesso de chuvas na região e à incerteza quanto à extensão dos prejuízos – dependeria de uma nova incursão no acervo fático-probatório dos autos, o que é defeso em sede de recurso especial, a teor da Súmula 7 desta Corte. 6. O resultado agrícola é o meio de sobrevivência do agricultor, a garantia de novos financiamentos e a possibilidade de incremento dessa fundamental atividade econômica. E isso, por óbvio, independe da condição financeira do produtor, porque inerente àquela ocupação. Por esta razão, não é crível que o imenso prejuízo econômico suportado pelos ora recorrentes também não seja causa, direta ou reflexa, de um grave dano moral. 7. A orientação jurisprudencial assente nesta Casa é no sentido de que o valor arbitrado a título de honorários só pode ser revisto em excepcionalíssimas situações, em que fixado com evidente exagero ou com notória modéstia, ao passo de configurar desabono ao exercício profissional do advogado, o que, claramente, não se coaduna com a hipótese submetida a exame. Recurso especial da Bayer Cropscience Ltda. não conhecido, ressalvada a terminologia. Recurso especial de Lauro Diavan Neto e outros parcialmente provido para reconhecer o dano moral indenizável na hipótese" (STJ, REsp 1.096.542/MT, 3ª Turma, Rel. Min. Paulo Furtado – Des. convocado do TJBA –, j. 20.08.2009, *DJe* 23.09.2009).

[16] Note-se, contudo, que a jurisprudência exclui da definição de terceiro equiparado aqueles que tenham relação jurídica anterior de natureza trabalhista com o fornecedor — empregados vítimas de acidente, que, no caso, será classificado como acidente de trabalho. Nesse sentido é o entendimento do STJ, de que "o art. 17 do CDC prevê a figura do consumidor por equiparação (*bystander*), sujeitando à proteção do CDC aqueles que, embora não tenham participado diretamente da relação de consumo, sejam vítimas de evento danoso decorrente dessa relação. Todavia, caracterização do consumidor por equiparação possui como pressuposto a ausência de vínculo jurídico entre fornecedor e vítima; caso contrário, existente uma relação jurídica entre as partes, é com base nela que se deverá apurar eventual responsabilidade pelo evento danoso" (STJ, REsp 1.370.139/SP, 3ª Turma, Rel. Min. Nancy Andrighi, j. 03.12.2013, *DJe* 12.12.2013).

[17] STJ, REsp 1.574.784/RJ, 3ª Turma, Rel. Min. Nancy Andrighi, j. 19.06.2018, *DJe* 25.06.2018.

[18] LOPES, José Reinaldo de Lima. *Responsabilidade civil do fabricante e a defesa do consumidor*. São Paulo: Ed. RT, 1992. p. 84.

MacPherson vs. *Buick Co.*, na década de 1930, pelo qual se dispensou a prévia existência de contrato para que fosse atribuída responsabilidade. Com o avanço da jurisprudência norte-americana, a partir do caso *Henningsen* vs. *Bloomfield* foi então dispensada a regra da quebra da garantia intrínseca, que ainda guardava certa natureza contratual, adotando--se, a partir daí, a regra da responsabilidade objetiva (*strict product liability*),[19] decorrente do preceito geral de não causar danos.

A lição norte-americana inspirou o legislador do CDC. Da mesma forma, a jurisprudência brasileira vem desenvolvendo sensivelmente a abrangência dessa definição legal, admitindo, por exemplo, as vítimas que se encontram em solo no caso da queda de um avião,[20] os que caminhavam na calçada e são atingidos pela explosão de um bueiro,[21] assim como o terceiro que sofre acidente de trânsito causado por empresa fornecedora de transporte,[22] ou que é atropelado por veículo que iria realizar serviço de entrega de gás ao consumidor.[23] Igualmente, consolida-se o entendimento jurisprudencial no sentido de equiparar a consumidor as vítimas de poluição ambiental decorrente da atividade empresarial.[24]

5.2.2.3   O artigo 29 do CDC: os expostos às práticas comerciais

O artigo 29 do CDC estabelece o terceiro conceito de consumidor equiparado, ao dispor: "Para os fins deste Capítulo e do seguinte, equiparam-se aos consumidores todas

---

[19]   LOPES, José Reinaldo de Lima. *Responsabilidade civil do fabricante e a defesa do consumidor*. São Paulo: Ed. RT, 1992. p. 85.

[20]   *"Direito Civil. Recurso Especial. Responsabilidade civil de transportador aéreo perante terceiros em superfície. Pretensão de ressarcimento por danos materiais e morais. Prazo prescricional. Código Brasileiro de Aeronáutica afastado. Incidência do CDC.* 1. O Código Brasileiro de Aeronáutica não se limita a regulamentar apenas o transporte aéreo regular de passageiros, realizado por quem detém a respectiva concessão, mas todo serviço de exploração de aeronave, operado por pessoa física ou jurídica, proprietária ou não, com ou sem fins lucrativos, de forma que seu art. 317, II, não foi revogado e será plenamente aplicado, desde que a relação jurídica não esteja regida pelo CDC, cuja força normativa é extraída diretamente da CF (5°, XXXII). 2. Demonstrada a existência de relação de consumo entre o transportador e aqueles que sofreram o resultado do evento danoso (consumidores por equiparação), configurado está o fato do serviço, pelo qual responde o fornecedor, à luz do art. 14 do CDC, incidindo, pois, na hipótese, o prazo prescricional quinquenal previsto no seu art. 27. 3. Recurso Especial conhecido e desprovido" (STJ, REsp 1.202.013/SP, 3ª Turma, Rel. Min. Nancy Andrighi, j. 18.06.2013, *DJe* 27.06.2013).

[21]   STJ, AgRg no AREsp 589.798/RJ, Rel. Min. Ricardo Villas Bôas Cueva, 3ª Turma, j. 20.09.2016, *DJe* 23.09.2016.

[22]   STJ, REsp 1.125.276/RJ, 3ª Turma, Rel. Min. Nancy Andrighi, j. 28.02.2012, *DJe* 07.03.2012.

[23]   STJ, REsp 1.358.513/RS, 4ª Turma, Rel. Min. Luis Felipe Salomão, j. 12.05.2020, *DJe* 04.08.2020.

[24]   Com antecedentes na jurisprudência dos estados – como o caso do TJRJ que reconheceu a equiparação para os moradores de bairro contaminado por produtos tóxicos oriundos de refinaria de petróleo (TJRJ, 10ª Câm. Cív., AgIn 5.587/02, Rel. Des. Sylvio Capanema de Souza, j. 25.06.2002) –, mais recentemente é entendimento prevalente no STJ: "Na hipótese de danos individuais decorrentes do exercício de atividade empresarial poluidora destinada à fabricação de produtos para comercialização, é possível, em virtude da caracterização do acidente de consumo, o reconhecimento da figura do consumidor por equiparação, o que atrai a incidência das disposições do Código de Defesa do Consumidor" (STJ, REsp 2.005.977/RS, 2ª Seção, Rel. Min. Nancy Andrighi, j. 28.09.2022, *DJe* 30.09.2022); no mesmo sentido: STJ, AgInt no AgInt no AREsp 1.994.330/RS, 4ª Turma, Rel. Min. Maria Isabel Gallotti, j. 12.12.2022, *DJe* 16.12.2022; REsp 2.009.210/RS, 3ª Turma, Rel. Min. Nancy Andrighi, j. 09.08.2022, *DJe* 12.08.2022.; AgInt no AREsp 2.037.255/RS, 3ª Turma, Rel. Min. Moura Ribeiro, j. 22.08.2022, *DJe* 24.08.2022.

as pessoas, determináveis ou não, expostas às práticas nela previstas". Os capítulos em questão dizem respeito às disposições do código relativas às práticas comerciais pelos fornecedores e à proteção contratual do consumidor. Abrangem, nesse sentido, as disposições do CDC relativas às fases pré-contratual, de execução e pós-contratual, pertinentes ao contrato de consumo.

A extensão semântica da regra permite, em tese, que a qualquer contratante seja possível a aplicação das normas dos artigos 30 a 54 do CDC. Todavia, a aplicação jurisprudencial da norma é que deve concentrar-se na finalidade básica do código, que é a proteção do vulnerável.[25]

Trata-se da definição de consumidor equiparado que maiores possibilidades oferece para aplicação das normas de proteção do CDC a quem não seja qualificado como consumidor em sentido estrito, destinatário final de produto ou serviço. A equiparação do artigo 29 serve, em um primeiro momento, para a aplicação das normas do CDC – que importaram sensível alteração da concepção do contrato e seus princípios fundamentais quando da promulgação do Código (boa-fé, equilíbrio) – a todos que pretendessem a incidência de estipulações atualizadas em relação ao disposto no antigo Código Civil de 1916. Conforme refere Antônio Herman Benjamin,[26] enquanto o artigo 2º estabelece o conceito de consumidor *in concreto*, o artigo 29 o faz abstratamente, permitindo o controle das práticas comerciais, via tutela coletiva, na forma referida no próprio Código.

A aplicação do conceito de consumidor equiparado do artigo 29 permitiria converter o CDC em paradigma de controle de todos os contratos no direito privado brasileiro. A própria extensão inicial da interpretação e aplicação das normas do CDC a relações jurídicas que não se caracterizem *a priori* como de consumo deu causa a uma reação no sentido de restringir essa tendência, inclusive com a inclusão, no Código Civil, de regra estabelecendo a presunção legal de paridade das partes nos contratos civis e empresariais, a ser afastada apenas na hipótese da presença de elementos concretos que justifiquem tal afastamento. O artigo 421-A do Código Civil, introduzido pela Lei 13.874/2019 (Lei da Liberdade Econômica), assim dispôs no seu *caput*: "Art. 421-A. Os contratos civis e empresariais presumem-se paritários e simétricos até a presença de elementos concretos que justifiquem o afastamento dessa presunção, ressalvados os regimes jurídicos previstos em leis especiais". A rigor, trata-se da mesma orientação já observada na jurisprudência, pela qual a eventual incidência das normas do CDC, mediante equiparação a consumidor de quem não seja destinatário final do produto ou serviço, apenas se dá quando demonstrada a vulnerabilidade em concreto de um dos contratantes em relação ao outro, observando, desse modo, a finalidade de assegurar o equilíbrio entre quem esteja em situação fática de desigualdade, ou a proteção quanto a riscos que determinadas práticas comerciais

---

[25] Assim decidiu o STJ: "*Direito civil. Consumidor. Agravo no recurso Especial. Conceito de consumidor. Pessoa jurídica. Excepcionalidade. Não constatação.* A jurisprudência do STJ tem evoluído no sentido de somente admitir a aplicação do CDC à pessoa jurídica empresária excepcionalmente, quando evidenciada a sua vulnerabilidade no caso concreto; ou por equiparação, nas situações previstas pelos artigos 17 e 29 do CDC. Negado provimento ao agravo" (STJ, AgRg no REsp 687.239/RJ, Rel. Min. Nancy Andrighi, j. 06.04.2006, *DJU* 02.05.2006, p. 307).

[26] BENJAMIN, Antônio Herman V. et al. *Código Brasileiro de Defesa do Consumidor*: comentado pelos autores do anteprojeto. 8. ed. Rio de Janeiro: Forense Universitária, 2005. p. 253-254.

oferecem à coletividade.[27] Em outros termos, resulta apenas equiparar a consumidor, e, portanto, aplicar as regras sobre contratos e práticas comerciais do CDC, quando estiver presente a vulnerabilidade do contratante, de modo que se justifique a equiparação para coibir determinada conduta ou resultado identificado como abusivo ou contrário ao disposto no CDC.[28]

Esse é o caso que se percebe na relação entre pequenos empresários e bancos,[29] entre pequenos e grandes empresários,[30] ou, ainda, quando um dos contratantes não seja, e não deva ser, especialista ou ter conhecimento sobre as características do produto ou serviço que adquire.[31] Nessas situações, a aplicação do CDC, antes de se apresentar como impe-

---

[27] "Administrativo e Consumidor. Multa imposta pelo Procon. Legitimidade. Relação de Consumo caracterizada. Artigo 29 do CDC. 1. Hipótese em que o Procon aplicou à impetrante multa de R$ 3.441,00, 'levando em consideração a publicação do anúncio não autorizado pelo Reclamante' (Auto Posto Boa Esperança). A recorrente sustenta que não poderia ter sido autuada, pois o serviço por ela prestado – publicidade em lista empresarial impressa – 'é classificado como insumo e não consumo'. 2. Discutem-se, portanto, o enquadramento da atividade desenvolvida pela impetrante como relação de consumo e a consequente competência do Procon para a imposição de multa, por infração ao Código de Defesa do Consumidor (CDC). 3. O CDC incide nas relações entre pessoas jurídicas, sobretudo quando se constatar a vulnerabilidade daquela que adquire o produto ou serviço, por atuar fora do seu ramo de atividade. 4. De acordo com o artigo 29 do CDC, 'equiparam-se aos consumidores todas as pessoas determináveis ou não, expostas às práticas nele previstas'. Nesse dispositivo, encontra-se um conceito próprio e amplíssimo de consumidor, desenhado em resposta às peculiaridades das práticas comerciais, notadamente os riscos que, *in abstracto*, acarretam para toda a coletividade, e não apenas para os eventuais contratantes in concreto. 5. A pessoa jurídica exposta à prática comercial abusiva equipara-se ao consumidor (artigo 29 do CDC), o que atrai a incidência das normas consumeristas e a competência do Procon para a imposição da penalidade. 6. Recurso Ordinário não provido" (STJ, RMS 27.541/TO, 2ª Turma, Rel. Min. Herman Benjamin, j. 18.08.2009, *DJe* 27.04.2011).

[28] STJ, REsp 567.192/SP, 4ª Turma, Rel. Min. Raul Araújo, j. 05.09.2013, *DJe* 29.10.2014.

[29] "*Código de Defesa do Consumidor*. Financiamento para aquisição de automóvel. Aplicação do CDC. O CDC incide sobre contrato de financiamento celebrado entre a CEF e o taxista para aquisição de veículo. A multa é calculada sobre o valor das prestações vencidas, não sobre o total do financiamento (artigo 52, § 1º, do CDC). Recurso não conhecido" (STJ, REsp 231.208/PE, Rel. Min. Ruy Rosado de Aguiar Júnior, j. 07.12.2000, *DJU* 19.03.2001, p. 114).

[30] "*Apelação Cível. Ação revisional. Contrato de administração de pagamentos ao estabelecimento credenciado para recebimento com cartão de crédito. Desconto mercantil decorrente do recebimento antecipado de vendas. Aplicabilidade das normas cogentes do CDC. Situação de consumidor equiparado, na forma do artigo 29 do CDC*. Onerosidade excessiva do desconto imposto pela administradora para a antecipação do valor devido ao comerciante credenciado impondo-se a sua limitação na razão equivalente a taxa de juros de 12% ao ano com correção monetária pelo IGPM. Taxa potestativa e aleatória que deve ser limitada. Cabimento da condenação da administradora ao pagamento das diferenças em face dos excessivos descontos sofridos. Primeiro apelo provido. Segundo apelo desprovido" (TJRS, ApCív 70.009.285.248, 6ª Câm. Cív., Rel. Ney Wiedemann Neto, j. 10.11.2004).

[31] Assim o caso do casal que adquire um veículo com a finalidade de utilizá-lo como táxi. Todavia, a presença de vícios do produto e a incapacidade do fornecedor para saná-los inviabilizou a própria atividade profissional do casal, ensejando indenização por lucros cessantes, com fundamento no CDC: "Direito civil. Código de Defesa do Consumidor. Aquisição de veículo zero-quilômetro para utilização profissional como táxi. Defeito do produto. Inércia na solução do defeito. Ajuizamento de ação cautelar de busca e apreensão para retomada do veículo, mesmo diante dos defeitos. Situação vexatória e humilhante. Devolução do veículo por ordem judicial com reconhecimento de má-fé da instituição financeira da

PARTE I · Cap. 5 · A RELAÇÃO JURÍDICA DE CONSUMO | 141

rativo de proteção do consumidor, converte-se em garantia de proteção do contratante vulnerável,[32] com o objetivo de promover o equilíbrio contratual e a proteção da boa-fé, por intermédio das normas de proteção. A jurisprudência do STJ, durante muitos anos, fez referência à expressão consumidor intermediário, ora para admitir a possibilidade de interpretação extensiva do conceito de consumidor, e consequente aplicação do CDC,[33]

montadora. Reposição da peça defeituosa, após diagnóstico pela montadora. Lucros cessantes. Impossibilidade de utilização do veículo para o desempenho da atividade profissional de taxista. Acúmulo de dívidas. Negativação no SPC. Valor da indenização. 1. A aquisição de veículo para utilização como táxi, por si só, não afasta a possibilidade de aplicação das normas protetivas do CDC. 2. A constatação de defeito em veículo zero-quilômetro revela hipótese de vício do produto e impõe a responsabilização solidária da concessionária (fornecedor) e do fabricante, conforme preceitua o artigo 18, *caput*, do CDC. 3. Indenização por dano moral devida, com redução do valor. 4. Recurso especial parcialmente provido" (REsp 611.872/RJ, 4ª Turma, Rel. Min. Antonio Carlos Ferreira, j. 02.10.2012, *DJe* 23.10.2012). Da mesma forma a administradora de imóveis que adquire aeronave destinada ao uso da pessoa jurídica, desvinculada do atendimento de seus clientes: STJ, AgRg no REsp 1.321.083/PR, 3ª Turma, Rel. Min. Paulo de Tarso Sanseverino, j. 09.09.2014, *DJe* 25.09.2014.

32 *"Direito do Consumidor. Recurso especial. Conceito de consumidor. Critério subjetivo ou finalista. Mitigação. Pessoa Jurídica. Excepcionalidade. Vulnerabilidade. Constatação na hipótese dos autos. Prática abusiva. Oferta inadequada. Característica, quantidade e composição do produto. Equiparação (artigo 29). Decadência. Inexistência. Relação jurídica sob a premissa de tratos sucessivos. Renovação do compromisso. Vício oculto.* – A relação jurídica qualificada por ser 'de consumo' não se caracteriza pela presença de pessoa física ou jurídica em seus polos, mas pela presença de uma parte vulnerável de um lado (consumidor), e de um fornecedor, de outro. – Mesmo nas relações entre pessoas jurídicas, se da análise da hipótese concreta decorrer inegável vulnerabilidade entre a pessoa-jurídica consumidora e a fornecedora, deve-se aplicar o CDC na busca do equilíbrio entre as partes. Ao consagrar o critério finalista para interpretação do conceito de consumidor, a jurisprudência deste STJ também reconhece a necessidade de, em situações específicas, abrandar o rigor do critério subjetivo do conceito de consumidor, para admitir a aplicabilidade do CDC nas relações entre fornecedores e consumidores-empresários em que fique evidenciada a relação de consumo. – São equiparáveis a consumidor todas as pessoas, determináveis ou não, expostas às práticas comerciais abusivas. – Não se conhece de matéria levantada em sede de embargos de declaração, fora dos limites da lide (inovação recursal). Recurso especial não conhecido" (STJ, REsp 476.428, 3ª Turma, Rel. Min. Fátima Nancy Andrighi, j. 19.04.2005, *DJU* 09.05.2005, p. 390). No mesmo sentido: AgRg no AREsp 735.249/SC, 3ª Turma, Rel. Min. Ricardo Villas Bôas Cueva, j. 15.12.2015, *DJe* 04.02.2016.

33 "Agravo Regimental. Recurso Especial. Ação Declaratória de Nulidade de cláusula contratual. Restituição das parcelas pagas somente após a conclusão das obras. Abusividade configurada. Incidência da Súmula 83. I – Há enriquecimento ilícito da incorporadora na aplicação de cláusula que obriga o consumidor a esperar pelo término completo das obras para reaver seu dinheiro, pois aquela poderá revender imediatamente o imóvel sem assegurar, ao mesmo tempo, a fruição pelo consumidor do dinheiro ali investido. II – Da análise, contata-se que o Agravante não trouxe nenhum argumento novo a justificar a reversão da decisão anterior. Incidência da Súmula 83/STJ. Agravo Regimental improvido" (STJ, AgRg no REsp 1.219.345/SC, 3ª Turma, Rel. Min. Sidnei Beneti, j. 15.02.2011, *DJe* 28.02.2011). No mesmo sentido: "Agravo Regimental. Agravo de Instrumento. Consumidor. Relação de consumo. Caracterização. Destinação final fática e econômica do produto ou serviço. Atividade empresarial. Mitigação da regra. Vulnerabilidade da pessoa jurídica. Presunção relativa. 1. O consumidor intermediário, ou seja, aquele que adquiriu o produto ou o serviço para utilizá-lo em sua atividade empresarial, poderá ser beneficiado com a aplicação do CDC quando demonstrada sua vulnerabilidade técnica, jurídica ou econômica frente à outra parte. 2. Agravo regimental a que se nega provimento" (STJ, AgRg no Ag 1.316.667/RO, 3ª Turma, Rel. Min. Vasco Della Giustina (Desembargador Convocado do TJ/RS), j. 15.02.2011, *DJe* 11.03.2011).

ora para excluir sua aplicação.[34] Adalberto Pasqualotto,[35] em aguda crítica, considera que o uso da expressão não é o mais adequado, porquanto não é a existência ou não do consumo o critério principal de equiparação a consumidor, mas, de fato, a vulnerabilidade presente no caso concreto (veja-se item 5.2.3.3, a seguir).

5.2.3 Correntes de interpretação da definição jurídica de consumidor

Do exame dos conceitos de consumidor, seja o de consumidor *standard*, seja os de consumidor equiparado, observam-se os embates, na doutrina e na jurisprudência brasileira, acerca de uma definição estrita do conceito. Na verdade, isso decorre da própria abertura conceitual permitida pelo legislador mediante a utilização da expressão "destinatário final" e mesmo pela previsão dos conceitos de consumidor por equiparação.

É de se observar, contudo, que, da interpretação empregada à definição de consumidor, se há de estabelecer o âmbito de aplicação das suas normas de proteção presentes no CDC, o que, desde logo, ressalta a importância da questão. Nesse sentido, durante o período já transcorrido de vigência do CDC, desenvolveram-se correntes de interpretação

---

[34] "Processual civil. Ação revisional. Conta-corrente. Pessoa jurídica. Pretensão de incidência do código de defesa do consumidor. Almejada inversão do ônus da prova. Hipossuficiência não discutida. Relação de consumo intermediária. Inaplicabilidade da Lei 8.078/1990. I. Cuidando-se de contrato bancário celebrado com pessoa jurídica para fins de aplicação em sua atividade produtiva, não incide na espécie o CDC, com o intuito da inversão do ônus probatório, porquanto não discutida a hipossuficiência da recorrente nos autos. Precedentes. II. Nessa hipótese, não se configura relação de consumo, mas atividade de consumo intermediária, que não goza dos privilégios da legislação consumerista. III. A inversão do ônus da prova, em todo caso, que não poderia ser determinada automaticamente, devendo atender às exigências do artigo 6º, VIII, da Lei 8.078/90. IV. Recurso especial não conhecido" (STJ, REsp 716,386/SP, 4ª Turma, Rel. Min. Aldir Passarinho Junior, j. 05.08.2008, *DJe* 15.09.2008). No mesmo sentido: "Direito do Consumidor. Definição de consumidor e de fornecedor. Não caracterização empresa de transporte. Relevância, para a configuração da relação de consumo, da disparidade de porte econômico existente entre partes do contrato de fornecimento de peças para caminhão empregado na atividade de transporte. Importância, também, do porte da atividade praticada pelo destinatário final. Situação, entretanto, em que, independentemente ademais, de relação de consumo, há elementos de prova a embasar a convicção do julgador de que peças automotivas fornecidas e a correspondente prestação de serviço não têm defeitos. I – Não enquadrável como relação de consumo a prestação de serviços entre empresas de porte, não se caracterizando hipossuficiência da contratante de conserto de caminhão de transporte de cargas, situação em que não se tem consumidor final, mas, apenas, intermediário, afasta-se a incidência do Código de Defesa do Consumidor. II – Ainda que se aplicasse o Código de Defesa do Consumidor, a regra da inversão do ônus da prova (CDC, artigo 6º, VIII) não seria suficiente para afastar a prova contrária à pretensão inicial, tal como detidamente analisada, inclusive quanto à perícia, pela sentença e pelo Acórdão. III – O Código de Defesa do Consumidor define consumidor como a pessoa física ou jurídica que adquire ou utiliza produto ou serviço como destinatário final, noção que, como a de fornecedor, é ideia-chave para a caracterização da relação de consumo. IV – O fato de a pessoa empregar em sua atividade econômica os produtos que adquire não implica, por si só, desconsiderá-la como destinatária final e, por isso, consumidora. No entanto, é preciso considerar a excepcionalidade da aplicação das medidas protetivas do CDC em favor de quem utiliza o produto ou serviço em sua atividade comercial. Em regra, a aquisição de bens ou a utilização de serviços para implementar ou incrementar a atividade negocial descaracteriza a relação como de consumo. Precedentes. V – O reconhecimento da existência da relação de consumo, por si só, não implica presunção de prova. Presentes elementos de prova a indicar que as peças automotivas fornecidas e a prestação do serviço correspondente não são defeituosos, pode o Juiz concluir em favor do fornecedor a despeito da inversão do ônus da prova. VI – Recurso Especial improvido" (STJ, REsp 1.038.645/RS, 3ª Turma, Rel. Min. Sidnei Beneti, j. 19.10.2010, *DJe* 24.11.2010).

[35] PASQUALOTTO, Adalberto. O destinatário final e o "consumidor intermediário". *Revista de Direito do Consumidor*, São Paulo, v. 74, p. 7-42, abr. 2010.

PARTE I · Cap. 5 · A RELAÇÃO JURÍDICA DE CONSUMO | 143

do conceito, denominadas, majoritariamente pela doutrina e pela jurisprudência, como correntes de interpretação *finalista* e *maximalista*. Por outro lado, mais modernamente, sobretudo após a vigência do atual Código Civil brasileiro de 2002, é possível identificar uma espécie de *tertium genus* entre as duas interpretações já consagradas, mediante mitigação do critério finalista[36] – trata-se da denominada interpretação *finalista aprofundada*.[37]

5.2.3.1   A interpretação finalista

A corrente de interpretação finalista, segundo ensina Claudia Lima Marques, é aquela dos pioneiros do consumerismo brasileiro.[38] Sustenta que o conceito de consumidor deve ser estabelecido de acordo com o critério do artigo 2º do CDC, a partir da noção de destinatário final fático e econômico de um produto ou serviço. Em outros termos, o consumidor é aquele que adquire ou utiliza produto ou serviço de modo que exaure sua função econômica, da mesma forma como, ao fazê-lo, determina que seja retirado do mercado de consumo.[39] O elemento característico dessa interpretação é o fato de não haver a finalidade da[40] obtenção de lucro em dada relação jurídica nem de

---

[36]   "Direito Civil e Direito do Consumidor. Clínica de oncologia. Compra de máquina recondicionada, de vendedor estrangeiro, mediante contato feito com representante comercial, no Brasil. Pagamento de parte do preço mediante remessa ao exterior, e de parte mediante depósito ao representante comercial. Posterior falência da empresa estrangeira. Consequências. Aplicação do CDC. Impossibilidade. Devolução do preço total pelo representante comercial. Impossibilidade. Devolução da parcela do preço não transferida ao exterior. Possibilidade. Apuração. Liquidação. 1. A relação jurídica entre clínica de oncologia que compra equipamento para prestar serviços de tratamento ao câncer, e representante comercial que vende esses mesmos equipamentos, não é de consumo, dada a adoção da teoria finalista acerca da definição das relações de consumo, no julgamento do REsp 41.867/BA (2ª Seção, rel. Min. Barros Monteiro, DJ 16.05.2005). 2. Há precedentes nesta Corte mitigando a teoria finalista nas hipóteses em que haja elementos que indiquem a presença de situações de clara vulnerabilidade de uma das partes, o que não ocorre na situação concreta. 3. Pela legislação de regência, o representante comercial age por conta e risco do representando, não figurando, pessoalmente, como vendedor nos negócios que intermedia. Tendo isso em vista, não se pode imputar a ele a responsabilidade pela não conclusão da venda decorrente da falência da sociedade estrangeira a quem ele representa. 4. Não tendo sido possível concluir a entrega da mercadoria, contudo, por força de evento externo pelo qual nenhuma das partes responde, é lícito que seja resolvida a avença, com a devolução, pelo representante, de todos os valores por ele recebidos diretamente, salvo os que tiverem sido repassados à sociedade estrangeira, por regulares operações contabilmente demonstradas. 5. Recurso especial conhecido e parcialmente provido" (STJ, REsp 1.173.060/CE, 3ª Turma, Rel. Min. Nancy Andrighi, j. 16.10.2012, DJe 25.10.2012).

[37]   A identificação e o exame dessa interpretação finalista aprofundada são de Claudia Lima Marques, em nossos *Comentários ao CDC*: MARQUES, Claudia Lima; BENJAMIN, Antônio Herman V.; MIRAGEM, Bruno. *Comentários ao Código de Defesa do Consumidor*. 2. ed. São Paulo: Ed. RT, 2006. p. 85.

[38]   MARQUES, Claudia Lima. *Contratos no Código de Defesa do Consumidor*. 4. ed. São Paulo: Ed. RT, 2003. p. 253.

[39]   "Civil. Ação declaratória. Contrato de permuta. Sacas de arroz por insumo agrícola (adubo). Aplicação do Código de Defesa do Consumidor. Destinação final inexistente. I. A Segunda Seção disciplinou que 'A aquisição de bens ou a utilização de serviços, por pessoa natural ou jurídica, com o escopo de implementar ou incrementar a sua atividade negocial, não se reputa como relação de consumo e, sim, como uma atividade de consumo intermediária' (REsp n. 541.867-BA, rel. para acórdão Min. Barros Monteiro, DJU 16.05.2005). II. Recurso especial não conhecido" (STJ, REsp 1.014.960/RS, 4ª Turma, Rel. Min. Aldir Passarinho Junior, j. 02.09.2008, DJe 29.09.2008).

[40]   "Direito Civil. Produtor rural de grande porte. Compra e venda de insumos agrícolas. Revisão de contrato. Código de Defesa do Consumidor. Não aplicação. Destinação final inexistente. Inversão do ônus da prova. Impossibilidade. Precedentes. Recurso especial parcialmente provido. I. Tratando-se de grande

insumo[41] ou incremento[42] a determinada atividade negocial, assim como a completa exaustão da função econômica do bem, pela sua retirada do mercado.[43] Nessa visão, o consumidor seria aquele que adquire ou utiliza produto ou serviço para satisfação de

produtor rural e o contrato referindo-se, na sua origem, à compra de insumos agrícolas, não se aplica o Código de Defesa do Consumidor, pois não se trata de destinatário final, conforme bem estabelece o artigo 2º do CDC, *in verbis*: 'Consumidor é toda pessoa física ou jurídica que adquire ou utiliza produto ou serviço como destinatário final'. II. Não havendo relação de consumo, torna-se inaplicável a inversão do ônus da prova prevista no inciso VIII do artigo 6º, do CDC, a qual, mesmo nas relações de consumo, não é automática ou compulsória, pois depende de criteriosa análise do julgador a fim de preservar o contraditório e oferecer à parte contrária oportunidade de provar fatos que afastem o alegado contra si. III. O grande produtor rural é um empresário rural e, quando adquire sementes, insumos ou defensivos agrícolas para o implemento de sua atividade produtiva, não o faz como destinatário final, como acontece nos casos da agricultura de subsistência, em que a relação de consumo e a hipossuficiência ficam bem delineadas. IV. De qualquer forma, embora não seja aplicável o CDC no caso dos autos, nada impede o prosseguimento da ação com vista a se verificar a existência de eventual violação legal, contratual ou injustiça a ser reparada, agora com base na legislação comum. V. Recurso especial parcialmente provido" (STJ, REsp 914.384/MT, 3ª Turma, Rel. Min. Massami Uyeda, j. 02.09.2010, *DJe* 01.10.2010).

[41] Assim, por exemplo, os casos do seguro de transporte de mercadorias (STJ, AgInt no AREsp 2.135.581/SC, 4ª Turma, Rel. Min. Raul Araújo, j. 12.12.2022, *DJe* 14.12.2022); do seguro agrícola (STJ, AgInt no AREsp 1.973.453/RS, 4ª Turma, Rel. Min. Luis Felipe Salomão, j. 11.04.2022, *DJe* 19.04.2022); de serviços de gestão de pagamento *on-line*, contratada por organizadora de eventos (STJ, REsp 2.020.811/SP, 3ª Turma, Rel. Min. Nancy Andrighi, j. 29.11.2022, *DJe* 01.12.2022); nos contratos que envolvam crédito rural (STJ, AgInt no AREsp 1.882.814/SP, 3ª Turma, Rel. Min. Paulo de Tarso Sanseverino, j. 26.09.2022, *DJe* 29.09.2022) ou financiamento de empresa para aquisição de maquinário (STJ, AgInt no AREsp 1.320.308/PR, 4ª Turma, Rel. Min. Maria Isabel Gallotti, j. 05.02.2019, *DJe* 12.02.2019). Da mesma forma, no seguro de responsabilidade dos administradores (Seguro "D&O"), precedente do STJ afastou a incidência do CDC, sob o argumento de que, embora prevaleça "entendimento de haver relação de consumo no seguro empresarial se a pessoa jurídica contrata a proteção do próprio patrimônio, com destinação pessoal, sem o integrar nos produtos ou serviços que oferece, pois, nessa hipótese, atuaria como destinatária final dos serviços securitários", no caso do seguro de responsabilidade civil D&O, "o objeto é diverso daquele relativo ao seguro patrimonial da pessoa jurídica, pois busca garantir o risco de eventuais prejuízos causados em consequência de atos ilícitos culposos praticados por executivos durante a gestão da sociedade, o que acaba fomentando administrações arrojadas e empreendedoras, as quais poderiam não acontecer caso houvesse a possibilidade de responsabilização pessoal delas decorrente. Assim, a sociedade empresária segurada não atua como destinatária final do seguro, utilizando a proteção securitária como insumo para suas atividades e para alcançar melhores resultados societários" (STJ, REsp 1.926.477/SP, 3ª Turma, Rel. Min. Marco Aurélio Bellizze, j. 18.10.2022, *DJe* 27.10.2022). Ainda: AgInt no AREsp 1.385.343/SP, 4ª Turma, Rel. Min. Raul Araújo, j. 22.08.2022, *DJe* 26.08.2022; AgInt no AREsp 1.917.571/DF, 3ª Turma, Rel. Min. Ricardo Villas Bôas Cueva, j. 13.06.2022, *DJe* 17.06.2022.

[42] "Nas operações de mútuo bancário para obtenção de capital de giro, não são aplicáveis as disposições da legislação consumerista, uma vez que não se trata de relação de consumo, pois não se vislumbra na pessoa da empresa tomadora do empréstimo a figura do consumidor final, tal como prevista no artigo 2º, do Código de Defesa do Consumidor" (STJ, AgRg no REsp 956.201/SP, 4ª Turma, Rel. Min. Luis Felipe Salomão, j. 18.08.2011, *DJe* 24.08.2011). No mesmo sentido: STJ, AgInt no AREsp 1.974.697/SP, 4ª Turma, Rel. Min. Maria Isabel Gallotti, j. 12.12.2022, *DJe* 16.12.2022; STJ, AgInt no REsp 2.014.299/MS, 3ª Turma, Rel. Min. Nancy Andrighi, j. 05.12.2022, *DJe* 07.12.2022; REsp 2.001.086/MT, 3ª Turma, Rel. Min. Nancy Andrighi, j. 27.09.2022, *DJe* 30.09.2022; AgInt no AREsp 1.973.833/SP, 4ª Turma, Rel. Min. Marco Buzzi, j. 15.08.2022, *DJe* 18.08.2022.

[43] "*Alienação fiduciária em garantia. Busca e apreensão. Âmbito da defesa. Incidência do Código de Defesa do Consumidor. Bens já integrantes do patrimônio do devedor. Taxa de juros. Capitalização mensal. Comissão de permanência. Aplicação da TR. Mora dos devedores configurada.* Tratando-se de financiamento obtido por empresário, destinado precipuamente a incrementar a sua atividade negocial, não se podendo qualificá-lo, portanto, como destinatário final, inexistente é a pretendida relação de consumo. Inaplicação no caso do Código de Defesa do Consumidor. Recurso especial conhecido, em parte, e provido" (STJ, REsp 264.126/RS, 4ª Turma, Rel. Min. Barros Monteiro, j. 08.05.2001).

interesse próprio ou de sua família. Seria, portanto, o não profissional, não especialista, quem o direito deve proteger, na sua relação com um profissional que atua no mercado. Daí por que afasta o conceito de consumidor a relação entre parceiros para um empreendimento comum,[44] ou que se revista de natureza empresarial,[45] bem como entre dois iguais, não profissionais, à qual se deverá aplicar o Código Civil.

A defesa da interpretação finalista parte do pressuposto de que o CDC constitui uma lei especial de proteção do consumidor, logo sua aplicação deve ser estritamente vinculada à finalidade dessa lei.[46] Em outros termos, sustenta-se que a lei, uma vez que visa reequilibrar uma relação manifestamente desigual, não pode ser aplicada extensivamente, sob pena de produzir outras desigualdades (proteger quem não tem necessidade ou legitimidade para merecer proteção).[47]

---

[44] "Civil e Processual. Agravo no Agravo de Instrumento. Recurso Especial. Ação de restituição. Contrato de edificação por condomínio. CDC. Inaplicabilidade. Incidência da Lei 4.591/64. Na hipótese de contrato em que as partes ajustaram a construção conjunta de um edifício de apartamentos, a cada qual destinadas respectivas unidades autônomas, não se caracteriza, na espécie, relação de consumo, regendo-se os direitos e obrigações pela Lei 4.591/64. Agravo não provido" (STJ, AgRg no Ag 1.307.222/SP, 3ª Turma, Rel. Min. Nancy Andrighi, j. 04.08.2011, *DJe* 12.08.2011).

[45] "O CDC é inaplicável nas hipóteses em que o produto adquirido tenha finalidade de incrementar a atividade empresarial desenvolvida, admitindo-se a mitigação da teoria finalista apenas em hipóteses excepcionais. Contudo, o STJ não tem reconhecido a referida excepcionalidade em caso de aquisição de *software* pela pessoa jurídica para aplicação em sua atividade empresarial." (STJ, AgInt no AREsp 2.132.923/SP, 3ª Turma, Rel. Min. Moura Ribeiro, j. 12.12.2022, *DJe* 14.12.2022). No mesmo sentido, em relação à contratação de instalações de sistema de segurança por instituição bancária não considerada consumidora: STJ, AgInt no REsp 1.372.391/SP, 4ª Turma, Rel. Min. Raul Araújo, j. 12.12.2022, *DJe* 14.12.2022. Decidiu, ainda, corretamente, o STJ, que "não se aplica o Código de Defesa do Consumidor às relações entre acionistas investidores e a sociedade anônima de capital aberto com ações negociadas no mercado de valores mobiliários" (STJ, REsp 1.685.098/SP, Rel. para Acórdão Min. Ricardo Villas Bôas Cueva, 3ª Turma, j. 10.03.2020, *DJe* 07.05.2020). Em sentido contrário, contudo, registre-se o entendimento do STJ reconhecendo a relação de consumo em pretensão à complementação acionária diante da empresa de telefonia em que, no regime anterior às concessões do serviço para a particulares, a contratação de linha telefônica era subordinada à aquisição de ações do próprio fornecedor do serviço, tornando o consumidor acionista: STJ, REsp 600.784/RS, 3ª Turma, Rel. Ministra Nancy Andrighi, j. 16.06.2005, *DJ* 01.07.2005; AgInt nos EDcl no REsp 1.793.241/PR, 4ª Turma, Rel. Min. Raul Araújo, j. 11.05.2020, *DJe* 25.05.2020.

[46] Nesse sentido a conhecida decisão do STF, no Caso Teka *vs.* Aiglon, no qual uma empresa de tecelagem nacional (Teka), pretendendo a abusividade em cláusula compromissória de arbitragem, pretende ser qualificada como consumidora em contrato de aquisição de algodão para transformação em produtos. No caso, o STF decidiu por sua não qualificação como consumidora e, em face disso, a não aplicação do CDC para eventual decretação de abusividade da cláusula compromissória e a decisão arbitral daí resultante: "*Homologação de laudo arbitral estrangeiro. Requisitos formais: comprovação. Caução: desnecessidade. Incidência imediata da Lei 9.307/96. Contrato de adesão: inexistência de características próprias. Inaplicação do código de defesa do consumidor.* 1. Hipótese em que restaram comprovados os requisitos formais para a homologação (*RISTF*, artigo 217). 2. O Supremo Tribunal Federal entende desnecessária a caução em homologação de sentença estrangeira (SE 3.407, rel. Min. Oscar Corrêa, *DJ* 07.12.1984). 3. As disposições processuais da Lei 9.307/1996 têm incidência imediata nos casos pendentes de julgamento (RE 91.839/GO, RAFAEL MAYER, *DJ* 15.05.1981). 4. Não é contrato de adesão aquele em que as cláusulas são modificáveis por acordo das partes. 5. O Código de Proteção e Defesa do Consumidor, conforme dispõe seu artigo 2º, aplica-se somente a 'pessoa física ou jurídica que adquire ou utiliza produto ou serviço como destinatário final'. Pedido de homologação deferido" (STF, SEC 5.847/IN, Grã Bretanha, Rel. Min. Maurício Corrêa, j. 01.12.1999, *DJU* 17.12.1999, p. 4).

[47] "Competência. Cláusula eletiva de foro. Contrato de concessão de vendas de veículos, peças, acessórios e serviços. Hipossuficiência inexistente. Prevalência do foro de eleição. – 'Nas relações entre empresas de

146 | CURSO DE DIREITO DO CONSUMIDOR – *Bruno Miragem*

Em uma visão mais extrema, inclusive, a interpretação finalista excluiria a própria pessoa jurídica como consumidora. É o exemplo do direito alemão, após a reforma do BGB de 2002,[48] ou do direito italiano, no *Codice Del Consumo*, de 2005. Todavia, essa interpretação mais radical não se coaduna com o preceito normativo do artigo 2º do CDC brasileiro, que prevê, expressamente, a pessoa jurídica como consumidora.

Assim a interpretação finalista admitirá apenas, considerando a qualidade de destinatário final fático e econômico exigido do consumidor, sua natureza não profissional, excluindo qualquer utilização do produto ou serviço a título de insumo da atividade econômica[49] do adquirente ou usuário.

5.2.3.2 A interpretação maximalista

A corrente de interpretação maximalista, como sua própria denominação induz a concluir, sustenta que a definição de consumidor deve ser interpretada extensivamente. Nesse sentido, é auxiliada tanto pela abertura conceitual da expressão "destinatário final" referida no artigo 2º, *caput*, quanto pela previsão relativa aos consumidores equiparados presentes no CDC (artigos 2º, parágrafo único, 17 e, em especial, 29 do CDC).

Como anota Claudia Lima Marques, os maximalistas percebem, nas normas do CDC, "o novo regulamento do mercado de consumo brasileiro, e não normas para proteger somente o consumidor não profissional".[50] As razões de florescimento dessa

---

porte, capazes financeiramente de sustentar uma causa em qualquer foro, prevalece o de eleição' (REsp 279.687/RN). Conflito conhecido para declarar competente o suscitante" (STJ, CComp 33.256/SP, Rel. Min. Eduardo Ribeiro, j. 27.10.2004, *DJU* 06.04.2005, p. 201).

[48] Assim o § 13 do BGB alemão, após a reforma ocorrida em 2000, que incluiu o conceito de consumidor naquele Código Civil: "*Consumidor* – Consumidor é qualquer pessoa física que conclui um negócio jurídico cuja finalidade não tem ligação comercial, ou com sua atividade profissional" (MARQUES, Claudia Lima. *Contratos no Código de Defesa do Consumidor*. 4. ed. São Paulo: Ed. RT, 2003. p. 263).

[49] "Direito Civil. Produtor rural. Compra e venda de sementes de milho para o plantio. Código de Defesa do Consumidor. Não aplicação. Precedentes. Reexame de matéria-fático probatória. (...). I. Os autos dão conta tratar-se de compra e venda de sementes de milho por produtor rural, destinadas ao plantio em sua propriedade para posterior colheita e comercialização, as quais não foram adquiridas para o próprio consumo. II. O entendimento da egrégia Segunda Seção é no sentido de que não se configura relação de consumo nas hipóteses em que o produto ou o serviço são alocados na prática de outra atividade produtiva. Precedentes (...)" (STJ, REsp 1.132.642/PR, 3ª Turma, Rel. Min. Nancy Andrighi, Rel. p/ Acórdão Min. Massami Uyeda, j. 05.08.2010, *DJe* 18.11.2010). No mesmo sentido: "(...) Conforme entendimento firmado por esta Corte, o critério adotado para determinação da relação de consumo é o finalista. Desse modo, para caracterizar-se como consumidora, a parte deve ser destinatária final econômica do bem ou serviço adquirido. 2. No caso dos autos, em que se discute a validade das cláusulas de dois contratos de financiamento em moeda estrangeira visando viabilizar a franquia para exploração de Restaurante 'McDonald's', o primeiro no valor de US$ 368.000,00 (trezentos e sessenta e oito mil dólares) e o segundo de US$ 87.570,00 (oitenta e sete mil, quinhentos e setenta dólares), não há como se reconhecer a existência de relação de consumo, uma vez que os empréstimos tomados tiveram o propósito de fomento da atividade empresarial exercida pelo recorrente, não havendo, pois, relação de consumo entre as partes (...)" (STJ, AgRg no REsp 1.193.293/SP, 3ª Turma, Rel. Min. Sidnei Beneti, j. 27.11.2012, *DJe* 11.12.2012). No mesmo sentido, decidiu o STJ que, "em caso de empréstimo bancário feito por empresário ou pessoa jurídica com a finalidade de financiar ações e estratégias empresariais, o empréstimo possui natureza de insumo, não sendo destinatário final e, portanto, não se configurando a relação de consumo" (STJ, REsp 1.599.042/SP, 4ª Turma, Rel. Min. Luis Felipe Salomão, j. 14.03.2017, *DJe* 09.05.2017).

[50] MARQUES, Claudia Lima. *Contratos no Código de Defesa do Consumidor*. 4. ed. São Paulo: Ed. RT, 2003. p. 254.

corrente de interpretação podem ser identificadas a partir de dois aspectos principais. Primeiro, a notada deficiência do Código Civil de 1916 e demais normas de direito civil para regularem o tema do contrato e sua complexidade, nos primeiros dez anos de vigência do CDC (até a promulgação do Código Civil de 2002). Segundo, a ausência de normas de correção do desequilíbrio contratual e proteção do contratante mais fraco fora do regime do CDC. Essa segunda causa de aplicação das normas de direito do consumidor não restou superada pela vigência do Código Civil de 2002, uma vez que este dirá respeito ao regramento das relações entre iguais, mantendo-se para os desiguais o regime do CDC.

De outro modo, a presença do artigo 29 do CDC, bem como sua definição de consumidor equiparado (todos os que estejam *expostos* às práticas previstas na norma), conforme já mencionamos, abre a possibilidade de aplicação extensiva das normas do CDC a outros contratos que não se caracterizem como contratos de consumo. Imaginava-se uma tendência, com a vigência do Código Civil de 2002, de crescimento da aplicação das normas de direito civil e gradativa restrição da aplicação do CDC apenas às relações tipicamente de consumo.[51] Todavia, a experiência demonstra que tal situação não vem ocorrendo na dimensão imaginada, diante, sobretudo, de situações de vulnerabilidade que resultam da realidade contratual, justificando a aplicação de normas de proteção do contratante mais fraco.

A interpretação maximalista, assim, considera consumidor o destinatário fático do produto ou serviço, ainda que não o seja necessariamente seu destinatário econômico. Em outros termos, basta, para qualificar-se como consumidor, segundo os maximalistas, que se adquira ou utilize o produto ou serviço, não sendo preciso que, a partir do ato de consumo, sejam retirados do mercado, ou que não sejam reempregados na atividade econômica.[52] De acordo com essa visão, serão consumidores as empresas que adquirem automóveis ou computadores para a realização de suas atividades, o agricultor que adquire adubo para o preparo do plantio,[53] ou a empresa que contrata serviço de transporte

---

[51]   Nesse sentido sugeriam Pasqualotto e Pfeiffer: PASQUALOTTO, Adalberto de Souza. O Código de Defesa do Consumidor em face do novo Código Civil de 2002. In: PASQUALOTTO, Adalberto; PFEIFFER, Roberto. *O Código de Defesa do Consumidor e o Código Civil de 2002*. São Paulo: Ed. RT, 2005. p. 131-151; e MARQUES, Claudia Lima. Três tipos de diálogos entre o Código de Defesa do Consumidor e o Código Civil de 2002: superação das antinomias pelo "diálogo das fontes". In: PASQUALOTTO, Adalberto; PFEIFFER, Roberto. *O Código de Defesa do Consumidor e o Código Civil de 2002*. São Paulo: Ed. RT, 2005. p. 11-82.

[52]   "*Código de Defesa do Consumidor. Incidência. Responsabilidade do fornecedor.* É de consumo a relação entre o vendedor de máquina agrícola e a compradora que a destina a sua atividade no campo. Pelo vício de qualidade do produto respondem solidariamente o fabricante e o revendedor (artigo 18 do CDC). Por unanimidade, não conhecer do recurso" (STJ, REsp 142.042/RS, 4ª Turma, Rel. Min. Ruy Rosado de Aguiar Júnior, j. 11.11.1997).

[53]   "*Código de Defesa do Consumidor. Destinatário final: conceito. Compra de adubo. Prescrição. Lucros cessantes.* 1. A expressão 'destinatário final', constante da parte final do artigo 2º do Código de Defesa do Consumidor, alcança o produtor agrícola que compra adubo para o preparo do plantio, à medida que o bem adquirido foi utilizado pelo profissional, encerrando-se a cadeia produtiva respectiva, não sendo objeto de transformação ou beneficiamento" (STJ, REsp 208.793/MT, 3ª Turma, Rel. Min. Carlos Alberto Menezes Direito, j. 18.11.1999).

de pedras preciosas[54] ou de cartão de crédito.[55] Da mesma forma, o Estado pode ser considerado consumidor quando adquire produtos para uso próprio em suas atividades administrativas. Por fim, com relação aos contratos bancários, a tendência do Superior Tribunal de Justiça era a de considerar amplamente a aplicação do conceito de consumidor equiparado aos contratantes com instituições bancárias, financeiras e securitárias.[56] Essa posição, todavia, vem sofrendo moderações. Esse é o caso quando o "financiamento obtido pelo empresário for destinado precipuamente a incrementar sua atividade negocial", hipótese em que não deve "ser qualificado como destinatário final, porquanto inexistente a pretendida relação de consumo".[57]

A ampliação conceitual da noção de consumidor e a consequente extensão do âmbito de aplicação do CDC dão causa, desse modo, a sua aplicação com o objetivo de fazer incidir os preceitos do direito do consumidor na regulação das relações contratuais das partes. Para tanto, concentra-se no conceito de *destinatário final fático* dos produtos ou serviços[58], beneficiando os contratantes considerados consumidores, pela incidência dos preceitos da boa-fé e do equilíbrio previstos nas normas de proteção previstas no microssistema. Identifica-se, atualmente, contudo, o desprestígio dessa corrente de interpretação, seja pela jurisprudência, seja pela reação do legislador, que buscou limitá-la pela inclusão, no Código Civil – pela Lei 13.874/2019 –, de normas que restringem, expressamente, a incidência das normas do CDC às relações civis e empresariais. Nesse sentido, o artigo 421-A do Código Civil define, no seu *caput*, que "Art. 421-A. Os contratos civis e empresariais presumem-se paritários e simétricos até a presença de elementos concretos que justifiquem o afastamento dessa presunção, ressalvados os regimes jurídicos previstos em leis especiais (...)". Da mesma forma, o art. 421, parágrafo único, do Código Civil, refere

---

[54] Assim decidiu o STJ em caso que envolve o extravio de carga de esmeraldas na prestação de serviço de transporte aéreo internacional: "*Responsabilidade civil. Transporte aéreo internacional. Extravio de carga. Código de Defesa do Consumidor.* Para a apuração da responsabilidade civil do transportador aéreo internacional pelo extravio da carga, aplica-se o disposto no Código de Defesa do Consumidor. Recurso conhecido pela divergência, mas desprovido" (STJ, REsp 171.506/SP, Rel. Min. Ruy Rosado de Aguiar Júnior, j. 21.09.2000, *DJU* 05.03.2001, p. 167).

[55] "*Processo civil. Conflito de competência. Contrato. Foro de eleição. Relação de consumo. Contratação de serviço de crédito por sociedade empresária. Destinação final caracterizada.* – Aquele que exerce empresa assume a condição de consumidor dos bens e serviços que adquire ou utiliza como destinatário final, isto é, quando o bem ou serviço, ainda que venha a compor o estabelecimento empresarial, não integre diretamente – por meio de transformação, montagem, beneficiamento ou revenda – o produto ou serviço que venha a ser ofertado a terceiros. – O empresário ou sociedade empresária que tenha por atividade precípua a distribuição, no atacado ou no varejo, de medicamentos, deve ser considerado destinatário final do serviço de pagamento por meio de cartão de crédito, porquanto esta atividade não integra, diretamente, o produto objeto de sua empresa" (STJ, CComp 41.056/SP, Rel. Min. Nancy Andrighi, j. 23.06.2004, *DJU* 20.09.2004, p. 181).

[56] MARQUES, Claudia Lima. *Contratos no Código de Defesa do Consumidor.* 4. ed. São Paulo: Ed. RT, 2003. p. 281.

[57] STJ, AgRg no AREsp 386.182/AP, 4ª Turma, Rel. Min. Luis Felipe Salomão, j. 22.10.2013, *DJe* 28.10.2013. No mesmo sentido: REsp 963.852/PR, 4ª Turma, Rel. Min Antonio Carlos Ferreira, j. 21.08.2014, *DJe* 06.10.2014.

[58] Assim parece se orientar decisão do STJ em que aplicou o CDC a contrato de seguro empresarial, sob o argumento de que a pessoa jurídica em questão visava garantir interesse sobre o próprio patrimônio, e não riscos relativos a sua relação com clientes: REsp 1352419/SP, 3ª Turma, Rel. Min. Ricardo Villas Bôas Cueva, j. 19.08.2014, *DJe* 08.09.2014. Em sentido semelhante: STJ, AgInt no AREsp 1.076.242/SP, 4ª Turma, Rel. Min. Antonio Carlos Ferreira, j. 08.08.2017, *DJe* 16.08.2017.

que "Nas relações contratuais privadas, prevalecerão o princípio da intervenção mínima e a excepcionalidade da revisão contratual". Esse caráter excepcional da revisão contratual também é afirmado pelo art. 421-A, III, do Código Civil ao dispor que "a revisão contratual somente ocorrerá de maneira excepcional e limitada".

5.2.3.3   O "finalismo aprofundado"

Em meio às duas principais correntes de interpretação do conceito de consumidor – finalistas e maximalistas –, uma terceira visão parece estar se desenvolvendo na jurisprudência brasileira contemporânea. Trata-se do que Claudia Lima Marques denominou, em nossos *Comentários,*[59] como *finalismo aprofundado*. Esse *tertium genus* entre as correntes de interpretação do conceito jurídico de consumidor resulta do desenvolvimento, sobretudo pela jurisprudência, de critérios mais exatos para a extensão conceitual, por equiparação, dos conceitos estabelecidos pelo CDC.

Nesse sentido, a interpretação finalista aprofundada apresenta-se a partir de dois critérios básicos: (a) primeiro, a extensão do conceito de consumidor por equiparação é medida excepcional no regime do CDC; (b) segundo, é requisito essencial para essa extensão conceitual e por intermédio da equiparação legal (artigo 29) o reconhecimento da vulnerabilidade da parte que pretende ser considerada consumidora equiparada.

O Superior Tribunal de Justiça passou a sustentar esse entendimento em alguns julgados de relatoria da Min. Fátima Nancy Andrighi, dentre os quais destacamos: *"Direito do consumidor. Recurso especial. Conceito de consumidor. Pessoa jurídica. Excepcionalidade. Não constatação na hipótese dos autos. Foro de eleição. Exceção de incompetência. Rejeição.* – A jurisprudência do STJ tem evoluído no sentido de somente admitir a aplicação do CDC à pessoa jurídica empresária excepcionalmente, quando evidenciada a sua vulnerabilidade no caso concreto; ou por equiparação, nas situações previstas pelos artigos 17 e 29 do CDC. – Mesmo nas hipóteses de aplicação imediata do CDC, a jurisprudência do STJ entende que deve prevalecer o foro de eleição quando verificado o expressivo porte financeiro ou econômico da pessoa tida por consumidora ou do contrato celebrado entre as partes. – É lícita a cláusula de eleição de foro, seja pela ausência de vulnerabilidade, seja porque o contrato cumpre sua função social e não ofende à boa-fé objetiva das partes, nem tampouco dele resulte inviabilidade ou especial dificuldade de acesso à Justiça. Recurso especial não conhecido" (STJ, REsp 684.613/SP, Rel. Min. Fátima Nancy Andrighi, j. 21.06.2005, *DJU* 01.07.2005, p. 530).[60]

---

[59]   MARQUES, Claudia Lima; BENJAMIN, Antônio Herman V.; MIRAGEM, Bruno. *Comentários ao Código de Defesa do Consumidor*. 2. ed. São Paulo: Ed. RT, 2006. p. 85. Veja-se, sustentando esse entendimento, o trabalho monográfico de: OLIVEIRA, Júlio Moraes. *Consumidor-empresário: a defesa do finalismo mitigado*. Belo Horizonte: Arraes Editores, 2012. p. 103 e ss.

[60]   No mesmo sentido: *"Direito civil. Consumidor. Agravo no recurso Especial. Conceito de consumidor. Pessoa jurídica. Excepcionalidade. Não constatação.* – A jurisprudência do STJ tem evoluído no sentido de somente admitir a aplicação do CDC à pessoa jurídica empresária excepcionalmente, quando evidenciada a sua vulnerabilidade no caso concreto; ou por equiparação, nas situações previstas pelos artigos 17 e 29 do CDC. Negado provimento ao agravo" (STJ, AgRg no REsp 687.239/RJ, Rel. Min. Fátima Nancy Andrighi, j. 06.04.2006, *DJU* 02.05.2006, p. 307).

Ainda, no mesmo sentido: "Direito do Consumidor. Recurso especial. Conceito de consumidor. Critério subjetivo ou finalista. Mitigação. Pessoa Jurídica. Excepcionalidade. Vulnerabilidade. Constatação na hipótese dos autos. Prática abusiva. Oferta inadequada. Característica, quantidade e composição do produto. Equiparação (artigo 29). Decadência. Inexistência. Relação jurídica sob a premissa de tratos sucessivos. Renovação do compromisso. Vício oculto. – A relação jurídica qualificada por ser 'de consumo' não se caracteriza pela presença de pessoa física ou jurídica em seus polos, mas pela presença de uma parte vulnerável de um lado (consumidor), e de um fornecedor, de outro. – Mesmo nas relações entre pessoas jurídicas, se da análise da hipótese concreta decorrer inegável vulnerabilidade entre a pessoa-jurídica consumidora e a fornecedora, deve-se aplicar o CDC na busca do equilíbrio entre as partes. Ao consagrar o critério finalista para interpretação do conceito de consumidor, a jurisprudência deste STJ também reconhece a necessidade de, em situações específicas, abrandar o rigor do critério subjetivo do conceito de consumidor, para admitir a aplicabilidade do CDC nas relações entre fornecedores e consumidores-empresários em que fique evidenciada a relação de consumo. – São equiparáveis a consumidor todas as pessoas, determináveis ou não, expostas às práticas comerciais abusivas. – Não se conhece de matéria levantada em sede de embargos de declaração, fora dos limites da lide (inovação recursal). Recurso especial não conhecido" (REsp 476.428/SC, Rel. Min. Fátima Nancy Andrighi, j. 19.04.2005, *DJU* 09.05.2005, p. 390).

Essa utilização do critério da vulnerabilidade para ampliação do âmbito de incidência do CDC, contudo, justifica-se também como critério adotado pela jurisprudência para afastar a aplicação da norma. Assim é o caso em que se tenha verificado o expressivo porte financeiro ou econômico: "da pessoa tida por consumidora (hipersuficiência); do contrato celebrado entre as partes; ou de outra circunstância capaz de afastar, em tese, a vulnerabilidade econômica, jurídica ou técnica",[61] como é o caso de precedentes citados no acórdão do STJ, que rejeitam a aplicação do CDC na hipótese de contratos para aquisição de equipamentos hospitalares de valor vultuoso.[62] O reconhecimento ou não da vulnerabilidade passa a servir, então, tanto para situações excepcionais, em que a pessoa jurídica empresária, embora não sendo destinatária final fática e econômica, é classificada como consumidora, quanto para excluir, em circunstâncias excepcionais, a aplicação das normas de proteção ao consumidor quando presentes condições particulares do adquirente ou usuário que o coloquem em situação de superioridade em relação ao vendedor ou prestador de serviços.[63] O princípio da vulnerabilidade, nessa linha de entendimento,

---

[61] MARQUES, Claudia Lima; BENJAMIN, Antônio Herman V.; MIRAGEM, Bruno. *Comentários ao Código de Defesa do Consumidor*. 2. ed. São Paulo: Ed. RT, 2006. p. 250.

[62] CComp 32.270/SP, 2ª Seção, Rel. Min. Ari Pargendler, j. 10.10.2001, *DJU* 11.03.2002; AgRg nos EDcl no REsp 561.853-MG, 3ª Turma, Rel. Min. Antônio de Pádua Ribeiro, j. 27.04.2004, *DJU* 24.05.2004; REsp 519.946-SC, 4ª Turma, Rel. Min. Cesar Asfor Rocha, j. 09.09.2003, *DJU* 28.10.2003; e REsp 457.398-SC, 4ª Turma, Rel. Min. Ruy Rosado de Aguiar Júnior, j. 12.11.2002, *DJU* 09.12.2002.

[63] "(...) A jurisprudência consolidada pela 2ª Seção deste STJ entende que, a rigor, a efetiva incidência do CDC a uma relação de consumo está pautada na existência de destinação final fática e econômica do produto ou serviço, isto é, exige-se total desvinculação entre o destino do produto ou serviço consumido e qualquer atividade produtiva desempenhada pelo utente ou adquirente. Entretanto, o

PARTE I · Cap. 5 · A RELAÇÃO JURÍDICA DE CONSUMO | 151

firma-se como critério principal para determinação do conceito de consumidor e, em consequência, da aplicação das normas do CDC.[64]

A adoção da vulnerabilidade como critério básico para definição de consumidor, assim como a aplicação das normas de proteção previstas no microssistema do CDC, é acompanhada da revisão e ampliação do próprio significado e alcance do princípio da vulnerabilidade. Tradicionalmente – e como já se mencionou –, o significado de vulnerabilidade no CDC desenvolveu-se a partir de três grandes espécies: técnica, jurídica e fática.[65] A vulnerabilidade técnica é a falta de conhecimentos técnicos específicos sobre o objeto (produto ou serviço) da relação de consumo, da qual o consumidor é parte. Já a vulnerabilidade jurídica consiste na falta de conhecimento, pelo consumidor, acerca dos seus direitos e das repercussões da relação jurídica estabelecida. Por fim, a vulnerabilidade fática, espécie residual, abrange uma série de circunstâncias em que, por falta de condi-

---

próprio STJ tem admitido o temperamento desta regra, com fulcro no artigo 4º, I, do CDC, fazendo a lei consumerista incidir sobre situações em que, apesar do produto ou serviço ser adquirido no curso do desenvolvimento de uma atividade empresarial, haja vulnerabilidade de uma parte frente à outra. Uma interpretação sistemática e teleológica do CDC aponta para a existência de uma vulnerabilidade presumida do consumidor, inclusive pessoas jurídicas, visto que a imposição de limites à presunção de vulnerabilidade implicaria restrição excessiva, incompatível com o próprio espírito de facilitação da defesa do consumidor e do reconhecimento de sua hipossuficiência, circunstância que não se coaduna com o princípio constitucional de defesa do consumidor, previsto nos artigos 5º, XXXII, e 170, V, da CF. Em suma, prevalece a regra geral de que a caracterização da condição de consumidor exige destinação final fática e econômica do bem ou serviço, mas a presunção de vulnerabilidade do consumidor dá margem à incidência excepcional do CDC às atividades empresariais, que só serão privadas da proteção da lei consumerista quando comprovada, pelo fornecedor, a não vulnerabilidade do consumidor pessoa jurídica. Ao encampar a pessoa jurídica no conceito de consumidor, a intenção do legislador foi conferir proteção à empresa nas hipóteses em que, participando de uma relação jurídica na qualidade de consumidora, sua condição ordinária de fornecedora não lhe proporcione uma posição de igualdade frente à parte contrária. Em outras palavras, a pessoa jurídica deve contar com o mesmo grau de vulnerabilidade que qualquer pessoa comum se encontraria ao celebrar aquele negócio, de sorte a manter o desequilíbrio da relação de consumo. A 'paridade de armas' entre a empresa-fornecedora e a empresa-consumidora afasta a presunção de fragilidade desta. Tal consideração se mostra de extrema relevância, pois uma mesma pessoa jurídica, enquanto consumidora, pode se mostrar vulnerável em determinadas relações de consumo e em outras não. Recurso provido" (STJ, RMS 27.512/BA, 3ª Turma, rel. Min. Nancy Andrighi, j. 20.08.2009, *DJe* 23.09.2009). No mesmo sentido: STJ, AgRg no REsp 1.149.195/PR, 3ª Turma, Rel. Min. Sidnei Beneti, j. 25.06.2013, *DJe* 01.08.2013.

[64] "Processo Civil e Consumidor. Contrato de compra e venda de máquina de bordar. Fabricante. Adquirente. Vulnerabilidade. Relação de consumo. Nulidade de cláusula eletiva de foro. 1. A Segunda Seção do STJ, ao julgar o REsp 541.867/BA, rel. Min. Pádua Ribeiro, Rel. p/ Acórdão o Min. Barros Monteiro, *DJ* 16.05.2005, optou pela concepção subjetiva ou finalista de consumidor. 2. Todavia, deve-se abrandar a teoria finalista, admitindo a aplicação das normas do CDC a determinados consumidores profissionais, desde que seja demonstrada a vulnerabilidade técnica, jurídica ou econômica. 3. Nos presentes autos, o que se verifica é o conflito entre uma empresa fabricante de máquinas e fornecedora de *softwares*, suprimentos, peças e acessórios para a atividade confeccionista e uma pessoa física que adquire uma máquina de bordar em prol da sua sobrevivência e de sua família, ficando evidenciada a sua vulnerabilidade econômica. 4. Nesta hipótese, está justificada a aplicação das regras de proteção ao consumidor, notadamente a nulidade da cláusula eletiva de foro. 5. Negado provimento ao recurso especial" (STJ, REsp 1.010.834/GO, 3ª Turma, Rel. Min. Nancy Andrighi, j. 03.08.2010, *DJe* 13.10.2010).

[65] Adotou-se, em princípio, a classificação proposta por MARQUES, Claudia Lima. *Contratos no Código de Defesa do Consumidor*: o novo regime das relações contratuais. 4. ed. São Paulo: Ed. RT, 2002. p. 252 e ss.

ções econômicas, físicas ou psicológicas do consumidor,[66] este se coloca em posição de debilidade relativamente ao fornecedor.[67]

A decisão do REsp 476.428-SC, mencionada anteriormente,[68] propõe, contudo, uma ampliação do conceito de vulnerabilidade para além das situações que são usualmente reconhecidas. Observa a Min. Nancy Andrighi que "não se pode olvidar que a vulnerabilidade não se define tão somente pela capacidade econômica, nível de informação/cultura ou valor do contrato em exame. Todos esses elementos podem estar presentes e o comprador ainda ser vulnerável pela dependência do produto; pela natureza adesiva do contrato imposto; pelo monopólio da produção do bem ou sua qualidade insuperável; pela extremada necessidade do bem ou serviço; pelas exigências da modernidade atinentes à atividade, dentre outros fatores". Segundo o raciocínio esposado, há situações tipicamente de mercado, as quais não se confundem com necessidades puramente de consumo ou da posição individual do consumidor, senão de fatos que anteriormente se encontravam confinados aos domínios de outras disciplinas jurídicas, como o direito da concorrência ou o direito empresarial. É o caso do entendimento que sustenta a aplicação do CDC para o chamado "investidor ocasional", inclusive para aquele que realiza investimento mediante vínculo em sociedade em conta de participação, se usada para fraudar e impedir a aplicação das normas de proteção do consumidor.[69]

Em outros termos, consoante essa linha de entendimento, a dependência de uma das partes de uma relação interempresarial, em acordo com circunstâncias específicas, poderá caracterizar sua vulnerabilidade para efeito da aplicação das normas do CDC de modo exclusivo, ou em comum com outras normas incidentes no caso.[70] Essa tese,

---

[66] Veja-se, identificando um número maior de projeções da vulnerabilidade, a obra de: MORAES, Paulo Valério Dal Pai. *Código de Defesa do Consumidor*: o princípio da vulnerabilidade no contrato, na publicidade e nas demais práticas comerciais. Porto Alegre: Síntese, 1999.

[67] Reconhecendo a aplicação do CDC, com fundamento na interpretação finalista aprofundada, ao adquirente de unidade em apart-hotel que não o utilizará para moradia, mas para fins de investimento: STJ, REsp 1.785.802/SP, 3ª Turma, Rel. Min. Ricardo Villas Bôas Cueva, j. 19.02.2019, *DJe* 06.03.2019. No mesmo sentido, aplicando para a proteção de empresa contratante de adiantamento de contrato de câmbio (ACC) com instituição financeira: REsp 1.694.313/SP, 3ª Turma, Rel. Min. Ricardo Villas Bôas Cueva, j. 24.04.2018, *DJe* 30.04.2018. No caso da dependência de instituição hospitalar em relação a fornecedor de oxigênio para fins hospitalares (STJ, AgInt no AREsp 1.854.200/PR, 3ª Turma, Rel. Min. Ricardo Villas Bôas Cueva, j. 14.02.2022, *DJe* 22.02.2022).

[68] Veja-se, igualmente, nossos comentários ao julgado: MIRAGEM, Bruno. Aplicação do CDC na proteção contratual do consumidor-empresário: concreção do conceito de vulnerabilidade como critério para equiparação legal (STJ, REsp 476.428-SC, rel. Min. Fátima Nancy Andrighi, j. 19.04.2005, *DJU* 09.05.2005). Comentário de jurisprudência. *Revista de Direito do Consumidor*, São Paulo, v. 62, p. 259-268, abr.-jun. 2007.

[69] STJ, REsp 1.943.845/DF, 3ª Turma, Rel. Min. Nancy Andrighi, j. 22.03.2022, *DJe* 31.03.2022.

[70] "Recurso Especial. Ação de Reintegração de Posse. Contrato de locação com opção de compra de equipamento. Máquina fotocopiadora. Xérox. Transmutação para contrato de compra e venda a prazo. Princípio da autonomia privada. Multa contratual reduzida para 2%. Redução que não compromete a mora reconhecida em prova pericial. Resolução. Reintegração da posse das máquinas. 1. Negativa de prestação jurisdicional não caracterizada, pois a circunstância de o acórdão recorrido não haver adotado a tese da recorrente não significa dizer que não prestou a jurisdição devida. 2. Ampliação do conceito básico de consumidor (artigo 2º) para outras situações contratuais, com fundamento no artigo 29 do CDC, quando caracterizada a condição de vulnerabilidade do contratante. 3. Inocorrência de reconhecimento, de ofício, de abusividade das cláusulas contratuais, pois, na apelação, houve a provocação do tribunal de origem, que acolheu a insurgência. Inaplicabilidade da Súmula 381/STJ. 4. Validade dos 'contratos de

PARTE I · Cap. 5 · A RELAÇÃO JURÍDICA DE CONSUMO | **153**

contudo, deve responder antes a duas questões específicas: *primeiro*, se o reconhecimento da vulnerabilidade e a aplicação das normas do CDC afastam a aplicação das leis próprias da relação entre empresários (Código Civil) ou de proteção da concorrência (Lei 12.529/2011); *segundo*, se há de se considerar, para identificação da vulnerabilidade, um grau de intensidade na desigualdade de posições jurídicas e consequente fraqueza da parte a ser qualificada como consumidora.

O STJ, porém, utiliza-se, em muitos casos, da expressão "consumidor intermediário", a qual, conforme foi mencionado quando se tratou da interpretação do artigo 29 do CDC, não parece ser a melhor opção. Afinal, não é o fato de ser consumidor fisicamente ou não de determinado produto ou serviço que autoriza a equiparação, mas, sim, a presença *in concreto* da vulnerabilidade em determinada relação jurídica. A. correta interpretação desse pressuposto para aplicação do CDC permite que esta se dê em perfeita harmonia com a regra do artigo 421-A do Código Civil. Este, ao afirmar que "os contratos civis e empresariais presumem-se paritários e simétricos até a presença de elementos concretos que justifiquem o afastamento dessa presunção, ressalvados os regimes jurídicos previstos em leis especiais", buscou reduzir a intervenção do Estado sobre as relações jurídicas entre iguais, exigindo a demonstração de elementos que justifiquem tratamento diverso e evitando uma expansão desmedida própria da aplicação do CDC. A Lei 13.874/2019, que incluiu o artigo 421-A no Código Civil, apenas confirma o que já era entendimento consagrado na jurisprudência e doutrina prevalentes, reafirmando o caráter excepcional da incidência das normas do CDC, condicionada à demonstração concreta da vulnerabilidade de um dos contratantes nas relações que não sejam, originalmente, de consumo.

A vulnerabilidade exigida como pressuposto da aplicação da equiparação legal não se restringe apenas à hipótese de vulnerabilidade fática econômica. É possível reconhecê-la também na situação de vulnerabilidade técnica, em que, por exemplo, pessoa jurídica que pretenda a equiparação demonstre que não era especialista e não conhecia as informações técnicas relativas ao produto ou ao serviço contratado, assim como que tais conhecimentos não lhe eram exigíveis.[71] Da mesma forma, esse entendimento parte da compreensão

---

locação com opção de compra' de máquinas fotocopiadoras, não se justificando sua transmutação em 'compra e venda à prestação'. Concreção do princípio da autonomia privada em sua dimensão primária (liberdade contratual). 5. Manutenção da redução da multa contratada de 10% para 2% por terem sido os pactos firmados após a edição da Lei 9.298/96. 6. Caracterizada a mora, com o inadimplemento de número expressivo de prestações, procede o pedido de reintegração de posse. 7. Dissídio jurisprudencial reconhecido, em face de precedente específico acerca do tema (REsp 596.911/RS). Recurso Especial Parcialmente Conhecido e, nesta parte, Provido" (STJ, REsp 861.711/RS, 3ª Turma, Rel. Min. Paulo de Tarso Sanseverino, j. 14.04.2011, *DJe* 17.05.2011).

[71] "Direito do consumidor. Aquisição e instalação de aparelhos de ar condicionado. Princípio da informação e da transparência. Artigo 6º, inciso III, CDC. Ineficiência do projeto. Falha na prestação do serviço. Dano moral. Inocorrência. Inadimplemento contratual. Súmula 75 do TJ. A jurisprudência do STJ firmou-se no sentido de admitir a aplicação do CDC à pessoa jurídica empresária, excepcionalmente, quando reconhecida a sua vulnerabilidade no caso concreto, ou seja, somente nos casos em que evidenciada uma típica relação de consumo. Logo, é de se concluir que a vulnerabilidade do consumidor pessoa jurídica só deva ser aferido casuisticamente. No caso em exame, a vulnerabilidade técnica da autora se mostra evidente, diante da escolha e contratação de uma empresa especializada em instalação de ar refrigerado, o que demanda conhecimento técnico específico (...)" (TJRJ, ApCív 0005587-12.2007.8.19.0209, 1ª Cam. Cív., Rel. Maldonado de Carvalho, j. 11.10.2011). Da mesma forma, considera-se consumidor o adquirente de uma máquina de produzir sorvetes, que não logra utilizá-la em razão da falta de informações

do princípio da vulnerabilidade em sentido mais amplo. Assim se referiu a Min. Nancy Andrighi, no julgamento do REsp 476.428/SC, ao observar que a função do critério da vulnerabilidade é "abrandar o critério subjetivo do conceito de consumidor, para admitir a aplicabilidade do CDC nas relações entre fornecedores e consumidores-empresários em que fique caracterizada a relação de consumo".[72] Para tanto, sustenta que a vulnerabilidade "não se define tão somente pela capacidade econômica, nível de informação/cultura ou valor do contrato em exame. Todos esses elementos podem estar presentes e o comprador ainda ser vulnerável pela dependência do produto; pela natureza adesiva do contrato imposto; pelo monopólio da produção do bem ou sua qualidade insuperável; pela extremada necessidade do bem ou serviço; pelas exigências da modernidade atinentes à atividade, dentre outros fatores". Logo, sustenta a compreensão, no significado de vulnerabilidade, de aspectos até então relativos exclusivamente à estrutura das relações interempresariais. Trata-se, assim, de um caminho de meio, ao adotar um critério de interpretação para a extensão do conceito de consumidor por equiparação, sobretudo com relação à interpretação do artigo 29 do CDC.

5.3 A DEFINIÇÃO JURÍDICA DE FORNECEDOR

Como já referimos a título introdutório, os conceitos de consumidor e fornecedor são dependentes, relacionais, uma vez que só haverá relação de consumo com a presença desses dois sujeitos. Nesse sentido, se por consumidor tem-se aquele que adquire ou utiliza produto ou serviço como destinatário final, como fornecedor observa-se quem oferece os produtos e serviços no mercado de consumo.

O CDC, ao definir fornecedor, refere, em seu artigo 3º, *caput*: "Fornecedor é toda pessoa física ou jurídica, pública ou privada, nacional ou estrangeira, bem como os entes despersonalizados, que desenvolvem atividade de produção, montagem, criação, construção, transformação, importação, exportação, distribuição ou comercialização de produtos ou prestação de serviços".

Destaca-se a amplitude da definição legal. O legislador não distingue a natureza, o regime jurídico ou a nacionalidade do fornecedor. Abrangem-se, pelo conceito, tanto empresas estrangeiras ou multinacionais quanto o próprio Estado, diretamente ou por intermédio de seus órgãos e suas entidades, quando realizando atividade de fornecimento de produto ou serviço no mercado de consumo. Da mesma forma, com relação ao elemento dinâmico da definição (desenvolvimento de atividade), o CDC buscou relacionar ampla gama de ações, com relação ao fornecimento de produtos e à prestação de serviços. Nesse sentido, é correto indicar que são fornecedores, para os efeitos do CDC, todos os membros da cadeia de fornecimento, o que será relevante ao definir-se a extensão de seus deveres jurídicos, sobretudo em matéria de responsabilidade civil.

A amplitude na definição conceitual é observada em outros países. Assim a Lei de Proteção do Consumidor da Bélgica, que, ao definir fornecedor, com vista à delimitação do âmbito de aplicação de suas regras, refere como tal *toda pessoa física ou jurídica que*

---

técnicas suficientes, e de suporte por parte do fabricante (TJRS, ApCív 70042676122, 10ª Câm. Cív., Rel. Ivan Balson Araújo, j. 29.03.2012).

[72] STJ, REsp 476.428/SC, Rel. Min. Nancy Andrighi, j. 19.04.2005, *DJU* 09.05.2005.

vende produtos ou serviços em uma atividade profissional ou em vista da realização de um objetivo estatutário, os órgãos públicos ou pessoas jurídicas em que o Poder Público possui interesses preponderantes, que exercem uma atividade comercial, financeira ou industrial, e que ofereçam ou vendam produtos ou serviços. Por fim, indica, ainda, como fornecedores as pessoas que exercem, com ou sem finalidade lucrativa, atividade de caráter comercial, financeiro ou industrial, em nome próprio ou de terceiros, dotadas ou não de personalidade jurídica, que ofereça ou realize a venda de produtos ou serviços.[73]

No caso do CDC, a definição de fornecedor não é exaurida pelo *caput* do artigo 3º, senão que deve ser interpretado em acordo com os conceitos de produto e serviço (objetos da relação de consumo), estabelecidos nos §§ 1º e 2º da mesma disposição.

Nesse sentido, por exemplo, é que a referência do artigo 3º, § 2º, relativamente à necessidade da existência de remuneração na prestação de serviços para fazer incidir as normas do CDC, vai se irradiar para toda a definição de fornecedor, indicando a finalidade econômica da atividade de fornecimento. Em outros termos, as atividades de fornecimento de produtos (cuja definição não menciona expressamente a exigência de remuneração) e prestação de serviços devem desenvolver-se como espécie de atividade econômica do fornecedor.

5.3.1   O fornecedor como profissional

Não exige a legislação brasileira, de modo expresso, que o fornecedor de produtos e serviços seja um profissional. O requisito de profissionalidade, expressamente referido em diversas leis estrangeiras, não constitui elemento da definição presente no artigo 3º do CDC. Por outro lado, segundo observam alguns autores, o próprio significado etimológico da expressão "fornecer" remonta a noções como a de "prover, abastecer, guarnecer, dar, ministrar, facilitar ou proporcionar".[74] O legislador, ao referir que o fornecedor é aquele que "desenvolve atividades" de produção, distribuição, comercialização, entre outras, permite interpretar o conceito vinculado a certa habitualidade dessa conduta.

Por si, todavia, não basta para que, peremptoriamente, se considere o fornecedor como profissional. Uma boa questão para examinar-se qual a interpretação adequada ao conceito de fornecedor é se a abrangência conceitual da definição do CDC permite que se considere fornecedor aqueles que, em caráter eventual, realizem atividade de fornecimento. Assim, por exemplo, uma associação de moradores que realize uma festa junina anual seria responsável, pelo regime do CDC, por eventuais vícios ou defeitos de produtos ou serviços oferecidos? Da mesma forma os casos em que, de modo uníssono, a doutrina brasileira

---

[73]   Assim o artigo 1º, 6, da Lei Belga (no original): "6. *Vendeur*: a) tout commerçant ou artisan ainsi que toute personne physique ou morale qui offrent en vente ou vendent des produits ou des services, dans le cadre d'une activité professionnelle ou en vue de la réalisation de leur objet statutaire; b) les organismes publics ou les personnes morales dans lesquelles les pouvoirs publics détiennent un intérêt prépondérant qui exercent une activité à caractère commercial, financier ou industriel et qui offrent en vente ou vendent des produits ou des services; c) les personnes qui exercent avec ou sans but de lucre une activité à caractère commercial, financier ou industriel, soit en leur nom propre, soit au nom ou pour le compte d'un tiers doté ou non de la personnalité juridique et qui offrent en vente ou vendent des produits ou des services".

[74]   MARQUES, Claudia Lima; BENJAMIN, Antônio Herman V.; MIRAGEM, Bruno. *Comentários ao Código de Defesa do Consumidor.* 2. ed. São Paulo: Ed. RT, 2006. p. 113.

afasta a incidência do CDC, como o de um contrato de compra e venda de um automóvel entre duas pessoas físicas que não têm nessa atividade sua ocupação principal. Contudo, e se, nesta mesma hipótese, a compra e venda tivesse sido feita por uma loja de automóveis? A aplicação do CDC neste caso e a sua exclusão naquele explicam-se de que modo?

Poder-se-ia afirmar que o que distingue as situações é a habitualidade com que o fornecedor realiza sua atividade de fornecimento. Todavia, isso é inverter a relação de causa e efeito dos elementos da atividade de fornecimento dentro da relação de consumo. A atividade do fornecedor é *habitual* porque ela é *profissional*, ou seja, em nosso entendimento, ainda que não esteja expresso em lei, ao indicar à atividade do fornecedor certa habitualidade, assim como a remuneração, o legislador remete ao critério de desenvolvimento profissional dessa atividade. Daí por que a profissionalidade configura um requisito do conceito de fornecedor.

Todavia, o que é ser um profissional? A noção de profissionalismo está vinculada a uma especialidade, um conhecimento especial e presumivelmente abrangente sobre dada atividade que se exerce, e cujas características essenciais são conhecidas, utilizando-se desse conhecimento como meio de vida. Nesse sentido, o profissional tem, em relação ao não profissional, uma superioridade em termos de conhecimento daquelas características do produto ou serviço que fornece. É o caso de uma grande empresa com relação à massa de consumidores de seus produtos ou de um pequeno mecânico com relação ao dono de um automóvel que o contrata para resolver problema no funcionamento do veículo. Em ambos os casos, o elemento comum que distingue os fornecedores é seu caráter profissional e seus efeitos sobre a relação de consumo – nos casos citados, a vulnerabilidade técnica do consumidor.

Por outro lado, o caráter profissional do oferecimento de produto ou serviço revela também a *natureza econômica* dessa atividade. O caráter profissional da atividade a caracteriza como atividade econômica, uma vez que o fornecedor a desenvolve visando a determinada vantagem econômica – geralmente, a contraprestação pecuniária ou remuneração. Isso, contudo, não significa que o profissional necessariamente deva ter fins lucrativos.[75] Basta que ofereça seus serviços mediante remuneração, pouco importando qual a finalidade, por exemplo, da pessoa jurídica que presta esses serviços. Nesse sentido, podem ser relacionadas ao conceito de fornecedor as pessoas jurídicas sem fins lucrativos, mesmo as que ostentem a certificação de filantrópicas, desde que esteja presente o critério objetivo da contraprestação de remuneração em razão dos produtos e serviços prestados no mercado de consumo.[76] E da mesma forma, as organizações esportivas que, independente de sua natureza jurídica, equiparadas a fornecedoras de serviços.

---

[75] STJ, AgRg no AREsp 187.473/DF, 4ª Turma, Rel. Min. Marco Buzzi, j. 25.06.2013, *DJe* 01.08.2013.

[76] Nesse sentido decidiu o STJ: "Processual civil. Recurso especial. Sociedade civil sem fins lucrativos de caráter beneficente e filantrópico. Prestação de serviços médicos, hospitalares, odontológicos e jurídicos a seus associados. Relação de consumo caracterizada. Possibilidade de aplicação do Código de Defesa do Consumidor. – Para o fim de aplicação do Código de Defesa do Consumidor, o reconhecimento de uma pessoa física ou jurídica ou de um ente despersonalizado como fornecedor de serviços atende aos critérios puramente objetivos, sendo irrelevantes a sua natureza jurídica, a espécie dos serviços que prestam e até mesmo o fato de se tratar de uma sociedade civil, sem fins lucrativos, de caráter beneficente e filantrópico, bastando que desempenhem determinada atividade no mercado de consumo mediante remuneração. Recurso especial conhecido e provido" (STJ, REsp 519.310/SP, Rel. Min. Nancy Andrighi,

Nesse sentido, dispõe o art. 142, § 2º, da Lei Geral do Esporte (Lei n. 14.597/2023): "As organizações esportivas que administram e regulam modalidade esportiva em âmbito nacional caracterizam-se como fornecedoras relativamente a eventos esportivos por elas organizados, ainda que o cumprimento das tarefas materiais locais a eles pertinentes seja incumbência de terceiros ou de outras organizações esportivas." Nesse sentido, a Lei Geral do Esporte prevê, expressamente, a aplicação das disposições do CDC, considerando consumidor "o espectador do evento esportivo, torcedor ou não, que tenha adquirido o direito de ingressar no local onde se realiza o referido evento e fornecedora a organização esportiva responsável pela organização da competição em conjunto com a organização esportiva detentora do mando de campo, se pertinente, ou, alternativamente, as duas organizações esportivas competidoras, bem como as demais pessoas naturais ou jurídicas que detenham os direitos de realização da prova ou partida" (art. 142, § 1º).[77]

A natureza econômica dessa atividade é que fundamenta a imposição dos deveres jurídicos ao fornecedor, que, a princípio, é quem usufrui das vantagens econômicas decorrentes da relação jurídica com o consumidor, ao mesmo tempo que dispõe do controle dos meios e instrumentos necessários à efetivação de uma relação de consumo. Isso termina por determinar a relação de *subordinação fática* do consumidor em relação ao fornecedor.

5.3.2 O fornecedor como agente econômico no mercado de consumo

Outro elemento conceitual da definição jurídica de fornecedor no direito brasileiro é o de *mercado de consumo*. Isso porque o artigo 3º, § 2º, ao definir serviço, refere que se trata de *qualquer atividade fornecida no mercado de consumo*. Igualmente, ao regular a responsabilidade pelo fato do produto, estabelece o artigo 12, § 3º, como causa de exclusão da responsabilidade, a prova de que *não tenha colocado o produto no mercado*.

O significado da expressão *mercado de consumo*, nesse sentido, também se trata de noção fluida. Calvão da Silva, ao tratar, no direito português, da não colocação do produto no mercado como causa de exclusão da responsabilidade do fornecedor, sintetiza-o como o fato de o fornecedor não o ter lançado no tráfico comercial.[78] No direito brasileiro, igualmente, Sílvio Luís Ferreira da Rocha interpreta a expressão como o ato de colocar em circulação, mediante o oferecimento a qualquer outra pessoa.[79]

---

j. 20.04.2004, *DJU* 24.05.2004, p. 262). No mesmo sentido: STJ, AgRg no Ag 1.215.680/MA, 4ª Turma, Rel. Min. Maria Isabel Gallotti, j. 25.09.2012, *DJe* 03.10.2012.

[77] Assim já ocorria em relação ao chamado Estatuto de Defesa do Torcedor (Lei 10.671/2003), revogado pela Lei Geral do Esporte, em 2023. Sobre a norma revogada, merece registro o voto do Min. Cesar Peluso na ADI 2937/DF, ao referir que "tal equiparação não é apenas obra da lei, mas conclusão necessária da relação jurídica que enlaça os eventos desportivos profissionais e os torcedores. Fere qualquer conceito de justiça imaginar que pequena lavanderia possa ser responsabilizada, quando cause dano ao cliente, mas organizadores de eventos milionários, de grande repercussão, com público gigantesco, e que se mantêm graças à paixão dos torcedores que pagam pelo ingresso e pelos produtos associados, já não suportem nenhuma responsabilidade sob pretexto de se não enquadrarem no conceito ou classe dos fornecedores. Todo fornecedor ou prestador de espetáculo público responde pelos danos de suas falhas." (STF, ADI 2937, j. 23.02.2012, rel. Min. Cezar Peluso, *DJe* 29.05.2012).

[78] CALVÃO DA SILVA, João. *Responsabilidade civil do produtor*. Coimbra: Almedina, 1990. p. 668.

[79] ROCHA, Sílvio Luís Ferreira da. *Responsabilidade civil do fornecedor pelo fato do produto no direito brasileiro*. São Paulo: Ed. RT, 1992. p. 103-104.

Para nós, *mercado de consumo* é o espaço ideal e não institucional, onde se desenvolvem as atividades de troca de produtos e serviços avaliáveis economicamente, mediante oferta irrestrita aos interessados e visando, por um lado, à obtenção de vantagens econômicas (por parte dos fornecedores) e, por outro, à satisfação de necessidades pela aquisição ou utilização desses produtos e serviços (por parte dos consumidores). Trata-se de um espaço não institucional em face de seu caráter não formal e independente de estrutura predeterminada (o *ser*). Nesse sentido, cabe ao direito (o *dever-ser*) ordenar e regular o mercado de consumo, fixando objetivos, limites ou proibições. Todavia, o caráter dinâmico e autossuficiente do mercado – produto de necessidades espontâneas do ser humano – impede que, pelo direito, seja ele criado ou suprimido, senão apenas regulado.

Atuar no mercado de consumo, como faz o fornecedor, significa oferecer seus produtos e serviços nesse espaço de negócios, colocando-os à disposição dos consumidores. A atuação no mercado de consumo faz que muitos serviços que não se considerem oferecidos nele sejam afastados da incidência das normas do CDC, como é o caso do fornecimento de crédito para estudantes por intermédio de programa governamental (crédito educativo), causando a impossibilidade de discussão dos termos do contrato segundo as regras do CDC.[80] Em que pese esse entendimento, observe-se que, no que se refira especificamente à atividade de intermediação bancária para efetivação desse programa de crédito educativo, nada justifica a não aplicação da legislação consumerista. Da mesma forma se dá, sob o argumento de que se trata de programa governamental, a exclusão da incidência do CDC aos contratos de financiamento imobiliário que se enquadrem no Sistema Financeiro da Habitação (SFH) e estejam vinculados à garantia governamental em relação ao saldo

---

[80] "Administrativo. Contrato de crédito educativo. Inaplicabilidade do Código de Defesa do Consumidor. 1. Esta Turma tem decidido reiteradamente que, na relação travada com o estudante que adere ao programa do crédito educativo, não se identifica relação de consumo, porque o objeto do contrato é um programa de governo, em benefício do estudante, sem conotação de serviço bancário, nos termos do artigo 3º, § 2º, do Código de Defesa do Consumidor. Precedentes citados. 2. A Primeira Seção, ao julgar o REsp 1.155.684/RN (rel. Min. Benedito Gonçalves, *DJe* 18.05.2010), submetido ao procedimento de que trata o artigo 543-C do Código de Processo Civil, confirmou a orientação desta Turma, no sentido da inaplicabilidade das disposições do Código de Defesa do Consumidor aos contratos de financiamento estudantil. 3. Recurso especial provido" (STJ, REsp 1.236.861/RS, 2ª Turma, Rel. Min. Mauro Campbell Marques, j. 05.04.2011, *DJe* 13.04.2011). No mesmo sentido: "Administrativo. Contrato de crédito educativo. Código de Defesa do Consumidor. Inaplicabilidade. 1. É pacífico no STJ que o Contrato de Crédito Educativo – programa governamental que visa subsidiar curso universitário de graduação de estudante com recursos, próprios ou familiares, insuficientes para o custeio de seus estudos – não é relação de consumo. Inaplicáveis, portanto, os dispositivos do CDC. 2. *In casu*, havendo o Tribunal de origem limitado em 2% a multa decorrente do inadimplemento das obrigações, nos termos do artigo 52, § 1º, do Código de Defesa do Consumidor, deve ser reformado o acórdão, mantendo-se a sanção pecuniária prevista no Contrato de Crédito Educativo. 3. Recurso Especial provido" (STJ, REsp 1.250.083/RS, 2ª Turma, Rel. Min. Herman Benjamin, j. 14.06.2011, *DJe* 31.08.2011); "Administrativo. Recurso especial. Programa de crédito educativo. Código de Defesa do Consumidor. Inaplicabilidade. Precedentes. 1. A Segunda Turma do STJ já firmou entendimento de que o Código de Defesa do Consumidor (Lei 8.078/90) é inaplicável aos contratos de crédito educativo (regidos pela Lei 8.436/92). 2. Recurso especial provido" (STJ, REsp 539.381/RS, 2ª Turma, Rel. Min. João Otávio Noronha, j. 06.02.2007, *DJU* 26.02.2007, p. 570). No mesmo sentido: "Administrativo. Contrato de crédito educativo. Código de Defesa do Consumidor. Inaplicabilidade. 1. Os contratos de crédito educativo têm por objetivo subsidiar a educação superior e são regidos pela Lei 8.436/92. Não se trata de relação de consumo, descabendo cogitar de aplicação das normas do CDC. Precedente. 2. Recurso especial improvido" (REsp 560.405/RS, Rel. Min. Castro Meira, j. 21.09.2006, *DJU* 29.09.2006, p. 248).

devedor,[81] mantendo-se, contudo, a aplicação da legislação consumerista em relação aos demais contratos do SFH em que ausente essa participação estatal.[82] Precedente do STJ afasta a qualidade de fornecedor do cessionário de créditos da incorporadora, decorrentes de contrato de promessa de compra e venda de imóvel celebrado com o consumidor,[83] hipótese correta, mas que merece exame criterioso conforme as características do caso (em especial no tocante à própria qualidade do cessionário e ao seu grau de participação no negócio). Da mesma maneira, afasta-se a aplicação do CDC às relações sindicais, entre sindicato e sindicalizado, em razão da falha na prestação de serviços[84]. Por fim, cumpre

---

[81] "Recurso especial. Processual civil e administrativo. Sistema financeiro da habitação – SFH. Cobertura do FCVS. Não incidência do Código de Defesa do Consumidor – CDC. Avença de feição pública. Normas de direito administrativo. Precedente da 1ª Seção deste STJ. Utilização da taxa referencial (TR) Como índice de atualização monetária. Possibilidade, se pactuado após a Lei 8.177/91. Deficiência na fundamentação recursal. Ausência de prequestionamento. Súmulas 282 e 356 do STF. 1. A incidência do Código de Defesa do Consumidor nos contratos de financiamento para aquisição de casa própria regidos pelas regras do SFH foi decidia pela Primeira Seção no sentido de que: (i) naqueles contratos regidos pelo FCVS, cujo saldo devedor é suportado por fundo público gerido pela CEF, sua feição pública atrairá a incidência de normas do direito administrativo pertinentes, com exclusão das normas de direito privado; (ii) Ao contrário, nos contratos sem a cobertura do FCVS, sua natureza privada atrairá a incidência das normas civilistas e do Código de Defesa do Consumidor, consoante assente no âmbito da 1ª Seção deste Sodalício (1ª Seção, REsp 489.701/SP, rel. Min. Eliana Calmon, j. 28 de fevereiro de 2007) (...)" (STJ, REsp 727.704/PB, Rel. Min. Luiz Fux, j. 17.05.2007, *DJU* 31.05.2007, p. 334). No mesmo sentido: STJ, AgRg no REsp 920.075/RS, 2ª Turma, Rel. Min. Benedito Gonçalves, j. 06.12.2012, *DJe* 11.12.2012.

[82] STJ, AgRg no REsp 810.950/SP, 3ª Turma, Rel. Min. Paulo de Tarso Sanseverino, j. 19.05.2011, *DJe* 27.05.2011.

[83] "Agravo interno. Recurso especial. Revaloração jurídica. Securitização de recebíveis. Cessão de crédito do promitente vendedor. Rescisão da promessa de compra e venda. Atraso na entrega da obra. Responsabilização do cessionário. Impossibilidade. Não integração da cadeia de consumo. Precedentes. 1. Nos termos da jurisprudência já consolidada desta Corte, a análise do recurso especial não esbarra nos óbices previstos nas Súmulas 5 e 7, do STJ, quando se exige somente o reenquadramento jurídico das circunstâncias de fato e cláusulas contratuais expressamente descritos no acórdão recorrido. 2. O objeto do contrato de cessão/antecipação de créditos (securitização de recebíveis) firmado entre cedente, construtora, e o cessionário é não somente estranho à relação consumerista e ao próprio objeto do contrato de promessa de compra e venda em debate, mas também posterior e independente, sendo incabível a responsabilização do cessionário pelo atraso na entrega do imóvel. Precedentes 3. Agravo interno a que se nega provimento" (STJ, AgInt no AgInt no REsp 1.769.501/SE, 4ª Turma, Rel. Min. Maria Isabel Gallotti, j 13.06.2022, *DJe* 21.06.2022).

[84] "Direito civil. Ação de reparação de danos materiais e morais ajuizada por sindicalizada em face de sindicato e de advogada. Alegada má prestação de serviços advocatícios. Código de Defesa do Consumidor. Inaplicabilidade no caso concreto. Prescrição geral. Artigo 205 do Código Civil de 2002. 1. Os sindicatos possuem natureza associativa (enunciado n. 142 da III Jornada de Direito Civil promovida pelo CJF), e tal como ocorre com as associações, o que é determinante para saber se há relação de consumo entre o sindicato e o sindicalizado é a espécie do serviço prestado. Cuidando-se de assistência jurídica ofertada pelo órgão, não se aplica a essa relação as normas do Código de Defesa do Consumidor. 2. Com efeito, a prescrição da pretensão autoral não é regida pelo artigo 27 do CDC. Porém, também não se lhe aplica o artigo 206, § 3º, V, do CC/2002, haja vista que o mencionado dispositivo possui incidência apenas quando se tratar de responsabilidade civil extracontratual. 3. No caso, cuida-se de ação de indenização do mandante em face do mandatário, em razão de suposto mau cumprimento do contrato de mandato, hipótese sem previsão legal específica, circunstância que faz incidir a prescrição geral de 10 (dez) anos do artigo 205 do CC/2002, cujo prazo começa a fluir a partir da vigência do novo diploma (11.01.2003), respeitada a regra de transição prevista no artigo 2.028. 4. Ressalva de fundamentação do Ministro Marco Aurélio Buzzi e da Ministra Maria Isabel Gallotti. 5. Recurso especial não provido" (STJ, REsp 1.150.711/MG, 4ª Turma, Rel. Min. Luis Felipe Salomão, j. 06.12.2011, *DJe* 15.03.2012).

referir, no mesmo sentido, o controvertido entendimento do STJ, que afasta a aplicação das normas de proteção do consumidor aos contratos de prestação de serviços por advogados a seus clientes, sob o argumento de que não se constituem serviços oferecidos no mercado de consumo e, portanto, não se submetem ao CDC.[85]

Refira-se, ainda, à situação das cooperativas que ofereçam produtos e serviços no mercado de consumo. Serão fornecedoras em relação ao público em geral. Já a relação entre cooperativado e cooperativa, como regra, rege-se pela legislação própria do setor, não se caracterizando relação de consumo. Todavia, podem ocorrer situações nas quais a atividade da cooperativa, na oferta de produtos e serviços, possa atrair a aplicação das regras do CDC, quando caracterizada relação na qual haja o fornecimento de produto ou serviço pela cooperativa ao cooperativado, em relação de vulnerabilidade/dependência

---

[85] A questão da aplicação do CDC aos serviços advocatícios não era, em um primeiro momento, pacífica no Superior Tribunal de Justiça. Inicialmente, o entendimento da Corte era pela aplicação do CDC. Nesse sentido: "Prestação de serviços advocatícios. Código de Defesa do Consumidor. Aplicabilidade. I – Aplica-se o Código de Defesa do Consumidor aos serviços prestados por profissionais liberais, com as ressalvas nele contidas. II – Caracterizada a sucumbência recíproca devem ser os ônus distribuídos conforme determina o artigo 21 do CPC. III – Recursos especiais não conhecidos" (STJ, REsp 364.168/ SE, Rel. Min. Antônio de Pádua Ribeiro, j. 20.04.2004, *DJU* 21.06.2004, p. 215). Outro entendimento, contudo, passou a ser dominante na Corte, tendo se consolidado no sentido de considerar inaplicável o CDC aos contratos de prestação de serviços advocatícios: "*Processo civil. Ação de conhecimento proposta por detentor de título executivo. Admissibilidade. Prestação de serviços advocatícios. Inaplicabilidade do Código de Defesa do Consumidor.* O detentor de título executivo extrajudicial tem interesse para cobrá-lo pela via ordinária, o que enseja até situação menos gravosa para o devedor, pois dispensada a penhora, além de sua defesa poder ser exercida com maior amplitude. Não há relação de consumo nos serviços prestados por advogados, seja por incidência de norma específica, no caso a Lei 8.906/94, seja por não ser atividade fornecida no mercado de consumo. As prerrogativas e obrigações impostas aos advogados – como, *v.g.*, a necessidade de manter sua independência em qualquer circunstância e a vedação à captação de causas ou à utilização de agenciador (artigos 31, § 1º e 34/III e IV, da Lei 8.906/94) – evidenciam natureza incompatível com a atividade de consumo. Recurso não conhecido" (STJ, REsp 532.377/RJ, Rel. Min. Cesar Asfor Rocha, j. 21.08.2003, *RT* 220/228). No mesmo sentido: "*Processual. Ação de arbitramento de honorários. Prestação de serviços advocatícios. Código de Defesa do Consumidor. Não aplicação. Cláusula abusiva. Pacta sunt servanda.* – Não incide o CDC nos contratos de prestação de serviços advocatícios. Portanto, não se pode considerar, simplesmente, abusiva a cláusula contratual que prevê honorários advocatícios em percentual superior ao usual. Prevalece a regra do *pacta sunt servanda*" (STJ, REsp 757.867/RS, Rel. Min. Humberto Gomes de Barros, j. 21.09.2006, *DJU* 09.10.2006, p. 291). Na mesma perspectiva: "Direito Civil. Contrato de honorários *quota litis*. Remuneração *ad exitum* fixada em 50% sobre o benefício econômico. Lesão. 1. A abertura da instância especial alegada não enseja ofensa a Circulares, Resoluções, Portarias, Súmulas ou dispositivos inseridos em Regimentos Internos, por não se enquadrarem no conceito de lei federal previsto no artigo 105, III, 'a', da Constituição Federal. Assim, não se pode apreciar recurso especial fundamentado na violação do Código de Ética e Disciplina da OAB. 2. O CDC não se aplica à regulação de contratos de serviços advocatícios. Precedentes. 3. Consubstancia lesão a desproporção existente entre as prestações de um contrato no momento da realização do negócio, havendo para uma das partes um aproveitamento indevido decorrente da situação de inferioridade da outra parte. 4. O instituto da lesão é passível de reconhecimento também em contratos aleatórios, na hipótese em que, ao se valorarem os riscos, estes forem inexpressivos para uma das partes, em contraposição àqueles suportados pela outra, havendo exploração da situação de inferioridade de um contratante. 5. Ocorre lesão na hipótese em que um advogado, valendo-se de situação de desespero da parte, firma contrato quota litis no qual fixa sua remuneração *ad exitum* em 50% do benefício econômico gerado pela causa. 6. Recurso especial conhecido e provido, revisando-se a cláusula contratual que fixou os honorários advocatícios para o fim de reduzi-los ao patamar de 30% da condenação obtida" (STJ, REsp 1.155.200/DF, 3ª Turma, Rel. Min. Massami Uyeda, Rel. p/ Acórdão Min. Nancy Andrighi, j. 22.02.2011, *DJe* 02.03.2011). No mesmo sentido: AgRg no AREsp 616.932/SP, 4ª Turma, Rel. Min. Maria Isabel Gallotti, j. 18.12.2014, *DJe* 06.02.2015.

deste, que o utiliza como destinatário final.[86] A questão chegou ao STJ por intermédio de discussão sobre a relação entre cooperativas de crédito e seus cooperativados, chegando-se à incidência do CDC mediante sua equiparação a instituição financeira.[87] Da mesma forma, consolidou – a Corte – seu entendimento sobre a incidência do CDC em relação a

---

[86] STJ, AgInt no AREsp 1.034.624/SP, 4ª Turma, Rel. Min. Antonio Carlos Ferreira, j. 20.06.2017, *DJe* 28.06.2017; AgInt no AREsp 448.251/PR, 4ª Turma, Rel. Min. Raul Araújo, j. 07.02.2019, *DJe* 20.02.2019.

[87] "Agravo regimental. Agravo em recurso especial. Questão apreciada na decisão agravada e não impugnada nas razões do recurso. Preclusão consumativa e coisa julgada. Cédula de crédito rural. Falta de prequestionamento. Súmulas 282 e 356 do STF. Cooperativa. Aplicação do Código de Defesa do Consumidor. Multa moratória. 1. A questão apreciada na decisão agravada e não impugnada nas razões do recurso não pode ser analisada por força da preclusão consumativa e da coisa julgada. 2. Aplicam-se os óbices previstos nas Súmulas 282 e 356 do STF quando a norma legal suscitada no recurso especial não foi objeto de debate no acórdão recorrido nem, a respeito, foram opostos embargos de declaração para provocar sua análise. 3. Equiparando-se a atividade da cooperativa àquelas típicas das instituições financeiras, aplicam-se as regras do Código de Defesa do Consumidor. 4. A redução da multa moratória de 10% para 2% é cabível nos contratos celebrados após a vigência da Lei n. 9.298/96. 5. Agravo regimental desprovido" (STJ, AgRg no AREsp 711.852/SP, 3ª Turma, Rel. Min. João Otávio de Noronha, j. 03.12.2015, *DJe* 11.12.2015). Anote-se, contudo, que a incidência do CDC sobre a relação entre a cooperativa de crédito e o cooperativado não induz a solidariedade dos demais integrantes do sistema cooperativo de crédito, quando não demonstrada sua contribuição causal à falha na prestação de serviço ao cooperativado, conforme decidiu o STJ: "Processual civil e consumidor. Sistema Nacional de Cooperativas de Crédito. Responsabilidade das cooperativas centrais e dos bancos cooperativos. Independência e autonomia. Ausência de previsão de responsabilidade solidária. Responsabilidade conforme atribuições legais e regulamentares. Teoria da aparência. Inaplicável. Mero cumprimento de dever normativo. Teoria da causalidade adequada. Ausência de relação. Cadeia de serviço. Não composição. 1. Ação ajuizada em 22.07.2002. Recursos especiais interpostos em 02.07.2014 e 16.07.2014. Atribuídos a este Gabinete 25.08.2016. 2. O sistema cooperativo de crédito tem como maior finalidade permitir acesso ao crédito e a realização de determinadas operações financeiras no âmbito de uma cooperativa, a fim de beneficiar seus associados. Ao longo de sua evolução normativa, privilegia-se a independência e autonomia de cada um de seus três níveis (cooperativas singulares, centrais e confederações), incluindo os bancos cooperativos. 3. Nos termos da regulamentação vigente, as cooperativas centrais do sistema cooperativo de crédito devem, entre outras funções, supervisionar o funcionamento das cooperativas singulares, em especial o cumprimento das normas que regem esse sistema. No entanto, sua atuação encontra um limite máximo, que é a impossibilidade de substituir a administração da cooperativa de crédito singular que apresenta problemas de gestão. 4. Não há na legislação em vigor referente às cooperativas de crédito dispositivo que atribua responsabilidade solidária entre os diferentes órgãos que compõem o sistema cooperativo. Eventuais responsabilidades de cooperativas centrais e de bancos cooperativos devem ser apuradas nos limites de suas atribuições legais e regulamentares. 5. Na controvérsia em julgamento, a cooperativa central adotou todas as providências cabíveis, sendo impossível atribuir-lhe responsabilidade pela insolvência da cooperativa singular. 6. Não há solidariedade passiva entre banco cooperativo e cooperativa de crédito quanto às operações bancárias por esta realizadas com seus cooperados, uma vez que o sistema de crédito cooperativo funciona de molde a preservar a autonomia e independência – e consequente responsabilidade – de cada um dos órgãos que o compõem. Precedentes. 7. A obrigação do recorrente BANCOOB de fazer constar, por força normativa, sua logomarca nos cheques fornecidos pela cooperativa singular de crédito CREDITEC, afasta aplicação da teoria da aparência para sua responsabilização. 8. No âmbito das relações de consumo, aplicando-se a teoria da causalidade adequada e do dano direto imediato, somente há responsabilidade civil por fato do produto ou serviço quando houver defeito e se isso for a causa dos danos sofridos pelo consumidor. 9. Na hipótese sob julgamento, nenhuma das causas da insolvência da cooperativa singular pode ser atribuída ao recorrente BANCOOB, o qual atuava como simples prestador de serviços do sistema de crédito cooperativo, nos termos da regulamentação das autoridades competentes. 10. Não há como reconhecer a responsabilidade solidária prevista nos arts. 7º, parágrafo único, 20 e 25 do CDC, pois o recorrente BANCOOB não forma a cadeia de fornecimento do serviço em discussão na controvérsia em julgamento. 11. Recursos especiais conhecidos e providos" (STJ, REsp 1.535.888/MG, 3ª Turma, Rel. Min. Nancy Andrighi, j. 16.05.2017, *DJe* 26.05.2017).

empreendimentos habitacionais construídos por sociedades cooperativas. Assim definiu sua Súmula 602: "O Código de Defesa do Consumidor é aplicável aos empreendimentos habitacionais promovidos pelas sociedades cooperativas" (2ª Seção, j. 22.02.2018, *DJe* 26.02.2018).

5.4 O OBJETO DA RELAÇÃO JURÍDICA DE CONSUMO

Como já afirmamos, ao lado da definição jurídica dos sujeitos da relação de consumo – consumidor e fornecedor –, o CDC também vai determinar qual o objeto dessa relação – no caso, o *produto* ou o *serviço*. Desse modo, a incidência das normas de proteção do consumidor em uma série de atividades é dependente da caracterização destas como produtos ou serviços na exata definição legal. Muitos agentes econômicos que desejem colocar-se à margem do regime do âmbito de aplicação do CDC, visando à aplicação, por exemplo, das normas gerais do sistema, do Código Civil, vêm recorrendo à estratégia de desqualificar sua atividade econômica como o oferecimento de produtos e serviços. O caso mais notório é o das instituições bancárias que pretenderam colocar-se fora da égide das normas do CDC, em que pese menção expressa do artigo 3º, § 2º, às atividades de "natureza bancária, financeira, de crédito e securitária", alegando a inconstitucionalidade dessa disposição. Tendo sido julgada improcedente a ação em que postulava a declaração de inconstitucionalidade da referência legal a tais atividades, restou assim redigida a ementa da ADIn 2.591/DF: "*Artigo 3º, § 2º, do CDC. Código de Defesa do Consumidor. Artigo 5º, XXXII, da CB/88. Artigo 170, V, da CB/88. Instituições financeiras. Sujeição delas ao Código de Defesa do Consumidor. Ação direta de inconstitucionalidade julgada improcedente.* 1. As instituições financeiras estão, todas elas, alcançadas pela incidência das normas veiculadas pelo Código de Defesa do Consumidor. 2. 'Consumidor', para os efeitos do Código de Defesa do Consumidor, é toda pessoa física ou jurídica que utiliza, como destinatário final, atividade bancária, financeira e de crédito. 3. Ação direta julgada improcedente".[88]

---

[88] "*Embargos de declaração. Legitimidade recursal limitada às partes. Não cabimento de recurso interposto por* amicus curiae. *Embargos de declaração opostos pelo Procurador-Geral da República conhecidos. Alegação de contradição. Alteração da ementa do julgado. Restrição. Embargos providos.* 1. Embargos de declaração opostos pelo Procurador-Geral da República, pelo Instituto Brasileiro de Política e Direito do Consumidor – BRASILCON e pelo Instituto Brasileiro de Defesa do Consumidor – IDEC. As duas últimas são instituições que ingressaram no feito na qualidade de *amicus curiae*. 2. Entidades que participam na qualidade de *amicus curiae* dos processos objetivos de controle de constitucionalidade, não possuem legitimidade para recorrer, ainda que aportem aos autos informações relevantes ou dados técnicos. Decisões monocráticas no mesmo sentido. 3. Não conhecimento dos embargos de declaração interpostos pelo BRASILCON e pelo IDEC. 4. Embargos opostos pelo Procurador-Geral da República. Contradição entre a parte dispositiva da ementa e os votos proferidos, o voto condutor e os demais que compõem o acórdão. 5. Embargos de declaração providos para reduzir o teor da ementa referente ao julgamento da Ação Direta de Inconstitucionalidade n. 2.591, que passa a ter o seguinte conteúdo, dela excluídos enunciados em relação aos quais não há consenso: *Artigo 3º, § 2º, do CDC. Código de Defesa do Consumidor. artigo 5º, XXXII, da CF/88. Artigo 170, V, da CF/88. Instituições financeiras. Sujeição delas ao Código de Defesa do Consumidor. Ação direta de inconstitucionalidade julgada improcedente.* 1. As instituições financeiras estão, todas elas, alcançadas pela incidência das normas veiculadas pelo Código de Defesa do Consumidor. 2. 'Consumidor', para os efeitos do Código de Defesa do Consumidor, é toda pessoa física ou jurídica que utiliza, como destinatário final, atividade bancária, financeira e de crédito. 3. Ação direta julgada improcedente" (STF, ADIn-ED 2591/DF, Rel. Eros Roberto Grau, j. 14.12.2006, *DJU* 13.04.2007).

PARTE I · Cap. 5 · A RELAÇÃO JURÍDICA DE CONSUMO | **163**

Daí por que, atualmente, possuem mesma importância as definições dos elementos subjetivos da relação de consumo – consumidor e fornecedor – e dos elementos objetivos – produto e serviço –, dada a amplitude conceitual admitida pela interpretação das expressões que formam seu conceito.

5.4.1 Definição jurídica de produto

O artigo 3º, § 1º, do CDC define produto do seguinte modo: É todo "bem móvel ou imóvel, material ou imaterial". A definição jurídica de produto, nesse sentido, é regra especial em relação ao Livro II do Código Civil, que classifica as diferentes classes de bens (móveis, imóveis, particulares, públicos, singulares, coletivos).

No direito comparado, foram várias as soluções legislativas para definição do objeto da relação de consumo. O direito belga, por exemplo, optou por definir produto simplesmente como sendo os "bens móveis corpóreos" (artigo 1º, item 1, da Lei Belga). No direito canadense, o Código Civil do Quebec refere-se aos contratos de consumo como sendo os relativos a "bens e serviços" (artigo 1.384 do Código Civil do Quebec), distinguindo-os dos demais contratos com respeito apenas à sua destinação. No direito alemão, a definição de consumidor prescindiu do conceito de produto, considerando que preferiu indicá-lo apenas genericamente como quem "conclui um negócio", vinculando-o à finalidade não profissional e não comercial (§ 13 do BGB). No direito italiano, o Código de Consumo de 2005 refere produto como aquele disponível a título oneroso ou gratuito no âmbito de uma atividade comercial, independentemente do fato de que seja novo ou usado, excluindo apenas as peças de antiquário ou reutilizadas para outro fim (artigo 3, *e*).

A definição da lei brasileira, nesse sentido, é, comparativamente, mais ampla, a começar pela previsão de aplicação do conceito de produto a bens móveis e imóveis. Isso implica a aplicação das normas do CDC também a contratos imobiliários, assim como àqueles conexos com estes, como é o caso dos contratos de empréstimo ou financiamento para aquisição do bem imóvel.[89] Nesse caso, as normas do CDC aplicam-se conjuntamente

---

[89] Em relação aos contratos de financiamento imobiliário, embora quando presente garantia governamental que caracterize iniciativa ou política pública de fomento à habitação, afaste-se a aplicação do CDC, não se deixa de reconhecer a necessidade de proteção do mutuário e a transparência na relação contratual com a instituição financeira: "*Direito civil e processual civil. Contratos do sistema financeiro da habitação. Plano de equivalência salarial. Vinculação aos vencimentos da categoria profissional do mutuário.* 1. Inexiste nulidade da sentença se na época oportuna – Embargos de declaração – Não se cogitou dos erros materiais alegados, os quais, não obstante, foram devidamente sanados na decisão de 2º grau. 2. As Primeira e Segunda Turmas desta Corte Superior já consagraram entendimento de que a União e parte passiva ilegítima *ad causam* para figurar em ações em que se discute o reajustamento da casa própria em face de infringência ao decantado Plano de Equivalência Salarial (PES). 3. Nos contratos regidos pelo Sistema Financeiro da Habitação há de se reconhecer a sua vinculação, de modo especial, além dos gerais, aos seguintes princípios específicos: a) O da transparência, segundo o qual a informação clara e correta, e a lealdade sobre as cláusulas contratuais ajustadas, deve imperar na formação do negócio jurídico; b) O de que as regras impostas pelo SFH para a formação dos contratos, além de serem obrigatórios, devem ser interpretadas com o objetivo expresso de atendimento às necessidades do mutuário, garantindo-lhe o seu direito de habitação, sem afetar a sua segurança jurídica, saúde e dignidade; c) O de que há de ser considerada a vulnerabilidade do mutuário, não só decorrente da sua fragilidade financeira, mas, também, pela ânsia e necessidade de adquirir a casa própria e se submeter ao império da parte financiadora, econômica e financeiramente muitas vezes mais forte; d) O de que os princípios da boa-fé e da equidade devem prevalecer na formação do contrato. 4. Há de ser considerada sem eficácia e efetividade cláusula

164 CURSO DE DIREITO DO CONSUMIDOR – *Bruno Miragem*

com as normas do Código Civil e da legislação civil extravagante, ou seja: aplicam-se as normas do Código Civil, quanto a solenidades, regras de transmissão da propriedade, e outras pertinentes, sobretudo, ao direito das coisas; e ao CDC cumpre regular o aspecto dinâmico da contratação, assegurando o equilíbrio das prestações, o direito à informação do consumidor, assim como a repressão a práticas e cláusulas abusivas etc. Todavia, ao tempo que se admite a aplicação do CDC aos bens imóveis como objeto de contratos de compra e venda ou promessa de compra e venda desses bens, ou, ainda, até de jazigos em cemitério particular,[90] o mesmo não se diga com relação aos contratos que tenham por objeto a locação de imóveis. Isso porque a relação locatícia, segundo a jurisprudência majoritária,[91] trata-se de relação jurídica regulada por lei especial (Lei de Locações), não se constituindo relação de consumo, mas, sim, relação puramente civil. As razões para esse

---

contratual que implica em reajustar o saldo devedor e as prestações mensais assumidas pelo mutuário, pelos índices aplicados às cadernetas de poupança, adotando-se, consequentemente, a imperatividade e obrigatoriedade do plano de equivalência salarial, vinculando-se aos vencimentos da categoria profissional do mutuário; 5. Recurso improvido" (REsp 157.841/SP, Rel. Min. José Delgado, j. 12.03.1998, *DJU* 27.04.1998, p. 107).

[90] "Recurso Especial. Ação Civil Pública. Ministério Público. Direito funerário e do consumidor. Cemitério particular. Contrato de cessão do uso de jazigos e prestação de outros serviços funerários. Aplicabilidade do CDC reconhecida. Limitação da multa moratória em 2%. Restituição simples da quantia indevidamente cobrada. I – Inexistência de violação ao artigo 535 do CPC. II – Legitimidade do Ministério Público para o ajuizamento de ação civil pública visando à defesa de interesses e direitos individuais homogêneos pertencentes a consumidores, decorrentes, no caso, de contratos de promessa de cessão e concessão onerosa do uso de jazigos situados em cemitério particular. III – Inteligência do artigo 81, par. único, III, do CDC. Precedente específico da 4ª Turma deste Superior Tribunal de Justiça. IV – Aplicabilidade do Código de Defesa e Proteção do Consumidor à relação travada entre os titulares do direito de uso dos jazigos situados em cemitério particular e a administradora ou proprietária deste, que comercializa os jazigos e disponibiliza a prestação de outros serviços funerários. V – Inteligência dos artigos 2º e 3º do CDC. Precedentes proferidos em casos similares. VI – Distinção do caso apreciado no Recurso Especial 747.871/RS, em que a Egrégia 4ª Turma deste Superior Tribunal de Justiça afirmou a inaplicabilidade do CDC diante do 'ato do Poder Público que permite o uso de cemitério municipal'. Doutrina. VII – Limitação, a partir da edição da Lei 9.298/96, que conferiu nova redação ao artigo 52, § 1º, do CDC, em 2% da multa de mora prevista nos contratos em vigor e nos a serem celebrados entre a recorrente e os consumidores de seus serviços. VIII – Doutrina. Precedente da 3ª Turma. IX – Restituição simples das quantias indevidamente cobradas, tendo a cobrança, nos termos do par. único do artigo 42 do CDC, derivado de 'engano justificável'. X – Redistribuição do ônus relativo ao pagamento das custas processuais, prejudicada a apreciação da violação do artigo 21 do CPC. XI – Recurso especial provido em parte" (STJ, REsp 1.090.044/SP, 3ª Turma, Rel. Min. Paulo de Tarso Sanseverino, j. 21.06.2011, *DJe* 27.06.2011).

[91] "*Locação. Despesas de condomínio. Multa. Código de Defesa do Consumidor. Inaplicabilidade.* I – As relações locatícias possuem lei própria que as regule. Ademais, falta-lhes as características delineadoras da relação de consumo apontadas nos artigos 2º e 3º da Lei 8.078/90. II – Não é relação de consumo a que se estabelece entre condôminos para efeitos de pagamento de despesas em comum. III – O Código de Defesa do Consumidor não é aplicável no que se refere à multa pelo atraso no pagamento de aluguéis e de quotas condominiais. IV – Ausente o prequestionamento da matéria objeto do recurso na parte referente ao percentual de juros, tendo em vista que não foi debatida no acórdão recorrido, não merece conhecimento o recurso especial interposto" (Súmulas 282 e 356 do STF). Recurso não conhecido (STJ, REsp 239.578/SP, 5ª Turma, Rel. Min. Felix Fischer, j. 08.02.2000); No mesmo sentido: "*Processual civil. Locação. Multa contratual. Redução de 10% para 2%. aplicação do Código de Defesa do Consumidor. Impossibilidade. Recurso especial conhecido e desprovido. (...)* III – O Código de Defesa do Consumidor não se aplica às relações locatícias, descabendo na espécie, com apoio nesta norma, vindicar a redução da multa – contratualmente pactuada entre as partes – de 10% para 2%. IV – Recurso especial conhecido, mas desprovido" (STJ, REsp 302.603/SP, 5ª Turma, Rel. Min. Gilson Dipp, j. 06.04.2001).

entendimento variam desde a inexistência pressuposta de uma desigualdade fática entre os contratantes até a ausência do requisito de profissionalidade do locador-proprietário do bem imóvel locado. Resta em aberto, entretanto, a discussão sobre a aplicação ou não do CDC quando intervenha na relação um profissional, como é o caso da imobiliária ou da administradora de imóveis, hipótese em que é possível considerar-se a aplicação do CDC como instrumento para proteção tanto do locatário quanto, em certas situações, do próprio locador do bem em relação à administradora de imóveis ou à imobiliária. Por outro lado, sendo a situação jurídica original de condomínio, a posição jurídica do condômino não deve ser admitida como de consumidor. O mesmo se deve concluir no caso em que eventuais obrigações decorrentes do condomínio vierem a ser objeto de sub-rogação por administradora de condomínios, hipótese em que a relação jurídica mantém sua natureza original, não se caracterizando-se como relação de consumo.[92]

A nosso ver, uma vez que o conceito de consumidor não abrange apenas quem adquire mas também quem utiliza o bem (artigo 2º), assim como o fato de que o bem locado em questão pode ser produto (bem imóvel), coloca em tese o contrato de locação imobiliária sob a égide do CDC. O argumento principal sustentado pela jurisprudência para não aplicação do CDC – a existência de uma lei especial de locações – não parece afastar por si só a aplicação das regras do CDC, quando se examina o contrato de locação residencial. Em regra, as relações de locação sendo intermediadas por um profissional – imobiliária ou administradora de imóveis – apresentam nesse polo da relação contratual a expertise, o conhecimento e a direção da relação contratual que se exige para aplicação do CDC. Todavia, ainda que, no direito comparado, seja a locação imobiliária uma das principais preocupações do legislador e da jurisprudência, por conta da vulnerabilidade do locatário em face da imprescindibilidade da moradia,[93] não tem sido esse o entendimento jurisprudencial dominante nos tribunais brasileiros, que decidem pela não aplicação do CDC a tais contratos.

Já, com relação à abrangência do conceito de produto também para bens materiais e imateriais, a importância dessa definição é ainda maior quando se observa o crescimento da importância econômica da informática e dos bens e serviços produzidos exclusivamente por esse meio. No caso da internet, e das relações estabelecidas exclusivamente por seu intermédio, não significa que os conceitos criados pela ciência jurídica, tradicionalmente afetos à realidade do mundo físico, não tenham de ser, muitos deles, interpretados e adaptados ao fenômeno informático. Uma das marcas distintivas das relações estabelecidas por meio da internet é a *ubiquidade*,[94] característica dos tempos atuais que, em última

---

[92] "Processual civil. Administrativo. Consumidor. Procon. Fiscalização. Multa administrativa. Abrangência. Condomínios. Dívida sub-rogada. Empresa de cobrança. 1. A dívida cobrada em sub-rogação mantém a mesma natureza da original, para aferição da relação de consumo. 2. Inexistindo caráter consumerista na relação entre condômino e condomínio, tampouco haverá dita natureza na relação entre a empresa de cobrança contratada pelo condomínio e o condômino. 3. Agravo interno a que se nega provimento" (STJ, AgInt no REsp 1.419.490/PR, 2ª Turma, Rel. Min. Og Fernandes, j. 20.06.2022, *DJe* 24.06.2022).

[93] No direito francês, observa STOFFEL-MUNCK, Philippe. *L'abus dans le contrat*: essai d'une théorie. Paris: LGDJ, 2000. p. 314 *et seq.* CALAIS-AULOY, Jean; STEINMETZ, Frank. *Droit de la consommation.* 5. ed. Paris: Dalloz, 2000. p. 469 *et seq.*

[94] Segundo Leclerc, pela primeira vez na história existe uma espécie de contemporaneidade de todos os homens da Terra, em um mundo síncrono, uma sociedade da ubiquidade (LECLERC, Gérard. *A sociedade da comunicação.* Lisboa: Piaget, 2000. p. 58).

análise, revela a dificuldade de precisar a localização territorial de uma relação jurídica estabelecida mediante meio eletrônico.[95] Por tal razão, a doutrina especializada aponta, como elemento distintivo das relações estabelecidas por meio eletrônico, a *desterritorialização*. Como observa Lorenzetti, "este ciberspacio es autónomo, en el sentido de que funciona según las reglas de un sistema autorreferente (...) es posorgánico, ya que no está formado por átomos ni sigue las reglas de funcionamento y localización del mundo orgánico: se trata de bits. Tiene una naturaleza no territorial y comunicativa, un espacio movimiento, en el cual todo cambia respecto de todo, es decir, que el espacio virtual no es siquiera milable al espacio real, porque no está fijo; no es localizable mediante pruebas empíricas como, por ejemplo, el tacto".[96]

Contudo, tendo sido ultrapassado o que Thieffry qualificou de ilusão efêmera da rede mundial internet como um *espaço de não direito* ("le ilusión éphémère de la zone de non-droit"[97]), o desafio hoje diz respeito: (a) à definição de como legislar sobre o tema; (b) ao estabelecimento de um nível adequado de efetividade às normas específicas produzidas para regular as relações pelo meio eletrônico; e (c) à interpretação das normas já existentes com vista a essa mesma finalidade.

Note-se que são diversas as iniciativas legislativas em matéria de internet. Nesse sentido, nos últimos anos, muitos entendimentos apontam as relações jurídicas celebradas por intermédio da internet entre aquelas que necessitam alto grau de uniformidade para serem efetivamente eficazes. Essa necessidade, muitas vezes, induz a certo ceticismo quanto às vantagens da regulamentação estatal, em face da conveniência de se adotarem outras iniciativas mais flexíveis, como as leis-modelo[98] e as diretrizes gerais.[99] Além dessas iniciativas, existe o recurso genérico à denominada *lex mercatoria*[100] ou *lex informatica*,

---

[95] JAYME, Erik. O direito internacional privado do novo milênio e a proteção da pessoa humana face à globalização. Trad. Claudia Lima Marques e Nádia de Araújo. *Cadernos do Programa de Pós-Graduação em Direito/UFRGS*. Edição em homenagem à entrega do título de Doutor *Honoris Causa*/UFRGS ao jurista Erik Jayme. Porto Alegre: UFRGS, 2003. p. 85-97. No mesmo sentido: MARQUES, Claudia Lima. Proteção do consumidor no âmbito do comércio eletrônico. *Revista da Faculdade de Direito da UFRGS*, Porto Alegre, v. 23, p. 47-93, 2003.

[96] LORENZETTI, Ricardo L. *Comercio electrónico*. Buenos Aires: Abeledo Perrot, 2001. p. 13-14. No mesmo sentido, já referia: NEGROPONTE, Nicholas. *Being digital*. New York: Alfred A. Knopf, 1995. p. 165; SARRA, Andrea Viviana. *Comercio electrónico y derecho*: aspectos jurídicos de los negocios en Internet. Buenos Aires: Astrea, 2001. p. 81.

[97] THIEFFRY, Patrick. *Commerce électronique*: droit international et européen. Paris: Éditions Litec, 2002. p. 2.

[98] A mais conhecida dessas iniciativas é a denominada Lei Modelo da Uncitral. Elaborada por técnicos da United Nations Comission on International Trade Law (Uncitral), conforme expresso em seu artigo 1º, pretende regular "qualquer tipo de informação na forma digital usada no contexto de atividades comerciais". Seguindo a característica própria das denominadas Leis-Modelo, teve por finalidade oferecer uma espécie de norma que permita, quando de sua adoção pelo direito interno das nações, o estabelecimento de um direito uniforme pelos países, em relação à matéria de alto grau de internacionalização.

[99] Nesse caso, destaca-se o *General Usage for International Digitally Ensured Commerce*, elaborado pela Câmara Internacional de Comércio, pelo qual se procurou estabelecer a adoção de definições gerais e aspectos distintivos das contratações por meio eletrônico, em um esforço de aproximação entre os diversos ordenamentos jurídicos nacionais.

[100] Conforme José Carlos Magalhães, o relevo contemporâneo do conceito de *lex mercatoria* diz respeito a regras costumeiras adotadas nos negócios internacionais em cada área do comércio, aprovadas e observadas com regularidade (MAGALHÃES, José Carlos. *Lex mercatoria*: evolução e posição atual. *Revista*

a propugnar ampla liberdade nas relações estabelecidas via internet, tendo em vista a constatação da impossibilidade de sua regulação.[101]

Ao prever, expressamente, a caracterização do produto também como bem imaterial, o legislador do CDC, de modo consciente ou não, antecipou-se à regulação do fenômeno da informática e da internet, determinando as normas de proteção do consumidor como plenamente aplicáveis às relações estabelecidas e desenvolvidas por esse meio.

5.4.2 Definição jurídica de serviço

O artigo 3º, § 2º, do CDC define como serviço "qualquer atividade fornecida no mercado de consumo, mediante remuneração, inclusive as de natureza bancária, financeira, de crédito e securitária, salvo as decorrentes das relações de caráter trabalhista".

Em primeiro lugar, como já referimos anteriormente, a definição do serviço como "qualquer atividade prestada no mercado de consumo" impõe que este seja oferecido no mercado como decorrência da atividade econômica do fornecedor. Nesse sentido, o fato de constituir-se um serviço, mas de não estar sendo oferecido no mercado, e sim realizado como objeto de prestação estatal típica custeada por impostos (serviços públicos, cuja problemática de aplicação do CDC examinamos no item 5.4.3, a seguir), realização de políticas públicas, ou, ainda, à margem do mercado de consumo ou sem profissionalidade (caso das locações imobiliárias), faz que essa definição adquira grande importância. Da mesma forma, dá-se no sentido do reconhecimento como objeto da relação de consumo o caso de jogos e apostas submetidos à exploração comercial, que se consideram, pois, oferecidos no mercado de consumo.[102]

Igualmente, indica a definição legal que o serviço objeto da relação de consumo é apenas aquele prestado *mediante remuneração*. Como já resta consagrado na doutrina brasileira, essa remuneração poderá ser considerada, para efeito da caracterização da relação de consumo, como *remuneração direta* (contraprestação de um contrato de consumo) ou *indireta* (quando resultar de vantagens econômicas do fornecedor a serem percebidas independentes do contrato de consumo presente).

A exclusão expressa das relações trabalhistas do conceito de serviço previsto no CDC obedece à lógica de regular uma nova relação jurídica emergente da realidade econômica contemporânea, substancialmente distinta da relação de trabalho. A dinâmica da relação entre fornecedor e consumidor, nesse sentido, distancia-se da relação já conhecida entre o

---

dos Tribunais, São Paulo, v. 709, nov. 1994. p. 43). Segundo aponta Thieffry, a *lex mercatoria* abrange princípios e regras os quais, dado seu grau de generalidade e aceitação no comércio internacional, são aplicáveis a todos os tipos de comércio, inclusive ao comércio eletrônico. Compõe-se de certas regras básicas, amplamente difundidas, como o princípio do *pacta sunt servanda* e da boa-fé. Ao mesmo tempo, tem sua aplicação decorrente de três principais instrumentos, quais sejam: mecanismos de arbitragem internacional, aplicação pelos tribunais e designação convencional pelas partes (THIEFFRY, Patrick. *Commerce électronique*: droit international et européen. Paris: Éditions Litec, 2002. p. 153-155).

[101] LORENZETTI, Ricardo L. *Comercio electrónico*. Buenos Aires: Abeledo Perrot, 2001. p. 38.

[102] Na exploração comercial do jogo, há evidente relação de consumo, na qual os cidadãos são atraídos às casas de bingo sem que o Poder Público possa lhes garantir um mínimo de regularidade nos sorteios, nas premiações e na destinação legal dos valores arrecadados (TRF-4ª Reg., AgIn 2007.04.00.009201-6/RS, 4ª Turma, Rel. p/ Acórdão Des. Federal Marga Inge Barth Tessler, j. 01.08.2007, *DJU* 16.10.2007 – *RT* 868/416).

empregador e o empregado.[103] No caso das relações trabalhistas, o imperativo da proteção do trabalhador decorre, basicamente, da sua desigualdade fática na propriedade dos meios de produção, assim como da ausência de poder de direção da relação de trabalho. Quanto à relação de consumo, a desigualdade do consumidor não possui uma uniformidade, mas, ao contrário, apresenta-se em diversos graus (de vulnerabilidade), que, inclusive, podem ser observados de modo distinto entre os diferentes consumidores e fornecedores.

Por outro lado, a exclusão das relações trabalhistas dos serviços objeto de relação de consumo pelo CDC justifica-se, do ponto de vista formal, pela existência de uma legislação especial e de mesmo *status* constitucional para os trabalhadores (direitos fundamentais sociais, artigos 6º e 7º da Constituição da República), bem como de uma justiça especializada para conhecer e julgar os conflitos daí emergentes (a Justiça do Trabalho).

Fez questão o legislador, igualmente, de incluir, sob o conceito de serviços objeto da relação de consumo, os "serviços bancários, financeiros, de crédito e securitários". A referência expressa tem razão de ser em face de uma discussão original no direito brasileiro: se poderiam os correntistas ou investidores que, para tais fins, realizassem contratos bancários ser considerados consumidores. Isso porque, entre os argumentos contrários à aplicação do CDC aos titulares de contas correntes em bancos, argumentava-se que, nessa condição, não se encontravam na qualidade de destinatário final, uma vez que realizavam, em verdade, um depósito, cujos recursos deixados sob a guarda do banco seriam todos devolvidos ao próprio correntista, ou a quem este determinasse. Com relação aos que contratavam com as instituições bancárias na qualidade de investidores (sob as diversas modalidades admitidas, desde caderneta de poupança até fundos de investimentos de risco), o argumento principal contrário à aplicação do CDC e, portanto, à qualificação desses contratos como relações de consumo era o fato de que tais operações caracterizam-se em razão de sua finalidade típica (aumento patrimonial), a qual não se adequava à noção de destinatário final indicada à figura típica do consumidor.

Entretanto, a evolução da doutrina e da jurisprudência brasileira orientou-se em sentido contrário, ou seja, na consideração dos serviços bancários, financeiros, de crédito e securitários como relações de consumo, nos estritos termos do artigo 3º, § 2º, do CDC. Isso se deve, em primeiro lugar, às características da atividade bancária em nosso país. O Brasil possui hoje uma sociedade altamente dependente dos serviços bancários. É possível afirmar que o *homo economicus* em nossa sociedade, ou seja, qualquer um que deseje relacionar-se economicamente no mercado, afora relações econômicas mais simples, não pode prescindir de uma instituição bancária. Seja para o pagamento de contas, para perceber o salário, contrair empréstimos ou financiamentos, seja mesmo para manter suas economias sob a guarda de uma instituição confiável, a dependência econômica do brasileiro em relação às instituições bancárias acrescenta maior grau à vulnerabilidade reconhecida para esse consumidor.

Por outro lado, conforme já salientado por diversos autores, mesmo nos contratos bancários que tenham em vista – sob a ótica do interesse do consumidor – o retorno de investimentos e o acréscimo patrimonial, essa condição de maior vulnerabilidade não

---

[103] COMPARATO, Fábio Konder. A proteção do consumidor. Importante capítulo do direito econômico. *Revista da Consultoria-Geral do Estado do RS*, Porto Alegre, v. 6, n. 14, p. 81-105, 1976.

desaparece. Tome-se o exemplo das cadernetas de poupança. Espécie de investimento considerado "conservador", dada sua pouca rentabilidade, converteu-se na principal modalidade de investimento no País, destino das economias de largas parcelas da população brasileira. Nesse caso, o interesse do consumidor pondera a baixa rentabilidade do investimento, de um lado, em vista da certeza do retorno desse investimento.

Da mesma forma, diante do argumento de que se trata de um serviço bancário prestado a título gratuito – uma vez que não há qualquer espécie de cobrança realizada do consumidor bancário –, tal discussão resta superada. No caso, mais destacado era o enfrentamento da questão com respeito aos contratos cujo objeto revelasse a finalidade de investimento, em relação aos quais se argumentou, sem sucesso, pela não aplicação do CDC pela ausência do requisito da remuneração, previsto, expressamente, em seu artigo 3º, § 2º.[104] Demonstrou-se, então, que, em especial no que diz respeito ao contrato de caderneta de poupança, a remuneração está justamente na renúncia, pelo consumidor, do custo de oportunidade (se desse outra destinação ao recurso, mais vantajosa, mas menos segura). Já a vantagem da instituição bancária situa-se justamente na captação do dinheiro a uma remuneração inferior àquela que receberá pela sua utilização, seja contratando empréstimos com outros consumidores a juros de mercado, seja mediante aquisição de títulos públicos, cuja remuneração pela taxa básica de juros é superior à remuneração oferecida aos depósitos na poupança.

Do mesmo modo ocorre em outras modalidades de investimento, nas quais, além da intermediação do recurso e da disponibilidade dos valores investidos para realização de uma série de empréstimos a outros consumidores ou empresários tomadores de crédito, a remuneração dos bancos decorre também da cobrança de taxas de administração, cuja natureza reforça o argumento de que sejam consideradas como espécies de remuneração pelo serviço prestado. Daí a possibilidade da tutela, pelo CDC, do denominado "investidor ocasional", ou seja, aquele que não realiza investimentos de modo reiterado e profissional, mas que tão somente recorre a tais situações eventualmente, sem perder a característica da vulnerabilidade.[105] Tais condições serão sempre examinadas de acordo com as circunstâncias do caso.[106]

---

[104] Para o tema, veja-se: MARQUES, Claudia Lima. *Contratos no Código de Defesa do Consumidor*. 4. ed. São Paulo: Ed. RT, 2002. p. 432-433.

[105] A extensão da qualidade de consumidor, com a aplicação do CDC, inclusive, excepcionalmente, no caso de investimentos por intermédio de Sociedade em Conta de Participação, reclama a jurisprudência: "Para incidência excepcional do Código de Defesa do Consumidor aos contratos de sociedade em conta de participação, devem estar presentes dois requisitos: (a) a caracterização do sócio participante ou oculto como investidor ocasional vulnerável, e (b) ter sido a sociedade em conta de participação constituída ou utilizada com fim fraudulento, notadamente para afastar a incidência do Código de Defesa do Consumidor" (REsp 1.943.845/DF, 3ª Turma, Rel. Min. Nancy Andrighi, j. 22.03.2022, *DJe* 31.03.2022).

[106] "O adquirente de unidade imobiliária, mesmo não sendo o destinatário final do bem e apenas possuindo o intuito de investir ou auferir lucro, poderá encontrar abrigo da legislação consumerista com base na teoria finalista mitigada se tiver agido de boa-fé e não detiver conhecimentos de mercado imobiliário nem expertise em incorporação, construção e venda de imóveis, sendo evidente a sua vulnerabilidade. Em outras palavras, o CDC poderá ser utilizado para amparar concretamente o investidor ocasional (figura do consumidor investidor), não abrangendo em seu âmbito de proteção aquele que desenvolve a atividade de investimento de maneira reiterada e profissional" (STJ, REsp 1.785.802/SP, 3ª Turma, Rel. Min. Ricardo Villas Bôas Cueva, j. 19.02.2019, *DJe* 06.03.2019).

Impõe-se, por outro lado, definir o que sejam os serviços bancários, ou melhor, os contratos bancários que têm por objeto esses serviços. Segundo ensina Ruy Rosado de Aguiar Júnior, "para a classificação do contrato bancário, são conhecidas as posições que levam em conta o elemento subjetivo (é bancário o contrato realizado por um banco, ou, mais precisamente, no caso do Brasil, pelas instituições financeiras) ou o objetivo (é bancário o contrato que realiza a finalidade específica do banco, de intermediar o crédito indireto)".[107]

Prossegue o mestre gaúcho: "Não basta, porém, que participe da relação um banco, pois, como sujeito, a empresa bancária pode firmar contratos alheios à sua atividade principal; nem por isso deixa de ser banco, nem o contrato pode ser incluído na espécie dos contratos bancários. Na verdade, é preciso reunir os dois aspectos assinalados pelas correntes antagônicas (objetivistas e subjetivistas) para concluir que o contrato bancário se distingue dos demais porque tem como sujeito um banco, em sentido amplo (...) e como objeto a regulação da intermediação de crédito".[108]

Assim, a característica principal do contrato bancário parece ser identificada por seu objeto de intermediação de crédito, sem que se exclua, com isso, toda uma série de prestações de fazer, dar ou restituir que podem ser definidas como serviços bancários. Estes serão prestados, em regra, com caráter acessório a um objeto principal de intermediação de crédito (conta-corrente, caderneta de poupança, financiamento e outorga de crédito, empréstimos pessoais), tendo como objetivo a facilitação, agilização ou eficiência no exercício dos direitos e deveres estabelecidos com relação ao objeto principal do contrato.

A conduta das partes na relação contratual entre a instituição bancária ou financeira e o consumidor abriga todas essas relações relativas a operações bancárias (intermediação de crédito) e serviços bancários indistintamente. Por isso, tanto os direitos e deveres estabelecidos às partes por disposição legal (as normas de conduta do Código de Defesa do Consumidor, por exemplo) quanto as regras contratuais que estejam adequadas ao regime legal e constitucional são aplicáveis a tais contratos.

Por fim, cumpre referir que a expressão do artigo 3º, § 2º, do CDC que faz referência a "serviços bancários, financeiros, de crédito e securitários" foi objeto da Ação Direta de Inconstitucionalidade 2.591, interposta perante o Supremo Tribunal Federal pela Confederação Nacional das Instituições Financeiras (então Consfi, hoje CNF). Alegava, em resumo, a petição dessa Entidade que a aplicação do CDC aos bancos não poderia prevalecer em face, basicamente, de três argumentos: (1) que o artigo 192 da Constituição da República determina que o Sistema Financeiro Nacional deveria ser regulamentado por intermédio de lei complementar, o que não era o caso do CDC, aprovado como lei ordinária; (2) que, em matéria de juros dos contratos bancários, o próprio STF já havia considerado o limite constitucional de 12% (doze por cento) de juros reais anuais estabelecidos no artigo 192, § 3º, da Constituição como norma não autoaplicável (dependente de regulamentação infraconstitucional), razão pela qual o regime das cláusulas abusivas

---

[107] AGUIAR JÚNIOR, Ruy Rosado de. *Os contratos bancários e a jurisprudência do Superior Tribunal de Justiça*. Brasília: Conselho da Justiça Federal, 2003 (Série Pesquisas do CEJ, v. 11). p. 8-9.

[108] AGUIAR JÚNIOR, Ruy Rosado de. *Os contratos bancários e a jurisprudência do Superior Tribunal de Justiça*. Brasília: Conselho da Justiça Federal, 2003 (Série Pesquisas do CEJ, v. 11). p. 9.

previsto no CDC não pode servir para controle do limite de juros nos contratos bancários; (3) a existência, no âmbito de competência regulamentar do Conselho Monetário Nacional e do Banco Central, de normas de defesa do "consumidor bancário" – no caso, à época, as Resoluções CMN 2.878/2001 e 2.892/2001, cuja matéria atualmente é objeto da Res. CMN 4.949/2021.

Por outro lado, os argumentos em contrário, que davam conta da constitucionalidade da disposição do artigo 3º, § 2º, do CDC, centravam-se, basicamente, nos seguintes aspectos:[109] (1) há uma distinção clara em nosso sistema jurídico entre *normas de conduta e normas de organização*. As primeiras dizem respeito à regulação das condutas devidas entre os sujeitos de determinadas relações jurídicas. Já, no caso das normas de organização, estas estabelecem órgãos, competências e modos de atuação, no caso, dos órgãos e das entidades integrantes do Sistema Financeiro Nacional. Nesse sentido, ao referir a necessidade de lei complementar para regulamentação do Sistema Financeiro Nacional, o constituinte fez referência às normas de organização, não às normas de conduta. Caso contrário, chegar-se-ia ao absurdo de considerar que, nas hipóteses de locação de imóveis ou mesmo de quaisquer contratos entre instituições bancárias e outras pessoas, não se aplicaria a Lei de Locações ou mesmo o Código Civil, por exemplo, uma vez que ambos foram aprovados como leis ordinárias; (2) por outro lado, o regime de cláusulas abusivas, previsto no artigo 51 do CDC, não tem em vista a aplicação específica para juros, senão que, em especial o artigo 51, inciso IV, reconhecerá como tais as cláusulas que "estabeleçam obrigações consideradas iníquas, abusivas, que coloquem o consumidor em desvantagem exagerada, ou sejam incompatíveis com a boa-fé ou a equidade". Desse modo, o CDC considera abusiva qualquer cláusula que importa no desequilíbrio ou em excessiva desvantagem em prejuízo do consumidor, mas não se pauta necessariamente pelo limite constitucional de juros reais, cuja norma foi considerada não autoaplicável pelo STF; (3) por fim, a resolução administrativa do Banco Central que pretende regular os contratos entre consumidores e instituições bancárias constitui norma administrativa, infralegal, e, por isso, ainda que sob o argumento do exercício da competência regulamentar daquele Órgão, não pode substituir ou afastar a aplicação da lei – no caso, o CDC. Da mesma forma, o conteúdo da referida resolução confrontado com as normas de proteção e garantias estabelecidas pelo CDC indica que a norma do Banco Central é menos protetiva do que as disposições legais aplicáveis.[110]

Enquanto o julgamento da ação, iniciado em abril de 2002, ainda não havia sido concluído, sobreveio a Emenda Constitucional 40, de 29 de maio de 2003, que revogou, entre outras disposições, o § 3º do artigo 192 da Constituição, que previa o limite de juros reais em 12% ao ano.

---

[109] Para os argumentos em favor da constitucionalidade da norma, veja-se os pareceres de Claudia Lima Marques, Cristiane Derani e Alberto Amaral Júnior, organizados na obra coletiva: MARQUES, Claudia Lima; ALMEIDA, João Batista de; PFEIFFER, Roberto. *Aplicação do Código de Defesa do Consumidor aos Bancos*: ADIn 2.591. São Paulo: Ed. RT, 2006. p. 36-170.

[110] À época, tratava-se das Resoluções CMN 2.878/2001 e 2.892/2001, hoje revogadas, e cuja matéria é objeto da Res. CMN 4.949/2021, em vigor.

Os argumentos contrários à aplicação do CDC aos serviços bancários, financeiros de crédito e securitários, todavia, não lograram prosperar no STF. Em março de 2006, por maioria dos votos dos ministros da Corte, o STF julgou improcedente a ADIn 2591/DF, afirmando a constitucionalidade da disposição. Em resumo, assentou a decisão "não haver conflito entre o regramento do sistema financeiro e a disciplina do consumo e da defesa do consumidor, haja vista que, nos termos do disposto no artigo 192 da CF, a exigência de lei complementar refere-se apenas à regulamentação da estrutura do sistema financeiro, não abrangendo os encargos e obrigações impostos pelo CDC às instituições financeiras, relativos à exploração das atividades dos agentes econômicos que a integram – operações bancárias e serviços bancários –, que podem ser definidos por lei ordinária".[111]

Essa decisão do STF, ao mesmo tempo que ressalta o *status* constitucional da proteção do consumidor no direito brasileiro,[112] reafirma a indicação dos serviços bancários, financeiros e de crédito como objeto da relação de consumo e, desse modo, sob incidência das normas do CDC e da sua disciplina relativa a contratos de consumo, responsabilidade civil, práticas comerciais abusivas e regime de nulidade das cláusulas abusivas. Decide o STF, nesse sentido, na mesma linha do entendimento consolidado do Superior Tribunal de Justiça, inclusive com a edição, em 2004, da Súmula 297, afirmando que "o Código de Defesa do Consumidor é aplicável às instituições financeiras".[113]

5.4.3 O problema do serviço público como objeto da relação de consumo

Com referência ao objeto das relações de consumo, um dos principais debates ainda hoje estabelecidos no direito brasileiro é sobre a aplicação e os efeitos das normas de proteção do consumidor aos serviços públicos. O CDC, expressamente, indica sua aplicabilidade aos serviços públicos em diversos momentos. Primeiro, ao referir quando trata da definição legal de fornecedor, das "pessoas de direito público" (artigo 3º, *caput*). A seguir, ao estabelecer como princípio da Política Nacional das Relações de Consumo *a melhoria dos serviços públicos* (artigo 4º, VII), ao mesmo tempo que consagra como direito básico do consumidor sua *adequada e eficaz* prestação (artigo 6º, X). Por fim, ao estabelecer, expressamente, no artigo 22, uma série de deveres aos fornecedores de serviços públicos: "Os órgãos públicos, por si ou suas empresas, concessionárias, permissionárias ou sob qualquer outra forma de empreendimento, o fornecimento de serviços adequados, eficientes, seguros e, quanto aos essenciais, contínuos".

Todavia, em que pese a clareza das normas do CDC, algumas são as questões que devem ser enfrentadas com relação ao tema. Em primeiro lugar, a identificação de quais os serviços públicos que se encontram sob o regime das normas de proteção do consu-

---

[111] STF, ADIn-ED 2591/DF, Rel. Eros Roberto Grau, j. 14.12.2006, *DJU* 13.04.2007. No mesmo sentido, reafirmando a eficácia vinculativa da decisão, veja-se: STF, Rcl 10.424, decisão monocrática, Rel. Min. Gilmar Mendes, j. 21.09.2012, p. 26.09.2012; e AI 745853 AgR, 1ª Turma, Rel. Min. Luiz Fux, j. 20.03.2012, *DJ* 17.04.2012.

[112] Sobre o tema, veja-se, entre outros estudos, o nosso: MIRAGEM, Bruno. Cláusulas abusivas nos contratos bancários e a ordem pública constitucional de proteção do consumidor. In: MARQUES, Claudia Lima; ALMEIDA, João Batista de; PFEIFFER, Roberto. *Aplicação do Código de Defesa do Consumidor aos Bancos*: ADIn 2.591. São Paulo: Ed. RT, 2006. p. 308-342.

[113] *DJU* 09.09.2004, p. 185.

PARTE I · Cap. 5 · A RELAÇÃO JURÍDICA DE CONSUMO | 173

midor. Igualmente, de que modo as normas de proteção do consumidor incidem sobre a prestação desses serviços e como são compatibilizadas com as normas de direito administrativo incidentes sobre o tema.

Em caráter introdutório, é preciso considerar que o próprio conceito de serviço público não possui um sentido unívoco no direito brasileiro. Entre os principais juristas do direito administrativo brasileiro, destacam-se divergências sobre sua definição. Para Hely Lopes Meirelles, serviço público é "todo aquele prestado pela Administração ou por seus delegados, sob normas e controles estatais, para satisfazer necessidades essenciais ou secundárias da coletividade ou simples conveniências do Estado".[114] Já, na lição de Celso Antônio Bandeira de Mello, serviço público é "toda a atividade de oferecimento de utilidade ou comodidade material destinada à satisfação da coletividade em geral, mas fruível singularmente pelos administrados, que o Estado assume como pertinente a seus deveres e presta por si mesmo ou por quem lhe faça as vezes, sob um regime de direito público – portanto, consagrador de prerrogativas de supremacia e de restrições especiais – instituído em favor dos interesses definidos como públicos no sistema normativo".[115]

O debate em questão tem suas raízes nas diversas influências sobre o direito administrativo brasileiro. Lembre-se, assim, da grande importância do direito francês e da denominada *Escola do Serviço Público* liderada por León Duguit e outros célebres publicistas.[116] No direito francês, a qualificação de uma atividade como serviço público importa, desde logo, na remessa da questão em disputa à jurisdição administrativa. Isso explica, em parte, o rigor da distinção da matéria naquele sistema jurídico.

Por outro lado, a partir de meados da década de 1990, o processo de reforma do Estado por que passou o Brasil, com os programas de desestatização e a delegação da prestação dos serviços públicos a particulares, determinou uma nova relação entre os prestadores de serviços públicos e os usuários desses serviços, uma vez que, enquanto, em alguns casos, os serviços foram delegados em regime de monopólio (por exemplo, no caso do serviço de distribuição de energia elétrica), em outros, o regime é de concorrência, inserindo-se, tipicamente, no mercado de consumo (assim, a telefonia). Em ambas as hipóteses citadas, contudo, a dependência ou subordinação do consumidor, aliada à importância ou à essencialidade do serviço, caracteriza sua vulnerabilidade e determina a necessidade de proteção.

Todavia, não são todos os serviços públicos que se subordinam às normas de proteção do consumidor. A distinção entre os serviços a que se aplica o regime do CDC e aqueles que se subordinam exclusivamente ao regime de direito administrativo é realizada, em nosso direito, por Adalberto Pasqualotto, em estudo de referência sobre o tema.[117] Observa, então, Pasqualotto que a aplicação do CDC não prescinde da distinção entre os serviços

---

[114]   MEIRELLES, Hely Lopes. *Direito administrativo brasileiro*. 20. ed. São Paulo: Malheiros Editores, 1995. p. 294.

[115]   BANDEIRA DE MELLO, Celso Antônio. *Curso de direito administrativo*. 16. ed. São Paulo: Malheiros Editores, 2003. p. 612.

[116]   DUGUIT, León. *Traité de droit constitutionnel*. Paris: Librairie Fontemoing, 1923. v. 2. p. 70.

[117]   PASQUALOTTO, Adalberto de Souza. Os serviços públicos no Código de Defesa do Consumidor. *Revista de Direito do Consumidor*, São Paulo, v. 1, p. 130-148, 1993.

públicos *uti singuli* e *uti universi*.[118] Serviços públicos *uti singuli* são aqueles prestados e fruídos individualmente e, por isso, de uso mensurável, os quais são remunerados diretamente por quem deles se aproveita, em geral por intermédio de tarifa (*e.g.*, serviços de energia elétrica, água). Já os serviços *uti universi*, prestados de modo difuso para toda a coletividade,[119] não são passíveis de mensuração, sendo custeados por intermédio de impostos pagos pelos contribuintes (relação de direito tributário).

A essas referências sobre a prestação de serviço público, entretanto, foi contraposta, em um primeiro momento, a própria distinção do conceito de serviço público nas fronteiras do direito administrativo. De raízes francesas, sua definição tradicionalmente observada pelo direito brasileiro é de *atividade cuja realização deve ser assegurada, disciplinada e controlada pelos governantes, uma vez que sua realização é indispensável à efetivação e ao desenvolvimento da interdependência social, e não se pode realizar sem a intervenção governamental.*[120] No direito brasileiro, entre as mais diversas definições existentes, é possível identificar a composição conceito a partir de um traço comum, de que se constitui em espécie de ação administrativa em benefício de interesse comum de toda a sociedade.[121] No sentido que lhe propõe Ruy Cirne Lima, trata-se do *serviço existencial relativamente à sociedade ou, pelo menos, assim havido num momento dado que, por isso mesmo, tem de ser prestado aos componentes daquela, direta ou indiretamente, pelo Estado ou por outra pessoa administrativa.*[122]

Sob a égide da Constituição de 1988, Eros Roberto Grau, seguindo os passos da distinção apontada por Luiz de Anhaia Melo, em meados do século XX,[123] distinguiu os serviços públicos do restante do que denomina de "atividade econômica *stricto sensu*", indicando ambos como espécies abarcadas sob o conceito geral de "atividade econômica *lato sensu*".[124] Em relação ao serviço público, incidirá, então, a série de condicionamentos inerentes ao regime de prestação e à finalidade própria que este encerra, de realização do interesse coletivo.[125] Nesse sentido, reconhece em relação à noção de serviço público,

---

[118] Para a distinção, veja-se MEIRELLES, Hely Lopes. *Direito administrativo brasileiro*. 20. ed. São Paulo: Malheiros Editores, 1995. p. 297.

[119] Assim também os serviços cuja prestação se dê, ainda que com o pagamento de taxa, de modo que caracterize o exercício de poder de polícia no interesse da coletividade, como é o caso, por exemplo, dos órgãos de trânsito, como o Detran. Nesse sentido, aliás, é o entendimento do STJ: AgRg no AREsp 435.406/ES, 2ª Turma, Rel. Min. Herman Benjamin, j. 06.02.2014, *DJe* 06.03.2014.

[120] DUGUIT, Léon. *Traité de droit constitutionnel*. Paris: Librairie Fontemoing, 1923. v. 2. p. 70.

[121] BANDEIRA DE MELLO, Celso Antônio. *Curso de direito administrativo*. 16. ed. São Paulo: Malheiros Editores, 2003. p. 612; VILLELA SOUTO, Marcos Juruena. *Direito administrativo regulatório*. Rio de Janeiro: Lumen Juris, 2002. p. 77-78; MEDAUAR, Odete. *O direito administrativo em evolução*. 2. ed. São Paulo: Ed. RT, 2003. p. 215-217; GRAU, Eros Roberto. *A ordem econômica na Constituição de 1988*. 8. ed. São Paulo: Malheiros Editores, 2003. p. 116 *et seq.*

[122] CIRNE LIMA, Ruy. *Princípios de direito administrativo*. São Paulo: RT, 1987. p. 82.

[123] ANHAIA MELO, Luiz de. *O problema econômico dos serviços de utilidade pública*. São Paulo: Prefeitura de São Paulo, 1940. p. 29 *et seq.*

[124] GRAU, Eros Roberto. *A ordem econômica na Constituição de 1988*. 8. ed. São Paulo: Malheiros Editores, 2003. p. 120.

[125] Assim, por exemplo, o dever de continuidade dos serviços, que, entretanto, no direito administrativo, sob a noção de *faute do service*, exigia a presença de culpa (PASQUALOTTO, Adalberto de Souza. Os serviços públicos no Código de Defesa do Consumidor. *Revista de Direito do Consumidor*, São Paulo, v. 1, 1993. p. 131).

os traços distintivos de *coesão* e *interdependência social*, cujo significado será dado pela Constituição.[126]

Entretanto, nem toda relação de serviço público admitir-se-á como suscetível à regulação do Código de Defesa do Consumidor, em especial os deveres estabelecidos aos fornecedores de tais serviços em vista do seu artigo 22. Entre as diferentes espécies de serviços públicos, o CDC aplicar-se-á àqueles em que haja a presença do consumidor como agente de uma relação de aquisição remunerada[127] do respectivo serviço, individualmente e de modo mensurável (serviços *uti singuli*). Não se cogita, assim, a aplicação do CDC à prestação de serviços públicos custeados pelo esforço geral, por meio da tributação, como é o caso dos que são oferecidos e percebidos coletivamente, sem possibilidade de mensuração ou determinação de graus de utilização do mesmo (serviços *uti universi*).[128] Um bom exemplo de serviço público *uti universi*, em que não se aplica o CDC, são os serviços de ensino público gratuito, ou os de saúde pública prestados pelo Estado[129], subordinados ao regime jurídico-administrativo e, subsidiariamente, às disposições do Código Civil.[130] Por

---

[126] GRAU, Eros Roberto. Constituição e serviço público. In: GRAU, Eros Roberto; GUERRA FILHO, Willis Santiago. *Direito constitucional*: estudos em homenagem a Paulo Bonavides. São Paulo: Malheiros Editores, 2003. p. 249-267.

[127] Não se trata de relação de consumo, assim, a prestação de serviços por escolas ou universidades públicas gratuitas (MARQUES, Claudia Lima. *Contratos no Código de Defesa do Consumidor*. 4. ed. São Paulo: Ed. RT, 2002. p. 493).

[128] Ensina Claudia Lima Marques que "os serviços públicos *uti universi*, isto é, aqueles prestados a todos os cidadãos, com recursos arrecadados em impostos, ficariam excluídos da obrigação de adequação e eficiência prevista no CDC" (MARQUES, Claudia Lima. *Contratos no Código de Defesa do Consumidor*. 4. ed. São Paulo: Ed. RT, 2002. p. 486).

[129] STJ, AgRg no REsp 1.471.694/MG, 2ª Turma, Rel. Min. Mauro Campbell Marques, j. 25.11.2014, *DJe* 02.12.2014.

[130] O entendimento sobre a não incidência do CDC aos serviços públicos de saúde sempre foi afirmado, sem divergências expressivas, pela doutrina e jurisprudência brasileiras. Decisão do STJ, de 2018, contudo, de relatoria do Min. Luis Felipe Salomão, inaugura entendimento diverso. Sustenta, no caso, que envolve ação indenizatória relativa à falha na prestação de serviço de clínica médica sob a égide do Sistema Único de Saúde, que o custeio estatal do serviço equivale à noção de remuneração indireta compreendida na interpretação prevalente relativa aos contratos de consumo. Com esse raciocínio, reconhece a competência do domicílio da autora para proposição da ação, com fundamento no CDC. Não é possível, ainda, contudo, reconhecer, a partir dessa decisão, uma tendência jurisprudencial, seja daquela Corte, seja de outros tribunais brasileiros. Assim dispõe a ementa do julgado: "Agravo interno no recurso especial. Ação de responsabilidade civil de prestadora de serviço médico hospitalar remunerado pelo SUS. Código de Defesa do Consumidor. Incidência. 1. Nos termos da jurisprudência desta Corte, 'os serviços públicos impróprios ou UTI SINGULI prestados por órgãos da administração pública indireta ou, modernamente, por delegação a concessionários, como previsto na CF (art. 175), são remunerados por tarifa, sendo aplicáveis aos respectivos contratos o Código de Defesa do Consumidor' (REsp 609.332/SC, Rel. Ministra Eliana Calmon, Segunda Turma, julgado em 09.08.2005, DJ 05.09.2005). 2. Outrossim, não há falar em violação do artigo 3º, § 2º, do Código de Defesa do Consumidor no presente caso, pois, 'para a caracterização da relação de consumo, o serviço pode ser prestado pelo fornecedor mediante remuneração obtida de forma indireta' (REsp 566.468/RJ, Rel. Ministro Jorge Scartezzini, Quarta Turma, julgado em 23.11.2004, DJ 17.12.2004). 3. Na hipótese, cuida-se de ação indenizatória, fundada na responsabilidade civil da clínica por falha na prestação de serviços médicos hospitalares – supostamente causadora da morte da filha da autora – remunerados pelo Sistema Único de Saúde (SUS). 4. Como de sabença, a assistência médica e hospitalar é considerada serviço público essencial e, no caso, foi prestada por delegação e não diretamente pela Administração Pública. O custeio das despesas efetuado pelo SUS caracteriza remuneração indireta apta a qualificar a relação jurídica, no caso, como de consumo. Desse modo, a aplicação do código consumerista afigura-se de rigor, nos termos da jurisprudência supracitada.

176 | CURSO DE DIREITO DO CONSUMIDOR – *Bruno Miragem*

outro lado, exemplo de serviço público *uti singuli*, passível de fruição e remuneração individualizada, são, entre outros, os serviços postais.[131] Em qualquer caso, todavia, reconhece, a jurisprudência, a legitimidade ativa do Ministério Público, "para atuar na defesa de direitos difusos, coletivos e individuais homogêneos dos consumidores, ainda que decorrentes da prestação de serviço público" (STJ, Súmula 601, Corte Especial, j. 07.02.2018, *DJe* 14.02.2018).

De outro lado, a definição legal de consumidor no CDC, como destinatário final do produto ou serviço, *a priori*, indica, àquele que encerra a cadeia econômica de fornecimento, a proteção legal dessa legislação. Em que pese se pretenda sustentar a distinção entre *consumidor* e *usuário*, esta jamais poderá se dar com a finalidade de afastar a incidência do CDC de determinada relação de consumo. Consideramos, no direito brasileiro, que todo consumidor de serviços públicos será considerado usuário, mas nem todo usuário poderá ser considerado consumidor. Isso porque, tratando-se de serviços públicos *uti singuli*, como o fornecimento de energia elétrica, água e saneamento, ou telefonia, sendo aquele que os usufrui seu destinatário final, parece clara a incidência das normas de proteção do CDC. Outro é o entendimento quando a fruição de um serviço não se dá com relação a um destinatário final. Nesse caso, parece-nos fora do âmbito de incidência das normas de proteção do consumidor, e subordinado exclusivamente ao regime jurídico de direito administrativo, o usuário que utilize do serviço prestado como insumo de sua atividade produtiva – não se caracterizando, assim, como destinatário final. Note-se, todavia, que o critério para delimitação do âmbito de incidência do CDC é determinado por suas próprias disposições, a partir da identificação, no caso, da relação de consumo.

Aliás, a utilização das expressões *usuário* e *consumidor* na legislação que regula os serviços públicos não parece ter obedecido a critério uniforme, a partir do qual a localização de um ou outro termo permitisse estabelecer uma distinção necessária entre eles.[132] Ao contrário, é perceptível, em todas as leis relativas aos serviços públicos, a utilização da expressão independentemente de um maior apuro ou rigor técnico.[133]

Para identificar o significado da definição jurídica de consumidor presente no artigo 2º do CDC, acompanhamos o entendimento em favor de uma interpretação *finalista*, a qual vai considerar como tal o *destinatário fático e econômico*, o *vulnerável*, conforme indicado igualmente no artigo 4º, I, da mesma lei.[134]

---

5. Consequentemente, a regra de competência inserta no inciso I do artigo 101 do CDC deve incidir na espécie, sendo facultada ao consumidor a propositura da ação no foro do seu domicílio, motivo pelo qual não merece reforma o acórdão estadual. 6. Agravo interno não provido" (STJ, AgInt no REsp 1.347.473/SP, 4ª Turma, Rel. Min. Luis Felipe Salomão, j. 04.12.2018, *DJe* 10.12.2018).

[131] STJ, EREsp 1.097.266/PB, 2ª Seção, Rel. Min. Ricardo Villas Bôas Cueva, j. 10.12.2014, *DJe* 24.02.2015.

[132] Ainda que os que defendam a distinção argumentem da utilização do termo usuário, de modo expresso, no artigo 176 da Constituição. Nesse sentido, inclusive, tramitam, no Congresso Nacional, dois projetos de lei sobre "a participação e a defesa dos usuários", em atendimento à exigência do artigo 27 da Emenda Constitucional 19/1998. Para o exame dos projetos, veja-se: AZEVEDO, Fernando Costa. *Defesa do consumidor e regulação*. Porto Alegre: Livraria do Advogado, 2002. p. 144 *et seq.*

[133] Assim, por exemplo, o artigo 21, § 2º, da Lei 9.472/1997: "As sessões deliberativas do Conselho Diretor que se destinem a resolver pendências entre agentes econômicos e entre estes e consumidores e usuários de bens e serviços de telecomunicações serão públicas, permitida a sua gravação por meios eletrônicos e assegurado aos interessados o direito de delas obter transcrições".

[134] MARQUES, Claudia Lima. *Contratos no Código de Defesa do Consumidor*. 4. ed. São Paulo: Ed. RT, 2002. p. 253-254.

Ademais, ainda que a legislação setorial dos serviços públicos regulados tenha feito uso reiterado do termo "consumidor", em verdade, sob o abrigo dessa terminologia, procurou-se incluir, de maneira unitária, tanto pequenos consumidores (vulneráveis) quanto o grande consumidor – em geral, empresa –, que, na verdade, é fornecedor, embora se utilize do serviço público prestado como *insumo* para sua produção. Adalberto Pasqualotto, tratando sobre o tema, reconhece, no conceito presente no artigo 2º do CDC, dois aspectos principais: o elemento subjetivo (a inclusão das pessoas jurídicas) e o elemento teleológico (*destinação final*). Defende, em relação ao primeiro elemento, uma interpretação restritiva, vinculando-se à teoria alemã, a qual considera que a relação típica de consumo implica uma situação de vulnerabilidade do consumidor. No mesmo sentido, menciona situações em que a utilização exclusiva do elemento teleológico acarretaria a criação de alguns embaraços, se não observadas sob o princípio da proteção do vulnerável.[135]

Igual o entendimento de Claudia Lima Marques, para quem é necessário interpretar a definição do artigo 2º do CDC, conforme a finalidade da norma, que, por sua vez, vem a ser determinada pelo artigo 4º, ao consagrar o *princípio da vulnerabilidade do consumidor* como fundamento para a própria *tutela especial* característica da norma de proteção.[136]

O reflexo da utilização dessa terminologia una dirá respeito, antes de tudo, ao desafio de contemplar os diferentes interesses no processo de regulação dos serviços. Os interesses de pequenos e grandes consumidores muitas vezes não são coincidentes – o que reduz sua influência no processo de decisão. Mais do que isso, pode ocorrer de o interesse econômico das grandes empresas – incluídas como "consumidores" – ser contrário ao dos pequenos consumidores vulneráveis. Um exemplo ilustrativo é a hipótese do estabelecimento de um regime tarifário em que os consumidores com maior utilização do serviço paguem menos, o que é admitido, expressamente, pelo artigo 13 da Lei 8.987/1995. Do ponto de vista empresarial (grande consumidor), a vantagem seria evidente, o contrário ocorrendo com o consumidor vulnerável.[137]

Assinalar a diferença entre grandes e pequenos consumidores, entretanto, não significa que se propugne, com isso, uma decomposição do conceito afirmado em lei. Em verdade, o próprio CDC já o faz quando estabelece o critério da *destinação final*. Atendendo a essa lógica de interpretação, deve-se também observar o princípio da tutela do vulnerável nos casos em que as leis de regulação se refiram aos "usuários". Os termos *usuário* e *consumidor* devem ser interpretados, à luz do *princípio de proteção do vulnerável*, como sinônimos, não se admitindo qualquer distinção com o objetivo de afastar a incidência do CDC e das normas de proteção insertas na regulamentação administrativa. Na verdade, será possível, inclusive, a identificação de situações em que a presença do princípio de proteção do vulnerável determine um nível ainda maior de proteção por parte da atividade

---

[135] PASQUALOTTO, Adalberto de Souza. Os serviços públicos no Código de Defesa do Consumidor. *Revista de Direito do Consumidor*, São Paulo, v. 1, 1993. p. 146.

[136] As próprias exceções à definição do artigo 2º, como no caso dos consumidores equiparados, exigem a caracterização do elemento subjetivo da vulnerabilidade (MARQUES, Claudia Lima. *Contratos no Código de Defesa do Consumidor*. 4. ed. São Paulo: Ed. RT, 2002. p. 140 *et seq.*)

[137] A respeito, veja-se: MARQUES, Claudia Lima. A regulação dos serviços públicos altera o perfil do consumidor. *Revista Marco Regulatório*, Porto Alegre, n. 1, p. 22-27, 1998. p. 24.

de regulação,[138] como é o caso dos denominados *consumidores de baixa renda*,[139] assim definidos em norma específica.[140]

Por fim, é necessário observar que a Constituição da República, em seu artigo 175, parágrafo único, II, determina que a lei deverá dispor sobre os direitos dos usuários.[141] Essa disposição constitucional, situada no capítulo da ordem econômica, não deve ser interpretada de modo isolado, a pretexto de excluir-se a aplicação das normas de proteção do consumidor. Ao contrário, é imperiosa a interpretação sistemática da norma em face também do direito fundamental de defesa do consumidor (artigo 5º, XXXII). Ao conferir ao legislador a determinação de legislar estabelecendo os direitos subjetivos do usuário, define regra geral, pertinente a todos os usuários de serviços públicos. Todavia, quando se trata de relação de consumo, ou seja, quando diz respeito a determinados serviços públicos (serviços públicos *uti singuli*), quem usufrui tais serviços como destinatário final destes tem, ao lado das normas integrantes do regime jurídico-administrativo de prestação do serviço, a proteção das normas estabelecidas no CDC, como resultado do próprio direito fundamental de defesa do consumidor.

Não parece subsistir, portanto, o argumento de que a previsão específica do artigo 175 da Constituição da República, de lei disporá sobre os direitos dos usuários dos serviços públicos, exclua a incidência, em comum com a legislação específica, do restante do ordenamento, em especial do Código de Defesa do Consumidor. Ora, o artigo 5º, XXII, da Constituição da República também estabelece que incumbe ao Estado promover a defesa do consumidor na forma da lei. A a lei em questão, por força do artigo 48 da ADCT, é o Código de Defesa do Consumidor. Não há, nesse caso, portanto, a exclusão de uma das leis, senão sua compatibilidade, em vista mesmo do artigo 7º do CDC, que dispõe: "Os direitos previstos neste Código não excluem outros decorrentes de tratados ou convenções internacionais de que o Brasil seja signatário, da legislação interna ordinária, de regulamentos expedidos pelas autoridades administrativas competentes, bem como dos que derivem dos princípios gerais do direito, analogia, costumes e equidade". No mesmo sentido, aliás, dispõe o artigo 7º da Lei de Concessões, ao enumerar os direitos dos usuários sem prejuízo da aplicação do CDC.[142]

Como referiu o Min. Carlos Ayres Britto, em seu voto vencido na ADIn 1.007/PE, ao sustentar a competência legislativa concorrente da União e dos Estados, no caso, para legislar em matéria de proteção do consumidor, no que se refere às relações entre a regu-

---

[138] Assim, por exemplo, as Resoluções 116, de 19 de março de 2003, e 514, de 16 de setembro de 2002, que, entretanto, preveem modos de compensação tarifária, representando exemplo típico da solidariedade entre os diferentes consumidores, que pode caracterizar a prestação dos serviços públicos regulados.

[139] No caso, o regime específico de subvenção das tarifas dos consumidores de baixa renda promove um acréscimo à exigência ao princípio da modicidade tarifária.

[140] Decreto 7.583, de 13 de outubro de 2011.

[141] Refira-se, nesse sentido, à Ação Direta de Inconstitucionalidade por Omissão 24/DF, interposta em 2013 pelo Conselho Federal da OAB perante o STF, em que postula, em vista da mora legislativa do Congresso Nacional, que sejam objetos de deliberação o projeto de lei relativo à Lei de Defesa dos Direitos dos Usuários, assim como, enquanto esta não venha a ser editada, a aplicação provisória do CDC aos serviços públicos em geral. Em relação ao pedido de deferimento liminar de extensão provisória da incidência do CDC a todos os serviços públicos, não houve deferimento pelo relator, Min. Dias Tofolli. Veja-se: ADO-MC 24, Rel. Min. Dias Tofolli, j. 01.07.2013, *DJe* 31.07.2013.

[142] Assim: MEDAUAR, Odete. Usuário, cliente ou consumidor? In: YARSHELL, Flávio Luiz; MORAES, Maurício Zanoide de. *Estudos em homenagem à Professora Ada Pellegrini Grinover*. São Paulo: DPJ, 2005. p. 148-154.

lação geral dos serviços públicos e a defesa do consumidor, verifica-se, em verdade, uma *intersecção protetiva da Constituição*, cumulando-se, nesse sentido, a proteção conferida ao consumidor e ao usuário.[143]

Na experiência jurisprudencial brasileira, a aplicação do CDC à prestação de serviços públicos tem suscitado diversas questões. A principal diz respeito à possibilidade de interrupção do serviço prestado em face do inadimplemento do consumidor. A questão é ainda mais sensível quando se trata de serviço público essencial, ao qual o artigo 22 do CDC estabelece um dever de continuidade. Os dois entendimentos acerca do tema dizem respeito, de um lado, à incidência sobre a matéria, do Código de Defesa do Consumidor, pelo qual o dever de continuidade dos serviços essenciais, estabelecido pelo artigo 22, parágrafo único, é violado ao se utilizar a concessionária do serviço da interrupção do fornecimento como meio de cobrança da dívida, em face do inadimplemento pelo consumidor, e, de outro, a possibilidade de cessar o fornecimento do serviço por falta de pagamento, mediante prévio aviso, autorizada pelo artigo 6º, § 3º, da Lei 8.987/1995,[144] com a ressalva de que não pode iniciar-se na sexta-feira, no sábado ou no domingo, nem em feriado ou no dia anterior a feriado (artigo 6º, § 4º, da Lei 8.987/1995), e pelo artigo 17 da Lei 9.427/1996, em relação aos prestadores de serviço público essencial de energia elétrica,[145] o que é complementado por regulamentação administrativa posterior das agências reguladoras.[146]

Entre os argumentos que sustentam a possibilidade da interrupção do serviço na hipótese de inadimplemento, está a manutenção do equilíbrio econômico-financeiro da

---

[143]   Referiu o Min. Carlos Ayres Britto, *in verbis*: "Entendo que o cidadão, o consumidor e o usuário de serviço público merecem proteção do Estado, cumulativamente. Uma coisa não exclui a outra. A ordem jurídica protege o cidadão, o consumidor e o usuário, cumulativamente. Para mim, o cidadão é apenas aquele que controla e acompanha, criticamente, o exercício do Poder para formular uma denúncia, uma queixa, uma representação, simplesmente isso. O consumidor, tenho como gênero de que o usuário é espécie, ou seja, não são figuras antagônicas o consumidor e o usuário. O consumidor muda de nome quando se torna usuário de serviço público, mas o regime de serviço público não veio para postergar, para afastar o regime – com licença da má palavra – consumerista; uma coisa não briga com a outra. (...) é uma área de *interseção protetiva da Constituição*". O julgamento final da ação, todavia, foi em sentido contrário à procedência da ação, concluindo pela competência privativa da União para legislar em matéria de direito civil: "*Ação direta de inconstitucionalidade. Lei 10.989/93 do Estado de Pernambuco. Educação: serviço público não privativo. Mensalidades escolares. Fixação da data de vencimento. Matéria de direito contratual. Vício de iniciativa*. 1. Os serviços de educação, seja os prestados pelo Estado, seja os prestados por particulares, configuram serviço público não privativo, podendo ser desenvolvidos pelo setor privado independentemente de concessão, permissão ou autorização. 2. Nos termos do artigo 22, I, da Constituição do Brasil, compete à União legislar sobre direito civil. 3. Pedido de declaração de inconstitucionalidade julgado procedente" (STF, ADIn 1.007/PE, Rel. Min. Eros Grau, j. 31.08.2005, *DJU* 24.02.2006). Entendendo pela cumulação das normas protetivas decorrentes do regime do serviço público e de defesa do consumidor, veja-se o entendimento do Min. Luiz Fux: STF, ADI 3.343, Plenário, Rel. p/ o Acórdão Min. Luiz Fux, j. 01.09.2011, *DJe* 22.11.2011.

[144]   Assim o artigo 6º, § 3º, da Lei 8.987/1995: "Não se caracteriza como descontinuidade do serviço a sua interrupção em situação de emergência ou após prévio aviso, quando: I – motivada por razões de ordem técnica ou de segurança das instalações; e, II – por inadimplemento do usuário, considerado o interesse da coletividade".

[145]   Dispõe o artigo 17 da Lei 9.427/1996: "A suspensão, por falta de pagamento, do fornecimento de energia elétrica a consumidor que preste serviço público ou essencial à população e cuja atividade sofra prejuízo será comunicada com antecedência de quinze dias ao Poder Público local ou ao Poder Executivo Estadual".

[146]   Assim, por exemplo, o artigo 356 da Resolução 1000, de 7 de dezembro de 2021, da ANEEL, prevê expressamente a possibilidade de suspensão do fornecimento na hipótese de inadimplemento, mediante prévio aviso do consumidor.

concessão,[147] expressamente previsto pela legislação. Em relação à interrupção dos serviços de iluminação pública, ou mesmo do fornecimento de energia elétrica de órgãos e entidades públicos que prestem serviços essenciais, uma das possibilidades aventadas é a de responsabilização do agente público que dá causa à falta de pagamento, inclusive com a identificação na hipótese de crime de responsabilidade.[148]

Nesse sentido, a necessidade de manutenção do equilíbrio econômico-financeiro da concessão, que, segundo Caio Tácito, implica a existência de um "direito do concessionário de ser ressarcido total ou parcialmente, do efeito de causas ou concausas que venham a refletir, direta ou indiretamente, sobre a economia da concessão",[149] deverá resultar, conforme o entendimento das concessionárias, na ausência de um direito subjetivo do devedor inadimplente de acesso aos serviços,[150] visto que contraria interesse da coletividade de manutenção da estrutura necessária à prestação. Ademais, sequer estaria indicada, na hipótese, a possibilidade de identificação de meio excessivo para cobrança da dívida do consumidor, em desrespeito ao dever de proporcionalidade exigível na situação concreta de interrupção do serviço, uma vez que essa não se aplicaria na hipótese de inadimplemento do consumidor do serviço.[151]

De outro lado, considerando o dever de continuidade dos serviços essenciais consagrado no CDC, os que defendem a aplicação da norma protetiva do consumidor vão fazê-lo a partir do raciocínio formado em três etapas: na *primeira*, os serviços são considerados essenciais, o que é feito, em geral, a partir de critério de aplicação de lei de matéria diversa,[152] que, por analogia, se busca aplicar ao caso; na *segunda*, os serviços essenciais, devendo ser contínuos, limitam a possibilidade de o fornecedor promover sua interrupção por inadimplemento; e, na *terceira*, o corte, nessas hipóteses, caracteriza meio abusivo para cobrança de dívidas, o que é expressamente vedado pelo CDC.[153]

---

[147] FERRAZ FILHO, Raul Luiz; PATELLO DE MORAES, Maria do Socorro. *Energia elétrica*: suspensão do fornecimento. São Paulo: LTr, 2002. p. 84-88.

[148] Nesse sentido, Ferraz Filho e Patello de Moraes, em relação aos Prefeitos Municipais, na hipótese de inadimplência do ente municipal, referem a possibilidade de invocar o artigo 1º, III, do Dec.-lei 201, de 27 de fevereiro de 1967, que estabelece como crime de responsabilidade do Chefe do Poder Executivo Municipal "desviar ou aplicar, indevidamente, rendas ou verbas públicas". Da mesma forma, sugerem a possibilidade de aplicação, na hipótese, da Lei Complementar 101, de 4 de maio de 2000, a Lei de Responsabilidade Fiscal (FERRAZ FILHO, Raul Luiz; PATELLO DE MORAES, Maria do Socorro. *Energia elétrica*: suspensão do fornecimento. São Paulo: LTr, 2002. p. 129-130).

[149] TÁCITO, Caio. O equilíbrio financeiro na concessão de serviço público. *Revista de Direito Administrativo*, Rio de Janeiro, v. 63, 1961. p. 14 *et seq.*

[150] REsp 510.478/PB, Rel. Min. Franciulli Neto, *DJU* 08.09.2003, p. 312.

[151] Nesse sentido posiciona-se Eros Roberto Grau, em parecer sobre a questão, requerido pela Associação Brasileira de Distribuidores de Energia Elétrica (Abradee), em 2001, no qual afirma: "Não há lugar, portanto, aqui, para a aplicação do 'princípio' da proporcionalidade, visto que a recusa a vender a quem não honre seus contratos não é meio destinado a compelir o pagamento de seus débitos pelo usuário do serviço, não consubstanciando restrição ao exercício de direito fundamental" (GRAU, Eros Roberto. *Parecer requerido pela Associação Brasileira de Distribuidores de Energia Elétrica – Abradee*. São Paulo, maio de 2001, *mimeo*. p. 22).

[152] No caso, o artigo 10 da Lei Federal 7.783, de 28 de junho de 1989 (Lei de Greve).

[153] Assim o artigo 42 do CDC: "Na cobrança de débitos, o consumidor inadimplente não será exposto a ridículo, nem será submetido a qualquer tipo de constrangimento ou ameaça".

PARTE I • Cap. 5 • A RELAÇÃO JURÍDICA DE CONSUMO | 181

Sobre o *custo financeiro* decorrente do inadimplemento, que estaria a violar o interesse da coletividade a ser preservado na relação de prestação de serviço público, diz-se que sua ocorrência é da natureza das relações econômicas, sendo um *risco* a ser previsto no custo a ser considerado para formação do valor da tarifa. A rigor, o que se coíbe apenas é a interrupção do serviço considerado essencial, nada obstando o exercício, pelo fornecedor-credor, do direito de acesso aos meios próprios para cobrança do valor da prestação devida (cobrança judicial, *e.g.*).

Assim, por exemplo, com relação ao serviço público de fornecimento de energia elétrica, é de considerar que seu regime especial será concebido em razão da sua essencialidade. Se essencial, intuitivo é que não lhe seja permitida a interrupção, sob pena de graves prejuízos à pessoa, quando consumidor residencial, vulnerável, que tem, na energia fornecida para sua moradia, meio fundamental para sua sobrevivência.

Ensina Georges Vedel, tratando das situações econômicas inevitáveis pelo concessionário, que "cuando la gestión del servicio público está asegurada por un concessionario, este debe asegurar a toda costa la continuidad del servicio, aunque no sea remunerativo, y aunque sufra un déficit".[154] Nesse sentido, o modo de recomposição do equilíbrio econômico-financeiro, igualmente fundamental para a continuidade dos serviços, seria providência estabelecida *a posteriori*, considerando-se, por exemplo, a aplicação da teoria da imprevisão.[155]

Entre nós, a jurisprudência majoritária rejeitava a possibilidade de interrupção, em vista da essencialidade do serviço e do dever de continuidade estabelecido no CDC.[156] A partir de 2002, todavia, a jurisprudência do Superior Tribunal de Justiça consolidou-se no sentido de admitir a possibilidade de interrupção do serviço por inadimplemento, em homenagem à solidariedade que preside a prestação do serviço e, sobretudo, a formação da tarifa – ou seja, o argumento de que a continuidade da prestação do serviço para consumidores inadimplentes seria custeada indiretamente pela majoração da tarifa paga pelos consumidores adimplentes.[157] A interrupção do serviço, contudo, admite-se apenas após

---

[154] VEDEL, Georges. *Derecho administrativo*. Trad. Juan Rincón Jurado. Madrid: Aguilar, 1980. p. 692.

[155] VEDEL, Georges. *Derecho administrativo*. Trad. Juan Rincón Jurado. Madrid: Aguilar, 1980. p. 719.

[156] Nesse sentido as seguintes decisões do STJ: REsp 442.814/RS, Rel. Min. José Delgado, *DJU* 11.11.2002, p. 161; REsp 209.652/ES, Rel. Min. José Delgado, *RSTJ* 129/128; *EARESP* 279.502/SC, Rel. Min. Francisco Falcão, *DJU* 03.06.2002, p. 146; REsp 122.812/ES, Rel. Min. Milton Luiz Pereira, *LEXSTJ* 143/104; REsp 223.778/RJ, Rel. Min. Humberto Gomes de Barros, j. 07.12.1999, *RSTJ* 134/145. Para a extensão da proibição do corte à municipalidade: AGRMC 3.982/AC, Rel. Min. Luiz Fux, *DJU* 25.03.2002, p. 177.

[157] Observando a possibilidade de suspensão do fornecimento: "*Administrativo. Serviço público. Concedido. Energia elétrica. Inadimplência.* 1. Os serviços públicos podem ser próprios e gerais, sem possibilidade de identificação dos destinatários. São financiados pelos tributos e prestados pelo próprio Estado, tais como segurança pública, saúde, educação etc. Podem ser também impróprios e individuais, com destinatários determinados ou determináveis. Neste caso, têm uso específico e mensurável, tais como os serviços de telefone, água e energia elétrica. 2. Os serviços públicos impróprios podem ser prestados por órgãos da administração pública indireta ou, modernamente, por delegação, como previsto na CF (artigo 175). São regulados pela Lei 8.987/95, que dispõe sobre a concessão e permissão dos serviços público. 3. Os serviços prestados por concessionárias são remunerados por tarifa, sendo facultativa a sua utilização, que é regida pelo CDC, o que a diferencia da taxa, esta, remuneração do serviço público próprio. 4. Os serviços públicos essenciais, remunerados por tarifa, porque prestados por concessionárias do serviço, podem sofrer interrupção quando há inadimplência, como previsto no artigo 6º, § 3º, II, da Lei 8.987/95. Exige-se, entretanto, que a interrupção seja antecedida por aviso, existindo na Lei 9.427/97, que criou a

prévia notificação.[158] Alguns ministros do STJ, no entanto, ressalvam seu entendimento, atualmente minoritário, de impossibilidade de interrupção em face da essencialidade do serviço, principalmente quando em relação ao consumidor vulnerável[159] (e não às outras categorias de "consumidores",[160] enumeradas na legislação dos serviços públicos[161]). Da mesma forma, não se admite a interrupção do serviço quando a dívida relativa ao fornecimento de energia está sendo contestada judicialmente, em razão de alegado equívoco ou fraude na medição.[162]

ANEEL, idêntica previsão. 5. A continuidade do serviço, sem o efetivo pagamento, quebra o princípio da igualdade das partes e ocasiona o enriquecimento sem causa, repudiado pelo direito (artigos 42 e 71 do CDC, em interpretação conjunta). 6. Recurso especial conhecido em parte e, nessa parte, provido" (REsp 840.864/SP, Rel. Min. Eliana Calmon, j. 17.04.2007, *DJU* 30.04.2007, p. 305).

[158] *"Processual civil e administrativo. Energia elétrica. Suspensão do fornecimento. Artigos 458, II, e 535 do CPC. Energia elétrica. Corte. Inadimplência. Aviso prévio. Possibilidade.* 1. Havendo a Corte regional examinado todas as questões fáticas e jurídicas relevantes para o deslinde da controvérsia de forma adequada e suficiente, restam superadas as prefaciais de nulidade. 2. Julgada a demanda dentro dos limites do pedido exordial, afasta-se a prefacial de nulidade ao lastro do artigo 460 do CPC. 3. 'A interrupção do fornecimento de energia elétrica por inadimplemento não configura descontinuidade da prestação do serviço público' (Corte Especial, AgRg na SLS 216/RN, *DJU* 10.04.2006). 4. Se a concessionária não comunicou previamente à usuária que suspenderia o fornecimento de energia elétrica ante a situação de inadimplência, como determina a lei, razão mostra-se ilegítimo o corte, por infringência ao disposto no artigo 6º, § 3º, II, da Lei 8.987/1995. 5. Recurso especial improvido" (REsp 914.404/RJ, Rel. Min. Castro Filho, j. 08.05.2007, *DJU* 21.05.2007, p. 565).

[159] "Processual civil e administrativo. Fornecimento de energia elétrica. Inviabilidade de suspensão do abastecimento na hipótese de débito de antigo proprietário. Portadora do vírus HIV. Necessidade de refrigeração dos medicamentos. Direito à saúde. 1. A jurisprudência do Superior Tribunal de Justiça é no sentido da impossibilidade de suspensão de serviços essenciais, tais como o fornecimento de energia elétrica e água, em função da cobrança de débitos de antigo proprietário. 2. A interrupção da prestação, ainda que decorrente de inadimplemento, só é legítima se não afetar o direito à saúde e à integridade física do usuário. Seria inversão da ordem constitucional conferir maior proteção ao direito de crédito da concessionária que aos direitos fundamentais à saúde e à integridade física do consumidor. Precedente do STJ. 3. Recurso Especial provido" (STJ, REsp 1.245.812/RS, 2ª Turma, Rel. Min. Herman Benjamin, j. 21.06.2011, *DJe* 01.09.2011). No mesmo sentido: REsp 510.478/PB, Rel. Min. Franciulli Netto, j. 10.06.2003, *DJU* 08.09.2003, p. 312.

[160] REsp 475.220/GO, Rel. Min. Paulo Medina, j. 24.06.2003, *DJU* 15.09.2003, p. 414.

[161] Os incisos I e II do artigo 24 da Lei 10.848/2004 faculta às concessionárias, segundo disciplina a ser estabelecida pela Aneel, condicionar a continuidade do fornecimento aos usuários inadimplentes de mais de uma fatura mensal em um período de 12 meses "I – ao oferecimento de depósito-caução, limitado ao valor inadimplido, não se aplicando o disposto neste inciso ao consumidor integrante da Classe Residencial; ou II – à comprovação de vínculo entre o titular da unidade consumidora e o imóvel onde ela se encontra, não se aplicando o disposto neste inciso ao consumidor integrante da Subclasse Residencial Baixa Renda".

[162] *"Administrativo. Fornecimento de energia elétrica. Suposta fraude no medidor. Dívida contestada em juízo. Ilegalidade do corte. Constrangimento ao consumidor. Precedentes.* 1. Discute-se, na presente controvérsia, da possibilidade de corte no fornecimento de energia elétrica, em face de dívida decorrente de diferenças de consumo que geraram a fiscalização, e a constatação unilateral de irregularidades no aparelho de medição. 2. Há ilegalidade na interrupção no fornecimento de energia elétrica nos casos de dívidas contestadas em Juízo – decorrentes de suposta fraude no medidor do consumo de energia elétrica –, uma vez que o corte configura constrangimento ao consumidor que procura discutir no Judiciário débito que considera indevido. Precedentes. 3. Para solucionar tal controvérsia existem meios ordinários de cobrança, razão pela qual a interrupção do serviço implica infringência ao disposto no artigo 42, *caput*, do Código de Defesa do Consumidor. Recurso especial provido" (REsp 708.176/RS, Rel. Min. Humberto Martins, j. 21.08.2007, *DJU* 31.08.2007, p. 220).

PARTE I • Cap. 5 • A RELAÇÃO JURÍDICA DE CONSUMO | **183**

Ainda, cumpre referir a hipótese em que a delegação de serviço público é realizada pelo ente público a empresa pública ou sociedade de economia mista por ele controlada. Nesses casos, a responsabilidade objetiva e solidária do ente público, seja em razão do artigo 37, § 6º, da Constituição, seja em virtude do próprio sistema do CDC, terá seu fundamento na circunstância de que cabe ao delegante a implantação e manutenção do serviço, realizando, por conveniência, sua delegação.[163]

Por fim, cumpre mencionar a questão da aplicação ou não do CDC aos serviços notariais e de registro, prestados por tabeliães e registradores.[164] Trata-se os serviços notariais de serviços delegados pelo Poder Público, conforme expressa disposição do artigo 236 da Constituição da República: "Os serviços notariais e de registro são exercidos em caráter privado, por delegação do Poder Público". Ao mesmo tempo, o § 1º do mesmo artigo refere que "Lei regulará as atividades, disciplinará a responsabilidade civil e criminal dos notários e oficiais de registro e de seus prepostos, e definirá a fiscalização dos seus atos pelo Poder Judiciário". A toda prova, trata-se, portanto, de serviços públicos delegados, cujo ingresso, inclusive, submete-se a prévio concurso público (artigo 236, § 3º, da Constituição). Entre os argumentos que sustentam a aplicação da legislação protetiva do consumidor aos serviços notariais, está o de que aquele que utiliza os serviços notariais e de registro pode ser considerado consumidor, a teor da definição do artigo 2º do CDC, e os tabeliães e registradores, uma vez remunerados pela atividade que prestam ao particular, e mensuráveis singularmente (*uti singuli*), podem, desse modo, ser considerados fornecedores. Nesse sentido, refere-se que as atividades são exercidas em caráter privado, e "as serventias extrajudiciais exercem atividade duradoura, contínua, habitual, profissional e remunerada, e, assim, sem dúvidas, enquadram-se no conceito de fornecedor do artigo 3º do CDC".[165] No que concerne à responsabilidade dos tabeliães e registradores, esta é regulada pelo artigo 22 da Lei 8.935/1994, que afirma a responsabilidade objetiva, nos mesmos termos do artigo 37, § 6º, da Constituição.[166]

---

[163] "*Processual civil e administrativo. Responsabilidade civil do estado. Indenização. Danos morais. Legitimidade passiva* ad causam *do município. Redução do valor dos danos morais. Impossibilidade.* I – O Município do Rio de Janeiro tem legitimidade para integrar o polo passivo em ação indenizatória por danos morais em que o particular estacionou o seu veículo em estacionamento público, explorado por empresa pública com delegação da Edilidade, tendo, para tanto, pago tarifa e obtido recibo, mas quando retornou a ele, não o encontrou mais, por ter sido rebocado. II – Com base nos artigos 37, § 6º, da CF/88 e 28, §§ 2º e 5º, do CDC, responde solidariamente a Edilidade em razão dos danos causados a terceiro, pois, em que pese ao estacionamento ser explorado por empresa pública, cabe ao Município a sua implantação, manutenção e operação. III – A modificação do valor arbitrado a título de danos morais nesta instância especial só é cabível quando o valor fixado é irrisório ou exacerbado, o que não se evidencia na hipótese dos autos, de acordo com as circunstâncias dos fatos. Precedentes: REsp 611.723/PI, rel. Min. Castro Filho, *DJ* 24.05.2004; AGA 565.258/PB, rel. Min. Nancy Andrighi, *DJ* 10.05.2004; REsp 438.696/RJ, rel. Min. Carlos Alberto Menezes Direito, *DJ* 19.05.2003 e REsp 437.176/SP, rel. Min. Ari Pargendler, *DJ* 10.03.2003. IV – Recurso especial improvido" (STJ, REsp 746.555/RJ, Rel. Min. Francisco Falcão, j. 18.102.2005, *DJU* 19.12.2005, p. 257).

[164] A Lei 8.935, de 18 de novembro de 1994, define, em seu artigo 3º, que: "Notário, ou tabelião, e oficial de registro, ou registrador, são profissionais do direito, dotados de fé pública, a quem é delegado o exercício da atividade notarial e de registro".

[165] MORAES, Paulo Valério Dal Pai. Os tabeliães, os oficiais registradores e o CDC. *Revista de Direito do Consumidor*, São Paulo, v. 61, p. 142-189, jan.-mar. 2007.

[166] MORAES, Paulo Valério Dal Pai. Os tabeliães, os oficiais registradores e o CDC. *Revista de Direito do Consumidor*, São Paulo, v. 61, jan.-mar. 2007. p. 189.

CURSO DE DIREITO DO CONSUMIDOR – *Bruno Miragem*

Por outro lado, o argumento contrário à aplicação do CDC diz respeito ao fato de que consistem os serviços notariais e de registro em espécies de serviços públicos impróprios, embora prestados em caráter privado, conforme preconiza o artigo 236 da Constituição, não se caracterizando, portanto, sua prestação no mercado de consumo. Ainda que se preveja seu exercício em caráter privado, a atividade pressupõe o exercício de uma função pública, que não se desnatura em razão de ser o serviço prestado pelo particular, por delegação. Daí por que, no caso em que teve oportunidade de examinar a matéria, decidiu o STJ, no REsp 625.144/SP, pela inaplicabilidade do CDC aos serviços notariais e registrais.[167]

5.4.4 O critério da remuneração econômica

Outro elemento característico da relação de consumo é o da remuneração econômica. A princípio, consideram-se relação de consumo aquelas em que a relação entre consumidor e fornecedor tenha sido celebrada no mercado de consumo como espécie de atividade econômica, o que exige a caracterização de uma *troca econômica*. Essa troca econômica se dá, basicamente, por intermédio de *contraprestação pecuniária* – o pagamento do preço do produto, por exemplo – que se estabelece como espécie de *vantagem econômica do fornecedor*.

Esse critério é utilizado, por exemplo, para afastar do conceito de relação de consumo os serviços públicos *uti universi*, cujo custeio se dá indiretamente, mediante atividade de tributação do Estado (como os serviços de saúde e educação públicos).

Por outro lado, o critério da remuneração econômica, a que o CDC faz referência no artigo 3º, § 2º, ao definir o conceito de serviço, não exige que se considere como tal apenas a contraprestação pecuniária direta, representada pelo pagamento do preço do produto ou do valor do serviço pelo consumidor. A rigor, por remuneração econômica

---

[167] No caso em questão, o entendimento que resultava na aplicação do CDC à atividade notarial e registral, sustentada pelos Ministros Fátima Nancy Andrighi e Castro Meira, foi afastado pelo voto dos Ministros Humberto Gomes de Barros, Menezes Direito e Ari Pargendler, no sentido de inaplicabilidade das normas de proteção do consumidor na espécie, sendo, contudo, conhecido e provido o recurso especial em razão da regra de competência fixada no artigo 100 do Código de Processo Civil. Em seu voto-vista, sustentou o Ministro Gomes de Barros: "*Consumidor. Serviços notariais e de registro. Serviço público típico. Inaplicabilidade do CDC. Artigo 100, parágrafo único. Aplicação às ações de reparação por delitos de natureza civil e criminal.* – Prestação de serviço público típico não constitui relação de consumo. – Aquele que utiliza serviços notariais ou de registro não é consumidor (artigo 2º do CDC), mas contribuinte, que remunera o serviço mediante o pagamento de tributo (cf. ADIn 1.378. rel. Min. Celso de Mello). – Os Cartórios de Notas e de Registros não são fornecedores (artigo 3º do CDC), pois sua atividade não é oferecida no mercado de consumo. – A prestação de serviço público típico, que é remunerado por tributo, não se submete ao regime do Código de Defesa do Consumidor, pois serviço público não é 'atividade fornecida no mercado de consumo' (artigo 3º, § 2º, do CDC). – O Artigo 100, parágrafo único, do CPC, aplica-se à ação para reparação de danos causados por delitos de natureza tanto civil quanto criminal". Ao final, restou assim indicada a ementa do julgado: "*Processual. Administrativo. Constitucional. Responsabilidade civil. Tabelionato de notas. Foro competente. Serviços notariais.* – A atividade notarial não é regida pelo CDC. (Vencidos a Min. Nancy Andrighi e o Min. Castro Filho). – O foro competente a ser aplicado em ação de reparação de danos, em que figure no polo passivo da demanda pessoa jurídica que presta serviço notarial é o do domicílio do autor. – Tal conclusão é possível seja pelo artigo 101, I, do CDC, ou pelo artigo 100, parágrafo único do CPC, bem como segundo a regra geral de competência prevista no CPC. Recurso especial conhecido e provido" (STJ, REsp 625.144/SP, Rel. Min. Nancy Andrighi, j. 14.03.2006, *DJU* 29.05.2006, p. 232).

PARTE I · Cap. 5 · A RELAÇÃO JURÍDICA DE CONSUMO | 185

deve-se entender, de modo genérico, *a vantagem econômica imediata ou futura, obtida pelo fornecedor em razão da relação estabelecida com o consumidor.*

5.4.4.1 Remuneração direta

Como referimos, a primeira espécie de remuneração como elemento característico da relação de consumo é a *remuneração direta*. Refere-se à situação de pagamento de contraprestação pecuniária direta pelo consumidor ao fornecedor, representado pelo preço do produto ou pelo valor do serviço prestado, ou seja, uma vantagem econômica direta e imediata do fornecedor. Constitui, em regra, elemento do contrato de consumo e caracteriza sua natureza eminentemente econômica. Será em vista desse ganho econômico do fornecedor que as normas de proteção do consumidor vão imputar-lhe a responsabilidade pelos riscos da atividade. Em outros termos, será em vista da existência da remuneração e, portanto, da vantagem econômica representada pela prestação paga pelo consumidor que o fornecedor deverá arcar com todos os riscos inerentes ao desenvolvimento de sua atividade econômica, o denominado *risco-proveito*.

Note-se que, embora usual, a remuneração como elemento da relação de consumo não se subsume, necessariamente, na remuneração pecuniária, em dinheiro. Nada impede que, pela noção de remuneração, se identifiquem outras hipóteses de pagamento, como a dação em pagamento, ou, ainda, embora de menor probabilidade, mas logicamente possíveis, negócios jurídicos como o de permuta, tendo por objetivo o consumidor, ao celebrar tais ajustes, a obtenção de produto ou serviço oferecido no mercado de consumo. A noção de remuneração, nesse sentir, está vinculada à de vantagem econômica direta do fornecedor, ao celebrar contrato de consumo com o consumidor.

5.4.4.2 Remuneração indireta

O reconhecimento da remuneração indireta em uma relação de consumo parte do pressuposto de que toda atuação do fornecedor no mercado de consumo tem por objetivo a obtenção de vantagem econômica. O que difere é o modo como essa vantagem será obtida e a que tempo. O aparecimento e o desenvolvimento das técnicas de *marketing* fazem surgir, a cada momento, novas formas de conquista de consumidores, bem como sua fidelidade aos produtos ou serviços de determinada marca ou fornecedor.[168] Entre as estratégias mais conhecidas, está a do oferecimento de brindes, amostras ou quaisquer outras vantagens pelos fornecedores, as quais, ainda que sejam oferecidas na relação imediata, sob a característica da gratuidade, são custeadas economicamente pelo fornecedor em vista de vantagem futura, de novos contratos – nesse caso, onerosos – a serem celebrados pelos mesmos consumidores agraciados ou que sejam influenciados positivamente por essas ações de *marketing*. Em resumo, oferece-se a gratuidade de contratos presentes

---

[168] Assim, por exemplo, as vantagens ofertadas ao consumidor por programas de fidelidade de companhias aéreas, conforme exemplifica o STJ: AgInt no REsp 1.678.644/BA, 3ª Turma, Rel. Min. Paulo de Tarso Sanseverino, j. 12.11.2018, *DJe* 16.11.2018. Em outro sentido, sustentando a interpretação restritiva, ao considerá-los contratos benéficos, e aplicando o artigo 114 do Código Civil: STJ, REsp 1.878.651/SP, 3ª Turma, Rel. Min. Moura Ribeiro, j. 04.10.2022, *DJe* 07.10.2022.

em vista de contratos onerosos no futuro, em que haverá a remuneração e o custeio da primeira relação. Da mesma forma ocorre nas situações em que se agrega a determinado produto ou serviço cuja aquisição é devidamente remunerada uma segunda vantagem acessória, declaradamente gratuita, mas cujo custo resta naturalmente incorporado na transação principal já realizada ou em outro contrato a se realizar (assim, por exemplo, o oferecimento de brinde condicionado à aquisição de um produto ou serviço).

De salientar, por fim, que essa conclusão se estabelece sem prejuízo do reconhecimento da relação de consumo nas outras hipóteses previstas pelo CDC, como é o caso da extensão da responsabilidade do fornecedor a todas as vítimas de um acidente de consumo (artigo 17). Nessa hipótese, não se há de discutir a qualquer título a existência ou não de remuneração – uma vez que a responsabilidade não se origina de avença contratual, seja a título oneroso, seja gratuito –, restringindo-se a questão ao fato de o fornecedor empreender atividade econômica no mercado de consumo.

PARTE II

Direito Material do Consumidor

O direito do consumidor, considerado como disciplina jurídica autônoma, ou mesmo, ao longo de sua evolução, como o reconhecimento da vulnerabilidade do consumidor no mercado de consumo, por intermédio de normas protetivas que lhe asseguram uma série de vantagens e prerrogativas nas relações jurídicas estabelecidas com os agentes econômicos qualificados nessas relações como *fornecedores*, admite que tratemos acerca de um *direito material do consumidor*, isto é, a parte do direito do consumidor na qual se encontram as normas materiais de proteção, no âmbito dos contratos de consumo, como as normas relativas à responsabilidade do fornecedor por danos causados aos consumidores. Trata-se do reconhecimento efetivo da existência de um novo sujeito de direitos – o consumidor – merecedor de uma tutela protetiva que se estrutura de modo transversal, nas diversas disciplinas jurídicas, de ordem civil, processual, penal e administrativa.

O direito material do consumidor, assim, compõe-se basicamente dos direitos subjetivos que lhe são conferidos pelo ordenamento jurídico,[1] em dois planos. Primeiro, daqueles reconhecidos às pessoas em geral (consumidoras ou não) e que se diferem no tocante aos consumidores no que diz respeito aos efeitos produzidos, de acordo com as circunstâncias em que aparecem – em uma relação de consumo. É o caso do direito à vida, à saúde, à segurança, reconhecidos aos consumidores, assim como a todas as demais pessoas, em quaisquer circunstâncias. Por outro lado, há direitos específicos estabelecidos pelo ordenamento jurídico ao sujeito consumidor, em face dessa sua qualidade, por exemplo, o direito à proteção contra práticas comerciais e cláusulas abusivas, o direito de facilitação do acesso à justiça, entre outros.

Ao mesmo tempo, considerando as duas relações jurídicas básicas em que se desenvolvem as relações de consumo e as relações entre consumidores e fornecedores, estabelece o CDC – a exemplo das legislações de direito do consumidor em todo o mundo – normas acerca dos contratos de consumo e da responsabilidade civil por danos decorrentes da atividade de fornecimento e consumo de produtos e serviços. Essa disciplina de contratos

---

[1] Conferir direitos subjetivos, aliás, seria a técnica essencial de proteção do sujeito consumidor. Conforme: BOURGOGNIE, Thierry. Le contrôle des clauses abusives dans l'intérêt du consommateur. *Revue Internationale de Droit Comparé*, n. 3, p. 519-590, 1982.

de consumo e responsabilidade civil de consumo constitui, então, regime especial em relação ao regime geral desses mesmos institutos estabelecidos pelo direito civil.

Há um sensível temor de que o reconhecimento da especialidade do direito material do consumidor diminua sua importância. Não parece, todavia, ser esta a conclusão da experiência em direito brasileiro e comparado. Segundo demonstra a experiência europeia, o direito do consumidor constitui-se em um instrumento de abertura e oxigenação do direito privado geral, representado pelo direito civil nos mais variados países e mesmo no direito comum europeu.[2] No Brasil, não é diferente. Os direitos básicos do consumidor, o novo regime contratual imposto pela disciplina dos contratos de consumo e sua influência sobre toda a disciplina contratual de direito privado, assim como o regime da responsabilidade civil e os novos pressupostos e efeitos que estabelece relativamente à responsabilidade civil geral do direito civil, destaca sua influência sobre o direito privado em geral.[3] Sua inegável evolução, reconhecida amplamente pela doutrina e jurisprudência, aponta a relevância do estudo dos elementos fundamentais que a conformam.

Como afirmamos, o direito material do consumidor fundamenta-se sobre três grandes bases: os direitos básicos do consumidor, a proteção contratual do consumidor (contratos de consumo) e a responsabilidade civil de consumo. Sobre essas três bases desenvolvemos o estudo desta II Parte.

---

[2]   SOUPHANOR, Nathalie. *L'influence du droit de la consommation sur lê système juridique*. Paris: LGDJ, 2000. p. 30. No mesmo sentido: WILHELMSSON, Thomas. Existiria um direito europeu do consumidor – e deveria existir? *Revista de Direito do Consumidor*, São Paulo, v. 53, p. 181-198, jan./mar. 2005.

[3]   Sobre essa influência, veja-se, entre outros: MARQUES, Claudia Lima. *Contratos no Código de Defesa do Consumidor*. 4. ed. São Paulo: Ed. RT, 2003. p. 175 *et seq.*; TEPEDINO, Gustavo. As relações de consumo e a nova teoria contratual. *In*: TEPEDINO, Gustavo. *Temas de direito civil*. Rio de Janeiro: Renovar, 1999. p. 199-215.

1

OS DIREITOS BÁSICOS DO CONSUMIDOR

A relação jurídica de consumo tem como eficácia o reconhecimento de direitos subjetivos e deveres jurídicos. Tratando o Código de Defesa do Consumidor do estabelecimento de normas protetivas, note-se que a sua orientação lógica é pela exclusividade do reconhecimento de direitos subjetivos aos consumidores e estabelecimento de deveres jurídicos aos fornecedores, assim como fixar procedimentos e consequências na hipótese de violação desses deveres. Entre esses direitos subjetivos, todavia, têm relevo os denominados *direitos básicos do consumidor*, determinados no artigo 6º do CDC, como espécies de direitos indisponíveis pelos consumidores, uma vez que integram a ordem pública de proteção do consumidor.

Nessa parte, os direitos do consumidor não excluem outras disposições que assegurem os mesmos direitos ou outros correlatos em legislações especiais ou gerais. Por intermédio da técnica do *diálogo das fontes*,[1] acrescem ao nível de proteção do consumidor as normas que prevejam um maior nível de proteção desses direitos, ou de detalhamento dessas possibilidades na legislação extravagante ao CDC. Um exemplo bastante ilustrativo dessa integração tópica de diferentes sistemas normativos (ou sistema e microssistema) é a proteção especial que o Código Civil vigente reconhece aos direitos da personalidade, em seus artigos 11 a 21. Assim, o legislador do Código Civil, ao dispor sobre os direitos da personalidade, estabeleceu-os segundo características gerais relativas a todos, assim como os classificou em espécies. Neste sentido, o artigo 11 do CC: "Com exceção dos casos previstos em lei, os direitos da personalidade são intransmissíveis e irrenunciáveis, não podendo o seu exercício sofrer limitação voluntária". Observe-se, no caso, que a cláusula, de um lado, fixa quais os atributos específicos desses direitos (intransmissibilidade, irrenunciabilidade e indisponibilidade), ao tempo em que faculta a possibilidade por meio de exceção – que deverá, a nosso ver, ser expressa – instituída em legislação especial.

Da mesma forma, o artigo 12 do CC determinará os modos de proteção dos direitos de personalidade. Nesse sentido, prevê dois modos típicos de proteção, de natureza repressiva, *a posteriori* – ou seja, quando o dano já tenha sido causado, ou *a priori*, de natureza preventiva, impedindo que ocorra ou que venha a permanecer ou se repetir.

---

[1] MARQUES, Claudia Lima; BENJAMIN, Antonio Herman; MIRAGEM, Bruno. *Comentários ao Código de Defesa do Consumidor*. 2. ed. São Paulo: Ed. RT, 2006. p. 30 *et seq.* Igualmente, o nosso: MIRAGEM, Bruno. *Eppur si muove*: diálogo das fontes como método de interpretação sistemática no direito brasileiro. *In*: MARQUES, Claudia Lima. *Diálogo das fontes*. Do conflito à coordenação de normas do direito brasileiro. São Paulo: Ed. RT, 2012. p. 67 *et seq.*

Tais disposições, ao lado dos direitos subjetivos já reconhecidos à honra, ao nome, à imagem, à vida privada, à integridade física, assim como outros direitos da personalidade previstos na lei, ou mesmo outros aspectos da personalidade protegidos em face de ampla tutela constitucional,[2] integram o rol de direitos a serem reconhecidos aos consumidores em uma relação de consumo.[3]

Daí, o reconhecimento dos direitos básicos do consumidor, assim também dos direitos da personalidade dos consumidores em uma relação de consumo, orienta-se no sentido de proteção, via legislativa, da integridade da pessoa humana, nas diferentes posições jurídicas que assume na vida de relações.[4] No caso dos direitos básicos do con-

---

[2] TEPEDINO, Gustavo. A tutela da personalidade no ordenamento civil-constitucional brasileiro. *Temas de direito civil*. Rio de Janeiro: Renovar, 1999. p. 44-45.

[3] Temos uma visão crítica sobre a previsão normativa dos direitos da personalidade no Código Civil de 2002. Sobre o tema, afirmamos em estudo anterior: "Os artigos 13 a 21, de sua vez, vão determinar os direitos de personalidade em espécie. Não significa com isso afirmar, todavia, que só devem ser reconhecidos como tais os direitos de personalidade reconhecidos na norma. Dada sua oponibilidade *erga omnes*, contudo, indica-se que devam ser instituídos pela norma, em que pese o fato de, na interpretação desta, ser possível alcançar uma compreensão extensiva destes direitos. Como exemplo se pode citar o direito à integridade psíquica, que embora não afirmado expressamente no Código Civil, ou mesmo na Constituição da República, é o corolário de toda a proteção indicada aos direitos subjetivos de personalidade que referem à subjetividade da pessoa. Em grande medida, ao proteger-se, através de normas distintas, a honra, imagem, privacidade, intimidade, recato e sigilo, se está a proteger a integridade psíquica do indivíduo. E isto não quer dizer que sua proteção se vincule exclusivamente à proteção de um dos direitos subjetivos expressamente previstos na norma, podendo-se identificar exemplos em que uma conduta antijurídica possa causar ofensa a mesma. O Código Civil vai estabelecer a proteção aos seguintes direitos da personalidade: o direito à vida (artigo 15); o direito à integridade do corpo (inclusive contra ato de disposição do próprio titular do direito, e mesmo da pessoa morta – artigos 13 e 14); o direito ao nome (artigos 16 e 18), o que incluirá a proteção do pseudônimo – artigo 19); o direito à honra e à imagem (artigos 17 e 20); e o direito à vida privada (artigo 21). A técnica legislativa adotada pelo Código Civil, contudo, não permite inferir que tais direitos sejam contemplados de modo genérico. Cada um dos direitos subjetivos da personalidade terá sua proteção conferida em situações expressamente determinadas na lei. Assim, por exemplo, ao consagrar a proteção do nome da pessoa (artigo 17), indica que o mesmo 'não pode ser empregado em publicações ou representações que a exponham ao desprezo público (...)'. Em outra hipótese, no artigo 18, o Código veda o uso não autorizado do 'nome alheio em propaganda comercial'. É certo que os direitos da personalidade não são reconhecidos na proteção da pessoa, apenas nas hipóteses de sua exposição em publicações ou representações, mas em qualquer hipótese em que esta seja exposta ao desprezo público. Ao mesmo tempo, a propaganda comercial não é a única hipótese em que o uso do nome não poderá ser feito sem autorização. E nem tampouco a tutela jurídica vai se restringir ao nome. Ou é possível afirmar que a utilização da imagem – pela ausência de previsão pelo Código Civil – não vai exigir a autorização ou anuência da pessoa? Obviamente que não. Apesar do alcance restrito das normas do Código Civil que vão consagrar os direitos da personalidade 'em espécie', é fora de dúvida que a sua existência, necessariamente deve ser observada como um sinal de evolução do direito privado. As normas civis, assim, não poderão ser examinadas como se contivessem uma restrição à amplitude da proteção da pessoa, consagrada pelos direitos da personalidade na atividade já consolidada da doutrina, jurisprudência e na própria Constituição. Qualquer interpretação que identifique a proteção indicada pelo direito civil mais restrita do que determina a Constituição, não tem como prosperar porque inconstitucional. A proteção da pessoa, para a qual um dos diversos institutos jurídicos são os direitos da personalidade, vincula-se se modo essencial ao modelo esculpido na Constituição. Como ensina Pietro Perlingieri, a proteção da pessoa e da personalidade diz com normas de todas as disciplinas jurídicas, as quais, em grande medida, serão aplicações e especificações dos princípios constitucionais, em especial aquele que elege a pessoa como valor maior do ordenamento jurídico" (MIRAGEM, Bruno. Os direitos da personalidade e os direitos do consumidor. *Revista de Direito do Consumidor*, São Paulo, v. 49, p. 40-76, jan. 2004.

[4] PERLINGIERI, Pietro. *La personalità umana nell'ordinamento giuridico*. Camerino: Jovene, 1972. p. 15.

sumidor, trata-se de preservar a pessoa humana consumidora em suas relações jurídicas e econômicas concretas, protegendo seu aspecto existencial e seus interesses legítimos no mercado de consumo.

1.1 DIREITO À VIDA

O direito à vida constitui, entre os direitos básicos do consumidor, aquele que assume o caráter mais essencial. Consagra-o o artigo 6º, I, do CDC, quando relaciona como primeiro direito básico do consumidor *o direito à proteção da vida*. O reconhecimento desse direito subjetivo admite múltiplas eficácias. Por um lado, determina a proteção da vida do consumidor individualmente considerado em uma relação de consumo específica, o que indica a necessidade de proteção de sua integridade física e moral e, nesse sentido, o vínculo de dependência da efetividade desse direito com os demais de proteção da saúde e da segurança, igualmente previstos no CDC.

Uma segunda dimensão, que podemos indicar como *dimensão transindividual do direito à vida*, é sua proteção de modo comum e geral a toda a coletividade de consumidores efetivos e potenciais, com relação aos riscos e demais vicissitudes do mercado de consumo, o que, no caso, determina a vinculação desse direito subjetivo e outros como o direito à segurança e ao meio ambiente sadio.

O direito à vida, contudo, antes de ser um direito básico do consumidor, configura-se como direito essencial da personalidade e direito fundamental consagrado na Constituição da República (artigo 5º, *caput*). Portanto, é nessa dimensão que deve ser compreendido, razão pela qual será um direito cujas proteção e garantia terão preferência com relação aos demais direitos em hipótese de colisão. Trata-se, da mesma forma, de um direito indisponível, não podendo sofrer qualquer espécie de limitação voluntária, de natureza contratual, ou por intermédio de renúncia à proteção oferecida pelo ordenamento jurídico.

Seja em sua dimensão individual ou coletiva, a legislação de proteção do consumidor possui instrumentos de tutela, visando assegurar a efetividade do direito à vida. Sua eficácia é ressaltada no tocante às relações de consumo que tenham por objeto a prestação de serviço ou fornecimento de produtos referentes à saúde dos consumidores. Nessas situações, considerando que a finalidade básica do contrato é a preservação ou a melhoria da vida do consumidor, o seu direito básico de proteção à vida coloca-se em relevo, seja na determinação das expectativas legítimas a serem satisfeitas com aquele contrato, seja na forma de uma proteção geral quanto aos riscos da contratação. Será o caso da comercialização de medicamentos, ou a prestação de serviços de saúde privada (planos e seguros de saúde), em que a prestação típica do contrato vincula-se à expectativa do consumidor na conservação e melhoria de sua condição de vida.

Em matéria de proteção difusa de um direito transindividual do consumidor à proteção da vida, sua eficácia será percebida tanto no que diz respeito à prevenção de riscos e danos causados a consumidores pelos produtos e serviços introduzidos no mercado de consumo quanto em tudo o que concerne a tais atividades, como os procedimentos anteriores e posteriores ao oferecimento do produto ou serviço no mercado e sua eliminação no meio ambiente – do que derivam a proteção e a promoção do consumo sustentável, por exemplo.

1.2 DIREITO À SAÚDE E À SEGURANÇA

O direito básico à proteção da saúde e à segurança do consumidor está intimamente vinculado, como é intuitivo, à proteção do direito à vida. Constam, inclusive, na mesma disposição normativa do artigo 6º, I, do CDC. Por direito à saúde podemos considerar o direito assegurado ao consumidor no oferecimento de produtos e serviços, assim como no consumo e utilização destes, todas as condições adequadas à preservação de sua integridade física e psíquica. No que diz respeito ao direito à segurança, consiste basicamente em direito que garante proteção contra riscos decorrentes do mercado de consumo. Por direito básico à segurança do consumidor podemos entender como o que propicia a proteção do consumidor contra riscos decorrentes do oferecimento do produto ou do serviço, desde o momento de sua introdução no mercado de consumo, abrangendo o efetivo consumo, até a fase de descarte de sobras, embalagens e demais resíduos dele. A proteção legal inclui, no caso, tanto riscos pessoais quanto riscos patrimoniais, considerando-se o direito à segurança como espécie de direito geral de não sofrer danos, ao qual corresponde o dever geral de proteção à vida, à pessoa e ao patrimônio do consumidor.[5] Ness sentido, a evolução do próprio direito das obrigações vem dando causa a que o dever de segurança das partes não se considere a partir do contrato, ou da clássica distinção entre obrigação de meios e de resultado, mas, sim, em vista de sua finalidade de evitar danos ao outro contratante.[6]

O CDC, ao se ocupar da proteção do consumidor, vai prever de modo expresso a preservação de seu direito à saúde e à segurança em diversas disposições. A segurança dos produtos ou serviços ofertados pelos fornecedores no mercado de consumo é estabelecida no Código em diversos momentos. A garantia de segurança será ao mesmo tempo um princípio da atuação do Estado (artigo 4º, II, *d*)[7] e direito básico do consumidor (artigo 6º, I), e constituirá dever do fornecedor relativamente aos produtos e serviços oferecidos no mercado (artigos 8º a 10), na proibição da publicidade abusiva (artigo 37, § 2º). Ao mesmo tempo, vai fundamentar a imposição de sanções administrativas (artigo 58)[8] e penais (artigos 63 a 66, e 68).

No âmbito da responsabilidade do fornecedor, a violação do dever de segurança acarreta hipótese do dever de indenizar por fato do produto ou do serviço (artigos 12 a 14). A proteção da segurança visa à preservação da sua integridade física,[9] em que pese

---

[5]   RINESSI, Antonio Juan. *El deber de seguridad*. Buenos Aires: Rubinzal Culzoni, 2007. p. 13 *et seq.*

[6]   BLOCH, Cyril. *L'obligation contractuelle de sécurite*. Aix in Provence: Presses Universitaires d'Aix--Marseille, 2002. p. 128 *et seq.*

[7]   Para maiores considerações sobre a atuação do Estado na defesa do consumidor, o nosso: MIRAGEM, Bruno. Defesa administrativa do consumidor no Brasil. Alguns aspectos. *Revista de Direito do Consumidor*, n. 46, p. 120-163, abr./jun. 2003.

[8]   MIRAGEM, Bruno. Defesa administrativa do consumidor no Brasil. Alguns aspectos. *Revista de Direito do Consumidor*, n. 46, p. 156 *et seq*, abr./jun. 2003.

[9]   Assim a decisão do STJ: "Código de Defesa do Consumidor. Responsabilidade do fornecedor. Culpa concorrente da vítima. Hotel. Piscina. Agência de viagens. Responsabilidade do hotel, que não sinaliza convenientemente a profundidade da piscina, de acesso livre aos hóspedes. Artigo 14 do CDC. A culpa concorrente da vítima permite a redução da condenação imposta ao fornecedor. Artigo 12, § 2º, III, do CDC. A agência de viagens responde pelo dano pessoal que decorreu do mau serviço do hotel contratado por ela para a hospedagem durante o pacote de turismo. Recursos conhecidos e providos em parte" (STJ,

Parte II • Cap. 1 • OS DIREITOS BÁSICOS DO CONSUMIDOR | **193**

os danos indenizáveis não se restringirem à ofensa física, podendo decorrer do agravo físico ofensa à própria integridade moral,[10] ou mesmo o reconhecimento exclusivo, de modo autônomo, de danos à integridade moral do consumidor.[11]

Alguma dificuldade, entretanto, vai ser enfrentada pela jurisprudência para definir a extensão do dever de segurança do fornecedor, havendo o entendimento de que ele será determinado de acordo com as circunstâncias de fato relacionadas à atividade de fornecimento de bens e serviços.[12]

4ª Turma, REsp 287.849/SP, Rel. Min. Ruy Rosado de Aguiar Júnior, *RT* 797/226). No mesmo sentido: "Código de Defesa do Consumidor. Lata de tomate Arisco. Dano na abertura da lata. Responsabilidade civil da fabricante. O fabricante de massa de tomate que coloca no mercado produto acondicionado em latas cuja abertura requer certos cuidados, sob pena de risco à saúde do consumidor, e sem prestar a devida informação, deve indenizar os danos materiais e morais daí resultantes. Rejeitada a denunciação da lide à fabricante da lata por falta de prova. Recurso não conhecido" (STJ, 4ª Turma, REsp 237.964/SP, Rel. Min. Ruy Rosado de Aguiar Júnior, *RT* 779/208). Ainda, a notável decisão do Des. Sérgio Cavalieri, no Rio de Janeiro: "Responsabilidade civil. Acidente de consumo. Fato do serviço. Responsabilidade objetiva. Responde o comerciante, independentemente de culpa, pela reparação dos danos causados aos consumidores por defeitos relativos à prestação de serviços, entendendo-se como tal, em face da abrangência do conceito legal, toda a atividade por ele realizada no propósito de tornar o seu negócio viável e atraente, aí incluídos o estacionamento, as instalações confortáveis e outras facilidades colocadas à disposição da sua clientela. Assim, provado que a vítima escorregou e caiu quando fazia compra em seu estabelecimento comercial, impõe-se o dever de indenizar os danos decorrentes da queda independentemente de culpa. No caso, nem seria preciso chegar a tanto porque a violação do dever de cuidado da suplicada, por negligência evidente, resultou configurada na medida em que os seus prepostos omitiram-se em manter o seu estabelecimento em condições de limpeza, higiene e segurança, de modo a garantir a mais absoluta integridade física a todos os seus milhares de clientes, enquanto estão sob sua proteção. Reforma da sentença" (TJRJ, ApCiv 1995.001.06923, 2ª Câm. Civ., Rel. Des. Sérgio Cavalieri, j. 21.11.1995).

[10] "Responsabilidade civil. Ação de indenização. Danos morais. Empresa de telefonia. Falha na entrega da conta no endereço contratado. Serviço deficiente. Protesto. Inscrição nos cadastros de inadimplentes. Responsabilidade concorrente da concessionária. Artigo 14 do Código de Defesa do Consumidor. Recurso provido parcialmente. Aplicação do direito à espécie. Fixação da indenização. Circunstâncias da causa. I – De um lado, a prestadora do serviço de telefonia tem o dever de zelar, até porque maior interessada na relação, pela entrega da fatura no endereço indicado pelo cliente. Sem ela, não pode o consumidor conferir a prestação do serviço para fins de efetuar o pagamento. De outro, o assinante deve entrar em contato com a prestadora de serviços, informando-a do não recebimento da fatura na data aprazada. II – De qualquer forma, o protesto, e a consequente inclusão da assinante nos cadastros de inadimplentes, se originou da negligência da prestadora no envio correto da fatura, inclusive em não diligenciar na localização da devedora, cujo endereço poderia ser obtido até mesmo por telefone, atraindo a incidência do artigo 14 do Código de Defesa do Consumidor. III – Considerando as circunstâncias da causa, notadamente o fato de que a autora também concorreu, em parte, para o ocorrido, e que não se deve deferir a indenização por dano moral por qualquer contrariedade, restou fixada a indenização em valor moderado" (STJ, REsp 327.420/DF, 4ª Turma, Rel. Sálvio de Figueiredo Teixeira, j. 23.10.2001, *DJU* 04.02.2002).

[11] Nesse sentido veja-se o excelente estudo de BOLSON, Simone Hegele. *Direito do consumidor e dano moral*. Rio de Janeiro: Forense, 2002. p. 113 *et seq.*

[12] "*Ação de indenização. Caixa 24 Horas. Ilegitimidade de parte.* 1. O banco é parte legítima para responder pelo pedido de indenização decorrente de ato ilícito praticado em uma de suas dependências. Se é procedente, ou não, o pedido, vai depender de exame das circunstâncias concretas dos autos. A questão do alcance da responsabilidade do banco pela segurança de seus clientes na unidade denominada Caixa 24 Horas não se resolve, portanto, na preliminar de ilegitimidade passiva, mas, sim, no mérito. 2. Não viola o artigo 535 do CPC o Acórdão que decide a questão por inteiro, sendo desnecessário que o Tribunal desafie todos os dispositivos legais e constitucionais desejados pelo recorrente. 3. Recurso especial não conhecido" (STJ, REsp 286.176/SP, 3ª Turma, Rel. Min. Carlos Alberto Menezes Direito, j. 18.10.2001, *DJU* 06.05.2002, p. 286).

A proteção da integridade física do consumidor, de outra parte, vai se consubstanciar igualmente pelo reconhecimento expresso da proteção da vida, consagrado como direito básico do consumidor (artigo 6º, I),[13] bem como no rol de bens jurídicos tutelados pelas regras conformadoras da responsabilidade pelo vício do produto, quando da definição dos produtos impróprios para o consumo, aqueles *"nocivos à vida ou à saúde"* (artigo 18, § 6º, II).

1.3 DIREITO À INFORMAÇÃO

Entre os direitos positivados pelo CDC, é o direito à informação um dos que maior repercussão prática vai alcançar no cotidiano das relações de consumo. Note-se, antes de outras considerações, que o direito a informações apresenta sua eficácia correspectiva na imposição aos fornecedores em geral de um dever de informar. Em nosso direito, o desenvolvimento do dever de informar, por marcada influência do direito europeu, decorre do princípio da boa-fé objetiva.[14]

Entre outros pressupostos, o tratamento favorável do consumidor nas relações de consumo apoia-se no reconhecimento de um *déficit* informacional entre consumidor e fornecedor,[15] porquanto este detém o conhecimento acerca de dados e demais dados sobre o processo de produção e fornecimento dos produtos e serviços no mercado de consumo.[16] O direito básico à informação do consumidor, estabelecido no artigo 6º, III, do CDC, é acompanhado de uma série de deveres específicos de informação ao consumidor, imputados ao fornecedor nas diversas fases da relação de consumo, como é o caso dos artigos 8º e 10 (informação sobre riscos e periculosidade), 12 e 14 (defeitos de informação), 18 e 20 (vícios de informação), 30, 31, 33, 34 e 35 (eficácia vinculativa da informação, sua equiparação à oferta e proposta, e as consequências da violação do dever de informar), 36 (o dever de informar na publicidade), 46 (a ineficácia em relação ao consumidor, das disposições contratuais não informadas), 51 (abrangência pelo conceito de cláusula abusiva, daquelas que não foram suficientemente informadas ao consumidor), 52 e 54 (deveres específicos de informação nos contratos), todos do CDC. Refira-se, ainda, que a Lei 12.741/2012 incluiu no inciso III do artigo 6º do CDC, entre as informações que devem ser oferecidas ao consumidor, ao lado da especificação correta de quantidade, ca-

---

[13] Assim o artigo 6º, I, do CDC: "São direitos básicos do consumidor: I – a proteção da vida, saúde e segurança contra os riscos provocados por práticas no fornecimento de produtos e serviços considerados perigosos ou nocivos (...)".

[14] COUTO E SILVA, Clóvis do. *A obrigação como processo.* Porto Alegre: UFRGS, 1964. p. 28-44; MARQUES, Claudia Lima. *Contratos no Código de Defesa do Consumidor.* 4. ed. São Paulo: Ed. RT, 2003. p. 180-206; MARTINS-COSTA, Judith. *A boa-fé no direito privado.* Sistema e tópica no processo obrigacional. São Paulo: Ed. RT, 1999. p. 381 *et seq.*; ALMEIDA COSTA, Mário Júlio de. *Direito das obrigações.* 9. ed. Coimbra: Almedina, 2004. p. 275-277; ANTUNES VARELA, João de Matos. *Das obrigações em geral.* 10. ed. Coimbra: Almedina, 2000. v. 1, p. 270; LÔBO, Paulo Luiz Netto. A informação como direito fundamental do consumidor. *Revista de Direito do Consumidor,* São Paulo, v. 37, p. 67, jan./mar. 2001; FABIAN, Cristoph. *O dever de informar no direito civil.* São Paulo: Ed. RT, 2002. p. 59.

[15] Entre nós: FRADERA, Véra Maria Jacob de. O dever de informar do fabricante. *Revista dos Tribunais,* São Paulo, v. 656, p. 53-71, jun. 1990.

[16] CALAIS-AULOY, Jean; STEINMETZ, Frank. *Droit de la consommation.* 5. ed. Paris: Dalloz, 2000. p. 49.

racterísticas, composição, qualidade e riscos, também as relativas aos tributos incidentes sobre o preço.

O conteúdo do direito à informação do consumidor não é determinado *a priori*. Necessário que se verifique nos contratos e relações jurídicas de consumo respectivas quais as informações substanciais cuja efetiva transmissão ao consumidor constitui dever intransferível do fornecedor. Isso porque não basta para atendimento do dever de informar pelo fornecedor que as informações consideradas relevantes sobre o produto ou serviço sejam transmitidas ao consumidor. É necessário que essa informação seja passada de modo adequado, eficiente, ou seja, de maneira que seja percebida ou pelo menos percep-tível ao consumidor.[17] A eficácia do direito à informação do consumidor não se satisfaz com o cumprimento formal do dever de indicar dados e demais elementos informativos, sem o cuidado ou a preocupação de que estejam sendo devidamente entendidos pelos destinatários dessas informações.

Incidem nesse aspecto, de modo combinado ao dever de informar, outros deveres ane-xos decorrentes da boa-fé objetiva, como o dever de colaboração e de respeito à contraparte. Trata-se, nesse sentido, de um dever de informar com veracidade, como projeção sobre as relações de consumo do direito fundamental de acesso à informação (artigo 5º, XIV, da Constituição), que pode se considerar mesmo como fundamento de um direito difuso à informação verdadeira. Isso implicará, igualmente, o dever de abstenção do fornecedor em dar causa a obstáculos que impeçam ou dificultem o acesso à informação, tais como a exigência de submissão do consumidor a procedimentos complexos (preenchimento de formulários extensos), excessivamente burocráticos, ou mesmo a cobrança de taxas pelo uso de serviço de informações, cujo conteúdo é inerente à execução do contrato e insere-se no dever de boa-fé do fornecedor.[18]

A desigualdade entre consumidores e fornecedores, que é uma desigualdade de meios, uma desigualdade econômica, também é, no mercado de consumo hipercomplexo de hoje, uma desigualdade informacional.[19] Daí a necessidade de equilíbrio da relação pretendida pela legislação protetiva do consumidor e, sobretudo, pelo CDC, de alcan-çar o que a doutrina alemã vem denominando atualmente de *equidade informacional* (*Informationsgerechtigkeit*).[20]

---

[17] No mesmo sentido, sustentando ser um dever cujo cumprimento é de baixo custo, além de ter grande efetividade: LORENZETTI, Ricardo L. *Consumidores*. Buenos Aires: Rubinzal Culzoni, 2003. p. 170-171.

[18] "Cautelar. Exibição de documentos. Documentos do correntista e extratos bancários. Cobrança de ta-rifa. Descabimento. Relação de consumo. Direito à informação. Recurso especial provido. 1. A exibição judicial de documentos, em ação cautelar, não se confunde com a expedição de extratos bancários pela instituição financeira, sendo descabida a cobrança de qualquer tarifa. 2. O acesso do consumidor às in-formações relativas aos negócios jurídicos entabulados com o fornecedor encontra respaldo no Código Consumerista, conforme inteligência dos artigos 6º, inciso III, 20, 31, 35 e 54, § 5º [§ 4º]. 3. Recurso especial provido" (STJ, REsp 356.198/MG, 4ª Turma, Rel. Min. Luis Felipe Salomão, j. 10.02.2009, *DJe* 26.02.2009).

[19] Assim: RAMSAY, Iain. Consumer protection in the era of informational capitalism. *In*: WILHEMSSON, Thomas; TUOMINEM, Salla; TUOMOLA, Heli. *Consumer law in the information society*. Hague: Kluwer Law International, 2001. p. 51-53.

[20] Nesse sentido sustenta o jurista alemão: KLOEPFER, Michael. *Informationsrecht* Beck, Munique, 2002, p. 128 *apud* MARQUES, Claudia Lima; MIRAGEM, Bruno. Constitucionalidade das restrições à publicidade de bebidas alcoólicas e tabaco por lei federal. Diálogo e adequação do princípio da livre

O direito à informação do consumidor, como referimos anteriormente, é, por sua natureza, multifacetado. Isso porque seu conteúdo e eficácia apresentam-se de diferentes modos, conforme a situação de fato ou de direito sob enfoque.[21] Em todas essas circunstâncias, todavia, percebe-se entre os requisitos da informação transmitida ao consumidor que ela seja *adequada* e *veraz*. O significado de *adequação* remete ao de *finalidade*, ou seja, será adequada a informação apta a atingir os fins que se pretende alcançar com ela, o que no caso é o esclarecimento do consumidor. Em uma relação contratual, o conteúdo da informação adequada deve abranger essencialmente: a) as condições da contratação; b) as características dos produtos ou serviços objetos da relação de consumo; c) as eventuais consequências e os riscos da contratação. Na ausência de contrato, o dever de informar assume caráter mais difuso, mas nem por isso menos preciso. É o caso da publicidade que, na medida em que conta também com eficácia vinculativa de natureza contratual (artigo 30 do CDC), deverá oferecer informação precisa, clara e objetiva (artigo 31), assim como apresentar-se ao consumidor com seu caráter promocional e publicitário, de acordo com o princípio da identificação (integra o dever de informar do fornecedor o de identificar uma publicidade como tal, não a disfarçando ou ocultando sob a forma de informação desinteressada).

Na doutrina estrangeira, há os que dividem o dever de informar em dois momentos; o primeiro pré-contratual e o segundo de natureza contratual. Existiriam, assim, uma obrigação pré-contratual de informação e outra obrigação contratual de informação.[22] A técnica do legislador brasileiro, ao estabelecer o direito básico à informação do consumidor e, desse modo, o dever de informar do fornecedor, parece mais abrangente. A violação do dever de informar, nesse sentir, dá-se em qualquer fase da relação entre consumidor e fornecedor, havendo ou não contrato, e, mesmo, na fase pós-contratual. A violação do dever de informar, nesse sentido, configura violação de dever legal e, por tal razão, desde logo pode ser sancionado.

Não há, do mesmo modo, um aspecto formal a ser observado em relação aos meios de informação ao consumidor. Serão considerados como tais todos os que estiverem disponíveis ao fornecedor – ou mesmo os que se fizerem necessários em circunstâncias específicas – para difundir a informação ao consumidor. Nesse sentido, consideram-se meios de informação para o cumprimento adequado do dever de informar do fornecedor tanto a publicidade, mecanismos de oferta, cartazes, *posters*, quanto rótulos de produtos, embalagens e qualquer outro instrumento apto a veicular tais informações. Outrossim, pode ser que o fornecedor seja compelido a realizar a difusão da informação por meios não utilizados ordinariamente na atividade de promoção de seus produtos e serviços, quando a proteção do interesse dos consumidores exija. É o caso das chamadas para *recalls*, via veículos de comunicação de grande circulação, na hipótese de defeitos verificados após a introdução do produto no mercado (artigo 10, § 3º, do CDC).

---

iniciativa econômica à defesa do consumidor e da saúde pública (artigo 170). Parecer. *Revista de Direito do Consumidor*, São Paulo, v. 59, p. 197-240, jul./set. 2006.

[21] STJ, REsp 586.316/MG, 2ª Turma, Rel. Min. Herman Benjamin, j. 17.04.2007, *DJe* 19.03.2009.

[22] CALAIS-AULOY, Jean; STEINMETZ, Frank. *Droit de la consommation*. 5. ed. Paris: Dalloz, 2000. p. 50-53.

O direito básico à informação do consumidor constitui-se em uma das bases da proteção normativa do consumidor no direito brasileiro, uma vez que sua garantia tem por finalidade promover o equilíbrio de poder de fato nas relações entre consumidores e fornecedores, ao assegurar a existência de uma *equidade informacional* das partes.

1.4 DIREITO À PROTEÇÃO CONTRA PRÁTICAS E CLÁUSULAS ABUSIVAS

O direito básico do consumidor à proteção contra práticas e cláusulas abusivas constitui norma de grande relevância prática, considerando que a sistemática das normas de proteção do consumidor orienta-se, em boa medida, na coibição do comportamento abusivo do fornecedor. Estabelece o artigo 6º, IV, do CDC: "A proteção contra a publicidade enganosa e abusiva, métodos comerciais coercitivos ou desleais, bem como contra práticas e cláusulas abusivas ou impostas no fornecimento de produtos e serviços".

Por práticas abusivas considera-se toda atuação do fornecedor no mercado de consumo que caracterize o desrespeito a padrões de conduta negociais regularmente estabelecidos, tanto na oferta de produtos e serviços quanto na execução de contratos de consumo, assim como na fase pós-contratual. Em sentido amplo, as práticas abusivas englobam toda a atuação do fornecedor em desconformidade com padrões de conduta reclamados, ou que estejam em desacordo com a boa-fé e a confiança dos consumidores.

A referência e a proibição das práticas abusivas no CDC têm caráter exemplificativo, admitindo, além do que expressamente foi previsto pela legislação (em especial, o rol do artigo 39), o reconhecimento de diversos comportamentos que por sua natureza, ou pelo fato de se darem no curso de uma relação de consumo, caracterizam-se como violadores da boa-fé e da confiança dos consumidores.[23] A natureza da abusividade da conduta dos fornecedores, nesse particular, é observada tanto pelo exercício de uma posição dominante na relação jurídica (*Machtposizion*) quanto pela contrariedade da conduta em exame aos preceitos de proteção da confiança e à boa-fé.

É no tocante à proibição das práticas abusivas, igualmente, que a intersecção entre os interesses individuais dos consumidores (identificados topicamente na relação de consumo individual) e os interesses de todos os consumidores, e mesmo do próprio mercado, estabelece-se. Isso porque, quando se examina o rol do artigo 39 do CDC, que enumera práticas abusivas vedadas aos fornecedores, percebe-se que em muitas delas há o objetivo de regular relação de consumo individualmente considerada, assim como assegurar uma confiança do mercado de consumo, em vista da repercussão geral que a conduta abusiva vedada pode alcançar. É o caso da proibição da venda casada (inciso I), a recusa de venda de bens ou prestação de serviços mediante pronto pagamento e da elevação de preços sem justa causa (inciso X), cuja repercussão sobre as relações de consumo ultrapassa o interesse individual dos consumidores para alcançar o interesse geral de eficiência do mercado de consumo, com intersecções com outros setores, por

---

[23] O caráter flexível da previsão normativa das cláusulas abusivas já foi ressaltado por Antonio Herman Benjamin em seus Comentários: BENJAMIN, Antonio Herman de Vasconcellos *et al. Código Brasileiro de Defesa do Consumidor comentado pelos autores do anteprojeto.* 8. ed. Rio de Janeiro: Forense, 2005. p. 363.

exemplo, do direito da concorrência, em que ambas as disposições são qualificadas como infrações à ordem econômica.[24]

Assim também ocorre com as cláusulas abusivas. No caso, cláusulas contratuais em razão das quais o consumidor se vê submetido ao fornecedor, em face de seu próprio conteúdo, ou do modo como foram inseridas no contrato. Em outros termos, conforme aprofundamos no item 2.3.4, sobre o regime das cláusulas abusivas no direito do consumidor, aqui também o caráter abusivo de certas disposições contratuais decorre da posição dominante do fornecedor em relação ao consumidor, que permite a imposição unilateral de condições contratuais prejudiciais aos interesses legítimos dos consumidores. Por tais razões, violam a boa-fé objetiva que preside a relação entre consumidores e fornecedores (artigo 4º, III). Percebe-se como traço distintivo das cláusulas abusivas em relação às demais cláusulas insertas no contrato o fato de elas comprometerem o equilíbrio contratual, em desfavor do consumidor, porque seu conteúdo, desde logo, apresenta vantagem exagerada em benefício do fornecedor, ou, ainda, porque seu conteúdo não foi submetido ao conhecimento prévio do consumidor, violando seu direito à informação, de modo a surpreendê-lo no momento da execução.

A proteção do consumidor em relação às cláusulas abusivas é realizada, segundo a previsão normativa do CDC, a partir de duas técnicas: a) o caráter enumerativo ou exemplificativo (*numerus apertus*) das espécies de cláusulas abusivas previstas no artigo 51 do CDC; b) a sanção de nulidade da cláusula, permanecendo válido o restante do contrato (a redução do negócio jurídico), admitindo a invalidade total apenas quando, segundo o artigo 51, § 2º, "(...) de sua ausência, apesar dos esforços de integração, decorrer ônus excessivo a qualquer das partes".

1.5 DIREITO AO EQUILÍBRIO CONTRATUAL

O direito subjetivo do consumidor ao *equilíbrio contratual* constitui efeito da principiologia do direito do consumidor, muito especialmente dos princípios da boa-fé, da vulnerabilidade e, especialmente, do próprio princípio do equilíbrio. O equilíbrio contratual é antes de tudo o equilíbrio dos interesses dos contratantes, consumidor e fornecedor. Nesse sentido, parece-nos desenvolver-se em uma tríplice perspectiva: a) o *equilíbrio econômico do contrato*; b) a *equiparação ou equidade informacional das partes*; e c) o *equilíbrio de poder na direção da relação contratual*.

Em boa parte das situações práticas que se apresentam nas relações de consumo, pelo próprio caráter econômico de que se reveste o ato de consumir, é difícil distinguir entre as três espécies de equilíbrio que ora destacamos. E, no mais das vezes, sobretudo as demandas judiciais em geral, dizem respeito à repercussão financeira de determinado descumprimento de deveres pelas partes e suas consequências no equilíbrio econômico da relação. Todavia, a exata distinção das espécies de equilíbrio contratual que referimos

---

[24] Nesse sentido, o artigo 36, § 3º, XVIII, da Lei 12.529, de 30 de novembro de 2011 (Lei de Defesa da Concorrência). Os incisos IX e X do artigo 39 do CDC, por sua vez, não constavam na sua redação original, sendo incluídos após, com a alteração determinada pelo artigo 87 da Lei 8.884/1994, ora substituída pela Lei 12.529/2011.

é importante na determinação futura dos deveres das partes e da caracterização do adimplemento ou inadimplemento do contrato de consumo.

Com relação à *equiparação ou equidade informacional* das partes, que assegura a ambos os contratantes – consumidor e fornecedor – a possibilidade real de acesso e conhecimento de informações sobre aspectos essenciais da contratação, bem como dos produtos ou serviços que constituam seu objeto, a proteção dessa nuance do equilíbrio contratual se dá *ex vi lege*, tanto em face da previsão normativa de um direito básico e geral de informação do consumidor (artigo 6º, II, do CDC) quanto por intermédio de uma série de deveres de informar implícitos ou expressos, imputáveis aos fornecedores (artigos 8º, 9º, 10, 12, § 1º, I; 14, § 1º, I; 18, 20, 30, 31, 35, 36, 46 do CDC).

No que diz respeito ao equilíbrio de poder na direção contratual, em face da vulnerabilidade do consumidor em relação ao fornecedor – uma vez que este último exerce no contrato uma posição dominante –, é inegável que um maior poder fático nas decisões sobre o curso e o cumprimento do contrato são determinados ao fornecedor. Por essa razão, também *ex vi lege*, o CDC estabelece uma série de normas de limitação ao poder privado do fornecedor, em uma clara intervenção legislativa estatal, no âmbito da autonomia contratual das partes, visando à proteção dos interesses do consumidor vulnerável.

É com relação ao terceiro aspecto, do equilíbrio econômico do contrato, que se concentram as principais dificuldades de interpretação. Isso porque, como referimos, tratando-se de uma relação contratual, é inerente o reconhecimento de sua natureza econômica. Como ensina Enzo Roppo, *o contrato é a veste jurídica de uma operação econômica*.[25] Eventuais desajustes entre os compromissos das partes poderão repercutir, naturalmente, no equilíbrio econômico do contrato, cuja proteção é assegurada pelo CDC em benefício do consumidor.

O artigo 6º, V, prevê o direito básico do consumidor à "modificação das cláusulas contratuais que estabeleçam prestações desproporcionais ou sua revisão em razão de fatos supervenientes que as tornem excessivamente onerosas". Note-se que a proteção do equilíbrio contratual prevista nesse inciso visa, essencialmente, à proteção do equilíbrio das prestações do contrato, tendo por finalidade a proteção do seu equilíbrio econômico. Alguns aspectos sobre o modo como o legislador brasileiro estabeleceu a regra em questão são de exame valioso ao intérprete. Primeiro, note-se que o direito abrange duas situações distintas: a *modificação* de cláusulas contratuais desproporcionais, ou a sua *revisão* em razão de fatos supervenientes que as tornem excessivamente onerosas. Logo, com relação às cláusulas contratuais que desde a celebração violam o equilíbrio do contrato, facultam-se duas possibilidades ao consumidor: 1) reclamar a decretação de sua nulidade, com fundamento no artigo 51 do CDC; ou 2) requerer sua revisão e modificação, nos termos do artigo 6º, V. No que se refere a um desequilíbrio que se identifique posteriormente, em razão de fato superveniente à celebração do contrato que torne as prestações excessivamente onerosas, temos uma segunda hipótese de revisão.

É interessante notar a distinção entre os regimes do CDC e do CC sobre a matéria. Enquanto no direito civil, em acordo com as normas do CC, a desproporção originária das prestações das partes no momento da celebração (afetando o chamado sinalagma

---

[25]   ROPPO, Enzo. *O contrato*. Coimbra: Almedina, 1988. p. 11.

genético) só pode se dar pela alegação de algum dos defeitos do negócio jurídico (por via direta, a lesão e o estado de perigo; por via indireta, o erro e o dolo), levando à anulação do negócio (salvo na lesão, quando se permite ao beneficiário reduzir o proveito para, reequilibrando o contrato, convalidá-lo, ou no erro, em que a parte beneficiada pode concordar com a realização do negócio de acordo com a vontade real do declarante), no direito do consumidor, em razão do que dispõe o artigo 6º, V, do CDC, o mero fato da desproporção original das prestações permite modificação, visando ao equilíbrio do contrato.

Note-se a esse respeito que, no direito civil, não bastasse a insuficiência prática da categoria dos defeitos do negócio jurídico em razão da exigência inafastável da demonstração do elemento subjetivo (conhecimento ou intenção do agente) na sua caracterização, também com relação a atual opção do legislador brasileiro de indicar a lesão e o estado de perigo como defeitos, ela é objeto de crítica, sob o argumento de que não se trata de causa de anulação do negócio jurídico (consequência típica dos defeitos), mas de sua rescisão.

Por outro lado, não se perca de vista que a consequência típica do reconhecimento do defeito do negócio jurídico é sua invalidade, porquanto faltará ao seu suporte fático elemento que o compromete totalmente. No caso da lesão e do estado do perigo, a teor do que dispõe o Código Civil, dois são os elementos para sua configuração: primeiro, a existência de uma desproporção das prestações das partes; segundo, a extrema necessidade ou inexperiência (no caso da lesão – artigo 157 do CC), ou ainda a necessidade de se salvar ou a pessoa de sua família (estado de perigo – artigo 156 do CC).[26] Por via indireta, poder-se-ia reclamar do defeito de erro, sobre as qualidades do objeto (artigo 139, I, do CC), as quais tenham sido causa substancial para celebração do negócio, ou ainda o defeito de dolo (artigo 145 do CC), revelando-se que o negócio só foi celebrado em razão da atuação maliciosa da parte beneficiária. Todavia, mesmo nesses casos, ainda necessita-se da apresentação do elemento subjetivo, ou seja, de que o equívoco involuntário da parte prejudicada ou a atuação maliciosa da parte beneficiada foram essenciais à decisão sobre a celebração do negócio jurídico, o que no plano prático é de difícil manifestação, quanto mais nas relações de consumo, nas quais a ausência de formalidades preestabelecidas, a velocidade das transações e o dinamismo das relações econômicas tornam improvável a possibilidade de demonstração posterior dos níveis de intenção ou de conhecimento das partes.

Daí por que, ao consagrar como direito básico do consumidor a modificação das cláusulas que estabeleçam prestações desproporcionais, independentemente da demonstração de qualquer requisito de natureza subjetiva, o legislador teve por objetivo assegurar o equilíbrio econômico do contrato desde sua celebração, sem a necessidade de sua desconstituição ou invalidação, mas apenas pela correção destas, destacando finalidade de manutenção do contrato de consumo.

---

[26] Caio Mário da Silva Pereira, grande civilista a quem se atribui a introdução moderna do conceito de lesão no direito brasileiro contemporâneo, observava a existência de duas linhas para sua compreensão, uma de natureza objetiva, assinalando a desproporção das prestações, e outra de natureza subjetiva, realçando a necessidade de demonstrar a inexperiência ou necessidade da parte a quem se obriga a prestação desproporcional que lhe é desfavorável (PEREIRA, Caio Mário da Silva. *Lesão nos contratos*. 6. ed. Rio de Janeiro: Forense, 1999. p. 187-189).

O mesmo se percebe relativamente à segunda consequência desse direito básico ao equilíbrio contratual do consumidor. Ao assegurar o direito de revisão do contrato quando, em razão de fatos supervenientes, este se torne excessivamente oneroso, o legislador do CDC também traça uma linha distintiva entre o regime contratual dos contratos de consumo e aqueles regulados pelo Código Civil (contratos civis).

O vocábulo *revisão* é utilizado em nosso sistema como efeito de uma série de causas. Atentando para as hipóteses tradicionais de revisão contratual, Emílio Betti identificou esse procedimento como a *reconstrução do conteúdo do contrato*.[27] Ocorre que essa possibilidade de reconstrução se estabelece em nosso sistema como providência de exceção, de cuja regra é a prevalência do conhecido princípio da vinculatividade, o *pacta sunt servanda*.

Entretanto, com a evolução do direito privado e a identificação de uma série de situações em que a manutenção do conteúdo do contrato, nos exatos termos nos quais foi celebrado, poderia acarretar a consolidação e aprovação de consequências manifestamente iníquas, ou mesmo antieconômicas, deu-se causa a que fossem reconhecidas determinadas circunstâncias em que seria admitida a alteração do conteúdo do contrato, em benefício do equilíbrio do interesse das partes.

A primeira dessas teorias, conhecida como *teoria da imprevisão*, desenvolveu-se a partir da jurisprudência e doutrina francesas do início do século XX, notadamente a partir do caso da Companhia de Gás de Bordeaux, de 1916, em que essa empresa celebrara contrato com a cidade de Bordeaux, visando ao fornecimento de gás aos usuários do serviço, estabelecendo inclusive o preço que deveria ser cobrado por tal fornecimento. No entanto, com a alta do preço do carvão em virtude da eclosão da Primeira Guerra Mundial e a ocupação das regiões produtoras, assim como a pressão de custos da empresa em razão do conflito, o preço originariamente contratado passou a não ser suficiente para assegurar sua viabilidade econômica. O Conselho de Estado da França, então, acolheu a pretensão da Companhia de Gás para reconhecer a imprevisibilidade da situação e a possibilidade de reequilíbrio do contrato,[28] o que em seguida se reconheceu para outra série de contratos de prestações contínuas por intermédio da edição da *Lei Faillot*, de 1918, em vista das consequências da Primeira Guerra Mundial, imprevisíveis quando da celebração dos respectivos contratos.

Desenvolvida largamente a partir de então em diversos sistemas jurídicos e, inclusive, no direito brasileiro,[29] a teoria da imprevisão exige para dar causa à revisão do contrato

---

[27] BETTI, Emílio. *Teoria geral do negócio jurídico*. Coimbra: Coimbra Editora, 1969. t. II, p. 239.

[28] Para a íntegra do caso, veja-se, conforme já referido: LONG, Marceau *et al. Les grands arrêts de la juris-prudence administrative*. Paris: Dalloz, 2009. p. 189-197.

[29] Sobre o tema, veja-se, entre outros: FONSECA, Arnoldo Medeiros da. *Caso fortuito e teoria da imprevisão*. 3. ed. Rio de Janeiro: Forense, 1958; STIGLITZ, Rúben. *Autonomía de la voluntad e revisión del contrato*. Buenos Aires: De Palma, 1992; AZEVEDO, Álvaro Villaça de. Teoria da imprevisão e revisão judicial dos contratos. *Revista dos Tribunais*, São Paulo, v. 733, p. 109-119, nov. 1996; FERREIRA DA SILVA, Luís Renato. *Revisão dos contratos*. Do Código Civil ao Código do Consumidor. Rio de Janeiro: Forense, 1998. p. 102 *et seq.*; MARTINS-COSTA, Judith. A teoria da imprevisão e a influência dos planos econômicos governamentais na relação contratual. *Revista dos Tribunais*, São Paulo, v. 670, p. 41-48, ago. 1991; MARQUES, Claudia Lima. *Contratos no Código de Defesa do Consumidor*. 4. ed. São Paulo: Ed. RT, 2003. p. 239 *et seq.*; BECKER, Anelise. *Teoria geral da lesão nos contratos*. São Paulo: Saraiva, 2000; BARLETTA, Fabiana Rodrigues. *A revisão dos contratos no Código Civil e no Código de Defesa do Consumidor*. São Paulo: Saraiva, 2002.

que o fato superveniente que determine a desproporção das prestações seja imprevisível às partes no momento da sua celebração (*rebus sic stantibus*). Desse modo, prevê o artigo 317 do CC, que a consagra: "Quando, por motivos imprevisíveis, sobrevier desproporção manifesta entre o valor da prestação devida e o do momento de sua execução, poderá o juiz corrigi-lo, a pedido da parte, de modo que assegure, quanto possível, o valor real da prestação". Note-se que a imprevisibilidade remete mais uma vez à avaliação sobre a possibilidade ou não das partes de tomarem conhecimento das circunstâncias que envolvem e repercutem na relação contratual. *Imprevisível* é qualidade do que não é possível, segundo regras ordinárias e de comportamento diligente e probo das partes, antecipar o conhecimento sobre sua ocorrência. Em matéria contratual, distingue-se do que seja previsível, porquanto este se caracteriza como inerente ao risco normal do adimplemento ou não do contrato.

Todavia, é nesse ponto que cabe destacar a diferença entre o regime da revisão dos contratos no direito civil e no direito do consumidor. Segundo a regra do artigo 6º, V, do CDC, em sua segunda parte, o direito subjetivo do consumidor à revisão do contrato decorre da circunstância de que fato superveniente tenha tornado excessivamente onerosas as prestações. Não faz referência, assim, ao requisito sobre a imprevisibilidade ou não do fato superveniente que tenha dado causa à desproporção. Nesse sentido, o CDC, coerente com a diretriz de impedir a transferência de riscos do negócio ao consumidor, assim como de promover uma maior objetivação do exame e avaliação do comportamento das partes do contrato de consumo, afasta a exigência (e com isso a necessidade de comprovação) de que o fato que tenha dado causa à desproporção fosse imprevisível. O objetivo dessa disposição é a proteção do consumidor não apenas com relação a fatos supervenientes que desestruturem o plano do contrato e a possibilidade de adimplemento, mas também uma vedação a que riscos inerentes ao negócio do fornecedor sejam repassados ao consumidor, quando a responsabilidade por eles seja daquele que desenvolve a atividade negocial.

Nesse sentido, aliás, manifestou-se o Superior Tribunal de Justiça quando decidiu sobre os critérios para admissão da revisão dos contratos de arrendamento mercantil e *leasing,* cujo valor das prestações estava vinculado ao dólar norte-americano. E do mesmo modo, considerando que esses mesmos contratos foram celebrados quando havia paridade monetária entre a moeda norte-americana e o real (moeda brasileira). Nesse sentido, sobrevindo desvalorização do real perante o dólar na crise cambial de 1999, a dívida do consumidor que estava vinculada à moeda estrangeira terminou suportando toda a oscilação, vindo a se tornar excessivamente onerosa. Portanto, buscou-se discutir em um primeiro momento se não haveria o dever do consumidor de prever e assumir os riscos da operação, o que desde logo foi afastado pela jurisprudência do STJ, ao reconhecer no artigo 6º, V, do CDC fundamento distinto da teoria da imprevisão para fundamentar a revisão dos contratos, bastando para aplicação da norma e deferimento da revisão a comprovação da excessiva onerosidade a que tenha dado causa fato superveniente. Com relação a esse aspecto, percebe-se, aliás, que não apenas o STJ autorizou a revisão com base na desproporção manifesta das prestações, como também a escudou, igualmente, na impossibilidade, segundo as regras do CDC, da transferência de riscos da atividade financeira para obtenção dos recursos a serem utilizados no oferecimento de empresti-

Parte II · Cap. 1 · OS DIREITOS BÁSICOS DO CONSUMIDOR | 203

mos ao consumo, do fornecedor (a quem incumbe responder por esses riscos) para o consumidor.[30]

Muitos doutrinadores[31] identificam nessa previsão do artigo 6º, V, do CDC a admissão, em nosso sistema, da *teoria da base do negócio jurídico*, afirmada no direito alemão por Karl Larenz.[32] Segundo Larenz, a base objetiva do negócio seria composta de circunstâncias cujas existência e permanência são objetivamente necessárias para que o contrato, tal qual concebido por ambos os contratantes, continue válido e útil, como algo dotado de sentido,[33] ou, como sugere, entre nós, Clóvis do Couto e Silva, a teoria da base objetiva relativiza, em situações dramáticas, a vontade, de modo a permitir a adaptação do contrato à realidade.[34]

Esse é o fundamento do artigo 6º, V, do CDC, em sua segunda parte. A revisão contratual, em razão de fato superveniente, decorre da necessidade de preservação do fim útil do contrato, assim como – em vista da proteção do consumidor – assegura sua manutenção, impedindo a aplicação de outras soluções que simplesmente determinem sua resolução. Esta, aliás, é a solução preconizada pelo Código Civil na hipótese do artigo

---

[30] "Direito do consumidor. Recurso especial. Ação de conhecimento sob o rito ordinário. Cessão de crédito com anuência do devedor. Prestações indexadas em moeda estrangeira (dólar americano). Crise cambial de janeiro de 1999. Onerosidade excessiva. Caracterização. Boa-fé objetiva do consumidor e direito de informação. O preceito insculpido no inciso V do artigo 6º do CDC dispensa a prova do caráter imprevisível do fato superveniente, bastando a demonstração objetiva da excessiva onerosidade advinda para o consumidor. A desvalorização da moeda nacional frente à moeda estrangeira que serviu de parâmetro ao reajuste contratual, por ocasião da crise cambial de janeiro de 1999, apresentou grau expressivo de oscilação, a ponto de caracterizar a onerosidade excessiva que impede o devedor de solver as obrigações pactuadas. A equação econômico-financeira deixa de ser respeitada quando o valor da parcela mensal sofre um reajuste que não é acompanhado pela correspondente valorização do bem da vida no mercado, havendo quebra da paridade contratual, à medida que apenas a sociedade de fomento ao crédito estará assegurada quanto aos riscos da variação cambial. É ilegal a transferência de risco da atividade financeira ao consumidor, ainda mais quando não observado o seu direito à informação" (STJ, REsp 417.927/SP, Rel. Min. Nancy Andrighi, j. 21.05.2002, *DJU* 1º.07.2002, p. 339).

[31] Nesse sentido pontifica Claudia Lima Marques, para quem a interpretação jurisprudencial da cláusula do artigo 6º, V, do CDC terminou "introduzindo no ordenamento jurídico brasileiro a teoria da quebra da base objetiva do negócio, preconizada por Larenz. Neste sentido, não há necessidade de que o fato superveniente do artigo 6º, V seja 'imprevisível', bastando a demonstração objetiva da onerosidade excessiva para o consumidor" (MARQUES, Claudia Lima. *Contratos no Código de Defesa do Consumidor.* 4. ed. São Paulo: Ed. RT, 2003. p. 481).

[32] A teoria da base do negócio jurídico de Karl Larenz, nesse sentido, segue em linha de desenvolvimento com outra já aventada pela doutrina alemã no século XIX, e conhecida como teoria da pressuposição, elaborada por Windscheid, segundo a qual a vontade negocial só teria validade ainda que de modo tácito, em determinada situação que o contratante considerasse que com certeza existira em determinado tempo futuro, razão pela qual não a estabeleceu como condição (evento futuro, mas incerto) do contrato. A grande crítica a essa teoria, entretanto, é o fato de que ela equivaleria a uma espécie de erro quanto aos motivos da celebração do negócio, o que, pela dificuldade de verificação e de precisão, daria ensejo a grande insegurança acerca da higidez da declaração negocial. Nesse sentido, veja-se: FERREIRA DA SILVA, Luís Renato. *Revisão dos contratos.* Do Código Civil ao Código do Consumidor. Rio de Janeiro: Forense, 1998. p. 134.

[33] LARENZ, Karl. *Base del negocio jurídico y cumplimiento de los contratos.* Trad. Carlos Fernandez Rodriguez. Madrid: Editorial Revista de Derecho Privado, 1956. p. 41.

[34] COUTO E SILVA, Clóvis. A teoria da base do negócio jurídico. *In*: FRADERA, Véra Maria Jacob de (org.) *O direito privado brasileiro na visão de Clóvis do Couto e Silva.* Porto Alegre: Livraria do Advogado, 1997. p. 93-94.

478, ao adotar a solução do Código Civil italiano, de 1942, da resolução por onerosidade excessiva.[35] A expansão das hipóteses de revisão do contrato, inclusive, deu causa à alteração do Código Civil pela Lei 13.874/2019 ('Lei da Liberdade Econômica') para afirmar o caráter excepcional da intervenção judicial sobre os contratos (artigo 421, parágrafo único, do Código Civil: "Nas relações contratuais privadas, prevalecerão o princípio da intervenção mínima e a excepcionalidade da revisão contratual"). A regra que afirma o óbvio relativamente aos contratos em geral não altera a natureza da intervenção do juiz nos contratos de consumo, quando identificadas as hipóteses do artigo 6º, V – no caso de desequilíbrio das prestações por fato superveniente ou que desde logo estabeleçam prestações desproporcionais –, dispensando-se a imprevisibilidade e, no caso da nulidade de cláusula abusiva, determinando que seja reconhecida de ofício.

Os efeitos da pandemia de coronavírus e das medidas adotadas para seu enfretamento, nos anos de 2020 e 2021, sobre os contratos, repercutiram, entre outros aspectos, na preservação do equilíbrio e continuidade das prestações, assim como nos pressupostos para eventual revisão.[36] Nos contratos de consumo, embora em outros países tenham sido editadas leis de emergência visando proteger os consumidores, no Brasil, a intervenção legislativa se deu, em parte, para preservar certos setores econômicos mais atingidos, isentando-os de responder pela impossibilidade da prestação e diferindo o prazo para cumprimento ou restituição dos valores para os consumidores (caso das Leis 14.034/2020 e 14.046/2020). A legislação que instituiu o Regime Jurídico Emergencial e Transitório das relações jurídicas de direito privado preservou a disciplina prevista pelo CDC para a revisão contratual (artigo 7º, § 1º, da Lei 14.010/2020). A jurisprudência, ao enfrentar as pretensões de revisão contratual com fundamento no CDC, então, vai considerar as circunstâncias concretas, examinando, especialmente, a existência de efetivo prejuízo para o consumidor em contraste com eventual vantagem para o fornecedor, orientada – em face das dimensões dos efeitos da pandemia – pela repartição dos ônus com o evento que impediu o regular cumprimento do contrato.[37]

---

[35] Assim os artigos 478, 479 e 480 do CC: "Artigo 478. Nos contratos de execução continuada ou diferida, se a prestação de uma das partes se tornar excessivamente onerosa, com extrema vantagem para a outra, em virtude de acontecimentos extraordinários e imprevisíveis, poderá o devedor pedir a resolução do contrato. Os efeitos da sentença que a decretar retroagirão à data da citação; Artigo 479. A resolução poderá ser evitada, oferecendo-se o réu a modificar equitativamente as condições do contrato; Artigo 480. Se no contrato as obrigações couberem a apenas uma das partes, poderá ela pleitear que a sua prestação seja reduzida, ou alterado o modo de executá-la, a fim de evitar a onerosidade excessiva". Note-se a distinção quanto aos efeitos entre as disposições mencionadas. Enquanto o artigo 478 estabelece um direito à resolução do contrato, o artigo 479 determina, em favor da outra parte, em tese beneficiada pela onerosidade da prestação do outro contratante, a faculdade de promover a revisão do contrato, para promover seu reequilíbrio. No caso do artigo 480, trata-se de situação em que a prestação incumbirá a apenas uma das partes, circunstância em que esta poderá postular a revisão do contrato visando ou a redução dela ou a alteração do seu modo de execução. Nesse sentido, veja-se: AGUIAR JÚNIOR, Ruy Rosado de. *Comentários ao novo Código Civil.* Da extinção do contrato. Artigos 472 a 480. Rio de Janeiro: Forense, 2011. v. VI, t. II.

[36] MIRAGEM, Bruno. Nota relativa à pandemia de coronavírus e suas repercussões sobre os contratos e a responsabilidade civil. *Revista dos Tribunais*, São Paulo, v. 1015, p. 1-9, 2020; MIRAGEM, Bruno. A pandemia de coronavírus, alteração das circunstâncias e o direito de emergência sobre os contratos. *In*: CARVALHOSA, Modesto; KUYVEN, Fernando (org.). *Impactos jurídicos e econômicos da covid-19.* São Paulo: Thomson Reuters Brasil/RT, 2020. p. 137-152.

[37] "Recurso especial. Revisão contratual. Pandemia da covid-19. CDC. Redução do valor das mensalidades escolares. Supressão de disciplinas e veiculação das aulas pelo modo virtual. Serviço defeituoso

1.6 DIREITO À MANUTENÇÃO DO CONTRATO

Outro direito básico do consumidor que se pode identificar na interpretação combinada dos artigos 6º, V, e 51, § 2º, do CDC é o *direito à manutenção do contrato*. Estabelece o artigo 6º, V, como já examinamos, o direito básico do consumidor à "modificação das cláusulas contratuais que estabeleçam prestações desproporcionais ou sua revisão em razão de fatos supervenientes que as tornem excessivamente onerosas". No mesmo sentido, refere o artigo 51, § 2º, do CDC que: "A nulidade de uma cláusula contratual abusiva não invalida o contrato, exceto quando de sua ausência, apesar dos esforços de integração, decorrer ônus excessivo a qualquer das partes".

O aspecto diferencial entre o regime de invalidades do direito civil comum e do direito do consumidor está especificamente na preservação do que este último abrange como interesse protegido, qual seja, o interesse do consumidor. A realidade dos contratos de consumo e da polarização entre consumidores e fornecedores, por sua vez, estabelece que não há, em muitas circunstâncias, espaço para autonomia do consumidor de decidir sobre realizar ou não a contratação. A vulnerabilidade do consumidor abrange, nesse sentido, também uma impossibilidade fática de decidir não contratar ou, muitas vezes, romper o contrato, em face da absoluta necessidade de obtenção do produto ou serviço objeto da relação de consumo em curso. Caracteriza, pois, em muitos casos, o que Claudia Lima Marques denomina como relação de *catividade* entre o consumidor e o fornecedor, na medida em que se desenvolve uma *dependência* do primeiro com relação ao contrato.[38]

---

e onerosidade excessiva. Inexistência. Quebra da base objetiva do negócio jurídico. Art. 6º, inciso V, do CDC. Exigência de desequilíbrio econômico-financeiro imoderado. Enriquecimento sem causa do fornecedor. Irrelevância. Observância aos postulados da função social e da boa-fé contratual. Situação externa. Repartição dos ônus. Ausência de fundamento apto à revisão do contrato na hipótese. Recurso especial não provido. 1. As vertentes revisionistas no âmbito das relações privadas, embora encontrem fundamento em bases normativas diversas, a exemplo da teoria da onerosidade excessiva (art. 478 do CC) ou da quebra da base objetiva (art. 6º, inciso V, do CDC), apresentam como requisito necessário a ocorrência de fato superveniente capaz de alterar – de maneira concreta e imoderada – o equilíbrio econômico e financeiro da avença, situação não evidenciada no caso concreto. Precedentes. 2. O STJ de há muito consagrou a compreensão de que o preceito insculpido no inciso V do art. 6º do CDC exige a 'demonstração objetiva da excessiva onerosidade advinda para o consumidor' (REsp 417.927/SP, Rel. Min. Nancy Andrighi, 3ª Turma, j. 21.05.2002, *DJ* 1º.07.2002, p. 339.) 3. Nesse contexto, a revisão dos contratos em razão da pandemia não constitui decorrência lógica ou automática, devendo ser analisadas a natureza do contrato e a conduta das partes – tanto no âmbito material como na esfera processual –, especialmente quando o evento superveniente e imprevisível não se encontra no domínio da atividade econômica do fornecedor. 4. Os princípios da função social e da boa-fé contratual devem ser sopesados nesses casos com especial rigor a fim de bem delimitar as hipóteses em que a onerosidade sobressai como fator estrutural do negócio – condição que deve ser reequilibrada tanto pelo Poder Judiciário quanto pelos envolvidos –, e aquelas que evidenciam ônus moderado ou mesmo situação de oportunismo para uma das partes. 5. No caso, não houve comprovação do incremento dos gastos pelo consumidor, invocando-se ainda como ponto central à revisão do contrato, por outro lado, o enriquecimento sem causa do fornecedor – situação que não traduz a tônica da revisão com fundamento na quebra da base objetiva dos contratos. A redução do número de aulas, por sua vez, decorreu de atos das autoridades públicas como medida sanitária. Ademais, somente foram inviabilizadas as aulas de caráter extracurricular (aulas de cozinha experimental, educação física, robótica, laboratório de ciências e arte/música). Nesse contexto, não se evidencia base legal para se admitir a revisão do contrato na hipótese. 6. Recurso especial não provido" (STJ, REsp 1.998.206/DF, 4ª Turma, Rel. Min. Luis Felipe Salomão, j. 14.06.2022, *DJe* 04.08.2022).

[38] Sustenta Claudia Lima Marques: "Esta posição de dependência, ou como aqui estamos denominando, de 'catividade', só pode ser entendida no exame do contexto das relações atuais, onde determinados serviços

Por tais razões, aliás, que o CDC assegura, em certas circunstâncias, a existência de um *direito ao contrato* (ou um *direito de contratar*) por parte do consumidor, como é o caso do artigo 39, I e IX, prevendo como práticas abusivas tanto a venda casada (condicionamento de aquisição de um produto por outro) quanto a recusa de contratar, mediante pronto pagamento.

Nesse sentido, uma vez que exista o direito à revisão do contrato, seja em razão de desproporção das prestações por fato superveniente, ou mesmo visando à decretação da nulidade de cláusula contratual abusiva, não se cogita a princípio da extinção por resolução ou a anulação do contrato. Ao contrário, quando se trata de cláusulas abusivas, o artigo 51, § 2º, do CDC expressamente prevê o dever de integração do juiz para suprir a lacuna determinada pela nulidade da cláusula, e apenas em caso de impossibilidade, caracterizada pelo fato de, "apesar dos esforços de integração, decorrer ônus excessivo a qualquer das partes", é que se vai admitir então que a nulidade da cláusula contamine todo o contrato, acarretando o reconhecimento de sua invalidade. A providência do CDC teve em vista a proteção do interesse do consumidor que necessita do contrato[39] e que, por isso mesmo, não pode simplesmente admitir sua invalidade com a restituição da situação das partes ao estado anterior. Daí por que sustenta com precisão o mestre argentino, Ricardo Lorenzetti, que esse direito à manutenção ou conservação do contrato constitui-se em espécie de *mandato constitucional de otimização da autonomia privada.*[40]

Percebe-se a que a diretriz do CDC orienta no sentido de assegurar a manutenção do contrato enquanto houver interesse útil a ser satisfeito mediante sua execução. Nesse sentido, poderá ser considerado abusivo o comportamento do fornecedor que, no interesse da extinção da relação contratual, dificulte, coloque obstáculos, ou mesmo impeça o cumprimento do contrato pelo consumidor, como modo de provocar o inadimplemento. É a situação do fornecedor que – sobretudo quando se trata de contratos contínuos, de longa duração –, buscando extinguir ou aditar o contrato em vigor para forçar o consumidor a celebrar uma nova contratação, passa a adotar comportamento incompatível com a satisfação do interesse útil e legítimo das partes. Nesses casos, a par de uma violação direta à boa-fé objetiva que informa as relações contratuais em geral e as relações de consumo em particular, deriva igualmente uma violação ao direito de manutenção do contrato pelo consumidor.

Por outro lado, o direito à manutenção do contrato também se revela com a possibilidade de purgação da mora pelo consumidor inadimplente, como modo de evitar a

---

prestados no mercado asseguram (ou prometem) ao consumidor e sua família, *status*, 'segurança', 'crédito renovado', 'escola ou formação universitária certa e qualificada', 'moradia', ou mesmo 'saúde' no futuro. A catividade deve ser entendida no contexto do mundo atual, de indução ao consumo de bens materiais e imateriais, de publicidade massiva e métodos agressivos de *marketing*, de graves e renovados riscos na vida em sociedade, e de grande insegurança quanto ao futuro" (MARQUES, Claudia Lima. *Contratos no Código de Defesa do Consumidor.* 4. ed. São Paulo: Ed. RT, 2003. p. 79).

[39] Como ensina Antonio Juan Rinessi, o sentido da integração do contrato é, sobretudo, "de que modo, com sua intervenção, ao suprir-se a cláusula abusiva, poderá o juiz devolver ao consumidor o interesse sobre cujas bases possivelmente contratou" (RINESSI, Antonio Juan. *Relación de consumo y derechos del consumidor.* Buenos Aires: Astrea, 2006. p. 264).

[40] LORENZETTI, Ricardo Luis. *Tratado de los contratos.* Parte general. Buenos Aires: Rubinzal Culzoni, 2004. p. 151-152.

Parte II · Cap. 1 · OS DIREITOS BÁSICOS DO CONSUMIDOR | **207**

resolução do contrato pelo credor. Nesse sentido, não há, *a priori*, limites definidos para identificação da situação em que a purga da mora é legítima e em que casos poderá ser impedida, dando causa ao exercício pleno do direito de resolução. Situação em que se deve reconhecer a existência do direito do devedor à purgação da mora será nos contratos cativos de longa duração, com cumprimento diferido, no qual o inadimplemento do consumidor é episódico (e não uma conduta contumaz). Por outro lado, a jurisprudência vem restringindo a hipótese de contratos de financiamento garantidos por alienação fiduciária, em vista do que dispõe o artigo 3º, § 2º, do Decreto-lei 911/1969, com a redação dada pela Lei 10.931/2004. Assim sendo, a purgação da mora só é reconhecida se submetida ao efeito do vencimento antecipado de toda a dívida, de modo que o consumidor será considerado adimplente na medida em que pague não só as parcelas que efetivamente atrasou, mas toda a dívida do financiamento.[41] Interpretação alternativa, todavia vencida na jurisprudência atual do STJ, sustentará – a nosso ver com acerto – que, segundo o artigo 54, § 2º, do CDC, cabe ao consumidor a escolha da resolução do contrato ou do seu cumprimento, de forma que é abusiva qualquer norma que dite solução contrária, a exemplo de vencimento antecipado do contrato, ademais de ser contrária ao próprio princípio da conservação dos negócios jurídicos previsto no Código Civil.[42]

1.7 DIREITO À PREVENÇÃO DE DANOS

O artigo 6º, VI, do CDC estabelece, entre os direitos básicos do consumidor, "a efetiva prevenção e reparação de danos patrimoniais e morais, individuais, coletivos e difusos". A reparabilidade dos danos causados a consumidores, assim como a qualquer outra vítima, já se encontra consagrada no regime da responsabilidade civil, prevista no direito privado comum. Nesse sentido, o que se pode considerar, ao tempo de edição da CDC como inovação, é a previsão da reparabilidade do dano moral, em face da previsão expressa a esse respeito, esculpida no artigo 5º, V, da Constituição da República (o que hoje está consagrado, inclusive na legislação). Todavia, a sistemática do CDC não se esgotou, como se percebe, na previsão expressa de um direito básico à *reparação* de danos, senão que apontou para a determinação de um direito básico à *prevenção* da ocorrência desses danos. Assim, *prevenir* significa eliminar ou reduzir, antecipadamente, causas capazes de produzir determinado resultado. No caso, o direito básico do consumidor à efetiva prevenção de danos indica aos demais destinatários das normas de proteção estabelecidas no CDC uma série de deveres conducentes à eliminação ou redução dos riscos de

---

[41] "Direito civil. Recurso especial. Ação de busca e apreensão. Alienação fiduciária em garantia. Decreto-lei 911/1969. Alteração introduzida pela Lei 10.931/2004. Purgação da mora e prosseguimento do contrato. Impossibilidade. Necessidade de pagamento do total da dívida (parcelas vencidas e vincendas). 1) A atual redação do art. 3º do Decreto-lei 911/1969 não faculta ao devedor a purgação da mora nas ações de busca e apreensão de bem alienado fiduciariamente. 2) Somente se o devedor fiduciante pagar a integralidade da dívida, no prazo de 5 (cinco) dias após a execução da liminar, ser-lhe-á restituído o bem, livre do ônus da propriedade fiduciária. 3) A entrega do bem livre do ônus da propriedade fiduciária pressupõe pagamento integral do débito, incluindo as parcelas vencidas, vincendas e encargos. 4) Inexistência de violação do Código de Defesa do Consumidor. Precedentes. 5) Recurso especial provido" (STJ, REsp 1.287.402/PR, 4ª Turma, Rel. Min. p/ Acórdão Min. Antonio Carlos Ferreira, j. 03.05.2012, *DJe* 18.06.2013).

[42] Assim, o voto vencido do Min. Marco Buzzi, no mesmo REsp 1.287.402/PR, mencionado na nota anterior.

danos ocasionados aos consumidores, em razão da realidade do mercado de consumo. Tais deveres são determinados basicamente aos fornecedores e ao Estado. Aos primeiros, como dever próprio, decorrente da sua condição de agentes econômicos no mercado de consumo. Com relação ao Estado, tais deveres advêm da norma constitucional impositiva de promoção da defesa do consumidor.

No tocante aos fornecedores, são duas as espécies de deveres correspondentes ao direito do consumidor de prevenção de danos: *deveres positivos* e *deveres negativos*. Com relação aos primeiros, avulta o dever de informar aos consumidores sobre os riscos dos produtos e serviços introduzidos no mercado (artigos 6º, III, 8º e 9º), assim como às autoridades, quando os riscos se tornem conhecidos após a introdução do produto no mercado (artigo 10, § 1º). Por outro lado, entre os deveres negativos (deveres de abstenção) destaca-se o de não introduzir no mercado produtos que sabe ou deveria saber apresentarem alto grau de nocividade ou periculosidade à saúde e à segurança dos consumidores (artigo 10, *caput*).

Da parte do Estado, o dever que se transmuta em competência específica e concorrente dos diversos órgãos dos entes federados é o de exercer seu poder de polícia na fiscalização e controle do mercado de consumo (artigo 55 do CDC), reprimindo as violações a direitos dos consumidores, assim como impedindo sua ocorrência. Além destas, o CDC estabelece alguns deveres específicos como o dever de informação aos consumidores na hipótese de conhecimento, pelo Poder Público, de periculosidade de produtos ou serviços à saúde ou segurança dos consumidores (artigo 10, § 3º). Igualmente o dever de adotar as providências necessárias, depois de ter conhecimento da periculosidade de produtos ou serviços, para que o fornecedor promova a imediata correção da falha que dá causa ao risco em questão, bem como a adequada divulgação do conteúdo e procedimentos a serem realizados (o *recall*).

Além dessas providências fáticas de prevenção de danos, não se pode descurar da potencialidade desse direito básico do consumidor em termos judiciais. Em primeiro lugar, a realização do direito à prevenção de danos constitui, em direito do consumidor, o fundamento de direito material para as providências antecipatórias deferidas pelo juízo para impedir a realização de dano de difícil reparação.[43] Da mesma forma, o reconhecimento de um direito básico à prevenção de danos, que não apenas se determina a título individual, mas também coletivo, pode fundamentar – não sem antes enfrentar uma vasta relação de argumentos contrários erigidos pela tradição do sistema jurídico brasileiro[44] – o

---

[43]   Nesse sentido, cabe a aplicação combinada do artigo 6º, VI, do CDC com as disposições legislativas em matéria processual, o artigo 300 do Código de Processo Civil (CPC), que ao dispor sobre a tutela de urgência, estabelece: "Art. 300. A tutela de urgência será concedida quando houver elementos que evidenciem a probabilidade do direito e o perigo de dano ou o risco ao resultado útil do processo". No mesmo sentido, quanto à tutela específica das obrigações de fazer, de não fazer, e de entregar coisa, das quais dispõe o artigo 497 e seguintes do CPC.

[44]   Bem refere essa dificuldade do direito brasileiro, a jurista gaúcha Judith Martins-Costa: "Quando, no Direito, certo instituto é refuncionalizado para atender novas necessidades, ou a circunstâncias que, mesmo existentes, não eram consideradas dignas de tutela, é preciso que a doutrina não se aferre a dogmas que bem vestiam tão só a função antiga restando, na nova, como roupas, mas cortadas, em massa produzidas. É precisamente o que ocorre com a insistência de atribuir-se à responsabilidade civil, como se integrasse a sua própria natureza, um caráter reparatório, sem nenhum elemento de punição ou de exemplaridade (...). É, em linha de princípio, o entendimento adotado em parte da jurisprudência brasileira e acolhido

reconhecimento de uma finalidade satisfativa, de desestímulo à repetição do dano pelo ofensor,[45] para as indenizações decorrentes da responsabilidade civil dos fornecedores sob o regime do CDC. A prevenção nesse sentido não representaria apenas a adoção de providências materiais para evitar a realização do dano, mas de modo igual as providências tendentes ao desestímulo dos fornecedores que ofendam os direitos dos consumidores a não repetir essa conduta, bem como de exemplo aos demais agentes econômicos para que não reproduzam tal comportamento.

1.8 DIREITO À EFETIVA REPARAÇÃO DE DANOS

O direito básico do consumidor à efetiva reparação de danos é, igualmente, da maior relevância para efeito de proteção dos legítimos interesses dos consumidores. Note-se que, com relação à identificação de quais os danos ressarcíveis no regime do CDC, foi ampla a previsão do legislador, fazendo referência aos danos materiais e morais, individuais, difusos e coletivos. A reparabilidade dos danos morais e materiais em igualdade de condições, e mesmo a possibilidade de sua cumulação,[46] foi tema de gradual evolução jurisprudencial em nosso direito, sobretudo a partir da Constituição da República de 1988, estando hoje totalmente consagrada.

Todavia, não são poucos os efeitos que se retiram da norma do artigo 6º, VI, do CDC, no que diz respeito à utilização da expressão *"efetiva reparação"* ali consignada. Não parece ter o legislador, nesse caso, pretendido reforçar a necessidade de reparação do consumidor, o que desde logo seria desnecessário, considerando a reparabilidade de danos consagrada pelo sistema geral de direito privado, no que diz respeito à responsabilidade civil. O direito à efetiva reparação, nesse particular, consagra em direito do consumidor o *princípio da reparação integral* dos danos, ou seja, de que devem ser reparados todos os

---

pela doutrina, que, entretanto não relacionam este caráter de expiação e satisfação diretamente com a pena privada romana, mas com o instituto dos *punitive damages* ou *exemplary damages* do direito norte-americano, cabíveis notadamente nos casos de danos extrapatrimoniais coletivos. De toda a forma, ao fundar o valor da verba na relação entre a necessidade de satisfazer, de um lado, a vítima, e, de outro, impor exposição, sacrifício palpável ao lesante, ultrapassa-se outro dogma, conexo ao do caráter puramente restitutivo da responsabilidade civil, qual seja, a não incidência, na fixação do *quantum*, do dever de proporcionalidade, também dito princípio da proporcionalidade". Em conclusão, todavia, vai reconhecer uma tendência de vários ordenamentos, entre os quais o brasileiro, na adoção dessa função pedagógica, de desestímulo, sobretudo nos danos causados de modo massificado (MARTINS-COSTA, Judith. Os danos à pessoa no direito brasileiro e a natureza da sua reparação. *In*: MARTINS-COSTA, Judith (org.). *A reconstrução do direito privado*. São Paulo: Ed. RT, 2002. p. 408-446).

[45] Para um amplo estudo de direito comparado, reconhecendo a possibilidade do reconhecimento da função satisfativa, ou de desestímulo que pode assumir a indenização em nosso direito, veja-se: MARQUES, Claudia Lima. Violação do dever de boa-fé de informar corretamente, atos negociais omissivos afetando o direito/liberdade de escolha. Nexo causal entre a falha/defeito de informação e o direito/liberdade de escolha. Nexo causal entre a falha/defeito de informação e defeito de qualidade nos produtos de tabaco e o dano final morte. Responsabilidade do fabricante do produto, direito a ressarcimento dos danos materiais e morais, sejam preventivos, reparatórios ou satisfatórios. Parecer. *Revista dos Tribunais*, São Paulo, v. 835, p. 75-133, maio 2005. Veja-se, também, a defesa do argumento, em especial para majoração da indenização a litigantes habituais, na dissertação de SOARES, Roberto Oleiro. *As funções punitiva e preventiva da responsabilidade civil nas relações de consumo*. Belo Horizonte: Letramento, 2018. p. 83 e ss.

[46] Nesse sentido a Súmula 37 do Superior Tribunal de Justiça: "São cumuláveis as indenizações por dano material e dano moral oriundos do mesmo fato".

danos causados, sejam os prejuízos diretamente causados pelo fato, assim como aqueles que sejam sua consequência direta.[47]

Destaque-se que o sistema de reparação previsto no CDC se afasta, nesse ponto, do sistema adotado pelo direito civil. No direito civil comum, o artigo 944, parágrafo único, do CC reconhece a possibilidade de redução equitativa da indenização em vista do grau de culpa do ofensor ("Se houver excessiva desproporção entre a gravidade da culpa e o dano, poderá o juiz reduzir, equitativamente, a indenização"). O regime da responsabilidade civil no CDC, todavia, ao admitir como regra geral a responsabilidade de natureza objetiva (com exceção dos profissionais liberais), afasta, a princípio, a possibilidade de uma avaliação da culpa para efeito de determinação da indenização (culpa como fator de imputação) e, do mesmo modo – considerando o direito à efetiva reparação –, é afastada também como critério de redução da indenização. Ao contrário, em vista das diretrizes constitucionais de proteção da dignidade da pessoa humana e da ampla reparabilidade do dano (artigo 5º, V, da Constituição da República), é possível vislumbrar uma concentração do regime da responsabilidade civil, desde essa perspectiva consagradora de direitos fundamentais, na *proteção do interesse da vítima*. Nesse sentido, considerando as espécies de danos e a realidade de fato em que são causados no direito do consumidor (no âmbito do mercado de consumo), não é conveniente, nem mesmo possível, sob o aspecto prático, uma avaliação sobre o grau de culpa do causador do dano.

Comprova-se esse entendimento na opção de certos sistemas que, identificando a necessidade de limitação e indenização (opção diversa do direito brasileiro), ainda assim não recorreram ao critério da graduação de culpa, mas sim a soluções como o tarifamento da indenização. É o caso da Diretiva 85/374/CEE, sobre a responsabilidade pelo fato do produto, que acabou por admitir a possibilidade de limitação da indenização, via tarifamento.[48] Note-se, todavia, que, ao internalizar as disposições da referida Diretiva, alguns países terminaram afastando essa limitação, optando por continuar a orientar-se pelo princípio da reparação integral, como será o caso, por exemplo, do direito francês.[49]

A efetividade da reparação do consumidor, assim, estará vinculada, no direito brasileiro, à integral reparação do dano, não se admitindo a aplicação, no microssistema do direito do consumidor, das regras de mitigação da responsabilidade ou de fixação do *quantum* indenizatório que desconsiderem essa diretriz fundamental do sistema, orientada pelo princípio da dignidade da pessoa humana e pelo direito fundamental à reparação de danos consagrados na Constituição da República.

Refira-se por fim que, tendo sido paga a indenização devida aos consumidores-vítimas por segurador do fornecedor responsável pela reparação, este sub-roga-se para todos os efeitos nos direitos dos consumidores.[50] É efeito que decorre do disposto no artigo 786 do Código Civil.

---

[47] FABRE-MAGNAN, Muriel. *Les obligations*. Paris: PUF, 2004. p. 903-904; COUTANT-LAPALUS, Christelle. *Le príncipe de la réparation intégrale em droit privé*. Aix de Marseille: Presses Universitaires d'Aix de Marseille, 2002. p. 20.

[48] CALVÃO DA SILVA, João. *Responsabilidade civil do produtor*. Coimbra: Almedina, 1990. p. 691.

[49] CALAIS-AULOY, Jean; STEINMETZ, Frank. *Droit de la consommation*. 5. ed. Paris: Dalloz, 2000. p. 227.

[50] "Agravo regimental. Recurso especial. Responsabilidade civil. Ação regressiva da seguradora contra o causador do dano. Transporte marítimo. Relação de consumo. Prescrição. Inocorrência. Súmula 83/

Por fim, refira-se que consta da indicação do artigo 6º, VI, o direito à efetiva reparação dos danos materiais e morais, individuais, coletivos e difusos. Do texto se extrai o reconhecimento do dano moral coletivo, cabendo defini-lo se decorre de um ato que atinge toda a sociedade indistintamente (no modelo de dano social proposto por Antônio Junqueira de Azevedo),[51] ou se mera soma de danos individuais. Um primeiro entendimento jurisprudencial conduziu à interpretação mais restritiva,[52] sob a crítica da doutrina especializada.[53] A evolução da jurisprudência do STJ[54] passou a admitir o reconhecimento do dano à coletividade de consumidores tomada indistintamente,[55] de

---

STJ. Decisão agravada mantida. Improvimento. I. A relação entre a segurada e a transportadora é de consumo. Assim, incide o Código de Defesa do Consumidor na relação entre a seguradora – que se sub-rogou nos direitos da segurada – e a transportadora, aplicando-se o prazo prescricional do artigo 27 do Código de Defesa do Consumidor. Incidência da Súmula 83 desta Corte. II. O agravo não trouxe nenhum argumento novo capaz de modificar a conclusão alvitrada, a qual se mantém por seus próprios fundamentos. III. Agravo regimental improvido" (STJ, AgRg no REsp 1.202.756/RJ, 3ª Turma, Rel. Min. Sidnei Beneti, j. 14.12.2010, *DJe* 17.02.2011).

[51] AZEVEDO, Antônio Junqueira. Por uma nova categoria de dano da responsabilidade civil: o dano social. *In*: FILOMENO, José Geraldo Brito *et al*. *O Código Civil e sua interdisciplinaridade*. Os reflexos do Código Civil nos demais ramos do direito. Belo Horizonte: Del Rey, 2004. p. 370-377. Sustentando a associação do dano moral coletivo como resposta a um atentado à dignidade do consumidor que ultrapasse os limites intersubjetivos da relação: PASQUALOTTO, Adalberto de Souza. Dignidade do consumidor e dano moral. *Revista de Direito do Consumidor*, São Paulo, v. 110, p. 79-116, mar./abr. 2017.

[52] "Processual civil. Ação civil pública. Dano ambiental. Dano moral coletivo. Necessária vinculação do dano moral à noção de dor, de sofrimento psíquico, de caráter individual. Incompatibilidade com a noção de transindividualidade (indeterminabilidade do sujeito passivo e indivisibilidade da ofensa e da reparação). Recurso especial improvido" (STJ, REsp 598.281/MG, 1ª Turma, j. 02.05.2006, Rel. Min. Luiz Fux, Rel. p/ acórdão Min. Teori Albino Zavascki, *DJ* 1º.06.2006).

[53] BESSA, Leonardo Roscoe. Dano moral coletivo. *Revista de Direito do Consumidor*, São Paulo, v. 59, p. 78 e ss., jul./set. 2006; MARTINS, Guilherme Magalhães. Dano moral coletivo nas relações de consumo. *Revista de Direito do Consumidor*, São Paulo, v. 82, p. 87 e ss., abr./jun. 2012.

[54] "Recurso especial. Dano moral coletivo. Cabimento. Artigo 6º, VI, do Código de Defesa do Consumidor. Requisitos. Razoável significância e repulsa social. Ocorrência, na espécie. Consumidores com dificuldade de locomoção. Exigência de subir lances de escadas para atendimento. Medida desproporcional e desgastante. Indenização. Fixação proporcional. Divergência jurisprudencial. Ausência de demonstração. Recurso especial improvido. I – A dicção do artigo 6º, VI, do Código de Defesa do Consumidor é clara ao possibilitar o cabimento de indenização por danos morais aos consumidores, tanto de ordem individual quanto coletivamente. II – Todavia, não é qualquer atentado aos interesses dos consumidores que pode acarretar dano moral difuso. É preciso que o fato transgressor seja de razoável significância e desborde os limites da tolerabilidade. Ele deve ser grave o suficiente para produzir verdadeiros sofrimentos, intranquilidade social e alterações relevantes na ordem extrapatrimonial coletiva. Ocorrência, na espécie. III – Não é razoável submeter aqueles que já possuem dificuldades de locomoção, seja pela idade, seja por deficiência física, ou por causa transitória, à situação desgastante de subir lances de escadas, exatos 23 degraus, em agência bancária que possui plena capacidade e condições de propiciar melhor forma de atendimento a tais consumidores. IV – Indenização moral coletiva fixada de forma proporcional e razoável ao dano, no importe de R$ 50.000,00 (cinquenta mil reais). V – Impõe-se reconhecer que não se admite recurso especial pela alínea 'c' quando ausente a demonstração, pelo recorrente, das circunstâncias que identifiquem os casos confrontados. VI – Recurso especial improvido" (STJ, REsp 1.221.756/RJ, 3ª Turma, Rel. Min. Massami Uyeda, j. 02.02.2012, *DJe* 10.02.2012). Sobre o julgado, vejam-se os comentários de: BESSA, Leonardo Roscoe. Dano moral coletivo e seu caráter punitivo. *Revista dos Tribunais*, São Paulo, v. 919, p. 515 e ss., maio 2012.

[55] STJ, REsp 1.402.475/SE, 2ª Turma, Rel. Min. Herman Benjamin, j. 09.05.2017, *DJe* 28.06.2017.

caráter objetivo,[56] afirmando o reconhecimento do dano moral coletivo,[57] especialmente em vista da segurança e eficácia da própria autoridade do direito ou a intranquilidade

[56] Assim o caso da condenação do fornecedor que alienou terrenos a consumidores de baixa renda em loteamento irregular, mediante publicidade enganosa, e inclusive com danos ao meio ambiente: "Recurso especial. Ação civil pública. Dano moral coletivo. Alienação de terrenos a consumidores de baixa renda em loteamento irregular. Publicidade enganosa. Ordenamento urbanístico e defesa do meio ambiente ecologicamente equilibrado. Concepção objetiva do dano extrapatrimonial transindividual. 1. O dano moral coletivo caracteriza-se pela prática de conduta antijurídica que, de forma absolutamente injusta e intolerável, viola valores éticos essenciais da sociedade, implicando um dever de reparação, que tem por finalidade prevenir novas condutas antissociais (função dissuasória), punir o comportamento ilícito (função sancionatório-pedagógica) e reverter, em favor da comunidade, o eventual proveito patrimonial obtido pelo ofensor (função compensatória indireta). 2. Tal categoria de dano moral – que não se confunde com a indenização por dano extrapatrimonial decorrente de tutela de direitos individuais homogêneos – é aferível *in re ipsa*, pois dimana da lesão em si a 'interesses essencialmente coletivos' (interesses difusos ou coletivos *stricto sensu*) que 'atinja um alto grau de reprovabilidade e transborde os lindes do individualismo, afetando, por sua gravidade e repercussão, o círculo primordial de valores sociais' (REsp 1.473.846/SP, 3ª Turma, Rel. Min. Ricardo Villas Bôas Cueva, j. 21.02.2017, *DJe* 24.02.2017), revelando-se despicienda a demonstração de prejuízos concretos ou de efetivo abalo à integridade psicofísica da coletividade. 3. No presente caso, a pretensão reparatória de dano moral coletivo, deduzida pelo Ministério Público estadual na ação civil pública, tem por causas de pedir a alienação de terrenos em loteamento irregular (ante a violação de normas de uso e ocupação do solo) e a veiculação de publicidade enganosa a consumidores de baixa renda, que teriam sido submetidos a condições precárias de moradia. 4. As instâncias ordinárias reconheceram a ilicitude da conduta dos réus, que, utilizando-se de ardil e omitindo informações relevantes para os consumidores/adquirentes, anunciaram a venda de terrenos em loteamento irregular – com precárias condições urbanísticas – como se o empreendimento tivesse sido aprovado pela municipalidade e devidamente registrado no cartório imobiliário competente; nada obstante, o pedido de indenização por dano moral coletivo foi julgado improcedente. 5. No afã de resguardar os direitos básicos de informação adequada e de livre escolha dos consumidores – protegendo-os, de forma efetiva, contra métodos desleais e práticas comerciais abusivas –, o CDC procedeu à criminalização das condutas relacionadas à fraude em oferta e à publicidade abusiva ou enganosa (artigos 66 e 67), tipos penais de mera conduta voltados à proteção do valor ético-jurídico encartado no princípio constitucional da dignidade humana, conformador do próprio conceito de Estado Democrático de Direito, que não se coaduna com a permanência de profundas desigualdades, tal como a existente entre o fornecedor e a parte vulnerável no mercado de consumo. 6. Nesse contexto, afigura-se evidente o caráter reprovável da conduta perpetrada pelos réus em detrimento do direito transindividual da coletividade de não ser ludibriada, exposta à oferta fraudulenta ou à publicidade enganosa ou abusiva, motivo pelo qual a condenação ao pagamento de indenização por dano extrapatrimonial coletivo é medida de rigor, a fim de evitar a banalização do ato reprovável e inibir a ocorrência de novas e similares lesões. 7. Outrossim, verifica-se que o comportamento dos demandados também pode ter violado o objeto jurídico protegido pelos tipos penais descritos na Lei 6.766/1979 (que dispõe sobre o parcelamento do solo para fins urbanos), qual seja: o respeito ao ordenamento urbanístico e, por conseguinte, a defesa do meio ambiente ecologicamente equilibrado, valor ético social – intergeracional e fundamental – consagrado pela Constituição de 1988 (artigo 225), que é vulnerado, de forma grave, pela prática do loteamento irregular (ou clandestino). 8. A quantificação do dano moral coletivo reclama o exame das peculiaridades de cada caso concreto, observando-se a relevância do interesse transindividual lesado, a gravidade e a repercussão da lesão, a situação econômica do ofensor, o proveito obtido com a conduta ilícita, o grau da culpa ou do dolo (se presente), a verificação da reincidência e o grau de reprovabilidade social (MEDEIROS NETO, Xisto Tiago de. *Dano moral coletivo*. 2. ed. São Paulo: LTr, 2007. p. 163-165). O *quantum* não deve destoar, contudo, dos postulados da equidade e da razoabilidade nem olvidar os fins almejados pelo sistema jurídico quanto a tutela dos interesses injustamente violados. 9. Suprimidas as circunstâncias específicas da lesão a direitos individuais de conteúdo extrapatrimonial, revela-se possível o emprego do método bifásico para a quantificação do dano moral coletivo a fim de garantir o arbitramento equitativo da quantia indenizatória, valorados o interesse jurídico lesado e as circunstâncias do caso. 10. Recurso especial provido para, reconhecendo o cabimento do dano moral coletivo, arbitrar a indenização em R$ 30.000,00 (trinta mil reais), com a incidência de juros de mora desde o evento danoso" (STJ, REsp 1.539.056/MG, 4ª Turma, Rel. Min. Luis Felipe Salomão, j. 06.04.2021, *DJe* 18.05.2021).

[57] STJ, AgInt no AREsp 1.137.714/MG, 2ª Turma, Rel. Min. Francisco Falcão, j. 11.06.2019, *DJe* 14.06.2019.

Parte II · Cap. 1 · OS DIREITOS BÁSICOS DO CONSUMIDOR | **213**

social, com caráter transindividual,[58] de modo que a violação ao direito da coletividade de consumidores mereça, pelo desprezo à norma, ou sua repercussão, a condenação em danos morais coletivos como signo de reprovação social.[59] Na precisa lição jurisprudencial, "no dano moral coletivo, a função punitiva – sancionamento exemplar ao ofensor – é aliada ao caráter preventivo – de inibição da reiteração da prática ilícita – e ao princípio da vedação do enriquecimento ilícito do agente, a fim de que o eventual proveito patrimonial obtido com a prática do ato irregular seja revertido em favor da sociedade".[60]

1.9 DIREITO DE ACESSO À JUSTIÇA

O reconhecimento de direitos subjetivos aos consumidores, por si só, não assegura a efetividade da proteção jurídica conferida por lei. Nesse sentido, é necessário tornar

---

[58] STJ, REsp 1.610.821/RJ, 4ª Turma, Rel. Min. Luis Felipe Salomão, j. 15.12.2020, *DJe* 26.02.2021. Bem sintetiza o STJ, ao afirmar que "o dano moral coletivo não depende de prova da dor, do sofrimento ou do abalo psicológico. Demonstrá-los, embora possível, em tese, na esfera individual, é completamente inviável no campo dos interesses difusos e coletivos, razão pela qual dispensado, principalmente quando incontestável a ilegalidade da atividade econômica ou da prática comercial em questão. Trata-se, portanto, de dano *in re ipsa*" (STJ, REsp 1.567.123/RS, 2ª Turma, Rel. Min. Herman Benjamin, j. 14.06.2016, *DJe* 28.08.2020).

[59] "(...) O dano moral coletivo é a lesão na esfera moral de uma comunidade, isto é, a violação de direito transindividual de ordem coletiva, valores de uma sociedade atingidos do ponto de vista jurídico, de forma a envolver não apenas a dor psíquica, mas qualquer abalo negativo à moral da coletividade, pois o dano é, na verdade, apenas a consequência da lesão à esfera extrapatrimonial de uma pessoa. 9. Há vários julgados desta Corte Superior de Justiça no sentido do cabimento da condenação por danos morais coletivos em sede de ação civil pública. Precedentes: Edcl no AgRg no AgRg no REsp 1.440.847/RJ, Rel. Min. Mauro Campbell Marques, 2ª Turma, j. 07.10.2014, *DJe* 15.10.2014, REsp 1269494/MG, Rel. Min. Eliana Calmon, 2ª Turma, j. 24.09.2013, *DJe* 1º.10.2013; REsp 1367923/RJ, Rel. Min. Humberto Martins, 2ª Turma, j. 27.08.2013, *DJe* 06.09.2013; REsp 1.197.654/MG, Rel. Min. Herman Benjamin, 2ª Turma, j. 1º.03.2011, *DJe* 08.03.2012. 10. Esta Corte já se manifestou no sentido de que 'não é qualquer atentado aos interesses dos consumidores que pode acarretar dano moral difuso, que dê ensanchas à responsabilidade civil. Ou seja, nem todo ato ilícito se revela como afronta aos valores de uma comunidade. Nessa medida, é preciso que o fato transgressor seja de razoável significância e desborde os limites da tolerabilidade. Ele deve ser grave o suficiente para produzir verdadeiros sofrimentos, intranquilidade social e alterações relevantes na ordem extrapatrimonial coletiva (REsp 1.221.756/RJ, Rel. Min. Massami Uyeda, *DJe* 10.02.2012). 11. A prática de venda casada por parte de operadora de telefonia é capaz de romper com os limites da tolerância. No momento em que oferece ao consumidor produto com significativas vantagens – no caso, o comércio de linha telefônica com valores mais interessantes do que a de seus concorrentes – e de outro, impõe-lhe a obrigação de aquisição de um aparelho telefônico por ela comercializado, realiza prática comercial apta a causar sensação de repulsa coletiva a ato intolerável, tanto intolerável que encontra proibição expressa em lei. 12. Afastar, da espécie, o dano moral difuso, é fazer tabula rasa da proibição elencada no art. 39, I, do CDC e, por via reflexa, legitimar práticas comerciais que afrontem os mais basilares direitos do consumidor. 13. Recurso especial a que se nega provimento" (STJ, REsp 1.397.870/MG, 2ª Turma, Rel. Min. Mauro Campbell Marques, j. 02.12.2014, *DJe* 10.12.2014). No mesmo sentido, reconhecendo o dano moral coletivo decorrente da comercialização de combustível adulterado: STJ, AgRg no REsp 1.529.892/RS, 2ª Turma, Rel. Min. Assusete Magalhães, j. 27.09.2016, *DJe* 13.10.2016; na comercialização de leite adulterado: STJ, AgInt no AREsp 1.343.283/RJ, 3ª Turma, Rel. Min. Moura Ribeiro, j. 17.02.2020, *DJe* 19.02.2020. O mesmo, no caso de veiculação de publicidade restrita de cigarros, em desrespeito aos limites fixados em lei: STJ, REsp 1.101.949/DF, 4ª Turma, j. 10.05.2016, Rel. Min. Marco Buzzi, *DJe* 30.05.2016. No caso de formação de cartel por revendedores de combustíveis: STJ, AgInt no AREsp 1.011.234/RS, 2ª Turma, Rel. Min. Francisco Falcão, j. 28.03.2022, *DJe* 31.03.2022; ainda, no caso de publicidade enganosa: STJ, REsp 1.828.620/RO, 2ª Turma, Rel. Min. Herman Benjamin, j. 03.12.2019, *DJe* 05.10.2020.

[60] REsp 1.737.412/SE, 3ª Turma, Rel. Min. Nancy Andrighi, j. 05.02.2019, *DJe* 08.02.2019.

disponível ao consumidor a possibilidade real de defesa de seus interesses, o que na experiência brasileira incumbirá ao Estado por intermédio dos órgãos da Administração Pública e, de modo decisivo, do Poder Judiciário. O artigo 6º, VII, do CDC, com esse objetivo, vai consagrar como direito básico do consumidor "o acesso aos órgãos judiciários e administrativos com vistas à prevenção ou reparação de danos patrimoniais e morais, individuais, coletivos ou difusos, assegurada a proteção jurídica, administrativa e técnica aos necessitados".

Esse direito de acesso à justiça previsto na norma protetiva do consumidor representa o desenvolvimento do direito fundamental de acesso à justiça consagrado na Constituição da República, ao estabelecer no artigo 5º, XXXV, que "a lei não excluirá da apreciação do Poder Judiciário lesão ou ameaça a direito".

Sua eficácia é observada tanto com relação ao Estado, que deve promover providências visando assegurar esse acesso por intermédio da estrutura de órgãos estatais destinados a esse fim – conforme preconiza o artigo 5º do CDC[61] –, quanto nas relações entre consumidores e fornecedores, ao obstar a celebração de ajuste que de qualquer modo impeça ou dificulte a realização desse direito subjetivo. Com esse fundamento é que se reconhece a abusividade e decreta a nulidade das cláusulas de eleição de foro, ou seja, das cláusulas contratuais que elegem o foro competente para decidir sobre litígios decorrentes da relação de consumo, diferente do lugar de domicílio do consumidor.[62] Admite-se inclusive, nesse sentido, a declinação de ofício da competência pelo juízo para o do domicílio do consumidor.[63]

---

[61] Assim o artigo 5º do CDC: "Para a execução da Política Nacional das Relações de Consumo, contará o poder público com os seguintes instrumentos, entre outros: I – manutenção de assistência jurídica, integral e gratuita para o consumidor carente; II – instituição de Promotorias de Justiça de Defesa do Consumidor, no âmbito do Ministério Público; III – criação de delegacias de polícia especializadas no atendimento de consumidores vítimas de infrações penais de consumo; IV – criação de Juizados Especiais de Pequenas Causas e Varas Especializadas para a solução de litígios de consumo; V – concessão de estímulos à criação e desenvolvimento das Associações de Defesa do Consumidor; VI – instituição de mecanismos de prevenção e tratamento extrajudicial e judicial do superendividamento e de proteção do consumidor pessoa natural; VII – instituição de núcleos de conciliação e mediação de conflitos oriundos de superendividamento."

[62] A rigor, a nulidade da cláusula de eleição de foro, quando esta determina o foro competente para julgar o litígio diferente do lugar de domicílio do consumidor, decorre da aplicação do artigo 51, XV, que estabelece a abusividade das cláusulas que "estejam em desacordo com o sistema de proteção ao consumidor", e o artigo 6º, VI, que integra esse sistema. Nesse sentido, veja-se: "Competência. Conflito. Foro de eleição. Código de Defesa do Consumidor. Banco. Contrato de abertura de crédito em conta especial. O Código de Defesa do Consumidor orienta a fixação da competência segundo o interesse público e na esteira do que determinam os princípios constitucionais do acesso à justiça, do contraditório, ampla defesa e igualdade das partes. Prestadoras de serviços, as instituições financeiras sujeitam-se à orientação consumerista. É nula a cláusula de eleição de foro inserida em contrato de adesão quando gerar maior ônus para a parte hipossuficiente defender-se ou invocar a jurisdição, propondo a ação de consumo em local distante daquele em que reside. Conflito conhecido para declarar a competência do Juízo de Direito da 2ª Vara Cível da Comarca de Canoas" (STJ, CComp 32.868/SC, 2ª Seção, Rel. Min. Fátima Nancy Andrighi, j. 18.02.2002).

[63] "Processual civil. Competência. Relação de consumo. Domicílio do consumidor. Declinação de ofício da competência. Possibilidade. Acórdão recorrido em consonância com jurisprudência do STJ. Súmula 83/STJ. O Tribunal de origem decidiu de acordo com jurisprudência desta Corte, no sentido de que, em se tratando de matéria de consumo, a competência é o domicílio do consumidor, podendo o juiz declinar, de ofício, de sua competência. Incidência da Súmula 83/STJ: 'Não se conhece do recurso especial pela

Parte II · Cap. 1 · OS DIREITOS BÁSICOS DO CONSUMIDOR | 215

Daí por que, em matéria contratual, qualquer cláusula que estabeleça limitação de exercício de direitos pelo consumidor, ou mesmo a renúncia antecipada desses direitos, excluindo da apreciação do Poder Judiciário eventual lesão a direito, deve ser reconhecida como cláusula abusiva, sendo cominada sua nulidade.[64]

Um problema concreto que se apresenta nesse particular diz respeito à possibilidade ou não de utilização da arbitragem nos conflitos de consumo. De outro modo, se o estabelecimento de cláusula compromissória de arbitragem nos contratos de consumo, nos termos da Lei 9.307, de 23 de setembro de 1996 (Lei de Arbitragem), é admitida sob o regime do CDC. Isso porque, ao determinar o rol de cláusulas abusivas, o legislador apenas fez referência à abusividade das cláusulas que determinam a "utilização compulsória da arbitragem" (artigo 51, VII). Não há, portanto, referência à cláusula compromissória e, mesmo, à realização da arbitragem de comum acordo entre o consumidor e o fornecedor. O argumento essencial contrário a essa possibilidade, sem dúvida, é a dificuldade de assegurar o caráter de voluntariedade do consumidor ao convencionar a arbitragem, na medida em que sua decisão pode – como de resto se reconhece nos contratos de consumo – estar sendo conduzida pela necessidade de contratar ou decorrente de pressão exercida pelo fornecedor. Da mesma forma, assegurado o direito de acesso à justiça, admite-se essa possibilidade como direito de acesso ao Poder Judiciário, o que, por si, prejudicaria o recurso à arbitragem (supondo-se que da existência de uma decisão arbitral contrária aos seus interesses o consumidor poderia desde logo questioná-la judicialmente, limitando a efetividade do recurso a ela).

Por outro lado, o entendimento que conduz à aceitação da arbitragem nos contratos de consumo sustenta-se basicamente em dois argumentos. Primeiro, a ausência de vedação expressa do CDC que, podendo fazê-lo, restringiu-se a proibir a hipótese de utilização compulsória de arbitragem (e não aquela que decorre do mútuo acordo das partes). No mesmo sentido, posição favorável à arbitragem rejeita a existência de incompatibilidade entre o direito de acesso à justiça e a arbitragem, inclusive em razão do entendimento do STF, pela constitucionalidade da Lei 9.307/1996,[65] o que afastaria a configuração de lesão ao artigo 5º, XXXV, da Constituição da República. Nesse sentido, entende-se que o que se exclui é o conhecimento do juiz sobre a causa, e não do acesso à jurisdição, que continuaria sendo realizada na figura do árbitro.[66]

Não se desconhecem as vantagens da arbitragem, sobretudo em matéria de contratos empresariais (em especial, no que diz respeito ao conhecimento especializado do autor

---

divergência, quando a orientação do Tribunal se firmou no mesmo sentido da decisão recorrida'. Agravo regimental improvido" (STJ, AgRg no AREsp 64.258/MS, 2ª Turma, Rel. Min. Humberto Martins, j. 25.09.2012, *DJe* 02.10.2012).

[64] Nesse sentido, veja-se a culta decisão do TJRS ao declarar a nulidade de cláusula de eleição de foro em contrato de *time-sharing* celebrado por consumidor brasileiro na República Dominicana: ApCiv 70.073.732.927, 12ª Câmara Cível, Rel. Umberto Guaspari Sudbrack, j. 12.12.2017.

[65] SE-AgR 5.206/EP, Rel. Min. Sepúlveda Pertence, j. 12.12.2001, *DJU* 30.04.2004, p. 29.

[66] NERY JR., Nelson *et al. Código Brasileiro de Defesa do Consumidor comentado pelos autores do anteprojeto.* 8. ed. Rio de Janeiro: Forense, 2005. p. 580-581. Em sentido contrário, sustentando a inconstitucionalidade da arbitragem nas relações de consumo: REICHELT, Luis Alberto; PERES, Fabiana Prietos. A inconstitucionalidade de solução de conflitos mediante a utilização de arbitragem no direito do consumidor. *Revista de Direito do Consumidor*, São Paulo, v. 139, p. 379-393, jan./fev. 2022.

da decisão, a economia de tempo e a racionalidade da decisão). Contudo, não nos parece adequada a utilização da arbitragem para resolução dos litígios de consumo. A tônica da proteção jurídica do consumidor diz respeito justamente à intervenção do Estado nas relações entre consumidores e fornecedores, de modo a limitar a autonomia das partes em vista da proteção do vulnerável. Essas peculiaridades vão afastar a arbitragem, na sua compreensão usual, das relações de consumo, ainda que não se descartem a possibilidade da arbitragem institucional com árbitros permanentes e a participação equidistante do Estado.[67] Nesse sentido, a Constituição e o CDC impõem ao Estado uma série de deveres destinados a assegurarem a efetividade dos direitos dos consumidores. Com relação aos seus direitos subjetivos, em geral se revestem de indisponibilidade exatamente para resguardarem interesses legítimos reconhecidos por lei. A razão disso é justamente o estabelecimento de uma presunção de vulnerabilidade do consumidor e, mesmo, a impossibilidade fática de realizar controle *a priori* sobre o poder real do consumidor no estabelecimento do conteúdo e na direção da relação contratual de consumo. Ao admitir a possibilidade de recurso à arbitragem, estar-se-ia concluindo pela possibilidade de o consumidor dispor e renunciar, ainda que implicitamente, o direito básico de acesso à justiça estabelecido por lei.

O CDC, entretanto, não veda expressamente a instituição de compromisso arbitral.[68] Conforme refere Nelson Nery Junior, a interpretação *a contrario sensu* do artigo 51, VII, veda apenas a arbitragem compulsória. Não havendo compulsoriedade, mas expressa aceitação do consumidor, nada impede sua utilização.[69] Nesse sentido, aliás, seria possível sua articulação com o artigo 4º, § 2º, da Lei de Arbitragem, que determina: "Nos contratos de adesão, a cláusula compromissória só terá eficácia se o aderente tomar a iniciativa de instituir a arbitragem ou concordar, expressamente, com a sua instituição, desde que por escrito em documento anexo ou em negrito, com a assinatura ou visto especialmente para essa cláusula". A jurisprudência do mesmo modo consolidou o entendimento no sentido de que "o art. 51, VII, do CDC limita-se a vedar a adoção prévia e compulsória da arbitragem, no momento da celebração do contrato, mas não impede que, posteriormente, diante de eventual litígio, havendo consenso entre as partes (em especial a aquiescência do consumidor), seja instaurado o procedimento arbitral".[70] Prossegue-se, contudo, destacando que a impossibilidade do recurso à arbitragem nos litígios de consumo decorrerá dos efeitos que se reconhecerem ao direito básico do consumidor de acesso à justiça, estabelecido no artigo 6º, VII, do CDC, assim como o exame das circunstâncias concretas,

---

[67] Como sugere MENEZES CORDEIRO, António. A arbitragem de consumo. *In*: PINTO MONTEIRO, António *et al. Estudos de direito do consumidor*. Actas do Colóquio. Resolução alternativa de litígios do consumo. Coimbra: Centro de Direito do Consumo, 2016. n. 11, p. 71.

[68] Antônio Junqueira de Azevedo sustenta que, enquanto a cláusula compromissória de fato se encontra vedada no sistema do CDC, por força do artigo 51, VII, o mesmo não se diz do compromisso arbitral, espécie de convenção das partes em que é possível decidir, inclusive por equidade, desde que "dentro do limite das normas cogentes do Código de Defesa do Consumidor" (A arbitragem e o direito do consumidor (*Arbitration and consumer's rights*). *In*: AZEVEDO, Antônio Junqueira de *Estudos e pareceres de direito privado*. São Paulo: Ed. RT, 2004. p. 235-245).

[69] NERY JR., Nelson *et al. Código Brasileiro de Defesa do Consumidor comentado pelos autores do anteprojeto*. 8. ed. Rio de Janeiro: Forense, 2005. p. 581-582.

[70] Entre outros: STJ, REsp 1.854.483/GO, 3ª Turma, Rel. Min. Nancy Andrighi, j. 08.09.2020, *DJe* 16.09.2020.

a real autonomia que se confira ao consumidor para decidir, existente o litígio, para a instauração do procedimento arbitral.

Da mesma forma, destaca-se o desenvolvimento dos meios de acesso à justiça também por intermédio de mecanismos de mediação e conciliação e outros de autocomposição, mediante a noção de justiça multiportas, cuja implementação não pode representar obstáculo para o exercício regular das pretensões pelo consumidor,[71] devendo compatibilizar-se com os direitos fundamentais de defesa do consumidor e de acesso à justiça.

1.10 DIREITO À FACILITAÇÃO DA DEFESA DOS SEUS DIREITOS E INVERSÃO DO ÔNUS DA PROVA

Em consequência da diretriz de efetividade da proteção dos consumidores, outro direito básico do consumidor de grande repercussão prática é o que estabelece o artigo 6º, VIII, do CDC, ao assegurar "a facilitação da defesa de seus direitos, inclusive com a inversão do ônus da prova, a seu favor, no processo civil, quando, a critério do juiz, for verossímil a alegação ou quando for ele hipossuficiente, segundo as regras ordinárias de experiências".[72]

O direito à facilitação da defesa apresenta-se, em termos processuais, pela possibilidade de inversão do ônus da prova no processo civil. As razões para seu reconhecimento é a dificuldade prática dos consumidores de demonstrar os elementos fáticos que suportam sua pretensão. Ora, na estrutura das relações de consumo, o domínio do conhecimento sobre o produto ou o serviço, ou ainda sobre o processo de produção e fornecimento deles no mercado de consumo é do fornecedor. Da mesma forma, não se pode desconhecer que a defesa judicial de interesses exige do titular da pretensão a disposição de recursos financeiros e técnicos para uma adequada demonstração da pertinência e procedência do seu interesse.

O legislador do CDC, nesse sentido, consagrou a possibilidade de inversão do ônus da prova como o mais importante instrumento para facilitação dos direitos do consumidor em juízo, condicionada, todavia, à verificação pelo juiz da causa, alternativamente, da hi-

---

[71] REICHELT, Luis Alberto. Sobre o conteúdo do direito fundamental à tutela do consumidor em juízo e sua interação com o direito fundamental ao acesso à justiça. *Revista de Direito do Consumidor*, São Paulo, v. 137, p. 315-330, set./out. 2021.

[72] "Civil e processual. Ação de indenização. Acidente automobilístico. Vítima menor. Família de poucos recursos. Dano moral e pensão. Relação de consumo. Ônus da prova invertido. Tarifação pelo Código Brasileiro de Comunicações afastada. Honorários. Sucumbência recíproca. Não configuração. Súmula n. 326/STJ. I. Em famílias de baixa renda, considera a jurisprudência que a vítima, ainda que menor, iria, ao atingir a idade suficiente para o trabalho, colaborar com parte de seus rendimentos em prol da família. Assim, cabível a pensão. II. Nas relações de consumo, o consumidor é considerado vulnerável e, assim sendo, o ônus da prova deve ser invertido, com fulcro no artigo 6º, VIII, do CDC, ficando a cargo do fornecedor do serviço demonstrar que não se trata de família de baixa renda. III. Pacífico o entendimento nesta Corte que o montante arbitrado a título de danos morais não se limita aos montantes previstos no Código Brasileiro de Telecomunicações. IV. Inaplicabilidade da regra do artigo 21 do CPC, porquanto, conforme Súmula n. 326/STJ: 'Na ação de indenização por dano moral, a condenação em montante inferior ao postulado na inicial não implica sucumbência recíproca.' V. Agravo regimental improvido" (STJ, AgRg no REsp 527.585/SP, 4ª Turma, Rel. Min. Aldir Passarinho Junior, j. 23.06.2009, *DJe* 31.08.2009).

possuficiência do consumidor ou da verossimilhança das alegações, a serem identificados em acordo com as regras ordinárias de experiência.

A primeira questão a ser enfrentada é o conceito de hipossuficiência. Não se devem confundir os significados de *hipossuficiência* e *vulnerabilidade*. Todos os consumidores são vulneráveis, em face do que dispõe o artigo 4º, I, do CDC, constituindo-se a vulnerabilidade em princípio basilar do direito do consumidor. Já a hipossuficiência é uma circunstância concreta, não presumida *a priori*, de desigualdade com relação à contraparte, e que no processo se traduz pela falta de condições materiais de instruir adequadamente a defesa de sua pretensão, inclusive com a produção das provas necessárias para demonstração de suas razões no litígio. Em geral, aponta-se a hipossuficiência como falta de condições econômicas para arcar com os custos do processo. Na maior parte dos casos, é correto identificar na ausência de condições econômicas a causa da impossibilidade fática de realizar a prova e sustentar sua pretensão. Contudo, não é, certamente, a única causa. Considerando o modo como se desenvolvem as relações de consumo, a impossibilidade de o consumidor mostrar suas razões pode se dar, simplesmente, pelo fato de que as provas a serem produzidas não se encontram em seu poder, mas sim com o fornecedor, a quem se resguarda o direito de não produzir provas contra seus próprios interesses.[73] Nessa situação, não se trata de causa econômica que impeça a produção da prova, mas impossibilidade fática decorrente da ausência de condições – inclusive técnicas[74] – de sua realização, em razão da dinâmica das relações

---

[73] "Direito processual civil. Recurso especial. Ação de indenização por danos morais e materiais. Ocorrência de saques indevidos de numerário depositado em conta poupança. Inversão do ônus da prova. Artigo 6º, VIII, do CDC. Possibilidade. Hipossuficiência técnica reconhecida. O artigo 6º, VIII, do CDC, com vistas a garantir o pleno exercício do direito de defesa do consumidor, estabelece que a inversão do ônus da prova será deferida quando a alegação por ele apresentada seja verossímil, ou quando constatada a sua hipossuficiência. Na hipótese, reconhecida a hipossuficiência técnica do consumidor, em ação que versa sobre a realização de saques não autorizados em contas bancárias, mostra-se imperiosa a inversão do ônus probatório. Diante da necessidade de permitir ao recorrido a produção de eventuais provas capazes de ilidir a pretensão indenizatória do consumidor, deverão ser remetidos os autos à instância inicial, a fim de que oportunamente seja prolatada uma nova sentença. Recurso especial provido para determinar a inversão do ônus da prova na espécie" (STJ, REsp 915.599/SP, 3ª Turma, Rel. Min. Nancy Andrighi, j. 21.08.2008, *DJe* 05.09.2008).

[74] "Direito processual civil e do consumidor. Hipossuficiência técnica. Inversão do ônus da prova. Possibilidade. Danos morais. Valor. Revisão pelo STJ. Possibilidade, desde que irrisório ou exorbitante. 1. Ação indenizatória fundada na alegação de que, após submeter-se a tratamento bucal na clínica ré, o autor ficou sem os dois dentes superiores frontais e impossibilitado de utilizar prótese dentária. Evidencia-se a hipossuficiência técnica do autor frente à ré, na medida em que a relação de consumo deriva da prestação de serviços em odontologia, o desconhecimento do paciente acerca das minúcias dos procedimentos a serem realizados. A clínica, por sua vez, detém amplo domínio das técnicas ligadas à confecção de próteses, tanto que se dispôs a prestar serviços nessa área. 2. A hipossuficiência exigida pelo artigo 6º, VIII, do CDC abrange aquela de natureza técnica. Dessa forma, questões atinentes à má utilização da prótese deveriam ter sido oportunamente suscitadas pela clínica. A despeito da sua *expertise*, não atuou, porém, de modo a evitar lacunas na perícia realizada, as quais tornaram o laudo inconcludente em relação à origem do defeito apresentado pela prótese dentária. 3. A revisão da condenação a título de danos morais somente é possível se o montante for irrisório ou exorbitante, fora dos padrões da razoabilidade. 4. Recurso especial a que se nega provimento" (STJ, REsp 1.178.105/SP, 3ª Turma, Rel. Min. Massami Uyeda, Rel. p/ acórdão Min. Nancy Andrighi, j. 07.04.2011, *DJe* 25.04.2011).

de consumo,[75] cujo poder de direção e o conhecimento especializado[76] pertencem, como regra, ao fornecedor.[77]

Daí por que se reserva, no próprio texto da norma e na doutrina do direito do consumidor, a hipossuficiência como qualidade especial no processo, o que autoriza o juiz a proceder à inversão do ônus da prova, configurando-se, assim, como espécie de um *plus* com relação à vulnerabilidade reconhecida em geral ao consumidor.[78]

Nesse sentido, a própria noção de *prova* merece ser examinada. Ao se referir ao procedimento de produção da prova judicial, provar é, antes de tudo, a atividade de demonstração de um fato ou circunstância de modo a promover o convencimento judicial da sua existência pretérita ou atual, ou, como propõe Humberto Theodoro Júnior, "é demonstrar de algum modo a certeza de um fato ou a veracidade de uma afirmação",[79] ou,

---

[75] Nesse sentido sustenta José Rogério Cruz e Tucci, para quem a clássica regra da distribuição do ônus da prova, no âmbito das relações de consumo, poderia tornar-se injusta pelas dificuldades da prova de culpa do fornecedor, em razão da disparidade de armas com que conta o consumidor para enfrentar a parte mais bem informada" (Código do Consumidor e Processo Civil. Aspectos polêmicos. *Revista dos Tribunais*, São Paulo, v. 671, p. 33, set. 1991).

[76] "Administrativo. Processual civil. Fraude no medidor de energia elétrica. Comprovação da autoria. Necessidade. Ônus da prova. 1. Recurso especial em que se discute a possibilidade de responsabilização de consumidor de energia elétrica por débito de consumo, sem a comprovação inequívoca de sua autoria na fraude do medidor. 2. A empresa concessionária não tem direito à inversão do ônus da prova pelo Código de Defesa do Consumidor, porquanto não ostenta a qualidade de consumidor, mas de fornecedor do serviço. 3. *In casu*, constatou-se por prova técnica que o medidor encontrava-se fraudado, e contra isso não se insurgiu o consumidor. A empresa constituiu um título com o qual buscou pagar-se do preço, imputando, contudo, a autoria da fraude ao consumidor *sponte sua*. 4. Não se pode presumir que a autoria da fraude no medidor seja do consumidor em razão somente de considerá-lo depositário de tal aparelho e por este situar-se à margem de sua casa, como entendeu a Corte de origem. 5. A empresa concessionária, além de todos os dados estatísticos acerca do regular consumo, ainda dispõe de seu corpo funcional, que, mês a mês, verifica e inspeciona os equipamentos. Não é razoável que deixe transcorrer considerável lapso de tempo para, depois, pretender que o ônus da produção inverta-se em dano para o cidadão. 6. A inversão do ônus da prova em prejuízo do consumidor equivale a tornar objetiva sua responsabilidade, hipótese inaceitável nas relações de direito do consumidor, pois este se encontra em posição de inferioridade econômica em relação à concessionária. 7. A boa-fé no CDC é o princípio orientador das condutas sociais, estreitamente ligado ao princípio da razoabilidade, dele se deduzindo o comportamento em que as partes devem se pautar. Sob essa nova perspectiva contratual, não há espaço para presumir a má-fé do consumidor em fraudar o medidor. 8. Recurso especial provido" (STJ, REsp 1.135.661/RS, 2ª Turma, Rel. Min. Herman Benjamin, j. 16.11.2010, *DJe* 04.02.2011).

[77] "Direito processual civil. Ação de indenização. Saques sucessivos em conta-corrente. Negativa de autoria do correntista. Inversão do ônus da prova. É plenamente viável a inversão do ônus da prova (artigo 333, II, do CPC) na ocorrência de saques indevidos de contas-correntes, competindo ao banco (réu da ação de indenização) o ônus de provar os fatos impeditivos, modificativos ou extintivos do direito do autor. Incumbe ao banco demonstrar, por meios idôneos, a inexistência ou impossibilidade de fraude, tendo em vista a notoriedade do reconhecimento da possibilidade de violação do sistema eletrônico de saque por meio de cartão bancário e/ou senha. Se foi o cliente que retirou o dinheiro, compete ao banco estar munido de instrumentos tecnológicos seguros para provar de forma inegável tal ocorrência. Recurso especial parcialmente conhecido, mas não provido" (STJ, REsp 727.843/SP, 3ª Turma, Rel. Min. Nancy Andrighi, j. 15.12.2005, *DJU* 1º.02.2006, p. 553).

[78] SANSONE, Priscila David. A inversão do ônus da prova na responsabilidade civil. *Revista de Direito do Consumidor*, São Paulo, v. 40, p. 151, out./dez. 2001.

[79] THEODORO JÚNIOR, Humberto. *Curso de direito processual civil*. 38. ed. Rio de Janeiro: Forense, 2002. p. 446.

de outro modo, "conduzir o destinatário do ato (o juiz) a se convencer da verdade acerca de um fato. Provar é conduzir a inteligência a descobrir a verdade".[80]

Em sentido semelhante propõe o processualista gaúcho Voltaire de Lima Moraes, ao asseverar com estilo que "provar significa demonstrar que a afirmação que se faz a respeito de um fato assume a dimensão da inquestionabilidade, porque traz a marca da verdade e o selo da certeza".[81]

A regra geral de distribuição do ônus da prova está estabelecida no artigo 373 do CPC/2015, nos seguintes termos: "Art. 373. O ônus da prova incumbe: I – ao autor, quanto ao fato constitutivo de seu direito; II – ao réu, quanto à existência de fato impeditivo, modificativo ou extintivo do direito do autor. [...]." Observe-se, porém, que, mesmo por influência do próprio CDC, o Código de Processo Civil de 2015 passou a prever hipóteses de distribuição diversa do ônus da prova com relação a esse critério geral, definindo no § 1º do seu art. 373: "Nos casos previstos em lei ou diante de peculiaridades da causa relacionadas à impossibilidade ou à excessiva dificuldade de cumprir o encargo nos termos do *caput* ou à maior facilidade de obtenção da prova do fato contrário, poderá o juiz atribuir o ônus da prova de modo diverso, desde que o faça por decisão fundamentada, caso em que deverá dar à parte a oportunidade de se desincumbir do ônus que lhe foi atribuído." Note-se, contudo, que o § 2º do mesmo artigo refere que essa distribuição diversa não terá lugar quando a produção da prova for "impossível ou excessivamente difícil".

O CDC, ao facultar a possibilidade de inversão do ônus da prova em favor do consumidor, como efeito do seu direito de facilitação da defesa, fá-lo em benefício da diretriz de proteção que orienta suas normas.[82] Note-se, portanto, nesse particular, que a inversão do ônus da prova se produz, no sistema do CDC, exclusivamente em benefício do consumidor.[83] A causa para o estabelecimento da inversão, todavia, submete-se a critério do julgador que, avaliando a presença dos requisitos em questão, pode determinar a inversão.[84] Duas questões, entretanto, merecem atenção nesse tema. Primeiro, a exata

---

[80] THEODORO JÚNIOR, Humberto. *Curso de direito processual civil*. 38. ed. Rio de Janeiro: Forense, 2002. p. 385.

[81] MORAES, Voltaire de Lima. Anotações sobre o ônus da prova no Código de Processo Civil e no Código de Defesa do Consumidor. *Revista de Direito do Consumidor*, São Paulo, v. 31, p. 64, 1999.

[82] "Processo civil e consumidor. Rescisão contratual cumulada com indenização. Fabricante. Adquirente. Freteiro. Hipossuficiência. Relação de consumo. Vulnerabilidade. Inversão do ônus probatório. Consumidor é a pessoa física ou jurídica que adquire produto como destinatário final econômico, usufruindo do produto ou do serviço em benefício próprio. Excepcionalmente, o profissional freteiro, adquirente de caminhão zero quilômetro, que assevera conter defeito, também poderá ser considerado consumidor, quando a vulnerabilidade estiver caracterizada por alguma hipossuficiência quer fática, técnica ou econômica. Nesta hipótese está justificada a aplicação das regras de proteção ao consumidor, notadamente a concessão do benefício processual da inversão do ônus da prova. Recurso especial provido" (STJ, REsp 1.080.719/MG, 3ª Turma, Rel. Min. Nancy Andrighi, j. 10.02.2009, *DJe* 17.08.2009).

[83] MORAES, Voltaire de Lima. Anotações sobre o ônus da prova no Código de Processo Civil e no Código de Defesa do Consumidor. *Revista de Direito do Consumidor*, São Paulo, v. 31, p. 66, 1999.

[84] "Consumidor. Inversão do ônus da prova. Súmula 7. Hospitais ou clínicas. CDC, artigo 14. Responsabilidade objetiva. A inversão do ônus da prova, condicionada à verossimilhança da alegação e à hipossuficiência do consumidor, ao critério do juiz, implica reexame de prova, inviabilizado pela Súmula 7. A responsabilidade objetiva dos fornecedores de serviços não conduz diretamente à inversão do ônus da prova, que se submete aos ditames do artigo 6º, VII, do CDC" (STJ, REsp 195.031/RJ, 3ª Turma, Rel. Min. Humberto Gomes de Barros, j. 27.09.2005, *DJU* 07.11.2005, p. 254).

Parte II · Cap. 1 · OS DIREITOS BÁSICOS DO CONSUMIDOR | **221**

dimensão dos poderes do juiz na decisão sobre a inversão ou não do ônus da prova. A rigor, do que se depreende de largo entendimento doutrinário e jurisprudencial, a decisão de inversão decorre de uma faculdade judicial de, presentes os pressupostos estabelecidos na norma do artigo 6º, VIII, examinar a adequação ou não da medida.[85] A esse respeito, vale mencionar o entendimento do STJ de que a possibilidade de inversão não significa atribuir ao fornecedor o ônus de provar fato que lhe é impossível demonstrar, diante das condições do consumidor de fazê-lo.[86] Diz-se, nesse caso, que a decisão seria *ope judicis*, ou seja, dependente de um convencimento judicial sobre a adequação da medida.[87] Tal

---

[85] "Responsabilidade civil. Cirurgião-dentista. Inversão do ônus da prova. Responsabilidade dos profissionais liberais. 1. No sistema do Código de Defesa do Consumidor a 'responsabilidade pessoal dos profissionais liberais será apurada mediante a verificação de culpa' (artigo 14, § 4º). 2. A chamada inversão do ônus da prova, no Código de Defesa do Consumidor, está no contexto da facilitação da defesa dos direitos do consumidor, ficando subordinada ao 'critério do juiz, quando for verossímil a alegação ou quando for ele hipossuficiente, segundo as regras ordinárias de experiências' (artigo 6º, VIII). Isso quer dizer que não é automática a inversão do ônus da prova. Ela depende de circunstância concretas que serão apuradas pelo juiz no contexto da 'facilitação da defesa' dos direitos do consumidor. E essas circunstâncias concretas, nesse caso, não foram consideradas presentes pelas instâncias ordinárias. 3. Recurso especial não conhecido" (STJ, REsp 122.505/SP, 3ª Turma, Rel. Min. Carlos Alberto Menezes Direito, j. 04.06.1998, *DJU* 24.08.1998, p. 71).

[86] "Civil e processual. Recurso especial. Indenização. Dano material. Anticoncepcional sem princípio ativo. Placebo. Gravidez não programada. Inversão do ônus da prova. Momento processual. Ausência de prequestionamento (Súmulas 282 e 356 do STF). Comprovação do nexo causal. Ausência. Precedente. I. A discussão acerca do momento da aplicação do instituto da inversão do ônus da prova não foi objeto de manifestação específica pelo tribunal de origem, pelo que restou ausente o prequestionamento (Súmulas 282 e 356 do STF). II. Consoante jurisprudência desta Corte Superior 'ainda que se trate de relação regida pelo CDC, não se concebe inverter-se o ônus da prova para, retirando tal incumbência de quem poderia fazê-lo mais facilmente, atribuí-la a quem, por impossibilidade lógica e natural, não o conseguiria. Assim, diante da não comprovação da ingestão dos aludidos placebos pela autora – quando lhe era, em tese, possível provar –, bem como levando em conta a inviabilidade de a ré produzir prova impossível, a celeuma deve se resolver com a improcedência do pedido' (REsp 720.930/RS, Rel. Min. Luis Felipe Salomão, *DJe* 09.11.2009). III. Indemonstrado o nexo de causalidade, com a comprovação da utilização de pílulas oriundas dos lotes de placebo indevidamente enviados ao mercado, incabível a indenização. IV. Recurso especial conhecido e provido para se restabelecer o acórdão que julgou improcedente o pedido inicial" (STJ, REsp 844.969/MG, 4ª Turma, j. 19.10.2010, Rel. Min. Aldir Passarinho Junior, *DJe* 11.11.2010). No mesmo sentido, a decisão que uniformizou o entendimento do STJ nas ações que reclamam diferenças de critérios na remuneração da caderneta de poupança, de que é o banco quem tem o ônus de apresentar os extratos bancários relativos ao período reclamado pelo consumidor, cabendo a este apresentar indícios mínimos capazes de comprovar a existência da contratação, assim como especificar os períodos cujos extratos pretenda ver exibidos. Nesse sentido referiu o acórdão em questão que "é cabível a inversão do ônus da prova em favor do consumidor para o fim de determinar às instituições financeiras a exibição de extratos bancários, enquanto não estiver prescrita a eventual ação sobre eles, tratando-se de obrigação decorrente de lei e de integração contratual compulsória, não sujeita à recusa ou condicionantes, tais como o adiantamento dos custos da operação pelo correntista e a prévia recusa administrativa da instituição financeira em exibir os documentos, com a ressalva de que ao correntista, autor da ação, incumbe a demonstração da plausibilidade da relação jurídica alegada, com indícios mínimos capazes de comprovar a existência da contratação, devendo, ainda, especificar, de modo preciso, os períodos em que pretenda ver exibidos os extratos" (STJ, REsp 1.133.872/PB, 2ª Seção, Rel. Min. Massami Uyeda, j. 12.12.2011, *DJe* 28.03.2012).

[87] Conforme sustenta Voltaire Lima Moraes, "não se trata de inversão legal, pois não decorre de imposição ditada pela própria lei, mas sim fica submetida ao crivo judicial. Caberá assim ao juiz dizer se é caso de inversão ou não do ônus da prova, uma vez analisada a ocorrência ou não desses pressupostos" (Anotações sobre o ônus da prova no Código de Processo Civil e no Código de Defesa do Consumidor. *Revista de Direito do Consumidor*, São Paulo, v. 31, p. 66-67, 1999).

oportunidade de convencimento judicial terá lugar apenas quando presentes um dos requisitos estabelecidos pela norma (hipossuficiência ou verossimilhança). Essa faculdade judicial estaria situada, portanto, no que se reconhecem como novos poderes instrutórios do juiz, fixados pelo CDC.[88]

Um segundo entendimento, contudo, faz uma exegese mais restrita acerca dos poderes reconhecidos ao juiz em face do artigo 6º, VIII, do CDC. No caso, sustenta-se que aquilo que se submete ao critério do juiz não seria a decisão de inverter ou não o ônus da prova, conforme facultado pela norma. Ao contrário, defende-se que essa faculdade de escolha do juiz não existe, uma vez que a norma em questão, ao fazer referência ao critério do juiz, estaria conferindo a ele poder para promover o reconhecimento, no caso concreto, da presença de um dos requisitos que determinam a inversão. Uma vez identificada, no caso, a hipossuficiência do consumidor, ou da verossimilhança das suas alegações, a consequência necessária seria a decisão pela inversão do ônus da prova. Logo, a decisão por inverter ou não o ônus não se coloca sob a discricionariedade judicial, mas apenas o reconhecimento no caso em exame da presença ou não dos requisitos que ensejam a inversão. Uma vez constatados, existiria de parte do juiz um dever de inverter o ônus da prova em favor do consumidor. É o que se denomina inversão *ope legis*, ou seja, decorrente de determinação legal.[89]

Esses entendimentos discordantes (se a decisão de inversão seria *ope judicis* e *ope legis*) merecem atenção em razão das regras definidas no CPC/2015. Isso porque, ao definir a possibilidade de o juiz distribuir o ônus da prova em vista da impossibilidade ou excessiva dificuldade de sua realização por quem originalmente vinculado ao encargo, ou ainda a quem tenha maior facilidade para tal, por intermédio de decisão fundamentada, confia na discricionariedade judicial a ser exercida no interesse da marcha regular do processo. Entretanto, delimita esse poder do juiz, ao definir que não poderá ser feita quando da distribuição do ônus resultar que a produção da prova se torna "impossível ou excessivamente difícil" a quem seja incumbido de produzi-la.

Nesses termos, a interpretação do artigo 6º, VIII, do CDC não se afasta, senão é norma especial de proteção do consumidor, que não contradiz a norma geral do CPC. Assim, a identificação pelo juiz, preenchendo de significado os conceitos presentes no artigo 6º, VIII – *hipossuficiência* ou *verossimilhança* –, ocorrerá em vista dessa finalidade protetiva própria do microssistema em que se insere. No primeiro caso, já afirmamos que a hipossuficiência do consumidor consiste na falta de condições fáticas, no processo, de realizar a dilação probatória adequada à defesa dos seus direitos e interesses. Por sua

---

[88] MARQUES, Claudia Lima; BENJAMIN, Antonio Herman; MIRAGEM, Bruno. *Comentários ao Código de Defesa do Consumidor*. 2. ed. São Paulo: Ed. RT, 2006. p. 974.

[89] Nesse sentido sustenta Antônio Gidi: "O que fica a 'critério do juiz' (*rectios*, a partir do seu livre convencimento motivado) é a tarefa de aferir, no caso concreto levado à sua presença, se o consumidor é hipossuficiente e se a sua versão é verossímil. Apenas até aí vai a sua esfera de poder de decisão Uma vez que o magistrado reconhece a ocorrência desses dois pressupostos no caso concreto, não mais lhe cabe decidir 'a seu critério' se inverterá o ônus da prova ou não" (Aspectos da inversão do ônus da prova no Código do Consumidor. *Revista de Direito do Consumidor*, São Paulo, v. 13, p. 36, jan./mar. 1995). No mesmo sentido: MARTINS, Plínio Lacerda. A inversão do ônus da prova na ação civil pública proposta pelo Ministério Público em defesa dos consumidores. *Revista de Direito do Consumidor*, São Paulo, v. 31, p. 75, jul./set. 1999.

vez, a verossimilhança se estabelece a partir de um critério de probabilidade, segundo os argumentos trazidos ao conhecimento do juiz, de que uma dada situação relatada tenha se dado de modo igual ou bastante semelhante ao conteúdo do relato, ou como propõe Antônio Gidi, *verossímil é o que tem aparência de verdade, o provável, que deste modo não contrarie a norma jurídica, fatos notórios, ou regras de experiência comum.*[90]

Não se perdem de vista, igualmente, situações em que não se trate propriamente de inversão do ônus da prova, senão que, em acordo com a disciplina das várias tutelas processuais previstas no CPC/2015, apresente desde logo o consumidor, na petição inicial, documentos que atestem sua versão dos fatos, ao que o fornecedor, respondendo a ação, não oferece provas suficientes para opor dúvida razoável. Nessa hipótese, a concessão da tutela da evidência[91], nos termos do artigo 311 do CPC, não se confundirá com inversão do ônus da prova, exceto com técnica processual própria, com o propósito de assegurar a efetividade da tutela, ainda que em caráter provisório, independentemente dos critérios até então tradicionais de urgência (*periculum in mora*), em tempo menor que a tramitação ordinária do processo.

Uma questão sempre discutida no tocante à inversão do ônus da prova referia-se ao *momento processual* no qual se deva dar a decisão do juiz a respeito. Basicamente, três são os momentos processuais em que esta poderia se estabelecer: a) primeiro, no início do processo, quando há a citação do fornecedor-réu, em que o juiz já dará conhecimento sobre sua decisão de inverter ou não o ônus da prova no caso; b) segundo, no momento do saneamento do processo, por intermédio de despacho judicial que, ao especificar provas, daria conhecimento às partes sobre sua decisão quanto à inversão; e c) terceiro, no momento da sentença, na qual o juiz, adotando-a como regra de julgamento, inverte ou não o ônus da prova e, com apoio nessa decisão, julga definitivamente a ação.

Os vários entendimentos enfrentavam todos os argumentos em contrário. A decisão no momento inicial do processo, dando ciência ao réu no momento da citação, já evocava críticas como a de que haveria julgamento antecipado da causa, mesmo antes de ter conhecimento das razões do fornecedor réu. A decisão de inversão como regra de julgamento, realizada no instante da sentença terminativa do feito, enfrentava, igualmente, a crítica bastante contundente sobre a violação das garantias processuais do fornecedor, na medida em que não lhe daria a oportunidade de uma defesa adequada, considerando que a decisão sobre a inversão – e, logo, sobre a necessidade de produção de provas pelo fornecedor – só se daria quando não existisse mais a possibilidade de fazê-lo.[92] Somava-

---

[90] GIDI, Antônio. Aspectos da inversão do ônus da prova no Código do Consumidor. *Revista de Direito do Consumidor*, São Paulo, v. 13, p. 35, jan./mar. 1995.

[91] Veja-se, a respeito: CAMOZZATO, Cinara. A tutela da evidência e a proteção do consumidor. *In*: MARQUES, Claudia Lima; REICHELT, Luis Alberto (org.). *Diálogos entre o direito do consumidor e o novo CPC*. São Paulo: Ed. RT, 2017. p. 305 e ss.

[92] Esse entendimento, contudo, mereceu crítica da jurisprudência do STJ que reconheceu o cabimento da decisão sobre a inversão no momento da sentença: "Recurso especial. Direito do consumidor. Inversão do ônus da prova. Momento. Sentença. Possibilidade. Regra de julgamento. Ofensa ao princípio do contraditório. Inexistência. 1. A jurisprudência do STJ não se pacificou quanto à possibilidade de o juízo inverter o ônus da prova no momento de proferir a sentença numa ação que discuta relação de consumo. 2. O processo civil moderno enfatiza, como função primordial das normas de distribuição de ônus da prova, a sua atribuição de regular a atividade do juiz ao sentenciar o processo (ônus objetivo da prova). Por conduzirem a um julgamento por presunção, essas regras devem ser aplicadas apenas de

224 CURSO DE DIREITO DO CONSUMIDOR – *Bruno Miragem*

-se a essas a proposição de soluções intermediárias, como a de que o juiz não realizaria a inversão desde logo, mas alertaria as partes da possibilidade de efetuá-lo na sentença.

Mesmo antes da promulgação do Código de Processo Civil de 2015, já propúnhamos que tais soluções seriam inadequadas, uma vez que não eliminariam a indefinição das partes quanto ao ônus de que deveria se desincumbir. Daí já sustentávamos que o momento processual adequado seria o do saneamento do processo, entendimento que contava com o assentimento jurisprudencial.[93]

Entre os argumentos favoráveis a essa solução destaca-se o fato de evitar tomar as partes de surpresa,[94] permitindo ao fornecedor, na hipótese de deferimento da inversão do ônus, a possibilidade de produzir provas que corroborem sua tese na fase seguinte, de instrução do feito. Trata-se, nesse particular, de assegurar as garantias processuais da ampla defesa e do contraditório.[95]

---

maneira excepcional. 3. As partes, no processo civil, têm o dever de colaborar com a atividade judicial, evitando-se um julgamento por presunção. Os poderes instrutórios do juiz lhe autorizam se portar de maneira ativa para a solução da controvérsia. As provas não pertencem à parte que as produziu, mas ao processo a que se destinam. 4. O processo não pode consubstanciar um jogo mediante o qual seja possível às partes manejar as provas, de modo a conduzir o julgamento a um resultado favorável apartado da justiça substancial. A ênfase no ônus subjetivo da prova implica privilegiar uma visão individualista, que não é compatível com a teoria moderna do processo civil. 5. Inexiste surpresa na inversão do ônus da prova apenas no julgamento da ação consumerista. Essa possibilidade está presente desde o ajuizamento da ação e nenhuma das partes pode alegar desconhecimento quanto à sua existência. 6. A exigência de uma postura ativa de cada uma das partes na instrução do processo não implica obrigá-las a produzir prova contra si mesma. Cada parte deve produzir todas as provas favorável de que dispõe, mas não se pode alegar que há violação de direito algum na hipótese em que, não demonstrado o direito, decida o juiz pela inversão do ônus da prova na sentença.7. Recurso especial conhecido e improvido" (STJ, REsp 1.125.621/MG, 3ª Turma, Rel. Min. Nancy Andrighi, j. 19.08.2010, *DJe* 07.02.2011).

93   No mesmo sentido: "Recurso especial. Consumidor. Responsabilidade por vício no produto (artigo 18 do CDC). Ônus da prova. Inversão 'ope judicis' (artigo 6º, VIII, do CDC). Momento da inversão. Preferencialmente na fase de saneamento do processo. A inversão do ônus da prova pode decorrer da lei ('ope legis'), como na responsabilidade pelo fato do produto ou do serviço (artigos 12 e 14 do CDC), ou por determinação judicial ('ope judicis'), como no caso dos autos, versando acerca da responsabilidade por vício no produto (artigo 18 do CDC). Inteligência das regras dos artigos 12, § 3º, II, e 14, § 3º, I, e 6º, VIII, do CDC. A distribuição do ônus da prova, além de constituir regra de julgamento dirigida ao juiz (aspecto objetivo), apresenta-se também como norma de conduta para as partes, pautando, conforme o ônus atribuído a cada uma delas, o seu comportamento processual (aspecto subjetivo). Doutrina. Se o modo como distribuído o ônus da prova influi no comportamento processual das partes (aspecto subjetivo), não pode a inversão 'ope judicis' ocorrer quando do julgamento da causa pelo juiz (sentença) ou pelo tribunal (acórdão). Previsão nesse sentido do artigo 262, § 1º, do Projeto de Código de Processo Civil. A inversão 'ope judicis' do ônus probatório deve ocorrer preferencialmente na fase de saneamento do processo ou, pelo menos, assegurando-se à parte a quem não incumbia inicialmente o encargo, a reabertura de oportunidade para apresentação de provas. Divergência jurisprudencial entre a Terceira e a Quarta Turma desta Corte. Recurso especial desprovido" (REsp 802.832/MG, 2ª Seção, Rel. Min. Paulo de Tarso Sanseverino, j. 13.04.2011, *DJe* 21.09.2011).

94   Assim sustentam, na doutrina: SANSEVERINO, Paulo de Tarso Vieira. *Responsabilidade civil no Código do Consumidor e a defesa do fornecedor*. São Paulo: Saraiva, 2002. p. 335; MOREIRA, Carlos Roberto Barbosa. Notas sobre a inversão do ônus da prova em benefício do consumidor. *Revista de Processo,* São Paulo, v. 86, p. 307, 1997.

95   Nesse sentido, refere-se o entendimento do STJ, indicando que a inversão do ônus da prova não estabelece presunção absoluta, nem obriga que responda o fornecedor pela conservação da coisa até que seja feita a perícia, de modo que, perdendo as condições para que seja feito o exame em questão, e estando a coisa de posse do consumidor, não venha a sofrer o fornecedor a presunção de verossimilhança das alegações (STJ, AgRg no AREsp 236.279/SC, 3ª Turma, Rel. Min. Sidnei Beneti, j. 27.11.2012, *DJe* 11.12.2012).

Esta foi, afinal, a solução adotada pelo CPC/2015 que, ao disciplinar a decisão de saneamento do processo, no seu artigo 357, definiu seu cabimento, entre outros propósitos, para "delimitar as questões de fato sobre as quais recairá a atividade probatória, especificando os meios de prova admitidos" (inciso II), e "definir a distribuição do ônus da prova, observado o art. 373" (inciso III).

Note-se que o direito do consumidor à facilitação da defesa dos seus direitos e à inversão do ônus da prova tem sua eficácia vinculada ao reconhecimento de novos poderes instrutórios do juiz, com o objetivo de ampliação da tutela processual do consumidor e da efetividade dessa tutela de acordo com regras que permitam a defesa adequada de seus direitos, em harmonia com o que dispõe a legislação processual que o sucedeu.

1.11 DIREITO À PRESTAÇÃO ADEQUADA E EFICAZ DE SERVIÇOS PÚBLICOS

Outro direito básico do consumidor, assegurado pelo artigo 6º, X, é "a adequada e eficaz prestação dos serviços públicos em geral". Como tivemos oportunidade de registrar, as normas relativas à proteção do consumidor não se aplicam a todos os serviços públicos, mas apenas àqueles que se caracterizem como relações de consumo. Nesse sentido, são considerados os denominados serviços públicos *uti singuli*, ou seja, aqueles que são prestados e fruídos de modo individualizado e mensurável pelos cidadãos, razão pela qual sua remuneração também obedece essa lógica de individualização, proporcional à utilização.

Entretanto, a consagração do direito básico à prestação adequada e eficaz dos serviços em questão não é menos importante, sobretudo se considerarmos, a partir da exegese da norma, o que se deva reputar como prestação adequada e eficaz. A correta interpretação do dispositivo deve ser realizada de modo articulado com outras disposições do CDC, quais sejam, o estabelecido no artigo 22, que determina deveres específicos aos prestadores de serviços públicos e as regras sobre vício do serviço, em que se identifica com precisão o que se deva entender por *serviço adequado*.

O artigo 22 do CDC refere: "Os órgãos públicos, por si ou suas empresas, concessionárias, permissionárias ou sob qualquer outra forma de empreendimento, são obrigados a fornecer serviços adequados, eficientes, seguros e, quanto aos essenciais, contínuos. Parágrafo único. Nos casos de descumprimento, total ou parcial, das obrigações referidas neste artigo, serão as pessoas jurídicas compelidas a cumpri-las e a reparar os danos causados, na forma prevista neste Código". Da mesma forma, a noção do que seja adequação é indicada quando o produto ou serviço serve aos fins que legitimamente dele se esperam.

No que diz respeito aos serviços públicos, observa-se compreendida no direito básico do consumidor a adequada e eficaz prestação do serviço, que este não seja descontínuo, que sirva aos fins estabelecidos, assim como, admitindo-se a interação da legislação de proteção do consumidor com a legislação pertinente aos serviços públicos (em especial a Lei 8.987/1995 – Lei de Concessões e Permissões dos Serviços Públicos), que observe a modicidade tarifária.

A eficácia desse direito básico do consumidor vincula-se igualmente ao dever de continuidade do serviço estabelecido pelo CDC para os serviços essenciais, mas que deve ser reconhecido como condição de adequação aos serviços públicos em geral. Nesse aspecto, duas as questões centrais sobre a exata precisão conceitual desse dever de continuidade.

Primeiro, a tão discutida descaracterização do dever de continuidade, da interrupção de fornecimento por falta de pagamento pelo consumidor, prevista no artigo 6º, § 3º, da Lei de Concessões e Permissões dos Serviços Públicos, sobre o que já tivemos oportunidade de tratar no item 5.4.3 da I Parte desta obra, cuja solução passa necessariamente pela ponderação dos interesses em conflito.

Aqui nos interessa de modo mais específico a violação do dever de continuidade, excluída a hipótese de inadimplemento do consumidor, como modo de desrespeito, pelo fornecedor, do direito básico do consumidor à prestação adequada e eficaz dos serviços públicos. A questão não se apresenta, por certo, exclusivamente com relação à prestação de serviços públicos. Entretanto, no que concerne a alguns deles, terá grande repercussão em nossa prática atual. Trata-se das situações nas quais, em decorrência de intermitências na prestação do serviço, sua fruição pelo consumidor torna-se imprópria aos fins a que se destinam, não se podendo muitas vezes confiar que o serviço estará à disposição em determinado momento esperado, ou em certas circunstâncias. É o caso, por exemplo, dos serviços de telecomunicações, ou por vezes os de energia elétrica, cujas interrupções e retorno da prestação dos serviços, ou ainda situações nas quais, de modo injustificado, o serviço se encontra "indisponível" (o que atualmente se verifica de modo frequente com relação aos serviços de telefonia), afetam a confiança do consumidor na correta prestação do serviço, descumprindo de modo flagrante o dever de adequação ao qual corresponde o direito básico à prestação adequada e eficaz.

A consequência da violação do direito básico do consumidor à prestação adequada e eficaz dos serviços públicos, nesse sentido, resulta no direito do consumidor de ser indenizado por eventuais prejuízos daí decorrentes, assim como – em face do descumprimento da obrigação – a possibilidade de abatimento no preço se for de seu interesse, a viabilidade de desfazimento do contrato (resolução por inadimplemento) e o pedido de restituição dos valores pagos.

1.12 DIREITO À GARANTIA DO CRÉDITO RESPONSÁVEL E PRESERVAÇÃO DO MÍNIMO EXISTENCIAL

A disciplina instituída para a prevenção e tratamento do superendividamento dos consumidores pela Lei 14.181/2021 fez incluir também, na relação de direitos básicos do consumidor , "a garantia de práticas de crédito responsável, de educação financeira e de prevenção e tratamento de situações de superendividamento, preservado o mínimo existencial, nos termos da regulamentação, por meio da revisão e da repactuação da dívida, entre outras medidas", e "a preservação do mínimo existencial, nos termos da regulamentação, na repactuação de dívidas e na concessão de crédito" (artigo 6º, XI e XII).

A inclusão financeira e o acesso ao crédito são decisivos para o desenvolvimento. Entretanto, destaca-se que sua oferta e concessão devem se dar de forma responsável, observando os deveres de informação e esclarecimento dos tomadores de crédito, assim como a previsão de meios que favoreçam o efetivo adimplemento das dívidas. A própria Organização de Cooperação e Desenvolvimento Econômico (OCDE) emitiu, em 2019, uma Recomendação sobre Proteção do Consumidor em Crédito de Consumo, alertando para os efeitos nocivos do endividamento excessivo, tomando em conta suas repercussões pessoais tanto para o próprio consumidor quanto para o sistema econômico como um todo (daí a noção de "endividamento de risco" adotada pela regulação bancária).[96] É nesse contexto que o superendividamento de consumidores é assumido como uma característica estrutural da sociedade de consumo contemporânea, tendo sua disciplina legislativa originalmente se estabelecido em países com alto grau de desenvolvimento, embora os efeitos da proteção ao superendividado sejam socialmente potencializados em países com maior grau de pobreza, por razões evidentes.

A prevenção e o tratamento do superendividamento associam-se a práticas de crédito responsável, assim compreendido na perspectiva do fornecedor do crédito, que deve aferir o risco da contratação perante a capacidade de pagamento do tomador, assim como observar o dever de informar de modo claro e adequado, considerando o conteúdo e o modo de prestar as informações ao consumidor. Como bem define a jurisprudência, "O crédito responsável é a concessão de empréstimo em contexto de informações claras, completas e adequadas sobre todas as características e riscos do contrato. A noção de crédito responsável decorre do princípio da boa-fé objetiva e de seus consectários relacionados à lealdade e transparência, ao dever de informar, ao dever de cuidado e, até mesmo, ao dever de aconselhamento ao consumidor. (...) Constitui dever do agente financeiro, na fase pré-contratual, analisar a situação econômica do consumidor, seu perfil, suas necessidades e, dentre as inúmeras modalidades de crédito disponíveis, sugerir – se for o caso – a contratação do empréstimo que está mais adequado ao momento, aos propósitos, necessidades e possibilidades orçamentárias do consumidor".[97] Do mesmo modo, caracterizada a situação de superendividamento, é reconhecido o dever do fornecedor de não contribuir com seu agravamento, especialmente pela celebração de novos contratos de crédito ao mesmo tempo que se lhe estabelece um dever de renegociar, para viabilizar a superação da impossibilidade de pagamento da dívida pelo consumidor.

O direito básico do consumidor assegurado no artigo 6º, XI, do CDC contempla direito subjetivo do consumidor visando tanto a garantia de práticas de crédito responsável quanto o acesso à educação financeira, a prevenção e tratamento do superendividamento e a revisão e repactuação de dívidas do consumidor que se encontre nessa situação. Nesse caso, há como consequência assegurar ao consumidor superendividado os direitos, exceções, pretensões e ações inerentes a essa condição.

Com relação à preservação do mínimo existencial, "nos termos da regulamentação", compreende o fundamento teleológico da intervenção do Estado na autonomia negocial dos contratantes no contrato de consumo, tanto na imposição de deveres pré-contratuais quanto na fase da execução, para promover o adimplemento da dívida, fundado na proteção da própria dignidade da pessoa humana. O mínimo existencial refere-se aos recursos materiais necessários à existência digna de cada pessoa natural,[98] hipótese em que deve ser tomado em consideração tanto para aferição da capacidade de pagamento e avaliação

---

[96] Recommendation of the Council Concerning Consumer Protection in the Field of Consumer Credit (OCDE, 2019). Disponível em: https://legalinstruments.oecd.org/en/instruments/OECD-LEGAL-0453.

[97] TJDFT, Acórdão 1403351 (07357788620218070000), 6ª Turma Cível, Rel. Des. Leonardo Roscoe Bessa, j. 23.02.2022, *DJe* 18.03.2022.

[98] SARLET, Ingo Wolfgang. Mínimo existencial e relações privadas: algumas aproximações. *In*: MARQUES, Claudia Lima; CAVALAZZI, Rosângela Lunardelli; LIMA, Clarissa Costa de (org.). *Direitos do consumidor endividado II*: vulnerabilidade e inclusão. São Paulo: Ed. RT, 2016. p. 141.

do risco de crédito pelo fornecedor, na fase pré-contratual, para a própria definição da situação jurídica objetiva de superendividamento, quanto para a repactuação das dívidas, na definição ou homologação do plano de pagamento.

O mínimo existencial, nesses termos, é elemento nuclear da definição de superendividamento e da sua disciplina de prevenção e tratamento, e, embora confiado à competência regulamentar, o exercício desta não pode frustrar sua finalidade delimitada na lei fundamentada na própria Constituição. Daí por que cumpre ao regulador equacionar na definição estabelecida a possibilidade de conformação do conceito a realidades distintas de consumidores, segundo extensão do seu núcleo familiar, cujas despesas sejam suportadas pela renda à qual ele deva se referir, despesas correntes para satisfação das necessidades básicas, existência de despesas específicas diante de peculiaridades do consumidor ou de seu grupo familiar (p. ex. custos com medicamentos de uso contínuo ou tratamentos médicos), entre outros elementos. Nesses termos, deve-se afirmar que a primeira opção de regulamentação pelo Decreto 11.150/2022, definindo o mínimo existencial em valor único nominal e imutável correspondente a 25% do salário mínimo vigente ao tempo de sua edição (correspondente a R$ 303,00), flagrantemente deixou de atender essas exigências da realidade, razão pela qual viola e frustra a finalidade da lei, devendo ser considerado ilegal e inconstitucional pela proteção insuficiente de direitos fundamentais (*Untermassverbote*),[99] que se realizam a partir dele (defesa do consumidor e, mediatamente a outras prestações essenciais à existência digna que deixarão de poder ser custeadas pelo consumidor como resultado da remuneração do seu trabalho). Lamentavelmente, essa conclusão não foi afastada com o advento do Decreto 11.567/2023, editado pelo Presidente da República, que elevou o valor para R$ 600,00. A insuficiência manifesta do valor permanece e contrasta com o entendimento exarado pela Secretaria Nacional do Consumidor do Ministério da Justiça, que em nota técnica[100] observou que, nos diversos sistemas que adotam disciplina própria a respeito do superendividamento dos consumidores, "não se constata um valor ou percentual como regra", considerando múltiplas variáveis que devem caracterizar a situação concreta dos consumidores superendividados.

---

[99] Veja-se: MENDES, Gilmar Ferreira; BRANCO, Paulo Gonet. *Curso de direito constitucional*. 14. ed. São Paulo: Saraiva, 2019. p. 707. Fundamentam-se os autores, nesse ponto, na conhecida doutrina de Canaris, no direito alemão: CANARIS, Claus-Wilhelm. Grundrechtswirkungen und Verhältnismäßigkeitsprinzip in der richterlichen Anwendung und Fortbildung des Privatrechts. *JuS* 1989, p. 161-172.

[100] Nota Técnica 11/2023 CGEMM/DPDC/SENACON/MJ, de 25 de abril de 2023.

2
A PROTEÇÃO CONTRATUAL DO CONSUMIDOR

Entre os diversos vetores da proteção do consumidor estabelecidos pela legislação e desenvolvidos pela jurisprudência a partir da promulgação do CDC, a regulação jurídica do contrato de consumo é aquela que assume papel preponderante. E isso em razão da própria realidade do consumo e da relação de consumo típica, que se desenvolve basicamente a partir de um contrato entre consumidor e fornecedor para aquisição de produtos ou a prestação de serviços. O chamado *ato de consumir*, nesse sentido, em geral, traduz-se juridicamente em um *contrato de consumo*, estabelecido entre consumidor e fornecedor, objetivando a realização do interesse de cada uma das partes – pelo do consumidor, visando à obtenção do bem da vida (produto ou serviço) desejado; pelo fornecedor, a remuneração decorrente da contratação.

Daí por que a disciplina dos contratos de consumo assume papel principal na regulação jurídica das relações de consumo em face da proteção do consumidor. Contudo, a exata compreensão jurídica dos contratos de consumo exige que se identifiquem as novas premissas da teoria geral dos contratos, a partir da superação dos seus paradigmas clássicos, como o caráter absoluto do princípio da autonomia da vontade e do *pacta sunt servanda*. No direito brasileiro, a exemplo do que ocorreu em outros sistemas jurídicos,[1] a chamada *renovação da teoria contratual*[2] se deu especialmente a partir da vigência do CDC, sua principiologia e compreensão das novas condicionantes do fenômeno contratual. Embora fosse lei especial relativa a uma espécie de contrato – o contrato de consumo –, por conta da falta de atualidade da legislação do direito civil brasileiro, o direito do consumidor converteu-se, na primeira década de sua vigência, no principal veículo de renovação do direito contratual brasileiro, sobretudo em face da rica interpretação e aplicação jurisprudencial dos seus preceitos.

A promulgação e vigência de um novo Código Civil, em 2002, que incorporou diversas inovações já determinadas no CDC, parecem apontar para uma tendência de maior especialização deste último às relações propriamente de consumo, refreando a princípio sua vocação expansionista, presente na primeira década de sua vigência. Todavia, é inegável a profunda influência que as normas de proteção do CDC exercem sobre

---

[1] Para um exame da influência do direito do consumidor sobre o direito privado francês, em especial em matéria de contratos, veja-se: SOUPHANOR, Nathalie. *L'influence du droit de la consommation sur lê système juridique*. Paris: LGDJ, 2000. p. 35 *et seq*.

[2] MARQUES, Claudia Lima. *Contratos no Código de Defesa do Consumidor*. 4. ed. São Paulo: Ed. RT, 2003. p. 222; TEPEDINO, Gustavo. As relações de consumo e a nova teoria contratual. *In*: TEPEDINO, Gustavo. *Temas de direito civil*. Rio de Janeiro: Renovar, 1999. p. 209-210.

o direito civil comum, especialmente em matéria de contratos, a ponto de não se poder, atualmente, referir ao direito dos contratos sem um pormenorizado exame da disciplina dos contratos de consumo. A razão para tanto explicita Antonio Herman Benjamin, em sua apresentação da obra de Claudia Lima Marques, ao provocar: "(...) não seria pretensioso desejar, através do estudo da posição jurídica do consumidor, reformar toda a teoria dos contratos? A resposta é bem simples: sem consumidor não há sociedade de consumo, sem esta não há mercado e sem mercado não há contratação massificada. Assim, estudar e regular o *status* contratual do consumidor é, em último caso, afetar a grande maioria dos contratos firmados no cotidiano do mercado".[3]

Houve quem decretasse, com base na crescente intervenção do Estado e do Direito na autonomia da vontade das partes contratantes, a *morte do contrato*.[4] Todavia, como bem demonstra Claudia Lima Marques, no esteio das lições de Nicole Chardin, a regulação de uma nova disciplina para os contratos, em especial para os contratos de consumo, representa a afirmação de uma nova espécie da autonomia em matéria contratual, a *autonomia racional*.[5] A autonomia da vontade, como princípio, está bastante modificada em face das alterações atuais sobre a forma e o conteúdo dos contratos. Daí por que, atualmente, passa-se a se considerar a existência de uma autonomia da vontade reconstruída, fundada em uma autonomia racional em conformação com outros princípios contratuais.[6] Nesse sentido, a autonomia da vontade, nos contratos, preconizada e – de certo modo – assegurada pelo CDC é antes de tudo um exercício de razão, em face da opção de celebrar ou não o contrato, como igualmente de ter a adequada e plena informação sobre todas as questões relativas a este, desde seus pressupostos, riscos da contratação, assim como uma maior proteção na execução de seus termos.

O CDC, portanto, representa um novo regime das relações contratuais, porquanto ao lado dos princípios clássicos do direito dos contratos, como a liberdade contratual, a força obrigatória do vínculo por força da vontade (*pacta sunt servanda*) e o princípio liberal que estabelecia na vontade dos contratantes a única fonte de obrigatoriedade, e rejeita qualquer espécie de intervenção estatal. Surge aqui uma nova concepção social, principiológica e renovada do fenômeno contratual, sustentada na proteção dos interesses úteis e legítimos dos contratantes. Admitem-se, então, novas realidades a serem reguladas (como os contratos de massa e os contratos de adesão) e, sobretudo, a necessidade de intervenção do Estado nas relações até então confiadas ao exclusivo arbítrio dos particulares, para efeito de proteção de interesses reconhecidamente legítimos, mas que pelas

---

[3]   BENJAMIN, Antonio Herman. Prefácio a: MARQUES, Claudia Lima. *Contratos no Código de Defesa do Consumidor*. 4. ed. São Paulo: Ed. RT, 2003. p. 8-9. Em sentido semelhante, apontando a necessidade de articulação entre os princípios do microssistema do direito do consumidor e os princípios constitucionais: TEPEDINO, Gustavo. As relações de consumo e a nova teoria contratual. *In*: TEPEDINO, Gustavo. *Temas de direito civil*. Rio de Janeiro: Renovar, 1999. p. 199-215.

[4]   Nesse sentido, o conhecido trabalho de GILMORE, Grant. *The death of contract*. Columbus: The Ohio State University Press, 1992. p. 61 *et seq*. O original da obra é de 1974.

[5]   Nesse sentido, Claudia Lima Marques, em sua já clássica obra sobre contratos de consumo (*Contratos no Código de Defesa do Consumidor*. 4. ed. São Paulo: Ed. RT, 2003. p. 169), fazendo menção à tese sustentada na França por: CHARDIN, Nicole. *Le contrat de consommation de crédit et l'autonomie de la volonté*. Paris: LGDJ, 1988. p. 216.

[6]   CHARDIN, Nicole. *Le contrat de consommation de crédit et l'autonomie de la volonté*. Paris: LGDJ, 1988. p. 222.

Parte II · Cap. 2 · A PROTEÇÃO CONTRATUAL DO CONSUMIDOR | **231**

circunstâncias de atuação de mercado são prejudicados pelos interesses de contratantes potencialmente mais fortes, necessitando de apoio visando a promoção do seu equilíbrio.

A nova realidade da prática contratual, nesse sentido, passa a ser substancialmente distinta daquela que inspirou a formatação dos princípios e regras clássicas do direito contratual. Sobretudo a evolução tecnológica e científica dos séculos XIX e XX, assim como o *boom* populacional, o reconhecimento de novas formas de contratar, e o surgimento de novos bens e interesses considerados relevantes para efeito da realização de contratos (pense-se, por exemplo, na importância econômica atual da prestação de serviços),[7] determinam a necessidade da formatação e reconhecimento de novos princípios e regras para as relações contratuais. Essa renovação do direito contratual se dá prioritariamente no direito do consumidor, embora a ele não se tenha confinado, estendendo-se por todo o direito privado.

2.1 A NOVA TEORIA CONTRATUAL E O DIREITO DO CONSUMIDOR

A renovação da teoria contratual, que dá causa ao surgimento de uma nova teoria contratual no direito contemporâneo, tem sua razão de ser na profunda transformação da realidade econômica e social do mundo nos últimos séculos. A noção de contrato como espécie de ato formal cujo conteúdo é precisamente determinado pela vontade humana livre e consciente das partes contratantes, e que por essa razão é vinculativa dessas partes, assim como deve ser respeitado por todos os terceiros não participantes do vínculo, decorre basicamente dos pressupostos teóricos e dogmáticos estabelecidos a partir da escola jurídica do jusracionalismo nos séculos XVII e XVIII.[8] A larga influência do racionalismo jurídico nessa época, para a formação do direito legislado por intermédio das codificações oitocentistas, coloca a decisão decorrente da vontade humana, a base do acordo ou consenso entre as partes, como fundamento de toda autoridade legítima entre os homens.[9] Nesse sentido, o parâmetro de regularidade e de justiça estava disposto na figura do contrato, de acordo com a célebre frase de Fouillé, "qui dit contractuel, dit juste" ("quem diz contratual diz justo").

O direito natural racionalista dos séculos XVII e XVIII, então, conformará a base teórico-dogmática por meio da qual se estabelecerá o princípio do consensualismo e do *pacta sunt servanda*. Nesse sentido, cabe considerar a contribuição, entre outros juristas,

---

[7] MARQUES, Claudia Lima. Direitos básicos do consumidor na sociedade pós-moderna de serviços: o aparecimento de um sujeito novo e a realização de seus direitos. *Revista de Direito do Consumidor*, Paulo, v. 35, p. 61-96, jul./set. 2000.

[8] Em direito romano, embora fossem reconhecidas diversas espécies de contratos, consolidando-se a expressão *contractus* para designação da espécie mais importante de contratos obrigacionais, não se deu a estes um conceito técnico nem um desenvolvimento doutrinário maior. Assim: KASER, Max. *Direito privado romano*. Trad. Samuel Rodrigues e Ferdinand Hämmerle. Lisboa: Fundação Calouste Gulbenkain, 1999. p. 60-61. Não se desconhece, todavia, o reconhecimento da autonomia da vontade, ainda que não em sua expressão moderna, já na denominada *lex provata* romana, a partir do princípio *uti lingua nuncupassit, ita ius esto* (quando alguém celebra conforme foi expresso em palavras, assim é direito). Conforme: AMARAL, Francisco. A autonomia privada como poder jurídico. *Estudos jurídicos em homenagem a Caio Mário da Silva Pereira*. Rio de Janeiro: Forense, 1984. p. 291.

[9] A expressão é de Jean Jacques Rosseau, em seu *Contrato social*, citado por ALTERINI, Atílio A.; CABANA, Roberto M. López. *La autonomía de la voluntad en el contrato moderno*. Buenos Aires: Abeledo Perrot, 1989. p. 9.

de Grotius, considerado o principal nome dessa escola de pensamento jurídico, que ao reconhecer a capacidade de juízo como pressuposto do caráter vinculativo da promessa[10] lança as bases do direito contratual moderno. De dizer igualmente que, nesse momento, a partir da obra de Grotius, outras construções que futuramente serão adotadas pela teoria dos contratos são reconhecidas, sendo entretanto abandonadas temporariamente no século XIX e parte do século XX, como é o caso da responsabilidade pela confiança e a noção de justiça contratual, embasadas na ideia de equilíbrio contratual, esta última decorrente da tradição aristotélico-tomista, prevendo espécie de justiça contratual interna a partir da noção de equivalência das prestações.[11] Todavia, o espírito liberal e individualista que segue ao fenômeno das grandes codificações oitocentistas coloca em destaque apenas o princípio da autonomia da vontade como corolário do sistema de vínculo e responsabilidade contratual, uma vez que o direito terá por origem principal a decisão originária da autonomia pessoal de cada indivíduo.[12]

Tal entendimento será consagrado, então, no artigo 1.197 do Código Civil francês, o *Code Napoléon*, de 1804, ao estabelecer que "les conventions légalement formées tienent lieu loi a ceux qui les ont faites" ("os contratos legalmente formados têm força de lei para aqueles que o celebraram"). Daí surge a noção da liberdade ou autonomia contratual, a qual pode ser observada em dois sentidos, um positivo, outro negativo. Em sentido positivo, significa que as partes podem, com um ato de sua vontade, constituir, regular ou extinguir relações jurídicas patrimoniais. Em sentido negativo, de que ninguém pode ser privado de seus próprios bens ou ser constrangido a executar prestações a favor de outros de modo contrário ou independente da própria vontade.[13]

Entretanto, esse caráter absoluto da vontade como definidora dos efeitos jurídicos e do vínculo entre os contratantes sofrerá reveses decorrentes das transformações sociais, políticas e econômicas de meados do século XIX e, sobretudo, durante o século XX. Cumpre notar que o surgimento de ideologias políticas com visão profundamente crítica sobre os valores burgueses dominantes, tais como a noção de igualdade natural de todos os homens, sobre a qual se assentava o direito privado, e em especial o direito dos contratos, estimulou uma visão mais social do direito, embora restrita, em um primeiro momento, aos meios acadêmicos.[14] Da mesma forma, com o início do

---

[10] WIEACKER, Franz. *História do direito privado moderno*. Trad. Antônio Manuel Hespanha. Lisboa: Fundação Calouste Gulbenkian, 1993. p. 332-333. No mesmo sentido, a necessidade do cumprimento das promessas é a terceira lei natural identificada por Hobbes em seu Leviathan. Nesse sentido: VILLEY, Michel. *A formação do pensamento jurídico moderno*. Trad. Cláudia Berliner. São Paulo: Martins Fontes, 2005. p. 732.

[11] WIEACKER, Franz. *História do direito privado moderno*. Trad. Antônio Manuel Hespanha. Lisboa: Fundação Calouste Gulbenkian, 1993. p. 333-334.

[12] VILLEY, Michel. Essor et déclin du volontarimse juridique. *Leçons d'histoire de la philosophie du droit*. Paris: Dalloz, 1962. p. 277.

[13] GALGANO, Francesco. *El negocio jurídico*. Trad. Blaco Gascó e Lorenzo Albentosa. Valencia: Tirant lo Blanch, 1992. p. 65-67.

[14] Nesse sentido, a famosa conferência do jurista alemão Otto von Gierke, no princípio do século, intitulada "Função social do direito privado", na qual foram traçadas várias das linhas de argumentação em favor da função social, que posteriormente viabilizaram sua incorporação ao direito positivo, explícita ou implicitamente. GIERKE, Otto von. *La función social del derecho privado*. Trad. José M. Navarro de Palencia. Madrid: Sociedade Española, 1904.

século XX e o advento da Primeira Guerra Mundial, as circunstâncias extraordinárias que dela decorreram assinalaram as deficiências do reconhecimento absoluto da força obrigatória dos contratos. Até esse momento, e considerando a lógica que presidia o contrato e sua exigibilidade, o não cumprimento dos termos ajustados só era admitido quando reconhecido um defeito na formação válida do vínculo, como era o caso dos vícios de consentimento (em que a vontade formadora do contrato não era emitida de modo livre e consciente pelo seu autor), ou quando a declaração de vontade extrapolava os limites da lei. Outrossim, em matéria de reconhecimento do conteúdo do contrato, grande debate se estabeleceu sobre o critério que se devia levar em consideração, despontando-se a concorrência, ainda no século XIX, entre os partidários da teoria da vontade interna (*Willenstheorie*, sustentada por Savigny) e da teoria da declaração (*Erklärungstheorie*).[15] Não havendo nenhuma das restritas hipóteses nas quais o direito admitia que não havia a vinculação das partes, a regra era da necessidade de cumprimento do contrato, independentemente de um exame sobre a existência de desequilíbrio das prestações, ou sua abusividade.

Daí por que a primeira oportunidade em que se vai admitir a possibilidade de uma certa flexibilização do vínculo contratual é quando, após a eclosão da Primeira Guerra Mundial (1914-1918), por conta de circunstâncias novas, causadas mediata ou imediatamente pelo conflito, os contratos celebrados anteriormente têm sua execução agravada ou mesmo inviabilizada por uma das partes. Nessas circunstâncias, as cortes francesas vão admitir, na hipótese do advento de fatos imprevisíveis para as partes que dessem causa a uma excessiva desproporção das prestações, a revisão do contrato originariamente celebrado, a fim de promover seu reequilíbrio.[16] O surgimento da teoria da imprevisão bem como a admissão da necessidade de limitação dos direitos subjetivos (teoria do abuso do direito, limitações ao exercício do direito de propriedade) dão causa a uma primeira reflexão sobre o caráter vinculativo da manifestação de vontade, e a necessidade de que seus efeitos estejam adequados a certos padrões de moralidade,[17] equidade[18] e de justiça. Nesse sentido, aliás, vai orientar-se o desenvolvimento, anos depois, no direito alemão, da teoria da quebra da base do negócio jurídico,[19] acentuando a necessidade de equilíbrio do interesse legítimo das partes no contrato.

---

[15] Veja-se a respeito: FERRER CORRÊA, A. *Erro e interpretação na teoria do negócio jurídico*. Coimbra: Almedina, 2001. p. 58 *et seq.*

[16] Para um relato dos casos em direito comparado, tanto no direito francês quanto os chamados *Coronation cases*, no direito inglês, relativo ao aluguel de locais para que as pessoas assistissem às festividades de coroação do Rei Eduardo VII, que acabou não ocorrendo por doença do monarca, ensejando então litígios sobre a possibilidade ou não de resolução do contrato por fato superveniente, veja-se o relato de: AGUIAR JÚNIOR, Ruy Rosado de. *Extinção dos contratos por incumprimento do devedor*: resolução. Rio de Janeiro: Aide, 1991. p. 160-161.

[17] Assim: RIPERT, Georges. *A regra moral das obrigações civis*. Campinas: Bookseller, 2000. p. 203 *et seq.*

[18] Veja-se a interessante proposição da tese de Cristophe Albiges, sobre utilização da equidade no desenvolvimento do princípio da vedação do enriquecimento sem causa no direito privado: ALBIGES, Cristophe. *De l'équité en droit prive*. Paris: LGDJ, 2000. p. 41 *et seq.*

[19] LARENZ, Karl. *Base del negocio jurídico y cumplimiento de los contratos*. Trad. Carlos Fernandez Rodriguez. Madrid: Editorial Revista de Derecho Privado, 1956. p. 41. Entre nós: COUTO E SILVA, Clóvis. A teoria da base do negócio jurídico. *In*: FRADERA, Véra Maria Jacob de (org.). *O direito privado brasileiro na visão de Clóvis do Couto e Silva*. Porto Alegre: Livraria do Advogado, 1997. p. 93-94.

Entretanto, a grande transformação do direito dos contratos se dá, durante o século XX, em face do surgimento de uma nova realidade fática contratual. O desenvolvimento dos meios de produção e comércio no segundo pós-Guerra (pós-1945) deu causa ao conhecido fenômeno da massificação dos contratos. Nesse sentido, a incorporação de milhões de pessoas ao mercado de consumo e a necessidade do estabelecimento de práticas comerciais e contratuais com todos esses novos potenciais contratantes originaram uma nova realidade, de maior distanciamento entre os contratantes, a necessidade de estipulação de contratos padronizados, nos quais um dos contratantes apenas adere às cláusulas preestabelecidas (contratos de adesão/condições gerais dos contratos), assim como novas técnicas de persuasão sobre a conveniência ou oportunidade da aquisição ou contratação de bens e serviços, por intermédio de uma florescente e profissionalizada atividade publicitária.

É nesse contexto que surge a própria identidade dessa massa de contratantes dos produtos e serviços oferecidos no mercado de consumo, os consumidores. Parte-se então de uma nova premissa no reconhecimento das relações de consumo que, ao lado da dicotomia até então examinada pelo prisma social, político e jurídico, de trabalhadores e empregadores, uma segunda dicotomia, mais complexa e difusa (porquanto todas as pessoas seriam, em algum tempo, consumidores) estabeleceu-se entre consumidores e fornecedores.

Nesse caso, a teoria dos contratos, dado o caráter contratual típico das relações de aquisição de produtos e serviços pelos consumidores, vai sofrer inegáveis transformações. Em primeiro lugar, supera-se a premissa clássica da igualdade formal entre todos os indivíduos, desenvolvida ainda pelas escolas jusracionalistas dos séculos XVII e XVIII, para se admitir a existência de circunstâncias objetivas, na realidade social e econômica, nas quais os contratantes – consumidores e fornecedores – serão desiguais na determinação e direção da relação contratual. Nesse caso, reconhece-se a necessidade de reequilíbrio da relação entre as partes, o que se tornará possível mediante o reconhecimento de proteção jurídica àquele que é mais fraco na relação, o consumidor. A partir disso, diversos sistemas jurídicos passam a implementar legislações específicas de proteção do consumidor.[20]

---

[20] No direito europeu, são conhecidas as diversas diretivas da Comunidade Europeia, posteriormente incorporadas no direito interno dos países-membros, tais como: Diretivas 79/581/CEE, 88/314/CEE, 88/315/CEE, 90/377/CEE, sobre indicação e transparência no preço de produtos e serviços; Diretivas 79/112/CEE, 79/530/CEE, 79/531/CEE e 92/75/CEE, sobre etiquetagem de produtos; Diretivas 84/450/CEE sobre publicidade enganosa e 97/55/CE sobre publicidade comparativa; Diretiva 85/374/CEE, sobre responsabilidade civil por produtos defeituosos; Diretiva 85/577/CEE, sobre vendas a domicilio ou contratos negociados fora do estabelecimento comercial; Diretiva 87/102/CEE e modificação na Diretiva 90/88/CEE, sobre serviços bancários e crédito ao consumo; Diretiva 88/378/CEE, sobre segurança de brinquedos; Diretiva 89/646/CEE, sobre instituições de crédito; Diretivas 89/6227CEE, 90/239/CEE, 92/41/CEE e 98/43/CE, sobre produtos de tabaco; Diretiva 89/552/CEE, e Regulamentos CEE 2299/89, CEE 2342/90, 295/91, Diretiva 97/36/CEE, Reg. 2027/97, sobre comunicações e transportes; Diretiva 90/314/CEE, sobre viagens organizadas, férias combinadas e circuitos organizados; Regulamento 295/91/CEE, sobre *overbooking* no transporte aéreo; Diretivas 92/49/CEE e 92/96/CEE, sobre seguros; Diretiva 92/59/CEE, segurança geral dos produtos; Diretiva 93/13/CEE, sobre cláusulas abusivas nos contratos com consumidores; Diretivas 79/112/CEE, Reg. 1139/98 e 49/2000, informações sobre organismos geneticamente modificados ou transgênicos; Diretiva 94/47/CE, sobre multipropriedade ou *time-sharing*; Diretivas 95/46/CE e 97/66/CE, sobre tratamento de dados pessoais e proteção da privacidade; Diretiva 97/7/CE, sobre contratação à distância; Diretiva 98/6/CE, sobre a indicação de preços; Diretiva 98/27/

Parte II · Cap. 2 · A PROTEÇÃO CONTRATUAL DO CONSUMIDOR | 235

Entre os principais fatores de influência do direito do consumidor na renovação da teoria contratual em direito privado está a constatação, no que respeita aos contratos de consumo, de que o reequilíbrio das relações entre consumidores e fornecedores e a proteção da parte vulnerável do contrato estão na determinação de novos deveres aos fornecedores, tais como os deveres de transparência, informação e boa-fé. No caso, a decisão de contratar do consumidor deve ser orientada a partir da exigência do cumprimento desses deveres pelo fornecedor. Claudia Lima Marques, em sua destacada obra sobre contratos,[21] divide o exame dos contratos de consumo em quatro princípios essenciais, quais sejam: os princípios da transparência, da boa-fé, da equidade e da confiança, o que, de certo modo demonstra os aspectos mais importantes que o direito dos contratos de consumo vai apresentar, em contraposição, em um primeiro momento, ao tratamento que a disciplina das obrigações ainda vai observar no direito civil tradicional.

Nesse sentido, em vista da lei e da própria jurisprudência de direito privado, é que os contratos de consumo são os primeiros a incorporar, no direito brasileiro, a identificação das diversas fases da relação obrigacional (a noção de obrigação como um processo),[22] assim como a necessidade da imposição de eficácia e deveres jurídicos específicos às partes em cada um desses momentos. Desde a realização da publicidade e da oferta, e seus deveres de informação e clareza, assim como seu efeito vinculativo do fornecedor, todas as fases do contrato passam a ser abrangidas pelas normas relativas à proteção do consumidor. Da mesma forma, o amplo controle de aproximação de consumidores e fornecedores na fase de execução e após a extinção do contrato, por intermédio da regulação das práticas comerciais abusivas e dos bancos de dados e cadastros de consumidores, assim como o conteúdo dos contratos, pela detalhada (porém não exaustiva) previsão normativa sobre as cláusulas abusivas e a cominação da sua nulidade.

Tal é o número de inovações em matéria contratual no CDC que, durante algum tempo – e, em muitos casos, ainda hoje –, há o interesse confessado de muitos que, ainda quando não se caracterizem propriamente como consumidores, buscam o alargamento do conceito, via equiparação do artigo 29 do CDC, para efeito de permitir a aplicação das normas nele previstas. É o caso, por exemplo, de pequenos e médios empresários em suas relações negociais ou de agricultores considerados vulneráveis na aquisição de insumos para sua produção.[23] A vigência do novo Código Civil brasileiro, em 2002, embora tenha

---

CE, sobre ações de cessação destinadas a proteção de interesses coletivos dos consumidores; Reg. CE 12027/97, sobre responsabilidade das transportadoras aéreas em caso de acidentes; Diretiva 1999/93/CE, sobre assinatura eletrônica; Diretiva 1999/44/CE, sobre venda de bens de consumo e garantias destas vendas; e Diretiva 2000/31/CE, sobre comércio eletrônico.

[21] MARQUES, Claudia Lima. *Contratos no Código de Defesa do Consumidor*. 4. ed. São Paulo: Ed. RT, 2003. p. 589 *et seq.*

[22] Nesse sentido, veja-se a obra pioneira em direito brasileiro acerca do exame das diversas fases da relação obrigacional e o reconhecimento de efeitos e deveres jurídicos em cada uma delas em: COUTO E SILVA, Clóvis. *A obrigação como processo*. Porto Alegre: UFRGS, 1964. p. 45 *et seq.*

[23] "Código de Defesa do Consumidor. Destinatário final: conceito. Compra de adubo. Prescrição. Lucros cessantes. 1. A expressão 'destinatário final', constante da parte final do artigo 2º do Código de Defesa do Consumidor, alcança o produtor agrícola que compra adubo para o preparo do plantio, à medida que o bem adquirido foi utilizado pelo profissional, encerrando-se a cadeia produtiva respectiva, não sendo objeto de transformação ou beneficiamento" (STJ, REsp 208.793/MT, 3ª Turma, Rel. Min. Carlos Alberto Menezes Direito, j. 18.11.1999).

atenuado essa ampliação do âmbito de aplicação das normas de defesa do consumidor, não eliminou completamente o recurso ao CDC de pessoas que, não obstante não sejam destinatários finais, pretendem a aplicação de suas normas a determinadas relações jurídicas.

A influência da regulação jurídica do CDC acerca dos contratos de consumo é decisiva para toda a teoria dos contratos no direito privado brasileiro e comparado. O direito do consumidor sedimenta, pois, uma nova *concepção social do contrato*.[24] Refere-se essa noção ao fato do contrato que, ao mesmo tempo que tem alta representação como expressão do poder da autonomia individual, deve ser regulado em consideração aos eventuais efeitos que se produzem à comunidade e à frustração dos interesses dos contratantes em razão da realidade social de diferenças entre os níveis de poder dos diversos sujeitos envolvidos na conformação do pacto. O Código Civil de 2002, em seu artigo 421, complementa essa noção, introduzindo no direito brasileiro,[25] a partir da legislação, determinação específica de que o contrato deverá cumprir sua função social,[26] o que é reconhecido, por destacada doutrina,[27] como a mais importante inovação do Código Civil de 2002 no direito contratual.

2.1.1 A autonomia privada e o contrato de consumo

Essa nova regulação jurídica dos contratos de consumo e da proteção do consumidor por intermédio da imposição de deveres de respeito, informação e esclarecimento ao fornecedor dá causa à necessidade de uma nova leitura da disciplina contratual à luz do princípio da autonomia privada. A noção de autonomia privada e, sobretudo, de autonomia negocial sustentou, no direito civil tradicional, em sua matriz clássica do direito francês, bem como na tradição do direito brasileiro, a consagração do princípio da liberdade contratual e de sua decorrência lógica, a força do vínculo formado a partir da livre manifestação da vontade (*pacta sunt servanda*).

A noção de autonomia privada, como sustenta Ana Prata, consiste no *poder reconhecido pela ordem jurídica ao homem, prévia e necessariamente qualificado como sujeito jurídico, de juridicizar a sua atividade (designadamente, a sua atividade econômica), realizando livremente seus negócios jurídicos e determinando os respectivos efeitos*.[28] No cerne da questão inserem-se, inclusive, questões morais, conforme a célebre construção kantiana acerca da lei moral que o indivíduo coloca para si, e que estaria na essência da noção de autonomia. Essa noção, entretanto, no decorrer do século XIX, foi permeada na ciência jurídica por um forte conteúdo liberal e individualista, vinculando-a à liberdade

---

[24] MARQUES, Claudia Lima. *Contratos no Código de Defesa do Consumidor*. 4. ed. São Paulo: Ed. RT, 2003. p. 175.

[25] A referência é útil porquanto o artigo 421 do CC é o primeiro que se refere expressamente à *função social do contrato*. Não é desconhecida, contudo, a forte presença dessa concepção social do contrato previamente à vigência do Código Civil, do que é mais representativo a lógica e as disposições do Código de Defesa do Consumidor.

[26] Sobre a função social dos contratos, veja-se o nosso: MIRAGEM, Bruno. Diretrizes interpretativas da função social dos contratos. *Revista de Direito do Consumidor*, São Paulo, v. 51, p. 22-45, out./dez. 2005.

[27] Assim refere LÔBO, Paulo Luiz Netto. Princípios sociais dos contratos no Código de Defesa do Consumidor e no novo Código Civil. *Revista de Direito do Consumidor*, São Paulo, v. 42, p. 187-195, abr./jun. 2002.

[28] PRATA, Ana. *A tutela constitucional da autonomia privada*. Coimbra: Almedina, 1982. p. 11.

de conformação individual da própria vida e das relações estabelecidas entre o indivíduo e outras pessoas.

Não se pode desconhecer, todavia, que, em grande medida, a autonomia individual é exercida em sociedade,[29] não prescindindo, portanto, da igualdade dos sujeitos da relação jurídica para efeito de assegurar-se a possibilidade de exercício livre dessa autonomia (auto + nomos = própria norma pela vontade). É nesse ponto que as normas de proteção do consumidor têm sua finalidade específica. Parte-se do pressuposto de que não há, em matéria da realidade econômica e social da sociedade de consumo, verdadeira autonomia privada, ou seja, autêntica liberdade de contratar, sem a igualdade de poderes fáticos e jurídicos dos sujeitos de uma mesma relação contratual. Daí por que, considerando-se que o conceito de autonomia privada exige a necessidade de assegurar, quanto mais possível, a igualdade negocial entre os partícipes do contrato,[30] encontram-se o cerne e o fundamento das normas de proteção do consumidor em matéria contratual.

Para assegurar os interesses legítimos dos consumidores em matéria contratual, segundo muitos autores, passa a ocorrer o declínio da própria liberdade de contratar,[31] de modo a promover, pela incidência de normas cogentes decorrentes da intervenção do Estado na relação contratual, uma espécie de padrão mínimo em relação a certos contratos em que se identifica a vulnerabilidade de um dos sujeitos contratantes.

É possível reconhecer na disciplina dos contratos de consumo a limitação da liberdade imediata dos contratantes, como privilégio de uma noção realística de autonomia negocial, considerando os fatores sociais e econômicos que influem na tomada de decisões dos consumidores na sociedade de consumo. Essa nova visão vem substituir uma concepção mais abstrata da autonomia privada na sua perspectiva tradicional, que terminava privilegiando, em nome do exercício da liberdade contratual, a satisfação dos interesses daqueles que possuíam condições fáticas de impor seus propósitos; no caso das relações de consumo, os fornecedores.

A adoção de normas de ordem pública (artigo 1º do CDC), que limitam o espaço de autodeterminação, por via contratual, de direitos subjetivos e outras disposições protetivas dos consumidores, é antes um modo de assegurar o exercício pleno dos poderes de conformação do contrato a partir de um *standard* legal, um padrão mínimo indisponível. Como bem ensina Francisco Amaral, "o negócio jurídico, como fonte [do direito] subordina-se à lei (...) uma norma negocial não derroga uma legal, salvo previsão pela própria norma legislativa, mas esta revoga a primeira, como ocorre em matéria de ordem pública e bons costumes".[32] Por isso, coloca-se fora da possibilidade de modificações ou alterações próprias do jogo de pressões ou dos modos de contratação (contratos de adesão, contratações a distância, vendas emocionais) que são aptas a enfraquecer a posição

---

[29]   AZEVEDO, Antônio Junqueira. Ciência do direito, negócio jurídico e ideologia. *In*: AZEVEDO, Antônio Junqueira. *Estudos e pareceres de direito privado*. São Paulo: Ed. RT, 2006. p. 38-54.

[30]   PRATA, Ana. *A tutela constitucional da autonomia privada*. Coimbra: Almedina, 1982. p. 105.

[31]   MARQUES, Claudia Lima. *Contratos no Código de Defesa do Consumidor*. 4. ed. São Paulo: Ed. RT, 2003. p. 224.

[32]   AMARAL, Francisco. A autonomia privada como poder jurídico. *Estudos jurídicos em homenagem a Caio Mário da Silva Pereira*. Rio de Janeiro: Forense, 1984. p. 311.

238 CURSO DE DIREITO DO CONSUMIDOR – *Bruno Miragem*

do consumidor, mas que são inerentes, atualmente, às práticas de mercado na sociedade de consumo.

2.1.2 Nova visão da relação contratual: o processo obrigacional

Como já referimos, outra inovação do tratamento legislativo e dogmático do contrato de consumo é sua consideração não como um ato instantâneo, senão a partir da identificação, na dinâmica das relações de mercado, de uma série de comportamentos de aproximação entre fornecedores e consumidores, antes do contrato e posteriores à execução, que por sua importância para realização dos interesses legítimos das partes merecerão adequado tratamento legal.

Entre nós, essa compreensão da relação obrigacional – e do contrato em particular – foi destacada de modo pioneiro por Clóvis do Couto e Silva, no esteio das reflexões realizadas, sobretudo, pela doutrina alemã. Observava esse jurista que "a obrigação, vista como processo, compõe-se, em sentido largo, do conjunto de atividades necessárias à satisfação do interesse do credor".[33] Nesse sentido, propõe que a ligação dos direitos e deveres pertinentes a cada uma das fases do processo obrigacional é a sua finalidade, traduzida pelo adimplemento.[34] Isso significa dizer, pois, que os deveres das partes não se encerram apenas no dever principal de prestação, ou seja, na realização da obrigação principal. Surge para os contratantes uma série de deveres de conduta, tanto no momento prévio à celebração do contrato quanto, em relação a alguns deveres, sua manutenção para além da execução, cujo cumprimento permite caracterizar a existência ou não do adimplemento. Segundo refere Karl Larenz, "estes deveres que excedem do próprio dever de prestação – cujo cumprimento constitui normalmente objeto de demanda – e que resultam para ambas as partes do que foi expressamente pactuado, do sentido e fim da obrigação, do princípio da boa-fé em acordo com as circunstâncias, ou, finalmente, das exigências do tráfico, os denominados 'deveres de conduta' (*Verhaltenspflichten*)".[35]

Sem prejuízo da incidência da boa-fé objetiva, estabelecendo deveres implícitos às partes contratantes em vista da realização do adimplemento do contrato, no que se refere à disciplina dos contratos de consumo pelo CDC, em vista do objetivo de assegurar a efetividade dos direitos dos consumidores, o legislador previu, a par da obrigação principal que lhe diz respeito – fornecimento de produtos ou serviços –, uma série de deveres de conduta aos fornecedores. Estes têm por finalidade a proteção de interesses legítimos dos consumidores, acrescendo aos deveres contratualmente estabelecidos.

A disciplina legal dos contratos de consumo, assim, foi determinada de acordo com essa visão dinâmica da relação obrigacional, e na qual a fase anterior à celebração do contrato (fase pré-contratual) assume enorme relevância. O CDC assim regula extensamente a oferta (artigos 30 e 31) e a publicidade (artigos 30 e 36) de produtos e serviços, equiparando-as em matéria de efeitos – ambas vinculam o fornecedor –, assim como disciplinando os deveres de clareza e precisão da informação a ser repassada aos consumidores e a possibilidade de exigir o cumprimento específico da obrigação nos termos

---

[33] COUTO E SILVA, Clóvis do. *A obrigação como processo*. Porto Alegre: UFRGS, 1964. p. 10.

[34] COUTO E SILVA, Clóvis do. *A obrigação como processo*. Porto Alegre: UFRGS, 1964. p. 13.

[35] LARENZ, Karl. *Derecho de obligaciones*. Trad. Jayme Santos Briz. Madrid: ERDP, 1958. t. I, p. 21-22.

da oferta (artigo 35). Da mesma forma, considerando as estratégias de aproximação do fornecedor com o consumidor, assim como no curso da relação contratual, o CDC dedica largo tratamento às práticas comerciais, vedando aquelas que se caracterizarem como abusivas (artigo 39).

No que se refere à execução dos contratos de consumo, o CDC reconhece, entre outros direitos dos consumidores, o direito de arrependimento para compras feitas fora do estabelecimento comercial (artigo 49), o controle das cláusulas abusivas e a decretação da sua nulidade (artigo 51), a interpretação dos contratos de modo mais favorável ao consumidor (artigo 47), a imposição de deveres específicos de informação (artigo 52) e as consequências da violação desse dever (artigo 46), assim como o controle dos efeitos do inadimplemento (artigos 52 e 53).

Por fim, na fase pós-contratual (cuja possibilidade do reconhecimento de efeitos já havia sido permitida a partir da teoria da culpa *post pactum finintum*),[36] as normas do Código determinam a imposição da garantia legal (artigos 24 e 25), que poderá ser complementada pela garantia contratual (artigo 50), o controle e procedimentos de inscrição dos consumidores em bancos de dados e cadastros de consumidores (artigo 43), assim como a obrigatoriedade de oferta pelos fornecedores de peças de reposição dos produtos e serviços (artigo 32).

Observa-se, portanto, que a estrutura do contrato de consumo segue o tratamento da relação obrigacional como processo, estabelecendo ao lado dos deveres implícitos originados pela boa-fé objetiva, e amplamente reconhecidos na relação de consumo, uma série de direitos positivados na legislação, abrangendo as diversas fases compreendidas na relação entre o consumidor e o fornecedor, sempre em vista da proteção dos interesses legítimos das partes e, de modo destacado, dos consumidores.

2.1.3   A proteção da confiança nos contratos de consumo

A proteção da confiança é, atualmente, um dos mais importantes princípios do direito privado. Embora possa parecer paradoxal, em alguma medida isso se dá em razão de uma crise de confiança pela qual passa a sociedade de informação, cujas hipercomplexidade e hiperinformação[37] dão conta de uma ruptura na crença em comportamentos tradicionais, em comportamentos-padrão, reclamando-se a necessidade de estabelecimento da garantia da aplicação e efetividade do direito,[38] por intermédio da proteção da confiança

---

[36]   MARQUES, Claudia Lima. *Contratos no Código de Defesa do Consumidor*. 4. ed. São Paulo: Ed. RT, 2003. p. 229. No mesmo sentido António Menezes Cordeiro, reconhecendo a boa-fé objetiva como fonte desses deveres pós-contratuais, refere-se a *culpa post pactum finitum* como "projeção simétrica da culpa *in contrahendo* para o período pós-contratual". Nesse sentido destaca o eminente jurista português a possibilidade de que, extinta uma obrigação, possam subsistir, "a cargo das antigas partes, deveres de proteção, de informação e de lealdade" (MENEZES CORDEIRO, António. *Da boa-fé no direito civil.* Coimbra: Almedina, 2001. p. 625 *et seq.*).

[37]   Sobre o tema, tratei em outro estudo: MIRAGEM, Bruno. A ordem pública e os direitos humanos. Elementos para um direito internacional pós-moderno. *In*: MARQUES, Claudia Lima; ARAÚJO, Nádia de. *Estudos em homenagem a Erik Jayme.* Rio de Janeiro: Renovar, 2004. p. 307-354.

[38]   Nesse sentido, Claudia Lima Marques, citando Niklas Luhmann: MARQUES, Claudia Lima. *Confiança no comércio eletrônico e a proteção do consumidor.* Um estudo dos negócios jurídicos de consumo no comércio eletrônico. São Paulo: Ed. RT, 2004. p. 32 *et seq.*

individual e social. A proteção da confiança, assim, constitui, na exata lição de Niklas Luhmann, "o modo mais efetivo de redução da complexidade social".[39]

Por confiança – ensina Carneiro de Frada – entendem-se diferentes significados, desde "aquele que crê firmemente em uma certa realidade, como quem espera por uma convicção mais moderada; como ainda o que chega a adotar um determinado comportamento, apesar de uma contingência que não domina, decidido a assumir o correspondente risco na expectativa de que ele não se concretize".[40] Ou, como propõe Menezes Cordeiro, "a confiança exprime situação em que uma pessoa adere, em termos de atividade ou de crença, a certas representações passadas, presentes ou futuras que tenham por efetiva".[41]

Boa-fé objetiva e *confiança* são conceitos que se aproximam.[42] A confiança é, em regra, a base de comportamentos sociais ou jurídicos individuais[43] e, considerando-se a perspectiva da comunidade, há nesses comportamentos a crença de uma conduta correta por parte dos demais, ou, à falta desta, a realização de consequências (sanções) na hipótese de violação. Daí por que a proteção da confiança abrange essencialmente *as expectativas de cumprimento de determinados deveres de comportamento*.[44]

Com respeito às relações de consumo, a proteção da confiança é antes de tudo uma resposta à massificação das contratações e das práticas negociais de mercado. Uma das consequências desse fenômeno nas relações de consumo, já referimos, é a crescente despersonalização do contrato, fazendo com que os consumidores sejam identificados pelos fornecedores não mais pessoalmente, senão a partir de toda espécie de informação, como um número, uma senha ou determinados perfis de consumo.

Daí a necessidade do estabelecimento de novo paradigma objetivo nos contratos de consumo que tenha em consideração, principalmente, "um *standard* de qualidade e segurança que podem ser esperados por todos, contratantes, usuários atuais e futuros".[45] A proteção da confiança nos contratos de consumo, nesse sentido, leva em consideração tanto a projeção interna do contrato quanto a regularidade das tratativas e dos termos acordados entre consumidores e fornecedores. Da mesma forma ocorre com relação ao dever geral de segurança e qualidade exigidos dos produtos e serviços que constituem o objeto dessas relações jurídicas.

No primeiro caso, destacam-se os deveres impostos aos fornecedores no que se refere ao adequado esclarecimento e informação do consumidor sobre o conteúdo do contrato e, em determinadas situações, de suas consequências patrimoniais e pessoais para o consumidor (por exemplo, os deveres especiais de informação nos contratos de

---

[39] LUHMANN, Niklas. *Confianza*. Trad. Amada Flores. México: Anthropos, 1996. p. 14.

[40] CARNEIRO DE FRADA, Manuel António de Castro Portugal. *Teoria da confiança e responsabilidade civil*. Coimbra: Almedina, 2004. p. 17-18.

[41] MENEZES CORDEIRO, António. *Da boa-fé no direito civil*. Coimbra: Almedina, 2001. p. 1234.

[42] MENEZES CORDEIRO, António. *Da boa-fé no direito civil*. Coimbra: Almedina, 2001. p. 1241.

[43] MENEZES CORDEIRO, António. *Da boa-fé no direito civil*. Coimbra: Almedina, 2001. p. 1243.

[44] CARNEIRO DE FRADA, Manuel António de Castro Portugal. *Teoria da confiança e responsabilidade civil*. Coimbra: Almedina, 2004. p. 79.

[45] MARQUES, Claudia Lima. *Contratos no Código de Defesa do Consumidor*. 4. ed. São Paulo: Ed. RT, 2003. p. 980.

empréstimo e financiamento em geral).[46] No que se refere aos deveres de segurança e qualidade dos produtos e serviços, dizem respeito ao fundamento da responsabilidade dos fornecedores tanto pelo fato do produto ou do serviço (nos quais a presença do defeito assinala a violação do dever de confiança) quanto do vício do produto ou do serviço (na hipótese em que o produto ou serviço não servem aos fins que legitimamente dele se esperam, em razão de uma falha no processo de produção, distribuição ou oferecimento no mercado de consumo).

As consequências típicas da proteção da confiança consistem na preservação da posição nela fundamentada ou a imposição do dever de indenizar em decorrência da sua violação.[47] Exemplo disso é a determinação do artigo 46 do CDC, pelo qual as estipulações contratuais que gerem obrigações aos consumidores não serão obrigatórias, se não lhes for dada oportunidade do conhecimento prévio do seu conteúdo. Igualmente é o que ocorre com o direito à indenização por perdas e danos em decorrência do descumprimento da oferta, previsto no artigo 35, III, do CDC,[48] ou mesmo pela quebra da confiança despertada.[49]

---

[46] Em nosso direito, o artigo 53 do CDC estabelece deveres específicos de informação no que se refere aos contratos de financiamento de produtos e serviços. No direito francês, é estabelecida uma série de normas estipulando deveres aos fornecedores com o objetivo de assegurar a ampla informação e qualidade do consentimento do consumidor. Nesse sentido, veja-se: CALAIS-AULOY, Jean; STEINMETZ, Frank. *Droit de la consommation*. 5. ed. Paris: Dalloz, 2000. p. 371-401.

[47] MENEZES CORDEIRO, António. *Da boa-fé no direito civil*. Coimbra: Almedina, 2001. p. 1.249.

[48] "Consumidor. Recurso especial. Publicidade. Oferta. Princípio da vinculação. Obrigação do fornecedor. O CDC dispõe que toda informação ou publicidade, veiculada por qualquer forma ou meio de comunicação com relação a produtos e serviços oferecidos ou apresentados, desde que suficientemente precisa e efetivamente conhecida pelos consumidores a que é destinada, obriga o fornecedor que a fizer veicular ou dela se utilizar, bem como integra o contrato que vier a ser celebrado. Constatado pelo Eg. Tribunal *a quo* que o fornecedor, através de publicidade amplamente divulgada, garantiu a entrega de veículo objeto de contrato de compra e venda firmado entre o consumidor e uma de suas concessionárias, submete-se ao cumprimento da obrigação nos exatos termos da oferta apresentada. Diante da declaração de falência da concessionária, a responsabilidade pela informação ou publicidade divulgada recai integralmente sobre a empresa fornecedora" (STJ, REsp 363.939/MG, Rel. Min. Fátima Nancy Andrighi, j. 04.06.2002, *DJU* 1º.07.2002. p. 338).

[49] "Direito do consumidor. Contrato de seguro de vida inserido em contrato de plano de saúde. Falecimento da segurada. Recebimento da quantia acordada. Operadora do plano de saúde. Legitimidade passiva para a causa. Princípio da boa-fé objetiva. Quebra de confiança. Denunciação da lide. Fundamentos inatacados. Direitos básicos do consumidor de acesso à Justiça e de facilitação da defesa de seus direitos. Valor da indenização a título de danos morais. Ausência de exagero. Litigância de má-fé. Reexame de provas. Os princípios da boa-fé e da confiança protegem as expectativas do consumidor a respeito do contrato de consumo. A operadora de plano de saúde, não obstante figurar como estipulante no contrato de seguro de vida inserido no contrato de plano de saúde, responde pelo pagamento da quantia acordada para a hipótese de falecimento do segurado se criou, no segurado e nos beneficiários do seguro, a legítima expectativa de ela, operadora, ser responsável por esse pagamento. A vedação de denunciação da lide subsiste perante a ausência de impugnação à fundamentação do acórdão recorrido e os direitos básicos do consumidor de acesso à Justiça e de facilitação da defesa de seus direitos. Observados, na espécie, os fatos do processo e a finalidade pedagógica da indenização por danos morais (de maneira a impedir a reiteração de prática de ato socialmente reprovável), não se mostra elevado o valor fixado na origem. O afastamento da aplicação da pena por litigância de má-fé necessitaria de revolvimento do conteúdo fático-probatório do processo. Recurso especial não conhecido" (STJ, REsp 590.336/SC, Rel. Min. Fátima Nancy Andrighi, j. 07.12.2004, *DJU* 21.02.2005, p. 175).

2.2 A FORMAÇÃO DO CONTRATO DE CONSUMO

O modo típico de formação dos contratos é representado em nosso direito privado sob o binômio *proposta* e *aceitação*. A presença dos dois elementos assinala o nascimento do vínculo jurídico apto a produzir efeitos jurídicos. A *proposta*, também denominada policitação, é o ato pelo qual a parte manifesta sua intenção de contratar, bem como os termos em que pretende fazê-lo, e solicita da outra parte a respectiva manifestação sobre sua aceitação. Ensina Pontes de Miranda que "à oferta ou sucede a aceitação pura e simples, que bilateraliza o negócio jurídico e vincula os figurantes, ou a recusa, ou a aceitação modificativa que não é, propriamente, aceitação, mas sim outra manifestação de vontade, outra oferta, no lugar da recusa ou aceitação pura e simples, que se havia de esperar".[50] A função da oferta, nesse sentir, é dar a conhecer o conteúdo do que será o negócio jurídico. No tocante à aceitação, esta pode ser expressa ou tácita, sendo a primeira quando se empreguem palavras ou sinais que a exprimam e a segunda, pelo silêncio, mas acompanhada de atos positivos ou negativos que não se componham de sinais compreensíveis.[51]

É certo que o modo como se processam oferta e aceitação não é igual em todas as espécies de contrato. Distinguem-se desde logo entre os contratos solenes e não solenes, sendo que nos primeiros, oferta e aceitação são momentos prévios e pressupostos à celebração do contrato, enquanto nos contratos não solenes, oferta e aceitação são procedimentos sucessivos e dependentes um do outro.[52] Nos contratos de consumo, especialmente tratando-se de contratos de adesão, pode ocorrer que a mera manifestação tácita do consumidor caracterize a aceitação do contrato.

Em geral, aliás, em face das condições gerais estabelecidas em muitos contratos de consumo, o comportamento concludente, a caracterizar a aceitação do consumidor, poderá se dar apenas pela utilização do produto ou serviço, o apertar de um botão ou acionar um dispositivo, ou, como no caso dos contratos via internet, pelo simples ato de clicar em determinada alternativa em certo sítio eletrônico. Em algumas dessas situações estaremos diante do que a doutrina alemã convencionou denominar como *relações contratuais fáticas*[53] ou também chamadas de *contato social*,[54] caracterizados pela não utilização de

---

[50] PONTES DE MIRANDA, Francisco Cavalcanti. *Tratado de direito privado*. Rio de Janeiro: Borsói, 1972. t. XXXVIII, p. 26-27.

[51] PONTES DE MIRANDA, Francisco Cavalcanti. *Tratado de direito privado*. Rio de Janeiro: Borsói, 1972. t. XXXVIII, p. 28.

[52] Assim: FERREIRA DE ALMEIDA, Carlos. *Texto e enunciado do negócio jurídico*. Coimbra: Almedina, 1992. p. 782.

[53] O reconhecimento e a sistematização das denominadas relações contratuais fáticas devem-se a Günther Haupt, por intermédio de seu ensaio "Em torno das relações contratuais fáticas". Conforme: HATTENHAUER, Hans. *Conceptos fundamentales del derecho civil*: introdución histórico-dogmática. Barcelona: Ariel, 1987. p. 73.

[54] Assim também na sociologia, desenvolveu-se o conceito de contato social, sobretudo a partir da obra de Leopold von Wiese. Nesse sentido: WIESE, Leopold von; BECKER, H. O contacto social. *In*: CARDOSO, Fernando Henrique; IANNI, Octávio (org.). *Homem e sociedade*. Leituras básicas de sociologia geral. São Paulo: Companhia Editora Nacional, 1961. p. 145-161. Em direito, o contato social passa a ser reconhecido tanto como fonte de efeitos jurídicos tanto entre estrangeiros como Dölle, no direito alemão, para quem esse contato negocial é apto a determinar o surgimento de deveres jurídicos (conforme MARQUES, Claudia Lima. *Contratos no Código de Defesa do Consumidor*. 4. ed. São Paulo: Ed. RT, 2003. p. 615), como no direito brasileiro, a partir de Clóvis do Couto e Silva, que o reconhece como

Parte II · Cap. 2 · A PROTEÇÃO CONTRATUAL DO CONSUMIDOR | 243

formas jurídicas predeterminadas para "celebração" do contrato, senão que esta se supõe da conduta concreta dos indivíduos na vida social. Assim, por exemplo, quem embarca em um ônibus esperando que este lhe deixe em alguma estação do trajeto preestabelecido, ou quem adquire um cupom na bilheteria de um cinema. Sem a necessidade de maiores debates ou conformações do conteúdo do contrato pelos contratantes em ambos os casos, o fato é que se entende nas condutas empregadas a intenção de realizar, no primeiro caso, um contrato de transporte, assim como, no segundo, a audiência de um filme.

Atualmente, há o questionamento, sobretudo em face dos meios tecnológicos de comunicação, da possibilidade de formação de contratos sem consenso, mas apenas por intermédio da realização de comportamentos fáticos,[55] ou, por outro lado, empreende-se a tentativa de compreensão dessas contratações mediante novas interpretações do momento de formação do contrato, tais como uma noção mais objetiva, com a redefinição do próprio modo de configuração do consenso.[56]

Em face da nova realidade contratual, na qual os contratos de consumo se estabelecem sob a forma de contratos de adesão, muitas vezes após intensa atividade publicitária a exigir a regulação do fenômeno a partir da preocupação de proteção dos potenciais aceitantes, demonstra-se a insuficiência da visão tradicional de direito civil sobre os contornos da oferta e da aceitação, sobretudo no que diz respeito a seus efeitos vinculativos do ofertante. A oferta de consumo assim surge não apenas como espécie de convite a contratar (*invitatio ad offerendum*), hipótese que reconhece amplas possibilidades de sua revogação, mas com caráter vinculativo, em vista da proteção do consumidor a quem se dirige.

2.2.1 A oferta de consumo e sua eficácia vinculante

O Código Civil brasileiro apresenta distinção entre a *oferta* e a *proposta*, embora doutrinariamente muitos autores identifiquem ambos os conceitos.[57] Segundo o artigo 427 do CC, "a proposta de contrato obriga o proponente, se o contrário não resultar dos termos dela, da natureza do negócio, ou das circunstâncias do caso". A expressão *oferta*, desse modo, é reservada apenas à situação de oferta ao público, regulada pelo artigo 429, nos seguintes termos: "A oferta ao público equivale à proposta quando encerra os requisitos essenciais ao contrato, salvo se o contrário resultar das circunstâncias ou dos usos". Em direito civil, o tema da obrigatoriedade distingue-se, em um primeiro momento, quanto à circunstância de ter sido feita no âmbito de um contrato entre presentes ou entre ausentes. Na primeira hipótese, deixa de ser obrigatória a proposta, "se, feita sem prazo a pessoa presente, não foi imediatamente aceita". Nesse caso, indica o artigo 428, I, que se considera contrato entre presentes o celebrado por intermédio de telefone ou por meio de comunicação semelhante. Quanto ao contrato entre ausentes, a proposta desobriga o

---

fonte de obrigações: COUTO E SILVA, Clóvis do. *A obrigação como processo*. Porto Alegre: UFRGS, 1964. p. 91-94.

[55] IRTI, Natalino. Scambi senza accordo. *Rivista Trimestrale di Diritto e Procedure Civile*, Milano, v. 52, n. 2, p. 347-364, giugno 1998.

[56] OPPO, Giorgio. Desumanizzzazione del contrato? *Rivista de Diritto Civile*, Padova, n. 5, p. 525-533, set./ott. 1998.

[57] Assim: PONTES DE MIRANDA, Francisco Cavalcanti. *Tratado de direito privado*. Rio de Janeiro: Borsói, 1972. t. XXXVIII, p. 26.

proponente quando "tiver decorrido tempo suficiente para chegar a resposta" ao seu conhecimento (artigo 428, II), ou, quando feita a termo, a aceitação não tiver sido expedida no prazo determinado (artigo 428, III), ou ainda quando haja retratação do proponente, a qual tenha sido conhecida pelo destinatário em momento anterior ou simultaneamente à oferta (artigo 428, IV).

Por outro lado, a oferta ao público apenas obriga quando encerra os requisitos essenciais do contrato. Essa exigência, embora obedeça à lógica contratual do direito civil tradicional, naturalmente que não parece adequada à realidade dos contratos de massa, assim como ao fenômeno da publicidade e sua linguagem muitas vezes fluida, de duplo sentido, sem a precisão e caráter determinável inerentes à noção de proposta contratual formal e determinada. Daí por que, nos contratos de consumo, a definição de oferta não mais exigirá a determinação de um ato específico com informações precisas sobre todos os elementos essenciais do contrato. Considerando o modo como se processam as contratações no mercado de consumo, assim como a multiplicidade de meios e a velocidade com que se estabelecem e divulgam as informações relativas a tais contratos, o legislador do CDC optou por indicar à oferta efeito vinculante, caracterizando-a como toda e qualquer informação suficientemente precisa divulgada pelo fornecedor. Estabelece o artigo 30 do CDC: "Toda informação ou publicidade, suficientemente precisa, veiculada por qualquer forma ou meio de comunicação com relação a produtos e serviços oferecidos ou apresentados, obriga o fornecedor que a fizer veicular ou dela se utilizar e integra o contrato que vier a ser celebrado".

Portanto, em direito civil, a natureza jurídica da oferta deu causa a um enorme debate doutrinário[58] para verificação da importância ou não do elemento vontade na determinação do seu conteúdo, parecendo predominar sua determinação como espécie de negócio jurídico unilateral.[59] Relativamente à oferta de consumo, embora o fato de que nas situações em que seja feita conscientemente pelo fornecedor mantenha essa característica negocial, quando se examina o teor do artigo 30, que faz referência a "qualquer informação suficientemente precisa", estabelecendo para logo seu efeito vinculativo, de modo independente, à vontade manifestada pelo fornecedor, esta conduz à situação de que a conduta do fornecedor não seja considerada relevante. Importante será apenas o seu resultado, que consiste na geração e divulgação da informação ou publicidade suficientemente precisa, no que se aproxima fortemente da categoria do ato-fato jurídico[60] ou ainda do contato social, uma vez que – conforme ensina Adalberto Pasqualotto – a

---

[58] Conforme anota Judith Martins-Costa, ainda não se verifica no Brasil uma exata compreensão do conceito jurídico de oferta. MARTINS-COSTA, Judith. O princípio da vinculação contratual da publicidade: características e interpretação do negócio jurídico de oferta no microssistema do Código de Defesa do Consumidor. *In*: MARQUES, Claudia Lima (org.). *Estudos sobre a proteção do consumidor no Brasil e no Mercosul*. Porto Alegre: Livraria do Advogado, 1994. p. 48.

[59] Assim: PONTES DE MIRANDA, Francisco Cavalcanti. *Tratado de direito privado*. Rio de Janeiro: Borsói, 1972. t. XXXVIII, p. 32; MARQUES, Claudia Lima. *Contratos no Código de Defesa do Consumidor*. 4. ed. São Paulo: Ed. RT, 2003. p. 600. No mesmo sentido: PASQUAL, Cristina Stringari. *Estrutura e vinculação da oferta no Código de Defesa do Consumidor*. 2003. Dissertação (Mestrado) – UFRGS, Porto Alegre, 2003, p. 137.

[60] Nos atos-fatos jurídicos, não se considera a relevância da vontade como motora da realização de uma determinada conduta humana, mas apenas o resultado concreto dessa conduta, que é juridicizado. Nesse caso, o resultado da conduta previsto no suporte fático da norma do artigo 30 do CDC é a existência

mera "atuação dos anunciantes, voltada para o incremento dos seus negócios, é fonte de deveres e obrigações".[61] Não há de se considerar, portanto, tendo a oferta ou informação qualidades que despertem a confiança do consumidor, a possibilidade de o fornecedor alegar erro ou equívoco na sua formulação. Não há relevância do elemento volitivo, razão pela qual descabe fazer referência a qualquer espécie de defeito da vontade do fornecedor (erro de objeto, por exemplo) como óbice ao seu caráter vinculativo. Naturalmente que, ao se referir ao fato de a oferta ser apta a despertar a confiança do consumidor, ficam excluídas dessa hipótese as ofertas manifestamente incorretas, com erros crassos e evidentes ao observador razoável. Restrições à oferta desse modo, para serem consideradas válidas, devem ter igual condição de ser percebidas e compreendidas pelo consumidor.[62]

É de notar, portanto, que, ao regular a oferta de consumo, o artigo 30 do CDC reconhece duas situações, de diferentes naturezas, mas para as quais se determina o mesmo efeito vinculativo do fornecedor. Na previsão normativa em questão, estão abrangidas tanto a oferta de consumo propriamente dita quanto a publicidade, que poderá ou não ser integrada por uma oferta de consumo. No primeiro caso, em geral, reconhece-se como negócio jurídico unilateral (uma vez que pertence à decisão do fornecedor determinar seu conteúdo). Com relação à segunda, contudo, é espécie de ato-fato jurídico, ou melhor, de contato social. Segundo refere Pasqualotto, "a classificação da publicidade em tal categoria condiz com a sistemática do Código de Defesa do Consumidor, que desconhece a velha dicotomia entre a responsabilidade contratual e extracontratual, tendo adotado a teoria da qualidade como fonte unitária da responsabilidade do fornecedor".[63]

Por outro lado, deve ser examinada a possibilidade ou não do fornecedor de revogar ou retificar a oferta de consumo. Não há consenso sobre a identidade ou não entre as características de obrigatoriedade e irrevogabilidade da oferta.[64] Ora, o fato de ser obrigatória não significa que a oferta seja irrevogável.[65] De fato, tanto com relação aos contratos civis quanto aos contratos de consumo, não há de reconhecer a hipótese de supressão da possibilidade de revogação da oferta. No caso das ofertas de consumo, seria demasiado gravoso para o fornecedor, mesmo na falta de previsão legal específica, não admitir a possibilidade de revogação, ou mesmo, em certos casos, de retificação da oferta. Na prática, contudo, há um limite aos efeitos da revogação que se traduz na proteção da confiança legítima do consumidor, razão pela qual o fornecedor responderá pelas expectativas que desperta nos consumidores, independentemente da existência ou não de revogação. Da mesma forma, existem situações de equívoco ou de alteração das circunstâncias negociais que

---

de "informação suficientemente precisa". Não importa a vontade do fornecedor na sua veiculação, mas apenas o fato de esta ter sido realizada.

[61] PASQUALOTTO, Adalberto de Souza. *Os efeitos obrigacionais da publicidade no Código de Defesa do Consumidor*. São Paulo: Ed. RT, 1997. p. 56-58.

[62] STJ, REsp 1.599.423/SP, 3ª Turma, Rel. Min. Paulo de Tarso Sanseverino, j. 22.11.2016, *DJe* 28.11.2016.

[63] PASQUALOTTO, Adalberto de Souza. *Os efeitos obrigacionais da publicidade no Código de Defesa do Consumidor*. São Paulo: Ed. RT, 1997. p. 61.

[64] ROCHA, Sílvio Luís Ferreira da. *A oferta no Código de Defesa do Consumidor*. São Paulo: Lemos Editora, 1997. p. 102-103.

[65] LORENZETTI, Ricardo Luis. *Tratado de los contratos*. Parte general. Buenos Aires: Rubinzal Culzoni, 2004. p. 264; PEREIRA, Caio Mário da Silva. *Instituições de direito civil*. 8. ed. Rio de Janeiro: Forense, 1990. v. 3, p. 30.

podem se apresentar para o fornecedor como a exigir a revogação ou alteração da oferta inicialmente estabelecida.[66] Assim, admite-se essa possibilidade desde que a revogação ou retificação seja realizada pelo mesmo modo da oferta originária.[67] A questão, todavia, não é pacífica. Opõem-se entendimento que sustenta a impossibilidade de retificação da oferta em qualquer caso e aquele que admite a retificação. Milita em favor da primeira posição a conclusão de que o erro da oferta constitui risco negocial pelo qual responde o fornecedor. Já em favor da segunda posição, de que a finalidade da oferta é a proteção de expectativas legítimas do consumidor, de modo que, quando se tratar de erro grosseiro, do qual não resultem tais expectativas legítimas, seria de admitir a possibilidade de retificação. Em qualquer caso, no entanto, protege-se o consumidor de boa-fé – a qual se presume – com relação a sua capacidade de perceber ou não o equívoco que marca a oferta.

Nosso entendimento é de que se admite a possibilidade de retificação em certos casos. Se por meio de comunicação, há de se exigir a utilização do mesmo modo para desfazer-se a primeira oferta. Contudo, assim como parece correto admitir a possibilidade de revogação, da mesma forma se deve considerar que os efeitos da revogação ou retificação só se produzem a partir do momento que são informados ao consumidor. Até lá, vincula-se o fornecedor aos termos da oferta original, não existindo, *a priori*, hipótese que exonere sua responsabilidade com relação a ela. A oferta, no regime do CDC, é obrigatória, portanto vincula o fornecedor. Todavia, não se perca de vista a diferença ontológica – no dizer de Claudia Lima Marques – entre a oferta de consumo e a oferta civil. A oferta civil apoia-se na teoria da vontade, enquanto a oferta de consumo tem seu fundamento na teoria da declaração.[68] Nesse sentido, a oferta de consumo não perde sua eficácia vinculante quando desperta a confiança do consumidor, devendo o fornecedor, nesse caso, responder por eventual equívoco a que tenha dado causa.

---

[66] Admitindo a retificação da oferta, na hipótese de erro escusável, entre outros: RODYCZ, Wilson. A obrigatoriedade de o ofertante cumprir a oferta publicitária à luz do Código de Defesa do Consumidor. *In*: MARQUES, Claudia Lima (org.). *Estudos sobre a proteção do consumidor no Brasil e no Mercosul*. Porto Alegre: Livraria do Advogado, 1994. p. 60-67. Nesse sentido, da mesma forma, entendendo que a vinculação da oferta apenas ocorre quando esta é capaz de despertar expectativas legítimas dos consumidores, e não na hipótese de erro manifesto: "Cominatória e danos morais. Consumidor. Computador portátil anunciado por R$ 100,00. Erro grosseiro e flagrante no valor do produto. Não vinculação do vendedor. Dever de restituir a quantia desembolsada em pagamento. A oferta vincula o fornecedor, em cumprimento ao artigo 30 do Código de Defesa do Consumidor. Porém, não há vinculação quando o erro na oferta for grosseiro e flagrante, como ocorre com o anúncio de venda de computador portátil por R$100,00. Valor totalmente discrepante ao praticado no mercado de consumo, o que caracteriza o erro. A quantia desembolsada para a aquisição do equipamento deve ser devolvida ao consumidor, a partir da rescisão do contrato. Recurso provido nesse ponto. Danos morais. Descumprimento de contrato. Meros abalos cotidianos. O descumprimento do contrato de compra e venda, por si só, não é suficiente à imposição de indenizar por danos morais. Constatados meros abalos cotidianos que não prejudicam a ordem psíquica do demandante, afasta-se o pedido de indenização. Provimento parcial do recurso" (TJSC, ApCiv 2011.007711-5, Rel. Gilberto Gomes de Oliveira, j. 24.05.2012). No mesmo sentido: TJRJ, ApCiv 0045606-59.2008.8.19.0004, 7ª Câm. Civ., Rel. Gledson Melchiades Correa, j. 20.03.2012.

[67] Nesse sentido: ROCHA, Sílvio Luís Ferreira da. *A oferta no Código de Defesa do Consumidor*. São Paulo: Lemos Editora, 1997. p. 139.

[68] MARQUES, Claudia Lima. Três tipos de diálogos entre o Código de Defesa do Consumidor e o Código Civil de 2002: superação das antinomias pelo diálogo das fontes. *In*: PASQUALOTTO, Adalberto; PFEIFFER, Roberto. *Código de Defesa do Consumidor e o Código Civil de 2002*. São Paulo: Ed. RT, 2005. p. 34.

Orienta-se a oferta de consumo, nesse sentido, pelo *princípio da vinculação da oferta*. Da mesma forma, reduz-se o âmbito de disposição do ofertante no que diz respeito à possibilidade de cumprir a oferta ou livremente revogá-la. Esta também é a solução adotada em matéria de equiparação, no direito do consumidor, entre oferta e publicidade. Na verdade, é plenamente adequado que se refira, quando se trata do oferecimento de produtos e serviços por via de meios publicitários, a uma autêntica *oferta publicitária*.[69] Esta constitui, ao lado das outras possibilidades de oferta possíveis (no próprio estabelecimento comercial, via telefone, *e.g.*), espécie de oferta de consumo cujo efeito típico é a vinculação do fornecedor.

Não se exigirá mais da oferta de consumo que seja estabelecida com todos os elementos essenciais para a celebração do contrato.[70] Ora, desde que seja fornecida informação suficientemente precisa aos consumidores, esta tem o condão de vincular o fornecedor. O direito de concluir o contrato, nessas condições, constitui-se como espécie de direito potestativo do consumidor.[71] Tal consideração terá efeito muito especialmente com relação à oferta publicitária; afinal, sabe-se que a técnica publicitária não considera a possibilidade de colocação de todos os elementos ou requisitos do contrato. Assim também se deve considerar, *a contrario sensu*, que tudo aquilo em publicidade que seja próprio da linguagem e das técnicas empregadas nessa atividade, mas que não se traduza como espécie de oferta razoável e séria (os conhecidos exageros ou ficções que comumente integram a mensagem publicitária), não terá o efeito de vincular o fornecedor.

Observe-se, pois, que, a teor do artigo 30 do CDC, o caráter vinculativo da oferta não apenas obriga o fornecedor a contratar, mas também a fazê-lo nos termos da informação ou publicidade veiculada. Nesse sentido, é possível identificar, acerca dos efeitos da oferta de consumo, a origem de dois deveres jurídicos principais com relação ao fornecedor. Primeiro, é o *dever de contratar*, ou seja, de realizar o contrato a que se refira a oferta; segundo, é o *dever de contratar nos termos da oferta*. Isso porque, ao referir ao final do artigo 30 que a informação ou publicidade suficientemente precisa integrar o contrato que vier a ser celebrado, encaminha o legislador importante solução prática visando evitar a dissociação entre o *prometido* e o *efetivamente contratado*. Nesse sentido, em vista do princípio da boa-fé, o efeito vinculativo da conduta das partes e a rejeição ao comportamento contraditório, ao estabelecer que a oferta de consumo integra o contrato de consumo, vincula o fornecedor ao cumprimento do que se comprometeu na fase pré-contratual, na qual o objetivo de atração do consumidor para contratar pode muitas vezes estimular o oferecimento de vantagens que posteriormente não estejam contempladas no contrato.[72] A solução do artigo 30 do CDC evita essa dissociação. A oferta de consumo

---

[69]   BENJAMIN, Antonio Herman de Vasconcellos *et al. Código Brasileiro de Defesa do Consumidor comentado pelos autores do anteprojeto*. 8. ed. Rio de Janeiro: Forense, 2005. p. 267.

[70]   Veja-se, a respeito, decisão do STJ que não considerou enganosa oferta publicitária veiculada sem a indicação precisa do preço, mas com a assunção de obrigação de cobrir os preços divulgados por concorrentes: STJ, REsp 1.370.708/RN, 2ª Turma, Rel. Min. Mauro Campbell Marques, j. 28.04.2015, *DJe* 1º.07.2015.

[71]   BENJAMIN, Antonio Herman de Vasconcellos *et al. Código Brasileiro de Defesa do Consumidor comentado pelos autores do anteprojeto*. 8. ed. Rio de Janeiro: Forense, 2005. p. 269.

[72]   Assim o caso do hospital que, tendo divulgado no seu sítio eletrônico ser credenciado perante determinado plano de saúde, realiza a internação do consumidor sem a indicação pretendendo em seguida a

e o contrato se identificam pela simples razão de que a primeira se constitui, por força de lei, em parte integrante do segundo. Nesse sentido, há um nítido privilégio dos termos da oferta em relação ao que venha a ser posteriormente contratado, sobretudo quando existe divergência entre esses dois momentos, sem que seja muitas vezes percebida pelo consumidor, em face da sua vulnerabilidade (que se pode apresentar no tocante à redação e compreensão do contrato, por exemplo).

Ainda é de se referir que integram a definição de oferta de consumo também aquelas que se apresentem de modo gratuito, como é caso do oferecimento de vantagens, prêmios, ou brindes, vinculados ou não, de modo direto ou indireto, à celebração de um contrato de consumo. Aqui é importante ter em vista, como assinala Claudia Lima Marques, que, se houver interesse negocial – conforme se observa nas modernas técnicas de *marketing* –, não importa se vai apresentar-se como gratuita. A oferta em questão constituir-se-á em prática comercial visando ao consumo, buscando a atração ou a fidelidade dos consumidores.[73]

2.2.1.1 Requisitos da oferta de consumo

Examinada a eficácia vinculante da oferta de consumo em todos os seus modos de apresentação (oferta entre presentes, oferta publicitária, oferta ao público), é necessário que se identifiquem quais os requisitos que lhe são exigíveis. O artigo 30 do CDC faz re-

---

cobrança particular dos serviços prestados: "Agravo interno. Recurso especial. Direito do consumidor e processual civil. Plano de saúde. Ação de cobrança. Parto de emergência seguido de internação em UTI. Parturiente transferida de hospital conveniado. Ingresso no hospital de destino como paciente particular. Existência de publicidade no *site* do hospital acerca de atendimento pelo convênio médico. Vinculação da publicidade. Art. 30 do CDC. Abusividade da conduta do hospital de destino de admitir injustificadamente a parturiente como cliente particular. Improcedência do pedido de cobrança. Reexame de provas. Inexistência. Mera requalificação jurídica de fatos. Prequestionamento implícito. Ocorrência. Honorários advocatícios. Arbitramento por equidade. Descabimento. Proveito econômico estimável pelo valor da cobrança. 1. Controvérsia de fundo pertinente à cobrança de despesas relativa a parto e UTI neonatal oferecidos, em caráter de urgência, por hospital supostamente conveniado ao plano de saúde da paciente. 2. Existência de publicidade no *site* do hospital informando sobre o atendimento pelo plano de saúde ao qual pertencia a paciente, conforme constou no acórdão recorrido, não sendo necessário reexame de provas quanto a esse ponto. 3. Nos termos do art. 30 do CDC, 'toda informação ou publicidade, suficientemente precisa, veiculada por qualquer forma ou meio de comunicação com relação a produtos e serviços oferecidos ou apresentados, obriga o fornecedor que a fizer veicular ou dela se utilizar e integra o contrato que vier a ser celebrado'. 4. Apreciação da controvérsia pelo Tribunal de origem com base no Código de Defesa do Consumidor, tendo-se concluído pela condenação da paciente e da operadora, solidariamente, ao pagamento das despesas médicas. 5. Prequestionamento implícito do art. 30 do CDC, na medida em que o Tribunal de origem constatou a existência da publicidade e extraiu desse fato a conclusão pela responsabilidade solidária da operadora, não se exigindo o chamado prequestionamento numérico. 6. Requalificação jurídica dos fatos no âmbito desta Corte Superior para se declarar abusiva a conduta do hospital de admitir, injustificadamente, a paciente como particular, a despeito da publicidade do atendimento via plano de saúde, julgando-se improcedente o pedido de cobrança contra a paciente e prejudicada a denunciação da lide à operadora de plano de saúde. 7. Arbitramento de honorários advocatícios com base no proveito econômico da demanda, correspondente ao valor da cobrança, sendo descabida a pretensão de arbitramento por equidade. 8. Agravo interno desprovido" (STJ, AgInt no REsp 1.761.061/SP, 3ª Turma, Rel. Min. Paulo de Tarso Sanseverino, j. 11.04.2022, *DJe* 19.04.2022).

[73] MARQUES, Claudia Lima. *Contratos no Código de Defesa do Consumidor*. 4. ed. São Paulo: Ed. RT, 2003. p. 605.

ferência a que, para haver oferta, a informação ou publicidade devem ser suficientemente precisas. Da mesma maneira exige que seja veiculada "por qualquer forma ou meio de comunicação", de modo que dela seja dado conhecimento ao público, e não apenas se constituam em documento ou informações de domínio exclusivo do fornecedor.

Assim, em primeiro lugar, que a oferta de consumo só será como tal considerada na medida em que seja veiculada ou divulgada por qualquer modo que assegure o conhecimento do público. Essa divulgação, entretanto, não pressupõe um modo específico, tanto que, como vimos, poderá ser realizada pelo próprio fornecedor diretamente, ou por intermédio de publicidade.

Em primeiro lugar, refere o CDC que se deve tratar de informação suficientemente precisa para que produza efeito vinculativo do fornecedor. Nesse sentido, parece estar afastada do conceito de oferta de consumo a promessa exagerada ou hiperbólica, feita com a exclusiva finalidade de chamar a atenção do público, mas que é facilmente identificada por uma pessoa razoável. Não tem o efeito de vincular o fornecedor. Observe-se, contudo, que mesmo aqui há de ter em vista que a presunção de vulnerabilidade do consumidor pode se apresentar *in concreto*, como critério para avaliação sobre a possibilidade efetiva de distinção entre o conteúdo exagerado da oferta e aquilo que seria aceitável e, portanto, capaz de vincular o fornecedor. Nesse sentido, parte-se do pressuposto de que a parte mais bem informada (que se presume seja o fornecedor) deva cumprir obrigação de informar a outra (o consumidor),[74] devendo arcar com os riscos negociais da existência desse déficit informativo.

Nesse particular, diante da equiparação de efeitos entre a oferta e a publicidade, os deveres imputados aos fornecedores impõem que estes devam "assegurar informações corretas, claras, precisas, ostensivas e em língua portuguesa sobre suas características, qualidades, quantidade, composição, preço, garantia, prazos de validade e origem, entre outros dados, bem como sobre os riscos que apresentam à saúde e segurança dos consumidores" (artigo 31 do CDC). Trata-se, pois, de *efeitos*, e *não de requisitos ou pressupostos* da oferta de consumo.

2.2.1.2   *Solidariedade do fornecedor e seus prepostos e representantes*

Com relação à extensão da responsabilidade do fornecedor pelos termos da oferta, estabelece o artigo 34 do CDC que "o fornecedor do produto ou serviço é solidariamente responsável pelos atos de seus prepostos ou representantes autônomos". A responsabilidade solidária do fornecedor por atos de seus prepostos ou representantes não chega a ser inovação introduzida pelo CDC. A disposição legal em questão apenas destaca a extensão dessa responsabilidade em vista do caráter educativo ou pedagógico das normas do Código, da mesma forma como para dar segurança e evidência a efeito da responsabilidade pela oferta, francamente protetivo dos interesses do consumidor.

No entanto, a responsabilidade por representação como a estabelecida pelo CDC já é desde algum tempo desenvolvida em nosso direito. O próprio Código Civil de 1916

---

[74]   BENJAMIN, Antonio Herman de Vasconcellos *et al. Código Brasileiro de Defesa do Consumidor comentado pelos autores do anteprojeto*. 8. ed. Rio de Janeiro: Forense, 2005. p. 276.

previa-a expressamente em seu artigo 1.521, ao estabelecer a responsabilidade do "patrão, amo ou comitente, por seus empregados, serviçais e prepostos, no exercício do trabalho que lhes competir, ou por ocasião deles". Todavia, a solução adotada pela codificação civil anterior era francamente insuficiente e confusa, sobretudo em face do que dispunha o artigo 1.523 do mesmo diploma, ao exigir a demonstração da culpa para efeito da responsabilização ("Excetuadas as do artigo 1.521, V, só serão responsáveis as pessoas enumeradas nesse e no artigo 1.522, provando-se que elas concorreram para o dano por culpa, ou negligência de sua parte"). Da mesma forma, a responsabilidade decorrente de mandato, ou de representação negocial, invariavelmente confirmava a necessidade de demonstração do elemento subjetivo.

O Código Civil de 2002 inovou a esse respeito, ao estabelecer, em definitivo, a hipótese de responsabilidade objetiva nessa mesma situação. Assim, o artigo 932, III, reproduz o texto do artigo 1.521. Contudo, o artigo 933 determina com relação àquelas situações a imputação de responsabilidade objetiva, ao referir que "as pessoas indicadas nos incisos I a V do artigo antecedente, ainda que não haja culpa de sua parte, responderão pelos atos praticados pelos terceiros ali referidos", ao tempo em que no artigo seguinte reconhece a possibilidade da ação regressiva de quem venha a responder, dirigida contra o culpado, para reaver o que tiver desembolsado.

É necessário observar, entretanto, que a cadeia de fornecimento, como fenômeno próprio das relações no mercado de consumo, organiza-se por intermédio de relações contratuais muito mais complexas do que a relação entre empregador e empregado ou aquelas de representação convencional (representação comercial, mandato, *e.g.*). A regra, em verdade, é a do estabelecimento de relações altamente complexas entre os diversos membros da cadeia de fornecimento, envolvendo desde contratos de representação comercial (já conhecidos de nossa prática comercial há bastante tempo), até complexos sistemas de remuneração por venda, parcerias comerciais e uma série de outros ajustes que não mais se amoldam à simples extensão de responsabilidade em razão de uma relação jurídica formal pré-constituída, como é o caso da relação de emprego ou a existência de qualquer espécie de mandato mercantil. Esse universo de contratos, muitas vezes conexos, que em geral não são do conhecimento do consumidor – para quem só se apresenta o último membro da cadeia, o fornecedor direto –, é parte de um fenômeno que Claudia Lima Marques[75] reconhece como de *desmaterialização do fornecedor*, que só deverá aparecer para o consumidor na forma de uma marca, por meio do organizador da cadeia, ou ainda sem uma definição exata, a partir de condutas sociais típicas (o administrador do *shopping center*) ou de práticas comerciais (o operador de *telemarketing* ou que realiza o *marketing* direto, a empresa de logística que cuida do transporte e entrega do produto).

Com o objetivo de responder a essa nova realidade dos contratos, mesmo antes da vigência do CDC, e em face da insuficiência do Código Civil então em vigor (de 1916), doutrina e jurisprudência já desenvolviam entre nós soluções inspiradas no direito comparado, visando determinar o alcance da responsabilidade, mesmo sem a existência de uma relação jurídica formal, mas decorrente apenas da confiança gerada na parte. Sob

---

[75] MARQUES, Claudia Lima. *Contratos no Código de Defesa do Consumidor*. 4. ed. São Paulo: Ed. RT, 2003. p. 335-336.

Parte II · Cap. 2 · A PROTEÇÃO CONTRATUAL DO CONSUMIDOR | **251**

essa inspiração, desenvolveu-se na doutrina e jurisprudência brasileiras a *teoria da aparência*, fundamento da responsabilidade daqueles a quem, em face da boa-fé despertada na contraparte, no outro sujeito da relação negocial, ou por uma conduta social típica, ensejava responsabilidade daquele a quem se aparentava representar. A teoria da aparência, nesse sentido, tem seu fundamento no princípio da confiança,[76] o qual, de certo modo, objetiva o fundamento da responsabilidade das partes (excluindo a exigência de culpa), do mesmo modo como vai suprimir a importância sobre a fonte da responsabilidade, se contratual ou extracontratual, uma vez que sua proteção será exigível em qualquer um dos regimes, determinando-lhes um tratamento unitário.

É de notar que a jurisprudência vem ampliando os termos da solidariedade da cadeia não apenas para que o fornecedor responda por seu preposto ou representante, mas também em vista da confiança despertada pela oferta, com relação ao compromisso unitário ou abrangente de diferentes pessoas jurídicas que explorem uma mesma marca, permitindo ao consumidor percebê-lo como um só fornecedor. O nascimento de obrigações decorrentes dessa confiança despertada pela mensagem publicitária com exploração de marca comum dependerá, naturalmente, da demonstração razoável de sua aptidão para fazer nascer nos consumidores a crença de que se trata de uma só organização empresarial fornecedora de produtos ou serviços,[77] reconhecendo a jurisprudência a existência de um fornecedor aparente.[78]

---

[76] CARNEIRO DE FRADA, Manuel António de Castro Portugal. *Teoria da confiança e responsabilidade civil*. Coimbra: Almedina, 2004. p. 44 *et seq.*; MARQUES, Claudia Lima. *Contratos no Código de Defesa do Consumidor*. 4. ed. São Paulo: Ed. RT, 2003. p. 609.

[77] Ensina o STJ: "Processo civil e direito do consumidor. Plano de saúde. Sociedades cooperativas Unimed. Legitimidade passiva *ad causam*. 1. O direito à informação e o princípio da vinculação da publicidade refletem a imposição da transparência e da boa-fé nos métodos comerciais, na publicidade e nos contratos, de modo que o fornecedor de produtos ou serviços se responsabiliza também pelas expectativas que a sua publicidade desperta no consumidor, mormente no que tange ao uso coletivo de uma mesma marca. 2. A publicidade do Sistema Unimed busca instigar o indivíduo à contratação mediante a convicção de que se trata de uma entidade única com atuação em âmbito nacional, não sendo informado ao filiado sobre a autonomia e a independência de suas unidades, o que só faz reforçar nele a ideia de que esse sistema lhe oferece uma maior gama de serviços e facilidades. 3. Ademais, a complexa estrutura das cooperativas prestadoras de serviço, se, por um lado, visa ao estímulo e reforço do sistema cooperativo regido pela Lei n. 5.764/1971, possibilitando a atuação sob uma mesma marca e a constituição de sociedades cooperativas singulares, federações de cooperativas e confederações; por outro lado, tem como efeito externo a responsabilização de toda a cadeia de fornecimento – no caso, o Sistema Unimed – de forma solidária, uma vez que não se pode exigir do consumidor que conheça as intrincadas relações entre os diversos membros dessa cadeia, mormente quando a publicidade veiculada pelo grupo faz-lhe crer que se trata de uma entidade una. 4. Dessarte, o fato de várias sociedades explorarem uma mesma marca, ainda que com personalidades jurídicas distintas – por não ter havido a informação clara ao consumidor acerca de eventuais diferenças no conteúdo dos serviços ou na cobertura oferecida por cada uma –, traz como consequência a possibilidade de serem acionadas a responder solidariamente pelas obrigações contratadas por qualquer delas. 5. Recurso especial não provido" (STJ, REsp 1.377.899/SP, 4ª Turma, Rel. Min. Luis Felipe Salomão, j. 18.12.2014, *DJe* 11.02.2015).

[78] "Recurso especial. Ação de indenização. Danos material e moral. Relação de consumo. Defeito do produto. Fornecedor aparente. Marca de renome global. Legitimidade passiva. Recurso especial desprovido. Insurgência recursal da empresa ré. Hipótese: A presente controvérsia cinge-se a definir o alcance da interpretação do art. 3º do Código de Defesa do Consumidor, a fim de aferir se na exegese de referido dispositivo contempla-se a figura do fornecedor aparente – e, consequentemente, sua responsabilidade –, entendido como aquele que, sem ser o fabricante direto do bem defeituoso, compartilha a mesma marca de renome mundial para comercialização de seus produtos. 1. A adoção da teoria da aparência

A solidariedade pela oferta, nesse sentir, indica ao fornecedor o dever de responder pelos atos de todos os seus prepostos e representantes, mesmo que estes tenham agido com culpa, hipótese em que o fornecedor poderá exercer seu direito de regresso, após satisfazer adequadamente os interesses do consumidor prejudicado. Outra questão que deverá ser examinada nesse particular é a eventual responsabilidade de quem, mesmo não sendo preposto ou representante do fornecedor, promove a oferta de consumo (sobretudo quando esta se dá por intermédio da publicidade). Esse é o caso do que a nova doutrina vem chamando de *fornecedores por equiparação*,[79] visando estender-lhe a responsabilidade pelos termos da oferta. A questão, todavia, não parece ser simples, como veremos a seguir ao se discutir especificamente o regime jurídico da publicidade no direito do consumidor.

2.2.2   O regime jurídico da publicidade

Entre os diversos fenômenos da sociedade contemporânea, denominada *sociedade da informação* ou *sociedade de consumo*, o desenvolvimento da atividade publicitária é um dos que maiores consequências trouxeram para o surgimento e desenvolvimento do mercado de consumo, assim como para a caracterização das transformações econômicas mais substantivas do último século.[80] Em uma realidade de hiperinformação, na qual cada indivíduo é submetido a uma quantidade imensa de dados e informações as mais

---

pela legislação consumerista conduz à conclusão de que o conceito legal do art. 3º do Código de Defesa do Consumidor abrange também a figura do fornecedor aparente, compreendendo aquele que, embora não tendo participado diretamente do processo de fabricação, apresenta-se como tal por ostentar nome, marca ou outro sinal de identificação em comum com o bem que foi fabricado por um terceiro, assumindo a posição de real fabricante do produto perante o mercado consumidor. 2. O fornecedor aparente em prol das vantagens da utilização de marca internacionalmente reconhecida, não pode se eximir dos ônus daí decorrentes, em atenção à teoria do risco da atividade adotada pelo Código de Defesa do Consumidor. Dessa forma, reconhece-se a responsabilidade solidária do fornecedor aparente para arcar com os danos causados pelos bens comercializados sob a mesma identificação (nome/marca), de modo que resta configurada sua legitimidade passiva para a respectiva ação de indenização em razão do fato ou vício do produto ou serviço. 3. No presente caso, a empresa recorrente deve ser caracterizada como fornecedora aparente para fins de responsabilização civil pelos danos causados pela comercialização do produto defeituoso que ostenta a marca Toshiba, ainda que não tenha sido sua fabricante direta, pois ao utilizar marca de expressão global, inclusive com a inserção da mesma em sua razão social, beneficia-se da confiança previamente angariada por essa perante os consumidores. É de rigor, portanto, o reconhecimento da legitimidade passiva da empresa ré para arcar com os danos pleiteados na exordial. 4. Recurso especial desprovido" (STJ, REsp 1.580.432/SP, 4ª Turma, Rel. Min. Marco Buzzi, j. 06.12.2018, *DJe* 04.02.2019). No mesmo sentido: STJ, REsp 1.709.539/MG, 2ª Turma, Rel. Min. Herman Benjamin, j. 05.06.2018, *DJe* 05.12.2018.

[79]   Nesse sentido: BESSA, Leonardo Roscoe. *Aplicação do Código de Defesa do Consumidor*. Análise crítica da relação de consumo. Brasília: Brasília Jurídica, 2007. p. 84-87.

[80]   Observa Baudrillard: "A publicidade revela-se talvez como o mais notável meio de comunicação de massas da nossa época. Assim como, ao falar de qualquer objecto, os glorifica virtualmente a todos, referindo-se igualmente à totalidade dos objectos ao universo totalizado pelos objectos e pelas marcas em virtude da menção de tal objecto ou de tal marca – assim também, por meio de cada consumidor, se dirige a todos os consumidores e vice-versa, fingindo uma totalidade consumidora, retribalizando os consumidores no sentido que McLuhan atribui à expressão, isto é, através de imanente cumplicidade e conluio, imediatos ao nível da mensagem, mas, sobretudo ao nível do próprio meio de comunicação e do código. Cada imagem e cada anúncio impõem o consenso de todos os indivíduos virtualmente chamados a decifrá-los, ou seja, depois de descodificarem a mensagem, a aderir automaticamente ao código em que ela for codificada" (BAUDRILLARD, Jean. *A sociedade de consumo*. Lisboa: Edições 70, 2018. p. 131).

Parte II · Cap. 2 · A PROTEÇÃO CONTRATUAL DO CONSUMIDOR | 253

variadas, a todo tempo, a importância da publicidade é ressaltada, na medida em que, considerando-a como "informação dirigida ao público com o objetivo de promover directa ou indirectamente uma atividade econômica",[81] ou como *a arte de criar, no público, a necessidade de consumir*[82] será dotada de uma série refinada e profissional de técnicas para sua realização. Nesse sentido, estudiosos do fenômeno da publicidade relacionam como cinco as tarefas a serem realizadas pelo anúncio publicitário: 1) chamar a atenção; 2) despertar o interesse; 3) estimular o desejo; 4) criar convicção; e 5) induzir à ação.[83]

Doutrinariamente, busca-se distinguir entre os fenômenos da *publicidade* e da *propaganda*. A *publicidade* é a que se realiza com o fim de estimular e influenciar o público com relação à aquisição de determinados produtos ou serviços, o que em geral enseja que seja feita dentro do mercado de consumo. Segundo o artigo 2º da Diretiva 84/450/CE, de 10 de setembro de 1984, sobre publicidade enganosa, considera-se publicidade "qualquer forma de comunicação feita no âmbito duma atividade comercial, industrial, artesanal ou liberal tendo por fim promover o fornecimento de bens ou de serviços, incluindo os bens imóveis, os direitos e as obrigações". Já a *propaganda* faz-se com relação a outra série de ideias e conceitos, cuja promoção não se vincula ao objetivo de lucro ou obtenção de alguma vantagem econômica.[84] Todavia, tal distinção não se observa, como regra, na legislação, que utiliza os termos publicidade e propaganda, na maior parte das vezes, como expressões sinônimas.[85]

O CDC fixa o regime jurídico da publicidade, atividade que se estabelece no mercado de consumo, com o objetivo da promoção de produtos e serviços – denominada *publicidade promocional* –, ou com a finalidade de promoção de uma marca, ou de certa empresa fornecedora, no que se costuma identificar como a *publicidade institucional*. Esta não possui por fim direto e imediato a promoção da venda de determinados produtos ou serviços, mas tem esse objetivo como finalidade mediata ou indireta, por intermédio da promoção da marca ou conceito, razão pela qual se encontra também sob o regramento das normas do CDC.[86] Da mesma forma há de se considerar ainda o *patrocínio* como

---

[81] FERREIRA DE ALMEIDA, Carlos. Conceito de publicidade. *Boletim do Ministério da Justiça,* 349, outubro de 1985, *apud* PASQUALOTTO, Adalberto de Souza. *Os efeitos obrigacionais da publicidade no Código de Defesa do Consumidor.* São Paulo: Ed. RT, 1997. p. 22.

[82] JACOBINA, Paulo Vasconcelos. *A publicidade no direito do consumidor.* Rio de Janeiro: Forense, 1996. p. 15.

[83] VERSTERGAARD, Torben; SCHRODER. Kim. *A linguagem da propaganda.* Trad. João Alves dos Santos. São Paulo: Martins Fontes, 2000. p. 47 *et seq.*

[84] Para a distinção, veja-se: PASQUALOTTO, Adalberto de Souza. *Os efeitos obrigacionais da publicidade no Código de Defesa do Consumidor.* São Paulo: Ed. RT, 1997. p. 24-26; BENJAMIN, Antonio Herman de Vasconcellos *et al. Código Brasileiro de Defesa do Consumidor comentado pelos autores do anteprojeto.* 8. ed. Rio de Janeiro: Forense, 2005. p. 307-308.

[85] Veja-se, por exemplo, a própria Constituição da República, que ao determinar que se estabeleçam restrições à publicidade de produtos fumígeros, bebidas alcoólicas, medicamentos e agrotóxicos, faz referência à *propaganda* desses medicamentos (artigo 220, § 4º, da Constituição da República). Conforme o nosso: MARQUES, Claudia Lima; MIRAGEM, Bruno. Constitucionalidade das restrições à publicidade de bebidas alcoólicas e tabaco por lei federal. Diálogo e adequação do princípio da livre iniciativa econômica à defesa do consumidor e da saúde pública (artigo 170). Parecer. *Revista de Direito do Consumidor,* São Paulo, v. 59, p. 197-240, jul./set. 2006.

[86] Observa Adalberto Pasqualotto que, em direito comparado, certos sistemas contemplam como espécie de publicidade, e submetida às normas de proteção do consumidor, atividades de relações públicas, como é

espécie de publicidade, o qual poderá ser tanto promocional como institucional. Em geral, o patrocínio é espécie de publicidade que se vincula à realização de um ou mais eventos ou atividades específicas, aos quais se associam a marca, o nome ou a imagem de produto ou serviço, ou ainda de uma empresa fornecedora. No Brasil, são comuns os patrocínios em eventos esportivos e mesmo de clubes esportivos, na realização de eventos culturais e de lazer, e até mesmo de atividades comunitárias. Em qualquer desses casos, como refere Adalberto Pasqualotto,[87] é comum a existência de pagamento pela empresa patrocinadora, ainda que isso não seja um requisito essencial que defina a caracterização ou não do patrocínio.

O regime jurídico da publicidade, embora encontre no CDC o seu principal diploma legal, nele não se esgota. O regramento da atividade observa uma série de normas, legais e administrativas, que tanto buscam regular a publicidade de certos produtos[88] ou serviços,[89] de certas iniciativas de *marketing*,[90] quanto estabelecem restrições à publicidade, a partir de determinação constitucional. Neste último caso, trata-se do que dispõe o artigo 220, § 4º, da Constituição da República, ao estabelecer que "a propaganda comercial de tabaco, bebidas alcoólicas, agrotóxicos, medicamentos e terapias estará sujeita a restrições legais", determinadas por intermédio de lei federal, devendo constar, "sempre que necessário, advertência sobre os malefícios decorrentes de seu uso". Realizando a determinação constitucional, então, editou-se a Lei 9.294, de 15 de julho de 1996, que definiu regras restringindo a publicidade de tais produtos (veja-se item 2.2.2.5, adiante).

Para o direito do consumidor, a publicidade terá relevância jurídica basicamente em três situações. A primeira, quando se apresenta como veículo, como forma, de uma oferta de consumo, hipótese em que produz efeito de vinculação do fornecedor que a promove, na condição de negócio jurídico unilateral. A segunda quando viola deveres estabelecidos pelo CDC, caracterizando-se como uma das duas figuras típicas de publicidade ilícita, previstas na norma do artigo 37 desse diploma, como publicidade enganosa ou publicidade abusiva. E a terceira, quando se apresenta como espécie de *contato social*

---

o caso do direito belga (*Os efeitos obrigacionais da publicidade no Código de Defesa do Consumidor.* São Paulo: Ed. RT, 1997. p. 24-25).

[87]   PASQUALOTTO, Adalberto de Souza. *Os efeitos obrigacionais da publicidade no Código de Defesa do Consumidor.* São Paulo: Ed. RT, 1997. p. 24.

[88]   Assim, por exemplo, com relação a medicamentos, as normas estabelecidas, nos artigos 57 e seguintes da Lei 6.360, de 23 de setembro de 1976 e a Resolução RDC 96, de 17 de dezembro de 2008, editada pela Agência Nacional de Vigilância Sanitária – ANVISA. Veja-se, ainda, a Resolução 24, de 15 de junho de 2010, também editada pela ANVISA, regulando a "oferta, propaganda, publicidade, informação e outras práticas correlatas cujo objetivo seja a divulgação e a promoção comercial de alimentos considerados com quantidades elevadas de açúcar, de gordura saturada, de gordura trans, de sódio, e de bebidas com baixo teor nutricional".

[89]   É o exemplo dos serviços de profissionais liberais, em geral extensamente regulados por seus órgãos de classe, como é o caso dos serviços de advocacia (regulados pelo Estatuto da Advocacia e demais normas estabelecidas pelo Conselho Federal da OAB) e os serviços médicos (regulados pelo Conselho Federal de Medicina).

[90]   Assim, as regras sobre publicidade sobre distribuição gratuita de brindes com finalidade comercial, por intermédio de sorteios, vale-brindes, ou concurso, estabelecidas na Lei 5.768, de 20 de dezembro de 1971.

de consumo,[91] na qual, embora não encerrando os requisitos de um negócio jurídico unilateral de oferta, divulga informação capaz de gerar nos consumidores em geral, ou em algum individualmente, expectativas legítimas que, em face da tutela da confiança e do princípio da boa-fé objetiva que fundamentam o CDC, determinam igualmente a eficácia vinculativa do fornecedor que a promover.

2.2.2.1 O fundamento constitucional da atividade publicitária

A atividade publicitária, como toda atividade socialmente relevante, merece do ordenamento jurídico brasileiro sua adequada regulação por intermédio de uma série de normas que visam ao estabelecimento de um marco legal e o eventual controle por parte dos órgãos competentes. Contudo, no que se refere à identificação do fundamento da atividade publicitária, de acordo com as normas constitucionais em vigor, observa-se espécie de desacerto por parte dos estudiosos do tema.

Entre os estudos de direito público[92] não são poucos os autores que sustentam o fundamento da atividade publicitária no direito fundamental à liberdade de expressão, consagrado no artigo 5º, IX, da Constituição da República, que estabelece: "É livre a expressão da atividade intelectual, artística, científica e de comunicação, independentemente de censura ou licença".[93] Esse entendimento, inclusive, deu causa à cunhagem de referência específica, por alguns autores, de denominada *liberdade de expressão publicitária.*

Não há dúvida que, no seu aspecto formal e material, a publicidade envolve a expressão de conceitos e ideias de indivíduos e grupos, sejam os próprios profissionais da área publicitária que desenvolvem a peça ou campanha publicitária, seja o fornecedor que as promove. Todavia, não se pode desconsiderar que a publicidade distingue-se de modo decisivo das demais formas de expressão, sobretudo pela vinculação íntima da atividade publicitária a um fim eminentemente econômico. Nesse sentido, não parece correto reconhecer na atividade publicitária a mesma finalidade que em geral se reconhece à liberdade de expressão, como garantia do regime democrático e do Estado de Direito.[94]

A publicidade, nesse sentir, encontra seu fundamento constitucional na livre-iniciativa, prevista no artigo 1º, IV, da Constituição da República, ao mencionar, como um dos fundamentos do Estado brasileiro, "os valores sociais do trabalho e da livre iniciativa". Todavia, no âmbito da iniciativa econômica – onde inegavelmente se insere –, a própria Constituição estabelece, no capítulo da ordem econômica, uma série de princípios informadores e condicionamentos, quais sejam a função social da propriedade, a livre concorrência, a defesa do meio ambiente e a defesa do consumidor. Logo, a defesa do

---

[91] CHAISE, Valéria. *A publicidade em face do Código de Defesa do Consumidor.* São Paulo: Saraiva, 2001. p. 68-70.

[92] BARROSO, Luís Roberto. Liberdade de expressão, direito à informação e banimento da publicidade de cigarro. *In*: BARROSO, Luís Roberto. *Temas de direito constitucional.* Rio de Janeiro: Renovar, 2001. p. 263.

[93] Sobre o tema da liberdade de expressão e os limites do seu exercício, veja-se o nosso: MIRAGEM, Bruno. *Responsabilidade civil da imprensa por dano à honra.* O novo Código Civil e a Lei de Imprensa. Porto Alegre: Livraria do Advogado, 2005. p. 35 *et seq.*

[94] MIRAGEM, Bruno. *Responsabilidade civil da imprensa por dano à honra.* O novo Código Civil e a Lei de Imprensa. Porto Alegre: Livraria do Advogado, 2005. p. 49-53.

256 | CURSO DE DIREITO DO CONSUMIDOR – *Bruno Miragem*

consumidor é princípio informador da ordem econômica constitucional, razão pela qual o exercício da livre-iniciativa econômica deve harmonizar-se com a defesa dos interesses do consumidor.

Ora, considerando que só há publicidade no mercado de consumo, e é nesse ambiente que os agentes econômicos deverão atuar com o objetivo de fomentar seus negócios e a venda de seus produtos e serviços aos consumidores, não se pode dissociar a atividade publicitária do regramento constitucional específico à ordem econômica.

É certo, contudo, que a associação da atividade publicitária com o direito fundamental à liberdade de expressão é mais atraente para os fornecedores de produtos e serviços.[95] Em face do regime democrático e das finalidades do direito à liberdade de expressão como garantia do Estado de Direito, as restrições ao seu exercício sempre devem ser observadas no mínimo grau possível, tendo em vista objetivos também vinculados à proteção do próprio regime democrático que a assegura e à proteção da pessoa humana.[96] Nesse sentido, diante de qualquer iniciativa visando à restrição do exercício da liberdade de expressão, imediatamente opõem-se o interesse a ser protegido e a vedação geral da censura, reconhecida em nosso texto constitucional (artigo 220).

Daí por que, muitas vezes, a associação entre liberdade de expressão e publicidade é argumento utilizado para afastar a incidência de controles sobre o conteúdo e o modo da divulgação de peças ou campanhas publicitárias. A esse respeito, faz referência Adalberto Pasqualotto a conhecido caso, julgado pela Suprema Corte norte-americana, no qual um indivíduo que adquirira um submarino da Marinha e o estacionou em um píer de Nova York colocou-o à visitação pública mediante a venda de ingressos. Em um primeiro momento, promoveu a visitação gratuita do submarino, divulgando-o por intermédio de panfletos. Esses panfletos continham em uma das faces a publicidade da iniciativa e, de outro, espécie de protesto contra a autoridade administrativa competente por conta das dificuldades que esta vinha impondo para a atracação do submarino no local que julgava adequado. A distribuição do panfleto foi então vedada em razão de norma municipal que proibia a distribuição de panfletos publicitários. As instâncias ordinárias entenderam que o decreto violaria o direito à liberdade de expressão. Entretanto, a Suprema Corte, ao julgar o caso, compreendeu que, existindo a inequívoca finalidade comercial na distribuição dos panfletos, o protesto contra a autoridade portuária tinha em vista a burla da legislação que vedava a distribuição de panfletos de publicidade.[97]

Assentou a Suprema Corte americana, nesse episódio, que a liberdade publicitária não se confunde com a liberdade de expressão, cujas razões de proteção pelo direito di-

---

[95] Refere essa preocupação: WILHELMSSOM, Thomas. The consumer's right to knowledge and the press. *In*: WILHELMSSOM, Thomas; TUOMINEM, Salla; TUOMOLA, Heli. *Consumer law in the informa-tion society*. Hague: Kluwer Law International, 2001. p. 367-384. No mesmo sentido: PASQUALOTTO, Adalberto. Publicidade do tabaco e liberdade de expressão. *Revista de Direito do Consumidor*, São Paulo, v. 82, p. 11 e ss., abr./jun. 2012.

[96] Assim referimos em: MIRAGEM, Bruno. *Responsabilidade civil da imprensa por dano à honra*. O novo Código Civil e a Lei de Imprensa. Porto Alegre: Livraria do Advogado, 2005. p. 241. E também em: MI-RAGEM, Bruno. A liberdade de expressão e o direito de crítica pública. *Revista da Faculdade de Direito da UFRGS*, Porto Alegre, n. 22, p. 8-30, 2002.

[97] PASQUALOTTO, Adalberto de Souza. *Os efeitos obrigacionais da publicidade no Código de Defesa do Consumidor*. São Paulo: Ed. RT, 1997. p. 65.

zem respeito, inequivocamente, à finalidade de proteção do Estado de Direito, ou, como bem refere Guido Alpa, *a mensagem publicitária não pode ser considerada manifestação de opinião ou de pensamento, e ainda que tenha algum conteúdo informativo, caracteriza- -se, sobretudo, como um momento da atividade econômica produtiva da empresa.*[98] Na mesma linha de entendimento, observa Vidal Serrano que *"o eventual caráter artístico não desnatura a essência econômica da publicidade comercial, que, enquanto função de venda, tem no mercado de consumo o destinatário de sua atenção. Arredada sua finalidade econômica, a publicidade comercial sequer chegaria a existir".*[99]

Atualmente, a Suprema Corte norte-americana vem admitindo a possibilidade de controle da liberdade publicitária por intermédio do fundamento da liberdade de expressão, mas não no sentido de uma liberdade política, mas sim como liberdade de expressão comercial (*commercial speech*).[100] Há, contudo, clara distinção entre a publicidade comercial e a expressão do pensamento, informações e opiniões com fins não econômicos. Originalmente, a partir do caso *Valentine vs. Chrestensen* julgado pela Suprema Corte em 1942, base da doutrina do *commercial speech*,[101] negou-se em um primeiro momento a proteção constitucional à publicidade comercial, sendo posteriormente moderado o entendimento, no sentido de reconhecer a ela sede na Primeira Emenda, contudo distinto da liberdade de expressão cujo exercício não seja movido pela finalidade lucrativa.[102]

No entanto, mesmo o reconhecimento da liberdade de expressão como fundamento da atividade publicitária parte da premissa de que a publicidade contenha um conteúdo informativo, e, nesse sentido, seja reconhecido também um direito dos destinatários da mensagem de receber a informação que ela veicula.[103] Assim, por exemplo, ficou definido no direito norte-americano, no caso *Virginia State Board of Pharmacy v. Virginia Citizens Consumer Council Inc.*, de 1976, que a publicidade que veicule informações verdadeiras está sob o abrigo da Primeira Emenda,[104] assim como a decisão do Tribunal Europeu dos Direitos Humanos, no caso *Barthold vs. Bundesrepublik Deutschland*, de 1985, em que se considerou desproporcional a restrição à publicidade quando estas viessem a caracterizar um obstáculo à divulgação da informação verdadeira.[105]

Outro, certamente, não pode ser o entendimento acerca da matéria. Colocar a publicidade, conceitualmente vinculada à finalidade eminentemente econômica, sob a

---

[98] ALPA, Guido. *Il diritto dei consumatori*. Roma: Laterza, 2002. p. 120.

[99] NUNES JR., Vidal Serrano. *Publicidade comercial*: proteção e limites na Constituição de 1988. São Paulo: Juarez de Oliveira, 2001. p. 205.

[100] MOROSINI, Fábio. Visões acerca do novo direito da comunicação de massa. *Revista de Direito do Consumidor*, São Paulo, v. 50, p. 182-214, abr./jun. 2004.

[101] TAWIL, Nadir N. Commercial speech. A proposed definition. *Howard Law Journal*, v. 27, p. 1015, 1984.

[102] Como exemplo da visão minoritária, em favor da paridade de tratamento, veja-se: THIERER, Adam. Advertising, commercial speech and first amendment parity. *Charleston Law Review*, v. 5, p. 503 e ss., 2010-2011. No Brasil, vejam-se as reflexões sobre o caso de: PASQUALOTTO, Adalberto de Souza. *Os efeitos obrigacionais da publicidade no Código de Defesa do Consumidor*. São Paulo: Ed. RT, 1997. p. 65.

[103] MOON. *The constitutional protection of freedom of expression*. Toronto: University of Toronto Press, 2000. p. 76-77.

[104] MERRIL, Thomas. Comment, First amendment protection for commercial advertising: the new constitutional doctrine. *University of Chicago Law Review*, v. 44, p. 205 e ss., 1976.

[105] MACHADO, Jónatas E. M. *Liberdade de expressão*. Dimensões constitucionais da esfera pública no sistema social. Coimbra: Coimbra Editora, 2002. p. 437.

égide da liberdade de expressão, de modo a limitar a possibilidade ou intensidade da sua restrição ou controle a partir de determinações estabelecidas na própria Constituição, e regradas pela legislação ordinária, é outorgar um privilégio que, além de não ser razoável, carece de fundamentação jurídica. Tais restrições à publicidade serão legítimas quando realizadas em consideração da promoção de direitos fundamentais de relevo, tais como a proteção do consumidor, da criança,[106] ou da saúde pública, de modo a conformar a liberdade de iniciativa econômica, assento constitucional da atividade publicitária;[107] ou como refere Nelson Nery Junior: "as normas demarcadoras de limites ao exercício da publicidade, geram situações subjetivas de vínculo negativo (dever de respeitar) por parte de todos os jurisdicionados, concorrendo, deste modo, para a demarcação do perfil do direito da publicidade".[108]

Nesse sentido, observa Jónatas Machado que "os fins da promoção da liberdade de escolha individual, da informação necessária à tomada de decisões esclarecidas e racionais e da discussão pública em torno de bens e serviços oferecidos, juntamente com a possibilidade de recorrer a meios menos restritivos como a regulação da publicidade falsa ou enganosa, justificam a abertura dos canais de circulação da informação".[109]

Resulta, assim, que a dupla fundamentação da publicidade, atraindo para si, além da ínsita liberdade de iniciativa econômica, também a legitimidade constitucional da liberdade de expressão e demais liberdades comunicativas, vincula-se ao direito dos destinatários da mensagem publicitária em receberem a informação que ela veicula, ou seja, consumidores potenciais terão o direito de acesso à mensagem publicitária – e, nesse sentido, também estarão protegidos com relação à proibição de limitações desproporcionais ou irrazoáveis ao seu conteúdo, na exata medida em que esta sirva a instrumentalizar sua autonomia individual, no sentido de permitir escolhas, conhecer de qualidades e atributos dos produtos e serviços ofertados, das vantagens e desvantagens nas diversas opções possíveis.

---

[106] O próprio Código de ética publicitária, elaborado pelo Conselho Nacional de Autorregulamentação Publicitária, norma que orienta a atuação dessa entidade de autorregulamentação integrada por representantes dos veículos de comunicação, de anunciantes, e de profissionais da área publicitária, contém restrições específicas para a publicidade dirigida a crianças e adolescentes, em seus artigos 33, *a* e *e*, e na Seção 11, artigo 37.

[107] Veja-se, a respeito, nosso parecer *pro bono*, escrito com Claudia Lima Marques, oferecido ao Instituto Brasileiro de Política e Direito do Consumidor (BRASILCON), e juntado por este, na qualidade de *amicus curiae*, nos autos da ADIn 3.311, interposta pela Confederação Nacional da Indústria contra a constitucionalidade das restrições estabelecidas à publicidade de tabaco, pela Lei 9.294/1996, julgada improcedente pelo STF em 2022. Nele sustentamos a constitucionalidade das restrições legais estabelecidas com fundamento na determinação estabelecida pelo artigo 220, § 4º, da Constituição da República, sobretudo em homenagem à defesa do consumidor e o direito à saúde, assim como o assento constitucional da atividade publicitária na liberdade de iniciativa econômica, conforme refere a norma constitucional do artigo 170 da Constituição da República, argumentos, afinal, acolhidos na decisão da ação (STF, ADI 3.311, Tribunal Pleno, Rel. Min. Rosa Weber, j. 14.09.2022, p. 29.09.2022). MARQUES, Claudia Lima; MIRAGEM, Bruno. Constitucionalidade das restrições à publicidade de bebidas alcoólicas e tabaco por lei federal. Diálogo e adequação do princípio da livre iniciativa econômica à defesa do consumidor e da saúde pública (artigo 170). Parecer. *Revista de Direito do Consumidor*, São Paulo, v. 59, p. 197 *et seq*, jul./set. 2006.

[108] NERY JR., Nelson. O regime da publicidade enganosa no Código Brasileiro de Defesa do Consumidor. *Revista de Direito do Consumidor*, São Paulo, v. 15, p. 210-211, jul./set. 1995.

[109] MACHADO, Jónatas E. M. *Liberdade de expressão*. Dimensões constitucionais da esfera pública no sistema social. Coimbra: Coimbra Editora, 2002. p. 468.

Desse modo, verifica-se na atividade publicitária espécie de realização da atividade econômica, embora também nela seja possível identificar características que lhe coloquem sob a égide da liberdade de expressão, ainda que de modo menos intenso.[110] No direito brasileiro, esse duplo fundamento da publicidade, associado à liberdade de iniciativa econômica e à liberdade de expressão, encontra acolhida na doutrina publicista.[111]

Admitindo-se esse ponto de contato entre a publicidade e a liberdade de expressão – mediante consideração de que o exercício da atividade publicitária também é veículo, em alguma medida, de atividade intelectual, artística e de comunicação –, a legitimidade das limitações que lhe são endereçadas sustenta-se em proteção a outros direitos e liberdades fundamentais assegurados pela própria Constituição.[112]

Ao julgar a ADI 3.311/DF, que questionava a constitucionalidade das restrições legais impostas à publicidade de cigarros, o STF, com sabedoria, afirmou que "a atividade empresarial, em todas as suas facetas, inclusive a publicitária, submete-se aos princípios da ordem econômica e há compatibilizar-se com a concretização dos demais direitos fundamentais".[113] A razão fundamental para reconhecer a publicidade sob o duplo domínio

---

[110] SARMENTO, Daniel. Comentários ao art. 5º, IX, da Constituição do Brasil. *In*: CANOTILHO, J. J. Gomes; MENDES, Gilmar Ferreira; SARLET, Ingo W.; STRECK, Lenio. *Comentários à Constituição do Brasil*. São Paulo: Saraiva, 2013. p. 275.

[111] Sustenta Daniel Sarmento que: "(...) predomina o entendimento de que a propaganda comercial é também protegida pela liberdade de expressão. Sem embargo, tal como a pornografia, ela não se situa no epicentro deste direito fundamental – onde habitam o discurso político, artístico, religioso, científico etc. –, mas numa zona mais afastada, em que a proteção constitucional é menos intensa. Daí por que podem ser aceitas restrições mais profundas à liberdade de expressão nesta seara, como as voltadas à proteção do consumidor, que também é tarefa constitucional (arts. 5º, XXXII, e 170, V, da CF), dentre as quais sobressaem as presentes na Lei 8.078/90, que visaram a proscrever a publicidade disfarçada (art. 36), enganosa ou abusiva (art. 37). Outras restrições também são admitidas – há até caso de imposição constitucional de restrição (art. 220, § 4º, da CF, a propósito da propaganda de tabaco, bebidas alcoólicas, agrotóxicos, medicamentos e terapias) – em nome da tutela de bens jurídicos relevantes, como a saúde, o meio ambiente e a proteção da criança e do adolescente. Porém, é sempre necessário analisar a validade de cada medida restritiva, o que envolve tanto o respeito à reserva de lei formal, como o acatamento do princípio da proporcionalidade" (SARMENTO, Daniel. Comentários ao art. 5º, IX, da Constituição do Brasil. *In*: CANOTILHO, J. J. Gomes; MENDES, Gilmar Ferreira; SARLET, Ingo W.; STRECK, Lenio. *Comentários à Constituição do Brasil*. São Paulo: Saraiva, 2013. p. 275).

[112] Nesse sentido: BARROSO, Luís Roberto. Liberdade de expressão, direito à informação e banimento da publicidade de cigarro. *In*: BARROSO, Luís Roberto. *Temas de direito constitucional*. Rio de Janeiro: Renovar, 2001. p. 263.

[113] "Ação direta de inconstitucionalidade. Art. 3º, *caput* e §§ 2º, 3º, 4º, 5º e 6º, da Lei nº 9.294/1996. Produtos fumígenos, derivados ou não do tabaco. Restrições à propaganda comercial. Advertências sanitárias nas embalagens. Preliminares rejeitadas. Aditamento acolhido. Epidemia do tabagismo. Convenção-Quadro das Nações Unidas para o Controle do Tabaco (CQCT). Observância do princípio da proporcionalidade. Prevalência da tutela da saúde. Prioridade absoluta da proteção de crianças e adolescentes. Concretização dos objetivos fundamentais da República. Improcedência. 1. A Confederação Nacional da Indústria (CNI), entidade sindical de nível superior que congrega as empresas da indústria nacional, enquadra-se na hipótese de legitimação prevista no art. 103, IX, CF. Rejeitada a preliminar de ilegitimidade, por existir pertinência temática entre seus fins institucionais e a controvérsia constitucional posta. As restrições impugnadas afetam os interesses das fabricantes dos produtos fumígenos, responsáveis pela propaganda da marca e dos produtos e pelas embalagens. 2. É da linha decisória deste Supremo Tribunal Federal a prejudicialidade por alterada a norma contestada. Inexistência de inovação substancial a ponto de exigir a reconstrução do quadro argumentativo em nova ação. Rejeitada a preliminar de prejuízo, com acolhimento do aditamento da petição inicial. 3. A propaganda comercial encontra proteção constitucional, por ser manifestação da liberdade de expressão e comunicação. Na arquitetura dos direitos fundamentais, que

260 CURSO DE DIREITO DO CONSUMIDOR – Bruno Miragem

da livre-iniciativa econômica e da liberdade de expressão situa-se na rejeição ao argumento de uma hierarquização do conteúdo (ou discursos) objeto da manifestação humana.[114] A legitimidade da imposição de limites à atividade publicitária, bem como da proporcionalidade dos critérios que fundamentam esses limites, considerando a necessidade de preservar a autonomia individual dos destinatários da informação que ela veicula, ou, como sugere a doutrina nacional,[115] um *direito a receber informação publicitária adequada*.

2.2.2.2 Os princípios da atividade publicitária

A regulação jurídica da atividade publicitária estabeleceu-se também pela determinação de princípios jurídicos informadores, os quais serão reconhecidos como modo de identificação e controle da sua regularidade. Diverge a doutrina, todavia, quanto à exata determinação desses princípios. Adalberto Pasqualotto faz menção a dois princípios elementares, quais sejam, o da *identificação* e o da *veracidade*.[116] Antonio Herman Benjamin, por sua vez, nomeia os princípios da *identificação*, da *vinculação contratual*, da *veracidade*, da *não abusividade*, da *inversão do ônus da prova*, da *transparência da informação*, da *correção do desvio publicitário* e da *lealdade publicitária*.[117]

Em termos didáticos, e colhendo as lições da doutrina, preferimos identificar três princípios fundamentais da publicidade: *a) o princípio da identificação; b) o princípio da veracidade; e c) o princípio da vinculação*.

---

não comporta direitos absolutos, sujeita-se a restrições, desde que proporcionais, na proteção de outros valores públicos. 4. A atividade empresarial, em todas as suas facetas, inclusive a publicitária, submete--se aos princípios da ordem econômica e há compatibilizar-se com a concretização dos demais direitos fundamentais. 5. O art. 220, § 4º, CF, no sentido de que a propaganda do 'tabaco, bebidas alcoólicas, agrotóxicos, medicamentos e terapias' pode sofrer 'restrições legais' explicita a possibilidade e a importância das limitações publicitárias dos produtos notadamente nocivos. 6. A propaganda comercial pode sofrer restrição legal de variada intensidade e, de modo proporcional, ser afastada para a tutela de outros direitos fundamentais. A expressão 'restrição', no art. 220, § 4º, CF, não traduz limitação apriorística à ponderação de valores resultante da aplicação do princípio da proporcionalidade no caso concreto. 7. Surgem constitucionais as restrições da publicidade dos produtos fumígenos, derivados ou não do tabaco, limitada à exposição dos produtos nos postos de venda, e a imposição de advertência sanitária acompanhada de imagem, por se mostraram adequadas, necessárias e proporcionais em sentido estrito, no contexto multifacetado das políticas públicas de combate ao fumo e de controle do tabaco. 8. Prevalência da tutela da saúde (art. 6º, CF) e incidência da proteção prioritária da criança e do adolescente (art. 227, CF). Concretização dos objetivos fundamentais da República (art. 3º, CF), mediante o estabelecimento de limites à atividade empresarial, no trato de problema de saúde pública de grande proporção. Limitada a livre-iniciativa, na dimensão expressiva e comunicativa, para a construção de uma sociedade mais livre, justa e solidária, o desenvolvimento nacional sustentável, a redução de desigualdades e a promoção do bem de todos. 9. Inocorrência de delegação legislativa ao atribuir-se, ao Ministério da Saúde, a tarefa de especificar as advertências sanitárias. Competência regulamentar de segundo grau para fiel execução da lei. Aplicação do precedente formado ao julgamento da ADI 1075 (Rel. Min. Celso de Mello, Pleno, j. virtual de 25.9 a 05.10.2020, *DJe* 19.10.2020). 10. Ação conhecida e pedido julgado improcedente" (STF, ADI 3311, Tribunal Pleno, Rel. Min. Rosa Weber, j. 14.09.2022, p. 29.09.2022).

[114] MACHADO, Jónatas E. M. *Liberdade de expressão*. Dimensões constitucionais da esfera pública no sistema social. Coimbra: Coimbra Editora, 2002. p. 447 e ss.

[115] FARIAS, Edilsom. *Liberdade de expressão e comunicação*. Teoria e proteção constitucional. São Paulo: Ed. RT, 2004. p. 179.

[116] PASQUALOTTO, Adalberto de Souza. *Os efeitos obrigacionais da publicidade no Código de Defesa do Consumidor*. São Paulo: Ed. RT, 1997. p. 83 *et seq*.

[117] BENJAMIN, Antonio Herman de Vasconcellos *et al*. *Código Brasileiro de Defesa do Consumidor comentado pelos autores do anteprojeto*. 8. ed. Rio de Janeiro: Forense, 2005. p. 316-318.

2.2.2.2.1 Princípio da identificação

O princípio da identificação decorre, diretamente, do que dispõe o artigo 36 do CDC, ao estabelecer que "a publicidade deve ser veiculada de tal forma que o consumidor, fácil e imediatamente, a identifique como tal". Trata-se de norma que deriva da boa-fé objetiva, fixando deveres de lealdade e transparência entre as partes. Em face dessa disposição, origina-se para o fornecedor o dever de caracterizar a publicidade, seja ela determinada peça ou toda uma campanha publicitária, a qual deve ser apresentada de tal forma que o público a quem se dirija possa identificá-la de modo apartado das demais informações que porventura sejam divulgadas ou veiculadas pelo mesmo meio de divulgação. Por força do princípio da identificação é que se define a necessidade de distinguir em certo veículo de comunicação a publicidade do restante da sua programação editorial, cujo método deverá variar conforme o tipo de mídia. Assim, por exemplo, em televisão se utilizam as conhecidas vinhetas, em rádio há o recurso às chamadas pelos locutores, ou ao anúncio expresso de que se trata de patrocínio, e em jornal ou revista, a configuração de letras, tipos e cores distintos daqueles usados para o conteúdo editorial, de responsabilidade do próprio veículo de comunicação. Essa obrigação, aliás, transcende à determinação eminentemente jurídica, estando prevista no artigo 28 do Código Brasileiro de Autorregulamentação Publicitária, elaborado pelo Conselho Nacional de Autorregulamentação Publicitária, nos seguintes termos: "O anúncio deve ser claramente distinguido como tal, seja qual for a sua forma ou meio de veiculação".[118]

Todavia, é reconhecido que as novas técnicas de *marketing* desenvolvidas pelo mercado publicitário vêm cada vez mais recorrendo a outras formas de configuração e divulgação da mensagem publicitária, dando ensejo a práticas que muitas vezes violam de modo flagrante o princípio da identificação da publicidade. Destaque-se que o CDC, ao estabelecer o dever de identificação da publicidade, qualifica tal exigência indicando que ela deverá ser fácil e imediatamente identificada. Não há de se exigir, portanto, que para tal se reclame um alto conhecimento ou nível intelectual do consumidor. Da mesma forma, a identificação deve se dar prontamente, tão logo haja a exposição da publicidade em questão.

Entre as técnicas de publicidade que violam o princípio da identificação consagrado no artigo 36 do CDC estão as espécies de publicidade *dissimulada, clandestina* e *subliminar*.[119]

A *publicidade dissimulada*, também conhecida como publicidade redacional,[120] é aquela que se apresenta como parte do conteúdo editorial normal de determinado veículo de comunicação. Tem a aparência de informação isenta, originada pelos meios regulares de produção de conteúdo de certo veículo de comunicação (uma reportagem jornalística,

---

[118] O Código de Autorregulamentação Publicitária, inclusive, distingue entre os princípios da identificação e da ostensividade, estabelecendo este último que a atividade publicitária será sempre ostensiva, e a alusão à marca de produto ou serviço, razão social do anunciante ou emprego de elementos reconhecidamente a ele associados, atende ao princípio da ostensividade (artigo 9º, § 1º).

[119] O rol é de: PASQUALOTTO, Adalberto de Souza. *Os efeitos obrigacionais da publicidade no Código de Defesa do Consumidor*. São Paulo: Ed. RT, 1997. p. 85 *et seq.*

[120] PASQUALOTTO, Adalberto de Souza. *Os efeitos obrigacionais da publicidade no Código de Defesa do Consumidor*. São Paulo: Ed. RT, 1997. p. 86.

por exemplo), mas na verdade revela-se com uma finalidade publicitária oculta do público. Em geral, considerando a necessidade de atender ao princípio da identificação, é comum os veículos de comunicação, sobretudo os de mídia impressa, alertarem o caráter publicitário dessas peças por intermédio de avisos como "informe publicitário", ou expressões correlatas. A dificuldade reside, contudo, nas hipóteses em que não exista relação imediata entre a remuneração de publicidade e a promoção de determinado fornecedor, em vista dos fins econômicos que pretende atingir. Isso pode ocorrer quando há contratação de publicidade em certo veículo de comunicação, devidamente identificada, mas que, em razão dessa contratação, sejam produzidas reportagens editoriais com referências positivas acerca de algum produto ou serviço, ou do seu fornecedor. A dificuldade, nessa hipótese, reside na demonstração da relação entre a contratação da publicidade e a produção das matérias de aparente conteúdo editorial, pelo veículo de comunicação.

A publicidade *clandestina*, por sua vez, tornou-se bastante comum no Brasil, sobretudo na programação televisiva, tais como novelas, programas de auditório, entre outros. Referida impropriamente[121] como *merchandising*, consiste na aparição, de modo associado ao roteiro original do programa, de situações normais de consumo nas quais se faz uso, referência ou simplesmente projeta-se imagem de produto ou serviço, ou ainda de determinada marca, logomarca ou congênere, com a finalidade de estabelecer uma associação entre estes, e qualidades ou circunstâncias positivas decorrentes de sua utilização. Sua vedação consiste em preocupação para diversos países. Na Europa, a Diretiva 89/552/CE, relativa ao exercício de atividades de radiodifusão televisiva, estabeleceu expressamente a vedação da publicidade clandestina quando consagrou o princípio da identificação.[122] Essa mesma diretiva define a publicidade clandestina como "a apresentação oral ou visual de produtos, de serviços, do nome, da marca ou de actividades de um fabricante de mercadorias ou de um prestador de serviços em programas em que essa apresentação seja feita de forma intencional pelo organismo de radiodifusão televisiva com fins publicitários e que possa iludir o público quanto à natureza dessa apresentação. A apresentação é considerada intencional sempre que for feita a troco de remuneração ou de outra forma de pagamento similar".[123]

Nem todo *merchandising*, todavia, caracteriza-se como publicidade clandestina, desde que possa o consumidor identificar e distinguir a mensagem publicitária do conteúdo ordinário da programação do veículo de comunicação. Assim, por exemplo, quando se trate do que hoje vem se denominando "publicidade de palco", especialmente em programas televisivos, nos quais os apresentadores realizam durante a programação comum (e não nos intervalos) anúncios publicitários.[124] Nesses casos, não permite indicar que

---

[121] Refere Antonio Benjamin que, nas técnicas de *marketing*, a expressão *merchandising* possui outro significado (BENJAMIN, Antonio Herman de Vasconcellos *et al. Código Brasileiro de Defesa do Consumidor comentado pelos autores do anteprojeto*. 8. ed. Rio de Janeiro: Forense, 2005. p. 321).

[122] Assim o artigo 10 da Diretiva 89/552/CE, de 3 de outubro de 1989: "(...) 1. A publicidade televisiva deve ser facilmente identificável como tal e nitidamente separada do resto do programa por meios ópticos e/ou acústicos. 2. Os *spots* publicitários isolados devem constituir excepção. 3. A publicidade não deve utilizar técnicas subliminares. 4. É proibida a publicidade clandestina".

[123] Artigo 1º, alínea *c*, da Diretiva 89/552/CE, de 3 de outubro de 1989.

[124] MIRAGEM, Bruno. Publicidade, *merchandising* e os limites da responsabilidade das emissoras de televisão. Comentários ao REsp 1.157.228/RS. *Revista de Direito do Consumidor*, São Paulo, v. 82, p. 377-402, abr./jun. 2012.

Parte II · Cap. 2 · A PROTEÇÃO CONTRATUAL DO CONSUMIDOR | 263

necessariamente há violação do dever de promover a fácil e imediata identificação do caráter publicitário da mensagem. Isso porque pode ocorrer a distinção entre o conteúdo próprio do programa e a mensagem publicitária até mediante recurso a ironia ou retórica dos respectivos apresentadores, caracterizando a natureza de anúncio e sua separação do curso normal da programação.[125]

A publicidade clandestina terá essa designação justamente em razão do seu caráter não ostensivo, tal como a situação em que uma personagem de novela faz uso do cartão magnético de determinado banco, ou de uma bandeira de cartão de crédito, ingere refrigerante de determinada marca, ou faz uso de automóvel, do qual se destacam a marca e o modelo específicos. Nessas situações, há evidente violação do dever de identificação imediata da publicidade pelo consumidor, conforme estabelece o artigo 36 do CDC. Entre os modos de correção dessa prática está a indicação prévia do programa, em seu início, de que ele faz uso de técnicas de *merchandising*.[126] O próprio Código de Autorregulamentação Publicitária[127] (artigo 10) refere que o *merchandising* submete-se a todas as normas relativas às outras espécies de publicidade, "em especial os princípios da ostensividade e da identificação publicitária".

Nesse particular, convém ainda distinguir o chamado *teaser*, como técnica de publicidade e sua adequação ao princípio da identificação. O *teaser*, referido como "o anúncio do anúncio",[128] é aquela peça publicitária na qual não consta qualquer espécie de designação do fornecedor anunciante, nem do produto ou serviço anunciado, buscando gerar expectativa e curiosidade sobre qual o conteúdo do anúncio, a ser divulgado futuramente. Segundo dispõe o Código de Autorregulamentação Publicitária (artigo 9º, § 2º),

---

[125] Nesse sentido, observa o Min. Aldir Passarinho, em trecho de seu voto no REsp 1.157.228/RS: "(...) dentre as novas espécies de propaganda veiculadas em televisão surgiu a chamada 'publicidade de palco', espécie de comercial ao vivo, na qual a mensagem do anunciante, em lugar de ser gravada, é promovida pelo próprio apresentador do programa ou outra pessoa. Essa propaganda, usualmente, tem um tempo estipulado pela emissora e limite de texto, de acordo com a grade do programa, e é realizada na linguagem característica do apresentador e do respectivo 'show'. Há outra variação, ainda dentro da 'publicidade de palco', que é o 'comercial chamado', pelo qual o apresentador, utilizando-se de um texto menor, às vezes jocoso, chama a atenção do telespectador para um comercial que é exibido a seguir, porém, sempre dentro do bloco do programa, que também pode ser seguido de um comentário de finalização pelo mesmo apresentador. Igualmente é considerada como 'publicidade de palco' o 'merchandising', que tem lugar dentro do programa para fins de memorização de marca, 'slogans' etc., usualmente empregando estímulos visuais e textuais, ações conceituais, eventos especiais, sem rigorosa limitação de tempo e texto. Exemplo disso é uma distribuição de brindes de determinado produto à plateia, com um prêmio de viagem inserido em um deles. Existe, mais, na mesma categoria de 'publicidade de palco', o formato comercial de patrocínio de quadros específicos do programa, que é divulgado no bloco, antes e depois da apresentação do quadro" (STJ, REsp 1.157.228/RS, 4ª Turma, Rel. Min. Aldir Passarinho Junior, j. 03.02.2011, *DJe* 27.04.2011).

[126] Sugerem essa solução: PASQUALOTTO, Adalberto de Souza. *Os efeitos obrigacionais da publicidade no Código de Defesa do Consumidor*. São Paulo: Ed. RT, 1997. p. 88; LOPES, Maria Elisabete Villaça. O consumidor e a publicidade. *Revista de Direito do Consumidor*, São Paulo, v. 1, p. 170, jan. 1992.

[127] Para o exame das disposições do Código Brasileiro de Autorregulamentação Publicitária, veja-se: JACOBINA, Paulo Vasconcelos. *A publicidade no direito do consumidor*. Rio de Janeiro: Forense, 1996. p. 31 *et seq.*

[128] BENJAMIN, Antonio Herman de Vasconcellos *et al. Código Brasileiro de Defesa do Consumidor comentado pelos autores do anteprojeto*. 8. ed. Rio de Janeiro: Forense, 2005. p. 322.

"a mensagem que visa criar expectativa ou curiosidade no público poderá prescindir da identificação do anunciante, do produto ou do serviço". De fato, o atendimento do princípio da publicidade deverá ser avaliado a partir da compreensão de toda a peça publicitária, desde seu anúncio prévio, no formato de *teaser*, até a divulgação da peça final, razão pela qual sua utilização parece ser admissível, contanto que não viole normas específicas do CDC, como as relativas à publicidade enganosa e abusiva.

Por fim, a *publicidade subliminar*, considerada aquela que tem por finalidade persuadir[129] o consumidor com relação às qualidades de determinado produto ou serviço, por intermédio de estímulos ao estado consciente ou inconsciente dos consumidores, de modo imperceptível pelos seus destinatários. Refere Adalberto Pasqualotto sobre experiências norte-americanas, nas quais uma plateia de cinema foi induzida ao consumo de determinada marca de refrigerante e de milho, em razão de estímulos determinados pelo filme em exibição, o que consistiria em espécie de manipulação do público, razão pela qual deve ser vedada.[130]

2.2.2.2.2 Princípio da veracidade

O princípio da veracidade informa o conteúdo da mensagem publicitária, estabelecendo que ela se componha exclusivamente de informações corretas e verdadeiras. O artigo 36, parágrafo único, do CDC, nesse sentido, estabelece que "o fornecedor, na publicidade de seus produtos ou serviços, manterá, em seu poder, para informação dos legítimos interessados, os dados fáticos, técnicos e científicos que dão sustentação à mensagem". Esse princípio é reconhecido por majoritária doutrina,[131] constituindo uma das bases do regime jurídico da publicidade no CDC, e está associado ao direito à informação do consumidor.

Observe-se que não há de se exigir neutralidade ou isenção da publicidade. Considerando que esta se vincula a um fim econômico específico, naturalmente que por essa razão será tendente a esse objetivo. Todavia, em face do dever de lealdade que deve ser observado na fase pré-contratual, tendo em vista o princípio da boa-fé, ainda que se admita o caráter tendencioso da publicidade, seu limite deve ser o direito à informação do consumidor e o correspondente dever de informar do fornecedor. Assim, não há de se considerar a possibilidade de omitir informações essenciais, que o próprio CDC

---

[129] Sobre as técnicas de persuasão da publicidade e seu tratamento pelo direito, veja-se a tese de doutoramento de: FERNANDES NETO, Guilherme. *Direito da comunicação social*. São Paulo: Ed. RT, 2004. p. 117 *et seq.*

[130] PASQUALOTTO, Adalberto de Souza. *Os efeitos obrigacionais da publicidade no Código de Defesa do Consumidor*. São Paulo: Ed. RT, 1997. p. 90-91. Nesse sentido, o artigo 10, item 3, da Diretiva 89/552/CEE, expressamente proíbe a adoção de técnicas subliminares.

[131] FERREIRA DE ALMEIDA, Carlos. *Os direitos dos consumidores*. Coimbra: Almedina, 1982. p. 81-82; PASQUALOTTO, Adalberto de Souza. *Os efeitos obrigacionais da publicidade no Código de Defesa do Consumidor*. São Paulo: Ed. RT, 1997. p. 92 *et seq*; BENJAMIN, Antonio Herman de Vasconcellos *et al*. *Código Brasileiro de Defesa do Consumidor comentado pelos autores do anteprojeto*. 8. ed. Rio de Janeiro: Forense, 2005. p. 317; BITTAR, Carlos Alberto. O controle da publicidade. Sancionamentos a mensagens enganosas e abusivas. *Revista de Direito do Consumidor*, São Paulo, v. 4, p. 128, 1994; FERNANDES NETO, Guilherme. *Direito da comunicação social*. São Paulo: Ed. RT, 2004. p. 95. Valéria Falcão Chaise refere, com propriedade, a existência de um dever de veracidade, decorrente da boa-fé objetiva: CHAISE, Valéria. *A publicidade em face do Código de Defesa do Consumidor*. São Paulo: Saraiva, 2001. p. 64.

determina que sejam prestadas com ampla divulgação, como é o caso das relativas aos riscos do produto ou do serviço, ou ainda as limitações da oferta publicitária, quando for o caso.

Da mesma forma, o CDC estabelece um dever de informar agravado com relação a certo público-consumidor, em vista da necessidade de proteger determinados grupos de consumidores, como crianças e idosos. Com relação aos primeiros, a quem muitas vezes é endereçada publicidade com motivos fantasiosos ou irreais (personagens de desenho animado, pessoas que voam, entre outros), não se trata de coibir o recurso a técnicas normais de persuasão, ou mesmo que tornam a publicidade mais agradável. Apenas é vedada a utilização dessas técnicas de modo a se aproveitar da falta de discernimento das crianças, sob pena de essa publicidade ser considerada ilícita, porque abusiva.[132]

O princípio da veracidade, pois, sustenta-se no paradigma do dever de prestar a informação correta. A medida dessa correção se estabelece a partir do artigo 36, parágrafo único, do CDC. *Correta*, nesse sentido, será a informação que guardar relação de conformidade com os fatos de natureza técnica ou científica relativos ao produto ou serviço anunciado.

A violação direta do princípio da veracidade caracteriza a publicidade enganosa, definida no artigo 37, § 1º, do CDC, cuja caracterização se dá de modo objetivo, bastando para tal que seja demonstrada a violação do dever, ou seja, sem a necessidade de reconhecimento do elemento subjetivo dolo ou culpa.[133] Não se afigura como violação do princípio da veracidade, todavia, o exagero publicitário (*puffing*) quando utilizado como forma de atrair a atenção dos consumidores para determinada peça de publicidade,[134] porquanto sejam identificadas de modo imediato nessa qualidade superlativa as características ou funcionalidade de algum produto ou serviço anunciado.[135]

O que se deverá reclamar com relação à publicidade em geral, como pressuposto do atendimento do princípio da veracidade, é o dever de objetividade por parte de todos os envolvidos na elaboração de um anúncio publicitário. Exige-se, pois, que a mensagem

---

[132] Um exemplo atual é a utilização de redes sociais na internet, no qual vídeos e fotografias protagonizados por crianças que testemunham a qualidade e demais atributos positivos de produtos e serviços são divulgados e direcionados para influenciar outras crianças, sem a aparência de publicidade, que nesse caso é promovida de modo clandestino. Assim, por exemplo, é o que ocorre na rede social YouTube, com os denominados "*youtubers* mirins". Nesse caso, as crianças protagonistas dos vídeos não são originalmente conhecidas, mas tornam-se celebridades justamente em razão do acesso massivo do conteúdo que torna disponível na rede social. Para o exame da publicidade clandestina e subliminar na internet, veja-se: BRITO, Dante Ponte de. *Publicidade subliminar na internet*. Rio de Janeiro: Lumen Juris, 2017. p. 189 e ss.

[133] Nesse sentido: PASQUALOTTO, Adalberto de Souza. *Os efeitos obrigacionais da publicidade no Código de Defesa do Consumidor*. São Paulo: Ed. RT, 1997. p. 169-171; BENJAMIN, Antonio Herman de Vasconcellos *et al. Código Brasileiro de Defesa do Consumidor comentado pelos autores do anteprojeto*. 8. ed. Rio de Janeiro: Forense, 2005. p. 329; CHAISE, Valéria. *A publicidade em face do Código de Defesa do Consumidor*. São Paulo: Saraiva, 2001. p. 34.

[134] PASQUALOTTO, Adalberto de Souza. *Os efeitos obrigacionais da publicidade no Código de Defesa do Consumidor*. São Paulo: Ed. RT, 1997. p. 97-98.

[135] Entende Guilherme Fernandes Neto, entretanto, a necessidade de coibir-se sua prática (FERNANDES NETO, Guilherme. *Direito da comunicação social*. São Paulo: Ed. RT, 2004. p. 97).

266 CURSO DE DIREITO DO CONSUMIDOR – *Bruno Miragem*

publicitária divulgada seja clara e objetiva quanto aos seus aspectos essenciais, de modo a compatibilizar a liberdade de criação publicitária e o direito básico do consumidor à informação.

2.2.2.2.3 Princípio da vinculação

O princípio da vinculação é aquele pelo qual se estabelece que a oferta publicitária vincula o fornecedor ao seu cumprimento nos termos do anúncio. O princípio da vinculação abrange, como já foi mencionado quando se fez referência à oferta, tanto a publicidade – a oferta publicitária – quanto a oferta de consumo (artigo 30). Os efeitos do princípio observam-se nas alternativas previstas no artigo 35 do CDC, que estabelece as consequências da realização da oferta e seu descumprimento, o que inclui as opções, a livre escolha do consumidor, de: "(...) I – exigir o cumprimento forçado da obrigação, nos termos da oferta, apresentação ou publicidade; II – aceitar outro produto ou prestação de serviço equivalente; III – rescindir o contrato, com direito à restituição de quantia eventualmente antecipada, monetariamente atualizada, e a perdas e danos".

O princípio da vinculação é consagrado como o aspecto distintivo mais relevante do regime jurídico da publicidade no CDC,[136] uma vez que estabelece o surgimento de eficácia vinculativa à publicidade, independentemente da realização do contrato de consumo.

2.2.2.3 *A eficácia vinculativa da publicidade*

A eficácia vinculativa da publicidade, decorrente do princípio da vinculação, estabelece como consequência prática que o fornecedor, ao realizá-la, coloca-se em estado de sujeição, submetido que se encontra aos efeitos do exercício do direito formativo do consumidor de aceitar a oferta publicitária, e, com isso, celebrar o contrato.[137] Note-se que se exige que a informação veiculada seja suficientemente precisa, o que se há de realizar por qualquer meio publicitário, desde os veículos de comunicação, painéis, panfletos, *outdoors, e-mails, pop-ups* de internet, e demais instrumentos de mídia utilizados contemporaneamente, ou que venham a ser concebidos no futuro. O fundamento desse regime são a teoria da confiança e a proteção das expectativas legítimas do consumidor.

Entretanto, nem sempre foi assim. Era pouca ou nenhuma a eficácia jurídica reconhecida à publicidade no direito civil clássico. Em geral, a publicidade era tomada apenas em uma relação individual entre consumidor e fornecedor, e a existência de prejuízos deveria ser comprovada pelo consumidor e somente seria ressarcível na hipótese de demonstrar intenção ou ardil do fornecedor, com a finalidade de causar prejuízo ao des-

---

[136] AMARAL JÚNIOR, Alberto. O princípio da vinculação da mensagem publicitária. *Revista de Direito do Consumidor*, São Paulo, v. 14, p. 41-51, abr./jun. 1995; NERY JR., Nelson. Os princípios gerais do Código Brasileiro de Defesa do Consumidor. *Revista de Direito do Consumidor*, São Paulo, v. 3, p. 44-77, set./dez. 1992; MARQUES, Claudia Lima. *Contratos no Código de Defesa do Consumidor*. 4. ed. São Paulo: Ed. RT, 2003. p. 626-627; BENJAMIN, Antonio Herman de Vasconcellos *et al. Código Brasileiro de Defesa do Consumidor comentado pelos autores do anteprojeto*. 8. ed. Rio de Janeiro: Forense, 2005. p. 317.

[137] MARQUES, Claudia Lima. *Contratos no Código de Defesa do Consumidor*. 4. ed. São Paulo: Ed. RT, 2003. p. 627.

tinatário da publicidade. A conduta ordinária do fornecedor, mesmo que revele artifícios de convencimento do consumidor, era considerado como *dolus bonus*, ou seja, intenção não necessariamente de má-fé, visando promover a celebração do negócio. Nesse sentido, não haveria necessidade de desfazimento do negócio (via anulação pelo defeito de dolo), quando eventual malícia do fornecedor não se revelasse tão grave a ponto de comprometer a própria razão de ser do contrato.[138]

O reconhecimento, pelo CDC, de um direito formativo à celebração do contrato estabelece ao fornecedor um dever de sujeição, ou seja, da sua impossibilidade de impedir a produção dos efeitos decorrentes do exercício do direito pelo consumidor. A origem dessa eficácia vinculante e do direito-poder do consumidor de concluir o contrato por intermédio da simples aceitação da oferta do consumidor decorre da própria alteração do conceito de obrigação como fenômeno estático, para sua concepção de modo dinâmico, como espécie de relação obrigacional. Esta se traduz pela associação do dever principal de realização da prestação, com diversos outros deveres secundários, caracterizados como deveres de conduta (informação, não causar danos, sigilo etc.), assim como o dever de colaborar e ser leal com a contraparte.[139] A conclusão dessa diversidade de deveres impostos aos fornecedores determina sua eficácia própria, que é a vinculação do fornecedor, dependente da aceitação do consumidor.

Impõe-se perguntar qual a natureza da responsabilidade do fornecedor pela oferta ou publicidade que promove, se pré-contratual, ou autenticamente contratual, em face da aceitação manifestada pelo consumidor. Como ensina Antônio Junqueira de Azevedo, "a fase pré-contratual pode ser decomposta, singelamente, em duas fases menores: a das negociações e a da oferta".[140] Falar em responsabilidade pré-contratual, em decorrência da oferta ou da publicidade, embora tenha todo o sentido no regime contratual do Código Civil, não parece ser possível com relação aos contratos de consumo. Como ensinam os estudiosos da matéria, a responsabilidade pré-contratual pressupõe a inexistência do contrato,[141] seja por sua invalidade (teoria da *culpa in contrahendo* de Ihering)[142] ou ausência da celebração, assim como a violação de deveres oriundos da mera oferta, ou das negociações preliminares estabelecidas.[143] No direito civil, é reconhecida a possibilidade de

---

[138] PASQUALOTTO, Adalberto de Souza. *Os efeitos obrigacionais da publicidade no Código de Defesa do Consumidor*. São Paulo: Ed. RT, 1997. p. 70-73.

[139] MARQUES, Claudia Lima. *Contratos no Código de Defesa do Consumidor*. 4. ed. São Paulo: Ed. RT, 2003. p. 614. LARENZ, Karl. *Derecho de obligaciones*. Trad. Jayme Santos Briz. Madrid: ERDP, 1958. t. I, p. 154-155.

[140] AZEVEDO, Antônio Junqueira. Responsabilidade pré-contratual no Código de Defesa do Consumidor: estudo comparativo com a responsabilidade pré-contratual no direito comum. *Revista da Faculdade de Direito da USP*, São Paulo, v. 90, p. 175, 1995.

[141] CHAVES, Antônio. *Responsabilidade pré-contratual*. Rio de Janeiro: Forense, 1959. p. 15 *et seq.* No mesmo sentido, no direito argentino, veja-se o aprofundado estudo de SOZZO, Gonzalo. *Antes del contrato. Los cambios en la regulación jurídica del período precontractual*. Buenos Aires: Lexis Nexis, 2005. p. 17 *et seq.*

[142] CHAISE, Valéria. *A publicidade em face do Código de Defesa do Consumidor*. São Paulo: Saraiva, 2001. p. 43.

[143] Nesse sentido, o trabalho de: ZANETTI, Cristiano de Sousa. *Responsabilidade pela ruptura das negociações*. São Paulo: Juarez de Oliveira, 2005. p. 34 *et seq.*

responsabilidade pré-contratual em face da revogação dolosa ou abusiva da oferta.[144] No caso do CDC, ao se reconhecer o direito formativo do consumidor à aceitação da oferta ou publicidade promovida pelo fornecedor, deu-se ao aceitante o poder de constituir ou não a relação contratual.[145] Logo, havendo aceitação e, após, recusa no cumprimento dos termos da oferta, são reconhecidas ao consumidor as pretensões relacionadas no artigo 35 do CDC, quais sejam: a de exigir o cumprimento forçado da obrigação, nos termos da oferta, apresentação ou publicidade; aceitar outro produto ou prestação de serviço equivalente; ou rescindir o contrato, com direito à restituição de quantia eventualmente antecipada, monetariamente atualizada, e a perdas e danos. A própria menção da possibilidade de rescisão, no artigo 35, III, induz concluir sobre a existência do contrato[146] e, com isso, a possibilidade de rescisão, com direito à restituição dos valores já pagos, assim como a eventuais perdas e danos, na hipótese de violação do dever contratual de realizar a prestação pelo fornecedor.

As pretensões relacionadas no artigo 35 do CDC são de livre escolha do consumidor, de acordo com o seu interesse. A eficácia vinculante da oferta, nesse sentido, enseja a imputação de responsabilidade autenticamente contratual ao fornecedor, razão pela qual o conteúdo da pretensão do consumidor pode exigir, desde o cumprimento forçado – via execução específica (artigo 84 do CDC e artigo 497 do CPC) – até o desfazimento do negócio e eventual indenização.

2.2.2.4   A publicidade ilícita

A publicidade ilícita, no regime estabelecido pelo CDC, é toda aquela que viola os deveres jurídicos instituídos nessa norma na realização, produção e divulgação de mensagens publicitárias. Assim, é ilícita, por exemplo, a publicidade que viola o princípio da identificação, o princípio da veracidade, assim como constitui ato ilícito (porém não necessariamente publicidade ilícita) a recusa, pelo fornecedor, de atender aos termos da oferta publicitária. Da mesma forma, segundo o modo pelo qual se exerce a atividade publicitária, atualmente podem ser identificadas outras ofensas ao consumidor, como é a que ocorre, com cada vez maior frequência, com relação à publicidade realizada por *telemarketing* ou envio não autorizado de *e-mails*,[147] cuja quantidade, frequência ou modo de abordagem podem caracterizar assédio de consumo.

Contudo, no que diz respeito à publicidade ilícita expressamente referida no CDC, duas são as espécies previstas: a *publicidade enganosa* e a *publicidade abusiva*. A publicidade enganosa é aquela que viola o dever de veracidade e clareza estabelecidos pelo CDC. Já a

---

[144]   SOZZO, Gonzalo. *Antes del contrato*. Los cambios en la regulación jurídica del período precontractual. Buenos Aires: Lexis Nexis, 2005. p. 210-211.

[145]   AZEVEDO, Antônio Junqueira. Responsabilidade pré-contratual no Código de Defesa do Consumidor: estudo comparativo com a responsabilidade pré-contratual no direito comum. *Revista da Faculdade de Direito da USP*, São Paulo, v. 90, p. 182, 1995.

[146]   MARQUES, Claudia Lima. *Contratos no Código de Defesa do Consumidor*. 4. ed. São Paulo: Ed. RT, 2003. p. 644.

[147]   Nesse sentido, veja-se, denominando tal situação como "publicidade invasiva", o estudo de: SANTANA, Héctor Valverde; CHERMAN, Yuri César. Publicidade invasiva: ofensa a direitos da personalidade. *Revista de Direito do Consumidor*, São Paulo, v. 112, p. 177-199, jul./ago. 2017.

publicidade abusiva é aquela que viola valores ou bens jurídicos considerados relevantes socialmente (tais como meio ambiente, segurança e integridade dos consumidores), assim como a que se caracteriza pelo apelo indevido a vulnerabilidade agravada de determinados consumidores, como crianças e idosos.

Tanto a publicidade enganosa quanto a publicidade abusiva são proibidas pelo artigo 37, *caput*, do CDC. A consequência própria dessas espécies de publicidade ilícita, além da evidente vedação de sua veiculação, no caso de já ter havido divulgação, será a imposição da contrapropaganda, prevista no artigo 56, XII, assim como eventuais sanções penais, a teor do que estabelece o artigo 67 do CDC. Da mesma forma, sendo comprovados danos materiais ou morais, a título individual ou coletivo, em razão da veiculação da publicidade ilícita, serão abrangidos por pretensão indenizatória das vítimas, ou dos legitimados para a tutela coletiva, quando for o caso.

2.2.2.4.1 Publicidade enganosa

A definição da publicidade enganosa, prevista no artigo 37, § 1º, do CDC, refere: "É enganosa qualquer modalidade de informação ou comunicação de caráter publicitário, inteira ou parcialmente falsa, ou, por qualquer outro modo, mesmo por omissão, capaz de induzir em erro o consumidor a respeito da natureza, características, qualidade, quantidade, propriedades, origem, preço e quaisquer outros dados sobre produtos e serviços".

O elemento principal da definição jurídica em questão é a aptidão da publicidade de *induzir o consumidor em erro*. Nota Claudia Lima Marques que sua caracterização como publicidade ilícita, ou seja, ato ilícito civil, poderia fazer surgir discussão sobre a necessidade de demonstração da culpa do fornecedor na realização do efeito projetado dessa publicidade. Todavia, considera-se nessa hipótese de que há uma presunção de culpa do fornecedor, que, proibido de promover a publicidade enganosa, terminou por realizá-la.[148] Nesse sentido, exonera-se da responsabilidade apenas se conseguir demonstrar, nessa hipótese, que o caráter enganoso da publicidade decorre de caso fortuito.[149] Em sentido contrário, Fábio Ulhoa Coelho pondera que o caráter enganoso da publicidade não prescinde da demonstração do dolo do fornecedor, em promover anúncio publicitário que tenha a aptidão de induzir o consumidor em erro.[150]

---

[148] "(...) 5. A publicidade enganosa, à luz do Código de Defesa do Consumidor (art. 37 do CDC), não exige, para sua configuração, a prova da vontade de enganar o consumidor, tampouco tal nefanda prática também colha que deva estar evidenciada de plano sua ilegalidade, ou seja, a publicidade pode ter aparência de absoluta legalidade na sua vinculação, mas, por omitir dado essencial para formação do juízo de opção do consumidor, finda por induzi-lo a erro ou tão somente coloca dúvidas acerca do produto ou serviço oferecido, contaminando sua decisão. 6. Em razão do princípio da veracidade da publicidade, fica evidenciado que a publicidade veiculada pela recorrida é capaz de induzir o consumidor a erro quanto ao preço do serviço, podendo ser considerada enganosa. 7. Recurso especial parcialmente conhecido e, nessa parte, provido" (STJ, REsp 1.317.338/MG, 2ª Turma, Rel. Min. Mauro Campbell Marques, j. 19.03.2013, *DJe* 1º.04.2013).

[149] MARQUES, Claudia Lima. *Contratos no Código de Defesa do Consumidor*. 4. ed. São Paulo: Ed. RT, 2003. p. 678. Da mesma forma: BENJAMIN, Antonio Herman de Vasconcellos *et al*. *Código Brasileiro de Defesa do Consumidor comentado pelos autores do anteprojeto*. 8. ed. Rio de Janeiro: Forense, 2005. p. 329.

[150] Nesse sentido: COELHO, Fábio Ulhoa. Comentários ao artigo 37 do CDC. *In*: OLIVEIRA, Juarez de (org.) *Comentários ao Código de Proteção do Consumidor*. São Paulo: Saraiva, 1991. p. 161.

A publicidade é considerada enganosa quando há divulgação total ou parcialmente falsa, ou ainda quando há omissão de informações relevantes à compreensão pelo consumidor, das características, qualidades e utilidades do produto ou do serviço objeto do anúncio publicitário ("Artigo 37, § 3º Para os efeitos deste código, a publicidade é enganosa por omissão quando deixar de informar sobre dado essencial do produto ou serviço").[151] Todavia, há de se considerar que, em matéria de linguagem e das técnicas adotadas pela publicidade, a determinação do que seja verdadeiro ou falso é de difícil verificação, uma vez que, no âmbito linguístico, certa mensagem poderá ser considerada verdadeira, mas, ao se ter em conta também o modo como a informação é divulgada no anúncio publicitário, poderá ser apreendido de maneira diversa pelo público consumidor. Segundo ensina a doutrina, "entende-se por dado essencial aquele que influi ou pode influir na escolha econômica do consumidor; que se estivesse previsto na publicidade o levaria a adotar um comportamento econômico diverso".[152] Daí por que o legislador tem feito referência à finalidade de induzir em erro como elemento determinante para definição da publicidade enganosa.[153] Assim, o decisivo não é a identificação de um equívoco na mensagem, mas sua tomada em conjunto, na percepção do consumidor leigo e vulnerável, como apta a promover o resultado concreto da indução em erro. Trata-se de assegurar, nessa disposição, a proteção da confiança do consumidor diante da promoção da atividade publicitária pelo fornecedor. Será enganosa, assim, a publicidade que apõe informações restritivas ou mais gravosas sobre o conteúdo do contrato, de forma discreta e contrastante com o destaque que oferece as vantagens ofertadas,[154] gerando falsa percepção do consumidor sobre as condições do negócio.

---

[151] "Processual civil. Civil. Recurso especial. Prequestionamento. Publicidade enganosa por omissão. Aquisição de refrigerantes com tampinhas premiáveis. Defeitos de impressão. Informação não divulgada. Aplicação do Código de Defesa do Consumidor. Dissídio jurisprudencial. Comprovação. Omissão. Inexistência. Embargos de declaração. Responsabilidade solidária por publicidade enganosa. Reexame fático-probatório. O recurso especial carece do necessário prequestionamento quando o aresto recorrido não versa sobre a questão federal suscitada. Há relação de consumo entre o adquirente de refrigerante cujas tampinhas contém impressões gráficas que dão direito a concorrer a prêmios e o fornecedor do produto. A ausência de informação sobre a existência de tampinhas com defeito na impressão, capaz de retirar o direito ao prêmio, configura-se como publicidade enganosa por omissão, regida pelo Código de Defesa do Consumidor. A comprovação do dissídio jurisprudencial exige o cotejo analítico entre os julgados tidos como divergentes e a similitude fática entre os casos confrontados. Inexiste omissão a ser suprida por meio de embargos de declaração quando o órgão julgador pronuncia-se sobre toda a questão posta a desate, de maneira fundamental. É solidária a responsabilidade entre aqueles que veiculam publicidade enganosa e os que dela se aproveitam, na comercialização de seu produto. É inviável o reexame fático-probatório em sede de recurso especial. Recursos especiais conhecidos parcialmente e não providos" (STJ, REsp 327.257/SP, Rel. Min. Nancy Andrighi, j. 22.06.2004, *DJU* 16.11.2004, p. 272). Da mesma forma, a condenação de ações publicitárias que trariam indicações falsas a respeito das características de automóvel a ser lançado e dos itens de série de sua versão mais básica (STJ, REsp 1.546.170/SP, 3ª Turma, Rel. Min. Ricardo Villas Bôas Cueva, j. 18.02.2020, *DJe* 05.032020).

[152] DIAS, Lúcia Ancona Lopez de Magalhães. *Publicidade e direito*. São Paulo: Ed. RT, 2010. p. 140.

[153] No direito francês, o artigo L 121-1do *Code de la Consommation* define de modo bastante abrangente a publicidade enganosa, fazendo menção a elementos específicos da apresentação do produto ou serviço, modo e resultados de sua utilização ou fruição (CALAIS-AULOY, Jean; STEINMETZ, Frank. *Droit de la consommation*. 5. ed. Paris: Dalloz, 2000. p. 127).

[154] Assim, p. ex., o caso de fabricante de veículos que colocou em destaque valores de parcela mensal para aquisição do veículo, deixando apenas em nota, com fonte ínfima na respectiva peça publicitária, que tais condições estavam restritas às primeiras doze parcelas iniciais, indicando de modo imperceptível

Uma questão da maior importância, contudo, é a extensão da responsabilidade dos sujeitos envolvidos na concepção, realização e divulgação do anúncio publicitário. O artigo 38 estabelece que "o ônus da prova da veracidade e correção da informação ou comunicação publicitária cabe a quem as patrocina". Já o artigo 60, ao impor a sanção de contrapropaganda, refere que "a imposição de contrapropaganda será cominada quando o fornecedor incorrer na prática de publicidade enganosa e abusiva, nos termos do artigo 36 e seus parágrafos, sempre às expensas do infrator". Com relação às sanções penais relativas à promoção de publicidade enganosa (artigo 67 do CDC) e abusiva (artigo 68 do CDC), exige a norma penal que se demonstre a presença do elemento subjetivo (com a expressão "sabe ou deveria saber").

Isso provoca a discussão, no âmbito civil, sobre a extensão da responsabilidade pela promoção da publicidade enganosa, se própria do fornecedor, ou passível de ser estendida para os demais sujeitos que participam de sua criação, produção e divulgação. A princípio, cumpre ao fornecedor, no âmbito civil, a responsabilidade pela guarda dos dados fáticos, técnicos e científicos que dão sustentação à mensagem publicitária divulgada (artigo 36, parágrafo único). Da mesma maneira, é seu o ônus de provar a veracidade da informação (artigo 38). Nesse sentido, mencione-se, no direito comparado, que o Código de Publicidade de Portugal confere o ônus de demonstrar a veracidade da peça publicitária também às agências e emissoras de televisão. Originalmente, no que se refere aos efeitos patrimoniais decorrentes da realização da publicidade enganosa, tais como o custeio da contrapropaganda e eventuais indenizações, questiona-se sobre a possibilidade de responsabilização dos outros sujeitos que auxiliaram na divulgação do anúncio publicitário, tais como a agência de publicidade, o veículo de comunicação ou as pessoas naturais que nele aparecem (tais como celebridades, artistas etc.). Duas são as linhas de entendimento sobre o assunto. Em defesa da responsabilidade objetiva e solidária dos demais sujeitos, tais como agências de publicidade e veículos de comunicação, argumenta-se que estes também são remunerados pelos ganhos da publicidade, razão pela qual devem responder de modo objetivo e solidário por eventuais danos aos consumidores.[155] Observa o STJ que, "na realidade, o disposto no artigo 38 do Código de Defesa do Consumidor disciplina tão somente o sujeito e o objeto da prova, não afastando, em momento algum, a responsa-

---

ao consumidor, o valor substancialmente mais elevado, que deveria ser suportado a partir de então: STJ, AgInt no AREsp 1.086.752/SP, 1ª Turma, Rel. Min. Napoleão Nunes Maia Filho, j. 15.12.2020, *DJe* 18.12.2020).

[155] RIZZATTO NUNES, Luiz Antônio. *Comentários ao Código de Defesa do Consumidor*. São Paulo: Saraiva, 2000. p. 454; GUIMARÃES, Paulo Jorge Scartezzini. *A publicidade ilícita e a responsabilidade civil das celebridades que dela participam*. São Paulo: Ed. RT, 2001. p. 152 e 195; FERNANDES NETO, Guilherme. *Direito da comunicação social*. São Paulo: Ed. RT, 2004. p. 231-232. NERY JR., Nelson. Os princípios gerais do Código Brasileiro de Defesa do Consumidor. *Revista de Direito do Consumidor*, São Paulo, v. 3, p. 58, set./dez. 1992. Reconhecendo-os como espécie de "fornecedores equiparados": BESSA, Leonardo Roscoe. *Aplicação do Código de Defesa do Consumidor*. Análise crítica da relação de consumo. Brasília: Brasília Jurídica, 2007. p. 86. Fazendo referência à responsabilidade das agências de publicidade: LISBOA, Roberto Senise. *Contratos difusos e coletivos*. São Paulo: Ed. RT, 1997. p. 317. Nesse sentido, indicando a responsabilidade solidária da emissora de televisão pela publicidade enganosa nela veiculada ("Telessena"): "Publicidade enganosa. A divulgação, informada por culpa grave, de publicidade manifestamente enganosa, pode acarretar a responsabilidade pelo ressarcimento de eventuais danos aos consumidores" (STJ, REsp 92.395/RS, Rel. Min. Eduardo Ribeiro, j. 05.02.1998, *DJU* 06.04.1998, p. 98).

bilidade dos demais integrantes da cadeia de consumo (art. 7º do CDC), especialmente quando não é possível indicar o paradeiro do patrocinador do anúncio publicitário".[156]

O mesmo argumento é utilizado, pela doutrina, no que se refere à responsabilidade das celebridades que participam de anúncios publicitários, emprestando sua credibilidade perante o público para promoção de produtos ou serviços, razão pela qual deveriam arcar com os riscos decorrentes dessa atuação.[157]

Entendemos, contudo, que deve ser distinto o tratamento com relação à agência de publicidade ou dos veículos de comunicação[158] que divulgam o anúncio publicitário. Em primeiro lugar, sua consideração como integrantes da cadeia de fornecimento parece ser imprópria.[159] A introdução do produto ou serviço no mercado não é dependente da realização da publicidade e sua promoção pelos veículos de comunicação. Da mesma forma, os artigos 36, parágrafo único, e 38 determinam deveres de guarda das informações e de prova da veracidade das alegações veiculadas pela publicidade ao fornecedor. Não que se exima a responsabilidade das agências de publicidade e dos veículos de comunicação do cumprimento dos deveres estabelecidos pelo CDC. Entretanto, não nos parece haver como qualificá-los como fornecedores,[160] razão pela qual estariam excluídos do regime

---

[156] STJ, REsp 1.391.084/RJ, 3ª Turma, Rel. Min. Paulo de Tarso Sanseverino, j. 26.11.2013, *DJe* 25.02.2014.

[157] GUIMARÃES, Paulo Jorge Scartezzini. *A publicidade ilícita e a responsabilidade civil das celebridades que dela participam*. São Paulo: Ed. RT, 2001. p. 195.

[158] Já sustentamos, em estudo anterior, a inaplicabilidade do CDC ao conteúdo editorial dos órgãos de comunicação social: MIRAGEM, Bruno. *Responsabilidade civil da imprensa por dano à honra*. O novo Código Civil e a Lei de Imprensa. Porto Alegre: Livraria do Advogado, 2005. p. 193-194. Em sentido contrário ao nosso entendimento, e defendendo a aplicação conjunta da Lei de Imprensa (Lei 5.250/1967) e do CDC, veja-se o estudo de: PODESTÁ, Fábio Henrique. *Interesses difusos, qualidade da comunicação e controle judicial*. São Paulo: Ed. RT, 2002. p. 126-129. Em 2009, todavia, ao julgar a ADPF 130-7/DF, o Supremo Tribunal Federal decidiu pela não recepção da Lei de Imprensa pela Constituição de 1988, em face de sua inconstitucionalidade (STF, ADPF 130-7, Rel. Min. Carlos Ayres Britto, *DJ* 06.11.2009).

[159] Afastando a qualificação da empresa jornalística como integrante da cadeia de fornecimento em razão da publicação de anúncios classificados: "Civil. Recurso especial. Ação de reparação por danos materiais. Publicação de anúncio em classificados de jornal. Ocorrência de crime de estelionato pelo anunciante. Incidência do CDC. Responsabilidade do jornal. 1. O recorrido ajuizou ação de reparação por danos materiais, em face da recorrente (empresa jornalística), pois foi vítima de crime de estelionato praticado por meio de anúncio em classificados de jornal. 2. Nos contratos de compra e venda firmados entre consumidores e anunciantes em jornal, as empresas jornalísticas não se enquadram no conceito de fornecedor, nos termos do artigo 3º do CDC. 3. A responsabilidade pelo dano decorrente do crime de estelionato não pode ser imputada à empresa jornalística, visto que essa não participou da elaboração do anúncio, tampouco do contrato de compra e venda do veículo. 4. O dano sofrido pelo consumidor deu-se em razão do pagamento por um veículo que não foi entregue pelo anunciante, e não pela compra de um exemplar do jornal. Ou seja: o produto oferecido no anúncio (veículo) não tem relação com o produto oferecido pela recorrente (publicação de anúncios). 5. Assim, a empresa jornalística não pode ser responsabilizada pelos produtos ou serviços oferecidos pelos seus anunciantes, sobretudo quando dos anúncios publicados não se infere qualquer ilicitude. 6. Dessarte, inexiste nexo causal entre a conduta da empresa e o dano sofrido pela vítima do estelionato. 7. Recurso especial conhecido e provido" (STJ, REsp 1.046.241/SC, 3ª Turma, Rel. Min. Nancy Andrighi, j. 12.08.2010, *DJe* 19.08.2010). No mesmo sentido: REsp 1427314/RS, 3ª Turma, Rel. p/ Acórdão Min. Ricardo Villas Bôas Cueva, j. 25.09.2018, *DJe* 11.10.2018.

[160] "Civil e processual. Ação de cobrança, cumulada com indenização por danos morais. Contratação de empréstimo junto à instituição financeira. Depósito de importância a título de primeira prestação. Crédito mutuado não concedido. Atribuição de responsabilidade civil ao prestador do serviço e à rede de televisão que, em programa seu, apresentara propaganda do produto e serviço. 'Publicidade de pal-

da responsabilidade objetiva do CDC,[161] a não ser quando atuem diretamente prestando serviço e, portanto, na qualidade própria de fornecedores.[162] Caso contrário, trata-se de responsabilidade no regime comum por ato ilícito (artigo 186 do CC), mediante demonstração da culpa pela violação do dever de veracidade disposto no artigo 36 do CDC, ou ainda de responsabilidade objetiva por abuso do direito (artigo 187 do CC). Note-se, contudo, que, mesmo no sistema do direito comum, a noção de culpa vem observando tendência de objetivação, não mais se vinculando à ideia de previsibilidade do dano, evoluindo para sua caracterização mediante violação de parâmetros objetivos de conduta (*standards*),[163] como será o caso nessa hipótese. Sobretudo se considerarmos, nesse caso,

---

co'. Características. Finalidade. Ausência de garantia, pela emissora, da qualidade do bem ou serviço anunciado. Mera veiculação publicitária. Exclusão da lide. Multa procrastinatória aplicada pela instância ordinária. Propósito de prequestionamento. Exclusão. Súmula 98 do STJ. CDC, artigos 3º, 12, 14, 18, 20, 36, parágrafo único, e 38; CPC, artigo 267, VI. I. A responsabilidade pela qualidade do produto ou serviço anunciado ao consumidor é do fornecedor respectivo, assim conceituado nos termos do artigo 3º da Lei 8.078/1990, não se estendendo à empresa de comunicação que veicula a propaganda por meio de apresentador durante programa de televisão, denominada 'publicidade de palco'. II. Destarte, é de se excluir da lide, por ilegitimidade passiva *ad causam*, a emissora de televisão, por não se lhe poder atribuir corresponsabilidade por apresentar publicidade de empresa financeira, também ré na ação, que teria deixado de fornecer o empréstimo ao telespectador nas condições prometidas no anúncio. III. 'Embargos de declaração manifestados com notório propósito de prequestionamento não tem caráter protelatório' (Súmula 98/STJ). IV. Recurso especial conhecido e provido" (STJ, REsp 1.157.228/RS, 4ª Turma, Rel. Min. Aldir Passarinho Junior, j. 03.02.2011, *DJe* 27.04.2011).

[161] Antonio Herman Benjamin, na hipótese, defende a tese da *responsabilidade solidária limitada* das agências e veículos de comunicação, mediante demonstração da culpa (BENJAMIN, Antonio Herman de Vasconcellos *et al*. *Código Brasileiro de Defesa do Consumidor comentado pelos autores do anteprojeto*. 8. ed. Rio de Janeiro: Forense, 2005. p. 356). No mesmo sentido: MARQUES, Claudia Lima; BENJAMIN, Antonio Herman; MIRAGEM, Bruno. *Comentários ao Código de Defesa do Consumidor*. 2. ed. São Paulo: Ed. RT, 2006. p. 539. Lúcia Ancona Lopez de Magalhães Dias, por sua vez, sustenta a responsabilidade da agência de publicidade no caso da divulgação da publicidade ilícita, ainda que não responda pelo cumprimento da oferta. No entanto, exclui-a em relação aos veículos de comunicação, invocando para tanto a impossibilidade prática de verificarem todos os anúncios que veiculam. No tocante às celebridades, admite a responsabilização apenas nas hipóteses de dolo em culpa grave, quando endossam mensagens sabidamente falsas ou que deveriam perceber como tal no uso de diligência ordinária (DIAS, Lúcia Ancona Lopez de Magalhães. *Publicidade e direito*. São Paulo: Ed. RT, 2010. p. 303-307). Sobre o tema decidiu o STJ: "Recurso especial. Prequestionamento. Inocorrência. Súmula 282/STF. Falta de combate aos fundamentos do acórdão. Aplicação analógica da Súmula 182. Princípio da dialeticidade recursal. Ação civil pública. Consumidor. Veículos de comunicação. Eventual propaganda ou anúncio enganoso ou abusivo. Ausência de responsabilidade. CDC, artigo 38. Fundamentos constitucionais. I – Falta prequestionamento quando o dispositivo legal supostamente violado não foi discutido na formação do acórdão recorrido. II – É inviável o recurso especial que não ataca os fundamentos do acórdão recorrido. Inteligência da Súmula 182. III – As empresas de comunicação não respondem por publicidade de propostas abusivas ou enganosas. Tal responsabilidade toca aos fornecedores-anunciantes, que a patrocinaram (CDC, artigos 3º e 38). IV – O CDC, quando trata de publicidade, impõe deveres ao anunciante – não às empresas de comunicação (CDC, artigo 3º). V – Fundamentação apoiada em dispositivo no princípio constitucional é imune a recurso especial" (STJ, REsp 604.172/SP, Rel. Min. Humberto Gomes de Barros, j. 27.03.2007, *DJU* 21.05.2007, p. 568).

[162] Assim, a decisão do STJ: "Televisão. 'Show do milhão'. Código de Defesa do Consumidor. Prática abusiva. A emissora de televisão presta um serviço e como tal se subordina às regras do Código de Defesa do Consumidor. Divulgação de concurso com promessa de recompensa segundo critérios que podem prejudicar o participante. Manutenção da liminar para suspender a prática. Recurso não conhecido" (STJ, REsp 436.135/SP, 4ª Turma, Rel. Min. Ruy Rosado de Aguiar, j. 17.06.2003, *DJU* 12.08.2003, p. 231).

[163] TEPEDINO, Gustavo; BARBOZA, Heloísa Helena; MORAES, Maria Celina Bodin de. *Código Civil interpretado conforme a Constituição da República*. Rio de Janeiro: Renovar, 2004. v. 1, p. 333.

274 | CURSO DE DIREITO DO CONSUMIDOR – *Bruno Miragem*

que se trata de profissionais, conhecedores da técnica de publicidade, indicativo de que a princípio não seria escusável o equívoco, presumindo-se que tenha sido causado por negligência ou imperícia.

2.2.2.4.2 Publicidade abusiva

A publicidade abusiva é definida pelo artigo 37, § 2º, do CDC, nos seguintes termos: "É abusiva, dentre outras a publicidade discriminatória de qualquer natureza, a que incite à violência, explore o medo ou a superstição, se aproveite da deficiência de julgamento e experiência da criança, desrespeita valores ambientais, ou que seja capaz de induzir o consumidor a se comportar de forma prejudicial ou perigosa à sua saúde ou segurança". O caráter abusivo da publicidade, nesse sentido, é percebida em duas vertentes: a) a mera ilicitude, derivada da contrariedade direta à norma, por exemplo, os artigos 3º, IV, e 5º, *caput*, da Constituição da República, que estabelecem expressa vedação à discriminação de qualquer natureza; e b) aquela que, contrária à boa-fé ou aos bons costumes, incita comportamentos prejudiciais ao indivíduo ou à comunidade.[164] Em ambos os casos, o abuso do direito manifesta-se pela violação por quem exerce a publicidade comercial, de normas legais ou princípios jurídicos que visam proteger o sentimento geral da comunidade, expressos ou não na legislação. Na segunda hipótese, o caráter abusivo da publicidade vai se caracterizar pela violação de valores social ou juridicamente apreciados e protegidos, bem como pelo aproveitamento de situação de vulnerabilidade agravada do consumidor.

A própria definição do que se considera como publicidade abusiva constitui espécie de conceito jurídico indeterminado. Sua determinação e precisão vão se dar, portanto, no momento da aplicação da norma ao caso concreto.[165] Para tanto, há de se considerar a intensidade da ofensa que aquela determinada publicidade pode causar diretamente ao público, ou mesmo aos valores éticos da sociedade,[166] bem como os direitos fundamentais e demais normas assegurados na Constituição e no restante do ordenamento.[167]

Ao definir a publicidade abusiva, o CDC o faz por intermédio de enumeração exemplificativa (*numerus apertus*), podendo o juiz e demais autoridades ocupadas da defesa dos direitos dos consumidores identificar situações específicas em que o anúncio publicitário termine se revestindo de abusividade. A regra é a de que a publicidade não seja ofensiva.[168] Nesse sentido, o próprio artigo 37 faz referência a comportamentos que se caracterizam, de modo geral ou de forma tópica, como ofensivos à comunidade, tais como os que incitem a violência, a discriminação, explorem o medo, aproveitem-se de

---

[164] Guilherme Fernandes Neto vai identificar na hipótese espécie de ilícito por afronta à confiança, oriundo do processo comunicativo. Para detalhes, veja-se: FERNANDES NETO, Guilherme. *Direito da comunicação social*. São Paulo: Ed. RT, 2004. p. 212 *et seq.*

[165] ENGISCH, Karl. *Introdução ao pensamento jurídico*. Trad. J. Baptista Machado. 6. ed. Lisboa. Fundação Calouste Gulbenkian, 1988. p. 229.

[166] MARQUES, Claudia Lima; BENJAMIN, Antonio Herman; MIRAGEM, Bruno. *Comentários ao Código de Defesa do Consumidor*. 2. ed. São Paulo: Ed. RT, 2006. p. 539.

[167] Com o objetivo de colher exemplos de publicidade abusiva, Antonio Herman Benjamin cita diversas situações, cotejando-as com a violação de normas específicas da Constituição da República (BENJAMIN, Antonio Herman de Vasconcellos *et al. Código Brasileiro de Defesa do Consumidor comentado pelos autores do anteprojeto*. 8. ed. Rio de Janeiro: Forense, 2005. p. 341).

[168] Nesse sentido, aliás, dispõe o artigo 20 do Código de Autorregulamentação Publicitária, do CONAR.

Parte II · Cap. 2 · A PROTEÇÃO CONTRATUAL DO CONSUMIDOR | **275**

deficiências de informação de determinados grupos de consumidores – como crianças[169] e idosos –, assim como violem valores ambientais ou incentivem um comportamento prejudicial ao próprio destinatário.

Os efeitos da publicidade abusiva, por sua própria natureza, alcançam toda a comunidade. Assim, não apenas os consumidores que venham a ser diretamente ofendidos ou afetados pela mensagem publicitária são legítimos para demandar por eventuais prejuízos. O caráter difuso inerente à ofensa decorrente dessa espécie de publicidade induz ao recurso da tutela coletiva, sem prejuízo da legitimidade individual para reclamar danos pessoalmente sofridos.

Da mesma forma, considerando os efeitos deletérios que muitos anúncios contendo publicidade abusiva podem causar à comunidade, à estrutura social, ao comportamento de crianças, ou ao sentimento de pessoas[170] ou grupos, a sanção de contrapropaganda prevista nos artigos 56, XII, e 60 do CDC revelam-se altamente eficazes.

2.2.2.5 A publicidade restrita

Além da publicidade considerada ilícita, segundo definição do artigo 37 do CDC, outra espécie merece ser examinada à luz da proteção constitucional do consumidor, a *publicidade restrita*. Trata-se da publicidade de produtos que, por serem considerados nocivos ou perigosos à saúde dos consumidores, foram objeto de norma constitucional expressa, determinando a necessidade da restrição de anúncios publicitários que promovam seu consumo. Tais restrições, segundo o artigo 220, § 4º, da Constituição da República, devem ser feitas por lei federal. Os produtos em questão, cuja publicidade está subordinada às restrições legais estabelecidas, são tabaco, bebidas alcoólicas, agrotóxicos e medicamentos, assim como terapias (em geral prestadas na forma de serviços). Dispõe o § 4º do artigo 220 da Constituição da República: "A propaganda comercial de tabaco, bebidas alcoólicas, agrotóxicos, medicamentos e terapias estará sujeita a restrições legais, nos termos do inciso II do parágrafo anterior, e conterá, sempre que necessário, advertência sobre os malefícios decorrentes do seu uso".

No tocante à publicidade de tabaco e bebidas alcoólicas, esta foi regulada, inicialmente, pela Lei 9.294, de 15 de julho de 1996. Posteriormente, a referida norma foi alterada com a vigência da Lei 10.167, de 27 de dezembro de 2000, e pela Medida Provisória 2.190-34, de 23 de agosto de 2001. Um grave déficit da lei, com relação à proteção constitucional materializada nessa determinação de restrição, é a definição legal de bebida alcoólica, como aquelas com gradação alcoólica superior a treze graus Gay Lussac, o que coloca fora do alcance das restrições estabelecidas à publicidade de cerveja, ou de bebidas *ice*, por

---

[169] Para o exame da questão, na perspectiva de direito comparado, veja-se: FROTA, Mário. *A publicidade infanto-juvenil*. Perversões e perspectivas. 2. ed. Curitiba: Juruá, 2006. p. 49 *et seq.*

[170] Recorde-se, nesse sentido, a campanha publicitária produzida há alguns anos por uma conhecida grife de moda, na qual se recorria à figura de um paciente enfermo de AIDS, em estado terminal, que contava com a companhia de sua família, nos momentos finais. Dado o aspecto de grande sofrimento dele, questionou-se sobre o sentimento das pessoas portadoras do vírus HIV, quando defrontadas com a imagem, razão por que se considerou tal campanha abusiva.

exemplo. Tal definição, contudo, foi considerada constitucional pelo STF.[171] No que diz respeito ao tabaco, a restrição legal originalmente permitia apenas a publicidade "através de pôsteres, painéis e cartazes, na parte interna dos locais de venda". Todavia, em 2011, a Lei 12.546 alterou o art. 3.º da Lei 9.294/1996, que passou a vigorar proibindo qualquer espécie de publicidade, nos seguintes termos: "É vedada, em todo o território nacional, a propaganda comercial de cigarros, cigarrilhas, charutos, cachimbos ou qualquer outro produto fumígeno, derivado ou não do tabaco, com exceção apenas da exposição dos referidos produtos nos locais de vendas, desde que acompanhada das cláusulas de advertência a que se referem os §§ 2º, 3º e 4º deste artigo e da respectiva tabela de preços, que deve incluir o preço mínimo de venda no varejo de cigarros classificados no código 2402.20.00 da Tipi, vigente à época, conforme estabelecido pelo Poder Executivo".

Observa-se, sem dúvida, uma tendência mundial na restrição da publicidade de produtos nocivos e perigosos à saúde, em especial do cigarro.[172] Nos Estados Unidos, por exemplo, desde 1965, há legislação específica acerca do tema. Primeiro, o *Cigarette Labeling and Advertising Act*,[173] que dispôs sobre informação e advertências nas embalagens de cigarro e na publicidade. Já em 1969, com o *Public Health Cigarette Smoking Act*,[174] foi totalmente proibida a publicidade de cigarros em rádio e televisão. No direito europeu, a Diretiva 89/622/CEE do Conselho, de 13 de novembro de 1989, implementou a obrigação de informação nas embalagens dos cigarros, com advertência sobre os malefícios do seu uso, matéria regulada pela Diretiva 2001/37/CE, de 5 de junho de 2001. Da mesma forma, a Diretiva 2003/33/CE, de 26 de maio de 2003, proibiu a publicidade de produtos de tabaco na imprensa em geral, rádio, e serviços da sociedade da informação, bem como o patrocínio de programas radiofônicos e de eventos internacionais (como o campeonato de Fórmula-1).

No caso da bebida alcoólica, seu consumo é objeto de inúmeros estudos, abordando desde os efeitos para o desenvolvimento do indivíduo, a desagregação familiar, assim

---

[171] "Constitucional. Lei Federal. Restrições ao uso e à propaganda de produtos fumígeros, bebidas alcoólicas etc. Impugnação do dispositivo que define o que é bebida alcoólica para os fins de propaganda. Alegada discriminação legal quanto às bebidas com teor alcoólico inferior a treze graus Gay Lussac. A subtração da norma do corpo da lei implica atuar este tribunal como legislador positivo, o que lhe é vedado. Matéria para ser dirimida no âmbito do Congresso Nacional. Precedentes. Ação não conhecida" (STF, ADIn 1755-5/DF, Pleno, Rel. Min. Nelson Jobim, *DOU* 08.06.2001, p. 4). No mesmo sentido: "Ação direta de inconstitucionalidade por omissão. Regulamentação de propaganda de bebidas de teor alcoólico inferior a treze graus Gay Lussac (13° GL). Ausência de omissão. Atuação do poder legislativo. Art. 2º da Constituição da República. Impossibilidade de atuar o Supremo Tribunal Federal como legislador positivo, substituindo-se ao Poder Legislativo na definição de critérios adotados na aprovação das normas de propaganda de bebidas alcoólicas: Precedentes. Ação julgada improcedente. Decisão com efeitos vinculantes" (STF, ADO 22, Tribunal Pleno, Rel. Min. Cármen Lúcia, j. 22.04.2015, *DJe* 03.08.2015).

[172] Para uma visão da questão, veja-se nosso parecer, em conjunto com Claudia Lima Marques: MARQUES, Claudia Lima; MIRAGEM, Bruno. Constitucionalidade das restrições à publicidade de bebidas alcoólicas e tabaco por lei federal. Diálogo e adequação do princípio da livre iniciativa econômica à defesa do consumidor e da saúde pública (artigo 170). Parecer. *Revista de Direito do Consumidor*, São Paulo, v. 59, p. 197 *et seq*, jul./set. 2006. Da mesma forma, veja-se o autorizado estudo de: HOWELLS, Geraint. *The tobacco challenge*. Legal policy and consumer protection. Farnham: Ashgate, 2011. p. 1 e ss.

[173] JACOBSON, Peter D.; WASSERMAN, Jeffrey, *Tobacco Control Laws*: Implementation and Enforcement. Washington: Rand P., 1997. p. 6.

[174] JACOBSON, Peter D.; WASSERMAN, Jeffrey, *Tobacco Control Laws*: Implementation and Enforcement. Washington: Rand P., 1997. p. 6.

Parte II · Cap. 2 · A PROTEÇÃO CONTRATUAL DO CONSUMIDOR | **277**

como os custos sociais, decorrentes de acidentes e outros danos causados pelo abuso do consumo. Os efeitos da publicidade no estímulo ao consumo de álcool são comprovados por diversos estudos. Segundo pesquisa especializada, a proibição total da publicidade de bebida alcoólica nos Estados Unidos reduziria em 24% o consumo de álcool entre adolescentes, assim como diminuiria 42% o consumo abusivo nessa faixa etária.[175] Da mesma forma, Casswell e Zhang referem que a publicidade da bebida que apresenta o ato de beber em seu contexto cultural tem a tendência de estimular crenças e expectativas do seu público-alvo, de modo a se projetar geração após geração.[176]

A Lei 9.294/1996,[177] na sua redação vigente, estabelece em seu artigo 4º a limitação de horário para veiculação de publicidade de álcool em rádio e televisão, entre as 21 horas e 6 horas, assim como proíbe a associação do produto a qualquer esporte olímpico ou de competição, ao desempenho saudável de qualquer atividade, à condução de veículos e a imagens ou ideias de maior êxito ou sexualidade pessoal. Da mesma forma, determina como obrigatória a advertência, nos rótulos das embalagens de bebidas alcoólicas, visando evitar o consumo excessivo de álcool (artigo 4º, § 2º).

No que se refere aos medicamentos, apenas aqueles qualificados como anódinos, de venda livre, poderão ser objeto de publicidade nos meios de comunicação (artigo 7º),[178] e deverá constar na publicidade obrigatoriamente a referência: "caso persistirem os sintomas, um médico deverá ser consultado". Os demais são restritos à publicidade em publicações especializadas, dirigidas a profissionais ou instituições de saúde. Já a publicidade de defensivos agrícolas e agrotóxicos só poderá ser realizada em publicações especializadas, com informações completas sobre "sua aplicação, precauções no emprego, consumo ou utilização, segundo o que dispuser o órgão competente" (artigo 8º).

O fundamento das restrições constitucionais e legais à publicidade, conforme já mencionamos, consistem em outros direitos fundamentais previstos na Constituição da República, quais sejam: a proteção do consumidor (artigo 5º, XXXII) e o direito à saúde (artigo 196), a proteção da criança e do adolescente (artigo 227), acrescentando-se, no caso dos agrotóxicos, o direito ao meio ambiente sadio (artigo 225). Nesse sentido, a restrição à liberdade publicitária deverá ser observada em face do princípio da proporcionalidade, sobretudo em vista da adequação entre meios e fins a serem obtidos com a restrição. Afigura-se, portanto, legítima a legislação que, realizando o mandamento constitucional, estabelece as restrições à publicidade em conformidade ao determinado pelas normas constitucionais respectivas.

---

[175] A referência é do excelente estudo de Sebastião Moreira Júnior, para a Consultoria Jurídica do Senado Federal: SAFFER, H.; DAVE, D. Alcohol advertising and alcohol consumption by adolescents. *National Bureau of Economic Research, Working Paper* n. 9.676, Cambridge, 2003 *apud* MOREIRA JÚNIOR, Sebastião. *Regulação da publicidade das bebidas alcoólicas*. Brasília: Consultoria Legislativa do Senado Federal, 2005. p. 16. Mimeografado.

[176] ZHANG, J.; CASSWELL, S. Impact of liking for advertising and brand allegiance on drinking and alcohol-related aggression: a longitudinal study. *Addiction*, v. 93, n. 8, p. 1.209-1.217, ago. 1998 *apud* MOREIRA JÚNIOR, Sebastião. *Regulação da publicidade das bebidas alcoólicas*. Brasília: Consultoria Legislativa do Senado Federal, 2005. p. 18. Mimeografado.

[177] A Lei 9.294/1996 foi regulada pelo Decreto 2.018, de 1º de outubro de 1996.

[178] Sem prejuízo da regulamentação administrativa, como é o caso da Resolução RDC 96/2008, da ANVISA.

Da mesma forma, com fundamento na proteção da saúde e segurança da criança, a Lei Federal 11.265/2006, ao promover o aleitamento materno dos recém-nascidos, estabelece em seu artigo 4º a proibição da promoção comercial dos produtos, fabricados no País ou importados, que contenham fórmulas infantis para lactentes e fórmulas infantis de seguimento para lactentes de nutrientes apresentada ou indicada para recém-nascido de alto risco, bem como mamadeiras, bicos e chupetas. A proibição da publicidade em questão será feita na forma de regulamento, no caso a Resolução da Agência Nacional de Vigilância Sanitária (RDC 222/2002). O mesmo ocorre com a publicidade de armas de fogo, autorizada apenas em publicações especializadas, sob pena de multa de até R$ 300.000,00, conforme dispõe o artigo 33, inciso II, da Lei 10.826/2003.

2.2.2.6 Publicidade comparativa

A publicidade comparativa é técnica amplamente utilizada em muitos países, embora ainda incipiente no Brasil. Trata-se de tema que associa o direito do consumidor, o direito da concorrência e também a proteção da marca pelo direito da propriedade intelectual. Por publicidade comparativa entenda-se aquela na qual o anunciante busca destacar as vantagens de seus produtos e serviços em comparação a outros ofertados no mercado. Visa com isso distinguir e promover seus produtos e serviços em relação aos demais. A Diretiva Europeia 2006/14/CE define-a como "toda publicidade que alude explícita ou implicitamente a um concorrente ou a bens e serviços oferecidos por um concorrente" (art. 2, c). A princípio, note-se que não há qualquer restrição/proibição no CDC para veiculação de mensagem publicitária que imponha a comparação entre produtos – geralmente entre o produto daquele que promove o anúncio e o de seus concorrentes.[179] Nessa linha, igualmente, coloca-se a Diretiva Europeia 2006/114/CE, ao referir que: "A publicidade comparativa, quando compara aspectos essenciais, pertinentes, verificáveis e representativos e não é enganosa, é uma maneira legítima de informar aos consumidores das vantagens que podem obter. É desejável estabelecer um conceito amplo de publicidade comparativa, a fim de abarcar todas as formas desta espécie de publicidade". No Brasil, é expressamente admitida pelo Código de autorregulamentação publicitária[180], o que revela sua admissão na praxe publicitária. Em

---

[179] BENJAMIN, Antonio Herman de Vasconcellos et al. Código Brasileiro de Defesa do Consumidor comentado pelos autores do anteprojeto. 8. ed. Rio de Janeiro: Forense, 2005.

[180] Assim, o art. 32 do Código de Autorregulamentação Publicitária do Conar: "Tendo em vista as modernas tendências mundiais – e atendidas as normas pertinentes do Código da Propriedade Industrial, a publicidade comparativa será aceita, contanto que respeite os seguintes princípios e limites: a. seu objetivo maior seja o esclarecimento, se não mesmo a defesa do consumidor; b. tenha por princípio básico a objetividade na comparação, posto que dados subjetivos, de fundo psicológico ou emocional, não constituem uma base válida de comparação perante o Consumidor; c. a comparação alegada ou realizada seja passível de comprovação; d. em se tratando de bens de consumo a comparação seja feita com modelos fabricados no mesmo ano, sendo condenável o confronto entre produtos de épocas diferentes, a menos que se trate de referência para demonstrar evolução, o que, nesse caso, deve ser caracterizado; e. não se estabeleça confusão entre produtos e marcas concorrentes; f. não se caracterize concorrência desleal, denegrimento à imagem do produto ou à marca de outra empresa; g. não se utilize injustificadamente a imagem corporativa ou o prestígio de terceiros; h. quando se fizer uma comparação entre produtos cujo preço não é de igual nível, tal circunstância deve ser claramente indicada pelo anúncio".

Parte II · Cap. 2 · A PROTEÇÃO CONTRATUAL DO CONSUMIDOR | **279**

outros países, inclusive, constitui recurso largamente utilizado para efeito de salientar diferenças entre produtos e serviços ofertados.

No plano do direito da concorrência, igualmente, não há proibição expressa nesse sentido. Ao contrário, é técnica que promove estímulo à livre concorrência.[181] Não se desconhece – conforme aduz a melhor doutrina – que toda publicidade comparativa tem em si certa agressividade, ao confrontar direta ou indiretamente o concorrente, ou seus produtos e serviços.[182] Contudo, é inegável que a possibilidade de comparação entre produtos, mediante uso de informações verdadeiras e objetivas e desde que não sirva para causar confusão entre as marcas para o consumidor,[183] ou que se sirva de manipulação de dados,[184] tem efeitos claramente positivos, estimulando a concorrência e a melhoria dos produtos ofertados no mercado.[185]

2.2.2.7 *A publicidade infantil*

Atualmente, ganha importância no Brasil e em muitos outros países a publicidade dirigida a crianças – publicidade infantil. A proteção dos direitos da criança tem reconhecido fundamento constitucional (artigo 227 da Constituição de 1988) e legal (artigos 3º e 4º do Estatuto da Criança e do Adolescente). A discussão se estabelece a partir de proposições *de lege ferenda*, buscando estabelecer, por lei, restrições de variado grau à publicidade dirigida a crianças.

---

[181] CHAVES, Rui Moreira. *Regime jurídico da publicidade*. Coimbra: Almedina, 2005. p. 218.

[182] DIAS, Lúcia Ancona Lopez de Magalhães. *Publicidade e direito*. 2. ed. São Paulo: Ed. RT, 2013. p. 267.

[183] STJ, REsp 1.668.550/RJ, 3ª Turma, Rel. Min. Nancy Andrighi, j. 23.05.2017, *DJe* 26.05.2017.

[184] STJ, REsp 1.794.971/SP, 2ª Turma, Rel. Min. Herman Benjamin, j. 10.03.2020, *DJe* 24.06.2020.

[185] Destaque-se, a respeito, a decisão do STJ no caso de publicidade comparativa de iogurtes com eficácia na regulação do funcionamento intestinal: "Recurso especial. Violação ao art. 535 do CPC não verificada. Direito Marcário e do Consumidor. Propaganda publicitária comparativa entre produtos. Esclarecimento objetivo do consumidor. Possibilidade. 1. A propaganda comparativa é forma de publicidade que identifica explícita ou implicitamente concorrente de produtos ou serviços afins, consagrando-se, em verdade, como um instrumento de decisão do público consumidor. 2. Embora não haja lei vedando ou autorizando expressamente a publicidade comparativa, o tema sofre influência das legislações consumerista e de propriedade industrial, tanto no âmbito marcário quanto concorrencial. 3. A publicidade comparativa não é vedada pelo Código de Defesa do Consumidor, desde que obedeça ao princípio da veracidade das informações, seja objetiva e não abusiva. 4. Para que viole o direito marcário do concorrente, as marcas devem ser passíveis de confusão ou a referência da marca deve estar cumulada com ato depreciativo da imagem de seu produto/serviço, acarretando a degenerescência e o consequente desvio de clientela. 5. Conforme ressaltado em outros julgados desta Corte, a finalidade da proteção ao uso das marcas – garantida pelo disposto no art. 5º, XXIX, da Constituição da República e regulamentada pelo art. 129 da LPI – é dupla: por um lado, protegê-las contra usurpação, proveito econômico parasitário e o desvio desleal de clientela alheia e, por outro, evitar que o consumidor seja confundido quanto à procedência do produto (art. 4º, VI, do CDC) (REsp 1.105.422/MG, Rel. Ministra Nancy Andrighi, Terceira Turma, *DJe* 18.05.2011, e REsp 1.320.842/PR, Rel. Ministro Luis Felipe Salomão, Quarta Turma, *DJe* 1º.07.2013). 6. Propaganda comparativa ilegal é aquela que induz em erro o consumidor, causando confusão entre as marcas, ocorrendo de maneira a depreciar a marca do concorrente, com o consequente desvio de sua clientela, prestando informações falsas e não objetivas. 7. Na espécie, consoante realçado pelo acórdão recorrido, as marcas comparadas não guardam nenhuma semelhança, não sendo passíveis de confusão entre os consumidores. Ademais, foram prestados esclarecimentos objetivos sem denegrir a marca da concorrente, pelo que não se verifica infração ao registro marcário ou concorrência desleal. 8. Recurso especial não provido" (STJ, REsp 1.377.911/SP, 4ª Turma, Rel. Min. Luis Felipe Salomão, j. 02.10.2014, *DJe* 19.12.2014).

Conforme foi mencionado quando se tratou da publicidade abusiva, note-se que a legislação brasileira já estabelece um *standard* com relação ao tema, quando define, no artigo 37, § 2º, do CDC, como ilícita a publicidade que se aproveite da deficiência de julgamento e experiência da criança. O que se discute, contudo, é justamente se esse *standard* por si é suficiente para implementar de fato a proteção da criança relativamente a mensagens publicitárias que, afinal, se aproveitem de sua vulnerabilidade agravada no mercado de consumo.

A regra brasileira inspira-se no sentido já presente no direito europeu, que no artigo 16 da Diretiva da 89/552/CE, sobre a publicidade televisiva,[186] dispôs: "A publicidade televisiva não deve causar qualquer prejuízo moral ou físico aos menores, pelo que terá de respeitar os seguintes critérios para a protecção desses mesmos menores: Não deve incitar directamente os menores, explorando a sua inexperiência ou credulidade, à compra de um determinado produto ou serviço; Não deve incitar directamente os menores a persuadir os seus pais ou terceiros a comprar os produtos ou serviços em questão; Não deve explorar a confiança especial que os menores depositam nos seus pais, professores ou noutras pessoas; Não deve, sem motivo, apresentar menores em situação de perigo".

A vulnerabilidade especial ou agravada que se deve tomar em consideração na interpretação do conceito de publicidade abusiva e sua proibição, pelo CDC, parte-se de um fato: a criança por suas qualidades naturais conta com deficiência de julgamento e experiência em relação ao mundo exterior, quando comparada ao consumidor médio que já tenha deixado a infância. Nesse sentido, há referências de que apenas por volta dos 8 aos 11 anos será a idade em que se reconhece a capacidade da criança para ter consciência acerca dos propósitos informativos e persuasivos em que se baseia o discurso da publicidade.[187]

Destaca Ian Ramsay, desde a perspectiva do direito norte-americano, a importância do conhecimento especializado para identificar adequadamente os efeitos da publicidade no estudo do comportamento do consumidor, em especial da criança. Por outro lado, destaca o perigo de que interesses comerciais, porventura, venham a patrocinar a produção de evidência científicas em sentido inverso, de modo a influenciar a formulação e a implementação de políticas públicas nesse tema.[188]

Mesmo no âmbito da autorregulamentação publicitária, é reconhecida a necessidade de proteção da criança, inclusive com a definição de critérios para a produção e veiculação da publicidade infantil, conforme se vê do artigo 37 do Código Brasileiro de

---

[186] Para um panorama sobre os vários níveis de limitação da publicidade direcionada a crianças, em especial por intermédio da televisão e do rádio, veja-se o estudo de: MARQUES, Claudia Lima; BERTONCELLO, Káren Rick Danilevicz. Publicidade e infância: sugestões para a tutela legal das crianças consumidoras. *In*: PAQUALOTTO, Adalberto; BLANCO, Ana. *Publicidade e proteção da infância*. Porto Alegre: Livraria do Advogado, 2014. p. 93 e ss.

[187] KARSAKLIAN, Eliane. *O comportamento do consumidor*. São Paulo: Atlas, 2000. p. 221. Sustentando a ineficiência econômica da publicidade direcionada à criança e sua associação à publicidade falsa no direito norte-americano, veja-se: CROUCH, Dennis. The social walfare of advertising to children. *HeiOnline* 9 U. Chi. L. Sch. Roundtable 179 2002.

[188] RAMSAY, Ian. O controle da publicidade em um mundo pós-moderno. *Revista de Direito do Consumidor*, São Paulo, v. 4, p. 26 e ss., out./dez. 1992.

Autorregulamentação Publicitária, editado pelo Conselho Nacional de Autorregulamentação Publicitária (CONAR).[189]

É fora de dúvida que a publicidade influencia a criança, daí, inclusive, os investimentos notórios das empresas em estratégias de *marketing*, brindes e outras formas de divulgação.[190] Por essa razão, ainda, que estudos atuais apontam para efeitos deletérios da publicidade infantil no próprio processo de socialização das crianças e no estímulo à deterioração das relações entre pais e filhos mediante inserção de uma lógica de recompensas materiais.[191]

Discutem-se, igualmente, as relações entre a publicidade direcionada a crianças e seu desenvolvimento mental[192], ou a obesidade precoce,[193] entre outros efeitos demonstrados ou supostos com relação ao público infantil. Destaque-se, entretanto, que no sentido atual da norma, e sem perder de vista iniciativas legislativas que visam limitar ou proibir a publicidade direcionada à criança, parece claro que a publicidade direcionada à criança não é proibida. [194]

---

[189] Questiona a doutrina, contudo, a própria suficiência da atuação do CONAR para assegurar a efetividade desta proteção da criança em relação à publicidade infantil, conforme se vê em: SILVEIRA JÚNIOR, Antonio Morais da; VERBICARO, Dennis. A tutela normativa da publicidade infantil na relação de consumo e seus desafios. *Revista de Direito do Consumidor*, São Paulo, v. 112, p. 201-226, jul./ago. 2017.

[190] Para exemplos bastante ilustrativos, veja-se o estudo de Cibele Gralha Mateus e Renata Gralha Mateus, na obra organizada por Adalberto Pasqualotto: MATEUS, Cibele Gralha; MATEUS, Renata Gralha. Vinculação de particulares aos direitos fundamentais. O princípio da proteção integral da criança e a liberdade na publicidade: até onde podemos ir? *In*: PAQUALOTTO, Adalberto; BLANCO, Ana. *Publicidade e proteção da infância*. Porto Alegre: Livraria do Advogado, 2014. p. 150-151.

[191] BERTONCELLO, Káren Danilevicz. Os efeitos da publicidade na vulnerabilidade agravada: como proteger as crianças consumidoras? *Revista de Direito do Consumidor*, São Paulo, v. 90, p. 69 e ss., nov./dez. 2013.

[192] Jaderson Costa refere, entre outros efeitos da publicidade em crianças, a estereotipização relacionada ao gênero, em que "homens e mulheres são apresentados em diferentes papéis ou associados primariamente com determinados tipos de produtos e serviços"; representações estereotipadas da beleza física e atratividade; e influência no reconhecimento e definição de sua autoimagem (COSTA, Jaderson Costa da. A publicidade e o cérebro da criança. *In*: PAQUALOTTO, Adalberto; BLANCO, Ana. *Publicidade e proteção da infância*. Porto Alegre: Livraria do Advogado, 2014. p. 28-29).

[193] SANTOS, Andreia Mendes. Uma relação que dá peso: propaganda de alimentos direcionada para crianças, uma questão de saúde, direitos e educação. *In*: PAQUALOTTO, Adalberto; BLANCO, Ana. *Publicidade e proteção da infância*. Porto Alegre: Livraria do Advogado, 2014. p. 35 e ss. No mesmo sentido, a obra organizada pela consulente: HENRIQUES, Isabella. VIVARTA, Veet. *Publicidade de alimentos e crianças. Regulação no Brasil e no mundo*. São Paulo; Saraiva, 2013.

[194] Em sentido contrário, confiram-se as razões que sustentam a proibição implícita da publicidade infantil no Brasil, mediante a interpretação combinada das normas do Código de Defesa do Consumidor e o art. 227 da Constituição brasileira, fundamento da doutrina da proteção integral, no estudo de: NUNES JR., Vidal Serrano. A publicidade comercial dirigida ao público infantil. *In*: MARTINS, Ives Gandra da Silva; REZEK, José Francisco. *Constituição Federal*. Avanços, contribuições e modificações no processo democrático brasileiro. São Paulo: Ed. RT, 2008. p. 842 e ss. No mesmo sentido, o entendimento do STJ em precedente que questionava a atuação do Procon perante a publicidade direcionada à criança: "Processual civil. Consumidor. Auto de infração e multa do Procon. Publicidade destinada às crianças. Gêneros alimentícios de baixa qualidade nutricional. Publicidade abusiva. Art. 37, § 2º, do Código de Defesa do Consumidor. 1. Hipótese em que o Tribunal estadual consignou: '(...) não se verificando na campanha publicitária excesso qualificável como patológico nem ofensa aos hipossuficientes (crianças), por desrespeito à dignidade humana, por indução de comportamentos prejudiciais à saúde ou à segurança pessoal, por exploração de diminuta capacidade de discernimento ou inexperiência, por opressão, ou, ainda, por estratégia de coação moral ao consumo ou abuso de persuasão, não se

A proibição legal, mediante reconhecimento da abusividade da publicidade, dá-se com relação àquelas que se aproveitam da deficiência de julgamento e experiência da criança. Abusiva e, portanto, proibida será a publicidade que se aproveita dessa deficiência de compreensão da criança, o que vem ganhando largo desenvolvimento, especialmente pela introdução de elementos lúdicos por intermédio de redes sociais e outras aplicações de internet,[195] para capturar a atenção da criança e do adolescente e incentivá-los diretamente ou para que influenciem a família para o consumo.

A apreciação de situações que possam ser consideradas abusivas, em geral, sempre desafiou a interpretação e a aplicação do direito, em vista da definição de critérios para sua caracterização.[196] No caso particular da publicidade abusiva com relação à criança, a noção do que se configura como aproveitamento da sua deficiência de julgamento e experiência deve ser dada segundo critérios objetivos e materialmente demonstráveis, sujeitos ao contraditório do responsável pela publicidade. Há aqui, contudo, mera conduta de quem se aproveita; não se exige, porém, que se verifique, de fato, vantagem efetiva, como a realização do negócio, o que deve ser coibido e prevenido mediante aplicação da lei.[197]

---

justifica a autuação e a punição aplicada pelo Procon' (fl. 647, e-STJ). 2. O Superior Tribunal de Justiça possui jurisprudência reconhecendo a abusividade de publicidade de alimentos direcionada, de forma explícita ou implícita, a crianças. Isso porque a decisão de comprar gêneros alimentícios cabe aos pais, especialmente em época de altos e preocupantes índices de obesidade infantil, um grave problema nacional de saúde pública. Diante disso, consoante o art. 37, § 2º, do Código de Defesa do Consumidor, estão vedadas campanhas publicitárias que utilizem ou manipulem o universo lúdico infantil. Na ótica do Direito do Consumidor, publicidade é oferta e, como tal, ato precursor da celebração de contrato de consumo, negócio jurídico cuja validade depende da existência de sujeito capaz (art. 104, I, do Código Civil). Em outras palavras, se criança, no mercado de consumo, não exerce atos jurídicos em seu nome e por vontade própria, por lhe faltar poder de consentimento, tampouco deve ser destinatária de publicidade que, fazendo tábula rasa da realidade notória, a incita a agir como se plenamente capaz fosse. Precedente do STJ. 3. Recurso especial provido" (STJ, REsp 1.613.561/SP, 2ª Turma, Rel. Min. Herman Benjamin, j. 25.04.2017, *DJe* 1º.09.2020).

[195] MELLO, Leonardo Tozarini; SODRÉ, Marcelo Gomes. O consumo no mundo infantojuvenil e a publicidade indireta dos meios digitais. *Revista de Direito do Consumidor*, São Paulo, v. 136, p. 145-163, jul./ago. 2021.

[196] Veja-se, a respeito: MIRAGEM, Bruno. *Abuso do direito*. Ilicitude objetiva e limite ao exercício de prerrogativas jurídicas no direito privado. 2. ed. São Paulo: Ed. RT, 2013. p. 33 e ss.

[197] Discussão atual refere-se à Resolução 163 do Conselho Nacional dos Direitos da Criança e do Adolescente (CONANDA) que definiu critérios sobre a abusividade do direcionamento de publicidade e de comunicação mercadológica à criança e o ao adolescente. A validade da resolução, contudo, é objeto de exame judicial atualmente, mediante demanda de entidades associativas da comunicação social, questionando, especialmente, a competência do conselho para editar a resolução sobre o tema, bem como, em relação ao seu conteúdo, sustentando a impossibilidade de dispor sobre a matéria por intermédio de norma regulamentar (infralegal). Sobre o tema, foi oferecido parecer, por solicitação do Instituto Alana, sustentando a validade da resolução, ao qual se remete para o exame específico da questão: MIRAGEM, Bruno. Proteção da criança e do adolescente consumidores. Possibilidade de explicitação de critérios de interpretação do conceito legal de publicidade abusiva e prática abusiva em razão de ofensa a direitos da criança e do adolescente por resolução do Conselho Nacional da Criança e do Adolescente – CONANDA. Parecer. *Revista de Direito do Consumidor*, São Paulo, v. 95, p. 459 e ss., 2014. No mesmo sentido, veja-se o culto estudo de: MARTINS, Guilherme Magalhães. A regulamentação da publicidade infantil no Brasil. A proteção do consumidor e da infância. *Revista de Direito do Consumidor*, São Paulo, v. 102, nov./dez. 2015.

2.2.2.8 Autorregulamentação publicitária

A atividade de controle da publicidade ilícita na experiência brasileira, além do controle judicial ou por intermédio dos órgãos públicos integrantes do Sistema Nacional das Relações de Consumo, conta com importante sistema de autorregulamentação publicitária.[198] Esta é exercida pelo CONAR, criado em 1980 sob a forma de sociedade civil sem fins lucrativos (associação civil), integrado – conforme o artigo 8º do seu estatuto social – por "entidades representativas das agências de publicidade, dos veículos de comunicação e dos anunciantes e, isoladamente, por agências de publicidade, veículos de comunicação, anunciantes, fornecedores da indústria de propaganda, e ainda por entidades privadas dotadas de personalidade jurídica e que objetivem a defesa do consumidor". Trata-se de entidade representativa do setor de comunicação social e publicidade, cuja finalidade é promover e controlar o atendimento dos limites éticos da atividade publicitária, segundo o Código Brasileiro de Autorregulamentação Publicitária. Conforme o artigo 5º do Estatuto Social da entidade, constituem seus objetivos sociais: "I. Zelar pela comunicação comercial, sob todas as formas de propaganda, fazendo observar as normas do Código Brasileiro de Autorregulamentação Publicitária, que prevalecerão sobre quaisquer outras. II. Funcionar como órgão judicante nos litígios éticos que tenham por objeto a indústria da propaganda ou questões a ela relativas. III. Oferecer assessoria técnica sobre ética publicitária aos seus associados, aos consumidores em geral e às autoridades públicas, sempre que solicitada. IV. Divulgar os princípios e normas do Código Brasileiro de Autorregulamentação Publicitária, visando esclarecer a opinião pública sobre a sua atuação regulamentadora de normas éticas aplicáveis à publicidade comercial, assim entendida como toda a atividade destinada a estimular o consumo de bens e serviços, bem como promover instituições, conceitos e ideias. V. Atuar como instrumento de concórdia entre veículos de comunicação e anunciantes, e salvaguarda de seus interesses legítimos e dos consumidores. VI. Promover a liberdade de expressão publicitária e a defesa das prerrogativas constitucionais da propaganda comercial". A efetividade da decisão do CONAR nos casos que lhe são submetidos apoia-se no fato de que o integram às associações de todos os setores econômicos envolvidos com a atividade publicitária, no caso anunciantes, agências de publicidade e veículos de comunicação. O rito processual previsto para exame das reclamações contra anúncios publicitários prevê inclusive a concessão de medida liminar (artigos 29 a 34 do Regimento Interno da entidade), visando à sustação da veiculação do anúncio em desacordo com o Código Brasileiro de Autorregulamentação Publicitária.

Não há dúvida sobre a importância da atividade do CONAR no controle da publicidade ilícita – enganosa e abusiva –, sendo a efetividade de sua atuação decorrente da ampla representatividade das entidades representativas dos setores econômicos envolvidos na atividade publicitária. No entanto, algumas questões sobre sua atuação devem ser evidenciadas, considerando a proteção jurídica do consumidor com relação à publicidade ilícita, de acordo com o disposto no CDC. Em primeiro lugar, observe-se que o CONAR tem por

---

[198] Para a experiência da autorregulamentação publicitária em perspectiva comparada, no modelo europeu e norte-americano, veja-se: PASQUALOTTO, Adalberto. Autorregulamentação da publicidade: um estudo de modelos europeus e norte-americano. *Revista de Direito do Consumidor*, São Paulo, v. 112, p. 115-148, jul./ago. 2017.

finalidade precípua o controle da ética publicitária, cuja abrangência e significado, embora tenham conteúdo deontológico, e em boa parte das vezes resultem em decisão que se coaduna com a proteção do interesse do consumidor, não se confundem com o controle jurídico que emerge das normas imperativas do CDC. Por outro lado, tanto a submissão dos anúncios publicitários ao CONAR quanto a eficácia de suas decisões têm por fundamento vínculo associativo das partes envolvidas e o conselho e decorrem de vínculo obrigacional. Nesse sentido, sua exigibilidade e eventual descumprimento de decisões do conselho resolvem-se como inadimplemento, ao contrário da cogência e autoridade da decisão estatal, especialmente por parte do Poder Judiciário, relativamente à proibição da publicidade ilícita, e a adoção das providências necessárias para assegurar a efetividade da medida.

2.2.3 Eficácia do direito subjetivo à informação do consumidor

Entre as grandes transformações operadas no sistema jurídico brasileiro pelo direito do consumidor, situa-se a positivação do direito à informação como espécie de direito subjetivo concreto, previsto por lei e reconhecido em todas as espécies de relações de consumo, contratuais e não contratuais. O direito à informação, considerado como direito básico do consumidor, é concretizado por intermédio de diversas disposições específicas previstas ao longo da disciplina legal do Código.

Refere o artigo 31 do CDC que a oferta ou a apresentação de produtos ou serviços "devem assegurar informações corretas, claras, precisas, ostensivas e em língua portuguesa sobre suas características, qualidades, quantidade, composição, preço, garantia, prazos de validade e origem, entre outros dados, bem como sobre os riscos que apresentam à saúde e segurança dos consumidores". Os deveres de correção, clareza e completude das informações prestadas ao consumidor decorrem, da mesma forma, do princípio da boa-fé objetiva.[199] Seu descumprimento, por outra parte, implica o estabelecimento de sanções não apenas de natureza civil, mas também de natureza penal[200] e administrativa.

Consistem em deveres que visam garantir a veracidade e a possibilidade de reconhecimento dos termos da oferta, bem como da apresentação dos produtos e serviços (inclusive a rotulagem[201], embalagens, bem como qualquer outro modo de

---

[199] MARQUES, Claudia Lima. *Contratos no Código de Defesa do Consumidor*. 4. ed. São Paulo: Ed. RT, 2003. p. 645-646; MENEZES CORDEIRO, António. *Da boa-fé no direito civil*. Coimbra: Almedina, 2001. p. 586 *et seq.*

[200] Nesse sentido, o pioneiro e excelente estudo de: ZANELLATO, Marco Antônio. O sancionamento penal da violação do dever de informar no Código de Defesa do Consumidor. *Revista de Direito do Consumidor*, São Paulo, v. 8, p. 92-100, out./dez. 1993.

[201] Assim, por exemplo, a decisão do STJ, no caso da cerveja que, fazendo constar na sua embalagem como "sem álcool", na verdade o continha em sua fórmula, ainda que em quantidade muito pequena: "Direito do consumidor. Processual civil. Recurso especial. Ação civil pública. Direito básico do consumidor à informação adequada. Proteção à saúde. Legitimidade *ad causam* de associação civil. Direitos difusos. Desnecessidade de autorização específica dos associados. Ausência de interesse da união. Competência da justiça estadual. Artigos 2º e 47 do CPC. Não prequestionamento. Acórdão recorrido suficientemente fundamentado. Cerveja Kronenbier. Utilização da expressão 'sem álcool' no rótulo do produto. Impossibilidade. Bebida que apresenta teor alcoólico inferior a 0,5% por volume. Irrelevância, *in casu*, da existência de norma regulamentar que dispense a menção do teor alcoólico na embalagem do produto. Artigos 6º e 9º do Código de Defesa do Consumidor. (...) 6. A comercialização de cerveja com teor alcoólico, ainda que inferior a 0,5% em cada volume, com informação ao consumidor, no rótulo do produto, de

apresentação).[202] Eventual descumprimento dá causa a uma oferta enganosa, ou podem expor o consumidor a riscos à saúde e segurança,[203] e por isso deverá ser sancionada. Nesse sentido, o descumprimento do dever pode dar causa tanto ao cumprimento específico da obrigação com a qual se compromete a oferta (quando esta for mais vantajosa para o consumidor)[204] quanto à imposição das sanções específicas previstas no CDC (multa etc.), sem prejuízo da indenização por perdas e danos ao consumidor ou à coletividade prejudicada. Isso não exclui, evidentemente, a possibilidade de determinação, via administrativa ou judicial, de providências no sentido de compelir o fornecedor que esteja violando os deveres estabelecidos no artigo 31 a que os cumpra, sob pena de outras sanções cabíveis (inclusive sujeitando-o à imposição da multa processual por descumprimento, as *astreintes*).

No que diz respeito ao conteúdo da informação reclamada, previsto no artigo 31 do CDC, grande discussão – inclusive jurisprudencial – houve no Brasil acerca do modo como se devam prestar as informações relativas ao preço dos produtos ou serviços. Destaque-se, relativamente a esse tema, a enorme polêmica existente sobre a possibilidade ou não da substituição das etiquetas de informação de preço por códigos de barras, de modo a aperfeiçoar o sistema logístico dos supermercados. Sobre o assunto manifestou-se Antonio Herman Benjamin, para quem, em vista do direito à informação do consumidor, a colocação de etiquetas de código de barras só é admissível se mantiver a colocação de etiquetas de preços nos produtos.[205] Entendemos, nesse particular, que a garantia

---

que se trata de bebida sem álcool, a par de inverídica, vulnera o disposto nos artigos 6º e 9º do CDC, ante o risco à saúde de pessoas impedidas ao consumo. 7. O fato de ser atribuição do Ministério da Agricultura a padronização, a classificação, o registro, a inspeção, a produção e a fiscalização de bebidas, não autoriza a empresa fabricante de, na eventual omissão deste, acerca de todas as exigências que se revelem protetivas dos interesses do consumidor, malferir o direito básico deste à informação adequada e clara acerca de seus produtos. 8. A dispensa da indicação no rótulo do produto do conteúdo alcóolico, prevista no já revogado artigo 66, III, 'a', do Decreto 2.314/97, não autorizava a empresa fabricante a fazer constar neste mesmo rótulo a não veraz informação de que o consumidor estaria diante de cerveja 'sem álcool', mesmo porque referida norma, por seu caráter regulamentar, não poderia infirmar os preceitos insculpidos no Código de Defesa do Consumidor. 9. O reexame do conjunto fático-probatório carreado aos autos é atividade vedada a esta Corte superior, na via especial, nos expressos termos do enunciado sumular 7 do STJ. 10. Recurso especial a que se nega provimento" (STJ, REsp 1.181.066/RS, 3ª Turma, Rel. Min. Vasco Della Giustina (Desembargador Convocado do TJRS), j. 15.03.2011, *DJe* 31.03.2011). No mesmo sentido: STJ, AgRg nos EDcl no AREsp 259.903/SP, 2ª Turma, Rel. Min. Herman Benjamin, j. 26.08.2014, *DJe* 25.09.2014. No mesmo sentido: EREsp 1.185.323/RS, Corte Especial, Rel. Min. Laurita Vaz, j. 24.10.2016, *DJe* 29.11.2016.

[202] BENJAMIN, Antonio Herman de Vasconcellos *et al. Código Brasileiro de Defesa do Consumidor comentado pelos autores do anteprojeto*. 8. ed. Rio de Janeiro: Forense, 2005. p. 276.

[203] Esse é o caso da ausência de informações relevantes acerca de alimentos oferecidos no mercado de consumo. Daí o tema da transparência e o da informação surgirem como essenciais na tutela da segurança alimentar dos consumidores em geral. Nesse sentido, veja-se: GRASSI NETO, Roberto. *Segurança alimentar*: da produção agrária à proteção do consumidor. 2011. Tese (Livre-docência) – Universidade de São Paulo, São Paulo, 2011, p. 273 e ss.

[204] STJ, REsp 1.872.048/RS, 3ª Turma, Rel. Min. Nancy Andrighi, j. 23.02.2021, *DJe* 1º.03.2021.

[205] BENJAMIN, Antonio Herman de Vasconcellos *et al. Código Brasileiro de Defesa do Consumidor comentado pelos autores do anteprojeto*. 8. ed. Rio de Janeiro: Forense, 2005. p. 278. Nesse sentido: "Mandado de segurança. Sistema nacional de defesa do consumidor. Ato de ministro da justiça. Prazo para fixação de preços diretamente nos produtos colocados à venda. Legalidade. CF, artigo 5º, XXXII. Leis 8.078/90 e 8.884/94. Decretos 90.595/84 e 2.181/97. 1. Ato ministerial com sustentamento nos elementos essenciais

do direito à informação assegura, antes de tudo, a informação eficiente e objetiva,[206] ou seja, a informação que seja reconhecível pelo consumidor sem demandar-lhe esforços irrazoáveis.[207] Portanto, ainda que não haja uma maneira específica do estabelecimento desses deveres, observa-se que a abrangência do direito à informação do consumidor justifica-se desde seu aspecto finalístico, ou seja, que, de modo realístico e em atenção a todas as condicionantes eventualmente presentes ao caso, cumpra adequadamente sua finalidade de esclarecimento do consumidor na sua decisão de consumir e, adiante, na fruição do produto ou serviço adquirido.

Da mesma forma, o dever de informar com relação aos produtos introduzidos no mercado é realizado, em grande medida, por intermédio da sua embalagem ou apresentação, a qual deve cumprir todos os requisitos estabelecidos no artigo 31 do CDC. Com relação a produtos que ofereçam riscos ao consumidor ou sejam perigosos, o artigo 9º do CDC dispõe sobre a obrigatoriedade de destacar de modo ostensivo tais circunstâncias. Nesse sentido, observa Claudia Lima Marques que as informações devem prevenir não apenas riscos atuais, como também eventuais riscos de danos futuros, em face da utilização ou consumo do produto.[208]

A dificuldade, certamente, estará em identificar, ao tempo da colocação do produto no mercado, os riscos eventualmente existentes, ou que virão a existir. Há de ser exigido do fornecedor o dever de informar sobre danos futuros que, segundo o estado da técnica no momento da introdução do produto no mercado, sejam possíveis constatar. Saliente-se que não se trata, nessa hipótese, de introduzir o requisito da culpa para responsabilizar o fornecedor pela violação do dever de informar. Não se exige a demonstração de que o fornecedor tenha deixado, por negligência ou imprudência, de promover a informação, mas sim de que havia condições e conhecimento técnico, ao tempo da colocação do produto no mercado, de conhecer sobre os danos causados no futuro pelo produto ou serviço, ou ainda dos riscos que, de modo razoável, poderiam se verificar, ainda que não especificados os danos, ao tempo da introdução do produto no mercado. Da mesma forma, aliás, exige-se em matéria de informação sobre serviços prestados no mercado de

---

da competência, motivação e finalidade, assinalado que a causa amolda-se ao objeto, forte no conteúdo, não pode ser acoimado de ilegal. 2. A fixação dos preços diretamente nos produtos colocados à venda, simultaneamente utilizando-se a impressão e/ou código de barras, exigência protetora do direito do consumidor, firmada por autoridade competente e filiada à legislação de regência, não constitui ato ilegal. O prazo decorre da necessidade de concretizar-se execução eficiente, travando retardamento contrário ao interesse público. 3. Segurança denegada" (STJ, MS 6.055/DF, Rel. Min. Milton Luiz Pereira, j. 07.04.2000, *DJ* 22.05.2000, p. 63).

[206] GRASSI NETO, Roberto. *Segurança alimentar*: da produção agrária à proteção do consumidor. 2011. Tese (Livre-docência) – Universidade de São Paulo, São Paulo, 2011. p. 251 *et seq.*

[207] Veja-se, a respeito: TOMASETTI JR., Alcides. Transparencia y información eficiente: un modelo dogmático para el codigo brasileño de protección del consumidor. *In*: ITURRASPE, Jorge Mosset; LORENZETTI, Ricardo Luis. *Defensa del consumidor*. Buenos Aires: Rubinzal Culzoni, 1993. p. 447-492. Todos os elementos da informação devem ser considerados no atendimento do dever, assim, por exemplo, conforme correta lição da jurisprudência, "o tipo de fonte e localização de restrições, condicionantes, advertências e exceções devem ter destaque, sob pena de violação do dever de ostensividade" (STJ, REsp 1.447.301/CE, 2ª Turma, Rel. Min. Herman Benjamin, j. 08.11.2016, *DJe* 26.08.2020).

[208] MARQUES, Claudia Lima. *Contratos no Código de Defesa do Consumidor*. 4. ed. São Paulo: Ed. RT, 2003. p. 652.

Parte II · Cap. 2 · A PROTEÇÃO CONTRATUAL DO CONSUMIDOR | **287**

consumo. Com relação a estes, a informação considerada adequada é aquela que de modo completo tem como resultado o esclarecimento do consumidor.[209]

Por fim, considere-se a determinação para que as informações sejam prestadas em língua portuguesa. Esse dever, certamente, não coíbe a utilização de expressões de língua estrangeira, sobretudo no que diz respeito a expressões consagradas; todavia, não admite que tal uso venha a causar confusão ou equívoco do consumidor. Nesse sentido, por exemplo, a dificuldade que ainda hoje existe no Brasil de distinguir e compreender o exato significado das expressões *light* e *diet* associadas a determinados produtos, podendo inclusive seu emprego indevido caracterizar publicidade enganosa.[210] No caso, as expressões são tomadas indevidamente em sentido comum, como referentes a alimentos de baixas calorias, quando na verdade isso não é correto.[211] Pode ocorrer, contudo, de a expressão estrangeira já estar consagrada pelo uso, sendo perfeitamente perceptível seu significado. Nessa situação, não se vai exigir sua tradução em língua portuguesa. Entretanto, com relação às demais expressões, rótulos e embalagens de produtos estrangeiros, quando comercializados no Brasil, há dever expresso do fornecedor

---

[209] "Laboratório de análises clínicas. Responsabilidade. Exame relativo à presença de HIV. Precedente. 1. Está assentado na jurisprudência da Corte que é responsável o laboratório 'que fornece laudo positivo de HIV, repetido e confirmado, ainda que com a ressalva de que poderia ser necessário exame complementar. Essa informação é importante e reduz a responsabilização do laboratório, mas não a exclui totalmente, visto que houve defeito no fornecimento do serviço, com exame repetido e confirmado, causa de sofrimento a que a paciente não estava obrigada. Além disso, o laboratório assumiu a obrigação de realizar exame com resultado veraz, o que não aconteceu, pois os realizados depois em outros laboratórios foram todos negativos' (REsp 401.592/DF, Rel. Min. Ruy Rosado de Aguiar, *DJ* 02.09.2002). 2. Não cabe a revisão do dano moral quando o valor fixado não é absurdo, despropositado, fora dos padrões de razoabilidade. 3. Não conheço do especial" (STJ, REsp 258.011/SP, 3ª Turma, Rel. Min. Humberto Gomes de Barros, j. 09.11.2004, *DJU* 05.09.2005, p. 396).

[210] "Administrativo. Código de Águas. Normas básicas de alimentos. *Slogan* publicitário aposto em rótulo de água mineral. Expressão '*diet* por natureza'. Indução do consumidor a erro. 1. A definição sobre ser o *slogan* '*diet* por natureza' aposto em rótulo de Água Mineral inerente à própria água mineral ou à sua fonte, demanda o reexame de matéria fático-probatória insindicável por esta Corte Superior em sede de recurso especial, ante a incidência do verbete Sumular 07/STJ. 2. É assente que 'não poderão constar da rotulagem denominações, designações, nomes geográficos, símbolos, figuras, desenhos ou indicações que possibilitem interpretação falsa, erro ou confusão quanto à origem, procedência, natureza, composição ou qualidade do alimento, ou que lhe atribuam qualidades ou características nutritivas superiores àquelas que realmente possuem' (artigo 21 do Dec.-lei 986/69). 3. Na redação do artigo 2º, V, do Dec.-lei 986/69, considera-se dietético 'todo alimento elaborado para regimes alimentares especiais destinado a ser ingerido por pessoas sãs'. 4. Somente os produtos modificados em relação ao produto natural podem receber a qualificação de *diet*, o que não significa, apenas, produto destinado à dieta para emagrecimento, mas, também, a dietas determinadas por prescrição médica, motivo pelo qual a água mineral, que é comercializada naturalmente, sem alterações em sua substância, não pode ser assim qualificada porquanto não podem ser retirados os elementos que a compõem. 5. *In casu*, o aumento das vendas do produto noticiado pelo recorrido caracteriza a possibilidade de o *slogan* publicitário encerrar publicidade enganosa capaz de induzir o consumidor a erro. 6. Legalidade da autuação imputada à empresa recorrida. 7. Recurso especial parcialmente conhecido e, nesta parte, provido" (STJ, REsp 447.303/RS, Rel. Min. Luiz Fux, j. 02.10.2003, *DJU* 28.10.2003, p. 194).

[211] Segundo a legislação em vigor, a expressão *diet* designa "alimentos que têm formulação especial para atender pessoas que tenham disfunção ou distúrbio físico ou metabólico, como diabéticos e hipertensos". Já a expressão *light* é relacionada aos alimentos que devem ter, no mínimo, 25% menos de algum componente calórico, seja açúcar, gordura, sal, entre outros. Nesse sentido, o estudo de: PINTO VIEIRA, Adriana Carvalho; CORNÉLIO, Adriana Régio. Produtos *light* e *diet* o direito à informação do consumidor. *Revista de Direito do Consumidor*, São Paulo, v. 54, p. 9-27, abr./jun. 2005.

288 CURSO DE DIREITO DO CONSUMIDOR – *Bruno Miragem*

de fazer constar todas as informações essenciais do produto em língua portuguesa, o que pode ser feito por intermédio de novas embalagens ou adesivos sobre a embalagem original, por exemplo.

2.2.3.1 Amplitude do direito à informação do consumidor

O direito básico à informação do consumidor, estabelecido no artigo 6º, III, e especificado nos artigos 9º e 31 do CDC, bem como previsto, *a contrario sensu*, nos artigos 12, 14, 18 e 20 do mesmo diploma, tem seu atendimento condicionado não apenas ao repasse formal da informação ao consumidor. Sua eficácia determina, em verdade, autêntico dever de esclarecimento do consumidor, o que se verifica pelo repasse da informação de modo eficiente, e sua efetiva compreensão pelo consumidor do produto ou serviço.

Isso é importante considerar em vista da determinação do modo de transmissão da informação, sua quantidade e a capacidade de apreensão dos dados técnicos, científicos ou mesmo das informações comerciais relativas ao objeto do contrato de consumo. O fornecedor, na condição de *expert* com relação ao produto ou serviço oferecido, tem o dever não apenas de informar, mas também de assegurar que a informação será compreendida pelo consumidor. Excelente exemplo a esse respeito é o dever de informar dos médicos com relação a seus pacientes. Nessa situação, o profissional está em autêntica situação de poder. O paciente, doente ou afetado com o risco de doença, assim como seus familiares, encontram-se, em geral, em situação de vulnerabilidade agravada, dada sua condição particular.[212] Conforme refere com rigorosa precisão Claudia Lima Marques, com apoio na doutrina alemã, "trata-se de um dever de informar clara e suficientemente os leigos-consumidores (*hinreichende Aufklärung*), pessoalmente (*in einem persönlichen Gespräch*) sobre os riscos típicos (*typische Gefahren*) e aspectos principais (*wesentliche Ünstande*) do serviço médico naquele caso específico. Um dever diretamente oriundo das exigências de boa-fé (*Pflicht aus Treu und Glauben*) na conduta do *expert* em relação ao leigo durante todo o desenvolver da relação jurídica de confiança (*Vertrauensverhältnis*), alcançando, na fase prévia, graus de dever de alerta (*Warnpflicht*) e de aconselhamento/ dever de conselho (*Beratungspflicht*) visando alcançar o consentimento informado, válido e eficaz do paciente (*wirksame Einwilligung des Patienten*), geralmente conhecido pela expressão norte-americana *informed consent*".[213]

Esse dever de informação, como autêntico dever de esclarecimento, estabelece que o ato de informar o consumidor seja, antes de tudo, o oferecimento de uma informação qualificada, integrada por todos os dados úteis e necessários à sua compreensão,[214] o

---

[212] GHERSI, Carlos Alberto. *Relación médico-paciente*: Mendonza: Cuyo, 2000. p. 42-43.

[213] MARQUES, Claudia Lima. A responsabilidade dos médicos e do hospital por falha no dever de informar ao consumidor. *Revista dos Tribunais*, São Paulo, v. 827, p. 11-48, 2004. Para as dificuldades concretas da repercussão do consentimento informado como critério de adimplemento da obrigação médica, veja-se o estudo de: FACCHINI NETO, Eugênio. Consentimento e dissentimento informado. Limites e questões polêmicas. *Revista de Direito do Consumidor*, São Paulo, v. 102, out./dez. 2015; e do mesmo autor: FACCHINI NETO, Eugênio. O maior consenso possível – o consentimento informado sob o prisma do direito comparado. *Revista de Direito Civil Contemporâneo*, São Paulo, v. 4, p. 53-105, jul./set. 2015.

[214] Em embargos de divergência decidiu a Corte Especial acerca da informação dos produtos com glúten: "Processo civil. Processo coletivo. Direito do consumidor. Ação coletiva. Direito à informação. Dever

que não se atende pelo repasse de informações genéricas, que deixem de considerar a situação de saúde específica do paciente,[215] devendo-se ser garantido também pelo modo, quantidade e velocidade com que essas informações são repassadas ao consumidor. A sociedade de consumo, ou também a sociedade da informação, caracteriza-se, sobretudo, pela hiperinformação, ou seja, a elaboração e divulgação, em alta velocidade, de um grande número de informações, sem que necessariamente esteja o seu destinatário alertado ou capacitado para recebê-las, identificá-las e compreendê-las com a mesma agilidade.

Tais condições assim como a vulnerabilidade técnica e fática do consumidor devem ser levadas em consideração na apreciação do cumprimento satisfatório, pelo fornecedor,

---

de informar. Rotulagem de produtos alimentícios. Presença de glúten. Prejuízos à saúde dos doentes celíacos. Insuficiência da informação-conteúdo 'contém glúten'. Necessidade de complementação com a informação-advertência sobre os riscos do glúten à saúde dos doentes celíacos. Integração entre a lei do glúten (lei especial) e o Código de Defesa do Consumidor (lei geral). 1. Cuida-se de divergência entre dois julgados desta Corte: o acórdão embargado da Terceira Turma que entendeu ser suficiente a informação 'contém glúten' ou 'não contém glúten', para alertar os consumidores celíacos afetados pela referida proteína; e o paradigma da Segunda Turma, que entendeu não ser suficiente a informação 'contém glúten', a qual deve ser complementada com a advertência sobre o prejuízo do glúten à saúde dos doentes celíacos. 2. O CDC traz, entre os direitos básicos do consumidor, a 'informação adequada e clara sobre os diferentes produtos e serviços, com especificação correta de quantidade, características, composição, qualidade e preço, bem como sobre os riscos que apresentam' (art. 6º, inciso III). 3. Ainda de acordo com o CDC, 'a oferta e a apresentação de produtos ou serviços devem assegurar informações corretas, claras, precisas, ostensivas e em língua portuguesa sobre suas características, qualidades, quantidade, composição, preço, garantia, prazos de validade e origem, entre outros dados, bem como sobre os riscos que apresentam à saúde e segurança dos consumidores' (art. 31). 4. O art. 1º da Lei 10.674/2003 (Lei do Glúten) estabelece que os alimentos industrializados devem trazer em seu rótulo e bula, conforme o caso, a informação 'não contém glúten' ou 'contém glúten', isso é, apenas a informação-conteúdo. Entretanto, a superveniência da Lei 10.674/2003 não esvazia o comando do art. 31, *caput*, do CDC (Lei 8.078/1990), que determina que o fornecedor de produtos ou serviços deve informar "sobre os riscos que apresentam à saúde e segurança dos consumidores', ou seja, a informação-advertência. 5. Para que a informação seja correta, clara e precisa, torna-se necessária a integração entre a Lei do Glúten (lei especial) e o CDC (lei geral), pois, no fornecimento de alimentos e medicamentos, ainda mais a consumidores hipervulneráveis, não se pode contentar com o *standard* mínimo, e sim com o *standard* mais completo possível. 6. O fornecedor de alimentos deve complementar a informação-conteúdo 'contém glúten' com a informação-advertência de que o glúten é prejudicial à saúde dos consumidores com doença celíaca. Embargos de divergência providos para prevalecer a tese do acórdão paradigma no sentido de que a informação-conteúdo 'contém glúten' é, por si só, insuficiente para informar os consumidores sobre o prejuízo que o alimento com glúten acarreta à saúde dos doentes celíacos, tornando-se necessária a integração com a informação-advertência correta, clara, precisa, ostensiva e em vernáculo: 'contém glúten: o glúten é prejudicial à saúde dos doentes celíacos'" (STJ, EREsp 1.515.895/MS, Corte Especial, Rel. Min. Humberto Martins, j. 20.09.2017, *DJe* 27.09.2017). Em sentido contrário, havia sido decidido pela 3ª Turma que "a expressão 'contém glúten' é uma advertência expressa e inequívoca àqueles que são adversamente afetados por essa substância, o que não ocorre com a maioria dos consumidores", bem como que "é redundante informar a um celíaco que o consumo de glúten lhe é prejudicial à saúde, pois ele infelizmente tem esse conhecimento. Em realidade, a proteção que ele precisa é justamente a advertência sobre a existência da proteína que lhe é nociva em determinado produto" (REsp 1.515.895/MS, 3ª Turma, Rel. Min. Nancy Andrighi, j. 06.12.2016, *DJe* 14.12.2016).

[215] "A informação prestada pelo médico deve ser clara e precisa, não bastando que o profissional de saúde informe, de maneira genérica, as eventuais repercussões no tratamento, o que comprometeria o consentimento informado do paciente, considerando a deficiência no dever de informação. Com efeito, não se admite o chamado 'blanket consent', isto é, o consentimento genérico, em que não há individualização das informações prestadas ao paciente, dificultando, assim, o exercício de seu direito fundamental à autodeterminação" (STJ, REsp 1.848.862/RN, 3ª Turma, Rel. Min. Marco Aurélio Bellizze, j. 05.04.2022, *DJe* 08.04.2022).

do seu dever de informar, entendido de modo amplo como dever de esclarecimento. Sua verificação não se esgota na identificação da conduta positiva de informar do fornecedor, senão no resultado concreto dessa atuação, representado pela possibilidade real de compreensão e uso das informações pelo consumidor, na formação do seu juízo sobre a oportunidade, necessidade ou conveniência da realização de um dado contrato de consumo, ou sobre os termos da utilização e aproveitamento de um produto ou serviço.

Em outros termos, o exame do cumprimento do dever de informar do fornecedor se dá sempre *in concreto*, em vista das condições em que esta é transmitida e das condições subjetivas do destinatário das informações. E não poderia ser diferente, se considerarmos que o processo comunicativo tem seu êxito medido quanto ao resultado, ou seja, como regra, só terá sucesso o cumprimento do dever na medida em que o destinatário, de modo razoável, pode ter acesso a elas e compreendê-las.

Outro aspecto a ser considerado nesse particular diz respeito ao espaço que a publicidade assume mediante sua crescente integração com praticamente todos os meios de comunicação. Deve-se considerar que entre os atributos característicos da publicidade estão *persuasão* e *credibilidade*.[216] Aqui, o controle de conteúdo da informação tem sua importância redobrada, pois muitas vezes já goza *a priori*, a publicidade, da empatia e confiança preconcebida do consumidor.

Esse exame da equação indissociável do *conteúdo*, *tempo* e *modo* do exercício do dever de informar pelo fornecedor será confiado ao juiz no exame das demandas que envolvem a violação do dever, mas também cabe aos órgãos administrativos de proteção do consumidor, ao Ministério Público e a todos os que tenham por competência a defesa dos direitos do consumidor. E a compreensão do dever de informar nessa perspectiva trina (*conteúdo* x *tempo* x *modo*) tem por resultado o reforço da exigibilidade da conduta do fornecedor em face do consumidor. Não bastará ao fornecedor, assim, a demonstração de que prestou informação, mas que seu conteúdo é dotado de clareza e precisão, com aptidão de esclarecer o consumidor, tanto na relação de consumo individual quanto na publicidade difundida pelos mais variados meios de comunicação. Nesse sentido, o próprio contexto e o momento em que a informação é prestada também são decisivos. Examinando o cumprimento do dever de informar nas ofertas realizadas pela internet, defrontou-se a jurisprudência com a situação de informações que, prestadas em momentos diferentes ('informação disjuntiva')[217], poderão deixar de atender o objetivo de esclarecimento do consumidor.

---

[216] Como refere Marcos Cobra, "para ser persuasiva, uma propaganda precisa, acima de tudo, ser credível. E o conceito de credibilidade vem do latim escolástico, significando a qualidade do que é crível, do que é acreditável. Contudo, fica muito difícil, num primeiro momento, dizer que só a credibilidade ajuda a vender um produto, um serviço ou mesmo uma ideia, porque na credibilidade da propaganda está embutida também a credibilidade da mídia na qual a propaganda é veiculada, além, é claro, da credibilidade do anunciante" (COBRA, Marcos. *O impacto da propaganda*. São Paulo: Atlas, 1994. p. 45).

[217] "Esclarecimentos posteriores ou complementares desconectados do conteúdo principal da oferta (= informação disjuntiva, material ou temporalmente) não servem para exonerar ou mitigar a enganosidade ou abusividade. Viola os princípios da vulnerabilidade, da boa-fé objetiva, da transparência e da confiança prestar informação por etapas e, assim, compelir o consumidor à tarefa impossível de juntar pedaços informativos esparramados em mídias, documentos e momentos diferentes. Em rigor, cada ato de informação é analisado e julgado em relação a si mesmo, pois absurdo esperar que, para cada produto ou serviço oferecido, o consumidor se comporte como Sherlock Holmes improvisado e despreparado

Parte II · Cap. 2 · A PROTEÇÃO CONTRATUAL DO CONSUMIDOR | 291

Alguns exemplos permitem bem compreender o desafio da definição de parâmetros para o cumprimento adequado do dever de informar pelo fornecedor. Assim, o caso da rotulagem nutricional de alimentos, em que a orientação da norma regulamentar expedida pela autoridade sanitária[218] foi o de assegurar informações claras e objetivas no rótulo dos produtos, associando a tradicional tabela de informação nutricional, espécie de relação padronizada do conteúdo energético, de nutrientes e de substâncias bioativas presentes no alimento – que muitas vezes resulta incompreensível ao consumidor leigo – com a chamada 'regulação nutricional frontal',[219] espécie de declaração padronizada simplificada do alto conteúdo de nutrientes específicos no painel principal do rótulo do alimento (em especial quando contenham quantidade de açúcares adicionados, gorduras saturadas ou sódio superiores aos limites fixados em norma regulamentar), dando destaque a ingredientes que podem causar riscos à saúde, como forma de advertência ao consumidor.

Da mesma forma ocorre com relação ao cumprimento do dever específico de informar o fornecedor nos contratos de crédito e financiamento ao consumidor, decorrente diretamente do artigo 52 do CDC. Na hipótese, o conteúdo do dever implica a conduta de informar *prévia* (tempo) e *adequadamente* (modo) uma série de dados específicos do contrato, quais sejam: o *preço* em moeda corrente nacional; o *montante de juros de mora* e a *taxa efetiva anual de juros*; os *acréscimos legalmente previstos*; o *número de prestações e sua periodicidade*; e a *soma total a pagar, com e sem financiamento* (conteúdo).

Essa mesma preocupação levou o legislador a alterar o CDC para introduzir regra abrangente dos contratos de adesão em geral, no sentido de que, quando escritos, "serão redigidos em termos claros e com caracteres ostensivos e legíveis, cujo tamanho da fonte não será inferior ao corpo doze, de modo a facilitar sua compreensão pelo consumidor" (artigo 54, § 3º). Naturalmente que essa exigência legal relativa à redação dos contratos de adesão escritos não pode ser cobrada da publicidade na sua literalidade,[220] ainda que – consideradas as características da peça publicitária – outros serão os critérios para verificar o atendimento pleno do dever de informação e esclarecimento do consumidor.

à busca daquilo que, por dever *ope legis* inafastável, incumbe somente ao fornecedor. Seria transformar o destinatário-protegido, à sua revelia, em protagonista do discurso mercadológico do fornecedor, atribuindo e transferindo ao consumidor missão inexequível de vascular o universo inescrutável dos meios de comunicação, invertendo tanto o ônus do dever legal como a *ratio* e o âmago do próprio microssistema consumerista" (STJ, REsp 1.802.787/SP, 2ª Turma, Rel. Min. Herman Benjamin, j. 08.10.2019, *DJe* 11.09.2020).

[218] No caso, a Resolução da Diretoria Colegiada 429/2020, da Agência Nacional de Vigilância Sanitária (ANVISA), e que passou a ser exigida em outubro de 2022, a qual, entre outros elementos, obrigou a aposição de rotulagem nutricional frontal "nos rótulos dos alimentos embalados na ausência do consumidor cujas quantidades de açúcares adicionados, gorduras saturadas ou sódio sejam iguais ou superiores aos limites definidos no Anexo XV da Instrução Normativa – IN nº 75, de 2020" (art. 18 da RDC 429/2020, da ANVISA). Tal rotulagem será opcional apenas em relação a "I – alimentos em embalagens com área de painel principal inferior a 35 cm²; II – alimentos embalados nos pontos de venda a pedido do consumidor; III – alimentos embalados que sejam preparados ou fracionados e comercializados no próprio estabelecimento" (art. 18, § 3º, da RDC 429/2020, da ANVISA).

[219] Veja-se sobre o tema, destacando as vantagens da rotulagem nutricional frontal: MAGALHÃES, Simone. *Rotulagem nutricional frontal de alimentos industrializados*: política pública fundamentada no direito básico do consumidor à informação clara e adequada. São Paulo: Dialética, 2020.

[220] STJ, REsp 1.602.678/RJ, 3ª Turma, Rel. Min. Paulo de Tarso Sanseverino, j. 23.05.2017, *DJe* 31.05.2017.

2.2.3.2 Violação do dever de informar: efeitos para o consumidor

Da violação do dever de informar decorrem diversos efeitos jurídicos em direito do consumidor. Considerando-se que sua eficácia não advém apenas da boa-fé objetiva, como também de normas jurídicas específicas previstas no CDC, devem-se ter em vista as sanções que tais normas estabelecem com esse fim. Nesse sentido, é preciso observar as circunstâncias e qual o objeto da informação não prestada pelo fornecedor. Admite-se que, havendo o descumprimento do dever de informar, poder-se-ão caracterizar tanto a mora quanto o incumprimento definitivo da obrigação, conforme a espécie de informação não repassada ao consumidor, assim como o tempo em que esta vem a ser verificada.[221]

No que se refere aos termos do contrato de consumo, em especial aos seus efeitos com relação ao consumidor, o artigo 46 do CDC estabelece com precisão que "os contratos que regulam as relações de consumo não obrigarão os consumidores, se não lhes for dada a oportunidade de tomar conhecimento prévio de seu conteúdo, ou se os respectivos instrumentos forem redigidos de modo a dificultar a compreensão de seu sentido e alcance".

Essa é uma regra cujos efeitos potenciais ainda não foram integralmente desenvolvidos pela jurisprudência e doutrina brasileiras. Note-se a esse respeito que há uma qualificação do dever de informar dos fornecedores. Não basta a informação, senão que ela deve ser prévia e inteligível pelo consumidor. Trata-se do dever de informação eficiente ou qualificada, que, como já afirmamos, não se satisfaz com o cumprimento formal pelo fornecedor, senão que tem seu atendimento posto à prova a partir da capacidade de percepção e entendimento do consumidor acerca da informação repassada. Por outro lado, é preciso reconhecer que o artigo 46 do CDC é norma que estabelece a ineficácia das obrigações estipuladas aos consumidores, razão pela qual também serve de fundamento para a definição de estipulações ou cláusulas abusivas nos contratos de consumo, em face do não atendimento do dever de informar – o que denominamos, ao examinar as espécies de cláusulas abusivas nos contratos de consumo, como cláusulas abusivas *em razão da qualidade do consentimento,*[222] ou seja, em que a ausência da informação correta e compreensível pelo consumidor determina que se caracterize a abusividade da cláusula, uma espécie de *abusividade formal.* No mesmo sentido é a solução do direito argentino, ao admitir reconhecer no artigo 37 da Lei de Defesa do Consumidor que este poderá demandar a nulidade de cláusulas contratuais ou de todo o contrato, quando o fornecedor violar o dever de boa-fé na fase pré-contratual, ou no momento de sua celebração.[223]

Ao estabelecer como consequência a não obrigação do consumidor com relação ao que não lhe foi previamente informado, o legislador do CDC determina um desenvolvimento prático do direito à informação consagrado no artigo 6º, III.[224] A avaliação do modo de transmissão da informação ao consumidor é vislumbrada de acordo com o

---

[221] OSSOLA, Frederico; VALLESPINOS, Gustavo. *La obligación de informar.* Córdoba: Avocatus, 2001. p. 224-225.

[222] Como referimos adiante, a expressão é de STOFFEL-MUNCK, Philippe. *L'abus dans le contrat.* Essai d'une théorie. Paris: LGDJ, 2000. p. 300.

[223] OSSOLA, Frederico; VALLESPINOS, Gustavo. *La obligación de informar.* Córdoba: Avocatus, 2001. p. 188.

[224] NERY JR., Nelson *et al. Código Brasileiro de Defesa do Consumidor comentado pelos autores do anteprojeto.* 8. ed. Rio de Janeiro: Forense, 2005. p. 543.

caso concreto. Nesse sentido, cabe ao juiz verificar, *in concreto*: a) primeiro, a existência ou não do procedimento de informação do consumidor; b) segundo, se essa informação foi prestada de modo adequado, o que se deverá avaliar em consideração às condições subjetivas do consumidor, seu nível de formação, as circunstâncias em que se transmite a informação, entre outras.

A utilidade da disposição é observada, entre outras situações, na obrigação de o fornecedor entregar ao consumidor cópia do contrato celebrado. Prática nem sempre observada em muitos setores do mercado de consumo, a ausência da entrega, não havendo prévia ciência dos termos da contratação, equivale à não informação e, logo, ao suporte fático para incidência da norma do artigo 46. Nesse sentido, a norma também possui uma finalidade educativa,[225] estimulando os fornecedores ao atendimento do dever de informar.

Além dessa sanção expressa à violação do dever de informar, não se pode esquecer que a ausência de informação correta e eficiente do fornecedor pode dar causa à caracterização de vício ou defeito do produto ou do serviço. O vício do produto ou do serviço por ausência de informação que deveria ter sido prestada pelo fornecedor ocorre quando dessa falta há em consequência a violação do dever de adequação desse produto ou serviço. Assim, pela falta da informação que deveria ter sido prestada na embalagem, em manual de instruções, no momento da oferta ou em quaisquer outras circunstâncias, o consumidor não consegue obter a finalidade pretendida com a utilização do produto ou serviço. É o caso de qualquer aparelho entregue sem as instruções de uso, a falta de informações sobre restrições de utilização, entre outros. Da mesma forma, o defeito decorrente da ausência de informação ocorre quando, sendo descumprido o dever de informar pelo fornecedor, a ausência da informação compromete o atendimento ao dever de segurança (artigos 12 e 14, *caput*, e 9º do CDC), uma vez que dessa falta decorrem danos à integridade pessoal e patrimonial do consumidor. Em ambas as situações, de vício e defeito resultantes da violação do dever de informar do fornecedor, há como consequência, a imputação de responsabilidade civil, seja pelo vício (artigos 18 e 20 do CDC), ou pelo fato do produto ou do serviço (artigos 12 e 14 do CDC), neste último caso quando houver defeito.

Percebe-se, portanto, a partir dos efeitos conferidos ao seu descumprimento, a importância que o CDC reconhece ao dever de informar do fornecedor, como norma de proteção da confiança do consumidor nas relações de consumo.

2.2.4 Efeitos do descumprimento da oferta pelo fornecedor

O regime da oferta no CDC pressupõe o atendimento, pelo fornecedor, do dever de oferecer "informações corretas, claras, precisas, ostensivas e em língua portuguesa sobre suas características, qualidades, quantidade, composição, preço, garantia, prazos de validade e origem, entre outros dados, bem como sobre os riscos que apresentam à saúde e segurança dos consumidores". Da mesma forma, como aspecto distintivo do regime da oferta no regime do direito comum, o CDC determinou o efeito vinculante reconhecido a qualquer informação suficientemente precisa divulgada pelo fornecedor. A questão que se apresenta, contudo, é se, estando vinculado aos termos da oferta, o fornecedor não

---

[225] MARQUES, Claudia Lima; BENJAMIN, Antonio Herman; MIRAGEM, Bruno. *Comentários ao Código de Defesa do Consumidor*. 2. ed. São Paulo: Ed. RT, 2006. p. 633-634.

cumprir os exatos termos em que esta foi estabelecida. Nessa situação, o CDC refere em seu artigo 35 que "o consumidor poderá, alternativamente e à sua livre escolha: I – exigir o cumprimento forçado da obrigação, nos termos da oferta, apresentação ou publicidade; II – aceitar outro produto ou prestação de serviço equivalente; III – rescindir o contrato, com direito à restituição de quantia eventualmente antecipada, monetariamente atualizada, e a perdas e danos". Essas alternativas poderão, quando objeto de demanda judicial pelo consumidor, ser reclamadas todas em conjunto, na forma de pedidos sucessivos a serem submetidos à apreciação judicial, ou, como bem define a jurisprudência, "as opções do art. 35 do CDC são intercambiáveis e produzem, para o consumidor, efeitos práticos equivalentes ao adimplemento, pois guardam relação com a satisfação da intenção validamente manifestada ao aderir à oferta do fornecedor, por meio da previsão de resultados práticos equivalentes ao adimplemento da obrigação de fazer ofertada ao público".[226]

O estabelecimento dessas consequências leva à discussão sobre qual a espécie da responsabilidade do fornecedor em face do descumprimento, se pré-contratual ou autenticamente contratual. Conforme assinala Antônio Junqueira de Azevedo, havendo descumprimento da oferta no regime do CDC, "o próprio contrato é que se considera não cumprido. Não há sequer a possibilidade de descumprimento da oferta, afinal, se houver aceitação, o contrato é reputado concluído".[227] Por sua vez, Alberto Amaral Júnior observa que o fornecedor "tem uma obrigação pré-contratual, que consiste em manter a sua oferta, sob pena de sofrer as consequências legais estabelecidas pelo artigo 35".[228] Claudia Lima Marques observa que, "após a aceitação, a natureza do vínculo obrigacional ligando o fornecedor e o consumidor (...) transforma-se em vínculo contratual, se bem que suas características continuem as mesmas e apenas acrescente-se a possível exigência da prestação principal".[229]

Parece-nos que exatamente esse é o ponto que permite identificar a responsabilidade do fornecedor com fundamento no artigo 35 do CDC, como espécie de responsabilidade propriamente contratual. Isso porque, havendo oferta nos termos do artigo 30, nasce para o consumidor o direito formativo de constituição do contrato, mediante aceitação. Estivesse a situação qualificada como espécie de responsabilidade pré-contratual, não estaria a princípio incluída entre as pretensões reconhecidas ao consumidor, a de obter o cumprimento específico da obrigação, e muito menos o de requerer sua rescisão.

Todavia, a responsabilidade em razão do descumprimento poderá, segundo a doutrina de Antonio Herman Benjamin,[230] estender-se não apenas ao fornecedor que tenha promovido a oferta ou publicidade (o anunciante direto, fabricante, por exemplo), mas também àquele que venha a ter o proveito desta (o anunciante indireto, o comerciante, por

---

[226] STJ, REsp 1.872.048/RS, 3ª Turma, Rel. Min. Nancy Andrighi, j. 23.02.2021, *DJe* 1º.03.2021.

[227] AZEVEDO, Antônio Junqueira. Responsabilidade pré-contratual no Código de Defesa do Consumidor: estudo comparativo com a responsabilidade pré-contratual no direito comum. *Revista da Faculdade de Direito da USP*, São Paulo, v. 90, p. 131, 1995.

[228] AMARAL JÚNIOR, Alberto. O princípio da vinculação da mensagem publicitária. *Revista de Direito do Consumidor*, São Paulo, v. 14, p. 41-51, abr./jun. 1995.

[229] MARQUES, Claudia Lima. *Contratos no Código de Defesa do Consumidor*. 5. ed. São Paulo: Ed. RT, 2006. p. 628.

[230] BENJAMIN, Antonio Herman de Vasconcellos *et al*. *Código Brasileiro de Defesa do Consumidor comentado pelos autores do anteprojeto*. 8. ed. Rio de Janeiro: Forense, 2005. p. 283.

Parte II · Cap. 2 · A PROTEÇÃO CONTRATUAL DO CONSUMIDOR | 295

exemplo). Isso em vista do que dispõe o artigo 7º do CDC, o qual expressamente refere que, "tendo mais de um autor a ofensa, todos responderão solidariamente pela reparação dos danos previstos nas normas de consumo".

O exame das alternativas reconhecidas ao consumidor na hipótese de descumprimento da oferta pelo fornecedor reforça essa conclusão, como veremos.

2.2.4.1 Cumprimento específico da obrigação

A primeira das hipóteses referidas no artigo 35 do CDC, uma vez ocorrendo o descumprimento da oferta, apresentação ou publicidade pelo fornecedor, é a possibilidade de o consumidor exigir o cumprimento específico da obrigação. Em outros termos, pode o consumidor exigir que seja cumprido pelo fornecedor exatamente o que este se comprometeu por ocasião da oferta. Essa obrigatoriedade de cumprimento específico tem um sentido tanto positivo quanto negativo. O *sentido positivo* decorre da possibilidade de o consumidor obter o produto ou serviço ofertado, nos termos em que essa oferta, apresentação ou publicidade foi divulgada. O *sentido negativo* caracteriza-se pela vedação implícita que se origina do caráter vinculante da oferta, de o fornecedor inovar seus termos por ocasião do contrato, acrescendo, restringindo ou modificando aspectos da contratação, em desacordo com seu conteúdo primitivo.

O cumprimento forçado da obrigação – como refere o inciso I, do artigo 35 – realiza-se mediante processo judicial, bastando para o consumidor a demonstração dos termos da oferta realizada. Sob o aspecto processual, regula-se pelo que dispõe o artigo 84 do CDC e supletivamente pelos artigos 497 (tutela específica da obrigação de fazer) ou 498 (tutela específica da obrigação de dar coisa) do CPC. Note-se que é próprio das ações visando ao cumprimento específico da obrigação que esta só poderá converter-se em perdas e danos quando ela for uma opção do consumidor, autor da ação, ou quando for impossível a obtenção do resultado prático equivalente da obrigação. Não se desconhece, contudo, a possibilidade de, a par da pretensão que tenha por objeto o cumprimento específico, a negativa do fornecedor em cumprir a obrigação no tempo, lugar e modo devidos determinar, por si só, prejuízos ao consumidor. Nessa situação, poderá haver cumulação dos pedidos, tendo por objetivo, por um lado, o cumprimento específico do contrato e, por outro, a indenização dos prejuízos que a violação do direito pelo fornecedor deu causa.

2.2.4.2 Oferecimento de produto ou serviço equivalente

Segunda hipótese à livre escolha pelo consumidor é o oferecimento de produto ou serviço equivalente ao que fora objeto da oferta, apresentação ou publicidade. Em geral, essa hipótese terá lugar diante da impossibilidade de cumprimento do objeto principal, situação em que poderá o consumidor decidir por sua substituição. Pode ser o caso quando o estoque do produto anunciado se encontra esgotado, ou quando, por qualquer razão, torna-se impossível ao fornecedor entregar o produto, ou prestar o serviço, nos termos anunciados. Note-se que, em regra, assim como o erro do fornecedor na feitura do anúncio não o exime de responsabilidade,[231] também a simples ausência do produ-

---

[231] BENJAMIN, Antonio Herman de Vasconcellos *et al*. *Código Brasileiro de Defesa do Consumidor comentado pelos autores do anteprojeto*. 8. ed. Rio de Janeiro: Forense, 2005. p. 268-269; VENOSA, Sílvio de

to em vista do esgotamento do estoque – quando essa situação não foi expressamente consignada na oferta – não o exime da responsabilidade. Contudo, considerando que se trata de alternativa de livre escolha pelo consumidor, não é descartado que ele opte, em face de circunstâncias que demonstrem a inconveniência ou mesmo prejuízo de exigir o cumprimento específico dos termos do anúncio ou oferta (*e.g.*, o tempo de espera para obtenção do produto), por exigir o produto ou serviço equivalente. Da mesma forma, como já referimos, pode essa opção ser formulada em matéria de pedido sucessivo, em ação de cumprimento específico, para a hipótese de não ser possível atender ao pedido principal do consumidor.

2.2.4.3 Rescisão do contrato

O direito à resolução do contrato (indicado no CDC como rescisão contratual), estabelecido como consequência do descumprimento da oferta, decorre diretamente do princípio da vinculação da oferta e da publicidade. Em toda a ideia de vinculação há um sentido negativo implícito, que importa um não fazer, caracterizado não apenas por cumprir com o que se está vinculado, mas de cumprir *somente* aquilo a que se está vinculado. Há, desse modo, um dever de abster-se de inovar nos termos do contrato, em tudo aquilo no que as novas disposições sejam contraditórias ou conflitantes com os termos da oferta, apresentação ou publicidade promovida originariamente pelo fornecedor. O direito de rescindir o contrato, nesse sentido, nasce justamente da possibilidade do consumidor de desconstituir o vínculo contratual estabelecido com o fornecedor, uma vez caracterizado, de parte deste, o descumprimento dos termos da oferta.

Assim, a ausência de informações que induzam o consumidor em erro, caracterizando determinada oferta como enganosa, na medida em que deixa de informar limitações ou riscos relativos ao negócio a ser celebrado, outorga ao consumidor o direito de rescindir o contrato, sem prejuízo de perdas e danos. Deve haver resolução, pois a decisão do consumidor de contratar deu-se em vista de base fática incorreta, hipótese em que se tenha omissão dolosa do fornecedor. No entanto, embora se possa dizer que a hipótese seria a de anular, prefere o CDC referir-se a rescindir, por incumprimento da oferta, nos termos do artigo 35, III. Isso porque a oferta será considerada aquela em termos que tenha sido compreendida pelo consumidor, razão pela qual limitações ou exclusões, uma vez invocadas após a aceitação, consideram-se simplesmente como descumprimento.[232]

Salvo. A força vinculante da oferta no Código Civil e no Código de Defesa do Consumidor. *Revista de Direito do Consumidor*, São Paulo, v. 8, p. 79-91, out./dez. 1993; MARQUES, Claudia Lima. *Contratos no Código de Defesa do Consumidor*. 4. ed. São Paulo: Ed. RT, 2003. p. 629-630.

[232] Nesse sentido, veja-se a decisão do STJ: "Direito do consumidor. Publicidade enganosa. Empreendimento divulgado e comercializado como hotel. Mero residencial com serviços. Interdição pela municipalidade. Ocultação deliberada de informação pelo fornecedor. Anulação do negócio jurídico. Indenização por lucros cessantes e por danos morais devida. 1. O direito à informação, no Código de Defesa do Consumidor, é corolário das normas intervencionistas ligadas à função social e à boa-fé, em razão das quais a liberdade de contratar assume novel feição, impondo a necessidade de transparência em todas as fases da contratação: o momento pré-contratual, o de formação e o de execução do contrato e até mesmo o momento pós-contratual. 2. O princípio da vinculação da publicidade reflete a imposição da transparência e da boa-fé nos métodos comerciais, na publicidade e nos contratos, de modo que o fornecedor de produtos ou serviços obriga-se nos exatos termos da publicidade veiculada, sendo certo

Em certo sentido, reconduz-se à situação original anterior à contratação, pela qual ao consumidor é possível rescindir os efeitos de sua aceitação (e, logo, a constituição do contrato), diante da demonstração de que o fornecedor descumpriu com os termos da oferta. O exercício do direito à rescisão do contrato pelo consumidor não afasta a possibilidade de postular eventual indenização na hipótese de, em face da inadimplência do fornecedor, terem sido causados danos.

Destaque-se, porém, que o direito de rescisão é espécie de direito formativo extintivo do consumidor. Nesse sentido, não compete ao fornecedor examinar qual a situação que seja a ele mais conveniente (por exemplo, a simples rescisão, em vez do cumprimento específico da obrigação). Ao estabelecer as alternativas indicadas no artigo 35 à livre escolha do consumidor, o CDC exclui qualquer espécie de influência do fornecedor com relação ao destino do contrato na hipótese de descumprimento da oferta ou publicidade.

2.2.4.4 Perdas e danos

A indenização das perdas e danos é consequência típica da violação de dever jurídico que dê causa a prejuízos. No direito das obrigações, o direito à indenização das perdas e danos é estabelecido como consequência do inadimplemento do devedor. Nesse sentido, o artigo 389 do Código Civil brasileiro refere: "Não cumprida a obrigação, responde o devedor por perdas e danos, mais juros e atualização monetária segundo índices oficiais regularmente estabelecidos, e honorários de advogado". No caso, as perdas e danos abrangem os prejuízos decorrentes do descumprimento,[233] assim como os ganhos que eventualmente se deixam de auferir (lucros cessantes).

Em direito do consumidor, considerando que as perdas e danos caracterizam-se, no tocante ao descumprimento da oferta, como espécie de alternativa de livre escolha do consumidor e prevista no artigo 35, III, ao lado do direito de rescisão do contrato, poderia surgir a dúvida se só seriam cabíveis diante da hipótese de o consumidor optar por rescindir o contrato. Eventual dúvida nesse sentido, entretanto, é desde logo fulminada pelo que dispõe o artigo 6º, VI, do CDC, ao estabelecer como direito básico do consumidor a efetiva reparação dos danos causados. A proteção da integridade pessoal

---

que essa vinculação estende-se também às informações prestadas por funcionários ou representantes do fornecedor. 3. Se a informação se refere a dado essencial capaz de onerar o consumidor ou restringir seus direitos, deve integrar o próprio anúncio, de forma precisa, clara e ostensiva, nos termos do art. 31 do CDC, sob pena de configurar publicidade enganosa por omissão. 4. No caso concreto, desponta estreme de dúvida que o principal atrativo do projeto foi a sua divulgação como um empreendimento hoteleiro – o que se dessume à toda vista da proeminente reputação que a Rede Meliá ostenta nesse ramo –, bem como foi omitida a falta de autorização do Município para que funcionasse empresa dessa envergadura na área, o que, à toda evidência, constitui publicidade enganosa, nos termos do art. 37, *caput* e § 3º, do CDC, rendendo ensejo ao desfazimento do negócio jurídico, à restituição dos valores pagos, bem como à percepção de indenização por lucros cessantes e por dano moral. 5. Recurso especial de Antônio Rogério Saldanha Maia provido. 6. Recursos especiais de Gafisa S/A e Banco BBM S/A não conhecidos. Prejudicadas as demais questões suscitadas" (STJ, REsp 1.188.442/RJ, 4ª Turma, Rel. Min. Luis Felipe Salomão, j. 06.11.2012, *DJe* 05.02.2013).

[233] Segundo a *teoria da diferença*, equivale a indenizar o credor pelos valores a que faria jus na hipótese de cumprimento. Assim: LARENZ, Karl. *Derecho de obligaciones*. Trad. Jayme Santos Briz. Madrid: ERDP, 1958. t. I, p. 333.

e patrimonial do consumidor, portanto, tem autonomia com relação às hipóteses de cumprimento retardado da obrigação, mediante a utilização das alternativas do artigo 35, I e II, e mesmo relativamente à decisão de resolver o contrato. O direito à reparação do consumidor, assim, é passível de exercício desde quando haja dano, o que no caso do descumprimento da oferta poderá surgir da mera violação do dever pelo fornecedor, ou seja, o direito à indenização tem como pressuposto apenas a existência da violação do dever e dos danos que tenham sido causados por esse ilícito. Eventual atendimento do fornecedor às alternativas determinadas pelo consumidor, de cumprimento específico posterior, ou substituição por produto ou serviço equivalente, não exonera o dever de indenizar, embora certamente o atenue, quando os danos não se restrinjam à mera falta da prestação principal, mas sim que tenham sido decorrência dessa ausência do cumprimento do dever pelo fornecedor.[234]

É certo, naturalmente, que a regra será de que ao consumidor incumbirá a demonstração dos danos, quando se tratar de prejuízos econômicos decorrentes da violação da oferta, tanto das qualidades do produto quanto das demais peculiaridades do contrato, como a forma de pagamento[235] e outros ajustes acessórios estabelecidos pelas partes, não sendo possível sua presunção no tocante ao *quantum*. De admitir, de acordo com o caso concreto, da mesma forma, a existência de danos morais (igualmente indenizáveis, segundo a regra do artigo 6º, IV, do CDC), em face do descumprimento da oferta. A indenização, nesse caso, fica subordinada à avaliação do juiz, segundo suas regras de experiência, das circunstâncias que envolvem o descumprimento da oferta pelo fornecedor, examinando, concretamente, se daquela conduta e do modo como ela foi recebida pelo consumidor (considerando, inclusive, suas condições subjetivas) houve nela aptidão de produzir danos. Poderá ser o caso, por exemplo, do plano de saúde que restringe a abrangência de sua cobertura, em desacordo com os termos da oferta. Em situação de tamanha aflição e desconforto que envolve a necessidade de recurso aos serviços de um plano de saúde, será possível, em muitas situações, o reconhecimento da possibilidade de indenização por danos morais em face do descumprimento contratual dos termos da oferta ou publicidade.

A regra, portanto, é da possibilidade de o consumidor postular perdas e danos, segundo o artigo 35, combinado com o artigo 6º, VI, do CDC, sempre que, em face do descumprimento da oferta, apresentação ou publicidade, decorrerem danos materiais ou morais. Ao lado dessa alternativa, de modo cumulativo, é reconhecido ao consumidor o direito de postular as demais alternativas relacionadas no artigo 35, quais sejam: o cumprimento específico da obrigação, a substituição do produto ou serviço ofertado por outro equivalente, ou ainda a rescisão do contrato.

---

[234] Segundo bem demonstra Agostinho Alvim, nos contratos bilaterais, cada contraente responderá pelo dano oriundo do ato culposo. No caso, em direito do consumidor, ainda que se exclua a culpa como requisito da responsabilidade também neste caso de descumprimento da oferta, note-se que há obrigação, nos mesmos termos do direito comum, a indenização dos danos a que tiver dado causa. Veja-se: ALVIM, Agostinho. *Da inexecução das obrigações e suas consequências.* São Paulo: Saraiva, 1972. p. 197.

[235] Nesse sentido, a Súmula 370 do STJ: "Caracteriza dano moral a apresentação antecipada de cheque pré--datado".

2.3 EXECUÇÃO DO CONTRATO DE CONSUMO

Tendo sido formado o contrato de consumo por intermédio da aceitação da oferta, importa ao direito do consumidor a proteção do sujeito vulnerável em outra etapa do desenvolvimento da relação de consumo que é a da execução do contrato. Nessa etapa da relação obrigacional, intensifica-se a proteção do consumidor e de seus interesses na relação com o fornecedor. Essa proteção tanto se estabelece com relação ao direito à prestação principal do contrato – o produto ou serviço contratado – assim como pelo cumprimento de todos os demais deveres determinados ao fornecedor por força de lei (os deveres fixados pelo CDC) e também os decorrentes da incidência do princípio da boa-fé sobre a relação de consumo.

Nesse sentido, são diversas as condutas e situações que se colocam sob a égide das normas de direito do consumidor na etapa da execução do contrato. Primeiro, um amplo tratamento das condutas vedadas aos fornecedores no mercado de consumo, uma vez caracterizadas como práticas abusivas. Essas práticas abusivas, contudo, não se restringem ao período da execução do contrato, podendo estar presentes tanto no momento prévio à formação do contrato quanto após sua extinção, com o adimplemento ou não da obrigação pelas partes.

Outra situação da maior importância, em consideração à realidade do mercado de consumo atual, é a regulação que as normas do CDC estabelecem para a cobrança de dívidas dos consumidores e a utilização e gestão dos bancos de dados e cadastros de consumidores. No caso dos bancos de dados, destacam-se os chamados bancos de dados de restrição ou proteção ao crédito (*e.g.*, serviços de proteção ao crédito, SERASA), com relação aos quais a inclusão de informação negativa acerca do comportamento de consumo do consumidor, por exemplo, a falta de pagamento de algum dos seus débitos, produz uma severa restrição do seu acesso ao consumo, razão pela qual o CDC, ao mesmo tempo que reconhece a sua licitude, determina uma série de normas procedimentais e de controle da inclusão, acesso e tempo de manutenção das informações em seus arquivos. O mesmo se dá, nesse aspecto, com relação aos cadastros de consumidores, organizados pelos fornecedores ou por empresas especializadas com o objetivo de aperfeiçoar sua política de *marketing* e atendimento dos consumidores. Nesse caso, o problema mais sensível será a composição do conflito latente entre o direito fundamental do consumidor à privacidade e a utilização e divulgação de seus dados pessoais por intermédio do cruzamento de informações e comercialização desses cadastros.

Por fim, o exame dos contratos de consumo não prescinde do exame da ampla e decisiva regulação realizada pelo CDC acerca das cláusulas contratuais abusivas, assim como seu regime legal de nulidade, ao tempo em que se busca preservar o restante das estipulações contratuais por intermédio do procedimento de redução do contrato, em atenção ao princípio da conservação do negócio jurídico de consumo. O conceito de abusividade a ser estabelecido na exegese e aplicação das normas relativas às cláusulas abusivas no contrato de consumo, por ocasião dos mais de trinta anos de vigência do CDC, terminou por influir na redefinição do próprio conceito de abuso do direito no

CURSO DE DIREITO DO CONSUMIDOR – *Bruno Miragem*

Brasil, determinando-lhe critérios objetivos de identificação.[236] Da mesma forma, dada a realidade de catividade e dependência do consumidor com relação a tais contratos, a importância da sua proteção contratual com relação à cláusula abusiva, optando-se pelo regime da invalidade parcial do negócio jurídico, permite o atendimento adequado da necessidade de consumir que desafia a todos na sociedade de consumo contemporânea.

Por fim, é de examinar, no tocante ao desenvolvimento da relação contratual, a regra especial do CDC relativa à interpretação dos contratos de consumo. Nesse sentido, incumbem a referência e a análise da casuística da regra do artigo 47 do Código, o qual estabelece que as "cláusulas contratuais serão interpretadas de maneira mais favorável ao consumidor".

2.3.1 Proteção do consumidor contra práticas abusivas

A disciplina das práticas abusivas nas relações de consumo é definida a partir da enumeração de condutas negociais do fornecedor que, no exercício de sua liberdade negocial, exerce sua posição de modo a impor ao consumidor condições negociais desfavoráveis, em vista da violação da boa-fé ou dos usos e costumes.[237] Por práticas abusivas se tem o equivalente, no direito brasileiro, ao que no direito comparado se refere como *unfair practices* no direito norte-americano ou, ainda, como consagrado no direito europeu – espécie de *práticas desleais*. Foi apresentada na exposição de motivos do Código – segundo conhecida lição de Antonio Herman Benjamin – como "uma série de comportamentos, contratuais ou não, que abusam da boa-fé do consumidor, assim como de sua situação de inferioridade econômica ou técnica". Por isso, prossegue o jurista afirmando que: "É compreensível, portanto, que tais práticas sejam consideradas ilícitas *per se*, independente da ocorrência de dano ao consumidor".[238]

O artigo 39 do CDC, em sua redação original, exprimia em seu *caput* o comando "É vedado ao fornecedor de produtos e serviços", seguido de uma série de condutas reputadas como tal. Após alteração legislativa promovida pela antiga Lei de Defesa da Concorrência (Lei 8.884, de 11 de junho de 1994), passou oportunamente a referir, dando conta do caráter exemplificativo das condutas e situações que mencionava, que: "*É vedado ao fornecedor de produtos ou serviços, dentre outras práticas abusivas*", seguindo sua enumeração específica.

Adotou enumeração exemplificativa (*numerus apertus*) das práticas comerciais consideradas ofensivas, também em homenagem à vulnerabilidade do consumidor e ao sistema de proteção organizado pelo Código. Observa-se aqui que a técnica uti-

---

[236] Sobre o tema, veja-se o nosso: MIRAGEM, Bruno. *Abuso do direito.* Proteção da confiança e limite ao exercício de prerrogativas jurídicas no direito privado. Rio de Janeiro: Forense, 2009. p. 5 e ss.

[237] Sobre o tema, veja-se, entre outros: SAYEG, Ricardo Hasson. Práticas comerciais abusivas. *Revista de Direito do Consumidor,* São Paulo, v. 7, p. 37 e ss., jul./set. 1993; LISBOA, Roberto Senise. Prática comercial abusiva. *Revista de Direito do Consumidor,* São Paulo, v. 39, p. 199-204, jul./set. 2001; PFEIFFER, Roberto C. Proteção do consumidor e defesa da concorrência. Paralelo entre práticas abusivas e infrações contra a ordem econômica. *Revista de Direito do Consumidor,* São Paulo, v. 76, p. 131 e ss., out. 2010. Da mesma forma o livro de: SILVEIRA, Reynaldo Andrade da. *Práticas mercantis no direito do consumidor.* Curitiba: Juruá, 1999.

[238] BENJAMIN, Antonio Herman de Vasconcellos *et al. Código Brasileiro de Defesa do Consumidor comentado pelos autores do anteprojeto.* 8. ed. Rio de Janeiro: Forense, 2005. p. 361.

Parte II · Cap. 2 · A PROTEÇÃO CONTRATUAL DO CONSUMIDOR | 301

lizada, se de um lado apoia-se marcadamente na boa-fé informadora das relações de consumo, de outro lado vai utilizar-se dos usos e costumes comerciais como fonte de deveres para o fornecedor (artigo 39, II). Da mesma forma, os preceitos normativos em questão buscam preservar determinadas situações ou qualidades que representem vantagem ao consumidor, como no caso da possibilidade de reflexão para formação da vontade negocial, a garantia de formação do consenso, seu esclarecimento e informação, entre outras espécies de cláusulas de proteção da efetiva liberdade contratual da parte vulnerável.

Ocorre que, da técnica de enunciação exemplificativa de várias condutas do fornecedor proibidas por lei, bem como sua dissociação da existência anterior de contrato de consumo, ou movidas com o propósito de proteção simultânea do interesse do consumidor e da livre concorrência, os vários comportamentos relacionados pelo legislador devem ser interpretados segundo um sentido comum. Daí a expressão utilizada, assinalando a *abusividade* da conduta – e nesse sentido reconduzindo não apenas ao conceito tradicional de *abuso do direito*, senão também de *abuso de posição jurídica* pelo fornecedor[239] –, tem a virtude de promover certa *unidade conceitual* às condutas expressamente descritas na norma. Do mesmo modo, facilita a identificação de outras que ostentem características semelhantes nas relações entre fornecedores e consumidores estabelecidas no mercado de consumo.

As relações de consumo, sendo consideradas na sociedade contemporânea menos como expressão de liberdade contratual, e mais como a realização de uma necessidade de consumir,[240] imprimem à ideia de abuso a noção de prevalência da posição dominante (*Machtposition*)[241] do fornecedor na relação de consumo, de uma situação de vulnerabilidade do consumidor. Nesse sentido é que a doutrina consumerista especializada interpreta essa noção de abuso justamente em vista da desigualdade de posições e o exercício opressivo da posição dominante pelo fornecedor. Assim, por exemplo, Guilherme Fernandes Neto que, após referir sobre a formação histórica do conceito de abuso do direito, identifica-o em relação ao direito do consumidor, a partir de cinco critérios, quais sejam: a *desproporcionalidade*; o *desvio da função social*; o *desvio da função econômica*; a *incompatibilidade com a equidade*; e a *incompatibilidade com a boa-fé*.[242]

Há uma eficácia equivalente entre o *abusivo* – que é como se dá o exercício de direitos ou liberdades em desconformidade com os limites estabelecidos pelo próprio direito – e o *ilícito*, como ocorre quando a lei, simplesmente, proíbe determinadas condutas. A utilidade da noção de abuso, contudo, deve-se a uma razão qualitativa de sua configuração, apontando a doutrina predominante para a violação de limites estabelecidos pela boa-fé

---

[239] MIRAGEM, Bruno. *Abuso do direito*. Ilicitude objetiva e limite ao exercício de prerrogativas jurídicas no direito privado. 2. ed. São Paulo: Ed. RT, 2013. p. 242-243.

[240] Sobre o tema, veja-se meu: MIRAGEM, Bruno. O direito do consumidor como direito fundamental. Consequências jurídicas de um conceito. *Revista de Direito do Consumidor*, São Paulo, n. 43, p. 111 *et seq.*, jul./set. 2002.

[241] Nesse sentido: MARQUES, Claudia Lima. *Contratos no Código de Defesa do Consumidor*. 4. ed. São Paulo: Ed. RT, 2003. p. 148.

[242] FERNANDES NETO, Guilherme. *Abuso do direito no Código de Defesa do Consumidor*. Cláusulas, práticas e publicidades abusivas. Brasília: Brasília Jurídica, 1999. p. 92 *et seq.*

– conforme sustentam, entre outros, Gabriel Stiglitz,[243] Claudia Lima Marques,[244] Heloísa Carpena,[245] Judith Martins-Costa[246] e Plínio Lacerda Martins.[247] A centralidade da boa-fé como limite ao exercício da liberdade negocial é evidenciada no direito do consumidor, em vista da consagração expressa do princípio pelo CDC.[248]

Nesse sentido, aliás, vem entendendo a própria jurisprudência brasileira, a partir de vigoroso desenvolvimento do princípio da boa-fé objetiva nas relações de consumo, em especial como critério para a caracterização das cláusulas e das práticas abusivas. Assim, por exemplo, foi o entendimento do STJ no caso em que a seguradora, tendo aceitado o pagamento parcelado do prêmio e recebido parte deste, alega, após a ocorrência do sinistro e do requerimento da indenização pelo consumidor, que o contrato apenas seria celebrado com a emissão da apólice. Tratou-se, na hipótese, de evidente comportamento contraditório da seguradora, contrário à boa-fé, razão pela qual foi qualificada como prática abusiva.[249]

Contudo, deve-se destacar que a noção de prática abusiva também se orienta a partir da consideração de outros limites ao exercício da liberdade negocial e do direito, previstos no artigo 187 do Código Civil, e que demarcam a categoria do abuso do direito, a saber: os fins econômicos ou sociais e os bons costumes.[250] Assim, o artigo 187 do Código Civil: "Também comete ato ilícito o titular de um direito que, ao exercê-lo, excede

---

[243] STIGLITZ, Gabriel. O direito do consumidor e as práticas abusivas – realidade e perspectivas na Argentina, *Revista de Direito do Consumidor*, São Paulo, v. 3, p. 27-35, jul./set. 1992.

[244] MARQUES, Claudia Lima. *Contratos no Código de Defesa do Consumidor*. 4. ed. São Paulo: Ed. RT, 2003. p. 684.

[245] CARPENA, Heloísa. *Abuso do direito nos contratos de consumo*. Rio de Janeiro: Renovar, 2001. p. 71 *et seq.*

[246] MARTINS-COSTA, Judith. Mercado e solidariedade social entre cosmos e táxis: a boa-fé nas relações de consumo. *In*: MARTINS-COSTA, Judith (org.). *A reconstrução do direito privado*. São Paulo: Ed. RT, 2002. p. 611-661.

[247] MARTINS, Plínio Lacerda. *O abuso nas relações de consumo e princípio da boa-fé*. Rio de Janeiro: Forense, 2002. em especial, p. 51 *et seq.*

[248] Vejam-se as considerações de Claudia Lima Marques em nossos comentários: MARQUES, Claudia Lima; BENJAMIN, Antonio Herman; MIRAGEM, Bruno. *Comentários ao Código de Defesa do Consumidor*. 2. ed. São Paulo: Ed. RT, 2006. p. 627. E as considerações de Ester Lopes Peixoto, para quem, "ao inserir a boa-fé como princípio informador das relações de consumo, o Código de Defesa do Consumidor operou verdadeira revolução no direito obrigacional, na medida em que dotou o Poder Judiciário da ferramenta que lhe faltava para solução de inúmeros casos práticos oriundos das relações de massa e, além disso, permitiu o recurso à analogia para introduzir o mandamento da boa-fé também nas relações entre particulares" (PEIXOTO, Ester Lopes. O princípio da boa-fé no direito civil brasileiro. *Revista de Direito do Consumidor*, São Paulo, v. 45, p. 140-171, jan./mar. 2003).

[249] "Seguro. Vigência. Proposta. A companhia de seguro que recebe parcelas do prêmio relativas a uma proposta de seguro, na qual está consignado que a data da vigência da cobertura corresponde a da assinatura da proposta, não pode deixar de pagar a indenização pelo sinistro ocorrido depois, alegando que o contrato somente se perfectibiliza com a emissão da apólice, pois todo o seu comportamento foi no sentido de que o negócio já era obrigatório desde então. Prática abusiva vedada pelo código de defesa do consumidor, cujos princípios devem orientar a interpretação do artigo 1.433 do CC. Recurso não conhecido" (STJ, REsp 79.090/SP, 4ª Turma, Rel. Min. Ruy Rosado de Aguiar Jr., j. 05.03.1996, *DJU* 29.04.1996, p. 13.422).

[250] MIRAGEM, Bruno. *Abuso do direito*. Ilicitude objetiva e limite ao exercício de prerrogativas jurídicas no direito privado. 2. ed. São Paulo: Ed. RT, 2013. p. 142 e ss.

manifestamente os limites impostos pelo seu fim econômico ou social, pela boa-fé ou pelos bons costumes".[251]

A interpretação e a aplicação das várias hipóteses legais previstas nos incisos do artigo 39 do Código de Defesa do Consumidor devem observar, o quanto possível, certa unidade entre as várias situações ali descritas. Esta se dá mediante a compreensão da noção de posição dominante (*Machtposition*) e seu exercício abusivo. O mesmo se diga, em razão do caráter aberto da norma, com relação à descrição das condutas proibidas e à plasticidade das sanções admitidas, visando coibir e reprimir tais práticas. Trata-se, no mais das vezes, de interpretação isolada de uma ou outra conduta, segundo circunstâncias particulares dos fatos em causa, sem adesão à noção legal de prática abusiva tanto como instrumento de proteção do consumidor individual ou coletivamente considerado quanto da própria estabilidade e regular funcionamento do mercado de consumo.

Promover uma visão sistemática de prática abusiva e sua densidade conceitual é essencial para que se estabeleçam, igualmente, critérios seguros para a interpretação e concreção de muitas das condutas descritas no artigo 39 do CDC, propositalmente redigido com o uso de conceitos indeterminados. A definição do que seja "justa causa" (artigo 39, incisos I e X), "conformidade com usos e costumes" (artigo 39, inciso II), "prevalecer-se da fraqueza ou ignorância do consumidor" (artigo 39, inciso IV), ou "vantagem manifestamente excessiva" (artigo 39, inciso V), exige que se tenha um sentido comum na interpretação da noção de prática abusiva e sua repercussão para o consumidor e o mercado de consumo. A ausência de critérios razoavelmente definidos e reconhecidos como tais dá causa ao próprio comprometimento da efetividade da norma, uma vez presente a possibilidade de sua interpretação e aplicação ficar sujeita ao discrímen da autoridade competente para a decisão – administrativa ou judicial, e, nesses termos, sujeita às impugnações previstas em nosso sistema – em prejuízo da finalidade de repressão às condutas ilícitas de fornecedores que abusem de sua posição.

2.3.1.1   Caracterização das práticas abusivas

A previsão das práticas abusivas no direito brasileiro, por intermédio do artigo 39 do CDC, abrange uma série de condutas proibidas do fornecedor, consideradas abusivas em face da sua posição de poder em relação ao consumidor. Aproxima-se, porém, sem identificar-se plenamente com as práticas de concorrência desleal, ainda que algumas das condutas mencionadas na norma possam ter reflexos tanto na lesão à livre concorrência quanto no interesse do consumidor.

A técnica de não exaustão das hipóteses previstas na lei, por sua vez, deve-se ao reconhecimento da criatividade negocial, seja em aspecto positivo – para formatação de diferentes modelos de negócio –, seja, no caso específico, em sentido negativo, da adoção

---

[251]   O Código Civil de 2002, ao bipartir as cláusulas de ilicitude, indicou, ao lado da tradicional cláusula de ilicitude culposa (art. 186 do CC/2002, reproduzindo em parte o art. 159 do Código Civil de 1916), uma nova cláusula de ilicitude, por exercício abusivo de direitos (art. 187). Para o tema, remeto a: MIRAGEM, Bruno. *Abuso do direito*. Ilicitude objetiva e limite ao exercício de prerrogativas jurídicas no direito privado. 2. ed. São Paulo: Ed. RT, 2013.

de diferentes condutas suscetíveis de qualificação como práticas abusivas.[252] A rigor, as várias hipóteses previstas na lei, conforme já afirmamos, "buscam preservar determinadas situações ou qualidades que representem vantagem ao consumidor, como no caso da possibilidade de reflexão para formação da vontade negocial, a garantia de formação do consenso, seu esclarecimento e informação, dentre outras espécies de cláusulas de proteção da efetiva liberdade contratual da parte vulnerável".[253]

A jurisprudência brasileira vai desenvolver os conceitos estabelecidos na norma, com maior ocorrência de algumas situações, como as hipóteses de venda casada,[254] ou de envio não solicitado de produto ou serviço.[255] Por outro lado, a proibição de determinadas práticas no curso da atividade negocial do fornecedor implica a delimitação do espaço de exercício da liberdade negocial do fornecedor, assegurada no artigo 170, *caput*, da Constituição da República, que coloca como bases da ordem econômica os valores sociais do trabalho e da livre-iniciativa. Tem seu fundamento no princípio da defesa do consumidor conforme o exercício dessa liberdade (artigo 170, V).

A técnica legislativa pela qual optou o legislador foi a de estabelecer a proibição das condutas enunciadas nos incisos do artigo 39 do CDC. Tornou-as, portanto, ilícitas, qualificando-as como espécies de práticas abusivas. Trata-se de clara delimitação da autonomia privada do fornecedor como agente econômico, traçando limites ao exercício da liberdade de iniciativa e a criatividade que caracteriza a atividade econômica em um sistema de economia de mercado.

A escolha, pelo legislador, da qualificação das práticas como abusivas, desse modo, foi de todo pertinente. No direito europeu, posterior à edição do CDC, a Diretiva 2005/29/CE sistematizou as práticas comerciais desleais proibidas, alterando disposições havidas em série normas nas quais foram tipificadas práticas específicas, como nas relativas à publicidade comparativa (Diretiva 84/450/CEE), contratos a distância (Diretiva 97/7/CE), ações inibitórias em proteção dos interesses dos consumidores (Diretiva 98/27/CE) e a relativa à comercialização a distância de serviços financeiros prestados a consumidores (Diretiva 2002/65/CE).

A norma europeia distingue práticas enganosas e agressivas. As condutas previstas na Diretiva 2005/29/CE coincidem, em parte, com o sentido de várias condutas consideradas abusivas pelo artigo 39 do CDC. O artigo 8º da Diretiva define práticas comerciais como agressivas "se, no caso concreto, tendo em conta todas as suas características e circunstâncias, prejudicar ou for suscetível de prejudicar significativamente, devido a assédio, coação – incluindo o recurso à força física – ou influência indevida, a liberdade de escolha ou o comportamento do consumidor médio em relação a um produto, e, por

---

[252] BENJAMIN, Antonio Herman de Vasconcellos *et al. Código Brasileiro de Defesa do Consumidor comentado pelos autores do anteprojeto.* 8. ed. Rio de Janeiro: Forense, 2005. p. 362.

[253] MIRAGEM, Bruno. *Curso de direito do consumidor.* 5. ed. São Paulo: Ed. RT, 2014. p. 283.

[254] REsp 384.284/RS, 2ª Turma, Rel. Min. Herman Benjamin, j. 20.08.2009, *DJe* 15.12.2009; REsp 969.129/MG, 2ª Seção, Rel. Min. Luis Felipe Salomão, j. 09.12.2009, *DJe* 15.12.2009; REsp 1397870/MG, 2ª Turma, Rel. Min. Mauro Campbell Marques, j. 02.12.2014, *DJe* 10.12.2014.

[255] Assim a Súmula 532 do STJ: "Constitui prática comercial abusiva o envio de cartão de crédito sem prévia e expressa solicitação do consumidor, configurando-se ato ilícito indenizável e sujeito à aplicação de multa administrativa".

conseguinte, o conduza ou seja suscetível de o conduzir a tomar uma decisão de transação que este não teria tomado de outro modo".

Em parte, a proteção da liberdade do consumidor é preservada no direito brasileiro pelo disposto no artigo 39, IV, do CDC, ao definir como prática abusiva proibida "prevalecer-se da fraqueza ou ignorância do consumidor, tendo em vista sua idade, saúde, conhecimento ou condição social, para impingir-lhe seus produtos ou serviços". A definição concreta de como se caracteriza esse *prevalecimento*, contudo, merecerá interpretações de acordo com as circunstâncias do caso e também pelas condições específicas do consumidor. Trata-se de norma utilizada de modo importante na proteção dos consumidores com *vulnerabilidade agravada*, porém aí não se esgotam seu sentido e alcance. Nesse sentido, constata-se a mesma orientação da Diretiva 2005/29/CE, a qual, conforme exata observação de Norbert Reich, não tratou de mencionar "consumidor vulnerável", senão "consumidores cujas características o façam particularmente vulneráveis" a práticas abusivas.[256] A definição também não é fácil no direito europeu. Assim refere o mestre alemão: "o conceito consumidor vulnerável se considera lado a lado com o conceito consumidor informado".[257] O que é útil, sobretudo, para compor o sentido e a repercussão da definição de consumidor com vulnerabilidade agravada. Daí a conveniência, inclusive, de melhor precisão das condições de prevalecimento a partir da identificação de condutas concretas do fornecedor, o que se revela tarefa da doutrina e da jurisprudência.[258]

Há necessidade de marcos seguros para a interpretação dos limites à liberdade negocial definidos na lei. Sua generalidade pode servir tanto para deixar de identificar e coibir condutas prejudiciais aos consumidores quanto, ao contrário, para definir por excesso de discrímen da autoridade judicial ou administrativa um nível de intervenção e juízo sobre condutas dos agentes econômicos em sentido diverso do que a norma pretende oferecer.

2.3.1.2 Sanções para a violação da proibição de práticas abusivas

Além da enumeração exemplificativa das condutas tipificadas como proibidas, outra característica particulariza a disciplina das práticas abusivas pelo CDC, com respeito às sanções pela violação da proibição pelos fornecedores. Nesse sentido, note-se que a regra de proibição foi econômica. Apenas estabeleceu a vedação às condutas que define, entre outras que podem ser acrescidas mediante interpretação e concreção judicial do conceito indeterminado de prática abusiva. Nada mencionou sobre as sanções nos casos de violação da proibição. E, nesse aspecto, surgem duas possibilidades de interpretação da regra: uma primeira, mais restritiva, indicaria a impossibilidade da cominação de sanções perante a ausência de previsão expressa. Outra, mais abrangente – e acolhida corretamente no direito brasileiro –, de que a ausência de sanções específicas, ao tempo em que se definem como proibidas certas condutas enunciadas, caracteriza o ilícito da violação da proibição. Nesse caso, reconhecido o ilícito, todas as sanções que o rejeitem são admitidas.

---

[256] REICH, Norbert. *General principles of EU Civil Law*. Cambridge: Intersentia, 2014. p. 56.

[257] REICH, Norbert. *General principles of EU Civil Law*. Cambridge: Intersentia, 2014. p. 56.

[258] Veja-se, assim: STJ, REsp 1.329.556/SP, 3ª Turma, Rel. Min. Ricardo Villas Bôas Cueva, j. 25.11.2014, *DJe* 09.12.2014; TJRS, ApCiv 70.066.551.318, 23ª Câmara Cível, Rel. Ana Paula Dalbosco, j. 24.11.2015.

Desse modo, o ilícito que causa dano gera o dever de indenizar. O mesmo se diga quando, em razão de uma prática abusiva, celebra-se um contrato – assim, por exemplo, o contrato que tenha sido celebrado mediante conduta tipificada no artigo 39, IV, ou seja, pelo fato de ter havido prevalecimento da fraqueza ou ignorância do consumidor – e ele será inválido, se demonstrado que não houve consentimento livre e consciente do consumidor, ou parcialmente ineficaz, quando se trata de preservar vantagens asseguradas na lei. Assim, por exemplo, pela incidência do artigo 46 do CDC: "Os contratos que regulam as relações de consumo não obrigarão os consumidores, se não lhes for dada a oportunidade de tomar conhecimento prévio de seu conteúdo, ou se os respectivos instrumentos forem redigidos de modo a dificultar a compreensão de seu sentido e alcance".

Aliás, a única hipótese de sanção específica prevista com relação às práticas abusivas do artigo 39 do CDC – no caso, em seu parágrafo único – confere a ineficácia parcial da obrigação celebrada mediante prática abusiva do fornecedor. Estabelece a norma em questão: "Os serviços prestados e os produtos remetidos ou entregues ao consumidor, na hipótese prevista no inciso III, equiparam-se a amostras grátis, inexistindo obrigação de pagamento". A solução do legislador foi sábia. Afinal, o envio não solicitado de produto ou serviço, se viesse a ser rejeitado pelo consumidor, consequência natural seria a do reconhecimento da inexistência de contrato (ausência absoluta do consentimento), o que poderia suscitar, apesar de não solicitado, um dever de restituição pelo consumidor. O legislador, desse modo, definiu causa legal para que o consumidor mantenha consigo o produto ou serviço mediante sua equiparação à amostra grátis, desobrigando o pagamento. O efeito da regra compreende, ao mesmo tempo, a outorga de uma vantagem ao consumidor e da sanção ao fornecedor, em razão da prática abusiva de envio não solicitado.

As sanções de invalidade ou ineficácia decorrem do ilícito. O artigo 166, VII, do Código Civil é didático: "É nulo o negócio jurídico quando: VII – A lei taxativamente o declarar nulo, ou proibir-lhe a prática, sem cominar sanção". Assim também o dever de reparar danos causados pelo ato ilícito. Se da prática abusiva decorrer dano ao consumidor, há dever de indenizar do fornecedor.

A legitimidade para a pretensão será individual – se prejudicado por uma venda casada (artigo 39, I), por exemplo, pode o consumidor pleitear a nulidade de um dos contratos celebrados – ou coletiva, quando a prática se dissemine atingindo consumidores determináveis ou não, atraindo a incidência do artigo 82 do CDC, e o rol e entes legitimados para a tutela coletiva do consumidor. Da mesma forma, sendo proibidas as práticas abusivas, também os órgãos administrativos têm o poder-dever de agir para coibir as infrações à regra de proibição.

Ao lado das sanções havidas no âmbito do processo judicial e da dedução de pretensão dos prejudicados, diretamente ou por seus substitutos, age também a Administração por intermédio do exercício de seu poder de polícia. Nesse caso, dispõe a Administração das sanções de caráter repressivo, previstas no artigo 56 do CDC (em especial, a multa pecuniária).

Parte II · Cap. 2 · A PROTEÇÃO CONTRATUAL DO CONSUMIDOR | 307

2.3.1.3 Critérios para interpretação e concreção das condutas definidas como práticas abusivas

A enunciação pela norma de situações várias caracterizadas como espécies de prática abusiva não impede que se identifiquem critérios comuns, que sinalizem quando o exercício da liberdade negocial do fornecedor desborda dos limites definidos pelas normas de proteção do consumidor. Três critérios principais devem ser considerados. Primeiro, a *anormalidade* o ou *excesso* do exercício da liberdade negocial do fornecedor. Em seguida, a *repercussão coletiva* que caracteriza a prática abusiva, sem prejuízo de dar causa a efeitos concretos ao consumidor individualmente considerado. Por fim, a *deslealdade* e a *violação da boa-fé*, que caracterizam a prática abusiva.

2.3.1.3.1 Anormalidade ou excesso do exercício da liberdade negocial pelo fornecedor

Refere-se à *anormalidade* ou ao *excesso* no exercício da liberdade negocial pelo fornecedor quando se identifica que sua atuação nas relações estabelecidas com o consumidor não segue curso que seria considerado razoável, ou ainda que se pudesse presumir em razão da natureza da atividade, dos produtos e serviços prestados e das características do mercado em que está inserido.

Essa anormalidade ou excesso pode-se verificar, conforme o caso, a partir de um critério quantitativo, pelo qual o fornecedor pretenda obter vantagem manifestamente excessiva do consumidor em vista do exercício de sua posição dominante (assim, por exemplo, as situações de que trata o artigo 39, incisos V e X); ou a partir de critério qualitativo, em especial quando decorra de uma prática desleal, violadora da boa-fé, mediante dissimulação ou se aproveitando da vulnerabilidade, dependência ou catividade do consumidor.

2.3.1.3.2 Dimensão coletiva das práticas abusivas

A dimensão ou repercussão coletiva das práticas abusivas também é um critério a ser considerado na interpretação das condutas do fornecedor, de modo a qualificá-las como proibidas. Nesse particular, note-se que o comportamento do fornecedor e os vários atos que pratica no âmbito das relações de consumo podem ser qualificados de mais de uma forma, espécie de "dupla qualificação".

Conforme é reconhecido por todos, o CDC, especialmente nas normas sobre direito material, revela-se como uma lei principiológica. O uso da expressão – que já consagrado talvez não seja o melhor, dada a definição estrita de princípio em direito – serve para indicar que não se ocupou o legislador de pormenores ou situações específicas, senão traçou grandes linhas para atuação dos fornecedores, deduzidas a partir de deveres que lhe foram impostos, em relação correspectiva com os direitos assegurados aos consumidores. Isso implica dizer que não há no Código, salvo exceções[259], situações em que será definido em

---

[259] Com justiça mencione-se a definição detalhada do conteúdo da informação devida na oferta e apresentação de produtos, prevista no art. 31 do Código: "A oferta e apresentação de produtos ou serviços devem assegurar informações corretas, claras, precisas, ostensivas e em língua portuguesa sobre suas características, qualidades, quantidade, composição, preço, garantia, prazos de validade e origem, entre

detalhes como atender determinado dever pelo fornecedor, ou o conteúdo detalhado desse dever. Isso implica, especialmente quando se trata de situações contratuais, por exemplo, que a violação de qualquer dever pelo fornecedor, ao caracterizar o inadimplemento do contrato, também se possa configurar como vício do produto ou do serviço, ou como violação da oferta, da publicidade, como prática abusiva e assim por diante.

No caso das práticas abusivas, isso pode ocorrer, por exemplo, nas situações em que haja o inadimplemento do contrato de consumo pelo fornecedor, desde que se caracterize como situação prevista expressamente no artigo 39, ou ainda – dado o caráter exemplificativo da norma – por outra situação que se identifique como prática abusiva, pode sujeitar o fornecedor a duas sanções. Aquela decorrente do inadimplemento e outra em razão da prática abusiva. No entanto, nessas situações, parece clara a necessidade de reconhecer à repressão que a lei define às práticas abusivas a partir de uma dimensão coletiva de seus efeitos.

Note-se que há situações nas quais o inadimplemento não se dá por abusividade da conduta, mas simples erro que dá causa ao descumprimento do contrato, caso de mero inadimplemento. Em outras situações, contudo, a conduta definida como prática abusiva nem sequer gera dano ao consumidor e pode inclusive representar-lhe individualmente uma vantagem. Entretanto, nesse caso, o sentido da proibição explica-se por seus efeitos para a coletividade, a tensão entre o consumidor individual e a coletividade de consumidores, ou entre consumidores atuais e futuros (futuras gerações).

Exemplos não faltam. A prática de venda casada (artigo 39, I), é ilustrativa. Pode inclusive ser vantajosa, em certas situações, se tomado o interesse individual do consumidor. Contudo, será abusiva, uma vez que o condicionamento da venda de um produto à aquisição de outro revela a ineficiência de um deles, de modo que a prática prejudica a livre concorrência entre agentes econômicos e produtos que com ele competem por mercado. Não se cogita de dano ou vantagem individual, mas simplesmente da preservação do interesse da coletividade.[260]

No direito europeu, a doutrina reconhece dois critérios básicos para a identificação das práticas desleais. De um lado, um critério objetivo, que implica o comprometimento

---

outros dados, bem como sobre os riscos que apresentam à saúde e segurança dos consumidores". Não se perde de vista, que será essa mesma norma, em que pese seu nível de exatidão, objeto de intensa atividade regulamentar por parte de órgãos administrativos competentes, por exemplo, no caso dos alimentos e medicamentos, por exemplo, por intermédio da ANVISA. De qualquer sorte, quais sejam os riscos à saúde e seguração dos consumidores, no tocante a sua intensidade para efeito de informação ao consumidor, ou ainda os outros dados a que se refere a norma, será objeto de exame específico para cada espécie de produto ou serviço.

[260] Sobre o tema, cite-se conhecida decisão do STJ, de relatoria do Min. Herman Benjamin sobre o tema, no qual refere: "a norma é clara: há ilegalidade quando o fornecimento de produto ou serviço é condicionado à aquisição, pelo consumidor, de outro bem ou de injustificados limites quantitativos. Na primeira situação, a prática abusiva se configura pela falta de pertinência (ou necessidade natural) na venda conjunta dos produtos ou serviços, ou seja, pela exigência, qualquer que seja o motivo, de aquisição combinada de bens de consumo que, como regra, são oferecidos ou fornecidos separadamente". E prossegue: "Em outras palavras, a venda (ou melhor, fornecimento) casada é avessa à justa causa; dito de outra forma, é prática inexoravelmente abusiva, por mais que se busquem pretextos criativos para legitimá-la. Assim, o fato de a venda casada ser imposta apenas para pagamento a prazo não descaracteriza a prática abusiva, permanecendo o indevido condicionamento à aquisição do produto objetivado pelo consumidor" (STJ, REsp 384.284/RS, 2ª Turma, Rel. Min. Herman Benjamin, j. 20.08.2009, *DJe* 15.12.2009).

da autonomia do consumidor. De outro, um critério subjetivo, por meio de conduta culposa ou dolosa que visa prejudicar ou impedir uma decisão legítima do consumidor.[261] A Diretiva 2005/29/CE, todavia, orienta-se claramente pelo critério objetivo, o que faz sentido considerando o propósito de proteção da autonomia do consumidor. Assim, tratando-se de práticas enganosas, serão consideradas prejudiciais ao consumidor *per se*, independentemente de causar danos a um ou mais consumidores.[262] No caso, estará presente uma violação à boa-fé, uma deslealdade, que por isso será sancionada.

Não se confunde, portanto, a definição de prática abusiva com situações que se restrinjam a simples inadimplemento específico de um contrato pelo fornecedor, ou seja, deve-se distinguir entre a configuração da prática abusiva e suas sanções, e os pressupostos da responsabilidade do fornecedor pelo inadimplemento perante os consumidores com quem mantenham contrato, cuja solução se dá segundo as regras próprias do descumprimento contratual. Daí por que se reconhece uma dimensão coletiva, que implica a identificação da prática abusiva com um proceder específico, pela organização ou reiteração de uma conduta, a qual tem por consequência, igualmente, a definição e a aplicação de sanções administrativas e judiciais eficazes ao propósito de repressão da conduta e sua modificação, de modo a beneficiar a coletividade de consumidores e, mesmo, promover o aperfeiçoamento do próprio mercado.

2.3.1.3.3 Deslealdade e violação da boa-fé

A definição de práticas abusivas traz consigo a violação de um dever de lealdade do fornecedor com o consumidor. Em muitas das hipóteses previstas no artigo 39 do CDC isso fica claro, uma vez que destaca um aproveitamento da posição e do poder do fornecedor para impor certo comportamento ao consumidor. Há, nesses casos, violação dos deveres de lealdade, colaboração e respeito às legítimas expectativas que decorrem da boa-fé objetiva.[263]

A experiência concreta de práticas do mercado, assim como a lição do direito comparado em relação à conduta negocial de certos fornecedores, mediante adoção de diversas estratégias para impingir (o uso deste verbo pelo legislador brasileiro no artigo 39, IV, do CDC é ilustrativo) produtos e serviços, sugerem a conveniência de detalhar essas condutas

---

[261] MICKLITZ, Haus W. The general clause on unfair practices. *In*: HOWELS, Geraint; MICKLITZ, Haus-W.; WILHELMSSON, Thomas. *European fair trading law*. The unfair commercial practices directive. Hampshire: Ashgate, 2006. p. 104-105.

[262] Assim, a decisão do Tribunal de Justiça da UE, C-388/13, de 16.04.2015: "A Diretiva 2005/29/CE do Parlamento Europeu e do Conselho, de 11 de maio de 2005, relativa às práticas comerciais desleais das empresas face aos consumidores no mercado interno e que altera a Diretiva 84/450/CEE do Conselho, as Diretivas 97/7/CE, 98/27/CE e 2002/65/CE do Parlamento Europeu e do Conselho e o Regulamento (CE) n. 2006/2004 do Parlamento Europeu e do Conselho ('diretiva relativa às práticas comerciais desleais'), deve ser interpretada no sentido de que a comunicação, por um profissional a um consumidor, de uma informação errada, como a que está em causa no processo principal, deve ser qualificada de 'prática comercial enganosa'", na acepção desta diretiva, ainda que essa comunicação só diga respeito a um único consumidor".

[263] MIRAGEM, Bruno. *Curso de direito do consumidor*. 5. ed. São Paulo: Ed. RT, 2014. p. 283 e ss. MARQUES, Claudia Lima. *Contratos no Código de Defesa do Consumidor*. 7. ed. São Paulo: Ed. RT, 2014.

desleais. Foi a opção da Diretiva 2005/29/CE que, ao tratar das práticas comerciais agressivas, identificou como tal as que caracterizem assédio, coação ou influência indevida.

Estabelece o artigo 9º da Diretiva: "Artigo 9º Utilização do assédio, da coacção e da influência indevida: A fim de determinar se uma prática comercial utiliza o assédio, a coacção – incluindo o recurso à força física – ou a influência indevida, são tomados em consideração os seguintes elementos: a) O momento e o local em que a prática é aplicada, sua natureza e persistência; b) O recurso à ameaça ou a linguagem ou comportamento injuriosos; c) O aproveitamento pelo profissional de qualquer infortúnio ou circunstância específica de uma gravidade tal que prejudique a capacidade de decisão do consumidor, de que o profissional tenha conhecimento, com o objetivo de influenciar a decisão do consumidor; d) Qualquer entrave extracontratual oneroso ou desproporcionado imposto pelo profissional, quando o consumidor pretenda exercer os seus direitos contratuais, incluindo o de resolver o contrato, ou o de trocar de produto ou de profissional; e) qualquer ameaça de intentar uma ação, quando tal não seja legalmente possível".

A solução europeia impressiona pelo nível de detalhamento e objetividade dos critérios, auxiliando na atividade do intérprete. Verifica-se nas condutas mencionadas a violação dos deveres de lealdade e boa-fé, por intermédio de ações do fornecedor, que intimidem, atemorizem ou simplesmente busquem ludibriar ou aproveitar-se de uma situação de fraqueza do consumidor. Tais critérios, embora não previstos normativamente no direito brasileiro, são igualmente úteis na interpretação das hipóteses do artigo 39, IV, do CDC. O dever de ser leal, de respeitar o consumidor, implica atitudes positivas do fornecedor, esclarecendo e aconselhando com transparência a decisão de compra. E implica também o dever de abstenção de uma conduta de aproveitamento da situação específica do consumidor, a qual possa impor-lhe sensações tais, dada certa condição de vulnerabilidade, que afetem o exercício de sua liberdade negocial.

2.3.1.4   As várias espécies de práticas abusivas tipificadas na lei

Examinados as características e os critérios de identificação das práticas abusivas proibidas no direito brasileiro, passa-se à análise dos tipos legais definidos nos incisos do artigo 39 do CDC, buscando realizar sua caracterização e eficácia jurídica.

2.3.1.4.1   Condicionamento do fornecimento de produto ou serviço (venda casada)

O artigo 39, I, do CDC estabelece, de modo claro, que é prática abusiva "condicionar o fornecimento de produto ou de serviço ao fornecimento de outro produto ou serviço, bem como, sem justa causa, a limites quantitativos". Assim, existindo a decisão do consumidor pela aquisição de determinado produto ou serviço, esta não pode ser subordinada, por ato do fornecedor, à aquisição de outro produto ou serviço que, a princípio, não são de interesse do consumidor. Trata-se de evidente exercício abusivo do fornecedor, que, além de violar as normas de direito do consumidor, caracteriza ilícito na legislação do direito da concorrência (artigo 36, § 3º, XVIII, da Lei 12.529/2011),[264] uma vez que pode

---

[264]   "Artigo 36. Constituem infração da ordem econômica, independentemente de culpa, os atos sob qualquer forma manifestados, que tenham por objeto ou possam produzir os seguintes efeitos, ainda que não sejam

servir para mascarar a eventual ineficiência desse segundo produto ou serviço que se procura impingir ao consumo.

Entre as várias práticas abusivas, a denominada venda casada é uma das mais longevas, sendo inicialmente prevista na legislação de proteção à livre concorrência,[265] em que tem também sua origem em outros sistemas jurídicos[266] (*tying arrangement*).[267]

No direito brasileiro, a Lei 4.137, de 1962, que dispunha sobre a repressão ao abuso de poder econômico, estabelecia em seu artigo 2º, inciso IV, alínea 'b': "Consideram-se formas de abuso do poder econômico: [...] IV – Formar grupo econômico, por agregação de empresas, em detrimento da livre deliberação dos compradores ou dos vendedores, por meio de: [...] b) *subordinação de venda de qualquer bem à aquisição de outro bem ou à utilização de determinado serviço*; ou subordinação de utilização de determinado serviço à compra de determinado bem" (destaques nossos). Logo em seguida, a Lei Delegada 4, de 26 de setembro de 1962, definiu, em seu artigo 11, alínea *i*, sanção de multa a quem "*subordinar a venda de um produto, compra simultânea de outros produtos ou à compra*

---

alcançados: § 3º As seguintes condutas, além de outras, na medida em que configurem hipótese prevista no *caput* deste artigo e seus incisos, caracterizam infração da ordem econômica: (...) XVIII – subordinar a venda de um bem à aquisição de outro ou à utilização de um serviço, ou subordinar a prestação de um serviço à utilização de outro ou à aquisição de um bem."

[265] Observe-se que em uma visão mais restritiva, a proibição da venda casada só terá sentido na perspectiva da proteção em comum da livre concorrência e da defesa do consumidor, de modo que o reconhece apenas quando o fornecedor "seja efetivamente capaz de coagir o consumidor a adquirir produto que não deseja (para poder comprar o que necessita)", pressupondo o poder de mercado e a ausência de concorrentes dispostos a vender separadamente os produtos. Nesse sentido sustenta: SALOMÃO FILHO, Calixto. *Direito concorrencial*: as condutas. São Paulo: Malheiros, 2003. p. 90-91. Essa visão encontra apoio na tradição jurisprudencial norte-americana, em especial a partir do caso Northern Pacific Railway Co. v. United States, de 1958, que, ao fixar as bases do reconhecimento do *tying arragement*, associou-o ao abuso do poder de mercado do agente econômico, conforme ensina: SINGER, Eugene. Market power and tying arrangements. *The Antitrust Bulletin*, v. 653, Jul./Aug. 1963. No mesmo sentido: HOVENKAMP, Herbert. Tying arrangements and class actions. *Vanderbilt Law Review*, v. 213, p. 213-262, 1983.

[266] Da mesma forma no direito francês, dispõe o art. 121-11 do Code de la consommation, em sua redação vigente: "Est également interdit le fait de subordonner la vente d'un produit à l'achat d'une quantité imposée ou à l'achat concomitant d'un autre produit ou d'un autre service ainsi que de subordonner la prestation d'un service à celle d'un autre service ou à l'achat d'un produit dès lors que cette subordination constitue une pratique commerciale déloyale au sens de l'article L. 121-1.cEst également interdit le fait de subordonner la vente d'un bien ou la fourniture d'un service à la conclusion d'un contrat d'assurance accessoire au bien ou au service vendu, sans permettre au consommateur d'acheter le bien ou d'obtenir la fourniture du service séparément" ("Também é proibido subordinar a venda de um produto à compra de uma quantidade imposta ou aquisição concomitante de outro produto ou serviço e condicionar a prestação de um serviço ao de outro serviço ou a compra de um produto em que tal subordinação constitua uma prática comercial desleal, na acepção do artigo L. 121-1. É também proibido condicionar a venda de um bem ou a prestação de um serviço à celebração de um contrato de seguro relativo ao bem ou serviço vendido, sem permitir ao consumidor a aquisição do bem ou obter o fornecimento do serviço separadamente").

[267] No direito norte-americano, o *tying arrangement* desenvolve-se como violação à livre concorrência, inclusive com a identificação de uma pretensão monopolista do agente econômico em relação ao segundo produto cuja venda subordina a contratação: AUSTIN, Arthur D. The tying arrangement: a critique and some new thoughts. *Wiscosin Law Review*, v. 88, p. 88-125, 1967. Todavia, é destacada a discussão sobre o ônus da prova e os meios de demonstração de que a prática imputada como *tying arrangement* viola objetivamente a liberdade de concorrência, conforme ensina: PESTER, David. Antitrust Law: Removing the confusion in tying arrangement jurisprudence. *New York University Annual Survey of American Law*, New York, p. 699-745, 1990.

de uma quantidade imposta". A Lei 8.002, de 14 de março de 1990, que dispunha, antes da edição do CDC, das infrações atentatórias aos direitos do consumidor, previa em seu artigo 1º, inciso II, como infração sujeita a multa "condicionar a venda de mercadoria ao seu transporte ou à prestação de serviço acessório, pelo próprio vendedor ou por terceiro que ele indicar ou contratar, quando o comprador se dispuser a transportá-la por sua conta e risco". Logo, existindo a decisão do consumidor pela aquisição de determinado produto ou serviço, esta não pode ser subordinada, por ato do fornecedor, à aquisição de outro produto ou serviço que, a princípio, não são de interesse do consumidor. Trata-se de evidente exercício abusivo do fornecedor que, além de violar as normas de direito do consumidor, caracteriza ilícito na legislação do direito da concorrência. Assim dispunha a antiga Lei 8.884, de 11 de junho de 1994, em seu artigo 21, inciso XXIII, como infração à ordem econômica "subordinar a venda de um bem à aquisição de outro ou à utilização de um serviço, ou subordinar a prestação de um serviço à utilização de outro ou à aquisição de um bem", previsão que é reproduzida na Lei de Defesa da Concorrência em vigor (artigo 36, § 3º, inciso XVIII, da Lei 12.529, de 30 de novembro de 2011).

A proibição da venda casada é uma das hipóteses mais claras de abuso nas práticas comerciais do fornecedor, uma vez que este pretende obter, mediante condicionamento da vontade do consumidor que busca adquirir produto ou serviço efetivamente desejado, uma declaração de vontade irreal, de aquisição de um segundo produto ou serviço absolutamente dispensável.[268] Há, portanto, necessariamente, ofensa à liberdade de escolha do consumidor.[269] E é com relação a essa prática abusiva que vem se estabelecendo largo desenvolvimento no direito brasileiro, notadamente nas práticas relativas a serviços bancários e de crédito,[270] assim como à polêmica acerca dos serviços de telefonia, com relação

---

[268] "Recurso especial repetitivo. Sistema financeiro da habitação. Taxa referencial (TR). Legalidade. Seguro habitacional. Contratação obrigatória com o agente financeiro ou por seguradora por ele indicada. Venda casada configurada. 1. Para os efeitos do artigo 543-C do CPC: 1.1. No âmbito do Sistema Financeiro da Habitação, a partir da Lei 8.177/91, é permitida a utilização da Taxa Referencial (TR) como índice de correção monetária do saldo devedor. Ainda que o contrato tenha sido firmado antes da Lei 8.177/91, também é cabível a aplicação da TR, desde que haja previsão contratual de correção monetária pela taxa básica de remuneração dos depósitos em poupança, sem nenhum outro índice específico. 1.2. É necessária a contratação do seguro habitacional, no âmbito do SFH. Contudo, não há obrigatoriedade de que o mutuário contrate o referido seguro diretamente com o agente financeiro, ou por seguradora indicada por este, exigência esta que configura 'venda casada', vedada pelo artigo 39, inciso I, do CDC. 2. Recurso especial parcialmente conhecido e, na extensão, provido" (STJ, REsp 969.129/MG, 2ª Seção, Rel. Min. Luis Felipe Salomão, j. 09.12.2009, *DJe* 15.12.2009).

[269] Precedente do STJ reconheceu a prática da venda casada na exigência de taxa de conveniência para venda de ingressos pela internet a ser paga com o valor do respectivo ingresso, considerando tratar-se da transferência indevida de um encargo do fornecedor ao consumidor (REsp 1.737.428/RS, 3ª Turma, Rel. Min. Nancy Andrighi, j. 12.03.2019, *DJe* 15.03.2019). A divergência em relação a esse entendimento residirá na circunstância de haver a possibilidade de opção, pelo consumidor, em realizar a compra do ingresso pela internet, com o pagamento da respectiva taxa de conveniência, ou diretamente em bilheteria oficial, pagando exclusivamente o valor do ingresso, o que desnatura o condicionamento previsto como restritivo à liberdade de escolha.

[270] "*Apelação cível. Negócios jurídicos bancários. Ação revisional de contrato. Capitalização de juros. Periodicidade; MP 1.963/00; aplicação aos contratos posteriores a 31.03.2000.* Precedente da seção de direito privado do STJ. *Nulidade de cláusula que impõe a formatura de contrato de seguro para a concessão de empréstimo.* É de ser mantida a sentença de primeiro grau, pois a imposição de contrato de seguro para o fim de possibilitar a concessão de empréstimo configura venda casada, o que afronta o artigo 39, I, do CDC, devendo a mesma ser declarada nula. *Repetição do indébito ou compensação*: viabilidade consoante

aos quais a cobrança de valores relativos à assinatura mensal básica, independentemente da sua utilização efetiva pelo consumidor, vem sendo discutida judicialmente sob lógica de que se trata de venda casada. Independentemente da regulação do setor e das eventuais justificativas para a cobrança desses valores (manutenção da rede, universalização do acesso), o fato é que condicionar o acesso ao serviço, à remuneração de uma utilização fixa mínima, parece configurar a prática de subordinação de aquisição de um produto (a linha telefônica) a outro (uma quantidade de serviço mínima mensal).[271] Assim também ocorre no tocante às promoções de fidelização, muito em voga em setores como o da telefonia celular, ao qual, ao lado da oferta que permita a aquisição do aparelho celular, agrega-se um "pacote de serviços" pelo prazo de doze ou quinze meses, por exemplo, deve ser assegurada a possibilidade de o consumidor adquirir somente uma das opções. Da mesma forma, deve ser exercido efetivo controle sobre a possibilidade de desvinculação do consumidor do contrato de fidelidade, sem a imposição de multas e demais encargos em valor tal que o impeça, na prática, de desonerar-se daquela relação contratual antes do término do prazo (catividade extrema do contrato). Portanto, é correto afirmar que há venda casada tanto quando exista a subordinação da venda de um produto ou serviço à aquisição de outro produto ou serviço como quando se subordina a oferta de determinadas condições de celebração do negócio (parcelamento ou pagamento a prazo, por exemplo) à aquisição de um segundo produto/serviço que não era objeto da disposição inicial de contratação pelo consumidor.[272] Igualmente, quando, embora possa se tratar de

---

jurisprudência do STJ. *Honorários advocatícios. Manutenção.* Mantida a verba honorária arbitrada, que atende ao § 4º do artigo 20 do CPC, bem como está de acordo com os precedentes desta Câmara. Recurso de apelação parcialmente provido" (TJRS, ApCiv 70.017.604.927, 1ª Câmara Especial, Rel. Luiz Roberto Imperatore de Assis Brasil, j. 05.12.2006).

[271] Em que pese o entendimento divergente, veja-se a culta decisão do TJRS sobre o tema: *"Apelação cível. Direito privado não especificado. Ação de cobrança. Assinatura básica mensal. Repetição do indébito. Da preliminar*: Da competência da Justiça Federal: É entendimento reiterado na jurisprudência desta Corte e do E. STJ no sentido de que a ANATEL é parte passiva ilegítima para responder a ações em que questionada a legalidade da cobrança da assinatura básica mensal. *Do mérito*: A cobrança de valor referente à assinatura básica mensal viola o ordenamento jurídico vigente, na medida em que não há lei autorizando a cobrança conjunta de pulsos e assinatura. Na prática está ocorrendo a cobrança de dois valores para a mesma finalidade, um, quando o consumidor paga pelas ligações realizadas e outro, quando arca com assinatura mensal, ainda que nenhum serviço de telefonia seja prestado, procedimento este que lesa o direito do usuário/consumidor. O Estado pode, por meio de lei, impor a cobrança de tributos, entre os quais as taxas de serviço. A imposição é compulsória, fazendo o contribuinte anuir ao serviço, ainda que não o deseje receber. Diferente o é no âmbito do direito do consumidor, ramo do direito privado, no qual a relação é bilateral, sendo norteada pela autonomia da vontade, na perspectiva de proteção da vulnerabilidade do consumidor. A autonomia da vontade implica a possibilidade de recusa do recebimento do serviço, isso porque apenas contrata se a sua vontade dirigir-se a este fim. Nos moldes da contratação realizada, para que o consumidor usufrua de serviço público essencial com a empresa ré deve contratar o mínimo de 100 pulsos, o que caracteriza venda casada por parâmetro quantitativo. Esta prática está vedada pelo disposto no artigo 39, I, do CDC. 4. Procede, parcialmente, o pedido de repetição dos valores cobrados indevidamente, mas na forma simples e não em dobro. Preliminar rejeitada. Apelação parcialmente provida" (TJRS, ApCiv 70.016.880.064, 14ª Câm. Civ., Rel. Judith dos Santos Mottecy, j. 26.10.2006).

[272] Veja-se, nesse sentido, o precedente do STJ: "Consumidor. Pagamento a prazo vinculado à aquisição de outro produto. 'Venda casada'. Prática abusiva configurada. 1. O Tribunal *a quo* manteve a concessão de segurança para anular auto de infração consubstanciado no artigo 39, I, do CDC, ao fundamento de que a impetrante apenas vinculou o pagamento a prazo da gasolina por ela comercializada à aquisição de refrigerantes, o que não ocorreria se tivesse sido paga à vista. 2. O artigo 39, I, do CDC inclui no

um produto ou serviço útil ou necessário ao consumidor, seja ele compelido a contratar com determinado fornecedor, como é o caso do financiamento imobiliário no âmbito do Sistema Financeiro da Habitação, em que o mutuário "não pode ser compelido a contratar o seguro habitacional obrigatório com a instituição financeira mutuante ou com a seguradora por ela indicada" (Súmula 473 do STJ). Da mesma forma, a contratação do seguro de proteção financeira com o contrato de financiamento cuja satisfação vise garantir.[273]

Alguma discussão poderá haver quando se tratar de venda casada que seja vantajosa ao consumidor individualmente considerado. Nesse sentido, poder-se-ia afirmar que, na medida em que atenda ao interesse do consumidor, poderia ser admitida. Todavia, não é esse o entendimento mais adequado. Isso porque, configurando-se como ilícito de dupla dimensão, uma vez que ofende a liberdade de escolha do consumidor e a livre concorrência, o CDC admitirá apenas uma exceção em que poderá ocorrer licitamente: no caso em que, havendo justa causa, subordine-se a venda a limites quantitativos. Da mesma forma, há de se considerar venda casada a limitação da escolha do consumidor à

---

rol das práticas abusivas a popularmente denominada 'venda casada', ao estabelecer que é vedado ao fornecedor 'condicionar o fornecimento de produto ou de serviço ao fornecimento de outro produto ou serviço, bem como, sem justa causa, a limites quantitativos'. 3. Na primeira situação descrita nesse dispositivo, a ilegalidade se configura pela vinculação de produtos e serviços de natureza distinta e usualmente comercializados em separado, tal como ocorrido na hipótese dos autos. 4. A dilação de prazo para pagamento, embora seja uma liberalidade do fornecedor – assim como o é a própria colocação no comércio de determinado produto ou serviço –, não o exime de observar normas legais que visam a coibir abusos que vieram a reboque da massificação dos contratos na sociedade de consumo e da vulnerabilidade do consumidor. 5. Tais normas de controle e saneamento do mercado, ao contrário de restringirem o princípio da liberdade contratual, o aperfeiçoam, tendo em vista que buscam assegurar a vontade real daquele que é estimulado a contratar 6. Apenas na segunda hipótese do artigo 39, I, do CDC, referente aos limites quantitativos, está ressalvada a possibilidade de exclusão da prática abusiva por justa causa, não se admitindo justificativa, portanto, para a imposição de produtos ou serviços que não os precisamente almejados pelo consumidor. 7. Recurso especial provido" (STJ, REsp 384.284/RS, 2ª Turma, Rel. Min. Herman Benjamin, j. 20.08.2009, *DJe* 15.12.2009).

[273] Assim a decisão do STJ, julgada em acordo com o regime dos recursos especiais repetitivos: "Recurso especial repetitivo. Tema 972/STJ. Direito bancário. Despesa de pré-gravame. Validade nos contratos celebrados até 25.02.2011. Seguro de proteção financeira. Venda casada. Ocorrência. Restrição à escolha da seguradora. Analogia com o entendimento da Súmula 473/STJ. Descaracterização da mora. Não ocorrência. Encargos acessórios. 1. Delimitação da controvérsia: Contratos bancários celebrados a partir de 30/04/2008, com instituições financeiras ou equiparadas, seja diretamente, seja por intermédio de correspondente bancário, no âmbito das relações de consumo. 2. Teses fixadas para os fins do art. 1.040 do CPC/2015: 2.1 Abusividade da cláusula que prevê o ressarcimento pelo consumidor da despesa com o registro do pré-gravame, em contratos celebrados a partir de 25.02.2011, data de entrada em vigor da Res. CMN 3.954/2011, sendo válida a cláusula pactuada no período anterior a essa resolução, ressalvado o controle da onerosidade excessiva. 2.2 Nos contratos bancários em geral, o consumidor não pode ser compelido a contratar seguro com a instituição financeira ou com seguradora por ela indicada. 2.3 A abusividade de encargos acessórios do contrato não descaracteriza a mora. 3. Caso concreto. 3.1. Aplicação da tese 2.1 para declarar válida a cláusula referente ao ressarcimento da despesa com o registro do pré-gravame, condenando-se porém a instituição financeira a restituir o indébito em virtude da ausência de comprovação da efetiva prestação do serviço. 3.2. Aplicação da tese 2.2 para declarar a ocorrência de venda casada no que tange ao seguro de proteção financeira. 3.3. Validade da cláusula de ressarcimento de despesa com registro do contrato, nos termos da tese firmada no julgamento do Tema 958/STJ, tendo havido comprovação da prestação do serviço. 3.4. Ausência de interesse recursal no que tange à despesa com serviços prestados por terceiro. 4. Recurso especial parcialmente conhecido e, nessa extensão, parcialmente provido" (STJ, REsp 1.639.259/SP, 2ª Seção, Rel. Min. Paulo de Tarso Sanseverino, j. 12.12.2018, *DJe* 17.12.2018).

Parte II · Cap. 2 · A PROTEÇÃO CONTRATUAL DO CONSUMIDOR | **315**

aquisição de certos produtos a fornecedores predeterminados, como é o caso do exibidor de cinema que permite o acesso a suas dependências apenas dos produtos adquiridos em determinado bar ou lanchonete, prática notadamente abusiva.[274]

A prática da venda casada, uma vez proibida pelo CDC, enseja, na hipótese de danos causados, a responsabilidade do fornecedor e, quando for o caso, a responsabilidade solidária de toda a cadeia de fornecimento,[275] em face dos danos aos consumidores.

2.3.1.4.2 Recusa de fornecimento

O fornecedor que exerce atividade profissional no mercado de consumo tem o exercício dessa atividade sempre vinculado a uma função social e econômica (veja-se o artigo 187 do CC). Nesse sentido, ao submeter-se às práticas do mercado de consumo, não pode recusar-se ao fornecimento de produtos ou serviços que realiza, em face de sua atuação profissional. Nesse sentido, estabelece o artigo 39, II, que configura prática abusiva "recusar atendimento às demandas dos consumidores, na exata medida de suas disponibilidades de estoque, e, ainda, de conformidade com os usos e costumes". Em outros termos, estabelece o CDC que, havendo a possibilidade de fornecimento, esta não pode ser recusada sem justa causa, a qual o mesmo CDC expressamente previu como a disponibilidade de estoque e os usos e costumes.

---

[274] *"Administrativo. Recurso especial. Aplicação de multa pecuniária por ofensa ao código de defesa do consumidor. Operação denominada 'venda casada' em cinemas. CDC, artigo 39, I. Vedação do consumo de alimentos adquiridos fora dos estabelecimentos cinematográficos*. 1. A intervenção do Estado na ordem econômica, fundada na livre-iniciativa, deve observar os princípios do direito do consumidor, objeto de tutela constitucional fundamental especial (CF, artigos 170 e 5º, XXXII). 2. Nesse contexto, consagrou-se ao consumidor no seu ordenamento primeiro a saber: o Código de Defesa do Consumidor Brasileiro, dentre os seus direitos básicos 'a educação e divulgação sobre o consumo adequado dos produtos e serviços, asseguradas a liberdade de escolha e a igualdade nas contratações' (artigo 6º, II, do CDC). 3. A denominada 'venda casada', sob esse enfoque, tem como *ratio essendi* da vedação a proibição imposta ao fornecedor de, utilizando de sua superioridade econômica ou técnica, opor-se à liberdade de escolha do consumidor entre os produtos e serviços de qualidade satisfatória e preços competitivos. 4. Ao fornecedor de produtos ou serviços, consectariamente, não é lícito, dentre outras práticas abusivas, condicionar o fornecimento de produto ou de serviço ao fornecimento de outro produto ou serviço (artigo 39, I, do CDC). 5. A prática abusiva revela-se patente se a empresa cinematográfica permite a entrada de produtos adquiridos nas suas dependências e interdita o adquirido alhures, engendrando por via oblíqua a cognominada 'venda casada', interdição inextensível ao estabelecimento cuja venda de produtos alimentícios constituiu a essência da sua atividade comercial como, *verbi gratia*, os bares e restaurantes. 6. O juiz, na aplicação da lei, deve aferir as finalidades da norma, por isso que, *in casu*, revela-se manifesta a prática abusiva. 7. A aferição do ferimento à regra do artigo 170 da CF é interditada ao STJ, porquanto a sua competência cinge-se ao plano infraconstitucional. 8. Inexiste ofensa ao artigo 535 do CPC, quando o Tribunal de origem, embora sucintamente, pronuncia-se de forma clara e suficiente sobre a questão posta nos autos. Ademais, o magistrado não está obrigado a rebater, um a um, os argumentos trazidos pela parte, desde que os fundamentos utilizados tenham sido suficientes para embasar a decisão. 9. Recurso especial improvido" (STJ, REsp 744.602/RJ, Rel. Min. Luiz Fux, j. 1º.03.2007, *DJU* 15.03.2007, p. 264).

[275] *"Apelações cíveis. Ação declaratória cumulada com danos morais. Cartão de crédito. Título de capitalização. Não contratação. Venda casada. Nulidade do contrato. Inadimplemento. Inexigibilidade da dívida*. Inscrição indevida em órgãos de proteção ao crédito. Determinação de juntada de documento. Multa diária (*astreinte*). Litigância de má-fé. Impossibilidade no caso em concreto. Danos morais mantidos em 25 (vinte e cinco) salários mínimos. Responsabilidade solidária entre as demandadas caracterizadas como fornecedoras. Precedentes jurisprudenciais. Sentença parcialmente procedente. Negaram provimento aos recursos. Unânime" (TJRS, ApCiv 70.015.179.765, 11ª Câm. Civ., Rel. Luís Augusto Coelho Braga, j. 25.10.2006).

Note-se que o fornecedor não pode, ao se dispor a enfrentar os riscos da atividade negocial no mercado de consumo, pretender selecionar os consumidores com quem vai contratar. Há uma obrigação inerente de atendimento a todos os consumidores que pretenderem contratar, nos termos da oferta realizada ou do que o exercício da atividade profissional do fornecedor permita presumir. Assim, é da natureza da atividade negocial que se realizem contratos altamente vantajosos, e outros nem tanto, por parte do fornecedor. Não há, portanto, a possibilidade de o fornecedor se recusar a contratar na hipótese de se tratar de negócios menos atraentes se e quando, pela sua atividade, propõe-se a fornecer produtos e serviços a quem se interessar, observados – como menciona o próprio CDC – os usos e costumes comerciais. Assim ocorrerá prática abusiva, por exemplo, quando o fornecedor se recusar a fornecer em razão de a contratação do serviço ser a ele desinteressante porque de pequeno valor, da mesma forma quando a recusa motivar-se por discriminação ilícita[276] de determinado consumidor.

2.3.1.4.3 Envio de produto ou oferecimento de serviço não solicitado

O artigo 39, III, qualifica como cláusula abusiva "enviar ou entregar ao consumidor, sem solicitação prévia, qualquer produto, ou fornecer qualquer serviço". As hipóteses de envio ou fornecimento não solicitado de produto ou serviço têm seu caráter abusivo afirmado pela ausência de consentimento ou de vontade expressa do consumidor em adquiri-los. Assim, há também aqui o propósito de constranger o consumidor a realizar a contratação buscando, sob o argumento da facilitação do negócio, caracterizá-la, em sua visão, como fato consumado. A tais situações o CDC estabelece uma sanção específica, no artigo 39, parágrafo único, o qual refere: "Os serviços prestados e os produtos remetidos ou entregues ao consumidor, na hipótese prevista no inciso III, equiparam-se às amostras grátis, inexistindo obrigação de pagamento". Logo, equipara-se o produto ou serviço entregue ao consumidor sem sua solicitação à amostra grátis, não havendo obrigação do beneficiário ao pagamento. Entendimento algo difundido sustenta que tal disposição prevê hipótese que autoriza o enriquecimento sem causa pelo consumidor. Não parece correto. A hipótese aqui é a de determinação legal de uma causa de atribuição patrimonial ao consumidor, ou seja, não se trata de enriquecimento sem causa, uma vez que a causa de acréscimo patrimonial pelo consumidor é determinada pela própria norma legal. O que existe é espécie de sanção do fornecedor, mediante a conversão do ato negocial cuja vontade inicial era de revestir-se do caráter oneroso, em contrato gratuito, na medida em que se desobriga o consumidor ao pagamento.

A jurisprudência brasileira já firmou seu entendimento a respeito do tema, tanto no que diz respeito ao envio não solicitado de cartões de crédito ao consumidor[277] quanto no caso do fornecimento de serviços onerosos tipo "0900", sem a prévia solicitação do

---

[276] Nesse sentido, vejam-se os exemplos de práticas discriminatórias ilícitas nas relações de consumo em: ROLLO, Artur Luis de Mendonça. *Responsabilidade civil e práticas abusivas nas relações de consumo.* São Paulo: Atlas, 2011. p. 147 *et seq.*

[277] Assim a Súmula 532 do STJ: "Constitui prática comercial abusiva o envio de cartão de crédito sem prévia e expressa solicitação do consumidor, configurando-se ato ilícito indenizável e sujeito à aplicação de multa administrativa" (STJ, Súmula 532, Corte Especial, j. 03.06.2015, *DJe* 08.06.2015). Entendimento de acordo com expressiva jurisprudência, conforme se percebe, por exemplo, em: TJRS, ApCiv 70.016.318.362,

Parte II • Cap. 2 • A PROTEÇÃO CONTRATUAL DO CONSUMIDOR | **317**

consumidor do contrato da linha telefônica.[278] Nesse sentido, tanto a cobrança do serviço quanto o eventual registro do consumidor nos bancos de dados de proteção ao crédito na hipótese de não pagamento configuram hipótese de responsabilização do fornecedor pelos danos causados.[279]

2.3.1.4.4 Aproveitamento da vulnerabilidade agravada do consumidor

A proteção do consumidor tem por fundamento a presunção legal de vulnerabilidade. De acordo com o princípio da vulnerabilidade estabelecido no artigo 4º, III, do CDC, todos os consumidores são vulneráveis. No entanto, para além da vulnerabilidade, existem características pessoais, subjetivas, e identificadas em alguns consumidores, e não em todos, que determinam uma fragilidade ainda maior, em razão da idade (idosos e crianças),[280] condição socioeconômica e cultural (o consumidor pobre, o consumidor analfabeto), qualidades a que se denomina vulnerabilidade agravada do consumidor.

11ª Câm. Civ., Rel. Voltaire de Lima Moraes, j. 25.10.2006; no mesmo sentido: STJ, REsp 1.199.117/SP, 3ª Turma, Rel. Min. Paulo de Tarso Sanseverino, j. 18.12.2012, *DJe* 04.03.2013).

[278] Nesse sentido, destaca-se a jurisprudência do STJ: "*Telefone. Serviço '900'. 'Disque prazer'. Código de Defesa do Consumidor.* O serviço '900' é oneroso e somente pode ser fornecido mediante prévia solicitação do titular da linha telefônica. Recurso conhecido e provido" (STJ, 4ª Turma, REsp 258.156/SP, Rel. Min. Ruy Rosado de Aguiar Jr., j. 21.09.2000, *DJU* 11.12.2000, p. 210); "*Consumidor. Serviços de '900'. 'Disque prazer'. Cobrança. Necessidade de prévia solicitação. CDC, artigo 39, III.* A cobrança de serviço de '900 – disque prazer' sem a prévia solicitação do consumidor constitui prática abusiva (CDC, artigo 39, III). Se prestado, sem o pedido anterior, tal serviço equipara-se às amostras grátis, inexistindo obrigação de pagamento (CDC, artigo 39, parágrafo único). Recurso provido" (STJ, REsp 318.372/SP, 3ª Turma, Rel. Min. Humberto Gomes de Barros, j. 27.04.2004, *DJU* 17.05.2004, p. 213); "*Civil e processual. Cobrança de ligações para 'tele-sexo'. Oferecimento de serviço ou produto estranho ao contrato de telefonia sem anuência do usuário. Invalidade. Ônus da prova positiva do fato atribuível à empresa concessionária. Inscrição da titular da linha telefônica no CADIN. Danos morais. Código de Defesa do Consumidor, artigos 6º, VIII e 31, III.* I. O 'produto' ou 'serviço' não inerente ao contrato de prestação de telefonia ou que não seja de utilidade pública, quando posto à disposição do usuário pela concessionária – caso do 'tele-sexo' – carece de prévia autorização, inscrição ou credenciamento do titular da linha, em respeito à restrição prevista no artigo 31, III, do CDC. II. Sustentado pela autora não ter dado a aludida anuência, cabe à companhia telefônica o ônus de provar o fato positivo em contrário, nos termos do artigo 6º, VIII, da mesma Lei 8.078/90, o que inocorreu. III. Destarte, se afigura indevida a cobrança de ligações nacionais ou internacionais a tal título, e, de igual modo, ilícita a inscrição da titular da linha como devedora em cadastro negativo de crédito, gerando, em contrapartida, o dever de indenizá-la pelos danos morais causados, que hão de ser fixados com moderação, sob pena de causar enriquecimento sem causa. IV. Recurso especial conhecido e provido em parte" (STJ, REsp 265121/RJ, 4ª Turma, Rel. Min. Aldir Passarinho Junior, j. 04.04.2002, *DJU* 17.06.2002, p. 267).

[279] "*Consumidor. Abusividade. Ilicitude.* Envio, sem solicitação, de cartão de crédito. CDC, 39, III. Cobrança, demais, de taxas de anuidade. Envio indevido do nome ao SPC. Triplo fundamento para os danos morais, que se reconhecem, fixada indenização. Apelo improvido" (TJRS, ApCiv 70.015.364.896, 19ª Câm. Civ., Rel. Des. Mário José Gomes Pereira, j. 15.08.2006). E: "*Apelação cível. Emissão e envio de cartão de crédito sem autorização do consumidor. Inexistência de débito.* Comprovado que o banco demandado enviou cartão de crédito em nome do demandante sem sua solicitação. Cobrança de anuidade e registro do nome do consumidor no SERASA, irregulares, o que implica na declaração de inexistência de débito e exclusão do registro nos órgãos de restrição de crédito. Apelo desprovido. Decisão unânime" (TJRS, ApCiv 70.015.146.798, 10ª Câm. Civ., Rel. Des. Jorge Alberto Schreiner Pestana, j. 25.05.2006).

[280] Sobre a vulnerabilidade agravada dos consumidores idosos, veja-se o exame específico no item 4.1.2, da Parte II, desta obra, assim como o estudo de: MARQUES, Claudia Lima. Solidariedade na doença e na morte: sobre a necessidade de "ações afirmativas" em contratos de planos de saúde e de planos funerários

É reconhecido pela jurisprudência o conceito de hipossuficiência como critério de inversão do ônus da prova pelo juiz, em favor do consumidor. Todavia, examinando-se os casos concretos, é possível identificar que a proteção dos interesses do consumidor em determinada relação específica seja mais ampla em razão da necessidade de tutelar adequadamente os interesses de um consumidor que apresente, além de sua vulnerabilidade inerente, a presença de condição pessoal que reforce a desigualdade entre as partes no contrato de consumo.

O que se considera prática abusiva, entretanto, é o aproveitamento da hipossuficiência do consumidor, e não certamente o simples fato de contratar-se com consumidores hipossuficientes. Dispõe, nesse sentido, o artigo 39, IV, do CDC que constitui prática abusiva: "prevalecer-se da fraqueza ou ignorância do consumidor, tendo em vista sua idade, saúde, conhecimento ou condição social, para impingir-lhe seus produtos ou serviços". A caracterização da hipossuficiência, que se retira do mundo dos fatos, como dissemos, é reconhecida a partir de condições subjetivas especiais, como idade, condição econômico-cultural, entre outras.

Ocorrendo essa prática abusiva, sua sanção pode ser tanto a invalidade do contrato obtido nesses termos (*e.g.*, publicidade abusiva para crianças e idosos que se aproveitem dessa condição para promover a contratação) quanto, existindo danos, a responsabilidade do fornecedor pela reparação destes.

2.3.1.4.5 Exigência de vantagem manifestamente excessiva

O artigo 39, V, do CDC estabelece como prática abusiva "exigir do consumidor vantagem manifestamente excessiva". Trata-se de hipótese genérica que contempla a vedação de conduta do fornecedor visando à obtenção de vantagem que venha a dar causa ao desequilíbrio da relação jurídica de consumo. Note-se que não há necessidade de existir o contrato, senão o mero ato do fornecedor postulando o recebimento de vantagem. A identificação dos critérios para determinação do caráter excessivo ou não de pretensão negocial do fornecedor verifica-se em acordo com o disposto – com finalidade idêntica – para determinação da abusividade de cláusula contratual por consignar vantagem exagerada ao consumidor (artigo 51, § 1º, do CDC).

Tanto é assim que a utilização do dispositivo, pela jurisprudência, vem sendo feita em vista de sua aplicação combinada com o artigo 51 do CDC,[281] para determinar a nulidade da cláusula contratual abusiva que estipule vantagem exagerada aos fornecedores, em claro desacordo com o direito básico do consumidor ao equilíbrio contratual. No mesmo sentido é a conduta do fornecedor que evita a liberação do consumidor do contrato, exigindo a satisfação de vantagem indevida de seus interesses, como é o caso da recusa da instituição de ensino em permitir a colação de grau do aluno inadimplente.[282]

---

frente ao consumidor idoso. *In*: SARLET, Ingo Wolfgang (org.). *Constituição, direitos fundamentais e direito privado*. Porto Alegre: Livraria do Advogado, 2003. p. 185-222.

[281] STJ, REsp 345.725/SP, 3ª Turma, Rel. Min. Fátima Nancy Andrighi, j. 13.05.2003, *DJU* 18.08.2003, p. 202; STJ, REsp 445.446/RS, 4ª Turma, Rel. Min. Ruy Rosado de Aguiar Jr., j. 22.04.2003, *DJU* 02.06.2003, p. 302; STJ, REsp 271.214/RS, 2ª Seção, Rel. Min. Ari Pargendler, j. 12.03.2003, *DJU* 04.08.2003, p. 216.

[282] Nesse sentido, a decisão do Tribunal de Alçada de Minas Gerais: "*Estabelecimento de ensino. Nível superior. Aluno que obtém aprovação no curso, mas é impedido de colar grau em razão do inadimplemento*

Nessas situações, assim como eventual invalidade, impedimento ou cessação da conduta abusiva, há o direito à pretensão de perdas e danos do consumidor prejudicado, quando tiver existido prejuízo de sua parte.

Da mesma forma, devem-se incluir na noção de prática abusiva, associando-a à exigência de vantagem excessiva pelo fornecedor, as situações em que se adota determinado meio para facilitar a contratação pelo consumidor e adesão à oferta pelo consumidor, sem simetria, contudo, em situações relativas ao mesmo contrato, nas quais pretenda exercer direitos relativos ao contrato, ou ainda colocar fim ao vínculo, no seu interesse. Essas situações tornaram-se especialmente comuns no mercado de consumo digital (os 'dark patterns', ou padrões comerciais escusos), no qual a facilidade de contratação com o fornecedor contrasta com a imposição de sucessivos obstáculos para a extinção do contrato (casos, p. ex., em que se admite a contratação *on-line*, porém, para resilição do contrato pelo consumidor, opõem-se obstáculos diversos, inclusive o de que ele contate o fornecedor por meio diverso, como telefone, *e-mail* ou até pessoalmente no estabelecimento físico). O STJ, em julgado de 2022, identificou com sabedoria a prática abusiva de companhia aérea que permitia a aquisição de passagens por intermédio do seu sítio eletrônico, porém impedia que o cancelamento fosse realizado pelo mesmo canal de atendimento.[283]

Destaque-se, ainda, outra prática abusiva que constitui evidente exigência de vantagem excessiva pelo fornecedor, no caso, a exigência de cheque-caução como procedimento prévio à internação hospitalar. Na jurisprudência brasileira, eram observados dois entendimentos principais a respeito da prática, até a edição da Lei 12.653/2012, que criminalizou, mediante novo tipo penal, "exigir cheque-caução, nota promissória ou qualquer garantia, bem como o preenchimento prévio de formulários administrativos, como condição para o atendimento médico-hospitalar emergencial". O primeiro, que admitia a exigência como forma de garantia de adimplemento dos serviços prestados

---

das mensalidades escolares. Inadmissibilidade. Crédito em atraso que deve ser cobrado pelas vias legais. Ementa Oficial: A instituição de ensino não pode valer-se do inadimplemento do aluno para lhe negar a colação de grau, cujo direito emana de sua aprovação no curso. O crédito referente às mensalidades atrasadas deve ser cobrado pelas vias legais, vedado constranger o aluno com a proibição de colar grau" (TAMG, ApCiv 263.767-4, 4ª Câmara, Rel. Juiz Tibagy Salles, j. 10.03.1999, *RT* 769/388).

[283] "Recurso especial. Ação civil pública. Programa de fidelidade. Latam. Aquisição de passagem aérea. Relação de consumo. Impossibilidade de cancelamento de passagens pela internet. Medida disponibilizada pela empresa apenas nos casos de aquisição/resgate de passagens. Prática abusiva. Art. 39, inciso V, do CDC. Ônus excessivo. Medida que transcende a esfera da livre atuação das práticas negociais e as regras de mercado. Intervenção judicial adequada. Recurso especial não provido. 1. Os programas de fidelidade, embora não sejam ofertados de maneira onerosa, proporcionam grande lucratividade às empresas aéreas, tendo em vista a adesão de um grande número de pessoas, as quais são atraídas pela diversidade dos benefícios que lhes são oferecidos. Relação de consumo configurada, portanto, nos termos dos arts. 2º e 3º do CDC. 2. O fato de a empresa aérea não disponibilizar a opção de cancelamento de passagem por meio da plataforma digital da empresa (internet) configura prática abusiva, na forma do art. 39, inciso V, do CDC, especialmente quando a ferramenta é disponibilizada ao consumidor no caso de aquisição/resgate de passagens. 3. A conduta, além de ser desprovida de fundamento técnico ou econômico, evidencia a imposição de ônus excessivo ao consumidor, considerando a necessidade de seu deslocamento às lojas físicas da empresa (apenas aquelas localizadas nos aeroportos) ou a utilização do *call center*, medidas indiscutivelmente menos efetivas quando comparadas ao meio eletrônico. 4. Nesse passo, configurada a prática de conduta lesiva ao consumidor, não há falar em ingerência desmotivada na atividade empresarial. 5. Recurso especial não provido" (STJ, REsp 1.966.032/DF, 4ª Turma, Rel. Min. Luis Felipe Salomão, j. 16.08.2022, *DJe* 09.09.2022).

pelo fornecedor.[284] Outro que a reconhecia como abusiva,[285] notadamente em face do disposto no artigo 39, V, do CDC, entendendo a prática como exigência de vantagem manifestamente excessiva; ou mesmo recorrendo ao defeito de estado de perigo, previsto no artigo 156 do Código Civil,[286] que dá causa à invalidade do negócio jurídico celebrado quando uma das partes assume obrigação excessivamente onerosa conhecida da outra ("Art. 156. Configura-se o estado de perigo quando alguém, premido da necessidade de salvar-se, ou a pessoa de sua família, de grave dano conhecido pela outra parte, assume obrigação excessivamente onerosa").

Pondera a doutrina, contudo, que, sendo hipótese de invalidade do negócio jurídico, no caso de a exigência se dar em contraprestação a serviços que sejam efetivamente realizados, não deve prevalecer o valor pecuniário acordado, porém "há direito de ressarcimento, que deve ser arbitrado".[287] Anote-se, nesse caso, que o que se visa preservar, ao se regular e/ou limitar a exigência prévia de cheque-caução no caso de atendimento médico-hospitalar de emergência, é a integridade do consumidor com relação a eventual aproveitamento do estado de debilidade e/ou tensão que tais situações naturalmente acarretam, para exigência de vantagem excessiva por parte do fornecedor. Esse entendimento, a partir da promulgação da Lei 12.653/2012, embora se trate de norma penal, definidora de tipo, deve ser revisitado também na disciplina contratual das relações entre consumidor e fornecedor. Ao definir como crime a exigência de cheque-caução como condição para atendimento emergencial, claramente encerra a possibilidade de ponderação quanto a essa situação específica. Nesse caso, orientou-se o legislador a afastar totalmente a possibilidade de exigência de prévia garantia de adimplemento, o que parece resultar de conclusão da ponderação entre o direito à vida e à saúde da pessoa[288] e a segurança do direito patrimonial de crédito do fornecedor de serviço médico-hospitalar. Assim, tratando-se de atendimento emergencial, a exigência de garantia passa a ser proibida em termos gerais, não se admitindo exceções.

2.3.1.4.6 Execução de serviços sem elaboração de orçamento prévio

Na vida cotidiana, outra prática abusiva bastante comum por parte de certos fornecedores é a realização de serviços sem a aprovação de prévio orçamento pelo consumidor.

---

[284] Admitindo a possibilidade de sua exigência: TJRS, ApCiv 70039705942, 5ª Câm. Civ., Rel. Isabel Dias de Almeida, j. 23.02.2011; e ApCiv 70012087706, 20ª Câm. Civ., Rel. José Aquino Flores de Camargo, j. 20.07.2005. Da mesma forma, há o entendimento de que a exigência de cheque-caução em si não dá causa a dano moral: STJ, REsp 853.850/RS, 3ª Turma, Rel. Min. Humberto GomEs de Barros, j. 14.02.2008, publicação 05.03.2008. Preserva-se, contudo, a possibilidade de investigar a *causa debendi* do cheque contestando-lhe o valor: STJ, REsp 796.739/MT, 3ª Turma, Rel. Min. Humberto Gomes de Barros, j. 27.03.2007, *DJ* 07.05.2007.

[285] TJRJ, ApCiv 0311947-58.2009.8.19.0001, Rel. Celia Maria Pessoa, j. 05.03.2012. No mesmo sentido, porém caracterizando como defeito da prestação de serviço, dando causa a dano moral: TJRJ, ApCiv 2008.001.44845, Rel. Carlos Eduardo Passos, j. 18.08.2008.

[286] TJRJ, ApCiv 0091840-08.2008.8.19.0002, 3ª Câm. Civ., Rel. Renata Machado Cotta, j. 23.05.2012.

[287] DUARTE, Nestor. *In*: PELUSO, Antônio Cezar (org.). *Código Civil comentado*. São Paulo: Manole, 2012. p. 123.

[288] Veja-se a eficácia do direito básico à vida e saúde no direito do consumidor, no nosso: MIRAGEM, Bruno. *Curso de direito do consumidor*. 3. ed. São Paulo: Ed. RT, 2012. p. 165.

Parte II · Cap. 2 · A PROTEÇÃO CONTRATUAL DO CONSUMIDOR | **321**

A garantia de orçamento prévio pelo consumidor foi consagrada pelo CDC em duas disposições distintas: a) do artigo 39, VI, que qualifica como abusivo "executar serviços sem a prévia elaboração de orçamento e autorização expressa do consumidor, ressalvadas as decorrentes de práticas anteriores entre as partes";[289] e b) o artigo 40 que dispõe: "O fornecedor de serviço será obrigado a entregar ao consumidor orçamento prévio discriminando o valor da mão-de-obra, dos materiais e equipamentos a serem empregados, as condições de pagamento, bem como as datas de início e término dos serviços".

A sanção reconhecida para a prestação de serviço sem a prévia aprovação do orçamento pelo consumidor configura a segunda hipótese em que o CDC desobriga o pagamento pelo consumidor (a primeira, a que já nos referimos, é a prevista no artigo 39, parágrafo único). Isso porque, aprovado o orçamento pelo consumidor, seus termos passam a vincular ambos os contratantes (artigo 40, § 2º), de modo que o consumidor não responderá "por quaisquer ônus ou acréscimos decorrentes da contratação de serviços de terceiros não previstos no orçamento prévio" (artigo 40, § 3º). A causa de atribuição patrimonial do consumidor, nesse caso, é a expressa disposição do CDC que desobriga o pagamento daquilo que não lhe foi previamente informado (direito à informação) e que, portanto, com o que não consentiu (princípio do consensualismo). Observe-se, todavia, que, tendo consentido com determinado orçamento, e sendo este desconsiderado pelo fornecedor, responde o consumidor a princípio até o valor com o que consentiu,[290] salvo

---

[289] Refira-se ainda, em atenção à correta lição da jurisprudência, a situações emergenciais em que a prestação de serviço não é antecedida de orçamento. Esses casos, embora não expressamente previstos na norma, não desoneram o consumidor do pagamento quando em face da boa-fé objetiva que informa a relação das partes. Não pode, todavia, o fornecedor aproveitar-se da situação emergencial para impor situações excessivamente gravosas ao consumidor, o que de resto é sancionado não apenas no CDC, mas igualmente no Código Civil, por intermédio da previsão do estado de perigo como espécie de defeito do negócio jurídico (artigo 156 do CC/2002). Nesse sentido decidiu o STJ: "Consumidor e processual civil. Recurso especial. Atendimento médico emergencial. Relação de consumo. Necessidade de harmonização dos interesses resguardando o equilíbrio e a boa-fé. Inversão do ônus da prova. Incompatibilidade com o enriquecimento sem causa. Princípios contratuais que se extraem do CDC. Instrumentário hábil a solucionar a lide. 1. O Código de Defesa do Consumidor contempla a reciprocidade, equidade e moderação, devendo sempre ser buscada a harmonização dos interesses em conflito, mantendo a higidez das relações de consumo. 2. A inversão do ônus da prova é instrumento para a obtenção do equilíbrio processual entre as partes, não tendo por fim causar indevida vantagem, a ponto de conduzir o consumidor ao enriquecimento sem causa, vedado pelo artigo 884 do Código Civil. 3. Não há dúvida de que houve a prestação de serviço médico-hospitalar e que o caso guarda peculiaridades importantes, suficientes ao afastamento, para o próprio interesse do consumidor, da necessidade de prévia elaboração de instrumento contratual e apresentação de orçamento pelo fornecedor de serviço, prevista no artigo 40 do CDC, dado ser incompatível com a situação médica emergencial experimentada pela filha do réu. 4. Os princípios da função social do contrato, boa-fé objetiva, equivalência material e moderação impõem, por um lado, seja reconhecido o direito à retribuição pecuniária pelos serviços prestados e, por outro lado, constituem instrumentário que proporcionará ao julgador o adequado arbitramento do valor a que faz jus o recorrente. 5. Recurso especial parcialmente provido" (STJ, REsp 1.256.703/SP, 4ª Turma, Rel. Min. Luis Felipe Salomão, j. 06.09.2011, DJe 27.09.2011).

[290] "Serviços de mecânica. Código de Defesa do Consumidor. Artigos 6º, VI, e 39, VI. Precedentes. 1. A inversão do ônus da prova, como já decidiu a Terceira Turma, está no contexto da facilitação da defesa dos direitos do consumidor, ficando subordinada ao 'critério do juiz, quando for verossímil a alegação ou quando for ele hipossuficiente, segundo as regras ordinárias de experiências' (artigo 6º, VIII). Isso quer dizer que não é automática a inversão do ônus da prova. Ela depende de circunstâncias concretas que serão apuradas pelo juiz no contexto da 'facilitação da defesa' dos direitos do consumidor (REsp 122.505/SP, DJ 24.08.1998). 2. O artigo 39, VI, do Código de Defesa do Consumidor determina que o serviço somente

se os serviços realizados não foram os contratados, ou seja, a prestação é *diversa*, e não *maior* do que a contratada, hipótese em que existirá simples inadimplemento do fornecedor, com as consequências típicas daí decorrentes.

2.3.1.4.7 Divulgação de informações depreciativas decorrente do exercício do direito pelo consumidor

O artigo 39, VII, do CDC define como prática abusiva "repassar informação depreciativa, referente a ato praticado pelo consumidor no exercício de seus direitos". Note-se que não se estão vedando aqui a formação e a inclusão de informações em bancos de dados de consumidores, o que é expressamente permitido pelo CDC, atendidas as exigências do artigo 43. O que se proíbe, na disposição em destaque, é o repasse de informação depreciativa quando esta efetivamente, por sua qualidade, tenha por consequência projetar imagem desabonadora da conduta do consumidor (por exemplo, a indicação de um inadimplemento contratual). O sentido da prática abusiva em questão é evitar a formação de "listas negras" de consumidores "que reclamam e exigem seus direitos, agora assegurados pelo CDC, ou de consumidores envolvidos em associações de proteção de consumidores".[291]

A grande dificuldade, nesse caso, é sem dúvida a comprovação da prática, para efeito de responsabilização do fornecedor. Sabedores de que se trata de prática abusiva vedada por lei, os fornecedores que a promovem fazem-no em relativo sigilo, deixando de motivar as razões de eventual decisão que recusa a contratação com consumidores incluídos nessas "listas negras". Essa prática abusiva complementa-se com o que dispõe o inciso IX do artigo 39, ao estabelecer como prática abusiva a recusa de fornecimento mediante pronto pagamento. Todavia, nada impede a inversão do ônus da prova quando as circunstâncias do caso autorizem-na, indicando ao fornecedor que recusa fornecimento – e de que se suspeita basear-se em uma "lista negra" – que seja instado a demonstrar as razões objetivas que determinaram a recusa da contratação ou a inadequação do consumidor a determinado padrão de contratação admissível.

2.3.1.4.8 Oferecimento no mercado de produto ou serviço em desacordo com normas técnicas

A qualidade e a segurança dos produtos e serviços oferecidos no mercado têm como critério básico para atestar sua adequação o atendimento das normas técnicas estabelecidas por entidades acreditadas (como é o caso da Associação Brasileira de Normas Técnicas) e os órgãos estatais dedicados a esse fim (caso do Instituto Nacional de Metrologia, Normalização e Qualidade Industrial – INMETRO – e do Conselho Nacional de Metrologia,

---

pode ser realizado com a expressa autorização do consumidor. Em consequência, não demonstrada a existência de tal autorização, é imprestável a cobrança, devido, apenas, o valor autorizado expressamente pelo consumidor. 3. Recurso especial conhecido e provido, em parte" (STJ, REsp 332.869/RJ, 3ª Turma, Rel. Min. Carlos Alberto Menezes Direito, j. 24.06.2002, *DJU* 02.09.2002, p. 184).

[291] MARQUES, Claudia Lima; BENJAMIN, Antonio Herman; MIRAGEM, Bruno. *Comentários ao Código de Defesa do Consumidor*. 2. ed. São Paulo: Ed. RT, 2006. p. 563-564.

Normalização e Qualidade Industrial – CONMETRO).[292] Aos órgãos públicos incumbe a regulação, determinando a obrigatoriedade, das normas técnicas a serem observadas,[293] sem prejuízo da existência de outras "normas" de caráter técnico, mas, uma vez que não sejam adotadas pelos órgãos competentes, não são exigíveis.

A par das sanções administrativas cabíveis pela violação das normas em questão,[294] a previsão da violação dessas normas técnicas como práticas abusivas permite a atuação dos órgãos de defesa do consumidor e demais legitimados para a tutela coletiva prevista no CDC, para promoverem a defesa dos interesses dos consumidores nos termos previstos nesse diploma legal. Da mesma maneira, caracterizada a prática como abusiva e, portanto, ilícita, surge para os consumidores prejudicados a possibilidade de demandar o fornecedor que a promova, de acordo com o regime de responsabilidade civil previsto no CDC.[295]

Atualmente, sobretudo em consideração aos efeitos da globalização econômica e do aumento das importações de produtos e serviços, vale lembrar que o critério de

---

[292] "*Administrativo. Importação de mercadoria estrangeira. Prévio exame pelo INMETRO. Legalidade.* Não é ilegal a exigência do órgão expedido da guia de importação de certificado emitido pelo Instituto Nacional de Metrologia, Normalização e Qualidade Industrial, para poder permitir a importação de brinquedos de fabricação estrangeira. Amparo no Código de Defesa do Consumidor, artigo 39, VII" (TRF-1ª Reg., MAS 01.47.419, Rel. Tourinho Neto, j. 06.12.1997, *DJU* 13.02.1998).

[293] Segundo Antonio Herman Benjamin, são quatro os tipos de normas técnicas no Brasil: a NBR1 possuem caráter compulsório, mediante aprovação do CONMETRO; as NBR2 são normas referenciais, aprovadas pelo CONMETRO, e que devem ser observadas pelo Poder Público; as NBR3 são normas voluntárias registradas no INMETRO, de acordo com as diretrizes do CONMETRO; e as NBR4 são normas probatórias, registradas no INMETRO, mas ainda em fase experimental (BENJAMIN, Antonio Herman de Vasconcellos *et al. Código Brasileiro de Defesa do Consumidor comentado pelos autores do anteprojeto.* 8. ed. Rio de Janeiro: Forense, 2005. p. 380).

[294] Previstas no artigo 8º e ss. da Lei 9.933, de 20 de dezembro de 1999, que estabelece as competências do CONMETRO e do INMETRO.

[295] Todavia, em sentido contrário, segundo entendimento jurisprudencial, também exonera o fornecedor do dever de indenizar o atendimento de normas técnicas segundo regulamentação legal, mas que se revelam inadequadas ao atendimento das necessidades de certos consumidores, em razão de peculiaridades não contempladas pela norma. Assim decidiu o STJ: "Direito civil. Processual civil. Responsabilidade civil. Serviços bancários. Deficientes. Acessibilidade. Obrigação de fazer. Regulamentação. ABNT. Inexistência de ato ilícito. Dano moral. Afastamento. 1. A Lei 10.098/2000 e o Decreto 5.296/2004 estabelecem que as instituições financeiras deverão dispensar atendimento prioritário às pessoas deficientes ou com mobilidade reduzida e, ao definir acessibilidade, prevê a possibilidade de utilização dos espaços, mobiliários e equipamentos urbanos, com segurança e autonomia, total ou assistida. 2. Os equipamentos e mobiliários de agências bancárias devem seguir às determinações da regulamentação infralegal, por questões relacionadas não apenas ao conforto dos usuários, mas também à segurança do sistema bancário. No tocante à acessibilidade de deficientes, o acesso prioritário às edificações e serviços das instituições financeiras deve seguir as normas técnicas de acessibilidade da ABNT no que não conflitarem com a Lei 7.102/1983, observando, ainda, a Resolução 2.878/2001, do Conselho Monetário Nacional. 3. Na época do ajuizamento da ação, e até a edição da norma técnica da ABNT 15.250, não havia definição dos parâmetros técnicos para fabricação e instalação dos equipamentos de autoatendimento adaptados postulados pelo autor. Editada a regulamentação, o réu procedeu à adequação do terminal de atendimento, conforme os parâmetros normativos estabelecidos, sem satisfazer a pretensão do autor. 4. A desigualdade de acesso, no caso, não deriva de ato ilícito praticado pelo réu, mas de circunstâncias relacionadas às especificidades da deficiência física do autor e da limitação dos meios disponíveis para mitigá-la. 5. Não há direito à instalação de terminal de autoatendimento para melhor atender às condições pessoais do autor, se aquele já existente se encontra em conformidade com os parâmetros legalmente fixados. 6. Recurso especial provido" (STJ, REsp 1.107.981/MG, 4ª Turma, Rel. Min. Luis Felipe Salomão, Rel. p/ acórdão Min. Maria Isabel Gallotti, j. 03.05.2011, *DJe* 1º.06.2011).

adequação e qualidade destes no mercado brasileiro serão as normas técnicas admitidas ou editadas pelos órgãos competentes brasileiros, não servindo, *a priori*, de escusa para o fornecedor a alegação de atendimento de normas dos países de origem dos referidos produtos, quando ocorrer de estas serem consideradas menos acreditadas do que a normalização brasileira. Da mesma forma, a jurisprudência indica que o atendimento das normas técnicas de determinado produto, por si, não afasta necessariamente a responsabilidade do fornecedor por danos, considerando a expectativa legítima de segurança e os riscos esperados na utilização do produto – inclusive, em vista de eventual defeito de informação sobre seu uso.[296]

2.3.1.4.9 Recusa de fornecimento mediante pronto pagamento

O artigo 39, IX, estabelece como prática abusiva "recusar a venda de bens ou a prestação de serviços, diretamente a quem se disponha a adquiri-los mediante pronto pagamento, ressalvados os casos de intermediação regulados em leis especiais". A norma em questão foi introduzida pela antiga Lei de Defesa da Concorrência (Lei 8.884/1994, ora Lei 12.529/2011), e, sob a perspectiva do direito do consumidor, tem por objetivo essencial impedir a discriminação de consumidores em situações que reduzem expressivamente, ou praticamente eliminam, para o fornecedor, o risco de inadimplemento da prestação pelo consumidor.[297] A noção de pronto pagamento remete à discussão do que se pode considerar como tal, ou seja, se, além do uso de moeda corrente, o pagamento em cheque ou a utilização de cartões de crédito e débito estão incluídos em tal definição.

---

[296] "Recurso especial. Consumidor. Fato do produto. Responsabilidade civil objetiva do fornecedor. Defeito de informação e de concepção. Causa do acidente fatal que vitimou a filha e irmã dos recorridos. Obrigação de reparação civil que se impõe a título de danos morais. Montante indenizatório proporcional e razoável. Juros de mora. Termo inicial. Data da citação. Súmula 83/STJ. Correção monetária. Ausência de interesse recursal. Recurso especial conhecido e desprovido. (...) 3. A responsabilidade civil do fornecedor por fato do produto prevista no art. 12 do CDC é objetiva, caracterizando-se quando a falha no dever de informação ao consumidor, quanto à adequada utilização do produto, e a falha na concepção (projeto de fabricação) do produto acarretarem-lhe risco ou dano à sua saúde, à integridade física ou psíquica ou à vida, desde que não comprovada a ocorrência de nenhuma causa de exclusão prevista no § 3º do art. 12 do CDC. 4. A adequação do produto com as normas técnicas vigentes à época do evento danoso e a aprovação antecedente pelo INMETRO não afastam a responsabilidade do fornecedor, pois, considerando a natureza de ordem pública e de interesse social das normas dispostas no diploma consumerista (art. 1º do CDC), estas (normas consumeristas) devem ser atendidas com primazia sobre aquelas (normas técnicas), sobretudo à luz do art. 8º do CDC, segundo o qual 'os produtos e serviços colocados no mercado não acarretarão riscos à saúde ou segurança dos consumidores'. 5. Na hipótese em julgamento, estando comprovados os defeitos de informação e de concepção do berço colocado em circulação no mercado consumidor brasileiro pela recorrente, que acarretou a morte da filha e irmã dos recorridos, de rigor é o reconhecimento da responsabilidade dessa importadora pelo fato do produto e, assim, da obrigação de reparação civil, conforme acertadamente concluíram as instâncias ordinárias, com fulcro no art. 12 do CDC, não se vislumbrando, por outro lado, a ocorrência de nenhuma das hipóteses excludentes de responsabilidade da recorrente/fornecedora previstas no art. 12, § 3º, do CDC, sobretudo à luz dos respectivos incisos I e II (...)" (REsp 2.033.737/SP, 3ª Turma, Rel. Min. Marco Aurélio Bellizze, j. 14.02.2023, *DJe* 16.02.2023).

[297] Com esse fundamento o STJ considerou abusiva a negativa de renovação do contrato de seguro pelo segurador, em razão da existência de restrições de crédito do segurado: STJ, REsp 1.594.024/SP, 3ª Turma, Rel. Min. Ricardo Villas Bôas Cueva, j. 27.11.2018, *DJe* 05.12.2018.

Parece-nos que por "pronto pagamento" deve-se entender o pagamento em dinheiro, o que no caso importa dizer, em moeda corrente nacional, com custo forçado. Fora disso, uma interpretação ampliativa do conceito permitiria admitir como tal também os cartões de débito – atualmente muito utilizados –, assim como outros instrumentos de pagamento que tenham por requisito básico transferir imediatamente, ainda que por meio eletrônico, o valor do pagamento da conta-corrente do consumidor para a conta-corrente do fornecedor. É o caso mais recente, inclusive, do chamado "PIX", viabilizado pelo Sistema de Pagamento Instantâneo (SPI) mantido pelo Banco Central do Brasil. Trata-se de um arranjo de pagamento instantâneo que se desenvolve por intermédio de infraestrutura centralizada de liquidação bruta em tempo real, em que há transferência de fundos entre seus participantes titulares de Conta de Pagamento Instantâneo (PI) mantida no BACEN para fins de liquidação, após verificação da existência de fundos, por intermédio de conexão direta entre recebedor e pagador. Segundo o artigo 2º, I, do Regulamento Anexo à Resolução do Banco Central do Brasil 195/2022, o SPI consiste na "infraestrutura centralizada de liquidação bruta em tempo real das transações realizadas no âmbito de arranjo de pagamentos instantâneos que resultam em transferências de fundos entre seus participantes titulares de Conta Pagamentos Instantâneos (Conta PI) no Banco Central do Brasil". O pagamento instantâneo, por sua vez, consiste na "transferência eletrônica de fundos, na qual a transmissão e a disponibilidade de fundos para o usuário recebedor ocorrem em tempo real e cujo serviço está disponível durante 24 (vinte e quatro) horas por dia e em todos os dias do ano" (artigo 2º, II). Para o usuário final, cliente das instituições financeiras titulares das contas PI e participantes do arranjo "PIX", confere a possibilidade de transferência de fundos, mediante ordem de crédito por meio eletrônico, ou recebimento dessas ordens pela mesma modalidade, de modo instantâneo. Note-se, nesse sentido, a impossibilidade de que, uma vez emitida a ordem, haja a revogação, perante a ausência de diferimento em seu cumprimento, que é imediato. Em tais condições, tudo leva a considerar o pagamento pelo consumidor, por intermédio de "PIX", como espécie de pronto pagamento para efeito de interpretação da lei. Entretanto, há de considerar que só existirá oportunidade de pronto pagamento pelo meio eletrônico caso o fornecedor disponha do serviço (equipamento do cartão, ou conta de pagamento instantâneo, por exemplo), e o oferecer e utilizar habitualmente para receber pagamentos.

O caráter imediato ou instantâneo da transmissão do recurso financeiro é requisito essencial, sem o qual não há de considerar qualquer procedimento abrangido pelo conceito de "pronto pagamento". Nesse sentido, afasta-se do conceito o pagamento em cheque[298] ou em cartão de crédito,[299] razão pela qual eventual negativa do fornecedor em

---

[298] "*Indenizatória. Dano moral. Loja que recusa venda a cliente que pretende pagar com cheques pós-datados. Inexistência de ilicitude. Exercício regular de um direito.* Age dentro dos limites do seu direito o comerciante que recusa a venda de mercadoria por motivo plausível. Não se verifica ilícito na conduta do comerciante em não efetuar venda a crédito de mercadorias a consumidor. Como prática abusiva tem-se a recusa do vendedor ante a pretensão de compra à vista (CDC, artigo 39, IX-A), e não a crédito mediante cheques pós-datados. Apelação improvida" (TJRS, ApCiv 70.010.594.927, 9ª Câm. Civ., Rel. Marilene Bonzanini Bernardi, j. 09.03.2005).

[299] "*Consumidor. Venda a crédito. Negativa do lojista. Inexistência de prática abusiva, que somente se caracteriza pela negativa ante a aquisição mediante pronto pagamento. CDC, artigo 39, IX-A. Dano moral não configurado.* Não colore a figura do dano moral o fato do lojista negar-se a vender a crédito ao consumidor, mormente quando este já apresentava antecedentes de pagamentos com atraso. Como prática abusiva

admitir sua utilização não há de caracterizar prática abusiva, nos termos do artigo 39, IX, do CDC. Isso, contudo, não impede que se identifique a responsabilidade do fornecedor que se disponha a oferecer e anunciar sistemas eletrônicos de pagamento, hipótese em que assume os riscos inerentes à facilidade ofertada, como eventuais falhas do sistema, ou a impossibilidade temporária da sua utilização. Assim, dispondo-se a oferecer o sistema especial de pagamentos (via cartões de débito ou crédito, *e.g.*), naturalmente responde pela confiança gerada no consumidor, o qual, nesse sentido, crê na possibilidade de realizar a contratação por intermédio de tais procedimentos.

2.3.1.4.10 Elevação de preço sem justa causa (aumento arbitrário)

A previsão como prática abusiva da elevação sem justa causa de preços (artigo 39, X) é, entre os vários tipos legais previstos no CDC, um dos que oferecem maiores desafios na sua interpretação e concreção. Isso porque, considerando o sistema econômico baseado na livre-iniciativa, a intervenção do Estado no domínio econômico só pode se dar em situações constitucionalmente autorizadas, observada a proporcionalidade.[300] Desse modo, a formação de preços submete-se à racionalidade expressa pela conhecida lei econômica da relação entre oferta e demanda,[301] com o devido cuidado, entretanto, para assegurar a intervenção constitucionalmente definida para a proteção do consumidor (artigo 5º, XXXII e artigo 170, V, da Constituição), e da livre concorrência (artigos 170, IV, e 173 da Constituição).

O texto do artigo 39, inciso X, não estava previsto na redação original do CDC. Foi introduzido pela antiga Lei de Defesa da Concorrência (artigo 87 da Lei 8.884/1994), aliás, em longa tradição estabelecida no direito brasileiro de repressão ao denominado *aumento arbitrário de lucros*. O artigo 2º, inciso II, da Lei 4.137 de 10 de setembro de 1962, já estabelecia como forma de abuso de poder econômico "elevar sem justa causa os preços, no caso de monopólio natural ou de fato, com o objetivo de aumentar arbitrariamente os lucros sem aumentar a produção". Associava as noções de elevação sem justa causa de preços e o exercício de posição monopolista, realizando o comando do artigo 148 da Constituição brasileira de 1946, que confiava à lei tarefa de reprimir todas as formas de abuso do poder econômico, inclusive as que tivessem por fim "aumentar arbitrariamente os lucros". O artigo 157, VI, da Constituição de 1967 relacionou como princípio da ordem econômica a "repressão ao abuso do poder econômico, caracterizado pelo domínio dos mercados, a eliminação da concorrência e o aumento arbitrário dos lucros".

Por sua vez, a Lei Delegada 4, de 26 de setembro de 1962, recepcionada pela Constituição de 1988,[302] conferiu ao Estado competência para fixação de preços máximos, visando

---

tem-se a recusa do vendedor ante a pretensão de compra à vista, o que não é o caso, já que a pretensão da compradora era de financiar o débito. Portanto, como se tratava de venda financiada não tem incidência tal dispositivo consumerista, não se colorindo a figura da prática abusiva. Inexistência de lançamento do nome da pretendente compradora perante o SPC. Ausência da prova de cobrança de débito inexistente. Dano moral não configurado. Demanda julgada improcedente em primeiro grau. Sentença confirmada por maioria" (TJRS, ApCiv 70.004.074.266, 10ª Câm. Civ., Rel. Luiz Ary Vessini de Lima, j. 05.09.2002).

[300] Da mesma forma, identificando especialmente a proporcionalidade como novo princípio do direito europeu, aplicável tanto a contrato empresariais, civis e de consumo, veja-se: REICH, Norbert. *General principles of EU Civil Law*. Cambridge: Intersentia, 2014. p. 182-183.

[301] STJ, REsp 1.855.136/SE, 3ª Turma, Rel. Min. Marco Aurélio Bellizze, j. 15.12.2020, *DJe* 18.12.2020.

[302] STF, AI 268.857 – AgR, 2ª Turma, Rel. Min. Marco Aurélio, j. 20.02.2001, *DJ* 04.05.2001.

impedir lucros excessivos (artigo 6º, IV). A Lei 8.884/1994, por sua vez, teve introduzido o inciso XXIV ao seu artigo 21, definindo como infração à ordem econômica "impor preços excessivos, ou aumentar sem justa causa o preço de bem ou serviço".

A Lei de Defesa da Concorrência, atualmente em vigor (Lei 12.529, de 30 de novembro de 2011), preferiu definir no seu artigo 36, inciso III, como infração à ordem econômica, pela qual os agentes econômicos respondem independentemente de culpa, os atos que tenham por objetivo "aumentar arbitrariamente os lucros", mesmo que esses efeitos não tenham sido alcançados.

Os conceitos do direito da concorrência e do direito do consumidor associam-se até certo ponto, em diversas situações fáticas nas quais incidem em comum, embora com as naturais dificuldades de demonstração no caso concreto.[303] A pergunta é se a definição prevista na legislação de proteção do consumidor conquistou autonomia em relação àquela da evolução das normas concorrenciais.

Há importantes distinções que devem ser consideradas. No artigo 39, inciso X, do CDC, veda-se a *elevação de preços sem justa causa*. Sua aplicação corrente permite a proteção do consumidor da prática de preços elevados mesmo na ausência de contrato prévio entre as partes. Distingue-se claramente do *aumento arbitrário de lucros*, cujas razões podem ser outras, que nem sequer signifiquem necessariamente lucro excessivo, lembrando-se que a empresa poderá, mesmo assim, ser ineficiente ou eliminar lucros por intermédio de outros recursos, como o planejamento fiscal.[304] Embora não se perca de vista uma possível ou provável relação de causa e consequência, não se pode afirmar peremptoriamente que em razão do aumento de preços *sem justa causa* haja o aumento *arbitrário* dos lucros.[305]

A elevação de preços sem justa causa não é conceito desconhecido no direito da concorrência; ao contrário. A antiga Lei 8.884/1994 dispunha, inclusive, de critérios bastante úteis para determinar a ocorrência da hipótese. O parágrafo único do seu artigo 21 definia entre os critérios para caracterizar a imposição de preços excessivos ou do aumento injustificado de preços, além de outras circunstâncias econômicas e mercadológicas relevantes: o comportamento do custo dos insumos ou a introdução de melhorias de qualidade; o preço anterior do produto, quando se tratasse de sucedâneo sem alterações substanciais; o preço de produtos e serviços similares ou sua evolução, em mercados competitivos comparáveis; e a existência de ajuste ou acordo que implicasse a majoração de preços ou de custos (cartel).

Trazia a lei nada mais do que lições elementares de economia. E da mesma forma, estabelecia uma distinção essencial, entre *imposição de preços excessivos* e *aumento injustificado de preços*. A imposição de preços excessivos era necessariamente espécie de concretização do exercício abusivo de posição dominante. Havia o poder de impor, em razão da posição dominante, e justamente o seu exercício caracterizava o abuso. Por sua

---

[303] STJ, REsp 1.296.281/RS, 2ª Turma, Rel. Min. Herman Benjamin, j. 14.05.2013, *DJe* 22.05.2013.

[304] SALOMÃO FILHO, Calixto. *Direito concorrencial*: as estruturas. São Paulo: Malheiros, 1998. p. 86.

[305] TJRS, ApCiv e Reexame Necessário 70.059.453.456, 17ª Câmara Cível, Rel. Liege Puricelli Pires, j. 25.09.2014. No mesmo sentido: ApCiv 70.062.718.671, 18ª Câmara Cível, Rel. Pedro Celso Dal Pra, j. 26.02.2015.

vez, o aumento injustificado de preços também pode ser associado à posição dominante de mercado, mas não apenas.

É a ausência dessa distinção que faz com que muitos juristas só admitam, até hoje, o caráter infracional do aumento de preços sem justa causa, se praticado por titular de posição dominante, de modo a caracterizar seu exercício abusivo, ou seja, não reconhecem a autonomia do tipo infracional da elevação sem justa causa de preços não só na legislação concorrencial, mas também no próprio Código de Defesa do Consumidor. O exame do artigo 39, X, do CDC, contudo, permite uma distinção. Não se podem identificar como sinônimos as hipóteses de aumento *excessivo* e aquele *sem justa causa*. Há mercados regulados em que o aumento de preços se dá apenas nos limites em que as normas regulatórias permitem,[306] mediante tabelamento ou fixação de preços máximos. Por outro lado, a evolução natural dos preços, em decorrência da conjuntura econômica, não será considerada elevação sem justa causa. A hipótese mais comum será a situação em que se verificar a elevação dos custos que compõem o preço. É natural que diante desse fato não se possa exigir do fornecedor que mantenha estável ou reduza seu lucro, o que só pode ser adotado, em limites racionais, de modo voluntário, como estratégia para atração de clientela.

A interpretação e a aplicação do artigo 39, X, do CDC também devem conhecer as regras básicas da formação de preços, tais como o reconhecimento dos custos de produção e a aplicação a estes, de índice ou percentual (*mark up*) que permita abranger os demais custos não considerados nos custos de produção, tais como os tributos, as comissões e o próprio lucro desejado, de modo a se chegar a um preço referencial.[307] Da mesma forma, devem ser considerados os custos indiretos rateados por toda a produção, cujo impacto dependerá da escala em que são produzidos os produtos, a fim de que se possam obter seu custo unitário e os chamados custos não padronizados, por exemplo, no caso da loja que, ao aceitar vários cartões como meio de pagamento, remunera cada um deles com taxas distintas.

No caso da formação do preço de serviços, ainda há outros elementos a serem considerados, como a incerteza quanto ao tempo de execução e os custos de mobilização e desmobilização de equipe, eventual desistência de clientes e os investimentos feitos para realizar a prestação.

Isso não significa que o fornecedor deva ser mero repassador de custos. A rigor, seu propósito racional deverá ser sempre o de oferecer produtos e serviços de qualidade com preços competitivos, vale dizer, que tenha aptidão para atrair o consumidor.

Desse modo, o aumento de preços sem justa causa revela uma anormalidade. A noção de justa causa, nesse caso, é decisiva. Pode a causa da elevação de preços ser o aumento da demanda? Em termos normais, é certo que sim. A pergunta, contudo, é se há um limite para essa elevação de preço em vista das razões que dão causa ao aumento da demanda.

---

[306] STF, RMS 28.487, 1ª Turma, Rel. Min. Dias Toffoli, j. 26.02.2013, *DJe* 15.03.2013.

[307] MARTINS, Eliseu. *Contabilidade de custos*. 9. ed. São Paulo: Atlas, 2003; BRUNI, Adriano Leal; FAMÁ, Rubens. *Gestão de custos e formação de preços*. 5. ed. São Paulo: Atlas, 2009. p. 282.

Será dito em oposição: mas o mercado se autorregula. Se um fornecedor aumentar os preços de modo excessivo, perderá consumidores. Em um mercado de concorrência perfeita, é possível. A hipótese do artigo 39, X, do CDC não parece se aplicar a essas situações, mas àquelas em que o fornecedor eleva preços de modo excessivo, mantendo clientela, sobretudo em vista de sua catividade ou extrema necessidade. No caso da prestação de serviços, hipoteticamente considerem-se contratos de longa duração, nos quais o consumidor enfrente certos obstáculos para migrar de um concorrente a outro, tais como prazo de carência para fruição dos serviços, cláusulas de fidelização, ou simplesmente entraves burocráticos comuns, como ligações intermináveis, ou uma série de providências sucessivas que devem ser adotadas para encerrar a contratação. É essa dependência ou catividade que fará com que parcela de consumidores, mesmo percebendo o aumento excessivo, mantenha-se vinculada ao contrato original.

O conceito de elevação sem justa causa de preços, prática abusiva prevista no artigo 39, X, do CDC, não se confunde com a de aumento arbitrário de lucros previsto na legislação concorrencial, nem pressupõe a existência de abuso de posição dominante, como sustenta certa linha de interpretação no direito concorrencial. A elevação sem justa causa de preços é espécie de abuso no exercício da liberdade negocial do fornecedor, segundo a dogmática própria das práticas abusivas na legislação de defesa do consumidor. Isso não faz com que qualquer aumento de preços – mesmo se for para maximização dos lucros – seja *per se* abusivo, afinal, está-se em uma economia de mercado. No entanto, há limites que deverão ser considerados, associados à boa-fé e à própria vulnerabilidade do consumidor em dada situação específica.

Embora com origem na tradição legislativa do direito da concorrência no Brasil, e associando, inicialmente, às noções da elevação sem justa causa de preços e aumento arbitrário de lucros com o abuso da posição dominante de mercado, a definição da prática abusiva prevista no Código de Defesa do Consumidor assume autonomia, em vista dos interesses dos consumidores. Isso faz com que a identificação e a sanção da prática de elevação sem justa causa do preço de produtos e serviços prevista no CDC não dependam, necessariamente, da identificação do abuso de posição dominante, tampouco do aumento dos lucros do fornecedor.

Da mesma forma, refira-se que há larga tradição, no direito ocidental, na definição jurídica de *justa causa* e *justo preço*. A noção de causa, em direito privado, embora tenha sentido plurissignificativo, mereceu maior acolhida em nosso sistema a partir da noção objetiva, funcional – sobretudo no exame da causa dos contratos,[308] de modo a identificar-se como a razão objetiva pela qual se reconhece dada solução de direito, ou o ajuste e prestações das partes nos contratos (causa sinalagmática). Nessa visão, a causa dos contratos é identificada segundo sua função. A noção de uma *justa causa*, em matéria de elevação de preços, contudo, vai associar-se à formação do princípio da equivalência material, que acompanha todo o desenvolvimento do direito privado, com fases de maior ou menor destaque ao longo da história.[309]

---

[308] Desenvolvemos melhor o tema, acerca da causa dos contratos em: MIRAGEM, Bruno. *Direito bancário*. São Paulo: Ed. RT, 2013. p. 269 e ss.

[309] Veja-se sobre seu ressurgimento contemporâneo em: WIEACKER, Franz. *História do direito privado moderno*. Trad. Antônio Manuel Hespanha. Lisboa: Fundação Calouste Gulbenkian, 1993. p. 599.

As origens do princípio da equivalência material associam seu desenvolvimento filosófico (especialmente em Aristóteles e sua noção de justiça distributiva) e o reconhecimento pelo próprio direito. Já no direito romano, a partir do século III d.C., o Imperador Deocleciano admite a lesão enorme (*laesio enormis*) para a proteção dos vendedores com relação ao comprometimento do preço da coisa, sustentando-se o conceito na consideração de que cada bem tem seu preço justo (*iustum pretius*)[310]. Essa noção será depois desenvolvida na Idade Média[311] – especialmente a partir da influência da doutrina cristã sobre o direito, servindo como veículo da aversão da Igreja às atividades que visavam o lucro e a usura.[312] Em termos conceituais, afirma-se pela necessidade de guardar uma relação de equivalência entre o valor do produto e o valor do que se pode adquirir com o dinheiro pelo qual foi vendido, de um estimado comum entre as partes.

Atualmente, a violação do princípio da equivalência material dos contratos associa-se às noções de *desvantagem exagerada* ou *desequilíbrio significativo*.[313] Essa ideia de desequilíbrio significativo admite duas compreensões: uma *moral* e outra *econômica*. A primeira exigirá um abuso da posição por parte daquele que tem o poder de impor o preço, normalmente em um comportamento desleal, violador da boa-fé. A compreensão econômica, por sua vez, concentra-se na identificação no desequilíbrio centrado nos custos e riscos da operação.[314]

No direito do consumidor, em uma primeira visão, percebe-se a ausência de justa causa, caracterizadora da prática abusiva proibida, como uma elevação de preços que não seja justificada pelo respectivo aumento dos custos da atividade. Conforme Antonio Herman Benjamin, "em princípio, numa economia estabilizada, elevação superior aos índices de inflação gera uma presunção – relativa, é verdade – de carência de justa causa".[315]

Em um regime de livre-iniciativa, contudo, diante da ausência de controle direto de preços, não se pode, *a priori,* retirar do fornecedor a possibilidade de readequar os preços de seus produtos e serviços, inclusive para – se entender correto – aumentar sua margem de lucro. O abuso estará presente quando isso se der de forma dissimulada, ou ainda quando houver claro aproveitamento da posição dominante que exerce perante o consumidor (aqui bem entendido, em sentido que lhe reconhece no direito do consumidor e dos contratos em geral – desigualdade de posição contratual –, e não exatamente aquele desenvolvido no direito da concorrência). Identifica-se no comportamento do fornecedor a deslealdade em sua relação com os consumidores, como ocorre, por exemplo, quando

---

[310] KASER, Max; KNÜTEL, Rolf. *Römisches Privatrecht*. 20. Auflage. München: Verlag C.H.Beck, 2014. p. 244.

[311] Segundo Jacques Le Goff, o sistema de preços na Idade Média, ao lado de reclamos de solidariedade social, também assiste a influência crescente da formação de burocracia estatal e seu esforço para a coleta de impostos (LE GOFF, Jacques. *Lo sterco del diavolo*. Il denaro nel medievo. Roma: Laterza, 2010. p. 148).

[312] O cerne da concepção cristã de justo preço permanece válido segundo o pensamento católico, em especial na denominada doutrina social da Igreja. A respeito, veja-se: ÁVILA, Fernando Bastos de. *Pequena enciclopédia da doutrina social da Igreja*. 2. ed. São Paulo: Loyola, 1993. p. 376.

[313] MARTINS, Fernando Rodrigues. *Princípio da justiça contratual*. São Paulo: Saraiva, 2009. p. 356 e ss.

[314] STOFFEL-MUNCK, Philippe. *L'abus dans le contrat*. Essai d'une théorie. Paris: LGDJ, 2000. p. 330-332.

[315] BENJAMIN, Antonio Herman de Vasconcellos *et al. Código Brasileiro de Defesa do Consumidor comentado pelos autores do anteprojeto*. 8. ed. Rio de Janeiro: Forense, 2005. p. 381.

há discriminação entre eles, cobrando-se preços diferenciados, nas mesmas circunstâncias negociais, por um mesmo produto ou serviço.[316] Aliás, práticas abusivas de modo geral o são em razão da deslealdade em face do consumidor considerado individualmente ou em grupo.[317]

Não podem ser considerados abusivos, por igual, os aumentos de preços que se justifiquem por propósito de diferenciação entre consumidores motivado por objetivos de política tarifária (seja para suportar maiores custos/investimentos ou para promover objetivos de solidariedade social).[318]

2.3.1.4.11 Aplicação de fórmula ou índice de reajuste diverso do previsto na lei ou no contrato

O inciso XIII, introduzido no artigo 39 do CDC pela Lei 9.870/1999, que dispôs sobre o reajuste de mensalidades escolares, qualifica como prática abusiva "aplicar fórmula ou índice de reajuste diverso do legal ou contratualmente estabelecido". Fica evidenciado que a norma em questão visa à proteção do equilíbrio contratual, reproduzindo efeito que se verifica no artigo 51 do CDC, ao definir como abusiva cláusula contratual que permita a alteração unilateral do preço (inciso X), ou do conteúdo do contrato (inciso XIII). A rigor, contudo, a enunciação da conduta como prática abusiva tem predomínio de finalidade pedagógica, uma vez que, independentemente da indicação expressa, é certo que aplicação de fórmula ou índice de reajuste de modo unilateral pelo fornecedor será vedada se não prevista em lei ou no contrato.

A utilidade dessa previsão da prática abusiva, todavia, é reconhecida na medida em que, tendo previsto espécie de ilícito civil,[319] não existindo disposição contratual que reconheça a possibilidade de alteração unilateral, a conduta do fornecedor que a promova não se reportará necessariamente ao contrato, ajuste ou norma preexistente. Nessa situação, o consumidor prejudicado deveria reportar-se à mera violação genérica do contrato, diante da ausência de autorização que, se existisse, seria considerada abusiva (artigo 51, X e XIII). A caracterização do ilícito civil permite desde logo que se identifique a violação do direito e, com isso, a possibilidade tanto de recusa do consumidor, e o exercício do direito de resolução, quanto da manutenção do contrato, nos termos originariamente ajustados. Da mesma forma, facilita o controle de tais práticas pelos órgãos de defesa do consumidor, Ministério Público e associações de consumidores, via exercício das competências dos primeiros, e da legitimação de todos para a promoção da tutela coletiva dos consumidores.

---

[316] Assim sustentam: DIAS, Daniel; NOGUEIRA, Rafaela; QUIRINO, Carina de Castro. Vedação à discriminação de preços sem justa causa: uma interpretação constitucional e útil do art. 39, X, do CDC. *Revista de Direito do Consumidor*, São Paulo, v. 121, p. 51-97, jan./fev. 2019.

[317] Veja-se a definição do art. 5º da Diretiva 2005/29/CE: "Uma prática comercial é desleal se: a) for contrária às exigências de diligência profissional; e b) Distorcer ou for susceptível de distorcer de maneira substancial o comportamento económico, em relação a um produto, do consumidor médio a que se destina ou que afecta, ou do membro médio de um grupo quando a prática comercial for destinada a um determinado grupo de consumidores".

[318] STJ, AgRg no REsp 1.121.617/PR, 2ª Turma, Rel. Min. Castro Meira, j. 14.04.2011, *DJe* 27.04.2011.

[319] BENJAMIN, Antonio Herman de Vasconcellos *et al. Código Brasileiro de Defesa do Consumidor comentado pelos autores do anteprojeto.* 8. ed. Rio de Janeiro: Forense, 2005. p. 381.

2.3.1.5 Proibição da discriminação injusta do consumidor

A proteção do consumidor funda-se na igualdade substancial, superando a noção de que igualdade formal ("todos iguais perante a lei") para reconhecer situações em que é necessária a tutela do sujeito vulnerável – nas relações de consumo, o consumidor perante o fornecedor. Fundamenta-se a intervenção do Estado, a partir de critérios juridicamente legítimos, visando à tutela de determinada posição jurídica do sujeito vulnerável.[320] Situações como essa do consumidor, e todas aquelas que digam respeito à proteção de interesses dos vulneráveis, são muitas vezes definidas como uma discriminação positiva, assim entendida aquela que é legitimada por critérios não apenas reconhecidos, mas promovidos pelo direito (assim também as ações destinadas à promoção de grupos vulneráveis = *ações afirmativas*).[321] Ao tratar-se da discriminação, porém, o sentido mais comum conduz ao exame da conduta antijurídica, de *discriminação injusta*, sobretudo nos casos de proibição àquela que se dê por critérios expressamente vedados. No direito brasileiro, a proibição à discriminação (artigo 3º, IV) e a igualdade entre homens e mulheres "em direitos e obrigações" são expressas e solenemente afirmadas na Constituição da República (artigo 5º, I).[322] O Código de Defesa do Consumidor, por sua vez, assegura como princípios a liberdade de escolha e a igualdade nas contratações (artigo 6º, II), cujo sentido e alcance supõem a incidência das normas que proíbem a discriminação.

A livre-iniciativa econômica assegurada pela Constituição é delimitada pela proibição à discriminação injusta. No âmbito dos contratos do consumo, o exercício da autonomia privada, especialmente por intermédio da liberdade de contratar, será conformado pela legislação. Não há, em abstrato, como obrigar alguém a celebrar contrato com outra pessoa. Contudo, se alguém se dispõe a ofertar no mercado produtos e serviços, a recusa de contratar deve fundar-se em motivo legítimo. Outra situação é a relativa à diferenciação sobre o conteúdo do contrato, como ocorre com relação à prática de preços ou condições distintas entre consumidores, quando motivada por critério subjetivo, depreciativo de uma das partes. É o que pode ocorrer, por exemplo, no caso da diferenciação de preços entre homens e mulheres, se ela não estiver fundada em critérios legítimos. No direito comunitário europeu, diretiva específica sobre o tema estabelece que a diferenciação só será admitida "se o fornecimento de bens e a prestação de serviços exclusivamente ou prioritariamente aos membros de um dos sexos for justificado por um objetivo legítimo e os meios para atingir esse objetivo forem adequados e necessários" (artigo 4º, item 5, da Diretiva 2004/113/CE).

---

[320] MIRAGEM, Bruno. Discriminação injusta e o direito do consumidor. *In*: BENJAMIN, Antonio Herman; MARQUES, Claudia Lima; MIRAGEM, Bruno (org.). *O direito do consumidor no mundo em transformação*: em comemoração aos 30 anos do Código de Defesa do Consumidor. São Paulo: Ed. RT, 2020. No direito argentino, veja-se: STIGLITZ, Gabriel; SAHIÁN, José. El principio antidiscriminatório en el derecho del consumidor. *Revista de Direito do Consumidor*, São Paulo, v. 136, p. 121-143, jul./ago. 2021.

[321] MARQUES, Claudia Lima; MIRAGEM, Bruno. *O novo direito privado e a proteção dos vulneráveis*. 2. ed. São Paulo: Ed. RT, 2014. p. 10.

[322] A proibição constitucional à discriminação injusta projeta-se, inclusive, na jurisprudência do Supremo Tribunal Federal, no controle de constitucionalidade de leis que a promovam ou expressem (ADPF 291, Rel. Min. Roberto Barroso, j. 28.10.2015, *DJe* 11.05.2016), bem como ao favorecer a punição dos crimes que a beneficiem (HC 82.424, Rel. p/ o ac. Min. Maurício Corrêa, j. 17.09.2003, *DJ* 19.03.2004).

No direito norte-americano, a discriminação nas contratações observou caso paradigmático, julgado pela Suprema Corte, envolvendo florista que, em razão de sua crença religiosa, negou-se a fornecer flores para a decoração de um casamento entre pessoas do mesmo sexo, que já eram seus clientes há cerca de nove anos. A florista em questão foi demandada pelos próprios consumidores e pelo Estado de Washington por discriminação e consequente violação da lei de proteção do consumidor daquele estado (*Arlene's Flowers* Inc. *v. Washington*). O caso foi julgado procedente pela Suprema Corte do Estado de Washington, com base na violação do *Washington State Law Against Discrimination*, que prevê expressamente a proibição de discriminação por orientação sexual em locais públicos.[323] A decisão estadual, contudo, foi anulada pela Suprema Corte dos Estados Unidos por razões processuais, retornando para novo julgamento, que ocorreu em junho de 2019. Na ocasião, a Corte estadual confirmou sua decisão anterior. Novo recurso (*writ of ceritiorari*) foi apresentado, então, pela defesa da florista à Suprema Corte dos Estados Unidos.

Um segundo caso julgado pela Suprema Corte dos Estados Unidos foi o *Masterpiece Cakeshop v. Colorado Civil Rights Commission*, no qual foi objeto de exame a possibilidade de uma confeitaria negar-se a fornecer o bolo para os festejos de um casamento entre pessoas do mesmo sexo, também com fundamento na liberdade de crença religiosa. Nesse caso, a Suprema Corte decidiu, por maioria (7 a 2), que a decisão da Comissão de Liberdades Civis do Estado do Colorado – que havia considerado discriminatório o ato praticado – não respeitou a liberdade religiosa e o direito de propriedade do fornecedor. Não se deixa de registrar que, mais recentemente, em junho de 2023, a Suprema Corte, também por maioria (6 a 3) em novo caso (*303 Creative LLC v. Ellenis*)[324], considerou legítimo a um desenvolvedor de *sites* para internet recusar, sob a alegação de motivação religiosa de sua proprietária, Lorie Smith, a atender um casal de pessoas do mesmo sexo que pretendiam contratar seus serviços.

No direito brasileiro, no tocante à disciplina das relações de consumo, duas situações fundamentais devem ser consideradas para identificar a extensão da proteção contra a discriminação. A primeira é a recusa imotivada de contratação com o consumidor, o que é expressamente proibida pelo artigo 39, II, do CDC, como espécie de prática abusiva. A segunda é a diferenciação quanto às condições da contratação, sem que exista critério objetivo legítimo que a justifique. Nesse caso, será objeto de divergência, precisamente, o critério da distinção entre consumidores diversos. Além da recusa de contratar sem razão legítima, o CDC prevê como prática abusiva "repassar informação depreciativa, referente a ato praticado pelo consumidor no exercício de seus direitos" (artigo 39, VII).

---

[323] Segundo o entendimento dominante, divulgado pela Comissão de Direitos Humanos do Estado de Washington, o *place of public accommodation* a que se refere a norma, compreende qualquer lugar que vende mercadorias, oferece comida ou bebida por um preço, é um local de entretenimento, recreação, ou hospedagem, assim como escolas, prédios governamentais, bibliotecas, museus, médicos, escritórios, transportes públicos e teatros. Veja-se, a respeito, o *Guide to sexual orientation and gender identity and the Washington State Law Against Discrimination*, publicado pela *Washington State Human Rights Commission*. Disponível em: https://www.hum.wa.gov/sites/default/files/public/publications/Updated%20SO%20GI%20Guide.pdf. Acesso em: 15 jul. 2020.

[324] Disponível em: https://www.supremecourt.gov/opinions/22pdf/21-476_c185.pdf.

Se essa informação for utilizada como critério para a diferenciação do consumidor, será o caso de discriminação injusta.[325]

A discriminação injusta de consumidores é proibida, mas pode resultar especialmente de duas situações: na *recusa de contratar* e na *diferenciação das condições de contratação*. O modo como ela se dá é variável, ganhando relevo, atualmente, a que decorre do tratamento de dados pessoais, em especial diante das novas possibilidades de sua realização por intermédio de estratégias de programação de algoritmos (*discriminação algorítmica*), e os meios para prevenir os riscos de sua realização.

Discriminação é expressão resultante de *discrímen*, de origem latina, indicando o que separa, separação, diferença. Discriminar é diferenciar, pressupõe escolhas. E fazer escolhas é algo inerente à liberdade humana: separam-se do conjunto das pessoas um grupo de amigos, ou entre produtos, os de melhor qualidade, ou que tenham certas características, em toda sorte de preferências.[326] Toda escolha separa, elege alguns em detrimento de outros. No entanto, o que transforma uma escolha, ato de liberdade, em discriminação injusta – daí, portanto, objeto de repressão pelo direito?

Entre as propostas de explicação compreensiva da questão, merece registro a oferecida por Roger Raupp Rios, segundo a qual são merecedores de proteção contra discriminação grupos que: a) se sujeitam histórica e intencionalmente a um tratamento desigual pela maioria; b) são vítimas de um processo de estigmatização; c) são objeto de preconceito e hostilidade difusos; d) recebem tratamento desigual decorrente de estereótipos sobre suas capacidades; e) constituem parcela minoritária e pouco expressiva, com participação política seriamente prejudicada; f) têm nas características próprias, imutáveis (ou muito dificilmente modificáveis) e constituintes de sua identidade o fundamento da diferenciação; e g) apresentam, como causa da discriminação uma característica irrelevante para sua participação positiva na sociedade.[327]

Esses critérios são indissociáveis de certa compreensão histórico-cultural, que fazem com que tais fatores sirvam, em determinado estágio, a promover a discriminação injusta. No direito alemão, a Lei Geral de Igualdade de Tratamento (*Allgemeines Gleichbehandlungsgesetz – AGG*), de 2006, proíbe a diferenciação por raça, origem étnica, gênero, religião ou crença, deficiência, idade e identidade sexual (§ 1º). Seu âmbito de aplicação envolve, entre outros, o acesso e o fornecimento de bens e serviços ao público, incluindo habitação (§ 2º). Admite-se, contudo, a possibilidade de diferenciação por critérios objetivos, sem que se caracterizem como discriminação injusta (§ 20).

---

[325] A regra do art. 39, VII, do CDC tem o objetivo de impedir a formação das denominadas "listas negras" de consumidores, criando embaraço para o exercício regular do direito. Caso em que, conforme já mencionamos, "nada impede a inversão do ônus da prova quando as circunstâncias do caso o autorize, indicando ao fornecedor que recusa fornecimento – e de que se suspeita basear-se em uma 'lista negra' – que seja instado a demonstrar as razões objetivas que determinaram a recusa da contratação ou a inadequação do consumidor a um determinado padrão de contratação admissível" (MIRAGEM, Bruno. *Curso de direito do consumidor*. 8. ed. São Paulo: Ed. RT, 2019. p. 404).

[326] NEUNER, Jörg. Diskriminierungsschutz durch Privatrecht. *JuristenZeitung*, Tübingen, v. 58, n. 2, p. 57-66, jan. 2003, em especial, p. 63.

[327] RIOS, Roger Raupp. *Direito antidiscriminação*: discriminação direta, indireta e ações afirmativas. Porto Alegre: Livraria do Advogado, 2008. p. 55.

No mercado de consumo, as situações de discriminação são diversificadas. Alguns anos atrás, o tema envolveu, no Brasil, a tentativa de restrição do acesso a *shopping centers* por grupos de adolescentes pobres, ou de classe média baixa, para encontros agendados pelas redes sociais (o que se denominou, à época, de "rolezinho"). A pergunta era se seria lícito aos administradores dos *shopping centers* impedir o acesso desses grupos sob a alegação de razões de segurança ou bem-estar dos demais clientes.[328]

Nas relações econômicas de mercado, há inúmeras questões que suscitam reflexões apuradas no ponto. Constitui-se infração à ordem econômica, segundo a Lei de Defesa da Concorrência, "discriminar adquirentes ou fornecedores de bens ou serviços por meio da fixação diferenciada de preços, ou de condições operacionais de venda ou prestação de serviços" (artigo 36, § 3º, *d*, X, da Lei 12.529/2011). Ninguém terá dúvida, contudo, que, se um empresário for procurado por alguém que lhe compre dez mil itens de determinado produto, será lícito que defina preço unitário menor do que o que cobrará de quem adquirir apenas um ou dois itens. A liberdade de formação do preço, que é parte da liberdade de formação do conteúdo do contrato (liberdade contratual), compreende-se no exercício da autonomia privada. Apenas o excesso ou o motivo ilegítimo – como será o caso da decisão motivada pela discriminação segundo critério que a Constituição proíbe – poderá ser considerado espécie de atuação antijurídica.

A discriminação injusta também é objeto de necessária atenção no domínio dos seguros privados. Afinal, a matéria-prima dos seguros é a correta avaliação dos riscos, sua estimação econômica e diluição entre uma massa de segurados, sob a administração e *expertise* do segurador.[329] Conceitualmente, o prêmio a ser pago pelo segurado ao segurador, para a garantia de determinados riscos, será calculado conforme as características do risco, servindo-se, para tanto, da ciência atuarial na análise de uma série de informações

---

[328] A jurisprudência brasileira, nesse tema, oscila entre o entendimento de que se trata de uma discriminação inadmissível, especialmente de crianças de classe social mais baixa (*e.g.*, TJSP, Apelação Cível 1035431-30.2014.8.26.0506, 31ª Câmara de Direito Privado, Rel. Francisco Casconi, j. 03.03.2020), e outras que identificam a necessidade de proteção da livre-iniciativa e do direito de propriedade dos lojistas e da própria administradora do *shopping center* (*e.g.*, TJSP, Apelação Cível 1038186-34.2017.8.26.0114, 31ª Câmara de Direito Privado, Rel. Paulo Ayrosa, j. 16.09.2019). Por essa razão, identifica-se o exercício regular do direito ao restringir o ingresso de jovens para participar da atividade, sob o argumento de proteger a segurança dos demais consumidores (TJRS, Apelação Cível 70.078.178.514, 9ª Câmara Cível, Rel. Eduardo Kraemer, j. 08.08.2018). Da mesma forma, encontra-se o entendimento que, ao exigir a demonstração da conduta ilícita da administradora do *shopping*, ausente ela, julgou improcedente a demanda (TJSP, Apelação Cível 1027562-71.2016.8.26.0562, 3ª Câmara de Direito Privado, Rel. Donegá Morandini, j. 25.03.2019). Em sentido contrário, há decisões sustentando a responsabilidade objetiva da administradora do *shopping center* pelo impedimento indevido de ingresso do consumidor, sob o argumento de que participaria de "rolezinho" (TJRS, Apelação Cível 70.082.595.422, 9ª Câmara Cível, Rel. Tasso Caubi Soares Delabary, j. 27.05.2020). Registrem-se, ainda, situações em que foi reconhecida a discriminação injusta em razão da orientação sexual dos consumidores que foram impedidos de ingressar no *shopping center* depois de terem participado de manifestação pacífica de orgulho LGBT (TJSP, Apelação Cível 1015946-60.2015.8.26.0554, 32ª Câmara de Direito Privado, Rel. Ruy Coppola, j. 03.03.2020). Por outro lado, regular a restrição de ingresso em estabelecimento ao consumidor que esteja com seios e nádegas à mostra, exigindo certa austeridade na vestimenta, não cabendo, *per se*, a alegação de discriminação por orientação sexual (TJRS, Apelação Cível 70.074.526.799, 9ª Câmara Cível, Rel. Eduardo Kraemer, j. 25.10.2017).

[329] MIRAGEM, Bruno. O direito dos seguros no sistema jurídico brasileiro: uma introdução. *In*: MIRAGEM, Bruno; CARLINI, Angélica (org.). *Direito dos seguros*: fundamentos de direito civil, direito empresarial e direito do consumidor. São Paulo: Ed. RT, 2014. p. 25 e ss.

disponíveis sobre ele. Admite-se, em termos técnicos, a seleção do risco. Vale referir que, nos estudos sobre discriminação no direito privado, distinguem-se também as situações de restrição ou exclusão que se fundamentem em decisões voluntárias da pessoa eventualmente prejudicada e aquelas que se apoiem em critérios sobre os quais o prejudicado não tenha qualquer interferência (por exemplo, sua raça).[330]

Percebem-se, portanto, as dificuldades do sensível tema da discriminação injusta no direito do consumidor. As premissas do debate, contudo, são conhecidas. De um lado, a oferta de produtos e serviços pelos fornecedores no mercado de consumo impõe-lhes um dever de cumprimento, nos exatos termos de seu conteúdo (artigo 30 do CDC). Regras do CDC como as que proíbem a recusa de atendimento às demandas dos consumidores (artigo 39, II), ou recusar a venda de bens ou a prestação de serviços diretamente a quem se disponha a adquiri-los mediante pronto pagamento (artigo 39, IX), conduzem à ideia de um *dever de contratar* que afasta do fornecedor qualquer discricionariedade para a escolha de quais consumidores serão atendidos. A recusa da contratação, assim, para que não se caracterize como discriminação injusta, deverá ser suportada por critério lógico e juridicamente admitido para diferenciação (exemplo: não se concede crédito àquele que não oferece garantias), a ser reproduzido sem distinção a todos os consumidores que se encontrem na mesma condição. Fala-se, por outro lado, que seja "juridicamente admitido", o que naturalmente excluirá a possibilidade de que se utilize, como critério de diferenciação, algum fator que ofenda direitos fundamentais do consumidor (entre os quais os expressamente proibidos pela Constituição).

2.3.1.5.1 Discriminação e recusa a contratar

Afinal, quem oferta produtos e serviços no mercado de consumo pode se recusar a fornecê-lo a alguém que se interesse em contratar? O sentido tradicional da liberdade de contratar como expressão da autonomia privada sempre compreendeu a possibilidade de as partes decidirem celebrar ou não o contrato. Decidirem, portanto, segundo sua conveniência, se contratam, com quem contratam e quando fazê-lo. Em tais fundamentos é que a oferta ao público, segundo disciplina do artigo 429 do Código Civil, é revogável, um "convite a contratar" (*invitatio ad offerendum*), de modo que o ofertante pode decidir não efetivar o contrato, ainda que tenha prometido originalmente fazê-lo.

No contrato de consumo, o perfil tradicional da oferta é pontuado por alterações significativas. O artigo 30 do CDC dispõe que "toda informação ou publicidade, suficientemente precisa, veiculada por qualquer forma ou meio de comunicação com relação a produtos e serviços oferecidos ou apresentados, obriga o fornecedor que a fizer veicular ou dela se utilizar [...]". Nesse sentido, a eficácia vinculativa da oferta não se estende apenas ao conteúdo da contratação se ela vier a ser celebrada, mas a um dever de contratar imposto

---

[330] NEUNER, Jörg. Diskriminierungsschutz durch Privatrecht. *JuristenZeitung*, Tübingen, v. 58, n. 2, p. 62, jan. 2003. No direito norte-americano, registre-se o entendimento da Suprema Corte em caso envolvendo planos de pensão com contribuições distintas para homens e mulheres (*City of Los Angeles Departament of Water and Power v. Manhart*, 1978), considerando também sua expectativa de vida, no qual se consagrou o entendimento de que tal diferenciação não poderia ser feita com base exclusivamente da diferença de sexo entre os segurados.

ao fornecedor. Em outros termos, se o fornecedor promove a oferta, deve contratar com os consumidores que aceitarem seus termos.

Trata-se de efeito próprio do regime especial da oferta nos contratos de consumo. Há, porém, exceções. No caso do contrato de transporte, o artigo 739 do Código Civil autoriza o transportador a recusar passageiros em casos previstos nos regulamentos, "[...] ou se as condições de higiene ou de saúde do interessado o justificarem". Da mesma forma, no seguro, o segurador pode recusar a contratação, desde que comunique formalmente ao proponente (artigo 4º, § 4º, da Circular SUSEP 642/2021), sempre protegendo a confiança despertada.

O artigo 39, II, do CDC define como prática abusiva, proibida, "recusar atendimento às demandas dos consumidores, na exata medida de suas disponibilidades de estoque, e, ainda, de conformidade com os usos e costumes". É norma que complementa o disposto no artigo 30 do CDC. Concebida, originalmente, para a defesa da livre concorrência, assegura o direito de acesso do consumidor a produtos e serviços, convertendo-se em obstáculo à discriminação. Seu preceito, contudo, é limitado. Fundada em critérios objetivos – disponibilidade de estoque e usos e costumes –, incide nas situações em que o consumidor se disponha ao pagamento à vista. Não tem aplicação nos casos de cumprimento diferido ou que envolvam a outorga de crédito. Nesse ponto, aliás, reside aspecto fundamental: no caso da contratação com concessão de crédito pelo fornecedor para pagamento futuro pelo consumidor, ou, ainda mesmo, nos contratos de concessão de crédito financeiro em geral, há um direito a contratar por parte daquele que pretende obter o crédito?

A rigor, não se deve reconhecer direito subjetivo ao crédito. A oferta de crédito – seja o diferimento do pagamento por produto ou serviço prestado, seja o empréstimo de dinheiro – não significa assumir a *obrigação de contratar*, mas de *examinar a possibilidade de contratar*, segundo critérios objetivos e pertinentes aos riscos que envolvem a espécie de contratação. A admissão da recusa firma-se na própria liberdade negocial, desde que submetido, quem tenha sido recusado, a critérios semelhantes aos daqueles com quem o fornecedor se disponha a contratar. Assim, por exemplo, se a situação concreta envolve alguém que pretende obter um financiamento bancário para aquisição de imóvel para moradia no preço de alguns milhões de reais, porém comprove renda líquida mensal na ordem de um ou dois salários mínimos, será intuitiva a decisão do banco de negar o crédito. Se, por outro lado, a negativa de crédito se der com fundamento em critérios pouco claros, ou ainda não associados à finalidade ou utilidade do negócio, poderá ser questionada.

A discussão sobre a transparência dos critérios para concessão de crédito tem destaque na jurisprudência do Superior Tribunal de Justiça, em especial a partir do exame do caso dos sistemas de pontuação de crédito (*crediscore*). Diante da possibilidade de conferir pontuação ao histórico de crédito dos consumidores, cujo resultado pode implicar a recusa ou diferenciação das condições de contratação pelo consumidor, a Corte concluiu pela legalidade do sistema, destacando, contudo, a necessidade de que se preservem a transparência e a clareza sobre os critérios para atribuição dos pontos.[331]

---

[331] "Recurso especial representativo de controvérsia (art. 543-C do CPC). Tema 710/STJ. Direito do consumidor. Arquivos de crédito. Sistema 'Credit Scoring'. Compatibilidade com o direito brasileiro. Limites. Dano moral. I – Teses: 1) O sistema 'credit scoring' é um método desenvolvido para avaliação do risco de concessão de crédito, a partir de modelos estatísticos, considerando diversas variáveis, com atribuição

CURSO DE DIREITO DO CONSUMIDOR – *Bruno Miragem*

Da mesma forma, não se obriga o fornecedor que oferte determinado produto ou serviço específico. Apenas, se o oferecer no mercado, não pode recusar a contratação de modo arbitrário – como ocorre no caso de operadoras de planos de saúde que, ofertando planos de saúde individuais, recusam-se a celebrar sua contratação com os consumidores.[332]

Outras situações, no entanto, implicam, claramente, hipóteses de recusa discriminatória, como é o caso em que se impede a entrada de pessoas em estabelecimentos comerciais ou *shopping centers* apenas em razão de sua aparência – a exemplo das situações em que a suspeita do cometimento de ilícitos e a consequente abordagem por seguranças do estabelecimento se orientem pelo mesmo critério.[333] Não raro é o critério abstrato de aparência, ou, ainda, de "boa aparência", ocultar em si critérios de discriminação étnica e racial.[334] Pontue-se que toda discriminação racial, para além de uma violação a normas

---

de uma pontuação ao consumidor avaliado (nota do risco de crédito). 2) Essa prática comercial é lícita, estando autorizada pelo art. 5º, IV, e pelo art. 7º, I, da Lei n. 12.414/2011 (lei do cadastro positivo). 3) Na avaliação do risco de crédito, devem ser respeitados os limites estabelecidos pelo sistema de proteção do consumidor no sentido da tutela da privacidade e da máxima transparência nas relações negociais, conforme previsão do CDC e da Lei n. 12.414/2011. 4) Apesar de desnecessário o consentimento do consumidor consultado, devem ser a ele fornecidos esclarecimentos, caso solicitados, acerca das fontes dos dados considerados (histórico de crédito), bem como as informações pessoais valoradas. 5) O desrespeito aos limites legais na utilização do sistema 'credit scoring', configurando abuso no exercício desse direito (art. 187 do CC), pode ensejar a responsabilidade objetiva e solidária do fornecedor do serviço, do responsável pelo banco de dados, da fonte e do consulente (art. 16 da Lei n. 12.414/2011) pela ocorrência de danos morais nas hipóteses de utilização de informações excessivas ou sensíveis (art. 3º, § 3º, I e II, da Lei n. 12.414/2011), bem como nos casos de comprovada recusa indevida de crédito pelo uso de dados incorretos ou desatualizados. II – Caso concreto: 1) Não conhecimento do agravo regimental e dos embargos declaratórios interpostos no curso do processamento do presente recurso representativo de controvérsia; 2) Inocorrência de violação ao art. 535, II, do CPC. 3) Não reconhecimento de ofensa ao art. 267, VI, e ao art. 333, II, do CPC. 4) Acolhimento da alegação de inocorrência de dano moral 'in re ipsa'. 5) Não reconhecimento pelas instâncias ordinárias da comprovação de recusa efetiva do crédito ao consumidor recorrido, não sendo possível afirmar a ocorrência de dano moral na espécie. 6) Demanda indenizatória improcedente. III – Não conhecimento do agravo regimental e dos embargos declaratórios, e recurso especial parcialmente provido" (STJ, REsp 1.419.697/RS, 2ª Seção, Rel. Min. Paulo de Tarso Sanseverino, j. 12.11.2014, *DJe* 17.11.2014).

[332] É ilustrativo o argumento do Min. Ricardo Villas Bôas Cueva, em voto que terminou vencido, julgando caso relativo ao oferecimento de plano de saúde individual ao consumidor, ao afirmar que "não é ilegal a recusa de seguradoras ou operadoras de planos de saúde de comercializarem planos individuais por atuarem apenas no segmento de planos coletivos. Com efeito, não há nenhuma norma legal que as obrigue a atuar em determinado ramo de seguro ou plano de saúde. O que é vedado, na verdade, é a discriminação de consumidores a produtos e serviços que já são oferecidos no mercado de consumo por determinado fornecedor, como costuma ocorrer em recusas arbitrárias na contratação de planos individuais quando tal tipo estiver previsto na carteira da empresa" (REsp 1.819.894/SP, 3ª Turma, Rel. Min. Nancy Andrighi, j. 04.08.2020, *DJe* 13.08.2020).

[333] Diga-se que a não explicitação dos critérios para diferenciação não elimina a existência de discriminação. Ao contrário, trata-se de situação de discriminação direta, ainda que de forma velada, ou escondida, conforme ensina também a lição do direito comparado: KERN, Gisela. *Rassendiskriminierung im Zivilrecht.* Zivilrechtliche Problemstellungen und Lösungsvorschläge bei der Umsetzung der Richtlinie 2000/43/EG unter Berücksichtigung der Rechtslage in Portugal. Baden-Baden: Nomos, 2007. p. 39.

[334] TJSP, Apelação Cível 1013970-39.2017.8.26.0007, 2ª Câmara de Direito Privado, Rel. José Joaquim dos Santos, j. 10.08.2018; e TJSP, Apelação Cível 1000995-89.2019.8.26.0079, 26ª Câmara de Direito Privado, Rel. Carlos Dias Motta, j. 02.04.2020. É ilustrativo, ainda, o caso julgado pelo TJSP: "Indenizatória. Danos morais. Prática de discriminação social contra menor negro de oito anos de idade, extensivo a dor e o sofrimento ao pai adotivo presente ao evento. Funcionário da loja ré que confundiu a criança com ambulante vendendo adesivos defronte do estabelecimento comercial e o expulsou do local. In-

Parte II · Cap. 2 · A PROTEÇÃO CONTRATUAL DO CONSUMIDOR | 339

específicas do direito privado (como a que veda a recusa à contratação), ofende a própria dignidade da pessoa humana.[335]

2.3.1.5.2 Discriminação e diferenciação ao contratar

Um segundo vetor da discriminação injusta do consumidor refere-se às situações de diferenciação das condições contratuais entre consumidores, motivada por critérios subjetivos e sem fundamento racional da parte do fornecedor. Mais uma vez aqui registre--se: a autonomia privada, por intermédio do exercício da liberdade contratual, permite o preenchimento do conteúdo do negócio jurídico a ser celebrado pelos contratantes em acordo com o interesse das partes. No caso da relação de consumo, não se impede *a priori* a diferenciação entre as condições do contrato celebrado por consumidores diversos.

É conveniente destacar, porém, a distinção afirmada entre duas espécies de discriminação reconhecidas, cujo desenvolvimento é tributário, especialmente ao direito norte-americano: a *discriminação direta* (*disparate treatment*) pela qual se confere a determinado indivíduo tratamento menos favorável em relação a outro, em razão de critérios contrários ao direito; e a *discriminação indireta* (*disparate impact*), pela qual, em virtude da aplicação de critérios aparentemente não discriminatórios, resulta um efeito ou resultado desfavorável a um indivíduo ou grupo, de modo não autorizado pelo direito (mesmos critérios para situações distintas).[336]

---

justificável equívoco cometido em razão de crianças frequentadoras da região, pobres e negras, reiteradamente praticarem tal comércio na calçada, devido à degradação social reinante na cidade de São Paulo. Culpa por imprudência, conduta apressada e precipitada no exercício do trabalho. Ato ilícito e defeito na prestação do serviço, bem como risco da atividade com responsabilidade objetiva, pelos quais responde o empregador. Danos morais caracterizados em favor de pai e filho em proporções diversas. Demanda procedente. Improvido recurso da ré. Provimento parcial ao do genitor autor" (TJSP, Apelação Cível 1041653-97.2016.8.26.0100, 16ª Câmara de Direito Privado, Rel. Jovino de Sylos, j. 11.12.2018, p. 23.05.2019).

[335] NEUNER, Jörg. Diskriminierungsschutz durch Privatrecht. *JuristenZeitung*, Tübingen, v. 58, n. 2, p. 58, jan. 2003.

[336] O reconhecimento da discriminação indireta deve-se, especialmente, a um caso julgado pela Suprema Corte dos Estados Unidos, *Griggs v. Duke Power Co.*, em 1971, pelo qual foi considerada discriminatória a definição de critérios para transferências internas entre departamentos da empresa, que, embora aparentemente objetivos, disfarçavam o resultado final de manter a segregação racial proibida por lei (no caso norte-americano, pela Lei dos Direitos Civis, de 1964). No caso, a empresa Duke Power Co. admitia o trabalho de negros apenas em um dos seus departamentos, no qual o maior salário pago era inferior ao menor salário pago pelos demais departamentos. Após o advento da lei dos direitos civis, a fixação de critérios para contratação e transferência entre departamentos foi questionada, não havendo comprovação sobre a necessidade de seu atendimento para a realização do trabalho a ser executado, de modo que seu resultado era desproporcional entre brancos e negros. Estes tinham quase dez vezes menos condições de atender a tais critérios, considerados, por isso, discriminatórios. Por influência dessa decisão, o Reino Unido introduziu a noção de discriminação indireta em seu *Sex Discrimination Act*, de 1975, e no âmbito europeu, o art. 2º da Diretiva 76/207/CEE sobre igualdade de tratamento entre homens e mulheres no que se refere ao acesso ao emprego, à formação e promoção profissionais e às condições de trabalho. A norma europeia, de sua vez, já foi alterada, ao longo do tempo, pelas Diretivas 2002/73 /CE e 2004113/CE. Para a distinção, veja-se: FREDMAN, Sandra. *Discrimination law*. 2. ed. Oxford: Oxford University Press, 2011. p. 166-189. No direito brasileiro, veja-se: RIOS, Roger Raupp. *Direito antidiscriminação*: discriminação direta, indireta e ações afirmativas. Porto Alegre: Livraria do Advogado, 2008. p. 36 e ss.; CORBO, Wallace. *Discriminação indireta*: conceito, fundamentos e uma proposta de enfrentamento à luz da Constituição de 1988. Rio de Janeiro: Lumen Juris, 2017. Para o

No caso das relações de consumo, predomina, em boa parte das situações, o poder negocial do fornecedor para a definição das condições do contrato. A formação do preço e das condições contratuais gerais é predisposta, cumprindo ao consumidor aderir a elas. Apenas em menor escala alguns contratos de consumo poderão admitir certa margem de negociação do consumidor, em especial quanto ao preço, ou alguma vantagem adicional à prestação principal. A regra é de que o fornecedor fixe as condições do negócio e eventuais diferenciações que porventura se definam. É no exercício da liberdade do fornecedor que surgem situações nas quais eventuais condições diferenciadas podem ser cotejadas com os critérios que as justificam, de modo a caracterizar, ou não, discriminação injusta.

A discriminação injusta também é objeto de necessária atenção no domínio dos seguros privados. Ora, a matéria-prima dos seguros é a correta avaliação dos riscos, sua estimação econômica e diluição entre uma massa de segurados, sob a administração e *expertise* do segurador.

No entanto, não é desconhecida a dificuldade de precisar, com relação à atividade securitária, o que se deva considerar seleção de riscos e o que passe a ser considerado discriminação injusta.[337] É o que se debate, ademais, acerca da diferenciação quanto ao sexo do segurado. No direito europeu, a mesma Diretiva 2004/113/CE, antes mencionada, admitiu a diferenciação "sempre que a consideração do sexo seja um fator determinante na avaliação de risco com base em dados atuariais e estatísticos relevantes e rigorosos". Entretanto, ela proíbe que "custos relacionados com a gravidez e a maternidade" sejam admitidos para diferenciar a prestação de homens e mulheres (artigo 5º).[338] Essa diferenciação, contudo, foi posteriormente rejeitada pelo Tribunal de Justiça da União Europeia, em 2011, ao definir que a regra é contrária à concretização do objetivo de igualdade de tratamento entre homens e mulheres, devendo ser considerada inválida após um período de transição adequado.[339] O risco de práticas discriminatórias, porém, existe. Daí, inclusive,

---

caso Griggs, veja-se, em especial, o exame de: GOMES, Joaquim Benedito Barbosa. *Ação afirmativa e princípio constitucional da igualdade*: o direito como instrumento de transformação social (A experiência dos EUA). Rio de Janeiro: Renovar, 2001. p. 181 e ss.

[337] Sustentamos, especialmente diante das novas tecnologias, a necessidade de um *gerenciamento ético do risco*, em estudo para o qual seja consentido enviar: MIRAGEM, Bruno; PETERSEN, Luiza. Seguro e inteligência artificial: novo paradigma tecnológico e seus reflexos na causa e na estrutura do contrato de seguro. *In*: TEPEDINO, Gustavo; SILVA, Rodrigo da Guia. *O direito civil na era da inteligência artificial*. São Paulo: Ed. RT, 2020. em especial p. 508 e ss.

[338] A vedação prevista na diretiva foi incorporada aos ordenamentos jurídicos dos países-membros, como é o caso da Lei Geral de Igualdade de Tratamento alemã (*Allgemeines Gleichbehandlungsgesetz – AGG*), de 2006, que dispõe sobre as mesmas restrições nos seus §§ 20 e 33, (5). No direito brasileiro, veja-se, a respeito, o estudo do Professor Thiago Villela Junqueira: Notas sobre a discriminação em virtude do sexo e o contrato de seguro. *In*: MIRAGEM, Bruno; CARLINI, Angélica (org.). *Direito dos seguros*. São Paulo: Ed. RT, 2014. p. 291 e ss. Em maior profundidade, registre-se, do mesmo autor, sua excelente tese de doutoramento: JUNQUEIRA, Thiago Villela. *Tratamento de dados pessoais e discriminação algorítmica nos seguros*. São Paulo: Ed. RT, 2020. p. 131 e ss.

[339] "Reenvio prejudicial – Direitos fundamentais – Luta contra as discriminações – Igualdade de tratamento entre homens e mulheres – Acesso a bens e serviços e seu fornecimento – Prémios e prestações de seguro – Fatores atuariais – Tomada em consideração do critério do sexo enquanto fator de avaliação de risco de seguro – Contratos privados de seguro de vida – Diretiva 2004/113/CE – Artigo 5., n. 2 – Derrogação sem limite temporal – Carta dos Direitos Fundamentais da União Europeia – Artigos 21. e 23. – Invalidade. Consta do acórdão da Grande Seção do Tribunal de Justiça da União Europeia, de 11 de março de 2011: 'O artigo 5., n. 2, da Diretiva 2004/113, que aplica o princípio de igualdade de tratamento entre homens

Parte II · Cap. 2 · A PROTEÇÃO CONTRATUAL DO CONSUMIDOR | 341

a preocupação presente em Projeto de Lei sobre o contrato de seguro, em tramitação no Congresso Nacional, para expressamente proibir, no tocante aos critérios comerciais e técnicos de subscrição ou aceitação de riscos, "políticas técnicas e comerciais conducentes à discriminação social ou prejudiciais à livre iniciativa empresarial".[340]

A questão tem grande alcance também na contratação dos planos de saúde, no tocante à proibição da discriminação genética, informada por razões jurídicas (privacidade), mas também de natureza ética,[341] assim como a questão relativa à formação do preço para consumidores idosos. O Estatuto da Pessoa Idosa (Lei 10.741/2003) veda a discriminação dos consumidores idosos nos contratos de planos de assistência à saúde, mediante cobrança de valores diferenciados em função da idade (artigo 15, § 3º). A norma que o faz, todavia, tem sua constitucionalidade discutida com relação aos contratos celebrados antes de sua vigência.[342] Questão de interesse é a que define o conceito de discriminação no caso, em especial na comparação entre o aumento de custos decorrentes da maior utilização dos serviços de saúde pelos idosos e a cobrança de preços diferenciados, ou sua diluição aos demais consumidores. O propósito da norma, contudo, é impedir a exclusão dos idosos da contratação quando mais precisam, considerando a crescente fragilidade de sua condição de saúde com o avanço da idade.

O aspecto mais difícil relativo à vedação da discriminação injusta, contudo, dá-se, nos dias de hoje, com relação à política de formação de preços pelos fornecedores, em

---

e mulheres no acesso a bens e serviços e seu fornecimento, é inválido, com efeitos a 21 de dezembro de 2012. É pacífico que a finalidade prosseguida pela Diretiva 2004/113 no sector dos serviços de seguros é, como reflete o seu artigo 5., n. 1, a aplicação da regra dos prémios e das prestações unissexo. O décimo oitavo considerando desta diretiva enuncia expressamente que, para garantir a igualdade de tratamento entre homens e mulheres, a consideração do sexo enquanto fator atuarial não deve resultar numa diferenciação nos prémios e benefícios individuais. O décimo nono considerando da referida diretiva identifica a faculdade concedida aos Estados Membros de não aplicarem a regra dos prémios e das prestações unissexo como 'derrogação'. Assim, a Diretiva 2004/113 assenta na premissa de que, para efeitos de aplicação do princípio da igualdade de tratamento entre homens e mulheres consagrado nos artigos 21. e 23. da Carta dos Direitos Fundamentais da União Europeia, as situações respectivas das mulheres e dos homens no que respeita aos prémios e às prestações de seguro que contratam são equivalentes. O artigo 5., n. 2, da Diretiva 2004/113, que permite aos Estados Membros em causa manter sem limite temporal uma derrogação à regra dos prémios e das prestações unissexo, é contrária à concretização do objetivo de igualdade de tratamento entre homens e mulheres prosseguido pela referida diretiva e incompatível com os artigos 21. e 23. da Carta dos Direitos Fundamentais da União Europeia. Por conseguinte, esta disposição deve ser considerada inválida após um período de transição adequado".

[340] Artigo 52, § 5º, do Projeto de Lei 3.555/2004, segundo texto final aprovado pela Câmara dos Deputados, ora em tramitação no Senado Federal.

[341] Nos Estados Unidos da América, a proibição da discriminação genética é expressa, por intermédio do *Genetic Information Nondiscrimination Act (GINA)* de 2008, que, entre outras medidas, proíbe o uso de informações genéticas nos planos de assistência e seguro saúde para recusar contratação com um indivíduo saudável ou cobrar valores mais elevados exclusivamente em razão de predisposição genética para desenvolver uma doença. Da mesma forma, proíbe os empregadores de usarem informações genéticas de indivíduos ao tomar decisões relativas a contratações, despedidas ou promoções de pessoas com o mesmo fundamento. Nesse sentido, veja-se: PAYNE, Perry W.; GOLDSTEIN, Melissa M.; JARAWAN, Hani; ROSENBAUM, Sara. Health insurance and the Genetic Information Nondiscrimination Act of 2008: Implications for public health policy and practice. *Public Health Reports*, v. 124, n. 2, p. 328-331, Mar./Apr. 2009.

[342] No caso, o Recurso Extraordinário 630.852/RS, em curso no Supremo Tribunal Federal, de que é relatora originária a Min. Rosa Weber, e que teve repercussão geral reconhecida e julgamento iniciado em 19/06/2020, sendo suspenso com pedido de vistas do Min. Dias Toffoli.

situações nas quais certas condições subjetivas dos consumidores sejam avaliáveis para definir diferenciações. Nesse caso, será o escrutínio dos critérios técnicos que fundamentem a formação do preço o instrumento decisivo para identificar a regularidade ou não da atuação do fornecedor.

Na questão relativa à formação do preço, duas questões devem ser examinadas: a) a primeira, sobre os limites, em um sistema de livre-iniciativa, para o controle da formação de preços pelo fornecedor; b) a segunda, se a prática de preços diferenciados pode representar situações de discriminação injusta.

No primeiro caso, a regra é a liberdade de precificação, que, embora decorra do direito de livre-iniciativa consagrado na Constituição da República (artigo 170), foi reafirmada pelo artigo 3º, III, da Lei 13.874/2019 ("Lei da Liberdade Econômica"). Essa liberdade, contudo, é delimitada, nos termos do próprio artigo 3º, § 3º, da Lei 13.874/2019 e não se aplica: "I – às situações em que o preço de produtos e de serviços seja utilizado com a finalidade de reduzir o valor do tributo, de postergar a sua arrecadação ou de remeter lucros em forma de custos ao exterior; e II – à legislação de defesa da concorrência, aos direitos do consumidor e às demais disposições protegidas por lei federal". Desse modo, a conformação que o legislador confere à liberdade de formação do preço não admitirá seu aumento arbitrário, tanto nas situações vinculadas às restrições à livre concorrência e aproveitamento de posição dominante no mercado quanto na ausência de justa causa, na interpretação estrita que deve ser dada ao artigo 39, X, do CDC.[343] Novas tecnologias, contudo, vêm imprimindo condições de diferenciação de preços mediante tratamento de dados dos interessados, do que são exemplos mais conhecidos a formação de preços em razão da localização do consumidor (*geopricing*) ou, ainda, o bloqueio de determinada oferta ou condição negocial em razão dessa mesma localização (*geoblocking*). Coloca-se em exame se tais estratégias configurariam atuação legítima do fornecedor, com fundamento na liberdade fundamental de iniciativa econômica (artigo 170 da Constituição da República), ou se feriria a igualdade entre os consumidores (artigo 6º, II, do CDC), configurando prática abusiva (artigo 39, V e X, do CDC).

O argumento que aponta para a discriminação injusta, sustentando sua proibição, refere que "a geodiscriminação de consumidores constitui meio de diferenciar arbitrária e injustificadamente os consumidores, o que é vedado pelo ordenamento jurídico brasileiro. Em suma, a prática deve ser combatida, tal como qualquer outra forma de discriminação injustificada. Especificamente em relação às normas consumeristas, deve-se lembrar que a não discriminação constitui direito básico do consumidor, consagrado no artigo 6º, II, do CDC, sob a forma da liberdade de escolha e da igualdade nas contratações".[344] O exame da questão, porém, não prescinde da análise se o critério de diferenciação para efeito de caracterizar uma discriminação injusta deve considerar simplesmente a existência de uma distinção, ou um efetivo prejuízo ou menoscabo em relação a uma das partes a quem se refira o tratamento.

---

[343] MIRAGEM, Bruno. *Curso de direito do consumidor*. 8. ed. São Paulo: Ed. RT, 2019. p. 409.

[344] FORTES, Pedro Rubim Borges; MARTINS, Guilherme Magalhães; OLIVEIRA, Pedro Farias. O consumidor contemporâneo no show de Truman: a geodiscriminação digital como prática ilícita no direito brasileiro. *Revista de Direito do Consumidor*, São Paulo, v. 124, p. 235-260, jul./ago. 2019.

De um lado, levado ao extremo o argumento que considere a existência de discriminação injusta, estaria tolhido o fornecedor de oferecer quaisquer condições negociais diferenciadas entre consumidores distintos; em sentido contrário, também não se afasta que da utilização do critério objetivo da localização possa-se inferir um resultado discriminatório. Tal como ocorre ao se oferecerem preços mais elevados e condições mais restritas a consumidores que se localizem em regiões periféricas, sob justificativas distintas e ocultas, como o risco ou a preservação de certa imagem/identidade da marca do produto ou serviço, em hipótese que se pode caracterizar como discriminação indireta.

A discriminação injusta do consumidor na determinação das condições contratuais pelo fornecedor tem lugar quando não se identifique o fundamento racional, segundo o interesse pressuposto de obtenção de vantagem econômica legítima na relação contratual estabelecida pelas partes. Desse modo, a diferenciação dos consumidores deve ser acompanhada da ofensa a um limite definido pelo ordenamento (proibição de distinção de raça, por exemplo) e, geralmente, da ausência de uma justificação econômica para a discriminação.[345] A intenção de discriminar, embora possa estar presente, é irrelevante para exame sobre a licitude da conduta do fornecedor.

Da mesma forma, cláusulas contratuais que impliquem discriminação de consumidores podem ser decretadas nulas, pela incidência do artigo 51, inciso IV, do CDC, que define como abusivas aquelas que "estabeleçam obrigações consideradas iníquas, abusivas, que coloquem o consumidor em desvantagem exagerada, ou sejam incompatíveis com a boa-fé ou a equidade". Entre elas estão as cláusulas cuja vantagem imposta "ofende os princípios fundamentais do sistema jurídico a que pertence" (artigo 51, § 1º, I, do CDC). A interpretação das cláusulas do contrato de consumo e do próprio parâmetro normativo definido para seu reconhecimento como abusivas levará em conta as normas constitucionais, em especial no tocante à proteção da igualdade e de proibição do preconceito e discriminação.[346]

2.3.2 Proteção do consumidor e cobrança de dívidas

Outro aspecto da maior relevância na etapa de execução do contrato, ou mesmo posterior a sua extinção, é a proteção do consumidor em face da cobrança de dívidas pelo fornecedor. A finalidade básica das normas de proteção do consumidor-devedor é evitar

---

[345] Assim, por exemplo, no caso do aumento por faixa etária nos planos de saúde, em vista da proibição expressa de discriminação dos idosos pelo art. 15, § 3º, da Lei 10.741/2003 (Estatuto do Idoso), para a qual, a par de divergências na interpretação da regra, inclina-se a jurisprudência a considerar que "a discriminação do idoso nos planos de saúde pela cobrança de valores diferenciados em razão da idade, apenas inibe o reajuste que consubstanciar discriminação desproporcional ao idoso, ou seja, aquele sem pertinência alguma com o incremento do risco assistencial acobertado pelo contrato". De modo a evitar que sejam "aplicados índices de reajuste desarrazoados ou aleatórios, que onerem em demasia o consumidor, em manifesto confronto com a equidade e as cláusulas gerais da boa-fé objetiva e da especial proteção ao idoso, dado que aumentos excessivamente elevados, sobretudo para esta última categoria, poderão, de forma discriminatória, impossibilitar a sua permanência no plano". Para tanto, reconhecendo a necessidade de exame *in concreto* das situações de reajuste para concluir por seu caráter excessivo ou não, verificando-se a existência de "base atuarial idônea" (STJ, REsp 1.568.244/RJ, 2ª Seção, Rel. Min. Ricardo Villas Bôas Cueva, j. 14.12.2016, *DJe* 19.12.2016).

[346] SILVA, Jorge Cesa Ferreira da. A proteção contra a discriminação no direito contratual brasileiro. *Revista de Direito Civil Contemporâneo*, São Paulo, v. 1, p. 41-64, out./dez. 2014.

o abuso do direito do credor, caracterizado pelo uso de procedimentos em desacordo com a boa-fé e os bons costumes para a efetivação do seu direito de crédito. A adoção das medidas pertinentes à obtenção do seu crédito – como observa João Batista de Almeida – é, e continua a ser, exercício regular de direito.[347] Assim, ao qualificar determinadas condutas como abusivas, no que diz respeito à forma de cobrança do crédito, o CDC busca tutelar expressamente a integridade e a dignidade do consumidor. Nesse sentido, estabelece o artigo 42 do CDC: "Na cobrança de débitos, o consumidor inadimplente não será exposto a ridículo, nem será submetido a qualquer tipo de constrangimento ou ameaça". Tal disposição consagra, conforme ensina Claudia Lima Marques, um dever de lealdade entre o fornecedor e o consumidor,[348] estabelecendo um limite objetivo ao comportamento do fornecedor ou de terceiros com ele associados ou por ele nomeados (escritórios de cobrança, por exemplo) para exercício do direito de crédito e salvaguarda do seu patrimônio.

O caráter abusivo da conduta do fornecedor, que a princípio caracterizaria o exercício do direito de cobrança do devedor inadimplente pelo credor, está justamente em imprimir na conduta a violação da integridade moral do consumidor. É o caso, por exemplo, do credor que cobra dívida do consumidor inadimplente em programa de rádio, apresentado ao vivo,[349] ou da instituição de crédito que, pretendendo pressionar o consumidor inadimplente a honrar seu crédito, revela dados da operação e o fato do não pagamento, ao superior hierárquico deste, violando inclusive o seu dever de sigilo.[350] Nos dois epi-

---

[347] ALMEIDA, João Batista. *A proteção jurídica do consumidor*. 5. ed. São Paulo: Saraiva, 2006. p. 128.

[348] MARQUES, Claudia Lima. *Contratos no Código de Defesa do Consumidor*. 4. ed. São Paulo: Ed. RT, 2003. p. 1045.

[349] "Responsabilidade civil. Danos morais. Cobrança de dívida mediante participação, via telefônica, de programa interativo de rádio apresentado pelo devedor, durante a transmissão. Ato vexatório. A cobrança de dívida mediante participação, via telefônica, de programa interativo de rádio apresentado pelo devedor constitui ato flagrantemente vexatório, e incide na vedação do artigo 42, *caput,* da Lei 8.078/90. Consumidor. Cobrança. Exercício abusivo. Proteção. Inadimplemento. Consoante emerge claramente da redação do artigo 42, *caput*, da Lei 8.078/90, a proteção conferida pelo legislador contra o exercício abusivo do direito de cobrança do crédito tem como alvo o consumidor inadimplente, mesmo porque, obviamente, não se pressupõe direito a cobrança de dívida paga. Sentença mantida" (TJRS, ApCiv 70.000.952.739, 9ª Câm. Civ., Rel. Des. Mara Larsen Chechi, j. 11.04.2001).

[350] "Processual civil. Ação de indenização por danos morais. Cabo do exército que, inadimplente, tem o seu sigilo bancário rompido por informações do estabelecimento de crédito ao seu comandante. Dano moral indiscutível. *Damnum in re ipsa.* Valor da indenização que, no entanto, deve ser fixada nos limites da razoabilidade e dentro dos parâmetros estabelecidos pela Câmara. Provimento parcial do recurso para reduzir a verba indenizatória. 1. O Excelso Pretório consagra o princípio de que o direito à intimidade – que representa importante manifestação dos direitos da personalidade – qualifica-se como expressiva prerrogativa de ordem jurídica que consiste em reconhecer, em favor da pessoa, a existência de um espaço indevassável destinado a protegê-la contra indevidas interferências de terceiros na esfera de sua vida privada. 2. Assim, se o estabelecimento de crédito, ainda que por solicitação do Comando Militar, fornece informações a respeito da vida privada do correntista, expondo-o perante a Corporação e o desmoralizando diante dos colegas de farda, beneficiando-se inclusive de uma cobrança privilegiada de crédito no exercício de uma autoexecutoriedade que não possui, incide em culpa contra a legalidade, na medida em que o artigo 42 do CODECON dispõe que, 'na cobrança de débitos, o consumidor inadimplente não será exposto a ridículo, nem será submetido a qualquer tipo de constrangimento ou ameaça'. Deve responder, consequentemente, pelos danos morais causados – *damnum in re ipsa*'. 3. O valor indenizatório, contudo, deve ser fixado dentro do princípio da razoabilidade e se o autor deixa ao livre arbítrio do julgador, mesmo de forma alternativa, o valor condenatório, não há que se falar em

sódios, o exercício do direito de cobrar o valor da dívida ultrapassou os limites que lhe são inerentes,[351] violando os direitos de integridade moral do consumidor ao expô-lo, no primeiro caso, perante todos os ouvintes, e no segundo, em face dos seus colegas de profissão e seus superiores.

A disposição do artigo 42 do CDC tem no artigo 71 sua norma correspondente com relação à tutela penal.[352] A norma penal em questão determina a seguinte figura típica: "Utilizar, na cobrança de dívidas, de ameaça, coação, constrangimento físico ou moral, afirmações falsas incorretas ou enganosas ou de qualquer outro procedimento que exponha o consumidor, injustificadamente, a ridículo ou interfira com seu trabalho, descanso ou lazer". Assim, a *interferência* de que trata o artigo 71, então, é justamente aquela capaz de causar a *coação* ou o *constrangimento*, o que por si caracterizará a *violação* dos direitos de integridade moral de consumidor, dando origem à pretensão de indenização pelo dano correspondente.

Outra situação que, em um primeiro momento da vigência do CDC, foi entendida como constrangimento ilícito do consumidor, visando à cobrança da dívida, é a interrupção do fornecimento de serviços essenciais. Esse entendimento, entretanto, embora adotado pelo STJ até 2002,[353] foi modificado, admitindo-se a interrupção, observado o dever de notificação prévia, em face do que dispõe expressamente o artigo 6º da Lei de Concessões.[354] Permanece, contudo, o entendimento de, casuisticamente, não permitir

---

sucumbência recíproca. 4. Parcial provimento do recurso. Vencida a Des. Marianna Pereira Nunes" (TJRJ, ApCiv 2002.001.09441, 13ª Câm. Civ., Rel. Des. Ademir Pimentel, j. 09.10.2002).

[351] Nesse sentido, Antonio Herman Benjamin ensina que "o débito de consumo decorre de uma relação limitada às pessoas do fornecedor e do consumidor. Como consequência, qualquer esforço de cobrança há que ser dirigido contra a pessoa deste" (BENJAMIN, Antonio Herman de Vasconcellos *et al. Código Brasileiro de Defesa do Consumidor comentado pelos autores do anteprojeto*. 8. ed. Rio de Janeiro: Forense, 2005. p. 388).

[352] Segundo Antonio Herman Benjamin, o artigo 42 deve ser interpretado com a norma penal do artigo 71 do CDC (BENJAMIN, Antonio Herman de Vasconcellos *et al. Código Brasileiro de Defesa do Consumidor comentado pelos autores do anteprojeto*. 8. ed. Rio de Janeiro: Forense, 2005. p. 388). Em sentido diverso, Claudia Lima Marques sustenta que, tendo esferas de proteção diferenciadas, assim como os fins a serem atingidos, não deve prosperar esse modo de interpretação (MARQUES, Claudia Lima. *Contratos no Código de Defesa do Consumidor*. 4. ed. São Paulo: Ed. RT, 2003. p. 1.046).

[353] Pela impossibilidade do corte: REsp 442.814/RS, Rel. Min. José Delgado, *DJU* 11.11.2002, p. 161; REsp 209.652/ES; Rel. Min. José Delgado, *RSTJ* 129/128; *EARESP* 279.502/SC; Rel. Min. Francisco Falcão, *DJU* 03.06.2002, p. 146; REsp 122.812/ES, Rel. Min. Milton Luiz Pereira, *LEXSTJ* 143/104; REsp 223.778/ RJ, Rel. Min. Humberto Gomes de Barros, j. 07.12.1999, *RSTJ* 134/145; Para a extensão da proibição do corte à municipalidade: AGRMC 3.982/AC, Rel. Min. Luiz Fux, *DJU* 25.03.2002, p. 177.

[354] "Administrativo e processual civil. Recurso especial. Direito do consumidor. Ausência de pagamento de tarifa de energia elétrica. Interrupção do fornecimento. Possibilidade. Precedentes. 1. É legítimo o ato administrativo praticado pela empresa concessionária fornecedora de energia e consistente na interrupção de seus serviços, em face de ausência de pagamento de fatura vencida. 2. A relação jurídica, na hipótese de serviço público prestado por concessionária, tem natureza de Direito Privado. 3. A jurisprudência da Primeira Seção do STJ, pelo seu caráter uniformizador no trato das questões jurídicas em nosso país, é no sentido que 'é lícito à concessionária interromper o fornecimento de energia elétrica, se, após aviso prévio, o consumidor de energia elétrica permanecer inadimplente no pagamento da respectiva conta (Lei 8.987/95, artigo 6º, § 3º, II)' (REsp 363.943/MG, Rel. Min. Humberto Gomes de Barros, *DJ* 1º.03.2004). No mesmo sentido: EREsp 337.965/MG, Rel. Min. Luiz Fux, *DJ* 08.11.2004; REsp 123.444/SP, Rel. Min João Otávio de Noronha, *DJ* 14.02.2005; REsp 600.937/RS, Rel. p/ acórdão, Min. Francisco Falcão, *DJ* 08.11.2004; REsp 623.322/PR, Rel. Min. Luiz Fux, *DJ* 30.09.2004. 4. Na questão ora analisada, o pagamento é contraprestação, aplicável o CDC, e o serviço pode ser interrompido em caso de inadimplemento.

346 CURSO DE DIREITO DO CONSUMIDOR – *Bruno Miragem*

a interrupção do serviço quando inexista inadimplência deliberada do consumidor,[355] para cobrança de débitos[356] antigos (para os quais o concessionário deverá recorrer às vias ordinárias), ou for identificada a vulnerabilidade agravada do destinatário final da prestação.[357]

2.3.2.1 *Limites do exercício do direito de crédito pelo fornecedor*

Considerando a existência dos limites expressos no artigo 42 para o exercício do direito de cobrança pelo fornecedor, cumpre examinar, na prática, quais os procedimentos adequados ao exercício do direito de crédito pelo fornecedor. Não há abuso do direito do credor se este condiciona a não inscrição do consumidor nos bancos de dados de proteção do crédito ao pagamento da dívida. A princípio, reconhece-se como direito do credor que sofre o inadimplemento a adoção dessa providência, observadas as exigências do artigo 43.

Da mesma forma, ir ao encontro do devedor para exigir seu crédito também não caracteriza, *per se*, a prática abusiva vedada pelo artigo 42. Entretanto, deve-se considerar

---

5. A continuidade do serviço, sem o efetivo pagamento, quebra o princípio da isonomia e ocasiona o enriquecimento ilícito e sem causa de uma das partes. Recurso especial conhecido e provido" (STJ, REsp 865.620/RS, Rel. Min. Humberto Martins, j. 03.10.2006, *DJU* 30.10.2006, p. 287). Em sentido idêntico: "Administrativo. Suspensão do fornecimento de energia elétrica. Usuário inadimplente. Existência de prévio aviso. Não demonstração. 1. A Lei 8.987/95, que dispõe sobre o regime de concessão e permissão da prestação de serviços públicos previsto no artigo 175 da Constituição Federal, prevê, nos incisos I e II do § 3º do artigo 6º, duas hipóteses em que é legítima sua interrupção, em situação de emergência ou após prévio aviso: (a) por razões de ordem técnica ou de segurança das instalações; (b) por inadimplemento do usuário, considerado o interesse da coletividade. 2. Tem-se, assim, que a continuidade do serviço público, assegurada pelo artigo 22 do CDC, não constitui princípio absoluto, mas garantia limitada pelas disposições da Lei 8.987/95, que, em nome justamente da preservação da continuidade e da qualidade da prestação dos serviços ao conjunto dos usuários, permite, em hipóteses entre as quais o inadimplemento, a suspensão no seu fornecimento. 3. Recurso especial a que se dá provimento" (STJ, REsp 657.770/RS, Rel. Min. Teori Zavascki, j. 17.08.2006, *DJU* 31.08.2006).

[355] Nesse particular, decidiu o STJ, no regime dos recursos especiais repetitivos precedente em relação à possibilidade de interrupção dos serviços de energia elétrica, nos seguintes termos: "Na hipótese de débito estrito de recuperação de consumo efetivo por fraude no aparelho medidor atribuída ao consumidor, desde que apurado em observância aos princípios do contraditório e da ampla defesa, é possível o corte administrativo do fornecimento do serviço de energia elétrica, mediante prévio aviso ao consumidor, pelo inadimplemento do consumo recuperado correspondente ao período de 90 (noventa) dias anterior à constatação da fraude, contanto que executado o corte em até 90 (noventa) dias após o vencimento do débito, sem prejuízo do direito de a concessionária utilizar os meios judiciais ordinários de cobrança da dívida, inclusive antecedente aos mencionados 90 (noventa) dias de retroação" (REsp 1.412.433/RS, 1ª Seção, Rel. Min. Herman Benjamin, j. 25.04.2018, *DJe* 28.09.2018).

[356] "Processual civil e administrativo. Fornecimento de energia elétrica. Inviabilidade de suspensão do abastecimento na hipótese de débito de antigo proprietário. Portadora do vírus HIV. Necessidade de refrigeração dos medicamentos. Direito à saúde. 1. A jurisprudência do Superior Tribunal de Justiça é no sentido da impossibilidade de suspensão de serviços essenciais, tais como o fornecimento de energia elétrica e água, em função da cobrança de débitos de antigo proprietário. 2. A interrupção da prestação, ainda que decorrente de inadimplemento, só é legítima se não afetar o direito à saúde e à integridade física do usuário. Seria inversão da ordem constitucional conferir maior proteção ao direito de crédito da concessionária que aos direitos fundamentais à saúde e à integridade física do consumidor. Precedente do STJ. 3. Recurso especial provido" (REsp 1.245.812/RS, 2ª Turma, Rel. Min. Herman Benjamin, j. 21.06.2011, *DJe* 1º.09.2011). No mesmo sentido: REsp 510.478/PB, Rel. Min. Franciuli Netto, *DJU* 08.09.2003, p. 312.

[357] REsp 475.220/GO, Rel. Min. Paulo Medina, *DJU* 15.09.2003, p. 414.

nessas circunstâncias, em que o fornecedor insta o consumidor à satisfação do crédito, o atendimento de algumas cautelas ordinárias, a saber: a) a relação entre fornecedor e consumidor é pessoal, logo, não é lícito ao primeiro dar conhecimento da dívida, ou tratar da questão com terceiras pessoas, como familiares, colegas de trabalho, amigos ou demais pessoas das relações do devedor; b) a exigência do crédito deve se dar de modo discreto e formal, sem a exposição da situação a terceiros, nem o constrangimento ou afetação da credibilidade social do devedor; c) são expressamente vedadas quaisquer ameaças físicas ou a adoção de medidas que não estejam previstas na lei ou no contrato, visando causar prejuízo ao devedor; e d) não é reconhecido ao credor o direito de perturbar o consumidor em suas atividades cotidianas, como seus momentos de descanso ou de desenvolvimento da atividade laboral, de maneira a causar perturbações tais que o levem a satisfazer a dívida como modo de fazer cessar o infortúnio. Em todos os casos, evidentemente, o exame da situação concreta deverá ser presidido pela lógica do razoável, a ser identificada em face das regras de experiência.

Nesse sentido, diga-se: são duas as situações previstas no artigo 42: a primeira, estabelecida no *caput*, em que *há dívida*, e nesse sentido o fornecedor é titular do direito de crédito, cuja eficácia principal é a possibilidade de cobrar a dívida. No entanto, deverá fazê-lo sem abuso; e a segunda, disposta no parágrafo único do mesmo artigo, em que não há dívida e, portanto, *não há crédito*, sendo a cobrança indevida justamente porque o fornecedor age *sem direito*.

A violação dos limites estabelecidos pela norma enseja a responsabilidade do fornecedor por ato próprio ou de terceiros por ele contratados. Nesse sentido, aplicam-se tanto a regra de solidariedade do artigo 7º, parágrafo único, quanto a do artigo 34 do CDC, que consagra a responsabilidade do fornecedor pelos atos praticados por seus prepostos e representantes autorizados. Portanto, a título exemplificativo, lembre-se que o fornecedor titular do direito de crédito responderá solidariamente com o escritório de cobranças contratado para exigir a dívida e que nessa condição tenha violado os limites estabelecidos pelo artigo 42 do CDC.

2.3.2.2 Cobrança indevida de dívida

Além de fixar limites expressos para o exercício do direito de crédito pelo fornecedor, o artigo 42 do CDC previu, em seu parágrafo único, sanção para a hipótese de cobrança indevida de dívida. Dispõe a norma em comento: "O consumidor cobrado em quantia indevida tem direito à repetição do indébito, por valor igual ao dobro do que pagou em excesso, acrescido de correção monetária e juros legais, salvo hipótese de engano justificável". Trata-se em regra que regula a ação de repetição de indébito pelo consumidor, a qual estabelece sanção para o fornecedor, correspondente ao exato valor do débito cobrado indevidamente.

É de perceber que não se exige na norma em destaque a existência de culpa do fornecedor pelo equívoco da cobrança. Trata-se, pois, de espécie de imputação objetiva, pela qual o fornecedor responde independentemente de ter agido ou não com culpa ou dolo. Em última análise, terá seu fundamento na responsabilidade pelos riscos do negócio, no qual se inclui a eventualidade de cobrança de quantias incorretas e indevidas do consumidor. A única hipótese de o fornecedor se exonerar do pagamento desse valor será a demonstração de que se tratou de erro justificável. Note-se, contudo, a dificuldade de produção dessa prova pelo fornecedor, uma vez que, como refere Claudia Lima Marques, "no sistema do CDC, o fornecedor deve, como profissional dominar todos os tipos de erros prováveis em sua atividade, erros de cálculo, impressão do valor errado no computador, trocado nome do computador".[358] Nesse sentido, a nosso ver, não procede o entendimento de que a repetição em dobro só será devida quando demonstrada a culpa ou má-fé do fornecedor,[359-360] caso contrário, o consumidor faria jus apenas à restituição do valor que pagou indevidamente. Não há que confundir aqui a interpretação do artigo 42, parágrafo único, do CDC com a regra há muito constante no direito civil, que imputa o dever de pagar em dobro ao credor que demandar o devedor em razão de dívida já paga (artigo 940 do CC/2002; artigo 1.531 do CC/1916). No direito civil, há, certamente, de requerer-se a má-fé como requisito para a imposição da sanção – como se caracteriza a exigência de pagamento em dobro pelo suposto credor.[361]

Não é o que ocorre no direito do consumidor, em que a natureza objetiva da responsabilidade do fornecedor se fundamenta justamente na imputação a ele dos riscos do mercado de consumo. A expressão "salvo engano justificável", referida no artigo 42, parágrafo único, do CDC, a rigor imputa ao fornecedor o ônus de demonstrar que o equívoco da cobrança tem sua origem em conduta justificável (não dolosa e não culposa), para efeito de não fazer incidir a regra que determina a devolução em dobro. Não se pode concordar, assim, com o entendimento que condiciona a devolução em dobro dos valores cobrados indevidamente à demonstração (em regra, pelo consumidor) da presença de conduta reprovável do fornecedor (dolo ou culpa),[362] mas que foi, durante alguns anos, o entendimento do STJ,[363] objeto de crítica em edições anteriores desta obra. Com o julgamento do EREsp 1.413.542/RS, contudo, houve alteração de entendimento daquele tribunal, fixando, em boa hora, a tese de que: "A repetição em dobro, prevista no parágrafo único do artigo 42 do CDC, é cabível quando a cobrança indevida consubstanciar conduta contrária à boa-fé objetiva, ou seja, deve ocorrer independentemente do elemento volitivo". Do mesmo modo, decidiu o acórdão, publicado em 30 de março de

---

[358] MARQUES, Claudia Lima. *Contratos no Código de Defesa do Consumidor*. 4. ed. São Paulo: Ed. RT, 2003. p. 1.050-1.051.

[359] STJ, EREsp 1.127.721/RS, 2ª Seção, Rel. Min. Antonio Carlos Ferreira, Rel. p/ Acórdão Min. Marco Buzzi, j. 28.11.2012, *DJe* 13.03.2013.

[360] STJ, AgRg no Ag 1.172.736/SP, 1ª Turma, Rel. Min. Teori Albino Zavascki, j. 1º.09.2011, *DJe* 08.09.2011; STJ, EREsp 1.155.827/SP, 1ª Seção, Rel. Min. Humberto Martins, j. 22.06.2011, *DJe* 30.06.2011; STJ, REsp 1.250.553/MS, 2ª Turma, Rel. Min. Herman Benjamin, j. 07.06.2011, *DJe* 15.06.2011; STJ, Rcl 4.892/PR, 2ª Seção, j. 27.04.2011, Rel. Min. Raul Araújo, *DJe* 11.05.2011). Em sentido contrário, no caso de cobrança de taxa de esgotamento sanitário sem que o serviço seja prestado, de modo que caracteriza o engano como injustificável: AgRg no REsp 1.135.528/RJ, 2ª Turma, Rel. Min. Humberto Martins, j. 02.09.2010, *DJe* 22.09.2010; e: AgRg no AREsp 212.696/RJ, 2ª Turma, Rel. Min. Humberto Martins, j. 20.09.2012, *DJe* 28.09.2012.

[361] Nesse sentido, aliás, já referia a Súmula 159 do STF, relativa à interpretação do artigo 1.531 do CC/1916, ora artigo 940 do CC/2002: "Cobrança excessiva, mas de boa-fé, não dá lugar às sanções do artigo 1.531 do Código Civil".

[362] STJ, AgRg no REsp 954.561/RS, Rel. Min. Castro Meira, j. 23.10.2007, *DJU* 08.11.2007, p. 222.

[363] STJ, AgRg no REsp 1.199.273/SP, 3ª Turma, Rel. Min. Sidnei Beneti, j. 09.08.2011, *DJe* 19.08.2011.

2021, que o entendimento nele definido quanto a indébitos não decorrentes de prestação de serviço público aplique-se somente a cobranças realizadas após a data da publicação.[364]

O STJ já havia consagrado esse entendimento com relação ao contrato de abertura de crédito, inclusive com a edição da Súmula 322, na qual referiu: "Para a repetição de indébito, nos contratos de abertura de crédito em conta-corrente, não se exige a prova do erro". Entre os precedentes da Súmula 322, observa-se que, "em se tratando de contrato de abertura de crédito em conta-corrente, a restituição dos valores pagos a maior não exige a prova do erro, por não se tratar de pagamento voluntário, uma vez que os lançamentos na conta são feitos pelo credor".[365] Igualmente, conforme se observa dos precedentes de relatoria dos Ministros Ruy Rosado[366] e Ari Pargendler: "A repetição do indébito, no contrato de abertura de crédito, não depende da prova de que o pagamento foi feito por erro do devedor; a respectiva ação só é julgada procedente quando constatado o erro do credor, que lança unilateralmente seus créditos".[367]

Nesses casos, o cabimento da repetição de indébito observa-se sempre quando inexiste ou deixou de existir o *an debeatur*, a dívida mesma, em certo montante que foi objeto de pagamento indevido do consumidor. É o que ocorrerá quando no contrato de crédito se reconhecer a abusividade de cláusulas e sua respectiva nulidade ou revisão, conforme autorizado pelo CDC (artigos 6º, V, e 51, *caput* e § 2º).[368]

Da mesma forma, os precedentes que fundamentam a Súmula 322/STJ observam o cabimento da repetição de indébito nos contratos de abertura de crédito em sentido estrito (disponibilidade do dinheiro) que venham a se converter em mútuo mediante uso do dinheiro pelo tomador do crédito, bem como o de concessão de crédito propriamente dito, mediante celebração do contrato de mútuo, quando a dívida tenha por fundamento uma ilegalidade ou cláusula proibida.[369]

---

[364] EREsp 1.413.542/RS, Corte Especial, Rel. Min. Maria Thereza de Assis Moura, Rel. para acórdão Min. Herman Benjamin, j. 21.10.2020, *DJe* 30.03.2021.

[365] STJ, REsp 205.990/RS, 4ª Turma, Rel. Min. Sálvio de Figueiredo Teixeira, j. 18.05.2000, *DJ* 07.08.2000.

[366] "Contrato de abertura de crédito. Juros. Limite. Revisão judicial. Repetição de indébito. Aplicação da Súmula 596/STF para permitir a cobrança dos juros nos limites autorizados pelo Conselho Monetário Nacional. Há possibilidade de revisão judicial de contrato de abertura de crédito, ainda que já tenham sido feitos pagamentos durante a sua execução. A exigência da prova do erro, para a repetição do indébito (artigo 965 do Código Civil) [artigo 877 do atual Código Civil], não se aplica aos contratos de abertura de crédito (cheque ouro), onde os lançamentos na conta são feitos pelo credor. Recurso conhecido em parte e provido" (STJ, REsp 176.459/RS, 4ª Turma, Rel. Min. Ruy Rosado de Aguiar, j. 23.11.1998, *DJ* 15.03.1999).

[367] "Comercial. Abertura de crédito. A repetição do indébito, no contrato de abertura de crédito, não depende da prova de que o pagamento foi feito por erro do devedor; a respectiva ação só é julgada procedente quando constatado o erro do credor, que lança unilateralmente seus créditos. Agravo regimental não provido" (STJ, AgRg no Ag 306.841/PR, 3ª Turma, Rel. Min. Ari Pargendler, j. 13.08.2001, *DJ* 24.09.2001).

[368] "Direito processual civil e econômico. Agravo no agravo de instrumento. Ação revisional. Contrato de abertura de crédito em conta corrente. Capitalização de juros. Ausência de novos argumentos. Repetição do indébito. Possibilidade. Não tendo a agravante trazido argumentos novos capazes de ilidir os fundamentos da decisão agravada, é de se negar provimento ao agravo. Não se faz necessária a prova do erro para exercer o direito à repetição do indébito nos contratos bancários. Precedentes. Agravo no agravo de instrumento não provido" (STJ, AgRg no Ag 641382/RS, 3ª Turma, Rel. Min. Nancy Andrighi, j. 19.05.2005, *DJ* 06.06.2005).

[369] "Agravo regimental. Recurso especial parcialmente provido. Contrato de abertura de crédito em conta-corrente. Capitalização mensal. Repetição do indébito. Honorários. Compensação. Comissão de

350 | CURSO DE DIREITO DO CONSUMIDOR – *Bruno Miragem*

Note-se que nessa circunstância, assim como já mencionamos com relação ao artigo 39, parágrafo único, do CDC, não se está diante de situação de enriquecimento sem causa do consumidor, em face da restituição em dobro determinada pela norma. Mais uma vez, refira-se que a causa de atribuição patrimonial do valor correspondente da devolução do que foi pago indevidamente, mais o equivalente (devolução em dobro), é a própria lei.[370] O que se distingue é apenas a natureza da pretensão do consumidor. Com relação ao valor pago indevidamente, possui o consumidor uma pretensão restitutória, enquanto no valor equivalente, que deverá ser pago pelo fornecedor além da devolução, a pretensão será tipicamente indenizatória, relativa aos danos que se presume havidos do ilícito, conforme estabelecido na norma do artigo 42. De reconhecer aí, com relação ao dever de devolução em dobro, o caráter pedagógico da norma consagrada pelo CDC, sem prejuízo das sanções administrativas e criminais[371] aplicáveis na hipótese.

2.3.3 Bancos de dados e cadastros de consumidores

Entre as práticas de mercado mais comuns na atual sociedade da informação e de consumo está a formação dos chamados bancos de dados e cadastros de consumidores. Em verdade, não deixam de ser uma síntese das características atuais do mercado de consumo. Por um lado, a massificação do mercado, com a incorporação de milhões de consumidores, determinou, igualmente, uma relativa uniformização das práticas de mercado e a necessidade de organizar a utilização das informações relativas a esses consumidores. Tais procedimentos, por outro lado, tornam-se possíveis e, com viabilidade econômica, em face do surgimento dos recursos informáticos que aperfeiçoam a coleta, a organização e a classificação de informações, dispondo de ferramentas úteis a quem se disponha a manter, atualizar e explorar esses dados.

Daí surge a importância desses bancos de dados e cadastros de consumidores para o direito do consumidor. Ao mesmo tempo que é legítimo aos fornecedores organizar e explorar as informações pessoais e econômicas dos consumidores, por outro lado, há a necessidade de proteger o consumidor em relação ao mau uso dessas informações, o que ocorre quando isso se dá em prejuízo aos direitos da personalidade, como o direito à honra ou o direito à privacidade, assim como a divulgação de informações incorretas e inverídicas termina por causar danos aos consumidores. O exemplo maior desse problema, em nossa realidade, são as diversas hipóteses de inscrição indevida dos consumidores

---

permanência. 1. Inadmissível a capitalização mensal dos juros nos contratos de abertura de crédito em conta-corrente. 2. Admitida a repetição do indébito, independentemente de prova do erro no pagamento, quando presentes cláusulas ilegais. 3. Na linha da jurisprudência da Segunda Seção desta Corte, admite-se a compensação de honorários advocatícios em casos de sucumbência recíproca. 4. Legalidade da incidência da comissão de permanência, no período de inadimplência, 'desde que não cumulada com a correção monetária (Súmula 30/STJ), nem com os juros remuneratórios, calculada à taxa de mercado do dia do pagamento, limitada, entretanto, à taxa pactuada no contrato' (REsp 271.214/RS, 2ª Seção, *DJ* 04.08.2003, no qual fui designado Relator para acórdão). 5. Agravo regimental desprovido" (STJ, AgRg no REsp 633.749/RS, 3ª Turma, Rel. Min. Carlos Alberto Menezes Direito, j. 26.08.2004, *DJ* 16.11.2004).

[370] No mesmo sentido: MARQUES, Claudia Lima. *Contratos no Código de Defesa do Consumidor*. 4. ed. São Paulo: Ed. RT, 2003. p. 1.052.

[371] ALMEIDA, João Batista. *A proteção jurídica do consumidor*. 5. ed. São Paulo: Saraiva, 2006. p. 128.

Parte II · Cap. 2 · A PROTEÇÃO CONTRATUAL DO CONSUMIDOR | **351**

em bancos de dados de proteção ao crédito, para o que a jurisprudência brasileira vem reconhecendo o direito dos consumidores-vítimas à indenização pelos prejuízos sofridos em razão dessa prática.[372]

O CDC, ao regular os bancos de dados e cadastros de fornecedores, admitiu sua existência como prática reconhecida do mercado de consumo, estabelecendo os critérios e limites segundo os quais podem ser desenvolvidos e utilizados. Todavia, ele o fez em atenção à preocupação internacional que desde algum tempo dirige-se à privacidade dos dados pessoais dos consumidores.[373] Anteriormente ao CDC, e servindo-lhe de inspiração,[374] o *Fair Credit Reporting Act*, vigente nos Estados Unidos desde a década de 1970, estabelecido no âmbito da legislação mais ampla de proteção do consumidor de crédito (*Consumer Credit Protection Act*).[375] Da mesma forma, após a vigência do CDC, a larga repercussão que alcança a Diretiva 95/46, da União Europeia, para proteção dos indivíduos em relação ao tratamento e movimento de dados pessoais, a qual, ao tempo em que reconhece a licitude da coleta de informações (artigo 6º), determina uma série de deveres a quem se proponha a tal atividade, como o de assegurar a exatidão e a atualidade dos dados, permitir ao titular das informações coletadas a possibilidade de ser informado sobre o conteúdo dessas informações, assim como o direito à retificação. Da mesma forma, define uma proteção especial mais intensa aos chamados *dados sensíveis*, quais sejam os que digam respeito à origem étnica ou racial, orientação sexual, estado de saúde, bem como as convicções políticas, religiosas ou filosóficas do titular das informações (artigo 8º).

No direito brasileiro, a proteção do sigilo de informações está assegurada na Constituição da República, sob o resguardo do direito à intimidade e à privacidade pessoal. Nesse sentido, as normas do CDC sobre bancos de dados e cadastros de consumidores, ao mesmo tempo que realizam o mandamento constitucional de defesa do consumidor, servem, de modo específico, à proteção da intimidade e privacidade dos consumidores.

2.3.3.1 Noções introdutórias: distinção entre bancos de dados e cadastros de consumidores

Os *bancos de dados* e *cadastros de consumidores* são identificados, em conjunto, sob a terminologia *arquivos de consumo*. Essa expressão vai se considerar gênero do que são espécies os bancos de dados e os cadastros de fornecedores. Segundo Antonio Herman

---

[372] Para o tema, veja-se: BESSA, Leonardo Roscoe. *O consumidor e os limites dos bancos de dados de proteção ao crédito*. São Paulo: Ed. RT, 2003. p. 130 *et seq*. No mesmo sentido o cuidadoso trabalho de EFING, Antônio Carlos. *Bancos de dados e cadastros de consumidores*. São Paulo: Ed. RT, 2002. p. 168 *et seq*.

[373] Veja-se a respeito: SAMPAIO, José Adércio Leite. *O direito à intimidade e à vida privada*. Belo Horizonte: Del Rey, 1998. p. 481; BESSA, Leonardo Roscoe. *O consumidor e os limites dos bancos de dados de proteção ao crédito*. São Paulo: Ed. RT, 2003. p. 133 *et seq*.; SILVEIRA, Paulo Caliendo Velloso da. A proteção de dados no direito comparado. *Revista da Ajuris*, Porto Alegre, v. 71, p. 302-343, nov. 1997.

[374] BENJAMIN, Antonio Herman de Vasconcellos *et al*. *Código Brasileiro de Defesa do Consumidor comentado pelos autores do anteprojeto*. 8. ed. Rio de Janeiro: Forense, 2005. p. 400.

[375] Para detalhes, veja-se EFING, Antônio Carlos. *Bancos de dados e cadastros de consumidores*. São Paulo: Ed. RT, 2002. p. 96 *et seq*.

Benjamin, o Código de Defesa do Consumidor, ao indicar entre as práticas comerciais sob a incidência de suas normas, previu-os de modo genérico, de forma a envolver "todas as modalidades de armazenamento de informações sobre consumidores, sejam elas privadas ou públicas, de uso pessoal do fornecedor ou abertas a terceiros (...)".[376]

Os arquivos de consumo têm como características comuns – tanto aos bancos de dados quanto aos cadastros de fornecedores – o fato de armazenarem informações sobre terceiros para uso em operações de consumo. A distinção entre bancos de dados e cadastros de fornecedores, entretanto, caracteriza-se por sua: *a) aleatoriedade na coleta das informações que o conformam; b) organização permanente das informações, à espera de utilização futura; c) transmissibilidade extrínseca, na medida em que é direcionada a utilização por terceiros; e d) inexistência de autorização ou conhecimento do consumidor quanto ao registro.*[377] É o caso, no Brasil, dos denominados órgãos de proteção ao crédito (SPC, SERASA), os quais terão sua finalidade específica voltada à obtenção, organização, armazenamento e divulgação relativamente restrita, das informações financeiras e patrimoniais em geral dos consumidores para os fornecedores, com o objetivo de subsidiar o exame, por parte destes, da conveniência da celebração do contrato de consumo.[378] Em termos práticos, entretanto, a inscrição do consumidor em quaisquer desses cadastros equivale à sua exclusão do mercado de compra a crédito, e mesmo da possibilidade de aquisição de produtos mediante pagamento em cheque, ou quaisquer outros mecanismos que não o dinheiro (moeda de custo forçado).

De outra forma, os denominados cadastros de consumidores caracterizam-se também como um conjunto de informações coletadas e organizadas, geralmente, de modo profissional. Distingue-se, todavia, desses cadastros pelo fato de o registro ter por finalidade própria subsidiar atividade comercial, atual ou futura, do fornecedor. As informações de que se compõem esse cadastro podem ser fornecidas pelo próprio consumidor, no interesse de celebrar determinada relação de consumo com o fornecedor, ou mesmo resultarem de pesquisa do próprio proprietário do cadastro, que pode criar novos cadastros ou enriquecê-los de outras informações. São dirigidos, dessa maneira, a formar *perfis* de

---

[376] Segundo o consagrado jurista, a disciplina do CDC *publicizou* os arquivos de consumo, não em relação ao seu domínio ou gerenciamento, mas quanto ao amplo acesso das informações que dispõem, por qualquer interessado (BENJAMIN, Antonio Herman de Vasconcellos *et al. Código Brasileiro de Defesa do Consumidor comentado pelos autores do anteprojeto.* 8. ed. Rio de Janeiro: Forense, 2005. p. 415-416).

[377] BENJAMIN, Antonio Herman de Vasconcellos *et al. Código Brasileiro de Defesa do Consumidor comentado pelos autores do anteprojeto.* 8. ed. Rio de Janeiro: Forense, 2005. p. 416. Note-se, todavia, o entendimento do STJ, no sentido da não aplicação do CDC no caso de bancos de dados mantidos pelo Banco Central do Brasil, em face da inexistência de relação de consumo entre o titular das informações e a autarquia federal, mas sim de relação jurídico-administrativa: STJ, REsp 1.220.394/RS, 2ª Turma, Rel. Min. Mauro Campbell Marques, j. 02.10.2012, *DJe* 09.10.2012.

[378] Nesse sentido, relata Bertram Antônio Stürmer ao mencionar as características da concessão de crédito antes da organização dos cadastros e bancos de dados de proteção ao crédito: "a concessão do crédito era demorada, trabalhosa e complexa. O candidato ao crédito preenchia um longo cadastro de informações, entre elas indicando o armazém onde realizava as compras, o seu alfaiate e, eventualmente, outras lojas onde comprava a crédito (...). O setor de crediário dessas lojas pioneiras possuía cadastro de grande número de pessoas, o que fazia com que ficassem, no início de cada manhã, apinhados de informantes de outras lojas, em busca de dados e informações dos clientes já por ela cadastrados" (STÜRMER, Bertram Antônio. Banco de dados e *habeas data* no Código do Consumidor. *Revista Lex – Jurisprudência do STJ e TRFs*, São Paulo, v. 49, p. 11, 1993).

Parte II · Cap. 2 · A PROTEÇÃO CONTRATUAL DO CONSUMIDOR | **353**

consumidores, a partir dos quais poderá ser identificada, em vista de uma análise, por vezes multidisciplinar, sua aptidão por certos produtos ou serviços.

É interessante notar que Antonio Herman Benjamin, examinando as práticas de mercado no princípio da década de 1990, referia em relação aos cadastros de fornecedores, que na sua formação muitas vezes o fornecedor e o arquivista se confundiam em uma só pessoa.[379] O crescimento da utilização desse recurso como instrumento auxiliar, e muitas vezes principal da atividade de *marketing* dos fornecedores, fez com que a atividade de coleta, organização, pesquisa e armazenamento dos dados de consumidores adquirisse um perfil profissional, com o surgimento de empresas especializadas nessa atividade (os cadastros de consumidores, neste sentido, constituirão ativos patrimoniais das empresas).

O exemplo mais ilustrativo é o do denominado *marketing direto ou marketing individualizado (distinguindo-se do marketing de massa*[380]), que se desenvolve a partir do oferecimento direto pelo fornecedor (detentor do cadastro) ao consumidor de determinado produto ou serviço, de acordo com um perfil específico que o identifique com um segmento de adquirentes potenciais do produto ou serviço (a identificação dos hábitos de consumo),[381] ou mesmo sua vinculação a outro serviço que facilita ou agiliza os meios de cobrança pelo fornecedor (titular de determinado cartão de crédito, cuja operadora mantém relação jurídica subjacente com fornecedor-ofertante). Nesses casos, a oferta ao consumidor é feita mediante a utilização de correspondência, por via telefônica, ou mesmo por meio envio não solicitado de mensagens eletrônicas pela *internet*, dando origem aos conhecidos *spams*.

Ao mesmo tempo, a popularização do uso de mensagens eletrônicas fez com que, por intermédio da utilização de alguns recursos de informática, fosse possível identificar quantidades de endereços eletrônicos e mesmo o monitoramento de utilização da internet, pela identificação dos sítios acessados pelos usuários da rede. Isso implica, de um lado, a possibilidade de formação de perfis dos consumidores usuários da internet e a consequente disseminação de mensagens eletrônicas selecionadas mediante critérios centrados em informações sobre o comportamento do consumidor na rede mundial de computadores.

As amplas possibilidades de utilização dos arquivos de consumo como instrumento de fomento à atividade dos fornecedores, no sentido de restringir o acesso dos que eventualmente sejam considerados "maus consumidores" no mercado, ao mesmo tempo que procura ampliar a conquista de novos consumidores (mediante segmentação do mercado, por exemplo), coloca em primeiro plano a questão da proteção dos direitos da personalidade pelas normas do CDC,[382] em especial os que digam respeito à intimidade e privacidade do consumidor titular das informações.

---

[379] BENJAMIN, Antonio Herman de Vasconcellos *et al. Código Brasileiro de Defesa do Consumidor comentado pelos autores do anteprojeto.* 8. ed. Rio de Janeiro: Forense, 2005. p. 416.

[380] Trata-se de realidade comum em outros países, conforme ensina, na perspectiva de direito comparado: MENDES, Laura Schertel. *Privacidade, proteção de dados e defesa do consumidor.* Linhas gerais de um novo direito fundamental. São Paulo: Saraiva, 2014. p. 87 e ss.

[381] Veja-se: BARBOSA, Fernanda Nunes. Informação e consumo: a proteção do consumidor no mercado contemporâneo da oferta. *Revista de Direito do Consumidor*, São Paulo, v. 88, p. 145 e ss., jul. 2013.

[382] Vejam-se, a respeito, as considerações de: BERTONCELLO, Káren Rick Danilevicz. Seguro de pessoas e acesso ao mapa genético individual. *Revista de Direito do Consumidor*, São Paulo, v. 56, p. 75 *et seq.*, out./dez. 2005.

CURSO DE DIREITO DO CONSUMIDOR – *Bruno Miragem*

Da mesma forma, a própria distinção entre bancos de dados e cadastros de consumidores como espécies de arquivos de consumo deve ser compreendida, atualmente, menos em vista da organização dos dados e mais a partir do uso que a eles se dá.[383] Hoje, há métodos de utilização de dados que se aplicam sobre bancos de dados de informações organizadas. A preocupação com a licitude da organização das informações não pode ser, nesse caso, dissociada de sua utilização. Daí a noção atualizada de tratamento dos dados pessoais, prevista em diversas legislações e também no Anteprojeto de Lei sobre a proteção de dados pessoais elaborado pelo Ministério da Justiça – porém sem tramitação no Congresso Nacional –, no qual se define tratamento como "toda operação realizada com dados pessoais, como as que se referem a coleta, produção, recepção, classificação, utilização, acesso, reprodução, transmissão, distribuição, processamento, arquivamento, armazenamento, eliminação, avaliação ou controle da informação, modificação, comunicação, transferência, difusão ou extração". Parece evidente que a utilidade e necessidade de critérios mais seguros no plano da legislação brasileira sobre dados pessoais relacionam-se diretamente com o incremento da tutela dos interesses dos consumidores, embora extravasem os limites estritos do direito do consumidor.

2.3.3.2 *A regulação dos bancos de dados e cadastros de consumidores pelo CDC*

O Código de Defesa do Consumidor vai regular a formação e a utilização dos bancos de dados e cadastros de fornecedores no seu artigo 43. Das disposições legais se retiram as primeiras características impressas pelo direito brasileiro para o desenvolvimento dos arquivos de consumo. Em primeiro lugar, o *caput* do artigo 43 determina a ampla acessibilidade do consumidor sobre as informações pessoais concernentes a si próprio. No mesmo artigo, entre outros deveres indicados aos que promovem a criação ou gestão desses arquivos de consumo, estabelece o dever de veracidade das informações armazenadas (§ 1º), indicando inclusive ao consumidor o direito de reclamar imediata correção dos dados, na hipótese de sua inexatidão (§ 3º). Ao mesmo tempo, condiciona a inscrição do consumidor, quando esta não tenha sido solicitada por ele, à sua prévia comunicação por escrito (§ 2º).[384]

Concluindo o espectro de proteção do CDC, o § 4º do artigo 43 qualifica os bancos de dados e cadastros de consumidores, assim como os serviços de proteção ao crédito e entidades congêneres, como equiparadas a entidades de caráter público – permitindo a utilização, pelo consumidor, do remédio constitucional do *habeas data* para garantir o

---

[383] Nesse sentido a interessante reflexão de: GOULART, Guilherme Damasio. Por uma visão renovada dos arquivos de consumo. *Revista de Direito do Consumidor*, São Paulo, v. 107, p. 447-482, set./out. 2016.

[384] REsp 285.401/SP, 4ª Turma, Rel. Min. Ruy Rosado de Aguiar Junior, j. 19.04.2001, *DJU* 11.06.2001, p. 232; REsp 292.045/RJ, 3ª Turma, Rel. Min. Carlos Alberto Menezes Direito, j. 27.08.2001, *DJU* 08.10.2001, p. 213. Determinando essa obrigação ao responsável pela gestão do banco de dados: REsp 442.483/RS, 4ª Turma, Rel. Min. Barros Monteiro, j. 05.09.2002, *DJU* 12.05.2003, p. 306. Já decisão do TJRS indicando o ato de inscrição como nulo, ensejando indenização, quando não realizada a comunicação do consumidor: TJRS, ApCiv 70.003.035.854, 9ª Câm. Civ., Rel. Des. Mara Larsen Chechi, j. 25.09.2002.

acesso e o conhecimento dos seus dados pessoais.[385] Ao mesmo tempo, limitou o prazo de apresentação, por bancos de dados, de informações sobre débitos do consumidor, ao instante de prescrição da respectiva dívida (artigo 43, § 5º).

Tratando-se de bancos de dados ou cadastros de fornecedores, a proteção dos direitos da personalidade do consumidor vai se concentrar, sobretudo, na tutela da sua integridade moral, em especial na proteção do direito à privacidade e do direito à honra.

A hipótese corrente de lesão aos direitos da personalidade é o da agressão ao direito à honra do consumidor. Por direito à honra entenda-se o direito subjetivo pelo qual o consumidor tem assegurada a projeção para a comunidade (ou, no caso, para os agentes do mercado de consumo), de informações corretas em relação à sua conduta negocial. Sua violação, nesse sentido, dá-se pela inscrição indevida do consumidor como inadimplente nos serviços de proteção ao crédito ou assemelhados. Segundo aponta Leonardo Bessa, "o dano moral, decorrente do registro indevido em bancos de dados de proteção ao crédito, deve ser encarado sob diversas perspectivas, com ênfase aos direitos da personalidade (privacidade e honra)".[386] Refere ainda que o potencial ofensivo dos bancos de dados aos direitos da personalidade, tanto da pessoa física quanto da pessoa jurídica, é argumento suficiente para reconhecer a vulnerabilidade de todos os expostos à atividade dos bancos de dados, o que decorre da condição de superioridade de quem os possua.[387]

A qualificação de determinado registro em banco de dados como indevido poderá decorrer de uma série de circunstâncias. Na hipótese mais comum, o registro, como inadimplente, do consumidor que já realizou o pagamento da dívida[388] contesta sua

---

[385] Nesse sentido, relembra Antonio Herman Benjamin, calcado nas considerações do professor Kazuo Watanabe, que o *habeas data* se consagra como instrumento processual adequado para o acesso do consumidor aos seus dados pessoais, em que pese o veto presidencial ao artigo 86 do Código que o previa expressamente. Por continuar a prever o caráter público destes bancos de dados e cadastros de fornecedores, e o fato de o *habeas data* tratar-se de remédio constitucional insuscetível de limitação pelo legislador ordinário, muito menos pelo Poder Executivo, sua utilização restou consagrada no CDC (BENJAMIN, Antonio Herman de Vasconcellos *et al. Código Brasileiro de Defesa do Consumidor comentado pelos autores do anteprojeto.* 8. ed. Rio de Janeiro: Forense, 2005. p. 414-415).

[386] BESSA, Leonardo Roscoe. Abrangência da disciplina conferida pelo Código de Defesa do Consumidor aos bancos de dados de proteção ao crédito. *Revista de Direito do Consumidor*, São Paulo, v. 42, p. 149-172, abr./jun. 2002.

[387] BESSA, Leonardo Roscoe. Abrangência da disciplina conferida pelo Código de Defesa do Consumidor aos bancos de dados de proteção ao crédito. *Revista de Direito do Consumidor*, São Paulo, v. 42, p. 165, abr./jun. 2002.

[388] No caso de pagamento posterior à inscrição, é do credor satisfeito o ônus de cancelar o registro. Assim decide o STJ: "Responsabilidade civil. Inscrição em cadastro negativo. Obrigação da credora de providenciar o cancelamento uma vez quitado o débito. Indenização. Valor adequado posto na sentença. Precedentes da Corte. 1. Na linha de precedentes da Corte, incumbe ao credor, uma vez quitado o débito, cancelar a inscrição do nome do devedor no cadastro negativo. 2. O valor da indenização posto pela sentença é adequado ao caso concreto, não se justificando qualquer modificação. 3. Recurso especial conhecido e provido, em parte" (STJ, REsp 439.243/RJ, 3ª Turma, Rel. Min. Carlos Alberto Direito, j. 06.12.2002, *DJU* 24.02.2003, p. 229). Em sentido idêntico: REsp 432.062/MG, Rel. Min. Aldir Passarinho Junior, j. 03.10.2002, *DJ* 16.12.2002; REsp 299.456/SE, 4ª Turma, Rel. Min. Aldir Passarinho Junior, j. 19.12.2002, *DJU* 02.06.2003, p. 299.

existência ou validade[389] por quaisquer dos meios admitidos em direito[390] – como no caso de decorrer de fraude de terceiros pelos quais responde o fornecedor[391] –, ou mesmo sua inexigibilidade pelo advento da prescrição caracteriza a realização de conduta ilícita. O principal direito subjetivo ofendido pela conduta ilícita é o direito à honra do consumidor, violada pela projeção externa de informações desabonatórias não verdadeiras, e enseja a indenização por danos morais advindos da ofensa. A hipótese, nesse caso, será de dano moral puro,[392] não exigindo a necessidade da prova do dano.[393] Esse, aliás, é o entendimento que vem sendo adotado pelo Poder Judiciário.[394] No caso do Superior Tribunal de Justiça, a linha de entendimento vinha sendo a de considerar a desnecessidade de prova do dano, presumido em relação à mera existência de inscrição indevida,[395] o que, aliás, observa-se não apenas no tocante à inscrição indevida, mas também à devolução indevida de cheques (Súmula 388: "A simples devolução indevida de cheque caracteriza dano moral"). Contudo, em 2009, o entendimento da Corte sofreu modificação, firmando-se no sentido de que a existência de outras inscrições procedentes nos serviços de proteção ao crédito, anteriores à inscrição indevida da qual se reclama indenização, não torna essa

---

[389] Hipótese da inscrição de débito decorrente de serviço não solicitado pelo consumidor: REsp 265.121/RJ, 4ª Turma, Rel. Min. Aldir Passarinho Junior, j. 04.04.2002, *DJU* 17.06.2002, p. 267. No mesmo sentido o TJRS, na hipótese de inscrição no SPC do débito de anuidade de cartão de crédito não solicitado pelo consumidor: ApCiv 70.003.335.940, 10ª Câm. Civ., Rel. Luiz Ary Vessini de Lima, j. 27.03.2003. Para a inscrição de dívida cujo montante era contestado em juízo: *"Serasa. Dano moral.* A inscrição do nome da contratante na Serasa depois de proposta ação para revisar o modo irregular pelo qual o banco estava cumprindo o contrato de financiamento, ação que acabou sendo julgada procedente, constitui exercício indevido do direito e enseja indenização pelo grave dano moral que decorre da inscrição em cadastro de inadimplentes. Recurso conhecido e provido" (STJ, REsp 219.184/RJ, 4ª Turma, Rel. Min. Ruy Rosado de Aguiar Júnior, *LEX-STJ* 132/176).

[390] Claudia Lima Marques apontará a prática de inscrição dos consumidores que estejam contestando suas dívidas como espécie de atuação que alterna um comportamento malicioso ou negligente (MARQUES, Claudia Lima. *Contratos no Código de Defesa do Consumidor*. 4. ed. São Paulo: Ed. RT, 2003. p. 692).

[391] STJ, AgRg no AREsp 102.524/RS, 3ª Turma, Rel. Min. Paulo de Tarso Sanseverino, j. 02.10.2012, *DJe* 05.10.2012.

[392] Assim o TJRS, ApCiv 70.002.981.165, 9ª Câm. Civ., Rel. Des. Paulo de Tarso Vieira Sanseverino, j. 27.03.2002.

[393] Nesse sentido: MARINS, James. *Habeas data*, antecipação de tutela e cadastros financeiros à luz do Código de Defesa do Consumidor. *Revista de Direito do Consumidor*, São Paulo, v. 26, p. 107, abr./jun. 1998. O STJ, por sua vez, decide no mesmo sentido: *"Direito do consumidor. Cancelamento indevido de cartão de crédito. Inscrição do número no 'boletim de proteção' ('lista negra'). Constrangimento. Compra recusada. Dano moral. Prova. Desnecessidade. Precedentes. Recurso provido.* Nos termos da jurisprudência da Turma, em se tratando de indenização decorrente da inscrição irregular no cadastro de inadimplentes, 'a exigência de prova de dano moral (extrapatrimonial) se satisfaz com a demonstração da existência da inscrição irregular' nesse cadastro" (STJ, REsp 233.076/RJ, 4ª Turma, Rel. Min. Sálvio de Figueiredo Teixeira, j. 16.11.1999, *DJU* 28.02.2000). Observe-se, contudo, a crítica de Leonardo Bessa ao uso da expressão dano *in re ipsa*, para qualificação dos danos decorrentes de inscrição indevida em bancos de dados restritivos de crédito, sob o argumento de que, nesses casos, deixa o julgador de avaliar, objetivamente, os atributos da personalidade efetivamente violados em razão do ilícito (BESSA, Leonardo Roscoe. Responsabilidade civil dos bancos de dados de proteção ao crédito. *Revista de Direito do Consumidor*, São Paulo, v. 92, p. 49 e ss., mar./abr./2014.

[394] Para o exame completo da jurisprudência, veja-se: EFING, Antônio Carlos. *Bancos de dados e cadastros de consumidores*. São Paulo: Ed. RT, 2002. No mesmo sentido: MARQUES, Claudia Lima. *Contratos no Código de Defesa do Consumidor*. 4. ed. São Paulo: Ed. RT, 2003. p. 689-701.

[395] 4ª Turma, REsp 327.420/DF, Rel. Sálvio de Figueiredo Teixeira, j. 23.10.2001, *DJU* 04.02.2002.

causa de indenização, porquanto estaria descaracterizado o dano. Nesse sentido, a Súmula 385 a afirmar que: "Da anotação irregular em cadastro de proteção ao crédito, não cabe indenização por dano moral, quando preexistente legítima inscrição, ressalvado o direito ao cancelamento". Nosso entendimento, contudo, é o de que a visão expressa pela súmula resulta de uma concepção restrita da Corte com relação ao conceito de dano moral, especialmente considerando o reconhecimento da finalidade de desestímulo de que se reveste a indenização nesses casos. O fato de existirem inscrições legítimas em desfavor do consumidor inadimplente não parece suficiente para descaracterizar o dano causado pela inscrição indevida, sobretudo se considerado que a violação do direito, nesse caso, restará sem qualquer sanção.[396]

De resposta mais complexa, todavia, parecem-nos os efeitos da proteção da privacidade do consumidor em relação ao processo de formação, difusão e comercialização crescente dos cadastros de consumidores. Refere Antonio Herman Benjamin que são excluídas dos arquivos de consumo as informações de caráter personalíssimo do consumidor, a não ser com sua autorização expressa. Ao mesmo tempo, as informações referentes a família, reputação, características individuais ou modo de vida não devem ser reconhecidas como possíveis, "a não ser que fortemente vinculadas ao mercado".[397] Fora disso, trata-se de vedação absoluta indicada pela norma legal.[398]

No entanto, tais informações podem ser utilizadas, atualmente, como critérios considerados importantes para definição dos denominados *perfis de consumo* ou *perfis de consumidor*, a serem identificados pelos responsáveis pelo cadastro. Assim, pode haver a definição do consumidor em determinado segmento (por exemplo, com maior ou menor renda, que realize viagens internacionais, que tenha filhos até certa idade), com a finalidade de identificar hábitos ou preferência suficientes para organizar ações promocionais *personalizadas* ou *segmentadas*, em razão dessas particularidades.

A questão então é se essas informações estariam ou não sob a proteção da privacidade. Para responder à indagação, entretanto, duas as questões a serem levantadas. Primeiro, se tais informações foram colhidas com ou sem a anuência do consumidor, se este manifestou sua concordância com a inclusão delas em cadastro, bem como a respeito ao modo de utilização desses dados.[399] Igualmente relevante a ciência se tais informações coletadas

---

[396] Veja-se: MIRAGEM, Bruno. Inscrição indevida em banco de dados restritivo de crédito e dano moral. Comentários à Súmula 385 do STJ. *Revista de Direito do Consumidor*, São Paulo, v. 81, p. 323-338, jan. 2012. Convergem com nosso entendimento: MORAIS, Ezequiel; PODESTÁ, Fábio Henrique; CARAZAI, Marcos Marins. *Código de Defesa do Consumidor comentado*. São Paulo: Ed. RT, 2010. p. 223.

[397] BENJAMIN, Antonio Herman de Vasconcellos *et al. Código Brasileiro de Defesa do Consumidor comentado pelos autores do anteprojeto*. 8. ed. Rio de Janeiro: Forense, 2005. p. 435-436.

[398] BENJAMIN, Antonio Herman de Vasconcellos *et al. Código Brasileiro de Defesa do Consumidor comentado pelos autores do anteprojeto*. 8. ed. Rio de Janeiro: Forense, 2005. p. 436.

[399] Em relação aos cadastros formados a partir de informações fornecidas pela internet, os requisitos exigidos para inscrição do consumidor são os mesmos. No mesmo sentido é o entendimento de Luciana Antonini Ribeiro, que refere: "(...) transpondo-se a situação em questão à realidade virtual, verificamos que, quando do preenchimento de um formulário virtual, deverá o consumidor ser expressamente cientificado de que aquelas informações constarão de um banco de dados, se for o caso. Cabe ainda ao fornecedor informar qual a utilização que será conferida às informações lá constantes" (RIBEIRO, Luciana Antonini. A privacidade e os arquivos de consumo na internet. Uma primeira reflexão. *Revista de Direito do Consumidor*, São Paulo, n. 41, p. 151-165, jan./mar. 2002).

358 | CURSO DE DIREITO DO CONSUMIDOR – *Bruno Miragem*

não fazem referência à privacidade de terceiros que tenham relação com o consumidor e para os quais não foi dado qualquer conhecimento ou mesmo requerida a inclusão.

Os possíveis questionamentos quanto aos cadastros de consumidores são inúmeros, sobretudo em razão da própria flexibilidade, no caso concreto, de quais sejam as informações resguardadas sob a proteção da privacidade, e mesmo se há possibilidade de determinar, *a priori*, a qualidade especial que distingue essa afirmação.[400]

A extensa jurisprudência da aplicação do CDC, por sua vez, não auxilia nessa questão, uma vez que o conhecimento dos consumidores sobre a utilização dos seus dados pessoais é extremamente complexo, sobretudo em razão das transações que envolvem diversas empresas na utilização dessas informações, bem como a difícil percepção do dano pelo simples uso das informações.

E a questão, justamente, é saber em que medida o acesso, a coleta e a transmissão dessas informações constituem ou não uma interferência na privacidade do consumidor, ou, de outro modo, se existiriam dados específicos que só pertencem ao espaço protegido pela privacidade do indivíduo, ou esta se trata de um conceito flexível, moldando seus limites de acordo com o caso concreto.

Os direitos da personalidade são indisponíveis, segundo dispõe expressamente o Código Civil, em seu artigo 11, quando afirma que seu exercício "não poderá sofrer limitação voluntária". O artigo 21 do CC refere entre os direitos da personalidade o direito à vida privada ("A vida privada da pessoa natural é inviolável..."). Trata-se, portanto, de indisponibilidade fixada em lei, à qual o titular do direito se subordina.

Uma questão de relevância, nesse caso, seria se o consumidor poderia informar, de modo voluntário, quaisquer dados ao cadastro de fornecedores, ou se isso não seria possível, uma vez que contrário à indisponibilidade característica do direito à privacidade, como espécie de direito da personalidade.

Antônio Jeová dos Santos distingue em relação às informações arquivadas três categorias: a) *públicas*; b) *pessoais de interesse público*; e c) *sensíveis*. As informações *públicas* seriam aquelas que dizem respeito a toda a sociedade, atendendo sua divulgação ao direito de informar; informações *pessoais de interesse público* seriam aquelas relativas ao indivíduo, mas que serviriam para sua identificação, tal qual o nome, domicílio, estado civil e filiação; enquanto as informações *sensíveis* seriam as que indicariam situação pertinente à esfera íntima do indivíduo, como sua situação econômica, opiniões, sua vida conjugal e sexual, entre outras. A distinção entre as várias categorias, entretanto, sempre foi objeto do longa digressão doutrinária.[401] A Lei de Geral de Proteção de Dados, por sua vez, define

---

[400] Acórdão do STJ, entretanto, ainda que não se tratando da aplicação do CDC, mas adotando a legislação processual civil, incluiu o endereço do executado entre os seus dados pessoais passíveis de proteção: "*Execução. Requisição de informação de endereço do réu ao banco central. Impossibilidade.* 1. Embora na hipótese dos autos não se pretenda, através de requisição ao Banco Central, obter informações acerca de bens do devedor passíveis de execução, mas tão somente o endereço, o raciocínio jurídico a ser adotado é o mesmo. 2. O contribuinte ou o titular de conta bancária tem direito à privacidade em relação aos seus dados pessoais, além do que não cabe ao Judiciário substituir a parte autora nas diligências que lhe são cabíveis para demandar em juízo. 3. Recurso especial não conhecido" (REsp 306.570/SP, 2ª Turma, Rel. Min. Eliana Calmon, j. 18.10.2001, *DJU* 18.02.2002, p. 340).

[401] Veja-se: SANTOS, Antônio Jeová dos. *O dano moral na internet*. São Paulo: Método, 2001. p. 193. Igualmente: CARVALHO, Ana Paula Gambogi. O consumidor e o direito à autodeterminação informacional:

dado pessoal sensível nos seguintes termos: "dado pessoal sobre origem racial ou étnica, convicção religiosa, opinião política, filiação a sindicato ou a organização de caráter religioso, filosófico ou político, dado referente à saúde ou à vida sexual, dado genético ou biométrico, quando vinculado a uma pessoa natural" (artigo 5º, II, da Lei 13.709/2018).

A adoção dos cadastros de fornecedores, contudo, uma vez que conta com expressa previsão legal (ainda que sejam os limites que lhe impõe o CDC), não é obviamente contrária ao direito. Nesse sentido, as informações de que se compõem o cadastro, uma vez fornecidas pelo consumidor consciente da finalidade para a qual presta as informações, ou mesmo indicando em relação a estas tratamento que as exclui da esfera da sua privacidade, há de reconhecer como informações lícitas, e não porque se vai estar diante de disponibilidade sobre a proteção da vida privada, mas sim pela extensão que o próprio consumidor indicará à sua privacidade. Logo, não vai se tratar da disposição sobre o direito da personalidade em si, mas do conteúdo que o consumidor indicará para sua proteção, qualificando-as como informações privadas. Passam a se submeter, nesses termos, aos requisitos dispostos na Lei Geral de Proteção de Dados Pessoais (LGPD) e às exigências e condições que define para o tratamento de dados. Nesse sentido, se na origem a discussão, no âmbito das relações de consumo, girava em torno da exigência ou não de consentimento prévio do consumidor para sua inclusão em bancos de dados, ou apenas seu direito de requerer a exclusão (*opt-in v. opt out*), atualmente as hipóteses de tratamento de dados – inclusive dos consumidores – submetem-se às hipóteses previstas no artigo 7º da LGPD, no qual o consentimento é uma das hipóteses previstas, entre outras. Tratando-se de dados sensíveis, tomam-se em consideração as hipóteses relacionadas no artigo 11 da mesma lei.

Nesse sentido, estar-se-á diante da própria definição do que se vai identificar como direito à vida privada, cujo significado não poderá desprender-se da noção da autonomia do indivíduo para determinar, em relação a certas informações da sua vida pessoal, um caráter de tal pertinência dessas informações com seus interesses personalíssimos, que o direito reconhece sua prerrogativa de deixá-las ao largo do conhecimento público ou geral, ou seja, trata-se de âmbito de autodeterminação individual,[402] atualmente reconduzidas à noção de dados sensíveis prevista na LGPD – que, todavia, não o esgota.

2.3.3.3 Espécies de bancos de dados

São basicamente duas as espécies de bancos de dados de consumidores estruturados habitualmente no mercado de consumo. Primeiro os que arquivam e mantêm informações do comportamento de consumo, que em razão do seu conteúdo deem causa à impressão geral negativa ou o desabonem, perante outros fornecedores, para futuras contratações. São

---

considerações sobre os bancos de dados eletrônicos. *Revista de Direito do Consumidor*, São Paulo, v. 46, p. 93, abr./jun. 2003. Segundo o entendimento de Ana Paula Gambogi Carvalho, seriam arquiváveis apenas os dados considerados não sensíveis, portanto as informações definidas como pessoais e as pessoais de interesse público (p. 93-94).

[402] Para uma visão anterior à disciplina oferecida pela LGPD: MARTINS, Luciana Mabília. O direito civil à privacidade e à intimidade. *In*: MARTINS-COSTA, Judith (org.). *A reconstrução do direito privado*. São Paulo: Ed. RT, 2002. p. 337-371.

bancos de dados restritivos, cujo acesso da informação pelo fornecedor, em geral, impede ou condiciona o acesso do consumidor ao crédito para o consumo. Segundo, os *bancos de dados de informações positivas*, compostos de informações que atestam, em geral, o bom comportamento dos consumidores na realização de seus negócios de consumo, como a habitualidade do pagamento regular de suas obrigações, seu nível de comprometimento, entre outros dados relevantes. A finalidade principal da manutenção e acesso dos fornecedores em bancos de dados de informações positivas diz respeito a uma redução dos riscos de inadimplemento. A perversão desse instrumento, contudo, pode estabelecer a obrigatoriedade de que o consumidor tenha seus dados arquivados em banco de dados de informações positivas, como condição para a contratação, o que, nesse caso, poder-se-á caracterizar como prática abusiva, a teor do que estabelece o artigo 39, II e X.

A gestão dos dados pessoais dos consumidores, sejam positivos ou negativos, acerca de seu comportamento de consumo não prescinde do amplo acesso deles às informações registradas, bem como da possibilidade efetiva, e sem ônus, da sua retificação. Nesse sentido, considerando que a manutenção dos bancos de dados de consumo atende precipuamente os interesses dos fornecedores, com vista à diminuição dos riscos de sua atividade negocial (sobretudo quando relativos ao arquivo de informações negativas), eventual acesso, retificação ou exclusão dos dados do consumidor não pode ser condicionado ao pagamento de quaisquer valores. Do contrário, estar-se-ia diante de uma transferência de custos pela diminuição dos riscos do fornecedor para o consumidor, o que contraria a lógica do CDC, pela qual o fornecedor é quem responde pelos riscos da atividade negocial, o que inclui, por certo, a redução ou prevenção desses mesmos riscos.

Os principais bancos de dados utilizados no Brasil, e que mais diretamente destaque possuem no tocante às relações de consumo, são, sem dúvida, os bancos de dados de proteção ao crédito. Principal espécie de banco de dados de informações negativas, organizam-se sob diversos modos, seja mantidos pelas associações de fornecedores (caso do Serviço de Proteção ao Crédito, mantidos pela Confederação Nacional dos Dirigentes Lojistas – CNDL), por empresas que têm como objetivo a organização, o armazenamento e a disposição dos dados para consulta, mediante remuneração (caso do SERASA), ou mesmo por órgãos públicos – como é o caso do Cadastro de Cheques sem Fundo, mantido pelo Banco Central do Brasil (BCB).[403]

Ao CDC é indiferente quem seja o responsável pelo banco de dados, uma vez que a questão principal a ser observada é a qualidade e a natureza dos dados divulgados (se pertinentes ao consumidor), aplicando-se, portanto, indistintamente, a bancos de dados públicos ou privados.[404] Assim, também não importa qual o modo de arquivamento e gestão das informações para caracterizar a existência ou não do banco de dados. Nesse sentido, o arquivamento das informações pode se dar tanto por meios informáticos – os *bancos de dados automatizados* – quanto por bancos de dados manuais, sem utilização

---

[403] Em relação ao Cadastro dos Cheques sem Fundo, contudo, anote-se que, conforme a jurisprudência, não observará o mesmo regime dos bancos de dados restritivos de crédito mantidos por particulares, considerando o interesse público de proteção do sistema financeiro e da economia popular. Nesse sentido, veja-se: REsp 1354590/RS, 2ª Seção, Rel. Min. Raul Araújo, j. 09.09.2015, *DJe* 15.09.2015.

[404] BESSA, Leonardo Roscoe. *O consumidor e os limites dos bancos de dados de proteção ao crédito*. São Paulo: Ed. RT, 2003. p. 175.

dos recursos informáticos – os *bancos de dados não automatizados*. Sobre todos eles, além da disciplina do artigo 43 do CDC, incidem as normas da LGPD.

2.3.3.4   *Cadastros de consumidores*

Os cadastros de consumidores, como já referimos, são espécies de arquivo de consumo que se caracterizam pela coleta e utilização das informações de consumidores pelo fornecedor, para seu próprio benefício ou de pessoas com ele associadas em vista de uma finalidade mercadológica, da conquista de novos consumidores, atendimento personalizado ou específico para os atuais consumidores, a partir da formação de identidade de informação com base nos dados coletados diretamente ou decorrentes de outras bases de informações. A formação, coleta e gestão das informações dos cadastros de consumidores não são feitas de modo aleatório, senão orientadas pela finalidade específica perseguida pelo fornecedor (a formação de uma base de dados de consumidores com determinadas características ou traços comuns).

Os cadastros de consumidores estão em voga, atualmente, no que diz respeito à segmentação das técnicas de *marketing* por parte de fornecedores, assim como pelo surgimento de empresas especializadas em coleta e formação de perfis de consumidores para atender a essa especialização do *marketing*. Essas novas estratégias de *marketing* têm lugar em vista da otimização dos recursos disponíveis e, sobretudo, pela quantidade cada vez maior de mídias possíveis para a difusão da mensagem publicitária (atualmente, o *boom* da publicidade faz com que as mensagens publicitárias ocupem cada vez mais espaço no cotidiano do consumidor; além dos meios de comunicação tradicionais, paradas de ônibus, painéis e cartões em toaletes e demais lugares de uso coletivo, panfletagem em semáforos e mensagens via celular, são alguns dos muitos locais que hoje servem a fins publicitários).

A grande questão diz respeito ao limite da utilização desses cadastros. Isso porque, uma vez fornecidos pelo consumidor determinados dados pessoais, estes poderão ser acrescidos de inúmeras outras informações, decorrentes de outras bases de dados. E pelo cruzamento das informações de diferentes bases de dados poderá o fornecedor obter um perfil do consumidor, muito além do que este haveria desejado ou previsto, ao fornecer de modo compartimentado as informações a diferentes fornecedores, em ocasiões totalmente distintas uma das outras (é isso que leva muitas vezes ao consumidor receber em seu domicílio publicidade de produtos ou serviços de fornecedores com quem nunca manteve contato, ou mesmo via telefone receber ofertas e propostas de operadores de *telemarketing* sem que tenha como perceber o modo pelo qual foi selecionado para aquela campanha promocional).

Tais práticas estariam de acordo com a proteção da privacidade de dados pessoais do consumidor? A princípio, nota-se também nesse caso que a autorização do consumidor para uso de seus dados pessoais – realizada em geral, por intermédio de opções de preenchimento automático – não exime desde logo o fornecedor que faz uso desses dados, de responsabilidade. É necessário, em homenagem ao direito do consumidor à informação, esclarecê-lo de modo claro e objetivo sobre a extensão do uso que deverá fazer desses dados. O adequado esclarecimento do consumidor sobre o uso das informações, no momento da coleta destas, parece ser requisito indispensável para que seu uso futuro possa

362 | CURSO DE DIREITO DO CONSUMIDOR – *Bruno Miragem*

ser considerado regular. Nesse sentido, parece incluir-se no conceito de *"esclarecimento adequado"* a necessária informação de que seus dados poderão ser utilizados por terceiros, como se tornou rotina em nosso mercado de consumo. Existindo tais precauções, e não se tratando de informações sensíveis como raça, orientação religiosa, política ou filosófica etc. (dados sensíveis, segundo definição legal do artigo 5º, II, da Lei 13.709/2018), admite-se a formação desses cadastros e sua utilização, segundo as condições definidas agora pela Lei Geral de Proteção de Dados. Todavia, é assegurada ao consumidor a possibilidade de, a qualquer tempo, solicitar a cessação de utilização da informação, o que poderá ser requerido tanto do fornecedor que coletou as informações quanto de todos os que dela se utilizam, por força da responsabilidade solidária a que faz referência ao artigo 7º, parágrafo único, do CDC, assim como o direito básico do consumidor à prevenção de danos (artigo 6º, VI).

2.3.3.5 *Inclusão do consumidor no banco de dados: o direito à comunicação*

A inclusão do consumidor em banco de dados não depende de seu consentimento prévio.[405] Nesse sentido, a princípio, seria distinguido dos cadastros de fornecedores, uma vez que, em sua origem, eles dependem para acesso aos dados que estes sejam repassados pelos próprios titulares da informação (pressupondo sua anuência expressa ou tácita). Hoje, todavia, considerando as técnicas de cruzamento de informações a que referimos anteriormente, não há como caracterizar, na maioria dos casos, que o consumidor tenha consentido com a utilização específica que se dê à informação.

O que a norma do artigo 43, § 2º, do CDC estabelece é que "a abertura de cadastro, ficha, registro e dados pessoais e de consumo deverá ser comunicada por escrito ao consumidor, quando não solicitada por ele", ou seja, o CDC determina expressamente um dever de comunicação a quem promova a inscrição do consumidor em banco de dados. Esse dever é correspondente ao *direito à comunicação do consumidor*, cuja razão de ser é justamente permitir, na prática, a adoção dos procedimentos cabíveis visando evitar ou corrigir o conteúdo da informação inscrita no respectivo banco de dados.[406]

Estabelece o CDC o dever de notificação escrita do consumidor. Não determina expressamente o tempo dessa notificação, se necessariamente anterior à inclusão do consumidor. A doutrina e a jurisprudência,[407] todavia, considerando a finalidade da norma, de permitir ao consumidor impedir ou corrigir os termos do registro, consagraram a necessidade de que essa notificação seja *prévia* à inclusão. O STJ, por sua vez, firmou o entendimento de que "cabe ao órgão mantenedor do Cadastro de Proteção ao Crédito

---

[405] BENJAMIN, Antonio Herman de Vasconcellos *et al. Código Brasileiro de Defesa do Consumidor comentado pelos autores do anteprojeto*. 8. ed. Rio de Janeiro: Forense, 2005. p. 421; EFING, Antônio Carlos. *Bancos de dados e cadastros de consumidores*. São Paulo: Ed. RT, 2002. p. 32; BESSA, Leonardo Roscoe. *O consumidor e os limites dos bancos de dados de proteção ao crédito*. São Paulo: Ed. RT, 2003. p. 37.

[406] BESSA, Leonardo Roscoe. *O consumidor e os limites dos bancos de dados de proteção ao crédito*. São Paulo: Ed. RT, 2003. p. 194.

[407] Refere Leonardo Bessa a decisão do STJ no REsp 165.727, de 16 de junho de 1998, assinalando ser "recomendável" a notificação prévia do consumidor de modo a prevenir futuros danos (BESSA, Leonardo Roscoe. *O consumidor e os limites dos bancos de dados de proteção ao crédito*. São Paulo: Ed. RT, 2003. p. 196).

a notificação do devedor antes de proceder à inscrição" (Súmula 359). Contudo, ainda conforme entendimento pacificado pelo STJ, "é dispensável o aviso de recebimento (AR) na carta de comunicação ao consumidor sobre a negativação de seu nome em bancos de dados e cadastros" (Súmula 404). Nesse sentido orienta-se parte da jurisprudência, inclusive, em considerar a ausência de prévia notificação como causa suficiente para a determinação de dano moral e sua consequente indenização,[408] com exceção das situações que resultem da reprodução fiel de informação registrada em cartório – cujo conhecimento público é característico. [409] Precedente do STJ, inclusive, rejeita a notificação realizada por *e-mail* ou por serviço de mensagem ('SMS'), definindo a necessidade de correspondência para o endereço do consumidor.[410] Entendimento diverso vai sustentar que, tratando-se de devedor contumaz, a inexistência do prévio aviso não é causa *per se* de dano, uma vez o registro do consumidor como inadimplente. Ressalve-se, contudo, situação em que a inscrição indevida se dá em face de falha do credor ao contratar, admitindo documentos falsos de terceiro como se fossem do consumidor inscrito indevidamente por dívida que não contraiu. Nesse caso, o fornecedor que dá causa à inscrição, ao admitir o uso de documentos falsos, responde pelos danos ao consumidor.[411]

---

[408] "Processual civil e civil. Recurso especial. Requisitos. Embargos de declaração. Omissão reiterada. Banco de dados. Serasa. Inscrição de devedor. Avalista. Comunicação prévia. Obrigatoriedade. Exceções. Ausência. A não indicação das questões reiteradamente omitidas pelo Tribunal, em embargos de declaração, impede o conhecimento do recurso especial, por violação ao artigo 535, II, do CPC. Na sistemática do Código de Defesa do Consumidor é imprescindível a comunicação ao consumidor de sua inscrição no cadastro de proteção de crédito. Independentemente da condição que o devedor ostenta – idôneo ou não, fiador ou avalista –, tem direito de ser informado a respeito da negativação de seu nome. Para que a comunicação seja garantista e ultime o fim a que se destina, deverá se dar antes do registro de débito em atraso. A ciência da inadimplência pelo consumidor não excepciona o dever da instituição financeira de regularmente levar a informação negativa do registro ao consumidor, pois seu escopo não é notificá-lo da mora, mas propiciar-lhe o direito de acesso, de rerratificação das informações e de preveni-lo de futuros danos. Na ausência dessa comunicação, reparável é o dano moral pela indevida inclusão no Serasa/SPC. Recurso especial provido" (STJ, REsp 402.958/DF, 3ª Turma, Rel. Min. Fátima Nancy Andrighi, j. 30.08.2002).

[409] "Reprodução fiel em banco de dados de órgão de proteção ao crédito de registro atualizado oriundo do cartório de distribuição. Recurso especial representativo da controvérsia. Registros dos cartórios de distribuição. Utilização servil dessas informações fidedignas por órgão de proteção ao crédito. Exercício regular de direito. Hipótese que dispensa a comunicação ao consumidor. 1. Para fins do art. 543-C do Código de Processo Civil: 'Diante da presunção legal de veracidade e publicidade inerente aos registros do cartório de distribuição judicial, a reprodução objetiva, fiel, atualizada e clara desses dados na base de órgão de proteção ao crédito – ainda que sem a ciência do consumidor – não tem o condão de ensejar obrigação de reparação de danos'. 2. Recurso especial não provido" (STJ, REsp 1.344.352/SP, 2ª Seção, Rel. Min. Luis Felipe Salomão, j. 12.11.2014, *DJe* 16.12.2014). E no mesmo sentido, relativo ao cartório de protesto: "Reprodução fiel em banco de dados de órgão de proteção ao crédito de registro atualizado oriundo do cartório de protesto. Recurso especial representativo da controvérsia. Registros dos cartórios extrajudiciais de protesto. Utilização servil dessas informações fidedignas por órgão de proteção ao crédito. Exercício regular de direito. Hipótese que dispensa a comunicação ao consumidor. 1. Para fins do art. 543-C do Código de Processo Civil: 'Diante da presunção legal de veracidade e publicidade inerente aos registros do cartório de protesto, a reprodução objetiva, fiel, atualizada e clara desses dados na base de órgão de proteção ao crédito – ainda que sem a ciência do consumidor – não tem o condão de ensejar obrigação de reparação de danos'. 2. Recurso especial provido" (STJ, REsp 1.444.469/DF, 2ª Seção, Rel. Min. Luis Felipe Salomão, j. 12.11.2014, *DJe* 16.12.2014).

[410] STJ, REsp 2.056.285/RS, 3ª Turma, Rel. Min. Nancy Andrighi, j. 25.04.2023, *DJe* 27.04.2023.

[411] STJ, REsp 987.483/RJ, 3ª Turma, Rel. Min. Nancy Andrighi, j. 17.12.2009, *DJe* 02.02.2010.

O artigo 43, § 1º, do CDC estabelece os deveres do fornecedor com relação ao conteúdo da informação arquivada, determinando que esses dados "devem ser objetivos, claros, verdadeiros e em linguagem de fácil compreensão". A clareza, a objetividade e a correção dos dados são passíveis de registro, e importa observar que não se admitem, *a priori*, registros acerca de juízos de valor sobre o consumidor por parte do fornecedor, senão exclusivamente de informações objetivamente consideradas, cuja avaliação subjetiva apenas deverá ser feita pelo fornecedor que eventualmente consultar os dados para avaliação do seu risco na concessão de crédito ao titular das informações arquivadas.[412] Da mesma forma, a correção e a clareza das informações decorrem do dever geral de cuidado que deve, com fundamento na boa-fé objetiva, presidir a relação entre o consumidor, o fornecedor e o gestor do banco de dados.[413]

Tratando-se do Cadastro de Emitentes de Cheques Sem Fundo, gerido pelo Banco do Brasil, o entendimento prevalente, porém, é que não lhe cabe o dever de notificação prévia à inclusão do emitente no respectivo banco de dados. Isso porque trata-se, nessa hipótese, de banco de dados disciplinado pelo Banco Central do Brasil no interesse da proteção do sistema financeiro e da poupança popular, cuja gestão é delegada ao Banco do Brasil. Resulta, nesse caso, de uma relação jurídico-administrativa. O STJ, nesse particular, teve oportunidade de definir a questão mediante edição da Súmula 572, que dispôs: "O Banco do Brasil, na condição de gestor do Cadastro de Emitentes de Cheques sem Fundos (CCF), não tem a responsabilidade de notificar previamente o devedor acerca da sua inscrição no aludido cadastro, tampouco legitimidade passiva para as ações de reparação de danos fundadas na ausência de prévia comunicação". Assim, o dever de notificação do emitente do cheque sem fundo, nesse caso, será do banco sacado, para seu respectivo correntista-consumidor.

2.3.3.6 *Direitos do consumidor perante sua inclusão no banco de dados*

Ocorrendo a inclusão do consumidor em banco de dados, o CDC estabelece uma série de direitos específicos, passíveis de proteção por via administrativa e, sobretudo, judicial. Nese caso, a tutela pretendida pelo consumidor tanto terá caráter *inibitório* (quando tiver por objeto impedir o registro indevido), *mandamental* (determinando a retificação ou exclusão do registro indevido), ou ainda *ressarcitório* (quando abranger o direito à indenização dos danos causados ao consumidor em face do registro indevido).

Os direitos expressamente previstos pelo CDC são o direito de acesso às informações arquivadas (artigo 43, *caput*), de que as informações estejam corretas (artigo 43, § 1º), de retificação dos dados incorretos (artigo 43, § 3º), e o direito de exclusão do banco de dados, quando não houver justa causa para sua inclusão, por exemplo, é o caso da inexistência do débito apontado.

---

[412] BESSA, Leonardo Roscoe. *O consumidor e os limites dos bancos de dados de proteção ao crédito*. São Paulo: Ed. RT, 2003. p. 186.

[413] AZEVEDO, Antônio Junqueira. Cadastros de restrição ao crédito. Conceito de dano moral. *Estudos e pareceres de direito privado*. São Paulo: Ed. RT, 2004. p. 296.

2.3.3.6.1 Direito de acesso à informação

O direito de acesso à informação possui assento constitucional (artigo 5º, XIV e LXXII). Nesse sentido, o CDC, com relação aos bancos de dados de consumidores, estendeu às relações de consumo a garantia constitucional expressa de acesso por qualquer cidadão, das informações referentes a si, em quaisquer bancos de dados de entidades governamentais ou de caráter público. A norma do artigo 43, § 4º, do CDC, ao equiparar os bancos de dados, cadastros de consumidores e, com finalidade explicativa,[414] os serviços de proteção ao crédito (espécies de bancos de dados), a entidades de caráter público, enseja a utilização do remédio constitucional do *habeas data* para acesso às informações nele constantes pelo consumidor, por força do disposto no artigo 5º, LXXII, *a*, da Constituição da República. Nesse sentido, mesmo com o veto presidencial ao artigo 86 do CDC, que expressamente previa a possibilidade de utilização do *habeas data*, a manutenção da qualidade dos arquivos de consumo como *"de caráter público"*, pelo artigo 43, § 4º, permite sua adoção para exercício do direito de acesso às informações arquivadas,[415] em face do que dispõe o texto constitucional, e mesmo o parágrafo único do artigo 1º da Lei 9.507, de 12 de novembro de 1997, que o regulou sob o aspecto processual, e consagrou a seguinte definição: "Considera-se de caráter público todo registro ou banco de dados contendo informações que sejam ou que possam ser transmitidas a terceiros ou que não sejam de uso privativo do órgão ou entidade produtora ou depositária das informações".

Nesse sentido, evidencia Leonardo Bessa a vinculação entre o direito de acesso às informações de bancos de dados e a possibilidade efetiva de controle dessas informações. Em outros termos, só são passíveis de controle aquelas informações que podem ser acessadas pelo titular, para assim examinar sua correção e pertinência. No direito comparado, inclusive, em homenagem a essa possibilidade real de acesso e controle de informações – a que se vem caracterizando como um direito à *autodeterminação informativa*[416] –, é assegurado não apenas o direito ao conteúdo dos registros, como também à identidade das pessoas que a eles tiveram acesso.[417] Esse direito de acesso, da mesma forma, estabelece

---

[414] Antonio Herman Benjamin confessa, nesse ponto, um desvio da técnica legislativa, ao referir no mesmo dispositivo legal (artigo 43, § 4º), gênero e espécie, ao mencionar bancos de dados e serviços de proteção ao crédito. Tal desvio, assinala, deu-se "no afã de ser o mais explícito e categórico possível, mesmo com prejuízo da perfeição redacional" (BENJAMIN, Antonio Herman de Vasconcellos *et al. Código Brasileiro de Defesa do Consumidor comentado pelos autores do anteprojeto*. 8. ed. Rio de Janeiro: Forense, 2005. p. 422).

[415] No mesmo sentido: CARVALHO, Ana Paula Gambogi. O consumidor e o direito à autodeterminação informacional: considerações sobre os bancos de dados eletrônicos. *Revista de Direito do Consumidor*, São Paulo, v. 46, p. 103, abr./jun. 2003; EFING, Antônio Carlos. *Bancos de dados e cadastros de consumidores*. São Paulo: Ed. RT, 2002. p. 126.

[416] A respeito, veja-se: CARVALHO, Ana Paula Gambogi. O consumidor e o direito à autodeterminação informacional: considerações sobre os bancos de dados eletrônicos. *Revista de Direito do Consumidor*, São Paulo, v. 46, p. 77-79, abr./jun. 2003; BESSA, Leonardo Roscoe. *O consumidor e os limites dos bancos de dados de proteção ao crédito*. São Paulo: Ed. RT, 2003. p. 189.

[417] Assim o § 609, item 3, do *Fair Credit Reporting Act*, que estabelece o direito do titular das informações de conhecer a identidade das pessoas que acessaram os registros pelo período de até um ano: "(3)(A) Identification of each person (including each end-user identified under section 607(e)(1) [§ 1681e]) that procured a consumer report (i) for employment purposes, during the 2-year period preceding the date on which the request is made; or (ii) for any other purpose, during the 1-year period preceding the date on which the request is made;. (B) An identification of a person under subparagra-

que este se dê sem a exigência do pagamento de quaisquer taxas ou valores.[418] É o que se retira da lógica de proteção do consumidor e, ademais, do que dispõe a Lei 9.507/1997, que ao regular o procedimento para interposição do *habeas data* estabeleceu em seu artigo 21 que "são gratuitos o procedimento administrativo para acesso a informações e retificação de dados e para anotação de justificação, bem como a ação de *habeas data*". Daí por que se conclui pelo direito do consumidor ao amplo acesso às informações referentes a si, arquivadas em banco de dados. Nesse sentido, qualquer espécie de embaraço ou obstáculo ao exercício desse direito equipara-se a uma atuação ilícita do responsável pelo seu gerenciamento.

A Lei Geral de Proteção de Dados (Lei 13.709/2018), por sua vez, assegura ao titular dos dados o direito de peticionar em relação aos seus dados contra o controlador (que é a denominação daquele que tem acesso e realiza o tratamento dos dados), perante a Autoridade Nacional de Proteção de Dados, que é a autarquia federal competente para fiscalização da atividade (artigo 18, § 1º). Da mesma forma, tem direito o titular dos dados a revogar o consentimento dado, assim como opor-se ao tratamento realizado com fundamento em alguma das hipóteses em que esse mesmo consentimento é dispensado (artigo 18, § 2º). No caso dos bancos de dados relativos a informações sobre crédito, contudo, as novas regras da LGPD não afastam o disposto no artigo 43 do CDC ou ainda, em relação aos bancos de dados de informações de adimplemento ("cadastro positivo"), a disciplina definida pela Lei 12.414/2011.

2.3.3.6.2 Direito à correção da informação

O direito à correção da informação consiste no direito do consumidor a que as informações arquivadas sobre ele no banco de dados correspondam à verdade. Nesse sentido, é estabelecido, como já mencionamos, um dever de clareza, veracidade e objetividade das informações, bem como que sejam de fácil compreensão (artigo 43, § 1º). Tais requisitos impõem que a informação arquivada o seja em tal grau de precisão que não admita sua vinculação a determinada interpretação subjetiva dos dados ali referidos. Da mesma maneira, o modo de estruturação das informações não deve induzir quem as consulta a qualquer espécie de conclusão além das que objetivamente se demonstram.

Por outro lado, deve-se atentar, no que se refere ao conteúdo das informações constantes em bancos de dados, ao que estabelece o artigo 39, VII, do CDC, ao proibir o fornecedor, na medida em que qualifica como prática abusiva, de "repassar informação depreciativa, referente a ato praticado pelo consumidor no exercício de seus direitos". O objetivo, nesse caso, é a proibição da formação e divulgação das chamadas "listas negras" de consumidores que, no exercício regular dos seus direitos assegurados em lei, postulam via administrativa ou judicial contra certos fornecedores. Ainda que proibida por lei, tem-se notícia de que essa prática é adotada em alguns setores do mercado de consumo,

---

ph (A) shall include (i) the name of the person or, if applicable, the trade name (written in full) under which such person conducts business; and (ii) upon request of the consumer, the address and telephone number of the person".

[418] Em sentido contrário: COELHO, Fábio Ulhoa. *O empresário e os direitos do consumidor*. São Paulo: Saraiva, 1994. p. 158.

Parte II · Cap. 2 · A PROTEÇÃO CONTRATUAL DO CONSUMIDOR | **367**

gerando muitas vezes a recusa imotivada de contratação com o consumidor que conste em alguma dessas "listas". Todavia, no que diz respeito aos bancos de dados, ressalte-se que qualquer informação dessa natureza, quando permitida, não vai admitir em nenhuma hipótese sua divulgação a título depreciativo, ainda que em muitos casos a mera referência à informação seja suficiente para, ao exame do fornecedor que as consulta, gerar juízo negativo em relação ao consumidor a quem ela se refere.

Da mesma forma, o registro e a divulgação da informação incorreta que venha a causar danos ao consumidor a que se refira sujeitam quem lhe tiver dado causa à responsabilidade civil pelos danos causados. Trata-se de típica hipótese de responsabilidade por fato do serviço, estabelecida pelo artigo 14 do CDC, uma vez que afeta a segurança e a integridade pessoal e patrimonial do consumidor. A regra, no CDC, é da responsabilidade solidária (artigo 7º, parágrafo único).[419] Nesse sentido, não assiste razão, a princípio, para o gestor do banco de dados que visa imputar a responsabilidade ao fornecedor que presta a informação. Nem ao contrário, do fornecedor que busca excluir-se da demanda indicando a responsabilidade do gestor do banco de dados. A jurisprudência brasileira, entretanto, em sua maioria, vem imputando a responsabilidade por danos ao consumidor, nessa situação, conforme a titularidade do dever violado e o momento da violação desse dever, imputando ora ao fornecedor[420] que encaminha o registro da informação no banco de dados, ora ao gestor do banco de dados.[421] A nosso ver, contudo, a responsabilidade dos bancos de dados por informações incorretas decorre tipicamente do *risco negocial* próprio de quem se dedica a essa atividade. Não há como se eximir dessa responsabilidade, sobretudo quando é o gestor do banco de dados quem estabelece e controla o modo de inclusão, gerenciamento e uso das informações que o compõem, reconhecendo-se, entretanto, a possibilidade de recurso à ação de regresso contra o fornecedor, na hipótese de haver culpa de sua parte.

2.3.3.6.3 Direito à retificação da informação

O direito à retificação da informação é assegurado pelo artigo 43, § 3º, do CDC, nos seguintes termos: "O consumidor, sempre que encontrar inexatidão nos seus dados e cadastros, poderá exigir sua imediata correção, devendo o arquivista, no prazo

---

[419] BESSA, Leonardo Roscoe. *O consumidor e os limites dos bancos de dados de proteção ao crédito*. São Paulo: Ed. RT, 2003. p. 200; BENJAMIN, Antonio Herman de Vasconcellos *et al*. *Código Brasileiro de Defesa do Consumidor comentado pelos autores do anteprojeto*. 8. ed. Rio de Janeiro: Forense, 2005. p. 473-474; EFING, Antônio Carlos. *Bancos de dados e cadastros de consumidores*. São Paulo: Ed. RT, 2002. p. 212-213.

[420] "*Dano moral e consignação em pagamento*. A recusa no recebimento está no proceder da apelante, que enviou documento dando a apelada como inadimplente, quando não o era, recusando-se então a receber prestações supostamente em atraso. O dano moral decorre de cobrança indevida de dívida já paga. Por outro lado, tratando-se de dano moral, sua prova se faz com a simples inclusão em banco de dados de inadimplentes (SPC) por 144 dias após a quitação da dívida. Mais, por desorganização contábil, voltou o nome da apelada a figurar em lista de inadimplentes. Valor bem mensurado" (TJRS, ApCiv 599.467.347, Rel. Des. Luis Augusto Coelho Braga, j. 28.03.2000).

[421] "*SERASA. Inscrição de nome de devedora. Falta de comunicação*. A pessoa natural ou jurídica que tem o seu nome inscrito em cadastro de devedores tem o direito de ser informada do fato. A falta dessa comunicação poderá acarretar a responsabilidade da entidade que administra o banco de dados" (STJ, REsp 285.401/SP, Rel. Min. Ruy Rosado de Aguiar, j. 19.04.2001).

de cinco dias úteis, comunicar a alteração aos eventuais destinatários das informações incorretas". Pelas mesmas razões já mencionadas quando examinamos o direito de acesso às informações, também o direito de retificação destas, quando caracterizada a incorreção dos dados arquivados, não pode sofrer nenhum embaraço, o que equivale dizer que também aqui não poderá ser condicionada a retificação ao pagamento de taxas ou valores a qualquer título.

Cabe examinar como se dá na prática o exercício do direito de retificação. Em primeiro lugar, cumpre referir que o requerimento do consumidor, buscando a retificação, dirige-se ao gestor do banco de dados, e a este incumbe reconhecer ou não a existência de causa para a retificação, hipótese em que, sendo negada, poderá o consumidor reclamar judicialmente tal providência. No caso, há discussão sobre a possibilidade ou não de manutenção do registro no período em que se verifica a procedência ou não da retificação pretendida. Destaque-se ainda que, segundo entendimento jurisprudencial, não está abrangida na noção de retificação a pretensão de complementação da informação pelo gestor do banco de dados, como é a hipótese de a dívida ser objeto de discussão judicial promovida pelo consumidor.[422] Sustenta a doutrina especializada que, existindo a contestação pelo consumidor acerca das informações arquivadas, esta basta para suspender sua divulgação, ainda que a retificação fique dependente do juízo de procedência das alegações pelo gestor do banco de dados.[423] Naturalmente, ainda que se trate de um exame primário de razoabilidade, não pode ser negado ao gestor do banco de dados o exame dos argumentos trazidos pelo consumidor, uma vez que não serão admissíveis, *a priori*, alegações desprovidas de sentido ou irrelevantes.[424] Entretanto, mantém-se o ônus da prova sobre a existência da causa para registro com o fornecedor, a quem incumbe o dever de comprovar, se instado para tal, a existência do fato cuja informação foi levada ao registro.

---

[422] "Civil. Processual civil. Consumidor. Agravo em recurso especial. Recurso interposto sob a égide do NCPC. Ação de obrigação de fazer cumulada com indenização por dano moral. Autora que pretendeu a atualização de informações de seu cadastro mantido pelo arquivista para fazer constar a existência de discussão judicial a respeito da dívida levada à anotação. Ausência de dever legal da ré nesse sentido, enquanto órgão de proteção ao crédito. Ré que tem dever apenas de correção de informações equivocadas e inexatas, o que não é o caso dos autos. Dano moral não comprovado. Reforma. Súmula nº 7 do STJ. Agravo conhecido. Recurso especial não provido. Decisão mantida. Agravo interno não provido. 1. Aplica-se o NCPC a este julgamento ante os termos do Enunciado Administrativo nº 3, aprovado pelo Plenário do STJ na sessão de 09.03.2016: Aos recursos interpostos com fundamento no CPC/2015 (relativos a decisões publicadas a partir de 18 de março de 2016) serão exigidos os requisitos de admissibilidade recursal na forma do novo CPC. 2.Cinge-se a controvérsia à ação de indenização por dano moral, em virtude do descumprimento de pedido de inserção de ressalva em apontamento feito pelo arquivista, quanto à existência de discussão judicial do débito que ensejou a inserção do nome da autora em órgão de proteção ao crédito. 3. Não há obrigatoriedade legal para que o arquivista dê cumprimento ao pedido da agravada, não se aplicando na hipótese a norma do artigo 3º, do art. 43 do CDC, porque referida norma tem aplicação somente quando o consumidor encontrar inexatidão nos seus dados e cadastros, o que não é o caso dos autos. 4. A modificação das conclusões adotadas na Corte estadual encontra óbice no enunciado da Súmula nº 7 do STJ. 5. Agravo interno não provido" (STJ, AgInt no AREsp 1.675.509/SP, 3ª Turma, Rel. Min. Moura Ribeiro, j. 02.02.2021, *DJe* 08.02.2021).

[423] BENJAMIN, Antonio Herman de Vasconcellos *et al. Código Brasileiro de Defesa do Consumidor comentado pelos autores do anteprojeto.* 8. ed. Rio de Janeiro: Forense, 2005. p. 466; BESSA, Leonardo Roscoe. *O consumidor e os limites dos bancos de dados de proteção ao crédito.* São Paulo: Ed. RT, 2003. p. 205.

[424] BESSA, Leonardo Roscoe. *O consumidor e os limites dos bancos de dados de proteção ao crédito.* São Paulo: Ed. RT, 2003. p. 206.

Parte II · Cap. 2 · A PROTEÇÃO CONTRATUAL DO CONSUMIDOR | **369**

2.3.3.6.4 Direito à exclusão da informação

O direito do consumidor à exclusão do registro do banco de dados se dá em duas situações: a) quando não haja causa para sua existência (no caso dos cadastros de consumidores, em face da ausência de sua autorização); e b) quando tenha expirado o prazo legal admissível para a manutenção do registro e sua divulgação. Em qualquer caso, poderá o consumidor, mediante requerimento ao gestor do banco de dados ou, tendo sido este negado, mediante ação judicial correspondente, exigir a imediata exclusão dos registros indevidos do banco de dados em questão. Da mesma forma, evidentemente, assiste direito ao consumidor de exclusão da informação do banco de dados quando tenha desaparecido a causa de sua inclusão, como é exemplo o pagamento da dívida que deu causa à inscrição no cadastro restritivo do crédito, cuja responsabilidade é do fornecedor.[425] O dever de promoção da exclusão, nesse caso, é do fornecedor que promoveu a inscrição. É o que, aliás, resulta do entendimento do STJ no tema, conforme a Súmula 548, que refere: "Incumbe ao credor a exclusão do registro da dívida em nome do devedor no cadastro de inadimplentes no prazo de cinco dias úteis, a partir do integral e efetivo pagamento do débito". No caso de inscrição indevida, ou seja, em situações nas quais não havia causa original para inserção do consumidor no cadastro, responde o fornecedor pelos danos causados. Contudo, anote-se a limitação jurisprudencial a esse entendimento, quando existem inscrições regulares preexistentes. A Súmula 385 do STJ estabeleceu interpretação restritiva à reparabilidade do dano moral causado ao consumidor em razão de inscrição indevida, referindo que, "da anotação irregular em cadastro de proteção ao crédito, não cabe indenização por dano moral, quando preexistente legítima inscrição, ressalvado o direito ao cancelamento".[426]

Cumpre mencionar que esse direito à exclusão importa rigorosamente que não mais constem para acesso e consulta os dados relativos ao registro impugnado, ou cujo prazo tenha expirado. Não se admite mesmo sua veiculação acompanhada de ressalva sobre a exclusão ou expiração de prazo. *Exclusão*, nesse sentido, importa *eliminação da informação*, o que em sentido amplo significa sua retirada do sistema, e em sentido estrito sua manutenção, mas com *restrição absoluta de acesso* para consulta pelos interessados. Sobre o aspecto temporal, note-se que o artigo 43, § 1º, refere que os cadastros e dados

---

[425] "Responsabilidade civil. Dano moral. Permanência indevida de registro em cadastro de proteção ao crédito. Cancelamento a cargo do banco. Condenação em salários mínimos. Cabe às entidades credoras que fazem uso dos serviços de cadastro de proteção ao crédito mantê-los atualizados, de sorte que uma vez recebido o pagamento da dívida, devem providenciar, em breve espaço de tempo, o cancelamento do registro negativo do devedor, sob pena de gerarem, por omissão, lesão moral passível de indenização (REsp 299.456/SE). Inadmissível é a fixação da indenização em determinado número de salários mínimos. Recurso especial conhecido, em parte, e provido" (STJ, REsp 588.291/RS, 4ª Turma, Rel. Min. Barros Monteiro, j. 03.11.2005, *DJU* 19.12.2005, p. 417). No mesmo sentido: "Agravo regimental no agravo de instrumento. Responsabilidade civil. Dano moral. Inscrição no SERASA. Cumprimento da obrigação. Manutenção do nome no cadastro de inadimplentes. Ônus do banco (credor) em cancelar o registro. Agravo regimental improvido. A inércia do credor em promover a atualização dos dados cadastrais, apontando o pagamento, e consequentemente, o cancelamento do registro indevido, gera o dever de indenizar, independentemente da prova do abalo sofrido pelo autor, sob forma de dano presumido. Agravo Regimental improvido" (STJ, AgRg no Ag 1094459/SP, 3ª Turma, Rel. Min. Sidnei Beneti, j. 19.05.2009, *DJe* 1º.06.2009).

[426] Súmula 385, 2ª Seção, j. 27.05.2009, *DJe* 08.06.2009.

de consumidores não poderão *conter* informações negativas superiores a cinco anos. O § 5º do mesmo artigo, por sua vez, estabelece que, consumada a prescrição relativa à cobrança do débito, não mais serão *fornecidas* informações. Nesse caso, dois os entendimentos possíveis. Primeiro aquele que sustente que, no período superior ao da prescrição da dívida (§ 5º), mas inferior aos cinco anos (§ 1º), poderia manter-se a informação, mas não a divulgar. Segundo entendimento, mais benéfico, e a propósito da efetividade dos direitos do consumidor, é o de que tanto em um prazo como no outro, superado o limite da prescrição do débito, ou o prazo máximo de cinco anos – o que ocorrer primeiro –, não poderá o banco de dados manter arquivada qualquer informação negativa do consumidor, ou que dificulte novo acesso ao crédito.

Nesse sentido, mesmo informações a princípio sem conteúdo explicitamente negativo ao consumidor, como seu nome, endereço e número de documentos, poderiam ser mantidas, uma vez que sua simples presença indicaria que, no passado, mantiveram-se naquele banco de dados informações negativas em relação ao consumidor,[427] o que Antonio Benjamin vai referir como espécie de *informação negativa implícita.*[428]

A razão de ser desse entendimento, como bem sustenta Leonardo Bessa, é de que "manter o dado, sem poder transferi-lo, é o mesmo que não possuir a informação. Assim, por questão de segurança, é melhor que toda a informação que extrapole seu limite temporal, seja em decorrência do § 1º, ou do § 5º, seja definitivamente excluída dos arquivos dos bancos de dados".[429] Em qualquer caso, o aspecto mais sensível nesse ponto é o modo como vão ocorrer a identificação e a contagem desses prazos.

2.3.3.7 Prazos de manutenção e divulgação das informações em banco de dados

A existência de prazos para a realização do registro é imposição da própria natureza dos bancos de dados, que não podem restringir de modo permanente e contínuo a atuação econômica do consumidor no mercado de consumo.[430] Como mencionamos, são dois os prazos a que faz referência o CDC, para a manutenção do registro nos bancos de dados. Primeiro, o artigo 43, § 1º, estabelece um prazo geral de cinco anos para manutenção de qualquer informação negativa do consumidor. Segundo, o artigo 43, § 5º, determina o prazo da prescrição do débito como extintivo do direito de utilização dos dados relativos a ele, pelos bancos de dados e para consulta de terceiros.

No caso do prazo de cinco anos, refere a norma em comento que os cadastros e os bancos de dados de consumidores não poderão "conter informações negativas referentes a período superior a cinco anos". Isso implica perguntar qual o termo inicial de contagem desse prazo. Em tese, a questão teria como alternativas a contagem desde a data em que se deu a inadimplência do consumidor (a causa da informação negativa, que se dá a partir do vencimento da obrigação) ou a data de inclusão no registro. Note-se, entretanto, que o

---

[427] EFING, Antônio Carlos. *Bancos de dados e cadastros de consumidores*. São Paulo: Ed. RT, 2002. p. 136.

[428] BENJAMIN, Antonio Herman de Vasconcellos *et al. Código Brasileiro de Defesa do Consumidor comentado pelos autores do anteprojeto.* 8. ed. Rio de Janeiro: Forense, 2005. p. 448-449.

[429] BESSA, Leonardo Roscoe. *O consumidor e os limites dos bancos de dados de proteção ao crédito*. São Paulo: Ed. RT, 2003. p. 209.

[430] ALMEIDA, João Batista. *A proteção jurídica do consumidor*. 5. ed. São Paulo: Saraiva, 2006. p. 130.

prazo de cinco anos deve dizer respeito à causa que justifica e fundamenta eventual inclusão do consumidor no banco de dados. Nesse sentido, a causa da inclusão é a ocorrência do evento a que a informação faz referência, que no caso é a inadimplência do consumidor. Até porque, ao se entender que o prazo devesse contar desde a data do registro, estar-se--ia deixando ao arbítrio do fornecedor-credor a possibilidade de controlar o período da contagem, inclusive com a postergação *ad aeternum* da inclusão como espécie de ameaça ao consumidor. Essa manipulação do prazo, por sua vez, é flagrantemente contrária à lógica de limitação temporal da restrição ao crédito determinada pelo CDC, ao reconhecer a possibilidade de inclusão em banco de dados, assim como viria em contrário aos próprios princípios que limitam no âmbito de todo o direito o tempo para o exercício do direito, em homenagem à segurança jurídica, fundada na máxima do direito romano *dormientibus ius non sucurrit* ("o direito não socorre aos que dormem"). Assim, há de se considerar como termo inicial do prazo de cinco anos estabelecido no artigo 43, § 1º, do CDC o dia seguinte ao vencimento da dívida, tempo em que ela se torna exigível[431] e, ocorrendo a violação do direito de crédito do fornecedor, nasce para ele a pretensão de cobrança (artigo 189 do CC).

Por outro lado, no que se refere ao prazo da prescrição (artigo 43, § 5º), e sua relação com o prazo máximo de cinco anos a que alude o artigo 43, § 1º, do CDC, estabelece-se o que Antonio Herman Benjamin refere como *modelo de temporalidade dual*,[432] pelo qual o prazo da prescrição só é considerado para efeito de abreviar o prazo de manutenção do registro. Assim, o prazo da prescrição será considerado para efeito de excluir o registro quando for menor do que os cinco anos estabelecidos, em qualquer situação, como prazo máximo de arquivamento das informações negativas do consumidor. É o entendimento com o qual concordamos. Contudo, o STJ vai no sentido diverso, conforme a Súmula 323, que refere: "A inscrição do nome do devedor pode ser mantida nos serviços de proteção ao crédito até o prazo máximo de cinco anos, independentemente da prescrição da execução". Funda-se na ideia de que, "enquanto for possível ao credor utilizar-se das vias judiciais para obter a satisfação do crédito, respeitado o prazo máximo de cinco anos, é admissível a permanência ou a inscrição da informação nos cadastros de consumidores".[433]

2.3.3.8 Bancos de dados de informações positivas ("cadastro positivo de crédito")

O artigo 43 do CDC não distingue, a princípio, a natureza da informação que pode ser arquivada em bancos de dados e cadastros de consumidores. Nesse sentido, poderiam ser arquivadas tanto informações ditas negativas – como é o caso das informações de inadimplemento que dão causa a restrições de crédito – quanto positivas, assim entendidas aquelas que não conferissem ou implicassem demérito ou prejuízo ao consumidor. No entanto, independentemente disso, foi editada a Lei 12.414, de 9 de junho de 2011, para

---

[431] Converge com esse entendimento o STJ: REsp 1.316.117/SC, 3ª Turma, Rel. Min. João Otávio de Noronha, Rel. p/ Acórdão Min. Paulo de Tarso Sanseverino, j. 26.04.2016, *DJe* 19.08.2016.

[432] BENJAMIN, Antonio Herman de Vasconcellos *et al. Código Brasileiro de Defesa do Consumidor comentado pelos autores do anteprojeto.* 8. ed. Rio de Janeiro: Forense, 2005. p. 44.

[433] STJ, AgRg no REsp 679.845/RS, 3ª Turma, Rel. Min. Paulo de Tarso Sanseverino, j. 05.04.2011, *DJe* 15.04.2011.

disciplinar "a formação e consulta a bancos de dados com informações de adimplemento, de pessoas naturais ou de pessoas jurídicas, para formação de histórico de crédito". Conhecida como lei do "cadastro positivo", observa-se que, segundo a distinção estabelecida pela doutrina brasileira, correto seria referir-se ao processo de coleta, armazenamento e divulgação de informações de crédito que disciplina o banco de dados com informações positivas. Isso porque, como já mencionamos, os bancos de dados se caracterizam pela possibilidade de utilização da informação e divulgação a terceiros, enquanto o cadastro, como regra, destina-se à organização por um fornecedor, de informações relativas a seus clientes.

Não se trata de banco de dados para arquivamento de informações apenas de consumidores, mas dos agentes econômicos em geral. Aqui, todavia, interessa examinar sua disciplina, relacionando-a com o direito dos consumidores, uma vez que a eles aplica-se o CDC (artigo 1º da Lei 12.414/2011).[434]

É o banco de dados de que trata a Lei 12.414/2011 um novo modelo de coleta, organização e divulgação de informações de consumo, que passa a conviver com aquele fundado no artigo 43 do CDC. Tratou-se de reivindicação antiga de bancos e demais instituições do sistema financeiro,[435] sob o argumento de que a ausência de uma base de dados com informações sobre o comportamento de adimplemento do consumidor, a decisão do fornecedor de crédito, como regra, baseava-se exclusivamente em informações negativas, o que impediria uma ponderação sobre a totalidade do comportamento do consumidor de crédito e, com isso, geralmente levando o fornecedor de crédito a negar sua concessão.[436] Da mesma forma, ainda quando ocorresse a concessão do crédito, a impossibilidade de distinguir entre consumidores que cumprem regularmente com o pagamento de dívidas e inadimplentes contumazes, de modo que a composição da taxa de juros para ambos exigia que fosse considerado um mesmo risco de inadimplência, em prejuízo daqueles que se mantêm regularmente adimplentes. Essa situação seria contrária a um critério de racionalidade econômica.[437] Outrossim, um argumento 'sistêmico' em favor do uso dessas informações seria o atendimento às exigências de maior rigor na concessão do crédito para todo o sistema bancário, como diretriz decorrente de uniformização de critérios regulatórios do sistema financeiro em nível internacional.[438] Chegou-se a afirmar que o acesso à informação dos consumidores constituiria espécie de direito difuso dos concedentes de crédito,[439] o que parece um exagero.

---

[434] MORATO, Antonio Carlos. O cadastro positivo de consumidores e seu impacto nas relações de consumo. *Revista de Direito Bancário e do Mercado de Capitais*, São Paulo, v. 53, p. 13 *et seq.*, jul. 2011.

[435] Para o histórico legislativo, vejam-se os primeiros comentários sobre a nova lei: BESSA, Leonardo Roscoe. *Cadastro positivo*. Comentários à Lei 12.414, de 09 de junho de 2011. São Paulo: Ed. RT, 2011. p. 38-46.

[436] COVAS, Silvânio. O cadastro positivo. *Revista de Direito Bancário e do Mercado de Capitais*, São Paulo, v. 52, p. 29, abr. 2011.

[437] BADIN, Arthur; SANTOS, Bruno Carazza dos; DAMASO, Otávio Ribeiro. Os bancos de dados de proteção ao crédito, o CDC e o PL 5.870/2005: comentários sobre direito e economia. *Revista de Direito do Consumidor*, São Paulo, v. 61, p. 11 *et seq.*, jan. 2007.

[438] Nesse sentido veja-se o nosso: MIRAGEM, Bruno. Mercado, fidúcia e banca uma introdução ao exame do risco bancário e da regulação prudencial do sistema financeiro na perspectiva do crédito. *Revista de Direito do Consumidor*, São Paulo, v. 77, p. 185 *et seq.*, jan. 2011.

[439] COVAS, Silvânio. O cadastro positivo e a proteção dos dados pessoais do consumidor. *Revista de Direito Bancário e do Mercado de Capitais*, São Paulo, v. 45, p. 31 *et seq.*, jul. 2009.

Parte II · Cap. 2 · A PROTEÇÃO CONTRATUAL DO CONSUMIDOR | 373

Independentemente desses argumentos, diga-se que sua criação foi recebida com restrições por grande parte dos órgãos de defesa do consumidor, especialmente em razão dos riscos de discriminação entre consumidores, da possibilidade de violação de sua privacidade, assim como da falta de determinação quanto à efetiva redução dos juros praticados em relação aos consumidores que sejam considerados com bom comportamento de crédito.[440] Observe-se, contudo, que a lei em vigor decorre da conversão de Medida Provisória 518/2010, que por sua vez teve lugar em razão do veto presidencial a projeto de lei aprovado no Congresso Nacional em 2010, sobre o mesmo tema.

A regulamentação dos bancos de dados de informação de adimplemento e histórico de crédito pela Lei 12.414/2011 implica o reconhecimento da licitude da organização e uso das informações com esse propósito, porém não supera os óbices identificados pela jurisprudência em relação aos bancos de dados sobre os quais tratavam os respectivos casos. Isso porque, conforme se percebe da nova legislação, houve preocupação do legislador em explicitar os direitos do titular das informações arquivadas de modo a assegurar-lhe, especialmente, o acesso e a correção dos dados arquivados.

Todavia, mesmo com a adoção expressa dessa modalidade de banco de dados pelo direito brasileiro, sua efetiva utilização, especialmente pelas instituições financeiras, não se revelou exitosa. O principal obstáculo seria a exigência de concordância expressa do titular das informações para sua inclusão (o sistema de *opt in*), após prévio e amplo esclarecimento, o que inviabilizaria sua adoção em larga escala. Sob esse argumento, foi aprovada, em 2019, a Lei Complementar 166, com o propósito de aperfeiçoar a disciplina dos bancos de dados de informações de adimplemento e histórico de crédito, aos quais passa a denominar formalmente "cadastros positivos de crédito".

Entre as alterações propostas, modifica a Lei Complementar 105/2001, que dispõe sobre o sigilo das operações bancárias, para excluir da definição de violação de sigilo "o fornecimento de dados financeiros e de pagamentos, relativos a operações de crédito e obrigações de pagamento adimplidas ou em andamento de pessoas naturais ou jurídicas, a gestores de bancos de dados, para formação de histórico de crédito, nos termos de lei específica". Nesse sentido, visa eliminar qualquer controvérsia sobre a possibilidade de compartilhamento das informações financeiras, especialmente em vista da nova disciplina decorrente da alteração da Lei 12.414/2011, que passa a autorizar a abertura de cadastro, realização de anotações, seu compartilhamento e disponibilização aos consulentes, independentemente de autorização do cadastrado a quem se refiram.

Por esse sistema instituído pela Lei Complementar 166/2019, o cadastro poderá ser aberto independentemente da concordância prévia do titular das informações, que todavia deverá ser comunicado da abertura no prazo de 30 dias, o que deverá ocorrer, inclusive, com o fornecimento de informação clara e objetiva sobre os canais disponíveis para seu cancelamento (artigo 4º, § 4º, III, da Lei 12.414/2011). Essa comunicação, todavia, é dispensada se o respectivo cadastrado já tiver cadastro aberto em outro banco de dados (artigo 4º, § 5º, da Lei 12.414/2011). O direito do cadastrado ao cancelamento do cadastro é assegurado mediante manifestação de vontade por meio telefônico, físico

---

[440] ROLLO, Artur Luis de Mendonça. *Responsabilidade civil e práticas abusivas nas relações de consumo.* São Paulo: Atlas, 2011. p. 146-147.

ou eletrônico. Nessa hipótese, o gestor do cadastro deverá realizar automaticamente o cancelamento (artigo 5º, § 7º, da Lei 12.414/2011).

2.3.3.8.1 Abertura do cadastro e inclusão das informações de crédito

Uma primeira distinção importante entre o banco de dados de informações positivas ("cadastros positivos de crédito") e o banco de dados de informações negativas (que se mantém regulado pelo artigo 43 do CDC) diz respeito ao procedimento de abertura e cancelamento da ficha com as informações do consumidor. No caso do regime do CDC, admite-se a abertura após prévia notificação ao consumidor, dando-lhe, portanto, *conhecimento*, mas não submetendo a abertura da ficha ao seu *consentimento*. Faz sentido, considerando que, como regra, não se pressupõe que o consumidor vá consentir com o arquivamento de informações negativas a seu respeito.

A disciplina original dos bancos de dados de informações positivas ("cadastro positivo de crédito") previa a autorização prévia do consumidor para a abertura do cadastro com suas informações. Sob o argumento de que esse procedimento inibiu excessivamente sua utilização como instrumento de prevenção de riscos e redução do custo do crédito, a Lei 12.414/2011 foi alterada pela Lei Complementar 166/2019 para retirar a exigência de autorização prévia, passando a permitir a abertura do cadastro com as informações de adimplemento e histórico de crédito independentemente de consulta ao consumidor, exigindo apenas sua comunicação posterior. O artigo 4º da Lei 12.414/2011, na sua redação vigente, dispõe: "Art. 4º O gestor está autorizado, nas condições estabelecidas nesta Lei, a: I – abrir cadastro em banco de dados com informações de adimplemento de pessoas naturais e jurídicas; II – fazer anotações no cadastro de que trata o inciso I do *caput* deste artigo; III – compartilhar as informações cadastrais e de adimplemento armazenadas com outros bancos de dados; e IV – disponibilizar a consulentes: a) a nota ou pontuação de crédito elaborada com base nas informações de adimplemento armazenadas; e b) o histórico de crédito, mediante prévia autorização específica do cadastrado".

A sistemática definida a partir das alterações introduzidas pela Lei Complementar 166/2019 na Lei 12.414/2011 apresenta uma significativa diferença em relação ao regime anterior. É conferido ao gestor do banco de dados o direito, independentemente do consentimento do consumidor titular das informações, de promover: a) a abertura do cadastro com as informações que dispuser; b) inserir novas informações que acessar; c) compartilhar essas informações com outros bancos de dados; d) tornar disponível a seus consulentes, entre as várias informações que possuir, nota ou pontuação de crédito (*credit score*) elaborado com base nas informações armazenadas. Apenas o histórico de crédito formado pelo gestor é que se submete, para que seja acessado por terceiros consulentes, à autorização específica do cadastrado a quem se refiram as informações que nele constem.

A abertura do cadastro deve ser comunicada ao consumidor cadastrado em até 30 dias, sem qualquer custo para o consumidor, sendo-lhe informado ainda, de modo claro e objetivo, o procedimento que deva adotar se desejar seu cancelamento. Caso queira fazê-lo, o gestor do banco de dados tem o prazo de dois dias úteis para proceder ao cancelamento (artigo 5º, § 6º, da Lei 12.414/2011), ou ainda, caso já tenha havido manifestação prévia do consumidor no sentido de não ter aberto seu cadastro, deverá ser cancelado automaticamente (artigo 5º, § 7º).

Por outro lado, a preservação do interesse do consumidor que não deseje a abertura do cadastro ou a utilização das informações que porventura existam nele por terceiros resulta do prazo definido no artigo 4º, § 7º, da Lei 12.414/2011, para que eventuais consulentes possam ter acesso a tais dados. Nesse sentido dispõe a regra: "As informações do cadastrado somente poderão ser disponibilizadas a consulentes 60 (sessenta) dias após a abertura do cadastro, observado o disposto no § 8º deste artigo e no art. 15 desta Lei". Com isso, é possível que entre a abertura do cadastro e sua comunicação ao consumidor, em 30 dias, bem como o prazo desde a solicitação para seu cancelamento pelo gestor do banco de dados (dois dias úteis), haja prazo suficiente para impedir o acesso de eventuais consulentes às informações nele existentes.

2.3.3.8.2 Conteúdo das informações arquivadas nos "cadastros positivos de crédito"

É de grande relevância delimitar o conteúdo das informações que podem ser arquivadas. A Lei 12.414/2011 estabelece uma série de critérios para controle dessas informações, pois tratam do *adimplemento* e do *histórico de crédito*. Em primeiro lugar, note-se que o conceito de histórico de crédito estabelecido no artigo 2º, VII, da Lei compreende o "conjunto de dados financeiros e de pagamentos relativos às operações de crédito e obrigações de pagamento adimplidas ou em andamento por pessoa natural ou jurídica". Significa dizer que são informações passíveis de arquivamento: a) todas as obrigações adimplidas pelo consumidor, independentemente se pagas no tempo ou mediante purga da mora; e b) as obrigações não vencidas.

Todavia, observe-se que o conceito de histórico de crédito abrange a expressão "conjunto de dados financeiros", o que a princípio admite conceitualmente observar também a totalidade das obrigações, inclusive as inadimplidas. Embora coerente com a necessidade de observar o comportamento de crédito do consumidor, refuta a ideia comum de que se trata de banco de dados apenas de informações "positivas". A princípio, o comportamento de crédito do consumidor poderá compor-se de dívidas não pagas, mesmo que discutidas judicialmente e, nesse caso, a noção de conjunto de dados financeiros pode induzir a que também se incluam entre as informações passíveis de arquivamento. Contudo, em relação a dívidas submetidas a ações judiciais quanto a sua existência (*an debeatur*) ou valor (*quantum debeatur*), não são passíveis de arquivamento – à semelhança dos bancos de dados de que trata o artigo 43 do CDC –, uma vez que importam na realização da prática abusiva de que trata o artigo 39, VII, do CDC: "repassar informação depreciativa, referente a ato praticado pelo consumidor no exercício de seus direitos". Nesse particular, afirme-se que, em relação às informações abrangidas pela proibição do artigo 39, VII, não serve a autorização do consumidor para permitir seu uso, considerando a indisponibilidade do direito protegido pela expressa vedação legal.

O artigo 3º, § 1º, da Lei 12.414/2011 estabelece que, "para a formação do banco de dados, somente poderão ser armazenadas informações objetivas, claras, verdadeiras e de fácil compreensão, que sejam necessárias para avaliar a situação econômica do cadastrado". O § 2º do mesmo artigo, por sua vez, define tais informações indicando como "I – objetivas: aquelas descritivas dos fatos e que não envolvam juízo de valor; II – claras: aquelas que possibilitem o imediato entendimento do cadastrado independentemente de remissão a anexos, fórmulas, siglas, símbolos, termos técnicos ou nomenclatura específica;

III – verdadeiras: aquelas exatas, completas e sujeitas à comprovação nos termos desta Lei; e IV – de fácil compreensão: aquelas em sentido comum que assegurem ao cadastrado o pleno conhecimento do conteúdo, do sentido e do alcance dos dados sobre ele anotados".

Merecem destaque entre as qualidades exigidas das informações indicadas aquelas mencionadas como claras e de fácil compreensão, notadamente quanto ao sentido e alcance dos dados anotados, o que tem especial importância em relação aos bancos de dados que tenham por finalidade atribuir pontuação ao consumidor para fins de avaliação da sua capacidade de pagamento. O modo como é calculada e atribuída a pontuação deve ser acessível, claro e imediatamente compreensível pelo titular das informações.

Todavia, note-se que o artigo 4º, IV, *a*, permite o fornecimento pelo gestor, ao consulente, da nota ou pontuação de crédito elaborada com base nas informações de adimplemento armazenadas. Não exige, contudo, que se dê acesso aos critérios ou modelos que dão causa a tal nota ou pontuação. A lei vai dispor apenas de elementos e critérios proibidos, no seu artigo 7º-A, mas não prevê o direito de acesso a informações que possibilitem identificar o cumprimento da proibição.

Por fim, mencione-se que é vedado pelo artigo 3º, § 3º, da Lei 12.414/2011 o arquivamento de *informações excessivas*, assim entendidas aquelas que não estiverem diretamente relacionadas ao risco de crédito ao consumidor, assim como de *informações sensíveis*, ou seja, relacionadas com a origem social e étnica, saúde, informação genética, orientação sexual, bem como com as convicções políticas, religiosas e filosóficas do consumidor.

Da mesma forma, o artigo 7º-A da Lei proíbe que sejam utilizados para composição de nota ou pontuação de crédito da pessoa cadastrada elementos e critérios que conduzam a situações de discriminação ilícita ou abusiva do consumidor. Assim dispõe a norma em destaque: "Art. 7º-A. Nos elementos e critérios considerados para composição da nota ou pontuação de crédito de pessoa cadastrada em banco de dados de que trata esta Lei, não podem ser utilizadas informações: I – que não estiverem vinculadas à análise de risco de crédito e aquelas relacionadas à origem social e étnica, à saúde, à informação genética, ao sexo e às convicções políticas, religiosas e filosóficas; II – de pessoas que não tenham com o cadastrado relação de parentesco de primeiro grau ou de dependência econômica; e III – relacionadas ao exercício regular de direito pelo cadastrado, previsto no inciso II do *caput* do art. 5º desta Lei".

Registre-se que em tais casos há proibição de utilização dos critérios apontados para a composição de nota ou pontuação, não se restringindo à simples anotação dessas informações. Logo, é possível, por exemplo, que se indique o sexo do cadastrado, mas não que se faça uso dessa informação para efeito de, com outras arquivadas, influenciar a composição de nota ou pontuação. O inciso I do artigo 7º-A proíbe que se utilizem informações não relacionadas ao risco de crédito e outras que representem prejuízo ao cadastrado em razão de discriminação prevista na Constituição (artigos 3º, IV, e 5º, I, VI e VIII). Por outro lado, impede-se que informações atribuídas a terceiros, com os quais o cadastrado não tenha relação de parentesco próxima ou dependência econômica, possam ser utilizadas de modo a repercutir na sua avaliação de crédito – *a contrario sensu*, admite-se, por conseguinte, a vinculação de informações relativas a parentes de primeiro grau, ou pessoas com quem tenha relação de dependência econômica. Por fim, não se admite a utilização de informações para o fim de atribuir nota ou pontuação em razão do exercício regular do direito pelo cadastrado de acessar as próprias informações do "cadastro positivo de crédito".

O mérito inequívoco do artigo 7º-A da Lei 12.414/2011, ao impedir a utilização de informações que possam conduzir a situações ilícitas ou abusivas em prejuízo do consumidor cadastrado, todavia, não exaure os limites aos sistemas de pontuação de notas. Tomando em consideração que a disciplina dos "cadastros positivos de crédito" dirige-se predominantemente a consumidores, incidem sobre sua formação e funcionamento as normas do CDC. Nesses termos, terão incidência sobre a formação dos cadastros e tratamento dos dados que os integrem – caso da composição de nota ou pontuação atribuída ao consumidor –, por exemplo, as normas que proíbem as práticas abusivas de discriminação previstas no CDC, como as que resultam do seu artigo 39, incisos II ("recusar atendimento às demandas dos consumidores, na exata medida de suas disponibilidades de estoque, e, ainda, de conformidade com os usos e costumes") e VII ("repassar informação depreciativa, referente a ato praticado pelo consumidor no exercício de seus direitos"). Neste último caso, inclusive, a interpretação adequada da norma, para que atinja sua finalidade, deve compreender a noção do repasse de informação depreciativa tanto quando a informação é diretamente relatada quanto nos casos em que ela é utilizada de modo indireto, mas resulta, igualmente, em prejuízo do consumidor, como é o caso em que venha a configurar critério para composição de nota ou pontuação de crédito para o consumidor.

2.3.3.8.3 Direitos do consumidor em relação às informações arquivadas

São direitos do consumidor titular de informações arquivadas, exigíveis em relação ao gestor do banco de dados: a) direito à comunicação sobre abertura do cadastro; b) direito à informação e esclarecimento; b) direito ao acesso; c) direito de retificação; d) direito à vinculação do uso das informações; e) direito de cancelamento do arquivo.

O *direito à comunicação sobre a abertura do cadastro* resulta do regime definido pelas alterações da Lei 12.414/2011 pela Lei Complementar 166/2019. Por essa sistemática, a abertura do cadastro com as informações do consumidor não depende de sua concordância prévia, mas deve ser comunicada a ele no prazo de até 30 dias (artigo 4º, § 4º, da Lei 12.414/2011). Ao direito do titular das informações de ser comunicado sobre a abertura do cadastro corresponde um dever de comunicação que a lei atribuiu ao gestor do banco de dados, que poderá cumpri-lo diretamente, enviando ele próprio a comunicação, ou por intermédio de alguma das fontes das informações. São definidos como fontes, segundo a lei, "pessoa natural ou jurídica que conceda crédito, administre operações de autofinanciamento ou realize venda a prazo ou outras transações comerciais e empresariais que lhe impliquem risco financeiro, inclusive as instituições autorizadas a funcionar pelo Banco Central do Brasil e os prestadores de serviços continuados de água, esgoto, eletricidade, gás, telecomunicações e assemelhados" (artigo 2º, IV, da Lei 12.414/2011). Nesse sentido, pode ocorrer que seja justamente uma fonte quem requeira a abertura do cadastro ao gestor, para colher as informações que subsidiem sua decisão de contratar ou conceder crédito para determinado consumidor. Nesses termos, poderão convencionar, a fonte e o gestor do banco de dados, quem deva comunicar o consumidor sobre a abertura do cadastro. Isso não afasta, contudo, a consideração de que o dever de comunicação é imputado, por força de lei, ao gestor do banco de dados, que desse modo é quem responde no caso de violação. Fica o gestor dispensado de comunicar o consumidor sobre a abertura, porém, se já houver cadastro aberto em nome do mesmo consumidor, em outro banco de dados (artigo 4º, § 5º, da Lei 12.414/2011).

Para atendimento do dever de comunicação do gestor do banco de dados ao consumidor cadastrado, deverão ser utilizados os dados pessoais, como endereço residencial, comercial, eletrônico, que ele próprio forneceu à fonte (artigo 4º, § 6º, da Lei 12.414/2011).

O *direito à informação e esclarecimento* do consumidor será atendido tanto no momento de abertura do cadastro, do qual deve ser comunicado, quanto ao longo de todo o período de manutenção das informações arquivadas. Em relação ao dever de comunicação sobre a abertura do cadastro, seu conteúdo deverá abranger a informação clara e objetiva sobre os canais disponíveis para que o cadastrado promova o cancelamento do cadastro (artigo 4º, § 4º, III), assim como ser informado previamente sobre a identidade do gestor e sobre o armazenamento e o objetivo do tratamento dos dados pessoais (artigo 5º, V, da Lei 12.414/2011).

O *direito de acesso às informações* constantes do banco de dados, previsto no artigo 5º, II, da Lei 12.414/2011, desdobra-se em certas condições que garantam sua efetividade: a) é direito de acesso gratuito, não podendo ser exigido do consumidor pagamento a qualquer título para permitir o acesso às informações. Refira-se que constava do projeto aprovado, originalmente, disposição vetada pela Presidente da República, de limitação do acesso gratuito apenas a uma vez a cada quatro meses; b) é direito de acesso amplo, de modo que contempla todas as informações existentes no banco de dados, inclusive do histórico de crédito, nota e pontuação de crédito, e todos os dados que sejam agregados às informações originalmente arquivadas; c) é direito de acesso facilitado, exigindo-se do gestor do banco de dados que mantenha sistemas seguros para acesso às informações, por telefone ou por meio eletrônico para consulta dos interessados. O artigo 6º da Lei 12.414/2011 estabelece o dever do gestor dos bancos de dados de fornecer, mediante requerimento do consumidor a cujos dados arquivados se refiram: "I – todas as informações sobre ele constantes de seus arquivos, no momento da solicitação; II – indicação das fontes relativas às informações de que trata o inciso I, incluindo endereço e telefone para contato; III – indicação dos gestores de bancos de dados com os quais as informações foram compartilhadas; IV – indicação de todos os consulentes que tiveram acesso a qualquer informação sobre ele nos 6 (seis) meses anteriores à solicitação; V – cópia de texto com o sumário dos seus direitos, definidos em lei ou em normas infralegais pertinentes à sua relação com gestores, bem como a lista dos órgãos governamentais aos quais poderá ele recorrer, caso considere que esses direitos foram infringidos; e VI – confirmação de cancelamento do cadastro". O prazo para solicitação das informações relativas aos incisos II a V do artigo 6º será de até dez dias da data do requerimento (artigo 6º, § 2º). Em relação ao conteúdo das informações constantes do arquivo (artigo 6º, I), entretanto, não há prazo específico, de modo que devem ser fornecidas imediatamente, no mesmo momento da solicitação pelo interessado.

É assegurado ao cadastrado, portanto, ser informado pelo gestor do banco de dados sobre quais informações constam no cadastro, qual sua origem (de quais fontes procedem), assim com quais consulentes as informações foram compartilhadas (artigo 6º, I a III, da Lei 12.414/2011). Da mesma forma, tem o cadastrado direito de solicitar ao gestor do banco de dados a indicação dos gestores de bancos de dados com os quais as informações foram compartilhadas, quais consulentes tiveram acesso a qualquer informação do cadastro nos 6 (seis) meses anteriores à solicitação, assim como "cópia de texto com o sumário dos seus direitos, definidos em lei ou em normas infralegais pertinentes à sua relação com gestores, bem como a lista dos órgãos governamentais aos quais poderá ele recorrer, caso considere que esses direitos foram infringidos" (artigo 6º, incisos III a V, da Lei 12.414/2011).

O *direito de retificação das informações* constantes do banco de dados (artigo 5º, III) compreende a correção ou cancelamento das informações errôneas que constem arquivadas relativamente ao consumidor. É estabelecido o prazo máximo de dez dias, a contar do requerimento pelo titular das informações, para que o gestor do banco de dados não apenas corrija ou exclua a informação, como igualmente informe a todos os bancos de dados com quem a compartilhou sobre a existência do equívoco. Embora não expresso na lei, deve-se entender que esse dever de informar aos demais bancos de dados com quem compartilhou a informação equivocada abrange também os fornecedores de crédito que porventura tenham feito uso das informações arquivadas no período em que constava o equívoco identificado.

O *direito à vinculação do uso das informações* decorre do disposto no artigo 5º, VII, que resguarda o consumidor de "ter os seus dados pessoais utilizados somente de acordo com a finalidade para a qual eles foram coletados". Assim, as informações coletadas, utilizadas e compartilhadas entre bancos de dados e fornecedores na sistemática da Lei 12.414/2011 vinculam-se à finalidade exclusiva da avaliação do risco de crédito, no que se coaduna com o princípio geral de proteção de dados pessoais ("princípio da finalidade"). A utilização dessas informações para qualquer outra finalidade, por exemplo, a formação de perfis de consumidores por faixa de renda ou qualquer outro critério elegível mediante o acesso às informações arquivadas, com o objetivo de direcionar oferta publicitária ou definir estratégia comercial, configura ato ilícito e dá causa aos meios para sua repressão/coibição. Nesse sentido, é de considerar, igualmente, que o artigo 15 da Lei 12.414/2011 expressamente refere que "as informações sobre o cadastrado constantes dos bancos de dados somente poderão ser acessadas por consulentes que com ele mantiverem ou pretenderem manter relação comercial ou creditícia".

As alterações da Lei 12.414/2011 pela Lei Complementar 166/2019 tiveram como propósito, igualmente, afastar eventuais obstáculos para o acesso a informações de crédito visando promover a competição entre instituições financeiras. Isso justificou também a retirada da exigência de consentimento expresso do consumidor titular das informações para seu compartilhamento entre gestores de bancos de dados, que constava na redação original da lei. Desse modo, ao lado da norma geral do artigo 8º, parágrafo único, vedando que as fontes possam estabelecer políticas ou realizar operações que impeçam, limitem ou dificultem a transmissão de informações de cadastrados, o artigo 9º determina expressamente a permissão de compartilhamento das informações entre gestores de bancos de dados. O efeito do compartilhamento das informações perante o consumidor será o de equiparar o gestor que recebe a informação àquele que a detinha originalmente, "inclusive quanto à responsabilidade por eventuais prejuízos a que der causa e ao dever de receber e processar impugnações e cancelamentos e realizar retificações" (artigo 9º, § 1º, da Lei 12.414/2011).

Por outro lado, cumpre ao gestor originário manter atualizadas as informações cadastradas nos demais bancos de dados com os quais compartilhou as informações (artigo 9º, § 2º). Nesses termos, é possível identificar a responsabilidade dos gestores originários (que abriram o cadastro) e daqueles que recebem em compartilhamento as informações pelos danos causados ao consumidor em razão da sua incorreção ou inexatidão. Todavia, definido o dever do gestor originário de manter a atualidade das informações, eventual prejuízo que resultar de desatualização será ele imputado como causador do dano.

Por fim, note-se que há o *direito de cancelamento do cadastro* (artigo 5º, I), mediante solicitação do cadastrado ao gestor, de forma gratuita (artigo 5º, § 4º), devendo afinal ser comunicado sobre a confirmação do cancelamento (artigo 6º, VI).

Trata-se de saber quais os efeitos do cancelamento do cadastro por solicitação do consumidor. No regime original da Lei 12.414/2011, ainda sob a exigência de prévia autorização do consumidor para abertura do cadastro, eventual revogação posterior implicava necessariamente a eliminação das informações existentes. Corroborava esse entendimento o fato de a disposição que admitia a manutenção das informações mesmo após o cancelamento, condicionando seu uso à nova autorização do consumidor, ter sido vetada pela Presidente da República à época.[441] Nesse sentido, ocorrendo a revogação da autorização pelo consumidor, constituía-se dever do fornecedor que a obteve informar ao gestor do banco de dados (artigo 8º, II) para que ele não apenas eliminasse as informações que arquivasse consigo, mas, igualmente, notificasse todos os demais bancos de dados com quem tivesse compartilhado as informações, a fim de que procedessem do mesmo modo, caso isso não se desse de modo automático.

As alterações definidas pela Lei Complementar 166/2019 modificaram substancialmente esse regime. Inicialmente, introduziu-se o § 8º no artigo 5º da Lei 12.414/2011 com a seguinte redação: "§ 8º O cancelamento de cadastro implica a impossibilidade de uso das informações do histórico de crédito pelos gestores, para os fins previstos nesta Lei, inclusive para a composição de nota ou pontuação de crédito de terceiros cadastrados, na forma do art. 7º-A desta Lei". Da mesma forma, revogou a regra que impunha às fontes o dever de "comunicar os gestores de bancos de dados acerca de eventual exclusão ou revogação de autorização do cadastrado" (artigo 8º, II, da redação original da lei). Nesse sentido, para efeito do exercício do seu direito ao cancelamento do cadastro, a relação do consumidor cadastrado passa a ser diretamente com o gestor do banco de dados (a rigor aquele que abre o cadastro e o comunica da abertura). Não faz a lei mais referência à exclusão, mas expressamente indica que o cancelamento do cadastro implica a *impossibilidade de uso das informações*. Diante disso, renova-se a pergunta, se a impossibilidade de uso,

---

[441] No caso, o § 1º do artigo 5º da Lei 12.414/2011, que terminou vetado, dispunha: "§ 1º Caso, no momento do cancelamento do cadastro na forma do inciso I, haja obrigação creditícia em curso, o gestor do banco de dados poderá manter no sistema as informações a respeito do cadastrado, permitida a utilização dos dados apenas na hipótese de nova autorização de abertura de cadastro, nos termos do artigo 4º". As razões do veto, por sua vez, foram claras e objetivas ao referir que "O dispositivo impede que o cadastrado possa, a qualquer tempo, cancelar seu cadastro e eliminar as informações a ele referentes, violando a privacidade dos cidadãos e o caráter voluntário do cadastro positivo".

em termos lógicos, e até para prevenir riscos de violação desse dever de abstenção, não deveria implicar, igualmente, eliminação das informações. Na perspectiva do interesse do consumidor que exerceu seu direito ao cancelamento, é evidente que a conclusão pela eliminação da informação do banco de dados seria a conclusão mais adequada. No entanto, nesse regime, assegura-se ao consumidor, como espécie de direito subjetivo seu, a "reabertura do cadastro" (artigo 5º, I), remetendo a regulamento a disciplina do uso e guarda das informações, assim como dos próprios efeitos do cancelamento (artigo 13 da Lei 12.414/2011). Nesses termos, deve-se determinar se *reabrir* significará abrir novo cadastro, supondo a eliminação de outro anterior, ou *reativar* aquele cancelado, retomando e atualizando as informações existentes. A remessa a regulamento dá liberdade ao Poder Executivo que, conforme o significado da expressão, sem prejuízo de ter em conta que, em matéria de prevenção dos riscos de violação do dever de abstenção, uso indevido ou vazamento dos dados, a eliminação da informação configura o entendimento mais adequado.

2.3.3.8.4 Deveres dos fornecedores de crédito (fontes)

Os deveres dos fornecedores de crédito e outros, cuja atividade implique risco financeiro, como os prestadores de serviços continuados de água, esgoto, eletricidade, gás, telecomunicações e assemelhados, qualificados como fontes na sistemática da Lei 12.414/2011, constam do seu artigo 8º e sofreram modificações a partir do regime definido pela Lei Complementar 166/2019. Originalmente, a relação do consumidor cadastrado operava-se amplamente com as fontes, de modo que a elas cumpriam, entre outros deveres, "manter os registros adequados para comprovar a autorização prévia para abertura do cadastro, assim como o de comunicar os gestores de banco de dados, no caso de exclusão ou revogação da autorização dada. A alteração do regime da prévia autorização (*opt in*) e sua substituição pelo que assegura o direito ao cancelamento (*opt out*) retiraram das fontes essa tarefa, confiando o dever de comunicação ao consumidor sobre a abertura do cadastro, assim como o de receber a solicitação de cancelamento diretamente do gestor do banco de dados.

Desse modo, são deveres das fontes: o dever de retificação das informações; b) o dever de atualização das informações; c) o dever de assegurar a igualdade no uso e fornecimento das informações.

Note-se que a decisão de abertura do cadastro do consumidor será do gestor do banco de dados. Pode ocorrer que o faça por solicitação de alguma fonte que lhe repassa informações. Entretanto, cumpre ao gestor a abertura, assim como o dever de comunicação do cadastrado, segundo as condições definidas na lei.

Preserva-se com a fonte, contudo, o dever de relacionar-se com o cadastrado e com o gestor do banco de dados para realização de eventuais retificações ou atualização das informações.

Nesse sentido, o consumidor titular das informações poderá ter mais facilidade de relacionar-se com a fonte (seu próprio fornecedor) do que com o gestor do banco de dados quando da existência do cadastro, para realização de correção em informações equívocas ou vedadas por lei, assim como sua atualização. Isso vale tanto na comunicação ao gestor do banco de dados sobre a impugnação/retificação de informação pelo consumidor quanto na hipótese de ser solicitada pelo próprio gestor.

382 | CURSO DE DIREITO DO CONSUMIDOR – *Bruno Miragem*

Assim, vale a exegese dos incisos III e IV do artigo 8º da Lei 12.414/2011. Isso porque o inciso III refere o dever do fornecedor de crédito (fonte) de "verificar e confirmar, ou corrigir, em prazo não superior a 2 (dois) dias úteis, informação impugnada, sempre que solicitado por gestor de banco de dados ou diretamente pelo cadastrado". Já o inciso IV estabelece o dever de "atualizar e corrigir informações enviadas aos gestores de bancos de dados, em prazo não superior a 10 (dez) dias". Leonardo Bessa[442] observa aqui a distinção entre a correção interna da informação nos arquivos do próprio fornecedor de crédito (fonte), que se dá no prazo de dois dias úteis, e a remessa da informação sobre essa correção ao banco de dados (que no caso podemos referir como correção externa), a qual deve se dar no prazo de dez dias úteis.

O *dever de retificação*, portanto, é do fornecedor do crédito, embora possa ser exigido pelo consumidor também com relação ao gestor do banco de dados que utiliza e compartilha as informações, uma vez que a formação do histórico de crédito servirá para a prestação de serviços aos fornecedores sempre quando vierem a negociar com um mesmo titular das informações.

Observa o fornecedor de crédito (fonte), ainda, o *dever de assegurar a igualdade no uso e fornecimento das informações*. Este consiste no fornecimento das mesmas informações relativas ao consumidor a todos os gestores dos bancos de dados que as solicitarem (artigo 8º, VI). Trata-se de providência claramente destinada a assegurar a livre concorrência entre empresas que atuem como gestoras de banco de dados, evitando que uma delas possa exigir exclusividade no tratamento dessas informações. Nesse sentido, igualmente, o parágrafo único do artigo 8º da Lei 12.414/2011 prevê que "é vedado às fontes estabelecerem políticas ou realizarem operações que impeçam, limitem ou dificultem a transmissão a banco de dados de informações de cadastrados".

2.3.3.8.5 Deveres do gestor do banco de dados

No regime original da Lei 12.414/2011, o relacionamento do gestor do banco de dados e o consumidor cadastrado no chamado "cadastro positivo de crédito" era muitas vezes intermediado pelo fornecedor de crédito, fonte a quem competia, inclusive, colher a autorização prévia para inclusão, assim como receber e comunicar sua eventual revogação. As alterações empreendidas pela Lei Complementar 166/2019 implicaram o maior protagonismo do gestor do banco de dados, a quem passa a competir a decisão de abertura do cadastro, assim como o dever de comunicá-la ao consumidor cadastrado e, sendo o caso, receber a solicitação e proceder a seu cancelamento.

Isso amplia sensivelmente os deveres que serão imputados ao gestor do banco de dados, que poderão ser sistematizados da seguinte forma: a) dever de comunicação da abertura do cadastro; b) dever de assegurar a integridade e o uso reservado dos dados; c) dever de atualização e correção; d) dever de informação ao cadastrado; e) dever de cancelamento do cadastro; f) dever de identificação das fontes.

Cumpre ao gestor do banco de dados o dever de comunicação da abertura do cadastro ao consumidor cadastrado (artigo 4º, § 4º). Deverá ser realizado em até 30 dias da data

---

[442] BESSA, Leonardo Roscoe. *Cadastro positivo*. Comentários à Lei 12.414, de 09 de junho de 2011. São Paulo: Ed. RT, 2011. p. 127.

da abertura, sem custo para o cadastrado, diretamente pelo gestor do banco de dados ou por intermédio de alguma das fontes. Nesse particular, registre-se que o dever legal de comunicação é do gestor do banco de dados. Poderá convencionar com alguma das fontes – como aquela que solicita a abertura do cadastro – para que ela realize a comunicação, mas não se exime da responsabilidade por eventual descumprimento.

O cumprimento do dever de comunicação observa certas condições definidas por lei, relativas à forma e ao conteúdo que deve observar. Quanto à forma, o artigo 4º, § 6º, da Lei 12.414/2011 define que, "para o envio da comunicação (...) devem ser utilizados os dados pessoais, como endereço residencial, comercial, eletrônico, fornecidos pelo cadastrado à fonte". Desse modo, não se define uma forma exclusiva como deva ser realizada a comunicação, admitindo-se tanto seu envio ao endereço residencial ou comercial do consumidor cadastrado quanto a utilização do endereço eletrônico, o que permite interpretar a possibilidade de ser comunicado por intermédio de *e-mail*. Nesse particular, recorde-se que o ônus da prova de que houve a regular comunicação do cadastrado, dentro do prazo fixado na lei, será do gestor do banco de dados a quem se impute o dever. Ao mesmo tempo, pressupõe-se, pelos dados a serem considerados, conforme a lei, quer por correspondência ao endereço físico do cadastrado ou por *e-mail*, que essa comunicação sobre a abertura do cadastro seja feita por escrito. Portanto, não se deve admitir outro modo de comunicação, por exemplo, via telefônica.

Sobre o conteúdo da comunicação do cadastrado, a lei impõe que com a informação específica sobre a abertura do cadastro há o dever de "informar de maneira clara e objetiva os canais disponíveis para o cancelamento do cadastro no banco de dados" (artigo 4º, § 4º, III, da Lei 12.414/2011). Nesse particular, informar de maneira clara e objetiva significa fazer facilmente compreensível a informação ao consumidor cadastrado, para que sejam percebidos e acessíveis os modos de cancelar o cadastro.

Há apenas uma hipótese em que a comunicação do consumidor sobre a abertura do cadastro será dispensada, a saber, quando já exista outro cadastro aberto sobre ele, em outro banco de dados. Essa regra deve ter sua interpretação bem situada (artigo 4º, § 5º). A razão pela qual é dispensada a comunicação de abertura deve-se à suposição de que, quando da abertura do primeiro cadastro, houve comunicação. Entretanto, a comunicação ao cadastrado também tem por objetivo permitir que possa promover o cancelamento do cadastro, segundo seu interesse. A dispensa de comunicação do cadastrado, assim, só é dotada de sentido se pressuposto que esse segundo cadastro se vincule, de algum modo, ao primeiro, para efeito de que, uma vez exercido o direito de cancelamento, este compreenda ambos. Não se justifica, todavia, que se entenda a dispensa à comunicação da abertura pela mesma razão pela qual a jurisprudência afasta o dano por inscrição indevida em bancos de dados restritivos de crédito quando precedida de inscrição legítima (Súmula 385 do STJ). São situações completamente diversas. No caso sumulado, exclui-se a existência de dano moral em razão da inscrição indevida em virtude de o consumidor já ser tomado por inadimplente ou "mau pagador" em razão de fato reconhecidamente procedente (inscrição legítima). A comunicação da abertura de cadastro positivo de crédito tem o propósito de permitir a decisão do consumidor de mantê-lo ativo, caso lhe favoreça, ou solicitar seu cancelamento. Nesse sentido, pouco importa quantos sejam os cadastros abertos, ou sua ordem cronológica, devendo-lhe ser assegurada a possibilidade de promover seu cancelamento.

Por outro lado, considerando que se trata de informações pessoais do consumidor que integram sua privacidade, mas que ele próprio as divulga com o fim específico de obter melhores condições na contratação de crédito, pressupõe-se em relação ao gestor do banco de dados o *dever de assegurar a integridade e uso reservado dos dados*. Nesse sentido, o artigo 7º da Lei 12.414/2011, ao mesmo tempo que vincula o uso das informações à realização da análise de risco de crédito e como subsídio à decisão de contratar do fornecedor consulente, estabelece em seu parágrafo único que "cabe ao gestor manter sistemas seguros, por telefone ou por meio eletrônico, de consulta para informar aos consulentes as informações de adimplemento do cadastrado".

O gestor do banco de dados tem também o *dever de atualização e correção dos dados*, de modo que lhe incumbe, tão logo informado pela fonte, ou mediante requerimento do próprio titular das informações, atualizar ou corrigir as informações arquivadas. Note-se que o artigo 8º, IV, já mencionado, prevê o dever do fornecedor do crédito (fonte) de atualizar e corrigir informações enviadas aos gestores de bancos de dados no prazo de até dez dias. Esse prazo obriga igualmente, embora não previsto expressamente, o gestor do banco de dados. Desse modo, pouco importa se a falha que dê causa ao descumprimento decorre da demora do fornecedor do crédito ou do gestor do banco de dados. O prazo em questão se dá em favor do consumidor. Desse modo, desatendido o prazo, há responsabilidade perante o consumidor, que nesse caso é objetiva e solidária entre o fornecedor do crédito (fonte) e o gestor do banco de dados, conforme artigo 16 da Lei 12.414/2011. Note-se que, igualmente, cabe ao gestor do banco de dados, que originalmente tenha arquivado as informações, manter atualizadas as informações cadastrais nos demais bancos de dados com os quais compartilhou informações, sem nenhum ônus para o cadastrado (artigo 9º, § 2º, da Lei 12.414/2011). Cumprirá esse dever por intermédio de sistemas que compartilhe também as atualizações realizadas no cadastro original, ou qualquer outro modo que permita essa atualização sem qualquer ônus (vale dizer, sem que se possa exigir qualquer providência adicional ou custo) do cadastrado.

O *dever de cancelamento do cadastro*, quando solicitado pelo consumidor cadastrado, e que originalmente era imputado à fonte das informações repassadas, passa a ser do gestor do banco de dados (artigo 5º, § 6º, da Lei 12.414/2011). Cumpre-lhe, igualmente, transmitir a solicitação aos demais gestores para que a atendam no mesmo prazo (artigo 5º, § 6º, II). Por fim, o dever de identificação da fonte impõe ao gestor do banco de dados a identificação daqueles que promoverem qualquer inscrição ou atualização dos dados, a identificação da fonte e do agente que a tenha efetuado, bem como o equipamento ou terminal onde tenha sido processada a ocorrência (artigo 9º, § 4º).

2.3.3.8.6 Origem dos dados e compartilhamento das informações

As informações que integram o arquivo do consumidor acerca de seu histórico e crédito no banco de dados têm diversas origens. A rigor, pode ocorrer que, a partir da autorização do consumidor, passem a ser arquivadas informações sobre novos negócios que este venha a celebrar. Informações futuras, portanto. Contudo, a espera pelo arquivamento de um número razoável de informações futuras pode fazer com que a finalidade da lei seja frustrada, uma vez que decorreria muito tempo para que se pudesse formar um histórico de crédito.[443] Daí por que é autorizado o compartilhamento dessas informações (artigo 4º, III), dispensado o consentimento prévio do consumidor – exigência que, prevista na redação original da lei, foi afastada com as alterações promovidas pela Lei Complementar 166/2019. No tocante a compartilhamento de informações por prestadores de serviços continuados de água, esgoto, eletricidade, gás e telecomunicações, inclusive, havia exigência específica de consentimento do consumidor, que foi afastada; em relação aos dados financeiros oriundos das operadoras de telefonia móvel, havia ainda a crítica doutrinária sobre a gravidade e a extensão do desrespeito aos direitos do consumidor por esse setor de serviços, que lhe retirava, à época, até mesmo a credibilidade das informações para efeito de formação do histórico de crédito.[444] Na disciplina legislativa em vigor, porém, não há exigência de consentimento do consumidor para seu compartilhamento no regime da Lei 12.414/2011, cuja aplicação prevalece, conforme expressamente reconhecido pelo artigo 7º, X, da LGPD.

De grande repercussão prática será a possibilidade de acesso às informações relativas a operações de crédito mantidas pelo consumidor com instituições financeiras. Previstas no artigo 12 da Lei 12.414/2011, tais informações poderão ser fornecidas pelas instituições financeiras aos gestores de bancos de dados registrados no Banco Central do Brasil. Não podem as fontes "estabelecer políticas ou realizar operações que impeçam, limitem ou dificultem a transmissão a banco de dados de informações de cadastrados" (artigo 8º, parágrafo único, da Lei 12.414/2019).

Por outro lado, pode o gestor do banco de dados compartilhar as informações do cadastro com outros bancos de dados (artigo 9º da Lei 12.414/2019). Ocorrendo o compartilhamento, contudo, produzem-se os seguintes efeitos: a) o gestor do banco de dados que receba as informações compartilhadas equipara-se ao gestor que as registrou originalmente (artigo 9º, § 1º); b) é dever do gestor do banco de dados de onde se origina a informação mantê-la atualizada (artigo 9º, § 2º); e c) o dever dos gestores dos bancos de dados que recebem as informações compartilhadas, de proceder ao cancelamento ou reabertura do cadastro (artigo 5º, § 5º), assim como impugnações e retificações (artigo 9º, § 1º, *in fine*).

2.3.3.8.7 Responsabilidade da fonte, do gestor do banco de dados e do consulente

Respondem solidariamente a fonte, o gestor do banco de dados e o consulente pelos danos causados aos consumidores. Trata-se de responsabilidade objetiva e solidária, nos termos do artigo 16 da Lei 12.414/2011 que remete ao regime de responsabilidade previsto no Código de Defesa do Consumidor: "Art. 16. O banco de dados, a fonte e o consulente são responsáveis, objetiva e solidariamente, pelos danos materiais e morais que causarem ao cadastrado, nos termos da Lei nº 8.078, de 11 de setembro de 1990 (Código de Proteção e Defesa do Consumidor)". A expressa previsão ao CDC resulta da redação

---

[443] BESSA, Leonardo Roscoe. *Cadastro positivo*. Comentários à Lei 12.414, de 09 de junho de 2011. São Paulo: Ed. RT, 2011. p. 137.

[444] BESSA, Leonardo Roscoe. *Cadastro positivo*. Comentários à Lei 12.414, de 09 de junho de 2011. São Paulo: Ed. RT, 2011. p. 136.

386 CURSO DE DIREITO DO CONSUMIDOR – *Bruno Miragem*

definida à norma pela Lei Complementar 166/2019, e a rigor consagra entendimento uníssono, considerando-se a inserção da atividade dos "cadastros positivos de crédito" no mercado de consumo. O regime de responsabilidade, na hipótese de danos ao consumidor cadastrado, será o do fato do serviço, previsto no art. 14 do CDC".

A natureza solidária da responsabilidade dá ao consumidor cadastrado, vítima do dano, a escolha acerca daquele contra quem deverá exercer a pretensão, independentemente de quem tenha sido o causador direto da lesão. A precisa identificação do causador do dano entre o gestor do banco de dados, a fonte ou o consulente será relevante apenas na relação interna entre os devedores solidários para o fim de precisar a legitimação passiva para direcionamento da ação de regresso daquele que vier a indenizar o consumidor.

2.3.3.8.8 Temporalidade das informações

Um último aspecto de grande relevância diz respeito ao prazo de manutenção das informações. O artigo 14 da Lei 12.414/2011 prevê que "as informações de adimplemento não poderão constar de bancos de dados por período superior a 15 (quinze) anos". Note-se que nesse particular há uma grande distinção em relação ao prazo de cinco anos admitido pelo artigo 43 do CDC. Nesse sentido, duas questões merecem ser abordadas. Primeiro, a própria adequação técnica de um prazo tão extenso, dentro do qual se pode razoavelmente supor alterações na capacidade econômica e/ou outros fatores do comportamento do consumidor. Segundo, a própria possibilidade de o gestor do banco de dados, assim como de o fornecedor de crédito, sob o pretexto do acesso a informações de adimplemento do consumidor, terem no conhecimento das informações sobre seu histórico de crédito a possibilidade de acesso, inclusive às dívidas não pagas pelo período de até quinze anos, tornando irrelevante a limitação temporal de cinco anos para arquivo e acesso a informações restritivas de crédito previstas no Código de Defesa do Consumidor. É certo que a definição de histórico de crédito prevista no artigo 2º, VII, da Lei 12.414/2011 inclui apenas "operações de crédito e obrigações de pagamento adimplidas ou em andamento". Todavia, é evidente que, em situações em que se trate de obrigações de cumprimento diferido e/ou continuado, a ausência de informações sobre determinadas parcelas induzirá à conclusão de que se trata de situações de falta de pagamento pelo consumidor. Sobre essa questão sugere a doutrina solução *de lege ferenda*, pela unificação dos prazos de ambas as leis em cinco anos.[445] Todavia, é de destacar o papel que devem desempenhar tanto os órgãos de defesa do consumidor quanto o próprio Poder Judiciário para identificar e reprimir eventual desvio de finalidade dessa espécie de banco de dados admitido pela Lei 12.414/2011, em especial com a competência expressamente reconhecida pela lei (artigo 12, § 8º, e artigo 17, § 2º, da Lei 12.414/2011), para evitar que, em vez de servir a sua finalidade anunciada de beneficiar os consumidores com histórico de adimplência, convertam-se em instrumento para agravar a restrição ao crédito, desafiando os limites estabelecidos pelo artigo 43 do CDC.

Por sua vez, o termo inicial da contagem, a exemplo do que sustentamos anteriormente em relação à inscrição nos bancos de dados regulados pelo artigo 43 do CDC, deve

---

[445] Nesse sentido: BESSA, Leonardo Roscoe. *Cadastro positivo*. Comentários à Lei 12.414, de 09 de junho de 2011. São Paulo: Ed. RT, 2011. p. 140.

ser o do vencimento da dívida e nascimento da pretensão do credor para a cobrança (artigo 189 do Código Civil). Esta é a conclusão a que se chega pelas mesmas razões a que nos referimos em relação aos demais bancos de dados, qual seja, de que eventual indicação da data de registro como termo inicial de contagem deixaria ao arbítrio do fornecedor a extensão indefinida do prazo em que a informação poderia ser mantida no banco de dados.

2.3.3.9 Sistemas de pontuação de crédito (scoring)

A par da organização de bancos de dados com a finalidade tradicional de permitir a consulta de informações restritivas de crédito – como prevê o artigo 43 do CDC – e de informações de adimplemento e histórico de crédito, previsto pela Lei 12.414/2011, outros métodos de uso de informações para avaliação de crédito ganharam espaço nos últimos anos, em especial modelos de pontuação (scoring) de consumidores para fim de determinação do risco de crédito.

Esse método de avaliação, de largo desenvolvimento em outros países,[446] a partir de estudos que remontam à primeira metade do século passado,[447] consiste em aplicação de técnica estatística para análise de informações relativas aos consumidores, segundo certos modelos de comportamento,[448] pelo qual é atribuída certa pontuação ao consumidor, representativa do risco de inadimplemento. Examinando alguns casos relativos a esses modelos, o Poder Judiciário, inicialmente, considerou-os abusivos, independentemente do juízo que estabelecessem sobre o consumidor a quem se refiram as informações. As razões essenciais para rejeitarem tais sistemas de pontuação de crédito compreendiam o fato de que estes contavam com informações pessoais e as organizavam e utilizavam visando à análise de risco de crédito, sem que os titulares das informações pudessem ter acesso à causa de eventual negativa de crédito e às próprias informações pessoais constantes do cadastro. Foram qualificados, por isso, como espécie de sistema oculto de informações, em contradição às disposições do Código de Defesa do Consumidor que publicizaram os bancos de dados no sentido de assegurar o acesso dos consumidores às informações nele constantes. Destacavam, igualmente, essas decisões, o risco de utilização nesse sistema de informações vedadas, como a hipótese de que trata o artigo 39, VII, do CDC, que relaciona como prática abusiva proibida ao fornecedor: "repassar informação depreciativa, referente a ato praticado pelo consumidor no exercício de seus direitos". E, no mesmo sentido, a violação do artigo 43, *caput* e §§ 1º e 3º, do CDC. Segundo essas decisões, o sistema em questão suprimia a possibilidade de acesso do consumidor às informações constantes do

---

[446] Para um panorama da utilização do sistema de *credit scoring* e suas bases, veja-se: MAKUSCH, William M. Scoring applications. *In*: MAYS, Elizabeth (ed.). *Handbook of credit scoring*. Chicago: Glenlake Publishing Co., 2001. p. 3 e ss.

[447] A origem do sistema de *credit scoring* costuma-se atribuir ao estudo de David Durand, publicado em 1941 pelo National Bureau of Economic Research, nos Estados Unidos. Veja-se: JOHNSON, R. W. Legal, social and economic issues in implementing scoring in the United States. *In*: THOMAS, Lyn C.; EDELMAN, David B.; CROOK, Jonathan N. *Readings in credit scoring*. New York: Oxford University Press, 2004. p. 5 e ss.

[448] FINLAY, Steven. *Credit scoring, response modeling and insurance rating*. 2. ed. Basingstoke, Hampshire: Palgrave Macmillam, 2012. p. 8 e ss.

388 | CURSO DE DIREITO DO CONSUMIDOR – *Bruno Miragem*

banco de dados,[449] uma vez que eram cadastros que atuavam na concessão de uma nota ao requerente do crédito, sem especificar os fatores determinantes na sua atribuição.

---

[449] "Apelação cível. Responsabilidade civil. Ação cominatória cumulada com pedido de indenização por danos morais. Sistema 'crediscore'. Natureza. Banco de dados. Sujeição às disposições constantes do artigo 43 do CDC. A elaboração, organização, consulta e manutenção de bancos de dados sobre consumidores não é proibida pelo Código de Defesa do Consumidor; ao contrário, é regulada por este, no artigo 43. Hipótese em que o denominado Sistema Crediscore, colocado à disposição das empresas conveniadas pela CDL, caracteriza-se como um verdadeiro banco de dados de hábitos de consumo e pagamento dos consumidores, sujeito, portanto, às disposições do artigo 43 do CDC. Dano moral. Configuração. Comprovado o agir ilícito da demandada, que criou banco de dados com informações pessoais do autor, sem a devida publicização, inviabilizando os direitos de amplo acesso às informações pessoais do consumidor e de reclamar por eventuais ilegalidades ou incorreções (artigo 43, *caput* e § 3º), gerando, inclusive, provável restrição de crédito, diante do escore desfavorável, caracterizado está o dano *in re ipsa*, exsurgindo, daí, o dever de indenizar. *Quantum* indenizatório. Arbitramento. É cediço que, na fixação da reparação por dano extrapatrimonial, incumbe ao julgador, atentando, sobretudo, para as condições do ofensor, do ofendido e do bem jurídico lesado, e aos princípios da proporcionalidade e razoabilidade, arbitrar quantum que se preste à suficiente recomposição dos prejuízos, sem importar, contudo, enriquecimento sem causa da vítima. Ao concreto, demonstrada a ilicitude do ato praticado pela ré, e sopesadas as demais particularidades do caso, entendo adequada a fixação da verba indenizatória em R$ 10.000,00 (dez mil reais), que deverá ser corrigida monetariamente pelo IGP-M e acrescida de juros legais, a contar desta decisão. Sucumbência invertida. Apelação provida. Ação julgada parcialmente procedente" (TJRS, ApCiv 70.041.827.379, 10ª Câm. Civ., Rel. Des. Paulo Roberto Lessa Franz, j. 07.04.2011). No mesmo sentido: "Apelação cível. Responsabilidade civil. Sistema Crediscore. Atribuição de pontuação ao consumidor para concessão de crédito. Ilegalidade. Dever de prestar informações de forma clara. Dano moral configurado. Por meio do estudo pormenorizado das provas colhidas no feito, pode-se depreender que a requerida age de forma ilícita ao manter em armazenamento dados sobre determinada pessoa sem que esta tenha exata ciência acerca das assertivas, o que pode sim implicar a obstaculização de concessão de crédito, mesmo em situações em que o consumidor não possui seu nome negativizado. Há flagrante desrespeito frente às normas fundamentadas no Código de Defesa do Consumidor (artigo 43, dever de informação), também cabendo ressaltar a afronta ao artigo 5º, XIV, XXXIII, LXXII, alíneas 'a' e 'b', da Carta Magna. Deferida a postulação referente ao fornecimento dos documentos em que evidenciadas as informações relativas à pontuação no Crediscore e armazenadas com os dados identificadores da parte autora, no prazo de 10 (dez) dias, sob pena de incidência de multa diária. O Crediscore somente poderia ser considerado legítimo se as informações nele depositadas fossem livremente disponibilizadas aos consumidores interessados, garantia de acesso que encontra respaldo no já mencionado artigo 43 do CDC. Em assim não agindo, resta cristalina a conduta lesiva a ser imputada à apelada, em clara violação às normas do Código de Defesa do Consumidor, autorizando-se a responsabilização da entidade ré. Conduta ilícita que decorre do próprio fato da violação das normas do Código do Consumidor, desnecessária a prova de prejuízo direto, pois o dano ocorre *in re ipsa*. Apelação provida" (TJRS, ApCiv 70.037.245.461, 9ª Câm. Civ., Rel. Roberto Carvalho Fraga, j. 1º.11.2011). E ainda: "Responsabilidade civil. Ação de obrigação de fazer cumulada com indenizatória. Sistema Crediscore. Ausência de informação. Ilegalidade reconhecida. Caso em que a parte ré oferta às empresas associadas serviço denominado Crediscore. Ferramenta de análise comportamental de crédito do consumidor, que tem por objetivo aos lojistas, através de uma pontuação de crédito, identificar dentre os pretensos clientes aqueles que se encaixam em um quadro de maior risco para contratação. Ilegalidade do serviço reconhecida em decorrência da ausência de informação ao autor acerca da existência de cadastro em seu nome, o qual viola os princípios do Código de Defesa do Consumidor. Dano moral *in re ipsa*. Violação aos deveres de transparência e informação pela entidade cadastral. Ausente sistema de tarifamento, a fixação do montante indenizatório ao dano extrapatrimonial está adstrita ao prudente arbítrio do juiz. Valor minorado. Deram provimento em parte ao recurso. Unânime" (TJRS, ApCiv 70044482248, 10ª Câm. Civ., Rel. Jorge Alberto Schreiner Pestana, j. 29.09.2011).

Da mesma forma, os dados utilizados por esse sistema, uma vez que não se considerem bancos de dados de informações positivas com o procedimento para acesso e compartilhamento de informações a ele inerentes, ficam limitados ao período de cinco anos.[450]

Não há dúvida de que a admissão do sistema *scoring* pelo direito brasileiro enfrenta um desafio inicial de qualificação. Isso porque, se considerado espécie de banco de dados, será aquele a que se refere o artigo 43 do CDC, ou o de que trata a Lei 12.414/2011. Nesse caso, estará submetido à disciplina estrita de cada um deles. Uma alternativa será considerar o sistema não como meio de formação e organização de informações, senão uma determinada utilização de informações já arquivadas em banco de dados, ou seja, um método de utilização de banco de dados, segundo certos parâmetros e servindo-se da aplicação de modelos estatísticos para avaliação do risco de crédito.

Em virtude da repercussão do uso do sistema de pontuação de crédito e dos questionamentos sobre sua conformidade, especialmente com as normas de proteção do consumidor, a matéria foi objeto de exame pelo Superior Tribunal de Justiça, cuja decisão, no Recurso Especial 1.419.697/RS, de relatoria do Min. Paulo de Tarso Sanseverino,[451] foi afeta ao procedimento e eficácia dos recursos repetitivos, inclusive dando origem à Súmula 550 do STJ, que refere: "A utilização de escore de crédito, método estatístico de avaliação de risco que não constitui banco de dados, dispensa o consentimento do consumidor, que terá o direito de solicitar esclarecimentos sobre as informações pessoais valoradas e as fontes dos dados considerados no respectivo cálculo".[452]

De interesse, contudo, o exame das teses fixadas na decisão mencionada, a saber: "1) O sistema credit scoring' é um método desenvolvido para avaliação do risco de concessão de crédito, a partir de modelos estatísticos, considerando diversas variáveis, com atribuição de uma pontuação ao consumidor avaliado (nota do risco de crédito). 2) Essa prática comercial é lícita, estando autorizada pelo artigo 5º, IV, e pelo artigo 7º, I, da Lei n. 12.414/2011 (lei do cadastro positivo). 3) Na avaliação do risco de crédito, devem ser respeitados os limites estabelecidos pelo sistema de proteção do consumidor no sentido da tutela da privacidade e da máxima transparência nas relações negociais, conforme previsão do CDC e da Lei n. 12.414/2011. 4) Apesar de desnecessário o consentimento do consumidor consultado, devem ser a ele fornecidos esclarecimentos, caso solicitados, acerca das fontes dos dados considerados (histórico de crédito), bem como as informações pessoais valoradas. 5) O desrespeito aos limites legais na utilização do sistema 'credit scoring', configurando abuso no exercício desse direito (artigo 187 do CC), pode ensejar a responsabilidade objetiva e solidária do fornecedor do serviço, do responsável pelo banco de dados, da fonte e do consulente (artigo 16 da Lei n. 12.414/2011) pela ocorrência de danos morais nas hipóteses de utilização de informações excessivas ou sensíveis (artigo 3º, § 3º, I e II, da Lei n. 12.414/2011), bem como nos casos de comprovada recusa indevida de crédito pelo uso de dados incorretos ou desatualizados".

O sistema de pontuação de crédito (*scoring*) não foi considerado como espécie distinta de banco de dados, senão como espécie de método de utilização das informações já

---

[450] TJRS, ApCiv 70.051.259.232, 9ª Câm. Civ., Rel. Marilene Bonzanini Bernardi, j. 08.10.2012.

[451] STJ, REsp 1.419.697/RS, 2ª Seção, Rel. Min. Paulo de Tarso Sanseverino, j. 12.11.2014, *DJe* 17.11.2014.

[452] Súmula 550, 2ª Seção, j. 14.10.2015, *DJe* 19.10.2015.

arquivadas em bancos de dados preexistentes. A licitude indicada pela decisão concentra-se na finalidade de avaliação do risco de crédito, previsto nos artigos 5º, IV, e 7º, I, da Lei 12.414/2011. A referência à Lei 12.414/2011 pode fazer crer que a decisão o tenha qualificado como espécie de banco de dados previsto nesta lei, ou seja, sobre informações de adimplemento e histórico de crédito.

A Lei Complementar 166/2019 incluiu na Lei 12.414/2011 o artigo 7º-A, proibindo a consideração de certos elementos e critérios para composição da nota ou pontuação de crédito de pessoa cadastrada nos "cadastros positivos de crédito". Define que não poderão ser utilizadas informações: "I – que não estiverem vinculadas à análise de risco de crédito e aquelas relacionadas à origem social e étnica, à saúde, à informação genética, ao sexo e às convicções políticas, religiosas e filosóficas; II – de pessoas que não tenham com o cadastrado relação de parentesco de primeiro grau ou de dependência econômica; e III – relacionadas ao exercício regular de direito pelo cadastrado, previsto no inciso II do *caput* do artigo 5º desta Lei. A proibição dessas informações revelam o propósito de preservação de alguns critérios para composição de nota ou pontuação típica do sistema de *credit scoring*, a saber; a) a adequação entre as informações utilizadas e a finalidade de análise de crédito; b) a proibição de discriminação segundo critérios proibidos pela Constituição da República; c) a proibição de discriminação ou prejuízo ao consumidor em razão do exercício regular do seu direito (a exemplo do que já é considerado como prática abusiva nas relações de consumo)".

O mesmo artigo 7º-A da Lei 12.414/2011 vai prever o dever do gestor do banco de dados de tornar disponível em seu sítio eletrônico, "de forma clara, acessível e de fácil compreensão" (§ 1º), sua política de coleta e utilização dos dados, o que implica, entre outras providências, esclarecer sobre o modo como tais informações são consideradas para composição de nota ou pontuação. O atendimento a esse dever de transparência deve ser objeto de verificação, nos termos a serem definidos em regulamento, sem prejuízo de que qualquer violação à lei seja passível de sanções administrativas ou judiciais, observado o devido processo legal.

Antes da existência de referência legal expressa aos sistemas de pontuação de crédito (*credit scoring*), cogitava-se de aplicação analógica do artigo 43 do CDC, que disciplina os bancos de dados restritivos de crédito e, nesses termos, a exigência de prévia notificação do consumidor. A inserção do artigo 7º-A na lei que disciplina o "cadastro positivo de crédito" traz para esse regime o sistema de pontuação de crédito, de modo a não mais se cogitar de prévia notificação ou assentimento do consumidor, mas do atendimento ao dever de comunicação do gestor do banco de dados nos termos definidos no artigo 4º da Lei 12.414/2011.

Esse entendimento não contradiz o conteúdo da decisão do STJ no Recurso Especial 1.419.697/RS, que já havia afastado a exigência de consentimento do consumidor, embora assegurando o direito de acesso a informações e esclarecimentos sobre as fontes dos dados considerados para formação do histórico de crédito, bem como as informações pessoais cuja avaliação determinou certa pontuação. O entendimento esposado na decisão foi o de que se trata de que o sistema de pontuação de crédito não é em si formação de banco de dados, mas método aplicável sobre informações constantes em banco de dados, de modo que as exigências para inclusão de informações (notificação prévia ou comunicação

Parte II · Cap. 2 · A PROTEÇÃO CONTRATUAL DO CONSUMIDOR | **391**

posterior à abertura do cadastro) não são renovadas para uma específica utilização dos dados que a integram.

Por outro lado, fixa a decisão limites à utilização das informações para pontuação de crédito, indicando a necessidade de: a) dar acesso aos consumidores sobre a fonte e conteúdo das informações avaliadas para o fim de atribuição da pontuação; e b) vedar o uso de informações excessivas, desatualizadas ou incorretas. Por informações excessivas compreendam-se aquelas protegidas sob a privacidade do consumidor, ou ainda as que permitam discriminação ilícita em prejuízo do consumidor. O artigo 7º-A da Lei 12.414/2011 define-as expressamente, mas não deve ser considerado em caráter exaustivo. A restrição aos critérios utilizados para a composição de nota ou pontuação também resultam do disposto no artigo 39, VII, do CDC. A violação desses limites implica a ilicitude da conduta do gestor do banco de dados, dando causa, segundo a tese fixada no acórdão, à responsabilidade objetiva e solidária do fornecedor do serviço, do responsável pelo banco de dados, da fonte e do consulente pelos danos causados ao consumidor, cujo entendimento é corroborado pelo artigo 16 da Lei 12.414/2011.

Afastada a controvérsia inicial sobre a ilicitude *per se* do uso do sistema, resultou também afastada a ocorrência de dano moral *in re ipsa* pela mera consulta ou utilização de informações para o fim de atribuir pontuação ao consumidor. A possibilidade do dano se preserva, segundo o acórdão, apenas em vista da ocorrência de recusa indevida de crédito, mediante utilização do sistema *scoring* que tenha por base informações excessivas ou incorretas.

2.3.4 O regime das cláusulas abusivas nos contratos de consumo

O instrumento técnico de maior importância em matéria de proteção contratual do consumidor consagrado pelo CDC é a possibilidade de controle do conteúdo do contrato e o regime de nulidade das cláusulas contratuais consideradas abusivas. A noção de cláusulas abusivas é ampla. Seus elementos principais, contudo, verificam-se na definição simples e rica de Jean Calais-Auloy ao afirmar que "é abusiva a cláusula que, pré-redigida pela parte mais forte, cria um desequilíbrio significativo em detrimento da parte mais fraca".[453] O significado do que se deva entender por desequilíbrio significativo, no direito europeu, segundo o grande jurista francês, foi estabelecido pela Diretiva 93/13/CEE, de 5 de abril de 1993, relativa às cláusulas abusivas nos contratos celebrados com consumidores.[454]

---

[453] CALAIS-AULOY, Jean; STEINMETZ, Frank. *Droit de la consommation*. 5. ed. Paris: Dalloz, 2000. p. 185.

[454] O anexo da Diretiva 93/13/CEE vai reconhecer como abusivas, entre outras, as cláusulas que tenham por objetivo ou efeito: "a) Excluir ou limitar a responsabilidade legal do profissional em caso de morte de um consumidor ou danos corporais que tenha sofrido em resultado de um acto ou de uma omissão desse profissional; b) Excluir ou limitar de forma inadequada os direitos legais do consumidor em relação ao profissional ou a uma outra parte em caso de não execução total ou parcial ou de execução defeituosa pelo profissional de qualquer das obrigações contratuais, incluindo a possibilidade de compensar uma dívida para com o profissional através de qualquer caução existente; c) Prever um compromisso vinculativo por parte do consumidor, quando a execução das prestações do profissional está sujeita a uma condição cuja realização depende apenas da sua vontade; d) Permitir ao profissional reter montantes pagos pelo consumidor se este renunciar à celebração ou à execução do contrato, sem prever o direito de o consumidor receber do profissional uma indenização de montante equivalente se

O histórico da proteção contratual do consumidor mais fraco em relação às cláusulas contratuais abusivas, do mesmo modo, tem sua origem no direito anglo-saxão, desde 1962, quando o *Uniform Commercial Code*, nos Estados Unidos, consagrando entendimento jurisprudencial existente, passou a permitir ao juiz anular toda a cláusula considerada abusiva. Da mesma forma, nos países europeus, a partir de 1970, foi-se gradativamente aprovando legislações prevendo o controle das cláusulas abusivas em vista da proteção dos consumidores, por exemplo, o caso da Suécia (1971), Reino Unido (1973 e, posteriormente, 1977), Dinamarca (1974), Alemanha (1976) e França (1978 e, posteriormente, 1988, normas que passaram a integrar o *Code de la Consommation*, a partir de 1993).[455]

No direito brasileiro, a definição do que sejam as cláusulas abusivas e seu regime de nulidade estão previstos no artigo 51 do CDC, que refere: "São nulas de pleno direito, as cláusulas abusivas que (...)". Segue-se, então, elenco de cláusulas consideradas abusivas pelo legislador e cuja sanção de nulidade decorre, segundo o magistério de Nelson Nery Junior, da *ordem pública de proteção do consumidor*, característica do CDC.[456]

A exata compreensão da natureza dessas cláusulas no direito brasileiro, contudo, não prescinde de um exame aprofundado do que se deva considerar abusivo em matéria de relações de consumo, o que induz à necessidade de compreensão de qual o fundamento da

---

for este a renunciar; e) Impor ao consumidor que não cumpra as suas obrigações uma indenização de montante desproporcionalmente elevado; f) Autorizar o profissional a rescindir o contrato de forma discricionária sem reconhecer essa faculdade ao consumidor, bem como permitir ao profissional reter os montantes pagos a título de prestações por ele ainda não realizadas quando é o próprio profissional que rescinde o contrato; g) Autorizar o profissional a pôr termo a um contrato de duração indeterminada sem um pré-aviso razoável, exceto por motivo grave; h) Renovar automaticamente um contrato de duração determinada na falta de comunicação em contrário por parte do consumidor, quando a data limite fixada para comunicar essa vontade de não renovação do contrato por parte do consumidor for excessivamente distante da data do termo do contrato; i) Declarar verificada, de forma irrefragável, a adesão do consumidor a cláusulas que este não teve efetivamente oportunidade de conhecer antes da celebração do contrato; j) Autorizar o profissional a alterar unilateralmente os termos do contrato sem razão válida e especificada no mesmo; k) Autorizar o profissional a modificar unilateralmente sem razão válida algumas das características do produto a entregar ou do serviço a fornecer; l) Prever que o preço dos bens seja determinado na data da entrega ou conferir ao vendedor de bens ou ao fornecedor de serviços o direito de aumentar os respectivos preços, sem que em ambos os casos o consumidor disponha, por seu lado, de um direito que lhe permita romper o contrato se o preço final for excessivamente elevado em relação ao preço previsto à data da celebração do contrato; m) Facultar ao profissional o direito de decidir se a coisa entregue ou o serviço fornecido está em conformidade com as disposições do contrato ou conferir-lhe o direito exclusivo de interpretar qualquer cláusula do contrato; n) Restringir a obrigação, que cabe ao profissional, de respeitar os compromissos assumidos pelos seus mandatários, ou de condicionar os seus compromissos ao cumprimento de uma formalidade específica; o) Obrigar o consumidor a cumprir todas as suas obrigações, mesmo que o profissional não tenha cumprido as suas; p) Prever a possibilidade de cessão da posição contratual por parte do profissional, se esse fato for susceptível de originar uma diminuição das garantias para o consumidor, sem que este tenha dado o seu acordo; q) Suprimir ou entravar a possibilidade de intentar ações judiciais ou seguir outras vias de recurso, por parte do consumidor, nomeadamente obrigando-o a submeter-se exclusivamente a uma jurisdição de arbitragem não abrangida por disposições legais, limitando indevidamente os meios de prova à sua disposição ou impondo-lhe um ônus da prova que, nos termos do direito aplicável, caberia normalmente a outra parte contratante".

[455] CALAIS-AULOY, Jean; STEINMETZ, Frank. *Droit de la consommation*. 5. ed. Paris: Dalloz, 2000. p. 186.

[456] NERY JR., Nelson *et al. Código Brasileiro de Defesa do Consumidor comentado pelos autores do anteprojeto*. 8. ed. Rio de Janeiro: Forense, 2005. p. 560.

abusividade dessas cláusulas contratuais em direito do consumidor. Nesse sentido, muitos são os fundamentos possíveis. O recurso à teoria da lesão,[457] à boa-fé objetiva,[458] ou ao caráter moral da proteção do contratante mais fraco[459] é entendimento bastante difundido na doutrina nacional e estrangeira sobre o tema. Da mesma forma, observa-se um cuidado reiterado da doutrina em afastar a definição e o alcance da disciplina das *cláusulas abusivas* do conceito de *abuso de direito*. Desde logo, rejeitou-se peremptoriamente, tanto da parte dos autores do anteprojeto do CDC[460] quanto da doutrina em geral,[461] a identificação do conceito de abusividade e, consequentemente, de cláusula abusiva no sistema do CDC, com a categoria do abuso do direito fundada, originariamente, na interpretação *a contrario sensu* do artigo 160, I, do Código Civil de 1916, hoje estabelecida e renovada pelo artigo 187 do Código Civil de 2002.[462] Em grande medida, os fundamentos dessa recusa decorriam dos contornos da teoria do abuso do direito em nosso direito civil até então. No caso, identificava-se no sistema jurídico brasileiro o abuso do direito com o exercício irregular de um direito subjetivo, estabelecendo-se disputa doutrinária acerca da concepção *subjetiva* ou *objetiva* de abuso. A primeira exigindo como requisito para que se considerasse um exercício irregular de direito (logo, abusivo), a demonstração do dolo ou culpa do titular, enquanto a concepção objetiva afastava a exigência da culpa, escudando-se na tese de violação de limites implícitos no ordenamento jurídico (justo motivo, boa-fé, bons costumes, fins sociais, entre outros).[463]

---

[457] Assim, a lição de: PEREIRA, Caio Mário da Silva. *Lesão nos contratos*. 6. ed. Rio de Janeiro: Forense, 1999.

[458] Defendendo a vinculação entre a disciplina das cláusulas abusivas e a boa-fé objetiva, merecem destaque os estudos do mestre Ruy Rosado de Aguiar Júnior: AGUIAR JÚNIOR, Ruy Rosado de. Cláusulas abusivas no Código de Defesa do Consumidor. *In*: MARQUES, Claudia Lima. *Estudos sobre a proteção do consumidor no Brasil e no Mercosul*. Porto Alegre: Livraria do Advogado Editora, 1994. p. 13-32; e AGUIAR JÚNIOR, Ruy Rosado. A boa-fé na relação de consumo. *Revista de Direito do Consumidor*, São Paulo, v. 14, p. 20-27, abr./jun. 1995. Da mesma forma, estruturando a noção de abusividade das cláusulas contratuais a partir da classificação da violação dos deveres originários da boa-fé: MARQUES, Claudia Lima. *Contratos no Código de Defesa do Consumidor*. 4. ed. São Paulo: Ed. RT, 2003. p. 788. Da nova geração de estudiosos do direito do consumidor, vejam-se as conclusões de: SCHMITT, Cristiano Heineck. *Cláusulas abusivas nas relações de consumo*. São Paulo: Ed. RT, 2005. p. 99.

[459] Nesse sentido: RIPERT, Georges. *A regra moral das obrigações civis*. Campinas: Bookseller, 2000. p. 167 *et seq.*

[460] Afirmava Nelson Nery Jr., antes da vigência do Código Civil de 2002, que o instituto das cláusulas abusivas não se confundia "com o o abuso do direito do parágrafo único do artigo 160 do Código Civil [sic, artigo 160, I, do Código Civil de 1916, atualmente reproduzido no artigo 188, I, do Código Civil de 2002] interpretado *a contrario sensu*". Afirmava, então, o mestre que "podemos tomar a expressão 'cláusulas abusivas' como sinônima de cláusulas opressivas, cláusulas vexatórias, cláusulas onerosas, ou ainda, cláusulas excessivas" (NERY JR., Nelson *et al*. *Código Brasileiro de Defesa do Consumidor comentado pelos autores do anteprojeto*. 6. ed. Rio de Janeiro: Forense, 2000. p. 489. Na 8ª edição dos famosos comentários ao Código pelos autores do Anteprojeto, o jurista de São Paulo reproduz sua afirmação inicial, agora fazendo referência ao artigo 187 do Código Civil de 2002 (NERY JR., Nelson *et al*. *Código Brasileiro de Defesa do Consumidor comentado pelos autores do anteprojeto*. 8. ed. Rio de Janeiro: Forense, 2005. p. 558).

[461] MARQUES, Claudia Lima. *Contratos no Código de Defesa do Consumidor*. 4. ed. São Paulo: Ed. RT, 2003. p. 769.

[462] NERY JR., Nelson *et al*. *Código Brasileiro de Defesa do Consumidor comentado pelos autores do anteprojeto*. 8. ed. Rio de Janeiro: Forense, 2005. p. 558.

[463] Para detalhes sobre a evolução da teoria do abuso do direito no direito brasileiro remetemos ao nosso trabalho específico sobre o tema: MIRAGEM, Bruno. *Abuso do direito*. Ilicitude objetiva e limite ao exercício de prerrogativas jurídicas no direito privado. 2. ed. São Paulo: Ed. RT, 2013. p. 29 e ss.

Ao mesmo tempo, uma segunda questão ampliou a indefinição teórica sobre o abuso do direito, com respeito à qual seria sua natureza jurídica. Nesse sentido, dividiu-se a doutrina entre os que o defendiam como *categoria autônoma*,[464] distinta dos atos ilícitos, e outros que sustentavam a *identidade entre ato abusivo e ilicitude.*[465]

Essa insegurança teórica que cercava o instituto[466] fez com que, ao disciplinar as diversas condutas dos fornecedores em relação aos consumidores no CDC, o legislador e a doutrina optassem por desvincular-se da noção de abuso do direito em sua visão tradicional, ainda que a lógica da proibição e sanção do comportamento abusivo estivesse prevista em diversas disposições principais do Código (artigos 6º, IV, 37, § 2º, 39, e 51), e pelo menos uma vez com a referência completa (artigo 28, como hipótese autorizadora da desconsideração da personalidade jurídica).

Uma análise mais atenta da doutrina e da jurisprudência – a partir, mesmo da influência do direito do consumidor – permite observar que, mesmo no direito civil, o abuso do direito está evoluindo para uma *concepção objetiva*, em grande medida auxiliado, com o advento no Código Civil de 2002, por uma cláusula geral de ilicitude que contempla sua previsão como hipótese de ato ilícito objetivo, nos seguintes termos: "também comete ato ilícito o titular de um direito que ao exercê-lo excede manifestamente aos limites impostos pela finalidade econômica e social, pela boa-fé e pelos bons costumes". Essa formulação inédita do legislador do Código Civil brasileiro permite, a nosso ver, a superação da disputa sobre a natureza jurídica do ato abusivo – uma vez que *o próprio Código agora o define como ato ilícito* –, ao mesmo tempo que, ao prescindir da culpa e do dano como elementos constitutivos da noção de ilicitude, consagra a compreensão de uma *visão socializada e objetiva do abuso do direito* (independentemente da comprovação da motivação subjetiva do titular do direito). Essa formulação faz surgir a possibilidade de, mesmo no direito comum, identificar hipóteses de abuso em que a sanção não seja o dever de reparar, mas, por exemplo, a cominação de nulidade (por exemplo, o reconhecimento de cláusulas abusivas nos contratos entre civis).[467]

Por outro lado, como referimos em estudo anterior, essa concepção renovada do abuso do direito permite sua aplicação visando "à realização de objetivos jurídicos externos ao Código, como é o caso da influência e aplicação das normas constitucionais às relações

---

[464] A respeito, veja-se um dos principais autores da teoria do abuso do direito, Louis Josserand, em suas duas obras clássicas: uma de 1905 lançando a ideia inovadora (JOSSERAND, Louis. *De l'abus des droits*. Paris: Arthur Rousseau Éditeur, 1905), e a segunda de 1927, e reeditada pela Editora Dalloz, na França (JOSSERAND, Louis. *De l'espirit des droits et de leur relativité*. Théorie dite de l'abus des droits. Paris: Dalloz, 2006), na qual ele defende sua tese em sua concepção objetiva contra o entendimento dos diversos críticos.

[465] No direito brasileiro, o clássico estudo de Pedro Baptista Martins, cujo original é de 1935: MARTINS, Pedro Baptista. *O abuso do direito e o ato ilícito*. 3. ed. Rio de Janeiro: Forense, 1997.

[466] Nesse sentido afirmava Claudia Lima Marques até a quinta edição de sua obra: *Contratos no Código de Defesa do Consumidor*. 5. ed. São Paulo: Ed. RT, 2006. p. 769. Atualmente, observa em vista do Código Civil de 2002 uma aproximação dos paradigmas que informam a figura do abuso no direito civil e no direito do consumidor, em visa de uma nova concepção social de contrato (MARQUES, Claudia Lima. *Contratos no Código de Defesa do Consumidor*. 6. ed. São Paulo: Ed. RT, 2011. p. 275).

[467] MIRAGEM, Bruno. *Abuso do direito*. Ilicitude objetiva e limite ao exercício de prerrogativas jurídicas no direito privado. 2. ed. São Paulo: Ed. RT, 2013. p. 25.

jurídicas de direito privado (...) Nesse caso, a virtude manifesta da redescoberta do abuso do direito é sua utilidade como válvula de segurança em relação às consequências da estrita aplicação da lei. Tal como concebido, sob a concepção do abuso do direito se pode estabelecer um veículo para incorporação pelas normas de direito privado, no âmbito da disciplina da responsabilidade civil e nos demais âmbitos de proteção da pessoa – como por exemplo em relação à validade ou ineficácia de atos e negócios jurídicos em geral – das diretrizes constitucionais pertinentes às relações entre particulares".[468]

Essa nova concepção do abuso do direito e – por consequência – do ato abusivo, no direito civil, parece influenciar sensivelmente sua compreensão também no direito do consumidor. O *diálogo das fontes* que orienta a relação entre o Código Civil (lei geral) e o Código de Defesa do Consumidor (lei especial) encontra um elemento comum, seja para aplicação – por intermédio de ambas as legislações – das diretrizes estabelecidas pela Constituição, seja para afirmar a distinção no exame *in concreto*, das situações de abuso do direito no direito comum e no direito especial do consumidor.

Daí por que sustentamos que a exata compreensão da disciplina das cláusulas abusivas no sistema do CDC não prescinde do exame da teoria do abuso do direito, em sua concepção objetiva e renovada (a partir do artigo 187 do CC), em vista dos limites objetivamente estabelecidos pelo ordenamento jurídico ao exercício das posições jurídicas.

2.3.4.1 *Natureza jurídica das cláusulas abusivas no CDC*

Deve-se observar, contudo, que as concepções de abuso do direito e ato abusivo no direito civil e no direito do consumidor, embora guardem semelhança, não se confundem. Possuem, por certo, uma identidade originária quanto aos seus fins primários, de proteção do equilíbrio dos interesses das partes de determinada relação jurídica, e a limitação de prerrogativas outorgadas pelo ordenamento jurídico em face de um interesse considerado mais relevante, seja ele a estabilidade das relações jurídicas, os interesses legítimos de uma das partes em relação à outra, ou os limites externos aos interesses individualmente considerados, como pode ocorrer – ainda que não exclusivamente – na violação dos limites impostos pelos bons costumes e dos fins sociais ou econômicos do direito.

Em direito do consumidor, todavia, o abuso do direito vincula-se a dois critérios essenciais para sua identificação e consequente controle dos atos abusivos: a) o *status* constitucional do consumidor como sujeito de direitos fundamentais e a razão lógica desse reconhecimento como, de resto, das demais normas de proteção em nosso ordenamento: b) a presunção jurídica da sua vulnerabilidade.

Assim, enquanto no direito civil comum podem-se eventualmente identificar hipóteses de abuso do direito quando, a teor do artigo 187 do CC, houver violação dos limites ali estipulados, ou mesmo antes da nova lei, por contrariedade à boa-fé, no direito do consumidor a noção está intrinsecamente vinculada à existência de uma *ordem pública de proteção*, o que no direito brasileiro assenta-se na previsão constitucional de defesa do consumidor.

---

[468] MIRAGEM, Bruno. *Abuso do direito*. Ilicitude objetiva e limite ao exercício de prerrogativas jurídicas no direito privado. 2. ed. São Paulo: Ed. RT, 2013. p. 25.

Não é demais recordar que o artigo 1º do CDC refere tratar-se ele de uma *lei de ordem pública e de interesse social*. Sobre essa definição, já referimos, com fundamento na autorizada teoria sobre a natureza e eficácia dos direitos fundamentais de Robert Alexy,[469] de reconhecida influência em nosso direito que "esta característica da lei, intuitivo, tem seu fundamento na origem da norma, qual seja, o direito fundamental a uma ação positiva normativa do Estado".[470]

Essa ação positiva normativa, por sua vez, ainda que naquilo que diga respeito a sua definição e estrutura tenha sido confiada à *liberdade de conformação do legislador*, como ensina Canotilho, "não significa que o legislador possa dispor deles; significa apenas a necessidade da lei para garantir o exercício dos direitos fundamentais. A conformação dos direitos fundamentais impõe-se, neste contexto, como tarefa de legislação".[471]

O direito fundamental de proteção do consumidor, desse modo, encontra no artigo 4º do CDC, ao identifiar entre os princípios da relação de consumo o reconhecimento da vulnerabilidade do consumidor no mercado de consumo, a manifestação positiva das razões para sua proteção jurídica. Esse princípio, como se vislumbra da norma, importa no reconhecimento de uma situação de fato que, consagrada pela norma, importa na definição do âmbito de aplicação da proteção normativa e constitucional estabelecida em favor do consumidor.

Nesse sentido, a *vulnerabilidade do consumidor*, reconhecida de modo implícito pela Constituição – que determina sua defesa/proteção – e expressamente pelo artigo 4º, I, do CDC, *é o fundamento do reconhecimento da proteção das normas em questão ao consumidor* e, com isso, também do *abuso do direito no microssistema do direito do consumidor*. Enquanto no direito civil comum o desrespeito dos limites impostos pelos fins econômicos ou sociais, pela boa-fé e pelos bons costumes implica a caracterização da conduta abusiva, no direito do consumidor esta se dá por uma posição de dominância do fornecedor em relação ao consumidor. Trata-se de uma presunção jurídica em favor do consumidor que fundamenta as normas de proteção. O abuso do direito no direito do consumidor, nesse sentido, é antes o abuso de uma posição jurídica dominante de uma das partes (*Machtstellung einer Partei*),[472] do fornecedor no mercado de consumo, cujo reconhecimento qualifica determinados modos de exercício da liberdade de contratar

---

[469] ALEXY, Robert. *Teoría de los derechos fundamentales*. Trad. Ernesto Galzón Valdés. Madrid: CEPC, 2002. p. 194. O mestre alemão, em sua reconhecida doutrina, distingue o direito fundamental a ações positivas do Estado em dois grupos, "el del aquellos cuyo objeto es una acción fáctica y el de aquellos cuyo objeto es una acción normativa". No caso, a ação positiva normativa se dá no texto constitucional brasileiro em dois momentos, quando reconhece o direito fundamental de proteção do consumidor (artigo 5º, XXXII), e quando estabelece ao legislador o dever de promulgar em 120 dias, um Código de Defesa do Consumidor (artigo 48 do ADCT). No mesmo sentido o artigo 170, V, que estabelece a defesa do consumidor como princípio da ordem econômica.

[470] MIRAGEM, Bruno. O direito do consumidor como direito fundamental. Consequências jurídicas de um conceito. *Revista de Direito do Consumidor*, São Paulo, n. 43, p. 118, jul./set. 2002.

[471] CANOTILHO, J. J. Gomes. *Direito constitucional e teoria da Constituição*. 2. ed. Coimbra: Almedina, 1998. p. 1.131-1.132.

[472] MARQUES, Claudia Lima. Prefácio da Obra de Cristiano Heineck Schmitt. *Cláusulas abusivas nas relações de consumo*. São Paulo: Ed. RT, 2006. p. 23.

Parte II · Cap. 2 · A PROTEÇÃO CONTRATUAL DO CONSUMIDOR | 397

como abusivos, sobretudo quando esse exercício de algum modo se utiliza ou aproveita da vulnerabilidade do consumidor.[473]

Com respeito ao direito dos contratos, é evidente que uma mesma cláusula, por ser contrária, por exemplo, à boa-fé, pode qualificar-se como abusiva tanto em um contrato de consumo quanto em um contrato civil.[474] Contudo, é certo igualmente que cláusulas contratuais que se considerem abusivas em um contrato de consumo não necessariamente o sejam em um contrato entre civis. Isso porque, neste último caso, a liberdade de contratar das partes será exercida na mesma intensidade entre sujeitos que possuam qualidades que os tornem aptos a atuarem em mesmo nível na defesa de seus interesses no contrato, afastando-se, portanto, a caracterização do abuso. O que determina o caráter abusivo dessas cláusulas em um contrato de consumo é exatamente a consideração da vulnerabilidade de um dos sujeitos contratuais, o consumidor.

Entre os vários exemplos possíveis dessa distinção, suponha-se uma cláusula contratual de eleição do foro contratual, ou seja, do foro onde as partes, na hipótese de litígio sobre os termos do contrato e sua execução, poderão recorrer ao Poder Judiciário para solver tais questões. A princípio, e desconsiderando circunstâncias específicas da contratação, em um contrato civil, regulado pelo Código Civil, estipulação com esse conteúdo não deverá ser considerada abusiva. Por outro lado, tratando-se de um contrato de consumo, sendo estipulado foro de eleição diferente do domicílio do consumidor (violando, desse modo, seu direito básico de acesso à justiça), a jurisprudência não hesita em qualificá-la como cláusula abusiva.[475]

Desse vínculo lógico entre o abuso do direito e a vulnerabilidade do consumidor no CDC resultam o caráter abusivo de determinadas condutas do fornecedor e, da mesma forma, cláusulas abusivas que – observada a desigualdade fática entre os sujeitos contratuais – coloquem o consumidor em situação de desvantagem exagerada em relação ao fornecedor.

A identificação da vulnerabilidade do consumidor a partir do seu reconhecimento legal (artigo 4º, I, do CDC) permite, é certo, a identificação das circunstâncias e as razões pelas quais determinadas condutas serão consideradas abusivas, assim como o fato de que o sujeito ativo dessa atuação abusiva será sempre o fornecedor (em razão de sua posição dominante – *Machtposizion*). Todavia, não são capazes de fundamentar completamente a rejeição absoluta do direito à sua validade, o que em relação às cláusulas abusivas é especialmente verdadeiro se considerarmos que o artigo 51 do CDC comina a tais cláu-

---

[473] MIRAGEM, Bruno. *Abuso do direito*. Ilicitude objetiva e limite ao exercício de prerrogativas jurídicas no direito privado. 2. ed. São Paulo: Ed. RT, 2013. p. 37-39.

[474] Nesse sentido, veja-se no direito francês, veja-se a introdução de Jacques Ghestin, ao estudo coordenado por Cristophe Jamin e Denis Mazeaud: JAMIN, Cristophe; MAZEAUD, Denis. *Les clauses abusives entre profissionels*. Paris: Economica, 1998. p. 3-14.

[475] Nesse sentido, decisão do STJ no REsp 201.195/SP, Rel. Min. Ruy Rosado de Aguiar Júnior, j. 07.12.2000. Por outro lado, nos contratos em geral, segundo o STJ, a cláusula de eleição de foro não será considerada ineficaz, salvo nas seguintes hipóteses: a) quando a parte aderente não tenha compreensão do sentido e alcance da disposição; b) quando, em razão da cláusula, o acesso ao Poder Judiciário tornar-se inviável ou especialmente difícil; e c) quando se tratar de contratos de obrigatória adesão que tenham por objeto produto ou serviço fornecido com absoluta exclusividade por determinada empresa (STJ, REsp 56.711-4/SP, 4ª Turma, Rel. Sálvio de Figueiredo Teixeira, j. 07.02.1995, *DJU* 20.03.1995, p. 6.128).

sulas sua sanção mais severa, da nulidade. E isso se considerarmos que nos contratos de consumo a regra é de invalidade parcial, estabelecendo-se dever do juiz para promoção de esforços de integração (artigo 51, § 2º) visando preservar a parte válida do contrato (nulidade parcial,[476] atingindo apenas a cláusula considerada abusiva).[477]

Essa particularidade no microssistema de direito do consumidor brasileiro é identificada por Claudia Lima Marques que, ao reportar-se às soluções adotadas em outros sistemas jurídicos, refere: "Observa-se, no direito comparado, que as sanções para evitar a prática da inclusão de cláusulas abusivas são sua ineficácia (*Unwirksamkeit*) como no direito alemão (§ 307, 308 e 309 do BGB-Reformado que incorporou a lei alemã de 1976, § 9, 10, 11 AGBGB), sua declaração como 'não escritas' ou sua não inclusão no contrato (antigo artigos 35 da lei francesa de 1978 e 305, 1, do BGB-Reformado, antigo § 3º da lei alemã), expressão tradicional que uns consideram semelhante à existência e outros aproximam da nulidade e, por fim, sua nulidade (lei portuguesa, luxemburguesa, brasileira), o que também leva a sua ineficácia".[478] Em outro sentido expôs Véra Maria Fradera, sustentando que o legislador do CDC equivocou-se a estabelecer a nulidade das cláusulas abusivas, quando a hipótese em verdade seria de ineficácia.[479]

Parece-nos, contudo, que a sanção com relação às cláusulas abusivas deva ser realizada não apenas relativamente ao artigo 51, *caput*, do CDC, que em verdade é resultado de uma série de disposições de proibição das cláusulas abusivas. Note-se que o artigo 6º, IV, do próprio Código estabelece como direito básico do consumidor "a proteção (...) contra práticas e cláusulas abusivas ou impostas no fornecimento de produtos e serviços". Da mesma forma o artigo 1º do CDC consagra-o – já referimos antes – como "lei de ordem pública e interesse social".

A ordem pública, como conceito indeterminado aplicável ao direito interno, não tem como ser entendida sem a compreensão do que se convencionou denominar entre nós de *constitucionalização do direito privado*, que se apresenta, de modo destacado, por meio da denominada *eficácia dos direitos fundamentais nas relações privadas*.[480] Todavia,

---

[476] Sobre nulidade parcial do negócio jurídico, veja-se: PONTES DE MIRANDA, Francisco Cavalcanti. *Tratado de direito privado*. Rio de Janeiro: Borsói, 1970. t. IV, p. 51-52.

[477] Sobre a redução do negócio jurídico de consumo, veja-se: MARQUES, Claudia Lima. *Contratos no Código de Defesa do Consumidor*. 4. ed. São Paulo: Ed. RT, 2003. p. 770 *et seq*. No mesmo sentido: BELMONTE, Cláudio. *Proteção contratual do consumidor*. Conservação e redução do negócio jurídico no Brasil e em Portugal. São Paulo: Ed. RT, 2002. p. 34-35.

[478] MARQUES, Claudia Lima. *Contratos no Código de Defesa do Consumidor*. 4. ed. São Paulo: Ed. RT, 2003. p. 770-771.

[479] FRADERA, Véra Maria Jacob. A ineficácia das cláusulas abusivas no sistema brasileiro do Código de Defesa do Consumidor. Uma abordagem clássica. *Revista de Direito do Consumidor*, São Paulo, v. 43, p. 316-324, jul./set. 2002.

[480] A doutrina costuma distinguir, de acordo com a experiência do direito comparado, sobretudo a influência do direito alemão, entre a eficácia direta e a eficácia indireta dos direitos fundamentais. No primeiro caso, a aplicação das normas constitucionais relativas a direitos fundamentais de modo direto, sem intermediação do direito legislado infraconstitucional, às relações entre particulares, reguladas pelo direito privado. No caso da eficácia indireta, a norma constitucional tem sua aplicação intermediada por uma norma legal, dando-lhe precisão de sentido e extensão. Nesse sentido, tratamos em nosso: MIRAGEM, Bruno. *Responsabilidade civil da imprensa por dano à honra*. O novo Código Civil e a Lei de Imprensa. Porto Alegre: Livraria do Advogado, 2005. p. 91. Para maiores detalhes veja-se: CANOTILHO, J. J. Gomes. *Direito constitucional e teoria da Constituição*. 2. ed. Coimbra: Almedina, 1998. p. 606. Entre nós:

Parte II · Cap. 2 · A PROTEÇÃO CONTRATUAL DO CONSUMIDOR | **399**

em acordo com a visão clássica de direito privado, como anota Francisco Amaral, quando refere-se ao seu caráter restritivo com relação à autonomia privada define-a como "conjunto de normas jurídicas que regulam e protegem os interesses fundamentais da sociedade e do Estado, e as que, no direito privado, estabelecem as bases jurídicas fundamentais da ordem econômica".[481]

No caso do âmbito de aplicação, para fins de identificação e sanção das cláusulas contratuais abusivas, considerando seu caráter nitidamente restritivo da liberdade de contratar, deve-se observar uma distinção clara entre um âmbito de aplicação material – indistinto a contratos entre iguais ou desiguais – e um âmbito de aplicação pessoal.[482]

Enquanto na primeira hipótese a noção de abuso do direito é determinada pela violação de limites gerais ao exercício das prerrogativas jurídicas pelo autor do ato abusivo, na segunda hipótese, relativamente aos contratos estabelecidos entre desiguais, o reconhecimento do caráter abusivo da conduta de um dos contratantes e sua proibição são fixados a partir de uma *ordem pública de proteção*, em favor dos presumidamente vulneráveis na relação entre desiguais.[483] Nesse sentido demonstra Abbas Karimi, observando que esse debate no direito francês é determinado em razão o disposto no artigo 132-1 do *Code de la Consommation*, que refere à possibilidade de identificarem-se cláusulas abusivas "dans les contrats conclus entre professionnels et non-professionels ou consommateurs" ("dos contratos concluídos entre profissionais e não profissionais ou consumidores).[484] Trata-se, como se sabe, de uma *discriminação justificada*[485] – constitucionalmente prevista no direito brasileiro – para que se institua uma igualdade por intermédio do direito, embora sustente-se atualmente a possibilidade, igualmente, de identificação de cláusulas abusivas também nos contratos celebrados entre profissionais.[486]

No direito brasileiro, a natureza protetiva da legislação infraconstitucional, decorrente da natural *especificação* dos direitos,[487] reconhecendo-os a novos sujeitos como o consumidor, deve colocar em relevo, necessariamente, o fato de que decorre diretamente

---

SARLET, Ingo Wolfgang. *Eficácia dos direitos fundamentais*. 6. ed. Porto Alegre: Livraria do Advogado, 2006. p. 396-397; MENDES, Gilmar Ferreira. Direitos fundamentais: eficácia das garantias constitucionais nas relações privadas – análise da jurisprudência da Corte Constitucional alemã. *In*: MENDES, Gilmar Ferreira. *Direitos fundamentais e controle de constitucionalidade*. São Paulo: Celso Bastos Editor, 1999. p. 211-232; HECK, Luís Afonso. Direitos fundamentais e sua influência no direito civil. *Revista da Faculdade de Direito da UFRGS*, Porto Alegre, v. 16, p. 111-125, 1999. Para a experiência em direito estrangeiro, sobretudo no direito alemão, veja-se: CANARIS, Claus-Wilhelm. *Direitos fundamentais e direito privado*. Trad. Ingo Wolfgang Sarlet e Paulo Mota Pinto. Coimbra: Almedina, 2006. p. 25 *et seq.*

[481] AMARAL, Francisco. Autonomia privada. *Revista do Centro de Estudos Judiciários*, Brasília, v. 3, n. 9, p. 25-30, set./dez. 1999.

[482] KARIMI, Abbas. *Les clauses abusives et la théorie de l'abus de droit*. Paris: LGDJ, 2001. p. 223 *et seq.*

[483] STOFFEL-MUNCK, Philippe. *L'abus dans le contrat*. Essai d'une théorie. Paris: LGDJ, 2000. p. 295.

[484] KARIMI, Abbas. *Les clauses abusives et la théorie de l'abus de droit*. Paris: LGDJ, 2001. p. 259.

[485] BERTHIAU, Dennis. *Le principe d'egalité et le droit civil des contrats*. Paris: LGDJ, 1999. p. 151-152. No mesmo sentido: CALAIS-AULOY, Jean; STEINMETZ, Frank. *Droit de la consommation*. 5. ed. Paris: Dalloz, 2000. p. 18-20.

[486] Vejam-se, nesse sentido, os diversos estudos organizados por Cristophe Jamin e Denis Mazeaud: JAMIN, Cristophe; MAZEAUD, Denis. *Les clauses abusives entre profisionels*. Paris: Economica, 1998.

[487] A expressão é de: BOBBIO, Norberto. *A era dos direitos*. Trad. Carlos Nelson Coutinho. 11. ed. São Paulo: Campus, 1992. p. 62-63.

da Constituição[488] e, no caso, do catálogo de direitos fundamentais, previsto no seu artigo 5º. Trata-se do que, em meados do século passado, o jurista francês Georges Ripert identificou como um *afeto da democracia pelos pequenos*,[489] fundamentando a intervenção o Estado em seu favor. A *ordem pública de proteção do consumidor*, assim, é uma *ordem pública constitucional de proteção* (ao lado da ordem pública constitucional de direção).[490]

2.3.4.2 Eficácia da proteção do consumidor contra cláusulas abusivas

A proteção do consumidor em relação às cláusulas abusivas nos contratos de consumo compreende basicamente três aspectos: a) a identificação das espécies de cláusulas abusivas e sua natureza; b) a sanção legal da abusividade, que no sistema do CDC é o da nulidade de pleno direito; e c) os procedimentos de controle do conteúdo dos contratos, estabelecendo quem será competente para exercê-lo, assim como seus resultados, que no caso dos contratos de consumo será, quando possível, a redução do negócio jurídico com a respectiva manutenção do contrato no interesse do consumidor. O prazo que vem sendo reconhecido pelo STJ para exercício da pretensão de revisão de cláusulas abusivas em contratos de consumo é de dez anos, nos termos do artigo 205 do Código Civil.[491]

São estes os aspectos previstos na sistemática da proteção do consumidor brasileiro, que passamos a examinar.

2.3.4.2.1 Nulidade de pleno direito

Estabelece o CDC, como sanção típica cominada às cláusulas contratuais abusivas, sua nulidade de pleno direito, de acordo com o que dispõe o artigo 51, *caput*. Trata-se, a princípio, da mais intensa sanção civil prevista no ordenamento, que implica a rejeição absoluta de validade para a cláusula em questão. A nulidade de pleno direito, ou absoluta, segundo a lição de Pontes de Miranda, é aquela que resulta na invalidade do ato nulo, sem

---

[488] Nesse sentido o exame de Claudia Lima Marques a respeito das repercussões da decisão do Supremo Tribunal Federal ao julgar improcedente a ADIn 2.591, pela qual a Confederação Nacional das Instituições Financeiras (CONSIF) buscava reconhecer a inconstitucionalidade da aplicação do CDC às instituições bancárias, de crédito e securitárias. A decisão de improcedência da ação, em nosso sistema produz a eficácia inversa à postulada na ação direta em sede de controle concentrado, ou seja, consagra a plena constitucionalidade da aplicação da norma impugnada. Daí a importância da decisão em destaque, que segundo a jurista gaúcha, "trata-se de verdadeiro *leading case* sobre a força normativa da Constituição, a vincular o juiz-intérprete" (MARQUES, Claudia Lima. A vitória na ADIn 2.591 e os reflexos no direito do consumidor bancário da decisão do STF pela constitucionalidade do Código de Defesa do Consumidor. *In*: MARQUES, Claudia Lima; ALMEIDA, João Batista de; PFEIFFER, Roberto Augusto Castellanos. *Aplicação do Código de Defesa do Consumidor aos bancos*. Adin 2.591. São Paulo: Ed. RT, 2006. p. 363-395).

[489] RIPERT, Georges. *O regime democrático e o direito civil moderno*. Trad. J. Cortezão. São Paulo: Saraiva, 1937. p. 158.

[490] A distinção doutrinária é assente entre nós, destacando-se, entre outros: MARQUES, Claudia Lima. *Contratos no Código de Defesa do Consumidor*. 4. ed. São Paulo: Ed. RT, 2003. p. 579; e FONSECA, João Bosco Leopoldino. *Cláusulas abusivas nos contratos*. Rio de Janeiro: Forense, 1993. p. 123.

[491] STJ, REsp 995.995/DF, 3ª Turma, Rel. Min. Nancy Andrighi, j. 19.08.2010, *DJe* 16.11.2010; AgRg no AREsp 112187/SP, 3ª Turma, Rel. Min. Sidnei Beneti, j. 19.06.2012, *DJe* 08.06.2012; e REsp 1261469/RJ, 3ª Turma, Rel. Min. Ricardo Villas Bôas Cueva, j. 16.10.2012, *DJe* 19.10.2012.

possibilidade de saneamento e convalidação deste.[492] O legislador brasileiro, conforme alude Claudia Lima Marques, preferiu referir em uma só relação quais as espécies de cláusulas abusivas e sua sanção de nulidade,[493] diferente da experiência de direito estrangeiro, como no caso do direito alemão, que prefere a distinção das cláusulas abusivas em cláusulas que serão ineficazes por força de lei (lista negra de cláusulas abusivas) e uma segunda relação, cuja determinação da ineficácia dependerá da apreciação judicial.

A cominação da nulidade absoluta das cláusulas abusivas suscitou vivo debate na doutrina quanto à correção técnica do legislador na adoção dessa sanção civil. Muitos argumentaram, no princípio, que a sanção própria das cláusulas abusivas em nosso sistema seria a de nulidade pendente de rescisão,[494] ou ainda a ineficácia.[495] Regra geral, as críticas à utilização do termo nulidade absoluta sustentam-se no fato de que a nulidade deverá ser arguida pelo interessado, ao mesmo tempo que nem todas as nulidades previstas no CDC seriam evidentes, dependendo muitas delas de dilação probatória por parte do juiz, avaliando as circunstâncias do caso.[496] Outro óbice eventualmente alegado para a cominação de nulidade da cláusula abusiva é a possibilidade excepcional de sua modificação, prevista no artigo 6º, V, do CDC.

Em relação a essas críticas, entretanto, posicionou-se Nelson Nery Junior, afirmando que o sistema de nulidades do CDC não pode ser identificado com o do Código Civil, Código Comercial ou Código de Processo Civil, uma vez que "as invalidades, modernamente, reclamam tratamento microssistêmico". Nesse sentido, afirma o mestre paulista: "o CDC afastou-se do sistema de nulidades do Código Civil, restando, pois, superado o entendimento de que as nulidades *pleno jure* independem de declaração judicial para se fazer atuar, e de que as nulidades absolutas precisam de sentença judicial para produzirem seus efeitos no ato ou negócio jurídico".[497] No regime do CDC, a nulidade de pleno direito decorre de ofensa à ordem pública de proteção do consumidor, devendo ser reconhecida judicialmente mediante ação ou exceção oposta pelo consumidor, ou ainda reconhecida de ofício[498] pelo juiz. De fato, a experiência brasileira na aplicação do CDC vem demonstrando a opção da jurisprudência no reconhecimento da invalidade da cláusula – não do negócio –, cumprindo ao juiz promover os esforços de integração do contrato, preenchendo a lacuna decorrente da nulidade da cláusula em vista da boa-fé e do equilíbrio contratual. Os tribunais brasileiros, nesse sentido, vêm reconhecendo a possibilidade da decretação

---

[492] PONTES DE MIRANDA, Francisco Cavalcanti. *Tratado de direito privado*. Rio de Janeiro: Borsói, 1970. t. IV, p. 51-52.

[493] MARQUES, Claudia Lima. *Contratos no Código de Defesa do Consumidor*. 4. ed. São Paulo: Ed. RT, 2003. p. 779-780.

[494] BECKER, Anelise. A natureza jurídica da invalidade cominada às cláusulas abusivas no Código de Defesa do Consumidor. *Revista de Direito do Consumidor*, São Paulo, v. 21, p. 122 *et seq.*, jan./mar. 1997.

[495] FRADERA, Véra Maria Jacob. A ineficácia das cláusulas abusivas no sistema brasileiro do Código de Defesa do Consumidor. Uma abordagem clássica. *Revista de Direito do Consumidor*, São Paulo, v. 43, p. 316-324, jul./set. 2002.

[496] NEGREIROS, Teresa. *Teoria do contrato*. Novos paradigmas. 2. ed. São Paulo: Renovar, 2006. p. 186-187.

[497] NERY JR., Nelson *et al. Código Brasileiro de Defesa do Consumidor comentado pelos autores do anteprojeto*. 8. ed. Rio de Janeiro: Forense, 2005. p. 559-560.

[498] NERY JR., Nelson *et al. Código Brasileiro de Defesa do Consumidor comentado pelos autores do anteprojeto*. 8. ed. Rio de Janeiro: Forense, 2005. p. 561; MARQUES, Claudia Lima. *Contratos no Código de Defesa do Consumidor*. 4. ed. São Paulo: Ed. RT, 2003. p. 778.

CURSO DE DIREITO DO CONSUMIDOR – *Bruno Miragem*

de ofício[499] da nulidade das cláusulas abusivas nos contratos de consumo. Nesse sentido, admite-se igualmente a possibilidade de revisão contratual visando à decretação da nulidade da cláusula do contrato de consumo, abrangendo inclusive a revisão do contrato original que tenha sido objeto de novação.

Exceção a isso, contudo, é o entendimento firmado pelo Superior Tribunal de Justiça, que resultou na edição da Súmula 381, daquela Corte, com a seguinte redação: "Nos contratos bancários, é vedado ao julgador conhecer, de ofício, da abusividade das cláusulas". Note-se que aqui se trata de súmula impeditiva de recurso, de acordo com a nova sistemática de restrição à admissibilidade de recursos especiais estabelecidas pelo artigo 543-C do Código de Processo Civil anterior.[500]

Em primeiro lugar, em razão de disposição expressa de lei, as cláusulas abusivas nos contratos de consumo são nulas de pleno direito (artigo 51 do CDC). Os contratos bancários, por sua vez, são contratos de consumo, conforme clara definição legal (artigo 3º, § 2º, do CDC), bem como a decisão do STF na ADIn 2.591/DF.[501] Embora a súmula

---

[499] "*Civil. Contrato bancário. Revisão. De ofício. Possibilidade.* 1. O STJ tem preconizado a possibilidade de rever, de ofício, cláusulas contratuais consideradas abusivas, para anulá-las, com base no artigo 51, IV, do CDC. Nesse sentido" REsp 248.155/SP, *DJ* 07.08.2000 e REsp 503.831/RS, *DJ* 05.06.2003. 2. Agravo regimental improvido" (STJ, AgRg no REsp 578.715/SC, Rel. Min. Fernando Gonçalves; j. 02.09.2004, *DJU* 20.09.2004, p. 299). No mesmo sentido: "*Apelação cível. Arrendamento mercantil. Ação revisional de contrato. Código de defesa do consumidor. Aplicabilidade e alcance.* Às operações de concessão de crédito e financiamento aplica-se o CODECON, visto que plenamente caracterizado o conceito de consumidor (artigo 2º) e de fornecedor (artigo 3º), nos exatos termos da lei consumerista, entendimento consolidado pelo Superior Tribunal de Justiça ao editar a Súmula 297. Sendo as normas de ordem pública e interesse social, cabe ao julgador a decretação de nulidade de cláusula contratual, inclusive de ofício, quando nula de pleno direito, entendimento pacífico nesta Câmara. *Juros remuneratórios.* Considera-se abusiva e, então, nula de pleno direito, a aplicação de juros remuneratórios superiores a 12% ao ano, visto que acarreta onerosidade excessiva. A limitação da taxa de juros, ao invés de causar grave desequilíbrio na relação estabelecida, reintroduz, sim, no pacto, o equilíbrio, a equidade e a simetria das prestações. *Capitalização de juros.* A capitalização de juros é admitida somente nos casos previstos em lei, mesmo que ajustada. Por outro lado, a ausência de pactuação expressa quanto à capitalização na forma mensal (Medida Provisória n. 2.170-36/01) inviabiliza a sua incidência no caso concreto *Comissão de permanência.* Vedada sua cobrança, pois não deixa opção ao cliente – potestatividade – ficando ele submetido à vontade do credor; ofensa ao artigo 51, IV, do CODECON e artigo 122 do Código Civil. *Juros moratórios.* Reduzidos ao percentual máximo de 1% ao ano, diante da determinação do artigo 5º do Decreto 22.626/33. *Mora descaracterizada.* Constatada a abusividade dos valores cobrados atinentes à remuneração do capital, são inexigíveis os encargos decorrentes da mora, eventualmente incidentes, até o recálculo do débito. *Da contratação do seguro.* A cláusula que obriga o consumidor à contratação de seguro do bem objeto da pactuação, bem como determina que o beneficiário seja a própria instituição financeira afronta manifestamente o CDC, impondo-se a declaração de nulidade. *Compensação/repetição do indébito.* Constatada a cobrança de valores ilegais e abusivos, cabível a compensação e/ou repetição simples dos valores pagos indevidamente, sob pena de enriquecimento sem causa da instituição financeira. *Negado provimento ao apelo com disposições de ofício*" (TJRS, 14ª Câm. Civ., ApCiv 70.014.705.628, Rel. Des. Judith dos Santos Mottecy, j. 08.06.2006).

[500] Sobre o tema, seja consentido enviar para: MIRAGEM, Bruno. Nulidades das cláusulas abusivas nos contratos de consumo: entre o passado e o futuro do direito do consumidor brasileiro. *Revista de Direito do Consumidor*, São Paulo, v. 72, out./dez. 2009.

[501] "Artigo 3º, § 2º, do CDC. Artigo 5º, XXXII, da CF/88. Artigo 170, V, da CF/1988. Instituições financeiras. Sujeição delas ao Código de Defesa do Consumidor. Ação direta de inconstitucionalidade julgada improcedente. 1. As instituições financeiras estão, todas elas, alcançadas pela incidência das normas veiculadas pelo Código de Defesa do Consumidor. 2. 'Consumidor', para os efeitos do Código de Defesa do Consumidor, é toda pessoa física ou jurídica que utiliza como destinatário final, atividade bancária,

Parte II · Cap. 2 · A PROTEÇÃO CONTRATUAL DO CONSUMIDOR | **403**

esteja a se referir à abusividade, uma vez que toda cláusula abusiva será nula, a vedação ao conhecimento de ofício da abusividade abrange, por óbvio, também proibição de que se pronuncie a nulidade de pleno direito prevista na lei. Um segundo aspecto a ser considerado é o de que, a aplicar-se a súmula, duas seriam as espécies de contratos de consumo. De um lado, os contratos bancários, em relação aos quais os juízes não podem conhecer de ofício cláusulas abusivas nulas, e os demais contratos de consumo, cuja declaração de ofício da nulidade de cláusula abusiva é inclusive legitimada pelo próprio tribunal, como demonstra ao reconhecer a possibilidade do reconhecimento pelo juiz, independentemente de requerimento da parte, da nulidade das cláusulas de eleição de foro.[502]

Daí por que se afigura de todo conveniente um reencontro com os fundamentos da nulidade de pleno direito das cláusulas abusivas nos contratos de consumo, visando estimular o debate sobre a natureza da proteção do consumidor no direito brasileiro, sobretudo investigar qual o sentido de se tratar as normas do Código de Defesa do Consumidor de normas de ordem pública e interesse social – conforme prevê expressamente seu artigo 1º. Surge daí uma importante reflexão que, de certo modo, une o passado e o futuro do direito do consumidor. O desenvolvimento e a efetividade do direito do consumidor brasileiro, em boa medida, resultam da construtiva interpretação e aplicação pela jurisprudência. Esse direito dos juízes, inclusive, desenvolve, a partir da interpretação e aplicação das normas do direito do consumidor, noções e significados que posteriormente foram transpostos para o sistema geral[503] do Código Civil de 2002.

O tratamento unitário da proibição das cláusulas abusivas é uma opção do legislador brasileiro. Se é certo que em dadas situações o caráter abusivo decorre do exercício posterior à celebração, durante a execução do contrato, de determinada prerrogativa que essa mesma cláusula encerra – o que em tese aproximaria da ineficácia ("não seria abusivo se exercido de determinado modo, ou a determinado tempo [...]")[504] –, em outros casos, o enquadramento de determinada situação concreta das hipóteses previstas nos incisos do artigo 51, ou ainda como violação às demais normas do Código de Defesa do Consumidor, aproxima o caráter abusivo da ilicitude, com sobradas razões para declaração de nulidade.

---

financeira, de crédito e securitária. 3. O preceito veiculado pelo artigo 3º, § 2º, do CDC deve ser interpretado em coerência com a Constituição" (EDcl na ADIn 2.591, Rel. Min. Eros Grau, j. 14.12.2006, *DJ* 13.04.2007). Vejam-se nossos comentários à decisão: MIRAGEM, Bruno. A ADIn 2.591 e a constitucionalidade da aplicação do CDC às instituições bancárias, de crédito e securitárias: Fundamento da ordem pública constitucional de proteção do consumidor. *Revista de Direito do Consumidor*, São Paulo, v. 61, p. 287, jan./mar. 2007.

502 Note-se, nesse sentido a decisão do STJ, mesmo posterior à edição da Súmula 381 do STJ: "Conflito de competência. Contrato bancário. Financiamento com garantia de alienação fiduciária. Foro contratual. Ação proposta pelo consumidor. Renúncia ao foro do domicílio. Possibilidade. 1. Segundo entendimento desta Corte, nas ações propostas contra o consumidor, a competência pode ser declinada de ofício para o seu domicílio, em face do disposto no artigo 101, inciso I, do CDC e no parágrafo único, do artigo 112 do CPC. 2. Se a autoria do feito pertence ao consumidor, contudo, permite-se a escolha do foro de eleição contratual, considerando que a norma protetiva, erigida em seu benefício, não o obriga quando puder deduzir sem prejuízo a defesa dos seus interesses fora do seu domicílio. 3. Conflito conhecido para declarar competente o Juízo de Direito da 3ª Vara Cível de Porto Alegre/RS" (STJ, CC 107.441/SP, 2ª Seção, Rel. Min. Maria Isabel Gallotti, j. 22.06.2011, *DJe* 1º.08.2011).

503 MARQUES, Claudia Lima; BENJAMIN, Antonio Herman V.; MIRAGEM, Bruno. *Comentários ao Código de Defesa do Consumidor*. 2. ed. São Paulo: Ed. RT, 2006. p. 20.

504 STJ, REsp 466.667/SP, Rel. Min. Aldir Passarinho Junior, j. 27.11.2007, *DJ* 17.12.2007.

404 | CURSO DE DIREITO DO CONSUMIDOR – *Bruno Miragem*

A sanção de nulidade, embora referida expressamente no artigo 51 do CDC, tem seu fundamento não exclusivamente nessa norma, mas em uma série de disposições de proibição das cláusulas abusivas. Note-se que o artigo 6º, IV, do CDC estabelece como direito básico do consumidor "a proteção (...) contra práticas e cláusulas abusivas ou impostas no fornecimento de produtos e serviços". Da mesma forma o artigo 1º do CDC consagra-o – já referimos antes – como "lei de ordem pública e interesse social".

No mesmo sentido percebe-se em direito comparado que de resto identifica como consequência da violação da ordem pública mediante realização de ato jurídico a nulidade do referido ato. No caso, como ensina Vicent-Legoux, essa nulidade se aplica às cláusulas contratuais que violem a ordem pública econômica de direção.[505] Em verdade, a ordem pública econômica de direção tem a aptidão de limitar todos os aspectos da livre formação dos atos jurídicos, tais como a definição dos seus elementos essenciais, a escolha de com quem contratar, a forma e o processo de celebração do contrato. Assim, é protegida mediante a decretação da nulidade absoluta da cláusula. Estabelece, pois, espécie de restrição da liberdade de criação do direito por intermédio da vontade das partes.[506]

A ilicitude conduz à indenização, quando do ato ilícito decorram danos (artigo 927 do CC/2002), mas, igualmente, conduz à invalidade sanção de rejeição do ordenamento jurídico. O ato abusivo é ilícito, assim também as cláusulas contratuais abusivas que se afiguram no sistema do Código de Defesa do Consumidor como cláusulas proibidas. Porque abusivas, proibidas. E, logo, ilícitas. A lei, ao estabelecer regra cogente, protege sua eficácia por intermédio de uma sanção que indique a autoridade do comando normativo.[507] Pode ocorrer que nem sempre a lei faça referência expressa à sanção. Nesse sentido, inclusive, o próprio Código Civil, ao disciplinar as hipóteses de nulidade do negócio jurídico, refere como tal aquele que "a lei taxativamente o declarar nulo, ou proibir-lhe a prática sem cominar sanção" (artigo 166, VII, do CC/2002). No direito anterior (Código Civil de 1916), o artigo 145, V, do CC/1916 estabelecia ser nulo o ato jurídico, "quando a lei taxativamente o declarar nulo, ou lhe negar efeito".

Sendo o abuso proibido, mesmo se não houvesse indicação expressa de sanção (o que não é o caso das cláusulas abusivas do Código de Defesa do Consumidor), algumas seriam as soluções possíveis, mediante investigação sistemática. Desde a sanção de nulidade, por violação do preceito, até a retirada de um ou mais efeitos do ato ou negócio praticado em violação da regra cogente.[508]

Em relação ao contrato, note-se que a proteção do contratante se opera de distintas formas. No Código Civil, pela disciplina dos defeitos do negócio jurídico, a

---

[505] VINCENT-LEGOUX, Marie Caroline. *L'ordre public*. Étude de droit comparé interne. Paris: PUF, 2001. p. 142-143.

[506] VINCENT-LEGOUX, Marie Caroline. *L'ordre public*. Étude de droit comparé interne. Paris: PUF, 2001. p. 143-144.

[507] Sobre o caráter sancionatório da invalidade: PONTES DE MIRANDA, Francisco Cavalcanti. *Tratado de direito privado*. Rio de Janeiro: Borsói, 1970. t. IV, p. 192 *et seq.*; MELLO, Marcos Bernardes. *Teoria do fato jurídico*. Plano da existência. São Paulo: Saraiva, 2001. p. 251.

[508] PONTES DE MIRANDA, Francisco Cavalcanti. *Tratado de direito privado*. Rio de Janeiro: Borsói, 1970. t. IV, p. 194.

presença de erro, dolo, coação, fraude a credores, lesão ou estado de perigo conduz à anulabilidade do contrato. Será hipótese de anulabilidade porquanto se admita ao titular do interesse disponível decidir sobre a oportunidade e conveniência de requerer a anulação. Protegem-se liberdade e consciência da vontade do declarante em vista de seus próprios interesses, bem como a possibilidade de o beneficiário do contrato impedir, em determinadas circunstâncias, a anulação (artigos 144 e 157, § 2º, do CC/2002). Anula-se, da mesma forma, o contrato *in totum*, não parte dele, porquanto haja aqui vício que afeta a própria causa do negócio.

Nos contratos civis, a nulidade decorre apenas da ausência de seus elementos essenciais (agente capaz, objeto lícito, possível, determinado ou determinável e forma prescrita ou não defesa em lei) ou quando o comportamento das partes dirige-se para violação de preceitos da ordem jurídica. Não se protege aqui o interesse dos contratantes, mas a autoridade do direito (artigos 166, III a VI, e 167 do CC/2002). No caso de nulidade parcial, contudo, reconhece-se a possibilidade de manutenção da parte válida do negócio celebrado, conforme prevê o artigo 184 do CC/2002, ao dispor que: "Respeitada a intenção das partes, a invalidade parcial de um negócio jurídico não o prejudicará na parte válida, se esta for separável", prosseguindo, porém, ao dispor que "a invalidade da obrigação principal implica a das obrigações acessórias, mas a destas não induz a da obrigação principal".

No contrato de consumo, a invalidade parcial do negócio é a regra, mediante nulidade das cláusulas abusivas, sobretudo porque é reconhecido o *direito de manutenção do contrato* por parte do consumidor.

Faz referência o artigo 51, *caput*, do CDC à nulidade de pleno direito. A nulidade de pleno direito, ou absoluta, segundo a lição de Pontes de Miranda, é aquela que implica a invalidade do ato nulo, sem possibilidade de saneamento e convalidação deste.[509]

Convém distinguir a definição científica de nulidade. Clóvis Beviláqua explicita as dificuldades de precisão do conceito, sem, contudo, perder de vista o essencial. Ensina o mestre: "O acto foi praticado contra as prescripções da lei? É nullo, quer dizer, não tem existência legal. *Ea quae lege fieri prohibentuir si fuerint facta, non solo inutilia, sed pro infects, etiam habentur*, ainda se diz no direito imperial. Mas este rigor de lógica jurídica pareceu excessivamente rígido, e começaram os abrandamentos do direito pretoriano a crear distincções, das quaes resultava que uns actos eram nullos de pleno direito e outros necessitavam de uma acção em justiça e de uma sentença para serem declarados nullos".[510] A nulidade é meio de assegurar respeito à lei, podendo haver, conforme bem assinalam Ripert e Boulanger, entre as nulidades absolutas as que se denominam *nulidades de ordem pública*, consideradas como as revestidas de tal gravidade contra o interesse coletivo, que podem ser decretadas de ofício pelo juiz.[511] Na mesma linha

---

[509] PONTES DE MIRANDA, Francisco Cavalcanti. *Tratado de direito privado*. Rio de Janeiro: Borsói, 1970. t. IV, p. 51-52.

[510] BEVILÁQUA, Clóvis. *Theoria geral do direito civil*. São Paulo: Red, 1999. p. 334.

[511] RIPERT, Georges; BOULANGER, Jean. *Tratado de derecho civil según el tratado de Planiol*. Trad. Delia Garcia Dareaux. Buenos Aires: La Ley, 1963. v. 1, p. 456-457.

Mazeud e Chabas, ao ensinarem que "as nulidades absolutas sancionam a violação de uma regra de ordem pública, as nulidades relativas a violação de regras editadas para a proteção de interesses privados".[512]

A noção de nulidade de pleno direito segue tradição histórica romana (*ipso iure*), distinguindo basicamente as nulidades que, sendo de pleno direito, não precisariam sequer ser objeto de decretação judicial, sendo as demais hipóteses dependentes da obtenção de uma fórmula do magistrado para poderem ser reconhecidas.[513] O modo como foi desenvolvida pelo direito moderno identificou a nulidade de pleno direito tanto com a circunstância de que sua caracterização é independente da decretação pelo magistrado quanto com um dever do juiz de pronunciá-las independentemente de requerimento expresso, sempre quando delas tiver conhecimento.

No direito brasileiro, explica Clóvis Beviláqua, a reação da ordem jurídica em relação à violação dos preceitos estabelecidos se dá "de modo mais ou menos violento, mais ou menos decisivo, segundo os interesses feridos pela ilegalidade do acto. Quando o acto ofende princípios básicos da ordem jurídica, princípios garantidores dos mais elevados interesses da colectividade, é bem de ver que a reacção deve ser mais enérgica, a nullidade deve ser de pleno direito, o acto é nullo. Quando os preceitos que o acto contraria são destinados mais particularmente a proteger os interesses das pessoas (...) a reacção é atenuada pela vontade individual que se interpõe. O acto neste caso, é apenas anullável".[514] Na tradição do direito brasileiro, o Regulamento 737 de 1850, que dá origem à disciplina das nulidades no direito privado, usava a expressão nulidade de pleno direito, distinguindo-a em nulidade de pleno direito absoluta e relativa, sendo as primeiras passíveis de ser alegadas por qualquer interessado e as segundas apenas pelas pessoas que favorecem ou seus herdeiros.[515] Apenas as nulidades de pleno direito absolutas podiam ser pronunciadas de ofício, *não podendo ser relevadas pelo juiz quando constem de documento ou de prova literal.*[516]

O reconhecimento da nulidade de pleno direito pelo juiz é comum aos sistemas de direito romano-germânico.[517] Nesse sentido, é correto identificar no regime das nulidades que estas operam de pleno direito, ou seja, "não se torna necessário intentar uma ação ou emitir uma declaração nesse sentido, nem uma sentença judicial prévia, e podem ser declaradas *ex officio* pelo tribunal".[518] No direito do consumidor francês, inclusive, mudança de 2008, por intermédio da denominada *Loi Chatel*, consagra expressamente a possibilidade de o juiz reconhecer de ofício a abusividade das cláusulas contratuais,

---

[512] MAZEAUD, Henri; MAZEAUD, Leon; MAZEAUD, Jean; CHABAS, François. *Leçons de droit civil. Introduction à l'étude du droit.* 12. ed. Paris: Montchrestien, 2000. p. 492.

[513] MAZEAUD, Henri; MAZEAUD, Leon; MAZEAUD, Jean; CHABAS, François. *Leçons de droit civil. Introduction à l'étude du droit.* 12. ed. Paris: Montchrestien, 2000. p. 493.

[514] BEVILÁQUA, Clóvis. *Theoria geral do direito civil.* São Paulo: Red, 1999. p. 346-347.

[515] BEVILÁQUA, Clóvis. *Theoria geral do direito civil.* São Paulo: Red, 1999. p. 347.

[516] BEVILÁQUA, Clóvis. *Theoria geral do direito civil.* São Paulo: Red, 1999. p. 346-347. No mesmo sentido: CARVALHO, Francisco Pereira de Bulhões. *Sistema de nulidades dos atos jurídicos.* Rio de Janeiro: Forense, 1981. p. 54.

[517] GALGANO, Francesco. *Diritto privato.* 13. ed. Padova: Cedam, 2006. p. 286.

[518] MOTA PINTO, Carlos Alberto. *Teoria geral do direito civil.* 3. ed. Coimbra: Ed. Coimbra, 1996. p. 611.

Parte II · Cap. 2 · A PROTEÇÃO CONTRATUAL DO CONSUMIDOR | **407**

desenvolvendo possibilidade já sustentada na doutrina especializada.[519] Assim, o artigo 141-4, acrescentado ao *Code de la Consommation* francês: "Le juge peut soulever d'office toutes les dispositions du présent code dans les litiges nés de son application" ("O juiz pode conhecer de ofício todas as disposições do presente código nos litígios decorrentes de sua aplicação").

Daí por que a sanção de nulidade absoluta, passível do reconhecimento de ofício pelo juiz, ou seja, independentemente de requerimento da parte interessada (do consumidor), não pode ser restringida pela jurisprudência (como é o caso do conteúdo da atual Súmula 381 do STJ),[520] embora, conforme já se disse, deva ser aplicada com prudência e devida fundamentação pelo juiz.

2.3.4.2.2 Redução do negócio jurídico

A invalidade da cláusula contratual abusiva não atinge a integridade do contrato. Em outros termos, a nulidade da cláusula não implica a nulidade do contrato, porquanto o CDC estabelece ao juiz o dever de esforçar-se no sentido de integrar o contrato e colmatar a lacuna decorrente da nulidade pronunciada. Essa situação pela qual a invalidade de parte do contrato não contamina todo ele é conhecida como *redução do negócio jurídico*. Nesse sentido, tem lugar a redução do negócio jurídico, mesmo em direito civil, quando a invalidade de determinadas cláusulas do contrato não afeta as válidas, desde que não ligadas a elas por vínculos de subordinação[521] (ou seja, que a parte que se deseja considerar válida não seja dependente do ponto de vista lógico ou funcional, da parte inválida). Trata-se, pois, de espécie de *redução legal*,[522] determinada por força do que dispõe o artigo 51, § 2º, do CDC.

O fundamento dessa redução do contrato de consumo e da clara intenção do legislador em promover a conservação do contrato em sua parte válida está na existência de um *direito básico do consumidor à manutenção do contrato*. Esse direito decorre basicamente da função do contrato no atendimento de uma necessidade ou expectativa futura. Trata-se o contrato, muitas vezes, de instrumento de estabilização de expectativas futuras[523] e sua manutenção vem ao encontro do atendimento dessas expectativas, quando legítimas.

---

[519] KARIMI, Abbas. *Les clauses abusives et la théorie de l'abus de droit*. Paris: LGDJ, 2001. p. 336-339.

[520] A Súmula 381 do STJ, nesse sentido, só admite aplicação considerada como exigência de que o juiz, ao reconhecer a abusividade e decretar a nulidade, apoie-se em paradigmas objetivos para demonstração de abusividade da cláusula. Não a restrição à decretação de ofício em si, entendimento que contradiz texto expresso de lei (artigo 51, do CDC). É certo que a decretação de ofício, pressupondo – como o faz – o reconhecimento da abusividade de cláusula contratual, exige fundamentação adequada do juiz, o que se encontrará na abrangência do exame recursal.

[521] BELMONTE, Cláudio. *Proteção contratual do consumidor*. Conservação e redução do negócio jurídico no Brasil e em Portugal. São Paulo: Ed. RT, 2002. p. 27-28.

[522] Para um exame das espécies de redução legal em direito brasileiro e português, em especial com relação aos contratos de consumo, veja-se o trabalho de: BELMONTE, Cláudio. *Proteção contratual do consumidor*. Conservação e redução do negócio jurídico no Brasil e em Portugal. São Paulo: Ed. RT, 2002. p. 32-33.

[523] MACEDO JÚNIOR, Ronaldo Porto. *Contratos relacionais e defesa do consumidor*. São Paulo: Max Limonad, 1998. p. 152.

A solução adotada pelo CDC protege o consumidor quanto ao eventual temor de que a alegação do caráter abusivo de uma cláusula contratual remetesse à invalidade total do contrato, a exemplo do que ocorre com o regime dos defeitos do negócio jurídico no direito civil. A possibilidade de preservação da sua parte válida, apenas com a exclusão da cláusula abusiva, permite que se mantenha o *efeito útil* do contrato, ou seja, o interesse econômico ou pessoal, socialmente admitido, decorrente das prestações objeto do ajuste.

Observe-se que o CDC impõe ao juiz o dever de integrar o contrato, e que, somente quando isto não é possível sem o comprometimento do equilíbrio contratual, deverá ser finalmente decretada a anulação de todo o ajuste. Nesse sentido dispõe o artigo 51, § 2º, do CDC ao estabelecer: "A nulidade de uma cláusula contratual abusiva não invalida o contrato, exceto quando de sua ausência, apesar dos esforços de integração, decorrer ônus excessivo a qualquer das partes". Assim, a manutenção do contrato, com a exclusão, mediante decretação da nulidade, apenas das cláusulas abusivas que o compõem, é a regra, configurando a invalidação total do contrato como a exceção.

2.3.4.3 Controle das cláusulas abusivas e legitimação processual

O controle das cláusulas abusivas e decretação da sua nulidade é competência tipicamente judicial. Cumprem ao juiz o exame e o reconhecimento de cláusulas contratuais abusivas nos contratos de consumo, decretando sua nulidade e realizando a integração do contrato, quando julgue ser o caso, mediante requerimento do consumidor, interessado, de quem o represente adequadamente, ou mesmo de ofício.

O CDC em sua redação original, todavia, previa no artigo 51, § 3º, o qual terminou sendo vetado, a competência do Ministério Público para realizar o controle administrativo, de caráter preventivo ou não, cuja decisão teria caráter geral. Tal disposição foi vetada por ocasião da promulgação do CDC sob dois argumentos: de que invadia competência do Poder Judiciário, a cujas decisões atribui-se o caráter amplo e geral, assim como o fato de estar sendo estabelecida competência nova do Ministério Público por intermédio de lei ordinária, e não de lei complementar, como seria o caso.

Entretanto, independentemente do veto presidencial ao dispositivo mencionado, mantêm-se a possibilidade e a importância da intervenção do Ministério Público no controle das cláusulas abusivas do contrato de consumo. Estabelece, a respeito, o § 4º do artigo 51 do CDC, em vigor: "É facultado a qualquer consumidor ou entidade que o represente requerer ao Ministério Público que ajuíze a competente ação para ser declarada a nulidade de cláusula contratual que contrarie o disposto neste código ou de qualquer forma não assegure o justo equilíbrio entre direitos e obrigações das partes".

A doutrina brasileira, em vista do disposto no artigo 51, § 4º, sustenta que permanece a possibilidade de controle das cláusulas abusivas pelo Ministério Público,[524] o que parece certo. Apenas ressalve-se que esse controle, feito em caráter administrativo nos autos do inquérito civil, cuja prerrogativa de instauração é do Ministério Público, terá sucesso na medida em que haja disposição do fornecedor estipulante das cláusulas abusivas sob

---

[524] NERY JR., Nelson *et al. Código Brasileiro de Defesa do Consumidor comentado pelos autores do anteprojeto.* 8. ed. Rio de Janeiro: Forense, 2005. p. 592-593.

Parte II · Cap. 2 · A PROTEÇÃO CONTRATUAL DO CONSUMIDOR | **409**

exame, de abster-se na celebração de novos contratos, ou readequação dos já celebrados, em vista das normas cogentes de proteção do consumidor. Depende-se, nesse sentido, da celebração, com o consentimento do fornecedor e do Ministério Público, de termo de ajustamento de conduta, que indique as obrigações a serem cumpridas pelas partes e as respectivas sanções pelo eventual descumprimento. No caso de violação dos termos do acordo, este constituirá, por força de lei, título executivo extrajudicial (artigo 5º, § 6º, da Lei da Ação Civil Pública), podendo desde logo ser executadas, pelo Ministério Público, as sanções previstas contra o fornecedor.

Entretanto, havendo recusa do fornecedor que estipule cláusulas abusivas em seus contratos de abster-se dessa prática, a solução adequada será a interposição da respectiva ação judicial para o controle *in abstracto* (derivadas de contratos-padrão, contratos-tipo elaborados por fornecedores, e não necessariamente celebrados por consumidores) ou o controle *in concreto*, visando à nulidade de cláusulas presentes em contratos já celebrados entre fornecedores e consumidores. A legitimação para tanto decorre do artigo 82 do CDC, que estabelece a legitimação do MP para interpor ação visando à tutela de qualquer dos interesses e direitos previstos no artigo 81, parágrafo único, do CDC, sejam eles interesses ou direitos difusos, coletivos ou individuais homogêneos.

Uma vez que decorrem de estipulação contratual entre consumidor e fornecedor, os direitos envolvidos na pretensão de nulidade da cláusula contratual abusiva são tipicamente da terceira espécie, direitos e interesses individuais homogêneos. Nesse sentido, houve viva discussão sobre a possibilidade de o MP representar os titulares desses interesses, via substituição processual prevista pela lei, quando se tratasse de direitos disponíveis das partes (como é o caso da pretensão desconstitutiva da nulidade de cláusula contratual abusiva). O entendimento que parece prevalecer, contudo, é o de que, quando se tratar de interesses individuais homogêneos[525] – não individuais puros de um consumidor – e estiver essa pretensão de nulidade revestida de interesse social,[526] será cabível a representação do Ministério Público.

Essa sistemática de controle das cláusulas abusivas, que não prescinde da atuação do Poder Judiciário para decretação da nulidade, mas nem por isso deixa de prestigiar o Ministério Público na sua atividade de defesa dos interesses dos consumidores, por intermédio dos instrumentos próprios para este fim (legitimação para a tutela coletiva, inquérito civil, termo de ajustamento de conduta), termina por ampliar as competências para controle do conteúdo dos contratos de consumo, em claro prestígio da efetividade dos direitos do consumidor.

---

[525] "Direito do consumidor e processual civil. Ação civil pública. Legitimidade ativa. Ministério Público. Contrato de televisão por assinatura (TV a cabo). Direitos individuais homogêneos. CDC. O Ministério Público tem legitimidade para propor ação civil pública que cuida de direitos individuais homogêneos protegidos pelo Código de Defesa do Consumidor. Agravo no recurso especial não provido" (STJ, AgRg no REsp 566.862/SP, Rel. Min. Nancy Andrighi, j. 03.08.2004, *DJU* 23.08.2004, p. 232).

[526] "Recurso especial. Processo civil. Legitimidade ativa do Ministério Público. Ação civil pública. Validade de cláusula. Contrato de arrendamento mercantil. A legitimidade do Ministério Público na defesa de interesses individuais homogêneos está vinculada ao reconhecimento de relevante interesse social. Na hipótese, o Ministério Público tem legitimidade para ajuizar ação civil pública objetivando a análise da validade de cláusulas abusivas de contrato de arrendamento mercantil celebrado pelos consumidores do Estado do Maranhão. Recurso especial provido" (STJ, REsp 509.654/MA, Rel. p/ acórdão Min. Nancy Andrighi, j. 24.08.2004, *DJU* 16.11.2004, p. 273).

410 CURSO DE DIREITO DO CONSUMIDOR – *Bruno Miragem*

2.3.4.4 *Tipologia das cláusulas abusivas no CDC*

Como já referimos, a enumeração das espécies de cláusulas abusivas feita pelo artigo 51 do CDC é meramente exemplificativa (*numerus apertus*), incumbindo ao juiz tanto a subsunção das espécies normativas do artigo 51 ao caso concreto quanto a identificação, na dinâmica dos contratos, de outras estipulações que violem de modo antijurídico o interesse dos consumidores.

O exame dessas cláusulas em espécie observa tanto a desproporção de direitos e deveres entre as partes, a violação do equilíbrio entre as prestações do contrato, quanto aquelas que diminuem ou exoneram a responsabilidade do fornecedor, entre outras. Da mesma forma, o artigo 51, IV, do CDC determina como cláusulas abusivas as que "estabeleçam obrigações consideradas iníquas, abusivas, que coloquem o consumidor em desvantagem exagerada, ou sejam incompatíveis com a boa-fé ou a equidade". Trata-se de cláusula de abertura do sistema de reconhecimento das cláusulas abusivas no CDC, a partir da qual se dá o desenvolvimento jurisprudencial em relação à violação dos deveres decorrentes dos princípios da boa-fé, do equilíbrio ou da equidade.

São várias as possibilidades de classificação das cláusulas abusivas. Assim, por exemplo, vai propor Claudia Lima Marques sua distinção a partir da espécie do dever originário da boa-fé e que tenha sido violado pelos fornecedores na imposição da cláusula contratual considerada abusiva. Distingue, então, entre as cláusulas que violam o dever principal de prestação o dever anexo de informação, o dever anexo de cooperação e o dever anexo de cuidado, auxiliares ou anexos à prestação principal.[527]

O exame conjunto das diversas espécies de cláusulas abusivas, contudo, permite distingui-las em dois grandes grupos, conforme o modo característico do comportamento abusivo do fornecedor. Como ensina em sua tese, na França, Phillippe Stoffel-Munck, na relação contratual entre desiguais, a identificação de cláusulas abusivas terá lugar quando houver: *a) comprometimento em relação à qualidade do consentimento*[528] da parte vulnerável; ou b) a *violação do equilíbrio contratual.*[529]

As cláusulas abusivas têm lugar, em geral, como parte de contratos de adesão, ou das condições gerais dos contratos, formulados pelos fornecedores e aos quais os consumidores deverão apenas consentir com os termos do contrato pré-elaborado. Nesse sentido, a forma pela qual se estabelece o contrato de consumo pode determinar o caráter abusivo de determinada estipulação contratual. Isso não significa, naturalmente, que a mera circunstância de integrar um contrato de adesão, pré-elaborado, por si determine uma cláusula contratual como abusiva. O que parece existir nessa situação é a incidência de norma protetiva da qualidade do consentimento do consumidor.

Isso porque, ainda que seja, na maioria das vezes, impossível para o consumidor alterar ou modificar as cláusulas contratuais que lhe sejam desfavoráveis, um dos deveres mais importantes do fornecedor a quem o contrato favoreça é o de oferecer a mais ampla e completa informação ao consumidor sobre o conteúdo do ajuste. Nesse sentido, aliás,

---

[527] MARQUES, Claudia Lima. *Contratos no Código de Defesa do Consumidor*. 4. ed. São Paulo: Ed. RT, 2003. p. 788.

[528] STOFFEL-MUNCK, Philippe. *L'abus dans le contrat*. Essai d'une théorie. Paris: LGDJ, 2000. p. 300.

[529] STOFFEL-MUNCK, Philippe. *L'abus dans le contrat*. Essai d'une théorie. Paris: LGDJ, 2000. p. 306.

Parte II · Cap. 2 · A PROTEÇÃO CONTRATUAL DO CONSUMIDOR | **411**

o artigo 54, § 4º, do CDC, ao regular o contrato de adesão, impõe ao fornecedor dever específico de informação e esclarecimento ao referir que "as cláusulas que implicarem limitação de direito do consumidor deverão ser redigidas com destaque, permitindo sua imediata e fácil compreensão".[530] Da mesma forma, o artigo 46 do CDC determinará que "os contratos que regulam as relações de consumo não obrigarão os consumidores, se não lhes for dada a oportunidade de tomar conhecimento prévio de seu conteúdo, ou se os respectivos instrumentos forem redigidos de modo a dificultar a compreensão de seu sentido e alcance".[531] Estabelece, nesse sentido, verdadeira sanção à violação do dever de informar do fornecedor em matéria de contratos, que é a invalidade da cláusula restritiva de direitos não informada previamente ao consumidor.[532]

---

[530] "Recurso especial. Indenização decorrente de seguro de vida. Acidente automobilístico. Embriaguez. Cláusula limitativa de cobertura da qual não foi dado o perfeito conhecimento ao segurado. Abusividade. Infringência ao artigo 54, § 4º, do Código de Defesa do Consumidor. Recurso especial provido. 1. Por se tratar de relação de consumo, a eventual limitação de direito do segurado deve constar, de forma clara e com destaque, nos moldes do artigo 54, § 4º, do CODECON e, obviamente, ser entregue ao consumidor no ato da contratação, não sendo admitida a entrega posterior. 2. No caso concreto, surge incontroverso que o documento que integra o contrato de seguro de vida não foi apresentado por ocasião da contratação, além do que a cláusula restritiva constou tão somente do 'manual do segurado', enviado após a assinatura da proposta. Portanto, configurada a violação ao artigo 54, § 4º, do CDC. 3. Nos termos do artigo 46 do Código de Defesa do Consumidor: 'Os contratos que regulam as relações de consumo não obrigarão os consumidores, se não lhes for dada a oportunidade de tomar conhecimento prévio de seu conteúdo, ou se os respectivos instrumentos forem redigidos de modo a dificultar a compreensão de seu sentido e alcance'. 4. Deve ser afastada a multa aplicada com apoio no artigo 538, parágrafo único, do CPC, pois não são protelatórios os embargos de declaração opostos com fins de prequestionamento. 5. Recurso especial provido" (STJ, REsp 1.219.406/MG, 4ª Turma, Rel. Min. Luis Felipe Salomão, j. 15.02.2011, *DJe* 18.02.2011).

[531] No direito argentino, por exemplo, o art. 37 da Ley 22.240 define como abusiva, cláusulas contratuais, no caso em que o fornecedor "viole o dever de boa-fé na etapa prévia à conclusão do contrato ou que em sua conclusão transgrida o dever de informar". Já o Código Civil y Comercial de la Nación, de 2015, ao dispor sobre as cláusulas abusivas em contratos de adesão, estabelece em seu art. 988, *c*, que devem ter por não escritas as cláusulas que "por seu conteúdo, redação ou apresentação não sejam razoavelmente previsíveis". Nesse sentido, veja-se: CHAMATROPULOS, Demetrio Alejandro. *Estatuto del consumidor comentado*. Buenos Aires: La Ley, 2016. t. II, p. 30.

[532] "Direito civil. Produtor rural de grande porte. Compra e venda de insumos agrícolas. Revisão de contrato. Código de Defesa do Consumidor. Não aplicação. Destinação final inexistente. Inversão do ônus da prova. Impossibilidade. Precedentes. Recurso especial parcialmente provido. I. Tratando-se de grande produtor rural e o contrato referindo-se, na sua origem, à compra de insumos agrícolas, não se aplica o Código de Defesa do Consumidor, pois não se trata de destinatário final, conforme bem estabelece o artigo 2º do CDC, *in verbis*: 'Consumidor é toda pessoa física ou jurídica que adquire ou utiliza produto ou serviço como destinatário final'. II. Não havendo relação de consumo, torna-se inaplicável a inversão do ônus da prova prevista no inciso VIII do artigo 6º, do CDC, a qual, mesmo nas relações de consumo, não é automática ou compulsória, pois depende de criteriosa análise do julgador a fim de preservar o contraditório e oferecer à parte contrária oportunidade de provar fatos que afastem o alegado contra si. III. O grande produtor rural é um empresário rural e, quando adquire sementes, insumos ou defensivos agrícolas para o implemento de sua atividade produtiva, não o faz como destinatário final, como acontece nos casos da agricultura de subsistência, em que a relação de consumo e a hipossuficiência ficam bem delineadas. IV. De qualquer forma, embora não seja aplicável o CDC no caso dos autos, nada impede o prosseguimento da ação com vista a se verificar a existência de eventual violação legal, contratual ou injustiça a ser reparada, agora com base na legislação comum. V. Recurso especial parcialmente provido" (STJ, REsp 914.384/MT, 3ª Turma, Rel. Min. Massami Uyeda, j. 02.09.2010, *DJe* 1º.10.2010). No mesmo sentido: AgInt no AREsp 1.023.073/RJ, 4ª Turma, Rel. Min. Antonio Carlos Ferreira, j. 29.08.2017, *DJe* 05.09.2017.

Essas disposições visam, pois, assegurar e proteger um padrão mínimo de qualidade do consentimento do consumidor no momento da celebração do contrato. O desrespeito ou o comprometimento dessa qualidade do consentimento do consumidor, pelo fornecedor, implica espécie de abusividade formal, a ser sancionada igualmente com a nulidade a teor do que estabelece o artigo 51, *caput*, do CDC.[533]

Por outro lado, as cláusulas que violam o equilíbrio contratual incluem tanto as que, dado o seu conteúdo, estabelecem em favor do fornecedor uma desvantagem exagerada (no exercício das posições jurídicas, nas condições de exigência da sua prestação contratual) quanto as que afetam diretamente o equilíbrio econômico das prestações (o valor econômico delas). Isso porque a proteção do equilíbrio contratual, em direito do consumidor, embora tenha em vista os interesses das partes na aquisição ou utilização de produto ou serviço, não se ocupa apenas de eventual desvalorização econômica dessa prestação (desequilíbrio econômico). A abrangência das normas de proteção alcança também o equilíbrio das posições jurídicas, decorrentes da estipulação de vantagens contratuais exageradas em favor do fornecedor, ainda que, em última análise, a proteção do consumidor em relação a essas posições de vantagem do fornecedor possa de modo mediato ser reconduzida a um critério de mensuração econômica (ou seja, poderá ser valorado economicamente).

No direito francês, fala-se a respeito da distinção entre um equilíbrio *objetivo* e *subjetivo*, sendo o primeiro afeto ao equilíbrio econômico das prestações e o segundo entre as posições dos sujeitos do negócio (consumidor e fornecedor).[534] Em nosso sistema, o artigo 51, IV, e muito especialmente o § 1º do mesmo artigo vão abarcar, dentro do conceito de *vantagem exagerada*, tanto o *aspecto econômico* – de equilíbrio entre os valores econômicos das prestações – quanto o *equilíbrio subjetivo*, decorrente da proteção jurídica da posição do contratante vulnerável. Assim dispõe o § 1º do artigo 51 do CDC: "Presume-se exagerada, entre outros casos, a vontade que: I – ofende os princípios fundamentais do sistema jurídico a que pertence; II – restringe direitos ou obrigações fundamentais inerentes à natureza do contrato, de tal modo a ameaçar seu objeto ou equilíbrio contratual; III – se mostra excessivamente onerosa para o consumidor, considerando-se a natureza e conteúdo do contrato, o interesse das partes e outras circunstâncias peculiares ao caso". A presunção legal de abusividade decorre, assim, ou da onerosidade excessiva que determinada cláusula contratual determina ao consumidor, ou a restrição de direitos e deveres fundamentais das partes, que decorram da natureza do contrato, ou do próprio sistema de proteção legal do consumidor.

Em qualquer caso, não é demais referir que a identificação das cláusulas abusivas, a partir dos critérios e parâmetros estabelecidos no CDC, dar-se-á – para além da relação exemplificativa prevista no artigo 51 – pelo exame judicial *in concreto* dos contratos de consumo, buscando verificar hipóteses de estipulação de vantagens exageradas em favor do fornecedor.

---

[533] Assim, por exemplo, as cláusulas em contrato de seguro que limitam a cobertura de danos causados por "furto qualificado", excluindo expressamente o "furto simples" em estabelecimento comercial, conforme decidiu o STJ no REsp 1.293.006/SP, 3ª Turma, Rel. Min. Massami Uyeda, j. 21.06.2012, *DJe* 29.06.2012.

[534] CHAMATROPULOS, Demetrio Alejandro. *Estatuto del consumidor comentado*. Buenos Aires: La Ley, 2016. t. II, p. 307-308.

Cumpre indicar, também, que as cláusulas abusivas poderão sê-lo tanto em razão de vulnerarem a qualidade de consentimento ou o equilíbrio do contrato, quando de sua celebração, quanto igualmente podem tornar-se abusivas, conforme delas faça uso o fornecedor, no exercício do direito que elas consagram. Aliás, essa abusividade do exercício do direito aproxima o regime das cláusulas abusivas do CDC e a teoria do abuso do direito do direito civil, a qual também vem assumindo caráter objetivo, prescindindo da demonstração do dolo ou da culpa (vide artigo 187 do CC). O que determina a abusividade é o modo como o titular exerce determinada prerrogativa jurídica, ainda que esta, *a priori*, esteja em absoluta conformidade com o ordenamento jurídico. Nesse sentido, aliás, veja-se a decisão do STJ, no caso da cláusula de carência constante de contrato de assistência à saúde, cujo exercício da prerrogativa objeto da cláusula (o não oferecimento do serviço ao consumidor) tornaria inútil a própria finalidade do contrato, uma vez tratar-se da necessidade de tratamento urgente de doença grave. Decidiu o STJ que a cláusula em questão, embora admitida pelo ordenamento jurídico, tornar-se-ia abusiva em face de circunstâncias excepcionais, em especial da premência de preservação da vida do consumidor.[535]

2.3.4.5 *Principais espécies de cláusulas abusivas*

Como mencionamos, a relação de espécies de cláusulas abusivas previstas nos incisos I a XIII do artigo 51 do CDC trata-se de enumeração exemplificativa. Isso importa dizer que, para além daquelas hipóteses, poderá o Poder Judiciário reconhecer uma série de outras disposições previstas em contratos de consumo como abusivas. Para tanto, o instrumento mais importante à disposição do julgador é o exame das estipulações contratuais, à luz do que dispõe o artigo 51, IV, combinado com o § 1º do CDC. Determina o inciso IV em destaque como abusivas as cláusulas que "estabeleçam obrigações consideradas iníquas, abusivas, que coloquem o consumidor em desvantagem exagerada, ou sejam incompatíveis com a boa-fé ou a equidade; (...)". Da mesma forma, o § 1º do mesmo artigo 51, segundo já transcrevemos, indicará quais as hipóteses em que a própria lei vai estabelecer presunção absoluta do que considera como *vantagem exagerada*.

Entretanto, de enorme importância e repercussão prática são as espécies de cláusulas abusivas previstas no CDC, as quais passamos a examinar.

2.3.4.5.1 Cláusulas de limitação ou exoneração de responsabilidade civil

Estabelece o artigo 51, I, do CDC que configuram cláusulas abusivas as que "impossibilitem, exonerem ou atenuem a responsabilidade do fornecedor por vícios de qualquer natureza dos produtos e serviços ou impliquem renúncia ou disposição de direitos. Nas relações de consumo entre o fornecedor e o consumidor pessoa jurídica, a indenização poderá ser limitada, em situações justificáveis".

A responsabilidade do fornecedor por vícios dos produtos e dos serviços constitui matéria de ordem pública no regime do CDC, insuscetível de ser reduzida ou excluída por força de estipulação contratual. Não se sujeitam, portanto, à disponibilidade do direito por

---

[535]   STJ, AgInt no AREsp 2.137.911/SP, 3ª Turma, Rel. Min. Moura Ribeiro, j. 05.06.2023, *DJe* 07.06.2023.

parte dos consumidores a quem protegem, por intermédio de estipulação contratual em contrário. Como regra, não subsiste a limitação de indenização por danos ao consumidor.

Note-se que a vedação à limitação ou exoneração da responsabilidade diz respeito àquela que decorra de violação dos deveres contratuais, portanto responsabilidade contratual. Logo, pretende o CDC com a disposição do inciso I do artigo 51 impedir que, por intermédio da celebração de contrato de consumo, o consumidor, reduza, limite ou simplesmente renuncie a direitos em caso de vícios do produto ou do serviço, ou decorrentes de incumprimento contratual[536] (os efeitos da mora do fornecedor, como juros, cláusula penal, entre outros previstos no artigo 396 do CC) a que tem direito por força de lei (nesse sentido, o regime dos vícios previstos nos artigos 18, 19 e 20 do CDC).

Mencione-se, assim, a título ilustrativo, o caso da cláusula que limita a indenização pelo credor no caso de extravio do bem dado em penhor pelo consumidor, quando se trata de dever inerente à custódia da coisa a obrigação de restituição,[537] e cujo entendimento sobre a sua abusividade foi consagrado pela Súmula 638 do STJ,[538] ou ainda a que exclua responsabilidade por vícios construtivos no seguro habitacional.[539]

A norma em questão não diz respeito à responsabilidade pelo fato do produto ou do serviço (responsabilidade extracontratual), cujos danos são sempre indenizáveis,[540] pela simples razão de que a exoneração, limitação ou qualquer espécie de diminuição ou enfraquecimento dos seus efeitos já estão expressamente proibidas pela norma do artigo 25 do CDC. Assim, entre as cláusulas contratuais abusivas em face da limitação ou exoneração da responsabilidade do fornecedor encontram-se, na relação sugerida por Claudia Lima Marques, "a cláusula exoneratória da responsabilidade por atos de terceiros, a *negligence clause*, a cláusula exoneratória da responsabilidade por culpa ou culpa leve, as cláusulas estabelecendo os 'casos de força maior assimilados' e as presunções de 'casos fortuitos' para aquele tipo de relação, as cláusulas sobre outras circunstâncias liberatórias, a exoneração da responsabilidade por mora, exoneração por cumprimento defeituoso", assim como a "exoneração da responsabilidade por referência aos danos".[541] Da mesma maneira, e pelos mesmos fundamentos, o artigo 51, XVI, vai reconhecer como abusivas as cláusulas contratuais que "possibilitem a renúncia do direito de indenização por benfeitorias necessárias".

---

[536] STJ, REsp 197.622/DF, Rel. Min. Aldir Passarinho Junior, j. 04.04.2006, *DJU* 02.05.2006, p. 332.

[537] STJ, REsp 1.155.395/PR, 4ª Turma, Rel. Min. Raul Araújo, j. 1º.10.2013, *DJe* 29.10.2013.

[538] Assim, a Súmula 638 do STJ: "É abusiva a cláusula contratual que restringe a responsabilidade de instituição financeira pelos danos decorrentes de roubo, furto ou extravio de bem entregue em garantia no âmbito de contrato de penhor civil" (STJ, 2ª Seção, j. 27.11.2019, *DJe* 02.12.2019).

[539] STJ, AgInt no REsp 1.840.696/SP, 3ª Turma, Rel. Min. Paulo de Tarso Sanseverino, j. 09.11.2022, *DJe* 16.11.2022. Sustentando, no caso, a interpretação mais favorável ao consumidor, com fundamento no art. 47 do CDC: STJ, AgInt nos EDcl no AREsp 1.610.203/SC, 3ª Turma, Rel. Min. Marco Aurélio Bellizze, j. 18.05.2021, *DJe* 24.05.2021; AgInt no REsp 1.864.470/SP, 3ª Turma, Rel. Min. Moura Ribeiro, j. 11.05.2020, *DJe* 14.05.2020.

[540] NERY JR., Nelson *et al. Código Brasileiro de Defesa do Consumidor comentado pelos autores do anteprojeto*. 8. ed. Rio de Janeiro: Forense, 2005. p. 565.

[541] MARQUES, Claudia Lima; BENJAMIN, Antonio Herman; MIRAGEM, Bruno. *Comentários ao Código de Defesa do Consumidor*. 2. ed. São Paulo: Ed. RT, 2006. p. 697-698.

Note-se, por fim, que a teor do artigo 51, I, a cominação de nulidade atinge as cláusulas que impossibilitem, exonerem ou limitem a indenização do consumidor pessoa natural. Em relação ao consumidor pessoa jurídica, a segunda parte da norma admite a limitação da responsabilidade quando esta se der em situações justificáveis. O que se considerar como situações justificáveis será matéria de apreciação judicial, a partir da concreção do significado da norma de acordo com o caso concreto. Contudo, frise-se que essa limitação é admitida pelo regime do Código, quando previamente estabelecida em contrato, ou seja, estabelece a norma que a cláusula contratual com esse conteúdo não será reputada abusiva, quando se considere a presença de uma situação justificável. Será o caso da assunção de risco expressamente prevista em contrato, por parte da pessoa jurídica consumidora, ou ainda a possibilidade de exclusão em vista de condições vantajosas da contratação, sempre quando devidamente demonstrada pelo conteúdo a natureza da contratação (assim, por exemplo, as vendas em saldos ou pontas de estoque, em que os produtos apresentam pequena falha – vício –, mas que não chegam a comprometer de modo definitivo sua utilidade).

2.3.4.5.2 Cláusulas de renúncia ou disposição de direitos

A proteção ao consumidor estabelecida pelas normas do CDC constitui um sistema integrado por normas de ordem pública, segundo o artigo 1º da norma. Entre as características das normas de ordem pública está seu caráter indisponível. Isso significa que os destinatários da norma de ordem pública, sejam eles os titulares do direito estabelecido por ela, ou o titular do dever a ser respeitado, não podem, de modo válido e eficaz, dispor dos efeitos da norma, visando suprimir, renunciar, limitar, ou, em termos mais abrangentes, dispor dos direitos conferidos por lei.

Exemplo prático eloquente de cláusula expressamente vedada é a cláusula de eleição de foro, pela qual o consumidor renuncia a foro mais favorável estabelecido pelo próprio CDC (foro do domicílio do consumidor, previsto no artigo 101, I, do CDC).[542] Da mesma forma, a exoneração da responsabilidade do fornecedor quanto a vícios, conforme expressamente consigna o artigo 24 do CDC. A indisponibilidade do direito, nesse sentido, compreende parte do próprio conteúdo da proteção e efetividade que dele se pretende, uma vez que seria sem sentido a proteção que se dá ao mais fraco em razão de sua vulnerabilidade, se ele próprio, submetido ao poder do mais forte, tivesse a possibilidade de afastá-la.

---

[542] "Processo civil. Contrato de adesão. Relação de consumo (artigo 51, I, da Lei 8.078/90 – 'Código de Defesa do Consumidor'). Foro de eleição. Cláusula considerada abusiva. Conclusão extraída da análise dos fatos (Enunciado 7 da súmula/STJ). Inaplicabilidade da Súmula 33/STJ. Fundamento constitucional autônomo. Não interposição de recurso extraordinário. Súmula 126/STJ. Recurso inacolhido. I – A cláusula de eleição de foro inserida em contrato de adesão não prevalece se 'abusiva', o que se verifica quando constatado que da prevalência de tal estipulação resulta inviabilidade ou especial dificuldade de acesso ao Judiciário. II – Pode o juiz, de ofício, declinar de sua competência em ação instaurada contra consumidor quando a aplicação da cláusula de eleição de foro dificultar gravemente a defesa do réu em Juízo. Precedentes da Segunda Seção. III – Havendo o acórdão recorrido assentado suas conclusões também sobre princípios de ordem constitucional, quais sejam, da isonomia, do acesso à justiça, do contraditório, da ampla defesa e da igualdade das partes, impunha-se a interposição do recurso extraordinário, cuja ausência importa na impossibilidade de conhecer-se do recurso especial, segundo enuncia o verbete n. 126 da Súmula desta Corte. IV – Recurso não conhecido" (STJ, REsp 159.837/SP, Rel. Min. Waldemar Zveiter, j. 17.11.1998, *DJU* 1º.03.1999, p. 310).

Outra situação é a que refere Nelson Nery Junior, sustentando a possibilidade de aplicação da exceção do contrato não cumprido (*exceptio non adimpleti contractus*), prevista no artigo 476 do CC, ou a exceção de cumprimento defeituoso (*exceptio non rite adimpleti contractus*), aos contratos de consumo.[543] Nesse sentido, a cláusula que implicar a renúncia do direito do consumidor de alegar a exceção de contrato não cumprido ou cumprido de modo defeituoso, para não implementar sua obrigação (o pagamento do preço, por exemplo), será considerada abusiva, e por isso nula de pleno direito. Da mesma forma o será a cláusula que implicar a renúncia do consumidor ao direito de pleitear resolução do contrato por inadimplemento do fornecedor.

Refira-se, ainda, a título de exemplo, à cláusula que limita, nos contratos bancários, a exoneração dos fiadores, no caso da prorrogação do contrato de empréstimo afiançado, implicando a renúncia ao direito assegurado pelo artigo 835 do Código Civil.[544]

2.3.4.5.3 Cláusulas de decaimento, controle da cláusula penal e outros efeitos do inadimplemento

Entre outras hipóteses fixadas no CDC, também são consideradas abusivas as chamadas cláusulas de decaimento. Trata-se de cláusulas contratuais que estabelecem como penalidade ao consumidor que em contratos de pagamento diferido (de modo parcelado) desiste do contrato ou se torna inadimplente (cláusula penal), a perda dos valores já pagos em favor do fornecedor, ou estipula a devolução de parcela ínfima e desproporcional desses valores.[545]

A proibição das cláusulas de decaimento, que no CDC é estabelecida expressamente em face do seu artigo 53, consagra: "Nos contratos de compra e venda de móveis ou imóveis mediante pagamento em prestações, bem como nas alienações fiduciárias em garantia, consideram-se nulas de pleno direito as cláusulas que estabeleçam a perda total das prestações pagas em benefício do credor que, em razão do inadimplemento, pleitear a resolução do contrato e a retomada do produto alienado". O mesmo se dá quando ocorre a postergação excessiva de devolução dos valores pagos pelo consumidor, que, como regra, deve ser imediata.[546] Essa proibição da cláusula de decaimento, em certas situações, aplica-se também a serviços[547] (especialmente quando possível, ainda, ao fornecedor, realocar a prestação em favor de outro consumidor pagante). Ao lado de outra disposição do CDC, que estabelece o limite máximo da multa moratória em 2% ao mês (artigo 52, § 1º), expressa tendência não apenas no direito do consumidor,[548] mas em todo o direito dos contratos, de proteção do devedor contra o exercício abusivo do direito de crédito pelo credor.

---

[543] NERY JR., Nelson *et al*. *Código Brasileiro de Defesa do Consumidor comentado pelos autores do anteprojeto*. 8. ed. Rio de Janeiro: Forense, 2005. p. 566.

[544] STJ, REsp 1.673.383/SP, 3ª Turma, Rel. Min. Paulo de Tarso Sanseverino, j. 11.06.2019, *DJe* 19.06.2019.

[545] STJ, REsp 1.132.943/PE, 4ª Turma, Rel. Min. Luis Felipe Salomão, j. 27.08.2013, *DJe* 27.09.2013.

[546] STJ, REsp 1.300.418/SC, 2ª Seção, Rel. Min. Luis Felipe Salomão, j. 13.11.2013, *DJe* 10.12.2013.

[547] STJ, REsp 1.321.655/MG, 3ª Turma, Rel. Min. Paulo de Tarso Sanseverino, j. 22.10.2013, *DJe* 28.10.2013.

[548] Para o exame das cláusulas penais nos contratos de consumo, veja-se, entre outros, o estudo de: CASTRO NEVES, José Roberto de. *O Código do Consumidor e as cláusulas penais*. Rio de Janeiro: Forense, 2006. p. 167 *et seq*.

Nesse sentido, o próprio Código Civil de 2002 vai estabelecer, ao disciplinar a cláusula penal, que sua redução, quando excessiva, passa a ser espécie de *dever do juiz*, ao contrário do direito anterior, quando ela configurava simples *faculdade*.[549] Da mesma forma, a legislação civil estabelece inovação sensível ao introduzir o parágrafo único do artigo 416 do Código de 2002, proibindo a indenização suplementar pelo devedor quando o prejuízo decorrente do inadimplemento for maior do que o pactuado na cláusula penal. Com essa providência eliminou-se discussão sob a égide do direito anterior, sobre a possibilidade ou não do afastamento da cláusula penal e responsabilização do devedor para indenizar a integralidade dos danos decorrentes do inadimplemento. No Código de 2002, permite-se essa possibilidade apenas se expressamente convencionada, hipótese em que ainda assim estará sujeita à avaliação judicial.[550]

Trata-se, pois, do que Dennis Mazeaud, em sua tese sobre a cláusula penal, identificou com o *declínio da regra da vontade das partes na criação da cláusula*, fazendo referência tanto à necessidade de estipulação expressa a que faz menção o direito francês quanto à sua limitação pelo legislador.[551] Segundo o magistério do jurista francês, em sua obra de 1992, essa intervenção do legislador deve-se ao fato de que a visão idílica do contrato como expressão de liberdade das partes atualmente é objeto de um anacronismo irreversível.[552] Nesse sentido, a intervenção estatal por intermédio do Estado-legislador ou do Estado-juiz justifica-se como mecanismo de proteção do equilíbrio dos interesses das partes no contrato.

No direito do consumidor, ao estabelecer em seu artigo 52 o limite de 2% para multa moratória dos contratos de consumo a crédito, o CDC ampliou o âmbito de aplicação da norma, via jurisprudência, à generalidade dos contratos bancários e aos contratos entre empresários (sobretudo pela equiparação destes a consumidores, por força do artigo 29 do CDC).[553]

Atualmente, o advento da função social do contrato tem servido também como fundamento para que a jurisprudência estenda o limite de 2% a outras espécies de contrato, mesmo os de consumo, que não estejam previstos expressamente no artigo 52, *caput*, do CDC.[554] Note-se, contudo, que o preceito da função social do contrato, ao mesmo tempo que impõe a redução de cláusula penal quando esta se configurar abusiva, não pode

---

[549] Para esse entendimento, veja-se: FLORENCE, Tatiana Magalhães. Aspectos pontuais da cláusula penal. *In*: TEPEDINO, Gustavo (coord.). *Obrigações*. Estudos na perspectiva civil-constitucional. Rio de Janeiro: Renovar, 2005. p. 513-537. Em sentido contrário, no direito francês, defendendo que a intervenção judicial nos contratos deve ser sempre excepcional: MAZEAUD, Denis. *La notion de la clause penale*. Paris: LGDJ, 1992. p. 50 *et seq*.

[550] MARTINS-COSTA, Judith, *Comentários ao novo Código Civil*. Do inadimplemento das obrigações. Rio de Janeiro: Forense, 2004. v. 5, t. II, p. 492-493.

[551] MAZEAUD, Denis. *La notion de la clause penale*. Paris: LGDJ, 1992. p. 30-38.

[552] MAZEAUD, Denis. *La notion de la clause penale*. Paris: LGDJ, 1992. p. 40.

[553] A respeito da polêmica da aplicação do artigo 52, § 1º, entre empresários e instituições bancárias, consulte-se: MARQUES, Claudia Lima. *Contratos no Código de Defesa do Consumidor*. 4. ed. São Paulo: Ed. RT, 2003. p. 789.

[554] Assim a decisão do STJ: "Consumidor. Contrato de prestações de serviços educacionais. Mensalidades escolares. Multa moratória de 10% limitada em 2%. Artigo 52, § 1º, do CDC. Aplicabilidade. Interpretação sistemática e teleológica. Equidade. Função social do contrato. É aplicável aos contratos de prestações de serviços educacionais o limite de 2% para a multa moratória, em harmonia com o disposto no § 1º

igualmente permitir que essa possibilidade de redução determine o esvaziamento do instituto[555] em direito privado comum (não na perspectiva protetiva do CDC).

Merecem atenção ainda as cláusulas contratuais que porventura restrinjam o restabelecimento pleno dos direitos do consumidor à prestação do contrato no caso de purga da mora ou acordo com os credores. Nesse sentido, a Lei 14.181/2021 incluiu no rol do artigo 51 do CDC o inciso XVIII, qualificando como abusivas as cláusulas que "estabeleçam prazos de carência em caso de impontualidade das prestações mensais ou impeçam o restabelecimento integral dos direitos do consumidor e de seus meios de pagamento a partir da purgação da mora ou do acordo com os credores". São cláusulas que violam o dever de cooperação do fornecedor com o interesse do consumidor na preservação do contrato, em especial no caso em que, tendo havido inadimplemento (mora) do consumidor, a dívida é satisfeita posteriormente, com os efeitos da mora, ou ainda se estabeleça acordo com os credores para pagamento. Esta última hipótese terá especial relevância para o processo de repactuação de dívidas, visando à prevenção (p. ex., 'mutirões de renegociação') ou o tratamento do superendividamento (artigos 104-A e 104-C do CDC). Afinal, não se deixa de reconhecer, nesses casos, o abuso em face do desequilíbrio de interesses das partes, uma vez que, tendo o fornecedor sido atendido quanto ao crédito, ainda assim poderia submeter o consumidor a restrições quanto à prestação a que faz jus, violando a boa-fé.

2.3.4.5.4 Cláusulas que violem o equilíbrio contratual: o controle dos juros contratados

A proteção do equilíbrio contratual e da posição do consumidor no contrato de consumo é a finalidade principal da especificação, pela lei, das cláusulas abusivas e a previsão de sua nulidade. O equilíbrio do contrato, nessa concepção, é antes de tudo o equilíbrio econômico, cuja proteção determina a cominação de nulidade de cláusulas que imponham parcela acrescida à prestação principal, ou acréscimos a qualquer título apresentados como efeitos do inadimplemento do consumidor, por exemplo, que viole o princípio do equilíbrio – que afinal não é circunscrito ao direito do consumidor, mas a todos os contratos bilaterais em direito privado.[556]

Nesse aspecto, discussão de grande importância é o controle estabelecido em nosso direito – sobretudo por ação da jurisprudência – aos juros, matéria de destaque em relação aos contratos bancários, sobre os quais incide o CDC.[557] A discussão se coloca sobre a possibilidade ou não do controle de juros em contratos bancários, perante duas premissas: primeiro, a liberdade de fixação dos juros pelas instituições financeiras, ban-

---

do artigo 52, § 1º, do CDC. Recurso especial não conhecido" (STJ, REsp 476.649/SP, Rel. Min. Fátima Nancy Andrighi, j. 20.11.2003, *DJU* 25.02.2004, p. 169).

[555] Sobre o perigo de esvaziamento da cláusula penal, veja-se a monografia de ALBA, Isabel Espín. *La cláusula penal*. Especial referencia a la moderación de la pena. Madrid: Marcial Pons, 1997. p. 95 *et seq.*

[556] NERY JR., Nelson *et al. Código Brasileiro de Defesa do Consumidor comentado pelos autores do anteprojeto.* 8. ed. Rio de Janeiro: Forense, 2005. p. 566.

[557] Nesse sentido o artigo 3º, § 2º, do CDC e a decisão do STF, na ADIn 2.591, à qual já fizemos referência. Para detalhes, veja-se a obra coletiva patrocinada sob os auspícios do Instituto Brasileiro de Política e Direito do Consumidor (BRASILCON): MARQUES, Claudia Lima; ALMEIDA, João Batista de; PFEIFFER, Roberto Augusto Castellanos. *Aplicação do Código de Defesa do Consumidor aos bancos*. Adin 2.591. São Paulo: Ed. RT, 2006.

cárias, de crédito e securitárias; segundo, a repercussão macroeconômica da fixação ou controle de juros para a economia.[558]

Os juros, em sua concepção clássica, são espécie de frutos civis, cujo cálculo, conforme a acurada lição de Ruy Rosado de Aguiar Júnior, considera "o custo de captação do dinheiro, a sobretaxa do banqueiro, a desvalorização da moeda e, por fim, os riscos operacionais, pois, quanto maior a possibilidade de inadimplência, maior o risco".[559] Prossegue então o jurista gaúcho fazendo referência às dificuldades atuais de sua quantificação precisa: "No Brasil de hoje, com as taxas praticadas, o pingo se torna maior que o balde após alguns meses de juros capitalizados (...) Como se vê, a alegação corrente de que o *spread* é elevado por causa da inadimplência não procede, pois a sua maior parcela, quase o triplo, corresponde ao lucro; reduzido o quantitativo deste, certamente seria menor o índice de inadimplência. Nos países em que é menor o índice de inadimplência, é significativamente menor o percentual do lucro".[560]

Em relação aos juros estipulados em contratos bancários, é variado o universo de questões para as quais a jurisprudência brasileira manifestou entendimento. Em primeiro lugar, foram consideradas cláusulas abusivas e, portanto, nulas, aquelas em que os encargos do mutuário sejam fixados em razão de índice estabelecido pelo próprio credor ou entidade à qual pertença. Incide na hipótese o artigo 51, X, do CDC, que estabelece como nulas de pleno direito as cláusulas que "permitam ao fornecedor, direta ou indiretamente, variação do preço de maneira unilateral", da mesma forma como caracteriza espécie de condição potestativa, nula em face do artigo 115 do Código Civil de 1916 (que fundamentou, por exemplo, a edição da Súmula 176 do STJ[561]), ora do artigo 122 do Código Civil de 2002.

Remanesce, contudo, o debate sobre a possibilidade de controle das cláusulas de juros com relação aos contratos bancários, uma vez que estes não possuem nenhum limite normativo específico em nosso direito. Isto porque, em um primeiro momento, considerou-se não autoaplicável a disposição do artigo 192, § 3º, da Constituição da República, já revogado pela Emenda Constitucional 40, de 2003, que estipulava os juros reais em 12% ao ano, assim como também se afastou da aplicação às instituições financeiras dos limites fixados nas normas infraconstitucionais, como é o caso da Lei de Usura (Decreto 22.626/1933).[562] Assim estabeleceu a Súmula 596 do STF, que "as disposições do Decreto 22.626/33 não se aplicam às taxas de juros e aos outros encargos cobrados nas operações realizadas por instituições públicas ou privadas que integram o Sistema

---

[558] Nesse sentido, Ruy Cirne Lima ao reconhecer a natureza publicística do juro em valiosa investigação histórica: CIRNE LIMA, Ruy. Do juro do dinheiro. *Revista de Direito Bancário e do Mercado de Capitais*, São Paulo, v. 45, p. 345 *et seq.*, jul. 2009.

[559] AGUIAR JÚNIOR, Ruy Rosado de. Os contratos bancários e a jurisprudência do Superior Tribunal de Justiça. *Série de Pesquisas do CEJ*, Brasília, v. 11, p. 68, 2003.

[560] AGUIAR JÚNIOR, Ruy Rosado de. Os contratos bancários e a jurisprudência do Superior Tribunal de Justiça. *Série de Pesquisas do CEJ*, Brasília, v. 11, p. 68-69, 2003.

[561] Assim a Súmula 176 do STJ: "É nula a cláusula contratual que sujeita o devedor à taxa de juros divulgada pela ANBID/CETIP".

[562] Nesse sentido, sendo o caso de juros moratórios, note-se que o artigo 406 do CC estabeleceu que, quando não forem convencionados, "ou o forem sem taxa estipulada, ou quando provierem de determinação da lei, serão fixados segundo a taxa que estiver em vigor para a mora dos pagamentos devidos à Fazenda Nacional".

Financeiro Nacional". O que terminou por afirmar o entendimento de que, com relação aos contratos bancários, a Lei 4.595/1964, recepcionada pela Constituição da República, delegou ao Conselho Monetário Nacional a fixação da taxa básica de juros, não havendo, contudo, um limite máximo para sua determinação.

Ainda sob a vigência do limite estipulado no artigo 192, § 3º, da Constituição da República, foi afirmado sobre a impossibilidade de aplicação do limite fixado na Constituição, em face da necessidade de lei regulamentadora (ADIn 4-7/DF, Rel. Min. Sidney Sanches, j. 07.03.1991, *DJU* 25.06.1993). Hoje, a ausência de limite expresso no texto constitucional e a decisão final da ADIn 2.591/DF impõem a aplicação das regras e princípios do CDC em matéria contratual aos contratos bancários, o que no caso coloca-os em definitivo sob a égide dos princípios da boa-fé e do equilíbrio, assim como dos direitos básicos do consumidor estabelecidos no artigo 6º da Lei. Entre eles, o direito básico à "modificação das cláusulas contratuais que estabeleçam prestações desproporcionais ou sua revisão em razão de fatos supervenientes que as tornem excessivamente onerosas" (artigo 6º, V). Preserva-se, portanto, a possibilidade de as cláusulas do contrato de consumo, em razão da falta de qualidade do consentimento ou da violação do equilíbrio do contrato, serem reconhecidas como abusivas.

Nesse sentido, ainda que não exista um limite predefinido para os juros praticados pelas instituições financeiras, é possível, todavia, identificar a onerosidade excessiva em desfavor do consumidor. E nesse sentido, reconhecida a abusividade, provocar o controle do Poder Judiciário, mediante decretação de nulidade.[563]

Note-se que a proteção do CDC se dá, no tocante às cláusulas abusivas, a situações que coloquem o consumidor em desvantagem exagerada (artigo 51, IV, c/c o § 1º), entre as quais está a hipótese de onerosidade excessiva (artigo 51, § 1º, III). Certamente que sem um referencial técnico ou jurídico-normativo não se pode, reafirmamos, referir-se a um limite para os juros fixados aos contratos bancários. No entanto, o exame casuístico das situações levadas ao conhecimento do Poder Judiciário permite identificar aquelas em que as taxas de juros praticadas induzem à presunção de abusividade (de acordo com a técnica do artigo 51, § 1º). São os casos que aparecem na jurisprudência brasileira, de dívidas multiplicadas incontáveis vezes, ou mesmo aquelas em que haja manifesta desproporção entre o tempo do inadimplemento e o valor representativo do montante da dívida, cujas características fazem notório o caráter excessivamente oneroso para o consumidor.[564]

No que se refere aos juros moratórios, a proteção do equilíbrio contratual se estabelece em face da função de controle geral do CDC sobre os efeitos do inadimplemento

---

[563] "Bancário e processo civil. Agravo no agravo de instrumento. Recurso especial. Taxa de juros remuneratórios. Capitalização de juros. É admitida a revisão das taxas de juros remuneratórios em situações excepcionais, desde que caracterizada a relação de consumo e que a abusividade (capaz de colocar o consumidor em desvantagem exagerada – artigo 51, § 1º, do CDC) fique cabalmente demonstrada, ante às peculiaridades do julgamento em concreto. É admissível a capitalização mensal dos juros nos contratos bancários celebrados a partir da publicação da MP 1.963-17 (31.03.2000), desde que seja pactuada. Agravo no agravo de instrumento não provido" (STJ, AgRg no Ag 1.371.651/RS, 3ª Turma, Rel. Min. Nancy Andrighi, j. 18.08.2011, *DJe* 25.08.2011).

[564] É extremamente ilustrativa a respeito a coleção de casos referidos por Ruy Rosado de Aguiar Júnior. Os contratos bancários e a jurisprudência do Superior Tribunal de Justiça. *Série de Pesquisas do CEJ*, Brasília, v. 11, p. 77-79, 2003.

Parte II · Cap. 2 · A PROTEÇÃO CONTRATUAL DO CONSUMIDOR | **421**

dos contratos. A necessidade de limitação dos juros moratórios já é desde há muito tempo percebida pela doutrina[565] e jurisprudência.[566] A Medida Provisória 2.172-32 de 2001 sancionou com nulidade as cláusulas de juros presentes em contratos de mútuo, que fixem juros acima dos estabelecidos na lei, e nos demais contratos que prevejam lucros e vantagens patrimoniais excessivos,[567] ou no sentido que dispõe o CDC, determinem vantagem exagerada em favor do fornecedor.

Entretanto, o CDC não disciplina especificamente matéria de juros. No direito civil, o artigo 406 do CC estabelece que, "quando os juros moratórios não forem convencionados, ou o forem sem taxa estipulada, ou quando provierem de determinação da lei, serão fixados segundo a taxa que estiver em vigor para a mora dos pagamentos devidos à Fazenda Nacional". Trata-se, na exata interpretação da norma, de regra supletiva, aplicável quando da falta de estipulação diversa. Da mesma forma, lembre-se da polêmica relativa aos juros cobrados pelas entidades do sistema financeiro nacional, tanto sob a égide da redação primitiva do artigo 192, § 3º, da Constituição quanto pela redação resultante da Emenda Constitucional 40/2003, que retirou da Constituição a referência ao limite de 12% de juros reais.

A despeito da conhecida polêmica, contudo, nos contratos sob a égide do artigo 406 do CC, fazendo referência à taxa em vigor para mora dos pagamentos devidos à

---

[565] PONTES DE MIRANDA, Francisco Cavalcanti. *Tratado de direito privado*. Rio de Janeiro: Borsói, 1959. t. XXIV, p. 18.

[566] "Ação revisional. Contrato de abertura de crédito em conta corrente. Da possibilidade de revisar contratações bancárias com base no CDC. Aplicabilidade do CDC. Doutrina e jurisprudência. Juros. Limitação a 12% a.a. flagrada a abusividade em cláusula contratual. CDC. Capitalização. A capitalização está restrita às hipóteses expressamente previstas em lei (Dec.-lei 167/67, Dec.-lei 413/69, Lei 6.840/80). Comissão de permanência. Mesmo que não cumulada com a correção monetária, inadmissível a sua contratação 'à taxa de mercado no dia do pagamento', porque sobre sua aferição somente uma das partes exerce influência. Incompatibilidade com a boa-fé e a equidade. Nulidade (artigo 51, IV, do CDC). Apelação improvida" (TJRS, 19ª Câm., ApCiv 70.002.095.891, Rel. Des. Guinther Spode, j. 10.04.2001). No mesmo sentido: "Negócio jurídico bancário. Ação de cobrança. Contrato de crédito rotativo. Do alcance da decisão. Sentença *extra petita*. Inocorrência. Exercício regular do direito de resposta. Em se tratando de débito oriundo de relação negocial una, daí se originando o cálculo apresentado, por evidente que as novas diretrizes traçadas na sentença para apuração do efetivamente devido hão de alcançar a origem do cálculo, sob pena de perdurarem as abusivas distorções do mesmo. De modo que não se afastou o magistrado do pedido inicial, tendo-o provido apenas em parte. Juros remuneratórios, princípio do pacta sunt servanda e o CDC. Prevalece atualmente o princípio da relatividade do contrato, como forma de assegurar o equilíbrio da relação contratual, mediante a concretização de preceitos tais como o da 'liberdade e igualdade entre as partes' e da 'boa-fé'. Assim que, figurando, no caso concreto, de um lado a instituição financeira, na condição de fornecedora da quantia creditada, e de outro o correntista creditado, estabelece-se cristalina relação de consumo, incidindo na espécie as disposições do CDC. De forma que, havendo abusividade na contratação dos juros compensatórios, colocando o devedor em indiscutível desvantagem, é de ser revista a respectiva taxa, *ex vi* do artigo 51, IV, CDC, restando autorizada a adaptação do percentual compensatório ao patamar constitucional. Capitalização mensal. Inadmissível, na espécie, capitalização mensal de juros, por ausência de previsão legal. Juros moratórios. Possível a incidência de juros no percentual de 1% a.m. quando expressamente contratados. Deram parcial provimento" (TJRS, ApCiv 70.001.327.634, 12ª Câmara Especial Cível, Rel. Des. André Luiz Planella Villarinho, j. 20.02.2001).

[567] Para essa informação, e de resto um excelente escorço histórico sobre a regulação dos juros no direito brasileiro, veja-se o artigo do Professor Ruy Rosado de Aguiar Júnior: Os juros na perspectiva do Código Civil. *In*: PASQUALOTTO, Adalberto; PFEIFFER, Roberto. *Código de Defesa do Consumidor e o Código Civil de 2002*. São Paulo: Ed. RT, 2005. p. 152-177.

Fazenda Nacional, remete em um primeiro momento à incidência da denominada Taxa Selic. Sua forma de cálculo, entretanto, é definida para mensuração de títulos públicos e inclui uma projeção inflacionária, o que lhe permite inclusive ser utilizada como critério de atualização monetária, razão pela qual sua aplicação representa a imposição de um gravame excessivo ao devedor. Da mesma forma, é necessário indicar que a Taxa Selic tem sua fixação confiada à autoridade administrativa (COPOM), o que, segundo Judith Martins-Costa, quebra a teleologia da disposição, que é a sua fixação pela lei, razão por que sua aplicação reveste-se de ilegalidade.[568] Nesse sentido, admite-se aplicar na espécie, em consonância com o artigo 406 do Código Civil, o que fora consagrado no Enunciado 20, da I Jornada de Direito Civil do Conselho da Justiça Federal, coordenada pelo Ministro Ruy Rosado de Aguiar Júnior, os juros fixados no artigo 161, § 1º, do CTN, de 1% ao mês. Tais condições caracterizam como abusivos, por indicarem vantagem exagerada contra o consumidor, os juros fixados que não se refiram apenas à mora do devedor, mas incluam em seu cálculo outras parcelas – como é o caso da Taxa Selic, assim como, nos consórcios, a obrigatoriedade de pagamento da taxa de administração que inclua juros remuneratórios em favor do fornecedor.[569]

Daí por que se entende que há possibilidade do controle de juros quando implicarem vantagem exagerada do fornecedor, à luz do que dispõe o artigo 51, IV, do CDC.[570] O modo de controle da abusividade dos juros merece atenção quanto a sua efetiva possibilidade pelo consumidor, o que em muitos casos determinará a própria necessidade de inversão do ônus da prova em seu favor.[571] Por outro lado, não se perde de vista a tensão entre a preservação do equilíbrio do contrato e a segurança jurídica quanto às estipulações feitas pelas partes, devendo-se adotar critérios estáveis para intervenção do juiz no contrato.

Com sabedoria, a jurisprudência do STJ vem desenvolvendo, ao longo do tempo, critérios para admitir a revisão dos juros remuneratórios contratados, em razão da sua abusividade. Nesse sentido, sinaliza que, nos contratos de consumo, deve ser identificada "a presença de abusividade capaz de colocar o consumidor em desvantagem exagerada", ao mesmo tempo que realizada "a demonstração cabal, com menção expressa às peculiaridades da hipótese concreta, da abusividade verificada, levando-se em consideração,

---

[568] Esse é o entendimento de MARTINS-COSTA, Judith. *Comentários ao novo Código Civil*. Do inadimplemento das obrigações. Rio de Janeiro: Forense, 2004. v. 5, t. II, p. 403-408. No mesmo sentido, da sua não aplicação às hipóteses do artigo 406: AGUIAR JÚNIOR, Ruy Rosado de. Os juros na perspectiva do Código Civil. *In*: PASQUALOTTO, Adalberto; PFEIFFER, Roberto. *Código de Defesa do Consumidor e o Código Civil de 2002*. São Paulo: Ed. RT, 2005. p. 170.

[569] "Direito civil e do consumidor. Contrato de consórcio para aquisição de veículo. CDC. Incidência. Taxa de administração. Juros remuneratórios embutidos. Abusividade. Aplica-se o CDC aos negócios jurídicos realizados entre as empresas administradoras de consórcios e seus consumidores--consorciados. Precedentes. À taxa de administração de consórcios não podem ser embutidos outros encargos que não aqueles inerentes à remuneração da administradora pela formação, organização e administração do grupo de consórcio (artigo 12, § 3º da Circular do BACEN 2.766/97). Se houver cláusula contratual que fixe a taxa de administração em valor que exceda ao limite legal previsto no artigo 42 do Dec. 70.951/72, estará caracterizada a prática abusiva da administradora de consórcio, o que impõe a exclusão do percentual que sobejar ao estipulado na referida Lei. Recurso especial parcialmente conhecido e, nessa parte, provido" (STJ, REsp 541.184/PB, Rel. Min. Nancy Andrighi, j. 25.04.2006, *DJU* 20.11.2006, p. 300).

[570] STJ, AgRg no AREsp 564.360/RS, 3ª Turma, Rel. Min. Marco Aurélio Bellizze, j. 24.02.2015, *DJe* 05.03.2015

[571] KHOURI, Paulo Roque. *Direito do consumidor*. 7. ed. São Paulo: Atlas, 2021. p. 179.

Parte II · Cap. 2 · A PROTEÇÃO CONTRATUAL DO CONSUMIDOR | **423**

entre outros fatores, a situação da economia na época da contratação, o custo da captação dos recursos, o risco envolvido na operação, o relacionamento mantido com o banco e as garantias ofertadas".[572] Além destas, o valor e prazo de financiamento, assim como as fontes de renda do tomador e a análise do seu perfil de risco.[573] Desse modo, a referência genérica às circunstâncias do caso ou à taxa média do mercado, por si, são fundamentos insuficientes para a intervenção judicial no conteúdo do contrato.

2.3.4.5.5 Cláusulas que violem o equilíbrio contratual: controle *in concreto* pelo juiz

Como já afirmamos, as cláusulas abusivas em face da violação do equilíbrio contratual constituem ampla definição prevista no artigo 51, IV, do CDC, a fim de proteger não apenas o equilíbrio de interesses contratuais, como também a equivalência das prestações. Nesse sentido, a proteção do equilíbrio contratual, em vista da boa-fé objetiva, tem como elemento nuclear a proibição de estipulação de vantagem exagerada em favor do fornecedor, trazendo uma ideia de desequilíbrio de interesses.[574] A *proteção do equilíbrio contratual* resulta não apenas do *princípio do equilíbrio*, mas também dos deveres da boa-fé objetiva, quais sejam os deveres de respeito, colaboração e lealdade com a contraparte.

---

[572] "Recurso especial. Contrato de mútuo bancário. Juros remuneratórios. Revisão. Caráter abusivo. Requisitos. Necessidade de fundamentação adequada. 1. Recurso especial interposto em 19.04.2022 e concluso ao gabinete em 04.07.2022. 2. O propósito recursal consiste em dizer se: a) a menção genérica às 'circunstâncias da causa' não descritas na decisão, acompanhada ou não do simples cotejo entre a taxa de juros prevista no contrato e a média praticada no mercado, é suficiente para a revisão das taxas de juros remuneratórios pactuadas em contratos de mútuo bancário; e b) qual o incide a ser aplicado, na espécie, aos juros de mora. 3. A Segunda Seção, no julgamento REsp n. 1.061.530/RS, submetido ao rito dos recursos especiais repetitivos, fixou o entendimento de que 'é admitida a revisão das taxas de juros remuneratórios em situações excepcionais, desde que caracterizada a relação de consumo e que a abusividade (capaz de colocar o consumidor em desvantagem exagerada – art. 51, § 1º, do CDC) fique cabalmente demonstrada, ante as peculiaridades do julgamento em concreto'. 4. Deve-se observar os seguintes requisitos para a revisão das taxas de juros remuneratórios: a) a caracterização de relação de consumo; b) a presença de abusividade capaz de colocar o consumidor em desvantagem exagerada; e c) a demonstração cabal, com menção expressa às peculiaridades da hipótese concreta, da abusividade verificada, levando-se em consideração, entre outros fatores, a situação da economia na época da contratação, o custo da captação dos recursos, o risco envolvido na operação, o relacionamento mantido com o banco e as garantias ofertadas. 5. São insuficientes para fundamentar o caráter abusivo dos juros remuneratórios: a) a menção genérica às 'circunstâncias da causa' – ou outra expressão equivalente; b) o simples cotejo entre a taxa de juros prevista no contrato e a média de mercado divulgada pelo BACEN e c) a aplicação de algum limite adotado, aprioristicamente, pelo próprio Tribunal estadual. 6. Na espécie, não se extrai do acórdão impugnado qualquer consideração acerca das peculiaridades da hipótese concreta, limitando-se a cotejar as taxas de juros pactuadas com as correspondentes taxas médias de mercado divulgadas pelo BACEN e a aplicar parâmetro abstrato para aferição do caráter abusivo dos juros, impondo-se, desse modo, o retorno dos autos às instâncias ordinárias para que aplique o direito à espécie a partir dos parâmetros delineados pela jurisprudência desta Corte Superior. 7. Recurso especial parcialmente provido" (STJ, REsp n. 2.009.614/SC, 3ª Turma, Rel. Min. Nancy Andrighi, j. 27.09.2022, *DJe* 30.09.2022).

[573] STJ, REsp 1.821.182/RS, 4ª Turma, Rel. Min. Maria Isabel Gallotti, j. 23.06.2022, *DJe* 29.06.2022; AgInt no REsp 1.995.857/MS, 4ª Turma, Rel. Min. Raul Araújo, j. 29.08.2022, *DJe* 08.09.2022; AgInt no REsp 1.959.753/RS, 4ª Turma, Rel. Min. Luis Felipe Salomão, j. 23.08.2022, *DJe* 31.08.2022.

[574] Esse o sentido da expressão em direito comparado, sobretudo no direito alemão, conforme ensina: MARQUES, Claudia Lima. *Contratos no Código de Defesa do Consumidor*. 4. ed. São Paulo: Ed. RT, 2003. p. 797.

Esse desequilíbrio causado pela vantagem exagerada do fornecedor pode surgir tanto da imposição de parcelas que agravem a prestação do consumidor[575] quanto da segregação de custos inerentes à prestação, ou exclusões e limitações de direitos que contrariem a natureza de determinado contrato. É o caso do contrato de seguro, que exclui da cobertura os riscos inerentes à atividade segurada do consumidor,[576] assim como a cláusula que estabelece responsabilidade absoluta do fornecedor pelo uso do cartão de crédito furtado, até o momento de notificação do fornecedor acerca do furto.[577] Da mesma maneira, sê-

---

[575] Um tema difícil é o do repasse dos custos de cobrança da prestação, como a taxa de emissão do boleto bancário, para o consumidor. Sobre o tema, decidiu o STJ: "(...) 3. Não é razoável que o consumidor seja obrigado a arcar com os custos de serviço contratado entre o recorrente e outra instituição bancária, sem que tenha qualquer participação nessa relação e sem que tenha se responsabilizado pela remuneração de serviço. 4. O serviço prestado por meio do oferecimento de boleto bancário ao mutuário já é remunerado por meio da 'tarifa interbancária', razão pela qual a cobrança de tarifa, ainda que sob outra rubrica, mas que objetive remunerar o mesmo serviço, importa em enriquecimento sem causa e vantagem exagerada das instituições financeiras em detrimento dos consumidores. 5. A cobrança de tarifa dos consumidores pelo pagamento de uma conta ou serviço mediante boleto bancário significa cobrar para emitir recibo de quitação, o que é dever do credor que por ela não pode nada solicitar (artigo 319 do CC/2002). 6. O entendimento dominante no STJ é no sentido de admitir a repetição do indébito na forma simples, e não em dobro, salvo provada má-fé. Contudo, a ausência de decisão acerca dos argumentos invocados pelo recorrente em suas razões recursais (ausência de má-fé) impede o conhecimento do recurso especial. 7. Recurso especial parcialmente conhecido e nessa parte não provido" (REsp 1.161.411/RJ, 3ª Turma, Rel. Min. Nancy Andrighi, j. 1º.09.2011, *DJe* 10.10.2011). Em 2015, contudo, decidiu o mesmo tribunal em sentido diverso, acentuando a possibilidade de cobrança desde que haja opção entre diversos meios hábeis ao pagamento, e informação pré-contratual sobre a modalidade de cobrança por boleto: "Recurso especial. Direito do consumidor. Ação coletiva. Custos de cobrança. Informação. Liberdade contratual. Legalidade. Art. 51, Xii, do CDC. Reciprocidade. Livre pactuação. Boa-fé objetiva. Proporcionalidade. 1. Cuida-se de ação coletiva proposta pela ANADEC contra a Editora Abril S.A., na qual aponta a ilegalidade da cobrança de R$ 1,13 (um real e treze centavos) por boletos bancários emitidos em virtude da assinatura de revistas, custo que alega pertencer exclusivamente à empresa. 2. O Código de Defesa do Consumidor assegura a possibilidade de ressarcimento dos custos de cobrança de determinada obrigação tanto ao fornecedor quanto ao consumidor (art. 51, XII, do CDC). 3. No caso, o consumidor, antes de formalizar o negócio jurídico com a Editora Abril (fornecedora), na fase pré-contratual, foi informado da faculdade de optar por uma das três formas de pagamento oferecidas pela empresa: boleto bancário, débito em conta e débito no cartão de crédito. 4. Inexiste vantagem exagerada em decorrência da cobrança por carnê, em especial porque o boleto bancário não é imposto pelo fornecedor, mas, ao contrário, propicia ao consumidor uma comodidade, realizando a liberdade contratual e o dever de informação. 5. Ausente a onerosidade excessiva, porquanto mantidos o equilíbrio contratual, a proporcionalidade do acréscimo cobrado do consumidor e a boa-fé objetiva do fornecedor. 6. Recurso especial não provido" (STJ, REsp 1.339.097/SP, 3ª Turma, Rel. Min. Ricardo Villas Bôas Cueva, j. 03.02.2015, *DJe* 09.02.2015). No mesmo sentido: "(...) Código de Defesa do Consumidor não veda a estipulação contratual que impõe ao consumidor o pagamento das despesas de cobrança. Apenas determina que esse direito seja uma via de mão dupla, permitindo que o consumidor também seja ressarcido por eventuais despesas de cobrança dirigida contra o fornecedor (art. 51, XII, do CDC). 4. Hipótese em que o boleto bancário não se constitui na única forma de pagamento colocada à disposição do consumidor, que pode se valer de outros meios de adimplemento das obrigações decorrentes dos contratos de locação celebrados com a empresa demandada, inclusive com instruções claras e adequadas sobre a possibilidade de pagamento com isenção da tarifa bancária (...)" (STJ, REsp 1.439.314/RS, 3ª Turma, Rel. Min. Ricardo Villas Bôas Cueva, j. 18.02.2020, *DJe* 20.02.2020).

[576] *"Seguro. Veículo de carga. Exclusão dos riscos decorrentes de operação de carga e descarga. Impossibilidade.* É nula a cláusula do contrato de seguro que – cobrindo o transporte de cargas – exclui da cobertura as operações de carga e descarga (CDC, artigo 51, IV e § 1º)" (STJ, REsp 613.397/MG, Rel. Min. Humberto Gomes de Barros, j. 25.09.2006, *DJU* 09.10.2006, p. 285).

[577] *"Consumidor. Cartão de crédito. Furto. Responsabilidade pelo uso. Cláusula que impõe a comunicação. Nulidade.* CDC, artigo 51, IV. São nulas as cláusulas contratuais que impõem ao consumidor a respon-

Parte II · Cap. 2 · A PROTEÇÃO CONTRATUAL DO CONSUMIDOR | **425**

-lo-á a cláusula estabelecida em contrato de plano de saúde que estabelecer a suspensão do atendimento na hipótese de atraso de uma única parcela,[578] ou que limita o tempo de internação, os exames a serem realizados,[579] ou o número de sessões de terapia necessária ao atendimento à saúde do consumidor,[580] conforme já decidiu, com sabedoria, o STJ.

Nessa mesma linha de entendimento, observando o dever de boa-fé que protege o respeito aos interesses legítimos do consumidor, também será abusiva a cláusula que exclui do tratamento coberto pelo plano de saúde, providência que é consequência necessária, em vista da finalidade de cura do segurado, de procedimento coberto pelo plano de saúde.[581] É o caso do paciente que, tendo realizado prostatectomia, tem negado seu direito a esfíncter urinário artificial, sob o argumento de que tal aparelho não se encontra coberto pelo plano;[582] do consumidor que, submetido à cirurgia cardíaca, tem negada a aquisição de *stent* (aparelho a ser instalado durante a cirurgia, na válvula cardíaca do paciente);[583] ou da recusa do fornecimento de quaisquer materiais associados razoavelmente ao êxito

---

sabilidade absoluta por compras realizadas com cartão de crédito furtado até o momento (data e hora) da comunicação do furto. Tais avenças de adesão colocam o consumidor em desvantagem exagerada e militam contra a boa-fé e a equidade, pois as administradoras e os vendedores têm o dever de apurar a regularidade no uso dos cartões" (STJ, REsp 348.343/SP, Rel. Min. Humberto Gomes de Barros, j. 14.02.2006, *DJU* 26.06.2006, p. 130). No mesmo sentido: "É nula a cláusula que impõe ao portador do cartão, com exclusividade, a responsabilidade pelas despesas realizadas anteriormente à comunicação de sua perda, extravio, furto ou roubo, ou ainda quando houver suspeita da sua utilização por terceiros" (STJ, REsp 1.737.411/SP, 3ª Turma, Rel. p/ Acórdão Min. Ricardo Villas Bôas Cueva, j. 26.03.2019, *DJe* 12.04.2019).

[578] "*Plano de saúde. Abusividade de cláusula. Suspensão de atendimento. Atraso de única parcela. Dano moral. Caracterização.* I – É abusiva a cláusula prevista em contrato de plano de saúde que suspende o atendimento em razão do atraso de pagamento de uma única parcela. Precedente da 3ª Turma. Na hipótese, a própria empresa seguradora contribuiu para a mora, pois, em razão de problemas internos, não enviou ao segurado o boleto para pagamento. II – É ilegal, também, a estipulação que prevê a submissão do segurado a novo período de carência, de duração equivalente ao prazo pelo qual perdurou a mora, após o adimplemento do débito em atraso. III – Recusado atendimento pela seguradora de saúde em decorrência de cláusulas abusivas, quando o segurado encontrava-se em situação de urgência e extrema necessidade de cuidados médicos, é nítida a caracterização do dano moral. Recurso provido" (STJ, REsp 259.263/SP, Rel. Min. Castro Filho, j. 02.08.2005, *DJU* 20.02.2006, p. 330).

[579] "*Plano de saúde. Unimed. Limite de internação. Cláusula inválida.* É inválida a cláusula do plano de saúde que limita o tempo de internação hospitalar e exclui os exames que nesse tempo se fizeram necessários ao tratamento do paciente. Recurso conhecido e provido" (STJ, REsp 434.699/RS, Rel. Min. Ruy Rosado de Aguiar Júnior, j. 10.09.2002, *DJU* 11.11.2002, p. 225). Nesse sentido consolidou seu entendimento o STJ, por intermédio da Súmula 302 que refere: "É abusiva a cláusula contratual de plano de saúde que limita no tempo a internação hospitalar do segurado".

[580] STJ, REsp 1.642.255/MS, 3ª Turma, Rel. Min. Nancy Andrighi, j. 17.04.2018, *DJe* 20.04.2018.

[581] STJ, AgInt no AgInt no AREsp 2.030.438/SP, 3ª Turma, Rel. Min. Ricardo Villas Bôas Cueva, j. 12.09.2022, *DJe* 19.09.2022; AgInt no REsp 1.963.072/SP, 4ª Turma, Rel. Min. Antonio Carlos Ferreira, j. 29.08.2022, *DJe* 31.08.2022.

[582] STJ, REsp 519.940/SP, Rel. Min. Carlos Alberto Menezes Direito, j. 17.06.2003, *DJU* 1º.09.2003, p. 288.

[583] "Apelação cível. Plano de assistência médico-hospitalar. Cirurgia para colocação de *stent* com medicação negada pela seguradora. Cobertura obrigatória. Lei 9.656/98 aplicável ao caso concreto. Contrato com renovações automáticas e periódicas. Relação de trato sucessivo. Desnaturação da cláusula contratual que se mostra abusiva, por ofensa à lei pertinente e à constituição federal. Permissão. Inteligência do artigo 51 do CDC. Sentença mantida. Negaram provimento" (TJRS, ApCiv 70.015.710.023, 6ª Câm. Civ., Rel. Des. Artur Arnildo Ludwig, j. 26.10.2006). No mesmo sentido: STJ, AgRg no AREsp 635.944/MG, 4ª Turma, Rel. Min. Marco Buzzi, j. 12.05.2015, *DJe* 19.05.2015.

de determinado procedimento cirúrgico.[584] E, ainda, a cláusula que limita a realização de exames e demais procedimentos apenas quando solicitados por médico credenciado da operadora do plano de saúde.[585] Da mesma forma, nos contratos bancários, aquela que prevê remuneração específica por serviço que se entenda ser do conteúdo de prestação já objeto de remuneração,[586] ou que não tenham sido efetivamente prestados.[587] Nesse particular, inclusive, em precedente julgado pelo STJ, no regime dos recursos especiais repetitivos, foi assentada, corretamente, a tese da "abusividade da cláusula que prevê a cobrança de ressarcimento de serviços prestados por terceiros, sem a especificação do serviço a ser efetivamente prestado".[588] Não se considera abusiva, conforme a jurisprudência, contudo, a cláusula que autoriza o fornecedor a cobrar do consumidor inadimplente as respectivas despesas de cobrança, considerando-se que caracteriza a *restitutio in integrum*, efeito da responsabilidade do devedor.[589] Isso não significará, contudo, que sobre tais despesas não possa haver controle quanto a sua adequação e razoabilidade.

---

[584] "Agravo regimental. Processual civil. Plano de saúde. Cobertura securitária. Prótese necessária ao sucesso da cirurgia coberta pelo contrato. Impossibilidade de recusa. Incidência CDC. Súmula 83/STJ. 1. A jurisprudência desta Corte é pacífica em repudiar a recusa de fornecimento de instrumental cirúrgico ou fisioterápico, quando este se encontrar proporcionalmente interligado à prestação contratada, como é o caso de próteses essenciais ao sucesso das cirurgias ou tratamento hospitalar decorrente da própria intervenção cirúrgica (...)" (STJ, AgRg no Ag 1.226.643/SP, 4ª Turma, Rel. Min. Luis Felipe Salomão, j. 05.04.2011, *DJe* 12.04.2011). No mesmo sentido: AgInt no AREsp 995.073/MG, 4ª Turma, Rel. Min. Maria Isabel Gallotti, j. 03.10.2017, *DJe* 06.10.2017.

[585] "Recurso especial. Ação civil pública. Ofensa ao artigo 535 do CPC/73. Inobservância. Plano de saúde. Condicionamento de deferimento de exame, Procedimento, internação e cirurgia à subscrição de médico cooperado. Cláusula abusiva reconhecida. 1. Não há que se falar em negativa de prestação jurisdicional. Isso porque, embora rejeitados os embargos de declaração, os questionamentos aventados pela recorrente foram devidamente enfrentados pela Corte estadual, a qual emitiu pronunciamento de forma fundamentada, ainda que em sentido contrário à pretensão recursal. 2. A realização de exames, internações e demais procedimentos hospitalares não podem ser obstados aos usuários cooperados, exclusivamente pelo fato de terem sido solicitados por médico diverso daqueles que compõem o quadro da operadora, pois isso configura não apenas discriminação do galeno, mas também tolhe tanto o direito de usufruir do plano contratado como a liberdade de escolha do profissional que lhe aprouver. 3. Assim, a cláusula contratual que prevê o indeferimento de quaisquer procedimentos médico-hospitalares, se estes forem solicitados por médicos não cooperados, deve ser reconhecida como cláusula abusiva, nos termos do art. 51, IV, do CDC. 4. Recurso especial a que se nega provimento" (STJ, REsp 1.330.919/MT, 4ª Turma, Rel. Min. Luis Felipe Salomão, j. 02.08.2016, *DJe* 18.08.2016). Comentando o julgado, veja-se: CATALAN, Marcos. Da abusividade impregnada à cláusula contratual que condiciona a liberação de guias para a realização de exames e (ou) para a internação hospitalar à solicitação de médico cooperado: um estudo de caso. *In*: CATALAN, Marcos. *Direito do consumidor em movimento*: diálogos com tribunais brasileiros. Canoas: Unilasalle, 2017. p. 101 e ss.

[586] Assim, por exemplo, a cobrança de taxa de compensação de cheques em contrato de conta-corrente bancária, ao segregar-se um custo e cobrá-lo em separado, relativo atividade inerente à prestação do fornecedor. Nesse sentido: STJ, AgInt no REsp 1.729.440/SP, 4ª Turma, Rel. Min. Marco Buzzi, j. 12.09.2022, *DJe* 16.09.2022; REsp 1.208.567/RS, 3ª Turma, Rel. Min. Paulo de Tarso Sanseverino, j. 20.02.2014, *DJe* 10.03.2014.

[587] Assim a decisão do STJ em recurso especial repetitivo, considerando abusiva a cobrança de serviços de terceiros que não foram efetivamente prestados: STJ, REsp 1.578.553/SP, 2ª Seção, Rel. Min. Paulo de Tarso Sanseverino, j. 28.11.2018, *DJe* 06.12.2018. A repetição de indébito tem lugar sempre quando não fique demonstrada a efetiva prestação cujo ressarcimento se pretende: REsp 1.639.259/SP, 2ª Seção, Rel. Min. Paulo de Tarso Sanseverino, j. 12.12.2018, *DJe* 17.12.2018.

[588] STJ, REsp 1.578.553/SP, 2ª Seção, Rel. Min. Paulo de Tarso Sanseverino, j. 28.11.2018, *DJe* 06.12.2018.

[589] REsp 1.361.699/MG, 3ª Turma, Rel. Min. Ricardo Villas Bôas Cueva, j. 12.09.2017, *DJe* 21.09.2017.

Parte II · Cap. 2 · A PROTEÇÃO CONTRATUAL DO CONSUMIDOR | **427**

O regime das cláusulas abusivas, quando protege o equilíbrio contratual, contempla igualmente o respeito ao adimplemento substancial da obrigação pelo credor,[590] hipótese que, por conceito, deve obstaculizar a resolução do credor, atuando em favor do direito de manutenção do contrato[591] (direito básico do consumidor de manutenção do contrato).

A identificação das cláusulas abusivas e a decretação da nulidade da estipulação contratual em questão serão tarefa do juiz, ao examinar o caso concreto e identificar as circunstâncias da contratação, como, havendo ou não a vantagem exagerada em favor do consumidor, a ensejar o desequilíbrio dos interesses das partes no contrato. Da mesma forma, poderá o julgador, ao identificar a violação do equilíbrio contratual, não decidir pela nulidade da cláusula – em especial quando se verifica que cumpre função legítima no ajuste contratual –, podendo optar, mediante atividade integrativa do contrato, por reequilibrar a relação, por meio de imposição de ônus ou deveres iguais a consumidor e fornecedor. É o caso da abusividade da cláusula contratual que impõe sanção por atraso do cumprimento da prestação apenas ao consumidor.[592] Ao lado da alternativa de decretação

---

[590] Nesse sentido decidiu o STJ: "*Seguro. Inadimplemento da segurada. Falta de pagamento da última prestação. Adimplemento substancial. Resolução.* A companhia seguradora não pode dar por extinto o contrato de seguro, por falta de pagamento da última prestação do prêmio, por três razões: a) sempre recebeu as prestações em atraso, o que estava, aliás, previsto no contrato, sendo inadmissível que apenas rejeite a prestação quando ocorra o sinistro; b) a segurada cumpriu substancialmente com a sua obrigação, não sendo a sua falta suficiente para extinguir o contrato; c) a resolução do contrato deve ser requerida em juízo, quando será possível avaliar a importância do inadimplemento, suficiente para a extinção do negócio" (STJ, REsp 76.362/MT, Rel. Min. Ruy Rosado de Aguiar, j. 11.12.1995, *DJU* 1º.04.1996).

[591] Assim a posição do STJ: "*Alienação fiduciária. Busca e apreensão. Falta da última prestação. Adimplemento substancial.* O cumprimento do contrato de financiamento, com a falta apenas da última prestação, não autoriza o credor a lançar mão da ação de busca e apreensão, em lugar da cobrança da parcela faltante. O adimplemento substancial do contrato pelo devedor não autoriza ao credor a propositura de ação para a extinção do contrato, salvo se demonstrada a perda do interesse na continuidade da execução, que não é o caso. Na espécie, ainda houve a consignação judicial do valor da última parcela. Não atende à exigência de boa-fé objetiva a atitude do credor que desconhece esses fatos e promove a busca e apreensão, com pedido de reintegração de posse" (STJ, REsp 272.739/MG, Rel. Min. Ruy Rosado de Aguiar, *DJ* 02.04.2001).

[592] Ao julgar questão relativa ao atraso de produtos comercializados por *site* na internet, a discussão sobre a possibilidade de exigência do fornecedor de multa, com fundamento na denominada "cláusula penal invertida", não foi acolhida por maioria, vencidos o relator originário, Min. Luis Felipe Salomão, e o Min. Marco Buzzi, sob o argumento de inexistência, naquele contrato específico, de cláusula penal em favor do fornecedor, em razão da ausência do risco de mora do consumidor (afinal, o envio do produto estava condicionado ao prévio pagamento do preço): "Direito do consumidor. Ação civil pública. Compra e venda realizada pela internet. Imposição de multa para os casos de atraso na entrega da mercadoria e demora na restituição do valor pago pelo consumidor arrependido. Ausência de previsão legal ou contratual. Inexistência no contrato de multa em prol do fornecedor passível de inversão. Pedido improcedente. 1. Ação civil pública proposta com o objetivo de, sob o imperativo da reciprocidade, impor cláusula penal ao fornecedor de bens móveis, nos casos de atraso na entrega da mercadoria e na demora de restituição do valor pago quando do exercício do direito do arrependimento, ante a premissa de que o consumidor é penalizado com a obrigação de arcar com multa moratória quando atrasa o pagamento de suas faturas de cartão de crédito. 2. Dado que ao Poder Judiciário não é atribuída a tarefa de substituir o legislador, a 'inversão' da cláusula penal deve partir do atendimento a dois pressupostos lógicos: a) que a cláusula penal tenha sido, efetivamente, celebrada no pacto; b) haja quebra do equilíbrio contratual, em afronta ao princípio consagrado no art. 4º, III, do CDC. 3. No caso dos autos, a empresa fornecedora de bens móveis não cobra, no contrato de compra e venda, multa moratória, motivo por que o princípio do equilíbrio contratual não pode ser invocado para impor a multa. 4. No pacto de compra e venda, a empresa fornecedora envia a mercadoria após a confirmação de pagamento pela operadora de cartão de crédito, inexistindo risco de mora, daí a desnecessidade de previsão de cláusula penal, não havendo

428 CURSO DE DIREITO DO CONSUMIDOR – *Bruno Miragem*

da nulidade da cláusula, em vista do desequilíbrio que causa entre os modos de tutela dos interesses dos contratantes, poderá o juiz integrar o contrato para impor a mesma sanção por descumprimento também ao fornecedor.[593]

2.3.4.5.6 Cláusulas de inversão do ônus da prova em prejuízo do consumidor

O artigo 51, VI, do CDC define como abusivas as cláusulas contratuais que "estabeleçam inversão do ônus da prova em prejuízo do consumidor". A abusividade de estipulação contratual com esse teor é manifesta. A uma, porque a inversão é estabelecida no CDC como faculdade do juiz em benefício do consumidor. Trata-se, portanto, de matéria de ordem pública, que não pode ser objeto de disposição contratual das partes interessadas. Em outro sentido, propõe Nelson Nery Junior, para quem, tal como estabelecida, a disposição não importa a nulidade da cláusula que inverte o ônus da prova, senão que esta será nula apenas quando essa inversão for contrária aos interesses do consumidor.[594]

Por outro lado, a regra que imponha o ônus da prova para o consumidor em contratos de consumo resulta, na prática, na impossibilidade de defesa ou exercício dos direitos do consumidor, que lhe são assegurados por lei. Observe-se, por exemplo, a circunstância em que o consumidor, diante do mau funcionamento do produto, alegue vício deste. Não é lícito, considerando sua vulnerabilidade técnica, que se lhe exija a prova da existência do vício e do comprometimento da utilização normal do produto. O caráter abusivo da cláusula contratual em destaque, nesse sentido, abrange especialmente a proteção do consumidor contra vícios, assim como nas hipóteses de ausência da entrega do produto ou prestação do serviço como originariamente ajustado, situações em que o consumidor nem sempre terá como comprovar cabalmente a existência do vício ou do prejuízo, razão pela qual se estipula a presunção. E assim porque, igualmente, o ônus da prova dos fatos

---

multa contratual a ser contra ela 'invertida'. 5. O simples fato de o fornecedor disponibilizar, dentre outros meios de pagamento, em seu sítio da internet, compra por meio de cartão de crédito, de diferentes bandeiras, à escolha do consumidor, não autoriza a imposição de cláusula penal como corolário do equilíbrio contratual. 6. O contrato de compra e venda celebrado entre fornecedor de bens móveis e o consumidor não se confunde com o pacto realizado entre este e a operadora de cartão de crédito de sua preferência, possuindo cláusulas próprias e incomunicáveis. 7. A multa cobrada pela administradora do cartão, em face do atraso no pagamento da fatura do cartão de crédito, é contrapartida justificada pela obtenção do crédito de forma fácil e desembaraçada, sem que o consumidor tenha de prestar garantia adicional alguma, além da promessa de pagar no prazo acertado. 8. O Código de Defesa do Consumidor, em seu art. 49, impõe somente a atualização monetária do valor pago pelo comprador nos casos de exercício do direito de arrependimento, de sorte que a imposição de multa moratória, em abstrato, por sentença em ação coletiva, nessa hipótese, carece de previsão legislativa. 9. O estímulo ao cumprimento dos prazos para a entrega de mercadorias e devolução do pagamento em caso de desistência de compra é efetuado pela dinâmica do próprio mercado, que pune aqueles que prestam serviço deficiente, dispondo os consumidores de variados canais para tornarem públicas suas reclamações e elogios, além de contar com o Poder Judiciário naqueles casos concretos em que a mora do fornecedor ultrapasse os limites da razoabilidade. 10. Recurso especial provido para julgar improcedente o pedido" (STJ, REsp 1.412.993/SP, 4ª Turma, Rel. Min. Luis Felipe Salomão, Rel. p/ Acórdão Min. Maria Isabel Gallotti, j. 08.05.2018, *DJe* 07.06.2018).

[593] STJ, REsp 1.548.189/SP, 3ª Turma, Rel. Min. Paulo de Tarso Sanseverino, j. 13.06.2017, *DJe* 06.09.2017.

[594] NERY JR., Nelson *et al. Código Brasileiro de Defesa do Consumidor comentado pelos autores do anteprojeto.* 8. ed. Rio de Janeiro: Forense, 2005. p. 576.

Parte II · Cap. 2 · A PROTEÇÃO CONTRATUAL DO CONSUMIDOR | **429**

dirá respeito – quando se relacionem características ou procedimentos da prestação do produto ou serviço – à própria atividade do fornecedor.[595]

Da mesma forma, ofendem o sistema de proteção do consumidor, uma vez que estabelecem o ônus da prova em seu prejuízo, cláusulas que firmem declaração do consumidor sobre situação de fato, em relação às quais este não terá condições futuras de atestar sua correção ou não. É o caso da cláusula pré-redigida na qual o consumidor desde logo ateste que recebeu o produto ou serviço sem oferecer reclamação, ou de que foi, no momento de celebração do contrato, adequadamente esclarecido quanto a seus termos.[596] Em todas essas situações, que geralmente serão examinadas no momento do litígio entre consumidor e fornecedor, caberá ao juiz comparar o conteúdo das cláusulas contratuais e os fatos a serem provados na demanda. Se ocorrer que em vista das cláusulas contratuais fique caracterizada afirmação capaz de induzir a inversão do ônus da prova em prejuízo do consumidor, cumprirá ao juiz o reconhecimento de seu caráter abusivo, cominando-lhe a respectiva nulidade.

2.3.4.5.7 Cláusulas que condicionem ou limitem o acesso ao Poder Judiciário

O artigo 6º, VII, do CDC consagra o direito básico do consumidor de acesso aos órgãos judiciários e administrativos visando à prevenção ou reparação de danos patrimoniais e morais, individuais, coletivos ou difusos. A disposição, em contrato, de cláusulas que violem esse direito básico serão consideradas abusivas.

Já na redação original do CDC proibiu-se a submissão do consumidor à arbitragem compulsória. Seu artigo 51, VI, estabelece como abusivas as cláusulas contratuais que "determinem a utilização compulsória de arbitragem". Note-se que o vedado expressamente pelo CDC é a utilização compulsória da arbitragem, o que não prescindiria da estipulação de cláusula compromissória no contrato de consumo, prevendo esse instrumento a necessidade de submissão das partes ao juízo arbitral. Presentes essas circunstâncias, há de reconhecer a nulidade da cláusula compromissória em questão. A simples previsão do recurso à arbitragem, por si, não caracteriza a abusividade, uma vez que a arbitragem só poderá recair sobre direitos disponíveis do consumidor.[597] Todavia, não se deve perder de vista o perigo de o árbitro, nos contratos de consumo, vir a ser designado pelo contratante mais forte (o fornecedor).[598] Essa foi uma das razões, inclusive, para o veto da Presidente da República a dispositivo da Lei 13.129/2015, que expressamente permitia a arbitragem nas relações de consumo. A redação pretendida era a seguinte: "Na relação de consumo estabelecida por meio de contrato de adesão, a cláusula compromissória só terá eficácia se o aderente tomar a iniciativa de instituir a arbitragem ou concordar expressamente com a sua instituição". Contudo, o texto em questão foi vetado, tendo fundamentado sua decisão,

---

[595] NERY JR., Nelson *et al. Código Brasileiro de Defesa do Consumidor comentado pelos autores do anteprojeto.* 8. ed. Rio de Janeiro: Forense, 2005. p. 577.

[596] Os exemplos são de: NERY JR., Nelson *et al. Código Brasileiro de Defesa do Consumidor comentado pelos autores do anteprojeto.* 8. ed. Rio de Janeiro: Forense, 2005. p. 575-576.

[597] NERY JR., Nelson *et al. Código Brasileiro de Defesa do Consumidor comentado pelos autores do anteprojeto.* 8. ed. Rio de Janeiro: Forense, 2005. p. 578-581.

[598] MARQUES, Claudia Lima; BENJAMIN, Antonio Herman; MIRAGEM, Bruno. *Comentários ao Código de Defesa do Consumidor.* 2. ed. São Paulo: Ed. RT, 2006. p. 704-705.

430 | CURSO DE DIREITO DO CONSUMIDOR – *Bruno Miragem*

a Presidente da República, sob o argumento de que, "da forma prevista, os dispositivos alterariam as regras para arbitragem em contrato de adesão. Com isso, autorizariam, de forma ampla, a arbitragem nas relações de consumo, sem deixar claro que a manifestação de vontade do consumidor deva se dar também no momento posterior ao surgimento de eventual controvérsia, e não apenas no momento inicial da assinatura do contrato. Em decorrência das garantias próprias do direito do consumidor, tal ampliação do espaço da arbitragem, sem os devidos recortes, poderia significar um retrocesso e ofensa ao princípio norteador de proteção do consumidor".

Revigorada está, pois, a importância indicada pela norma do artigo 51, VI, de que se assegure, na hipótese de recurso à arbitragem de consumo, que ela seja voluntária e não compulsória, retirando os meios de o consumidor recorrer ao Poder Judiciário visando à tutela de seus direitos.

Nesse sentido, cominando de nulidade, porque abusiva, a cláusula contratual que prevê a arbitragem compulsória, o CDC busca resguardar o consentimento válido do consumidor na estipulação da cláusula arbitral como instrumento alternativo de solução de controvérsias. Assim, o entendimento jurisprudencial de que a nulidade da cláusula que imponha a arbitragem compulsória não impede que possa o consumidor, após a ocorrência do litígio, de acordo com o fornecedor, recorrer à arbitragem,[599] ou seja, não basta a aceitação da cláusula compromissória no momento da celebração do contrato de adesão, senão a instauração do procedimento, ou a aceitação expressa deste, quando instaurado pelo fornecedor.[600] A preservação da voluntariedade do recurso à arbitragem

---

[599] "Direito processual civil e consumidor. Contrato de adesão. Convenção de arbitragem. Limites e exceções. Arbitragem em contratos de financiamento imobiliário. Cabimento. Limites. 1. Com a promulgação da Lei de Arbitragem, passaram a conviver, em harmonia, três regramentos de diferentes graus de especificidade: (i) a regra geral, que obriga a observância da arbitragem quando pactuada pelas partes, com derrogação da jurisdição estatal; (ii) a regra específica, contida no artigo 4º, § 2º, da Lei 9.307/96 e aplicável a contratos de adesão genéricos, que restringe a eficácia da cláusula compromissória; e (iii) a regra ainda mais específica, contida no artigo 51, VII, do CDC, incidente sobre contratos derivados de relação de consumo, sejam eles de adesão ou não, impondo a nulidade de cláusula que determine a utilização compulsória da arbitragem, ainda que satisfeitos os requisitos do artigo 4º, § 2º, da Lei 9.307/96. 2. O artigo 51, VII, do CDC se limita a vedar a adoção prévia e compulsória da arbitragem, no momento da celebração do contrato, mas não impede que, posteriormente, diante de eventual litígio, havendo consenso entre as partes (em especial a aquiescência do consumidor), seja instaurado o procedimento arbitral. 3. As regras dos artigos 51, VIII, do CDC e 34 da Lei 9.514/1997 não são incompatíveis. Primeiro porque o artigo 34 não se refere exclusivamente a financiamentos imobiliários sujeitos ao CDC e segundo porque, havendo relação de consumo, o dispositivo legal não fixa o momento em que deverá ser definida a efetiva utilização da arbitragem. 4. Recurso especial a que se nega provimento" (STJ, REsp 1.169.841/RJ, 3ª Turma, Rel. Min. Nancy Andrighi, j. 06.11.2012, *DJe* 14.11.2012).

[600] "Direito processual civil e consumidor. Contrato de financiamento imobiliário. Contrato de adesão. Convenção de arbitragem. Possibilidade, respeitados determinadas exceções. 1. Um dos nortes a guiar a Política Nacional das Relações de Consumo é exatamente o incentivo à criação de mecanismos alternativos de solução de conflitos de consumo (CDC, art. 4º, § 2º), inserido no contexto de facilitação do acesso à Justiça, dando concretude às denominadas 'ondas renovatórias do direito' de Mauro Cappelletti. 2. Por outro lado, o art. 51 do CDC assevera serem nulas de pleno direito 'as cláusulas contratuais relativas ao fornecimento de produtos e serviços que: VII – determinem a utilização compulsória de arbitragem'. A *mens legis* é justamente proteger aquele consumidor, parte vulnerável da relação jurídica, a não se ver compelido a consentir com qualquer cláusula arbitral. 3. Portanto, ao que se percebe, em verdade, o CDC não se opõe a utilização da arbitragem na resolução de conflitos de consumo, ao revés, incentiva a criação de meios alternativos de solução dos litígios; ressalva, no entanto, apenas, a forma de

Parte II · Cap. 2 · A PROTEÇÃO CONTRATUAL DO CONSUMIDOR | **431**

e da proteção de direitos indisponíveis do consumidor, contudo, permanecem sob o controle do Poder Judiciário.[601]

A Lei 14.181/2021, por sua vez, incluiu no rol do artigo 51 do CDC o inciso XVII, que define como abusivas as cláusulas que "condicionem ou limitem de qualquer forma o acesso aos órgãos do Poder Judiciário". Trata-se de previsão ampla, que contempla a proibição a quaisquer cláusulas, mesmo que possam constituir obstáculo ao acesso ao Poder Judiciário. É o caso das cláusulas que, no contrato, imponham que o consumidor deva antes de exercer sua pretensão em juízo, proceder reclamação formal diante do fornecedor, ou perante órgãos de defesa do consumidor. Nesse sentido, merece atenção a regra, embora não se trate, necessariamente, de providência imposta em cláusula contratual, às situações nas quais se exija reclamação administrativa no portal 'Consumidor.

---

imposição da cláusula compromissória, que não poderá ocorrer de forma impositiva. 4. Com a mesma *ratio*, a Lei n. 9.307/1996 estabeleceu, como regra geral, o respeito à convenção arbitral, tendo criado, no que toca ao contrato de adesão, mecanismos para proteger o aderente vulnerável, nos termos do art. 4º, § 2º, justamente porque nesses contratos prevalece a desigualdade entre as partes contratantes. 5. Não há incompatibilidade entre os arts. 51, VII, do CDC e 4º, § 2º, da Lei n. 9.307/96. Visando conciliar os normativos e garantir a maior proteção ao consumidor é que se entende que a cláusula compromissória só virá a ter eficácia caso este aderente venha a tomar a iniciativa de instituir a arbitragem, ou concorde, expressamente, com a sua instituição, não havendo, por conseguinte, falar em compulsoriedade. Ademais, há situações em que, apesar de se tratar de consumidor, não há vulnerabilidade da parte a justificar sua proteção. 6. Dessarte, a instauração da arbitragem pelo consumidor vincula o fornecedor, mas a recíproca não se mostra verdadeira, haja vista que a propositura da arbitragem pelo policitante depende da ratificação expressa do oblato vulnerável, não sendo suficiente a aceitação da cláusula realizada no momento da assinatura do contrato de adesão. Com isso, evita-se qualquer forma de abuso, na medida em o consumidor detém, caso deseje, o poder de libertar-se da via arbitral para solucionar eventual lide com o prestador de serviços ou fornecedor. É que a recusa do consumidor não exige qualquer motivação. Propondo ele ação no Judiciário, haverá negativa (ou renúncia) tácita da cláusula compromissória. 7. Assim, é possível a cláusula arbitral em contrato de adesão de consumo quando não se verificar presente a sua imposição pelo fornecedor ou a vulnerabilidade do consumidor, bem como quando a iniciativa da instauração ocorrer pelo consumidor ou, no caso de iniciativa do fornecedor, venha a concordar ou ratificar expressamente com a instituição, afastada qualquer possibilidade de abuso. 8. Na hipótese, os autos revelam contrato de adesão de consumo em que fora estipulada cláusula compromissória. Apesar de sua manifestação inicial, a mera propositura da presente ação pelo consumidor é apta a demonstrar o seu desinteresse na adoção da arbitragem – não haveria a exigível ratificação posterior da cláusula –, sendo que o recorrido/fornecedor não aventou em sua defesa qualquer das exceções que afastariam a jurisdição estatal, isto é: que o recorrente/consumidor detinha, no momento da pactuação, condições de equilíbrio com o fornecedor – não haveria vulnerabilidade da parte a justificar sua proteção; ou ainda, que haveria iniciativa da instauração de arbitragem pelo consumidor ou, em sendo a iniciativa do fornecedor, que o consumidor teria concordado com ela. Portanto, é de se reconhecer a ineficácia da cláusula arbitral. 9. Recurso especial provido" (STJ, REsp 1.189.050/SP, 4ª Turma, Rel. Min. Luis Felipe Salomão, j. 1º.03.2016, *DJe* 14.03.2016).

[601] "Agravo interno no agravo em recurso especial. Ação revisional cumulada com consignação em pagamento. Cláusula compromissória. Contrato de adesão de consumo. Ação judicial. Discordância do consumidor quanto à arbitragem. Ineficácia. Agravo provido. 1. Nos termos da jurisprudência firmada no âmbito do Superior Tribunal de Justiça, a validade da cláusula compromissória, em contrato de adesão caracterizado por relação de consumo, está condicionada à efetiva concordância do consumidor no momento da instauração do litígio entre as partes, consolidando-se o entendimento de que o ajuizamento, por ele, de ação perante o Poder Judiciário caracteriza a sua discordância em submeter-se ao Juízo Arbitral, não podendo prevalecer a cláusula que impõe a sua utilização. 2. A mera circunstância de o consumidor ser bacharel em direito é insuficiente para descaracterizar sua hipossuficiência, uma vez que a vulnerabilidade da pessoa física não é, necessariamente, técnica, mas, principalmente, econômica e jurídica. 3. Agravo interno provido para conhecer do agravo a fim de dar provimento ao recurso especial" (STJ, AgInt no AREsp 1.192.648/GO, 4ª Turma, Rel. Min. Raul Araújo, j. 27.11.2018, *DJe* 04.12.2018).

gov', mantido pela Secretaria Nacional do Consumidor, do Ministério da Justiça, como condição para deferimento da petição inicial em ações movidas pelo consumidor. Não se retira do juiz, no caso, o exame das condições da ação, contudo ele não pode ser orientado por exigência que a lei não prevê. No caso da previsão em cláusula contratual que condicione ou limite o acesso aos órgãos do Poder Judiciário, rejeita-se a possibilidade de o fornecedor determinar obstáculo para o consumidor exercer seus direitos, hipótese em que a decretação da nulidade, de ofício, impõe-se para que o juiz possa conhecer da ação.

2.3.4.5.8 Cláusulas-mandato

Outra cláusula contratual abusiva rejeitada pela jurisprudência diz respeito à denominada cláusula-mandato. Trata-se da cláusula pela qual uma das partes nomeia antecipadamente a outra parte como sua representante, outorgando-lhe poderes para realização de determinados atos ou negócios em seu próprio favor. O artigo 51, VIII, determina como cláusulas abusivas aquelas que "imponham representante para concluir ou realizar outro negócio jurídico pelo consumidor", ou seja, a cláusula pela qual o consumidor nomeia o próprio fornecedor, ou terceiro, para que realize ato ou negócio em seu próprio benefício, porquanto na qualidade de representantes do consumidor.

A importância do controle dessas espécies de estipulações, em que o representante aja, no exercício dos poderes de representação, em seu próprio benefício, não se observa com exclusividade no direito do consumidor. No próprio direito civil, essas espécies de negócio jurídico são denominadas como *contratos consigo mesmo*, remetendo à possibilidade de anulação do negócio pelo representado prejudicado, em conformidade com o artigo 117 do CC.[602] Quando se trata de contratos de consumo, todavia, uma vez que caracterizem desequilíbrio no poder de direção da relação contratual, essa cláusula deverá ser considerada abusiva, e por isso nula. Logo, os atos ou negócios que sejam celebrados com fundamento na prerrogativa estabelecida pela cláusula nula serão, por isso, ineficazes.

Assim, por exemplo, a decisão do STJ que considerou ineficaz a hipoteca celebrada pela construtora em favor do banco financiador da obra, mediante cláusula contratual do consumidor adquirente do imóvel que autorizava sua constituição. Nesse caso, a nulidade da cláusula que no contrato entre o fornecedor e o consumidor autorizava a hipoteca (espécie de cláusula-mandato que transferia os riscos do empreendimento ao consumidor) importou na ineficácia do direito real de hipoteca celebrado em favor do fornecedor.[603] Da mesma forma ocorre com relação aos contratos bancários, nos quais,

---

[602] A respeito, veja-se: TEPEDINO, Gustavo; BARBOZA, Heloísa Helena; MORAES, Maria Celina Bodin de. *Código Civil interpretado conforme a Constituição da República*. Rio de Janeiro: Renovar, 2004. v. 1, p. 237-238.

[603] "Compra e venda de bem imóvel assinada e paga antes do contrato de financiamento entre a construtora e o banco, mediante garantia hipotecária. Ausência de consentimento dos promitentes compradores. Cláusula que institui mandato para esse fim considerada abusiva, a teor do artigo 51, VIII, do CDC. 1. Considerando o Acórdão recorrido que o bem foi comprado e integralmente pago antes do contrato de financiamento com garantia hipotecária, que os adquirentes não autorizaram a constituição de tal gravame, que sequer o mandato foi exercido e, ainda, que é abusiva a cláusula que institui o mandato, a teor do artigo 51, VIII, do Código de Defesa do Consumidor, não existe afronta a nenhum dispositivo sobre a higidez da hipoteca, presente a peculiaridade do cenário descrito. 2. Recurso especial não conhecido" (STJ, REsp 296.453/RS, Rel. Min. Carlos Alberto Menezes Direito, j. 05.06.2001, *DJU* 03.09.2001, p. 222).

conforme a doutrina,[604] aparecem como principais hipóteses de cláusulas-mandato, em favor da instituição bancária: a) a cláusula irrevogável pelo qual o consumidor autoriza o banco a emitir e aceitar título de crédito no valor correspondente à dívida apurada unilateralmente;[605] b) a cláusula pela qual o consumidor autoriza o banco a debitar de sua conta-corrente os custos e despesas decorrentes da emissão de cartão de crédito, bem como do valor das faturas vincendas dele;[606] e c) a cláusula pela qual o consumidor autoriza o banco a aplicar recursos disponíveis no mercado financeiro, a seu exclusivo critério, mas em prejuízo do outorgante. Na primeira hipótese, caso em que o consumidor autoriza a emissão e aceitação de título da dívida determinada de forma unilateral, sua rejeição tem o condão de impedir toda sorte de comportamentos abusivos do credor,[607] tendo o STJ sedimentado seu entendimento por intermédio da Súmula 60, nos seguintes termos: "É nula a obrigação cambial assumida por procurador do mutuário vinculado ao mutuante, no exclusivo interesse deste".

O que o CDC estabelece, em essência, é a abusividade da cláusula que autorize a nomeação de procurador do consumidor que atue, em representação deste, no exclusivo atendimento dos interesses do fornecedor. Nesse sentido, como refere Nelson Nery Junior, "não há necessidade de que o conflito seja real. Basta a possibilidade de existir".[608] O caráter abusivo da cláusula satisfaz-se – determinando sua nulidade – com a simples outorga de poder, e, portanto, de oportunidade do fornecedor de agir em favor do seu próprio interesse.

---

[604] CASADO, Márcio Mello. *Proteção do consumidor de crédito bancário e financeiro*. São Paulo: Ed. RT, 2000. p. 174.

[605] "Processo civil. Recurso especial. Agravo regimental. Contrato bancário. Nota promissória. Cláusula mandato. Violação ao artigo 51, IV, CDC. Súmula 60 do STJ. Nulidade. Desprovimento. 1 – É nula a cláusula contratual em que o devedor autoriza o credor a sacar, para cobrança, título de crédito representativo de qualquer quantia em atraso. Isto porque tal cláusula não se coaduna com o contrato de mandato, que pressupõe a inexistência de conflitos entre mandante e mandatário. Precedentes (REsp 504.036/RS e AgRg Ag 562.705/RS). 2 – Ademais, a orientação desta Corte é no sentido de que a cláusula contratual que permite a emissão da nota promissória em favor do banco/embargado, caracteriza-se como abusiva, porque violadora do princípio da boa-fé, consagrado no artigo 51, IV do CDC. Precedente (REsp 511.450/RS). 3 – Agravo regimental desprovido" (STJ, AgRg no REsp 808.603/RS, Rel. Min. Jorge Scartezzini, j. 04.05.2006, *DJU* 29.05.2006, p. 264).

[606] "Processo civil. Recurso especial. Ação de prestação de contas. Contrato de cartão de crédito. Crédito rotativo. Empréstimo bancário. Cláusula-mandato. Limites do repasse. Prestação de contas. Prova dos encargos repassados ao titular do cartão. Insuficiência. Exigência de se provar o valor dos encargos captados na origem. A administradora de cartões de crédito apenas poderá repassar ao titular do cartão os mesmos encargos que, em razão da cláusula-mandato, pactuou com a instituição financeira mutuante. Em consequência, está a administradora sujeita a prestar contas ao titular do cartão a fim de demonstrar, de forma discriminada, não apenas os encargos e as condições que lhe foram repassados, mas também a prova dos encargos e das condições que, na origem, foram captados junto à instituição financeira. Recurso especial provido" (STJ, REsp 523.154/RS, Rel. Min. Nancy Andrighi, j. 21.08.2003, *DJU* 22.09.2003, p. 325).

[607] Assim decidiu o STJ: "*Mora. Vencimento antecipado. Emissão de título pelo valor total do débito.* A cláusula que permite preencher e levar a protesto nota promissória com o valor total da dívida por causa do atraso de uma prestação, das vinte e quatro diferidas, impede o devedor a purga da mora e por isso não pode ser admitida. Recurso não conhecido" (STJ, REsp 291.637/RS, 4ª Turma, Rel. Min. Ruy Rosado de Aguiar Júnior, j. 05.06.2001).

[608] NERY JR., Nelson *et al. Código Brasileiro de Defesa do Consumidor comentado pelos autores do anteprojeto*. 8. ed. Rio de Janeiro: Forense, 2005. p. 585.

2.3.4.5.9 Cláusulas potestativas

Em muitos contextos, a expressão *cláusula potestativa* é examinada com o mesmo sentido de cláusula abusiva, sobretudo na aproximação histórica entre o tratamento das cláusulas potestativas no direito anterior ao CDC e o regime das cláusulas abusivas instituído pela norma de proteção do consumidor.[609] Na sistemática adotada pelo CDC, todavia, parece-nos que as cláusulas potestativas surgem como espécies de cláusulas abusivas, uma vez que, a teor dos incisos IX, X, XI e XIII, estabelecem tão forte poder de direção do fornecedor na direção do contrato de consumo, que termina por diminuir ou suprimir a possibilidade de o consumidor promover com alguma utilidade seus interesses, comprometendo o equilíbrio do contrato e, por conseguinte, a validade das cláusulas contratuais abusivas que dão causa a essa desigualdade.

Estabelecem os incisos IX, X, XI e XIII do CDC, definindo como cláusulas abusivas as que, respectivamente: "IX – deixem ao fornecedor a opção de concluir ou não o contrato, embora obrigando o consumidor; X – permitam ao fornecedor, direta ou indiretamente, variação do preço de maneira unilateral; XI – autorizem o fornecedor a cancelar o contrato unilateralmente, sem que igual direito seja conferido ao consumidor; (...) XIII – autorizem o fornecedor a modificar unilateralmente o conteúdo ou a qualidade do contrato, após sua celebração; (...)".

Em todas essas hipóteses mencionadas, o conteúdo principal do poder de direção da relação contratual, mediante legitimação prevista pelo contrato de consumo, pertence ao fornecedor. E é o fato dessa previsão unilateral das prerrogativas e demais direitos estabelecidos no contrato que emprestam abusividade às suas disposições. Note-se que a abusividade das estipulações contratuais mencionadas reside no desequilíbrio que promovem, em detrimento do consumidor. Caso contrário, se os mesmos poderes fossem conferidos a ambas as partes, seu caráter abusivo desapareceria.

Nesse sentido são os diversos casos previstos pela jurisprudência, com relação à impossibilidade de rescisão unilateral do contrato de plano de saúde, em face do juízo exclusivo do fornecedor de inviabilidade de sua manutenção,[610] ou a cláusula de fixação de juros remuneratórios, em contrato bancário, que deixa a estipulação do índice ao arbítrio do fornecedor.[611]

---

[609] Como demonstra Claudia Lima Marques em: MARQUES, Claudia Lima; BENJAMIN, Antonio Herman; MIRAGEM, Bruno. *Comentários ao Código de Defesa do Consumidor*. 2. ed. São Paulo: Ed. RT, 2006. p. 696.

[610] "*Consumidor. Plano de saúde. Cláusula abusiva. Nulidade. Rescisão unilateral do contrato pela seguradora. Lei 9.656/98.* É nula, por expressa previsão legal, e em razão de sua abusividade, a cláusula inserida em contrato de plano de saúde que permite a sua rescisão unilateral pela seguradora, sob simples alegação de inviabilidade de manutenção da avença. Recurso provido" (STJ, REsp 602.397/RS, Rel. Min. Castro Filho, j. 21.06.2005, *DJU* 1º.08.2005, p. 443).

[611] "Processo civil. Recurso especial. Embargos de declaração. Agravo regimental. Contrato bancário. Abertura de crédito em conta-corrente. Juros remuneratórios. Taxa não estabelecida no contrato. Limitação em 12% ao ano. desprovimento. 1 – Este Tribunal já proclamou o entendimento no sentido de que, quanto aos juros remuneratórios, uma vez não estabelecida no contrato a taxa de juros a ser aplicada, conforme explicitado no v. acórdão recorrido, deve ser imposta a limitação de 12% ao ano, vez que a previsão de que o contratante deve arcar com os juros praticados no mercado financeiro é cláusula potestativa, que sujeita o devedor ao arbítrio do credor ao assumir obrigação futura e incerta. Precedentes (AgRg REsp 689.819/RS, AgRg no Ag 585.754/RS e REsp 551.932/RS). 2 – Agravo regimental desprovido" (STJ, AgRg

Parte II · Cap. 2 · A PROTEÇÃO CONTRATUAL DO CONSUMIDOR | 435

As cláusulas potestativas configuram-se como abusivas, assim, em razão do desequilíbrio *prima facie* a que dão causa na relação entre as posições contratuais do fornecedor e do consumidor.[612] O caráter unilateral das disposições estabelecidas nas cláusulas abusivas cominadas reduz o consumidor a mero espectador da atuação negocial do fornecedor, o que não se coaduna com o sistema protetivo do CDC.

2.3.4.5.10 Cláusulas-surpresa

Por fim, entre as várias espécies de cláusulas abusivas, impõe que se mencionem as denominadas cláusulas-surpresa. Trata-se de espécies de cláusulas abusivas inicialmente previstas no inciso V do artigo 51 do CDC, mas que foram vetadas por ocasião da promulgação do CDC. São cláusulas cujo caráter abusivo decorre do comprometimento da qualidade do consentimento do consumidor, uma vez que podem ser definidas como aquelas que, de acordo com a aparência global do contrato, vêm a surpreender o consumidor.[613] A surpresa do consumidor, como ensina Nelson Nery Junior, "pode decorrer não só da má-fé do fornecedor na conclusão do contrato e da falta de esclarecimento adequado

---

[612] nos EDcl no REsp 810.553/RS, Rel. Min. Jorge Scartezzini, j. 04.05.2006, *DJU* 29.05.2006, p. 264). No mesmo sentido: "Recurso especial. Processual civil. Ação civil pública. Código de defesa do consumidor. Contrato de financiamento bancário. Cláusulas gerais. Prova pericial. Fundamento inatacado. Desnecessidade. Substituição unilateral de indexador. Impossibilidade. Vencimento antecipado. Constituição em mora. Rescisão do contrato. Validade parcial. Resta insuficientemente fundamentado o recurso se o recorrente se restringe a aduzir maltrato ao artigo 125 do CPC, por suposto tratamento desigual dado às partes, sem, contudo, refutar a motivação do decisório hostilizado, sem indicar quais as provas cuja produção entendia necessárias, nem em que seriam as mesmas úteis ao correto deslinde da controvérsia, sendo certo que permaneceu íntegro o fundamento do acórdão hostilizado no sentido da mais absoluta desnecessidade de produção de prova pericial. É nula de pleno direito a cláusula que autoriza o banco, após a extinção do indexador originalmente contratado, escolher, a seu exclusivo critério, de forma unilateral, qual o índice que vai aplicar na correção dos saldos devedores do financiamento, sendo nítido o maltrato ao que dispõe o artigo 51, X e XIII, do CDC, ao qual o acórdão recorrido não negou vigência, ao contrário, garantiu plena aplicação. Permanece válida, contudo, a cláusula na parte em que determina a substituição do índice contratual, em caso de sua extinção, pelo índice oficial que vier a sucedê-lo. Inadmissível, outrossim, a genérica rescisão contratual automática pelo simples descumprimento de qualquer obrigação por parte do financiado, sem a descrição detalhada das referidas obrigações a que se refere a cláusula impugnada. Validade parcial da cláusula contratual de n. 10 do contrato-padrão, na parte em que, em caso de falência ou concordata do devedor, protesto de título ou não pagamento de qualquer prestação no vencimento, considera em mora o devedor e automaticamente rescindido o contrato, com o vencimento antecipado de todas as parcelas, com a ressalva de que a rescisão contratual dependerá, necessariamente, de aviso ou notificação judicial ou extrajudicial, para constituição do devedor em mora. Tal raciocínio se coaduna com a jurisprudência desta Corte, que já se solidificou no sentido de que, em contratos em que haja a alienação fiduciária de bem para a garantia do contrato, como no caso do contrato-padrão em exame, 'a comprovação da mora é imprescindível à busca e apreensão do bem alienado fiduciariamente', nos exatos termos da Súmula 72/STJ. Recurso especial parcialmente conhecido e, nessa extensão, provido" (STJ, REsp 27.4264/RJ, 4ª Turma, Rel. Min. Cesar Asfor Rocha, j. 26.02.2002).

[612] Não são abusivas, contudo, cláusulas que prevejam providência necessária em vista da natureza do negócio ou do vínculo entre as partes. É o caso da cláusula prevista em contrato de promessa de compra e venda do imóvel que preveja a necessidade de anuência do fornecedor para a cessão da posição contratual do consumidor em favor de terceiro. Assim decidiu, corretamente, o STJ: REsp 1.027.669/SC, 4ª Turma, Rel. Min. Antônio Carlos Ferreira, j. 02.12.2014, *DJe* 18.05.2015.

[613] MARQUES, Claudia Lima. *Contratos no Código de Defesa do Consumidor*. 4. ed. São Paulo: Ed. RT, 2003. p. 794-795.

sobre o conteúdo do contrato, mas também da redação obscura, dúbia ou contraditória de uma ou mais cláusulas".[614]

O veto presidencial ao inciso V do artigo 51 do CDC foi justificado pela consideração de que a disposição em questão reproduzia, no essencial, o que estabelece o inciso IV da mesma norma. De fato, a proteção almejada pelo legislador é possível de ser alcançada, com a respectiva cominação de nulidade da cláusula pela aplicação do artigo 51, IV, e a cominação da nulidade da cláusula-surpresa por contrariedade à boa-fé, ou, ainda, a aplicação do artigo 46 do CDC e a determinação do caráter abusivo das estipulações não informadas adequadamente ao consumidor, em face da violação do dever de informar do fornecedor, cuja caracterização é eminentemente objetiva (sem a necessidade da presença de má-fé ou culpa do titular do dever descumprido).

A jurisprudência brasileira, ainda que de forma tímida, vem reconhecendo a abusividade da cláusula-surpresa,[615] cujo fundamento básico, antes da violação propriamente dita do equilíbrio contratual, é determinado pela violação do dever de informação do consumidor. Nesse sentido, a caracterização da cláusula-surpresa e sua nulidade pode se dar em contratos de consumo que se apresentem demasiado extensos ou mesmo complexos, em face da sua celebração por um consumidor leigo. Cabe ao fornecedor promover as iniciativas necessárias para prestar o esclarecimento adequa-do dos termos do contrato para o consumidor, da mesma forma que a ele incumbe

---

[614] NERY JR., Nelson et al. *Código Brasileiro de Defesa do Consumidor comentado pelos autores do anteprojeto.* 8. ed. Rio de Janeiro: Forense, 2005. p. 572-573.

[615] Nesse sentido, a decisão do TJRS: "Código do Consumidor. Relação de consumo. Compra e venda de imóvel. Contrato. Cláusula que prevê a faculdade de correção do saldo pela aplicação do melhor índice entre o IGP-M ou CUB/RS. Invalidade e ineficácia. Abusividade configurada. Inteligência do artigo 51, CDC. Considera-se cláusula surpresa, vedada no sistema do consumidor, portanto, nula de pleno direito, aquela que estabelece dois índices de correção monetária, facultando ao credor a eleição do que mais lhe beneficia. Sentença mantida" (TJRS, ApCiv 598.465.235, 9ª Câm. Civ., Rel. Des. Mara Larsen Chechi, j. 10.11.1999). Da mesma forma, a decisão do STJ no caso da cláusula-surpresa na oferta e contratação do título de capitalização Telesena: "Recurso especial. Direito do consumidor. Negativa de prestação jurisdicional. Art. 535 do cpc. Não ocorrência. Princípio da congruência. Aplicação. 'Tele Sena Dia das Mães'. Direito de informação clara e objetiva. Regras do sorteio. Omissão. Propaganda enganosa. Interpretação mais favorável ao consumidor. Abusividade. Cláusula surpresa. Direito de informação. Fase pré-contratual. Incidência. 1. Cuida-se de ação de cobrança proposta por consumidora contra empresa sob alegação de ter sido vítima de propagan-da enganosa em relação a sorteio de título de capitalização denominado 'Tele Sena Dia das Mães 1999'. 2. Enganosa é a mensagem falsa ou que tenha aptidão a induzir a erro o consumidor, que não conseguiria distinguir natureza, características, quantidade, qualidade, preço, origem e dados do produto ou serviço contratado. 3. No caso concreto, extrai-se dos autos que dados essenciais do produto ou serviço adquirido foram omitidos, gerando confusão para qualquer consumidor médio, facilmente induzido a erro. 4. As regras contratuais devem ser postas de modo a evitar falsas expectativas, tais como aquelas dissociadas da realidade, em especial quanto ao consumidor desprovido de conhecimentos técnicos. 5. O CDC, norma principiológica por natureza, proíbe e limita os contratos impressos com letras minúsculas que dificultem, desestimulem ou impeçam a leitura e compreensão pelo consumidor, visando permitir o controle de cláusulas contratuais gerais e a realização da liberdade contratual. 6. À luz do princípio da vulnerabilidade (art. 4º, I, do CDC), princípio norteador das relações de consumo, as cláusulas contratuais são interpretadas de maneira mais favorável ao consumidor (art. 47 do CDC). 7. A transparência e a boa-fé permeiam a contratação na fase pré-contratual. 8. É vedada a cláusula surpresa como garantia do equilíbrio contratual e do direito de informação ao consumidor. 9. Recurso especial não provido" (STJ, REsp 1.344.967/SP, 3ª Turma, Rel. Min. Ricardo Villas Bôas Cueva, j. 26.08.2014, *DJe* 15.09.2014).

demonstrar que o esclarecimento tenha se dado de modo adequado. Caso contrário, presume-se a ausência de esclarecimento mediante o exame das circunstâncias do contrato, suas características e o conteúdo da cláusula que venha a surpreender o consumidor. Diante dessa constatação, caracteriza-se o comprometimento da qualidade do consentimento e, em razão disso, é determinada a cominação de nulidade à cláusula-surpresa, porque abusiva.

2.3.5 Interpretação dos contratos de consumo

Ao lado das normas de proteção do consumidor com relação ao controle de conteúdo dos contratos de consumo, não descura o legislador no estabelecimento em regra favorável ao sujeito vulnerável também no tocante à interpretação dos contratos de consumo. Dispõe, nesse sentido, o artigo 47 do CDC: "As cláusulas contratuais serão interpretadas de maneira mais favorável ao consumidor".

A interpretação dos contratos é, sem dúvida, um dos temas mais complexos da teoria contratual contemporânea. Na visão clássica da interpretação dos contratos, a intenção dos contratantes, ou seja, as razões internas e subjetivas que levaram à celebração do contrato em determinados termos, devia ser considerada mais relevante do que o conteúdo da declaração da vontade, elemento objetivo que se prestava ao conhecimento dos demais contratantes. No entanto, conforme ensina Ferrer Corrêa, "toda a declaração de vontade comporta, em potência, uma pluralidade de sentidos".[616] Desse modo, entre as diversas espécies de interpretação possíveis (gramatical, histórica, lógica), cabe ao intérprete do negócio jurídico, como regra, a interpretação da declaração da vontade, retirando-lhe o sentido que objetivamente revele. Tal objetividade consistirá então, no significado que lhe atribuir um grupo de pessoas pertencentes a uma *"comunidade linguística"*.[617]

A par da teoria tradicional de interpretação do negócio jurídico, a nova teoria contratual e as circunstâncias que a envolvem como a complexidade das contratações, a importância da publicidade e da oferta, e a vulnerabilidade de certos contratantes (caso do consumidor), impuseram a necessidade de eleição de novos critérios para a interpretação de certos contratos, dados os seus aspectos distintivos em relação à concepção comum de contrato herdada da teoria clássica.

Uma primeira modificação de grande importância, hoje já consagrada inclusive no Código Civil, é a interpretação do contrato de modo mais favorável ao aderente (artigo 423: "Quando houver no contrato de adesão cláusulas ambíguas ou contraditórias, dever-se-á adotar a interpretação mais favorável ao aderente"). Note-se, contudo, que a interpretação do contrato não se esgota na interpretação das declarações negociais, da proposta e aceitação. Ao contrário, a interpretação do contrato só tem sentido quando visar a uma *interpretação complementadora* (*ergänzende Auslegung*),[618] "entendida como

---

[616] FERRER CORRÊA, A. *Erro e interpretação na teoria do negócio jurídico*. Coimbra: Almedina, 2001. p. 155.

[617] FERRER CORRÊA, A. *Erro e interpretação na teoria do negócio jurídico*. Coimbra: Almedina, 2001. p. 156-157.

[618] A tese é de LARENZ, Karl. *Derecho civil*. Parte general. Trad. Miguel Izquierdo. Madrid: ERDP, 1978. p. 744-745.

438 | CURSO DE DIREITO DO CONSUMIDOR – *Bruno Miragem*

interpretação objetiva destinada ao preenchimento de lacunas que as partes tenham deixado no preenchimento de seu plano de regulação contratual".[619]

Atualmente, na interpretação dos contratos, em geral, e nos contratos de consumo, em particular, de enorme importância é a função interpretativa e integrativa da boa--fé objetiva.[620] Assim estabelecem hoje, no direito brasileiro, tanto o CDC (artigo 4º, I) quanto o próprio Código Civil (artigo 113). Nesse sentido, aliás, registre-se do STJ, no qual a Corte reconheceu como abrangidl na cobertura reconhecida para o *dano corporal* prevista em cláusula da apólice de seguro contra acidentes de trânsito em que era segurada uma transportadora, também o *dano moral*, a que esta veio a ser condenada em juízo.[621] Da mesma forma, todas as situações de cláusulas de redação dúbia ou lacunosa,[622] nos contratos de seguro, em que a jurisprudência reiteradamente vem aplicando o artigo 47 do CDC para assegurar a interpretação mais favorável ao consumidor.[623]

---

[619] FERREIRA DE ALMEIDA, Carlos. Interpretação do contrato. *Revista de Direito do Consumidor*, São Paulo, n. 17, p. 10, jan./mar. 1996.

[620] MARQUES, Claudia Lima. *Contratos no Código de Defesa do Consumidor*. 4. ed. São Paulo: Ed. RT, 2003. p. 742; MARTINS-COSTA, Judith. *A boa-fé no direito privado*. Sistema e tópica no processo obrigacional. São Paulo: Ed. RT, 1999. p. 431; NERY JR., Nelson *et al. Código Brasileiro de Defesa do Consumidor comentado pelos autores do anteprojeto*. 8. ed. Rio de Janeiro: Forense, 2005. p. 545.

[621] STJ, 4ª Turma, Ag 935.821, Rel. Aldir Passarinho Junior, j. 06.12.2007.

[622] "Recurso especial. Contrato de seguro de veículo. Acidente de trânsito. Apólice. Danos morais com valor em branco. Cláusula de exclusão dos danos morais. Inexistência. Artigos 46 e 47 do Código de Defesa do Consumidor. Correção monetária. Juros de mora. Termo inicial. 1. Os danos pessoais/corporais previstos no contrato de seguro de veículo englobam os danos morais, salvo se houver cláusula expressa que exclua tal garantia. Precedentes. 2. Não é razoável admitir que a simples lacuna de valores quanto ao campo 'danos morais' seja suficiente para afastar por completo esse tipo de reparação, notadamente em virtude de a mesma apólice prever cobertura dos danos corporais. 3. Contrato que deve ser examinado à luz dos artigos 46 e 47 do Código de Defesa do Consumidor. 4. A correção monetária incide desde a data da celebração do contrato até o dia do efetivo pagamento do seguro, pois a apólice deve refletir o valor contratado atualizado. Precedentes. 5. Nas obrigações contratuais, os juros de mora devem incidir a partir da citação. Precedentes. 6. Recurso especial parcialmente conhecido e não provido" (STJ, REsp 1.447.262/SC, 3ª Turma, Rel. Min. Ricardo Villas Bôas Cueva, j. 04.09.2014, *DJe* 11.09.2014).

[623] Assim o caso em que o contrato de seguro previa a cobertura em seguro de automóvel para colisão, incêndio, furto e roubo, e o segurado foi vítima de extorsão e constrangida a entregar o veículo segurado a terceiro, hipótese em que o segurador recusou-se a pagar a indenização securitária. O STJ, então, ao decidir o caso consignou: "Recurso especial (art. 105, III, 'a', da CRFB) – Demanda ressarcitória de seguro – Segurado vítima de crime de extorsão (CP, art. 158) – Aresto estadual reconhecendo a cobertura securitária. Irresignação da seguradora. 1. Violação do art. 535 do CPC inocorrente. Acórdão local devidamente fundamentado, tendo enfrentado todos os aspectos fático-jurídicos essenciais à resolução da controvérsia. Desnecessidade de a autoridade judiciária enfrentar todas as alegações veiculadas pelas partes, quando invocada motivação suficiente ao bom desate da lide. Não há vício que possa nulificar o acórdão recorrido ou ensejar negativa de prestação jurisdicional, mormente na espécie em que a recorrente sequer especificou quais temas deixaram de ser apreciados pela Corte de origem. 2. A redefinição do enquadramento jurídico dos fatos expressamente mencionados no acórdão hostilizado constitui mera revaloração da prova. A excepcional superação das Súmulas 5 e 7 desta Corte justifica-se em casos particulares, sobretudo quando, num juízo sumário, for possível vislumbrar *primo icto oculi* que a tese articulada no apelo nobre não retrata rediscussão de fato e nem interpretação de cláusulas contratuais, senão somente da qualificação jurídica dos fatos já apurados e dos efeitos decorrentes de avença securitária, à luz de institutos jurídicos próprios a que se reportou a cláusula que regula os riscos acobertados pela avença. 3. Mérito. Violação ao art. 757 do CC. Cobertura securitária. Predeterminação de riscos. Cláusula contratual remissiva a conceitos de direito penal (furto e roubo). Segurado vítima de extorsão. Tênue distinção entre o delito do art. 157 do CP e o tipo do art. 158 do mesmo Codex. Critério do entendimento do homem médio. Relação contratual submetida às normas do Código de Defesa do

Parte II · Cap. 2 · A PROTEÇÃO CONTRATUAL DO CONSUMIDOR | **439**

Nesse sentido, é de ser levada em conta, em virtude da aplicação da boa-fé objetiva aos contratos, a interpretação das declarações negociais (oferta, publicidade, cópia do contrato), em consideração às possibilidades de compreensão do seu destinatário.[624] A falta de informação e esclarecimento adequados ao consumidor (informar deficientemente, não destacar cláusula limitativa de direitos) implica violação do dever de informar e, consequentemente, dá causa aos efeitos previstos no CDC (*e.g.* a ineficácia da obrigação do consumidor em relação ao que não lhe foi adequadamente informado como preconiza o artigo 46).

A justificativa de interpretação mais favorável ao consumidor,[625] em vista da boa-fé e da proteção dos interesses legítimos do consumidor, será, em primeiro lugar, a vulne-

---

Consumidor. Dever de cobertura caracterizado. 4. Firmada pela Corte *a quo* a natureza consumerista da relação jurídica estabelecida entre as partes, forçosa sua submissão aos preceitos de ordem pública da Lei n. 8.078/90, a qual elegeu como premissas hermenêuticas a interpretação mais favorável ao consumidor (art. 47), a nulidade de cláusulas que atenuem a responsabilidade do fornecedor, ou redundem em renúncia ou disposição de direitos pelo consumidor (art. 51, I), ou desvirtuem direitos fundamentais inerentes à natureza do contrato (art. 51, § 1º, II). 5. Embora a aleatoriedade constitua característica elementar do contrato de seguro, é mister a previsão de quais os interesses sujeitos a eventos confiados ao acaso estão protegidos, cujo implemento, uma vez verificado, impõe o dever de cobertura pela seguradora. Daí a imprescindibilidade de se ter muito bem definidas as balizas contratuais, cuja formação, segundo o art. 765 do Código Civil, deve observar o princípio da 'estrita boa-fé' e da 'veracidade', seja na conclusão ou na execução do contrato, bem assim quanto ao 'objeto' e as 'circunstâncias e declarações a ele concernentes'. 6. As cláusulas contratuais, uma vez delimitadas, não escapam da interpretação daquele que ocupa a outra extremidade da relação jurídica, a saber, o consumidor, especialmente em face de manifestações volitivas materializadas em disposições dúbias, lacunosas, omissas ou que comportem vários sentidos. 7. A mera remissão a conceitos e artigos do Código Penal contida em cláusula de contrato de seguro não se compatibiliza com a exigência do art. 54, § 4º, do CDC, uma vez que materializa informação insuficiente, que escapa à compreensão do homem médio, incapaz de distinguir entre o crime de roubo e o delito de extorsão, dada sua aproximação topográfica, conceitual e da forma probatória. Dever de cobertura caracterizado. 8. Recurso especial conhecido e desprovido" (STJ, REsp 1.106.827/SP, 4ª Turma, Rel. Min. Marco Buzzi, j. 16.10.2012, *DJe* 23.10.2012). No mesmo sentido: STJ, AgRg no REsp 1.331.935/SP, 3ª Turma, Rel. Min. Ricardo Villas Bôas Cueva, j. 03.10.2013, *DJe* 10.10.2013.

[624] LARENZ, Karl. *Derecho civil*. Parte general. Trad. Miguel Izquierdo. Madrid: ERDP, 1978. p. 457. Nesse sentido, é ilustrativa a decisão referida por MARQUES, Claudia Lima; BENJAMIN, Antonio Herman; MIRAGEM, Bruno. *Comentários ao Código de Defesa do Consumidor*. 2. ed. São Paulo: Ed. RT, 2006. p. 654-655: "*Seguro. Indenização. Cláusula contratual estabelecendo que, em caso de furto simples do bem segurado, não haverá responsabilidade por perdas e danos. Fato que não exime a seguradora do pagamento da verba, pois não se pode aceitar que pessoa leiga tenha compreensão da distinção entre aquela modalidade de crime e a sua forma qualificada. Ementa da Redação*: No contrato de seguro, sabidamente classificado de adesão, o fato de existir cláusula que estabeleça que, em caso de furto simples do bem segurado, a seguradora não responderá por perdas e danos não a exime do pagamento da indenização, pois não se pode aceitar que pessoa leiga tenha compreensão da distinção entre aquela modalidade de crime e a sua forma qualificada. *Seguro. Indenização. Perda total do bem segurado. Verba devida pela seguradora correspondente ao valor da apólice e não ao preço de mercado do objeto da avença, até porque o prêmio é cobrado sobre aquele valor. Ementa da Redação*: Ocorrendo a perda total do bem segurado, a indenização devida pela seguradora deve corresponder ao valor da apólice e não ao preço de mercado do objeto da avença, até porque o prêmio é cobrado sobre aquele valor" (TJMS, ApCiv 61.153-8, 2ª Turma, Rel. Des. Joenildo de Sousa Chaves, j. 30.03.1999, *RT* 768/329).

[625] Em nosso sistema não parece haver dificuldade de encontrar a justificativa básica de interpretação mais favorável ao consumidor no reconhecimento legal de sua vulnerabilidade. Não recorremos, portanto, às justificações hesitantes a que faz referência Françoise Domont-Naert, ao examinar a regulamentação do contrato de consumo no direito europeu (DOMONT-NAERT, Françoise. As tendências atuais do direito contratual no domínio da regulação das cláusulas abusivas. *Revista de Direito do Consumidor*, São Paulo, v. 12, p. 17-24, out./dez. 1994).

rabilidade da posição contratual do consumidor. Entretanto, diferente da proteção que dispõe o Código Civil com relação à interpretação favorável ao aderente (artigo 423), a interpretação favorável ao consumidor não alcança apenas as cláusulas ambíguas ou contraditórias, mas também todo o conteúdo do contrato.[626] Da mesma forma, o conteúdo do contrato a ser interpretado não se resume às cláusulas que integram o instrumento contratual. No regime dos contratos de consumo, ao lado das estipulações contratuais expressas, nascidas do consentimento entre consumidor e fornecedor, há de se considerar também todas as disposições legais estabelecidas pelo CDC em face desses contratos,[627] por exemplo, as regras sobre vícios, oferta, publicidade, informação e cláusulas abusivas.

A boa-fé, nesse sentido, não é somente um cânone de interpretação. O intérprete, ao mesmo tempo que realiza a identificação do significado das disposições contratuais, promove a concreção da cláusula geral de boa-fé,[628] reconhecendo direitos e deveres implícitos no contrato em exame.

Esse por exemplo é o caso quando há contradição entre os termos expressos no instrumento contratual celebrado pelo consumidor e aquilo que foi expresso e oferecido pela oferta ou publicidade promovida pelo fornecedor. Assim, tais declarações prévias à celebração do contrato integram, sob qualquer forma, o conteúdo do contrato (artigo 30 do CDC), e, havendo contradição entre as disposições, prevalece a mais favorável ao consumidor.[629] Da mesma forma pode a interpretação mais favorável ao consumidor determinar que passe a integrar o contrato, em face das circunstâncias da contratação ou da execução do ajuste, obrigação que originariamente estava excluída ou limitada por força do contrato.[630] O mesmo se diga, por exemplo, quando há contradição, no contrato de seguro, entre os conteúdos da proposta e da apólice.[631]

Em todos esses casos, a interpretação do contrato de modo mais favorável ao consumidor vai encontrar seu fundamento não apenas na proteção do contratante mais vulnerável, mas também em vista dos novos princípios do direito contratual contemporâneo, como a boa-fé e a função social dos contratos. Essas novas exigências da atividade de interpretação

---

[626] Assim, também, no direito estrangeiro. O artigo 5º da Diretiva 93/13/CEE, sobre cláusulas abusivas, estabelece que, "em caso de dúvida quanto ao sentido de uma cláusula, a interpretação mais favorável ao consumidor prevalece".

[627] Assim ensina: MARQUES, Claudia Lima. *Contratos no Código de Defesa do Consumidor*. 4. ed. São Paulo: Ed. RT, 2003. p. 746-747.

[628] MARQUES, Claudia Lima. *Contratos no Código de Defesa do Consumidor*. 4. ed. São Paulo: Ed. RT, 2003. p. 751.

[629] "Resolução contratual. Publicidade enganosa. Contrato de promessa de compra e venda. Cláusula com conteúdo dúbio, colocando o consumidor em desvantagem perante o promitente vendedor. Aplicação do CDC. Tratando-se de relação de consumo, onde a publicidade veiculada é enganosa, já que sonega informações quanto à existência de vários índices de reajuste nas parcelas do imóvel, além do que contém cláusulas de conteúdo dúbio, impõe-se a procedência da reconvenção, reconhecendo o direito da ré em obter a escritura do imóvel" (TJRS, ApCiv 599.334.307, 19ª Câm. Civ., Rel. Des. Carlos Rafael dos Santos Júnior, j. 23.11.1999).

[630] "*Contrato.* O contrato de saúde firmado para cobrir despesas médico-hospitalares no combate ao câncer deve ser interpretado como meio de cobertura plena para esse fim, inclusive para atender aos custos do transplante autólogo de células-tronco do paciente, sem o que não se obtém sucesso com a quimioterapia. O veto representa ofensa ao direito básico do consumidor-paciente (artigos 47 e 51, § 1º, II, da Lei 8.078/90 e 170, V, da Constituição Federal). Recurso não provido" (TJSP, ApCiv 73.617-4, 2ª Câm., Rel. Des. Ênio Zuliani, j. 23.02.1999).

[631] STJ, REsp 1.726.225/RJ, 3ª Turma, Rel. Min. Moura Ribeiro, j. 18.09.2018, *DJe* 24.09.2018.

do contrato requerem do juiz-intérprete, assim como dos demais profissionais dedicados a tal fim, a tarefa de demonstrar a correção e a adequação dos significados atribuídos aos termos estabelecidos no instrumento do contrato. Da mesma forma, determina a compreensão da relação entre consumidor e fornecedor como não restrita somente ao instrumento contratual celebrado pelas partes, mas também a todo o processo de construção do vínculo contratual, desde a oferta e publicidade até os efeitos que o contrato de consumo há de produzir, mesmo após sua extinção (eficácia pós-contratual).

2.4 EXTINÇÃO DO CONTRATO DE CONSUMO E SEUS EFEITOS

A extinção da relação contratual, em direito privado, ocorre em regra por uma das duas causas seguintes: o adimplemento da obrigação (cumprimento do contrato), que a partir do pagamento[632] produz a satisfação objetiva da prestação e os efeitos liberatórios do devedor; ou o inadimplemento, cuja distinção básica entre suas espécies diz respeito ao fato de ter se produzido com culpa ou sem culpa do devedor – critério de relevo para determinar seus efeitos. Da mesma forma, distingue-se o inadimplemento em absoluto ou relativo, dizendo respeito o primeiro à impossibilidade ou inutilidade do cumprimento posterior, fora dos termos estabelecidos pelas partes, ou, no caso do inadimplemento relativo (a mora), permite o aproveitamento útil da prestação posteriormente, ainda que não nas condições originais ajustadas.

O direito do consumidor, em face do diálogo de coerência que estabelece suas normas com as de direito civil, no que se refere ao uso de uma mesma base conceitual, não desconhece esses conceitos e deles se utiliza. Entretanto, o exame que se faz aqui é dos aspectos específicos do direito do consumidor com relação à extinção do contrato de consumo, de modo especial às indicações legislativas do próprio CDC, vivamente desenvolvidas pela jurisprudência em geral, sobre a aplicação da principiologia desse microssistema jurídico, em vista da finalidade básica de proteção do consumidor.

2.4.1 Direito de arrependimento do consumidor

O direito de arrependimento do consumidor é previsto no artigo 49 do CDC, nos seguintes termos: "O consumidor pode desistir do contrato, no prazo de 7 dias a contar de sua assinatura ou do ato de recebimento do produto ou serviço, sempre que a contratação de fornecimento de produtos e serviços ocorrer fora do estabelecimento comercial, especialmente por telefone ou a domicílio". Esse direito de arrependimento ou desistência tem natureza de direito formativo extintivo do contrato, uma nova espécie de direito de resolução contratual, cuja eficácia depende exclusivamente do seu exercício por parte do consumidor. Observe-se, contudo, que é pressuposto básico da existência desse direito a circunstância fática de a contratação ter sido feita fora do estabelecimento comercial, tratando o legislador de exemplificar situações como as contratações celebradas por telefone ou a domicílio (*door-to-door*), ao que hoje se podem acrescer as realizadas via Internet, assim como as feitas há muito tempo em via pública, mediante abordagem direta do consumidor.

---

[632] Para o exame das diversas teorias sobre a natureza do pagamento e seus efeitos, veja-se: FERREIRA DA SILVA, Jorge Cesa. *Adimplemento e extinção das obrigações*. São Paulo: Ed. RT, 2006. p. 48 *et seq.*

A *ratio* da norma é a proteção do consumidor com relação às técnicas de pressão dos fornecedores para realização do contrato de consumo, de modo que mesmo a interpretação do que seja "fora do estabelecimento comercial" deve ser alargada, buscando assegurar o direito de arrependimento em situações nas quais, mesmo sendo a contratação efetuada dentro de um estabelecimento comercial, o modo de contratação indica estratégia do fornecedor, visando à descaracterização dessa circunstância. É o caso da contratação de *time-sharing* na qual o consumidor inicialmente era convidado para uma festa, que, embora ocorrendo dentro do estabelecimento do fornecedor, encontrava-se descaracterizada como tal, e na qual o consumidor é submetido ao apelo de compra por horas, mediante a veiculação de vídeos, prospectos e outras técnicas de abordagem pelo fornecedor,[633] inibindo sua decisão racional.[634] Da mesma forma as vendas a domicílio, por suas características, agravam a situação de vulnerabilidade do consumidor. Tenha-se em consideração que nessas situações o consumidor encontra-se sozinho com o fornecedor, muitas vezes sem as precauções naturais em uma situação de venda, razão pela qual poderá ter dificuldades na comprovação futura dos termos da oferta para reclamação sobre vícios dos produtos ou serviços, assim como uma maior exposição com relação às estratégias de *marketing* e vendas a serem adotadas.

Tais circunstâncias da contratação também suprimem do consumidor a possibilidade de reflexão sobre a conveniência e oportunidade do negócio, bem como de seus impactos sobre o orçamento doméstico. Da mesma forma, a ausência de uma referência geográfica do fornecedor, ou, quando exista, sua localização em outra cidade ou Estado também agravam sensivelmente sua situação de vulnerabilidade. Tratando-se de negócios celebrados pela internet, há, ainda, a possibilidade de esse fornecedor se encontrar, com facilidade, em outro país, praticamente eliminando a possibilidade de reclamação com efeitos práticos em favor do consumidor. Daí a razão para que o direito de arrependimento tenha sido previsto em diversos países, como é o caso pioneiro dos Estados Unidos, França e Alemanha.[635]

A norma do artigo 49 do CDC, desse modo, estabelece um direito de desistência do contrato no prazo de até sete dias, contados da data da assinatura ou do recebimento do

---

[633] MARQUES, Claudia Lima. *Contratos no Código de Defesa do Consumidor*. 4. ed. São Paulo: Ed. RT, 2003. p. 719 *et seq*. No direito europeu, a Diretiva 2011/83/UE alterou a disciplina do direito de arrependimento visando a sua ampliação, inclusive em relação ao prazo, que passa a ser de 14 dias (o dobro da regra brasileira) e impondo o reforço do dever de informar acerca da possibilidade de arrependimento pelo consumidor. Para o exame da diretiva, veja-se o estudo de: MARQUES, Claudia Lima; MENDES, Laura Schertel. Direito europeu muda nos contratos a distância e a domicílio. A nova Diretiva 2011/83 relativa aos direitos dos consumidores atualiza regime do arrependimento, das cláusulas abusivas, do crédito acessório ao consumo, da informação em geral e do comércio eletrônico. *Revista de Direito do Consumidor*, São Paulo, v. 81, p. 339 e ss., jan./mar. 2012.

[634] "*Contrato de promessa de compra e venda. Time-sharing*. O direito de arrependimento – artigo 49 do CDC – tem por objetivo proteger o consumidor da prática comercial agressiva. Hipótese em que o negócio é feito em ambiente que inibe a manifestação de vontade do consumidor, carregada de apelo emocional. O prazo de arrependimento, no caso, deve ser aquele que mais favorece a parte hipossuficiente, ou seja, a contar da efetiva data em que o serviço estaria à disposição do consumidor. Ação de revisão de contrato procedente. Deferimento da devolução das parcelas pagas. Honorários. Devem ser fixados em percentual sobre a expressão econômica da causa, traduzida naquilo que deve ser devolvido à parte. Apelo e recurso adesivo desprovidos" (TJRS, ApCiv 70.000.195.578, 20ª Câm., Rel. Des. José Aquino Flores de Camargo, j. 26.10.1999).

[635] MARQUES, Claudia Lima. *Contratos no Código de Defesa do Consumidor*. 4. ed. São Paulo: Ed. RT, 2003. p. 706.

Parte II · Cap. 2 · A PROTEÇÃO CONTRATUAL DO CONSUMIDOR | **443**

produto ou serviço. Dada a natureza do direito em questão, espécie de direito formativo extintivo, o prazo em questão, estipulado por lei, será decadencial. O direito de desistir do contrato não está condicionado a qualquer espécie de situação, quanto à existência de vícios, ou demonstração de equívoco, quanto às qualidades do produto ou serviço. Basta a decisão do consumidor, sem a necessidade de motivá-la ao fornecedor. Essa ausência de motivação, por sua vez, não tem por finalidade promover decisão arbitrária do consumidor, senão impedir que o fornecedor possa evitar ou dificultar o exercício do direito, mediante a contradição ou impugnação dos motivos alegados por quem desiste do contrato. Por essa razão, o exercício do direito fica limitado exclusivamente ao prazo fixado em lei.

A desistência do contrato, por sua vez, faz presumir que ele tenha sido celebrado e que, para diante, no momento do exercício do direito de arrependimento do consumidor, será desconstituído. Com isso, a regra básica é que as partes reconduzam-se ao estado anterior. Uma questão de enorme repercussão prática quanto ao exercício do direito de arrependimento, contudo, diz respeito ao modo como deverá ser realizado. Isso porque não é incomum que fornecedores de produtos ou serviços condicionem a desistência do contrato a providências a cargo do consumidor que, em geral, representam novos custos e o desestímulo ao exercício do direito de arrependimento. É o caso da necessidade de reenvio do produto ao fornecedor, com a imputação dos custos dessa providência ao consumidor.[636] Ora, tratando-se de direito formativo estabelecido em lei, não pode o contrato impor condições ou óbices ao seu exercício (*e.g.*, "só poderá desistir do contrato se devolver o produto lacrado, via sedex"). Todavia, é certo também que não será lícito ao consumidor danificar o produto ou utilizá-lo parcialmente para, ainda dentro do prazo legal de sete dias, devolvê-lo ao consumidor. Nessas situações, o direito ainda permanece existindo (em vista da falta de previsão legal específica limitando o exercício nessas circunstâncias), porém poderá nascer para o fornecedor um direito de exigir do consumidor o valor correspondente à reparação do desgaste ou dos danos decorrentes, de acordo com o princípio da boa-fé e do equilíbrio contratual.

O que se deve destacar, contudo, é que qualquer estipulação contratual nesse sentido configura cláusula abusiva, por força do disposto no artigo 51, I, II e IV, do CDC. Quaisquer custos de reenvio, frete ou demais encargos estão abrangidos pelo risco do fornecedor,[637] que ao decidir sua estratégia de negócio vinculada a essa espécie de venda direta ao consumidor, usufruindo das vantagens a ela inerentes, passa a responder também pelos ônus decorrentes da regulação legal dessas contratações.

2.4.2 Adimplemento contratual

O adimplemento contratual é o modo típico pelo qual se extinguem as obrigações contratuais. Na lição de Clóvis do Couto e Silva, "o adimplemento atrai e polariza a obri-

---

[636] Veja-se a decisão do STJ, confirmando sanção aplicada ao fornecedor que exigiu descontar dos valores restituídos ao consumidor, dos custos relativos aos serviços postais para envio do produto: STJ, REsp 1.340.604/RJ, 2ª Turma, Rel. Min. Mauro Campbell Marques, j. 15.08.2013, *DJe* 22.08.2013.

[637] Nesse sentido: NERY JR., Nelson *et al. Código Brasileiro de Defesa do Consumidor comentado pelos autores do anteprojeto*. 8. ed. Rio de Janeiro: Forense, 2005. p. 552-553.

gação. É o seu fim".[638] Nos contratos de consumo, o adimplemento se dá, em regra, pela entrega do produto ou prestação do serviço pelo fornecedor, e o pagamento do preço respectivo pelo consumidor. Entretanto, a noção de adimplemento não se esgota na realização da prestação principal do contrato. Se na disciplina contratual em geral destacam-se os deveres implícitos dos contratantes, decorrentes da boa-fé, com mais razão isso ocorre nos contratos de consumo. A satisfação dos interesses das partes em uma relação de consumo diz respeito não apenas à posse física do produto, ou à realização da atividade que caracteriza o serviço, mas também de toda uma multiplicação de outros deveres legais – como o de informação – e os relativos às características do negócio (entrega, montagem, acompanhamento posterior, assistência técnica, serviços de reparo etc.).

O não atendimento de quaisquer desses deveres laterais dá causa ao que já foi consagrado pela doutrina, por nítida inspiração do direito alemão, como *violação positiva do contrato*.[639] Note-se, contudo, que, embora a expressão violação positiva possa conduzir ao entendimento de que se trata de um comportamento positivo,[640] uma ação do devedor que compromete o cumprimento correto da prestação contratual, sob essa denominação estão abrangidos tantos comportamentos positivos (ações) quanto omissivos (omissões), estes últimos caracterizados pela violação aos deveres anexos implícitos ao contrato, como aqueles que derivam da boa-fé.

A noção de adimplemento contratual abrange a satisfação de todos esses deveres e, *a contrario*, o não atendimento de algum deles importa na caracterização de vício, ou cumprimento defeituoso do contrato, ensejando a pretensão do consumidor ao abatimento do preço ou perdas e danos, a exigência das sanções por incumprimento (cláusula penal, por exemplo), ou mesmo a resolução do contrato em razão do inadimplemento.

2.4.3 Inadimplemento contratual e direito à resolução

O inadimplemento contratual tem como regra dar origem ao direito de resolução do contrato. Constitui espécie de direito formativo extintivo e foi reconhecido expressamente pelo CDC ao consumidor nas hipóteses de vício do produto ou do serviço (artigos 18, § 1º, II, 19, IV, e 20, II), assim como na hipótese de descumprimento da oferta (artigo 35, III), situações nas quais poderá extinguir o contrato de consumo celebrado com o fornecedor na circunstância de este violar os deveres contratuais e legais que lhe incumbem.

O inadimplemento do contrato pelo fornecedor dá origem ao direito à resolução do contrato, de titularidade do consumidor. Pode ocorrer, contudo, uma vez que é cada vez mais comum a estruturação do fornecedor em cadeia, representativa também de cadeia

---

[638] COUTO E SILVA, Clóvis do. *A obrigação como processo*. Porto Alegre: UFRGS, 1964. p. 5.

[639] Sobre o tema: LARENZ, Karl. *Derecho de obligaciones*. Trad. Jayme Santos Briz. Madrid: ERDP, 1958. t. I, p. 362-369; AGUIAR JÚNIOR, Ruy Rosado de. *Extinção dos contratos por incumprimento do devedor*: resolução. Rio de Janeiro: Aide, 1991. p. 124-125; FRADERA, Véra Maria Jacob de. A quebra positiva do contrato. *Revista da Ajuris*, Porto Alegre, v. 44, p. 144-152, nov. 1998; MENEZES CORDEIRO, António. *Da boa-fé no direito civil*. Coimbra: Almedina, 2001. p. 594 *et seq.*; FERREIRA DA SILVA, Jorge Cesa. *A boa-fé e a violação positiva do contrato*. Rio de Janeiro: Renovar, 2001.

[640] Para críticas à expressão "violação positiva", veja-se: LARENZ, Karl. *Derecho de obligaciones*. Trad. Jayme Santos Briz. Madrid: ERDP, 1958. t. I, p. 366-367.

de contratos, a celebração de diversos ajustes interdependentes, sob a denominação de contratos coligados ou conexos, de modo que o destino de um contrato repercuta no destino dos demais. A coligação ou conexidade contratual expressa uma comunhão finalística que, no caso dos contratos de consumo, normalmente é permitir a contratação pelo consumidor e a execução da prestação ajustada. Assim pode se dar com os contratos de agência ou comissão, no qual o agente ou comissário obrigam-se a promover a venda, podendo a obrigação da entrega, ou as especificações e qualidade do produto ou do serviço vincular-se a deveres próprios do fabricante ou quem diretamente o execute. Pode ainda vincular-se a um contrato de financiamento do consumidor, que viabilize o pagamento, ou, ainda, a força da marca de determinado fornecedor que atraia o consumidor para essa cadeia de contratos. Note-se que a multiplicidade de contratos, nesse caso, e sua coligação são uma questão de conteúdo, não de forma. Pode haver um instrumento contratual, assinado pelo consumidor uma só vez, e nele se encontrarem direitos e obrigações associados a diferentes objetos e pessoas. Essa noção de coligação contratual induz à solidariedade dos fornecedores e repercute na continuidade dos contratos.[641] Isso porque o exercício do direito de resolução sobre um dos contratos pode atingir os demais que tenham com ele relação de interdependência.[642]

---

[641] Sobre o tema, veja-se: BERGSTEIN, Laís. Conexidade contratual, redes de contratos e contratos coligados. *Revista de Direito do Consumidor*, São Paulo, v. 109, p. 159-183, jan./fev. 2017.

[642] "Recurso especial – Ação de rescisão contratual de compra e venda para fabricação e instalação de cozinhas planejadas cumulada com repetição de indébito – Instâncias ordinárias que julgaram procedente a ação para declarar rescindidos os contratos e condenar os réus (lojista, fabricante e banco), solidariamente, a devolver aos autores as quantias despendidas, com acréscimo de correção monetária e juros moratórios – Insurgência da casa bancária – Contrato coligado amparado em cessão de crédito operada entre o banco e o fornecedor dos bens em virtude de financiamento, por meio da qual passou a casa bancária a figurar como efetiva credora dos valores remanescentes a serem pagos pelos consumidores (prestações), deduzido o valor da entrada/sinal – Recurso especial conhecido em parte e na extensão, parcialmente provido para afastar a responsabilidade solidária da casa bancária no tocante à integralidade dos valores desembolsados pelos autores, remanescendo o dever de restituir os importes recebidos mediante boleto bancário devidamente corrigidos e acrescidos de juros de mora a contar da citação por se tratar de responsabilidade contratual. (...) 3. Em que pese a alegação da casa bancária de que teria formulado contrato de crédito direto ao consumidor, tal assertiva não se depreende do acervo fático delineado pelas instâncias ordinárias, denotando-se a existência de contrato coligado (compra e venda de cozinhas com pagamento parcelado na relação consumidor-lojista) amparado em cessão de crédito operada entre o banco e o fornecedor dos bens em virtude de financiamento, por meio da qual passou a casa bancária a figurar como efetiva credora dos valores remanescentes a serem pagos pelos consumidores (prestações). 3.1 O contrato coligado não constitui um único negócio jurídico com diversos instrumentos, mas sim uma pluralidade de negócios jurídicos, ainda que celebrados em um único documento, pois é a substância do negócio jurídico que lhe dá amparo, não a forma. 3.2 Em razão da força da conexão contratual e dos preceitos consumeristas incidentes na espécie – tanto na relação jurídica firmada com o fornecedor das cozinhas quanto no vínculo mantido com a casa bancária –, o vício determinante do desfazimento da compra e venda atinge igualmente o financiamento, por se tratar de relações jurídicas trianguladas, cada uma estipulada com o fim precípuo de garantir a relação jurídica antecedente da qual é inteiramente dependente, motivo pelo qual possível a arguição da exceção de contrato não cumprido, uma vez que a posição jurídica ativa conferida ao consumidor de um produto financiado/parcelado relativamente à oponibilidade do inadimplemento do lojista perante o agente financiador constitui efeito não de um ou outro negócio isoladamente considerado, mas da vinculação jurídica entre a compra e venda e o mútuo/parcelamento. 3.3 Entretanto, a ineficácia superveniente de um dos negócios não tem o condão de unificar os efeitos da responsabilização civil, porquanto, ainda que interdependentes entre si, parcial ou totalmente, os ajustes coligados constituem negócios jurídicos com características próprias, a ensejar interpretação e análise singular, sem contudo, deixar à margem

446 CURSO DE DIREITO DO CONSUMIDOR – *Bruno Miragem*

Por outro lado, tratando-se de consumidor inadimplente, as normas protetivas do CDC, assim como a doutrina e jurisprudência que se seguiram, vêm construindo soluções no sentido de adequar o exercício do direito de resolução do fornecedor aos ditames da boa-fé e à vulnerabilidade de um dos contratantes.[643] Isso não significa que o consumidor, na hipótese de inadimplência, fica isento de sanções. Ao contrário. Tanto sanções pecuniárias, como é o caso da cláusula penal, o direito de inscrição no cadastro de inadimplentes e mesmo o direito de resolução do contrato em face do descumprimento do consumidor são alternativas regulares à disposição do fornecedor.

Entretanto, por força dos deveres de boa-fé e por características inerentes a muitos contratos de consumo de longa duração, na qual a relação entre o consumidor e o fornecedor é dominada pela necessidade, ou seja, o caráter imprescindível da prestação para o primeiro contratante (*contratos cativos de longa duração*),[644] faz com que essa dependência contratual importe na necessidade de controle do exercício do direito de resolução.

Ora, não é difícil identificar essa situação de dependência do consumidor em relação a um sem-número de contratos. Assim, por exemplo, os contratos de prestação de assistência à saúde, os contratos de empréstimos bancários e crédito rotativo, consórcios,

---

o vínculo unitário dos limites da coligação. 3.4 Assim, a interpretação contratual constitui premissa necessária para o reconhecimento da existência e para a determinação da intensidade da coligação contratual, o que no caso concreto se dá mediante a verificação do *animus* da casa bancária na construção da coligação e o proveito econômico por ela obtido, pois, não obstante o nexo funcional característico da coligação contratual, cada um dos negócios jurídicos entabulados produz efeitos que lhe são típicos nos estritos limites dos intentos dos participantes. 3.5 Inviável responsabilizar solidariamente a financeira pelos valores despendidos pelos consumidores, uma vez que, ao manter o contrato coligado, não se comprometeu a fornecer garantia irrestrita para a transação, mas sim balizada pelos benefícios dela advindos, ou seja, no caso, nos termos da cessão de crédito operada, que não abarca os valores pagos a título de entrada diretamente ao lojista. 3.6 A circunstância de o contrato de financiamento sucumbir diante do inadimplemento do lojista não transforma a casa bancária em garante universal de todos os valores despendidos pelos autores, principalmente porque a repetição do indébito limita-se àquilo que efetivamente foi desembolsado – seja dos consumidores para com a financeira, seja desta para com a lojista. A responsabilidade do banco fica limitada, portanto, à devolução das quantias que percebeu, pois a solidariedade não se presume, decorre da lei ou da vontade das partes. 4. Recurso especial conhecido em parte e, na extensão, parcialmente provido, para afastar a responsabilidade solidária da casa bancária pela repetição integral dos valores despendidos pelos consumidores, abarcando aquele pago a título de entrada no negócio de compra das cozinhas planejadas, remanescendo a responsabilidade do banco na devolução atualizada dos valores recebidos por meio dos boletos bancários, em razão da cessão do crédito restante (crédito cedido pela lojista não abrangendo o valor recebido por esta última a título de entrada no negócio), pois as vicissitudes de um contrato repercutiram no outro, condicionando-lhe a validade e a eficácia" (STJ, REsp 1.127.403/SP, 4ª Turma, Rel. p/ Acórdão Min. Marco Buzzi, j. 04.02.2014, *DJe* 15.08.2014). No mesmo sentido: STJ, REsp 1379839/SP, 3ª Turma, Rel. p/ Acórdão Min. Paulo de Tarso Sanseverino, j. 11.11.2014, *DJe* 15.12.2014.

[643] Com especial atenção nesse caso, ao tratamento do superendividamento de consumidores, conforme ensinam Claudia Lima Marques e Rosângela Lunardelli Cavalazzi, na introdução da obra coletiva que organizaram sobre essa importante temática: MARQUES, Claudia Lima; CAVALAZZI, Rosângela Lunardelli. *Direitos do consumidor endividado*. Superendividamento e crédito. São Paulo: Ed. RT, 2006. p. 13-22. A respeito, veja-se, igualmente, na mesma obra, o estudo de: MARQUES, Claudia Lima. Sugestões para uma lei sobre o tratamento do superendividamento de pessoas físicas em contratos de crédito ao consumo: proposições com base em pesquisa empírica de 100 casos no Rio Grande do Sul. *In*: MARQUES, Claudia Lima; CAVALAZZI, Rosângela Lunardelli. *Direitos do consumidor endividado*. Superendividamento e crédito. São Paulo: Ed. RT, 2006. p. 255-309.

[644] A expressão é de Claudia Lima Marques, em seu: *Contratos no Código de Defesa do Consumidor*. 4. ed. São Paulo: Ed. RT, 2003. p. 78 *et seq.*

Parte II · Cap. 2 · A PROTEÇÃO CONTRATUAL DO CONSUMIDOR | 447

leasing de automóveis, cartões de crédito, prestação de serviços de ensino, financiamento imobiliário, são muitos das diversas novas necessidades de consumo da sociedade atual. Nessas espécies de contratos, as prestações periódicas a serem fornecidas pelas partes não se esgotam na sua simples prestação, mas projetam a satisfação dos interesses legítimos do consumidor para o futuro, até um termo final definido ou não, mas em geral distante. Por essa razão, a realidade do contrato será a de diversas prestações e contraprestações periódicas, sem que necessariamente indiquem seu termo final. E a satisfação dos interesses do consumidor também vai abranger essa expectativa de manutenção do contrato no futuro. Isso poderá implicar uma constante readaptação da relação contratual,[645] com o objetivo de não frustrar as expectativas legítimas de continuidade do contrato.

Daí por que não será reconhecido ao fornecedor, na hipótese de inadimplemento do consumidor, o simples exercício do direito de resolução. Opõe-se a esse direito do fornecedor o direito à manutenção do contrato, cujo fundamento se dá tanto na hipótese de adimplemento substancial quanto nas situações em que o desequilíbrio das prestações das partes dá origem ao direito de revisão do contrato, em face de excessiva onerosidade da prestação que lhe incumbe, visando sua modificação.

2.4.3.1   Obstáculo ao direito de resolução: direito à manutenção do contrato

O direito à manutenção do contrato tem seu fundamento justamente no caráter necessário que o consumo passou a ter na sociedade de consumo contemporânea.[646] Ao lado dessa necessidade de consumo, pela qual ninguém, em situação social típica, consegue se abster de consumir, acrescente-se a dependência contratual (catividade) característica de muitos contratos de consumo de longa duração. Em tais circunstâncias, o direito de manutenção do contrato (veja-se item 1.6, *supra*) vem sendo reconhecido por lei (artigos 6º, V, e 51, § 2º), assim como pela doutrina e jurisprudência, impedindo a mera extinção do contrato em razão do inadimplemento do consumidor. Para Ricardo Lorenzetti, esse direito de manutenção ou conservação do contrato constitui espécie de *mandato constitucional de otimização da autonomia privada.*[647]

Entre as situações que impedem a extinção do contrato pelo exercício do direito de resolução pelo fornecedor está a chamada *teoria do adimplemento substancial*. Essa teoria foi desenvolvida no *common law*, sob a definição de *substantial performance*,[648] sendo reconhecida, em nosso direito, como efeito da boa-fé objetiva,[649] e dos deveres de lealdade e colaboração daí decorrentes. Da aplicação da teoria do adimplemento substancial

---

[615]   MARQUES, Claudia Lima. *Contratos no Código de Defesa do Consumidor*. 4. ed. São Paulo: Ed. RT, 2003. p. 84; MACEDO JÚNIOR, Ronaldo Porto. *Contratos relacionais e defesa do consumidor*. São Paulo: Max Limonad, 1998. p. 167 *et seq.*

[646]   LORENZETTI, Ricardo Luis. *Tratado de los contratos*. Parte general. Buenos Aires: Rubinzal Culzoni, 2004. p. 151-152.

[647]   LORENZETTI, Ricardo Luis. *Tratado de los contratos*. Parte general. Buenos Aires: Rubinzal Culzoni, 2004. p. 152.

[648]   BECKER, Anelise. A doutrina do adimplemento substancial no direito brasileiro e em perspectiva comparativa. *Revista da Faculdade de Direito da UFRGS*, Porto Alegre, v. 9, p. 60, 1993.

[649]   MARTINS-COSTA, Judith. Mercado e solidariedade social entre cosmos e táxis: a boa-fé nas relações de consumo. *In*: MARTINS-COSTA, Judith (org.). *A reconstrução do direito privado*. São Paulo: Ed. RT,

resulta que o credor que tenha sofrido o inadimplemento de uma pequena parcela do valor devido pelo devedor poderá fazer uso dos direitos previstos no contrato e na lei, de natureza indenizatória e pecuniária (cláusula penal e juros, por exemplo). No entanto, não poderá exercer direito de resolução,[650] ou negar-se a realizar a prestação, uma vez que seus interesses patrimoniais estão quase totalmente satisfeitos, sendo desmesurado e abusivo, porque contrário à boa-fé, o exercício do direito de extinguir o contrato e negar a prestação a que faria jus o devedor.

A aplicação da teoria do adimplemento substancial é especialmente importante em relação aos contratos de consumo. Isso porque, considerando que em contratos de longa duração, nos quais a prestação do consumidor será paga em várias parcelas, às vezes por vários anos, o inadimplemento de uma ou poucas prestações não pode dar ensejo, simplesmente, à resolução do contrato. Entendimento que fosse nesse sentido violaria flagrantemente os deveres de colaboração, decorrentes da incidência da boa-fé objetiva na relação entre os contratantes. Assim, por exemplo, um contrato de seguro no qual o consumidor segurado deixa de pagar parcela menor do prêmio,[651] ou o plano de saúde pelo qual o consumidor que há anos contrata com aquele fornecedor, deixa de pagar

---

2002. p. 636; BUSSATA, Eduardo Luiz. *Resolução dos contratos e teoria do adimplemento substancial.* São Paulo: Saraiva, 2007. p. 83-86.

[650] Em sentido contrário, o entendimento do STJ considera que a inexistência de previsão expressa na legislação à purgação da mora, torna prevalente o direito de resolução do credor: STJ, REsp 1.287.402/PR, 4ª Turma, Rel. Min. Marco Buzzi, j. 03.05.2012, Rel. p/ Acórdão Min. Antonio Carlos Ferreira, *DJe* 18.06.2013). Desse modo, rejeita-se a aplicação da teoria do adimplemento substancial nos contratos de alienação fiduciária. Sustenta este entendimento majoritário que "a propriedade fiduciária, concebida pelo legislador justamente para conferir segurança jurídica às concessões de crédito, essencial ao desenvolvimento da economia nacional, resta comprometida pela aplicação deturpada da teoria do adimplemento substancial" (STJ, REsp 1.622.555/MG, 2ª Seção, Rel. Min. Marco Buzzi, Rel. p/ Acórdão Min. Marco Aurélio Bellizze, j. 22.02.2017, *DJe* 16.03.2017).

[651] Assim decidiu o STJ: "Seguro. Inadimplemento da segurada. Falta de pagamento da última prestação. Adimplemento substancial. Resolução. A companhia seguradora não pode dar por extinto o contrato de seguro, por falta de pagamento da última prestação do prêmio, por três razões: a) sempre recebeu as prestações com atraso, o que estava, aliás, previsto no contrato, sendo inadmissível que apenas rejeite a prestação quando ocorra o sinistro; b) a seguradora cumpriu substancialmente com a sua obrigação, não sendo a sua falta suficiente para extinguir o contrato; c) a resolução do contrato deve ser requerida em juízo, quando será possível avaliar a importância do inadimplemento, suficiente para a extinção do negócio. Recurso conhecido e provido" (STJ, REsp 76.362/MT, Rel. Min. Ruy Rosado de Aguiar Júnior, j. 11.12.1995, *DJU* 1º.04.1996, p. 9.917). No mesmo sentido o TJRS: "Apelação cível. Seguros. Ação de cobrança. Atraso no pagamento da penúltima parcela do prêmio. Princípio do adimplemento substancial. Indenização securitária devida. O contrato de seguro não pode ser resolvido unilateralmente por atraso no pagamento de uma das prestações, sem que tenha havido a notificação prévia do segurado para fins de constituição em mora. Ademais, no caso concreto, o autor já havia cumprido substancialmente o pacto, tendo em conta que o pagamento do prêmio foi ajustado na forma parcelada, em quatro vezes e mediante débito em conta, com vencimentos previstos para o dia 15 de cada mês, e aquele já havia pagado duas prestações, sendo que em relação à penúltima o débito foi efetuado no dia aprazado, com devido estorno, por ausência de fundos. Como era uma sexta-feira, o pagamento somente foi possível na segunda-feira, dia 18.03.2002, quando o sinistro já havia ocorrido. Assim, analisando-se o valor total do negócio, o atraso no pagamento de apenas uma das parcelas, por lapso extremamente exíguo, não autorizava a seguradora a resolver o contrato, pelo que deverá indenizar o recorrido com base no numerário indicado na apólice, tanto mais considerando que não houve insurgência quanto ao valor pleiteado a título de cobertura securitária e a perícia, de outra parte, confirmou a perda total do veículo, sem que, igualmente, houvesse impugnação pela recorrente, na seara. Apelo improvido" (TJRS, ApCiv 70.006.885.263, 5ª Câm. Civ., Rel. Des. Marta Borges Ortiz, j. 08.04.2004).

Parte II · Cap. 2 · A PROTEÇÃO CONTRATUAL DO CONSUMIDOR | **449**

uma ou duas prestações, assim como o contrato de alienação fiduciária,[652] entre outros. Não se pode admitir nessas situações o simples exercício do direito de resolução, senão a possibilidade de manutenção do contrato, quando houver interesse legítimo das partes nesse sentido, e a cobrança dos efeitos pecuniários decorrentes da inadimplência.

A dificuldade básica está em identificar muitas vezes, na prática, o que se deva considerar por adimplemento substancial, ou seja, qual a parcela da prestação deverá estar satisfeita para que se qualifique como parcela substancial do adimplemento. Neste caso, a solução, como em regra na aplicação dos efeitos da boa-fé objetiva, parece estar com o juiz, no exame do caso concreto, em vista do interesse objetivo das partes no cumprimento da obrigação.

2.4.3.2 Obstáculo ao direito de resolução: direito à revisão do contrato

Um segundo óbice ao exercício do direito de resolução do contrato é o direito de revisão dos seus termos e da modificação das cláusulas contratuais abusivas de acordo com o que estabelece o artigo 6º, V, do CDC. O direito à revisão do contrato terá lugar quando houver o desequilíbrio econômico das prestações das partes. Nesse sentido, o direito do fornecedor, em face do inadimplemento do consumidor, só caberá quando e se estiver sendo respeitado o sinalagma, o equilíbrio entre as prestações de ambos os contratantes.

Daí por que poderá o consumidor, diante do exercício do direito de resolução por inadimplemento da prestação, evitar a extinção do contrato mediante ação revisional, hipótese em que, havendo a procedência da demanda, a prestação devida será modificada, visando alcançar o equilíbrio contratual. Nessa situação, o critério para determinação do inadimplemento será a satisfação da prestação estabelecida pela sentença judicial. Eis por que o direito à revisão do contrato constitui obstáculo à resolução pelo fornecedor. Todavia, ocorrendo a improcedência da ação revisional proposta pelo consumidor, será mantida a prestação original como devida desde o momento do vencimento previsto no

---

[652] "Apelação cível. Consórcio. Ação de revisão contratual. Ação de busca e apreensão. Taxa de administração. Valor da prestação. Afastamento dos encargos moratórios. Repetição do indébito em dobro e simples. Adimplemento substancial do preço. Improcedência da ação de busca e apreensão. A taxa de administração não pode ultrapassar de 10% sobre o valor do bem quando o preço do bem for superior a 50 (cinquenta) salários mínimos. Diante da expressa previsão contratual, deve ser aplicada a cláusula 20, §§ 6º e 7º, no sentido de que, após realizado o lance ou antecipação, dilui-se o saldo devedor restante, pelo número de prestações faltantes, cujo valor da prestação será obtido pela divisão do saldo residual do contrato pelo número de meses faltantes. Tendo em vista que somente foi reconhecida a abusividade quanto à taxa de administração, não há falar em afastamento da mora, assim como a incidência de seus encargos (juros moratórios e multa). É incabível a repetição em dobro, eis que ausente prova de má-fé do demandado, ao cobrar os valores que entendia devidos, e que foram encontrados por força das cláusulas contratuais. Admite-se a repetição do indébito, de forma simples, de valores pagos em virtude de cláusulas ilegais, em razão do princípio que veda o enriquecimento injustificado do credor. Diante da constatação de que houve adimplemento substancial do preço por parte do apelante, visto que pagou o percentual de 74,8212% sobre o valor do bem padrão, a consequência é o reconhecimento da improcedência da ação de busca e apreensão. Apelação parcialmente provida, por maioria" (TJRS, 13ª Câm. Civ., ApCiv 70.0149.50679, Rel. Des. Lúcia de Castro Boller, j. 19.10.2006). Em relação à alienação fiduciária, observe-se a Súmula 284 do STJ: "A purga da mora, nos contratos de alienação fiduciária, só é permitida quando já pagos pelo menos 40% (quarenta por cento) do valor financiado" (STJ, Súmula 284, 2ª Seção, j. 28.04.2004, *DJ* 13.05.2004).

contrato. O consumidor deverá arcar tanto com os ônus de sucumbência decorrentes da perda do processo quanto com os efeitos do inadimplemento desde o vencimento originariamente contratado com o fornecedor, sem prejuízo da possibilidade de exercício, por este, do direito de resolução.

Considere-se, entretanto, que o exercício do direito à resolução é paralisado pelo exercício da pretensão revisional, cuja eficácia no sentido de impedir a extinção contratual no interesse do fornecedor depende da procedência da respectiva ação judicial de revisão do contrato.

2.4.4 Extinção do contrato e eficácia pós-contratual

A compreensão do contrato como um processo obrigacional, como já referimos, leva à consideração de que os direitos e deveres das partes, ou seja, os efeitos do contrato, não estão confinados ao período de sua execução, entre a celebração e a extinção do ajuste. Sob a influência da boa-fé objetiva e de normas legais, as quais, no caso das relações de consumo, estabelecem expressamente deveres legais aos fornecedores que se projetam após a extinção do contrato, é correto tratar-se de uma eficácia pós-contratual do contrato de consumo.

Na primeira situação, por conta dos efeitos determinados pela boa-fé objetiva, sua eficácia posterior à extinção do contrato é genericamente vinculada ao fenômeno da *culpa post pactum finitum*. Sua caracterização parte do pressuposto de que, mesmo após a extinção do contrato, subsistem para as antigas partes deveres de proteção, informação e lealdade. Permanece entre as antigas partes um dever de não causar danos umas às outras, assim como o dever de informar de modo a garantir a utilidade da prestação cumprida no contexto do contrato extinto, assim como o dever de não frustrar as finalidades almejadas pelas partes quando celebraram o contrato extinto.[653]

Em direito do consumidor, esses deveres são reforçados por uma série de deveres específicos estabelecidos em lei. Em primeiro lugar, perceba-se o amplo *dever de informação* que, em relação aos contratos de consumo, abrange todas as fases da contratação, desde a oferta até o momento de uso ou fruição do produto ou serviço pelo consumidor. Nessas situações, há um dever do fornecedor de oferecer todas as informações necessárias para que o produto ou serviço adquirido pelo consumidor atinja sua utilidade. Assim, por exemplo, os manuais de instrução de instalação e uso do produto ou serviço.

No que tange aos *deveres de proteção*, também aqui há o sentido de que o produto ou serviço satisfaça adequadamente os fins esperados pelo consumidor. Logo, surge, de acordo com a espécie de contrato celebrado, o dever de oferecer serviços ou fazeres de modo a assegurar o uso imediato ou permanente do produto ou serviço objetos da contratação. Assim, por exemplo, o dever de reparos para adequação do produto ao seu uso pelo consumidor (correção de medidas de vestuário, p. ex.), assistência técnica, ou ainda o dever legal de oferecer componentes e peças de reposição, como estabelece o artigo 32 do CDC: "Os fabricantes e importadores deverão assegurar a oferta de componentes e peças de reposição enquanto não cessar a fabricação ou importação do produto. Parágra-

---

[653] MENEZES CORDEIRO, António. *Da boa-fé no direito civil*. Coimbra: Almedina, 2001. p. 627-629.

Parte II · Cap. 2 · A PROTEÇÃO CONTRATUAL DO CONSUMIDOR | 451

fo único. Cessadas a produção ou importação, a oferta deverá ser mantida por período razoável de tempo, na forma da lei".

Com relação aos *deveres de lealdade* entre as partes do contrato de consumo, e que devem ser observados sob pena de, quando causarem danos aos consumidores, darem causa à responsabilidade pelo fato do produto ou do serviço, podem ser relacionados: a) o dever de não inscrição do consumidor em cadastro de inadimplentes sem justa causa; b) o dever de guardar sigilo sobre os termos do contrato ou determinadas informações pessoais e patrimoniais do consumidor; c) o dever de não inscrição do consumidor em listas negras em decorrência do exercício, por este, de seus direitos (artigo 39, VII, do CDC); assim como outros que venham a ser reconhecidos por intermédio de construção jurisprudencial, sobretudo diante das peculiaridades dos diferentes contratos de consumo, tendo por objeto uma diversidade de produtos e serviços.

2.5   AS VÁRIAS ESPÉCIES DE CONTRATOS DE CONSUMO

Considerando a dinâmica das relações de consumo, o direito do consumidor, como conjunto de normas que regulam as relações entre consumidores e fornecedores, tem importância na definição dos comportamentos devidos especialmente em matéria de contratos de consumo. Na sociedade de massas, o contrato de consumo é o modo típico pelo qual se realiza a relação de consumo. Contudo, diferem as diversas espécies de contratos de consumo entre si. Da mesma forma, a dependência do consumidor do produto ou serviço objeto da contratação, assim como aspectos técnicos inerentes a determinadas espécies de contrato. Daí a necessidade do exame dos contratos em espécie, de modo a verificar o modo como se operacionalizam, em cada um deles, as normas de proteção do consumidor e os deveres específicos do fornecedor.

2.5.1   Compra e venda de consumo

A compra e venda constitui, no cotidiano das relações de consumo, o contrato de consumo por excelência. Tem por objeto produtos, segundo a definição ampla estabelecida pelo Código de Defesa do Consumidor, em seu artigo 3º, § 1º: "Produto é qualquer bem, móvel ou imóvel, material ou imaterial". A compra e venda de consumo tem por elemento natural o preço a ser pago pelo consumidor ao fornecedor, podendo ser acompanhada de segundo contrato, conexo a ela, de financiamento do valor financiado mediante alienação fiduciária ou reserva de domínio, na qual se desdobram a contrata, a tradição e o domínio, em geral reservados ao vendedor-credor até o pagamento do preço pelo consumidor.[654] Da mesma forma, submete-se o contrato de compra e venda ao regime de vícios do produto previsto nos artigos 18 e 19, relativos, respectivamente, aos vícios de adequação/qualidade e quantidade, cuja aplicação afasta o regime dos vícios redibitórios previsto no Código Civil (artigos 441-446).

---

[654]   Após adimplemento do preço pelo consumidor, contudo, eventual demora na baixa do gravame, no caso de alienação fiduciária de automóvel, não dá causa à presunção de dano (dano *in re ipsa*), conforme entendimento consolidado pelo STJ: REsp 1.881.453/RS, 2ª Seção, Rel. Min. Marco Aurélio Bellizze, j. 30.11.2021, *DJe* 07.12.2021.

Preserva-se no contrato de compra e venda de consumo, seja de cumprimento instantâneo ou diferido, o equilíbrio das prestações do contrato, o que se dá tanto no princípio do contrato, mediante verificação dos valores do preço e do produto (*sinalagma genético*), quanto ao longo da execução (no caso de contratos de cumprimento diferido), no tocante ao valor da prestação a ser paga ao longo do tempo (*sinalagma funcional*).

2.5.2 Contratos imobiliários

A relevância dos contratos imobiliários é evidente. O direito à moradia e sua presença no imaginário das pessoas, muitas vezes como projeto de vida, objetivo para o qual se dirigem grandes esforços financeiros comuns da família, indicam um traço social inafastável de muitos desses contratos. É certo que nem todos os contratos imobiliários caracterizam-se como contratos de consumo. A rigor, serão contratos de consumo os que tiverem, de um lado, o incorporador imobiliário[655] ou profissional cuja atividade específica seja a construção de imóveis para venda no mercado, e, de outro lado, o adquirente não profissional que adquire o bem imóvel como destinatário final. O conceito de produto estabelecido pelo CDC abrange os bens imóveis, permitindo, desse modo, a abrangência dos contratos que tenham por objeto bens imóveis – transações imobiliárias. Contudo, não se aplica o CDC a todos os contratos imobiliários. Conforme já se disse, os conceitos de consumidor e fornecedor devem ser firmados reciprocamente, de modo que só há falar de um na presença do outro. Assim, os contratos que tenham por objeto transferência ou disposição de direitos reais sobre imóveis a princípio são contratos civis, regulados pelo Código Civil. É o caso do negócio imobiliário celebrado entre dois particulares em que nenhum dos dois atua profissionalmente no ramo imobiliário. Tornam-se contratos de consumo justamente quando envolvem a atividade profissional de um fornecedor (incorporadora ou construtora de imóveis) cuja finalidade e *expertise* destinam-se à atuação no mercado imobiliário, na construção e/ou comercialização de imóveis. A aplicação do CDC ao contrato de locação é afastada pela jurisprudência majoritária.[656] Defende-a na doutrina, considerando a vulnerabilidade do locatário, o magistério de Claudia Lima Marques.[657]

---

[655] A definição legal de incorporador imobiliário encontra-se no artigo 29 da Lei 4.591/1964: "Artigo 29. Considera-se incorporador a pessoa física ou jurídica, comerciante ou não, que embora não efetuando a construção, compromisse ou efetive a venda de frações ideais de terreno objetivando a vinculação de tais frações a unidades autônomas, em edificações a serem construídas ou em construção sob regime condominial, ou que meramente aceite propostas para efetivação de tais transações, coordenando e levando a termo a incorporação e responsabilizando-se, conforme o caso, pela entrega, a certo prazo, preço e determinadas condições, das obras concluídas".

[656] Exemplificativamente: "Locação. Violação aos arts. 79 da Lei 8.245/91 e 2.036 do Código Civil. Prequestionamento implícito. Ocorrência. Multa. Código de Defesa do Consumidor. Inaplicabilidade. Inexistência de relação de consumo. Recurso especial conhecido e provido. 1. O Tribunal *a quo* emitiu pronunciamento sobre as questões suscitadas pelo recurso especial, embora não tenha feito referência expressa aos respectivos dispositivos legais, caracterizando assim seu prequestionamento implícito. 2. É pacífica e remansosa a jurisprudência, nesta Corte, no sentido de que o Código de Defesa do Consumidor não é aplicável aos contratos locatícios, que são regulados por legislação própria. 3. Restam ausentes às relações locatícias as características delineadoras da relação de consumo apontadas na Lei 8.078/90. 4. Recurso especial conhecido e provido" (STJ, REsp 689.266/SC, 5ª Turma, Rel. Min. Arnaldo Esteves Lima, j. 06.10.2005, *DJ* 14.11.2005).

[657] MARQUES, Claudia Lima. *Contratos no Código de Defesa do Consumidor*. 4. ed. São Paulo: Ed. RT, 2003. p. 362.

A construção e a incorporação de imóveis são reguladas pela Lei 4.591/1964. Sua aplicação não afasta, todavia, a incidência das normas de proteção do consumidor previstas no CDC, e a jurisprudência, ao decidir litígios envolvendo essa espécie de contratação, já definiu uma série de entendimentos no sentido mais favorável ao consumidor. Assim o é no caso do reconhecimento perante terceiros, ainda que não registrado, do compromisso de compra e venda, para constituir em mora o devedor (Súmula 76 do STJ).[658] Segue na mesma linha do entendimento firmado pelo STJ, no sentido da possibilidade de afastar a exigência legal de registro do contrato de promessa de compra e venda como requisito para a obtenção pelo adquirente de escritura definitiva ou da adjudicação compulsória. Da mesma forma, a legitimidade para ação que tenha por finalidade a proteção dos direitos dos adquirentes estende-se inclusive ao Ministério Público.[659] Há situações, contudo, em que o inadimplemento do contrato pelo incorporador pode encontrar no Código Civil regras mais favoráveis ao consumidor-adquirente, como é o caso da prescrição da pretensão de perdas e danos pela falta do habite-se,[660] ou da existência de vício da prestação,[661] com o reconhecimento do prazo de dez anos com fundamento no artigo 205 do Código Civil. Outrossim, mesmo no caso de aquisição de imóvel para fins de investimento, o STJ considera que, tratando-se de situação eventual (investidor eventual), tal circunstância permite a incidência do CDC em proteção do adquirente, em face da interpretação finalista mitigada,[662] que considera a vulnerabilidade *in concreto* do consumidor.

Outra modalidade de garantia em contrato imobiliário é a alienação fiduciária de imóvel, prevista pela Lei 9.514/1997. Nesse caso, como é próprio da alienação fiduciária,

---

[658] Súmula 76/STJ: "A falta de registro do compromisso de compra e venda de imóvel não dispensa a previa interpelação para constituir em mora o devedor".

[659] "Processual civil e administrativo. Ação civil pública. Legitimidade ativa do Ministério Público reconhecida. 1. O Ministério Público possui legitimidade ativa para propor ação civil pública para pleitear nulidade de contratos imobiliários relativos a loteamento irregular. 2. No campo de loteamentos clandestinos ou irregulares, o Ministério Público é duplamente legitimado, tanto pela presença de interesse difuso (= tutela da ordem urbanística e/ou do meio ambiente) como de interesses individuais homogêneos (= compradores prejudicados pelo negócio jurídico ilícito e impossibilidade do objeto). Assim sendo, em nada prejudica ou afasta a legitimação do *Parquet* o fato de que alguns consumidores, mesmo lesados, prefiram manter-se na posse do lote irregular. 3. Recurso especial provido" (STJ, REsp 897.141/DF, 2ª Turma, Rel. Min. Herman Benjamin, j. 28.10.2008, *DJe* 13.11.2009).

[660] STJ, AgInt no REsp 1.704.110/DF, 3ª Turma, Rel. Min. Nancy Andrighi, j. 24.06.2019, *DJe* 26.06.2019.

[661] "Agravo interno no agravo em recurso especial. Civil e processual civil. Ação de indenização. Promessa de compra e venda de imóvel. Ausência de indicação de que o imóvel seria entregue com adega climatizada. Entrega em desconformidade com as especificações anunciadas. Saneamento do vício construtivo. Inadimplemento contratual. Prazo prescricional decenal. Art. 205 do CC/2002. 1. O entendimento desta Corte é de que 'a pretensão cominatória de obrigar a construtora às providências necessárias ao saneamento do vício construtivo não se confunde com a mera substituição de produto ou reexecução de serviço, de modo que não se sujeita ao prazo decadencial previsto no art. 26 do Código de Defesa do Consumidor' (AgInt no REsp 1.863.245/SP, Relator Ministro Moura Ribeiro, Terceira Turma, julgado em 24.08.2020, *DJe* 27.08.2020). 2. Afasta-se a alegação de julgamento *extra petita* quando o provimento jurisdicional decorre de uma compreensão lógico-sistemática dos fatos e fundamentos expostos na petição inicial, entendido como aquilo que se pretende com a instauração da demanda. 3. Agravo interno a que se nega provimento" (STJ, AgInt no AREsp 1.294.075/DF, 4ª Turma, Rel. Min. Raul Araújo, j. 06.03.2023, *DJe* 14.03.2023).

[662] REsp 2.021.711/RS, 3ª Turma, Rel. Min. Nancy Andrighi, Rel. p/ acórdão Min. Moura Ribeiro, j. 14.03.2023, *DJe* 23.03.2023; AgInt no AREsp 1.729.370/SP, 3ª Turma, Rel. Min. Moura Ribeiro, j. 13.06.2022, *DJe* 15.06.2022.

o adquirente (alienado fiduciariamente) tem direito à posse direta do bem e é titular de direito real sobre o imóvel (artigo 23 da Lei 9.514/1997), durante o pagamento do financiamento imobiliário, vindo a consolidar a posse e adquirir propriedade definitiva, com o pagamento integral do preço. A finalidade da nova modalidade contratual foi a de facilitar eventual pretensão do credor do financiamento (fornecedor do crédito), de retomada do bem na hipótese de inadimplemento do consumidor-adquirente, substituindo a eventual execução de hipoteca sobre o imóvel – garantia tradicional do financiamento imobiliário – pela retomada da posse do bem via ação expedita, considerando a qualidade de depositário conferida ao adquirente-financiado.

Outra inovação da legislação, visando à proteção do consumidor em face de conhecidos casos de insolvência das incorporadoras antes da conclusão dos projetos contratados, é o denominado patrimônio de afetação, criado pela Lei 10.931/2004, com a finalidade de segregar cada obra de incorporação e os recursos financeiros necessários à sua conclusão, do restante do patrimônio da incorporadora. Nesse sentido, introduziu o artigo 31-A na Lei 4.591/1964, referindo que, "a critério do incorporador, a incorporação poderá ser submetida ao regime da afetação, pelo qual o terreno e as acessões objeto de incorporação imobiliária, bem como os demais bens e direitos a ela vinculados, manter-se-ão apartados do patrimônio do incorporador e constituirão patrimônio de afetação, destinado à consecução da incorporação correspondente e à entrega das unidades imobiliárias aos respectivos adquirentes", bem como indica ao incorporador responsabilidade pelos prejuízos que causar ao patrimônio de afetação. Essa segregação, que é financeira, mas também em relação ao bem imóvel objeto da incorporação, tem basicamente duas vantagens para o consumidor-adquirente: a) possibilidade de maior transparência no uso dos recursos financeiros pagos ao incorporador; e b) proteção em face de outras dívidas ou obrigações do incorporador, que eventualmente possa comprometer seu patrimônio, colocando-o a salvo da insolvência civil ou falência do incorporador (artigo 31-F). Tem-se, nesse sistema, um instrumento de proteção do interesse útil dos contratantes e das expectativas legítimas dos consumidores-adquirentes, ou, como sugere Melhim Chalub, [663] associa-se à função social dos contratos imobiliários.

2.5.2.1 *Cláusulas abusivas nos contratos imobiliários*

No tocante a cláusulas contratuais abusivas identificadas por doutrina e jurisprudência, e das quais admite-se a revisão judicial – inclusive em relação a contratos já extintos[664] –, destaca-se a cláusula de perda da totalidade das prestações pagas na hipótese de inadimplemento do adquirente do financiamento (cláusula de decaimento),[665] ou

---

[663] CHALHUB, Melhim Namem. *Da incorporação imobiliária*. 2. ed. Rio de Janeiro: Renovar, 2005.

[664] STJ, AgInt no AREsp 1.948.921/RJ, 4ª Turma, Rel. Min. Antonio Carlos Ferreira, j. 04.04.2022, *DJe* 08.04.2022.

[665] "Recurso especial. Código de Defesa do Consumidor. Compra e venda de imóvel. Distrato. Devolução dos valores na forma de carta de crédito. Utilização para a aquisição de outro imóvel na mesma construtora. Artigo 53, *caput*, c/c artigo 51, II, do CDC. Recurso não conhecido. 1. A análise da abusividade da cláusula de decaimento 'é feita tanto frente ao direito tradicional e suas noções de abuso de direito e enriquecimento ilícito, quanto frente ao direito atual, posterior à entrada em vigor do CDC, tendo em vista a natureza especial dos contratos perante os consumidores e a imposição de um novo paradigma de

que estabeleça a devolução apenas após a conclusão da obra.[666] Da mesma forma, há abusividade na cláusula que transfere riscos para o consumidor-adquirente, em relação ao adimplemento do contrato de financiamento do incorporador no banco, o que deu causa a que o STJ, em conhecido entendimento, afastasse a garantia real hipotecária da instituição financeira quando recaísse sobre o mesmo bem objeto da incorporação.[667] Nesse sentido, aliás, a Súmula 308 do STJ dispõe: "A hipoteca firmada entre a construtora e o agente financeiro, anterior ou posterior à celebração da promessa de compra e venda, não tem eficácia perante os adquirentes do imóvel". Em matéria de loteamentos, igualmente, a proteção do consumidor-adquirente percebe-se pelo direito à adjudicação compulsória do bem, na hipótese de pagamento das parcelas na forma ajustada e do inadimplemento da empresa loteadora.

Outra cláusula abusiva será a que impuser a perda das prestações pagas pelo consumidor, diante de seu inadimplemento ou resolução do contrato de aquisição. Nesse

---

boa-fé objetiva, equidade contratual e proibição da vantagem excessiva nos contratos de consumo (artigo 51, IV) e a expressa proibição de tal tipo de cláusula no artigo 53 do CDC". 2. Ao dispor o contrato que a devolução dos referidos valores ao adquirente se daria por meio de duas cartas de crédito, vinculadas à aquisição de um outro imóvel da mesma construtora, isso significa, efetivamente, que não haverá devolução alguma, permanecendo o consumidor-adquirente submetido à construtora, visto que, o único caminho para não perder as prestações já pagas, será o de adquirir uma outra unidade imobiliária da recorrente. 3. Recurso especial não conhecido" (STJ, REsp 437.607/PR, 4ª Turma, Rel. Min. Hélio Quaglia Barbosa, j. 15.05.2007, DJ 04.06.2007). Admitindo a revisão de contrato já findo, uma vez identificada cláusula de decaimento considerada abusiva, sustentando que "é cabível a revisão de distrato de contrato de compra e venda de imóvel, ainda que consensual, em que, apesar de ter havido a quitação ampla, geral e irrevogável, se tenha constatado a existência de cláusula de decaimento (abusiva), prevendo a perda total ou substancial das prestações pagas pelo consumidor, em nítida afronta aos ditames do CDC e aos princípios da boa-fé objetiva e do equilíbrio contratual": STJ, REsp 1.412.662/RS, 4ª Turma, Rel. Min. Luis Felipe Salomão, j. 1º.09.2016, DJe 28.09.2016.

[666] "Agravo regimental. Recurso especial. Ação declaratória de nulidade de cláusula contratual. Restituição das parcelas pagas somente após a conclusão das obras. Abusividade configurada. Incidência da Súmula 83. I – Há enriquecimento ilícito da incorporadora na aplicação de cláusula que obriga o consumidor a esperar pelo término completo das obras para reaver seu dinheiro, pois aquela poderá revender imediatamente o imóvel sem assegurar, ao mesmo tempo, a fruição pelo consumidor do dinheiro ali investido. II – Da análise, contata-se que o agravante não trouxe nenhum argumento novo a justificar a reversão da decisão anterior. Incidência da Súmula 83/STJ. Agravo regimental improvido" (STJ, AgRg no REsp 1.219.345/SC, 3ª Turma, Rel. Min. Sidnei Beneti, j. 15.02.2011, DJe 28.02.2011).

[667] "Compra e venda de bem imóvel assinada e paga antes do contrato de financiamento entre a construtora e o banco, mediante garantia hipotecária. Ausência de consentimento dos promitentes compradores. Cláusula que institui mandato para esse fim considerada abusiva, a teor do artigo 51, VIII, do Código de Defesa do Consumidor. 1. Considerando o acórdão recorrido que o bem foi comprado e integralmente pago antes do contrato de financiamento com garantia hipotecária, que os adquirentes não autorizaram a constituição de tal gravame, que sequer o mandato foi exercido e, ainda, que é abusiva a cláusula que institui o mandato, a teor do artigo 51, VIII, do Código de Defesa do Consumidor, não existe afronta a nenhum dispositivo sobre a higidez da hipoteca, presente a peculiaridade do cenário descrito. 2. Recurso especial não conhecido" (STJ, REsp 296.453/RS, 3ª Turma, Rel. Min. Carlos Alberto Menezes Direito, j. 05.06.2001, DJ 03.09.2001). No mesmo sentido: "Hipoteca. Incorporação. Adquirente. Na incorporação de imóvel, é ineficaz a cláusula que institui hipoteca em favor do financiador da construtora da unidade alienada e paga por terceiro adquirente. Precedentes. Recurso não conhecido" (STJ, REsp 401.252/SP, 4ª Turma, Rel. Min. Ruy Rosado de Aguiar, j. 28.05.2002, DJ 05.08.2002). Ao decidir, no caso de falência da incorporadora, o juízo competente para decidir sobre o tema, o STJ reconheceu o caráter universal do juízo em que se processa a falência: AgRg no REsp 1.261.198/GO, 3ª Turma, Rel. Min. Moura Ribeiro, j. 17.08.2017, DJe 1º.09.2017.

sentido, a regra por muito tempo foi a de restituição imediata dos valores devidos.[668] O STJ, a respeito, editou a Súmula 543, nos seguintes termos: "Na hipótese de resolução de contrato de promessa de compra e venda de imóvel submetido ao Código de Defesa do Consumidor, deve ocorrer a imediata restituição das parcelas pagas pelo promitente comprador – integralmente, em caso de culpa exclusiva do promitente vendedor/construtor, ou parcialmente, caso tenha sido o comprador quem deu causa ao desfazimento".[669] Assim, no tocante aos valores a serem devolvidos, consagrou-se entendimento de que deve haver devolução integral, no caso de a resolução do contrato ter sido dado causa pelo vendedor-fornecedor, e parcial, no caso de resolução causada pelo comprador-consumidor. Então, note-se que têm mitigado seu efeito as disposições contratuais comuns nos instrumentos contratuais de promessa de compra e venda, de que o negócio é celebrado em caráter irretratável e irrevogável, admitida a resolução. Contudo, na hipótese de ela ter sido causada pelo consumidor, poderá o vendedor-fornecedor deduzir despesas do contrato, bem como o que corresponder a eventuais sanções do inadimplemento. Esse entendimento do STJ, porém, mereceu forte reação dos fornecedores no Poder Legislativo, que foi bem-sucedido e resultou na edição da Lei 13.786/2018, com o propósito de legitimar uma série de práticas rejeitadas pela jurisprudência e admitidas por cláusulas consideradas nulas, por exemplo, o diferimento da devolução das parcelas a serem restituídas ao adquirente em caso de resolução do contrato, assim como institucionalização da cláusula de tolerância (veja-se o item 2.5.2.3, a seguir).

Da mesma forma, sustenta a doutrina a abusividade da cláusula que autoriza a cobrança de juros do consumidor antes da conclusão e entrega do imóvel, que, embora admitida originalmente, sob o regime da Lei 4.864/1965, não subsiste no regime do CDC, por ferir o equilíbrio de interesses entre as partes.[670] Esse entendimento, todavia, não prevalece na jurisprudência do STJ, cujo entendimento anterior cedeu ao reconhecimento da possibilidade de cobrança de juros.[671]

---

[668] "Recurso especial representativo de controvérsia. Art. 543-C do CPC. Direito do consumidor. Contrato de compra de imóvel. Desfazimento. Devolução de parte do valor pago. Momento. 1. Para efeitos do art. 543-C do CPC: em contratos submetidos ao Código de Defesa do Consumidor, é abusiva a cláusula contratual que determina a restituição dos valores devidos somente ao término da obra ou de forma parcelada, na hipótese de resolução de contrato de promessa de compra e venda de imóvel, por culpa de quaisquer contratantes. Em tais avenças, deve ocorrer a imediata restituição das parcelas pagas pelo promitente comprador – integralmente, em caso de culpa exclusiva do promitente vendedor/construtor, ou parcialmente, caso tenha sido o comprador quem deu causa ao desfazimento. 2. Recurso especial não provido" (STJ, REsp 1.300.418/SC, 2ª Seção, Rel. Min. Luis Felipe Salomão, j. 13.11.2013, DJe 10.12.2013).

[669] Súmula 543, 2ª Seção, j. 26.08.2015, DJe 31.08.2015.

[670] GHEZZI, Leandro Leal. A incorporação imobiliária à luz do Código de Defesa do Consumidor e do Código Civil. 2. ed. São Paulo: Ed. RT, 2011. p. 207-213.

[671] "Embargos de divergência. Direito Civil. Incorporação imobiliária. Imóvel em fase de construção. Cobrança de juros compensatórios antes da entrega das chaves. Legalidade. 1. Na incorporação imobiliária, o pagamento pela compra de um imóvel em fase de produção, a rigor, deve ser à vista. Nada obstante, pode o incorporador oferecer prazo ao adquirente para pagamento, mediante parcelamento do preço. Afigura-se, nessa hipótese, legítima a cobrança de juros compensatórios. 2. Por isso, não se considera abusiva cláusula contratual que preveja a cobrança de juros antes da entrega das chaves, que, ademais, confere maior transparência ao contrato e vem ao encontro do direito à informação do consumidor (art. 6º, III, do CDC), abrindo a possibilidade de correção de eventuais abusos. 3. No caso concreto, a exclusão dos juros compensatórios convencionados entre as partes, correspondentes às parcelas pagas antes da efetiva entrega das chaves, altera o equilíbrio financeiro da operação e a comutatividade da avença. 4.

Em relação à da cláusula que exonera a responsabilidade do incorporador pelo atraso da obra, na hipótese de inadimplência dos adquirentes de unidades autônomas, desde sempre compreendeu-se pela sua abusividade em face do desequilíbrio em relação ao consumidor. Como bem assinala Toscano de Brito, a inadimplência dos promissários--compradores, na medida em que é risco esperável da atividade econômica do incorporador, deve ser por ele suportado, não podendo ser transferido pelo contrato para os demais consumidores. Essa cláusula de irresponsabilidade, em razão do atraso de obra pelo incorporador ("cláusula de tolerância"), teria sua abusividade confirmada em vista da transferência de um risco inerente à atividade do fornecedor. Nesse caso, trata-se de cláusula abusiva, de acordo com o disposto no artigo 51, I e IV, do CDC.[672] O STJ, contudo, não vem sufragando esse entendimento, uma vez que admite a validade de cláusula de prorrogação da obra desde que informada adequadamente ao consumidor-adquirente, inclusive por intermédio da publicidade. Fundamenta essa compreensão na aplicação em comum das normas do CDC e da Lei das Incorporações Imobiliárias (Lei 4.591/1964) e as peculiaridades reconhecidas na atividade de construção civil, em especial a imprevisibilidade sobre os eventos que podem vir a comprometer o cronograma original de obras de grande magnitude.[673] Esse entendimento foi, inclusive, fixado em recursos repetitivos

---

Precedentes: REsp 379.941/SP, 3ª Turma, Rel. Min. Carlos Alberto Menezes Direito, j. 03.10.2002, *DJ* 02.12.2002, p. 306, REsp 1.133.023/PE, REsp 662.822/DF, REsp 1.060.425/PE e REsp 738.988/DF, todos relatados pelo Min. Aldir Passarinho Junior, REsp 681.724/DF, relatado pelo Min. Paulo Furtado (Desembargador convocado do TJBA), e REsp 1.193.788/SP, relatado pelo Min. Massami Uyeda. 5. Embargos de divergência providos, para reformar o acórdão embargado e reconhecer a legalidade da cláusula do contrato de promessa de compra e venda de imóvel que previu a cobrança de juros compensatórios de 1% (um por cento) a partir da assinatura do contrato" (STJ, EREsp 670.117/PB, 2ª Seção, Rel. Min. Sidnei Beneti, Rel. p/ Acórdão Min. Antonio Carlos Ferreira, j. 13.06.2012, *DJe* 26.11.2012).

[672] TOSCANO DE BRITO, Rodrigo Azevedo. *Incorporação imobiliária à luz do CDC*. São Paulo: Saraiva, 2002. p. 275.

[673] "Recurso especial. Civil. Promessa de compra e venda de imóvel em construção. Atraso da obra. Entrega após o prazo estimado. Cláusula de tolerância. Validade. Previsão legal. Peculiaridades da construção civil. Atenuação de riscos. Benefício aos contratantes. CDC. Aplicação subsidiária. Observância do dever de informar. Prazo de prorrogação. Razoabilidade. 1. Cinge-se a controvérsia a saber se é abusiva a cláusula de tolerância nos contratos de promessa de compra e venda de imóvel em construção, a qual permite a prorrogação do prazo inicial para a entrega da obra. 2. A compra de um imóvel 'na planta' com prazo e preço certos possibilita ao adquirente planejar sua vida econômica e social, pois é sabido de antemão quando haverá a entrega das chaves, devendo ser observado, portanto, pelo incorporador e pelo construtor, com a maior fidelidade possível, o cronograma de execução da obra, sob pena de indenizarem os prejuízos causados ao adquirente ou ao compromissário pela não conclusão da edificação ou pelo retardo injustificado na conclusão da obra (arts. 43, II, da Lei nº 4.591/1964 e 927 do Código Civil). 3. No contrato de promessa de compra e venda de imóvel em construção, além do período previsto para o término do empreendimento, há, comumente, cláusula de prorrogação excepcional do prazo de entrega da unidade ou de conclusão da obra, que varia entre 90 (noventa) e 180 (cento e oitenta) dias: a cláusula de tolerância. 4. Aos contratos de incorporação imobiliária, embora regidos pelos princípios e normas que lhes são próprios (Lei nº 4.591/1964), também se aplica subsidiariamente a legislação consumerista sempre que a unidade imobiliária for destinada a uso próprio do adquirente ou de sua família. 5. Não pode ser reputada abusiva a cláusula de tolerância no compromisso de compra e venda de imóvel em construção desde que contratada com prazo determinado e razoável, já que possui amparo não só nos usos e costumes do setor, mas também em lei especial (art. 48, § 2º, da Lei nº 4.591/1964), constituindo previsão que atenua os fatores de imprevisibilidade que afetam negativamente a construção civil, a onerar excessivamente seus atores, tais como intempéries, chuvas, escassez de insumos, greves, falta de mão de obra, crise no setor, entre outros contratempos. 6. A cláusula de tolerância, para fins de mora contratual, não constitui desvantagem exagerada em desfavor do consumidor, o que comprometeria o

458 | CURSO DE DIREITO DO CONSUMIDOR – *Bruno Miragem*

relacionados às aquisições de imóveis do Programa Minha Casa, Minha Vida, voltado à população de baixa renda, com aplicação do CDC.[674]

Da mesma forma, é abusiva a cláusula que autoriza a modificação posterior à venda do projeto do imóvel pelo incorporador. A própria Lei 4.591/1964, em seu artigo 43, IV, estabelece que, depois de registrada a incorporação, a alteração será possível apenas com a aceitação unânime dos adquirentes, ou ainda por imposição legal. Cláusula que autorize o incorporador do contrário, além de violar o disposto na Lei de Condomínios e Incorporações, caracteriza permissão para alteração unilateral do contrato, sendo nula de pleno direito, de acordo com o artigo 51, XIII, do CDC.

Outra cláusula nos contratos de compra e venda de imóveis que vem sendo objeto de grande discussão é a que impõe ao consumidor-comprador a obrigação do pagamento de comissão de corretagem. O corretor de imóveis, a quem incumbe intermediar a compra e venda de imóveis, é fornecedor de serviços e integra a cadeia de fornecimento.[675] A abusividade da cláusula é sustentada por dois argumentos principais: primeiro,

---

princípio da equivalência das prestações estabelecidas. Tal disposição contratual concorre para a diminuição do preço final da unidade habitacional a ser suportada pelo adquirente, pois ameniza o risco da atividade advindo da dificuldade de se fixar data certa para o término de obra de grande magnitude sujeita a diversos obstáculos e situações imprevisíveis. 7. Deve ser reputada razoável a cláusula que prevê no máximo o lapso de 180 (cento e oitenta) dias de prorrogação, visto que, por analogia, é o prazo de validade do registro da incorporação e da carência para desistir do empreendimento (arts. 33 e 34, § 2º, da Lei nº 4.591/1964 e 12 da Lei nº 4.864/1965) e é o prazo máximo para que o fornecedor sane vício do produto (art. 18, § 2º, do CDC). 8. Mesmo sendo válida a cláusula de tolerância para o atraso na entrega da unidade habitacional em construção com prazo determinado de até 180 (cento e oitenta) dias, o incorporador deve observar o dever de informar e os demais princípios da legislação consumerista, cientificando claramente o adquirente, inclusive em ofertas, informes e peças publicitárias, do prazo de prorrogação, cujo descumprimento implicará responsabilidade civil. Igualmente, durante a execução do contrato, deverá notificar o consumidor acerca do uso de tal cláusula juntamente com a sua justificação, primando pelo direito à informação. 9. Recurso especial não provido." (STJ, REsp 1.582.318/RJ, 3ª Turma, Rel. Min. Ricardo Villas Bôas Cueva, j. 12.09.2017, *DJe* 21.09.2017).

[674] "Recurso especial contra acórdão proferido em incidente de resolução de demandas repetitivas – IRDR. Art. 1.036 do CPC/2015 c/c o art. 256-H do RISTJ. Processamento sob o rito dos recursos especiais repetitivos. Programa Minha Casa, Minha Vida. Crédito associativo. Promessa de compra e venda de imóvel em construção. Controvérsias envolvendo os efeitos do atraso na entrega do bem. Recursos desprovidos. 1. As teses a serem firmadas, para efeito do art. 1.036 do CPC/2015, em contrato de promessa de compra e venda de imóvel em construção, no âmbito do Programa Minha Casa, Minha Vida, para os beneficiários das faixas de renda 1, 5, 2 e 3, são as seguintes: 1.1 Na aquisição de unidades autônomas em construção, o contrato deverá estabelecer, de forma clara, expressa e inteligível, o prazo certo para a entrega do imóvel, o qual não poderá estar vinculado à concessão do financiamento, ou a nenhum outro negócio jurídico, exceto o acréscimo do prazo de tolerância. 1.2 No caso de descumprimento do prazo para a entrega do imóvel, incluído o período de tolerância, o prejuízo do comprador é presumido, consistente na injusta privação do uso do bem, a ensejar o pagamento de indenização, na forma de aluguel mensal, com base no valor locatício de imóvel assemelhado, com termo final na data da disponibilização da posse direta ao adquirente da unidade autônoma. 1.3 É ilícito cobrar do adquirente juros de obra ou outro encargo equivalente, após o prazo ajustado no contrato para a entrega das chaves da unidade autônoma, incluído o período de tolerância. 1.4 O descumprimento do prazo de entrega do imóvel, computado o período de tolerância, faz cessar a incidência de correção monetária sobre o saldo devedor com base em indexador setorial, que reflete o custo da construção civil, o qual deverá ser substituído pelo IPCA, salvo quando este último for mais gravoso ao consumidor. 2. Recursos especiais desprovidos" (STJ, REsp 1.729.593/SP, 2ª Seção, Rel. Min. Marco Aurélio Bellizze, j. 25.09.2019, *DJe* 27.09.2019).

[675] STJ, AgInt no REsp 1.915.471/SP, 3ª Turma, Rel. Min. Ricardo Villas Bôas Cueva, j. 29.08.2022, *DJe* 31.08.2022.

de que se trata de venda casada, de modo que aquele que pretenda adquirir o imóvel esteja condicionado à contratação dos serviços de intermediação de corretor. Segundo, porque implicaria a transferência de custo do fornecedor para o consumidor, uma vez que o corretor de imóveis estaria atuando no sentido de promover a venda, logo, em favor da atividade negocial do fornecedor. Em sentido contrário, contudo, afirmando a possibilidade de convenção da obrigação de pagamento da comissão de corretagem pelo comprador-consumidor, outros dois argumentos são registrados. O primeiro deles indicando que os serviços de intermediação – como é o caso da corretagem –, ao serem prestados, não caracterizam venda casada, mas espécie de serviço de promoção negocial, previsto na legislação, e que deve ser remunerado. A possibilidade de convenção sobre quem deva fazê-lo encontra-se sob o domínio da autonomia da vontade das partes. Isso porque, e aí surge o segundo argumento, a remuneração direta do corretor, pelo consumidor-comprador, implica maior transparência sobre o preço, uma vez que tenha havido informação pré-contratual suficiente e adequada, sendo esclarecido o consumidor sobre o valor do negócio e sua composição. Esse foi o entendimento do STJ em julgamento de recurso especial repetitivo, no qual ficou aprovada a seguinte tese: "1. Validade da cláusula contratual que transfere ao promitente-comprador a obrigação de pagar a comissão de corretagem nos contratos de promessa de compra e venda de unidade autônoma em regime de incorporação imobiliária, desde que previamente informado o preço total da aquisição da unidade autônoma, com o destaque do valor da comissão de corretagem".[676]

2.5.2.2 O dever de informar nos contratos imobiliários

O dever de informar do incorporador, construtor ou loteador, nos contratos imobiliários, é observado em dois sentidos: relativamente ao objeto do contrato, qual seja, às características, dimensões e utilidades do imóvel objeto da venda; e, por outro lado, o preço, forma de pagamento, taxas de juros incidentes antes da entrega do imóvel pronto ("entrega das chaves") e após esse evento, bem como a possibilidade de redução proporcional do valor em face do pagamento antecipado das parcelas, ou mesmo a quitação antecipada do contrato. Nesse sentido, aplica-se, *in totum*, o disposto nos artigos 30, 31 e 52 do CDC, cuja eficácia protege a boa-fé e as legítimas expectativas do consumidor-adquirente ao celebrar o contrato, assim como informa a decisão sobre a contratação de acordo com sua capacidade de pagamento, especialmente por conta do caráter diferido da obrigação no tempo, e a dimensão do compromisso financeiro que normalmente representa. Lembre-se, igualmente, que, segundo o artigo 48, § 1º, da Lei 4.591/1964, o projeto e o memorial descritivo das edificações farão parte integrante do contrato.

A Lei 13.786/2018 inovou ao incluir na Lei de Incorporação Imobiliária (Lei 4.591/1964) o artigo 35-A, estabelecendo o conteúdo do dever de informar pré-contratual do incorporador perante o adquirente. Para tanto, dispõe que "os contratos de compra e

---

[676] STJ, REsp 1.599.511/SP, 2ª Seção, Rel. Min. Paulo de Tarso Sanseverino, j. 24.08.2016, *DJe* 06.09.2016. No mesmo sentido decidiu o STJ em relação aos contratos que envolvam o programa "Minha Casa, Minha Vida", voltado à população de menor renda, com exceção dos negócios, no âmbito do programa, na denominada Faixa 1, nos quais não há intermediação: STJ, REsp 1.601.149/RS, 2ª Seção, Rel. Min. Paulo de Tarso Sanseverino, Rel. p/ Acórdão Min. Ricardo Villas Bôas Cueva, j. 13.06.2018, *DJe* 15.08.2018.

venda, promessa de venda, cessão ou promessa de cessão de unidades autônomas integrantes de incorporação imobiliária serão iniciados por quadro-resumo".[677] As mesmas informações também exigem que constem em quadro-resumo no caso de contratos de compra e venda, cessão ou promessa de cessão de imóveis objeto de loteamento, para o que determina a inclusão do artigo 26-A na "Lei de Loteamentos" (Lei 6.766, de 19 de dezembro de 1979).[678]

---

[677] "Art. 35-A. Os contratos de compra e venda, promessa de venda, cessão ou promessa de cessão de unidades autônomas integrantes de incorporação imobiliária serão iniciados por quadro-resumo, que deverá conter: I – o preço total a ser pago pelo imóvel; II – o valor da parcela do preço a ser tratada como entrada, a sua forma de pagamento, com destaque para o valor pago à vista, e os seus percentuais sobre o valor total do contrato; III – o valor referente à corretagem, suas condições de pagamento e a identificação precisa de seu beneficiário; IV – a forma de pagamento do preço, com indicação clara dos valores e vencimentos das parcelas; V – os índices de correção monetária aplicáveis ao contrato e, quando houver pluralidade de índices, o período de aplicação de cada um; VI – as consequências do desfazimento do contrato, seja por meio de distrato, seja por meio de resolução contratual motivada por inadimplemento de obrigação do adquirente ou do incorporador, com destaque negritado para as penalidades aplicáveis e para os prazos para devolução de valores ao adquirente; VII – as taxas de juros eventualmente aplicadas, se mensais ou anuais, se nominais ou efetivas, o seu período de incidência e o sistema de amortização; VIII – as informações acerca da possibilidade do exercício, por parte do adquirente do imóvel, do direito de arrependimento previsto no art. 49 da Lei nº 8.078, de 11 de setembro de 1990 (Código de Defesa do Consumidor), em todos os contratos firmados em estandes de vendas e fora da sede do incorporador ou do estabelecimento comercial; IX – o prazo para quitação das obrigações pelo adquirente após a obtenção do auto de conclusão da obra pelo incorporador; X – as informações acerca dos ônus que recaiam sobre o imóvel, em especial quando o vinculem como garantia real do financiamento destinado à construção do investimento; XI – o número do registro do memorial de incorporação, a matrícula do imóvel e a identificação do cartório de registro de imóveis competente; XII – o termo final para obtenção do auto de conclusão da obra (habite-se) e os efeitos contratuais da intempestividade prevista no art. 43-A desta Lei. § 1º Identificada a ausência de quaisquer das informações previstas no *caput* deste artigo, será concedido prazo de 30 (trinta) dias para aditamento do contrato e saneamento da omissão, findo o qual, essa omissão, se não sanada, caracterizará justa causa para rescisão contratual por parte do adquirente. § 2º A efetivação das consequências do desfazimento do contrato, referidas no inciso VI do *caput* deste artigo, dependerá de anuência prévia e específica do adquirente a seu respeito, mediante assinatura junto a essas cláusulas, que deverão ser redigidas conforme o disposto no § 4º do art. 54 da Lei nº 8.078, de 11 de setembro de 1990 (Código de Defesa do Consumidor)."

[678] "Art. 26-A. Os contratos de compra e venda, cessão ou promessa de cessão de loteamento devem ser iniciados por quadro-resumo, que deverá conter, além das indicações constantes do art. 26 desta Lei: I – o preço total a ser pago pelo imóvel; II – o valor referente à corretagem, suas condições de pagamento e a identificação precisa de seu beneficiário; III – a forma de pagamento do preço, com indicação clara dos valores e vencimentos das parcelas; IV – os índices de correção monetária aplicáveis ao contrato e, quando houver pluralidade de índices, o período de aplicação de cada um; V – as consequências do desfazimento do contrato, seja mediante distrato, seja por meio de resolução contratual motivada por inadimplemento de obrigação do adquirente ou do loteador, com destaque negritado para as penalidades aplicáveis e para os prazos para devolução de valores ao adquirente; VI – as taxas de juros eventualmente aplicadas, se mensais ou anuais, se nominais ou efetivas, o seu período de incidência e o sistema de amortização; VII – as informações acerca da possibilidade do exercício, por parte do adquirente do imóvel, do direito de arrependimento previsto no art. 49 da Lei nº 8.078, de 11 de setembro de 1990 (Código de Defesa do Consumidor), em todos os contratos firmados em estandes de vendas e fora da sede do loteador ou do estabelecimento comercial; VIII – o prazo para quitação das obrigações pelo adquirente após a obtenção do termo de vistoria de obras; IX – informações acerca dos ônus que recaiam sobre o imóvel; X – o número do registro do loteamento ou do desmembramento, a matrícula do imóvel e a identificação do cartório de registro de imóveis competente; XI – o termo final para a execução do projeto referido no § 1º do art. 12 desta Lei e a data do protocolo do pedido de emissão do termo de vistoria de obras. § 1º Identificada a ausência de quaisquer das informações previstas no *caput* deste artigo, será concedido prazo de 30 (trinta) dias para aditamento do contrato e saneamento da omissão,

A determinação de amplo e preciso dever de informação pelo incorporador seria, por si, razão de entusiasmo com os termos da inovação legislativa. Entretanto, a curiosa solução para os casos de descumprimento do dever que a própria lei estabelece inibe maiores elogios. O § 1º do mesmo artigo 35-A dispõe, então, que: "Identificada a ausência de quaisquer das informações previstas no *caput* deste artigo, será concedido prazo de 30 (trinta) dias para aditamento do contrato e saneamento da omissão, findo o qual, essa omissão, se não sanada, caracterizará justa causa para rescisão contratual por parte do adquirente". A proposição legislativa aqui está fora da melhor técnica e frustra a própria finalidade do dever de informação pré-contratual. Afinal, o sentido do dever de informar – que em verdade é de esclarecer –, antes da celebração do contrato, compreende permitir aos contratantes conhecer dos seus termos, para decidir celebrar ou não o contrato. Não é mero repasse formal de informação, que possa ser objeto de aditivo posterior à celebração, como pretendeu o legislador nesse caso. Da mesma forma, é ilógica a solução proposta, admitindo que, nos trinta dias posteriores à contratação, possa o incorporador "aditar" o contrato e "sanear" a omissão, e, apenas quando isso não ocorrer, nascerá ao adquirente a justa causa para a rescisão contratual.

Registre-se, objetivamente: dever de informar pré-contratual, quando não cumprido antes da celebração do contrato, não é objeto de aditamento, tampouco o repasse posterior da informação convalida a celebração, afastando quaisquer sanções. No regime dos contratos de consumo, aliás, não é demais lembrar do que é impositivo, em vista do artigo 46 do CDC: "Os contratos que regulam as relações de consumo não obrigarão os consumidores, se não lhes for dada a oportunidade de tomar conhecimento prévio de seu conteúdo, ou se os respectivos instrumentos forem redigidos de modo a dificultar a compreensão de seu sentido e alcance".

Desse modo, a correta interpretação desse § 1º do artigo 35-A não pode afastar a incidência do artigo 46 do CDC quando se trata de contratos de consumo. Sua interpretação sistemática autoriza concluir que eventual ausência do atendimento do dever de completar o quadro-resumo nos trinta dias após a celebração autoriza o adquirente a rescindir o contrato. No entanto, quando se trata de contrato de consumo, a ausência de informação prévia à contratação, nos estritos termos do artigo 46 do CDC ("oportunidade de tomar conhecimento prévio de seu conteúdo"), implica a ineficácia da obrigação não informada naquele momento ao consumidor, independentemente de ela vir a ser prestada após a celebração pelo incorporador.

Há, por fim, uma exigência formal específica em relação às informações relativas às consequências do desfazimento do contrato, previstas no artigo 35-A, VI, para as quais o § 2º do mesmo artigo exige, como condição para sua eficácia, que haja "anuência prévia e específica do adquirente a seu respeito, mediante assinatura junto a essas cláusulas, que deverão ser redigidas conforme o disposto no § 4º do art. 54 da Lei nº 8.078, de 11 de setembro de 1990 (Código de Defesa do Consumidor)". No caso, a redação da cláusula

---

findo o qual, essa omissão, se não sanada, caracterizará justa causa para rescisão contratual por parte do adquirente. § 2º A efetivação das consequências do desfazimento do contrato, mencionadas no inciso V do *caput* deste artigo, dependerá de anuência prévia e específica do adquirente a seu respeito, mediante assinatura junto a essas cláusulas, que deverão ser redigidas conforme o disposto no § 4º do art. 54 da Lei nº 8.078, de 11 de setembro de 1990 (Código de Defesa do Consumidor)."

462 | CURSO DE DIREITO DO CONSUMIDOR – *Bruno Miragem*

limitativa de direito do consumidor em destaque, conforme preceitua a regra do CDC, e a assinatura do adquirente na cláusula, para atestar o conhecimento específico acerca do seu conteúdo, a parte do restante do conjunto contratual, não eliminam a exigência de que, nos contratos de consumo, para que sejam eficazes para o consumidor, tais informações devam ser oferecidas ao seu conhecimento, antes da celebração do contrato. A solução criativa do legislador prevendo uma inusual "adição" de informações após a celebração do contrato não deve ser interpretada de modo a afastar a incidência prevalente do artigo 46 do CDC, em especial quando se trata – como é o caso – de contratos que envolvem transações de valores consideráveis, nos quais o adquirente consumidor, dentro dos trinta dias após a celebração, normalmente já tenha desembolsado valores expressivos para início do pagamento do preço (entrada ou sinal para o negócio), ou se comprometido com o financiamento em relação ao imóvel. A informação posterior sobre condições contratuais que tenham sido sonegadas antes da celebração do contrato pode surpreender o consumidor, inclusive desencorajando-o a resolver o negócio, nos termos que lhe autorizaria o artigo 35, III, do CDC. Daí a prevalência de que se deve considerar a incidência do artigo 46 do CDC quando se trata de contrato de consumo.

2.5.2.3   *Extinção do contrato: resolução por inadimplemento e resilição*

Os contratos imobiliários, especialmente os que envolvem aquisição de imóvel em regime de incorporação ou loteamentos, observam regras específicas relativamente à disciplina da possibilidade de resolução no caso de inadimplemento por qualquer das partes (incorporador, loteador e adquirente), assim como às hipóteses em que se admite a resilição (extinção voluntária), principalmente quando por iniciativa de apenas uma das partes (resilição unilateral). Essas regras especiais sofreram modificações ao longo do tempo, culminando na reação à crise econômica que repercutiu sobre os contratos de aquisição de imóveis em construção, inclusive com o aumento da inadimplência. Daí a edição da Lei 13.786, de 27 de dezembro de 2018, que altera uma série de disposições na legislação sobre incorporação imobiliária e loteamentos, sobretudo no tocante às situações de resolução por inadimplemento e resilição unilateral do contrato, que podem incidir ou ser afastadas em razão de disposição diversa das partes (artigo 67-A, § 13, da Lei 4.591/1964, introduzido pela Lei 13.786/2018).

A referida Lei 13.786/2018, contudo, é repleta de falhas de redação, e claramente visou atender interesses parciais nos contratos de aquisição de imóveis em regime de incorporação,[679] em especial no tocante à caracterização e efeitos do inadimplemento. Nesse sentido, a inclusão do artigo 43-A na Lei de Incorporação Imobiliária, definindo que "a entrega do imóvel em até 180 (cento e oitenta) dias corridos da data estipulada

---

[679]   Conforme bem registra a professora Joseane Suzart, com exceção de regras específicas sobre direito de arrependimento e informação ao consumidor, quanto ao conteúdo do contrato as inovações legislativas tendencialmente inclinaram-se em favor dos interesses dos fornecedores (SILVA, Joseane Suzart Lopes da. Os contratos imobiliários diante da Lei Federal 13.786/2018 e a fundamental proteção da parte vulnerável: os consumidores. *Revista de Direito do Consumidor*, São Paulo, v. 122, p. 267-305, mar./abr. 2019). No mesmo sentido, identificando a prevalência do interesse dos incorporadores: KARAM, Marco Antonio. Resolução de contrato imobiliário: comentários à Lei 13.768/2018. *Revista de Direito do Consumidor*, São Paulo, v. 123, p. 337-356, maio/jun. 2019.

contratualmente como data prevista para conclusão do empreendimento, desde que expressamente pactuado, de forma clara e destacada, não dará causa à resolução do contrato por parte do adquirente nem ensejará o pagamento de qualquer penalidade pelo incorporador". Aqui se trata de estender, por força de lei, o prazo do cumprimento da prestação principal pelo incorporador, que é a entrega do imóvel concluído ao adquirente. A razão de ser dessa norma é claramente prevenir pretensões dos adquirentes dos imóveis que, tendo se planejado, com base no prazo contratualmente estabelecido, por vezes para entrega do próprio imóvel em que residem até aquele momento, ou outras providências (aquisição de móveis, p. ex.), que, diante do inadimplemento do incorporador, demandavam contra ele a reparação dos prejuízos decorrentes ou a resolução do contrato, com o objetivo de ter devolvido a parcela do preço pago. Essa pretensão de resolução, por força da lei, só poderá ser exercida após 180 dias do prazo estabelecido no contrato, devendo a devolução da integralidade dos valores pagos e da multa estabelecida ser realizada em até 60 dias corridos da data da resolução (artigo 43-A, § 1º). Não exercendo a pretensão de resolução, é conferida ao adquirente indenização nos termos do artigo 43-A, § 2º, que dispõe: "Na hipótese de a entrega do imóvel estender-se por prazo superior àquele previsto no *caput* deste artigo, e não se tratar de resolução do contrato, será devida ao adquirente adimplente, por ocasião da entrega da unidade, indenização de 1% (um por cento) do valor efetivamente pago à incorporadora, para cada mês de atraso, *pro rata die*, corrigido monetariamente conforme índice estipulado em contrato".

Aqui, todavia, há imprecisões evidentes. A norma em questão refere como "indenização" aquilo que claramente é cláusula penal moratória; tanto assim que o § 3º do mesmo artigo 43-A busca impedir sua cumulação com a cláusula penal prevista no § 1º do mesmo artigo, previsto quando se trata de inadimplemento absoluto pelo incorporador. Não se deve cogitar em nenhuma dessas hipóteses de indenização de perdas e danos que é pretensão do credor no caso de inadimplemento do devedor, independentemente da previsão de cláusula penal, e só poderá ser substituída por esta na hipótese de inadimplemento absoluto, e mesmo assim converte-se em alternativa em benefício do credor (artigo 410 do Código Civil), que assim será o adquirente que deixar de receber o imóvel no prazo.

Outra situação será a de inadimplemento do contrato ou resilição pelo adquirente. Observe-se que, tratando-se de imóveis em construção e de contratos de cumprimento diferido no tempo, inclusive, muitas vezes, de um contrato de promessa de compra e venda cujo pagamento do preço poderá supor, após a conclusão e entrega do bem ao promitente comprador, a celebração de outro contrato de financiamento com o próprio incorporador ou com terceiro, instituição financeira. Em virtude da oscilação de preços no setor, muitas vezes o valor de mercado do imóvel, quando de sua entrega ao adquirente, será muito inferior ao valor do preço pago, com ou sem financiamento. Isso, segundo os entusiastas da nova legislação, estimularia os adquirentes a promoverem o distrato, reclamando a devolução da parcela do preço que havia sido paga, causando dificuldades aos incorporadores que, várias vezes, já destinaram os valores recebidos para a conclusão da obra, ou ainda em relação ao descasamento dos índices de correção dos valores a serem restituídos para promitente-comprador. Isso não elimina, todavia, a possibilidade de o mesmo imóvel ser objeto de nova venda, o que mitiga os efeitos para o incorporador.

CURSO DE DIREITO DO CONSUMIDOR – *Bruno Miragem*

Nesse sentido, a Lei 13.786/2018 introduziu o artigo 67-A na Lei de Incorporação Imobiliária (Lei 4.591/1964), dispondo sobre os efeitos da extinção do contrato no caso de inadimplemento pelo adquirente do bem ou no caso de resilição (distrato). Assim, refere que o adquirente fará jus "à restituição das quantias que houver pago diretamente ao incorporador, atualizadas com base no índice contratualmente estabelecido para a correção monetária das parcelas do preço do imóvel, delas deduzidas, cumulativamente: I – a integralidade da comissão de corretagem; II – a pena convencional, que não poderá exceder a 25% (vinte e cinco por cento) da quantia paga". A pretensão do consumidor, naturalmente, no regime do CDC, dirige-se à incorporadora (promitente-vendedora), não ao corretor que intermediou o negócio.[680]

Não parece a melhor solução dispor na mesma regra sobre hipótese de inadimplemento absoluto e de resilição. Segundo ao limite de 25% da quantia paga para a cláusula penal devida pelo adquirente ao incorporador pode ser considerada elevada, tendo em vista a possibilidade de renegociação do imóvel e os prejuízos efetivamente sofridos. Mais ainda, no caso de imóveis em incorporações submetidas ao regime do patrimônio de afetação, a pena pode chegar a 50% do valor pago pelo adquirente (artigo 67-A, § 5º). São hipóteses que se estabelecem em lei ao arrepio da tradição dogmática do direito obrigacional. Afinal, a prefixação em lei de limites máximos conforme características de um contrato específico pode contaminar a própria razão de ser do instituto – estímulo ao cumprimento e predefinição da reparação de eventuais prejuízos – para atender a circunstancial interesse de um dos contratantes. Da mesma forma, deve-se dizer que não se confundem, tanto em relação a seus elementos caracterizadores quanto a seus efeitos, a resolução por inadimplemento e a resilição unilateral, e apenas em relação à primeira faz sentido, segundo a melhor técnica, falar na previsão e exigibilidade de cláusula penal.[681] As normas mencionadas, contudo, dispõem em comum de ambas as hipóteses.

Nesse sentido, aliás, é que o § 1º do artigo 67-A prevê regra que seria dispensável, ao definir que, "para exigir a pena convencional, não é necessário que o incorporador alegue prejuízo". Ora, é que resulta do regime próprio da cláusula penal na disciplina que lhe endereça o Código Civil (artigo 416). Sua reprodução como regra especial justifica-se, contudo, diante das hipóteses em que o imóvel objeto do contrato desfeito é vendido pelo incorporador a outro adquirente de modo reduzir expressivamente eventual prejuízo em razão da extinção do primeiro negócio. A dispensa da alegação de prejuízo conforma-se com a ideia de evitar alegação do adquirente para subtrair-se ao pagamento da multa. Não deve eliminar, contudo, segundo as condições específicas relacionadas ao contrato, a possibilidade de exame da onerosidade excessiva da cláusula, com fundamento nos contratos de consumo, pela incidência do artigo 51, § 1º, III, do CDC, assim como nos demais contratos, do dever imposto ao juiz conforme o artigo 413 do Código Civil.

Por outro lado, não incidirá a cláusula penal no caso de o adquirente que dá causa à extinção do contrato nas hipóteses indicadas encontrar novo comprador ao imóvel, "que o sub-rogue nos direitos e obrigações originalmente assumidos, desde que haja a

---

[680] STJ, REsp 1.811.153/SP, 3ª Turma, Rel. Min. Marco Aurélio Bellizze, j. 15.02.2022, *DJe* 21.02.2022.

[681] Para a distinção, veja-se: MIRAGEM, Bruno. *Direito civil*: direito das obrigações. 2. ed. São Paulo: Saraiva, 2018. p. 536 e ss.

devida anuência do incorporador e a aprovação dos cadastros e da capacidade financeira e econômica do comprador substituto" (artigo 67-A, § 9º).

De significativa repercussão prática, igualmente, é o § 2º do artigo 67-A, introduzido na Lei 4.591/1964, que prevê uma série de deduções que poderá o incorporador fazer, compensando-os do valor que tiver de restituir ao adquirente, além daqueles estabelecidos no § 1º e no *caput* do mesmo artigo. Refere a norma em questão: "Em função do período em que teve disponibilizada a unidade imobiliária, responde ainda o adquirente, em caso de resolução ou de distrato, sem prejuízo do disposto no *caput* e no § 1º deste artigo, pelos seguintes valores: I – quantias correspondentes aos impostos reais incidentes sobre o imóvel; II – cotas de condomínio e contribuições devidas a associações de moradores; III – valor correspondente à fruição do imóvel, equivalente à 0,5% (cinco décimos por cento) sobre o valor atualizado do contrato, *pro rata die*; IV – demais encargos incidentes sobre o imóvel e despesas previstas no contrato".

Os prazos para devolução dos valores ao adquirente também são elevados. No caso de imóveis em incorporações submetidas ao patrimônio de afetação, o prazo será de 30 dias após o habite-se ou documento equivalente expedido pelo órgão municipal. No caso de imóveis cuja incorporação não esteja sob o regime do patrimônio de afetação, a devolução dos valores ao adquirente poderá ser feita em até 180 dias. Esses prazos podem ser abreviados no caso de ocorrer nova venda do imóvel objeto do contrato extinto, em ambos os casos devendo os valores ser devolvidos em 30 dias da data da celebração do novo negócio (artigo 67-A, § 7º).

No caso da aquisição de loteamentos, as parcelas a serem deduzidas da restituição devida pelo loteador abrangem: "I – os valores correspondentes à eventual fruição do imóvel, até o equivalente a 0,75% (setenta e cinco centésimos por cento) sobre o valor atualizado do contrato, cujo prazo será contado a partir da data da transmissão da posse do imóvel ao adquirente até sua restituição ao loteador; II – o montante devido por cláusula penal e despesas administrativas, inclusive arras ou sinal, limitado a um desconto de 10% (dez por cento) do valor atualizado do contrato; III – os encargos moratórios relativos às prestações pagas em atraso pelo adquirente; IV – os débitos de impostos sobre a propriedade predial e territorial urbana, contribuições condominiais, associativas ou outras de igual natureza que sejam a estas equiparadas e tarifas vinculadas ao lote, bem como tributos, custas e emolumentos incidentes sobre a restituição e/ou rescisão; V – a comissão de corretagem, desde que integrada ao preço do lote".

A restituição dos valores pelo incorporador, por sua vez, no caso de loteamentos com obras em andamento, no prazo máximo de 180 dias após o termo contratualmente previsto de conclusão das obras; cm loteamentos com obras concluídas no prazo máximo de 12 meses, opôs a formalização da extinção do contrato. Após esse prazo, a restituição poderá ser feita em 12 parcelas mensais pagas pelo incorporador (artigo 32-A, § 1º, introduzido na Lei 6.766/1979).

Por outro lado, nova venda do lote objeto de contrato extinto por resilição de um dos contratantes só poderá ser registrada se tiver sido iniciada a restituição dos valores devidos ao antigo adquirente (artigo 32-A, § 2º). No caso de resolução por inadimplemento, a redação do artigo 35 da Lei 6.766/1979 determina que, em relação aos contratos resolvidos no qual já tenha sido pago 1/3 do preço, esse ato constará no registro do ato do cancelamento, só podendo ser o mesmo lote objeto de novo registro na hipótese de apresentação do distrato e comprovação do pagamento de parcela única ou da parcela inicial do valor a ser restituído, ou do depósito do valor em dinheiro, à disposição do adquirente no registro de imóveis.

Retomando o tema da cláusula penal, há situações nas quais ela é estabelecida apenas em favor do incorporador, ao prever o inadimplemento do devedor. Nesses casos, a rigor estar-se-á perante cláusula que poderá ser eivada de abusividade, por ofensa ao equilíbrio contratual (artigo 51, § 1º, II, do CDC). Todavia, o STJ, em julgamento sob o regime dos recursos especiais repetitivos, entendeu que nessas situações a cláusula penal prevista em favor do incorporador poderá ser tomada como critério para fixação da indenização do consumidor adquirente, no caso de inadimplemento do devedor (denominada "cláusula penal inversa"). Para tanto, superou-se o argumento da distinta natureza da obrigação das partes em vista do argumento de que, diante da situação de inadimplemento, devem ser convertidas em dinheiro.[682]

No caso de financiamento imobiliário concedido pelo próprio incorporador ou por instituição financeira, com garantia de alienação fiduciária o regime da Lei 9.514/1997, que dispõe da espécie é reconhecido pela jurisprudência como prevalente em relação às normas do CDC sobre resolução contratual.[683] Desse modo, havendo inadimplemento do consumidor adquirente do imóvel, e não purgada a mora, pode o credor consolidar a propriedade do bem e levá-lo a leilão para satisfazer a dívida. Sendo este suficiente, e havendo saldo, reverterá em favor do devedor fiduciário; se o valor obtido pela venda for insuficiente, segue o devedor fiduciário obrigado pelo que faltar. Por outro lado, considera-se o entendimento jurisprudencial de que a realização do leilão não impede a discussão judicial, pelo consumidor, de eventuais abusos no procedimento de alienação do bem e do repasse do produto da arrematação.[684]

---

[682] "Recurso especial representativo de controvérsia. Compra e venda de imóvel na planta. Atraso na entrega. Novel Lei n. 13.786/2018. Contrato firmado entre as partes anteriormente à sua vigência. Não incidência. Contrato de adesão. Omissão de multa em benefício do aderente. Inadimplemento da incorporadora. Arbitramento judicial da indenização, tomando-se como parâmetro objetivo a multa estipulada em proveito de apenas uma das partes, para manutenção do equilíbrio contratual. 1. A tese a ser firmada, para efeito do art. 1.036 do CPC/2015, é a seguinte: No contrato de adesão firmado entre o comprador e a construtora/incorporadora, havendo previsão de cláusula penal apenas para o inadimplemento do adquirente, deverá ela ser considerada para a fixação da indenização pelo inadimplemento do vendedor. As obrigações heterogêneas (obrigações de fazer e de dar) serão convertidas em dinheiro, por arbitramento judicial. 2. No caso concreto, recurso especial parcialmente provido" (STJ, REsp 1631485/DF, 2ª Seção, Rel. Min. Luis Felipe Salomão, j. 22.05.2019, *DJe* 25.06.2019). No mesmo sentido: STJ, AgInt no AREsp 1.970.669/RJ, 4ª Turma, Rel. Min. Antonio Carlos Ferreira, j. 25.04.2022, *DJe* 28.04.2022.

[683] "Recurso especial representativo de controvérsia – artigo 1.036 e seguintes do CPC/2015 – temática acerca da prevalência, ou não, do Código de Defesa do Consumidor na hipótese de resolução do contrato de compra e venda de bem imóvel, com cláusula de alienação fiduciária em garantia. 1. Para fins dos arts. 1036 e seguintes do CPC/2015 fixa-se a seguinte tese: 1.1. Em contrato de compra e venda de imóvel com garantia de alienação fiduciária devidamente registrado em cartório, a resolução do pacto, na hipótese de inadimplemento do devedor, devidamente constituído em mora, deverá observar a forma prevista na Lei nº 9.514/97, por se tratar de legislação específica, afastando-se, por conseguinte, a aplicação do Código de Defesa do Consumidor (...)" (REsp 1.891.498/SP, 2ª Seção, Rel. Min. Marco Buzzi, j. 26.10.2022, *DJe* 19.12.2022).

[684] STJ, AgInt no AREsp 2.065.547/RJ, 3ª Turma, Rel. Min. Paulo de Tarso Sanseverino, j. 19.09.2022, *DJe* 22.09.2022.

2.5.2.4 Direito de arrependimento

O direito de arrependimento do consumidor para a contratação de fornecimento de produtos e serviços ocorrer fora do estabelecimento comercial, previsto no artigo 49 do CDC, embora se aplique aos contratos de consumo em geral, merece regra especial nos contratos de aquisição de imóveis objeto de incorporação imobiliária, quando celebrados em estandes de venda e fora da sede do incorporador. Nesse sentido, o § 10 do artigo 67-A da Lei 4.591/1964 – introduzido pela Lei 13.786/2018 – dispõe que: "Os contratos firmados em estandes de vendas e fora da sede do incorporador permitem ao adquirente o exercício do direito de arrependimento, durante o prazo improrrogável de 7 (sete) dias, com a devolução de todos os valores eventualmente antecipados, inclusive a comissão de corretagem".

Embora útil – ao eliminar maior controvérsia sobre a qualidade do estande de vendas e sua distinção da noção de estabelecimento comercial –, a preocupação visível do legislador, nesse caso, foi definir procedimento para o exercício desse direito de arrependimento e, ao mesmo tempo, reafirmar a irretratabilidade do contrato passado o prazo para seu exercício. Nesse sentido, o § 11 do artigo 67-A define que "caberá ao adquirente demonstrar o exercício tempestivo do direito de arrependimento por meio de carta registrada, com aviso de recebimento, considerada a data da postagem como data inicial da contagem do prazo a que se refere o § 10 deste artigo". Em seguida, o § 12 do mesmo artigo afirma que, transcorrido o prazo previsto em lei, sem que tenha sido exercido o direito de arrependimento, "será observada a irretratabilidade do contrato de incorporação imobiliária, conforme disposto no § 2º, do art. 32 da Lei nº 4.591, de 16 de dezembro de 1964".

2.5.3 Contratos bancários e financeiros

Entre os diversos contratos de consumo, os contratos bancários e financeiros, sem dúvida, estão entre os de maior repercussão prática no atendimento a necessidades do consumidor, como condição de inserção e atuação no mercado. O *homo economicus* na sociedade de consumo depende da atividade bancária para intermediar suas relações econômico-financeiras, para ter acesso ao crédito e a meios de pagamentos automatizados de crescente utilização no mercado. Daí o CDC ter previsto expressamente os serviços bancários, financeiros e de crédito como objeto de relações de consumo (artigo 3º, § 2º).[685] Conforme se examina ao tratar-se do serviço como objeto da relação de consumo (I Parte, item 5.4.2), a inclusão dos serviços bancários, financeiros e de crédito foi objeto de questionamento na Ação Direta de Inconstitucionalidade 2.591/DF, proposta pela Confederação Nacional das Instituições Financeiras (CONSIF). Todavia, o STF, ao decidir pela improcedência da ação, afirmou expressamente a constitucionalidade da aplicação do CDC a contratos que tenham por objeto tais serviços, na linha do que, aliás, era consensual no STJ (Súmula 297).[686] No entanto, nesse particular, é de relevo definir

---

[685] Lembre-se, todavia, que não é apenas o CDC que se aplica às relações bancária, incidindo igualmente, o Código Civil. Nesse sentido: EFING, Antônio Carlos. *Contratos e procedimentos bancários à luz do Código de Defesa do Consumidor*. São Paulo: Ed. RT, 2012. p. 151.

[686] Súmula 297/STJ: "O Código de Defesa do Consumidor é aplicável às instituições financeiras". Veja-se sobre o tema o nosso: MIRAGEM, Bruno. Fundamento e finalidade da aplicação do Código de Defesa

o que seja um contrato bancário para que se possam examinar suas principais espécies. Conforme Ruy Rosado de Aguiar Júnior, a definição de contrato bancário conforma-se a partir de dois elementos: o *elemento subjetivo*, pelo qual exige-se que um dos contratantes seja um banco ou instituição financeira; e o *elemento objetivo*, que diz respeito ao objeto do contrato, o qual deve estar vinculado à finalidade dessa atividade econômica, que é a intermediação do crédito indireto.[687]

Atualmente, não resta qualquer resistência à aplicação do CDC aos contratos bancários. Pelo contrário, observa-se, a partir do entendimento acerca de sua aplicabilidade (em especial a Súmula 297 do STJ), certa tendência de conferir sua aplicação inclusive a contratos que, segundo interpretação mais estrita, não seriam considerados como tais, caso de contratos de financiamento em que o tomador de crédito é uma sociedade empresária de grande porte, por exemplo, e cujos recursos sejam destinados ao incremento de sua atividade econômica. Igualmente, na aplicação do limite da multa moratória de 2%, previsto no artigo 52 do CDC, a cédulas de crédito industrial, título característico de financiamentos empresariais.[688] Esse entendimento pode ser tomado, em alguma medida, como sinal de resistência da corrente de interpretação maximalista da definição de consumidor, ou ainda a posição intermediária, quando exija para caracterização da relação de consumo a demonstração da vulnerabilidade da pessoa jurídica perante a instituição financeira.[689]

Muitos contratos bancários que se qualificam como contratos de consumo caracterizam o fenômeno que já se teve a oportunidade de identificar como uma *relação corrente de negócios*, que é característica da atividade bancária em geral e seu relacionamento com a clientela.[690] A rigor, a partir de um contrato-base (em geral a conta-corrente bancária), origina-se no tempo, de acordo com as necessidades do cliente-consumidor, uma série de outros contratos, de mútuo, abertura de crédito, cartão de crédito, cuja duração coincide em parte com a conta-corrente, estabelecendo um plexo de obrigações que se sucedem, extinguem-se e voltam a nascer a partir de novos contratos, de modo que se caracterize a relação entre o consumidor e a instituição financeira como contratos de longa duração. Isso dá à contratação bancária um caráter de permanência,[691] o que, todavia, não elimina a possibilidade de modificações mediante usos e costumes desenvolvidos no curso do

---

do Consumidor às instituições financeiras: comentários à Súmula 297 do STJ. *Revista de Direito do Consumidor*, São Paulo, v. 82, p. 359-376, 2012.

[687] AGUIAR JÚNIOR, Ruy Rosado de. Os contratos bancários e a jurisprudência do Superior Tribunal de Justiça. *Série de Pesquisas do CEJ*, Brasília, v. 11, p. 8-9, 2003.

[688] "*Agravo regimental no agravo regimental no agravo regimental no agravo de instrumento. Contratos bancários. Instituições financeiras. Código de Defesa do Consumidor. Aplicabilidade. Cédula de crédito industrial. Multa moratória. Redução de 10% para 2%. Possibilidade. Precedentes.* 1. A jurisprudência desta Corte restou consolidada com a edição da Súmula 297/STJ que sedimentou a possibilidade de incidência do Código de Defesa do Consumidor aos contratos bancários. 2. A cobrança da multa moratória na alíquota de 10% só poderá ser mantida nos contratos bancários firmados antes da vigência da Lei 9.298/1996 que alterou o Código de Defesa do Consumidor, motivo pelo qual, na hipótese, merece ser reduzida para 2%. 3. Agravo regimental não provido" (STJ, AgRg no AgRg no AgRg no Ag 1.333.349/MG, 3ª Turma, Rel. Min. Ricardo Villas Bôas Cueva, j. 1º.04.2014, *DJe* 07.04.2014). No mesmo sentido: STJ, AgInt no AREsp 1.974.697/SP, 4ª Turma, Rel. Min. Maria Isabel Gallotti, j. 12.12.2022, *DJe* 16.12.2022.

[689] Sustentando esse entendimento: STJ, AgRg no AREsp 397.025/SP, 3ª Turma, Rel. Min. João Otávio de Noronha, j. 25.03.2014, *DJe* 1º.04.2014).

[690] Nesse sentido definiu-se em: MIRAGEM, Bruno. *Direito bancário*. São Paulo: Ed. RT, 2013.

[691] PONTES DE MIRANDA, Francisco Cavalcanti. *Tratado de direito privado*. Rio de Janeiro: Borsói, 1972. t. XLII, p. 9.

Parte II · Cap. 2 · A PROTEÇÃO CONTRATUAL DO CONSUMIDOR | **469**

contrato. No entanto, igualmente, e mesmo em vista do interesse das partes, em especial no tocante à confiança despertada por ocasião da contratação e no curso de sua execução.[692] Outrossim, há deveres pós-contratuais a serem observados, especialmente no que diz respeito à incidência da norma do CDC vedando a cobrança abusiva de dívidas (artigo 42) e o procedimento de inscrição dos consumidores inadimplentes nos cadastros de proteção ao crédito (*e.g.*, SPC, SERASA), previsto no artigo 43 do Código.

Da mesma forma, o exame dos contratos bancários, desde a perspectiva obrigacional, exige que se considere a realidade atual de desmaterialização do dinheiro e da moeda como tal, a partir da crescente dependência de escrituração contábil e automação da atividade bancária mediante o uso massivo da tecnologia da informação. Isso implica a consideração de que o domínio de recursos financeiros, havidos na relação entre o consumidor e a instituição bancária, para além do poder de criação monetária inerente à atividade financeira,[693] revela a importância crescente de adaptação das estruturas típicas do direito das obrigações, especialmente na formação e execução dos contratos, aos aspectos intrínsecos da atividade bancária. Isso, naturalmente, repercute na qualificação dos contratos, a natureza de suas prestações e dos comportamentos das partes, pela multiplicação de deveres de dar, fazer e não fazer, atinentes não à transferência física de moeda, mas à movimentação de contas representativas de créditos mobilizados em uma instituição bancária, que por sucessivas operações contábeis de débito e crédito implicam a movimentação patrimonial do titular dos direitos sobre os recursos ali registrados.[694] A complexidade dos serviços oferecidos pelas instituições bancárias aos consumidores é crescente. Daí a origem de riscos igualmente crescentes de falhas na prestação dos serviços, cujo reconhecimento vem dando causa a uma tendência de securitização dos danos que venham a ser causados.[695]

Esses traços característicos da atividade bancária contemporânea devem estar presentes para o exame que ora se pretende sobre os contratos bancários que se caracterizam como contratos de consumo. São, como regra, contratos de adesão. Os principais contratos de consumo bancários são os contratos de depósito e conta-corrente, de empréstimo (mútuo bancário), de financiamento de bens e/ou serviços, de caderneta de poupança, bem como de serviços financeiros que podem ser oferecidos ao consumidor de modo acessório ou autônomo, espécie de contrato financeiro, como é o caso do contrato de outorga de crédito mediante oferecimento e utilização de cartão de crédito. Da mesma forma, fale-se dos contratos em que as instituições bancárias oferecem operações de investimento ao consumidor. Nesses casos, considerando-se a existência de investidores/poupadores não profissionais, que mantêm recursos decorrentes de esforço econômico no sentido de formar reserva de valores para precaução ou planejamento em relação a eventos futuros, é de reconhecê-los como consumidores, aplicando-se o CDC com fundamento na vulnerabilidade do consumidor e mesmo por serem destinatários finais dos serviços

---

[692] MARQUES, Claudia Lima. Contratos bancários em tempos pós-modernos: algumas reflexões. *Revista de Direito do Consumidor*, São Paulo, v. 25, p. 33, jan./mar. 1998.

[693] MOSCHETTO, Bruno; ROUSSILON, Jean. *La banque et ses functions.* 5. ed. Paris: PUF, 2004. p. 59 *et seq.*

[694] Nesse sentido veja-se: GIORGIANNI, Francesco; TARDIVO, Carlo-Maria. *Manuale di diritto bancário.* 2. ed. Milano: Giuffrè, 2005. p. 8 *et seq.*; MENEZES CORDEIRO, António. *Manual de direito bancário.* Coimbra: Almedina, 1999. p. 327.

[695] ABRÃO, Nelson. *Direito bancário.* 12. ed. São Paulo: Saraiva, 2009. p. 411-412.

CURSO DE DIREITO DO CONSUMIDOR – *Bruno Miragem*

(uma vez que poupam/investem para uso próprio, e não como iniciativa associada a outra atividade econômica profissional).

Nem mesmo o fato de, como regra, não haver remuneração direta dos consumidores para o banco afasta sua caracterização como contrato de consumo. Tome-se, por exemplo, a caderneta de poupança, em que a remuneração da instituição financeira não é paga diretamente pelo consumidor-poupador, mas pelo resultado financeiro decorrente do emprego pelo banco do valor captado por intermédio do investimento em outras operações, as quais serão a ele remuneradas, geralmente por juros. Trata-se, no caso, de remuneração indireta do serviço, o que se percebe na contratação de quaisquer investimentos pelo banco, mediante captação de recursos do consumidor.

Um aspecto interessante a ser observado diz respeito ao dever de informar da instituição financeira em relação à natureza dos investimentos realizados pelo investidor/poupador. Segundo interpretação jurisprudencial, o dever de informar deve ser cumprido de modo inequívoco, inclusive em relação à álea que porventura caracterizar a realização de determinados investimentos, em situações nas quais se submeta o investidor/poupador ao risco de perder inclusive parte ou a integralidade do capital aplicado.[696] Não se perde de vista, contudo, que, sendo a álea ínsita à espécie de negócio celebrado, e tendo cumprido a instituição financeira com seu dever de informar, não responde pelo prejuízo eventualmente sofrido pelo investidor.[697]

---

[696] "Processo civil e civil. Recurso especial. Ação de indenização por danos materiais. Prequestionamento. Ausência. Dissídio jurisprudencial. Cotejo analítico e similitude fática. Ausência. Contrato bancário. Fundos de investimento. Dever de informação. Artigo 31 do CDC. Transferência dos valores investidos para banco não integrante da relação contratual. Conhecimento do cliente. Mera presunção. Ausência de anuência expressa. Intervenção BACEN no Banco Santos S.A. Indisponibilidade das aplicações. Responsabilidade do banco contratado. Ocorrência. Ressarcimento dos valores depositados. 1. A ausência de decisão acerca dos dispositivos legais indicados como violados, não obstante a interposição de embargos de declaração, impede o conhecimento do recurso especial. 2. O dissídio jurisprudencial deve ser comprovado mediante o cotejo analítico entre acórdãos que versem sobre situações fáticas idênticas. 3. O princípio da boa-fé e seus deveres anexos devem ser aplicados na proteção do investidor--consumidor que utiliza os serviços de fornecedores de serviços bancários, o que implica a exigência, por parte desses, de informações adequadas, suficientes e específicas sobre o serviço que está sendo prestado com o patrimônio daquele que o escolheu como parceiro. 4. O redirecionamento das aplicações do recorrente ao fundo gerido pelo Banco Santos S.A., configura-se operação realizada pela instituição bancária fora de seu compromisso contratual e legal, que extrapola, por essa razão, a álea natural do contrato. Essa situação não pode ser equiparada, a título exemplificativo, ao risco de que o real se desvalorize frente ao dólar ou de que determinada ação sofra uma queda abrupta na bolsa de valores, pois não se pode chamar de risco, a desonerar a instituição bancária de sua responsabilidade, o que foi sua própria escolha, elemento volitivo, com o qual o conceito de risco é incompatível. 5. Não estando inserida na álea natural do contrato a aplicação junto ao Banco Santos S.A. do capital investido pelo recorrente enquanto correntista da instituição financeira recorrida, a mera presunção de conhecimento ou anuência acerca desses riscos não é fundamento para desonerar a instituição bancária da obrigação de ressarcir ao consumidor-investidor os valores aplicados. Deve restar demonstrada a autorização expressa quanto à finalidade pretendida, ônus que cabe ao banco e do qual, na espécie, não se desincumbiu. 6. Recurso especial provido para condenar o recorrido a restituir ao recorrente os valores depositados. Ônus da sucumbência que se inverte" (STJ, REsp 1.131.073/MG, 3ª Turma, Rel. Min. Nancy Andrighi, j. 05.04.2011, *DJe* 13.06.2011). No mesmo sentido: REsp 1.133.872/PB, 3ª Turma, Rel. Min. Massami Uyeda, j. 14.12.2011.

[697] "Recurso especial. Ofensa ao artigo 535 do CPC. Inexistência. Investimento em fundos derivativos. Risco da aplicação. Conhecimento do consumidor-padrão. Violação do direito de informação. Inexistência. Recurso improvido. 1. Não há que se falar em omissão no acórdão prolatado pelo Tribunal de origem, quando apreciadas todas as questões que lhe foram devolvidas pela apelação. 2. O fornecedor de serviços

Parte II · Cap. 2 · A PROTEÇÃO CONTRATUAL DO CONSUMIDOR | 471

Em certas situações, sobretudo em contratos cujo investimento realizado vincula-se a operações do mercado de capitais, embora seja evidenciado que aquele que intermedeia o negócio assume obrigação típica de meio, não respondendo por eventuais perdas,[698] mantém-se a exigência de informação clara e precisa ao investidor, bem como demais deveres derivados da boa-fé contratual.[699] Nesses casos, a própria incidência do Código de Defesa do Consumidor será excepcional, apenas quando se identificarem a destinação final do investimento e a vulnerabilidade do consumidor. No mercado de capitais, a regra é de não incidência das regras do CDC em atividade que é tipicamente de natureza empresarial. Não se descuida, contudo, das relações de intermediação, sobretudo as realizadas por corretoras de valores isoladamente ou pertencente ao conglomerado da instituição financeira, na qual a destinação final e a vulnerabilidade do investidor são elementos que permitem a identificação da relação de consumo, seja nos termos do artigo 2º, *caput*, do CDC, seja por equiparação, segundo o artigo 29 do Código. Entretanto, destaque-se: no caso de contratos de investimento em valores mobiliários no mercado de

---

que causem riscos, normais e previsíveis, aos consumidores, tem o dever de dar as informações necessárias e adequadas a seu respeito, ou seja, acerca da natureza e fruição dos serviços, considerando, para tanto, o conhecimento do homem médio, consumidor-padrão. 3. No investimento em fundos derivativos, principalmente os vinculados ao dólar-americano, é ínsito o alto grau de risco, tanto para grandes ganhos como para perdas consideráveis. Aqueles que se encorajam a investir em fundos arrojados, estão cientes dos riscos do negócio. 4. Recurso a que se nega provimento" (STJ, REsp 1.003.893/RJ, 3ª Turma, Rel. Min. Massami Uyeda, j. 10.08.2010, *DJe* 08.09.2010). No mesmo sentido: "*Recurso especial. Consumidor. Responsabilidade civil. Administrador e gestor de fundo de investimento derivativo. Desvalorização do real. Mudança da política cambial. Prejuízo do consumidor. Risco inerente ao produto. Recurso provido.* 1. Em regra, descabe indenização por danos materiais ou morais a aplicador em fundos derivativos, pois o alto risco é condição inerente aos investimentos nessas aplicações. Tanto é assim que são classificados no mercado financeiro como voltados para investidores experientes, de perfil agressivo, podendo o consumidor ganhar ou perder, sem nenhuma garantia de retorno do capital. Como é da lógica do mercado financeiro, quanto maior a possibilidade de lucro e rentabilidade de produto oferecido, maiores também os riscos envolvidos no investimento. 2. No caso em exame, o consumidor buscou aplicar recursos em fundo agressivo, objetivando ganhos muito maiores do que os de investimentos conservadores, sendo razoável entender-se que conhecia plenamente os altos riscos envolvidos em tais negócios especulativos, mormente quando se sabe que o perfil médio do consumidor brasileiro é o de aplicação em caderneta de poupança, de menor rentabilidade e maior segurança. 3. Não fica caracterizado defeito na prestação do serviço por parte do gestor de negócios, o qual, não obstante remunerado pelo investidor para providenciar as aplicações mais rentáveis, não assumiu obrigação de resultado, vinculando-se a lucro certo, mas obrigação de meio, de bem gerir o investimento, visando à tentativa de máxima obtenção de lucro. Não pode ser considerado defeituoso serviço que não garante resultado (ganho) financeiro ao consumidor. 4. Recurso especial conhecido e provido" (STJ, REsp 799.241/RJ, 4ª Turma, Rel. Min. Raul Araújo, j. 14.08.2012, *DJe* 26.02.2013). No mesmo sentido, porém afastando expressamente a incidência do CDC em contratos interempresariais relativos a investimentos em derivativos: REsp 1.689.225/SP, 3ª Turma, Rel. Min. Ricardo Villas Bôas Cueva, j. 21.05.2019, *DJe* 29.05.2019; AgInt no AREsp 1.052.586/ RS, 3ª Turma, Rel. Min. Ricardo Villas Bôas Cueva, j. 18.05.2020, *DJe* 26.05.2020.

[698] OLIVA, Milena Donato; RENTERIA, Pablo. Obrigação de meios e assunção de riscos pelo consumidor. *Revista de Direito do Consumidor*, São Paulo, v. 111, p. 19-38, maio/jun. 2017.

[699] Conforme ensina o STJ, "é ilegal a transferência de risco da atividade financeira, no mercado de capitais, próprio das instituições de crédito, ao consumidor, ainda mais que não observado o seu direito de informação" (REsp 370.598/RS, 3ª Turma, Rel. Min. Nancy Andrighi, j. 26.02.2002, *DJ* 1º.04.2002). Note-se, nesse particular, que o dever de informar dos agentes que ofertam a realização de investimentos é um elemento comum, seja no mercado de consumo ou no mercado de capitais, conforme salienta, no direito alemão: VOGEL, Christian. *Vom Anlegerschutz zum Verbraucherschutz*: Informationspflichten in europäischen Kapitalmarkt-, Anlegerschutz- und Verbraucherschutzrecht. Baden-Baden: Nomos, 2005. p. 281 e ss.

472 | CURSO DE DIREITO DO CONSUMIDOR – *Bruno Miragem*

capitais, a incidência do CDC, quando existir (havendo destinação final e vulnerabilidade do consumidor), estará restrita à relação com os intermediários (corretores de valores ou instituições financeiras),[700] para atendimento dos deveres próprios a essa intermediação (em especial o cumprimento do dever de informar), não em relação a emissores, distribuidores ou custodiantes dos valores mobiliários, cuja relação jurídica será de outra natureza, disciplinada por legislação própria (Leis 4.728/1965, que institui o mercado de capitais, e 6.385/1976).[701]

---

[700] "Consumidor e processual civil. Recurso especial. Corretagem de valores e títulos mobiliários. Omissão, contradição ou obscuridade. Não ocorrência. Relação de consumo. Incidência do CDC. Recurso especial interposto em 16.12.2015 e distribuído a este gabinete em 25.08.2016. Cinge-se a controvérsia à incidência do CDC aos contratos de corretagem de valores e títulos mobiliários. Na ausência de contradição, omissão ou obscuridade, não existe violação ao art. 535, II, do CPC/73. O valor operação comercial envolvida em um determinado contrato é incapaz de retirar do cidadão a natureza de consumidor a ele conferida pela legislação consumerista. É incabível retirar a condição de consumidor de uma determinada pessoa em razão da presunção de seu nível de discernimento comparado ao da média dos consumidores. Impõe-se reconhecer a relação de consumo existente entre o contratante que visa a atender necessidades próprias e as sociedades que prestam de forma habitual e profissional o serviço de corretagem de valores e títulos mobiliários. Recurso especial conhecido e provido" (STJ, REsp 1.599.535/RS, 3ª Turma, Rel. Min. Nancy Andrighi, j. 14.03.2017, *DJe* 21.03.2017). Em sentido contrário: TJRS, AI 70071880736, 16ª Câmara Cível, Rel. Paulo Sérgio Scarparo, j. 23.03.2017.

[701] Essa também é a lição do direito comparado, conforme ensina: KÜMPEL, Siegried, Proteção do consumidor no direito bancário e no direito do mercado de capitais. *Revista de Direito do Consumidor*, São Paulo, v. 52, p. 319 e ss., out. 2004. No mesmo sentido, o precedente do STJ: "Civil, processual civil e consumidor. Recurso especial. Ação de indenização de danos materiais e de compensação por danos morais. Denunciação da lide. Ausência de nulidade. Prescrição. Interrupção pela citação. Ocorrência. Súmula 106/STJ. Prazo prescricional. CC/1916. Ausência de prescrição. Venda de ações na bolsa de valores mediante procuração falsa. Dinâmica do mercado de capitais. Procuração apresentada à corretora de valores mobiliários. Ordem de venda dada pela corretora. Operação de venda efetivada pela entidade de compensação e liquidação. Câmara de Liquidação e Custódia. Relação de consumo com o titular das ações. Inexistência. Incidência de normas especiais. Exame da legitimidade da procuração. Dever da corretora. Responsabilidade da entidade de compensação e liquidação. Inexistência. Dissídio jurisprudencial prejudicado. (...) 5. Conforme a dinâmica legal do mercado de capitais, o investidor contrata os diversos serviços prestados pela corretora (agente de custódia) e esta, por sua vez, contrata o serviço de custódia prestado, na época, pela Câmara de Liquidação e Custódia S.A. (CLC), na qual a corretora abre uma conta em nome do titular das ações e as deposita, para que, após, a CLC, mediante ordem da corretora, execute na bolsa de valores as operações relativas a essas ações. 6. A corretora fornece a prestação de seus serviços no mercado de consumo, mediante remuneração, os quais são adquiridos e utilizados pelo investidor como destinatário final, caracterizando uma relação de consumo. Precedentes. 7. Por outro lado, a entidade de compensação e liquidação presta fundamental serviço no âmbito do mercado de capitais, mas não os fornece no mercado de consumo, tampouco ao público em geral, mantendo relação exclusivamente com as distribuidoras e corretoras de valores mobiliários – instituições previamente autorizadas pela Comissão de Valores Mobiliários (CVM) para exercer tais atividades. 8. Não se desconsidera que há uma relação jurídica entre os investidores e as entidades que atuam exclusivamente para viabilizar o funcionamento do mercado de capitais e fiscalizá-lo, na condição de órgãos auxiliadores da CVM (dentre elas, a CLC, na forma do art. 17, § 1º, da Lei nº 6.385/1976), mas se trata de uma relação especial, regulamentada por normas específicas. 9. Portanto, não incide o CDC na relação jurídica existente entre o investidor titular das ações e a entidade de compensação e liquidação de operações na bolsa de valores (na época, a CLC). 10. Nas operações realizadas em bolsa de valores, a sociedade corretora é responsável perante os seus clientes pela legitimidade de procuração ou documentos necessários para a transferência de valores mobiliários, conforme as Resoluções CMN nº 1.655/1989 e 1.656/1989. 11. Portanto, essa responsabilidade não pode ser atribuída à CLC, uma vez que ela não tem o dever de verificar a legitimidade da procuração do investidor, mas tão somente o de assegurar o adequado cumprimento da ordem dada pela corretora. Essa procuração nem chega a ser analisada pela CLC, não havendo, assim, como imputar a ela uma conduta culposa por não ter verificado

2.5.3.1 Distinção entre serviços e operações bancárias: irrelevância para aplicação do CDC aos contratos bancários

Por ocasião do julgamento da ADIn 2.591/DF, pelo STF, no qual a Confederação Nacional das Instituições Financeiras visava à declaração da inconstitucionalidade do artigo 3º, § 2º, do CDC, na parte que colocava os serviços bancários, financeiros, de crédito e securitários sob a incidência das normas de proteção do consumidor, ganhou destaque argumento utilizado especialmente no voto do então Ministro Nelson Jobim, com fundamento na doutrina especializada de direito bancário, sobre a distinção entre serviços bancários e operações bancárias. Tal interpretação tinha como finalidade reduzir o âmbito de incidência do CDC. Apoiava-se na doutrina de Arnoldo Wald, para quem as operações bancárias constituem espécie distinta de serviço,[702] ao qual não se aplicaria o CDC, em vista de seu conteúdo econômico, e em especial sua forma de remuneração, a partir do custo de operações ativas e da remuneração, via juros, das operações passivas, razão pela qual seriam insuscetíveis de controle pelas normas de proteção ao consumidor.[703] Contudo, embora presente na doutrina especializada de direito bancário, a distinção é irrelevante para efeito da caracterização da relação de consumo e do âmbito de incidência do CDC. De acordo com a técnica bancária, caracterizam operações bancárias todas as atividades negociais bancárias que contenham função creditícia.[704]

Os serviços bancários, nesse contexto, seriam reduzidos a atividades secundárias, com a finalidade de fidelização ou personalização do atendimento,[705] por exemplo, locação de cofres, utilidades agregadas ao cartão bancário, ou serviços via internet. Em outros termos: as atividades típicas bancárias, objeto de contratos bancários, têm finalidade creditícia. Os serviços atípicos, de caráter acessório e que visam apenas promover o acréscimo de atividades aos consumidores, são serviços bancários propriamente ditos.[706] A irrelevância da distinção para o direito do consumidor, contudo, que foi afirmada na decisão do STF, diz respeito ao caráter abrangente dos conceitos de produto e serviço previstos na norma do artigo 3º do CDC, que por essa razão deve ser compreendido em vista de sua lógica

---

[706] a falsidade do documento. 12. Por consequência, a CLC – sucedida pela recorrente BM&F BOVESPA S.A. – não pode ser responsabilizada pelos prejuízos decorrentes da negociação de ações na bolsa de valores, mediante uso de procuração falsa em nome do titular apresentada à corretora de valores. Precedentes. 13. Hipótese em que (I) afastada a incidência do CDC, não ocorreu a prescrição da pretensão da autora, considerando o prazo prescricional de 20 anos previsto no art. 177 do CC/1916; (II) a autora recorrida ajuizou a ação apenas contra a CLC e a TELEMAR, esta já excluída do polo passivo por decisão que não foi objeto de recurso; e (III) o Tribunal de origem, aplicando o CDC, reconheceu a responsabilidade da recorrente (BM&F BOVESPA S.A., que sucedeu a CLC). 14. Recurso especial parcialmente conhecido e, nessa extensão, parcialmente provido, para julgar improcedentes os pedidos formulados na inicial" (STJ, REsp 1.646.261/RJ, 3ª Turma, Rel. Min. Nancy Andrighi, j. 07.02.2023, *DJe* 09.02.2023).

[702] WALD, Arnoldo. O direito do consumidor e suas repercussões em relação às instituições financeiras. *Revista de Informação Legislativa*, Brasília, n. 11, p. 296, jul./set. 1991.

[703] WALD, Arnoldo. O Código de Defesa do Consumidor e os bancos. *Revista de Direito Bancário e do Mercado de Capitais*, São Paulo, v. 38, p. 280, out./dez. 2007.

[704] ABRÃO, Nelson. *Direito bancário*. 12. ed. São Paulo: Saraiva, 2009. p. 54.

[705] BERNET ROLLANDE, Luc. *Principes de technique bancaire*. 25. ed. Paris: Dunot, 2008. p. 199-200.

[706] MARQUES, Claudia Lima. *Contratos no Código de Defesa do Consumidor*. 4. ed. São Paulo: Ed. RT, 2003. p. 446.

474 | CURSO DE DIREITO DO CONSUMIDOR – *Bruno Miragem*

microssistêmica, uma vez que, conforme observa a doutrina, seu "espírito é claramente o de inclusão de todos os serviços remunerados, não importando a espécie".[707]

2.5.3.2 Expansão do crédito e proteção do consumidor

Um fenômeno que está a desafiar a efetividade do direito do consumidor diz respeito à expansão e facilitação do crédito na sociedade contemporânea. A rigor, a massificação do crédito em meados do século passado, fazendo surgir a modalidade de crédito para o consumo, caracterizou-se como inequívoco avanço, uma vez que permitiu o acesso dos consumidores a bens de consumo de maior valor que – se não houvesse a possibilidade de financiamento – não poderiam de outro modo ser adquiridos. Nessa perspectiva, a massificação do crédito foi um dos grandes elementos de promoção da economia no último século.

Contudo, o fenômeno que ora se observa é de outra natureza, e aqui tomamos em conta a realidade brasileira, embora se possam identificar características semelhantes em diversos países, como se infere da crise mundial de 2008, deflagrada pela incapacidade de os devedores de financiamentos imobiliários satisfazerem suas dívidas nos Estados Unidos, comprometendo a liquidez dos títulos que expressavam esses créditos no mercado de capitais (*subprimes*). No entanto, mais do que mera expansão do crédito (maior disponibilidade de recursos para oferecimento de crédito), o problema se concentra efetivamente na facilitação de sua obtenção (embora não necessariamente no seu pagamento). No caso, as situações em que o oferecimento do crédito no mercado de consumo vem desacompanhado da exigência de maiores garantias (como seria natural nessa espécie de contrato), bem como não são observados os limites de endividamento pessoal do devedor ou seu padrão de renda. Tudo em troca de taxas de juros sensivelmente altas, uma vez que representativas de um maior "risco" do credor. Em certo sentido, negligenciam-se os cuidados ordinários de concessão do crédito para obtenção de um número maior de consumidores, sem, porém, comprometer o sucesso do negócio com altos riscos, devidamente suportados pela taxa de juros. Tanto é assim que o grande tema de debate nos tempos atuais, pós-crise financeira mundial, vêm sendo o da conveniência e o modo de promover maior regulamentação do mercado bancário e de crédito,[708] no tocante a um maior controle e transparência tanto de suas informações contábeis e financeiras quanto dos deveres a serem observados na concessão de crédito ao consumidor, sob a égide da noção de crédito responsável.[709]

Verifica-se também um estímulo ao crédito, que passa a ter autonomia em relação ao próprio consumo de bens e serviços. Se na origem o crédito para o consumo era um

---

[707] MARQUES, Claudia Lima. *Contratos no Código de Defesa do Consumidor*. 4. ed. São Paulo: Ed. RT, 2003. p. 466.

[708] Nesse sentido, veja-se, entre outros: CARTAPANIS, André. Sus l'égide du G-20: vers une regulation macro-prudentielle des banques. *In*: ARTUS, Patrick (dir.). *Quelles perspectives pour les banques?* Paris: PUF, 2009. p. 103.

[709] Assim os diversos trabalhos em direito brasileiro e comparado que vêm examinando o fenômeno da concessão de crédito e sustentando a necessidade de sua maior regulação, desde a perspectiva da proteção do interesse do consumidor. No Brasil, veja-se: MARQUES, Claudia Lima; CAVALAZZI, Rosângela Lunardelli. *Direitos do consumidor endividado*. Superendividamento e crédito. São Paulo: Ed. RT, 2006.

Parte II · Cap. 2 · A PROTEÇÃO CONTRATUAL DO CONSUMIDOR | **475**

instrumento para permitir o atendimento às necessidades da aquisição de bens e serviços, agora ele é oferecido de modo autônomo, mediante a promoção da mensagem aos consumidores de que, tendo crédito, a partir de então se poderá escolher o que consumir. A autonomia do crédito resulta de que ele não mais é apresentado ao consumidor – sobretudo pelas instituições financeiras – como um instrumento acessório, e mesmo vinculado à aquisição de determinado produto ou serviço, a fim de satisfazer demandas de consumo. Ao contrário, passa a ter "independência", uma vez associado, especialmente pela publicidade, à ideia de liberdade de escolha, quando não de realização pessoal.

Destaque-se, nesse particular, a importância da publicidade no estímulo a um comportamento imprudente na tomada de crédito pelos consumidores. O conteúdo das mensagens publicitárias, de modo geral, concentra-se em valorizar as ideias de *imediatidade* e *facilidade*, sobretudo de obtenção do crédito. Da mesma forma, associam a tomada de crédito como espécie de conduta natural para quem se encontra em dificuldade com a satisfação das despesas ordinárias, ou ainda como modo de realização de um "sonho" almejado pelo consumidor.[710] Recorre-se, portanto, ao incentivo do imaginário, do imaterial, sem qualquer espécie de advertência ou informação acerca do alcance da responsabilidade do tomador do crédito pelo pagamento da dívida.

Nesse particular, convém distinguir os diversos tipos de consumidores a que se direciona o esforço publicitário dos fornecedores de crédito. Para efeito do presente exame, estabelece-se a distinção em três espécies de contratos de crédito ou financiamento para o consumo: (a) há desde a oferta às situações "convencionais", ou seja, o financiamento de bens de valor significativo, em que o diferimento do pagamento pela via do crédito é que permite a aquisição do respectivo bem, como é o caso do financiamento imobiliário ou da aquisição de automóveis; (b) a oferta de crédito vinculada à aquisição de produtos duráveis de maior valor que, entretanto, distinguem-se entre bens de utilidade comum e reconhecida (eletrodomésticos, p. ex.) e outros bens cuja necessidade/desejo de aquisição seja produzido por aspectos culturais e/ou de estratégia mercadológica do fornecedor, como a aquisição da "última versão", ou do eletroeletrônico de "última geração", associando a formação da necessidade de consumo do produto ao avanço tecnológico ou outros atrativos estabelecidos pelo fornecedor; (c) por fim, a oferta de crédito em espécie ou de utilização imediata, para satisfação de necessidades urgentes ou decorrentes de descontrole do tomador do crédito, bem como do seu interesse na aquisição de determinado produto ou serviço sem a vinculação a sistema de financiamento específico oferecido pelo vendedor.

Embora se perceba que, em relação à aquisição de produtos e serviços (espécies *a* e *b*), há o incremento de técnicas que, ao destacarem as qualidades do objeto da contratação, desconsidera ou reduz a importância do contrato conexo de financiamento, diminuindo inclusive o nível de informação sobre a estrutura do negócio de concessão de crédito,[711] é

---

[710] Sobre as pressões a que são submetidos os consumidores de crédito pela publicidade, veja-se: CHARDIN, Nicole. *Le contrat de consommation de crédit et l'autonomie de la volonté*. Paris: LGDJ, 1988. p. 34 *et seq.*

[711] Os exemplos são abundantes. Na oferta de imóveis, por exemplo, as peças de publicidade, e eventualmente os próprios responsáveis pela venda, quase que de maneira uniforme adotam o comportamento de salientar o caráter acessível das parcelas iniciais (geralmente devidas enquanto a obra não se encontra concluída), sem informar sobre a existência de eventuais parcelas de reforço em valor maior, antes ou depois da entrega do imóvel, bem como a repercussão do aumento das parcelas devidas após a entrega

na terceira espécie *c* que se vislumbram problemas ainda mais sérios em relação à proteção do consumidor. Isso porque a facilidade de concessão do crédito, quando desacompanhada do cumprimento adequado do dever de informação e esclarecimento pelo fornecedor,[712] ou mesmo o estímulo à utilização do crédito sem a exigência de garantias, pode tanto comprometer a autonomia racional na decisão sobre contratar ou não quanto ensejar o fenômeno do superendividamento do consumidor.[713]

Os modos de oferta nesse sentido são variados. Aqui podem ser identificados tanto a concessão ou o aumento do limite de crédito em contrato conexo a contrato bancário de conta-corrente, como é o caso do crédito especial vinculado à própria conta, ou modalidades de crédito instantâneo ou pré-aprovado, quanto os contratos de cartão de crédito em que o aumento do limite pode ser utilizado como estratégia de fidelização do consumidor (aumentando sua catividade). Cresce no Brasil, entretanto, a oferta de crédito independentemente da preexistência de contrato de prestação de serviços bancários, mediante captação de clientes especialmente pela via da publicidade. É o caso das instituições financeiras que se concentram apenas nessa atividade e divulgam os serviços oferecidos geralmente associados a mensagens de facilidades de *obtenção* do crédito[714] ou – menos comum – de *pagamento* da dívida, este geralmente associado ao número de parcelas ou ao tempo que o tomador do crédito terá para satisfação da obrigação.[715]

---

do imóvel ("entrega das chaves") e/ou os termos e condições de financiamento bancário que deverá ser obtido para integralizar o valor do preço. No caso da oferta de automóveis, ao lado de conhecidas técnicas reputadas como publicidade enganosa (de publicação da imagem do produto mais valioso associado ao preço do produto de menor valor), um aspecto a ser destacado é o aumento progressivo do prazo dos financiamentos, que podem se estender por boa parte da vida útil do bem (quase uma década), sem qualquer alerta ou advertência sobre custos de manutenção ou reparo que estes deverão sofrer em razão do desgaste ao longo do tempo. No caso de outros bens móveis observam-se mecanismos de financiamento disfarçado como é talvez um dos exemplos mais conhecidos no Brasil a cláusula de fidelização na aquisição de aparelho de telefonia celular. Nesse caso, o preço reduzido ou a aparente gratuidade do aparelho vincula-se a contrato de prestação de serviços com a operadora de telefonia que ofereça a aparente vantagem ao consumidor, sendo o valor do bem diluído ao longo do tempo de utilização do serviço de telefonia pelo consumidor em condições estabelecidas pela operadora. Nesse caso, em que se observa típica situação de conexidade contratual, é de enorme relevância o cumprimento do dever de informar pelo fornecedor, como forma de assegurar o esclarecimento do consumidor sobre a forma, o custo e as restrições inerentes à contratação.

[712] A informação sobre juros a serem cobrados é pré-contratual, em nada atendendo o disposto no CDC sua informação posterior à celebração do contrato. Assim: REsp 1.568.290/RS, 3ª Turma, Rel. Min. Paulo de Tarso Sanseverino, j. 15.12.2015, *DJe* 02.02.2016.

[713] Sobre o tema, veja-se: LIMA, Clarissa Costa de. *O tratamento do superendividamento e o direito de recomeçar dos consumidores*. São Paulo: Ed. RT, 2014. p. 25 e ss.; BERTONCELLO, Káren Rick Danilevicz. *Superendividamento do consumidor*. São Paulo: Ed. RT, 2015. p. 25 e ss.; SCHMIDT, André Perin. *Revisão dos contratos com base no superendividamento*. Do Código de Defesa do Consumidor ao Código Civil. Curitiba: Juruá, 2012. p. 189 e ss.

[714] Assim é o caso das mensagens publicitárias que enfatizam um alegado caráter instantâneo de obtenção do crédito, mediante a utilização de expressões como: "dinheiro na hora", "dinheiro na mão", ou "crédito sem burocracia" ou a ausência de controles sobre as condições subjetivas do tomador do crédito, destacando as expressões: "sem consulta ao SERASA ou ao SPC" (cadastros de proteção ao crédito), ou "limpe seu nome na praça". Ainda, citem-se as mensagens que associam a tomada do crédito como meio de realização de objetivos ou desejos do consumidor, tais como: "realize seus sonhos", "agora você pode!", "não perca tempo, invista [sic] em você" ou "quem disse que não dá? Com a Fininvest dá!".

[715] Nesse caso, exemplificativamente, as seguintes mensagens publicitárias: "você pode pagar sem fazer mal para o seu bolso", "com prestações do tamanho do seu bolso", ou "cabe direitinho no seu orçamento".

Em relação às instituições financeiras de maior porte, há inclusive a organização de campanhas publicitárias com divulgação em televisão, com a participação de celebridades que "testemunham" a veracidade da mensagem, destacando a facilidade de obtenção ou de pagamento da dívida, eventualmente, inclusive, colocando-se como se elas próprias tivessem sido contratantes e por isso estariam "aprovando" a experiência. Nesse caso, além da caracterização de publicidade enganosa (ao divulgar informação inverídica – artigo 37, § 1º, do CDC), ou mesmo abusiva (na medida em que capaz de induzir o consumidor a comportar-se de modo prejudicial a sua segurança patrimonial – artigo 37, § 2º, do CDC), permite inclusive que se avalie sobre eventual responsabilidade da celebridade pela divulgação de informações que sabidamente são falsas.[716]

Os efeitos da facilitação do crédito se fazem sentir hoje no direito do consumidor, especialmente em dois aspectos. Primeiro, pelo *agravamento da vulnerabilidade do consumidor* quando tomador de crédito em situações nas quais a necessidade da obtenção de recursos financeiros determina sua submissão a condições negociais extremamente onerosas. Estaria aqui presente situação de *hipervulnerabilidade* decorrente da extrema necessidade da obtenção de crédito, para responder a necessidades imprevistas, ou para solucionar/minorar efeitos de eventual desorganização financeira pessoal. Igualmente, as situações em que a vulnerabilidade agravada decorre de situações específicas, como a modalidade de concessão de crédito mediante pagamento consignado na folha de proventos oferecidos a aposentados e pensionistas do sistema de previdência público (INSS). Segundo, pelo *estímulo ao fenômeno do superendividamento* dos consumidores de crédito, mediante impossibilidade de pagamento das dívidas contraídas de boa-fé, especialmente em razão do planejamento financeiro inadequado, como também em virtude de situações imprevistas, por exemplo, desemprego, divórcio, doença ou morte em família, que exigem a realização de despesas inesperadas.

O exame dos comportamentos econômicos permite identificar a tendência de os consumidores contraírem muitos empréstimos quando liberados de restrições contratuais ou legais, especialmente motivados por espécie de confiança demasiada em relação a sua não submissão ao risco de insucesso financeiro.[717] Nesse sentido, a função preventiva e corretiva das normas de proteção do consumidor destaca-se, e diga-se, não como eventualmente apontam seus críticos, com um conteúdo excessivamente protetivo/paternalista a ponto de comprometer a própria relação entre liberdade/responsabilidade do tomador do crédito, mas sobretudo com o sentido de, no momento prévio à contratação: a) assegurar a autonomia racional do consumidor na decisão sobre a contratação e suas consequências; e, após, b) caracterizando-se a situação de superendividamento, assegurar pela incidência do princípio da boa-fé, a realização efetiva dos deveres de colaboração, lealdade e respeito pelo contratante, observando a evolução do princípio do *favor debitoris* para, de modo

---

[716] Posiciona-se nesse sentido, em interessante estudo monográfico sobre o tema: GUIMARÃES, Paulo Jorge Scartezzini. *A publicidade ilícita e a responsabilidade civil das celebridades que dela participam*. São Paulo: Ed. RT, 2001. p. 162-167.

[717] KILBORN, Jason J. Comportamentos econômicos, superendividamento; estudo comparativo da insolvência do consumidor: buscando as causas e avaliando as soluções. *In*: MARQUES, Claudia Lima; CAVALAZZI, Rosângela Lunardelli. *Direitos do consumidor endividado*. Superendividamento e crédito. São Paulo: Ed. RT, 2006. p. 70-74.

mais amplo, do *favor debilis*.[718] Da mesma forma, há quem sustente a responsabilização das instituições bancárias por concessão de crédito em desatenção às possibilidades do devedor de realizar o efetivo pagamento, identificando conduta em desacordo com os deveres de lealdade decorrentes da boa-fé objetiva.[719]

A natureza preventiva do direito do consumidor se apresenta pela exigência do cumprimento dos deveres de informação e esclarecimento, especialmente na fase pré--contratual da concessão do crédito, cumprindo os deveres de clareza e objetividade (esclarecimento), apontados no artigo 31 do CDC, assim como a prestação adequada das informações específicas exigidas dos contratos de concessão de crédito e financiamento (artigo 52 do CDC). A efetividade do atendimento ao comando legal, nesse particular, estará intimamente associada ao compromisso dos juízes na aplicação das sanções dispostas para o descumprimento do dever de informar, previstas nos artigos 35 (cumprimento específico da oferta/perdas e danos), 46 (ineficácia da obrigação não informada ao consumidor), 51, IV (cláusula abusiva por contrariedade à boa-fé), e 56, XII (imposição de contrapropaganda na hipótese de publicidade ilícita).

2.5.3.3 Principais contratos bancários e financeiros de consumo

A este trabalho interessa o exame dos principais contratos bancários e financeiros de consumo. Daí por que se examinam os contratos de mútuo, abertura de crédito, depósito em conta-corrente, cartões de crédito e caderneta de poupança. A dinâmica da atividade bancária, como se sabe, resulta criativa na formatação de novos negócios, caracterizados pela atipicidade contratual. Com relação ao destinatário final dos contratos bancários e financeiros, ao consumidor *standard*, a teor do artigo 2º, *caput*, do CDC, observa-se certa permanência de espécies contratuais tradicionais, sem prejuízo da expansão do âmbito de incidência das normas de proteção do consumidor, em especial mediante a aplicação do seu artigo 29 a outras espécies de contratos bancários e financeiros quando demonstrada vulnerabilidade daquele que contrata com a instituição financeira.

---

[718] A experiência jurídica em direito privado construiu um princípio *favor debitoris* em contraposição à ideia de submissão do devedor ao credor como consequência da execução do crédito. Trata-se de um lento processo de evolução cujas origens são comumente associadas à vigência da *Lex poetelia papiria*, de 326 a.C., que eliminou a possibilidade de escravidão (perda do *status libertatis*) por parte do devedor inadimplente. Ao longo do último século, em vista das transformações sociais e econômicas que lhe tiveram por cenário, desenvolve-se em continuidade, o princípio do *favor debilis*, considerado em vista de que nem sempre seria possível relacionar o credor como o forte e o devedor como o fraco, merecedor de proteção, o que fica bem demonstrado na relação de trabalho entre empregadores e empregados (estes credores de salários e demais prestações legais/ajustadas). Conforme ensina Lorenzetti, o *favor debilis* "transcende à posição obrigacional para se transportar para uma posição contratual, independentemente de se tratar de um crédito ou de um débito. A tutela do trabalhador, do locatário, do adquirente de uma moradia, daquele que toma um crédito, baseia-se no contrato, e essa qualidade é obrigacionalmente complexa, já que envolve tanto créditos como débitos, deveres colaterais e garantias" (LORENZETTI, Ricardo L. *Técnica da decisão judicial*: fundamentos de direito. Trad. Bruno Miragem. São Paulo: Ed. RT, 2009. p. 252-253).

[719] Sustenta esse entendimento: BENACCHIO, Marcelo. Responsabilidade civil dos bancos por concessão abusiva de crédito. *In*: WAISBERG, Ivo; FONTES, Marcos Rolim Fernandes (coord.). *Contratos bancários*. São Paulo: Quartier Latin, 2006. p. 438 *et seq*.

2.5.3.3.1 Mútuo bancário

O contrato de mútuo é considerado a operação bancária básica,[720] embora se admita sua realização por quem não exerça atividade financeira, estando regulado no Código Civil pelos artigos 586 a 592, os quais se aplicam à relação contratual entre o consumidor e o banco. Trata-se de espécie de empréstimo caracterizado como contrato real, de entrega de coisa fungível que deve ser restituído pelo mutuante ao mutuário em coisa de mesmo gênero, qualidade e quantidade. Ser contrato real significa que o contrato de mútuo só existe quando ocorre a efetiva entrega da coisa, ocasião em que o contrato se reputa perfeito. No caso do mútuo bancário, trata-se de mútuo de dinheiro, que, como regra, é entregue pelo banco ao consumidor para livre disposição, ou de modo vinculado à utilização para determinado fim (hipótese em que mais comumente utiliza-se a expressão financiamento), em razão do qual o mutuante (banco) exigirá o pagamento de juros (juros remuneratórios que servem para remunerar o capital tornado disponível como contraprestação ao mutuante). O juro, assim, tem natureza de fruto civil, acessório de uma obrigação principal, que, no caso do mútuo e demais contratos bancários, será sempre considerado valor pecuniário (moeda).

2.5.3.3.1.1 Disciplina legal dos juros contratados

A taxa de juros cobrados por instituições financeiras não está limitada ao índice a que se refere o artigo 591 do Código Civil, conforme entendimento consolidado da jurisprudência. Entretanto, será passível de controle da taxa de juros tanto no tocante a taxas que superem manifestamente a taxa de mercado (consideradas, portanto, manifestamente abusivas), ou que não sejam previamente informadas ao consumidor, mediante a aplicação, respectivamente, dos artigos 6º, V, e 51, quanto do artigo 46 do CDC. Ressalte-se, contudo, que, conforme o STJ, "a estipulação de juros remuneratórios superiores a 12% ao ano, por si só, não indica abusividade" (Súmula 382). No entanto, note-se que a competência jurisdicional para revisão do contrato não é afastada mesmo na hipótese de extinção do contrato por novação, sendo lícito ao juiz conhecer e revisar o conteúdo do contrato extinto (Súmula 286).[721]

No que se refere ao sistema de juros compostos, conhecido também como anatocismo (incidência de juros sobre juros), a regra geral do sistema de direito privado é a da sua proibição.[722] Já o fazia, nesse sentido, a Súmula 121 do STF, desde 1963, ao estabelecer que "é vedada a capitalização de juros, ainda que expressamente convencionada". O Código Civil, ao regular a matéria, entende pela possibilidade de sua capitalização anual (artigo 591). Contudo, a jurisprudência do STJ reconhece a possibilidade de capitalização mensal de juros, com fundamento na autorização expressa na Medida Provisória 2.170-36/2001, que permitiu a capitalização de juros por instituições financeiras em período inferior a um ano. A norma em questão vem sendo considerada prevalente pela Corte Federal,

---

[720] SALOMÃO NETO, Eduardo. *Direito bancário*. São Paulo: Atlas, 2005. p. 179.

[721] Súmula 286/STJ: "A renegociação de contrato bancário ou a confissão da dívida não impede a possibilidade de discussão sobre eventuais ilegalidades dos contratos anteriores".

[722] NERY JR., Nelson; NERY, Rosa Maria de Andrade. *Código Civil comentado*. 7. ed. São Paulo: Ed. RT, 2009. p. 631.

480 | CURSO DE DIREITO DO CONSUMIDOR – *Bruno Miragem*

dada a sua especialidade em relação à regra geral do Código Civil.[723] Na mesma linha, o STJ não reconhece a limitação do limite máximo de juros anuais de 12% ao ano, para tais contratos, conforme previsto pela Lei de Usura (Decreto 22.626/1933).[724] Segue, nesse

---

[723] STJ, REsp 1.388.972/SC, 2ª Seção, Rel. Min. Marco Buzzi, j. 08.02.2017, *DJe* 13.03.2017.

[724] Assim a decisão do STJ em conformidade com o procedimento dos recursos repetitivos em contratos bancários: "Direito processual civil e bancário. Recurso especial. Ação revisional de cláusulas de contrato bancário. Incidente de processo repetitivo. Juros remuneratórios. Configuração da mora. Juros moratórios. Inscrição/manutenção em cadastro de inadimplentes. Disposições de ofício. Delimitação do julgamento. Constatada a multiplicidade de recursos com fundamento em idêntica questão de direito, foi instaurado o incidente de processo repetitivo referente aos contratos bancários subordinados ao Código de Defesa do Consumidor, nos termos da ADIn n. 2.591-1. Exceto: cédulas de crédito rural, industrial, bancária e comercial; contratos celebrados por cooperativas de crédito; contratos regidos pelo Sistema Financeiro de Habitação, bem como os de crédito consignado. Para os efeitos do § 7º do artigo 543-C do CPC, a questão de direito idêntica, além de estar selecionada na decisão que instaurou o incidente de processo repetitivo, deve ter sido expressamente debatida no acórdão recorrido e nas razões do recurso especial, preenchendo todos os requisitos de admissibilidade. Neste julgamento, os requisitos específicos do incidente foram verificados quanto às seguintes questões: i) juros remuneratórios; ii) configuração da mora; iii) juros moratórios; iv) inscrição/manutenção em cadastro de inadimplentes; e v) disposições de ofício. Preliminar – O Parecer do MPF opinou pela suspensão do recurso até o julgamento definitivo da ADIn n. 2.316/DF. Preliminar rejeitada ante a presunção de constitucionalidade do artigo 5º da MP n. 1.963-17/2000, reeditada sob o n. 2.170-36/2001. I – julgamento das questões idênticas que caracterizam a multiplicidade. Orientação 1 – Juros Remuneratórios. a) As instituições financeiras não se sujeitam à limitação dos juros remuneratórios estipulada na Lei de Usura (Decreto 22.626/33), Súmula 596/STF; b) A estipulação de juros remuneratórios superiores a 12% ao ano, por si só, não indica abusividade; c) São inaplicáveis aos juros remuneratórios dos contratos de mútuo bancário as disposições do artigo 591 c/c o artigo 406 do CC/2002; d) É admitida a revisão das taxas de juros remuneratórios em situações excepcionais, desde que caracterizada a relação de consumo e que a abusividade (capaz de colocar o consumidor em desvantagem exagerada – artigo 51, § 1º, do CDC) fique cabalmente demonstrada, ante às peculiaridades do julgamento em concreto. Orientação 2 – Configuração da Mora. a) O reconhecimento da abusividade nos encargos exigidos no período da normalidade contratual (juros remuneratórios e capitalização) descaracteriza a mora; b) Não descaracteriza a mora o ajuizamento isolado de ação revisional, nem mesmo quando o reconhecimento de abusividade incidir sobre os encargos inerentes ao período de inadimplência contratual. Orientação 3 – Juros Moratórios. Nos contratos bancários, não regidos por legislação específica, os juros moratórios poderão ser convencionados até o limite de 1% ao mês. Orientação 4 – Inscrição/Manutenção em Cadastro de Inadimplentes. a) A abstenção da inscrição/manutenção em cadastro de inadimplentes, requerida em antecipação de tutela e/ou medida cautelar, somente será deferida se, cumulativamente: i) a ação for fundada em questionamento integral ou parcial do débito; ii) houver demonstração de que a cobrança indevida se funda na aparência do bom direito e em jurisprudência consolidada do STF ou STJ; iii) houver depósito da parcela incontroversa ou for prestada a caução fixada conforme o prudente arbítrio do juiz; b) A inscrição/manutenção do nome do devedor em cadastro de inadimplentes decidida na sentença ou no acórdão observará o que for decidido no mérito do processo. Caracterizada a mora, correta a inscrição/manutenção. Orientação 5 – Disposições de Ofício. É vedado aos juízes de primeiro e segundo graus de jurisdição julgar, com fundamento no artigo 51 do CDC, sem pedido expresso, a abusividade de cláusulas nos contratos bancários. Vencidos quanto a esta matéria a Min. Relatora e o Min. Luis Felipe Salomão. II – Julgamento do Recurso Representativo (REsp 1.061.530/RS) – A menção a artigo de lei, sem a demonstração das razões de inconformidade, impõe o não conhecimento do recurso especial, em razão da sua deficiente fundamentação. Incidência da Súmula 284/STF. O recurso especial não constitui via adequada para o exame de temas constitucionais, sob pena de usurpação da competência do STF. Devem ser decotadas as disposições de ofício realizadas pelo acórdão recorrido. Os juros remuneratórios contratados encontram-se no limite que esta Corte tem considerado razoável e, sob a ótica do Direito do Consumidor, não merecem ser revistos, porquanto não demonstrada a onerosidade excessiva na hipótese. Verificada a cobrança de encargo abusivo no período da normalidade contratual, resta descaracterizada a mora do devedor. Afastada a mora: i) é ilegal o envio de dados do consumidor para quaisquer cadastros de inadimplência; ii) deve o consumidor permanecer na posse do bem alienado fiduciariamente e iii) não se admite o protesto do título representativo da

particular, entendimento firmado pelo STF pelo menos desde a edição da Súmula 596, de 1976, de que "as disposições do Decreto 22.626/33 não se aplicam às taxas de juros e aos outros encargos cobrados nas operações realizadas por instituições públicas ou privadas que integram o sistema financeiro nacional".

No tocante à autorização da capitalização mensal de juros, embora respeitando o entendimento do STJ, dele é de se discordar, e por duas razões fundamentais: a) não há falar em norma especial admitindo em caráter genérico a capitalização de juros, quando o fundamento para sua cobrança é a remuneração do empréstimo concedido ao consumidor, o que no caso é realizado em vista do valor efetivamente tornado disponível; ademais, b) a regra do artigo 591 do Código Civil estabelece os fundamentos da disciplina sobre juros para todos os contratos em direito privado, inclusive para os contratos bancários. Assim, não cabe na interpretação de norma anterior ao Código Civil de 2002 (como é o caso da medida provisória invocada, reeditada por último em 2001), sob o argumento da sua especialidade, contrariar disposição que determina fundamentos da disciplina jurídica dos juros no direito brasileiro.

A jurisprudência do STJ vem desenvolvendo, ao longo do tempo, critérios para admitir a revisão dos juros remuneratórios contratados, em razão da sua abusividade. Nesse sentido, sinaliza que, nos contratos de consumo, deve ser identificada "a presença de abusividade capaz de colocar o consumidor em desvantagem exagerada", ao mesmo tempo que realizada "a demonstração cabal, com menção expressa às peculiaridades da hipótese concreta, da abusividade verificada, levando-se em consideração, entre outros fatores, a situação da economia na época da contratação, o custo da captação dos recursos, o risco envolvido na operação, o relacionamento mantido com o banco e as garantias ofertadas".[725] A referência genérica às circunstâncias do caso ou à taxa média do mercado, por si, são fundamentos insuficientes para a intervenção judicial no conteúdo do contrato.

---

dívida. Não há qualquer vedação legal à efetivação de depósitos parciais, segundo o que a parte entende devido. Não se conhece do recurso quanto à comissão de permanência, pois deficiente o fundamento no tocante à alínea 'a' do permissivo constitucional e também pelo fato de o dissídio jurisprudencial não ter sido comprovado, mediante a realização do cotejo entre os julgados tidos como divergentes. Vencidos quanto ao conhecimento do recurso a Ministra Relatora e o Min. Carlos Fernando Mathias. Recurso especial parcialmente conhecido e, nesta parte, provido, para declarar a legalidade da cobrança dos juros remuneratórios, como pactuados, e ainda decotar do julgamento as disposições de ofício. Ônus sucumbenciais redistribuídos" (STJ, REsp 1.061.530/RS, 2ª Seção, Rel. Min. Nancy Andrighi, j. 22.10.2008, DJe 10.03.2009). No mesmo sentido: STJ, AgRg no REsp 1.061.489/MS, 4ª Turma, Rel. Min. João Otávio de Noronha, j. 02.12.2008, DJe 18.12.2008.

[725] "Recurso especial. Contrato de mútuo bancário. Juros remuneratórios. Revisão. Caráter abusivo. Requisitos. Necessidade de fundamentação adequada. 1. Recurso especial interposto em 19.04.2022 e concluso ao gabinete em 04.07.2022. 2. O propósito recursal consiste em dizer se: a) a menção genérica às 'circunstâncias da causa' não descritas na decisão, acompanhada ou não do simples cotejo entre a taxa de juros prevista no contrato e a média praticada no mercado, é suficiente para a revisão das taxas de juros remuneratórios pactuadas em contratos de mútuo bancário; e b) qual o incide a ser aplicado, na espécie, aos juros de mora. 3. A Segunda Seção, no julgamento REsp n. 1.061.530/RS, submetido ao rito dos recursos especiais repetitivos, fixou o entendimento de que 'é admitida a revisão das taxas de juros remuneratórios em situações excepcionais, desde que caracterizada a relação de consumo e que a abusividade (capaz de colocar o consumidor em desvantagem exagerada – art. 51, § 1º, do CDC) fique cabalmente demonstrada, ante as peculiaridades do julgamento em concreto'. 4. Devem-se observar os seguintes requisitos para a revisão das taxas de juros remuneratórios: a) a caracterização de relação de consumo; b) a presença de abusividade capaz de colocar o consumidor em desvantagem exagerada; e

2.5.3.3.1.2 Comissão de permanência

Outra questão de relevo diz respeito à exigibilidade da denominada comissão de permanência nos mútuos bancários e demais contratos bancários que envolvem a outorga de crédito. A definição de comissão de permanência não é simples. Seu fundamento normativo encontra-se na Resolução 1.129/1986, do Banco Central do Brasil, atualmente consolidada no Manual de Normas e Instruções do BACEN sob o número 02-01-03 (portanto normas infralegais), e que dispôs sobre a faculdade de as instituições financeiras relacionadas na mencionada norma "cobrar de seus devedores por dia de atraso no pagamento ou na liquidação de seus débitos, além de juros de mora na forma da legislação em vigor, 'comissão de permanência', que será calculada às mesmas taxas pactuadas no contrato original ou à taxa de mercado do dia do pagamento". A natureza jurídica da comissão de permanência é dúbia, havendo quem sustente tratar-se de correção monetária e outros identificando-a como espécie de juros compensatórios. Conforme define a doutrina de direito bancário, trata-se de *encargo sobre os empréstimos contratados pelas instituições financeiras, cuja hipótese de incidência é o atraso do devedor no pagamento de qualquer parcela devida. É calculado como juro, ou seja, mediante a aplicação de uma taxa sobre o saldo devedor. Sua natureza jurídica é idêntica à dos juros".[726] Desde a perspectiva do interesse das instituições financeiras, a cobrança da comissão de permanência justifica-se em face da circunstância de que o inadimplemento do tomador do crédito faz com que o recurso inicialmente previsto para retornar ao banco a certo tempo (no vencimento do empréstimo) mantenha-se em aberto, obrigando-se o banco a buscar no mercado nova fonte de recursos para fazer frente a esses valores perante depositantes e correntistas. O argumento está perfeito se for desconsiderada a função de outros encargos cobrados pelas instituições financeiras, como é o caso dos juros convencionados sobre o mútuo, calculados sobre a mesma base de cálculo (o valor do crédito concedido pelo banco), que, além da remuneração do capital, reconhecidamente cumpre a função de custear os riscos de inadimplemento. Assim, dois encargos que, a princípio, sustentam-se como acumuláveis, incidentes sobre uma mesma base e visando – ainda que parcialmente – responder à mesma finalidade dos custos representados pelo risco de inadimplemento. Contudo, outro argumento utilizado para distinguir a comissão de permanência é o de que na verdade esta tem por função responder

---

c) a demonstração cabal, com menção expressa às peculiaridades da hipótese concreta, da abusividade verificada, levando-se em consideração, entre outros fatores, a situação da economia na época da contratação, o custo da captação dos recursos, o risco envolvido na operação, o relacionamento mantido com o banco e as garantias ofertadas. 5. São insuficientes para fundamentar o caráter abusivo dos juros remuneratórios: a) a menção genérica às 'circunstâncias da causa' – ou outra expressão equivalente; b) o simples cotejo entre a taxa de juros prevista no contrato e a média de mercado divulgada pelo BACEN; e c) a aplicação de algum limite adotado, aprioristicamente, pelo próprio Tribunal estadual. 6. Na espécie, não se extrai do acórdão impugnado qualquer consideração acerca das peculiaridades da hipótese concreta, limitando-se a cotejar as taxas de juros pactuadas com as correspondentes taxas médias de mercado divulgadas pelo BACEN e a aplicar parâmetro abstrato para aferição do caráter abusivo dos juros, impondo-se, desse modo, o retorno dos autos às instâncias ordinárias para que aplique o direito à espécie a partir dos parâmetros delineados pela jurisprudência desta Corte Superior. 7. Recurso especial parcialmente provido" (STJ, REsp 2.009.614/SC, 3ª Turma, Rel. Min. Nancy Andrighi, j. 27.09.2022, *DJe* 30.09.2022).

[726] OLIVEIRA, Marcos Cavalcante de. *Moeda, juros e instituições financeiras*. 2. ed. Rio de Janeiro: Forense, 2009. p. 414.

Parte II · Cap. 2 · A PROTEÇÃO CONTRATUAL DO CONSUMIDOR | 483

ao risco do refinanciamento do valor emprestado ao devedor inadimplente, por conta do fato de que, enquanto permanece a inadimplência, a remuneração de nova captação de recursos pelo banco para suprir o crédito devido e não pago pelo inadimplente pode ter custo maior do que aquele que previsto na taxa de juros originalmente contratada com o devedor, que conserva sua taxa inalterada por força do contrato, o que poderia gerar prejuízo ao credor. Seria, desse modo, a comissão de permanência uma forma especial de convencionar juros compensatórios, com a distinção de que outorgam alternativa em favor do banco de cobrar a taxa de juros compensatórios originalmente convencionada, ou a taxa de mercado no dia do efetivo pagamento.[727] Daí por que consta da Súmula 296 do STJ: "Os juros remuneratórios, não cumuláveis com a comissão de permanência, são devidos no período de inadimplência, à taxa média de mercado estipulada pelo Banco Central do Brasil, limitada ao percentual contratado". Na mesma linha, a Súmula 379 da Corte veio a indicar que, "nos contratos bancários não regidos por legislação específica, os juros moratórios poderão ser convencionados até o limite de 1% ao mês".

Por outro lado, a possibilidade criada pela aplicação da comissão de permanência, de incidência sobre a dívida de taxa de juros da data do efetivo pagamento pelo devedor, impede, a nosso ver, que incida para cobrança sobre a mesma dívida a correção monetária. Isso porque a correção monetária tem por finalidade precípua preservar o valor da moeda nas dívidas de valor contratadas a prazo. No caso, a cobrança de comissão de permanência permite opção da instituição bancária, por receber o valor corrigido pela incidência da taxa de juros do dia do efetivo pagamento. A não ser em uma economia em evidente processo inflacionário – o que não é o caso atual do Brasil –, a incidência concomitante de correção monetária e comissão de permanência, em princípio, representa a cobrança em duplicidade de valores para o mesmo fim de responder aos riscos da projeção do tempo do pagamento efetivo da dívida. Nessa linha, segue o entendimento do STJ, conforme se observa em sua Súmula 30, que refere: "A comissão de permanência e a correção monetária são inacumuláveis".[728]

---

[727] OLIVEIRA, Marcos Cavalcante de. *Moeda, juros e instituições financeiras*. 2. ed. Rio de Janeiro: Forense, 2009. p. 416-417.

[728] "Direito econômico. Agravo no recurso especial. Ação revisional de contrato bancário. Comissão de permanência. Cumulação com outros encargos moratórios. Impossibilidade. É admitida a incidência da comissão de permanência após o vencimento da dívida, desde que não cumulada com juros remuneratórios, juros moratórios, correção monetária e/ou multa contratual. Agravo no recurso especial não provido" (STJ, AgRg no REsp 706.368/RS, 2ª Seção, Rel. Min. Nancy Andrighi, j. 27.04.2005, *DJ* 08.08.2005). No mesmo sentido: "Civil e processual. Agravo regimental. Contrato de financiamento com alienação fiduciária em garantia. Peças não autenticadas. Ausência de legitimação processual. Incidente alegado a destempo. Rejeição. Comissão de permanência. Não cumulada. Capitalização mensal dos juros pactuada. Súmulas n. 5 e 7/STJ. Contratos posteriores à MP n. 1.963-17. Juros remuneratórios. Acórdão que decide com fundamentação baseada na legislação constitucional e ordinária. Não interposição de recurso extraordinário. Súmula n. 126-STJ. Reconsideração da decisão nessa parte. I. Com relação à capitalização, a 2ª Seção, ao apreciar o REsp n. 602.068/RS, entendeu que somente nos contratos firmados após 31.03.2000, data da publicação da Medida Provisória n. 1.963-17, revigorada pela MP n. 2.170-36, em vigência graças ao artigo 2º da Emenda Constitucional n. 32/2001, é admissível a capitalização dos juros em período inferior a um ano. *In casu*, o contrato sob exame foi firmado posteriormente às normas referenciadas, de modo que legítima a capitalização dos juros remuneratórios, como pactuada. II. Referentemente à comissão de permanência, firmou-se o entendimento de que ela pode ser deferida de acordo com a Súmula n. 294 deste Tribunal, desde que sem cumulação com juros remuneratórios e moratórios, multa e correção monetária (AgR-REsp n. 706.368/RS, 2ª Seção, v.u., Rel. Min. Nancy

484 CURSO DE DIREITO DO CONSUMIDOR – *Bruno Miragem*

Nesse particular, ao caracterizar-se como alternativa em favor do credor, a comissão de permanência deve ser examinada sob a égide do princípio do equilíbrio contratual. E o primeiro aspecto que se coloca em relevo concerne a sua origem. No caso, como já mencionado, a comissão de permanência tem sua sede originária na Resolução CMN 1.129/1986 (depois revogada pela Resolução CMN 4.558/2017), que permitia aos bancos sua cobrança, contudo indicando que deveria ser convencionada e subordinando-se ao controle do conteúdo contratual a partir das regras cogentes do CDC. Seguindo essa linha de entendimento, um primeiro aspecto a ser tomado em conta dizia respeito à circunstância de se considerar ou não a comissão de permanência como cláusula potestativa, em vista do disposto no artigo 51, IV e X, uma vez que ela admitia espécie de opção da instituição bancária quanto à taxa de juros a incidir sobre a dívida contratada. De fato, a possibilidade de escolha facultada apenas ao credor, e cuja repercussão é direta no valor da dívida a ser satisfeita, revela elementos que permitem identificar o caráter potestativo da cláusula. No entanto, sobre o tema, foi em outro sentido o entendimento do STJ, nos termos da sua Súmula 294: "Não é potestativa a cláusula contratual que prevê a comissão de permanência, calculada pela taxa média de mercado apurada pelo Banco Central do Brasil, limitada à taxa do contrato".

Desse modo, registre-se que a possibilidade de cobrança da comissão de permanência foi assentada na jurisprudência do STJ, preservando-se, todavia, a viabilidade do juiz de controlar seus excessos, mantendo quanto possível a validade a cláusula que a estabelece.[729] Nesse sentido, a Súmula 472 do STJ, editada em agosto de 2012, definiu: "A cobrança de comissão de permanência – cujo valor não pode ultrapassar a soma dos encargos remuneratórios e moratórios previstos no contrato – exclui a exigibilidade dos juros remuneratórios, moratórios e da multa contratual".

Andrighi, *DJU* de 08.08.2005). III. A limitação dos juros remuneratórios com base da Lei de Usura, sob o pretexto de revogação da Lei n. 4.595/64 pela Constituição Federal, com fulcro na qual foi editada a Súmula n. 596-STF, exige a interposição de recurso extraordinário. Incidência da Súmula n. 126/STJ. IV. Agravo regimental parcialmente provido" (STJ, AgRg no REsp 1.052.298/MS, 4ª Turma, Rel. Min. Aldir Passarinho Junior, j. 04.02.2010, *DJe* 1º.03.2010).

[729] "Direito comercial e bancário. Contratos bancários sujeitos ao Código de Defesa do Consumidor. Princípio da boa-fé objetiva. Comissão de permanência. Validade da cláusula. Verbas integrantes. Decote dos excessos. Princípio da conservação dos negócios jurídicos. Artigos 139 e 140 do Código Civil alemão. Artigo 170 do Código Civil brasileiro. 1. O princípio da boa-fé objetiva se aplica a todos os partícipes da relação obrigacional, inclusive daquela originada de relação de consumo. No que diz respeito ao devedor, a expectativa é a de que cumpra, no vencimento, a sua prestação. 2. Nos contratos bancários sujeitos ao Código de Defesa do Consumidor, é válida a cláusula que institui comissão de permanência para viger após o vencimento da dívida. 3. A importância cobrada a título de comissão de permanência não poderá ultrapassar a soma dos encargos remuneratórios e moratórios previstos no contrato, ou seja, a) juros remuneratórios à taxa média de mercado, não podendo ultrapassar o percentual contratado para o período de normalidade da operação; b) juros moratórios até o limite de 12% ao ano; e c) multa contratual limitada a 2% do valor da prestação, nos termos do artigo 52, § 1º, do CDC. 4. Constatada abusividade dos encargos pactuados na cláusula de comissão de permanência, deverá o juiz decotá-los, preservando, tanto quanto possível, a vontade das partes manifestada na celebração do contrato, em homenagem ao princípio da conservação dos negócios jurídicos consagrado nos artigos 139 e 140 do Código Civil alemão e reproduzido no artigo 170 do Código Civil brasileiro. 5. A decretação de nulidade de cláusula contratual é medida excepcional, somente adotada se impossível o seu aproveitamento. 6. Recurso especial conhecido e parcialmente provido" (STJ, REsp 1.063.343/RS, 2ª Seção, Rel. Min. Nancy Andrighi, Rel. p/ acórdão Min. João Otávio de Noronha, j. 12.08.2009, *DJe* 16.11.2010).

Isso não retirou o destaque do dever de informar da instituição bancária em relação ao conteúdo de quaisquer obrigações que venham a ser exigidas do consumidor. *Dever de informar* que, como já se indicou, representa dever de esclarecimento do consumidor (e não mero repasse formal de informação). Nesse sentido, a informação sobre taxa de juros, modo de cálculo, possibilidade de capitalização periódica e sua aplicação *in concreto* é critério para exame do exercício regular da liberdade contratual pelas instituições bancárias. O não atendimento ao dever de esclarecimento, nesse caso, implica a identificação da abusividade da cláusula contratual por contrariedade à boa-fé (uma vez comprometida a qualidade do consentimento do consumidor), ou mesmo da incidência do artigo 46, indicando a ausência da obrigação de pagamento do consumidor. Note-se que a demonstração do atendimento do dever de informar constitui ônus da prova do fornecedor e matéria de conhecimento das instâncias ordinárias, em face dos próprios limites indicados pelo STJ para seu conhecimento do recurso especial.[730]

Note-se, contudo, que, atualmente, a Resolução CMN 4.882/2020 limita, em seu artigo 2º, as obrigações acessórias que podem ser exigidas do devedor da instituição financeira em caso de atraso: "No caso de atraso no pagamento ou na liquidação de obrigações relativas a operações de crédito, a arrendamento mercantil financeiro e a faturas de cartão de crédito e de demais instrumentos de pagamento pós-pagos, podem ser cobrados de seus clientes, exclusivamente, os seguintes encargos: I – juros remuneratórios, por dia de atraso, sobre a parcela vencida ou sobre o saldo devedor não liquidado, conforme o caso; II – multa, nos termos da legislação em vigor; e III – juros de mora, nos termos da legislação em vigor".

2.5.3.3.1.3 Pagamento antecipado e multa por inadimplemento

Lembre-se, por fim, que o Código de Defesa do Consumidor, em relação a quaisquer contratos de outorga de crédito ao consumidor, determina a redução proporcional dos juros por ocasião do pagamento antecipado da obrigação, conforme dispõe o artigo 52, § 2º: "É assegurada ao consumidor a liquidação antecipada do débito, total ou parcialmente, mediante redução proporcional dos juros e demais acréscimos". Esse direito à liquidação antecipada e não onerosa do débito deve ser, inclusive, informado ao consumidor por ocasião da oferta (artigo 54-B, V, do CDC). As normas do CDC incidem sobre os contratos bancários que tenham por objeto a outorga de crédito por quaisquer modalidades, razão pela qual resultam daí duas consequências: a) primeiro, há direito do consumidor à redução proporcional dos juros e demais encargos cobrados sobre a dívida; e b) a finalidade do CDC de facilitação do adimplemento antecipado do contrato contrapõe-se a qualquer espécie de exigência de taxa especial que crie obstáculo ao pagamento total da dívida, a qual carecerá de fundamento lógico-jurídico que a sustente.

Por outro lado, no tocante à multa contratual, note-se que a jurisprudência brasileira consolidou a interpretação extensiva do artigo 52 do CDC, para efeito de reconhecer sua aplicação, seja em relação aos deveres de informação que explicita, seja no tocante ao limite da multa moratória de 2% ao mês, a todos os contratos que envolvem operação de crédito, razão pela qual os contratos bancários, independentemente de sua estrutura, devem

---

[730] Assim a Súmula 7 do STJ: "A pretensão de simples reexame de prova não enseja recurso especial".

486 CURSO DE DIREITO DO CONSUMIDOR – *Bruno Miragem*

observar o limite legal para a multa pela mora, sob pena de nulidade.[731] Nesse sentido é o entendimento expresso pela Súmula 285 do STJ, que refere: "Nos contratos bancários posteriores ao Código de Defesa do Consumidor incide a multa moratória nele prevista".

2.5.3.3.2 Contrato de abertura de crédito

O contrato de abertura de crédito é aquele em que a instituição bancária, na qualidade de creditante, assume o compromisso de desembolso em favor do creditado mediante remuneração financeira a ser paga pelo creditado sob a forma de juros. A obrigação da instituição financeira, nesse caso, é tornar disponível o crédito para uso pelo consumidor na medida da sua necessidade. A abertura de crédito tanto pode se dar em prestação conexa ao contrato de conta-corrente (limite de empréstimo, ou de cheque especial, p. ex.) quanto constituir operação específica posteriormente contratada pelas partes.[732] Conforme aponta a doutrina, não há de confundir esse contrato com o mútuo, uma vez que, como regra geral, não necessita na abertura de crédito, como o exigem o mútuo e o depósito, a entrega – ainda que simbólica – do dinheiro. Basta tornar disponível o crédito, que passa a ser utilizado na medida em que o consumidor o comprometa em operações futuras.[733] Isso implica, por si, a confiança despertada no consumidor em relação aos limites de crédito tornados disponíveis, de modo que eventual modificação, com redução ou supressão do limite, embora admitida em face da prudente gestão da instituição financeira em relação à situação econômica do consumidor, deverá observar um dever de prévio aviso, não surpreendendo o consumidor com a repentina indisponibilidade do crédito ofertado.[734]

Da mesma forma, pode ocorrer que a formalização do contrato de abertura de crédito se dê também para cobrir eventuais valores a descoberto na conta-corrente do consumidor. Nesse caso, trata-se de novo contrato, que inclusive pode surgir como novação da obrigação anterior, ou em virtude do qual se extingue a dívida decorrente de saques a descoberto na conta-corrente, satisfeita pelo crédito concedido no segundo contrato. Logo, é de registrar duas considerações importantes. Primeiro, que a eventual extinção da

---

[731] "Contrato de confissão de dívida. Inversão do ônus da prova. Multa. Código de Defesa do Consumidor. 1. Não repercute no julgado a alegação de cerceamento de defesa por ausência da inversão do ônus da prova, quando, claramente, está indicado que a questão é de direito. 2. Impõe-se a redução da multa para 2%, como previsto no artigo 52, § 1º, do Código de Defesa do Consumidor, seja porque o crédito bancário é um serviço ao alcance do artigo 3º, § 2º, do mesmo Código seja porque a Lei n. 9.298/96 é anterior ao contrato assinado seja, finalmente, porque, expressamente, o contrato referiu-se ao Código de Defesa do Consumidor. 3. Recurso especial conhecido e provido, em parte" (STJ, REsp 241.941/PR, 3ª Turma, Rel. Min. Carlos Alberto Menezes Direito, j. 28.05.2002, *DJ* 05.08.2002).

[732] Anote-se, contudo, o entendimento do STJ, por intermédio da Súmula 565, de 2016, que refere: "A pactuação das tarifas de abertura de crédito (TAC) e de emissão de carnê (TEC), ou outra denominação para o mesmo fato gerador, é válida apenas nos contratos bancários anteriores ao início da vigência da Resolução-CMN n. 3.518/2007, em 30.04.2008". A referência à resolução do Conselho Monetário Nacional se dá então pelo fato de que esta, ao dispor sobre as tarifas bancárias, não previu a TAC ou a TEC mencionadas. Já a tarifa de liquidação antecipada de operações financeiras acabou sendo vedada apenas com a edição da Resolução nº 3.516, do Conselho Monetário Nacional, de 10 de dezembro de 2007, conforme decidiu o STJ no: REsp 1.370.144/SP, 3ª Turma, Rel. Min. Ricardo Villas Bôas Cueva, j. 07.02.2017, *DJe* 14.02.2017.

[733] SALOMÃO NETO, Eduardo. *Direito bancário*. São Paulo: Atlas, 2005. p. 213.

[734] TJRS, ApCiv 70075308817, 23ª Câmara Cível, Rel. Ana Paula Dalbosco, j. 31.10.2017.

Parte II · Cap. 2 · A PROTEÇÃO CONTRATUAL DO CONSUMIDOR | **487**

obrigação original não elimina a possibilidade de sua revisão, quando tenha por objeto cláusulas abusivas presentes no contrato, mesmo que extinto. Eventual extinção ulterior, como é o caso da novação de dívida,[735] ou mesmo contrato de abertura de crédito para satisfação da dívida original em melhores condições, não elimina o direito ao equilíbrio contratual do consumidor.[736] Sendo a dívida originária resguardada com garantias (fiador,

---

[735] "Agravo regimental em recurso especial – Ação revisional de contrato de abertura de crédito em conta--corrente – Negativa de prestação jurisdicional – Omissão – Inocorrência – Revisão de contratos extintos pela novação – Possibilidade – Limitação dos juros remuneratórios – Inadmissibilidade – Capitalização mensal dos juros – Prévia pactuação – Cobrança – Possibilidade, nos contratos firmados após a edição da MP n. 1.963-17 – Comissão de permanência – Licitude na cobrança – Repetição do indébito – Prova do pagamento em erro – Desnecessidade – Súmula 322/STJ – Agravo regimental não provido. 1. O órgão julgador não é obrigado a se manifestar sobre todos os pontos alegados pelas partes, mas somente sobre aqueles que entender necessários para o julgamento do feito, de acordo com seu livre convencimento fundamentado, não caracterizando omissão ou ofensa à legislação infraconstitucional, resultado diferente do pretendido pela parte. 2. 'A renegociação de contrato bancário ou a confissão da dívida não impede a possibilidade de discussão sobre eventuais ilegalidades dos contratos anteriores' (Súmula 286 /STJ). 3. No tocante aos juros remuneratórios, não incide a limitação a 12% ao ano, prevista no Decreto n. 22.626/33, salvo hipóteses legais específicas, visto que as instituições financeiras, integrantes do Sistema Financeiro Nacional, são regidas pela Lei n. 4.595/64. Tal entendimento, ressalte-se, não foi alterado após a vigência do Código de Defesa do Consumidor, cujas normas também se aplicam aos contratos firmados por instituições bancárias. Visando à harmonização dos referidos diplomas legais, esta Corte Superior consagrou a manutenção dos juros no percentual avençado pelas partes, desde que não reste sobejamente demonstrada a exorbitância do encargo. 4. É assente neste colegiado o entendimento no sentido de que a Taxa Selic não representa a taxa média praticada pelo mercado, sendo, portanto, inviável sua utilização como parâmetro de limitação de juros remuneratórios. 5. Quanto à capitalização mensal de juros, o entendimento prevalecente nesta Corte era no sentido de que esta somente seria admitida em casos específicos, previstos em lei (cédulas de crédito rural, comercial e industrial), conforme a Súmula n. 93/STJ. Com a edição da MP 1.963-17, de 30.03.2000 (atualmente reeditada sob o n. 2.170-36/2001), passou-se a admitir a capitalização mensal nos contratos firmados posteriormente à sua entrada em vigor, desde que haja previsão contratual. 6. No concernente à comissão de permanência, é lícita a sua cobrança após o vencimento da dívida, devendo observar a taxa média dos juros de mercado, apurada pelo Banco Central do Brasil, limitada à taxa de juros contratada para o período da normalidade. Destaca-se que a cobrança da comissão de permanência não pode coligir com os encargos decorrentes da mora, como os juros moratórios e a multa contratual. 7. 'Para a repetição do indébito, nos contratos de abertura de crédito em conta-corrente, não se exige a prova do erro' (Súmula nº 322/STJ). 8. Alegações do agravante nada acrescentaram, no sentido de infirmar os fundamentos do decisum agravado. 9. Agravo regimental não provido" (STJ, AgRg no REsp 655.179/RS, 4ª Turma, Rel. Min. Carlos Fernando Mathias (Juiz Federal convocado do TRF-1ª Região), j. 12.08.2008, *DJe* 29.09.2008).

[736] "Comercial e processual civil. Termo de renegociação de dívida. TR. Fundamento legal diverso. Prequestionamento. Ausência. Súmulas n. 282 e 356/STF. Incidência. Revisão. Transação. Continuidade negocial. Súmula n. 5/STJ. Juros. Interesse em recorrer. Inexistência. Fixação em percentual inferior ao pretendido. Multa por inadimplência. Redução. Lei n. 9.298/96. Aplicabilidade. I. Admitida a indexação da correção monetária pela TR pela aplicação de fundamento legal diverso, carece de prequestionamento aquele que entendem os recorrentes incidir, se não buscada a manifestação expressa via embargos declaratórios (Súmulas n. 282 e 356/STF). II. A conclusão de que operou-se a extinção das contratações anteriores pela transação firmada entre as partes não pode ser elidida sem que se proceda ao exame do contrato, para declarar a continuidade negocial que a inviabilizaria, o que é vedado ao STJ, nos termos da Súmula n. 5, eis que, no caso, as novas disposições mantiveram-se no âmbito da discricionariedade dos contratantes. III. Ademais, não há interesse na reforma do julgado recorrido, que reconheceu que a taxa de juros remuneratórios aplicada ao contrato é inferior à pretendida obter por força do recurso especial. IV. A redução da multa para 2%, tal como definida na Lei n. 9.298/96, de 1º.08.1996, é cabível nos contratos celebrados após sua vigência, caso dos autos. Precedentes da Corte. V. Recurso especial conhecido em parte e, nessa parte, provido" (STJ, REsp 400.937/RS, 4ª Turma, Rel. Min. Aldir Passarinho Junior, j. 12.03.2002, *DJ* 20.05.2002).

p. ex.) e havendo novação ou repactuação do contrato de modo a alterar parte de sua forma e tempo de pagamento, as garantias não se estendem necessariamente ao novo ajuste, sem a anuência do garantidor, quando for o caso.[737]

Da mesma forma, note-se que o risco da instituição bancária ao substituir dívida decorrente de saques a descoberto por outra decorrente de abertura de crédito – o que muitas vezes tem por finalidade estabelecer melhores garantias ao credor – pode atingir também o direito de terceiros credores, em relação à preferência do seu crédito (como pode ocorrer fora do direito do consumidor, no âmbito da legislação falimentar). O contrato de abertura de crédito observa duas espécies de remuneração da instituição bancária: a primeira, por intermédio de uma taxa de abertura de crédito; a segunda, por meio de juros incidentes sobre o valor sacado pelo creditado. Nesse caso, de verificar se a prestação da instituição bancária é bastante, tornando disponível o recurso, ou se é necessário o efetivo saque pelo consumidor. A nosso ver, a abertura do crédito, em si, se dá quando ele se torna disponível, ainda que não seja imediatamente utilizado, ou mesmo nem sequer venha a ser a qualquer tempo utilizado pelo consumidor. Isto não implica, necessariamente, que desde logo será devida remuneração pelo consumidor à instituição bancária, pois, uma vez remunerada por intermédio de juros, este só deverá incidir, de acordo com as regras do contrato de mútuo antes examinado, mediante incidência da taxa sobre o valor do capital efetivamente entregue ao consumidor, sob pena de – assim não o sendo – caracterizar vantagem excessiva e consequente abusividade da conduta da instituição bancária.

O contrato de abertura de crédito, mesmo quando acompanhado do extrato de conta-corrente que demonstre o saque dos valores pelo tomador do crédito, não constitui título executivo, conforme sustentado pelo STJ em sua Súmula 233. O mesmo ocorre quando se tem título de crédito emitido com fundamento no negócio causal da abertura de crédito, hipótese em que o STJ, em sua Súmula 258, firmou entendimento no sentido de que "a nota promissória vinculada a contrato de abertura de crédito não goza de autonomia em razão da iliquidez do título que a originou".

Ainda merece exame espécie contratual muito utilizada nos dias atuais, sobretudo pela redução substancial de riscos que implica, qual seja, a abertura de crédito com obrigação de satisfação da parcela mediante consignação em folha de pagamento ou dos proventos de aposentadoria. Nesse caso, o adimplemento da parcela do contrato é assegurado por meio autorização de débito pelo consumidor, em parcelas periódicas a serem descontadas de modo automático da folha de pagamento de salários ou aposentadorias, ou ainda débito na própria conta-corrente do consumidor na instituição bancária. Na medida em que representa maior garantia de pagamento do credor – uma vez que assegura o crédito

---

[737] "Civil e processo civil. Recurso especial. Embargos do devedor. Execução de fiança dada em garantia de contrato de abertura de crédito. Posterior ocorrência de transação entre credor e devedor, sem anuência do fiador, com dilação de prazo para pagamento da dívida. Ocorrência de moratória. Desoneração da garantia. Multa pelo caráter protelatório dos embargos. Afasta-se a multa do parágrafo único do artigo 538 do CPC quando não se caracteriza o propósito protelatório na interposição dos embargos de declaração. O acórdão reconheceu a existência de moratória concedida sem a anuência do fiador. Extingue-se, assim, a garantia antes concedida, nos termos do artigo 1.503, I, do CC/16. Recurso especial parcialmente provido" (STJ, REsp 1.047.117/PE, 3ª Turma, Rel. Min. Vasco Della Giustina (Desembargador convocado do TJRS), Rel. p/ acórdão Min. Nancy Andrighi, j. 06.10.2009, *DJe* 03.12.2009).

Parte II · Cap. 2 · A PROTEÇÃO CONTRATUAL DO CONSUMIDOR | **489**

em favor do credor, mediante procedimento do empregador, do INSS, ou da instituição bancária –, reduz o risco de inadimplência do consumidor. Contudo, essa redução de riscos do fornecedor não pode vir em prejuízo do consumidor, devendo-se, para tanto: a) exigir o cumprimento nos contratos de crédito consignado do dever de informar qualificado presente no artigo 52 do CDC; b) respeitar limites de endividamento do consumidor proporcional a sua renda mensal, assegurando a manutenção de recursos necessários a sua subsistência; c) realizar o controle estrito da publicidade de crédito visando reprimir, especialmente, o incentivo ao endividamento. No caso do limite de consignação, a legislação vem estabelecendo a margem de 30% do valor da remuneração mensal como limite máximo para desconto em folha de pagamento. Esse percentual, que se encontra inscrito na legislação federal para os servidores públicos da União, serve de parâmetro útil para a jurisprudência em relação aos servidores de outros entes federados e para os particulares, considerando a finalidade de evitar o superendividamento dos consumidores.[738] Não se deixe de destacar, por outro lado, que o desconto em folha de pagamento e os limites a ele aplicáveis não se confundem com o débito em conta-corrente, hipótese em que o consumidor autoriza a instituição financeira a proceder, periodicamente, ao débito do valor da parcela devida, diretamente da conta-corrente, sem a necessidade de nova e específica manifestação de vontade do devedor. Esse, aliás, é o entendimento consolidado pelo STJ ao julgar o REsp 1.863.973/SP (Tema Repetitivo 1.085), em 2022.[739]

---

[738] TJRS, ApCiv 70.026.541.300, 20ª Câm. Civ., Rel. José Aquino Flores de Camargo, j. 17.12.2008.

[739] "Recurso especial representativo da controvérsia. Pretensão de limitação dos descontos das parcelas de empréstimo comum em conta-corrente, em aplicação analógica da Lei n. 10.820/2003 que disciplina os empréstimos consignados em folha de pagamento. Impossibilidade. Ratificação da jurisprudência do Superior Tribunal de Justiça, com fixação de tese repetitiva. Recurso especial provido. Prejudicado o recurso especial da demandante, que pleiteava a majoração da verba honorária. 1. A controvérsia inserta no presente recurso especial repetitivo está em definir se, no bojo de contrato de mútuo bancário comum, em que há expressa autorização do mutuário para que o pagamento se dê por meio de descontos mensais em sua conta-corrente, é aplicável ou não, por analogia, a limitação de 35% (trinta e cinco por cento) prevista na Lei n. 10.820/2003, que disciplina o contrato de crédito consignado em folha de pagamento (chamado empréstimo consignado). 2. O empréstimo consignado apresenta-se como uma das modalidades de empréstimo com menores riscos de inadimplência para a instituição financeira mutuante, na medida em que o desconto das parcelas do mútuo dá-se diretamente na folha de pagamento do trabalhador regido pela CLT, do servidor público ou do segurado do RGPS (Regime Geral de Previdência Social), sem nenhuma ingerência por parte do mutuário/correntista, o que, por outro lado, em razão justamente da robustez dessa garantia, reverte em taxas de juros significativamente menores em seu favor, se comparado com outros empréstimos. 2.1 Uma vez ajustado o empréstimo consignado em folha de pagamento, não é dado ao mutuário, por expressa disposição legal, revogar a autorização concedida para que os descontos afetos ao mútuo ocorram diretamente em sua folha de pagamento, a fim de modificar a forma de pagamento ajustada. 2.2 Nessa modalidade de empréstimo, a parte da remuneração do trabalhador comprometida à quitação do empréstimo tomado não chega nem sequer a ingressar em sua conta-corrente, não tendo sobre ela nenhuma disposição. Sob o influxo da autonomia da vontade, ao contratar o empréstimo consignado, o mutuário não possui nenhum instrumento hábil para impedir a dedução da parcela do empréstimo a ser descontada diretamente de sua remuneração, em procedimento que envolve apenas a fonte pagadora e a instituição financeira. 2.3 É justamente em virtude do modo como o empréstimo consignado é operacionalizado que a lei estabeleceu um limite, um percentual sobre o qual o desconto consignado em folha não pode exceder. Revela-se claro o escopo da lei de, com tal providência, impedir que o tomador de empréstimo, que pretenda ter acesso a um crédito relativamente mais barato na modalidade consignado, acabe por comprometer sua remuneração como um todo, não tendo sobre ela nenhum acesso e disposição, a inviabilizar, por consequência, sua subsistência e de sua família. 3. Diversamente, nas demais espécies de mútuo bancário, o estabelecimen-

to (eventual) de cláusula que autoriza o desconto de prestações em conta-corrente, como forma de pagamento, consubstancia uma faculdade dada às partes contratantes, como expressão de sua vontade, destinada a facilitar a operacionalização do empréstimo tomado, sendo, pois, passível de revogação a qualquer tempo pelo mutuário. Nesses empréstimos, o desconto automático que incide sobre numerário existente em conta-corrente decorre da própria obrigação assumida pela instituição financeira no bojo do contrato de conta-corrente de administração de caixa, procedendo, sob as ordens do correntista, aos pagamentos de débitos por ele determinados, desde que verificada a provisão de fundos a esse propósito. 3.1 Registre-se, inclusive, não se afigurar possível – consideradas as características intrínsecas do contrato de conta-corrente – à instituição financeira, no desempenho de sua obrigação contratual de administrador de caixa, individualizar a origem dos inúmeros lançamentos que ingressam na conta-corrente e, uma vez ali integrado, apartá-los, para então sopesar a conveniência de se proceder ou não a determinado pagamento, de antemão ordenado pelo correntista. 3.2 Essa forma de pagamento não consubstancia indevida retenção de patrimônio alheio, na medida em que o desconto é precedido de expressa autorização do titular da conta-corrente, como manifestação de sua vontade, por ocasião da celebração do contrato de mútuo. Tampouco é possível equiparar o desconto em conta-corrente a uma dita constrição de salários, realizada por instituição financeira que, por evidente, não ostenta poder de império para tanto. Afinal, diante das características do contrato de conta-corrente, o desconto, devidamente avençado e autorizado pelo mutuário, não incide, propriamente, sobre a remuneração ali creditada, mas sim sobre o numerário existente, sobre o qual não se tece nenhuma individualização ou divisão. 3.3 Ressai de todo evidenciado, assim, que o mutuário tem em seu poder muitos mecanismos para evitar que a instituição financeira realize os descontos contratados, possuindo livre acesso e disposição sobre todo o numerário constante de sua conta-corrente. 4. Não se encontra presente nos empréstimos comuns, com desconto em conta-corrente, o fator de discriminação que justifica, no empréstimo consignado em folha de pagamento, a limitação do desconto na margem consignável estabelecida na lei de regência, o que impossibilita a utilização da analogia, com a transposição de seus regramentos àqueles. Refoge, pois, da atribuição jurisdicional, com indevida afronta ao Princípio da Separação do Poderes, promover a aplicação analógica de lei à hipótese que não guarda nenhuma semelhança com a relação contratual legalmente disciplinada. 5. Não se pode conceber, sob qualquer ângulo que se analise a questão, que a estipulação contratual de desconto em conta-corrente, como forma de pagamento em empréstimos bancários comuns, a atender aos interesses e à conveniência das partes contratantes, sob o signo da autonomia da vontade e em absoluta consonância com as diretrizes regulamentares expedidas pelo Conselho Monetário Nacional, possa, ao mesmo tempo, vilipendiar direito do titular da conta-corrente, o qual detém a faculdade de revogar o ajuste ao seu alvedrio, assumindo, naturalmente, as consequências contratuais de sua opção. 6. A pretendida limitação dos descontos em conta-corrente, por aplicação analógica da Lei n. 10.820/2003, tampouco se revestiria de instrumento idôneo a combater o endividamento exacerbado, com vistas à preservação do mínimo existencial do mutuário. 6.1 Essa pretensão, além de subverter todo o sistema legal das obrigações – afinal, tal providência, a um só tempo, teria o condão de modificar os termos ajustados, impondo-se ao credor o recebimento de prestação diversa, em prazo distinto daquele efetivamente contratado, com indevido afastamento dos efeitos da mora, de modo a eternizar o cumprimento da obrigação, num descabido dirigismo contratual –, não se mostraria eficaz, sob o prisma geral da economia, nem sequer sob o enfoque individual do mutuário, ao controle do superendividamento. 6.2 Tal proceder, sem nenhum respaldo legal, importaria numa infindável amortização negativa do débito, com o aumento mensal e exponencial do saldo devedor, sem que haja a devida conscientização do devedor a respeito do dito 'crédito responsável', o qual, sob a vertente do mutuário, consiste na não assunção de compromisso acima de sua capacidade financeira, sem que haja o comprometimento de seu mínimo existencial. Além disso, a generalização da medida – sem conferir ao credor a possibilidade de renegociar o débito, encontrando-se ausente uma política pública séria de 'crédito responsável', em que as instituições financeiras, por outro lado, também não estimulem o endividamento imprudente – redundaria na restrição e no encarecimento do crédito, como efeito colateral. 6.3 A prevenção e o combate ao superendividamento, com vistas à preservação do mínimo existencial do mutuário, não se dão por meio de uma indevida intervenção judicial nos contratos, em substituição ao legislador. A esse relevante propósito, sobreveio – na seara adequada, portanto – a Lei n. 14.181/2021, que alterou disposições do Código de Defesa do Consumidor, para 'aperfeiçoar a disciplina do crédito ao consumidor e dispor sobre a prevenção e o tratamento do superendividamento. 7. Ratificação da uníssona jurisprudência formada no âmbito das Turmas de Direito Privado do Superior Tribunal de Justiça, explicitada por esta Segunda Seção por ocasião do julgamento do REsp 1.555.722/

Na hipótese de outorga de crédito para aquisição de bens e/ou serviços, o contrato que contenha esse objeto denomina-se comumente financiamento, pelo qual a instituição financeira, por via de regra, repassa a outro fornecedor os fundos necessários ao adimplemento do contrato estabelecido pelo consumidor. No caso, trata-se de contratos coligados, destinados à possibilidade de aquisição mediante outorga de crédito. Adotarão, no mais das vezes, garantias de pagamento pelo devedor por meio da reserva de domínio do bem, sob a modalidade de alienação fiduciária e do *leasing* imperfeito (pelo qual a locação característica do *leasing* desnatura-se em compra e venda parcelada). Assim, na alienação fiduciária, há transferência de domínio resolúvel e a posse indireta da coisa móvel alienada, conforme estabelecia o artigo 66 da Lei 4.728/1965, com a redação que lhe foi conferida pelo Decreto-lei 911/1969. Atualmente, o artigo 1.361 do Código Civil define propriedade fiduciária como "propriedade resolúvel de coisa móvel infungível que o devedor, com escopo de garantia, transfere ao credor". Nesse caso, a existência de uma maior garantia do fornecedor para a cobrança de dívida do consumidor, assegurando o domínio e posse mediata do bem adquirido, admitirá a possibilidade de busca e apreensão da coisa na hipótese de inadimplemento.[740] Contudo, não mais cabe a equiparação legal, feita especialmente pelo Decreto-lei 911/1969, do possuidor direto do bem, devedor do contrato de alienação fiduciária, equiparado a depositário, e, nesse sentido, permitindo a prisão do devedor inadimplente quando depositário infiel. De um lado, pela revogação expressa, pela Lei 10.931/2004, da disposição do seu artigo 1º que, ao dispor a definição da alienação fiduciária, indicava o cabimento de sanções penais na hipótese de descumprimento dos deveres inerentes ao depósito. Do mesmo modo, de acordo com a jurisprudência do STF, que editou a Súmula Vinculante 25 – "É ilícita a prisão civil de depositário infiel, qualquer que seja a modalidade do depósito" –, que consolida o novo entendimento do Tribunal, reconhecendo o caráter supralegal dos tratados internacionais de direitos humanos (no caso, da Convenção Americana dos Direitos Humanos – Pacto de San José) e consequente inconstitucionalidade das normas legais que indicam a equiparação e a possibilidade de prisão.[741]

No que se refere ao contrato de *leasing*, que originalmente deu causa à polêmica sobre sua natureza como contrato de consumo ou natureza mercantil (em face, espe-

---

SP. 8. Tese Repetitiva: São lícitos os descontos de parcelas de empréstimos bancários comuns em conta-corrente, ainda que utilizada para recebimento de salários, desde que previamente autorizados pelo mutuário e enquanto esta autorização perdurar, não sendo aplicável, por analogia, a limitação prevista no § 1º do art. 1º da Lei n. 10.820/2003, que disciplina os empréstimos consignados em folha de pagamento. 9. Recurso especial da instituição financeira provido; e prejudicado o recurso especial da demandante" (STJ, REsp 1.863.973/SP, 2ª Seção, Rel. Min. Marco Aurélio Bellizze, j. 09.03.2022, *DJe* 15.03.2022).

[740] Destaque-se, todavia que, conforme entendimento do STJ, "no contrato de arrendamento mercantil (*leasing*), ainda que haja cláusula resolutiva expressa, é necessária a notificação prévia do arrendatário para constituí-lo em mora" (Súmula 369).

[741] Nesse sentido, o *leading case* do STF: "Prisão civil. Depósito. Depositário infiel. Alienação fiduciária. Decretação da medida coercitiva. Inadmissibilidade absoluta. Insubsistência da previsão constitucional e das normas subalternas. Interpretação do artigo 5º, inc. LXVII e §§ 1º, 2º e 3º, da CF, à luz do artigo 7º, § 7, da Convenção Americana de Direitos Humanos (Pacto de San José da Costa Rica). Recurso improvido. Julgamento conjunto do RE n. 349.703 e dos HCs n. 87.585 e n. 92.566. É ilícita a prisão civil de depositário infiel, qualquer que seja a modalidade do depósito" (STF, RE 466.343, Rel. Min. Cezar Peluso, j. 03.12.2008, *DJe* 05.06.2009).

cialmente, de sua regulamentação em direito brasileiro sob a denominação de contrato de arrendamento mercantil), ele se tornou, no Brasil, espécie de contrato de consumo, em que pessoas naturais, destinatárias finais de produtos ou serviços, nominalmente arrendam produtos para sua utilização direta (transmite-se posse), mediante pagamento de remuneração periódica ao arrendante (em geral, instituição financeira), mas que se desnatura em contrato de aquisição do bem (compra e venda de consumo), na medida em que se faculta ao arrendatário o pagamento ao início ou ao final do contrato de valor residual, visando à aquisição da propriedade do bem. O contrato de arrendamento mercantil pode prever ou não a opção de compra, pelo arrendatário, do bem de propriedade do arrendador. Note-se que, nesse particular, o próprio STJ decidiu originalmente em sua Súmula 263 considerar que "a cobrança antecipada do valor residual (VRG) descaracteriza o contrato de arrendamento mercantil, transformando-o em compra e venda a prestação". Contudo, a partir da decisão dos Embargos de Divergência ao Recurso Especial 213.828[742] e, em seguida, dos Recursos Especiais 443.143/GO e 470.632/SP, o STJ decidiu pelo cancelamento da Súmula 263 e revisão de seu entendimento anterior, considerando que eventual antecipação da opção do pagamento do valor residual não é suficiente para descaracterizar o *leasing*, transformando-o em compra e venda, especialmente em face dos efeitos tributários dessa distinção. Em 2016, o STJ editou a Súmula 564, que refere que: "No caso de reintegração de posse em arrendamento mercantil financeiro, quando a soma da importância antecipada a título de valor residual garantido (VRG) com o valor da venda do bem ultrapassar o total do VRG previsto contratualmente, o arrendatário terá direito de receber a respectiva diferença, cabendo, porém, se estipulado no contrato, o prévio desconto de outras despesas ou encargos pactuados".

No tocante à revisão dos contratos de *leasing* celebrados em dólar, aliás, é que se decidiu questão relativa à possibilidade de revisão do contrato por fato superveniente que torne a prestação do consumidor excessivamente onerosa. No caso, a maxidesvalorização da moeda brasileira em relação ao dólar deu causa a que os contratos que estivessem indexados à moeda norte-americana tivessem sua prestação devida pelos consumidores significativamente elevada, de modo a caracterizar onerosidade excessiva. Daí, ao estabelecer as ações revisionais do contrato de *leasing* indexados ao dólar, veio a decidir o STJ pela procedência do pedido revisional, sem necessidade de recurso à teoria da imprevisão, mas fundando-se no artigo 6º, V, do CDC, que prevê o direito do consumidor ao equilíbrio econômico das prestações em relação a riscos do mercado, pela aplicação da teoria da quebra da base objetiva do negócio jurídico.[743]

---

[742] "Arrendamento mercantil. *Leasing*. Antecipação do pagamento do valor residual garantido. Descaracterização da natureza contratual para compra e venda à prestação. Lei 6.099/74, artigo 11, § 1º. Não ocorrência. Afastamento da Súmula 263/STJ [súmula cancelada (*DJU* 25.09.2003)]. 1. O pagamento adiantado do Valor Residual Garantido – VRG não implica necessariamente antecipação da opção de compra, posto subsistirem as opções de devolução do bem ou prorrogação do contrato. Pelo que não descaracteriza o contrato de *leasing* para compra e venda à prestação. 2. Como as normas de regência não proíbem a antecipação do pagamento da VRG que, inclusive, pode ser de efetivo interesse do arrendatário, deve prevalecer o princípio da livre convenção entre as partes. 3. Afastamento da aplicação da Súmula 263/STJ. 4. Embargos de divergência acolhidos" (STJ, EREsp 213.828/RS, Corte Especial, Rel. Min. Milton Luiz Pereira, Rel. p/ Ac. Min. Edson Vidigal, j. 07.05.2003, *DJ* 29.09.2003).

[743] "Revisão de contrato – Arrendamento mercantil (*leasing*) – Valor residual – Descaracterização. Relação de consumo. Taxa de juros – Fundamento inatacado – Indexação em moeda estrangeira (dólar norte-

2.5.3.3.3 Contratos de conta-corrente e depósito

Conta-corrente e depósito podem ser vislumbrados tanto como um mesmo contrato com prestações múltiplas quanto como contratos distintos. *Depósito bancário* consiste no contrato cuja prestação principal envolve a custódia e a guarda de dinheiro pelo banco. *Conta-corrente* é o contrato cuja prestação principal é a de criar em favor do correntista conta contábil em que se registram lançamentos de créditos e débitos conforme recursos depositados, sacados ou transferidos de outra conta, pelo próprio correntista ou por terceiros, nos termos do contrato.[744] No caso do depósito bancário, incide regra do artigo 645 do CC/2002, relativamente ao depósito de coisas fungíveis. Eis a regra: "O depósito de coisas fungíveis, em que o depositário se obrigue a restituir objetos do mesmo gênero, qualidade e quantidade, regular-se-á pelo disposto acerca do mútuo". Isso justifica argumento doutrinário de que, em relação ao depósito bancário, são devidos juros.[745] No entanto, argumento contrário sustenta a necessidade de disponibilidade do dinheiro captado, razão pela qual o dever de guarda não subjaz o de remuneração. Ao contrário, sendo depósito em conta-corrente, a legislação de regência sustenta inclusive remuneração em favor da instituição bancária, por intermédio de tarifa pela manutenção da conta. Nada impede, todavia, a existência de conta de poupança específica (poupança corrente), com o contrato de conta-corrente, no qual parte dos recursos disponíveis e não utilizados é direcionada para a conta poupança e, nesse caso, remunerada na forma do contrato.

-americano) – Crise cambial de janeiro de 1999 – Plano real. Aplicabilidade do artigo 6º, inciso V, do CDC – Onerosidade excessiva caracterizada. Boa-fé objetiva do consumidor e direito de informação. Necessidade de prova da captação de recurso financeiro proveniente do exterior. A cobrança antecipada do valor residual implica a descaracterização do contrato de arrendamento mercantil. Aplicam-se as disposições do CDC aos contratos de arrendamento mercantil. É inadmissível o recurso especial, quando a decisão recorrida assenta em mais de um fundamento suficiente e o recurso não abrange todos eles. Descaracterizado o contrato de arrendamento mercantil, não se aplica a autorização excepcional prevista no artigo 6º da Lei n. 8.880/94, e indevido se mostra o reajuste das prestações pela variação cambial de moeda estrangeira. O preceito insculpido no inciso V do artigo 6º do CDC dispensa a prova do caráter imprevisível do fato superveniente, bastando a demonstração objetiva da excessiva onerosidade advinda para o consumidor. A desvalorização da moeda nacional frente à moeda estrangeira que serviu de parâmetro ao reajuste contratual, por ocasião da crise cambial de janeiro de 1999, apresentou grau expressivo de oscilação, a ponto de caracterizar a onerosidade excessiva que impede o devedor de solver as obrigações pactuadas. A equação econômico-financeira deixa de ser respeitada quando o valor da parcela mensal sofre um reajuste que não é acompanhado pela correspondente valorização do bem da vida no mercado, havendo quebra da paridade contratual, à medida que apenas a instituição financeira está assegurada quanto aos riscos da variação cambial, pela prestação do consumidor indexada em dólar norte-americano. É ilegal a transferência de risco da atividade financeira, no mercado de capitais, próprio das instituições de crédito, ao consumidor, ainda mais que não observado o seu direito de informação (artigos 6º, III, 31, 51, XV, 52, 54, § 3º, do CDC). Incumbe à arrendadora desincumbir-se do ônus da prova de captação específica de recursos provenientes de empréstimo em moeda estrangeira, quando impugnada a validade da cláusula de correção pela variação cambial. Esta prova deve acompanhar a contestação (artigos 297 e 396 do CPC), uma vez que os negócios jurídicos entre a instituição financeira e o banco estrangeiro são alheios ao consumidor, que não possui meios de averiguar as operações mercantis daquela, sob pena de violar o artigo 6º da Lei n. 8.880/94" (STJ, REsp 361.694/RS, 3ª Turma, Rel. Min. Nancy Andrighi, j. 26.02.2002, *DJ* 25.03.2002).

[744] PONTES DE MIRANDA, Francisco Cavalcanti. *Tratado de direito privado*. Parte especial. Direito das obrigações. Negócios bancários e de bolsa. Atualizador Bruno Miragem. São Paulo: Ed. RT, 2012. t. LII, p. 51.

[745] RIZZARDO, Arnaldo. *Contratos de crédito bancário*. 8. ed. São Paulo: Ed. RT, 2009. p. 32-33.

CURSO DE DIREITO DO CONSUMIDOR – *Bruno Miragem*

Por sua vez, o contrato de conta-corrente pressupõe a existência de depósito. Os recursos financeiros ingressam em conta-corrente em consequência do depósito. No entanto, embora se tenha pelo depósito o dever de guarda do dinheiro depositado, outros serviços se agregam a este, desde as obrigações de pagamento do banco na hipótese de saque dos valores sob sua guarda, cobranças, bem como o registro de todas as operações de débito e crédito.

Segundo Claudia Lima Marques, o contrato de conta-corrente hoje é "um contrato complexo, de depósito e múltiplos serviços, uns essenciais e intrínsecos à sua natureza, outros acessórios ao prestar principal de administrar as quantias, outros conexos e voluntários". E prossegue a jurista afirmando que "caracteriza-se, pois, como uma relação múltipla e complexa de serviços, com um depósito básico, um plexo de serviços de escrituração e caixa e caixas específicos e um objetivo claro: de possibilitar a inserção da pessoa-depositante no mundo financeiro e bancário atual".[746] Conforme ensina Pontes de Miranda, discute-se se o contrato de conta-corrente bancária é contrato único, ou se nele há, ligados entre si, dois ou mais contratos. Nesse sentido, observa que pouco importa haver prestações ou motivos distintos, uma vez que a causa é única.[747]

Da mesma forma, pode estar conexa ao contrato de conta-corrente e depósito a abertura de crédito, consistente na disponibilização de limite de débito ("cheque especial" ou "cheque garantido"), além da suficiência de fundos da conta. Não é contrato autônomo, mas prestação secundária assegurando a disponibilização de recursos até certo limite, para satisfazer obrigação do correntista diante de saque em sua conta.[748] A causa do contrato, aqui, continua sendo o registro de movimentação e custódia dos recursos existentes (conta-corrente e depósito). Sob condição de insuficiência de recursos, torna-se eficaz o dever do banco de cobrir o saldo negativo, conforme contratado com o consumidor. Mantêm-se, contudo, nesse caso, os deveres de informação do consumidor relativamente à prestação contratual do banco, sua extensão e seu custo (acerca do limite de desembolso do banco, os juros cobrados como remuneração, o prazo de pagamento, se houver, entre outras informações relevantes).

Se reconhecidamente de enorme importância nos contratos de consumo em geral, e nos contratos bancários em particular, quando se trata da conta-corrente, o dever de informar do fornecedor instituição bancária reveste-se de caráter fundamental. É aspecto inerente ao contrato o dever de informar do fornecedor sobre as movimentações lançadas em conta-corrente (débitos e créditos), como condição de acompanhamento de sua suficiência financeira e, mais do que isso, da correta execução do contrato pela instituição bancária. Atualmente, as instituições bancárias oferecem conjuntos de serviços bancários agregados à conta-corrente remunerados integralmente por tarifas, que envolvem certo

---

[746] MARQUES, Claudia Lima. *Contratos no Código de Defesa do Consumidor*. 4. ed. São Paulo: Ed. RT, 2003. p. 447-448.

[747] PONTES DE MIRANDA, Francisco Cavalcanti. *Tratado de direito privado*. Parte especial. Direito das obrigações. Negócios bancários e de bolsa. Atualizador Bruno Miragem. São Paulo: Ed. RT, 2012. t. LII, p. 49.

[748] PONTES DE MIRANDA, Francisco Cavalcanti. *Tratado de direito privado*. Parte especial. Direito das obrigações. Negócios bancários e de bolsa. Atualizador Bruno Miragem. São Paulo: Ed. RT, 2012. t. LII, p. 51.

Parte II · Cap. 2 · A PROTEÇÃO CONTRATUAL DO CONSUMIDOR | **495**

limite de utilidades relativamente à conta, a disponibilidade de cheques, acesso a certo número de extratos detalhados de movimentação da conta, entre outros.

O dever de guarda inerente aos depósitos em conta-corrente faz com que responda o banco por eventuais desvios de recursos de modo não autorizado pelo correntista, tanto por equívoco ou falha no sistema eletrônico da instituição bancária quanto por desvios praticados por terceiros em violação ao sistema do banco, seja por intermédio de fraudes, seja por desvios decorrentes da utilização de novos instrumentos de tecnologia, como a movimentação via internet,[749] terminais de autoatendimento ou outra forma de acesso à conta-corrente bancária. Tem a instituição bancária um dever de segurança de duplo fundamento, inerente ao dever de qualidade dos serviços que deve prestar ao consumidor, e decorrente das regras próprias do contrato de depósito. A violação desse dever dá causa à responsabilidade do fornecedor pelos danos causados, mesmo quando eventual desvio seja realizado por terceiros, em geral violando o sistema de proteção da instituição bancária.[750] Na precisa lição jurisprudencial, "cabe às administradoras, em parceria com o restante da cadeia de fornecedores do serviço (proprietárias das bandeiras, adquirentes e estabelecimentos comerciais), a verificação da idoneidade das compras realizadas com cartões magnéticos, utilizando-se de meios que dificultem ou impossibilitem fraudes e transações realizadas por estranhos em nome de seus clientes, independentemente de qualquer ato do consumidor, tenha ou não ocorrido roubo ou furto (...) A vulnerabilidade do sistema bancário, que admite operações totalmente atípicas em relação ao padrão de consumo dos consumidores, viola o dever de segurança que cabe às instituições financeiras e, por conseguinte, incorre em falha da prestação de serviço".[751]

---

[749] TJRS, ApCiv 70.025.947.854, 17ª Câm. Civ., j. 26.03.2009, Rel. Luiz Renato Alves da Silva, j. 26.03.2009.

[750] TJRS, Recurso Cível 71.001.914.258, 1ª Turma Recursal Cível, Rel. Ricardo Torres Hermann, j. 23.04.2009.

[751] "Processual civil. Recurso especial. Ação declaratória de inexigibilidade de débito. Consumidor. Golpe do *motoboy*. Responsabilidade civil. Uso de cartão e senha. Dever de segurança. Falha na prestação de serviço (...) 3. O propósito recursal consiste em perquirir se existe falha na prestação do serviço bancário quando o correntista é vítima do golpe do motoboy. 4. Ainda que produtos e serviços possam oferecer riscos, estes não podem ser excessivos ou potencializados por falhas na atividade econômica desenvolvida pelo fornecedor. 5. Se as transações contestadas forem feitas com o cartão original e mediante uso de senha pessoal do correntista, passa a ser do consumidor a incumbência de comprovar que a instituição financeira agiu com negligência, imprudência ou imperícia ao efetivar a entrega de numerário a terceiros. Precedentes. 6. A jurisprudência deste STJ consigna que o fato de as compras terem sido realizadas no lapso existente entre o furto e a comunicação ao banco não afasta a responsabilidade da instituição financeira. Precedentes. 7. Cabe às administradoras, em parceria com o restante da cadeia de fornecedores do serviço (proprietárias das bandeiras, adquirentes e estabelecimentos comerciais), a verificação da idoneidade das compras realizadas com cartões magnéticos, utilizando-se de meios que dificultem ou impossibilitem fraudes e transações realizadas por estranhos em nome de seus clientes, independentemente de qualquer ato do consumidor, tenha ou não ocorrido roubo ou furto. Precedentes. 8. A vulnerabilidade do sistema bancário, que admite operações totalmente atípicas em relação ao padrão de consumo dos consumidores, viola o dever de segurança que cabe às instituições financeiras e, por conseguinte, incorre em falha da prestação de serviço. 9. Para a ocorrência do evento danoso, isto é, o êxito do estelionato, necessária concorrência de causas: (i) por parte do consumidor, ao fornecer o cartão magnético e a senha pessoal ao estelionatário, bem como (ii) por parte do banco, ao violar o seu dever de segurança por não criar mecanismos que obstem transações bancárias com aparência de ilegalidade por destoarem do perfil de compra do consumidor. 10. Na hipótese, contudo, verifica-se que o consumidor é pessoa idosa, razão pela qual a imputação de responsabilidade há de ser feita sob as luzes do Estatuto do Idoso e da Convenção Interamericana sobre a Proteção dos Direitos Humanos dos Idosos, sempre

Da mesma forma, responde a instituição bancária pela abertura de conta-corrente em nome de terceiro, mediante a apresentação de documentos falsos pelo cliente.[752]

Todos estes casos inserem-se no conceito de fortuito interno, como eventos que integram o risco negocial do banco e, portanto, sobre eles não pode se afastar sua responsabilidade. Esse entendimento foi sufragado pela jurisprudência do STJ por intermédio da Súmula 479, que estabelece: "As instituições financeiras respondem objetivamente pelos danos gerados por fortuito interno relativo a fraudes e delitos praticados por terceiros no âmbito de operações bancárias".[753]

Eventuais inconformidades do consumidor-correntista com os lançamentos realizados pelo banco podem ser esclarecidas por intermédio de ação de prestação de contas (Súmula 259 do STJ), a qual não se submete, contudo, ao prazo do artigo 26 do CDC, uma vez que não se caracteriza vício do produto ou do serviço (Súmula 477 do STJ), regulando-se o prazo da sua interposição pelo Código Civil.

2.5.3.3.4 Contratos de cartão de crédito

O contrato de cartão de crédito, embora, como sua própria denominação indica, tenha por objeto a disponibilidade de crédito ao consumidor para aquisição de produtos e serviços no mercado, merece exame apartado em face de certas peculiaridades, seja do modo de financiamento, ou mesmo no tocante ao conteúdo do contrato. Trata-se de meio de pagamento direto pelo consumidor, mediante o uso de cartão físico (cartão plástico), ou registro eletrônico, em que a administradora de cartão de crédito compromete-se ao pagamento da obrigação assumida pelo consumidor que utiliza o cartão perante seu credor, o qual, por sua vez, tem vínculo contratual com a administradora, comprometendo-se a aceitar aquele meio de pagamento na realização dos seus negócios. Trata-se de um serviço de intermediação da contratação entre um consumidor e um integrante de rede de fornecedores, no qual, mediante apresentação do cartão e registro da operação pelo fornecedor, a administradora obriga-se a satisfazer a dívida contraída pelo usuário do cartão, contra quem emite fatura mensal com a cobrança dos valores da operação e respectiva remuneração pelo serviço, em geral exigida sob a forma de anuidade (contribuição anual,

---

considerando a sua peculiar situação de consumidor hipervulnerável. 11. Recurso especial provido" (STJ, REsp 1.995.458/SP, 3ª Turma, Rel. Min. Nancy Andrighi, j. 09.08.2022, *DJe* 18.08.2022).

[752] "Danos morais. Inscrição do nome do correntista em cadastro de proteção ao crédito em virtude de abertura de conta-corrente, por estelionatário, com uso de documentos falsos e emissão de cheque sem fundos. Nexo de causalidade verificado na instância de origem. Impossibilidade de reexame nesta corte. Súmula STJ/07. *Quantum* indenizatório fixado com razoabilidade e proporcionalidade. Revisão obstada neste tribunal superior. Agravo regimental improvido. I – Reconhecendo o Tribunal de origem o nexo de causalidade entre a conduta do Recorrente e o resultado lesivo sofrido pelo Recorrido, a exclusão da responsabilidade civil necessitaria de incursão no conjunto probatório processual, o que é vedado em sede de Recurso Especial, ante a Súmula STJ/07. II – Não se vislumbra *in casu*, abusividade na quantia final fixada pelo Acórdão de origem (R$ 15.000,00) a título de indenização por danos morais, motivo pelo qual não enseja revisão desta Corte. Agravo regimental improvido" (STJ, AgRg no Ag 1.189.673/ SP, 3ª Turma, j. 27.10.2009, Rel. Min. Sidnei Beneti, *DJe* 06.11.2009).

[753] Sobre o tema, veja-se: MIRAGEM, Bruno. Responsabilidade objetiva dos bancos por danos aos consumidores causados por fraude ou crime de terceiros: risco do empreendimento, conexão da atividade do fornecedor e fortuito interno – Comentários ao REsp 1.197.929/PR. *Revista de Direito do Consumidor*, São Paulo, v. 81, p. 405-438, jan./mar. 2012.

a qual pode ser normalmente parcelada, ou mesmo diminuída, conforme a intensidade da utilização). Note-se que a administradora do cartão de crédito tem sua prestação de serviços remunerada pelos dois sujeitos da operação que intermedeia. De parte do consumidor, será remunerada pela anuidade, que pode ser paga em parcelas, reduzida de modo proporcional à utilização, ou mesmo isenta. No caso da rede de estabelecimentos empresariais que aceitam o cartão como meio de pagamento, serão vinculados à administradora de cartão de crédito mediante contrato que prevê espécie de credenciamento, cujas obrigações incluem o dever de aceitação dos cartões como meio de pagamento por parte dos credenciados, e a obrigação da administradora de cartões de crédito de realizar o pagamento das operações registradas de uso do cartão pelo consumidor nos estabelecimentos credenciados. Remunera-se a administradora de cartão de crédito, nesse caso, pelo desconto percentual do valor da operação registrada pelo operador, em contrapartida à disponibilização do serviço prestado pela administradora.

O cartão de crédito pode tanto ser emitido exclusivamente com a finalidade de intermediar operações negociais com terceiros quanto convergir, em um mesmo cartão plástico, a habilitação para realização de operações de crédito e débito (cartão múltiplo).[754] O objeto do contrato de cartão de crédito comporta as seguintes prestações: a) intermediação de pagamento à vista pelo consumidor em relação à operação efetuada em estabelecimento pertencente a uma rede credenciada; b) cobertura dos valores utilizados para aquisição de produtos ou serviços em estabelecimento pertencente à rede credenciada (operação de crédito); c) outorga de crédito ao consumidor relativamente aos pagamentos realizados aos estabelecimentos pertencentes à rede credenciada, mediante financiamento da dívida, nos termos ajustados entre a administradora de cartão de crédito e o consumidor; e d) outorga de crédito direto ao consumidor mediante direito de saque de dinheiro, com uso do cartão de crédito em terminais automáticos ou rede credenciada (crédito rotativo). Neste último caso, o consumidor pagará à administradora de cartão de crédito juros contados do dia do saque até a data de vencimento da fatura em que esteja lançada a operação.

As administradoras de cartão de crédito operam de modo a se utilizarem de marcas identificadoras de redes credenciadas (Mastercard, Visa, American Express, p. ex.), podendo contar para a emissão dos cartões com a participação de outras instituições bancárias ou financeiras que oferecem o serviço a seus clientes de modo isolado, ou como utilidade a mais do contrato de conta-corrente e depósito ou de contrato específico havido com aquela instituição. Segundo precedente do STJ, as empresas que exploram a marca do cartão são responsáveis solidariamente pelas falhas no serviço, mediante aplicação do artigo 14 do

---

[754] Ainda há de falar em cartões pré-pagos, no qual o portador tem a opção de entregar antecipadamente ao emissor o valor que será armazenado no cartão, para posterior utilização, cartões de loja (*private label*), com funções semelhantes ao cartão de crédito, porém, cuja utilização é restrita a determinados estabelecimentos comerciais normalmente indicados no cartão; cartões híbridos, que agregam a funcionalidade de cartão de crédito e cartões de loja, como meio de pagamento emitido com determinado estabelecimento comercial; e o cartão corporativo, emitido em face de contrato com pessoa jurídica com funcionalidades variadas (crédito, débito ou múltiplo), em que a responsabilidade pelo pagamento será ajustada em contrato como encargo da pessoa jurídica contratante, ou da pessoa portadora do cartão. Em todos esses casos, contudo, serão considerados cartões de crédito conforme tenham a aptidão de realizar operações de crédito e financiamento do consumidor.

CDC.[755] No caso do contrato de cartão de crédito, o fornecedor será a administradora de cartões de crédito, qualificada como espécie de instituição financeira, que pode atuar coligada a uma instituição bancária, na emissão dos cartões para uso dos consumidores.

Normalmente, o contrato de cartão de crédito tem prazo de vigência determinado, caracterizado popularmente como período de "validade" do contrato, porém, a rigor, período em que o contrato produz seus efeitos, admitindo-se a utilização do cartão e a respectiva fruição do prazo de pagamento da dívida com a administradora de cartão de crédito. A administradora do cartão de crédito tem o dever de informar sobre o prazo e os juros a serem cobrados em face da outorga de crédito ao consumidor, o prazo de pagamento e os encargos de financiamento e de eventual inadimplência, bem como da anuidade cobrada pela prestação de serviços de crédito e outros custos eventualmente previstos para execução do contrato. Da mesma forma, é estabelecido, e deve ser informado ao consumidor, o limite de valor para as operações a serem realizadas pelo consumidor (limite do cartão). Trata-se de dever de informar exigível da administradora tanto na oferta quanto no curso da execução do contrato, hipótese em que esta pode ser constrangida a informar por intermédio da ação de prestação de contas.[756]

O consumidor do contrato de cartão de crédito terá direito a utilizar o cartão como meio de pagamento em qualquer estabelecimento credenciado pela operadora e pela administradora do cartão de crédito, devendo pagar valor idêntico ao da operação realizada no termo de vencimento da fatura mensal, ou providenciar seu refinanciamento, mediante

---

[755] "Consumidor. Recurso especial. Ação de compensação por danos morais. Embargos de declaração. Omissão, contradição ou obscuridade. Não ocorrência. Recusa indevida de pagamento com cartão de crédito. Responsabilidade solidária. 'Bandeira'/marca do cartão de crédito. Legitimidade passiva. Reexame de fatos e provas. Incidência da Súmula 7/STJ. Ausentes os vícios do artigo 535 do CPC, rejeitam-se os embargos de declaração. O artigo 14 do CDC estabelece regra de responsabilidade solidária entre os fornecedores de uma mesma cadeia de serviços, razão pela qual as 'bandeiras'/marcas de cartão de crédito respondem solidariamente com os bancos e as administradoras de cartão de crédito pelos danos decorrentes da má prestação de serviços. É inadmissível o reexame de fatos e provas em recurso especial. A alteração do valor fixado a título de compensação por danos morais somente é possível, em recurso especial, nas hipóteses em que a quantia estipulada pelo Tribunal de origem revela-se irrisória ou exagerada. Recurso especial não provido" (STJ, REsp 1.029.454/RJ, 3ª Turma, Rel. Min. Nancy Andrighi, j. 1º.10.2009, *DJe* 19.10.2009). Em sentido diverso, quando se trate de vício do serviço (art. 20 do CDC), precedente do STJ não estende a responsabilidade da administradora por vício do serviço no caso de filha do titular do cartão que se vê impedida de utilizá-lo no exterior, sem notificação do fornecedor: STJ, REsp 1.967.728/SP, 3ª Turma, Rel. Min. Nancy Andrighi, j. 22.03.2022, *DJe* 25.03.2022.

[756] "Processual civil. Agravo regimental no agravo de instrumento. Violação do artigo 535 do CPC. Não configuração. Ação de prestação de contas – administradora de cartão de crédito. Encargos cobrados. Possibilidade. 1. Quando o Tribunal de origem, ainda que sucintamente, pronuncia-se de forma clara e suficiente sobre a questão posta nos autos, não há ofensa ao artigo 535 do CPC. Ademais, o magistrado não está obrigado a rebater um a um os argumentos trazidos pela parte. 2. O titular de cartão de crédito, independentemente do recebimento das faturas mensais, pode acionar judicialmente a administradora de cartão de crédito a fim de receber a prestação de contas dos encargos que lhe são cobrados. 3. Agravo regimental desprovido" (AgRg no Ag 1.016.178/RS, 4ª Turma, Rel. Min. João Otávio de Noronha, j. 18.09.2008, *DJe* 13.10.2008). Indicando a legitimidade passiva da administradora: "Recurso especial. Cartão de crédito. Prestação de contas. Legitimidade. Administradora. 1. O banco que oferece cartão de crédito aos seus clientes não tem legitimidade passiva em ação de prestação de contas movida por usuário de cartão de crédito. 2. A legitimidade, em tais casos, é exclusiva da administradora, mandatária do titular do cartão" (STJ, REsp 976.447/RS, 3ª Turma, Rel. Min. Humberto Gomes de Barros, j. 17.03.2008, *DJe* 13.05.2008).

Parte II · Cap. 2 · A PROTEÇÃO CONTRATUAL DO CONSUMIDOR | **499**

pagamento de valor menor do que o total da fatura. Nesse caso, o valor restante, não pago pelo consumidor, será objeto de financiamento pela administradora de cartão de crédito, que por ele será remunerada por juros. Note-se que, de acordo com a jurisprudência do STJ, não é abusiva a cláusula do contrato que impõe bloqueio temporário do seu uso na hipótese de inadimplemento do consumidor.[757] Esse pagamento de juros não é devido, todavia, quando o parcelamento se dá diretamente entre o consumidor e o estabelecimento credenciado, hipótese em que o lançamento dos débitos do consumidor para cobrança pela administradora de cartão de crédito será feito de modo periódico, conforme ajustado entre o titular do cartão e o estabelecimento comercial.

A celebração do contrato de cartão de crédito pressupõe o consentimento do consumidor. Nesse sentido, é considerada prática abusiva o envio não solicitado de cartão de crédito via correio, diretamente à residência do consumidor. O registro de eventual débito decorrente desse cartão enviado sem solicitação, bem como consequente cobrança de valores, será indevido, gerando direito à indenização do consumidor.[758] Da mesma forma, é abusiva, pois caracterizadora de venda casada, a inclusão de valor de prêmio relativo a seguro para perda ou roubo do cartão de crédito, o qual só pode ser exigido na hipótese de concordância prévia e expressa do consumidor. Eventual cobrança indevida de valores enseja devolução, nos termos do artigo 42 do CDC. Registre-se, igualmente, que a administradora de cartões responde pela inscrição do consumidor em cadastro de restrição ao crédito em face de débito não pago, que tenha sido efetuado mediante fraude praticada por terceiro.[759]

No que se refere ao controle de conteúdo dos contratos de cartão de crédito, especialmente dos juros cobrados pelo financiamento, polêmica houve no tocante à natureza jurídica das administradoras de cartão de crédito para fins de submissão ou não a limites de juros legais, ou ao regime do Banco Central. Originalmente, o próprio Banco Cen-

---

[757] "Direito civil e do consumidor. Ação de indenização. Danos morais. Cláusula que permite o bloqueio temporário de cartão de crédito por falta de pagamento. Abusividade e potestatividade. Inexistência. Observação, pela administradora, do tempo razoável para desbloqueio após a quitação do débito. 1. É válida a cláusula contratual que permite o bloqueio temporário do cartão de crédito após a verificação de descumprimento contratual pelo consumidor, pois não o coloca em situação de sujeição ao puro arbítrio da administradora (artigo 122 do CC), porquanto o bloqueio decorre do fato de o consumidor não cumprir com suas obrigações contratuais, sendo que, 'nos contratos bilaterais, nenhum dos contratantes, antes de cumprida a sua obrigação, pode exigir o implemento da do outro' (artigo 476 do CC/2002). 2. A liberação do uso do cartão no terceiro dia útil após o pagamento do débito, observa prazo razoável para compensação bancária do pagamento e repasse à Recorrente e dentro da previsão contratual, que é de 5 dias no caso (cláusula 16.4), de modo que não configurada abusividade por parte da administradora. Recurso Especial conhecido e provido, julgado improcedente a ação" (STJ, REsp 770.053/MA, 3ª Turma, Rel. Min. Sidnei Beneti, j. 03.11.2009, *DJe* 13.11.2009).

[758] TJRS, ApCiv 70.046.859.963, 9ª Câm. Civ., Rel. Marilene Bonzanini Bernardi, j. 03.02.2012.

[759] "Civil. Ação de indenização. Inscrição no SERASA, oriunda de débito de cartão de crédito obtido por terceiro mediante fraude. Responsabilidade da administradora. Dano moral. Prova do prejuízo. Desnecessidade. Valor do ressarcimento. Redução. I. A inscrição indevida do nome do autor em cadastro de inadimplentes, a par de dispensar a prova objetiva do dano moral, que se presume, é geradora de responsabilidade civil para a instituição financeira, desinfluente a circunstância de que o fornecimento do cartão de crédito ocorreu mediante fraude praticada por terceiro. II. Indenização que se reduz, todavia, para adequar-se à realidade da lesão, evitando enriquecimento sem causa. III. Recurso especial conhecido e parcialmente provido" (STJ, REsp 924.079/CE, 4ª Turma, Rel. Min. Aldir Passarinho Junior, j. 18.12.2007, *DJe* 10.03.2008).

500 | CURSO DE DIREITO DO CONSUMIDOR – *Bruno Miragem*

tral não considera as administradoras como instituições financeiras, o que deu ensejo à hipótese de aplicação da Lei de Usura na limitação dos juros cobrados, em especial em face da Circular 2.044/1991, que vedava às administradoras de cartão de crédito conceder financiamento direto aos usuários em relação à parcela não amortizada da fatura. Em 1992, essa vedação foi abrandada até ser finalmente revogada pela Resolução 2.551/1998, do Conselho Monetário Nacional. Entretanto, conforme pacificado pelo STJ com a Súmula 283, "as empresas administradoras de cartão de crédito são instituições financeiras e, por isso, os juros remuneratórios por elas cobrados não sofrem as limitações da Lei de Usura". Fundamenta o entendimento da Corte o disposto no artigo 17 da Lei 4.595, de 31 de dezembro de 1964, e artigo 1º da Lei Complementar 105/2001.[760] Sendo a emissão e a administração desses cartões realizadas por instituições financeiras, a atividade está sujeita à ação regulatória e fiscalizadora do Banco Central, e submetem-se aos mesmos limites relativamente ao conteúdo do contrato que se reconhecem aos contratos bancários em proteção do consumidor (vedação ao abuso).

A preocupação pelo endividamento de consumidores em razão do uso desmedido e das altas taxas de juros no financiamento das administradoras de cartão de crédito levou a que, nos Estados Unidos, em 2009, fosse aprovada e promulgada lei específica visando à promoção do crédito responsável,[761] o *Credit Card Accountability Responsibility and Disclosure Act* (*Credit Card Act*). Entre os principais aspectos estabelecidos na nova lei dos consumidores de cartão de crédito está a proteção em relação à fixação arbitrária de taxas de juros e da taxa de serviços (anuidade) pelo fornecedor do crédito, inclusive com dever de informar específico, com antecedência de 45 dias sobre eventual aumento dos juros contratados, bem como a repercussão em juros sobre o montante da dívida, na hipótese de pagamento mínimo da fatura; a "premiação" de consumidores pontuais por no mínimo seis meses consecutivos com redução de juros (em vista da redução do risco) (*Sections* 101-111 e 201-203). Da mesma forma, restringiu o oferecimento de cartões de crédito a jovens, estabelecendo a obrigação de os menores de 21 anos, para possuírem um cartão, terem como cocontratante outra pessoa capaz e determinando um controle mais rigoroso do *marketing* para estudantes universitários (*Sections* 301-303).

Refira-se ainda, em termos de dever de informação e prevenção ao endividamento de consumidores, que a legislação norte-americana previu a obrigatoriedade de indicação, na fatura enviada ao consumidor de advertência em relação ao pagamento mínimo, número de meses do pagamento, custo total com os juros, previsão de um canal de comunicação direto com o consumidor, entre outras obrigações.

No direito brasileiro, a Resolução 3.919/2010 do Conselho Monetário Nacional distinguiu as espécies de cartão de crédito (básico e diferenciado) e entre eles a abrangência

---

[760] "Cartão de crédito. A jurisprudência do Superior Tribunal de Justiça consolidou-se no sentido de que as administradoras de cartões de crédito são instituições financeiras em razão do disposto no artigo 17 da Lei n. 4.595, de 1964, e no artigo 1º da Lei Complementar n. 105, de 2001 (STJ – Súmula n. 283). Agravo regimental não provido" (STJ, AgRg nos EREsp 773.792/RS, 2ª Seção, Rel. Min. Ari Pargendler, j. 14.03.2007, *DJ* 16.04.2007).

[761] Veja-se, sobre o tema, o estudo de: LIMA, Clarissa Costa de. O cartão de crédito e o risco de superendividamento: uma análise da recente regulamentação da indústria de cartão de crédito no Brasil e nos Estados Unidos. *Revista de Direito do Consumidor*, São Paulo, v. 81, p. 239-259, jan./mar. 2012.

Parte II · Cap. 2 · A PROTEÇÃO CONTRATUAL DO CONSUMIDOR | 501

de sua utilização (nacional ou internacional), permitindo igualmente a diferenciação de tarifas e a associação dos serviços a benefícios e recompensas ofertados ao consumidor (assim, por exemplo, programas de milhagens aéreas). Da mesma forma, o artigo 13 da Resolução 3.919/2010 previu – inspirada pela legislação norte-americana – deveres mínimos de informação ao consumidor, que deverão constar na fatura ou demonstrativo mensal, a saber: "I – limite de crédito total e limites individuais para cada tipo de operação de crédito passível de contratação; II – gastos realizados com o cartão, por evento, inclusive quando parcelados; III – identificação das operações de crédito contratadas e respectivos valores; IV – valores relativos aos encargos cobrados, informados de forma segregada de acordo com os tipos de operações realizadas por meio do cartão; V – valor dos encargos a ser cobrado no mês seguinte no caso de o cliente optar pelo pagamento mínimo da fatura; e VI – Custo Efetivo Total (CET), para o próximo período, das operações de crédito passíveis de contratação".

No Brasil, o controle do *marketing* e do conteúdo dos contratos de cartão de crédito é objeto de regulamentação pelo CDC. A proteção do equilíbrio contratual bem como a repressão do fornecedor pelo excesso na publicidade são instrumentos importantes na promoção de uma cultura de crédito responsável e prevenção do superendividamento.

2.5.4 Contratos de planos de assistência e seguro de saúde

Outro contrato de consumo de grande importância social e econômica são os contratos de plano de saúde. Trata-se de contratos que apresentam características peculiares, na medida em que: a) revestem-se de grande importância social, dado o caráter vital da prestação principal do fornecedor; b) seu interesse útil revela-se na promoção e preservação da vida e da saúde do consumidor, vinculando-se por isso com a própria proteção da pessoa humana; c) durante a execução do contrato, em muitas situações percebe-se a vulnerabilidade agravada do consumidor, em vista de enfermidade e a necessidade da obtenção de meios para seu tratamento. Da mesma forma, o objeto dos serviços prestados pelo fornecedor vincula-se com o direito fundamental à saúde e à vida, os quais merecem, na comparação com direitos fundamentais normalmente em conflito nos contratos, tratamento preferencial. No caso dos serviços públicos de saúde, não se caracterizam como relações de consumo e, portanto, não há falar de aplicação do CDC. Aplica-se o CDC à prestação de serviços remunerados visando à proteção e promoção da saúde.[762] Assim, aliás, reconhece a firme jurisprudência do STJ, inclusive por intermédio da Súmula 608: "Aplica-se o Código de Defesa do Consumidor aos contratos de plano de saúde, salvo os administrados por entidades de autogestão".[763] É contrato. E aplica-se a tais contratos, ao mesmo tempo, a Lei 9.656/1998, que em seu artigo 1º, I, define seu âmbito de incidência mediante determinação do conceito de plano privado de assistência à saúde como "prestação continuada de serviços ou cobertura de custos assistenciais a preço pré ou pós-estabelecido, por prazo indeterminado, com a finalidade de garantir, sem limite financeiro, a assistência à saúde, pela faculdade de acesso e atendimento por profissionais

---

[762] DIREITO, Carlos Alberto Menezes. O consumidor e os planos de saúde. *Revista Forense*, Rio de Janeiro, v. 328, p. 312-316, out./dez. 1994.

[763] STJ, 2ª Seção, j. 11.04.2018, *DJe* 17.04.2018.

ou serviços de saúde, livremente escolhidos, integrantes ou não de rede credenciada, contratada ou referenciada, visando à assistência médica, hospitalar e odontológica, a ser paga integral ou parcialmente às expensas da operadora contratada, mediante reembolso ou pagamento direto ao prestador, por conta e ordem do consumidor".

A causa do contrato em questão diz respeito à oferta de segurança ao usuário dos serviços e a seus dependentes acerca de riscos relacionados com a saúde e a manutenção da vida. Nesse sentido, constitui elemento comum de contratos de planos e seguros--saúde o fato de ambas as modalidades envolverem serviços (de prestação médica ou de seguro) de trato sucessivo, ou seja, contratos de fazer de longa duração e que possuem uma grande importância social e individual. Embora com a mesma causa, todavia, o modo de realização da finalidade do contrato pode variar. Quando se constitui como empreendimento econômico específico,[764] submetido à devida autorização pela ANS, organiza-se sob a forma de plano de saúde, o qual se distingue pela organização de rede credenciada de profissionais médicos, hospitais e outros prestadores de serviços, bem como à remuneração da operadora de plano de saúde, que organiza a cadeia de fornecedores, mediante pagamento de mensalidade pelo usuário. Por outro lado, os seguros de saúde caracterizavam-se, originalmente, por oferecerem contrato de seguro, cuja estrutura contemplava exclusivamente o reembolso das despesas realizadas pelo usuário, mais os custos e a remuneração pelo serviço. Atualmente, admite-se que possa operar com rede referenciada de prestadores de serviço, sendo-lhe vedada, todavia, a manutenção de rede própria de profissionais e prestadores de serviço de saúde. Daí por que conclui a doutrina que o seguro-saúde se qualifica como plano privado de assistência à saúde no regime da Lei 9.656/1998,[765] embora se devam sempre ter em conta suas distinções estruturais.

O regime de proteção do consumidor em relação aos contratos de planos de saúde é dado pela aplicação convergente do Código de Defesa do Consumidor e da Lei 9.656/1998. Nesse sentido, estabelece o artigo 35-G desta última: "Aplicam-se subsidiariamente aos contratos entre usuários e operadoras de produtos de que tratam o inciso I e o § 1º do artigo 1º desta Lei as disposições da Lei n. 8.078, de 1990". Essa redação, como bem aponta a doutrina especializada, não parece ser dogmaticamente correta. Não há falar de aplicação *subsidiária*, senão *complementar* entre as duas leis. Em outros termos: O CDC não deve ser aplicado apenas quando a Lei 9.656/1998 não dispuser sobre o tema em específico,

---

[764] Lembre-se que são quatro os modelos organizacionais do setor de saúde suplementar, conforme refere Maria Stella Gregori: medicinas de grupo, seguradoras, cooperativas e autogestão (GREGORI, Maria Stella. Planos de saúde. *In*: GREGORI, Maria Stella. *A ótica da proteção do consumidor*. 3. ed. São Paulo: Ed. RT, 2011. p. 160). Sobre a incidência do CDC às entidades de autogestão, discute-se pelo prisma da ausência de oferta do serviço no mercado, organizando-se apenas para sua prestação a determinada categoria ou grupo, daí afastando-se a caracterização da relação de consumo. Sustentando a tese de não incidência no CDC nessa hipótese, veja-se: STJ, REsp 1.285.483/PB, 2ª Seção, Rel. Min. Luis Felipe Salomão, j. 22.06.2016, *DJe* 16.08.2016; igualmente: REsp 1.684.207/MT, 2ª Turma, Rel. Min. Herman Benjamin, j. 26.09.2017, *DJe* 10.10.2017. Em sentido contrário, contudo, há o reconhecimento de que se trata também de empreendimento econômico, e por isso deve a entidade que organiza a prestação de serviços submeter-se às regras do CDC. Nesse sentido: STJ, REsp 469.911/SP, 4ª Turma, Rel. Min. Aldir Passarinho Junior, j. 12.02.2008, *DJe* 10.03.2008; e REsp 1.392.560/PE, 3ª Turma, Rel. Min. João Otávio de Noronha, j. 09.08.2016, *DJe* 06.10.2016.

[765] GREGORI, Maria Stella. Planos de saúde. *In*: GREGORI, Maria Stella. *A ótica da proteção do consumidor*. 3. ed. São Paulo: Ed. RT, 2011. p. 164.

Parte II · Cap. 2 · A PROTEÇÃO CONTRATUAL DO CONSUMIDOR | **503**

senão que devem ambas as leis guardar coerência lógica, orientada pela finalidade de proteção do consumidor dos planos de assistência à saúde.[766]

A vigência da Lei 9.656/1998, especialmente o procedimento que prevê sobre a adaptação dos contratos anteriores em vista da garantia de irretroatividade da lei, terminou por estabelecer quatro regimes de proteção de contratos de planos de assistência à saúde: a) os celebrados sob a vigência da Lei 9.656/1998, submetidos integralmente às suas disposições e ao Código de Defesa do Consumidor; b) os anteriores à sua vigência, porém adaptados, mediante novo ajuste entre o consumidor e o fornecedor, nos limites definidos nos artigos 35 e 35-E da Lei; c) os anteriores à vigência da Lei 9.656/1998, aos quais não se aplicam suas disposições, mas que, porém, submetem-se, se posteriores à vigência do CDC, às disposições legais de proteção do consumidor aplicáveis aos contratos;[767] d) por fim, os contratos anteriores à vigência do CDC, sobre os quais se aplica a legislação geral sobre serviços do Código Civil e outras leis de direito privado. Isso se deve ao fato de a jurisprudência brasileira não reconhecer, com fundamento na garantia fundamental de irretroatividade da lei, a possibilidade de aplicação de lei nova – ainda que protetiva de direitos fundamentais – a contratos em curso ou a seus efeitos.[768] No caso da Lei 9.656/1998, sobretudo em face da garantia de irretroatividade da lei, decidiu o STF, por intermédio de medida cautelar na ADIn 1.931/DF, suspender as disposições da lei que remetiam sua aplicação a contratos existentes anteriormente a sua vigência.[769]

---

[766] SCHMITT, Cristiano Heineck; MARQUES, Claudia Lima. *Visões sobre os planos de saúde privada e o Código de Defesa do Consumidor*. In: MARQUES, Claudia Lima; SCHMITT, Cristiano Heineck; LOPES, José Reinaldo de Lima; PFEIFFER, Roberto Augusto (coord.). *Saúde e responsabilidade 2. A nova assistência privada à saúde*. São Paulo: Ed. RT, 2008. p. 138-147.

[767] STJ, AgRg no REsp 1.260.121/SP, 3ª Turma, Rel. Min. Paulo de Tarso Sanseverino, j. 27.11.2012, *DJe* 06.12.2012.

[768] Para entendimento divergente no direito comparado, veja-se: MARQUES, Claudia Lima. *Contratos no Código de Defesa do Consumidor*. 4. ed. São Paulo: Ed. RT, 2003. p. 562.

[769] "Ação direta de inconstitucionalidade. Lei ordinária 9.656/98. Planos de seguros privados de assistência à saúde. Medida provisória 1.730/98. Preliminar. Ilegitimidade ativa. Inexistência. Ação conhecida. Inconstitucionalidades formais e observância do devido processo legal. Ofensa ao direito adquirido e ao ato jurídico perfeito. 1. Propositura da ação. Legitimidade. Não depende de autorização específica dos filiados a propositura de ação direta de inconstitucionalidade. Preenchimento dos requisitos necessários. 2. Alegação genérica de existência de vício formal das normas impugnadas. Conhecimento. Impossibilidade. 3. Inconstitucionalidade formal quanto à autorização, ao funcionamento e ao órgão fiscalizador das empresas operadoras de planos de saúde. Alterações introduzidas pela última edição da Medida Provisória 1.908-18/99 [vide Medida Provisória 2.177--44/2001]. Modificação da natureza jurídica das empresas. Lei regulamentadora. Possibilidade. Observância do disposto no artigo 197 da Constituição Federal. 4. Prestação de serviço médico pela rede do SUS e instituições conveniadas, em virtude da impossibilidade de atendimento pela operadora de Plano de Saúde. Ressarcimento à Administração Pública mediante condições preestabelecidas em resoluções internas da Câmara de Saúde Complementar. Ofensa ao devido processo legal. Alegação improcedente. Norma programática pertinente à realização de políticas públicas. Conveniência da manutenção da vigência da norma impugnada. 5. Violação ao direito adquirido e ao ato jurídico perfeito. Pedido de inconstitucionalidade do artigo 35, *caput* e §§ 1º e 2º, da Medida Provisória 1.730-7/98 [vide Medida Provisória 2.177-44/2001]. Ação não conhecida tendo em vista as substanciais alterações neles promovida pela medida provisória superveniente. 6. Artigo 35-G, *caput*, incisos I a IV, parágrafos 1º, incisos I a V, e 2º, com a nova versão dada pela Medida Provisória 1.908-18/99. Incidência da norma sobre cláusulas contratuais preexistentes, firmadas sob a égide do regime legal anterior. Ofensa aos princípios do direito adquirido e do ato jurídico perfeito. Ação conhecida, para suspender-lhes a eficácia até decisão final da ação. 7. Medida cautelar deferida, em parte, no que tange à suscitada violação ao artigo 5º, XXXVI, da

504 | CURSO DE DIREITO DO CONSUMIDOR – *Bruno Miragem*

2.5.4.1 Plano de assistência à saúde e regulação da ANS

É de registrar, igualmente, que o modelo de regulamentação dos contratos de planos de assistência à saúde no Brasil termina por confiar larga margem das normas do setor à atividade regulatória de agência estatal especialmente criada para a finalidade de regular a atividade privada de assistência à saúde. Como ensina Maria Stella Gregori, o modelo de regulação do setor, em uma primeira fase, ocupou-se de duas instâncias: "uma com foco nas operadoras, sob o aspecto econômico-financeiro, e outra com foco no produto oferecido, sob o aspecto da assistência".[770] A Agência Nacional de Saúde Suplementar (ANS), criada pela Lei 9.961/2000, tem suas competências relacionadas à regulação, normatização, controle e fiscalização das atividades que garantam a assistência suplementar à saúde. Nesse sentido, é competente para intervir no mercado e nos respectivos contratos de planos de assistência à saúde, especialmente para assegurar o equilíbrio de interesses e prestações de consumidores e operadoras, bem como da capacidade de os fornecedores executarem suas obrigações perante o consumidor (capacidade técnica, operacional e financeira). Daí ser a Agência quem pode autorizar eventual revisão técnica do plano, em vista de um desequilíbrio excepcional das obrigações que custeia e respectivos recursos.[771] Todavia, examinando a experiência regulatória na última década, percebem-se nitidamente dois fenômenos: a) houve um excesso de confiança do legislador na competência regulatória das agências, frustrada por uma ação pouco convincente do órgão na proteção do interesse dos consumidores; e b) o superdimensionamento da competência normativa secundária (regulamentar) da agência tem dado causa à edição de regulamentos de frágil conformidade com as disposições e/ou o fundamento teleológico da Lei 9.656/1998 e do Código de Defesa do Consumidor.

2.5.4.2 O interesse útil do consumidor e a natureza dos contratos de planos de assistência à saúde

A essencialidade dos contratos de consumo e a respectiva dependência dos consumidores em relação à correta execução do seu objeto contratual distinguem entre diversos contratos de consumo, em que presente a vulnerabilidade do consumidor, alguns em que essa relação de subordinação é ainda mais intensa, quando o produto ou serviço a ser fornecido atende às necessidades essenciais, ou cuja falta ou inexecução do contrato pelo fornecedor provoque danos graves e/ou irreversíveis ao consumidor. Assim, pela natureza de seu objeto, que responde a necessidades vitais de preservação e promoção

---

Constituição, quanto ao artigo 35-G, hoje, renumerado como artigo 35-E pela Medida Provisória 1.908-18, de 24 de setembro de 1999; ação conhecida, em parte, quanto ao pedido de inconstitucionalidade do § 2º do artigo 10 da Lei 9.656/98, com a redação dada pela Medida Provisória 1.908-18/99, para suspender a eficácia apenas da expressão 'atuais e'. Suspensão da eficácia do artigo 35-E (redação dada pela MP 2.177--44/2001) e da expressão 'artigo 35-E', contida no artigo 3º da Medida Provisória 1.908-18/99" (STF, ADI 1.931 MC, Rel. Min. Maurício Corrêa, j. 21.08.2003, *DJ* 28.05.2004).

[770] GREGORI, Maria Stella. Planos de saúde. *In*: GREGORI, Maria Stella. *A ótica da proteção do consumidor*. 3. ed. São Paulo: Ed. RT, 2011. p. 47.

[771] SCHMITT, Cristiano Heineck. Reajustes em contratos de planos e de seguros de assistência privada à saúde. *In*: MARQUES, Claudia Lima; SCHMITT, Cristiano Heineck; LOPES, José Reinaldo de Lima; PFEIFFER, Roberto Augusto (coord.). *Saúde e responsabilidade 2. A nova assistência privada à saúde*. São Paulo: Ed. RT, 2008. p. 278-279.

da vida e da saúde dos consumidores, assumem relevância social e jurídica diretamente afeta ao direito fundamental à saúde, consagrado na Constituição Federal.[772] A rigor, como expressa acertadamente também a jurisprudência, "revela-se abusivo o preceito do contrato de plano de saúde excludente do custeio dos meios e materiais necessários ao melhor desempenho do tratamento clínico ou do procedimento cirúrgico coberto ou de internação hospitalar".[773] Isso fundamenta tanto a intervenção do Estado no condicionamento da liberdade contratual das partes[774] quanto indica a orientação e o sentido dessa intervenção.[775]

Trata-se de contratos de consumo que se fundam na mutualidade, mediante a contribuição comum dos consumidores em vista da fruição de serviços de saúde oferecidos, seja pela própria operadora do plano de saúde, seja – como é mais comum – por terceiros prestadores de serviço que para tanto são vinculados contratualmente à operadora. Apenas excepcionalmente, será reconhecido um dever da operadora de reembolsar o consumidor pelas despesas de serviços fruídos de prestador não integrante da rede credenciada, "tais como a inexistência ou insuficiência de estabelecimento ou profissional credenciado no local e urgência ou emergência do procedimento".[776] Caracteriza-os o fato de serem contratos de execução continuada, e nisso se concentra o interesse dos consumidores, em vista da incerteza quanto ao momento em que vão precisar fruir dos serviços de saúde oferecidos, em vista da necessidade do surgimento de enfermidades ou da própria necessidade de submeter-se a um dado tratamento médico, ou ainda de exames clínicos ou laboratoriais. Da mesma forma, a operadora do plano de saúde aparece como organizadora da cadeia de contratos que permite a realização da prestação de serviço ao consumidor e nessa condição se apresenta diante do consumidor.

O regime instituído pela Lei 9.656/1998, visivelmente, teve por finalidade estabelecer um limite mínimo de serviços a serem prestados aos consumidores de planos de

---

[772] TESSLER, Marga. O direito à saúde: a saúde como direito e como dever fundamental na Constituição Federal de 1988. *Revista do Tribunal Regional Federal da 4ª Região*, Porto Alegre, n. 40, p. 75-108, 2001; SCHWARTZ, Germano André Doederlein. *Direito à saúde:* efetivação em uma perspectiva sistêmica. Porto Alegre: Livraria do Advogado, 2001; ROCHA, Júlio César de Sá. *Direito da saúde:* direito sanitário na perspectiva dos interesses difusos e coletivos. São Paulo: LTr, 1999. p. 43; BALERA, Wagner. O direito constitucional a saúde. *Revista de Previdência Social,* v. 16, n. 134, p. 17-21, jan. 1992; SARLET, Ingo Wolfgang. Algumas considerações em torno do conteúdo, eficácia e efetividade do direito a saúde na Constituição de 1988. *Interesse Público*, v. 3, n. 12, p. 91-107, out./dez. 2001; VASCONCELOS, Fernando A.; MAIA, Maurilio Casas. O direito à saúde: por uma base constitucional e consumerista. *In*: SILVA, Anderson Lincoln; MAIA, Maurílio Casas. *Reflexões sobre o direito à saúde.* Florianópolis: Empório do Direito, 2016. p. 11 e ss.

[773] STJ, AgRg no AREsp 192.612/RS, 4ª Turma, Rel. Min. Marco Buzzi, j. 20.03.2014, *DJe* 31.03.2014.

[774] SCHMITT, Cristiano Heineck. Visões sobre os planos de saúde e o Código de Defesa do Consumidor. *In*: MARQUES, Claudia Lima; SCHMITT, Cristiano Heineck; LOPES, José Reinaldo de Lima; PFEIFFER, Roberto Augusto (coord.). *Saúde e responsabilidade 2*. A nova assistência privada à saúde. São Paulo: Ed. RT, 2008. p. 81.

[775] Inclusive com a interpretação das cláusulas do contrato de adesão celebrado com a operadora do plano de saúde, de forma mais favorável ao consumidor, mediante incidência do art. 47 do CDC: STJ, REsp 1.249.701/SC, 3ª Turma, Rel. Min. Paulo de Tarso Sanseverino, j. 04.12.2012, *DJe* 10.12.2012.

[776] STJ, AgInt no AREsp 1.289.621/SP, 4ª Turma, Rel. Min. Marco Buzzi, *DJe* 28.05.2021; AREsp 1.459.849/ES, Rel. Min. Marco Aurélio Bellizze, j. 14.10.2020, *DJe* 17.12.2020; AgInt no AgInt no AREsp 1.829.813/DF, 3ª Turma, Rel. Min. Moura Ribeiro, j. 23.05.2022, *DJe* 25.05.2022; AgInt no AREsp 1.585.959/MT, 4ª Turma, Rel. Min. Luis Felipe Salomão, j. 08.08.2022, *DJe* 15.08.2022.

506 | CURSO DE DIREITO DO CONSUMIDOR – *Bruno Miragem*

assistência à saúde, visando à proteção do equilíbrio contratual e à satisfação do interesse útil do consumidor nessa espécie de contratação. Note-se que o objeto desse contrato é complexo, dada a multiplicidade de tratamentos e prestações acessórias a serem realizadas pela operadora do plano de saúde para atingir a finalidade legitimamente esperada pelas partes. Por outro lado, o alto custo dos serviços de saúde, associado a permanente inovação e aperfeiçoamento de técnicas e procedimentos de tratamento, estabelece exigências financeiras crescentes. Daí a solução adotada pelo legislador, na previsão de um plano de referência (artigo 10),[777] que contemple as exigências mínimas estabelecidas em lei (artigo 12),[778] visando evitar a exclusão de parte da prestação devida que viesse a comprometer a própria finalidade do contrato e o interesse útil do consumidor.

---

[777] Assim o artigo 10 da Lei 9.656/1998: "Art. 10. É instituído o plano-referência de assistência à saúde, com cobertura assistencial médico-ambulatorial e hospitalar, compreendendo partos e tratamentos, realizados exclusivamente no Brasil, com padrão de enfermaria, centro de terapia intensiva, ou similar, quando necessária a internação hospitalar, das doenças listadas na Classificação Estatística Internacional de Doenças e Problemas Relacionados com a Saúde, da Organização Mundial de Saúde, respeitadas as exigências mínimas estabelecidas no artigo 12 desta Lei, exceto: I – tratamento clínico ou cirúrgico experimental; II – procedimentos clínicos ou cirúrgicos para fins estéticos, bem como órteses e próteses para o mesmo fim; III – inseminação artificial; IV – tratamento de rejuvenescimento ou de emagrecimento com finalidade estética; V – fornecimento de medicamentos importados não nacionalizados; VI – fornecimento de medicamentos para tratamento domiciliar, ressalvado o disposto nas alíneas 'c' do inciso I e 'g' do inciso II do art. 12; VII – fornecimento de próteses, órteses e seus acessórios não ligados ao ato cirúrgico; VIII – Revogado; IX – tratamentos ilícitos ou antiéticos, assim definidos sob o aspecto médico, ou não reconhecidos pelas autoridades competentes; X – casos de cataclismos, guerras e comoções internas, quando declarados pela autoridade competente".

[778] Nesses termos o artigo 12 da Lei 9.656/1998: "Artigo 12. São facultadas a oferta, a contratação e a vigência dos produtos de que tratam o inciso I e o § 1º do artigo 1º desta Lei, nas segmentações previstas nos incisos I a IV deste artigo, respeitadas as respectivas amplitudes de cobertura definidas no plano-referência de que trata o artigo 10, segundo as seguintes exigências mínimas: I – quando incluir atendimento ambulatorial: *a)* cobertura de consultas médicas, em número ilimitado, em clínicas básicas e especializadas, reconhecidas pelo Conselho Federal de Medicina; *b)* cobertura de serviços de apoio diagnóstico, tratamentos e demais procedimentos ambulatoriais, solicitados pelo médico assistente; *c)* cobertura de tratamentos antineoplásicos domiciliares de uso oral, incluindo medicamentos para o controle de efeitos adversos relacionados ao tratamento e adjuvantes; II – quando incluir internação hospitalar: *a)* cobertura de internações hospitalares, vedada a limitação de prazo, valor máximo e quantidade, em clínicas básicas e especializadas, reconhecidas pelo Conselho Federal de Medicina, admitindo-se a exclusão dos procedimentos obstétricos; *b)* cobertura de internações hospitalares em centro de terapia intensiva, ou similar, vedada a limitação de prazo, valor máximo e quantidade, a critério do médico assistente; *c)* cobertura de despesas referentes a honorários médicos, serviços gerais de enfermagem e alimentação; *d)* cobertura de exames complementares indispensáveis para o controle da evolução da doença e elucidação diagnóstica, fornecimento de medicamentos, anestésicos, gases medicinais, transfusões e sessões de quimioterapia e radioterapia, conforme prescrição do médico assistente, realizados ou ministrados durante o período de internação hospitalar; *e)* cobertura de toda e qualquer taxa, incluindo materiais utilizados, assim como da remoção do paciente, comprovadamente necessária, para outro estabelecimento hospitalar, dentro dos limites de abrangência geográfica previstos no contrato, em território brasileiro; e *f)* cobertura de despesas de acompanhante, no caso de pacientes menores de dezoito anos; *g)* cobertura para tratamentos antineoplásicos ambulatoriais e domiciliares de uso oral, procedimentos radioterápicos para tratamento de câncer e hemoterapia, na qualidade de procedimentos cuja necessidade esteja relacionada à continuidade da assistência prestada em âmbito de internação hospitalar; III – quando incluir atendimento obstétrico: *a)* cobertura assistencial ao recém-nascido, filho natural ou adotivo do consumidor, ou de seu dependente, durante os primeiros trinta dias após o parto; *b)* inscrição assegurada ao recém-nascido, filho natural ou adotivo do consumidor, como dependente, isento do cumprimento dos períodos de carência, desde que a inscrição ocorra no prazo máximo de trinta dias do nascimento ou da adoção; IV – quando incluir atendimento odontológico: *a)* cobertura de consultas e exames

Parte II · Cap. 2 · A PROTEÇÃO CONTRATUAL DO CONSUMIDOR | 507

Nesse ponto, merece atenção a questão relativa à delimitação do conteúdo da prestação devida pelo fornecedor, considerado o plano de referência, na definição e detalhamento dos procedimentos e tratamentos que o compõem, o que será relevante igualmente para a própria interpretação do contrato e eventuais abusividades. A ANS tem competência para definir a amplitude das coberturas no âmbito do plano de saúde suplementar. Nesse sentido, dispõe o artigo 10, § 4º, da Lei 9.656/1998: "A amplitude das coberturas no âmbito da saúde suplementar, inclusive de transplantes e de procedimentos de alta complexidade, será estabelecida em norma editada pela ANS, que publicará rol de procedimentos e eventos em saúde suplementar, atualizado a cada incorporação". Sob esse argumento, inclusive, a jurisprudência reconhece a legalidade de exclusão de tratamentos e procedimentos não previstos na lei, por contrato, mediante autorização da ANS.[779] Por outro lado, a recusa indevida à prestação contratada, pela operadora, pode dar causa a danos extrapatrimoniais para o consumidor, passíveis de reparação.[780]

---

auxiliares ou complementares, solicitados pelo odontólogo assistente; *b)* cobertura de procedimentos preventivos, de dentística e endodontia; *c)* cobertura de cirurgias orais menores, assim consideradas as realizadas em ambiente ambulatorial e sem anestesia geral; V – quando fixar períodos de carência: *a)* prazo máximo de trezentos dias para partos a termo; *b)* prazo máximo de cento e oitenta dias para os demais casos; *c)* prazo máximo de vinte e quatro horas para a cobertura dos casos de urgência e emergência; VI – reembolso, em todos os tipos de produtos de que tratam o inciso I e o § 1º do artigo 1º desta Lei, nos limites das obrigações contratuais, das despesas efetuadas pelo beneficiário com assistência à saúde, em casos de urgência ou emergência, quando não for possível a utilização dos serviços próprios, contratados, credenciados ou referenciados pelas operadoras, de acordo com a relação de preços de serviços médicos e hospitalares praticados pelo respectivo produto, pagáveis no prazo máximo de trinta dias após a entrega da documentação adequada; VII – inscrição de filho adotivo, menor de doze anos de idade, aproveitando os períodos de carência já cumpridos pelo consumidor adotante. § 1º Após cento e vinte dias da vigência desta Lei, fica proibido o oferecimento de produtos de que tratam o inciso I e o § 1º do artigo 1º desta Lei fora das segmentações de que trata este artigo, observadas suas respectivas condições de abrangência e contratação. § 2º A partir de 3 de dezembro de 1999, da documentação relativa à contratação de produtos de que tratam o inciso I e o § 1º do artigo 1º desta Lei, nas segmentações de que trata este artigo, deverá constar declaração em separado do consumidor, de que tem conhecimento da existência e disponibilidade do plano-referência, e de que este lhe foi oferecido. § 3º revogado. § 4º As coberturas a que se referem as alíneas 'c' do inciso I e 'g' do inciso II deste artigo serão objeto de protocolos clínicos e diretrizes terapêuticas, revisados periodicamente, ouvidas as sociedades médicas de especialistas da área, publicados pela ANS. § 5º O fornecimento previsto nas alíneas *c* do inciso I e *g* do inciso II do *caput* deste artigo dar-se-á em até 10 (dez) dias após a prescrição médica, por meio de rede própria, credenciada, contratada ou referenciada, diretamente ao paciente ou ao seu representante legal, podendo ser realizado de maneira fracionada por ciclo, sendo obrigatória a comprovação de que o paciente ou seu representante legal recebeu as devidas orientações sobre o uso, a conservação e o eventual descarte do medicamento".

[779] "Recurso especial representativo de controvérsia. Artigo 1.036 e seguintes do CPC/2015. Ação de obrigação de fazer julgada improcedente em primeiro grau de jurisdição. Reforma em sede de apelação. Insurgência da operadora de plano de saúde. Custeio de tratamento por meio de fertilização *in vitro*. Inviabilidade. Escólio jurisprudencial pacífico das turmas que compõem a segunda seção. 1. Para fins dos arts. 1.036 e seguintes do CPC/2015: 1.1. Salvo disposição contratual expressa, os planos de saúde não são obrigados a custear o tratamento médico de fertilização *in vitro*. 2. Caso concreto: ausente cláusula autorizando a cobertura do tratamento de fertilização in vitro, impõe-se o acolhimento da insurgência recursal a fim de restabelecer a sentença de improcedência do pedido inicial. 3. Recurso especial provido" (STJ, REsp 1.822.420/SP, 2ª Seção, Rel. Min. Marco Buzzi, j. 13.10.2021, *DJe* 27.10.2021).

[780] STJ, AgInt no REsp 1.997.175/MG, 4ª Turma, Rel. Min. Antonio Carlos Ferreira, j. 12.12.2022, *DJe* 15.12.2022.

2.5.4.2.1 Rol de procedimentos e eventos em saúde suplementar

O artigo 10 da Lei 9.656/1998, ao estabelecer o plano-referência de assistência à saúde com a cobertura assistencial a ser oferecida pelas operadoras de planos de saúde, definiu também exclusões (incisos I a X do mesmo artigo) a serem objeto de regulamentação da ANS, assim como facultada a oferta de cobertura adicional, de acordo com as exigências da lei (artigo 12). No mesmo sentido, o artigo 10, § 4º, da Lei 9.656/1998 conferiu à ANS competência para editar norma definindo a amplitude das coberturas no âmbito da saúde suplementar, mediante publicação e 'rol de procedimentos e evento em saúde suplementar'. A evolução tecnológica e da ciência médica tem pressionado, ao longo do tempo, a incorporação de novas técnicas e medicamentos nessa relação, de modo a obrigar as operadoras de planos de saúde a fornecerem tais serviços. A velocidade e os critérios para a incorporação de novas técnicas, medicamentos e terapias no rol pela ANS, assim como os custos que representam, a serem suportados pelos fornecedores, deram causa à discussão sobre a própria natureza desse rol, colocando a questão se teria caráter exaustivo – e apenas o que nele estiver previsto pode ser exigido pelo consumidor em relação à cobertura oferecida pela operadora de plano de saúde, legitimando a recusa do fornecimento do que não estiver previsto expressamente nele – ou exemplificativo, hipótese em que, a par do previsto na norma que define o rol de procedimentos e eventos, pode ser exigido o custeio de outros serviços, desde que demonstrada a sua eficácia para o tratamento de determinada enfermidade e suas consequências.

Por conta da avaliação crítica da atuação da ANS, inclusive quanto ao tempo excessivo para concretizar as medidas de sua competência,[781] a Lei 14.307/2022 incluiu no artigo 10 da Lei 9.656/1998 uma série de disposições visando disciplinar o processo de revisão do rol de procedimento de eventos em saúde, prevendo, entre outras medidas, que: a) as metodologias usadas na avaliação, incluídos os indicadores e os parâmetros de avaliação econômica de tecnologias em saúde utilizados em combinação com outros critérios, serão estabelecidas em norma editada pela ANS, assessorada pela Comissão de Atualização do Rol de Procedimentos e Eventos em Saúde Suplementar, e terão ampla divulgação (artigo 10, § 5º); b) o prazo para atualização do rol será de 180 dias contado da data em que foi protocolado o pedido, prorrogável por 90 dias corridos, "quando as circunstâncias o exigirem" (artigo 10, § 7º). Não havendo manifestação da ANS, findo o prazo, "será realizada a inclusão automática do medicamento, do produto de interesse para a saúde ou do procedimento no rol de procedimentos e eventos em saúde suplementar até que haja decisão da ANS, garantida a continuidade da assistência iniciada mesmo se a decisão for desfavorável à inclusão" (artigo 10, § 9º); c) as tecnologias incorporadas ao SUS (sistema público de saúde) devem ser incluídas no rol de procedimentos e eventos em saúde suplementar em até 60 dias contados da publicação daquela decisão (artigo 10, § 10); d) são definidas regras específicas para o processo administrativo, assegurando

---

[781] Destacando a importância do tempo na atuação da ANS na revisão do rol de procedimentos, veja-se: FREITAS FILHO, Roberto. Saúde suplementar, tempo das resoluções da ANS e dever jurídico dos fornecedores de serviços de saúde. *Revista de Direito do Consumidor*, São Paulo, v. 142, p. 351-376, jul./ago. 2022.

transparência das decisões e participação dos interessados antes da tomada de decisão (artigo 10, § 11).[782]

A gravidade da questão, que envolve, de um lado, a pretensão dos consumidores à satisfação do seu interesse útil de recuperação ou preservação da saúde (vinculando-se, por isso, à própria causa contratual), e, de outro, a pressão dos custos que representam a incorporação de novas técnicas e medicamentos, e seus efeitos para o equilíbrio econômico-financeiro do contrato e da própria atividade do fornecedor, colocaram em destaque para a interpretação e decisão jurídica dessas questões a referência à medicina baseada em evidências ('Evidence-based medicine'). A medicina baseada em evidências compreende a utilização de pesquisas na tentativa de ampliar o conhecimento médico, reduzindo incertezas no processo clínico de diagnóstico, terapia e prognóstico, mediante sua validação permanente com informações produzidas em pesquisas de epidemiologia clínica.[783] A extensão desses critérios de validação das decisões médicas às decisões jurídicas relativas à amplitude das coberturas assistenciais das operadoras de planos de saúde, embora mesmo entre os que sistematizam os argumentos em sua defesa, não deixam de considerar questões como a própria qualidade das evidências trazidas,[784] a necessidade de compatibilizar a eficácia das decisões médicas e o bem-estar do paciente, assim como o cuidado para não submetê-las ao critério exclusivo do custo financeiro[785] que podem representar.

---

[782] Assim o art. 10, § 11, da Lei 9.656/1998: "§ 11. O processo administrativo de que trata o § 7º deste artigo observará o disposto na Lei nº 9.784, de 29 de janeiro de 1999, no que couber, e as seguintes determinações: I – apresentação, pelo interessado, dos documentos com as informações necessárias ao atendimento do disposto no § 3º do art. 10-D desta Lei, na forma prevista em regulamento; II – apresentação do preço estabelecido pela Câmara de Regulação do Mercado de Medicamentos, no caso de medicamentos; III – realização de consulta pública pelo prazo de 20 (vinte) dias com a divulgação de relatório preliminar emitido pela Comissão de Atualização do Rol de Procedimentos e Eventos em Saúde Suplementar; IV – realização de audiência pública, na hipótese de matéria relevante, ou quando tiver recomendação preliminar de não incorporação, ou quando solicitada por no mínimo 1/3 (um terço) dos membros da Comissão de Atualização do Rol de Procedimentos e Eventos em Saúde Suplementar; V – divulgação do relatório final de que trata o § 3º do art. 10-D desta Lei da Comissão de Atualização do Rol de Procedimentos e Eventos em Saúde Suplementar; e VI – possibilidade de recurso, no prazo de até 15 (quinze) dias após a divulgação do relatório final".

[783] SACKETT, David L; ROSENBERG, W. M.; GRAY, J. A.; HAYNES. R.B.; RICHARDSON, W.S. Evidence--based medicine: what it is and what it isn't. *BMJ*, v. 312, p. 71-72, 13 jan.1996.

[784] STRAUS Sharon E.; GLASZIOU, Paul; RICHARDSON, W. Scott; HAYNES, R. Brian. *Evidence-Base Medicine*: How to Practice and Teach EBM. 5th ed. Edinburgh: Elsevier; 2018. p. 71 e ss. Sobre a qualidade das evidências, é ilustrativa a decisão do STJ: AgInt no REsp 1.979.069/SP, 4ª Turma, Rel. Min. Luis Felipe Salomão, j. 13.06.2022, *DJe* 17.06.2022.

[785] Não se deixa de anotar que o art. 10, § 5º, da Lei 9.656/1998, incluído pela Lei 14.307/2022, passou a prever expressamente a avaliação econômica entre as metodologias usadas para a incorporação de novos procedimentos, e, inclusive, no art. 10-D, § 3º, "a avaliação econômica comparativa dos benefícios e dos custos em relação às coberturas já previstas no rol de procedimentos e eventos em saúde suplementar, quando couber". As disposições foram objeto de ação direta de inconstitucionalidade proposta no STF, julgada improcedente, entre outros com fundamento em que "a avaliação econômica contida no processo de atualização do rol pela ANS e a análise do impacto financeiro advindo da incorporação dos tratamentos demandados são necessárias para garantir a manutenção da sustentabilidade econômico-financeira do setor de planos de saúde. Não se trata de sujeitar o direito à saúde a interesses econômicos e financeiros, mas sim de considerar os aspectos econômicos e financeiros da ampliação da cobertura contratada para garantir que os usuários de planos de saúde continuem a ter acesso ao serviço e às prestações médicas que ele proporciona" (STF, ADI 7088, Tribunal Pleno, Rel. Luis Roberto Barroso, j. 10.11.2022, *DJe*

O STJ, ao decidir se o rol de procedimentos e eventos em saúde, de competência da ANS, vincula o legislador (EREsp 1.886.929/SP, Rel. Min. Luis Felipe Salomão, 2ª Seção, j. 08.06.2022, *DJe* 03.08.2022), delimitou o que se denomina de 'taxatividade mitigada', de modo a considerar a regra de vinculação do conteúdo e amplitude da cobertura assistencial contratada à norma editada pela Agência – prestigiando competência regulamentar expressa definida pelo legislador no artigo 10, § 4º, da Lei 9.656/1998 –, porém admitindo, excepcionalmente, o reconhecimento da pretensão à "cobertura de tratamentos, exames ou procedimentos não previstos no Rol da ANS", que "somente pode ser admitida, de forma pontual, quando demonstrada a efetiva necessidade, por meio de prova técnica produzida nos autos, não bastando apenas a prescrição do médico ou odontólogo que acompanha o paciente, devendo ser observados, prioritariamente, os contidos no Rol de cobertura mínima". Para tanto, define parâmetros a serem observados para a admissão de tratamentos, exames ou procedimentos não previstos no rol, a saber: "1 – o Rol de Procedimentos e Eventos em Saúde Suplementar é, em regra, taxativo; 2 – a operadora de plano ou seguro de saúde não é obrigada a arcar com tratamento não constante do Rol da ANS se existe, para a cura do paciente, outro procedimento eficaz, efetivo e seguro já incorporado à lista; 3 – é possível a contratação de cobertura ampliada ou a negociação de aditivo contratual para a cobertura de procedimento extrarrol; 4 – não havendo substituto terapêutico ou estando esgotados os procedimentos do Rol da ANS, pode haver, a título de excepcionalidade, a cobertura do tratamento indicado pelo médico ou odontólogo-assistente, desde que (i) não tenha sido indeferida expressamente pela ANS a incorporação do procedimento ao Rol da Saúde Suplementar; (ii) haja comprovação da eficácia do tratamento à luz da medicina baseada em evidências; (iii) haja recomendações de órgãos técnicos de renome nacionais (como Conitec e NatJus) e estrangeiros; e (iv) seja realizado, quando possível, o diálogo interinstitucional do magistrado com entes ou pessoas com *expertise* na área da saúde, incluída a Comissão de Atualização do Rol de Procedimentos e Eventos em Saúde Suplementar, sem deslocamento da competência do julgamento do feito para a Justiça Federal, ante a ilegitimidade passiva *ad causam* da ANS".[786]

Após a decisão do STJ – e, em parte, como reação à consolidação do entendimento jurisprudencial –, foi editada a Lei 14.454/2022, que altera a redação até então vigente da Lei 9.656/1998, para, em primeiro lugar, impor à ANS o dever de publicar o rol de procedimentos e eventos em saúde suplementar, atualizado a cada incorporação (artigo 10, § 4º). Da mesma forma, incluiu no artigo 10 da Lei 9.656/1998 dois novos parágrafos (§§ 12 e 13). O § 12 do artigo 10 define o rol de procedimento e eventos em saúde como 'referência básica' para os planos privados de assistência à saúde; o § 13, por sua

---

10.01.2023). No mesmo sentido, em julgamento com esta: STF, ADI 7183, Tribunal Pleno, Rel. Min. Luis Roberto Barroso, j. 10.11.2022, *DJe* 10.01.2023.

[786] STJ, EREsp 1.886.929/SP, 2ª Seção, Rel. Min. Luis Felipe Salomão, j. 08.06.2022, *DJe* 03.08.2022. Registre-se o voto vencido da Min. Nancy Andrighi, afirmando o caráter exemplificativo, entre outros argumentos, afirmando que "(...) o rol de procedimentos e eventos em saúde da ANS, enquanto referência básica para os fins do disposto na Lei 9.656/1998, tem natureza exemplificativa, porque só dessa forma se concretiza a política de saúde idealizada pelo constituinte; se realiza, a partir das desigualdades havidas entre as partes contratantes, a função social do contrato de assistência privada à saúde; bem como se mantém a harmonia e o equilíbrio nas relações entre consumidores e fornecedores, de modo a satisfazer, substancialmente, o objetivo da Política Nacional das Relações de Consumo".

Parte II · Cap. 2 · A PROTEÇÃO CONTRATUAL DO CONSUMIDOR | **511**

vez, dispõe sobre o dever das operadoras de planos de assistência à saúde, de autorizar a cobertura de tratamentos e procedimentos que não estejam previstos no rol da ANS, desde que: "I – exista comprovação da eficácia, à luz das ciências da saúde, baseada em evidências científicas e plano terapêutico; ou II – existam recomendações pela Comissão Nacional de Incorporação de Tecnologias no Sistema Único de Saúde (Conitec), ou exista recomendação de, no mínimo, 1 (um) órgão de avaliação de tecnologias em saúde que tenha renome internacional, desde que sejam aprovadas também para seus nacionais". Observe-se que essas novas hipóteses trazidas pela lei, de um lado, contemplam o critério de saúde baseada em evidências destacada pela decisão do STJ no EREsp 1.886.929/SP (artigo 10, § 13, I). Contudo, na segunda hipótese de exceção ao rol da ANS, estabelece um novo critério, admitindo a pretensão à cobertura de tratamento e procedimentos, desde que exista recomendação da Comissão Nacional de Incorporação de Tecnologias no Sistema Único de Saúde (Conitec), órgão com competência definida no artigo 19-Q da Lei 8.080/1990, ou quando houver recomendação de no mínimo um órgão de avaliação de tecnologias em saúde que tenha renome internacional, desde que aprovadas também para seus nacionais. Nesta segunda hipótese, é de registrar que a referência ao Conitec e, por conseguinte, a simetria entre os pressupostos técnicos da prestação de serviços de saúde pública e suplementar podem servir de critério para avaliação de ambos. O último critério definido na lei, contudo, deve merecer atenção quando exigir a autorização de cobertura de tratamentos e procedimentos não previstos no rol da ANS a partir da recomendação de um órgão de avaliação "de renome internacional", e que estes sejam aprovados também para seus nacionais dadas as divergências a que se podem submeter a interpretação e a aplicação da norma.[787]

Em relação ao fornecimento de medicamentos, o entendimento consolidado pelo STJ é de que as operadoras de plano de saúde não estão obrigadas a fornecer quaisquer deles que não estejam registrados pela ANVISA, conforme decidido no REsp 1.712.163/SP e no REsp 1.726.563/SP, sob a sistemática dos recursos repetitivos, em 2020.[788] A partir daí,

---

[787] Observe-se que a regra do art. 10, § 13, II, *in fine*, comporta múltiplas interpretações: A 'recomendação' não significa, necessariamente, 'incorporação' do procedimento ou tratamento; a 'autorização' aos nacionais, tampouco implica que aquele que recomenda é quem autoriza. Por fim, a concreção do que se deva considerar 'renome internacional' poderá ser submetido a divergências significativas para atribuição desta qualidade.

[788] "Recurso especial. Rito dos recursos especiais repetitivos. Plano de saúde. Controvérsia acerca da obrigatoriedade de fornecimento de medicamento não registrado pela ANVISA. 1. Para efeitos do art. 1.040 do NCPC: 1.1. As operadoras de plano de saúde não estão obrigadas a fornecer medicamento não registrado pela ANVISA. 2. Aplicação ao caso concreto: 2.1. Não há ofensa ao art. 535 do CPC/73 quando o Tribunal de origem enfrenta todas as questões postas, não havendo no acórdão recorrido omissão, contradição ou obscuridade. 2.2. É legítima a recusa da operadora de plano de saúde em custear medicamento importado, não nacionalizado, sem o devido registro pela ANVISA, em atenção ao disposto no art. 10, V, da Lei nº 9.656/98, sob pena de afronta aos arts. 66 da Lei nº 6.360/76 e 10, V, da Lei nº 6.437/76. Incidência da Recomendação nº 31/2010 do CNJ e dos Enunciados nº 6 e 26, ambos da I Jornada de Direito da Saúde, respectivamente, A determinação judicial de fornecimento de fármacos deve evitar os medicamentos ainda não registrados na Anvisa, ou em fase experimental, ressalvadas as exceções expressamente previstas em lei; e, É lícita a exclusão de cobertura de produto, tecnologia e medicamento importado não nacionalizado, bem como tratamento clínico ou cirúrgico experimental. 2.3. Porém, após o registro pela ANVISA, a operadora de plano de saúde não pode recusar o custeio do tratamento com o fármaco indicado pelo médico responsável pelo beneficiário. (...)" (REsp 1.712.163/SP, 2ª Seção, Rel. Min. Moura Ribeiro, j. 08.11.2018, *DJe* 26.11.2018). Julgado na mesma oportunidade: "Recurso

contudo, identifica-se o entendimento de que o critério definido no artigo 10, § 13, da Lei 9.656/1998 – incluído pela Lei 14.454/2022 – permite a incorporação de medicamentos não registrados, desde que atendidos os critérios que contemplam a excepcionalidade, previstos na lei.[789]

---

especial. Rito dos recursos especiais repetitivos. Plano de saúde. Controvérsia acerca da obrigatoriedade de fornecimento de medicamento não registrado pela ANVISA. 1. Para efeitos do art. 1.040 do NCPC: 1.1. As operadoras de plano de saúde não estão obrigadas a fornecer medicamento não registrado pela ANVISA. 2. Aplicação ao caso concreto: 2.1. Não há ofensa ao art. 535 do CPC/73 quando o Tribunal de origem enfrenta todas as questões postas, não havendo no acórdão recorrido omissão, contradição ou obscuridade. 2.2. É legítima a recusa da operadora de plano de saúde em custear medicamento importado, não nacionalizado, sem o devido registro pela ANVISA, em atenção ao disposto no art. 10, V, da Lei nº 9.656/98, sob pena de afronta aos arts. 66 da Lei nº 6.360/76 e 10, V, da Lei nº 6.437/76. Incidência da Recomendação nº 31/2010 do CNJ e dos Enunciados nº 6 e 26, ambos da I Jornada de Direito da Saúde, respectivamente, A determinação judicial de fornecimento de fármacos deve evitar os medicamentos ainda não registrados na Anvisa, ou em fase experimental, ressalvadas as exceções expressamente previstas em lei; e, É lícita a exclusão de cobertura de produto, tecnologia e medicamento importado não nacionalizado, bem como tratamento clínico ou cirúrgico experimental. 2.3. Porém, após o registro pela ANVISA, a operadora de plano de saúde não pode recusar o custeio do tratamento com o fármaco indicado pelo médico responsável pelo beneficiário. 3. Recurso especial parcialmente provido. Acórdão sujeito ao regime do art. 1.040 do NCPC" (STJ, REsp 1.726.563/SP, 2ª Seção, Rel. Min. Moura Ribeiro, j. 08.11.2018, *DJe* 26.11.2018). As teses com eficácia vinculante, de acordo com a sistemática dos recursos repetitivos, por sua vez, foram bem sintetizadas no acórdão dos embargos declaratórios do mesmo caso, onde constou: "i) é exigência legal ao fornecimento de medicamento a prévia existência de registro ou autorização pela ANVISA; e ii) não há como o Poder Judiciário, a pretexto de ver uma possível mora da ANVISA, criar norma sancionadora para a hipótese, onde o legislador não a previu" (STJ, EDcl no REsp 1.712.163/SP, 2ª Seção, Rel. Min. Moura Ribeiro, j. 25.09.2019, *DJe* 27.09.2019).

[789] "Recurso especial. Ação de obrigação de fazer. Prequestionamento. Ausência. Súmula 282/STF. Obrigação de a operadora de plano de saúde custear medicamento importado não registrado na ANVISA. Atendimento ao conceito de saúde baseada em evidências (SBE) do rol taxativo mitigado e do rol exemplificativo com condicionantes. Tema 990. Aplicação da técnica da distinção (*distinguishing*) entre a hipótese concreta dos autos com a questão decidida em sede de recurso repetitivo. Interpretação razoável da cláusula contratual. Dano moral não configurado. 1. Ação de obrigação de fazer ajuizada em 16.09.2019, da qual foi extraído o presente recurso especial, interposto em 23.11.2021 e atribuído ao gabinete em 25.08.2022. 2. O propósito recursal consiste em decidir sobre (i) a obrigação de a operadora de plano de saúde custear medicamento importado para o tratamento da doença que acomete a beneficiária, o qual, não consta no rol da ANS e, apesar de não registrado pela ANVISA, possui autorização para importação; e (ii) o cabimento da compensação por dano moral. 3. A ausência de decisão acerca dos dispositivos legais indicados como violados impede o conhecimento do recurso especial. 4. A prescrição do tratamento medicamentoso pelo médico assistente da beneficiária-recorrida está amparada no conceito de saúde baseada em evidências – SBE, em consonância seja com a tese da taxatividade mitigada do rol da ANS, firmada pela Segunda Seção, no julgamento dos EREsp 1.886.929/SP e dos EREsp 1.889.704/SP (*DJe* 03.08.2022), seja com a tese do rol exemplificativo com condicionantes, da Lei nº 14.454/2022. 5. Segundo o entendimento consolidado pela 2ª Seção no julgamento do REsp 1.712.163/SP e do REsp 1.726.563/SP, sob a sistemática dos recursos repetitivos, 'as operadoras de plano de saúde não estão obrigadas a fornecer medicamento não registrado pela ANVISA' (Tema 990 – julgado em 1º.09.2020, *DJe* de 09.09.2020). 6. A autorização da ANVISA para a importação do medicamento para uso próprio, sob prescrição médica, é medida que, embora não substitua o devido registro, evidencia a segurança sanitária do fármaco, porquanto pressupõe a análise da Agência Reguladora quanto à sua segurança e eficácia, além de excluir a tipicidade das condutas previstas no art. 10, IV, da Lei 6.437/77, bem como nos arts. 12 c/c 66 da Lei 6.360/76. 7. Necessária a realização da distinção (*distinguishing*) entre o entendimento firmado no precedente vinculante e a hipótese concreta dos autos, na qual o medicamento (Purodiol 200mg/ml) prescrito à beneficiária do plano de saúde, embora se trate de fármaco importado ainda não registrado pela ANVISA, teve a sua importação autorizada pela referida Agência Nacional, sendo, pois, de cobertura obrigatória pela operadora de plano de saúde (...)" (STJ, REsp 2.019.618/SP, 3ª Turma, Rel. Min. Nancy Andrighi, j. 29.11.2022, *DJe* 1º.12.2022).

2.5.4.2.2 Exclusão de doenças preexistentes

Com o objetivo de contemplar o interesse útil do consumidor, a lei também proíbe conduta que, independentemente de previsão expressa, já seria por si só incompatível com a boa-fé, de exclusão de doenças preexistentes, cabendo à operadora do plano de saúde o ônus da prova sobre a má-fé do beneficiário (artigo 11), especialmente quando não perguntado expressamente ao consumidor por ocasião da contratação.[790] No caso de cobertura a doenças preexistentes, a jurisprudência vem reconhecendo como risco da atividade negocial das operadoras.[791] Nesse sentido a Súmula 609 do STJ: "A recusa de cobertura securitária, sob a alegação de doença preexistente, é ilícita se não houve a exigência de exames médicos prévios à contratação ou a demonstração de má-fé do segurado" (2ª Seção, j. 11.04.2018, *DJe* 17.04.2018). Com o mesmo fundamento, note-se que as cláusulas restritivas ou excludentes de cobertura devem ser interpretadas restritivamente, em favor do consumidor.[792]

---

[790] "(...) Antes de concluir o contrato de seguro saúde, pode a seguradora exigir do segurado a realização de exames médicos para constatação de sua efetiva disposição física e psíquica, mas, não o fazendo e ocorrendo sinistro, não se eximirá do dever de indenizar, salvo se comprovar a má-fé do segurado ao informar seu estado de saúde. Precedentes. 3. A má-fé do segurado somente implicará isenção de cobertura caso tenha tido o condão de ocultar ou dissimular o próprio risco segurado, isto é, a omissão do segurado deve ter sido causa determinante para a seguradora assumir o risco da cobertura que se pretende afastar. 4. Somente se pode falar em vício da livre manifestação de vontade caso o comportamento do segurado tenha efetivamente influenciado a análise do risco, afetando de forma decisiva o desígnio da seguradora. 5. O princípio da boa-fé contratual, contido nos artigos 422 do CC/2002 e 4º, III, do CDC, inclui o dever de não se beneficiar da má-fé da parte contrária. Ter-se-á caracterizada, nessa situação, o dolo recíproco ou bilateral, previsto no artigo 150 do CC/2002, consistente em tirar proveito da leviandade da outra parte para obter vantagem indevida no negócio. 6. Recurso especial provido" (STJ, 3ª Turma, REsp 1.230.233/MG, Rel. Min. Nancy Andrighi, j. 03.05.2011, *DJe* 11.05.2011).

[791] "Agravo regimental. Agravo de instrumento. Recurso especial. Seguro. Indenização. Cabimento. Doença preexistente. Ausência de exames. Omissão do segurado. Inexistência. Reexame de prova. Inadmissibilidade. I – Consoante entendimento desta Corte, a seguradora que não exigiu exames médicos previamente à contratação não pode eximir-se do pagamento da indenização, sob a alegação de que houve omissão de informações pelo segurado. II – É inviável em sede de recurso especial o reexame do acervo fático-probatório dos autos. Agravo improvido" (AgRg no Ag 1.062.383/RS, 3ª Turma, Rel. Min. Sidnei Beneti, j. 02.10.2008, *DJe* 15.10.2008). No mesmo sentido: "Seguro-saúde. Pagamento de indenização. Doença preexistente. Prova pela seguradora. Seguro em grupo. Precedentes da Corte. 1. A orientação da Corte está firmada no sentido de que a seguradora deve provar a má-fé do segurado, sendo certo que quando não realizado o prévio exame, não pode escusar-se do pagamento ao argumento de que haveria doença preexistente. 2. Recurso especial conhecido e provido" (STJ, REsp 651.713/PR, 3ª Turma, Rel. Min. Carlos Alberto Menezes Direito, j. 12.04.2005, *DJ* 23.05.2005); E: "Seguro de vida. Doença preexistente. Exames prévios. Ausência. Inoponibilidade. Conforme entendimento pacificado desta Corte, a seguradora, ao receber o pagamento do prêmio e concretizar o seguro, sem exigir exames prévios, responde pelo risco assumido, não podendo esquivar-se do pagamento da indenização, sob a alegação de doença preexistente, salvo se comprove a deliberada má-fé do segurado. Recurso provido" (STJ, REsp 777.974/MG, 3ª Turma, Rel. Min. Castro Filho, j. 09.05.2006, *DJ* 12.03.2007).

[792] "Processo civil. Agravo regimental. Responsabilidade civil. Plano de saúde. Recusa injustificada de cobertura de tratamento médico. Descumprimento de norma contratual a gerar dano moral indenizável. Ausência de comprovação acerca da não aprovação do medicamento pela Anvisa. Agravo regimental não provido. 1. A recusa injustificada de Plano de Saúde para cobertura de procedimento médico a associado, configura abuso de direito e descumprimento de norma contratual, capazes de gerar dano moral indenizável. Precedentes. 2. As cláusulas restritivas ao direito do consumidor devem ser interpretadas da forma mais benéfica a este, não sendo razoável a seguradora se recusar a prestar a cobertura solicitada.

CURSO DE DIREITO DO CONSUMIDOR – *Bruno Miragem*

O artigo 16 da Lei 9.656/1998 estabelece o conteúdo mínimo do contrato, que deve ser informado e esclarecido ao consumidor. Determina a norma em questão: "Artigo 16. Dos contratos, regulamentos ou condições gerais dos produtos de que tratam o inciso I e o § 1º do artigo 1º desta Lei devem constar dispositivos que indiquem com clareza: I – as condições de admissão; II – o início da vigência; III – os períodos de carência para consultas, internações, procedimentos e exames; IV – as faixas etárias e os percentuais a que alude o *caput* do artigo 15; V – as condições de perda da qualidade de beneficiário; VI – os eventos cobertos e excluídos; VII – o regime, ou tipo de contratação: *a)* individual ou familiar; *b)* coletivo empresarial; ou *c)* coletivo por adesão; VIII – a franquia, os limites financeiros ou o percentual de coparticipação do consumidor ou beneficiário, contratualmente previstos nas despesas com assistência médica, hospitalar e odontológica; IX – os bônus, os descontos ou os agravamentos da contraprestação pecuniária; X – a área geográfica de abrangência; XI – os critérios de reajuste e revisão das contraprestações pecuniárias; XII – número de registro na ANS. Parágrafo único. A todo consumidor titular de plano individual ou familiar será obrigatoriamente entregue, quando de sua inscrição, cópia do contrato, do regulamento ou das condições gerais dos produtos de que tratam o inciso I e o § 1º do artigo 1º, além de material explicativo que descreva, em linguagem simples e precisa, todas as suas características, direitos e obrigações". Trata-se de dever de informar qualificado do fornecedor de planos de assistência à saúde, com a finalidade de promover o esclarecimento do consumidor quanto a aspectos substanciais das cláusulas necessárias do contrato.

2.5.4.2.3 Rede credenciada

A proteção do interesse útil do consumidor também deve ser tutelada na hipótese em que ocorra o descredenciamento do profissional, hospital ou clínica da rede mantida pela operadora do plano de saúde na constância do tratamento realizado pelo consumidor. Especialmente quando pela gravidade da enfermidade, ou ainda o estado de vulnerabilidade agravada do consumidor, permita aferir um risco de descontinuidade ou de comprometimento da eficácia terapêutica pretendida. Observe-se que, embora possível o descredenciamento de um dado prestador de serviços pela operadora do plano de saúde, em razão da natureza do contrato e dos bens jurídicos que envolve (vida/saúde), exige que outro de mesma qualidade seja tornado disponível, conforme dispõe o artigo 17 da Lei 9.656/1998: "Artigo 17. A inclusão de qualquer prestador de serviço de saúde como contratado, referenciado ou credenciado dos produtos de que tratam o inciso I e o § 1º do art. 1º desta Lei implica compromisso com os consumidores quanto à sua manutenção ao longo da vigência dos contratos, permitindo-se sua substituição, desde que seja por outro prestador equivalente e mediante comunicação aos consumidores com 30 (trinta) dias de antecedência. § 1º É facultada a substituição de entidade hospitalar, a que se refere o *caput* deste artigo, desde que por outro equivalente e mediante comunicação aos consumidores e à ANS com trinta dias de antecedência, ressalvados desse prazo mínimo os casos decorrentes de rescisão por fraude ou infração das normas sanitárias e fiscais em vigor. § 2º Na

---

3. Agravo regimental não provido" (STJ, AgRg no REsp 1.253.696/SP, 4ª Turma, Rel. Min. Luis Felipe Salomão, j. 18.08.2011, *DJe* 24.08.2011).

hipótese de a substituição do estabelecimento hospitalar a que se refere o § 1º ocorrer por vontade da operadora durante período de internação do consumidor, o estabelecimento obriga-se a manter a internação e a operadora, a pagar as despesas até a alta hospitalar, a critério médico, na forma do contrato (...)". O texto vigente difere daquele da época de promulgação da lei, tendo sido alterado pela Medida Provisória 2177-44/2001.[793]

Em razão da alteração legislativa que introduziu a noção genérica de entidade hospitalar, teria havido redução, pelo texto legal, da noção abrangente relativa às várias espécies de prestadores de serviços de saúde que compõem a oferta das operadoras dos planos de saúde aos consumidores, apenas às entidades hospitalares, com clara finalidade de restringir a obrigação de manutenção do rol de prestadores de serviços, liberando o fornecedor quanto a alterações relativas a outros prestadores como profissionais médicos, laboratórios de análises clínicas, entre outros. Conforme observa Aurisvaldo Sampaio, a resposta, nesse particular, é negativa, considerando que os deveres decorrentes do artigo 17 são preexistentes à própria Lei 9.656/1998 e, assim, mantêm-se mesmo em face de sua alteração.[794]

Os profissionais e prestadores de serviços credenciados pela operadora do plano de saúde são elementos da oferta de consumo e constituem informação decisiva para o exercício da escolha do consumidor, que deverá considerar a qualidade e a abrangência de sua rede de profissionais e prestadores de serviços credenciados, tanto no tocante ao reconhecimento de sua qualificação técnica quanto do prestígio que ostentam no mercado. Daí o fundamento para que a legislação imponha restrições quanto à alteração do rol de prestadores de serviços credenciados, o que se poderia rejeitar tanto sob a perspectiva da alteração unilateral do contrato, em desacordo com a natureza comutativa do contrato de ajuste entre as partes, como a partir da eficácia vinculativa da oferta, assegurada pelo regime da oferta no Código de Defesa do Consumidor (artigos 30 e 35).

Nesse sentido, existiria fundamento bastante no CDC, inclusive, para impedir qualquer alteração na rede de prestadores de serviço credenciados pela operadora do plano de saúde que se apresentasse ao tempo da celebração do contrato com o consumidor.

---

[793] Em sua redação original, previa o *caput* do artigo 17 que: "Artigo 17. A inclusão como contratados ou credenciados dos planos privados de assistência à saúde, de qualquer hospital, casa de saúde, clínica, laboratório ou entidade correlata ou assemelhada de assistência à saúde implica compromisso para com os consumidores quanto à sua manutenção ao longo da vigência dos contratos". E nesta linha seus parágrafos dispunham: "§ 1º É facultada a substituição do contratado ou credenciado a que se refere o *caput*, desde que por outro equivalente e mediante comunicação aos consumidores com trinta dias de antecedência. § 2º Na hipótese de a substituição a que se refere o parágrafo anterior ocorrer durante internação do consumidor, o estabelecimento obriga-se a mantê-lo internado e a operadora obriga-se ao pagamento das despesas até a alta hospitalar, a critério médico, na forma do contrato". Ocorre que esta redação veio a ser alterada pela Medida Provisória 2.177-44/2001, que suprimiu a enunciação exemplificativa constante do *caput* de "hospital, casa de saúde, clínica, laboratório ou entidade correlata ou assemelhada de assistência à saúde", para indicar em sua redação vigente que "A inclusão como contratados, referenciados ou credenciados dos produtos de que tratam o inciso I e o § 1º do artigo 1º desta Lei, de qualquer entidade hospitalar, implica compromisso para com os consumidores quanto à sua manutenção ao longo da vigência dos contratos". Nesse sentido, veja-se o nosso: MIRAGEM, Bruno. Eficácia da oferta e a proteção das expectativas legítimas do consumidor nos contratos relacionais dever da operadora de plano de saúde manter o credenciamento de serviços médicos durante o tratamento realizado pelo consumidor. *Revista de Direito do Consumidor*, São Paulo, v. 78, p. 365 *et seq.*, abr. 2011.

[794] SAMPAIO, Aurisvaldo. *Contratos de planos de saúde*. São Paulo: Ed. RT, 2010. p. 320.

516 | CURSO DE DIREITO DO CONSUMIDOR – *Bruno Miragem*

Entretanto, a multiplicidade de prestadores de serviços e dos respectivos contratos faria com que a vedação absoluta de qualquer alteração da rede credenciada se revelasse disfuncional, seja porque a operadora do plano de saúde não tem como assegurar a uniformidade e a estabilidade do interesse de seus prestadores de serviços credenciados, seja porque, sendo um contrato cuja execução se projeta no tempo, a manutenção da rede de serviços contratados submete-se a eventuais modificações de circunstâncias que possam se dar ao longo da contratação. Contudo, resulta da interpretação das normas do CDC e da própria natureza do contrato e suas características que essa alteração da rede de prestadores de serviços, uma vez que é causa da confiança despertada do consumidor e mesmo de sua decisão de contratar com determinada operadora de plano de saúde, é medida excepcional, devendo as normas que a autorizam, como é o caso do artigo 17 da Lei 9.656/1998, ser interpretadas restritivamente. Assim, entendem Andrea Lazzarini Salazar, Karina Grou e Vidal Serrano Júnior que essas disposições "são insuficientes para proteger de maneira eficaz o consumidor: seja porque as garantias foram restringidas ao descredenciamento de entidades hospitalares, seja pela impossibilidade de o consumidor conhecer o nível ou a equivalência dos prestadores que saem e ingressam na rede credenciada".[795] Rogam, portanto, pela necessária regulação do tema pela Agência Nacional de Saúde Suplementar, que ao menos até o presente momento parece furtar-se de tratar do assunto.

De fato, o direito à manutenção das condições originalmente contratadas – o que inclui o rol de prestadores de serviços credenciados ou referenciados – não tem seu fundamento principal no artigo 17 do CDC, que apenas estabelece procedimento para as hipóteses restritivas em que admite sua substituição. Decorre, em verdade, da proteção da confiança dos consumidores, que no direito do consumidor é operada pela incidência do princípio da boa-fé e da eficácia vinculativa da oferta, de onde resulta proibição da alteração unilateral dos termos do contrato. O raciocínio que se expõe é o de que o consumidor toma sua decisão de contratar em vista das vantagens e qualidades relativas ao objeto ou ao modo de contratação oferecidos pelo fornecedor. Daí a origem do dever jurídico de manutenção das condições ofertadas, em respeito aos motivos que levam o consumidor a contratar, ou mesmo da causa contratual eventualmente reconhecida. São, portanto, princípios e regras do Código de Defesa do Consumidor que a Lei 9.656/1998, ao incidir sobre uma espécie de contrato de consumo, regula, especialmente em relação ao procedimento de substituição excepcionalmente admitida no rol dos prestadores de serviço de saúde vinculados ao plano oferecido pela operadora de planos de saúde.

O STJ, ao interpretar as condições previstas na lei, que devem ser atendidas para promover a substituição excepcional do prestador de serviços credenciado originalmente pela operadora de plano de saúde, quais sejam: "(i) equivalência das entidades médico- -hospitalares, ou seja, da descredenciada e da substituta; (ii) notificação dos consumidores com antecedência mínima de trinta dias; e (iii) comunicação à Agência Nacional de Saúde

---

[795] SALAZAR, Andrea Lazzarini; GROU, Karina; SERRANO JR., Vidal. Assistência privada à saúde: aspectos gerais da nova legislação. *In*: MARQUES, Claudia Lima; SCHMITT, Cristiano Heineck; LOPES, José Reinaldo de Lima; PFEIFFER, Roberto Augusto (coord.). *Saúde e responsabilidade 2*. A nova assistência privada à saúde. São Paulo: Ed. RT, 2008. p. 217.

(ANS) dentro do mesmo prazo".[796] Isso não implica ampla liberdade na substituição dos profissionais e demais prestadores de serviços credenciados. A natureza restritiva e excepcional dessa providência decorre do disposto no CDC. Contudo, na excepcional hipótese de alteração dos prestadores de serviço vinculados ao plano de saúde, observa-se, ainda assim, o dever do fornecedor de manter o mesmo nível de conformidade e qualidade dos serviços prestados, de modo, pois, que a substituição do prestador de serviço, quando ocorre, só pode se dar em favor de outro equivalente. Essa noção de equivalência, note-se, é subjetiva, antes do que objetiva. Não basta que o prestador de serviços que venha a ser substituto ofereça os mesmos serviços daquele descredenciado/desligado do plano de saúde. O aspecto essencial desse dever de equivalência é subjetivo, ou seja, de que o substituto ostente as mesmas qualificações e o mesmo reconhecimento do prestador de serviço anterior. Isso porque, conforme se disse, se a qualificação ou abrangência da rede de prestadores de serviços é considerada para efeito de oferta ao consumidor e sua respectiva escolha do plano de saúde a ser contratado, exige-se que seja mantida essa qualidade durante toda a execução do contrato.

Por outro lado, o segundo dever das operadoras dos planos de saúde é o de notificar os consumidores sobre a substituição com antecedência mínima de 30 dias. Esse dever, que é espécie de dever de informação,[797] tem por finalidade permitir o conhecimento prévio que possibilite ao consumidor decidir não iniciar determinado tratamento com o prestador de serviços que será descredenciado, ou ainda concluir o respectivo tratamento quando isso for possível. Por fim, a comunicação prévia à Agência Nacional de Saúde Suplementar, prevista em lei, tem por finalidade evidente permitir o exercício da fiscalização e controle que lhe compete, especialmente no exame das causas da substituição do prestador de serviços e sua repercussão para os interesses legítimos dos consumidores. Fixa-se, portanto, procedimento para permitir a proteção adequada dos direitos dos consumidores.[798]

---

[796] "Direito do consumidor. Plano de saúde. Descredenciamento de clínica médica no curso de tratamento quimioterápico, sem substituição por estabelecimento de saúde equivalente. Impossibilidade. Prática abusiva. Artigo 17 da Lei 9.656/98. 1. O *caput* do artigo 17 da Lei 9.656/98 garante aos consumidores de planos de saúde a manutenção da rede de profissionais, hospitais e laboratórios credenciados ou referenciados pela operadora ao longo da vigência dos contratos. 2. Nas hipóteses de descredenciamento de clínica, hospital ou profissional anteriormente autorizados, as operadoras de plano de saúde são obrigadas a manter uma rede de estabelecimentos conveniados compatível com os serviços contratados e apta a oferecer tratamento equivalente àquele encontrado no estabelecimento de saúde que foi descredenciado. Artigo 17, § 1º, da Lei 9.656/98. 3. O descredenciamento de estabelecimento de saúde efetuado sem a observância dos requisitos legalmente previstos configura prática abusiva e atenta contra o princípio da boa-fé objetiva que deve guiar a elaboração e a execução de todos os contratos. O consumidor não é obrigado a tolerar a diminuição da qualidade dos serviços contratados e não deve ver frustrada sua legítima expectativa de poder contar, em caso de necessidade, com os serviços colocados à sua disposição no momento da celebração do contrato de assistência médica. 4. Recurso especial conhecido e provido" (STJ, REsp 1.119.044/SP, 3ª Turma, Rel. Min. Nancy Andrighi, j. 22.02.2011, *DJe* 04.03.2011). Definindo a responsabilidade solidária do prestador de serviço e da operadora do plano de saúde: REsp 1.725.092/SP, 3ª Turma, Rel. Min. Nancy Andrighi, j. 20.03.2018, *DJe* 23.03.2018.

[797] STJ, REsp 1349385/PR, 3ª Turma, Rel. Min. Ricardo Villas Bôas Cueva, j. 16.12.2014, *DJe* 02.02.2015.

[798] Em idêntico sentido observa-se o § 4º do artigo 17 da Lei 9.656/1998, ao dispor que: "§ 4º Em caso de redimensionamento da rede hospitalar por redução, as empresas deverão solicitar à ANS autorização expressa para tanto, informando: I – nome da entidade a ser excluída; II – capacidade operacional a ser reduzida com a exclusão; III – impacto sobre a massa assistida, a partir de parâmetros definidos pela

2.5.4.3 Controle das cláusulas e práticas abusivas nos planos de assistência à saúde

Não se perca de vista que os contratos de assistência ou de seguro de saúde revestem-se da finalidade precípua de responder pelos custos de tratamento médico-hospitalar ou procedimentos de prevenção a riscos da saúde dos consumidores. É esta a finalidade sobre a qual se assenta a confiança despertada nos consumidores.[799] Nesse sentido, apresenta-se a abusividade de suas cláusulas contratuais que, ao restringirem a cobertura do plano,[800] criando obstáculos à realização de certos procedimentos, comprometem a satisfação do interesse útil do contrato que é a manutenção ou promoção da saúde do segurado. Da mesma forma, será abusiva a cláusula contratual que deixa ao arbítrio do fornecedor a estipulação do índice de reajuste que lhe seja mais vantajoso, entre alternativas determinadas no contrato,[801] ou a que estabeleça uma coparticipação do consumidor assistido em tal nível, que frustre a noção de cobertura assistencial como parte da prestação devida pela operadora.[802] A noção de interesse útil dos contratantes em relação à prestação contratual é de grande valia para a interpretação dos contratos de assistência e seguro

---

ANS, correlacionando a necessidade de leitos e a capacidade operacional restante; e IV – justificativa para a decisão, observando a obrigatoriedade de manter cobertura com padrões de qualidade equivalente e sem ônus adicional para o consumidor".

[799] Sobre a proteção da confiança nos contratos de planos de assistência à saúde, veja-se: MARTINS, Fernando Rodrigues. A saúde privada complementar como sistema jurídico hipercomplexo e a proteção à confiança. *Revista de Direito do Consumidor*, São Paulo, v. 120, p. 77-101, nov./dez. 2018.

[800] "Civil e processual. Acórdão estadual. Omissões não configuradas. Seguro-saúde. Cláusula limitativa de valor de despesas anuais. Abusividade. Esvaziamento da finalidade do contrato. Nulidade. I. Não padece do vício da omissão o acórdão estadual que enfrenta suficientemente as questões relevantes suscitadas, apenas que trazendo conclusões adversas à parte irresignada. II. A finalidade essencial do seguro-saúde reside em proporcionar adequados meios de recuperação ao segurado, sob pena de esvaziamento da sua própria *ratio*, o que não se coaduna com a presença de cláusula limitativa do valor indenizatório de tratamento que as instâncias ordinárias consideraram coberto pelo contrato. III. Recurso especial conhecido e provido" (REsp 326.147/SP, 4ª Turma, Rel. Min. Aldir Passarinho Junior, j. 21.05.2009, *DJe* 08.06.2009). No mesmo sentido: AgInt no REsp 1.349.647/RJ, 4ª Turma, Rel. Min. Raul Araújo, j. 13.11.2018, *DJe* 23.11.2018.

[801] "Agravo regimental no agravo de instrumento. Reajuste complementar de plano de saúde. Aplicação de índice unilateralmente escolhido. Vedação. Código de Defesa do Consumidor. 1. É abusivo o reajuste de plano de saúde pelo índice que melhor atende aos interesses do fornecedor, sem que se acorde ou se dê ao consumidor qualquer informação a respeito do critério adotado. Agravo regimental improvido" (STJ, AgRg no Ag 1087391/SP, 3ª Turma, Rel. Min. Sidnei Beneti, j. 16.04.2009, *DJe* 05.05.2009).

[802] Decidiu o STJ, no julgamento de recurso especial repetitivo: "Recurso especial representativo de controvérsia. Artigo 1.036 e seguintes do CPC/2015. Ação cominatória de obrigação de fazer c/c declaratória de nulidade contratual. Procedência da demanda, na origem, ante a então reputada abusividade na limitação de cobertura após o trigésimo dia de internação psiquiátrica. Insurgência da operadora do plano de saúde voltada à declaração de legalidade da cláusula contratual de plano de saúde que estabelece o pagamento parcial pelo contratante, a título de coparticipação, na hipótese de internação hospitalar superior a 30 dias decorrente de transtornos psiquiátricos. 1. Para fins dos arts. 1.036 e seguintes do CPC/2015: 1.1 Nos contratos de plano de saúde não é abusiva a cláusula de coparticipação expressamente ajustada e informada ao consumidor, à razão máxima de 50% (cinquenta por cento) do valor das despesas, nos casos de internação superior a 30 (trinta) dias por ano, decorrente de transtornos psiquiátricos, preservada a manutenção do equilíbrio financeiro. 2. Caso concreto: 2.1 Inviável conhecer da tese de negativa de prestação jurisdicional, pois a simples menção de preceito legal, de modo genérico, sem explicitar a forma como ocorreu sua efetiva contrariedade pelo Tribunal de origem, manifesta deficiência na fundamentação do recurso especial a atrair a incidência da Súmula 284 do STF. 2.2 Inexistindo limitação de cobertura, mas apenas previsão de coparticipação decorrente de internação psiquiátrica por período superior a 30 dias anuais, deve ser afastada a abusividade da cláusula contratual com a consequente improcedência

Parte II · Cap. 2 · A PROTEÇÃO CONTRATUAL DO CONSUMIDOR | **519**

de saúde. Nesse sentido, se a alteração unilateral do contrato pelo fornecedor já é em si suficiente para caracterizar a abusividade, tal característica se agrava quando se percebe que o conteúdo da alteração em foco resulta na diminuição ou no comprometimento do interesse do consumidor com a prestação contratual. É o que ocorre quando a operadora do plano de saúde modifica de modo unilateral o contrato para prever que a possibilidade de o consumidor utilizar serviços de hospital não credenciado no plano tem a restituição de despesas limitada por tabela fixada pelo fornecedor,[803] ou, do mesmo modo, quando, havendo mora do consumidor no pagamento da mensalidade, automaticamente preveem--se a suspensão do contrato e a renovação do prazo de carência por novo período após a purgação da mora.[804] Assim, também será abusiva a cláusula contratual que limitar o tempo de internação do paciente em UTI,[805] ou de resto limitativa do tempo de internação

---

do pedido veiculado na inicial. 3. Recurso especial conhecido em parte e, na extensão, provido" (STJ, REsp 1.755.866/SP, 2ª Seção, Rel. Min. Marco Buzzi, j. 09.12.2020, *DJe* 16.12.2020).

[803] "Civil e processual civil. Plano de saúde. Alteração unilateral do contrato. Internação em hospital não conveniado. CDC. Boa-fé objetiva. 1. A operadora do plano de saúde está obrigada ao cumprimento de uma boa-fé qualificada, ou seja, uma boa-fé que pressupõe os deveres de informação, cooperação e cuidado com o consumidor/segurado. 2. No caso, a empresa de saúde realizou a alteração contratual sem a participação do consumidor, por isso é nula a modificação que determinou que a assistência médico--hospitalar fosse prestada apenas por estabelecimento credenciado ou, caso o consumidor escolhesse hospital não credenciado, que o ressarcimento das despesas estaria limitado à determinada tabela. Violação dos artigos 46 e 51, IV e § 1º, do CDC. 3. Por esse motivo, prejudicadas as demais questões propostas no especial. 4. Recurso especial provido" (STJ, REsp 418.572/SP, 4ª Turma, Rel. Min. Luis Felipe Salomão, j. 10.03.2009, *DJe* 30.03.2009).

[804] "Processual civil e consumidor. Plano de saúde. Código de Defesa do Consumidor. Cláusula abusiva. Dano moral. 1. Nos contratos de trato sucessivo, em que são contratantes um fornecedor e um consumidor, destinatário final dos serviços prestados, aplica-se o Código de Defesa do Consumidor. 2. A suspensão do atendimento do plano de saúde em razão do simples atraso da prestação mensal, ainda que restabelecido o pagamento, com os respectivos acréscimos, configura-se, por si só, ato abusivo. Precedentes do STJ. 3. Indevida a cláusula contratual que impõe o cumprimento de novo prazo de carência, equivalente ao período em que o consumidor restou inadimplente, para o restabelecimento do atendimento. 4. Tendo a empresa ré negado ilegalmente a cobertura das despesas médico-hospitalares, causando constrangimento e dor psicológica, consistente no receio em relação ao restabelecimento da saúde do filho, agravado pela demora no atendimento, e no temor quanto à impossibilidade de proporcionar o tratamento necessário a sua recuperação, deve-se reconhecer o direito do autor ao ressarcimento dos danos morais, os quais devem ser fixados de forma a compensar adequadamente o lesado, sem proporcionar enriquecimento sem causa. Recurso especial de Golden Cross Assistência Internacional de Saúde Ltda. não provido. Recurso especial de C. O. F. provido" (STJ, REsp 285.618/SP, 4ª Turma, Rel. Min. Luis Felipe Salomão, j. 18.12.2008, *DJe* 26.02.2009).

[805] "Recurso especial. Plano de saúde. Cláusula limitativa do tempo de internação em UTI. Abusividade manifesta. Súmula 302/STJ. Comunicação de que o prazo de internação escoou. Não interrupção do tratamento médico. Dano moral inexistente. Mero dissabor. Prejuízo patrimonial não demonstrado. Recurso especial conhecido em parte e, na extensão, provido 1. A Segunda Seção desta Corte firmou entendimento segundo o qual são abusivas as cláusulas de contrato de plano de saúde limitativas do tempo de internação, 'notadamente em face da impossibilidade de previsão do tempo da cura, da irrazoabilidade da suspensão do tratamento indispensável, da vedação de restringir-se em contrato direitos fundamentais e da regra de sobre direito, contida no artigo 5º da Lei de Introdução ao Código Civil, segundo a qual, na aplicação da lei, o juiz deve atender aos fins sociais a que ela se dirige às exigências do bem comum'. Súmula 302/STJ. 2. No caso, porém, a recusa da empresa de saúde não foi materializada por nenhum ato concreto. Limitou-se a prestação de informações de que o plano de saúde não cobria internações em UTI superiores a 10 (dez) dias, sem interrupção do tratamento médico da segurada, não sendo capaz de infligir ao autor sofrimento ou dor moral relevantes além daqueles experimentados pela própria situação de enfermidade pela qual passava sua esposa. 3. Por outro lado, o autor não experimentou qualquer prejuízo pecuniário concreto, mas apenas uma 'cobrança amigável' do hospital.

hospitalar (Súmula 302/STJ),[806] bem como a cláusula que impede a utilização de material importado em cirurgia, quando inexiste similar nacional,[807] ou exclui a cobertura de próteses sem as quais a cobertura do procedimento cirúrgico perde qualquer utilidade.[808] Por outro lado, não será abusiva a exigência definida pela operadora do plano de saúde de que a requisição de exames e procedimentos seja feita pelos profissionais credenciados mediante indicação expressa do Código Internacional de Doenças (CID).[809] Além de ser providência exigida para melhor controle sobre os serviços custeados pela operadora, não representa efetivo obstáculo a sua fruição pelo consumidor. Da mesma forma, não está obrigada a operadora a custear medicamento sem registro prévio na Agência Nacional de Vigilância Sanitária (ANVISA). Nesse sentido, decidiu o STJ, em recurso especial repetitivo, que "a determinação judicial de fornecimento de fármacos deve evitar os medicamentos ainda não registrados na ANVISA, ou em fase experimental, ressalvadas as exceções expressamente previstas em lei; e, é lícita a exclusão de cobertura de produto, tecnologia e medicamento importado não nacionalizado, bem como tratamento clínico ou cirúrgico experimental (...). Porém, após o registro pela ANVISA, a operadora de plano de saúde não pode recusar o custeio do tratamento com o fármaco indicado pelo médico responsável pelo beneficiário".[810] O princípio aqui é o de que o dever de custeio

---

Ademais, as instâncias ordinárias não se manifestaram acerca da existência de qualquer dano material, não podendo esta Corte investigar a sua existência sob pena de afronta ao Verbete Sumular n. 7. 4. Especial parcialmente conhecido e, na extensão, provido, apenas para reconhecer a nulidade da cláusula contratual limitativa do tempo de internação" (STJ, REsp 361.415/RS, 4ª Turma, Rel. Min. Luis Felipe Salomão, j. 02.06.2009, *DJe* 15.06.2009).

[806] Assim a Súmula 302 do STJ: "É abusiva a cláusula contratual de plano de saúde que limita no tempo a internação hospitalar do segurado".

[807] "Plano de saúde – Cirurgia de aneurisma cerebral. Utilização de material importado, quando inexistente similar nacional. Possibilidade. É abusiva a cláusula contratual que exclui de cobertura securitária a utilização de material importado, quando este é necessário ao bom êxito do procedimento cirúrgico coberto pelo plano de saúde e não existente similar nacional" (STJ, REsp 952.144/SP, 3ª Turma, Rel. Min. Humberto Gomes de Barros, j. 17.03.2008, *DJe* 13.05.2008). No mesmo sentido a cláusula que restringe acesso do consumidor a tratamento comprovadamente eficaz em relação a doença, dando causa ao reconhecimento de dano moral: STJ, AgInt no AREsp 1.415.175/MS, 4ª Turma, Rel. Min. Luis Felipe Salomão, j. 1º.04.2019, *DJe* 08.04.2019.

[808] "Consumidor. Plano de saúde. Cláusula limitativa de fornecimento de próteses. Inaplicabilidade. Cirurgia cujo sucesso depende da instalação da prótese. 1. Malgrado válida, em princípio, a cláusula limitativa de fornecimento de próteses, prevendo o contrato de plano de saúde, no entanto, a cobertura de determinada intervenção cirúrgica, mostra-se inaplicável a limitação caso a colocação da prótese seja providência necessária ao sucesso do procedimento. 2. No caso, é indispensável a colocação de próteses de platina para o êxito da cirurgia decorrente de fratura de tíbia e maléolo. 3. Recurso especial conhecido e provido" (STJ, REsp 873.226/ES, 4ª Turma, Rel. Min. Luis Felipe Salomão, j. 08.02.2011, *DJe* 22.02.2011). No mesmo sentido: "É nula a cláusula contratual que exclua da cobertura órteses, próteses e materiais diretamente ligados ao procedimento cirúrgico a que se submete o consumidor" (STJ, REsp 1.364.775/MG, 3ª Turma, Rel. Min. Nancy Andrighi, j. 20.06.2013, *DJe* 28.06.2013); e: STJ, AgRg no AREsp 366.349/MG, 4ª Turma, Rel. Min. Maria Isabel Gallotti, j. 25.02.2014, *DJe* 05.03.2014. Ainda consigna o STJ que é "manifesta a abusividade da cláusula de exclusão da cobertura de prótese essencial para que os segurados acometidos de catarata e necessitados da cirurgia denominada facectomia restabeleçam plenamente a sua visão" (STJ, REsp 1.585.614/SP, 3ª Turma, Rel. Min. Paulo de Tarso Sanseverino, j. 12.03.2019, *DJe* 15.03.2019). No mesmo sentido, em relação aos contratos celebrados antes da vigência da Lei 9.656/1998: STJ, AgInt no REsp 1.986.758/SP, 4ª Turma, Rel. Min. Antonio Carlos Ferreira, j. 12.12.2022, *DJe* 15.12.2022.

[809] STJ, REsp 1.509.055/RJ, 3ª Turma, Rel. Min. Paulo de Tarso Sanseverino, j. 22.08.2017, *DJe* 25.08.2017.

[810] STJ, REsp 1.712.163/SP, 2ª Seção, Rel. Min. Moura Ribeiro, j. 08.11.2018, *DJe* 26.11.2018.

dos tratamentos baseia-se no contrato, considerando a expectativa legítima de preservação da saúde do consumidor.

Tema de maior importância, nesse particular, diz respeito às situações contratuais que dão causa a reajuste de mensalidades, de acordo com a Lei 9.656/1998: a) reajuste para atualização da mensalidade em face do aumento de custos; b) reajuste pela mudança de faixa etária do consumidor assistido; c) reajuste em face de revisão técnica, para corrigir desequilíbrio estrutural do plano de saúde. Destes, certamente, é objeto de maior polêmica o reajuste por alteração de faixa etária. No primeiro caso, caberia à ANS fixar critérios objetivos para a identificação desses custos do sistema de saúde, bem como para sua incorporação e cálculo de índice de reajuste, o que na experiência atual não foi bem-sucedido. O artigo 16, XI, apenas obriga discriminação, no contrato, dos critérios de reajuste e revisão das contraprestações pecuniárias. No caso do reajuste por faixa etária, trata-se de matéria objeto de ampla normatização, seja pela exigência de aprovação prévia pela ANS, conforme dispõe o artigo 35-E da Lei 9.656/1998, seja pelo Estatuto da Pessoa Idosa (artigo 15, § 3º, da Lei 10.741/2003). O disposto na Lei 9.656/1998 encontra-se suspenso, por força da liminar concedida pelo STF na ADIn 1.931/DF. Os fundamentos para controle do reajuste por alteração de faixa etária, contudo, são inúmeros. Primeiro, o que serve de fundamento para a norma inscrita no Estatuto do Idoso, a proibição de discriminação. Do ponto de vista da própria economia do contrato, contudo, no que se refere aos consumidores com maior tempo de contratação do plano de assistência à saúde, eventual aumento de despesas, presumível com o aumento da idade, deve ser cotejado com a contribuição do consumidor por todo o período da contratação, inclusive aquele em que a contribuição financeira para a operadora superou os custos individuais. Em resumo, a consideração sobre eventual aumento da sinistralidade deve ter como parâmetro toda a contratualidade, e não apenas a expectativa potencial de majoração do custo em face do aumento de faixa etária. Tais argumentos vêm sendo acolhidos pela jurisprudência do STJ, no sentido de declarar abusivas e, por isso, nulas as cláusulas contratuais que autorizam o reajuste dos valores dos planos de saúde coletivos, em que há maior diluição dos riscos em relação ao grupo de assistidos, em face da mudança de faixa etária.[811] Reconhece-se, para tanto, o interesse social nesses contratos de trato sucessivo, razão pela qual deve-se ter em análise todo o período da contratualidade,[812] e não apenas a estrutura de

---

[811] "Agravo regimental. Recurso especial. Plano de saúde. Reajuste de mensalidades em razão de mudança de faixa etária. Vedação. Precedentes. Decisão agravada mantida por seus próprios fundamentos. 1. Deve ser declarada a abusividade e consequente nulidade de cláusula contratual que prevê reajuste de mensalidade de plano de saúde calcada exclusivamente na mudança de faixa etária. Veda-se a discriminação do idoso em razão da idade, nos termos do artigo 15, § 3º, do Estatuto do Idoso, o que impede especificamente o reajuste das mensalidades dos planos de saúde que se derem por mudança de faixa etária. Precedentes do Superior Tribunal de Justiça. 2. Da leitura das razões expendidas na petição de agravo regimental não se extrai argumentação relevante apta a afastar os fundamentos do julgado ora recorrido. Destarte, deve a decisão ser mantida por seus próprios e jurídicos fundamentos. 3. Agravo regimental desprovido" (STJ, AgRg no AgRg no REsp 533.539/RS, 4ª Turma, Rel. Min. Fernando Gonçalves, j. 23.02.2010, *DJe* 08.03.2010). No mesmo sentido: STJ, AgRg no AREsp 563.555/SP, 3ª Turma, Rel. Min. Ricardo Villas Bôas Cueva, j. 19.03.2015, *DJe* 31.03.2015.

[812] "Direito civil e processual civil. Estatuto do Idoso. Planos de Saúde. Reajuste de mensalidades em razão de mudança de faixa etária. Vedação. O plano de assistência à saúde é contrato de trato sucessivo, por prazo indeterminado, a envolver transferência onerosa de riscos, que possam afetar futuramente a saúde do consumidor e seus dependentes, mediante a prestação de serviços de assistência médico-ambulatorial

522 | CURSO DE DIREITO DO CONSUMIDOR – *Bruno Miragem*

contribuição do assistido e custo *pro futuro*. Por outro lado, o entendimento no sentido contrário considerará o incremento do risco com o avanço da idade e, desse modo, a necessidade de reajuste que o contemple, o qual é limitado pela boa-fé, na medida em que não se admitirá, em qualquer hipótese, reajuste em percentual desarrazoado que sirva para excluir o consumidor do acesso ao serviço.[813] É o que ocorrerá também quando, sendo reconhecida abusiva a cláusula de reajuste por faixa etária, o juiz determinar a integração do contrato, o que deverá considerar o incremento do risco, por intermédio do competente cálculo atuarial.[814] No caso do plano de saúde individual ou familiar, no

---

e hospitalar, diretamente ou por meio de rede credenciada, ou ainda pelo simples reembolso das despesas. Como característica principal, sobressai o fato de envolver execução periódica ou continuada, por se tratar de contrato de fazer de longa duração, que se prolonga no tempo; os direitos e obrigações dele decorrentes são exercidos por tempo indeterminado e sucessivamente. Ao firmar contrato de plano de saúde, o consumidor tem como objetivo primordial a garantia de que, no futuro, quando ele e sua família necessitarem, obterá a cobertura nos termos em contratada. O interesse social que subjaz do Estatuto do Idoso, exige sua incidência aos contratos de trato sucessivo, assim considerados os planos de saúde, ainda que firmados anteriormente à vigência do Estatuto Protetivo. Deve ser declarada a abusividade e consequente nulidade de cláusula contratual que prevê reajuste de mensalidade de plano de saúde calcada exclusivamente na mudança de faixa etária – de 60 e 70 anos respectivamente, no percentual de 100% e 200%, ambas inseridas no âmbito de proteção do Estatuto do Idoso. Veda-se a discriminação do idoso em razão da idade, nos termos do artigo 15, § 3º, do Estatuto do Idoso, o que impede especificamente o reajuste das mensalidades dos planos de saúde que se derem por mudança de faixa etária; tal vedação não envolve, portanto, os demais reajustes permitidos em lei, os quais ficam garantidos às empresas prestadoras de planos de saúde, sempre ressalvada a abusividade. Recurso especial conhecido e provido" (STJ, REsp 989.380/RN, 3ª Turma, Rel. Min. Nancy Andrighi, j. 06.11.2008, *DJe* 20.11.2008).

[813] "Direito civil. Consumidor. Plano de saúde. Ação civil pública. Cláusula de reajuste por mudança de faixa etária. Incremento do risco subjetivo. Segurado idoso. Discriminação. Abuso a ser aferido caso a caso. Condições que devem ser observadas para validade do reajuste. 1. Nos contratos de seguro de saúde, de trato sucessivo, os valores cobrados a título de prêmio ou mensalidade guardam relação de proporcionalidade com o grau de probabilidade de ocorrência do evento risco coberto. Maior o risco, maior o valor do prêmio. 2. É de natural constatação que quanto mais avançada a idade da pessoa, independentemente de estar ou não ela enquadrada legalmente como idosa, maior é a probabilidade de contrair problema que afete sua saúde. Há uma relação direta entre incremento de faixa etária e aumento de risco de a pessoa vir a necessitar de serviços de assistência médica. 3. Atento a tal circunstância, veio o legislador a editar a Lei Federal 9.656/98, rompendo o silêncio que até então mantinha acerca do tema, preservando a possibilidade de reajuste da mensalidade de plano ou seguro de saúde em razão da mudança de faixa etária do segurado, estabelecendo, contudo, algumas restrições e limites a tais reajustes. 4. Não se deve ignorar que o Estatuto do Idoso, em seu artigo 15, § 3º, veda 'a discriminação do idoso nos planos de saúde pela cobrança de valores diferenciados em razão da idade'. Entretanto, a incidência de tal preceito não autoriza uma interpretação literal que determine, abstratamente, que se repute abusivo todo e qualquer reajuste baseado em mudança de faixa etária do idoso. Somente o reajuste desarrazoado, injustificado, que, em concreto, vise de forma perceptível a dificultar ou impedir a permanência do segurado idoso no plano de saúde implica na vedada discriminação, violadora da garantia da isonomia. 5. Nesse contexto, deve-se admitir a validade de reajustes em razão da mudança de faixa etária, desde que atendidas certas condições, quais sejam: a) previsão no instrumento negocial; b) respeito aos limites e demais requisitos estabelecidos na Lei Federal 9.656/98; e c) observância ao princípio da boa-fé objetiva, que veda índices de reajuste desarrazoados ou aleatórios, que onerem em demasia o segurado. 6. Sempre que o consumidor segurado perceber abuso no aumento de mensalidade de seu seguro de saúde, em razão de mudança de faixa etária, poderá questionar a validade de tal medida, cabendo ao Judiciário o exame da exorbitância, caso a caso. 7. Recurso especial provido" (STJ, REsp 866.840/SP, 4ª Turma, Rel. Min. Luis Felipe Salomão, Rel. p/ acórdão Min. Raul Araújo, j. 07.06.2011, *DJe* 17.08.2011). No mesmo sentido: STJ, AgRg no REsp 1.315.668/SP, 3ª Turma, Rel. p/ Acórdão Min. João Otávio de Noronha, j. 24.03.2015, *DJe* 14.04.2015) No mesmo sentido: TJRS, ApCiv 70.073.799.975, 5ª Câmara Cível, Rel. Jorge Luiz Lopes do Canto, j. 25.10.2017.

[814] STJ, REsp 1.280.211/SP, 2ª Seção, Rel. Min. Marco Buzzi, j. 23.04.2014, *DJe* 04.09.2014.

qual o custeio não é distribuído a uma grande massa de assistidos, o STJ consolidou seu entendimento no sentido de admitir a possibilidade de reajuste em razão da alteração de faixa etária, sem prejuízo do controle sobre os percentuais a serem aplicados, ou seja, o controle da abusividade no caso concreto. Sob o regime do artigo 1.040 do CPC/2015, então, aprovou a seguinte tese para efeito dos recursos especiais repetitivos: "O reajuste de mensalidade de plano de saúde individual ou familiar fundado na mudança de faixa etária do beneficiário é válido desde que (i) haja previsão contratual, (ii) sejam observadas as normas expedidas pelos órgãos governamentais reguladores e (iii) não sejam aplicados percentuais desarrazoados ou aleatórios que, concretamente e sem base atuarial idônea, onerem excessivamente o consumidor ou discriminem o idoso".[815] Em relação aos planos

---

[815] "Recurso especial repetitivo. Negativa de prestação jurisdicional. Não ocorrência. Civil. Plano de saúde. Modalidade individual ou familiar. Cláusula de reajuste de mensalidade por mudança de faixa etária. Legalidade. Último grupo de risco. Percentual de reajuste. Definição de parâmetros. Abusividade. Não caracterização. Equilíbrio financeiro-atuarial do contrato. 1. A variação das contraprestações pecuniárias dos planos privados de assistência à saúde em razão da idade do usuário deverá estar prevista no contrato, de forma clara, bem como todos os grupos etários e os percentuais de reajuste correspondentes, sob pena de não ser aplicada (arts. 15, *caput*, e 16, IV, da Lei nº 9.656/1998). 2. A cláusula de aumento de mensalidade de plano de saúde conforme a mudança de faixa etária do beneficiário encontra fundamento no mutualismo (regime de repartição simples) e na solidariedade intergeracional, além de ser regra atuarial e asseguradora de riscos. 3. Os gastos de tratamento médico-hospitalar de pessoas idosas são geralmente mais altos do que os de pessoas mais jovens, isto é, o risco assistencial varia consideravelmente em função da idade. Com vistas a obter maior equilíbrio financeiro ao plano de saúde, foram estabelecidos preços fracionados em grupos etários a fim de que tanto os jovens quanto os de idade mais avançada paguem um valor compatível com os seus perfis de utilização dos serviços de atenção à saúde. 4. Para que as contraprestações financeiras dos idosos não ficassem extremamente dispendiosas, o ordenamento jurídico pátrio acolheu o princípio da solidariedade intergeracional, a forçar que os de mais tenra idade suportassem parte dos custos gerados pelos mais velhos, originando, assim, subsídios cruzados (mecanismo do *community rating* modificado). 5. As mensalidades dos mais jovens, apesar de proporcionalmente mais caras, não podem ser majoradas demasiadamente, sob pena de o negócio perder a atratividade para eles, o que colocaria em colapso todo o sistema de saúde suplementar em virtude do fenômeno da seleção adversa (ou antisseleção). 6. A norma do art. 15, § 3º, da Lei nº 10.741/2003, que veda 'a discriminação do idoso nos planos de saúde pela cobrança de valores diferenciados em razão da idade', apenas inibe o reajuste que consubstanciar discriminação desproporcional ao idoso, ou seja, aquele sem pertinência alguma com o incremento do risco assistencial acobertado pelo contrato. 7. Para evitar abusividades (Súmula nº 469/STJ) nos reajustes das contraprestações pecuniárias dos planos de saúde, alguns parâmetros devem ser observados, tais como (i) a expressa previsão contratual; (ii) não serem aplicados índices de reajuste desarrazoados ou aleatórios, que onerem em demasia o consumidor, em manifesto confronto com a equidade e as cláusulas gerais da boa-fé objetiva e da especial proteção ao idoso, dado que aumentos excessivamente elevados, sobretudo para esta última categoria, poderão, de forma discriminatória, impossibilitar a sua permanência no plano; e (iii) respeito às normas expedidas pelos órgãos governamentais: a) No tocante aos contratos antigos e não adaptados, isto é, aos seguros e planos de saúde firmados antes da entrada em vigor da Lei nº 9.656/1998, deve-se seguir o que consta no contrato, respeitadas, quanto à abusividade dos percentuais de aumento, as normas da legislação consumerista e, quanto à validade formal da cláusula, as diretrizes da Súmula Normativa nº 3/2001 da ANS. b) Em se tratando de contrato (novo) firmado ou adaptado entre 2.01.1999 e 31.12.2003, deverão ser cumpridas as regras constantes na Resolução CONSU nº 6/1998, a qual determina a observância de 7 (sete) faixas etárias e do limite de variação entre a primeira e a última (o reajuste dos maiores de 70 anos não poderá ser superior a 6 (seis) vezes o previsto para os usuários entre 0 e 17 anos), não podendo também a variação de valor na contraprestação atingir o usuário idoso vinculado ao plano ou seguro saúde há mais de 10 (dez) anos. c) Para os contratos (novos) firmados a partir de 1º.01.2004, incidem as regras da RN nº 63/2003 da ANS, que prescreve a observância (i) de 10 (dez) faixas etárias, a última aos 59 anos; (ii) do valor fixado para a última faixa etária não poder ser superior a 6 (seis) vezes o previsto para a primeira; e (iii) da variação acumulada entre a sétima e décima faixas não poder ser superior à

524 | CURSO DE DIREITO DO CONSUMIDOR – *Bruno Miragem*

de saúde coletivos, o STJ fixou o entendimento no sentido de aplicar os mesmos requisitos reconhecidos aos planos individuais, excluídas apenas as entidades de autogestão da incidência do CDC.[816]

No caso dos planos coletivos, os contratos celebrados ou adaptados à Resolução 63/2003, da Agência Nacional de Saúde, submetem-se aos critérios de classificação definidos em seu artigo 1º, o qual define que a variação de preço por faixa etária estabelecida nos contratos de planos privados de assistência à saúde, firmados a partir de 1º de janeiro de 2004, deverá observar o que ela dispõe, ao dividir em dez faixas etárias, dos 0 aos 59 anos, e mediante os seguintes critérios: a) que o valor fixado para a última faixa etária não poderá ser superior a seis vezes o valor da primeira faixa etária; e b) que a variação acumulada entre a sétima e a décima faixas não poderá ser superior à variação acumulada entre a primeira e a sétima faixas (artigo 2º, I e II, da Resolução ANS 63/2003). Sobre esses critérios também fixou entendimento o STJ, na sistemática dos recursos repetitivos, definindo que: "A melhor interpretação do enunciado normativo do artigo 3º, II, da Resolução n. 63/2003, da ANS, é aquela que observa o sentido matemático da expressão 'variação acumulada', referente ao aumento real de preço verificado em cada intervalo, devendo-se aplicar, para sua apuração, a respectiva fórmula matemática, estando incorreta a simples soma aritmética de percentuais de reajuste ou o cálculo de média dos percentuais aplicados em todas as faixas etárias".[817] Esse controle dos efeitos do reajuste nos contratos de planos de seguro saúde aplica-se em proteção do consumidor, sobretudo em vista da

---

variação cumulada entre a primeira e sétima faixas. 8. A abusividade dos aumentos das mensalidades de plano de saúde por inserção do usuário em nova faixa de risco, sobretudo de participantes idosos, deverá ser aferida em cada caso concreto. Tal reajuste será adequado e razoável sempre que o percentual de majoração for justificado atuarialmente, a permitir a continuidade contratual tanto de jovens quanto de idosos, bem como a sobrevivência do próprio fundo mútuo e da operadora, que visa comumente o lucro, o qual não pode ser predatório, haja vista a natureza da atividade econômica explorada: serviço público impróprio ou atividade privada regulamentada, complementar, no caso, ao Serviço Único de Saúde (SUS), de responsabilidade do Estado. 9. Se for reconhecida a abusividade do aumento praticado pela operadora de plano de saúde em virtude da alteração de faixa etária do usuário, para não haver desequilíbrio contratual, faz-se necessária, nos termos do art. 51, § 2º, do CDC, a apuração de percentual adequado e razoável de majoração da mensalidade em virtude da inserção do consumidor na nova faixa de risco, o que deverá ser feito por meio de cálculos atuariais na fase de cumprimento de sentença (...)" (STJ, REsp 1.568.244/RJ, 2ª Seção, Rel. Min. Ricardo Villas Bôas Cueva, j. 14.12.2016, *DJe* 19.12.2016).

[816] STJ, REsp 1.715.798/RS, 2ª Seção, Rel. Min. Paulo de Tarso Sanseverino, j. 23.03.2022, *DJe* 08.04.2022; AgInt no AREsp 1.096.339/SP, 4ª Turma, Rel. Min. Maria Isabel Gallotti, j. 14.11.2022, *DJe* 18.11.2022.

[817] "Recursos especiais repetitivos. Direito civil e processual civil. Saúde suplementar. Plano de saúde coletivo. Reajuste por faixa etária. Tema 1.016/STJ. Controvérsia acerca da validade do reajuste e do ônus da prova da base atuarial. Aplicabilidade do Tema 952/STJ aos planos coletivos. Cálculo da variação acumulada nos termos da RN ANS 63/2003. Prova da base atuarial do reajuste. Ônus da operadora. Desafetação. 1. Delimitação da controvérsia: Controvérsia pertinente à validade da cláusula de reajuste por faixa etária e ao ônus da prova da base atuarial do reajuste, no contexto de pretensão de revisão de índice de reajuste por faixa etária deduzida pelo usuário contra a operadora, tratando-se de planos de saúde coletivos novos ou adaptados à Lei 9.656/1998. 2. Teses para os efeitos do art. 1.040 do CPC/2015: (a) Aplicabilidade das teses firmadas no Tema 952/STJ aos planos coletivos, ressalvando-se, quanto às entidades de autogestão, a inaplicabilidade do CDC; (b) A melhor interpretação do enunciado normativo do art. 3º, II, da Resolução n. 63/2003, da ANS, é aquela que observa o sentido matemático da expressão variação acumulada, referente ao aumento real de preço verificado em cada intervalo, devendo-se aplicar, para sua apuração, a respectiva fórmula matemática, estando incorreta a simples soma aritmética de percentuais de reajuste ou o cálculo de média dos percentuais aplicados em todas as faixas etárias (...)" (STJ, REsp 1.715.798/RS, 2ª Seção, Rel. Min. Paulo de Tarso Sanseverino, j. 23.03.2022, *DJe* 08.04.2022).

sua vulnerabilidade reconhecida na celebração do contrato, assim como na dependência/catividade em relação aos serviços que integram seu objeto. Em relação aos planos de saúde coletivos, há no STJ precedentes indicando ser "possível a majoração das mensalidades do plano de saúde em virtude da faixa etária, a partir de estudos técnico-atuariais, para buscar a preservação da situação financeira da operadora do plano, mas o reajuste deve observar critérios objetivos de forma proporcional e razoável, além de obrigatoriamente respeitar as normas da Agência Nacional de Saúde Suplementar e o Estatuto do Idoso",[818] embora refira a própria Corte à impropriedade de julgamento da matéria sem subsídio dos cálculos atuariais respectivos.[819]

No caso dos planos de saúde estipulados por empresas em favor de seus empregados, há divergência jurisprudencial quanto à possibilidade de aplicação do CDC.[820] Quer parecer, contudo, que o fato de haver como estipulante o empregador em favor de seus empregados, assim como seria o caso da associação em relação aos seus associados, não é causa suficiente para afastar, por si, a incidência do CDC. Afinal, isso nada tem a ver com a presença ou não de catividade/dependência do empregado beneficiado pelo plano de saúde, que muitas vezes, inclusive, participa do pagamento da contraprestação à operadora. Daí por que, embora se possa dizer que não há compulsoriedade na aplicação do CDC aos empregados usuários de plano de saúde empresarial, também é de registrar que poderão, de acordo com o conteúdo do contrato, ser tanto consumidores propriamente ditos (uma vez que participem da remuneração do serviço, mesmo com a coparticipação do empregador) quanto equiparados, presente a vulnerabilidade no caso concreto, mediante exposição às práticas contratuais, nos termos do artigo 29 do CDC. Não se deixa de notar, contudo, que a Súmula 608 do STJ, ao estabelecer que "aplica-se o Código de Defesa do Consumidor aos contratos de plano de saúde", excluiu expressamente as entidades de autogestão. Nesse sentido, quando se trata de entidades de autogestão, por vezes organizadas pelo empregador, por associação ou sindicato para manter plano de assistência a um grupo específico de assistidos, sem sua oferta no mercado, não se aplica o CDC, o que não elimina, contudo, a incidência dos princípios contratuais gerais no interesse das partes.

Essa aplicação terá especial relevância também no caso de resilição unilateral do contrato pelo fornecedor, hipótese em que deverão ser respeitados os interesses legítimos dos consumidores assistidos, inclusive com o dever de notificação prévia e, conforme interpretação jurisprudencial, o direito de portabilidade das carências, pela interpretação sistemática da Lei 9.656/1998 e do CDC, em diálogo das fontes.[821]

---

[818] STJ, AgInt nos EDcl no REsp 1.730.184/SP, 3ª Turma, Rel. Min. Ricardo Villas Bôas Cueva, j. 21.08.2018, *DJe* 31.08.2018.

[819] STJ, AgInt no REsp 1.730.270/SP, 4ª Turma, Rel. Min. Luis Felipe Salomão, j. 06.11.2018, *DJe* 12.11.2018; AgInt no REsp 1.676.857/CE, 4ª Turma, Rel. Min. Luis Felipe Salomão, j. 16.10.2018, *DJe* 19.10.2018.

[820] STJ, REsp 1.102.848/SP, 3ª Turma, Rel. Min. Nancy Andrighi, Rel. p/ acórdão Min. Massami Uyeda, j. 03.08.2010, *DJe* 25.10.2010.

[821] "Na ausência de norma legal expressa que resguarde o consumidor na hipótese de resilição unilateral do contrato coletivo pela operadora, há de se reconhecer o direito à portabilidade de carências, permitindo, assim, que os beneficiários possam contratar um novo plano de saúde, observado o prazo de permanência no anterior, sem o cumprimento de novos períodos de carência ou de cobertura parcial temporária e sem custo adicional pelo exercício do direito (...) Hipótese em que se reconhece a abusividade da resilição

526 CURSO DE DIREITO DO CONSUMIDOR – *Bruno Miragem*

2.5.4.4 *Planos de saúde coletivos e relação de trabalho*

Na experiência brasileira, o acesso à assistência privada à saúde, por intermédio de planos de assistência e seguros, dá-se como vantagem ofertada no âmbito da relação de trabalho. É comum, assim, que os empregadores ofereçam aos seus empregados planos de assistência e/ou seguro-saúde, de que se tornam beneficiários. Trata-se, como regra, de contratos coletivos, nos quais o empregador figura como estipulante, sendo seu conteúdo definido tanto mediante patrocínio integral da remuneração do plano pelo empregador, em regime de coparticipação deste com o empregado, quanto inteiramente custeado pelo empregado. Todavia, nada impede que se estabeleça no plano coletivo outra estrutura contratual que, embora atípica, possui a mesma causa, sendo a base econômica do negócio fixada em outros termos. Nesse caso, o modelo contratual adotado entre empregador e seus empregados pode ser ditado pelos interesses e particularidades do conjunto da relação de trabalho que desenvolvem. Aplicam-se, nesses casos, tanto a Lei 9.656/1998 quanto o Código de Defesa do Consumidor.[822]

No entanto, quando a extinção da relação de trabalho ocorrer em virtude de demissão ou aposentadoria do empregado, surge o risco de que este deixe de contar com a cobertura assistencial. Em virtude disso, a Lei 9.656/1998 assegura a possibilidade de manutenção do plano de saúde, mesmo no caso de extinção do contrato de trabalho, por certo tempo, desde que preenchidas determinadas condições, entre as quais a do pagamento integral da contribuição (ou seja, caso existisse, durante a vigência da relação de trabalho, coparticipação do empregador, esta se extinguiria, devendo o empregado arcar com o valor integral). A vantagem evidente, nesse caso, para o ex-empregado, é permitir que se mantenha como membro do mesmo grupo, fazendo jus às condições dessa mesma base de assistidos/segurados.[823] Igual regra mereceu interpretação extensiva da jurisprudência para assegurar aos dependentes idosos do titular que vem a falecer, já inscritos no plano, o direito de "pleitear a sucessão da titularidade, nos termos dos arts. 30 ou 31 da Lei 9.656/1998, a depender da hipótese, desde que assumam o seu pagamento integral".[824]

---

pela operadora do plano de saúde, por inobservância do dever de notificação prévia, e, por conseguinte, a prorrogação dos efeitos do contrato, com a determinação de que os recorrentes sejam devidamente comunicados da extinção do vínculo contratual a fim de que possam exercer o direito de requerer a portabilidade de carência, nos termos da norma regulamentadora" (STJ, REsp 1.739.907/DF, 3ª Turma, Rel. Min. Nancy Andrighi, j. 18.08.2020, *DJe* 26.08.2020).

[822] Precedente do STJ sustenta a inaplicabilidade do CDC na relação entre o empregador estipulante do contrato de plano de saúde e a operadora: AgInt no REsp 1.357.183/SP, 4ª Turma, Rel. Min. Maria Isabel Gallotti, j. 02.02.2017, *DJe* 13.02.2017. Sobram razões, contudo, para concluir em sentido diverso, ademais se deste contrato estipulado se definam condições cujos adesão e exercício de direitos, pretensões e ações assim como as obrigações que decorrem do vínculo, abrangem os empregados do estipulante, destinatários finais do serviço (STJ, AgRg no REsp 1.336.758/RS, 3ª Turma, Rel. Min. Sidnei Beneti, j. 20.11.2012, *DJe* 04.12.2012). Serão os empregados consumidores em sentido estrito (art. 2º, *caput*, do CDC). Por outro lado, é inequívoco em muitas situações, poderá estar o próprio empregador equiparado por força do art. 29 do CDC, cuja exceção se justificaria apenas – e mesmo assim, não sem divergência – em razão do porte econômico e da ausência de vulnerabilidade do estipulante frente à operadora do plano. Nesse sentido, o estipulante atua como mandatário dos beneficiários (STJ, REsp 1.106.557/SP, 3ª Turma, Rel. Min. Nancy Andrighi, j. 16.09.2010, *DJe* 21.10.2010; no mesmo sentido: STJ, AgRg no REsp 1.478.147/SP, 3ª Turma, Rel. Min. Ricardo Villas Bôas Cueva, j. 04.08.2015, *DJe* 12.08.2015).

[823] STJ, REsp 531.370/SP, 4ª Turma, Rel. Min. Raul Araújo, j. 07.08.2012, *DJe* 06.09.2012.

[824] STJ, REsp 1.871.326/RS, 3ª Turma, Rel. Min. Nancy Andrighi, j. 1º.09.2020, *DJe* 9.09.2020.

No caso do ex-empregado que teve a rescisão ou exoneração do contrato de trabalho sem justa causa, incide o artigo 30 da Lei 9.656/1998:[825] "Artigo 30. Ao consumidor que contribuir para produtos de que tratam o inciso I e o § 1º do artigo 1º desta Lei, em decorrência de vínculo empregatício, no caso de rescisão ou exoneração do contrato de trabalho sem justa causa, é assegurado o direito de manter sua condição de beneficiário, nas mesmas condições de cobertura assistencial de que gozava quando da vigência do contrato de trabalho, desde que assuma o seu pagamento integral. § 1º O período de manutenção da condição de beneficiário a que se refere o *caput* será de um terço do tempo de permanência nos produtos de que tratam o inciso I e o § 1º do artigo 1º, ou sucessores, com um mínimo assegurado de seis meses e um máximo de vinte e quatro meses. § 2º A manutenção de que trata este artigo é extensiva, obrigatoriamente, a todo o grupo familiar inscrito quando da vigência do contrato de trabalho. § 3º Em caso de morte do titular, o direito de permanência é assegurado aos dependentes cobertos pelo plano ou seguro privado coletivo de assistência à saúde, nos termos do disposto neste artigo. § 4º O direito assegurado neste artigo não exclui vantagens obtidas pelos empregados decorrentes de negociações coletivas de trabalho. § 5º A condição prevista no *caput* deste artigo deixará de existir quando da admissão do consumidor titular em novo emprego. § 6º Nos planos coletivos custeados integralmente pela empresa, não é considerada contribuição a co-participação do consumidor, única e exclusivamente, em procedimentos, como fator de moderação, na utilização dos serviços de assistência médica ou hospitalar". Observe-se, pois, que essa manutenção do ex-empregado no plano assistencial é temporária, até vinte e quatro meses ou antes, se o assistido obtiver novo emprego, e apenas nos casos em que não tenha sido ele a dar causa à extinção da relação de trabalho (rescisão do contrato sem justa causa).[826]

No caso de extinção da relação de trabalho em razão de aposentadoria, estabelece o artigo 31 da Lei 9.656/1998: "Ao aposentado que contribuir para produtos de que tratam o inciso I e o § 1º do artigo 1º desta Lei, em decorrência de vínculo empregatício, pelo prazo mínimo de dez anos, é assegurado o direito de manutenção como beneficiário, nas mesmas condições de cobertura assistencial de que gozava quando da vigência do contrato de trabalho, desde que assuma o seu pagamento integral. § 1º Ao aposentado que contribuir para planos coletivos de assistência à saúde por período inferior ao estabelecido no *caput* é assegurado o direito de manutenção como beneficiário, à razão de um ano para cada ano de contribuição, desde que assuma o pagamento integral do mesmo. § 2º Para gozo do direito assegurado neste artigo, observar-se-ão as mesmas condições estabelecidas nos §§ 2º, 3º, 4º, 5º e 6º do artigo 30. § 3º Para gozo do direito assegurado neste artigo, observar-se-ão as mesmas condições estabelecidas nos §§ 2º e 4º do artigo 30".

2.5.5 Contratos de seguro

Os contratos de seguro são, atualmente, os contratos mais importantes do ponto de vista econômico e de prevenção de riscos pelos consumidores. Trata-se de um contrato típico, regulado pelo Código Civil em seus artigos 757 a 802. O objeto do contrato de

---

[825] STJ, AgRg no AREsp 152.667/SP, 3ª Turma, Rel. Min. Sidnei Beneti, j. 19.06.2012, *DJe* 25.06.2012.

[826] STJ, REsp 1.078.991/DF, 3ª Turma, Rel. Min. Massami Uyeda, j. 02.06.2009, *DJe* 16.06.2009.

seguro é a garantia de um interesse legítimo do segurado, por parte da seguradora, em relação a riscos predeterminados. A utilidade do contrato de seguro para garantia de interesses do segurado cresceu enormemente nas últimas décadas, no mesmo sentido que o aumento dos riscos da vida em sociedade, tanto de natureza patrimonial quanto social.

O Código de Defesa do Consumidor incide sobre os contratos de seguro, por expressa previsão do seu artigo 3º, § 2º, que expressamente refere à atividade securitária, e teve sua constitucionalidade afirmada pelo Supremo Tribunal Federal na decisão da ADIn 2.591/DF. Sua incidência, como de resto nos demais contratos de consumo, incide quando se tenha em um dos polos um segurado destinatário final da garantia oferecida pelo segurador, conforme a definição do artigo 2º do CDC. *A contrario sensu*, afasta-se a incidência do CDC dos seguros celebrados para garantir interesse próprio de atividades empresariais visando o lucro (p. ex., o seguro de transporte de cargas[827]), caso em que incidem as regras do Código Civil, inclusive para eventual tutela do segurado que venha a celebrar contrato de adesão.

Nem sempre é fácil identificar a hipótese de incidência do CDC nos contratos de seguro, sobretudo porque, como regra, o segurado sempre será destinatário final fático (beneficiário) da indenização devida pela seguradora na hipótese de sinistro. Da mesma forma, nos seguros de danos patrimoniais, é destinatário final fático e econômico, porquanto, seja um consumidor pessoa física, seja um consumidor pessoa jurídica, a rigor, o dano patrimonial ressarcido pela indenização reverte em favor do segurado[828] que se coloca, no mais das vezes, também na condição de beneficiário.[829] De outro lado, a contratação do seguro se dá, como regra, sob a modalidade de contrato de adesão, em que o segurado, no mais das vezes, não toma contato previamente com o contrato. A técnica de contratação envolve, geralmente, o preenchimento de uma proposta pelo segurado-consumidor e sua aceitação pelo segurador-fornecedor, e a íntegra dos termos do contrato é tornada disponível com a emissão posterior da apólice e seu envio ao consumidor. A rigor, embora a proteção do aderente encontre semelhança àquela definida ao consumidor, deve-se distinguir, quanto aos efeitos de incidência do CDC, entre aqueles celebrados entre o segurador e um consumidor e os que se qualifiquem como contratos empresariais, ainda

---

[827] STJ, AgInt no AREsp 2.135.581/SC, 4ª Turma, Rel. Min. Raul Araújo, j. 12.12.2022, *DJe* 14.12.2022.

[828] Nesse sentido: "Agravo interno no agravo em recurso especial. Processual civil e consumidor. Ação de indenização. Ausência de prequestionamento. Incidência do CDC. Contrato de seguro. Pessoa jurídica. Possibilidade. Proteção do próprio patrimônio. Súmula 83 do STJ. Tribunal *a quo* concluiu pela natureza abusiva da cláusula contratual. Alteração. Reexame de matéria fático-probatória e análise de cláusulas contratuais. Impossibilidade. Agravo desprovido. 1. A pessoa jurídica que firma contrato de seguro visando à proteção de seu próprio patrimônio é considerada destinatária final dos serviços securitários, incidindo, assim, as normas do Código de Defesa do Consumidor. Acórdão estadual em consonância com a jurisprudência do STJ, atraindo a incidência da Súmula 83/STJ. 2. O Tribunal de origem, à luz dos fatos e provas, concluiu pelo abuso da cláusula que limita a velocidade dos ventos em caso de vendaval, para o recebimento de indenização securitária. A pretensão de alterar tal entendimento demandaria o revolvimento do suporte fático-probatório e análise de cláusulas contratuais, incidindo, portanto, as Súmulas 5 e 7, ambas do STJ. 3. Agravo interno desprovido" (STJ, AgInt no AREsp 1.392.636/SP, 4ª Turma, Rel. Min. Raul Araújo, j. 09.04.2019, *DJe* 29.04.2019).

[829] No direito argentino, Ruben Stiglitz sustentará a incidência restrita das normas de proteção do consumidor às hipóteses em que o segurado se caracterize como destinatário final ou no interesse de seu grupo familiar, conforme se vê em: STIGLITZ, Rubén. El contrato de seguro como contrato de consumo. STIGLITZ, Gabriel. Evolución del derecho del consumidor en Argentina. STIGLITZ, Gabriel. El principio de acceso al consumo sustentable. *In*: STIGLITZ, Gabriel; HERNÁNDEZ, Carlos A. (org.). *Tratado de derecho del consumidor*. Buenos Aires: La Ley, 2015. t. II, p. 850.

Parte II · Cap. 2 · A PROTEÇÃO CONTRATUAL DO CONSUMIDOR | 529

que seja possível, presentes as condições na lei, a equiparação a consumidor – em especial pelo disposto nos seus artigos 17 e 29 – para efeito de atrair a incidência das normas do CDC[830], quando não vinculado a finalidades típicas da atividade empresarial.[831]

O dever de informar do fornecedor (artigos 30 e 31 do CDC) relaciona-se a todos os aspectos essenciais do contrato de seguro, como é o caso do valor da cobertura aos diferentes riscos previstos na apólice, as exclusões de cobertura, assim como eventuais procedimentos ao encargo do segurado-consumidor, necessários ao aperfeiçoamento do contrato (*e.g.*, preenchimento de formulários de perfil de segurado, fornecimento de documentação ou declarações diversas).

A grande preocupação em relação ao contrato de seguro como espécie de contrato de consumo diz respeito à proteção do interesse legítimo do consumidor na execução da garantia contratada, na hipótese em que ocorra lesão ou dano ao interesse segurado.[832] Nesse sentido, tanto a proteção da informação e esclarecimento do segurado no momento da contratação quanto a cooperação e lealdade entre os contratantes durante a execução do contrato são decisivos para tutelar os interesses legítimos do consumidor.

2.5.5.1 *Características do contrato de seguro como contrato de consumo*

São características do contrato de seguro o fato de ele ser um contrato consensual (forma-se pelo acordo de vontade das partes – proposta e aceitação), oneroso (pelo qual o segurado se obriga ao pagamento de contraprestação pecuniária denominada prêmio) e bilateral (porquanto preveem-se obrigações ao segurador e ao segurado).[833] Nesse sentido, tendo sido aceita a proposta pelo segurado-consumidor, mesmo antes da emissão da apólice, ter-se-á contrato válido e eficaz, razão pela qual não pode o segurador negar-se ao pagamento da indenização no caso de sinistro.[834] Da mesma forma, tendo de tornado

---

[830] STJ, AgInt no AREsp 2.125.633/PR, 3ª Turma, Rel. Min. Marco Aurélio Bellizze, j. 10.10.2022, *DJe* 18.10.2022.

[831] Merece atenção, nesse particular, o entendimento do STJ ao afastar a incidência do CDC em seguro de responsabilidade civil dos administradores de sociedade empresária (Seguro D&O). Nesse sentido, embora reconhecendo que "prevalece o entendimento de haver relação de consumo no seguro empresarial se a pessoa jurídica contrata a proteção do próprio patrimônio, com destinação pessoal, sem o integrar nos produtos ou serviços que oferece, pois, nessa hipótese, atuaria como destinatária final dos serviços securitários (...), no Seguro RC D&O, o objeto é diverso daquele relativo ao seguro patrimonial da pessoa jurídica, pois busca garantir o risco de eventuais prejuízos causados em consequência de atos ilícitos culposos praticados por executivos durante a gestão da sociedade, o que acaba fomentando administrações arrojadas e empreendedoras, as quais poderiam não acontecer caso houvesse a possibilidade de responsabilização pessoal delas decorrente. Assim, a sociedade empresária segurada não atua como destinatária final do seguro, utilizando a proteção securitária como insumo para suas atividades e para alcançar melhores resultados societários" (STJ, REsp 1.926.477/SP, 3ª Turma, Rel. Min. Marco Aurélio Bellizze, j. 18.10.2022, *DJe* 27.10.2022).

[832] POLIDO, Walter A. Contratos de seguros: quando eles se tornam ineficazes para os segurados-consumidores. *Revista de Direito do Consumidor*, São Paulo, v. 113, p. 377-413, set./out. 2017.

[833] Para maiores detalhes, veja-se o nosso: MIRAGEM, Bruno; PETERSEN, Luiza. *Direito dos seguros*. Rio de Janeiro: Forense, 2022. p. 179 e ss.

[834] "Seguro. Vigência. Proposta. A companhia de seguro que recebe parcelas do prêmio relativas a uma proposta de seguro, na qual está consignado que a data da vigência da cobertura corresponde a da assinatura da proposta, não pode deixar de pagar a indenização pelo sinistro ocorrido depois, alegando que o contrato somente se perfectibiliza com a emissão da Apólice, pois todo o seu comportamento foi no

530 | CURSO DE DIREITO DO CONSUMIDOR – *Bruno Miragem*

disponível ao segurado o pagamento do prêmio, não pode o segurador recusar-se ao pagamento da indenização alegando a não aprovação da proposta,[835] hipótese em que se identifica aceitação tácita.[836]

Da mesma forma, trata-se de um contrato aleatório, uma vez que há incerteza quanto à ocorrência do sinistro (evento do qual se previne o risco), que deflagra a eficácia da obrigação de indenizar do segurador.

É certo que, atualmente, discute-se vivamente na doutrina acerca da permanência da classificação do contrato de seguro como contrato aleatório, ou se, ao contrário, seria de reconhecer nele espécie de contrato comutativo. Os que sustentam alterar-se a tradicional natureza aleatória do seguro invocam vários argumentos: a) de que a atual contratação em massa dos contratos de seguro não admite que se fale na incerteza quanto à desvantagem do segurador, porquanto a ocorrência do sinistro e obrigação de indenizar em certos contratos seria compensada pela sua não ocorrência em outros tantos contratos, razão pela qual a exploração econômica dos seguros seria feita mediante cálculos precisos sobre sua viabilidade econômica;[837] b) de que, enquanto o Código Civil de 1916 definia, em seu artigo 1.432, o contrato de seguro como "aquele pelo qual uma das partes se obriga para com a outra, mediante a paga de um prêmio, a indenizá-la do prejuízo resultante de riscos futuros, previstos no contrato", o Código Civil de 2002 prevê a obrigação da seguradora de *garantia do interesse* do segurado em relação a um risco. Adalberto Pasqualotto, contudo, é preciso ao observar que "também se afirma para negar a natureza aleatória do seguro de que o contrato constitui uma obrigação de garantia. A obrigação do segurador é, sim, de garantia, mas a prestação é aleatória.[838] Obrigação de garantia significa que a finalidade (causa, portanto) do vínculo é uma garantia. A prestação será a conduta do devedor que atenderá aquela finalidade. A indenização (prestação) está para a garantia, assim como o meio para o fim".[839]

---

sentido de que o negócio já era obrigatório desde então. Prática abusiva vedada pelo Código de Defesa do Consumidor, cujos princípios devem orientar a interpretação do artigo 1.433 do CC. Recurso não conhecido" (STJ, REsp 79.090/SP, 4ª Turma, Rel. Min. Ruy Rosado de Aguiar, j. 05.03.1996, *DJ* 29.04.1996).

[835] "Contrato de seguro. Termo inicial. Pagamento de parcelas. Precedentes. 1. Afirmando o Acórdão que houve a contratação do seguro e que parcelas do prêmio foram pagas ao departamento de sinistro da empresa em Curitiba, a decisão recorrida considerando vigente o contrato independentemente da aprovação da proposta e da emissão da apólice, não viola a legislação federal apontada. 2. Recurso especial conhecido, mas improvido" (STJ, REsp 223.617/PR, 3ª Turma, Rel. Min. Carlos Alberto Menezes Direito, j. 04.05.2000, *DJ* 12.06.2000).

[836] "Recurso especial. Seguro. Existência do contrato. Dúvida infundada. Execução. Viabilidade. Desde que aceita, ainda que tacitamente, a proposta de seguro, o fato de a morte do proponente haver ocorrido antes do pagamento da primeira parcela do prêmio e da emissão da respectiva apólice não obsta a execução. Recurso provido" (REsp 722.469/PB, 3ª Turma, Rel. Min. Castro Filho, j. 23.08.2007, *DJ* 17.09.2007).

[837] TZIRULNIK, Ernesto. *Regulação do sinistro*. 3. ed. São Paulo: Max Limonad, 2008. p. 58; MELLO FRANCO, Vera Helena. *Contratos*. Direito civil e empresarial. São Paulo: Ed. RT, 2009. p. 276; TZIRULNIK, Ernesto; CAVALCANTI, Flávio de Queiroz B.; PIMENTEL, Ayrton. *Contrato de seguro de acordo com o novo Código Civil brasileiro*. 2. ed. São Paulo: Ed. RT, 2003. p. 30-31.

[838] Já ensina Pontes de Miranda, para quem o risco é coberto até que se dê o sinistro, e o segurado obtenha a cobertura, e mesmo que não se tenha o sinistro o segurado obteve a cobertura (diz-se perante o CC/2002: garantia). Contudo, ensina: "Há sempre a prestação e a contraprestação, porque a entrega da soma é em virtude do que aconteceu, devido à álea" (PONTES DE MIRANDA, Francisco Cavalcanti. *Tratado de direito privado*. Rio de Janeiro: Borsói, 1972. t. XLV, p. 285).

[839] PASQUALOTTO, Adalberto. *Contratos nominados II*. Seguro, constituição de renda, jogo e aposta, fiança, transação e compromisso. São Paulo: Ed. RT, 2008. p. 61.

Parte II · Cap. 2 · A PROTEÇÃO CONTRATUAL DO CONSUMIDOR | 531

A razão de ser dessa discussão, quer parecer, situa-se na possibilidade de – indicando o contrato como comutativo – construir argumento que sustente a pretensão de reajuste ou revisão do valor do prêmio pago pelo segurado à seguradora em situações distintas daquelas autorizadas em lei, por exemplo, nas hipóteses de aumento da sinistralidade, ou seja, do número ou volume de indenizações pagas pelo segurador, invocando em favor deste a necessidade de preservação de equilíbrio do contrato. Essa circunstância tem especial interesse nos contratos que se projetam no tempo, às vezes por décadas, como é o caso do contrato de seguro de vida, de acidentes pessoais, ou mesmo os seguros de danos patrimoniais, em que o segurado, muitas vezes sem que tenha reclamado indenização a qualquer tempo, é obrigado a suportar aumentos significativos no valor do prêmio devido ao segurador, sob o argumento genérico de aumento do risco e necessidade de preservação do equilíbrio do contrato.

Em realidade, contudo, sabe-se que a estrutura do contrato de seguro desde sua origem é a de diluição de riscos, mediante a celebração de diversos contratos, em relação aos quais os custos das indenizações dos segurados que sofrem o sinistro são diluídos e compensados por aqueles que não reclamarão indenização, em face da não ocorrência do risco previsto no contrato e consequente ausência de lesão ao interesse segurado. Nesse sentido é a lição de Ricardo Bechara dos Santos, para quem mesmo a nova disciplina do Código Civil "não deixa dúvida quanto à natureza aleatória deste contrato, tanto que a garantia a que se obriga o segurador é contra riscos, vale dizer, para cobrir eventos futuros e incertos, definindo o objeto do contrato de seguro e limitando a responsabilidade do segurador apenas aos riscos predeterminados no contrato". E prossegue o jurista fluminense: "O contrato de seguro, portanto, em que pese a opinião de alguns poucos que já o veem como contrato comutativo, prossegue como o mais típico dos contratos aleatórios, porque o comportamento a que estão obrigadas as seguradoras (...) de estabelecer mutualidade especialmente organizada, com sistema de provisões e reservas técnicas, e que lhes permite de algum modo controlar o risco, não descaracteriza a álea de que se reveste o contrato como sua aba essencial".[840] Nesse sentido, aliás, vale a lição de Adalberto Pasqualotto, que, ao distinguir a dimensão econômica da mutualidade, observa que esta concretiza um nexo de cooperação entre os partícipes do contrato de seguro, visando ao cumprimento de sua finalidade.[841]

---

[840] SANTOS, Ricardo Bechara dos. *Direito de seguro no novo Código Civil e legislação própria*. Rio de Janeiro: Forense, 2006. p. 12-13.

[841] Observa Pasqualotto que "a massa de interesses homogêneos constituirá o lastro sobre o qual a seguradora constituirá o fundo de garantia. Considerada a coletividade como o somatório de indivíduos contribuintes, é possível considerar a existência de um nexo funcional entre eles, que cumpre o seu papel ainda que não haja participação consciente de concurso individual para uma finalidade comum. A funcionalização opera-se pela atividade finalística da seguradora, que calcula os prêmios e os arrecada na medida necessária para redistribuí-los *a posteriori* em benefício dos sinistrados. É fácil perceber que cada segurado, independentemente de sofrer o sinistro – o que nenhum deseja –, contribui para o benefício geral, pois alguém haverá de receber a indenização contratada para reparar o prejuízo sofrido. A mutualidade, na dimensão econômica, atua concretizando o princípio da solidariedade e estabelecendo um nexo (não um vínculo) de cooperação na coletividade dos segurados. No plano do contrato, a mutualidade não tem o mesmo papel, a menos que se trate de seguro mútuo. Nesta modalidade, os segurados são os seus próprios seguradores. Quem entra no círculo dos segurados contribui conscientemente para o benefício direto de todos. Há associações mútuas de seguro de vida que não cobram prêmios, propriamente. No mês em que ocorre um sinistro, cada segurado aporta uma quantia

532 CURSO DE DIREITO DO CONSUMIDOR – *Bruno Miragem*

Com isso, não nos afastamos da compreensão da contraprestação do segurador, parte do próprio objeto do contrato de seguro: a garantia do interesse legítimo. Isso impõe ao segurador deveres específicos, em especial se tomarmos o contrato de seguro na situação em que se reveste de contrato de consumo. E nesse sentido há deveres das partes que devem ser considerados. O contrato de seguro assenta-se na boa-fé das partes como fundamento da conduta devida das partes.[842] Logo, reconhece-se um dever de veracidade das partes, tanto do segurado, nas declarações que fizer ao segurador para que este proceda à correta avaliação do risco,[843] quanto do segurador, nas informações acerca do valor e extensão da cobertura e cláusulas de exclusão ou limitação da responsabilidade do segurador.

Refira-se, contudo, que apenas informações relevantes para delimitação do risco pelo segurador, uma vez sonegadas, dão causa à perda do direito à indenização pelo segurado-beneficiário.[844] Da mesma forma, só se pode dizer que o segurado deixou de

---

predeterminada e o somatório constitui o valor a ser pago aos beneficiários. Neste caso, a mutualidade não é só um princípio organizativo do seguro, é também um sistema operacional. O contrato entre os segurados é plurilateral, assemelhado a um contrato de sociedade. O mesmo não acontece no chamado seguro empresarial ou capitalista. Neste modelo, o segurador é um terceiro frente aos segurados e a relação jurídica não é coletiva, é individualizada e bilateral. A mutualidade funciona como princípio na dimensão econômica; já no aspecto jurídico o sistema operacional atende à lógica empresarial e não está presente o nexo de cooperação" (PASQUALOTTO, Adalberto. Aspectos da defesa do consumidor no contrato de seguro: contrato coercitivo e relação de consumo por conexão. *Revista de Direito do Consumidor*, São Paulo, v. 90, p. 169 e ss., nov./dez. 2013).

[842] PASQUALOTTO, Adalberto. *Contratos nominados II*. Seguro, constituição de renda, jogo e aposta, fiança, transação e compromisso. São Paulo: Ed. RT, 2008. p. 109.

[843] KULLMAN, Jerôme. La déclaration de risque. *In*: BIGOT, Jean (dir.). *Traité de droit des assurances*. Le contrat d'assurance. Paris: LGDJ, 2002. t. 3, p. 667 *et seq*.

[844] "Direito civil e processual civil. Cerceamento de defesa. Não ocorrência. Contrato de seguro. Questionário de risco. Declarações inexatas ou omissas feitas pelo segurado. Negativa de cobertura securitária. Descabimento. Inexistência, no caso concreto, de agravamento do risco e de má-fé do segurado. Incidência da súmula 7. Existência de cláusula limitativa com duplo sentido. Aplicação da Súmula 5. 1. Vigora, no direito processual pátrio, o sistema de persuasão racional, adotado pelo Código de Processo Civil nos artigos 130 e 131, não cabendo compelir o magistrado a acolher com primazia determinada prova, em detrimento de outras pretendidas pelas partes, se pela análise das provas em comunhão estiver convencido da verdade dos fatos. 2. As declarações inexatas ou omissões no questionário de risco em contrato de seguro de veículo automotor não autorizam, automaticamente, a perda da indenização securitária. É preciso que tais inexatidões ou omissões tenham acarretado concretamente o agravamento do risco contratado e decorram de ato intencional do segurado. Interpretação sistemática dos artigos 766, 768 e 769 do CC/2002. 3. 'No contrato de seguro, o juiz deve proceder com equilíbrio, atentando às circunstâncias reais, e não a probabilidades infundadas, quanto à agravação dos riscos' (Enunciado 374 da IV Jornada de Direito Civil do STJ). 4. No caso concreto, a circunstância de a segurada não possuir carteira de habilitação ou de ter idade avançada – ao contrário do seu neto, o verdadeiro condutor – não poderia mesmo, por si, justificar a negativa da seguradora. É sabido, por exemplo, que o valor do prêmio de seguro de veículo automotor é mais elevado na primeira faixa etária (18 a 24 anos), mas volta a crescer para contratantes de idade avançada. Por outro lado, o roubo do veículo segurado – que, no caso, ocorreu com o neto da segurada no interior do automóvel – não guarda relação lógica com o fato de o condutor ter ou não carteira de habilitação. Ou seja, não ter carteira de habilitação ordinariamente não agrava o risco de roubo de veículo. Ademais, no caso de roubo, a experiência demonstra que, ao invés de reduzi-lo, a idade avançada do condutor pode até agravar o risco de sinistro – o que ocorreria se a condutora fosse a segurada, de mais de 70 anos de idade –, porque haveria, em tese, uma vítima mais frágil a investidas criminosas. 5. Não tendo o acórdão recorrido reconhecido agravamento do risco com o preenchimento inexato do formulário, tampouco que tenha sido em razão de má-fé da contratante, incide a Súmula 7. 6. Soma-se a isso o fato de ter o acórdão recorrido entendido que eventual equívoco no preenchimento do questionário de risco ter decorrido também de dubiedade da cláusula limitativa. Assim, aplica-se a

declarar ou o fez de maneira inexata aquilo que lhe foi perguntado. Pode acontecer de o segurador dispensar, como praxe de mercado em alguns seguros, as declarações do segurado em relação a certos riscos, o que – conforme aponta Pasqualotto – é comum ocorrer nos seguros-saúde e seguro de vida.[845] Nesse caso, a dispensa de declarações ou mesmo de demonstração sobre determinada qualidade pelo segurado-consumidor é risco que assume o segurador. Assim, de relevo o exame do disposto no artigo 766 do Código Civil, que prevê: "Artigo 766. Se o segurado, por si ou por seu representante, fizer declarações inexatas ou omitir circunstâncias que possam influir na aceitação da proposta ou na taxa do prêmio, perderá o direito à garantia, além de ficar obrigado ao prêmio vencido. Parágrafo único. Se a inexatidão ou omissão nas declarações não resultar de má-fé do segurado, o segurador terá direito a resolver o contrato, ou a cobrar, mesmo após o sinistro, a diferença do prêmio". O dever estabelecido pelo Código Civil comporta dois esclarecimentos em relação ao consumidor: a) primeiro, o corretor de seguro não é representante do segurado, mas um prestador de serviço interessado no negócio. Nesse sentido, inclusive, a Lei 14.430/2022 incluiu na Lei 4.594/1964, que disciplina a atividade de corretagem de seguros, entre as atribuições do corretor, os deveres de informação e aconselhamento do segurado ('recomendação', artigo 1º, parágrafo único). Nesses termos, insere-se na cadeia de fornecimento,[846] podendo, inclusive, a seguradora respon-

---

milenar regra de direito romano *interpretatio* contra *stipulatorem*, acolhida expressamente no artigo 423 do Código Civil de 2002: 'Quando houver no contrato de adesão cláusulas ambíguas ou contraditórias, dever-se-á adotar a interpretação mais favorável ao aderente'. 7. Recurso especial não provido" (STJ, REsp 1.210.205/RS, 4ª Turma, Rel. Min. Luis Felipe Salomão, j. 1º.09.2011, *DJe* 15.09.2011).

[845] PASQUALOTTO, Adalberto. *Contratos nominados II*. Seguro, constituição de renda, jogo e aposta, fiança, transação e compromisso. São Paulo: Ed. RT, 2008. p. 110.

[846] "Apelações cíveis. Seguro de veículo. Desídia da corretora contratação perfectibilizada. Indenização securitária devida. Danos materiais. Danos morais. Solidariedade. 1. O contrato é o acordo firmado entre as partes, com o objetivo de criar direitos, mediante a livre manifestação de vontade. Na formação do pacto dois elementos são essenciais, a proposta, que vincula o proponente aos termos do que propôs, conforme alude o artigo 427, do Código Civil de 2002; e a aceitação desta, que é a concordância da parte contraente com o que foi proposto, formando-se, assim, o pacto. 2. As partes devem observar os requisitos a que aludem os artigos 421 e 422, ambos do CC, quando da efetivação do pacto, ou seja, atentar aos princípios da função social do contrato e da boa-fé. 3. É incontroverso nos autos, de modo que independe de prova, nos termos do artigo 334, III, do Código de Processo Civil, que o autor manteve contato com a corretora ré, a fim de entabular pacto securitário com a seguradora demandada. 4. Se a corretora tinha cinco dias para entregar a proposta física, deveria, no mesmo momento que a encaminhou eletronicamente para a seguradora, remetê-la ao proponente, para que este possuísse um prazo razoável para devolver o documento subscrito 5. O fato de o veículo não estar equipado com o dispositivo de rastreamento não tem o condão de afastar a cobertura securitária, porquanto o autor possuía sete dias a contar da assinatura da proposta para realizar a sua instalação. Destarte, se a proposta só foi lhe encaminhada no dia 15.05.2011 e o sinistro ocorreu em 17.05.2011, não há falar em descumprimento contratual pela parte autora, mas sim de inobservância de prazo hábil para atendimento da exigência feita pela parte demandada, situação que decorreu da desídia desta. 6. Do mesmo modo, inexigível que este houvesse adimplido o prêmio, uma vez que é incontroverso nos autos que este optou pelo pagamento parcelado do mesmo e que a primeira prestação só teria vencimento após a ocorrência do sinistro, o que nada obsta que venha a ser satisfeito. 7. De acordo com o artigo 775 do Código Civil, o corretor é representante da seguradora. Assim, o pacto estava em pleno vigor, devendo a responsabilidade pelo pagamento da indenização securitária recair somente sobre a seguradora, de acordo com o previsto no artigo 757 do Código Civil. 8. No que tange aos danos morais e materiais, a responsabilidade das demandas é solidária, nos termos do artigo 34 do Código de Defesa do Consumidor, o qual consagrou expressamente a solidariedade da cadeia de fornecimento. Dos danos materiais 9. Em se tratando de danos de ordem material há que ser perfeitamente

534 | CURSO DE DIREITO DO CONSUMIDOR – *Bruno Miragem*

der, conforme o caso, por sua conduta, mediante a aplicação da teoria da aparência, ou, quando for o caso, pelo disposto no artigo 34 do CDC. Portanto, pode também o corretor responder perante o segurado, garantindo seu direito de regresso contra o segurador;[847] e b) a presunção em relação ao consumidor é de boa-fé, logo, a inexatidão ou omissão que não resulte de má-fé não permite a restrição de direito do segurado à indenização,[848] podendo o segurador cobrar a diferença do valor do prêmio ou a resolução do contrato. Neste último caso, contudo, a resolução poderá ter como óbice, mediante a aplicação da teoria do adimplemento substancial (*substantial performance*),[849] o pagamento substan-

---

delimitado e demonstrado o prejuízo ocorrido, ou seja, identificada a perda patrimonial sofrida, a qual não se presume, a fim de atender ao disposto no artigo 402 do Código Civil. Assim, deve ser limitada a indenização por danos materiais aos gastos efetivamente comprovados com táxi. Dos danos morais 10. Com relação à indenização por dano imaterial, cumpre ressaltar que somente os fatos e acontecimentos capazes de romper com o equilíbrio psicológico do indivíduo devem ser considerados para tanto, não podendo se equiparar aqueles os meros dissabores atinentes ao cotidiano das relações interpessoais. 11. No entanto, no caso em exame, esses paradigmas foram ultrapassados, resultando em efetivo prejuízo de ordem moral, atingidos direitos inerentes a personalidade da parte autora, tendo em vista a frustração da expectativa de lhe ser prestado adequadamente o serviço ofertado, ilícito contratual que ultrapassa o mero incômodo. 12. No que tange à prova do dano moral, por se tratar de lesão imaterial, desnecessária a demonstração do prejuízo, na medida em que possui natureza compensatória, minimizando de forma indireta as consequências da conduta da ré, decorrendo aquele do próprio fato. Conduta ilícita da demandada que faz presumir os prejuízos alegados pela parte autora é o denominado dano moral puro. 13. O valor a ser arbitrado a título de indenização por dano imaterial deve levar em conta o princípio da proporcionalidade, bem como as condições da ofendida, a capacidade econômica do ofensor, além da reprovabilidade da conduta ilícita praticada. Por fim, há que se ter presente que o ressarcimento do dano não se transforme em ganho desmesurado, importando em enriquecimento ilícito. 14. Salvados. Uma vez adimplido o valor do seguro contratado, a seguradora tem o direito aos salvados. Precedentes. Dado parcial provimento aos apelos (TJRS, ApCiv 70.043.732.874, 5ª Câm. Civ., Rel. Des. Jorge Luiz Lopes do Canto, j. 31.08.2011, *RDC* 78/429). Todavia, segundo precedente do STJ, não responde o corretor de modo solidário, com fundamento no artigo 14, pelo pagamento da indenização securitária" (STJ, REsp 1.190.772/RJ, 4ª Turma, Rel. Min. Luis Felipe Salomão, j. 19.10.2010, *DJe* 26.10.2010).

[847] STJ, REsp 658.938/RJ, 4ª Turma, Rel. Min. Raul Araújo, j. 15.05.2012, *DJe* 20.08.2012.

[848] "Direito civil. Seguro de vida. Doença preexistente. Longevidade da segurada por 24 anos após a contratação e sucessivas renovações da avença. Omissão irrelevante. Má-fé. Inexistência. I – Este Egrégio Superior Tribunal de Justiça já decidiu: '(...) 2. Não pode a seguradora eximir-se do dever de indenizar, alegando omissão de informações por parte do associado, se dele não exigiu exames clínicos prévios' (REsp 402.457/RO, Rel. Min. Barros Monteiro, 4ª Turma). II – *In casu*, a não exigência de exames prévios, bem como a longevidade da segurada que perdurou por 24 anos da contratação inicial até o óbito, sendo renovado periodicamente, não elide a responsabilidade da seguradora em pagar o seguro, porque, em verdade, a suposta omissão de procedimento cirúrgico anterior a última renovação não é suficientemente relevante para induzir a má-fé da segurada, mormente se a Seguradora auferiu vantagem por duas décadas sem exigir, repiso, exames clínicos nas sucessivas renovações do contrato. III – Recurso Especial parcialmente conhecido e provido" (STJ, REsp 543.089/MG, 4ª Turma, Rel. Min. Honildo Amaral de Mello Castro (Desembargador convocado do TJAP), j. 1º.12.2009, *DJe* 14.12.2009).

[849] "Ação de cobrança. Seguro de vida. Carência de ação decorrente da ausência de interesse de agir rejeitada. Pagamento da indenização, descontando-se o valor da última parcela do prêmio, que restou impaga. Princípio da boa-fé objetiva. Adimplemento substancial do contrato. Alteração de ofício do termo inicial da incidência da correção monetária. I. Rejeita-se a prefacial atinente à carência de ação decorrente da ausência de interesse de agir porque o pedido administrativo do pagamento da indenização securitária é dispensável. Aliás, equivalendo o pedido administrativo ao ajuizamento da ação, a seguradora ré dispôs desde a citação de tempo para efetuar o pagamento da indenização em questão. Ressalva-se apenas que a consequência imediata da ausência da formulação do pedido administrativo é a incidência dos juros moratórios desde a citação, porque somente nesta data a parte ré foi constituída. II. Observando-se principalmente o princípio da boa-fé objetiva e o adimplemento substancial do con-

Parte II · Cap. 2 · A PROTEÇÃO CONTRATUAL DO CONSUMIDOR | **535**

cial do prêmio pelo consumidor e seu direito de manter o seguro contratado, pagando a diferença. Há ainda situações, especialmente tratando-se de seguro de vida, nas quais a renovação periódica do contrato de seguro, por longo tempo, tem o condão de permitir sua interpretação como espécie de contrato relacional, em que se estabelece uma só relação jurídica, entre os mesmos segurados e segurador, ainda que com múltiplos vínculos no decorrer dos anos. Essa circunstância poderá implicar uma limitação do direito de resolução, ou melhor, do exercício do direito de não renovação do contrato (cuja vigência, geralmente, é anual). Todavia, o reconhecimento de um direito do segurado à renovação do contrato, que é excepcional,[850] não significa que deverá o segurador manter inalteradas suas condições, uma vez que é razoável supor que o aumento de idade repercute na majoração do risco de sinistro. Por conseguinte, o dever de boa-fé que impõe às partes colaborar entre si admitirá a possibilidade de reajuste que recomponha as bases técnicas entre sinistralidade e indenização, mas, ao mesmo tempo, impõe ao segurador um ônus, que é justamente o de que essa recomposição seja feita de modo gradual, respeitando o segurado como parceiro contratual, especialmente em face do tempo da contratualidade.[851]

---

trato, do pagamento da indenização deve ser descontado o valor da última parcela referente ao prêmio, que restou impaga. Tal solução também se justifica ante a ausência de comunicação formal ao segurado para que adimplisse a parcela em atraso. III. Porque se trata de matéria de ordem pública, altera-se de ofício o termo inicial da incidência da correção monetária. Inexiste justificativa legal para que o termo inicial seja a data do óbito; logo, impõe-se a aplicação da regra, vale dizer, a correção monetária deve correr a partir do ajuizamento do feito. Recurso parcialmente provido" (Recurso Cível 71.001.435.213, 3ª Turma Recursal Cível, Rel. Maria José Schmitt Sant'Anna, j. 11.03.2008). Na mesma linha de antigo precedente do STJ: "Seguro. Inadimplemento da segurada. Falta de pagamento da última prestação. Adimplemento substancial. Resolução. A companhia seguradora não pode dar por extinto o contrato de seguro, por falta de pagamento da última prestação do prêmio, por três razões: a) sempre recebeu as prestações com atraso, o que estava, aliás, previsto no contrato, sendo inadmissível que apenas rejeite a prestação quando ocorra o sinistro; b) a seguradora cumpriu substancialmente com a sua obrigação, não sendo a sua falta suficiente para extinguir o contrato; c) a resolução do contrato deve ser requerida em juízo, quando será possível avaliar a importância do inadimplemento, suficiente para a extinção do negócio. Recurso conhecido e provido" (REsp 76.362/MT, 4ª Turma, Rel. Min. Ruy Rosado de Aguiar, j. 11.12.1995, *DJ* 1º.04.1996).

850 STJ, AgInt nos EDcl no REsp 1.805.239/RS, 3ª Turma, Rel. Min. Ricardo Villas Bôas Cueva, j. 15.03.2021, *DJe* 18.03.2021; EREsp 1.372.785/SP, 2ª Seção, Rel. Min. Maria Isabel Gallotti, j. 08.05.2019, *DJe* 16.05.2019; REsp 880.605/RN, 2ª Seção, Rel. para acórdão Min. Massami Uyeda, j. 13.06.2012, *DJe* 17.09.2012. Em sentido diverso, sustentando o direito do segurado à renovação do seguro de vida, com fundamento na função social do contrato (art. 421 do Código Civil): PASQUALOTTO, Adalberto. O contrato de seguro de vida não renovado por decisão unilateral da seguradora: reflexões em torno do direito dos segurados à renovação. *Revista de Direito do Consumidor*, São Paulo, v. 128, p. 333-349, mar./abr. 2020.

851 "Direito do consumidor. Contrato de seguro de vida, renovado ininterruptamente por diversos anos. Constatação de prejuízos pela seguradora, mediante a elaboração de novo cálculo atuarial. Notificação, dirigida ao consumidor, da intenção da seguradora de não renovar o contrato, oferecendo-se a ele diversas opções de novos seguros, todas mais onerosas. Contratos relacionais. Direitos e deveres anexos. Lealdade, cooperação, proteção da segurança e boa-fé objetiva. Manutenção do contrato de seguro nos termos originalmente previstos. Ressalva da possibilidade de modificação do contrato, pela seguradora, mediante a apresentação prévia de extenso cronograma, no qual os aumentos são apresentados de maneira suave e escalonada. 1. No moderno direito contratual reconhece-se, para além da existência dos contratos descontínuos, a existência de contratos relacionais, nos quais as cláusulas estabelecidas no instrumento não esgotam a gama de direitos e deveres das partes. 2. Se o consumidor contratou, ainda jovem, o seguro de vida oferecido pela recorrida e se esse vínculo vem se renovando desde então, ano a ano, por mais de trinta anos, a pretensão da seguradora de modificar abruptamente as condições do seguro, não renovando o ajuste anterior, ofende os princípios da boa-fé objetiva, da cooperação, da

2.5.5.2 Deveres do segurador-fornecedor na contratação do seguro

A incidência do princípio da boa-fé sobre o contrato de seguro, para além dos deveres estabelecidos em lei (Código Civil) e pela regulamentação administrativa (*e.g.*, Superintendência de Seguros Privados e Agência Nacional de Saúde Suplementar), dá causa, igualmente, a deveres de colaboração, lealdade e cuidado recíprocos das partes, o que é especialmente importante para se identificarem corretamente os deveres do segurador-fornecedor na relação contratual com o consumidor-segurado. Nesse particular, embora especialmente importante em relação à proteção do consumidor no contrato de seguro, são deveres a serem observados, em sua maioria, na generalidade dos contratos de seguro. Quanto aos deveres do segurado-consumidor, basicamente são três aqueles exigidos na legislação: a) não fazer declarações falsas em relação ao risco ou ao interesse garantido; b) não agravar o risco segurado; e c) pagar o prêmio na forma ajustada no contrato. No tocante à omissão de informações, note-se que o comportamento do segurado-consumidor será avaliado, quanto à sua regularidade, em relação ao que lhe for questionado. Não omite informação quem deixa de informar por que não lhe foi perguntado (artigo 766, parágrafo único, do CC/2002). Da mesma forma, o fato que demonstra a má-fé do segurado interpreta-se restritivamente,[852] e não atinge necessariamente os beneficiários que dele não participaram, segundo entendimento do STJ.[853]

Por sua vez, no caso do segurador-fornecedor, seus deveres podem ser divididos entre deveres pré-contratuais e deveres exigidos na execução do contrato. No período pré-contratual, o principal dever é de informação e esclarecimento. Deve o segurador-fornecedor

---

confiança e da lealdade que deve orientar a interpretação dos contratos que regulam relações de consumo. 3. Constatados prejuízos pela seguradora e identificada a necessidade de modificação da carteira de seguros em decorrência de novo cálculo atuarial, compete a ela ver o consumidor como um colaborador, um parceiro que a tem acompanhado ao longo dos anos. Assim, os aumentos necessários para o reequilíbrio da carteira têm de ser estabelecidos de maneira suave e gradual, mediante um cronograma extenso, do qual o segurado tem de ser cientificado previamente. Com isso, a seguradora colabora com o particular, dando-lhe a oportunidade de se preparar para os novos custos que onerarão, ao longo do tempo, o seu seguro de vida, e o particular também colabora com a seguradora, aumentando sua participação e mitigando os prejuízos constatados. 4. A intenção de modificar abruptamente a relação jurídica continuada, com simples notificação entregue com alguns meses de antecedência, ofende o sistema de proteção ao consumidor e não pode prevalecer. 5. Recurso especial conhecido e provido" (STJ, REsp 1.073.595/MG, 2ª Seção, Rel. Min. Nancy Andrighi, j. 23.03.2011, *DJe* 29.04.2011). No mesmo sentido o reconhecimento da abusividade do direito de resilição do contrato de seguro vigente por muitos anos por ofensa à boa-fé objetiva (STJ, AgRg no Ag 1.362.420/PR, 3ª Turma, Rel. Min. Ricardo Villas Bôas Cueva, j. 14.08.2012, *DJe* 17.08.2012). Note-se, todavia, a tendência do STJ de observar o tempo de vigência do contrato como critério para identificar a tutela da confiança e expectativa dos consumidores na permanência do pacto. Nesse sentido, ao contrário do precedente citado em que a duração do pacto já completara trinta anos, a Corte negou, por maioria, a tese em caso no qual a duração do contrato de seguro em grupo perdurara apenas por dez anos, justificando expressamente tratar-se de base fática distinta do precedente em questão (STJ, REsp 880.605/RN, 2ª Seção, Rel. p/ acórdão Min. Massami Uyeda, j. 13.06.2012, *DJe* 17.09.2012). Ressaltando a excepcionalidade da renovação, dada a característica de temporalidade do seguro de vida: STJ, AgInt no REsp 1.608.929/PR, 3ª Turma, Rel. Min. Ricardo Villas Bôas Cueva, j. 02.02.2017, *DJe* 13.02.2017.

[852] STJ, REsp 237.555/RJ, 3ª Turma, Rel. Min. Ari Pargendler, j. 16.03.2000, *DJ* 03.04.2000.

[853] STJ, REsp 464.426/SP, 4ª Turma, Rel. Min. Barros Monteiro, j. 02.10.2003, *DJ* 1º.08.2005; AgRg no Ag 69.537/RS, 4ª Turma, Rel. Min. Barros Monteiro, j. 10.09.1996, *DJ* 11.11.1996; REsp 297.489/SP, 4ª Turma, Rel. Min. Barros Monteiro, j. 07.02.2002, *DJ* 20.05.2002.

informar sobre as condições gerais do seguro, valor e forma de pagamento do prêmio, os riscos segurados, os interesses garantidos, valores e extensão da cobertura, especialmente no tocante a suas limitações e exclusões. O descumprimento desse dever de informar do segurador-fornecedor dá causa a uma série de sanções ao fornecedor, entre as quais: a) inexigibilidade de obrigações não informadas adequadamente ao segurado-consumidor (artigo 46 do CDC); b) se for o caso, o cumprimento da oferta na forma compreendida pelo segurado-consumidor, sem prejuízo de indenização por descumprimento (artigo 35 do CDC); c) sanções administrativas aplicáveis pelos PROCONs e/ou pela SUSEP.[854]

No tocante ao dever de informar pré-contratual do segurador, merece atenção distinção estabelecida entre os seguros individuais e os seguros coletivos (ou em grupo). Nos seguros individuais, cumpre ao segurador, diretamente, prestar ao consumidor, tomador do seguro, todas as informações relevantes para a contratação. Essa obrigação também será do corretor de seguros, inclusive perante as novas atribuições incluídas pela Lei 14.430/2022, o artigo 1º da Lei 4.594/1964, que disciplina sua atividade. O parágrafo único do artigo 1º dessa lei define: "São atribuições do corretor de seguros: I – a identificação do risco e do interesse que se pretende garantir; II – a recomendação de providências que permitam a obtenção da garantia do seguro; III – a identificação e a recomendação da modalidade de seguro que melhor atenda às necessidades do segurado e do beneficiário; IV – a identificação e a recomendação da seguradora; V – a assistência ao segurado durante a execução e a vigência do contrato, bem como a ele e ao beneficiário por ocasião da regulação e da liquidação do sinistro; VI – a assistência ao segurado na renovação e na preservação da garantia de seu interesse". O conteúdo do serviço prestado pelo corretor de seguros ao tomador do seguro (consumidor) contempla deveres de informação e aconselhamento ('recomendação') que devem ser realizados orientados ao interesse do consumidor. Ao segurador e ao corretor de seguros cumpre o dever de informação e esclarecimento do consumidor.

Nos seguros coletivos ou em grupo, contudo, a contratação original se estabelece entre o segurador e o estipulante, que é o contratante do seguro. Tem por objeto a garantia do interesse de terceiros integrantes de grupo que esteja vinculado ao estipulante e que

---

[854] "Administrativo e consumidor – Publicidade enganosa – Multa aplicada por Procon a seguradora privada – Alegação de *bis in idem*, pois a pena somente poderia ser aplicada pela Susep – Não ocorrência – Sistema Nacional de Defesa do Consumidor – SNDC – Possibilidade de aplicação de multa em concorrência por qualquer órgão de defesa do consumidor, público ou privado, federal, estadual, municipal ou distrital. 1. A tese da recorrente é a de que o Procon não teria atribuição para a aplicação de sanções administrativas às seguradoras privadas, pois, com base no Decreto [*rectius*: Decreto-lei] n. 73/66, somente à Susep caberia a normatização e fiscalização das operações de capitalização. Assim, a multa discutida no caso dos autos implicaria verdadeiro *bis in idem* e enriquecimento sem causa dos Estados, uma vez que a Susep é autarquia vinculada ao Ministério da Fazenda; enquanto o Procon, às Secretarias de Justiça Estaduais. 2. Não se há falar em *bis in idem* ou enriquecimento sem causa do Estado porque à Susep cabem apenas a fiscalização e normatização das operações de capitalização pura e simples, nos termos do Decreto [*rectius*: Decreto-lei] n. 73/66. Quando qualquer prestação de serviço ou colocação de produto no mercado envolver relação de consumo, exsurge, em prol da Política Nacional das Relações de Consumo estatuída nos artigos 4º e 5º do Código de Defesa do Consumidor (Lei n. 8.078/90), o Sistema Nacional de Defesa do Consumidor – SNDC que, nos termos do artigo 105 do Código de Defesa do Consumidor é integrado por órgãos federais, estaduais, municipais e do Distrito Federal, além das entidades privadas que têm por objeto a defesa do consumidor. Recurso ordinário improvido" (RMS 26.397/BA, 2ª Turma, Rel. Min. Humberto Martins, j. 1º.04.2008, *DJe* 11.04.2008).

venham a aderir ao contrato depois de celebrado. É o caso do empregador que contrata, como estipulante, seguro para que seus empregados possam aderir, ou a associação que o faça em favor dos seus associados, por exemplo. Há nos seguros coletivos, aqueles em que o valor do prêmio é pago pelo segurado que vem a aderir ao contrato estipulado entre segurador e estipulante (chamados 'contributários') e aqueles nos quais o estipulante é quem responde pelo prêmio (os 'não contributários'). Para se tornarem segurados, os integrantes do grupo devem cumprir o ônus da adesão. Nesses casos, o estipulante será considerado, como regra, representante dos segurados perante o segurador (artigo 21, § 2º, do Decreto-lei 73/1966). Desse modo, ao receber as informações do segurador sobre o contrato, cumpre a ele o dever de informar pré-contratual para os integrantes do grupo segurável interessados na adesão.[855] Esse entendimento, porém, não alcança aqueles seguros nos quais a formação do grupo se dá, pelo estipulante, com a exclusiva finalidade de fornecer o serviço (forma o grupo apenas para contratar o seguro), contrato definido comumente como "falso coletivo". Nessas hipóteses, tanto o estipulante quanto o segurador serão fornecedores do serviço, incidindo o artigo 34 do CDC.

Na execução do contrato, os principais deveres do segurador-fornecedor consistem na emissão da apólice e envio ao segurado-consumidor, na disponibilização de meios de pagamento do prêmio acessíveis e no pagamento da indenização na hipótese de sinistro. Em relação a essa circunstância, diversas são as demandas judiciais contestando o valor da indenização, seja em relação à controvérsia *in concreto* de tratar-se de dano parcial ou total (perda total), no caso dos danos patrimoniais segurados, seja a divergência entre o valor da indenização paga pelo segurador e o valor da apólice.[856] Da mesma forma, as situações em que a prova dos danos sofridos nem sempre é possível de ser realizada cabalmente pelo segurado-consumidor, hipótese em que, evidenciada a boa-fé, não serve a ausência de prova cabal, por si só, para afastar o dever de indenizar do segurador.[857]

---

[855] "Recurso especial repetitivo. Civil. Seguro de vida em grupo e acidentes pessoais. Cláusulas restritivas. Dever de informação. Exclusividade. Estipulante. Garantia securitária. Invalidez permanente total ou parcial por acidente (IPA). Indenização securitária. Incapacidade parcial definitiva. Valor da indenização. Proporcionalidade. Grau de invalidez. Súmulas nᵒˢ 5 e 7/STJ. 1. Recurso especial interposto contra acórdão publicado na vigência do Código de Processo Civil de 2015 (Enunciados Administrativos nᵒˢ 2 e 3/STJ). 2. A controvérsia dos autos reside em definir se cabe à seguradora e/ou ao estipulante o dever de prestar informação prévia ao proponente (segurado) a respeito das cláusulas limitativas e restritivas dos contratos de seguro de vida em grupo. 3. Teses para os fins do art. 1.040 do CPC/2015: (i) na modalidade de contrato de seguro de vida coletivo, cabe exclusivamente ao estipulante, mandatário legal e único sujeito que tem vínculo anterior com os membros do grupo segurável (estipulação própria), a obrigação de prestar informações prévias aos potenciais segurados acerca das condições contratuais quando da formalização da adesão, incluídas as cláusulas limitativas e restritivas de direito previstas na apólice mestre, e (ii) não se incluem, no âmbito da matéria afetada, as causas originadas de estipulação imprópria e de falsos estipulantes, visto que as apólices coletivas nessas figuras devem ser consideradas apólices individuais, no que tange ao relacionamento dos segurados com a sociedade seguradora.4. Recurso especial não provido" (REsp 1.874.788/SC, 2ª Seção Rel. Min. Ricardo Villas Bôas Cueva, j. 02.03.2023, DJe 10.03.2023).

[856] "Seguro de imóvel. Perda total. 1. Constatada a perda total do bem segurado, deve a seguradora responder pelo valor fixado na apólice, sobre o qual foi calculado e pago o prêmio. 2. Recurso especial conhecido e provido" (STJ, REsp 241.807/RS, 3ª Turma, Rel. p/ acórdão Min. Carlos Alberto Menezes Direito, j. 25.11.2002, DJ 24.02.2003).

[857] STJ, REsp 236.034/RJ, 2ª Seção, Rel. Min. Nancy Andrighi, j. 10.10.2001, DJ 24.11.2003.

Parte II • Cap. 2 • A PROTEÇÃO CONTRATUAL DO CONSUMIDOR | 539

2.5.5.3 Formação do contrato de seguro

No caso do processo de contratação do seguro, disciplina a legislação que a proposta de seguro é assinada pelo segurado e submetida ao segurador, para que avalie o risco (artigo 9º do Decreto-lei 73/1966). Esse modelo, contudo, é flexibilizado nas práticas negociais, considerando-se que a proposta é integralmente preenchida pelo segurador, a partir de informações prestadas pelo segurado, e apenas então é a ele submetida a assinatura, sem prejuízo de que, antes da aceitação, possa o segurador colher dados, realizar vistorias e demais providências para complementar e/ou verificar informações prestadas pelo segurado, e só então aceitar ou recusar a proposta.

Nesse sentido, já se admite, considerando as características da proposta e do processo negocial que envolve a contratação do seguro, que se caracterizem como proponentes tanto o segurado quanto o segurador.[858] Já se questionou se esse procedimento, em que a proposta é predefinida pelo segurador, observada a assinatura do segurado e depois submetida ao crivo do segurador, de fato seria proposta ou equivaleria à oferta a pessoa incerta.[859] Essa tese, todavia, foi superada. Na lição doutrinária, não se confunde proposta com oferta. E, no caso da oferta, esta assume, nos contratos de massa, a definição que lhe dá o artigo 30 do CDC: "Toda informação ou publicidade, suficientemente precisa, veiculada por qualquer forma ou meio de comunicação com relação a produtos e serviços oferecidos ou apresentados, obriga o fornecedor que a fizer veicular ou dela se utilizar e integra o contrato que vier a ser celebrado".[860]

Atualmente, a Circular SUSEP 642/2021, que dispõe sobre a aceitação da proposta e sobre o início de vigência da cobertura, nos contratos de seguros, refere em seu artigo 3º que devem constar na proposta e nas condições contratuais "prever, de forma clara, objetiva e em destaque, o prazo máximo para aceitação ou recusa da proposta, bem como as eventuais hipóteses de suspensão do referido prazo, devendo a sociedade seguradora se manifestar expressamente sobre o resultado da análise". Pode ser considerado aceitação, por outro lado, o envio da apólice ou certificado ao segurado – o que afasta a necessidade de manifestação expressa do segurador. Do mesmo modo, se o prazo para aceitação for maior do que quinze dias, a seguradora não poderá cobrar qualquer valor antes da confirmação da manutenção de interesse e autorização expressa pelo proponente, e, em qualquer caso, só será admitida a cobrança total ou parcial do prêmio, no caso do oferecimento de cobertura provisória (artigos 6º e 7º da Circular SUSEP 642/2021). A rigor, todavia, em vista da tutela da confiança do consumidor, se houver comportamento do segurador que desperte a crença de aceitação da proposta – o que, independentemente do atendimento à norma regulatória, opera-se com o envio da apólice ou cobrança do prêmio –, tal deverá ser considerado como comportamento concludente do contrato. Por outro lado, a recusa do segurador em garantir o interesse exige manifestação formal e ciência para o segurado (artigo 4º, § 4º, da Circular SUSEP 642/2021).

Nesse sentido, a jurisprudência, há algum tempo, sufraga o entendimento de que a aceitação da proposta pelo segurador não precisa ser expressa. Admite-se, por exemplo,

---

[858] Assim: ROSSETTI, Marco. *Il diritto dele assicurazioni*. Padova: Cedam, 2011. v. I, p. 896-897.

[859] TEPEDINO, Gustavo; MORAES, Maria Celina Bodin de; BARBOZA, Heloísa Helena. *Código Civil interpretado conforme a Constituição da República*. Rio de Janeiro: Renovar, 2006. v. II, p. 565.

[860] PASQUALOTTO, Adalberto. *Contratos nominados III*. São Paulo: Ed. RT, 2008. p. 91.

que tendo emitido o boleto para pagamento do prêmio, presuma-se a aceitação.[861] A norma regulatória visa disciplinar o procedimento a ser observado pelo segurador, mas sempre deverá ter atenção à realidade da contratação e das relações com o consumidor (no caso de seguros que se caracterizem como contratos de consumo), hipótese em frente aos fatos, tutela-se a confiança do vulnerável, inclusive nos casos em que não lhe seja informado – tampouco exigido – conhecimento específico sobre o conteúdo da norma regulatória que disciplina a aceitação ou recusa do seguro.

De fato, a recusa de contratar é inerente ao contrato de seguro, no que se separa de outros contratos de consumo de massa – conforme o disposto no artigo 39, II e IX, do CDC.[862] Isso porque, no seguro, trata-se de faculdade do segurador que diz respeito à própria natureza do contrato que, afinal, orienta-se pela dispersão e homogeneização de riscos, naturalmente deve ter meios para identificar e mensurar, inclusive, para sua adequada gestão e alocação nas carteiras de contrato que mantém. A recusa, nesse sentido, tanto pode decorrer da impossibilidade de promover a gestão técnica do risco pelo segurador, quanto de outras circunstâncias que perturbem a aleatoriedade da possibilidade futura de sinistro.

O contrato de seguro que se encontrar sob a égide do CDC terá de observar duas ordens de limitações. A primeira que decorre do reconhecimento de uma perspectiva social ao contrato,[863] ainda que não possa em nenhuma hipótese prejudicar sua base econômica – a mutualidade, ou, como prefere a doutrina francesa, a economia do contrato,[864] que tem em vista, afinal, a preservação do sistema contratual que suporta as diversas contratações individuais que caracterizam o seguro.

Por sua vez, a segunda diz respeito ao desafio de compatibilização da atividade securitária e de suas práticas contratuais à legislação de proteção do consumidor – assim como se reconhece ao aderente no tocante à interpretação do contrato, mesmo nos seguros que não se caracterizem como relação de consumo. Entre os temas difíceis dessa necessária compatibilização, situa-se a recusa de contratar. Isso porque, no direito do consumidor, pressupõe-se que a oferta de produtos e serviços no mercado de consumo, por si só, impede a posterior recusa de contratar – o que se pode conceber para distintas finalidades, como combater a especulação ou a discriminação de consumidores.

A possibilidade de recusa de contratar é da natureza do contrato de seguro e das necessárias seleção e homogeneização de riscos. Todavia, submete-se a limites, como bem definiu a jurisprudência.[865] Primeiro, que a recusa não se dê em razão de discriminação

---

[861] STJ, REsp 1.077.911/SP, 3ª Turma, Rel. Min. Nancy Andrighi, j. 04.10.2011, *DJe* 14.10.2011.

[862] "Artigo 39. É vedado ao fornecedor de produtos ou serviços, dentre outras práticas abusivas: II – recusar atendimento às demandas dos consumidores, na exata medida de suas disponibilidades de estoque, e, ainda, de conformidade com os usos e costumes; (...) IX – recusar a venda de bens ou a prestação de serviços, diretamente a quem se disponha a adquiri-los mediante pronto pagamento, ressalvados os casos de intermediação regulados em leis especiais."

[863] POLIDO, Walter. A limitação da autonomia privada nas operações de seguros: coletivização dos interesses – nova perspectiva social e jurídica do contrato de seguro. *Revista de Direito do Consumidor*, São Paulo, v. 74, p. 284, abr./jun. 2010.

[864] PIMONT, Sebastien. *L'economie du contrat*. Aix-em-Provence: Presses Universitaires d'Aix-Marseille, 2004. p. 129 *et seq.*

[865] "Direito civil e securitário. Proposta de seguro de vida. Consumidor jovem acometido por leucemia, de que se encontra curado. Seguro oferecido no âmbito da relação de trabalho. Proposta rejeitada pela

ilícita, qual seja, aquela não admitida pelo direito vigente, como as que decorrem por critérios vedados pela Constituição Federal (artigos 3º, IV, e 5º, *caput*). Segundo, que a regra é a da aceitação da contratação. A recusa é que é excepcional e, por isso, admitida apenas em situações-limite. Assim o é no caso em que objetivamente o risco seja tão expressivo a impedir sua dispersão no restante dos contratos da carteira, ou se trate, por exemplo, de um fraudador contumaz conhecido pelo segurador.

Este entendimento naturalmente implica a intervenção direta do Estado na liberdade de contratar do segurador e a própria natureza dos deveres a que este, na condição de fornecedor, expõe-se ao ofertar seguros no mercado de consumo. O protagonismo de um dever de contratar, ainda que sob diferentes modos de contratação, com variações de coberturas e possíveis cláusulas de exclusão conforme as condições peculiares do segurado, necessita encontrar correspondência na base econômica atuarial que sustenta o contrato e a observância da necessária homogeneização e dispersão dos riscos que o caracterizam.

Por outro lado, a aceitação do contrato se dá com a assinatura da proposta e emissão da apólice, como regra. Todavia, admite-se, segundo os costumes negociais, especialmente nos contratos de consumo, formado validamente o contrato e eficaz, quando tenha o consumidor-segurado pago o prêmio fixado, independentemente da aceitação expressa do segurador.[866]

2.5.5.4 Direito do consumidor e regulação do sinistro

Destaque-se, na execução do contrato de seguro, a importância da fase da regulação do sinistro e, nela, a importância da tutela do interesse do consumidor. Trata-se o sinistro

---

seguradora, sob a mera fundamentação de doença preexistente. Ausência de apresentação de opções. Dano moral caracterizado. 1. Na esteira de precedentes desta Corte, a oferta de seguro de vida por companhia seguradora vinculada a instituição financeira, dentro de agência bancária, implica responsabilidade solidária da empresa de seguros e do Banco perante o consumidor. 2. Nos dias de hoje a contratação de seguros, seja de saúde, de automóveis ou de vida, é prática cada vez mais comum, integrando o dia a dia das pessoas. Assim, conquanto o direito securitário tenha um notório viés econômico, é inegável que também apresenta um acentuado componente social. Assim, a negativa de aceitar um consumidor na contratação de seguro deve ser regra absolutamente excepcional. 3. Para a manutenção do equilíbrio da carteira de seguros, é importante que a companhia seguradora formule um preço que respeite o correto cálculo atuarial. Consumidores que apresentam grau de risco maior, devem arcar com prêmios mais elevados, ao passo que consumidores cujo risco seja menor, devem poder contratar o seguro a preço mais baixo. 4. Se um jovem foi portador de leucemia, mas apresenta-se clinicamente curado, a pura e simples negativa de contratar seguro de vida é ilícita, violando a regra do artigo 39, IX, do CDC. Diversas opções poderiam substituir a simples negativa, como a formulação de prêmio mais alto ou mesmo a redução da cobertura securitária, excluindo-se os sinistros relacionados à doença preexistente. Rejeitar o consumidor, pura e simplesmente, notadamente em situações em que o seguro é oferecido como con sectário do contrato de estágio, gera dano moral. O consumidor, rejeitado pelo seguro, vê sua doença desnecessariamente exposta em seu ambiente de trabalho. 5. O fato de o consumidor não ter cumulado a seu pedido de reparação de dano moral, também um pedido de imposição da assinatura do contrato de seguro, não macula seu direito de se ver indenizado. Não é inusitado que a parte, ofendida pela postura da outra, decida não mais se vincular a ela por contrato, sem prejuízo do desejo de reparação. 6. Recurso especial conhecido em parte e, nessa parte, provido" (STJ, REsp 1.300.116/SP, 3ª Turma, jRel. Min. Nancy Andrighi, . 23.10.2012, *DJe* 13.11.2012).

[866] Nesse sentido: TJRS, ApCiv 70.027.834.878, 6ª Câm. Civ., Rel. Liege Puricelli Pires, j. 26.03.2009; TJRS, ApCiv 70.021.933.924, 6ª Câm. Civ., Rel. José Aquino Flôres de Camargo, j. 09.10.2008; e TJRS, ApCiv 70.010.954.584, 5ª Câm. Civ., Rel. Leo Lima, j. 28.04.2005.

da realização do risco, podendo tanto se apresentar de modo unívoco e imediato com suas características definitivas quanto desenvolver-se por certo período, de modo que seus elementos característicos se formem e possam ser adequadamente identificados ao longo do tempo.[867] Será, por isso, um dos momentos mais relevantes da execução do contrato de seguro, mas que – curiosamente – não merece maior atenção pelo legislador no direito vigente a denominada regulação do sinistro. É a fase na qual, tendo havido a comunicação da ocorrência do evento danoso pelo segurado, cumpre ao segurador avaliar os fatos trazidos ao seu conhecimento, qualificá-los entre aqueles que estão cobertos pela garantia contratual e verificar sua extensão, como procedimento prévio ao pagamento da indenização.[868] Também, conforme pontifica autorizada doutrina, entende-se a regulação do sinistro como o "procedimento desenvolvido pelo empregado do segurador ou terceiro por ele contratado, com conhecimentos especiais sobre determinados ramos de seguro, o qual, verificando a correspondência entre a cobertura e o risco realizado, apura os prejuízos sofridos pelo segurado, resultando num relatório que contém o julgamento a respeito da liberação ou não da prestação indenizatória".[869] É, portanto, uma atividade complexa, na qual o fato comunicado pelo segurado ou beneficiário como um sinistro será comparado com a realidade. Como ensina a doutrina na regulação do sinistro, "o fato avisado será comparado com a realidade. Em seguida é processado o confronto entre o fato ocorrido e o risco assegurado. Este passo contém o cotejo causa e efeito. A comparação entre o dano e o interesse segurado permitirá conhecer o prejuízo; a deste com a garantia contratada, revelará o prejuízo indenizável e daí por diante".[870] Destina-se a regulação do sinistro, portanto, ao cumprimento exato do contrato e à satisfação do consumidor ou titular do interesse segurado.[871]

Entre as funções da regulação está a de identificação do fato do sinistro e sua extensão pelo segurador, permitindo fixar o valor da indenização a ser paga (liquidação do sinistro). Da mesma forma, o exame técnico dos fatos trazidos ao conhecimento do segurador pelo segurado possibilitará verificar se tais se encontram cobertos pelo contrato, sendo os documentos, laudos e perícias que resultarem desse exame elementos que suportam a convicção das partes sobre tais eventos, inclusive como prova dos fatos e o do relacionamento entre os contratantes. Daí por que se trata de uma fase da execução do contrato de seguro de interesse comum de segurador e segurado, que deve ser pautada pela máxima transparência e cooperação entre as partes. Embora ausente na disciplina legislativa atual do Código Civil, é de registrar que a regulação de sinistro, como parte da fase de execução do contrato, é objeto de atenção do Projeto de Lei em tramitação no Congresso Nacional, visando nova disciplina específica do contrato de seguro (PLC 29/2017).[872]

---

[867] NICOLAS, Véronique. Le sinistre. *In*: BIGOT, Jean (dir.). *Traité de droit des assurances*. Paris: LGDJ, 2002. t. 3, p. 974 e ss.

[868] Para um exame detalhado da regulação do sinistro, envia-se a: MIRAGEM, Bruno; PETERSEN, Luiza. *Direito dos seguros*. Rio de Janeiro: Forense, 2022. p. 242 e ss.

[869] TZIRULNIK, Ernesto. *Regulação de sinistro*. Ensaio jurídico. 3. ed. São Paulo: Max Limonad, 2001. p. 84.

[870] TZIRULNIK, Ernesto. *Regulação de sinistro*. Ensaio jurídico. 3. ed. São Paulo: Max Limonad, 2001. p. 83.

[871] TZIRULNIK, Ernesto. *Regulação de sinistro*. Ensaio jurídico. 3. ed. São Paulo: Max Limonad, 2001. p. 93-94.

[872] Preveem os artigos 82 a 86 do PLC 29/2017: "Art. 82. Cumpre ao regulador e ao liquidante de sinistro: I – exercer suas atividades com probidade e celeridade; II – informar aos interessados todo o conteúdo de suas apurações, quando solicitado; III – empregar peritos especializados, sempre que necessário. Art.

Sendo a regulação do sinistro atividade própria da execução do contrato de seguro, deve ser compreendida como realidade de interesse comum de segurado e segurador, os documentos que dela resultem devem ser considerados comuns, e, diante de eventual dificuldade do segurado-consumidor de acessá-los mediante requisição ao segurador, configura-se hipótese suficiente para que o juiz promova a inversão do ônus da prova, nos termos do artigo 6º, VIII, do CDC. Da mesma forma, pela incidência da boa-fé objetiva, concretizam-se para as partes deveres de cooperação na execução dessa atividade. Daí resulta um dever de que essa verificação dos fatos ordenada pela regulação do sinistro se dê no tempo adequado,[873] sem demora injustificada que leve ao atraso no pagamento da indenização,[874] como também que se opere em acordo com procedimentos técnicos acreditados, que permitam identificar os fatos tal qual ocorreram e sua repercussão na caracterização do sinistro conforme o definido no contrato.

Outrossim, decorre da boa-fé objetiva o dever de lealdade entre segurado, segurador e o terceiro regulador do sinistro. De parte do segurado, esse dever de lealdade revela-se pela exigência da comunicação imediata do sinistro, de promover, quando possível, as providências que atenuem seus efeitos; fornecer todas as informações sobre as circunstâncias em que se realizou; assim como preservar o local do sinistro e seus elementos característicos, para o fim de ser verificado quando da sua regulação. Em relação ao segurador, há o dever de promover para logo a regulação do sinistro, diretamente ou por intermédio de profissional especializado, dando agilidade à verificação dos fatos e, quando for o caso, do pagamento da indenização. Da mesma forma, quando houver divergência entre os fatos verificados e a garantia contratada, informar de modo claro e completo o segurado sobre a negativa de pagamento da indenização e as respectivas razões. Ao regulador do sinistro imputa-se o dever de atuar com probidade, executando suas atividades de acordo com a melhor técnica, assim como informando aos interessados, segurado e segurador sobre todas as providências adotadas para verificação dos fatos, tal qual as razões de ordem fática e técnica que fundamentem suas conclusões.

Registre-se, por fim, que a jurisprudência protege o interesse do segurado em relação à preservação do valor da garantia contratada, seja desde a celebração do contrato de seguro, ou mesmo, em face do tempo decorrido, depois do aviso de sinistro, até o efetivo pagamento. Nesse sentido, a Súmula 632 do STJ consagra: "Nos contratos de seguro

---

83. Em caso de dúvida sobre critérios e fórmulas destinados à apuração do valor da dívida da seguradora, serão adotados aqueles que forem mais favoráveis ao segurado ou ao beneficiário, vedado o enriquecimento sem causa. Art. 84. O relatório de regulação e liquidação do sinistro é documento comum às partes. Art. 85. É vedado ao segurado e ao beneficiário promover modificações no local do sinistro, destruir ou alterar elementos a esse relacionados. § 1º O descumprimento culposo implica obrigação de suportar as despesas acrescidas para a apuração e liquidação do sinistro. § 2º O descumprimento doloso exonera a seguradora. Art. 86. Negada a garantia, no todo ou em parte, a seguradora deverá entregar ao segurado, ou ao beneficiário, os documentos produzidos ou obtidos durante a regulação e liquidação do sinistro que fundamentem a decisão. Parágrafo único. A seguradora não está obrigada a entregar os documentos e demais elementos probatórios que forem considerados confidenciais ou sigilosos por lei ou que possam causar dano a terceiros, salvo em razão de decisão judicial ou arbitral proferida em processo no qual esteja garantido o sigilo".

[873] STJ, REsp 669.904/RS, 4ª Turma, Rel. p/ Ac. Min. Fernando Gonçalves, j. 04.03.2008, *DJ* 15.09.2008.

[874] STJ, REsp 285.702/RS, 4ª Turma, Rel. Min. Ruy Rosado de Aguiar Júnior, j. 29.05.2001; REsp 593.196/RS, 4ª Turma, Rel. Min. Hélio Quaglia Barbosa, j. 04.12.2007, *DJ* 17.12.2007.

544 | CURSO DE DIREITO DO CONSUMIDOR – *Bruno Miragem*

regidos pelo Código Civil, a correção monetária sobre a indenização securitária incide a partir da contratação até o efetivo pagamento".[875]

2.5.5.5 Controle de conteúdo do contrato e as cláusulas limitativas da obrigação de indenizar do segurador

A presença do Estado na regulação e supervisão da atividade securitária repercute sobre o conteúdo do contrato de seguro. De registrar, nesse ponto, que é uma das funções primordiais da atividade de supervisão do mercado segurador em distintos sistemas garantir a proteção dos consumidores e segurados,[876] embora nem sempre se identifique tal resultado da atuação estatal. Em termos práticos, decorrente da forte intervenção regulatória, revela-se uma delimitação mais extensa da autonomia privada das partes, seja na oferta de distintos modelos contratuais, seja na conformação das cláusulas que o definem.[877]

Os contratos de seguro têm suas condições gerais definidas pelo segurador e levadas a registro na SUSEP. O Decreto 60.459/1967, com a redação que lhe deu o Decreto 3.633/2000, prevê a submissão à SUSEP das condições gerais dos contratos para análise e arquivamento, assim como das respectivas notas atuariais. Caracteriza-se, portanto, como contrato de adesão, no qual não se admite espécie qualquer de introdução ou alteração de cláusulas pelo segurado,[878] incidindo, na espécie, o disposto no artigo 423 do Código Civil e no artigo 54 do Código de Defesa do Consumidor, reconhecida a limitação da autonomia contratual do aderente-segurado. O Decreto 60.459/1967, com a redação que lhe deu o Decreto 3.633/2000, prevê a submissão à SUSEP das condições gerais dos contratos para análise e arquivamento, assim como das respectivas notas atuariais. Incidem, por isso, como regra na contratação as normas sobre a proteção do aderente.

Sendo o seguro contrato de adesão, atrai a incidência dos artigos 423 e 424 do Código Civil. O primeiro, estabelecendo exigência de interpretação mais favorável ao aderente, no caso de o contrato conter cláusulas ambíguas ou contraditórias.[879] O segundo, definindo a nulidade de cláusulas que estipulem a renúncia antecipada do aderente a direito resultante da natureza do negócio. Nesse caso, observe-se que o artigo 424 do CC põe em relevo, com referência ao contrato de seguro, as cláusulas de limitação, restrição ou exclusão de cobertura securitária, admitindo seu cotejo com a natureza do negócio e o interesse legítimo do segurado. Quando se tratar de contrato de consumo, o artigo 47 do

---

[875] STJ, 2ª Seção, j. 08.05.2019, *DJe* 13.05.2019.

[876] WACLAWIK, Anke. *Versicherungsaufsichtsrecht. In*: HALM, Wolfgang E.; ENGELBRECHT, Andreas; KRAHE, Frank (Hrsg). *Handbuch des Fachanwalts Versicherungsrecht*. Köln: Luchterhand, 2011. p. 385.

[877] WANDT, Manfred. Allgemeines Verscherungsvertragsrecht. *In*: HALM, Wolfgang E.; ENGELBRECHT, Andreas; KRAHE, Frank (Hrsg). *Handbuch des Fachanwalts Versicherungsrecht*. Köln: Luchterhand, 2011. p. 74.

[878] WANDT, Manfred. *Versicherungsrecht*. 5. Auf. Köln: Carl Heymanns Verlag, 2010. p. 75; LAMBERT--FAIVRE, Yvonne; LEVENEUR, Laurent. *Droit des assurances*. Paris: Dalloz, 2011. p. 201.

[879] STJ, REsp 205.966/SP, 4ª Turma, Rel. Min. Ruy Rosado de Aguiar, j. 04.11.1999, *DJ* 07.02.2000; REsp 398.047/SP, 4ª Turma, Rel. Min. Barros Monteiro, j. 21.10.2004, *DJ* 07.03.2005.

CDC impõe regra de interpretação contratual mais favorável ao consumidor,[880] inclusive no tocante à cobertura securitária.[881]

É o controle do conteúdo do contrato, especialmente em vista da proibição das cláusulas contratuais abusivas, um dos mais luminosos pontos de encontro entre a disciplina específica do direito dos seguros e o direito do consumidor nos diversos sistemas jurídicos.[882] No direito brasileiro, o artigo 51 do CDC prevê, em caráter exemplificativo, elenco de cláusulas consideradas abusivas, cuja infringência da proibição legal dá causa a sua nulidade. Em muitas situações, a incidência do artigo 51 do CDC sobre os contratos de seguro comina de nulidade de cláusulas que coloquem o consumidor-segurado em situação de desvantagem exagerada, que sejam contrárias à boa-fé, entre outras hipóteses que relaciona. Não se deixa de notar, contudo, que há determinadas situações de desvantagem contratual que não decorrem do simples fato de o segurado ser consumidor (e, nesse sentido, fazer jus à proteção legal especial), senão porque violam o próprio equilíbrio de interesses associado à causa do contrato de seguro, ou seja, sua razão de ser – utilidade e funcionalidade –, que é a garantia do interesse legítimo em relação ao risco.

Da mesma forma, conceitualmente, o contrato de seguro comporta cláusulas limitativas da obrigação de indenizar do segurador que, desde logo, diga-se, não se confundem com as cláusulas limitativas de responsabilidade qualificadas por lei como abusivas e, por isso, nulas de pleno direito, segundo disposto no artigo 51, I, do CDC. Contudo, não é possível imaginar contratos de seguro em relação a riscos universais (seguro em relação a todo e qualquer risco), o que por si só colocar-se-ia em contradição com a própria natureza de mutualidade que caracteriza esse contrato. Daí por que é perfeitamente aceitável, consistindo praxe dos contratos de seguro em geral, a delimitação exata da obrigação de indenizar do segurador. Pela perspectiva dos direitos do consumidor-segurado, o exame dessas limitações observa dois critérios para aferição de sua validade. De um lado, a existência de prévia e adequada informação e esclarecimento, portanto na fase pré-contratual.[883] De outro, não pode perder de vista a própria causa do contrato de seguro, que é a garantia de interesse legítimo do segu-

---

[880] STJ, REsp 492.944/SP, 3ª Turma, Rel. Min. Nancy Andrighi, j. 1º.04.2003, *DJ* 05.05.2003.

[881] REsp 6.729/MS, 3ª Turma, Rel. Min. Eduardo Ribeiro, j. 30.04.1991, *DJ* 03.06.1991; REsp 122663/RS, 4ª Turma, Rel. Min. Barros Monteiro, j. 18.11.1999, *DJ* 02.05.2000. Da mesma forma, observe-se que a conduta do segurador que deixa de exercer prerrogativas de que é titular por força do contrato gera a modificação do contrato, mediante *surrectio*: STJ, REsp 76.362/MT, 4ª Turma, Rel. Min. Ruy Rosado de Aguiar, j. 11.12.1995, *DJ* 1º.04.1996.

[882] MIRAGEM, Bruno. Os direitos do segurado e os deveres do segurador no direito brasileiro atual e no Projeto de Lei do Contrato de Seguro (PLC 29/2017): exame crítico. *In*: VII FÓRUM DE DIREITO DO SEGURO JOSÉ SOLLERO FILHO. *Anais...* São Paulo: IBDS/Roncarati, 2018. p. 224 e ss. Igualmente, veja-se, para o exemplo do direito francês, LAMBERT-FAIVRE, Yvonne; LEVENEUR, Laurent. *Droit des assurances*. Paris: Dalloz, 2011. p. 141 e ss.

[883] STJ, REsp 1.311.407/SP, 3ª Turma, Rel. Min. Ricardo Villas Bôas Cueva, j. 05.03.2015, *DJe* 24.04.2015. No mesmo sentido, na hipótese de violação do dever de esclarecimento do segurado-consumidor, reconhece-se a invalidade da cláusula que exclui a cobertura de indenização de furto simples, limitando-se a cobertura ao furto qualificado, diante da ausência de conhecimento jurídico específico para compreender a distinção, conforme decidiu o STJ no REsp 1.293.006/SP, 3ª Turma, Rel. Min. Massami Uyeda, j. 21.06.2012, *DJe* 29.06.2012.

rado em relação a riscos predeterminados.[884] Segundo o regime contratual do CDC, não se pode limitar ou restringir obrigação que integre a própria natureza do contrato, ou, segundo o exato conteúdo do artigo 51, § 1º, II, do CDC, presume-se vantagem exagerada, e por isso abusiva, aquela que "restringe direitos ou obrigações fundamentais inerentes à natureza do contrato, de tal modo a ameaçar seu objeto ou equilíbrio contratual". Portanto, parece-nos que o cerne para identificação do que sejam limitações admissíveis da obrigação de indenizar do segurador-fornecedor, de modo a não prejudicar sua causa, diz respeito à própria definição legal do contrato (artigo 757 do CC/2002), como garantia de *interesse legítimo do segurado, relativo a pessoa ou a coisa, contra riscos predeterminados*. Da mesma forma, a identificação do risco garantido deve ser precisa, evitando deflagrar um alto nível de conflituosidade por ocasião da identificação do sinistro e reclamação da indenização.[885]

Note-se que, não bastasse a incidência do princípio da boa-fé sobre o contrato, a própria definição legal do Código Civil indica como elemento nuclear para exame de todo contrato a legitimidade do interesse do segurado. Nesse sentido, não são passíveis de seguro interesses ilícitos ou imorais. Contudo, a noção de interesse legítimo comporta em si a noção igualmente relevante no presente caso de expectativa legítima, ou seja, da compreensão razoável do segurado-consumidor, mediante a ausência de qualquer óbice expresso do segurador-fornecedor, acerca da garantia a determinados interesses que considera abrangidos pela apólice e em relação aos quais não se admite que seja surpreendido, após a ocorrência do evento danoso, com a negativa de pagamento da indenização em face de exclusão que não tenha sido adequadamente informada ou comprometa a própria causa do contrato.[886] O próprio Código Civil restringe certas limitações admissíveis no contrato de seguro.[887] E da mesma forma é a orientação que se percebe da Súmula 402 do STJ: "O contrato de seguro por danos pessoais compreende os danos morais, salvo cláusula expressa de exclusão". Observam-se, ademais, precedentes de reconhecer em casos nos quais a definição estrita do risco segurado não esteja redigida de forma compreensível ao consumidor-médio, sem conhecimento específico quanto aos termos jurídicos utilizados (vulnerabilidade jurídica), a extensão da cobertura securitária para eventos não abrangidos pela definição técnico-jurídica, como é o caso do precedente que estendeu a cobertura de furto e roubo do veículo

---

[884] Para exame da garantia como causa do contrato de seguro, veja-se: PASQUALOTTO, Adalberto. *Contratos nominados II*. Seguro, constituição de renda, jogo e aposta, fiança, transação e compromisso. São Paulo: Ed. RT, 2008. p. 66-69; Igualmente: DONATI, Antigono; PUTZOLU, Giovanna Volpe. *Manuale di diritto delle assicurazioni*, 9. ed. Milano: Giuffré, 2009. p. 111.

[885] Nesse sentido, vejam-se os exemplos relacionados na obra de: POLIDO, Walter. *Contrato de seguro*. Novos paradigmas. São Paulo: Roncarati, 2010. p. 245 *et seq*.

[886] Assim, por exemplo, o entendimento assentado pela Súmula 465 do STJ, de que: "Ressalvada a hipótese de efetivo agravamento do risco, a seguradora não se exime do dever de indenizar em razão da transferência do veículo sem a sua prévia comunicação". Para o tema veja-se o nosso: MIRAGEM, Bruno. Ausência de comunicação prévia pelo segurado e agravamento do risco no contrato de seguro: comentários à Súmula 465 do Superior Tribunal de Justiça. *Revista de Direito do Consumidor*, São Paulo, n. 80, p. 419 *et seq*., out./dez. 2011.

[887] Assim, por exemplo, os artigos 779 e 799 do Código Civil: "Artigo 779. O risco do seguro compreenderá todos os prejuízos resultantes ou consequentes, como sejam os estragos ocasionados para evitar o sinistro, minorar o dano, ou salvar a coisa". "Artigo 799. O segurador não pode eximir-se ao pagamento do seguro, ainda que da apólice conste a restrição, se a morte ou a incapacidade do segurado provier da utilização de meio de transporte mais arriscado, da prestação de serviço militar, da prática de esporte, ou de atos de humanidade em auxílio de outrem."

também à situação de extorsão,[888] ou mesmo o que considerou excessivamente restritiva a limitação da cobertura apenas à hipótese de furto qualificado.[889] Em sentido contrário, é lícita a cláusula que delimita a garantia securitária em relação a furto e roubo de bens dos hóspedes depositados no cofre central de hotel, excluindo-a em relação àqueles que o forem nos cofres individuais dos respectivos quartos.[890]

Refira-se, ainda, à necessidade de interpretação do contrato de seguro favoravelmente ao consumidor (artigo 47 do CDC), o que ocorrerá, por exemplo, quando se interprete a disposição que obriga o segurado a comunicar, imediatamente, ao segurador a ocorrência do sinistro. Nesse caso, define a lei (artigo 771 do Código Civil), e é reproduzido nas condições gerais do contrato, que a ausência de comunicação imediata gera a perda do direito à indenização. Corretamente a jurisprudência vem moderando essa sanção, considerando que a perda total da indenização não deve ter lugar "quando a não comunicação em nada tenha aumentado os riscos da seguradora/apelante".[891]

---

[888] "(...) Predeterminação de riscos. Cláusula contratual remissiva a conceitos de direito penal (furto e roubo). Segurado vítima de extorsão. Tênue distinção entre o delito do artigo 157 do CP e o tipo do artigo 158 do mesmo *Codex*. Critério do entendimento do homem médio. Relação contratual submetida às normas do Código de Defesa do Consumidor. Dever de cobertura caracterizado. 4. Firmada pela Corte a quo a natureza consumerista da relação jurídica estabelecida entre as partes, forçosa sua submissão aos preceitos de ordem pública da Lei 8.078/90, a qual elegeu como premissas hermenêuticas a interpretação mais favorável ao consumidor (artigo 47), a nulidade de cláusulas que atenuem a responsabilidade do fornecedor, ou redundem em renúncia ou disposição de direitos pelo consumidor (artigo 51, I), ou desvirtuem direitos fundamentais inerentes à natureza do contrato (artigo 51, § 1º, II). 5. Embora a aleatoriedade constitua característica elementar do contrato de seguro, é mister a previsão de quais os interesses sujeitos a eventos confiados ao acaso estão protegidos, cujo implemento, uma vez verificado, impõe o dever de cobertura pela seguradora. Daí a imprescindibilidade de se terem muito bem definidas as balizas contratuais, cuja formação, segundo o artigo 765 do Código Civil, deve observar o princípio da 'estrita boa-fé' e da 'veracidade', seja na conclusão ou na execução do contrato, bem assim quanto ao 'objeto' e as 'circunstâncias e declarações a ele concernentes'. 6. As cláusulas contratuais, uma vez delimitadas, não escapam da interpretação daquele que ocupa a outra extremidade da relação jurídica, a saber, o consumidor, especialmente em face de manifestações volitivas materializadas em disposições dúbias, lacunosas, omissas ou que comportem vários sentidos. 7. A mera remissão a conceitos e artigos do Código Penal contida em cláusula de contrato de seguro não se compatibiliza com a exigência do artigo 54, § 4º, do CDC, uma vez que materializa informação insuficiente, que escapa à compreensão do homem médio, incapaz de distinguir entre o crime de roubo e o delito de extorsão, dada sua aproximação topográfica, conceitual e da forma probatória. Dever de cobertura caracterizado. 8. Recurso especial conhecido e desprovido" (STJ, REsp 11.06.827/SP, 4ª Turma, Rel. Min. Marco Buzzi, j. 16.10.2012, *DJe* 23.10.2012). Em sentido contrário, veja-se: STJ, REsp 1.177.479/PR, 4ª Turma, Rel. Min. Antonio Carlos Ferreira, j. 15.05.2012, *DJe* 19.06.2012.

[889] Decidiu o STJ: "(...) II – A relação jurídica estabelecida entre as partes é de consumo e, portanto, impõe-se que seu exame seja realizado dentro do microssistema protetivo instituído pelo Código de Defesa do Consumidor, observando-se a vulnerabilidade material e a hipossuficiência processual do consumidor. III – A circunstância de o risco segurado ser limitado aos casos de furto qualificado exige, de plano, conhecimento do aderente quanto às diferenças entre uma e outra espécie de furto, conhecimento esse que, em razão da sua vulnerabilidade, presumidamente o consumidor não possui, ensejando-se, por isso, o reconhecimento da falha no dever geral de informação, o qual constitui, é certo, direito básico do consumidor, nos termos do artigo 6º, inciso III, do CDC. IV – A condição exigida para cobertura do sinistro – ocorrência de furto qualificado – por si só, apresenta conceituação específica da legislação penal, cujo próprio meio técnico-jurídico possui dificuldades para conceituá-lo, o que denota sua abusividade. (...)" (STJ, REsp 1.293.006/SP, 3ª Turma, Rel. Min. Massami Uyeda, j. 21.06.2012, *DJe* 29.06.2012).

[890] STJ, REsp 1.678.221/RS, 3ª Turma, Rel. Min. Nancy Andrighi, j. 27.02.2018, *DJe* 02.03.2018.

[891] "Apelação cível. Seguros. Ação de cobrança. Seguro de bem imóvel. Aplicação do Código de Defesa do Consumidor aos contratos de seguro. Temporal. Queda do bem imóvel segurado. Perda total. Art. 771 do Código Civil. O fato de o segurado não comunicar o sinistro imediatamente não afasta da seguradora

548 CURSO DE DIREITO DO CONSUMIDOR – *Bruno Miragem*

Da mesma forma, são bastante discutidas na doutrina e jurisprudência a situação de suicídio do segurado na hipótese de seguro de vida e a negativa de pagamento da indenização ao beneficiário. Considerando o suicídio um agravamento (para não dizer efetiva realização) do risco pelo segurado, justifica o segurador o não pagamento da indenização. A partir daí, contudo, considerando as múltiplas causas que levam ao suicídio, que não exclusivamente a explícita má-fé do segurado, a jurisprudência definiu entendimento a partir da distinção entre suicídio premeditado e não premeditado, sendo o primeiro causa de exclusão da obrigação de indenizar do segurador e o segundo hipótese em que é devida a indenização, caracterizando-se a situação de "acidente pessoal" prevista em contrato.[892] O Superior Tribunal de Justiça, inclusive, tinha pacificada a matéria na linha do entendimento vigente no STF desde os anos 1960,[893] ao editar a Súmula 61 que expressamente refere: "O seguro de vida cobre o suicídio não premeditado" (posteriormente cancelada, em 2018). O raciocínio conduzia à distinção que considera premeditado o suicídio causado pela má-fé do segurado, que celebra o seguro já com o ânimo de pôr fim à própria vida, de modo a contemplar financeiramente seus beneficiários. Já o não premeditado considera-se o suicídio em que o ânimo do segurado não está presente na celebração do seguro, porém vem a se desenvolver depois, não estando motivado pela outorga de vantagem financeira decorrente da indenização ao beneficiário, mas geralmente em decorrência de enfermidade ou desequilíbrio mental. Nesse sentido, o STJ decidiu, durante largo tempo, pelo cabimento da indenização inclusive ao tempo da carência, quando não demonstrada premeditação.[894]

Esse entendimento jurisprudencial, razoavelmente consolidado, foi desafiado então pela vigência do artigo 798 do Código Civil, que estabelece: "Artigo 798. O beneficiário não tem direito ao capital estipulado quando o segurado se suicida nos primeiros dois anos

---

o dever de indenizar. A falta de comunicação imediata do sinistro, por si só, não pode levar à perda da cobertura securitária. Perda total do bem segurado. Indenização com base na apólice. A teor das regras previstas no Código de Defesa do Consumidor, art. 47, a interpretação das regras contratuais deve ser feita de maneira mais favorável ao consumidor. Apelo não provido" (TJRS, ApCiv 70.073.974.610, 6ª Câmara Cível, Rel. Ney Wiedemann Neto, j. 20.07.2017).

[892] "*Seguro. Suicídio. Acidente.* O suicídio não premeditado equipara-se ao acidente, tendo a segurada o direito de receber a indenização correspondente à morte acidental. Precedentes. Recurso conhecido em parte e provido" (REsp 304.286/SP, 4ª Turma, Rel. Min. Ruy Rosado de Aguiar, j. 12.03.2002, *DJ* 06.05.2002, p. 295). No mesmo sentido: "*Agravo regimental. Recurso especial. Seguro de vida. Suicídio não premeditado. Acidente pessoal. Precedentes. Revisão. Matéria de prova. Incidência das Súmulas 05 e 07 do STJ. Decisão agravada mantida por seus próprios fundamentos.* 1. De acordo com a jurisprudência desta Corte o suicídio não premeditado encontra-se abrangido pelo conceito de acidente pessoal. Precedentes. Incidência da Súmula 83 do STJ. 2. Com efeito, a convicção formada pelo Tribunal de origem decorreu do contrato de seguro em confronto com os elementos existentes nos autos. Rever a decisão recorrida importaria necessariamente no reexame de provas e cláusulas contratuais, o que é defeso nesta fase recursal a teor das Súmulas 05 e 07 desta Corte. 3. Da leitura das razões expendidas na petição de agravo regimental não se extrai argumentação relevante apta a afastar os fundamentos do julgado ora recorrido. Destarte, nada havendo a retificar ou acrescentar na decisão agravada, deve esta ser mantida por seus próprios e jurídicos fundamentos. 4. Agravo regimental desprovido" (AgRg no REsp 1.047.594/RS, 4ª Turma, Rel. Min. Fernando Gonçalves, j. 18.08.2009, *DJe* 31.08.2009).

[893] Assim a Súmula 105 do STF, editada em 1963: "Salvo se tiver havido premeditação, o suicídio do segurado no período contratual de carência não exime o segurador do pagamento do seguro".

[894] STJ, AgRg no Ag 868.283/MG, 4ª Turma, Rel. Min. Hélio Quaglia Barbosa, j. 27.11.2007, *DJ* 10.12.2007, p. 380.

de vigência inicial do contrato, ou da sua recondução depois de suspenso,[895] observado o disposto no parágrafo único do artigo antecedente". A remissão ao parágrafo único do artigo 797, nesse sentido, confere ao segurado o direito apenas à devolução do montante da reserva técnica já formada.[896]

O entendimento sustentado nas sucessivas edições deste *Curso* orientou-se pela necessidade de exame da legitimidade do interesse do segurado, garantido por intermédio do contrato, uma vez que a simples exclusão do direito à indenização remete a um critério temporal arbitrário, impondo a presunção absoluta de má-fé do segurado (eis a ideia: "quem comete suicídio nos primeiros dois anos do contrato, presume-se que tenha premeditado o ato"). Esse entendimento apoiou-se, igualmente, na gravidade do interesse em questão, e o tempo excessivo para o reconhecimento da presunção legal. Afinal, não é razoável que alguém que planeja pôr fim à própria vida mantenha esse desiderato pelo prazo de dois anos. Por outro lado, é período mais do que suficiente para que o suicídio do segurado, que não o tenha premeditado, decorra de outras causas; por exemplo, toda sorte de enfermidades que podem afetar o equilíbrio mental e emocional do segurado. Algumas dessas causas, inclusive, passíveis de serem identificadas previamente à contratação de seguro, mediante exigência de declarações

---

[895] "Seguro de vida. Prazo de carência. Suicídio não premeditado. Princípio da boa-fé. Aplicabilidade das Súmulas 105/STF e 61/STJ. O planejamento do ato suicida, para fins de fraude contra o seguro, nunca poderá ser presumido. A boa-fé é sempre pressuposta, ao passo que a má-fé deve ser comprovada. A despeito da nova previsão legal, estabelecida pelo artigo 798 do CC/2002, as Súmulas 105/STF e 61/STJ permanecem aplicáveis às hipóteses nas quais o segurado comete suicídio. A interpretação literal e absoluta da norma contida no artigo 798 do CC/2002 desconsidera importantes aspectos de ordem pública, entre os quais se incluem a necessidade de proteção do beneficiário de contrato de seguro de vida celebrado em conformidade aos princípios da boa-fé objetiva e lealdade contratual" (STJ, REsp 959.618/RS, 3ª Turma, Rel. Min. Sidnei Beneti, Rel. p/ acórdão Min. Nancy Andrighi, j. 07.12.2010, *DJe* 20.06.2011). Em sentido contrário, afirmando a plena aplicação dos termos do artigo 798: "Recurso especial. Contrato de seguro de vida. Suicídio. Prazo de carência. Cláusula de incontestabilidade. Artigo 798 do Código Civil. Premeditação. Cobertura devida. 1. Com o advento do Código Civil de 2002, artigo 798, ficou derrogado o entendimento jurisprudencial corroborado pelo enunciado da Súmula 61 do Superior Tribunal de Justiça, segundo o qual, 'salvo se tiver havido premeditação, o suicídio do segurado no período contratual de carência não exime o segurador do pagamento do seguro'. 2. O legislador estabeleceu critério objetivo acerca da cláusula de incontestabilidade, de forma que a seguradora fica isenta do pagamento de indenização se, nos dois primeiros anos de vigência do contrato de seguro, ocorrer morte por suicídio, não importando se premeditado ou não. 3. Recurso especial provido" (STJ, REsp 1.076.942/PR, 4ª Turma, Rel. Min. João Otávio de Noronha, j. 12.04.2011, *DJe* 06.05.2011).

[896] Nesse sentido já decidiu o STJ de que não cabe, na hipótese, distinguir-se entre seguro de vida individual e seguro em grupo, para efeito do dever de devolução da reserva técnica pelo segurador: "*Recurso especial – Seguro de vida – Suicídio no prazo de carência – Devolução da reserva técnica à beneficiária – Julgamento extra petita – Inocorrência – Consequência jurídica do provimento judicial favorável à pretensão da recorrente – Devolução da reserva técnica prevista no parágrafo único do artigo 797 do CC – Adoção de interpretação restritiva para impor a obrigação apenas nos seguros de vida em grupo – Impossibilidade – Recurso especial não conhecido*. I – O Tribunal de origem não proferiu julgamento fora dos limites delineados na petição inicial, mas, sim, aplicou o direito à espécie, com a fixação das consequências jurídicas decorrentes dos fatos narrados pelas partes. Precedentes; II – O artigo 797 do Código Civil impõe à seguradora, na hipótese de morte do segurado dentro do prazo de carência, a obrigação de restituir a reserva técnica ao beneficiário, sem apontar, contudo, qualquer ressalva quanto à espécie de seguro, se em grupo ou individual, não se conferindo ao intérprete proceder a uma interpretação restritiva. III – Recurso especial não conhecido" (REsp 1.038.136/MG, 3ª Turma, j. 03.06.2008, Rel. Min. Massami Uyeda, *DJe* 23.06.2008).

550 | CURSO DE DIREITO DO CONSUMIDOR – *Bruno Miragem*

e exames clínicos do segurado. Foi nessa linha que sustentou precedente do STJ, distinguindo entre a contratação do seguro que é causada pela premeditação do suicídio e a premeditação para o próprio ato suicida, do que se exigiria prova do segurador que negar o pagamento da indenização.[897]

Contudo, não é esse o entendimento que prevaleceu na jurisprudência. Com o Recurso Especial 1.334.005/GO, por maioria, a 2ª Seção do STJ entendeu pela incidência da regra para excluir o direito do beneficiário à indenização securitária no caso de suicídio do segurado dentro do prazo de carência legal de dois anos. Essa alteração da posição da Corte se deu sob o argumento formal de que o entendimento firmado, inclusive nas Súmulas 105 do STF e 61 do STJ, apoiava-se na ausência de previsão legal específica para a imposição da limitação, o que foi superado pela vigência do artigo 798 do Código Civil. Nesses termos, teria havido uma substituição do critério subjetivo da premeditação para um critério objetivo temporal, mediante definição do prazo de carência legal, de modo que, passado o prazo, a obrigação de indenizar da seguradora prevalece mesmo perante a "prova mais cabal de premeditação".[898] Discorda-se desse respeitável entendimento. A rigor, tais conclusões parecem não enfrentar a realidade de que a pura e simples exclusão, em dadas situações concretas, pode, inclusive, comprometer a própria causa de garantia de interesse legítimo do segurado, ao tempo em que elimina a presunção de boa-fé dos contratantes, que é da tradição do nosso direito,

---

[897] "Recurso especial. Ação de cobrança. Seguro de vida. Morte do segurado. Suicídio. Negativa de pagamento do seguro ao beneficiário. Boa-fé do segurado. Presunção. Exegese do artigo 798 do Código Civil de 2002. Interpretação literal. Vedação. Incidência do Código de Defesa do Consumidor. Exigência de comprovação de má-fé, na espécie. A premeditação na contratação difere-se da preparação para o ato suicida. Aplicação das Súmulas 105/STF e 61/STF na vigência do Código Civil de 2002. Recurso provido. I. O seguro é a cobertura de evento futuro e incerto que poderá gerar o dever de indenizar por parte do segurador. II. A boa-fé – que é presumida – constitui elemento intrínseco do seguro, e é caracterizada pela lealdade nas informações prestadas pelo segurado ao garantidor do risco pactuado. III. O artigo 798 do Código Civil de 2002, não alterou o entendimento de que a prova da premeditação do suicídio é necessária para afastar o direito à indenização securitária. IV. O legislador procurou evitar fraudes contra as seguradoras na hipótese de contratação de seguro de vida por pessoas que já tinham a ideia de suicídio quando firmaram o instrumento contratual. V. Todavia, a interpretação literal ao disposto no artigo 798 do Código Civil de 2002, representa exegese estanque, que não considera a realidade do caso com os preceitos de ordem pública estabelecidos pelo Código de Defesa do Consumidor, aplicável obrigatoriamente aqui, em que se está diante de uma relação de consumo. VI. Uma coisa é a contratação causada pela premeditação ao suicídio, que pode excluir a indenização. Outra, diferente, é a premeditação para o próprio ato suicida. VII. É possível a interpretação entre os enunciados das Súmulas 105 do STF e 61 desta Corte Superior na vigência do Código Civil de 2002. VIII. *In casu*, ainda que a segurada tenha cometido o suicídio nos primeiros dois anos após a contratação, não há que se falar em excludente de cobertura, uma vez que não restou demonstrada a premeditação do próprio ato suicida. IX. Recurso especial provido" (STJ, REsp 1.077.342/MG, 3ª Turma, Rel. Min. Massami Uyeda, j. 22.06.2010, *DJe* 03.09.2010).

[898] "Recurso especial. Ação de cobrança. Seguro de vida. Suicídio dentro do prazo de dois anos do início da vigência do seguro. Recurso especial provido. 1. Durante os dois primeiros anos de vigência do contrato de seguro de vida, o suicídio é risco não coberto. Deve ser observado, porém, o direito do beneficiário ao ressarcimento do montante da reserva técnica já formada (Código Civil de 2002, art. 798 c/c art. 797, parágrafo único). 2. O art. 798 adotou critério objetivo temporal para determinar a cobertura relativa ao suicídio do segurado, afastando o critério subjetivo da premeditação. Após o período de carência de dois anos, portanto, a seguradora será obrigada a indenizar, mesmo diante da prova mais cabal de premeditação. 3. Recurso especial provido" (STJ, REsp 1.334.005/GO, 2ª Seção, Rel. Min. Paulo de Tarso Sanseverino, Rel. p/ Acórdão Min. Maria Isabel Gallotti, j. 08.04.2015, *DJe* 23.06.2015).

Parte II · Cap. 2 · A PROTEÇÃO CONTRATUAL DO CONSUMIDOR | **551**

conforme sempre foi reconhecido antes da decisão em comento, pela jurisprudência.[899] O que, aliás, foi bem indicado no culto voto vencido do saudoso Min. Paulo de Tarso Sanseverino no mesmo REsp 1.334.005/GO, que, ao historicizar toda a evolução jurisprudencial no enfrentamento do tema, concluiu que a orientação original do tribunal mantém-se correta, "(...) pois a boa-fé (subjetiva) é presumida, devendo ser comprovada a má-fé de qualquer pessoa na condução dos seus negócios e demais atos da vida civil. Isso mostra-se especialmente adequado no caso de suicídio do segurado em contrato de seguro de vida, por constituir ato de extremo desespero vital, decorrendo de grave moléstia psíquica, infelizmente cada vez mais comum na sociedade contemporânea, que é a depressão. Assim, não é crível presumir, de forma absoluta, mesmo por decreto, a premeditação ou a má-fé do segurado, que pratica esse ato extremo. Naturalmente, pode ocorrer, em alguns casos, a premeditação do suicídio pelo segurado, mas o ônus probatório será da própria seguradora, conforme corretamente fixado pela jurisprudência desta Segunda Seção".[900-901] Melhor, nessa hipótese, parece ser a solução legislativa presente no Projeto de Lei do Contrato de Seguro, elaborado pelo Instituto Brasileiro de Direito do Seguro (IBDS), já aprovado na Câmara dos Deputados e ora em tramitação no Senado Federal. O artigo 118 do PLC 29/2017, ao tempo em que reduz o prazo de carência para um ano, ressalva, em seu § 3º, que "o suicídio cometido em virtude de grave ameaça à existência do segurado ou de legítima defesa de terceiro não está compreendido no prazo de carência". Da mesma forma, em relação à possibilidade de fixação do prazo de carência para outras hipóteses, o artigo 116, § 2º, do mesmo Projeto de Lei refere que este "não pode ser pactuado de forma a tornar inócua a garantia e em nenhum caso pode exceder à metade da vigência do contrato".

Outra situação que merece destaque diz respeito à exclusão da obrigação de indenizar danos decorrentes de acidente automobilístico ou mesmo de morte (seguro de vida), no qual o segurado ou terceiro conduzam o automóvel sob o efeito de embriaguez. Sem fazer todas as digressões que o tema suscita, retornamos ao cerne da compreensão do contrato de seguro a partir de sua causa: a garantia de interesses legítimos do segurado em relação a riscos predeterminados. Nesse sentido, não há de considerar sobre o tema resposta unívoca. É certo que o comportamento do condutor do veículo, ao dirigir sob o efeito de bebida alcoólica, caracteriza agravamento do risco inerente a essa atividade.

---

[899] STJ, REsp 304.286/SP, 4ª Turma, Rel. Min. Ruy Rosado de Aguiar, j. 12.03.2002, *DJ* 06.05.2002; REsp 164.254/SP, 3ª Turma, Rel. Min. Ari Pargendler, j. 02.05.2002, *DJ* 05.08.2002; REsp 472.236/RS, 3ª Turma, Rel. Min. Nancy Andrighi, j. 15.05.2003, *DJ* 23.06.2003; REsp 1.077.342/MG, 3ª Turma, Rel. Min. Massami Uyeda, j. 22.06.2010, *DJe* 03.09.2010; AgRg no REsp 1.047.594/RS, 4ª Turma, Rel. Min. Fernando Gonçalves, J. 18.08.2009, *DJe* 31.08.2009; REsp 1.038.136/MG, 3ª Turma, Rel. Min. Massami Uyeda, j. 03.06.2008, *DJe* 23.06.2008; AgRg no Ag 868.283/MG, 4ª Turma, Rel. Min. Hélio Quaglia Barbosa, j. 27.11.2007, *DJ* 10.12.2007; AgRg no Ag 632.735/RS, 3ª Turma, Rel. Min. Carlos Alberto Menezes Direito, j. 09.05.2006, *DJ* 04.09.2006; AgRg no Ag 1414089/SC, 3ª Turma, Rel. Min. Sidnei Beneti, j. 13.12.2011, *DJe* 1º.02.2012; AgRg no REsp 1.203.943/MG, 3ª Turma, Rel. Min. Nancy Andrighi, j. 06.12.2011, *DJe* 14.12.2011.

[900] STJ, REsp 1.334.005/GO, voto vencido do Min. Paulo de Tarso Sanseverino, j. 08.04.2015, *DJe* 23.06.2015.

[901] STJ, REsp 472.236/RS, 3ª Turma, Rel. Min. Nancy Andrighi, j. 15.05.2003, *DJ* 23.06.2003; REsp 472.236/RS, 3ª Turma, Min. Nancy Andrighi, *DJ* 23.06.2003; STJ, EDcl no AgRg no Ag. 545.475/MG, 4ª Turma, Rel. Min. Carlos Fernando Mathias (Juiz Federal Convocado do TRF-1ª Região), j. 02.10.2008, *DJe* 03.11.2008.

552 | CURSO DE DIREITO DO CONSUMIDOR – *Bruno Miragem*

Contudo, mesmo em outras áreas do direito, é complexa a discussão sobre o caráter doloso ou culposo do condutor ao se embriagar, assim como da presença do nexo de causalidade entre o comportamento em questão e o sinistro.[902] Não há falar, em termos razoáveis, da mesma forma, em premeditação ou agravamento intencional do risco.[903] E esta é a disciplina do artigo 768 do Código Civil: "Artigo 768. O segurado perderá o direito à garantia se agravar intencionalmente o risco objeto do contrato". Daí parece-nos, uma vez mais, situação que merece exame *in concreto*, cabendo a demonstração da intenção de agravamento do risco pelo segurado, como de resto o exige a incidência do artigo 768 do Código Civil,[904] sobretudo em vista de que o comportamento do consumo de bebidas alcoólicas, embora prejudicial, é socialmente aceito e – por vezes – estimulado.[905] É

---

[902] *"Seguro. Embriaguez. Exclusão. Cobertura. Verificação. Matéria fática. Cláusula contratual. Descabimento.* I. A embriaguez, por si só, não constitui causa de exclusão da cobertura securitária, sendo necessária a prova de que o agravamento de risco dela decorrente influiu, decisivamente, na ocorrência do sinistro. Precedentes. II. A via especial não se presta à análise de matéria fática e de cláusula contratual, o que incide no óbice das Súmulas 5 e 7 do Superior Tribunal de Justiça. Agravo improvido" (STJ, AgRg no REsp 637.240/SC, 3ª Turma, Rel. Min. Castro Filho, j. 10.08.2006, *DJ* 11.09.2006).

[903] *"Recurso especial. Ação de cobrança. Seguro de automóvel. Sujeição à lei consumerista. Embriaguez de terceiro condutor (filho do segurado) como causa determinante do sinistro. Fato não imputável à conduta do segurado. Exclusão da cobertura. Impossibilidade. Recurso conhecido e provido.* I. A perda do direito à indenização deve ter como causa a conduta direta do segurado que importe num agravamento, por culpa ou dolo, do risco objeto do contrato. II. A presunção de que o contratante-segurado tem por obrigação não permitir que o veículo-segurado seja conduzido por pessoa em estado de embriaguez é válida e esgota-se, efetivamente, até a entrega do veículo a terceiro. III. Inexiste nos autos qualquer menção de que, na oportunidade em que o segurado entregou o veículo ao seu filho, este já se encontraria em estado de embriaguez, caso em que se poderia, com razão, cogitar em agravamento direto do risco por parte do segurado. Aliás, considerando que o contrato de seguro sujeita-se ao Código de Defesa do Consumidor, o ônus da prova acerca de tal demonstração incumbiria à Seguradora, que, como visto, nada produziu nesse sentido. IV. Recurso Especial conhecido e provido" (STJ, REsp 1.097.758/MG, 3ª Turma, Rel. Min. Massami Uyeda, j. 10.02.2009, *DJe* 27.02.2009).

[904] *"Direito civil. Contrato de seguro. Acidente pessoal. Estado de embriaguez. Falecimento do segurado. Responsabilidade da seguradora. Impossibilidade de elisão. Agravamento do risco não comprovado. Prova do teor alcóolico e sinistro. Ausência de nexo de causalidade. Cláusula liberatória da obrigação de indenizar. Artigos 1.454 e 1.456 do Código Civil de 1916.* 1. A simples relação entre o estado de embriaguez e a queda fatal, como única forma razoável de explicar o evento, não se mostra, por si só, suficiente para elidir a responsabilidade da seguradora, com a consequente exoneração de pagamento da indenização prevista no contrato. 2. A legitimidade de recusa ao pagamento do seguro requer a comprovação de que houve voluntário e consciente agravamento do risco por parte do segurado, revestindo-se seu ato condição determinante na configuração do sinistro, para efeito de dar ensejo à perda da cobertura securitária, porquanto não basta a presença de ajuste contratual prevendo que a embriaguez exclui a cobertura do seguro. 3. Destinando-se o seguro a cobrir os danos advindos de possíveis acidentes, geralmente oriundos de atos dos próprios segurados, nos seus normais e corriqueiros afazeres do dia a dia, a prova do teor alcóolico na concentração de sangue não se mostra suficiente para se situar como nexo de causalidade com o dano sofrido, notadamente por não exercer influência o álcool com idêntico grau de intensidade nos indivíduos. 4. A culpa do segurado, para efeito de caracterizar desrespeito ao contrato, com prevalecimento da cláusula liberatória da obrigação de indenizar prevista na apólice, exige a plena demonstração de intencional conduta do segurado para agravar o risco objeto do contrato, devendo o juiz, na aplicação do artigo 1.454 do Código Civil de 1916, observar critérios de equidade, atentando-se para as reais circunstâncias que envolvem o caso (artigo 1.456 do mesmo diploma). 5. Recurso especial provido" (REsp 780.757/SP, 4ª Turma, Rel. Min. João Otávio de Noronha, j. 1º.12.2009, *DJe* 14.12.2009).

[905] Em sentido diverso, mencione-se o seguinte precedente do STJ: *"Civil. Seguro de vida. Embriaguez. A* cláusula do contrato de seguro de vida que exclui da cobertura do sinistro o condutor de veículo automotor em estado de embriaguez não é abusiva; que o risco, nesse caso, é agravado e resulta do senso comum,

demasiado, a nosso ver, associar o comportamento de consumir bebidas alcoólicas com a intenção de agravamento do risco, que se vincula, em verdade, ao conceito de má-fé. Aqui, aplica-se em desfavor do segurado o velho brocardo "culpa lata dolo aequiparatur" ("a culpa grave se equipara ao dolo").

Sobre esse tema, da mesma forma, a jurisprudência brasileira, que inicialmente compreendeu amplamente a embriaguez entre os riscos ordinários a serem cobertos pela garantia securitária,[906] também se modifica ao longo do tempo, diferenciando os efeitos da embriaguez do condutor no seguro de danos (seguro de automóvel) e no seguro de vida. Nesse particular, consolidou-se na Corte a rejeição das cláusulas contratuais que, no seguro de vida, excluam o direito à indenização no caso de acidentes causados por alterações mentais decorrentes da embriaguez por álcool, ou o uso de drogas entorpecentes ou substâncias tóxicas (REsp 1.665.701/RS),[907] inclusive com a edição da Súmula 620, que define: "A embriaguez do segurado não exime a seguradora do pagamento da indenização prevista em contrato de seguro de vida" (2ª Seção, j. 12.12.2018, DJe 17.12.2018). Contudo, passou a admitir, no seguro de automóvel, a possibilidade de cláusula que exclua o direito à indenização pelo segurado, quando o segurador demonstrar que essa é a causa da ocorrência do sinistro (REsp 1.485.717/SP).[908] No caso em comento, discutiu-se a

---

retratado no dito 'se beber não dirija, se dirigir não beba'. Recurso especial não conhecido" (STJ, REsp 973.725/SP, 3ª Turma, Rel. Min. Ari Pargendler, j. 26.08.2008, DJe 15.09.2008).

[906] "Agravo interno no agravo em recurso especial. Ação de indenização. Acidente de motocicleta. Contrato de seguro de vida. Ingestão de bebida alcóolica. Desinfluência no evento. Matéria que demanda reexame de provas. Sumulas 5 e 7 do STJ. Recurso não provido. 1. 'A embriaguez do segurado, por si só, não exime o segurador do pagamento de indenização prevista em contrato de seguro de vida, sendo necessária a prova de que o agravamento de risco dela decorrente influiu decisivamente na ocorrência do sinistro' (AgRg no AREsp 57.290/RS, Rel. Ministra Nancy Andrighi, Terceira Turma, j. 1º.12.2011, DJe 09.12.2011). 2. O Tribunal de origem, após a análise do conjunto probatório dos autos, chegou à conclusão de que a embriaguez do condutor segurado não foi a condição determinante para o agravamento do risco e a ocorrência do acidente de trânsito. Dessa forma, para desconstituir a convicção formada pelas instâncias ordinárias far-se-ia necessário incursionar no substrato fático-probatório dos autos, o que é defeso a esta Corte Superior em face dos óbices das Súmulas 5 e 7 do STJ. 3. Agravo interno a que se nega provimento" (STJ, AgInt no AREsp 1.115.669/ES, 4ª Turma, Rel. Min. Luis Felipe Salomão, j. 19.09.2017, DJe 25.09.2017).

[907] STJ, REsp 1.665.701/RS, 3ª Turma, Rel. Min. Ricardo Villas Bôas Cueva, j. 09.05.2017, DJe 31.05.2017.

[908] "Recurso especial. Civil. Seguro de automóvel. Embriaguez ao volante. Terceiro condutor (preposto). Agravamento do risco. Efeitos do álcool no organismo humano. Causa direta ou indireta do sinistro. Perda da garantia securitária. Culpa grave da empresa segurada. *Culpa in eligendo* e *culpa in vigilando*. Princípio do absenteísmo. Boa-fé objetiva e função social do contrato de seguro. 1. Cinge-se a controvérsia a definir se é devida indenização securitária decorrente de contrato de seguro de automóvel quando o causador do sinistro foi terceiro condutor (preposto da empresa segurada) que estava em estado de embriaguez. 2. Consoante o art. 768 do Código Civil, 'o segurado perderá o direito à garantia se agravar intencionalmente o risco objeto do contrato'. Logo, somente uma conduta imputada ao segurado, que, por dolo ou culpa grave, incremente o risco contratado, dá azo à perda da indenização securitária. 3. A configuração do risco agravado não se dá somente quando o próprio segurado se encontra alcoolizado na direção do veículo, mas abrange também os condutores principais (familiares, empregados e prepostos). O agravamento intencional de que trata o art. 768 do CC envolve tanto o dolo quanto a culpa grave do segurado, que tem o dever de vigilância (*culpa in vigilando*) e o dever de escolha adequada daquele a quem confia a prática do ato (*culpa in eligendo*). 4. A direção do veículo por um condutor alcoolizado já representa agravamento essencial do risco avençado, sendo lícita a cláusula do contrato de seguro de automóvel que preveja, nessa situação, a exclusão da cobertura securitária. A bebida alcoólica é capaz de alterar as condições físicas e psíquicas do motorista, que,

perda ou não do direito à indenização do segurado que permitiu a terceiro embriagado que conduzisse o veículo envolvido em acidente. O argumento para admitir a exclusão nesse caso será a interpretação extensiva do artigo 768 do Código Civil, entendendo que o agravamento intencional a que se refere a norma "envolve tanto o dolo quanto a culpa grave do segurado, que tem o dever de vigilância (*culpa in vigilando*) e o dever de escolha adequada daquele a quem confia a prática do ato (*culpa in eligendo*)". Desse modo, conclui sustentando que "a perda da garantia securitária se dê quando tão só demonstrado que o condutor estava sob os efeitos do álcool na dinâmica do acidente de trânsito, não importando se a direção estava sob responsabilidade do próprio segurado (ato doloso) ou de terceiro a quem ele confiou (culpa grave)".

Respeitando o entendimento divergente, contudo, é de considerar que, tratando-se de contrato de seguro como contrato de consumo, a interpretação do agravamento intencional, seja na disposição legal, seja em cláusula contratual, de modo a ampliar o sentido dessa intencionalidade para abranger comportamentos que não se vinculam diretamente a uma conduta voluntária e finalística do segurado, parece não se coadunar com o princípio da boa-fé. Da mesma forma, utilizar-se de razões externas ao contrato, supondo incentivos ao comportamento socialmente danoso, para autorizar a presunção de que a embriaguez é a causa determinante do dano (sem que o segurador se desincumba do ônus de provar essa causa) parece não resultar na melhor interpretação. Em outros termos, é de questionar se o entendimento que afasta o pagamento da indenização no seguro de automóvel, no caso de embriaguez do condutor, pode utilizar-se do argumento de interesse social na redução dos acidentes de trânsito, da função social[909] ou da moralidade do contrato[910] para efeito de liberar o segurador de cumprir com a garantia de riscos ordinários previsíveis, sem

---

combalido por sua influência, acaba por aumentar a probabilidade de produção de acidentes e danos no trânsito. Comprovação científica e estatística. 5. O seguro de automóvel não pode servir de estímulo para a assunção de riscos imoderados que, muitas vezes, beiram o abuso de direito, a exemplo da embriaguez ao volante. A função social desse tipo contratual torna-o instrumento de valorização da segurança viária, colocando-o em posição de harmonia com as leis penais e administrativas que criaram ilícitos justamente para proteger a incolumidade pública no trânsito. 6. O segurado deve se portar como se não houvesse seguro em relação ao interesse segurado (princípio do absenteísmo), isto é, deve abster-se de tudo que possa incrementar, de forma desarrazoada, o risco contratual, sobretudo se confiar o automóvel a outrem, sob pena de haver, no Direito Securitário, salvo-conduto para terceiros que queiram dirigir embriagados, o que feriria a função social do contrato de seguro, por estimular comportamentos danosos à sociedade. 7. Sob o prisma da boa-fé, é possível concluir que o segurado, quando ingere bebida alcoólica e assume a direção do veículo ou empresta-o a alguém desidioso, que irá, por exemplo, embriagar-se (*culpa in eligendo* ou *in vigilando*), frustra a justa expectativa das partes contratantes na execução do seguro, pois rompe-se com os deveres anexos do contrato, como os de fidelidade e de cooperação. 8. Constatado que o condutor do veículo estava sob influência do álcool (causa direta ou indireta) quando se envolveu em acidente de trânsito – fato esse que compete à seguradora comprovar –, há presunção relativa de que o risco da sinistralidade foi agravado, a ensejar a aplicação da pena do art. 768 do CC. Por outro lado, a indenização securitária deverá ser paga se o segurado demonstrar que o infortúnio ocorreria independentemente do estado de embriaguez (como culpa do outro motorista, falha do próprio automóvel, imperfeições na pista, animal na estrada, entre outros). 9. Recurso especial não provido" (STJ, REsp 1.485.717/SP, 3ª Turma, Rel. Min. Ricardo Villas Bôas Cueva, j. 22.11.2016, *DJe* 14.12.2016).

[909] STJ, AgInt no REsp 1632921/MG, 3ª Turma, Rel. Min. Moura Ribeiro, j. 27.06.2017, *DJe* 08.08.2017.

[910] REsp 1.441.620/ES, 3ª Turma, Rel. p/ Acórdão Min. Nancy Andrighi, j. 27.06.2017, *DJe* 23.10.2017.

Parte II · Cap. 2 · A PROTEÇÃO CONTRATUAL DO CONSUMIDOR | 555

que necessite provar que a embriaguez foi determinante para a ocorrência do dano, em presunção contrária ao segurado-consumidor.[911]

Registre-se que o STJ não admite, como regra, a ação direta da vítima contra o segurador como efeito do contrato de seguro. Nesse sentido, dispõe a Súmula 529 daquela Corte: "No seguro de responsabilidade civil facultativo, não cabe o ajuizamento de ação pelo terceiro prejudicado direta e exclusivamente em face da seguradora do apontado causador do dano". A razão da exclusão é o pressuposto da aferição da responsabilidade do segurado, o que torna indispensável sua presença no polo passivo da ação. Contudo, em caráter excepcional, quando já esteja configurada a responsabilidade do segurado – em especial quando ele próprio a tenha admitido formalmente perante o segurador –, é reconhecida a legitimidade da vítima para demandar contra o segurador quando se trata de complementar a indenização que tiver sido paga apenas parcialmente.[912]

2.5.5.6 *Prazos para exercício da pretensão pelo consumidor*

O prazo para o exercício de pretensões decorrentes do descumprimento do contrato de seguro é previsto pelo artigo 206, § 1º, II, que disciplina a prescrição tanto do segurado contra o segurador quanto deste contra aquele, contado o prazo: "a) para o segurado, no caso de seguro de responsabilidade civil, da data em que é citado para responder à ação de indenização proposta pelo terceiro prejudicado, ou da data que a este indeniza, com a anuência do segurador; b) quanto aos demais seguros, da ciência do fato gerador da pretensão". O entendimento dominante, assim, é o de que se aplica esse prazo específico, e não o prazo por fato do serviço do CDC, mesmo quando se trata de contrato de consumo.[913] Contudo, essa regra especial do Código Civil vem recebendo da jurisprudência uma

---

[911] Nesse sentido o voto vencido do Min. Paulo de Tarso Sanseverino no REsp 1.441.620/ES: "(...) não basta a demonstração do estado de ebriedade, sendo necessária a prova da ligação direta entre o alcoolismo e o acidente, ônus probatório pertencente à seguradora e não ao segurado, pois matéria de exceção contratual pretendida por ela. Portanto, merece acolhimento, nesse ponto, a pretensão autoral no sentido de afastar a excludente contratual de agravamento de risco, pois não se desincumbiu a seguradora de demonstração de que a embriaguez foi causa determinante para ocorrência do sinistro". Da mesma forma, decidiu o STJ em acórdão de relatoria do mesmo julgador: STJ, AgInt no REsp 1.451.386/SC, 3ª Turma, Rel. Min. Paulo de Tarso Sanseverino, j. 21.03.2017, *DJe* 28.03.2017.

[912] STJ, REsp 1.584.970/MT, 3ª Turma, Rel. Min. Ricardo Villas Bôas Cueva, j. 24.10.2017, *DJe* 30.10.2017.

[913] "Civil. Recurso especial. Ação declaratória de restabelecimento de contrato de seguro. Prescrição. Inocorrência. 1. O recurso especial que deixa de impugnar fundamento suficiente, por si só, para manter a conclusão do julgado não merece ser conhecido. Inteligência da Súmula 283 do STF. 2. Para a pretensão de cobrança do seguro, é inaplicável o prazo prescricional de 5 (cinco) anos previsto no CDC, pois não se trata de vício ou defeito do serviço e sim de inadimplemento contratual. 3. A prescrição da pretensão do segurado contra o segurador para discutir o reajuste dos prêmios mensais é ânua, também não sendo o caso de aplicação do CDC. 4. O artigo 176, § 6º, II, do Código Civil (atual artigo 206, § 1º, II, do CC/2002) não faz qualquer distinção quanto às ações sujeitas à prescrição, importando apenas, na melhor exegese da norma, que a demanda tenha por fundamento o contrato de seguro. Contudo, o STJ já reconheceu que ações meramente declaratórias são imprescritíveis. 5. Na hipótese, a tutela pleiteada pelo autor recorrido e concedida pela sentença, que foi confirmada pelo Tribunal de origem, tem natureza meramente declaratória e, consequentemente, não está sujeita à prescrição ânua do artigo 206, § 1º, II, do CC/02. 6. Recurso especial não provido" (STJ, REsp 1.084.474/MG, 3ª Turma, Rel. Min. Nancy Andrighi, j. 04.10.2011, *DJe* 11.10.2011). No mesmo sentido: STJ, AgRg no REsp 1.458.717/SC, 4ª Turma, Rel. Min. Marco Buzzi, j. 16.06.2015, *DJe* 24.06.2015.

interpretação de acordo com as disposições do CDC, de modo que se observam decisões no sentido de interpretar o modo de contagem do prazo conforme as circunstâncias do caso e a efetiva possibilidade do consumidor de exercer a pretensão contra o segurador. É este o caso no qual se considera não iniciada a fluência do prazo prescricional da ação pelo fato de o segurador não ter entregue a apólice ao segurado, dever do fornecedor segundo o CDC (artigo 46), cujo não atendimento foi qualificado como espécie de condição suspensiva.[914] Visando pacificar o entendimento a respeito, porém, o STJ definiu a seguinte tese, no âmbito dos recursos repetitivos (inclusive, a partir de caso concreto que envolvia a pretensão de renovação da apólice): "É ânuo o prazo prescricional para exercício de qualquer pretensão do segurado em face do segurador – e vice-versa – baseada em suposto inadimplemento de deveres (principais, secundários ou anexos) derivados do contrato de seguro, *ex vi* do disposto no artigo 206, § 1º, II, 'b', do Código Civil de 2002 (artigo 178, § 6º, II, do Código Civil de 1916)".[915] No que diz respeito ao beneficiário do seguro, todavia, não sendo ele segurado (no caso da pretensão ao capital segurado no seguro de vida), deve-se adotar o prazo geral de dez anos,[916] previsto no artigo 205 do Código Civil.

2.5.6 Contratos de consórcio

Contratos de consórcio constituem-se como modelo de contrato de outorga de crédito, razão pela qual têm por objeto o fornecimento de serviços financeiros, a fim de promover a aquisição de produtos ou serviços por consumidores, no qual a administradora do consórcio é fornecedora de crédito e o adquirente do produto ou serviço, em geral destinatário final do mesmo, é o consumidor. Como regra, os contratos de consórcio estão sob a incidência do CDC, salvo exceções em que o adquirente não seja o destinatário final do produto ou serviço adquirido por intermédio desse contrato. A estrutura do contrato se dá pelo pagamento pelo consumidor à administradora do consórcio, de uma contribuição mensal a ser revertida em favor de um fundo de recursos comuns de todo

---

[914] "Prazo Prescricional. Seguro de vida. Contrato celebrado por telefone. Ação do segurado contra o segurador. Termo inicial. Data da remessa da apólice ao segurado. Impossibilidade, na espécie, de fixar o termo inicial na data em que o segurado tomou ciência da recusa da seguradora ao pagamento da indenização. Condição suspensiva. 1. Deve ser remetida cópia da apólice contratada ao segurado, ainda que a celebração do contrato tenha se dado por via telefônica. Conforme determina o artigo 6º, III, do CDC, o fornecedor ou prestador de serviços tem o dever de informar devidamente o consumidor sobre os termos do contrato oferecido, prestando os esclarecimentos necessários para a perfeita compreensão quanto aos direitos e obrigações deles oriundas, especialmente quando a contratação é feita por telefone. 2. O prazo prescricional de um ano não deve ser contado a partir da concisa recusa da seguradora, mas sim da data em que a seguradora atendeu à solicitação formulada pelo segurado a fim de que lhe fosse remetida cópia da apólice que celebrou por telefone, necessária à exata compreensão das razões que levaram à negativa de indenização. Em face do disposto no artigo 199, I, do CC/2002, não há prescrição da ação de recebimento de indenização, pois, ao reter impropriamente a apólice solicitada pelo segurado, a própria seguradora deu causa à condição suspensiva. 3. A procrastinação da seguradora no que diz respeito à entrega de cópia da apólice ao segurado não pode lhe trazer benefícios, levando o consumidor de boa-fé à perda de seu direito de ação. É preceito consuetudinário, com respaldo na doutrina e na jurisprudência, que a parte a quem aproveita não pode tirar proveito de um prejuízo que ela mesma tenha causado. 4. Recurso especial a que se nega provimento" (STJ, REsp 1.176.628/RS, 3ª Turma, j. 16.09.2010, Rel. Min. Nancy Andrighi, *DJe* 04.10.2010).

[915] STJ, REsp 1.303.374/ES, 2ª Seção, Rel. Min. Luis Felipe Salomão, j. 30.11.2021, *DJe* 16.12.2021.

[916] STJ, AgInt no AREsp 769.896/PR, 4ª Turma, Rel. Min. Marco Buzzi, j. 26.09.2022, *DJe* 29.09.2022.

um grupo de consorciados, cuja utilização, nos termos ajustados no contrato, por intermédio de um sistema de sorteios e lances periódicos, o fornecimento de carta de crédito no valor do produto ou serviço para sua aquisição de outro fornecedor, este dos produtos ou serviços desejados pelo consumidor. Sendo o consorciado sorteado ou tendo feito jus à carta de crédito mediante lance, uma vez adquirido o produto, ele poderá submeter-se a alienação fiduciária ou reserva de domínio em favor da administradora do consórcio, até o adimplemento integral do valor do contrato pelo consumidor.

A Lei 11.795/2008 regulou o sistema de consórcio, tendo seu artigo 2º definido o consórcio como "reunião de pessoas naturais e jurídicas em grupo, com prazo de duração e número de cotas previamente determinados, promovida por administradora de consórcio, com a finalidade de propiciar a seus integrantes, de forma isonômica, a aquisição de bens ou serviços, por meio de autofinanciamento". Da mesma forma, definiu o grupo de consórcio como espécie de sociedade não personificada, constituída para os fins de autofinanciamento da aquisição de bens e serviços autônomo e dotado de patrimônio próprio decorrente da contribuição dos consorciados. Refere igualmente que compete à administradora de consórcio a representação do grupo (artigo 3º, § 1º). Há inegáveis vantagens com o regime legal dos consórcios instituído pela nova legislação, especialmente no que se refere à separação absoluta do fundo formado pelo grupo de consórcio e o de outros grupos ou da própria administradora, inclusive com a separação dos respectivos registros contábeis (artigos 3º, §§ 3º e 4º, e 5º, § 5º, da Lei 11.795/2008). Algumas outras questões, contudo, devem ser observadas com certa preocupação, entre as quais a da possibilidade de aquisição por intermédio do sistema de consórcios, de serviços diversos, expandindo com certo exagero esse modelo contratual vocacionado, ao longo do tempo, para fomentar o acesso à aquisição de bens duráveis. Nesse sentido, são lembrados como passíveis de aquisição com o crédito formado por intermédio do sistema de consórcio viagens turísticas ou o custeio de intervenções cirúrgicas meramente estéticas, o que pode ser identificado como hipóteses que vão na direção contrária dos esforços de educação para o consumo racional e prevenção do superendividamento. Os contratos de consórcio, por sua vez, devem ser oferecidos ao consumidor pela administradora de consórcio. Contudo, se na hipótese houver a utilização de terceiro comerciante, que se utiliza da sua estrutura comercial para o oferecimento dessa modalidade contratual para aquisição de produtos ou serviços, é de reconhecer, com fundamento na teoria da aparência, sua responsabilidade solidária para com a administradora, em face das obrigações contratuais eventualmente assumidas, ou os danos suportados pelo consumidor.[917]

2.5.6.1 Características do contrato de consórcio

O artigo 10 da Lei 11.795/2008 definiu contrato de participação em grupo de consórcio como espécie de contrato por adesão "o instrumento plurilateral de natureza asso-

---

[917] *"Processual civil. Consórcio. Teoria da aparência. Legitimidade passiva reconhecida.* A empresa que, segundo se alegou na inicial, permite a utilização da sua logomarca, de seu endereço, instalações e telefones, fazendo crer, através da publicidade e da prática comercial, que era responsável pelo empreendimento consorcial, é parte passiva legítima para responder pela ação indenizatória proposta pelo consorciado fundamentada nesses fatos. Recurso conhecido e provido" (STJ, REsp 139.400/MG, 4ª Turma, Rel. Min. Cesar Asfor Rocha, j. 03.08.2000, *DJ* 25.09.2000).

ciativa cujo escopo é a constituição de fundo pecuniário para as finalidades previstas no artigo 2º". Da mesma forma, seu § 1º dispõe que: "O contrato de participação em grupo de consórcio, por adesão, criará vínculos obrigacionais entre os consorciados, e destes com a administradora, para proporcionar a todos igual condição de acesso ao mercado de consumo de bens ou serviços". A contratação ocorre com a aceitação da proposta da administradora de consórcio pelo consorciado, sendo aperfeiçoado mediante a constituição do grupo, por ocasião da primeira assembleia dos consorciados (artigo 16). Entre outros deveres que a Lei 11.795/2008 estabelece à administradora do consórcio, está o de informar, de maneira clara, as garantias exigidas para a utilização do crédito pelo consorciado, visando assegurar-se do pagamento das parcelas vincendas. Em regra, caracterizando-se o contrato de consórcio como espécie de contrato de consumo, é de todo evidente que se caracteriza como contrato de outorga de crédito, de modo que o dever de informar do fornecedor (administradora de consórcio) deve atender ao disposto no artigo 52 do CDC e às informações que deve repassar ao consumidor. Outrossim, uma vez contemplado pelo consórcio, faz jus o consorciado à utilização do valor do crédito para a aquisição do produto ou serviço indicado no contrato. Nesse caso, não utilizando imediatamente o valor, o consorciado fará jus, pelo tempo em que o crédito já estiver a sua disposição, porém sem uso, aos rendimentos financeiros de sua aplicação pela administradora de consórcio.

2.5.6.2 Equilíbrio econômico do contrato de consórcio e o direito do consumidor

A administradora de consórcios é a fornecedora do serviço de formação, organização e administração dos grupos de consórcio contratados pelos consumidores consorciados. Trata-se de serviço remunerado pela taxa de administração paga pelo consumidor-consorciado à administradora. A taxa de administração constitui a remuneração da administradora de consórcios, razão pela qual não poderá ser acrescida de outros encargos que não o valor da retribuição econômica ao fornecedor pela prestação do serviço.[918] Da mesma forma, note-se que o Decreto federal 70.951/1972, em seu artigo 42, *caput*, estabelece: "Art. 42. As despesas de administração cobradas pela sociedade de fins exclusivamente civis não poderão ser superiores a doze por cento (12%) do valor do bem, quando este for de preço até cinquenta (50) vezes o salário-mínimo local, e a dez por cento (10%) quando de preço superior a esse limite". Igualmente dispõe o § 1º desse mesmo artigo: "§ 1º As associações civis de fins não lucrativos e as sociedades mercantis, que organizarem consórcio para aquisição de bens de seu comércio ou fabrico, somente poderão cobrar as despesas de administração efetiva e comprovadamente realizadas com

---

[918] "*Direito civil e do consumidor. Contrato de consórcio para aquisição de veículo. CDC. Incidência. Taxa de administração. Juros remuneratórios embutidos. Abusividade.* Aplica-se o CDC aos negócios jurídicos realizados entre as empresas administradoras de consórcios e seus consumidores-consorciados. Precedentes. À taxa de administração de consórcios não podem ser embutidos outros encargos que não aqueles inerentes à remuneração da administradora pela formação, organização e administração do grupo de consórcio (artigo 12, § 3º, da Circular do BACEN n. 2.766/97). Se houver cláusula contratual que fixe a taxa de administração em valor que exceda ao limite legal previsto no artigo 42 do Dec. 70.951/72, estará caracterizada a prática abusiva da administradora de consórcio, o que impõe a exclusão do percentual que sobejar ao estipulado na referida Lei. Recurso especial parcialmente conhecido e, nessa parte, provido" (STJ, REsp 541.184/PB, 3ª Turma, Rel. Min. Nancy Andrighi, j. 25.04.2006, *DJ* 20.11.2006).

Parte II · Cap. 2 · A PROTEÇÃO CONTRATUAL DO CONSUMIDOR | **559**

a gestão do consórcio, no máximo até à metade das taxas estabelecidas neste artigo". A princípio, a limitação do percentual da taxa de administração é possível mediante norma regulamentar. Todavia, em qualquer caso, identificando-se manifesta desproporção no valor cobrado pela administradora de consórcio, poderá ser objeto de controle pelo Poder Judiciário.[919] O dever de boa administração do consórcio, nesse sentido, também exclui a possibilidade de cobrança, mediante alteração unilateral do contrato, de taxa extra dos consorciados, para fazer frente a eventuais prejuízos decorrentes da inadimplência.[920] Trata-se, afinal, de risco do negócio, que não pode ser transferido da administradora do consórcio para os consumidores.

Por outro lado, o artigo 27, § 3º, da Lei 11.795/2008 faculta à administradora de consórcios antecipar parte da remuneração a que tem direito a título de taxa de administração, visando ao pagamento de despesas imediatas vinculadas à venda de cotas de grupo de consórcio e remuneração de representantes e corretores. Essa permissão legal representa um adiantamento de valores ao fornecedor pelo serviço para custeio de sua atividade inicial de formação dos grupos de consórcio, devendo ser deduzido da taxa de administração devida pelo consorciado ao longo da duração do contrato. Contudo, observe-se que qualquer antecipação, e mesmo quando esta não ocorra, qualquer espécie de obrigação do consumidor-consorciado em relação à administradora de consórcios ou a terceiros, deve ser informada previamente, a teor do que dispõe o artigo 46 do CDC, sob pena de não vincular o consumidor aos termos do ajuste.

2.5.6.3 *Da resolução do contrato por desistência ou inadimplemento do consorciado*

O contrato de participação em grupo de consórcio pode ser resolvido por desistência ou inadimplemento do consumidor. Nesse caso, o CDC, em seu artigo 53, § 2º, estabelece que: "Nos contratos do sistema de consórcio de produtos duráveis, a compensação ou a restituição das parcelas quitadas, na forma deste artigo, terá descontada, além da vantagem econômica auferida com a fruição, os prejuízos que o desistente ou inadimplente

---

[919] "*Consórcio de bens imóveis. Devolução das parcelas pagas. Taxa de administração.* 1. A devolução das parcelas pagas deve obedecer ao que assentado na jurisprudência para o consórcio de automóveis, ou seja, far-se-á até trinta dias após o encerramento do plano, correndo os juros dessa data e a correção monetária de cada desembolso. 2. Não havendo regra específica limitando os valores da taxa de administração, diversamente do que ocorre no consórcio de automóveis, deixada para o contrato, a modificação deste somente caberia em caso de abuso, despropósito ou falta de moderação, o que não ocorre neste feito. 3. Recurso especial conhecido e provido, em parte" (STJ, REsp 612.438/RS, 3ª Turma, Rel. Min. Carlos Alberto Menezes Direito, j. 07.03.2006, *DJ* 19.06.2006).

[920] "Agravo interno no agravo em recurso especial. Processual civil e consumidor. Contrato de consórcio. Ação ordinária. Criação de taxa extra. Distribuição dos prejuízos pela administradora entre os consorciados. Impossibilidade. Índole abusiva. Agravo interno provido. Recurso especial provido. 1. 'O art. 6º, V, do CDC, disciplina, não uma obrigação, mas um direito do consumidor à modificação de cláusulas consideradas excessivamente onerosas ou desproporcionais. Assim, referida norma não pode ser invocada pela administradora de consórcios para justificar a imposição de modificação no contrato que gere maiores prejuízos ao consumidor' (REsp 1.269.632/MG, Rel. Ministra Nancy Andrighi, Terceira Turma, julgado em 18.10.2011, *DJe* 03.11.2011). 2. É nula a criação de taxa extra que distribuiu eventuais prejuízos a ser paga pelos consorciados/agravados. 3. Agravo interno provido para reconsiderar a decisão agravada e, em novo exame, dar provimento ao recurso especial" (STJ, AgInt no AREsp 338.943/MG, 4ª Turma, Rel. Min. Raul Araújo, j. 15.08.2022, *DJe* 26.08.2022).

causar ao grupo". Igualmente, o artigo 30 da Lei 11.795/2008 refere que: "O consorciado excluído não contemplado terá direito à restituição da importância paga ao fundo comum do grupo, cujo valor deve ser calculado com base no percentual amortizado do valor do bem ou serviço vigente na data da assembleia de contemplação, acrescido dos rendimentos da aplicação financeira a que estão sujeitos os recursos dos consorciados enquanto não utilizados pelo participante (...)". A incidência da norma, desse modo, caracteriza como nula a cláusula contratual que eventualmente estabeleça perda total das prestações na hipótese de inadimplemento e, mais do que isso, nulidade também da disposição contratual cujo valor, ou modo de cálculo, ultrapasse o necessário à compensação dos valores indicados na legislação.

Uma distinção fundamental, contudo, deve ser feita: se a desistência ou o inadimplemento do consumidor ocorreu antes ou depois de ter sido contemplado, passando a ter posse do bem ao qual o consórcio está vinculado. A rigor, já tendo sido contemplado, a aplicação das normas regulamentadoras do contrato de consórcio cede àquelas relativas ao contrato estabelecido para aquisição do bem, seja a alienação fiduciária, a compra e venda com reserva de domínio.[921] Em qualquer caso, todavia, será protegido o direito do consumidor ao equilíbrio das prestações. Da mesma forma, anote-se que, a se caracterizar a alienação fiduciária do bem – nessa hipótese –, há predominância das normas dispostas no Decreto 911/1969, tendo sido afastada, contudo, a equiparação do consumidor alienado fiduciariamente a depositário, e, no caso de inadimplemento, depositário infiel, em face do entendimento consolidado pelo STF por intermédio da Súmula Vinculante 25, que estabelece: "É ilícita a prisão civil de depositário infiel, qualquer que seja a modalidade do depósito". A desistência do consumidor-consorciado, por outro lado, embora deva respeitar a necessidade de compensar tanto o ganho que este obteve com a fruição do bem (na hipótese em que já tenha sido contemplado) quanto os prejuízos que causar ao grupo, não pode ser manejada de modo a criar obstáculo ao exercício do direito legítimo de exclusão do grupo. Cabe ao administrador do consórcio, na qualidade de fornecedor remunerado, organizar e administrar os grupos de consórcio,

---

[921] *"Civil. Recurso especial. Ação de cobrança movida por consórcio para obtenção da diferença não coberta pela venda de automóvel alienado fiduciariamente. Bem que se encontrava na posse direta do consumidor à época do inadimplemento. Reconvenção. Alegação de cobrança indevida, pois o artigo 53 do CDC garante ao consorciado a devolução dos valores pagos em caso de desistência do negócio. Análise do alcance de tal artigo em consonância com o regramento específico do Decreto-lei n. 911/69. Peculiaridades da espécie. É por demais conhecida a jurisprudência do STJ no sentido de que o artigo 53 do CDC fundamenta, em certas relações jurídicas – como as relativas a compromisso de compra e venda de imóvel e, em alguns casos, o próprio consórcio – a devolução das parcelas pagas pelo consumidor, apenas com uma retenção relativa a custos de administração e eventuais indenizações. Ocorre que, no âmbito dos consórcios, essa discussão tem sido posta quando a desistência do consumidor se dá antes de que este passe a ter a posse do bem. Na presente hipótese, ao contrário, é fato incontroverso que o consorciado foi contemplado logo no início do plano, tendo feito uso do automóvel alienado fiduciariamente durante quase três anos. Tal fato provoca, necessariamente, uma mudança de perspectiva na discussão. O tema da alienação fiduciária se sobrepõe, no estado em que a lide se encontra, ao tema do consórcio. Com efeito, se é admitida aquela operação de crédito no âmbito deste plano e o consumidor já usufrui do bem, as regras predominantes em caso de posterior inadimplemento devem ser as relativas ao Decreto-lei n. 911/69. Haveria indisfarçável desequilíbrio se fosse dado ao consumidor o direito à restituição integral do quanto pago após quase três anos de uso de um bem que, particularmente, sofre forte depreciação com o tempo. Recurso especial ao qual se nega provimento" (REsp 997.287/SC, 3ª Turma, Rel. Min. Nancy Andrighi, j. 17.12.2009, *DJe* 02.02.2010).

demonstrar a existência e a quantificação desses prejuízos. Daí por que o artigo 28 da Lei 11.795/2008 deve ser interpretado com essa finalidade reconhecida à retenção de valores do fundo na hipótese de desistência ou inadimplemento do consumidor. Dispõe o artigo 28 que: "O valor da multa e de juros moratórios a cargo do consorciado, se previstos no contrato de participação em grupo de consórcio, por adesão, será destinado ao grupo e à administradora, não podendo o contrato estipular para o grupo percentual inferior a 50% (cinquenta por cento)". Da referência à multa infra-se cláusula penal. Esta observa duas finalidades básicas no direito contratual: desestimular o inadimplemento e pré-estimar danos e prejuízos do credor. Logo, deve ser interpretado com reservas o artigo relativo à repartição da multa, porquanto, embora fixe o limite mínimo de 50% a ser revertido em favor do fundo comum do grupo de consórcio, a proteção do equilíbrio do contrato há de estimar essa parcela em índice ainda maior, especialmente considerando a finalidade de pré-estimativa dos prejuízos do grupo de consórcio, o que é determinado por lei. Por outro lado, note-se que a jurisprudência do STJ vem afirmando que a cobrança da multa está condicionada à efetiva demonstração do prejuízo.[922]

2.5.7 Contratos de previdência complementar privada

Os contratos de previdência complementar privada têm crescido em importância no Brasil, especialmente em face da notória incapacidade do sistema público de previdência social fazer frente ao pagamento de benefícios de aposentadoria dignos e suficientes para os trabalhadores, após longo período de contribuição. Assim, é correto identificar inclusive uma espécie de estímulo estatal à contratação pelos trabalhadores em geral de previdência privada complementar, em empresas privadas ou mesmo a partir da auto-organização de categorias profissionais em entidades com essa finalidade, visando à formação de reserva necessária para suprir suas remunerações após a aposentadoria. Nesse sentido orientou-se o esforço legislativo com o intuito de de regulamentar o setor e os contratos de previdência privada, do que resultou a Lei Complementar 109/2001, que dispõe sobre o sistema de previdência complementar.

O contrato de previdência complementar privada é contrato de consumo, uma vez que apresenta os traços distintivos que caracterizam as relações de consumo. Nesse sentido, note--se que são oferecidos pelo fornecedor, no exercício de atividade profissional e especializada no mercado de consumo, contratados mediante remuneração, sendo contratante pessoa natural destinatária final ela própria (participante), ou terceiros que indique como titulares do benefício decorrente da prestação da entidade de previdência (assistidos). Este, aliás, era o entendimento do STJ ao editar a Súmula 321, em 2005, referindo que: "(...) o Código de Defesa do Consumidor é aplicável à relação jurídica entre a entidade de previdência privada

---

[922] "Consórcio. Ação de restituição de parcelas pagas. Redutor. Artigo 53, § 2º, do CDC. Prova do prejuízo. Ônus da administradora. Correção monetária. Índice aplicável. I. A possibilidade de se descontar dos valores devidos percentual a título de reparação pelos prejuízos causados ao grupo (artigo 53, § 2º, CDC) depende da efetiva prova do prejuízo sofrido, ônus que incumbe à administradora do consórcio. II. A atualização monetária das parcelas a serem restituídas deve ser realizada com base em índice que melhor reflita a desvalorização da moeda, o que não corresponde à variação do valor do bem objeto do consórcio. Recurso não conhecido" (STJ, REsp 871.421/SC, 3ª Turma, Rel. Min. Sidnei Beneti, j. 11.03.2008, DJe 1º.04.2008).

e seus participantes". Note-se, contudo, que as entidades de previdência complementar, segundo dispõe a Lei Complementar 109/2001, distinguem-se em entidades fechadas e abertas. Entidades fechadas são aquelas acessíveis exclusivamente a empregados de uma empresa ou grupo de empresas e aos servidores da União, dos Estados, do Distrito Federal e dos Municípios, os quais serão considerados como patrocinadores, e a associados ou membros de pessoas jurídicas de caráter profissional, classista ou setorial, as quais denominam-se instituidores (artigo 31). Essas entidades fechadas não podem oferecer outros serviços que não o plano de benefícios de previdência privada (artigo 32, parágrafo único). Por outro lado, as entidades abertas são aquelas constituídas unicamente sob a forma de sociedades anônimas e que tenham por objetivo "instituir e operar planos de benefícios de caráter previdenciário concedidos em forma de renda continuada ou pagamento único, acessíveis a quaisquer pessoas físicas" (artigo 36). Outrossim, admite-se que seguradoras que ofereçam exclusivamente seguros de vida possam ser autorizadas a operar com planos de benefícios. A fiscalização e a regulação das entidades fechadas e abertas também são realizadas por órgãos distintos, até que seja criado órgão regulador previsto na Lei Complementar 109/2001. Em relação às entidades fechadas, terá competência o Ministério da Previdência Social, por intermédio da Superintendência Nacional de Previdência Complementar, autarquia de natureza especial, dotada de autonomia administrativa e financeira e patrimônio próprio, criada pela Lei 12.154/2009, com competência para fiscalização e supervisão "das atividades das entidades fechadas de previdência complementar e de execução das políticas para o regime de previdência complementar operado pelas entidades fechadas de previdência complementar" (artigo 1º, parágrafo único). No tocante às entidades abertas, é titular de competência o Ministério da Fazenda, por intermédio da Superintendência dos Seguros Privados (SUSEP).[923]

Essa distinção entre entidades fechadas e abertas veio a suscitar dúvida sobre eventuais limites da aplicação do CDC a tais entidades. Embora quanto à caracterização como relação de consumo das entidades abertas não haja dúvida, porquanto, inclusive, atuam livremente no mercado de consumo mediante oferta e contratação dos serviços, alguma dúvida pode existir em relação às entidades fechadas, as quais pressupõem a existência de um vínculo anterior entre o participante e o patrocinador ou instituidor do plano, o que autorizaria remissão da relação jurídica contratual à relação original, de natureza trabalhista, estatutária ou associativa. Nessa mesma linha de entendimento, constitui reforço a esse argumento a circunstância de os serviços da entidade fechada não serem oferecidos livremente no mercado, senão mediante a existência de vínculo específico que reúna determinado grupo de participantes. São, indiscutivelmente, sólidos os argumentos a sustentarem a distinção. Não se perca de vista, todavia, que não se altera, em relação às entidades fechadas, a vulnerabilidade do participante (seja ele indicado como consumidor *standard* ou não), observada também em relação às entidades abertas. Daí por que,

---

[923] Lei Complementar 109/2001: "Artigo 74. Até que seja publicada a lei de que trata o artigo 5º desta Lei Complementar, as funções do órgão regulador e do órgão fiscalizador serão exercidas pelo Ministério da Previdência e Assistência Social, por intermédio, respectivamente, do Conselho de Gestão da Previdência Complementar (CGPC) e da Secretaria de Previdência Complementar (SPC), relativamente às entidades fechadas, e pelo Ministério da Fazenda, por intermédio do Conselho Nacional de Seguros Privados (CNSP) e da Superintendência de Seguros Privados (SUSEP), em relação, respectivamente, à regulação e fiscalização das entidades abertas".

Parte II · Cap. 2 · A PROTEÇÃO CONTRATUAL DO CONSUMIDOR | **563**

mesmo na hipótese em que se admita o caráter peculiar das entidades fechadas, a fornecer elementos para descaracterizar a relação de consumo típica, não se elimina a incidência do regime de proteção do beneficiário/participante pelo CDC, com fundamento na definição de consumidor equiparado prevista em seu artigo 29. Esse artigo estende a proteção contratual do consumidor a todas as pessoas expostas às práticas de mercado referidas na lei (artigos 30 a 54), hipótese na qual, é de todo evidente, situa-se participante contratante com as entidades fechadas. O reconhecimento da relação de previdência privada como relação de consumo determina, entre outros efeitos da aplicação do CDC, a competência para discutir o conteúdo do contrato do domicílio do consumidor, afastando[924] outras regras de competência, ainda quando derivadas de norma especial, bem como a possibilidade de inversão do ônus da prova em favor do participante consumidor.[925]

Em 2015, contudo, o Superior Tribunal de Justiça reviu seu original no sentido da aplicação do CDC tanto aos planos de previdência privada de entidades abertas quanto fechadas,[926] decidindo no Recurso Especial 1.536.786/MG pela exclusão do âmbito de

---

[924] *"Conflito negativo de competência. Previdência privada. Ação objetivando complementação de aposentadoria. Execução. Código de Defesa do Consumidor. Incidência. Foro do domicílio do autor.* I. Com a edição da Súmula 321 desta Corte, não resta mais dúvida de que 'o Código de Defesa do Consumidor é aplicável à relação jurídica entre a entidade de previdência privada e seus participantes' (*DJ* 05.12.2005, p. 410). II. Cuida-se de contrato típico de adesão, em cujo âmbito a jurisprudência repele a eficácia da cláusula de eleição de foro, na medida em que, via de regra, incidiria sua aplicação em detrimento do consumidor, havido como hipossuficiente na relação estabelecida. III. Legítima a opção do beneficiário do plano de previdência privada em litigar no foro do seu domicílio, objetivando complementação de aposentadoria, conforme lhe autoriza o artigo 101, inciso I, do Código de Defesa do Consumidor. IV. Incide, na espécie, a regra geral prevista no artigo 575, II, do CPC, no sentido de que a execução de título judicial deve ter seu curso perante o Juízo prolator da sentença. V. Conflito conhecido, declarando-se a competência do Juízo suscitante, qual seja, o da 12ª Vara Cível de Santos/SP" (STJ, CComp 78.765/SP, 2ª Seção, Rel. Min. Sidnei Beneti, j. 26.03.2008, *DJe* 07.04.2008). No mesmo sentido: *"Conflito negativo de competência. Entidade de previdência privada em liquidação extrajudicial. Ação objetivando devolução de quantia paga e indenização por danos morais. Lei falimentar. Inaplicabilidade, na espécie. Código de Defesa do Consumidor. Incidência. Foro do domicílio do autor.* I. Com a edição da Súmula 321 desta Corte, consolidou-se entendimento segundo o qual 'o Código de Defesa do Consumidor é aplicável à relação jurídica entre a entidade de previdência privada e seus participantes'. II. Legítima a opção do beneficiário do plano de previdência privada em litigar no foro do seu domicílio, objetivando a devolução de quantia paga e indenização por danos morais, conforme lhe autoriza o artigo 101, inciso I, do Código de Defesa do Consumidor. III. Inaplicabilidade, na espécie, do artigo 3º da Lei n. 11.101/05, que trata apenas da competência para a homologação da recuperação extrajudicial, deferimento de recuperação judicial e decreto de falência. IV. Conflito conhecido, declarando-se a competência do Juízo da Vara Cível de Arapongas/PR" (STJ, CComp 102.960/SP, 2ª Seção, Rel. Min. Paulo Furtado, j. 24.06.2009, *DJe* 03.08.2009).

[925] "Agravo interno. Decisão monocrática em agravo de instrumento. Previdência privada. Aplicação do Código de Defesa do Consumidor. Súmula 321 do STJ. Inversão do ônus da prova. Possibilidade. Artigo 6º, VIII, do CDC. Demais pedidos que não integram o despacho agravado. Descabimento de sua análise. Correta a decisão monocrática que negou seguimento ao agravo de instrumento, devendo ser mantida por seus próprios fundamentos. Ônus da prova. A relação mantida pelas partes, é de consumo, conforme a Súmula 321 do STJ. Dessa forma, sendo a relação de consumo regulado e protegido pelo CDC, caberá a inversão do ônus da prova, com fundamento no seu artigo 6º, VIII, do CDC. Quanto os demais pedidos de prescrição e incompetência do juízo, verifico que os mesmos não integram o despacho agravado, de modo que descabe a sua análise por este Tribunal, sob pena de supressão de instância. Agravo interno desprovido" (TJRS, Ag 70.032.598.187, 5ª Câm. Civ., Rel. Des. Gelson Rolim Stocker, j. 28.10.2009).

[926] *"Processual civil. Agravo regimental. Entidade fechada de previdência privada. Petros. CDC. Aplicação. Artigos 219 do CPC e 405 do Código Civil de 2002. Prequestionamento. Ausência. Súmulas 284 e 356/STF. Restituição integral das contribuições pessoais. Súmula n. 289 do STJ.* I. As questões federais não enfren-

564 | CURSO DE DIREITO DO CONSUMIDOR – *Bruno Miragem*

incidência das normas de proteção do consumidor, da relação entre o participante e a entidade fechada de previdência complementar. Entre os argumentos suscitados para fundamentar esse entendimento tem destaque o que distingue a própria natureza das entidades, sendo a aberta com fins lucrativos e a fechada, sem fins lucrativos, assim como a oferta no mercado dos planos de previdência pelas entidades abertas, em comparação ao mutualismo que orientaria a atividade das fechadas.[927] Essa distinção, ao afastar a aplicação do CDC às relações entre as entidades fechadas de previdência complementar e os participantes do plano de previdência, tem por consequência deixar tais relações sob a incidência prevalente da Lei Complementar 109/2001. Com isso, foi cancelada a Súmula 321 do STJ e editada a Súmula 563, pelo mesmo tribunal, com o seguinte enunciado: "O Código de Defesa do Consumidor é aplicável às entidades abertas de previdência complementar, não incidindo nos contratos previdenciários celebrados com entidades fechadas".

2.5.7.1 *Características dos contratos de previdência complementar privada*

A rigor, a contratação da previdência complementar privada em substituição da previdência pública não é uma característica exclusivamente brasileira. Conforme demonstra Ronaldo Porto Macedo Júnior, é longa a experiência norte-americana com essa espécie contratual,[928] podendo-se identificar aí, em face de sua finalidade e do longo tempo de contratação, um dualismo do caráter econômico e social desses ajustes.[929] Esses contratos de previdência privada, então, passam a apresentar algumas características peculiares, quais sejam: a) são contratos contínuos, de longa duração, uma vez que pressupõem a existência de um acúmulo de contribuições financeiras do participante do contrato como condição para fruição futura do benefício financeiro; b) são contratos de estruturação econômica complexa, fundado em cálculos atuariais em vista das características distintivas de um grupo de contratantes. Isto, naturalmente, acentua a vulnerabilidade do consumidor--participante; c) são contratos cuja prestação de uma das partes (participante) é dependente da boa gestão dos recursos financeiros do prestador do serviço (entidade de previdência), razão pela qual se destaca a necessidade de acentuarem-se os laços de confiança entre as partes ao longo da relação contratual, característico do princípio do administrador prudente (*prudent person rule*), observado no direito norte-americano;[930] e d) o controle do equilíbrio econômico das prestações pressupõe seu correto dimensionamento ao longo

---

tadas pelo Tribunal estadual recebem o óbice das Súmulas 282 e 356 do C. STF, não podendo, por falta de prequestionamento, ser debatidas no âmbito do recurso especial. II. Consolidou-se a jurisprudência da Corte no sentido de que a devolução das contribuições deve ser feita integralmente, com correção monetária por fatores de atualização que recomponham a efetiva desvalorização da moeda nacional, nos termos da Súmula n. 289/STJ. III. O CDC é aplicável às entidades abertas e fechadas de previdência complementar. IV. Agravo improvido" (STJ, AgRg no REsp 816.545/SE, 4ª Turma, Rel. Min. Aldir Passarinho Junior, j. 03.08.2006, *DJ* 11.09.2006).

[927] REsp 1.536.786/MG, 2ª Seção, Rel. Min. Luis Felipe Salomão, j. 26.08.2015, *DJe* 20.10.2015.

[928] MACEDO JÚNIOR, Ronaldo Porto. *Contratos relacionais e defesa do consumidor*. São Paulo: Max Limonad, 1998. p. 307 *et seq.*

[929] MACEDO JÚNIOR, Ronaldo Porto. *Contratos relacionais e defesa do consumidor*. São Paulo: Max Limonad, 1998. p. 309.

[930] MACEDO JÚNIOR, Ronaldo Porto. Os contratos previdenciários, a informação adequada e os riscos do consumidor. *Revista de Direito do Consumidor*, São Paulo, v. 26, p. 228-229, abr./jun. 1998.

do tempo em que são realizadas (cálculo atuarial), razão pela qual deve-se ter em vista o interesse útil do consumidor participante/assistido com o contrato, de modo a proteger suas legítimas expectativas.

O objeto do contrato de previdência complementar privada reconhece três modalidades, quais sejam de benefício definido, contribuição definida e contribuição variável. Contudo, a legislação admite que seja autorizada a operação de outras formas de planos de benefícios "que reflitam a evolução técnica e possibilitem flexibilidade ao regime de previdência complementar" (artigo 7º, parágrafo único, da Lei 109/2001). No caso dos contratos celebrados com entidades abertas, poderão ser ainda: a) individuais, quando acessíveis a qualquer pessoa natural; ou b) coletivos, quando tenham por objetivo garantir benefícios previdenciários a pessoas naturais vinculadas, direta ou indiretamente, a uma pessoa jurídica contratante.

Entre os direitos reconhecidos aos participantes dos planos estão, além do equilíbrio econômico-financeiro que assegure o valor do benefício nos termos do contrato,[931] o direito à resolução do contrato e portabilidade da reserva acumulada para outro plano ou outra entidade de previdência complementar, bem como o resgate da totalidade das contribuições vertidas ao plano, descontadas as parcelas do custeio administrativo. Nesse sentido, visando à proteção do direito do participante, o artigo 15, parágrafo único, da Lei 109/2001 estabelece, para fins de resgate ou portabilidade nas entidades fechadas, que o "direito acumulado corresponde às reservas constituídas pelo participante ou à reserva matemática, o que lhe for mais favorável". No caso das entidades abertas, o *caput* do artigo 27 da mesma lei dispõe: "Observados os conceitos, a forma, as condições e os critérios fixados pelo órgão regulador, é assegurado aos participantes o direito à portabilidade,

---

[931] Registre-se, contudo, o entendimento do STJ em relação à possibilidade de alteração dos índices de atualização do benefício, em face de mudança do regulamento a que se submete o participante ou beneficiário. Nesse sentido decidiu a Corte no Recurso Especial 1.463.803/RJ, de relatoria do Min. Ricardo Villas Boas Cuêva, pelo qual admitiu-se a alteração do indexador de benefício de prestação continuada, "devendo o novo índice incidir integralmente a partir de sua vigência e não apenas nos períodos em que o indexador for mais vantajoso ao assistido". Sustenta o julgado que, "quando se tratar de normas alteradoras da sistemática de correção monetária, não poderão ser invocados os institutos protetores do direito adquirido e do ato jurídico perfeito. Isso porque não há direito adquirido a determinado índice de correção monetária, mas sim ao benefício previdenciário complementar em si mesmo e à efetiva atualização monetária de seu valor. Diante disso, revela-se possível a substituição de um indexador por outro, desde que idôneo para medir a inflação, recompondo a obrigação contratada. Caso seja adotado um índice inadequado para atualizar as verbas previdenciárias suplementares, com o passar do tempo, substanciais prejuízos ocorrerão ao assistido, que perderá gradualmente o seu poder aquisitivo com a corrosão da moeda, dando azo ao desequilíbrio contratual. Além disso, restará frustrado o objetivo principal da Previdência Complementar, que é propiciar ao inativo padrão de vida semelhante ao que desfrutava em atividade". E prossegue: "Por isso, uma alteração no regulamento referente ao plano de benefícios de previdência privada para substituir o indexador de correção monetária da aposentadoria complementar (o IGP-DI pelo INPC) pode, em um período, causar prejuízo ao assistido e, em outro período, gerar ganho para ele. Nessa conjuntura, quanto à aplicação parcial das novas regras do regulamento, ou seja, da restrição da incidência do novo indexador a apenas determinados períodos em que for mais vantajoso ao assistido, cumpre ressaltar ser inadmissível a conjugação de estatutos, de modo a instituir um regime híbrido que mescle os índices vantajosos para o assistido. Pela teoria do conglobamento, deve-se buscar o estatuto jurídico mais benéfico enfocando globalmente o conjunto normativo de cada sistema, sendo vedada, portanto, a mescla de dispositivos diversos, a criar um terceiro regulamento. Logo, a definição do estatuto mais favorável deve se dar em face da totalidade de suas disposições, e não da aplicação cumulativa de critérios mais vantajosos previstos em diferentes regulamentos" (STJ, REsp 1.463.803/RJ, Rel. Min. Ricardo Villas Bôas Cueva, j. 24.11.2015, *DJe* 2.12.2015).

inclusive para plano de benefício de entidade fechada, e ao resgate de recursos das reservas técnicas, provisões e fundos, total ou parcialmente".

A jurisprudência brasileira vem firmando diversas decisões no sentido da decretação de nulidade das cláusulas abusivas nos contratos de previdência complementar privada. É o caso das cláusulas que disciplinam o resgate dos valores pelo participante, em face de resolução do contrato, e que, ao fazê-lo, limitam ou excluem índices ou fórmulas de atualização dos valores, hipótese em que decidiu o STJ que a devolução dos valores deve ser integral, na hipótese de retirada do plano,[932] objeto da Súmula 289 daquela Corte.[933] Tal entendimento visa proteger o equilíbrio de interesses da relação em questão, constituindo obrigação do fornecedor o pagamento da desvalorização monetária havido entre o período de pagamento das parcelas pelo consumidor e o momento em que este se retira do plano e requer o levantamento dos valores.[934] Essa regra que dá concretude ao princípio do equilíbrio das prestações prevalece inclusive contra regra expressa do estatuto da patrocinadora do plano.[935]

Sendo o contrato de previdência privada espécie de contrato relacional, essa circunstância não apenas gera efeitos do direito à manutenção do contrato pelo beneficiário (tutelando a expectativa de sua duração no tempo), como também exige que se proteja a expectativa legítima do consumidor em relação ao equilíbrio das prestações, especialmente da complementação de aposentadoria ou outro benefício que lhe for pago, durante todo o tempo a que fizer jus à prestação (normalmente vitalícia). Nesse sentido, terá direito a ter reconhecida a abusividade da cláusula contratual que corrija de modo insuficiente o valor da prestação que lhe é devida, e sua substituição, mediante atividade de integração pelo juiz, por índice que represente adequadamente a perda de valor da moeda e/ou a evolução do custo de vida.[936] Isso em respeito à própria causa do contrato, que é a complementação

---

[932] "Previdência privada. Restituição das reservas de poupança. Fundamento do acórdão não impugnado. Contribuição do associado retirante. Restituição integral. Precedentes da Corte. 1. Não se admite recurso especial que deixa de impugnar fundamento constante do acórdão apto a sustentar, por si só, o *decisum*. 2. O acórdão recorrido decidiu que os autores têm direito à restituição integral dos valores vertidos ao plano de previdência privada do qual se desligaram, com base nas regras protetivas do Código de Defesa do Consumidor. A recorrente não impugnou esse fundamento específico, o que seria de rigor. 3. Aplicação da mesma orientação que inspirou a edição da Súmula n. 283/STF. 4. As contribuições dos ex-associados devem ser devolvidas em sua integralidade e não parcialmente. 5. Agravo regimental desprovido" (STJ, AgRg no Ag. 689.160/MG, 3ª Turma, Rel. Min. Carlos Alberto Menezes Direito, j. 15.05.2007, *DJ* 06.08.2007).

[933] Súmula 289/STJ: "A restituição das parcelas pagas a plano de previdência privada deve ser objeto de correção plena, por índice que recomponha a efetiva desvalorização da moeda".

[934] STJ, REsp 567.938/RO, 3ª Turma, Rel. Min. Castro Filho, j. 17.06.2004, *DJ* 1º.07.2004; AgRg no REsp 908.268/RN, 4ª Turma, Rel. Min. Luis Felipe Salomão, j. 05.05.2011, *DJe* 10.05.2011.

[935] "Civil. Recurso especial. Plano de previdência complementar. Contribuições pessoais vertidas. Retenção pela entidade de previdência privada. Impossibilidade. Ainda que o estatuto assim não preveja, tem o beneficiário de plano de previdência privada o direito à restituição da totalidade das contribuições pessoais vertidas, sob pena de enriquecimento ilícito da entidade de previdência privada. Precedente da Terceira Turma" (STJ, REsp 456.413/PR, 3ª Turma, Rel. Min. Nancy Andrighi, j. 06.02.2003, *DJ* 10.03.2003).

[936] "Recurso especial. Plano de previdência privada aberta. Violação ao Código de Defesa do Consumidor. Ocorrência. Substituição da taxa referencial (T.R.) por Índice Geral de Preços. Possibilidade. Recurso especial provido. I. Os planos de previdência privada aberta são comercializados no mercado por empresas com fins lucrativos e esses contratos estão inteiramente sujeitos ao Código de Defesa do

Parte II · Cap. 2 · A PROTEÇÃO CONTRATUAL DO CONSUMIDOR | 567

financeira visando à satisfação de necessidades pessoais quando da inatividade/aposentadoria do consumidor.

2.5.7.2 Dever de informar nos contratos de previdência complementar privada

O caráter complexo da contratação de previdência complementar privada reforça os deveres de boa-fé e a necessidade de proteção do consumidor-participante.[937] Daí a importância do dever de informar do fornecedor e correspectivo direito a uma informação adequada do consumidor.[938] Nesse sentido, ao lado dos deveres de informação previstos no artigo 31 do CDC, que devem ser cumpridos pelo fornecedor, o artigo 10 da Lei Complementar 109/2001 estabelece que: "Deverão constar dos regulamentos dos planos de benefícios, das propostas de inscrição e dos certificados de participantes condições mínimas a serem fixadas pelo órgão regulador e fiscalizador". Da mesma forma, seu § 1º dispõe que: "a todo pretendente será disponibilizado e a todo participante entregue, quando de sua inscrição no plano de benefícios: I – certificado onde estarão indicados os requisitos que regulam a admissão e a manutenção da qualidade de participante, bem como os requisitos de elegibilidade e forma de cálculo dos benefícios; II – cópia do regulamento atualizado do plano de benefícios e material explicativo que descreva, em linguagem simples e precisa, as características do plano; III – cópia do contrato, no caso de plano coletivo de que trata o inciso II do artigo 26 desta Lei Complementar; e IV – outros documentos que vierem a ser especificados pelo órgão regulador e fiscalizador".

Consumidor. II. A T.R. (Taxa Referencial de Juros), como é do conhecimento público, foi criada no Plano Collor II para ser o principal índice brasileiro de atualização e que não refletisse a inflação do mês anterior, tendo em vista que é calculada a partir da remuneração mensal média líquida de impostos, dos depósitos a prazo fixo captados nos bancos comerciais, bancos de investimentos, bancos múltiplos e outros, de acordo com metodologia aprovada pelo Conselho Monetário Nacional (artigo 1º da Lei 8.177/91). III. A mensalidade de aposentadoria ou renda vitalícia, tem características alimentares (verba destinada ao sustento do contratante e de seus dependentes) e se for corrigida unicamente pela T.R., ou seja, sem qualquer outro acréscimo de juros como ocorre em contratos imobiliários ou cédulas de crédito, proporciona reajuste anual acumulado em percentual bem inferior aos índices que medem a corrosão da moeda e a remuneração da poupança, na qual, além da T.R., há juros mensais de 0,50% (meio por cento). IV. A permanecer como se encontra, haverá, ao longo dos anos, uma considerável perda de poder aquisitivo dessa mensalidade de aposentadoria e foi para evitar essas distorções que a Resolução do Conselho Nacional de Seguros Privados 7/96 e a Circular da Superintendência de Seguros Privados 11/96 orientaram a repactuação dos contratos com a consequente substituição da T.R. por índice geral de preços de ampla publicidade. V. O sistema de proteção ao consumidor busca dar equilíbrio na relação entre o consumidor e o fornecedor. O CDC não tem por objetivo criar ou proteger situação em que o consumidor leve vantagem indevida sobre o fornecedor. O propósito da Lei é o de que cada parte receba o que lhe é devido, sem que ocorra exploração do consumidor ou prejuízo injustificado. No presente caso, restou evidente a violação aos artigos 6º e 51 do CDC. VI. Recurso especial provido" (STJ, REsp 1.201.737/SC, 3ª Turma, Rel. Min. Massami Uyeda, j. 04.08.2011, DJe 17.08.2011).

[937] MARQUES, Claudia Lima. Contratos no Código de Defesa do Consumidor. 4. ed. São Paulo: Ed. RT, 2003. p. 427.

[938] MACEDO JÚNIOR, Ronaldo Porto. Os contratos previdenciários, a informação adequada e os riscos do consumidor. Revista de Direito do Consumidor, São Paulo, v. 26, p. 223, abr./jun. 1998.

Desnecessário dizer que o dever de informar e o controle das práticas comerciais, de oferta e publicidade por ocasião da fase pré-contratual têm especial relevo nos contratos de previdência complementar privada, inclusive mediante exercício do direito de resolução do contrato pelo consumidor,[939] ou mesmo na hipótese de migração de um plano de benefícios para outro,[940] considerando que eventuais falhas de informação nessa fase do contrato podem ser identificadas apenas tardiamente, inclusive mesmo quando o participante cumpre os requisitos para receber o benefício, o que destoa da finalidade de proteção efetiva do consumidor. Daí por que o dever de informar não se resumirá à fase pré-contratual, senão que guarda mesma importância durante a execução do contrato. Por essa razão é que se reconhece o cabimento de ação de prestação de contas dos filiados em relação ao fornecedor que administra o plano de previdência privada,[941] bem como, segundo precedentes do STJ, o Ministério Público tem legitimidade para demandar em favor dos consumidores de planos de previdência privada, na qualidade de substituto processual para tutela coletiva dos direitos.[942]

---

[939] "Consumidor. Preliminar de ilegitimidade passiva afastada. Resgate. Previdência privada 'multiplano geração 2'. Falha no dever de informar. Devolução integral do valor pago pelo consumidor. Possibilidade. 1. Preliminar de ilegitimidade passiva. Plano de previdência privada que foi ofertado pelo Banco requerido, eis que os autores são correntistas da referida instituição bancária. Empresas pertencentes ao mesmo grupo econômico, o que importa em solidariedade entre elas. Preliminar de ilegitimidade passiva afastada. 2. Mérito. Pretensão ao desfazimento do negócio, e consequente restituição da aplicação realizada pelos consumidores. Propaganda enganosa. Indução dos consumidores em erro. Falha no dever de informação. Sistema de resgate de percentuais que se demonstra abusivo. Nulidade da cláusula. Direito à devolução integral da verba aplicada, sem quaisquer deduções (...)" (TJRS, Recurso Cível 71.001.781.178, 1ª Turma, Rel. Afif Jorge Simões Neto, j. 27.05.2009).

[940] "Apelação cível. Previdência privada. Unibanco AIG. Mudança de plano prejudicial. Código de Defesa do Consumidor. Aplicabilidade. Dever de informação. Não observância pelo fornecedor. Correção monetária sobre valor a ser amortizado do principal. Cabimento. I. Controvérsia estabelecida em contratação na qual o saldo da autora foi zerado para fins de recebimento de renda mensal vitalícia. Ausência de comprovação no sentido de que a autora teve ciência dos termos da migração de plano. II. Aplicabilidade do Código de Defesa do Consumidor. Súmula n. 321 do Superior Tribunal de Justiça. Dever de informação violado. O consumidor só está vinculado às disposições contratuais das quais teve prévio conhecimento, devendo o fornecedor destacar as cláusulas que importem em exclusão ou restrição de direitos. III. Manutenção da sentença que reconheceu o direito à devolução do valor acumulado, descontadas as parcelas já alcançadas a título de renda mensal vitalícia. Sobre os valores a serem amortizados do principal deve incidir correção monetária pelo IGP-M, a partir de cada pagamento. Apelação parcialmente provida" (TJRS, ApCiv 70.024.994.493, 6ª Câm. Civ., Rel. Des. Liege Puricelli Pires, j. 11.12.2008).

[941] "Previdência privada. Código de Defesa do Consumidor. Aplicabilidade. Centrus. Prestação de contas aos filiados. Cabimento. I. As regras do Código de Defesa do Consumidor são aplicáveis à relação jurídica existente entre as entidades de previdência privada e os seus participantes. II. Os filiados de plano de benefício prestado por entidade de previdência privada podem exigir a prestação de contas a fim de proceder à apuração dos valores pagos, mormente quando houver discrepância entre os cálculos apresentados. Recurso especial não conhecido" (REsp 600.744/DF, 3ª Turma, Rel. Min. Castro Filho, j. 06.05.2004, DJ 24.05.2004, p. 274).

[942] "Ação civil pública. Previdência privada. Reajuste dos benefícios de segurados. Atualização monetária. Direitos ou interesses coletivos. Legitimidade de parte ativa do Ministério Público. Tratando-se de ação que visa à proteção de interesses coletivos e apenas de modo secundário e consequencial à defesa de interesses individuais homogêneos, ressai clara a legitimidade do Ministério Público para intentar a ação civil pública. Precedentes. Recurso especial conhecido e provido" (STJ, REsp 176.538/SP, 4ª Turma, Rel. Min. Barros Monteiro, j. 27.04.2004, DJ 14.06.2004).

Parte II · Cap. 2 · A PROTEÇÃO CONTRATUAL DO CONSUMIDOR | 569

2.5.7.3   Prazo prescricional para exercício da pretensão de correção ou atualização de valores

Tem direito o participante a cobrar eventuais diferenças que se verifiquem já por ocasião do pagamento do benefício, hipótese em que a ação específica prescreverá em cinco anos, conforme sumulado pelo STJ, na Súmula 427: "A ação de cobrança de diferenças de valores de complementação de aposentadoria prescreve em cinco anos contados da data do pagamento", editada nos termos do artigo 543-C do Código de Processo Civil anterior.[943]

Esse entendimento do STJ exige que se interprete ainda a distinção aventada na jurisprudência em matéria de pretensões do participante de planos de previdência privada entre a prescrição das pretensões de trato sucessivo e a prescrição do fundo de direito,[944] ou seja, se a extinção da pretensão no prazo prescricional aventado abrange o interesse lesado apenas em relação à parcela paga, a cada período (a complementação mensal de aposentadoria paga aos participantes, por exemplo), ou a extinção do fundamento jurídico da pretensão, decorrente de eventual erro de cálculo, do índice de correção de valores, ou outra espécie de ilícito havido durante a execução do contrato de previdência privada, na formação da reserva de poupança, e que o participante só será atingido pela repercussão do equívoco ao tempo em que receber efetivamente o valor a menor.

Note-se que a Súmula 427 indica claramente o *dies a quo* da data do efetivo pagamento. Nesse sentido, *fundo de direito* é expressão usada para designar uma situação jurídica fundamental ou o direito à modificação dessa situação jurídica fundamental, cuja violação importa nascimento de pretensão subordinada à prescrição. Distingue-se da prescrição em relação à pretensão de recebimento de diferenças ou da própria prestação de trato sucessivo, no qual o vencimento de cada parcela da prestação, por exemplo, a cada mês em que o pagamento deveria ser feito em certos valores ou condições, e é feito a menor, faz nascer pretensão individualizada relativamente àquela específica parcela, de modo que, nessa modalidade de prescrição, a cada vencimento e lesão ao direito de percepção do pagamento integral, faz nascer pretensão com termo inicial distinto.

No caso dos contratos de previdência privada, note-se que a violação dos direitos do participante-consumidor e consequente nascimento da pretensão fazem-se perceber ao tempo do pagamento periódico das parcelas. Nesse sentido, em uma primeira visão poder-se-ia crer que a prescrição em relação a pretensões de expurgos inflacionários ou de erros de cálculo quanto à correção das parcelas a serem pagas ao participante nasceria quando da ocorrência da violação do direito e que, por conseguinte, passados cinco anos do fato, porém vindo o participante a fazer jus à complementação de aposentadoria ape-

---

[943]   Nestes termos a decisão do Ministro Sidnei Benetti, relator do recurso representativo da controvérsia que deu causa à Súmula 421: "Recurso repetitivo. Previdência privada. Restituição de reserva de poupança. Cobrança de expurgos inflacionários. Súmula do STJ/291. Aplicação analógica. A prescrição quinquenal prevista na Súmula do STJ/291 incide não apenas na cobrança de parcelas de complementação de aposentadoria, mas, também, por aplicação analógica, na pretensão a diferenças de correção monetária incidentes sobre restituição da reserva de poupança, cujo termo inicial é a data em que houver a devolução a menor das contribuições pessoais recolhidas pelo associado ao plano previdenciário. Recurso especial provido" (STJ, REsp 1.111.973/SP, 2ª Seção, Rel. Min. Sidnei Beneti, j. 09.09.2009, *DJe* 06.11.2009).

[944]   Para o tema, veja-se o nosso: MIRAGEM, Bruno. Os contratos de previdência privada e o Código de Defesa do Consumidor na visão do Superior Tribunal de Justiça – Comentários sobre as súmulas 289, 291, 321 e 427, do STJ. *Revista de Direito do Consumidor*, São Paulo, n. 78, p. 315 *et seq.*, abr./jun. 2011.

nas depois dessa data (e, portanto, a receber o efetivo pagamento), eventual pretensão às diferenças pecuniárias em relação àquela lesão a direito já estaria prescrita, porque tais vantagens seriam decorrentes de uma lesão/modificação indevida de situação jurídica fundamental, cujo prazo para exercício da pretensão seria contado da data do ato.

O texto da Súmula 427 e seus precedentes indicam o termo inicial da contagem do prazo como o da data do pagamento. A questão, todavia, vem sendo discutida pela perspectiva de qual a pretensão que se extingue no prazo que se inicia a partir do pagamento. Isso porque, na noção de pagamento, podem-se ter tanto as situações de resgate, ou de portabilidade do plano de previdência privada, quanto o de perceber diferenças de valor, a partir do momento que passa a fruir o benefício ou desde quando tome conhecimento o participante acerca da lesão ao seu direito. Nos dois primeiros casos, de resgate ou portabilidade, não há dúvida de que o prazo prescricional inicia-se da data de devolução efetiva dos valores. No caso das correções de valores, ou percepção de diferenças, o Superior Tribunal de Justiça, da mesma forma, indicou que, quando digam respeito à reserva de poupança, também se submetem ao prazo de cinco anos já previsto na Súmula 291.[945]

A distinção entre a pretensão para percepção de diferenças e as relativas ao denominado fundo de direito é estimulada pelo regime legal da previdência social previsto na Lei 8.213/1991, que distingue entre o prazo para revisão pelo segurado ou beneficiário do ato de concessão do benefício, fixado em dez anos, e o prazo para reclamar o pagamento de diferenças, restituições, ou prestações devidas no prazo de cinco anos da data de quando deveriam ter sido pagas. Essa diferenciação, contudo, não é feita pelos precedentes da Súmula 427 do STJ.

O artigo 75 da Lei Complementar 109/2000, da mesma forma, não auxilia o deslinde da questão, primeiramente em virtude de sua imprecisão técnica ao referir que, "sem prejuízo do benefício, prescreve em cinco anos o direito às prestações não pagas nem reclamadas na época própria". Segundo o critério consagrado no direito civil contemporâneo, o que prescreve é a pretensão, não o direito,[946] uma vez que aquela é decorrente da violação de direito subjetivo (artigo 189 do Código Civil),[947] que pode ter sido violado alterando ou lesando situação jurídica fundamental (o fundo do direito). Todavia, o texto da lei ressalva expressamente os benefícios, do que se pode interpretar que as consequências da violação do direito, quais sejam as pretensões de trato sucessivo, e, portanto, a repercussão futura de eventual ilícito lesante da situação jurídica fundamental são preservadas em relação ao prazo assinalado na lei.

2.5.8 Contratos de transporte

O contrato de transporte de pessoas e coisas é de reconhecida importância no mercado de consumo. Caracteriza-se como contrato de consumo na medida em que esteja

---

[945] STJ, AgRg no REsp 681.326/MG, 3ª Turma, Rel. Min. Ari Pargendler, j. 28.06.2007, *DJ* 03.09.2007. No mesmo sentido: STJ, REsp 771.638/MG, 2ª Seção, Rel. Min. Carlos Alberto Menezes Direito, j. 28.09.2005, *DJ* 12.12.2005.

[946] AMORIM, Agnelo. Critério científico para distinguir a prescrição da decadência e para identificar as ações imprescritíveis. *Revista dos Tribunais*, São Paulo, n. 300, p. 23.

[947] MOREIRA ALVES, José Carlos. *A parte geral do Projeto de Código Civil brasileiro*. Subsídios históricos para o novo Código Civil brasileiro. São Paulo: Saraiva, 2003. p. 157-158.

Parte II · Cap. 2 · A PROTEÇÃO CONTRATUAL DO CONSUMIDOR | **571**

presente a obrigação, mediante remuneração do transportador, desse transportar a pessoa de um lugar a outro.[948] Da mesma forma, no caso do transporte de coisa, a obrigação de mover a coisa de um ponto a outro, conforme definido em contrato. Note-se que nem todo contrato de transporte é contrato de consumo,[949] exigindo-se para tanto que o contratante usuário do transporte seja destinatário final do serviço. Pode ser definido como o contrato pelo qual o transportador obriga-se a transportar pessoas ou coisas de um lugar para outro (artigo 730 do CC/2002).

Desde o princípio da vigência do Código de Defesa do Consumidor, a incidência das normas de proteção do consumidor em relação ao transporte de pessoas ou coisas se deu mediante sua qualificação como prestação de serviços[950] e, desse modo, abrangidos pela definição prevista no artigo 3º, § 2º, do CDC, os respectivos regimes de responsabilidade pelo fato (artigo 14 do CDC) e pelo vício (artigo 20 do CDC) do serviço. Auxiliou a ampla incidência do CDC sobre os contratos de transporte sua atipicidade como contrato civil, na medida em que regulados apenas pelo Código Comercial de 1850 (transporte marítimo e de mercadorias) e legislação esparsa.

O Código Civil de 2002 estabelece regulamentação dos contratos de transporte, dos artigos 730 a 756, tornando-os a partir daí um contrato típico, cuja regulamentação se dá prioritariamente pela legislação civil, sem prejuízo da incidência principiológica do Código de Defesa do Consumidor,[951] quando se trata de contratos de consumo, de acordo com a técnica do diálogo das fontes. É o que resulta do artigo 732 do Código Civil, que dispõe: "Aos contratos de transporte, em geral, são aplicáveis, quando couber, desde que não contrariem as disposições deste Código, os preceitos constantes da legislação especial e de tratados e convenções internacionais".

Desde o início da vigência do Código de Defesa do Consumidor, a jurisprudência, em relação aos contratos de transporte que se caracterizam como relação de consumo, aplicou prioritariamente o CDC sob a qualificação de prestação de serviços. Da mesma forma, segundo a lição doutrinária, a disciplina do contrato de transporte no Código Civil, em face do artigo 732, derrogara formalmente a Convenção de Varsóvia, relativa aos transportes aéreos.[952] Assim, em relação aos contratos de transporte de consumo, já teve sua aplicação afastada pela jurisprudência pacífica do STJ, no tocante ao tarifamento da indenização devida na hipótese de danos causados pelo transportador, em face do regime do CDC.[953]

---

[948]   Sobre o tema, veja-se: MIRAGEM, Bruno. *Contrato de transporte*. São Paulo: Ed. RT, 2013. p. 17 e ss.

[949]   A título ilustrativo, o transporte de carga celebrado entre empresa e o transportador, denotando seu caráter eminentemente mercantil: STJ, REsp 1.341.364/SP, 4ª Turma, Rel. Min. Luis Felipe Salomão, j. 19.04.2018, *DJe* 05.06.2018.

[950]   FRADERA, Véra Maria Jacob de. Contratos típicos no Código Civil. *In*: AZEVEDO, Antônio Junqueira *et al. Princípios do novo Código Civil e outros temas*: homenagem a Tulio Ascarelli. São Paulo: Quartier Latin, 2008. p. 724.

[951]   MARQUES, Claudia Lima. *Contratos no Código de Defesa do Consumidor*. 4. ed. São Paulo: Ed. RT, 2003. p. 16.

[952]   ASSIS, Araken de. *Contratos nominados*: mandato, comissão, agência e distribuição, corretagem e transporte. São Paulo: Ed. RT, 2005. p. 213.

[953]   Exemplificativamente: AgRg no Ag 959.403/RJ, 4ª Turma, Rel. Min. Aldir Passarinho Junior, j. 10.06.2008, *DJe* 30.06.2008.

Contudo, ao julgar o RE 636.311/RJ, que teve reconhecida sua repercussão geral, o STF alterou esse entendimento consolidado, passando a dar prevalência à incidência da Convenção de Varsóvia e dos limites que estabelece para indenização de danos materiais nos contratos de transporte aéreo, bem como afastando a incidência do Código de Defesa do Consumidor. Foi fixada pelo tribunal a seguinte tese: "Nos termos do artigo 178 da Constituição da República, as normas e os tratados internacionais limitadores da responsabilidade das transportadoras aéreas de passageiros, especialmente as Convenções de Varsóvia e Montreal, têm prevalência em relação ao Código de Defesa do Consumidor".[954] Registre-se que esse entendimento determina uma exceção à ampla reparabilidade dos danos reconhecidos até então pelo direito brasileiro, inclusive com a impossibilidade de limitação *a priori*. Deve ser considerado, contudo, como decisão excêntrica em vista do sistema de responsabilidade pelo fato do produto e do serviço estabelecido pelo CDC e, mesmo, do sistema de responsabilidade civil geral, disciplinado pelo Código Civil.

O fundamento da tese do STF, que representa uma restrição expressiva à ampla reparabilidade dos danos no direito brasileiro, encontra-se no artigo 178 da Constituição Federal, que refere: "Art. 178. A lei disporá sobre a ordenação dos transportes aéreo, aquático e terrestre, devendo, quanto à ordenação do transporte internacional, observar os acordos firmados pela União, atendido o princípio da reciprocidade". Considerada a severa reserva com que o entendimento foi recebido no direito brasileiro, no final de 2022, o próprio STF decidiu, em julgamento sobre outro caso com repercussão geral, delimitar a prevalência das convenções internacionais em relação à reparação de danos patrimoniais, excluindo sua aplicação no caso de danos extrapatrimoniais.[955] Nesse caso, tratando-se de relação de consumo, incidirá o CDC, não estando a indenização eventualmente

---

[954] "Recurso extraordinário com repercussão geral. 2. Extravio de bagagem. Dano material. Limitação. Antinomia. Convenção de Varsóvia. Código de Defesa do Consumidor. 3. Julgamento de mérito. É aplicável o limite indenizatório estabelecido na Convenção de Varsóvia e demais acordos internacionais subscritos pelo Brasil, em relação às condenações por dano material decorrente de extravio de bagagem, em voos internacionais. 5. Repercussão geral. Tema 210. Fixação da tese: 'Nos termos do art. 178 da Constituição da República, as normas e os tratados internacionais limitadores da responsabilidade das transportadoras aéreas de passageiros, especialmente as Convenções de Varsóvia e Montreal, têm prevalência em relação ao Código de Defesa do Consumidor'. 6. Caso concreto. Acórdão que aplicou o Código de Defesa do Consumidor. Indenização superior ao limite previsto no art. 22 da Convenção de Varsóvia, com as modificações efetuadas pelos acordos internacionais posteriores. Decisão recorrida reformada, para reduzir o valor da condenação por danos materiais, limitando-o ao patamar estabelecido na legislação internacional. 7. Recurso a que se dá provimento" (STF, RE 636.331/RJ, Tribunal Pleno, Rel. Min. Gilmar Mendes, j. 25.05.2017, *DJ* 13.11.2017).

[955] "Direito civil. Responsabilidade civil. Danos extrapatrimoniais decorrentes de contrato de transporte aéreo internacional. Inaplicabilidade do Tema 210 da repercussão geral. Distinção. Não incidência das normas previstas na Convenções de Varsóvia e Montreal. Questão constitucional. Potencial multiplicador da controvérsia. Repercussão geral reconhecida com reafirmação de jurisprudência. Recurso extraordinário a que se nega provimento. 1. O entendimento da Corte de origem não diverge da jurisprudência do Supremo Tribunal Federal, no sentido de que a aplicação dos limites das Convenções de Varsóvia e de Montreal, definida no julgamento do Tema 210 da repercussão geral, está adstrita aos casos de indenização por danos materiais. 2. Recurso extraordinário não provido. 3. Fixada a seguinte tese: Não se aplicam as Convenções de Varsóvia e Montreal às hipóteses de danos extrapatrimoniais decorrentes de contrato de transporte aéreo internacional" (STF, RE 139.4401 – Repercussão Geral, Tribunal Pleno, Rel. Min. Rosa Weber, j. 15.12.2022, *DJ* 03.03.2023).

cabível limitada a qualquer valor prefixado, tampouco o prazo prescricional previsto na convenção para as pretensões não abrangidas por ela.[956]

Por outro lado, há regras no Código Civil que parecem oferecer proteção ao usuário do transporte, sendo mais especializadas do que o CDC, e não contrariando sua teleologia. Assim é o caso do direito do passageiro, no transporte de pessoas, de rescindir o contrato de transporte, sendo devida a ele a restituição do valor da passagem, "desde que feita a comunicação ao transportador em tempo de ser renegociada" (artigo 740 do CC/2002), qual seja, esse tempo, naturalmente, dependerá dos usos de mercado locais. Contudo, nessas hipóteses de rescisão, o valor passível de retenção pelo transportador – cobrado em geral a título de multa contratual – não poderá ser superior a 5%, conforme estabelece o artigo 740, § 3º, do Código Civil. Aqui, note-se que a possibilidade de renegociação existirá de forma cada vez mais usual, considerando a velocidade e a imediatidade da compra de passagens em face do uso crescente da internet, o que serve de parâmetro para limitação do valor de retenção. Note-se que não serve de escusa aqui, para atendimento do limite de retenção pelo transportador, a confecção de modalidades de tarifas diferenciadas, algumas admitindo e outras não a possibilidade de devolução dos valores. A regra do § 3º do artigo 740 é imperativa e, nesse sentido, não admite negociação pelas partes que ultrapasse o limite máximo de 5% de retenção nela estabelecida.

Situação distinta, contudo, é aquela específica havida no transporte aéreo, na qual o consumidor adquire passagem de ida e volta, porém, por qualquer razão, deixa de utilizar a correspondente ao primeiro trecho e tem cancelada a do segundo, sendo constrangido a adquirir novamente bilhete para utilizar esse segundo trecho. Essa prática é considerada abusiva pela jurisprudência[957] e de fato caracteriza um cancelamento unilateral do contrato vedado pelo artigo 51, XI, do CDC, uma vez que não é assegurada ao consumidor a mesma possibilidade.

2.5.8.1 *Características do contrato de transporte como contrato de consumo*

Como já referido, o contrato de transporte pode ter como objeto pessoas ou coisas. O contrato de transporte é um contrato oneroso (exige remuneração), bilateral (celebra-

---

[956] "Processual civil e consumidor. Transporte aéreo. Extravio de bagagem. Tema 210. Dano moral. Prescrição. Convenção de Montreal. Inaplicabilidade. 1. A questão jurídica controversa diz respeito à definição da norma aplicável para a contagem do prazo prescricional da pretensão de indenização de danos morais no transporte aéreo: se o prazo bienal previsto na Convenção de Montreal ou as normas do Código de Defesa do Consumidor. 2. Por força do art. 178 da Constituição Federal, trata-se de matéria constitucional a atrair a competência do STF, não havendo falar em questão de natureza infraconstitucional. 3. Ao julgar o RE 636.331, Rel. Min. Gilmar Mendes, paradigma do Tema 210 da repercussão geral, este Supremo Tribunal Federal decidiu sobre a prevalência das convenções internacionais sobre o Código de Defesa do Consumidor apenas com relação às pretensões de indenização por danos materiais, fixando o entendimento de que, em tal hipótese, aplica-se o prazo de dois anos previsto no art. 35 da Convenção de Montreal, incorporada ao direito interno pelo Decreto nº 5.910/2006. 4. Agravo a que se nega provimento" (STF, RE 1.320.225 AgR, 1ª Turma, Rel. p/ Acórdão Min. Luís Roberto Barroso, j. 29.08.2022, *DJe* 15.09.2022). No mesmo sentido: STJ, AgInt no REsp 1.944.528/SP, 4ª Turma, Rel. Min. Raul Araújo, j. 12.12.2022, *DJe* 14.12.2022; AgInt no AgInt nos EDcl no AREsp 2.141.886/GO, 3ª Turma, Rel. Min. Moura Ribeiro, j. 14.11.2022, *DJe* 17.11.2022; AgInt no AREsp 1.970.902/RS, 4ª Turma, Rel. Min. Luis Felipe Salomão, j. 29.03.2022, *DJe* 4.04.2022.

[957] STJ, REsp 1.699.780/SP, 3ª Turma, Rel. Min. Marco Aurélio Bellizze, j. 11.09.2018, *DJe* 17.09.2018. No mesmo sentido: REsp 1.595.731/RO, 4ª Turma, Rel. Min. Luis Felipe Salomão, j. 14.11.2017, *DJe* 1º.02.2018.

do entre transportador e passageiro, ou o dono ou possuidor da coisa), comutativo (há prestações recíprocas das partes) e celebrado mediante consenso das partes. Isso porque o contrato se dá mediante consenso das partes, o que pode ocorrer por ocasião da aquisição do bilhete, do preenchimento de formulário ou propriamente da celebração de um contrato escrito.[958] Sobre essa última característica do contrato de transporte, notam-se dois aspectos. Por outro lado, no que tange ao transporte de passageiros, sobretudo por via terrestre, nem sempre há, necessariamente, a aquisição prévia de bilhete ou passagem (observando-se atualmente, inclusive, o uso crescente de meios eletrônicos para pagamento do transportador), e o mero ingresso no veículo que realiza a prestação caracteriza manifestação de vontade visando à aquisição do serviço de transporte. Nessa situação, nem sequer se necessita falar em contrato, mas trata-se de hipótese de *contato social*, circunstância em que mesmo antes do pagamento, se for o caso, já se encontra vinculado o transportador a indenizar danos eventualmente sofridos pelo passageiro ou pela coisa.[959]

Outro aspecto a ser considerado diz respeito à distinção do contrato de transporte, caracterizado pela sua onerosidade, e o transporte gratuito, ou de mera cortesia, que na legislação civil consideram-se excluídos do regramento estabelecido, em especial com referência à responsabilidade do transportador ("Art. 736. Não se subordina às normas do contrato de transporte o feito gratuitamente, por amizade ou cortesia"). Nesse caso, o entendimento firmado pela jurisprudência (Súmula 145 do STJ),[960] mesmo antes do advento do Código Civil de 2002, era o de que, na hipótese do transporte por amizade ou cortesia, o transportador apenas responde por danos causados por dolo ou falta grave. Contudo, não será o caso dos contratos de transporte celebrados no mercado de consumo. O próprio parágrafo único do artigo 736 do Código Civil esclarece o sentido da norma, ao referir que: "Não se considera gratuito o transporte quando, embora feito sem remuneração, o transportador auferir vantagens indiretas". No caso dos contratos de consumo, não há falar em transporte de cortesia. Todo contrato é remunerado diretamente, mediante o pagamento do preço, ou indiretamente, hipótese em que a aparente gratuidade é custeada pelo fornecedor em vista do objetivo, ou como resultado, da fidelização do consumidor (ex.: programas de milhagens aéreas), bem como para fins de promoção do serviço ou da marca da empresa. Todos, portanto, qualificam-se como prestação de serviço, nos termos previstos pelo CDC. Da mesma forma ocorre, especialmente no transporte coletivo de passageiros, com os que têm direito à gratuidade do transporte, por exemplo, os idosos, maiores de 65 anos de idade, titulares do direito por expressa previsão constitucional (artigo 230, § 2º, da Constituição Federal). A aplicação do CDC, nesse sentido, justifica-se tanto pelo prisma do conceito do artigo 2º, parágrafo único, quanto do artigo 17, que firmam a extensão do regime de responsabilidade do fornecedor nessas situações.

---

[958] Em sentido contrário, na doutrina brasileira, o entendimento de Orlando Gomes, para quem se trata de um contrato real em vista da necessidade de que, para que exista contrato, o passageiro ingresse no veículo ou a coisa seja entregue ao transportador. GOMES, Orlando. *Contratos*. 18. ed. Rio de Janeiro: Forense, 1999. p. 307.

[959] PONTES DE MIRANDA, Francisco Cavalcanti. *Tratado de direito privado*. Rio de Janeiro: Borsói, 1972. t. XLV, p. 11.

[960] Súmula 145/STJ: "No transporte desinteressado, de simples cortesia, o transportador só será civilmente responsável por danos causados ao transportado quando incorrer em dolo ou culpa grave".

O contrato de transporte, da mesma forma, em especial no tocante ao transporte de pessoas, dá-se de modo geral, no Brasil, mediante concessão ou permissão administrativa. Neste sentido, tanto o transportador aéreo como no caso do transporte coletivo terrestre, urbano, intermunicipal ou interestadual, são espécies de serviços públicos. Portanto, o regime jurídico do contrato será híbrido, cumulando as obrigações da Lei 8.987/1995 (Lei de Concessões e Permissões de Serviços Públicos), bem como a legislação do ente titular do serviço público de transporte, com as disposições do Código Civil e do Código de Defesa do Consumidor. Igualmente, submetem-se ao disposto no artigo 22 do CDC, o que deverá ser objeto de fiscalização e controle, bem como da atividade regulatória do Estado, na qualidade de titular desses serviços.

O contrato de transporte, por via de regra, é celebrado mediante condições gerais contratuais estabelecidas pelo transportador às quais o consumidor-usuário deve aderir. Assim, caracterizando-se como contratos de adesão, ademais da proteção própria do consumidor, incide igualmente a regra de interpretação mais favorável ao aderente (artigo 54 do CDC; artigo 423 do CC/2002).

2.5.8.2 *Responsabilidade do transportador*

A obrigação principal do contrato de transporte de passageiro ou coisa é obrigação de resultado.[961] Nesse sentido, assume o transportador obrigação de incolumidade da pessoa ou coisa transportada, caracterizada pela obrigação de assegurar sua integridade e, da mesma forma, a obrigação de transportar pessoa ou coisa até o seu destino. Também, há obrigação do transportador, especialmente no contrato de transporte de pessoas, de assegurar conforto e presteza do transporte, nos termos do ajuste. Assim, responde o transportador por vício do serviço, na medida em que determinadas facilidades ou itens de conforto na viagem sejam contratados e, por falha da prestação, não sejam oferecidos, sem prejuízo da existência de um padrão de prestação de serviço que deve ser assegurado em vista do dever de qualidade que deve observar o fornecedor. Por outro lado, seja em relação à obrigação de incolumidade, seja no tocante à existência dos padrões de conforto e presteza da prestação de serviço exigidos na forma do contrato, a violação dessas obrigações pode ensejar dano ao consumidor, hipótese em que se caracteriza o fato do serviço.[962] O aumento do volume e a importância dos transportes (facilitação de locomoção de pessoas e coisas) fazem com que, da mesma forma, os riscos de dano ao consumidor, mediante descumprimento das obrigações pelo transportador, deem causa ao aumento dos seguros sobre transporte. A responsabilidade do transportador é objetiva (independentemente de culpa), pelo descumprimento das obrigações legais e contratuais que lhe cabem, quais sejam: a) obrigação de pontualidade; b) obrigação de segurança; c) obrigação de respeito ao itinerário previamente estabelecido (no caso do contrato de transporte de pessoas); d) obrigação de conforto.

---

[961] MARQUES, Claudia Lima. *Contratos no Código de Defesa do Consumidor*. 4. ed. São Paulo: Ed. RT, 2003. p. 374; NERY JR., Nelson; NERY, Rosa Maria de Andrade. *Código Civil comentado*. 7. ed. São Paulo: Ed. RT, 2009. p. 704.

[962] STJ, REsp 1.645.744/SP, 3ª Turma, Rel. Min. Ricardo Villas Bôas Cueva, j. 06.06.2017, *DJe* 13.06.2017.

Note-se que a responsabilidade dos contratos de transporte que se caracterizem como contratos de consumo é a estabelecida para a prestação de serviços no CDC. Assim, responde objetiva e solidariamente o transportador por fato do serviço (artigo 14 do CDC) e vício do serviço (artigo 20 do CDC). Os danos ao consumidor originados da violação das obrigações pelo transportador ensejam a responsabilidade objetiva pelo fato do serviço, admitidas como excludentes apenas as situações previstas no artigo 14, § 3º, do CDC (com exceção do fato de terceiro, em relação ao qual o artigo 735 do Código Civil, no tocante ao transporte de pessoas, mantém a responsabilidade do transportador).[963] Eis o caso da responsabilidade por acidentes aéreos dos quais decorrem danos pessoais (inclusive para as vítimas que se encontrem no solo[964]), o extravio de bagagem, o atraso injustificado do transportador que gera prejuízos ao consumidor, entre outras hipóteses. Esse regime de

---

[963] "Embargos de divergência. Recurso especial. Responsabilidade civil. Processual civil. Transporte oneroso de passageiros. Excludentes da obrigação reparatória. Aresto embargado: acidente de trânsito provocado por ato culposo de terceiro. Fortuito interno. Responsabilidade do transportador configurada. Acórdão paradigma: pedra arremessada contra ônibus. Ato doloso de terceiro. Força maior. Fortuito externo. Responsabilidade afastada. Divergência jurisprudencial não demonstrada. Ausência de similitude fática entre os acórdãos confrontados. Embargos de divergência não conhecidos. 1. Conforme concordam doutrina e jurisprudência, a responsabilidade decorrente do contrato de transporte de pessoas é objetiva, sendo obrigação do transportador a reparação do dano causado ao passageiro quando demonstrado o nexo causal entre a lesão e a prestação do serviço, pois o contrato de transporte acarreta para o transportador a assunção de obrigação de resultado, impondo ao concessionário ou permissionário do serviço público o ônus de levar o passageiro incólume ao seu destino. É a chamada cláusula de incolumidade, que garante que o transportador irá empregar todos os expedientes que são próprios da atividade para preservar a integridade física do passageiro, contra os riscos inerentes ao negócio, durante todo o trajeto, até o destino final da viagem. 2. Nos moldes do entendimento uníssono desta Corte, com suporte na doutrina, o ato culposo de terceiro, conexo com a atividade do transportador e relacionado com os riscos próprios do negócio, caracteriza o fortuito interno, inapto a excluir a responsabilidade do transportador. Por sua vez, o ato de terceiro que seja doloso ou alheio aos riscos próprios da atividade explorada, é fato estranho à atividade do transportador, caracterizando-se como fortuito externo, equiparável à força maior, rompendo o nexo causal e excluindo a responsabilidade civil do fornecedor. 3. O conhecimento dos embargos de divergência pressupõe a existência de similitude das circunstâncias fáticas e a diversidade das soluções jurídicas aplicadas nos acórdãos recorrido e paradigma, circunstâncias inexistentes no caso vertente, em que as hipóteses fáticas confrontadas são díspares. 4. O acórdão embargado assevera que os corriqueiros acidentes automotivos, mesmo que causados exclusivamente por ato culposo de terceiro, são considerados fortuitos internos, incapazes de excluir a responsabilidade civil do transportador quanto à incolumidade do passageiro. 5. Por sua vez, o aresto paradigma afirma que o arremesso de pedra contra ônibus, fato doloso atribuído a terceiro que não se encontrava no veículo de transporte coletivo, constitui fortuito externo, caracterizando motivo de força maior que exclui a responsabilidade do transportador pela reparação dos danos causados ao passageiro. 6. Embargos de divergência não conhecidos" (STJ, EREsp 1.318.095/MG, 2ª Seção, Rel. Min. Raul Araújo, j. 22.02.2017, DJe 14.03.2017). Divergem, contudo, no STJ, os julgados relativos à qualificação como fato de terceiro excludente da responsabilidade do transportador, a conduta de passageiro que assedia outra passageira, inclusive com a prática de atos libidinosos. Pelo seu reconhecimento do risco conexo à atividade do transportador, vinculado à obrigação de incolumidade: STJ, REsp 1.662.551/SP, 3ª Turma, Rel. Min Nancy Andrighi, j. 15.05.2018, DJe 25.06.2018. No mesmo sentido: REsp 1.747.637/SP, 3ª Turma, Rel. Min. Nancy Andrighi, j. 25.06.2019, DJe 1º.07.2019. Em sentido contrário, considerando fato estranho à atividade do transportador: REsp 1.748.295/SP, 4ª Turma, Rel. para acórdão Min. Marco Buzzi, j. 13.12.2018, DJe 13.02.2019; AgInt no AREsp 1.332.491/SP, 4ª Turma, Rel. Min. Raul Araújo, j. 25.06.2019, DJe 1º.07.2019. Em situação peculiar, na qual o cancelamento do voo fez com que os passageiros optassem pela alternativa oferecida pela companhia aérea de prosseguir viagem pela via terrestre, tendo sido assaltados no ônibus, decisão do STJ que, com fundamento nessa peculiaridade, reconheceu o direito à indenização do consumidor: STJ, REsp 1.728.068/SP, 3ª Turma, Rel. Min. Marco Aurélio Bellizze, j. 05.06.2018, DJe 08.06.2018.

[964] STJ, REsp 1.984.282/SP, 4ª Turma, Rel. Min. Luis Felipe Salomão, j. 16.08.2022, DJe 22.11.2022.

Parte II · Cap. 2 · A PROTEÇÃO CONTRATUAL DO CONSUMIDOR | **577**

responsabilidade do transportador é resultado de uma longa evolução da jurisprudência brasileira, tendo o STF, já em 1963, firmado o entendimento de impossibilidade da fixação da cláusula de não indenizar nos contratos de transporte (Súmula 161 do STF),[965] bem como da impossibilidade de exclusão da responsabilidade do transportador por culpa de terceiro, contra quem caberá ação regressiva (Súmula 187 do STF).[966] E é em decisão acerca da responsabilidade do transportador, ainda, que o STJ iniciou a discussão sobre a distinção entre o fortuito interno e o fortuito externo como excludente de responsabilidade do fornecedor. Segundo a linha de entendimento seguida pelo Tribunal até o início dos anos 2000, em especial pelo voto do Ministro Ruy Rosado de Aguiar, o "assalto" (roubo) aos passageiros de um ônibus, durante a execução do transporte, não era considerado como causa apta a elidir a responsabilidade do transportador.[967] Fundamentava esse entendimento na inclusão no risco negocial do transportador, conexo e previsível com a atividade de transporte, da possibilidade de ocorrência de assaltos, fixando sua responsabilidade pelos danos causados. Contudo, atualmente, a Corte encaminha-se em sentido diverso no tocante à qualificação dos fatos a serem considerados como fortuito interno no contrato de transporte. Desse modo, o "assalto" (roubo), mesmo quando praticado no interior do veículo, por passageiro, tem sido reputado, pelo STJ, como causa de afastamento da responsabilidade do transportador.[968]

Sobre esse aspecto do contrato de transporte, ainda, é de mencionar o disposto no artigo 741 do Código Civil, pelo qual afirma-se a obrigação de resultado do transportador, no caso do transporte de passageiros, na medida em que prevê – na hipótese de interrupção da viagem –, mesmo por motivo imprevisível e alheio, a obrigação do transportador

---

[965] Súmula 161/STF: "Em contrato de transporte, é inoperante a cláusula de não indenizar".

[966] Súmula 187/STF: "A responsabilidade contratual do transportador, pelo acidente com o passageiro, não é elidida por culpa de terceiro, contra o qual tem ação regressiva".

[967] "*Responsabilidade civil. Transporte coletivo. Assalto. Responsabilidade da empresa transportadora.* O assalto a cobrador de ônibus não é fato imprevisível nem alheio ao transporte coletivo, em zona de frequentes roubos, razão pela qual não vulnera a lei a decisão que impõe à empresa a prova da excludente da responsabilidade pela morte de um passageiro. Precedente desta Quarta Turma (REsp 50.129/RJ, Rel. Min. Torreão Braz). Recurso exclusivamente pela alínea *a*, não conhecido" (REsp 175.794/SP, 4ª Turma, Rel. Min. Ruy Rosado de Aguiar, j. 05.11.1998, *DJ* 21.02.2000).

[968] "*Agravo regimental. Ação de indenização. Assalto. Interior de ônibus. Responsabilidade da empresa. Excludente. Caso fortuito. Decisão agravada mantida. Improvimento.* I. Fato inteiramente estranho ao transporte (assalto à mão armada no interior de ônibus coletivo) constitui caso fortuito, excludente de responsabilidade da empresa transportadora. II. O agravante não trouxe qualquer argumento capaz de modificar a conclusão alvitrada, a qual se mantém por seus próprios fundamentos. Agravo improvido" (STJ, AgRg no Ag 711.078/RJ, 3ª Turma, Rel. Min. Sidnei Beneti, j. 16.09.2008, *DJe* 30.09.2008). No mesmo sentido: "*Processo civil e comercial. Transporte de carga. Contrato verbal. Roubo a mão armada. Prescrição da pretensão ressarcitória. Dies a quo. Ciência inequívoca do expedidor. Responsabilidade da transportadora. Inexistência. Caso fortuito.* Havendo roubo da mercadoria, não há mais de se falar na entrega desta. Em tal hipótese, o prazo prescricional da pretensão ressarcitória deve ser contado da data em que houve ciência inequívoca do expedidor acerca do assalto. Tendo o contrato de transporte sido celebrado verbalmente e não havendo alegação das partes no sentido de ter sido acordada qualquer condição especial, aplicam-se apenas as regras gerais atinentes a tal contrato. O roubo de mercadoria transportada, praticado mediante ameaça exercida com arma de fogo, é fato desconexo ao contrato de transporte, e, sendo inevitável, diante das cautelas exigíveis da transportadora, constitui-se em caso fortuito ou força maior, excluindo-se a responsabilidade desta pelos danos causados ao dono da mercadoria. Precedentes. Recurso especial conhecido e provido" (STJ, REsp 904.733/MG, 3ª Turma, Rel. Min. Nancy Andrighi, j. 09.08.2007, *DJ* 27.08.2007).

578 CURSO DE DIREITO DO CONSUMIDOR – *Bruno Miragem*

de concluí-la, às suas expensas, ainda que por outro meio. Por outro lado, o disposto no artigo 742 do Código Civil, quando autoriza o transportador a reter a bagagem ou os objetos pessoais do passageiro para fins de garantir o pagamento da passagem, merece interpretação harmonizada com o artigo 42 do CDC, que coíbe os meios vexatórios e abusivos de cobrança de dívida.

2.5.8.3   *Contratos de transporte aéreo e terrestre*

O contrato de transporte aéreo vem sendo objeto de inúmeras questões enfrentadas pela jurisprudência em face de vários fatores, desde a crise do transporte aéreo enfrentada pelo Brasil, novas obrigações de segurança decorrentes de prevenção ao terrorismo, até o acesso de uma imensa parcela de novos consumidores desses serviços, sem que tenha se desenvolvido a capacidade de assimilação desse novo contingente de passageiros, mediante oferecimento de serviço de qualidade pelas empresas fornecedoras. Por outro lado, não se desconhece, igualmente, uma crise de regulação do setor, evidenciado na denominada "crise aérea brasileira", em que se evidenciaram sinais de captura da agência pelos interesses dos entes regulados e imobilismo da atividade de controle e fiscalização do cumprimento de suas obrigações pelas companhias aéreas.

Os contratos de transporte aéreo têm sua prova mediante a emissão e/ou posse do bilhete aéreo, embora se admita outra forma de demonstrar a existência de ajuste, em especial diante da crescente automação do setor, e a realização de vendas, reservas e *check-in* por intermédio da internet.

De qualquer sorte, o cipoal normativo que rege a atividade de transporte aéreo vem exigindo a intervenção do Poder Judiciário para definição da lei aplicável a muitas situações envolvendo má prestação de serviços, tais como: a) extravio de bagagens; b) danos físicos ou morais a passageiros; c) danos decorrentes de atrasos na partida ou chegada dos voos; d) *overbooking*, como se denomina a prática das companhias aéreas de venda de passagens em número acima da capacidade do voo; e) cancelamento de voos, entre outras situações de lesão aos interesses dos consumidores.

Regula o transporte aéreo de passageiros e de cargas, além do Código de Defesa do Consumidor e do Código Civil, o Código Brasileiro de Aeronáutica (Lei 7.565/1986). No tocante aos contratos de transporte aéreo internacional que se configurem como relação de consumo (mediante presença do destinatário final do produto ou serviço), entendimento dominante durante mais de duas décadas era pela não incidência da Convenção de Varsóvia de 1929, e seus protocolos adicionais, n. 1 e 2, de 1975, internalizados no Brasil pelo Decreto 2.860, de 7 de novembro de 1998, segundo jurisprudência consolidada dos tribunais brasileiros. No caso, o tarifamento da indenização previsto pela convenção internacional para indenização de danos causados aos passageiros era afastado em vista do direito fundamental à reparação de danos, previsto no artigo 5º, V, da Constituição da República, e o direito básico do consumidor à efetiva reparação de danos (artigo 6º, VI, do CDC).[969] Inclusive para a equiparação a consumidor de todas as vítimas do even-

---

[969]   "Responsabilidade civil. Ação regressiva. Transporte aéreo. Extravio de mercadoria. Inaplicabilidade da Convenção de Varsóvia. Relação de consumo. Incidência do Código de Defesa do Consumidor.

to.[970] Esse entendimento, que resultava da aplicação concreta, por intermédio do CDC, do próprio direito fundamental à indenização por danos materiais e morais previsto na Constituição, era sufragado pelo próprio STF.[971] Contudo, foi o próprio Tribunal que, ao julgar o RE 636.311/RJ, em 2017, alterou substancialmente seu entendimento consolidado, fixando, em repercussão geral, a seguinte tese: "Nos termos do art. 178 da Constituição da República, as normas e os tratados internacionais limitadores da responsabilidade das transportadoras aéreas de passageiros, especialmente as Convenções de Varsóvia e

---

Indenização ampla. Orientação da tribunal. Recurso provido. Nos casos de extravio de mercadoria ocorrido durante o transporte aéreo, há relação de consumo entre as partes, devendo a reparação, assim, ser integral, nos termos do Código de Defesa do Consumidor, e não mais limitada pela legislação especial" (STJ, REsp 257.298/SP, 4ª Turma, Rel. Min. Sálvio de Figueiredo Teixeira, j. 03.05.2001, *DJ* 11.06.2001). No mesmo sentido: "Agravo regimental. Transporte aéreo de mercadorias. Extravio ou perda. Ação de indenização. Convenção de Varsóvia. Código de Defesa do Consumidor. É firme a jurisprudência desta Corte no sentido de que a responsabilidade civil do transportador aéreo pelo extravio de bagagem ou de carga rege-se pelo Código de Defesa do Consumidor, se o evento se deu em sua vigência, afastando-se a indenização tarifada prevista na Convenção de Varsóvia. Agravo improvido" (STJ, AgRg no Ag 827.374/MG, 3ª Turma, Rel. Min. Sidnei Beneti, j. 04.09.2008, *DJe* 23.09.2008); "Civil. Transporte aéreo. Bagagem. Extravio ou perda. Danos. Indenização. Convenção de Varsóvia. Afastamento. Código de Defesa do Consumidor. Aplicação. 1. A responsabilidade civil do transportador aéreo pelo extravio ou perda de bagagem regula-se pelo Código de Defesa do Consumidor, ficando, pois, elidida a aplicação dos parâmetros tarifados da Convenção de Varsóvia. Precedente da Segunda Seção. 2. Recurso especial conhecido em parte e, nesta extensão, provido" (STJ, REsp 347.449/RJ, 4ª Turma, Rel. Min. Fernando Gonçalves, j. 26.10.2004, *DJ* 29.11.2004); "Direito civil. Responsabilidade civil. Extravio de bagagens e atraso de voo internacional. Dano moral. Inaplicabilidade da limitação tarifada. A quantificação da indenização por danos morais, decorrente de atraso de voo, deve pautar-se apenas pelas regras dispostas na legislação nacional, restando inaplicável a limitação tarifada prevista na Convenção de Varsóvia e em suas emendas vigentes, embora possam ser consideradas como mero parâmetro. Hipótese em que, contudo, a indenização por danos morais foi fixada em valor exorbitante. Recurso especial parcialmente conhecido e, nessa extensão, provido" (STJ, REsp 602.014/RJ, 4ª Turma, Rel. Min. Cesar Asfor Rocha, j. 18.12.2003, *DJ* 14.06.2004); REsp 786.609/DF, 4ª Turma, Rel. Min. Aldir Passarinho Junior, j. 18.09.2008, *DJe* 28.10.2008; AgRg no Ag 957.245/RJ, 4ª Turma, Rel. Min. Aldir Passarinho Junior, j. 05.08.2008, *DJe* 29.09.2008; REsp 277.541/SP, 4ª Turma, Rel. Min. Hélio Quaglia Barbosa, j. 16.08.2007, *DJ* 27.08.2007; AgRg no Ag 588.156/MG, 4ª Turma, Rel. Min. Barros Monteiro, j. 11.10.2005, *DJ* 12.12.2005; REsp 658.748/RJ, 3ª Turma, Rel. Min. Nancy Andrighi, j. 04.08.2005, *DJ* 22.08.2005.

[970] "Código de Defesa do Consumidor. Acidente aéreo. Transporte de malotes. Relação de consumo. Caracterização. Responsabilidade pelo fato do serviço. Vítima do evento. Equiparação a consumidor. Artigo 17 do CDC. I – Resta caracterizada relação de consumo se a aeronave que caiu sobre a casa das vítimas realizava serviço de transporte de malotes para um destinatário final, ainda que pessoa jurídica, uma vez que o artigo 2º do Código de Defesa do Consumidor não faz tal distinção, definindo como consumidor, para os fins protetivos da lei, '... toda pessoa física ou jurídica que adquire ou utiliza produto ou serviço como destinatário final'. Abrandamento do rigor técnico do critério finalista. II – Em decorrência, pela aplicação conjugada com o artigo 17 do mesmo diploma legal, cabível, por equiparação, o enquadramento do autor, atingido em terra, no conceito de consumidor. Logo, em tese, admissível a inversão do ônus da prova em seu favor. Recurso especial provido" (STJ, REsp 540.235/TO, 3ª Turma, Rel. Min. Castro Filho, j. 07.02.2006, *DJ* 06.03.2006).

[971] "*Indenização. Dano moral. Extravio de mala em viagem aérea. Convenção de Varsóvia. Observação mitigada. Constituição Federal. Supremacia.* O fato de a Convenção de Varsóvia revelar, como regra, a indenização tarifada por danos materiais não exclui a relativa aos danos morais. Configurados esses pelo sentimento de desconforto, de constrangimento, aborrecimento e humilhação decorrentes do extravio de mala, cumpre observar a Carta Política da República – incisos V e X do artigo 5º, no que se sobrepõe a tratados e convenções ratificados pelo Brasil" (STF, RE 172.720, 2ª Turma, Rel. Min. Marco Aurélio, j. 06.02.1996, *DJ* 21.02.1997).

Montreal, têm prevalência em relação ao Código de Defesa do Consumidor".[972] O artigo 178 da Constituição da República, por sua vez, refere: "Art. 178. A lei disporá sobre a ordenação dos transportes aéreo, aquático e terrestre, devendo, quanto à ordenação do transporte internacional, observar os acordos firmados pela União, atendido o princípio da reciprocidade". Trata-se, sem dúvida, de expressiva e controversa alteração para o direito do consumidor no Brasil, afastando-o no tocante ao princípio da reparação integral que informa o sistema de reparação de danos brasileiro. Isso porque a Convenção de Varsóvia, quanto à responsabilidade do transportador aéreo, admite o tarifamento da indenização, segundo os critérios que define.

De notar que o caso concreto decidido no âmbito do RE 636311/RJ dizia respeito à responsabilidade do transportador aéreo por extravio de bagagem, para o que o texto da convenção fixa um limite máximo correspondente a um mil DES (Direitos Especiais de Saque), equivalente, ao tempo do julgamento, a R$ 4.561,00. A tese fixada no julgamento, contudo, refere-se, genericamente, à prevalência das "normas e os tratados internacionais limitadores da responsabilidade das transportadoras aéreas de passageiros", não distinguindo entre a natureza dos danos, se patrimoniais ou extrapatrimoniais (assim, por exemplo, o dano morte do consumidor em razão de acidente aéreo). Em 2022, o STF, ao julgar o RE 1.394.481/SP, que teve reconhecida sua repercussão geral, definiu a tese de que "não se aplicam as Convenções de Varsóvia e Montreal às hipóteses de danos extrapatrimoniais decorrentes de contrato de transporte aéreo internacional".[973] Tal entendimento estende-se também ao prazo prescricional aplicável.[974]

---

[972] "Recurso extraordinário com repercussão geral. 2. Extravio de bagagem. Dano material. Limitação. Antinomia. Convenção de Varsóvia. Código de Defesa do Consumidor. 3. Julgamento de mérito. É aplicável o limite indenizatório estabelecido na Convenção de Varsóvia e demais acordos internacionais subscritos pelo Brasil, em relação às condenações por dano material decorrente de extravio de bagagem, em voos internacionais. 5. Repercussão geral. Tema 210. Fixação da tese: 'Nos termos do art. 178 da Constituição da República, as normas e os tratados internacionais limitadores da responsabilidade das transportadoras aéreas de passageiros, especialmente as Convenções de Varsóvia e Montreal, têm prevalência em relação ao Código de Defesa do Consumidor'. 6. Caso concreto. Acórdão que aplicou o Código de Defesa do Consumidor. Indenização superior ao limite previsto no art. 22 da Convenção de Varsóvia, com as modificações efetuadas pelos acordos internacionais posteriores. Decisão recorrida reformada, para reduzir o valor da condenação por danos materiais, limitando-o ao patamar estabelecido na legislação internacional. 7. Recurso a que se dá provimento" (STF, RE 636.331/RJ, Tribunal Pleno, Rel. Min. Gilmar Mendes, j. 25.05.2017, *DJ* 13.11.2017).

[973] "Direito civil. Responsabilidade civil. Danos extrapatrimoniais decorrentes de contrato de transporte aéreo internacional. Inaplicabilidade do Tema 210 da repercussão geral. Distinção. Não incidência das normas previstas na Convenções de Varsóvia e Montreal. Questão constitucional. Potencial multiplicador da controvérsia. Repercussão geral reconhecida com reafirmação de jurisprudência. Recurso extraordinário a que se nega provimento. 1. O entendimento da Corte de origem não diverge da jurisprudência do Supremo Tribunal Federal, no sentido de que a aplicação dos limites das Convenções de Varsóvia e de Montreal, definida no julgamento do Tema 210 da repercussão geral, está adstrita aos casos de indenização por danos materiais. 2. Recurso extraordinário não provido. 3. Fixada a seguinte tese: Não se aplicam as Convenções de Varsóvia e Montreal às hipóteses de danos extrapatrimoniais decorrentes de contrato de transporte aéreo internacional" (STF, RE 1.394.401 – Repercussão Geral, Tribunal Pleno, Rel. Min. Rosa Weber, j. 15.12.2022, *DJ* 03.03.2023).

[974] "Processual civil e consumidor. Transporte aéreo. Extravio de bagagem. Tema 210. Dano moral. Prescrição. Convenção de Montreal. Inaplicabilidade. 1. A questão jurídica controversa diz respeito à definição da norma aplicável para a contagem do prazo prescricional da pretensão de indenização de danos morais no transporte aéreo: se o prazo bienal previsto na Convenção de Montreal ou as normas do Código de

Por outro lado, note-se que, no caso de contratos de transporte aéreo nacional, permanece consolidada a compreensão de que as normas de proteção ao consumidor prevalecem em relação ao Código Brasileiro da Aeronáutica, acerca da responsabilidade do transportador por danos a passageiros, bagagens e cargas (artigo 246 e seguintes do CBA).[975] Nesse sentido, por exemplo, reconhecem-se como práticas abusivas "tanto o cancelamento de voos sem razões técnicas ou de segurança inequívocas como o descumprimento do dever de informar o consumidor, por escrito e justificadamente, quando tais cancelamentos vierem a ocorrer",[976] hipótese em que se tenha violação do dever de continuidade da prestação de serviço público.

Já os contratos de transporte terrestre de passageiros, bagagens e cargas no Brasil, da mesma forma, consideram-se espécie de serviço público, delegado à prestação por particulares por intermédio de concessão ou permissão públicas. Nesse sentido, aplica-se igualmente o CDC a tais contratos, quando se caracterizem como relação de consumo, o que a toda evidência ocorre no transporte terrestre de passageiros, atraindo nesse caso o regime de responsabilidade contratual do CDC[977] por danos causados aos consumidores.[978] No caso da responsabilidade extracontratual, todavia, os julgados vêm distinguindo

---

Defesa do Consumidor. 2. Por força do art. 178 da Constituição Federal, trata-se de matéria constitucional a atrair a competência do STF, não havendo falar em questão de natureza infraconstitucional. 3. Ao julgar o RE 636.331, Rel. Min. Gilmar Mendes, paradigma do Tema 210 da repercussão geral, este Supremo Tribunal Federal decidiu sobre a prevalência das convenções internacionais sobre o Código de Defesa do Consumidor apenas com relação às pretensões de indenização por danos materiais, fixando o entendimento de que, em tal hipótese, aplica-se o prazo de dois anos previsto no art. 35 da Convenção de Montreal, incorporada ao direito interno pelo Decreto nº 5.910/2006. 4. Agravo a que se nega provimento" (STF, RE 1.320.225 AgR, 1ª Turma, Rel. p/ Acórdão Luís Roberto Barroso, j. 29.08.2022, *DJe* 15.09.2022).

[975] STJ, REsp 158.535/PB, 3ª Turma, j. 04.04.2000, Rel. Min. Carlos Alberto Menezes Direito, *DJ* 09.10.2000.

[976] STJ, REsp 1.469.087/AC, 2ª Turma, Rel. Min. Humberto Martins, j. 18.08.2016, *DJe* 17.11.2016.

[977] "Responsabilidade civil. Contrato de transporte. Acidente sofrido por passageiro. Vítima fatal. Código de Defesa do Consumidor. Dec. n. 2.681/12. Fato de terceiro. Fator de exclusão de responsabilidade. Inevitabilidade e imprevisibilidade. Reexame de prova. Conflito aparente de normas. Dano moral. É dever da transportadora conduzir o passageiro incólume até o local de destino. Falecendo passageiro em razão de acidente em estrada há culpa presumida da empresa de transporte interestadual, somente elidida pela demonstração de caso fortuito, força maior ou culpa exclusiva da vítima (artigo 17 do Decreto 2.681/12). O Decreto 2.681/12 não se encontra revogado pelo CDC no que tange à responsabilidade das estradas de ferro e, por analogia, das rodovias, e suas excludentes. Persiste, assim, aplicável a Súmula 187/STF que determina que 'a responsabilidade contratual do transportador, pelo acidente com o passageiro, não é elidida por culpa de terceiro, contra o qual tem ação regressiva'. Inserindo-se o fato de terceiro nos riscos próprios do deslocamento e estabelecendo o acórdão *a quo* não ter sido imprevisível o sinistro não é este fator excludente da responsabilidade da transportadora. Vitimando o acidente indivíduo ainda jovem, estudante, já assalariado, que contribuía para o sustento materno justa se afigura a condenação a título de danos morais fixados no acórdão recorrido no importe de 300 salários mínimos. Centralizando o acórdão recorrido sua fundamentação na responsabilidade objetiva e contratual da empresa de transporte os juros moratórios devem ser aplicados a partir da citação. Recurso provido, na parte em que conhecido" (STJ, REsp 293.292/SP, 3ª Turma, Rel. Min. Nancy Andrighi, j. 20.08.2001, *DJ* 08.10.2001).

[978] "Transporte. Responsabilidade civil. Ação de ressarcimento a título de danos morais. Transporte coletivo. Agressões físicas e verbais entre o motorista e passageiro. Concorrência de culpas. 1. Provado nos autos as agressões físicas e verbais entre o autor e o preposto da ré (motorista do ônibus), a manutenção da sentença que reconheceu a concorrência de culpas é medida que se impõe. 2. Em sendo objetiva a responsabilidade civil da empresa de transporte coletivo (artigo 14, § 3º, I e II, do CDC), ela somente pode ser afastada quando demonstradas a inexistência de defeito na prestação do serviço, a culpa exclusiva da vítima (consumidor) ou de terceiro, sendo que aqui não se verificam quaisquer dessas excludentes. 3. Danos morais provados e devidos no valor fixado pelo juízo *a quo* a este título, por se mostrar razoável

582 | CURSO DE DIREITO DO CONSUMIDOR – *Bruno Miragem*

a circunstância em que a vítima não seja passageira do fornecedor de serviços, atraindo assim o regime geral de responsabilidade por danos do Código Civil, inclusive para fins de prescrição.[979] Essa distinção, contudo, apenas se justifica quando o dano não se der por falha no transporte (defeito do serviço), pois nessa hipótese a incidência do artigo 17 determina a equiparação de todas as vítimas do evento a consumidores, para efeito de extensão do seu regime de responsabilidade. Portanto, inclusive, precedente do STJ reconhece a responsabilidade mesmo no caso de o serviço estar sendo prestado gratuitamente – por exemplo, acidente com aeronave executiva – mediante identificação da remuneração indireta do fornecedor do serviço.[980]

Os contratos de transporte terrestre também têm sua existência provada pelo bilhete ou conhecimento de transporte, conforme o caso, admitindo-se, naturalmente, a demonstração da existência do contrato mediante outros meios de prova admitidos em direito, uma vez considerado mesmo, na hipótese do transporte coletivo de passageiros, em boa parte das vezes, a inexistência de bilhete ou qualquer outro documento probatório.

2.5.8.4 *Os programas de fidelidade no transporte aéreo*

Com destaque na oferta de serviços de transporte aéreo – embora também utilizado na oferta de outros produtos e serviços –, os programas de fidelização ou milhagem se desenvolvem a partir de uma estratégia para que o consumidor concentre suas decisões de consumo em determinado fornecedor, por intermédio do incentivo à aquisição de produtos e serviços visando a retribuição, a cada contratação, de pontos ou bonificação os quais, acumulados segundo regras predefinidas, conferem o direito à fruição de determinados benefícios. Esses benefícios tanto podem consistir em outros produtos ou serviços de mesma natureza daqueles cuja aquisição original deu causa à pontuação quanto de outra espécie, porém representando sempre uma vantagem para o consumidor.

Trata-se do denominado "*marketing* de fidelização", apoiado em redes de fornecedores que criam serviços e valores para os consumidores, incentivando a continuidade da contratação.[981] Atualmente, inclusive, a estratégia de fidelização também se projeta

---

e compatível com a extensão dos danos suportados pelo autor. Apelações desprovidas" (TJRS, ApCiv 70.027.731.363, 11ª Câm. Civ., Rel. Des. Voltaire de Lima Moraes, j. 16.12.2009).

[979] "Civil e processual. Ação de indenização. Acidente de trânsito. Morte de passageira. Prescrição. Incidência do CDC afastada. Código Civil, artigos 177, 159 e 1.521, III. CDC, artigos 14 e 27. Por defeito de serviço, na previsão do artigo 14, § 1º, incisos I a III, do CDC, há que se entender, no caso do transporte de passageiros, aquele inerente ao curso comum da atividade comercial, em tal situação não se compreendendo acidente que vitima fatalmente passageira do coletivo, uma vez que constitui circunstância extraordinária, alheia à expectativa do contratante, inserindo-se no campo da responsabilidade civil e, assim, sujeita à prescrição vintenária do artigo 177 do Código Substantivo, e não ao artigo 27 da Lei n. 8.078/90. Recurso especial conhecido e provido, para afastar a prescrição quinquenal e determinar o julgamento do mérito da ação no grau monocrático" (STJ, REsp 280.473/RJ, 4ª Turma, Rel. p/ acórdão Min. Aldir Passarinho Junior, j. 06.03.2001, *DJ* 04.02.2002).

[980] STJ, REsp 1.984.282/SP, 4ª Turma, Rel. Min. Luis Felipe Salomão, j. 16.08.2022, *DJe* 22.11.2022.

[981] DEPINCÉ, Malo. Freedom of Contract and New Economic Models – A New Approach of European and French Law for the Internet of Things. *In*: WEI, Dan; NEHF, James P.; MARQUES, Claudia Lima (ed.). *Innovation and the Transformation of Consumer Law*: National and International Perspectives. Singapure: Springer-SSAP, 2020. p. 27.

para alguns grupos de consumidores, visando o acesso aos seus dados pessoais, visando identificar hábitos de consumo que permitam a formação de perfis ('perfilização').

Nos serviços de transporte aéreo, os programas de fidelidade também ficaram conhecidos como 'programas de milhagem' pelo fato de, em um primeiro momento, atribuírem pontos ao passageiro proporcionalmente ao valor da tarifa paga pela passagem aérea (ou a distância, "milhas" percorridas). O acúmulo desses pontos, então, permitiria a aquisição de outras passagens sem pagamento da tarifa ('gratuitas') ou com utilização parcial dos pontos, gerando a redução proporcional do valor a ser pago, assim como outras vantagens relacionadas ao serviço (p. ex., troca de classe no voo, *upgrade*).

No entanto, a expansão desses programas pelas companhias aéreas e outros fornecedores fez com que o modo de aquisição e acumulação de pontos bem como as regras para sua utilização variassem ao longo do tempo, inclusive com a possibilidade de acumulação de pontos com a fruição de outros serviços (p. ex., certos cartões de crédito). Os benefícios e vantagens oferecidos, do mesmo modo, também se estenderam a outros serviços, prestados por diferentes fornecedores.

A participação no programa de fidelização ou milhagem está condicionada à adesão do interessado, normalmente mediante preenchimento de certo formulário impresso ou eletrônico com seus dados de identificação e outros que venham a ser solicitados. Tem por isso natureza de contrato de adesão (artigo 54 do CDC). Exige-se a declaração expressa de concordância do consumidor com os critérios de atribuição de pontuação e as situações que autorizam seu resgate, assim como eventuais restrições a essa possibilidade, estabelecidas nas condições gerais contratuais (ou "regulamento" do programa, como é denominado usualmente).

A finalidade da própria estruturação e divulgação desses programas está associada à atração de consumidores e sua fidelização, incentivando que escolham sempre os mesmos fornecedores com o objetivo de obter pontos e sua acumulação para permitir o resgate dos benefícios esperados. Essa finalidade promocional visa incentivar o consumo e fidelizar o consumidor, devendo ser considerado, ele próprio, um serviço prestado no mercado de consumo, mediante remuneração indireta.[982] Os direitos dos consumidores

---

[982] "Recurso especial. Ação civil pública. Programa de fidelidade. Latam. Aquisição de passagem aérea. Relação de consumo. Impossibilidade de cancelamento de passagens pela internet. Medida disponibilizada pela empresa apenas nos casos de aquisição/resgate de passagens. Prática abusiva. Art. 39, inciso V, do CDC. Ônus excessivo. Medida que transcende a esfera da livre atuação das práticas negociais e as regras de mercado. Intervenção judicial adequada. Recurso especial não provido. 1. Os programas de fidelidade, embora não sejam ofertados de maneira onerosa, proporcionam grande lucratividade às empresas aéreas, tendo em vista a adesao de um grande número de pessoas, as quais são atraídas pela diversidade dos benefícios que lhes são oferecidos. Relação de consumo configurada, portanto, nos termos dos arts. 2º e 3º do CDC. 2. O fato de a empresa aérea não disponibilizar a opção de cancelamento de passagem por meio da plataforma digital da empresa (internet) configura prática abusiva, na forma do art. 39, inciso V, do CDC, especialmente quando a ferramenta é disponibilizada ao consumidor no caso de aquisição/resgate de passagens. 3. A conduta, além de ser desprovida de fundamento técnico ou econômico, evidencia a imposição de ônus excessivo ao consumidor, considerando a necessidade de seu deslocamento às lojas físicas da empresa (apenas aquelas localizadas nos aeroportos) ou a utilização do *call center*, medidas indiscutivelmente menos efetivas quando comparadas ao meio eletrônico. 4. Nesse passo, configurada a prática de conduta lesiva ao consumidor, não há falar em ingerência desmotivada na atividade empresarial. 5. Recurso especial não provido" (STJ, REsp 1.966.032/DF, 4ª Turma, Rel. Min. Luis Felipe Salomão, j. 16.08.2022, *DJe* 09.09.2022). No mesmo sentido: "Agravo interno no recurso especial.

584 | CURSO DE DIREITO DO CONSUMIDOR – *Bruno Miragem*

que resultam do contrato têm a natureza de direito de crédito, integrando seu patrimônio e podendo ser reclamados tanto do próprio transportador[983] quanto de outro fornecedor que administre o programa,[984] uma vez que integra a cadeia de fornecimento.

2.5.9 Contratos de serviços turísticos

Sob a denominação de contratos de serviços turísticos, tem-se uma diversidade de contratos,[985] por exemplo, os contratos de hospedagem, organização de viagens,

---

Direito coletivo do consumidor. Processual civil. Ação civil pública. Programa de fidelidade visando a captação de clientes na aquisição de passagens aéreas. Serviços prestados à clientela com remuneração indireta e com benefícios para a empresa. Relação de consumo caracterizada. Incidência do Código de Defesa do Consumidor. Inexistência de prequestionamento. Incidência, por analogia, das Súmulas 282 e 356/STF. Ausência de fundamentos que justifiquem a alteração da decisão recorrida. Agravo interno desprovido" (STJ, AgInt no REsp 1678644/BA, 3ª Turma, Rel. Min. Paulo de Tarso Sanseverino, j. 12.11.2018, *DJe* 16.11.2018). Em sentido parcialmente diverso, embora reconhecendo a incidência do CDC a tais contratos, o STJ, em precedente de 2022, conferiu-lhes interpretação restritiva, sob o argumento de que se trata de contrato benéfico, fazendo incidir o art. 114 do Código Civil: "Direito do consumidor. Direito civil. Recurso especial. Irresignação manejada sob a égide do NCPC. Ação civil pública. Prestação de serviço. Regulamento de plano de benefício. Programa TAM Fidelidade. Violação ao disposto no art. 1.022 do NCPC. Inexistência. Cláusula 1.8 do regulamento do mencionado programa. Contrato de adesão. Art. 51 do CDC. Necessidade de demonstração da abusividade ou desvantagem exagerada. Inexistência. Contrato unilateral e benéfico. Consumidor que só tem benefícios. Obrigação *intuitu personae*. Ausência de contraprestação pecuniária para a aquisição direta dos pontos bônus. Interpretação restritiva. Art. 114 do CC/02. Consumidor que pode optar por não aderir ao plano de benefícios e, mesmo assim, utilizar o serviço e adquirir os produtos ofertados pela TAM e seus parceiros. Validade da cláusula que proíbe a transferência dos pontos bônus por ato *causa mortis*. Verba honorária. Modificação. Inteligência do art. 85, § 2º, do NCPC. Recurso especial provido. (...) 3. Inexistindo ilegalidade intrínseca, nos termos do art. 51, IV do CDC, as cláusulas constantes de contrato de adesão só serão declaradas nulas quando estabelecerem obrigações consideradas iníquas, abusivas, que coloquem o consumidor em desvantagem exagerada, ou sejam incompatíveis com a boa-fé ou a equidade. 4. Deve ser considerado como contrato unilateral e benéfico a adesão ao Plano de Benefícios que dispensa contraprestação pecuniária do seu beneficiário e que prevê responsabilidade somente ao seu instituidor. Entendimento doutrinário. 5. Os contratos benéficos, que por sua natureza são intuito personae, devem ser interpretados restritivamente, consoante disposto no art. 114 do CC/02. 6. Recurso especial provido" (STJ, REsp 1.878.651/SP, 3ª Turma, Rel. Min. Moura Ribeiro, j. 04.10.2022, *DJe* 07.10.2022).

[983] "Obrigação de fazer c.c. reparação de danos materiais e morais. Fraude no programa de milhagens 'Tudo Azul'. Venda dos pontos acumulados pela Apelante e depósito do valor em conta bancária aberta fraudulentamente em seu nome. Defeito no serviço inequívoco, conforme reconhecido pela r. sentença. Responsabilidade objetiva. Art. 14 do CDC e aplicação analógica da Súmula 479 do STJ. Inúmeras providências extrajudiciais na tentativa de solucionar o problema, para que fossem devolvidos integralmente os 116.000 pontos subtraídos. Teoria do 'Desvio Produtivo do Consumidor' aplicável no caso concreto. Perda intolerável de tempo do consumidor para tentar fazer com que a companhia aérea restabelecesse o *status quo ante*. Danos morais configurados. Devolução parcial dos pontos e reativação do programa de milhagens que apenas atenuam os danos. Quantum reparatório fixado em R$ 2.200,00, conforme peculiaridades do caso concreto. Inversão do ônus da sucumbência. Sentença parcialmente reformada. Recurso parcialmente provido" (TJSP, Apelação Cível 1003775-98.2017.8.26.0296, 12ª Câmara de Direito Privado, Rel. Tasso Duarte de Melo, j. 18.12.2019).

[984] TJSP, Apelação Cível 1010842-71.2019.8.26.0223, 11ª Câmara de Direito Privado, Rel. Marco Fábio Morsello, j. 10.02.2021; TJSP, Apelação Cível 1008716-06.2019.8.26.0625, 22ª Câmara de Direito Privado, Rel. Roberto Mac Cracken, j. 26.06.2020.

[985] Sobre o caráter fragmentário da proteção ao consumidor turista, veja-se: SOZZO, Gonzalo. *La protección del turista como consumidor. In:* CARLUCCI, Aída Kemelmajer de. *Derecho de los consumidores y derecho de la libre competencia. In:* STIGLITZ, Gabriel. *Evolución del derecho del consumidor en Argentina. In:* STIGLITZ, Gabriel. *El principio de acceso al consumo sustentable. In:* STIGLITZ, Gabriel;

entre outros. No caso da organização de viagens, sustenta Claudia Lima Marques a tendência de que o fornecedor (agência de viagens) possa ser responsabilizado pelos danos causados por qualquer fornecedor direto dos serviços a serem prestados individualmente na viagem[986] (*e.g.*, hospedagem, transporte, alimentação, seguro-viagem, entre outros, passeios, ingressos para *shows*). Isso porque, a rigor, o contrato de organização de viagem abrange uma cadeia de outros contratos celebrados por um ou mais fornecedores com o consumidor, que tenham por finalidade a prestação de serviços turísticos, tais como hospedagem, transporte, alimentação, diversões e lazer. Como leciona Gustavo Tepedino, trata-se de "contrato atípico, bilateral, oneroso, comutativo, caracterizado pela prestação de serviços especializados concernentes à organização de viagem para fins turísticos, celebrado entre o operador de turismo ou a agência de viagens de um lado e, de outro, o turista".[987] Os contratos de turismo, em geral, apresentam-se como contratos conexos, ou seja, constituem-se em diversos contratos vinculados entre si em razão de sua finalidade comum, da sua causa, que é o oferecimento do serviço ao consumidor.[988] Na organização de pacotes turísticos, os demais fornecedores de serviços de turismo são considerados prepostos da agência de viagens.[989] Daí, por exemplo, poderem pertencer a uma mesma cadeia de fornecimento, a agência de viagens e o operador turístico. Nesse particular, é importante diferenciar: há contratos de organização de viagens e outros de mera intermediação. As agências de viagem podem intermediar, hipótese em que se equiparam a mandatários do consumidor perante outros fornecedores de serviços; ou organizar, hipótese em que oferecem um "pacote turístico", e, nesse caso, são fornecedores diretos do produto ou serviço. Contudo, lembre-se que, em qualquer caso, a regra do artigo 14 do CDC indica a responsabilidade solidária e objetiva da cadeia de fornecedores de serviços, hipótese em que se alinha a agência de viagens.[990] Da mesma forma, responde a agência de viagens por conselhos ou recomendações dadas ao consumidor.

Outrossim, atualmente, os contratos de serviços turísticos vêm sendo impactados pela atuação de plataformas digitais que intermedeiam, muitas vezes, uma série de serviços como transporte e hospedagem, e a própria aquisição de ingressos para atrações ou eventos. Nesses casos, a atuação do intermediário *on-line*, ao tempo em

---

HERNÁNDEZ, Carlos A (org.). *Tratado de derecho del consumidor*. Buenos Aires: La Ley, 2015. t. II, p. 786 e ss.

[986] MARQUES, Claudia Lima. *Contratos no Código de Defesa do Consumidor*. 4. ed. São Paulo: Ed. RT, 2003. p. 379.

[987] TEPEDINO, Gustavo. A responsabilidade civil nos contratos de turismo. *Revista de Direito do Consumidor*, São Paulo, v. 26, p. 85, abr./jun. 1998.

[988] TEPEDINO, Gustavo. A responsabilidade civil nos contratos de turismo. *Revista de Direito do Consumidor*, São Paulo, v. 26, p. 85, abr./jun. 1998.

[989] MARQUES, Claudia Lima. *Contratos no Código de Defesa do Consumidor*. 4. ed. São Paulo: Ed. RT, 2003. p. 378.

[990] "Responsabilidade civil. Agência de viagens. Código de Defesa do Consumidor. Incêndio em embarcação. A operadora de viagens que organiza pacote turístico responde pelo dano decorrente do incêndio que consumiu a embarcação por ela contratada. Passageiros que foram obrigados a se lançar ao mar, sem proteção de coletes salva-vidas, inexistentes no barco. Precedente (REsp 287.849/SP). Dano moral fixado em valor equivalente a 400 salários mínimos. Recurso não conhecido" (STJ, REsp 291.384/RJ, 4ª Turma, Rel. Min. Ruy Rosado de Aguiar, j. 15.05.2001, *DJ* 17.09.2001).

que facilita o acesso para a contratação do serviço – em muitas situações dispensando os serviços tradicionais de agência de viagens –, também constitui novos desafios para a efetividade dos direitos do consumidor,[991] tais como o adequado cumprimento do dever de informar pelos fornecedores digitais, a existência de canais eficientes de contato, assim como para o exercício de direitos de resilição e resolução do contrato, quando cabível. Também, do ponto de vista da estrutura dos modelos de negócio dos serviços turísticos oferecidos pela internet, identificam-se também repercussões concorrenciais, em especial no tocante às denominadas cláusulas de paridade, pelas quais as plataformas digitais exigem que o fornecedor que oferte serviços por seu intermédio pratique preços menores ou melhores condições negociais por outro meio, em especial pelo seu próprio sítio eletrônico.[992]

A Lei Geral de Turismo (Lei 11.771/2008), aprovada como expressão da intervenção do Estado na disciplina dos serviços turísticos,[993] está de acordo com as normas de proteção do consumidor. Estabelece em seu artigo 34, IV, o dever dos fornecedores de serviços turísticos de manter estrita obediência aos direitos do consumidor. Em seu artigo 21, define os prestadores de serviços turísticos, que afinal serão os fornecedores na relação de consumo que envolva o fornecimento desses serviços. Refere a norma: "Artigo 21. Consideram-se prestadores de serviços turísticos, para os fins desta Lei, as sociedades empresárias, sociedades simples, os empresários individuais e os serviços sociais autônomos que prestem serviços turísticos remunerados e que exerçam as seguintes atividades econômicas relacionadas à cadeia produtiva do turismo: I – meios de hospedagem; II – agências de turismo; III – transportadoras turísticas; IV – organizadoras de eventos; V – parques temáticos; e VI – acampamentos turísticos. Parágrafo único. Poderão ser cadastradas no Ministério do Turismo, atendidas as condições próprias, as sociedades empresárias que prestem os seguintes serviços: I – restaurantes, cafeterias, bares e similares; II – centros ou locais destinados a convenções e/ou a feiras e a exposições e similares; III – parques temáticos aquáticos e empreendimentos dotados de equipamentos de entretenimento e lazer; IV – marinas e empreendimentos de apoio ao turismo náutico ou à pesca desportiva; V – casas de espetáculos e equipamentos de animação turística; VI – organizadores, promotores e prestadores de serviços de infraestrutura, locação de equipamentos e montadoras de feiras de negócios, exposições e eventos; VII – locadoras de veículos para turistas; e VIII – prestadores de serviços especializados na realização e promoção das diversas modalidades dos segmentos turísticos, inclusive atrações turísticas e empresas de planejamento, bem como a prática de suas atividades".

---

[991] A doutrina vem identificando a existência de vulnerabilidade agravada do turista nas relações com as plataformas, o que, a rigor, associa-se a de vulnerabilidade digital. Para o tema, veja-se: VERBICARO, Denis; VIEIRA, Janaína do Nascimento. A hipervulnerabilidade do turista e a responsabilidade das plataformas digitais: uma análise a partir da perspectiva da economia colaborativa. *Revista de Direito do Consumidor*, São Paulo, v. 127, p. 305-330, jan./fev. 2020.

[992] Veja-se, sobre o enfrentamento do tema no direito europeu, o excelente artigo de: SOARES, Ardyllis Alves. As cláusulas de paridade nos contratos de consumo com agências de turismo *on-line*: análise sobre desenvolvimentos nacionais europeus. *Revista de Direito do Consumidor*, São Paulo, v. 131, p. 207-223, set./out. 2020.

[993] Para a atuação do Sistema Nacional de Defesa do Consumidor na proteção do consumidor-turista, veja-se o estudo de PEREIRA, Juliana; CIPRIANO, Ana Cândida Muniz. Proteção e defesa do consumidor turista e visitante no Brasil. *Revista de Direito do Consumidor*, São Paulo, v. 102, out./dez. 2015.

Agências de turismo e operadoras turísticas não se confundem. O artigo 27 da Lei Geral do Turismo define: "Compreende-se por agência de turismo a pessoa jurídica que exerce a atividade econômica de intermediação remunerada entre fornecedores e consumidores de serviços turísticos ou os fornece diretamente". As operadoras turísticas, além de intermediárias, são produtoras de serviços turísticos, exigindo-lhes conhecimento e *expertise* ainda mais especializados para a identificação de demandas de turismo, eleição e oferecimento de serviços que atendam o interesse do consumidor. Nesse sentido, o § 1º do artigo 27 da Lei 11.771/2008: "São considerados serviços de operação de viagens, excursões e passeios turísticos, a organização, contratação e execução de programas, roteiros, itinerários, bem como recepção, transferência e a assistência ao turista". A agência de viagens atua na intermediação de serviços, porém pode igualmente organizar e oferecer conjunto de serviços na modalidade de pacote turístico.[994] Os serviços sujeitos à intermediação de agências de turismo são, por sua vez, previstos no artigo 27, § 3º, da Lei 11.771/2008: "§ 3º As atividades de intermediação de agências de turismo compreendem a oferta, a reserva e a venda a consumidores de um ou mais dos seguintes serviços turísticos fornecidos por terceiros: I – passagens; II – acomodações e outros serviços em meios de hospedagem; e III – programas educacionais e de aprimoramento profissional. § 4º As atividades complementares das agências de turismo compreendem a intermediação ou execução dos seguintes serviços: I – obtenção de passaportes, vistos ou qualquer outro documento necessário à realização de viagens; II – transporte turístico; III – desembaraço de bagagens em viagens e excursões; IV – locação de veículos; V – obtenção ou venda de ingressos para espetáculos públicos, artísticos, esportivos, culturais e outras manifestações públicas; VI – representação de empresas transportadoras, de meios de hospedagem e de outras fornecedoras de serviços turísticos; VII – apoio a feiras, exposições de negócios, congressos, convenções e congêneres; VIII – venda ou intermediação remunerada de seguros vinculados a viagens, passeios e excursões e de cartões de assistência ao viajante; IX – venda de livros, revistas e outros artigos destinados a viajantes; e X – acolhimento turístico, consistente na organização de visitas a museus, monumentos históricos e outros locais de interesse turístico".

Da mesma forma, na atividade de contratação de serviços turísticos, não se ignora a importância que muitas vezes possui o aconselhamento ou informação por parte da agência de viagens ao consumidor, relativamente a aspectos da viagem, desde detalhamento de horários e procedimentos a serem observados pelo consumidor, a necessidade de vistos ou a conveniência de determinadas opções de viagem. Alguns desses aspectos inserem-se no dever de informar do fornecedor. Outras informações, contudo, decorrem da própria prestação de serviços da agência, buscando caracterizar o aconselhamento sobre opções e conveniências de bens e serviços como um diferencial na prestação de serviços realizada pelo fornecedor. Nesse caso, como bem refere Paulo Jorge Scartezzini, "se a informação, o conselho ou a recomendação solicitados estiverem ligados à obrigação contratual, como o dever de informar ou aconselhar sobre detalhes fundamentais da viagem (...) haverá

---

[994] FEUZ, Paulo Sérgio. *Direito do consumidor nos contratos de turismo.* São Paulo: Edipro, 2003. p. 66.

CURSO DE DIREITO DO CONSUMIDOR – *Bruno Miragem*

responsabilidade da agência por violação dos deveres laterais do contrato".[995] Tutelam-se, pois, expectativas legítimas do consumidor em relação aos serviços turísticos ofertados.[996]

Os contratos de prestação de serviços turísticos abrangem diversas atividades. Nesse sentido, a prestação de serviços oferecida pela agência de viagens caracteriza-se justamente pela organização, planejamento e eleição das atividades e dos fornecedores que deverão realizar serviços específicos aos consumidores. Daí por que eventual inadimplemento de qualquer dos prestadores de serviços em relação à prestação que lhe cabe pode resultar na responsabilização solidária da agência de viagens, quando esta tenha celebrado a contratação por intermédio da organização de pacote turístico,[997] ou ainda quando seja responsável pela organização de parte dos serviços em relação aos quais se verifica o defeito na prestação. É o caso da responsabilidade da agência de viagens que, tendo fretado aeronave para grupo de passageiros, responde pelos danos decorrentes do atraso do voo,[998] ou pela falha na prestação de serviço do segurador no oferecimento da cobertura do seguro-viagem cuja contratação intermediou.[999] Caberá à agência de viagens ação regressiva contra quem tenha dado causa ao inadimplemento.[1000] O mesmo

---

[995] GUIMARÃES, Paulo Jorge Scartezzini. *Dos contratos de hospedagem, de transporte de passageiros e de turismo*. São Paulo: Saraiva, 2007. p. 258.

[996] Veja-se: SOARES, Ardyllis Alves. A tutela internacional do consumidor turista. *Revista de Direito do Consumidor*, São Paulo, v. 82, p. 113 e ss., abr./jun. 2012.

[997] "Código de Defesa do Consumidor. Responsabilidade do fornecedor. Culpa concorrente da vítima. Hotel. Piscina. Agência de viagens. Responsabilidade do hotel, que não sinaliza convenientemente a profundidade da piscina, de acesso livre aos hóspedes. Artigo 14 do CDC. A culpa concorrente da vítima permite a redução da condenação imposta ao fornecedor. Artigo 12, § 2º [*rectius*: § 3º], III, do CDC. A agência de viagens responde pelo dano pessoal que decorreu do mau serviço do hotel contratado por ela para a hospedagem durante o pacote de turismo. Recursos conhecidos e providos em parte" (STJ, REsp 287.849/SP, 4ª Turma, Rel. Min. Ruy Rosado de Aguiar, j. 17.04.2001, *DJ* 13.08.2001).

[998] "Direito do consumidor. Prestação de serviços. Vício de qualidade. Artigo 20, CDC. Viagem turística. Dano material e dano moral. Distinção. Opção do consumidor. Adequação à reparação do dano. Recurso desacolhido. I – Na prestação de serviços de viagem turística, o desconforto, o abalo, o aborrecimento e a desproporção entre o lazer esperado e o obtido não se incluem entre os danos materiais, mas pertencem à esfera moral de cada um dos viajantes, devendo a esse título ser ressarcidos. II – Os danos materiais, que sabidamente se distinguem dos morais, devem recompor estritamente o dispêndio do consumidor efetuado em razão da prestação de serviços deficiente, sem o caráter de punir o fornecedor. III – O direito de opção mencionado no artigo 20, I a III, do Código de Defesa do Consumidor, relaciona-se com a suficiência da reparação do dano, não devendo afrontar nem a proporcionalidade entre a conduta do fornecedor e o dano causado, nem o princípio que veda o enriquecimento indevido" (STJ, REsp 328.182/RS, 4ª Turma, Rel. Min. Sálvio de Figueiredo Teixeira, j. 09.10.2001, *DJ* 04.02.2002).

[999] TJSP, ApCiv 0024119-51.2008.8.26.0032, 23ª Câm. Civ., Rel. J. B. Franco de Godoi, j. 23.05.2012, *RDC* 83/399.

[1000] "Agravo regimental. Recurso especial não admitido. Indenização. Pacote turístico. Ingressos para evento esportivo. Código de Defesa do Consumidor. Prazo decadencial. Denunciação à lide. Precedentes da Corte. 1. O acórdão recorrido está em perfeita harmonia com o entendimento desta Corte no sentido de que 'a ação de indenização pela falta de entrega dos ingressos para a final da Copa do Mundo, incluídos no pacote turístico comprado pelos autores, está subordinada ao prazo de cinco anos previsto no artigo 27 do Código de Defesa do Consumidor, e não ao do artigo 26 do mesmo Código (REsp n. 435.830/RJ, 3ª Turma, da minha relatoria, *DJ* 10.03.2003)' (fl. 533). 2. Inexistindo 'qualquer avença devidamente instrumentalizada entre os denunciantes e denunciadas', não se admite a denunciação à lide. 3. As alegações da agravante no sentido de que a responsabilidade pela não entrega dos ingressos seria de terceira empresa deverão ser feitas em sede própria, já que assegurado o direito de regresso. A argumentação de que existiria prova do contrato enseja reexame de matéria probatória, inviável em sede de recurso

Parte II · Cap. 2 · A PROTEÇÃO CONTRATUAL DO CONSUMIDOR | **589**

não ocorre, todavia, quando a agência realiza a mera contratação de serviço de terceiros, que responderão pelo eventual inadimplemento contratual, conforme entendimento do Superior Tribunal de Justiça.[1001]

Note-se que, se, em razão do inadimplemento de contrato de prestação de serviços turísticos, decorrer pretensão indenizatória, ter-se-á hipótese de fato do serviço, regulado pelo artigo 14 do CDC, aplicando-se à hipótese o prazo prescricional de cinco anos, em conformidade com o artigo 27 do CDC.[1002]

Outra questão atual a ser considerada diz respeito à possibilidade de desistência da viagem pelo consumidor na hipótese de observar-se, no destino turístico, situação que dá causa a riscos à saúde ou à segurança do consumidor, ou ainda que torne excessivamente gravoso o deslocamento ou aproveitamento de determinadas atrações turísticas, como é o caso de epidemias, catástrofes naturais, convulsões sociais, atos de terrorismo, entre outros fenômenos. A doutrina, de modo geral, evita posicionar-se sobre o tema, preferindo confiar a solução a peculiaridades do caso concreto.[1003] Observe-se, todavia, que não se trata de mero receio de frustração de expectativas do consumidor – hipótese em que não há falar em qualquer espécie de causa de resolução contratual –, senão de situações fáticas, objetivamente consideradas, e aptas a comprometer o interesse útil do consumidor na execução do contrato. É de identificar aqui a hipótese, considerando que o evento em questão torna inútil ou impede qualquer fruição da viagem turística pelo consumidor, como espécie de força maior, que pode dar causa à resolução contratual sem culpa dos contratantes. Por outro lado, no caso de resilição contratual pelo consumidor, eventual cláusula penal não escapa ao exame do Poder Judiciário, quanto a sua adequação ao equilíbrio contratual.[1004]

---

especial. 4. Agravo regimental desprovido" (STJ, AgRg no Ag 512.271/RJ, 3ª Turma, Rel. Min. Carlos Alberto Menezes Direito, j. 16.10.2003, *DJ* 15.12.2003).

[1001] "Civil. Processual civil. Recurso especial. Transporte aéreo. Inexecução dos serviços prestados. Não ocorrência da responsabilidade objetiva e solidária da agência de turismo. Caracterização da culpa exclusiva de terceiro. Incidência das hipóteses previstas no § 3º, I, II, do artigo 14 do CDC. Ilegitimidade passiva *ad causam* reconhecida. 1. No pleito em questão, os autores contrataram com a empresa de turismo a compra e venda de passagens aéreas Brasília-Fortaleza, sendo que tal serviço, como restou demonstrado, foi regularmente prestado. Comprovado, também, que os autores não puderam utilizar os bilhetes da empresa Transbrasil, em razão desta interromper seus serviços na época marcada, não efetuando, assim, os voos programados. 2. Não se tratando, *in casu*, de pacote turístico, hipótese em que a agência de viagens assume a responsabilidade de todo o roteiro da viagem contratada, e tendo, portanto, inexistido qualquer defeito na prestação de serviço pela empresa de viagens, posto que as passagens aéreas foram regularmente emitidas, incide, incontroversamente, as normas de exclusão de responsabilidade previstas no artigo 14, § 3º, I e II, do CDC. Reconhecimento da ilegitimidade passiva *ad causam* da empresa de viagens, ora recorrente. 3. Recurso conhecido e provido" (STJ, REsp 758.184/RR, 4ª Turma, Rel. Min. Jorge Scartezzini, j. 26.09.2006, *DJ* 06.11.2006).

[1002] "Recurso especial. Civil. 'Pacote turístico'. Inexecução dos serviços contratados. Danos materiais e morais. Indenização. Artigo 26, I, do CDC. Direto à reclamação. Decadência. O prazo estatuído no artigo 26, I, do CDC, é inaplicável à espécie, porquanto a pretensão indenizatória não está fundada na responsabilidade por vícios de qualidade do serviço prestado, mas na responsabilidade contratual decorrente de inadimplemento absoluto, evidenciado pela não prestação do serviço que fora avençado no 'pacote turístico'" (STJ, REsp 278.893/DF, 3ª Turma, Rel. Min. Nancy Andrighi j. 13.08.2002,, *DJ* 04.11.2002).

[1003] GUIMARÃES, Paulo Jorge Scartezzini. *Dos contratos de hospedagem, de transporte de passageiros e de turismo.* São Paulo: Saraiva, 2007. p. 265-266.

[1004] STJ, REsp 1.580.278/SP, 3ª Turma, Rel. Min. Nancy Andrighi, j. 21.08.2018, *DJe* 03.09.2018.

2.5.10 Contratos de hospedagem

Os contratos de hospedagem em hotéis, pousadas e congêneres caracterizam-se como contratos de consumo, atraindo a incidência do Código de Defesa do Consumidor. Há o fornecedor de serviços e o consumidor-hóspede como destinatário final da prestação.

Todavia, além do CDC, atenta-se para a legislação que disciplina os serviços turísticos, especialmente no tocante às distinções quanto ao conteúdo da prestação de serviço esperada, mediante tradicional classificação dos diversos estabelecimentos de hospedagem.

A oferta dos serviços por estabelecimentos de hospedagem é ampla e geral. Isso implica o dever de não discriminar entre aqueles que se admitem ou não como hóspedes, segundo critérios que o direito contemporâneo não admite. Aqui incidem de modo imperativo os artigos 3º, IV, e 5º, *caput* e XLI, da CF/1988, que vedam a discriminação, em especial, por razão de origem, raça, sexo, cor, idade e quaisquer outras formas. Incide, igualmente, a proibição do artigo 39, II, do CDC, que define como prática abusiva a recusa de atendimento às demandas dos consumidores. A recusa de contratar, aqui, justifica-se apenas por razões de saúde pública, ou para atender regras de urbanidade e sossego dos demais. Também não é apenas lícito, mas constitui dever do estabelecimento de hospedagem recusar criança e adolescente como hóspedes, quando não tenham autorização, ou não estejam acompanhados por pais ou responsáveis, conforme o artigo 82 do Estatuto da Criança e do Adolescente.

Bem observa Pontes de Miranda o caráter unitário do contrato de hospedagem a encerrar múltiplas prestações devidas pelo hospedeiro, fornecedor de serviços.[1005] Obriga-se a ceder lugar para repouso e estadia em condições de conforto e asseio compatíveis. Mais refeições ajustadas. Não há principal e acessório nessas prestações, daí bem definir – e em tudo hoje aplicável – que o tratamento unitário do contrato é essencial. Compreendem o interesse legítimo e tutelado do hóspede a estadia, o conforto e asseio do local, a possibilidade de uso de local para higiene pessoal (banheiro normalmente – mas não necessariamente – junto do quarto), mais refeições ajustadas de boa qualidade, e outros serviços que se ofertam comumente (p. ex., em hotéis anunciados como "executivos" ou "de negócios", supõe-se acesso a serviços de comunicação, tais como computadores e Internet). O acesso a serviços de telefonia é expectativa comum, que nada tem de extraordinário e por isso integra, como regra, a prestação (a disponibilidade do serviço independentemente de ajuste é esperada; o uso específico remunera-se em apartado à diária). Outros serviços podem ser acrescidos como lavanderia, ou serviços estéticos ou de relaxamento, conforme o perfil do estabelecimento. Estes, comumente, são serviços acessórios, cuja oferta respeita aos deveres de informação inerentes aos contratos de consumo (artigos 30 e ss. do CDC).

Observação importante, todavia, é a distinção entre o contrato de locação e o contrato de hospedagem. Assim como há estabelecimentos que ofertam a hospedagem, existem os que locam cômodos. Existem os que ofertam um e outro. E há mesmo situações em que quem loca ou subloca cômodos não é fornecedor de serviços, nem sequer profissional.

[1005] PONTES DE MIRANDA, Francisco Cavalcanti. *Tratado de direito privado*. Atualizador Bruno Miragem. São Paulo: Ed. RT, 2012. t. XLVI, p. 379-380.

Aliás, é Pontes de Miranda quem alerta, em lição ainda atual, que a profissionalidade do hospedeiro não é elemento essencial do contrato de hospedagem.[1006]

Toda a diferença está se há ou não serviço. Pode-se locar, inclusive em estabelecimentos, sem que haja serviço agregado. Na locação apenas se transmite posse e com ela o uso da coisa. Na hospedagem, são oferecidos serviços. O típico da hospedagem é a multiplicidade de prestações. Multiplicidade de serviços.

Pergunta que surge, considerando o caráter unitário do contrato e da prestação complexiva – ajustando local mais refeições –, é se o hóspede desejar contratar só a possibilidade e uso do quarto para repouso/estadia, sem refeições, se haverá direito de desconto do preço da diária. Ou se essa prestação complexiva caracterizaria prática comumente denominada "venda casada" (artigo 39, I, do CDC). Parece que mesmo em face da legislação vigente, sendo complexiva a prestação – afinal, o contrato de hospedagem compreende múltiplas prestações coordenadas –, até pode ser que se fale em redução do valor sem a refeição, mas é opcional, de acordo com as características do serviço do hotel. Da mesma forma, descabe falar em venda casada, se é admitida na hipótese a noção de hospedagem para além do dever de oferecer estadia. Nesse sentido, não se condiciona o fornecimento de um produto ou serviço a outro, mas, por usos e costumes e estando claro na oferta, o todo da hospedagem é um serviço compreendido pela diária. São prestações complementares visando assegurar os deveres de conforto e asseio objeto do contrato. Cabe aqui recurso ao acordo entre as partes, considerando razoabilidade e respeito ao interesse legítimo das partes.

2.5.10.1 Disciplina legal do contrato de hospedagem

Não tratam o Código Civil nem o Código de Defesa do Consumidor, em específico, do contrato de hospedagem. Contudo, dispõe o artigo 23 da Lei 11.771/2008 – conhecida como Lei Geral do Turismo – que se consideram meios de hospedagem os empreendimentos ou estabelecimentos, independentemente de sua forma de constituição, destinados a prestar serviços de alojamento temporário, ofertados em unidades de frequência individual e de uso exclusivo do hóspede, bem como outros serviços necessários aos usuários, denominados serviços de hospedagem, mediante adoção de instrumento contratual, tácito ou expresso, e cobrança de diária.

Outrossim, dispõe o artigo 25 da Lei 11.771/2008 que cabe ao Poder Executivo estabelecer em regulamento: "I – as definições dos tipos e categorias de classificação e qualificação de empreendimentos e estabelecimentos de hospedagem, que poderão ser revistos a qualquer tempo; II – os padrões, critérios de qualidade, segurança, conforto e serviços previstos para cada tipo de categoria definido; e III – os requisitos mínimos relativos a serviços, aspectos construtivos, equipamentos e instalações indispensáveis ao deferimento do cadastro dos meios de hospedagem". O artigo 25, parágrafo único, da Lei 11.771/2008, por sua vez, refere que a obtenção da classificação conferirá ao empreendimento chancela oficial representada por selos, certificados, placas e demais símbolos, o

---

[1006] PONTES DE MIRANDA, Francisco Cavalcanti. *Tratado de direito privado*. Atualizador Bruno Miragem. São Paulo: Ed. RT, 2012. t. XLVI, p. 402.

que será objeto de publicidade específica em página eletrônica do Ministério do Turismo, disponibilizada na rede mundial de computadores.

O artigo 24 do Dec. 7.381/2010, que regulamenta a Lei 11.771/2008, previu que "considera-se unidade habitacional o espaço atingível a partir das áreas principais de circulação comuns no estabelecimento, destinado à utilização privada pelo hóspede, para seu bem-estar, higiene e repouso". Igualmente, em relação à contraprestação pecuniária do contrato de hospedagem, define o artigo 25 do Dec. 7.381/2010 que se entende por diária o preço da hospedagem correspondente à utilização da unidade habitacional e dos serviços incluídos, observados os horários fixados pela entrada e saída do hóspede, obedecendo o período de 24 horas disposto no artigo 23, § 4º, da Lei 11.771/2008. Autoriza-se, contudo, que o estabelecimento fixe o horário de vencimento da diária de acordo com a sazonalidade, com os costumes do local ou mediante acordo direto com o hóspede (artigo 25, parágrafo único, do Dec. 7.381/2010). Nesse sentido, não cabe interpretar a diária como período compreensivo, necessariamente, de 24 horas, considerando as características do serviço e a necessidade de adequação da unidade a novos hóspedes, tudo o que se exige é que seja adequada e previamente informado ao consumidor.[1007]

O artigo 26 do Dec. 7.381/2010 refere que se constituem "documentos comprobatórios de relação comercial entre meio de hospedagem e hóspede as reservas efetuadas mediante, entre outros, troca de correspondência, utilização de serviço postal ou eletrônico e fac-símile, realizados diretamente pelo meio de hospedagem ou prepostos, e o hóspede, ou agência de turismo que o represente". Em seguida, o § 1º do mesmo artigo refere

---

[1007] "Recurso especial. Direito civil e consumidor. Ação coletiva. Prestação de serviços de hotelaria. Período da diária (24 horas). Lei 11.771/08 e Decreto 3.781/10. Pretensão de redução do valor da diária em face de alegada redução do período de estadia ante a necessidade de organização e limpeza das unidades habitacionais entre a saída de um hóspede e a entrada de outro. 1. Polêmica em torno da legalidade da cobrança de uma diária completa de 24 horas em hotéis que adotam a prática de *check-in* às 15:00h e de *check-out* às 12:00h do dia de término da hospedagem. 2. Controvérsia em torno da correta interpretação do disposto no art. 25 da Lei 11.771/08 e no art. 23 do Decreto 7.381/10. 3. Ausência de razoabilidade na interpretação literal desses enunciados normativos para se fixar o dever do fornecedor do serviço de hospedagem de reduzir o valor da diária proporcionalmente ao número de horas necessárias para a organização e limpeza das unidades habitacionais antes da entrada de novo cliente. 4. Constitui fato incontroverso a veiculação pela empresa demandada de forma clara ao mercado consumidor de informação acerca do horário do *check-in* (15:00hs) e do *check-out* (12:00hs) para seus hóspedes, como, aliás, o fazem a generalidade dos prestadores de serviço de hotelaria. 5. Natural a previsão pelo estabelecimento hoteleiro, para permitir a organização de sua atividade e prestação de serviços com a qualidade esperada pelo mercado consumidor, de um período entre o *check-out* do anterior ocupante da unidade habitacional e o check-in do próximo hóspede, inexistindo ilegalidade ou abusividade a ser objeto de controle pelo Poder Judiciário. 6. A prática comercial do horário de *check-in* não constitui propriamente um termo inicial do contrato de hospedagem, mas uma prévia advertência de que o quarto poderá não estar disponível ao hóspede antes de determinado horário. 7. A fixação de horários diversos de *check-in* (15:00hs) e *check-out* (12:00hs) atende a interesses legítimos do consumidor e do prestador dos serviços de hospedagem, espelhando antiga prática amplamente aceita dentro e fora do Brasil. 8. Recurso especial provido" (STJ, REsp 1.717.111/SP, 3ª Turma, Rel. Min. Paulo de Tarso Sanseverino, j. 12.03.2019, *DJe* 15.03.2019). No mesmo sentido, sustentando, ainda que "a prática comercial do horário de *check-in* não constitui propriamente um termo inicial do contrato de hospedagem, mas uma prévia advertência de que o quarto poderá não estar disponível ao hóspede antes de determinado horário", e que "os serviços abrangidos pelo contrato de hospedagem devem ser oferecidos aos consumidores pelo prazo de 24 horas, entre os quais se inserem os de limpeza e organização do espaço de repouso, razão pela qual a garantia de acesso aos quartos pelo período integral da diária não é razoável nem proporcional" (STJ, REsp 1.734.750/SP, 3ª Turma, Rel. Min. Nancy Andrighi, j. 09.04.2019, *DJe* 12.04.2019).

que "o contrato de hospedagem será representado pelo preenchimento e assinatura pelo hóspede, quando de seu ingresso no meio de hospedagem, da Ficha Nacional de Registro de Hóspede – FNRH (...)".

Duas conclusões são possíveis a partir da interpretação da norma em questão. Primeiro, que com a efetivação da reserva ainda não há contrato, mas pré-contrato, cuja formalização se dá mediante assinatura no momento de apresentação do hóspede no hotel; segundo, que exige do contrato de hospedagem forma escrita. Todavia, não exige a lei forma escrita. Da mesma forma, a própria reserva, quando definitiva, equivale ao contrato. Prova-se sua existência, certamente, pelo preenchimento da ficha a que se refere o artigo 26, § 1.º, do Dec. 7.381/2010, assim como por quaisquer outros meios de prova. Não é, contudo, por óbvio, elemento substancial do ajuste.

Há clara preocupação da legislação acerca do dever de informar prévio do fornecedor dos meios de hospedagem quanto a preços da integralidade dos serviços prestados. O artigo 27 do Dec. 7.381/2010 refere que "todo e qualquer preço de serviço prestado e cobrado pelo meio de hospedagem deverá ser previamente divulgado e informado com a utilização de impressos ou meios de divulgação de fácil acesso ao hóspede". Esse dever inclusive é acompanhado de exigências específicas em relação aos fornecedores de meios de hospedagem, para que façam disponível "I – na portaria ou recepção: nome do estabelecimento, relação dos preços aplicáveis às espécies e tipos de unidades habitacionais, o horário de início e vencimento da diária, o número de unidades habitacionais para pessoas deficientes ou com mobilidade reduzida, as formas de pagamento aceitas e a existência de taxas opcionais; e II – nas unidades habitacionais: a espécie e o número da unidade habitacional, os preços vigentes de diária, da respectiva unidade habitacional, e demais serviços oferecidos pelo meio de hospedagem em moeda corrente nacional e os eventuais serviços incluídos no preço das diárias" (artigo 27, § 1º, do Dec. 7.381/2010).

Esse amplo dever de informar que resulta, igualmente, do artigo 31 do CDC incidente na espécie exige que devam ser incluídos pelos fornecedores dos meios de hospedagem "nos veículos de divulgação utilizados os compromissos recíprocos entre o estabelecimento e o hóspede, como os serviços incluídos no preço da diária, eventuais taxas incidentes sobre os serviços ofertados e a forma de consulta para os preços dos demais serviços ofertados" (artigo 27, § 2º, do Dec. 7.381/2010).

A Lei 11.771/2008 e seu regulamento, Dec. 7.381/2010, disciplinam também a hospedagem por sistema de tempo compartilhado, assim entendida "a relação em que o prestador de serviço de hotelaria cede a terceiro o direito de uso de unidades habitacionais por determinados períodos de ocupação, compreendidos dentro de intervalo de tempo ajustado contratualmente" (artigo 28 do Dec. 7.381/2010). Conhecidos também pela designação em inglês, contratos de *time-sharing*, trata-se de espécie de contratos de prestações conexas, cuja finalidade para o adquirente é o uso em determinado período do ano, do uso de unidades habitacionais normalmente localizadas em lugares turísticos. Todavia, note-se que são inconfundíveis o contrato de *time-sharing* e o contrato de hospedagem que se celebra com terceiros sobre a mesma unidade habitacional. Nesse sentido, aliás, bem explicita o artigo 31 do Dec. 7.381/2010.

Os tipos e categorias dos empreendimentos de hospedagem têm padrão de classificação oficial estabelecido pelo Ministério do Turismo, mediante utilização de símbolo estrela, de uso exclusivo desse órgão (artigo 31-A do Dec. 7.381/2010).[1008]

Para o fim de caracterização do contrato de hospedagem, não importa tratar-se de local que se denomina hotel, pousada ou albergue. A definir o conteúdo do contrato estão a oferta e as informações detalhadas sobre os serviços prestados, seja o principal de hospedagem, sejam acessórios. Nesse sentido, admitindo-se a possibilidade de prestações inclusas no preço e outras prestações não inclusas no preço, a exigir remuneração em separado, ressalta o dever de informar previamente por parte do fornecedor, quanto ao que se considere incluso ou não no preço da diária. Impositiva aqui a incidência dos artigos 30 e 31 do CDC e, no caso de ausência de informação prévia e clara ao hóspede, de modo a assegurar a efetividade do dever de informar do fornecedor, o disposto no artigo 35 do CDC, quanto às pretensões do consumidor no caso de descumprimento da oferta, e do artigo 46 do CDC, no tocante à ineficácia da obrigação que não lhe seja informada previamente.

Os serviços auxiliares, quando se integram ao preço da diária, como o de alimentação (*e.g.*, pensão completa, 'all inclusive'), devem especificar igualmente no que consistem essas prestações, em gênero e qualidade. Da mesma forma as prestações como bar, apresentações, piscina e outros serviços devem ter claras informações regulamentares e horários sobre sua fruição.

Refira-se ainda, nos dias de hoje, ao contrato de *time-sharing*, considerado no âmbito da legislação sobre turismo. É identificado como típico contrato de consumo, porém não se confunde com o contrato de hospedagem. Aliás, o comum é ter o contrato de *time-sharing*, e, quando não for o titular do direito de uso periódico aquele que frui de uma determinada unidade habitacional, faz-se normalmente contrato de hospedagem com terceiros. Observa a doutrina, em relação *ao time-sharing*, que ele surge como solução para o setor hoteleiro e turístico-imobiliário ao gerar consumidores cativos que investem para adquirir direito de uso periódico de unidades habitacionais em áreas turísticas valorizadas, sem a necessidade de suportar custos normais de um imóvel próprio como os relativos a impostos e manutenção, ao lado de vantagens organizacionais, como a possibilidade de troca ou venda do período de fruição a que faz jus.[1009]

Por outro lado, é possível cogitar de figuras afins ao contrato de hospedagem, mas que não se caracterizam como tal. É o caso de famílias que recebem pessoas – normalmente estrangeiras – e as hospedam por certo tempo, em atividades de intercâmbio cultural. Nesses casos, embora aponte a doutrina não ser o caso de contrato de hospedagem em

---

[1008] A Portaria 100/2011 do Ministério do Turismo, ao tempo em que classifica os meios de hospedagem em hotel, resort, hotel-fazenda, cama e café, hotel histórico, pousada e flat/apart-hotel, distingue as categorias, conforme critérios de serviços prestados, qualidade da infraestrutura de instalações e equipamentos, bem como variáveis e fatores relacionados com o desenvolvimento sustentável, tais como conceitos ambientais, relações com a sociedade, satisfação do usuário (artigo 9º da Portaria 100/2011 do MTur), em distintas categorias. O hotel é classificado de 1 a 5 estrelas; Resort de 4 e 5 estrelas; Hotel Fazenda, de 1 a 5 estrelas; Cama e Café, de 1 a 4 estrelas; Hotel Histórico, de 3 a 5 estrelas; Pousada, de 1 a 5 estrelas; e Flat/Apart-hotel, 3 a 5 estrelas.

[1009] MARQUES, Claudia Lima. *Contratos no Código de Defesa do Consumidor*. 6. ed. São Paulo: Ed. RT, 2011; TEPEDINO, Gustavo. *Multipropriedade imobiliária*. São Paulo: Saraiva, 1993. p. 2 e ss.

sentido típico,[1010] não se afasta totalmente da legislação consumerista, uma vez que, embora não se possa identificar a família que recebe o intercambista como fornecedora de serviços, em regra, trata-se de atividade organizada por agências especializadas, muitas vezes agências de turismo, que aí exercem atividade profissional de fornecimento de serviços, atraindo a incidência do CDC.

Como regra, é de antiga tradição no nosso direito a responsabilidade dos hotéis e congêneres por furtos e assaltos em suas instalações que causem prejuízos aos hóspedes.[1011] No direito vigente, na hipótese de danos aos hóspedes em hotéis e congêneres, o regime de responsabilidade é o do artigo 14 do CDC – responsabilidade por fato do serviço – e a consequente solidariedade entre fornecedores diretos e indiretos integrantes da mesma cadeia de fornecimento.

Há responsabilidade do hotel quando do furto de automóvel de hóspede de seu estacionamento, uma vez que violado o dever de guarda.[1012] Da mesma forma, a Súmula 130 do STJ: "a empresa responde, perante o cliente, pela reparação de dano ou furto de veículo ocorridos em seu estacionamento".

Precedente do STJ, aplicando o CDC, define a responsabilidade solidária do hotel e da agência de viagens pelos danos causados ao hóspede pela ausência de sinalização conveniente sobre a profundidade da piscina.[1013]

Com fundamento no CC/1916, decidiu o STJ que o hotel não responderia por assalto à mão armada ocorrido no interior do seu estabelecimento, comprovado que os recepcionistas agiram de modo correto, buscando barrar a entrada dos criminosos, em relação a hóspede que portava quantidade expressiva de joias para exposição, atividade de risco que não declarou no *check-in*".[1014] Por outro lado, a lesão de funcionário causado por hóspede atrai a responsabilidade presumida do estabelecimento hoteleiro empregador.[1015] O fundamento da responsabilidade do hotel, nesses casos, dá-se em face do risco do empreendimento.[1016]

No tocante à responsabilidade do hospedeiro pelas bagagens do hóspede, igualmente incide o Código de Defesa do Consumidor. Aqui cumpre distinguir se o furto ou roubo de bagagens constitui espécie de vício do serviço (artigo 20 do CDC), ou fato do serviço (artigo 14 do CDC). Pontes de Miranda invocava, na hipótese, antes do surgimento do CDC, a disciplina dos vícios redibitórios do Código Civil (artigos 1.101 a 1.106 do CC/1916, correspondentes aos artigos 441 a 446 do CC/2002).

[1010] GUIMARÃES, Paulo Jorge Scartezzini. *Dos contratos de hospedagem, de transporte de passageiros e de turismo*. São Paulo: Saraiva, 2007. p. 7.

[1011] Pontes de Miranda demonstra que ao menos desde o século XVII consta na antiga jurisprudência portuguesa a afirmação dessa responsabilidade (PONTES DE MIRANDA, Francisco Cavalcanti. *Tratado de direito privado*. Atualizador Bruno Miragem. São Paulo: Ed. RT, 2012. t. XLVI, p. 378).

[1012] STJ, REsp 227.014/GO, 4ª Turma, Rel. Min. Barros Monteiro, j. 16.10.2001, *DJ* 25.03.2002.

[1013] STJ, REsp 287.849/SP, 4ª Turma, Rel. Min. Ruy Rosado de Aguiar, j. 17.04.2001, *DJ* 13.08.2011, RT 797/226.

[1014] REsp 841.090/DF, 3ª Turma, Rel. Min. Nancy Andrighi, j. 24.10.2006, *DJ* 12.02.2007.

[1015] REsp 69.437/SP, 4ª Turma, Rel. Min. Barros Monteiro, j. 06.10.1998, *DJ* 14.12.1998.

[1016] TJRJ, ApCiv 01989149020098190001, 9ª Câm. Civ., Rel. Des. Carlos Santos de Oliveira, j. 21.08.2012.

Atualmente, a distinção do CDC se dá em razão do conteúdo do dever violado, se dever de adequação (a finalidade do serviço legitimamente esperada) ou segurança (a segurança legitimamente esperada do serviço). Uma interpretação estrita do dever de segurança implica a tutela, apenas, da integridade física e moral do consumidor. Interpretação mais ampla considera também a segurança patrimonial.

Em relação a bagagens em depósito, como é o caso, o entendimento é de que o furto ou roubo caracteriza violação do dever de segurança do fornecedor de serviços. Reclama-se indenização e incide o regime de responsabilidade pelo fato do serviço (artigo 14 do CDC). Este restringe as hipóteses de exoneração do fornecedor, indicando que só não responderá quando provar que, tendo prestado o serviço, ele não apresentou defeito, ou a culpa exclusiva do consumidor ou de terceiro (artigo 14, § 3º, I e II, do CDC).

Admite-se majoritariamente, embora não transcrito na norma, a exoneração de responsabilidade por caso fortuito ou força maior. Recorde-se, todavia, na hipótese, a distinção entre o fortuito interno e o fortuito externo. O primeiro é considerado circunstância alheia ao comportamento do fornecedor, porém conexo à atividade de fornecimento, e, por isso, risco inerente à atividade do fornecedor.[1017] Não exonera, pois, a responsabilidade. Apenas o fortuito externo, fato alheio totalmente à atividade de fornecimento, implica a exoneração da responsabilidade do fornecedor.[1018] Não parece o caso dos fatos prejudiciais que deem causa à perda (inclusive por furto, roubo ou tentativa) ou deterioração das bagagens do hóspede-consumidor, quando consideradas em depósito no estabelecimento de hospedagem/hotelaria.

Quanto à limitação do valor de indenização por perda/furto/roubo de bagagens, incide o artigo 51, I, do CDC, que veda a limitação de indenização por vícios do produto e do serviço, assim como ao artigo 25 do CDC, o qual refere ser "vedada a estipulação contratual de cláusula que impossibilite, exonere ou atenue a obrigação de indenizar prevista nesta e nas seções anteriores" (a saber, tanto por fato quanto por vício do serviço). Aqui permanece atual a lição de Pontes de Miranda, de que "o cartaz, o aviso ou o rótulo ou dizer posto no talão de hóspede não pré-elide a responsabilidade legal".[1019] Era e é assim. Agora, sob a égide do Código de Defesa do Consumidor.

Como regra, o fato de dispor de cofre ou caixa-forte para que o hóspede guarde seus bens de valor é irrelevante para debater a responsabilidade do fornecedor. Pode repercutir, conforme o caso, na prova do dano ou verossimilhança das alegações. No entanto, a regra é que se trata de mais um serviço prestado ao hóspede, e não condição ou pressuposto da responsabilidade do fornecedor.

Também o não cumprimento da reserva pelo estabelecimento de hospedagem gera responsabilidade.[1020] Assinala a doutrina que a reserva definitiva é como se, presente,

---

[1017] Assim o risco de furto ou roubo em relação à locação de cofre forte realizado por instituição financeira, conforme bem refere o STJ: REsp 1.704.204/SP, 3ª Turma, Rel. Min. Ricardo Villas Bôas Cueva, j. 07.08.2018, *DJe* 03.09.2018.

[1018] Assim o risco de furto ou roubo de hóspede em estacionamento público em frente ao hotel: REsp 1.763.156/RS, 3ª Turma, Rel. Min. Marco Aurélio Bellizze, j. 05.02.2019, *DJe* 15.02.2019.

[1019] PONTES DE MIRANDA, Francisco Cavalcanti. *Tratado de direito privado.* Atualizador Bruno Miragem. São Paulo: Ed. RT, 2012. t. XLVI, p. 456.

[1020] Entende a jurisprudência que a ausência de reserva em hotel, mesmo depois de confirmada por funcionário do estabelecimento, gera responsabilidade por dano (TJRS, ApCiv 70.047.934.351, 10ª Câm.

Parte II · Cap. 2 · A PROTEÇÃO CONTRATUAL DO CONSUMIDOR | **597**

houvesse concluído contrato de hospedagem.[1021] Não sendo definitiva a reserva, ainda assim vincula o estabelecimento de hospedagem, tudo conforme o artigo 30 do CDC. Não o hóspede, que ainda pode cancelar. Os procedimentos – uma vez pago em parte ou todo o valor das diárias – para cancelamento de reserva admitem retenção de parte do valor para compensar prejuízos do estabelecimento pela não oferta a outros interessados. Os valores retidos, todavia, devem guardar proporcionalidade em relação ao total do valor do contrato. Viola o equilíbrio e a boa-fé reter todo o valor, como se quem reservou tivesse se hospedado e fruído o serviço. Da mesma forma, tem o estabelecimento de hospedagem o dever de informar previamente sobre a política de cancelamentos e respectivas retenções, sob pena de, não o procedendo, fazer incidir o artigo 46 do CDC.

Por fim, refira-se que, por se tratar a responsabilidade do fornecedor de serviços, no caso, como objetiva e solidária, com todos os demais integrantes da cadeia de fornecimento, estende-se aos demais membros da cadeia de fornecimento. Assim, por exemplo, se resulta dano ao hóspede em decorrência do consumo de alimentos impróprios no restaurante que funciona no hotel, mas explorado por terceiro, ou de acidente na fruição do serviço de transporte ("transfer") contratado pelo estabelecimento de hospedagem, ou serviço de táxis conveniado, há solidariedade do fornecedor perante o consumidor.

2.5.10.2 *Cobrança de dívida e penhor legal de bagagens*

Questão que requer maior atenção, todavia, diz respeito ao penhor legal das bagagens e pertences do hóspede que se encontram no estabelecimento de hospedagem, como forma de garantia do pagamento das despesas. Era a regra do artigo 776, I, do CC/1916, ora reproduzida no artigo 1.467, I, do CC/2002. Estabelece a regra em vigor, a exemplo do direito revogado: "Artigo 1.467. São credores pignoratícios, independentemente de convenção: I – os hospedeiros, ou fornecedores de pousada ou alimento, sobre as bagagens, móveis, joias ou dinheiro que os seus consumidores ou fregueses tiverem consigo nas respectivas casas ou estabelecimentos, pelas despesas ou consumo que aí tiverem feito; (...)". Já o artigo 1.468 do CC/2002, que reproduz o artigo 777 do CC/1916, refere: "A conta das dívidas enumeradas no inc. I do artigo antecedente será extraída conforme a tabela impressa, prévia e ostensivamente exposta na casa, dos preços de hospedagem, da pensão ou dos gêneros fornecidos, sob pena de nulidade do penhor". Atualmente, trata-se de questão delicada, uma vez que, ao mesmo tempo que o Código Civil legitima o comportamento do credor de modo a garantir seu crédito, destaca-se o artigo 42, *caput*, do CDC, que refere: "Na cobrança de débitos, o consumidor inadimplente não será exposto a ridículo, nem será submetido a qualquer tipo de constrangimento ou ameaça". *A priori*, a autorização legal do artigo 1.567 do CC/2002 autoriza a prática, de modo que

---

Civ., Rel. Jorge Alberto Schreiner Pestana, j. 31.05.2012). Sendo o caso de reserva de noite de núpcias, inclusive autoriza indenização por danos morais (TJRS, ApCiv 70.035.342.773, 5ª Câm. Civ., Rel. Jorge Luiz Lopes do Canto, j. 30.06.2010).

[1021] PONTES DE MIRANDA, Francisco Cavalcanti. *Tratado de direito privado*. Atualizador Bruno Miragem. São Paulo: Ed. RT, 2012. t. XLVI, p. 418.

não há falar em ilegalidade. Todavia, sob incidência do artigo 42 do CDC, controlam-se os excessos.[1022]

No que se refere à conta das dívidas, a tabela impressa dos preços, prévia e ostensivamente divulgada, é início de prova, mas não irrefutável. É de usos e costumes a denominada diária ou "tarifa" de balcão, ou seja, as constantes em tabela impressa, ser superior às negociadas para reservas e confirmações com antecedência. A conta cuja cobrança procede ao estabelecimento de hospedagem deve espelhar o quanto ajustado com o hóspede. Nem mais, nem menos.

Por fim, refira-se que tudo o que se cobra em serviços acessórios, como chamadas telefônicas, serviços de Internet, lavanderia, refeições no quarto ou em restaurante, observa o disposto nos artigos 30 e 31 do CDC, quanto ao dever de informação prévia e à vinculação do fornecedor. Igualmente, a incidência do artigo 46 do CDC na hipótese de ausência de informação para o consumidor.

2.5.11 Contratos de serviços educacionais

Os contratos de prestação de serviços educacionais assumem crescente importância no mercado de consumo. A sociedade de consumo contemporânea é também a sociedade da informação e do conhecimento. Daí por que a busca pela qualificação pessoal, mediante a contratação de serviços de ensino, tornou-se objeto de relações de consumo cada vez mais numerosas. E aqui sejam citados tanto a prestação de serviços de educação formal quanto os cursos de aperfeiçoamento, ensino de idiomas, cursos de preparação técnica, de ensino de técnicas esportivas, entre outros. No caso do ensino formal, lembre-se que a atividade de educação é livre à iniciativa privada (artigo 209 da Constituição Federal), uma vez que entre os princípios estabelecidos pela Constituição está o da coexistência entre instituições públicas e privadas (artigo 206, III). É espécie de serviço público não privativo. As instituições privadas funcionam mediante autorização do Poder Público, a quem compete igualmente fiscalizá-las, assim como devem observar as normas gerais da educação nacional.

Para caracterizarem-se como relação de consumo, os contratos de prestação de serviços educacionais devem ser remunerados e ser prestados por uma instituição organizada para essa atividade, ainda que, em linha de princípio, admita-se também nessa hipótese a prestação de serviços por profissional liberal (p. ex., professor particular). Pouco importa, para definir o fornecedor, investigar a natureza jurídica ou a finalidade lucrativa ou não que persegue com sua atividade. Não apenas no Brasil é observado que a prestação de serviços educacionais é uma atividade com significativa participação de instituições vinculadas a confissões religiosas, ou mesmo de organização comunitária, que sob a forma de associações ou fundações não possuem fins lucrativos. A remuneração é o aspecto essencial do contrato de prestação de serviços de educação, que atrai a incidência

---

[1022] Entende a jurisprudência que a retenção das bagagens autorizada pela legislação é admitida, observados os limites inerentes ao exercício do direito pelo credor (TJRJ, ApCiv 00548488520078190001, 18ª Câm. Civ., Rel. Des. Gilberto Guarino, j. 27.03.2012). Por outro lado, o abuso do exercício do direito ao penhor legal pelo estabelecimento hoteleiro autoriza indenização por dano moral (TJRS, ApCiv 70.016.134.892, 9ª Câm. Civ., Rel. Iris Helena Medeiros Nogueira, j. 16.08.2006).

do CDC.[1023] Daí por que não se aplica o CDC aos serviços públicos de educação, nos quais não se exige do cidadão remuneração direta.

São vários os serviços de ensino e educação oferecidos no mercado de consumo. Tanto o ensino regular, formal, consistente na educação formativa própria de instituições, mediante autorização do Estado (ensino fundamental, médio e superior), quanto cursos preparatórios de concursos públicos, de idiomas, cursos técnicos diversos, em resumo, todos aqueles que tenham por finalidade repassar ao educando (neste caso, consumidor) conhecimentos gerais ou específicos visando ao aprendizado ou desenvolvimento de habilidade ou formação. As obrigações do fornecedor dos serviços de educação dividem-se em cinco espécies: a) obrigação de informar sobre as características, pré-requisitos, custos, finalidade e extensão do curso, bem como o modo como será desenvolvido e seu tempo de duração, a pendência ou não de reconhecimento oficial em processamento,[1024] entre outros dados relevantes, conforme o caso; b) obrigação de assegurar o caráter regular do curso, o que abrange a conformidade do oferecimento, execução, cumprimento da carga horária[1025] e emissão dos respectivos certificados com os regulamentos

---

[1023] Na mesma linha de entendimento, a jurisprudência dominante do STJ exclui a aplicação do CDC a contratos de financiamento estudantil decorrentes de programas governamentais de crédito educativo. Nesse sentido, veja-se: *"Administrativo – Crédito educativo – Ação revisional – CDC – Inaplicabilidade – Capitalização mensal de juros – Matéria decidida sob enfoque constitucional – Tabela Price – Ausência de interesse recursal – TR – Incidência em contratos posteriores à Lei 8.177/91 – Súmula 295/STJ – Limitação da taxa de juros e compensação de honorários – Súmula 282/STF.* 1. Na relação travada com o estudante que adere ao programa do crédito educativo, não se identifica relação de consumo, porque o objeto do contrato é um programa de governo, em benefício do estudante, sem conotação de serviço bancário, nos termos do artigo 3º, § 2º, do CDC. 2. Assim, na linha dos precedentes da Segunda Turma do STJ afasta-se a aplicação do CDC e, em consequência, mantém-se a multa contratual pactuada, bem como inviável a repetição em dobro de eventuais valores pagos a maior. 3. A discussão em torno de questão constitucional deve ser realizada na via apropriada, descabendo ao STJ, em sede de recurso especial analisar matéria da competência reservada à Suprema Corte (artigo 102, III, da CF). 4. Ausente o interesse recursal na hipótese em que o Tribunal de origem proferiu decisão no mesmo sentido pleiteado pelo recorrente, afastando a aplicação da Tabela Price. 5. O STJ firmou entendimento por meio do enunciado n. 295 de sua Súmula de que é possível à aplicação da TR em contratos firmados posteriormente à Lei 8.177/91. 6. Ausência de prequestionamento das teses em torno da limitação da taxa de juros e da inviabilidade da compensação de honorários. Incidência da Súmula 282/STF. 7. Recursos especiais parcialmente conhecidos e não providos" (STJ, REsp 831.837/RS, 2ª Turma, Rel. Min. Eliana Calmon, j. 02.06.2009, *DJe* 17.06.2009). No mesmo sentido: REsp 1.031.694/RS, 2ª Turma, Rel. Min. Eliana Calmon, j. 02.06.2009, *DJe* 19.06.2009.

[1024] Assim decidiu o STJ, indicando que "a instituição de ensino superior responde objetivamente pelos danos causados ao aluno em decorrência da falta de reconhecimento do curso pelo MEC, quando violado o dever de informação ao consumidor" (STJ, REsp 1.232.773/SP, 3ª Turma, Rel. Min. João Otávio de Noronha, j. 18.03.2014, *DJe* 03.04.2014). No mesmo sentido: REsp 1.079.145/SP, 4ª Turma, Rel. p/ Acórdão Min. Antônio Carlos Ferreira, j. 28.04.2015, *DJe* 12.11.2015.

[1025] "Direito civil. Contrato de prestação de serviços. Universidade. Mensalidade. Pagamento sem a devida contraprestação em horas-aula. Restituição. (...) Celebrado contrato de prestação de serviços entre a universidade e os recorrentes, e não tendo sido ministrado o número de créditos avençados, deve esta restituir o que recebeu a maior, indevidamente, sob pena de enriquecimento ilícito. 3. Não pode ser imputada aos recorrentes a anuência com o ilícito, pelo simples fato de ter ocorrido a colação de grau, pois buscaram, tanto na via administrativa quanto judicial, o reconhecimento do seu direito à repetição 4. Inexistindo cobrança ofensiva ou vexatória pela universidade, de forma a expor os alunos ao ridículo, não tem aplicação a repetição em dobro, prevista no artigo 42, parágrafo único, do CDC. 5. Recurso especial parcialmente conhecido e parcialmente provido" (STJ, REsp 895.480/SC, 4ª Turma, Rel. Min. Luis Felipe Salomão, j. 16.11.2010, *DJe* 22.11.2010).

porventura existentes; c) obrigação de repasse integral do conteúdo didático do curso na forma ajustada com o educando-consumidor; d) obrigação de assegurar condições físicas, materiais e ambientais de desenvolvimento do curso e sua adequada fruição pelo educando-consumidor; e) obrigação de garantir a segurança e integridade do educando quando esteja fruindo da prestação de serviço, tanto dentro da instituição de ensino[1026] quanto em atividades de ensino ou pesquisa, com acompanhamento de profissionais da instituição, mesmo fora do estabelecimento de ensino.[1027] Além dessas obrigações gerais, note-se que outras obrigações específicas podem ser identificadas conforme a espécie de serviço e/ou do curso oferecido ao educando. No caso do oferecimento de cursos de ensino fundamental, médio e superior, ao tempo em que aumentam as exigências regulamentares estatais, da mesma forma não se perde de vista de que se trata de cursos seriais, de execução continuada por certo tempo (a rigor, por certo número de anos), o que indica algum grau de dependência do educando e, quando este for menor, de seus pais ou responsáveis que contratem a prestação de serviço, em relação ao fornecedor. Assim, há de reconhecer a necessidade de proteção em relação a alterações no curso da prestação de serviço que não tenham justificativa técnico-pedagógica fundamentada.[1028]

[1026] "Apelação cível. Danos morais. Queda em estabelecimento de ensino. Fratura de punho – piso molhado e escorregadio. Responsabilidade objetiva. Falta de aviso. Indenização devida. Majoração. Critérios de fixação. Responde a instituição de ensino pelos danos causados aos seus alunos, em razão da inexistência de advertência de que o piso se encontrava molhado. Tratando-se de ação de indenização por falha na prestação de serviço derivada de relação de consumo, a culpa pelo evento danoso deve ser analisada à luz da responsabilidade objetiva, nos termos do artigo 14, do CDC, segundo a qual, para que surja o dever de indenizar, basta a existência do dano e do nexo de causalidade (...)" (TJMG, ApCiv 0024.05.846429-8/001, Rel. Estevam Maciel, j. 10.11.2011, *DJ* 06.12.2011).

[1027] "Civil e processual civil. Acidente ocorrido com aluno durante excursão organizada pelo colégio. Existência de defeito. Fato do serviço. responsabilidade objetiva. Ausência de excludentes de responsabilidade. 1. É incontroverso no caso que o serviço prestado pela instituição de ensino foi defeituoso, tendo em vista que o passeio ao parque, que se relacionava à atividade acadêmica a cargo do colégio, foi realizado sem a previsão de um corpo de funcionários compatível com o número de alunos que participava da atividade. 2. O Tribunal de origem, a pretexto de justificar a aplicação do artigo 14 do CDC, impôs a necessidade de comprovação de culpa da escola, violando o dispositivo ao qual pretendia dar vigência, que prevê a responsabilidade objetiva da escola. 3. Na relação de consumo, existindo caso fortuito interno, ocorrido no momento da realização do serviço, como na hipótese em apreço, permanece a responsabilidade do fornecedor, pois, tendo o fato relação com os próprios riscos da atividade, não ocorre o rompimento do nexo causal. 4. Os estabelecimentos de ensino têm dever de segurança em relação ao aluno no período em que estiverem sob sua vigilância e autoridade, dever este do qual deriva a responsabilidade pelos danos ocorridos. 5. Face as peculiaridades do caso concreto e os critérios de fixação dos danos morais adotados por esta Corte, tem-se por razoável a condenação da recorrida ao pagamento de R$ 20.000,00 (vinte mil reais) a título de danos morais. 6. A não realização do necessário cotejo analítico dos acórdãos, com indicação das circunstâncias que identifiquem as semelhanças entres o aresto recorrido e os paradigmas implica o desatendimento de requisitos indispensáveis à comprovação do dissídio jurisprudencial. 7. Recursos especiais conhecidos em parte e, nesta parte, providos para condenar o réu a indenizar os danos morais e materiais suportados pelo autor" (STJ, REsp 762.075/DF, 4ª Turma, Rel. Min. Luis Felipe Salomão, j. 16.06.2009, *DJe* 29.06.2009).

[1028] Decisão do STJ, contudo, reconhece a possibilidade de extinção de curso de graduação em ensino superior pela instituição ofertante, no caso da ausência de viabilidade econômica, com fundamento na autonomia universitária. Na decisão do caso, que envolvia pretensão de indenização de aluno que reclamou danos, é registrada a conduta da instituição em promover a transferência dos alunos remanescentes para outros cursos (STJ, REsp 1.094.769/SP, 4ª Turma, Rel. Min. Marco Buzzi, j. 18.03.2014, *DJe* 15.08.2014). Merece registro o voto vencido do Min. Luis Felipe Salomão, que se afasta da decisão majoritária, justamente mencionando que "o encerramento, de forma abrupta, de curso superior em que o aluno esteja ma-

Há, nesse sentido, direito subjetivo do educando à renovação da matrícula, quando não estiver inadimplente por mais de 90 dias, conforme estabelece expressamente o artigo 6º da Lei 9.870/1999.[1029] Não há, contudo, por parte do educando, direito de evitar ou opor-se a alterações curriculares, quando estas são determinadas por autoridades educacionais, ou no sentido de assegurar a regularidade do curso às normas vigentes.

No caso de cursos de idiomas ou de formação e/ou habilitação técnica em determinada competência (*e.g.*, cursos de computação, de formação técnico-profissional), a prática demonstra a necessidade de atenção em relação à fase pré-contratual, no tocante à publicidade exagerada que prometa resultados irrazoáveis ou falsos,[1030] omita aspectos regulamentares decisivos para a decisão do interessado matricular-se,[1031] bem como a

---

triculado, sob o argumento de ser economicamente inviável, por falta de número mínimo de alunos, configura abuso de direito, passível da devida responsabilização civil pelos danos causados àqueles que confiaram na sua sequência e encerramento regular. Isso porque a prestação de serviços educacionais, mormente no âmbito de curso superior, tem com fator ínsito a legítima expectativa do aluno de concluir seu curso, pois, ainda que eventualmente renovado o contrato a cada ano ou semestre, a contratação se dá pelo prazo integral necessário à graduação".

[1029] "Administrativo – Ensino superior – Instituição particular – Renovação de matrícula – Aluno inadimplente. 1. A Constituição Federal, no artigo 209, I, dispõe à iniciativa privada o ensino, desde que cumpridas as normas gerais da educação nacional. 2. A Lei 9.870/99, que dispõe sobre o valor das mensalidades escolares, trata do direito à renovação da matrícula nos artigos 5º e 6º, que devem ser interpretados conjuntamente. A regra geral do artigo 1.092 do CC/16 aplica-se com temperamento, à espécie, por disposição expressa da Lei 9.870/99. 3. O aluno, ao matricular-se em instituição de ensino privado, firma contrato oneroso, pelo qual se obriga ao pagamento das mensalidades como contraprestação ao serviço recebido. 4. O atraso no pagamento não autoriza aplicar-se ao aluno sanções que se consubstanciem em descumprimento do contrato por parte da entidade de ensino (artigo 5º da Lei 9.870/99), mas está a entidade autorizada a não renovar a matrícula, se o atraso é superior a noventa dias, mesmo que seja de uma mensalidade apenas. 5. Recurso especial provido" (STJ, REsp 660.439/RS, 2ª Turma, Rel. Min. Eliana Calmon, j. 02.06.2005, *DJ* 27.06.2005).

[1030] "Consumidor. Ensino privado. Pleito de restituição das quantias pagas cumulado com indenização por danos morais. Publicidade enganosa. Instituição de ensino que veicula publicidade de curso técnico em computação, quando na realidade se tratava de curso meramente profissionalizante, sem habilitação no MEC. Indução do consumidor em erro. Criação de expectativas no sentido de que ao aluno seriam oportunizados estágios, mediante a intermediação da escola. Frustração. Dano moral reconhecido. *Quantum* indenizatório adequadamente fixado, não comportando redução. Sentença de procedência confirmada pelos próprios fundamentos. Recurso desprovido" (TJRS, Recurso Cível 71.001.018.860, 3ª Turma Recursal Cível, Rel. Eugênio Facchini Neto, j. 12.12.2006).

[1031] "Recurso especial – Ação de indenização por danos morais e materiais – Relação de consumo – Publicidade enganosa – Omissão de informações – Prejuízos ao consumidor – Dever de indenizar pelos danos materiais e morais – Recurso provido. Hipótese: Trata-se de ação de indenização por danos morais e materiais decorrentes da publicidade enganosa realizada por instituição de ensino, que ofertou ao consumidor o curso de Comércio Exterior, em desacordo com Resolução do Ministério da Educação, o que ensejou, posteriormente, na realocação do aluno no curso de Administração de Empresas, sem chances de o acadêmico prosseguir com a formação originariamente almejada. 1. O artigo 37, *caput*, do CDC proíbe expressamente a publicidade enganosa, vale dizer, aquela que induz o consumidor ao engano. 1.1. Se a informação se refere a dados essenciais capazes de onerar o consumidor ou restringir seus direitos, deve integrar o próprio anúncio/contrato, de forma clara, precisa e ostensiva, nos termos do artigo 31 do CDC, sob pena de configurar publicidade enganosa por omissão. Precedentes. 1.2. Na hipótese, a ausência de informação acerca do teor da Resolução 4/2005/MEC, a qual prevê a extinção do curso de administração em comércio exterior, dados estes essenciais sobre o produto/serviço fornecido pela demandada, configura a prática de publicidade enganosa por omissão. 2. A situação vivenciada pelo autor, em razão da omissão na publicidade do curso pela instituição de ensino, ultrapassou a barreira do mero aborrecimento, porquanto atentou contra o direito do consumidor de não ser enganado, por criar falsas expectativas de obter um título de graduação que, ante as condições concretas do caso, jamais terá

venda casada do serviço de educação e material didático.[1032] Do mesmo modo, na fase pós-contratual, deve-se cuidar para que o contrato não crie obstáculos gravosos para sua resolução pelo consumidor.[1033]

Em geral, o contrato para prestação de serviços educacionais é por adesão, não podendo o consumidor dispor sobre suas cláusulas. Por isso, observa a interpretação pró-consumidor, devendo, da mesma forma, proceder-se ao controle das cláusulas abusivas que porventura dispuser. Entre as principais cláusulas abusivas identificadas pela jurisprudência com relação à prestação de ensino regular estão as que tratam sobre o direito da instituição de reter documentos na hipótese de inadimplemento do consumidor. Essa conduta, aliás, é expressamente proibida pelo artigo 6º da Lei 9.870/1999, que estabelece: "Artigo 6º São proibidas a suspensão de provas escolares, a retenção de documentos escolares ou a aplicação de quaisquer outras penalidades pedagógicas por motivo de inadimplemento...". Da mesma forma, sobre o desligamento do educando inadimplente, seu § 1º refere: "O desligamento do aluno por inadimplência somente poderá ocorrer ao final do ano letivo ou, no ensino superior, ao final do semestre letivo quando a instituição adotar o regime didático semestral", e a instituição de ensino deverá expedir a qualquer tempo, independentemente da inadimplência do educando, os documentos de transferência de seus alunos (§ 2º).

---

como obter, gerando angústias e frustrações passíveis de ser indenizadas. Danos morais caracterizados. 3. As despesas com matrículas e mensalidades do curso, do qual o recorrente desistiu por não ter interesse na graduação em Administração de Empresas, merecem ser indenizadas a título de danos materiais. 4. Recurso especial conhecido e provido" (STJ, REsp 1.342.571/MG, 4ª Turma, Rel. Min. Marco Buzzi, j. 07.02.2017, *DJe* 16.02.2017).

[1032] "Resolução de contrato com pedido de indenização por danos morais. Protesto indevido. Curso pré-vestibular. Desistência após o pagamento de três parcelas. Inexigibilidade do saldo devedor. Protesto indevido. Dano *in re ipsa*. Valor da indenização mantido 1. O autor aduz ter contratado um curso pré-vestibular ('Certo Vestibulares') pelo valor de R$ 2.040,00, já incluído o material didático. Contudo, não ficando satisfeito com as aulas e com o fato de que o curso não era reconhecido pelo MEC, postulou a rescisão do pacto após três meses, o que somente seria aceito pela ré mediante a quitação integral do saldo devedor (cláusula 6ª do contrato de fl. 16). Embora a ré se declare uma editora de livros didáticos, para o consumidor ela transmite a ideia de ser um curso pré-vestibular. Ademais, pouco crível que as aulas fossem ministradas de forma gratuita. 2. Em que pese a ré refira ter oferecido a rescisão do contrato mediante o pagamento de apenas 20% sobre o saldo devedor, nenhuma prova produz em tal sentido (artigo 333, II, do CPC). Já tendo o autor quitado três parcelas e desistindo no início do curso, faz jus à desconstituição do débito e, por conseguinte, tem-se por indevido o protesto promovido pela requerida. 3. O protesto de título inexigível enseja abalo de crédito, que gera dano moral *in re ipsa*, prescindindo de prova específica. O valor fixado a título de indenização (R$ 1.000,00) não pode ser minorado, pois fixado em montante muito aquém do parâmetro adotado pelas Turmas Recursais em casos análogos. Sentença confirmada por seus próprios fundamentos. Recurso improvido" (TJRS, Recurso Cível 71.002.511.301, 1ª Turma Recursal Cível, Rel. Ricardo Torres Hermann, j. 25.05.2010).

[1033] "Consumidor. Contrato de prestação de serviços. Ensino técnico. Cancelamento de matrícula. Cobrança do valor integral do curso. Abusividade. Multa limitada, no caso concreto. I. Não há como impingir ao aluno o pagamento integral do curso, principalmente pelo fato do mesmo não ter assistido a nenhuma aula nem ter recebido o material didático. II. Não entregues os cheques garantidores do pagamento das mensalidades, poderia a recorrente ter presumido o cancelamento da matrícula, tendo tempo para substituir o aluno antes do início das aulas, dispondo de sua vaga. Situação em que se mostra adequada a limitação da multa contratual a 5% do valor do curso, em oposição aos 10% previstos. Recurso desprovido. Unânime" (TJRS, Recurso Cível 71.001.872.860, 1ª Turma Recursal Cível, Rel. João Pedro Cavalli Junior, j. 12.03.2009).

Outra situação que caracteriza inadimplemento contratual, porém gera danos aos consumidores, diz respeito à ausência de certificação do curso, ou impedimento de expedição de certificado ou diploma em face do descumprimento de normas regulamentares das autoridades educacionais. Nesse caso, presumem-se danos do consumidor em vista do inadimplemento da instituição, o que se regula pelo regime da responsabilidade pelo fato do serviço (artigo 14 do CDC), com o direito à indenização do consumidor.[1034] Nesse particular, tratando-se de instituições de ensino superior, ocorrendo o descredenciamento do curso no Ministério da Educação, as normas regulamentares impõem ao fornecedor o dever de cooperação no sentido de viabilizar a entrega dos registros e documentos acadêmicos aos estudantes, transferência dos alunos prejudicados para outra instituição de ensino ou a oferta final de disciplinas e transferência de estudantes (artigo 57, II e III, do Decreto 9.235/2017). A desatenção a esse dever dá causa ao dever de indenizar os consumidores lesados.[1035]

Da mesma forma, no caso de resilição unilateral do contrato pelo consumidor (denúncia), a cláusula penal jamais poderá ser de valor igual ao valor integral do contrato dado seu caráter desproporcional, a denotar estímulo à catividade contratual do consumidor. Nesse sentido, pode-se considerar, quando do pagamento em parcelas da remuneração do contrato, a incidência do artigo 52 do CDC e o limite de multa contratual que ele estabelece pelo inadimplemento, de 2%.[1036] Por sua vez, na hipótese em que se trata da devolução de valores pelo fornecedor do serviço, da mesma forma deve-se atender ao critério da proporcionalidade, evitando-se assim o enriquecimento sem causa de qualquer das partes contratantes.

A remuneração dos serviços de educação pré-escolar, fundamental, médio e superior é regulada pela Lei 9.870/1999, a qual estabelece em seu artigo 1º que "o valor das anuidades ou das semestralidades escolares do ensino pré-escolar, fundamental, médio e superior, será contratado, nos termos desta Lei, no ato da matrícula ou da sua renovação, entre o estabelecimento de ensino e o aluno, o pai do aluno ou o responsável". No § 1º do mesmo artigo, indica a lei o paradigma para reajuste ao referir que: "O valor anual ou semestral referido no *caput* deste artigo deverá ter como base a última parcela da anuidade ou da semestralidade legalmente fixada no ano anterior, multiplicada pelo número de parcelas do período letivo". Como regra, o período mínimo para reajustamento da mensalidade é de um ano, sendo nula a cláusula que dispõe prazo inferior (artigo 1º, § 6º), sendo critério

---

[1034] "Direito do consumidor. Oferecimento de curso de mestrado. Posterior impossibilidade de reconhecimento, pela CAPES/MEC, do título conferido pelo curso. Alegação de decadência do direito do consumidor a pleitear indenização. Afastamento. Hipótese de inadimplemento absoluto da obrigação da instituição de ensino, a atrair a aplicação do artigo 27 do CDC. Alegação de inexistência de competência da CAPES para reconhecimento do mestrado, e de exceção por contrato não cumprido. Ausência de prequestionamento. Na esteira de precedentes desta Terceira Turma, as hipóteses de inadimplemento absoluto da obrigação do fornecedor de produtos ou serviços atraem a aplicação do artigo 27 do CDC, que fixa prazo prescricional de cinco anos para o exercício da pretensão indenizatória do consumidor. Ausente o prequestionamento da matéria, não é possível conhecer das alegações de que não é da competência da CAPES reconhecer o mestrado controvertido, ou de que se aplicaria, à hipótese dos autos, a exceção de contrato não cumprido. Recurso especial não conhecido" (STJ, REsp 773.994/MG, 3ª Turma, Rel. Min. Nancy Andrighi, j. 22.05.2007, *DJ* 18.06.2007).

[1035] STJ, REsp 2.008.038/MG, 3ª Turma, Rel. Min. Nancy Andrighi, j. 08.11.2022, *DJe* 11.11.2022.

[1036] STJ, REsp 476.649/SP, 3ª Turma, Rel. Min. Nancy Andrighi, j. 20.11.2003, *DJ* 25.02.2004.

604 CURSO DE DIREITO DO CONSUMIDOR – *Bruno Miragem*

para fixação do percentual de majoração a evolução dos custos por intermédio de planilha de custos a ser apresentada pela escola (artigo 1º, § 3º). Note-se que, conforme o artigo 7º da Lei 9.870/1999, têm legitimação ativa para demandar judicialmente em defesa do direito dos consumidores, nesse caso, as associações de alunos e as associações de pais e responsáveis. Prevê a lei condição para a substituição processual, que haja deliberação com apoio de 20% de pais de alunos, ou de alunos, no caso de instituições de ensino superior. Essa exigência, contudo, foi afastada em precedente do STJ, em vista da interpretação do artigo 7º da Lei 9.870/1999 em harmonia com o disposto no artigo 82, IV, do CDC, que expressamente dispensa a autorização assemblear quando se tratar de ação coletiva.[1037] Observe-se que essa legitimação especial prevista na Lei 9.870/1999 não exclui aquela disposta no artigo 81 do CDC, conforme, aliás, é reconhecido nas situações quem é o Ministério Público quem maneja a respectiva ação.[1038]

[1037] "Ação civil pública. Centro Acadêmico de Direito. Legitimidade. Associação Civil regularmente constituída. Representação adequada. Lei 9.870/99. Exegese sistemática com o CDC. 1. Os 'Centros Acadêmicos', nomenclatura utilizada para associações nas quais se congregam estudantes universitários, regularmente constituídos e desde que preenchidos os requisitos legais, possuem legitimidade para ajuizar ação civil pública em defesa dos direitos individuais homogêneos, de índole consumerista, dos estudantes do respectivo curso, frente à instituição de ensino particular. Nesse caso, a vocação institucional natural do centro acadêmico, relativamente aos estudantes de instituições de ensino privadas, insere-se no rol previsto nos artigos 82, IV, do CDC, e artigo 5º da Lei 7.347/85. 2. A jurisprudência do STF e do STJ reconhece que, cuidando-se de substituição processual, como no caso, não é de exigir-se autorização *ad hoc* dos associados para que a associação, regularmente constituída, ajuíze a ação civil pública cabível. 3. Por outro lado, o artigo 7º da Lei 9.870/99, deve ser interpretado em harmonia com o artigo 82, IV, do CDC, o qual é expresso em afirmar ser 'dispensada a autorização assemblear' para as associações ajuizarem a ação coletiva. 4. Os centros acadêmicos são, por excelência e por força de lei, as entidades representativas de cada curso de nível superior, mercê do que dispõe o artigo 4º da Lei 7.395/85, razão pela qual, nesse caso, o 'apoio' a que faz menção o artigo 7º, da Lei 9.870/99 deve ser presumido. 5. Ainda que assim não fosse, no caso houve assembleia especificamente convocada para o ajuizamento das ações previstas na Lei 9.870/99 (fls...), havendo sido colhidas as respectivas assinaturas dos alunos, circunstância em si bastante para afastar a ilegitimidade aventada pelo acórdão recorrido. 6. Recurso especial provido" (STJ, REsp 1.189.273/SC, 4ª Turma, Rel. Min. Luis Felipe Salomão, j. 1º.03.2011, *DJe* 04.03.2011).

[1038] "*Processual civil. Artigo 535 do CPC. Omissão e contradição. Inocorrência. Contrato de prestação de serviço educacional. Abusividade. Ação civil pública. Legitimidade do Ministério Público. Art. 7º da Lei 9.870/99.* 1. O Tribunal *a quo* manifestou-se exaustivamente quanto aos assuntos levantados nos embargos de declaração, apenas contrariando o interesse da parte, o que, por óbvio, não basta para ficar configurado o vício de omissão atribuído ao aresto em testilha. 2. Não prospera a assertiva de que a Corte de origem incorreu em contradição, a qual resta caracterizada somente na hipótese em que a decisão judicial contém proposições inconciliáveis, o que não ocorreu no caso vertente. 3. Na origem, trata-se de ação civil pública ajuizada pelo Ministério Público do Estado de Goiás em desfavor da Universidade Vale do Acaraú – UVA sob o fundamento de que diversas das cláusulas inseridas nos contratos de prestação de serviços educacionais celebrados junto aos alunos da referida instituição revestem-se de manifesta abusividade, devendo, portanto, ser alteradas ou mesmo excluídas da avença. 4. A fim de ampliar o espectro da tutela coletiva e permitir uma maior participação dos interessados diretos nas disputas dessa natureza, vários diplomas legais foram acrescentando, ao rol inicialmente estabelecido, outros entes dotados de legitimidade para ingressar com ação civil pública em situações especificamente definidas, como bem exemplifica o 7º da Lei 9.870/99, que disciplina os contratos de prestação de serviço educacional, nos seguintes termos: 'São legitimados à propositura das ações previstas na Lei n. 8.078, de 1990, para a defesa dos direitos assegurados por esta Lei e pela legislação vigente, as associações de alunos, de pais de alunos e responsáveis, sendo indispensável, em qualquer caso, o apoio de, pelo menos, vinte por cento dos pais de alunos do estabelecimento de ensino ou dos alunos, no caso de ensino superior'. 5. É inconcebível a tese de que o advento dessa norma operou implicitamente a exclusão do *parquet* como

Parte II · Cap. 2 · A PROTEÇÃO CONTRATUAL DO CONSUMIDOR | **605**

No caso do ensino superior, em que se admite, quando o estudante troca de instituição de ensino ou de curso, a possibilidade de aproveitamento de créditos ou disciplinas, não pode o fornecedor cobrar, sob qualquer pretexto, remuneração relativa a essas que já foram cursadas, sob pena de exigir a prestação pecuniária sem a correspondente contraprestação de serviço, ofendendo a noção de equilíbrio do contrato.[1039]

Outrossim, há controle das formas de cobrança de dívidas do consumidor com a instituição educacional, de modo a evitar a exposição do consumidor a vexame e humilhação (artigo 42 do CDC). Nesse sentido, em especial no tocante à educação de crianças e adolescentes, mas do mesmo modo quanto aos estudantes em geral, não podem ser estes expostos perante os colegas em razão da cobrança de dívidas com a instituição de ensino. De igual forma, tratando-se de menores, é de salientar que o contrato será celebrado pelos pais e responsáveis do menor, e é em relação a eles que são exigíveis as obrigações contratuais de pagamento. O menor não deve se envolver de nenhum modo com isto, seja em face da sua proteção jurídica especial (artigo 227 da Constituição Federal e Estatuto da Criança e do Adolescente), seja simplesmente porque não foi ele quem contratou o serviço, cabendo-lhe exclusivamente a fruição deste. Desse modo, é contrária à boa-fé, e por isso abusiva, qualquer cobrança de dívidas que exponha o menor a pressão ou constrangimento.

Ressalte-se, todavia, que, por se tratar de relação de consumo, não se restringe o poder de direção do processo de ensino e aprendizagem que pertence à instituição, presentada em geral por professores e/ou outros funcionários tecnicamente habilitados. Assim, a manutenção da disciplina, o controle de assiduidade e a avaliação dos méritos estão entre as exigências a serem cumpridas pelo educando, como parte da prestação de serviços oferecida pela instituição.[1040] Em boa medida, o atendimento dessas regras de

---

legitimado para ingressar com ação civil pública relacionada a assuntos dessa espécie. O argumento não se coaduna em absoluto com o microssistema processual da tutela coletiva existente no ordenamento pátrio, no qual vige a legitimidade concorrente e disjuntiva em que a inclusão de um ente como legitimado não afasta essa qualificação dos demais. 6. Não cabe a aplicação de multa em embargos de declaração manifestados com notório propósito de prequestionamento. Aplicação da Súmula 98/STJ. 7. Recurso especial provido em parte" (STJ, REsp 1.012.158/GO, 2ª Turma, Rel. Min. Castro Meira, j. 04.06.2009, *DJe* 17.06.2009). No mesmo sentido, o precedente mais antigo da Corte: "*Ação civil pública. Cobrança antecipada e reajuste das mensalidades escolares. Legitimidade ativa* ad causam *do Ministério Público*. 1. As Turmas que compõem a 2ª Seção deste Tribunal são competentes para decidir questões relativas a reajustes de mensalidades escolares por estabelecimentos de ensino particulares. Precedentes da Corte Especial. 2. O Ministério Público tem legitimidade ativa para propor ação civil pública para impedir a cobrança antecipada e a utilização de índice ilegal no reajuste das mensalidades escolares, havendo, nessa hipótese, interesse coletivo definido no artigo 81, inciso II, do Código de Defesa do Consumidor. 3. A atuação do Ministério Público justifica-se, ainda, por se tratar de direito à educação, definido pela própria Constituição Federal como direito social. 4. Recurso especial conhecido e provido" (STJ, REsp 138.583/SC, 3ª Turma, Rel. Min. Carlos Alberto Menezes Direito, j. 06.08.1998, *DJ* 13.10.1998).

[1039] STJ, REsp 334.837/MG, 4ª Turma, Rel. Min. Ruy Rosado de Aguiar, j. 12.03.2002, *DJ* 20.05.2002; No mesmo sentido: REsp 927.457/SP, 4ª Turma, Rel. Min. Luis Felipe Salomão, j. 13.12.2011.

[1040] Isso não significa, contudo, que do exame do atendimento às obrigações contratuais pelo fornecedor de serviços educacionais, não possam se encontrar falhas que se caracterizem tanto como vício, quanto como fato do serviço. Assim ensina a decisão do TJRJ: "Responsabilidade civil. Danos morais. Estabelecimento de ensino. Experiência com alunos que poderia levar à morte. Responsabilidade solidária da instituição por ato de seus prepostos. Experiência na aula de Ciências ministrada pelo segundo réu, consistente na colocação de um saco plástico na cabeça pelo máximo de tempo que o aluno suportasse,

606 CURSO DE DIREITO DO CONSUMIDOR – *Bruno Miragem*

funcionamento acadêmico – que devem ser previamente informadas pela instituição – integra tanto o serviço a ser prestado a cada educando em particular quanto a grupo, na medida em que mantém as condições ambientais para a execução das demais obrigações.

2.5.12 Contratos de serviços de telecomunicação

Os serviços de telecomunicações ocupam posição central na sociedade contemporânea. A sociedade de consumo é, também, sociedade de informação. O fluxo e acesso a informações, para os mais diversos fins, pessoais, negociais ou para o lazer, dependem da prestação de serviços de telecomunicações. Em um primeiro momento, constituíam-se como regra, objeto do direito do consumidor, os serviços de telefonia. Com o impressionante desenvolvimento tecnológico da atividade, outros meios de telecomunicação surgiram e, desde logo, passaram a ser oferecidos no mercado de consumo. É o caso, por exemplo, dos serviços de telefonia móvel celular e da internet.

Do ponto de vista jurídico-normativo, convém mencionar que a Emenda Constitucional 8, de 1995, admitiu a participação de empresas privadas na prestação de serviços de telecomunicação, no contexto do Programa Nacional de Desestatização, o qual, instituído pela Lei 8.031/1990 (posteriormente revogada pela Lei 9.491/1997, que alterou os procedimentos do programa), tem forte incentivo a partir da segunda metade da década. Os serviços de telefonia, com o surgimento da telefonia móvel celular, passaram a ter regimes jurídicos distintos, a partir do disposto pela Lei 9.295/1996. A telefonia fixa manteve-se como espécie de serviço público de titularidade da União, podendo, contudo, ser prestada mediante delegação por particulares que passaram a adquirir, nos anos seguintes, o controle acionário de sociedades de economia mista, fazendo com que deixassem de ostentar essa natureza. Já os serviços de telefonia móvel passaram a ser desempenhados como atividade econômica em sentido estrito, cabendo à União sua regulação e fiscalização, bem como a outorga das respectivas bandas para utilização das operadoras de telefonia móvel.

A Lei Geral de Telecomunicações – Lei 9.472/1997 – sedimentou essas transformações e criou uma agência de regulação do setor, a Agência Nacional de Telecomunicações (ANATEL). A finalidade do sistema instituído pela legislação foi, claramente, o estímulo à competição entre diferentes prestadores de serviços de telecomunicação no mercado, de modo a promover a eficiência e melhores condições na qualidade dos serviços e respectivos custos para o consumidor. Embora tenha havido inegável avanço no acesso

---

para que fossem constatados os efeitos da inalação de gás carbônico no organismo humano, da qual decorre a responsabilidade solidária da instituição de ensino por ato de seu preposto. A culpa do professor importa responsabilidade objetiva da instituição ré, a teor do artigo 14, § 1º, do Código de Defesa do Consumidor, somente elidida ante a comprovação da ausência de participação do seu preposto no resultado lesivo, prova esta que não logrou produzir. Falha na prestação de serviço a ensejar o direito à indenização por danos morais. Verba indenizatória fixada de maneira parcimoniosa, devendo ser majorada. Provimento ao recurso" (TJRJ, ApCiv. 0115487-64.2010.8.19.0001, Rel. Edson Vasconcelos, j. 30.11.2011). Bem anotam Pasqualotto e Travincas que "a liberdade de ensinar não investe o professor de autonomia para descaracterizá-lo ou não executá-lo, tal como é seguramente determinante para obstar a possibilidade de conceber o consumo de aprendizagem ou de aprovação" (PASQUALOTTO, Adalberto de Souza; TRAVINCAS, Amanda Costa Thomé. Alunos são genuínos consumidores? – Notas sobre a aplicação do CDC no contexto da educação superior e seu impacto sobre a liberdade acadêmica. *Revista de Direito do Consumidor*, São Paulo, v. 106, p. 167-198, jul./ago. 2016).

de consumidores aos serviços de telecomunicação, são notórias as situações de violação dos direitos previstos pelo CDC pelos fornecedores dos serviços de telecomunicação, em especial de telefonia.

O artigo 3º da Lei Geral de Telecomunicações estabelece, por sua vez: "Art. 3º O usuário de serviços de telecomunicações tem direito: I – de acesso aos serviços de telecomunicações, com padrões de qualidade e regularidade adequados à sua natureza, em qualquer ponto do território nacional; II – à liberdade de escolha de sua prestadora de serviço; III – de não ser discriminado quanto às condições de acesso e fruição do serviço; IV – à informação adequada sobre as condições de prestação dos serviços, suas tarifas e preços; V – à inviolabilidade e ao segredo de sua comunicação, salvo nas hipóteses e condições constitucional e legalmente previstas; VI – à não divulgação, caso o requeira, de seu código de acesso; VII – à não suspensão de serviço prestado em regime público, salvo por débito diretamente decorrente de sua utilização ou por descumprimento de condições contratuais; VIII – ao prévio conhecimento das condições de suspensão do serviço; IX – ao respeito de sua privacidade nos documentos de cobrança e na utilização de seus dados pessoais pela prestadora do serviço; X – de resposta às suas reclamações pela prestadora do serviço; XI – de peticionar contra a prestadora do serviço perante o órgão regulador e os organismos de defesa do consumidor; XII – à reparação dos danos causados pela violação de seus direitos". Também prevê o artigo 5º da mesma Lei: "Na disciplina das relações econômicas no setor de telecomunicações observar-se-ão, em especial, os princípios constitucionais da soberania nacional, função social da propriedade, liberdade de iniciativa, livre concorrência, defesa do consumidor, redução das desigualdades regionais e sociais, repressão ao abuso do poder econômico e continuidade do serviço prestado no regime público". logo, a proteção dos consumidores de serviços de telecomunicação define-se pela soma dos direitos estabelecidos na Lei 9.472/1997 – que da mesma forma estabelece certos deveres aos usuários – e no CDC.

De igual maneira, o desenvolvimento tecnológico das telecomunicações, com o incremento da informática, dá origem a serviços com certo grau de sofisticação complexidade, sejam estas características do serviço, seu modo de execução, ou dos produtos cuja utilização é necessária para fruição de todas as suas comodidades, bem como em decorrência da falha do serviço, apta a gerar danos indenizáveis.[1041] Essa característica atual dos serviços de telecomunicação deve ser considerada para efeito de identificação da vulnerabilidade do consumidor, especificamente em relação a eles, o que de certo modo se verifica em todas as fases da contratação.

A prestação dos serviços de telecomunicações, sobretudo da telefonia, merece especial proteção do direito do consumidor. Embora apenas no caso dos serviços de telefonia fixa haja a prestação em regime público, o fato é que o serviço de telefonia em si, independentemente do modo como é oferecido, deve ser considerado essencial, dada sua importância decisiva na vida contemporânea, seja nas relações negociais, ou mesmo nas demais utilidades da comunicação instantânea. Essa definição dá causa a uma série de

---

[1041] TJRS, ApCiv 70.055.189.062, 9ª Câm. Cív., Rel. Eugênio Facchini Neto, j. 11.09.2013. No mesmo sentido: TJRS, ApCiv 70.044.015.451, 12ª Câm. Cív., Rel. Umberto Guaspari Sudbrack, j. 18.07.2013; e TJSP, ApCiv 0039545-28.2010.8.26.0002, 20ª Câm. Cív., Rel. Rebello Pinho, j. 21.05.2014.

608 | CURSO DE DIREITO DO CONSUMIDOR – *Bruno Miragem*

consequências. Daí por que a restrição indevida ou discriminatória do acesso ao serviço deve ser coibida.

Mencione-se sobre o tema, ainda, a Resolução 632, de 2014, da ANATEL, que instituiu o Regulamento Geral de Direitos do Consumidor dos Serviços de Telecomunicação, estabelecendo regras sobre atendimento, cobrança e oferta de serviços relativos ao Serviço Telefônico Fixo Comutado (STFC), ao Serviço Móvel Pessoal (SMP), ao Serviço de Comunicação Multimídia (SCM) e aos Serviços de Televisão por Assinatura. O artigo 1º, § 2º, do Regulamento em questão, de modo a preservar sua validade, refere expressamente que suas normas se aplicam de acordo com o CDC.

O artigo 3º do Regulamento em questão relaciona uma série de direitos do consumidor, entre os quais: "I – ao acesso e fruição dos serviços dentro dos padrões de qualidade e regularidade previstos na regulamentação, e conforme as condições ofertadas e contratadas; II – à liberdade de escolha da Prestadora e do Plano de Serviço; III – ao tratamento não discriminatório quanto às condições de acesso e fruição do serviço, desde que presentes as condições técnicas necessárias, observado o disposto na regulamentação vigente; IV – ao prévio conhecimento e à informação adequada sobre as condições de contratação, prestação, meios de contato e suporte, formas de pagamento, permanência mínima, suspensão e alteração das condições de prestação dos serviços, especialmente os preços cobrados, bem como a periodicidade e o índice aplicável, em caso de reajuste; V – à inviolabilidade e ao segredo de sua comunicação, respeitadas as hipóteses e condições constitucionais e legais de quebra de sigilo de telecomunicações e as atividades de intermediação da comunicação das pessoas com deficiência, nos termos da regulamentação; VI – à não suspensão do serviço sem sua solicitação, ressalvada a hipótese do Capítulo VI do Título V (suspensão ou resolução por falta de pagamento ou inserção de crédito) ou por descumprimento de deveres constantes do art. 4º da LGT, sempre após notificação prévia pela Prestadora; VII – à privacidade nos documentos de cobrança e na utilização de seus dados pessoais pela Prestadora; VIII – à apresentação da cobrança pelos serviços prestados em formato adequado, respeitada a antecedência mínima prevista no art. 76 (cinco dias antes da data de vencimento); IX – à resposta eficiente e tempestiva, pela Prestadora, às suas reclamações, solicitações de serviços e pedidos de informação; X – ao encaminhamento de reclamações ou representações contra a Prestadora, junto à Anatel ou aos organismos de defesa do consumidor; XI – à reparação pelos danos causados pela violação dos seus direitos; XII – a ter restabelecida a integridade dos direitos relativos à prestação dos serviços, a partir da quitação do débito, ou de acordo celebrado com a Prestadora; XIII – a não ser obrigado ou induzido a adquirir serviços, bens ou equipamentos que não sejam de seu interesse, bem como a não ser compelido a se submeter a qualquer condição, salvo diante de questão de ordem técnica, para recebimento do serviço, nos termos da regulamentação; XIV – a obter, mediante solicitação, a suspensão temporária do serviço prestado, nos termos das regulamentações específicas de cada serviço; XV – à rescisão do contrato de prestação do serviço, a qualquer tempo e sem ônus, sem prejuízo das condições aplicáveis às contratações com prazo de permanência; XVI – de receber o contrato de prestação de serviço, bem como o Plano de Serviço contratado, sem qualquer ônus e independentemente de solicitação; XVII – à transferência de titularidade de seu contrato de prestação de serviço, mediante cumprimento, pelo novo titular, dos requisitos

Parte II · Cap. 2 · A PROTEÇÃO CONTRATUAL DO CONSUMIDOR | **609**

necessários para a contratação inicial do serviço; XVIII – ao não recebimento de mensagem de cunho publicitário em sua estação móvel, salvo consentimento prévio, livre e expresso; (...) XIX – a não ser cobrado pela assinatura ou qualquer outro valor referente ao serviço durante a sua suspensão total; XX – a não ter cobrado qualquer valor alheio à prestação do serviço de telecomunicações sem autorização prévia e expressa".

Entre outras regras operacionais relevantes estabelecidas no regulamento citem-se o direito de acesso ao protocolo de reclamação em até 24 horas após sua realização (artigo 7º, § 3º) e a resolução da demanda em até cinco dias (artigo 8º). Da mesma forma, prevê o direito de acesso ao histórico de demandas realizadas perante o fornecedor (artigo 10), informações mínimas de oferta (artigo 41) e cláusulas necessárias nos contratos de serviços de telecomunicação (artigo 50).

O Regulamento 632/2014 prevê, ainda, critérios de limitação da possibilidade de suspensão e resolução do contrato no caso de inadimplemento do consumidor (artigo 90 e ss.), inclusive com o direito de purga da mora, de acordo com o direito do consumidor à manutenção do contrato.

2.5.12.1 *Proteção do consumidor de serviços de telecomunicação na fase pré-contratual*

Na fase pré-contratual, a vulnerabilidade técnica do consumidor perante os serviços de telecomunicação, quando forem oferecidos em diferentes modalidades, implicará o dever do fornecedor de explicitar as condições da oferta de tal modo que se façam compreensíveis ao leigo, que desconhece com maior profundidade aspectos técnicos do serviço. Assim, por exemplo, a oferta de planos de transmissão de dados pelos operadores de telefonia móvel, para acesso à internet por intermédio de aparelhos multifuncionais, não pode se dar sem certo nível de esclarecimento quanto ao uso ordinário admitido a partir das diversas opções. O mesmo ocorre na oferta de serviços de televisão por assinatura, em que as ofertas combinadas de casais (denominados, igualmente, "pacotes") devem esclarecer quais estarão disponíveis para acesso e quais não. Emblemática, também, é a oferta de serviços de acesso à internet, em que a velocidade oferecida para o tráfego de dados é aquela definida como seu limite máximo, deixando-se de explicar que durante a execução dos serviços essa velocidade poderá variar, como regra, para menos. Isso é relevante na medida em que, mesmo que existente justificativa técnica que permita tal circunstância como inerente à natureza do serviço, é evidente que tais condições devem ser informadas ao consumidor, sob pena de considerar-se mesmo enganosa a oferta publicitária que venha a omiti-las.

Parece correto observar que, em grande medida, o alto nível de conflituosidade entre consumidores e fornecedores de serviços de telefonia, por exemplo, explica-se por violações ao dever de informar pelo fornecedor, no momento da oferta dos serviços. A falta de informações prévias compreensíveis acerca dos serviços contratados, sua disponibilidade e extensão, a contradição entre a oferta publicitária e as condições do contrato efetivamente celebrado terminam por frustrar expectativas legítimas dos consumidores. Incide, no caso, o artigo 30 do CDC, tendo por efeito a vinculação do fornecedor por qualquer informação ou publicidade suficientemente precisa. Da mesma forma, em relação aos instrumentos contratuais, é imperativo o disposto no artigo 46 do CDC, cujo efeito é tornar inexigíveis do consumidor quaisquer obrigações sobre as quais não lhe tenha sido dado conhecimento prévio. Como sempre, não é demais lembrar, aqui também, que o dever de informação do fornecedor não é atendido pelo mero repasse desta ao consumidor, senão pela promoção do efetivo esclarecimento desse sujeito vulnerável.

Outra situação característica da violação de direitos do consumidor na fase pré--contratual é a venda casada. A imposição de serviços adicionais no caso dos serviços de telefonia, como identificador de chamadas, secretária eletrônica e outros de mesma espécie, pode caracterizar a venda casada – na medida em que ofende a liberdade de escolha do consumidor – quando não se traduz na prática comercial adotada por operadoras de telefonia, mesmo, como venda clandestina, uma vez que nem sequer é informada ao consumidor, que a identificará apenas quando do exame das respectivas faturas para pagamento. Nesse caso, há ofensa ao dever de informar pelo fornecedor – podendo, em tese, gerar o mesmo efeito do artigo 46 do CDC –, mas também se podem interpretar tais situações como violadoras da liberdade de contratar do consumidor, fazendo incidir a regra do artigo 39, II, do CDC e implicando a nulidade parcial do ajuste naquilo que não houver sido informado ao consumidor.

Diga-se, contudo, que tais práticas, embora padeçam de evidente ilicitude, permanecem sendo adotadas pelos fornecedores, em especial considerando a inefetividade prática das sanções previstas pelo direito, seja pelo pouco estímulo à reclamação individual pelos consumidores, via administrativa ou por intermédio do Poder Judiciário – em face da pouca expressão dos valores envolvidos – ou mesmo pelo déficit de atuação dos órgãos de fiscalização do setor (notadamente a ANATEL).

2.5.12.2 Proteção do consumidor dos serviços de telecomunicação na execução do contrato

Na execução dos contratos de serviços de telecomunicação prestados ao consumidor, identificam-se, igualmente, diversos aspectos que devem ser considerados em vista da proteção legal definida pelo CDC. Em primeiro lugar, observe-se que, no dever de qualidade dos serviços de telecomunicação ofertados pelo consumidor, inserem--se a continuidade e a adequação do serviço. Significa dizer que violam esse dever de qualidade as interrupções na disponibilidade do serviço – em regra existentes quando a oferta ultrapassa a capacidade de atendimento dos próprios fornecedores, ou ainda a oferta precária desses serviços, sem condições para que atendam a finalidade legítima que deles espera o consumidor. Nesses casos, a interrupção ou oferta precária do serviço dão ao consumidor o direito ao abatimento do preço em relação ao período pelo qual se prolongou a indisponibilidade.

Outra questão diz respeito à imposição aos consumidores de prazos mínimos de vigência do contrato, por intermédio de cláusulas de fidelização. Essas cláusulas em geral são dispostas nos contratos de telefonia sob a justificativa de configurarem contrapartida do consumidor a um benefício a que fez jus no momento da contratação, seja quanto a valores cobrados, descontos ou aparente gratuidade na aquisição de aparelho para uso do serviço. Resultam, pois, de uma estratégia negocial dos fornecedores de serviços para

Parte II · Cap. 2 · A PROTEÇÃO CONTRATUAL DO CONSUMIDOR | **611**

captação de consumidores mediante redução dos valores despendidos inicialmente e sua diluição em certo tempo de contratação.

Além da óbvia indicação de que são cláusulas que, por imporem restrição ao direito de resolução do contrato, devem ser informadas previamente, sob pena de nulidade, por outro lado, suscitam questionamento quanto ao seu próprio conteúdo. *A priori*, não se encontra abusividade *per se* na cláusula de fidelização, quando ela tiver por fundamento uma efetiva retribuição diferida do consumidor em razão de vantagem que obteve no âmbito do mesmo contrato ou de outro conexo com ele (a aquisição do aparelho ou equipamento necessário à fruição do serviço, por exemplo). Todavia, submetem-se o tempo e os valores da retribuição ao necessário controle inerente à natureza sinalagmática do contrato, ou seja, nem os valores pelos quais se obriga o consumidor, nem o prazo de vigência do contrato podem ser de tal nível que a contribuição do consumidor torne-se excessivamente onerosa. Sobre o tema, aliás, o STJ entendeu no mesmo sentido aqui exposto, isto é, de que, havendo vantagem efetiva para o consumidor, pode ocorrer sua retribuição por intermédio de cláusula de fidelização. No caso, contudo, que envolvia serviços de telefonia móvel celular, identificou a Corte que o prazo de fidelização que supere os 12 meses pode ser considerado irrazoável, restringindo demasiadamente o direito do consumidor de obter novas ofertas no mercado, dado o caráter dinâmico que alcançaram esses serviços.[1042] No mesmo sentido, o Regulamento Geral de Direitos do Consumidor, aprovado pela Resolução 632/2014, define em seu artigo 57, § 1.º, o limite máximo de 12 meses para tempo de permanência definido em contrato.

Outra questão que emerge das cláusulas de fidelização nos serviços de telefonia móvel celular diz respeito às situações em que ela é estabelecida em contrapartida à aquisição pelo consumidor em condições facilitadas ou sem desembolso do preço, nas hipóteses em que esse aparelho venha a se perder sem culpa do consumidor (como nos exemplos de furto ou roubo do aparelho). Nesses casos, a questão é estabelecer que modo se define a continuidade ou não do contrato, em face da impossibilidade de fruição do serviço pelo

---

[1042] *"Recurso especial – Ação de rescisão de contrato de prestação de serviços de telefonia móvel e de comodato de aparelhos celulares – Exclusão de multa por inobservância do prazo de carência – Sentença de improcedência – Acolhimento do pleito recursal da autora pela corte a quo – Reconhecimento, no aresto estadual, de nulidade da cláusula de 'fidelização', por configurar 'venda casada'. Insurgência da concessionária de telefonia.* 1. Contratação simultânea de prestação de serviços de telefonia móvel e de 'comodato' de aparelhos celulares, com cláusula de 'fidelização'. Previsão de permanência mínima que, em si, não encerra 'venda casada'. 2. Não caracteriza a prática vedada pelo art. 39, inc. I, do CDC, a previsão de prazo de permanência mínima ('fidelização') em contrato de telefonia móvel e de 'comodato', contanto que, em contrapartida, haja a concessão de efetivos benefícios ao consumidor (v.g. custo reduzido para realização de chamadas, abono em ligações de longa distância, baixo custo de envio de '*short message service* – SMS', dentre outras), bem como a opção de aquisição de aparelhos celulares da própria concessionária, sem vinculação a qualquer prazo de carência, ou de outra operadora, ou mesmo de empresa especializada na venda de eletroportáteis. 3. Superado o fundamento jurídico do acórdão recorrido, cabe a esta Corte Superior de Justiça julgar a causa, aplicando o direito à espécie, nos termos do art. 257 do RISTJ e da Súmula n. 456/STF. 4. Em que pese ser possível a fixação de prazo mínimo de permanência, na hipótese dos autos, o contrato de 'comodato' de estações móveis, entabulado entre as partes, estabeleceu a vigência por 24 (vinte e quatro) meses, distanciando-se das determinações regulamentares da ANATEL (Norma Geral de Telecomunicações n. 23/96 e Resolução 477/2007), de ordem a tornar tal estipulação, inequivocamente, abusiva, haja vista atentar contra a liberdade de escolha do consumidor, direito básico deste. 5. Recurso especial desprovido" (STJ, REsp 1.097.582/MS, 4ª Turma, Rel. Min. Marco Buzzi, j. 19.03.2013, *DJe* 08.04.2013).

consumidor. Um primeiro entendimento é o de que, tornando-se impossível a prestação por caso fortuito ou força maior (artigo 393 do CC), a hipótese seria de resolução do contrato. Em favor desse entendimento, igualmente, estaria o argumento de que a perda do aparelho, nessa situação, seria risco inerente à atividade do fornecedor. Por outro lado, entendimento diverso é aquele que sustenta a impossibilidade de determinar como um ônus do fornecedor ocorrência sobre a qual não tem nenhum domínio, e que, ao contrário, beneficiando exclusivamente o consumidor, apenas a este seria dada a oportunidade de alegar sua ocorrência. A solução encontrada pela jurisprudência, nessa circunstância, foi salomônica, entendendo pela obrigação do fornecedor de oferecer pelo período restante da vigência do contrato, de modo gratuito, outro aparelho de telefonia, ou a redução à metade do valor da multa contratada.[1043] A solução de integração do contrato é inteligente considerando a causa contratual e interesse legítimo das partes diante da situação de anormalidade da execução contratual, à qual nenhuma das partes deu causa, e evitando--se a imposição de onerosidade excessiva ao consumidor, que resultaria da manutenção do pagamento da remuneração pelo serviço que se encontraria impossibilitado de fruir.

No tocante ao equilíbrio contratual e à proteção do consumidor em relação à excessiva onerosidade do contrato, destaque-se que a cobrança de tarifa básica mensal nos serviços de telefonia fixa foi contestada em vista do argumento de que configuraria cobrança por serviços não prestados efetivamente pelo fornecedor. Entendeu a jurisprudência, contudo, que a remuneração em questão, pela mera disponibilidade da linha telefônica e pelo fato de estar prevista no contrato de concessão celebrado entre o fornecedor do serviço e a União, integra a política tarifária e está protegida pelo equilíbrio econômico-financeiro do contrato, o qual deve ser preservado. Nesse sentido, aliás, orienta a Súmula 356 do STJ, que refere: "É legítima a cobrança da tarifa básica pelo uso dos serviços de telefonia fixa".

Outro aspecto a ser considerado diz respeito à informação do consumidor durante a execução do contrato acerca dos dados sobre a utilização e custos específicos dos serviços de telefonia. Nesse sentido, é de observar que o modo de apresentação da

---

[1043] *"Direito civil, processual civil e do consumidor. Sentença extra petita. Decisão fundada em fatos ligados à causa de pedir. Inexistência. Conexão. Discricionariedade do juiz na sua determinação. Ação Civil Pública. Cumulação de pedidos. Possibilidade. Contrato de prestação de serviço de telefonia móvel pessoal com prazo mínimo de vigência. Perda do aparelho por caso fortuito ou força maior. ANATEL. Legitimidade passiva. Inexistência. Revisão do contrato. Cabimento, para determinar a disponibilização de outro aparelho pela operadora ou, alternativamente, a resolução do contrato com redução, pela metade, da multa rescisória.* (...) A perda de aparelho celular (vinculado a contrato de prestação de serviço de telefonia móvel pessoal com prazo mínimo de vigência), decorrente de caso fortuito ou força maior, ocasiona onerosidade excessiva para o consumidor, que, além de arcar com a perda do aparelho, pagará por um serviço que não poderá usufruir. Por outro lado, não há como negar que o prazo de carência fixado no contrato de prestação de serviços tem origem no fato de que a aquisição do aparelho é subsidiada pela operadora, de modo que a fidelização do cliente visa a garantir um mínimo de retorno do investimento feito. Tal circunstância exige a compatibilização dos direitos, obrigações e interesses das partes contratantes à nova realidade surgida após a ocorrência de evento inesperado e imprevisível, para o qual nenhuma delas contribuiu, dando ensejo à revisão do contrato, abrindo-se duas alternativas, a critério da operadora: (i) dar em comodato um aparelho ao cliente, durante o restante do período de carência, a fim de possibilitar a continuidade na prestação do serviço e, por conseguinte, a manutenção do contrato; ou (ii) aceitar a resolução do contrato, mediante redução, pela metade, do valor da multa devida, naquele momento, pela rescisão. – Embargos de declaração manifestados com notório propósito de prequestionamento não têm caráter protelatório. Súmula 98/STJ. Recurso especial parcialmente provido" (STJ, REsp 1.087.783/RJ, 3ª Turma, Rel. Min. Nancy Andrighi, j. 1º.09.2009, *DJe* 10.12.2009).

Parte II · Cap. 2 · A PROTEÇÃO CONTRATUAL DO CONSUMIDOR | **613**

fatura/demonstrativo de serviços deve atender o direito à informação do consumidor estabelecido no artigo 6º, III, do CDC (inclusive custo de tributos, conforme passou a exigir a redação advinda da Lei 12.741/2012). Todavia, a legislação prevê que o oferecimento de informações detalhadas sobre o uso do serviço depende de requerimento do consumidor. Essa exigência de requerimento do assinante é reconhecida, pois, também pela jurisprudência.[1044] Todavia, o Regulamento do Serviço Telefônico Fixo Comutado (Resolução 426/2005 da ANATEL) definiu como direito do usuário a informação sobre o detalhamento da fatura (artigo 11, V).

De relevo, igualmente, mencionar o direito previsto no Regulamento Geral de Direitos do Consumidor, editado pela ANATEL (Resolução 632/2014), de restituição em dobro dos valores cobrados indevidamente dos consumidores. Assim, embora haja o entendimento jurisprudencial no sentido da exigência de má-fé do fornecedor para que haja a devolução em dobro (artigo 42, parágrafo único, do CDC), o artigo 85 do Regulamento define o direito sem tal limitação, incluindo correção monetária e juros de 1% ao mês.[1045] Da mesma forma, o meio de devolução dos valores, a critério do consumidor, pode se dar: a) por compensação ou abatimento do valor na cobrança seguinte; b) por créditos de utilização futura; c) em dinheiro, por intermédio de transferência bancária. Tais regras, indiscutivelmente, acrescem-se aos direitos previstos em lei, especificando-os, nos termos do artigo 7º, *caput*, do CDC.

[1044] *"Telefonia fixa. Detalhamento das chamadas. Obrigatoriedade. Termo inicial. Solicitação do usuário. Gratuidade. Embargos de declaração tidos como protelatórios. Multa. Afastamento. Súmula 98/STJ.* I – O Estado, com a edição do Decreto 4.733/2003, entre outras medidas necessárias para a alteração do sistema de tarifação de pulsos para tempo de utilização, determinou o detalhamento de todas as ligações locais e de longa distância. II – O prazo para a conversão do sistema, inicialmente previsto para 31 de julho de 2006 pela Resolução 423/2005, foi ampliado em doze meses pela Resolução 432/2006, para não prejudicar os usuários da internet discada, os quais, neste prazo, foram atendidos com plano alternativo apresentado na Resolução 450/2006. III – Assim, a partir de 1º de agosto de 2007, data da implementação total do sistema, passou a ser exigido das concessionárias o detalhamento de todas as ligações na modalidade local, independentemente de ser dentro ou fora da franquia contratada, por inexistir qualquer restrição a respeito, conforme se observa do constante do artigo 83 do anexo à Resolução 426/2005, que regulamentou o sistema de telefonia fixa. IV – Também no artigo 83 do anexo à Resolução 426/2005, restou reafirmada a determinação para que a concessionária forneça, mediante solicitação do assinante, documento de cobrança contendo o detalhamento das chamadas locais, entretanto ficou consignado que o fornecimento do detalhamento seria gratuito para o assinante, modificando, neste ponto, o constante do artigo 7º, X, do Decreto 4.733/2003. V – A solicitação do fornecimento das faturas discriminadas, sem ônus para o assinante, basta ser feita uma única vez, marcando para a concessionária o momento a partir do qual o consumidor pretende obter suas faturas com detalhamento. VI – Revogação da Súmula 357/STJ que se impõe. VII – Recurso especial parcialmente provido (Acórdão sujeito ao regime do art. 543-C do CPC e da Resolução STJ 08/08)" (STJ, REsp 1.074.799/MG, 1ª Seção, j. 27.05.2009, Rel. Min. Francisco Falcão, *DJe* 08.06.2009).

[1045] "Art. 85. O Consumidor que efetuar pagamento de quantia cobrada indevidamente tem direito à devolução do valor igual ao dobro do que pagou em excesso, acrescido de correção monetária e juros de 1% (um por cento) ao mês *pro rata die.*"

3
RESPONSABILIDADE CIVIL DO FORNECEDOR

Entre os diversos campos em que o direito do consumidor alterou substancialmente o direito tradicional, é no âmbito da responsabilidade civil que tais mudanças aparecem de modo mais destacado. Observa José Reinaldo de Lima Lopes que a necessidade de uma reelaboração teórica do tema impõe-se, uma vez que a realidade social e econômica da sociedade de consumo de massas é substancialmente distinta da realidade anterior. Em primeiro lugar, o causador do dano não é mais um indivíduo, mas uma organização, uma empresa. A vítima, da mesma forma, não é um consumidor individualizado, mas uma massa ou grupo de consumidores, um "conjunto indefinido de pessoas que estão no mercado". Por fim, o requisito clássico da responsabilidade civil, a "ação ou omissão voluntária", passa a se caracterizar como um "processo anônimo, despersonalizado, burocratizado de produção em série de bens da mais variada natureza".[1]

A estrutura tradicional da responsabilidade civil, entretanto, não está superada. Tanto o CDC quanto o Código Civil de 2002 tratam de estabelecer uma releitura dos seus institutos, sobretudo no que diz respeito a situações específicas nas quais, seja em decorrência da extensão do dano, dos processos mediante os quais se dá a violação do direito (cadeia de fornecedores), ou da possibilidade real de provar a incorreção ou falta de determinada conduta do causador do dano, fez-se necessária uma visão renovada do instituto, o que leva como efeito indissociável desse processo à objetivação da responsabilidade civil.

No direito do consumidor, a própria classificação tradicional entre responsabilidade contratual e extracontratual é afastada para dar lugar a uma nova terminologia, a *responsabilidade pelo fato do produto e do serviço* e a *responsabilidade pelo vício do produto e do serviço*. A *summa divisio* da responsabilidade civil no direito do consumidor, assim, não ocorre mais em razão da *fonte do dever jurídico* violado (quando o descumprimento de um dever contratual ensejava a responsabilidade contratual e a violação de um dever legal dava causa à responsabilidade extracontratual).[2] O novo critério do direito do

---

[1] LOPES, José Reinaldo de Lima. *Responsabilidade civil do fabricante e a defesa do consumidor*. São Paulo: Ed. RT, 1992. p. 13.

[2] Um exemplo ilustrativo é o da responsabilidade reconhecida aos *shopping centers* ou estabelecimentos empresariais pelo furto ou roubo de veículos de consumidores nos estacionamentos que disponibilizam. Tal responsabilidade, que anteriormente era fundada na equiparação entre o contrato de estacionamento e o contrato de depósito, atualmente é fundamentada exclusivamente no dever de segurança que resulta do regime legal do próprio CDC. Nesse sentido, pronuncia-se o STJ: "É dever de estabelecimentos como *shopping centers*, que oferecem estacionamento privativo aos consumidores ainda que de forma gratuita, zelar pela segurança dos veículos e dos clientes" (STJ, AgRg no AREsp 188.113/RJ, 3ª Turma, Rel. Min. João Otávio de Noronha, j. 1º.04.2014, *DJe* 07.04.2014). No mesmo sentido, em relação ao furto em

consumidor se dá em vista do *interesse jurídico protegido* pelo ordenamento. Nesse caso, a responsabilidade pelo fato do produto ou do serviço, também denominada responsabilidade por *acidentes de consumo*, tem em vista a proteção da *segurança* do consumidor, ou seja, responde pelo fato do produto ou do serviço aquele que não oferece a segurança esperada, causando danos ao consumidor.

Por outro lado, a responsabilidade pelo vício do produto ou do serviço visa à proteção do interesse do consumidor quanto à *adequação* do produto ou serviço. Nesse caso, a responsabilidade por vício é o efeito da não adequação do produto ou serviço, o que será caracterizado – de acordo com a exata previsão do CDC – quando estes não servirem aos fins que legitimamente deles se esperam (artigo 18).

Essa nova classificação não significa mera inovação terminológica. A razão de ser dessa definição tem seu lugar na melhor proteção dos interesses de consumidores-vítimas de danos no mercado de consumo, a partir do estabelecimento de uma única fonte de responsabilidade: a própria lei.

3.1 NOÇÕES INTRODUTÓRIAS

São conhecidos entre os elementos ou pressupostos da responsabilidade civil a conduta, o dano e o nexo de causalidade entre ambos. Nesse sentido, a atividade do jurista em grande medida está em reconhecer na situação concreta a existência de todos os pressupostos de modo que se possa determinar a consequência jurídica da responsabilidade civil.

A semântica do termo *conduta* remete-nos, no mais das vezes, ao de *ação, ato, comportamento humano comissivo* ou *omissivo* que enseja determinado resultado. Trata-se, nesse aspecto, de um comportamento tipicamente humano, uma projeção externa humana causadora de consequências fáticas que, localizadas nas espécies de atuação eleitas pela norma jurídica, tornam-se, por isso, atos jurídicos, em relação aos quais o direito atribui requisitos e consequências. Da conduta contrária a direito – entendida como conduta contrária à norma – surge a classificação própria, tratando-se dos pressupostos da responsabilidade: o *ato ilícito*.[3] Este se traduz como omissão de um comportamento devido, cuja determinação verifica-se expressamente pela norma, ou, de modo implícito, de outros comportamentos exigíveis do titular de um dever.[4] Igualmente, a ilicitude há de ser reconhecida a partir da contrariedade a dever cuja fonte normativa identifica-se tanto nas normas civis quanto nas penais,[5] bem como – em dadas situações – quanto à

---

estacionamento oferecido por banco para atendimento de seus clientes: STJ, AgRg no AREsp 376.268/SP, 4ª Turma, Rel. Min. Maria Isabel Gallotti, j. 18.02.2014, *DJe* 06.03.2014.

[3] JORGE, Fernando Pessoa.*Ensaio sobre os pressupostos da responsabilidade civil*. Coimbra: Almedina, 1999. p. 70.

[4] JORGE, Fernando Pessoa. *Ensaio sobre os pressupostos da responsabilidade civil*. Coimbra: Almedina, 1999. p. 72.

[5] É conhecida a distinção, demonstrada, entre outros, por Aftalión, entre a tutela penal e civil, estando a primeira afeta à estimação de atos humanos especialmente perigosos e lesivos à convivência pacífica e à tranquilidade social, ou seja, a tutela reflexa do bem jurídico segurança social (AFTALIÓN, Enrique R.; VILANOVA, José; RAFFO, Julio. *Introducción al derecho*. Buenos Aires: Abeledo Perrot, 1999. p. 891-892). O direito civil, de outro modo, estabeleceria seu paradigma na tutela do interesse individual, na proteção contra violação, dos direitos próprios dos indivíduos, abarcando a órbita de valores de proteção da pessoa, cujo influxo das modernas teorias contemporâneas indicam sua articulação necessária

Parte II · Cap. 3 · RESPONSABILIDADE CIVIL DO FORNECEDOR | **617**

responsabilidade do indivíduo perante a Administração, relativamente a normas editadas no âmbito administrativo.

O ato ilícito com pressuposto da responsabilidade civil, nesse sentir, insere-se na tutela genérica de interesses socialmente valiosos, e é compreendido em relação à pessoa como *violação de um dever jurídico de não lesar*. Por sua vez, o que há de considerar por lesão é termo de necessária atribuição pela norma no exercício de *função valorativa* que lhe é própria, a partir de um juízo prévio de compreensão de determinadas ações humanas como desejáveis ou não pelo prisma da paz social e, modernamente, na proteção da dignidade da pessoa humana. Em razão de uma compreensão valorativa de certos comportamentos sociais, por intermédio de determinações de natureza imperativa, prescritiva ou proibitiva, a norma elege condutas em face da lesão a direito que a ordem jurídica pretende evitar.

Contudo, a mera identificação do ato ilícito e sua vinculação à ocorrência de um dano, por si, na teoria clássica da responsabilidade civil, não completavam os requisitos necessários para a imputação de responsabilidade. Eram necessárias, para a verificação de responsabilidade, a investigação da motivação interna do sujeito que realizou a conduta e sua inclinação ao resultado danoso presumido. Sob a égide da *teoria da culpa*, os juristas clássicos dos séculos XVIII e XIX estabeleceram como elemento necessário da conduta a presença da culpa em sentido amplo, como *conditio sine qua non* para a imputação de responsabilidade e do consequente dever de indenizar. Pothier, por exemplo, cuja obra é das principais inspirações do Código Civil francês, identifica nos *delitos* e nos *quase delitos*, ambos caracterizados sob a égide da ilicitude, a terceira e a quarta causa das obrigações, respectivamente. Ambas, todavia, sob a marca do elemento interno do agente. Nos *delitos*, quando, "por ato pelo qual uma pessoa, por dolo ou maldade, causa perda ou dano a outra", enquanto nos quase delitos identificava-se "o ato pelo qual uma pessoa, sem maldade, mas por imprudência que não seja desculpável, causa algum dano a outro".[6]

3.1.1 Fundamento da responsabilidade civil na sociedade de consumo de massas: a proteção dos interesses legítimos dos consumidores

A sociedade de consumo de massas dá causa à possibilidade de *danos de massa*, em decorrência dos produtos e serviços introduzidos no mercado de consumo. Para a definição dos denominados danos de massa, não se pode deixar de considerar a relevância, para sua origem, dos riscos decorrentes de avanços científicos e de novas tecnologias, assim como o grande número de vítimas, ou ainda de danos causados em série, como elementos necessários para sua identificação.[7] E o direito, como ordenador da conduta socialmente

---

com o direito constitucional (conforme referimos no item 1.2.1, "B", da Parte I). Nas relações entre a responsabilidade penal e civil, entretanto, embora se distingam quanto à proteção precípua que estejam a determinar, se há comunidade, ou aos interesses individuais do titular de direito subjetivo, de algum tempo a doutrina especializada assinala a conexão de ambos como representativos da proteção de interesses sociais comuns. Nesse sentido são clássicas as considerações de: MAZEAUD, Henri; MAZEAUD, Leon. *Traité théorique et pratique de la responsabilité civile*. 4. ed. Paris: Montchrestien, 1945. v. 1, p. 229; LARENZ, Karl. *Derecho de obligaciones*. Trad. Jayme Santos Briz. Madrid: ERDP, 1958. t. I, p. 562. Entre nós, festejado o entendimento de: AGUIAR DIAS, José de. *Da responsabilidade civil*. 6. ed. Rio de Janeiro: Forense, 1979. v. 1, p. 8.

6   POTHIER, R. J. *Tratado das obrigações*. Campinas: Servanda, 2001. p. 113.

7   GUÉGAN-LÉCUYER, Anne. *Dommages de masse et responsabilité civile*. Paris: LGDJ, 2006. p. 77.

desejável, e mediador dos conflitos em sociedade, deve estar dotado de instrumentos para responder adequadamente a essa situação.[8]

A proteção do consumidor contra riscos dos produtos e serviços introduzidos no mercado de consumo tem seu fundamento no reconhecimento da existência de interesses legítimos de que esses produtos e serviços sejam seguros, ou seja, de que não apresentem uma periculosidade ou uma nocividade tal a causar danos a quem venha a ser exposto a eles. O respeito a esses interesses legítimos dos consumidores, como regra, não se submete à verificação do critério da culpa do fornecedor acerca de eventuais prejuízos causados por seus produtos ou serviços, mas simplesmente na proteção da confiança social de adequação e segurança dos produtos introduzidos no mercado.

Note-se que, com relação ao CDC brasileiro, a proteção da segurança e da saúde dos consumidores é consagrada a partir de sua previsão como direitos subjetivos essenciais, cuja violação importa o efeito da responsabilização civil. Assim, o artigo 6º, I, do CDC: "São direitos básicos do consumidor: I – a proteção da vida, saúde e segurança contra os riscos provocados por práticas no fornecimento de produtos e serviços considerados perigosos ou nocivos". Da mesma forma, o artigo 8º da mesma lei: "Os produtos e serviços colocados no mercado de consumo não acarretarão riscos à saúde ou segurança dos consumidores, exceto os considerados normais e previsíveis em decorrência de sua natureza e fruição, obrigando-se os fornecedores, em qualquer hipótese, a dar as informações necessárias e adequadas a seu respeito". Ainda, tanto no que se refere à responsabilidade pelo fato do produto e do serviço (artigos 12, § 1º, e 14, § 1º) quanto em relação ao vício do produto e do serviço (artigos 18, *caput*, e 20, § 2º), o que fundamenta o conceito de defeito (pressuposto da responsabilidade civil por danos ao consumidor), assim como a definição de vício (que compromete o dever de adequação do produto ou serviço), é a *segurança*[9] ou a *finalidade*[10] que o consumidor legitimamente espera daquele objeto da relação de consumo.

A proteção da confiança legítima dos consumidores, sistematizada no CDC, é o fundamento da responsabilidade civil de consumo. Nesse sentido, estabelece-se um direito subjetivo básico à segurança do consumidor como efeito da proteção a essa expectativa legítima dos consumidores e da sociedade, de que os produtos e serviços colocados no mercado atendam a padrões de segurança razoáveis. Para tanto, o legislador brasileiro,

---

[8]   Apontando a necessidade de um tratamento específico, tanto no âmbito processual, quanto de direito material, para os danos de massa, veja-se a tese de: GUÉGAN-LÉCUYER, Anne. *Dommages de masse et responsabilité civile*. Paris: LGDJ, 2006. p. 428 *et seq*. Em relação a produtos com alto grau de nocividade (produtos tóxicos), Ana Paula Atz sustenta a necessidade de uma nova abordagem no tocante à responsabilização do fornecedor pelos danos que venham a causar, em especial quanto à investigação do nexo de causalidade (ATZ, Ana Paula. Responsabilidade pelo fato do produto tóxico no direito nos Estados Unidos e no Brasil. *Revista de Direito do Consumidor*, São Paulo, v. 119, p. 459-496, set./out. 2018).

[9]   Assim o artigo 12, § 1º, do CDC: "(...) O produto é defeituoso quando não oferece a segurança que dele legitimamente se espera (...)"; no mesmo sentido o artigo 14, § 1º, do CDC: "O serviço é defeituoso quando não fornece a segurança que o consumidor dele pode esperar (...)".

[10] Assim o artigo 18, *caput*, do CDC: "Os fornecedores de produtos de consumo duráveis ou não duráveis respondem solidariamente pelos vícios de qualidade ou quantidade que os tornem impróprios ou inadequados ao consumo a que se destinam". E o artigo 20, § 2º, do CDC: "São impróprios os serviços que se mostrem inadequados para os fins que razoavelmente deles se esperam, bem como aqueles que não atendam as normas regulamentares de prestabilidade".

Parte II · Cap. 3 · RESPONSABILIDADE CIVIL DO FORNECEDOR | **619**

a exemplo do europeu, optou pela imposição da responsabilidade aos fornecedores que introduzem no mercado produtos ou serviços defeituosos, quais sejam, aqueles que apresentem falhas em uma das várias fases do seu processo de concepção e fornecimento, as quais terminem por comprometer sua segurança, gerando danos.

3.1.2 Tendência contemporânea da responsabilidade civil: abandono do critério da culpa

A regra da culpa é a base do sistema tradicional da responsabilidade civil, a ponto de, ainda no século XIX, muitos juristas proclamarem a conhecida máxima "nenhuma responsabilidade sem culpa", ou, como resumia Rudolf von Ihering, "sem culpa, nenhuma reparação".[11] Todavia, em face das diversas transformações sociais, econômicas e tecnológicas a que já referimos em outros momentos deste trabalho, gradativamente foram surgindo situações nas quais o requisito da prova da culpa para efeito de imputação da responsabilidade civil foi gradativamente desaparecendo. Até porque a regra da culpa, em certo sentido, tem seu lugar como decorrência do individualismo liberal do século XIX, segundo o qual a liberdade de atuação individual só pode ser restringida pela imposição de responsabilidade por danos, quando lhe for imputada uma conduta dolosa, negligente ou imprudente, passível de reprovação.

A certa altura, diversos países passaram a reconhecer situações nas quais a responsabilidade civil poderia ser imputável a alguém que estivesse suficientemente vinculado à causação de um dano, ainda que não se pudesse por isso comprovar comportamento doloso, negligente ou imprudente ou seja, ainda que não fosse possível provar a culpa. Trata-se do que nos sistemas de direito romano-germânico como o direito brasileiro, vai denominar-se genericamente como responsabilidade objetiva extracontratual, ou, no *common law*, a *strict liability* (responsabilidade estrita).

No direito alemão, já na década de 1880, instituiu-se um sistema de indenizações para trabalhadores vítimas de acidentes industriais sem a exigência da prova de culpa, repetindo o que já ocorria na Prússia com relação à responsabilidade por acidentes em estradas de ferro desde 1838, estendido a todo o Império alemão em 1871. Tais disposições, seguidas por diversos países com relação a uma série de eventos danosos decorrentes de novas máquinas ou tecnologias, decorriam naturalmente dos riscos que apresentavam esses inventos e, com eles, a impossibilidade de a vítima assumir tais riscos.[12]

Com isso, estabelecem-se legislações concentradas em uma espécie de princípio de proteção da vítima, o que também se assiste nos países de *common law*, em um primeiro momento pelo estabelecimento de uma presunção de negligência contra o acusado, por meio da regra da *res ipsa loquitur*. No direito brasileiro, essa tendência passa a ser considerada a partir do Decreto 2.861, de dezembro de 1912, que regula a responsabilidade civil das estradas de ferro e que, ao contrário de requerer como requisito da sua imputação a prova da culpa, apenas vai admitir exclusão da responsabilidade atribuída nas

---

[11] Conforme anota: AGUIAR DIAS, José de. *Da responsabilidade civil*. 6. ed. Rio de Janeiro: Forense, 1979. v. 1, p. 42.

[12] ZWEIGERT, Konrad; KÖTZ, Hein. *Introducción al derecho comparado*. Trad. Arturo Aparício Vazquez. México: Oxford University Press, 2002. p. 689-690.

CURSO DE DIREITO DO CONSUMIDOR – *Bruno Miragem*

hipóteses estritas em que provarem circunstâncias taxativamente relacionadas no artigo 1º da norma em comento.

A partir de então, observa-se uma tendência de abandono da regra "nenhuma responsabilidade sem culpa" e de proteção da vítima em matéria de responsabilidade civil. Essa tendência obedece a exigências de maior utilidade e, mesmo, justiça, no que modernamente muitos têm denominado *direito de danos*.[13] *Utilidade*, na medida em que permite que se contemplem situações nas quais a prova do dano ou da conduta determinante imputada ao ofensor são de difícil realização ou mesmo impossível de serem produzidas em certas situações. *Justiça*, em face do estabelecimento de uma nova distribuição dos ônus decorrentes dos riscos sociais da sociedade de massas, pela admissão da imputação objetiva de responsabilidade àqueles que imediatamente auferem benefícios econômicos da atividade produtora de riscos,[14] ou nos termos que propõe, no direito norte-americano, Roscoe Pound, no sentido da proteção da *segurança geral da comunidade*.[15]

Atualmente, no direito brasileiro, são diversas as disposições, além das previstas na disciplina no Código de Defesa do Consumidor, versando sobre a responsabilidade objetiva, e nas quais não se exige a verificação de culpa para imputação do dever de indenizar. Nesse sentido, são previstas, entre outras, a responsabilidade civil por danos ambientais (artigo 14, § 1º, da Lei 6.938/1981), por danos nucleares (artigo 21, XXIII, *c*, da Constituição da República, e artigo 8º da Lei 6.453/1977), a responsabilidade civil do Estado (artigo 37, § 6º, da Constituição da República), assim como as diversas hipóteses de responsabilidade objetiva previstas nas disposições do Código Civil em vigor (artigos 927, parágrafo único, e 931, sobre a responsabilidade do empresário, e artigo 932, sobre a responsabilidade por representação, entre outros).

A adoção do regime da responsabilidade objetiva, ou seja, independentemente da verificação da culpa como elemento da conduta do agente causador do dano, é questão de conveniência e utilidade social, a critério do legislador. Daí por que sua adoção, nos diversos sistemas, vai respeitar aquelas situações em que a distribuição dos custos representados pelos danos ou a dificuldade de comprovação da culpa do agente causador de determinado evento danoso, possam indicar a opção pela responsabilidade objetiva como capaz de permitir a efetividade da prestação jurisdicional.[16] A lógica que a orienta é uma maior preocupação com a vítima,[17] naquelas situações em que a necessidade da

---

[13] A expressão *direito de danos*, em grande medida, indica a mudança do paradigma de exame das questões relativas à responsabilidade civil, assim como seus fundamentos. A diretriz básica do direito de danos é a reparação destes danos, relativizando ou esmaecendo as diferenças entre as fontes do dever violado (contratual ou extracontratual). O direito de danos, assim, tem sua unidade assegurada pelo atingimento dos objetivos de reparação dos danos causados e da proteção da vítima, aproximando as duas principais fontes das obrigações, quais sejam, contrato e delito.

[14] Nesse sentido ensina Alvino Lima, em sua obra clássica: LIMA, Alvino. *Culpa e risco*. 2. ed. São Paulo: Ed. RT, 1999. p. 113 *et seq.*

[15] POUND, Roscoe. *An introduction to the philosophy of law*. New Haven: Yale University Press, 1982. p. 100.

[16] Veja-se a respeito, o excelente e didático estudo de: VIEIRA, Patrícia Ribeiro. *A responsabilidade civil objetiva no direito de danos*. Rio de Janeiro: Forense, 2004.

[17] MAZEAUD, Henri; MAZEAUD, Leon; TUNC, André. *Tratado teórico práctico de la responsabilidad civil delictual y contractual*. Trad. Luis Alcalá-Zamora y Castillo. Buenos Aires: Ediciones Jurídicas Europa América, 1977. t. I, p. 95. No mesmo sentido, Alvino Lima, ao referir que "uma das funções primaciais

demonstração cabal da culpa invariavelmente ocasiona a ausência de responsabilidade do autor do dano.

3.1.3 Novos critérios de imputação da responsabilidade: entre o risco e a vantagem econômica da atividade

A opção do CDC e da legislação de proteção do consumidor em todo o mundo é pela responsabilização, de natureza objetiva, dos fornecedores de produtos e serviços no mercado de consumo. No caso da legislação brasileira, a única exceção é a responsabilidade dos profissionais liberais, em que se preserva seu caráter subjetivo, portanto exigindo a verificação de culpa.

Em geral, mesmo na legislação do direito privado comum – Código Civil –, a previsão da responsabilidade objetiva vincula-se invariavelmente ao fundamento do risco da atividade desenvolvida. Nesse sentido, como ensina Karl Larenz, a responsabilidade pelo risco "se trata de uma imputação mais intensa desde o ponto de vista social a respeito de uma determinada esfera de riscos, de uma distribuição de riscos de dano inerentes a uma determinada atividade segundo os padrões ou medidas, não da imputabilidade e da culpa, senão da assunção de risco àquele que o cria ou domina, ainda que somente em geral".[18]

A *teoria do risco*, nesse sentido, surge para resolver questões que a *teoria da culpa*, em face da complexidade da vida moderna, não tem o condão de fazê-lo, seja pela dificuldade ou mesmo pela inconveniência do dever de reparação da vítima de um dano, aspecto objetivo colocado em relevo pela responsabilidade civil em direito privado, seja orientado pelo mesmo princípio subjetivo (a reclamar a investigação de elementos psicológicos do agente), que se estabelece como regra na responsabilidade penal,[19] por exemplo.

Desde seu surgimento, a teoria do risco vem experimentando grande evolução, sobretudo no que diz respeito às espécies de riscos reconhecidos como determinantes à imputação de responsabilidade objetiva. Entre outros, é corrente na doutrina de direito privado a menção ao *risco-proveito*, ao *risco-criado*, ao *risco profissional*, ao *risco excepcional*, assim como ao *risco integral*.[20]

No direito do consumidor, seja pela posição negocial ocupada pelo fornecedor – responsável pela reparação dos danos causados – ou mesmo pelo aspecto econômico que envolve a relação de consumo no mercado de consumo –, o fundamento essencial do regime de responsabilidade objetiva do fornecedor é a teoria do *risco-proveito*, ou seja, responde pelos riscos de danos causados por atividades que dão causa a tais riscos aqueles que a promovem, obtendo delas vantagem econômica. Trata-se, no caso, da distribuição

---

da lei é anular o desequilíbrio das partes, vindo em socorro dos mais fracos; assim se procede no próprio terreno contratual, onde há a livre manifestação da vontade. Com mais força de razão, quando as circunstâncias da vida, múltiplas e imprevisíveis, inexoráveis, colocam os homens mais a mercê dos outros, justifica-se, sobremaneira, o amparo da lei na proteção da vítima" (LIMA, Alvino. *Culpa e risco*. 2. ed. São Paulo: Ed. RT, 1999. p. 335).

[18] LARENZ, Karl. *Derecho de obligaciones*. Trad. Jayme Santos Briz. Madrid: ERDP, 1958. t. II, p. 665.

[19] LIMA, Alvino. *Culpa e risco*. 2. ed. São Paulo: Ed. RT, 1999. p. 116-117.

[20] Veja-se a respeito, o elucidativo resumo de Cavalieri e Direito em seus Comentários ao Código Civil de 2002 (CAVALIERI, Sérgio; DIREITO, Carlos Alberto Menezes. *Comentários ao novo Código Civil*. Da responsabilidade civil. Das preferências e privilégios creditórios. Rio de Janeiro: Forense, 2004. p. 12-16).

dos custos que representam os riscos causados pela atividade de fornecimento de produtos e serviços no mercado de consumo. E não se diga que o fornecedor suportará tais custos, apenas que se elege um critério eficiente de sua redistribuição por toda a cadeia de fornecimento, uma vez que eles serão necessariamente repassados, por intermédio do sistema de preços, a todos os consumidores que terminam por remunerar o fornecedor também em consideração dos custos representados pelas eventuais indenizações que ele venha a suportar.

3.2 RESPONSABILIDADE CIVIL PELO FATO DO PRODUTO E DO SERVIÇO

A origem da responsabilidade civil pelo fato do produto e do serviço, também denominada responsabilidade por acidentes de consumo, assim como seu maior desenvolvimento, sem dúvida, são observados no direito norte-americano, ao longo do século XX, tendo se apresentado também no direito europeu – notadamente a partir das normas de direito comunitário.

É paradigmático, nesse sentido, o caso *McPherson* vs. *Buick Motor Co.*, decidido pelo Tribunal de Apelações de New York, em 1916. No caso em questão, discutia-se a extensão da responsabilidade de uma fábrica de automóveis pelos veículos por ela fabricados. Na ocasião, decidiu o tribunal que, tendo em vista se tratar de produtos "perigosos", o fabricante tinha a obrigação de adotar precauções não apenas em relação ao comprador do produto, mas também a quaisquer usuários do automóvel, razão pela qual poderia ser imputada responsabilidade por negligência na hipótese de danos a quaisquer terceiros usuários do bem.[21]

No mesmo sentido, no direito britânico, foi a decisão da Câmara dos Lordes, em 1932, responsabilizando o fabricante de uma garrafa de cerveja por danos causados ao consumidor que, ao consumi-la em uma *coffee shop*, observou desprenderem-se do fundo da garrafa os restos de um caracol em decomposição.[22]

Em ambos os casos, a inovação residiu justamente na superação da exigência de um vínculo jurídico antecedente, um vínculo contratual entre as partes, para que a vítima pudesse demandar contra o fabricante em razão de defeitos de fabricação. Passa a bastar, assim, a condição de vítima para que o consumidor tenha reconhecida sua legitimidade para demandar contra o causador do dano. Logo, houve a superação da exigência de uma relação jurídica previamente constituída entre o fabricante e a vítima, que não precisa mais ser necessariamente quem tenha realizado o contrato de consumo com o fornecedor, mas simplesmente quem tenha sofrido prejuízo decorrente do produto ou serviço oferecido.

Da mesma forma, a partir desses dois casos, passou-se a reconhecer no *common law* uma autêntica obrigação de tomar precauções com relação aos fabricantes de produtos, assim como outras situações que passam a ser reconhecidas pelos tribunais.[23] E é a au-

---

[21] ZWEIGERT, Konrad; KÖTZ, Hein. *Introducción al derecho comparado*. Trad. Arturo Aparício Vazquez. México: Oxford University Press, 2002. p. 649.

[22] ZWEIGERT, Konrad; KÖTZ, Hein. *Introducción al derecho comparado*. Trad. Arturo Aparício Vazquez. México: Oxford University Press, 2002. p. 649.

[23] ZWEIGERT, Konrad; KÖTZ, Hein. *Introducción al derecho comparado*. Trad. Arturo Aparício Vazquez. México: Oxford University Press, 2002. p. 650.

sência dessas precauções que, segundo a jurisprudência norte-americana, dará ensejo à caracterização de um *defeito do produto*, como foi decidido na primeira demanda em que se discutiu a *strict defect liability in torts*, o caso *Escola* vs. *Coca Cola Bottling*, julgado pela Corte Estadual da Califórnia em 1944, envolvendo a explosão de uma garrafa de refrigerante, e na qual o juiz Roger Trainor concluiu pela responsabilidade do fabricante pelo defeito de segurança dos produtos colocados no mercado.[24]

Anos depois, outro caso de grande repercussão também foi o *Greenman* vs. *Yuba Powers Product*, pelo qual a Suprema Corte da Califórnia reconheceu, em 1963, a responsabilidade do fabricante por danos físicos causados na vítima, em razão do uso de uma máquina para realizar reparos domésticos com madeira. No caso, a vítima havia ganhado tal equipamento de sua esposa por ocasião do Natal. Concluiu a Corte pela existência da responsabilidade do fabricante pelo defeito do produto, independentemente de considerar a existência de negligência, mas exclusivamente em razão do defeito em produto introduzido no mercado, determinando com isso o dever de indenizar decorrente da *strict defect liability*.[25] É então que essa orientação se consolida com a publicação do *Second Restatement of Torts*,[26] de 1965, o qual previa em seu § 402 A:

> "1. A pessoa que venda um produto em condições defeituosas e que, de maneira irracional, representem um perigo para o usuário, ao consumidor e a sua propriedade, deverá responder pelo dano físico causado pelo produto ao usuário ou consumidor final, ou a sua propriedade se:
>
> a) o vendedor se dedica a atividades relacionadas com a venda do referido produto, e
>
> b) se espera que o produto chegue e leve ao usuário ou consumidor sem alteração substancial nas condições em que é vendido.
>
> 2. Se aplica a regra estabelecida na Subseção 1 ainda quando:
>
> a) o vendedor tenha tomado todos os cuidados possíveis na preparação e venda do seu produto, e
>
> b) o usuário ou consumidor não tenha comprado do vendedor, nem tenham celebrado nenhuma relação contratual com o mesmo".[27]

Essa regra, que fundamenta a *strict liability* em matéria de danos causados por defeitos de produtos no direito norte-americano, desenvolve-se a partir de novos fundamentos para a imputação da responsabilidade. Em um primeiro momento, concentra-se na caracterização da quebra de uma garantia implícita (*breach of implied warrant*), protegendo

---

[24] CHRISTIE, George C.; MEEKS, James E.; PRYOR, Ellen S.; SANDERS, Joseph. *Cases and materials on the law of torts*. Saint Paul: West Publishing Co., 1997. p. 630-631.

[25] CHRISTIE, George C.; MEEKS, James E.; PRYOR, Ellen S.; SANDERS, Joseph. *Cases and materials on the law of torts*. Saint Paul: West Publishing Co., 1997. p. 632-634.

[26] O *Second Restatement of Law* é espécie de consolidação das reflexões decorrentes da jurisprudência norte-americana e adotado como fundamento das decisões seguintes, assim como das alegações das partes no processo. Os Estados Unidos encontram-se atualmente às voltas com a aprovação do *Third Restatement of Torts*, em avançado processo de discussão no *American Law Institute*, órgão encarregado de coordenar as discussões sobre o documento.

[27] Traduzi da transcrição de: ZWEIGERT, Konrad; KÖTZ, Hein. *Introducción al derecho comparado*. Trad. Arturo Aparício Vazquez. México: Oxford University Press, 2002. p. 717.

as expectativas relativas ao uso normal de um produto,[28] para desenvolver-se, em seguida, admitindo a hipótese de responsabilização quando constatados defeitos que compromentem a segurança do produto (*manufacturing defects, design defects* ou *warning defects*).[29]

Em paralelo, o desenvolvimento da responsabilidade civil do produtor no direito europeu continental também observou situações de danos causados em decorrência da intoxicação com produtos impróprios para o consumo, tais como pães feitos com farinha contaminada, ou biscoitos estragados, para os quais em geral se estabeleceu – mesmo sem previsão expressa – a presunção de culpa do fabricante.[30] Da mesma forma, é conhecido o caso na Alemanha, em 1968, pelo qual a morte de milhares de frangos de uma granja, em razão da falta de informação pelo fabricante sobre o modo como deveria ser a eles ministrado determinado medicamento, dá ensejo à responsabilidade por falta ao dever de informar, inclusive com o estabelecimento de uma presunção de culpa do fabricante.[31] É então que a Comunidade Europeia, ao verificar a necessidade do estabelecimento de um regime uniforme acerca de responsabilidade civil em decorrência de danos causados por produtos defeituosos, editou, em 1985, a Diretiva 85/374/CEE, regrando tais situações.

No sistema do direito europeu, as diretivas servem para estabelecer normas que devem ser incorporadas às ordens jurídicas internas dos países. No caso da Diretiva 85/374/CEE, determinou basicamente, em seu artigo 1º, que "o produtor é responsável pelo dano causado por um defeito do seu produto". Ao mesmo tempo, então, definiu no artigo 3º quem deve ser considerado produtor, assim como o regime da responsabilidade na hipótese de não ser possível identificar quem é o produtor: "1. O termo 'produtor' designa o fabricante de um produto acabado, o produtor de uma matéria-prima ou o fabricante de uma parte componente, e qualquer pessoa que se apresente como produtor pela aposição sobre o produto do seu nome, marca ou qualquer outro sinal distintivo; 2. Sem prejuízo da responsabilidade do produtor, qualquer pessoa que importe um produto na Comunidade tendo em vista uma venda, locação, locação financeira ou qualquer outra forma de distribuição no âmbito da sua atividade comercial, será considerada como produtor do mesmo, na acepção da presente diretiva, e responsável nos mesmos termos que o produtor; 3. Quando não puder ser identificado o produtor do produto, cada fornecedor será considerado como produto, salvo se indicar ao lesado, num prazo razoável, a identidade do produtor, ou daquele que lhe forneceu o produto. O mesmo se aplica no caso de um produto importado, se este produto não indicar o nome do importador referido no n. 2, mesmo se for indicado o nome do produtor".

A Diretiva europeia, todavia, manteve o ônus da prova com a vítima, no que diz respeito à existência do dano, do defeito e do nexo causal entre o defeito e o dano, assim como definiu as hipóteses excludentes da responsabilidade do produtor (artigo 7º), quais sejam: "a) Que não colocou o produto em circulação; b) Que, tendo em conta as circunstâncias, se pode considerar que o defeito que causou o dano não existia no mo-

---

[28] PRIEST, George S. A theory of consumer product warranty. *In*: CRASWELL, Richard; SCHWARTZ, Alan. *Foundations of contract law*. New York: Oxford University Press, 1994. p. 174-180.

[29] CHRISTIE, George C.; MEEKS, James E.; PRYOR, Ellen S.; SANDERS, Joseph. *Cases and materials on the law of torts*. Saint Paul: West Publishing Co., 1997. p. 624 *et seq.*

[30] ALPA, Guido; BESSONE, Mário. *La responsabilità del produtore*. Milano: Giuffrè, 1987. p. 27.

[31] ALPA, Guido; BESSONE, Mário. *La responsabilità del produtore*. Milano: Giuffrè, 1987. p. 157.

Parte II · Cap. 3 · RESPONSABILIDADE CIVIL DO FORNECEDOR | **625**

mento em que o produto foi por ele colocado em circulação, ou que este defeito surgiu posteriormente; c) Que o produto não foi fabricado para venda ou para qualquer outra forma de distribuição com um objetivo econômico por parte do produtor, nem fabricado ou distribuído no âmbito da sua atividade profissional; d) Que o defeito é devido à conformidade do produto com normas imperativas estabelecidas pelas autoridades públicas; e) Que o estado dos conhecimentos científicos e técnicos no momento da colocação em circulação do produto não lhe permitiu detectar a existência do defeito; f) No caso do produtor de uma parte componente, que o defeito é imputável à concepção do produto no qual foi incorporada a parte componente ou às instruções dadas pelos fabricantes do produto". Além destas, refere o artigo 8º que a "responsabilidade do produtor pode ser reduzida ou excluída, tendo em conta todas as circunstâncias, quando o dano for causado conjuntamente por um defeito do produto e por culpa do lesado ou de uma pessoa pela qual o lesado é responsável".

Por fim, entre outras disposições estabelecidas na Diretiva, destaca-se a admissão da solidariedade dos fornecedores, assim como sua definição de dano determinada no artigo 9º, que, embora não abrangendo expressamente os danos morais, admite na categoria de dano os decorrentes da morte e lesões corporais, assim como refere expressamente que suas disposições não excluem disposições existentes em normas nacionais, relativas a danos não patrimoniais.[32] Da mesma forma, fixa o prazo prescricional de três anos para o exercício da pretensão indenizatória, contados da data em que o "lesado tomou ou deveria ter tomado conhecimento do dano, do defeito e da identidade do produtor" (artigo 10º, 1).

Note-se que a disciplina europeia para a responsabilidade pelo fato do produto foi fonte direta de inspiração do legislador brasileiro ao disciplinar a matéria no CDC.[33] Daí sua importância para efeito de compreensão do sistema brasileiro de responsabilidade do produtor do produto ou do serviço, ainda que em relação a este último não haja, até o presente momento, regulamentação no âmbito do direito comunitário europeu.

3.2.1 Definição

A responsabilidade civil pelo fato do produto ou do serviço consiste no efeito de imputação ao fornecedor, de sua responsabilização pelos danos causados em razão de defeito na concepção, produção, comercialização ou fornecimento de produto ou serviço, determinando seu dever de indenizar pela violação do dever geral de segurança inerente a sua atuação no mercado de consumo.

No direito brasileiro, o regime de responsabilidade distingue-se em razão do dever jurídico violado pelo fornecedor. A responsabilidade pelo fato do produto ou do serviço decorre da violação de um *dever de segurança*, ou seja, quando o produto ou serviço não

---

[32] "Artigo 9º (...) *a)* O dano causado pela morte ou por lesões corporais; *b)* O dano causado a uma coisa ou a destruição de uma coisa que não seja o próprio produto defeituoso, com dedução de uma franquia de 500 ECUs, desde que esta coisa: i) seja de um tipo normalmente destinado ao uso ou consumo privados, e ii) tenha sido utilizada pela vítima principalmente para seu uso ou consumo privados. O presente artigo não prejudica as disposições nacionais relativas aos danos não patrimoniais."

[33] BENJAMIN, Antonio Herman de Vasconcellos *et al. Código Brasileiro de Defesa do Consumidor comentado pelos autores do anteprojeto.* 8. ed. Rio de Janeiro: Forense, 2005. p. 10.

CURSO DE DIREITO DO CONSUMIDOR – *Bruno Miragem*

oferece a segurança que o consumidor deveria legitimamente esperar.[34] Já a responsabilidade pelo vício do produto ou do serviço procede da violação de um *dever de adequação*, qual seja, o dever dos fornecedores de oferecer produtos ou serviços no mercado de consumo que sirvam aos fins que legitimamente deles se esperam.[35]

Por outro lado, no tocante à responsabilidade pelo fato do produto ou do serviço, outra questão diz respeito à terminologia para sua designação. A expressão *"responsabilidade pelo fato"* é criticada por muitos autores em razão do seu caráter estático, a lembrar a responsabilidade pelo fato da coisa presente na doutrina civil, e que colocaria em destaque mais o instrumento imediato de causação do dano, sem a vinculação expressa com a violação do dever jurídico estabelecido (*dever de segurança*). Na doutrina brasileira, há os que sustentam que a expressão mais adequada para designar tais fenômenos seria *acidente de consumo*, considerando-se mais relevante para tanto não a origem do fato causador do dano, mas a localização humana do seu resultado.[36] Nesse sentido, é possível mesmo afirmar que a utilização da expressão *"acidente de consumo"* prevalece atualmente entre nós.[37]

Todavia, mesmo concordando com as bem apontadas razões da doutrina para justificar sua preferência pela expressão *acidentes de consumo* na designação dos eventos danosos decorrentes da falta ao dever de segurança de produtos e serviços, continuamos a nos referir à designação do *fato do produto e do serviço*, em atenção à própria opção do legislador.

3.2.2 Critério de identificação

Ao estabelecer normas de proteção do consumidor, o CDC o faz em consideração a uma série de interesses reconhecidos pela própria norma como legítimos. Não se restringe,

---

[34] Para os contornos do dever de segurança, veja-se, no direito argentino: RINESSI, Antonio Juan. *El deber de seguridad*. Buenos Aires: Rubinzal Culzoni, 2007. p. 13 *et seq.*

[35] Nesse sentido decidiu o TJRS: "Apelação cível. Responsabilidade civil em acidente de trânsito. Transporte rodoviário. Queda de coletivo. Danos materiais. Dano moral. *Quantum* indenizatório. 1. Instituto da decadência: não se trata de ação redibitória por vício do produto, na qual o consumidor pretende a substituição do produto viciado, ou a devolução da quantia paga. No caso em pauta, o autor pleiteia a reparação dos danos experimentados em função da queda, não sendo aplicável à espécie o artigo 26, mas sim o artigo 27 do Código de Defesa do Consumidor, que prevê o prazo de 5 (cinco) anos para interpor a ação de indenização. 2. Responsabilidade objetiva do transportador: compete ao transportador conduzir o passageiro são e salvo até o seu local de destino, sob pena de responder pelas desventuras havidas durante o seu deslocamento. A responsabilidade do transportador é objetiva, à luz do artigo 734 do Código Civil, a ele competindo o transporte incólume do passageiro até o local de destino. No caso em pauta, o cenário fático-jurídico comprova que o demandante, ao sair do ônibus da empresa ré, sofreu uma queda e, por consequência, lesões corporais. 3. Tratamento odontológico: levando em conta que, em virtude da queda, o autor sofreu lesões na arcada dentária, faz jus ao valor atinente ao tratamento reparatório. 4. *Quantum* da condenação por danos morais: vai mantida a indenização fixada em R$ 5.000,00 (cinco mil reais), por estar condizente com a intensidade das lesões sofridas e com a equação: função pedagógica x enriquecimento injustificado. 5. Abatimento do seguro DPVAT no '*quantum*' indenizatório: a ré não logrou êxito em demonstrar que o autor recebeu o seguro DPVAT, razão por que não há falar em abatimento do valor da indenização. Agravo retido e apelo desprovidos" (TJRS, ApCiv 70.032.580.136, 12ª Câm. Civ., Rel. Umberto Guaspari Sudbrack, j. 10.12.2009).

[36] BENJAMIN, Antonio Herman de Vasconcelos e *et al*. *Comentários ao Código de Proteção do Consumidor*. São Paulo: Saraiva, 1991. p. 43.

[37] Nesse sentido observa: SANSEVERINO, Paulo de Tarso Vieira. *Responsabilidade civil no Código do Consumidor e a defesa do fornecedor*. São Paulo: Saraiva, 2002. p. 109.

Parte II · Cap. 3 · RESPONSABILIDADE CIVIL DO FORNECEDOR | **627**

portanto, ao interesse meramente econômico, representado pelo equilíbrio das prestações de consumidores e fornecedores. Tampouco se pode reconhecer a proteção endereçada apenas aos interesses de conteúdo patrimonial do consumidor, em que pese sejam estes os que se manifestam *prima facie*.

As normas de proteção do consumidor têm por finalidade o suprimento, pelo direito, de toda e qualquer situação de fato em que se reconheça o desequilíbrio entre os consumidores e fornecedores, na relação de consumo ou mesmo fora dela, por exemplo, por meio do conceito legal de consumidor equiparado. Nesse caso, a qualidade de consumidor é atribuída pela norma a determinadas pessoas, relativamente aos efeitos que ela própria reconhece. Assim, o artigo 17 do CDC, que equipara a consumidor todas as vítimas de fato do produto ou do serviço (artigos 12 a 14),[38] para os efeitos da responsabilidade civil imputada ao fornecedor.

A proteção indicada ao consumidor pelo CDC, nesse sentido, abarca tanto a esfera de *interesses patrimoniais*, relativos ao objeto imediato do contrato de consumo (o produto ou serviço adquirido), ou quaisquer danos apreciáveis economicamente,[39] quanto *interesses extrapatrimoniais*, que, não tendo relação necessária com a aquisição de produto ou serviço, poderão ser ofendidos pela conduta ilícita do fornecedor.

O Código de Defesa do Consumidor reconhece, por meio de uma série de dispositivos, esses interesses extrapatrimoniais. Trata-se, nesse sentido, de interesses cuja tutela em direito privado se consigna pelos direitos da personalidade, podendo mesmo identificar

---

[38] "Processual civil. Ação civil pública. Explosão de loja de fogos de artifício. Interesses individuais homogêneos. Legitimidade ativa da procuradoria de assistência judiciária. Responsabilidade pelo fato do produto. Vítimas do evento. Equiparação a consumidores. I – Procuradoria de assistência judiciária têm legitimidade ativa para propor ação civil pública objetivando indenização por danos materiais e morais decorrentes de explosão de estabelecimento que explorava o comércio de fogos de artifício e congêneres, porquanto, no que se refere à defesa dos interesses do consumidor por meio de ações coletivas, a intenção do legislador pátrio foi ampliar o campo da legitimação ativa, conforme se depreende do artigo 82 e incisos do CDC, bem assim do artigo 5º, XXXII, da Constituição Federal, ao dispor expressamente que incumbe ao 'Estado promover, na forma da lei, a defesa do consumidor'. II – Em consonância com o artigo 17 do CDC, equiparam-se aos consumidores todas as pessoas que, embora não tendo participado diretamente da relação de consumo, vem a sofrer as consequências do evento danoso, dada a potencial gravidade que pode atingir o fato do produto ou do serviço, na modalidade vício de qualidade por insegurança. Recurso especial não conhecido" (STJ, REsp 181.580/SP, 3ª Turma, Rel. Min. Castro Filho, j. 09.12.2003, *DJU* 22.03.2004. p. 292).

[39] Daí por que, na distinção realizada pela jurisprudência entre a falha que afeta exclusivamente o interesse patrimonial do consumidor e aquela que afeta sua integridade. Nesse sentido, veja-se como decide o STJ: "*Código de Defesa do Consumidor. Compra de veículo novo com defeito. Incidência do artigo 18 do Código de Defesa do Consumidor. Responsabilidade solidária do fabricante e do fornecedor. Indenização por danos materiais e morais. Precedentes da Corte.* 1. Comprado veículo novo com defeito, aplica-se o artigo 18 do Código de Defesa do Consumidor e não os artigos 12 e 13 do mesmo Código, na linha de precedentes da Corte. Em tal cenário, não há falar em ilegitimidade passiva do fornecedor. 2. Afastada a ilegitimidade passiva e considerando que as instâncias ordinárias reconheceram a existência dos danos, é possível passar ao julgamento do mérito, estando a causa madura. 3. A indenização por danos materiais nos casos do artigo 18 do Código de Defesa do Consumidor esgota-se nas modalidades do respectivo § 1º. 4. Se a descrição dos fatos para justificar o pedido de danos morais está no âmbito de dissabores, sem abalo à honra e ausente situação que produza no consumidor humilhação ou sofrimento na esfera de sua dignidade, o dano moral não é pertinente. 5. Recurso especial conhecido e provido, em parte" (STJ, REsp 554.876/RJ, 3ª Turma, Rel. Min. Carlos Alberto Menezes Direito, j. 17.02.2004, *DJU* 03.05.2004, p. 159).

os direitos violados segundo o mesmo critério do direito civil, quais sejam: os *direitos de integridade física* e os *direitos de integridade moral*.[40]

O dever de segurança do fornecedor, disposto no artigo 8º do CDC, expressa a proteção integral dos interesses legítimos do consumidor no mercado de consumo, estabelecendo nítida eficácia do princípio da proteção da confiança legítima – ou entre nós do princípio da boa-fé.[41]

Nesse sentido, a identificação da responsabilidade do fornecedor pelo fato do produto ou do serviço não prescinde da localização, no caso, da existência do defeito, como característica elementar da violação do dever de segurança. Observe-se que o fornecedor responde por todos os riscos da atividade de fornecimento de produtos ou serviços, mas apenas em relação àqueles nos quais está demonstrada a existência de um defeito, espécie mencionada nos artigos 12 e 14 do CDC, que inclusive relaciona seus traços principais. Entretanto, ainda que estejam elencados no CDC os traços principais do que se deva considerar como defeito ("Artigo 12, (...) § 1º O produto é defeituoso quando não oferece a segurança que dele legitimamente se espera, levando-se em consideração as circunstâncias relevantes, entre as quais: I – sua apresentação; II – o uso e os riscos que razoavelmente dele se esperam; III – a época em que foi colocado em circulação"), sua definição jurídica é realizada por intermédio de conceito jurídico indeterminado, ou seja, de conceito cuja precisão de significado, entre os diversos possíveis, é estabelecida pelo intérprete por ocasião da aplicação da norma ao caso concreto. Daí por que a doutrina vem desenvolvendo sensível trabalho de identificação sobre quais os defeitos admitidos como determinantes do efeito de responsabilidade, à luz das disposições do CDC.[42]

Por fim, cumpre ainda mencionar a dificuldade com relação ao fundamento da responsabilidade pelo fato do produto ou do serviço no direito brasileiro. Como já referimos, o CDC é resultado da influência da experiência jurídica de diferentes ordenamentos jurídicos, em especial do direito norte-americano e do direito europeu. Nesse sentido, enquanto no direito norte-americano partiu-se do sistema das garantias implícitas (*implied warranties*)[43] para alcançar a responsabilidade objetiva, do sistema da diretiva europeia incorporou-se no direito brasileiro a noção de *defeito do produto* (ainda que, no caso europeu, não tratasse de serviços) e a conveniência de imputar a responsabilidade objetiva com o intuito de chamar o fabricante para arcar com os ônus dos riscos causados por sua atividade.[44]

---

[40] MIRAGEM, Bruno. *Direitos da personalidade e os direitos do consumidor*, p. 40-76.

[41] CALVÃO DA SILVA, João. *Responsabilidade civil do produtor*. Coimbra: Almedina, 1990. p. 642; SANSEVERINO, Paulo de Tarso Vieira. *Responsabilidade civil no Código do Consumidor e a defesa do fornecedor*. São Paulo: Saraiva, 2002. p. 116.

[42] Nesse sentido, veja-se a enumeração de: SANSEVERINO, Paulo de Tarso Vieira. *Responsabilidade civil no Código do Consumidor e a defesa do fornecedor*. São Paulo: Saraiva, 2002. p. 133 *et seq*. No mesmo sentido, veja-se, adiante, nossa classificação, no item 3.2.3.4, desta Parte III.

[43] BORGHETTI, Jean-Sébastien. *La responsabilité du fait des produits*. Étude de droit comparé. Paris: LGDJ, 2004. p. 27.

[44] MARQUES, Claudia Lima. *Contratos no Código de Defesa do Consumidor*. 4. ed. São Paulo: Ed. RT, 2003. p. 1.037.

Daí surgirá o que a doutrina denomina no direito do consumidor brasileiro de *teoria da qualidade*,[45] pela qual é inerente aos produtos e serviços oferecidos no mercado de consumo (e não apenas aos contratos que os negociam, como seria o caso das garantias implícitas reconhecidas no direito norte-americano) que atendam a um dever de qualidade imposto aos fornecedores, de garantir a sua segurança.

O sistema do CDC, todavia, agrega a esse dever de qualidade o conceito de defeito, imputando, em matéria de fato do produto, primeiro a alguns (fabricante, produtor, construtor, importador) e apenas em caráter subsidiário a outros fornecedores (comerciantes), a responsabilidade em decorrência da violação do dever. No que se refere ao fato do serviço, a existência do defeito será imputável, indistintamente, de modo solidário, a todos os sujeitos da cadeia de fornecimento.

3.2.3 Requisitos

Os requisitos ou pressupostos essenciais do sistema tradicional da responsabilidade civil não são totalmente afastados do sistema da responsabilidade pelo fato do produto ou do serviço. Nesse sentido, os pressupostos lógico-jurídicos da responsabilidade mantêm-se exigíveis em qualquer dos sistemas de atribuição de responsabilidade: conduta, dano e nexo de causalidade entre ambos.

Distingue a responsabilidade civil pelo fato do produto ou do serviço da responsabilidade civil geral, em primeiro lugar, a não exigência de culpa como elemento integrante do suporte fático da norma que determina a eficácia de responsabilidade. Isso significa que não há necessidade de provar a culpa do fornecedor, uma vez que a norma de regência da responsabilidade determina que esta será atribuída "independentemente de culpa". Nesse ponto, afasta-se do regime tradicional da responsabilidade civil, no qual a culpa é requisito essencial para imputação da responsabilidade, conforme estabelece a regra do artigo 186 do CC ("Aquele que, por ação ou omissão voluntária, negligência ou imprudência, violar direito e causar dano a outrem, ainda que exclusivamente moral, comete ato ilícito"). O mesmo se confirma quando se trata de serviços públicos sob a égide do CDC – caso dos serviços públicos *uti singuli* –, hipótese em que o regime de responsabilidade objetiva do CDC converge com o sistema de responsabilidade previsto no artigo 37, § 6º, da CF.[46]

---

[45] BENJAMIN, Antonio Herman de Vasconcelos e et al. *Comentários ao Código de Proteção do Consumidor*. São Paulo: Saraiva, 1991. p. 45.

[46] Assim confirma o STJ, em decisão sobre a responsabilidade da Empresa de Correios e Telégrafos em caso envolvendo o descumprimento do prazo para entrega de correspondência expressa (Sedex) contendo peça de recurso enviado por advogado ao Tribunal, em razão do qual o profissional teve o recurso julgado intempestivo: "Responsabilidade civil. Recurso especial. Advogado que contrata serviços dos correios para envio de petição recursal. Sedex normal. Contrato que garantia a chegada da petição ao destinatário em determinado tempo. Não cumprimento. Perda do prazo recursal. Responsabilidade civil dos correios para com os usuários. Relação de consumo. Dano moral configurado. Dano material não provado. Teoria da perda de uma chance. Não aplicação no caso concreto. 1. A controvérsia consiste em saber se o advogado que teve recurso por ele subscrito considerado intempestivo, em razão da entrega tardia de sua petição pelos Correios ao Tribunal *ad quem*, pode pleitear indenização por danos materiais e morais contra a mencionada empresa pública. É certo também que a moldura fática delineada demonstra a contratação de serviço postal que, entre Capitais, garantia a chegada de correspondência até o próximo dia útil ao da postagem (Sedex normal). 2. As empresas públicas prestadoras de serviços públicos submetem-se ao regime de responsabilidade civil objetiva, previsto

630 | CURSO DE DIREITO DO CONSUMIDOR – *Bruno Miragem*

Por outro lado, ao tempo em que afasta a exigência da culpa, a responsabilidade pelo fato do produto e do serviço acresce novo requisito para imputação da responsabilidade, o defeito. O conceito de defeito, em geral, é estabelecido a partir da sua distinção do conceito de vício. O regime dos vícios, conhecido do direito comum como hipótese de redibição do contrato ou de abatimento do preço da coisa (pretensão *quanti minoris*), os denominados vícios redibitórios, indica sempre uma falta de adequação dos fins a serem obtidos com o uso ou fruição regular da coisa. No caso dos *defeitos*, muitos autores identificam neles uma diferença de gradação, de intensidade, com relação aos denominados *vícios redibitórios*. Segundo esse entendimento, os defeitos do produto ou serviço seriam espécies de imperfeições mais graves, porquanto seriam capazes de causar danos à saúde ou à segurança do consumidor.[47]

Por outro lado, sustenta-se que a distinção entre *vício* e *defeito* é, antes, uma questão de critério. No caso do vício, *a violação do dever de adequação* e, tratando-se de defeito, *a violação do dever de segurança*, o que não há de significar jamais o dever de oferecer

---

no art. 14 do CDC, de modo que a responsabilidade civil objetiva pelo risco administrativo, prevista no art. 37, § 6º, da CF/88, é confirmada e reforçada com a celebração de contrato de consumo, do qual emergem deveres próprios do microssistema erigido pela Lei n. 8.078/90. No caso, a contratação dos serviços postais oferecidos pelos Correios revela a existência de contrato de consumo, mesmo que tenha sido celebrado entre a mencionada empresa pública e um advogado, para fins de envio de suas petições ao Poder Judiciário. 3. Não se confunde a responsabilidade do advogado, no cumprimento dos prazos processuais, com a dos Correios, no cumprimento dos contratos de prestação de serviço postal. A responsabilidade do advogado pela protocolização de recurso no prazo é de natureza endoprocessual, que gera consequências para o processo, de modo que a não apresentação de recursos no prazo tem consequências próprias, em face das quais não se pode, certamente, arguir a falha na prestação de serviços pelos Correios. Porém, essa responsabilidade processual do causídico não afasta a responsabilidade de natureza contratual dos Correios pelos danos eventualmente causados pela falha do serviço, de modo que, fora do processo, o advogado – como qualquer consumidor – pode discutir o vício do serviço por ele contratado, e ambas as responsabilidades convivem: a do advogado, que se limita às consequências internas ao processo, e a dos Correios, que decorre do descumprimento do contrato e da prestação de um serviço defeituoso. Assim, muito embora não se possa opor a culpa dos Correios para efeitos processuais da perda do prazo, extraprocessualmente a empresa responde pela falha do serviço prestado como qualquer outra. 4. Descabe, no caso, a condenação dos Correios por danos materiais, porquanto não comprovada sua ocorrência. Também não estão presentes as exigências para o reconhecimento da responsabilidade civil pela perda de uma chance, uma vez que as alegações de danos experimentados pelo autor se revelam extremamente fluidas. Existia somente uma remota expectativa e improvável possibilidade de seu cliente se sagrar vitorioso na demanda trabalhista, tendo em vista que o recurso cujo prazo não foi cumprido eram embargos de declaração em recurso de revista no Tribunal Superior do Trabalho, circunstância que revela a exígua chance de êxito na demanda pretérita. 5. Porém, quanto aos danos morais, colhe êxito a pretensão. É de cursivo conhecimento, no ambiente forense e acadêmico, que a perda de prazo recursal é exemplo clássico de advocacia relapsa e desidiosa, de modo que a publicação na imprensa oficial de um julgamento em que foi reconhecida a intempestividade de recurso é acontecimento apto a denegrir a imagem de um advogado diligente, com potencial perda de clientela e de credibilidade. É natural presumir que eventos dessa natureza sejam capazes de abalar a honra subjetiva (apreço por si próprio) e a objetiva (imagem social cultivada por terceiros) de um advogado, razão suficiente para reconhecer a ocorrência de um dano moral indenizável. 6. Condenação por dano moral arbitrada em R$ 20.000,00 (vinte mil reais). 7. Recurso especial parcialmente provido" (STJ, REsp 1.210.732/SC, 4ª Turma, Rel. Min. Luis Felipe Salomão, j. 02.10.2012, *DJe* 15.03.2013).

[47] MARINS, James. *Responsabilidade da empresa pelo fato do produto*. Os acidentes de consumo no Código de Proteção e Defesa do Consumidor. São Paulo: Ed. RT, 1993. p. 109-110.

Parte II · Cap. 3 · RESPONSABILIDADE CIVIL DO FORNECEDOR | **631**

segurança absoluta, mas sim a segurança que legitimamente se possa esperar do produto ou do serviço.[48]

Nessa circunstância, dever-se-á estabelecer um critério de valoração, do que legitimamente poderia se esperar, ou seja, quais características devem ter o produto ou serviço para dar causa ao nível de segurança razoavelmente admitido. O caráter defeituoso do produto ou serviço, portanto, depende de uma valoração, cuja tarefa será do juiz.[49]

Diverge a doutrina sobre quais seriam os pressupostos ou requisitos da responsabilidade civil em geral (no direito comum). No direito português, por exemplo, há os que, como Antunes Varela, identificam até cinco requisitos, quais sejam: *a) o fato (incontrolável pela vontade do homem); b) a ilicitude; c) a imputação do fato ao lesante; d) o dano; e) o nexo de causalidade entre o fato e o dano.*[50] Por outro lado, autores como Fernando Pessoa Jorge preferem restringir tais pressupostos a apenas dois, *ato ilícito* e *prejuízos reparáveis*, incorporando as demais exigências para imputação da responsabilidade ao interior de um dos dois conceitos.[51]

Em direito brasileiro, José de Aguiar Dias relaciona, no esteio da lição de Pontes de Miranda, elementos objetivos e subjetivos como requisitos da responsabilidade civil. Nesse sentido, refere: "São requisitos da primeira categoria o ato contra jus, *sans droit*, isto é, praticado de maneira ilícita, contra direito; o resultado danoso; a relação causal entre o ato e o dano. São requisitos subjetivos: a imputabilidade do agente e que tenha agido com culpa".[52] Caio Mário da Silva Pereira elege como pressupostos da responsabilidade civil subjetiva – regra no direito comum – o *dano*, a *culpa do ofensor* e o *nexo de causalidade* entre o dano e a culpa.[53]

A responsabilidade civil de consumo, como já se afirmou, segue a tendência de uma socialização de riscos, cuja consequência básica é a imputação de responsabilidade objetiva, ou seja, na qual a conduta identificada como passível de ser imputada como responsável não há de ser caracterizada necessariamente como negligente, imprudente, ou mesmo dolosa. Bastará, nesse sentido, a demonstração da realização da conduta própria de ter colocado o produto no mercado ou de algum modo ter participado da cadeia de fornecimento do produto em alguma das posições indicadas nas disposições do CDC (fabricante, produtor, construtor, importador, *e.g.*) e, ainda, que esse produto seja defeituoso, para que estejam preenchidos os pressupostos fáticos concernentes à conduta como elemento da relação de responsabilidade civil de consumo.

Por outro lado, não basta a mera colocação do produto no mercado, ou a prestação de determinado serviço. Também é impositivo, para imputação da responsabilidade, que

---

[48] ROCHA, Sílvio Luís Ferreira da. *Responsabilidade civil do fornecedor pelo fato do produto no direito brasileiro*. São Paulo: Ed. RT, 1992. p. 93.

[49] ROCHA, Sílvio Luís Ferreira da. *Responsabilidade civil do fornecedor pelo fato do produto no direito brasileiro*. São Paulo: Ed. RT, 1992. p. 95. SANSEVERINO, Paulo de Tarso Vieira. *Responsabilidade civil no Código do Consumidor e a defesa do fornecedor*. São Paulo: Saraiva, 2002. p. 118.

[50] ANTUNES VARELA, João de Matos. *Das obrigações em geral*. 10. ed. Coimbra: Almedina, 2000. v. 1, p. 526.

[51] JORGE, Fernando Pessoa. *Ensaio sobre os pressupostos da responsabilidade civil*. Coimbra: Almedina, 1999. p. 55-56.

[52] AGUIAR DIAS, José de. *Da responsabilidade civil*. 6. ed. Rio de Janeiro: Forense, 1979. v. 1, p. 139.

[53] PEREIRA, Caio Mário da Silva. *Responsabilidade civil*. Rio de Janeiro: Forense, 1998. p. 35.

CURSO DE DIREITO DO CONSUMIDOR – *Bruno Miragem*

haja a exata identificação do nexo de causalidade entre o dano causado ao consumidor e aquela dada conduta do fornecedor de oferecimento do produto ou serviço no mercado. Em outros termos, a responsabilidade do fornecedor só se produz na medida em que certo dano produzido ao consumidor pode ser vinculado por relação lógica de causa e efeito a certa conduta desse fornecedor no mercado de consumo. Esse elo só vai se produzir com a existência de um defeito, ou seja, uma falha no processo econômico que abrange desde a concepção do produto ou serviço até sua disposição e utilização pelo consumidor, com o comprometimento da segurança que legitimamente dele se espera.

O próprio CDC define defeito, ao referir que se considera defeituoso o produto ou serviço que não oferece a segurança que legitimamente dele se espera. Protege-se, no caso, uma expectativa legítima de segurança dos consumidores em relação aos produtos e serviços oferecidos no mercado, o que se traduz, em um primeiro exame, pela razoável expectativa de que eles não causem danos em razão da sua regular utilização ou consumo. Por outro lado, essa proteção à segurança também vai abranger não apenas a concepção do produto em si, suas características ou qualidades intrínsecas, mas igualmente o modo como se dá o processo de fornecimento no mercado de consumo. A forma do seu oferecimento ao consumidor, as informações prestadas, eventuais controles na sua comercialização, podem ser condutas exigíveis como devidas e variáveis quanto ao seu conteúdo, conforme a espécie de produto ou serviço em questão. Na definição desses *standards* com relação à segurança do produto ou serviço, ou ainda no modo do seu fornecimento ao mercado, é que se situam a definição conceitual do que seja defeito e a classificação de suas espécies no direito comparado e no direito brasileiro. Note-se, nesse sentir, que o defeito é elemento inafastável da relação de responsabilidade por fato do produto ou do serviço, razão pela qual não se pode falar dessa modalidade de responsabilidade sem expressa referência a esse seu elemento constitutivo.

Assim, aos requisitos tradicionais da responsabilidade civil – *conduta, nexo de causalidade* e *dano* – agrega-se a responsabilidade civil pelo fato do produto ou do serviço: o *defeito*. Não se descure que parte da doutrina sobre o tema relaciona um quinto pressuposto: o denominado *nexo de imputação*. Segundo tal entendimento, o nexo de imputação se estabelece pela verificação de um dano na esfera jurídica alheia por meio da constituição de uma obrigação de indenizar. Nesse sentido, sustenta-se que, na responsabilidade civil pelo fato do produto ou do serviço, a atribuição do dever de indenizar deveria recair a princípio apenas em relação aos responsáveis diretos pela criação dos produtos ou serviços defeituosos ou por sua colocação no mercado. Entretanto, com o intuito de permitir uma maior proteção das vítimas do evento danoso, o CDC determina que todos os que tenham intervindo de qualquer modo no tráfego daquele produto ou serviço no mercado de consumo serão considerados fornecedores e, como tais, responderão solidariamente pela obrigação de indenizar o consumidor, independentemente da sua contribuição efetiva para existência do defeito e, consequentemente, para causação do dano.

Daí por que, para efeitos de sistematização dos elementos da responsabilidade civil pelo fato do produto e do serviço, entendemos por reconhecer quatro requisitos essenciais para sua identificação: a) *conduta*; b) *dano*; c) *nexo de causalidade*; e d) *defeito*. Cumpre aprofundar o exame de cada um desses requisitos.

3.2.3.1   Conduta

Ainda que muitos especialistas no tema específico da responsabilidade civil pelo fato do produto ou do serviço desconsiderem a conduta como requisito autônomo para o estabelecimento da relação jurídica prevista no CDC,[54] preferimos seguir o traço típico da relação de responsabilidade, investigando e definindo como imputável determinada conduta, que, no caso da responsabilidade civil de consumo, será sempre uma conduta do fornecedor.

Em regra, aliás, em uma relação de responsabilidade civil, seja qual for sua natureza, o que se objetiva basicamente é a imputação de determinada conduta ou atividade. Assim, no regime geral da responsabilidade civil, não se prescinde que esta venha a emergir de um fato positivo ou ação, que viola dever jurídico em relação a outra pessoa, ou ainda de uma omissão que possa ocasionar danos.[55] Considera-se, da mesma forma, no sistema da responsabilidade tradicional (subjetiva), que esse fato é "um fato dominável ou controlável pela vontade, um comportamento ou uma forma de conduta humana – pois só quanto a fatos desta índole têm cabimento a noção de ilicitude, o requisito da culpa e a obrigação de reparar o dano nos termos em que a lei impõe".[56]

Refere o artigo 12 do CDC: "O fabricante, o produtor, o construtor, nacional ou estrangeiro, e o importador respondem, independentemente da existência de culpa, pela reparação dos danos causados aos consumidores por defeitos decorrentes de projeto, fabricação, construção, montagem, fórmulas, manipulação, apresentação ou acondicionamento de seus produtos, bem como por informações insuficientes ou inadequadas sobre sua utilização e riscos".

Por outro lado, note-se que, entre as causas de exclusão da responsabilidade dos fornecedores mencionados no *caput* do artigo 12, refere o § 3º, I, da mesma disposição: "O fabricante, o construtor, o produtor ou importador só não será responsabilizado quando provar: I – que não colocou o produto no mercado (...)".

A conduta que se reclama do fornecedor é sua participação na colocação do produto ou serviço no mercado, em qualquer das fases em que esta tenha se desenvolvido. Nesse sentido, a conduta se caracteriza pela participação do fornecedor no processo de produção e disposição desse produto ou serviço no mercado.

Daí por que o regime de responsabilidade previsto pelo CDC é abrangente de todos os agentes econômicos integrantes da cadeia de fornecimento. Nesse sentido, distinguirá a doutrina entre diferentes classes de responsáveis, em meio aos diversos agentes econô-

---

[54]   Referimo-nos aqui, muito especialmente, ao excelente estudo de Paulo de Tarso Vieira Sanseverino, que prefere, ao eleger os requisitos da responsabilidade civil pelo fato do produto ou do serviço, sistematizá--los em: a) defeito; b) imputação; c) dano; d) nexo causal. Trabalha nesse sentido, com o pressuposto do nexo da imputação, da doutrina portuguesa (Antunes Varela, entre outros), e discute nesse âmbito "o vínculo que se estabelece entre o produto e o serviço e a atividade desenvolvida pelo fornecedor para atribuição do dever de indenizar os danos sofridos pelo consumidor prejudicado" (SANSEVERINO, Paulo de Tarso Vieira. *Responsabilidade civil no Código do Consumidor e a defesa do fornecedor*. São Paulo: Saraiva, 2002. p. 112-113).

[55]   ALMEIDA COSTA, Mário Júlio de. *Direito das obrigações*. 9. ed. Coimbra: Almedina, 2004. p. 511.

[56]   ANTUNES VARELA, João de Matos. *Das obrigações em geral*. 10. ed. Coimbra: Almedina, 2000. v. 1, p. 527.

micos mencionados nos artigos 12 e 13 do CDC (o fabricante, o produtor, o construtor, nacional ou estrangeiro, o importador e o comerciante), quais sejam: *responsáveis reais, responsáveis presumidos e responsáveis aparentes.*[57] Os primeiros, responsáveis reais, são os fornecedores que efetivamente participaram do processo de produção do produto e, nessa condição, deram causa ao defeito que a seguir determinará a realização do evento danoso. Nesse rol, encontram-se, a princípio, o fabricante, o produtor ou o construtor. O responsável presumido é o importador, de quem se presumiria a condição de causador do defeito ao introduzir no mercado nacional produto estrangeiro que vem a dar origem a evento danoso no Brasil. Nesse sentido, note-se que não é unânime a doutrina que identifica essa responsabilidade como espécie de presunção legal, observando, por exemplo, Zelmo Denari, que a hipótese, no caso, seria de ficção legal, uma vez que reconhecidamente falsa.[58] Entendemos, todavia, não se tratar de uma coisa, nem de outra, mas de autêntica *imputação por risco negocial*, no âmbito do mercado de consumo. E como *responsáveis aparentes*, os comerciantes, cuja responsabilidade estabelecida no artigo 13 do CDC é subsidiária, uma vez que lhe deverá ser imputada a obrigação de indenizar apenas quando: "I – o fabricante, o construtor, o produtor ou o importador não puderem ser identificados; II – o produto for fornecido sem identificação clara do seu fabricante, produtor, construtor ou importador". Ainda, em hipótese de responsabilidade direta, quando "não conservar adequadamente os produtos perecíveis". Nesta última situação, a hipótese de responsabilidade, de modo autêntico, é responsabilidade por fato próprio, uma vez que se percebe a causa determinante de um dano causado ao consumidor na ausência de conservação adequada dos produtos perecíveis.

Insiste-se, pois, que não se reclama na conduta do fornecedor, como pressuposto da responsabilização, a existência de culpa, entendida esta como a falta a um dever de cuidado ou cautela, ou ainda a falta a um dever de prudência, na realização de determinado comportamento. O que se perquire é sobre sua atuação no mercado de consumo, ou seja, se colocou ou não o produto ou serviço no mercado de consumo, exigindo-se, nesse caso, para efeito de responsabilização, que a resposta seja afirmativa.

Por outro lado, em apenas uma situação o CDC mantém a exigência da culpa como pressuposto da responsabilização civil nas relações de consumo: quando na posição de fornecedor se encontrar um profissional liberal. Refere o artigo 14, § 4º, do CDC: "A responsabilidade pessoal dos profissionais liberais será apurada mediante a verificação de culpa". O fundamento dessa disposição reside que em tais situações o profissional liberal, ao realizar um serviço objeto de relação de consumo (artigo 14), fá-lo-ia em situação de maior pessoalidade do que a do oferecimento massificado e despersonalizado de produtos e serviços. Nesse sentido, considerando a preponderância do elemento humano e de especialidade técnica nessa prestação de serviço, seria desproporcional a imputação de responsabilidade independentemente da avaliação da culpa.

---

[57] CALVÃO DA SILVA, João. *Responsabilidade civil do produtor.* Coimbra: Almedina, 1990. p. 551; ROCHA, Sílvio Luís Ferreira da. *Responsabilidade civil do fornecedor pelo fato do produto no direito brasileiro.* São Paulo: Ed. RT, 1992. p. 73 *et seq.*; SANSEVERINO, Paulo de Tarso Vieira. *Responsabilidade civil no Código do Consumidor e a defesa do fornecedor.* São Paulo: Saraiva, 2002. p. 158 *et seq.*

[58] DENARI, Zelmo *et al. Código Brasileiro de Defesa do Consumidor comentado pelos autores do anteprojeto.* 8. ed. Rio de Janeiro: Forense, 2005. p. 182.

3.2.3.2 Defeito

O conceito de defeito é o conceito-chave para o conceito de responsabilidade pelo fato do produto ou do serviço no regime do CDC. Exige-se no sistema do CDC, por expressa influência do direito europeu sobre o tema, a existência de defeito para que se possa indicar a imputação de responsabilidade civil ao fornecedor pelos danos causados em razão de acidentes de consumo. Em matéria de responsabilidade pelo fato do produto e do serviço, não há falar em imputação do dever de indenizar sem a demonstração do defeito, que, por isso, aparece como pressuposto específico do regime de responsabilidade civil estabelecido pelo CDC.

A questão que se apresenta, todavia, diz respeito à correta conceituação jurídica de defeito e sua extensão. Na Diretiva europeia sobre responsabilidade civil pelo fato do produto, de 1985, a imputação do dever de indenizar subordina-se à identificação do defeito, conforme vislumbra-se do seu artigo 1°: "O produtor é responsável pelo dano causado por um defeito do seu produto". Por outro lado, no que concerne ao que se deva considerar como produto defeituoso, o artigo 6° da mesma Diretiva refere: "Um produto é defeituoso quando não oferece a segurança que se pode legitimamente esperar, tendo em conta todas as circunstâncias, tais como: a) apresentação do produto; b) a utilização do produto que se pode razoavelmente esperar; c) o momento de entrada em circulação do produto. 2. Um produto não será considerado defeituoso pelo simples facto de ser posteriormente colocado em circulação um produto mais aperfeiçoado".

Como se percebe, o direito brasileiro inspirou-se nessa parte no direito europeu, fazendo constar no artigo 12, § 1°, do CDC brasileiro: "(...) § 1° O produto é defeituoso quando não oferece a segurança que dele legitimamente se espera, levando-se em consideração as circunstâncias relevantes, entre as quais: I – sua apresentação; II – o uso e os riscos que razoavelmente dele se esperam; III – a época em que foi colocado em circulação". Igualmente, o mesmo pressuposto estendeu-se à responsabilidade pelo fato do serviço, cuja regulamentação ainda hoje encontra-se pendente no direito europeu[59] (embora a Diretiva 2001/95/CE inclua na abrangência da responsabilidade por produtos defeituosos, ou utilizados na prestação de serviço),[60] mas que no CDC brasileiro foi prevista no artigo 14, § 1°, nos seguintes termos: "O serviço é defeituoso quando não fornece a segurança que o consumidor dele pode esperar, levando-se em consideração as circunstâncias relevantes, entre as quais: I – o modo de seu fornecimento; II – o resultado e os riscos que razoavelmente dele se esperam; III – a época em que foi fornecido".

Essa *falha do dever de segurança*, ou seja, de oferecer a segurança legitimamente esperada de produtos e serviços oferecidos no mercado de consumo, considera-se *defeito*. Em muitas oportunidades, confundem-se, em direito do consumidor, os conceitos de vício e defeito. Não há razão para tanto. Entre as principais distinções entre os conceitos de vício e defeito podemos indicar o interesse jurídico protegido, a necessidade ou não da existência de vínculo contratual e os efeitos da sua identificação.[61]

---

[59]   ALPA, Guido. *Il diritto dei consumatori*. Roma: Laterza, 2002. p. 418-422.

[60]   ALPA, Guido. *Il diritto dei consumatori*. Roma: Laterza, 2002. p. 416-417.

[61]   SANSEVERINO, Paulo de Tarso Vieira. *Responsabilidade civil no Código do Consumidor e a defesa do fornecedor*. São Paulo: Saraiva, 2002. p. 155.

O defeito, como pressuposto da responsabilidade pelo fato do produto ou do serviço, é uma falha do atendimento do dever de segurança imputado aos fornecedores de produtos e serviços no mercado de consumo. Difere dos vícios, que representam a falha a um dever de adequação, que se dá quando o produto ou o serviço não servem à finalidade que legitimamente deles é esperada, pelo comprometimento da sua qualidade ou da quantidade. Note-se que a associação entre defeito e falha é decisiva para a exata compreensão desse pressuposto da responsabilidade do fornecedor. Nenhum produto ou serviço é isento de riscos ao consumidor. Admite-se, contudo, que sejam introduzidos no mercado de consumo apenas aqueles cujos riscos sejam considerados "normais e previsíveis" (artigo 8º do CDC). Desse modo, a falha que caracteriza o defeito está na anormalidade do risco, seja porque passa a existir em razão dessa falha, ou em razão dela aumenta sua intensidade. Há, contudo, produtos ou serviços com periculosidade inerente, ou seja, cujos riscos sejam por si elevados, mas que ainda assim, normalmente em comparação à utilidade que deles se obtém, admite-se que sejam colocados no mercado, determinando-se apenas que haja em relação a eles a advertência de modo ostensivo e adequado. A periculosidade inerente que for característica do produto ou serviço, e não resultar, portanto, de falha do processo de concepção, fabricação e comercialização ou execução, não caracteriza o defeito, afastando a responsabilidade do fornecedor. Note-se, contudo, se existir risco maior (perigo), sem que tenha ocorrido a informação mais ostensiva, poderá haver defeito de informação. Embora seja inerente ao produto ou serviço, a ausência de informação adequada pode dar causa a que o consumidor não adote as cautelas necessárias, gerando o dano. Por outro lado, sendo o produto ou serviço perigoso, tendo havido advertência e, ainda assim, o dano ao consumidor se produz, não responderá o fornecedor.[62] Por um critério de atribuição do ônus da prova por força de lei, contudo, incumbirá ao fornecedor demonstrar a inexistência do defeito (artigos 12, § 3º, II, e 14, § 3º, I, do CDC).

Por outro lado, é intuitivo, sobretudo em face do que estabelecem os artigos 12, 14 e 17 do CDC, que em matéria de falha ao dever de segurança, ou seja, do defeito, não há necessidade de que haja qualquer espécie de vínculo contratual antecedente para que se caracterize a responsabilidade do fornecedor. Em outros termos, pouco importa que, com relação à eventual vítima de danos do produto ou serviço defeituoso, exista relação contratual direta ou indireta antecedente com o fornecedor. Bastam a caracterização do defeito e a demonstração de sua relação de causa e efeito com o dano sofrido para que disso se origine hipótese de responsabilidade pelo fato do produto ou do serviço.

A legislação estabelece (artigos 12, § 1º, I a III, e 14, § 1º, I a III, do CDC) critérios para determinação do caráter defeituoso de um produto ou serviço. Com base nesses critérios, a doutrina brasileira,[63] a par da contribuição do direito comparado, que refere

---

[62] STJ, REsp 1.599.405/SP, 3ª Turma, Rel. Min. Marco Aurélio Bellizze, j. 04.04.2017, *DJe* 17.04.2017; sob esse argumento: "Os medicamentos em geral incluem-se entre os produtos que apresentam riscos intrínsecos, nos quais os perigos são inerentes à própria utilização e decorrem da finalidade a qual se destinam (CDC, art. 8º) (...) A ingestão de medicamentos tem potencial para ensejar reações adversas, que, todavia, não configuram, por si sós, defeito do produto, desde que a potencialidade e a frequência desses efeitos nocivos estejam descritas na bula, em cumprimento ao dever de informação do fabricante" (STJ, REsp 1.402.929/DF, 4ª Turma, Rel. Min. Maria Isabel Gallotti, j. 11.04.2023, *DJe* 14.04.2023).

[63] Nesse sentido, adotando critérios semelhantes, com ligeiras variações no que se refere à terminologia empregada na denominação dos defeitos, veja-se: BENJAMIN, Antonio Herman de Vasconcelos e *et al.*

a existência de *manufacturing defects, design defects* ou *warning defects*,[64] vem sistematizando os defeitos dos produtos basicamente nos seguintes: a) *defeitos de projeto ou concepção*; b) *defeitos de execução, produção ou fabricação*; c) *defeitos de informação ou comercialização*. Segundo assinala José Reinaldo de Lima Lopes, essa tipologia é aceita em diversos sistemas (ainda que não com as mesmas e exatas expressões), como Itália, França, Alemanha e Estados Unidos.[65]

3.2.3.2.1 Defeitos de projeto ou concepção

Na legislação estrangeira, são os denominados *design defects, diffeti de progettazzione, Konstruktionsfehler* ou *défauts de conception*. Os defeitos de projeto ou concepção são aqueles em que se identifica falha no dever de segurança no momento de concepção ou de elaboração do projeto ou da fórmula de determinado produto. São expressamente reconhecidos pelo artigo 12, *caput*, do CDC, ao fazer referência aos defeitos decorrentes de projetos ou fórmulas. Tais defeitos afetam a característica geral do produto, em vista da falha que pode decorrer desde da escolha inadequada de matérias-primas que coloquem o consumidor em perigo, ou da escolha de um *design* inadequado do produto, que termine por colocar o consumidor em perigo, vindo a causar-lhe danos.[66] A definição do que se deva reconhecer nesses casos como um risco ou perigo admissível ou inadmissível – nesta última hipótese caracterizado o defeito – deverá realizar-se em face de *standards* determinados em vista do objetivo essencial de evitarem-se riscos à saúde e à segurança dos consumidores.[67]

A dificuldade, nesse caso, situa-se na precisão desses *standards* para aferição do cumprimento ou não do dever de segurança pelo fornecedor. Assim, um critério adequado é observar que, para caracterizar-se como defeito de concepção ou projeto, a falha deve alcançar toda uma série de produtos, devendo-se ser possível identificá-lo de acordo com o estágio atual do conhecimento científico e tecnológico.

Comentários ao Código de Proteção do Consumidor. São Paulo: Saraiva, 1991. p. 61; LEÃES, Luis Gastão Paes de Barros. *A responsabilidade do fabricante pelo fato do produto*. São Paulo: Saraiva, 1987. p. 158; LOPES, José Reinaldo de Lima. *Responsabilidade civil do fabricante e a defesa do consumidor*. São Paulo: Ed. RT, 1992. p. 29; SANSEVERINO, Paulo de Tarso Vieira. *Responsabilidade civil no Código do Consumidor e a defesa do fornecedor*. São Paulo: Saraiva, 2002. p. 133; DENARI, Zelmo et al. *Código Brasileiro de Defesa do Consumidor comentado pelos autores do anteprojeto*. 8. ed. Rio de Janeiro: Forense, 2005. p. 183-184; MARINS, James. *Responsabilidade da empresa pelo fato do produto*. Os acidentes de consumo no Código de Proteção e Defesa do Consumidor. São Paulo: Ed. RT, 1993. p. 111; ROCHA, Sílvio Luís Ferreira da. *Responsabilidade civil do fornecedor pelo fato do produto no direito brasileiro*. São Paulo: Ed. RT, 1992. p. 99.

[64] CHRISTIE, George C.; MEEKS, James E.; PRYOR, Ellen S.; SANDERS, Joseph. *Cases and materials on the law of torts*. Saint Paul: West Publishing Co., 1997. p. 624 *et seq.*

[65] LOPES, José Reinaldo de Lima. *Responsabilidade civil do fabricante e a defesa do consumidor*. São Paulo: Ed. RT, 1992. p. 61.

[66] "*Código de Defesa do Consumidor. Lata de tomate Arisco. Dano na abertura da lata. Responsabilidade civil da fabricante*. O fabricante de massa de tomate que coloca no mercado produto acondicionado em latas cuja abertura requer certos cuidados, sob pena de risco à saúde do consumidor, e sem prestar a devida informação, deve indenizar os danos materiais e morais daí resultantes. Rejeitada a denunciação da lide à fabricante da lata por falta de prova. Recurso não conhecido" (STJ, REsp 237.964/SP, 4ª Turma, Rel. Min. Ruy Rosado de Aguiar, j. 16.12.1999, *DJU* 08.03.2000. p. 127).

[67] MARINS, James. *Responsabilidade da empresa pelo fato do produto*. São Paulo: Ed. RT, 1993, p. 113.

638 | CURSO DE DIREITO DO CONSUMIDOR – *Bruno Miragem*

Envolve ainda a caracterização do defeito de projeto ou concepção não apenas a escolha de matérias-primas aptas à causação de danos à saúde e à segurança, quanto ao seu emprego inadequado,[68] mas também as situações em que se observa o planejamento equívoco do acionamento de diferentes itens de um mesmo produto (por exemplo, a relação de coordenação entre o sistema de freios, a identificação da colisão e o acionamento dos *airbags* de um automóvel).

De igual modo, a comparação entre eventual efeito do produto ou serviço e os *standards* de garantia da saúde e segurança do consumidor, para que se identifique ou não esse resultado como espécie de defeito, não pode perder de vista o critério estabelecido no próprio CDC, qual seja, de que são defeituosos os produtos ou serviços que não oferecem a segurança que legitimamente deles se espera.[69] É a proteção dessa expectativa legítima que deve ser levada em consideração em todos os casos, razão pela qual, também se poderá considerar defeituoso o medicamento que, a par de possuir determinados efeitos terapêuticos, possui efeitos colaterais tão ou mais nocivos à saúde do consumidor, do que a moléstia que ele busca combater (exemplo conhecido no Brasil é o da talidomida, cujo uso em pacientes grávidas, para minorar efeitos de indisposição, deu causa a deformações físicas da criança).

3.2.3.2.2 Defeitos de execução, produção ou fabricação

Os defeitos de execução, produção ou fabricação são aqueles que se apresentam como falhas do dever de segurança durante o processo de realização/prestação de determinado serviço, ou de produção ou fabricação de determinado produto. Em geral, consideram-se inevitáveis, porquanto intrínsecos aos riscos da atividade econômica do fornecedor de produtos e serviços no mercado de consumo.[70]

Tais defeitos, tratando-se da moderna economia de massas, decorre do processo de crescente padronização e automatização da produção de produtos e prestação de serviços. Nesse sentido, não são identificadas, *a priori*, falhas na concepção do produto ou serviço, mas, sim, quando, no instante da prestação do serviço ou da fabricação do produto, falhas inerentes ao processo produtivo, decorrentes de erros de pessoas envolvidas na atividade,[71]

---

[68] DENARI, Zelmo *et al. Código Brasileiro de Defesa do Consumidor comentado pelos autores do anteprojeto.* 8. ed. Rio de Janeiro: Forense, 2005. p. 184.

[69] STJ, REsp 2.033.737/SP, 3ª Turma, Rel. Min. Marco Aurélio Bellizze, j. 14.02.2023, *DJe* 16.02.2023.

[70] DENARI, Zelmo *et al. Código Brasileiro de Defesa do Consumidor comentado pelos autores do anteprojeto.* 8. ed. Rio de Janeiro: Forense, 2005. p. 184; SANSEVERINO, Paulo de Tarso Vieira. *Responsabilidade civil no Código do Consumidor e a defesa do fornecedor.* São Paulo: Saraiva, 2002. p. 17; MARINS, James. *Responsabilidade da empresa pelo fato do produto.* Os acidentes de consumo no Código de Proteção e Defesa do Consumidor. São Paulo: Ed. RT, 1993. p. 67; ROCHA, Sílvio Luís Ferreira da. *Responsabilidade civil do fornecedor pelo fato do produto no direito brasileiro.* São Paulo: Ed. RT, 1992. p. 100.

[71] Assim, por exemplo, o caso de danos decorrentes da queda de torcedor em rampa de acesso ao estádio de futebol, para o que tenha contribuído a superlotação do evento decorrente da venda de ingressos em número superior à capacidade: REsp 1.513.245/SP, 3ª Turma, Rel. Min. Paulo de Tarso Sanseverino, j. 10.03.2015, *DJe* 16.03.2015. Não havendo erro, mas cumprimento de faculdade prevista em lei ou regulamento, não se cogita da caracterização do defeito. Assim o caso do banco que promove o cancelamento dos cheques do correntista, em prejuízo do credor que os aceitou em pagamento: STJ, REsp 1.324.125/DF, Rel. Min. Marco Aurélio Bellizze, j. 21.05.2015, *DJe* 12.06.2015.

ou das máquinas e equipamentos empregados, determinam o defeito que atinge a saúde ou a segurança do consumidor.

Muitos autores buscam estabelecer uma distinção quantitativa entre os defeitos de execução, fabricação ou produção e os defeitos de concepção ou projeto, afirmando que, na primeira hipótese, o defeito se apresentaria em poucas oportunidades – dado o caráter eventual do risco de ocorrência da falha –, enquanto no segundo caso, uma vez que se trata de um defeito de concepção, existe um defeito que deve se apresentar em toda uma série de produtos prejudicados pela mesma falha. Esse critério de distinção, todavia, não nos parece servir para nada, seja para fins didáticos ou mesmo para definição do conteúdo da responsabilidade no âmbito da ação indenizatória, à precisão do conceito de defeito. Ora, parece evidente que não é o tipo de defeito que vai determinar sua ocorrência em termos quantitativos. Basta considerar que larga quantidade de produtos defeituosos pode surgir tanto em razão de uma falha no projeto desse produto quanto em consequência do ajuste de determinado maquinário do seu processo de fabricação automatizado. Neste último caso, poder-se-á multiplicar indefinidas vezes o número de produtos defeituosos, sem que por isso se deixe de tratar, da mesma forma, de defeitos de fabricação.

É certo, todavia, que a identificação do defeito de execução, fabricação ou produção é relativamente mais fácil do que os defeitos de concepção ou projeto. Isso porque sua identificação pode ser deduzida da comparação entre produtos de uma mesma série, daqueles que se encontram de acordo com as exigências de segurança legitimamente esperadas,[72] e dos que não as cumprem.[73] O que se pode afirmar é que os defeitos de execução, fabricação ou produção não afetam, em regra, a totalidade dos exemplares de

---

[72] A expectativa de segurança também resulta dos deveres específicos impostos por lei. Assim era reconhecido, no caso de eventos esportivos, às empresas que os promoviam, o dever de garanti a segurança dos espectadores que compareciam, segundo a Lei 10.671/2003 (Estatuto de Defesa do Torcedor). A obrigação se estendia, inclusive, aos momentos de entrada e saída do lugar em que se realizavam. Nesse sentido: STJ, REsp n. 1.924.527/PR, rel. Min. Nancy Andrighi, 3ª Turma, j. 15/6/2021, DJe de 17/6/2021. Afastando a falha no dever de segurança e, consequentemente, a responsabilidade do time mandante, pelo fato de agressão ter ocorrida em via pública por disparo de arma de fogo de policial: STJ, REsp n. 2.040.570/RJ, rel. Min. Nancy Andrighi, 3ª Turma, j. 25/4/2023, DJe 27/4/2023. Joseane Suzart Lopes da Silva sustentou com precisão também, o diálogo de fontes entre o Estatuto de Defesa do Torcedor e o CDC, dentre outros pontos, para estender a vedação da denunciação à lide dos entes desportivos, em benefício dos torcedores vítimas (LOPES DA SILVA, Joseane Suzart. O diálogo das fontes entre a lei federal 10.671/2003 e o Código de Defesa do Consumidor: a vedação da denunciação da lide diante da responsabilidade dos entes desportivos em prol da devida proteção da segurança dos consumidores. Revista de direito do consumidor, v. 128. São Paulo: RT, mar.-abr./2020, p. 283-305). No mesmo sentido: CAPUTO BASTOS, Guilherme Augusto; SAYEG, Ricardo Hasson. Estatuto de defesa do torcedor e a segurança de eventos desportivos: uma análise sobre a responsabilidade objetiva atribuída às entidades equiparadas a fornecedor e aos seus dirigentes. Revista de direito do consumidor, v. 137. São Paulo: RT, set.-out./2021, p. 199-216. Destaque-se, contudo, que o Estatuto de Defesa do Torcedor foi integralmente revogado pela Lei n. 14.597, 14 de junho de 2023, que instituiu a Lei Geral do Esporte. Seu art. 142 assegura a aplicação das normas de proteção do consumidor ao espectador do evento, contudo, com alterações frente ao antigo estatuto do torcedor. O art. 142, § 2º, da Lei 14.597/2023, de sua vez, define que "as organizações esportivas que administram e regulam modalidade esportiva em âmbito nacional caracterizam-se como fornecedoras relativamente a eventos esportivos por elas organizados, ainda que o cumprimento das tarefas materiais locais a eles pertinentes seja incumbência de terceiros ou de outras organizações esportivas".

[73] Desse modo, não é defeituoso, por exemplo, o serviço de diagnóstico realizado por clínica de ultrassonografia, que não identifica riscos de doença do feto, quando o dever de informar sobre estes riscos

640 | CURSO DE DIREITO DO CONSUMIDOR – *Bruno Miragem*

um produto ou serviço de uma série. Da mesma forma, porém, serão *previsíveis*, uma vez que sua ocorrência é esperada dentro da perspectiva de um risco negocial inerente à atividade econômica, sendo possível dele realizar-se, no mais das vezes, cálculo estatístico da sua ocorrência. Por fim, são *inevitáveis*, porquanto integram o risco da atividade de fornecimento de produtos e serviços,[74] e desse modo não podem ser totalmente eliminados pelo fornecedor.[75]

Cabe o reconhecimento desses defeitos também nas hipóteses de responsabilidade pelo fato do serviço, na medida em que se caracteriza a existência de um defeito de execução do serviço, como é o caso do transportador aéreo que não leva o passageiro ao seu destino, em face de acidente com a aeronave, a alteração de tensão na rede de energia elétrica que estraga aparelhos eletrônicos, da enfermeira que ministra o medicamento errado,[76] do hospital que desconsidera a janela imunológica em parto por

---

e mesmo solicitar exames complementares incumbe ao médico que atende a consumidora: STJ, REsp 1.441.463/RJ, 4ª Turma, Rel. Min. Maria Isabel Gallotti, j. 12.03.2019, *DJe* 15.03.2019.

[74] Assim, por exemplo: *"Responsabilidade civil. Dano moral. SPC. CPF. Documento falso. Estelionato.* A empresa vendedora (Ponto Frio) que levou ao SPC o número de CPF do autor, usado pelo estelionatário no documento falso com que obteve o financiamento concedido pela vendedora, deve indenizar o dano moral que decorreu do registro indevido do nome do autor no cadastro de inadimplentes, pois o descuido da vendedora foi a causa do fato lesivo que atingiu o autor, terceiro alheio ao negócio. Recurso conhecido e provido" (STJ, REsp 404.778/MG, 4ª Turma, Rel. Min. Ruy Rosado de Aguiar, j. 18.06.2002, *DJU* 12.08.2002, p. 222). Da mesma forma, a responsabilidade do *shopping center* pelo roubo ou furto de automóvel em seu estacionamento, uma vez que "A prestação de segurança aos bens e à integridade física do consumidor é inerente à atividade comercial desenvolvida por hipermercado e *shopping center*. Assim, ainda que o ato ilícito tenha ocorrido em estacionamento gratuito em área pública, a responsabilidade do *shopping* remanesce pelos danos ocorridos no local quando o referido estacionamento é utilizado exclusivamente por seus consumidores" (STJ, AgRg no AREsp 790.643/DF, 3ª Turma, Rel. Min. Marco Aurélio Bellizze, j. 15.12.2015, *DJe* 03.02.2016).

[75] Assim o entendimento do STJ em caso de acionamento do *airbag* em colisão de automóvel com poste, em baixa velocidade, no que se identificou a frustração da expectativa normal com os danos sofridos. Em outros termos, por considerar que o *airbag* não deveria ter sido acionado em razão das características da colisão, os ferimentos que esse acionamento deu causa ao consumidor consideram-se como fato do produto, dando causa à indenização: STJ, REsp 1.656.614/SC, 3ª Turma, Rel. Min. Nancy Andrighi, j. 23.05.2017, *DJe* 02.06.2017.

[76] "Agravo regimental no agravo em recurso especial. Responsabilidade civil do hospital por erro cometido por sua enfermeira. Relação de consumo caracterizada. Aplicação do Código de Defesa do Consumidor. Recurso especial. Danos morais. Ocorrência. Agravo regimental não provido. 1. Aplicação de medicamento equivocado por enfermeira contratada do hospital, ora agravante, e durante a realização de seu trabalho, ocasionando coma e lesões cerebrais irreversíveis no filho dos agravados caracteriza responsabilidade objetiva do hospital. Indenização por dano moral aos pais. (...)" (STJ, AgRg no AREsp 152.666/SP, 4ª Turma, Rel. Min. Raul Araújo, j. 25.11.2014, *DJe* 19.12.2014). Interessante nesse aspecto verificar a relação entre produto e serviço para determinação da responsabilidade, quando não se trate, propriamente, de ministrar-se um medicamento errado, mas sim um medicamento defeituoso. Nesse caso, sendo ele ministrado como parte do serviço prestado pelo hospital, traz à luz a discussão se será o caso de responsabilidade pelo fato do produto (afinal, o defeito é do medicamento), ou do serviço (considerando ter sido ministrado como parte da prestação de serviços hospitalares. A consequência prática da distinção é relevante, uma vez que isolando-se a existência do defeito do produto, responderá pelos danos causados o fabricante, e se houver, o importador. Contudo, reconhecido o fato do serviço, responderá objetivamente o hospital que utilizou o produto defeituoso, sem prejuízo da solidariedade do fabricante como membro da cadeia de fornecimento. O STJ decidiu pela ausência de responsabilidade do hospital pelo uso de soro contaminado em paciente, tendo sido identificado que a contaminação se deu quando da sua fabricação (produto defeituoso). Porém, não chegou a enfrentar o argumento do

Parte II · Cap. 3 · RESPONSABILIDADE CIVIL DO FORNECEDOR | **641**

cesárea e realiza transfusão de sangue em paciente, transmitindo-lhe o vírus HIV,[77] ou o cartão de crédito que vem a ser copiado por terceiro e utilizado em prejuízo do consumidor. Nas hipóteses mencionadas, assim como no caso do erro de diagnóstico, segundo a jurisprudência dominante, está-se a falar de obrigação de resultado, tanto pela perspectiva da realização da prestação devida quanto do dever implícito de não causar dano.[78] Nesses casos e em outros mais, há espécie de defeito de execução do serviço, a teor do que estabelece o artigo 14, § 1º, do CDC, porquanto o modo como o

---

caráter objetivo da responsabilidade do hospital pelo uso do produto defeituoso, afastando sua responsabilidade apenas sob o argumento de que esta 'limita-se aos serviços relacionados ao estabelecimento empresarial, tais como à estadia do paciente (internação), instalações, equipamentos e serviços auxiliares (enfermagem, exames, radiologia)'" (STJ, REsp 1.556.973/PE, 3ª Turma, Rel. Min. Nancy Andrighi, j. 06.03.2018, *DJe* 23.04.2018). A relação entre um defeito do serviço, que assim se qualifique em razão de sua prestação ter sido realizada com produto defeituoso, não foi objeto de exame neste julgado, questão que pode se estender a outras situações (p. ex., o cabeleireiro que usa produto defeituoso que cause queimaduras no consumidor, ou o mecânico que utilize no conserto um peça defeituosa). Essa questão, todavia, não apresenta maior dificuldade nas hipóteses de vício, em que a responsabilidade solidária é extensiva a toda a cadeia de fornecimento, tanto em relação a produtos quanto a serviços (artigos 18 a 20), conforme se vê em: STJ, AgInt no AREsp 490.078/RJ, 4ª Turma, Rel. Min. Lázaro Guimarães (Des. Convocado do TRF 5ª Região), j. 10.04.2018, *DJe* 16.04.2018.

[77] "Processual civil e consumidor. Recurso especial. Ação de indenização por danos materiais e compensação por danos morais. Parto por cesárea. Transfusão de sangue. Transmissão de HIV. Defeito na prestação do serviço. Janela imunológica. Rompimento do nexo de causalidade. Não ocorrência. Responsabilidade objetiva. Mantida. Reexame de fatos e provas. Inadmissibilidade. Dissídio jurisprudencial. Similitude fática não demonstrada. 1. Ação ajuizada em 30.12.2008. Recurso especial interposto em 17.09.2015 e concluso ao gabinete em 06.12.2016. Julgamento: CPC/73. 2. O propósito recursal consiste em afastar a responsabilidade objetiva do hospital, basicamente por dois fundamentos: i) a inexistência de serviço defeituoso, devido à adoção de todas as técnicas disponíveis quanto à qualidade do sangue doado e ii) a ausência de nexo de causalidade entre a prestação do serviço de saúde e a contaminação pelo vírus HIV em transfusão de sangue realizada durante o parto cesáreo. 3. Considera-se o serviço como defeituoso quando não fornece a segurança que o consumidor dele pode esperar, levando-se em consideração as circunstâncias relevantes, entre as quais o modo de seu fornecimento; o resultado e os riscos que razoavelmente dele se esperam; a época em que foi fornecido (art. 14, § 1º, do CDC). 4. Não se questiona acerca do intrínseco risco ao receptor de transfusão sanguínea, que atualmente ainda não foi eliminado do ambiente médico-científico. Em vez disso, a questão jurídica relevante está em verificar se a transfusão ocorreu com defeito, ou seja, identificar em concreto se o serviço foi prestado sem a segurança que o consumidor pôde esperar. 5. O defeito na prestação do serviço consiste justamente em, apesar de saber do risco da janela imunológica, ainda assim, o hospital optar por realizar a transfusão de sangue. Este cálculo diz respeito à conduta do Hospital, como risco adquirido no desenvolvimento de sua atividade, e não do paciente que se submete ao procedimento. 6. Em análise do conjunto fático-probatório dos autos, o Tribunal de origem decidiu que houve efetivo dano a partir da internação, diretamente relacionado ao préstimo dos serviços hospitalares na transfusão de sangue em favor da paciente no momento do parto cesáreo. Rever esse entendimento esbarra no óbice da Súmula 7/STJ. 7. O dissídio jurisprudencial deve ser comprovado mediante o cotejo analítico entre acórdãos que versem sobre situações fáticas idênticas. 8. Recurso especial parcialmente conhecido e, nessa parte, não provido" (STJ, REsp 1.645.786/PR, 3ª Turma, Rel. Min. Nancy Andrighi, j. 18.05.2017, *DJe* 26.05.2017).

[78] "*Responsabilidade civil. Erro de diagnóstico. Exames radiológicos. Danos morais e materiais.* I – O diagnóstico inexato fornecido por laboratório radiológico levando a paciente a sofrimento que poderia ter sido evitado, dá direito à indenização. A obrigação da ré é de resultado, de natureza objetiva (artigo 14 c/c o 3º do CDC). II – Danos materiais devidos, tendo em vista que as despesas efetuadas com os exames posteriores ocorreram em razão do erro cometido no primeiro exame radiológico. III – Valor dos danos morais fixados em 200 salários mínimos, por se adequar melhor à hipótese dos autos. IV –

642 | CURSO DE DIREITO DO CONSUMIDOR – *Bruno Miragem*

serviço é fornecido passa a não oferecer a segurança que legitimamente dele se espera. A jurisprudência também reconhece o defeito quando o fornecedor de gás, que dispõe de serviço de entrega em domicílio, comete atropelamento durante sua execução.[79]

3.2.3.2.3 Defeitos de informação ou comercialização

A última classe de defeitos denomina-se *defeitos de informação ou comercialização*, ou ainda, na doutrina estrangeira, como *Instruktionsfehler, difetto di informazione, defectos de instrucción o de información* ou *défauts d'instruction*.[80] Esses defeitos são expressamente mencionados nos artigos 12 e 14 do CDC como aqueles decorrentes da apresentação ou informações insuficientes ou inadequadas sobre a sua fruição e riscos. Ao mesmo tempo, também a publicidade ou o modo como o produto ou serviço é oferecido ao consumidor pode deixar de fornecer informação ou informar de modo equívoco, fazendo com que, apesar de o produto ou serviço não apresentar nenhum defeito inerente, sua característica de defeituosidade resulta da falha ao dever de informar.

Recurso especial conhecido e parcialmente provido" (STJ, REsp 594.962/RJ, Rel. Min. Eduardo Ribeiro, j. 1º.11.2004, *DJU* 17.12.2004, p. 534).

[79] No caso, o STJ inclusive estendeu a responsabilidade por defeito do serviço à empresa responsável pelo envase do GLP, com fundamento em que sob sua marca é que se identificava a prestação do serviço pelo consumidor: "Recurso especial. Direito do consumidor. Responsabilidade civil. Fundamento. Responsabilidade objetiva do fornecedor. Solidariedade entre os integrantes da cadeia de produtos ou serviços. Princípio da aparência. Boa-fé. Lealdade. Confiança. Segurança jurídica. Atropelamento durante a entrega do produto causando a morte do consumidor. Defeito no serviço. Responsabilidade solidária entre a entregadora do botijão de gás e a fabricante. Pensão mensal por morte. Embargos infringentes incabíveis. Não suspensão nem interrupção do prazo para interposição. 1. No âmbito do direito consumerista, a teoria do risco estabelece que a base da responsabilidade civil do fornecedor fundamenta-se na existência da relação jurídica de consumo, não importando ser a relação contra-tual (responsabilidade contratual) ou o fato ilícito (responsabilidade extracontratual). 2. É objetiva a responsabilidade do fornecedor (fabricante, o produtor, o construtor e o importador) na hipótese de defeito na prestação do serviço, e, desde que demonstrado o nexo causal entre o defeito do serviço e o acidente de consumo ou fato do serviço, nascerá o dever reparatório, cuja isenção apenas será possível nos casos em que constatada a culpa exclusiva do consumidor ou uma das causas excludentes de res-ponsabilidade genérica - força maior ou caso fortuito externo. 3. A jurisprudência desta Corte é firme no sentido de ser solidária a responsabilidade entre os fornecedores integrantes da mesma cadeia de produtos ou serviços que dela se beneficiam pelo descumprimento dos deveres de boa-fé, transparência, informação e confiança, independentemente de vínculo trabalhista ou de subordinação. 4. A boa-fé nos contratos, a lealdade nas relações sociais e a confiança que devem inspirar as declarações de vontade e os comportamentos fundamentam a proteção a uma situação aparente, tomada como verdadeira, a fim de imprimir segurança nas relações jurídicas (Princípio da Aparência). 5. No caso dos autos, a primeira ré, entregadora do botijão de gás de cozinha – GLP, é responsável pelo dano, uma vez que o evento fora causado por atropelamento por caminhão de sua propriedade, no momento em que prestava o serviço de entrega (serviço defeituoso, portanto). 6. Ainda, em relação à segunda ré (Ultragaz), fabricante do produto entregue, sua responsabilidade apoia-se na teoria da aparência, haja vista tratar-se de situação em que o serviço identifica-se com o próprio produto. É que não interessa ao consumidor saber qual a empresa efetivamente entrega o botijão de gás em sua residência, importando, sobremaneira, o fato de o GLP ser 'produzido' pela Ultragaz. Essa marca é que, aos olhos do consumidor, confere identidade ao produto e ao mesmo tempo ao serviço a ele diretamente ligado (...)" (STJ, REsp 1.358.513/RS, 4ª Turma, Rel. Min. Luis Felipe Salomão, j. 12.05.2020, *DJe* 04.08.2020).

[80] Nesse sentido: MARINS, James. *Responsabilidade da empresa pelo fato do produto*. Os acidentes de consumo no Código de Proteção e Defesa do Consumidor. São Paulo: Ed. RT, 1993. p. 114.

Parte II · Cap. 3 · RESPONSABILIDADE CIVIL DO FORNECEDOR | 643

Trata-se do que a doutrina em geral menciona como defeito de caráter ou natureza externa,[81] espécie de defeito extrínseco,[82] uma vez que a falha ao dever não se apresenta no produto ou serviço em si, mas no modo como este se apresenta, ou seja, a falha do dever não se dá no âmbito do processo produtivo, senão na fase de oferecimento do produto ou serviço ao consumidor. Nesse particular, há um reforço do dever de informar do fornecedor com fundamento no princípio da boa-fé, dando causa a amplo efeito, pelo estabelecimento de deveres de esclarecimento, informação qualificada e eficiente na fase pré-contratual, orientando a decisão de contratar ou não do consumidor. Também na fase posterior à contratação, quando o consumidor vier a utilizar o produto ou serviço adquirido, a falta de informação-colaboração, no sentido de promover a adequada satisfação do interesse legítimo do consumidor na contratação realizada.

O defeito de informação nesse sentir apresenta-se como falha ao dever de informar, e este tem origem na proteção do interesse legítimo do consumidor, decorrente de modo mediato do princípio da boa-fé objetiva e, imediatamente, do direito subjetivo básico do consumidor à informação, consagrado no artigo 6º, III, do CDC. Portanto, há defeito de informação ou comercialização quando, existindo o dever de informar, em vista da garantia da segurança do consumidor (a segurança legitimamente esperada), aquele não é cumprido. Trata-se de uma falha ao dever de informar que se traduz, por consequência, em uma falha no dever de segurança, pois apenas a prestação da informação adequada garantiria a segurança do consumidor naquela situação.

Constituem-se defeitos de informação ou comercialização a ausência de instruções sobre a correta utilização de produtos e serviços, os riscos que estes apresentam, eventuais restrições subjetivas (determinadas pessoas) ou objetivas (determinadas qualidades ou circunstâncias) que estabelecem alterações no modo de uso ou mesmo seu impedimento. Assim, por exemplo, a necessidade de informação sobre a presença em determinado produto de substância química da qual certo grupo de consumidores tenha grave intolerância ou alergia, de modo que o consumo daquele produto causaria sérios prejuízos a sua saúde.

Da mesma maneira, o atendimento ao dever de informar no regime do CDC traduz-se sempre pela prestação de uma *informação eficiente*. Isso implica dizer que não basta para desonerar-se de responsabilidade o fornecedor, formalmente, informar o consumidor, se o modo como tal informação se estabelece não é razoavelmente perceptível ou reconhecível por este. É o caso comum, em matéria de consumo, das informações restritivas ou negativas sobre determinado produto ou serviço prestadas sem qualquer destaque, de modo clandestino ou oculto ao lado de uma infinidade de outras informações (*a hiperinformação que desinforma*), ou ainda a indicação por intermédio de escritos ilegíveis ou indecifráveis.

Sobre quais informações deveriam ser colocadas em relevo, José Reinaldo de Lima Lopes[83] observou que, em matéria de insuficiente informação por parte do produtor, é preciso se atentar aos aspectos da publicidade comercial, em especial no que diz respeito

---

[81] SANSEVERINO, Paulo de Tarso Vieira. *Responsabilidade civil no Código do Consumidor e a defesa do fornecedor*. São Paulo: Saraiva, 2002. p. 139.

[82] DENARI, Zelmo *et al. Código Brasileiro de Defesa do Consumidor comentado pelos autores do anteprojeto.* 8. ed. Rio de Janeiro: Forense, 2005. p. 184.

[83] LOPES, José Reinaldo de Lima. *Responsabilidade civil do fabricante e a defesa do consumidor*. São Paulo: Ed. RT, 1992. p. 74.

CURSO DE DIREITO DO CONSUMIDOR – *Bruno Miragem*

àquelas em que o fornecedor vai camuflando ou mascarando os aspectos perniciosos, assim como o modo como advertências e informações essenciais sobre o produto são apresentadas nessas mesmas peças.

Note-se do mesmo modo que, com relação ao dever de informar vinculado à proteção da integridade do consumidor, é possível identificar no regime legal estabelecido no CDC uma espécie de *dever de informar qualificado* relativamente a certos produtos e serviços.[84] Isso porque o artigo 9º do CDC, ao referir-se aos fornecedores de produtos e serviços potencialmente nocivos ou perigosos à saúde ou segurança, determinou-lhes expressamente amplo dever de informar, conforme se observa: "O fornecedor de produtos e serviços potencialmente nocivos ou perigosos à saúde ou segurança deverá informar, de maneira ostensiva e adequada, a respeito da sua nocividade ou periculosidade, sem prejuízo da adoção de outras medidas cabíveis em cada caso concreto".

3.2.3.3   *Nexo de causalidade*

Outro pressuposto que decorre da teoria geral da responsabilidade civil é o *nexo de causalidade*, que deve ser demonstrado cabalmente no processo para que haja a imputação do dever de indenizar. Trata-se o nexo de causalidade do pressuposto lógico que vincula a ocorrência de determinado dano indenizável a uma dada conduta. Essa relação é, antes de tudo, uma relação ontológica, de causa e efeito, estabelecendo-se, em regra, por intermédio de dilação probatória.

Contudo, a questão que oferece maiores discussões diz respeito ao modo de identificação do nexo de causalidade. Em outros termos, como o legislador realiza a eleição de certo fato como causa determinante de um dano, ou mesmo se apenas um fato deverá ser considerado como causa, ou diversos fatos associados, distribuindo entre os causadores desses fatos a imputação do dever de indenizar. A estas e outras tantas questões que se apresentam oferece a doutrina civilista uma série de teorias sobre o nexo de causalidade, cada qual elegendo um critério específico para identificação da causa juridicamente relevante para dar efeito a determinado dano e, com isso, imputar o dever de indenizar.

As dificuldades teóricas e práticas de determinação do nexo de causalidade são diversas. Primeiro, a questão de saber qual causa indicar como determinante para o dano. Segundo, na hipótese da multiplicidade de causas (concausas), a possibilidade ou não de eleger uma como determinante para a realização do dano. Por fim, as dificuldades práticas que muitas vezes podem existir para a comprovação do nexo causal.

No direito brasileiro, no esteio do desenvolvimento sobre o tema em direito comparado,[85] são várias as teorias desenvolvidas acerca da temática do nexo de causali-

---

[84]   STJ, REsp 1.774.372/RS, 3ª Turma, Rel. Min. Nancy Andrighi, j. 05.05.2020, *DJe* 18.05.2020.

[85]   Veja-se, para um exame panorâmico: JORGE, Fernando Pessoa. *Ensaio sobre os pressupostos da responsabilidade civil*. Coimbra: Almedina, 1999. p. 388. No mesmo sentido, os clássicos estudos de MAZEAUD, Henri; MAZEAUD, Leon; TUNC, André. *Tratado teórico práctico de la responsabilidad civil delictual y contractual*. Trad. Luis Alcalá-Zamora y Castillo. Buenos Aires: Ediciones Jurídicas Europa América, 1977. t. IV, p. 1-28. Igualmente: HERRERA, Edgardo López. *Teoría general de la responsabilidad civil*. Buenos Aires: Lexis Nexis, 2006. p. 200 *et seq*.

dade. Entre elas destacam-se as teorias da equivalência dos antecedentes, da causalidade adequada e a do dano direto e imediato.

A teoria da *equivalência dos antecedentes*, também denominada teoria da *equivalência das condições* ou da *conditio sine qua non*, parte do pressuposto de que, quando houver pluralidade de causas para realização de determinado dano, todas elas devem ser consideradas como aptas para gerarem tal situação. Nesse sentido, só poderá ser considerada existente uma relação de causalidade entre uma das causas (concausas) e a consequência, quando sua supressão da cadeia de acontecimentos impedir a realização do resultado final. Em outros termos, parte-se do pressuposto de que o dano é resultado do conjunto de circunstâncias, e, na hipótese de suprimir alguma delas, ele não teria se realizado.

A crítica que basicamente se faz a essa teoria é pelo fato de que, considerando a ausência de critérios ou limites que restrinjam as relações de causa e efeito dos diversos fenômenos entre si, poderá conduzir a situações de extensão demasiada da cadeia de acontecimentos aptos a fornecerem um critério útil para imputação de responsabilidade, conduzindo a conclusões manifestamente desproporcionais, resultado de uma cadeia causal sem fim.[86] E foi na tentativa de restringir o alcance da teoria que muitos juristas buscaram limitá-la, adotando a exigência do exame da culpabilidade do agente como critério de indicação do nexo de causalidade. Tal solução, todavia, representa uma confusão entre os pressupostos da conduta – em que se insere a culpabilidade como critério de imputação – e de nexo de causalidade – este meramente vinculado a uma relação fática de causa e efeito. Ainda mais porque tal critério não teria lugar caso se tratasse de hipótese de responsabilidade objetiva, como é a regra do CDC – caso em que não se cogita da culpa como requisito da imputação.

Outra teoria sobre o nexo de causalidade em nosso sistema é a da chamada *causalidade adequada*, cujo desenvolvimento goza de grande prestígio na doutrina e jurisprudência brasileiras. A teoria da causalidade adequada propõe a aptidão de uma causa na promoção de determinado resultado danoso, justamente em razão de um juízo de probabilidade e possibilidade dessa afirmação. De acordo com essa teoria, quanto maior a probabilidade de que determinada causa tenha dado origem a um dano, mais adequada e, portanto, apta a ser vinculada ao agente como pressuposto da imputação de responsabilidade. Nesse sentido, diante de uma pluralidade de concausas, é preciso que se demonstre que uma condição tal possa produzir regularmente um mesmo resultado. Trata-se de um juízo de probabilidade realizado em abstrato, considerando as condições dadas para realização do dano e evidenciando a possibilidade de causar esse dano, ou, como sugere Agostinho Alvim, questiona-se se tal causa é apta a produzir, em condições normais, o resultado danoso. Caso contrário, se esse resultado só se tenha dado em face de circunstâncias especiais, diz-se que tal causa não será adequada.[87] Essa, aliás, é a formulação proposta por muitos doutrinadores sobre o método de eleição da causa adequada por meio de sua formulação

---

[86]   SILVA, Wilson Melo da. *Responsabilidade sem culpa*. 2. ed. São Paulo: Saraiva, 1974. p. 122.

[87]   ALVIM, Agostinho. *Da inexecução das obrigações e suas consequências*. São Paulo: Saraiva, 1972. p. 346. No mesmo sentido sustenta Karl Larenz, no direito alemão, para quem a causa não será adequada quando se mostrar estranha ou indiferente à causação de determinado dano (LARENZ, Karl. *Derecho de obligaciones*. Trad. Jayme Santos Briz. Madrid: ERDP, 1958. t. I, p. 200).

646 CURSO DE DIREITO DO CONSUMIDOR – *Bruno Miragem*

negativa. Nesse sentido, propõe-se que a eleição da causa adequada se dá pela eliminação, entre as diversas concausas possíveis, daquelas inadequadas à realização do dano.

A questão que se coloca é como se chegar ao juízo de adequação da causa para o dano. Dita teoria, bastante prestigiada entre nós, é criticada justamente por conferir ao juiz, por um lado, um excessivo grau de discricionariedade no exame da relação causal e eleição da causa que considera mais adequada. Por outro lado, sustenta-se o caráter superficial da constatação de que a teoria reclama um juízo de probabilidade sobre fatos em abstrato, como se, na realidade da vida, estes já não tivessem ocorrido e, logo, o exame judicial não tivesse de ser *in concreto*. Tais críticas vêm sendo respondidas pelos defensores da teoria a partir da consideração de que o juízo de adequação – nele determinado um juízo de valoração por parte do juiz – não deve reputar isoladamente o juízo de causalidade, mas todo o processo causal, permitindo inclusive distinguir os prejuízos decorrentes da causa – portanto indenizáveis pelo agente – dos resultantes de outros fatos, afastando-se com relação a estes o dever de indenizar.[88]

O certo é que o arbítrio do magistrado não pode ser desconhecido, em matéria de responsabilidade civil, na avaliação dos fatos e sua aptidão, na produção das consequências lesivas indicadas.[89] Aliás, muito especialmente no âmbito da responsabilidade civil de consumo, o papel do juiz é fundamental em dois momentos, que em termos de cognição judicial podem inclusive não se dar do modo distinto como se propugna em termos teóricos. Primeiro, na verificação da existência do defeito, no qual o exame judicial sobre a existência ou não do caráter defeituoso do produto ou serviço parece não prescindir de uma valoração. Depois, na aptidão do defeito para realização do dano, o que na prática pode levar à conclusão pela existência de defeito, uma vez que existe o dano.

Por fim, uma terceira teoria, do dano direto ou imediato, também conhecida como *teoria da interrupção do nexo causal*, conta igualmente com muitos defensores entre nós.[90] Ela nasceu basicamente visando à interpretação do artigo 1.060 do Código Civil brasileiro de 1916, hoje reproduzido no artigo 403 do Código Civil de 2002, mas tem suas raízes em direito comparado, nos estudos do direito francês sobre as distinções sobre dano direto e

---

[88] CRUZ, Gisela Sampaio da. *O problema do nexo causal na responsabilidade civil*. Rio de Janeiro: Renovar, 2006. p. 78-79.

[89] "Ação de indenização. Dano moral. Explosão de *shopping center*. Aborto. Denunciação da lide: preclusão. Cerceamento de defesa: indeferimento de prova. Nexo causal. Valor do dano moral. 1. Não se há de acolher a alegada preclusão da decisão que afastou a denunciação à lide de uma das denunciadas, quando a sentença impôs a condenação e o acórdão, provendo a apelação, afastou-a também com apoio no mérito, ou seja, na ausência da obrigação de regresso, por lei ou pelo contrato. 2. O cerceamento de defesa não está presente quando a prova produzida não tem utilidade seja pela impossibilidade diante da restauração do shopping center seja pela identificação da culpa *in eligendo* em decorrência da contratação da denunciada, que a própria recorrente identifica como responsável pelo evento danoso. 3. No caso, o nexo causal está amparado na evidência demonstrada pelo acórdão no sentido de que o aborto seis dias depois do episódio, sem a existência da causa externa outra, presente a autora no local da explosão, com o que não tem pertinência afastá-lo ao argumento de que violados os artigos 131, 332 e 458, II, do CPC. 4. A alteração do valor do dano moral somente é viável quando fixado de forma abusiva ou irrisória. 5. Recurso especial não conhecido" (STJ, REsp 617.101/SP, 3ª Turma, Rel. Min. Carlos Alberto Menezes Direito, j. 07.12.2004, *DJU* 11.04.2005, p. 293).

[90] SILVA, Wilson Melo da. *Responsabilidade sem culpa*. 2. ed. São Paulo: Saraiva, 1974. p. 129.

indireto.[91] A teoria em questão, perante suas diversas subdivisões e proposições de muitos estudiosos, logrou êxito ao propor que as expressões *"direto"* e *"imediato"*, propugnadas na legislação, fossem interpretadas em conjunto a partir da ideia de necessariedade, o que impôs a conclusão de que o agente apenas responderia pelas consequências necessariamente advindas da sua conduta.[92]

Da mesma forma, a teoria do dano direto e imediato, também denominada por alguns como da *causalidade necessária*, diz que a causa que servirá de critério para imputação da responsabilidade é aquela que, se não existisse, não haveria o dano, ou seja, se a cadeia causal de acontecimentos tivesse se rompido pela interrupção do nexo causal, o dano não teria se efetivado. A aparente vantagem dessa teoria é a de permitir um critério um tanto mais preciso de identificação da causa, ainda que não se desconheça – como aliás nas situações de responsabilidade civil – algum grau para a discrição do juiz.

No que se refere à responsabilidade civil de consumo, a teoria do dano direto e imediato responde de modo preciso à questão do defeito como pressuposto do dever de indenizar do fornecedor. Em outros termos, *só há responsabilidade civil pelo fato do produto ou do serviço quando houver defeito*, e este for a *causa dos danos sofridos pelo consumidor.*[93] Pela regra da interrupção do nexo causal, a pergunta correta para imputação do dever de indenizar ao fornecedor será: se não houvesse defeito, existiria dano? A resposta afirmativa exonera o fornecedor de responsabilidade. A resposta negativa caracteriza os elementos da responsabilidade civil pelo fato do produto ou do serviço.

A doutrina brasileira divide-se acerca da teoria adotada entre nós, se da causalidade adequada[94] e da interrupção do nexo causal (dano direto e imediato).[95] De qualquer sorte, em perspectiva prática, o critério de interrupção do nexo causal, dada sua utilidade lógica (em face da pergunta: "o dano teria se realizado caso tivesse sido interrompido o nexo causal?"), vem sendo utilizado também entre os defensores da teoria da causalidade adequada como um critério útil de valoração da causa mais adequada à realização do dano. Tal entendimento tem resultado na aproximação das duas teorias, sobretudo na jurispru-

---

[91] Notadamente Pothier, ao distinguir entre os danos passíveis ou não de indenização: POTHIER, R. J. *Tratado das obrigações*. Campinas: Servanda, 2001. p. 148 *et seq.*

[92] CRUZ, Gisela Sampaio da. *O problema do nexo causal na responsabilidade civil*. Rio de Janeiro: Renovar, 2006. p. 100-101.

[93] Sob esse argumento decidiu o STJ para excluir a responsabilidade de concessionária de transporte em razão de acidente envolvendo consumidora que tendo sido acometido de crise de convulsão por epilepsia, veio a cair sobre o leito da via férrea, pouco antes do alinhamento do trem à estação (STJ, REsp 1.936.743/SP, 4ª Turma, Rel. Min. Luis Felipe Salomão, j. 14.06.2022, *DJe* 08.09.2022).

[94] AGUIAR JÚNIOR, Ruy Rosado de. Responsabilidade civil do médico. *Revista dos Tribunais*, São Paulo, v. 84, n. 718, p. 33-53, ago. 1995; COUTO E SILVA, Clóvis. Dever de indenizar. *In*: FRADERA, Véra Maria Jacob de (org.). *O direito privado brasileiro na visão de Clóvis do Couto e Silva*. Porto Alegre: Livraria do Advogado, 1997. p. 195; SANSEVERINO, Paulo de Tarso Vieira. *Responsabilidade civil no Código do Consumidor e a defesa do fornecedor*. São Paulo: Saraiva, 2002. p. 243.

[95] GOMES, Orlando. *Obrigações*. 15. ed. Rio de Janeiro: Forense, 2002. p. 275; TEPEDINO, Gustavo. Notas sobre o nexo de causalidade. *In*: TEPEDINO, Gustavo. *Temas de direito civil*. Rio de Janeiro: Renovar, 2006. t. II, p. 63-81; BENJAMIN, Antonio Herman de Vasconcelos e. Responsabilidade civil pelo dano ambiental. *Revista de direito ambiental*, n. 9, jan.-mar. 1998. p. 5-52; CRUZ, Gisela Sampaio da. *O problema do nexo causal na responsabilidade civil*. Rio de Janeiro: Renovar, 2006. p. 107.

dência, em que a adoção nominal da causalidade adequada muitas vezes parece induzir, quanto aos fundamentos da decisão, a adoção do critério da causalidade necessária.[96]

Em matéria de responsabilidade civil pelo fato do produto ou do serviço, é de sustentar a relação de necessariedade lógica entre o defeito do produto e do serviço e do dano causado aos consumidores.

Por outro lado, um aspecto prático que não pode ser desconsiderado em matéria de responsabilidade civil de consumo são as dificuldades muitas vezes presentes na realização da prova do nexo de causalidade.[97] A massificação das relações de consumo e o crescente avanço tecnológico no âmbito do mercado de consumo dão causa a dificuldades na demonstração do nexo de causalidade como pressuposto da imputação do dever de indenizar. Nesse sentido, o próprio CDC, ao estabelecer a solidariedade dos fornecedores que menciona no artigo 12 (fato do produto), e entre as causas de exoneração da responsabilidade a prova pelo fornecedor que não colocou o produto no mercado, adota implicitamente a teoria da *causalidade alternativa*, uma vez que remanescem sob a esfera da imputação de responsabilidade todos os demais fornecedores.[98]

A teoria da *causalidade alternativa*, nesse caso, tem a finalidade exata de resolver o problema da dificuldade da demonstração de quem tenha sido o agente causador do dano, quando este tenha sido causado por pessoa incerta pertencente a determinado grupo.[99] No dizer de Pontes de Miranda, "trata-se de causalidade alternativa quando o dano pode ter sido causado e o foi, pelo ato de A ou B, sem se poder determinar com certeza qual dos dois o causou".[100] Surge quando estão presentes as seguintes circunstâncias: a) não é possível determinar o autor do dano; b) se foi demonstrada a participação de todos os possíveis autores na ação do grupo; e c) apresenta-se a relação de causalidade entre o dano e a ação individualizada do grupo.[101] Nesse sentido, estendem-se as causas possíveis aos vários membros do grupo, que a partir disso só poderão se desonerar da responsabilidade se afastarem expressamente o nexo causal. Assim, no CDC, ao indicar

---

[96] TEPEDINO, Gustavo. Notas sobre o nexo de causalidade. *In*: TEPEDINO, Gustavo. *Temas de direito civil*. Rio de Janeiro: Renovar, 2006. t. II, p. 63 *et seq.*

[97] Nesse sentido, veja-se o estudo de: GONZÁLEZ ZAVALA, Rodolfo M. Prueba del nexo causal. *Revista de Derecho de Daños*, Buenos Aires, 2003-2, p. 91-102, 2003.

[98] SANSEVERINO, Paulo de Tarso Vieira. *Responsabilidade civil no Código do Consumidor e a defesa do fornecedor*. São Paulo: Saraiva, 2002. p. 255-257. Por outro lado, note-se que a investigação sobre a causa do dano realiza-se em vista das circunstâncias de cada caso. Nesse sentido, é de mencionar a decisão do STJ, segundo a qual, mesmo não excluindo a possibilidade de reconhecer a responsabilidade do hospital por contaminação do paciente por transfusão de sangue em procedimento cirúrgico, a afasta em determinado caso concreto no qual tal procedimento teria ocorrido há sete anos, sem que tenham sido demonstradas maiores provas de verossimilhança quanto à alegação de contágio: STJ, REsp 1.322.387/RS, 4ª Turma, Rel. Min. Luis Felipe Salomão, j. 20.08.2013, *DJe* 26.09.2013.

[99] DELLA GIUSTINA, Vasco. *Responsabilidade civil dos grupos*. Inclusive no Código do Consumidor. Rio de Janeiro: Aide, 1991. p. 61 *et seq.*; SAUX, Edgardo Ignácio. Causalidad y responsabilidad de los grupos. Caso de autor anónimo y de autor identificado. *Revista de Derecho de Daños*, Buenos Aires, 2003-2, p. 293-319, 2003; SANSEVERINO, Paulo de Tarso Vieira. *Responsabilidade civil no Código do Consumidor e a defesa do fornecedor*. São Paulo: Saraiva, 2002. p. 250.

[100] PONTES DE MIRANDA, Francisco Cavalcanti. *Tratado de direito privado*. Rio de Janeiro: Borsói, 1971. t. XXII, p. 192.

[101] ZANNONI, Eduardo A. Cocausación de daños. Una visión panorámica. *Revista de Derecho de Daños*, Buenos Aires, 2003-2, p. 7-20, 2003.

a solidariedade dos diversos fornecedores mencionados no *caput* dos artigos 12 e 14 (produtores, construtores, fabricantes, importadores, prestador de serviço), ou mesmo nas hipóteses de responsabilidade subsidiária (comerciantes, referidos no artigo 13), utiliza-se da causalidade alternativa com a finalidade de melhor proteger o interesse do consumidor-vítima do fato do produto ou do serviço.

3.2.3.4 *Dano*

Em responsabilidade civil, reconhecem-se como indenizáveis os *danos materiais*, prejuízos patrimoniais que se verificam em relação a interesses avaliáveis em dinheiro; e os *danos morais*, que se verificam em relação a interesses insuscetíveis de avaliação pecuniária.[102] O artigo 6º, VI, do CDC estabelece como direito básico do consumidor a "efetiva prevenção e reparação de danos patrimoniais e morais, individuais, coletivos e difusos".

3.2.3.4.1 Danos materiais e morais

Os danos materiais, ou também identificados como danos patrimoniais, são os prejuízos econômicos que decorrem de alguma ofensa ao direito alheio. Em geral, reclama-se que sejam certos e demonstráveis, compondo-se tanto da parcela de patrimônio diminuída em razão de determinado comportamento do ofensor quanto dos acréscimos patrimoniais que deixam de ser obtidos em razão desse mesmo comportamento (lucros cessantes).

Por sua vez, o dano moral, tomado em sentido amplo, é expressão que traduz, em regra, uma ofensa à personalidade. Por essa razão, na evolução do direito brasileiro, parte-se de uma rejeição inicial à consideração da possibilidade de indenização de danos morais para a possibilidade de fazê-lo, sobretudo em vista da expressa norma constitucional que estabelece como direito fundamental o direito à indenização por dano moral, material e à imagem (artigo 5º, V, da Constituição da República) e o artigo 186 do Código Civil. Entre os danos morais, podemos distinguir entre os danos corporais ou à saúde, e os danos anímicos ou danos morais em sentido estrito,[103] como os que atingem a integridade psicofísica da pessoa, desde lesões corporais até a provação da vida, assim como as situações em que as pessoas se tornam incapazes de experimentar sensações, ou de entender e querer, em face de lesões no sistema nervoso central. Ao seu lado, outra espécie de danos, também abrangidos na terminologia dos danos morais, são aqueles que decorrem de ofensas a pessoa no que diz respeito ao seu sentimento, sua vida afetiva, social ou cultural, os quais se classificam como danos anímicos ou danos morais em sentido estrito. Todavia, caracteriza dano moral, que pode mesmo ser presumido, qualquer ato que atente igualmente contra a credibilidade do consumidor, em face de práticas abusivas ou falhas no fornecimento de produtos ou serviços.[104]

---

[102] JORGE, Fernando Pessoa. *Ensaio sobre os pressupostos da responsabilidade civil*. Coimbra: Almedina, 1999. p. 373.

[103] Adotamos aqui, a classificação de: NORONHA, Fernando. *Direito das obrigações*. São Paulo: Saraiva, 2003. v. 1, p. 559-560.

[104] Nesse sentido orienta-se a Súmula 388 do STJ: "A simples devolução indevida de cheque caracteriza dano moral".

Atualmente, observa-se certa tendência jurisprudencial de restringir as hipóteses em que, nas relações de consumo, o descumprimento de dever por parte do fornecedor seja reconhecido como causa de danos morais ao consumidor. Sustenta-se que o mero descumprimento de obrigação contratual ou dever legal, *per se*, não é suscetível de fazer presumir o dano. Em outros termos, expressão comum nos julgados dizer da necessidade de distinção entre o *mero dissabor* e quais fatos são aptos a resultarem em efetiva afetação da personalidade do consumidor, mediante a caracterização, em especial, de danos anímicos, inclusive em face do sacrifício do tempo pelo consumidor em razão de sucessivas e infrutíferas reclamações e interpelações do fornecedor.[105] Aqui se observa certa discricionariedade judicial no conhecimento dos fatos, a exigir distinção qualitativa e quantitativa (intensidade), quanto às consequências da violação do direito do consumidor. Critério mais utilizado para distinção entre o dano indenizável e o mero dissabor será a reiteração da conduta ou da falha do fornecedor,[106] a lesão decorrente da exposição

---

[105] A concessão de indenização pelo dano decorrente do sacrifício do tempo do consumidor em razão de determinado descumprimento contratual, como ocorre em relação à necessidade de sucessivos e infrutíferos contatos com o serviço de atendimento do fornecedor, e outras providências necessárias à reclamação de vícios no produto ou na prestação de serviços são sustentadas por vigorosa doutrina de: DESSAUNE, Marcos. *Teoria aprofundada do desvio produtivo do consumidor*. O prejuízo do tempo desperdiçado e da vida alterada. 2. ed. Vitória: Edição do Autor, 2017. p. 84 e ss.; BERGSTEIN, Lais. *O tempo do consumidor e o menosprezo planejado*: o tratamento jurídico do tempo perdido e a superação das suas causas. São Paulo: Ed. RT, 2019; BORGES, Gustavo; MAIA, Maurilio. Dano temporal: por sua emancipação. *In*: BORGES, Gustavo; MAIA, Maurilio Casas (org.). *Dano temporal*: o tempo como valor jurídico. Florianópolis: Tirant lo Blanch/Empório do Direito, 2018. p. 217 e ss. No direito argentino: BAROCELLI, Sérgio Sebastián. Cuantificación de daños al consumidor por tiempo perdido. *Revista de Direito do Consumidor*, São Paulo, v. 90, p. 119, nov./dez. 2013. Sob a denominação de desvio do tempo produtivo, vem merecendo justo acolhimento jurisprudencial (REsp 1.737.412/SE, 3ª Turma, Rel. Min. Nancy Andrighi, j. 05.02.2019, *DJe* 08.02.2019; REsp 1.929.288/TO, 3ª Turma, Rel. Min. Nancy Andrighi, j. 22.02.2022, *DJe* 24.02.2022), sempre circunscrita às relações de consumo: "A Teoria dos Desvio Produtivo do Consumidor, como se infere da sua origem, dos seus fundamentos e dos seus requisitos, é predisposta a ser aplicada no âmbito do direito consumerista, notadamente em razão da situação de desigualdade e de vulnerabilidade que são as notas características das relações de consumo, não se aplicando, portanto, a relações jurídicas regidas exclusivamente pelo Direito Civil" (STJ, REsp 2.017.194/SP, 3ª Turma, Rel. Min. Nancy Andrighi, j. 25.10.2022, *DJe* 27.10.2022).

[106] Ilustrativo, nesse aspecto, é a seguinte decisão do STJ: "Consumidor. Responsabilidade civil. Indenização por danos morais. Veículo zero-quilômetro. Recurso especial. Divergência jurisprudencial. Entendimento recente do STJ. 1. O defeito apresentado em veículo novo, via de regra, implica mero dissabor pessoal, sem repercussão no mundo exterior. Todavia, quando o defeito extrapola o razoável, tal como a hipótese de automóvel zero-quilômetro que, em menos de um ano, fica, por mais de 50 dias, paralisado para reparos, por apresentar defeitos estéticos, de segurança, motorização e freios, considera-se superado o mero dissabor decorrente de transtorno corriqueiro, tendo em vista a frustração e angústia, situação que invade a seara do efetivo abalo psicológico. 2. Recurso especial conhecido e desprovido". (STJ, REsp 1.249.363/SP, 3ª Turma, Rel. Min. João Otávio de Noronha, j. 11.03.2014, *DJe* 17.03.2014). No mesmo sentido: "Consumidor e civil. Responsabilidade civil contratual. Defeitos em veículo zero-quilômetro. Extrapolação do razoável. Dano moral. Existência. Juros de mora. *Dies a quo*. Citação. Dispositivos legais apreciados: Arts. 18 do CDC e 186, 405 e 927 do CC/02. 1. Ação ajuizada em 14.05.2004. Recurso especial concluso ao gabinete da relatora em 08.08.2013. 2. Recurso especial em que se discute se o consumidor faz jus à indenização por danos morais em virtude de defeitos reiterados em veículo zero quilômetro que o obrigam a levar o automóvel diversas vezes à concessionária para reparos, bem como o dies a quo do cômputo dos juros de mora. 3. O defeito apresentado por veículo zero-quilômetro e sanado pelo fornecedor, via de regra, se qualifica como mero dissabor, incapaz de gerar dano moral ao consumidor. Todavia, a partir do momento em que o defeito extrapola o razoável, essa situação gera sentimentos que superam o mero dissabor decorrente de um transtorno ou inconveniente corriqueiro, causando frustração,

ao risco[107], ou ainda a falha ou negligência do fornecedor na correção de falhas na sua prestação.[108] Essa tendência, contudo, não é isenta de críticas, em especial quanto ao que

---

constrangimento e angústia, superando a esfera do mero dissabor para invadir a seara do efetivo abalo psicológico. 4. Hipótese em que o automóvel adquirido era zero-quilômetro e, em apenas 6 meses de uso, apresentou mais de 15 defeitos em componentes distintos, parte dos quais ligados à segurança do veículo, ultrapassando, em muito, a expectativa nutrida pelo recorrido ao adquirir o bem. 5. Consoante entendimento derivado, por analogia, do julgamento, pela 2ª Seção, do REsp 1.132.866/SP, em sede de responsabilidade contratual os juros de mora referentes à reparação por dano moral incidem a partir da citação. 6. Recurso especial desprovido" (STJ, REsp 1.395.285/SP, 3ª Turma, Rel. Min. Nancy Andrighi, j. 03.12.2013, *DJe* 12.12.2013). No mesmo sentido o entendimento de que "é cabível indenização por dano moral quando o consumidor de veículo zero-quilômetro necessita retornar à concessionária por diversas vezes para reparo de defeitos apresentados no veículo adquirido. Precedentes" (STJ, AgRg no AREsp 776.547/MT, 4ª Turma, Rel. Min. Maria Isabel Gallotti, j. 04.02.2016, *DJe* 12.02.2016).

[107] No tocante à exposição ao risco, de interesse durante anos divergiu a jurisprudência sobre a necessidade, no caso da presença de corpo estranho em alimento ou bebidas, sobre a necessidade de o consumidor ingeri-lo – do contrário se trataria de mero dissabor (STJ, REsp 1395647/SC, 3ª Turma, Rel. Min. Ricardo Villas Bôas Cueva, j. 18.11.2014, *DJe* 19.12.2014), ou se bastava ser identificada sua presença, sem ingestão, porém caracterizado que o consumidor tenha sido exposto ao risco a sua saúde (AgRg no REsp 1.454.255/PB, 3ª Turma, Rel. Min. Nancy Andrighi, j. 21.08.2014, *DJe* 1º.09.2014; e AgRg no REsp 1.380.274/SC, 3ª Turma, Rel. Min. João Otávio de Noronha, j. 10.05.2016, *DJe* 19.05.2016). Mais recentemente, consolidou-se o entendimento da 2ª Seção do STJ, no sentido de reconhecer nestes casos, a possibilidade de responsabilização do fornecedor, por exposição do consumidor a risco: STJ, REsp 1.899.304/SP, 2ª Seção, Rel. Min. Nancy Andrighi, j. 25.08.2021, *DJe* 4.10.2021. Confirmando o entendimento: STJ, AgInt no REsp 1.517.591/MG, 4ª Turma, Rel. Min. João Otávio de Noronha, j. 06.03.2023, *DJe* 09.03.2023. A distinção sobre a ingestão ou não do 'corpo estranho' presente em alimentos e bebidas, embora não seja relevante para a imputação de responsabilidade, terá repercussão na quantificação do dano.

[108] Admitindo a existência de dano moral indenizável decorrente da conduta de instituição financeira que, a despeito de repetidos requerimentos administrativos do consumidor, apenas restituiu valores sacados indevidamente de sua conta de poupança após ser demandada judicialmente, veja-se a interessante decisão do STJ no AgRg no AREsp 395.426/DF, 4ª Turma, Rel. p/ Acórdão Min. Marco Buzzi, j. 15.10.2015, *DJe* 17.12.2015. Destaque-se o seguinte trecho da ementa: "a hipótese dos autos, diversamente do que compreendido pelas instâncias ordinárias, as circunstâncias que envolveram o caso são suficientes à caracterização do dano moral. O autor somente está vendo restituído o seu dinheiro, indevidamente retirado de sua conta poupança, após ter intentado uma ação judicial que obrigou a instituição financeira a recompor os depósitos. Evidente que essa circunstância vai muito além de um mero dissabor, transtorno ou aborrecimento corriqueiro, não sendo admissível compreender que o intento e longo acompanhamento de uma demanda judicial, único instrumento capaz de refazer seu patrimônio e compelir a ré a proceder à reparação, seja acontecimento normal, comum no cotidiano de qualquer indivíduo". Da mesma forma, a conduta negligente do fornecedor pode dar causa ao reconhecimento de dano moral coletivo: "Recurso especial. Consumidor. Tempo de atendimento presencial em agências bancárias. Dever de qualidade, segurança, durabilidade e desempenho. Art. 4º, II, 'd', do CDC. Função social da atividade produtiva. Máximo aproveitamento dos recursos produtivos. Teoria do desvio produtivo do consumidor. Dano moral coletivo. Ofensa injusta e intolerável. Valores essenciais da sociedade. Funções. Punitiva, repressiva e redistributiva. 1. Cuida-se de coletiva de consumo, por meio da qual a recorrente requereu a condenação do recorrido ao cumprimento das regras de atendimento presencial em suas agências bancárias relacionadas ao tempo máximo de espera em filas, à disponibilização de sanitários e ao oferecimento de assentos a pessoas com dificuldades de locomoção, além da compensação dos danos morais coletivos causados pelo não cumprimento de referidas obrigações. 2. Recurso especial interposto em: 23.03.2016; conclusos ao gabinete em: 11.04.2017; julgamento: CPC/73. 3. O propósito recursal é determinar se o descumprimento de normas municipais e federais que estabelecem parâmetros para a adequada prestação do serviço de atendimento presencial em agências bancárias é capaz de configurar dano moral de natureza coletiva. 4. O dano moral coletivo é espécie autônoma de dano que está relacionada à integridade psicofísica da coletividade, bem de natureza estritamente transindividual e que, portanto, não se identifica com aqueles tradicionais atributos da pessoa humana (dor, sofrimento ou

se identifica como certa condescendência jurisprudencial no tocante à conduta reiterada de certos fornecedores,[109] a desconsideração de expectativas legítimas do consumidor em relação à aquisição de produtos e serviços e sua posterior frustração.

No esteio do amplo reconhecimento da possibilidade de indenização dos danos morais, a jurisprudência brasileira é consensual ao admitir a possibilidade de a pessoa jurídica sofrer tais agravos. Tal conclusão, que, aliás, é objeto da Súmula 227 do Superior Tribunal de Justiça ("A pessoa jurídica pode sofrer dano moral"), atualmente é reforçada pela expressa previsão, pelo artigo 52 do CC, de que se aplicam, no que couber, às pessoas jurídicas os direitos da personalidade, cuja norma do artigo 11, do mesmo diploma, refere expressamente ao surgimento da pretensão indenizatória na hipótese de violação desses direitos.

No que diz respeito às relações de consumo, as normas relativas à responsabilidade civil pelo fato do produto e do serviço têm por finalidade essencial a proteção da integridade pessoal e patrimonial do consumidor, razão pela qual são indenizáveis nessa matéria tanto danos materiais quanto morais, decorrentes de um acidente de consumo. Tais danos resultam, como já observamos, da violação de um dever de segurança, daí por que pouco importa se eles emergem de uma relação contratual ou não.

A diferença do regime da responsabilidade civil comum, com relação aos danos, determina que algumas questões importantes devem ser consideradas. Primeiro, é sobre a reparabilidade dos danos. Não vige no CDC o mesmo regime do Código Civil, que permite a redução equitativa da indenização em vista do grau de culpa do ofensor (artigo 944, parágrafo único, do CC). Ao estabelecer como regra o regime da responsabilidade objetiva (afastando-o somente em relação aos profissionais liberais) e o direito básico à efetiva reparação, parece não admitir o CDC uma avaliação da intensidade ou graduação

---

abalo psíquico), amparados pelos danos morais individuais. 5. O dano moral coletivo não se confunde com o somatório das lesões extrapatrimoniais singulares, por isso não se submete ao princípio da reparação integral (art. 944, *caput*, do CC/02), cumprindo, ademais, funções específicas. 6. No dano moral coletivo, a função punitiva – sancionamento exemplar ao ofensor – é, aliada ao caráter preventivo – de inibição da reiteração da prática ilícita – e ao princípio da vedação do enriquecimento ilícito do agente, a fim de que o eventual proveito patrimonial obtido com a prática do ato irregular seja revertido em favor da sociedade. 7. O dever de qualidade, segurança, durabilidade e desempenho que é atribuído aos fornecedores de produtos e serviços pelo art. 4º, II, *d*, do CDC, tem um conteúdo coletivo implícito, uma função social, relacionada à otimização e ao máximo aproveitamento dos recursos produtivos disponíveis na sociedade, entre eles, o tempo. 8. O desrespeito voluntário das garantias legais, com o nítido intuito de otimizar o lucro em prejuízo da qualidade do serviço, revela ofensa aos deveres anexos ao princípio boa-fé objetiva e configura lesão injusta e intolerável à função social da atividade produtiva e à proteção do tempo útil do consumidor. 9. Na hipótese concreta, a instituição financeira recorrida optou por não adequar seu serviço aos padrões de qualidade previstos em lei municipal e federal, impondo à sociedade o desperdício de tempo útil e acarretando violação injusta e intolerável ao interesse social de máximo aproveitamento dos recursos produtivos, o que é suficiente para a configuração do dano moral coletivo. 10. Recurso especial provido" (STJ, REsp 1.737.412/SE, 3ª Turma, Rel. Min. Nancy Andrighi, j. 05.02.2019, *DJe* 08.02.2019).

[109] Sustentando que tal comportamento pode se caracterizar como espécie de menosprezo planejado pelo fornecedor, visando impor obstáculos e desestímulo ao exercício do direito pelo consumidor, veja-se a excelente tese de doutoramento de: BERGSTEIN, Lais. *O tempo do consumidor e o menosprezo planejado*: o tratamento jurídico do tempo perdido e a superação das suas causas. São Paulo: Ed. RT, 2019. p. 103 e ss.

de culpas[110]. Ao contrário, orienta-se pelo princípio da reparação integral. Saliente-se que, nesse particular, o direito brasileiro afasta-se das soluções adotadas no direito europeu (notadamente a Diretiva 85/374/CEE), que acabou por admitir a possibilidade de limitação da indenização, via tarifamento,[111] em que pese a opção expressa de alguns países em afastar essa hipótese, mantendo o princípio da reparação integral, como é o caso do direito francês.[112]

Esse princípio, como é intuitivo, estabelece a necessidade de reparação da totalidade dos prejuízos sofridos pelo consumidor-vítima, abrangendo toda a extensão dos danos causados, buscando-se basicamente as funções de reparação dos prejuízos causados e a sua prevenção futura. (Repara-se todo o prejuízo, mas não unicamente o prejuízo.[113]) Dessa forma, ainda que se tenha por paradigma o dano, o juiz goza de certa liberdade para decidir sem a consideração de fórmulas eminentemente matemáticas, mais rígidas,[114] levando em conta os elementos do caso e as espécies de danos indenizáveis.

Admite-se, além da indenização dos danos ao próprio consumidor-vítima (ou equiparado a consumidor por força do artigo 17), a possibilidade de indenização de terceiros ligados à vítima diretamente atingida pelo evento, de modo que, em razão desse dano direto, sofrer eles também um dano próprio (dano indireto) a que a doutrina denomina dano por ricochete,[115] ou seja, a possibilidade de indenização de pais ou outros parentes íntimos da vítima principal em por dano próprio decorrente do dano sofrido por aquela essa.[116]

---

[110] Contudo, conforme refere Marcelo Calixto, "é corrente na doutrina, e aceito pela jurisprudência, que também a chamada culpa concorrente do consumidor sirva para reduzir o valor da reparação devida pelos fornecedores na hipótese de defeito no produto ou serviço" (CALIXTO, Marcelo Junqueira. *A culpa na responsabilidade civil*. Estrutura e função. Rio de Janeiro: Renovar, 2008. p. 345).

[111] CALVÃO DA SILVA, João. *Responsabilidade civil do produtor*. Coimbra: Almedina, 1990. p. 691.

[112] CALAIS-AULOY, Jean; STEINMETZ, Frank. *Droit de la consommation*. 5. ed. Paris: Dalloz, 2000. p. 227.

[113] COUTANT-LAPALUS, Christelle. *Le príncipe de la réparation intégrale em droit privé*. Aix de Marseille: Presses Universitaires d'Aix de Marseille, 2002. p. 20-21.

[114] VINEY, Genevieve; JOURDAIN, Patrice. *Traité de droit civil*. Les effets de la responsabilité. 2. ed. Paris: LGDJ, 2001. p. 114.

[115] "Recursos especiais. Responsabilidade civil. Aluna baleada em *campus* de universidade. Danos morais, materiais e estéticos. Alegação de defeito na prestação do serviço, consistente em garantia de segurança no *campus* reconhecido com fatos firmados pelo Tribunal de origem. Fixação. Danos morais em R$ 400.000,00 e estéticos em R$ 200.000,00. Razoabilidade, no caso. Pensionamento mensal. Atividade remunerada não comprovada. Salário mínimo. Sobrevivência da vítima. Pagamento em parcela única. Inviabilidade. Despesas médicas. Danos materiais. Necessidade de comprovação. Juros moratórios. Responsabilidade contratual. Termo inicial. Citação. Danos morais indiretos ou reflexos. Pais e irmãos da vítima. Legitimidade (...) 7. É devida, no caso, aos genitores e irmãos da vítima, indenização por dano moral por ricochete ou *préjudice d'affection*, eis que, ligados à vítima por laços afetivos, próximos e comprovadamente atingidos pela repercussão dos efeitos do evento danoso na esfera pessoal. 8. Desnecessária a constituição de capital para a garantia de pagamento da pensão, dada a determinação de oferecimento de caução e de inclusão em folha de pagamento. 9. Ultrapassar os fundamentos do Acórdão, afastando a condenação ao custeio de tratamento psicológico, demandaria, necessariamente, o revolvimento do acervo fático-probatório dos autos, incidindo, à espécie, o óbice da Súmula 7/STJ. 10. Recurso especial da ré provido em parte, tão somente para afastar a constituição de capital, e Recurso Especial dos autores improvido" (STJ, REsp 876.448/RJ, 3ª Turma, Rel. Min. Sidnei Beneti, j. 17.06.2010, *DJe* 21.09.2010).

[116] VINEY, Genevieve; JOURDAIN, Patrice. *Traité de droit civil*. Les effets de la responsabilité. 2. ed. Paris: LGDJ, 2001. p. 249 *et seq.*

Os danos materiais, pela exigência de comprovação, ou pela adoção de critérios relativamente objetivos para sua definição, não oferecem maiores dificuldades. É no caso dos danos morais que essa situação, em matéria de danos decorrentes do fato do produto ou do serviço, aparece com maior frequência. Isso porque, perante a inexistência de um parâmetro econômico (dado seu caráter extrapatrimonial), a determinação do *quantum* indenizatório prende-se em geral a razões de convicção do julgador. Todavia, não se pode desconhecer que, nessa matéria, o próprio CDC, ao estabelecer o direito básico à efetiva prevenção e reparação de danos, parece ter indicado critério útil à decisão do julgador,[117] pois, conforme já mencionamos, prevenção não significa apenas evitar a realização do dano *in concreto*, como seria o caso da atuação administrativa em casos de *recall*, ou de suspensão ou proibição da comercialização de produto ou serviço, mas também espécie de prevenção *in abstracto*, caracterizada pelo desestímulo à realização de futuros danos, da repetição da conduta ilícita, ou, ao inverso, o estímulo à adoção de comportamentos cautelosos, diligentes, em vista da preservação da segurança dos consumidores. Nesse sentido, o critério de prevenção do dano, no que indicar o desestímulo da realização de certos atos, constitui orientação útil à decisão judicial na determinação do valor da indenização.

3.2.3.4.2 Danos individuais, coletivos e difusos

Ao lado das espécies de danos – materiais ou morais – no âmbito da responsabilidade civil pelo fato do produto ou do serviço, outra classificação é da maior importância para efeito de determinação dos danos e a forma de sua reparação. Dadas as características principais das relações de consumo, entre as quais sua massificação e extensão, o modo de proteção dos direitos dos consumidores e seus respectivos instrumentos ampliam-se sensivelmente. Nesse sentido, é possível identificar danos que não atingem apenas um consumidor em específico, mas todo um grupo, ou a generalidade de pessoas que integram certa comunidade. Daí por que os danos em direito do consumidor podem ser danos individuais ou transindividuais. *Individuais*, quando se tratar de danos sofridos individualmente por determinado consumidor, e *transindividuais*, os danos causados a um grupo todo de consumidores, os quais subdividem-se em danos coletivos e difusos, na medida em que os interesses atingidos e cuja ofensa representem um dano, sejam interesses coletivos ou difusos.

Essa classificação (que examinamos com maior profundidade na III Parte desta obra) deriva do que dispõe o artigo 81, parágrafo único, do CDC, que estabeleceu a possibilidade de defesa coletiva de direitos quando for o caso de interesses ou direitos difusos; interesses ou direitos coletivos; e interesses ou direitos individuais homogêneos. A mesma norma define *interesses ou direitos difusos* como os transindividuais, de natureza indivisível, de

---

[117] Vale mencionar, a respeito, as considerações de Guilherme Ferreira da Cruz acerca dos riscos envolvidos nas relações de consumo. Ensina o magistrado paulista, ao propor uma teoria geral das relações de consumo, que não se exigirá, para efeito de imputação de responsabilidade objetiva, que a atividade seja de risco congênito ou revele defeito. Desse modo, "critérios estatísticos, dados técnicos e até mesmo máximas de experiência poderão ser manejados visando à identificação desse risco especial e particular, num processo que deve sempre que possível anteceder o dano". Advoga, então, o destaque que nas relações de consumo devem-se observar os princípios da precaução e da prevenção (CRUZ, Guilherme Ferreira da. *Teoria geral das relações de consumo*. São Paulo: Saraiva, 2014. p. 244-245).

Parte II · Cap. 3 · RESPONSABILIDADE CIVIL DO FORNECEDOR | **655**

que sejam titulares pessoas indeterminadas e ligadas por circunstâncias de fato. por sua vez, os *interesses ou direitos coletivos* são definidos, do mesmo modo, como os transindividuais, de natureza indivisível de que seja titular grupo, categoria ou classe de pessoas ligadas entre si ou com a parte contrária por uma relação jurídica base. Nesse sentido, assenta-se um critério de distinção entre os direitos difusos e coletivos, porquanto com relação aos primeiros seria observado o traço de indeterminação dos sujeitos titulares desses direitos. No que tange aos direitos coletivos, seriam caracterizados pelo fato de seus titulares serem determináveis. Em comum, têm o fato de serem indivisíveis.

Daí por que, no que se refere ao dano transindividual, este será a espécie de dano que atinge todo um grupo ou coletividade de pessoas, devendo-se presumir que, pertencendo ao mesmo grupo ou coletividade ofendida, cada um dos seus integrantes terá sido atingido. Nesse caso, dada sua indivisibilidade, o modo de reparação desses danos só pode se dar coletivamente, não se admitindo a ação individual dos membros do grupo. Dessa natureza serão, por exemplo, os danos causados por um fornecedor que em sua atividade produtiva provoque danos ao meio ambiente, ou ainda o fornecedor que promova publicidade enganosa ou abusiva. Nessas situações, tem-se tipicamente a ofensa a um número indeterminado de consumidores (direitos difusos), razão pela qual a responsabilidade civil pelo fato do produto ou do serviço tem por objetivo indenizar danos transindividuais.

Não se confundem os danos transindividuais com aqueles tutelados coletivamente por se caracterizarem como espécies de *direitos individuais homogêneos*. Estes são definidos pela lei como os interesses ou direitos que tenham origem comum, a teor do artigo 81, parágrafo único, III, do CDC. No caso, os direitos individuais homogêneos são antes de tudo direitos individuais, apresentando traço de identidade apenas no que diz respeito à sua origem comum, mas não em relação à natureza do direito. Nesse sentido, os danos eventualmente reclamados a título de direitos individuais homogêneos são, antes de tudo, danos individualmente sofridos por diversos consumidores, que farão jus, cada qual, à reparação que corresponda à correta extensão do seu dano. Daí por que nesse caso, o CDC faculta a possibilidade de os consumidores-vítimas optarem pela ação individual ou pela ação coletiva (artigo 91), hipótese em que se estendem a estes os efeitos da coisa julgada.

No caso da responsabilidade pelo fato do produto ou do serviço, observam-se como característicos desses danos individuais, mas que, pelo fato de terem atingido diversos consumidores e poderem ser reclamados pela via coletiva, por ação para defesa de direitos individuais homogêneos, os danos que decorrem de um mesmo defeito, como é o caso de diversas embalagens de um mesmo medicamento que tenha sido comercializado com substância ineficaz,[118] ou as vítimas de um mesmo desastre aéreo, ou ainda os

---

[118] Nesse sentido decidiu o STJ, no caso da comercialização como anticoncepcionais, de placebos sem eficácia terapêutica: "Civil e processo civil. Recurso especial. Ação civil pública proposta pelo Procon e pelo Estado de São Paulo. Anticoncepcional Microvlar. Acontecimentos que se notabilizaram como o 'caso das pílulas de farinha'. Cartelas de comprimidos sem princípio ativo, utilizadas para teste de maquinário, que acabaram atingindo consumidoras e não impediram a gravidez indesejada. Pedido de condenação genérica, permitindo futura liquidação individual por parte das consumidoras lesadas. Discussão vinculada à necessidade de respeito à segurança do consumidor, ao direito de informação e à compensação pelos danos morais sofridos. Nos termos de precedentes, associações possuem legitimidade ativa para propositura de ação relativa a direitos individuais homogêneos. Como o mesmo fato pode ensejar ofensa tanto a direitos difusos, quanto a coletivos e individuais, dependendo apenas

656 | CURSO DE DIREITO DO CONSUMIDOR – *Bruno Miragem*

diversos consumidores de uma mesma espécie de automóvel defeituoso. O que se altera aqui, salienta-se, é o modo de identificação e reparação do dano, não sua natureza que, tratando-se de interesses ou direitos individuais homogêneos, caracteriza-se como espécie de dano individual (porque individualmente sofrido, ainda que por diversas vítimas).

3.2.4 Excludentes de responsabilidade

As excludentes de responsabilidade civil pelo fato do produto ou do serviço estão expressamente previstas no CDC. No caso do fato do produto, o artigo 12, § 3º, estabelece que "o fabricante, o construtor, o produtor ou importador só não será responsabilizado quando provar: I – que não colocou o produto no mercado; II – que, embora haja co-

---

da ótica com que se examina a questão, não há qualquer estranheza em se ter uma ação civil pública concomitante com ações individuais, quando perfeitamente delimitadas as matérias cognitivas em cada hipótese. A ação civil pública demanda atividade probatória congruente com a discussão que ela veicula; na presente hipótese, analisou-se a colocação ou não das consumidoras em risco e responsabilidade decorrente do desrespeito ao dever de informação. Quanto às circunstâncias que envolvem a hipótese, o TJ/SP entendeu que não houve descarte eficaz do produto-teste, de forma que a empresa permitiu, de algum modo, que tais pílulas atingissem as consumidoras. Quanto a esse 'modo', verificou-se que a empresa não mantinha o mínimo controle sobre pelo menos quatro aspectos essenciais de sua atividade produtiva, quais sejam: a) sobre os funcionários, pois a estes era permitido entrar e sair da fábrica com o que bem entendessem; b) sobre o setor de descarga de produtos usados e/ou inservíveis, pois há depoimentos no sentido de que era possível encontrar medicamentos no 'lixão' da empresa; c) sobre o transporte dos resíduos; e d) sobre a incineração dos resíduos. E isso acontecia no mesmo instante em que a empresa se dedicava a manufaturar produto com potencialidade extremamente lesiva aos consumidores. Em nada socorre a empresa, assim, a alegação de que, até hoje, não foi possível verificar exatamente de que forma as pílulas-teste chegaram às mãos das consumidoras. O panorama fático adotado pelo acórdão recorrido mostra que tal demonstração talvez seja mesmo impossível, porque eram tantos e tão graves os erros e descuidos na linha de produção e descarte de medicamentos, que não seria hipótese infundada afirmar-se que os placebos atingiram as consumidoras de diversas formas ao mesmo tempo. A responsabilidade da fornecedora não está condicionada à introdução consciente e voluntária do produto lesivo no mercado consumidor. Tal ideia fomentaria uma terrível discrepância entre o nível dos riscos assumidos pela empresa em sua atividade comercial e o padrão de cuidados que a fornecedora deve ser obrigada a manter. Na hipótese, o objeto da lide é delimitar a responsabilidade da empresa quanto à falta de cuidados eficazes para garantir que, uma vez tendo produzido manufatura perigosa, tal produto fosse afastado das consumidoras. A alegada culpa exclusiva dos farmacêuticos na comercialização dos placebos parte de premissa fática que é inadmissível e que, de qualquer modo, não teria o alcance desejado no sentido de excluir totalmente a responsabilidade do fornecedor. A empresa fornecedora descumpre o dever de informação quando deixa de divulgar, imediatamente, notícia sobre riscos envolvendo seu produto, em face de juízo de valor a respeito da conveniência, para sua própria imagem, da divulgação ou não do problema. Ocorreu, no caso, uma curiosa inversão da relação entre interesses das consumidoras e interesses da fornecedora: esta alega ser lícito causar danos por falta, ou seja, permitir que as consumidoras sejam lesionadas na hipótese de existir uma pretensa dúvida sobre um risco real que posteriormente se concretiza, e não ser lícito agir por excesso, ou seja, tomar medidas de precaução ao primeiro sinal de risco. O dever de compensar danos morais, na hipótese, não fica afastado com a alegação de que a gravidez resultante da ineficácia do anticoncepcional trouxe, necessariamente, sentimentos positivos pelo surgimento de uma nova vida, porque o objeto dos autos não é discutir o dom da maternidade. Ao contrário, o produto em questão é um anticoncepcional, cuja única utilidade é a de evitar uma gravidez. A mulher que toma tal medicamento tem a intenção de utilizá-lo como meio a possibilitar sua escolha quanto ao momento de ter filhos, e a falha do remédio, ao frustrar a opção da mulher, dá ensejo à obrigação de compensação pelos danos morais, em liquidação posterior. Recurso especial não conhecido" (STJ, REsp 866.636/SP, Rel. Min. Nancy Andrighi, j. 29.11.2007, *DJU* 06.12.2007, p. 312). No mesmo sentido: STJ, REsp 1.120.746/SC, 3ª Turma, Rel. Min. Nancy Andrighi, j. 17.02.2011, *DJe* 24.02.2011.

locado o produto no mercado, o defeito inexiste; III – a culpa exclusiva do consumidor ou de terceiro". No que se refere à responsabilidade do serviço, por sua vez, o artigo 14, § 3º, do CDC, dispõe: "(...) § 3º O fornecedor de serviços só não será responsabilizado quando provar: I – que, tendo prestado o serviço, o defeito inexiste; II – a culpa exclusiva do consumidor ou de terceiro".

Em todas as hipóteses, observa-se que as causas de exclusão da responsabilidade representam a desconstituição do nexo de causalidade. Nesse sentido, seja nas hipóteses previstas para a exclusão da responsabilidade pelo fato do produto, ou da responsabilidade pelo fato do serviço, exclui-se a responsabilidade pela demonstração cabal de ausência do nexo de causalidade entre a conduta do fornecedor no mercado de consumo e o dano eventualmente suportado pelo consumidor.

Note-se, todavia, que o ônus da prova, nesse caso, é do fornecedor do produto ou serviço, contra quem se estabelece uma presunção *juris tantum* de responsabilidade, ao tempo que se determinam quais as hipóteses em que se admite exonerar essa responsabilidade. Ao lado dessas hipóteses expressamente previstas no CDC, todavia, encontram-se, igualmente, as circunstâncias que, por força da teoria geral da responsabilidade civil, são aptas à exclusão da responsabilidade do fornecedor. São as hipóteses de *caso fortuito* e *força maior*.

Sobre a determinação do caso fortuito e da força maior como excludentes da responsabilidade civil pelo fato do produto ou do serviço, em face da ausência de referência do CDC sobre o tema, há certa discussão acerca de sua aptidão para afastar o dever de indenizar do fornecedor. Note-se que não apenas no direito brasileiro deixou de haver a previsão expressa a tais hipóteses de exclusão. Também no direito europeu, a Diretiva 85/377/CEE, sobre responsabilidade pelo fato do produto e do serviço deixou de fazer referência expressa a respeito do tema, em razão da dificuldade de estabelecer um significado uniforme para esses conceitos.[119] Entre nós, divide-se a doutrina especializada.[120]

---

[119]   CALVÃO DA SILVA, João. *Responsabilidade civil do produtor*. Coimbra: Almedina, 1990. p. 737.

[120]   Pela admissão do caso fortuito e da força maior como excludentes de responsabilidade no regime do CDC, dentre outros: BENJAMIN, Antonio Herman de Vasconcelos e *et al. Comentários ao Código de Proteção do Consumidor*. São Paulo: Saraiva, 1991. p. 67; TEPEDINO, Gustavo. Responsabilidade civil por acidentes de consumo na ótica-civil-constitucional. *In*: TEPEDINO, Gustavo. *Temas de direito civil*. Rio de Janeiro: Renovar, 1999. p. 241; SANSEVERINO, Paulo de Tarso Vieira. *Responsabilidade civil no Código do Consumidor e a defesa do fornecedor*. São Paulo: Saraiva, 2002. p. 290; MARTINS, Plínio Lacerda. O caso fortuito e a força maior como causas de exclusão da responsabilidade civil no Código do Consumidor. *Revista dos Tribunais*, São Paulo, v. 690, p. 287-291, abr. 1991. Contra a admissão do caso fortuito e da força maior como excludentes de responsabilidade, afirmando o caráter exaustivo da enumeração do CDC: LOPES, José Reinaldo de Lima. *Responsabilidade civil do fabricante e a defesa do consumidor*. São Paulo: Ed. RT, 1992. p. 119; NERY JR., Nelson. Os princípios gerais do Código Brasileiro de Defesa do Consumidor. *Revista de Direito do Consumidor*, São Paulo, v. 3, p. 44-77, set./dez. 1992. Ainda de referir os entendimentos que visam compatibilizar as causas excludentes com o regime do CDC: no entendimento de Sílvio Luiz Ferreira da Rocha, seria desnecessária menção expressa a estas excludentes, uma vez que o caso fortuito já estaria presente no CDC sob a previsão de inexistência do defeito como espécie excludente (artigo 12, § 3º, II, e artigo 14, § 3º, I), enquanto a força maior apresentar-se-ia, como a previsão normativa do fato de terceiro (artigo 12, § 3º, III, e artigo 14, § 3º, II). ROCHA, Sílvio Luís Ferreira da. *Responsabilidade civil do fornecedor pelo fato do produto no direito brasileiro*. São Paulo: Ed. RT, 1992. p. 112-113; já para James Marins, são admissíveis a força maior e o caso fortuito como excludentes, contanto que não venham a ocorrer dentro do processo produtivo, em que não se deverá admiti-la como causa de exclusão da responsabilidade (MARINS, James. *Responsabilidade da*

658 | CURSO DE DIREITO DO CONSUMIDOR – *Bruno Miragem*

Entre os que sustentam a impossibilidade de exclusão da responsabilidade do fornecedor no regime do CDC, em razão de caso fortuito e força maior, sustenta-se que as hipóteses enumeradas pelo legislador nos artigos 12 e 14 constituem enumeração taxativa (*numerus clausus*), insuscetível de ampliação por via interpretativa. Por outro lado, os que defendem sua admissão vão salientar que não há como desconsiderar excludentes que derivam da teoria geral da responsabilidade civil e que tem por característica a exclusão do nexo de causalidade entre o dano ao consumidor e a conduta do consumidor, lembrando que o regime da responsabilidade objetiva previsto como regra geral do CDC exclui a culpa como requisito da responsabilização, mas não a relação lógica de causalidade entre uma conduta e um dano ao qual se deseja imputar o dever de indenizar.

3.2.4.1 *Não colocação do produto no mercado*

Entre as excludentes de responsabilidade pelo fato do produto expressamente previstas pelo CDC, a primeira é a prova pelo fornecedor de que não colocou o produto no mercado (artigo 12, § 3º, I). Com relação à excludente e, em especial, à possibilidade de sua comprovação pelo fornecedor, a questão que se apresenta é, justamente, a precisão do significado do que consiste essa não colocação do produto no mercado. James Marins, abordando a questão, refere que a hipótese que *"mais claramente poderia subsumir a esta excludente seria a do furto ou roubo do produto defeituoso estocado, desde que tomadas as devidas cautelas para sua guarda"*.[121] No mesmo sentido referem-se Antonio Herman Benjamin[122] e Paulo de Tarso Sanseverino,[123] incluindo nessa hipótese mesmo o furto de uso.

O critério de não colocação no mercado, nesse sentido, verifica-se pela ausência de voluntariedade por parte do fornecedor e da mesma forma isenta de culpa, no oferecimento do produto no mercado. A exclusão de responsabilidade, portanto, surge da ausência de uma conduta que se vincula – via nexo de causalidade – a um dano eventualmente sofrido pelo consumidor. Todavia, há de reconhecer na hipótese a existência de uma presunção contra o fornecedor, ou seja, identificando-se o produto defeituoso no mercado e verificando-se que, em razão dele, produziu-se um dano ao consumidor, ensejando a responsabilidade pelo fato do produto, presume-se que o fornecedor tenha colocado o produto no mercado. Incumbe a esse fornecedor, para excluir-se do dever de indenizar, demonstrar o contrário.

O direito brasileiro, todavia, não regulou o modo como se estabelece essa prova, a exemplo do que já havia feito o legislador europeu no artigo 7º da Diretiva Europeia 85/374/CEE, sobre a responsabilidade pelo fato do produto. Todavia, por ocasião da incorpora-

---

empresa pelo fato do produto. Os acidentes de consumo no Código de Proteção e Defesa do Consumidor. São Paulo: Ed. RT, 1993. p. 153). No mesmo sentido é o entendimento de: DENARI, Zelmo *et al*. *Código Brasileiro de Defesa do Consumidor comentado pelos autores do anteprojeto*. 8. ed. Rio de Janeiro: Forense, 2005. p. 190-191.

[121] MARINS, James. *Responsabilidade da empresa pelo fato do produto*. Os acidentes de consumo no Código de Proteção e Defesa do Consumidor. São Paulo: Ed. RT, 1993. p. 146.

[122] BENJAMIN, Antonio Herman de Vasconcelos e *et al*. *Comentários ao Código de Proteção do Consumidor*. São Paulo: Saraiva, 1991. p. 65.

[123] SANSEVERINO, Paulo de Tarso Vieira. *Responsabilidade civil no Código do Consumidor e a defesa do fornecedor*. São Paulo: Saraiva, 2002. p. 260.

ção da Diretiva nos ordenamentos jurídicos internos dos países da Comunidade, houve situações, como na Itália, em que o legislador nacional optou por precisar o conceito do que se consideraria por colocar em circulação. Daí o *Codice del Consumo* italiano de 2005 ter estabelecido em seu artigo 119 (a exemplo do artigo 7º D.P.R. 224/88, que vigeu até a edição do *Codice*) que se considera o produto colocado em circulação nas situações em que há entrega ao consumidor, ainda que para mostruário ou prova; a entrega ao despachante ou transportador para entrega ao adquirente ou usuário, ou ainda na hipótese de venda judicial, mediante leilão, ressalvada, neste último caso, a hipótese de o produtor ter dado ciência, no ato da penhora judicial, da existência do defeito.

Em nosso sistema, como afirmamos, a excludente em questão não merece definição normativa em caráter positivo (colocação do produto no mercado), nem em caráter negativo (não colocação do produto no mercado). Nesse sentido, vem cabendo especialmente à doutrina especializar-se em distinções. Em primeiro lugar, cumpre distinguir que o ato de colocação no mercado não parece exigir, necessariamente, a retirada física do bem das instalações do fornecedor, nem mesmo, à evidência, da sua posse ou propriedade. Colocar ou não no mercado vincula-se a dispor ao público interessado, o que pode ser feito tanto nas instalações do fornecedor (mesmo do fornecedor-fabricante) quanto em qualquer outro local. Esse caráter finalístico da norma – colocação do produto no mercado – não restringe a hipótese a um critério de intencionalidade do fornecedor, ainda que caiba a ele o ônus de demonstrar a ausência de tal finalidade. A pergunta que resta, todavia, é se para tanto deve estar cumprida a plena possibilidade de acesso do mercado ao produto ou serviço. Uma questão de relevo, neste ponto, como assinala a doutrina, diz respeito aos acidentes de trânsito ocorridos por ocasião do transporte dos produtos ou matérias-primas; o extravio durante o transporte, antes da entrega ao consumidor[124]; ou ainda a circunstância de oferecimento de produtos ou amostras gratuitas. Em todos esses casos, parece claro que os produtos, ainda que não disponíveis no mercado para realização necessária de contratos de consumo, em regra já se submetem ao dever de segurança estabelecido pelo CDC.[125] No mesmo sentido, aliás, situa-se a colocação acidental do produto defeituoso no mercado, o que – em um regime de responsabilidade objetiva – não terá o condão de excluir a responsabilidade do fornecedor pelos danos eventualmente causados.

A introdução no mercado parte do pressuposto de sua colocação no espaço do mercado, instante a partir do qual passa a oferecer riscos aos direitos dos consumidores.

---

[124] "Responsabilidade civil. Direito do consumidor. Extravio de malote que contém talões de cheque. Responsabilidade objetiva da instituição financeira. Inclusão indevida nos órgãos de proteção ao crédito. Dano moral. 1. A instituição financeira é responsável por danos morais causados a correntista que tem cheques devolvidos e nome inscrito em cadastro de inadimplentes em decorrência da utilização do talonário por terceiro após o extravio de malotes durante o transporte, pois tal situação revela defeito na prestação de serviços. 2. Agravo regimental desprovido" (STJ, AgRg no Ag 1.357.347/DF, 4ª Turma, Rel. Min. João Otávio de Noronha, j. 03.05.2011, *DJe* 09.05.2011). O mesmo ocorre no caso em que a instituição financeira, por erro, entrega indevidamente o talonário a terceiro (REsp 1.254.883/PR, 3ª Turma, Rel. Min. Paulo de Tarso Sanseverino, j. 03.04.2014, *DJe* 10.04.2014).

[125] No mesmo sentido: SANSEVERINO, Paulo de Tarso Vieira. *Responsabilidade civil no Código do Consumidor e a defesa do fornecedor.* São Paulo: Saraiva, 2002. p. 262-263. Em sentido contrário: MARINS, James. *Responsabilidade da empresa pelo fato do produto.* Os acidentes de consumo no Código de Proteção e Defesa do Consumidor. São Paulo: Ed. RT, 1993. p. 103.

660 | CURSO DE DIREITO DO CONSUMIDOR – *Bruno Miragem*

Por tal razão, passam tais situações a submeter-se ao regime do CDC, não se admitindo, no caso, a alegação da excludente de não colocação no mercado.

3.2.4.2 Inexistência de defeito

Como já afirmamos, no regime de responsabilidade pelo fato do produto ou do serviço no CDC, a existência do defeito é pressuposto essencial da imputação do dever de indenizar ao fornecedor. Daí por que, entre as excludentes previstas pelo CDC como possíveis de demonstração pelo fornecedor para efeito da sua não responsabilização está a prova da inexistência do defeito do produto (artigo 12, § 3º, II), ou do serviço (artigo 14, § 3º, I). Demonstrando-se a inexistência do defeito – providência que a lei impõe ao fornecedor –, não se há falar em responsabilidade do fornecedor, que só abrange os danos decorrentes de produtos e serviços defeituosos.[126]

A previsão do *defeito* como *pressuposto* do dever de indenizar, como já menciona-mos, tem origem no direito europeu (Diretiva 85/374/CEE) e surge como uma tentativa de delimitação do regime de responsabilidade objetiva do CDC, em contraposição ao tratamento que sobre o tema deu o direito norte-americano, aparentemente sem a eleição expressa de um critério de atribuição da responsabilidade, que não o risco da atividade do produtor ou fabricante (nesse sentido, o § 432 do *Second Reestatment of Torts*). O exame da existência ou não do defeito do produto pressupõe, naturalmente, a colocação do produto no mercado.[127]

A principal questão a ser considerada com respeito a essa causa excludente é o modo como se deverá avaliar a presença ou não do defeito. No direito europeu da Di-retiva 85/374/CEE, admite-se como excludente da responsabilização do fornecedor a demonstração, por parte deste, da probabilidade de inexistência de defeito. Refere, no caso, o artigo 7º da mencionada Diretiva que o produtor não será responsável quando provar, entre outras hipóteses, "que, tendo em conta as circunstâncias, é legítimo estimar que o defeito causador do dano não existia no momento em que o produto foi posto em circulação pelo produtor ou que esse defeito surgiu posteriormente". Assim, no regime europeu, basta a demonstração de uma mera probabilidade de inexistência do defeito para excluir a responsabilidade do produtor. Não é, a toda vista, a regra da lei brasileira.

Entre nós, optou o legislador por um regime mais rigoroso de responsabilidade, em vista da proteção do consumidor-vítima de acidentes de consumo, ao exigir prova positiva

---

[126] "Direito civil. Indenização por danos morais. Transporte rodoviário. Roubo ocorrido dentro do ônibus. Inevitabilidade. Força maior. Exclusão da responsabilidade do transportador. Precedentes. Recurso desprovido. I – A presunção de culpa da transportadora comporta desconstituição mediante prova da ocorrência de força maior, decorrente de roubo, indemonstrada a desatenção da ré quanto às cautelas e precauções normais ao cumprimento do contrato de transporte. II – Na lição de Clóvis, caso fortuito é 'o acidente produzido por força física ininteligente, em condições que não podiam ser previstas pelas partes', enquanto a força maior é 'o fato de terceiro, que criou, para a inexecução da obrigação, um obstáculo, que a boa vontade do devedor não pode vencer', com a observação de que o traço que os caracteriza não é a imprevisibilidade, mas a inevitabilidade" (STJ, REsp 264.589/RJ, 4ª Turma, Rel. Min. Sálvio de Figueiredo Teixeira, j. 14.11.2000, *DJU* 18.12.2000, p. 207).

[127] TEPEDINO, Gustavo. Responsabilidade civil por acidentes de consumo na ótica-civil-constitucional. *In*: TEPEDINO, Gustavo. *Temas de direito civil*. Rio de Janeiro: Renovar, 1999. p. 237-250.

da inexistência do defeito.[128] Não basta, nesse sentido, mera argumentação lógica que busque demonstrar o quão improvável seria a existência de determinado defeito. Sem a comprovação cabal da ausência de defeito não se afasta a responsabilidade determinada ao fornecedor,[129] submetido à interpretação quanto à regularidade de sua conduta.[130] Na precisa síntese da jurisprudência: "demonstrando o consumidor, na ação por si ajuizada, que o dano sofrido decorreu do serviço prestado pelo fornecedor, a esse último compete comprovar, por prova cabal, que o evento danoso não derivou de defeito do serviço, mas de outros fatores".[131] Da mesma forma, sempre deve ser destacado, cumpre ao consumidor provar a existência do evento danoso e de sua causa, a que imputa o defeito;[132] e,

---

[128]   MARINS, James. *Responsabilidade da empresa pelo fato do produto*. Os acidentes de consumo no Código de Proteção e Defesa do Consumidor. São Paulo: Ed. RT, 1993. p. 151.

[129]   Contudo, por vezes tal pode ser provado, como se observa da decisão do STJ: "(...) 3. No caso concreto, todavia, mostra-se irrelevante a alegação acerca do ônus da prova, uma vez que a solução a que chegou o Tribunal *a quo* não se apoiou na mencionada técnica, mas sim efetivamente nas provas carreadas aos autos. A improcedência do pedido indenizatório decorreu essencialmente da prova pericial produzida em Juízo, sob a vigilância de assistentes nomeados por autor e réu, prova essa que chegou à conclusão de que a colisão do veículo dirigido pelo consumidor não fora frontal e que, para aquela situação, não era mesmo caso de abertura do sistema de *airbags*. 4. De fato, a despeito de a causa de pedir apontar para hipótese em que a responsabilidade do fornecedor é objetiva, este se desincumbiu do ônus que lhe cabia, tendo sido provado que, 'embora haja colocado o produto no mercado, o defeito inexist[iu]', nos termos do art. 12, § 3º, inciso II, do CDC. Tendo sido essa a conclusão a que chegou o Tribunal *a quo*, a reversão do julgado demandaria reexame de provas, providência vedada pela Súmula 7/STJ. 5. Recurso especial não provido. (STJ, REsp 1.095.271/RS, 4ª Turma, Rel. Min. Luis Felipe Salomão, j. 07.02.2013, *DJe* 05.03.2013).

[130]   "Agravo regimental no recurso especial. Civil e processo civil. Responsabilidade civil. Direito do consumidor. Dever de informação. Anticoncepcional. Gravidez indesejada. Possibilidade. Informação constante da bula do medicamento. Inexistência de defeito de informação. 1. Ação de indenização movida por casal contra o laboratório fabricante do anticoncepcional Mesigyna, em decorrência de sua ineficácia, ensejando uma terceira gravidez não planejada. 2. Alegação do laboratório fabricante, acolhida pelas instâncias de origem, de que nenhum anticoncepcional é cem por cento eficaz, tendo essa informação constado de sua bula. 3. Fato notório de que os métodos contraceptivos não são 100% eficazes. 4. Informação constante da bula do medicamento. 5. Não caracterização do defeito de informação. 6. Necessidade de revisão da prova colhida no processo que esbarra no óbice da Súmula 07/STJ. 7. Agravo regimental desprovido" (STJ, AgRg no REsp 1.261.815/SC, 3ª Turma, Rel. Min. Paulo de Tarso Sanseverino, j. 19.02.2013, *DJe* 25.02.2013).

[131]   STJ, REsp 1.734.099/MG, 3ª Turma, Rel. Min. Nancy Andrighi, j. 04.12.2018, *DJe* 07.12.2018. No mesmo sentido: REsp 1.715.505/MG, 3ª Turma, Rel. Min. Nancy Andrighi, j. 20.03.2018, *DJe* 23.03.2018; AgInt no AREsp 1.604.779/SP, 3ª Turma, Rel. Min. Marco Aurélio Bellizze, j. 20.04.2020, *DJe* 24.04.2020.

[132]   "Processual civil e consumidor. Agravo interno nos embargos de divergência em recurso especial. Ação de indenização por danos morais. Acidente de trânsito. Rompimento da banda de rodagem de pneu. Responsabilidade civil por fato do produto. Ônus da prova. Agravo interno desprovido. 1. Os acórdãos confrontados nos embargos de divergência adotaram a mesma tese jurídica: nas ações de responsabilidade civil fundadas no Código de Defesa do Consumidor, cabe ao autor consumidor demonstrar a ocorrência do evento (no caso, acidente automobilístico causado por estouro de pneu), o dano dele emergente e o nexo causal existente entre ambos, ao menos *in status assertionis*, satisfazendo, assim, seu ônus probatório, competindo, a partir de então, ao fabricante/fornecedor provar de forma definitiva a ocorrência de uma das excludentes do nexo causal, como, nos casos analisados, que o defeito não existe (CDC, art. 12, § 3º, II). 2. Assim, tendo adotado a mesma tese jurídica acerca do ônus probatório em lides consumeristas, a adoção de soluções distintas se deveu à diversidade das molduras fáticas das ações, em especial no que tange à prova pericial, a qual fora fartamente produzida no aresto paradigma, mas não no acórdão ora embargado. 3. Por isso, o aresto embargado, em consonância com o entendimento desta Corte, acima referido, reformou o acórdão recorrido por dois motivos: a) somente cabe ao consumidor demonstrar a ocorrência do evento, do dano dele emergente e do nexo causal, *in status assertionis*, mas não a exis-

em matéria de fato do serviço, sua má prestação que gera danos ao consumidor induz a uma verdadeira presunção de existência do defeito, cuja prova em contrário é exigida do fornecedor, para efeito de se eximir da responsabilidade.

Note-se, todavia, que a razão de ser desse regime estabelecido pelo CDC também atende a razões de ordem prática, com o intuito de assegurar a efetividade dos direitos do consumidor. Em geral, a dilação probatória em matéria de acidentes de consumo, no caso para investigação sobre a existência ou não de defeito, se dá por meio de perícias técnicas altamente especializadas, envolvendo conhecimentos aprofundados e complexos, o que por isso termina por apresentar a prova como extremamente custosa.[133] Nesse sentido, nessa matéria o CDC não apenas recorre à faculdade genérica de inversão do ônus da prova, estabelecida no artigo 6º, VIII, como determinou ao próprio fornecedor, de modo direto, o ônus de demonstrar a inexistência do defeito para efeito de afastar a hipótese de responsabilização.[134]

3.2.4.3 *Culpa exclusiva do consumidor ou de terceiro*

A terceira excludente de responsabilidade admitida expressamente pelo CDC (artigos 12, § 3º, III, e 14, § 3º, II) é a culpa exclusiva do consumidor ou a culpa exclusiva de terceiro. Trata-se, como se deduz, de outra hipótese de rompimento do nexo causal entre a conduta do fornecedor e o dano sofrido pelo consumidor, pelo advento de outra con-

---

tência do defeito do produto; pois b) cabe ao fabricante, para refutar o dever indenizatório, demonstrar a ocorrência de excludente do nexo causal, no caso a ausência de defeito do produto. 4. Ao revés disso, imputar ao consumidor o defeito do produto equivale a violar verdadeiro pilar do sistema de proteção ao consumidor, que transfere ao fabricante/fornecedor o ônus de provar que o produto que colocou em circulação não é defeituoso. 5. O aresto paradigma, por sua vez, confirmou a improcedência da ação indenizatória, ao considerar terem as instâncias ordinárias reconhecido que o fabricante demonstrou uma das excludentes do nexo causal, esclarecendo, nessa linha, que 'o defeito do produto não restou comprovado através de perícia judicial'. 6. Portanto, tendo ambos os julgados adotado a mesma tese jurídica acerca do ônus probatório em lides consumeristas, a acolhida de soluções distintas se deveu à diversidade das molduras fáticas das ações. 7. Agravo interno a que se nega provimento" (STJ, AgInt nos EREsp 1.715.505/MG, 2ª Seção, Rel. Min. Raul Araújo, j. 25.08.2021, *DJe* 14.09.2021).

[133] É por vezes difícil de ser produzida, caso em que, considerando as circunstâncias do caso, imputa-se a responsabilidade ao fornecedor que não se desincumbiu da produção da prova: "Recurso especial. Responsabilidade pelo fato do produto. Automóvel Fiesta. Quebra do banco do motorista. Defeito de fabricação. Perda do controle do veículo. Acidente grave. *Recall* posterior ao evento danoso. Ônus da prova do fabricante. 1. Ação de indenização proposta com base em defeito na fabricação do veículo, objeto de posterior *recall*, envolvido em grave acidente de trânsito. 2. Comprovação pelo consumidor lesado do defeito do produto (quebra do banco do motorista com o veículo em movimento na estrada) e da relação de causalidade com o acidente de trânsito (perda do controle do automóvel em estrada e colisão com uma árvore), que lhe causou graves lesões e a perda total do veículo. 3. A dificuldade probatória ensejada pela impossibilidade de perícia direta no veículo sinistrado, no curso da instrução do processo, não caracteriza cerceamento de defesa em relação ao fabricante. 4. Inocorrência de violação às regras dos incisos II e III do § 3º do artigo 12 do CDC. 5 – Precedente desta Corte. 6. Recurso especial desprovido" (STJ, REsp 1.168.775/RS, 3ª Turma, Rel. Min. Paulo de Tarso Sanseverino, j. 10.04.2012, *DJe* 16.04.2012).

[134] SANSEVERINO, Paulo de Tarso Vieira. *Responsabilidade civil no Código do Consumidor e a defesa do fornecedor*. São Paulo: Saraiva, 2002. p. 267.

duta que, tendo sido realizada, demonstra-se que tenha dado causa ao evento danoso.[135] No caso, a conduta que vem a causar o dano, afastando por isso a relação de causalidade com respeito ao comportamento do fornecedor, é a conduta do próprio consumidor que tenha sido vítima do dano (culpa exclusiva da vítima)[136] ou de qualquer outro terceiro com a mesma característica.

Note-se que a exclusão da responsabilidade do fornecedor, nesse caso, opera-se apenas se o dano tiver sido causado por evento cuja causa deva-se apenas à própria conduta do consumidor ou de terceiro. Não há referir, portanto, a culpa concorrente do consumidor como causa de exclusão de responsabilidade, ainda que se possa admitir, no caso concreto, a possibilidade de redução do *quantum* da indenização.[137] Da mesma forma, não afasta a responsabilidade do fornecedor o fato meramente acidental do consumidor, exigindo-se, para tal finalidade, que o ato seja exclusivo e que seja praticado culposamente, ou seja, movido por dolo, negligência ou imprudência.[138]

A demonstração da existência da culpa exclusiva da vítima ou de terceiro deve ser cabalmente demonstrada pelo fornecedor para se eximir da responsabilidade,[139] ou seja,

---

[135] "Civil e processual. Ação de indenização. Assalto a ônibus seguido de estupro de passageira. Caso fortuito. Configuração. Preposto. Omissão no socorro à vítima. Responsabilidade da transportadora. I. A 2ª Seção do STJ, no julgamento do REsp 435.865/RJ (Rel. Min. Barros Monteiro, por maioria, *DJU* 12.05.2003), uniformizou entendimento no sentido de que constitui caso fortuito, excludente de responsabilidade da empresa transportadora, assalto a mão armada ocorrido dentro de veículo coletivo. II. Caso, entretanto, em que a prova dos autos revelou que o motorista do ônibus era indiretamente vinculado a dois dos assaltantes e que se houve com omissão quando deixou de imediatamente buscar o auxílio de autoridade policial, agravando as lesões de ordem física, material e moral acontecidas com a passageira, pelo que, em tais circunstâncias, agiu com culpa a ré, agravando a situação da autora, e por tal respondendo civilmente, na proporção desta omissão. III. Recurso especial conhecido e parcialmente provido" (STJ, REsp 402.227/RJ, 4ª Turma, Rel. Min. Aldir Passarinho Junior, j. 07.12.2004, *DJU* 11.04.2005, p. 305).

[136] Assim o caso de consumidor que se envolve, voluntariamente, em confronto físico com outro frequentador de um evento promovido pelo fornecedor: STJ, AgInt no AREsp 1.750.172/SP, 4ª Turma, Rel. Min. Raul Araújo, j. 12.04.2021, *DJe* 12.05.2021.

[137] No mesmo sentido: SANSEVERINO, Paulo de Tarso Vieira. *Responsabilidade civil no Código do Consumidor e a defesa do fornecedor*. São Paulo: Saraiva, 2002. p. 275.

[138] "Recurso especial. Responsabilidade civil. Ação de indenização. Danos materiais. Saques indevidos em conta-corrente. Culpa exclusiva da vítima. Artigo 14, § 3º, do CDC. Improcedência. 1. Conforme precedentes desta Corte, em relação ao uso do serviço de conta-corrente fornecido pelas instituições bancárias, cabe ao correntista cuidar pessoalmente da guarda de seu cartão magnético e sigilo de sua senha pessoal no momento em que deles faz uso. Não pode ceder o cartão a quem quer que seja, muito menos fornecer sua senha a terceiros. Ao agir dessa forma, passa a assumir os riscos de sua conduta, que contribui, à toda evidência, para que seja vítima de fraudadores e estelionatários (REsp 602.680/BA, Rel. Min. Fernando Gonçalves, *DJU* 16.11.2004; REsp 417.835/AL, Rel. Min. Aldir Passarinho Junior, *DJU* 19.08.2002). 2. Fica excluída a responsabilidade da instituição financeira nos casos em que o fornecedor de serviços comprovar que o defeito inexiste ou que, apesar de existir, a culpa é exclusiva do consumidor ou de terceiro (artigo 14, § 3º, do CDC). 3. Recurso conhecido e provido para restabelecer a r. sentença" (STJ, REsp 601.805/SP, 4ª Turma, Rel. Min. Jorge Scartezzini, j. 20.10.2005, *DJU* 14.11.2005, p. 328).

[139] "Civil. Processual civil. Recurso especial. Instalação fraudulenta de linhas telefônicas. Responsabilidade objetiva e solidária das empresas prestadoras de serviço de telefonia, Embratel e Brasil Telecom. Inscrição indevida do nome da autora no SPC. Artigo 14, § 3º, II, do CDC. Culpa exclusiva de terceiro não comprovada. Sucumbência recíproca. Inocorrência. 1. No pleito em questão, as instâncias ordinárias concluíram que restou comprovada a responsabilidade objetiva e solidária das duas empresas prestadoras de serviço de telefonia, pela instalação fraudulenta de linhas telefônicas e inscrição indevida do nome da autora no SPC: 'esta obrigação de checar a veracidade e fidedignidade dos dados dos clientes não é somente da empresa de telefonia local, mas também da Embratel, sendo solidária a responsabilidade

há imputação objetiva de responsabilidade do fornecedor, cabendo a ele desincumbir-se do ônus de provar a existência dessas excludentes. Sob esse argumento, inclusive, e considerando a preponderância da causa, o STJ, corretamente, reconheceu a responsabilidade do hospital por infecção hospitalar que acometeu recém-nascido prematuro, mediante a constatação de que compete ao réu a prova do fato exclusivo que rompe o nexo de causalidade, e que, no caso concreto, "a despeito da prematuridade e do baixo peso serem fatores que potencializam o risco de infecções hospitalares, de acordo com a roupagem fática delineada pelas instâncias subjacentes, houve também o contágio de bebês sem essas características, ou seja, recém-nascidos que não eram prematuros, o que afasta a presunção de que tais fatores foram determinantes para o contágio".[140]

No caso de culpa de terceiro, note-se que, ao mesmo tempo que a responsabilidade do fornecedor é afastada, esse terceiro, uma vez tendo sido demonstrado o vínculo lógico da sua conduta com o dano causado, poderá ser reconhecido como legítimo para ser demandado na correspondente ação indenizatória da vítima. A posição de terceiro, nesse sentido, é admitida a todo aquele que, não participando da cadeia de fornecimento, realiza conduta que dá causa ao evento danoso de modo independente da conduta do fornecedor ou do defeito, ou, para dizer melhor, só é admitido como terceiro quem não participa da cadeia de fornecimento.[141] Assim, se a causa do dano decorrer da conduta de um integrante da cadeia de fornecimento, agente econômico que se vincula ao fornecedor direto imediatamente por contrato, ou de forma mediata, associando-se a outro parceiro negocial de maneira a viabilizar a atividade negocial do fornecedor direto, não há de cogitar nessa hipótese o afastamento da responsabilidade.[142] Seguindo esse entendimento,

---

entre ambas pela segurança e eficiência do serviço, visto que esta utiliza os dados cadastrais fornecidos pela Brasil Telecom e se beneficia economicamente dos serviços telefônicos prestados' (fls. 270). Ademais, como ressaltado no v. acórdão, a inscrição indevida do nome da autora no SPC, foi promovida 'tanto pela Brasil Telecom S/A – Filial DF, como pela Embratel', conforme se verifica nos documentos de fls. 25 (fls. 270). 2. Destarte, não ocorreu, comprovadamente, as hipóteses elencadas no artigo 14, § 3º, II, do CDC, quanto à alegada culpa exclusiva de terceiro, ou seja, *in casu*, da Brasil Telecom. 3. Conforme entendimento firmado nesta Corte, 'nas reparações por dano moral, como o juiz não fica jungido ao *quantum* pretendido pelo autor na exordial, ainda que o valor fixado seja inferior ao pleiteado pela parte, não há que se falar de sucumbência recíproca'. Precedentes. 4. Recurso não conhecido" (STJ, REsp 820.381/DF, 4ª Turma, Rel. Min. Jorge Scartezzini, j. 21.03.2006, *DJU* 02.05.2006, p. 338). Em sentido semelhante: STJ, AgRg no AREsp 318.307/PE, 4ª Turma, Rel. Min. Marco Buzzi, j. 25.02.2014, *DJe* 05.03.2014.

[140] STJ, REsp 2.069.914/DF, 4ª Turma, Rel. Min. Marco Buzzi, j. 06.06.2023, *DJe* 23.06.2023.

[141] Assim, por exemplo o caso em que o STJ excluiu a responsabilidade de administradora de *shopping center* e de empresa que explorava sala de cinema onde em cuja sessão um atirador abriu fogo contra os presentes: REsp 1.133.731/SP, 4ª Turma, Rel. Min. Marco Buzzi, j. 12.08.2014, *DJe* 20.08.2014; REsp 1.384.630/SP, 3ª Turma, Rel. p/ Acórdão Min. Ricardo Villas Bôas Cueva, j. 20.02.2014, *DJe* 12.06.2014. Em sentido contrário, registre-se o voto vencido do Min. Paulo de Tarso Sanseverino, para quem: "é cabível condenar *shopping center* ao pagamento de indenização por dano moral a vítima de disparos de arma de fogo efetuados em sala de cinema nele localizada quando reconhecida a negligência da segurança do estabelecimento comercial. Isso porque não há que se falar em fato exclusivo de terceiro a afastar o nexo de causalidade. E, por ser a prestação de segurança aos bens e à integridade física do consumidor inerente à atividade comercial desenvolvida pelo *shopping center*, segundo a teoria do risco da atividade, há responsabilidade do estabelecimento comercial pelos danos causados".

[142] Assim, por exemplo, a situação daquele que organiza rede conveniada de hotéis para prestar serviços de hospedagem, que não poderá eximir-se de responder pela prestação de serviço defeituoso pelo estabelecimento hoteleiro credenciado: REsp 1.378.284/PB, 4ª Turma, Rel. Min. Luis Felipe Salomão, j. 08.02.2018, *DJe* 07.03.2018.

de modo didático, pronuncia-se o STJ: "A empresa que integra, como parceira, a cadeia de fornecimento de serviços é responsável solidária pelos danos causados ao consumidor por defeitos no serviço prestado".[143]

Ambas as situações, culpa exclusiva do consumidor, ou culpa exclusiva de terceiro, são hipóteses que têm o condão de afastar o nexo de causalidade entre o dano e a conduta do fornecedor[144] ao introduzir o produto ou serviço no mercado, e que inclusive poderão ser defeituosos, porém não será essa a causa do evento danoso em questão.[145] Note-se, da mesma forma, que, embora a legislação tenha feito uso da expressão culpa de terceiro, a rigor, deve-se entender nesse caso o fato de terceiro, que culposo ou não, serve para romper o nexo de causalidade entre a conduta do fornecedor e o evento danoso, vinculando-o logicamente a outra causa. O que se exige, destaque-se, é culpa exclusiva, e não concorrente, seja essa concorrência entre fornecedor e consumidor ou entre fornecedor e terceiro,[146] hipóteses em que não se vê afastada a responsabilidade do fornecedor pela indenização dos danos. Assim, por exemplo, é o caso da responsabilidade pelo fato do serviço decorrente de acidentes de trânsito causados por animais na pista. Não se há de imputar a culpa pela presença do animal apenas ao fornecedor, sendo necessário identificar também na conduta

---

[143] STJ, AgRg no Ag 1.153.848/SC, 3ª Turma, Rel. Min. Sidnei Beneti, j. 12.04.2011, *DJe* 27.04.2011. No mesmo sentido: STJ, AgRg no AREsp 214.864/SP, 4ª Turma, Rel. Min. Antônio Carlos Ferreira, j. 27.03.2014, *DJe* 09.04.2014.

[144] É o caso do banco que não responde pelos prejuízos decorrentes de fraude promovida por empregado da vítima, conforme: STJ, REsp 1.414.391/DF, Rel. Min. Paulo de Tarso Sanseverino, 3ª Turma, j. 10.05.2016, *DJe* 17.05.2016.

[145] É o caso da consumidora que sofreu a queda de seus cabelos ao utilizar o produto capilar sem atender às instruções de uso informadas pelo fabricante que, igualmente, desincumbiu-se do dever de advertir sobre os riscos decorrentes da utilização indevida, conforme decidiu o TJRS, ApCiv 70.072.579.907, 6ª Câmara Cível, Rel. Ney Wiedemann Neto, j. 25.05.2017.

[146] "Civil. Processual civil. Recurso especial. Ação de indenização. Danos morais. Falsificação da assinatura do autor em contrato de financiamento de veículo. Participação de funcionários da CEF. Ação de busca e apreensão. *Quantum* indenizatório. Redução. 1. Não prospera a alegada infringência ao artigo 14, § 3º, II, do CDC, ao argumento de que houve culpa exclusiva de terceiros. Com efeito, o Tribunal *a quo*, com base nos elementos fático-probatórios trazidos aos autos, concluiu "que o contrato fraudulento se deu com a participação concorrente dos gerentes da CEF, que sabiam da utilização indevida dos documentos do autor. A ação de busca e apreensão, por sua vez, foi ajuizada pelos advogados da CEF (fls. 234, 237). 2. As instâncias ordinárias concluíram que os danos morais sofridos pelo autor, em decorrência da indevida ação de busca e apreensão, restaram configurados. O nexo causal, consoante os termos do v. acórdão recorrido, 'dispensa maiores esforços para demonstrar a relação íntima existente entre o ato praticado pela instituição bancária e o dano resultante desta ação'. (...) Ademais, 'constam dos autos elementos suficientes a evidenciar a situação vexatória em que se viu exposto o querelante ao ter de responder um processo referente a um contrato que não firmou, inclusive com expedição de ofícios a DETRAN, delegacias, Polícia Rodoviária. Situação essa bastante constrangedora para o cidadão que preza seu bom conceito na sociedade, como, decerto, é o caso do autor, trabalhador humilde e honesto' (fls. 201). 3. Como ressaltado na r. sentença, confirmada pelo v. acórdão recorrido, (fls. 203) 'não foram causados grandes contratempos ao autor em razão da ação de busca e apreensão, o qual se limitou a comparecer a uma audiência e fornecer material para a realização do laudo grafotécnico. Não houve divulgação da questão pela imprensa ou investigações policiais. Além disso, a lide foi rapidamente solucionada, pois – consoante depoimento de fls. 181 – o autor teve ciência da ação em 1997 e já em fevereiro de 1998 a sentença de improcedência era prolatada (documento de fls. 66/69)'. Destarte, o valor fixado pelo Tribunal de origem, em R$ 10.000,00 (dez mil reais), mostra-se excessivo, não se limitando à compensação dos prejuízos advindos do evento danoso, pelo que se impõe a respectiva redução a R$ 5.000,00 (cinco mil reais). 4. Recurso parcialmente conhecido e, nesta parte, provido" (STJ, REsp 654.130/PE, 4ª Turma, Rel. Min. Jorge Scartezzini, j. 25.10.2005, *DJU* 21.11.2005, p. 244).

do dono do animal, se houver, parcela de contribuição no resultado danoso. Contudo, essa "culpa" não será exclusiva, uma vez que se há de exigir da concessionária da via (quando sob o regime de concessão, e, portanto, sob a incidência do CDC)[147] o dever de segurança no fornecimento do serviço. Descumprido este, será imputado o dever de indenizar,[148] inclusive – segundo a jurisprudência – quando se trata de equiparação a consumidor, os terceiros não usuários, que tenham sido vítimas do evento danoso.[149]

Portanto, com relação a essa culpa ou fato de terceiro, devem-se observar algumas questões importantes. Em primeiro lugar, constata-se que, embora não consagrada expressamente como regra genérica de exclusão de responsabilidade no regime comum (Código Civil), assume esse papel em face da circunstância lógica de romper com a relação de causa e efeito entre a conduta do fornecedor originariamente responsável e o dano causado aos consumidores-vítimas. A causa do dano, portanto, é apenas possível no plano dos fatos de ser imputada ao terceiro, não se identificando qualquer contribuição do fornecedor, seja por ação, seja por omissão, na ausência de comportamento concreto condizente com o dever de segurança que lhe é imputado.[150]

---

[147] STJ, AgInt no AREsp 1.734.648/RJ, 3ª Turma, Rel. Min. Ricardo Villas Bôas Cueva, j. 19.04.2021, *DJe* 26.04.2021.

[148] Nesse sentido, decidiu o STJ: "Recurso especial. Acidente em estrada. Animal na pista. Responsabilidade objetiva da concessionária de serviço público. Código de Defesa do Consumidor. Precedentes. Conforme jurisprudência desta 3ª Turma, as concessionárias de serviços rodoviários, nas suas relações com os usuários, estão subordinadas à legislação consumerista. Portanto, respondem, objetivamente, por qualquer defeito na prestação do serviço, pela manutenção da rodovia em todos os aspectos, respondendo, inclusive, pelos acidentes provocados pela presença de animais na pista. Recurso especial provido" (STJ, REsp 647.710/RJ, 3ª Turma, Rel. Min. Castro Filho, j. 20.06.2006, *DJU* 30.06.2006, p. 216). Sob o mesmo argumento, não cabe a denunciação à lide do dono do animal: STJ, AgInt no AREsp 1.644.216/PR, 4ª Turma, Rel. Min. Luis Felipe Salomão, j. 24.08.2020, *DJe* 26.08.2020.

[149] "Responsabilidade civil. Recurso especial. Atropelamento fatal. Travessia na faixa de pedestre. Rodovia sob concessão. Consumidora por equiparação. Concessionária rodoviária. Responsabilidade objetiva em relação a terceiros usuários e não usuários do serviço. Art. 37, § 6º, CF. Via em manutenção. Falta de iluminação e sinalização precária. Nexo causal configurado. Defeito na prestação do serviço configurado. Culpa exclusiva da vítima. Inocorrência. Indenização por danos materiais e morais devidos. (...) 3. No caso, a autora é consumidora por equiparação em relação ao defeito na prestação do serviço, nos termos do art. 17 do Código consumerista. Isso porque prevê o dispositivo que 'equiparam-se aos consumidores todas as vítimas do evento', ou seja, estende o conceito de consumidor àqueles que, mesmo não tendo sido consumidores diretos, acabam por sofrer as consequências do acidente de consumo, sendo também chamados de *bystanders*. 4. 'A responsabilidade civil das pessoas jurídicas de direito privado prestadoras de serviço público é objetiva relativamente a terceiros usuários e não usuários do serviço, segundo decorre do art. 37, § 6º, da Constituição Federal' (RE 591.874, Relator(a): Min. Ricardo Lewandowski, Tribunal Pleno, julgado em 26.08.2009, Repercussão Geral – Mérito *DJe*-237 Divulg 17.12.2009 Public 18.12.2009). 5. Na hipótese, a menor, filha da recorrente, faleceu ao tentar atravessar na faixa de pedestre, em trecho da BR-040 sob concessão da ré, tendo a sentença reconhecido a responsabilização da concessionária, uma vez que 'o laudo pericial da polícia judiciária bem apontou que o local do atropelamento é 'desprovido de iluminação pública', 'com sinalização vertical e horizontal precária devido à manutenção da via', tendo se descurado de sua responsabilidade na 'obrigação direta de manutenção da rodovia', admitindo a ré 'a deficiência de seu serviço no local, quando apressou-se depois e instalou passarela destinada a pedestres naquele trecho', além do fato de não haver prova da culpa exclusiva da vítima. Caracterizado, portanto, o nexo causal, dando azo a responsabilização civil (...)" (STJ, REsp 1.268.743/RJ, 4ª Turma, Rel. Min. Luis Felipe Salomão, j. 04.02.2014, *DJe* 07.04.2014).

[150] A dificuldade de precisar o exato conteúdo do dever de segurança e sua extensão pode conduzir a interpretações diversas sobre a responsabilidade do fornecedor. Assim por exemplo a divergência jurisprudencial em relação à responsabilidade da companhia de trens urbanos pelo assédio sofrido por

Em segundo lugar, no regime do CDC, por terceiro deve ser considerado apenas quem não faça parte, de qualquer modo, da cadeia de fornecimento. Assim, por exemplo, não se poderá considerar como terceiro o comerciante, o distribuidor ou o varejista, que integram a cadeia de fornecimento, para efeito de exclusão da responsabilidade dos fornecedores mencionados no *caput* do artigo 12 (fabricante, produtor, importador). Alguma polêmica resta no que se refere à consideração do comerciante como terceiro, uma vez que as hipóteses de sua responsabilização estão previstas expressamente no artigo 13 do CDC, como situações, em regra, de responsabilidade subsidiária.[151]

Parece-nos, contudo, a posição mais acertada aquela que não admite a qualificação como terceiro de qualquer dos integrantes da cadeia de fornecimento, entre os quais o comerciante. Esse entendimento se sustenta em razões de ordem teórica e prática, já examinadas vivamente pela doutrina brasileira. Em primeiro lugar, o fato do tratamento diferenciado do comerciante com relação aos demais integrantes da cadeia de fornecimento (artigo 13 do CDC) – passível de alguma crítica – não se confunde com o regime de excludentes do artigo 12, que imputa a responsabilidade pelo fato do produto aos fornecedores ali referidos. Em outros termos, uma coisa é a determinação das hipóteses de responsabilização do comerciante previstas no artigo 13, outra são as hipóteses de exclusão da responsabilidade do fabricante, construtor, produtor ou importador, previstas no artigo 12, § 3º. Não se admitir o comerciante como terceiro no regime do artigo 12, § 3º, permite restringir as hipóteses de não responsabilização do fornecedor àquelas em que o terceiro é completamente estranho à atividade econômica em questão (fornecimento de produtos e serviços), e, portanto, não estaria de qualquer modo vinculado aos agentes nela envolvidos. Nesse sentido, aliás, decidiu o STJ ao indicar expressamente que a atribuição de responsabilidade do comerciante nas hipóteses previstas no artigo 13 do CDC não serve para afastar a responsabilidade do fabricante, mas apenas para expandir a legitimação passiva da ação indenizatória em favor do consumidor. O caso dizia respeito à colocação para venda de alimento para bebês com a validade vencida e que, em face da aquisição e consumo por bebês com apenas três meses de vida, deu causa ao desenvolvimento de gastroenterite aguda nos menores. Nesse caso, a decisão do STJ foi taxativa ao apontar que "eventual configuração da culpa do comerciante que coloca à

---

passageira exposta a atos libidinosos praticados por outro passageiro da mesma composição. De um lado, entendeu a Corte pela existência de conexidade entre o fato danoso e a atividade do transportador, violando por isso a obrigação de incolumidade inerente ao contrato de transporte: STJ, REsp 1.662.551/SP, 3ª Turma, Rel. Min. Nancy Andrighi, j. 15.05.2018, *DJe* 25.06.2018. Em sentido contrário, contudo, o entendimento de que se trata de um ilícito alheio à atividade de transporte, afastando-se a responsabilidade do transportador: AgInt no AREsp 1.332.491/SP, 4ª Turma, Rel. Min. Raul Araújo, j. 25.06.2019, *DJe* 1º.07.2019.

[151] Afastam a condição de terceiro do comerciante, dentre outros: BENJAMIN, Antonio Herman de Vasconcelos e *et al. Comentários ao Código de Proteção do Consumidor*. São Paulo: Saraiva, 1991. p. 66; TEPEDINO, Gustavo. Responsabilidade civil por acidentes de consumo na ótica-civil-constitucional. *In*: TEPEDINO, Gustavo. *Temas de direito civil*. Rio de Janeiro: Renovar, 1999. p. 241; RIZZATTO NUNES, Luiz Antônio. *Curso de direito do consumidor*. São Paulo: Saraiva, 2004. p. 272-273; SANSEVERINO, Paulo de Tarso Vieira. *Responsabilidade civil no Código do Consumidor e a defesa do fornecedor*. São Paulo: Saraiva, 2002. p. 282; ROCHA, Sílvio Luís Ferreira da. *Responsabilidade civil do fornecedor pelo fato do produto no direito brasileiro*. São Paulo: Ed. RT, 1992. p. 107. Em sentido contrário: DENARI, Zelmo et al. *Código Brasileiro de Defesa do Consumidor comentado pelos autores do anteprojeto*. 8. ed. Rio de Janeiro: Forense, 2005. p. 190.

venda produto com prazo de validade vencido não tem o condão de afastar o direito de o consumidor propor ação de reparação pelos danos resultantes da ingestão da mercadoria estragada em face do fabricante".[152] Trata-se, certamente, de entendimento que se coaduna com o próprio fundamento das normas de atribuição de responsabilidade civil dos artigos 12 e 13 do CDC.

Do ponto de vista prático, a exclusão do comerciante da figura de terceiro serve à melhor proteção do consumidor-vítima dos acidentes de consumo, assegurando-lhe a possibilidade de ser efetivamente reparado dos danos que tenha sofrido. Um bom exemplo é oferecido por Paulo de Tarso Sanseverino:[153] imagine-se que um consumidor tenha demandado contra o fabricante em razão de danos causados por uma bebida estragada. O fabricante então alega que a bebida em questão foi estragada em virtude de sua má conservação no estabelecimento comercial, hipótese em que, admitindo-se o fato de terceiro (do comerciante) nessa alegação, a demanda seria julgada improcedente. Em seguida, o consumidor demandaria, pelo mesmo fato, contra o comerciante, que então comprova que conservou adequadamente o produto. A responsabilidade do comerciante, que nesse caso estaria restrita à demonstração da má conservação de produto perecível, em atendimento ao artigo 13, III, acaba não se configurando, e a demanda igualmente é julgada improcedente. Nessa situação, o consumidor ficaria sem qualquer reparação, embora tendo sido vítima de evento que caracteriza evidente acidente de consumo. Tal circunstância, em face da finalidade protetiva do CDC e do direito básico do consumidor à efetiva reparação dos danos causados, não pode subsistir.

Daí por que se nota que as hipóteses de culpa exclusiva do consumidor ou a culpa exclusiva de terceiro (fato de terceiro) são circunstâncias que para se caracterizarem como excludentes da responsabilidade do fornecedor exigem que não exista, com relação a elas, nenhuma espécie de participação da cadeia de fornecedores, a qualquer título. Da mesma forma, que o fato ou comportamento do consumidor ou do terceiro seja suficiente para, por si só, dar causa ao evento danoso, razão pela qual se configura como excludente. Nesse sentido, observe-se que as excludentes em questão admitem como tal a culpa exclusiva, não a culpa concorrente. Sendo hipótese de concorrência de culpas, com relação à culpa concorrente do consumidor, compreensão majoritária

---

[152] "Direito do consumidor. Recurso especial. Ação de indenização por danos morais e materiais. Consumo de produto colocado em circulação quando seu prazo de validade já havia transcorrido. 'Arrozina Tradicional' vencida que foi consumida por bebês que tinham apenas três meses de vida, causando-lhes gastroenterite aguda. Vício de segurança. Responsabilidade do fabricante. Possibilidade. Comerciante que não pode ser tido como terceiro estranho à relação de consumo. Não configuração de culpa exclusiva de terceiro. Produto alimentício destinado especificamente para bebês exposto em gôndola de supermercado, com o prazo de validade vencido, que coloca em risco a saúde de bebês com apenas três meses de vida, causando-lhe gastroenterite aguda, enseja a responsabilização por fato do produto, ante a existência de vício de segurança previsto no artigo 12 do CDC. O comerciante e o fabricante estão inseridos no âmbito da cadeia de produção e distribuição, razão pela qual não podem ser tidos como terceiros estranhos à relação de consumo. A eventual configuração da culpa do comerciante que coloca à venda produto com prazo de validade vencido não tem o condão de afastar o direito de o consumidor propor ação de reparação pelos danos resultantes da ingestão da mercadoria estragada em face do fabricante. Recurso especial não provido" (REsp 980.860/SP, 3ª Turma, Rel. Min. Nancy Andrighi, j. 23.04.2009, DJe 02.06.2009).

[153] SANSEVERINO, Paulo de Tarso Vieira. Responsabilidade civil no Código do Consumidor e a defesa do fornecedor. São Paulo: Saraiva, 2002. p. 283.

Parte II · Cap. 3 · RESPONSABILIDADE CIVIL DO FORNECEDOR | **669**

admite a possibilidade de sua configuração como circunstância apta à redução da indenização. Na hipótese de se caracterizar a culpa concorrente de terceiro, esta terá como efeito a formação da solidariedade passiva entre os diversos causadores do dano, perante o dever de indenizar o consumidor.

Por fim, na hipótese de culpa de terceiro (fato de terceiro), deve ser considerado como tal apenas aquele que não possua nenhuma espécie de vínculo, não se admitindo como terceiro, portanto, outros agentes econômicos integrantes da cadeia de fornecimento (comerciante, distribuidor, varejista), mesmo que não se impute a estes, expressamente, o dever de indenizar.

3.2.4.4 Caso fortuito e força maior como excludentes da responsabilidade civil de consumo

Outra questão fundamental diz respeito ao reconhecimento ou não do caso fortuito ou força maior como excludentes de responsabilidade do fato do produto ou do serviço no regime do CDC. A questão se coloca na medida em que tais excludentes não constam entre aquelas expressamente referidas no rol dos artigos 12, § 3º, e 14, § 3º, do CDC. Por outro lado, o artigo 393 do CC dispõe que "o devedor não responde pelos prejuízos resultantes de caso fortuito ou força maior, se expressamente não se houver por eles se responsabilizado". E completa em seu parágrafo único: "o caso fortuito ou de força maior verifica-se no fato necessário, cujos efeitos não era possível evitar ou impedir". Tais circunstâncias são consideradas, no direito civil comum, como aptas a afastar a imputação da responsabilidade, sejam pelos efeitos do inadimplemento, no âmbito de uma relação contratual, ou pelo dever de indenizar, no âmbito de uma relação de responsabilidade civil em sentido estrito.

No direito do consumidor e, em especial, na relação de responsabilidade civil pelo fato do produto e do serviço, a questão essencial é admiti-las ou não como hipóteses de exclusão da responsabilidade do fornecedor, mesmo sem sua previsão expressa nos artigos 12, § 3º, e 14, § 3º, do CDC; em outros termos, se as hipóteses relacionadas nesses artigos são exaustivas, ou admitem ainda outras decorrentes da teoria geral da responsabilidade civil, como são o caso fortuito e a força maior.

O exato significado do que se possa considerar caso fortuito e força maior na doutrina também é bastante controverso. Em linhas gerais, há acordo em que o caso fortuito reveste-se basicamente de duas características essenciais, quais sejam: a *necessariedade* e a *inevitabilidade*. Não exige, todavia, que seja imprevisível, ainda que em certos casos, é pelo fato de ser imprevisível que determinado fato será inevitável, e por isso vai se configurar como caso fortuito. A força maior, por sua vez, é apontada por muitos autores como vinculada à característica de exterioridade e inevitabilidade, no que não se distingue completamente daquilo que se indica também como característica do caso fortuito.

Daí por que sua referência em conjunto como hipóteses de rompimento do nexo causal, do que advém a exclusão da responsabilidade do agente que *a priori* seria imputado como responsável, deve-se mais a dificuldades de distinção conceitual entre ambas, em vista dos vários critérios determinados pela doutrina.

No regime de responsabilidade do CDC, devem-se admitir o caso fortuito e o da força maior como excludentes da responsabilidade do fornecedor,[154] ainda que não estejam expressamente previstos entre as causas excludentes dos artigos 12, § 3º, e 14, § 3º, do CDC. Nesse sentido, aliás, já se posiciona boa parte da doutrina consumerista e a própria jurisprudência,[155] identificando-se na presença do caso fortuito e da força maior um elemento de rompimento do nexo de causalidade entre a conduta do fornecedor e o dano, indicando a este outra causa.

Diga-se, por outro lado, que a falta de menção expressa do caso fortuito e da força maior entre as causas excludentes causou discussões tanto no direito brasileiro quanto no direito europeu, quando o mesmo silêncio foi observado pela Diretiva 85/374/CEE sobre o tema da responsabilidade pelo fato do produto. Na ocasião, assim posicionou-se, no direito português, João Calvão da Silva: "Porque a regra de direito comum é a oponibilidade à vítima da força maior, se o legislador comunitário pretendesse derrogá-la devia tê-lo feito expressamente. Como não o fez e a lei portuguesa se limitou a incorporar a Diretiva, não consagrando, portanto, a exceção à oponibilidade da força maior ao lesado, deve valer a regra comum".[156]

O direito brasileiro segue essa orientação,[157] observando-se ainda os esforços doutrinários em compatibilizar tais excludentes que se retiram da teoria geral da respon-

---

[154] "Ação de indenização. Estacionamento. Chuva de granizo. Vagas cobertas e descobertas. Artigo 1.277 do CC. CDC. Precedente da Corte. 1. Como assentado em precedente da Corte, o 'fato de o artigo 14, § 3º, do CDC não se referir ao caso fortuito e à força maior, ao arrolar as causas de isenção de responsabilidade do fornecedor de serviços, não significa que, no sistema por ele instituído, não possam ser invocadas. Aplicação do artigo 1.058 do CC' (REsp 120.647/SP, Rel. Min. Eduardo Ribeiro, *DJ* 15.05.2000). 2. Havendo vagas cobertas e descobertas é incabível a presunção de que o estacionamento seria feito em vaga coberta, ausente qualquer prova sobre o assunto. 3. Recurso especial conhecido e provido" (STJ, REsp 330.523/SP, 3ª Turma, Rel. Min. Carlos Alberto Menezes Direito, j. 11.12.2001, *DJU* 25.03.2002, p. 278).

[155] "*Administrativo. Responsabilidade civil. Assalto em estação do metrô. Caso fortuito.* 1. A empresa prestadora de serviço é responsável pelos danos causados ao usuário em decorrência do serviço ou de sua falta. 2. Foge do nexo de causalidade os eventos ocorridos em decorrência de caso fortuito ou força maior. 3. Assalto ocorrido nas escadas de acesso ao metrô não pode ser considerado como falta do serviço, equiparando-se a assalto ocorrido em transporte coletivo. 4. Recurso especial provido" (STJ, REsp 402.708/SP, 2ª Turma, Rel. Min. Eliana Calmon, j. 24.08.2004, *DJU* 28.02.2005, p. 267). No mesmo sentido, entendendo que "não está dentro da margem de previsibilidade e de risco da atividade de transporte metroviário o óbito de consumidor por equiparação (*bystander*) por golpes de arma branca desferidos por terceiro com a intenção de subtrair-lhe quantia em dinheiro": STJ, REsp 974.138/SP, 4ª Turma, Rel. Min. Raul Araújo, j. 22.11.2016, *DJe* 09.12.2016. Em sentido diverso, identificando situação que caracterizaria fortuito interno, e entendendo que "é também responsável o Supermercado, instalado dentro de shopping center, em caso de assalto à transportadora de valores que retirava malotes de dinheiro daquele estabelecimento pela lesão provocada ao consumidor *bystander*, ocasionada por disparo de arma de fogo": STJ, REsp 1.327.778/SP, 4ª Turma, Rel. Min. Luis Felipe Salomão, j. 02.08.2016, *DJe* 23.08.2016.

[156] CALVÃO DA SILVA, João. *Responsabilidade civil do produtor.* Coimbra: Almedina, 1990. p. 737.

[157] Admitindo o caso fortuito e da força maior como excludentes de responsabilidade no regime do CDC, dentre outros: BENJAMIN, Antonio Herman de Vasconcelos e *et al. Comentários ao Código de Proteção do Consumidor.* São Paulo: Saraiva, 1991. p. 67; TEPEDINO, Gustavo. Responsabilidade civil por acidentes de consumo na ótica-civil-constitucional. *In*: TEPEDINO, Gustavo. *Temas de direito civil.* Rio de Janeiro: Renovar, 1999. p. 240-241; SANSEVERINO, Paulo de Tarso Vieira. *Responsabilidade civil no Código do Consumidor e a defesa do fornecedor.* São Paulo: Saraiva, 2002. p. 290; MARTINS, Plínio Lacerda. O caso fortuito e a força maior como causas de exclusão da responsabilidade civil no Código do Consumidor. *Revista dos Tribunais*, São Paulo, v. 690, p. 287-291, abr. 1991. Rejeitando-os como excludentes de responsabilidade, e afirmando o caráter exaustivo da enumeração do CDC: LOPES, José

Parte II · Cap. 3 · RESPONSABILIDADE CIVIL DO FORNECEDOR | **671**

sabilidade civil, com a interpretação do texto normativo que não prevê expressamente a exclusão.[158]

Todavia, refira-se que, no direito do consumidor, considerando que o regime de responsabilidade objetiva tem por fundamento o profissionalismo dos fornecedores e a existência do defeito,[159] admite-se atualmente a distinção entre *caso fortuito interno* e *caso fortuito externo*. Nesse sentido, doutrina e jurisprudência vêm estabelecendo outra distinção no que se refere ao caso fortuito capaz de excluir a responsabilidade do agente. Trata-se da diferenciação entre o *caso fortuito interno* e o *caso fortuito externo*, admitindo-se que, apenas quando se diz respeito à segunda hipótese (externo), existiria excludente de responsabilidade. O *caso fortuito interno* consistiria no fato "inevitável e, normalmente, imprevisível que, entretanto, liga-se à própria atividade do agente. Insere-se, portanto, entre os riscos com os quais deve arcar aquele, no exercício da autonomia privada, gera situações potencialmente lesivas à sociedade".[160] Já o caso fortuito externo é aquele fato estranho à organização ou à atividade da empresa, e que por isso não tem seus riscos suportados por ela. Com relação a este, sustenta-se sua aptidão para excluir a responsabilidade objetiva,[161] Assim, em regra, apenas é considerado excludente da responsabilidade do fornecedor o chamado caso fortuito externo, ou seja, quando o evento que dá causa ao dano é estranho à atividade típica, profissional, do fornecedor,[162] condição que estará apta a promover o

---

Reinaldo de Lima. *Responsabilidade civil do fabricante e a defesa do consumidor*. São Paulo: Ed. RT, 1992. p. 119; NERY JR., Nelson. Os princípios gerais do Código Brasileiro de Defesa do Consumidor. *Revista de Direito do Consumidor*, São Paulo, v. 3, p. 44-77, set./dez. 1992.

[158] Segundo Sílvio Luiz Ferreira da Rocha, seria desnecessária menção expressa a estas excludentes, uma vez que o caso fortuito já estaria presente no CDC sob a previsão de inexistência do defeito como espécie excludente (artigos 12, § 3º II, e 14, § 3º, I), enquanto a força maior apresentar-se-ia, como a previsão normativa do fato de terceiro (artigos 12, § 3º, III, e 14, § 3º, II) (ROCHA, Sílvio Luís Ferreira da. *Responsabilidade civil do fornecedor pelo fato do produto no direito brasileiro*. São Paulo: Ed. RT, 1992. p. 112-113). Já no entendimento de James Marins são admissíveis a força maior e o caso fortuito como excludentes, contanto que não venham a ocorrer dentro do processo produtivo, situação em que não se deverá admiti-la como causa de exclusão da responsabilidade (MARINS, James. *Responsabilidade da empresa pelo fato do produto*. Os acidentes de consumo no Código de Proteção e Defesa do Consumidor. São Paulo: Ed. RT, 1993. p. 153). No mesmo sentido é o entendimento de: DENARI, Zelmo *et al*. *Código Brasileiro de Defesa do Consumidor comentado pelos autores do anteprojeto*. 8. ed. Rio de Janeiro: Forense, 2005. p. 190-191.

[159] MARQUES, Claudia Lima; BENJAMIN, Antonio Herman; MIRAGEM, Bruno. *Comentários ao Código de Defesa do Consumidor*. 2. ed. São Paulo: Ed. RT, 2006. p. 263.

[160] TEPEDINO, Gustavo; BARBOZA, Heloísa Helena; MORAES, Maria Celina Bodin de. *Código Civil interpretado conforme a Constituição da República*. Rio de Janeiro: Renovar, 2004. v. 1, p. 706.

[161] TEPEDINO, Gustavo; BARBOZA, Heloísa Helena; MORAES, Maria Celina Bodin de. *Código Civil interpretado conforme a Constituição da República*. Rio de Janeiro: Renovar, 2004. v. 1, p. 706.

[162] "Processual civil. Recurso especial. Ação indenizatória. Acidente de trânsito envolvendo ônibus em passagem de nível. Previsibilidade. Fato de terceiro não reconhecido. I – Na linha da jurisprudência deste Tribunal, o fato de terceiro que exclui a responsabilidade do transportador é aquele imprevisto e inevitável, que nenhuma relação guarda com a atividade inerente à transportadora. II – Não afasta a responsabilidade objetiva da ré o fato de terceiro, equiparado a caso fortuito, que guarda conexidade com a exploração do transporte. No caso, está dentro da margem de previsibilidade e risco o acidente provocado por abalroamento entre ônibus e vagão em passagem de nível. Recurso especial não conhecido" (STJ, REsp 427.582/MS, 3ª Turma, Rel. Min. Castro Filho, j. 28.10.2004, *DJU* 17.12.2004, p. 515). No mesmo sentido: STJ, REsp 1045775/ES, 3ª Turma, Rel. Min. Massami Uyeda, j. 23.04.2009, *DJe* 04.08.2009.

rompimento do nexo de causalidade,[163] afastando *totalmente*[164] a atividade de fornecimento do produto ou serviço como causadora do dano sofrido pelo consumidor.[165] Não será esse o caso, por exemplo, dos danos causados por assaltos a banco,[166] no qual se vai levar em conta o caráter previsível do evento em razão da atividade desenvolvida,[167] ou da fraude

---

[163] "Processo civil. Agravo de instrumento. Negativa de provimento. Agravo regimental. Indenização por danos morais. Assalto à mão armada no interior de ônibus coletivo. Caso fortuito. Excludente de responsabilidade da empresa transportadora. Súmula 83/STJ. Desprovimento. 1. Este Tribunal já proclamou o entendimento de que, fato inteiramente estranho ao transporte (assalto à mão armada no interior de ônibus coletivo), constitui caso fortuito, excludente de responsabilidade da empresa transportadora. Precedentes (REsp 402.227/RJ, 435.865/RJ e 264.589/RJ). 2. Aplicável, portanto, à hipótese, o enunciado sumular de n. 83/STJ. 3. Agravo regimental conhecido, porém, desprovido" (STJ, AgRg no Ag 516.847/RJ, 4ª Turma, Rel. Min. Jorge Scartezzini, j. 14.09.2004, *DJU* 08.11.2004, p. 237). Da mesma forma, o assalto sofrido pelo hóspede em via pública, em frente ao estabelecimento hoteleiro, sobre o qual não lhe pode ser imputada responsabilidade (STJ, REsp 1.763.156/RS, 3ª Turma, Rel. Min. Marco Aurélio Bellizze, j. 05.02.2019, *DJe* 15.02.2019).

[164] "Direito processual civil e do consumidor. Recurso especial. Roubo de talonário de cheques durante transporte. Empresa terceirizada. Uso indevido dos cheques por terceiros posteriormente. Inscrição do correntista nos registros de proteção ao crédito. Responsabilidade do banco. Teoria do risco profissional. Excludentes da responsabilidade do fornecedor de serviços. Artigo 14, § 3º, do CDC. Ônus da prova. Segundo a doutrina e a jurisprudência do STJ, o fato de terceiro só atua como excludente da responsabilidade quando tal fato for inevitável e imprevisível. O roubo do talonário de cheques durante o transporte por empresa contratada pelo banco não constituiu causa excludente da sua responsabilidade, pois trata-se de caso fortuito interno. Se o banco envia talões de cheques para seus clientes, por intermédio de empresa terceirizada, deve assumir todos os riscos com tal atividade. O ônus da prova das excludentes da responsabilidade do fornecedor de serviços, previstas no artigo 14, § 3º, do CDC, é do fornecedor, por força do artigo 12, § 3º, também do CDC. Recurso especial provido" (STJ, REsp 685.662/RJ, 3ª Turma, Rel. Min. Nancy Andrighi, j. 10.11.2005, *DJU* 05.12.2005, p. 323).

[165] "*Direito civil. Responsabilidade civil. Explosão de bomba em composição ferroviária. Fato de terceiro. Caso fortuito.* O depósito de artefato explosivo na composição ferroviária por terceiro não é fato conexo aos riscos inerentes do deslocamento, mas constitui evento alheio ao contrato de transporte, não implicando responsabilidade da transportadora. Recurso especial não conhecido" (STJ, REsp 589.051/SP, 4ª Turma, Rel. Min. Cesar Asfor Rocha, j. 23.03.2004, *DJU* 13.09.2004, p. 258). Em caso julgado pelo STJ, recentemente, afastou-se a responsabilidade do fornecedor que explora estacionamento particular, por roubo à mão armada de relógio do consumidor, no interior do estabelecimento, sob o argumento de que "segurança pessoal privada e responsabilização por bens pessoais, a exceção do veículo sob guarda e vigilância, são aspectos que ordinariamente escapam aos riscos assumidos pelo estacionamento particular" (STJ, REsp 1.861.013/SP, 3ª Turma, Rel. Min. Ricardo Villas Bôas Cueva, j. 03.08.2021, *DJe* 09.08.2021). Trata-se de caso que comporta intepretações divergentes, a ilustrar o desafio de qualificação do que se devam considerar como 'riscos inerentes' a determinada atividade prestada pelo fornecedor.

[166] "*Responsabilidade civil. Morte de menor. Assalto à agência bancária. Indenização. Dano moral. Quantum indenizatório. Razoabilidade.* Despicienda a análise de eventual conduta culposa por parte da instituição financeira-recorrente, visto ser objetiva a sua responsabilidade em hipóteses como a dos autos. Demais disso, em razão da previsibilidade, não configura o roubo evento de força maior, como pretendido. O valor arbitrado a título de danos morais pelos juízos ordinários não se revela exagerado ou desproporcional às peculiaridades da espécie, não justificando, portanto, a excepcional intervenção desta Corte para rever o *quantum* indenizatório. Recurso especial não conhecido" (STJ, REsp 694.153/PE, 4ª Turma, Rel. Min. Cesar Asfor Rocha, j. 28.06.2005, *DJU* 05.09.2005, p. 429).

[167] De interesse a decisão do STJ que reconhece a responsabilidade da instituição financeira em razão de sua atividade típica, e não do local de ocorrência do dano, em situação de roubo de malotes que se deu na rua, em frente à agência bancária, produzindo danos a terceiros: REsp 1.098.236/RJ, 4ª Turma, Rel. Min. Marco Buzzi, j. 24.06.2014, *DJe* 05.08.2014. Mencione-se, ainda, decisão do STJ reconhecendo a responsabilidade do banco em razão de negligência da instituição financeira ao admitir saque de alto valor da conta corrente, sem adoção de quaisquer cautelas, durante sequestro do cliente por expressiva organização criminosa: STJ, REsp 1.374.726/MA, 3ª Turma, Rel. Min. Paulo de Tarso Sanseverino, j.

Parte II · Cap. 3 · RESPONSABILIDADE CIVIL DO FORNECEDOR | **673**

cometida por terceiros para abertura de conta-corrente ou obtenção de empréstimos, inerente ao risco da instituição,[168] não afastando, desse modo, em nenhum desses casos, a responsabilidade do fornecedor. Nesse sentido, a Súmula 479 do STJ, de agosto de 2012, que, consolidando o entendimento da jurisprudência brasileira sobre o tema, definiu: "as instituições financeiras respondem objetivamente pelos danos gerados por fortuito interno relativo a fraudes e delitos praticados por terceiros no âmbito de operações bancárias".

3.2.5 O risco do desenvolvimento

Os chamados *riscos do desenvolvimento* são aqueles que se constatam apenas após o ingresso do produto ou do serviço no mercado de consumo, em face de melhorias ou avanços científicos e técnicos que permitem a identificação do defeito já existente do produto ou serviço, mas não identificável pelo fornecedor. O critério básico para que se considere que determinado defeito seja identificável ou não pelo fornecedor é o chamado *estado da ciência*, ou *estado de conhecimento da ciência e da técnica*. O artigo 12, § 1º, III, do CDC estabelece entre os critérios de valoração para a avaliação sobre a presença ou não de defeito "a época em que foi colocado no mercado".

O estado da ciência e da técnica, como ensina Adalberto Pasqualotto, "implica saber se, levando em conta os conhecimentos disponíveis no momento em que um produto entrou em circulação, é possível detectar a presença de um defeito".[169] Acresce-se a tal critério, ainda, o que dispõe o artigo 10 do CDC, segundo o qual "o fornecedor não poderá colocar no mercado de consumo produto ou serviço que sabe ou deveria saber apresentar alto grau de nocividade ou periculosidade à saúde ou segurança". De modo complementar, observa-se que o artigo 12, § 2º, estabelece que determinado produto não se configura como defeituoso pelo fato de outro de melhor qualidade ter sido colocado no mercado.

No direito europeu, a Diretiva 85/374/CEE expressamente previu os riscos do desenvolvimento como hipótese excludente da responsabilidade do produtor (artigo 7º, alínea *e*), ainda que tenha permitido aos países-membros da Comunidade Europeia que, ao tempo em que incorporassem as normas da diretiva, poderiam derrogar a hipótese

---

18.02.2014, *DJe* 08.09.2014. No mesmo sentido, em relação ao acidente causado por terceiro no contrato de transporte de pessoas: STJ, EREsp 1.318.095/MG, 2ª Seção, Rel. Min. Raul Araújo, j. 22.02.2017, *DJe* 14.03.2017.

[168] "Recurso especial representativo de controvérsia. Julgamento pela sistemática do artigo 543-C do CPC. Responsabilidade civil. Instituições bancárias. Danos causados por fraudes e delitos praticados por terceiros. Responsabilidade objetiva. Fortuito interno. Risco do empreendimento. 1. Para efeitos do artigo 543-C do CPC: As instituições bancárias respondem objetivamente pelos danos causados por fraudes ou delitos praticados por terceiros – como, por exemplo, abertura de conta-corrente ou recebimento de empréstimos mediante fraude ou utilização de documentos falsos –, porquanto tal responsabilidade decorre do risco do empreendimento, caracterizando-se como fortuito interno. 2. Recurso especial provido" (STJ, REsp 1.199.782/PR, 2ª Seção, Rel. Min. Luis Felipe Salomão, j. 24.08.2011, *DJe* 12.09.2011).

[169] PASQUALOTTO, Adalberto. A responsabilidade civil do fabricante e os riscos do desenvolvimento. *Revista da Ajuris: Responsabilidade Civil*, Porto Alegre, p. 7-24, [s.d.]. Para o exame dos desafios da inovação tecnológica e os riscos do desenvolvimento, veja-se: FACCHINI NETO, Eugênio. Inovação e responsabilidade civil: os riscos do desenvolvimento no direito contemporâneo. *In*: SAAVEDRA, Giovani Agostini; LUPION, Ricardo (org.). *Direitos fundamentais, direito privado e inovação*. Porto Alegre: Edipucrs, 2012. p. 95 e ss.

excludente.[170] Isso porque se tratou a matéria de uma das mais controversas levadas à discussão no contexto de aprovação da norma comunitária, razão pela qual se estabeleceu uma solução de compromisso.[171]

No direito norte-americano, por sua vez, sobretudo por pressões dos fornecedores, em especial das seguradoras que vinham suportando o pagamento de altos valores de indenização, a tendência jurisprudencial de reconhecimento da responsabilidade do fornecedor, mesmo pelos riscos do desenvolvimento – com fundamento na *strict liability* –, inverteu a questão, passando os Tribunais a reconhecê-la como causa de exclusão.[172] Decisão de relevo apontando essa tendência foi o caso *Brown* vs. *Abott Laboratories*, pelo qual a Suprema Corte da Califórnia excluiu a responsabilidade da empresa Abott pelos danos causados por um medicamento que, utilizado com o fim de evitar abortos involuntários, deu causa a tumores vaginais nas consumidoras. Nesse caso, afastou-se a aplicação da *strict liability* em face do interesse público identificado no desenvolvimento de novos medicamentos, os quais, ainda que apresentem sérios riscos à saúde, têm o objetivo maior de salvar vidas. Ao mesmo tempo, sustentou-se que tornar o fornecedor responsável por um perigo impossível de ser conhecido pelo estado atual do conhecimento seria torná-lo espécie de segurador virtual do produto.[173]

Na França, há uma série de decisões acerca da responsabilidade dos fabricantes, em especial no que diz respeito a danos causados pelo uso de medicamentos, pelas quais se imputou a responsabilidade e afastou a causa exonerativa de que se tratava de riscos do desenvolvimento, portanto desconhecidos pelo produtor. A partir do que a doutrina especializada passa a considerar que os riscos do desenvolvimento não mais se caracterizam como causa de exoneração de responsabilidade do produtor no direito francês.[174]

A responsabilidade do fornecedor pelos riscos do desenvolvimento ou sua admissão como hipótese excludente, como se vê, apresenta uma série de problemas práticos. Primeiro, importa em um entendimento preciso sobre a distribuição dos riscos no mercado de consumo. Isso implica posicionar-se com relação a quem deve suportar esses riscos e qual o limite dessa responsabilidade. Porque não se duvida que a responsabilidade do fornecedor, por si, não o impede de repassar e diluir os custos dos riscos que venha a

---

[170] Assim o artigo 7º da Diretiva: "O produtor não é responsável, nos termos da presente directiva se provar: e) que o estado dos conhecimentos técnicos no momento da colocação em circulação do produto, não lhe permitiu detectar a existência do defeito". Já o artigo 15 da Diretiva, prevê: "1 Qualquer Estado-membro pode: (...) b) do artigo 7º, manter ou, sem prejuízo do procedimento previsto no número 2, prever na sua legislação que o produtor é responsável, mesmo se este provar que o estado dos conhecimentos científicos e técnicos no momento da colocação do produto em circulação não lhe permitia detectar a existência do defeito".

[171] CALVÃO DA SILVA, João. *Responsabilidade civil do produtor*. Coimbra: Almedina, 1990. p. 505.

[172] Um argumento utilizado para sustentar a existência de um entendimento favorável aos profissionais, no sistema norte-americano, é o de que, em razão da utilidade social dos medicamentos e a necessidade, é necessário, para que haja sua produção e distribuição em larga escala, assegurar a saúde financeira dos fabricantes (BORGHETTI, Jean-Sébastien. *La responsabilité du fait des produits*. Étude de droit comparé. Paris: LGDJ, 2004. p. 61).

[173] CALIXTO, Marcelo Junqueira. *A responsabilidade civil do fornecedor de produtos pelos riscos do desenvolvimento*. Rio de Janeiro: Renovar, 2004. p. 192.

[174] BORGHETTI, Jean-Sébastien. *La responsabilité du fait des produits*. Étude de droit comparé. Paris: LGDJ, 2004. p. 412-413.

Parte II · Cap. 3 · RESPONSABILIDADE CIVIL DO FORNECEDOR | 675

suportar no preço de seus produtos e serviços. A estrutura do mercado de consumo assim o admite. Todavia, com relação aos riscos do desenvolvimento, reclama-se da relativa imprevisibilidade desses riscos. Trata-se de danos imponderáveis quanto a sua ocorrência e extensão, razão pela qual a simples imputação de responsabilidade ao fornecedor romperia com a lógica do sistema de admissão do risco, em face da possibilidade de sua previsão e internalização como custo da atividade negocial, repassada ao mercado por intermédio da fixação dos preços.

Por outro lado, o argumento em favor da responsabilidade do fornecedor pelos riscos do desenvolvimento afirma que sua eventual admissão como excludente tem por consequência a transferência do risco do consumidor para a vítima, na medida em que à irresponsabilidade do fornecedor corresponderá a transferência do risco e do dano pelo consumidor-vítima de evento causado por defeito até então desconhecido.[175] Os argumentos em favor da responsabilização do fornecedor, e contra a qualificação dos riscos do desenvolvimento como excludentes, situam-se desde a sua consideração como espécie de caso fortuito interno (que por isso não elidiria a responsabilidade),[176] até sua indicação sob a abrangência da garantia geral do CDC quanto a qualquer espécie de dano, como efeito do princípio da solidariedade.[177] Este é o entendimento consagrado em importante precedente do STJ, de 2022, que envolvia a informação tardia na bula do medicamento sobre efeito colateral identificado posteriormente a sua colocação no mercado.[178] Outra linha de argumentação seria a de que os riscos do desenvolvimento não constam expressamente entre as causas excludentes previstas nos artigos 12, § 3º, e 14, § 3º, razão pela qual não poderiam ser admitidos como tais,[179] sobretudo em consideração

---

[175] LISBOA, Roberto Senise. *Responsabilidade civil nas relações de consumo*, p. 248.

[176] CAVALIERI, Sérgio. *Programa de responsabilidade civil*. 3. ed. São Paulo: Malheiros, 2002. p. 438.

[177] PASQUALOTTO, Adalberto. A responsabilidade civil do fabricante e os riscos do desenvolvimento. *Revista da Ajuris: Responsabilidade Civil*, Porto Alegre, p. 23, [s.d.].

[178] "(...) 5. O risco inerente ao medicamento impõe ao fabricante um dever de informar qualificado (art. 9º do CDC), cuja violação está prevista no § 1º, II, do art. 12 do CDC como hipótese de defeito do produto, que enseja a responsabilidade objetiva do fornecedor pelo evento danoso dele decorrente. 6. O ordenamento jurídico não exige que os medicamentos sejam fabricados com garantia de segurança absoluta, até porque se trata de uma atividade de risco permitido, mas exige que garantam a segurança legitimamente esperável, tolerando os riscos considerados normais e previsíveis em decorrência de sua natureza e fruição, desde que o consumidor receba as informações necessárias e adequadas a seu respeito (art. 8º do CDC). 7. O fato de o uso de um medicamento causar efeitos colaterais ou reações adversas, por si só, não configura defeito do produto se o usuário foi prévia e devidamente informado e advertido sobre tais riscos inerentes, de modo a poder decidir, de forma livre, refletida e consciente, sobre o tratamento que lhe é prescrito, além de ter a possibilidade de mitigar eventuais danos que venham a ocorrer em função dele. 8. O risco do desenvolvimento, entendido como aquele que não podia ser conhecido ou evitado no momento em que o medicamento foi colocado em circulação, constitui defeito existente desde o momento da concepção do produto, embora não perceptível *a priori*, caracterizando, pois, hipótese de fortuito interno. 9. Embora a bula seja o mais importante documento sanitário de veiculação de informações técnico-científicas e orientadoras sobre um medicamento, não pode o fabricante se aproveitar da tramitação administrativa do pedido de atualização junto a Anvisa para se eximir do dever de dar, prontamente, amplo conhecimento ao público – pacientes e profissionais da área de saúde –, por qualquer outro meio de comunicação, dos riscos inerentes ao uso do remédio que fez circular no mercado de consumo (...)" (STJ, REsp 1.774.372/RS, 3ª Turma, Rel. Min. Nancy Andrighi, j. 05.05.2020, DJe 18.05.2020).

[179] ROCHA, Sílvio Luís Ferreira da. *Responsabilidade civil do fornecedor pelo fato do produto no direito brasileiro*. São Paulo: Ed. RT, 1992. p. 111.

de que estavam presentes os pressupostos da responsabilidade ao tempo da ação do fornecedor (introdução do produto no mercado), inclusive do defeito, que apenas não seria conhecido nesse instante. Nesse sentido, tratando-se de um sistema de responsabilidade objetiva, não existiria razão para afastar, por essa causa, a responsabilidade por tais riscos.

Por outro lado, há o entendimento dos que sustentam que o fornecedor, não havendo expressa previsão legal que o proíba de oferecer produtos acerca dos quais eventuais riscos sejam desconhecidos, segundo o estado da técnica do momento em que são colocados no mercado, exime qualquer espécie de responsabilidade. Nesse sentido, sustenta-se que o artigo 10 do CDC, ao estabelecer a vedação a que o fornecedor ofereça no mercado produtos que saiba ou devesse saber apresentarem alto grau de periculosidade ou nocividade, exclui por interpretação em contrário a responsabilidade, uma vez que não há, com relação aos riscos do desenvolvimento, um dever de conhecimento sobre o seu defeito existente, no momento em que o produto é introduzido no mercado.[180]

Atualmente, portanto, divide-se a doutrina especializada acerca da responsabilidade do fornecedor pelos riscos do desenvolvimento. Há inclusive os que sustentam a necessidade de alteração legislativa do CDC, visando maior precisão do tratamento legislativo da matéria.[181] Em nosso entendimento, todavia, dois são os argumentos básicos pelos quais parece-nos que os riscos do desenvolvimento se encontram sob a égide da responsabilidade do fornecedor. Em primeiro lugar, um argumento de ordem técnico-legislativa é a circunstância de que o rol de excludentes de responsabilidade previstas nos artigos 12, § 3º, e 14, § 3º, ao não incluir os riscos do desenvolvimento, não permite que sejam considerados, *praeter legem*, circunstâncias que afastam a responsabilidade do fornecedor. A previsão normativa do artigo 12, § 1º, III, que estabelece dentre as circunstâncias relevantes a serem consideradas para determinação de um produto como defeituoso ou não "a época em que foi colocado em circulação", constitui critério de valoração para identificação e definição do defeito. Não pode ser confundida, desse modo, com hipótese de exclusão de responsabilidade, sob pena de subverter a sistemática do CDC. Assim também o artigo 12, § 2º, ao dispor que "o produto não é considerado defeituoso pelo fato de outro de melhor qualidade ter sido colocado no mercado". Nesse caso, não se trata, mais uma vez, de uma excludente de responsabilidade, e sim de uma excludente de um critério de definição do conceito de defeito e de produto defeituoso, a exemplo do que ocorre com o artigo 14, § 2º, quando determina que "o serviço não é considerado defeituoso pela adoção de novas técnicas".

---

[180] Nesse sentido é o entendimento de: COELHO, Fábio Ulhoa. *O empresário e os direitos do consumidor*. São Paulo: Saraiva, 1994. p. 86.

[181] Sugere Marcelo Calixto, na conclusão de sua dissertação sobre o tema, o reconhecimento da responsabilidade do fornecedor pelos riscos do desenvolvimento, mas com a solução, *de lege ferenda*, da adoção de prazo máximo de extensão desta responsabilidade, de dez anos. CALIXTO, Marcelo Junqueira. *A responsabilidade civil do fornecedor de produtos pelos riscos do desenvolvimento*. Rio de Janeiro: Renovar, 2004. p. 251-252. Apontando a insuficiência da previsão normativa do CDC sobre a matéria: TEPEDINO, Gustavo. A responsabilidade médica na experiência brasileira contemporânea. *Revista Trimestral de Direito Civil*, v. 2, p. 41-75. Rio de Janeiro: Padma, abr./jun. 2002; e SANSEVERINO, Paulo de Tarso Vieira. *Responsabilidade civil no Código do Consumidor e a defesa do fornecedor*. São Paulo: Saraiva, 2002. p. 320.

Pode-se entender, entretanto, que a exegese dessas disposições conduziria não a uma excludente de responsabilidade do fornecedor, mas à conclusão de inexistência do defeito, como requisito da responsabilidade civil pelo fato do produto ou do serviço. O argumento, sem dúvida, é sedutor. Contudo, considerando-se que, em regra, ao se tratar das situações abrangidas pelos riscos do desenvolvimento, referir-se-á a defeito intrínseco ao produto, em geral decorrente de falha presente no momento de sua criação ou concepção, tais defeitos a princípio já estarão presentes, como espécies de defeitos de concepção, ainda que não perceptíveis *a priori*. No entanto, de acordo com o estado da ciência e da técnica, apenas com o desenvolvimento de novos conhecimentos é que esse defeito será percebido. Considere-se, ainda, que o próprio Código Civil, ao dispor em seu artigo 931 sobre a responsabilidade do empresário pelos danos causados por produtos (não faz referência a serviços), afasta, *a priori*, qualquer restrição ou condicionamento ao dever de indenizar, no que se incluem os riscos do desenvolvimento.[182]

Por outro lado, é necessário igualmente levar em conta um segundo argumento, relativo à garantia de efetividade do direito do consumidor. Não se pode desconsiderar que o legislador do CDC, ao estabelecer o regime da responsabilidade objetiva e restringir as hipóteses de exclusão da responsabilidade do fornecedor, teve por finalidade a máxima extensão para o consumidor da proteção contra os riscos do mercado de consumo. Nesse sentido, imputou ao fornecedor o ônus de suportar tais riscos, sobretudo por sua capacidade de internalizar os custos que estes representam, e distribuí-los por intermédio do sistema de fixação de preços. A simples exclusão dos riscos do desenvolvimento significaria, em última análise, imputar ao consumidor-vítima de um acidente de consumo o ônus de suportar o próprio dano, o que se afasta completamente do sistema protetivo adotado pelo CDC. Daí por que correto será o entendimento, no sistema atual, que reconhece a responsabilidade do fornecedor pelos chamados riscos do desenvolvimento no direito brasileiro.

3.2.6 Solidariedade da cadeia de fornecimento

Entre as diversas regras de proteção e garantia do ressarcimento de danos do consumidor-vítima dos acidentes de consumo está a previsão normativa expressa da solidariedade da cadeia de fornecimento. Estabelece o artigo 7º, parágrafo único, do CDC: "Tendo mais de um autor a ofensa, todos responderão solidariamente pela reparação dos danos previstos nas normas de consumo". Por outro lado, distinguem-se, ligeiramente, as previsões normativas relativas à responsabilidade pelo fato do produto (artigo 12) e a responsabilidade pelo fato do serviço (artigo 14). No caso da norma relativa à responsabilidade pelo fato do produto, optou o legislador do CDC por indicar quais seriam os agentes econômicos da cadeia de fornecimento responsáveis solidariamente pelo dever de reparar danos aos consumidores. Referiu, assim, que "o fabricante, o produtor, o construtor, nacional ou estrangeiro, e o importador, respondem, independentemente da

---

[182] No mesmo sentido, veja-se o entendimento de: WESENDONCK, Tula. *O regime da responsabilidade civil pelo fato dos produtos postos em circulação*: uma proposta de interpretação do art. 931 do Código Civil sob a perspectiva do direito comparado. Porto Alegre: Livraria do Advogado, 2015. p. 202.

existência de culpa, pela reparação dos danos causados aos consumidores (...)". Indica, portanto, expressamente, os agentes econômicos responsáveis pelo dever de reparação.

No caso da responsabilidade pelo fato do serviço, até pelas dificuldades eventuais em denominar com precisão todos os eventuais agentes da cadeia de fornecimento dos diferentes serviços ofertados no mercado de consumo, a norma do artigo 14 do CDC foi mais abrangente ao dispor: "O fornecedor de serviços responde, independente de culpa, pela reparação dos danos causados aos consumidores (...)". Nesse caso, com a exclusão dos profissionais liberais, que terão regime de responsabilidade própria, de natureza subjetiva (artigo 14, § 4º), os demais participantes da cadeia de fornecimento de serviços qualificam-se, nos termos da norma, como fornecedores de serviço, enquadrando-se na referência expressa prevista no artigo 14, *caput*, do CDC. Mesmo no tocante aos profissionais liberais, havendo relação de preposição, para o que é mesmo desnecessária a existência de contrato de trabalho entre o fornecedor e o profissional, mas mera relação de subordinação, tal circunstância, por si, induz à solidariedade.[183]

A solidariedade pela obrigação de indenizar, que resulta do disposto nos artigos 12 e 14 do CDC, é solidariedade legal, ou solidariedade por expressa imputação legal. Ela pode resultar, contudo, também na hipótese em que a causa do dano ao consumidor pode ser atribuída a mais de uma pessoa.

A responsabilidade solidária, no caso, caracteriza espécie de obrigação solidária passiva dos fornecedores referidos na norma, todos coobrigados pelo dever de reparação dos danos aos consumidores; é situação em que na mesma obrigação concorre mais de um devedor, cada um sendo obrigado pela dívida toda (artigo 264 do CC). Nesse sentido, assiste ao credor (no caso o consumidor, credor da indenização) exigir de um ou de alguns devedores a dívida comum (artigo 275 do CC). Trata-se, portanto, de espécie de solidariedade passiva, expressamente prevista em lei.

No caso do CDC, o fundamento da responsabilidade solidária dos fornecedores é o princípio da confiança, superando a estrita divisão entre a responsabilização dos indivíduos ligados ou não por vínculos contratuais, em vista da proteção efetiva da saúde e segurança dos consumidores.[184] Entretanto, destaque-se que a prerrogativa de formar o polo passivo plúrimo é do consumidor, não do fornecedor, diante da expressa vedação, no artigo 88 do CDC, da possibilidade de denunciação da lide por qualquer dos réus.[185]

---

[183] "Responsabilidade civil. Cirurgia. Queimadura causada na paciente por bisturi elétrico. Médico-chefe. Culpa *in eligendo* e *in vigilando*. Relação de preposição. – Dependendo das circunstâncias de cada caso concreto, o médico-chefe pode vir a responder por fato danoso causado ao paciente pelo terceiro que esteja diretamente sob suas ordens. Hipótese em que o cirurgião-chefe não somente escolheu o auxiliar, a quem se imputa o ato de acionar o pedal do bisturi, como ainda deixou de vigiar o procedimento cabível em relação àquele equipamento. – Para o reconhecimento do vínculo de preposição, não é preciso que exista um contrato típico de trabalho; é suficiente a relação de dependência ou que alguém preste serviços sob o comando de outrem. Recurso especial não conhecido" (STJ, REsp 200.831/RJ, 4ª Turma, Rel. Min. Barros Monteiro, j. 08.05.2001, *DJU* 20.08.2001, p. 469).

[184] MARQUES, Claudia Lima; BENJAMIN, Antonio Herman; MIRAGEM, Bruno. *Comentários ao Código de Defesa do Consumidor*. 2. ed. São Paulo: Ed. RT, 2006. p. 262.

[185] Nesse sentido, veja-se: "Civil e processual. Ação de indenização. Estouro de garrafa de cerveja. Ação movida contra a fabricante da bebida. Denunciação da lide contra o produtor do vasilhame e o titular do ponto de venda indeferida corretamente. Perícia técnica no material. Desnecessidade para identificação da responsabilidade da cervejaria. CDC, artigo 12. Recurso especial. Matéria fática. Reexame.

Sendo a responsabilidade dos fornecedores de natureza objetiva e solidária, qualquer um dos referidos nos artigos 12 e 14 poderá ser demandado, conforme o caso, para a satisfação da indenização dos danos causados aos consumidores-vítimas de acidentes de consumo. Naturalmente que, nessa situação, não poderão alegar a inexistência de culpa, tratando-se, como é o caso, do regime de responsabilidade objetiva. Os modos de defesa do fornecedor, nesse sentido, estariam restritos à demonstração de uma das excludentes previstas nos artigos 12, § 3º (no caso de fato do produto), ou 14, § 3º (fato do serviço), do CDC. Quem vier a ser demandado e satisfizer a indenização, não sendo o culpado pelo dano causado, poderá ingressar com competente ação de regresso contra o coobrigado que o seja, mediante demonstração da culpa deste (artigo 285 do CC), ou ainda o rateio da quantia desembolsada entre os demais coobrigados (artigo 283 do CC). Essas pretensões, entretanto, apresentam-se internamente entre os integrantes do polo passivo da relação obrigacional de indenização, em nada afetando o direito do consumidor à reparação.

Com relação à responsabilidade pelo fato do produto, note-se que a responsabilidade solidária se estabelece entre aqueles sujeitos indicados no artigo 12, *caput*, não abrangendo, portanto, todos os membros da cadeia de fornecimento. Trata-se de um sistema de imputação objetiva daqueles membros ali mencionados (fabricante, construtor, produtor e importador), em que *o grande ausente*, segundo observa Claudia Lima Marques,[186] será o comerciante, a quem o legislador do CDC optou por separar do regime geral ao prever sua responsabilidade subsidiária ou em circunstâncias específicas, no artigo 13 da Lei. Algumas decisões vêm suscitando a tese de interpretação sistemática da responsabilidade

---

Impossibilidade. Súmula 7 do STJ. Dano moral. Valor. Razoabilidade. I. Havendo nos autos elementos suficientes à identificação da origem da lesão causada ao autor – estouro de garrafa – desnecessária a realização de prova técnica para apuração do defeito do produto, o que desejava fazer a cervejaria ré para fins de atribuição de responsabilidade ou à fábrica do vasilhame, ou ao comerciante titular do ponto de venda, porquanto incabível, de toda sorte, a denunciação à lide dos mesmos, por se tratar de relação jurídica estranha àquela já instaurada, pertinente e suficiente, entre o consumidor final e a fabricante da bebida. II. Incabível trazer ao debate responsabilidades secundárias, em atendimento a mero interesse da ré, à qual fica assegurado o direito de regresso, em ação própria. III. 'A pretensão de simples reexame de prova não enseja recurso especial' (Súmula n. 7 do STJ). IV. Dano moral fixado em patamar razoável e compatível com a lesão causada, que levou o autor a submeter-se a intervenção cirúrgica ocular e afastamento do trabalho por cerca de um mês. V. Recurso especial não conhecido" (STJ, REsp 485.742/RO, 4ª Turma, Rel. Min. Aldir Passarinho Junior, j. 16.12.2003, *DJU* 08.03.2004, p. 258). Em outro caso, o STJ sustentou que a vedação da denunciação à lide se dará apenas quando puder causar prejuízo ao consumidor. Tendo sido deferida sem a contrariedade do consumidor, não pode o denunciado invocar a proibição legal que se justifica em benefício exclusivo do consumidor: STJ, REsp 913.687/SP, 4ª Turma, Rel. Min. Raul Araújo, j. 11.10.2016, *DJe* 04.11.2016. Nesse caso, rejeita, o STJ, a denunciação à lide, mesmo com fundamento no art. 125, II, do CPC/2015, quando não se verifica direito de regresso, mas a pretensão do denunciante ao reconhecimento de culpa de terceiro pelo evento danoso (STJ, AgInt no AREsp 13.714.45/SP, 4ª Turma, Rel. Min. Raul Araújo, j. 24.09.2019, *DJe* 21.10.2019). Reconhecendo, excepcionalmente a possibilidade de denunciação da lide no caso de fato do serviço em que o consumidor demanda contra instituição hospitalar, fundada na culpa do profissional médico, sob o argumento de que em circunstâncias específicas, "na qual se imputa ao hospital a responsabilidade objetiva por suposto ato culposo dos médicos a ele vinculados, deve ser admitida, excepcionalmente, a denunciação da lide, sobretudo com o intuito de assegurar o resultado prático da demanda e evitar a indesejável situação de haver decisões contraditórias a respeito do mesmo fato" (STJ, REsp 1.832.371/MG, 3ª Turma, Rel. Min. Nancy Andrighi, j. 22.06.2021, *DJe* 1º.07.2021).

[186] MARQUES, Claudia Lima. *Contratos no Código de Defesa do Consumidor*. 4. ed. São Paulo: Ed. RT, 2003. p. 1.034.

subsidiária do comerciante,[187] estendendo-a também para a hipótese de fato do serviço, mesmo diante da ausência de disposição específica no artigo 14 do CDC, o que, todavia, pode ser compreendido criticamente, perante o silêncio da norma sobre eventual exceção.[188]

No que se refere à solidariedade dos fornecedores de serviços, é interessante observar que a responsabilidade objetiva fixada no artigo 14, *caput*, do CDC abrange não apenas o fornecedor direto, mas também, segundo jurisprudência contemporânea nas Cortes brasileiras, o organizador da cadeia de fornecimento,[189] ou mesmo o locador da área em que se desenvolvia a atividade, em razão do fato de que se aproveitava economicamente da atração do público para o seu empreendimento,[190] ainda que não se configurem como

---

[187] "Direito civil e consumerista. Ação indenizatória. Compensação por danos morais decorrentes de extravio de bagagem em voo doméstico. Responsabilidade solidária da empresa que simplesmente vende a passagem aérea não configurada. Ausência de nexo causal. Inexistência de responsabilidade solidária do comerciante por fato do produto ou do serviço. Recurso especial provido. 1. As disposições do NCPC, no que se refere aos requisitos de admissibilidade dos recursos, são aplicáveis ao caso concreto ante os termos do Enunciado Administrativo nº 3, aprovado pelo Plenário do STJ na sessão de 09.03.2016. 2. A vendedora de passagem aérea não responde solidariamente pelos danos morais experimentados pelo passageiro em razão do extravio de bagagem. 3. A venda da passagem aérea, muito embora possa constituir antecedente necessário do dano, não representa, propriamente, uma de suas causas. O nexo de causalidade se estabelece, no caso, exclusivamente em relação à conduta da transportadora aérea. 4. Uma leitura sistemática dos arts. 12, 13 e 14 do CDC exclui a responsabilidade solidária do comerciante não apenas pelos fatos do produto, mas também pelos fatos do serviço. 5. Recurso especial provido" (STJ, REsp 1.994.563/MG, 3ª Turma, Rel. Min. Nancy Andrighi, Rel. para acórdão Min. Moura Ribeiro, j. 25.10.2022, *DJe* 30.11.2022).

[188] Merecem atenção os seguintes excertos do voto vencido da Min. Nancy Andrighi no acórdão do REsp 1.994.563/MG, ao afirmar que "um dos requisitos para a responsabilidade pelo acidente de consumo é o nexo de imputação, o qual, no âmbito do direito do consumidor, não se confunde com o nexo de causalidade, porquanto este consiste em relação de causa e consequência entre o defeito e o dano, enquanto o primeiro diz respeito ao próprio enquadramento de uma determinada pessoa como fornecedora, a partir da análise se a atividade por ela desempenhada tem alguma relação, direta ou indireta, com o serviço defeituoso causador do dano, na forma dos arts. 3º e 14 do CDC". Prossegue a ministra, ao referir que, "em se tratando de responsabilidade pelo fato do serviço, o Diploma Consumerista não faz distinção alguma entre os fornecedores, motivo pelo qual é uníssono o entendimento de que toda a cadeia produtiva é objetiva e solidariamente responsável (...) se o dano foi causado pela companhia aérea, a agência responde solidariamente perante o consumidor, por integrar a cadeia de fornecimento, com direito de regresso". Desse modo, reafirma consolidado entendimento relativo ao serviço de transporte, segundo o qual "não obstante o serviço de transporte defeituoso causador do dano tenha sido prestado apenas pela companhia aérea, a agência de turismo integra a cadeia de fornecimento por ter comercializado o referido serviço, contribuindo para a sua prestação ao consumidor, mediante a venda da passagem aérea a este".

[189] "*Código de Defesa do Consumidor. Responsabilidade do fornecedor. Culpa concorrente da vítima. Hotel. Piscina. Agência de viagens.* Responsabilidade do hotel, que não sinaliza convenientemente a profundidade da piscina, de acesso livre aos hóspedes. Artigo 14 do CDC. A culpa concorrente da vítima permite a redução da condenação imposta ao fornecedor. Artigo 12, § 2º, III, do CDC. A agência de viagens responde pelo dano pessoal que decorreu do mau serviço do hotel contratado por ela para a hospedagem durante o pacote de turismo. Recursos conhecidos e providos em parte" (STJ, REsp 287.849/SP, 4ª Turma, Rel. Min. Ruy Rosado de Aguiar, j. 17.04.2001, *DJU* 13.08.2001, p. 165).

[190] "Responsabilidade civil e direito do consumidor. Recurso especial. Alegação de omissão do julgado. Artigo 535 do CPC. Inexistência. Espetáculo circense. Morte de criança em decorrência de ataque de leões. Circo instalado em área utilizada como estacionamento de *shopping center*. Legitimidade passiva das locadoras. Desenvolvimento de atividade de entretenimento com o fim de atrair um maior número de consumidores. Responsabilidade. Defeito do serviço (vício de qualidade por insegurança). Dano moral. Valor exorbitante. Redução. Multa. Artigo 538 do CPC. Afastamento. 1. O órgão julgador deve enfrentar as questões relevantes para a solução do litígio, afigurando-se dispensável o

prestadores diretos do serviço defeituoso.[191] Nesse caso, contudo, não se inclui aquele que é mero patrocinador e não participa, de qualquer modo, da prestação do serviço.[192] A lei não faz, nesse sentido, uma referência à solidariedade, mas, de modo genérico, a "fornecedor de serviço", previsto no artigo 14, e permite que se identifiquem todos os integrantes da cadeia de fornecimento de determinada prestação de serviços com essa qualidade, portanto passíveis de serem responsabilizados pelo fato do serviço. Tal circunstância induz à solidariedade, na medida em que possibilita reconhecer diversos fornecedores de um mesmo serviço como integrantes de uma mesma cadeia de fornecimento.[193] É o caso, por exemplo, da agência de viagens, que poderá ser responsabilizada solidariamente por danos decorrentes da má prestação do serviço por outras empresas contratadas por ela, a empresa responsável pela venda *on-line* dos ingressos de um evento,[194] ou ainda a

---

[191] exame de todas as alegações e fundamentos expendidos pelas partes. Precedentes. 2. Está presente a legitimidade passiva das litisconsortes, pois o acórdão recorrido afirmou que o circo foi apenas mais um serviço que o condomínio do *shopping*, juntamente com as sociedades empresárias rés, integrantes de um mesmo grupo societário, colocaram à disposição daqueles que frequentam o local, com o único objetivo de angariar clientes potencialmente consumidores e elevar os lucros. Incidência da Súmula 7/STJ. 3. No caso em julgamento – trágico acidente ocorrido durante apresentação do Circo Vostok, instalado em estacionamento de *shopping center*, quando menor de idade foi morto após ataque por leões –, o artigo 17 do Código de Defesa do Consumidor estende o conceito de consumidor àqueles que sofrem a consequência de acidente de consumo. Houve vício de qualidade na prestação do serviço, por insegurança, conforme asseverado pelo acórdão recorrido. 4. Ademais, o Código Civil admite a responsabilidade sem culpa pelo exercício de atividade que, por sua natureza, representa risco para outrem, como exatamente no caso em apreço. 5. O valor da indenização por dano moral sujeita-se ao controle do Superior Tribunal de Justiça, na hipótese de se mostrar manifestamente exagerado ou irrisório, distanciando-se, assim, das finalidades da lei. O valor estabelecido para indenizar o dano moral experimentado revela-se exorbitante, e deve ser reduzido aos parâmetros adotados pelo STJ. 6. Não cabe multa nos embargos declaratórios opostos com intuito de prequestionamento. Súmula 98/STJ. 7. Provimento parcial do recurso especial" (STJ, REsp 1.100.571/PE, 4ª Turma, Rel. Min. Luis Felipe Salomão, j. 07.04.2011, *DJe* 18.08.2011).

[191] "Recursos especiais. Erro médico. Consumidor. Hospital e administradora de plano de saúde. Responsabilização solidária. Princípio da solidariedade entre os integrantes da cadeia de fornecimento. Médicos externos ao corpo clínico do hospital. Importância na ação de regresso. Valor da indenização. Razoabilidade. 1. Erro médico consistente em perfuração de intestino durante cirurgia de laparotomia realizada por médicos credenciados, com a utilização das instalações de hospital também credenciado à mesma administradora de plano de saúde. 2. Responsabilização solidária pelo acórdão recorrido dos réus (hospital e administradora de plano de saúde), com fundamento no princípio da solidariedade entre os fornecedores de uma mesma cadeia de fornecimento de produto ou serviço perante o consumidor, ressalvada a ação de regresso. 3. A circunstância de os médicos que realizaram a cirurgia não integrarem o corpo clínico do hospital terá relevância para eventual ação de regresso entre os fornecedores. 4. Razoabilidade do valor da indenização por danos morais fixada em 200 salários mínimos. 5. Recursos especiais não providos" (STJ, REsp 1.359.156/SP, 3ª Turma, Rel. Min. Paulo de Tarso Sanseverino, j. 05.03.2015, *DJe* 26.03.2015).

[192] "Sendo o terceiro mero patrocinador do evento, que não participou da sua organização e, assim, não assumiu a garantia de segurança dos participantes, não pode ser enquadrado no conceito de 'fornecedor' para fins de responsabilização pelo acidente de consumo" (STJ, REsp 1.955.083/BA, 3ª Turma, Rel. Min. Nancy Andrighi, j. 15.02.2022, *DJe* 18.02.2022).

[193] "*Civil. Responsabilidade civil. Prestação de serviços médicos.* Quem se compromete a prestar assistência médica por meio de profissionais que indica é responsável pelos serviços que estes prestam. Recurso especial não conhecido" (STJ, REsp 138.059/MG, Rel. Min. Ari Pargendler, j. 13.03.2001).

[194] STJ, REsp 1.985.198/MG, 3ª Turma, Rel. Min. Nancy Andrighi, j. 05.04.2022, *DJe* 07.04.2022.

682 CURSO DE DIREITO DO CONSUMIDOR – *Bruno Miragem*

operadora de serviços de assistência médica que se responsabiliza pelos profissionais por ela indicados.[195]

3.2.6.1 Direito de regresso

Estabelecendo o artigo 7º, parágrafo único, do CDC, de modo expresso, a solidariedade dos responsáveis pelos danos causados aos consumidores, a consequência prática é a possibilidade de dirigir a ação indenizatória visando à reparação dos danos sofridos pelo consumidor-vítima a qualquer dos membros da cadeia de fornecimento (respeitado o caráter específico da responsabilidade do comerciante, previsto no artigo 13). Trata-se do que a doutrina especializada denomina de *causalidade alternativa*, pela qual se imputa a um grupo de pessoas (no caso, fornecedores) a responsabilidade pelos riscos de uma atividade lícita realizada nessas condições.[196] Nesse sentido, segundo as regras sobre solidariedade, quem paga em nome de todos os demais coobrigados solidários pode contra estes exigir sua quota-parte no valor eventualmente desembolsado, conforme determina o próprio Código Civil (artigo 283). No que se refere à responsabilidade por fato do produto, todavia, o artigo 13, parágrafo único, do CDC, vai estatuir expressamente a faculdade do fornecedor coobrigado pelo dever de indenizar que satisfaz o dever de reparação, na hipótese de não ter sido dele a culpa pela realização do evento danoso, de obter, via ação de regresso, o valor correspondente ao que desembolsou. Assim dispõe o artigo 13, parágrafo único, do CDC: "Aquele que efetivar o pagamento ao prejudicado poderá exercer o direito de regresso contra os demais responsáveis, segundo sua participação na causação do evento danoso". Assim, caberá a demonstração da culpa por parte do autor da ação de regresso, o que no caso concreto pode levar a situações concretas bastante difíceis (por vezes de impossibilidade prática de produção da prova).

O reconhecimento expresso da ação regressiva pelo CDC encontra fundamento na divisão dos ônus representados pelos riscos do mercado entre os diversos agentes econômicos envolvidos.[197] No caso da responsabilidade pelo fato do produto, em que a presença do defeito indica uma falha no processo de introdução dele no mercado de consumo, há uma distribuição relativamente equânime dos custos representados por essa falha a partir da identificação de quem tenha dado causa ao defeito.

---

[195] *"Responsabilidade civil. Agência de viagens. Código de Defesa do Consumidor. Incêndio em embarcação.* A operadora de viagens que organiza pacote turístico responde pelo dano decorrente do incêndio que consumiu a embarcação por ela contratada. Passageiros que foram obrigados a se lançar ao mar, sem proteção de coletes salva-vidas, inexistentes no barco. Precedente (REsp 287.849/SP). Dano moral fixado em valor equivalente a 400 salários mínimos. Recurso não conhecido" (STJ, REsp 291.384/RJ, 4ª Turma, Rel. Min. Ruy Rosado de Aguiar, j. 15.05.2001, *DJU* 17.09.2001, p. 169).

[196] MARQUES, Claudia Lima. *Contratos no Código de Defesa do Consumidor.* 4. ed. São Paulo: Ed. RT, 2003. p. 1.044; SANSEVERINO, Paulo de Tarso Vieira. *Responsabilidade civil no Código do Consumidor e a defesa do fornecedor.* São Paulo: Saraiva, 2002. p. 249-257. Em profundidade, a obra de DELLA GIUSTINA, Vasco. *Responsabilidade civil dos grupos.* Inclusive no Código do Consumidor. Rio de Janeiro: Aide, 1991. p. 151-152.

[197] MARQUES, Claudia Lima. *Contratos no Código de Defesa do Consumidor.* 4. ed. São Paulo: Ed. RT, 2003. p. 1.045; BENJAMIN, Antonio Herman de Vasconcelos e *et al. Comentários ao Código de Proteção do Consumidor.* São Paulo: Saraiva, 1991. p. 34.

Parte II · Cap. 3 · RESPONSABILIDADE CIVIL DO FORNECEDOR | 683

No caso da responsabilidade pelo fato do serviço, a questão da faculdade da ação regressiva parece estar abrangida pela extensão dos efeitos do artigo 13, parágrafo único, do CDC. Ainda que assim não fosse, mesmo sem expressa previsão legal no CDC, a possibilidade da demanda regressiva seria deduzida das regras gerais ordinárias sobre solidariedade passiva, pelas quais quem responde em nome de outrem pode reaver deste o que pagou. No caso, o juízo de procedência da ação regressiva não vai prescindir da existência de culpa do réu dela,[198] o que deverá ser devidamente demonstrado na ação.

3.2.6.2 *Responsabilidade subsidiária do comerciante*

A responsabilidade do comerciante, no regime do CDC, não acompanha a dos demais agentes econômicos expressamente referidos no artigo 12, *caput*, em matéria de responsabilidade pelo fato do produto. Isso porque a previsão normativa da responsabilidade do comerciante fê-lo de modo apartado, em artigo próprio – no caso, o artigo 13 do CDC. Estabelece a mencionada norma: "O comerciante é igualmente responsável, nos termos do artigo anterior, quando: I – o fabricante, o construtor, o produtor ou o importador não puderem ser identificados; II – o produto for fornecido sem identificação clara do seu fabricante, produtor, construtor ou importador; III – não conservar adequadamente os produtos perecíveis".

O *caput* do artigo 13 ("O comerciante é igualmente responsável...") induz a pensar que trata a hipótese de responsabilidade solidária. Todavia, as hipóteses estabelecidas nos incisos I e II da norma, fazendo referência à circunstância de que os responsáveis não possam ser identificados, seja porque essa identificação não exista, seja porque é obscura ou insuficiente,[199] determinam a responsabilidade em questão como espécie de responsabilidade subsidiária ou supletiva. Ocorrendo, todavia, qualquer das hipóteses do artigo 13, ele passa a integrar – portanto, solidariamente – com os demais responsáveis indicados no artigo 12 do CDC o rol de fornecedores que poderão ser demandados pelo consumidor.

No caso do inciso III do artigo 13, sendo demonstrado que o dano causado aos consumidores resultou da conservação inadequada de produtos perecíveis, a responsabilidade do comerciante decorre de fato próprio, razão pela qual não há falar em subsidiariedade, senão em responsabilidade direta, que vincula sua conduta como causa do evento danoso produzido contra o consumidor-vítima.[200]

É possível questionar sobre a conveniência dessa opção legislativa do CDC. Há críticas acerca do acerto ou não do artigo 13, ao prever a separação da responsabilidade do comerciante com relação aos demais fornecedores referidos no artigo 12. A solução do legislador, contudo, pretendeu restringir a imputação do dever de reparação àqueles

---

[198] MARQUES, Claudia Lima. *Contratos no Código de Defesa do Consumidor*. 4. ed. São Paulo: Ed. RT, 2003. p. 1.045.

[199] MARINS, James. *Responsabilidade da empresa pelo fato do produto*. Os acidentes de consumo no Código de Proteção e Defesa do Consumidor. São Paulo: Ed. RT, 1993. p. 106-107.

[200] No caso de comerciante que é demandado por fato do produto, e, em vez de alegar sua ilegitimidade passiva, celebra transação com o consumidor, os efeitos desta não se projetam em relação aos demais fornecedores a quem se impute a responsabilidade legal pelos danos: STJ, REsp 1.968.143/RJ, 3ª Turma, Rel. Min. Marco Aurélio Bellizze, j. 08.02.2022, *DJe* 17.02.2022.

684 | CURSO DE DIREITO DO CONSUMIDOR – *Bruno Miragem*

fornecedores que, por sua condição dentro do processo produtivo, tenham dado causa ao defeito determinante do evento danoso ao consumidor.

3.2.7 O artigo 931 do Código Civil e o CDC

Com o advento do Código Civil de 2002, passou a viger seu artigo 931, com a seguinte redação: "Ressalvados outros casos previstos em lei especial, os empresários individuais e as empresas respondem independentemente de culpa pelos danos causados pelos produtos postos em circulação". A exegese do artigo, desde logo, afastaria, sua incidência, à primeira vista, das relações de consumo, matéria expressamente ressalvada por constar de lei especial. Todavia, ressalvadas as relações de consumo, estariam sob o alcance da norma as relações puramente civis, entre iguais, reguladas então pelo Código Civil. Nesse sentido, por exemplo, os danos causados por uma máquina vendida de uma empresa a outra, por intermédio de um contrato de compra e venda comercial, estariam sob a égide desse artigo 931, o qual não estabelece diferença entre os vários agentes da cadeia de fornecimento. Imputa-se responsabilidade objetiva a quem tenha colocado o produto no mercado, o que inclui o comerciante. Estar-se-ia, portanto, diante de situação no mínimo contraditória, pela qual no regime de uma norma protetiva da vítima, como o CDC, um dos sujeitos principais da cadeia de fornecimento – o comerciante – só responderia por danos causados por produtos colocados em circulação em situações bastante restritas. Por sua vez, na norma geral do Código Civil, que regula as relações entre iguais, esse mesmo comerciante seria responsabilizado solidariamente com os demais agentes, sem qualquer espécie de restrição.

Em termos práticos, seria mais vantajoso ao consumidor alegar a aplicação do artigo 931 do CC do que o artigo 13 do CDC, que em tese é a norma que apresentaria responsabilidade mais gravosa para a proteção dos seus interesses constitucionalmente assegurados.

A solução da questão parece-nos passar pela interpretação e aplicação que a jurisprudência fará do artigo 931 do CC. Nessa situação, dois são os entendimentos possíveis: a) o primeiro, vinculado ao método do *diálogo das fontes*, e com fundamento no artigo 7º do CDC, o qual dispõe que os direitos estabelecidos nessa lei não excluem outros decorrentes da legislação interna ordinária,[201] pelo qual toda norma que possuir maior conteúdo de proteção dos interesses dos consumidores deve ter preferência na sua aplicação. Isso autorizaria a aplicação do artigo 931 como fundamento da responsabilidade direta e objetiva do comerciante, em caso de danos causados por produtos colocados em circulação (fato do produto); b) o segundo, reconhecendo a diferença de regimes e a ressalva expressa do artigo 931 às relações reguladas por lei especial, como é o caso da responsabilidade pelo fato do produto nas relações de consumo. Logo, concluir-se-ia por confinar a aplicação do artigo 931 do Código Civil apenas às situações não abrangidas pelas normas previstas pelo CDC, ou por outras que regulem responsabilidade civil, por exemplo, a responsabilidade civil por dano ambiental.

---

[201] "Artigo 7º Os direitos previstos neste código não excluem outros decorrentes de tratados ou convenções internacionais de que o Brasil seja signatário, da legislação interna ordinária, de regulamentos expedidos pelas autoridades administrativas competentes, bem como dos que derivem dos princípios gerais do direito, analogia, costumes e equidade."

Da mesma forma, note-se que a opção pelo primeiro entendimento, de aplicação combinada das disposições do CC e do CDC, apresentaria ainda outros reflexos, como é o caso do prazo distinto, nos dois regimes de responsabilidade, para o exercício da pretensão reparatória – cinco anos, de acordo com o artigo 27 do CDC, e apenas três anos, segundo o artigo 206, § 3º, V, do CC.

Contudo, qual será o alcance do artigo 931 do CC? Resulta clara a necessidade de compatibilizar a interpretação e aplicação da disposição legal com o regime de responsabilidade para o fato do produto e do serviço previsto no CDC. Em um primeiro aspecto, note-se que a redação do artigo, embora faça referência a empresários individuais e empresas, a rigor está a referir às sociedades empresárias (pessoas jurídicas), e não à atividade de empresa. Por outro lado, fica estabelecida uma imputação objetiva de responsabilidade dos empresários ou sociedades empresárias pelos *danos causados por seus produtos postos em circulação*. A crítica mais destacada a essa disposição legal é de que ela afasta o critério da anormalidade do risco do produto, característica da noção de defeito do Código de Defesa do Consumidor, fazendo com que a responsabilidade determinada no Código Civil, em razão de danos provocados por produtos colocados no mercado, assuma verdadeira característica de responsabilidade por risco integral.[202]

As Jornadas de Direito Civil promovidas pelo Superior Tribunal de Justiça, visando ao estabelecimento de diretrizes para interpretação e aplicação do Código Civil, em diversos enunciados ocuparam-se do tema. Na I Jornada, de 2002, o Enunciado 42 contava com a seguinte redação: "O artigo 931 amplia o conceito de fato do produto existente no artigo 12 do Código de Defesa do Consumidor, imputando responsabilidade civil à empresa e aos empresários individuais vinculados à circulação dos produtos". Logo em seguida, o Enunciado 43 referia: "A responsabilidade civil pelo fato do produto, prevista no artigo 931 do Código Civil, também inclui os riscos do desenvolvimento". Em 2004, na III Jornada de Direito Civil, o Enunciado 190, por sua vez, indicava: "A regra do artigo 931 do novo Código Civil não afasta as normas acerca da responsabilidade pelo fato do produto ou do serviço previstas no artigo 12 do Código de Defesa do Consumidor, que continuam mais favoráveis ao consumidor". Por fim, em 2006, o Enunciado 378 aduz: "Aplica-se o artigo 931 do Código Civil, haja ou não relação de consumo". Parece claro, portanto, que ainda não se observa uma interpretação estável no direito brasileiro sobre a eficácia e aplicação do artigo 931 do CC/2002.

De fato, parece claro que o artigo 931 do CC não pode afastar o regime legal do CDC, mas pode somar-se a este. A presença do defeito e, de certo modo, da presunção de defeito por ocasião de dano causado por produtos ou serviços (cabe ao fornecedor demonstrar sua inexistência) é requisito necessário para fazer incidir a responsabilidade com fundamento no CDC. Isso não exclui que, por intermédio do diálogo das fontes, encontre-se um efeito útil para a norma, sobretudo em vista da finalidade da responsabilidade objetiva por danos causados por produtos, que em primeiro plano é a proteção do consumidor no mercado de consumo. Pode-se retirar como efeito útil, nesse sentido, um reforço ao argumento da admissão da responsabilidade por riscos do desenvolvimento em nosso

---

[202] CALIXTO, Marcelo Junqueira. O artigo 931 do Código Civil de 2002 e os riscos do desenvolvimento. *Revista Trimestral de Direito Civil*, Rio de Janeiro, v. 21, p. 61, jan./mar. 2005.

686 | CURSO DE DIREITO DO CONSUMIDOR – *Bruno Miragem*

sistema, ou ainda, conforme a interpretação que a jurisprudência ponha à disposição, de modo compatível com o CDC, a extensão da responsabilidade dos comerciantes por acidentes de consumo,[203] além das hipóteses restritas estabelecidas no artigo 13, reconhecendo a incidência da norma de imputação do artigo 931 a qualquer um dos empresários individuais ou sociedades empresárias (ou empresas como refere a norma), que tenham colocado o produto em circulação.

3.2.8   Responsabilidade dos profissionais liberais por fato do serviço

A responsabilidade dos profissionais liberais por fato do serviço também se encontra regulada pelo CDC. Nesse sentido, como é intuitivo, trata-se os serviços prestados por esses profissionais, quando oferecidos no mercado de consumo (artigo 3º, § 2º), de objetos de relações de consumo, sob a égide das normas do CDC. Entretanto, no que diz respeito ao regime da responsabilidade dos profissionais liberais, optou o legislador por apartá-la da regra geral da responsabilidade objetiva prevista para os fornecedores no CDC, estabelecendo na hipótese desses profissionais a responsabilidade subjetiva. Daí que o artigo 14, § 4º, do CDC constitui exceção à regra da responsabilidade objetiva do CDC, ao dispor: "A responsabilidade pessoal dos profissionais liberais será apurada mediante a verificação de culpa".[204]

Orienta a decisão do legislador a natureza da prestação realizada pelo profissional liberal, que em regra será de caráter personalíssimo (*intuitu personae*), isolada, e que por isso não detém estrutura complexa de fornecimento do serviço, em relação ao qual o interesse básico do consumidor estará vinculado conhecimento técnico especializado desse fornecedor. Daí por que a identificação do profissional liberal parece se ligar a duas condições básicas: a) primeiro, a espécie de atividade exercida; b) segundo, o modo como é exercida.

Como traços essenciais da atividade do profissional liberal encontram-se a ausência de subordinação com o tomador do serviço, ou com terceira pessoa, e que realize na atividade o exercício permanente de uma profissão, em geral vinculada a conhecimentos técnicos especializados, inclusive com formação específica. Segundo Paulo Luiz Netto Lôbo, o conceito de profissionais liberais abrange: "a) as profissões regulamentadas, ou não, por lei; b) que exigem graduação universitária ou apenas formação técnica; e c) reconhecidas socialmente, mesmo sem exigência de formação escolar".[205] Nesse sentido, observa-se que a espécie de serviço prestado está vinculada a qualidades específicas do

---

[203]   CALIXTO, Marcelo Junqueira. O artigo 931 do Código Civil de 2002 e os riscos do desenvolvimento. *Revista Trimestral de Direito Civil*, Rio de Janeiro, v. 21, p. 92-93, jan./mar. 2005.

[204]   "Recurso especial. Erro médico. Cirurgião plástico. Profissional liberal. Aplicação do Código de Defesa do Consumidor. Precedentes. Prescrição consumerista. I – Conforme precedentes firmados pelas turmas que compõem a 2ª Sessão, é de se aplicar o Código de Defesa do Consumidor aos serviços prestados pelos profissionais liberais, com as ressalvas do § 4º do artigo 14. II – O fato de se exigir comprovação da culpa para poder responsabilizar o profissional liberal pelos serviços prestados de forma inadequada, não é motivo suficiente para afastar a regra de prescrição estabelecida no artigo 27 da legislação consumerista, que é especial em relação às normas contidas no Código Civil. Recurso especial não conhecido" (STJ, REsp 731.078/SP, 3ª Turma, Rel. Min. Castro Filho, j. 13.12.2005, *DJU* 13.02.2006, p. 799).

[205]   Com relação à última hipótese, o eminente professor da UFAL e da UFPE refere que apenas estarão incluídas nessas hipóteses os "tipos sociais reconhecíveis" (LÔBO, Paulo Luiz Netto. Responsabilidade

profissional, assim como a garantia de segurança e adequação dele vincula-se ao seu desempenho pessoal, ou seja, com sua atuação diligente, prudente e de acordo com os conhecimentos técnicos que deva possuir.

Daí por que se afigure razoável manter a exigência da verificação da culpa como requisito de responsabilização desses profissionais, em vista da natureza e do modo de prestação do serviço, cujo êxito está diretamente vinculado ao desempenho pessoal do profissional.

Note-se que a exigência de verificação da culpa do profissional liberal diz respeito a sua responsabilidade pelo fato do serviço, portanto à violação do dever de segurança e integridade do consumidor. Não abrange, pois, o regime de responsabilidade por vícios do serviço, cujo fundamento é do artigo 20 do CDC, e se estabelece mediante mera demonstração da violação do dever de adequação, logo sem a necessidade de verificação da culpa. Essa consideração é importante em face da circunstância de que, como regra, as relações entre consumidores e profissionais liberais se estabelecem a partir de um contrato de prestação de serviços, o que desde logo impõe discutir qual a espécie de modalidade de obrigação pactuada nessa relação, se uma obrigação de meio ou de resultado. Observam os Mazeaud e Tunc, no esteio da festejada doutrina francesa sobre a matéria, que nas obrigações de resultado o devedor compromete-se à realização de um ato determinado, de um resultado, enquanto nas obrigações de meio, este se compromete apenas a conduzir-se com prudência e diligência em determinada direção.[206] A aplicação desse conceito às obrigações celebradas por médicos, dentistas, psicólogos, advogados, engenheiros, arquitetos, entre outros profissionais, e os consumidores será útil para a definição da espécie de dever jurídico existente entre as partes com relação à adequação da prestação.[207]

No que se refere ao dever de segurança, contudo, sua exigência *ex lege* pelo CDC permite observar que sempre se afigura como espécie análoga às obrigações de resultado,[208] uma vez que deverá necessariamente ser atendido, sob pena de responsabilização do profissional.[209] O que se altera nessa situação é o acréscimo do requisito da culpa, se-

---

civil dos profissionais liberais e o ônus da prova. *Revista da Ajuris*, Porto Alegre, edição especial, t. II, p. 541-550, mar. 1998).

[206] Refira-se que a distinção entre obrigações de meio e de resultado é de René Demogue, em seu *Traité des obligations*. Conforme: MAZEAUD, Henri; MAZEAUD, Leon; TUNC, André. *Tratado teórico práctico de la responsabilidad civil delictual y contractual*. Trad. Luis Alcalá-Zamora y Castillo. Buenos Aires: Ediciones Jurídicas Europa América, 1977. t. I, p. 127.

[207] "*Civil. Cirurgia. Sequelas. Reparação de danos. Indenização. Culpa. Presunção. Impossibilidade.* 1. Segundo doutrina dominante, a relação entre médico e paciente é contratual e encerra, de modo geral (salvo cirurgias plásticas embelezadoras), obrigação de meio e não de resultado. 2. Em razão disso, no caso de danos e sequelas porventura decorrentes da ação do médico, imprescindível se apresenta a demonstração de culpa do profissional, sendo descabida presumi-la à guisa de responsabilidade objetiva. 3. Inteligência dos artigos 159 e 1545 do Código Civil de 1916 e do artigo 14, § 4º, do Código de Defesa do Consumidor. 4. Recurso especial conhecido e provido para restabelecer a sentença" (STJ, REsp 196.306/SP, 4ª Turma, Rel. Min. Fernando Gonçalves, j. 03.08.2004, *DJU* 16.08.2004, p. 261).

[208] "*Responsabilidade civil. Cirurgia estética.* Não ofende a lei o acórdão que atribui ao médico a responsabilidade pelos danos causados a paciente, por ter assumido o risco de realizar operação de resultado absolutamente inconfiável. Recurso não conhecido" (STJ, REsp 326.014/RJ, 4ª Turma, Rel. Min. Ruy Rosado de Aguiar, j. 28.08.2001, *DJU* 29.10.2001, p. 212).

[209] Esse tem sido também o caminho da obrigação contratual de segurança, conforme ensina BLOCH, Cyril. *L'obligation contractuelle de sécurite*. Aix in Provence: Presses Universitaires d'Aix--Marseille, 2002. p.

688 │ CURSO DE DIREITO DO CONSUMIDOR – *Bruno Miragem*

gundo o qual a responsabilidade só é imputada mediante a verificação de negligência, imprudência e imperícia.

Algumas questões, entretanto, devem ser observadas acerca da responsabilidade dos profissionais liberais por fato do serviço. Primeiro, no tocante aos modos de descumprimento do dever de segurança e à caracterização do defeito da prestação de serviço. Em regra, a responsabilidade dos profissionais liberais por fato do serviço terá relação com a presença de defeitos de execução ou defeitos de informação. Os primeiros dizem respeito à falha no processo de realização material do serviço e os segundos, nas informações repassadas ao consumidor-vítima, em razão do que deverá se produzir o dano. Sobre o dever de informar do profissional liberal, aliás, para Paulo de Tarso Sanseverino, a principal novidade em matéria de responsabilidade desses profissionais é o incremento do dever de informação.[210] Nesse sentido, observa o jurista gaúcho que, embora tenha atuado com a diligência esperada, poderá vir o profissional liberal a ser responsabilizado por não ter informado de modo correto e adequado o seu cliente.[211]

Por outro lado, sobretudo no que concerne aos limites da responsabilidade subjetiva e seu caráter excepcional no regime do CDC, questão de extrema dificuldade que vem sendo enfrentada pelas Cortes brasileiras é a da relação entre a responsabilidade pessoal do profissional liberal e a da pessoa jurídica fornecedora a que ele pertence. É a situação que ocorre muito frequentemente nas ações em que são demandados em comum, por exemplo, o médico e o hospital em que trabalha, ou ainda o advogado e sociedade de advogados a que pertence. O caráter da responsabilidade do profissional liberal, como já referimos, é eminentemente pessoal, e a natureza subjetiva, a exigir a verificação de culpa, é exceção à regra da responsabilidade objetiva dos fornecedores, razão por que deve ser interpretada restritivamente. Nesse caso, dois são os entendimentos possíveis: a) primeiro, o de que a regra da culpa, ao restringir-se ao profissional liberal, não se estende à pessoa jurídica fornecedora à qual ele pertence como sócio, empregado, ou a qualquer outro título. Logo, a responsabilidade da pessoa jurídica, ao ser demanda como fornecedora, permanece objetiva, bastando, para ser caracterizada, que sejam demonstrados os pressupostos específicos da responsabilidade pelo fato do serviço, entre os quais o defeito; b) o segundo entendimento vincularia a identificação da responsabilidade do profissional como pressuposto da responsabilidade da pessoa jurídica a que ele esteja vinculado. Em muitos casos, mesmo a caracterização do defeito seria dependente da verificação da culpa do profissional liberal (a adoção de procedimento terapêutico equívoco pelo médico, por exemplo).

---

139 *et seq.*

[210] SANSEVERINO, Paulo de Tarso Vieira. *Responsabilidade civil no Código do Consumidor e a defesa do fornecedor*. São Paulo: Saraiva, 2002. p. 187-188.

[211] "Embargos infringentes. Responsabilidade médica. Deveres anexos. Informação oportuna de extravio de material orgânico extraído para exame laboratorial. Dano extrapatrimonial. Responde o médico, sob o fundamento de 'dano moral', por omissão de cientificação ao paciente sobre o extravio de material, retirado cirurgicamente, para exame laboratorial, na medida em que contribui para, no mínimo, a ampliação do estado de ansiedade daquele que aguarda resultado. Incluso ao dever de informar sobre a compreensão do resultado (conteúdo do laudo) se encontra o secundário de informar sobre a impossibilidade do exercício daquele, em razão de extravio do material. Mensuração que se realizou adequadamente, tanto quanto viável. Embargos infringentes rejeitados" (TJRS, EI 596.234.443, 3º Grupo de Câmaras Cíveis, Rel. Des. Antônio Janyr Dall'Agnol Júnior, j. 07.03.1997).

Parece-nos que a razão está no primeiro entendimento,[212] embora não se deva considerar a responsabilidade da instituição como subjetiva, mas o defeito que é nexo de imputação, resultante da culpa do médico, e isso, ainda, considerando que em muitas situações práticas, confundem-se em uma mesma circunstância a identificação do defeito da prestação do serviço pelo profissional e a verificação da culpa exigida para a responsabilização. Independentemente disso, contudo, será caracterizada a responsabilidade da pessoa jurídica fornecedora a que se vincula o profissional, a partir da caracterização da demonstração da conduta, do dano e do defeito da prestação,[213] e essa responsabilidade,

---

[212] Nesse sentido decidiu o STJ: *"Civil. Indenização. Morte. Culpa. Médicos. Afastamento. Condenação. Hospital. Responsabilidade. Objetiva. Impossibilidade.* 1. A responsabilidade dos hospitais, no que tange à atuação técnico-profissional dos médicos que neles atuam, ou a eles sejam ligados por convênio, é subjetiva, ou seja, dependente da comprovação de culpa dos prepostos, presumindo-se a dos preponentes. Nesse sentido são as normas dos artigos 159, 1521, III, e 1.545 do Código Civil de 1916 e, atualmente, as dos artigos 186 e 951 do Código Civil, bem com a Súmula 341 do STF (É presumida a culpa do patrão ou comitente pelo ato culposo do empregado ou preposto.). 2. Em razão disso, não se pode dar guarida à tese do acórdão de, arrimado nas provas colhidas, excluir, de modo expresso, a culpa dos médicos e, ao mesmo tempo, admitir a responsabilidade objetiva do hospital, para condená-lo a pagar indenização por morte de paciente. 3. O artigo 14 do CDC, conforme melhor doutrina, não conflita com essa conclusão, dado que a responsabilidade objetiva, nele prevista para o prestador de serviços, no presente caso, o hospital, circunscreve-se apenas aos serviços única e exclusivamente relacionados com o estabelecimento empresarial propriamente dito, ou seja, aqueles que digam respeito à estadia do paciente (internação), instalações, equipamentos, serviços auxiliares (enfermagem, exames, radiologia) etc. e não aos serviços técnicos-profissionais dos médicos que ali atuam, permanecendo estes na relação subjetiva de preposição (culpa). 4. Recurso especial conhecido e provido para julgar improcedente o pedido" (STJ, REsp 258.389/SP, 4ª Turma, Rel. Min. Fernando Gonçalves, j. 16.06.2005, *DJU* 22.08.2005, p. 275); STJ, AgInt no AREsp 1.961.279/PR, 4ª Turma, Rel. Min. Marco Buzzi, j. 21.03.2022, *DJe* 24.03.2022.

[213] "Indenização. Vítima de acidente ocorrido durante treinamento de judô, ministrado por preposto da recorrida, que a deixou tetraplégica. Acidente ocorrido em virtude de negligência do professor. Comprovados a conduta, os danos e o nexo de causalidade, presente o dever de indenizar da recorrida que responde pelos atos do seu preposto. Código de Defesa do Consumidor, artigo 14, § 3º. Aplicação. Recurso especial conhecido e parcialmente provido" (STJ, REsp 473.085/RJ, 3ª Turma, Rel. Min. Castro Filho, j. 14.06.2004, *DJU* 23.05.2005, p. 267). No caso da responsabilidade dos hospitais, e sua relação com a conduta do profissional médico, veja-se a seguinte decisão do STJ: "Direito civil. Responsabilidade do hospital por erro médico e por defeito no serviço. Súmula 7 do STJ. Violação dos artigos 334 e 335 do CPC. Não ocorrência. Dissídio jurisprudencial não demonstrado. Redimensionamento do valor fixado para pensão. Súmula 7 do STJ. Indenização por danos morais. Termo inicial de incidência da correção monetária. Data da decisão que fixou o valor da indenização. 1. A responsabilidade das sociedades empresárias hospitalares por dano causado ao paciente-consumidor pode ser assim sintetizada: (i) as obrigações assumidas diretamente pelo complexo hospitalar limitam-se ao fornecimento de recursos materiais e humanos auxiliares adequados à prestação dos serviços médicos e à supervisão do paciente, hipótese em que a responsabilidade objetiva da instituição (por ato próprio) exsurge somente em decorrência de defeito no serviço prestado (artigo 14, *caput*, do CDC); (ii) os atos técnicos praticados pelos médicos sem vínculo de emprego ou subordinação com o hospital são imputados ao profissional pessoalmente, eximindo-se a entidade hospitalar de qualquer responsabilidade (artigo 14, § 4º, do CDC), se não concorreu para a ocorrência do dano; (iii) quanto aos atos técnicos praticados de forma defeituosa pelos profissionais da saúde vinculados de alguma forma ao hospital, respondem solidariamente a instituição hospitalar e o profissional responsável, apurada a sua culpa profissional. Nesse caso, o hospital é responsabilizado indiretamente por ato de terceiro, cuja culpa deve ser comprovada pela vítima de modo a fazer emergir o dever de indenizar da instituição, de natureza absoluta (artigos 932 e 933 do CC), sendo cabível ao juiz, demonstrada a hipossuficiência do paciente, determinar a inversão do ônus da prova (artigo 6º, VIII, do CDC). 2. No caso em apreço, as instâncias ordinárias entenderam pela imputação de responsabilidade à instituição hospitalar com base em dupla causa: (a) a ausência de médico especializado na sala de parto apto a evitar ou estancar o quadro clínico da neonata – subitem (iii); e (b) a falha na prestação dos serviços relativos ao atendimento hospitalar, haja vista a ausência de

CURSO DE DIREITO DO CONSUMIDOR – *Bruno Miragem*

segundo o artigo 14, *caput*, será de natureza objetiva.[214] A jurisprudência do STJ observa o entendimento de que a solidariedade do hospital pelo dano causado pelo médico é cabível quando se comprova a existência de vínculo e/ou subordinação do profissional,[215] ou ainda que, mesmo sem vínculo, fique demonstrado que pertence a sua equipe médica,[216] assim como que agiu com culpa.

Por fim, cabe identificar o modo como se dá essa verificação de culpa a que faz referência o artigo 14, § 4º, do CDC. Nesse sentido, a questão que se apresenta é sobre

---

vaga no CTI e a espera de mais de uma hora, agravando consideravelmente o estado da recém-nascida, evento encartado no subitem (i) (...)" (STJ, REsp 1.145.728/MG, 4ª Turma, Rel. Min. João Otávio de Noronha, Rel. p/ acórdão Min. Luis Felipe Salomão, j. 28.06.2011, *DJe* 08.09.2011).

[214] A natureza objetiva da responsabilidade, neste caso, não pode suprimir a oportunidade do fornecedor demonstrar a presença, no caso, de alguma das hipóteses eximentes de responsabilidade. Nesse sentido: "*Responsabilidade civil. Erro médico. Esquecimento de corpo estranho no organismo da paciente em cesárea. Responsabilidade do Hospital. Cerceamento de defesa.* 1. Já decidiu a Corte que o juiz pode e deve apreciar a necessidade da produção de prova. Todavia, configura cerceamento de defesa se o hospital é impedido de provar, na cobertura do artigo 14, § 3º, II, do Código de Defesa do Consumidor, a culpa exclusiva de terceiro, no caso, a médica responsável pela cirurgia, que com ele não mantém relação de emprego. 2. Recurso especial conhecido e provido" (STJ, REsp 419.026/DF, 3ª Turma, Rel. Min. Carlos Alberto Menezes Direito, j. 26.10.2004, *DJU* 21.02.2005, p. 169).

[215] "Consumidor. Recurso especial. Ação de indenização. Responsabilidade Civil. Médico particular. Responsabilidade subjetiva. Hospital. Responsabilidade solidária. Legitimidade passiva *ad causam*. 1. Os hospitais não respondem objetivamente pela prestação de serviços defeituosos realizados por profissionais que nele atuam sem vínculo de emprego ou subordinação. Precedentes. 2. Embora o artigo 14, § 4º, do CDC afaste a responsabilidade objetiva dos médicos, não se exclui, uma vez comprovada a culpa desse profissional e configurada uma cadeia de fornecimento do serviço, a solidariedade do hospital imposta pelo *caput* do artigo 14 do CDC. 3. A cadeia de fornecimento de serviços se caracteriza por reunir inúmeros contratos numa relação de interdependência, como na hipótese dos autos, em que concorreram, para a realização adequada do serviço, o hospital, fornecendo centro cirúrgico, equipe técnica, medicamentos, hotelaria; e o médico, realizando o procedimento técnico principal, ambos auferindo lucros com o procedimento. 4. Há o dever de o hospital responder qualitativamente pelos profissionais que escolhe para atuar nas instalações por ele oferecidas. 5. O reconhecimento da responsabilidade solidária do hospital não transforma a obrigação de meio do médico, em obrigação de resultado, pois a responsabilidade do hospital somente se configura quando comprovada a culpa do médico, conforme a teoria de responsabilidade subjetiva dos profissionais liberais abrigada pelo Código de Defesa do Consumidor. 6. Admite-se a denunciação da lide na hipótese de defeito na prestação de serviço. Precedentes. 7. Recurso especial parcialmente provido" (STJ, REsp 1.216.424/MT, 3ª Turma, Rel. Min. Nancy Andrighi, j. 09.08.2011, *DJe* 19.08.2011).

[216] "Civil e processual. Recursos especiais. Indenização. Erro médico. Primeiro recurso. Intempestividade. Súmula 418 do STJ. Segundo recurso. Cumulação de danos morais e estéticos. Possibilidade. Súmula 284 do STF. Súmula 387 do STJ. Responsabilidade do hospital pelos atos de sua equipe médica. 1. Nos termos da Súmula 418 do STJ, 'é inadmissível o recurso especial interposto antes da publicação do acórdão dos embargos de declaração, sem posterior ratificação'. 2. Inviável o recurso especial cujas razões não apontam ofensa a dispositivo de lei federal específico ou dissídio nos moldes legais e regimentais (Súmula 284/STF). 3. Consoante entendimento sedimentado no verbete 387 do STJ, 'é lícita a cumulação das indenizações de dano estético e dano moral'. 4. A natureza da responsabilidade das instituições hospitalares por erros médicos deve ser examinada à luz da natureza do vínculo existente entre as referidas instituições e os profissionais a que se imputa o ato danoso. 5. Responde o hospital pelo ato culposo praticado por profissional de sua equipe médica, mesmo que sem vínculo empregatício com a instituição. A circunstância de os serviços médicos terem sido prestados gratuitamente, ou remunerados pelo SUS, não isenta o profissional e a instituição da responsabilidade civil por erro médico. 6. Recurso especial de Luiz Fernando Pinho do Amaral e outro não conhecido e recurso especial de Santa Casa da Misericórdia do Rio de Janeiro não provido" (STJ, REsp 774.963/RJ, 4ª Turma, Rel. Min. Maria Isabel Gallotti, j. 06.12.2012, *DJe* 07.03.2013).

a compatibilidade ou não dessa disposição e o direito à inversão do ônus da prova, para efeito de facilitação do consumidor em juízo, mediante exercício de faculdade judicial, nos termos do artigo 6º, VIII, do CDC. A matéria, sem dúvida, estimula que se desvie a atenção do que realmente é relevante com respeito ao tema, admitindo digressões que não auxiliam na solução da questão. Parece-nos com razão o magistério de Paulo Luiz Netto Lôbo, ao referir que: "quando se diz 'verificação de culpa' não se diz que deve ser provada por quem alega o defeito do serviço. Diz-se que não poderá ser responsabilizado se a culpa não for 'verificada' em juízo, porque o profissional conseguiu contraprová-la (...) é inquestionável compatibilidade desse preceito com o artigo 6º, VIII, que impõe o direito básico do consumidor ao ônus da prova".[217] Nesse sentido, conclui o mestre alagoano: "Cabe ao consumidor do serviço, do profissional liberal, provar a existência do serviço, ou seja, a relação de consumo entre ambos e a existência do defeito de execução que lhe causou danos, sendo suficiente a verossimilhança da imputabilidade. Cabe ao profissional liberal provar, além das hipóteses comuns de responsabilidade dos demais fornecedores de serviços, que não agiu com culpa".[218]

Portanto, a exigência de verificação de culpa não exclui a possibilidade, de acordo com os critérios estabelecidos no artigo 6º, VIII, do CDC – a hipossuficiência e a verossimilhança das alegações –, de ser invertido o ônus da prova em vista da facilitação da defesa do consumidor, hipóteses em que estabelecerá o juiz presunção de culpa, a qual competirá ao profissional liberal desconstituir mediante prova.[219]

Veja-se, por exemplo, o caso da responsabilidade civil do médico.[220] Em direito nacional e estrangeiro, a responsabilidade civil decorrente da atividade médica vem apre-

---

[217] LÔBO, Paulo Luiz Netto. Responsabilidade civil dos profissionais liberais e o ônus da prova. *Revista da Ajuris*, Porto Alegre, edição especial, t. II, p. 549, mar. 1998.

[218] LÔBO, Paulo Luiz Netto. Responsabilidade civil dos profissionais liberais e o ônus da prova. *Revista da Ajuris*, Porto Alegre, edição especial, t. II, p. 550, mar. 1998.

[219] "Recurso especial. Responsabilidade Civil. Erro médico. Artigo 14 do CDC. Cirurgia plástica. Obrigação de resultado. Caso fortuito. Excludente de responsabilidade. 1. Os procedimentos cirúrgicos de fins meramente estéticos caracterizam verdadeira obrigação de resultado, pois neles o cirurgião assume verdadeiro compromisso pelo efeito embelezador prometido. 2. Nas obrigações de resultado, a responsabilidade do profissional da medicina permanece subjetiva. Cumpre ao médico, contudo, demonstrar que os eventos danosos decorreram de fatores externos e alheios à sua atuação durante a cirurgia. 3. Apesar de não prevista expressamente no CDC, a eximente de caso fortuito possui força liberatória e exclui a responsabilidade do cirurgião plástico, pois rompe o nexo de causalidade entre o dano apontado pelo paciente e o serviço prestado pelo profissional. 4. Age com cautela e conforme os ditames da boa-fé objetiva o médico que colhe a assinatura do paciente em 'termo de consentimento informado', de maneira a alertá-lo acerca de eventuais problemas que possam surgir durante o pós-operatório. Recurso especial a que se nega provimento" (STJ, REsp 1.180.815/MG, 3ª Turma, Rel. Min. Nancy Andrighi, j. 19.08.2010, DJe 26.08.2010).

[220] Sobre o tema, veja-se: MIRAGEM, Bruno. Responsabilidade civil médica no direito brasileiro. *Revista de Direito do Consumidor*, São Paulo, n. 63, p. 52-91, jul./set. 2007; ALCÂNTARA, Hermes Rodrigues de. *Responsabilidade médica*. São Paulo: José Kofino, 1971; ANDORNO, Luis. La responsabilidad civil médica. *Revista Ajuris*, Porto Alegre, v. 59, 1993; AGUIAR DIAS, José. *Da responsabilidade civil*. São Paulo: Saraiva, 1979. v. 2; AGUIAR JÚNIOR, Ruy Rosado de. Responsabilidade civil do médico. *Revista dos Tribunais*, São Paulo, v. 84, n. 718, p. 33-53, ago. 1995; BLOISE, Walter. *A responsabilidade civil e o dano médico*. Rio de Janeiro: Forense, 1987; KFOURI NETO, Miguel. *Responsabilidade civil do médico*. 6. ed. São Paulo: Ed. RT, 2007; FRADERA, Véra Maria Jacob de. Responsabilidade civil dos médicos. *Revista Ajuris*, Porto Alegre, v. 55, p. 116-139, jul. 1992; PACHECO, Newton. *O erro médico*. Porto Alegre: Livraria do Advogado, 1991; MARQUES, Claudia Lima. A responsabilidade dos médicos e do

sentando uma mesma série de questões para efeito de imputação do dever de indenizar e sua extensão. Primeiro, no que diz respeito ao modo como demonstrar a existência da responsabilidade médica. A conhecida discussão sobre a natureza da prestação de serviços médicos, se *obrigação de meio* ou *obrigação de resultado*, tem por utilidade maior a determinação do ônus da prova relativamente à culpa do devedor,[221] que nas obrigações de meio cabe a quem alega descumprimento, sendo, em regra, presumida quando havido o inadimplemento das obrigações de resultado, ou, como sustentam os Mazeaud e Tunc, em entendimento a que já referimos, que nas obrigações de resultado o devedor compromete-se à realização de um ato determinado, de um resultado, enquanto nas obrigações de meio este se compromete apenas a conduzir-se com prudência e diligência em determinada direção.[222]

Atualmente, a doutrina majoritária indica a obrigação médica como obrigação de meio. Nesse sentido, não haveria comprometimento do médico (devedor da prestação) com a obtenção do interesse específico do paciente (credor da prestação), o que, se exigível, conduziria à improvável situação de que, na ausência da cura da enfermidade ou com a morte do paciente, estaria caracterizado o inadimplemento. Entretanto, no estágio atual do direito das obrigações, sobretudo em face do reforço dos deveres de colaboração e respeito das partes, decorrentes da boa-fé objetiva e da proteção da confiança, o fato de não haver um comprometimento do devedor com o resultado da obrigação não significa simplesmente a indicação genérica de um dever de melhores esforços. Conduz-se o direito das obrigações pela concretização dos deveres das partes, mesmo nas denominadas obrigações de meio, como é o caso dos deveres de informação e de segurança.[223] Considerando-se nesse contexto a obrigação médica, reconhece-se também a esta o dever amplo e genérico de cuidado com o paciente, o qual se deve traduzir por uma série de comportamentos concretos e objetivos do profissional.

Essa compreensão da obrigação médica parece-nos fundamental e antecede mesmo a identificação do regime de responsabilidade e a caracterização dessa responsabilidade, de acordo com os critérios normativos estabelecidos no ordenamento jurídico. Trata-se, em alguma medida, da imposição daquilo que em direito do consumidor convencionou-se denominar como um *dever de qualidade*. O dever de qualidade exige a consideração do devedor em relação à totalidade dos interesses legítimos do credor da prestação, pouco importando a existência de motivação ou não, assim como a culpa ou dolo do agente causador de determinado dano. O entendimento jurisprudencial consolidado é o de aplicação do CDC às hipóteses de erro médico em que presente a prestação de serviços

---

hospital por falha no dever de informar ao consumidor. *Revista dos Tribunais*, São Paulo, v. 827, p. 11-48, 2004; PANASCO, Vanderby Lacerda. *A responsabilidade civil, penal e ética dos médicos*. Rio de Janeiro: Forense, 1984; SEBASTIÃO, Jurandir. *Responsabilidade médica*. Civil, penal e ética. Belo Horizonte: Del Rey, 2003; TEPEDINO, Gustavo. A responsabilidade médica na experiência brasileira contemporânea. *Temas de direito civil*. Rio de Janeiro: Renovar, 2006. t. II, p. 83-122.

[221] Nesse sentido, aliás, a própria origem da distinção entre as obrigações de meio e de resultado, que se indica a Demogue, no princípio do século XX, em seu tratado sobre obrigações (DEMOGUE, René. *Traité des obligations en general*. Paris: Arthur Rousseau, 1925. t. V, p. 398).

[222] MAZEAUD, Henri; MAZEAUD, Leon; TUNC, André. *Tratado teórico práctico de la responsabilidad civil delictual y contractual*. Trad. Luis Alcalá-Zamora y Castillo. Buenos Aires: Ediciones Jurídicas Europa América, 1977. t. I, p. 127.

[223] FABRE-MAGNAN, Muriel. *Les obligations*. Paris: PUF, 2004. p. 421-422.

remunerada do profissional, inclusive no tocante ao prazo prescricional de cinco anos, previsto no seu artigo 27.[224]

A responsabilidade civil médica, nesse sentido, a exemplo da responsabilidade civil em geral, decorre da falta, do descumprimento de um dever. Esse dever, como mencionamos, é um dever genérico (cuidado, cautela), ou dever específico (diagnóstico, informação). No que se refere à natureza dessa responsabilidade, a regra entre os profissionais liberais é a responsabilidade subjetiva (mediante verificação da culpa).

Da mesma forma, o objeto da relação obrigacional médico-paciente, que se caracteriza como regra em uma obrigação de fazer visando à preservação da vida, a cura ou prevenção da doença ou moléstia, assim como a melhoria das suas condições pessoais, vincula-se diretamente à vida e à integridade física e moral da pessoa, espécies de direitos subjetivos cuja violação remete à hipótese de responsabilidade extracontratual. A responsabilidade médica, contudo, não segue um regime unitário,[225] uma vez que a prestação de serviços médicos tanto poderá decorrer de um contrato previamente estabelecido quanto simplesmente de uma atuação profissional, independentemente de prévio acordo das partes (um atendimento de emergência ou a assistência pública de saúde). Em qualquer situação, a utilidade da distinção diz respeito à carga de prova atribuída às partes, o que no caso da responsabilidade contratual admite a presunção da culpa médica, bastando à vítima demonstrar a existência do contrato, o dano e o nexo de causalidade com a conduta do profissional. Necessita, em acréscimo, na hipótese de responsabilidade extracontratual, a demonstração do dolo, negligência, imprudência ou imperícia do médico.[226]

Muito se discute sobre a eventual dependência da responsabilidade objetiva do hospital ou clínica em relação à verificação da culpa do profissional médico que nelas atua, sobretudo em vista da exigência de que este seja demandado obrigatoriamente para que se possa alcançar a responsabilidade da instituição. Assim, só haveria condições de imputação da responsabilidade aos hospitais ou clínicas na medida em que se provasse a culpa do profissional médico, como, aliás, é admitido no direito civil, na hipótese da responsabilidade por preposição (artigo 932, III, do CC). Esse raciocínio, contudo, parece confundir os pressupostos de ambas as relações de responsabilidade, a do profissional que é subjetiva e, portanto, dependente da verificação da culpa, e a do hospital ou clínica que é objetiva, nesse caso exigindo a presença de defeito na prestação do serviço.[227]

A situação de se confundirem em algumas oportunidades a culpa médica (do profissional) e o defeito do serviço (do hospital ou clínica), como resultantes de um mesmo fato, não faz com que possam ser tratados como um mesmo critério de imputação de

---

[224] STJ, AgRg no Ag 1.098.461/SP, 4ª Turma, Rel. Min. Raul Araújo, j. 22.06.2010, *DJe* 02.08.2010. No mesmo sentido: STJ, AgInt no REsp 1.616.060/SC, 4ª Turma, Rel. Min. Maria Isabel Gallotti, j. 12.12.2022, *DJe* 16.12.2022.

[225] AGUIAR JÚNIOR, Ruy Rosado de. Responsabilidade civil do médico. *Revista dos Tribunais*, São Paulo, v. 84, n. 718, p. 35, ago. 1995.

[226] AGUIAR JÚNIOR, Ruy Rosado de. Responsabilidade civil do médico. *Revista dos Tribunais*, São Paulo, v. 84, n. 718, p. 35, ago. 1995.

[227] A inexistência do defeito na prestação de serviço pelo profissional, desse modo, afasta a responsabilidade da clínica ou hospital, conforme: STJ, AgInt no REsp 1.544.093/DF, 3ª Turma, Rel. Min. Paulo de Tarso Sanseverino, j. 09.08.2016, *DJe* 16.08.2016.

responsabilidade, presente nos dois regimes, ou que se conclua por uma dependência necessária entre a existência da culpa do profissional e a possibilidade de responsabilização do hospital.[228] No que se refere ao defeito do serviço, pode ele ser caracterizado pela violação de deveres pelo médico preposto, empregado ou de qualquer modo associado ao hospital ou clínica, da mesma forma como pode ser caracterizado por qualquer outra falha da instituição na prestação do serviço.[229]

Outrossim, ainda quando se considere a exigência de verificação da culpa como condição para o reconhecimento do defeito (a falha do médico transmuta-se na falha do hospital), nem sempre a culpa médica ou o defeito serão objeto de prova. Poderão ser presumidos em vista das circunstâncias do caso ou em decorrência da inversão do ônus da prova prevista no artigo 6º, VIII, do CDC, nas hipóteses de reconhecimento da hipossuficiência do consumidor ou da verossimilhança de suas alegações, assim como da teoria da carga dinâmica da prova, desenvolvida no âmbito do processo civil. Trata-se, pois, de uma questão circunscrita ao reconhecimento do nexo de causalidade, para o que se deverá examinar a conduta do profissional e do hospital, e não uma vinculação lógica obrigatória entre a culpa do profissional e o defeito na prestação do serviço pela instituição.

3.2.9 Prazo prescricional

O prazo prescricional para o exercício da pretensão reparatória por danos causados aos consumidores-vítimas de acidentes de consumo é de cinco anos, segundo estabelece o artigo 27 do CDC. Note-se, nesse sentido, que, ao tempo da vigência do Código Civil anterior (de 1916), dadas a ausência de prazo específico para o exercício da pretensão de reparação civil entre os previstos na norma e a aplicação do prazo prescricional subsidiário e geral de vinte anos relativo à matéria obrigacional, o tempo previsto pelo CDC podia ser considerado diminuto em relação ao que resultava da aplicação da lei civil. Daí por que, durante a vigência do Código Civil anterior, houve decisões que afastaram a aplicação do prazo do CDC em favor do prazo maior, vintenário, da então vigente legislação

---

[228] Em sentido contrário, restringindo a responsabilidade dos hospitais, veja-se o entendimento da Min. Nancy Andrighi no julgamento do Recurso Especial 1.621.375/RS, de sua relatoria, ao sustentar que "a responsabilidade dos hospitais, no que tange à atuação dos médicos que neles trabalham ou são ligados por convênio, é subjetiva, dependendo da demonstração da culpa. Assim, não se pode excluir a culpa do médico e responsabilizar objetivamente o hospital". E, da mesma forma, que "a responsabilidade objetiva para o prestador do serviço prevista no art. 14 do CDC, na hipótese do hospital, limita-se aos serviços relacionados ao estabelecimento empresarial, tais como à estadia do paciente (internação), instalações, equipamentos e serviços auxiliares (enfermagem, exames, radiologia)" (STJ, REsp 1.621.375/RS, 3ª Turma, Rel. Min. Nancy Andrighi, j. 19.09.2017, *DJe* 26.09.2017). No mesmo sentido, tratando-se de violação do dever de informar sobre os riscos do procedimento cirúrgico pelo profissional, afasta a responsabilidade do hospital pela ausência de interferência na relação de confiança entre médico e paciente: REsp 902.784/MG, 4ª Turma, Rel. Min. Raul Araújo, j. 13.09.2016, *DJe* 11.10.2016. Ainda, veja-se: TJRS, ApCiv 70.072.381.569, 5ª Câmara Cível, Rel. Jorge André Pereira Gailhard, j. 06.10.2017.

[229] "*Responsabilidade civil. Hospital Santa Casa. Consentimento informado.* A Santa Casa, apesar de ser instituição sem fins lucrativos, responde solidariamente pelo erro do seu médico, que deixa de cumprir com a obrigação de obter consentimento informado a respeito de cirurgia de risco, da qual resultou a perda da visão da paciente. Recurso não conhecido" (STJ, REsp 467.878/RJ, Rel. Min. Ruy Rosado de Aguiar Júnior, j. 05.12.2002, *DJU* 10.02.2003, p. 222).

Parte II · Cap. 3 · RESPONSABILIDADE CIVIL DO FORNECEDOR | **695**

civil,[230] o que mereceu aplausos inclusive entre os autores do anteprojeto do CDC, em seus *Comentários* doutrinários.[231]

Entretanto, atualmente, o Código Civil de 2002, ao contrário do anterior (de 1916), estabeleceu no artigo 206, § 3º, V, prazo prescricional específico, de três anos, para o exercício de pretensão de reparação civil. Nesse sentido, perde em intensidade o argumento pela utilização de um prazo mais favorável do Código Civil,[232] em favor do consumidor, uma vez que esse prazo, segundo a norma em vigor, ser-lhe-á francamente desfavorável[233]. Contudo, esse tratamento mais favorável (com a aplicação do prazo vintenário do Código Civil de 1916) foi de utilidade por alguns anos, quando a pretensão indenizatória houvesse surgido antes da vigência do Código Civil de 2002, passando-se mais da metade do prazo previsto no Código Civil revogado (dez anos). É o que previa a regra de transição do artigo 2.028 do CC. De igual modo, não se confunda o prazo prescricional previsto no

---

[230] "Direito civil. Ação de reparação de danos em virtude de acidente ocorrido com passageira de ônibus. Responsabilidade contratual. Prescrição. Aplicação do artigo 177 do Código Civil e não do artigo 27 do CDC. I – A hipótese retratada nos autos, acidente com passageira de transporte coletivo, não diz com vício ou defeito de segurança do serviço. Não há como se possa enquadrar a imperícia, imprudência ou negligência do preposto da recorrida, fundamento da ação reparatória, nesse contexto. II – A responsabilidade do transportador é contratual e o direito que se persegue é de natureza pessoal, regido, portanto, pela norma do artigo 177 do Código Civil, não se aplicando o artigo 27 do CDC. III – Recurso conhecido em parte e provido, para afastar o decreto" (STJ, REsp 234.725/RJ, Rel. Min. Waldemar Zveiter, j. 19.02.2001, *DJU* 20.08.2001, p. 458). No mesmo sentido: "Civil e processual. Ação de indenização. Acidente de trânsito. Morte de passageira. Prescrição. Incidência do CDC afastada. Código Civil, artigos 177, 159 e 1.521, III, CDC, artigos 14 e 27. Por defeito de serviço, na previsão do artigo 14, § 1º, I a III, do CDC, há que se entender, no caso do transporte de passageiros, aquele inerente ao curso comum da atividade comercial, em tal situação não se compreendendo acidente que vitima fatalmente passageira do coletivo, uma vez que constitui circunstância extraordinária, alheia à expectativa do contratante, inserindo-se no campo da responsabilidade civil e, assim, sujeita à prescrição vintenária do artigo 177 do Código Substantivo, e não ao artigo 27 da Lei n. 8.078/90. Recurso especial conhecido e provido, para afastar a prescrição quinquenal e determinar o julgamento do mérito da ação no grau monocrático" (STJ, REsp 280.473, Rel. p/ acórdão Min. Aldir Passarinho Junior, j. 06.03.2001, *DJU* 04.02.2002, p. 377).

[231] DENARI, Zelmo *et al. Código Brasileiro de Defesa do Consumidor comentado pelos autores do anteprojeto*. 8. ed. Rio de Janeiro: Forense, 2005. p. 231. No mesmo sentido Claudia Lima Marques, em nossos: MARQUES, Claudia Lima; BENJAMIN, Antonio Herman; MIRAGEM, Bruno. *Comentários ao Código de Defesa do Consumidor*. 2. ed. São Paulo: Ed. RT, 2006. p. 430.

[232] "Consumidor e civil. Artigo 7º do CDC. Aplicação da lei mais favorável. Diálogo de Fontes. Relativização do princípio da especialidade. Responsabilidade civil. Tabagismo. Relação de consumo. Ação indenizatória. Prescrição. Prazo. O mandamento constitucional de proteção do consumidor deve ser cumprido por todo o sistema jurídico, em diálogo de fontes, e não somente por intermédio do CDC. Assim, e nos termos do artigo 7º do CDC, sempre que uma lei garantir algum direito para o consumidor, ela poderá se somar ao microssistema do CDC, incorporando-se na tutela especial e tendo a mesma preferência no trato da relação de consumo. Diante disso, conclui-se pela inaplicabilidade do prazo prescricional do artigo 27 do CDC à hipótese dos autos, devendo incidir a prescrição vintenária do artigo 177 do CC/1916, por ser mais favorável ao consumidor. Recente decisão da 2ª Seção, porém, pacificou o entendimento quanto à incidência na espécie do prazo prescricional de 5 anos previsto no artigo 27 do CDC, que deve prevalecer, com a ressalva do entendimento pessoal da Relatora. Recursos especiais providos" (STJ, REsp 1.009.591/RS, 3ª Turma, j. 13.04.2010, Rel. Min. Nancy Andrighi, *DJe* 23.08.2010).

[233] "Direito do consumidor. Responsabilidade civil por fato do produto. Indenização. Danos morais e materiais. Tabagismo. Prescrição. Cinco anos. 1. Prescreve em cinco anos a pretensão à reparação pelos danos causados por fato do produto (artigo 27 do CDC). 2. A regra especial expressa no Código de Defesa do Consumidor afasta a incidência da norma geral prevista no Código Civil (artigo 2º, § 2º, da LICC [atualmente LINDB]. 3. Recurso especial provido" (STJ, REsp 1.036.230/SP, 3ª Turma, Rel. Min. Vasco Della Giustina (Des. Convocado do TJRS), j. 23.06.2009, *DJe* 12.08.2009).

artigo 27 do CDC para exercício de pretensão de reparação com o prazo para exercício da pretensão de devolução ou reembolso de quantias indevidamente pagas, com fundamento no artigo 42 do CDC, caso em que se tem a pretensão restitutória. Assim, a ausência de prazo específico no CDC atrairia a incidência das regras do Código Civil, aplicando-se, na ausência de prazo específico, o prazo decenal a que se refere o artigo 205 do Código Civil,[234] ou a pretensão de restituição do enriquecimento sem causa, específica no Código Civil, de três anos (artigo 206, § 3º, IV). A jurisprudência do STJ, no entanto, firmou-se no sentido de que, tratando-se "de pretensão decorrente de descontos indevidos, por falta de contratação, em decorrência de defeito do serviço, aplica-se o prazo prescricional quinquenal previsto no art. 27 do Código de Defesa do Consumidor (CDC)".[235]

Na relação entre os prazos prescricionais do Código Civil e sua eventual aplicação às relações de consumo, refira-se, ainda, ao precedente julgado pela Corte Especial do STJ no EREsp 1.281.594/SP, no qual consolidou-se entendimento no sentido da aplicação do prazo prescricional de dez anos, previsto no artigo 205 do Código Civil para a pretensão a perdas e danos decorrentes de inadimplemento contratual,[236] o que poderá ser estendido às situações de inadimplemento dos contratos de consumo em que ausente prazo específico para o exercício da pretensão.[237]

Entre as questões que envolvem o prazo prescricional de cinco anos, estabelecido no artigo 27 do CDC, por outra parte, importa a relativa ao do termo inicial de sua fluência, o que nos termos referidos na lei só se opera a partir do conhecimento do dano e de sua autoria ("Prescreve em cinco anos a pretensão à reparação pelos danos causados por fato do produto ou do serviço prevista na Seção II deste Capítulo, iniciando-se a contagem do prazo a partir do conhecimento do dano e de sua autoria").

A opção da lei brasileira distingue-se da solução adotada pela Diretiva europeia 85/374/CEE, que lhe serviu de inspiração. Nesta, o termo inicial do prazo prescricional se dá quando o lesado "teve ou devia ter tido conhecimento do dano, do defeito e da identidade do produtor" (artigo 10º da Diretiva).

Entretanto, se, por um lado, a lei brasileira afasta-se da solução europeia, ao não determinar também como critério para deflagração da fluência do prazo prescricional a necessidade de conhecimento do defeito, de outro, o legislador brasileiro evitou a insegurança prática que as expressões "teve ou devia ter tido conhecimento", adotadas na norma europeia, podem acarretar. Nesse sentido, a norma brasileira foi clara ao estabelecer que o termo inicial se dará quando houver o conhecimento do dano e de sua autoria. Trata-se, portanto, do conhecimento efetivo, não o suposto ou exigível em dadas e incertas circunstâncias.

---

[234] STJ, REsp 1.523.720/RS, 2ª Turma, Rel. Min. Herman Benjamin, j. 21.05.2015, *DJe* 05.08.2015; REsp 1.658.663/RJ, 3ª Turma, Rel. Min. Nancy Andrighi, j. 04.06.2019, *DJe* 07/06/2019; EAREsp 738.991/RS, Corte Especial, Rel. Min. Og Fernandes, j. 20.02.2019, *DJe* 11.06.2019.

[235] STJ, AgInt no AREsp 1.673.611/RS, 4ª Turma, Rel. Min. Antonio Carlos Ferreira, j. 14.09.2020, *DJe* 22.09.2020; AgInt no AgInt no AREsp 1.904.518/PB, 3ª Turma, Rel. Min. Marco Aurélio Bellizze, j. 14.02.2022, *DJe* 22.02.2022.

[236] STJ, EREsp 1.281.594/SP, Corte Especial, Rel. Min. Benedito Gonçalves, Rel. p/ Acórdão Min. Felix Fischer, j. 15.05.2019, *DJe* 23.05.2019.

[237] STJ, REsp 1.534.831/DF, 3ª Turma, Rel. p/ Acórdão Min. Nancy Andrighi, j. 20.02.2018, *DJe* 02.03.2018; AgInt no AREsp 1.435.600/SP, 4ª Turma, Rel. Min. Antonio Carlos Ferreira, j. 04.05.2020, *DJe* 06.05.2020.

Da mesma forma, note-se que não basta ter conhecimento do *dano*, é necessário também que se conheça sua *autoria*, o que importa saber para efeito de determinar contra quem exercerá sua pretensão reparatória. A prescrição como fenômeno extintivo da pretensão sustenta-se no conhecido adágio romano, *dormientibus ius non sucurrit* (o direito não socorre aos que dormem). No caso, tratou o legislador do CDC de estabelecer a certeza da possibilidade real de exercício da pretensão (consciência do dano e de sua autoria), para então estabelecer critério de início da fluência do prazo prescricional.

Todavia, como aponta a doutrina brasileira, a ausência da previsão normativa do conhecimento do defeito, ao lado das estabelecidas com relação ao conhecimento do dano e da sua autoria, pode conduzir a problemas práticos no que diz respeito à possibilidade efetiva de exercício da pretensão. Observe-se que *conhecimento do dano* significa o conhecimento dos seus prejudiciais à pessoa ou ao patrimônio das vítimas.[238] Nesse sentido, o conhecimento do dano não assegura que o consumidor-vítima de um acidente de consumo esteja consciente de que este tenha se dado em razão de um defeito, ou mesmo qual a espécie de defeito. Eventual identificação da existência do defeito e sua extensão poderão depender de longas investigações,[239] período em que o consumidor, embora já possa ingressar com a ação reparatória, pode não possuir ainda todas as informações para fundamentar o correto exercício dessa pretensão. Por essa razão, surge o entendimento, defendido por autores de destaque, indicando o conhecimento do defeito como requisito implícito, ao lado do conhecimento do dano e da autoria, já expressos no artigo 27, para a determinação do termo inicial da contagem do prazo prescricional.[240]

Outra questão diz respeito às regras de suspensão ou interrupção da prescrição. Nesse caso, observam-se como aplicáveis ao regime do CDC as regras de suspensão e interrupção do prazo prescricional, previstas nos artigos 197 a 204 do CC, naquilo que couberem. Igualmente, deve ser destacado o entendimento da jurisprudência brasileira de que, quando se trata de prazo relativo à pretensão de pagamento da indenização pela

---

[238] "Recurso especial. Direito civil e direito ambiental. Contaminação do solo e do lençol freático por produtos químicos utilizados em tratamento de madeira destinada à fabricação de postes. Dissídio jurisprudencial não demonstrado. Prescrição. Termo inicial. Súmula n. 7/STJ. Não cabimento. Ciência inequívoca. Precedentes. 1. A demonstração do dissídio jurisprudencial pressupõe a ocorrência de similitude fática entre o acórdão atacado e o paradigma, o que não ocorreu no caso. 2. Inviável a incidência da Súmula n. 7/STJ a obstaculizar o conhecimento do recurso, visto que se trata, na espécie, tão somente de firmar posição sobre tese jurídica, isto é, qual o termo inicial para a contagem do prazo prescricional. Precedentes. 3. Não há como se presumir que, pelo simples fato de haver uma notificação pública da existência de um dano ecológico, a população tenha manifesto conhecimento de quais são os efeitos nocivos à saúde em decorrência da contaminação. 4. Na linha dos precedentes desta Corte Superior, o termo inicial do prazo prescricional para o ajuizamento de ação de indenização, por dano moral e material, conta-se da ciência inequívoca dos efeitos decorrentes do ato lesivo. 5. Recurso especial parcialmente conhecido e nesta parte não provido, para dar prosseguimento ao processo" (STJ, REsp 1.346.489/RS, 3ª Turma, Rel. Min. Ricardo Villas Bôas Cueva, j. 11.06.2013, *DJe* 26.08.2013).

[239] Paulo de Tarso Sanseverino cita o exemplo da queda de um avião, cujas causas do acidente só poderão ser precisadas após longas investigações dos órgãos competentes (SANSEVERINO, Paulo de Tarso Vieira. *Responsabilidade civil no Código do Consumidor e a defesa do fornecedor*. São Paulo: Saraiva, 2002. p. 300).

[240] Nesse sentido sustentam: ROCHA, Sílvio Luís Ferreira da. *Responsabilidade civil do fornecedor pelo fato do produto no direito brasileiro*. São Paulo: Ed. RT, 1992. p. 114; SANSEVERINO, Paulo de Tarso Vieira. *Responsabilidade civil no Código do Consumidor e a defesa do fornecedor*. São Paulo: Saraiva, 2002. p. 300.

seguradora, ou seja, hipótese em que a legitimidade passiva decorre da existência de um contrato de seguro, o prazo prescricional reconhecido é de um ano, previsto no artigo 206, § 1º, II, do CC.[241] Todavia, mesmo nesse caso, havendo dois fatos que possam ser qualificados como passíveis de indicar o termo inicial de contagem do prazo, deverá o intérprete observar o mais favorável ao consumidor.[242]

Por fim, cumpre referir sobre o prazo prescricional para o exercício pelo fornecedor que responde pela indenização, da pretensão prevista no artigo 13, parágrafo único, do CDC, qual seja, de ação regressiva contra o fornecedor que tenha efetivamente dado causa ao dano. Nesse caso, parece-nos que o prazo prescricional não é o do regime especial do CDC, uma vez que esse é exclusivo para reparação de danos aos consumidores. Respondendo o fornecedor, por força da solidariedade, pela indenização e sendo titular de pretensão de ação de regresso contra outro fornecedor que tenha dado causa ao dano, o prazo do exercício da pretensão passará a ser estabelecido pelo Código Civil. Assim, na falta de prazo específico dessa norma, a nosso ver, o prazo aplicável na hipótese é o

---

[241] "Civil. Acidente de veículo. Seguro. Indenização. Recusa. Prescrição ânua. Código Civil, artigo 178, § 6º, II. Inaplicabilidade à espécie do Código de Defesa do Consumidor, artigo 27. I. Em caso de recusa da empresa seguradora ao pagamento da indenização contratada, o prazo prescricional da ação que a reclama é o de um (1) ano, nos termos do artigo 178, § 6º, II, do CC. II. Inaplicabilidade do lapso prescricional quinquenal, por não se enquadrar a espécie do conceito de 'danos causados por fato do produto ou do serviço', na exegese dada pela 2ª Seção do STJ, uniformizadora da matéria, ao artigo 27 c/c os artigos 12, 13 e 14 do Código de Defesa do Consumidor, desde o REsp 207.789/RJ, Rel. p/ acórdão Min. Aldir Passarinho Junior, *DJU* de 24.09.2001. III. Recurso especial conhecido e provido" (STJ, REsp 146.186/RJ, 2ª Seção, Rel. Min. Aldir Passarinho Junior, j. 12.12.2001, *DJU* 19.12.2002, p. 327). No mesmo sentido: "Civil. Seguro de veículo. Ação monitória para cobrança da cobertura da seguradora. Prescrição ânua. Código Civil, artigo 178, § 6º, do CDC. Artigo 27. Inaplicabilidade ao caso. I. Em caso de recusa da empresa seguradora ao pagamento da cobertura securitária contratada, o prazo prescricional da ação que a reclama é o de 1 (um) ano, nos termos do artigo 178, § 6º, do CC. II. Inaplicabilidade do lapso prescricional quinquenal, por não se enquadrar a espécie nas situações previstas no artigo 27 c/c os artigos 12, 13, e 14 do Código de Defesa do Consumidor. III. Jurisprudência pacificada no âmbito do Superior Tribunal de Justiça a partir do REsp 207.789/RJ" (2ª Seção, Rel. p/ acórdão Min. Aldir Passarinho Junior, *DJU* 24.09.2001). IV. Recurso especial conhecido e provido, para extinguir a ação com base no artigo 269, IV, do CPC (STJ, REsp 401.369/SC, 4ª Turma, Rel. Min. Aldir Passarinho Junior, j. 16.04.2002, *DJU* 24.06.2002, p. 313).

[242] "Processo civil. Recurso especial. Seguro de vida e saúde. Ausência de recusa formalizada pela seguradora. Prescrição. Termo inicial. Ciência inequívoca da moléstia. Pluralidade de parâmetros razoáveis. Relação de consumo. Interpretação teleológica e sistemática. Pronúncia de ofício em desvantagem da parte hipossuficiente. Impossibilidade. *Leading case*. 1. O prazo prescricional de 1 (um) ano para o ajuizamento da ação indenizatória do segurado contra a seguradora tem como marco inicial a ciência inequívoca do sinistro. Súmula 278/STJ. 2. Constatado inequivocamente o sinistro, o prazo prescricional para o ajuizamento pode ser suspenso com a comunicação de sinistro à seguradora. Súmula 229/STJ. 3. O curso do prazo é retomado somente após a expressa recusa administrativa. Sendo inexistente a recusa, o prazo prescricional permanece suspenso. Precedente. 4. Decorrido o prazo ânuo entre o sinistro e o aviso administrativo ou – na falta deste – o ajuizamento da ação, o pedido de pagamento do prêmio segurado está prescrito. Súmula 101/STJ. 5. Havendo mais de um parâmetro relativo à ciência inequívoca do sinistro, o intérprete deverá adotar aquele que mais favoreça o consumidor, sobretudo quando houver risco de pronúncia da prescrição de ofício (artigo 279, § 5º, do CPC). Conflito de valores solucionado por interpretação teleológica e sistemática de normas (artigos 3º, § 2º, 6º, VIII, e 47 do CDC; artigo 5º, XXXII, da CF/1988), jurisprudência consolidada e princípios gerais do Direito (segurança jurídica e boa-fé objetiva). 6. Recurso especial provido para anular o acórdão proferido em dissonância com o entendimento inaugurado na espécie" (STJ, REsp 1.179.817/SP, 3ª Turma, Rel. Min. Nancy Andrighi, j. 24.05.2011, *DJe* 1º.06.2011).

Parte II · Cap. 3 · RESPONSABILIDADE CIVIL DO FORNECEDOR | 699

prazo geral de dez anos, previsto no artigo 205 do CC ("A prescrição ocorre em dez anos, quando a lei não lhe haja fixado prazo menor").

3.3 RESPONSABILIDADE POR VÍCIO DO PRODUTO OU DO SERVIÇO

A responsabilidade civil do fornecedor em direito do consumidor, como já mencionamos, divide-se em dois regimes: o da responsabilidade pelo fato do produto ou do serviço e o da responsabilidade pelo vício do produto ou do serviço. A distinção entre os regimes, de outro modo, não se estabelece segundo o mesmo critério do regime da responsabilidade civil em direito comum, que de acordo com a fonte do dever violado classifica a responsabilidade como contratual (em face da violação de um dever estabelecido em contrato), ou extracontratual (pela violação de um dever legal ou decorrente de outra fonte jurídica não contratual). Em direito do consumidor, o regime da responsabilidade é determinado em decorrência do conteúdo do dever violado. Nesse sentido, a responsabilidade pelo fato do produto ou do serviço corresponde à consequência da violação de um dever de segurança que se imputa a todos os fornecedores que se dispõem a introduzir produtos e serviços no mercado de consumo. Por outro lado, a responsabilidade pelo vício do produto ou do serviço decorre da violação a um dever de adequação. *Adequação*, entendida como a qualidade do produto ou serviço de servir, ser útil, aos fins que legitimamente dele se esperam. Daí por que se deve sempre destacar que os vícios e seu regime de responsabilidade não se confundem com a noção de inadimplemento absoluto da obrigação,[243] mas a um cumprimento parcial, imperfeito cuja identificação remete às soluções previstas no Código Civil e na legislação, para atendimento do interesse das partes, a princípio, no cumprimento do contrato.

É evidente, contudo, que o regime da responsabilidade por vícios não tem sua origem no CDC. O direito civil, desde suas fontes romanas,[244] possui largo desenvolvimento teórico e prático acerca dos chamados vícios redibitórios (redibir vem do latim *redihbere* = reaver),

---

[243] "Recurso especial. Civil. 'Pacote turístico'. Inexecução dos serviços contratados. Danos materiais e morais. Indenização. Artigo 26, I, do CDC. Direto à reclamação. Decadência. O prazo estatuído no artigo 26, I, do CDC, é inaplicável à espécie, porquanto a pretensão indenizatória não está fundada na responsabilidade por vícios de qualidade do serviço prestado, mas na responsabilidade contratual decorrente de inadimplemento absoluto, evidenciado pela não prestação do serviço que fora avençado no 'pacote turístico'" (STJ, REsp 278.893/DF, 3ª Turma, Rel. Min. Nancy Andrighi, j. 13.08.2002, *DJU* 04.11.2002, p. 197).

[244] No direito romano, as ações por vícios redibitórios (*actio redhibitoria*, para restituição do preço e devolução do preço, assim como *actio quanti minoris*, de abatimento do preço da coisa) tiveram sua origem no direito especial estabelecidos por espécies de órgãos jurisdicionais do mercado (*aediles curules*), para os negócios relativos à compra e venda de escravos. Ambas as ações tinham os mesmos pressupostos, entre os quais a) de que o vendedor, consciente ou inconscientemente, não manifestou certos viços especificados no Edito, e que estava obrigado a manifestar; ou b) afirmou expressamente (*dictum*) ou prometeu mediante estipulação (*promissum*) que o escravo não tinha outros defeitos ou tinha qualidades especiais; e c) o vendedor teve de outro modo um comportamento doloso. Conforme: KASER, Max. *Direito privado romano*. Trad. Samuel Rodrigues e Ferdinand Hämmerle. Lisboa: Fundação Calouste Gulbenkain, 1999. p. 247-248. Ainda sobre a disciplina dos vícios no direito romano: MOREIRA ALVES, José Carlos. *Direito romano*. 6. ed. Rio de Janeiro: Forense, 2000. v. 2, p. 163 *et seq.* Igualmente, para um excelente panorama histórico da evolução da disciplina dos vícios, em especial no tocante ao direito romano, veja-se: GUIMARÃES, Paulo Jorge Scartezzini. *Vícios do produto e do serviço por qualidade, quantidade e insegurança*. Cumprimento imperfeito do contrato. São Paulo: Ed. RT, 2004. p. 25-45.

considerados no princípio como espécies de distinção entre o declarado e o formalmente ajustado. Essa distinção, inclusive, mantém-se na tradição jurídica brasileira e, em face das Ordenações do Reino, em nossa tradição lusitana, em especial as Ordenações Afonsinas (1446), que brevemente indicaram a possibilidade de redibição do contrato na hipótese de vício oculto; nas Ordenações Manuelinas (1521), em que pela primeira vez estabeleceu-se um regime geral de vícios, depois de reproduzido pelas Ordenações Filipinas (de 1603, vigentes no Brasil até a vigência do Código Civil de 1916), caracterizando-o também quando o vendedor tivesse omitido ou enunciado defeitos ou qualidades da coisa objeto do contrato, hipótese em que se reconhecia a possibilidade de exercício da pretensão redibitória ou a *quanti minoris* (visando à redução do preço da coisa).

O mero vício da coisa, contudo, não foi pacífico como suficiente para a possibilidade de desfazimento do contrato ou do abatimento do preço. De larga utilização no direito ocidental, em especial no *common law*, a regra do *caveat emptor*, que esteve presente pelo menos até a segunda metade do século XIX,[245] estabelecia ao comprador a responsabilidade de se assegurar sobre a ausência de vícios da coisa comprada, hipótese em que, se não fosse diligente o suficiente para identificá-los antes da tradição, passava a arcar com os prejuízos deles decorrentes.

As codificações modernas passaram a tratar o tema dentro da regulação do contrato de compra e venda e dos direitos e deveres atinentes ao comprador e ao vendedor. O Código francês de 1804 (artigos 1.641-1.649), por exemplo, estabeleceu como vício que enseja as pretensões de redibição ou de abatimento do preço pelo comprador aqueles ocultos, entendidos como os que não são perceptíveis por indivíduo de diligência normal no momento da compra. Da mesma forma, a regra de que, havendo dolo do vendedor, assiste ao credor o direito de reclamar indenização. No direito italiano, a disciplina dos vícios redibitórios constou dos artigos 1.490 a 1.497 do Código Civil de 1942. Por sua vez, no direito alemão, fazem-no os parágrafos 459 e 462 do BGB vigente (após a reforma de 2002), os quais estabelecem que, caracterizando-se o vício como anterior à tradição da coisa ou à assunção do risco pelo adquirente, surge para este o direito de abatimento do preço, rescisão do negócio, substituição da coisa ou saneamento deste pelo vendedor.

No direito brasileiro, o Código Civil de 1916 previu a disciplina dos vícios redibitórios, estabelecendo a possibilidade, nos artigos 1.101 a 1.106, de recurso do adquirente às ações edilícias, em face de vício aparente ou oculto, em todas as espécies de contratos onerosos e comutativos (inclusive as doações onerosas, e não apenas na compra e venda, como no direito romano). Estas terão por objeto a pretensão de abatimento do preço (pretensão *quanti minoris*), por intermédio de ação estimatória, ou a rescisão do contrato (pretensão redibitória), cumulada com perdas e danos, quando comprovada a má-fé do alienante (pretensão indenizatória), a serem apuradas por intermédio da ação redibitória.

O Código Civil de 2002 reproduz essas garantias e estabelece em seu artigo 441 a garantia legal em relação aos vícios redibitórios nos seguintes termos: "Coisa recebida em virtude de contrato comutativo pode ser enjeitada por vícios ou defeitos ocultos, que a tornem imprópria ao uso a que é destinada, ou lhe diminuam o valor". No sentido do Código Civil, portanto, há vício quando esse *minus* da coisa a torne imprópria ao seu

---

[245] ATIYAH, Patrick. *The rise and fall of freedom of contract*. Oxford: Clarendon Press, 1979. p. 479.

uso ordinário ou diminua-lhe o valor. A pretensão de abatimento do preço, por sua vez, é faculdade do adquirente que quiser optar por essa via, e não pela redibição do contrato (artigo 442), sendo admissível a pretensão indenizatória desde que o alienante tenha agido com má-fé, ou seja, que ele conhecia a existência do vício e não o informou (artigo 443). Ainda que o atual Código Civil não tenha reproduzido regra do direito anterior, permitindo o afastamento da pretensão reparatória mediante convenção das partes, há quem sustente que essa possibilidade remanesce no direito civil atual,[246] em face da liberdade de convenção (autonomia da vontade) e disponibilidade das normas em direito obrigacional.

No que se refere aos prazos para interposição da ação redibitória, o artigo 445 do Código Civil estabelece: "O adquirente decai do direito de obter a redibição ou abatimento no preço no prazo de trinta dias se a coisa for móvel, e de um ano se for imóvel, contado da entrega efetiva; se já estava na posse, o prazo conta-se da alienação, reduzido à metade. § 1º Quando o vício, por sua natureza, só puder ser conhecido mais tarde, o prazo contar-se-á do momento em que dele tiver ciência, até o prazo máximo de cento e oitenta dias, em se tratando de bens móveis; e de um ano, para os imóveis".[247] No caso de haver garantia, não correrá o prazo, mas o adquirente deverá denunciar o vício ao alienante no prazo de 30 dias, contados do momento do seu conhecimento.

Entretanto, a princípio não se aplica o regime do Código Civil aos vícios de produtos e serviços nas relações de consumo, os quais serão regulados integralmente pelo regime estabelecido no CDC, tendo as disposições do Código Civil mera aplicação subsidiária.[248] Se no direito civil o fundamento dos vícios redibitórios é perquirido em vista de uma série de teorias, como a teoria do erro,[249] do inadimplemento,[250] da pressuposição,[251] ou ainda o princípio da garantia,[252] no direito do consumidor, diverso é o fundamento da responsabilidade pelos vícios do produto ou do serviço. Como bem observa João Calvão da Silva, no modelo civilista, a responsabilidade por vícios da coisa está orientada para o

---

[246] SIMÃO, José Fernando. *Os vícios do produto no novo Código Civil e no Código de Defesa do Consumidor*. São Paulo: Atlas, 2003. p. 146.

[247] O estabelecimento de prazos, assim como de limites temporais para o exercício da pretensão às ações edilícias pelo Código Civil de 2002, ao mesmo tempo em que amplia os prazos para manifestação dos vícios, compatibiliza a ampliação da responsabilidade do alienante, com "um limite que prestigia a estabilidade das relações". Assim: TEPEDINO, Gustavo; MORAES, Maria Celina Bodin de; BARBOZA, Heloísa Helena. *Código Civil interpretado conforme a Constituição da República*. Rio de Janeiro: Renovar, 2006. v. II, p. 71.

[248] MARQUES, Claudia Lima. *Contratos no Código de Defesa do Consumidor*. 4. ed. São Paulo: Ed. RT, 2003. p. 982.

[249] Parece defender a aproximação entre os vícios redibitórios e a teoria do erro de consentimento: CARVALHO DE MENDONÇA, Manoel Ignácio. *Doutrina e prática das obrigações*. Rio de Janeiro: Freitas Bastos, 1938. t. II, p. 374. Em sentido semelhante, relacionando ainda a teoria da pressuposição e a teoria da equidade: BARROS MONTEIRO, Washington de. *Curso de direito civil*. Direito das obrigações – 2ª parte. São Paulo: Saraiva, 2003. p. 47-48.

[250] VENOSA, Sílvio de Salvo. *Direito civil*: teoria geral das obrigações e teoria geral dos contratos. São Paulo: Atlas, 2001. p. 477.

[251] BARROS MONTEIRO, Washington de. *Curso de direito civil*. Direito das obrigações – 2ª parte. São Paulo: Saraiva, 2003. p. 47. Para um excelente exposição das principais teorias: LIMA, Otto de Souza. *Teoria dos vícios redibitórios*. São Paulo: Ed. RT, 1965. p. 189 *et seq.*

[252] PEREIRA, Caio Mário da Silva. *Instituições de direito civil*. 10. ed. Rio de Janeiro: Forense, 2001. v. 3, p. 73.

702 | CURSO DE DIREITO DO CONSUMIDOR – *Bruno Miragem*

seu valor de troca (*Tauschsvert*), e não para seu valor de uso ou consumo (*Gebrauschswert*). Nesse sentido, "disciplina igualmente todos os contratos e compra e venda, sem distinguir entre os que são celebrados no *iter* produtivo-distributivo por entidades motivadas pelo valor de comercialização ou troca, e os que são concluídos pelo consumidor privado para satisfação do seu interesse pessoal ou familiar, que valoriza a utilização ou o uso dos bens".[253] Como mencionamos anteriormente, embora separados no que diga respeito aos deveres específicos imputados ao fornecedor (adequação e segurança), tanto a responsabilidade pelo fato como a responsabilidade pelo vício do produto ou do serviço observam o regime da responsabilidade objetiva, decorrente do traço comum a ambos os regimes de responsabilidade, que é a denominada *teoria da qualidade*, vinculada à proteção da confiança dos consumidores.[254] Esse fundamento da responsabilidade nos contratos de consumo, por sua vez, determina aos fornecedores um dever geral de oferecer produtos e serviços seguros e adequados aos fins que deles se pretendem.

Nesse sentido, são reconhecidas diferenças fundamentais entre a responsabilidade por vícios no direito do consumidor e o regime consagrado aos vícios redibitórios pelo direito civil comum. Entre os traços característicos da responsabilidade por vício do produto e do serviço em relações de consumo, regidas pelas normas de direito do consumidor, podemos referir: a) a espécie e qualidade dos vícios do produto e do serviço no regime do CDC (superação da bipartição entre vícios aparentes e ocultos); b) a responsabilidade objetiva do fornecedor; c) a solidariedade entre todos os fornecedores perante o consumidor para satisfação dos direitos previstos pelo CDC; d) os efeitos da existência de vício em face do consumidor (surgimento do direito potestativo de escolha do consumidor em relação às alternativas previstas em lei), e e) as normas legais que disciplinam a matéria são normas de ordem pública, insuscetíveis de derrogação por acordo das partes (artigos 24, 25 e 51, I, do CDC), a não ser dentro dos limites que o próprio CDC autoriza (a redução ou ampliação do prazo de 30 dias para sanar o vício, previsto no artigo 18, dentro dos limites entre 7 e 180 dias – artigo 18, § 2º do CDC).

Examinemos, agora, tais aspectos característicos do regime da responsabilidade por vícios no CDC.

3.3.1 Definição

A responsabilidade do fornecedor por vícios do produto ou do serviço abrange o efeito decorrente da violação aos deveres de qualidade, quantidade ou informação, impedindo, com isso, que o produto ou serviço atenda aos fins que legitimamente dele se esperam (dever de adequação). Veja-se que, fiel à finalidade específica da responsabilidade por vícios no CDC, que é a garantia de qualidade do produto ou serviço, três são os deveres colocados em relevo: a *qualidade* do produto ou do serviço, a *quantidade* e a *informação* transmitida pelo fornecedor.

O *vício de qualidade* do produto ou do serviço decorre da ausência, no objeto da relação de consumo, de propriedades ou características que possibilitem a este atender

---

[253] CALVÃO DA SILVA, João. *Responsabilidade civil do produtor*. Coimbra: Almedina, 1990. p. 279.

[254] MARQUES, Claudia Lima. *Contratos no Código de Defesa do Consumidor*. 4. ed. São Paulo: Ed. RT, 2003. p. 983-984.

aos fins legitimamente esperados pelo consumidor. Geralmente diz respeito ao objeto da prestação em si (produto ou serviço), mas também pode ocorrer de a violação de um dever acessório da obrigação pelo fornecedor comprometer, ainda que parcialmente, sua utilidade para o consumidor.[255] Estabelece o artigo 18, *caput*, do CDC: "Os fornecedores de produtos de consumo duráveis ou não duráveis respondem solidariamente pelos vícios de qualidade ou quantidade que os tornem impróprios ou inadequados ao consumo a que se destinam ou lhes diminuam o valor, assim como por aqueles decorrentes da disparidade, com as indicações constantes do recipiente, da embalagem, rotulagem ou mensagem publicitária, respeitadas as variações decorrentes de sua natureza, podendo o consumidor exigir a substituição das partes viciadas". Da mesma forma dispõe o artigo 20 com relação ao vício do serviço: "O fornecedor de serviços responde pelos vícios de qualidade que os tornem impróprios ao consumo ou lhes diminuam o valor, assim como por aqueles decorrentes da disparidade com as indicações constantes da oferta ou mensagem publicitária, podendo o consumidor exigir, alternativamente e à sua escolha (...)". Trata-

---

[255] Vale referir, a esse respeito, decisão do STJ que reconheceu a responsabilidade da instituição bancária pela impressão em papel termossensível dos comprovantes de operações realizadas pelo consumidores, em razão da sua pouca durabilidade para o fim a que se destinava (o registro e prova das operações realizadas): "Recurso especial. Ação civil pública. Comprovante de operações financeiras. Emissão em papel termossensível. Baixa durabilidade. Prestação de serviço deficiente. Obrigação de emissão gratuita de segunda via do comprovante. 1. O Código de Defesa do Consumidor, para além da responsabilidade decorrente dos acidentes de consumo (arts. 12 a 17), cuja preocupação primordial é a segurança física e patrimonial do consumidor, regulamentou também a responsabilidade pelo vício do produto ou do serviço (arts. 18 a 25), em que a atenção se voltou à análise da efetiva adequação à finalidade a que se destina. Previu, assim, que o fornecedor responderá pelos vícios de qualidade que tornem os serviços impróprios ao consumo ou lhes diminuam o valor ou, ainda, pelos decorrentes da disparidade com as indicações constantes da oferta ou da mensagem publicitária (art. 20). 2. A noção de vício passou a ser objetivada, tendo a norma trazido parâmetros a serem observados, independentemente do que fora disposto no contrato, além de ter estabelecido um novo dever jurídico ao fornecedor: o dever de qualidade e funcionalidade, a ser analisado de acordo com as circunstâncias do caso concreto, devendo-se ter em conta ainda a efetiva adequação à finalidade a que se destina e às expectativas legítimas do consumidor com aquele serviço, bem como se se trata de obrigação de meio ou de resultado. 3. A instituição financeira, ao emitir comprovantes de suas operações por meio de papel termossensível, acabou atraindo para si a responsabilidade pelo vício de qualidade do produto. Isso porque, por sua própria escolha, em troca do aumento dos lucros – já que a impressão no papel térmico é mais rápida e bem mais em conta –, passou a ofertar o serviço de forma inadequada, emitindo comprovantes cuja durabilidade não atendem as exigências e as necessidades do consumidor, vulnerando o princípio da confiança. 4. É da natureza específica do tipo de serviço prestado emitir documentos de longa vida útil, a permitir que os consumidores possam, quando lhes for exigido, comprovar as operações realizadas. Em verdade, a 'fragilidade' dos documentos emitidos em papel termossensível acaba por ampliar o desequilíbrio na relação de consumo, em vista da dificuldade que o consumidor terá em comprovar o seu direito pelo desbotamento das informações no comprovante. 5. Condicionar a durabilidade de um comprovante às suas condições de armazenamento, além de incompatível com a segurança e a qualidade que se exigem da prestação de serviços, torna a relação excessivamente onerosa para o consumidor, que, além dos custos de emitir um novo recibo em outra forma de impressão (fotocópia), teria o ônus de arcar, em caso de perda, com uma nova tarifa pela emissão da 2ª via do recibo, o que se mostra abusivo e desproporcional. 6. O reconhecimento da falha do serviço não pode importar, por outro lado, em repasse pelo aumento de tarifa ao consumidor nem em prejuízos ao meio ambiente. 7. Na hipótese, o serviço disponibilizado foi inadequado e ineficiente, porquanto incidente na frustração da legítima expectativa de qualidade e funcionalidade do consumidor-médio em relação ao esmaecimento prematuro das impressões em papel térmico, concretizando-se o nexo de imputação na frustração da confiança a que fora induzido o cliente. 8. Recurso especial não provido" (STJ, REsp 1.414.774/RJ, 4ª Turma, Rel. Min. Luis Felipe Salomão, j. 16.05.2019, *DJe* 05.06.2019).

-se de uma frustração dos fins legitimamente esperados pelo consumidor na aquisição ou utilização do produto ou serviço. Entre os fins legitimamente esperados incluem-se o atendimento da utilidade presumível e razoavelmente esperada[256] do produto ou serviço (*e.g.*, sobre a geladeira adquirida pelo consumidor espera-se que refrigere, assim como da caneta esferográfica, que seja com ela possível escrever em papel).

Em matéria de vício do serviço, há clara aproximação da teoria do inadimplemento. Pode ofender o interesse útil do consumidor o fato de o serviço ser prestado sem observar tempo, lugar e modo devidos em vista de oferta ou publicidade, ou ainda de prévio ajuste entre as partes.

Outrossim, é legítimo ao consumidor assegurar que o produto adquirido conserve parte do seu valor econômico, ou melhor, que não sofra diminuição indevida do seu valor em razão de falha em sua apresentação, funcionamento ou utilidade representada por vício dele. Por fim, cumpre lembrar a expectativa legítima do consumidor de que o produto esteja próprio ao consumo. Nesse sentido, o artigo 18, § 6º, explicita o que se trata de produto impróprio ao consumo, caracterizando também vício de qualidade, ao estabelecer: "(...) § 6º São impróprios ao uso e consumo: I – os produtos cujos prazos de validade estejam vencidos; II – os produtos deteriorados, alterados, adulterados, avariados, falsificados, corrompidos, fraudados, nocivos à vida ou à saúde, perigosos ou, ainda, aqueles em desacordo com as normas regulamentares de fabricação, distribuição ou apresentação; III – os produtos que, por qualquer motivo, se revelem inadequados ao fim a que se destinam".

Assiste, todavia, ao fornecedor, desde que devidamente destacado como tal, a possibilidade de venda de produtos com pequenos vícios, mas que não comprometem totalmente sua utilidade, como é o caso das pontas de estoque, ou saldos com produtos mais baratos em razão de vício no seu processo produtivo. Nesse caso, apenas será exigido que a existência do vício seja adequadamente informada ao consumidor, assim como, dada a diminuição de utilidade ou valor do produto comercializado, seu preço seja inferior ao preço da mesma mercadoria sem vícios (de acordo com o princípio do equilíbrio, que orienta o direito do consumidor). Nessa circunstância, naturalmente, e em vista da boa-fé objetiva que orienta a relação entre as partes, não poderá o consumidor, depois de realizada a compra e tendo previamente sido informado suficientemente sobre o vício, exercer as pretensões previstas no artigo 18 do CDC. A informação correta sobre a existência do vício e a diminuição proporcional do preço do produto viciado em relação a outro em perfeitas condições afastam a possibilidade do exercício da pretensão pelo consumidor. Em nenhuma hipótese, contudo, o vício do produto comercializado nessas condições poderá comprometer toda a sua utilidade, nem apresentar riscos à saúde ou segurança do consumidor (qualificando-se como defeito), hipótese em que se estará violando diretamente as normas de proteção previstas no CDC.

O *vício de quantidade*, como o próprio termo sugere, diz respeito a uma falha do fornecedor decorrente da disparidade entre a quantidade apresentada, ofertada ou sugerida pela publicidade, rotulagem ou apresentação do produto ou serviço do produto ou serviço, e aquela efetivamente contida ou disponível ao consumidor. Estabelece o artigo 19 do CDC:

---

[256] No mesmo sentido: ALMEIDA, Carlos Ferreira. *Os direitos dos consumidores*. Coimbra: Almedina, 1982, p. 105. Apontando a necessidade de este exame ser realizado pelo juiz, em acordo com as circunstâncias do caso concreto: QUEIROZ, Odete Novais Carneiro. *Da responsabilidade por vício do produto e do serviço*. São Paulo: Ed. RT, 1998. p. 134-135.

Parte II · Cap. 3 · RESPONSABILIDADE CIVIL DO FORNECEDOR | **705**

"Os fornecedores respondem solidariamente pelos vícios de quantidade do produto sempre que, respeitadas as variações decorrentes de sua natureza, seu conteúdo líquido for inferior às indicações constantes do recipiente, da embalagem, rotulagem ou de mensagem publicitária". Embora a norma não faça expressa menção à oferta de consumo, parece incluí-la,[257] uma vez que o regime da oferta do CDC abrange claramente "toda a informação suficientemente precisa", inclusive em matéria de publicidade. Com relação ao vício de quantidade, foi muito comum há alguns anos no Brasil que, em face da estabilização dos preços e da competição em certos setores da economia, muitos fornecedores tenham realizado pequenas diminuições na quantidade de seus produtos (bastante conhecidos foram os casos de marcas de papel higiênico que reduziram a metragem do rolo de 40 para 30 metros; os biscoitos ou chocolates que reduziram seu peso de 500 g para 450 g, 480 g), sem alterar a informação constante na embalagem. E, quando o faziam, não o era com o destaque devido em atenção ao direito à informação do consumidor, hipótese em que gerava o vício de informação.

O *vício de informação* caracteriza-se como o originário do direito de informação do consumidor que termina atingindo a finalidade legitimamente esperada por determinado produto ou serviço. Assim o é, por exemplo, no caso de um aparelho elétrico cuja voltagem, não informada adequadamente na embalagem ou por qualquer outro meio, é diferente daquela do lugar onde o consumidor pretenda fazer uso do equipamento, a incompatibilidade entre o motor de determinado veículo importado comercializado no Brasil e o combustível disponível em postos de abastecimento no País[258], produtos ou serviços que façam constar em seus rótulos apresentações ou ofertas que possuem qualidades ou propriedades que de fato não detêm,[259] restrições de uso, informações complementares

---

[257] Nesse sentido: MARQUES, Claudia Lima. *Contratos no Código de Defesa do Consumidor*. 4. ed. São Paulo: Ed. RT, 2003. p. 997.

[258] "Direito civil. Direito do consumidor. Ação de indenização. Veículo novo. Vício do produto. Incompatibilidade entre o diesel comercializado no brasil e as especificações técnicas do projeto. Panes reiteradas. Danos ao motor. Prazo de trinta dias para conserto. Restituição do valor pago. Dano moral. Cabimento. 1. Configura vício do produto incidente em veículo automotor a incompatibilidade, não informada ao consumidor, entre o tipo de combustível necessário ao adequado funcionamento de veículo comercializado no mercado nacional e aquele disponibilizado nos postos de gasolina brasileiros. No caso, o automóvel comercializado, importado da Alemanha, não estava preparado para funcionar adequadamente com o tipo de diesel ofertado no Brasil. 2. Não é possível afirmar que o vício do produto tenha sido sanado no prazo de 30 dias, estabelecido pelo artigo 18, § 1º, *caput*, do Código de Defesa do Consumidor, se o automóvel, após retornar da oficina, reincidiu no mesmo problema, por diversas vezes. A necessidade de novos e sucessivos reparos é indicativo suficiente de que o veículo, embora substituídas as peças danificadas pela utilização do combustível impróprio, não foi posto em condições para o uso que dele razoavelmente se esperava. 3. A jurisprudência do STJ orienta-se no sentido de ser cabível indenização por dano moral quando o consumidor de veículo zero-quilômetro necessita retornar à concessionária por diversas vezes, para reparos. 4. Recurso especial provido" (STJ, REsp 1.443.268/DF, 3ª Turma, Rel. Min. Sidnei Beneti, j. 03.06.2014, *DJe* 08.09.2014).

[259] "Processual civil e direito do consumidor. Recurso especial. Ação de indenização por danos materiais e morais. Venda de veículo. Ano de fabricação equivocado. Condenação por danos morais. Valor. Matéria não debatida no acórdão recorrido. Responsabilidade solidária. Fabricante e fornecedor. A comercialização de veículo fabricado em 1999 como sendo do ano de 2000, caracteriza vício por inadequação, cuja falha na informação redundou na diminuição do valor do automóvel, o que atrai a responsabilidade solidária entre o fornecedor e o fabricante, expressa em lei (artigo 18, *caput*, do CDC). Contudo, mantém-se o acórdão recorrido, porquanto o pedido formulado no especial restringe-se ao reconhecimento da responsabilidade do recorrente em caráter subsidiário. Recurso especial não conhecido" (STJ, REsp 713.284/RJ, Rel. Min. Nancy Andrighi, j. 03.03.2005, *DJU* 17.10.2005, p. 293). No mesmo sentido, o

706 | CURSO DE DIREITO DO CONSUMIDOR – *Bruno Miragem*

para se atingir a finalidade pretendida,[260] entre outras informações relevantes. Em todos esses casos existem violação ao dever de informar do fornecedor e, portanto, vício do produto ou do serviço qualificado como vício de informação, porquanto a causa de não atendimento da expectativa legítima do consumidor é divergência entre a informação oferecida e a qualidade efetivamente apresentada pelo produto ou serviço em questão.

3.3.2 Requisitos

Como já mencionamos, o CDC, na qualidade de norma protetiva do consumidor, determinou a este múltiplas alternativas de direitos que poderá exercer na hipótese de apresentar vício do produto ou do serviço, ampliando-se tais alternativas, inclusive, em relação ao regime comum do Código Civil. Da mesma forma, a jurisprudência inovadora, a partir do CDC, vem reconhecendo a possibilidade de reconhecimento dos vícios do produto, inclusive estendendo a responsabilidade por vícios de produtos adquiridos no exterior, de um fornecedor distinto, mas que se vincula ao consumidor atual em razão da marca e da publicidade, como ocorreu com relação ao conhecido caso da filmadora adquirida no exterior (caso "Panasonic"), mas cuja garantia por vícios foi exigida validamente, no Brasil, da empresa brasileira que explorava a mesma marca.[261] Ainda, a solidariedade do franqueador pelos produtos comercializados pelo franqueado[262], a que

---

reconhecimento de publicidade enganosa que dá causa a vício, do "lançamento de um novo modelo de veículo, totalmente remodelado, no mesmo ano em que já fora comercializado modelo anterior, ambos noticiados como o modelo do ano seguinte": STJ, REsp 871.172/SE, 4ª Turma, Rel. Min. Maria Isabel Gallotti, j. 14.06.2016, *DJe* 24.08.2016.

[260] Assim, por exemplo, o passageiro que não foi informado, quando da aquisição da passagem aérea, tratar-se de voo com conexão internacional em país em que necessário visto para ingresso, mesmo em trânsito: STJ, REsp 1.562.700/SP, 3ª Turma, Rel. Min. Paulo de Tarso Sanseverino, j. 06.12.2016, *DJe* 15.12.2016.

[261] "Direito do consumidor. Filmadora adquirida no exterior. Defeito da mercadoria. Responsabilidade da empresa nacional da mesma marca ('Panasonic'). Economia globalizada. Propaganda. Proteção ao consumidor. Peculiaridades da espécie. Situações a ponderar nos casos concretos. Nulidade do acórdão estadual rejeitada, porque suficientemente fundamentado. Recurso conhecido e provido no mérito, por maioria. I – Se a economia globalizada não mais tem fronteiras rígidas e estimula e favorece a livre concorrência, imprescindível que as leis de proteção ao consumidor ganhem maior expressão em sua exegese, na busca do equilíbrio que deve reger as relações jurídicas, dimensionando-se, inclusive, o fator risco, inerente à competitividade do comércio e dos negócios mercantis, sobretudo quando em escala internacional, em que presentes empresas poderosas, multinacionais, com filiais em vários países, sem falar nas vendas hoje efetuadas pelo processo tecnológico da informática e no forte mercado consumidor que representa o nosso País. II – O mercado consumidor, não há como negar, vê-se hoje "bombardeado" diuturnamente por intensa e hábil propaganda, a induzir a aquisição de produtos, notadamente os sofisticados de procedência estrangeira, levando em linha de conta diversos fatores, dentre os quais, e com relevo, a respeitabilidade da marca. III – Se empresas nacionais se beneficiam de marcas mundialmente conhecidas, incumbe-lhes responder também pelas deficiências dos produtos que anunciam e comercializam, não sendo razoável destinar-se ao consumidor as consequências negativas dos negócios envolvendo objetos defeituosos. IV – Impõe-se, no entanto, nos casos concretos, ponderar as situações existentes. V – Rejeita-se a nulidade arguida quando sem lastro na lei ou nos autos" (STJ, REsp 63.981/SP, 4ª Turma, Rel. Min. Sálvio de Figueiredo Teixeira, j. 11.04.2000, *DJU* 20.11.2000, p. 296).

[262] "Direito do consumidor. Recurso especial. Franquia. Responsabilidade civil perante terceiros. Aplicação do CDC. Incidência. 1. Os contratos de franquia caracterizam-se por um vínculo associativo em que empresas distintas acordam quanto à exploração de bens intelectuais do franqueador e têm pertinência estritamente *inter partes*. 2. Aos olhos do consumidor, trata-se de mera intermediação ou revenda de bens ou serviços do franqueador – fornecedor no mercado de consumo, ainda que de bens imateriais. 3. Extrai-se dos arts. 14 e 18 do CDC a responsabilização solidária de todos que participem da introdução do produto ou serviço

surge do uso consciente da marca como signo de qualidade e garantia[263], ou entre quem explore a bandeira/marca do cartão de crédito, a administradora e o banco, pelos vícios de execução do serviços,[264] ou diferentes fornecedores que exploram idêntica atividade de prestação de serviços médicos sob a mesma marca.[265]

no mercado, inclusive daqueles que organizem a cadeia de fornecimento, pelos eventuais defeitos ou vícios apresentados. Precedentes. 4. Cabe às franqueadoras a organização da cadeia de franqueados do serviço, atraindo para si a responsabilidade solidária pelos danos decorrentes da inadequação dos serviços prestados em razão da franquia. 5. Recurso especial não provido" (STJ, REsp 1.426.578/SP, 3ª Turma, Rel. Min. Marco Aurélio Bellizze, j. 23.06.2015, *DJe* 22.09.2015). Em caso de fato do serviço, contudo, o STJ afastou a responsabilidade do franqueador de método de ensino por dano ao consumidor decorrente de acidente de trânsito causado pelo motorista contratado exclusivamente pela escola franqueada, sob o fundamento de que se tratava de "serviço autônomo e alheio aos serviços prestados em razão da franquia" (STJ, AgInt no AREsp 1.456.249/SP, 4ª Turma, Rel. Min. Raul Araújo, j. 07.06.2022, *DJe* 20.06.2022).

[263] Assim o caso em que conhecida montadora de automóveis "garantiu" a qualidade de automóveis seminovos, respondendo pelos vícios que vieram a apresentar: "Direito do consumidor. Recurso especial. Vício do produto. Automóveis seminovos. Publicidade que garantia a qualidade do produto. Responsabilidade objetiva. Uso da marca. Legítima expectativa do consumidor. Matéria fático-probatória. Súm. 7/STJ. 1. O Código do Consumidor é norteado principalmente pelo reconhecimento da vulnerabilidade do consumidor e pela necessidade de que o Estado atue no mercado para minimizar essa hipossuficiência, garantindo, assim, a igualdade material entre as partes. Sendo assim, no tocante à oferta, estabelece serem direitos básicos do consumidor o de ter a informação adequada e clara sobre os diferentes produtos e serviços (CDC, art. 6º, III) e o de receber proteção contra a publicidade enganosa ou abusiva (CDC, art. 6º, IV). 2. É bem verdade que, paralelamente ao dever de informação, se tem a faculdade do fornecedor de anunciar seu produto ou serviço, sendo certo que, se o fizer, a publicidade deve refletir fielmente a realidade anunciada, em observância à principiologia do CDC. Realmente, o princípio da vinculação da oferta reflete a imposição da transparência e da boa-fé nos métodos comerciais, na publicidade e nos contratos, de forma que esta exsurge como princípio máximo orientador, nos termos do art. 30. 3. Na hipótese, inequívoco o caráter vinculativo da oferta, integrando o contrato, de modo que o fornecedor de produtos ou serviços se responsabiliza também pelas expectativas que a publicidade venha a despertar no consumidor, mormente quando veicula informação de produto ou serviço com a chancela de determinada marca, sendo a materialização do princípio da boa-fé objetiva, exigindo do anunciante os deveres anexos de lealdade, confiança, cooperação, proteção e informação, sob pena de responsabilidade. 4. A responsabilidade civil da fabricante decorre, no caso concreto, de pelo menos duas circunstâncias: a) da premissa fática incontornável adotada pelo acórdão de que os mencionados produtos e serviços ofertados eram avalizados pela montadora através da mensagem publicitária veiculada; b) e também, de um modo geral, da percepção de benefícios econômicos com as práticas comerciais da concessionária, sobretudo ao permitir a utilização consentida de sua marca na oferta de veículos usados e revisados com a excelência da GM. 5. Recurso especial não provido" (STJ, REsp 1.365.609/SP, Rel. Min. Luis Felipe Salomão, 4ª Turma, j. 28.04.2015, *DJe* 25.05.2015). Doutrinariamente, denomina-se também a situação de extensão de responsabilidade ao "fornecedor aparente", como bem ensinam: CHINELATTO, Silmara Juny de Abreu; MORATO, Antônio Carlos. Fornecedor aparente. *Revista de Direito do Consumidor*, São Paulo, v. 131, p. 45-70, set./out. 2020.

[264] "Processual civil e consumidor. Agravo regimental no agravo em recurso especial. Ação declaratória de inexistência de débito c/c compensação por danos morais. Vício na prestação de serviço. 'Bandeira' do cartão de crédito. Responsabilidade solidária. Legitimidade passiva. Agravo regimental desprovido. 1. A agravante não trouxe qualquer argumento novo capaz de ilidir os fundamentos da decisão agravada. 2. Segundo a orientação jurisprudencial desta Corte Superior, o art. 14 do CDC estabelece regra de responsabilidade solidária entre os fornecedores de uma mesma cadeia de serviços, razão pela qual as 'bandeiras'/marcas de cartão de crédito respondem solidariamente com os bancos e as administradoras de cartão de crédito pelos danos decorrentes da má prestação de serviços. 3. Agravo regimental desprovido" (STJ, AgRg no AREsp 596.237/SP, 3ª Turma, Rel. Min. Marco Aurélio Bellizze, j. 03.02.2015, *DJe* 12.02.2015).

[265] Veja-se nosso comentário ao caso exemplificativo do TJPR acerca da cooperativa médica Unimed: MIRAGEM, Bruno. Proteção da confiança do consumidor e responsabilidade das cooperativas médicas que operam com a mesma marca. Comentários à decisão da ApCiv 893.413-2 do TJPR. *Revista de Direito do Consumidor*, São Paulo, v. 83, p. 329 e ss., jul./set. 2012. No mesmo sentido: STJ, REsp 1.377.899/

No que tange ao regime dos vícios do serviço, o CDC não estabelece qualquer procedimento ou requisito especial para o exercício do direito de opção do consumidor à reexecução dos serviços, sem custo adicional e quando cabível (artigo 20, I); à restituição imediata da quantia paga, monetariamente atualizada, sem prejuízo de eventuais perdas e danos (artigo 20, II) ou ao abatimento proporcional do preço (artigo 20, III). Nesse sentido, o exercício pelo consumidor do direito de escolha entre as opções previstas em lei pode se dar imediatamente, tão logo constatado o vício. O CDC, desse modo, abrangeu explicitamente como causa de responsabilidade não apenas o vício oculto (desconhecido do consumidor no momento da tradição da coisa, conforme concebido na legislação civil), senão também o vício aparente[266] ou de fácil constatação (artigo 26), todos os quais ensejam a imputação de responsabilidade ao fornecedor.

Entretanto, no que diz respeito ao vício do produto, o artigo 18 do CDC vem a estabelecer em seu § 1º, como momento antecedente ao exercício do direito de escolha do consumidor em relação às alternativas previstas na lei, um prazo de 30 dias para que o fornecedor possa sanar o vício, o qual poderá ser reduzido ou ampliado, mediante ajuste das partes, observando-se o limite mínimo de 7 e o limite máximo de 180 dias. Sobre o prazo em questão, refere-se Leonardo Bessa tratar-se de disposição estranha e incongruente com a concepção protetiva do CDC, razão pela qual deve-se empregar uma interpretação restritiva à referida norma.[267] Em qualquer caso, deve-se destacar que é prazo que se toma globalmente e de uma só vez, ou seja, não se considera interrompido o prazo quando tenha o fornecedor providenciado o saneamento do vício que, em seguida, vem a manifestar-se novamente, sendo reiterado sucessivas vezes, fruto da atuação malsucedida no oferecimento de plena qualidade do produto.[268]

SP, 4ª Turma, Rel. Min. Luis Felipe Salomão, j. 18.12.2014, *DJe* 11.02.2015. Note-se, contudo, que o STJ afastou, corretamente, no sistema cooperativo de crédito, a responsabilidade das cooperativas centrais e das federações de cooperativas em relação à falha na prestação de serviços por parte das cooperativas singulares de crédito, quando não haja elementos que demonstrem a existência de confusão com a marca (teoria da aparência), e atuem como prestadores de serviços da cooperativa singular, indicando, expressamente, que não integram a cadeia de fornecimento. Nesse sentido, veja-se: STJ, REsp 1.535.888/MG, 3ª Turma, Rel. Min. Nancy Andrighi, j. 16.05.2017, *DJe* 26.05.2017.

[266] DENARI, Zelmo et al. *Código Brasileiro de Defesa do Consumidor comentado pelos autores do anteprojeto.* 8. ed. Rio de Janeiro: Forense, 2005. p. 206.

[267] BESSA, Leonardo Roscoe. Vícios do produto: paralelo entre o CDC e o Código Civil. In: PASQUALOTTO, Adalberto; PFEIFFER, Roberto. *Código de Defesa do Consumidor e o Código Civil de 2002.* São Paulo: Ed. RT, 2005. p. 290.

[268] "Recurso especial – Demanda visando a restituição de quantia paga pelo consumidor na aquisição de veículo novo – Apresentação de vícios de qualidade – Sucessivos retornos à rede de concessionárias para reparo da mesma imperfeição – Transcurso do prazo de 30 (trinta) dias (art. 18, § 1º, do CDC) – Acolhimento do pedido pela sentença *a quo* – Reforma do *decisum* em segundo grau, por reputar renovado o lapso ante a reiteração de falhas no funcionamento do bem. Insurgência do consumidor. 1. Caso em que o consumidor adquiriu veículo 'zero quilômetro', o qual apresentou sucessivos vícios, ensejando a privação do uso do bem, ante os reiterados comparecimentos à rede de concessionárias. Efetivação da solução a destempo, consideradas as idênticas imperfeições manifestadas no que tange ao 'desempenho' do veículo, segundo as balizas fáticas firmadas pelas instâncias ordinárias. Hipótese de cabimento da devolução da quantia paga. 2. Em havendo sucessiva manifestação de idênticos vícios em automotor novo, o aludido lapso conferido para o fornecedor os equacionar é computado de forma global, isto é, não se renova cada vez que o veículo é entregue à fabricante ou comerciante em razão do mesmo problema. 3. A solução para o imperfeito funcionamento do produto deve ser implementada dentro do prazo de trinta dias, norma que, uma vez inobservada, faz nascer para o consumidor o direito potestativo de optar,

Nesse sentido, é necessário destacar que o § 3º do artigo 18 expressamente consigna direito ao consumidor de optar diretamente pelas alternativas previstas em seu favor.

Assim, dispõe o artigo 18, § 3º: "O consumidor poderá fazer uso imediato das alternativas do § 1º deste artigo sempre que, em razão da extensão do vício, a substituição das partes viciadas puder comprometer a qualidade ou características do produto, diminuir-lhe o valor ou se tratar de produto essencial". Logo, há regra expressa que faculta ao consumidor o exercício de seu direito de escolha das opções referidas no § 1º da norma, dispensando o prazo para o fornecedor consertar o vício, quando este for tal que eventual conserto não eliminará por completo o comprometimento dos fins legitimamente esperados pelo consumidor. Note-se que o juízo sobre o comprometimento ou não das qualidades essenciais do produto viciado é do consumidor, ou seja, a ele vai competir decidir se a substituição das partes viciadas ou o conserto do produto são aptos a atender adequadamente suas expectativas com relação aos fins pretendidos com a utilização ou o valor do produto em questão.[269]

Essa prevalência da decisão do consumidor, preconizada no § 3º do CDC, da mesma forma, parece-nos evidente quando diz respeito ao prazo convencionado na forma do § 2º do artigo 18, dentro dos limites legais de no mínimo 7 e no máximo 180 dias. Ora, afigura-se claro que, se o consumidor está autorizado por lei (artigo 18, § 3º) a superar

---

segundo sua conveniência, entre a substituição do produto, a restituição imediata da quantia paga ou o abatimento proporcional do preço (art. 18, § 1º, I, II e III, do CDC). 4. Não é legítimo esperar que um produto novo apresente defeitos imediatamente após a sua aquisição e que o consumidor tenha que, indefinidamente, suportar os ônus da ineficácia dos meios empregados para a correção dos problemas apresentados. 5. O prazo de 30 dias constante do art. 18, § 1º, do CDC, consoante o princípio da proteção integral (art. 6º, VI), deve ser contabilizado de forma a impedir o prolongamento do injusto transtorno causado ao consumidor, na medida em que é terminantemente vedada a transferência, pelo fornecedor de produtos e serviços, dos riscos da sua atividade econômica. 6. Recurso especial provido" (STJ, REsp 1.297.690/PR, 4ª Turma, Rel. Min. Marco Buzzi, j. 04.06.2013, *DJe* 06.08.2013).

[269] "*Civil. Aquisição de veículo zero-quilômetro. Defeito*. A quantidade e a frequência dos defeitos manifestados logo após a compra do veículo zero-quilômetro autorizam o pedido da substituição (CDC, artigo 18, § 3º); nada justifica a presunção de que, consertado o último defeito, outro não se revele logo a seguir, como já aconteceu nas ocasiões anteriores. Recurso especial conhecido e provido em parte, tão só para afastar da condenação a indenização por danos morais, com consequente reflexo na verba honorária" (STJ, REsp 445.804/RJ, Rel. Min. Ari Pargendler, j. 05.12.2002, *DJU* 19.05.2003, p. 226). No mesmo sentido: AgRg no Ag 350590/RJ, Rel. Min. Menezes Direito, j. 19.03.2001, *DJU* 07.05.2001, p. 141. Indicando a possibilidade de dispensar notificação formal à ré, em razão do seu conhecimento do defeito: "*Ação de indenização. Aquisição de veículo com defeito de fábrica. Reparação do vício. Artigo 18, § 1º, do Código de Defesa do Consumidor. Notificação formal dos responsáveis. Desnecessidade*. I – Constatado o vício de qualidade ou quantidade no produto, que o torne impróprio ou inadequado para o consumo, o § 1º do artigo 18 do Código de Defesa do Consumidor concede ao fornecedor a oportunidade de saná-lo, no prazo de 30 dias, sendo facultado ao consumidor, em caso de não reparação do defeito, optar por uma dentre três alternativas: a substituição do produto por outro da mesma espécie em perfeitas condições de uso, a restituição imediata da quantia paga, monetariamente atualizada, sem prejuízo de eventuais perdas e danos, ou o abatimento proporcional do preço. II – O objetivo do dispositivo legal em comento é dar conhecimento ao fornecedor do vício detectado no produto, oportunizando-lhe a iniciativa de saná-lo, fato que prescinde da notificação formal do responsável, quando este, por outros meios, venha a ter ciência da existência do defeito. III – É o que se verifica na hipótese dos autos, em que, a despeito de não ter sido dirigida nenhuma notificação formal às rés, por força dos documentos comprobatórios das revisões realizadas no veículo, tiveram elas conhecimento dos problemas detectados, sem que os tivessem solucionado de modo definitivo. Recurso especial a que se nega conhecimento" (STJ, REsp 435.852/MG, Rel. Min. Castro Filho, j. 23.08.2007, *DJU* 10.09.2007, p. 224).

o prazo de 30 dias estabelecidos na mesma norma (artigo 18, § 1º), com mais razão poderá fazê-lo com relação a prazo ajustado contratualmente. Até porque, conforme refere Claudia Lima Marques, o prazo em questão é espécie de prazo *"semidispositivo"*, rara hipótese no CDC, em que um direito subjetivo do consumidor pode ser reduzido por intermédio de contrato.[270] Apresenta-se correto, então, também nesse aspecto, admitir uma interpretação restritiva a essa exceção ao regime legal do CDC de indisponibilidade de direitos pelo consumidor, até para assegurar eficácia ao § 3º do artigo 18 do Código. Este, além das circunstâncias em que possa haver comprometimento da utilidade ou valor do produto, mesmo após o saneamento do vício, autoriza o consumidor a postular diretamente as alternativas a seu favor quando o produto em questão tratar-se de produto essencial. Embora não exista definição legal sobre o que se considere produto essencial,[271] essa essencialidade deverá ser reconhecida de acordo com as circunstâncias do caso e, sobretudo, colocando-se em relevo as expectativas legítimas do consumidor na aquisição do produto em questão.

Ainda de referir que, sendo a opção do consumidor pela substituição do bem, e esta não sendo possível (por exemplo, o produto que tenha interrompido produção), poderá haver substituição dele por outro de espécie, marca ou modelo diversos (sempre de acordo com a vontade do consumidor), com a respectiva complementação ou restituição da diferença de preço (conforme for o preço, maior ou menor do produto em questão). Assim dispõe o artigo 18, § 4º, ao estabelecer: "Tendo o consumidor optado pela alternativa do inciso I do § 1º deste artigo, e não sendo possível a substituição do bem, poderá haver substituição por outro de espécie, marca ou modelo diversos, mediante complementação

---

[270] MARQUES, Claudia Lima. *Contratos no Código de Defesa do Consumidor*. 4. ed. São Paulo: Ed. RT, 2003. p. 990.

[271] Com relação à definição de produto essencial, não há qualquer possibilidade de se utilizar, a exemplo do que se faz em matéria de serviços essenciais – notadamente serviços públicos – da analogia com as disposições extravagantes, como por exemplo, a Lei de Greve. Também não há – pensamos – como estabelecer um critério uniforme e invariável de essencialidade para todos os consumidores, sob pena de sensíveis injustiças. Daí por que sustentamos que o caráter essencial de um produto verifique-se, em acordo com as regras de experiência do juiz, atendendo as circunstâncias do caso, à natureza do negócio celebrado e às condições subjetivas do consumidor *in concreto*. De outro modo, contudo, considere-se que a qualidade de produto essencial pode se impor quando se tenha no produto o meio para acesso a serviço essencial (essencialidade se transmite do produto ao serviço), como é o caso do aparelho de telefone celular, meio necessário para acesso ao serviço de telefonia. Nesse sentido, decidiu o TJRS: "Consumidor. Vício do produto. Uso imediato da alternativa de substituição do produto. Incidência do artigo 18, § 1º e § 3º do CDC. Alternativa do consumidor não respeitada pela ré (substituição do produto). Produto essencial ao autor. Envio do produto à assistência técnica, por diversas vezes. Ausência de solução do defeito apresentado. Dano moral. Sentença mantida pelos próprios fundamentos. 1. Ação onde postula a parte a reparação por danos morais. Consumidor que adquire telefone celular com defeito, não se prontificando a ré a realizar a troca do aparelho. Incidência do artigo 18, § 1º e do § 3º, do CDC, o qual autoriza o consumidor, imediatamente, vez que produto essencial, a exigir, a sua própria escolha, a substituição do produto, a restituição da quantia paga, ou o abatimento proporcional do preço. 2. Descumprimento de dever contratual de parte da ré. 3. *Quantum* indenizatório. Critérios de fixação no caso concreto. Valor mantido, vez que se apresenta consentâneo com a realidade do caso concreto e com os parâmetros adotados por esta Câmara. 4. Honorários advocatícios majorados para 15% sobre o valor da condenação, para que bem remunerem o profissional do direito. Apelo improvido. Recurso adesivo parcialmente provido" (TJRS, ApCiv 70.025.048.943, 10ª Câm. Civ., Rel. Paulo Antônio Kretzmann, j. 30.10.2008).

Parte II · Cap. 3 · RESPONSABILIDADE CIVIL DO FORNECEDOR | **711**

ou restituição de eventual diferença de preço, sem prejuízo do disposto nos incisos II e III do § 1º deste artigo".

3.3.3 Solidariedade da cadeia de fornecimento

Todos os fornecedores que integram a cadeia de fornecimento são responsáveis solidariamente, perante o consumidor, pelos vícios dos produtos e serviços que introduziram ou participaram de sua introdução no mercado de consumo.[272] Essa solidariedade dos fornecedores tem em vista a efetividade da proteção do interesse do consumidor, permitindo o alcance mais amplo possível ao exercício das opções estabelecidas em lei, pelo consumidor. A extensão da responsabilidade, nesse sentido, supera a relação determinada pelo vínculo contratual entre o consumidor e o fornecedor direto. A responsabilidade legal, prevista expressamente pelo CDC, abrange, como regra, todos os fornecedores que integram a cadeia de fornecimento do produto ou serviço viciado,[273] com presunção absoluta de culpa de todos os fornecedores.[274] Portanto, apenas a prova de causa estranha à

---

[272] "Código de Defesa do Consumidor. Legitimidade passiva. Ação ajuizada com apoio no artigo 18, § 6º, I e III, do Código. Responsabilidade solidária. 1. Tratando-se de ação em que se aponta a responsabilidade pela venda de produto com prazo de validade vencido e, ainda, com elemento estranho ao seu conteúdo, existe a cobertura do artigo 18 do Código de Defesa do Consumidor. Por outro lado, o artigo 25, § 1º, do mesmo Código estabelece a responsabilidade solidária de todos os que contribuíram para a causação do dano. Não há espaço, portanto, para a alegada violação ao artigo 18 do Código de Defesa do Consumidor na decisão que afastou a ilegitimidade passiva da empresa ré. 2. Recurso especial não conhecido" (STJ, REsp 414.986/SC, Rel. Min. Menezes Direito, j. 29.11.2002, *DJU* 24.02.2003, p. 226). Não é este o caso, todavia, da emissora de televisão que apenas veicula anúncio do produto, hipótese em que não responde por vícios, pois não se considera integrante da cadeia de fornecimento. Nesse sentido, veja-se: "(...) A responsabilidade pela qualidade do produto ou serviço anunciado ao consumidor é do fornecedor respectivo, assim conceituado nos termos do artigo 3º da Lei 8.078/90, não se estendendo à empresa de comunicação que veicula a propaganda por meio de apresentador durante programa de televisão, denominada 'publicidade de palco'. II. Destarte, é de se excluir da lide, por ilegitimidade passiva *ad causam*, a emissora de televisão, por não se lhe poder atribuir corresponsabilidade por apresentar publicidade de empresa financeira, também ré na ação, que teria deixado de fornecer o empréstimo ao telespectador nas condições prometidas no anúncio. (...)" (STJ, REsp 1.157.228/RS, 4ª Turma, Rel. Min. Aldir Passarinho Junior, j. 03.02.2011, *DJe* 27.04.2011).

[273] "Recurso especial. Ação indenizatória. Compra de automóvel. Concessionária. Entrega. Não ocorrência. Responsabilidade solidária do fabricante. Artigo 18 da Lei 8.078/90. 1. Em princípio, considerando o sistema de comercialização de automóvel, através de concessionárias autorizadas, são solidariamente responsáveis o fabricante e o comerciante que aliena o veículo. 2. Tratando-se de responsabilidade solidária, a demanda pode ser direcionada contra qualquer dos coobrigados. A existência de solidariedade, no entanto, não impede que seja apurado, no caso concreto, o nexo de causalidade entre as condutas dos supostos responsáveis para concluir-se pela responsabilidade de apenas um deles. 3. Recurso Especial provido para restabelecer a sentença de 1º Grau, que julgou procedente a ação (...)" (STJ, REsp 1.155.730/SP, 3ª Turma, Rel. Min. Sidnei Beneti, j. 16.08.2011, *DJe* 09.09.2011). No mesmo sentido: STJ, AgRg no REsp 863.919/MT, 3ª Turma, Rel. Min. Ricardo Villas Bôas Cueva, j. 04.12.2012, *DJe* 11.12.2012); AgInt no AREsp 1.347.316/PR, 4ª Turma, Rel. Min. Raul Araújo, j. 02.04.2019, *DJe* 15.04.2019; AgInt no REsp 1.349.647/RJ, 4ª Turma, Rel. Min. Raul Araújo, j. 13.11.2018, *DJe* 23.11.2018.

[274] Conforme refere Claudia Lima Marques: "O sistema do CDC seria assim, um sistema de compromisso, de responsabilidade objetiva para o fato do produto e de presunção absoluta de culpa na responsabilidade contratual e extracontratual por vícios de inadequação. Os resultados são praticamente os mesmos, tratando-se de uma presunção que não pode ser afastada ou de uma responsabilidade objetiva. Os resultados estão nas próprias normas do CDC, com clara tendência a concentrar, a objetivar a responsabilidade no resultado (falta de adequação e não na ação (eventual culpa na fabricação do produto, no empacotamento), pelo domínio da técnica de produzir em uma sociedade de consumo de massas como

712 | CURSO DE DIREITO DO CONSUMIDOR – *Bruno Miragem*

atividade de produção[275] pode exonerar – em razão da quebra do nexo de causalidade – a responsabilidade da cadeia de fornecedores.[276] Assim se entende, inclusive, quando diz respeito o vício a serviço conexo a outro contrato. É, por exemplo, o caso do segurador, no seguro de automóvel, que responde pelos vícios causados pela oficina mecânica por ele credenciada,[277] ou ainda pela falha do dever de custódia da concessionária[278] indicada ao

---

a nossa" (MARQUES, Claudia Lima. *Contratos no Código de Defesa do Consumidor*. 4. ed. São Paulo: Ed. RT, 2003. p. 994-995).

[275] MARQUES, Claudia Lima. *Contratos no Código de Defesa do Consumidor*. 4. ed. São Paulo: Ed. RT, 2003. p. 995.

[276] Assim, a decisão do STJ que exclui a responsabilidade perante a adquirente de unidade imobiliária em apart-hotel, da futura administradora de serviços hoteleiros, sócia ostensiva do empreendimento que também sofreu o inadimplemento por parte da incorporadora. Percebe-se que se trata de caso em que se deve determinar a extensão da responsabilidade também em vista das circunstâncias da contratação, em especial o esclarecimento do adquirente em relação ao conteúdo da obrigação e respectivos devedores: REsp 1.785.802/SP, 3ª Turma, Rel. Min. Ricardo Villas Bôas Cueva, j. 19.02.2019, *DJe* 06.03.2019.

[277] Nesse sentido o precedente do STJ, embora tenha no caso se utilizado da responsabilidade pelo fato do serviço, e não de vício do serviço como ora propomos, mas que não compromete o reconhecimento da hipótese, considerando a regra da solidariedade presente em ambos os regimes: "Recurso especial. Civil e consumidor. Contrato de seguro de responsabilidade civil. Sinistro em automóvel. Cobertura. Conserto realizado por oficina credenciada ou indicada pela seguradora. Defeito no serviço prestado pela oficina. Responsabilidade solidária da seguradora e da oficina credenciada. Reconhecimento. Danos materiais acolhidos. Danos morais rejeitados. Recurso parcialmente provido. 1. A seguradora de seguro de responsabilidade civil, na condição de fornecedora, responde solidariamente perante o consumidor pelos danos materiais decorrentes de defeitos na prestação dos serviços por parte da oficina que credenciou ou indicou, pois, ao fazer tal indicação ao segurado, estende sua responsabilidade também aos consertos realizados pela credenciada, nos termos dos artigos 7º, parágrafo único, 14, 25, § 1º, e 34 do Código de Defesa do Consumidor. 2. São plenamente aplicáveis as normas de proteção e defesa do consumidor, na medida em que se trata de relação de consumo, em decorrência tanto de disposição legal (CDC, artigo 3º, § 2º) como da natureza da relação estabelecida, de nítida assimetria contratual, entre o segurado, na condição de destinatário final do serviço securitário, e a seguradora, na qualidade de fornecedora desse serviço. 3. O ato de credenciamento ou de indicação de oficinas como aptas a proporcionar ao segurado um serviço adequado no conserto do objeto segurado sinistrado não é uma simples gentileza ou comodidade proporcionada pela seguradora ao segurado. Esse credenciamento ou indicação se faz após um prévio acerto entre a seguradora e a oficina, em que certamente ajustam essas sociedades empresárias vantagens recíprocas, tais como captação de mais clientela pela oficina e concessão por esta de descontos nos preços dos serviços de reparos cobrados das seguradoras. Passa, então, a existir entre a seguradora e a oficina credenciada ou indicada uma relação institucional, de trato duradouro, baseada em ajuste vantajoso para ambas. (...)" (STJ, REsp 827.833/MG, 4ª Turma, Rel. Min. Raul Araújo, j. 24.04.2012, *DJe* 16.05.2012).

[278] "Recurso especial. Responsabilidade civil. Seguro de dano. Danos ao veículo sob a guarda da concessionária escolhida pela seguradora. Danos oriundos da falta de zelo na guarda do veículo (furto de peça e depredação). Responsabilidade solidária da seguradora. Demora injustificável para devolução do veículo. Lucros cessantes devidos. Juros moratórios a partir da citação. 1. A seguradora de seguro de responsabilidade civil, na condição de fornecedora, responde solidariamente perante o consumidor pelos danos materiais decorrentes de defeitos na prestação dos serviços por parte da oficina que credenciou ou indicou, pois, ao fazer tal indicação ao segurado, estende sua responsabilidade também aos consertos realizados pela credenciada, nos termos dos arts. 7º, parágrafo único, 14, 25, § 1º, e 34 do Código de Defesa do Consumidor (REsp 827.833/MG, 4ª Turma, Rel. Min. Raul Araújo, j. 24.04.2012, *DJe* 16.05.2012). 2. O credenciamento ou a indicação de oficinas e concessionárias como aptas à prestação do serviço necessário ao reparo do bem sinistrado ao segurado induz o consumidor ao pensamento de que a empresa escolhida pela seguradora lhe oferecerá serviço justo e de boa qualidade. 3. Nesse passo, considerando-se que, a partir do momento em que o bem segurado é encaminhado à oficina cadastrada da seguradora, vinculada a ela, deixa o segurado de ter qualquer poder sobre o destino daquele veículo, que sai de sua guarda e passa, ainda que indiretamente, para o controle da seguradora, afirma-se a responsabilidade

Parte II · Cap. 3 · RESPONSABILIDADE CIVIL DO FORNECEDOR | 713

segurado-consumidor. Da mesma forma, o banco que financia a aquisição do automóvel, uma vez que integra o mesmo grupo econômico da fabricante,[279] ou desenvolve parceria negocial com o vendedor,[280] pode vir a responder pelos vícios que o produto apresentar. A conexidade induz a solidariedade da cadeia de fornecimento.

Outro, entretanto, é o procedimento com relação aos denominados produtos *in natura*, ou seja, os produtos comercializados em seu estado natural, os quais podem ser oferecidos a granel (em caso de grãos), ainda que possam igualmente constar de embalagem, ou por outro modo que denote a não utilização de qualquer processo de industrialização ou transformação do produto. Considera-se produto *in natura* o "alimento de origem vegetal ou animal, que prescinde para seu consumo imediato, apenas, a remoção da parte não comestível e os tratamentos indicados para a sua perfeita higienização e conservação".

Em relação aos produtos *in natura*, o CDC estabelece em seu artigo 18, § 5º, que a responsabilidade perante o consumidor será do fornecedor imediato do produto. Assim também, no que se refere à responsabilidade por vício de quantidade, o artigo 19, § 2º,

---

desta, seja pela má escolha da concessionária credenciada, assim como pela teoria da guarda. 4. A partir do momento em que o consumidor entrega seu veículo à concessionária para reparo, ele confia naquela empresa, tanto no que respeita aos serviços que serão prestados diretamente no bem, quanto à sua guarda e incolumidade, exsurgindo dessa constatação que o contrato de depósito se encontra unido ao de prestação de serviço, porque imprescindível a permanência do bem no estabelecimento onde se efetuarão os consertos. 5. O Código Civil, em seu artigo 629, estabelece de forma clara o dever de guarda sobre o objeto depositado, bem como sobre a obrigação de restituir o bem da mesma forma que foi deixado, ou seja, neste dispositivo resta incontroverso que a não devolução do objeto importará na incidência da responsabilidade civil. 6. No caso concreto, o furto do tacógrafo e a destruição do para-brisa devem ser considerados má prestação do serviço, porque representaram falha na guarda do bem, defeito na conservação do veículo, da qual não se pode descuidar a contratante na realização de sua prestação. 7. Já decidiu esta Corte que, descumprindo a seguradora o contrato, causando danos adicionais ao segurado, que por isso fica impossibilitado de retomar suas atividades normais, são devidos lucros cessantes (REsp 593.196/RS, 4ª Turma, Rel. Min. Hélio Quaglia Barbosa, j. 04.12.2007, *DJ* 17.12.2007, p. 176). 8. Não se assemelham a exclusão dos lucros cessantes relativos ao prazo expressamente previsto em contrato como adequado e razoável ao reparo do veículo segurado, e a consideração dos lucros cessantes em relação ao período de dias de reparo que ultrapassa o prazo contratual, porque este deixa de ser prazo 'permitido'. 9. Os juros moratórios, em sede de responsabilidade contratual, fluem a partir da citação. Precedentes. 10. Recurso especial parcialmente provido" (STJ, REsp 1.341.530/PR, 4ª Turma, Rel. Min. Luis Felipe Salomão, j. 27.06.2017, *DJe* 04.09.2017).

[279] STJ, AgInt no AREsp 829.380/RJ, 3ª Turma, Rel. Min. Marco Aurélio Bellizze, j. 18.08.2016, *DJe* 25.08.2016.

[280] Nesse particular, o caso decidido pelo STJ em que a parceria negocial e consequente solidariedade são reconhecidas pelo fato de a instituição financeira contar com estande dentro de revenda de automóveis multimarcas no qual realizava, imediatamente à celebração a compra e venda, o respectivo contrato de financiamento para pagamento do preço: "Agravo interno no agravo (art. 1.042 do NCPC). Ação de rescisão contratual cumulada com pedido de indenização por danos materiais e morais. Compra, mediante financiamento bancário, de veículo em loja de revenda multimarcas. Parceria comercial entre a revendedora e o banco financiador. Responsabilidade solidária. Aplicação, na hipótese, das Súmulas 05, 07 e 83 do stj. Inconformismo da instituição financeira. 1. Na hipótese dos autos, a instância ordinária constatou que havia uma interação comercial entre a revendedora de veículos e a casa bancária, refletida, sobretudo, conforme a prova dos autos, na manutenção de um posto específico da instituição financeira dentro da propriedade da loja, no sentido de viabilizar e fomentar os negócios mercantis lá oferecidos. 2. Como é sabido, à luz da teoria da aparência, 'os integrantes da cadeia de consumo, em ação indenizatória consumerista, também são responsáveis pelo danos gerados ao consumidor, não cabendo a alegação de que o dano foi gerado por culpa exclusiva de um dos seus integrantes' (AgRg no AREsp 207.708/SP, 4ª Turma, Rel. Min. Marco Buzzi, j. 24.09.2013, *DJe* 03.10.2013). 3. Agravo desprovido" (STJ, AgInt no AREsp 1.299.783/RJ, 4ª Turma, Rel. p/ Acórdão Min. Marco Buzzi, j. 13.12.2018, *DJe* 14.03.2019).

ddispõe que "o fornecedor imediato será responsável quando fizer a pesagem ou a medição e o instrumento utilizado não estiver aferido segundo os padrões oficiais".

A regra, todavia, em relação aos vícios do produto e do serviço é a solidariedade entre todos os membros da cadeia de fornecimento de produtos ou serviços, de acordo com o disposto no artigo 7º, parágrafo único, do CDC,[281] cabendo ao consumidor a escolha com relação a qual fornecedor pretende dirigir sua pretensão indenizatória. Trata-se de uma solidariedade imperfeita, porquanto, ainda que todos os fornecedores que integram a cadeia de fornecimento respondam solidariamente, fazem-no em vista de um dever específico que lhes é atribuído individualmente. Assim, ao fabricante incumbe o dever de produzir produtos adequados, assim como ao distribuidor o dever de distribuir apenas produtos adequados, e assim por diante.[282]

Uma discussão interessante, nesse ponto, diz respeito à extensão da responsabilidade da cadeia de fornecimento, que a princípio se estende a todos os fornecedores que intervieram em determinada relação de consumo. Todavia, há casos nos quais o produto é colocado no mercado de consumo por certo fornecedor, sendo adquirido por consumidor que, após utilizá-lo, recoloca-o no mercado por intermédio de outro fornecedor (uma revenda, por exemplo). A pergunta que surge é se o fornecedor originário permanece respondendo durante toda a vida útil do produto, mesmo quando a causa do vício possa ser imputada aos fornecedores que lhe sucederam. Isso porque, nesse caso, a noção de cadeia de fornecimento não se dará como sucessão de fornecedores em um mesmo *iter* de colocação do produto no mercado, senão com a retirada do produto pelo consumidor que o adquire e, dentro da vida útil, sua reintrodução pelo mesmo consumidor, mediante revenda. Um caso interessante a esse respeito foi decidido pelo STJ, envolvendo a adulteração do hodômetro de um automóvel. Tendo sido adquirido novo pelo consumidor em uma concessionária, depois de certo tempo de uso, foi novamente colocado à venda em uma loja de carros usados. Adquirido por um segundo consumidor, este verificou que o hodômetro do automóvel (que indica a distância percorrida pelo veículo) havia sido adulterado. Verificado o vício, exerce pretensão contra a loja onde adquiriu o bem, o proprietário anterior do veículo e a concessionária que havia feito a primeira venda do automóvel zero quilômetro. A questão que se apresentou foi se a regra de solidariedade da cadeia de fornecimento permitiria alcançar a responsabilização da concessionária que originalmente havia posto o produto no mercado. No TJPE, entendeu-se pela solidariedade de ambos os fornecedores, condenando-os a responder pelo vício constatado. No STJ, contudo, o entendimento foi diverso, indicando que "o fornecimento de bem durável ao seu destinatário final, por removê-lo do mercado de consumo, põe termo à cadeia de seus fornecedores originais. A revenda desse mesmo bem por seu adquirente constitui nova relação jurídica obrigacional, obstando que seja considerada solidariamente responsável por prejuízos resultantes dessa segunda relação, com esteio no art. 18 do CDC, empresa integrante daquela primeira cadeia de fornecimento interrompida".[283] De fato, a discussão é se, nessa hipótese, haveria uma única relação de consumo, ou seriam admitidos a

---

[281] RIZZATTO NUNES, Luiz Antônio. *Curso de direito do consumidor*. São Paulo: Saraiva, 2004. p. 229-230.

[282] MARQUES, Claudia Lima; BENJAMIN, Antonio Herman; MIRAGEM, Bruno. *Comentários ao Código de Defesa do Consumidor*. 2. ed. São Paulo: Ed. RT, 2006. p. 338.

[283] STJ, REsp 1.517.800/PE, 3ª Turma, Rel. Min. Ricardo Villas Bôas Cueva, j. 02.05.2017, *DJe* 05.05.2017.

interrupção da primeira relação e o surgimento de uma segunda relação de consumo, mediante sucessão de negócios, exonerando o fornecedor original da responsabilidade. Parece claro que a decisão do STJ, nesse caso, considerou a própria natureza do vício, uma vez que a adulteração do hodômetro seria impossível e imprestável ao fornecedor original da relação de consumo. Não estaria, portanto, o vício presente por ocasião da aquisição do automóvel novo. Apenas no segundo negócio de venda é que, logicamente, poderia ter sido feita a adulteração para o efeito de ludibriar o segundo adquirente. Nesse sentido, a decisão é correta no caso, se considerados o nexo de causalidade e a impossibilidade de causação do vício pelo primeiro fornecedor original. Entretanto, suas premissas não podem ser levadas em conta para os contratos de consumo em geral. Tratando-se de vício oculto, sendo outro o vício identificado e estando presente desde o negócio jurídico original que colocou o produto no mercado, eventual sucessão de negócios, com o consumidor vindo a revender o bem, não é causa suficiente para exoneração do fornecedor original. Aqui, a regra elementar é a de que a falha do produto existe desde sua colocação no mercado, apenas vindo a se manifestar/tornar-se conhecida do segundo adquirente do bem. Pouco importará, igualmente, se a segunda relação jurídica de aquisição do bem nem sequer se caracterizar como de consumo, de modo que o segundo adquirente tenha pretensão para o saneamento do vício, contemporâneo à colocação do produto no mercado, embora aparecendo apenas posteriormente. Naturalmente que nessa hipótese dever-se-ão ter em conta tanto o atendimento das regras próprias para a reclamação do vício (artigo 26 do CDC) quanto sua própria caracterização como tal, falha contemporânea à colocação do produto no mercado, e não perda de qualidade em decorrência do uso ou depreciação pelo tempo.

O simples exame das alternativas estabelecidas em favor do credor permite identificar que, das hipóteses previstas na lei, algumas são mais facilmente satisfeitas quando dirigidas contra o fornecedor direto (o comerciante ou varejista). Senão, vejamos: das alternativas do artigo 18, § 1º, do CDC (substituição do produto, restituição da quantia paga, monetariamente atualizada e o abatimento no preço) pelo menos duas, as previstas nos incisos II e III, que determinam o desfazimento do contrato com a restituição da quantia paga, sem prejuízo de perdas e danos, e a de abatimento do preço serão exigíveis de quem tenha realizado o contrato com o consumidor, que no caso é o fornecedor direto, ainda que se reconheça, à evidência, a possibilidade da ação de regresso do comerciante/varejista, contra quem tenha dado causa ao vício. Da mesma forma, entre as alternativas relacionadas pelo artigo 19 (vício de quantidade), as alternativas mencionadas, assim como eventual complementação do peso e medida que é acrescida entre as alternativas em favor do consumidor (artigo 19, II), dirigem-se especialmente ao fornecedor direto, assim como as mesmas alternativas de restituição dos valores pagos, ou abatimento do preço, previstos no tocante ao vício do serviço, determinado pelo artigo 20, II e III do CDC.

Entretanto, ainda que se perceba, nessas alternativas mencionadas, certa facilitação do exercício do direito do consumidor contra o fornecedor direto (em contraposição à responsabilidade pelo fato do produto, na qual a responsabilidade do comerciante é subsidiária – artigo 13 do CDC), esse entendimento apenas se considera válido em benefício do consumidor, e não o contrário. A regra estabelecida no regime de vícios é da solidariedade de todos os fornecedores integrantes da cadeia de fornecimento. Nesse sentido, não pode ser elidida, *a priori*, a responsabilidade de nenhum fornecedor. A possibilidade de acionar o fornecedor direto é faculdade prevista para facilitar o exercício do direito à indenização, e não o contrário, razão pela qual não se há de discutir a legitimidade passiva de qualquer integrante da cadeia de fornecimento, a não ser quando a lei expressamente determina, com exclusividade, a responsabilidade do fornecedor direto (hipótese dos artigos 18, § 5º, e 19, § 2º, do CDC).

Essa responsabilidade solidária dos membros da cadeia pelas pretensões que se originam do vício do produto ou do serviço observa atualmente uma limitação, a partir da interpretação jurisprudencial. Trata-se da hipótese de recebimento do produto para sanação do vício no prazo de 30 dias, a que se refere o artigo 18, § 1º, do CDC, o que na prática equivale ao exercício do próprio direito à reclamação do consumidor, de modo a deflagrar o prazo para conserto que se exigirá do fornecedor. O argumento sustentado por comerciantes é o de que, por não serem eles habilitados para o conserto/sanação do vício do produto, mas sim os respectivos fabricantes, exigir que tenham de receber o produto viciado do consumidor acrescentaria custos inúteis, uma vez que eles, então, é que deveriam remeter a quem tivesse habilitação para conserto. E que, nesses termos, o mais razoável seria a entrega direta pelo consumidor às empresas de assistência técnica que integram a rede de serviços do fabricante. O STJ terminou por convergir para esse entendimento, sustentando maior razoabilidade e eficiência da solução, ao concluir que "essa observância apenas poderá ser exigida na medida em que o serviço seja disponibilizado de forma efetiva, eficaz e eficiente. Do contrário, acabaria por representar uma dificuldade excessiva, caracterizando o exercício abusivo de um direito do produtor. Todavia, afastando-se os casos extremos, em que a exigência cega de que o consumidor se utilize do serviço assistencial fornecido, resulte em uma forma desviada de burocratizar e dificultar seu atendimento, não parece razoável a intervenção do Poder Judiciário transformando em regra geral a casuística. Em síntese, existindo assistência técnica especializada e disponível na localidade de estabelecimento do comerciante (leia-se, no mesmo município), não é razoável a imposição ao comerciante da obrigação de intermediar o relacionamento entre seu cliente e o serviço disponibilizado. Mesmo porque essa exigência apenas dilataria o prazo para efetiva solução e acrescentaria custos ao consumidor, sem agregar-lhe qualquer benefício".[284] É, de fato, razoável o entendimento quanto à maior eficiência da solução,

---

[284] "Direito do consumidor e civil. Recurso especial. Ação civil pública. Dever de prestação de assistência técnica. Intermediação pelo comerciante. Organização dos serviços. Direito dos fornecedores e equiparados. Juros de mora. termo *a quo*. Citação na demanda coletiva. Precedentes. 1. Demanda em que se discute a responsabilidade do comerciante de intermediar a relação entre consumidor e assistência técnica disponibilizada pelo fornecedor. 2. A boa-fé objetiva, alçada à condição de princípio geral de direito, transita incessantemente em duplo sentido, exigindo a conduta leal e cooperada, na relação de consumo entre consumidores e fornecedores. 3. A assistência técnica é caracterizada pela especialização do serviço prestado, com finalidade de correção de vícios de produtos comercializados. 4. Sua organização eficaz e eficiente concretiza a proteção do consumidor em razão de produtos viciados postos no comércio, bem como o direito de reparação do vício no prazo legal de 30 dias garantido aos fornecedores e seus equiparados. 5. Disponibilizado serviço de assistência técnica, de forma eficaz, efetiva e eficiente, na mesma localidade do estabelecimento do comerciante, a intermediação do serviço apenas acarretaria delongas e acréscimo de custos, não justificando a imposição pretendida na ação coletiva. 6. 'Os juros de mora incidem a partir da citação do devedor na fase de conhecimento da Ação Civil Pública, quando esta se fundar em responsabilidade contratual, sem que haja configuração da mora em momento anterior.' Precedentes. 7. Recurso especial parcialmente provido" (STJ, REsp 1.411.136/RS, 3ª Turma, Rel. Min.

pressupondo a existência de rede de assistência técnica acessível aos consumidores em todo o território nacional. Não se pode deixar de registrar, contudo, que, nesse caso, o STJ definiu restrição à eficácia de solidariedade da obrigação dos fornecedores, na hipótese de vício do produto, onde a própria lei não restringiu. Tanto é assim que outros julgados vêm contrapondo esse entendimento, ao indicar que, "à frustração do consumidor de adquirir o bem com vício, não é razoável que se acrescente o desgaste para tentar resolver o problema ao qual ele não deu causa, o que, por certo, pode ser evitado – ou, ao menos, atenuado – se o próprio comerciante participar ativamente do processo de reparo, intermediando a relação entre consumidor e fabricante, inclusive porque, juntamente com este, tem o dever legal de garantir a adequação do produto oferecido ao consumo (...) À luz do princípio da boa-fé objetiva, se a inserção no mercado do produto com vício traz em si, inevitavelmente, um gasto adicional para a cadeia de consumo, esse gasto deve ser tido como ínsito ao risco da atividade, e não pode, em nenhuma hipótese, ser suportado pelo consumidor. Incidência dos princípios que regem a política nacional das relações de consumo, em especial o da vulnerabilidade do consumidor (art. 4º, I, do CDC) e o da garantia de adequação, a cargo do fornecedor (art. 4º, V, do CDC), e observância do direito do consumidor de receber a efetiva reparação de danos patrimoniais sofridos por ele (art. 6º, VI, do CDC)".[285]

Marco Aurélio Bellizze, j. 24.02.2015, *DJe* 10.03.2015). No mesmo sentido: REsp 1.459.555/RJ, 3ª Turma, Rel. Min. Ricardo Villas Bôas Cueva, j. 14.02.2017, *DJe* 20.02.2017.

[285] "Processo civil e direito do consumidor. Recurso especial. Ação civil pública. Negativa de prestação jurisdicional. Ausência. Juntada de documentos com a apelação. Possibilidade. Vício do produto. Reparação em 30 dias. Responsabilidade objetiva do comerciante. 1. Ação civil pública ajuizada em 07.01.2013, de que foi extraído o presente recurso especial, interposto em 08.06.2015 e concluso ao Gabinete em 25.08.2016. Julgamento pelo CPC/73. 2. Cinge-se a controvérsia a decidir sobre: (i) a negativa de prestação jurisdicional (art. 535, II, do CPC/73); (ii) a preclusão operada quanto à produção de prova (arts. 462 e 517 do CPC/73); (iii) a responsabilidade do comerciante no que tange à disponibilização e prestação de serviço de assistência técnica (art. 18, *caput* e § 1º, do CDC). 3. Devidamente analisadas e discutidas as questões de mérito, e fundamentado o acórdão recorrido, de modo a esgotar a prestação jurisdicional, não há que se falar em violação do art. 535, II, do CPC/73. 4. Esta Corte admite a juntada de documentos, que não apenas os produzidos após a inicial e a contestação, inclusive na via recursal, desde que observado o contraditório e ausente a má-fé. 5. À frustração do consumidor de adquirir o bem com vício, não é razoável que se acrescente o desgaste para tentar resolver o problema ao qual ele não deu causa, o que, por certo, pode ser evitado – ou, ao menos, atenuado – se o próprio comerciante participar ativamente do processo de reparo, intermediando a relação entre consumidor e fabricante, inclusive porque, juntamente com este, tem o dever legal de garantir a adequação do produto oferecido ao consumo. 6. À luz do princípio da boa-fé objetiva, se a inserção no mercado do produto com vício traz em si, inevitavelmente, um gasto adicional para a cadeia de consumo, esse gasto deve ser tido como ínsito ao risco da atividade, e não pode, em nenhuma hipótese, ser suportado pelo consumidor. Incidência dos princípios que regem a política nacional das relações de consumo, em especial o da vulnerabilidade do consumidor (art. 4º, I, do CDC) e o da garantia de adequação, a cargo do fornecedor (art. 4º, V, do CDC), e observância do direito do consumidor de receber a efetiva reparação de danos patrimoniais sofridos por ele (art. 6º, VI, do CDC). 7. Como a defesa do consumidor foi erigida a princípio geral da atividade econômica pelo art. 170, V, da Constituição Federal, é ele – consumidor – quem deve escolher a alternativa que lhe parece menos onerosa ou embaraçosa para exercer seu direito de ter sanado o vício em 30 dias – levar o produto ao comerciante, à assistência técnica ou diretamente ao fabricante –, não cabendo ao fornecedor impor-lhe a opção que mais convém. 8. Recurso especial desprovido" (STJ, REsp 1.634.851/RJ, 3ª Turma, Rel. Min. Nancy Andrighi, j. 12.09.2017, *DJe* 15.02.2018). No mesmo sentido: STJ, AgInt no AREsp 2.115.749/GO, 4ª Turma, Rel. Min. João Otávio de Noronha, j. 13.02.2023, *DJe* 16.02.2023.

3.3.4 Eficácia da responsabilidade por vício do produto

A identificação de vício de qualidade, quantidade ou informação, relativo ao produto objeto de uma relação de consumo, difere do regime dos vícios redibitórios do direito comum, entre outras hipóteses, em razão da existência das alternativas dispostas em lei, em favor do adquirente prejudicado. No direito civil comum, conforme já anotamos, cumpre ao adquirente a opção pela ação estimatória, visando ao abatimento do preço da coisa (pretensão *quanti minoris*), ou a ação redibitória, abrangendo a pretensão de desconstituição do contrato, com a devolução da quantia paga pelo adquirente e restituição das partes ao *status quo ante*. No que diz respeito ao direito do consumidor, ao lado das alternativas equivalentes ao direito comum, duas novas possibilidades são previstas para escolha do consumidor, quais sejam: a substituição do produto viciado por outro de mesma espécie, em perfeitas condições de uso, ou mesmo – quando esta substituição não for possível – a substituição por outro de espécie, marca ou modelo diversos, mediante complementação ou restituição de eventual diferença de preço. De igual modo, quando se tratar de vício de quantidade, o artigo 19, II, ao lado das alternativas comuns ao vício de qualidade (artigo 18, §1º), estabelece a possibilidade de optar o consumidor pela complementação do peso ou medida minorado. Examinemos as hipóteses previstas em lei, para livre opção do consumidor.

3.3.4.1 Substituição do produto

A primeira alternativa colocada à disposição do consumidor na hipótese de vício do produto é a "substituição do produto por outro da mesma espécie, em perfeitas condições de uso". Essa alternativa é admitida em vista do interesse ou da necessidade do consumidor em adquirir e utilizar o produto em perfeitas condições. Nesse sentido, não vai interessar ao consumidor simplesmente desfazer o contrato ou requerer abatimento do preço, quando seu interesse estiver concentrado na utilização do produto em questão.

Nesse sentido, a substituição do produto, conforme já mencionamos, poderá ser requerida após o não saneamento do vício pelo fornecedor, dentro do prazo de 30 dias estabelecido pela lei (artigo 18, § 1º), ou desde logo, quando, "em razão da extensão do vício, a substituição das partes viciadas puder comprometer a qualidade ou características do produto, diminuir-lhe o valor ou se tratar de produto essencial" (artigo 18, § 3º). Da mesma forma, poderá ão haver possibilidade de substituição do produto, por alguma razão estranha à vontade e além das possibilidades reais do fornecedor (por exemplo, que o produto a ser substituído não mais é fabricado pelo fornecedor). Nessa hipótese, admite-se a substituição do produto viciado por outro de espécie, marca ou modelo diversos, mediante complementação ou restituição de eventual diferença de preço (artigo 18, § 4º). Note-se, todavia, que a hipótese de substituição do produto viciado por outro de espécie diversa só é autorizada no caso de impossibilidade fática objetiva do fornecedor em realizá-la. O CDC não autoriza, de qualquer modo, que o consumidor seja pressionado ou constrangido a aceitar a substituição, sobretudo quando houver a necessidade de complementação do valor do preço do produto substituto. Não é demais repetir que as alternativas previstas no CDC são de livre escolha pelo consumidor, não pelo fornecedor. Por idênticas razões, não é lícito ao fornecedor negar ou retardar a substituição do

Parte II • Cap. 3 • RESPONSABILIDADE CIVIL DO FORNECEDOR | **719**

produto, buscando estimular o consumidor a fazer uso das alternativas previstas no CDC. A única atuação do fornecedor antes do atendimento da pretensão do consumidor entre as alternativas facultadas pela lei é a possibilidade de sanar o vício no prazo de 30 dias, e mesmo esta se subordina à interpretação restritiva, em face da possibilidade de escolha imediata das opções da lei, na hipótese autorizada pelo artigo 18, § 3º.

Assim também é no que se refere ao vício de quantidade do produto. Nesse caso, o artigo 19, III, estabelece como opção do consumidor "a substituição do produto por outro da mesma espécie, marca ou modelo, sem os aludidos vícios". Igualmente aqui, não pode o fornecedor retardar ou se negar a fazer a substituição requerida. Entretanto, sobretudo em relação aos produtos industrializados, pode ocorrer que muitas vezes o vício de quantidade seja uma constante em toda uma partida de produtos da mesma espécie, em decorrência de atuação deliberada ou simplesmente de falha do processo de produção ou embalagem do produto (independentemente de culpa). Nessa situação, poderá ser admitida a caracterização da impossibilidade de substituição, sobretudo quando se verificar que o vício atinge todos os produtos de determinada espécie.

3.3.4.2 *Restituição imediata da quantia paga*

A restituição da quantia paga, monetariamente atualizada, é alternativa colocada à disposição do consumidor (artigos 18, § 1º, II, e 19, IV), que se equipara em seus efeitos à ação redibitória do direito comum. A restituição em destaque pressupõe a desconstituição do contrato, pelo exercício de direito formativo extintivo de resolução[286] pelo consumidor. Nesse sentido também se orienta a ação redibitória, cuja finalidade precípua é o desfazimento do negócio, retornando as partes ao estado anterior (*status quo ante*).[287]

Considerando-se a natureza do direito de desconstituir o negócio, de que o consumidor é titular, qual seja, espécie de direito formativo/potestativo, seu mero exercício pelo titular é bastante para produzir a eficácia jurídica extintiva dos efeitos da relação contratual, ou seja, basta o exercício do direito de resolução do contrato pelo consumidor para que se dê origem ao dever do fornecedor de restituir a quantia paga, monetariamente atualizada. Eventual resistência do fornecedor em cumprir seu dever de restituir dá causa ao consumidor para reclamar seu direito judicialmente, assim como as perdas e danos e todas as demais despesas decorrentes da violação do dever pelo fornecedor. Anote-se que, segundo correto entendimento jurisprudencial,[288] a restituição dos valores atualizados e respectivos juros não admite o abatimento ou compensação de quaisquer valores decorrentes da utilização do produto pelo período em que se manteve com o

---

[286] A natureza jurídica do direito de redibição observa alguma discussão doutrinária. Conforme aponta Ruy Rosado de Aguiar Júnior, a doutrina especializada distingue-se entre os que entendem como espécie de resolução do contrato (MESSINEO, Francesco. *Doctrina general del contracto*, Buenos Aires: Ediciones Europa-América, 1986. v. II, p. 362), e os que entendem como hipótese de rescisão do negócio (PONTES DE MIRANDA, Francisco Cavalcanti. *Tratado de direito privado*. 2. ed. Rio de Janeiro: Borsói, 1962. t. XXV, p. 391). Conforme: AGUIAR JÚNIOR, Ruy Rosado de. *Extinção dos contratos por incumprimento do devedor*: resolução. Rio de Janeiro: Aide, 1991. p. 71.

[287] GUIMARÃES, Paulo Jorge Scartezzini. *Vícios do produto e do serviço por qualidade, quantidade e insegurança*. Cumprimento imperfeito do contrato. São Paulo: Ed. RT, 2004. p. 269.

[288] STJ, REsp 2.025.169/RS, 3ª Turma, Rel. Min. Nancy Andrighi, j. 07.03.2023, *DJe* 10.03.2023.

720 | CURSO DE DIREITO DO CONSUMIDOR – *Bruno Miragem*

consumidor, tampouco seu valor de mercado no momento da devolução.[289] Por outro lado, à restituição dos valores pelo consumidor se contrapõe o seu dever de restituir o produto ao fornecedor,[290] como efeito da resolução.

3.3.4.3   Abatimento do preço

O abatimento do preço, obtido mediante reclamação direta ao fornecedor ou por intermédio de ação estimatória (pretensão *quanti minoris*), é também – como a redibição – pretensão reconhecida ao adquirente da coisa viciada no regime dos vícios redibitórios do direito comum. O objetivo imediato da ação estimatória é a proteção do sinalagma contratual,[291] a ser deduzido da relação entre o preço da coisa e seu valor apurado mediante a existência de todas suas qualidades legitimamente esperadas. A ausência de qualquer das qualidades inerentes à coisa dá causa ao desequilíbrio das prestações (rompimento do sinalagma), hipótese por que não se confunde a pretensão *quanti minoris* com uma indenização, mas sim com a reconstituição do equilíbrio do negócio.

Em direito do consumidor, a alternativa de abatimento do preço é, tal como as demais estabelecidas por lei, de livre escolha do consumidor. Nese sentido, não importará a extensão do dano ou eventual diminuição da extensão do vício. Exercendo seu direito de opção pelo abatimento, poderão surgir para o consumidor duas situações: a) já tendo sido pago o preço ao fornecedor, o direito de restituição da quantia a maior, nos termos do abatimento; b) não tendo sido pago o preço, o direito de deduzir o valor abatido do valor do pagamento, realizando a entrega da quantia restante ao fornecedor.

A principal questão em relação a essa opção de abatimento do preço, quando escolhida pelo consumidor entre as facultadas pela lei, dirá respeito aos critérios de mensuração do valor a ser abatido. A dificuldade na determinação do exato *quantum* que será abatido do preço tem lugar em face da dificuldade de precisão quantitativa da perda de utilidade ou de valor da coisa em razão do vício que a prejudica. Em outros termos, há sensíveis dificuldades práticas de determinar qual o valor que representa a diminuição da utilidade do produto em razão de vício de qualidade, ou mesmo a frustração dos interesses

---

[289]   STJ, REsp 2.000.701/PR, 3ª Turma, Rel. Min. Nancy Andrighi, j. 30.08.2022, *DJe* 1º.09.2022.

[290]   "Agravo interno no agravo interno no recurso especial. Direito do consumidor. Cumprimento de sentença. Ação de indenização. Veículo zero-quilômetro. Vício de qualidade. Art. 18, § 1º, II, do CDC. Pedido da executada de devolução do veículo defeituoso após a restituição da quantia paga por sua aquisição. Rescisão do contrato. Retorno ao *status quo ante*. Efeito automático da sentença. Agravo interno desprovido. 1. Nos termos do § 1º do art. 18 do Código de Defesa do Consumidor – CDC, caso o vício de qualidade do produto não seja sanado no prazo de 30 dias, o consumidor poderá, sem apresentar nenhuma justificativa, optar entre as alternativas ali contidas, ou seja: (I) a substituição do produto por outro da mesma espécie, em perfeitas condições de uso; (II) a restituição imediata da quantia paga; ou (III) o abatimento proporcional do preço. 2. O consumidor que opta por receber todo o valor atualizado do preço pago na ocasião da compra, deve, em contrapartida, restituir o bem viciado ao fornecedor, sob pena de enriquecimento sem causa. 3. Julgado procedente o pedido formulado na ação para condenar a fornecedora a restituir à autora a quantia paga pelo veículo, rescinde-se o contrato de compra e venda, retornando as partes à situação anterior à sua celebração (status quo ante), sendo a devolução do bem defeituoso uma consequência automática da sentença. 4. Agravo interno desprovido" (STJ, AgInt no AgInt no REsp 1.327.791/RJ, 4ª Turma, Rel. Min. Raul Araújo, j. 13.02.2023, *DJe* 27.02.2023).

[291]   GUIMARÃES, Paulo Jorge Scartezzini. *Vícios do produto e do serviço por qualidade, quantidade e insegurança*. Cumprimento imperfeito do contrato. São Paulo: Ed. RT, 2004. p. 284.

legítimos do consumidor em face de vício de informação. Excluída a hipótese do vício de quantidade (que em geral poderá ser deduzido o valor do abatimento, proporcionalmente à quantidade faltante que dá causa ao vício), nas demais hipóteses de vícios, sua mensuração poderá ser influenciada por critérios subjetivos.

Em termos práticos, se o exercício do direito ao abatimento se dá de modo extrajudicial, mediante requerimento do consumidor ao fornecedor, de admitir que entre eles se estabeleça a composição a respeito do valor a ser abatido do preço, o qual, entretanto, sempre estará sujeito a controle judicial, quando existente desequilíbrio manifesto entre a extensão do comprometimento causado pelo vício e o valor do abatimento. Se a pretensão do consumidor for exercida via judicial, de outro modo caberá ao juiz deduzir o valor do abatimento, partindo dos critérios eventualmente propostos pelas partes, mas também em vista de outros critérios objetivos que eleger de acordo com as suas regras de experiência e a finalidade precípua desta opção estabelecida na lei, a proteção do equilíbrio do contrato e a satisfação dos interesses legítimos do consumidor.

3.3.4.4 Vício de quantidade: complementação do peso ou medida

Quando se tratar de vício de quantidade, ao lado das três hipóteses reconhecidas aos vícios do produto em geral (substituição, abatimento ou restituição da quantia paga, pelo desfazimento do contrato), uma quarta alternativa é admitida, qual seja a complementação da medida ou peso pelo consumidor. Assim estabelece o artigo 19, II, do CDC.

Esta alternativa pode ter lugar, sobretudo, quando, a critério do consumidor, tem este o interesse na obtenção da quantidade informada nas indicações constantes do recipiente, da embalagem, rotulagem, oferta ou publicidade. Essa opção poderá ser útil, por exemplo, quando as quantidades envolvidas não representarem uma diferença expressiva em matéria de valor, mas puderem atender à utilidade pretendida pelo consumidor para aquele determinado produto (uma diferença de 200 gramas de algum alimento, por exemplo). Pode ocorrer, contudo, dependendo de qual seja o produto viciado, que a complementação específica do peso ou medida faltante não seja possível, em razão de o seu processo de produção e industrialização prever apenas unidades com determinada quantidade por embalagem. (A complementação da falta de 100 g em uma embalagem não é possível em razão de serem produzidas apenas embalagens de 500 g.) Nesse caso, é de reconhecer a impossibilidade objetiva do fornecedor de atendimento daquela opção do consumidor, hipótese em que este poderá realizar opção entre as demais alternativas facultadas pela lei.

3.3.4.5 Perdas e danos

O direito à indenização das perdas e danos é consequência própria do inadimplemento das obrigações em direito comum (artigo 389 do CC), assim como em todas as hipóteses de dano injusto (artigo 927 e ss. do CC). No regime da responsabilidade por vícios do CDC, o direito a indenização por perdas e danos está previsto no artigo 18, § 1º, II, que ressalva sua exigibilidade mesmo na hipótese de opção pelo consumidor, do exercício do direito de resolução do contrato e restituição do preço pago pelo produto ou serviço.

722 | CURSO DE DIREITO DO CONSUMIDOR – *Bruno Miragem*

A interpretação isolada dessas disposições legais poderia levar à errônea conclusão de que é devida indenização por perdas e danos apenas quando o consumidor opta pela alternativa constante nas normas em destaque, qual seja a restituição da quantia paga, monetariamente atualizada. Entretanto, esse não parece ser o entendimento correto.

A indenização das perdas e danos será admitida sempre quando houver prejuízos ressarcíveis por parte do consumidor, sejam eles danos materiais ou morais.[292] É, portanto, uma alternativa autônoma, decorrente do direito à reparação, a que faz jus todo aquele que sofre um dano. O regime da responsabilidade pelo vício do produto ou do serviço, ao tempo em que prevê alternativas múltiplas para satisfação dos interesses legítimos do consumidor prejudicado por um produto viciado, não afasta o direito básico do consumidor, previsto no artigo 6º, VI, do CDC, à efetiva prevenção e reparação de danos. Logo, é imperioso afirmar que, quando houver danos ressarcíveis, materiais ou morais, existirá o direito do consumidor-vítima desses danos à indenização correspondente. Nesse sentido, pouco importa que, em matéria de vício do produto, alguma das alternativas previstas como de livre escolha do consumidor tenha sido satisfeita pelo fornecedor.

Naturalmente que, ocorrendo danos decorrentes da existência de falhas no tocante à qualidade, quantidade ou informação relativa ao produto oferecido, é de verificar sobre qual dever violado, se simplesmente um dever de adequação, ou o dever de segurança e integridade, pessoal e patrimonial do consumidor. Isso porque, se da mesma falha imputável ao consumidor decorrer violação ao dever de adequação (vício do produto) e dever de segurança (fato do produto, em decorrência de um defeito), o direito à indenização do consumidor por danos causados à sua integridade pessoal e patrimonial será regulado segundo o regime da responsabilidade pelo fato do produto ou do serviço. Nesse sentido, observe-se o seguinte exemplo: se um produto eletroeletrônico, em razão de falha em seus circuitos elétricos, simplesmente não funciona, tem-se hipótese de vício por inadequação do produto, respondendo o fornecedor nos termos do artigo 18 do CDC. Se, em virtude dessa mesma falha nos seus circuitos elétricos, determinado consumidor vem a ser eletrocutado quando manuseia o produto, essa mesma falha deverá se caracterizar como defeito, alterando-se o regime para a responsabilidade pelo fato do produto, regulado pelo artigo 12 do CDC.[293]

---

[292] "Responsabilidade civil. Alegação de dano por fato do produto e não de vício do produto. Ineficácia de herbicida. Prejuízo à safra. Prazo decadencial. 5 anos. Artigo 27 do Código de Defesa do Consumidor. Recurso provido para afastar a decadência prosseguindo-se no exame do mérito no tribunal de origem. 1. Diante do fundamento da inicial de ocorrência do fato do produto, e não vício, no mau funcionamento de herbicida que, por não combater as ervas daninhas, enseja prejuízo à safra, e consequentemente, ao patrimônio do usuário, o prazo decadencial é de 5 (cinco) anos (CDC, artigo 27). 2. Recurso Especial provido para afastar preliminar de decadência, devendo o Tribunal de origem prosseguir no julgamento de mérito" (STJ, REsp 953.187/MT, 3ª Turma, Rel. Min. Sidnei Beneti, j. 23.06.2009, *DJe* 29.06.2009).

[293] "Consumidor. Responsabilidade pelo fato ou vício do produto. Distinção. Direito de reclamar. Prazos. Vício de adequação. Prazo decadencial. Defeito de segurança. Prazo prescricional. Garantia legal e prazo de reclamação. Distinção. Garantia contratual. Aplicação, por analogia, dos prazos de reclamação atinentes à garantia legal. No sistema do CDC, a responsabilidade pela qualidade biparte-se na exigência de adequação e segurança, segundo o que razoavelmente se pode esperar dos produtos e serviços. Nesse contexto, fixa, de um lado, a responsabilidade pelo fato do produto ou do serviço, que compreende os defeitos de segurança; e de outro, a responsabilidade por vício do produto ou do serviço, que abrange os vícios por inadequação. Observada a classificação utilizada pelo CDC, um produto ou serviço apresentará vício de adequação sempre que não corresponder à legítima expectativa do consumidor quanto à sua

Essa distinção, todavia, não elimina por si a possibilidade de o consumidor, em razão de vício do produto, realizar despesas para saná-lo, assim como observar determinados prejuízos decorrentes da falha apresentada pelo produto em questão. Nessas circunstâncias, ainda que o consumidor venha a fazer uso de uma das alternativas previstas no CDC, em face do regime de responsabilidade por vício previsto na norma, isso não elimina a possibilidade de que venha a reclamar, conjuntamente ou após a satisfação do seu interesse imediato no negócio, a indenização dos prejuízos causados em virtude do vício e consequente violação do dever de adequação do produto. A regra, em direito do consumidor, será sempre a do artigo 6º, VI, do CDC, que assegura o direito básico à efetiva prevenção e reparação de danos ao consumidor.

3.3.5 Eficácia da responsabilidade por vício do serviço

Ao lado do regime da responsabilidade por vícios dos produtos, o CDC estabeleceu, igualmente, o regime da responsabilidade por vícios do serviço, em vista da responsabilidade dos fornecedores pelas falhas na prestação dos serviços que venham a comprometer a finalidade que razoavelmente dele se espera. Nesse sentido, é norma-chave para compreensão do regime dos vícios do serviço o artigo 20, § 2º, do CDC, ao dispor: "São impróprios os serviços que se mostrem inadequados para os fins que razoavelmente deles se esperam, bem como aqueles que não atendam as normas regulamentares de prestabilidade". A norma em destaque determina precisão à fonte normativa da responsabilidade do fornecedor por vício do serviço, o artigo 20, *caput*, do CDC, que refere: "O fornecedor de serviços responde pelos vícios de qualidade que os tornem impróprios ao consumo ou lhes diminuam o valor, assim como por aqueles decorrentes da disparidade com as indicações constantes da oferta ou mensagem publicitária".

Já tivemos a oportunidade de salientar a importância dos serviços como objetos da relação de consumo na sociedade de consumo contemporânea, assim como seu regime

---

utilização ou fruição, ou seja, quando a desconformidade do produto ou do serviço comprometer a sua prestabilidade. Outrossim, um produto ou serviço apresentará defeito de segurança quando, além de não corresponder à expectativa do consumidor, sua utilização ou fruição for capaz de adicionar riscos à sua incolumidade ou de terceiros. O CDC apresenta duas regras distintas para regular o direito de reclamar, conforme se trate de vício de adequação ou defeito de segurança. Na primeira hipótese, os prazos para reclamação são decadenciais, nos termos do artigo 26 do CDC, sendo de 30 (trinta) dias para produto ou serviço não durável e de 90 (noventa) dias para produto ou serviço durável. A pretensão à reparação pelos danos causados por fato do produto ou serviço vem regulada no artigo 27 do CDC, prescrevendo em 05 (cinco) anos. A garantia legal é obrigatória, dela não podendo se esquivar o fornecedor. Paralelamente a ela, porém, pode o fornecedor oferecer uma garantia contratual, alargando o prazo ou o alcance da garantia legal. A lei não fixa expressamente um prazo de garantia legal. O que há é prazo para reclamar contra o descumprimento dessa garantia, o qual, em se tratando de vício de adequação, está previsto no artigo 26 do CDC, sendo de 90 (noventa) ou 30 (trinta) dias, conforme seja produto ou serviço durável ou não. Diferentemente do que ocorre com a garantia legal contra vícios de adequação, cujos prazos de reclamação estão contidos no artigo 26 do CDC, a lei não estabelece prazo de reclamação para a garantia contratual. Nessas condições, uma interpretação teleológica e sistemática do CDC permite integrar analogicamente a regra relativa à garantia contratual, estendendo-lhe os prazos de reclamação atinentes à garantia legal, ou seja, a partir do término da garantia contratual, o consumidor terá 30 (bens não duráveis) ou 90 (bens duráveis) dias para reclamar por vícios de adequação surgidos no decorrer do período desta garantia. Recurso especial conhecido e provido" (STJ, REsp 967.623/RJ, 3ª Turma, Rel. Min. Nancy Andrighi, j. 16.04.2009, *DJe* 29.06.2009).

no CDC. Note-se que o CDC, ao regular os serviços e, sobretudo, o regime de responsabilidade em decorrência de sua má prestação, aproxima sob sua égide os regimes distintos das obrigações de fazer e de dar previstos no Código Civil. Essa aproximação realiza-se, sobretudo, em matéria de vícios, uma vez que tanto em matéria dos vícios do produto (artigo 18) quanto do serviço (artigo 20) as opções do consumidor são semelhantes, como o saneamento do vício ou reexecução, a pretensão *quanti minoris*, e a rescisão com perdas e danos.[294] Da mesma forma, a responsabilidade de todos os fornecedores membros da cadeia de fornecimento do serviço será solidária e objetiva, tanto na responsabilidade pelo vício do produto quanto pelo vício do serviço.

Dessa mesma aproximação fica também reduzida a importância – ainda que tenha grande utilidade, sobretudo em matéria de carga probatória em determinadas situações – da distinção entre obrigação de meio ou de resultado. Isso porque a imposição de deveres legais aos fornecedores, assim como aqueles originários da boa-fé objetiva, determina que o cumprimento desses deveres seja todo vislumbrado como espécie de resultado, e apenas a prestação principal será qualificada como de meio ou de resultado.[295] Todavia, é de ressaltar, naturalmente, que a relevância da distinção entre obrigações de meio e de resultado se mantém no tocante à caracterização do adimplemento ou do vício. Note-se que o artigo 20, § 2º, do CDC dispõe que só haverá vício quando o serviço não atender às finalidades que razoavelmente dele se esperam. Essa medida de razoabilidade verifica-se na distinção entre o que se vai considerar devido em uma obrigação de meio (diligência, prudência, informação) e de resultado (a utilidade ou resultado prático específico a ser atingido pela ação – fazer – do fornecedor). Além disso, ao determinar eficácia jurídica própria aos vícios do serviço – em paralelo aos vícios do produto –, o CDC estabelece categoria nova, estendendo aos serviços proteção equivalente a dos vícios redibitórios, que no direito civil comum só é admitido com relação às obrigações relativas a coisas (obrigações de dar), e não obrigações de fazer, cuja violação de dever resolvia-se na determinação dos efeitos do inadimplemento. No regime do CDC, como vimos, também aos serviços estende-se a previsão sobre vícios de qualidade e informação, dando causa à responsabilidade do fornecedor em razão da falha na sua prestação.

Da mesma forma, quando se trata de serviços de reparação de produto, em relação aos quais o artigo 21 do CDC estabelece estar "implícita a obrigação do fornecedor de empregar componentes de reposição originais adequados e novos, ou que mantenham as especificações técnicas do fabricante, salvo, quanto a estes últimos, autorização em contrário do consumidor". Nesse sentido, igualmente, tratando-se de danos decorrentes da prestação de serviços, "sendo o dano causado por componente ou peça incorporada ao produto ou serviço, são responsáveis solidários seu fabricante, construtor ou importador e o que realizou a incorporação" (artigo 25, § 2º).

Examinemos, pois, as hipóteses previstas em lei, de livre escolha do consumidor, na hipótese de vício do serviço e correspondente responsabilidade do fornecedor.

---

[294] MARQUES, Claudia Lima. Proposta de uma teoria geral dos serviços com base no Código de Defesa do Consumidor. A evolução das obrigações envolvendo serviços remunerados direta ou indiretamente. *Revista da Faculdade de Direito da UFRGS*, Porto Alegre, v. 18, p. 35-76, 2000.

[295] Idem, ibidem.

Parte II · Cap. 3 · RESPONSABILIDADE CIVIL DO FORNECEDOR | **725**

3.3.5.1   Reexecução do serviço

A primeira hipótese de livre escolha pelo consumidor, prevista no artigo 20 do CDC, é a "a reexecução dos serviços, sem custo adicional e quando cabível". Sendo a opção do consumidor a reexecução do serviço, poderá ser exigida por este do fornecedor, quando o fim razoavelmente esperado com aquela determinada prestação contratada não tiver sido atingido. Note-se, contudo, que a reexecução pretendida pelo consumidor – dada sua natureza de obrigação de fazer – pode não ser espontaneamente atendida pelo fornecedor, ou ainda que, para fazê-la, seja exigido pagamento adicional pelo fornecedor, em clara violação ao disposto no artigo 20, I, do CDC. Em tal circunstância, o § 1º do artigo 20 do CDC estabelece que "a reexecução dos serviços poderá ser confiada a terceiros devidamente capacitados, por conta e risco do fornecedor". Essa possibilidade de reexecução por terceiros é prevista igualmente no Código Civil (artigo 249).

A opção do consumidor pela reexecução do serviço, assim como seu atendimento pelo fornecedor, não o exime das perdas e danos decorrentes do vício de execução, no que respeita tanto a danos materiais ou morais decorrentes da falha na prestação do serviço.

Da mesma forma, a opção do consumidor pela reexecução do serviço não limita o rol de legitimados passivos para a ação do consumidor. Pouco importa, nesse sentido, quem deveria cumprir originariamente a obrigação em relação ao consumidor. A solidariedade de todos os fornecedores membros da cadeia de fornecimento dá causa a que qualquer um deles seja responsável pelo atendimento à obrigação de reexecução do serviço. Nesse sentido, mesmo quando a obrigação se caracterizar como *intuitu personae*, havendo possibilidade de sua realização por outro que não o fornecedor direto, poderá o consumidor optar, de acordo com seu interesse, pela reexecução por outro integrante da cadeia de fornecimento. Isso porque, a exemplo do que ocorre em matéria de vício do produto, o dever de qualidade a ser observado na prestação do serviço é imputado a todos os membros da cadeia de fornecimento.

A única exceção ao cumprimento do direito do consumidor à reexecução do serviço, quando exercido por este, é a possibilidade objetiva da sua realização (nesse sentido, a expressão "quando cabível" prevista na norma). Sendo possível, assiste ao consumidor o direito de optar, a seu critério, pela reexecução, devendo o fornecedor cumprir com o seu dever de reexecutar previsto por lei.

3.3.5.2   Restituição imediata da quantia paga

A segunda hipótese que assiste ao consumidor em face do vício do serviço é a opção pela restituição imediata da quantia paga, monetariamente atualizada, sem prejuízo de eventuais perdas e danos. Trata-se de extensão para o regime dos vícios do serviço, dos efeitos da ação redibitória em matéria de vícios do produto (artigo 18) e mesmo da disciplina dos vícios redibitórios do Código Civil (artigo 443).

Assim como no regime do vício do produto, também aqui a restituição imediata da quantia paga e correspondente atualização pressupõem o exercício do direito formativo/potestativo extintivo de rescisão do contrato pelo consumidor. Entretanto, ao contrário da situação havida em matéria de vício do produto, em que a rescisão produz, em regra, o retorno ao estado anterior (*status quo ante*), em face da restituição do preço ao consumidor

726 | CURSO DE DIREITO DO CONSUMIDOR – *Bruno Miragem*

e da devolução do produto ao fornecedor, a natureza da prestação em matéria de serviços impede logicamente a "devolução" do serviço, ou seja, o "desfazimento" da prestação.

Nesse sentido, o exame dessa hipótese colocada ao critério de escolha do consumidor merece ser vislumbrada com maior rigor, perante o critério para identificação do vício estabelecido pelo artigo 20, § 2º, do CDC ("São impróprios os serviços que se mostrem inadequados para os fins que razoavelmente deles se esperam, bem como aqueles que não atendam as normas regulamentares de prestabilidade"). Assim, o vício de qualidade ou informação deve ser adequadamente caracterizado, visando identificar, com a maior precisão possível, o não atingimento do fim pretendido pelo consumidor (assim parecem ser os exemplos do taxista que não completa a corrida por falta de combustível, o médico que realiza cirurgia estética reparadora que não repara/corrige deformidade, ou o serviço de *buffet* que se prepara para servir número menor de pessoas que o ajustado inicialmente). Em qualquer caso, note-se, há possibilidade de reclamar a indenização pelos prejuízos causados em face do vício do serviço em questão.

3.3.5.3 Abatimento do preço

O abatimento do preço, assim como a hipótese de restituição de valores, caracteriza a extensão dos efeitos em matéria de vícios do produto (artigo 18) e dos vícios redibitórios do Código Civil (artigo 442), ao regime de vício dos serviços presente no CDC. Trata-se de opção à livre escolha do consumidor para, uma vez caracterizados os vícios redibitórios, exercer pretensão *quanti minoris*, por intermédio de ação estimatória, visando ao abatimento proporcional do valor contratado do serviço. Nesse sentido, do ponto de vista prático, são duas as hipóteses para o consumidor, ao optar pelo exercício da pretensão de abatimento: a) já tendo sido pago o preço ao fornecedor, o direito de restituição da quantia a maior, nos termos do abatimento; b) não tendo sido pago o preço, o direito de deduzir o valor abatido do valor do pagamento, realizando a entrega da quantia restante ao fornecedor.

Assim como referimos quando se examinou o cabimento dessa pretensão na hipótese de vício do produto, a dificuldade principal no que se refere ao abatimento do preço é a determinação do *quantum* a ser abatido, sobretudo em face do cumprimento parcial da prestação pelo fornecedor. Nesse sentido, a identificação da proporção a ser considerada, assim como do valor a ser abatido, deverá observar critérios objetivos de mensuração, seja a pretensão exercida extrajudicialmente, seja por intermédio da ação estimatória, por via judicial. Em qualquer caso, a pretensão de abatimento do preço deve respeitar a proporção entre a parcela da prestação efetivamente cumprida e o comprometimento causado pelo vício do serviço, sem prejuízo do direito à indenização por perdas e danos, quando apurados prejuízos ressarcíveis.

3.3.5.4 Perdas e danos

A indenização de perdas e danos é cabível sempre quando existem danos ressarcíveis, de acordo com o que dispõe o artigo 6º, VI, do CDC, ao consagrar o direito à efetiva prevenção e reparação de danos materiais e morais.

Portanto, as razões que confirmam a possibilidade de indenização das perdas e danos não estão confinadas à hipótese do artigo 20, II, como uma interpretação restritiva erroneamente poderia concluir. A questão principal é identificar a natureza do dever violado, se de adequação (vício do serviço) ou de segurança (fato do serviço), em face da violação da integridade e segurança pessoal e patrimonial do consumidor. Logo, é perfeitamente factível certa conjugação dos regimes sobre o fato e o vício do produto, em razão das circunstâncias que acompanham determinado descumprimento da prestação pelo fornecedor. Assim, o mau cumprimento de determinado contrato, em face de vício de qualidade do serviço, por exemplo, pode reconduzir o consumidor a uma série de danos não estritamente vinculados à não realização da prestação, mas que, em razão desta, foi dado causa a danos à integridade moral e material do consumidor.[296] Nesse sentido são os casos abundantemente decididos pela jurisprudência brasileira com relação aos vícios de qualidade em contratos de transporte aéreo e de turismo,[297] ou de planos de saúde,[298] cuja consequência pode conduzir à caracterização do fato do serviço e ao direito à indenização de danos morais em face do descumprimento da prestação, ensejando, do mesmo modo, a responsabilidade solidária do fornecedor. Há também o caso em que o vício presente no automóvel (vício do produto) dá causa a sucessivas tentativas de conserto malsucedidas pelo consumidor, dando origem a fato do serviço, cujas pretensões podem ser cumuladas.[299]

Um único aspecto a ser considerado, entretanto, diz respeito à responsabilidade dos profissionais liberais, uma vez que, em relação a essa categoria de fornecedores, estabelece-se a distinção mais visível entre os regimes de responsabilidade pelo fato e pelo vício do produto ou do serviço. Conforme já examinamos, em matéria de responsabilidade pelo fato do serviço, os profissionais liberais apenas serão imputados responsáveis mediante verificação de culpa (artigo 14, § 4º, do CDC). No que concerne a vício do serviço, entretanto, não há distinção entre o profissional liberal e outros fornecedores, todos respondendo solidária e objetivamente pela violação do dever de adequação. Nesse sentido, a violação do dever de adequação ou de informação, que não gere danos pessoais ou patrimoniais afora os decorrentes da ausência da prestação, é regida pelo artigo 20 do CDC, logo, pelo regime dos vícios do serviço. Caso contrário, se do descumprimento contratual decorrem danos à pessoa do consumidor, a hipótese parece ser de responsabilidade pelo fato do

---

[296] STJ, REsp 1.673.107/BA, 3ª Turma, Rel. Min. Nancy Andrighi, j. 21.09.2017, *DJe* 02.10.2017. É o que foi reconhecido, igualmente, ao consumidor que adquiriu automóvel de luxo zero quilômetro, e que veio a descobrir tratar-se de veículo avariado e já submetido a serviços de funilaria e pintura para iludir o adquirente: STJ, REsp 1.591.217/SP, 3ª Turma, Rel. Min. Ricardo Villas Bôas Cueva, j. 14.06.2016, *DJe* 20.06.2016.

[297] STJ, REsp 303.379/MA, Rel. Min. Fernando Gonçalves, j. 28.09.2004, *DJU* 18.10.2004; STJ, AgRg no AgRg no Ag 667.472/RJ, Rel. Min. Nancy Andrighi, j. 16.11.2006, *DJU* 04.12.2006. Veja-se, igualmente, o entendimento de: GUIMARÃES, Paulo Jorge Scartezzini. *Dos contratos de hospedagem, de transporte de passageiros e de turismo*. São Paulo: Saraiva, 2007. p. 153-163.

[298] "*Plano de saúde. Abusividade de cláusula. Suspensão de atendimento. Atraso de única parcela. Dano moral. Caracterização*. I – É abusiva a cláusula prevista em contrato de plano de saúde que suspende o atendimento em razão do atraso de pagamento de uma única parcela. Precedente da Terceira Turma. Na hipótese, a própria empresa seguradora contribuiu para a mora, pois, em razão de problemas internos, não enviou ao segurado o boleto para pagamento. II – É ilegal, também, a estipulação que prevê a submissão do segurado a novo período de carência, de duração equivalente ao prazo pelo qual perdurou a mora, após o adimplemento do débito em atraso. III – Recusado atendimento pela seguradora de saúde em decorrência de cláusulas abusivas, quando o segurado encontrava-se em situação de urgência e extrema necessidade de cuidados médicos, é nítida a caracterização do dano moral. Recurso provido" (STJ, REsp 259.263/SP, Rel. Min. Castro Filho, j. 02.08.2005, *DJU* 20.02.2006, p. 330). No mesmo sentido: SCHMITT, Cristiano Heineck. Indenização por dano moral do consumidor idoso no âmbito dos contratos de planos e de seguros privados de assistência à saúde. *Revista de Direito do Consumidor*, São Paulo, v. 51, p. 137-149, 2004.

[299] STJ, REsp 1.982.739/MT, 3ª Turma, Rel. Min. Nancy Andrighi, j. 15.03.2022, *DJe* 21.03.2022.

728 | CURSO DE DIREITO DO CONSUMIDOR – *Bruno Miragem*

produto ou do serviço,[300] regulando-se pelo artigo 14 do CDC,[301] o qual vai se orientar

---

[300] "Plano de saúde. Recusa injustificada de proceder internação em UTI. Coma. Descumprimento de norma contratual a gerar dano moral indenizável. Recurso Especial provido. 1. A recusa injustificada para a internação de associado de Plano de Saúde, em estado de coma, configura abuso de direito e descumprimento de norma contratual, capaz de gerar dano moral indenizável. 2. A angústia experimentada pelo esposo e filhos da paciente, em face do medo de óbito, o temor em não conseguir obter o numerário necessário às despesas de sua internação, acarretando a venda de bem imóvel familiar, caracterizam situações que vão além de mero aborrecimento e desconforto. 3. As cláusulas restritivas ao direito do consumidor devem ser interpretadas da forma mais benéfica a este, não sendo razoável a seguradora se recusar a prestar a cobertura solicitada, principalmente existindo o risco de morte. 4. Recurso especial provido" (STJ, REsp 907.655/ES, 4ª Turma, Rel. Min. Luis Felipe Salomão, j. 02.12.2010, *DJe* 09.12.2010). No mesmo sentido: "Civil. Recurso especial. Indenização. Dano moral. Negativa injusta de cobertura securitária médica. Cabimento. 1. Afigura-se a ocorrência de dano moral na hipótese de a parte, já internada e prestes a ser operada – naturalmente abalada pela notícia de que estava acometida de câncer –, ser surpreendida pela notícia de que a prótese a ser utilizada na cirurgia não seria custeada pelo plano de saúde no qual depositava confiança há quase 20 anos, sendo obrigada a emitir cheque desprovido de fundos para garantir a realização da intervenção médica. A toda a carga emocional que antecede uma operação somou-se a angústia decorrente não apenas da incerteza quanto à própria realização da cirurgia mas também acerca dos seus desdobramentos, em especial a alta hospitalar, sua recuperação e a continuidade do tratamento, tudo em virtude de uma negativa de cobertura que, ao final, se demonstrou injustificada, ilegal e abusiva. 2. Conquanto geralmente nos contratos o mero inadimplemento não seja causa para ocorrência de danos morais, a jurisprudência do STJ vem reconhecendo o direito ao ressarcimento dos danos morais advindos da injusta recusa de cobertura securitária médica, na medida em que a conduta agrava a situação de aflição psicológica e de angústia no espírito do segurado, o qual, ao pedir a autorização da seguradora, já se encontra em condição de dor, de abalo psicológico e com a saúde debilitada. 3. Recurso especial provido" (STJ, REsp 1.190.880/RS, 3ª Turma, Rel. Min. Nancy Andrighi, j. 19.05.2011, *DJe* 20.06.2011). No mesmo sentido: "Civil. Recurso especial. Ação de obrigação de fazer e de compensação de danos morais. Plano de saúde. Tratamento. Doença. Cobertura. Recusa injustificada. Deveres anexos ou laterais. Boa-fé objetiva. Violação. Dano moral. Ocorrência. 1. O propósito recursal é determinar se a negativa da seguradora ou operadora de plano de saúde em custear tratamento de doença coberta pelo contrato tem, por si só, a aptidão de causar dano moral ao consumidor segurado. 2. Embora o mero inadimplemento, geralmente, não seja causa para ocorrência de danos morais, a jurisprudência do STJ vem reconhecendo o abalo aos direitos da personalidade advindos da recusa indevida e ilegal de cobertura securitária, na medida em que a conduta agrava a já existente situação de aflição psicológica e de angústia no espírito do segurado. 3. A recusa indevida e abusiva de cobertura médica essencial à cura de enfermidade coberta por plano de saúde contratado caracteriza o dano moral, pois há frustração da justa e legítima expectativa do consumidor de obter o tratamento correto à doença que o acomete. 4. Existem situações, todavia, em que a recusa não é indevida e abusiva, sendo possível afastar a presunção de dano moral, pois dúvida razoável na interpretação do contrato não configura conduta ilícita capaz de ensejar indenização. 5. O critério distintivo entre uma e outra hipótese é a eventualidade de a negativa da seguradora pautar-se nos deveres laterais decorrentes da boa-fé objetiva, a qual impõe um padrão de conduta a ambos os contratantes no sentido da recíproca colaboração, notadamente, com a prestação das informações necessárias ao aclaramento dos direitos entabulados no pacto e com a atuação em conformidade com a confiança depositada. 6. *In casu*, o tratamento para a doença (neoplasia) por meio de radioterapia teria sido previsto no contrato, e a negativa de cobertura teria sido justificada pelo fato de o método específico de tratamento não estar previsto na lista de procedimentos da Agência Nacional de Saúde. Como a negativa de cobertura não estava expressa e destacada no contrato e como o tratamento seria necessário e indispensável à melhora da saúde, a recusa ao custeio do tratamento mostra-se injusta e decorrente de abuso, violando a justa expectativa da parte, o que revela a existência de dano moral a ser indenizado. 7. Recurso especial conhecido e provido" (STJ, REsp 1.651.289/SP, 3ª Turma, Rel. Min. Nancy Andrighi, j. 06.04.2017, *DJe* 05.05.2017). Ainda: AgRg no AREsp 831.660/CE, 3ª Turma, Rel. Min. Marco Aurélio Bellizze, j. 17.11.2016, *DJe* 25.11.2016.

[301] "*Responsabilidade do fornecedor pelo fato do serviço. Aids. Exame laboratorial que apontou falso positivo.* A responsabilidade civil dos laboratórios por suposto defeito na prestação de serviços sujeita-se à norma disposta no artigo 14 do CDC, que oferece disciplina específica para o assunto. A noção de defeito na Lei 8.078/90 está diretamente relacionada à legítima expectativa de segurança do consumidor e, con-

Parte II • Cap. 3 • RESPONSABILIDADE CIVIL DO FORNECEDOR | **729**

também pela responsabilidade solidária dos membros da cadeia de fornecimento, incluindo, se for o caso, o profissional liberal e outro fornecedor com o qual a prestação de serviço seja conexa (médico e hospital, por exemplo).[302]

---

sequentemente, aos riscos que razoavelmente se esperam de um serviço. Nessa medida, não há como se considerar defeituoso um exame laboratorial que, embora equivocado, adverte em seu resultado a respeito da necessidade de repeti-lo. Informação que se justifica em razão de ser a técnica utilizada no teste sensível e não totalmente específico, podendo ser influenciada por fatores externos, inclusive, pela própria gravidez da apelante. Caracterizada a excludente de responsabilidade prevista no § 3º do artigo 14 do CDC, não há que se cogitar de indenização por danos morais. Apelo improvido" (TJRS, 10ª Câm., ApCiv 70.002.399.590, Rel. Des. Luiz Ary Vessini de Lima, j. 06.12.2001).

[302] "Responsabilidade civil. Danos morais. Lesão traumática não observada pelo médico assistente, neurologista. Laudo traumatológico indicativo de lesão. Não realização de cirurgia. Quadro de dor. Nexo causal demonstrado. Agravo retido prejudicado. Regularidade na representação processual da parte autora. Pré-questionamento. Descabimento. Ausência de afronta à legislação invocada. 1. Conquanto o estabelecimento hospitalar disponibilize suas dependências para o atendimento médico pelo seu corpo clínico, está igualmente se tornando responsável pelos procedimentos que ali vierem a ser adotados, com todas as consequências daí decorrentes. Aliás, a relação havida entre a vítima e o nosocômio era de natureza contratual, de modo que também o estabelecimento requerido obrigou-se pela incolumidade do indivíduo ali internado. E, de tal sorte, assumiu a ré expressa e contratualmente um dever para com o paciente, devendo responder pelos danos advindos em razão de lesão traumática não tratada quando do período de internação do paciente em seu estabelecimento. 2. Hospitais. Responsabilidade objetiva. Para a responsabilização das entidades hospitalares basta a comprovação de um dano como decorrência lógica de uma ação ou omissão imputada aos seus prepostos e/ou representantes. É o que nos diz o artigo 14 do microssistema consumerista. Mais do que isso, o mesmo diploma legal, em seu § 3º, estabelece que o fornecedor somente poderá ilidir sua responsabilidade, que aqui advém pura e simplesmente da má prestação do serviço, mediante a comprovação da inexistência de defeito ou de culpa exclusiva do consumidor. 3. Médico assistente. Em que pese ser o médico responsável pelo paciente especialista em neurologia, teve ele acesso a todos os exames realizados, inclusive traumatológicos, bem como acompanhou sua recuperação, estando ciente do quadro de dor na perna, tendo restado inerte na adoção de providências aptas a restabelecer, com eficiência, a integridade física do paciente. 4. Dever de indenizar. Dano moral. Quadro de dor crônica decorrente do atendimento desidioso ministrado ao paciente quando de sua internação no nosocômio demandado. Dano que decorre do próprio fato. 5. *Quantum*. Montante fixado na sentença, a título de compensação por danos morais, que se mostra consentâneo com os parâmetros de fixação adotados por esta corte. Apelos improvidos. Sentença mantida" (TJRS, 10ª Câm. Civ., ApCiv 70.015.212.483, Rel. Paulo Antônio Kretzmann, j. 15.02.2007). No mesmo sentido: "Civil. Ação de indenização. Erro médico. Responsabilidade solidária do cirurgião (culpa *in eligendo*) e do anestesista reconhecida pelo acórdão recorrido. Matéria de prova. Súmula 7 do STJ. I – O médico-chefe é quem se presume responsável, em princípio, pelos danos ocorridos em cirurgia, pois, no comando dos trabalhos, sob suas ordens e que se executam os atos necessários ao bom desempenho da intervenção. II – Da avaliação fática resultou comprovada a responsabilidade solidária do cirurgião (quanto ao aspecto *in eligendo*) e do anestesista pelo dano causado. Insuscetível de revisão esta matéria a teor do enunciado na Súmula 7 do STJ. III – Recurso não conhecido" (STJ, REsp 53.104/RJ, j. 04.03.1997, Rel. Min. Waldemar Zveiter, *RT* 748/182); e: "Direito civil. Suicídio cometido por paciente internado em hospital, para tratamento de câncer. Hipótese em que a vítima havia manifestado a intenção de se suicidar para seus parentes, que avisaram o médico responsável dessa circunstância. Omissão do hospital configurada, à medida que nenhuma providência terapêutica, como a sedação do paciente ou administração de antidepressivos, foi tomada para impedir o desastre que se havia anunciado. O hospital é responsável pela incolumidade do paciente internado em suas dependências. Isso implica a obrigação de tratamento de qualquer patologia relevante apresentada por esse paciente, ainda que não relacionada especificamente à doença que motivou a internação. Se o paciente, durante o tratamento de câncer, apresenta quadro depressivo acentuado, com tendência suicida, é obrigação de o hospital promover tratamento adequado dessa patologia, ministrando antidepressivos ou tomando qualquer outra medida que, do ponto de vista médico, seja cabível. Na hipótese de ausência de qualquer providência por parte do hospital, é possível responsabilizá-lo pelo suicídio cometido pela vítima dentro de suas dependências. Recurso especial não

3.3.6 Prazo para exercício do direito de reclamar por vícios

Ao lado do regime de vícios do produto e do serviço, o CDC estabelecerá o prazo para que o consumidor exerça seu direito de reclamar por vícios. Nesse sentido, vale relembrar a máxima romana *dormientibus non sucurrit ius* (o direito não socorre aos que dormem). Daí por que foi necessário limitar temporalmente o exercício do direito de reclamação por vícios, a exemplo do que existe em direito comum, sobretudo em vista da necessidade de estabelecer certa previsibilidade e a possibilidade de avaliação dos custos decorrentes do exercício desse direito, e o planejamento da sua atividade empresarial por parte dos fornecedores. Esse prazo fixado em lei para reclamação dos vícios do produto e do serviço é o que se denomina prazo de *garantia legal*.

Quanto à natureza do prazo estabelecido pelo CDC, se seria hipótese de decadência, como refere a norma do artigo 26, ou efetivamente de prescrição, é tema que oferece certo debate.[303] Isso porque, como se sabe, a decadência tem em consideração a existência de um direito potestativo ou formativo que, uma vez exercido pelo titular, produz desde logo sua eficácia na constituição, modificação ou extinção de determinada relação jurídica. De outro modo, como didaticamente hoje está expresso no artigo 189 do CC, a prescrição refere-se à extinção de uma pretensão, cuja origem está na violação de determinado direito subjetivo. Nesse sentido, a exigência do consumidor de uma das alternativas disponíveis a seu favor pelos artigos 18 a 20 do CDC tem sua eficácia dependente do comportamento do fornecedor de atender espontaneamente ou não o interesse manifestado. Assim, depende da cooperação do fornecedor, que, se não for espontânea, poderá ser exigida por via judicial. Contudo, em tais condições, há de reconhecer, a princípio, hipótese que seria de pretensão, logo, os prazos mencionados no artigo 26 do CDC seriam, pela natureza do interesse a que fazem referência, prazos prescricionais. Todavia, ensina Claudia Lima Marques que "a regra do artigo 26 refere-se à decadência de reclamar judicialmente, ou seja, decadência do direito à satisfação contratual perfeita, obstada por um vício de inadequação do produto ou serviço".[304] Não se confunde, portanto, com o prazo prescricional a que se sujeita o consumidor para exercer a pretensão de indenização em decorrência do inadimplemento (incumprimento total ou parcial) do contrato pelo fornecedor.[305]

Conforme refere Leonardo Bessa, a grande crítica, ao tempo da elaboração do CDC, sobre o sistema de vícios redibitórios do Código Civil era a exiguidade do prazo estipulado para o exercício do direito à devolução do valor ou abatimento do preço, visto que a codificação de 1916 estabelecia os prazos de 15 dias para bens móveis e 6 meses para

---

conhecido" (STJ, REsp 494.206/MG, Rel. p/ acórdão Nancy Andrighi, j. 16.11.2006, *DJU* 18.12.2006, p. 361).

[303] Nesse sentido, veja-se: SANTANA, Héctor Valverde. *Prescrição e decadência nas relações de consumo.* São Paulo: Ed. RT, 2002. p. 29 *et seq.*

[304] MARQUES, Claudia Lima; BENJAMIN, Antonio Herman; MIRAGEM, Bruno. *Comentários ao Código de Defesa do Consumidor.* 2. ed. São Paulo: Ed. RT, 2006. p. 418.

[305] STJ, REsp 1.819.058/SP, 3ª Turma, Rel. Min. Nancy Andrighi, j. 03.12.2019; *DJe* 05.12.2019; AgInt no AREsp 2.154.169/RN, 4ª Turma, Rel. Min. Antonio Carlos Ferreira, j. 26.10.2022, *DJe* 03.11.2022; AgInt nos EDcl no AREsp 1.854.621/PR, 4ª Turma, Rel. Min. Raul Araújo, j. 26.10.2022, *DJe* 17.11.2022; AgInt nos EDcl no AREsp 2.014.001/MG, 3ª Turma, Rel. Min. Ricardo Villas Bôas Cueva, j. 24.10.2022, *DJe* 28.10.2022; AgInt no AREsp 1.991.784/SP, 3ª Turma, Rel. Min. Marco Aurélio Bellizze, j. 21.03.2022, *DJe* 24.03.2022.

imóveis[306] (o CC/2002 ampliou esses prazos, respectivamente, para 30 dias e um ano, conforme dispõe o artigo 445). O CDC, por sua vez, optou por distinguir os prazos não a partir da classificação de bens móveis-imóveis, mas pela distinção entre bens *duráveis* e *não duráveis*. O critério é, pois, a durabilidade ou não do bem em questão, o que remonta a questões de interpretação sobre o que se deva considerar como tal.

Da mesma forma, o tipo de solução a ser escolhido pelo legislador também foi considerado. Afinal, duas as soluções legislativas possíveis. De um lado, o simples estabelecimento de um prazo arbitrário – que a princípio começaria a fluir da data da tradição do produto ou da efetiva prestação do serviço – ou a determinação de um prazo, estabelecendo que a sua contagem inicia-se apenas a partir da manifestação do vício. Essa segunda opção terminou sendo a adotada pelo legislador.[307]

A importância da solução legislativa adotada pelo CDC, em comparação ao regime do Código Civil, vem em consideração da ampla proteção conferida pela norma de direito do consumidor em relação aos vícios, sejam eles aparentes ou ocultos. Nesse sentido, independentemente do fato de se constituírem em vícios aparentes ou ocultos, o prazo para reclamação dos vícios são os mesmos. Apenas distingue-se o momento inicial da sua contagem. Sendo o vício aparente, a contagem se dá a partir da tradição do produto, ou da efetiva prestação do serviço ao consumidor (artigo 26, § 1º, do CDC). Tratando-se de vício oculto, ou seja, o vício que apenas se manifesta a partir da utilização ou fruição do produto ou serviço, o termo inicial da contagem do prazo será do momento em que esse vício é descoberto, conforme estabelece o artigo 26, § 3º, do CDC. Destaque-se, contudo, que o vício oculto, para se caracterizar, já deve acompanhar o produto desde antes de sua tradição, assim também o serviço, do momento da sua prestação. Apenas sua manifestação, ou seja, quando se dá a conhecer, é que ocorre posteriormente.[308] Logo, não será vício

---

[306] BESSA, Leonardo Roscoe. Vícios do produto: paralelo entre o CDC e o Código Civil. *In*: PASQUALOTTO, Adalberto; PFEIFFER, Roberto. *Código de Defesa do Consumidor e o Código Civil de 2002*. São Paulo: Ed. RT, 2005. p. 292-293.

[307] Nesse sentido o comentário de: BENJAMIN, Antonio Herman de Vasconcelos e *et al*. *Comentários ao Código de Proteção do Consumidor*. São Paulo: Saraiva, 1991. p. 134.

[308] Adotando uma interpretação extensiva de consumidor, e aplicando o CDC, decidiu o STJ: "Direito do consumidor. Recurso especial. Artigo 177 do CC/16. Ausência de prequestionamento. Súmula 356 do STF. Indenização. Sementes de algodão de qualidade inferior. Vício de qualidade de produto não durável. Prazo para o ajuizamento da ação indenizatória. Artigo 26, I, da Lei 8.078/90. Início da contagem. Vício oculto. Momento em que evidenciado. Artigo 26, § 3º, da Lei 8.078/90. Decadência mantida. Dissídio pretoriano não comprovado. 1. Esta Corte de Uniformização Infraconstitucional tem decidido que, a teor do artigo 255 e parágrafos do RISTJ, para comprovação e apreciação do dissídio jurisprudencial, devem ser mencionadas e expostas as circunstâncias que identificam ou assemelham os casos confrontados, bem como juntadas cópias integrais de tais julgados ou, ainda, citado repositório oficial de jurisprudência. Inocorrendo isto, na espécie, impossível conhecer da divergência aventada. 2. Não enseja interposição de Recurso Especial matéria (artigo 177 do Código Civil de 1916) não ventilada no v. julgado atacado e sobre a qual a parte não opôs os Embargos Declaratórios competentes, estando ausente o prequestionamento. Aplicação da Súmula 356 do STF. 3. Baseando-se o pedido de indenização na ocorrência de vício de qualidade de produto não durável (entrega de sementes de algodão de qualidade inferior à contratada), o prazo decadencial para o ajuizamento da ação é o previsto no artigo 26, I, da Lei 8.078/90. Tratando-se de vício oculto, porquanto na aquisição das sementes ele não era detectável, a contagem do prazo iniciou-se no momento em que aquele se tornou evidente para o consumidor, nos termos do artigo 26, § 3º, da Lei 8.078/90. Logo, o prazo já havia se escoado, há nove meses, quando da propositura da presente ação. Ademais, o prazo prescricional estabelecido no artigo 27 do mesmo diploma legal

732 CURSO DE DIREITO DO CONSUMIDOR – *Bruno Miragem*

oculto eventual diminuição de utilidade, ou mesmo inutilização do produto, ou ainda a falha nos resultados obtidos pela fruição de um serviço, se tais situações decorrerem da má utilização pelo consumidor, ou ainda de causa alheia ao processo de produção e distribuição ou de prestação do produto ou serviço. A prova, entretanto, para exoneração da garantia será sempre do fornecedor, o que muitas vezes poderá determinar a necessidade de uma prova impossível (como caracterizar a má utilização pelo consumidor, a qual não se presume?), hipótese em que responderá pelo vício com fundamento no risco negocial.

A abertura do termo inicial para contagem do prazo dos vícios ocultos não significa, todavia, que a garantia legal seja eterna. Segundo ensina Claudia Lima Marques, a extensão dessa garantia, em relação aos vícios ocultos, será determinada em razão da sua durabilidade, ou seja, da vida útil de determinado produto.[309] Assim, só haverá garantia durante a vida útil do produto, enfraquecendo essa garantia com a passagem do tempo e consequente diminuição desse período de utilidade.[310] A determinação de qual seja esse período, contudo, será tarefa do juiz ao examinar o caso, em vista das características técnicas e da expectativa de utilização razoável de um produto,[311] ou fruição de um serviço.

3.3.6.1 Espécies de prazos

São dois os prazos fixados para a garantia legal contra vícios no CDC. Segundo o artigo 26 do CDC: "O direito de reclamar pelos vícios aparentes ou de fácil constatação caduca em: I – trinta dias, tratando-se de fornecimento de serviço e de produtos não duráveis; II – noventa dias, tratando-se de fornecimento de serviço e de produtos duráveis". Não há uma definição legal para o que sejam produtos e serviços duráveis e não duráveis. Sua caracterização decorre das regras de experiência e da primazia da realidade, considerando-se duráveis aqueles cujas existência e utilidade se projetam no tempo, e não duráveis, quando, em geral, sua existência ou utilidade esgota-se com maior brevidade.

Os prazos de respectivamente 30 dias para bens não duráveis e 90 dias para bens duráveis configuram vantagem para o consumidor em comparação ao regime do Código Civil, à exceção da garantia contra vícios assegurada a bens imóveis. Isso porque, em

---

somente se refere à responsabilidade pelo fato do produto (defeito relativo à falha na segurança), em caso de pretensão à reparação de danos. 4. Precedentes (REsp 114.473/RJ, 258.643/RR). 5. Recurso não conhecido" (STJ, REsp 442.368/MT, 4ª Turma, Rel. Min. Jorge Scartezzini, j. 05.10.2004, *DJU* 14.02.2005, p. 208).

[309] MARQUES, Claudia Lima. *Contratos no Código de Defesa do Consumidor*. 4. ed. São Paulo: Ed. RT, 2003. p. 1.022. Segundo a jurisprudência: STJ, REsp 1.787.287/SP, 3ª Turma, Rel. Min. Ricardo Villas Bôas Cueva, j. 14.12.2021, *DJe* 16.12.2021.

[310] STJ, REsp 1.161.941/DF, 3ª Turma, Rel. Min. Ricardo Villas Bôas Cueva, j. 05.11.2013, *DJe* 14.11.2013.

[311] Nesse sentido, cumpre destacar um debate necessário, mas que foge aos limites exclusivos do direito do consumidor, dizendo respeito ao próprio funcionamento do sistema econômico e a desafios de preservação ambiental, sustentabilidade e gestão de matérias-primas, que é o relativo à estratégia de *obsolescência programada* de muitos produtos, cuja durabilidade e utilidade é reduzida de modo a estimular sua substituição periódica, fomentando novas vendas pelo fornecedor. No caso da garantia contra vícios do produto, o exame deste tema repercute diretamente nos critérios para definir a expectativa de duração razoável desses produtos e a própria definição da noção de vício. Veja-se, a respeito: SCHMIDT NETO, André Perin; CHEVTCHIK, Mellany. Obsolescência programada nas relações de consumo. *Revista de Direito do Consumidor*, São Paulo, v. 134, p. 227-249, mar./abr. 2021.

Parte II · Cap. 3 · RESPONSABILIDADE CIVIL DO FORNECEDOR | **733**

relação aos imóveis, enquanto no CDC sua garantia máxima será de 90 dias (qualifica-dos como produtos duráveis), no Código Civil esse prazo será de um ano (artigo 445), ou ainda, tratando-se de contrato de empreitada, cinco anos, de acordo com o previsto no artigo 618 da mesma norma civil. Há quem sustente, como Zelmo Denari, que deve haver, com relação aos vícios relativos a imóveis, uma distinção entre vícios estruturais (que digam respeito à estrutura e solidez da obra) e vícios não estruturais (que não digam respeito à solidez da obra, mas a outra falha qualquer do construtor). No primeiro caso (vícios estruturais), dever-se-ia aplicar o prazo do Código Civil, enquanto no segundo (vícios não estruturais), dever-se-ia ser aplicar o prazo do CDC.[312] A princípio, diga-se, a norma do artigo 7º, que fundamenta o diálogo das fontes entre o CDC e o Código Civil, permitiria essa interpretação.

Entretanto, esse prejuízo aparente do consumidor em razão da aplicação exclusiva das normas do CDC terá lugar apenas se for considerado o prazo de garantia com relação a vícios aparentes, o que em geral não é o caso em matéria de bens imóveis. Tratando-se de vício oculto, o regime do CDC assegura, como vimos, a fluência do prazo de garantia, que tem seu termo inicial a partir da descoberta do vício, assim como para determinar a abrangência da garantia tem-se em consideração a vida útil do produto, o que no caso de bem imóvel é bastante longeva. Nesse sentido, mesmo em relação aos imóveis, quando se tratar de vício oculto, o regime do CDC parece mais vantajoso ao consumidor, sobretudo se for levada em conta a flexibilidade do termo inicial de contagem do prazo em caso de vício oculto (que inclusive poderá superar, na prática, o prazo de um ou cinco anos previstos na lei civil), assim como a possibilidade de obstar a fluência do prazo, conforme será examinado a seguir.

3.3.6.2 *Causas que obstam a fluência do prazo da garantia*

O artigo 26 admite a interrupção do prazo para exercício do direito de reclamação por vícios, em virtude de duas situações: a reclamação do consumidor perante o forne-cedor; e a instauração de inquérito civil, providência que compete ao Ministério Público. Dispõe, nesse sentido, o artigo 26, § 2º: "Obstam a decadência: I – a reclamação compro-vadamente formulada pelo consumidor perante o fornecedor de produtos e serviços até a resposta negativa correspondente, que deve ser transmitida de forma inequívoca; III – a instauração de inquérito civil, até seu encerramento" (a possibilidade de reclamação perante órgãos e associações de defesa do consumidor, prevista no inciso II da norma, foi vetada por ocasião da promulgação do Código).

Ambas as situações interrompem a fluência do prazo da garantia legal. Observe--se, entretanto, a necessidade de o consumidor instruir adequadamente sua reclamação perante o fornecedor, na forma prevista no inciso I, uma vez que neste é feita expressa referência à circunstância de a reclamação ter sido "comprovadamente formulada", assim como da resposta negativa eventualmente havida. Isso porque, à evidência, o período em que não fluirá o prazo da garantia legal do consumidor será o compreendido entre o

---

[312] DENARI, Zelmo *et al. Código Brasileiro de Defesa do Consumidor comentado pelos autores do anteprojeto.* 8. ed. Rio de Janeiro: Forense, 2005. p. 224-225.

734 CURSO DE DIREITO DO CONSUMIDOR – *Bruno Miragem*

ato da reclamação e a resposta negativa do fornecedor. A falta de algum deles produzirá incerteza quanto ao exato momento em que o prazo passará a ser contado novamente. Assim também com relação à instauração de inquérito civil, pelo Ministério Público, hipótese prevista no inciso III da norma em destaque. A razão para previsão dessa causa impeditiva parece ser o proveito que o consumidor poderá ter com o resultado das providências adotadas pelo Ministério Público na conclusão do inquérito civil, seja em decorrência de um termo de ajustamento ou da interposição de ação civil pública contra o fornecedor que deu causa ao vício.

Por outro lado, questão a ser observada é se as causas previstas no artigo 26, § 2º, configuram hipóteses de suspensão ou interrupção do prazo da garantia legal. Isso porque, se for o caso de suspensão, após a resposta negativa do fornecedor ou o encerramento do inquérito civil pelo Ministério Público, restará ao consumidor apenas o prazo faltante para exercício, via judicial, do seu direito à garantia (assim, por exemplo, com relação a um produto durável, se a reclamação do consumidor perante o fornecedor tiver sido formulada no 85º dia do prazo, após a resposta negativa restariam apenas cinco dias do prazo para exercício do direito à garantia, via judicial). Por outro lado, se tais causas forem interruptivas, após a negativa do fornecedor ou o encerramento do inquérito civil, retornaria o prazo do seu início, contando a partir de então, novamente, todo o prazo previsto na lei. Sustenta Zelmo Denari que a norma em questão tem caráter de causa suspensiva, sobretudo considerando que a norma previu um hiato na fluência dos respectivos prazos (entre a reclamação e a negativa do fornecedor, entre a instauração e encerramento do inquérito civil). Portanto, não teria legislado desse modo, se o objetivo fosse estabelecer causa interruptiva, hipótese em que bastaria prever o ato de interrupção.[313] Por outro lado, a diretriz lógica de proteção do CDC pode determinar as chamadas causas obstativas previstas no artigo 26, § 2º, como hipóteses de interrupção do prazo, em virtude de interpretação mais favorável ao consumidor. Em sentido distinto, vai sustentar Paulo Scartezzini Guimarães, para quem as causas obstativas da fluência do prazo da garantia, previstas no artigo 26, § 2º, do CDC, distinguem-se em relação a sua natureza. Afirma, então, que a hipótese do exercício do direito de reclamação do consumidor em relação ao fornecedor, prevista no inciso I da norma em comento, seria hipótese de interrupção do prazo, porquanto circunstância dependente da atuação concreta do interessado, colhendo a lição de Câmara Leal, para quem as causas interruptivas vinculam-se a atos praticados pelo interessado na paralisação do prazo, enquanto as causas suspensivas dar-se-iam de acordo com fatos objetivos, independentemente da vontade das partes.[314] Assim, a segunda hipótese, de instauração do inquérito pelo Ministério Público, até o seu encerramento, caracterizaria causa suspensiva, porquanto independente da vontade do consumidor interessado.[315]

---

[313] DENARI, Zelmo *et al. Código Brasileiro de Defesa do Consumidor comentado pelos autores do anteprojeto.* 8. ed. Rio de Janeiro: Forense, 2005. p. 229.

[314] CÂMARA LEAL, Antônio Luis. *Da prescrição e da decadência.* 3. ed. Rio de Janeiro: Forense, 1978. p. 173 *apud* GUIMARÃES, Paulo Jorge Scartezzini. *Vícios do produto e do serviço por qualidade, quantidade e insegurança.* Cumprimento imperfeito do contrato. São Paulo: Ed. RT, 2004. p. 397.

[315] GUIMARÃES, Paulo Jorge Scartezzini. *Vícios do produto e do serviço por qualidade, quantidade e insegurança.* Cumprimento imperfeito do contrato. São Paulo: Ed. RT, 2004. p. 397.

3.3.7 Garantia legal e garantia contratual

Como afirmamos, o prazo da garantia legal é aquele previsto em lei para que o consumidor exerça o seu direito de reclamar sobre vícios do produto ou do serviço. Todavia, as práticas de mercado, assim como a concorrência entre os consumidores, fazem com que, ao lado da garantia legal, os próprios fornecedores, de modo espontâneo, ofereçam garantia autônoma para o produto ou serviço fornecido. Para tanto, tornou-se prática em certos setores do mercado brasileiro a oferta de "garantia estendida" e outras vantagens acessórias do produto ou serviço, mediante o pagamento de valor específico pelo consumidor, além do preço a ser pago pela prestação principal do contrato.

Cumpre desde logo distinguir entre ambas as garantias e suas condições. A garantia legal contra vícios, cujos prazos são previstos no artigo 26 do CDC, independe de termo expresso (artigo 24), não podendo ser condicionada ou afastada em virtude de estipulação contratual entre consumidor e fornecedor. Ao contrário, dispõe o artigo 50 do CDC que a garantia contratual é complementar à legal, devendo ser estabelecida mediante termo escrito. Da mesma forma, determina o parágrafo único do artigo 50 que "o termo de garantia ou equivalente deve ser padronizado e esclarecer, de maneira adequada em que consiste a mesma garantia, bem como a forma, o prazo e o lugar em que pode ser exercitada e os ônus a cargo do consumidor, devendo ser-lhe entregue, devidamente preenchido pelo fornecedor, no ato do fornecimento, acompanhado de manual de instrução, de instalação e uso do produto em linguagem didática, com ilustrações".

A regra, nesse sentido, é de que a garantia contratual, uma vez que decorre da manifestação do consenso entre consumidor e fornecedor, pode ser convencionada tanto de modo puro – ou seja, sem a imposição de requisitos ou condições para o consumidor fazer jus ao benefício – quanto de modo condicionado – ou seja, estabelecendo condições para que venha a produzir seus efeitos ou manter seus efeitos durante o tempo contratado. Assim, por exemplo, é a garantia dos automóveis, estabelecida mediante condição ou termo resolutivo (*e.g.*, "garantia por dez mil quilômetros de uso ou um ano, o que ocorrer primeiro"), ou ainda condicionando a que o consumidor realize revisões a cada intervalo determinado nas condições gerais contratuais.[316]

---

[316] No entanto, mesmo essas condições estabelecidas em termo contratual para efeito de assegurar ao consumidor a garantia por prazo definido por consenso têm sua exigência submetida à boa-fé e à razoabilidade, conforme demonstra a jurisprudência do TJRS: "Apelação cível. Responsabilidade civil. Indenização por danos materiais e morais. Veículo automotor. Garantia contratual. Perda. Abusividade no caso concreto. A garantia contratual é regulada pelo art. 50 do Código de Defesa do Consumidor, cujo parágrafo único preceitua que: "O termo de garantia ou equivalente deve ser padronizado e esclarecer, de maneira adequada em que consiste a mesma garantia, bem como a forma, o prazo e o lugar em que pode ser exercitada e os ônus a cargo do consumidor, devendo ser-lhe entregue, devidamente preenchido pelo fornecedor, no ato do fornecimento, acompanhado de manual de instrução, de instalação e uso do produto em linguagem didática, com ilustrações". Em tese, portanto, não se afigura abusiva a imposição de condições para a vigência da garantia contratual, tais como a realização de revisões e manutenções periódicas dentro dos prazos e quilometragens estritamente programados. Na hipótese, porém, foi abusiva a negativa de garantia contratual fundada exclusivamente na realização tardia da revisão dos 90.000 km do veículo automotor. Isso porque, em tese, o motor do veículo automotor deveria ter se mantido íntegro e em funcionamento por pelo menos cinco anos, consoante largamente divulgado pela fabricante, uma vez seguidas as recomendações de fábrica. No caso, todas as revisões foram regularmente efetuadas, sem que qualquer particularidade fosse registrada por parte das concessionárias responsáveis pela revisão. Mesmo

736 | CURSO DE DIREITO DO CONSUMIDOR – *Bruno Miragem*

O importante a ter em consideração é que, quando estabelecida via contrato (garantia contratual), restam à disposição do consumidor duas garantias. A garantia legal, independentemente de termo expresso, e de quaisquer condições de eficácia por parte do consumidor, que produz efeitos desde a data do contrato ou da tradição da coisa; e uma segunda garantia, contratual, cuja eficácia em geral também se produz a partir do momento da contratação e que tem seus efeitos regulados por este. Caberá ao consumidor examinar o interesse de acionar uma das duas garantias, ou melhor, de exercer um ou outro direito à garantia, conforme a espécie de vício e a cobertura oferecida por ambas (por exemplo, a hipótese de a garantia legal excluir a cobertura de vícios do motor).

Por fim, cumpre examinar a relação estabelecida pelo artigo 50 do CDC ao dispor que "a garantia contratual é complementar à legal". Essa relação de complementaridade deu fundamento a entendimento doutrinário e jurisprudencial, no sentido de que os prazos de garantia não iniciariam, necessariamente, sua contagem no mesmo momento, de modo a sobreporem-se, mas sim que o prazo da garantia legal (30 ou 90 dias) só passaria a ser contado após o esgotamento do prazo da garantia contratual.[317] Assim, por exemplo,

---

assim, dois meses após a revisão dos 90.000 km, o motor parou de funcionar, tendo sido constatada, por concessionária da ré, a necessidade de troca da peça. Reunindo-se essas considerações, e atento ao fato de que a necessidade de troca do motor se fez posterior à revisão do veículo em concessionária da fabricante, competia à ré justificar o descabimento da garantia contratual. Desse ônus, porém, não se desincumbiu, limitando-se à formal alegação de descumprimento de condição contratualmente estabelecida para a vigência da garantia. As circunstâncias do caso indicam, portanto, que o problema do motor decorreu de defeito de fabricação, pelo que responde a ré. Procedência do pedido de ressarcimento das despesas para o conserto do veículo. Improcedência, por outro lado, do pedido de indenização por lucros cessantes, tendo em vista que sequer foram demonstrados. Por fim, não procede o pedido de reparação por danos morais, eis que ausente demonstração de violação a direitos da personalidade. Apelo provido em parte" (TJRS, ApCiv 70.073.743.551, 9ª Câmara Cível, Rel. Eugênio Facchini Neto, j. 30.08.2017).

[317] MARQUES, Claudia Lima. *Contratos no Código de Defesa do Consumidor*. 4. ed. São Paulo: Ed. RT, 2003. p. 1.022. Nesse sentido: "Recurso especial. Código de Defesa do Consumidor. Veículo novo. Aquisição. Defeitos não solucionados durante o período de garantia. Prestação jurisdicional deficiente. Responsabilidade solidária do fabricante e do fornecedor. Incidência do artigo 18 do CDC. Decadência. Afastamento. Fluência do prazo a partir do término da garantia contratual. 1. Diversos precedentes desta corte, diante de questões relativas a defeitos apresentados em veículos automotores novos, firmaram a incidência do artigo 18 do Código de Defesa do Consumidor para reconhecer a responsabilidade solidária entre o fabricante e o fornecedor. 2. O prazo de decadência para a reclamação de vícios do produto (artigo 26 do CDC) não corre durante o período de garantia contratual, em cujo curso o veículo foi, desde o primeiro mês da compra, reiteradamente apresentado à concessionária com defeitos. Precedentes. 3. Recurso especial provido para anular o acórdão recorrido" (STJ, REsp 547.794/PR, 4ª Turma, Rel. Min. Maria Isabel Gallotti, j. 15.02.2011, *DJe* 22.02.2011). No mesmo sentido as decisões do TJRS: "Apelação cível. Indenizatória. Consumidor. Defeito do produto. Vício oculto. Prazo e decadência. Exegese dos artigos 18, § 1º, II, 26, II, § 3º, e artigo 50 do CDC. A garantia contratual, determinada pelo próprio fornecedor e de acordo com a sua conveniência, é complementar à garantia legal, consoante a exegese do artigo 50 do CDC. No caso, o vício oculto foi constatado quando expirada a garantia contratual. Todavia, a contagem do prazo decadencial da garantia legal somente teve início com a verificação daquele e, portanto, ao tempo do ajuizamento da demanda, não havia transcorrido o lapso legal previsto no artigo 26, II, § 3º, da legislação consumerista. De outra banda, não merece acolhimento o pleito de indenização por danos materiais e morais, por ausência de efetiva comprovação neste tocante. Apelo provido em parte" (TJRS, ApCiv 70.011.639.291, 12ª Câm. Civ., Rel. Des. Cláudio Baldino Maciel, j. 20.10.2005, *DJ* 07.11.2005). No mesmo sentido: "Ação de reparação de danos. Aquisição de baterias. Vícios de qualidade do produto. Direito à substituição dos bens defeituosos. Legitimidade passiva do comerciante. 1. Responde o comerciante solidariamente por vício de qualidade dos produtos vendidos. 2. A garantia legal, prevista no artigo 26 do CDC, não vem a se confundir com a contratual, qual seja,

Parte II · Cap. 3 · RESPONSABILIDADE CIVIL DO FORNECEDOR | **737**

sendo o prazo da garantia contratual de um produto durável de um ano, somente após o esgotamento desse período é que passaria a ser contado o prazo da garantia legal de 90 dias, somando-se um ano mais noventa dias. Esse critério, embora admitido, sobretudo em vista de sua interpretação favorável ao consumidor, poderia também revelar algumas dificuldades de aplicação prática. Nesse sentido, argumenta-se que, ao se somarem os prazos de garantia, poderia haver dúvida do consumidor sobre qual a espécie de direito exercido (se a garantia contratual ou a garantia legal), e com isso a sujeição ou não do consumidor a eventuais limites desse direito (o que ocorreria no caso de eventuais limitações da garantia contratual). A solução mais adequada, sustentada nessa hipótese, seria a de utilizar-se, no caso dos produtos e serviços duráveis, o critério de vida útil destes com a finalidade de estender os efeitos da garantia legal com relação aos vícios ocultos que eles apresentam.[318]

Note-se, todavia, que a regra básica da relação entre a garantia legal e a garantia contratual é a da não sobreposição dos prazos e do conteúdo das garantias, em atenção ao que dispõe o artigo 50 do CDC,[319] sem prejuízo, naturalmente, de que o prazo da garantia legal possa ser estendido em face da natureza do vício do produto ou do serviço. Se a hipótese for de vício oculto, a contagem do prazo, em atenção ao que dispõe o § 3º do artigo 26, terá seu termo inicial no momento em que se evidenciar o vício, vinculando-se o tempo da eficácia da garantia ao critério da vida útil do produto[320] ou do serviço em questão.

3.4 EXTENSÃO DA RESPONSABILIDADE PATRIMONIAL DO FORNECEDOR

A responsabilidade patrimonial do fornecedor pela reparação dos danos causados aos consumidores é medida pelo conteúdo do direito básico do consumidor à efetiva

---

aquela conferida pelo próprio fornecedor quando da efetivação do negócio. Ambas são cumuláveis e não se excluem, passando aquela a fluir a partir do término desta. Sentença confirmada por seus próprios fundamentos. Recurso improvido" (TJRS, Recurso Cível 71.001.354.331, 1ª Turma Recursal Cível, Rel. Ricardo Torres Hermann, j. 06.11.2007, *DJ* 09.11.2007).

[318] BESSA, Leonardo Roscoe. Vícios do produto: paralelo entre o CDC e o Código Civil. *In*: PASQUALOTTO, Adalberto; PFEIFFER, Roberto. *Código de Defesa do Consumidor e o Código Civil de 2002*. São Paulo: Ed. RT, 2005. p. 297-298.

[319] Nesse sentido foi o voto do Min. Carlos Alberto Menezes Direito no REsp 225.858/SP, de que foi relator o Min. Waldemar Zveiter (REsp 225.858/SP, j. 15.02.2001, *DJ* 13.08.2001): "Ocorre que o artigo 50 do mesmo Código estabelece que a 'garantia contratual é complementar à legal e será conferida mediante termo escrito'. E a interpretação oferecida pelo acórdão recorrido está de acordo com o sistema de proteção ao consumidor. Na verdade, se existe uma garantia contratual de um ano tida como complementar à legal, o prazo de decadência somente pode começar da data em que encerrada a garantia contratual, sob pena de submetermos o consumidor a um engodo com o esgotamento do prazo judicial antes do esgotamento do prazo de garantia. E foi isso que o artigo 50 do Código de Defesa do Consumidor quis evitar". Conforme MARQUES, Claudia Lima; BENJAMIN, Antonio Herman; MIRAGEM, Bruno. *Comentários ao Código de Defesa do Consumidor*. 2. ed. São Paulo: Ed. RT, 2006. p. 687.

[320] "Ação de rescisão contratual, cumulada com reparação de danos materiais. Compra e venda de veículo usado. Alegação de vício oculto. Em se tratando de veículo usado, com 22 anos de fabricação, dele não se pode esperar as mesmas condições de um bem zero quilômetro. Prova dos autos que indica estar-se diante de mero desgaste natural do automóvel, em razão do tempo. Risco que se assume ao celebrar negócios cujo objeto é coisa usada. Inaplicabilidade da tutela da garantia legal do CDC (artigo 18). Recurso improvido" (TJRS, Recurso Cível 71.001.330.513, 2ª Turma Recursal Cível, Rel. Eduardo Kraemer, j. 29.08.2007, *DJ* 30.04.2007).

738 | CURSO DE DIREITO DO CONSUMIDOR – *Bruno Miragem*

reparação de danos, previsto no artigo 6º, VI, do CDC. Nesse sentido, a medida da indenização é a extensão do dano (a exemplo do que dispõe o artigo 944 do CC). O alcance dessa responsabilidade patrimonial é medido em virtude da extensão do dano, razão pela qual o próprio CDC prevê medidas para assegurar a ampla indenização, como é o caso da desconsideração da personalidade jurídica (artigo 28), assim como a identificação, mediante desenvolvimento jurisprudencial, de funções próprias para indenização, como o conteúdo preventivo e dissuasório que assume, sobretudo em matéria de indenização por danos morais.

O regime da responsabilidade do fornecedor estabelecido pelo CDC também tem o efeito de afastar, segundo entendimento jurisprudencial que esteve por largo tempo consolidado, qualquer espécie de tarifamento ou limitação do *quantum* indenizatório,[321] em vista do direito à efetiva reparação. Entretanto, o STF, ao julgar o RE 636.331/RJ – que teve reconhecida sua repercussão geral –, entendeu por dar prevalência à incidência da Convenção de Varsóvia e dos limites que fixa para indenização, no caso de responsabilidade do transportador aéreo, por exemplo, o transporte aéreo internacional de passageiros. Desse modo, afasta a incidência do Código de Defesa do Consumidor nos contratos de transporte aéreo internacional de passageiros, mantendo-a apenas nos casos de transporte aéreo nacional. No julgamento, ficou, então, fixada a tese: "Nos termos do art. 178 da Constituição da República, as normas e os tratados internacionais limitadores da responsabilidade das transportadoras aéreas de passageiros, especialmente as Convenções de Varsóvia e Montreal, têm prevalência em relação ao Código de Defesa do Consumidor".[322] Esse entendimento determina uma exceção à ampla reparabilidade dos danos reconhecida até então pelo direito brasileiro, inclusive com a impossibilidade de limitação *a priori*. Deve ser considerado, contudo, como decisão excêntrica em vista do sistema de responsabilidade pelo fato do produto e do serviço estabelecido pelo CDC e, mesmo, do sistema de responsabilidade civil geral, disciplinado pelo Código Civil. Ademais, o próprio STF delimitou seu entendimento para definir que não se aplicam as

---

[321] "Civil. Transporte aéreo. Carga. Mercadoria. Extravio. Transportador. Indenização integral. CDC. Aplicação. Convenção de Varsóvia. Afastamento. 1. A jurisprudência pacífica da Segunda Seção é no sentido de que o transportador aéreo, seja em viagem nacional ou internacional, responde (indenização integral) pelo extravio de bagagens e cargas, ainda que ausente acidente aéreo, mediante aplicação do Código de Defesa do Consumidor, desde que o evento tenha ocorrido na sua vigência, conforme sucede na espécie. Fica, portanto, afastada a incidência da Convenção de Varsóvia e, por via de consequência, a indenização tarifada. 2. Recurso especial conhecido e provido para restabelecer a sentença" (STJ, REsp 552.553/RJ, Rel. Min. Fernando Gonçalves, j. 12.12.2005, *DJU* 1º.02.2006, p. 561).

[322] "Recurso extraordinário com repercussão geral. 2. Extravio de bagagem. Dano material. Limitação. Antinomia. Convenção de Varsóvia. Código de Defesa do Consumidor. 3. Julgamento de mérito. É aplicável o limite indenizatório estabelecido na Convenção de Varsóvia e demais acordos internacionais subscritos pelo Brasil, em relação às condenações por dano material decorrente de extravio de bagagem, em voos internacionais. 5. Repercussão geral. Tema 210. Fixação da tese: 'Nos termos do art. 178 da Constituição da República, as normas e os tratados internacionais limitadores da responsabilidade das transportadoras aéreas de passageiros, especialmente as Convenções de Varsóvia e Montreal, têm prevalência em relação ao Código de Defesa do Consumidor'. 6. Caso concreto. Acórdão que aplicou o Código de Defesa do Consumidor. Indenização superior ao limite previsto no art. 22 da Convenção de Varsóvia, com as modificações efetuadas pelos acordos internacionais posteriores. Decisão recorrida reformada, para reduzir o valor da condenação por danos materiais, limitando-o ao patamar estabelecido na legislação internacional. 7. Recurso a que se dá provimento" (STF, RE 636.331/RJ, Tribunal Pleno, Rel. Min. Gilmar Mendes, j. 25.05.2017, *DJ* 13.11.2017).

Convenções de Varsóvia e Montreal às hipóteses de danos extrapatrimoniais decorrentes de contrato de transporte aéreo internacional.[323]

Da mesma forma, a regra da solidariedade dos fornecedores em vista do regime de responsabilidade civil do CDC só comporta a exceção dos comerciantes em relação à responsabilidade por fato do produto (artigo 13). Nas demais situações de responsabilidade, a solidariedade dos fornecedores permite ao consumidor dirigir sua pretensão indenizatória contra todos os membros da cadeia de fornecimento. Apenas internamente, nas relações dos fornecedores entre si, é que se vai admitir a possibilidade de ação regressiva daquele que venha a responder perante o consumidor, contra o outro fornecedor que comprovadamente tenha dado causa ao dano.

Esse regime de solidariedade é de grande importância, igualmente, para o exame de algumas excludentes de responsabilidade estabelecidas no próprio CDC, sobretudo em vista da impossibilidade de individualizar muitas vezes a conduta causadora do dano, remetendo à teoria da causalidade alternativa.[324] Assim, ao se estabelecer no regime da responsabilidade pelo fato do produto ou do serviço a culpa exclusiva de terceiro, como espécie de excludente, em nenhum momento poderá ser qualificado como terceiro qualquer dos membros da cadeia de fornecimento, ainda que não tenha relação direta com o fornecedor demandado pela indenização. Nesse sentido, há expressão de vedação de denunciação à lide do presumido causador do dano, em face da regra do artigo 88 do CDC, que estabelece, na hipótese de o demandado realizar o pagamento da indenização, poder reclamar, via ação de regresso, os valores pagos dos reais causadores do dano, segundo a participação de cada um na causação do evento danoso.

No que se refere à responsabilidade pelo vício do produto ou do serviço, a responsabilidade solidária de todos os fornecedores, estabelecida pelos artigos 18 a 20 do CDC, impõe a possibilidade de demandar indistintamente qualquer deles, resolvendo-se internamente, mediante a verificação da culpa, a viabilidade e a legitimidade passiva dos demais membros da cadeia de fornecedores.

3.4.1 Funções da indenização no CDC

Um dos temas mais controvertidos no direito contemporâneo diz respeito às funções da indenização. Em regra, como expressa influência do direito romano e da influência do conceito de justiça comutativa, a indenização sempre teve caráter eminentemente reparatório, de reconstituição do patrimônio jurídico afetado, nos estritos limites do

---

[323] "Direito civil. Responsabilidade civil. Danos extrapatrimoniais decorrentes de contrato de transporte aéreo internacional. Inaplicabilidade do Tema 210 da repercussão geral. Distinção. Não incidência das normas previstas na Convenções de Varsóvia e Montreal. Questão constitucional. Potencial multiplicador da controvérsia. Repercussão geral reconhecida com reafirmação de jurisprudência. Recurso extraordinário a que se nega provimento. 1. O entendimento da Corte de origem não diverge da jurisprudência do Supremo Tribunal Federal, no sentido de que a aplicação dos limites das Convenções de Varsóvia e de Montreal, definida no julgamento do Tema 210 da repercussão geral, está adstrita aos casos de indenização por danos materiais. 2. Recurso extraordinário não provido. 3. Fixada a seguinte tese: Não se aplicam as Convenções de Varsóvia e Montreal às hipóteses de danos extrapatrimoniais decorrentes de contrato de transporte aéreo internacional" (STF, RE 1.394.401/SP – Repercussão Geral, Tribunal Pleno, Rel. Min. Rosa Weber, j. 15.12.2022, *DJ* 03.03.2023).

[324] CALVÃO DA SILVA, João. *Responsabilidade civil do produtor*. Coimbra: Almedina, 1990. p. 579.

prejuízo causado, de modo a promover um retorno ao estado anterior à realização do dano (*status quo ante*). Entretanto, a gradativa aceitação, pelo direito privado, da possibilidade de indenização de novos danos, imateriais (danos morais, ou extrapatrimoniais) e, portanto, sem definição de um critério mensurável para identificação de um *quantum* pecuniário que cumprisse a função reparatória, pôs em crise sua utilidade como único paradigma da indenização.

Nesse âmbito de inúmeras espécies de danos a serem indenizados estão *dano à pessoa, dano moral, dano à saúde, dano ao projeto de vida* e tantos outros. Conforme expressa definição legal e constitucional em nosso sistema, a tutela desses direitos reclamou a adoção de novas funções para a indenização, em vista da tutela integral da pessoa.[325] Em primeiro lugar, foi construída e desenvolvida a *função compensatória* da indenização, partindo do pressuposto de que, tendo sofrido um dano que, conceitualmente, é irreparável, cumpre à pessoa o direito de receber, via indenização, um conforto material de natureza pecuniária, de modo a permitir, na impossibilidade fática da reparação, uma compensação pelo dano sofrido.[326]

No entanto, em paralelo à consideração sobre as limitações e a incapacidade[327] de a função reparatória abranger todo o sentido e finalidade da indenização, a identificação de novos danos, cuja repercussão não se perceba com gravidade em nível individual, mas cuja projeção, por repetições em indefinidas vezes, gera sensível prejuízo a grupos ou espaços

---

[325] Nesse sentido Ricardo Lorenzetti, para quem a pessoa humana, ao passar ao centro do ordenamento jurídico, torna o princípio do centralismo do homem verdadeiro 'princípio ativo' do direito privado, que deve operar no sentido de promover sua proteção (LORENZETTI. Ricardo. *Fundamentos de direito privado*. São Paulo: Ed. RT, 1998. p. 145).

[326] "Civil. Responsabilidade civil. Acidente de veículo. Desprendimento da banda de rodagem do pneu. Causa única do acidente. Falecimento dos pais de dois dos autores e do filho da outra autora. Responsabilidade objetiva do CDC. Culpa comprovada nas instâncias anteriores com base nas provas dos autos. Valor indenizatório. Pedido de elevação requerido pelos autores. Pedido de redução requerido pela ré. Pensão mensal. Arbitramento. Décimo terceiro salário. Ambos os recursos não comportam conhecimento no que toca à alínea 'a' do permissivo constitucional. Alegações genéricas de violação dos preceitos e equívoco na fixação do *quantum*. Súmula 284 do STF. Cumpridos os requisitos do artigo 541, parágrafo único, do CPC e do artigo 255 do RISTJ, os dois recursos devem ser conhecidos quanto ao dissídio jurisprudencial. A alteração do montante indenizatório pelo STJ somente é possível nas restritas hipóteses em que fixado de forma irrisória ou exagerada. Precedentes. Valores arbitrados pelo STJ em decisões anteriores prestam-se como parâmetro para fixação do *quantum*, inexistindo tarifação ou tabelamento de danos morais. O pedido de elevação da quantia para R$ 7.500.000,00 para cada autor, fundado em reportagem de jornal acerca de acordo firmado no exterior é despropositado. Em tais casos, a indenização não pode representar enriquecimento sem causa dos autores. Diante da excepcionalidade da espécie e após análise detida de critérios como condições sociais e econômicas das partes, elevado grau de culpa da ré, gravidade da ofensa, sofrimento dos autores e desestímulo à reincidência, o valor fixado para cada autor (R$ 1.000.000,00) deve ser reduzido, não em valores numéricos, mas apenas para determinar que a correção se opere a partir desta decisão. Os valores fixados a título de pensões alimentícias devem ser alterados. De acordo com os critérios de prudência e moderação, as pensões mensais são arbitradas em 10 (dez) salários mínimos para Cícero, 10 (dez) salários mínimos para Betina e 5 (cinco) salários mínimos para Juvelina. A não inclusão da décima terceira parcela nas pensões mensais fundou-se no conjunto fático-probatórios dos autos, cuja alteração esbarra na Súmula 7/STJ. Recurso especial da Bridgestone conhecido e parcialmente provido; recurso especial de Juvelina conhecido e parcialmente provido; recurso especial de Cícero e de Betina não conhecido" (STJ, REsp 1.036.485/SC, 3ª Turma, Rel. Min. Nancy Andrighi, j. 18.12.2008, *DJe* 05.03.2009).

[327] Assim observa igualmente: PINTO MONTEIRO. *Cláusula penal e indenização*, p. 663.

Parte II · Cap. 3 · RESPONSABILIDADE CIVIL DO FORNECEDOR | **741**

supraindividuais como a comunidade, o mercado, os consumidores, entre outros, dá causa à necessidade de readequar a possibilidade de indenização também a esses danos.

Examinando o fenômeno, Antônio Junqueira de Azevedo denominou o que considera ser uma nova categoria de danos indenizáveis, os *danos sociais*. A indenização desses danos, por sua vez, tem por fim não a simples majoração eventual do *quantum* indenizatório, em vista da intensidade da culpa ou simplesmente em razão da capacidade econômica do ofensor, mas sim a fixação de uma indenização não com o intuito de punição, e sim de prevenção. Ensina, então, que "a pena tem em vista um fato passado, enquanto que o valor de desestímulo tem em vista um comportamento futuro".[328] Nesse sentido, sustenta que os danos sociais, porquanto afetam a sociedade, causando lesões no seu nível de vida, são causa de indenização punitiva, por dolo ou culpa grave, e de indenização dissuasória, se decorrerem de atos de pessoa jurídica, que tragam uma queda na qualidade de vida da população.[329]

É certo que a sustentação de funções dissuasórias ou punitivas à indenização enfrenta uma série de críticas em nosso sistema, entre as quais a mais comum remete à constatação de que se trata de uma importação indevida de soluções jurisprudenciais do direito norte-americano e, portanto, desvinculadas de nossa experiência jurídica.[330] Todavia, não se desconhecem situações em que, por expressa consagração jurisprudencial, sobretudo tratando-se de danos morais ou extrapatrimoniais, os critérios usualmente adotados para configuração da função punitiva da indenização,[331] como o grau de culpa do ofensor, a

---

[328] AZEVEDO, Antônio Junqueira. Por uma nova categoria de dano da responsabilidade civil: o dano social. *In*: FILOMENO, José Geraldo Brito *et al*. *O Código Civil e sua interdisciplinaridade*. Os reflexos do Código Civil nos demais ramos do direito. Belo Horizonte: Del Rey, 2004. p. 370-377.

[329] AZEVEDO, Antônio Junqueira. Por uma nova categoria de dano da responsabilidade civil: o dano social. *In*: FILOMENO, José Geraldo Brito *et al*. *O Código Civil e sua interdisciplinaridade*. Os reflexos do Código Civil nos demais ramos do direito. Belo Horizonte: Del Rey, 2004. p. 376.

[330] Nesse sentido posicionam-se: MARTINS-COSTA, Judith; PARGENDLER, Mariana. Usos e abusos da função punitiva. As *punitive damages* no direito brasileiro. *Revista do Centro de Estudos Judiciários*, Brasília, n. 28, p. 15-32, jan./mar. 2005. Em sentido contrário, veja-se, dentre outros, a sólida argumentação de: FREITAS FILHO, Roberto; LIMA, Thalita Moraes. Indenização por dano extrapatrimonial com função punitiva no direito do consumidor. *Revista de Direito do Consumidor*, São Paulo, v. 87, p. 93 e ss., maio/jun. 2013.

[331] "Apelação cível. Recurso adesivo. Responsabilidade civil. Direito do consumidor. Acidente de consumo. Estilhaçamento de vidro de azeitonas ao abrir. Danos material, moral e estético. Indenização devida. Tratando-se de relação de consumo, é objetiva a responsabilidade do fornecedor – no caso a importadora – pelo fato do produto que não oferece a segurança que dele se espera, a ela incumbindo o ônus de demonstrar que não colocou o produto no mercado, a inexistência de defeito do produto ou a culpa exclusiva do consumidor (artigos 6º, VIII, e 12, § 3º, do CDC). Responde, assim, a empresa importadora das azeitonas consumidas pelo autor, pelo estouro do frasco, causando corte profundo e cicatriz no consumidor. Incabível a aplicação da multa prevista no artigo 1.538 do CCB/1916 em matéria de responsabilidade por ilícito civil. Os danos materiais não se presumem, sendo impositiva sua comprovação (artigo 333, I, do CPC), não bastando, para tal, meras alegações. Perda de movimentos não comprovada pelo autor e, via de consequência, não demonstrada a necessidade de tratamento, no particular. Evidenciada a necessidade de cirurgia estética reparadora, contudo defere-se a indenização material atinente ao tratamento que deverá ser realizado, a ser apurada em liquidação de sentença. As reparações por danos estético e moral, mesmo entendido aquele como corolário deste, podem ser cumuladas, ainda quando derivados de um mesmo fato, se inconfundíveis suas causas e passíveis de apuração em separado. Arbitramento de verba autônoma para o dano estético comprovado, levando em consideração tanto o caráter compensatório como o caráter inibitório-punitivo da indenização. Apelação

repercussão do dano e a necessidade de desestímulo na repetição da conduta, são adotados para o fim de quantificar a indenização.[332]

Em direito do consumidor, entretanto, a par das discussões sobre o cabimento da função punitiva ou satisfativa[333] da indenização em direito privado, parece estar consagrada, via artigo 6º, VI, do CDC, uma função preventiva da indenização. Isso porque, ao estabelecer como direito básico do consumidor a prevenção de danos, o CDC não confina essa prevenção a providências materiais de diminuição ou eliminação de riscos de produtos e serviços no mercado de consumo, o que pela lógica seria objetivo impossível de ser alcançado.

A prevenção de danos prevista no artigo 6º, VI, do CDC, dada a eficácia irradiante das normas relativas aos direitos básicos do consumidor, é fundamento para, no âmbito das ações de responsabilidade civil, a tarefa de fixação do *quantum* indenizatório considere igualmente essa função de desestímulo. Não são poucos os exemplos de danos de massa que, sendo cometidos a milhares de consumidores, não adquirem uma repercussão patrimonial individual que estimule o consumidor a demandar ressarcimento. Contudo, considerada a soma desses pequenos danos individuais, chega-se a valores de grande vulto. A solução tradicional, via indenização de caráter ressarcitório, permitiria ao fornecedor que comete o ilícito a planejar e mensurar o risco mais alto na hipótese de insucesso, que é a devolução dos valores cobrados indevidamente, no máximo em dobro,[334] ou a reparação dos danos causados. Em certo sentido, essa visão tradicional pode servir inclusive de incentivo à atuação ilícita ou abusiva do fornecedor, porquanto este verifica que nem todos os consumidores perceberiam o prejuízo sofrido e, entre estes, um número ainda menor levaria adiante pretensão indenizatória contra o fornecedor. Daí por que a adoção de uma função preventiva da indenização responde a tais situações,[335] ainda que, na prática, sua utilidade seja mais bem percebida em relação à indenização dos danos morais ou extrapatrimoniais, nos quais a falta de um critério de mensuração da indenização dá a chance de aplicação concreta da função preventiva, via majoração, a esse título, das indenizações fixadas. No tocante aos danos patrimoniais, todavia, a adoção da função preventiva da indenização, mesmo tratando-se de relação de consumo, é observada com

---

parcialmente provida, desprovido o recurso adesivo" (TJRS, 9ª Câm. Civ., ApCiv 70.005.093.257, Rel. Des. Adão Sérgio do Nascimento Cassiano, j. 17.12.2003).

[332] SANTANA, Héctor Valverde. *Dano moral no direito do consumidor*. São Paulo: Ed. RT, 2009. p. 189.

[333] A expressão satisfativa aqui adotada no sentido de punição, em vista da satisfação da vítima em vista do seu senso de justiça, pela imposição de indenização gravosa ao ofensor. Nesse sentido a lição de Bernd-Rudiger Kern, ao referir que a jurisprudência alemã procura não admitir expressamente a natureza punitiva, sobretudo da indenização por danos pessoais, em razão de possível semelhança reconhecida com a pena criminal. Contudo, ao apontar um alegado caráter satisfativo, na hipótese da indenização por danos pessoais não há como deixar de reconhecer um significado punitivo (KERN, Bernd-Rüdiger. A função de satisfação na indenização do dano pessoal. Um elemento penal na satisfação do dano?. *Revista de Direito do Consumidor*, São Paulo, v. 33, p. 9-32, jan./mar. 2000).

[334] CARVALHO DE ALMEIDA, Luiz Cláudio. A repetição do indébito em dobro no caso de cobrança indevida de dívida oriunda de relação de consumo como hipótese de aplicação dos *punitive damages* no direito brasileiro. *Revista de Direito do Consumidor*, São Paulo, v. 54, p. 161-172, abr./jun. 2005.

[335] Assim no direito francês, veja-se a tese de Guégan-Lécuyer, assinalando a necessidade de um direito especializado, com instrumentos processuais e respostas específicas para a indenização dos danos de massa: GUÉGAN-LÉCUYER, Anne. *Dommages de masse et responsabilité civile*. Paris: LGDJ, 2006. p. 450 *et seq.*

Parte II · Cap. 3 · RESPONSABILIDADE CIVIL DO FORNECEDOR | **743**

reservas, em vista da existência de um critério explícito para mensuração do *quantum* indenizatório, que é o valor da perda economicamente avaliável do consumidor.

O microssistema do CDC, ao estabelecer o direito à prevenção de danos, adota, em nosso entendimento, uma nova função preventiva para indenização, cuja finalidade de desestímulo à repetição da conduta deve ser mensurada pelo juiz, no caso concreto, visando à promoção do direito básico do consumidor previsto no artigo 6º, VI, do CDC.

3.4.2 Desconsideração da personalidade jurídica

A desconsideração da personalidade jurídica compreende o afastamento dos efeitos da limitação de responsabilidade patrimonial dos sócios ou administradores da sociedade, em certas hipóteses excepcionais, em relação às obrigações contraídas por ela.[336] Sua origem é casuística, inicialmente na jurisprudência norte-americana,[337] por intermédio da via especial da *equity,*[338] para um universo de casos que abrangem desde a definição da competência jurisdicional para decidir sobre pretensões deduzidas por pessoas jurídicas a partir dos interesses concretos dos seus sócios (*Bank of United States v. Deveaux*, 1809), a tutela do interesse dos credores de obrigações da pessoa jurídica (*Salomon v. Salomon e Cia Co.*, 1897),[339] inclusive para alcançar o patrimônio dos sócios, até o respeito à finalidade para a qual a pessoa jurídica foi constituída (*United States v. Lehigh Valley*

---

[336] Para um exame detalhado, veja-se: MIRAGEM, Bruno. *Teoria geral do direito civil*. Rio de Janeiro: Forense, 2021. p. 286 e ss.

[337] A exata compreensão das origens da desconsideração da personalidade jurídica no *common law* não pode deixar de atentar para o próprio caráter pragmático sobre o que seja a pessoa jurídica e o fenômeno da personificação, do que é ilustrativo o conhecido estudo de John Dewey, e sua fórmula sintética de que a pessoa jurídica "signifies what law makes it signify": DEWEY, John. The historic background of corporate legal personality. *Yale Law Journal*, v. 35, p. 655 e ss., 1926.

[338] DOBSON, Juan M. *El abuso de la personalidad jurídica en el derecho privado*. 2. ed. Buenos Aires: DePalma, 1991. p. 134 *et seq*; DOBSON, Juan M. Lifting the veil in four countries: The law of Argentina, England, France and the United States. *International and Comparative Law Quarterly*, v. 35, n. 4, p. 839-863, 1986.

[339] O caso *Salomon v. Salomon e Cia Co.*, julgado definitivamente, no Reino Unido, em 1897, tornou-se exemplo paradigmático da desconsideração da personalidade jurídica na *common law* em todo o mundo. Tratou-se de sociedade empresária constituída por Aron Salomon, em 1892, tendo como sócios seus cinco filhos e a sua esposa. Aron Salomon, como pessoa física, transferiu fundo de comércio equivalente a 20 mil libras, equivalente a 1 libra cada ação, para que pudesse exercer suas atividades. Em troca, a sociedade constituiu Aron como seu credor privilegiado, em especial no caso de ela se tornar insolvente. Tendo enfrentado dificuldades nos anos seguintes, tornou-se insolvente, sendo submetida à liquidação. Na oportunidade, verificou-se que, diante do privilégio de Aron, os bens da sociedade seriam utilizados para satisfazer seu crédito, de modo que nenhum dos demais credores receberiam quaisquer valores, na ausência de patrimônio remanescente para este fim. Isso leva a que, em 1895, a Corte de Apelação entendeu pela ausência de boa-fé de Aron Salomon ao constituir a sociedade, desvirtuando a própria finalidade da constituição da pessoa jurídica prevista na legislação (em especial, o *Companies Act*, de 1862). Desse modo, decidiu pela desconsideração da personalidade jurídica para que os bens pessoais de Aron Salomon pudessem servir à satisfação dos demais credores da sociedade. Essa decisão, contudo, foi revertida pela *House of Lords*, que privilegiou a interpretação restrita da lei que autorizava a constituição da sociedade nestes termos. A força do caso, contudo, mantém-se até hoje, sendo a decisão da Corte de Apelação paradigma para a desconsideração da personalidade jurídica (ou o "levantamento do véu" da pessoa jurídica, *Piercing the Corporate Veil*) na jurisprudência da *common law*. Veja-se: PICKERING, Murray A. The company as a separate legal entity. *The Modern Law Review*, v. 31, n. 5, p. 481-511, set. 1968.

744 CURSO DE DIREITO DO CONSUMIDOR – *Bruno Miragem*

Road Co., 1911).[340] O objetivo determinante da desconsideração, nesses casos, associa-se à prevenção da fraude[341] e à preservação do interesse público.

No direito europeu, a desconsideração da personalidade jurídica surge também a partir da casuística jurisprudencial, que desafia o próprio tratamento unitário do tema,[342] em especial enfrentando a limitação da responsabilidade perante a confusão do patrimônio e dos interesses dos sócios e das sociedades limitadas. A partir da obra de Rolf Serick (*Rechtsreform und Realität juristischer Person*, 1955)[343] que a sistematização do instituto da *Durchgriff* no direito alemão consolida-se na hipótese de responsabilização dos sócios e administradores pelas obrigações assumidas pela sociedade, de modo a afastar a limitação prevista em seus atos constitutivos, quando houver abuso ou fraude no exercício da atividade da pessoa jurídica (critério subjetivo para a desconsideração, compreendendo seu elemento intencional). O trabalho de Serick influenciou a jurisprudência posterior, em especial pela formação de casos da constituição de sociedades com capital social em valor inferior ao necessário para o exercício das atividades sociais (subcapitalização, *Unterkapitalisierung*),[344] e a confusão das esferas patrimoniais das pessoas jurídicas e daqueles que a integram (*Sphärenvermischung*),[345] ao que se acrescenta a própria proteção a terceiros em face do abuso da personalidade jurídica, que gradualmente se vincula à noção objetiva de desconformidade de atuação da pessoa jurídica com a finalidade para a qual foi constituída (*objektiv-zweckwidrge Verwendung der juristichen Person*).[346] Para tanto, contribui a crítica à teoria de Serick, feita a partir da compreensão de que a desconsideração da personalidade jurídica deve ter lugar não apenas nas situações em que caracterizada a fraude, mas igualmente em situações nas quais se identifique diferenciação em relação à finalidade das normas jurídicas aplicáveis, no caso em que a limitação de responsabilidade possa comprometer certa finalidade relevante, em vista das funções desempenhadas pela pessoa jurídica.[347]

---

[340] O caso *United States v. Lehigh Valley Road* envolvia sociedade empresária cujo objeto social vinculava-se à exploração do transporte ferroviário. Essa sociedade, contudo, realizava o transporte de carvão de uma mina de propriedade de outra sociedade da qual era sócia majoritária. Legislação superveniente proibiu que uma mesma empresa realizasse as duas atividades em comum (o transporte interestadual) ao que a *Leigh Valley Road* alegou tratar-se de pessoas jurídicas distintas, entendimento que, contudo, não foi acolhido pela Corte, cuja compreensão foi a de reconhecer um dever da sociedade de não abusar de seu poder como sócia de outra pessoa jurídica cujos bens transporta, de modo a confundir os negócios de ambas as sociedades a ponto de se tornarem indissociáveis.

[341] Assim no caso *Booth v. Bunce*, de 1865, em que o tribunal de Nova York destaca a proibição a que a pessoa jurídica possa servir como meio de fraudar credores legítimos. Assim já identificava em obra original de 1927: WORMSER, Isaac Maurice. *Disregard of corporate fiction and allied corporation problems*. Reprinted. Washington: Beard Books, 2000. p. 47-49.

[342] SCHMIDT, Karsten. *Gesellschaftsrecht*. 4. Auf. Köln: Carl Heymanns, 2002. p. 219 e ss.

[343] SERICK, Rolf. *Rechtsreform und Realität juristischer Person*. Ein rechts-vergleichender Beitrag zur Frage des Durchgriffs auf die Personen oder Gegenstände hinter der juristischen Person. Berlin: Walter de Gruyter, 1955. Na tradução italiana: *Forma e realtà della persona giuridica*. Milano: Giuffrè, 1966. Influente, do mesmo modo, foi o estudo, no direito italiano, de: VERRUCOLI, Piero. *Il superamento de la personalità giuridica della società di capitali nella "Common Law" e nella "Civil Law"*. Milano: Giuffrè, 1964.

[344] SCHMIDT, Karsten. *Gesellschaftsrecht*. 4. Auf. Köln: Carl Heymanns, 2002. p. 240 e ss.

[345] SCHMIDT, Karsten. *Gesellschaftsrecht*. 4. Auf. Köln: Carl Heymanns, 2002. p. 234 e ss.

[346] SCHMIDT, Karsten. *Gesellschaftsrecht*. 4. Auf. Köln: Carl Heymanns, 2002. p. 222.

[347] Em especial, a resenha crítica de: MÜLLER-FREIENFELS, Wolfram. Zur Lehre vom sogenannten Durchgriff bei juristischen Personen in Privatrecht. *Archiv für die civilistische Praxis*, 156 Bd, H. 6, p.

Parte II · Cap. 3 · RESPONSABILIDADE CIVIL DO FORNECEDOR | **745**

No direito brasileiro, o artigo de Rubens Requião, de 1969,[348] introduz a teoria aos debates jurídicos, sendo logo admitida na jurisprudência para permitir a responsabilização dos sócios de pessoas jurídicas que tenham agido de má-fé em prejuízo da própria sociedade ou de terceiros. Passou então a merecer larga acolhida em nosso direito, sem ter sido, entretanto, positivada no direito privado durante pelo menos duas décadas. Desenvolveram-se, contudo, soluções em outras disciplinas jurídicas, que, de certo modo, visavam alcançar os efeitos da *disregard doctrine*, com a responsabilização dos sócios e administradores em relação a determinadas obrigações. Será o caso do previsto no artigo 2º, § 2º, da Consolidação das Leis do Trabalho, nos artigos 134, *caput*, VII, e 135, III, do Código Tributário Nacional, assim como o artigo 116 da Lei das Sociedades Anônimas, Lei 6.404/1976, e inclusive no tocante à liquidação extrajudicial de instituições financeiras[349].

A razão do surgimento e da existência, nos contornos atuais, da pessoa jurídica é, além da constituição de uma formação orgânica para realização de uma atividade, a separação entre a pessoa dos que a constituem e sua própria personalidade. O princípio da separação da pessoa jurídica da pessoa de seus sócios ou constituintes (*societas distat a singuli*) comporta dois aspectos: a separação *subjetiva* da pessoa jurídica, pela qual sua personalidade não se confunde com a de seus sócios, e a separação *objetiva*, segundo a qual não se confundem o patrimônio da pessoa jurídica e o de seus sócios. Essas características, ao tempo em que auxiliavam, e mesmo estimulavam o desenvolvimento da atividade econômica, uma vez que limitavam os riscos de quem se dispunha a empreender e para tanto constituía uma pessoa jurídica, por outro lado, deram ensejo a diversas espécies de abusos, ou seja, de mau uso ou irregularidades realizadas pelos sócios e administradores.

Passou, então, a merecer larga acolhida em nosso direito, sem ter sido, entretanto, positivada durante pelo menos duas décadas. A previsão normativa da desconsideração da personalidade jurídica só foi realizada, em direito privado, pelo CDC em 1990, que

---

522-543, 1957. No direito brasileiro, veja-se, para detalhes, a culta exposição de: SALOMÃO FILHO, Calixto. *O novo direito societário*. 4. ed. São Paulo: Malheiros, 2011. em especial p. 241 e ss.

[348] REQUIÃO, Rubens. Abuso de direito e fraude através da personalidade jurídica (*disregard doctrine*). *Revista dos Tribunais*, São Paulo, v. 410, p. 12, dez. 1969.

[349] "Direito processual civil e comercial. Desconsideração da personalidade jurídica de instituição financeira sujeita à liquidação extrajudicial nos autos de sua falência. Possibilidade. A constrição dos bens do administrador é possível quando este se beneficia do abuso da personalidade jurídica. A desconsideração não é regra de responsabilidade civil, não depende de prova da culpa, deve ser reconhecida nos autos da execução, individual ou coletiva, e, por fim, atinge aqueles indivíduos que foram efetivamente beneficiados com o abuso da personalidade jurídica, sejam eles sócios ou meramente administradores. O administrador, mesmo não sendo sócio da instituição financeira liquidada e falida, responde pelos eventos que tiver praticado ou omissões em que houver incorrido, nos termos do art. 39, Lei 6.024/74, e, solidariamente, pelas obrigações assumidas pela instituição financeira durante sua gestão até que estas se cumpram, conforme o art. 40, Lei 6.024/74. A responsabilidade dos administradores, nestas hipóteses, é subjetiva, com base em culpa ou culpa presumida, conforme os precedentes desta Corte, dependendo de ação própria para ser apurada. A responsabilidade do administrador sob a Lei 6.024/74 não se confunde a desconsideração da personalidade jurídica. A desconsideração exige benefício daquele que será chamado a responder. A responsabilidade, ao contrário, não exige este benefício, mas culpa. Desta forma, o administrador que tenha contribuído culposamente, de forma ilícita, para lesar a coletividade de credores de uma instituição financeira, sem auferir benefício pessoal, sujeita-se à ação do art. 46, Lei 6.024/74, mas não pode ser atingido propriamente pela desconsideração da personalidade jurídica. Recurso especial provido" (REsp 1.036.398/RS, 3ª Turma, Rel. Min. Nancy Andrighi, j. 16.12.2008, *DJe* 03.02.2009).

em seu artigo 28 determinou sua possibilidade quando em benefício do consumidor.[350] O Código Civil de 2002, seu artigo 50, também previu a hipótese de desconsideração da personalidade jurídica. Ambas as normas, contudo, não coincidem em seus pressupostos e efeitos, razão pela qual passamos a examiná-las.

3.4.2.1   A desconsideração da personalidade jurídica no direito civil

A noção de desconsideração da personalidade jurídica é ampla e pode compreender justamente todas as situações em que não se tomem em conta os efeitos da personificação da sociedade, como é o caso da que se refere à distinção entre a pessoa dos sócios e a da sociedade para extensão de efeitos atributivos ou restritivos de direitos (p. ex., a proibição de concorrência ao sócio que se estenda à sociedade da qual faz parte, ou a boa-fé subjetiva do sócio que pode aproveitar à sociedade).[351]

No direito brasileiro, contudo, desenvolve-se prioritariamente a desconsideração da personalidade jurídica visando excetuar as regras de separação patrimonial e limitação da responsabilidade obrigacional, a partir da combinação das situações em que se tenha presente ao menos um dos dois critérios definidos, de *confusão patrimonial* ou de *desvio de finalidade*. Esses critérios receberão diferentes ênfases na doutrina,[352] o que, todavia, termina superado pelo texto do artigo 50 do Código Civil de 2002, que a eles endereçará idêntica importância como critério para caracterizar o "abuso da personalidade jurídica".

A redação original do artigo 50 do Código Civil dispunha que bastava para caracterizar o abuso da personalidade jurídica a demonstração do desvio de finalidade ou a confusão patrimonial, de modo que a eficácia de limitação da responsabilidade determinada pela personificação pudesse ser afastada "para certas e determinadas relações de obrigações".

A recepção da desconsideração da personalidade jurídica pela doutrina brasileira, antes de sua consagração pela lei, observou certa diversidade quanto aos seus fundamentos. Com a progressiva previsão legislativa, desde a regra do artigo 50 do Código Civil de 2002, assim como em outras normas especiais, é certo considerá-la como técnica que se perfaz a partir da aplicação de hipóteses legais específicas, embora não seja possível afastar-se completamente de certo caráter casuístico na concreção dos conceitos legais em vista do exame dos fatos pelo intérprete/juiz. Sustenta a boa doutrina que "a vantagem da desconsideração é exatamente a flexibilidade que permite modelar a separação

---

[350]   Em outras disciplinas jurídicas, já estavam presentes, no direito brasileiro, normas que, de certo modo, buscavam alcançar os efeitos da *disregard doctrine*, com a responsabilização dos sócios e administradores em relação a certas espécies de obrigação, como é o caso do artigo 2º, § 2º, da CLT, os artigos 134, *caput*, e VII, e 135, III, do CTN, assim como o artigo 116 da Lei das Sociedades Anônimas, Lei 6.404/1976.

[351]   Entre outros exemplos mencionados por Calixto Salomão Filho, que designa tais casos como desconsideração atributiva, vertendo à língua portuguesa a expressão *Zurechnungsdurchgriff*: *O novo direito societário*. 4. ed. São Paulo: Malheiros, 2011. p. 244.

[352]   Registre-se o entendimento de Fábio Konder Comparato, valorizando a configuração do abuso na hipótese de desvio da função da pessoa jurídica (COMPARATO, Fábio Konder. *O poder de controle na sociedade anônima*. 3. ed. Rio de Janeiro: Forense, 1983). José Lamartine Corrêa de Oliveira, por sua vez, também registra o desvio da finalidade da pessoa jurídica, contudo assinalando que sua principal função é a separação do patrimônio (CORRÊA DE OLIVEIRA, José Lamartine. *A dupla crise da personalidade jurídica*. São Paulo: Saraiva, 1979. p. 263).

Parte II · Cap. 3 · RESPONSABILIDADE CIVIL DO FORNECEDOR | **747**

patrimonial".[353] Afinal, é praticamente impossível a previsão exaustiva das hipóteses específicas de abuso da personalidade jurídica,[354] razão pela qual sua enunciação legal não perde o caráter exemplificativo, o que dá razão para compreendê-la como espécie de método que atenua a eficácia da separação patrimonial, presentes as condições previstas em lei. Seu caráter de exceção, porém, deve ser reconhecido,[355] submetendo-se as hipóteses legais à interpretação restritiva.[356]

A crítica a uma interpretação ampliativa das hipóteses de desconsideração, a ponto de comprometer as próprias finalidades da técnica de personificação e da definição da pessoa jurídica (sua autonomia pessoal e patrimonial),[357] influenciou a modificação do artigo 50 do Código Civil pela Lei 13.874/2019 (Lei da Liberdade Econômica), trazendo à definição legal novos pressupostos para sua aplicação.

Dispõe o artigo 50, *caput*, do Código Civil: "Art. 50. Em caso de abuso da personalidade jurídica, caracterizado pelo desvio de finalidade ou pela confusão patrimonial, pode o juiz, a requerimento da parte, ou do Ministério Público quando lhe couber intervir no processo, desconsiderá-la para que os efeitos de certas e determinadas relações de obrigações sejam estendidos aos bens particulares de administradores ou de sócios da pessoa jurídica beneficiados direta ou indiretamente pelo abuso".

São dois os pressupostos originais a que se refere a regra, caracterizando o abuso da personalidade jurídica, que é a causa legal reconhecida para a desconsideração: a) a demonstração de desvio de finalidade ou de desvio de finalidade; e b) o prejuízo dos credores, que fundamenta pretensão para requerer a desconsideração. A redação original da norma indicava a extensão dos efeitos de certas e determinadas relações de obrigações, genericamente, aos administradores ou sócios da pessoa jurídica. A nova redação do artigo, de 2019, acrescentou a limitação dos efeitos da desconsideração aos bens particulares

---

[353] SALOMÃO FILHO, Calixto. *O novo direito societário*. 4. ed. São Paulo: Malheiros, 2011. p. 263.

[354] FRANCESCHELLI, Vincenzo; LEHMANN, Michael. Superamento della personalitá giuridica e societá collegate: sviluppi di diritto continentale. *In*: FRANCESCHELLI, Vincenzo; LEHMANN, Michael. *Responsabilitá limitata e gruppi di societá*. Milano: Giuffrè, 1987.

[355] REQUIÃO, Rubens. Abuso de direito e fraude através da personalidade jurídica (*disregard doctrine*). *Revista dos Tribunais*, São Paulo, v. 410, p. 17, dez. 1969; LÔBO, Paulo Luiz Netto. *Direito civil*: parte geral, p. 184; PEREIRA, Caio Mário da Silva. *Instituições de direito civil*. 28. ed. Rio de Janeiro: Forense, 2015. v. 1, p. 281; TEPEDINO, Gustavo. Notas sobre a desconsideração da personalidade jurídica. *In*: TEPEDINO, Gustavo (org.). *Diálogos sobre o direito civil*. Rio de Janeiro: Renovar, 2008. p. 21; CORRÊA DE OLIVEIRA, José Lamartine. *A dupla crise da personalidade jurídica*. São Paulo: Saraiva, 1979. p. 609; JUSTEN FILHO, Marçal. *Desconsideração da personalidade societária no direito brasileiro*. São Paulo: Ed. RT, 1987. p. 60; GONÇALVES, Oksandro. *Desconsideração da personalidade jurídica*. Curitiba: Juruá, 2004. p. 166; DINIZ, Maria Helena. *Curso de direito civil brasileiro*. 24. ed. São Paulo: Saraiva, 2007. v. 1, p. 306; FARIAS, Cristiano Chaves de; ROSENVALD, Nelson. *Curso de direito civil*. São Paulo: Atlas, 2015. v. 1, p. 401;

[356] Nesse sentido orienta-se, também, o Enunciado 146, da III Jornada de Direito Civil, do Centro da Justiça Federal/Superior Tribunal de Justiça: "Nas relações civis, interpretam-se restritivamente os parâmetros de desconsideração da personalidade jurídica previstos no art. 50 (desvio de finalidade social ou confusão patrimonial)".

[357] Um inventário das desvantagens da extensão da desconsideração da personalidade jurídica em sentido amplo e extensão da responsabilidade de sócios e administradores das pessoas jurídicas no direito brasileiro é feito, sob a perspectiva da análise econômica do direito, por: SALAMA, Bruno Meyerhof. *O fim da responsabilidade limitada no Brasil*: história, direito e economia. São Paulo: Malheiros, 2014. p. 384 e ss.

de administradores ou de sócios da pessoa jurídica *"beneficiados direta ou indiretamente pelo abuso".* Em outras palavras, para além da presença dos pressupostos que autorizam a desconsideração, sua extensão estará limitada, nas relações civis e empresariais, aos administradores ou sócios que tenham se beneficiado em razão do abuso. Essa limitação, por um lado, justifica-se em razão da variabilidade da estrutura interna das diferentes pessoas jurídicas, em especial quanto à participação dos sócios nas vantagens que podem decorrer do abuso da personalidade jurídica. O exemplo ilustrativo é o da associação recreativa ou desportiva que conta com milhares de associados, na qual ocorrem situações de desvio de finalidade ou confusão patrimonial. Cogitar-se que o patrimônio pessoal de todos os associados deva responder pelas obrigações contraídas pela associação, sem que tenham participado dos atos que implicaram a confusão patrimonial ou o desvio de finalidade, tampouco se beneficiado em razão deles, seria um excesso flagrante. Limitar os efeitos da desconsideração àqueles que tenham se beneficiado dos atos que caracterizam o abuso da personalidade jurídica, entretanto, conduz a mais um ônus dos credores que pretendem reconhecê-la para eventual satisfação de seus créditos, que é a demonstração de quem terá sido beneficiado por ela.

Refere-se a norma aos que tenham sido beneficiados direta ou indiretamente pelo abuso. Há situações típicas que se podem enquadrar sem dificuldade, como é o caso do sócio ou administrador em favor de quem o patrimônio da pessoa jurídica tenha servido para satisfazer suas dívidas particulares; ou nas situações de fraude, em que a pessoa jurídica sirva para desviar o patrimônio, de modo a frustrar credores dos sócios ou administradores, o que evidencia o benefício. Daí para diante, não apenas a circunstância do desvio de finalidade ou da confusão patrimonial será suficiente para dirigir a pretensão creditória contra determinados administradores ou sócios, exigindo-se também a demonstração do benefício direta ou indiretamente relacionado com o abuso.

Trata-se de um novo critério para a extensão dos efeitos da técnica de desconsideração, a partir do resultado dos atos que caracterizam o abuso da personalidade jurídica. Ao delimitar-se a legitimidade da pretensão creditória apenas em relação aos beneficiados pelo abuso, dissociam-se com mais vigor as posições dos administradores e dos sócios, associados ou instituidores, conforme o caso. Como se sabe, os administradores nem sequer precisam ser sócios, associados ou instituidores. Não integram necessariamente a relação jurídica que decorre da constituição da pessoa jurídica (associativa ou societária), porém, pelo exercício dos poderes de administração, podem dar causa às situações que autorizam a desconsideração, beneficiando-se ou não. Há situações em que é exclusiva a posição do administrador, como na fundação, em que não há relação pessoal orgânica com a pessoa jurídica (afinal, o instituidor, tendo-a criado, não preserva, por isso, relação jurídica com a fundação instituída). Por sua vez, sócios ou associados nas respectivas sociedades ou associações a que integrem podem ou não participar da administração. Naquelas de maior porte, é, em regra, que, embora tenham direitos de participação e deliberação coletiva, não possuam poderes de administração, que por suas características conferem-se apenas a alguns. Nesses casos, a extensão da responsabilidade pelas obrigações da pessoa jurídica ao patrimônio particular dos sócios ou associados encontra limite na exigência de demonstração do benefício obtido pelos atos que caracterizam o abuso (desvio de finalidade ou confusão patrimonial).

Parte II · Cap. 3 · RESPONSABILIDADE CIVIL DO FORNECEDOR | **749**

A exigência de benefício direto ou indireto de administradores ou sócios cujo patrimônio pessoal possa vir a responder pelas obrigações da pessoa jurídica, no caso de desconsideração, conduz à necessidade de precisão do conceito. Quando se refere ao benefício direto do administrador ou sócio, o que se pressupõe é a relação direta entre uma das causas da desconsideração (desvio de finalidade ou confusão patrimonial) como causa ou consequência da satisfação de interesse específico e determinável destes cujo patrimônio se deva alcançar. O mesmo não ocorre, entretanto, quando se cogita do benefício indireto, para o que a noção de interesse dos sócios e administradores possa ser estendida conforme o caso. Pode, em tese, abranger as vantagens econômicas que tenha a pessoa jurídica e venham a ser distribuídas ou favorecer sócios que não intervenham na administração, nem tenham qualquer participação no ato que dá causa à desconsideração. A eficácia da desconsideração da personalidade jurídica nos casos de benefício indireto de sócios ou administradores deve compreender não apenas a identificação precisa de uma vantagem daqueles cujo patrimônio pessoal possa vir a responder pelas obrigações, mas também essa vantagem deve se vincular, ainda que indiretamente, à situação que se caracteriza como de desvio de finalidade ou confusão patrimonial. Não é de admitir presunção em desfavor do sócio ou administrador, mais uma vez considerando que a desconsideração, nesse caso, constitui exceção à autonomia patrimonial da pessoa jurídica. O ônus de demonstrar o benefício indireto decorrente do desvio de finalidade ou confusão patrimonial será do titular da pretensão a quem aproveita a desconsideração.

Tomada a desconsideração da personalidade jurídica como técnica legislativa com o objetivo de relativizar a separação objetiva e subjetiva da pessoa jurídica e daqueles que a criam, administram ou integram, há situações distintas a que a lei estenderá efeitos de relações obrigacionais de que sejam parte a própria pessoa jurídica ou seus sócios e administradores (no caso da desconsideração inversa), de modo a alcançar o patrimônio de pessoas que originalmente não participem delas. Resulta, assim, de mera eficácia de lei, sem vinculação necessária com abuso ou fraude.[358]

O Código Civil, nesse caso, dispõe apenas de uma dessas situações, que é aquela na qual ocorre o abuso da personalidade jurídica, a saber, o exercício irregular da autonomia privada de sócios ou administradores, que, ao criarem ou exercerem os poderes de administração da pessoa jurídica, não respeitam as funções para as quais é prevista pelo ordenamento jurídico e para o que deve servir a técnica de personificação. Em outros termos, a autonomia patrimonial das pessoas jurídicas fundamenta-se em determinado modelo de distribuição dos riscos de sua atividade, pelas pessoas que a constituem ou integram, especialmente para proteção de seus patrimônios individuais em relação à própria ruína pessoal. Quando esse modelo de distribuição de riscos é violado, porque os sócios ou administradores fazem uso da pessoa jurídica de modo diverso, caracteriza-se o abuso que autoriza a desconsideração, ou seja, porque utilizam a pessoa jurídica em

---

[358] COMPARATO, Fábio Konder. *O poder de controle na sociedade anônima*. 3. ed. Rio de Janeiro: Forense, 1983. p. 284; COELHO, Fábio Ulhoa. *Desconsideração da personalidade jurídica*. São Paulo: Ed. RT, 1989. p. 63, embora não mais em seu *Curso de direito comercial*. São Paulo: Saraiva, 1999. v. 2, p. 44. Exigindo a fraude: TEPEDINO, Gustavo; BARBOZA, Heloísa Helena; MORAES, Maria Celina Bodin de. *Código Civil interpretado conforme a Constituição da República*. Rio de Janeiro: Renovar, 2004. v. 1, p. 128-129.

violação da lei, ou de deveres expressamente assumidos pelas partes, ou com fraude em prejuízo de terceiros.[359]

Essa noção de abuso da personalidade jurídica consolidou-se na necessidade de demonstração de situações características, a saber: a) o desvio de finalidade; ou b) a confusão patrimonial. Tais situações abrangem tanto aquelas em que a pessoa jurídica desenvolve sua atuação em contraste com a finalidade para a qual foi formalmente constituída quanto aquelas em que o efeito jurídico da separação entre os patrimônios da pessoa jurídica e de seus sócios ou administradores é contraposto à realidade, em que no exercício de suas atividades não se percebe essa distinção – muitas vezes em razão de má administração ou mesmo pela atuação dolosa dos sócios ou administradores, opera-se a confusão de patrimônios. Desse modo, as obrigações constituídas pela pessoa jurídica servem diretamente ao interesse ou à vantagem de seus administradores ou sócios; ou o inverso, as obrigações que constituam em seu favor administradores ou sócios têm as vantagens direcionadas à pessoa jurídica com o objetivo de dificultar que sejam alcançados por eventuais interessados (credores, p. ex.)

Note-se que, em sua origem, seja a noção de abuso do direito propriamente dita, seja a do abuso da personalidade jurídica em específico, admitiu-se uma vertente subjetiva, a exigir a demonstração do dolo.[360] Essa orientação, todavia, foi superada pela corrente objetiva,[361] consagrada, inclusive, na interpretação do artigo 187 do Código Civil, que exigirá para a caracterização a demonstração de contrariedade ao ordenamento jurídico, sendo desnecessário perquirir sobre o dolo daquele que assim atuou.[362] Mais recentemente, a redação original da Medida Provisória 881/2019, que veio a ser convertida na Lei 13.874/2019 (Lei da Liberdade Econômica), previa no texto do § 1º, incluído no artigo 50 do Código Civil, ao definir o desvio de finalidade, que este se caracterizava pela "utilização dolosa" da pessoa jurídica, retomando a adesão à corrente subjetiva em relação ao abuso da personalidade jurídica. Cogitar-se o dolo como característica do abuso enfrenta dois óbices: um *dogmático*, considerando a interpretação prevalente da noção de abuso independentemente da vontade do titular do direito ou posição jurídica em questão, em

---

[359] SERICK, Rolf. *Rechtsreform und Realität juristischer Person*. Ein rechts-vergleichender Beitrag zur Frage des Durchgriffs auf die Personen oder Gegenstände hinter der juristischen Person. Berlin: Walter de Gruyter, 1955. p. 203.

[360] Na origem, SERICK, Rolf. *Rechtsreform und Realität juristischer Person*. Ein rechts-vergleichender Beitrag zur Frage des Durchgriffs auf die Personen oder Gegenstände hinter der juristischen Person. Berlin: Walter de Gruyter, 1955. p. 38 e ss. Na jurisprudência brasileira, veja-se: EREsp 1.306.553/SC, 2ª Seção, Rel. Min. Maria Isabel Gallotti, j. 10.12.2014, *DJe* 12.12.2014.

[361] Em relação à desconsideração da personalidade jurídica, a concepção objetiva, que prescinde do dolo firma-se sobre vários fundamentos, tais como a própria teoria do escopo das normas, formulada na Alemanha por Wolfram Müller-Freienfels que, ao negar o caráter absoluto da separação patrimonial atinente à pessoa jurídica, indicava que as normas que a consagram podem ser afastadas por outras cuja finalidade implique a tutela de interesses legítimos, como é o caso da tutela de credores prejudicados (MÜLLER-FREIENFELS, Wolfram. Zur Lehre vom sogenannten Durchgriff bei juristischen Personen in Privatrecht. *Archiv für die civilistische Praxis*, 156 Bd, H. 6, p. 522 e ss., 1957). Da mesma forma, não é incomum o recurso à boa-fé e à proibição do comportamento contraditório como fundamento da desconsideração, ou ao próprio abuso do direito em sua concepção objetiva tal como consagrada no direito brasileiro (art. 187 do Código Civil).

[362] MIRAGEM, Bruno. *Abuso do direito*. Ilicitude objetiva e limite ao exercício de prerrogativas jurídicas no direito privado. 2. ed. São Paulo: Ed. RT, 2013. p. 196.

Parte II · Cap. 3 · RESPONSABILIDADE CIVIL DO FORNECEDOR | **751**

praticamente todos os quadrantes do direito (assim, p. ex., o abuso de posição dominante, o abuso de autoridade ou o próprio abuso do direito); outro *pragmático*, uma vez que a exigência de demonstração do dolo, a toda evidência, representaria um ônus da prova excessivo e de difícil realização a quem viesse a requerer a desconsideração, com o risco de tornar a regra inócua. Tais razões parecem ter sido observadas pelo legislador, que refutou o texto original da medida provisória no ponto, deixando de se referir ao dolo para definir o desvio de finalidade.

A definição legal do *desvio de finalidade* (artigo 50, § 1º, do Código Civil) assim ficou estabelecida: "Para os fins do disposto neste artigo, desvio de finalidade é a utilização da pessoa jurídica com o propósito de lesar credores e para a prática de atos ilícitos de qualquer natureza".

Tal como se afirmou, a redação do § 1º do artigo 50 do Código Civil permite interpretações contraditórias. Não se ignora que a menção ao *"propósito de lesar credores"* possibilita que se siga dando guarida à concepção subjetiva, uma vez que restringe o desvio de finalidade a utilização da pessoa jurídica para fraudar a garantia patrimonial geral ou especial dos credores. É a figura que no direito alemão vem se denominando de intervenção destrutiva dos administradores ou sócios que compromete a própria existência da pessoa jurídica (*Existenzvernichtungshaftung*),[363] como no caso de alienação do seu patrimônio por valor manifestamente inferior ao real.[364] A parte final da norma, contudo, quando se refere à "prática de atos ilícitos de qualquer natureza", torna abrangente a definição, propiciando a compreensão de que, havendo a utilização da pessoa jurídica para a prática de atos ilícitos, configura-se o desvio de finalidade que dá causa à desconsideração da personalidade jurídica. Nessa parte, porém, os termos abrangentes em que redigida a norma admite a pergunta se qualquer ato ilícito praticado pela pessoa jurídica (afinal refere-se a "atos ilícitos de qualquer natureza") comportaria a desconsideração da personalidade jurídica. Seria o caso em que a pessoa jurídica se tornasse inadimplente ou causasse um dano, por exemplo, derivando obrigações de ilícitos, a elas não se imporia a separação patrimonial ou a limitação de responsabilidade prevista em lei. Só a técnica legislativa deficiente na redação da norma explica esse alcance que não tem acolhimento em qualquer fundamento histórico ou dogmático associado à desconsideração da personalidade jurídica.

A leitura correta é a de que caracteriza o desvio de finalidade a utilização da pessoa jurídica para a prática de atos ilícitos, logo, exige a anormalidade da atuação da pessoa jurídica para fins diversos dos quais ela foi constituída, que se substituem, na realidade, pela prática de atos ilícitos. O que não se confunde com os atos ilícitos cuja ocorrência se dá na atuação ordinária, de acordo com os riscos inerentes a sua atividade, hipótese em que não se poderá dizer que a pessoa jurídica está sendo utilizada para a prática de atos ilícitos, mas que em razão de sua atuação normal poderá praticá-los. Traduzindo em exemplos, caracterizará desvio de finalidade e, consequentemente, abuso da personalidade

---

[363] Veja-se, em especial, o caso "Trihotel", julgado pelo Segundo Senado do BGH (*Bundesgerichtshof*, Corte Federal Alemã), II ZR 3/04, de 16.07.2007, cuja íntegra está disponível em: http://juris.bundesgerichtshof.de.

[364] BGH, II ZR 252/10, de 23.04.2012, com fundamento no §826 do BGB, que imputa a responsabilidade pela reparação de danos causados por violação aos bons costumes.

jurídica a hipótese em que a pessoa jurídica sirva para ocultar ou dissimular a natureza, origem, localização, disposição, movimentação ou propriedade de bens, direitos ou valores provenientes de infrações penais (crime de "lavagem de dinheiro"), uma vez que será instrumentalizada para esse fim que é distinto daquele para o qual foi constituída. Por outro lado, não se cogita de abuso da personalidade jurídica, como regra, quando a pessoa jurídica comete ilícitos abrangidos pelo risco comum à atividade que desenvolve, como são os casos de inadimplemento contratual ou de danos causados, a cuja reparação se obrigue. Nesse sentido, por exemplo, é a orientação da Súmula 430 do Superior Tribunal de Justiça: "O inadimplemento da obrigação tributária pela sociedade não gera, por si só, a responsabilidade solidária do sócio-gerente".

Da mesma forma, tem relevância a regra do § 5º do artigo 50 do Código Civil, ao dispor que: "Não constitui desvio de finalidade a mera expansão ou a alteração da finalidade original da atividade econômica específica da pessoa jurídica". Embora possa ser acusado de tautologia, o sentido da norma é pedagógico. Dirige-se às pessoas jurídicas com fins econômicos (as sociedades), cuja atividade econômica específica se expressa, como regra, em seu objeto social. Pode ocorrer que, no desenvolvimento ordinário de suas atividades, oportunidades de negócio ampliem o âmbito de atuação da sociedade, ou ainda determinem sua modificação. Trata-se de curso normal da atividade econômica, que deverá ser oportunamente objeto de alteração do respectivo objeto social, mas que por isso não implica desvio da finalidade com o efeito da desconsideração. *Desvio de finalidade* é expressão cujo sentido vincula-se, sobretudo, à instrumentalização da pessoa jurídica de modo disfuncional e contrário aos fins para os quais o ordenamento jurídico prevê a constituição de pessoas jurídicas e reconheceu sua criação em determinada situação concreta.

Por sua vez, a *confusão patrimonial* ocorre quando dissociam-se a autonomia patrimonial, que é efeito da constituição da pessoa jurídica, e a realidade da sua atuação, em situações nas quais os administradores ou sócios se utilizam do patrimônio da pessoa jurídica para satisfação de obrigações das quais não é ela a devedora, ou quando venham a utilizar da pessoa jurídica de modo a transferir-lhe patrimônio pessoal com o fim, geralmente, de escapar à pretensão de terceiros. Em outros termos, na confusão patrimonial, há sempre a dissociação entre determinada realidade fática de uso, gozo e disposição de bens que integram certo patrimônio por quem não seja necessariamente seu titular. Há uma infinidade de situações típicas, especialmente identificadas pela jurisprudência, tanto no direito brasileiro quanto nos sistemas jurídicos estrangeiros, o que levou o legislador a pretender uma definição cujos méritos rivalizam com suas imperfeições.

Define o artigo 50, § 2º, do Código Civil: "Entende-se por confusão patrimonial a ausência de separação de fato entre os patrimônios, caracterizada por: I – cumprimento repetitivo pela sociedade de obrigações do sócio ou do administrador ou vice-versa; II – transferência de ativos ou de passivos sem efetivas contraprestações, exceto os de valor proporcionalmente insignificante; III – outros atos de descumprimento da autonomia patrimonial". Optou o legislador por enunciar hipóteses em caráter exemplificativo, uma vez que o inciso III expressamente faz referência a "outros atos de descumprimento da autonomia patrimonial", permitindo a concreção da norma em vista de situações específicas, nas quais se desrespeite a separação entre o patrimônio da pessoa jurídica e o de seus administradores ou sócios.

O § 2º do artigo 50 do Código Civil expressa o elemento nuclear da definição, que é a ausência da separação de fato entre os patrimônios da pessoa jurídica e de seus administradores ou sócios. Nas hipóteses apresentadas nos incisos é que surgirão os problemas que devem ser bem compreendidos e superados pelo intérprete e aplicador da norma. Nos incisos I e II, há situações específicas, quais sejam a de "cumprimento repetitivo pela sociedade de obrigações do sócio ou do administrador ou vice-versa", o que sinaliza a existência de confusão, uma vez que o patrimônio da pessoa jurídica, que deve servir à realização dos fins para os quais ela foi constituída, acaba sendo desviado para a satisfação de obrigações de interesse exclusivo dos administradores ou sócios; ou ainda o inverso, quando estes venham a satisfazer as obrigações de que é devedora a pessoa jurídica. A definição legal registra a necessidade de reiteração e, portanto, de pluralidade de atos que repetidamente caracterizam esse cumprimento de obrigações por aquele que não é seu devedor originário. A rigor, contudo, nada impede que tal cumprimento de obrigação não se dê repetida ou reiteradamente, mas apenas uma vez, desde que seja o suficiente para comprometer a própria existência da pessoa jurídica ou a garantia geral de seus credores. A segunda hipótese definida na lei, de transferência de ativos ou de passivos sem efetivas contraprestações, ressalvados os de valor proporcionalmente insignificante, também merece reparo em seus termos. Afinal, a confusão patrimonial não resultará do fato da transferência de ativos ou passivos sem contraprestações, o que pode ocorrer regularmente por eventual deliberação dos sócios, sem que isso implique o comprometimento da existência da pessoa jurídica ou a garantia dos credores. O que tornará abusivo e poderá caracterizar a confusão patrimonial é a situação em que há transferência do patrimônio da pessoa jurídica a sócios, administradores, e mesmo instituidores (no caso de fundação) ou quaisquer terceiros sem que exista uma causa jurídica que o justifique. Não se cogita confusão patrimonial, nesses termos, quando uma sociedade delibera pela distribuição de lucros ou dividendos, ou mesmo na redução do seu patrimônio social e sua distribuição aos sócios, desde que isso não prejudique sua regular atuação, ou quaisquer direitos de terceiros, uma vez que há, em todos esses casos, causa jurídica para transmissão, ainda que sem contraprestação direta, o que não se exige.

A desconsideração da personalidade jurídica pressupõe o requerimento do interessado (a parte ou o Ministério Público, quando lhe couber intervir no processo), que, para demonstrar que é titular de interesse jurídico que legitima sua pretensão, necessariamente deverá caracterizar a existência de prejuízo em razão dos atos de desvio de finalidade ou confusão patrimonial.

3.4.2.2 *A desconsideração da personalidade jurídica no CDC*

A desconsideração da personalidade jurídica é prevista no artigo 28 do CDC com duas funções básicas: de sanção pelo uso da pessoa jurídica para prática de atos ilícitos genericamente considerados; e como garantia do consumidor ao ressarcimento

754 | CURSO DE DIREITO DO CONSUMIDOR – *Bruno Miragem*

de seus prejuízos.[365] O artigo 28 do CDC estabelece uma larga relação de hipóteses[366] que autorizam a desconsideração da personalidade jurídica, referindo o *caput*: "O juiz poderá desconsiderar a personalidade jurídica da sociedade quando, em detrimento do consumidor, houver abuso de direito, excesso de poder, infração da lei, fato ou ato ilícito ou violação dos estatutos ou contrato social. A desconsideração também será efetivada quando houver falência, estado de insolvência, encerramento ou inatividade da pessoa jurídica provocados por má administração".

As hipóteses estabelecidas no *caput* do artigo 28, primeira parte, têm como característica comum a ilicitude ou irregularidade da conduta do fornecedor. No que diz respeito à segunda parte do dispositivo, as hipóteses de falência, insolvência, encerramento ou inatividade da pessoa jurídica não importam na desconsideração *per se*, ao contrário, apenas importam na desconsideração quando tais circunstâncias decorrem diretamente de má administração. A dificuldade prática reside justamente em precisar no que consiste o significado de *má administração*. Um primeiro entendimento vai sustentar que má administração equivale à gestão dos negócios da sociedade mediante fraude ou má-fé.[367] Por outro lado, há os que vão defender a noção como espécie de atos de gerência incompetente dos sócios ou administradores que deem causa à extinção da pessoa jurídica.[368]

Não é desconhecido que o alcance da expressão má administração, na segunda parte do artigo 28, *caput*, é essencial para circunscrever os limites da responsabilidade dos sócios e administradores. O primeiro entendimento, exigindo a má-fé, fixa o mesmo sentido do que a primeira parte do dispositivo, referindo-se à necessidade de reprovação jurídica da conduta dos sócios e administradores. Por sua vez, a exigência de simples incompetência administrativa abre a possibilidade de desconsideração, via interpretação extensiva, a qualquer espécie de falência ou estado de insolvência, uma vez que é de pressupor que, racionalmente, a consecução da finalidade lucrativa das sociedades não é alcançada em

---

[365] AGUIAR JÚNIOR, Ruy Rosado de. Aspectos do Código de Defesa do Consumidor. *Revista da Ajuris*, Porto Alegre, n. 52, p. 167-187, jul. 1991.

[366] Em que pese o esforço do legislador brasileiro, é reconhecido na doutrina especializada a impossibilidade de previsão exaustiva das hipóteses de abuso da personalidade jurídica, razão pela qual aquelas que foram expressamente mencionadas devem ser vislumbradas como meramente exemplificativas. Nesse sentido, veja-se: FRANCESCHELLI, Vincenzo; LEHMANN, Michael. Superamento della personalitá giuridica e societá collegate: sviluppi di diritto continentale. *In*: FRANCESCHELLI, Vincenzo; LEHMANN, Michael. *Responsabilitá limitata e gruppi di societá*. Milano: Giuffrè, 1987.

[367] "Responsabilidade civil. Naufrágio da embarcação 'Bateau Mouche IV'. Ilegitimidade de parte passiva *ad causam*. Sócios. Teoria da desconsideração da personalidade jurídica. Danos materiais. Pensionamento decorrente do falecimento de menor que não trabalhava. 1. Arguições de ilegitimidade de parte passiva e imputações recíprocas dos réus acerca da responsabilidade pelo trágico evento. Em sede de recurso especial não é dado rediscutir as bases empíricas da lide definidas pelas instâncias ordinárias. Incidência da Súmula 7 do STJ. 2. Acolhimento da teoria da 'desconsideração da personalidade jurídica'. O juiz pode julgar ineficaz a personificação societária, sempre que for usada com abuso de direito, para fraudar a lei ou prejudicar terceiros. 3. Reconhecido que a vítima menor com seis anos de idade não exercia atividade laborativa e que a sua família possui razoáveis recursos financeiros, os autores – pai e irmã – não fazem jus ao pensionamento decorrente de danos materiais, mas tão somente, nesse ponto, aos danos morais fixados. Recurso especial interposto por Ramon Rodriguez Crespo e outros não conhecido; Recurso da União conhecido, em parte, e provido" (STJ, REsp 158.051/RJ, Rel. Min. Barros Monteiro, *DJU* 12.04.1999, p. 159).

[368] Assim: AMARO, Luciano. Desconsideração da pessoa jurídica no Código de Defesa do Consumidor. *Revista Ajuris*, Porto Alegre, n. 58, p. 80, jul. 1993.

vista de falta de conhecimento ou competência na administração do negócio.[369] Da mesma forma, embora não seja reprovável sob o aspecto jurídico como a má-fé, a demonstração do que seria incompetência administrativa do sócio ou administrador, e sua vinculação como causa da falência ou insolvência do fornecedor, é prova de difícil produção.

Requerida a desconsideração na própria petição inicial ou em incidente próprio, nos termos do CPC/2015, será obrigatória a citação dos sócios atingidos. A eficácia da desconsideração alcança todas as obrigações decorrentes de relação de consumo, como a responsabilidade por acidentes de consumo, vícios do produto ou do serviço, assim como perdas e danos e outras consequências pecuniárias decorrentes do inadimplemento. A desconsideração impõe, nesse sentido, a responsabilidade ilimitada dos sócios e administradores pelas obrigações do fornecedor decorrentes de relação de consumo, em vista igualmente da sanção ao comportamento irregular e como garantia do ressarcimento devido, promovendo, em última análise, a efetividade do direito do consumidor. Não poderá a pretensão de desconsideração da personalidade jurídica ser promovida apenas em relação a alguns dos sócios, como é o caso daqueles que exercem a gerência ou administração da sociedade. Deve ser proposta contra todos.[370]

3.4.2.2.1 Grupos societários e sociedades controladas

Além da hipótese geral de desconsideração prevista no artigo 28, *caput*, também nos §§ 2º e 3º são abrangidas as hipóteses de desconsideração em relação às sociedades integrantes de grupos societários e às sociedades controladas. No caso, o § 2º do artigo 28 estabelece que "as sociedades integrantes dos grupos societários e as sociedades controladas, são subsidiariamente responsáveis pelas obrigações decorrentes deste Código". Por sociedade integrante de grupo societário entenda-se aquelas que se estruturam no regime das sociedades ligadas por vínculo orgânico ou de direção.

Segundo Rafael Manóvil, o que distingue o grupo societário é a *unidade que se lhe reconhece de interesse e direção*.[371] As sociedades controladas, por sua vez, têm seu conceito estabelecido pela Lei das Sociedades Anônimas. O artigo 243, § 2º, da Lei 6.404/1976 define sociedade controlada como "a sociedade na qual a controladora, diretamente ou através de outras controladas, é titular de direitos de sócio que lhe assegurem, de modo permanente, preponderância nas deliberações sociais e o poder de eleger a maioria dos administradores".

A esse respeito, Fábio Konder Comparato ensina que existem duas espécies de grupos societários, quais sejam: os *fundados em controle societário* e os *fundados em controle contratual*. De acordo com o professor paulista, "os grupos econômicos são de duas espécies: grupos de subordinação e de coordenação. Os primeiros apresentam uma

---

[369] A desconsideração da personalidade jurídica, mesmo no regime mais amplo do CDC, não deve atingir os integrantes de outros órgãos da sociedade empresária que não os respectivos sócios ou, tomando-se a regra do Código Civil, seus administradores, conforme destacou o STJ ao afastar a responsabilidade de membro do conselho fiscal: STJ, REsp 1.804.579/SP, 3ª Turma, Rel. Min. Marco Aurélio Bellizze, j. 27.04.2021, *DJe* 04.05.2021.

[370] STJ, REsp 1.250.582/MG, 4ª Turma, Rel. Min. Luis Felipe Salomão, j. 12.04.2016, *DJe* 31.05.2016.

[371] MANÓVIL, Rafael Mariano. *Grupos de sociedades en el derecho comparado*. Buenos Aires: Abeledo Perrot, 1998. p. 416.

estrutura hierárquica, em que uma empresa (individual ou societária, pública ou privada) exerce um poder de dominação, denominado poder de controle, sobre as demais. Nos grupos de coordenação, ao revés não há empresas dominantes e dominadas, mas a coordenação de duas ou mais empresas sob uma mesma direção unitária: são os consórcios". E prossegue afirmando que "o poder de controle de uma empresa sobre outra – elemento essencial do grupo de subordinação – consiste no direito de decidir, em última instância, a atividade empresarial de outrem. Normalmente, ele se funda na participação societária de capital, permitindo que o controlador se manifeste na assembleia geral ou reunião de sócios da empresa controlada. Mas pode também ocorrer que essa dominação empresarial se exerça *ab extra*, sem participação de capital de uma empresa em outra e sem que o representante da empresa dominante tenha assento em algum órgão administrativo da empresa subordinada. É o fenômeno do chamado controle externo".[372] Note-se, todavia, que, para definir grupo econômico, não há necessidade do *efetivo exercício* do poder de influência de uma sociedade sobre as demais, mas apenas que exista a *possibilidade do exercício* desse poder.[373]

Nesse caso, havendo circunstância fática ou jurídica que caracterize a existência de grupo societário e obrigações decorrentes de relações de consumo para os consumidores, resulta aplicável a regra de responsabilidade subsidiária das outras empresas do grupo de que faz parte o fornecedor originariamente responsável. Esse caráter apenas subsidiário, e não solidário, da responsabilidade das sociedades controladas mereceu críticas da doutrina especializada.[374]

Destaque-se, contudo, que não há, nesse aspecto, necessidade de demonstração de culpa ou dolo dos dirigentes das empresas responsabilizadas subsidiariamente. Basta ao consumidor, que não tenha tido seu crédito satisfeito, a demonstração de existência de grupo econômico, devendo ser considerados prova para tal documentos que atestem formalmente sua existência e até, o que é mais comum, a demonstração de características das próprias empresas e suas atividades, que corroborem essa conclusão.

Em ambos os casos, ao prever a responsabilidade subsidiária do grupo societário e das sociedades coligadas, o legislador do CDC não parece estabelecer efeito próprio da desconsideração da personalidade jurídica, senão de *responsabilidade legal subsidiária*,[375] a ser imputada na hipótese de o fornecedor direto, integrante dessas estruturas societárias, não poder responder às obrigações decorrentes de relações de consumo.

---

[372] COMPARATO, Fábio Konder. Grupo societário fundado em controle contratual e abuso de poder do controlador. *In*: COMPARATO, Fábio Konder. *Direito empresarial*: estudos e pareceres. São Paulo: Saraiva, 1990. p. 275.

[373] Nesse sentido, a lição de: ENGRÁCIA ANTUNES, José. *Os grupos de sociedades*. Estrutura e organização jurídica da empresa plurissocietária. Coimbra: Almedina, 1993. p. 359 *et seq.*

[374] Segundo Genacéia Alberton, em lúcido estudo sobre a desconsideração da pessoa jurídica no CDC, o legislador foi tímido ao estabelecer em caráter subsidiário a responsabilidade das sociedades controladas, uma vez que, tratando-se de subsidiariedade, é impositivo, em um primeiro momento, que se comprove a impossibilidade de pagamento pela devedora principal (ALBERTON, Genacéia da Silva. A desconsideração da pessoa jurídica no Código do Consumidor. Aspectos processuais. *Revista de Direito do Consumidor*, São Paulo, v. 7, p. 7-29, jul./set. 1993).

[375] No mesmo sentido: AMARO, Luciano. Desconsideração da pessoa jurídica no Código de Defesa do Consumidor. *Revista Ajuris*, Porto Alegre, n. 58, p. 82-83, jul. 1993.

3.4.2.2.2 Sociedades consorciadas

No que diz respeito às sociedades consorciadas, o artigo 28, § 3º, do CDC dispõe que sua responsabilidade decorrente das obrigações estabelecidas sob o regime dessa lei (decorrentes de relação de consumo) serão de responsabilidade solidária entre todas os fornecedores participantes do consórcio. Note-se que a regra estipulada no CDC determina uma exceção ao disposto na Lei das Sociedades Anônimas. Isso porque, no regime da Lei 6.404/1976, as chamadas sociedades consorciadas não integram pessoa jurídica específica, mas, ao contrário, mantém cada qual sua personalidade jurídica original, não havendo, em regra, solidariedade pelas obrigações assumidas. Nesse sentido, o artigo 278, § 1º, da Lei 6.404/1976 refere que "o consórcio não tem personalidade jurídica e as consorciadas somente se obrigam nas condições previstas no respectivo contrato, respondendo cada uma por suas obrigações, sem presunção de solidariedade". Desse modo, em face do disposto no CDC, seu artigo 28, § 3º, estabelece exceção à regra fixada na Lei das Sociedades Anônimas, estabelecendo a solidariedade das sociedades consorciadas quando se trata de obrigações derivadas de relações de consumo.[376]

3.4.2.2.3 Sociedades coligadas

Entre as diversas figuras societárias examinadas em vista da responsabilidade que lhes é imputada no regime do CDC, o artigo 28, § 4º, do CDC vai estabelecer, por fim, que em relação às sociedades coligadas estas só responderão por culpa, restringindo a extensão da responsabilidade que é a tônica das normas de proteção do consumidor. Essa aparente exceção se explica em face do próprio conceito de sociedade coligada. O artigo 243, § 1º, da Lei 6.404/1976 (Lei das Sociedades Anônimas) definia, ao tempo de edição do CDC, sociedades coligadas como aquelas em que uma delas "participa, com 10% (dez por cento) ou mais, do capital da outra, sem controlá-la". Essa redação foi alterada pela Lei 11.941/2009, que passou a conceituar como sociedades coligadas "as sociedades nas quais a investidora tenha influência significativa". Desse modo, enquanto na redação anterior da norma o conceito de sociedades coligadas derivava apenas da participação do capital igual ou superior a 10%, sem que necessariamente estivesse definido ou formalizado poder de controle ou direção de uma sociedade em outra, a nova redação vigente se filia à corrente de interpretação, no âmbito do direito societário, que sustenta ser qualquer participação relevante que não importe necessariamente subordinação, caracterizada como coligação.[377] Nesse caso, não mais importa o percentual dessa participação. Essa noção de *influência significativa*, embora formalmente exista autonomia de ação entre

---

[376] "A jurisprudência deste Superior Tribunal assenta entendimento segundo o qual, na hipótese de responsabilidade derivada de relação de consumo, afasta-se a regra geral da ausência de solidariedade entre as consorciadas por força da disposição expressa contida no art. 28, § 3º, do CDC" (STJ, AgInt no AREsp 1.739.680/RJ, 1ª Turma, Rel. Min. Sérgio Kukina, j. 28.11.2022, DJe 1º.12.2022). No mesmo sentido: STJ, AgInt no REsp 1.942.260/RJ, 2ª Turma, Rel. Min. Francisco Falcão, DJe 28.04.2022; AgInt no AREsp 1.975.109/RJ, 1ª Turma, Rel. Min. Gurgel de Faria, j. 09.11.2022, DJe 30.11.2022.

[377] CARVALHOSA, Modesto. *Comentários à Lei das Sociedades Anônimas*. 3. ed. São Paulo: Saraiva, 2009. v. 4, t. II, p. 13.

as sociedades,[378] indica a existência de poder da sociedade investidora na atividade da outra sociedade coligada. Contudo, ainda são pessoas jurídicas distintas, tampouco há de falar em direção ou controle, mas apenas, quando for o caso, em influência sobre dadas decisões. Daí por que se mantém adequada a solução indicada no § 4º do CDC, de que a responsabilidade de uma delas em relação às obrigações originadas de contratos de consumo ou danos a consumidores, em que a outra tenha atuado como fornecedora, só terá lugar se ficar demonstrada a culpa daquela a quem se deseja estender a responsabilidade, em caráter subsidiário.

3.4.2.2.4 A cláusula geral do artigo 28, § 5º, do CDC

Além da extensão das hipóteses de responsabilidade dos sócios e administradores e das sociedades coligadas, consorciadas, controladas ou integrantes do mesmo grupo econômico do fornecedor que seja titular do débito em obrigação havida com o consumidor, o CDC vai prever disposição de largo campo de aplicação. Essa disposição é abrangente de todas as hipóteses em que, independentemente da causa, deixe de haver o ressarcimento dos prejuízos do consumidor. Prevê o artigo 28, § 5º, do CDC: "Também poderá ser desconsiderada a pessoa jurídica sempre que sua personalidade for, de alguma forma, obstáculo ao ressarcimento de prejuízos causados aos consumidores".

Em relação ao sentido e alcance da norma, note-se que o § 5º, em questão, abrange completamente as hipóteses legais precedentes, previstas no mesmo artigo 28. Ao indicar que sempre poderá ser desconsiderada a pessoa jurídica quando esta for de alguma forma obstáculo ao ressarcimento, a norma que aparentemente seria subsidiária em relação à aplicação do *caput* e demais parágrafos do artigo 28 assume, em razão do seu conteúdo abrangente, a qualidade de norma principal. O caráter amplo e, de certo modo, objetivo, ou ao menos independente de culpa, uma vez que abrange todas as hipóteses, presentes ou não a culpa e o dolo, suscita grandes discussões doutrinárias e jurisprudenciais. Em primeiro lugar, sobre o acerto técnico da norma.

Assim, por exemplo, Zelmo Denari, para quem a manutenção do § 5º em questão deveu-se a um equívoco do Presidente da República, que, no momento da promulgação do CDC, em vez de vetar o dispositivo em questão, por engano terminou vetando o § 1º do mesmo artigo.[379] No entanto, ainda que de fato procedam essas observações, no caso não houve veto, de modo que a disposição está plenamente vigente e aplicável.

Parece-nos que, embora de largueza semântica incomparável, e considerando mesmo que, em termos literais, o § 5º do artigo 28 tem o condão de transformar a exceção em regra, no sentido do afastamento da personalidade jurídica para efeito da responsabilização dos sócios e administradores com relação ao ressarcimento dos prejuízos causados aos consumidores nas relações de consumo, a aplicação prudente do dispositivo pela jurisprudência vem dando a ele o perfil de norma de garantia de ressarcimento de danos e definindo sua relativa autonomia quanto ao *caput* da norma.

---

[378] Assim, à luz da redação revogada da norma, sustentava: SAAD, Eduardo Gabriel. *Comentários ao Código de Defesa do Consumidor*. 2. ed. São Paulo: LTr, 1997. p. 280.

[379] DENARI, Zelmo *et al. Código Brasileiro de Defesa do Consumidor comentado pelos autores do anteprojeto*. 8. ed. Rio de Janeiro: Forense, 2005. p. 239.

Parte II · Cap. 3 · RESPONSABILIDADE CIVIL DO FORNECEDOR | **759**

Nesse sentido, é paradigmática a decisão do STJ, relativa à responsabilidade pelos danos decorrentes da explosão do *shopping* em Osasco/SP. Na defesa das suas posições, houve divergência entre os Ministros Ari Pargendler, defensor da denominada teoria subjetiva da desconsideração (conhecida, por muitos, como *teoria maior*, indicação, contudo, com tendência ao desuso, pela qual esta só tem lugar quando demonstrado o desvio de finalidade ou confusão patrimonial). Entretanto, ficou assentada no julgado, em vista do voto condutor da Ministra Nancy Andrighi, que defende a aplicação, no microssistema do CDC, a teoria da natureza objetiva da desconsideração (denominada também de *teoria menor*), pela qual "o risco empresarial normal às atividades econômicas não pode ser suportado pelo terceiro que contratou com a pessoa jurídica, mas pelos sócios e/ou administradores desta, ainda que estes demonstrem conduta administrativa proba, isto é, mesmo que não exista qualquer prova capaz de identificar conduta culposa ou dolosa por parte dos sócios e/ou administradores da pessoa jurídica".[380] A questão permanece polêmica, mas o STJ vem confirmando em novas decisões o entendimento já fixado,[381]

---

[380] "Responsabilidade civil e direito do consumidor. Recurso especial. *Shopping Center* de Osasco-SP. Explosão. Consumidores. Danos materiais e morais. Ministério Público. Legitimidade ativa. Pessoa jurídica. Desconsideração. Teoria maior e teoria menor. Limite de responsabilização dos sócios. Código de Defesa do Consumidor. Requisitos. Obstáculo ao ressarcimento de prejuízos causados aos consumidores. Artigo 28, § 5º. Considerada a proteção do consumidor um dos pilares da ordem econômica, e incumbindo ao Ministério Público a defesa da ordem jurídica, do regime democrático e dos interesses sociais e individuais indisponíveis, possui o Órgão Ministerial legitimidade para atuar em defesa de interesses individuais homogêneos de consumidores, decorrentes de origem comum. A teoria maior da desconsideração, regra geral no sistema jurídico brasileiro, não pode ser aplicada com a mera demonstração de estar a pessoa jurídica insolvente para o cumprimento de suas obrigações. Exige-se, aqui, para além da prova de insolvência, ou a demonstração de desvio de finalidade (teoria subjetiva da desconsideração), ou a demonstração de confusão patrimonial (teoria objetiva da desconsideração). A teoria menor da desconsideração, acolhida em nosso ordenamento jurídico excepcionalmente no Direito do Consumidor e no Direito Ambiental, incide com a mera prova de insolvência da pessoa jurídica para o pagamento de suas obrigações, independentemente da existência de desvio de finalidade ou de confusão patrimonial. Para a teoria menor, o risco empresarial normal às atividades econômicas não pode ser suportado pelo terceiro que contratou com a pessoa jurídica, mas pelos sócios e/ou administradores desta, ainda que estes demonstrem conduta administrativa proba, isto é, mesmo que não exista qualquer prova capaz de identificar conduta culposa ou dolosa por parte dos sócios e/ou administradores da pessoa jurídica. A aplicação da teoria menor da desconsideração às relações de consumo está calcada na exegese autônoma do § 5º do artigo 28 do CDC, porquanto a incidência desse dispositivo não se subordina à demonstração dos requisitos previstos no *caput* do artigo indicado, mas apenas à prova de causar, a mera existência da pessoa jurídica, obstáculo ao ressarcimento de prejuízos causados aos consumidores. Recursos especiais não conhecidos" (STJ, REsp 279.273/SP, Rel. p/ acórdão Min. Nancy Andrighi, j. 04.12.2003, *DJU* 29.03.2004, p. 230).

[381] "Recurso especial. Ação de resolução de contrato de promessa de compra e venda de imóvel proposta contra a construtora e seus sócios. Desconsideração da personalidade jurídica. Artigo 28, *caput* e § 5º, do CDC. Prejuízo a consumidores. Inatividade da empresa por má administração. 1. Ação de resolução de contrato de promessa de compra e venda de imóvel movida contra a construtora e seus sócios. 2. Reconhecimento pelas instâncias ordinárias de que, em detrimento das consumidoras demandantes, houve inatividade da pessoa jurídica, decorrente da má administração, circunstância apta, *de per si*, a ensejar a desconsideração, com fundamento no artigo 28, *caput*, do CDC. 3. No contexto das relações de consumo, em atenção ao artigo 28, § 5º, do CDC, os credores não negociais da pessoa jurídica podem ter acesso ao patrimônio dos sócios, mediante a aplicação da *disregard doctrine*, bastando a caracterização da dificuldade de reparação dos prejuízos sofridos em face da insolvência da sociedade empresária. 4. Precedente específico desta Corte acerca do tema (REsp 279.273/SP, 3ª Turma, Rel. Min. Ari Pargendler, Rel. p/ acórdão Min. Nancy Andrighi, *DJ* 29.03.2004). 5. Recurso especial conhecido e provido" (STJ,

ou, conforme bem afirma a jurisprudência da Corte, "os credores não negociais da pessoa jurídica podem ter acesso ao patrimônio dos sócios, por meio da *disregard doctrine*, a partir da caracterização da configuração de prejuízo de difícil e incerta reparação em decorrência da insolvência da sociedade".[382] Da mesma forma, desenvolveu-se o entendimento de que, pela extensão de responsabilidade que propõe, não deve ter interpretação extensiva, deixando-se de se admitir, segundo precedente do STJ, sua aplicação para permitir a responsabilização pessoal de administradores que não sejam, ao mesmo tempo, sócios da pessoa jurídica.[383] Observe-se que a aplicação do § 5º do artigo 28, como fundamento da desconsideração, tem sua aplicação circunscrita às circunstâncias do caso concreto, de acordo com a prudência e cautela do juiz, considerando-se seu caráter subsidiário em relação à responsabilidade da própria pessoa jurídica fornecedora, mas ao mesmo tempo de garantia, de acordo com o princípio da confiança, em vista da necessidade de assegurar o direito do consumidor ao ressarcimento integral de seus prejuízos.

REsp 737.000/MG, 3ª Turma, Rel. Min. Paulo de Tarso Sanseverino, j. 1º.09.2011, *DJe* 12.09.2011). No mesmo sentido: STJ, REsp 1.658.648/SP, 3ª Turma, Rel. Min. Moura Ribeiro, j. 07.11.2017, *DJe* 20.11.2017.

[382] STJ, REsp 1.537.890/RJ, 3ª Turma, Rel. Min. Paulo de Tarso Sanseverino, j. 08.03.2016, *DJe* 14.03.2016. No mesmo sentido: "É possível a desconsideração da personalidade jurídica da sociedade empresária – acolhida em nosso ordenamento jurídico, excepcionalmente, no Direito do Consumidor – bastando, para tanto, a mera prova de insolvência da pessoa jurídica para o pagamento de suas obrigações, independentemente da existência de desvio de finalidade ou de confusão patrimonial, é o suficiente para se 'levantar o véu' da personalidade jurídica da sociedade empresária" (STJ, AgRg no REsp 1.106.072/MS, 4ª Turma, Rel. Min. Marco Buzzi, j. 02.09.2014, *DJe* 18.09.2014).

[383] "Recurso especial (art. 105, inc. III, 'a' e 'c', da CRFB/88). Autos de agravo de instrumento na origem. Incidente de desconsideração da personalidade jurídica acolhido pelas instâncias ordinárias. Insurgência dos administradores não sócios. Teoria menor da desconsideração da personalidade jurídica. Código de Defesa do Consumidor. Ausência de previsão normativa específica para aplicação do § 5º do art. 28 aos administradores não sócios. Impossibilidade de interpretação extensiva. Hipótese: incidente de desconsideração da personalidade jurídica requerido com fulcro no artigo 28, parágrafo 5º, do Código de Defesa do Consumidor, e acolhido pelas instâncias ordinárias, à luz da teoria menor, para responsabilização de administradores não sócios. 1. O § 5º do artigo 28 do Código de Defesa do Consumidor, lastreado na teoria menor, é autônomo em relação ao *caput* e incide em hipóteses mais amplas/flexíveis, isto é, sem a necessidade de observância aos requisitos como abuso da personalidade jurídica, prática de ato ilícito ou infração à lei ou estatuto social; aplica-se, portanto, em casos de mero inadimplemento em que se observe, por exemplo, a ausência de bens de titularidade da pessoa jurídica, hábeis a saldar o débito. Com efeito, dada especificidade do parágrafo em questão, e as consequências decorrentes de sua aplicação – extensão da responsabilidade obrigacional –, afigura-se inviável a adoção de uma interpretação extensiva, com a atribuição da abrangência apenas prevista no artigo 50 do Código Civil, mormente no que concerne à responsabilização de administrador não sócio. 1.1 'O art. 50 do CC, que adota a teoria maior e permite a responsabilização do administrador não sócio, não pode ser analisado em conjunto com o § 5º do art. 28 do CDC, que adota a teoria menor, pois este exclui a necessidade de preenchimento dos requisitos previstos no caput do art. 28 do CDC permitindo a desconsideração da personalidade jurídica, por exemplo, pelo simples inadimplemento ou pela ausência de bens suficientes para a satisfação do débito. Microssistemas independentes' (REsp 1.658.648/SP, Rel. Min. Moura Ribeiro, Terceira Turma, julgado em 07.11.2017, *DJe* 20.11.2017). 1.2 Na hipótese, a partir da leitura da decisão proferida pelo magistrado singular e do acórdão recorrido, observa-se que a desconsideração da personalidade jurídica operou-se com base exclusivamente no artigo 28, § 5º, do Código de Defesa do Consumidor (teoria menor), ante a ausência de bens penhoráveis de titularidade da executada, não tendo sido indicada, tampouco demonstrada, pelos requerentes, a prática de qualquer abuso, excesso ou infração ao estatuto social e/ou à lei. (...)" (STJ, REsp 1.860.333/DF, 4ª Turma, Rel. Min. Marco Buzzi, j. 11.10.2022, *DJe* 27.10.2022).

4

SUPERENDIVIDAMENTO DO CONSUMIDOR

4.1 O FENÔMENO DO SUPERENDIVIDAMENTO DO CONSUMIDOR E AS FUNÇÕES DE UMA DISCIPLINA LEGISLATIVA PRÓPRIA

Nas últimas décadas, a repercussão da oferta de crédito para os consumidores, em muitos casos, sem aferição da sua própria capacidade de pagamento, deu causa a um novo fenômeno que, rapidamente, tornou-se típico da sociedade de consumo contemporânea: o superendividamento. O crédito para o consumo é uma das bases da sociedade de consumo. Representa, afinal, a possibilidade de acesso ao consumo de bens e serviços, mesmo que os respectivos consumidores não disponham, no momento da aquisição/contratação, de recursos próprios suficientes, situação que, durante muito tempo, envolvia, sobretudo, bens de maior valor (p. ex., o financiamento da aquisição de um imóvel para residência ou do automóvel). Gradualmente, a expansão do crédito para o consumo passou a contemplar a possibilidade de aquisição de, praticamente, qualquer produto ou serviço, inclusive não duráveis. Outrossim, o desenvolvimento de novos meios de pagamento, como o cartão de crédito, assim como novos modos de concessão de crédito direto para o consumo (p. ex., com garantia da consignação em folha, o crédito consignado) acentuaram o protagonismo do crédito para o consumo e o endividamento dos consumidores, bem como da situação jurídica própria de superendividamento. Nesse sentido, se o endividamento dos consumidores é algo característico da sociedade de consumo atual, e inclusive pode permitir o acesso a bens que, sem a oferta do crédito, seriam inacessíveis a consumidores de menor renda ou patrimônio, o superendividamento representa uma situação jurídica de incapacidade absoluta de pagamento nas condições originalmente pactuadas e causa de exclusão do consumidor do mercado de consumo (a rigor, exclusão social, na sociedade de consumo), a justificar a disciplina legislativa.

A inclusão financeira e o acesso ao crédito são decisivos para o desenvolvimento. No entanto, destaca-se que sua oferta e concessão devem se dar de forma responsável, observando os deveres de informação e esclarecimento dos tomadores de crédito, assim como a previsão de meios que favoreçam o efetivo adimplemento das dívidas. A própria OCDE emitiu, em 2019, uma *Recomendação sobre Proteção do Consumidor em Crédito de Consumo*,[1] alertando para os efeitos nocivos do endividamento excessivo, tomando em conta suas repercussões pessoais tanto para o próprio consumidor quanto para o sis-

---

[1] *Recommendation of the Council Concerning Consumer Protection in the Field of Consumer Credit* (OCDE, 2019). Disponível em: https:// legalinstruments.oecd.org/en/instruments/OECD-LEGAL-0453.

CURSO DE DIREITO DO CONSUMIDOR – *Bruno Miragem*

tema econômico como um todo (daí a noção de "endividamento de risco" adotada pela regulação bancária).[2] É nesse contexto que o superendividamento de consumidores é assumido como uma característica estrutural da sociedade de consumo contemporânea, tendo sua disciplina legislativa originalmente se estabelecido em países com alto grau de desenvolvimento, embora os efeitos da proteção ao superendividado sejam socialmente potencializados em países com maior grau de pobreza, por razões evidentes.

A noção de dívida ou endividamento não exige maiores digressões para sua adequada compreensão comum[3] ou técnica. O prefixo *super* denota algo superior, acima do comum ou próprio da normalidade das relações jurídicas e econômicas. O endividamento é uma característica da sociedade de consumo contemporânea, baseada no crédito facilitado aos consumidores, sem a exigência de garantias tradicionais, vinculadas ao patrimônio, sobretudo para viabilizar a aquisição de produtos e serviços pelo contingente de pessoas que não dispõem de recursos para adquiri-los à vista. O Código de Defesa do Consumidor, em sua redação original, já previa expressamente, no seu artigo 52, deveres específicos aos fornecedores, no caso do "fornecimento de produtos ou serviços que envolva outorga de crédito ou concessão de financiamento ao consumidor". Reconhecia aí a existência de dois contratos vinculados entre si, o de compra e venda do produto ou de prestação de serviço, e o de outorga de crédito, espécie de mútuo ou financiamento para viabilizar o primeiro.

No entanto, a regra prevista pelo legislador do CDC, em 1990, tornou-se insuficiente diante do avanço da oferta de crédito e crescimento dos meios de acesso a esses serviços, não apenas em agências bancárias, mas em grandes lojas, agências de correios ou lotéricas, supermercados, entre outros canais. Também a oferta de crédito por telefone, com ênfase em idosos e aposentados, as modalidades de crédito consignado, com reserva de parte dos salários ou proventos para pagamento da dívida, sem interferência do devedor, e a popularização de garantias fiduciárias para o consumo (*e.g.*, alienação fiduciária) contribuíram para a popularização do crédito.

A busca de soluções para o enfrentamento do superendividamento parte de sua compreensão como um problema complexo, a exigir a necessidade de disciplina própria de parte da legislação de proteção do consumidor.[4] Nesse sentido, em direito comparado, providências nessa matéria envolvem questões de estratégia negocial, tanto de reescalonamento da dívida no tempo quanto de eventuais abatimentos como espécie de estímulo consequente ao pagamento. Contudo, do ponto de vista jurídico, a questão central a ser

---

[2] Para o Banco Central do Brasil, considera-se endividamento de risco a situação em que o tomador do crédito atenda ao menos dois dos seguintes critérios: I. Inadimplemento de parcelas de crédito, isto é, atrasos superiores a 90 dias no cumprimento das obrigações creditícias; II. Comprometimento da renda mensal com o pagamento do serviço das dívidas acima de 50%; III. Exposição simultânea às seguintes modalidades de crédito: cheque especial, crédito pessoal sem consignação e crédito rotativo (multimodalidades); e IV. Renda disponível (após o pagamento do serviço das dívidas) mensal abaixo da linha de pobreza. Disponível em: https://www.bcb.gov.br/content/cidadaniafinanceira/documentos_cidadania/serie_cidadania/serie_cidadania_financeira_6_endividamento_risco.pdf. Acesso em: 5 jul. 2021.

[3] Um excelente inventário histórico sobre a noção cultural de dívida e seu desenvolvimento ao longo dos séculos é oferecida por: GRAEBER, David. *Dívida*: os primeiros 5000 anos. Lisboa: Edições 70, 2022.

[4] MARQUES, Claudia Lima. Sugestões para uma lei sobre o tratamento do superendividamento de pessoas físicas em contratos de crédito ao consumo: proposições com base em pesquisa empírica de 100 casos no Rio Grande do Sul. *In*: MARQUES, Claudia Lima; CAVALAZZI, Rosângela Lunardelli. *Direitos do consumidor endividado*. Superendividamento e crédito. São Paulo: Ed. RT, 2006. p. 289 *et seq.*

Parte II • Cap. 4 • SUPERENDIVIDAMENTO DO CONSUMIDOR | **763**

observada diz respeito à manutenção de recursos financeiros suficientes que assegurem um *mínimo existencial* ao devedor (*restre à vivre*).[5]

4.2 DIREITOS FUNDAMENTAIS E A PROTEÇÃO DO CONSUMIDOR EM SITUAÇÃO DE SUPERENDIVIDAMENTO

Note-se que pelas dimensões que assume e potenciais efeitos pessoais, familiares e sociais que envolvem os contratos de concessão de crédito, a proteção do consumidor do crédito extravasa a finalidade protetiva meramente negocial – de proteção do contratante vulnerável em face de uma dada posição ou interesse econômico legítimo – para assumir caráter existencial. A vulnerabilidade agravada do consumidor de crédito e de sua família na realidade atual faz com que nas relações de consumo se observe a projeção do princípio da dignidade da pessoa humana, bem como de eficácia dos direitos fundamentais às relações privadas. Assim, é de grande repercussão no Brasil[6] a conhecida decisão do Tribunal Constitucional alemão, de 1993, na qual a Corte determinou que fosse reconhecida a nulidade de obrigação contratual da fiança oferecida pelo filho em relação à dívida de seu pai, tornando-a ineficaz por ofensa aos bons costumes e à boa-fé, uma vez que confrontava o artigo 2, parte 1, da Lei Fundamental, que assegura o direito ao livre desenvolvimento da personalidade. Nesse caso, a eficácia do direito fundamental teve em vista tanto a proteção da pessoa do devedor acessório, que, sem patrimônio para satisfazer a dívida, tornava a garantia oferecida excessiva, quanto a própria família do devedor no tocante à conduta considerada imoral do credor para obtenção do seu crédito.[7]

A projeção dos direitos fundamentais sobre os contratos de crédito resulta desde a exigência dos deveres de colaboração, respeito e consideração com a pessoa do cocontratante, até deveres de lealdade e informação, que impõe ao especialista que informe o leigo, sobretudo acerca dos riscos que determinada contratação acarrete.[8] Nesse sentido

---

[5]   MARQUES, Claudia Lima. Sugestões para uma lei sobre o tratamento do superendividamento de pessoas físicas em contratos de crédito ao consumo: proposições com base em pesquisa empírica de 100 casos no Rio Grande do Sul. *In*: MARQUES, Claudia Lima; CAVALAZZI, Rosângela Lunardelli. *Direitos do consumidor endividado*. Superendividamento e crédito. São Paulo: Ed. RT, 2006. p. 290.

[6]   Inspirando-se na decisão, veja-se o julgado do Min. Ruy Rosado de Aguiar Júnior, no STJ: "*Habeas corpus*. Prisão civil. Alienação fiduciária em garantia. Princípio constitucional da dignidade da pessoa humana. Direitos fundamentais de igualdade e liberdade. Cláusula geral dos bons costumes e regra de interpretação da lei segundo seus fins sociais. Decreto de prisão civil da devedora que deixou de pagar dívida bancária assumida com a compra de um automóvel-táxi, que se elevou, em menos de 24 meses, de R$ 18.700,00 para R$ 86.858,24, a exigir que o total da remuneração da devedora, pelo resto do tempo provável de vida, seja consumido com o pagamento dos juros. Ofensa ao princípio constitucional da dignidade da pessoa humana, aos direitos de liberdade de locomoção e de igualdade contratual e aos dispositivos da LICC sobre o fim social da aplicação da lei e obediência aos bons costumes. Artigos 1º, III, 3º, I, e 5º, *caput*, da CR. Artigos 5º e 17 da LICC. DL 911/67 [*rectius*: 1969]. Ordem deferida" (STJ, *Habeas Corpus* 12.547/DF, Rel. Min. Ruy Rosado de Aguiar Júnior, j. 1º.06.2000, *DJU* 12.02.2001, p. 115). Na doutrina, vejam-se as reflexões de: MARQUES, Cláudia Lima. Os contratos de crédito na legislação brasileira de proteção do consumidor. *Revista de Direito do Consumidor*, São Paulo, n. 18, p. 53-76, 1996.

[7]   CHEREDNYCHENKO, Olha O. *Fundamental rights, contract law and the protection of weaker party*. A comparative analysis of the constitutionalisation of contract law, with emphasis on risky financial transaction. München: Sellier European Law Publishers, 2007. p. 318.

[8]   Assim no direito holandês, CHEREDNYCHENKO, Olha O. *Fundamental rights, contract law and the protection of weaker party*. A comparative analysis of the constitutionalisation of contract law, with emphasis on risky financial transaction. München: Sellier European Law Publishers, 2007. p. 331-338.

é a lição do direito comparado. No direito holandês, destaque-se o caso *Van Lanschot v. Moeder Bink* (1991), em que a Sra. Bink assume garantia de empréstimo da empresa do filho, comprometendo parte significativa do patrimônio familiar. Como a empresa do filho declara falência, o banco Van Lanschot ingressa com demanda contra a Sra. Bink para cobrança da dívida. Esta, então, fundada no Código Civil, alega que o contrato foi celebrado mediante erro, na medida em que não tinha sido suficientemente informada pelo banco sobre os riscos da operação. A Suprema Corte então decide que só poderia ser alegado erro para invalidar a garantia se fosse demonstrado, nas circunstâncias negociais, que a instituição que forneceu o crédito na qualidade de *expert* profissional não se desincumbiu do seu dever de informar, considerando que este se encontra em melhor posição para prevenir dos riscos do negócio.

Em sentido semelhante, no direito inglês, a partir do caso *O'Brien* (1994), em que a esposa (Mrs. O'Brien) opõe-se à execução de garantia hipotecária outorgada ao banco por seu marido devedor com a sua anuência, indicando que não havia sido advertida sobre os riscos do negócio, tendo simplesmente firmado o documento. Nesse caso, a Câmara dos Lordes decidiu, com fundamento na doutrina da *constructive notice* (em seguida desenvolvida pelo caso Etridge, de 2001), que o credor profissional que não esclarecer os riscos do crédito, bem como fornecer as informações ao contratante não profissional, poderá ser sancionado, em face da violação da boa-fé, com a perda da garantia, em especial quando prestada por familiares.[9] O direito à informação, na medida em que representa instrumento de formação da sua decisão racional, serve para a afirmação da autonomia pessoal do indivíduo (*direito de liberdade*), assim como, em relação às consequências da contratação e da exigibilidade do crédito, consagra a necessidade de proteção da integridade e do mínimo existencial do devedor (proteção da dignidade da pessoa humana). Em ambos os casos, revela projeção da ordem pública constitucional de proteção à dignidade da pessoa humana.

O modo como são aplicadas as soluções já previstas pelo direito do consumidor para regulação da conduta do fornecedor nos contratos de fornecimento do crédito, ou mesmo a construção de novas soluções no tocante ao tratamento do superendividamento de consumidores devem ser vislumbrados a fim de considerar sua vinculação à proteção dos direitos fundamentais da pessoa no contrato de consumo.

No direito brasileiro, é o caso da decisão do STF, de dezembro de 2009, ao editar a Súmula Vinculante 25 que, revisando entendimento anterior da Corte, e com fundamento em reiterados precedentes da Corte,[10] estabeleceu: "É ilícita a prisão civil de depositário

---

[9]   CHEREDNYCHENKO, Olha O. *Fundamental rights, contract law and the protection of weaker party.* A comparative analysis of the constitutionalisation of contract law, with emphasis on risky financial transaction. München: Sellier European Law Publishers, 2007. p. 344-346.

[10] "Prisão civil do depositário infiel em face dos tratados internacionais de direitos humanos. Interpretação da parte final do inciso LXVII do artigo 5º da Constituição brasileira de 1988. Posição hierárquico-normativa dos tratados internacionais de direitos humanos no ordenamento jurídico brasileiro. Desde a adesão do Brasil, sem qualquer reserva, ao Pacto Internacional dos Direitos Civis e Políticos (artigo 11) e à Convenção Americana sobre Direitos Humanos – Pacto de San José da Costa Rica (artigo 7º, 7), ambos no ano de 1992, não há mais base legal para prisão civil do depositário infiel, pois o caráter especial desses diplomas internacionais sobre direitos humanos lhes reserva lugar específico no ordenamento jurídico, estando abaixo da Constituição, porém acima da legislação interna. O *status* normativo supralegal dos

Parte II · Cap. 4 · SUPERENDIVIDAMENTO DO CONSUMIDOR | **765**

infiel, qualquer que seja a modalidade do depósito". Fundamentou a decisão do STF nova orientação acerca da hierarquia dos tratados internacionais sobre proteção de direitos humanos, que passam ser considerados como superiores à legislação ordinária, afastando a equiparação legal, feita pelo Decreto-lei 911/1969, a depositário infiel do devedor de contrato de alienação fiduciária em garantia – comumente utilizado nos contratos de outorga de crédito e financiamento da aquisição de bens e serviços – em face da violação do princípio da proporcionalidade que deve orientar os limites do âmbito de proteção dos diversos direitos fundamentais, uns em relação aos outros.[11]

4.3 ORIGENS E PRINCIPAIS CARACTERÍSTICAS DA LEI 14.181/2021

Após longa tramitação legislativa, período em que, sobretudo, a doutrina sinalizava a necessidade de disciplina específica do fenômeno, e no âmbito do Poder Judiciário, da Defensoria Pública e dos órgãos de defesa do consumidor desenvolviam-se iniciativas de conciliação entre o consumidor superendividado e seus credores, houve a sanção da Lei 14.181, de 1º de julho de 2021 – que, mesmo na ausência de designação formal, merece ser denominada "Lei do Crédito Responsável".

A nova legislação tem sua origem primária na sugestão de um anteprojeto elaborado por Claudia Lima Marques, Clarissa Costa de Lima e Karen Danilevicz Bertoncello, no âmbito do Programa de Pós-Graduação em Direito da Universidade Federal do Rio Grande do Sul.[12] Incorporado aos debates sobre o direito do consumidor a partir de então,

---

tratados internacionais de direitos humanos subscritos pelo Brasil torna inaplicável a legislação infraconstitucional com ele conflitante, seja ela anterior ou posterior ao ato de adesão. Assim ocorreu com o artigo 1.287 do Código Civil de 1916 e com o Decreto-lei n. 911/69, assim como em relação ao artigo 652 do Novo Código Civil (Lei n. 10.406/2002). Alienação fiduciária em garantia. Decreto-lei n. 911/69. Equiparação do devedor-fiduciante ao depositário. Prisão civil do devedor-fiduciante em face do princípio da proporcionalidade. A prisão civil do devedor-fiduciante no âmbito do contrato de alienação fiduciária em garantia viola o princípio da proporcionalidade, visto que: a) o ordenamento jurídico prevê outros meios processuais-executórios postos à disposição do credor-fiduciário para a garantia do crédito, de forma que a prisão civil, como medida extrema de coerção do devedor inadimplente, não passa no exame da proporcionalidade como proibição de excesso, em sua tríplice configuração: adequação, necessidade e proporcionalidade em sentido estrito; e b) o Decreto-lei n. 911/69, ao instituir uma ficção jurídica, equiparando o devedor-fiduciante ao depositário, para todos os efeitos previstos nas leis civis e penais, criou uma figura atípica de depósito, transbordando os limites do conteúdo semântico da expressão 'depositário infiel' insculpida no artigo 5º, inciso LXVII, da Constituição e, dessa forma, desfigurando o instituto do depósito em sua conformação constitucional, o que perfaz a violação ao princípio da reserva legal proporcional. Recurso extraordinário conhecido e não provido" (STF, RE 349703, Pleno, Rel. Min. Carlos Britto, j. 03.12.2008, *DJe* 05.06.2009). E da mesma forma: "Prisão civil. Depósito. Depositário infiel. Alienação fiduciária. Decretação da medida coercitiva. Inadmissibilidade absoluta. Insubsistência da previsão constitucional e das normas subalternas. Interpretação do artigo 5º, inc. LXVII e §§ 1º, 2º e 3º, da CF, à luz do artigo 7º, § 7º, da Convenção Americana de Direitos Humanos (Pacto de San José da Costa Rica). Recurso improvido. Julgamento conjunto do RE n. 349.703 e dos HCs n. 87.585 e n. 92.566. É ilícita a prisão civil de depositário infiel, qualquer que seja a modalidade do depósito" (STF, RE 466.343, Pleno, Rel. Min. Cezar Peluso, j. 03.12.2008, *DJe* 05.06.2009).

[11] MARQUES, Claudia Lima; MAZZUOLI, Valério. O consumidor-depositário infiel, os tratados de direitos humanos e o necessário diálogo das fontes nacionais e internacionais: a primazia da norma mais favorável ao consumidor. *Revista de Direito do Consumidor*, São Paulo, v. 70, p. 93-138, abr./jun. 2009.

[12] MARQUES, Claudia Lima; LIMA, Clarissa Costa de; BERTONCELLO, Káren Rick Danilevicz. Anteprojeto de Lei dispondo sobre a prevenção e o tratamento das situações de superendividamento de consumidores pessoas físicas de boa-fé. *Revista de Direito do Consumidor*, São Paulo, v. 73, p. 345-367,

quando da instituição, no Senado Federal, da Comissão de Juristas para atualização do Código de Defesa do Consumidor, deu lugar ao Projeto de Lei 281/2012, proposto pelo então presidente da Casa, Senador José Sarney. Após longa tramitação legislativa, que mobilizou os órgãos e entidades do Sistema Nacional de Defesa do Consumidor e juristas de diferentes origens,[13] o projeto foi aprovado, sucessivamente, no próprio Senado Federal, por unanimidade, em 2015, partindo para a Câmara dos Deputados, onde, após intensa negociação, foi aprovado com modificações, em 2021. Retornando ao Senado Federal, em pouco menos de um mês, foi novamente aprovado por unanimidade, e encaminhado à sanção presidencial. As vicissitudes do processo legislativo no Senado Federal e na Câmara dos Deputados resultaram na sensível alteração do texto que resultou promulgado em relação às propostas originais, em especial no tocante aos procedimentos que asseguram, com melhor certeza, o procedimento de conciliação e o procedimento judicial de revisão e repactuação de dívidas – afinal previstos apenas em dois artigos novos incluídos no CDC (artigos 104-A e 104-B).

O exame das disposições do CDC introduzidas pela Lei 14.181/2021, relativas ao crédito e ao superendividamento, deve respeitar duas estratégias que informam a intervenção legislativa sobre o tema, no Brasil e em outros sistemas jurídicos. A 'prevenção' ao superendividamento, resultante, sobretudo, do detalhamento e multiplicação dos deveres de informação e de conduta dos fornecedores de crédito, e o 'tratamento', prevendo procedimento próprio para conciliação e repactuação de dívidas, justificado, ademais, pelo desuso e superação das normas processuais relativas à insolvência civil (artigo 748 e ss. do CPC/1973, mantidas em vigor pelo CPC/2015).

A Lei 14.181/2021, ao disciplinar a prevenção e o superendividamento de consumidores, implica alterações em diversas disposições do CDC. Inicialmente, inclui novos princípios à Política Nacional das Relações de Consumo (artigo 4º, IX e X), instrumentos para sua execução (artigo 5º, VI e VII) e direitos básicos ao consumidor (artigo 6º, XI a XIII). Adiante, especifica novas cláusulas abusivas no rol do artigo 51 do CDC (incisos XVII e XVIII) e inclui um novo e amplo capítulo no Código, intitulado "Da prevenção e do tratamento do superendividamento" (Capítulo VI-A), com os artigos 54-A a 54-G. Por fim, inclui no final do Título III do Código ("Da Defesa do Consumidor em Juízo") um novo capítulo intitulado "Da conciliação no superendividamento" (Capítulo V), que a rigor trata do procedimento judicial de repactuação de dívidas, iniciada com a conciliação (artigo 104-A), que também poderá ser promovida, administrativamente pelos órgãos públicos integrantes do Sistema Nacional de Defesa do Consumidor (artigo 104-C). Todavia, sendo inexitosa a conciliação, confere ao juiz o poder de instaurar, a pedido do

---

2010. No mesmo sentido: MARQUES, Claudia Lima. Sugestões para uma Lei sobre o tratamento do superendividamento de pessoas físicas em contratos de crédito ao consumo: proposições com base em pesquisa empírica de 100 casos no Rio Grande do Sul. *Revista de Direito do Consumidor*, São Paulo, v. 55, p. 11-52, jul./set. 2005.

[13] Registra-se, além das entidades de defesa do consumidor (IDEC, Procons Brasil, Instituto de Defesa Coletiva, Fórum das Entidades Civis de Defesa do Consumidor) e do Instituto Brasileiro de Política e Direito do Consumidor (Brasilcon), o apoio formal do Conselho Federal da OAB, Instituto Brasileiro de Direito Contratual (IBDCont), Associação dos Magistrados Brasileiros (AMB), Associação do Ministério Público do Consumidor (MPCon), Ordem dos Economistas do Brasil, bem como da Secretaria Nacional do Consumidor do Ministério da Justiça (Senacon), entre outros.

consumidor, processo para revisão e integração dos contratos e repactuação das dívidas remanescentes mediante plano judicial compulsório (artigo 104-B).

Houve, por outro lado, alguns vetos por parte do Presidente da República (artigo 51, XIX, artigo 54-C, I e parágrafo único, artigo 54-E, que seriam incluídos no CDC, e artigo 4º da própria Lei 14.181/2021, dispondo sobre sua vigência). Mais representativos são os que se dirigiram aos contratos de outorga de crédito com liquidação mediante consignação em folha de pagamento do devedor. Nesse caso, foi vetado integralmente o artigo 54-G, que previa limite de margem consignável (30% com extensão de mais 5% para o caso de cartão de crédito) e procedimentos para a contratação (inclusive assegurando o direito de arrependimento), visando disciplinar uma das modalidades de crédito que, na experiência brasileira, caracteriza-se pelo desrespeito e flexibilidade da margem consignável fixada em regulamento, bem como dos obstáculos impostos ao consumidor para resolver o contrato ou suspender o pagamento. Preservou-se apenas a exigência de que a formalização do contrato se dê após a consulta pelo fornecedor à fonte pagadora, sobre a existência de margem consignável (artigo 54-G, § 1º), sem, contudo, contar com sanção por descumprimento, objeto das disposições vetadas.[14] Os vetos foram todos mantidos pelo Congresso Nacional.

A ausência das disposições vetadas, embora prejudique a efetividade de alguns aspectos da lei, não impede sua aplicação, especialmente de modo coordenado com as demais disposições já presentes no CDC, assim como no plano processual as disposições do CPC/2015. Há, naturalmente, questões que exigem a regulação do próprio Poder Judiciário – em especial no caso da conciliação judicial e na fixação da competência do juízo para os processos de revisão e repactuação de dívidas, fomentando maior especialização dos magistrados que se ocupem da matéria. A previsão lacônica sobre os processos de repactuação de dívidas (artigo 104-A) e por superendividamento para revisão e integração dos contratos e repactuação das dívidas remanescentes (artigo 104-B) demandará sua interpretação e aplicação sistemática das normas processuais, assim como a normatização ativa no âmbito do Poder Judiciário. É o caso da implementação dos Núcleos de Conciliação e Mediação de Conflitos oriundos de superendividamento nos Centros Judiciários de Solução de Conflitos e Cidadania (CEJUSC), no âmbito dos Tribunais de Justiça dos Estados, e indicação de um procedimento, como feito pela Recomendação 125/2021 do Conselho Nacional de Justiça. No caso, todavia, discute-se se a qualidade do fornecedor atrair a competência da Justiça Federal – caso, por exemplo, em que o fornecedor é a Caixa

---

[14] As disposições vetadas e cujo veto presidencial foi mantido pelo Congresso Nacional, dispunham: a) como cláusula abusiva, inserta no art. 51, XIX: "prevejam a aplicação de lei estrangeira que limite, total ou parcialmente, a proteção assegurada por este Código ao consumidor domiciliado no Brasil", sob o argumento de restrição à competitividade de empresas estrangeiras no Brasil; b) proibição à referência, na oferta de crédito, "a crédito 'sem juros', 'gratuito', 'sem acréscimo' ou com 'taxa zero' ou a expressão de sentido ou entendimento semelhante". Os fundamentos do veto presidencial relacionam a possibilidade de que certas empresas podem, de fato, oferecer o crédito internalizando os juros. O parágrafo único do mesmo artigo, também vetado, excluía a proibição objeto de veto da oferta para serviço de pagamento por meio de cartão de crédito; c) o art. 54-E, também objeto de veto, dispunha sobre a disciplina do crédito consignado, tanto limitando o percentual da remuneração mensal para pagamentos de dívidas em 30%, acrescido de 5% no caso de dívidas contraídas com cartão de crédito, assegurando direito de arrependimento de sete dias no caso da contratação de crédito consignado, bem como sanções destas e outros deveres do fornecedor de crédito sob essa modalidade.

Econômica Federal, empresa pública da União –, as obrigações das quais seja credora, à míngua de disposição legislativa específica para as situações de superendividamento, apartar-se-iam do juízo das demais. Parece correto o entendimento que vem sendo formado no Superior Tribunal de Justiça sobre o tema, reconhecendo a competência da justiça estadual para o juízo universal da repactuação de dívidas por superendividamento, por analogia ao entendimento já afirmado em relação à insolvência civil.[15] Alguma dúvida poderá resultar da circunstância em que a Caixa Econômica Federal resulte como única credora a não conciliar nos termos do artigo 104-A do CDC, se a dívida remanescente poderia ser objeto do processo de revisão, integração de contratos e repactuação de dívidas remanescentes previsto no artigo 104-B, sujeitando-a a plano compulsório por decisão do juiz estadual. Parece ser o caso de incidência, na hipótese do artigo 55, § 3º, do CPC/2015, segundo o qual "serão reunidos para julgamento conjunto os processos que possam gerar risco de prolação de decisões conflitantes ou contraditórias caso decididos separadamente, mesmo sem conexão entre eles". Afinal, considerando a possibilidade de pagamento do consumidor e a necessidade de que o plano de pagamento compulsório observe a disponibilidade financeira também levando em conta as obrigações assumidas por ocasião da conciliação, a preservação da competência originária do juízo que promoveu a conciliação afasta o risco de decisões conflitantes ou contraditórias, de acordo com a perspectiva global que se endereça à situação jurídica de superendividamento.

4.4 DEFINIÇÃO JURÍDICA DE SUPERENDIVIDAMENTO

É decisiva para a interpretação e aplicação das normas relativas à prevenção e tratamento do superendividamento a própria definição jurídica do conceito. Nesse sentido,

---

[15] "Conflito de competência. Código de Defesa do Consumidor. Ação de repactuação de dívidas. Superendividamento. Concurso de credores previsto nos artigos 104-A, B e C, do CDC, na redação conferida pela Lei 14.181/21. Polo passivo composto por diversos credores bancários, dentre eles, a Caixa Econômica Federal. Exceção à regra de competência prevista no art. 109, I, da CF/88. Exegese do col. Supremo Tribunal Federal definida em repercussão geral. Declaração de competência da justiça comum do Distrito Federal. 1. O Superior Tribunal de Justiça é competente para o conhecimento e processamento do presente incidente, pois apresenta controvérsia acerca do exercício da jurisdição entre juízos vinculados a Tribunais diversos, nos termos do artigo 105, I, 'd', da Constituição Federal. 2. A discussão subjacente ao conflito consiste na declaração do juízo competente para o processar e julgar ação de repactuação de dívidas decorrentes do superendividamento do consumidor, em que é parte, além de outras instituições financeiras privadas, a Caixa Econômica Federal. 3. A alteração promovida no Código de Defesa do Consumidor, por meio do normativo legal nº 14.181/2021, de 1º de julho de 2021, supriu lacuna legislativa a fim de oferecer à pessoa física, em situação de vulnerabilidade (superendividamento), a possibilidade de, perante seus credores, rediscutir, repactuar e, finalmente, cumprir suas obrigações contratuais/financeiras. 4. Cabe à Justiça comum estadual e/ou distrital processar e julgar as demandas oriundas de ações de repactuação de dívidas decorrentes de superendividamento – ainda que exista interesse de ente federal – porquanto a exegese do art. 109, I, do texto maior, deve ser teleológica de forma a alcançar, na exceção da competência da Justiça Federal, as hipóteses em que existe o concurso de credores. 5. Conflito conhecido para declarar a competência do r. juízo comum do Distrito Federal e Territórios para processar e julgar a ação de repactuação de dívidas por superendividamento, recomendando-se ao respectivo juízo, ante à delicada condição de saúde do interessado, a máxima brevidade no exame do feito" (STJ, CC 193.066/DF, 2ª Seção, Rel. Min. Marco Buzzi, j. 22.03.2023, *DJe* 31.03.2023). No mesmo sentido: STJ, CC 190.947, Min. Maria Isabel Gallotti, *DJe* 25.10.2022; STJ, CC 192.823, Min. Moura Ribeiro, *DJe* 20.12.2022; STJ, CC 189.657, Min. Paulo de Tarso Sanseverino, *DJe* 08/02/2023; STJ, CC 194.750, Min. Paulo de Tarso Sanseverino, *DJe* 15.02.2023; STJ, CC 194.339, Min. Ricardo Villas Bôas Cueva, *DJe* 17.02.2023; CC 192.140/DF, 2ª Seção, Rel. Min. João Otávio de Noronha, j. 10.05.2023, *DJe* 16.05.2023.

destaque-se que a introdução do conceito de superendividamento por via doutrinária no Brasil, a partir no princípio deste século, e sustentado na experiência de outros sistemas jurídicos, fez com que certa noção cultural fosse afirmada antes de uma definição legal estrita. Por *superendividamento* entenda-se a incapacidade do consumidor de pagamento de suas dívidas exigíveis, em face de descontrole financeiro decorrente de abuso de crédito ou situações imprevistas em sua vida pessoal. Trata-se de realidade social e econômica de destaque no sistema econômico contemporâneo, que vem crescentemente desafiando soluções a serem construídas pelo direito do consumidor.[16]

Em primeiro lugar, necessário que se diferencie entre o *superendividamento ativo* e *passivo*. *Ativo*, o superendividamento causado pelo abuso de crédito, seja por má-fé ou por desorganização ou má administração do orçamento familiar. *Passivo*, o superendividamento decorrente de um acidente da vida, aí compreendidas situações imprevistas que levam ao descontrole financeiro (tais como já mencionamos: divórcio, morte, doença, redução de ganhos, nascimento de filhos etc.), cujo resultado é a impossibilidade de pagamento de dívidas atuais e futuras.[17]

A introdução de um novo capítulo (VI-A) no Título I do CDC, intitulado "Da prevenção e do tratamento do superendividamento", já no início, em seu artigo 54-A, § 1º, consigna a definição legal de superendividamento como "a impossibilidade manifesta de o consumidor pessoa natural, de boa-fé, pagar a totalidade de suas dívidas de consumo, exigíveis e vincendas, sem comprometer seu mínimo existencial, nos termos da regulamentação".

Trata-se de uma situação jurídica objetiva[18] que não decorre da vontade do consumidor, mas do reconhecimento jurídico da impossibilidade de pagamento das dívidas de consumo, sem comprometimento do mínimo existencial. A definição compreende diferentes elementos. Um primeiro, *elemento subjetivo*: o consumidor superendividado, titular dos direitos, pretensões, ações e exceções previstos na lei, é pessoa natural e de boa-fé. Excluem-se da definição legal, portanto, tanto os consumidores pessoa jurídica quanto os que tenham contraído dívidas mediante fraude ou má-fé, o que inclui o comportamento daquele que as contrata já com o propósito de não adimplir (superendividamento ativo).[19]

---

[16] Sobre a evolução legislativa do tratamento do endividamento e da insolvência civil no direito privado, veja-se o estudo de BATELLO, Sílvio Javier. A (in)justiça dos endividados brasileiros: uma análise evolutiva. *In*: MARQUES, Claudia Lima; CAVALAZZI, Rosângela Lunardelli. *Direitos do consumidor endividado*. Superendividamento e crédito. São Paulo: Ed. RT, 2006. p. 211-229.

[17] MARQUES, Claudia Lima. Sugestões para uma lei sobre o tratamento do superendividamento de pessoas físicas em contratos de crédito ao consumo: proposições com base em pesquisa empírica de 100 casos no Rio Grande do Sul. *In*: MARQUES, Claudia Lima; CAVALAZZI, Rosângela Lunardelli. *Direitos do consumidor endividado*. Superendividamento e crédito. São Paulo: Ed. RT, 2006. p. 258-259.

[18] Para a distinção, remeta-se a: MIRAGEM, Bruno. *Teoria geral do direito civil*. Rio de Janeiro: Forense, 2021. p. 100.

[19] O novo art. 54-A, § 3º, refere: "O disposto neste Capítulo não se aplica ao consumidor cujas dívidas tenham sido contraídas mediante fraude ou má-fé, sejam oriundas de contratos celebrados dolosamente com o propósito de não realizar o pagamento ou decorram da aquisição ou contratação de produtos e serviços de luxo de alto valor". Merecem atenção, contudo, certas situações cuja interpretação consolidada, embora não permita a atribuição de má-fé, fundava-se em solução distinta, como é o caso dos pródigos, submetidos ao regime da incapacidade relativa, nos termos do Código Civil (art. 4º, IV), e cujos efeitos da interdição projetavam-se para afetar a validade dos negócios jurídicos de disposição, ou que implicassem comprometimento patrimonial, apenas após sua decretação. Nesse sentido se orientam

Um segundo, *elemento objetivo*: as dívidas sobre as quais incidem as normas do CDC, inclusive as relativas à conciliação, revisão ou repactuação são aquelas decorrentes de relações de consumo (dívidas de consumo),[20] não abrangendo, portanto, as que têm outra natureza, como é o caso, por exemplo, de dívidas tributárias, decorrentes de relações familiares (ex. obrigações alimentares decorrentes de parentesco), entre outras. Da mesma forma, o § 2º do artigo 54-A refere que a essas dívidas de consumo "englobam quaisquer compromissos financeiros assumidos decorrentes de relação de consumo, inclusive operações de crédito, compras a prazo e serviços de prestação continuada", o que permite avançar obrigações ainda por vencer, antecipando-se aos efeitos patrimoniais que advêm da sua exigibilidade. No entanto, o fato de dívidas tributárias ou obrigação alimentar – como as decorrentes das relações familiares (pensão alimentícia) – estarem excluídas do processo de conciliação ou revisão previsto no CDC não significa que não sejam consideradas para avaliar a capacidade de pagamento do consumidor e para a preservação do seu mínimo existencial, ou seja, são tomadas em conta, ainda que indiretamente, para a caracterização do superendividamento.

Ainda, para fins didáticos, permita-se identificar um terceiro aspecto, que se denomina aqui *elemento teleológico*: a impossibilidade de pagamento se dá em vista do comprometimento do mínimo existencial do consumidor; logo, não será qualquer situação de endividamento abrangida pela lei, senão aquela que, comprovadamente, possa comprometer a subsistência do consumidor. Aí, inclusive, a exclusão das dívidas contraídas para aquisição ou contratação de produtos e serviços de luxo de alto valor (artigo 54, § 3º, *in fine*).

A inovação legislativa reside na definição de uma situação jurídica nova, em razão do conjunto das dívidas de consumo da pessoa natural e sua incapacidade de pagamento, e não mais tomando em conta de modo isolado as dívidas de consumo. Ao lado dos deveres dirigidos a evitar a situação de superendividamento, este se trata também de um conceito operacional, ao permitir que se inaugurem os respectivos processos de conciliação e de revisão e integração de contratos, conforme o caso. O paralelo ao processo de recuperação empresarial é possível e justificado, não se deixando de notar, contudo, o contraste entre sua disciplina detalhada e aquela que, pelas razões já indicadas, durante o processo legislativo da Lei 14.181/2021, resultou para o superendividamento.

4.5 ÂMBITO DE APLICAÇÃO DA LEI

A disciplina relativa à conciliação, revisão e repactuação de dívidas de consumo em razão do superendividamento abrange aquelas em que forem devedores consumidores pessoas naturais, de boa-fé. As pessoas jurídicas, mesmo quando consideradas consumidoras (artigo 2º, *caput*, do CDC), ou permanecem submetidas às regras relativas à

---

críticas à inconveniência e falta de atualidade do regime, frente às características atuais da sociedade de consumo e da oferta de crédito, como é exemplo a excelente tese de: BRAUNER, Daniela Corrêa Jacques. *Igualdade, diversidade e vulnerabilidade*: revisitando o regime das incapacidades rumo a um direito privado solidário de proteção à pessoa. São Paulo: Ed. RT, 2021. p. 247 e ss.

[20] O novo art. 54-A, § 2º, define: "As dívidas referidas no § 1º deste artigo englobam quaisquer compromissos financeiros assumidos decorrentes de relação de consumo, inclusive operações de crédito, compras a prazo e serviços de prestação continuada".

insolvência civil dos artigos 748 e ss. do CPC/1973, conforme o artigo 1.052 do CPC/2015 (tratando-se, especialmente, de pessoas jurídicas que não exerçam atividade empresarial), ou, tratando-se de sociedades empresárias, ao processo de recuperação judicial (Lei 11.101/2005). Poderia suscitar alguma discussão o caso de pessoas jurídicas constituídas por um único sócio (p. ex., sociedades unipessoais), em que se confundam, na realidade de sua atuação, as dívidas pessoais do sócio e as da sociedade.

Em termos formais, a conclusão evidente é pela sua exclusão do âmbito de aplicação da lei, restrita a pessoas naturais, porém, em termos concretos, especialmente quando haja confusão patrimonial e constituição de dívidas comprovadamente de consumo em favor do único sócio e extensão dos efeitos dessas obrigações a este, não seria de excluir a possibilidade de aplicação do procedimento dos artigos 104-A e 104-B do CDC.

Por outro lado, note-se que o artigo 54-A, § 3º, exclui a aplicação das regras "ao consumidor cujas dívidas tenham sido contraídas mediante fraude ou má-fé, sejam oriundas de contratos celebrados dolosamente com o propósito de não realizar o pagamento ou decorram da aquisição ou contratação de produtos e serviços de luxo de alto valor". Há, no caso, distintas hipóteses para afastar a aplicação da lei. Assim, provada pelo fornecedor a má-fé do consumidor que alega a situação de superendividamento, pode evitar submeter-se ao processo de conciliação ou o de repactuação e revisão de dívidas. O ônus da prova, naturalmente, é do fornecedor, o qual deverá demonstrar que o consumidor que postula o tratamento especial já antecipava, no momento da contratação das dívidas de que pretende a conciliação, repactuação ou revisão, submetê-las ao processo. Exige-se, portanto, a consciência do consumidor sobre a incapacidade de pagamento e a intenção de propor o procedimento previsto na lei para a situação de superendividamento.

Outra hipótese para excluir a aplicação da norma e do procedimento relativo à conciliação, repactuação ou revisão de dívidas dá-se quando estas tenham sido contraídas para aquisição de "bens de luxo de alto valor". Trata-se de conceito indeterminado, a exigir concreção precisa do intérprete para excluir situações que se afastem da finalidade de preservação do mínimo existencial, coibindo o abuso do direito de postular o tratamento especial da lei. A expressão, contudo, é uma: bens de luxo *que sejam* de alto valor. Nesse sentido, se é certo que bens de luxo, geralmente, possuem alto valor, o inverso não é verdadeiro: bens de alto valor não se confundem com bens de luxo, podendo atender a necessidades ou interesses legítimos do consumidor. É o caso de certo equipamento necessário a um tratamento de saúde, ou medicamento de cuja utilização dependa o consumidor. Mesmo tratando-se de produto de alto valor, não se cogita tratar-se de bem de luxo. A noção de bem de luxo, nesse particular, compreende o que seja supérfluo ou exclusivo, e nesses termos merece, a regra, interpretação restrita para o efeito de afastar a aplicação das normas sobre superendividamento. A origem do debate acerca da exceção que acabou sendo prevista na lei envolveu exemplos de financiamentos concedidos por instituições financeiras para que consumidores de classe média adquirissem embarcações de lazer, e a impropriedade que fossem abrangidas por um tratamento mais favorável sobre a dívida que deles resultassem. Há mérito no argumento que, porém, não deve se afastar da interpretação finalística visando à tutela do consumidor superendividado de boa-fé, com o objetivo de preservar o mínimo existencial.

4.6 PRESERVAÇÃO DO MÍNIMO EXISTENCIAL

A finalidade que fundamenta o reconhecimento jurídico e a disciplina da situação do superendividamento é a preservação do mínimo existencial. Para esse propósito convergem todas as normas incluídas no CDC pela Lei 14.181/2021, conformando o direito fundamental de defesa do consumidor na forma da lei e relacionado também com o novo princípio inscrito no Código, vinculando a prevenção e o tratamento do superendividamento como forma de evitar a exclusão social do consumidor, permitindo-lhe um "novo começo".[21] Não se ignora o fato de que a possibilidade de reinserção do consumidor superendividado no mercado também fortes argumentos econômicos, de ampliação do próprio mercado. A exclusão social como exclusão do consumo, por outro lado, identifica no superendividamento, sobretudo dos mais pobres,[22] que contam exclusivamente com o acesso ao crédito financeiro para satisfazer necessidades urgentes ou complementar eventualmente a renda, um fator de restrição a bens essenciais à vida, afetando-lhes interesses existenciais, e não apenas econômicos. Nesse sentido, foi estabelecida como direito básico do consumidor "a preservação do mínimo existencial, nos termos da regulamentação, na repactuação de dívidas e na concessão de crédito" (artigo 6º, XII, do CDC).

O mínimo existencial decorre do princípio da dignidade da pessoa humana e apresenta-se vinculado aos direitos fundamentais sociais como uma garantia a recursos materiais para uma existência digna. Em matéria de crédito e consumo, o mínimo existencial está associado à quantia capaz de assegurar a manutenção das despesas de sobrevivência, tais como água, luz, alimentação, saúde, higiene, educação, transporte, entre outras. A ideia é que as dívidas oriundas de empréstimos ao consumo não comprometam demasiadamente a renda do consumidor, colocando em risco a satisfação de suas necessidades fundamentais.

A preservação do mínimo existencial estabelece-se tanto na repactuação das dívidas quanto na concessão de crédito que, previsto como novo direito básico do consumidor, tem, porém, seu conteúdo preciso remetido à definição de norma regulamentar. Em essência, trata-se de proteger a parcela dos rendimentos do consumidor necessários à satisfação das suas necessidades básicas e as de sua família, à semelhança do que existe em diversos sistemas jurídicos.[23]

A remessa da definição do mínimo existencial ao regulamento certamente é solução que apresenta dificuldades, mas foi a que alcançou a possibilidade de maioria, em vista

---

[21] Não por acaso, a ideia de um "novo começo" ("fresh start") é ínsita à legislação que disciplina o superendividamento em distintos sistemas jurídicos, conforme ensina: LIMA, Clarissa Costa de. *O tratamento do superendividamento e o direito de recomeçar dos consumidores*. São Paulo: Ed. RT, 2014. p. 83 e ss.

[22] Segundo dados disponíveis do IBGE, relativos a 2019 e, portanto, anteriores aos efeitos da pandemia de Covid-19, 11,8% da população brasileira vivia com até o valor de um quarto de salário mínimo *per capita* mensal (cerca de R$ 250), e quase 30% com até meio salário mínimo *per capita* (R$ 499). Da mesma forma, a concentração de renda se destaca ao considerar que 10% da população com menores rendimentos detinha 0,8% do rendimento domiciliar *per capita* total, e os 10% seguintes com apenas 2,1%, em contraste com os 10% dos mais ricos que detinham 42,9% do total do rendimento domiciliar. Os dados constam da publicação do IBGE: Síntese de Indicadores Sociais: Uma análise das condições de vida da população brasileira 2020. Disponível em: https://biblioteca.ibge.gov.br/visualizacao/livros/liv101760.pdf.

[23] Veja-se: BERTONCELLO, Káren Rick Danilevicz. *Superendividamento do consumidor*: mínimo existencial – casos concretos. São Paulo: Ed. RT, 2015. p. 53 e ss.

das circunstâncias da negociação política que envolveu a aprovação do projeto de lei. Por outro lado, é reconhecido seu caráter mutável no tempo, o que se revela essencial à vida digna em determinada quadra histórica poderá não ser na seguinte, o inverso também pode ocorrer. Da mesma forma, as distintas composições familiares e seus diferentes estágios (p. ex., prole numerosa, ou a necessidade de assistência aos idosos), dificultam sobremaneira uma definição legal estrita, preferindo a melhor possibilidade de atualização do regulamento. A construção do conceito no direito do consumidor serve-se tanto do direito comparado (assim o recurso ao conceito de *reste à vivre* do direito francês) quanto do próprio direito brasileiro em diversas perspectivas.

Com o objetivo de regulamentar o tema, foi editado o Decreto 11.150/2022 que, a despeito das dificuldades apontadas, definiu o mínimo existencial como "a renda mensal do consumidor pessoa natural equivalente a vinte e cinco por cento do salário-mínimo vigente na data de publicação deste Decreto". O reajuste anual do salário mínimo, por sua vez, não implicará a atualização do valor. Nesse sentido, desde a edição do decreto, o mínimo existencial está definido no valor de R$ 303,00. O critério é manifestamente equivocado, frustrando, pela via regulamentar, o conteúdo da lei. O valor em questão, diga-se, não é suficiente para a aquisição de uma cesta básica em boa parte dos estados brasileiros. Considerando a própria finalidade pretendida para o mínimo existencial, vinculado às necessidades essenciais do devedor e de sua família, que ademais nem sequer se limitam à alimentação básica, há evidente insuficiência. Por outro lado, a fixação de um único critério, sem considerar outros decisivos, como a própria extensão da família e pessoas dependentes da remuneração do devedor, frustra o caráter operacional do conceito. Nesses termos, afronta não apenas a legalidade (esvaziando a eficácia de um conceito legal), mas, segundo entendimento respeitável, determina a própria afronta à Constituição, no tocante ao direito fundamental de defesa do consumidor (artigo 5º, XXXII), e à própria dignidade da pessoa humana (artigo 1º, III).[24]

Mesmo antes da definição desse critério, normas regulamentares em diferentes entes federados, assim como o próprio entendimento jurisprudencial, para efeito do limite à concessão de crédito consignado, orientou-se pelo reconhecimento de um percentual máximo da remuneração, também visando preservar recursos necessários às necessidades básicas dos consumidores que contraíssem empréstimo sob essa modalidade. Em

---

[24] Estes, entre outros, os fundamentos de duas Arguições de Descumprimento de Preceito Fundamental 1.006/DF e 1.050/DF, propostas, respectivamente, pela Associação Nacional dos Defensores Públicos (ANADEP) e pela Associação Nacional dos Membros do Ministério Público (CONAMP), distribuídos à relatoria do Min. André Mendonça, e pendentes de decisão. Veja-se, ainda, o estudo de: BERGSTEIN, Lais; CALDERÓN, Ricardo Lucas. Mínimo existencial e a inconstitucionalidade material do Decreto 11.150/2022. *Revista de Direito do Consumidor*, São Paulo, v. 146, p. 55-80, mar./abr. 2023. Chama a atenção, igualmente, a possibilidade de oferta de crédito consignado a beneficiários do benefício de prestação continuada (BPC), ou de programas federais de transferência de renda, reconhecidamente de vulnerabilidade agravada, autorizado pela Lei 14.431/2022, e que resulta na frustração da própria renda mínima para subsistência, que deveria ser assegurada por lei. Nesse sentido, veja-se a correta anotação de: SILVA, Henrique José Haller dos Santos. O paradoxo da Lei n. 14.431/2022: permissão de empréstimos consignados para beneficiários de programas de distribuição de renda em meio ao cenário de superendividamento da população brasileira. *In*: CATALAN, Marcos (org.). *Direito e consumo*: discussões contemporâneas. Londrina: Toth, 2023. p. 49 e ss.

CURSO DE DIREITO DO CONSUMIDOR – *Bruno Miragem*

termos gerais, elegeu-se o percentual de 30% da remuneração como limite,[25] inclusive com a sua associação à finalidade de preservação do mínimo existencial,[26] ou o reverso, no caso de empréstimos concedidos a militares, a preservação de 30% da remuneração para atendimento das necessidades básicas do devedor.[27] A multiplicidade dos canais de concessão de crédito, assim como a ausência de controle por parte da fonte pagadora sobre o respeito ao limite, tornou-o relativamente inefetivo em muitas situações. Na redação original do projeto de lei que resultou na Lei 14.181/2021, fazia-se referência ao comprometimento de 30% "da renda líquida mensal do consumidor",[28] o que acabou sendo alterado no curso do processo legislativo.

O critério percentual, calculado sobre a remuneração líquida do consumidor, tem a vantagem de facilitar a aplicação da norma, especialmente no processo de conciliação e na repactuação das dívidas, para a definição do plano de pagamento pelo juiz. Sem prejuízo de alguma flexibilidade para o juiz delimitar, segundo as circunstâncias do caso concreto, a alteração do critério em face de situações específicas (p. ex., o número de pessoas que dependam economicamente do devedor).

Nesse sentido, parece evidente que a definição do mínimo existencial, por regulamento, não pode construir-se exclusivamente sobre conceitos indeterminados, de modo a deixar apenas ao intérprete sua concreção segundo as circunstâncias do caso. Tal como definido na lei, torna-se, para além da enunciação de um valor jurídico do maior relevo (preservação do mínimo existencial como proteção da dignidade humana), um conceito operacional, de que dependem tanto a efetividade dos processos de conciliação, repactuação e revisão de dívidas, previstos nos artigos 104-A e 104-B do CDC, quanto a própria aferição do risco de crédito, inclusive para efeito de recusa da contratação que possa levar ao superendividamento, por parte dos fornecedores de crédito.[29]

4.7 A PREVENÇÃO AO SUPERENDIVIDAMENTO: DEVERES DO FORNECEDOR NA OFERTA E CONTRATAÇÃO DO CRÉDITO

Ao contrário das normas direcionadas aos processos de conciliação, revisão e repactuação de dívidas, orientadas à situação jurídica de superendividamento já caracteri-

---

[25] STJ, REsp 1.831.959/RJ, 2ª Turma, Rel. Min. Herman Benjamin, j. 03.10.2019, *DJe* 18.10.2019.

[26] "Necessário *distinguishing* do caso concreto para acolher o pedido de limitação dos descontos na conta bancária onde recebido o BPC, de modo a não privar o idoso de grande parcela do benefício que, já de início, era integralmente destinado à satisfação do mínimo existencial. Ponderação entre o princípio da autonomia da vontade privada e o princípio da dignidade da pessoa humana. 6. Consoante o disposto no art. 3º da Resolução BACEN nº 3.695, de 26/03/2009 (atual art. 6º da Resolução BACEN nº 4.771, de 23.12.2019), a autorização de desconto de prestações em conta corrente é revogável. Assim, não há razoabilidade em se negar o pedido do correntista para a limitação dos descontos ao percentual de 30% do valor recebido a título de BPC; afinal, o que é válido para o mais, deve necessariamente sê-lo para o menos (*a maiori, ad minus*). 7. Recurso especial conhecido e não provido" (STJ, REsp 1.834.231/MG, Rel. Ministra Nancy Andrighi, Terceira Turma, julgado em 15.12.2020, *DJe* 18.12.2020). No mesmo sentido: STJ, REsp 1.584.501/SP, 3ª Turma, Rel. Min. Paulo de Tarso Sanseverino, j. 06.10.2016, *DJe* 13.10.2016.

[27] STJ, REsp 1.521.393/RJ, 2ª Turma, Rel. Min. Mauro Campbell Marques, j. 05.05.2015, *DJe* 12.05.2015

[28] MARQUES, Claudia Lima; MIRAGEM, Bruno. Comentários ao art. 54-E. *In*: MARQUES, Claudia Lima; BENJAMIN, Antonio Herman de Vasconcelos e; MIRAGEM, Bruno. *Comentários ao Código de Defesa do Consumidor*. São Paulo: Ed. RT, 2021. p. 1253.

[29] STJ, REsp 1.783.731/PR, 3ª Turma, Rel. Min. Nancy Andrighi, j. 23.04.2019, *DJe* 26.04.2019.

zada, os deveres imputados ao fornecedor na oferta e contratação do crédito, de caráter preventivo, são abrangentes, em relação à sua atuação no mercado. Daí considerar que têm efeitos positivos não apenas ao consumidor individualmente considerado, mas para o mercado de consumo de crédito.

Uma das bases da disciplina legal do superendividamento e suas consequências parte do princípio de que a concessão do crédito responsável e a definição de um regime de insolvência de pessoas físicas atendem a diferentes objetivos, desde o auxílio a devedores honestos, mas desafortunados, como também aos próprios credores, que podem reembolsar-se em condições de relativa igualdade, ao menos em parte do que pagaram, com redução de custos de cobrança, e depreciação do patrimônio do devedor, a redução de prejuízos decorrentes de uma avaliação de risco imprecisa, bem como de outros custos sociais originados do inadimplemento (com efeitos na saúde pessoal dos consumidores, aumento da criminalidade, instabilidade familiar, desemprego, entre outros fatores).[30]

Por essa razão, o artigo 4º do CDC passa a contar com dois novos princípios: o "fomento de ações direcionadas à educação financeira e ambiental dos consumidores" (inciso IX) e a "prevenção e tratamento do superendividamento como forma de evitar a exclusão social do consumidor" (inciso X).

A educação financeira do consumidor é objetivo a ser alcançado em comum pelo Estado, pela sociedade e pelos próprios fornecedores. Registre-se: não se trata de reconhecer a culpa dos consumidores pelo próprio superendividamento (ou de que os pobres são responsáveis pela própria pobreza),[31] mas a constatação de que o atendimento ao direito básico do consumidor à informação adequada e clara, em relação aos serviços financeiros, supõe a formação de sua capacidade de bem compreender suas características e as consequências da decisão de contratá-los.

Registre-se, ainda, a definição de novos direitos básicos do consumidor no artigo 6º do CDC. Ao lado do já mencionado direito à preservação do mínimo existencial (novo inciso XII), reconhece-se a "garantia de práticas de crédito responsável, de educação financeira e de prevenção e tratamento de situações de superendividamento, preservado o mínimo existencial, nos termos da regulamentação, por meio da revisão e da repactuação da dívida, entre outras medidas" (novo inciso XI). A garantia de práticas de crédito responsável compreende, nessa perspectiva, a previsão de deveres específicos do fornecedor de crédito, visando ao esclarecimento do consumidor e a cooperação e cuidado para evitar o superendividamento.

Trata-se de promover, já na fase prévia à formação do contrato, o crédito responsável, tomando como critério a avaliação da capacidade de pagamento do consumidor que contrai

---

[30] Assim as conclusões, entre outros, do Relatório do Banco Mundial *Report on the Treatment of the Insolvency of Natural Persons*, de 2012. Disponível em: https://documents1.worldbank.org/curated/en/668381468331807627/pdf/771700WP0WB0In00Box377289B00PUBLIC0.pdf. Acesso em: 5 jul. 2021. Sobre os efeitos, especificamente nas relações familiares, seja consentido remeter a; MIRAGEM, Bruno; LIMA, Clarissa Costa de. Patrimônio, contrato e proteção constitucional da família. Estudo sobre as repercussões do superendividamento nas relações familiares. *Revista de Direito do Consumidor*, São Paulo, v. 90, p. 91-115, nov./dez. 2013.

[31] LOPES, José Reinaldo de Lima. Crédito ao consumidor e superendividamento: uma problemática geral. *Revista de Direito do Consumidor*, São Paulo, v. 17, p. 57-64, jan./mar. 1996.

a dívida, bem como a compreensão sobre as consequências da sua decisão. Igualmente, consagra a proibição do assédio de consumo – inspirado na legislação europeia (artigo 9º da Diretiva 2005/29/CE, sobre práticas comerciais desleais), com especial proteção aos consumidores com vulnerabilidade agravada. Nesse particular, são notórias na experiência brasileira atual as práticas maliciosas na oferta de crédito a idosos, mediante telefonemas sucessivos e prestação de informações confusas ou em velocidade e conteúdo ordenados de tal modo a impedir sua adequada compreensão. A menção especial aos analfabetos igualmente merece destaque, considerando a realidade brasileira em que, segundo os últimos dados disponíveis, 6,8% das pessoas com mais de 15 anos de idade ostentam essa condição, concentrando-se um índice significativo entre os maiores de 60 anos (18,6% do total). Relevante o registro, ainda, para traçar os efeitos do assédio de consumo, de que o equivalente a 51,2% da população brasileira com idade igual ou superior a 25 anos não completou a educação escolar básica.[32]

Nesse sentido, identificam-se no CDC, a partir das disposições introduzidas pela Lei 14.181/2021, deveres de informação, cooperação e cuidado, imputáveis ao fornecedor de crédito, visando à prevenção ao superendividamento.

4.7.1 Deveres de informação

Os deveres de informação são elementares na prevenção ao superendividamento dos consumidores. Como se sabe, tais deveres têm caráter instrumental, visando à obtenção do esclarecimento do consumidor sobre as condições da contratação e seus riscos. Para tanto, a qualidade da informação prestada pelo fornecedor estará sempre sob exame, de modo a verificar se, segundo o conteúdo, tempo ou modo de prestar a informação, ela será compreensível ao destinatário.

O artigo 52 do CDC já previa, desde sua promulgação, normas específicas para o "fornecimento de produtos ou serviços que envolva outorga de crédito ou concessão de financiamento ao consumidor". Entre as informações exigidas estão o montante de juros de mora e a taxa efetiva anual de juros, os acréscimos, o número e a periodicidade das prestações e a soma total a pagar, com e sem financiamento. A legislação para prevenir o superendividamento, por sua vez, sem prejuízo das informações obrigatórias previstas no artigo 52, estende expressamente ao fornecedor e ao intermediário do crédito o dever de "informar o consumidor, prévia e adequadamente, no momento da oferta" sobre distintos aspectos (artigo 54-B). Ainda que, no tocante a algumas das informações, reproduza exigências do artigo 52, dois aspectos merecem atenção; primeiro, os deveres são imputados tanto ao fornecedor direto do crédito (caso da instituição financeira ou outra autorizada a conceder crédito) quanto ao intermediário. Nesse caso, não se deixa de notar

---

[32] Nesse sentido, informam os dados do PNAD Contínua Educação, do IBGE, relativos ao primeiro trimestre de 2019. Disponível em: https://www.ibge.gov.br/estatisticas/sociais/educacao/17270-pnad-continua. html?edicao=28203&t=resultados. Precedente do STJ, contudo, embora reconhecendo a vulnerabilidade agravada dos analfabetos, deixou de afastar a invalidade do contrato, ou a exigência de assinatura a rogo, conforme o art. 595 do Código Civil, sob o argumento de que "a aposição de firma de próprio punho (...) inviabiliza, contudo, a exigência de assinatura a rogo, mesmo que diante da alegação de letramento incompleto ou deficiente, como condição de validade do contrato" (STJ, REsp 1.862.324/CE, 3ª Turma, Rel. Min. Marco Aurélio Bellizze, j. 15.12.2020, *DJe* 18.12.2020).

que a expansão do crédito para o consumo se deve, nas últimas décadas, ao surgimento de novos intermediários, que geralmente atendem a incentivos para celebração de novos contratos de crédito, porém sem estarem vinculados ou serem afetados pelo seu efetivo adimplemento. Merece destaque o exemplo dos correspondentes bancários, alguns dos quais orientam toda a sua atuação na oferta e contratação de crédito com consumidores. Da mesma forma, grandes redes de varejo incrementaram o financiamento dos produtos que ofertam com cartões próprios, também com a oferta de crédito direto ao consumidor, independentemente das compras realizadas, utilizando-se os estabelecimentos como canais de oferta de crédito não mais vinculada ao fornecimento de outros produtos, como prevê o artigo 52 do CDC. Ao impor a ambos – fornecedor direto do crédito e ao intermediário – os deveres de informação ao consumidor, permite imputação direta de responsabilidade a ambos no caso de violação. Note-se que, embora fosse possível chegar ao mesmo resultado pelo regime de responsabilidade pelo vício do serviço (artigo 20 do CDC), a referência expressa ao dever (e consequente responsabilidade por sua violação) dos intermediários reforça e explicita a responsabilidade comum dos fornecedores. Por outro lado, o artigo 34 do CDC, em matéria de oferta, fazia referência à responsabilidade solidária do fornecedor pelos atos de seus prepostos ou representantes autônomos, trazendo a necessidade de qualificar o intermediário nessas condições. A regra do artigo 54-A, ao impor diretamente o dever, elimina essa necessidade.

Os deveres de informação a serem cumpridos pelo fornecedor direto do crédito e pelos intermediários, segundo o artigo 54-B, contemplam: "I – o custo efetivo total e a descrição dos elementos que o compõem; II – a taxa efetiva mensal de juros, bem como a taxa dos juros de mora e o total de encargos, de qualquer natureza, previstos para o atraso no pagamento; III – o montante das prestações e o prazo de validade da oferta, que deve ser, no mínimo, de 2 (dois) dias; IV – o nome e o endereço, inclusive o eletrônico, do fornecedor; V – o direito do consumidor à liquidação antecipada e não onerosa do débito, nos termos do § 2º do art. 52 deste Código e da regulamentação em vigor".

Ocupou-se a lei, ainda, de definir um modo pelo qual as informações devem ser repassadas, independentemente de outras adotadas pelo fornecedor. Define o § 1º do artigo 54-B que tais informações, assim como as referidas no artigo 52 (que em alguma extensão se sobrepõem), "devem constar de forma clara e resumida do próprio contrato, da fatura ou de instrumento apartado, de fácil acesso ao consumidor".

Igualmente, dispõe o legislador sobre o conteúdo da informação a ser prestada ao consumidor, definindo que "o custo efetivo total da operação de crédito ao consumidor consistirá em taxa percentual anual e compreenderá todos os valores cobrados do consumidor, sem prejuízo do cálculo padronizado pela autoridade reguladora do sistema financeiro" (artigo 54-B, § 2º). Percebe-se aqui a precaução do legislador com certa indeterminação da lei que permite a frustração do seu objetivo pela via regulamentar. Nesse sentido, define o que entende por custo efetivo total da operação de crédito, impedindo a exclusão de qualquer valor a ser cobrado do consumidor. O § 3º do mesmo artigo 54-B também se ocupa do conteúdo da informação a ser prestada, ao definir que "a oferta de crédito ao consumidor e a oferta de venda a prazo, ou a fatura mensal, conforme o caso, devem indicar, no mínimo, o custo efetivo total, o agente financiador e a soma total a pagar, com e sem financiamento". É norma que se dirige tanto à oferta direta ao consumidor quanto à realizada por intermédio de publicidade.

Merece destaque, ainda, que, ao se referir ao "dever de informar" do fornecedor e do intermediário, o artigo 54-B impõe, de outro lado, o dever de manter o prazo de dois dias para aceitação da oferta de crédito pelo consumidor. Assim, a existência do prazo e a informação adequada sobre ele para o consumidor visam permitir a reflexão e evitar a contratação do crédito sob pressão, especialmente, do suposto risco de perder condições alegadamente vantajosas, no caso de não haver decisão imediata. Outra informação relevante é a do direito de liquidação antecipada e não onerosa do débito, direito assegurado pelo artigo 52 do CDC, mas que agora deve estar presente não apenas no contrato, mas também antes, no momento da oferta do crédito.

Também o artigo 54-D, I, do CDC prevê o dever do fornecedor do crédito e do intermediário de informar e esclarecer adequadamente o consumidor, "considerada sua idade, sobre a natureza e a modalidade do crédito oferecido, sobre todos os custos incidentes, observado o disposto nos arts. 52 e 54-B deste Código, e sobre as consequências genéricas e específicas do inadimplemento". A regra remete à exigência de proatividade do fornecedor e do intermediário, no sentido de tornar a informação compreensível ao consumidor dadas as suas qualidades concretas e as características inerentes à modalidade de crédito. Ao referir-se à idade do consumidor como critério a ser considerado no cumprimento do dever de informar, a norma, claramente, dirige especial proteção aos idosos, habituais vítimas de ofertas enganosas e estratégias desleais na concessão de crédito, aproveitando-se da vulnerabilidade agravada que resulta para muitos nesse estágio da vida. Todavia, a idade do consumidor pode ser critério relevante para determinar o modo e o conteúdo da informação prestada aos consumidores jovens, visando o atendimento do dever de esclarecimento adequado previsto na lei.

Nos mesmos termos, o artigo 54-D, I, determina, entre as informações a serem prestadas, as relativas às "consequências genéricas e específicas do inadimplemento". Logo, está implícito à informação a ser prestada um caráter de advertência ao consumidor. Quais sejas estas consequências genéricas do inadimplemento, são informações acerca da responsabilidade patrimonial do devedor e o próprio risco de superendividamento. As consequências específicas do inadimplemento dizem respeito a efeitos diretos ao devedor, como é caso da possibilidade da inscrição do consumidor nos bancos de dados restritivos de crédito, e a repercussão no seu histórico de crédito, a execução de determinada garantia especial (p. ex., a perda da posse do bem no caso da garantia de alienação fiduciária), ou efeito que a lei confere a certos negócios (p. ex., perda de parte das prestações pagas no caso de financiamento direto para aquisição de imóvel na planta com o incorporador), entre outras.

Por sua vez, o artigo 54-D, III, exige que na oferta de crédito seja informada ao consumidor "a identidade do agente financiador e entregar ao consumidor, ao garante e a outros coobrigados cópia do contrato de crédito". Melhor seria se a norma fosse dispensável e esse comportamento tivesse adesão espontânea do fornecedor, com boa-fé e lealdade. Entretanto, sabe-se que não é assim. A informação sobre quem é o fornecedor direto do crédito é relevante para o consumidor – trata-se de informá-lo, afinal, com quem está celebrando o contrato – também para o caso em que desejar exercer direitos e pretensões decorrentes do contrato (por ex., a liquidação antecipada da dívida). Aliás, trata-se de questão relevante não apenas na formação do contrato, como também durante sua execução, sobretudo em casos nos quais sucessivas cessões do crédito dificultem a identificação do consumidor em favor de quem deva realizar o pagamento ou exercer direitos, pretensões, ações e exceções que possua em razão de sua posição jurídica. A notificação da cessão de crédito, para que produza efeitos perante o devedor, é a regra, como se sabe, na cessão de crédito (artigo 290 do Código Civil). Da sua ausência, entre outros efeitos na relação de direito material, deve ser reconhecida a própria legitimidade passiva do fornecedor direto do crédito (credor originário), nas demandas propostas em relação ao contrato, como acertadamente sinaliza a jurisprudência.[33]

A entrega do contrato também é providência elementar. A norma estende esse dever, que é de informação, mas igualmente de cooperação e lealdade, àqueles que tenham prestado garantia da dívida e a outros coobrigados. É regra mais ampla do que a já existente no artigo 46 do CDC, que determinava ao fornecedor o dever de assegurar ao consumidor "a oportunidade de tomar conhecimento prévio de seu conteúdo". A rigor, são deveres complementares: o conhecimento prévio do contrato, antes da celebração (artigo 46), soma-se ao dever de receber cópia deste, quando celebrado (artigo 54-D, III). Buscando, por outro lado, cercar esse interesse do consumidor no recebimento da cópia do contrato de todas as medidas legais, o artigo 54-G, II, recusar ou não entregar ao consumidor, ao garante e a outros coobrigados, a cópia do contrato. O artigo 54-G, § 2º, do CDC, por sua vez, estende a todos os contratos de adesão (e não apenas os que envolvam crédito) o dever do fornecedor de entregar a cópia do contrato.

4.7.2 Deveres de lealdade e cooperação

O CDC, a partir da Lei 14.181/2021, prevê novos deveres de lealdade e cooperação, que se desdobram e instrumentalizam pelo dever de prestar informações corretas e claras, mas também se vinculam a comportamentos ativos do fornecedor, adotando comportamentos tendentes a evitar o inadimplemento do consumidor, adotando a concessão de crédito responsável.

O artigo 54-C também enuncia a delimitação da oferta, publicitária ou não. Note-se que não se trata da imposição do dever de informar ou de assegurar veracidade da informação, mas de evitar que o fornecedor de crédito, por intermédio da oferta, incentive um comportamento imprudente do consumidor ou aproveite da sua vulnerabilidade. Trata-se de norma abrangente, ao endereçar proibição a um comportamento expresso ou implícito do fornecedor, no momento da oferta.

É vedado, inicialmente, ao fornecedor "indicar que a operação de crédito poderá ser concluída sem consulta a serviços de proteção ao crédito ou sem avaliação da situação financeira do consumidor" (artigo 54-C, II). Trata-se de proibição do uso dessa informação, seja ela verdadeira ou não, de modo a impedir que ela possa atrair consumidores endividados e inadimplentes que já se encontrem inscritos em serviços de proteção ao crédito ou que não disponham de renda para fazer frente ao pagamento de nova dívida

---

[33] TJRJ, Apelação Cível 0420358-88.2015.8.19.0001, 5ª Câmara Cível, Rel. Des. Cristina Tereza Gaulia, j. 27.07.2021.

a ser contratada, ou seja, há um dever de lealdade e boa-fé, evitando o incentivo a comportamento do consumidor que agrave sua situação de endividamento.

Do mesmo modo, o artigo 54-C, III, proíbe ao fornecedor "ocultar ou dificultar a compreensão sobre os ônus e os riscos da contratação do crédito ou da venda a prazo". Trata-se de norma que qualifica o dever de informar do fornecedor, impondo-lhe, contudo, um dever de comportamento leal, afinal, não se trata apenas da informação prestada, mas também de certa atuação que visa confundir ou esconder do consumidor informações relevantes, como ocorre quando se apresentam exclusivamente as vantagens da contratação, sem advertir sobre os ônus e riscos, ou fazê-lo de modo de que não sejam percebidos ou compreendidos pelo destinatário da oferta.[34]

O inciso IV do artigo 54-C, por sua vez, introduz na legislação brasileira a proibição do assédio de consumo, especialmente em relação a consumidores com vulnerabilidade agravada. A norma proíbe ao fornecedor "assediar ou pressionar o consumidor para contratar o fornecimento de produto, serviço ou crédito, principalmente se se tratar de consumidor idoso, analfabeto, doente ou em estado de vulnerabilidade agravada ou se a contratação envolver prêmio".

Como já referimos, o reconhecimento do assédio de consumo tem inspiração na Diretiva Europeia 2005/29/CE sobre práticas comerciais abusivas, que, todavia, em seu artigo 8º, adota abordagem específica das chamadas 'práticas agressivas', distinguindo-as em assédio (*harassment*), coerção (*coercion*), uso de força física (*physical force*) e influência indevida (*undue influence*). A opção do legislador brasileiro foi reunir toda forma de proveito e pressão sistemática sobre o consumidor sob o tipo do assédio, reforçando definição que, mesmo sem o uso da expressão, já estava presente no rol de práticas abusivas do artigo 39 do CDC, notadamente no seu inciso IV, que define como tal "prevalecer-se da fraqueza ou ignorância do consumidor, tendo em vista sua idade, saúde, conhecimento ou condição social, para impingir-lhe seus produtos ou serviços".

O assédio de consumo é proibido na oferta de crédito a consumidores que apresentem vulnerabilidade agravada (idosos, crianças, analfabetos, doentes), buscando evitar, especialmente, estratégias de *marketing* direcionadas a esses grupos de pessoas afetadas de diferentes modos. A jurisprudência tem reconhecido a vulnerabilidade agravada dos idosos na contratação de crédito,[35] afetados ainda por novos modos de oferta a distância

---

[34] STJ, REsp 1.828.620/RO, 2ª Turma, Rel. Min. Herman Benjamin, j. 03.12.2019, *DJe* 05.10.2020.

[35] *"Recurso especial. Ação civil pública. Negativa de prestação jurisdicional. Rejeitada. Compreensão da pessoa idosa como realidade biológica e cultural. Operações financeiras. Racionalidade técnico-funcional. Limites. Controle normativo de razoabilidade eticamente densificada. Avaliação das razões que justificam o tratamento diferenciado. Superendividamento. Limite de operações por cliente. Alternativas financeiras além do empréstimo consignado. Conduta abusiva do banco. Não configurada. Riscos compreendidos. Justificação razoável da limitação contratual.* 1. Ação ajuizada em 30.06.2016. Recurso especial interposto em 16.08.2018 e concluso ao gabinete em 12.12.2018. 2. O propósito recursal consiste em dizer da negativa de prestação jurisdicional pelo Tribunal de origem e se existe discriminação abusiva de idosos na restrição ao empréstimo consignado em instituição financeira quando a soma da idade do cliente com o prazo do contrato for maior que 80 anos. 3. A linha de raciocínio do Tribunal de origem não contém vício de julgamento nem representa negativa de prestação jurisdicional, pois apenas importa conteúdo contrário aos interesses da parte recorrente, insuficiente a caracterizar qualquer hipótese do art. 1.022, II, do CPC, tampouco violação do art. 489, § 1º, VI, do CPC. 4. A partir da reflexão sobre o valor humano no tratamento jurídico dos conflitos surgidos na sociedade diante do natural e permanente envelheci-

Parte II · Cap. 4 · SUPERENDIVIDAMENTO DO CONSUMIDOR | 781

ou eletrônica. Da mesma forma, nas contratações de crédito, em que se deve supor certo conhecimento sobre operações matemáticas para compreender o conteúdo da prestação e sua repercussão econômica para o consumidor, é de destacar a referência expressa da norma à vulnerabilidade agravada dos analfabetos. A referência expressa aos doentes resulta de sua situação pessoal, que tanto pode dar causa à vulnerabilidade em razão de dificuldades inerentes a essa condição para compreensão e decisão sobre os termos do contrato de crédito quanto pressionados pela necessidade de recursos para custeio do tratamento.

Outra conduta proibida na oferta de crédito, e que deve ser considerada também no curso da relação contratual, em situações nas quais a oferta relaciona-se com a oportunidade de renegociação ou repactuação de dívidas, é a de "condicionar o atendimento de pretensões do consumidor ou o início de tratativas à renúncia ou à desistência de demandas judiciais, ao pagamento de honorários advocatícios ou a depósitos judiciais". Considerando que o artigo 54-C trata da oferta de crédito, essa prática vedada poderá se dar, geralmente, no curso de uma relação contratual já existente entre o consumidor e o fornecedor, em especial nas situações em que há oferta para renegociar o pagamento de dívidas já vencidas, repactuando valores e prazos, com ou sem novação. É regra que reúne distintos comportamentos lesivos ao consumidor, em especial quando se convertam em obstáculos às providências para prevenir ou mitigar situação de superendividamento.

Note-se que as pretensões do consumidor podem ser exercidas em juízo ou fora dele, inclusive diretamente perante o fornecedor. Há pretensões que resultam da violação do direito do consumidor pelo fornecedor e que o exercício direito é a ele facultado sem que se possa opor qualquer obstáculo, por exemplo, o consumidor que deixou de receber cópia do contrato e busca obtê-lo do consumidor.

Por outro lado, mais comum é o caso do consumidor que, desejando atenuar ou interromper os efeitos do inadimplemento, procura diretamente o fornecedor para renegociar, ou que ainda é procurado pelo fornecedor com esse objetivo. A oferta de novo crédito, inclusive com a novação da dívida anterior, é o que, normalmente, daí pode re-

---

mento da população, torna-se imprescindível avaliar também sobre a racionalidade econômica e suas intencionalidades de eficiência pragmática na organização da comunidade, por vezes, (con)fundida com a ética utilitarista de 'garantir a cada um o máximo possível'. 5. Indispensável compreender a velhice em sua totalidade, como fato biológico e cultural, absorvendo a preocupação assinalada em âmbito internacional (*v.g.*, Plano de Ação Internacional sobre o Envelhecimento, fruto da Assembleia Mundial sobre o Envelhecimento, da Organização das Nações Unidas) e nacional (sobretudo o Estatuto do Idoso) de respeito e valorização da pessoa idosa. 6. A adoção de critério etário para distinguir o tratamento da população em geral é válida quando adequadamente justificada e fundamentada no Ordenamento Jurídico, sempre atentando-se para a sua razoabilidade diante dos princípios da igualdade e da dignidade da pessoa humana. 7. O próprio Código Civil se utiliza de critério positivo de discriminação ao instituir, por exemplo, que é obrigatório o regime da separação de bens no casamento da pessoa maior de 70 anos (art. 1.641, II). 8. A instituição financeira declinou as razões acerca da realidade de superendividamento da população idosa, da facilidade de acesso ao empréstimo consignado e o caráter irrevogável da operação, ao mesmo tempo em que registrou disponibilizar outras opções de acesso ao crédito em conformidade aos riscos assumidos na sua atividade no mercado financeiro. 9. O critério de vedação ao crédito consignado – a soma da idade do cliente com o prazo do contrato não pode ser maior que 80 anos – não representa discriminação negativa que coloque em desvantagem exagerada a população idosa que pode se socorrer de outras modalidades de acesso ao crédito bancário. 10. Recurso especial conhecido e não provido" (STJ, REsp 1.783.731/PR, 3ª Turma, Rel. Min. Nancy Andrighi, j. 23.04.2019, *DJe* 26.04.2019).

sultar. Não há direito a certo resultado da renegociação direta, o que a lei reserva para as tratativas que se dão no âmbito da conciliação e/ou do processo de revisão e repactuação (artigos 104-A a 104-C). Será vedado que o fornecedor rejeite a possibilidade de renegociar, aproveitando-se dessa disposição para exigir do consumidor providência, por vezes definitiva, em relação aos direitos, pretensões, ações e exceções de que é titular (caso da renúncia e da desistência, previstos expressamente na norma). Outrossim, não pode se aproveitar da disposição do consumidor para renegociar, para pressioná-lo ao pagamento de honorários advocatícios ou a realização de depósito judicial. Isso não significa que tais obrigações não possam ser ajustadas, inclusive como objeto da própria renegociação. Será vedado, contudo, que se apresentem como condição para renegociar, ou para exame da pretensão do consumidor que, de boa-fé, procure renegociar.

Sendo a iniciativa do fornecedor na oferta de crédito, não poderá servir-se dela para pressionar indevidamente o consumidor a deixar de exercer seus direitos, ou adotar providência a que não estaria obrigado, o que poderá dar causa à caracterização do abuso vedado pela norma.

Destaca-se ainda, da maior importância, o dever imposto ao fornecedor de crédito e ao intermediário, pelo artigo 54-D, II, do CDC, de "avaliar, de forma responsável, as condições de crédito do consumidor, mediante análise das informações disponíveis em bancos de dados de proteção ao crédito, observado o disposto neste Código e na legislação sobre proteção de dados". O dever de avaliação responsável do crédito tem duas dimensões, individual e coletiva. Representa dever de boa-fé em relação ao consumidor interessado em contratar o crédito, visando impedir dar causa ou agravar situação de superendividamento. Seu cumprimento, contudo, atende também ao interesse coletivo, prevenindo riscos de crédito e solvência do fornecedor do crédito, e sua repercussão ao mercado como um todo. Basta lembrar que a avaliação do crédito é conduta exigida, pela própria natureza da atividade, das instituições financeiras, bem como no âmbito da supervisão e regulação bancárias.

Importante referir que da avaliação do risco de crédito resulta a legitimidade de recusa da contratação, observado o limite constitucional e legal à não discriminação injusta de consumidores.[36]

4.7.3   Deveres de cuidado

Entre os deveres do fornecedor de crédito definidos pela Lei 14.181/2021, e por ela incluídos no CDC, estão também os deveres de cuidado com o patrimônio e a pessoa do consumidor. No caso específico, trata-se de impor conduta ao fornecedor que busca evitar ou mitigar danos específicos ao patrimônio do consumidor, em especial quando as dívidas que lhe estejam sendo imputadas sejam objeto de contestação ou fraude. Nesse sentido, aliás, registre-se o entendimento consolidado pelo STJ, em sede de recurso repetitivo, segundo o qual, em processo de cobrança de dívida bancária, "na hipótese em

---

[36]   MIRAGEM, Bruno. Discriminação injusta e o direito do consumidor. *In:* BENJAMIN, Antonio Herman; MARQUES, Claudia Lima; MIRAGEM, Bruno (org.). *O direito do consumidor no mundo em transformação*: em comemoração aos 30 anos do Código de Defesa do Consumidor. São Paulo: Ed. RT, 2020. p. 203 e ss.

que o consumidor/autor impugnar a autenticidade da assinatura constante em contrato bancário juntado ao processo pela instituição financeira, caberá a esta o ônus de provar a sua autenticidade (CPC, arts. 6º, 368 e 429, II)".[37]

No caso de dívidas decorrentes de compras realizadas com cartão de crédito ou similar, a contestação do consumidor à operação impede a cobrança ou débito em conta, enquanto não houver sido solucionada (artigo 54-G, I, do CDC), o que significa considerar, à luz do contrato havido com o administrador do cartão de crédito ou outra instituição de pagamento, a apuração e a decisão definitiva acerca da legitimidade da operação e da dívida que dela resulte. Trata-se de um direito à retificação eficaz de erros no processo de constituição da dívida e sua exigibilidade. Do mesmo modo, é vedado ao fornecedor, no caso de utilização fraudulenta do cartão de crédito ou similar, impedir ou dificultar "que o consumidor peça e obtenha, quando aplicável, a anulação ou o imediato bloqueio do pagamento, ou ainda a restituição dos valores indevidamente recebidos" (artigo 54-G, III, do CDC). Maior a exigência do intérprete para identificar no comportamento da administradora do cartão de crédito ou da instituição de pagamento ou instituição financeira, quando for o caso, o que consistirá "impedir ou dificultar". Nesse sentido, a falta de resposta célere aos requerimentos de anulação ou bloqueio, ou a exigência de providências manifestamente excessivas para adotar tais providências, caracterizam o comportamento vedado. Outrossim, o dever de cuidado exige proatividade do fornecedor, que deve equilibrar as exigências de segurança sobre a identidade do consumidor e legitimidade da sua postulação e o tempo de resposta e adoção das providências necessárias que assegurem sua efetividade. A interpretação das normas do artigo 54-G, I e III, do CDC também merecerá atenção diante de entendimentos consagrados pela jurisprudência, como a de que a responsabilidade da instituição financeira deve ser afastada quando o evento danoso decorrer de transações que, embora contestadas, são realizadas com a apresentação física do cartão original e mediante uso de senha pessoal do correntista.[38] Por outro lado, o incremento da digitalização dos meios de pagamento e dos serviços financeiros prestados ao consumidor, em geral, e o crescimento dos riscos de fraude relacionados a eles destacam a importância desses deveres impostos aos fornecedores em proteção do consumidor. Merece atenção, nesse particular, o denominado "golpe do *delivery*" ou "golpe do *motoboy*", pelo qual a fraude de coleta indevida de dados de pagamento do consumidor ou clonagem do cartão para futuras transações não autorizadas se dão por profissional que realiza contato ou entrega contratado ou sob orientação do fornecedor. Nessa hipótese, o fraudador não poderá ser admitido como terceiro e, a rigor, qualifica-se como espécie de preposto do fornecedor, atraindo para ele a responsabilidade pelo ressarcimento dos danos causados em razão de falha na prestação de serviço.[39]

---

[37]   STJ, REsp 1.846.649/MA, 2ª Seção, Rel. Min. Marco Aurélio Bellizze, j. 24.11.2021, *DJe* 09.12.2021.

[38]   STJ, REsp 1.633.785/SP, 3ª Turma, Rel. Min. Ricardo Villas Bôas Cueva, j. 24.10.2017, *DJe* 30.10.2017.

[39]   Nesse sentido: "Ação declaratória de inexigibilidade do débito c/c compensação por dano moral, fundada em prejuízos causados pelo 'golpe do *delivery*'. Apresentação de documentos demonstrando que o vazamento de dados da compra de refeição por meio do aplicativo 'IFood' viabilizou o estelionato que resultou no lançamento de R$ 4.033,00 na fatura do cartão de crédito da autora, operação financeira que, apesar de destoar do seu perfil de consumo, foi autorizada pela instituição financeira. Reconhecimento de que a falha na prestação dos serviços de ambos os réus causou evidentes transtornos à consumidora que extrapolam o mero aborrecimento. Pertinência da condenação dos apelados, solidariamente, ao

784 CURSO DE DIREITO DO CONSUMIDOR – *Bruno Miragem*

Refira-se, por fim, a um último dever de cuidado imputado ao fornecedor, relacionado, especificamente, aos contratos de concessão de crédito com liquidação mediante consignação em folha de pagamento. No caso, dispõe a lei que a formalização do contrato apenas poderá ocorrer após o fornecedor "obter da fonte pagadora a indicação sobre a existência de margem consignável" (artigo 54-G, § 1º, do CDC). Aqui, há mais um comando da lei que promove o crédito responsável, exigindo o comportamento proativo do fornecedor de crédito, de respeito ao limite de endividamento do consumidor, especificamente no caso da concessão de crédito mediante consignação em folha de pagamento.

4.7.4 Sanções da violação aos deveres na oferta e contratação

A previsão de deveres imputados aos fornecedores de crédito pela Lei 14.181/2021 em parte especificou e detalhou deveres de informação e boa-fé já definidos em caráter mais genérico no CDC, com atenção especial à concessão de crédito e prevenção ao superendividamento. Alguns deveres de conduta, por sua vez, refletem práticas de crédito responsável já exigidas no âmbito da regulação do sistema financeiro, todavia vinculado agora à finalidade de proteção do consumidor. Isso não reduz a importância dessas regras, ao contrário, conferem a elas uma perspectiva sistemática e orientada à prevenção do superendividamento, e sua reconhecida finalidade social e econômica. Entretanto, o que de fato se destaca em relação a esses novos deveres do fornecedor de crédito são as sanções estabelecidas pela lei no caso de descumprimento.

Note-se que, desde sua edição, no tocante ao dever de informação pré-contratual, o CDC já prevê, no seu artigo 46, que os contratos de consumo em geral "não obrigarão os consumidores, se não lhes for dada a oportunidade de tomar conhecimento prévio de seu conteúdo, ou se os respectivos instrumentos forem redigidos de modo a dificultar a compreensão de seu sentido e alcance". Essa relevante sanção de ineficácia parcial do contrato (não obriga o consumidor, mas poderá seguir eficaz, obrigando o fornecedor), todavia, foi ao longo do tempo aplicada com extrema parcimônia pelo Poder Judiciário. Em relação aos deveres impostos ao fornecedor de crédito para a prevenção do superendividamento, a incidência do artigo 46 segue útil nos casos em que a contratação se dá sem que o consumidor tenha acesso ao contrato no momento da oferta, porém sua interpretação agora é acompanhada pelos deveres específicos previstos nos artigos 54-A a 54-D do CDC.

Soma-se a essa sanção típica, ainda, uma nova medida concebida pelo legislador, e que tem condições – se aplicada com convicção pelo Poder Judiciário e segundo critérios a serem construídos pela própria jurisprudência – de assegurar a efetividade da norma e o cumprimento dos deveres do fornecedor de crédito e do intermediário na oferta e no momento da contratação. Trata-se do poder conferido ao juiz, verificado o descumpri-

---

pagamento de compensação por dano moral, no valor de R$ 5.000,00, o qual se afigura razoável e proporcional, levando-se em consideração os efeitos compensatório e pedagógico, bem como as peculiaridades do caso em análise. Recurso provido" (TJSP, Apelação Cível 1068090-68.2022.8.26.0100, 22ª Câmara de Direito Privado, Rel. Alberto Gosson, j. 26.06.2023, p. 27.06.2023). No mesmo sentido: TJSP, Apelação Cível 1010635-48.2022.8.26.0100, 33ª Câmara de Direito Privado, Rel. Sá Duarte, j. 24.01.2023, p. 24.01.2023; TJSP, Apelação Cível 1012285-97.2020.8.26.0554, 33ª Câmara de Direito Privado, Rel. Ana Lucia Romanhole Martucci, j. 10.06.2021, p. 10.06.2021.

mento de quaisquer dos deveres estabelecidos nos artigos 52, 54-C e 54-D do CDC, de determinar a redução dos juros, dos encargos ou qualquer acréscimo ao valor principal, assim como a dilação do prazo de pagamento prevista no contrato original, considerando a gravidade da conduta do fornecedor e as possibilidades financeiras do consumidor, ou seja, uma hipótese nova de revisão do contrato de consumo, em razão da violação do dever pelo fornecedor, uma revisão-sanção. É medida que se inspira em soluções de outros sistemas jurídicos – como a que determina a perda do direito aos juros, prevista no direito francês e conforme constava no projeto de lei original da Lei 14.181/2021[40] –, mas avança em relação a outros efeitos/parcelas da obrigação constituída pelo consumidor.

Examinamos, a seguir, cada uma das sanções possíveis em razão da violação de deveres do fornecedor e do intermediário, nos contratos que envolvem concessão de crédito ao consumidor.

4.7.4.1 Invalidade parcial ou total do contrato

A invalidade parcial do contrato é sanção típica dos contratos de consumo em geral. Na hipótese de abusividade de cláusulas contratuais, a decretação da sua nulidade, prevista por lei (artigo 51 do CDC), não implica a nulidade do contrato (artigo 51, § 2º). Esse será o caso, igualmente, dos contratos de consumo de crédito, seja nas situações em que a abusividade resulte do texto da cláusula, seja nas de conduta do fornecedor. Do mesmo modo, a invalidade de todo o contrato pode resultar de sanção própria da violação dos deveres específicos de concessão do crédito que comprometam a liberdade e consciência da vontade do consumidor (p. ex., artigo 54-C, III, do CDC), ou mesmo outras normas, como as que proíbem práticas abusivas (artigo 39 do CDC). Vejam-se, na jurisprudência, os casos em que o fornecedor de crédito, aproveitando-se da vulnerabilidade do idoso, celebrou a contratação de cartão de crédito, fazendo o consumidor crer que se tratava de contrato de empréstimo, hipótese em que foi declarada a nulidade do contrato celebrado.[41] Em casos envolvendo consumidores analfabetos, por outro lado, o STJ considera que, embora reconhecido o desequilíbrio das posições dos contratantes, a invalidade do contrato dependerá das circunstâncias do caso e efetivo prejuízo do consumidor.[42]

4.7.4.2 Ineficácia parcial do contrato

A ineficácia parcial do contrato também configura sanção típica prevista no CDC, especialmente no caso de violação dos deveres de informação e esclarecimento, de que trata o artigo 46 ao estabelecer que "os contratos que regulam as relações de consumo *não obrigarão os consumidores*, "se não lhes for dada a oportunidade de tomar conhecimento prévio de seu conteúdo, ou se os respectivos instrumentos forem redigidos de modo a dificultar a compreensão de seu sentido e alcance". Em relação aos contratos de consumo de crédito, a violação dos deveres de informação e esclarecimento pode, igualmente, dar

---

[40] O Projeto de Lei do Senado 283/2012, no texto proposto para o artigo 54-C, § 2º, referia-se à "inexigibilidade ou redução dos juros".

[41] TJRJ, ApCiv 0011726-72.2020.8.19.0031, 14ª Câmara Cível, Rel. José Carlos Paes, j. 14.07.2021.

[42] STJ, REsp 1.907.394/MT, 3ª Turma, Rel. Min. Nancy Andrighi, j. 04.05.2021, *DJe* 10.05.2021.

causa à ineficácia parcial em relação aos consumidores, mantendo-se eficazes as obrigações do fornecedor. O exemplo evidente é o de ineficácia da obrigação do pagamento de juros sobre o capital, no caso de não terem sido informados, ou terem sido de modo enganoso, ou ainda taxas e outras remunerações pelo serviço que não tenham sido informados corretamente (p. ex., anuidade do cartão de crédito). Naturalmente, se certo capital tiver sido emprestado ao consumidor, mantém-se o dever de restituição no tempo ajustado (p. ex., pagamento em parcelas mensais), ou os gastos feitos com o uso de certo serviço de pagamento devem ser pagos. O fundamento da obrigação, para além do contrato em si, resulta da reciprocidade dos contratos, da boa-fé e da vedação ao enriquecimento sem causa. Não obriga o consumidor àquilo que, não lhe tendo sido informado, em razão dessa falta, produz certa situação de confiança sobre a ausência daquela obrigação específica, seja ela resultante de um comportamento específico ou um ônus da contratação.

Em relação aos contratos de consumo de crédito, a ineficácia parcial de obrigação para o consumidor pode resultar do reconhecimento da ausência do cumprimento dos deveres de informação específicos, ou mesmo da hipótese do artigo 46 do CDC, pela mera constatação de que não houve conhecimento prévio do consumidor sobre o conteúdo do contrato. Essa hipótese, contudo, não se confunde com a do artigo 54-D, parágrafo único, do CDC – a revisão-sanção –, em que a extensão das medidas adotadas pelo juiz não leva em conta apenas a ausência da informação ou restringe os efeitos somente ao conteúdo que porventura deixou de ser informado ao consumidor. Ao contrário, na hipótese da revisão-sanção, o alcance das medidas a serem determinadas pelo juiz considera não só os efeitos da violação do dever sobre o devedor, mas também a gravidade da culpa do fornecedor e as próprias possibilidades financeiras do consumidor. Estarão presentes, nessa hipótese, tanto o caráter repressivo inerente à sanção – de modo a constituir desincentivo à violação do dever – quanto instrumental, orientado pela possibilidade financeira do consumidor, a favorecer o adimplemento da dívida.

4.7.4.3 Revisão judicial ("revisão-sanção")

Entre as disposições incluídas no CDC pela Lei 14.181/2021, destaca-se nova hipótese de revisão judicial do contrato de consumo de crédito que não se confunde com as hipóteses tradicionais previstas até então pela legislação, fundada na imprevisão (artigos 317 e 478 do Código Civil), ou na quebra da base do negócio jurídico (artigo 6º, V, *in fine*, do CDC), tampouco com as hipóteses de intervenção judicial para modificar cláusulas (artigo 6º, V, primeira parte) ou integrar o contrato cuja nulidade de cláusulas produza lacuna (artigo 51, § 2º).

Dispõe o artigo 54-D, parágrafo único, do CDC: "O descumprimento de qualquer dos deveres previstos no *caput* deste artigo e nos artigos 52 e 54-C deste Código poderá acarretar judicialmente a redução dos juros, dos encargos ou de qualquer acréscimo ao principal e a dilação do prazo de pagamento previsto no contrato original, conforme a gravidade da conduta do fornecedor e as possibilidades financeiras do consumidor, sem prejuízo de outras sanções e de indenização por perdas e danos, patrimoniais e morais, ao consumidor".

Como já foi observado, os artigos 52, 54-C e 54-D do CDC dispõem sobre deveres de informação, lealdade e cooperação, impostos a fornecedores de crédito e intermediários, perante o consumidor. Sua violação, além das sanções típicas por descumprimento – de natureza civil (invalidade/ineficácia, conforme o caso), administrativas (p. ex., multa, artigo 56, I), ou penais (p. ex., artigos 66 a 69, artigo 71 do CDC, conforme o caso; artigo 171, *caput*, do Código Penal) –, determina, a partir do disposto no parágrafo único do artigo 54-D, uma nova hipótese de intervenção judicial no contrato, permitindo a revisão para modificar suas cláusulas em benefício do consumidor.

Destaque-se, uma vez mais, que essa hipótese não se confunde com qualquer outra prevista na legislação. Trata-se de hipótese de revisão contratual que permite ao juiz modificar o objeto do contrato para: a) reduzir juros, encargos ou qualquer acréscimo ao valor principal da dívida; ou b) dilatar o prazo de pagamento originalmente previsto. Os critérios que orientam a adoção da medida, por sua vez, a partir da identificação da violação dos deveres impostos pela lei, são dois: a) a gravidade da conduta do fornecedor; e b) as possibilidades financeiras do consumidor.

Daí por que, mesmo se tratando de hipótese de revisão contratual, identifica-se uma *dupla natureza*, com certo ineditismo no sistema jurídico brasileiro: a) primeiro, uma natureza *sancionatória ou repressiva*, em face do comportamento de violação do dever pelo fornecedor do crédito ou intermediário, orientado a suprimir a vantagem econômica obtida com seu próprio comportamento ilícito. A redução de encargos ou dilação do prazo, todavia, não se limita a ela, uma vez que poderá mesmo implicar uma perda econômica pontual (em relação àquele contrato), como desincentivo à ilicitude; b) segundo, uma natureza *instrumental*, considerando-se as possibilidades financeiras do consumidor e, nesses termos, a oportunidade de lhe assegurar condições favoráveis ao adimplemento da dívida.

Merece atenção, igualmente, sua *autonomia* em relação aos processos de repactuação de dívidas (artigo 104-A) ou por superendividamento para revisão e integração dos contratos e repactuação de dívidas remanescentes (artigo 104-B). Embora esse poder reconhecido ao juiz tenha evidente utilidade no processo de repactuação e revisão de dívidas – seja na conciliação ou na recomposição do objeto dos contratos para viabilizar o pagamento –, seu exercício não está vinculado a um procedimento específico ou a certa situação jurídica do consumidor. A situação de fato determinante para a incidência da norma é a violação dos deveres previstos nos já mencionados artigos 52, 54-C e 54-D do CDC, e sua gradação vincula-se aos critérios de culpabilidade e possibilidade financeira do consumidor. Sua natureza sancionatória dirige-se, nesses termos, tanto ao interesse do consumidor diretamente prejudicado pela omissão dos deveres de informação, cooperação e lealdade quanto à preservação da autoridade do direito e incentivo a práticas de crédito responsável a serem adotadas por fornecedores e intermediários. Por outro lado, verificado o preenchimento dos elementos de fato que dão causa à incidência da norma, pode resultar da sua aplicação, inclusive, a prevenção de uma futura situação jurídica de superendividamento.

Por fim, observe-se que a norma *não exige relação causal ou lógica entre os efeitos modificativos da relação jurídica originária determinados pela decisão judicial, e a repercussão concreta do dever violado* pelo fornecedor ou pelo intermediário. Explicando em outros

CURSO DE DIREITO DO CONSUMIDOR – *Bruno Miragem*

termos: o âmbito da revisão judicial não se restringe às repercussões, para o consumidor, relativas às obrigações ou ônus cujas informações tenham sido omitidas pelo fornecedor (p. ex., se deixou de informar a taxa de juros incidente no empréstimo, apenas sobre ela poderia dispor o juiz ao revisar o contrato). Orientam o exercício da competência para revisar o contrato os dois critérios definidos na lei: gravidade da conduta do fornecedor e possibilidades financeiras do consumidor.

4.7.4.4   Outras sanções

A parte final do parágrafo único do artigo 54-D refere que sua aplicação se dá "sem prejuízo de outras sanções e de indenização por perdas e danos, patrimoniais e morais, ao consumidor". Tais sanções são as típicas do CDC (artigo 56), sendo usual a multa aplicada pelo exercício do poder de fiscalização dos órgãos de defesa do consumidor. Também abrangem sanções decorrentes de competências de fiscalização atinentes a outros órgãos e entidades, o que no caso dos contratos de consumo de crédito envolve o Banco Central do Brasil e a aplicação da legislação que disciplina a supervisão do Sistema Financeiro Nacional.

De outra parte, a indenização por perdas e danos, embora não se considere sanção em sentido estrito (apenas em sentido amplo, como consequência da violação do direito), também é cabível quando demonstrados dados patrimoniais ou morais sofridos pelo consumidor em razão da violação dos deveres legais impostos ao fornecedor. Segundo é característico do sistema de proteção do consumidor, tanto têm pretensão à indenização o consumidor a quem a oferta de crédito irregular tenha sido dirigida quanto – conforme o caso – a coletividade de consumidores eventualmente exposta a oferta de crédito irregular, como ocorre, por exemplo, na oferta publicitária, em que se identifique enganosa ou abusiva, dando causa a danos coletivos indenizáveis.

4.7.5   Conexidade contratual entre contratos de consumo de produtos e serviços e contratos de crédito

Merece atenção ainda o reconhecimento legal da vinculação entre fornecimento de produto ou serviço e o contrato de concessão de crédito que viabilize o pagamento do primeiro. Nesse ponto, o novo artigo 54-F procurou exaurir as possibilidades de classificação, assim dispondo: "São conexos, coligados ou interdependentes, entre outros, o contrato principal de fornecimento de produto ou serviço e os contratos acessórios de crédito que lhe garantam o financiamento quando o fornecedor de crédito: I – recorrer aos serviços do fornecedor de produto ou serviço para a preparação ou a conclusão do contrato de crédito; II – oferecer o crédito no local da atividade empresarial do fornecedor de produto ou serviço financiado ou onde o contrato principal for celebrado". A rigor, a conexidade contratual aqui se dá em razão da dependência entre os contratos. A existência de um justifica-se pela do outro, daí a coligação. A referência a contrato principal e acessório não é a mais precisa, embora vise reforçar a noção de interdependência. O crédito se outorga para pagar o preço, podendo ser dito, igualmente, que só há a compra e venda de consumo ou a prestação de serviços, porque o contrato de crédito viabilizou os recursos para pagamento pelo consumidor. Em termos conceituais, a regra explicita o que já era afirmado por doutrina e jurisprudência.

Os critérios para reconhecimento da conexidade devem ser destacados. Resultam do fato de o próprio fornecedor do produto ou serviço participar da oferta do crédito, na preparação ou conclusão do contrato, ou ainda quando a oferta se realizar no "local da atividade empresarial" do fornecedor do produto ou serviço, ou onde o contrato principal for celebrado. Abrange, naturalmente, os contratos celebrados pela internet. Sua utilidade, resulta, especialmente, da vinculação de ambos os contratos quanto ao seu destino: o exercício do direito de arrependimento em relação a um implica também a resolução do outro; a resolução por inadimplemento do contrato de fornecimento do produto ou serviço gera a pretensão do consumidor para resolver o relativo à outorga do crédito; assim também a invalidade ou ineficácia do contrato de fornecimento do produto ou serviço afeta o de outorga de crédito, hipótese em que é assegurado ao fornecedor deste último o direito à restituição dos valores entregues ao consumidor, inclusive dos tributos incidentes (artigo 54-F, § 4º).

4.7.6   Processo de repactuação de dívidas

A disciplina do superendividamento do consumidor no CDC compreende os deveres impostos aos fornecedores de crédito e intermediários no tocante à oferta e formação do contrato de consumo – de caráter preventivo – e a previsão de procedimentos especiais, caso do *processo de repactuação de dívidas* (artigo 104-A) e o de *revisão judicial e repactuação de dívidas remanescentes* (artigo 104-B). Compreendem o que a própria lei refere – a partir de expressão consagrada na doutrina – de tratamento do superendividamento.

Em ambos os casos, o elemento característico dos procedimentos é a reunião de todas as obrigações do consumidor que consistam em dívidas de consumo em um único processo, de modo a permitir uma solução global que, ao tempo em que disciplina a satisfação dos credores em condição de igualdade (*par conditio creditorum*), objetiva preservar parcela da remuneração ou rendimentos do devedor necessários à sua subsistência (preservação do mínimo existencial). Em termos didáticos, há um paralelo possível – guardadas as várias distinções de procedimento – com a recuperação empresarial, uma vez que se abre tanto à possibilidade de renegociação das dívidas pelo consumidor quanto à alteração do seu objeto original relativamente ao valor devido (principal e acessórios da dívida) e ao tempo de pagamento. Nesse processo de negociação inicial (denominado pela lei como conciliação), há oportunidade para que credor e devedor negociem descontos nas condições originais, com a participação de um terceiro (que pode ser o juiz, conciliador credenciado pelo Poder Judiciário ou órgão público integrante do Sistema Nacional de Defesa do Consumidor). No caso das obrigações sobre as quais, nessa fase conciliatória, não se obtiver acordo para pagamento, poderão ser objeto, a requerimento do consumidor, então, do processo de revisão e integração dos contratos, e repactuação das dívidas remanescentes, ao *quantum* (valor) ou no tempo (prazo do pagamento).

O processo de repactuação de dívidas é previsto no artigo 104-A do CDC e deve ser proposto mediante requerimento do consumidor superendividado pessoa natural. O juiz competente será fixado conforme as normas do Poder Judiciário dos estados. A finalidade do processo de repactuação de dívidas é a conciliação entre o consumidor e seus credores de dívida de consumo, com elaboração de plano de pagamento das dívidas, a partir de uma negociação global, com todos os que compareçam à audiência conciliatória.

Só podem ser objeto de repactuação, por intermédio da conciliação, dívidas oriundas de relações de consumo contraídas pelo consumidor pessoa natural de boa-fé. Excluem-se, expressamente, as originárias de contratos celebrados dolosamente sem o propósito de realizar o pagamento (artigo 104-A, § 1º, do CDC). O ônus da prova acerca da conduta dolosa do consumidor é do fornecedor interessado na exclusão da dívida do processo de repactuação. Da mesma forma, a lei define um critério objetivo para exclusão de certas dívidas, caso das provenientes de contratos de crédito com garantia real, de financiamentos imobiliários e de crédito rural. Assim, o propósito do legislador, embora prejudique a finalidade de promover a possibilidade de pagamento das dívidas por intermédio da sua repactuação, justifica-se pelo respeito ao regime próprio das obrigações que dão causa a tais dívidas ou aos privilégios creditórios que delas resultam, conformando a disciplina de proteção do consumidor e o sistema de garantias das obrigações em geral.

O requerimento do consumidor deve ser dirigido ao juiz. A ausência de um rito específico previsto em lei fez com que fosse editada a Recomendação 125/2021 do CNJ, indicando as fases do procedimento. Nesse caso, onde houver Núcleo de Mediação e Conciliação de conflitos oriundos do superendividamento, o requerimento será processado por ele, hipótese em que será realizada entrevista com o consumidor para preenchimento de formulário-padrão, com o objetivo de identificar dados socioeconômicos, valor das dívidas e outras informações sobre a capacidade de reembolso e mínimo existencial. Note-se, nesse sentido, que a presença de elementos mínimos que permitam o juiz identificar a situação jurídica de superendividamento é necessária, a demonstração pelo consumidor interessado de quais são os integrantes da família e qual sua participação no custeio das despesas comuns; também a especificação da despesas da família (não apenas as de consumo) e os contratos sujeitos à repactuação (nesse caso, a ausência da cópia do contrato não deve impedir o processamento), assim como uma proposta de plano de pagamento com indicação do mínimo existencial (que, conforme o caso, poderá ser realizada com o auxílio do CEJUSC ou mesmo construído, em comum, na audiência).[43]Em seguida, é designada audiência pelo juiz, a qual será presidida por ele ou por conciliador designado e oficiados todos os credores para que compareçam e, inclusive, apresentem os contratos que dão origem às dívidas. Nesse particular, anote-se que o artigo 5º do CDC dispõe, entre os instrumentos para execução da Política Nacional das Relações de Consumo, a *instituição de mecanismos de prevenção e tratamento extrajudicial e judicial do superendividamento e de proteção do consumidor pessoa natural (inciso VI) e a instituição de núcleos de conciliação e mediação de conflitos oriundos de superendividamento (inciso VII)*.[44]

A promoção da conciliação nessa primeira fase orienta-se pela iniciativa de resolução consensual do conflito decorrente da impossibilidade de pagamento das dívidas

---

[43]   TJSP, Agravo de Instrumento 2245149-35.2022.8.26.0000, 20ª Câmara de Direito Privado, Rel. Alexandre David Malfatti, j. 23.01.2023.

[44]   Sobre a importância dos núcleos: BERTONCELLO, Káren Rick Danilevicz. Núcleos de conciliação e mediação de conflitos nas situações de superendividamento: conformação de valores da atualização do Código de Defesa do Consumidor com a Agenda 2030. *Revista de Direito do Consumidor*, São Paulo, v. 138, p. 49 e ss., 2021.

Parte II · Cap. 4 · SUPERENDIVIDAMENTO DO CONSUMIDOR | 791

pelo consumidor. Constitui, nesse sentido, o método, por excelência, para a solução de conflitos objetivos de caráter circunstancial, sem envolvimento pessoal das partes, visando o seu encerramento.[45]

A conciliação, se bem-sucedida com todos os credores, põe fim ao processo, constituindo obrigação nova ao consumidor expressa no plano de pagamento elaborado a partir de negociação intermediada pelo juiz ou pelo conciliador e objeto de consenso entre as partes. Deve ser homologada pelo juiz, com o plano de pagamento, para produzir seus efeitos, inclusive de novação no tocante às obrigações originais que deram causa às dívidas. Se apenas algumas dívidas forem objeto de renegociação, as demais serão consideradas dívidas remanescentes que poderão dar causa ao processo de revisão, integração dos contratos e repactuação de dívidas remanescentes, previsto no artigo 104-B do CDC.

4.7.6.1   Conciliação

A conciliação do consumidor superendividado com seus credores é procedimento que poderá ser realizado de dois modos, segundo a disciplina prevista no CDC. O primeiro diz respeito à *conciliação judicial*: como fase do processo de repactuação de dívidas (artigo 104-A), será promovida pelo juiz ou pelo conciliador (inclusive por intermédio dos núcleos de conciliação e mediação de conflitos oriundos de superendividamento), a partir da realização de audiência na qual devem ser chamados a comparecer, mediante ofício expedido pelo juízo, todos os credores relacionados pelo consumidor.

No caso de não comparecimento de qualquer credor, sem justificativa, ou ainda de seu procurador com poderes especiais e plenos para celebrar transação com o consumidor, sujeita o fornecedor a sanções específicas previstas no artigo 104-A, § 2º, do CDC, a saber, a *suspensão da exigibilidade do débito* e a *interrupção dos encargos da mora*, assim como a *sujeição compulsória ao plano de pagamento da dívida* se o montante devido ao credor ausente for certo e conhecido pelo consumidor. Nesse caso, também é a lei quem impõe que o pagamento desse credor faltoso seja estipulado para ocorrer apenas após o pagamento aos credores presentes à audiência conciliatória.

Observa-se dessa sujeição do fornecedor que se recuse a comparecer à audiência a sanções que afetam diretamente seu interesse na satisfação do crédito, a configuração de um *dever de renegociar*, que corresponde a um *direito subjetivo do consumidor à renegociação*. Nesse particular, anote-se que o dever de renegociar não implica o compromisso em aceitar a modificação do objeto original do contrato, tampouco constrange o fornecedor a anuir com certas e determinadas condições que eventualmente sejam propostas pelo consumidor ou sugeridas pelo juiz ou o conciliador nessa fase do processo. O objeto do dever de renegociar, nesse caso, que necessariamente se fundamenta na lei, como exceção à vinculatividade dos pactos,[46] tem origem na boa-fé e no dever de cooperação que dela resultam. Desse modo, consiste no comportamento ativo do credor de comparecimento à audiência e consideração objetiva da proposta do consumidor em vista da elaboração

---

[45]   CAHALI, Francisco José. *Curso de arbitragem*: mediação, conciliação, tribunal multiportas. 8. ed. São Paulo: Ed. RT, 2020. p. 45.

[46]   MIRAGEM, Bruno. *Direito das obrigações*. 3. ed. Rio de Janeiro: Forense, 2021. p. xx.

do plano de pagamento. Daí por que, inclusive, na perspectiva instrumental, o dever legal consiste no comparecimento em audiência dos credores ou seus procuradores com poderes especiais e plenos para transigir.

Realizada a audiência de conciliação, as obrigações do consumidor que tenham sido renegociadas com os respectivos credores serão descritas em plano de pagamento da dívida, submetido à sentença judicial de homologação. Nesse plano de pagamento deverão constar, nos termos do artigo 104-A, § 4º: "I – medidas de dilação dos prazos de pagamento e de redução dos encargos da dívida ou da remuneração do fornecedor, entre outras destinadas a facilitar o pagamento da dívida; II – referência à suspensão ou à extinção das ações judiciais em curso; III – data a partir da qual será providenciada a exclusão do consumidor de bancos de dados e de cadastros de inadimplentes; IV – condicionamento de seus efeitos à abstenção, pelo consumidor, de condutas que importem no agravamento de sua situação de superendividamento". A norma delimita, desse modo, o objeto do acordo e do plano de pagamento que dele resulta, implicando, como regra, a novação objetiva da obrigação, uma vez que o acordo homologado extingue as dívidas originárias, ainda que seus efeitos sejam condicionados à abstenção, pelo consumidor, de condutas que importem no agravamento de sua situação de superendividamento. Como bem assinala a doutrina, a partir da experiência prática já desenvolvida, um *"reforço ao compromisso de mútuo comprometimento"*, pelo qual conste "esse comprometimento, com as advertências sobre o vencimento antecipado da dívida em caso de inadimplemento ou de fraude contra credores. O mútuo comprometimento está relacionado com as obrigações do credor em viabilizar o pagamento, fornecendo, no tempo certo, o boleto bancário, por exemplo, retirando os dados do devedor do cadastro de inadimplentes no prazo acordado, entre outras".[47] Eventual inobservância, pelo consumidor, desse comportamento de boa-fé dá causa ao direito do fornecedor de requerer a resolução do acordo. Tendo sido objeto de homologação judicial, sua desconstituição também deverá ser submetida à decisão do juízo.

Note-se que o § 3º do artigo 104-A refere que a sentença homologatória terá eficácia de título executivo e força de coisa julgada. Assim, tanto o fornecedor quanto o consumidor, conforme o caso, poderão promover-lhe a execução forçada em caso de descumprimento. Por outro lado, a "força de coisa julgada" implica a impossibilidade de sua revisão pelo juízo, a requerimento de qualquer das partes. A hipótese de resolução por incumprimento, contudo, vincula-se ao condicionamento dos seus efeitos previstos pela própria lei. Nesse sentido, a possibilidade de resolução por descumprimento da obrigação do consumidor em não agravar sua própria situação não ofende a coisa julgada, mas resulta de efeito próprio atribuído pela lei, delimitando, inclusive, o poder de juiz na oportunidade da prolação de sentença homologatória. O artigo 104-A, § 4º, IV, refere que deverá constar no plano de pagamento submetido à homologação o condicionamento dos seus efeitos à abstenção do consumidor em agravar sua situação de superendividamento.

---

[47] BERTONCELLO, Káren Rick Danilevicz. Núcleos de conciliação e mediação de conflitos nas situações de superendividamento: conformação de valores da atualização do Código de Defesa do Consumidor com a Agenda 2030. *Revista de Direito do Consumidor*, São Paulo, v. 138, p. 49 e ss., 2021.

Um cuidado do legislador para impedir que o consumidor venha a requerer reiteradamente a repactuação das dívidas, inclusive como um comportamento direcionado a frustrar a confiança legítima dos credores no pagamento, é o de fixar o interstício de, no mínimo, dois anos entre a liquidação das obrigações previstas no plano de pagamento homologado e o novo requerimento para promover conciliação com os credores. A lei, contudo, não exclui a possibilidade de que haja, mesmo nesse período, eventual repactuação das obrigações assumidas, por iniciativa das partes (artigo 104-A, § 5º, do CDC). Afasta-se, do mesmo modo, expressamente, como resultado da homologação do acordo, a declaração de insolvência civil do consumidor. A referência expressa do artigo 104-A, § 5º, tem duas consequências imediatas: a) distinguir o processo de repactuação de dívidas, por intermédio da conciliação e acordo entre o consumidor e seus credores, do processo de insolvência civil ainda disciplinado pelo CPC/1973; e b) afastar os efeitos específicos da declaração de insolvência civil, contraditórios com a finalidade precípua do processo de repactuação de dívidas do consumidor superendividado previsto no CPC. A declaração de insolvência civil privilegia, em caráter absoluto, o interesse dos credores na execução de devedor insolvente (vejam-se, p. ex., os efeitos próprios da declaração de insolvência como o vencimento antecipado das dívidas, arrecadação dos bens suscetíveis de penhora e execução por concurso universal de credores –– artigo 751 do CPC/1973); a conciliação prevista pelo CDC e a decisão que homologa o respectivo acordo visam promover o pagamento das dívidas, preservando o mínimo existencial do consumidor. Da mesma forma, ao afastar-se a declaração de insolvência e seus efeitos, não se aplica o prazo de cinco anos para a extinção das obrigações do devedor, contados da data de encerramento do processo (artigo 778 do CPC/1973, cuja vigência foi preservada pelo art. 1.052 do CPC/2015). Nesse caso, destaque-se, uma vez mais, que o acordo homologado pelo juízo implica a novação objetiva das dívidas, nos termos do plano de pagamento.

Ao lado da conciliação que se opera mediante processo judicial de repactuação de dívidas (conciliação judicial), é prevista, pelo CDC, aquela que venha a ser promovida pelos órgãos públicos de defesa do consumidor integrantes do Sistema Nacional de Defesa do Consumidor (SNDC), inclusive com a possibilidade de sua disciplina por convênios entre esses órgãos e instituições credoras ou suas associações (p.ex., Febraban). Nesse caso, estabelecida no artigo 104-C do CDC, a conciliação administrativa ou extrajudicial regula-se segundo a disciplina do procedimento administrativo do órgão que a promove,[48] que deve respeitar os limites e condições do artigo 104-A, sendo previsto pela lei ainda que o processo de conciliação se dá "sem prejuízo das demais atividades de reeducação financeira cabíveis".

No tocante ao conteúdo do acordo, em relação à conciliação extrajudicial é prevista pela norma apenas a inclusão da data a partir da qual será providenciada a exclusão do consumidor de bancos de dados e de cadastros de inadimplentes e do condicionamento de seus efeitos à abstenção, pelo consumidor, de condutas que importem no agravamento de sua situação de superendividamento, especialmente a de contrair novas dívidas (artigo

---

[48] Referindo-se a um "processo administrativo de superendividamento", veja-se: VIAL, Sophia Martini. Artigo 104-C e seus parágrafos. *In*: BENJAMIN, Antonio Herman; MARQUES, Claudia Lima; LIMA, Clarissa Costa de; VIAL, Sophia Martini. *Comentários à Lei 14.181/2021*: a atualização do CDC em matéria de superendividamento. São Paulo: Ed. RT, 2021. em especial, p. 344 e ss.

104-C, § 2º). Não estão previstas, a exemplo do acordo que resulta da conciliação judicial, a previsão sobre medidas de dilação dos prazos de pagamento e de redução dos encargos da dívida ou da remuneração do fornecedor, entre outras destinadas a facilitar o pagamento da dívida, e a referência à suspensão ou à extinção das ações judiciais em curso. No caso da suspensão ou extinção de ações judiciais, trata-se de efeito, naturalmente, estranho aos limites de um acordo sem a intervenção judicial (conciliação administrativa). Entretanto, no tocante às medidas de dilação de prazos e redução de encargos ou da remuneração do fornecedor, são elementos próprios de um acordo que suponha, mesmo no âmbito administrativo, concessões das partes com a finalidade, que aqui é idêntica, de oportunizar o adimplemento da dívida, preservando o mínimo existencial do consumidor. Desse modo, a ausência de previsão expressa não afasta a possibilidade de o acordo dispor sobre tais medidas, inclusive para seu reconhecimento no caso de o consumidor requerer, nos termos do artigo 104-B, o processo de revisão e repactuação das dívidas remanescentes, que não tenham sido objeto de conciliação administrativa exitosa.

4.7.6.2   Obrigações do consumidor

As obrigações do consumidor que resultam do acordo nos casos de conciliação judicial ou extrajudicial relacionam-se com: a) o adimplemento das obrigações decorrentes da repactuação das dívidas no tempo, lugar e modo devidos; b) a obrigação de não agravar sua situação de superendividamento, especialmente pela constituição de novas dívidas.

A obrigação de adimplemento da obrigação, nos termos do acordo celebrado com os fornecedores, poderá ser objeto, inclusive, de execução específica, dada a força de título executivo judicial conferido à sentença que o homologa, na conciliação judicial, de acordo com o plano de pagamento. Esse resultado também se pode obter no acordo celebrado na conciliação administrativa, em vista das disposições gerais sobre a tutela específica da obrigação, prevista no artigo 497 do CPC/2015.

No tocante à obrigação de não agravar sua situação de superendividamento (artigo 104-A, § 4º, IV), especialmente pela conduta de não contrair novas dívidas (artigo 104-C, § 2º), sua interpretação deve se dar no sentido de coibir o comportamento doloso ou desidioso do consumidor posteriormente à celebração do acordo. A obrigação de não contrair novas dívidas – ademais prevista expressamente no tocante ao acordo que resulta da conciliação extrajudicial – não é absoluta. Sua interpretação deve ser considerada de acordo com a finalidade de preservação do mínimo existencial. As circunstâncias fáticas do consumidor superendividado e sua família ao longo do prazo acordado para pagamento da dívida podem dar causa a necessidades de consumo relacionadas à preservação do mínimo existencial, inclusive, novos 'acidentes da vida' (*e.g.*, doença, morte, dissolução da sociedade conjugal etc.), razão pela qual a interpretação do agravamento da situação de superendividamento deve estar associada a um comportamento de clara negligência ou desídia do consumidor, ou mesmo doloso, caracterizando má-fé manifestada posteriormente à celebração do acordo.

4.7.7 Processo para revisão e integração dos contratos e repactuação das dívidas remanescentes

Encerrado o processo de repactuação das dívidas previsto no artigo 104-A ou ainda a conciliação extrajudicial promovida pelos órgãos de defesa do consumidor (artigo 104-C do CDC), poderá ser proposto, a requerimento do consumidor superendividado, processo de revisão e integração dos contratos e repactuação das dívidas remanescentes, previsto no artigo 104-B do CDC. A legitimidade para propositura do processo por superendividamento é exclusiva do consumidor superendividado Pressupõe, necessariamente, a submissão do consumidor ao processo de repactuação de dívidas previsto no artigo 104-A e à realização da audiência conciliatória nele prevista, ou, ainda, a conciliação extrajudicial. Se precedida de conciliação judicial, nada obsta que se dê sequência ao processo de revisão nos mesmos autos.[49] O processo por superendividamento abrange as dívidas remanescentes, que não tenham sido objeto de acordo na fase conciliatória. A legitimidade passiva para a ação será de todos os credores que não tenham sido parte de acordo homologado na fase da conciliatória, que deverão ser citados. Questão de interesse diz respeito às dívidas que venham a ser contraídas pelo consumidor após a fase conciliatória e antes da propositura da ação a que se refere o artigo 104-B, hipótese na qual, embora ausente previsão legal expressa, mereça ser privilegiada oportunidade específica de negociação e conciliação presidida pelo juiz, antes de dar seguimento ao processo em relação ao novo credor.

A ação prevista no artigo 104-B do CDC tem por objetivo a revisão dos contratos que dão causa às dívidas de consumo do consumidor superendividado e que não foram objeto de acordo na fase conciliatória de repactuação. Nesse sentido, note-se que a oportunidade do acordo sempre pode ser considerada, cumprindo ao juiz homologar a transação (artigo 487, III, *b*, do CPC/2015).

Todavia, o processo de revisão das obrigações remanescentes, que não foram objeto de acordo na fase conciliatória, confere ao juiz amplo poder para intervir no conteúdo dos contratos a serem revistos, inclusive para alterar seu objeto no sentido de permitir o reescalonamento da dívida, visando compatibilizar seu pagamento com a preservação do mínimo existencial do devedor. Nesse sentido, o artigo 104-B, § 3º, refere que deverão constar no plano de pagamento "medidas de temporização ou de atenuação dos encargos". A rigor possibilidade de dilação do prazo de pagamento e eventual redução dos acessórios da dívida, sejam eles juros ou outras parcelas decorrentes da fluência do tempo. A competência conferida ao juiz para alterar o objeto original das obrigações que dão causa às dívidas remanescentes vincula-se à finalidade de equilibrar o direito dos fornecedores ao recebimento do respectivo crédito e a preservação do mínimo existencial do consumidor. Nesse sentido, o direito dos credores é assegurado, no mínimo, devendo receber "o valor do principal devido corrigido monetariamente por índices oficiais de

---

[49] "Repactuação de dívida. Hipótese de superendividamento. Rejeição da oferta de renegociação do débito por parte da credora. Repactuação da dívida. Necessidade de aplicação da fase procedimental prevista no art. 104-B, do CDC. Precedentes deste E. Tribunal de Justiça. Sentença anulada. Recurso provido" (TJSP, Apelação Cível 1002997-14.2021.8.26.0127, 14ª Câmara de Direito Privado, Rel. Anna Paula Dias da Costa, j. 14.12.2022).

preço", ao mesmo tempo que define prazo máximo para liquidação da dívida de cinco anos após a homologação.

Para tanto, o objeto do próprio conteúdo do plano de pagamento é delimitado pela lei, visando esse equilíbrio de interesses. Nesse sentido, o artigo 104-B, § 4º, refere que "o plano judicial compulsório assegurará aos credores, no mínimo, o valor do principal devido, corrigido monetariamente por índices oficiais de preço", definindo também prazo máximo para pagamento.

É prevista também a faculdade de o juiz nomear um administrador, desde que sem ônus às partes, a quem compete a apresentação de um plano de pagamento no prazo de até 30 dias, após cumprir as diligências eventualmente necessárias. Se nomeado o administrador, será dele a atribuição de, ao elaborar o plano de pagamento, propor neste as medidas de temporização ou de atenuação dos encargos.

A posição do administrador seria de grande relevância para a operacionalização do plano de pagamento, a exemplo de posição semelhante que o administrador judicial exerce na recuperação de empresas. Contudo, ao contrário da legislação empresarial, não previu mais o legislador sobre essa importante figura, indicando apenas que sua nomeação se dá, "desde que sem ônus às partes". Tratando-se de atividade a ser desempenhada por profissional, a lei não se ocupou – na ausência de ônus às partes – do modo como será remunerado pelos serviços prestados, esvaziando, em parte, a possibilidade de exercício da faculdade pelo juiz. A rigor, a própria expressão "administrador" aqui não é a melhor, considerando que não administra, mas examina e elabora o plano de pagamento que, homologado pelo juiz, será objeto de cumprimento pelo próprio consumidor superendividado. Não se prevê, assim, uma atuação contínua do administrador, mas circunscrita ao momento da elaboração do plano. Nesses termos, não se deve excluir a possibilidade que se confie a servidor público ou a colaboradores externos (por exemplo, de associações de consumidores, outras entidades representativas ou órgãos de defesa do consumidor), desde que preservada a imparcialidade objetiva na elaboração do plano de pagamento que, afinal, deverá ser ele próprio submetido ao contraditório de ambos os polos da relação processual (consumidor superendividado e credores), acerca do atendimento dos requisitos e finalidades previstos na lei, antes de submeter-se à homologação judicial.

Do mesmo modo, dispõe o § 1º do artigo 104-B que serão considerados no processo por superendividamento, se for o caso, os documentos e as informações prestadas em audiência. No caso, tanto os documentos oferecidos pelo consumidor quanto documentos, informações e propostas apresentados pelo credor poderão ser conhecidos pelo juiz no processo por superendividamento para avaliação das condições de pagamento do consumidor, as características das dívidas remanescentes, sua constituição e eventual descumprimento dos deveres legais impostos para a contratação, visando à elaboração do plano judicial compulsório.

Refira-se, ainda, que a repactuação de dívidas é, assim, só daquelas que não forem colimadas de abusividade, daí o poder de integrar os contratos e as lacunas que aparecerem. Outro ponto importante é que se trata de processo especial, de alguma complexidade, que não nos parece moldado para tramitação em juizados especiais cíveis, como chegou a constar em projeto de lei na Câmara dos Deputados, retirado para permitir a aprovação, nos termos em exame, da Lei 14.181/2021. Da mesma forma, tratando-se de procedimento

Parte II • Cap. 4 • SUPERENDIVIDAMENTO DO CONSUMIDOR | **797**

especial, não se deve cogitar da exigência do artigo 330, §§ 2º e 3º, do Código de Processo Civil, que prevê, nas ações que tenham por objeto a revisão de obrigação decorrente de empréstimo, de financiamento ou de alienação de bens, o dever de discriminação dos valores controvertidos na petição inicial e o valor incontroverso do débito, sob pena de inépcia da inicial, assim como a obrigação de continuar a pagar o valor incontroverso ao longo do processo. A pretensão do consumidor no processo de superendividamento é de revisão global, procedimento especial com fundamentos próprios, cuja finalidade expressa é substancialmente diversa da pretensão revisional comum, uma vez que associada à promoção do pagamento das dívidas pelo consumidor com a preservação do seu mínimo existencial.

4.7.7.1 As fases do procedimento

Quanto às fases do procedimento, uma vez propostos em juízo o processo de revisão e a integração dos contratos e repactuação de dívidas remanescentes, o juiz ordenará a citação dos credores para que, em 15 dias, juntem os documentos e razões da negativa de aceder ao plano voluntário (da fase conciliatória) ou à recusa de renegociar (artigo 104-B, § 2º). Pode o juiz também, recebendo a inicial do consumidor superendividado, decidir, de ofício ou a requerimento da parte, sobre a suspensão da exigibilidade do débito e a interrupção dos encargos da mora prevista no artigo 104-A, § 2º, inclusive com a determinação, conforme o caso, de retirada da inscrição do consumidor dos bancos de dados restritivos de crédito, ou sustação do protesto de título relativo à dívida relacionada ao pedido.

Após o prazo de 15 dias da juntada da citação dos credores, cumpre ao juiz examinar as respectivas manifestações, assim como os documentos e as informações prestadas em audiência (artigo 104-B, § 1º). Em seguida, ou nomeia administrador ou toma ao próprio juízo a elaboração de plano de pagamento, o que não impede também que requeira às partes proposta a ser submetida ao seu exame para decisão. A sentença que determina o plano de pagamento compulsório será, então, vinculante para as partes. A rigor, tratando-se de sentença judicial, poderá ser objeto de recurso de apelação (artigo 1.009 do CPC/2015).

4.7.7.2 O plano judicial compulsório

A revisão e a integração dos contratos visam à elaboração de plano de pagamento compulsório, a ser homologado por decisão judicial, tornando-se obrigatório para as partes, que deverá observar as seguintes condições definidas em lei: a) o pagamento aos credores, no mínimo, do valor principal devido, corrigido monetariamente por índices oficiais de preço; b) o prazo máximo de pagamento da dívida em cinco anos, contados a partir da quitação do plano de pagamento consensual; c) primeira parcela a ser paga pelo consumidor no prazo máximo de 180 dias contados da homologação judicial do plano; d) definição do saldo em parcelas mensais e sucessivas.

Por outro lado, na definição do plano judicial compulsório também incide o disposto no artigo 54-D, parágrafo único, do CDC, que estabelece, no caso de descumprimento de quaisquer dos deveres de informação e diligência previstos nos artigos 52 e 54-C, a aplicação de sanção de redução dos juros contratados, ou de qualquer acréscimo ao principal, bem como a dilação de pagamento previsto no contrato original, observada a gravidade da conduta do fornecedor e as possibilidades financeiras do consumidor. Trata-se da hipótese de "revisão-sanção", que por expressa previsão legal, inclusive, não exclui a pretensão de indenização do consumidor por perdas e danos em face da ilicitude da conduta do fornecedor. Nesse sentido, merece registro que a aplicação das sanções previstas no artigo 54-D, parágrafo único, podem se dar a partir de seu conhecimento de ofício pelo juiz, sem a necessidade de requerimento expresso do consumidor, considerando a função de reprimir a violação dos deveres legais previstos no CDC.

Por fim, há de reconhecer também que, tratando-se o processo previsto no artigo 104-B de "revisão e integração do contrato", é oportunidade para o juiz conhecer de eventuais abusividades e ilegalidades na contratação, cominando as sanções legais cabíveis. A elaboração do plano judicial compulsório tem por objeto obrigações válidas e eficazes das quais o consumidor seja devedor. A identificação de ilegalidade, abusividade ou fraude na constituição de qualquer dessas obrigações, ou de parte delas, confere ao juiz o poder-dever de declará-las e, conforme o caso, deixar de considerá-las na elaboração do plano. Resulta aqui o poder-dever do juiz, por exemplo, de declarar nulidade do contrato celebrado com fraude, ou decretar a nulidade de cláusulas abusivas, preservando a autoridade do direito.

PARTE III

DIREITO DO CONSUMIDOR NO MERCADO DE CONSUMO DIGITAL

A digitalização do consumo é um fenômeno do nosso tempo. A sociedade de consumo converte-se cada vez mais, em muitos setores, em uma sociedade de consumo digital. O acesso a produtos e serviços pela internet repercute, assim, não apenas na realidade econômica, mas sobre hábitos e costumes sociais, na cultura e no espírito do tempo da sociedade digital. No estágio atual, predomina a importância dos dados e seu tratamento, sob fórmulas materializadas em algoritmos, de modo a considerar-se o humano "dominado pelos números",[1] promovendo e refinando o direcionamento de ideias, conceitos, produtos e serviços.

Na perspectiva das relações de consumo, esse novo mercado digital apresenta toda a sorte de desafios. Em parte, migram para o mercado de consumo digital, fornecedores e consumidores que já se relacionam no mercado de consumo tradicional, de modo a coexistirem operações no ambiente digital e fora dele (negócios híbridos). Por outro lado, novos modelos de negócio se desenvolvem considerando especificamente a oferta e fornecimento de produtos e serviços pela internet (negócios digitais). A própria organização e exercício da atividade empresarial e seus elementos caracterizadores são impactados. A estimação do valor do patrimônio social, de clientela ou a capacidade de gerar receita e lucro (o aviamento), apoiam-se cada vez mais na reputação do fornecedor, e na confiança despertada no consumidor.

Por outro lado, tanto novas formas de oferta e contratação (p. ex., o fornecimento por plataformas digitais) como novos produtos e serviços surgem nesse ambiente, inclusive combinados. Não há dúvida de que a legislação de proteção do consumidor se aplica às relações de consumo no mercado digital, assim como de que, em muitas situações, deve merecer uma interpretação adaptada e complementada por outras normas jurídicas – mesmo porque não se descarta a necessidade de inovações legislativas tópicas, mas de

---

[1] SUMPTER, David. Dominado pelos números. *Do Facebook e Google às fake News, os algoritmos que controlam nossa vida*. Rio de Janeiro: Bertrand Brasil, 2019, p. 7 e ss.

modo prudente, considerando os riscos de desatualização frente à velocidade do desenvolvimento tecnológico.

Há ainda situações em que, independentemente de uma qualificação jurídica específica do que se oferece no mercado digital, se identifica logo o interesse de proteção dos consumidores. É o caso dos chamados ativos virtuais, previstos na Lei 14.478/2022, como "a representação digital de valor que pode ser negociada ou transferida por meios eletrônicos e utilizada para realização de pagamentos ou com propósito de investimento", excluído daí a própria moeda, programas de bonificação e fidelidade, ou valores mobiliários (art. 3º), mas para o que a norma expressamente prevê a necessidade de observar as diretrizes de proteção dos consumidores (art. 4º, IV) e aplicação, no que couber, das disposições do CDC (art. 13). Dentre os exemplos mais atuais, na atualidade estão os chamados *bitcoins*, *altcoins* e outros ativos do gênero, que circulam em paralelo ao sistema financeiro oficial, com oferta abundante como modalidade de investimento. É caso em que há preocupação com a proteção da confiança dos consumidores no tocante a sua correta informação sobre os riscos envolvidos, assim como em relação à captação indevida de poupança popular.

Daí por que, nesta terceira parte, se examinam os marcos atuais da proteção do consumidor no mercado de consumo digital, a partir das normas do CDC, mas segundo interpretação sistemática com outras leis do ordenamento jurídico brasileiro; notadamente, a disciplina da internet – por intermédio da Lei 12.965/2014 – o Marco Civil da Internet – e da Lei 13.709/2018 – Lei Geral de Proteção de Dados Pessoais – sem prejuízo do Código Civil e demais normas legais e regulamentares.

1

O NOVO PARADIGMA TECNOLÓGICO E O MERCADO DE CONSUMO DIGITAL

A referência à *sociedade da informação*, ou à *sociedade em rede*, designa, em termos gerais, um estágio histórico de origens ainda não bem delimitadas, porém destacando a importância do desenvolvimento das tecnologias da informação e sua repercussão na vida social, econômica, política e cultural, em praticamente todos os países. Sua origem se associa ora aos primórdios do surgimento da internet – e ao registro sucessivo de eventos que marcam o desenvolvimento da rede desde sua criação com objetivos militares, habitualmente mencionado nas obras sobre o tema –, ora ao início de sua utilização em grande escala, no final do século passado.

As transformações que as novas tecnologias operam na realidade social são inúmeras, em sua grande maioria percebidas diretamente pelos sujeitos envolvidos, de um lado por sua magnitude, de outro pela velocidade com que são incorporadas à vida cotidiana, evidenciando o que, em outras revoluções tecnológicas – como já foi observado –, permitia que se considerassem "revoluções invisíveis".

Não faltam meios para provar essa hipótese, por exemplo: o tempo médio diário de uso da internet é um dos mais expressivos, ocupando parte significativa da vida útil de cada ser humano conectado; também os novos critérios de sociabilidade (*e.g.*, as conversas pessoais substituídas por mensagens, e mesmo o telefonema substituído por mensagens escritas ou gravações em áudio); a intimidade e a aproximação afetiva inaugurada por contatos em redes sociais, ou por anúncios, virtualizando-se o que antes tinha por pressuposto a presença física; os meios de manifestação da vontade e aferição da identidade de forma remota; o trabalho a distância; os novos modelos de negócios promovidos pela rede de computadores e a desmaterialização dos meios e dos bens ordinariamente utilizados no mercado; a ubiquidade que caracteriza as relações pela rede, próprias da representação eletrônica de uma realidade tangível que subverte as noções de presença ou ausência segundo a proximidade física, criando um novo "lugar".

Toda essa ordem de fatos, criados, influenciados ou modificados pelo desenvolvimento das tecnologias da informação, recebe diferentes denominações. Destaca-se a referência ao "digital". A tecnologia digital consiste, fundamentalmente, em métodos de codificação e transmissão de dados, a eletrônica digital. A digitalização, desde a origem, foi concebida como um sistema de comunicação entre uma fonte de informação e o seu destinatário, por intermédio de canais discretos que a decodificam e transmitem, o que se desenvolveu, na informática, a partir de um sistema binário,[2] ao qual se atribui, até hoje, diferentes aplicações.

A expressão *digital* remonta ao latim *digitalis*, referindo-se aos dedos da mão, também meio de representação dos algarismos. A associação do termo com as novas tecnologias da informação resulta do modelo de programação dos computadores, que passaram a utilizá-los em apenas dois símbolos ou dígitos (0 e 1), formando um sistema binário, de bits. Desse modo, tudo o que passou a ser reconduzido aos computadores (computadorizado) tornou-se, ao mesmo tempo, digital (ou digitalizado), opondo uma representação analógica a outra grandeza descontínua expressa por dígitos.

A qualificação como digital de tudo o quanto se vincule às novas tecnologias da informação e a sua oposição natural ao analógico comprovam a temporalidade dos conceitos.[3] No seu uso social, inicialmente, remeteu a tudo que envolvesse operações com computadores. Com o desenvolvimento da internet, passou a abranger também o que se relacionasse a ela. A expressão, nesses termos, evolui para certa compreensão cultural: a "era digital" (*digital age*), assinala a estrutura social do presente, e suas múltiplas repercussões, cuja ligação a aspectos diversos das tecnologias da informação legitima, quase instantaneamente, sua adjetivação como digital.

Isso não evita variantes para a designação da mesma realidade. Destaca-se o sufixo "ciber", originário da cibernética, que designa o estudo interdisciplinar da relação entre sistemas biológicos mecânicos, integrados por seres humanos e máquinas, todos reconduzíveis a modelos matemáticos.[4] Mais recentemente, e sem maior precisão, também o sufixo "tecno" (ou sua versão em língua inglesa, *tech*) é utilizado para designar representações sobre as novas tecnologias da informação e sua repercussão.

---

[2] Sua fundamentação teórica original é atribuída, sobretudo, ao artigo de SHANNON, Claude E. The mathematical theory of communication. *The Bell System Technical Journal*, v. 27, p. 379-423, July-Oct., 1948, publicado no ano seguinte em forma de livro. Em 1963, em coautoria com Warren Weaver, foi publicada obra com o mesmo título, *The mathematical theory of communication*, colocando em termos mais acessíveis as bases matemáticas da proposição original de Shannon: SHANNON, Claude E.; WEAVER, Warren. *The mathematical theory of communication*. Champaign: University of Illinois Press, 1963. No Brasil, merece destaque a tradução de 1975: SHANNON, C. E.; WEAVER, W. *A teoria matemática da comunicação*. Trad. Orlando Agueda. São Paulo: Difel, 1975, que refere: "O problema fundamental das comunicações é reproduzir em um determinado ponto, tão exato quanto possível, uma mensagem originada em um outro ponto. Frequentemente as mensagens contêm significado, isto é, elas se referem ou são correlacionadas a algum sistema de entidades físicas ou conceituais. Estes aspectos semânticos da comunicação são irrelevantes ao problema de engenharia. A faceta significativa é aquela em que a mensagem real tenha sido selecionada entre um grupo de possíveis mensagens. O sistema deverá ser projetado de modo a operar com qualquer das possíveis seleções a serem efetuadas, e não unicamente com aquela que realmente foi escolhida, posto que isto é desconhecido quando concebemos ou projetamos o sistema" (SHANNON, C. E.; WEAVER, W. *A teoria matemática da comunicação*. Trad. Orlando Agueda. São Paulo: Difel. p. 33).

[3] KOSELLECK, Reinhart. *Histórias de conceitos*. Trad. Markus Hediger. Rio de Janeiro: Contraponto, 2020. p. 85 e ss.

[4] A origem da cibernética e do próprio termo que a designa se atribui a Norbert Wiener, em sua obra seminal, de 1948, na qual, inclusive, chega, a partir da revisão de uma série de estudos precedentes, a sustentar a distinção entre máquinas analógicas e "numéricas" (o que, no futuro, serão identificadas como digitais), em vista da precisão destas últimas, por sua recondução a um sistema binário comparável a estruturas nervosas em organismos vivos (WIENER, Norbert. *Cybernetics*: or *control and communication in the animal and the machine*. Paris: Hermann & Cie Editeur; Cambridge: The Technology Press, 1948). Merece destaque, igualmente, a segunda edição, revisada e ampliada com novos dois capítulos, de 1961.

Como fenômeno cultural, o desenvolvimento e a aplicação de novas tecnologias da informação interessam ao Direito, na exata medida de sua repercussão sobre o ser humano tomado em si mesmo e em suas relações com os demais. A rigor, transformam-se os modos de se realizarem determinadas atividades, desenvolvem-se outras acrescentando utilidade ou vantagem para os seres humanos, assim como riscos. O modo de apreender esses fenômenos e muitos outros que não têm relação direta com as novas tecnologias é influenciado pela experiência e pela cultura, assim como pelas interações entre o virtual e o real. Aliás, o desenvolvimento contínuo de serviços e utilidades passíveis de fruição pela internet destaca o entrelaçamento cada vez maior entre ambas as realidades ("on--line' e "off-line"),[5] de modo que sua compreensão não possa ser absolutamente separada. A própria substituição do humano pela ação "inteligente" da máquina (a inteligência artificial) é o apogeu do protagonismo das tecnologias da informação. Afinal, desde a origem dos estudos sobre informática, acentua-se que, embora o ser humano e a máquina sejam ambos considerados mecanismos de processamento de dados, apresentariam uma distinção elementar: "depois de qualquer operação, é possível limpar completamente o computador, de forma que este se torna tábula rasa, sem qualquer traço da experiência anterior".[6] Dessa maneira, somente se programado desde o início para conservar sua experiência ou uma seleção representativa dela, poderia aproximar-se da capacidade humana, e, mesmo assim, sendo necessário algum mecanismo de filtro, equiparável à seletividade da memória humana.[7]

As relações entre o Direito e essas representações associadas às novas tecnologias, inicialmente, foram designadas pela referência à "informática jurídica" ou mesmo ao "direito da informática", todavia sem maior precisão sobre os estritos limites do seu objeto de estudo. O "digital", ou a digitalização, para o Direito, compreende mudanças concretas no modo de se realizarem os mais diversos comportamentos juridicamente relevantes e, por isso, previstos em normas jurídicas, entretanto, agora, servindo-se das tecnologias da informação. A sociedade de consumo, assim como, de resto, ao longo da história, o modo como se realizam o comércio e o fornecimento de produtos e serviços, influencia não apenas o sistema econômico mas também a estruturação da sociedade de modo geral.[8] Em termos econômicos, aliás, bem se refere que os "saltos qualitativos" que a evolução tecnológica permite não se resumem à redução de custos mas também a "possibilidades de geração de novos mercados e novos hábitos de consumo, criando novos patamares qualitativos, a partir dos quais os produtores e os consumidores passam a equacionar os seus níveis de realização e de satisfação econômicas".[9] Das várias dimensões dos fatos juridicamente relevantes, na sociedade de consumo contemporânea, destacam-se as relações de consumo com intermédio dessas novas tecnologias, ou para contratação de

---

[5]   HOFFMANN-RIEM, Wolfgang. *Teoria geral do direito digital*. Trad. Italo Fuhrman. Rio de Janeiro: Forense, 2021. p. 25-26.

[6]   BUCHTER, H. J. *A inteligência humana*. 2. ed. Trad. Dante Moreira Leite. São Paulo: Perspectiva, 1981. p. 163.

[7]   BUTCHER, H. J. *A inteligência humana*. 2ª ed. Trad. Dante Moreira Leite. São Paulo: Perspectiva, 1981. p. 164.

[8]   TRENTMANN, Frank. *The empire of things*: how we bacame a world of consumers – from fifteenth century to the twenty-first. London: Harper Perennial, 2017. p. 101 e ss.

[9]   ARAÚJO, Fernando. *Introdução à economia*. 4. ed. Lisboa: AAFDL Editora, 2021. t. I. p. 331.

804 | CURSO DE DIREITO DO CONSUMIDOR – *Bruno Miragem*

produtos e serviços produzidos com sua aplicação, e o ambiente onde a aproximação entre fornecedores e consumidores ocorre e as contratações são realizadas: o *mercado de consumo digital.*

1.1 AS TRANSFORMAÇÕES DO MERCADO DE CONSUMO NO MUNDO DIGITAL

Em um clássico ensaio sobre a inovação originada pelo desenvolvimento tecnológico em meados do século XX, Elting E. Morison referiu que grande parte de sua pesquisa e reflexão concentrou-se, essencialmente, em quatro aspectos: a condição original das coisas que sofreriam mudanças; os agentes de mudança; a natureza da resistência à mudança; e os meios para facilitar a acomodação com a mudança.[10] Não é diferente hoje com o aprofundamento das transformações do mercado de consumo, resultado da utilização intensiva da tecnologia da informação para criação de novas formas de oferta e contratação, como também de novos produtos e serviços. A sociedade de consumo, em alguma medida, incentiva as transformações tecnológicas, uma vez que favorece a concorrência e a eficiência dos agentes econômicos para oferecer mais e melhores produtos e serviços, estimulando a inovação que promova a qualidade. Por outro lado, será impactada por essas mesmas transformações tecnológicas, que alteram substancialmente a forma de se relacionar no mercado, seja na aproximação pré-negocial, na celebração dos contratos, em sua execução, seja mesmo nos efeitos que perdurem do contrato ou resultem da responsabilidade do fornecedor pelo inadimplemento de seus deveres.

O desenvolvimento da informática e das tecnologias da informação que se seguiram permitiu a potencialização da economia de escala – característica da sociedade de consumo contemporânea – porém, colocou em destaque novos elementos, como a definição de novas utilidades, aperfeiçoamento de produtos e serviços visando à redução de falhas ou otimização de sua eficiência, assim como, em outro estágio, de novos produtos e serviços. Nesse particular, percebe-se a aplicação das tecnologias da informação para aperfeiçoamento de produtos e serviços ofertados comumente no mercado de consumo já antes de seu desenvolvimento, bem como outros que supõem a existência dessas tecnologias e, só em razão delas, passam a ter a possibilidade de serem desenvolvidos.

Entre os vários exemplos de avanço tecnológico, nenhum é mais relevante do que o desenvolvimento da internet, o qual deu causa, inclusive, ao surgimento de uma dimensão nova do mercado de consumo (mercado de consumo virtual) e às relações que se estabelecem por intermédio dela, a exemplo do comércio eletrônico – integrando fenômenos diversos, como a oferta pela internet e os meios de pagamento eletrônico –, das novas estruturas negociais de oferta de produtos e serviços – caso, *e.g.*, do fornecimento por plataforma digital – e da estratégia de reconhecimento mais preciso dos interesses dos consumidores – em especial pelo tratamento de dados pessoais.

A utilização da internet para fins negociais data de meados da década de 1990, quando se afasta de sua ênfase acadêmica e passa a se tornar um meio de oferta de produtos e serviços, sob diferentes modelos de custeio e remuneração. Tanto assim é que, desde

---

[10] MORISON, Elting E. *Men, machines, and modern times.* 50th anniversary edition. Cambridge: The MIT Press, 2016. p. 9.

então, muitos serviços são oferecidos de modo aparentemente gratuito (caso dos sites de busca, rede social etc.), porém sempre com base em refinados modelos de remuneração indireta, a partir do interesse que despertam nos consumidores, quantidade de acessos em sites, dados que permitem coletar, ou outros elementos que se vinculem, de diferentes formas, a um genuíno interesse negocial.

Em um curto espaço de tempo, essas transformações tecnológicas repercutiram profundamente no modo como consumidores adquirem ou utilizam determinados produtos ou serviços. São exemplos notáveis os serviços bancários, em relação aos quais um crescente contingente de consumidores serve-se da internet para realização de operações bancárias antes realizadas em agências; a oferta e venda de um conjunto cada vez maior de produtos, seja diretamente pelo fornecedor, seja por grandes varejistas virtuais que apresentam como vantagem o sistema de pagamento simplificado (eletrônico, via QR Code, por arranjos de pagamento eletrônicos, ou por cartões de débito ou crédito), ou a eficiência e celeridade na entrega (dispensando o consumidor de ter de ir ao estabelecimento físico buscar o bem ou arcar com seu transporte). Da mesma forma, a facilidade de encontrar o fornecedor que ofereça precisamente o produto ou serviço de que necessita o consumidor, com informações suficientes sobre suas características, preços, comparação a outros fornecedores semelhantes, sem a necessidade de interação pessoal, com economia de tempo e uma aparência ou sensação de melhor controle sobre a entrega/fornecimento. Tudo isso se trata de vantagens comumente associadas ao comércio pela internet.

Em um primeiro momento, os serviços e as utilidades disponíveis na internet, bem como seu modo de fruição, realizavam-se, geralmente, em terminais de computadores e em um sentido unidirecional, no qual o conteúdo gerado pelos provedores era recebido pelos usuários. É em um segundo estágio, então, que o uso da internet se converte em bidirecional, de modo que os usuários passam também a interagir, participando da formação do conteúdo exposto na rede. Essa transformação trouxe consigo a possibilidade de participação mais ativa dos usuários na internet, o que foi facilitado também pelo desenvolvimento de aparelhos telefônicos multifuncionais (smartphones), permitindo o crescente acesso à internet por dispositivos móveis, a qualquer hora, aumentando exponencialmente as finalidades e o tempo médio de sua utilização. Da mesma forma, a crescente capacidade de processamento de dados resultantes da navegação pela internet, ou daqueles associados ao usuário, passa a permitir um refinamento e maior precisão da oferta de informações pela rede, otimizando tempo e buscando antecipar seu interesse, aumentando a probabilidade de direcioná-las, com êxito, às opções mais adequadas a seus objetivos.

Outros elementos característicos do consumo realizado pela internet são a facilidade, a simplicidade e a agilidade na celebração dos contratos de consumo, por vezes mediante simples aceitação (*one-click contracts*), confiança em relação à exatidão do objeto contratado e ao seu cumprimento e maior segurança no meio de pagamento (pagamento por cartões ou transferência de fundos, via bancária, ou arranjos de pagamento).

É nesse mercado de consumo "virtual" ou "digital" que passam a se organizar, então, novos modos de oferta de produtos e serviços, por intermédio de estruturas de maior complexidade, com a participação de diferentes agentes, especialmente dentre os fornecedores dos serviços. Assim, por exemplo, o que passa a ocorrer com a denominada economia do compartilhamento, em que o fornecimento dos serviços por meio de uma plataforma digital permitirá aproximar consumidores interessados em sua fruição e fornecedores que ofertem a prestação – assim considerados aqueles que diretamente prestam o serviço, como também os que o organizam, formatam a contratação, bem como o pagamento, e controlam sua execução.

Outra transformação recente permitida pela aplicação de tecnologias da informação, e da internet em especial, diz respeito à execução dos contratos, e não apenas sua celebração pode se dar de modo automatizado (ou mediante aceitação virtual do consumidor), senão também a execução, mediante ordens predeterminadas que as partes contratantes definem para que se realizem de modo automático, normalmente por intermédio de *software* que as viabiliza. Trata-se dos denominados "contratos inteligentes" (ou *smart contracts*), que projetam a padronização dos comportamentos dos contratantes, reduzindo a oportunidade de interação pessoal entre as partes, também durante a execução do objeto contratual, sempre tendo em vista o interesse útil presumido das partes na contratação.

A essas novas formas de oferta e contratação entre consumidores e fornecedores no mercado de consumo acrescenta-se, como resultado do novo paradigma tecnológico da digitalização, a transformação de produtos e serviços, dando causa a novos objetos da relação de consumo. Têm especial interesse, no atual estágio de desenvolvimento tecnológico, os denominados bens digitais, também denominados *digital assets* ou *digital property*. Assim, por exemplo, as mensagens de correio eletrônico arquivadas, informações, os arquivos (fotos, documentos) disponibilizados em rede social ou em site de compras ou em plataformas de compartilhamento de fotos ou vídeos, os softwares que contratam licença de uso on-line (mediante senha ou código) pelo tempo assegurado de fruição ou os arquivos compartilhados em serviços de compartilhamento ou armazenamento de dados (*e.g.*, o armazenamento em nuvem – *cloud computing*). Há, nesses casos, interação entre a prestação de um serviço que poderá ser de oferta ou de custódia de bens digitais, espécies de bens incorpóreos[11] cujo interesse legítimo de uso, fruição e disposição pertença ao consumidor.

Da mesma forma, a aplicação da internet sobre produtos e serviços permite que passem a servir a novas utilidades, especialmente ao permitir a conectividade de produtos, de modo que possam coletar e transmitir dados com a finalidade de otimizar sua utilização, assegurando precisão, eficiência nos recursos e melhor atendimento do interesse do consumidor. Trata-se do que vem sendo comumente denominado de Internet das Coisas (*Internet of Things* – IoT) e repercute nas relações de consumo, tanto na redefinição do dever de qualidade (finalidade legitimamente esperada do produto ou serviço) quanto em novos riscos que eventual defeito da prestação pode dar causa.

Na mesma linha, a multiplicação da capacidade de processamento de dados dá causa ao desenvolvimento de *softwares* para interpretação de dados externos ou ambientais, a fim de determinar a atividade consequente de objetos inanimados (produtos, *e.g.*), o que está na origem da denominada inteligência artificial (*Artificial Intelligence* – AI), e

---

[11] Uma vez bens sem existência material, mas que podem ser objeto de direito, como bem ensina a doutrina. Ver, por todos: GOMES, Orlando. *Introdução ao direito civil*. 19. ed. Rio de Janeiro: Forense, 2007. p. 191-192.

PARTE III · Cap. 1 · O NOVO PARADIGMA TECNOLÓGICO E O MERCADO DE CONSUMO DIGITAL | 807

permite, inclusive, a possibilidade de autoaperfeiçoamento do próprio bem, a partir do uso da linguagem (*machine learning*)[12]. Nesse caso, a adoção da inteligência artificial em produtos e serviços permite um grau de automatização na relação entre o fornecedor e o consumidor, reduzindo a interação entre ambos e intensificando a padronização do atendimento ou do fornecimento de produtos ou serviços. A repercussão na relação de consumo pode ser vislumbrada tanto pela maior agilidade ou precisão no atendimento do interesse do consumidor quanto pela potencialização dos riscos decorrentes de um vício ou defeito na interpretação a ser feita pelo sistema informatizado em relação a dados externos e sua resposta automatizada.

Daí por que a proteção do consumidor, diante desse novo paradigma tecnológico, não reside exclusivamente nas normas do direito do consumidor, mas na compreensão destas em comum com outras legislações, como é o caso das atinentes à proteção de dados pessoais, à defesa da concorrência, ao processo civil, dentre outras.[13] Por outro lado, observa-se também o surgimento de novas formas de distribuição de produtos e serviços, como a formação de cadeias complexas e a própria alteração de noções clássicas de propriedade sobre bens, a fim de enfatizar a sua utilidade em contraposição à de simples domínio. Tudo o que reforça os deveres, do fornecedor, de informação e esclarecimento do consumidor nas relações de consumo que envolvam tais inovações.

1.1.1 As novas formas de oferta e contratação

1.1.1.1 Comércio eletrônico

No atual estágio do desenvolvimento tecnológico, destacam-se novas formas de oferta e contratação com ampla repercussão no mercado de consumo. A primeira delas diz respeito ao comércio eletrônico, cujo exame mais detalhado se faz também, nesta obra, quando do estudo da proteção contratual do consumidor pelo CDC.

O comércio eletrônico de consumo observa grande crescimento no direito brasileiro, dadas as facilidades que permite, como a possibilidade de adquirir produtos e serviços sem ter de deslocar-se até o estabelecimento físico do fornecedor, ou a comparação de preços entre diferentes fornecedores. Por outro lado, entre as desvantagens do sistema, estão limitações de contato direto e pessoal entre o consumidor e o produto no momento da aquisição – o que atrai a utilidade da incidência do artigo 49, assegurando o direito de arrependimento do consumidor –, assim como a vulnerabilidade inerente à forma da contratação, tanto para efeito de acesso à informação sobre o contrato e controle dos

---

[12] *Machine learning* é um dos modos de desenvolvimento da inteligência artificial. Por intermédio da padronização de um conjunto de dados, ou por repetidas tentativas usando aprendizado por reforço, pode-se conduzir um *software* a maximizar um critério de desempenho, a partir da interpretação de determinado contexto, adotando, a partir dali, aquele significado para padronizar suas reações. Veja-se: ALPAYDIN, Ethem. *Machine learning*. Cambridge: MIT, 2016. p. 161-162.

[13] Assim bem registra o relatório do Conselho de Especialistas em Direito do Consumidor (Sachverständigenrat für Verbraucherfragen – SVRV) do Ministério da Justiça e Defesa do Consumidor alemão publicado em: MICKLITZ, Hans-Wolfgang et al. (Hrsg.). *Verbraucherrecht 2.0*: Verbraucher in der digitalen Welt. Baden-Baden: Nomos, 2017. p. 9.

CURSO DE DIREITO DO CONSUMIDOR – *Bruno Miragem*

meios de pagamento quanto para a própria localização geográfica do fornecedor, por vezes submetido à jurisdição estrangeira (no caso do comércio eletrônico internacional).

Desse modo, o principal aspecto inerente ao comércio eletrônico de consumo diz respeito ao dever de informar do fornecedor. O meio digital favorece a oferta de uma quantidade maior de informações, mas não necessariamente de melhor qualidade.[14] Daí a necessidade da compreensão do dever de informar do fornecedor de acordo com sua finalidade precípua, que é o esclarecimento. O Decreto Federal 7.962/2013 define o conteúdo e a extensão do dever de informar do fornecedor no comércio eletrônico, estabelecendo que deve dispor, em local de destaque e fácil visualização no site, os seguintes elementos: "I – nome empresarial e número de inscrição do fornecedor, quando houver, no Cadastro Nacional de Pessoas Físicas ou no Cadastro Nacional de Pessoas Jurídicas do Ministério da Fazenda; II – endereço físico e eletrônico, e demais informações necessárias para sua localização e contato; III – características essenciais do produto ou do serviço, incluídos os riscos à saúde e à segurança dos consumidores; IV – discriminação, no preço, de quaisquer despesas adicionais ou acessórias, tais como as de entrega ou seguros; V – condições integrais da oferta, incluídas modalidades de pagamento, disponibilidade, forma e prazo da execução do serviço ou da entrega ou disponibilização do produto; e VI – informações claras e ostensivas a respeito de quaisquer restrições à fruição da oferta" (artigo 2º).

Da mesma forma, exige-se que o fornecedor apresente o sumário da contratação com as informações necessárias ao pleno exercício do direito de escolha do consumidor, destacadas as cláusulas que limitem seus direitos. Deve, ainda, dispor de meios eficazes para o consumidor identificar e corrigir erros ocorridos nas etapas anteriores à conclusão do contrato, confirmar imediatamente o recebimento da aceitação da oferta, disponibilizar o contrato a fim de permitir sua conservação e reprodução pelo consumidor, além de utilizar mecanismos de segurança eficazes para pagamento e tratamento de dados (artigo 4º).

O fato de a contratação de consumo se dar por intermédio da internet, caracterizando o denominado comércio eletrônico, não afasta a incidência das normas do CDC, tampouco prejudica sua aplicação. A alteração do meio não implica desnaturar a definição jurídica da relação entre consumidor e fornecedor – contrato de consumo – que se submete às mesmas normas. Pode ocorrer que certas situações características da celebração do contrato de consumo pela internet possam ser exclusivas, em razão do meio de contratação, como é o caso das obrigações inerentes à identificação do fornecedor, do meio de pagamento, ou inerentes à entrega do produto sem que o consumidor tenha tido contato com ele. Essas situações, quando relevantes em relação ao interesse útil do consumidor no contrato, podem ser objeto de normas específicas (como as previstas no Decreto Federal 7.962/2013), que apenas especializam e adaptam as normas do CDC, permitindo sua aplicação.

---

[14] Veja-se, sobre a importância do dever de informar no comércio eletrônico, inclusive com as recentes constatações da behavioral economics quanto aos efeitos da informação sobre a decisão de contratar do consumidor, em: RAMOS, André Luiz Arnt; FROTA, Pablo Malheiros da Cunha. Digital content products deceptive marketing language, legalese and Brazilian e-commerce regulation. *Revista de Direito do Consumidor*, São Paulo, v. 116, mar.-abr. 2018. p. 393-407.

PARTE III · Cap. 1 · O NOVO PARADIGMA TECNOLÓGICO E O MERCADO DE CONSUMO DIGITAL | **809**

1.1.1.2 Fornecimento por plataforma digital

Uma das diferenças mais relevantes da oferta de produtos e serviços tradicionais, em estabelecimentos físicos, e o mesmo fenômeno na internet, diz respeito ao modo de identificação e contato entre consumidores e fornecedores. Enquanto, no mercado de consumo tradicional, o consumidor se desloca, normalmente, até onde se localiza o estabelecimento empresarial do fornecedor, sendo atraído para ele pela oferta e pela publicidade, no mundo digital, o volume de informações disponíveis na internet, e de fornecedores disponíveis, exige certa organização da oferta, em especial para tornar mais acessível aos potenciais consumidores determinados produtos ou serviços por eles ofertados, inclusive com a redução de custos e a eliminação do desperdício de recursos.[15]

Um novo conceito, com origem na ciência econômica ("economia de plataforma")[16] é vertido para o ambiente digital. Designa-se "plataformas digitais" os modelos de negócio desenvolvidos na internet, nos quais determinado agente estabelece relações negociais com dois ou mais grupos distintos, de modo que a vantagem de cada um deles esteja diretamente relacionada à participação dos demais. Em outros termos, o valor que cada grupo atribui ao bem ou serviço ofertado aumenta de acordo com a adesão dos outros grupos à plataforma. É comumente denominado "mercado de múltiplos lados" (*multi-sided markets*)[17] A rigor, o modelo de plataforma antecede a internet, estando presente em diversas outras atividades econômicas.[18] Tome-se, para ilustrar, o exemplo comum dos meios de pagamento, em que os titulares de um cartão de crédito oferecido pela administradora terão maior interesse na sua utilização, em detrimento de outras opções, conforme em maior número seja o grupo de estabelecimentos que o aceitam. Todavia, no ambiente digital, o desenvolvimento tecnológico tem um papel relevante na expansão e consolidação do modelo na internet,[19] levando, igualmente, ao ganho de poder por parte de um número reduzido de empresas que passam a concentrar a participação no mercado.[20] Esse novo modelo de negócio traz desafios evidentes ao direito, em especial no tocante à disciplina do mercado.

No âmbito das relações de consumo, tem ampla presença o fornecimento de produtos ou serviços por terceiros, com a mediação da plataforma que, conforme o modelo de ne-

---

[15]   LOBEL, Orly. The law of platform. *Minnesotta Law Review*, v. 101, 2016. p. 166.

[16]   Entre as principais vantagens da denominada "economia de plataforma", reside a redução dos custos de transação, conforme bem aponta, examinando suas repercussões também para o direito: TRINDADE, Manoel Gustavo Neubarth. Economia de plataforma (ou tendência a bursatilização dos mercados): ponderações conceituais distintivas em relação à economia compartilhada e à economia colaborativa e uma abordagem de análise econômica do direito dos ganhos de eficiência econômica por meio da redução dos custos de transação. *Revista Jurídica Luso-Brasileira*, n. 4, ano 6, p. 1977-2013, 2020.

[17]   Ocupando-se originalmente dessa noção: ROCHET, Jean-Charles; TIROLE, Jean. Platform competition in two-side markets. *Journal of the European Economic Association*, v. 1, n. 4, p. 900-1029, 2003. Percebem-se elementos do modelo também em: CAILLAUD, Bernard; JULLIEN, Bruno. Competing Cybermediaries. *European Economic Review*, v. 45, n. 4-6, p. 797-808, 2001.

[18]   Veja-se: SRNICEK, Nick. *Platform capitalism*. Cambridge: Polity Press, 2017. p. 36 e ss.

[19]   EVANS, David S.; SCHMALENSEE, Richard. *Matchmakers*: the new economics of multisided platforms. Boston: Harvard Business Review Press, 2016. p. 40 e ss.

[20]   Veja-se: KAHN, Lina M. Amazon's antitrust paradox. *The Yale Law Journal*, v. 126, n. 3, p. 710-805, Jan. 2017.

gócio adotado, pode organizar a oferta, intermediar o pagamento ou intervir em diferentes graus na prestação oferecida pelo fornecedor direto. A rigor, as plataformas digitais se convertem em controladores do acesso ao mercado (*gatekeepers*),[21] com a possibilidade de, por meio de algoritmos, exercer o poder de controle da informação entre os usuários que interagem com ela, inclusive para fidelizar consumidores ou resguardá-los de interações não desejadas, assegurando a estabilidade das interações que se realizem por seu intermédio. Há evidente repercussão no tocante à responsabilidade daquele que explora a plataforma no caso de inadimplemento ou violação de outros deveres imputáveis aos fornecedores diretos. A própria formatação da oferta, mediante uso intensivo de dados pessoais dos consumidores, amplia o risco de seu tratamento irregular, ou de discriminação, nos casos de recusa indevida de contratação ou variação abusiva do preço (artigo 39, II, V e X, do Código de Defesa do Consumidor). Do mesmo modo, deve-se examinar, concretamente, a relação entre a plataforma quando fornece, ela própria, diretamente, ou intermedeia a oferta de fornecedores parceiros.

O fornecimento por plataforma digital compreende a relação do fornecedor do produto ou serviço com o consumidor intermediada por alguém que organiza a relação e aproxima os interessados, facilitando a celebração dos contratos. A OCDE, ao identificar o que denomina como intermediários da internet, os define como aqueles que: "reúnem ou facilitam transações entre terceiros na Internet". Prossegue afirmando que "eles dão acesso, hospedam, transmitem e indexam conteúdo, produtos e serviços originados por terceiros, ou fornecer serviços baseados na Internet a terceiros".[22] Esse conceito, contudo, é mais amplo do que o de plataforma digital que se dirige, especificamente, à intermediação de fornecedores diretos e consumidores, uma vez que abrange toda sorte de provedores de serviços, serviços de busca e pesquisa, responsáveis pelos sistemas de pagamento, entre outros.[23]

Como ensinam Evans e Schmalensee, as plataformas digitais têm por característica ter dois ou mais grupos de clientes, que precisam uns dos outros, mas que não conseguem se conectar por conta própria, razão pela qual confiam em um terceiro como facilitador da interação entre eles.[24] Nesse caso, a própria natureza das relações jurídicas que estabelecem pode ser distinta. Visualizando exemplos de plataformas digitais que intermedeiam relações entre fornecedores diretos e consumidores, é induvidoso que, entre eles, se caracteriza relação de consumo. No entanto, entre os fornecedores diretos e o organizador da plataforma digital, embora possam estar presentes características que permitam identificar certa assimetria, ou mesmo dependência dos primeiros, não há de se considerar a existência, como regra, de outra relação de consumo. Poderá até se cogitar exceções, como é o caso em que não se tenha uma relação propriamente de consumo

---

[21] BARZILAI-NAHON, Karine. Toward a theory of gatekeeping: a framework for exploring information control. *Journal of the American Society for Information Science and Technology*, v. 59, n. 9, 2008. p. 1496.

[22] OCDE (ORGANIZAÇÃO PARA A COOPERAÇÃO ECONÔMICA E DESENVOLVIMENTO). *The economic and social role of internet intermediaries*. OECD, Apr. 2010. p. 9.

[23] OCDE (ORGANIZAÇÃO PARA A COOPERAÇÃO ECONÔMICA E DESENVOLVIMENTO). *The economic and social role of internet intermediaries*. OECD, Apr. 2010.

[24] EVANS, David S.; SCHMALENSEE, Richard. *Matchmakers*: the new economics of multisided platforms. Boston: Harvard Business Review Press, 2016.

PARTE III · Cap. 1 · O NOVO PARADIGMA TECNOLÓGICO E O MERCADO DE CONSUMO DIGITAL | **811**

entre vendedores e adquirentes em plataformas que intermedeiem relações eventuais entre não profissionais. Todavia, como regra, se alguém se serve de uma plataforma digital para intermediar ofertas de produtos e serviços inerentes a sua atividade profissional, não se há de cogitar haver, nessa hipótese, relação de consumo. Nesse caso, a relação será empresarial, se presentes os requisitos para caracterização da atividade (artigo 966 do Código Civil), sem prejuízo que se considere a possibilidade de endereçar àquele que se relaciona com o organizador da plataforma digital a tutela própria ao aderente em relação ao contrato de adesão (artigos 423 e 424 do Código Civil), ou, em situações muito específicas, a equiparação a consumidor, demonstrada a vulnerabilidade *in concreto*, segundo a interpretação prevalente do artigo 29 do CDC.

Em geral, a legislação não se ocupa particularmente dessas plataformas digitais, que se organizam a partir do fornecimento, por elas próprias, de serviços às vezes aparentemente gratuitos (p. ex., sites de busca, redes sociais), às vezes remunerados por percentual da vantagem do fornecedor direto (p. ex., plataformas que intermedeiam hospedagem ou serviços de transporte individual).

Em comum, o fornecimento de produtos e serviços por intermédio de plataforma digital conta com uma estrutura característica da relação jurídica que estabelece entre três pessoas distintas: (a) o organizador da plataforma, que intermedeia a relação; (b) o fornecedor direto do serviço; (c) o consumidor. O organizador da plataforma é aquele a quem incumbe definir o modelo do negócio e do modo como produtos ou serviços serão ofertados e fornecidos por intermédio da internet. Exerce, por isso, poder em relação aos demais envolvidos, sobretudo porque é ele quem controla o acesso àquele específico canal que organiza,[25] seja de fornecedores diretos, seja de consumidores; por vezes, controla o pagamento e, desse modo, também parte da execução do contrato celebrado entre as partes. Por essa razão, será denominado como espécie de guardião do acesso (*gatekeeper*), expressão que destaca seu poder de controle da possibilidade de contratação por fornecedores diretos e consumidores no ambiente virtual. Esse poder do organizador da plataforma também se expressa na formação dos preços, conforme controle os níveis de acesso à oferta e demanda de fornecedores e consumidores, com efeitos concorrenciais.[26] A atuação das empresas que organizam essas plataformas digitais visa igualmente, cada

---

[25] ADAM, Leonie; MICKLITZ, Hans-Wolfgang. Verbraucher und Online-Plattformen. MICKLITZ, Hans-Wolfgang et al. (Hrsg.). *Verbraucherrecht 2.0*: Verbraucher in der digitalen Welt. Baden-Baden: Nomos, 2017. p. 47. Esse poder exercido pelas plataformas digitais sobre os fornecedores diretos do serviço dá causa a entendimentos que visam à extensão, a eles, de normas de proteção do consumidor, em especial diante de situações em que não incidam as normas de proteção do trabalhador na relação de trabalho. Assim o recente estudo "Consumer protection for gig work", publicado na *Harvard Law Review*, v. 136, n. 6, p. 1628-1651, April 2023. No direito brasileiro, sustentam: MUCELIN, Guilherme; CUNHA, Leonardo Stocker Pereira. *Relações trabalhistas ou não trabalhistas na economia do compartilhamento*. São Paulo: Ed. RT, 2021. Respeitando esse entendimento, contudo, observa-se que, no direito brasileiro, não deve ser cogitada a equiparação a consumidor nos termos do CDC (artigo 2º, parágrafo único, ou artigo 29) sem que se considere, nas hipóteses em que presente a vulnerabilidade do fornecedor direto, que se deve ter em conta, antes de tudo, a coerência de eventuais efeitos dessa equiparação com a natureza das relações jurídicas estabelecidas. Em outros termos, a tutela dos interesses dos fornecedores diretos vinculados a plataformas é tema cuja disciplina não cabe, *a priori*, ao direito do consumidor, pela ausência das características elementares da relação de consumo, sendo matéria de *lege ferenda*.

[26] ADAM, Leonie; MICKLITZ, Hans-Wolfgang. Verbraucher und Online-Plattformen. MICKLITZ, Hans-Wolfgang et al. (Hrsg.). *Verbraucherrecht 2.0*: Verbraucher in der digitalen Welt. Baden-Baden: Nomos,

CURSO DE DIREITO DO CONSUMIDOR – *Bruno Miragem*

vez mais, à coleta e ao tratamento de dados dos consumidores, tanto para segmentação de mercado e maior eficiência no direcionamento de ofertas de produtos e serviços quanto para seu compartilhamento com outros fornecedores, na internet e fora dela.

A diversidade de modelos de plataformas tecnológicas impõe, inclusive, o desafio da qualificação de seus participantes em todas as relações que estabeleçam como consumidores ou fornecedores. A relação de consumo típica por plataforma digital se dá naquelas que intermedeiam o fornecimento de produtos e serviços entre fornecedores e consumidores (B2C – *Business to Consumer*). Não deve incidir o CDC, como regra, às relações por plataforma digital que envolvam relações entre empresários (B2B – *Business to Business*). No entanto, essa delimitação nem sempre será clara; afinal, não é incomum a utilização de plataformas digitais para intermediação de negócios de compra e venda ou troca entre pessoas (P2P – *Peer to Peer*), que não serão necessariamente profissionais, ou exerçam a atividade com habitualidade, senão se aproveitam da facilidade do meio para realizar negócios episodicamente. Como destaca a doutrina, nesses casos, será difícil precisar qual o número de transações deve alguém celebrar para que deixe de ser considerado um consumidor, tornando-se um fornecedor. Seria um critério útil para determinar a incidência ou não da legislação de proteção do consumidor?[27] Independentemente da resposta, contudo, há de determinar se existe um dever do organizador da plataforma digital de informar, conforme a boa-fé, que a relação que intermedeia, celebrada entre pessoas que não são fornecedoras, poderá ter por consequência a não incidência do CDC (*e.g.*, alguém que venda, por intermédio de certa plataforma tecnológica, um bem usado seu, em caráter eventual e sem o intuito de lucro).

Da mesma maneira, discute-se se a forma de atuação do organizador da plataforma é decisiva ou não para sua qualificação como fornecedor, de modo que passe a integrar, com o fornecedor direto que contrata com o consumidor, a cadeia de fornecimento. Havendo essa qualificação como consumidor, uma das consequências mais expressivas será a extensão da responsabilidade pelo inadimplemento contratual ou por outros danos que decorram da relação cuja intermediação realiza.

Uma primeira linha de entendimento poderá considerar a gradativa extensão da responsabilidade do organizador da plataforma, conforme sua intervenção ou participação na contratação entre o consumidor e o fornecedor direto.[28] Assim, por exemplo, se controla e avalia a execução da prestação (entrega do produto ou realização do serviço), o pagamento pelo consumidor, ou, ainda, quando tenha participação na própria remuneração (uma vantagem direta, decorrente da remuneração, mediante desconto ou retenção do valor recebido, de parte do preço pago pelo consumidor). Claudia Lima Marques, examinando o fenômeno de consumo compartilhado, filia-se a esse entendi-

---

2017. p. 52; PODSZUN, Rupprecht; KREIFELS, Stephan. Digital Platforms and Competition Law. *Journal of European Consumer and Market Law*, v. 5, n. 1, p. 33-39, 2016.

[27] ADAM, Leonie; MICKLITZ, Hans-Wolfgang. Verbraucher und Online-Plattformen. MICKLITZ, Hans-Wolfgang et al. (Hrsg.). *Verbraucherrecht 2.0*: Verbraucher in der digitalen Welt. Baden-Baden: Nomos, 2017. p. 57.

[28] DOMURATH, Irina. Verbraucherrecht in der Plattformökonomie. In: In: MICKLITZ, Hans-Wolfgang et al. (Hrsg.). *Verbraucherrecht 2.0*: Verbraucher in der digitalen Welt. Baden-Baden: Nomos, 2017. p. 128.

PARTE III · Cap. 1 · O NOVO PARADIGMA TECNOLÓGICO E O MERCADO DE CONSUMO DIGITAL | 813

mento, ao definir a existência de uma cadeia "escondida" de fornecedores, que devem responder solidariamente quando participam da organização da plataforma digital.[29] Essa compreensão é reforçada pelo argumento da proteção da confiança em relação à imagem ou à publicidade que realiza o organizador da plataforma digital, segundo a conclusão de que a decisão do consumidor de contratar por intermédio daquela específica plataforma se deve à confiança nela própria, e não, necessariamente, nos fornecedores diretos que dela se utilizam para oferecer seus produtos aos consumidores. Nesse caso, ainda que não se chegue a identificar a responsabilidade baseada na teoria da aparência (afinal, não há necessariamente identificação entre o organizador da plataforma e o fornecedor direto), será a confiança na segurança ou eficiência da plataforma um fator que informa a decisão de contratar do consumidor, razão pela qual atrai a responsabilidade do seu organizador.[30] Nesse sentido, aliás, encaminha-se o direito europeu, conforme se percebe do recente Regulamento de Serviços Digitais da União Europeia (Regulamento 2022/2065, *Digital Service Act* – DSA), que, ao estabelecer a regra de isenção de responsabilidade dos intermediários na internet (artigo 6º, 1), exclui dela as relações de consumo no caso de plataformas on-line que "permitem aos consumidores celebrar contratos à distância com comerciantes, sempre que essas plataformas apresentem o elemento específico de informação ou permitam, de qualquer outra forma, que a transação específica em causa induza um consumidor médio a acreditar que a informação, o produto ou o serviço objeto da transação é fornecido pela própria plataforma em linha ou por um destinatário do serviço que atue sob a sua autoridade ou controlo" (artigo 6º, 3). É tutelada, nesse caso, a confiança dos consumidores que, na ausência de esclarecimento ou advertência ade-

---

[29] MARQUES, Claudia Lima. A nova noção de fornecedor no consumo compartilhado: um estudo sobre as correlações do pluralismo contratual e o acesso ao consumo. *Revista de Direito do Consumidor*, São Paulo, v. 111, p. 247-268, maio-jun. 2017. Será ainda Claudia Lima Marques (MARQUES. Claudia Lima. *Contratos no Código de Defesa do Consumidor*. 9. ed. São Paulo: RT, 2019. p. 444) que apontará uma tendência da jurisprudência para o reconhecimento da responsabilidade do organizador da cadeia, indicando decisão do Recurso Especial 1.426.578/SP, no qual o STJ sinalizou a "responsabilização solidária de todos os que participem da introdução do produto ou serviço no mercado, inclusive daqueles que organizem a cadeia de fornecimento, por eventuais defeitos ou vícios apresentados" (REsp 1.426.578/ SP, 3ª Turma, Rel. Min. Marco Aurélio Bellizze, j. 23.06.2015, *DJe* 22.09.2015). Examinando as distintas posições e sustentando solução definitiva *de lege ferenda*, veja-se: PASQUALOTTO, Adalberto de Souza; PASQUALOTTO, Adalberto de Souza; SCALETSCKY, Carolina Litvin. Da responsabilidade civil da plataforma digital na economia compartilhada. *Revista de Direito do Consumidor*, São Paulo, v. 142, p. 77-99, jul.-ago. 2022.

[30] Nesse sentido mencione-se um caso julgado pelo Tribunal Federal alemão (Bundesgerichtshof – BGH), no qual a plataforma digital Tchibo dispunha-se a intermediar a contratação de seguros e serviços financeiros com "seguradores parceiros" designados como "especialistas selecionados pela Tchibo". Desse modo, a intermediação era realizada pela plataforma, inclusive com o preenchimento de formulário e o envio de e-mail de confirmação, incluindo a marca da Tchibo. Uma vez demandado judicialmente por um concorrente, em especial pelo descumprimento dos deveres exigidos na intermediação de seguros, a Tchibo defendeu-se sustentando-se não atuar como corretor de seguros, de modo que esses deveres não lhe seriam aplicáveis. O BGH, contudo, concluiu que a imposição desses deveres inerentes à intermediação dos seguros, segundo a legislação própria, dependeria da aparência objetiva da atividade realizada, razão pela qual reconheceu a responsabilidade da Tchibo pela falha no dever de fornecer informações aos consumidores (BGH, acórdão de 28.11.2013 – I ZR 7/13, processo Hanseatisches Oberlandesgericht Hamburg, de 12.12.2012 – 5 U 79/10), conforme ADAM, Leonie; MICKLITZ, Hans-Wolfgang. Verbraucher und Online-Plattformen. MICKLITZ, Hans-Wolfgang et al. (Hrsg.). *Verbraucherrecht 2.0*: Verbraucher in der digitalen Welt. Baden-Baden: Nomos, 2017. p. 76.

quada, acreditam que estão negociando com a plataforma, e, desse modo, associando sua decisão à credibilidade em relação a produtos e serviços, ou aos termos da contratação, acreditando que sejam prestados diretamente por ela.

Outra linha de entendimento será a que sustenta a necessidade de examinar-se, caso a caso, o modo de participação do organizador da plataforma digital e sua capacidade de intervenção no conteúdo da relação entre o fornecedor direto e o consumidor, que resulta da sua intermediação. Em outros termos, diferenciando as situações em que o poder do organizador da plataforma digital se estende também à execução do contrato de consumo que intermediou, sobre o qual exerce diferentes níveis de controle, e aquelas nas quais sua atuação limita-se à intermediação, sem que possa interferir na prestação. No tocante à formação do contrato, auxilia, nesse entendimento, a incidência do artigo 19 do Marco Civil da Internet (Lei 12.965/2014), que afasta a responsabilidade do provedor de aplicações de internet por conteúdo ilegal gerado por terceiros, e que, a rigor, poderia ser estendido à oferta realizada pelo fornecedor direto por intermédio da plataforma. Nesse caso, mesmo nas hipóteses em que o organizador da plataforma digital intervenha para divulgar oferta ou informação sobre produto ou serviço a ser fornecido pelo fornecedor direto, no próprio regime do CDC isso poderá estender a responsabilidade para obrigar este ao cumprimento, se for possível caracterizar relação de preposição ou representação nos termos do artigo 34 do CDC. Será, todavia, o inverso verdadeiro? Ou seja, de que o fornecedor direto possa ser considerado preposto ou representante autônomo do organizador da plataforma digital para efeito de estender-lhe a responsabilidade pela oferta? A rigor, as situações típicas havidas no mercado não permitem essa conclusão, com exceção de casos que não dirão respeito propriamente à oferta (artigo 34 do CDC), mas à própria execução do contrato, do que o caso mais conhecido é o da prestação de serviços de transporte ou de hospedagem por aplicativos. Entretanto, nessas situações, o transportador ou o anfitrião participam da execução do serviço, não da sua oferta, razão pela qual o regime de responsabilidade será orientado pela extensão da interferência do organizador da plataforma digital na prestação do serviço, ou, ainda – segundo o primeiro entendimento mencionado –, na remuneração da atividade.

Em qualquer caso, todavia, será incontroversa a responsabilidade do organizador da plataforma digital pelo descumprimento de deveres próprios da atividade de intermediação que desempenhe, como é o caso do dever de informação e esclarecimento sobre o conteúdo e as características do contrato (inclusive os termos de uso) e deveres das partes, inclusive a própria extensão de sua participação, os riscos ordinários da contratação e a orientação do comportamento do consumidor para obtenção da finalidade útil do contrato que venha a celebrar. Diga-se o mesmo em relação à segurança dos atos que venha a desempenhar, como é o caso dos riscos inerentes ao tratamento dos dados pessoais do consumidor que venha a ter acesso em razão do negócio que intermedeia, entre os quais suas informações financeiras, no caso de participar da transação relativa ao pagamento do preço.

Destacam-se também, para efeito da proteção da confiança legítima do consumidor na oferta por intermédio da plataforma digital, os sistemas de classificação por ela divulgados, dando conta de maior ou menor correção ou eficiência dos fornecedores diretos no adimplemento dos contratos de consumo que celebram com os consumidores. Esses

PARTE III · Cap. 1 · O NOVO PARADIGMA TECNOLÓGICO E O MERCADO DE CONSUMO DIGITAL | **815**

sistemas de classificação colaboram para a formação de reputação,[31] tanto da própria plataforma digital quanto dos fornecedores diretos que ofertam produtos e serviços por seu intermédio, razão pela qual as informações que divulgam também se submetem aos deveres de veracidade e clareza impostos pela legislação de proteção do consumidor. Assim, por exemplo, no Reino Unido, em 2012, a British Advertising Standards Authority decidiu que uma conhecida plataforma digital de oferta de serviços turísticos (passagens aéreas e hospedagem) não poderia anunciar que as avaliações dos seus serviços eram feitas por "viajantes reais" se o organizador da plataforma não as controlasse para atestar a veracidade das informações. Da mesma forma, identificam-se, em diferentes países, arranjos para fraude desses sistemas de avaliação de serviços on-line,[32] razão pela qual sua divulgação, quando incorporada como elemento de publicidade, atrai a responsabilidade da plataforma digital, no direito brasileiro, com a subsunção às hipóteses de publicidade enganosa (artigo 37 do CDC), sem prejuízo do ônus da prova da veracidade e correção da informação ou comunicação publicitária, nos termos do artigo 38 do CDC. Há, contudo, situações mais difíceis, como aquelas em que avaliações positivas de certo fornecedor são situadas com destaque e prioridade para conhecimento do consumidor (*e.g.*, prioridade de divulgação em sistema de buscas), mediante remuneração do provedor de aplicações que preste o serviço de busca, de avaliação, ou mesmo do próprio organizador da plataforma digital. Essa prática foi considerada ilícita e classificada como publicidade enganosa no direito estrangeiro.[33]

Outro aspecto a ser considerado, à luz do direito do consumidor, serão as situações de bloqueio ou exclusão do consumidor do ambiente de negócios viabilizado pela plataforma digital que tenha acesso controlado (*e.g.*, mediante cadastro prévio, uso de senha etc.), hipótese em que a decisão do organizador, automatizada ou não, submete-se aos limites definidos pela proibição de práticas abusivas, em especial as previstas no artigo 39, incisos II ("recusar atendimento às demandas dos consumidores, na exata medida de suas disponibilidades de estoque, e, ainda, de conformidade com os usos e costumes") e IX ("recusar a venda de bens ou a prestação de serviços, diretamente a quem se disponha a

---

[31] OCDE (ORGANIZAÇÃO PARA A COOPERAÇÃO ECONÔMICA E DESENVOLVIMENTO). Protecting consumers in peer platform markets: 2016 Ministerial meeting on the digital economy background report. *OECD Digital Economy Papers*, n. 253, 2016. p. 10.

[32] ADAM, Leonie; MICKLITZ, Hans-Wolfgang. Verbraucher und Online-Plattformen. MICKLITZ, Hans-Wolfgang et al. (Hrsg.). *Verbraucherrecht 2.0*: Verbraucher in der digitalen Welt. Baden-Baden: Nomos, 2017. p. 65. A transparência nos critérios de comparação de condições de contratação de serviços turísticos oferecidos por plataformas digitais também é objeto de atenção da atividade regulatória nos Estados Unidos, conforme menciona: VAN LOO, Rory. Rise of the Digital Regulator. *Duke Law Journal*, v. 66, 2017. Em especial p. 1313-1315.

[33] Assim o caso do *ranking* de serviços de hospedagem em hotéis decidido pelo tribunal de Berlim, e o caso do sistema de avaliação de serviços médicos que oferecia aos profissionais avaliados a possibilidade de serem associados *premium* com a finalidade de destacar suas avaliações positivas no ranking organizado pelo provedor, decidido pelo tribunal de Munique, ambos na Alemanha. Nesse segundo caso, contudo, após a decisão do tribunal, houve apenas a alteração da aparência das informações a fim de ser indicado, quando apresentado o resultado da pesquisa ao consumidor, tratar-se de anúncio patrocinado, o que é objeto da crítica de ADAM, Leonie; MICKLITZ, Hans-Wolfgang. Verbraucher und Online-Plattformen. MICKLITZ, Hans-Wolfgang et al. (Hrsg.). *Verbraucherrecht 2.0*: Verbraucher in der digitalen Welt. Baden-Baden: Nomos, 2017. p. 69-70.

adquiri-los mediante pronto pagamento, ressalvados os casos de intermediação regulados em leis especiais"), do CDC.

Merece atenção, em relação ao desenvolvimento do consumo por intermédio de plataforma digital, sua repercussão no âmbito do direito concorrencial. A concentração de mercado em algumas poucas plataformas gera o denominado efeito de *looping* (*feedback loop effect*), também definido como efeito de rede, pelo qual o fato de serem grandes plataformas com muitos consumidores faz que, pelo tratamento dos seus dados, possam oferecer conteúdo de maior interesse a esses mesmos consumidores, em um processo cíclico que dificulta o surgimento de novos competidores. Da mesma forma, a economia de escala aproveita a complementaridade de produtos e serviços disponíveis em uma mesma plataforma, também oferecidos a partir do tratamento de dados pessoais dos consumidores, de modo que o custo de produzir mais ou expandir sua atuação se reduz quanto maior é a empresa, inclusive com custos marginais mínimos, sendo o custo para atendimento de novos consumidores próximo de zero. Igualmente, os custos de distribuição são baixos, facilitando uma atuação global, tendendo, por todas essas razões, para a redução do número de competidores. Nesse sentido se produz o efeito denominado *market tipping*, quando a plataforma atinge certa dimensão em que o mercado se inclina para ela, em vista de retornos positivos, devido a sua eficiência, inclusive a definindo como padrão de mercado, aumentando as barreiras para novos competidores. Por outro lado, no tocante aos softwares e aos hardwares que viabilizam o acesso e a fruição dos serviços em ambiente digital, a interoperabilidade entre diferentes sistemas e o controle sobre a exigência de exclusividade ou outro meio de exercício do poder de mercado por "lojas" de aplicações (App stores), ou marketplaces, tem por efeito a redução dos custos de transferência (*switching costs*), razão pela qual se convertem em meios importantes para a defesa da livre concorrência, impedindo a vinculação forçada do consumidor a determinada plataforma.

O desenvolvimento de mercados baseados em propaganda on-line, associados ou não a mercados de busca geral (de provedores de busca), convive com mercados de rede social e outros que acentuam a relação entre o poder de mercado e o acesso a dados pessoais dos respectivos usuários, com efeitos também para o poder contratual das grandes plataformas diante tanto dos consumidores quanto dos parceiros negociais que integram a cadeia de fornecimento.

A atuação das autoridades de defesa da concorrência deve orientar-se, assim, para a proteção da inovação neses mercados,[34] coibindo o exercício abusivo do poder de mercado e promovendo o surgimento de novos concorrentes. No âmbito europeu, o Regulamento sobre Mercados Digitais da União Europeia (Regulamento 2022/1925, conhecido também como *Digital Market Act – DMA*), em vigor a partir de 2023, estabelece um conjunto de critérios objetivos estritamente definidos para qualificar uma grande plataforma on-line como o chamado controlador de acesso, considerando grandes plataformas digitais que intermediam e condicionam o acesso dos fornecedores aos consumidores apenas por seu

---

[34] PODSZUN, Rupprecht; KREIFELS, Stephan. Digital Platforms and Competition Law. *Journal of European Consumer and Market Law*, v. 5, n. 1, p. 33-39, 2016; FERNANDES, Victor Oliveira. *Direito da concorrência das plataformas digitais*. São Paulo: Ed. RT, 2022. p. 297 e ss.

intermédio.[35] As iniciativas de defesa da concorrência no caso das plataformas digitais, contudo, são desafiadas pelas características desse mercado,[36] entre as quais a liberdade de modelos de negócio e sua constante reelaboração, levando à dificuldade de definição dos mercados relevantes ou ao exame do exercício do poder de mercado pelos diferentes agentes econômicos e à proteção do interesse dos consumidores.

Do mesmo modo, o Regulamento de Serviços Digitais da União Europeia (Regulamento 2022/2065, também conhecido como *Digital Service Act* – DSA) vai dispor de regras específicas para supervisão, investigação, execução e vigilância dos fornecedores de plataformas on-line "de muito grande dimensão e de motores de pesquisa em linha de muito grande dimensão", entendidos estes como aqueles que possuem um número médio mensal igual ou superior a 45 milhões de usuários ativos (artigo 33). Dispõe a Seção 4 do Regulamento 2022/2065 uma série de deveres de cooperação e colaboração específicos das plataformas "de muito grande dimensão", diante dos consumidores no caso das contratações a distância (artigo 29 e ss.), assim como a Seção 5, em relação à gestão de riscos sistêmicos, impondo-se-lhes obrigações de avaliação (artigo 34) e atenuação (artigo 35) dos riscos, além de mecanismos de resposta em caso de crise (artigo 36). Sujeitam-se, igualmente, a auditoria independente, às suas expensas, ao menos uma vez ao ano (artigo 37), ao dever de oferecer ao menos uma opção em serviços e recomendação de que disponham, não baseado em definição de perfis (artigo 38), assim como a deveres específicos de transparência no tocante à anúncios publicitários que veiculem (artigo 39), de acesso e controle dos dados de que disponham (artigo 40) e a apresentação de relatórios de transparência (artigo 42), entre outros. Reconhecendo a influência que o direito europeu vem exercendo sobre o direito brasileiro no tocante à disciplina das novas tecnologias no mercado de consumo digital, é de se atentar a tais inovações e sua eventual utilidade para a regulação do mercado de consumo digital no Brasil.

1.1.1.3   *Contratos inteligentes* (Smart contracts)

Outra inovação oferecida pelo novo paradigma tecnológico no mercado de consumo digital consiste nos denominados contratos inteligentes, também comumente designados na expressão em língua inglesa *smart contracts*. Estes se diferenciam pelo fato de sua execução, total ou parcialmente, se dar por meio digital, de modo que se submeta a uma programação

---

[35]   Segundo o Regulamento de Mercados Digitais, considera-se controlador de acesso a empresa que "a) tiver um impacto significativo no mercado interno; b) prestar um serviço essencial de plataforma que constitui uma porta de acesso importante para os usuários profissionais chegarem aos usuários finais; e c) beneficiar de uma posição enraizada e duradoura nas suas operações ou se for previsível que possa vir a beneficiar de tal posição num futuro próximo" (artigo 3º do Regulamento 2022/1925 da União Europeia). Os serviços essenciais de plataforma, por sua vez, são previstos em uma relação extensa pelo próprio regulamento, contemplando serviços de intermediação on-line, motores de pesquisa on-line, serviços de redes sociais on-line, sistemas operacionais, navegadores de internet, entre outros (artigo 2º, 2, do Regulamento 2022/1925). Para reconhecimento do impacto no mercado interno, o regulamento fixa critérios relacionados ao volume de negócios, assim como, no tocante ao se tornar uma porta de acesso importante entre usuários profissionais e finais, adota critério do número de usuários, além da constância da sua utilização durante os anos para caracterização da "posição enraizada e duradoura".

[36]   Nesse sentido, destaca o conhecido estudo de: KAHN, Lina M. Amazon's antitrust paradox. *The Yale Law Journal*, v. 126, n. 3, p. 710-805, Jan. 2017.

específica que determine a realização automatizada de ações no interesse dos contratantes. Em outros termos, são contratos cuja execução será total ou parcialmente automática,[37] afastando a interferência do comportamento dos contratantes para seu cumprimento. Embora alguns autores levantem a dúvida se não se trata de fenômeno passageiro,[38] parece mais correto compreendê-los como uma nova etapa da padronização contratual (sucedendo à expansão da técnica das condições gerais contratuais e dos contratos de adesão) que tem lugar na sociedade de massas, incrementada pelas possibilidades das novas tecnologias da informação. Tiveram lugar, originalmente, em contratos celebrados no âmbito do sistema financeiro (mercado de capitais, seguros) e, em certos países, em contratos de empreitada para a construção, visando prevenir situações usuais de inadimplemento (atrasos de entrega ou pagamento, desconformidade de projetos etc.). No entanto, vêm crescentemente se desenvolvendo também no âmbito das relações de consumo, sobretudo em contratos celebrados pela internet, e cuja execução se dê total ou parcialmente por meio digital.

Além da facilidade e da agilidade na contratação e na execução, esses contratos inteligentes têm como vantagem a redução de conflitos entre as partes, decorrentes da interpretação de cláusulas ambíguas e dos riscos de inadimplemento[39] pela natureza autoexecutável de suas disposições. Por outro lado, por tratar-se de determinada programação, a inflexibilidade de sua execução, embora, por um lado, seja saudada por reduzir os riscos de inadimplemento, por outro, implica dificuldades na alteração dos termos do contrato pelas partes. Um exemplo citado no âmbito das relações comerciais é o de um contrato de fornecimento em que o vendedor envie, habitualmente, bens ao comprador e, após determinada remessa de produtos de qualidade diversa, busca compensá-lo com a prorrogação do prazo de pagamento. Será provável que, pelo caráter específico da situação, não tenha havido previsão sobre essa circunstância, podendo, inclusive, ser muito oneroso reprogramar o contrato para contemplá-la. Tais situações podem ser reproduzidas em uma variedade de hipóteses nas quais alterações tópicas na relação entre os contratantes se tornem excessivamente onerosas para uma reprogramação do contrato.[40]

Nas relações de consumo, a celebração dos contratos inteligentes (*smart contracts*) já tem lugar tanto em situações nas quais toda a sua celebração – e execução – pode se

---

[37] RASKIN, Max. The law and legality of smart contracts. *Georgetown Law Technology Review*, v. 1, p. 305-341, 2017. CARRON, Blaise; BOTTERON, Valentin. How smart can a contract be? In: KRAUS, Daniel; OBRIST, Thierry; HARI, Olivier (ed.). *Blockchains, smart contracts, decentralised autonomous organizations and the law*. Cheltenham: Edward Elgar, 2019. p. 109.

[38] WERBACH, Kevin; CORNELL, Nicolas. Contracts ex machina. *Duke Law Journal*, v. 67, 2017. p. 381.

[39] A autoexecutividade do contrato pode dar causa a debates sobre os próprios limites do poder do fornecedor que, afinal, estipule as condições contratuais. No limite, a doutrina chega a cogitar de situações de restrição de uso do bem adquirido, por meio de pagamento diferido no tempo, mediante a utilização de *software* que associe o inadimplemento das parcelas do preço à restrição do uso pelo período em que durar o inadimplemento. Assim, por exemplo, no caso de um automóvel pago em parcelas, seu adquirente ficaria impedido de utilizá-lo quando estivesse em mora (o exemplo é de SPINDLER, Gerald. Regulierung durch Technik. In: MICKLITZ, Hans-Wolfgang et al. (Hrsg.). *Verbraucherrecht 2.0*: Verbraucher in der digitalen Welt. Baden-Baden: Nomos, 2017. p. 347). Ilustra bem a situação na qual as novas possibilidades dos contratos inteligentes possam confrontar os limites do exercício do direito de crédito pelo fornecedor.

[40] SKARLOFF, Jeremy M. Smart contracts and the cost of inflexibility. *University of Pennsylvania Law Review*, v. 166, p. 263-303, 2017.

PARTE III · Cap. 1 · O NOVO PARADIGMA TECNOLÓGICO E O MERCADO DE CONSUMO DIGITAL | **819**

dar digitalmente (*e.g.*, a contratação de um seguro, cujo pagamento do prêmio, asim como eventual regulação e pagamento da indenização, possa se dar exclusivamente pela internet) quanto naquelas em que é possível realizá-la parcialmente por meio digital (assim a reserva de um hotel ou a locação de imóvel pela qual o hóspede ou o locatário receba um código ou senha alfanumérica para acesso ao local pelo período contratado, sem a necessidade de check-in presencial). A tendência de aumento da utilização dos contratos inteligentes em relações de consumo deve, necessariamente, contemplar três aspectos: (a) atendimento ao dever de informação e esclarecimento do fornecedor, prévio à contratação, sobre seus aspectos característicos e o modo de exercício dos direitos pelo consumidor, inclusive com a possibilidade de acesso prévio ao instrumento contratual (artigo 46 do CDC, e artigo 4º, IV, do Decreto 7.962/2013); (b) assegurar-se a possibilidade de contato do consumidor com o fornecedor por meio alternativo ao da contratação (*e.g.*, e-mail, telefone ou endereço físico); (c) na programação de suas ordens autoexecutáveis, assegurar-se que contemplam os condicionamentos definidos pela legislação. Em especial, a possibilidade de efetivo exercício pelo consumidor do direito de reclamação ou resolução no caso de vícios da prestação (artigos 18 a 20 do CDC), assim como o direito de arrependimento (artigo 49 do CDC).

O caráter autoexecutável dos contratos de consumo que se caracterizem como contratos inteligentes (*smart contracts*) deverá considerar, ainda, eventual participação de outros agentes distintos do consumidor e do fornecedor, como destinatários ou executores de ações determinadas pela programação definida à contratação. Será o caso, especialmente, daqueles que viabilizarem a transação financeira de pagamento pelo consumidor – caso das instituições de pagamento, cuja atuação será destacada nas situações de resolução ou abatimento do preço – diante da necessidade de devolução ou alteração dos valores cobrados. Nesses casos, embora o caráter autoexecutável do contrato sirva à realização do pagamento, nem sempre as ações relativas à devolução de valores ou à modificação de cobrança, por seu caráter específico, o serão. Mesmo quando não se trate de execução automatizada, o fornecedor deverá assegurar que sejam adotadas as providências, em prazo razoável, para atender ao interesse legítimo do consumidor à devolução dos valores pagos, ou para eliminar a exigência de cobrança, conforme o caso.

Da mesma forma, o caráter autoexecutável do contrato não elimina o controle de legalidade sobre seu conteúdo,[41] trata-se de cláusulas contratuais constantes em condições gerais ou termos de uso, decorrentes da prática contratual determinada pela programação de execução realizada pelo fornecedor. Nesses casos, identificada eventual ilegalidade ou abusividade no conteúdo do contrato, ou no modo de exercício dos direitos e deveres que define, cumprirá ao fornecedor alterar a programação predeterminada à execução do contrato, promovendo sua adequação às exigências legais. Em tais situações, não devem ser admitidas, a qualquer pretexto, alegações de dificuldades ou de impossibilidade técnica de alteração da programação realizada para execução do contrato, diante da óbvia constatação de que as ações autoexecutáveis que integram a programação dos contratos inteligentes apenas devem ser admitidas em conformidade com o regime legal a que se submetem.

---

[41] WERBACH, Kevin; CORNELL, Nicolas. Contracts ex machina. *Duke Law Journal*, v. 67, 2017. p. 372-374.

820 CURSO DE DIREITO DO CONSUMIDOR – *Bruno Miragem*

Considerando que, no âmbito das relações de consumo, a adoção dos contratos inteligentes se dará, sem que se visualize qualquer exceção, sob a forma de contratos de adesão elaborados (e programados) pelo fornecedor, é relevante atentar-se a situações nas quais as ações autoexecutáveis programadas possam se caracterizar como espécies de cláusulas-mandato, ou, ainda, possam subsumir-se às hipóteses proibidas pelo artigo 51 do CDC. É o caso, por exemplo, da variação do preço, ou da possibilidade de cancelamento ou alteração unilateral pelo fornecedor (incisos X, XI e XII).

Eventual falha do sistema que sirva de meio aos contratos inteligentes é compreendida no âmbito do que é risco inerente à atividade do fornecedor, razão pela qual deverá responder pelos prejuízos que, em virtude dessa falha, forem causados aos consumidores.

1.1.2 Os novos produtos e serviços

As transformações do mercado de consumo digital não se restringem, contudo, à novas formas de fornecimento de produtos e serviços e ao relacionamento entre consumidor e fornecedor, especialmente na internet. Importam também no desenvolvimento de novos produtos e serviços como resultado direto das novas tecnologias. É o que o ocorre em relação a produtos e serviços totalmente novos, cuja existência supõe o desenvolvimento da tecnologia da informação, e outros que já existiam com determinadas características, mas que são aperfeiçoados, com o acréscimo de novas utilidades ou vantagens, a partir do desenvolvimento tecnológico.

Diante da diversidade de novos produtos e serviços sobre os quais repercutem as novas tecnologias da informação, três aspectos merecem destaque. O primeiro deles, os denominados bens digitais, em relação aos quais tanto a oferta e o fornecimento quanto sua fruição supõem a existência da internet. Em seguida, o que vem sendo denominado como internet das coisas, que compreende a integração entre objetos e serviços que se realizem por intermédio deles, agregando-lhes utilidade a partir de infraestrutura que permite sua conexão à internet. Por fim, a inteligência artificial, crescentemente utilizada tanto no desenvolvimento de produtos e serviços como no relacionamento entre os fornecedores e seus consumidores.

1.1.2.1 Bens digitais

O desenvolvimento da internet, assim como a forma de organização e circulação das informações por seu intermédio, colocou em destaque o interesse dos usuários no acesso, na preservação e na utilização dessas informações, seja com finalidade econômica, seja com fim meramente existencial. A importância dessas informações organizadas, inclusive sob a forma de produtos e serviços, deu causa à necessidade de sua correta classificação como objeto das relações de consumo. A conhecida distinção entre bens e coisas confere aos primeiros designar tudo o que, podendo proporcionar certa utilidade, é passível de apropriação privada; já as coisas, em sentido mais amplo, são consideradas tudo o quanto existe na natureza, com exceção da pessoa.[42] São a utilidade, a possibilidade de apropriação

---

[42] SERPA LOPES, Miguel Maria. *Curso de direito civil*. 6. ed. Rio de Janeiro: Freitas Bastos, 1988. v. I. p. 332.

PARTE III · Cap. 1 · O NOVO PARADIGMA TECNOLÓGICO E O MERCADO DE CONSUMO DIGITAL | **821**

e de serem objeto de relações jurídicas negociais, mediante alienação e aquisição, fazendo que tais informações, organizadas de certo modo, possam ser consideradas bens digitais. São espécies de bens incorpóreos, sobre os quais recai titularidade, assim como a possibilidade de sua oferta e alienação sob a forma de produtos, os quais, segundo o artigo 3º, § 1º, do CDC, podem ser bens imateriais.

A doutrina vem identificando os principais bens digitais, conteúdo arquivado na internet e vinculado a determinado titular, como fotos, mensagens em correio eletrônico e demais aplicações de internet, músicas, filmes e livros digitais, entre outros.[43] Também a moeda eletrônica, sob custódia de instituições de pagamento, será bem digital. Atualmente, inclusive, em certos setores econômicos,[44] a própria forma de fornecimento de certos produtos dá conta da inexistência de suporte físico fora da rede, como é o caso de softwares diversos, cuja aquisição é realizada mediante licença, diretamente pela internet, inclusive com a possibilidade de limitação do seu uso por determinado tempo (vigência da licença).

Uma vez que sejam ofertados no mercado de consumo, serão considerados produtos, nos termos do artigo 3º, § 1º, do CDC, objetos do contrato de consumo. Nesse sentido, submete-se o fornecedor ao atendimento dos deveres de adequação e segurança que integram o dever geral de qualidade de produtos e serviços. Essa classificação terá várias implicações práticas. De um lado, sendo bens passíveis de apropriação, e tendo sido objeto de alienação por ocasião da oferta e do fornecimento do produto ao consumidor, deve-se assegurar, como efeito da transferência do domínio, e salvo restrições previamente comunicadas ao consumidor, ampla possibilidade de uso, fruição e disposição do bem, assim como, nos casos em que seja tecnicamente possível, o próprio direito de o consumidor reivindicar o bem, exercendo o que é também virtualidade do domínio (artigo 1.228, *caput*, do Código Civil).

No direito europeu, a Diretiva 2019/770/EU dispôs sobre o fornecimento de conteúdos e serviços digitais. Da mesma forma, distinguem-se, a partir da Diretiva 2019/771/UE, acerca de certos aspectos sobre a compra e venda de bens, os bens com elementos digitais dos conteúdos digitais. Considera-se bem com elementos digitais "qualquer bem móvel tangível que incorpore ou esteja interligado com um conteúdo ou serviço digital, ou que com este esteja interligado, de tal modo que a falta desse conteúdo ou serviço digital impeça os bens de desempenharem as suas funções". Distingue-se do conteúdo digital, definido como "dados produzidos e fornecidos em formato digital" (artigo 2º, 5), e dos serviços digitais, considerados "um serviço que permite ao consumidor criar, tratar, armazenar ou aceder a dados em formato digital, ou (...) um serviço que permite a partilha ou qualquer outra interação com os dados em formato digital carregados ou criados pelo consumidor ou por outros utilizadores desse serviço" (artigo 7º). Entre as obrigações que se inserem em um dever de conformidade, definidas para o fornecimento desses bens, está a de fornecer todas as atualizações, tal como estipulado no contrato de compra e venda (artigo 6º, *d*). Da mesma maneira, entre os requisitos objetivos de conformidade, no caso dos bens com

---

[43]   ZAMPIER, Bruno. *Bens digitais*. Indaiatuba, SP: Foco, 2017. p. 59.

[44]   Examinando em sentido mais amplo os impactos das tecnologias da informação sobre o fornecimento de produtos e serviços e sua relação com os consumidores, veja-se: CORTADA, James W. *Information and the modern corporation*. Cambridge: MIT, 2011. p. 72 e ss.

elementos digitais, consta a obrigação do vendedor de assegurar "que o consumidor seja informado sobre as atualizações e que estas lhe sejam fornecidas, incluindo atualizações de segurança, que sejam necessárias para colocar tais bens em conformidade, durante o período: 'em que o consumidor pode razoavelmente esperar, dado o tipo e finalidade dos bens e dos elementos digitais, e tendo em consideração as circunstâncias e natureza do contrato, caso o contrato de compra e venda estipule um único fornecimento do conteúdo ou serviço digital'" (artigo 8º, 2, "b", da Diretiva 2019/770/UE), ou no caso de fornecimento de serviços contínuos, respondendo o fornecedor por "qualquer falta de conformidade do conteúdo ou serviço digital que ocorra ou se manifeste no prazo de dois anos a contar da data em que os bens com elementos digitais foram entregues" (artigo 10, 2, primeira parte, da Diretiva 2019/771/UE). No caso de haver prestação de serviços por prazo superior a dois anos, o fornecedor é responsável por todo o período em que devam ser fornecidos, nos termos do contrato de compra e venda (artigo 10, 2, *in fine*).[45] Restrições decorrentes de direitos de terceiros, em especial de direitos de propriedade intelectual, que impeçam ou limitem a utilização dos bens implicam a falta de conformidade e conferem direito do consumidor de reclamar meios de ressarcimento correspondentes.[46]

Não é desconhecido que certos bens digitais, quando produtos colocados no mercado de consumo, têm sua forma de fornecimento ou fruição subordinados a determinadas condições técnicas, que podem limitar e exercício pleno das faculdades do domínio (uso, fruição e disposição, reivindicação), em comparação a produtos fornecidos pela forma tradicional. Refira-se, inclusive, que, entre os bens digitais, encontram-se alguns prestados de modo único e singular, como os denominados NFTs (*Non-Fungible Tokens*), espécie de ativo digital único e singular, apoiado pela tecnologia blockchain para garantir autenticidade e propriedade. A rigor, "um NFT pode ser comprado, vendido, negociado ou coletado. Praticamente tudo pode ser um NFT: arte, clipes de destaques esportivos, itens de jogos e até informações".[47]

Também se deve atentar para as situações de bens digitais que só podem ser acessados mediante uso de determinado programa, ou *hardware* específico (*e.g.*, livros digitais acessíveis por uma plataforma específica), ou, ainda, cujo uso é franqueado por certo tempo (contratos de licença temporária), ou enquanto permanecer vigente um contrato de duração (filmes e vídeos baixados em serviços de streaming). Há situações que, mesmo

---

[45] Veja-se, sobre as Diretivas 2019/770/UE e 2019/771/UE, os comentários ao Decreto-lei 84/2021, de 18 de outubro, que promoveu sua internalização no direito português, de: CARVALHO, Jorge Morais. *Compra e venda e fornecimento de conteúdos e serviços digitais*: anotação ao Decreto-lei nº 84/2021, de 18 de outubro. Coimbra: Almedina, 2022. p. 9 e ss. Sobre a Diretiva 2019/771/UE, ainda: SANTOS, Vitória Monego Sommer. A compra e venda nas relações de consumo e a nova Directiva europeia 2019/771. *Revista de Direito do Consumidor*, São Paulo, v. 132, p. 375-392, nov.-dez. 2020. No direito alemão, para a internalização da diretiva no BGB, veja-se: GSELL, Beate. Verbraucherschutz, in: J. von Staudingers Kommentar zum Bürgerlichen Gesetzbuch mit Einführungsgesetz und Nebengesetzen – Eckpfeiler des Zivilrechts, Berlin: Otto Schmidt Verlagskontor/Walter de Gruyter Verlag, Neubearbeitung 2022, p. 641-778. Da mesma autora: GSELL, Beate: "Art. 14 Directive 2019/770/EU on certain aspects concerning contracts for the supply of digital content and digital services". In: SCHULZE, Reiner; STAUDENMAYER, Dirk (Hrsg.). *EU Digital Law*, 2. Auflage, München: C.H. Beck, 2024. Ainda: STAUDINGER, Ansgar; ARTZ, Markus. *Neues Kaufrecht und Verträge über digitale Produkte*. München: C.H. Beck, 2022.

[46] CARVALHO, Jorge Morais. *Compra e venda e fornecimento de conteúdos e serviços digitais*: anotação ao Decreto-lei nº 84/2021, de 18 de outubro. Coimbra: Almedina, 2022. p. 43.

[47] HACKL, Cathy; LUETH, Dirk; DI BARTOLO, Tommaso. *Navigating the metaverse*: a guide to limitless possibilities in a web 3.0 world. New Jersey, US: Wiley, 2022. p. 7.

PARTE III · Cap. 1 · O NOVO PARADIGMA TECNOLÓGICO E O MERCADO DE CONSUMO DIGITAL | **823**

disciplinadas por contrato, tornam duvidosa a possibilidade de manutenção do acesso, no caso de morte do consumidor, pelos sucessores.

Nesses casos, a existência de condições para utilização ou fruição dos produtos, desde que revelem característica própria do meio utilizado para seu fornecimento, não deve ser considerada, por si só, atuação abusiva do fornecedor. Ao contrário, é possível afastar eventual entendimento quanto à sua abusividade, considerando as características do produto ou a própria natureza do contrato (artigo 51, § 1º, II, do CDC, *a contrario sensu*). Contudo, há, nessas circunstâncias, o reforço do dever de informação e esclarecimento pré-contratual pelo fornecedor, na oferta ou na publicidade, a fim de indicar, precisamente, o modo e as restrições de utilização e fruição desses produtos digitais, ou, ainda, dependendo da quantidade de informações necessárias, para que o consumidor possa perceber toda a utilidade do bem adquirido, o detalhamento das informações quanto ao modo de utilização no contrato ou termo de uso cujo acesso prévio à contratação deve assegurar. Será o eventual descumprimento desse dever de informar prévio à celebração do contrato o fundamento para a caracterização do vício de informação que origina a responsabilidade do fornecedor com fundamento no artigo 18 do CDC, ou mesmo da própria abusividade da cláusula contratual que defina a restrição de uso e fruição do produto digital, em razão da violação da qualidade do consentimento do consumidor. É conclusão a que se chega diante da violação do dever de informar sobre as características do produto (artigo 31 do CDC), assim como do de dar conhecimento prévio do instrumento contratual (artigo 46 do CDC).

Outro aspecto relevante em relação ao fornecimento dos bens digitais diz respeito ao exercício, pelo consumidor, do direito de arrependimento previsto no artigo 49 do CDC. Define a norma que "O consumidor pode desistir do contrato, no prazo de 7 dias a contar de sua assinatura ou do ato de recebimento do produto ou serviço, sempre que a contratação de fornecimento de produtos e serviços ocorrer fora do estabelecimento comercial, especialmente por telefone ou a domicílio". Não há dúvida de sua incidência aos contratos de consumo celebrados pela internet, até porque presente, nessas situações, uma das principais justificativas para que seja assegurado o arrependimento para a contratação fora do estabelecimento comercial, a saber, a falta de contato prévio entre o consumidor e o produto ou serviço ofertado, acentuando sua vulnerabilidade na relação jurídica com o fornecedor. Da mesma forma, a tentativa de definição de um conceito autônomo de "estabelecimento comercial virtual" como local próprio para exercício da atividade negocial na internet,[48] afastando a ideia de que a contratação, nesses casos, se daria "fora do estabelecimento", não logrou êxito, reforçando-se o reconhecimento da possibilidade de exercício do arrependimento no caso de fornecimento de produtos e serviços pela rede.

Em relação aos bens digitais, contudo, a dúvida que se planta diz respeito às características específicas do produto, cujo fornecimento e fruição se dão diretamente pela internet, inclusive podendo, em muitas situações, o consumidor perceber toda a utilidade do bem em um primeiro contato, ou mesmo no prazo legal para exercício do direito de

---

[48] Defendeu esse entendimento, em sua tese de doutoramento, entre outros, SANTOLIM, Cesar Viterbo Matos. *Os princípios da proteção do consumidor e o comércio eletrônico no direito brasileiro*. Tese (Doutorado) – UFRGS, Porto Alegre, 2004. p. 97-98.

arrependimento. É o exemplo recorrente de livro, música ou filme comercializado e fruído totalmente pela internet, no qual a possibilidade de arrependimento pode dar conta de situações que incentivem o oportunismo e a má-fé de consumidores que adquiram tais produtos, deles usufruam e exerçam o arrependimento para obter a devolução do valor do preço pago, nos termos do parágrafo único do artigo 49 do CDC. Observe-se, entretanto, que esse argumento, por si só, não parece suficiente para afastar o direito de arrependimento em relação a bens digitais, afinal, não elimina qualquer das características da contratação que o justificam: a saber, a falta de conhecimento prévio do consumidor sobre o produto e, eventualmente, a falta de informações sobre a própria contratação. Isso não significa que não se possa conceber, *de lege ferenda*, e com apoio na própria tecnologia, meios específicos que impeçam o exercício do arrependimento após a completa fruição do produto, ou, ainda, a limitação, fundada na boa-fé, do exercício abusivo do direito em situações concretamente verificáveis. Não há, atualmente, contudo, no sistema legal de proteção do consumidor, exceções ao reconhecimento do direito de arrependimento previsto no artigo 49 do CDC, mesmo no caso de bens digitais.

1.1.2.2 Internet das coisas

A internet das coisas, tradução da expressão em inglês *internet of things*, também designada pela sigla IoT, compreende a técnica que permite conexão física ou virtual entre bens e serviços, por intermédio de redes de comunicação, fomentando o desenvolvimento de novas aplicações para automação de atividades por meio da internet. Segundo definição jurídico-normativa expressa no Decreto 9.854, de 25 de junho de 2019, que instituiu o Plano Nacional de Internet das Coisas, compreende a "infraestrutura que integra a prestação de serviços de valor adicionado com capacidades de conexão física ou virtual de coisas com dispositivos baseados em tecnologias da informação e comunicação existentes e nas suas evoluções, com interoperabilidade" (artigo 2º, I).

De grande repercussão sobre toda atividade econômica, o desenvolvimento da internet das coisas tem especial impacto no âmbito das relações de consumo, transformando produtos e serviços já existentes no mercado e permitindo o surgimento de outros decorrentes dessas inovações tecnológicas. A adoção dos componentes de processamento de dados incorporados a produtos,[49] permitindo que possam transmitir e receber dados a partir de redes existentes – a conectividade por rede é o que caracteriza o fenômeno[50] – já dá origem ao incremento da utilidade de produtos *smart* (aparelhos telefônicos multifuncionais, televisões, geladeiras), na automação das casas, brinquedos (bonecos que falam com crianças), rastreadores e verificadores da condição física e de saúde de pessoas, automóveis de condução remota, entre outros produtos. Prevê-se a extensão do

---

[49] Em especial, atualmente, a identificação dos produtos com determinada identificação (UID, *unique identification number*) e um endereço IP (*internet protocol*), conectado por tecnologia RIFD (*Radio-frequency identification*) sob a forma de *chips* acoplados aos produtos e seu reconhecimento por *softwares*, programados a executar as ações definidas a partir da sua identificação. Para a explicação didática da estrutura da rede, veja-se: GREENGARD, Samuel. *The internet of things*. Cambridge: MIT, 2015. p. 15.

[50] GRÜNWALD, Andreas; NÜβING. Machine to machine (M2M): Kommunikation Regulatorische fragen bei der Kommunikation im Internet der Dinge. *Multimedia und Recht*, Munich, Jun. 2015. p. 378-383.

PARTE III · Cap. 1 · O NOVO PARADIGMA TECNOLÓGICO E O MERCADO DE CONSUMO DIGITAL | **825**

uso da tecnologia a uma infinidade de outros produtos, como vestuário, eletrodomésticos diversos etc.

Há, nesses casos, a compreensão, em conjunto, de produtos cuja utilidade ou se torna dependente, ou vem a ser incrementada pela aplicação da tecnologia da denominada internet das coisas. A utilidade do produto supõe a do serviço – examinando-se o fenômeno segundo as categorias tradicionais do direito do consumidor –, e, nesses termos, a própria caracterização da qualidade esperada e do regime de responsabilidade do fornecedor decorrente da violação do seu dever de qualidade pode ser alterada. Essa interdependência entre produto e serviço vem, inclusive, permitindo que se refira a uma erosão da propriedade,[51] o que merece reflexão, especialmente considerando a separação entre a domínio e a integralidade de suas faculdades, em especial de uso e fruição.[52]

Um caso notório a esse respeito concerne aos adquirentes de tratores da fabricante John Deere que vinham com software embarcado para sua fruição, e a pretensão da empresa, sob o fundamento de proteção de seus direitos autorais sobre o software, de limitar sua atualização às condições por ela definidas (inclusive com exigência eventual de remuneração para esse fim).[53] Esse caso chamou a atenção para um dos principais aspectos da associação entre os produtos e o software que lhes confere utilidade, própria da internet das coisas, que é a projeção, no tempo, da dependência do consumidor em relação a determinada prestação de serviço do fornecedor, que assegure a utilidade esperada. Essa característica pode ser vislumbrada sob duas perspectivas. De um lado, a possibilidade de atualização do software, incrementando sua utilidade durante a vida útil do produto, deve ser considerada uma vantagem para o consumidor. De outro, a necessidade de atualizações que só podem ser fornecidas por aquele que originalmente ofertou o produto acentua a dependência do consumidor em relação ao fornecedor, inclusive dá ao fornecedor um expressivo poder, uma vez que, ao controlar os modos de atualização do software, pode acelerar sua obsolescência, estimulando a aquisição de um novo produto em substituição àquele cuja atualização seja, eventualmente, restringida ou limitada, o que já ocorre comumente na comercialização de hardwares, por exemplo.

Em geral, o conteúdo da prestação em contratos de consumo que envolvam a compra e venda de produtos nos quais se aplica a internet das coisas inclui: (a) a própria coisa (incluindo o hardware); (b) o conteúdo digital permanentemente incorporado a ele, e que não pode ser desinstalado pelo consumidor sem conhecimento especializado em tecnologia da informação; (c) o oferecido pelo próprio fornecedor ou por terceiros (aplicações de internet); (d) atualizações do software e/ou das aplicações de internet, que podem ser carregadas on-line; (e) serviços digitais que envolvem a transmissão de dados necessária ao atendimento das funções do produto; e (f) o tratamento de dados,

---

[51]   Veja-se a expressão originalmente, no estudo da Consumers International sobre os impactos da internet das coisas no direito do consumidor: COLL, Liz; SIMPSON, Robin. *Connection and protection in digital age*: the internet of things and challenges for consumer protection. London: Consumers International, Apr. 2016. p. 34.

[52]   WENDEHORST, Christiane. Besitz und Eigentum im Internet der Dinge. In: MICKLITZ, Hans--Wolfgang et al (Hrsg.). *Verbraucherrecht 2.0*: Verbraucher in der digitalen Welt. Baden-Baden: Nomos, 2017. p. 367-368.

[53]   COLL, Liz; SIMPSON, Robin. *Connection and protection in digital age*: the internet of things and challenges for consumer protection. London: Consumers International, Apr. 2016.

propriamente dito.[54] Nesse particular, muitas tecnologias que utilizam chips RIFD (*Radio-frequency identification*) processam dados, e, por isso, sua utilização submete-se também à legislação de proteção de dados pessoais.[55] Nesse ponto, recorde-se que a possibilidade de maior personalização de produtos e funcionalidades de acordo com características e preferências do consumidor – permitida pela internet das coisas – gera, consequentemente, maior demanda pelo acesso e tratamento de seus dados pessoais.[56]

Essa característica do objeto dos contratos de consumo que envolvam a internet das coisas, ao mesmo tempo que conjuga em um mesmo objeto características de produtos e serviços (obrigações de dar e fazer), exige que se investigue a extensão da responsabilidade dos fornecedores do produto em si, e os do software ou das demais aplicações que definem sua funcionalidade.

A maior complexidade técnica do produto, nesse caso, exige do fornecedor maior atenção ao cumprimento de um dever de informação qualificado, que esclareça, de modo compreensível ao consumidor médio e não especialista em tecnologia da informação, as características do produto, suas funcionalidades e limitações, assim como todos os custos associados à sua fruição (*e.g.*, se será necessário ou não aquisição, além do produto em si, de outros serviços para fruir outras utilidades possíveis). Nesse caso, o desafio da oferta e do atendimento, em especial, dos artigos 6º, III, e 31 do CDC, deverá ter em conta a vulnerabilidade técnica do consumidor médio em relação às inovações tecnológicas.

Outro aspecto a destacar diz respeito à extensão das regras de responsabilidade solidária previstas no CDC no caso de produtos relacionados à internet das coisas.[57] Não é demais lembrar que, tratando-se do fato do produto, o artigo 12 do CDC prevê a responsabilidade solidária de uma estreita cadeia de fornecedores (fabricante, construtor, produtor e importador), ao contrário do regime do fato do serviço, no qual a interpretação consagrada do artigo 14 do CDC define um sentido abrangente da solidariedade dos fornecedores envolvidos. Todavia, peculiaridades do próprio modo de fornecimento podem influenciar a conclusão sobre maior ou menor extensão da responsabilidade dos fornecedores. A título de exemplo, contraponham-se situações nas quais a aplicação que permita funcionalidades ao produto seja fornecida pelo mesmo fabricante, por algum fornecedor seu parceiro (em relação ao qual o próprio fabricante do produto possa atuar de modo semelhante ao de um agente ou distribuidor) ou por terceiro independente, sem qualquer relação com o primeiro. Em todos os casos, necessariamente, deve-se reconhecer

---

[54] Com adaptações às peculiaridades da relação de consumo, toma-se em atenção a sistematização de: WENDERHORST, Christiane. Besitz und Eigentum im Internet der Dinge. In: MICKLITZ, Hans-Wolfgang et al (Hrsg.). *Verbraucherrecht 2.0*: Verbraucher in der digitalen Welt. Baden-Baden: Nomos, 2017. p. 369.

[55] SCHMECHEL, Philipp. *Verbraucherdatenschutzrecht in der EU-Datenschutz-Grundverordnung*. Berlin: Sachverständigenrat für Verbraucherfragen beim Bundesministerium der Justiz und für Verbraucherschutz, 2016. p. 274.

[56] HELBERGER, Natali. Profiling and targeting consumers in the Internet of Things – a new challenge for consumer law. In: SCHULZE, Reiner; STAUDENMAYER, Dirk (ed.). *Digital revolution*: challenges for contract law in practice. Baden-Baden: Nomos, 2016. p. 135-161.

[57] O problema da extensão da responsabilidade entre vários fornecedores de produtos em que aplicada a internet das coisas também é notado no direito comparado: WENDERHORST, Christiane. Besitz und Eigentum im Internet der Dinge. In: MICKLITZ, Hans-Wolfgang et al (Hrsg.). *Verbraucherrecht 2.0*: Verbraucher in der digitalen Welt. Baden-Baden: Nomos, 2017. p. 370-371.

PARTE III · Cap. 1 · O NOVO PARADIGMA TECNOLÓGICO E O MERCADO DE CONSUMO DIGITAL | 827

a responsabilidade solidária de todos eles? Da mesma forma, tratando-se de violação do dever de adequação dos produtos, os regimes de vício do produto e do serviço (artigos 18 a 20 do CDC) conduzem já à solidariedade da cadeia de fornecimento, o que não ocorre no caso do fato do produto, em que a responsabilidade solidária pelos danos causados por produtos defeituosos, conforme já se indicou, será restrita (artigo 12 do CDC).

Essas relações entre o fabricante do produto e os fornecedores do software e aplicações que assegurem suas funcionalidades esperadas, ou agreguem novas ao longo do tempo, também terão reflexos em matéria concorrencial. Nesse particular, estarão sob controle das autoridades de defesa da concorrência, e mesmo de defesa do consumidor – quando afetarem diretamente os interesses dos consumidores (em especial sua liberdade de escolha) –, os acordos entre os fabricantes dos produtos com aplicação da internet das coisas e os desenvolvedores de *softwares* e aplicações que possam comprometer a livre concorrência, assim como a interpretação das normas de proteção aos direitos autorais sobre os *softwares* aplicados que possam conduzir a um mesmo resultado restritivo do ingresso de novos agentes no mercado ou dificultar seu acesso aos consumidores.

1.1.2.3 *Inteligência artificial*

O desenvolvimento da tecnologia da informação, a par das inovações de processos tradicionais nas variadas atividades econômicas, com importantes reflexos no mercado de consumo, cruzou uma fronteira sensível que separava o ser humano e suas invenções, com o surgimento da inteligência artificial. Essa noção de inteligência artificial compreende a capacidade de determinado sistema informatizado não apenas executar comandos pré--programados mas também interpretar determinado contexto e atuar sem prévia definição, apenas de acordo com a representação que estabeleça sobre a ação mais adequada para intervir em certa situação. Daí a noção de "inteligência" reconhecida como capacidade de interpretação da realidade e determinação de uma ação de forma autônoma, independentemente de comandos anteriores definidos por programação. Será "artificial" porque desenvolvida no âmbito da computação e das tecnologias da informação, em oposição àquela natural, reconhecida aos seres humanos. A rigor, uma pessoa muitas vezes decide o que fazer, avaliando os resultados das diferentes possibilidades de ações que pode realizar. Um programa inteligente deverá fazer o mesmo, mas usando processo lógico, capaz de identificar e demonstrar as alternativas sem deixar de considerar que se trata, em última análise, de uma máquina.[58]

Ao examinar as implicações iniciais do tema, Resolução do Parlamento Europeu, de 2017, definiu o que seriam características de um "robô inteligente", identificando: (a) sua autonomia por meio de sensores e/ou da troca de dados com o ambiente (interconectividade), e da troca e análise desses dados; (b) capacidade de autoaprendizagem com a experiência e a interação (critério opcional); (c) um suporte físico mínimo; (d) adaptação de seu comportamento e de suas ações ao ambiente; (e) inexistência de vida no sentido

---

[58] MCCARTHY, John; HAYES, Patrick J. Some philosophical problems from the standpoint of artificial intelligence. In: MELTZER, B.; MICHIE, D. *Machine Intelligence 4*. Edinburgh: Edinburgh University Press, 1969. p. 463-502.

biológico do termo.[59] Naturalmente, são critérios úteis para a interpretação do fenômeno também à luz do direito brasileiro.

Segundo uma visão orientada aos benefícios empresariais, a inteligência artificial tem aplicações conhecidas na automatização dos processos negociais, na obtenção de informações que incrementem a atuação dos agentes econômicos por intermédio da análise de dados, assim como no fomento ao engajamento de consumidores e empregados da empresa.[60]

No âmbito das relações de consumo, o fato de se tratar de sistemas não completamente programados, mas que adquirem a capacidade de "interpretar" dados objeto de tratamento para formar decisões coerentes com o propósito presumível do consumidor gera problemas de qualificação importantes, como é o caso da própria capacidade para celebrar contratos ou praticar atos em representação autônoma ou simples meio interposto da contratação, a partir da vontade mediata do consumidor ao adotar o meio de contratação[61] Nessas situações, embora, no âmbito da teoria geral dos contratos, possa haver dificuldades importantes a serem superadas no plano da validade da proposta formulada por robôs, no caso dos contratos de consumo a solução é dada, segundo o direito existente, nos termos do artigo 30 do CDC, ao definir que "Toda informação ou publicidade, suficientemente precisa, veiculada por qualquer forma ou meio de comunicação com relação a produtos e serviços oferecidos ou apresentados, obriga o fornecedor que a fizer veicular ou dela se utilizar e integra o contrato que vier a ser celebrado". A ausência de exigências formais para a oferta de consumo, assim como a amplitude reconhecida ao comportamento vinculante do fornecedor ("toda informação", "veiculada por qualquer forma ou meio"), é suficientemente abrangente para contemplar também a contratação eletrônica feita com utilização de inteligência artificial.

Por outro lado, a utilização da inteligência artificial no tratamento de dados (*e.g.*, para análise de crédito do consumidor), ou em serviços de atendimento ao cliente (atendimento por robôs), impõe dificuldades mais sensíveis, sobretudo em relação ao exame da motivação das decisões adotadas no caso de tratamento de dados e à incapacidade de predizer o modo de ação quanto a situações específicas (que se distanciem das hipóteses de maior ocorrência, e, por isso, padronizadas), nas situações relacionadas ao atendimento virtual do consumidor.

Em relação ao tratamento de dados, uma das principais questões diz respeito ao risco de que, mediante uso da inteligência artificial, a decisão que dela resulte possa ser conflitante com a proibição de discriminação segundo critérios definidos pelo Direito. Nesse caso, destaca-se mesmo a pergunta se o resultado da análise de dados a partir de critérios objetivos (estatísticas, por exemplo) poderá ser considerado discriminatório.

---

[59]   Relatório do Parlamento Europeu, de 16 de fevereiro de 2017, que contém recomendações à Comissão sobre disposições de direito civil sobre robótica, p. 8.

[60]   DAVENPORT, Thomas H.; RONANKI, Rajeev. Artificial intelligence for the real world. In: PORTER, Michael E. et al. *On AI, analytics and the new machine age*. Boston: Harvard Business Review Press, 2019. p. 1-18.

[61]   SPECHT, Louisa; HEROLD, Sophie. Roboter als Vertragspartner? Gedanken zu Vertragsabschlüssen unter Einbeziehung automatisiert und autonom agierender Systeme. *Multimedia und Recht*, Munich, n. 1, 2018. p. 40-44.

PARTE III · Cap. 1 · O NOVO PARADIGMA TECNOLÓGICO E O MERCADO DE CONSUMO DIGITAL | 829

A resposta tende a ser afirmativa, considerando, ademais, que o modo como os dados sejam reconhecidos e interpretados pode conduzir a conclusões que se revelem discriminatórias. É pressuposto da utilização da inteligência artificial no tratamento de dados sua conformidade com a legislação de proteção dos dados pessoais, em especial respeitando a finalidade do tratamento e a proibição de discriminação ilícita.

No caso dos serviços de atendimento a consumidores, a utilização da inteligência artificial permite a redução de custos e maior eficiência na padronização de procedimentos pelo fornecedor. Contudo, é evidente que as diversas situações pelas quais os consumidores demandam o contato com o fornecedor, para solução de dúvidas, reclamações ou exercício de seus direitos, compreendem circunstâncias que nem sempre são passíveis de resposta padronizada. Daí por que devem ser asseguradas alternativas para que o consumidor possa contatar o fornecedor em caso de necessidade, o que, aliás, é previsto pelo Decreto 7.962, de 15 de março de 2013, que disciplinou o comércio eletrônico (artigo 4º, V, e também os artigos 2º, II, 4º, II, e 5º, § 1º).

Outro aspecto de grande repercussão acerca da utilização da inteligência artificial em produtos e serviços ofertados no mercado de consumo diz respeito aos riscos de dano a que dá causa e ao preenchimento das condições para responsabilização do fornecedor. A própria Resolução do Parlamento Europeu de 16 de fevereiro de 2017, que contém recomendações à Comissão sobre disposições de Direito Civil sobre Robótica, destaca a insuficiência das regras sobre responsabilidade por fato do produto na sua aplicação aos robôs dotados de inteligência artificial, sobretudo em vista da dificuldade de demonstração do nexo de causalidade.[62] Da mesma forma, considerando a capacidade de autoaperfeiçoamento e autonomia nas decisões, independentemente de comandos predefinidos, que caracterizam a inteligência artificial, questiona-se qual o limite da responsabilidade dos programadores do sistema em relação a essas decisões.[63] No caso da responsabilidade do fornecedor por danos ao consumidor em razão da utilização da inteligência artificial, sendo o regime legal previsto no CDC o da responsabilidade objetiva, são afastadas maiores dificuldades a serem enfrentadas caso fosse necessário perquirir de quem seria a culpa pela falha. Todavia, dois aspectos merecem atenção, em especial quanto à crescente utilização da inteligência artificial em produtos e serviços ofertados no mercado de consumo. O primeiro deles diz respeito à extensão da cadeia de fornecimento para efeito do reconhecimento da responsabilidade solidária dos fornecedores. O segundo, por sua vez, suscita a interpretação dos denominados riscos do desenvolvimento e sua repercussão no caso de danos causados por decisões decorrentes da aplicação de inteligência artificial.

No primeiro caso, trata-se de saber os limites da extensão de responsabilidade em relação a todos os fornecedores que participam, direta ou indiretamente, da fabricação e oferta do produto ou serviço no mercado. Conforme o direito brasileiro, a solidariedade dos fornecedores pelos danos causados resulta da sua contribuição para o dano (artigo 7º, parágrafo único, do CDC) ou da imputação legal (artigos 12 a 14 do CDC). Nesse

---

[62] Relatório do Parlamento Europeu, de 16 de fevereiro de 2017, que contém recomendações à Comissão sobre disposições de direito civil sobre robótica, itens AH e AI, p. 8.

[63] SCHAUBE, Renate. Interaktion von Mensch und Maschine: Haftungs- und immaterialgüterrechtliche Fragen bei eigenständigen Weiterentwicklungen autonomer Systeme. *Juristen Zeitung*, Tübingen, v. 72, n. 7, p. 342-349, 2017.

segundo caso, especialmente quando o uso da inteligência artificial se dê mediante sua aplicação a produtos e serviços, imbricando-se, muitas vezes, com a internet das coisas, trata-se de saber se todos os que participam da cadeia serão responsáveis por danos decorrentes de falhas nas decisões tomadas de modo autônomo pelo sistema informatizado, ou apenas aqueles fornecedores que tenham participado de sua programação ou instalação. Recorde-se, nesse ponto, que o regime de responsabilidade pelo fato do produto (artigo 12 do CDC) é bastante mais restrito em relação à extensão do conjunto de fornecedores a quem se pode imputar a responsabilidade do que no caso do fato do serviço (artigo 14 do CDC). Nesse sentido, a própria qualificação do dano decorrente de decisão tomada com o uso de inteligência artificial, como fato do produto ou do serviço, terá consequências práticas significativas.

Afinal, sendo defeito do produto, apenas o fabricante e o importador (se houver) responderão pela indenização ao consumidor, ainda que, identificando-se a causa específica, se possa estender a responsabilidade ao fornecedor de algum dos componentes do produto que seja identificado como causa do dano. Qualificando a falha decorrente da decisão adotada com uso da inteligência artificial como fato do serviço, amplia-se a extensão da cadeia de fornecimento para efeitos de responsabilização. Em situações nas quais há prestação de serviços digitais, como ocorre nos casos de automação típicos da internet das coisas, a identificação do regime do fato do serviço é admissível. Tratando-se, contudo, de funcionalidade do produto que não se associe à prestação de serviços posteriores a venda e entrega ao consumidor, a incidência do artigo 12 do CDC tenderá a prevalecer, podendo reclamar a necessidade de novas soluções legislativas.

Em relação aos riscos do desenvolvimento, assim compreendidos aqueles que o fornecedor não tinha condições de identificar (desse modo, tampouco de prevenir) pelo estágio da ciência e da técnica ao tempo da colocação do produto ou serviço no mercado, trata-se de saber como repercutem sobre a responsabilidade do fornecedor no caso de danos causados por decisões autônomas de sistema informatizado mediante aplicação de inteligência artificial. Seu fundamento legal reputa-se no artigo 12, § 1º, III, do CDC, que, ao definir critérios para identificação do defeito do produto, inclui "a época em que foi colocado em circulação". A rigor, tratando-se da capacidade de decisões futuras que não foram objeto de programação anterior (e, portanto, não são completamente previsíveis), há dificuldade mesmo de exigir do fornecedor o *standard* estabelecido no artigo 10 do CDC, de que não pode "colocar no mercado de consumo produto ou serviço que sabe ou deveria saber apresentar alto grau de nocividade ou periculosidade à saúde ou segurança".[64]

Contudo, registre-se que o mesmo artigo 12, § 1º, do CDC cita, como critério para definição de defeito do produto, "o uso e os riscos que razoavelmente dele se esperam". Nesse sentido, tratando-se da aplicação de inteligência artificial a produtos e serviços, nos quais há ciência quanto à capacidade de tomada de decisões independentemente de

---

[64] A doutrina alemã sustentará a possibilidade de exclusão da responsabilidade do fornecedor, em razão dos riscos do desenvolvimento. Aponta, então, no sistema alemão, a importância da culpa do fabricante no sistema de responsabilidade geral do BGB, ainda que haja a dificuldade de determinar que a máquina, por intermédio da inteligência artificial, cometa ato ilícito (SCHAUBE, Renate. Interaktion von Mensch und Maschine: Haftungs- und immaterialgüterrechtliche Fragen bei eigenständigen Weiterentwicklungen autonomer Systeme. *Juristen Zeitung*, Tübingen, v. 72, n. 7, 2017. p. 343).

PARTE III · Cap. 1 · O NOVO PARADIGMA TECNOLÓGICO E O MERCADO DE CONSUMO DIGITAL | 831

programação prévia, configura-se um risco esperado a possibilidade de que possa causar danos decorrentes de falhas na interpretação do contexto de atuação pelo software, o que, por si, pode dar causa à configuração do defeito e à consequente responsabilização do fornecedor. A definição de risco que razoavelmente era esperado, entretanto, não abrange qualquer situação, em especial quanto a características e extensão do dano que venha a ser causado. Afinal, risco razoavelmente esperado supõe um mínimo de determinação do evento futuro possível, não sendo suficiente relacionar que "algo pode dar errado", ou, simplesmente, que "algum dano pode ser causado", sem qualquer elemento que permita delimitar o fato. Poderá, todavia, ser útil, nesse caso, a exata delimitação daquilo que se considere risco inerente à atividade (o denominado fortuito interno), o que dependerá de concreção pelo intérprete, em acordo com as características e funcionalidades do produto, assim como das circunstâncias do caso.

O exemplo mais lembrado nessas situações, ainda que se encontre, como regra, em fase de testes, diz respeito ao carro autônomo, que se desloca sem motorista, e vem sendo considerado uma das grandes inovações com chances reais de breve introdução em escala no mercado de consumo. Considerando tratar-se de veículo que se desloca mediante aplicação de inteligência artificial, identificando as regras de trânsito, obstáculos físicos no trajeto que desenvolve, de modo que reaja às eventualidades que possam ocorrer no trajeto, no caso de algum acidente a que venha dar causa, a quem seria imputável a responsabilidade pela reparação dos danos causados? Alternativamente, ao fabricante, ao proprietário, ao fornecedor do componente de inteligência artificial? A todos de forma solidária? Ou a nenhum deles, sendo necessário conceber-se um novo modelo de garantia para esses riscos (seguro obrigatório, por exemplo)? Seguindo os fundamentos de responsabilização do fornecedor próprios da disciplina de proteção do consumidor, a tendência será a de responsabilização do fabricante, sobretudo sob o argumento de que ele terá a capacidade de exercer certo controle de riscos em relação ao produto que colocou no mercado.[65] De fato, mesmo no direito brasileiro, seria a hipótese mais adequada à primeira vista (artigo 12 do CDC). Não se deixe de considerar, contudo, que, em razão da causa identificada do dano, essa atribuição de responsabilidade poderia se deslocar e estender-se ao fornecedor do componente de inteligência artificial, seja como fato do produto, seja no caso da prestação de serviços digitais – como poderá ocorrer nos carros autônomos –, também com fundamento no artigo 14 do CDC (fato do serviço). Sem prejuízo de que, com fundamento na interpretação tradicional sobre a responsabilidade objetiva do proprietário do veículo no caso de acidentes de trânsito, se possa estender a ele a responsabilidade em face da vítima (pelo fato da coisa ou quando conduzido por terceiros, segundo a teoria da guarda da coisa, amplamente reconhecida pela jurisprudência brasileira).[66]

Percebe-se, desse modo, que a incidência das normas do CDC às situações que envolvam danos decorrentes de defeitos de produtos e serviços com aplicação da inteligência artificial tem aptidão para resolver boa parte dos casos de responsabilidade pela indeni-

---

[65] EIDENMÜLLER, Horst. The rise of robots and the law of humans. *Zeitschrift für Europäisches Privatrecht*, v. 4. Munich, 2017. p. 772.

[66] A título ilustrativo: STJ, REsp 604.758/RS, 3ª Turma, Rel. p/ Acórdão Min. Nancy Andrighi, j. 17.10.2006, *DJ* 18.12.2006.

832 | CURSO DE DIREITO DO CONSUMIDOR – *Bruno Miragem*

zação em favor da vítima. Exigências de interpretação quanto aos fatos e sua subsunção à norma se dão em face das características e funcionalidades do produto e da existência ou não de serviço prestado por seu intermédio, desafiando a qualificação mais precisa em acordo com esses elementos.

Recentemente, ocupam-se – diferentes sistemas jurídicos – da disciplina da inteligência artificial. Sem prejuízo das indagações filosóficas que perpassam o tema[67] (afinal, reconhece-se à máquina capacidade para fazer o que apenas os seres humanos faziam até então), e seus reflexos sobre o Direito, há problemas concretos que desafiam o uso cada vez mais frequente da inteligência artificial nos mais variados domínios da vida. Os modelos de regulação jurídica do fenômeno ainda estão sendo construídos. No direito comunitário europeu, a proposta de regulação publicada, em 2021, pela Comissão Europeia tem pretensão abrangente (de regular todas as aplicações de inteligência artificial) fundamentando a distinção entre regimes a partir dos riscos envolvidos em cada caso, desde "riscos inaceitáveis", "riscos elevados", "riscos limitados" até "riscos mínimos" – um modelo de regulação baseada no risco (*risk-based approach*). Entre os principais riscos de aplicação da inteligência artificial aos consumidores, estão: violação da privacidade; incremento da assimetria de informação; incapacidade do consumidor de entender o comportamento das empresas; incremento da possibilidade de exploração da vulnerabilidade do consumidor por intermédio da formação de perfis ("perfilização") e segmentação; opacidade das decisões algorítmicas e automatizadas, podendo levar a resultados discriminatórios; violação da segurança e propriedade do consumidor; violação ao procedimento justo na tomada de decisões e sua revisão, em face da opacidade dos sistemas.[68] A ênfase da proposta está no controle sobre essas aplicações, admitindo o uso apenas daquelas que passem por prévia avaliação sobre impactos, influenciando também os regimes de responsabilidade.

No direito brasileiro, o modelo europeu serve de inspiração ao recente anteprojeto da Comissão de Juristas designada pelo Senado Federal, que abrange a regulação baseada em riscos, a partir de uma "categorização". Segundo a proposta, os riscos excessivos proíbem a aplicação de inteligência artificial, ou no caso de uso para fins de segurança pública, nos limites a serem definidos em lei específica. As aplicações de "alto risco" exigirão medidas específicas de governança, inclusive com a exigência de supervisão humana.[69] Há também repercussões sobre a responsabilidade civil. No caso dos danos decorrentes de aplicações de inteligência artificial de risco excessivo e de alto risco, é proposta a responsabilidade

---

[67] MCCARTHY, John; HAYES, Patrick J. Some philosophical problems from the standpoint of artificial intelligence. In: MELTZER, B.; MICHIE, D. *Machine Intelligence 4*. Edinburgh: Edinburgh University Press, 1969. p. 1-51. Disponível em: formal.stanford.edu/jmc/mcchay69.pdf. Acesso em: 20.07.2023.

[68] EBERS, Martin. Liability for Artificial Intelligence and EU Consumer Law. *Journal of Intellectual Property, Information Technology and Electronic Commerce Law*, p. 204-221, Feb. 2021. Disponível em: ssrn.com/abstract=3855110. Acesso em: 20.07.2023.

[69] Artigo 20 do Anteprojeto, que dispõe sobre "Medidas de Governança para Sistemas de Inteligência Artificial de Alto Risco" (SENADO FEDERAL. *Relatório final da Comissão de Juristas instituída pelo Ato do Presidente do Senado n. 4, de 2022, destinada a subsidiar a elaboração de minuta de substitutivo para instruir a apreciação dos Projetos de Lei nos 5.051, de 2019, 21, de 2020, e 872, de 2021, que têm como objetivo estabelecer princípios, regras, diretrizes e fundamentos para regular o desenvolvimento e a aplicação da inteligência artificial no Brasil*. Brasília: Senado Federal, 2022. p. 35).

PARTE III · Cap. 1 · O NOVO PARADIGMA TECNOLÓGICO E O MERCADO DE CONSUMO DIGITAL | 833

objetiva do fornecedor e do operador (independentemente de culpa),[70] trazendo, contudo, uma curiosa fórmula de presunção de culpa do agente causador do dano no caso das aplicações que não sejam classificadas como de alto risco.[71] Já, no caso de danos causados por sistemas de inteligência artificial no âmbito das relações de consumo, permanecem sujeitas aos regimes de responsabilidade previstos no Código de Defesa do Consumidor.[72]

1.2 REPERCUSSÃO DO NOVO PARADIGMA TECNOLÓGICO DA DIGITALIZAÇÃO SOBRE O DIREITO DO CONSUMIDOR

Diante dos exemplos de formas de contratação e relacionamento entre o fornecedor e o consumidor, e novos produtos e serviços decorrentes da aplicação das tecnologias da informação, são diversas as repercussões na interpretação e aplicação das normas de direito do consumidor. Esses impactos resultam da própria característica que acompanha esse novo paradigma tecnológico, "destruição criativa", segundo conhecida expressão de Joseph Schumpeter,[73] ou "disrupção" ("inovação disruptiva"), cunhada por Clayton Christensen,[74] para explicar como novos empreendedores inovam ao criarem produtos e serviços mais

---

[70] Artigo 27, § 1º, do Anteprojeto: "Quando se tratar de sistema de inteligência artificial de alto risco ou de risco excessivo, o fornecedor ou operador respondem objetivamente pelos danos causados, na medida de sua participação no dano" (SENADO FEDERAL. *Relatório final da Comissão de Juristas instituída pelo Ato do Presidente do Senado n. 4, de 2022, destinada a subsidiar a elaboração de minuta de substitutivo para instruir a apreciação dos Projetos de Lei nºs 5.051, de 2019, 21, de 2020, e 872, de 2021, que têm como objetivo estabelecer princípios, regras, diretrizes e fundamentos para regular o desenvolvimento e a aplicação da inteligência artificial no Brasil.* Brasília: Senado Federal, 2022. p. 44).

[71] Artigo 27, § 2º, do Anteprojeto: "Quando não se tratar de sistema de inteligência artificial de alto risco, a culpa do agente causador do dano será presumida, aplicando-se a inversão do ônus da prova em favor da vítima" (SENADO FEDERAL. *Relatório final da Comissão de Juristas instituída pelo Ato do Presidente do Senado n. 4, de 2022, destinada a subsidiar a elaboração de minuta de substitutivo para instruir a apreciação dos Projetos de Lei nºs 5.051, de 2019, 21, de 2020, e 872, de 2021, que têm como objetivo estabelecer princípios, regras, diretrizes e fundamentos para regular o desenvolvimento e a aplicação da inteligência artificial no Brasil.* Brasília: Senado Federal, 2022. p. 44).

[72] Artigo 29 do Anteprojeto da Comissão de Juristas do Senado Federal: "As hipóteses de responsabilização civil decorrentes de danos causados por sistemas de inteligência artificial no âmbito das relações de consumo permanecem sujeitas às regras previstas na Lei nº 8.078, de 11 de setembro de 1990 (Código de Defesa do Consumidor), sem prejuízo da aplicação das demais normas desta Lei" (SENADO FEDERAL. *Relatório final da Comissão de Juristas instituída pelo Ato do Presidente do Senado n. 4, de 2022, destinada a subsidiar a elaboração de minuta de substitutivo para instruir a apreciação dos Projetos de Lei nºs 5.051, de 2019, 21, de 2020, e 872, de 2021, que têm como objetivo estabelecer princípios, regras, diretrizes e fundamentos para regular o desenvolvimento e a aplicação da inteligência artificial no Brasil.* Brasília: Senado Federal, 2022. p. 45).

[73] SCHUMPETER, Joseph A. *Capitalism, socialism and democracy.* London/New York: Routledge, 1976. p. 81 e ss.

[74] A expressão original de Clayton Christensen, em sua obra de 1997 (CHRISTENSEN, Clayton M. *The innovator's dilemma.* Boston: Harvard Business School Press, 1997), visava, sobretudo, ao exame dos aspectos relacionados à gestão empresarial e ao fenômeno da disrupção de mercados. A expressão, contudo, ganhou sentido mais largo pelo uso, especialmente, relacionado às inovações decorrentes da tecnologia da informação e da internet, levando o próprio autor a revisitá-la em artigo, em coautoria, de 2015, incorporando, de forma sistemática, as inovações decorrentes desse novo paradigma tecnológico (CHRISTENSEN, Clayton M.; RAYNOR, M.; MCDONALD, R. What is disruptive innovation? *Harvard Business Review,* Dec. 2015. p. 1-11). A utilização ampla da ideia de disrupção, entretanto, não passou despercebida, sendo objeto de crítica mais recente daqueles que percebem a falta de critérios para seu emprego como causa do seu esvaziamento. Nesse sentido: GOBBLE, MaryAnne M. The case against disruptive innovation. *Research-Technology Management,* v. 58, n. 1, p. 59-63, 2015. p. 59-61.

834 | CURSO DE DIREITO DO CONSUMIDOR – *Bruno Miragem*

acessíveis, com novas opções para os consumidores, desestabilizando a posição daqueles já estabelecidos no mercado. Fazem isso, inclusive, criando novos mercados e atraindo consumidores que até então não demonstravam interesse em participar e consumir.[75]

Essas transformações do mercado de consumo desafiam, então, igualmente, os conceitos estabelecidos do direito do consumidor, exigindo o estudo e a interpretação de suas normas orientados a dois propósitos essenciais: (a) um esforço no sentido de subsumir as novas situações do mercado às normas em vigor, considerando o pressuposto da vulnerabilidade do consumidor (princípio da vulnerabilidade), que justifica a proteção constitucional e legal que lhe é endereçada; e (b) a identificação das situações de suficiência ou não das normas legais vigentes à realidade que decorre das transformações do mercado em razão das inovações tecnológicas, seja para a colmatação de lacunas, seja para proposição *de lege ferenda*, sempre observado o fundamento constitucional de defesa do consumidor na forma da lei (artigo 5º, XXXII, da Constituição da República).

Alguns desses aspectos são examinados a seguir, para fins de sistematização. Primeiro, a aproximação das categorias jurídicas de produto e serviço como objeto de relações de consumo devido às inovações decorrentes do uso da tecnologia da informação. Em seguida, uma síntese das questões que envolvem os novos riscos tecnológicos, e sua repercussão sobre o regime de responsabilidade do fornecedor no CDC, consolidando aspectos examinados nos itens anteriores. Por fim, um aspecto que até aqui tem contado com menor interesse dos estudiosos do Direito, mas que merece atenção em razão da tendência evidente de expansão da oferta remota e da distância de produtos e serviços ampliada pelas novas tecnologias, sobretudo pela internet: as novas formas de resolução de litígios, em especial, por intermédio da própria rede mundial de computadores (o que comumente se denomina ODR – *Online Dispute Resolution*).

1.2.1 Aproximação das categorias de produto e serviço

Uma das principais repercussões das novas tecnologias da informação sobre o mercado de consumo, e sua aplicação em produtos e serviços, consiste na aproximação dessas categorias. O CDC, ao definir produto e serviço como objetos da relação de consumo, distingue, claramente, o primeiro como um bem, enquanto o segundo como "qualquer atividade fornecida no mercado de consumo". Em certa medida, projeta-se, na prestação objeto da relação de consumo, a distinção clássica entre as obrigações de dar e fazer, consagradas no direito obrigacional. Ao permitir a conectividade de produtos, a partir da qual se passa a contar com novas funcionalidade – como é o caso, especialmente, da internet das coisas e da aplicação da inteligência artificial – passa a existir, em muitas situações, uma interdependência entre produto e serviço, de modo que sua utilidade e seu valor supõem essa relação. A rigor, essa dependência acompanha o desenvolvimento da tecnologia da informação. Conectividade pressupõe serviços que se realizam por intermédio da utilização do produto. O modo como se dá o proveito do consumidor é que varia. Assim, o valor de um smartphone estará cada vez menos na sua utilidade original de realizar ligações telefônicas, e mais na capacidade de armazenamento de

---

[75] CHRISTENSEN, Clayton M.; RAYNOR, M.; MCDONALD, R. What is disruptive innovation? *Harvard Business Review*, Dec. 2015. p. 5.

PARTE III · Cap. 1 · O NOVO PARADIGMA TECNOLÓGICO E O MERCADO DE CONSUMO DIGITAL | 835

dados e aplicações de internet que permitem a realização de uma série de tarefas, com diferentes níveis de interação humana. No domínio da internet das coisas, a tecnologia acoplada ao produto permite a execução de tarefas e, dessa funcionalidade, retira seu valor. Há situações paradigmáticas, inclusive, quando o próprio fornecimento de um novo produto tende a depender da correta execução de uma funcionalidade associada a outro produto (*e.g.*, impressoras 3D que produzem novos objetos). O mesmo se diga em relação à aplicação da inteligência artificial, cujo principal aspecto distintivo diz respeito, justamente, à capacidade de atuação autônoma a partir de software para realização de tarefas (serviços) no interesse do usuário.

A relação entre a noção tradicional do produto, que oferece toda sua utilidade ao consumidor após a tradição, pelo qual se transfere, usualmente, a propriedade e a posse, é alterada a partir desse novo paradigma tecnológico da sociedade da informação. A principal situação diz respeito aos produtos cuja utilidade suponha sua conexão a determinado software oferecido pelo mesmo fornecedor ou por terceiro. Nesse caso, o produto adquirido pelo consumidor com tecnologia da internet das coisas ou de inteligência artificial tem seu uso e fruição dependente do correto funcionamento do software, hipótese na qual, havendo falha no fornecimento deste, se restringe sua utilidade, ou mesmo perde todo o valor. Isso pode dar causa à maior catividade do consumidor quando dependa de uma licença de software, ou de sua atualização, inclusive implicando a transição do modelo de negócios em relação a "produtos inteligentes" do novo mercado de tecnologia da informação, da simples compra e venda de consumo tradicional para um modelo de licenciamento[76] exigindo uma relação continuada com o fornecedor para preservar a utilidade do bem.

A dependência do software que assegure a preservação da funcionalidade do produto, por outro lado, também pode submeter o consumidor à necessidade de contínuas atualizações requeridas para que o produto ou serviço continue atendendo à finalidade original, ou mesmo acrescente novos usos ao longo do tempo. Isso gera situações como: (a) atualizações de software que podem modificar conteúdos já existentes ou requerer condições que o produto original não tenha capacidade de suportar (espaço de memória, por exemplo), acelerando sua obsolescência e estimulando a necessidade da aquisição de uma nova versão do produto pelo consumidor (obsolescência programada); e (b) controle (e possibilidade de restrição) pelo fornecedor do software, de sua interoperabilidade com outras aplicações (especialmente de internet), aumentando sua posição dominante tanto no âmbito da relação de consumo como em termos concorrenciais com outros agentes econômicos; (c) possibilidade de limitação das atualizações gratuitas a determinado período, passando a exigir remuneração específica, e em separado, para aquelas que sejam realizadas fora dessas condições; (d) vinculação do produto a um serviço digital de manutenção do software, mediante cobrança de um valor específico para esse fim, o que pode, eventualmente, restringir a liberdade de escolha do consumidor, ao caracterizar prática abusiva de venda casada (artigo 39, I, do CDC); (e) oferta ao consumidor, na ocasião em que este realiza a compra do produto, de um pacote de serviços digitais que abranja as

---

[76] SCHAUBE, Renate. Interaktion von Mensch und Maschine: Haftungs- und immaterialgüterrechtliche Fragen bei eigenständigen Weiterentwicklungen autonomer Systeme. *Juristen Zeitung*, Tübingen, v. 72, n. 7, 2017. p. 373.

CURSO DE DIREITO DO CONSUMIDOR – *Bruno Miragem*

atualizações necessárias para preservar a funcionalidade ou a segurança do produto por certo tempo, ou mesmo indefinidamente.

Outra questão diz respeito às situações em que a atualização do software de produtos da internet das coisas ou de inteligência artificial não seja uma escolha do consumidor, mas uma exigência para preservar a utilidade original do produto. Nessas situações, coloca-se em destaque a existência mesmo da informação prévia do consumidor, quando da aquisição do produto, sobre o caráter necessário dessas providências posteriores para preservar sua utilidade. Embora seja inequívoco que as atualizações, nesses casos, se dão no interesse do consumidor, uma vez que visam à preservação ou ao acréscimo de utilidade do produto, há consequências que podem ser indesejadas, como o comprometimento do espaço de armazenamento de dados do produto, a alteração do modo de apresentação dos comandos (alteração do menu de comando), além de novas formas de processamento e monitoramento de dados pessoais que podem ser adicionadas. Em geral, essas atualizações, quando implicarem alteração da oferta original, poderão ser objeto de uma nova oferta ao consumidor, com as informações adequadas e claras, uma vez que nem sempre a oferta inicial, quando da aquisição do produto, é suficientemente precisa sobre os termos do relacionamento posterior entre consumidor e fornecedor.

Nesse particular, pergunta-se se a necessidade de atualização de software pode ser uma condição implícita da aquisição de um produto com tecnologia da internet das coisas ou de inteligência artificial. A rigor, embora seja razoável cogitar dessa possibilidade em contratos interempresariais, por exemplo, é difícil sustentar a mesma conclusão no âmbito do contrato de consumo, no qual a vulnerabilidade do consumidor é a regra. Nesse sentido, a necessidade de atualização do software e os termos em que será feita ao longo do tempo (em especial, a existência de custo para o consumidor) devem ser adequadamente comunicados quando da oferta do produto, sob pena de não alcançá-lo, nos termos do artigo 46 do CDC, ou, ainda, gerar pretensão decorrente da frustração de expectativas legítimas existentes em relação à utilização do produto.

Essa integração entre o produto com aplicação da internet das coisas, ou com inteligência artificial, e o software que lhe garante funcionalidade pode implicar a possibilidade de uso e fruição inerente não apenas à propriedade mas também ao poder de disposição (*ius abutendi*) do consumidor que o adquiriu. É o caso de produtos que dependam de software para conectividade, com acesso por intermédio de conta digital e/ou senha no site do fornecedor. Tal circunstância, como já foi mencionado, aumenta a dependência do consumidor em relação ao fornecedor, que se torna protagonista não apenas ao longo da execução do contrato com o consumidor que primeiro o tenha adquirido mas também lhe dá poder mesmo nas situações em que ele pretenda desfazer-se do produto após algum tempo de uso, revendendo-o a outra pessoa.[77] Isso porque, estando sua funcionalidade dependente dos serviços do fornecedor com acesso controlado por intermédio de conta digital e/ou senha, o produto apenas será útil ao novo adquirente se a ele for conferida a mesma possibilidade de acesso. Assim, por exemplo, se o produto só puder ser acionado

---

[77] SCHAUBE, Renate. Interaktion von Mensch und Maschine: Haftungs- und immaterialgüterrechtliche Fragen bei eigenständigen Weiterentwicklungen autonomer Systeme. *Juristen Zeitung*, Tübingen, v. 72, n. 7, 2017. p. 408.

PARTE III · Cap. 1 · O NOVO PARADIGMA TECNOLÓGICO E O MERCADO DE CONSUMO DIGITAL | **837**

por intermédio de um aplicativo de internet desenvolvido pelo fornecedor, o novo adquirente só conseguirá obter a utilidade esperada do produto na hipótese em que não tenha dificuldade para fazer o download e o respectivo registro no aplicativo.[78]

As várias situações descritas permitem identificar que a adoção de tecnologia da internet das coisas ou de inteligência artificial em produtos, ao condicionar sua plena utilidade a uma atividade que deve ser prestada pelo próprio fabricante ou por outros fornecedores, determina uma relação indissociável com essa prestação de serviços.[79] Mais do que isso até, resultam na conclusão de uma prevalência do serviço prestado em relação ao produto em si, considerando que, dele, se retira a utilidade esperada pelo consumidor.[80]

Respeitadas as características do produto e da tecnologia que lhe assegura a utilidade, deve ser marcado que, diante dessas implicações da internet das coisas e da inteligência artificial no fornecimento de produtos e serviços, a medida da tutela dos interesses legítimos do consumidor será dada, prioritariamente, pelos termos da oferta, quando da contratação. Dito de outro modo, sendo uma característica desses novos produtos sua dependência de serviços prestados pelo fornecedor, em caráter continuado ou não, os termos da oferta realizada se convertem no principal critério de aferição das expectativas legítimas do consumidor. Nesse sentido, será no momento da oferta que o fornecedor deverá informar sobre a existência do software acoplado, os requisitos para sua utilização, eventual necessidade de sua atualização e as respectivas condições, entre outras informações relevantes, nos termos do artigo 31 do CDC. Será o atendimento ou não do dever de prestar informações corretas, claras, precisas, ostensivas, sobre características e qualidades do produto, que dará a medida da expectativa legítima do consumidor em relação a sua utilização, em especial para efeito da vinculação do consumidor aos termos do contrato (artigo 46 do CDC) e da responsabilidade do fornecedor (em especial, artigos 18 e 20 do CDC).[81] Quando for o caso, mesmo limitações decorrentes de lei (como aquelas que resultem da legislação de proteção de direitos autorais sobre software) devem ser

---

[78] O exemplo da doutrina estrangeira é o do consumidor que adquire um sistema de irrigação inteligente para o jardim, com vida útil esperada de cerca de 15 anos. Para sua utilização, requer-se o uso de um aplicativo de controle do fabricante, instalado em smartphone, bem como acesso on-line a uma conta de usuário pessoal no site do fabricante e a uma plataforma com dados meteorológicos operada por um terceiro. Dois anos depois, o consumidor original pretende revender o produto, mas o fabricante se recusa a configurar uma nova conta de usuário para o novo adquirente para permitir o download do aplicativo de controle, indicando que os direitos em relação ao uso do software, segundo seus termos de licença, não são transferíveis (SCHAUBE, Renate. Interaktion von Mensch und Maschine: Haftungs- und immaterialgüterrechtliche Fragen bei eigenständigen Weiterentwicklungen autonomer Systeme. *Juristen Zeitung*, Tübingen, v. 72, n. 7, 2017. p. 409).

[79] TURNER, Jacob. *Robot rules*: regulating artificial intelligence. Cham: Palgrave Macmillan, 2019. p. 95-98.

[80] Veja-se, nesse sentido, as considerações do estudo coordenado pela União Europeia sobre o desafio de atualização da sua Diretiva 85/374/EEC, quanto à responsabilidade do fornecedor pelo fato do produto, diante das exigências da economia digital: EUROPEAN UNION. *Evaluation of Council Directive 85/374/ EEC on the approximation of laws, regulations and administrative provisions of the Member States concerning liability for defective products*. Luxembourg: Publications Office of the European Union, 2018. p. 39.

[81] Assim, por exemplo, nada impede que se imponham limites quantitativos, como é o caso em que a licença de uso de um *software* ou de uma aplicação de internet diga respeito a sua utilização simultânea ou não em determinado número de dispositivos (*hardwares*), desde que adequadamente comunicado ao consumidor no momento da oferta.

838 | CURSO DE DIREITO DO CONSUMIDOR – *Bruno Miragem*

esclarecidas previamente ao consumidor, considerando, sobretudo, sua vulnerabilidade técnica e jurídica, para que possam incidir sem que o fornecedor responda pela violação do seu dever legal de informar. Eventuais restrições cabíveis, nesse caso, ao exercício do direito de propriedade do consumidor sobre o produto que adquiriu colocam-se sob o crivo da proporcionalidade em relação ao atendimento às finalidades legitimamente esperadas. Não podem, em qualquer caso, implicar o sacrifício do direito (artigo 51, § 1º, I, do CDC), bem como devem respeitar a proibição de cláusulas que imponham condições excessivamente onerosas ao consumidor (artigo 51, § 1º, II, do CDC).

1.2.2   Os novos riscos e os regimes de responsabilidade dos fornecedores

O desenvolvimento de novas tecnologias sempre dá causa a novos riscos de dano a elas associados. Em perspectiva jurídica, trata-se de reconhecer, nos novos fatos em causa, a possibilidade de sua adequada subsunção às normas já existentes, ou a necessidade de seu aperfeiçoamento. Diante do novo paradigma tecnológico, alguns aspectos vêm sendo identificados. Em relação aos produtos da internet das coisas, registram-se dificuldades inerentes à demonstração da causalidade entre eventuais falhas que possam apresentar e os danos que delas decorram.[82] Por outro lado, no âmbito do direito europeu, em relação à responsabilidade dos fornecedores, a legislação comunitária ocupa-se apenas dos danos decorrentes de produtos defeituosos, levando a doutrina a sustentar a necessidade de uma interpretação extensiva para abranger também os serviços digitais característicos da internet das coisas.[83]

No direito brasileiro, o sistema de responsabilidade do fornecedor fundado pelo CDC é compreensivo tanto em situações causadas por danos decorrentes de produtos e serviços defeituosos (que não sejam seguros) quanto em casos em que esses produtos e serviços não atendam aos fins que são legitimamente esperados (vícios que comprometem seu valor ou sua utilidade). As normas de proteção do consumidor concentram-se, em boa medida, na disciplina das situações em que há falha no dever de qualidade de produtos e serviços pelo consumidor. Resultam nos regimes de responsabilidade pelo fato e pelo vício do serviço. Embora, em relação ao regime de vícios, a similitude dos efeitos não determine uma distinção prática relevante no caso de produtos ou serviços (artigos 18 a 20 do CDC), o mesmo não ocorre em relação ao fato do produto ou do serviço. Isso porque, neste caso, a solidariedade dos fornecedores pela dívida de indenização do consumidor não se estende a todos. No caso de produtos que se revelem defeituosos (artigo 12 do CDC), responderá o fabricante em conjunto com o importador (quando exista). O comerciante que realiza a venda responderá em situações muito específicas, que tendem a ter pouca ocorrência no caso de produtos associados às novas tecnologias da informação. Já, no caso dos serviços defeituosos (artigo 14 do CDC), como já foi examinado, a interpretação prevalente é de que são abrangidos todos os membros da cadeia de fornecimento, assim considerados aqueles que tenham participado de algum

---

[82]   WEBER, Rolf H. Statement. In: SCHULZE, Reiner; STAUDENMAYER, Dirk (ed.). *Digital Revolution*: challenges for contract law in practice. Baden-Baden: Nomos, 2016. p. 263.

[83]   WEBER, Rolf H. Liability in the internet of things. *Journal of European Consumer and Market Law*, v. 6, n. 5, p. 207-212, 2017.

PARTE III · Cap. 1 · O NOVO PARADIGMA TECNOLÓGICO E O MERCADO DE CONSUMO DIGITAL | **839**

modo com sua oferta e execução no mercado. Em termos práticos, a identificação entre as funcionalidades de um produto – em especial quando conte com atividade contínua ou intermitente de um fornecedor externo (serviços digitais) – poderá resultar na extensão da cadeia de fornecimento para fins de imputação de responsabilidade pelo fato do serviço.

Registre-se, ainda, que, tratando-se de produtos desenvolvidos na internet das coisas com inteligência artificial, há situações em que o fabricante também será aquele que desenvolve o software ou presta o serviço que assegura sua funcionalidade ao longo do tempo; ou essa atividade será prestada por outro fornecedor, que não se envolveu com a fabricação do produto, mas apenas da atividade que lhe garante ou otimiza a utilidade. Nesses casos, independentemente do relacionamento entre o fabricante do produto e o fornecedor do serviço, no caso de exercício de pretensão do consumidor em relação a qualquer um deles, não poderá o outro, sob qualquer circunstância, ser considerado como terceiro (artigos 12, § 3º, III, e 14, § 3º, II, do CDC), para efeito de excluir a responsabilidade daquele que for demandado.

Destaca-se a importância, nas demandas que envolvam a pretensão de reparação de danos de consumidores causados por falhas de produtos ou serviços com aplicação das novas tecnologias da informação, da possibilidade de inversão do ônus da prova assegurado pelo artigo 6º, VIII, do CDC. A vulnerabilidade técnica e jurídica do consumidor diante das características e dos riscos dessas novas tecnologias, assim como dos termos contratuais complexos que são impostos, especialmente pela internet, remetendo a autorizações e cláusulas que limitam situações de responsabilização ou de acesso a informações pelos consumidores, dá causa, geralmente, à hipossuficiência exigida pela norma para a inversão do ônus da prova pelo juiz. Fique registrado que, em poucas situações no âmbito das relações de consumo, a inversão do ônus da prova será tão necessária à efetividade do interesse do consumidor em juízo quanto nos casos que envolvam a pretensão de reparação de danos decorrentes de falhas em produtos associados à internet das coisas ou com inteligência artificial, dada a dificuldade prática e o custo de produção da prova do defeito (que envolve a necessidade de conhecimentos hiperespecializados, perícia etc.).

1.2.3 Novos métodos de solução de disputas (resolução de disputas on-line)

As transformações operadas pelo novo paradigma tecnológico não se percebem apenas quanto à formação da relação de consumo e seu objeto. Também abrangem a própria necessidade e expectativa dos consumidores com a maior agilidade e eficiência da solução de litígios que porventura dela se originem. O desenvolvimento de novos métodos de solução de litígios é tema que extravasa o exame específico dos conflitos de consumo.[84] A adoção de novas tecnologias (em especial, da inteligência artificial) para contribuir com a eficiência e agilidade nos processos judiciais é um dos grandes temas do

---

[84] Ainda que o próprio Código de Defesa do Consumidor preveja, no âmbito da Política Nacional das Relações de Consumo, o incentivo à criação de mecanismos alternativos de solução de conflitos, conforme anotam: PORTO, Antônio José Maristrello; NOGUEIRA, Rafaela; QUIRINO, Carina de Castro.

Direito contemporâneo, importando, sobretudo, examinar sua repercussão e seus limites em relação às normas de direito material e processual incidentes.

No âmbito das relações de consumo, o artigo 4º, V, do CDC, já dispõe, entre os princípios da Política Nacional das Relações de Consumo, para o incentivo da criação de mecanismos alternativos de solução de conflitos de consumo. Já o despertar para novos métodos de solução de controvérsias a partir da aplicação das novas tecnologias resulta de duas constatações: (a) a primeira, mais geral, quanto às dificuldades associadas ao longo tempo de tramitação e aos custos de demandas judiciais, ou de reclamações junto aos órgãos administrativos, comprometendo a própria efetividade da resposta dada ao consumidor no caso de violação de seus direitos; e (b) o descompasso entre novas formas de contratação eletrônica a distância pela internet, inclusive entre consumidores e fornecedores sob diferentes jurisdições, e o exercício da pretensões do consumidor pelos meios tradicionais do Poder Judiciário ou dos órgãos administrativos, que acrescentam às razões do item anterior, muitas vezes, o desinteresse ou a impossibilidade prática de cumprimento das decisões porventura prolatadas.

Essas circunstâncias estimulam o desenvolvimento de meios alternativos de solução de controvérsias, expressão sob a qual se designam procedimentos previstos tanto na legislação processual (*e.g.*, mediação – artigos 3º, § 3º, 166 e ss. e 334 do Código de Processo Civil) quanto em legislação especial (arbitragem, prevista na Lei 9.307/1996). No âmbito internacional, quando realizados como alternativa ao processo judicial (em especial no caso da mediação extrajudicial e da arbitragem), são comumente denominados sob a expressão em língua inglesa *Alternative Dispute Resolution* (ADR).

Alguns desses métodos poderão enfrentar certos óbices legais no direito brasileiro, especialmente a arbitragem, quando seja compulsória para o consumidor (artigo 51, VII, do CDC).[85] Outros têm certa aplicação, porém limitada no âmbito das relações de consumo (assim a experiência da mediação em casos que envolvam a renegociação de dívidas de consumidores superendividados). No entanto, diante das próprias características das tecnologias da informação e, especialmente, do acesso à internet, vem ganhando destaque, entre os métodos alternativos, aqueles realizados no âmbito da própria rede, denominados genericamente *Online Dispute Resolution* (ODR).[86]

Os argumentos em favor dos métodos de resolução de disputas on-line destacam sua maior simplicidade e confiabilidade, que não se destinam à aplicação em toda e qualquer disputa, mas, preferencialmente, àquelas que tenham grande recorrência e envolvam

---

Resolução de conflitos *on-line* no Brasil: um mecanismo em construção. *Revista de Direito do Consumidor*, São Paulo, v. 114, p. 295-318, nov.-dez. 2017.

[85] Registre-se, contudo, entendimento do STJ admitindo a possibilidade de arbitragem quando o aderente no contrato de adesão a proponha ou concorde expressamente com sua instituição. Sustenta, nesse sentido, que "o art. 51, VII, do CDC se limita a vedar a adoção prévia e compulsória da arbitragem, no momento da celebração do contrato, mas não impede que, posteriormente, diante de eventual litígio, havendo consenso entre as partes (em especial a aquiescência do consumidor), seja instaurado o procedimento arbitral" (STJ, REsp 1.169.841/RJ, 3ª Turma, Rel. Min. Nancy Andrighi, j. 06.11.2012, *DJe* 14.11.2012).

[86] Para um resumo do desenvolvimento histórico dos ODRs, veja-se: KATSH, Ethan; RIFKIN, Janet. *Online Dispute Resolution*: resolving conflicts in cyberspace. São Francisco: Jossey-Bass, 2001. p. 45 e ss.

PARTE III · Cap. 1 · O NOVO PARADIGMA TECNOLÓGICO E O MERCADO DE CONSUMO DIGITAL | **841**

pequenos valores, a fim de permitir um modo menos custoso do que o oferecido pelas cortes judiciais.[87] Da mesma forma, a um maior empoderamento dos consumidores corresponderiam, para os fornecedores, ganhos de reputação com a adoção desses métodos.[88]

Os estudos relativos aos ODRs enfatizam quatro princípios essenciais na sua adoção, no âmbito das relações comerciais em geral: transparência, independência, expertise e consentimento das partes que se submetam a eles. A transparência envolve a divulgação de informações tanto sobre o próprio procedimento quanto sobre eventual relação entre aquele que administra o sistema de resolução de litígios on-line e os usuários do serviço, para efeito, especialmente, de identificar potenciais conflitos de interesse. Quanto à independência, esta se dá mediante adoção de um código de ética que assegure sua neutralidade, assim como por meio de políticas que identifiquem e atuem em situações de conflitos de interesse; mais do que isso, são essenciais mecanismos que assegurem a imparcialidade e o devido processo na solução do litígio. Por sua vez, a expertise envolve a implementação de políticas de seleção e treinamento, assim como controle e supervisão que assegurem a conformidade da sua atuação com os padrões que o próprio administrador do sistema tenha estabelecido. Por fim, sobre o consentimento, fixa-se que a submissão ao ODR pressupõe o consentimento explícito e informado das partes.[89]

Há questões relevantes que desafiam a efetiva implementação dos meios de resolução de disputas on-line, a começar pelo modelo de custeio do sistema – sobretudo em vista da independência e autonomia decisória que deve lhe caracterizar, e sua vocação, no tocante às relações de consumo, à solução de demandas de pequeno valor. Nesse caso, cogita-se das vantagens e desvantagens de o custeio do sistema se dar mediante emprego de recursos públicos ou privados (nesse caso, sobretudo por meio de seguros que garantam o risco das transações).[90] A rigor, contudo, nada impede que os próprios fornecedores (especialmente quando se trate de plataformas digitais) organizem seu próprio sistema de resolução de disputas on-line, com mecanismos internos de controle, e com adesão voluntária do consumidor. Nesses casos, a adesão convencional ao meio deverá se apoiar, principalmente, na credibilidade e reputação que o próprio fornecedor angariar a partir das práticas adotadas e reconhecidas no mercado. Nesse particular, tem especial importância, entre as práticas de transparência a serem adotadas pelo fornecedor, a própria publicidade sobre os fundamentos e os critérios adotados na solução dos litígios.[91]

Outro desafio dos meios de resolução de disputas on-line, da mesma forma, diz respeito à própria exigibilidade da decisão que deles resulte (*enforcement*).[92] Afinal, se

---

[87] BARROS, João Pedro Leite. *Arbitragem* online *em conflitos de consumo*. Florianópolis: Tirant lo Blanch/Iberojur, 2019. p. 35.

[88] SCHMITZ, Amy J. RULE, COLIN. *The new handshake*: Online Dispute Resolution and the future of consumer protection. Chicago: American Bar Association, 2017. p. XI.

[89] UNCITRAL. *Uncitral Technical Notes on Online Dispute Resolution*. New York: UN, 2017. p. 2-3.

[90] CORTÉS, Pablo. *Online Dispute Resolution for consumers in the European Union*. London: Routledge, 2011. p. 76-77.

[91] CORTÉS, Pablo. *Online Dispute Resolution for consumers in the European Union*. London: Routledge, 2011. p. 78.

[92] CORTÉS, Pablo. *Online Dispute Resolution for consumers in the European Union*. London: Routledge, 2011. p. 82-83. Destacam-se, na literatura, como exemplo de meio de resolução de disputas on-line que assegura o cumprimento das suas decisões, as disputas por nomes de domínio na internet, mantido pela

a justificativa para sua adoção é a eficiência da solução, comparativamente aos sistemas tradicionais associados ao Poder Judiciário, em especial nos negócios celebrados pela internet, em que o limite da jurisdição desestimula o exercício da pretensão pelo consumidor nos tribunais locais, em relação a fornecedores distantes, tornar necessário recorrer ao processo civil tradicional para exigir o cumprimento de suas decisões seria, no mínimo, contraditório. Nesse particular, anote-se que, no comércio eletrônico, esses meios de solução de disputas serão acionados, geralmente, por iniciativa do consumidor, em vista da alegação de descumprimento do contrato pelo fornecedor. Essas demandas, geralmente, abrangem a desconformidade com as características do produto ou serviço, das condições de cumprimento da oferta, ou algum aspecto relativo ao pagamento. São – todas elas – questões atinentes ao comportamento negocial do fornecedor, uma vez que – regra geral – o consumidor já realizou o pagamento do preço por intermédio de meio eletrônico. Nesses casos, o desafio da exigibilidade recairá, sobretudo, sobre o fornecedor e sua disposição de submeter-se à decisão que resultar do sistema de solução de disputas, e se associa diretamente a sua própria credibilidade e reputação.

No caso do fornecimento por plataforma digitais, seu próprio organizador pode atuar para convencionar mecanismos de sanção aos fornecedores que ofertem produtos ou serviços por seu intermédio. Já, em relação a conflitos que se submetam a meios de resolução de disputas on-line, porém tenham sua origem em contratos de consumo tradicionais, o desafio da exigibilidade da decisão permanece, inclusive para que sua adoção não seja compreendida como simples etapa formal, ou, ainda, meio de obstaculizar ou retardar o recurso aos órgãos administrativos ou ao Poder Judiciário, comprometendo sua própria credibilidade.

Destacam-se, entre as formas de resolução de disputas on-line, os sistemas de liquidação on-line, arbitragem on-line, a resolução de reclamações de consumidores e a mediação on-line. No primeiro caso, de liquidação on-line, consumidor e fornecedor se colocam em contato para resolver determinada disputa, informando o quanto aceitam pagar ou receber da outra parte, conforme o caso, por intermédio de um sistema de lances dados de forma confidencial e sem que uma das partes saiba quanto a outra oferece (*blind biddings*). Havendo identidade entre as ofertas, o sistema, então, liquida automaticamente a operação, resolvendo a disputa.

A arbitragem on-line, por sua vez, supõe a participação de um terceiro árbitro, a quem incumbe decidir a disputa. Na mediação on-line, há um terceiro que não decide, mas apenas busca construir o entendimento entre as partes. Já os sistemas de reclamações de consumidores podem compreender tanto aqueles mantidos pelos próprios fornecedores, para facilitar o acesso e a solução das falhas apontadas, quanto os mantidos pelo Poder

---

entidade que gerencia seu registro, a ICANN (*Internet Corporation for Assigned Names and Numbers*). Esta desenvolveu o sistema denominado *Uniform Dispute Resolution Policy* (UDRP), pelo qual árbitros decidem disputas, sobretudo quando haja reclamação acerca do registro de nome de domínio por má--fé, e, embora não tenha caráter vinculante, suas decisões poucas vezes foram contestadas pelas partes envolvidas. No caso, há interação com árbitros da Organização Mundial de Propriedade Intelectual, que tornam disponíveis árbitros para as disputas, sendo reconhecido que, na imensa maioria das situações, se resolve o litígio em favor do titular da marca. Para detalhes, veja-se: KATSH, Ethan; RULE, Colin. What we know and need to know about online dispute resolution? *South Caroline Law Review*, v. 67, 2015. Em especial p. 335-337.

PARTE III · Cap. 1 · O NOVO PARADIGMA TECNOLÓGICO E O MERCADO DE CONSUMO DIGITAL | 843

Público, que, inclusive pode atuar na mediação do conflito. Nesses casos, contudo, opõe-se crítica sobre o risco de transferir ao Estado aquilo que é dever primário do fornecedor – o atendimento do consumidor –, desonerando-o, parcialmente, dessa incumbência. Por outro lado, a participação do Estado no esforço de unificação dos canais de reclamação, assim como sua distribuição conforme o fornecedor e o objeto da postulação do consumidor, pode oferecer uma maior resolutividade à questão. Examinando-se, especialmente, o caso brasileiro do portal Consumidor.gov, mantido pela Secretaria Nacional do Consumidor do Ministério da Justiça e Segurança Pública, as vantagens reconhecidas do sistema, todavia, não podem autorizar que se converta o registro da reclamação em condição inafastável para futuro exercício de pretensão judicial pelo consumidor. Entretanto, lamentavelmente, é o que tem sido considerado por muitos tribunais estaduais no Brasil, estimulados pela perspectiva de redução das demandas (e não, necessariamente, redução dos conflitos). Nesse caso, além da crítica mais evidente, de confronto com o direito fundamental de acesso à Justiça, deixa-se de observar uma das principais características dos ODRs, que é a voluntariedade da adesão dos consumidores. Também nesse caso, serão a reputação e a credibilidade do sistema, mesmo que mantido pelo Poder Público (e, nesse sentido, compreendendo uma prestação de serviço público), que deverão orientar a decisão dos consumidores em aderir a ele para solução de suas disputas com os fornecedores.

Os méritos da contribuição das novas tecnologias para novos métodos de resolução de litígios, contudo, são evidentes. À vista disso, sua adequação aos contratos de consumo celebrados pela internet, sobretudo quando envolvam a aquisição de produtos ou serviços de valor relativamente baixo – a ponto de tornar-se tão ou mais custoso o exercício da pretensão do consumidor pelos meios tradicionais do que o próprio valor do negócio –, parece estimular sua adoção por fornecedores, com especial atenção ao fornecimento por plataforma tecnológica, cujo próprio organizador da plataforma pode adotar o sistema, atentando-se aos ganhos de reputação e credibilidade que podem reverter, inclusive, em favor dele próprio.

2
O DIREITO DO CONSUMIDOR E A DISCIPLINA JURÍDICA DA INTERNET

O desenvolvimento da internet deu causa à possibilidade de oferta de produtos e serviços por meios informáticos, ampliando a capacidade de negócios para os fornecedores e facilitando sua aquisição pelos consumidores. Por outro lado, a internet também se configura um importante meio de difusão da informação e de exercício da liberdade de expressão. Contribui para seu impacto sobre o direito o fato de que a internet rompe com fronteiras (desterritorialização), reformula o modo e os instrumentos de contratação (desmaterialização) e torna ainda mais complexa a identificação dos agentes econômicos, agora apresentados apenas sob a forma de websites e/ou home pages (despersonalização). Tais características reforçam a vulnerabilidade do consumidor diante da oferta de produtos e serviços pela internet.[1]

Sua disciplina jurídica, contudo, necessita acompanhar o rápido desenvolvimento tecnológico que lhe caracteriza, que deu causa, nos últimos vinte anos, a uma série de iniciativas legislativas sem êxito. Por outro lado, a jurisprudência, chamada a disciplinar situações de responsabilidade por danos aos usuários ou a terceiros, entendeu, desde o primeiro momento, pela incidência do CDC às relações estabelecidas pela internet, por reconhecê-las como essencialmente econômicas, de modo que a organização e a prestação de serviços pelos provedores de internet se estabelecem com claro objetivo de vantagem econômica.

Em 2014, foi aprovado o Marco Civil da Internet, por intermédio da Lei 12.965/2014, disciplinando "princípios, garantias, direitos e deveres para o uso da internet no Brasil".

O caráter desterritorializado da internet, em grande medida, desafia a atividade legislativa tradicional, baseada na aplicação territorial da norma. Todavia, é inegável a necessidade de disciplina das relações estabelecidas pela internet, prescrevendo padrões de conduta, direitos e obrigações das partes envolvidas, consideradas as características do meio.

Segundo o artigo 4º da Lei 12.965/2014, são objetivos do uso da internet no Brasil: I – promover o direito de acesso à internet a todos; II – promover o acesso à informação, ao conhecimento e à participação na vida cultural e na condução dos assuntos públicos;

---

[1] MARQUES, Claudia Lima. *Confiança no comércio eletrônico e a proteção do consumidor*: um estudo dos negócios jurídicos de consumo no comércio eletrônico. São Paulo: Ed. RT, 2004; CANTO, Rodrigo Eidelvein, Direito do consumidor e vulnerabilidade no meio digital. *Revista de Direito do Consumidor*, São Paulo, v. 87, p. 179-210, maio 2013.

III – promover a inovação e fomentar a ampla difusão de novas tecnologias e modelos de uso e acesso; e IV – promover a adesão a padrões tecnológicos abertos que permitam a comunicação, a acessibilidade e a interoperabilidade entre aplicações e bases de dados. Da relação de objetivos mencionados, vários relacionam-se diretamente com o direito do consumidor. Nesse sentido o acesso à internet, como espécie de acesso ao consumo. Da mesma forma a garantia de interoperabilidade entre aplicações e bases de dados, a fim de assegurar ao consumidor proteção em relação a restrições de acesso, discriminação indevida ou estímulo ao hiperconsumo de equipamentos e soluções tecnológicas.

O acesso à internet é um serviço – e como tal deve ser compreendido. A partir do acesso, por intermédio das respectivas home pages e/ou websites, viabiliza-se a oferta e contratação variada de consumo. Daí a importância da Lei 12.965/2014 também sobre as relações de consumo, conformando o exercício da livre-iniciativa econômica dos fornecedores de produtos e serviços por esse meio virtual.

Importante observar que a nova legislação inaugura nova terminologia normativa ao tratar dos prestadores de serviço na internet. Nesse sentido, refere-se a provedor de conexão e provedor de aplicações de internet. Em relação ao provedor de conexão, trata-se do que, até então, e com fundamento na Portaria 148/1995 do Ministério das Comunicações, se denominava comumente de provedor de acesso, ou seja, aquele que viabiliza o acesso do usuário à rede mundial de computadores. Já o provedor de aplicações de internet, no sentido que lhe dá a Lei 12.965/2014, corresponde ao que a doutrina tradicionalmente vem denominando como provedor de conteúdo,[2] em vista da terminologia definida no anexo da Portaria 148/1995 do Ministério das Comunicações, ou seja, o provedor que torna disponível conteúdo próprio ou de terceiros para acesso por interessados na internet.

2.1 OS PRINCÍPIOS DA DISCIPLINA DA INTERNET NO BRASIL E OS DIREITOS DO CONSUMIDOR

Estabelece o artigo 3º da Lei 12.965/2014 que constituem princípios da disciplina do uso da internet no Brasil: "I – garantia da liberdade de expressão, comunicação e manifestação de pensamento, nos termos da Constituição Federal; II – proteção da privacidade; III – proteção dos dados pessoais, na forma da lei; IV – preservação e garantia da neutralidade de rede; V – preservação da estabilidade, segurança e funcionalidade da rede, por meio de medidas técnicas compatíveis com os padrões internacionais e pelo estímulo ao uso de boas práticas; VI – responsabilização dos agentes de acordo com suas atividades, nos termos da lei; VII – preservação da natureza participativa da rede; VIII – liberdade dos modelos de negócios promovidos na internet, desde que não conflitem com os demais princípios estabelecidos nesta Lei".

Convém observar, todavia, que o parágrafo único do artigo 3º da Lei 12.965/2014 estabelece que os princípios previstos na lei não excluem outros previstos no ordenamento jurídico interno, ou em tratados internacionais de que a República Federativa do Brasil seja parte. Nesse sentido, consagra o denominado diálogo das fontes, técnica de interpre-

---

[2]   Assim: MARTINS, Guilherme Magalhães. *Responsabilidade civil por acidente de consumo na internet.* São Paulo: Ed. RT, 2008. p. 283 e ss.

PARTE III • Cap. 2 • O DIREITO DO CONSUMIDOR E A DISCIPLINA JURÍDICA DA INTERNET | **847**

tação e aplicação sistemática de distintas leis orientada a um mesmo fim, de promoção dos direitos fundamentais previstos pela Constituição.[3]

No tocante às relações de consumo, é relevante considerar alguns aspectos dos princípios enunciados pela Lei 12.695/2014. Em primeiro lugar, ao assegurar a proteção de dados pessoais, reforça a regra de proteção já consagrada no artigo 43 do CDC, estendendo-a, expressamente, também aos dados e às informações de consumidores colhidos e organizados pela internet. Da mesma forma, ao assegurar a neutralidade da rede, promove a igualdade de acesso à rede, sem discriminações ilícitas.[4] Isso define uma estratégia inclusiva do consumidor como usuário da rede, impedindo, a princípio, a imposição de obstáculos para acesso aos serviços da rede, ou sua excessiva onerosidade.

2.2 DIREITOS BÁSICOS DO CONSUMIDOR NO ACESSO À INTERNET

A Lei 12.965/2014 estabelece uma série de direitos subjetivos dos usuários de internet, entre os quais se encontram os consumidores. O artigo 7º da norma em questão relaciona, entre os direitos dos usuários de internet: "I – inviolabilidade da intimidade e da vida privada, sua proteção e indenização pelo dano material ou moral decorrente de sua violação; II – inviolabilidade e sigilo do fluxo de suas comunicações pela internet, salvo por ordem judicial, na forma da lei; III – inviolabilidade e sigilo de suas comunicações privadas armazenadas, salvo por ordem judicial; IV – não suspensão da conexão à internet, salvo por débito diretamente decorrente de sua utilização; V – manutenção da qualidade contratada da conexão à internet; VI – informações claras e completas constantes dos contratos de prestação de serviços, com detalhamento sobre o regime de proteção aos registros de conexão e aos registros de acesso a aplicações de internet, bem como sobre práticas de gerenciamento da rede que possam afetar sua qualidade; VII – não fornecimento a terceiros de seus dados pessoais, inclusive registros de conexão, e de acesso a aplicações de internet, salvo mediante consentimento livre, expresso e informado ou nas hipóteses previstas em lei; VIII – informações claras e completas sobre coleta, uso, armazenamento, tratamento e proteção de seus dados pessoais, que somente poderão ser utilizados para finalidades que: a) justifiquem sua coleta; b) não sejam vedadas pela legislação; e c) estejam especificadas nos contratos de prestação de serviços ou em termos de uso de aplicações de internet; IX – consentimento expresso sobre coleta, uso, armazenamento e tratamento de dados pessoais, que deverá ocorrer de forma destacada das demais cláusulas contratuais; X – exclusão definitiva dos dados pessoais que tiver fornecido a determinada aplicação de internet, a seu requerimento, ao término da relação entre as partes, ressalvadas as hipóteses de guarda obrigatória de registros previstas nesta Lei e na que dispõe sobre a proteção de dados pessoais; XI – publicidade e clareza de eventuais políticas de uso dos provedores de conexão à internet e de aplicações de internet; XII – acessibilidade, consideradas as

---

[3]   Veja-se, sobre o tema: MIRAGEM, Bruno. *Eppur si muove*: diálogo das fontes como método de interpretação sistemática no direito brasileiro. In: MARQUES, Claudia Lima (org.). *Diálogo das fontes*: do conflito à coordenação de normas do direito brasileiro. São Paulo: Ed. RT, 2012. p. 67 e ss.

[4]   Para a o *iter* histórico da relação entre a neutralidade da rede e a não discriminação, veja-se: MARSDEN, Chris; CAVE, Jonathan. Beyond the "net neutrality" debate: price and quality discrimination in next generation consumer access to internet content. *TPRC*, 2007. p. 1 e ss. Disponível em: ssrn.com/abstract=2103636. Acesso em: 20.07.2023.

CURSO DE DIREITO DO CONSUMIDOR – *Bruno Miragem*

características físico-motoras, perceptivas, sensoriais, intelectuais e mentais do usuário, nos termos da lei; e XIII – aplicação das normas de proteção e defesa do consumidor nas relações de consumo realizadas na internet".

Do exame da relação de direitos enunciados pela norma, percebem-se dois eixos fundamentais: a proteção da privacidade do usuário da internet e o dever de informar em relação aos aspectos jurídicos fundamentais de acesso à rede, coleta, armazenamento e uso de dados pessoais dos usuários. Tais direitos preenchem a noção de qualidade dos serviços, exigidos do fornecedor pelo CDC. A proteção dos dados pessoais dos consumidores-usuários de internet, em relação a sua coleta, seu armazenamento e sua utilização, em conformidade com a lei, integra o dever de segurança imposto aos fornecedores de serviços pela internet. Nesse sentido, a violação das regras que disciplinam o uso desses dados implica a configuração de defeito da prestação de serviço, gerando, com isso, responsabilidade do fornecedor, nos termos do artigo 14 do CDC – responsabilidade por acidente de consumo.

Nessa perspectiva, fica estabelecido um procedimento especial para a coleta, o armazenamento e a utilização de dados pessoais por intermédio da internet. Essa atividade será permitida apenas quando não proibida por lei, por intermédio de uma utilização que seja previamente comunicada ao usuário-consumidor, constando de modo especificado em contratos de prestação de serviços ou em termos de aplicação de uso, devendo ser redigida de modo destacado das demais cláusulas – privilegia-se, assim, o dever de esclarecimento quanto ao conteúdo da permissão. Da mesma forma, assegura a exclusão definitiva dos dados pessoais, mediante requerimento do titular das informações quando do término da relação entre as partes, ressalvadas as informações cujo arquivo resulte de imposição legal. Nesse sentido, por exemplo, nada impede que, para acessar determinado site, possa o usuário da internet autorizar a utilização de arquivos cookies, que identificam o percurso histórico de acessos do usuário, requerendo, quando cessada a utilização, a exclusão dos dados coletados. Na prática, obviamente, esse requerimento posterior à cessação deverá ter mecanismos próprios para ser realizado, ou ao menos a indicação sobre o modo ou o endereço pelo qual o usuário poderá requerer essa providência.

2.3 PROTEÇÃO DO USUÁRIO DE INTERNET E INTERVENÇÃO NA AUTONOMIA CONTRATUAL DAS PARTES

O regime legal de proteção do usuário de internet é cogente, de ordem pública, sendo insuscetível de disposição pelas partes, uma vez que diz respeito ao exercício de direitos fundamentais à privacidade, à liberdade de expressão e ao direito à informação, bem assim nas situações que se caracterizem como relação de consumo, com a defesa do consumidor.

Nesse sentido, o artigo 8º, parágrafo único, da Lei 12.965/2014 estabelece a nulidade de pleno direito de cláusulas contratuais que violem tais direitos, assim como relaciona, em caráter exemplificativo, algumas disposições vedadas em ajustes contratuais que tenham por objeto o acesso à internet. Dentre elas, destacam-se as que impliquem ofensa à inviolabilidade e ao sigilo das comunicações privadas, pela internet, e as que, em contrato de adesão, fixem foro do contrato sem que exista a alternativa de escolha do foro brasileiro, para solução de controvérsias sobre o serviço prestado no Brasil.

PARTE III · Cap. 2 · O DIREITO DO CONSUMIDOR E A DISCIPLINA JURÍDICA DA INTERNET | 849

Da mesma forma, a consagração do princípio da neutralidade da rede implica o dever de tratamento isonômico pelo prestador de serviços, de quaisquer pacotes de dados, "sem distinção por conteúdo, origem e destino, serviço, terminal ou aplicação" (artigo 9º da Lei 12.965/2014). Admite-se, contudo, que eventual discriminação ou degradação de tráfego possa ser definida por regulamentação expedida por Decreto do Poder Executivo (artigo 9º, § 1º). Essas situações em que se admita a discriminação ou degradação do tráfego de dados no acesso à internet não poderão causar danos aos usuários, devendo ser comunicadas previamente. A oferta de serviços e respectivas condições comerciais praticadas pelo prestador de serviços, contudo, deve ser não discriminatória, bem como respeitar a livre concorrência (artigo 9º, § 2º).

Já em relação à execução do contrato, note-se a vedação legal expressa, em vista da liberdade de expressão e informação assegurada constitucionalmente, de que, na provisão de conexão à internet, onerosa ou gratuita, bem como na transmissão, na comutação ou no roteamento, haja bloqueio, monitoramento, filtragem ou análise dos conteúdos dos pacotes de dados dos usuários.

O conjunto dessas disposições consagra, em termos normativos, o princípio da autodeterminação informativa, preservando a capacidade do usuário de tomar decisões quanto aos termos do acesso à internet, de acordo com seu exclusivo interesse.

2.4. FORMAÇÃO DE BANCOS DE DADOS COM INFORMAÇÕES DE USUÁRIOS DA INTERNET

Com a vigência da Lei 12.965/2014, a formação de bancos de dados com informações da internet passa a ter disciplina específica, de modo que, apenas subsidiariamente, se aplica o disposto no artigo 43 do CDC. Este, todavia, permanece aplicável, prioritariamente, quando se trate de informações restritivas de crédito ao consumidor.

Para a interpretação das normas acerca da formação de bancos de dados (que pressupõe certa organização de informações coletadas), ou simples armazenamento de informações, previstos na Lei 12.965/2014, é necessário distinguir as diversas atividades e informações relacionadas à internet e definidas na própria legislação.

Em relação aos dados coletados por intermédio da internet, estabelece o artigo 11 da Lei 12.965/2014 que, "em qualquer operação de coleta, armazenamento, guarda e tratamento de registros, de dados pessoais ou de comunicações por provedores de conexão e de aplicações de internet em que pelo menos um desses atos ocorra em território nacional, deverão ser obrigatoriamente respeitados a legislação brasileira e os direitos à privacidade, à proteção dos dados pessoais e ao sigilo das comunicações privadas e dos registros". Essa regra aplica-se a todas as comunicações em que ao menos um dos terminais esteja localizado no Brasil e, expressamente, atrai a incidência da Lei Geral de Proteção de Dados (Lei 13.709/2018).

Já o acesso de terceiros aos registros de conexão com a finalidade de identificação do usuário ou do terminal se dará apenas mediante ordem judicial que o determine (artigo 10, § 1º, da Lei 12.965/2014).[5] Admite-se, contudo, o acesso à qualificação pessoal, à filiação

---

[5]   Antes da edição da lei, a jurisprudência brasileira já havia definido os contornos do dever de guarda e acesso aos registros, mediante aplicação coordenada das regras do Código Civil, do Código de Defesa do

e ao endereço do usuário, pela autoridade administrativa que detenha competência legal para acesso desses dados.

A regra do artigo 16 da Lei 12.965/2014 é expressa: "Na provisão de aplicações de internet, onerosa ou gratuita, é vedada a guarda: I – dos registros de acesso a outras aplicações de internet sem que o titular dos dados tenha consentido previamente, respeitado o disposto no art. 7º; ou II – de dados pessoais que sejam excessivos em relação à finalidade para a qual foi dado consentimento pelo seu titular". Por essa regra, estabelece-se limite ao direito de guarda dos registros, qual seja, a finalidade do uso na qual se fundou o consentimento necessário do titular para esse fim.

Estabelece a lei, ainda, o dever do administrador de sistema autônomo, qual seja, de manter os registros de conexão, sob sigilo, em ambiente controlado e de segurança, pelo prazo de um ano (artigo 13, *caput*, da Lei 12.965/2014). Todavia, há vedação expressa, na oferta de conexão, da guarda do registro de acesso do usuário a aplicações de internet (artigo 14).

Já em relação ao provedor de aplicações de internet que exerça a atividade de modo profissional, organizada e com fins econômicos, há o dever de manter os respectivos registros de acesso em ambiente seguro, e sob sigilo, pelo prazo de seis meses (artigo 15 da Lei 12.965/2014), podendo esse período ser estendido por ordem judicial, quanto a registros específicos, ou por requerimento de autoridade policial ou pelo Ministério Público.

Consumidor e do Código de Processo Civil, como se vê da decisão do STJ: "Civil e consumidor. Internet. Provedor de conteúdo. Usuários. Identificação. Dever. Guarda dos dados. Obrigação. Prazo. Dispositivos legais analisados: arts. 4º, III, do CDC; 206, § 3º, V, 248, 422 e 1.194 do CC/02; e 14 e 461, § 1º do CPC. 1. Ação ajuizada em 30.07.2009. Recurso especial concluso ao gabinete da Relatora em 04.11.2013. 2. Recurso especial que discute os limites da responsabilidade dos provedores de hospedagem de blogs pela manutenção de dados de seus usuários. 3. Ao oferecer um serviço por meio do qual se possibilita que os usuários divulguem livremente suas opiniões, deve o provedor de conteúdo ter o cuidado de propiciar meios para que se possa identificar cada um desses usuários, coibindo o anonimato e atribuindo a cada imagem uma autoria certa e determinada. Sob a ótica da diligência média que se espera do provedor, do dever de informação e do princípio da transparência, deve este adotar as providências que, conforme as circunstâncias específicas de cada caso, estiverem ao seu alcance para a individualização dos usuários do site, sob pena de responsabilização subjetiva por culpa *in omittendo*. Precedentes. 4. Uma vez ciente do ajuizamento da ação e da pretensão nela contida – de obtenção dos dados de um determinado usuário – estando a questão sub judice, o mínimo de bom senso e prudência sugerem a iniciativa do provedor de conteúdo no sentido de evitar que essas informações se percam. Essa providência é condizente com a boa-fé que se espera não apenas dos fornecedores e contratantes em geral, mas também da parte de um processo judicial, nos termos dos arts. 4º, III, do CDC, 422 do CC/02 e 14 do CPC. 5. As informações necessárias à identificação do usuário devem ser armazenadas pelo provedor de conteúdo por um prazo mínimo de 03 anos, a contar do dia em que o usuário cancela o serviço. 6. Recurso especial a que se nega provimento" (STJ, REsp 1.417.641/RJ, 3ª Turma, Rel. Min. Nancy Andrighi, j. 25.02.2014, *Dje* 10.03.2014).

3
A PROTEÇÃO DE DADOS PESSOAIS E O DIREITO DO CONSUMIDOR

O acesso e a utilização dos dados pessoais compreendem um dos principais ativos empresariais na sociedade contemporânea e, ao mesmo tempo, expressão dos riscos à privacidade diante das novas tecnologias da informação.[1] O desenvolvimento da tecnologia da informação e a capacidade de processamento de imenso volume de dados variados (*big data*) permitem o refinamento das informações a fim de permitir uma série de utilidades, como segmentação dos consumidores para quem se dirige uma oferta, maior precisão na análise dos riscos de contratação (seleção de risco), formação de bancos de dados com maior exatidão e eficiência do uso das informações coletadas, para tornar a capacidade de acesso a tratamento de dados um dos valores mais relevantes atualmente. O controle dessas informações favorece exponencialmente o poder do fornecedor nos contratos celebrados com os consumidores que passa a conhecer detalhadamente em seu comportamento e suas preferências.[2]

Essa nova capacidade de tratamento de dados permite a identificação de tendências, não mais baseadas em amostragens, mas no processamento da universalidade dos dados. Desse modo, aumenta a precisão e as possibilidades de resultados a serem obtidos, permitindo, entre outros resultados, identificar padrões de consumo, conforme o comportamento de compra dos consumidores, a sua localização (*e.g.*, as discutidas técnicas de *geopricing*, pelas quais a determinação do preço de produtos ou serviços se dá conforme o lugar onde esteja o consumidor), a interação em redes sociais ou a personalização da negociação com consumidores mediante uso de regras predeterminadas ou de inteligência artificial (os denominados *chatbots*).

A rigor, o acesso e o tratamento de dados pessoais da população em geral não apenas dão causa a repercussões econômicas mas também afetam, profundamente, relações sociais e políticas, dadas suas interações com temas aparentemente distintos entre si, com a qualidade do debate público, a liberdade de manifestação, a proteção da reserva pessoal e da privacidade, entre outros temas fundamentais para o desenvolvimento humano.

Daí a decisão político-jurídica de diversos sistemas jurídicos no sentido de disciplinar a coleta e, sobretudo, o tratamento de dados pessoais por intermédio de legislação

---

[1] GARFINKEL, Simson. *Database nation*: the death of privacy in 21th century. Sebastopol: O'Reilly Media, 2000. p. 4-5.

[2] RUBISTEIN, Ira; LEE, Ronald D.; SCHWARTZ, Paul M. Data mining and internet profiling: emerging regulatory and technological approaches. *University of Chicago Law Review*, v. 75, p. 261-285, 2008.

específica sobre o tema. O Brasil associou-se a esse esforço de disciplina legislativa da proteção de dados pessoais com a edição, em 2018, da Lei 13.709, de 14 de agosto de 2018 – denominada Lei Geral de Proteção de Dados (LGPD). Fundamenta-se a LGPD no propósito de garantia dos direitos do cidadão, oferecendo bases para o desenvolvimento econômico a partir da definição de marcos para utilização econômica da informação decorrente dos dados pessoais.[3] Com *vacatio legis* da maior parte de suas disposições de 24 meses após sua publicação, exigiu dos diversos agentes do mercado grande esforço para adaptação à disciplina que impõe.

São reconhecidas diferentes influências à LGPD, entre as quais têm especial relevância as normas que definem o modelo europeu de proteção de dados, sobretudo o Regulamento Geral de Proteção de Dados (Regulamento 2016/679), que substituiu a Diretiva 46/95/CE, sobre tratamento de dados pessoais, e a Convenção 108 do Conselho da Europa, que já em 1981 buscava dispor sobre a proteção das pessoas relativamente ao tratamento automatizado de dados de caráter pessoal. Sem prejuízo da influência reconhecida de outros sistemas jurídicos, e mesmo de outras leis brasileiras.[4]

Entre os fundamentos da LGPD, está relacionada a defesa do consumidor (artigo 2º, VI), que também prevê, expressamente, a competência dos órgãos de defesa do consumidor para atuar, mediante requerimento do titular dos dados, no caso de infração aos seus direitos pelo controlador (artigo 18, § 8º), e o dever de articulação entre a Autoridade Nacional de Proteção de Dados e o Sistema Nacional de Defesa do Consumidor (artigo 55-K, parágrafo único). Da mesma forma, a exemplo do que dispõe o CDC em matéria de não exclusão (e cumulação) dos direitos e princípios que consagra em relação àqueles estabelecidos em outras leis, o artigo 64 da LGPD, expressamente, consigna: "Art. 64. Os direitos e princípios expressos nesta Lei não excluem outros previstos no ordenamento jurídico pátrio relacionados à matéria ou nos tratados internacionais em que a República Federativa do Brasil seja parte". Trata-se da adoção expressa da interpretação sistemática segundo a técnica do diálogo das fontes, ademais desenvolvida no próprio direito do consumidor.[5]

3.1 A PROTEÇÃO DE DADOS PESSOAIS E SUA REPERCUSSÃO NO MERCADO DE CONSUMO

A proteção de dados pessoais é projeção de direitos fundamentais consagrados. Relaciona-se com a proteção da vida privada e da intimidade (artigo 5º, X, da Constituição da República), da dignidade da pessoa humana (artigo 1º, III), e contra a discriminação (artigo 3º, IV), como expressões da liberdade e da igualdade da pessoa. A Constituição da República, igualmente, assegura como direito fundamental a inviolabilidade do sigilo de dados (artigo 5º, XII). Por tais razões sustenta-se a autonomia da proteção de dados

---

[3] MENDES, Laura Schertel; DONEDA, Danilo. Reflexões iniciais sobre a nova Lei Geral de Proteção de Dados. *Revista de Direito do Consumidor*, São Paulo, v. 120, p. 469-483, nov.-dez. 2018.

[4] MENDES, Laura Schertel; DONEDA, Danilo. Reflexões iniciais sobre a nova Lei Geral de Proteção de Dados. *Revista de Direito do Consumidor*, São Paulo, v. 120, p. 469-483, nov.-dez. 2018.

[5] Sobre o tema, já examinei em: MIRAGEM, Bruno. *Eppur si muove*: diálogo das fontes como método de interpretação sistemática no direito brasileiro. In: MARQUES, Claudia Lima (org.). *Diálogo das fontes*: do conflito à coordenação de normas do direito brasileiro. São Paulo: Ed. RT, 2012.

PARTE III · Cap. 3 · A PROTEÇÃO DE DADOS PESSOAIS E O DIREITO DO CONSUMIDOR | **853**

pessoais, como direito da personalidade,[6] ou a especialização da proteção constitucional à vida privada e à intimidade dando origem a um direito fundamental à proteção de dados pessoais.[7] A Lei Geral de Proteção de Dados, nessa linha, define, em seu artigo 1º, seu objetivo de proteção dos "direitos fundamentais de liberdade e de privacidade e o livre desenvolvimento da personalidade da pessoa natural".

Mesmo antes da edição da LGPD, construiu-se, no direito brasileiro, por influência do direito comparado,[8] a noção de autodeterminação informativa,[9] colocando, sob a égide da decisão livre e racional da pessoa a quem os dados digam respeito (titular dos dados), o poder jurídico para determinar a possibilidade e a finalidade de sua utilização, assim como os seus limites. O exercício desse poder se define, sobretudo, a partir da noção de consentimento do titular. No direito brasileiro, a exemplo de vários sistemas jurídicos estrangeiros, o consentimento para uso dos dados polariza a disciplina da proteção dos dados pessoais.[10]

---

[6] BIONI, Bruno Ricardo. *Proteção de dados pessoais*: a função e os limites do consentimento. Rio de Janeiro: Forense, 2019. p. 51 e ss.

[7] MENDES, Laura Schertel. *Privacidade, proteção de dados e defesa do consumidor*: linhas gerais de um novo direito fundamental. São Paulo: Saraiva, 2014. p. 161 e ss. DONEDA, Danilo. O direito fundamental à proteção de dados pessoais. In: MARTINS, Guilherme Magalhães; LONGHI, João Victor Rozatti (coord.). *Direito digital*: direito privado e internet. 2. ed. Indaiatuba, SP: Foco, 2019. p. 35 e ss. Em sua tese doutoral, Danilo Doneda registra interessante assertiva, apontando a trajetória pela qual o direito à privacidade sofre metamorfose da qual resulta a proteção de dados pessoais (DONEDA, Danilo. Da privacidade à proteção dos dados pessoais. Rio de Janeiro: Renovar, 2006. p. 3).

[8] Em especial do direito alemão, a partir de decisão paradigmática do Tribunal Constitucional (Volkszählungsurteil), de 15 de dezembro de 1983, que julgou parcialmente inconstitucional a "Lei do Censo", na qual se consagrou o *Grundrecht auf informationelle Selbstbestimmung*, traduzido então como "direito de autodeterminação informativa", como projeção do direito geral de personalidade. A decisão em questão era relativa à lei aprovada pelo Parlamento em 1982, que determinava as informações que deveriam ser coletadas para efeito da realização de censo populacional, e cuja recusa em fornecê-las submetia aquele que o fizesse a sanções. O Tribunal terminou por reconhecer o direito do indivíduo de poder decidir, ele próprio, sobre o fornecimento e a utilização de seus dados por terceiros, o que só poderia ser limitado por razões de interesse público, observada a proporcionalidade. Veja-se: SIMITIS, Spiros. Die informationelle Selbstbestimmung – Grundbedingung einer verfassungskonformen Informationsordnung. *Neue Juristische Wochenschrift*, München, v. 37, n. 8, p. 398-405, 1984.

[9] Entre outros, veja-se: CARVALHO, Ana Paula Gambogi. O consumidor e o direito à autodeterminação informacional: considerações sobre os bancos de dados eletrônicos. *Revista de Direito do Consumidor*, São Paulo, v. 46, p. 77-119, abr.-jun. 2003; MENDES, Laura Schertel. A vulnerabilidade do consumidor quanto ao tratamento de dados pessoais. In: MARQUES, Claudia Lima; GSELL, Beat (org.). *Novas tendências do direito do consumidor*: rede Alemanha-Brasil de pesquisa em direito do consumidor. São Paulo: Ed. RT, 2015. p. 203; CACHAPUZ, Maria Cláudia. Os bancos cadastrais positivos e o tratamento à informação sobre (in)adimplemento. *Revista da Ajuris*, Porto Alegre, v. 40, n. 131, set. 2013. p. 259. Na jurisprudência, veja-se a síntese desse pensamento na decisão da Min. Nancy Andrighi: "Os direitos à intimidade e à proteção da vida privada, diretamente relacionados à utilização de dados pessoais por bancos de dados de proteção ao crédito, consagram o direito à autodeterminação informativa e encontram guarida constitucional no art. 5º, X, da Carta Magna, que deve ser aplicado nas relações entre particulares por força de sua eficácia horizontal e privilegiado por imposição do princípio da máxima efetividade dos direitos fundamentais" (STJ, Edcl no REsp 1.630.659/DF, 3ª Turma, Rel. Min. Nancy Andrighi, j. 27.11.2018, *Dje* 06.12.2018).

[10] SCHWENKE, Matthias Cristoph. *Individualisierung und Datenschutz*: Rechtskonformer Umgang mit personenbezogenen Daten im Kontext der Individualisierung. Wiesbaden: Deutscher Universitäts-Verlag, 2006. p. 168 e ss.

Nesse particular, registre-se que consente que responde afirmativamente a pedido ou proposta. Expressa estar de acordo com algo que se lhe apresenta. Esta noção de consentimento para coleta e uso dos dados é a regra que imediatamente se deduz do reconhecimento da autodeterminação informativa,[11] de modo que se deva admitir o uso dos dados apenas na hipótese de autorização legal ou concordância do titular dos dados. Nesse ponto, é relevante a referência do Regulamento Geral de Proteção de Dados europeu, que se refere à "manifestação de vontade livre, específica, informada e inequívoca".

Na perspectiva econômica, a posse de dados pessoais adquire crescente valor. Observa-se, no mercado de consumo, a transição da economia de produção em massa, mediante oferta de produtos de consumo massificados, que deu origem e sentido à noção de sociedade de consumo, a partir do final da Segunda Grande Guerra (1945), para uma economia da especialização flexível,[12] marcada por diferentes características em relação ao modelo que a precede,[13] deslocando a competição exclusivamente baseada em preços pela especialização do produto, pelo qual os fornecedores buscam a diferenciação de seus produtos e serviços em relação a seus concorrentes, diante dos consumidores.[14]

Isso implica mudanças decisivas no mercado de consumo e novos riscos.[15] Os fornecedores cada vez mais se ocupam não apenas de atrair consumidores pela publicidade mas também de fidelizá-los, buscando identificá-los com determinado produto ou serviço a partir de sua customização (de modo que não mais se mirem os consumidores em geral, mas certo grupo de forma individualizada).[16] Para tanto, é necessário aos fornecedores o acesso a informações precisas sobre os consumidores de maneira que possam realizar sua segmentação de acordo com características comuns, no que se insere a importância dos dados pessoais.

É conhecido o exemplo de uma grande empresa varejista norte-americana que, mediante uso do *big data*, passou a inferir a probabilidade de gravidez de suas consumidoras,

---

[11] SIMITIS, Spiros (Hrsg.). *Bundesdatenschutzgesetz*. 8. Auf. Baden-Baden: Nomos, 2014. p. 470 e ss. No direito brasileiro, Bruno Bioni refere-se ao consentimento como "protagonista" da proteção de dados: BIONI, Bruno Ricardo. *Proteção de dados pessoais*: a função e os limites do consentimento. Rio de Janeiro: Forense, 2019. p. 139. No mesmo sentido, sustentam: TEPEDINO, Gustavo; TEFFÉ, Chiara Spadaccini. Consentimento e proteção de dados pessoais na LGPD. In: TEPEDINO, Gustavo; FRAZÃO, Ana; OLIVA, Milena Donato (coord.). *Lei Geral de Proteção de Dados Pessoais* e suas repercussões no direito brasileiro. São Paulo: Ed. RT, 2019. p. 298.

[12] A referência, aqui, à noção de especialização flexível atribui-se a: PIORE, Michael J.; SABEL, Charles F. *The second industrial divide*: possibilities for prosperity. New York: Basic Books, 1986. (reimpressão do original de 1984).

[13] A noção de especialização flexível possui características mais amplas em relação a toda a organização e divisão do trabalho, amplamente estudadas pela teoria da administração e na economia, com repercussão em transformações no mercado de consumo. Em regra, traduzem-se a partir de uma estratégia de inovação permanente e de uso flexível da tecnologia, entre outras características.

[14] No direito brasileiro, relaciona-se essa transformação do mercado à valorização do tratamento de dados pessoais: MENDES, Laura Schertel. *Privacidade, proteção de dados e defesa do consumidor*: linhas gerais de um novo direito fundamental. São Paulo: Saraiva, 2014. p. 84 e ss.

[15] SCHMECHEL, Philipp. Verbraucherdatenschutzrecht in der EU-DatenschutzGrundverordnung. In: MICKLITZ, Hans-Wolfgang; JOOST, Lucia A. Reisch Gesche; ZANDER-HAYAT, Helga (Hrsg.). *Verbraucherrecht 2.0 – Verbraucher in der digitalen Welt*. Baden-Baden: Nomos, 2017. p. 266.

[16] SCHWENKE, Matthias Cristoph. *Individualisierung und Datenschutz*: Rechtskonformer Umgang mit personenbezogenen Daten im Kontext der Individualisierung. Wiesbaden: Deutscher Universitäts-Verlag, 2006. p. 49.

inclusive o estágio em que se encontra, por meio de verificação da lista de produtos que habitualmente adquiriam. Desse modo, utilizou-se a informação para direcionar produtos de acordo com sua fase da gravidez. Esse exemplo permite identificar a forma como se utilizam os dados pessoais no mercado de consumo, de modo que, a partir da correlação entre vários dados, faz que se determine um padrão, a fim de prever sua repetição no futuro, direcionando-se ações de publicidade em favor de um grupo segmentado de consumidores.[17]

Há diferentes informações que interessam aos fornecedores. Tradicionalmente, os bancos de dados organizaram-se, sobretudo, para permitir a mensuração do risco de crédito no mercado, ou seja, para avaliação da capacidade de pagamento do consumidor e seu comportamento pretérito em relação a dívidas constituídas. Não por acaso, será sobre essa espécie que recairá a disciplina específica do CDC (artigo 43) e cujos métodos até hoje são continuamente aperfeiçoados (assim o "cadastro positivo de crédito" e os sistemas de pontuação que se examinam em outro item) e, normalmente, contam com previsão de regras próprias.

No entanto, para a formação de perfis e segmentação de consumidores, interessam dados relativos a suas transações comerciais (tais como o histórico de transações, frequência e valores envolvidos), estilo de vida e preferências pessoais, interesses e hábitos, obtidos por questionários diretos (como os que envolvem, há décadas, a participação em prêmios e sorteios comerciais), ou análise de comportamento, mediante pesquisas ou coleta de informações específicas, como é o caso do itinerário de navegação na internet ou das diferentes manifestações e reações em redes sociais e outros espaços virtuais de interação.

3.2 A LEI GERAL DE PROTEÇÃO DE DADOS E O CÓDIGO DE DEFESA DO CONSUMIDOR

A edição da Lei Geral de Proteção de Dados incrementa a tutela dos direitos do consumidor prevista no CDC. O regime previsto pela LGPD não exclui aquele definido pelo CDC. A incidência em comum dos artigos 7º do CDC e 64 da LGPD firmam a conclusão de que os direitos dos titulares dos dados previstos nas respectivas normas devem ser cumulados e compatibilizados pelo intérprete.

Isso repercute tanto na coleta de informações e na formação dos bancos de dados quanto no tratamento desses mesmos dados e no seu compartilhamento entre diferentes gestores de bancos de dados e fornecedores. Conforme já foi mencionado, o CDC, ao disciplinar os bancos de dados, o fez de modo restrito, com atenção aos bancos de dados restritivos de crédito (artigo 43). A ausência de normas relativas a outras espécies de bancos de dados no CDC e, originalmente, no restante da legislação, por um lado, expandiu o âmbito de aplicação do artigo 43 do CDC, assim como permitiu o exame da questão para além do expressamente previsto em lei.

Por outro lado, a tendência do direito brasileiro, consagrada, inicialmente, no artigo 43 do CDC e, depois, na Lei 12.414/2011, foi a de disciplinar, especialmente, os bancos de

---

[17] BIONI, Bruno Ricardo. *Proteção de dados pessoais*: a função e os limites do consentimento. Rio de Janeiro: Forense, 2019. p. 41-42.

CURSO DE DIREITO DO CONSUMIDOR – *Bruno Miragem*

dados relativos a informações de crédito, não se ocupando, em um primeiro momento, com outras variantes de coleta e tratamento de dados.

Apenas com a edição da Lei 12.965/2014 – o Marco Civil da Internet – é que serão definidas regras gerais sobre proteção de dados, ainda que aplicáveis somente em relação ao fluxo de informações na internet. A proteção de dados pessoais é fixada como princípio da disciplina do uso da internet (artigo 3º, III). Da mesma forma, é previsto o consentimento expresso para "coleta, uso, armazenamento e tratamento de dados pessoais, que deverá ocorrer de forma destacada das demais cláusulas contratuais" (artigo 7º, IX), assim como o direito à "exclusão definitiva dos dados pessoais que tiver fornecido a determinada aplicação de internet, a seu requerimento, ao término da relação entre as partes, ressalvadas as hipóteses de guarda obrigatória de registros previstas nesta Lei e na que dispõe sobre a proteção de dados pessoais" (artigo 7º, X). Igualmente, assegura a aplicação da lei brasileira a quaisquer situações em que pelo menos um dos atos de coleta, armazenamento, guarda e tratamento de registros, de dados pessoais ou de comunicações por provedores de conexão e de aplicações de internet ocorra em território nacional (artigo 11).

Desse modo, o tratamento de dados realizado com a finalidade direta ou indireta de fomentar a atividade econômica do fornecedor no mercado de consumo submete-se à incidência, em comum, do CDC e da LGPD. Nesse particular, registre-se que a LGPD estabelece uma definição ampla de tratamento de dados, como "toda operação realizada com dados pessoais, como as que se referem a coleta, produção, recepção, classificação, utilização, acesso, reprodução, transmissão, distribuição, processamento, arquivamento, armazenamento, eliminação, avaliação ou controle da informação, modificação, comunicação, transferência, difusão ou extração" (artigo 5º, X).

Da mesma forma, quando tais operações se realizarem por intermédio da internet, incidirá também o Marco Civil da Internet, devendo ser compatibilizadas as normas das respectivas legislações.

Ao incidir sobre a formação de bancos de dados de consumidores e a consequente utilização das informações neles arquivadas para fomentar a atividade negocial do fornecedor no mercado de consumo, a LGPD deve ser compreendida a partir tanto dos princípios que delineia para a coleta e o tratamento de dados em geral quanto dos direitos do titular dos dados e procedimentos para a regular coleta e tratamento dos dados.

3.3 OS PRINCÍPIOS DA LGPD E O DIREITO DO CONSUMIDOR

A LGPD, ao definir disciplina específica e detalhada para a coleta e o tratamento de dados, abrangente, inclusive daqueles que digam respeito aos consumidores no mercado de consumo, vai definir e articular uma série de princípios que informam essa atividade. A adequada compreensão desses princípios é relevante para o exame da disciplina de proteção de dados e seu uso permitido segundo os critérios definidos na legislação.

3.3.1 Boa-fé

O artigo 6º, *caput*, da LGPD define que as atividades de tratamento de dados pessoais deverão observar a boa-fé. Trata-se a boa-fé de princípio que disciplina amplamente relações jurídicas de direito público e privada. Tem por conteúdo essencial, a par das di-

PARTE III · Cap. 3 · A PROTEÇÃO DE DADOS PESSOAIS E O DIREITO DO CONSUMIDOR | 857

versas funções que desempenha no sistema jurídico, a eficácia criadora de deveres anexos àqueles que decorrem da lei ou do conteúdo expresso da relação jurídica. É comum que a ela se associem os deveres de cooperação e lealdade, assim como o respeito às legítimas expectativas das partes. No caso do tratamento de dados pessoais, a boa-fé fundamenta a tutela das legítimas expectativas do titular dos dados diante do controlador (artigo 10, II, da LGPD), o que se delineia, sempre a partir das circunstâncias concretas em que se deu o consentimento, a finalidade de uso e tratamento dos dados que foi indicada na ocasião e o modo como foram compreendidas as informações prévias oferecidas. A tutela da confiança do consumidor, nesse caso, abrange tanto a crença nas informações prestadas quanto a crença de que aquele que tenha acesso aos seus dados, por força do consentimento dado, não se comporte de modo contraditório a elas e respeite a vinculação à finalidade de utilização comunicada originalmente.

Nesse particular, recorde-se que a proteção dos dados pessoais se justifica pela proteção à privacidade do titular dos dados. Privacidade é conceito objetivo, mas também contextual, uma vez que se vincula à expectativa legítima do titular do direito em ter preservadas, sob certas condições, informações a seu respeito da exposição pública. Dos termos do consentimento resulta essa expectativa, de modo que não poderá o fornecedor ou o controlador dos dados, dando uso diverso da finalidade que motivou o consentimento do consumidor, tal qual foi compreendida por ele, defender a utilização a partir de critérios outros que não aquele que caracterizou o efetivo entendimento do titular dos dados. São relevantes, aqui, para a correta compreensão dessa expectativa legítima do consumidor, tanto as informações e os esclarecimentos prestados na ocasião da obtenção do consentimento quanto a situação específica de vulnerabilidade do consumidor, decorrente da lei, ou de situação concreta que acentue essa característica (vulnerabilidade agravada).

Essa compreensão quanto à expectativa legítima do consumidor titular dos dados no fornecimento do consentimento, igualmente, revela-se pela definição do dever de informar do fornecedor na fase pré-contratual, conforme define o artigo 9º, § 3º, da LGPD, ao dispor que, "quando o tratamento de dados pessoais for condição para o fornecimento de produto ou de serviço ou para o exercício de direito, o titular será informado com destaque sobre esse fato e sobre os meios pelos quais poderá exercer os direitos do titular elencados no art. 18 desta Lei". Trata-se de regra de grande importância nas relações de consumo, sobretudo ao regular as denominadas políticas de tudo ou nada, (*take-it-or-leave--it choice*),[18] submetendo o consumidor à opção de aceitar integralmente as disposições ou os termos de serviço como condição para sua utilização.

O artigo 18, por sua vez, estabelece o direito do titular dos dados de obter do controlador, a qualquer momento e mediante requisição, a adoção das seguintes providências: I – confirmação da existência de tratamento; II – acesso aos dados existentes; III – correção de dados incompletos, inexatos ou desatualizados; IV – anonimização, bloqueio ou eliminação de dados desnecessários, excessivos ou tratados em desconformidade com o disposto na Lei; V – portabilidade dos dados a outro fornecedor de serviço ou produto,

---

[18]   TEPEDINO, Gustavo; TEFFÉ, Chiara Spadaccini. Consentimento e proteção de dados pessoais na LGPD. In: TEPEDINO, Gustavo; FRAZÃO, Ana; OLIVA, Milena Donato (coord.). *Lei Geral de Proteção de Dados Pessoais* e suas repercussões no direito brasileiro. São Paulo: Ed. RT, 2019. p. 300.

mediante requisição expressa, de acordo com a regulamentação da autoridade nacional, observados os segredos comercial e industrial; VI – eliminação dos dados pessoais tratados com o consentimento do titular, exceto nas hipóteses previstas na lei; VII – informação das entidades públicas e privadas com as quais o controlador realizou uso compartilhado de dados; VIII – informação sobre a possibilidade de não fornecer consentimento e sobre as consequências da negativa; IX – revogação do consentimento.

A operacionalização da boa-fé no tratamento de dados do consumidor pode servir--se, igualmente, do disposto no artigo 30 do CDC, que respeita a eficácia vinculativa da oferta e a preservação da integridade da informação pré-negocial do fornecedor. Refere a norma do CDC que "Toda informação ou publicidade, suficientemente precisa, veiculada por qualquer forma ou meio de comunicação com relação a produtos e serviços oferecidos ou apresentados, obriga o fornecedor que a fizer veicular ou dela se utilizar e integra o contrato que vier a ser celebrado". A rigor, é possível, com fundamento na boa-fé, considerar informações vinculantes aquelas que geram expectativa legítima do consumidor, independentemente de terem sido prestadas antes da contratação ou contradigam o próprio instrumento escrito (como pode ocorrer com o consentimento para uso de dados, no qual informação pré-contratual seja contradita pelos termos de cláusula ou termo de consentimento escrito), assim como a possibilidade da interpretação mais favorável ao consumidor nos termos do artigo 47 do CDC.

3.3.2 Finalidade

O princípio da finalidade é central na disciplina da proteção de dados pessoais. A finalidade da utilização dos dados é requisito do consentimento. O titular dos dados pessoais, ao consentir, o faz para que sejam utilizados para certa e determinada finalidade, que deve ser expressa. No direito europeu, os dados pessoais "recolhidos para finalidades determinadas, explícitas e legítimas e não podendo ser tratados posteriormente de uma forma incompatível com essas finalidades; o tratamento posterior para fins de arquivo de interesse público, ou para fins de investigação científica ou histórica ou para fins estatísticos, não é considerado incompatível com as finalidades iniciais (...)" (artigo 5º, I, *b*, do Regulamento Geral de Proteção de Dados da Pessoais).

O artigo 6º, I, da LGPD define o conteúdo do princípio da finalidade vinculando-o à "realização do tratamento para propósitos legítimos, específicos, explícitos e informados ao titular, sem possibilidade de tratamento posterior de forma incompatível com essas finalidades". Trata-se de princípio que, conforme assinala a doutrina, tem grande relevância prática, afinal, "com base nele fundamenta-se a restrição da transferência de dados pessoais a terceiros, além do que pode-se, a partir dele, estruturar-se um critério para valorar a razoabilidade da utilização de determinados dados para uma certa finalidade (fora da qual haveria abusividade)".[19]

Aquele que pretende obter o consentimento do titular dos dados obriga-se a declinar, expressamente, as finalidades para as quais pretende utilizar os dados e, nesses termos,

---

[19] DONEDA, Danilo. O direito fundamental à proteção de dados pessoais. In: MARTINS, Guilherme Magalhães; LONGHI, João Victor Rozatti (coord.). *Direito digital*: direito privado e internet. 2. ed. Indaiatuba, SP: Foco, 2019. p. 45.

PARTE III · Cap. 3 · A PROTEÇÃO DE DADOS PESSOAIS E O DIREITO DO CONSUMIDOR | **859**

vincula-se aos termos dessa sua manifestação pré-negocial. A utilização dos dados, seja para tratamento, seja para compartilhamento, desviada das finalidades expressas quando da obtenção do consentimento torna-o ineficaz e ilícita a conduta, ensejando responsabilidade, bem como todos os meios de tutela efetiva do direito do titular dos dados. Nasce tanto a pretensão de reparação dos danos causados pela utilização indevida dos dados pessoais do titular quanto a pretensão inibitória, para impedir ou fazer cessar o ilícito, sem prejuízo do exercício da polícia administrativa, que, no caso das relações de consumo, será atribuído tanto à Autoridade Nacional de Proteção de Dados quanto aos integrantes do Sistema Nacional de Defesa do Consumidor, sem prejuízo da atuação de outro órgão ou entidade da Administração com competência regulatória ou de supervisão específica sobre o setor econômico a que se vincule o fornecedor.

O artigo 7º da LGPD define as finalidades legítimas para o tratamento de dados pessoais.[20] Em relação aos dados pessoais sensíveis, tais finalidades são definidas, de modo mais estrito, no artigo 11 da LGPD.[21] Nas relações de consumo, tem relevância o exame, sobretudo, dos incisos I, II, VI, VIII, IX e X do artigo 7º da LGPD. Em relação aos dados sensíveis, ainda, além da atenção estrita às finalidades previstas no artigo 11 da Lei, o § 3º do mesmo artigo permite que, quando a comunicação ou o uso compartilhado de dados pessoais sensíveis entre controladores tenham por objetivo obter vantagem econômica, este poderá ser objeto de vedação ou regulamentação por parte da Autoridade

---

[20] "Art. 7º O tratamento de dados pessoais somente poderá ser realizado nas seguintes hipóteses: I – mediante o fornecimento de consentimento pelo titular; II – para o cumprimento de obrigação legal ou regulatória pelo controlador; III – pela administração pública, para o tratamento e uso compartilhado de dados necessários à execução de políticas públicas previstas em leis e regulamentos ou respaldadas em contratos, convênios ou instrumentos congêneres, observadas as disposições do Capítulo IV desta Lei; IV – para a realização de estudos por órgão de pesquisa, garantida, sempre que possível, a anonimização dos dados pessoais; V – quando necessário para a execução de contrato ou de procedimentos preliminares relacionados a contrato do qual seja parte o titular, a pedido do titular dos dados; VI – para o exercício regular de direitos em processo judicial, administrativo ou arbitral, esse último nos termos da Lei nº 9.307, de 23 de setembro de 1996 (Lei de Arbitragem); VII – para a proteção da vida ou da incolumidade física do titular ou de terceiro; VIII – para a tutela da saúde, exclusivamente, em procedimento realizado por profissionais de saúde, serviços de saúde ou autoridade sanitária; IX – quando necessário para atender aos interesses legítimos do controlador ou de terceiro, exceto no caso de prevalecerem direitos e liberdades fundamentais do titular que exijam a proteção dos dados pessoais; ou X – para a proteção do crédito, inclusive quanto ao disposto na legislação pertinente."

[21] "Art. 11. O tratamento de dados pessoais sensíveis somente poderá ocorrer nas seguintes hipóteses: I – quando o titular ou seu responsável legal consentir, de forma específica e destacada, para finalidades específicas; II – sem fornecimento de consentimento do titular, nas hipóteses em que for indispensável para: a) cumprimento de obrigação legal ou regulatória pelo controlador; b) tratamento compartilhado de dados necessários à execução, pela administração pública, de políticas públicas previstas em leis ou regulamentos; c) realização de estudos por órgão de pesquisa, garantida, sempre que possível, a anonimização dos dados pessoais sensíveis; d) exercício regular de direitos, inclusive em contrato e em processo judicial, administrativo e arbitral, este último nos termos da Lei nº 9.307, de 23 de setembro de 1996 (Lei de Arbitragem); e) proteção da vida ou da incolumidade física do titular ou de terceiro; f) tutela da saúde, exclusivamente, em procedimento realizado por profissionais de saúde, serviços de saúde ou autoridade sanitária; ou g) garantia da prevenção à fraude e à segurança do titular, nos processos de identificação e autenticação de cadastro em sistemas eletrônicos, resguardados os direitos mencionados no art. 9º desta Lei e exceto no caso de prevalecerem direitos e liberdades fundamentais do titular que exijam a proteção dos dados pessoais."

Nacional de Proteção de Dados, segundo procedimento de que define.[22] Em tais casos, sempre estará em tensão o exercício da livre-iniciativa, da privacidade e da defesa do consumidor, sendo reconhecida por lei a competência regulamentar que dever promover, em qualquer intervenção que venha a proceder, a concordância prática entre esses três direitos fundamentais assegurados pela ordem constitucional.

A primeira hipótese de finalidade legítima permitida para tratamento dos dados pela legislação é a do consentimento do titular dos dados (artigo 7º, I, da LGPD). Entretanto, também se admite o tratamento de dados para "o cumprimento de obrigação legal ou regulatória pelo controlador" (artigo 7º, II, da LGPD). Pode o fornecedor ter de utilizar os dados dos seus consumidores, inclusive, em seu próprio benefício, quando, por exemplo, conforme certas informações, lhe são oferecidos preços ou tarifas mais vantajosas segundo regras definidas pelo regulador (*e.g.*, tarifa dos serviços de energia elétrica de consumidores de baixa renda).

Da mesma forma, admite-se o tratamento dos dados pessoais "quando necessário para a execução de contrato ou de procedimentos preliminares relacionados a contrato do qual seja parte o titular, a pedido do titular dos dados" (artigo 7º, V). Trata-se de finalidade recorrente na utilização de dados do consumidor nas relações de consumo. Abrange os procedimentos necessários à execução do contrato (fase de execução) e seus procedimentos preliminares à contratação (fase pré-contratual). Há situações em que o fornecedor, para determinar as condições de determinada contratação, necessita de dados do consumidor, seja para delimitar a prestação, seja para formar o preço. É o que ocorre, por exemplo, com o consumidor que indica o endereço residencial para entrega do produto, que é tomado para cálculo do frete ou taxa de entrega; ou com aquele que indica determinadas informações pessoais para registro de sua identidade junto a um fornecedor de serviços (*e.g.*, para abertura de uma conta bancária). No entanto, há situações em que o conteúdo das informações serve também para formação do preço, ou mesmo para a própria decisão de contratação. Um dos exemplos mais evidentes são as informações prestadas pelo consumidor ao segurador para determinação do risco segurado (declaração inicial do risco); ou, ainda, as informações prestadas ao operador do plano de saúde, para efeito de viabilizar a contratação. São situações que se colocam em evidência, sobretudo, em vista do risco de discriminação do consumidor, uma vez que resultem na negativa da possibilidade de contratar, ou fazendo que se dê em condições que, na prática, em razão da sua onerosidade, impeçam, de fato, que possa arcar com a contraprestação pecuniária correspondente.

Por vezes, tratando-se de dados relativos à saúde do consumidor, serão considerados dados sensíveis, ou seja, aqueles "sobre origem racial ou étnica, convicção religiosa, opinião política, filiação a sindicato ou a organização de caráter religioso, filosófico ou político, dado referente à saúde ou à vida sexual, dado genético ou biométrico, quando vinculado a uma pessoa natural" (artigo 5º, II, da LGPD). Nesse caso, incide o artigo 11 da LGPD, que dispõe, em termos mais estritos, sobre o tratamento dos dados sensíveis em relação

---

[22] "§ 3º A comunicação ou o uso compartilhado de dados pessoais sensíveis entre controladores com objetivo de obter vantagem econômica poderá ser objeto de vedação ou de regulamentação por parte da autoridade nacional, ouvidos os órgãos setoriais do Poder Público, no âmbito de suas competências."

PARTE III · Cap. 3 · A PROTEÇÃO DE DADOS PESSOAIS E O DIREITO DO CONSUMIDOR | 861

aos demais dados. Alteração recente na redação do § 4º desse artigo 11 da LGPD, todavia mantendo a vedação à possibilidade de comunicação do uso compartilhado relativo a dados pessoais sensíveis referentes à saúde, com objetivo de obter vantagem econômica, acrescentou à exceção originalmente prevista, que previa a possibilidade de compartilhamento em razão da "portabilidade de dados quando solicitada pelo titular" (inciso I), também uma segunda hipótese, quando haja "transações financeiras e administrativas resultantes do uso e da prestação dos serviços de que trata este parágrafo" (inciso II). Nesse caso, note-se que o compartilhamento de dados igualmente se admite vinculado à estrita atenção à finalidade de viabilizar a adequada prestação de serviços de saúde suplementar, o que pode se dar tanto na fase pré-contratual, quanto na fase contratual, porém não pode servir para impedir a contratação dos respectivos serviços de saúde suplementar, tampouco limitar sua utilização ou frustrar sua finalidade de assegurar os meios necessários à manutenção ou ao restabelecimento das condições de saúde do consumidor.

Outra finalidade admitida ao uso de dados pessoais que repercute nas relações de consumo é a que sirva para "o exercício regular de direitos em processo judicial, administrativo ou arbitral" (artigo 7º, VI). Nesse caso, os dados de que disponha o fornecedor sobre o consumidor podem ser utilizados para exercício de pretensão de que seja titular, por intermédio de processo judicial, administrativo ou arbitral, ou nas mesmas condições, defesa de pretensão deduzida contra si, por consumidor ou terceiros. Trata-se de finalidade admitida em relação à utilização de dados pessoais, inclusive dos dados pessoais sensíveis (artigo 11, II, *d*, da LGPD). Assim, por exemplo, entre várias outras situações, poderá o fornecedor tanto utilizar o endereço indicado pelo consumidor para endereçar-lhe a citação do processo quanto verificar sua condição de crédito em bancos de dados específicos trazendo tais informações ao processo judicial, se pertinentes; ou, ainda, quando requerido a informar a relação de contratantes que atendem às condições objeto de certo litígio.

Os dados pessoais podem ser objeto de tratamento, ainda, no âmbito das relações de consumo, "para a tutela da saúde, exclusivamente, em procedimento realizado por profissionais de saúde, serviços de saúde ou autoridade sanitária" (artigo 7º, VIII, da LGPD). A finalidade de tutela à saúde do consumidor individual, ou, ainda, da coletividade de consumidores, justifica o tratamento de dados. Note-se que esse tratamento de dados sempre se dá no interesse pressuposto da preservação e promoção da saúde do consumidor ou da coletividade, como ocorre quando há interação entre mais de um profissional da mesma ou de diferentes especialidades no tratamento de saúde do consumidor, os quais, necessariamente, precisam compartilhar informações sobre seu estado de saúde. Da mesma forma, por exemplo, se fazem necessárias, cotidianamente, informações sobre o histórico de saúde e eventuais intercorrências, para adequado tratamento da saúde do consumidor (*e.g.*, o resultado de exames laboratoriais que sejam comunicados ao profissional que os requereu ao respectivo paciente), ou para prevenir riscos (*e.g.*, a informação sobre certa doença contagiosa relativa a determinado paciente que deva ser passada às autoridades sanitárias).

Admite-se o tratamento de dados, ainda, "quando necessário para atender aos interesses legítimos do controlador ou de terceiro, exceto no caso de prevalecerem direitos e liberdades fundamentais do titular que exijam a proteção dos dados pessoais" (artigo 7º,

IX, da LGPD). O Regulamento Geral de Proteção de Dados europeu dá o exemplo em que se aplica a figura nas situações em que o titular dos dados é cliente do responsável pelo tratamento. Assim se consideram os dados pessoais do consumidor utilizados para efeito de organização interna do próprio fornecedor ou na sua relação com parceiros negociais, bem como o uso de dados sensíveis com a finalidade de garantir a "prevenção à fraude e à segurança do titular, nos processos de identificação e autenticação de cadastro em sistemas eletrônicos" (artigo 11, II, *g*, da LGPD), hipótese em que igualmente são resguardados os direitos do titular e serão restritos nos casos em que prevaleçam "direitos e liberdades fundamentais do titular que exijam a proteção dos dados pessoais". Nesse particular, por exemplo, cada vez mais vem sendo desenvolvido para identificação pessoal do consumidor em variada sorte de serviços o reconhecimento facial, da impressão digital, da íris, ou de outras características personalíssimas, que exigem a uma estrita vinculação do uso da tecnologia e dos dados que dispõe para essa finalidade específica. O mesmo se diga em relação aos meios tradicionais de identificação, como o número de registro, identidade, do cartão de crédito ou outros que permitam a identificação do consumidor. Nesses casos, a estrita vinculação à finalidade específica permitida por lei, quando não há consentimento do consumidor (que é a primeira hipótese admitida para uso dos dados, artigo 7º, I, da LGPD), é condição essencial para a preservação de sua privacidade e segurança, em especial para evitar a utilização indevida dos dados para outros fins não autorizados pelo próprio titular, tampouco pela legislação.

A preocupação com a definição precisa do que caracteriza o legítimo interesse do controlador dos dados remonta à discussão estabelecida tanto no âmbito europeu – no contexto do Regulamento Geral de Proteção de Dados em vigor e da Diretiva 46/95/CE, que veio a revogar – quanto nas discussões que antecederam a aprovação da LGPD no Brasil.[23] Nesses termos é que o artigo 10 da LGPD vai procurar definir o que se deva considerar "legítimo interesse do controlador" como fundamento do tratamento de dados pessoais com finalidades legítimas, nos seguintes termos: "Art. 10. O legítimo interesse do controlador somente poderá fundamentar tratamento de dados pessoais para finalidades legítimas, consideradas a partir de situações concretas, que incluem, mas não se limitam a: I – apoio e promoção de atividades do controlador; e II – proteção, em relação ao titular, do exercício regular de seus direitos ou prestação de serviços que o beneficiem, respeitadas as legítimas expectativas dele e os direitos e liberdades fundamentais, nos termos desta Lei".

Alguns aspectos resultam da interpretação do artigo 10 da LGPD: primeiro, que o interesse legítimo do controlador no tratamento de dados não se admite em vista de critérios genéricos, senão em acordo com o exame de situações concretas; segundo, que abrange somente os dados pessoais estritamente necessários para a finalidade pretendida (artigo 10, § 1º); terceiro, que devem ser respeitadas, em qualquer caso, as legítimas expectativas do titular dos dados (artigo 10, II), o que se deve considerar em vista tanto da informação prestada no caso de ter havido consentimento quanto da proteção de sua privacidade, considerada nos termos em que acredita, de modo legítimo, resguardar certas informações sobre si do conhecimento de terceiros. Além dessas situações, devem

---

[23] BIONI, Bruno Ricardo. *Proteção de dados pessoais*: a função e os limites do consentimento. Rio de Janeiro: Forense, 2019. p. 250 e ss.

ser mencionadas as exigências de transparência do uso dos dados sob a justificativa do legítimo interesse do controlador (artigo 10, § 2º), a fim de permitir, inclusive, que o titular dos dados se oponha a essa utilização, sem prejuízo da mitigação dos riscos que deve perseguir.

De grande relevância para as relações de consumo, ainda, será o tratamento dos dados pessoais com a finalidade de proteção do crédito (artigo 7º, X, da LGPD). Trata-se de hipótese de tratamento de dados com maior tradição no mercado de consumo, sobre a qual dispõe legislação específica, como é o caso do artigo 43 do CDC e, mais adiante, da Lei 12.414/2011. Os dados pessoais do consumidor relativos a seu comportamento de crédito compreendem informações diversas relativas ao nível de comprometimento atual da sua renda com dívidas, eventuais situações de inadimplemento e sua duração, o histórico de pagamento, entre outras informações relevantes. Todas essas informações são relevantes para a análise do risco de crédito e, nesse contexto, da própria capacidade de endividamento do consumidor. Por sua relevância, tais informações podem implicar o impedimento de contratação pelo consumidor, ou, ainda, sua submissão a certas condições, razão pela qual o tratamento das informações de crédito deve observar critérios objetivos na análise dos dados, a fim de evitar restrições excessivas ou discriminatórias.

3.3.3 Adequação

O atendimento ao princípio da adequação no tratamento de dados pessoais é definido pela "compatibilidade do tratamento com as finalidades informadas ao titular, de acordo com o contexto do tratamento" (artigo 6º, II, da LGPD). Nesse sentido, visa preservar a vinculação necessária entre a finalidade de utilização dos dados comunicada ao titular e seu efetivo atendimento na realização concreta do tratamento de dados. Ainda, a adequação vincula-se diretamente ao consentimento dado pelo titular para o tratamento dos dados ou as demais finalidades legais admitidas, que deverão ser comunicadas, além da situação de confiança que se cria do estrito atendimento dos termos da informação prévia ao consentimento ou do uso comunicado.

No caso do consentimento dado ao tratamento de dados pessoais sensíveis, anote-se que essa vinculação à finalidade é ainda mais estrita, inclusive pelos requisitos que lhe são determinados, nos termos do artigo 11, I, da LGPD, a exigir, em tais situações, que ele deva ser dado "de forma específica e destacada, para finalidades específicas".

3.3.4 Necessidade

O princípio da necessidade, segundo a definição legal, compreende a "limitação do tratamento ao mínimo necessário para a realização de suas finalidades, com abrangência dos dados pertinentes, proporcionais e não excessivos em relação às finalidades do tratamento de dados" (artigo 6º, III, da LGPD). Uma vez que o tratamento dos dados pessoais se vincula diretamente a um direito fundamental que assegura sua proteção, assim como supõe o consentimento do titular e hipóteses de atendimento a finalidade legítima, resulta daí a limitação de seu uso ao mínimo necessário para que atenda a tais fins. Associa-se, nesse caso, a noção amplamente desenvolvida pelo direito de proporcionalidade como adequação entre meios e fins. Nesse particular, o tratamento dos dados deve estender-se ao mínimo necessário para atendimento das finalidades propostas. Daí referir a definição legal a dados pertinentes, proporcionais e não excessivos.

Dada a crescente capacidade de processamento de volumes cada vez mais expressivos de dados, um desafio regulatório importante em relação à proteção de dados é o equilíbrio entre a pretensão de maior precisão na análise dos dados e a limitação do seu uso em face do princípio da necessidade, em especial diante das várias possibilidades de correlações que podem ser realizadas em termos estatísticos entre dados que aparentemente não tenham uma vinculação direta entre si. A precisão do que se deva considerar o mínimo necessário para a realização das finalidades do tratamento de dados tensiona com o volume ou a qualidade dos dados necessários para a melhor consecução dessas finalidades.

3.3.5 Livre acesso

O princípio do livre acesso compreende a "garantia, aos titulares, de consulta facilitada e gratuita sobre a forma e a duração do tratamento, bem como sobre a integralidade de seus dados pessoais" (artigo 6º, IV, da LGPD). A participação dos titulares dos dados no seu tratamento se expressa, especialmente, pela exigência de consentimento e pela possibilidade efetiva de que tenham conhecimento sobre a forma e a extensão em que se desenvolvem. Abrange a possibilidade de obter cópia dos registros existentes, com a pretensão, inclusive, de corrigir informações incorretas ou imprecisas, ou, conforme seu interesse, mesmo acrescentar dados verdadeiros que possam favorecer seu interesse.

O artigo 9º da LGPD concretiza o princípio assegurando o direito do titular dos dados "ao acesso facilitado às informações sobre o tratamento de seus dados, que deverão ser disponibilizadas de forma clara, adequada e ostensiva acerca de, entre outras características previstas em regulamentação para o atendimento do princípio do livre acesso: I – finalidade específica do tratamento; II – forma e duração do tratamento, observados os segredos comercial e industrial; III – identificação do controlador; IV – informações de contato do controlador; V – informações acerca do uso compartilhado de dados pelo controlador e a finalidade; VI – responsabilidades dos agentes que realizarão o tratamento; e VII – direitos do titular, com menção explícita aos direitos contidos no art. 18 desta Lei". O mesmo direito de acesso é consagrado no rol dos direitos do titular dos dados, enunciado no artigo 18, II, da LGPD. Há, nesse ponto, clara inspiração na regra do artigo 15 do Regulamento Geral de Proteção de Dados europeu (Regulamento 2016/679), que dispõe ou enuncia, com pequenas variações, os direitos subjetivos previstos na LGPD brasileira.

A violação do direito de acesso aos dados, que se pode caracterizar pela simples recusa, mas, sobretudo, pela dinâmica atual do mercado de consumo, pela imposição de obstáculos ao acesso, exigindo que o consumidor reporte-se a diferentes pessoas ou setores distintos para acesso a essas informações, retardando-o injustificadamente[24] e deixando de facilitar o exercício do direito, configura infração aos direitos do consumi-

---

[24] Nesse particular, com maior gravidade quando se trata do que a doutrina vem denominando de menosprezo planejado do tempo do consumidor, conforme: BERGSTEIN, Laís. *O tempo do consumidor e o menosprezo planejado*: o tratamento jurídico do tempo perdido e a superação das suas causas. São Paulo: Ed. RT, 2019. p. 104 e ss.

PARTE III · Cap. 3 · A PROTEÇÃO DE DADOS PESSOAIS E O DIREITO DO CONSUMIDOR | **865**

dor passível de sanção, em comum, pela LGPD e pelo CDC, sem prejuízo de eventual responsabilização por danos.

3.3.6 Qualidade dos dados

É assegurada pela LGPD a "garantia, aos titulares, de exatidão, clareza, relevância e atualização dos dados, de acordo com a necessidade e para o cumprimento da finalidade de seu tratamento" (artigo 6º, V). A rigor, é inerente à formação de banco de dados e a toda e qualquer atividade de tratamento de dados pessoais que possam repercutir de qualquer modo sobre os direitos do titular das informações arquivadas a exatidão dos dados. Essa noção de exatidão abrange sua atualidade e clareza, como pretendeu bem explicitar a definição legal de qualidade dos dados, o que é especialmente importante se for considerado o caráter permanente e contínuo do tratamento de dados, seu compartilhamento e sua consulta pelos interessados, levando à identificação – em vista do fato de que as informações se modificam, o que é natural e ordinário no cotidiano da vida – de um ônus do controlador dos dados de mantê-los atualizados.

Há quase duas décadas, Simson Garfinkel já registrava os embaraços causados pelas estratégias de marketing baseadas em dados desatualizados, como os que desconsideravam a morte de determinado consumidor e permanecia a expor massivamente seus familiares com publicidade direcionada à pessoa falecida.[25] Isso pode ser reproduzido hoje, em situações distintas, nas redes sociais, no envio de correspondências ou outros meios de mensagens publicitárias a pessoas cuja situação pessoal tenha se alterado, ou mesmo se utilizando de critérios para direcionamento de mensagens, precificação ou análise de riscos que já não correspondem a uma situação real, mas pertencente ao passado. Nesses termos, informação desatualizada é inexata, portanto, incorreta, e viola o direito do titular dos dados ao exatamente vinculá-lo a uma circunstância, característica ou fato que não lhe corresponde.

Refere a lei também à relevância dos dados. Talvez esse seja, em termos práticos, o critério de mais difícil precisão quanto à qualidade dos dados. A noção de relevância se define em acordo com a finalidade do tratamento dos dados. Nesse sentido, com exceção de situações extremas, nas quais seja praticamente impossível sustentar alguma associação entre informações notoriamente irrelevantes para a finalidade determinada ao tratamento de dados, a correlação de dados em termos estatísticos não se subordina, necessariamente, a uma exigência de causalidade, bastando uma demonstração estatística. Nesses termos, não é necessário que o controlador demonstre o modo específico como determinado dado pessoal repercute em termos causais para um terminado resultado, senão que demonstre uma correlação. Nesse particular, registre-se que correlação é a medida da relação entre duas variáveis, que pode ser demonstrada em termos estatísticos e não implica, necessariamente, uma relação de causa e efeito (*e.g.*, a frequência de aquisição de determinados produtos pelos consumidores se dá em determinado horário ou em determinado dia da semana), como ocorre no juízo de causalidade, no qual a relação entre duas variáveis pressupõe que uma é consequência da outra. O estágio atual do tratamento de dados

---

[25]   GARFINKEL, Simson. *Database nation*: the death of privacy in 21th century. Sebastopol: O'Reilly Media, 2000. p. 156-157.

aperfeiçoa a utilização de correlações, por intermédio, sobretudo, do desenvolvimento de algoritmos que permitem a obtenção de resultados precisos não apoiados necessariamente por relações de causalidade. Daí a determinação da relevância dos dados, embora também se configure como um ônus do controlador dos dados, deve ser compreendida a partir dessas premissas de tratamento das respectivas informações.

Ao princípio de qualidade dos dados corresponde um direito do titular, de correção dos dados incompletos, inexatos ou desatualizados (artigo 18, III, da LGPD), assim como de anonimização, bloqueio e eliminação dos dados considerados desnecessários, excessivos ou tratados em desacordo com a lei (artigo 18, IV, da LGPD). Anonimização significa tornar anônimo, ou, simplesmente, desidentificar, tornar impossível a associação direta ou indireta entre os dados objeto de tratamento e a pessoa do seu titular. É definida no artigo 5º, XI, da LGPD; bloqueio de dados, nos termos da lei (artigo 5º, XIII), se caracteriza pela suspensão temporária de qualquer operação de tratamento do dado; eliminação compreende a exclusão de dado ou de conjunto de dados armazenados em banco de dados (artigo 5º, XIV). Todas são hipóteses em que se visa preservar o titular dos dados, impedindo que informações em desacordo com a lei possam ser associadas a ele, o que viola direitos fundamentais (sobretudo no caso de informações desnecessárias ou excessivas)[26], ou, ainda, seus legítimos interesses, inclusive, para prevenir riscos de dano (em especial no caso de dados incompletos, inexatos ou desatualizados).

3.3.7 Transparência

O princípio da transparência expressa a "garantia, aos titulares, de informações claras, precisas e facilmente acessíveis sobre a realização do tratamento e os respectivos agentes de tratamento, observados os segredos comercial e industrial" (artigo 6º, VI, da LGPD). A transparência sobre o procedimento de tratamento de dados e os sujeitos envolvidos na atividade é uma marca da legislação sobre proteção de dados em diversos sistemas jurídicos. O Regulamento Geral sobre Proteção de Dados europeu define que "deverá ser transparente para as pessoas singulares que os dados pessoais que lhes dizem respeito são recolhidos, utilizados, consultados ou sujeitos a qualquer outro tipo de tratamento e a medida em que os dados pessoais são ou virão a ser tratados". Prossegue afirmando que "o princípio da transparência exige que as informações ou comunicações relacionadas com o tratamento desses dados pessoais sejam de fácil acesso e compreensão, e formuladas numa linguagem clara e simples. Esse princípio diz respeito, em particular, às informações fornecidas aos titulares dos dados sobre a identidade do responsável pelo tratamento dos mesmos e os fins a que o tratamento se destina, bem como às informações que se destinam a assegurar que seja efetuado com equidade e transparência para com as pessoas singulares em causa, bem como a salvaguardar o seu direito a obter a confirmação e a comunicação dos dados pessoais que lhes dizem respeito que estão a ser tratados" (n. 39 do Regulamento 2016/679).

---

[26] Embora em outro contexto, foram o caráter excessivo e a perda da relevância das informações com o decurso do tempo que levaram o STJ, em 2018, a reconhecer o direito à desindexação em sites de busca do nome do autor e de notícias desabonadoras a seu respeito: STJ, REsp 1.660.168/RJ, 3ª Turma, Rel. Min. Nancy Andrighi, Rel. p/ Acórdão Min. Marco Aurélio Bellizze, j. 08.05.2018, *DJe* 05.06.2018.

PARTE III · Cap. 3 · A PROTEÇÃO DE DADOS PESSOAIS E O DIREITO DO CONSUMIDOR | **867**

Há, nesse particular, uma preocupação com o respeito à legítima expectativa do titular dos dados, mas, sobretudo, a determinação do controle do tratamento pelo titular dos dados em relação ao atendimento do compromisso assumido pelo controlador quando da obtenção dos dados.

Tem especial relevância a transparência para controle da temporalidade de tratamento dos dados, assim como os critérios e procedimentos que devem ser observados quando do seu término. O artigo 15 da LGPD refere que o término do tratamento dos dados pessoais ocorrerá nas hipóteses de verificação de que a finalidade foi alcançada ou de que os dados deixaram de ser necessários ou pertinentes para essa finalidade específica pretendida, o fim do período de tratamento previsto, a comunicação da revogação do consentimento ou a determinação da autoridade nacional, no caso de violação da lei.

O término do tratamento implica, como regra, a obrigação de eliminação dos dados pessoais arquivados. A eliminação deixará de ocorrer apenas em vista das hipóteses previstas no artigo 16 da LGPD, a saber: "I – cumprimento de obrigação legal ou regulatória pelo controlador; II – estudo por órgão de pesquisa, garantida, sempre que possível, a anonimização dos dados pessoais III – transferência a terceiro, desde que respeitados os requisitos de tratamento de dados dispostos nesta Lei; ou IV – uso exclusivo do controlador, vedado seu acesso por terceiro, e desde que anonimizados os dados".

3.3.8 Segurança

Um dos principais objetivos da legislação de proteção de dados é assegurar um arcabouço normativo que assegure o tratamento dos dados pessoais de modo compatível com os direitos dos titulares dos dados, evitando seu tratamento sem observância das exigências legais, assim como a prevenção de riscos inerentes à atividade. Nesse cenário, o princípio da segurança é definido pela utilização de medidas "técnicas e administrativas aptas a proteger os dados pessoais de acessos não autorizados e de situações acidentais ou ilícitas de destruição, perda, alteração, comunicação ou difusão" (artigo 6º, VII, da LGPD).

Esse princípio associa-se, no tocante às relações de consumo, ao dever geral de qualidade da prestação de serviço do fornecedor, que abrange também o adequado tratamento dos dados pessoais do consumidor, desdobrando-se no dever de segurança em relação a sua pessoa e seu patrimônio. A violação do dever de segurança, nesse particular, implica a responsabilidade objetiva do fornecedor pelos danos causados, o que será a hipótese em que os dados venham a ser acessados por pessoas ou de modo não autorizado, ou, ainda, situações acidentais ou ilícitas de destruição, perda, alteração, comunicação ou difusão. Tais hipóteses de acesso não autorizado, acidentes ou atos ilícitos a par do regime de responsabilização previsto na própria LGPD caracterizam espécie de risco inerente à atividade de tratamento de dados, ou seja, fortuito interno, situação que não é apta a afastar a responsabilidade dos respectivos controladores de dados.

3.3.9 Prevenção

Reconhecida a possibilidade de o tratamento de dados gerar riscos aos direitos dos titulares dos dados, informa a atividade também o princípio da prevenção. Compreende a "adoção de medidas para prevenir a ocorrência de danos em virtude do tratamento de

868 | CURSO DE DIREITO DO CONSUMIDOR – *Bruno Miragem*

dados pessoais" (artigo 6º, VIII, da LGPD). É comum às atividades associadas à tecnologia da informação e à sua multifacetada e crescente utilização para uma série de finalidades a identificação de novos riscos. Além desses novos riscos em razão de situações novas criadas pela tecnologia – ou seja, que pressupõem sua existência –, há a potencialização de riscos de dano já existentes, em virtude do incremento tecnológico, que aumenta a possibilidade de ocorrência ou sua extensão. Fraude bancária, por exemplo, já existia antes de qualquer desenvolvimento significativo relativo ao processamento de dados pessoais; potencializam-se, contudo, as possibilidades (e, portanto, os riscos) de fraude diante das situações de vazamento ou uso indevido de dados dos consumidores desses serviços.

O princípio da prevenção é comum às legislações de proteção de dados pessoais e de defesa do consumidor (artigo 6º, VI, do CDC). O modo como se opera a prevenção de riscos de dano abrange tanto providências materiais a serem exigidas, com o incremento técnico da atividade, quanto a possibilidade de delimitar, nos termos da lei, o tratamento de dados pessoais sensíveis, assim considerados também em razão da maior gravidade dos danos que podem decorrer de sua utilização indevida.

3.3.10 Não discriminação

O princípio da não discriminação tem importância destacada na proteção dos dados pessoais. Compreende, segundo definição legal, a "impossibilidade de realização do tratamento para fins discriminatórios ilícitos ou abusivos" (artigo 6º, IX, da LGPD). Afinal, a grande vantagem do processamento dos dados pessoais para maior precisão da segmentação e personalização dos consumidores no mercado de consumo não pode servir para prejudicar, restringir ou excluir qualquer consumidor da possibilidade de acesso ao consumo.

Coíbe-se, segundo a LGPD, que o tratamento seja realizado para fins discriminatórios ou abusivos. A própria disciplina do tratamento dos dados sensíveis (artigo 11 da LGPD) em separado dos demais dados pessoais justifica-se pelo risco maior que dele resulte discriminação. Contudo, interpretação constitucionalmente adequada da norma deve compreender a proibição não apenas da finalidade discriminatória ou abusiva mas também quando o resultado do tratamento de dados possa dar causa à discriminação. A proibição da discriminação injusta não se limita apenas ao comportamento que se dirige a discriminar, senão também em qualquer situação na qual ela é resultado de determinada conduta.

A proibição da discriminação injusta tem protagonismo no tratamento de dados pessoais. Afinal, a utilidade essencial do tratamento de dados é justamente segmentar, personalizar e especializar dados pessoais; portanto discriminar, assim entendida a noção como separação, diferenciação. É preciso se atentar aos exatos termos da proibição presente na lei, que compreende a proibição à discriminação ilícita ou abusiva. Ilícita será a discriminação baseada em critérios de que a lei proíbe a utilização para fins de diferenciação. Nesse caso, é a Constituição da República quem proíbe preconceitos de origem, raça, sexo, cor, idade e quaisquer outras formas de discriminação (artigo 3º, IV). Da mesma forma, estabelece que "ninguém será privado de direitos por motivo de crença religiosa ou de convicção filosófica ou política" (artigo 5º, VIII). Além desses critérios, pode haver discriminação ilícita ou abusiva em razão de critérios que não estejam em acordo com a

PARTE III · Cap. 3 · A PROTEÇÃO DE DADOS PESSOAIS E O DIREITO DO CONSUMIDOR | 869

finalidade para a qual se realize determinada diferenciação. Assim, por exemplo, a recusa de fornecimento de produto ou serviço a quaisquer pessoas em razão de sua orientação sexual.[27] No tocante ao tratamento de dados pessoais, a própria definição legal de dado sensível compreende uma série de critérios cuja utilização, para fins de discriminação, deve ser considerada proibida (o artigo 5º, II, da LGPD relaciona os dados relativos a origem racial ou étnica, convicção religiosa, opinião política, filiação a sindicato ou a organização de caráter religioso, filosófico ou político, dado referente à saúde ou à vida sexual, dado genético ou biométrico, quando vinculado a uma pessoa natural).

O exercício da liberdade individual é delimitado pela proibição à discriminação injusta. O que não significa a impossibilidade absoluta de serem feitas diferenciações ou separações, de acordo com critérios idôneos e legítimos à luz da Constituição da República e da legislação. No tocante ao tratamento de dados, a diferenciação e segmentação constitui, inclusive, uma das utilidades mais perceptíveis. Nesse sentido, não basta que o critério de diferenciação seja aferido objetivamente ou que não restrinja o acesso de qualquer dos titulares de dados a quaisquer bens ou serviços em questão. Recorde-se, aqui, da doutrina norte-americana, por longo tempo admitida pela Suprema Corte daquele país, do *separate but equal*, que justificava a discriminação racial pelo fato de assegurar, em tese, o acesso aos mesmos serviços a pessoas brancas e negras, porém de modo que cada grupo os utilize separadamente.[28]

No âmbito do mercado de consumo, a proibição à discriminação injusta tem efeito na rejeição de diferenciação entre consumidores em razão de critérios inidôneos ou ilegítimos que tenham por resultado a recusa do fornecimento de produto ou serviço ou a imposição de condições diferenciadas, em violação ao princípio da igualdade. Em relação ao tratamento de dados pessoais, é exemplo a diferenciação em banco de dados por raça dos consumidores (*racial profiling*), a fim de oferecer vantagens para contratação a determinado grupo.[29] A rigor, o problema da discriminação se estabelece, sobretudo, nas situações em que a distinção por critérios proibidos se dá para impor diferenciação desvantajosa para determinado grupo, que pode ser tanto uma condição mais onerosa do que a dos demais que não pertencem àquele grupo quanto restrições de acesso ou de realização de determinados interesses legítimos, infirmando uma desigualdade de tratamento. Caracteriza tratamento discriminatório, igualmente, não apenas aquele baseado em características pessoais mas também em relação a fatos cuja adoção como critério de diferenciação se afigure inidônea ou ilegítima, como é o caso em que o titular dos dados possa ser prejudicado de algum modo em razão de informação que indique o exercício

---

[27] TJRS, ApCív 70049609944, 9ª Câmara Cível, Rel. Leonel Pires Ohlweiler, j. 24.10.2012.

[28] A doutrina do *separate but equal* foi afirmada pela Suprema Corte norte-americana a partir do caso Plessy *vs.* Ferguson (1896), sendo sustentada até a reversão do entendimento pelo festejado precedente Brown *vs.* Board of Education (1954). Em contrapartida, identifica-se o denominado "dilema da diferença", pelo qual se questiona como a proibição de diferenciação de um lado pode inibir a proteção dos grupos diferentes, inclusive para efeito de inclusão e acesso aos bens e serviços que, em razão da discriminação, lhe foram historicamente restringidos. Sobre o debate, no direito norte-americano, veja-se: MINOW, Martha. *Making all the difference*: inclusion, exclusion and American Law. Ithaca: Cornell University Press, 1990. p. 19 e ss.

[29] MENDES, Laura Schertel. *Privacidade, proteção de dados e defesa do consumidor*: linhas gerais de um novo direito fundamental. São Paulo: Saraiva, 2014. p. 213.

regular de seu direito. Estabelece o artigo 21 da LGPD: "Os dados pessoais referentes ao exercício regular de direitos pelo titular não podem ser utilizados em seu prejuízo".

Em algumas situações, não basta o exame em relação ao critério utilizado para diferenciação ou, isoladamente, a finalidade da diferenciação realizada mediante o tratamento de dados. A idoneidade e a legitimidade do critério devem ser justificáveis a partir de determinada contextualização. Assim, por exemplo, a utilização do dado relativo ao endereço residencial do consumidor como critério de formação do preço pelo fornecedor. Se o caso envolver o valor do prêmio a ser pago por determinado segurado em um contrato de seguro de automóvel, o risco identificado em razão das estatísticas de furto ou roubo de veículos na região onde se localizar o endereço, a princípio poderá configurar critério idôneo para uma majoração do valor a ser pago por este, em relação a segurados que residam em lugares com menor ocorrência desses crimes. Se o mesmo dado, todavia, for utilizado, sem quaisquer outros elementos, para a cobrança de juros mais altos em empréstimos bancários, ou, ainda, para negar a contratação, a idoneidade e a legitimidade do critério serão questionáveis, e o tratamento do dado em questão será considerado discriminatório.

Entre os instrumentos previstos na LGPD para impedir o tratamento de dados discriminatório, está a previsão do direito do titular dos dados de revisão das decisões "tomadas unicamente com base em tratamento automatizado de dados pessoais que afetem seus interesses, incluídas as decisões destinadas a definir o seu perfil pessoal, profissional, de consumo e de crédito ou os aspectos de sua personalidade" (artigo 20). Da mesma forma, tome-se em conta que o tratamento de dados, ao operar com correlações entre diferentes dados, pode dificultar a identificação do critério que determine situação discriminatória do consumidor. Por essa razão, a lei prevê, ao lado do dever do controlador de fornecer, quando solicitadas, as informações sobre critérios e procedimentos utilizados para a decisão automatizada, a possibilidade de, no caso de recusa, ser realizada auditoria para verificação dos aspectos discriminatórios no tratamento dos dados (artigo 20, §§ 1º e 2º).

Igualmente, a possibilidade de anonimização dos dados, ou seja, a adoção de meio técnico pelo qual um dado perde a possibilidade de associação, direta ou indireta, a determinado indivíduo, impedindo eventual discriminação. A anonimização, todavia, é técnica que pode não ser utilizada com maior frequência em relação aos dados de consumidores, quando a finalidade é, justamente, a segmentação de mercado. Assume função preventiva em relação a práticas discriminatórias a partir do uso de técnicas seletivas e preditivas no tratamento de dados seu enquadramento como conduta penalmente típica,[30] como é o caso do próprio crime de discriminação (Lei 7.716/1989), assim como dos crimes contra a ordem econômica (artigo 7º, VI, da Lei 8.137/1990: "sonegar insumos ou bens, recusando-se a vendê-los a quem pretenda comprá-los nas condições publicamente ofertadas, ou retê-los para o fim de especulação") ou contra a economia popular (artigo 2º, I, da Lei 1.521/1951: "recusar individualmente em estabelecimento comercial a prestação

---

[30] Veja-se: STUART, Mariana Battochio; VALENTE, Victor Augusto Estevam. Direito penal e proteção de dados pessoais: uma leitura dialógica a partir da Lei 13.709/18 e do direito do consumidor. *Revista de Direito do Consumidor*, São Paulo, v. 140, p. 333-357, mar.-abr. 2022.

PARTE III · Cap. 3 · A PROTEÇÃO DE DADOS PESSOAIS E O DIREITO DO CONSUMIDOR | 871

de serviços essenciais à subsistência; sonegar mercadoria ou recusar vendê-la a quem esteja em condições de comprar a pronto pagamento").

3.3.11 Responsabilização e prestação de contas

O princípio da responsabilização e prestação de contas compreende a exigência de "demonstração, pelo agente, da adoção de medidas eficazes e capazes de comprovar a observância e o cumprimento das normas de proteção de dados pessoais e, inclusive, da eficácia dessas medidas" (artigo 6º, X, da LGPD). Relaciona-se diretamente com o princípio da transparência e da prevenção, impelindo aqueles que se ocupam do tratamento de dados pessoais não apenas de observar o cumprimento das normas jurídicas aplicáveis mas também de ter a capacidade de demonstrar essa conformidade legal e sua eficácia. A enunciação do princípio se inspira no Regulamento europeu, no qual consta ainda a explicitação do conteúdo do comportamento exigido na demonstração de atendimento às normas, ao referir que "essas medidas deverão ter em conta a natureza, o âmbito, o contexto e as finalidades do tratamento dos dados" (n. 74 do Regulamento 2016/679). Essa obrigação compreende, inclusive, a adoção de programas de conformidade (n. 78 do Regulamento 2016/679), bem como um detalhado procedimento de avaliação de impacto sobre proteção de dados (artigo 35 do Regulamento 2016/679).

A LGPD brasileira previu a obrigação dos agentes de tratamento de dados (controladores e operadores), qual seja, de adotar boas práticas e de governança, inclusive com a adoção de programa de governança que atenda a requisitos mínimos definidos na legislação, sujeito a avaliação sobre sua efetividade (artigo 50).[31]

3.4 A DISCIPLINA LEGAL ESPECIAL DOS BANCOS DE DADOS DE PROTEÇÃO AO CRÉDITO

Os bancos de dados de proteção ao crédito resultam das primeiras iniciativas de tratamento de dados dos consumidores no mercado de consumo. Em um primeiro estágio, visavam, exclusivamente, arquivar e informações sobre situações de inadimplemento do consumidor, cuja consulta pelos fornecedores implicava a restrição à contratação de crédito, daí por que conhecidos como bancos de dados restritivos de crédito. Sobre eles dispõe, prioritariamente, o artigo 43 do CDC.

Já como resultado da melhor capacidade de tratamento de dados, desenvolvem-se, em um segundo momento, bancos de dados não apenas das situações de inadimplemento

---

[31] Constituem requisitos mínimos do programa de governança, conforme definido na lei, que: "a) demonstre o comprometimento do controlador em adotar processos e políticas internas que assegurem o cumprimento, de forma abrangente, de normas e boas práticas relativas à proteção de dados pessoais; b) seja aplicável a todo o conjunto de dados pessoais que estejam sob seu controle, independentemente do modo como se realizou sua coleta; c) seja adaptado à estrutura, à escala e ao volume de suas operações, bem como à sensibilidade dos dados tratados; d) estabeleça políticas e salvaguardas adequadas com base em processo de avaliação sistemática de impactos e riscos à privacidade; e) tenha o objetivo de estabelecer relação de confiança com o titular, por meio de atuação transparente e que assegure mecanismos de participação do titular; f) esteja integrado a sua estrutura geral de governança e estabeleça e aplique mecanismos de supervisão internos e externos; g) conte com planos de resposta a incidentes e remediação; h) seja atualizado constantemente com base em informações obtidas a partir de monitoramento contínuo e avaliações periódicas" (artigo 50, § 2º, I, da LGPD).

mas também, de forma mais ampla, de informações do histórico de crédito do consumidor, sobre frequência, volume das obrigações assumidas e pontualidade do pagamento. Com o objetivo de aperfeiçoar a avaliação do risco de crédito, justifica-se pelo benefício a "bons pagadores" com melhores condições de contratação. Por isso, são denominados "bancos de dados de informações positivas" ou, mais impropriamente, "cadastros positivos". Admitirão tratamento diversificado dos dados, inclusive mediante organização de sistema de atribuição de pontuação ou notas aos consumidores, sinalizando o risco maior ou menor de inadimplemento. Sua disciplina legal é conferida pela Lei 12.414/2011, substancialmente alterada pela Lei Complementar 166/2019.

A LGPD incide sobre o tratamento de dados com a finalidade de proteção ao crédito, devendo sua aplicação articular-se com outras fontes normativas.[32] Afinal, preserva, expressamente, a legislação especial, conforme prevê seu artigo 7º, X, ao referir que poderá ser realizado "para a proteção do crédito, inclusive quanto ao disposto na legislação pertinente". Nesses termos, a LGPD não derroga ou revoga o artigo 43 do CDC ou a Lei 12.414/2011, devendo suas disposições ser compatibilizadas com as normas gerais de proteção de dados que estabelece. Nesse particular, especial atenção deve-se dirigir ao artigo 64 da LGPD, ao definir que os direitos e princípios que expressa não excluem outros previstos no ordenamento jurídico brasileiro – caso do CDC, que dispõe de regra semelhante em seu artigo 7º, e da legislação que disciplina o "cadastro positivo".

3.5 A AUTORIDADE NACIONAL DE PROTEÇÃO DE DADOS E O SISTEMA NACIONAL DE DEFESA DO CONSUMIDOR

A supervisão e a fiscalização do cumprimento da legislação de proteção de dados pessoais, assim como a implementação das políticas públicas que a promovam, em diversos sistemas jurídicos, serão confiadas a órgão ou entidade criada especificamente para este fim. No direito brasileiro, todavia, a previsão inicial de criação da Autoridade Nacional de Proteção de Dados (ANPD) foi, originalmente, objeto de veto presidencial quando da edição da lei, seguido, contudo, de sua criação por intermédio de Medida Provisória submetida à deliberação do Congresso Nacional e convertida na Lei 13.853, de 14 de agosto de 2019.

O artigo 55-J da LGPD, incluído pela Lei 13.853/2019, define as competências da Autoridade Nacional de Proteção de Dados,[33] várias delas com repercussão direta para a

---

[32] OLIVA, Milena Donato; VIÉGAS, Francisco de Assis. Tratamento de dados para a concessão de crédito. In: TEPEDINO, Gustavo; FRAZÃO, Ana; OLIVA, Milena Donato (coord.). *Lei Geral de Proteção de Dados Pessoais* e suas repercussões no direito brasileiro. São Paulo: Ed. RT, 2019. p. 566.

[33] São competências da Autoridade Nacional de Proteção de Dados relacionadas no artigo 55-J da LGPD: "Compete à ANPD: I – zelar pela proteção dos dados pessoais, nos termos da legislação; II – zelar pela observância dos segredos comercial e industrial, observada a proteção de dados pessoais e do sigilo das informações quando protegido por lei ou quando a quebra do sigilo violar os fundamentos do art. 2º desta Lei; III – elaborar diretrizes para a Política Nacional de Proteção de Dados Pessoais e da Privacidade; IV – fiscalizar e aplicar sanções em caso de tratamento de dados realizado em descumprimento à legislação, mediante processo administrativo que assegure o contraditório, a ampla defesa e o direito de recurso; V – apreciar petições de titular contra controlador após comprovada pelo titular a apresentação de reclamação ao controlador não solucionada no prazo estabelecido em regulamentação; VI – promover na população o conhecimento das normas e das políticas públicas sobre proteção de dados pessoais e das medidas de segurança; VII – promover e elaborar estudos sobre as práticas nacionais e internacionais de

PARTE III · Cap. 3 · A PROTEÇÃO DE DADOS PESSOAIS E O DIREITO DO CONSUMIDOR | 873

proteção do consumidor titular de dados, como ocorre com a definição de sua competência regulamentar (incisos XIII e XVIII), de fiscalização (incisos IV, V, XI e XVI), por exemplo.

Merece destaque, contudo, a definição que o exercício de sua competência regulamentar deverá observar a cooperação permanente com outros órgãos ou entidades da Administração que sejam responsáveis pela regulação de setores específicos da atividade econômica (artigo 55-J, § 4º, da LGPD), inclusive com o dever de articular e coordenar sua atuação (artigo 55-J, XXIII e § 3º, da LGPD). Estão inseridas, nessa hipótese, as agências reguladoras, muitas das quais, regulando serviços oferecidos no mercado de consumo, se vinculam à competência de defesa do consumidor.

Em relação ao Sistema Nacional de Defesa do Consumidor, o artigo 55-K, parágrafo único, da medida provisória enviada ao Congresso Nacional para a criação da ANPD dispunha, expressamente, sobre sua articulação com os órgãos de defesa do consumidor. Alterada ao longo da tramitação legislativa para retirar a menção expressa ao SNDC, não afastou a exigência dessa articulação, após sua conversão na Lei 13.853/2019, como se percebe do texto em vigor: "A ANPD articulará sua atuação com outros órgãos e entidades com competências sancionatórias e normativas afetas ao tema de proteção de dados pessoais e será o órgão central de interpretação desta Lei e do estabelecimento de normas e

---

proteção de dados pessoais e privacidade; VIII – estimular a adoção de padrões para serviços e produtos que facilitem o exercício de controle dos titulares sobre seus dados pessoais, os quais deverão levar em consideração as especificidades das atividades e o porte dos responsáveis; IX – promover ações de cooperação com autoridades de proteção de dados pessoais de outros países, de natureza internacional ou transnacional; X – dispor sobre as formas de publicidade das operações de tratamento de dados pessoais, respeitados os segredos comercial e industrial; XI – solicitar, a qualquer momento, às entidades do poder público que realizem operações de tratamento de dados pessoais informe específico sobre o âmbito, a natureza dos dados e os demais detalhes do tratamento realizado, com a possibilidade de emitir parecer técnico complementar para garantir o cumprimento desta Lei; XII – elaborar relatórios de gestão anuais acerca de suas atividades; XIII – editar regulamentos e procedimentos sobre proteção de dados pessoais e privacidade, bem como sobre relatórios de impacto à proteção de dados pessoais para os casos em que o tratamento representar alto risco à garantia dos princípios gerais de proteção de dados pessoais previstos nesta Lei; XIV – ouvir os agentes de tratamento e a sociedade em matérias de interesse relevante e prestar contas sobre suas atividades e planejamento; XV – arrecadar e aplicar suas receitas e publicar, no relatório de gestão a que se refere o inciso XII do *caput* deste artigo, o detalhamento de suas receitas e despesas; XVI – realizar auditorias, ou determinar sua realização, no âmbito da atividade de fiscalização de que trata o inciso IV e com a devida observância do disposto no inciso II do *caput* deste artigo, sobre o tratamento de dados pessoais efetuado pelos agentes de tratamento, incluído o poder público; XVII – celebrar, a qualquer momento, compromisso com agentes de tratamento para eliminar irregularidade, incerteza jurídica ou situação contenciosa no âmbito de processos administrativos, de acordo com o previsto no Decreto-Lei nº 4.657, de 4 de setembro de 1942; XVIII – editar normas, orientações e procedimentos simplificados e diferenciados, inclusive quanto aos prazos, para que microempresas e empresas de pequeno porte, bem como iniciativas empresariais de caráter incremental ou disruptivo que se autodeclarem *startups* ou empresas de inovação, possam adequar-se a esta Lei; XIX – garantir que o tratamento de dados de idosos seja efetuado de maneira simples, clara, acessível e adequada ao seu entendimento, nos termos desta Lei e da Lei nº 10.741, de 1º de outubro de 2003 (Estatuto do Idoso); XX – deliberar, na esfera administrativa, em caráter terminativo, sobre a interpretação desta Lei, as suas competências e os casos omissos; XXI – comunicar às autoridades competentes as infrações penais das quais tiver conhecimento; XXII – comunicar aos órgãos de controle interno o descumprimento do disposto nesta Lei por órgãos e entidades da administração pública federal; XXIII – articular-se com as autoridades reguladoras públicas para exercer suas competências em setores específicos de atividades econômicas e governamentais sujeitas à regulação; e XXIV – implementar mecanismos simplificados, inclusive por meio eletrônico, para o registro de reclamações sobre o tratamento de dados pessoais em desconformidade com esta Lei".

diretrizes para a sua implementação". É indiscutível, nesse particular, que as competências dos órgãos de defesa do consumidor são "afetas ao tema de proteção e dados pessoais", como indica a peculiar redação legislativa.

Nesse ponto, convém referir que o *caput* do artigo 55-K reserva à Autoridade Nacional de Proteção de Dados, com exclusividade, a aplicação das sanções previstas na LGPD, assim como a prevalência de suas competências relativas à proteção de dados pessoais, em relação às competências correlatas de outras entidades ou órgãos da Administração Pública. Desse modo, a questão que se apresenta é: qual a competência dos órgãos e das entidades de defesa do consumidor integrantes do Sistema Nacional de Defesa do Consumidor em matéria de proteção de dados pessoais?

A exegese do artigo 55-K conduz, inicialmente, a duas conclusões: (a) primeiro, sendo a Autoridade Nacional de Proteção de Dados órgão central de interpretação da LGPD e com competência para sua regulamentação, quando define certo entendimento quanto ao sentido e ao alcance da lei, ou edita regulamento que disciplina sua aplicação, tais atos prevalecem e se vinculam aos órgãos e às entidades integrantes do Sistema Nacional de Defesa do Consumidor; (b) segundo, a competência de fiscalização prevista no CDC aos órgãos e às entidades integrantes do Sistema Nacional de Defesa do Consumidor, bem como aquelas que tenham sido fixadas nas leis específicas de sua criação, não é derrogada pela LGPD.

Ao contrário, a LGPD prevê que a Autoridade Nacional de Proteção de Dados articulará sua atuação com outros órgãos e entidades "com competências sancionatórias e normativas" afetas ao tema de proteção de dados. Desse modo, são preservadas essas competências de fiscalização (sancionatórias) e regulamentares, relativamente às normas previstas no CDC. Não sugere a lei qualquer prevalência quanto ao exercício da competência sancionatória, razão pela qual, a exemplo do que já ocorre na fiscalização de fornecedores regulados por órgãos ou entidades setoriais, a lesão a direitos do consumidor decorrente da violação da privacidade ou utilização indevida de dados pessoais poderá também ser objeto de atuação dos órgãos e das entidades de defesa do consumidor, quando houver, como fundamento, infração a normas do CDC ou de sua regulamentação. Apenas quando se trata da violação de deveres previstos expressamente na LGPD, e que não se reflitam na violação de alguma norma específica da legislação de proteção do consumidor, é que a Autoridade Nacional de Proteção de Dados exercerá sua competência exclusiva. Não será por outra razão, inclusive, que o artigo 18, § 8º, da LGPD prevê que o direito de petição do titular dos dados contra o controlador em virtude da violação de qualquer dos direitos previstos na lei pode ser dirigido também aos "organismos de defesa do consumidor".

No entanto, mesmo nos casos de competência exclusiva da Autoridade Nacional de Proteção de Dados, sua atuação deverá também considerar a aplicação das normas de proteção ao consumidor. É o que resulta da interpretação dos artigos 2º, VI, e 64 da LGPD.

A atuação fiscalizatória da ANPD fundamenta-se nas Resoluções1, de 2021, e 4, de 2023, do Conselho Diretor da agência. A Resolução CD/ANPD 1, de 28 de outubro de 2021, dispõe sobre o Regulamento do Processo de Fiscalização e do Processo Administrativo Sancionador no âmbito da agência; a Resolução CD/ANPD 4, de 24 de fevereiro de 2023, por sua vez, aprovou seu Regulamento de Dosimetria e Aplicação de Sanções Administrativas. Entre as sanções previstas, a serem aplicadas pela agência, encontra-se a

PARTE III · Cap. 3 · A PROTEÇÃO DE DADOS PESSOAIS E O DIREITO DO CONSUMIDOR | 875

multa pecuniária, assim como a suspensão ou a proibição do tratamento de dados pessoais, o que, dependendo do modelo de negócio adotado pelos fornecedores, pode ter consequências graves para sua atividade negocial. As multas, calculadas sobre o faturamento do infrator, podem chegar ao valor de R$ 50 milhões por infração, concorrendo com as sanções aplicadas pelos órgãos de defesa do consumidor do SNDC, com fundamento na violação do CDC, quando se trate de violação a direitos do consumidor, segundo critérios de dosimetria diversos, conforme o órgão competente para aplicar a sanção.

3.6 FUNDAMENTO LEGAL PARA O TRATAMENTO DE DADOS PESSOAIS DE CONSUMIDORES

A Lei Geral de Proteção de Dados está estruturada em dois vértices fundamentais: (i) na proteção do titular de dados pessoais; (ii) no reconhecimento da licitude do tratamento de dados pessoais, segundo as condições que define. A delimitação das hipóteses legais de tratamento, por sua vez, resulta da relação que se reconhece entre a proteção de dados pessoais e os direitos fundamentais do seu titular, em especial, relacionando-os à proteção da vida privada (artigo 5º, X, da Constituição da República), à inviolabilidade do sigilo de dados (artigo 5º, XII, da Constituição da República), sem prejuízo de sua projeção sobre os direitos de liberdade e igualdade. A partir de 2022, com a promulgação da Emenda Constitucional 115, a Constituição da República passou a contar com o inciso LXXIX no artigo 5º, pelo qual "é assegurado, nos termos da lei, o direito à proteção dos dados pessoais, inclusive nos meios digitais".

Nessa delimitação que define as condições para licitude do tratamento de dados, protagonizam as hipóteses relacionadas no artigo 7º da LGPD. A licitude e o regular exercício da atividade de tratamento de dados pessoais supõem o atendimento de uma das hipóteses previstas na norma. Tratando-se de dados pessoais sensíveis (artigo 5º, II), as hipóteses de tratamento observam o disposto no artigo 11 da lei.

O artigo 7º, ao dispor sobre as hipóteses de tratamento, não exclui, por outro lado, a incidência de normas que disciplinam o tratamento de dados com outra sede legal. É o caso do tratamento com a finalidade de proteção do crédito (artigo 7º, X), sobre o que incidem as regras da Lei 12.414/2011 e do Código de Defesa do Consumidor. Aliás, nesse ponto, o tratamento de dados de consumidores, inclusive no tocante à proteção do crédito, submete-se ao disposto no artigo 43 e às demais disposições do Código de Defesa do Consumidor. Para tanto, há, em destaque, os artigos 2º, VI, e 64 da LGPD, que preservam, expressamente, o âmbito de aplicação das normas que asseguram direitos ao consumidor.

Anote-se que a técnica legislativa adotada pela LGPD é abrangente, a partir da definição legal de "tratamento de dados" (artigo 5º, X), como "toda operação realizada com dados pessoais, como as que se referem a coleta, produção, recepção, classificação, utilização, acesso, reprodução, transmissão, distribuição, processamento, arquivamento, armazenamento, eliminação, avaliação ou controle da informação, modificação, comunicação, transferência, difusão ou extração". Nesse sentido, supera, com vantagem, a estratégia legislativa anterior de exame parcelar das operações com dados, centrado em certas condutas como sua "coleta" ou "utilização". A definição legal adotada considera o tratamento como atividade que contempla diversas condutas, todas elas submetidas às hipóteses legais que condicionam seu exercício regular. A conformidade do tratamento com as hipóteses previstas em lei, nesse sentido, é condição para sua licitude e, nesses termos, integra a noção jurídica de "tratamento regular". *A contrario sensu*, a violação *ab initio* das hipóteses que autorizam o tratamento de dados, desde já, lhe confere a qualificação como tratamento ilícito ou irregular, sujeitando o agente às sanções previstas em lei.

Refira-se, nesse particular, o paralelo com a opção legislativa no âmbito do direito comunitário europeu, que exerce forte impressão sobre o legislador brasileiro. O Regulamento Geral de Proteção de Dados (RGPD) (ou *General Data Protection Regulation* – GDPR) define, no seu artigo 6º, *caput*, hipóteses *lícitas* de tratamento, nos seguintes termos: "o tratamento só é lícito se e na medida em que se verifique pelo menos uma das seguintes situações". No direito brasileiro, as hipóteses (ou "bases legais", como vem sendo referido por parcela da doutrina) que autorizam o tratamento de dados merecerão relação exaustiva no artigo 7º da lei, prestigiando a possibilidade de controle e identificação das operações com dados pessoais, em direta relação com os princípios adotados pela legislação. Nesses termos, o catálogo legal deverá ser interpretado, igualmente, em atenção aos princípios que são objeto de extensa e detalhada definição no artigo 6º da lei.

3.6.1 O consentimento

O consentimento do titular é a primeira das hipóteses que autorizam o tratamento de dados pessoais (artigo 7º, I). A origem da preocupação e da disciplina da proteção de dados pessoais associa-se ao reconhecimento de um direito à autodeterminação informativa (*Grundrecht auf informationelle Selbsbestimmung),* reconhecido a partir de conhecida decisão do Tribunal Constitucional alemão, de 1983, que, julgando inconstitucional lei que obrigava a população a responder a perguntas do censo promovido pelo Estado, admitiu o direito à recusa em fornecer informações pessoais, consistente no poder de disposição do próprio titular dos dados pessoais sobre sua utilização, consentindo com seu tratamento, e cujo exercício poderia ser limitado apenas por razões de interesse público.[34] Desde então, o consentimento do titular tem destaque entre as hipóteses que autorizam o tratamento de dados, exigindo-se certa *qualidade da manifestação de vontade* nesse caso – em especial que seja *livre, específica, informada e inequívoca*. Assim, a definição legal prevista no artigo 5º, XII, da LGPD: "Consentimento: manifestação livre, informada e inequívoca pela qual o titular concorda com o tratamento de seus dados pessoais para uma finalidade determinada".

Essa definição tem inspiração no artigo 7º do RGPD europeu, sendo tomada, inicialmente, como protagonista da proteção de dados[35] e garantia para o exercício da autodeterminação informativa.[36]

---

[34] SIMITIS, Spiros. Die informationelle Selbstbestimmung – Grundbedingung einer verfassungskonformen Informationsordnung. *Neue Juristische Wochenschrift*, München, v. 37, n. 8, p. 398-405, 1984.

[35] BIONI, Bruno Ricardo. *Proteção de dados pessoais*: a função e os limites do consentimento. Rio de Janeiro: Forense, 2019. p. 139; TEPEDINO, Gustavo; TEFFÉ, Chiara Spadaccini. Consentimento e proteção de dados pessoais na LGPD. In: TEPEDINO, Gustavo; FRAZÃO, Ana; OLIVA, Milena Donato (coord.). *Lei Geral de Proteção de Dados Pessoais* e suas repercussões no direito brasileiro. São Paulo: Ed. RT, 2019. p. 298.

[36] MENDES, Laura Schertel. *Privacidade, proteção de dados e defesa do consumidor*: linhas gerais de um novo direito fundamental. São Paulo: Saraiva, 2014. p. 53.

A LGPD, a exemplo do RGPD europeu, tem por objetivo assegurar o controle dos dados pessoais aos titulares mediante exercício de sua autodeterminação. Isso, como regra, se realiza tanto em vista da promoção das situações de coleta do consentimento, e de sua qualidade, quanto de arquitetura dos modelos negociais para tratamento dos dados.

Consentimento é expressão de longa tradição no direito privado e compreende a manifestação de vontade, geralmente associada à submissão da esfera jurídica daquele que declara ou exprime, a efeitos e repercussões de ação, estado ou atividade exterior. Concentra-se seu exame na manifestação de vontade do titular que celebra negócio jurídico quando autoriza o tratamento de dados pelo controlador ou operador. Nesse sentido, exigem-se os requisitos do artigo 104 do Código Civil ("Art. 104. A validade do negócio jurídico requer: I – agente capaz; II – objeto lícito, possível, determinado ou determinável; III – forma prescrita ou não defesa em lei").[37] O artigo 7º, I, da LGPD, por sua vez, refere-se ao "fornecimento de consentimento", podendo ser interpretado como exercício ativo, a exigir manifestação de vontade expressa, desafiando a regra do artigo 111 do Código Civil ("Art. 111. O silêncio importa anuência, quando as circunstâncias ou os usos o autorizarem, e não for necessária a declaração de vontade expressa"). Destacam--se, igualmente, situações em que uma mesma declaração de vontade cumpra funções distintas, como é o caso daquelas em que a declaração de vontade de contratar (celebrar negócio jurídico em vista de determinado objeto de interesse comum das partes) também implica o consentimento para tratamento de dados pessoais, como ocorre na adesão a termos de uso ou condições gerais que contemplem a previsão específica nesse sentido.

Uma visão inicial sobre o consentimento como hipótese que autoriza o tratamento de dados pode lhe conferir prevalência em relação às demais previstas na lei, ou mesmo maior legitimidade. Essa impressão desconhece, contudo, suas dificuldades inerentes, bem identificadas[38] como as limitações cognitivas do titular dos dados em relação às características do tratamento e à sua própria capacidade de dispor sobre sua realização, ou mesmo as restrições ao seu poder de decisão, quando o consentimento prévio subordina seu acesso a determinada vantagem (*take it or leave it*). Do mesmo modo, não se perde de vista que as possiblidades de tratamento de dados nem sempre serão integralmente mensuráveis ao tempo que o consentimento é requerido. Em resumo, a vulnerabilidade identificada na posição do titular dos dados pode limitar o atendimento à função precípua do consentimento, de assegurar o controle em relação à realização e aos termos do tratamento. O titular dos dados, como se sabe, é sempre pessoa natural (assim a definição de dado pessoal, artigo 5º, I, da lei). Logo, emergem da realidade situações de desequilíbrio, especialmente em relação a pessoas jurídicas, com atuação profissional ou não, e mesmo diante do próprio Estado, no tocante à disciplina do tratamento de dados e à interpretação das condições para o consentimento.

A mesma situação não passa despercebida na disciplina oferecida pelo RGPD europeu. O Considerando 43 do RGPD refere-se aos limites do consentimento como fundamento para o tratamento de dados. Nesses termos, dispõe que o consentimento não será

---

[37] MIRAGEM, Bruno. *Teoria geral do direito civil*. Rio de Janeiro: Forense, 2021. p. 378.

[38] MENDES, Laura Schertel; FONSECA, Gabriel Campos Soares da. Proteção de dados para além do consentimento: tendências de materialização. In: MENDES, Laura Schertel et al. *Tratado de proteção de dados pessoais*. Rio de Janeiro: Forense, 2021. Em especial p. 78 e ss.

fundamento jurídico válido em situações em que exista manifesto desequilíbrio entre o titular e o responsável pelo tratamento dos dados pessoais. Há presunção de invalidade do consentimento caso este não tenha sido requerido para fases distintas do processo de tratamento de dados pessoais, se assim as características desse mesmo tratamento exigir. Trata-se de situações de desigualdade que podem se estender a outras nas quais, em face das circunstâncias, se veja limitado o poder de decisão do titular dos dados para consentir livremente.

Independentemente do reconhecimento expresso da vulnerabilidade do titular dos dados pela LGPD, esta pode resultar de sua relação com os agentes de tratamento. A uma, pois o tratamento de dados pessoais outorgado mediante consentimento, ou, inclusive, por virtude de relação contratual, pressupõe intrínseco atendimento do princípio da confiança. Os meios técnicos, econômicos, jurídicos e sociais no tratamento de dados associam-se, nas relações de consumo, ao reconhecimento da vulnerabilidade do consumidor, denotando uma assimetria ou desigualdade estrutural entre as partes envolvidas.[39] Nesses termos, ainda que ocorra a prestação de informações quanto ao tratamento (*accountability*), com muita dificuldade, os titulares conseguirão auditar as operações. Por essa razão, justamente, a LGPD prevê inversão do ônus da prova (artigo 8º, § 2º) quanto à demonstração da aquisição do consentimento na forma e nos termos previstos na lei.

Com efeito, a definição legal de consentimento (artigo 5º, XII) refere que se trata de manifestação livre, informada e inequívoca, de concordância com o tratamento para uma finalidade determinada. Na precisa lição de Philip Coppel, o consentimento não será livre se o titular não tiver garantida a genuína escolha em aceitar, negar ou retirar sua manifestação de vontade, sem prejuízo[40]. Observe-se a preponderância do consentimento como *causa*, e não como elemento apenas incidental da formação da relação jurídica com o controlador. A manifestação livre da vontade pressupõe o conhecimento prévio dos seus termos e de sua repercussão para o interesse daquele que deve consentir. Nesse sentido, a manifestação informada e inequívoca a que faz referência a lei resulta em um dever de informar daquele que busca colher o consentimento do titular dos dados. Informar-se mal, de modo incompleto, ou em termos que sejam objetivamente incompreensíveis, ou mesmo de difícil compreensão ao destinatário, não colhe consentimento válido.

O consentimento do titular dos dados vincula-se, *ex lege*, a uma finalidade determinada. Não se admite, sob qualquer argumento, que o tratamento de dados realizado com fundamento no consentimento do titular, possa ser realizado para finalidade diferente daquela que se deu conhecimento antes de sua coleta. Quem consente para uma finalidade circunscreve a manifestação de vontade, que não pode ser estendida ou desviada pelos agentes de tratamento, devendo-se apenas considerar, em casos tais, se o tratamento de dados não tenha por fundamento outras hipóteses legais do mesmo catálogo previsto no artigo 7º. Tratando-se de consentimento prestado mediante cláusula inserta em termos de uso ou condições gerais em que a declaração para aderir ao negócio implique também a aceitação do declarante com o tratamento de seus dados pessoais, sua exigência deverá

---

[39] MARQUES, Claudia Lima; MIRAGEM, Bruno. *O novo direito privado e a proteção dos vulneráveis*. 2. ed. São Paulo: Ed. RT, 2014.

[40] COPPEL, Philip. *Information rights*. 5. ed. Oxford: Hart Publishing, 2020. p. 195.

PARTE III · Cap. 3 · A PROTEÇÃO DE DADOS PESSOAIS E O DIREITO DO CONSUMIDOR | 879

ser identificada pelo declarante, previamente à manifestação da vontade, o que se atende seja com seu destaque em relação às demais condições, seja mediante sua apresentação em separado, sempre assegurando que seja compreensível, garantindo sua manifestação inequívoca.

Há relevância, no ponto, em relação à informação prestada sobre a finalidade. Será ela o critério para vinculação à finalidade determinada, de modo que o que vincula ou autoriza é o que foi comunicado. Desse modo, não é adequada a informação sobre a finalidade que se preste em termos amplos, genéricos e vagos.

De interesse é a decisão da Corte de Justiça da União Europeia que esclareceu a compreensão de consentimento informado no caso *Orange România AS v. Autoritatea Națională de Supraveghere a Prelucrării Datelor cu Caracter Personal*, segundo a qual este só será válido se for exarado de forma livre e por conduta ativa do titular. Na oportunidade, ao analisar a coleta de dados pessoais por contrato com empresa de telecomunicações, a Corte verificou que o consumidor não dispunha de alternativa diversa senão a de transferir seus dados pessoais por meio de cláusula de arrasto resultante da assinalação de um campo (*check box*) que, em tese, manifestava a anuência. Conforme essa visão, ainda que preenchida por marcação em campos que pretendam extrair o consentimento do titular, isso, por si só, poderá não ser suficiente para verificar a validação da conduta positiva em consentir.

É comum o emprego de campos de seleção previamente preenchidos, principalmente em contratos de adesão. Não é de se rejeitar a hipótese, afinal está de acordo com certa padronização característica da contratação em massa, em especial nas contratações eletrônicas, nas quais a despersonalização e a desmaterialização do contrato exigem, com mais acento, uniformidade na manifestação da vontade e seu recebimento pelo destinatário. Relevância deverá ser dada aos meios disponíveis ao titular dos dados para informar-se previamente sobre a natureza e o alcance do consentimento, assim como a finalidade do tratamento para o qual emite manifestação de vontade.

Observa-se que, em virtude da natureza jurídica dos dados pessoais, seu tratamento é limitado às hipóteses expressamente previstas em lei. Com isso, a mera paráfrase ou a prática de emprego de cláusulas obscuras que ofuscam o consentimento do titular pode invalidar o negócio jurídico por vício de vontade segundo as causas típicas de lei. Sendo assim, a possibilidade do tratamento de dados por força do vínculo contratual exigirá boa-fé na formalização do negócio, pois a prática atrairá o microssistema legal quanto à proteção de dados e aos princípios protetores dos direitos dos titulares. Por essas razões é que o fundamento na relação contratual não se presta a enfraquecer os direitos dos titulares, mas, sim, a reforçar a exigibilidade dos deveres dos agentes de tratamento.

Quanto ao tratamento de dados em contrato de consumo, a adequação do tratamento observa também o disposto no Código de Defesa do Consumidor (CDC), a fim de respeitar as expectativas legítimas, a boa-fé e a confiança do consumidor. Nesse ponto, a tutela da confiança do consumidor abrange a proteção da expectativa legítima em relação às informações prestadas, assim como de que tenha acesso aos seus dados, por força do consentimento dado, não se comporte de modo contraditório a elas e respeite a vinculação à finalidade de utilização comunicada originalmente.

Nesse particular, recorde-se que a proteção dos dados pessoais se justifica, originalmente, pela tutela à privacidade do titular dos dados. Privacidade é conceito objetivo, mas também contextual, uma vez que se vincula à expectativa legítima do titular do direito em ter preservadas, sob certas condições, informações a seu respeito, da exposição pública ou a terceiros. Dos termos do consentimento resulta essa expectativa, de modo que não poderá o fornecedor ou o controlador dos dados, dando uso diverso da finalidade que motivou o consentimento do titular, tal qual foi compreendida por ele, sustentar sua utilização para outras finalidades. São relevantes, aqui, para a correta compreensão dessa expectativa legítima do titular dos dados, tanto as informações e os esclarecimentos prestados na ocasião da obtenção do consentimento quanto a situação específica de vulnerabilidade, decorrente da lei, ou de situação concreta que acentue essa característica (vulnerabilidade agravada).

Essa compreensão quanto à expectativa legítima do titular dos dados no fornecimento do consentimento, igualmente, revela-se pela definição do dever de informar do fornecedor na fase pré-contratual, conforme define o artigo 9º, § 3º, da LGPD, ao dispor que, "quando o tratamento de dados pessoais for condição para o fornecimento de produto ou de serviço ou para o exercício de direito, o titular será informado com destaque sobre esse fato e sobre os meios pelos quais poderá exercer os direitos do titular elencados no art. 18 desta Lei". Trata-se de regra de grande importância nas relações de consumo, sobretudo ao regular as denominadas políticas de tudo ou nada, (*take-it-or-leave-it choice*), submetendo o consumidor à opção de aceitar integralmente as disposições ou os termos de serviço como condição para sua utilização.

A forma do consentimento do titular para o tratamento de dados é definida pelo artigo 8º da LGPD. Compreende requisito de validade da manifestação de vontade, observado o seguinte: (i) o consentimento deverá ser fornecido por escrito ou por meio que demonstre a manifestação da vontade do titular; (ii) se por escrito, deverá estar destacado das demais cláusulas contratuais; (iii) caberá ao controlador o ônus da prova de que o consentimento foi obtido em conformidade; (iv) é vedado o tratamento de dados mediante vício de consentimento; (v) as finalidades deverão constar pormenorizadamente, sob pena de nulidade em caso de expressões genéricas.

No caso do consentimento para o tratamento dados conferido em troca de dados, com reciprocidade de interesses das partes, trata-se de causa legítima, rivalizando com o próprio interesse legítimo do controlador. Nesses termos, define-se o que Jack M. Balkin denomina como *fiduciary model of privacy*[41], pelo qual empresas utilizam os dados dos consumidores para prever seus gostos e identificar seus hábitos, o que deve merecer, por parte do Direito, reforço dos de deveres de transparência, lealdade, cuidado e boa-fé como modo de redução das assimetrias, tanto de informação, propriamente dita, quanto das que decorram de vulnerabilidade em vista da dependência dos titulares a modelos de negócio dessa natureza.

---

[41] BALKIN, Jack M. The fiduciary model of privacy. *Harvard Law Review*, v. 123, n. 1, 2020.

3.6.1.1 *Requisitos substanciais e formais do consentimento*

A formação de bancos de dados de consumidores, pela incidência em comum da LGPD e do CDC – excluídos os bancos de dados de crédito cuja disciplina especial do artigo 43 do CDC e da Lei 12.414/2011 tem precedência –, submete-se, necessariamente, à exigência de consentimento expresso do consumidor titular dos dados pessoais. Ordinariamente, relaciona-se, como condições para o consentimento, que ele tenha sido emitido por vontade livre do titular dos dados, voltado a uma finalidade específica e que tenha sido informado sobre essa finalidade, o processamento e a utilização dos dados, bem como a respeito da possibilidade de não consentir.[42] O artigo 5º, XII, da LGPD, em clara influência do Regulamento Geral europeu sobre proteção de dados, define o consentimento como "manifestação livre, informada e inequívoca pela qual o titular concorda com o tratamento de seus dados pessoais para uma finalidade determinada".

A rigor, seu significado se identifica com os requisitos que se exigem para a manifestação de vontade do consumidor capaz de vinculá-lo juridicamente. Sabe-se que, nos negócios jurídicos de consumo, o silêncio não caracteriza anuência, tampouco convalida o abuso ou a ilicitude. A aceitação do consumidor sempre deve ser expressa, ainda que se possa interpretar, naquilo que não lhe seja oneroso ou determine prejuízo, o consentimento tácito, segundo os usos. No caso do consentimento, para o tratamento de dados (artigo 7º, I, da LGPD), observam-se requisitos substanciais e formais.

São requisitos substanciais os que digam respeito à qualidade do consentimento. Conhecimento e compreensão por aquele de quem se requer o consentimento são elementos essenciais para sua configuração.[43] Daí o sentido de que se trata de uma manifestação de vontade livre – significa dizer, isenta de pressões ou ameaças diretas ou indiretas que contaminem a decisão do consumidor. Nesse particular, o artigo 8º, § 3 º, inclusive, faz referência expressa aos vícios do consentimento, o que remete, no direito atual, aos defeitos do negócio jurídico previstos no Código Civil (em especial, o erro, o dolo, a coação, a lesão e o estado de perigo, artigo 138 e ss.). Da mesma forma, deve-se recordar da violação da qualidade de consentimento que informa a abusividade das cláusulas contratuais, quando a aceitação do consumidor é colhida sem conhecimento efetivo do conteúdo da sua deliberação e/ou de suas repercussões concretas – como ocorre na hipótese do artigo 46 do CDC.

Exige-se também que seja uma manifestação de vontade informada. O consentimento informado é tema cujo significado, no direito brasileiro, já possui boa densidade, em especial no tocante aos deveres pré-negociais de profissionais liberais que assumam obrigações de meio (tais como médicos ou advogados), assim como, em geral no âmbito dos serviços de saúde, como expressão da autodeterminação do paciente. Nas relações de consumo, e informado pela boa-fé, a noção de consentimento informado firma-se em termos amplos, não apenas com o reconhecimento de um dever de repassar informações àquele que deve manifestar seu consentimento mas também como um autêntico dever de esclarecimento (esclarecer = tornar claro), a fim de reconhecer o dever daquele a

---

42   SIMITIS, Spiros (Hrsg.). *Bundesdatenschutzgesetz*. 8. Auf. Baden-Baden: Nomos, 2014.

43   BEYLEVELD, Deryck; BROWNSWORD, Roger. *Consent in the law*. Oxford: Hart Publishing, 2007. p. 145 ss.

quem compete informar, de tornar essas informações compreensíveis para o destinatário. Nesse caso, só é reconhecido como eficaz o consentimento quando aquele que manifesta vontade tem as condições plenas de compreender o conteúdo da sua decisão e o modo como ela repercute em relação aos seus interesses pressupostos. Consentimento daquele que decide a partir de informações incorretas ou incompletas não é reconhecido como tal, de forma que torne ilícitas, no âmbito do tratamento dos dados pessoais, quaisquer operações que venham a se basear nele.

Da mesma maneira, há exigência legal expressa de que a manifestação de consentimento deve se dar em vista de finalidades determinadas para a utilização dos dados, sendo nulas as manifestações que se caracterizem como autorizações genéricas para o tratamento de dados (artigo 8º, § 4º, da LGPD). Desse modo é correto entender que a declaração de vontade do titular dos dados vincula-se, expressamente, a certas e determinadas finalidades. Há evidente controle sobre o conteúdo da manifestação da vontade, inclusive quanto a seus termos específicos, de modo que não poderão ser redigidos exemplificativamente, senão que a manifestação de vontade exaure as hipóteses de uso admitidas.

Por fim, a lei define que a manifestação deve ser inequívoca. Assume o sentido de que o consentimento, quando expresso pelo consumidor, deve ser compreendido por ele como tal. Visa-se impedir a manipulação da vontade daquele do titular dos dados.[44] Ou seja, a realização do consentimento deve ser perceptível pelo consumidor, após ser informado sobre sua repercussão, circunstância que terá especial relevância quando venha a ser manifestado por meio eletrônico, exigindo-se, nessa circunstância, que a forma ou o momento de realização do consentimento (*e.g.*, mediante um clique, a digitação de uma senha, ou a indicação do desenho, imagem ou letras que constem na tela) seja devidamente identificado como tal. Nesse sentido, percebe-se a regra do artigo 9º, § 1º, que comina de nulidade o consentimento obtido mediante fornecimento de informações de conteúdo enganoso ou abusivo, que devem ser compreendidas como aquelas que faltam ao dever de veracidade ou clareza, assim como possam induzir em erro o titular dos dados.

A exigência de que o consentimento seja inequívoco associa-se a requisitos formais definidos pela lei. O artigo 8º, *caput*, da LGPD, estabelece que o consentimento "deverá ser fornecido por escrito ou por outro meio que demonstre a manifestação de vontade do titular." A exigência de consentimento escrito ou por outro meio que demonstre a manifestação da vontade do titular revela o propósito de assegurar a certeza sobre a existência do consentimento e seu objeto. No caso de o consentimento ser fornecido por escrito, o § 1º do artigo 8º da LGPD define, ainda, que deverá constar destacada "das demais cláusulas contratuais". Lendo de outro modo: integrando determinado instrumento contratual, a cláusula que preveja o consentimento do titular deve constar em destaque em relação às demais, justamente para permitir ser identificado como tal por aquele que venha a consentir.

No caso em que o consentimento refira-se ao tratamento de dados sensíveis, assim entendidos aqueles "sobre origem racial ou étnica, convicção religiosa, opinião política, filiação a sindicato ou a organização de caráter religioso, filosófico ou político, dado re-

---

[44] BIONI, Bruno Ricardo. *Proteção de dados pessoais*: a função e os limites do consentimento. Rio de Janeiro: Forense, 2019. p. 198.

PARTE III · Cap. 3 · A PROTEÇÃO DE DADOS PESSOAIS E O DIREITO DO CONSUMIDOR | 883

ferente à saúde ou à vida sexual, dado genético ou biométrico, quando vinculado a uma pessoa natural" (artigo 5º, II, da LGPD), incide regra que delimita de forma mais estrita a manifestação de vontade do titular dos dados (artigo 11, I, da LGPD). Dispõe que será admitido o tratamento de dados sensíveis "quando o titular ou seu responsável legal consentir, de forma específica e destacada, para finalidades específicas". Ao contrário do consentimento em relação aos demais dados pessoais, quanto aos dados sensíveis – por sua óbvia repercussão em vista dos riscos de agravamento e extensão dos dados ao titular dos dados –, exige a lei que a manifestação de vontade seja dada "de forma específica e destacada, para finalidades específicas". A exigência de forma específica e destacada implica o exame do contexto da manifestação de vontade. Se em texto escrito, o destaque se faz de modo que a manifestação de vontade se possa distinguir facilmente do restante das cláusulas e condições presentes. Pode ser apartada ou não do texto ou do instrumento principal, recordando-se que o ônus da prova de atendimento desse requisito será daquele que colher o consentimento e, em última análise, do controlador dos dados. É consentimento específico, para finalidades específicas, o que indica que a manifestação de vontade em consentir com o tratamento dos dados pelo titular deve se dar direta e objetivamente vinculada a certas finalidades expressas, sendo a interpretação, nesse caso, restritiva.

3.6.1.2   Ônus da prova do consentimento

O ônus de demonstrar a correta obtenção e manifestação do consentimento nos termos da lei é atribuído expressamente ao controlador dos dados (artigo 8º, § 2º, da LGPD). Controlador é aquele a quem compete a decisão relativa ao tratamento de dados pessoais. No caso da relação de consumo, pode ser que o próprio fornecedor tenha esse poder, porque coletou os dados para ele próprio incrementar suas decisões negociais, ou pode ser gestor do banco de dados ao decidir formatar determinadas informações que diretamente coletou ou recebeu por intermédio de compartilhamento. O elemento nuclear da definição de controlador, nesses termos será aquele que tenha poder de decisão sobre os dados, e cuja atuação, dessa forma, repercuta sobre o interesse dos respectivos titulares, em especial nos casos em que se verifique a violação de seus direitos.

A atribuição do ônus da prova da regularidade aos controladores de dados, nesse sentido, termina por lhes impor a necessidade de organizar meios de obtenção e arquivamento dos respectivos consentimentos dos titulares, sejam eles dados por escrito ou por outros meios previstos na lei. Atribuído o ônus da prova nos termos da lei, se o controlador não demonstrar que obteve o consentimento do titular dos dados, presume-se a utilização indevida dos dados, submetendo-se às sanções previstas na LGPD.

3.6.2   O cumprimento de obrigação legal ou regulatória

A segunda hipótese que autoriza o tratamento de dados é a de cumprimento de obrigação legal ou regulatória. Trata-se de hipótese na qual o tratamento de dados é atividade destinada ao cumprimento de dever imposto ao controlador. Ou é a lei que determina certo tratamento de dados, ou ele é meio necessário ao atendimento de determinação legal. Estão abrangidos na definição tanto deveres decorrentes de lei em sentido formal (resultado de deliberação do Poder Legislativo) quanto aqueles de regulamentos ou normas regulatórias, observadas as condições para sua validade. É hipótese que não depende de consentimento do titular dos dados. Assim, por exemplo, quando se determine o registro da informação sobre a vacinação ou outros dados de saúde do titular dos dados no âmbito do Sistema Único de Saúde, ou os dados do contribuinte e seu tratamento pelo Fisco. Há norma de competência que autoriza e disciplina o tratamento de dados. Da mesma forma ocorre quando um particular, controlador dos dados, deve fornecê-los para cumprir dever legal, caso, por exemplo, de sociedades empresárias a quem se impõe o dever de transmitir a diferentes órgãos e entes da Administração Pública dados de operações ou relações jurídicas celebradas com pessoas titulares dos dados que serão transmitidos. A licitude e a regularidade do tratamento de dados, nesses casos, seguem, contudo, delimitadas pelos princípios definidos na lei (artigo 6º), em tudo aplicáveis. Em relação aos consumidores, certos dados de contratos celebrados podem ter de ser fornecidos para fins fiscais, ou para registro de operações realizadas – como ocorre nos serviços bancários, em que há obrigação regulatória da instituição financeira informar sobre determinadas operações financeiras de seus clientes.

Não se deixa de notar, do mesmo modo, que o direito fundamental à vida privada, de íntima relação com a proteção de dados pessoais, tem eficácia tanto nas relações entre particulares como na delimitação de uma esfera de exclusividade oponível ao Estado, a ser observado, especialmente, no tocante ao exame de proporcionalidade sobre exigências que resultem de regulamento ou norma infralegal, diante dos direitos dos titulares dos dados assegurados em lei (inclusive na LGPD), assim como em relação ao controle de constitucionalidade de lei que imponha exigências, diante da Constituição. Também aí se reconhece limite ao poder de o Estado valer-se de exigências legais ou regulatórias para tratamento de dados frustrando ou desviando sua finalidade, hipótese em que tanto se cogitará o desvio ou abuso do poder quanto o atendimento dos requisitos de validade dos atos subsequentes cuja origem se perceba do tratamento irregular.[45] No direito europeu, regra semelhante do RGPD reconhece, corretamente, como condições para a licitude do tratamento, o atendimento do interesse público e da proporcionalidade do dever que o imponha.[46]

Não cabe, todavia, ao agente de tratamento discricionariedade sobre o atendimento do dever. Existindo o dever decorrente de norma válida, é de observância obrigatória. Particularmente, a hipótese exposta ocorrerá quando determinada entidade for *obrigada* a realizar tratamento de dados por força de lei ou normativa específica. Desse modo, a previsão exige a soma de norma que materialmente justifique a necessidade. Não caberá ao agente realizar avaliação discricionária, pois estará sempre vinculado aos exatos termos de lei subjacente, em cotejo com o inciso II do artigo 7º da LGPD. É situação que se distingue daquela em que a faculdade de tratamento de dados possa melhorar posição jurídica ou interesse do agente de tratamento, sem constituir, propriamente, um dever decorrente de norma cogente. Nessa hipótese, não há cumprimento de obrigação, podendo exigir, como meio de autorizar o tratamento de dados, a referência a outra hipótese definida na lei.

---

[45] STF, RE 1.055.941/SP, Rel. Min. Dias Toffoli, j. 28.11.2019, *DJe* 11.12.2019.

[46] MENEZES CORDEIRO, A. Barreto. *Direito da proteção de dados*: à luz do RGPD e da Lei n.º 58/2019. Coimbra: Almedina, 2020. p. 214.

3.6.2.1 Alteração do fundamento legal para tratamento de dados obtidos por consentimento do titular

O § 5º do artigo 7º da LGPD permite que o tratamento de dados realizado com fundamento no consentimento do titular (artigo 7º, I), e que necessite comunicar ou compartilhar dados pessoais, deverá obter consentimento específico para esse fim, ressalvadas as demais hipóteses de tratamento previstas na lei. Tal ordem de ideias permite reconhecer a possibilidade de o tratamento de dados que, inicialmente, se realize com fundamento no consentimento do titular realizar-se em seguida, inclusive com o compartilhamento de dados, desde que se fundamente em outra hipótese legal expressa prevista no rol do artigo 7º da lei. Isso não exclui, contudo, a demonstração do atendimento à finalidade legítima, à adequação e à necessidade do tratamento, assim como sua adequação à hipótese legal que o autoriza, entre as previstas no rol do artigo 7º da LGPD. Os riscos de eventual tratamento irregular, por sua vez, são mitigados pelo § 6º, seguinte, ao dispor que eventual dispensa da exigência do consentimento não desobriga os agentes de tratamento "das demais obrigações previstas nesta Lei, especialmente da observância dos princípios gerais e da garantia dos direitos do titular". Em outros termos, independentemente do fundamento do tratamento de dados e mesmo de sua alteração, não se eximem os agentes de tratamento da observância do regime legal, em especial quanto aos deveres impostos à atividade.

3.6.3 A execução de contrato ou de procedimentos preliminares ao contrato

O artigo 7º, V, da LGPD, prevê relevante hipótese para o tratamento de dados pessoais "quando necessário para a execução de contrato ou de procedimentos preliminares relacionados a contrato do qual seja parte o titular, a pedido do titular dos dados". Pode ocorrer, na fase pré-contratual, da necessidade de obtenção de dados do contratante para aferição de riscos pelas partes, para conformação da prestação a certas características subjetivas, ou outra causa de interesse comum à celebração do contrato. Da mesma forma, a execução do contrato pode exigir o tratamento de dados das partes ou, eventualmente, de terceiros, como é o caso da estipulação em favor de terceiro, ou, ainda, quando os efeitos do contrato possam afetar terceiros beneficiários. A própria identificação das partes que ocupam as distintas posições jurídicas ou dados necessários à execução da prestação poderão justificar o tratamento.

Por outro lado, é de anotar que o tratamento de dados no contexto da celebração e execução do contrato não pode dar causa ou mesmo resultar em condutas desleais ou de desequilíbrio das partes contratantes.[47]. No direito europeu, o artigo 6º, 1, *b*, do RGPD prevê que o tratamento será lícito quando "for necessário para a execução de um contrato no qual o titular dos dados é parte, ou para diligências pré-contratuais a pedido do titular dos dados". Assim, por exemplo, é o caso em que o tratamento de dados se permita para obter o endereço do titular onde deverá ser executada a prestação ou para a entrega do bem, e, em contratos pela internet, a necessidade de tratamento dos dados de identificação

---

[47] LOHSSE, Sebastian; SCHULZE, Reiner; STAUDENMAYER, Dirk. *Trading data in the digital economy*: legal concepts and tools. Münster Colloquia on EU Law and the Digital Economy III. Baden-Baden: Nomos, 2017. p. 20.

886 | CURSO DE DIREITO DO CONSUMIDOR – *Bruno Miragem*

das partes e dos meios de pagamento que utilizem. Ainda, há casos de contratos nos quais o tratamento preceda a concretização do próprio interesse na contratação, como ocorre no seguro, em que a declaração inicial do risco por parte do tomador e dos demais dados a que tenha acesso o segurador pode determinar sua decisão pela celebração ou pela recusa em contratar. Da mesma forma, não se confunde essa hipótese de tratamento com a do consentimento para tratamento de dados (artigo 7º, I). A manifestação de vontade para contratar não é a mesma para consentir com o tratamento de dados, embora possam, em termos práticos, especialmente em contratos automatizados, ser parte de uma mesma declaração. Tudo aqui tem relação com a informação prévia do titular dos dados sobre as funções da declaração de vontade e sua repercussão concreta. Sendo única a declaração de vontade, há o que se pode denominar de *consentimento por arrasto*, o que não elimina a necessidade de prévio esclarecimento sobre seus termos e efeitos.

Essa hipótese legal, contudo, pressupõe a existência de um contrato, ou ao menos uma oferta ou proposta (fase pré-contratual), que justifique o tratamento de dados no interesse comum da sua celebração ou execução, conforme o caso. Nas relações de consumo, muitas contratações de serviços supõem o preenchimento de formulários ou fichas, em via física ou on-line, com série de dados pessoais do contratante ou dos que venham a fruir da prestação (assim a matrícula em escola, a contratação de serviços de telecomunicação ou energia, ou a concessão de crédito, entre inúmeros exemplos).

A execução do contrato, da mesma forma, em muitas situações, exigirá o tratamento contínuo de dados do titular, seja para identificar os contratantes, seja para dimensionar as prestações, assim como para permitir resposta a quaisquer intercorrências ao longo da relação contratual. Onde se realiza a prestação, em favor de quem ou com que características são questões inerentes à execução de qualquer contrato e podem envolver, em diferentes graus, o tratamento de dados pessoais das partes.

3.6.4 O exercício regular de direitos em processo judicial, administrativo ou arbitral

O exercício regular de direitos em processo judicial, administrativo ou arbitral compreende hipótese legal que autoriza o tratamento de dados pessoais (artigo 7º, VI, da LGPD). Nesse sentido, destaque-se o direito fundamental previsto no artigo 5º, LV, da Constituição da República, o qual dispõe que "aos litigantes, em processo judicial ou administrativo, e aos acusados em geral são assegurados o contraditório e ampla defesa, com os meios e recursos a ela inerentes". Nesse caso, na defesa do seu interesse, podem os litigantes promover o tratamento de dados, trazendo-os ou não ao processo de que sejam parte. Da mesma forma, esse tratamento de dados também será realizado por assistentes e auxiliares, visando contribuir com a solução do processo, em decisão que lhe ponha fim. As alegações das partes, quando deduzidas em juízo, ou a produção de prova, por exemplo, podem implicar o tratamento de dados das partes ou de terceiros, com fundamento no artigo 7º, VI, da LGPD. O caráter abrangente da definição legal de tratamento de dados implica que atos comuns do procedimento judicial, administrativo ou arbitral possam envolver a atividade, uma vez que conste, nos respectivos atos, informações que se qualifiquem como dados pessoais das partes ou de terceiros, e, inclusive, expostos para conhecimento geral, nos casos em que observada a publicidade do processo.

PARTE III · Cap. 3 · A PROTEÇÃO DE DADOS PESSOAIS E O DIREITO DO CONSUMIDOR | 887

Destaque-se que, em tais casos, a hipótese legal que autoriza o tratamento de dados é a do exercício regular de direitos em processo judicial, administrativo ou arbitral, a qual, todavia, não se confunde com as situações em que, originalmente, uma das partes teve acesso aos dados, de modo independente ou antecedente ao processo, o que, por sua vez, poderá se sujeitar a exame segundo a incidência de norma que contemple outra hipótese de tratamento prevista na lei.

Nas relações de consumo, o fornecedor pode utilizar os dados que disponha sobre o consumidor, para cobrar-lhe pagamento, caracterizar inadimplemento ou defender-se em demanda proposta contra si, respeitada a regularidade do exercício de acordo com a finalidade e a não exposição do consumidor a constrangimento (artigo 42 do CDC).

3.6.5 A proteção da vida ou da incolumidade física do titular ou de terceiro

O artigo 7º, VII, prevê hipótese legal de tratamento de dados "para a proteção da vida ou da incolumidade física do titular ou de terceiro". Em grande medida, é possível assentar que a hipótese em apreço corresponderá às situações que envolvam a saúde ou a segurança do titular dos dados. Será o caso, por exemplo, em que o tratamento de dados pessoais, como geolocalização, dados de comunicação em redes de mensagens ou outra espécie de comunicação, seja realizado sem o consentimento do titular, para permitir localizá-lo ou salvá-lo de risco iminente. No RGPD, há previsão semelhante no artigo 6º, 1, *d*, cuja interpretação se faz com o auxílio do Considerando 111 da mesma norma, que refere: "(...) Deverá igualmente ser considerada legal uma transferência de dados pessoais que seja necessária para a proteção de um interesse essencial para os interesses vitais do titular dos dados ou de outra pessoa, nomeadamente a integridade física ou a vida, se o titular dos dados estiver impossibilitado de dar o seu consentimento (...)".

Verifica-se que tal hipótese se justifica como alternativa para o consentimento, justamente quando este for impossível ou apresente elevada dificuldade de ser obtido. Assim, vislumbra-se a efetiva perspectiva de tutela da integridade física e segurança, excepcionalmente, e em caráter de urgência. Ao largo dessas hipóteses, o consentimento deve ser tomado como base legal preferencial para situações relacionadas à saúde ou à proteção da vida.

Como apontado, a urgência e a impossibilidade de extrair o consentimento serão critérios relevantes para fins de adequação do tratamento, mas não só. Também será possível vislumbrar a ocorrência em que a capacidade civil do titular esteja mitigada e a sua substituição por decisão judicial ou representação se apresente como medida que dificulte a proteção da vida.

Diverso da base legal prevista no inciso VIII, não há agente de tratamento privilegiado na situação em concreto. Tal situação insistirá na correta análise do juízo entre a proteção à privacidade em comparação com a proteção da vida ou incolumidade física do próprio titular ou de terceiro. Assim, por exemplo, nas relações de consumo, se um consumidor necessitar atendimento médico de urgência e o fornecedor dispor de seus dados de saúde, será legítimo que os utilize para o fim de viabilizá-lo; ou utilizar as mesmas informações para adequar a prestação a ser executada, como é caso de tratar os dados sobre alergias e restrições de saúde de determinado consumidor, em vista de certa obrigação a ser cumprida.

3.6.6 A tutela da saúde em procedimento realizado por profissionais de saúde, serviços de saúde ou autoridade sanitária

Quanto à tutela da saúde, a base legal opera em âmbito material extremamente restritivo em relação ao tratamento de dados admitido. Note-se que o artigo 7º, VIII, impõe que o tratamento seja realizado em virtude de *procedimento* e com finalidade, exclusiva, relacionada à saúde. Contudo, a matéria aqui exposta propõe a convergência de duas hipóteses com razões diferentes, e, se não estivesse apresentada dessa forma, ela teria solução jurídica distinta.

No caso do tratamento de dados realizado por profissionais da área da saúde, isoladamente, na eventual omissão da base legal em comento, o tratamento seria justificável com os tradicionais termos de consentimento. Desse modo, a operação de tratamento poderia ser encontrada no disposto no inciso I do artigo 7º da LGPD.

Distingue-se a hipótese do inciso VIII em relação a do inciso anterior, que também diz respeito à vida ou à incolumidade física, mas que encontra seu paralelo na noção de "interesse vital" da alínea *d* do artigo 6º do RGPD europeu. No caso do inciso em comento, o tratamento realizado para a tutela da saúde, exclusivamente, em procedimento realizado por profissionais de saúde, serviços de saúde ou autoridade sanitária, envolve a finalidade pressuposta de preservação tanto da saúde do titular dos dados quanto da coletividade – quando for o caso. Contudo, note-se que, nesse caso, o interesse coletivo não elimina, por si só, a proteção da exclusividade que caracteriza a disciplina da proteção de dados, de modo que o tratamento se justifique apenas se proporcional a finalidade legítima de tratamento ou prevenção de riscos à saúde. Assim é o caso de uma situação de emergência que, mesmo na impossibilidade de consentir do titular, dadas suas próprias condições subjetivas de saúde, haja necessidade de acesso a dados para viabilizar atendimento que promova seu restabelecimento. O caráter excepcional da hipótese, entretanto, reflete-se também no rol reduzido de agentes de tratamento, envolvendo apenas profissionais de saúde, o serviço de saúde ou a autoridade sanitária. Da mesma forma, a "tutela à saúde", que é a finalidade autorizada expressamente pela lei, afasta qualquer referência a fins comerciais ou de lucro, que, mesmo envolvendo serviços relacionados à saúde, respeitarão outras bases legais (em especial o consentimento), e em especial, conforme a natureza dos dados objeto do tratamento, a disciplina própria dos dados pessoais sensíveis e as restrições expressas definidas na lei (artigo 11, *caput*, e § 4º, da LGPD).

3.6.7 Interesses legítimos do controlador ou de terceiro

Os interesses legítimos do controlador ou de terceiro, ou, simplesmente, "legítimo interesse", como fundamento para o tratamento de dados, constituem conceito que suscita questões atinentes a seu exato sentido e alcance. Tratando-se de espécie de conceito indeterminado, seu preenchimento incentiva os agentes de tratamento a fundamentar licitude de suas operações no legítimo interesse, a redobrar os cuidados na determinação de seu significado, em vista da natureza da atividade do controlador e da finalidade do tratamento.

São conhecidas as críticas à hipótese legal de tratamento com fundamento no legítimo interesse, em especial por sua invocação afastar-se do princípio da autodeterminação in-

PARTE III · Cap. 3 · A PROTEÇÃO DE DADOS PESSOAIS E O DIREITO DO CONSUMIDOR | 889

formativa ou da orientação legislativa de proteção do titular dos dados, em favor do exame do tratamento realizado pelo controlador. Trata-se de questionamento presente tanto no direito europeu,[48] do qual se origina, quanto no direito brasileiro, que o transplantou, sempre sob o argumento de que expressa uma larga e extensa oportunidade para o controlador afastar-se das demais hipóteses que delimitam a licitude do tratamento de dados.

Deve-se analisar o legítimo interesse em dupla perspectiva. A primeira corresponde ao seu conteúdo material em relação aos agentes de tratamento. Nesse caso, a própria noção de legitimidade do interesse vincula-se, de um lado, à tutela da confiança do titular dos dados em relação à espécie de tratamento e à sua finalidade; de outro, à utilidade do tratamento e à sua pertinência à atividade regular do controlador.

A segunda perspectiva se atenta ao peso concedido aos direitos e às liberdades fundamentais do titular. Observa-se que operação fundada no legítimo interesse sempre terá sua interpretação orientada em favor da proteção do titular dos dados. Desse modo, mesmo quando haja fundada razão de ordem econômica, social ou pessoal que justifique o interesse do controlador no tratamento, se este for suscetível de ofender direitos e liberdades fundamentais do titular, não será admitido. Da mesma forma, note-se que ao controlador será conferido o dever de demonstrar a legitimidade do interesse no tratamento, assim como a inexistência de ofensa, por isso, aos direitos e às liberdades fundamentais do titular dos dados.[49]

Nessa esteira, o Considerando 47, *i*, do RGPD refere que "os interesses legítimos dos responsáveis pelo tratamento, incluindo os dos responsáveis a quem os dados pessoais possam ser comunicados, ou de terceiros, podem constituir um fundamento jurídico para o tratamento, desde que não prevaleçam os interesses ou os direitos e liberdades fundamentais do titular *tomando em conta as expectativas razoáveis dos titulares dos dados baseados com o responsável*". A tutela das expectativas razoáveis dos titulares dos dados pessoais permite que, no direito brasileiro, se utilizem os desenvolvimentos dogmáticos da boa-fé e seu conteúdo a partir das diferentes fontes, para delimitação do conceito, inclusive nas relações de consumo.

Também no Considerando 47, agora em sua alínea *ii*, o RGPD exemplifica a possibilidade de configuração do interesse legítimo "quando existir uma relação relevante e apropriada entre o titular dos dados e o responsável pelo tratamento, em situações como aquela em que o *titular dos dados é cliente ou está ao serviço do responsável pelo tratamento*". Nesse caso, o legítimo interesse se vincula aos fins do próprio contrato entre as partes – o que, no direito brasileiro, também remete, conforme o caso, às relações de consumo c ao scu regime legal.

O RGPD exemplifica que haverá interesse legítimo: (i) quando existir uma relação relevante e apropriada entre o titular dos dados e o responsável, em situações como a que aquele é cliente ou está a serviço deste; (ii) quando o tratamento for estritamente necessário aos objetivos de prevenção e controle de fraude; (iii) quando o tratamento for

---

[48] MENEZES CORDEIRO, A. Barreto. *Direito da proteção de dados*: à luz do RGPD e da Lei n.º 58/2019. Coimbra: Almedina, 2020. p. 223.

[49] KIPKER, Dennis-Kenji; WALKUSZ, Michael. *Implementation guidelines on EU GDPR and Chinese Cybersecurity Law*. Alphen aan den Rijn: Wolters Kluwer, 2020. p. 10.

efetuado para efeitos de comercialização direta; (iv) quando os responsáveis pelo que façam parte de um grupo empresarial ou de uma instituição associada a um organismo central transmitam dados pessoais no âmbito do grupo de empresas para fins administrativos internos, incluindo o tratamento de dados pessoais de clientes ou funcionários; e (v) quando o tratamento é necessário para assegurar a segurança da rede e das informações, sobretudo quando o tratamento vise impedir o acesso não autorizado a redes de comunicações eletrônicas e a distribuição de códigos maliciosos e pôr termo a ataques de negação de serviço e a danos causados aos sistemas de comunicação informática e eletrônica.[50]

Merecem destaque, na experiência brasileira, as hipóteses de existência de relação jurídica prévia e tratamento necessário para assegurar a segurança das redes. O legítimo interesse como fundamento do tratamento de dados para emprego de medidas de segurança da informação pode envolver, por exemplo, dados de IP e outros marcadores que identifiquem o usuário por meio de informações técnicas de seus dispositivos informáticos. Ao ingressar em uma rede aberta, em um restaurante, por exemplo, pelo consumidor, poderá ocorrer o tratamento de dados pessoais de cunho técnico para fins de ingresso no sistema de segurança cibernética do estabelecimento. O responsável pela administração do sistema terá dados pessoais capazes de revelar a identidade do usuário da rede de internet. No exemplo, contudo, o interesse é legítimo, pois está destinado, exclusivamente, à manutenção da segurança cibernética do estabelecimento e do próprio consumidor, uma vez vinculado à finalidade legítima.

Outro exemplo didático envolve o tratamento de dados automatizado realizado por câmeras de segurança. O tema foi objetivo de relevantes decisões no TJUE[51][52], nas quais se verificou a existência do legítimo interesse no tratamento de dados pessoais de terceiros para fins de segurança da vida, dos bens e das pessoas naturais, ainda que realizado por particulares.

Apoiado na antiga Diretiva 95/46/CE de 1995, o Grupo de Trabalho do Artigo 29 (WP29) exarou parecer opinativo sobre a interpretação da matéria[53]. Acertadamente, compreendeu que "um interesse deve ser definido de forma suficientemente clara para permitir a realização do teste da ponderação em relação aos interesses e aos direitos fundamentais da pessoa em causa".[54] Portanto, para análise de licitude do tratamento, são indispensáveis a individualização e a identificação do interesse. Para além disso, o WP29 estabeleceu que o interesse precisa ser "real" e "atual". Por real, repisa-se na possibilidade de identificação clara do interesse. Não haverá espaço para vagueza ou dubiedade[55]. Sua

---

[50] PINHEIRO, Alexandre Sousa; GONÇALVES, Carlos Jorge. Artigo 6.º. In: PINHEIRO, Sousa Alexandre (coord.). *Comentário ao Regulamento Geral de Proteção de Dados.* Coimbra: Almedina, 2018. p. 226.

[51] Acórdão de 4 de maio de 2017, Rīgas satiksme, C-13/16, EU:C:2017:336, n.º 30.

[52] Acórdão de 11 de dezembro de 2019, TK v Asociația de Proprietari bloc M5A-ScaraA., C-708/18, ECLI:EU:C:2019:1064.

[53] Disponível em: ec.europa.eu/justice/article-29/documentation/opinion-recommendation/files/2014/wp217_pt.pdf. Acesso em: 02.07.2021.

[54] Disponível em: ec.europa.eu/justice/article-29/documentation/opinion-recommendation/files/2014/wp217_pt.pdf. Acesso em: 02.07.2021.

[55] NIEDERMEIER, Robert; MPAME, Mario Egbe. Processing personal data under article 6(f) of the GDPR: the concept of legitimate interest. *International Journal for the Data Protection Officer, Privacy Officer and Privacy Counsel,* p. 18-28, 2019.

atualidade se expressa a partir das atividades de tratamento, que devem respeitar o critério da temporalidade. Tratamentos posteriores fundados no legítimo interesse que frustrem a expectativa do titular não serão abrangidos na hipótese.

Um aspecto sensível de fundamento para o legítimo interesse é o seu uso para justificar o tratamento com fins científicos. A base do inciso IV do artigo 7º da LGPD dispõe sobre o tratamento para a realização de estudos por órgão de pesquisa. Não há clareza se o referido órgão é exclusivamente estatal ou se poderia o agente privado promover estudos com a mesma base legal. Em tese, pesquisas científicas que envolvam dados pessoais exigem, como regra, o consentimento dos titulares para tratamento, inclusive segundo regras éticas que informam a atividade. Eventual utilização anonimizada dos dados, sem identificação, é admitida. O tratamento de dados para fins científicos, sob o fundamento do legítimo interesse, por outro lado, torna indispensável a identificação de efetivo benefício público. Não se cogita, nesse caso, no tocante à pesquisa científica, legítimo interesse no caso de finalidade exclusivamente negocial ou lucrativo do agente de tratamento, exigindo-se que se demonstre sua repercussão ou impacto social[56].

No direito brasileiro, o artigo 10 da LGPD define alguns critérios para a concreção do legítimo interesse. Merece registro o fato de que sua identificação não se dá em abstrato ou em termos genéricos. Ao contrário, ela somente poderá ser determinada "a partir de situações concretas". Vale dizer, a determinação do conceito se dará em vista de fatos específicos (certo tratamento de dados e suas características), verificando-se a existência ou não do interesse legítimo em relação àquela situação concreta.

Isso põe em causa tratar-se o inciso IX do artigo 7º da LGPD, ao referir-se ao interesse legítimo do controlador, como espécie de conceito indeterminado, ou mesmo como espécie de cláusula geral.[57] Conforme se sabe, não se confundem as cláusulas gerais e os conceitos indeterminados que a integram.[58] Como já afirmamos, distinguem-se em razão da finalidade e dos respectivos efeitos. As cláusulas gerais são normas cujos conceitos que a integram serão preenchidos segundo as circunstâncias do caso, segundo critérios valorativos e extrassistemáticos, de modo que se permite ao intérprete concretizá-los em vista das circunstâncias do caso, segundo critério que reconhecer justificadamente como adequado. Os conceitos jurídicos indeterminados terão seu significado construído,

---

[56] HINTZE, Mike. Science and privacy: data protection laws and their impact on research. *Washington Journal of Law, Technology & Arts*, Washington, v. 14, n. 2, p. 103-137, 2019.

[57] Sustentando tratar-se de cláusula geral, em especial, veja-se: MENDES, Laura Schertel; DONEDA, Danilo. Reflexões iniciais sobre a nova Lei Geral de Proteção de Dados. *Revista de Direito do Consumidor*, São Paulo, v. 120, p. 469-483, nov.-dez. 2018; BUCAR, Daniel; VIOLA, Mario. Tratamento de dados pessoais por legítimo interesse do controlador: primeiras questões e apontamentos. In: TEPEDINO, Gustavo; FRAZÃO, Ana; OLIVA, Milena Donato (coord.). *Lei Geral de Proteção de Dados Pessoais* e suas repercussões no direito brasileiro. São Paulo: Ed. RT, 2019. p. 465 e ss. Estabelecendo a distinção, e reconhecendo-o como conceito indeterminado: DILL, Amanda Lemos. A delimitação dogmática do legítimo interesse para tratamento de dados pessoais: as bases para a futura concreção. In: MENKE, Fabiano; DRESCH, Rafael de Freitas Valle (coord.). *Lei Geral de Proteção de Dados*: aspectos relevantes. Indaiatuba, SP: Foco, 2021. p. 95 e ss.

[58] DI MAJO, Adolfo. Clausole generali e diritto delle obbligazioni. *Rivista Critica di diritto Privato*, p. 539-571, 1984.

porém a solução jurídica já estará dada pela lei,[59] como parece ser o caso, hipótese em que, presente, autoriza o tratamento de dados.

A legitimidade pressupõe que o interesse do controlador, ao mesmo tempo, não implique dano ao titular dos dados, tampouco viole expectativas que lhe tenham sido geradas pelo comportamento das partes envolvidas. Por outro lado, note-se que a própria lei prevê duas situações em que o interesse legítimo é previamente reconhecido, embora a elas não se limite. É o caso dos dois incisos do artigo 10 da LGPD: "I – apoio e promoção de atividades do controlador; e II – proteção, em relação ao titular, do exercício regular de seus direitos ou prestação de serviços que o beneficiem, respeitadas as legítimas expectativas dele e os direitos e liberdades fundamentais, nos termos desta Lei". *Apoio e promoção de atividades do controlador* serão tanto as hipóteses de divulgação e promoção negocial (*e.g.*, para direcionamento de oferta ou publicidade) quanto as de viabilização de providências no interesse comum das partes, em relação jurídica já existente entre elas.

À luz da experiência europeia, propôs o Grupo de Trabalho do Artigo 29 da Diretiva 95/46/CE exemplos de concreção das hipóteses de tratamento justificado sob interesse legítimo, a partir do conhecido Parecer 06/2014, incluindo: "exercício do direito à liberdade de expressão ou de informação, nomeadamente nos meios de comunicação social e nas artes; marketing direto convencional e outras formas de marketing ou de publicidade; mensagens não comerciais não solicitadas, nomeadamente relativas a campanhas; políticas ou a atividades de angariação de fundos para fins de beneficência; execução de créditos, incluindo cobrança de dívidas através de processos não judiciais; prevenção da fraude, utilização abusiva de serviços ou branqueamento de capitais; monitorização da atividade dos trabalhadores para fins de segurança ou de gestão; sistemas de denúncia; segurança física, tecnologias de informação e segurança das redes; tratamento para fins históricos, científicos ou estatísticos; tratamento para fins de investigação (nomeadamente pesquisas de mercado)".[60] No tocante ao marketing direto convencional e a outras formas de marketing ou de publicidade, anota-se que eventual reconhecimento sob o interesse legítimo do controlador não elimina os deveres relativos à oferta e à publicidade previstos no CDC (artigo 30 *passim* 36 e ss.).

Por outro lado, a proteção, quanto ao titular, do exercício regular de seus direitos ou prestação de serviços que o beneficiem envolve relação jurídica entre as partes e o tratamento necessário para assegurar sua execução regular, a proteção da segurança do controlador e do titular no que tange a mesma. Igualmente, não se deixa de reconhecer, nas hipóteses em que haja troca de dados por serviços, que certo tratamento de dados pelo controlador, em acordo com a finalidade comunicada de modo prévio e eficiente ao titular, possa compor a noção de interesse legítimo conforme a situação concreta, em especial no tocante à própria causa negocial, sem prejuízo das hipóteses em que se deva exigir o consentimento.

---

[59] MIRAGEM, Bruno. *Teoria geral do direito civil*. Rio de Janeiro: Forense, 2021. p. 89.

[60] Grupo de Trabalho do Art. 29 para a Proteção dos Dados. Parecer 06/2014 sobre o conceito de interesses legítimos do responsável pelo tratamento dos dados na acepção do artigo 7.º da Diretiva 95/46/CE. Adotado em 9 de abril de 2014, p. 39. Disponível em: uc.pt/protecao-de-dados/suporte/20140409_wp_217_partecer_2_2014_conceito_interesses_legitimos_resp_trat_diretiva_9.

3.6.8 Tratamento para proteção do crédito

O tratamento de dados com a finalidade de proteção do crédito tem larga tradição no direito brasileiro e vem autorizado como uma das hipóteses de licitude, no artigo 7º, X, da LGPD. Os bancos de dados de proteção ao crédito resultam das primeiras iniciativas de tratamento de dados dos consumidores no mercado de consumo. Em um primeiro estágio, visavam, exclusivamente, arquivar e informações sobre situações de inadimplemento do consumidor, cuja consulta pelos fornecedores implicava a restrição à contratação de crédito, daí por que conhecidos como bancos de dados restritivos de crédito. Sobre eles dispõe, prioritariamente, o artigo 43 do CDC.[61]

Já como resultado da melhor capacidade de tratamento de dados, desenvolvem-se, em um segundo momento, bancos de dados não apenas com registro das situações de inadimplemento mas também, de forma mais ampla, de informações do histórico de crédito do consumidor, sobre frequência, volume das obrigações assumidas e pontualidade do pagamento. Com o objetivo de aperfeiçoar a avaliação do risco de crédito, justifica-se pelo benefício a "bons pagadores" com melhores condições de contratação. Por isso são denominados "bancos de dados de informações positivas" ou, mais impropriamente, "cadastros positivos". Admitirão tratamento diversificado dos dados, inclusive mediante organização de sistema de atribuição de pontuação ou notas aos consumidores, sinalizando o risco maior ou menor de inadimplemento. Sua disciplina legal é conferida pela Lei 12.414/2011, substancialmente alterada pela Lei Complementar 166/2019.

A LGPD incide sobre o tratamento de dados com a finalidade de proteção ao crédito, devendo sua aplicação articular-se com outras fontes normativas.[62] Afinal, preserva, expressamente, a legislação especial, conforme prevê o seu artigo 7º, X, ao referir que poderá ser realizado "para a proteção do crédito, inclusive quanto ao disposto na legislação pertinente". Nesses termos, a LGPD não derroga ou revoga o artigo 43 do CDC ou a Lei 12.414/2011, devendo suas disposições ser compatibilizadas com as normas gerais de proteção de dados que estabelece. Nesse particular, especial atenção deve-se dirigir ao artigo 64 da LGPD, ao definir que os direitos e princípios que expressa não excluem outros previstos no ordenamento jurídico brasileiro – caso do CDC, que dispõe de regra semelhante em seu artigo 7º, e da legislação que disciplina o "cadastro positivo".

A aplicação do regime estabelecido pela LGPD para o tratamento de dados de proteção do crédito implica que princípios e deveres previstos na lei incidam em comum com as disposições específicas, seja do CDC (artigo 43), seja da legislação sobre a formação de histórico de crédito ou sistema de pontuação de crédito (Lei 12.414/2011). É o que resulta, ademais, da incidência em comum dos artigos 64 da LGPD e 7º, *caput*, do CDC, promovendo a interpretação sistemática de suas normas orientada à tutela do titular dos dados.

Nesse sentido, as hipóteses que autorizam o tratamento podem variar conforme respectivas características e finalidades com as quais se processem – desse modo, por exemplo,

---

[61] Para o tema, em detalhes, veja-se: MIRAGEM, Bruno. Curso de direito do consumidor. 8. ed. São Paulo: Ed. RT, 2019. p. 420 e ss.

[62] OLIVA, Milena Donato; VIÉGAS, Francisco de Assis. Tratamento de dados para a concessão de crédito. In: TEPEDINO, Gustavo; FRAZÃO, Ana; OLIVA, Milena Donato (coord.). *Lei Geral de Proteção de Dados Pessoais* e suas repercussões no direito brasileiro. São Paulo: Ed. RT, 2019. p. 566.

não se condiciona ao consentimento do titular dos dados, mas a simples comunicação, sua inclusão em bancos de dados restritivos (artigo 43, § 2º, do CDC), ou em bancos de dados de informação de adimplemento (artigo 4º, §§ 4º a 6º, da Lei 12.414/2021), assim como regras de temporalidade do tratamento distintas (artigo 43, §§ 1º e 5º, do CDC; artigo 14 da Lei 12.414/2011).

Trata-se de hipótese de tratamento de dados com maior tradição no mercado de consumo, sobre a qual dispõe legislação específica, como é o caso do artigo 43 do CDC e, mais adiante, da Lei 12.414/2011. Os dados pessoais do consumidor relativos a seu comportamento de crédito compreendem informações diversas sobre nível de comprometimento atual da sua renda com dívidas, eventuais situações de inadimplemento e sua duração, histórico de pagamento, entre outras informações relevantes. Todas essas informações são relevantes para a análise do risco de crédito e, nesse contexto, da própria capacidade de endividamento do consumidor. Por sua relevância, elas podem implicar o impedimento de contratação pelo consumidor, ou, ainda, sua submissão a certas condições, razão pela qual o tratamento das informações de crédito deve observar critérios objetivos na análise dos dados, a fim de evitar restrições excessivas ou discriminatórias.

3.6.9 Dados pessoais de acesso público e/ou tornados públicos pelo titular

Baseia-se a proteção dos dados pessoais na preservação de esfera de exclusividade do titular, expressão da proteção à personalidade. Eventual indisponibilidade do direito, no sentido de vedar ao titular extinguir ou renunciar a ele, não se confunde com seu exercício, pelo qual livremente possa decidir, inclusive, dar acesso ou conhecimento, em caráter transitório ou permanente, sobre os dados de que seja titular.

A LGPD faz distinção entre *dados pessoais de acesso público*, que são aqueles cujo conhecimento, independentemente da vontade do titular, seja viabilizado pelo caráter público da base de dados em que se encontrem, como é o caso daquelas mantidas pelo Poder Público (*e.g.*, portais da transparência), e *dados tornados públicos pelo titular*, assim entendidos os disponíveis pela decisão deste, no exercício do direito subjetivo que lhe é assegurado. No primeiro caso, dos dados pessoais de acesso público, informam seu tratamento, inclusive por terceiros, a finalidade, a boa-fé e o interesse público que justificaram sua disponibilização (artigo 7º, § 3º). No caso dos dados tornados públicos pelo titular, dispensa-se o consentimento para tratamento, aproveitando a decisão anterior, no exercício livre do seu próprio direito, de torná-lo público. Neste caso, contudo, não significa que o tratamento não observe a rígida disciplina da lei, em especial quanto aos deveres impostos aos agentes de tratamento e a seus condicionamentos – inclusive a finalidade legítima. O que difere apenas é a exceção ao consentimento, dispensado considerando a decisão de tornar públicos os dados.

Com muita frequência, dados pessoais são disponibilizados publicamente. Em um passado recente, as listas telefônicas forneciam números de telefone e endereço dos usuários. Cartões de visita pessoais foram substituídos por websites ou contas em redes sociais que podem exibir e-mail, telefone, assim como data de nascimento, estado civil e outras informações, muitas vezes prestadas pelo próprio titular. Nesse caso, ainda que a opção em exibir a informação seja exclusiva do titular, sua anuência não reduz o nível de proteção que lhe concede o Direito. Podendo ser acessados por terceiros, deve-se concentrar o exame sobre a medida do tratamento das informações livremente disponibilizadas pelo titular.

Assim, o titular dos dados que torna disponíveis seus contatos pessoais em rede social, por exemplo, está sujeito a amplas abordagens. As interações nas plataformas superam, muitas vezes, o simples contato puramente social que lhes dera origem. Diante disso é admitido o usual tratamento com finalidade comercial por fornecedores, com origem em dados tornados acessíveis pelo titular. O local e o modo de disposição dos dados pelo titular são critérios para caracterização do que se deva considerar o "tornar público", fundamentando a licitude do tratamento.

O § 7º do artigo 7º prevê, em relação aos dados pessoais de acesso ao público e os dados pessoais tornados públicos pelo titular, a possibilidade de que tratamento possa ser realizado para novas finalidades, desde que observados os propósitos legítimos e específicos, e o os demais efeitos do regime legal estabelecido pela LGPD. É exceção à regra do artigo 9º, § 2º, da lei, que submete o tratamento fundado no consentimento, em razão de alteração de mudanças de finalidade incompatível com o consentimento original, à informação prévia do titular, com a prerrogativa de revogação do que consentiu, caso discorde das alterações. No caso de dados pessoais de acesso ao público ou dos dados tornados públicos pelo titular, admite-se alteração em relação à finalidade inicial, observado, sempre, propósito legítimo e específico. Auxilia a concreção do conceito o seu exame conjunto com a situação original em que os dados foram tornados públicos. Da mesma forma, a situação também desafia o princípio da necessidade, previsto no inciso III do artigo 6º da LGPD. Tal princípio contempla a noção de que o tratamento deve ocorrer de modo que respeite o "mínimo necessário para a realização de suas finalidades, com abrangência dos dados pertinentes, proporcionais e não excessivos em relação às finalidades do tratamento de dados". Nesse contexto, a finalidade que sustenta a publicidade de dados pessoais é diversa, o que dificulta prever qual será a exata medida do seu tratamento posterior.

Situação peculiar é a das plataformas que agregam dados pessoais tornados públicos. Por inúmeras situações legais, dados pessoais podem vir à público. Ocorre que essas informações ficam isoladas em diversos bancos de dados. O fenômeno fez surgir plataformas que reúnem informações pessoais tornadas públicas em um único buscador privado. Essas plataformas realizam novo tratamento, com a finalidade de reunir, em uma única exposição, os dados pessoais. É o caso de analisar a licitude desse novo tratamento por meio das premissas: propósito legítimo e específico, bem como preservação dos direitos do titular.

Portanto, haverá duas modalidades de tratamento. A primeira será a hipótese de tratamento original, por meio do qual os dados pessoais foram tornados públicos. Nessa modalidade, o responsável por garantir os direitos dos titulares é aquele que primeiro trata e comunica esses dados ao público. Comunicação ao público considera-se, nesse caso, a possibilidade de acesso a qualquer pessoa, independentemente de restrições ou condicionamentos, tais como autorização ou solicitação. De igual forma, será possível identificar a existência de públicos definidos: dados pessoais tornados públicos e com acesso restrito apenas para um grupo específico de pessoas. Quando esses terceiros realizam o tratamento dos dados, a eles se imputa o dever de assegurar os direitos dos titulares, e não mais àquele que promoveu o primeiro tratamento.

3.6.10 Outras hipóteses

3.6.10.1 O tratamento de dados pela Administração Pública

O tratamento de dados pelo Estado está vinculado ao exercício das competências dos órgãos e das entidades que o integram. Na sociedade de massas, a atividade administrativa supõe o tratamento de dados dos cidadãos para diferentes finalidades, desde a organização da prestação de serviços públicos, no âmbito interno, de seus servidores e demais agentes públicos, no âmbito externo, dos destinatários da ação administrativa. Também a formulação e a execução de políticas públicas, destinadas à execução dos fins do Estado, exigem o tratamento de dados pessoais.

Preliminarmente, o fundamento previsto no inciso III do artigo 7º corresponde ao tratamento de dados pela Administração Pública para o atendimento de suas competências e atribuições. Contudo, dada a complexidade do Estado e a multiplicação das tarefas públicas, a base legal limita o tratamento de dados para finalidade específica que pode relacionar-se tanto à prestação de serviços públicos quanto ao exercício do poder de polícia administrativo. Por essa razão é que o texto legal aponta que os dados serão tratados somente quando "necessários à execução de políticas públicas previstas em leis e regulamentos ou respaldadas em contratos, convênios ou instrumentos congêneres".

Essa hipótese não se confunde com a previsão da Lei de Acesso à Informação (Lei 12.527/2011– LAI), especialmente regulada pelo artigo 23 e seguintes da LGPD. Entretanto, é inafastável a convergência na interpretação e aplicação de ambas as normas, conforme exija a situação concreta. Note-se que, em parte, o sentido de ambas as leis pode se colocar em aparente contraponto. Enquanto a LGPD tem como escopo a proteção do indivíduo e de sua esfera de exclusividade em relação aos dados pessoais, disciplinando o trânsito de dados, a LAI ocupa-se da transparência das atividades relacionadas ao Estado, o que implica divulgação de informações, entre as quais certos dados pessoais de pessoas naturais que a ele se vinculam, caso de servidores e empregados públicos, usuários de serviços público – incluindo os beneficiários das respectivas prestações –, cocontratantes, entre outros.

No âmbito das relações de consumo, há produtos e serviços fornecidos no mercado de consumo cujo fornecimento se vincula à execução de políticas públicas que, porém, não excluem as normas de proteção do consumidor. Exemplo notório é a divulgação dos dados de aposentados e pensionistas para oferta de crédito por instituições financeiras, mas também se podem incluir os dados de pessoas elegíveis para o financiamento imobiliário em programas que promovem a moradia popular ou o acesso a medicamentos, entre outros. Os dados pessoais das pessoas atendidas são preservados não sendo admitido seu tratamento pela Administração Pública com fundamento no artigo 7º, III, para fins negociais ou interesse de fornecedores.

3.6.10.2 Realização de estudos por órgão de pesquisa

A amplitude de aplicação das técnicas de tratamento não se limita às finalidades comerciais. Para a tomada de decisões estratégicas, compreensão do passado e, inclusive, análises preditivas, estudiosos coletam e processam dados pessoais em larga escala.

PARTE III · Cap. 3 · A PROTEÇÃO DE DADOS PESSOAIS E O DIREITO DO CONSUMIDOR | 897

Nesse contexto, a hipótese referida no artigo 7º, IV, da LGPD prevê o tratamento de dados para a realização de estudos por órgão de pesquisa, garantida, sempre que possível, a anonimização dos dados pessoais. Como verificado anteriormente, a LGPD dispõe de fundamentos claros quanto ao tratamento de dados pelo Estado, notadamente quanto ao emprego de políticas públicas, o que inclui estudos para sua implementação ou seu monitoramento e aperfeiçoamento, no âmbito de um dever de planejamento estatal.[63] Não se deixe de recordar que o direito de autodeterminação informativa, no direito alemão (*informationelles Selbstbestimmungsrecht*), que se identifica com a origem da proteção de dados pessoais e seu desenvolvimento dogmático mais recente, com influência no direito brasileiro,[64] tem sua origem na decisão do Tribunal Constitucional sobre a Lei do Censo de 1982, a qual deu causa de que se incluísse essa dimensão de proteção da pessoa no âmbito do direito geral de personalidade,[65] compreendido, em múltiplas dimensões, como um direito à autodeterminação (*Recht der Selbstbestimmung*), um direito de autopreservação (*Recht der Selbstbewahrung*) e um direito de autoapresentação (*Recht der Selbstdarstellung*).

A realização de pesquisa por órgão ou entidade da Administração Pública é hipótese expressamente autorizada para o tratamento de dados pessoais, nos termos do inciso IV do artigo 7º da LGPD. Contudo, destaca-se que, diante da necessidade do proporcional tratamento de dados para fins de pesquisa, se indica a anonimização dos dados pessoais como *standard* das operações. *Anonimização*, recorde-se, é definida pelo artigo 5º, XI, da LGPD como "utilização de meios técnicos razoáveis e disponíveis no momento do tratamento, por meio dos quais um dado perde a possibilidade de associação, direta ou indireta, a um indivíduo". A expressão "sempre que possível" viabiliza o tratamento de dados pessoais sem a anonimização quando essa interfere no processo e resultado que se pretende obter com a pesquisa. Trata-se de visível prestígio ao princípio da necessidade.

No Brasil, há importante precedente firmado no julgamento da Medida Cautelar da ADI 6.387/DF, pela qual o Supremo Tribunal Federal suspendeu a eficácia da Medida Provisória 954/2020, que previa o compartilhamento de dados dos usuários (nomes, número de telefone e endereço) constantes de bancos de dados de prestadoras de serviços telefônicos com o IBGE (Instituto Brasileiro de Geografia e Estatística), para fins de suporte à produção estatística oficial relativa ao coronavírus (covid-19). Na decisão, entendeu o STF que a MP 954/2020, "ao não definir apropriadamente como e para que serão utilizados os dados coletados, (...) desatende a garantia do devido processo legal (art. 5º, LIV, da CF), na dimensão substantiva, por não oferecer condições de avaliação quanto à sua adequação e necessidade, assim entendidas como a compatibilidade do tratamento com as finalidades informadas e sua limitação ao mínimo necessário para alcançar suas finalidades". Da mesma forma, "ao não apresentar mecanismo técnico ou administrativo apto a proteger, de acessos não autorizados, vazamentos acidentais ou

---

[63] MIRAGEM, Bruno. *Direito administrativo aplicado*: a nova administração pública e o direito administrativo. 3. ed. São Paulo: Ed. RT, 2019. p. 38.

[64] MENDES, Laura Schertel. Autodeterminação informacional: origem e desenvolvimento conceitual na jurisprudência da corte constitucional alemã. In: DONEDA, Danilo; MENDES, Laura Schertel; CUEVA, Ricardo Villas Bôas (coord.). *Lei geral de Proteção de Dados (Lei nº 13.709/2018)*: a caminho da efetividade – contribuições para a implementação da LGPD. São Paulo: Ed. RT, 2020. p. 177-192.

[65] MIRAGEM, Bruno. *Teoria geral do direito civil*. Rio de Janeiro: Forense, 2021. p. 218.

utilização indevida, seja na transmissão, seja no tratamento, o sigilo, a higidez e, quando o caso, o anonimato dos dados pessoais compartilhados, a MP nº 954/2020 descumpre as exigências que exsurgem do texto constitucional no tocante à efetiva proteção dos direitos fundamentais dos brasileiros". Por esta razão "mostra-se excessiva a conservação de dados pessoais coletados, pelo ente público, por trinta dias após a decretação do fim da situação de emergência de saúde pública, tempo manifestamente excedente ao estritamente necessário para o atendimento da sua finalidade declarada". Resulta, daí, o entendimento de que o compartilhamento de dados pessoais para fins estatísticos deve preencher três indispensáveis requisitos, quais sejam: (i) finalidade da pesquisa precisamente delimitada; (ii) acesso permitido na extensão mínima necessária para a realização dos seus objetivos; (iii) adoção de procedimentos de segurança suficientes para prevenir riscos de acesso desautorizado, vazamentos acidentais ou utilização indevida.[66]

Ocorre que os dados pessoais serviriam para a elaboração da PNAD (Pesquisa Nacional por Amostra de Domicílios) Contínua Covid com a finalidade de determinar as repercussões da pandemia sobre o mercado de trabalho. Entretanto, verificou-se que a PNAD habitualmente coleta informações de cerca de duzentos mil domicílios, o que, comparado aos dados compartilhados de milhões de usuários do serviço de telefonia, foi considerado excessivo, atingindo a finalidade do tratamento. Registre-se também que, entre os fundamentos da decisão, se relaciona fonte internacional, consistente no Regulamento Sanitário Internacional (RSI) – 2005 – incorporado ao direito brasileiro por meio do Decreto Legislativo 395/2009 e promulgado pelo Decreto 10.212/2020, e, desse modo, aplicável no caso de tratamento de dados para fins de saúde pública. Nele, consta, expressamente, que o tratamento de dados deverá ser adequado, relevante e não excessivo em relação à finalidade a que se propõe (artigo 45, 2, *b*).

3.7 DIREITOS SUBJETIVOS DO TITULAR DOS DADOS

A eficácia da proteção dos interesses do titular dos dados, segundo a técnica legislativa adotada pela LGPD implica reconhecer e assegurar os direitos fundamentais de liberdade, de intimidade e de privacidade, de acordo com a estrutura normativa definida pela lei (artigo 17). Nos mesmos termos, define uma série de direitos subjetivos específicos do titular de dados, em relação aos quais corresponde ao controlador uma situação jurídica passiva, do dever de realizar seu conteúdo.

3.7.1 Confirmação da existência de tratamento

O titular dos dados tem o direito à confirmação da existência de tratamento de seus dados pessoais. Observe-se que o tratamento de dados pode se dar mediante consentimento do titular dos dados, hipótese na qual, como regra, não há razão para que confirme aquilo em relação ao que anuiu. No entanto, admite-se o tratamento de dados em outras diferentes situações previstas na lei (artigo 7º, II a X, da LGPD), em que poderá não existir o consentimento prévio do titular. Da mesma forma, em relação aos dados "tornados manifestamente públicos" pelo titular, é dispensado o consentimento, o que não afasta

---

[66]   STF, ADI 6.387/DF, Rel. Min. Rosa Weber, j. 12.03.2019, *Dje* 13.03.2019.

PARTE III · Cap. 3 · A PROTEÇÃO DE DADOS PESSOAIS E O DIREITO DO CONSUMIDOR | 899

seu direito de ter ciência sobre a existência do tratamento. Ainda, é o que ocorre, em relação aos dados pessoais sensíveis, ao se dispensar o consentimento nos casos em que o tratamento se dirige ao cumprimento de obrigação legal ou regulatória pelo controlador, ou de modo compartilhado, quando necessário à execução, pela Administração Pública, de políticas públicas previstas em leis ou regulamentos (artigo 11, § 2º, da LGPD).

O direito de confirmação do tratamento é exercido perante o controlador por meio de requerimento do titular dos dados (artigo 19 da LGPD), que poderá requerê-lo em formato simplificado ou mediante "declaração clara e completa, que indique a origem dos dados, a inexistência de registro, os critérios utilizados e a finalidade do tratamento, observados os segredos comercial e industrial". No caso de ser requerido em formato simplificado, o que é próprio daquele que pretenda apenas confirmar a existência ou não do tratamento, a resposta do controlador deve ser imediata, o que permite, inclusive, a utilização de meios de comunicação instantânea. Requerendo – o titular dos dados – declaração mais completa, a lei define que deverá indicar a origem dos dados, a inexistência de registro, os critérios utilizados e a finalidade do tratamento, observados os segredos comercial e industrial, hipótese em que deverá ser fornecida pelo controlador no prazo de até 15 dias. A lei prevê a possibilidade de esse prazo ser alterado, por regulamento, para setores específicos (artigo 19, § 4º). O atendimento do requerimento do titular dos dados poderá se dar por meio eletrônico ou sob forma impressa (artigo 19, § 2º, da LGPD).

3.7.2 Acesso aos dados

O direito subjetivo do titular de acesso a dados relaciona-se ao princípio do livre acesso e compreende a possibilidade reconhecida de consulta facilitada e gratuita sobre os dados a seu respeito de que dispõe o controlador, assim como a forma do tratamento dos dados. No âmbito das relações de consumo, o acesso aos dados relaciona-se ao direito à informação do consumidor, que deve ser assegurado não apenas com atenção aos produtos e serviços específicos objeto de contrato de consumo, senão no tocante a todos aspectos de seu relacionamento com o fornecedor direto e demais integrantes da cadeia de fornecimento. Esse sentido já transparecia desde a edição do CDC em relação aos bancos de dados de que trata seu artigo 43 e ao dever de notificação e acesso aos dados arquivados.

Segundo a disciplina estabelecida pela LGPD, o dever do controlador de assegurar o direito do titular de acesso aos dados é amplo. Compreende as diferentes fases, desde a coleta dos dados e do consentimento, durante o período em que se der o tratamento, até após seu encerramento. O artigo 9º da LGPD define, em caráter exemplificativo – podendo se estender por intermédio de regulamento à lei –, as informações sobre o tratamento que devem ser prestadas ao titular dos dados, tais como: a finalidade específica do tratamento; sua forma e duração; a identidade do controlador e suas informações de contato; as informações sobre o uso compartilhado dos dados e sua finalidade; a responsabilidade dos agentes que vão realizá-lo; e os direitos assegurados aos titulares dos dados. Embora a norma não seja explícita a respeito, deve-se entender que tais informações, quando se tratar de tratamento que se submeta a consentimento prévio, deverão ser prestadas antes da manifestação de vontade do titular dos dados. É conclusão a que se chega tanto em termos lógicos – uma vez que são informações necessárias à própria viabilidade do exercício do direito de acesso em muitos casos – quanto pela interpretação do § 1º do mesmo artigo 9º da LGPD, o qual

900 | CURSO DE DIREITO DO CONSUMIDOR – *Bruno Miragem*

refere que, "Na hipótese em que o consentimento é requerido, esse será considerado nulo caso as informações fornecidas ao titular tenham conteúdo enganoso ou abusivo ou não tenham sido apresentadas previamente com transparência, de forma clara e inequívoca". As informações em questão, a toda evidência, são aquelas do *caput* do mesmo artigo.

No entanto, nada impede que, nas demais hipóteses em que se admite o tratamento de dados, independentemente do consentimento do seu titular, ou porque a lei autoriza com fundamento em outras situações, ou porque expressamente dispensa, a garantia do direito de acesso se mantém – nesse caso, em relação tanto às informações a que se refere o artigo 9º quanto, propriamente, ao conteúdo dos dados pessoais que estão sendo objeto de tratamento.

Há hipóteses em que o acesso a dados será objeto de regulamentação, caso daqueles que sirvam a estudos de saúde pública (artigo 13, § 3º, da LGPD).

As mesmas regras sobre o requerimento do titular dos dados no exercício do direito de confirmação do tratamento se aplicam para o caso de pretender o acesso aos dados (nos termos do artigo 19 da LGPD). Assim, pode o titular dos dados requerer o acesso de modo simplificado, a ser prestado imediatamente, ou declaração completa por parte do controlador (contendo a origem dos dados, os critérios utilizados e a finalidade do tratamento, entre outras informações), hipótese em que fica submetida ao prazo de até 15 dias para atendimento do requerimento, que a lei prevê poder ser alterado, em regulamento, para setores específicos.

Também coincide, quanto à forma de atendimento do requerimento do titular dos dados, que poderá ser por meio eletrônico, seguro e idôneo para esse fim, ou de modo impresso. Tendo o tratamento sido objeto de consentimento específico ou tendo sido previsto em contrato, poderá o titular dos dados solicitar que a resposta do controlador compreenda cópia eletrônica integral de seus dados pessoais, observados os segredos comercial e industrial, "em formato que permita a sua utilização subsequente, inclusive em outras operações de tratamento" (artigo 19, § 3º, da LGPD). O modo de atendimento a essa solicitação do titular dos dados poderá ser detalhado em regulamento da lei.

3.7.3 Correção dos dados

A proteção de dados pessoais como direito da personalidade e direito fundamental pressupõe a autodeterminação do titular dos dados sobre sua utilização, ou o tratamento desses dados de acordo com finalidades legítimas previstas em lei. Essa dimensão pressupõe a legitimidade do acesso aos dados do titular mediante seu consentimento ou, como já foi mencionado, para finalidades previstas em lei. Outra dimensão, contudo, diz respeito ao risco que o próprio tratamento de dados implica, de que informações incorretas sejam associadas a determinada pessoa, causando-lhe prejuízo.

Daí o direito do titular dos dados à correção dos dados objeto de tratamento. Trata--se de direito que já era consagrado no artigo 43 do CDC e também na Lei 12.414/2011, sobre o "cadastro positivo". Revela-se pela posição ativa do titular de exigir a retificação dos dados incorretamente arquivados perante o controlador. O artigo 18, III, da LGPD estabelece o direito do titular à correção de dados incompletos, inexatos ou desatualizados. O direito subjetivo à correção dos dados abrange, portanto, a pretensão do titular de exigir que sejam completos, exatos e atualizados. Isso é especialmente relevante quando,

PARTE III · Cap. 3 · A PROTEÇÃO DE DADOS PESSOAIS E O DIREITO DO CONSUMIDOR | 901

em razão desses dados, possam ser definidas certas condições para contratação, acesso ao crédito ou a determinadas ofertas e vantagens ao consumidor. A incorreção dos dados pode dar causa a inconvenientes (recorde-se a possibilidade de ser importunado por ligações telefônicas ou mensagens dirigidas a outras pessoas por um equívoco de registro do número de telefone), ou consequências mais graves (*e.g.*, dados incorretos sobre a saúde do titular arquivados por um hospital ou outro prestador de serviços de saúde).

O direito à correção dos dados é exercido mediante requerimento ao controlador ou ao operador dos dados. No caso de compartilhamento dos dados, aquele que recebe o requerimento do titular deve comunicar imediatamente a todos com quem tenha compartilhado os dados, para que adotem o mesmo procedimento de correção (artigo 18, § 6º, da LGPD). No âmbito das relações de consumo, todos se equiparam a fornecedor para efeito de exigência do dever ou responsabilidade por sua violação.

3.7.4 Anonimização

O direito à anonimização dos dados é um dos principais recursos destinados a preservar a privacidade do titular dos dados (artigo 18, IV). Anonimização implica tornar anônimo, impedindo a associação entre o titular dos dados e as informações objeto de tratamento. Segundo a definição legal, compreende a "utilização de meios técnicos razoáveis e disponíveis no momento do tratamento, por meio dos quais um dado perde a possibilidade de associação, direta ou indireta, a um indivíduo" (artigo 5º, XI). A anonimização compreende uma alteração da disposição inicial dos dados, de modo que não permita a identificação do titular, a fim de compreender mais o resultado do que o caminho para alcançá-lo, ainda que, a rigor, o anonimato absoluto no mundo digital, hoje, seja uma ilusão.[67] Afinal, há sempre elementos passíveis de identificação, como o endereço de IP do computador, o número de telefone ou outros que permitam uma associação a determinada pessoa e fornecimento de um perfil detalhado do seu comportamento a partir do uso de determinado meio de comunicação ou em relação a determinados dados.

A preservação da privacidade por intermédio da anonimização é providência exigida, sobretudo, no tratamento de dados para fins de pesquisa (artigos 7º, IV, e 13, da LGPD). Da mesma forma, pode o controlador manter os dados após o término do tratamento dos dados, desde que anonimizados, e apenas para consulta própria (artigo 16, IV, da LGPD). Com a anonimização dos dados, estes deixam de ser considerados dados pessoais, salvo quando o processo puder ser revertido (artigo 12 da LGPD). No âmbito das relações de consumo, pesquisas de mercado ou indicadores de sinistralidade nos seguros são exemplos de dados que, anonimizados, podem ser conservados pelos controladores para sua utilização, independentemente do término do tratamento.

3.7.5 Portabilidade

É assegurada ao titular dos dados a sua portabilidade "a outro fornecedor de serviço ou produto, mediante requisição expressa, de acordo com a regulamentação da autori-

---

[67] HÄRTING, Niko. Anonymität und Pseudonymität im Datenschutzrecht. *Neue Juristische Wochenschrift*, Munich, v. 66, n. 29, p. 2065-2071, 2013.

dade nacional, observados os segredos comercial e industrial" (artigo 18, V, do LGPD). Esse direito não abrange os dados que já foram anonimizados pelo controlador (artigo 18, § 7º, da LGPD). A portabilidade dos dados se dá, sobretudo, no âmbito das relações de consumo, visando assegurar concretamente a liberdade de escolha do consumidor no mercado, especialmente em relação à contratos de duração, nos quais, para promover a concorrência, se admite ou se regulamenta a possibilidade de "portabilidade" do contrato. Conforme já considerava a boa doutrina nacional, mesmo antes da edição da LGPD, a imbricação da proteção de dados com o direito do consumidor e, principalmente, da concorrência na regulação do mercado, a recusa da portabilidade dos dados, além de violar o direito do titular, pode se caracterizar infração à ordem econômica.[68]

Nesse caso, "portabilidade" do contrato, a rigor, é direito a celebrar com um segundo fornecedor contrato de prestação de serviços que suceda contrato original. É o que ocorre atualmente, por exemplo, na denominada "portabilidade" de dívidas, ou no âmbito dos serviços de telecomunicações ("portabilidade" do número de telefone pelo consumidor). Também pode abranger dados relativos à saúde do titular dos dados, desde que seja por ele solicitada (artigo 11, § 4º, I, da LGPD), hipótese que pode abarcar tanto seguros quanto contratos de assistência à saúde, por exemplo. O direito à portabilidade permite que o consumidor tenha a liberdade de celebrar novo contrato levando consigo as informações relevantes do contrato anterior, a fim de evitar solução de continuidade, ou viabilizar a prestação de serviços de acordo com a sua necessidade.

Por outro lado, com o objetivo de assegurar a efetividade desse direito, o artigo 40 da LGPD confere à Autoridade Nacional de Proteção de Dados competência para dispor sobre padrões de interoperabilidade para, entre outros fins, promover a portabilidade. Nesse particular, a portabilidade dos dados pessoais não abrange, *a priori*, a dos dados que resultem do tratamento em decorrência da técnica ou dos critérios adotados pelo controlador, que poderá ser requerido para que os elimine nos casos previstos na lei.

Sobre a viabilização da portabilidade dos dados, é conferida à Autoridade Nacional de Proteção de Dados competência regulamentar para definir padrões de interoperabilidade entre sistemas (artigo 40 da LGPD).

3.7.6 Eliminação dos dados

A autodeterminação que informa a disciplina da proteção dos dados pessoais também abrange a possibilidade de eliminação dos dados objeto de tratamento. A eliminação dos dados é consequência lógica da possibilidade de revogação do consentimento para tratamento.

Nesse particular, refira-se que o término do tratamento dos dados implica a exigência de sua eliminação, nos termos do artigo 16 da LGPD. Essa mesma norma, todavia, refere ser autorizada a conservação dos dados para as finalidades de "I – cumprimento de obrigação legal ou regulatória pelo controlador; II – estudo por órgão de pesquisa, garantida, sempre que possível, a anonimização dos dados pessoais; III – transferência a terceiro, desde que respeitados os requisitos de tratamento de dados dispostos nesta

---

[68] CRAVO, Daniela Copetti. *Direito à portabilidade de dados:* interface entre a defesa da concorrência, do consumidor e proteção de dados. Rio de Janeiro: Lumen Juris, 2018. p. 105.

PARTE III · Cap. 3 · A PROTEÇÃO DE DADOS PESSOAIS E O DIREITO DO CONSUMIDOR | 903

Lei; ou IV – uso exclusivo do controlador, vedado seu acesso por terceiro, e desde que anonimizados os dados".

Esse direito à eliminação dos dados contrapõe-se à possibilidade de manutenção dos dados em arquivo, porém interditando sua utilização. Admitir-se a manutenção dos dados sem a possibilidade de utilização é solução que aumenta os riscos de uso indevido ou vazamento. Daí por que se justifica a manutenção apenas segundo as finalidades previstas na lei (artigo 16, I a IV), ou com os cuidados que preceitua (em especial, a anonimização). Registre-se, ainda, o dever do controlador de comunicar imediatamente àqueles com quem tenha compartilhado os dados, para que adotem o mesmo procedimento de eliminação (artigo 18, § 6º, da LGPD).

3.7.7 Informação sobre compartilhamento

O titular dos dados tem direito de requerer do controlador informação de quais entidades públicas ou privadas realizou o uso compartilhado dos dados (artigo 18, VII, da LGPD). As informações sobre o compartilhamento dos dados justificam-se para que o titular tenha conhecimento sobre qual o uso e que pessoas tiveram acesso aos dados.

Recorde-se, contudo, que o compartilhamento de dados pessoais pelo controlador (independentemente de ser pessoa jurídica de direito público ou de direito privado) supõe o consentimento do titular, exceto nas hipóteses em que a lei o dispensa. São os casos do uso para execução de políticas públicas (artigos 7º, III, e 11, II, b, da LGPD), por exemplo. Da mesma forma, observam-se as restrições de compartilhamento de dados pelo Poder Público (artigo 26 da LGPD).

3.7.8 Revogação do consentimento

O direito à revogação do consentimento é inerente à autodeterminação do titular dos dados. Pode consentir com o tratamento e alterar sua decisão, revogando o consentimento. A possibilidade do exercício do direito à revogação deve ser dada por procedimento gratuito e facilitado (artigo 8º, § 5º, da LGPD). A rigor, no mínimo, deve-se exigir que seja oferecido o mesmo meio para revogação daquele que se serviu o controlador para obter o consentimento, sendo sua eficácia a partir de quando é manifestado (*ex nunc*).[69] O direito de revogar relaciona-se também com o direito de informação do titular dos dados sobre a possibilidade e as consequências da revogação, inclusive sobre a eventualidade de ela não impedir a continuidade do tratamento nas hipóteses que a lei estabelece.

3.8 DISCIPLINA ESPECIAL DA PROTEÇÃO DE DADOS PESSOAIS SENSÍVEIS DO CONSUMIDOR

A proteção de dados pessoais como expressão de uma dimensão de proteção da pessoa humana encontra maior fundamento e extensão no tocante aos denominados dados pessoais sensíveis. A LGPD define os dados pessoais sensíveis como aqueles "so-

---

[69] Assim como é da tradição da legislação de proteção de dados, conforme assinala RESTA, Giorgio. Revoca del consenso ed interesse al trattamento nella legge sulla protezione dei dati personali. *Rivista Critica del Diritto Privato*, Bologna, n. 2, anno XVIII, p. 299-333, giugno 2000.

bre origem racial ou étnica, convicção religiosa, opinião política, filiação a sindicato ou a organização de caráter religioso, filosófico ou político, dado referente à saúde ou à vida sexual, dado genético ou biométrico, quando vinculado a uma pessoa natural" (artigo 5º, II). Evidencia-se, da definição, que a natureza sensível do dado em questão refere-se à potencialidade de sua utilização de modo que dê causa à discriminação proibida do titular dos dados, em ofensa aos direitos fundamentais de liberdade e igualdade assegurados pela Constituição, sobretudo se for considerada a utilização, no tratamento de dados, a partir de modelos automatizados, e para fins diversos, inclusive – nas relações de consumo – sobre a decisão do fornecedor de contratar ou não com determinado consumidor, ou as condições em que deva fazê-lo. Situações que, baseando-se na distinção a partir dos dados considerados sensíveis, caracterizarão conduta abusiva, proibida por lei, a ensejar sua rejeição pelo Direito nos diferentes planos, da responsabilização civil, penal e administrativa, assim como fundamentando providências processuais a fim de inibir ou fazer cessar a lesão.

A disciplina especial da proteção de dados sensíveis fixada pela LGPD tem a finalidade de prevenir e reduzir os riscos de discriminação em razão dos critérios proibidos pela Constituição, a partir da delimitação mais estrita das condições do seu tratamento. Conforme já foi mencionado, quanto aos dados pessoais sensíveis, o próprio consentimento do titular dos dados para tratamento é exigido que seja feito "de forma específica e destacada" vinculada a "finalidades específicas" (artigo 11, I, da LGPD). Não se admite, portanto, um consentimento genérico, tampouco que se insira sem destaque em condições gerais contratuais, sem o devido destaque. Igualmente, não se autoriza qualquer espécie de presunção sobre o conhecimento prévio do consumidor da finalidade específica ao prestar o consentimento, para o que se atribui o ônus de demonstrar o regular atendimento das condições previstas na lei.

As hipóteses em que é autorizado o tratamento dos dados, independentemente do consentimento do titular dos dados, da mesma forma, devem ser interpretadas restritivamente. São definidas no artigo 11, II, da LGPD. Trata-se de situações em que o controlador esteja cumprindo obrigação legal ou regulatória; ou que os dados sirvam à execução, pela Administração Pública, de políticas públicas previstas em lei ou regulamento; da mesma forma, para realização de estudos por órgão de pesquisa em relação a dados anonimizados; para o exercício regular de direitos em processo judicial, administrativo ou arbitral; para proteção da vida ou incolumidade do titular ou de terceiro; para tutela da saúde; ou em garantia da prevenção à fraude e à segurança do titular.

A LGPD prevê, igualmente, a possibilidade de ser estabelecida restrição ao tratamento de dados sensíveis, ao definir que sua comunicação ou seu uso compartilhado com objetivo de obter vantagem econômica poderá ser objeto de vedação ou regulamentação por parte da Autoridade Nacional de Proteção de Dados, ouvidos os órgãos setoriais do Poder Público, no âmbito de suas competências (artigo 11, § 3º). Da mesma forma, proíbe-se a comunicação ou o uso compartilhado de dados relativos à saúde com objetivo de obter vantagem econômica, exceto no caso de portabilidade de dados consentido pelo titular, ou para as transações financeiras e administrativas resultantes do uso e da prestação dos serviços de saúde, de assistência farmacêutica e de assistência à saúde (artigo 11, § 4º, II, da LGPD).

PARTE III · Cap. 3 · A PROTEÇÃO DE DADOS PESSOAIS E O DIREITO DO CONSUMIDOR | 905

3.9 DISCIPLINA ESPECIAL DA PROTEÇÃO DE DADOS DE CRIANÇAS E ADOLESCENTES

Quando o titular dos dados seja crianças e adolescentes, informa a disciplina sua proteção a doutrina do melhor interesse, fundada no artigo 227 da Constituição da República. Não podem elas próprias manifestar consentimento válido. Daí por que a lei exige que o consentimento específico seja realizado por pelo menos um dos pais ou pelo representante legal (artigo 14, § 1º, da LGPD).

Será definido um procedimento que assegure a publicidade sobre os termos do tratamento de dados, definindo que os controladores deverão manter pública a informação sobre os tipos de dados coletados, sua utilização e os procedimentos para exercício dos direitos pelo titular dos dados (artigo 14, § 2º, da LGPD). Admite, contudo a possibilidade de coleta de dados pessoais de crianças sem consentimento, se forem utilizados para contatar pais ou responsáveis uma única vez, sem armazenamento, ou para sua proteção, sem que possam ser repassados a terceiros.

A coleta dos dados deve se dar de forma leal, considerando a vulnerabilidade agravada das crianças e dos adolescentes. Para tanto, compete ao controlador realizar "todos os esforços razoáveis" para determinar que o consentimento tenha sido realmente dado pelos pais ou responsáveis pelo titular dos dados. Da mesma forma, não pode o controlador condicionar a participação das crianças e dos adolescentes em jogos, aplicações de internet ou outras atividades ao fornecimento de informações pessoais "além das estritamente necessárias à atividade" (artigo 14, § 4º, da LGPD). No âmbito das relações de consumo, o artigo 39, IV, do CDC define como prática abusiva "prevalecer-se da fraqueza ou ignorância do consumidor, tendo em vista sua idade, saúde, conhecimento ou condição social, para impingir-lhe seus produtos ou serviços". A utilização de jogos, aplicações de internet ou outros meios para coletar dados de consumidores crianças e adolescentes revela um prevalecimento de sua vulnerabilidade agravada, contaminando o posterior tratamento desses dados e a finalidade para as quais forem utilizados (especialmente para direcionamento ou segmentação de ofertas de produtos ou serviços).

Há, da mesma forma, um dever de informar qualificado em relação ao tratamento de dados de crianças e adolescentes, considerando a capacidade de compreensão tanto do titular dos dados quanto de seus pais ou responsáveis. Para tanto, o artigo 14, § 6 º, da LGPD, define que tais informações deverão ser fornecidas "de maneira simples, clara e acessível, consideradas as características físico-motoras, perceptivas, sensoriais, intelectuais e mentais do usuário, com uso de recursos audiovisuais quando adequado", no que se conforma ao dever de esclarecimento previsto também no CDC.

3.10 RESPONSABILIDADE PELOS DANOS AOS CONSUMIDORES QUANTO AO TRATAMENTO INDEVIDO DE DADOS PESSOAIS

Em relação aos danos causados em relação ao tratamento indevido de dados pessoais, é necessário que se compreenda a existência de um dever de segurança imputável aos agentes de tratamento (controladores e operadores de dados), que é segurança legitimamente esperada daqueles que exercem a atividade em caráter profissional, e, por essa razão, presume-se que tenham a expertise suficiente para assegurar a integridade dos dados e a preservação da privacidade de seus titulares. Daí por que a responsabilidade dos agentes de tratamento decorre do tratamento indevido ou irregular dos dados pessoais do qual resulte o dano. Exige-se a falha do controlador ou do operador, que caracteriza o nexo causal do dano. Contudo, não se deve perquirir se a falha se dá por dolo ou culpa, senão que apenas sua constatação é suficiente para atribuição da responsabilidade, inclusive com a possibilidade de inversão do ônus da prova em favor do titular dos dados, nas mesmas hipóteses de hipossuficiência e verossimilhança que a autorizam no âmbito das relações de consumo (artigo 42, § 2º, da LGPD).

O artigo 44 da LGPD define que "O tratamento de dados pessoais será irregular quando deixar de observar a legislação ou quando não fornecer a segurança que o titular dele pode esperar, consideradas as circunstâncias relevantes, entre as quais: I – o modo pelo qual é realizado; II – o resultado e os riscos que razoavelmente dele se esperam; III – as técnicas de tratamento de dados pessoais disponíveis à época em que foi realizado". A técnica legislativa empregada na LGPD aproxima-se notoriamente daquela adotada pelo CDC ao disciplinar o regime do fato do produto e do serviço, em especial na definição dos critérios a serem considerados para determinação do atendimento ao dever de segurança.

Note-se que a regra coloca em destaque, assim como ocorre em relação à responsabilidade do fornecedor no CDC, a questão relativa aos riscos do desenvolvimento, uma vez que delimita a extensão do dever de segurança àquela esperada em razão das "técnicas de tratamento de dados disponíveis à época em que foi realizado". Isso é especialmente relevante considerando a grande velocidade do desenvolvimento da tecnologia no tratamento de dados e os riscos inerentes, sobretudo, às situações de vazamento e acesso não autorizado de terceiros aos dados armazenados pelo controlador ou pelo operador. Nessas hipóteses, trata-se de definir, em relação ao controlador e ao operador dos dados, se seria possível identificar um dever de atualização técnica imputável, e, nesses termos, eventual adoção de novas técnicas que permitam o uso indevido do dado, especialmente por terceiros, viria a caracterizar espécie de risco inerente (fortuito interno), que não exclui sua responsabilidade pelos danos que venham a suportar os titulares dos dados; ou se delimitação quanto às técnicas disponíveis à época em que foi realizado o tratamento exclui eventual responsabilização do controlador e do operador pelo desenvolvimento tecnológico que permita obtenção de dados ou tratamento indevido por terceiros, desviado da finalidade originalmente prevista. Em outros termos, trata-se de situar, quanto à responsabilidade pelos danos causados em relação ao tratamento indevido de dados, qual o lugar dos riscos do desenvolvimento, considerando, nesse caso, a própria previsibilidade de uma atualização e um avanço técnico em atividades vinculadas à tecnologia da informação, mais veloz do que em outras atividades econômicas.

Os danos causados pelo tratamento indevido de dados pessoais dão causa à pretensão de reparação dos respectivos titulares dos dados pelos danos patrimonial e moral, individual ou coletivo. Responde pela reparação o controlador e o operador dos dados. No caso do operador, segundo o regime estabelecido pela LGPD, responderá solidariamente pelos danos causados quando descumprir as obrigações definidas na lei ou quando não tiver seguido as instruções lícitas do controlador, "hipótese em que o operador equipara-se ao controlador" (artigo 42, § 1º, I). Já os controladores que estiverem "diretamente envolvidos" no tratamento do qual decorram danos ao titular dos dados também respon-

PARTE III · Cap. 3 · A PROTEÇÃO DE DADOS PESSOAIS E O DIREITO DO CONSUMIDOR | 907

derão solidariamente pela reparação (artigo 42, § 1º, II). Deve-se bem compreender do que se trata as situações em que o controlador dos dados esteja "diretamente envolvido", afinal a ele cabe o tratamento de dados, diretamente, ou por intermédio dos operadores. Conforme o artigo 5º, VI, da LGPD, ao controlador competem "as decisões referentes ao tratamento de dados pessoais". O operador, por sua vez, "realiza o tratamento de dados pessoais em nome do controlador" (artigo 5º, VII, da LGPD). Nesses termos, as condições de imputação de responsabilidade do controlador e do operador pelos danos decorrentes do tratamento indevido dos dados serão: (a) a identificação de uma violação às normas que disciplinam o tratamento de dados pessoais; e (b) a existência de um dano patrimonial ou extrapatrimonial (moral) ao titular dos dados. Para a imputação de responsabilidade de ambos, não se exigirá a demonstração de dolo ou culpa (é responsabilidade objetiva). Da mesma forma, é correto compreender da exegese da lei, e em razão da própria essência das atividades desenvolvidas, que responderão solidariamente, de modo que o titular dos dados que sofrer o dano poderá demandar a qualquer um deles, operador ou controlador, individualmente ou em conjunto.

Tratando-se de danos a consumidores decorrentes do tratamento indevido de dados, contudo, o artigo 45 da LGPD, ao dispor que "as hipóteses de violação do direito do titular no âmbito das relações de consumo permanecem sujeitas às regras de responsabilidade previstas na legislação pertinente", conduz tais situações ao regime do fato do serviço (artigo 14 do CDC). Nesse caso, controlador e operador de dados respondem solidariamente, assim como outros fornecedores que venham intervir ou ter proveito do tratamento de dados do qual resulte o dano. Ainda, incidem tanto as condições de imputação da responsabilidade pelo fato do serviço (em especial o defeito que se caracteriza pelo tratamento indevido de dados, ou seja, desconforme à disciplina legal incidente para a atividade) quanto as causas que, porventura, possam excluir eventual responsabilidade do fornecedor (artigo 14, § 3º), que estão, porém, em simetria com o disposto no próprio artigo 43 da LGPD. Outro efeito prático da remissão do artigo 45 da LGPD ao regime de reparação próprio da legislação de proteção do consumidor será a submissão de eventuais pretensões de reparação dos consumidores ao prazo prescricional previsto no seu artigo 27 do CDC, de cinco anos contados do conhecimento do dano ou de sua autoria.

4
CONTRATOS DE CONSUMO DIGITAL

O fenômeno da rede mundial de computadores – internet – desde o seu surgimento, e em face do seu desenvolvimento mais recente, integrando-se ao cotidiano de um número cada vez maior de pessoas, despertou, desde logo, o interesse dos juristas, e de inúmeras obras jurídicas que estudam desde seus reflexos no universo das relações sociais e jurídicas subjacentes até novas questões que decorrem diretamente dessas inovações tecnológicas, como o comércio eletrônico, a proteção dos direitos autorais ou a proteção de crianças quanto ao conteúdo divulgado na rede mundial de computadores. Trata-se de uma realidade representativa da sociedade de consumo, e do aprofundamento e da complexidade das relações econômico-sociais e dos espaços de interação humana. O exame de seus aspectos técnicos e de sua repercussão no modo de vida da virada do século, e destes primeiros anos do século XXI, aponta para uma transformação cultural de hábitos e comportamentos de grandes proporções.[1] Sabe-se, contudo, que o desenvolvimento da internet é um novo capítulo de um conjunto de transformações tecnológicas radicais na experiência humana, a revolução tecnológica ou das comunicações, que possui, entre seus traços determinantes, o caráter permanente do desenvolvimento e das inovações no campo da comunicação, da informática e da tecnologia da informação de modo geral.

Na ciência do Direito, o exame do fenômeno da internet concentra-se, sobretudo, na preocupação com a efetividade das normas jurídicas de direito positivo às relações da vida estabelecidas por intermédio da internet. Em tese, a primeira questão a ser enfrentada diz respeito à suficiência das normas jurídicas existentes para abranger as relações estabelecidas pela internet, ou se existiria a necessidade de novas normas para regular tais fenômenos.[2] A rigor, essa dúvida remanesce em relação a diversas atividades realizadas por meio da internet, como no caso dos contratos de consumo digital. Contudo, a resposta

---

[1] CASTELLS, Manuel. *A era da informação*: economia, sociedade e cultura – a sociedade em rede. 3. ed. São Paulo: Paz e Terra, 2000. V. 1. p. 38-41.

[2] A rigor, essa é uma questão que está longe de se apresentar exclusivamente em relação à regulação jurídica da Internet. A preocupação com a atualização da norma, por intermédio da interpretação, é central na ciência do Direito. Trata-se de uma tensão entre o caráter estático da norma jurídica e o traço dinâmico e de permanente mudança que caracteriza as relações sociais. Sobre o tema, já mencionava entre nós o Prof. Vicente Ráo, para quem "o direito assim considerado, não permanece aprisionado na letra da lei, nem no espírito que, em dado momento social, lhe ditou sua formulação em normas positivas. Seu significado, ao contrário, se transforma, como se transformam as situações de fato que visa disciplinar. Esse método não despreza a norma considerada em si mesma, nem conclui contra o seu preceito; baseia-se, ao contrário, na observância da lei, mas da lei adaptada às necessidades práticas atuais" (Ráo, Vicente. *O direito e a vida dos direitos*. São Paulo: Ed. RT, 1997. v. 1. p. 509). No mesmo sentido, ensinam: Maximiliano, Carlos. *Hermenêutica e interpretação do direito*. 18. ed. Rio de Janeiro:

sobre a suficiência ou não das normas jurídicas para disciplina dos contratos digitais passa não apenas por um problema de qualificação[3] (afinal, um contrato é considerado como tal, tanto no mundo físico quanto no mundo virtual, em vista da liberdade de forma para as convenções admitidas em nosso Direito). A discussão sobre os limites de aplicação das normas jurídicas a essas relações, não somente no caso das normas submetidas à interpretação estrita, como no caso do direito penal (os crimes pela Internet),[4] ou do direito tributário (a identificação do fato gerador nas relações econômicas estabelecidas pelo meio virtual).

A internet, nesse sentido, é um fenômeno da sociedade de consumo.[5] Por ela, valores, conceitos, bens e serviços que integram a sociedade de consumo contemporânea são difundidos ou, muitos deles, adquirem existência diante da massa de usuários que direta ou indiretamente tomam contato com a nova realidade virtual.[6] No direito do consumidor, as relações estabelecidas pela internet ensejam situações de contratos eletrônicos de consumo, em que, por intermédio da rede de computadores, se realizam contratos de consumo de produtos ou serviços, assim como ilícitos que afetam a segurança do consumidor e, nesse sentido, dão causa à responsabilidade por acidentes de consumo.[7] No que se refere aos contratos de consumo digitais, a natureza eletrônica da contratação pode se dar em razão do produto ou serviço objeto do ajuste, do modo de formação do contrato ou do modo de cumprimento de alguma das prestações.[8]

Discorrendo sobre a disciplina jurídica dos contratos de consumo digital e a necessidade de maior proteção dos vulneráveis nos sistemas de troca por intermédio da internet, fala-se em uma *unilateralidade visível* e uma *bilateralidade escondida*, querendo indicar o desafio à correta compreensão do exercício da liberdade contratual nas transações estabelecidas pela internet e o surgimento de uma nova vulnerabilidade eletrônica.[9] Em matéria de contratos eletrônicos, a decisão sobre a utilização do meio eletrônico para celebração e

---

Forense, 1999. p. 47 *et seq.*; e CASTANHEIRA NEVES, Antônio. *Digesta*: escritos acerca do direito, do pensamento jurídico, da sua metodologia e outros. Coimbra: Coimbra Editora, 1995. V. 2. p. 347 *et seq.*

[3] Sobre o tema, veja-se o nosso: MIRAGEM, Bruno. O conceito de domicílio e sua repercussão às relações jurídicas eletrônicas. *Revista de Direito Privado*, São Paulo, v. 19, p. 10-45. jul.-set. 2004.

[4] Veja-se: Ferreira, Ivette Senise. O direito penal da informática. *Revista da Pós-Graduação da Faculdade de Direito da Universidade de São Paulo*, n. 4, p. 9-26, 2002.

[5] Para um exame profundo dos traços fundamentais da sociedade de consumo contemporânea, remetemo--nos à coletânea de estudos de BAUMAN, Zygmunt. *Vida para consumo*: a transformação das pessoas em mercadoria. Rio de Janeiro: Jorge Zahar, 2008.

[6] LORENZETTI, Ricardo L. *Comercio electrónico*. Buenos Aires: Abeledo Perrot, 2001. p. 38.

[7] Sobre o tema da responsabilidade por acidentes de consumo na Internet, veja-se o excelente estudo de: MARTINS, Guilherme Magalhães. *Responsabilidade civil por acidente de consumo na internet*. São Paulo: Ed. RT, 2008. p. 43 *et seq.*

[8] Nesse sentido veja-se a lição de Roberto Silva da Rocha, distinguindo os contratos celebrados pela Internet entre contratos parcialmente eletrônicos, nos quais a comercialização do produto ou serviço a ser prestado fora da Internet é realizada por intermédio da rede de computadores, e contratos puramente eletrônicos, nos quais os produtos e serviços trata-se de bens ou prestações imateriais a serem realizadas por intermédio da Internet (ROCHA, Roberto Silva da. Natureza jurídica dos contratos celebrados com sites de intermediação no comércio eletrônico. *Revista de Direito do Consumidor*, São Paulo, v. 61, 230-269, jan.-mar. 2007).

[9] MARQUES, Claudia Lima. *Confiança no comércio eletrônico e a proteção do consumidor*: um estudo dos negócios jurídicos de consumo no comércio eletrônico. São Paulo: Ed. RT, 2004. p. 71.

PARTE III · Cap. 4 · CONTRATOS DE CONSUMO DIGITAL | 911

execução do ajuste responderá sempre, em alguma medida, à decisão do consumidor em realizar a contratação, o que exigirá, necessariamente, o reconhecimento de certo grau de confiança no complexo de relações estabelecidas a partir da estrutura e do funcionamento da rede mundial de computadores, determinando a proteção da confiança negocial.[10]

4.1 EQUIVALÊNCIA FUNCIONAL

A adoção das tecnologias da informação, e consequente digitalização de diversas relações jurídicas, modifica o modo como certos comportamentos serão concretizados, porém não altera sua natureza pelo fato de serem realizados no ambiente virtual. A necessidade de elaboração e incidência de normas gerais, exigências do princípio da igualdade,[11] se mantém. A contratação eletrônica, os danos decorrentes de lesão à personalidade, a violação do dever de sigilo e a assinatura como meio de declaração da vontade são alguns exemplos visíveis. Nesses casos, quando o ambiente virtual é o meio para a realização de comportamentos que são parte de institutos jurídicos formados em caráter antecedente e independente, suas características e disciplina, no mundo físico, devem ser consideradas para interpretar, qualificar e definir a incidência da norma nessas situações.[12] O contrato, embora celebrado pela internet, segue com as características desse instituto jurídico como acordo de vontades que consintam com dado objeto no interesse dos contratantes. Cumpre uma mesma função, na internet e fora dela, razão pela qual o desenvolvimento da teoria do contrato e das normas que o disciplinam no Código Civil não distingue o meio da celebração – embora possa exigir adaptações pontuais na demonstração da presença de seus elementos.

Isso se denomina equivalência funcional, a qual pode ser considerada um princípio jurídico (dependendo da noção de "princípio" utilizada), mas, de qualquer modo, é critério que informa a incidência das normas de determinado sistema legal já consolidado às relações constituídas ou que se desenvolvam no ambiente digital.

A atividade de qualificação jurídica – pressuposto da incidência de normas gerais e abstratas a relações jurídicas virtuais – é desafiada também pela linguagem e pelo modo como se denominam as diferentes realidades no ambiente virtual. No direito do consumidor, destaca-se a identificação da equivalência funcional entre os institutos previstos no CDC e na legislação em geral e os comportamentos dos agentes no ambiente virtual – em especial, nas relações de consumo estabelecidas no mercado de consumo digital. Nesse caso, o propósito de assegurar a efetividade da proteção do consumidor no ambiente digital[13] pressupõe a interpretação das normas e a operacionalização dos conceitos próprios

---

[10] MARQUES, Claudia Lima. *Confiança no comércio eletrônico e a proteção do consumidor*: um estudo dos negócios jurídicos de consumo no comércio eletrônico. São Paulo: Ed. RT, 2004. p. 96-97.

[11] MOTA PINTO, Carlos Alberto; PINTO MONTEIRO, António; MOTA PINTO, Paulo. *Teoria geral do direito civil*. 5. ed. Coimbra: Gestlegal, 2020. p. 79-80.

[12] FAUST, Florian. Digitale Wirtschaft – Analoges Recht: Braucht das BGB ein Update? *Neue Juristische Wochenschrift – Beilage*, v. 29, 2016.

[13] Para o tema, identificando, inclusive, um "princípio da atualização" das normas de proteção do consumidor, veja-se as corretas indicações de: FERREIRA, Vitor Hugo do Amaral. *Tutela de efetividade no direito do consumidor brasileiro*: a tríade prevenção-proteção-tratamento revelada nas relações de crédito e consumo digital. São Paulo: Ed. RT, 2022. p. 182 e ss.

CURSO DE DIREITO DO CONSUMIDOR – *Bruno Miragem*

do direito do consumidor nesta nova realidade. O contrato de consumo digital, para ser celebrado validamente, reclama os mesmos requisitos previstos na legislação (artigo 104 do Código Civil c/c artigo 30 do CDC). O modo como se realiza a declaração de vontade do consumidor para contratar, ou o próprio atendimento dos vários deveres impostos aos fornecedores pelo CDC, é que deverá considerar as características dos comportamentos no ambiente virtual e seu significado para a norma. Assim a declaração de vontade pode se realizar por um clique na tela, preenchimento e envio de certas informações, ou cliques de opções predeterminadas, bem como por toque físico na superfície da tela (*touch screen*), aposição de impressão digital ou reconhecimento facial – e, ainda, pela combinação de mais de uma dessas alternativas. Ao final, contudo, deve haver contrato válido, com os efeitos pertinentes para os contratantes.

Do mesmo modo, outros conceitos previstos, originalmente, para relações de consumo em geral aplicam-se por igual ao consumo digital. No ambiente virtual, realiza-se publicidade e *marketing* tanto quanto se celebram contratos com cláusulas abusivas, são fornecidos produtos ou serviços falhos, ensejando, conforme o caso, responsabilidade do fornecedor por defeitos ou vícios que deles decorram. Boa parte dos contratos de consumo celebrados pela internet, igualmente, será padronizada, sendo oferecida ao consumidor apenas a decisão de aderir às condições que eles estabelecem, caracterizando-se como contratos de adesão. Em todas essas situações, à míngua de normas específicas que venham a contemplar peculiaridades do meio digital, incidem as normas do CDC, dada a equivalência funcional entre essas situações desenvolvidas na internet e as que se realizam fora dela.

4.2 FORNECEDORES DE SERVIÇOS NO AMBIENTE VIRTUAL: OS PROVEDORES DE INTERNET

A oferta de produtos e serviços no ambiente virtual é promovida pelos denominados provedores de internet. Antes da disciplina legislativa específica sobre as espécies de provedores, desenvolveu-se ampla classificação doutrinária buscando sistematizar diversos tipos conforme a atividade específica que desenvolviam. Assim, quanto à espécie de serviços oferecidos, os provedores de internet podiam ser classificados em:[14] (a) *provedores de conteúdo*, caracterizados como autores, editores ou outros titulares de direito que introduzem seu trabalho na rede, estando sujeitos à proteção, em conjunto com as empresas de software, das normas relativas aos direitos autorais; (b) *provedores de serviços*, identificados tanto com os provedores de acesso, que contratam e oferecem o meio de acesso à internet, quanto com os provedores de serviços e conteúdos, que oferecem no ambiente da internet conteúdos a serem acessados ou prestam serviços a serem fruídos por intermédio da internet ou a partir desta, desenvolvendo-se ou concluindo-se o serviço fora da rede de computadores, pelo oferecimento de produto ou pela execução de serviço; e, por fim, (c) *provedores de rede*, quais sejam, aqueles que fornecem a infraestrutura física

---

[14] Nesse sentido, veja-se: GALDÓS, Jorge Mario. Responsabilidad civil de los proveedores de servicios en Internet. In: TRIGO REPRESAS, Félix A. (org.). *Responsabilidad civil*: doctrinas esenciales. Buenos Aires: La Ley, 2007. T. VI. p. 69.

de acesso, ou seja, as linhas de comunicação que permitem a conexão à internet, tais como as companhias telefônicas ou as empresas de serviços via cabo.

Um detalhamento dos critérios de classificação pode, igualmente, ampliar as espécies reconhecidas. Guilherme Magalhães Martins sugeria distinção, antes da vigência do Marco Civil da Internet, em vista de suas respectivas atividades e funções, indicando: (a) os provedores de *backbone*; (b) os provedores de conteúdo e informação (*information providers* ou *content providers*); (c) os provedores de acesso (*internet service providers*); (d) os provedores de hospedagem (*hosting service providers*); e (e) os provedores de correio eletrônico. Serão, segundo esse autor, espécies do gênero provedor de serviço de internet, sobre o qual propõe definição como sendo "a pessoa natural ou jurídica que presta atividades relacionadas ao aproveitamento da rede, de forma organizada, com caráter duradouro e finalidade lucrativa, ou seja, a título profissional".[15]

A Lei 12.965/2014, ao disciplinar juridicamente a internet no Brasil, estabelece os conceitos básicos de provisão de conexão, envolvendo a transmissão, a comutação ou o roteamento de dados, exercida pelo *provedor de conexão* – a semelhança do que a doutrina vinha identificando como provedor de acesso; e *provedor de aplicações de internet*, ou seja, "pessoa jurídica e que exerça essa atividade de forma organizada, profissionalmente e com fins econômicos (...)", nos termos do artigo 15 dessa norma, responsável por tornar disponível *aplicações de internet*.

A relação jurídica direta com os usuários da internet desenvolve-se tanto pelos provedores de aplicações de internet, a partir do qual lhes é fornecido certo conteúdo ou serviço – ou produto ou serviço, quando caracterizada oferta no mercado de consumo, nos termos do artigo 3º do CDC. Nesses casos, pode haver a oferta de produto ou serviço mediante contraprestação direta do usuário (remuneração), sem essa exigência, de modo que o provedor estruture o custeio da atividade realizada ou se remunere de forma indireta. Dessa maneira, imediatamente, não se exige do consumidor uma contraprestação, contudo o provedor obtém vantagens de promoção comercial de outros produtos ou serviços, acesso a dados dos consumidores etc. Da mesma forma, pode organizar e oferecer um meio ou ambiente para relações entre usuários, com fins diretamente negociais ou não, ou, inclusive, serviços que, em certo padrão, são oferecidos gratuitamente, mas cuja agregação de diferenciais e utilidades faz que passem a ser objeto de pagamento. Nesses casos, o fornecimento de produtos ou serviços pode viabilizar o surgimento de situações jurídicas que, a par da relação de consumo, vincule usuários da internet entre si, como ocorre nas denominadas redes sociais. Nelas, embora a relação jurídica original entre o provedor que desenvolve e/ou oferta a aplicação e os usuários possa se caracterizar como relação de consumo, as interações entre os usuários por intermédio da aplicação podem assumir outra natureza (*e.g.*, civil ou empresarial) e, ainda, dar causa a constituições de situações jurídicas específicas (*e.g.*, cometimento de crime a partir de interações viabilizadas pela aplicação.

A aplicação do CDC aos provedores de internet resulta do fato de oferecerem seus produtos e serviços no mercado de consumo. Nesse sentido, têm de suportar os riscos

---

[15] MARTINS, Guilherme Magalhães. *Responsabilidade civil por acidente de consumo na internet*. São Paulo: Ed. RT, 2008. p. 281.

negociais desse empreendimento econômico. Na qualidade de fornecedores de serviços, respondem pela qualidade e pela segurança destes, nos termos da legislação em vigor. A distinção dos regimes de responsabilidade dos provedores de internet, no caso dos provedores de aplicações de internet, decorre da oferta de produtos e serviços no mercado de consumo digital, tornando-os fornecedores, submetidos ao CDC. Não sendo essa hipótese, respondem pelo regime geral, aplicando-se as normas do Código Civil e da Lei 12.965/2014, conforme se trate de conteúdo gerado pelo próprio provedor ou por terceiro.

Historicamente, em termos doutrinários, o exame do regime de responsabilidade dos provedores de internet pressupôs a identificação de certos riscos pelos quais deveriam responder independentemente da demonstração de culpa. Esta não foi, contudo, a opção da jurisprudência e da própria legislação. A Lei 12.965/2014 – Marco Civil da Internet –, no tocante aos conteúdos gerados por terceiros, impõe a necessidade de demonstrar a conduta culposa, inclusive com exigência de ordem judicial prévia, indicando a necessária retirada de conteúdo ofensivo, como condição para a responsabilização (exceção feita a imagens de conteúdo sexual, caso em que se dispensa a medida judicial para exigir-se sua retirada).

Além dos provedores de internet que se dedicam ao oferecimento de acesso, infraestrutura ou conteúdo, outros sujeitos das relações jurídicas estabelecidas na rede de computadores serão as pessoas naturais e jurídicas que se utilizam do ambiente virtual para o estabelecimento de relações com ou sem fins econômicos, ou seja, que compreendem a internet como extensão do espaço real de relacionamentos. A partir do ponto de vista da atuação organizada de agentes econômicos para o oferecimento de acesso à internet e de conteúdos a serem obtidos dentro do ambiente virtual, a internet se caracteriza como extensão da realidade concreta, não virtual. Nesse sentido, as relações de conteúdo econômico ou que tenham subjacentes interesses econômicos de pelo menos uma das partes consideram-se, mesmo na internet, como realizadas no mercado de consumo. Desse modo, as relações estabelecidas pela internet que tenham finalidade econômica mediante oferta de produtos e serviços ao público caracterizam-se como havidas no mercado de consumo. Atraem, pois, a incidência do CDC, que só deixa de se aplicar configurando-se a situação descrita nos artigos 19 e 21 da Lei 12.965/2014.

A disciplina da atividade dos provedores de internet distingue seus deveres e responsabilidades conforme a atividade desenvolvida. Nesse sentido, aliás, é que dispõe o artigo 3º, VI, da Lei 12.965/2014, ao dispor, entre seus fundamentos, a "responsabilização dos agentes de acordo com suas atividades nos termos da lei".

Examinem-se, agora, as duas espécies de provedores de internet previstas na legislação brasileira – os provedores de aplicações de internet e os provedores de conexão – e as respectivas condições para que, em situações jurídicas específicas, se subordinem à incidência do CDC.

4.2.1 Os provedores de aplicações de internet e o fornecimento de produtos e serviços

O desenvolvimento da internet, ao lado de inúmeras transformações na vida econômica e social, deu causa à sua crescente utilização para comercialização de produtos e serviço aos consumidores – o comércio eletrônico –, assim como de novas utilidades desenvolvidas e prestadas exclusivamente por seu intermédio – de modo que não apenas a contratação mas também o seu próprio objeto sejam, muitas vezes, executados e fruídos de forma totalmente digital. Essas novas utilidades, ou funcionalidades, se desenvolvem sob forma de softwares distribuídos pela internet, que facilitam ou aproveitam a seus usuários. O fato de serem totalmente digitais e proporcionarem vantagens e utilidades aos usuários determinou a necessidade da definição de *aplicação de internet,* que terminou sendo realizada, de modo abrangente, pelo artigo 5º, VII, da Lei 12.965/2014, como "o conjunto de funcionalidades que podem ser acessadas por meio de um terminal conectado à internet". Trata-se de definição ampla que abrange toda espécie de serviços prestados por intermédio da internet, incluindo a oferta de hospedagem, informações e conteúdo, mensagens, intermediação, provedores de busca, venda de produtos (*marketplace*) e outras utilidades.

Ao referir-se a um *conjunto de funcionalidades,* a rigor, indica-se softwares desenvolvidos para permitir a fruição de vantagens por intermédio da internet, com diferentes finalidades, mas sempre caracterizando uma utilidade ao usuário. Podem ser ofertadas no mercado de consumo, mediante remuneração direta ou de forma gratuita, de modo que o provedor da aplicação de internet pretenda finalidade econômica (remuneração indireta), hipótese em que caracteriza relação de consumo, sendo o provedor caracterizado como fornecedor, submetendo-se também ao CDC. Em casos nos quais a aplicação de internet não é tornada disponível no mercado de consumo – ofertada aos consumidores –, mas resultado de desenvolvimento para outros fins (empresariais, por exemplo) ou para viabilizar ou agilizar a prestação de serviços públicos pelo Estado, não se cogita de relação de consumo e o regime da Lei 12.965/2014 não sofre interferência ou é afastado pelo CDC.

No caso da aplicação das normas de proteção do consumidor às relações jurídicas na internet, seu âmbito de incidência é preservado, em vista do fundamento constitucional de defesa do consumidor na forma da lei e do caráter de suas normas "de ordem pública e interesse social" (artigo 1º do CDC). Da mesma forma, o artigo 7º, XIII, da Lei 12.965/2014 – Marco Civil da Internet –, expressamente, assegura o direito do usuário à "aplicação das normas de proteção e defesa do consumidor nas relações de consumo realizadas na internet". Também a Lei 13.709, de 14 de agosto de 2018 – Lei Geral de Proteção de Dados –, prevê, como um dos fundamentos da proteção de dados pessoais, a defesa do consumidor (artigo 2º, VI, *in fine*).

Desse modo, os conceitos legais definidos nessas leis especiais sobre a internet e o tratamento de dados pessoais se interpretam e aplicam em acordo com as normas de proteção do consumidor estabelecidas pelo CDC quando se trata da disciplina do exercício da atividade econômica no mercado de consumo, entretanto no ambiente digital. Nesse particular, a existência de contraprestação direta ou a gratuidade das relações entre consumidor e fornecedor nas relações jurídicas pela internet não desnaturam sua qualificação como relação de consumo.

A Lei 12.965/2014, ao se referir aos provedores de aplicações de internet, dispõe, no seu artigo 15, sobre o dever de guarda dos registros de acesso dos usuários imposto ao "provedor de aplicações de internet constituído na forma de pessoa jurídica e que exerça essa atividade de forma organizada, profissionalmente e com fins econômicos", definindo que deverá mantê-los pelo prazo de 6 (seis) meses, nos termos do regulamento. A rigor, a provisão de aplicações de internet pode ser realizada por pessoa natural ou jurídica,

916 | CURSO DE DIREITO DO CONSUMIDOR – *Bruno Miragem*

porém, define a lei que, quando essa atividade se realiza a título profissional, com fins econômicos, se pontuam deveres específicos aos respectivos provedores. O fornecimento de produtos e serviços na internet, com exceção da própria conexão à internet, realizada pelos provedores de conexão, é realizado pelos provedores de aplicação.

A própria Lei 12.965/2014, ao mesmo tempo que estabelece, entre seus fundamentos, "a livre-iniciativa, a livre concorrência e a defesa do consumidor" (artigo 2º, V), define como um dos princípios que informam a disciplina do uso da internet no Brasil a "liberdade dos modelos de negócios promovidos na internet, desde que não conflitem com os demais princípios estabelecidos nesta Lei" (artigo 3º, VIII). *Liberdade dos modelos de negócios* compreende tanto a *liberdade para celebração* de negócios pela internet, no tocante à sua formalização, em especial à forma de manifestação da vontade das partes, quanto a *liberdade de conformação* do conteúdo desses negócios, no tocante à natureza do serviço e do conteúdo da prestação, à sua base econômica (modelos de remuneração direta ou indireta), à posição jurídica dos participantes, entre outros aspectos. A delimitação do exercício da autonomia privada dos provedores de aplicação de internet, todavia, se preserva a partir da fórmula final de que tais modelos não devem conflitar "com os demais princípios estabelecidos". A defesa do consumidor é reconhecida como um dos fundamentos da lei (artigo 2º, V), assim como, entre os direitos assegurados aos usuários da internet, está a aplicação das normas de proteção e defesa do consumidor nas relações de consumo realizadas na internet (artigo 7º, XIII).

4.2.1.1 Aplicativos e sua comercialização

As aplicações de internet são oferecidas em rede aberta, mediante acesso a sítios de internet, ou podem ser comercializadas em ambientes específicos, para acesso e arquivamento de certo conteúdo no dispositivo do consumidor. Neste caso, a definição legal de aplicações também é denominada aplicativo (ou app), cujo acesso pode ser controlado (mediante identificação e/ou senha), oferecendo serviços específicos ao consumidor, de modo gratuito (embora, geralmente, remunerado de forma indireta) ou oneroso.

Os aplicativos se distinguem em nativos, de web (web apps) e híbridos. Os aplicativos nativos são aqueles oferecidos em lojas de aplicativos acessíveis pela internet, constituídos de linguagem computacional exclusiva para determinado sistema operacional. Nesses casos o acesso ao aplicativo nativo se dá mediante download para o dispositivo do usuário, a partir do que poderá ser utilizado. Para utilização em smartphones, dois são os sistemas operacionais predominantes, Android e iOS, de modo que os aplicativos serão desenvolvidos – cada qual – para serem compatíveis e utilizados por um desses sistemas, não sendo compatíveis com o outro.

Já os aplicativos de web (web apps) não são propriamente aplicativos, mas sites desenvolvidos para dispositivos móveis, cuja programação reconhece a origem do acesso e se adapta a ele, podendo ser acessado de qualquer sistema operacional, mediante navegação na internet. Terão, assim, "aparência de aplicativo",[16] porém, para acesso, é necessária sempre a conexão com a internet.

---

[16] BAUMGARTNER, Ulrich; EWALD, Konstantin. *Apps und Recht*. München: C. H. Beck, 2016. p. 3.

PARTE III · Cap. 4 · CONTRATOS DE CONSUMO DIGITAL | 917

Por fim, os aplicativos híbridos, como o próprio nome já sugere, são uma mistura de um aplicativo nativo com um web app. Desse modo, estarão disponíveis em lojas de aplicativos para download, mas sua utilização dependerá de conexão com a internet, ainda que algumas de suas funcionalidades possam se desenvolver off-line. Exigem acesso da internet para o caso de atualizações de novas versões do aplicativo.

A aplicação de internet, assim, é meio para acesso a bens digitais, informações e serviços na rede. Também será, ela própria, o meio que, estando conectado ao terminal do consumidor, permitirá que este frua determinado serviço. A aplicação de internet em si, contudo, é um bem imaterial (produto), passível de aquisição do domínio ou de direito de uso em caráter permanente ou provisório. Há elementos que a distinguem, quanto a sua natureza e suas características, de outros bens, como a sua utilidade poder ser delimitada temporalmente ou ter suas funcionalidades acrescidas mediante "atualizações" ou contratação de individualizadas ("compras dentro do aplicativo") – assim como a combinação de oferta de parte das funcionalidades de modo gratuito e parte de modo oneroso.

Da mesma forma, uma vez associada ao terminal conectado à internet, a aplicação de internet pode dar conta de funcionalidade que: (a) pode ser executada sem que exija uma conexão permanente à rede (modo off-line); (b) opere mediante conexão a determinado endereço eletrônico, cujo meio de facilitação do acesso (link ou atalho) é instalado no terminal conectado à internet (web app); ou (c) híbridos, que se utilizam de linguagem reconhecível pelos dispositivos em que podem ser arquivados ("baixados"), e também mediante acesso à internet.

A oferta das aplicações aos usuários da internet é organizada a partir de serviços de intermediação, o que, em sentido não técnico, se passou a denominar de "loja virtual", mas que, a rigor, serão, eles próprios, aplicações de internet que tornam disponíveis para serem descarregadas ou transferidas (download ou upload) outras aplicações, mediante acesso ao servidor que os hospeda.

Esse acesso para descarregamento ou transferência (download ou upload) é que caracteriza a aquisição do produto aplicação de internet, que pode se dar sem contraprestação específica ("grátis") ou condicionando a permissão para descarregar ou transferir a pagamento prévio, pelo consumidor, de preço. A organização desses serviços de intermediação, normalmente, se dá em acordo com os requisitos exigidos pelo respectivo sistema operacional dos terminais conectados à internet.

Sistema operacional é, igualmente, um conjunto de programação com a função de permitir uma interface entre o computador e o seu usuário, gerenciando seus recursos.[17] Os sistemas operacionais são essenciais ao funcionamento de computadores e outros dispositivos eletrônicos (hardwares). Sobre estes, por terem sua utilidade totalmente dependente dos sistemas operacionais, compreende-se que devam ser oferecidos no mercado com eles, sem que isso caracterize condicionamento ou venda casada. Distingue-se os sistemas operacionais em computadores desktops e notebooks (*e.g.*, Microsoft Windows, Linux) e os utilizados em dispositivos móveis e smartphones (*e.g.*, Android, iOS). As aplicações

---

[17] STALLINGS, William. *Operating systems*: internals and design principles. 7. ed. Boston: Prentice Hall, 2012. p. 48. Para um detalhamento das funções do sistema operacional: STALLINGS, William. *Operating systems*: internals and design principles. 7. ed. Boston: Prentice Hall, 2012. p. 49-50.

de internet serão compatíveis com determinados sistemas operacionais, ou desenvolvidas em diferentes versões, para permitir que sejam reconhecidas por cada um deles.

O acesso para descarregamento ou transferência dos aplicativos (no caso dos aplicativos nativos), ou simplesmente uso (web apps), pode se dar mediante exigência de pagamento ou não. Os modelos de pagamento são diversos, mediante assinatura (pagamentos periódicos que permitem o acesso e a fruição de suas utilidades) ou de uma só vez (preço), razão pela qual tanto podem caracterizar uma compra e venda como uma prestação de serviços.[18]

4.2.1.2 Redes sociais

As redes sociais são espécies de aplicação de internet (artigo 5º, VII, da Lei 12.965/2014), que se caracterizam como um ambiente digital organizado visando à conexão de perfis humanos afins ou com interesses em comum, permitindo o fluxo informacional entre seus usuários (interação social). Há, nesse sentido, um protagonismo do indivíduo na formação de sua rede social, de modo que escolhe com quem deve interagir, segundo seus interesses, afinidades, valores e projetos.[19] Os provedores de aplicações que desenvolvem as redes sociais também promovem a prestação de um serviço *on-line*, por intermédio de plataforma ou sítio, de aproximação e conexão entre pessoas que já tenham alguma relação anterior ou não, visando constituir relações sociais animadas por interesses comuns. As principais redes sociais virtuais desenvolvem seu modelo de negócio pela prestação de serviços aos usuários, franqueando o acesso gratuito ou oneroso mediante abertura de conta junto à aplicação de internet. Tais serviços, se acessíveis de modo gratuito, serão custeados, geralmente, pela veiculação de publicidade direcionada aos usuários, por fornecedores de produtos e serviços e, ainda, pela perfilização dos usuários, mediante tratamento de seus dados pessoais. Nesse sentido, a ausência de cobrança pelo acesso ao seu conteúdo pelos usuários faz que seu custeio resulte, dentre outros, da receita decorrente de anúncios publicitários e sua divulgação segmentada a partir do tratamento de dados dos usuários. Por outro lado, há as redes sociais com acesso condicionado à remuneração – ou, ainda, certos estágios de acesso a uma mesma rede social, que podem diferenciar ambientes de ingresso gratuito e outros, com maior número de serviços ou vantagens, mediante pagamento pelo usuário.

Em ambos os casos, as aplicações de internet, uma vez oferecidas no mercado de consumo, serão consideradas serviço objeto de relação de consumo (artigo 3º, § 2º, do CDC), independentemente de adotarem modelos de remuneração direta (exigindo contraprestação do consumidor para acesso) ou indireta (mais comum, entre as principais redes sociais). No caso dos anúncios publicitários veiculados nas redes sociais, em regra, os provedores de aplicações não respondem pelo seu conteúdo, quando gerado por terceiro, observado o disposto nos artigos 36, parágrafo único, e 38 do CDC, que imputam ao fornecedor que patrocina o anúncio o dever de manter, "em seu poder,

---

[18] BAUMGARTNER, Ulrich; EWALD, Konstantin. *Apps und Recht*. München: C. H. Beck, 2016. p. 10-11.
[19] CASTELLS, Manuel. *Galáxia da internet*: reflexões sobre a internet, os negócios e a sociedade. Trad. Maria Luiza X. de A. Borges. Rio de Janeiro: Zahar, 2003. p. 109.

PARTE III · Cap. 4 · CONTRATOS DE CONSUMO DIGITAL | **919**

para informação dos legítimos interessados, os dados fáticos, técnicos e científicos que dão sustentação à mensagem", assim como lhe imputam o ônus da prova da veracidade e correção da informação ou comunicação publicitária, de modo equiparável aos meios de comunicação social.[20]

Por outro lado, como fornecedor de serviço, os provedores de aplicações de internet que organizam e patrocinam rede social devem prestar ao consumidor as informações relevantes sobre sua utilização, inclusive oportunizando conhecimento dos termos de uso da aplicação previamente à decisão de utilizar o serviço. Será lícito que estabeleçam padrões de utilização a serem observados pelos usuários no interesse comum de coibir ilícitos e/ou conteúdos ou manifestações que possam ser consideradas ofensivas ou agressivas de algum modo. Considerado o dever de qualidade (segurança e adequação) imposto ao fornecedor de serviços, deve ser considerada a exigência a provedores de aplicações de internet para que tornem disponíveis meios para restringir acesso a conteúdo considerado impróprio (filtros) a serem acionados pelos próprios consumidores usuários, na medida do seu interesse. É o caso de conteúdo impróprio para crianças em aplicações de divulgação de vídeos, ou outras espécies de conteúdos ilícitos. Note-se que, nesse caso, não se se trata de atribuir ao provedor de aplicações um dever de vigilância – excluído expressamente pela legislação – mas a oferta de meios para que o próprio consumidor possa implementar decisões que lhe interessem, ou mesmo seja informado sobre o conteúdo e serviços de determinada rede social, inclusive para decidir não a utilizar.

Por fim, refira-se que os próprios dados do consumidor, tornados disponíveis na rede social, se submetem, observados os termos e as condições de uso, a sua autodeterminação informativa, de modo que não pode ser restringido seu direito de exclusão ou modificação, assim como o de encerrar o relacionamento com a aplicação de internet, tornando-os indisponíveis. Coloca-se em destaque, atualmente, a destinação dos dados em rede social no caso de morte do titular, conhecida como herança digital.

No direito alemão, a Corte Federal (BGH) considerou nula cláusula constante dos termos de uso de aplicação da internet que estabelecia a intransmissibilidade da conta do usuário (e consequente acesso ao seu perfil na rede social), assegurando-se aos herdeiros o efetivo acesso tal como o tinha a *de cujus* (e não simplesmente a entrega de dados não estruturados relativos à conta), com fundamento no princípio da sucessão universal (§ 1922, I, do BGB), admitindo que se afaste esse direito apenas no caso de disposição expressa do titular nesse sentido. Reconhece-se, assim, a "herança digital" (*digitalen Nachlass*). No caso, a decisão BGH, III ZR 183/17, sintetiza que, "em caso de falecimento do titular da conta de uma rede social, o contrato de uso geralmente é transmitido aos seus herdeiros de acordo com o § 1922 BGB. Nem os direitos de personalidade *post mortem* do falecido, nem o sigilo das telecomunicações, nem a lei de proteção de dados, impedem o acesso à conta do usuário e ao conteúdo de comunicação nela contido". No direito brasileiro, decisão do TJSP julgou regular a exclusão da conta do *de cujus*, sem conceder o acesso aos sucessores, em relação ao mesmo provedor de aplicação (TJSP, Apelação

---

[20] STJ, AgInt no AREsp 1.876.861/SP, 3ª Turma, Rel. Min. Moura Ribeiro, j. 20.09.2021, *DJe* 23.09.2021; STJ, AgInt no AREsp 1.819.064/SP, 4ª Turma, Rel. Min. Raul Araújo, j. 21.06.2021, *Dje* 01.07.2021; STJ, Resp 1.880.344/SP, 3ª Turma, Rel. Min. Nancy Andrighi, j. 09.03.2021, *DJe* 11.03.2021.

Cível 1119688-66.2019.8.26.0100, 31ª Câmara de Direito Privado, Rel. Francisco Casconi, j. 09.03.2021). De fato, a natureza dos dados constantes nessas aplicações, protegidos por senha, é diversificada, podendo tanto, em muitas situações, ter caráter patrimonial, passível de transmissão e disposição por intermédio do direito das sucessões, quanto se caracterizar como informações personalíssimas, protegidas pela privacidade e intimidade do *de cujus*, atributos da personalidade cuja exclusividade interdita o acesso a terceiros – inclusive herdeiros – mesmo após a morte.[21]

Na perspectiva dos contratos de consumo celebrados entre o consumidor e o provedor de aplicações que oferece o serviço de rede social, trata-se de saber se as cláusulas que limitam a disposição ou transmissão dos dados após a morte estão de acordo com a natureza do contrato, ou podem se revelar abusivas, quando esvaziam o próprio conteúdo do contrato ou limitam a disposição sobre dados de sua titularidade.[22] Merecem distinção situações em que determinados bens digitais têm suas utilização completamente impedida com a morte do titular, razão pela qual seu valor patrimonial se exaure – hipótese em que cláusulas que assim prevejam tenham mesmo caráter expropriatório, sendo, por isso, abusivas (*e.g.*, um aplicativo cujo acesso se impeça, ou a recuperação dos dados nele constantes); e serviços cuja prestação vincula-se ao interesse do consumidor que os contratou, mas, com a morte dele, possam ser interrompidos. Nesse caso, contudo, o acesso aos dados armazenados pelos sucessores também deverá ser objeto de disciplina que respeite o equilíbrio do contrato e a própria preservação do interesse do titular, hipótese em que se pode prever que este disponha em vida sobre a destinação dos dados ou autorize quem o faça, assim como justifica, na ausência de utilidade, sua eliminação após a morte. O oferecimento da oportunidade de dispor sobre essa destinação, assim como a recolha da manifestação de vontade do consumidor, em decisão informada e esclarecida, legitima a posição do provedor de aplicações; a manutenção dos dados pessoais após a ciência da morte do titular, bem como sua utilização sem a concordância expressa dos sucessores, pode, ao contrário, revelar-se abusiva.

4.2.1.3 *Metaverso e gamificação*

O mercado de consumo digital compreende a oferta e o fornecimento de produtos e serviços no ambiente digital. Nesse ambiente, contudo, podem se desenvolver modos distintos de interação entre consumidores e fornecedores. Tais modos, inclusive, se desenvolvem e modificam ao longo do tempo. Uma das inovações mais recentes nesse ambiente digital – a qual vem, gradualmente, ganhando adeptos – é o que se passou a denominar

---

[21] Nesse sentido: LEAL, Lívia. Internet e morte do usuário: a necessária superação do paradigma da herança digital. *Revista Brasileira de Direito Civil*, v. 16, abr.-jun. 2018. Em sentido diverso, reconhecendo maior amplitude do acesso aos dados pelos sucessores: FRITZ, Karina Nunes. Herança digital: quem tem legitimidade para ficar com o conteúdo digital do falecido? In: MARTINS, Guilherme Magalhães; LONGHI, João Victor Rozatti (coord.). *Direito digital*: direito privado e internet. 3. ed. Indaiatuba, SP: Foco, 2020. p. 193 e ss.

[22] Em sentido mais amplo, referindo-se a bens digitais em geral: TERRA, Aline de Miranda Valverde; OLIVA, Milena Donato; MEDON, Filipe. Herança digital e proteção do consumidor contra cláusulas abusivas. *Revista de Direito do Consumidor*, São Paulo, v. 135, p. 335-350, maio-jun. 2021.

metaverso. Concebido, idealmente, na literatura,[23] tem seu desenvolvimento em jogos virtuais, entre outras aplicações, sendo considerado o próximo estágio da internet. O metaverso caracteriza-se como um ambiente digital que visa reproduzir a realidade física, por intermédio da denominada realidade aumentada, permitindo a interação entre usuários nesse ambiente totalmente virtual.

A interação entre os usuários se dá por intermédio de "avatares", assim entendidos como espécie de representação judicial, tendente a caracterizar sua identidade no ambiente digital. A criação e a personalização dos avatares são consideradas aspectos econômicos decisivos no metaverso, permitindo a associação de marcas de produtos e serviços e preferências do usuário que passam a identificá-lo.[24] Terão repercussões do ponto de vista publicitário e também dos bens e direitos adquiridos no ambiente virtual, repercutindo na formação do patrimônio do consumidor. Entre as interações possíveis nesse ambiente que se considera de realidade aumentada, estão relacionar-se, conversando com outros usuários, participar de jogos, assim como adquirir produtos ou serviços virtuais etc. São funcionalidades atribuídas ao metaverso, com repercussão para as relações de consumo, a oferta de bens digitais, inclusive com a possibilidade de incremento da experiência virtual com sua utilização; o pagamento de serviços conforme o uso (*pay-as-you-go*); a oferta de espaços virtuais para interação com diferentes finalidades, de trabalho (reuniões virtuais), prestação de serviço (com atendimento nesse ambiente virtual); a oferta de aplicativos mediante experiência prévia dos consumidores, dentre outros; a intermediação de negócios, pela qual "facilitadores" aproximam consumidores e fornecedores interessados em celebrar negócios no ambiente digital, inclusive relativos a bens e direitos não virtuais; a publicidade; a oferta de serviços educacionais como cursos e treinamentos; a criação de comunidades de negócios, com a participação de influenciadores, artistas, comunidades fechadas de relacionamento e comunidades patrocinadas por fornecedores, reunindo seus consumidores; entre outras atividades.[25]

O metaverso, juridicamente, qualifica-se como uma aplicação de internet (artigo 5º, VII, da Lei 12.965/2014). Desse modo, o próprio acesso ao ambiente proporcionado pela aplicação poderá ser considerado serviço objeto de relação de consumo, quando oferecido ao consumidor. Para fruição do serviço, proporcionando ao consumidor a experiência sensorial esperada e imersiva, exige-se a utilização de equipamento próprio (em geral, óculos de realidade virtual), que, no caso, também será um produto oferecido no mercado de consumo.

Devem ser objeto de atenção as interações realizadas dentro do ambiente do metaverso. São cada vez mais comuns as referências, nesse ambiente, à aquisição de "bens" ou mesmo de 'terras' no metaverso, ideias que reconduzem à noção de propriedade.

---

[23] Atribui-se à novela de Neal Stephenson, *Snow crash*, publicada em 1993, a origem da expressão. Outras obras literárias de caráter distópico se seguiram, também as de caráter cinematográfico, cujo exemplo mais destacado é o bem-sucedido filme de ficção científica *Matrix*, escrito e dirigido por Lana e Lilly Wachowski, de 1999.

[24] HACKL, Cathy; LUETH, Dirk; DI BARTOLO, Tommaso. *Navigating the metaverse*: a guide to limitless possibilities in a web 3.0 world. New Jersey, US: Wiley, 2022. p. 112-113.

[25] HACKL, Cathy; LUETH, Dirk; DI BARTOLO, Tommaso. *Navigating the metaverse*: a guide to limitless possibilities in a web 3.0 world. New Jersey, US: Wiley, 2022. p. 116-124.

O acesso e a fruição desse ambiente, sendo um serviço prestado a partir de aplicações de internet, decorrem do negócio jurídico celebrado entre o usuário (consumidor) e o provedor de aplicações de internet, e de acordo com os termos de uso e demais condições ajustadas. Embora seja certo que o conceito de bem incorpóreo é conhecido e assentado no direito positivo,[26] a recondução da situação jurídica dos seus "adquirentes" à de *proprietário*, com o reconhecimento dos poderes que lhe são inerentes (usar, gozar e dispor da coisa, artigo 1.228 do Código Civil brasileiro), poderá ser direcionada a bens digitais. Em outros casos, o que há é fruição de serviços ou, ainda, transmissão de certos direitos apenas equiparáveis a bens móveis (artigo 83, III, do Código Civil). Trata-se de considerar, nesses casos, o modo como tais direitos serão exercidos e mesmo sua exigibilidade diante do provedor de aplicações que dê acesso ao ambiente do metaverso – ele próprio, como foi mencionado, sendo um fornecedor de serviços. Do mesmo modo, os serviços oferecidos por outros fornecedores dentro do ambiente digital supõem um vínculo com o provedor da aplicação que viabiliza esse próprio ambiente, reconduzindo ao exame da natureza e da extensão dos deveres das plataformas digitais que permitem a interação entre consumidores e fornecedores (além de, no caso das relações de consumo, quem viabilize os meios de pagamento para os negócios celebrados) nesse mercado de múltiplos lados.

O metaverso é considerado a próxima geração do engajamento do consumidor, como uma experiência imersiva e autossustentada, na qual este cria empatia com marcas, tornando-se "parte do produto em vez de alvo da publicidade".[27] Trata-se de um ambiente paralelo e imersivo, de convergência entre o virtual e o real. Um dos riscos mais relevantes da interação entre consumidores e fornecedores no metaverso, sujeitando os primeiros à oferta e à publicidade de produtos e serviços, virtuais ou não, relaciona-se ao próprio ambiente e ao recurso a uma realidade lúdica, associada a jogos. Esse fenômeno, que já conta com denominação própria em língua inglesa – *gamification* –, passível de tradução não elegante como "gamificação". Gamificação pode ser definida como o uso de mecânica de jogos associada a análises comportamentais, e um ambiente distinto de um jogo, a fim de a induzir o usuário a se comportar de determinado modo.[28] É estratégia utilizada há muito tempo, inclusive fora do ambiente virtual, para diferentes finalidades, como nas relações de trabalho e produção, estudos, nas relações médico-paciente etc., visando motivar comportamentos desejados, orientados a certo resultado. No caso das relações de consumo, são utilizadas para engajar consumidores e direcionar seu comportamento, inclusive para sua fidelização a determinado fornecedor. Para tanto, são criados procedimentos que, no ambiente virtual, consistem em adicionar, em determinada interação virtual, elementos do jogo como etapas de progressão, recompensas, ou reconhecimentos, a fim de motivar o consumidor a realizar determinado comportamento, seja para a entrega

---

[26] Veja-se: MIRAGEM, Bruno. *Teoria geral do direito civil*. Rio de Janeiro: Forense, 2021. p. 339-340.

[27] HACKL, Cathy; LUETH, Dirk; DI BARTOLO, Tommaso. *Navigating the metaverse*: a guide to limitless possibilities in a web 3.0 world. New Jersey, US: Wiley, 2022. p. 8-9.

[28] KIMBRO, Stephanie. What we know and need to know about gamification and online engagement. *South Carolina Law Review*, v. 67, 2016. p. 358.

de dados pessoais e consentimento[29] para seu tratamento, seja mais diretamente para aquisição de produtos ou serviços de modo desejado pelo fornecedor.

Nesse sentido, note-se que a gamificação se diferencia de apenas jogar um jogo. Todavia, pelo recurso a determinado design, associado a elementos de diversão e motivação, simplifica-se, geralmente, o conteúdo pretendido, e são criados incentivos psicológicos que visam à adoção do comportamento desejado. Identificam-se, normalmente, quatro desejos essenciais considerados para o design de jogos: (a) o desejo de um esforço que conduza a uma satisfação; (b) a expectativa e a experiência de alcançar um objetivo, ter êxito; (c) a conexão social; (d) o envolvimento em uma atividade significativa, que permita ao usuário fazer parte de algo que considere maior do que ele próprio,[30] levando em conta motivações intrínsecas.

Entre outros mecanismos, no âmbito da indução do comportamento do consumidor, pode-se mencionar a programação de recompensas, a adoção de contagem regressiva para realizar uma tarefa, associando-se à sensação de êxito pelo cumprimento do prazo, a adoção de critérios em que a realização de uma tarefa adicione pontuação ou a multiplique para etapas seguintes, a associação da realização da tarefa a certo significado que o participante considere importante; enfim, tudo o que pode ser apresentado de diferentes modos, associando participação do usuário a objetos, pontos ou informações sobre algo, criação de ambientes personalizados ou exploração de novos ambientes, recurso à beleza ou à arte, permitirá descobertas aleatórias, ordenar ou criar ordem (como na montagem de um quebra-cabeças), interpretação de papéis, ou ganhar destaque e reconhecimento em razão de determinada atuação.

Essas estratégias deverão, nas relações de consumo, submeter-se aos deveres de informação e boa-fé relacionados à oferta (artigos 30, 35 e 46 do CDC), à publicidade (em especial, os artigos 36 – princípio da identificação – e 37 – proibição da publicidade enganosa e abusiva), entre outras normas de proteção do consumidor, com o propósito de preservar a qualidade do consentimento do consumidor na contratação de produtos ou serviços, ou do consentimento para uso dos seus dados pessoais.

4.2.1.4 *O conteúdo do contrato de consumo nas aplicações de internet: termos de uso e condições gerais contratuais*

A utilização de aplicações de internet, sejam elas disponíveis na rede, sejam aplicativos nativos, de *web* ou híbridos, pode pressupor a adesão do usuário a termos de uso, assim consideradas as condições gerais definidas pelo desenvolvedor ou por quem as ofereça no mercado, no qual são definidas suas características e finalidades, assim como os direitos e as obrigações das partes (desenvolvedor e usuário). Esses termos de uso têm natureza contratual, cumprindo ao usuário interessado na utilização da aplicação apenas aderir

---

[29]   Para o exame da gamificação como estratégia para a obtenção do consentimento dos consumidores, veja-se, no direito brasileiro: VITA, Jonathan Barros; FUZETTO, Murilo Muniz. A relação entre gamificação e relação de consumo à luz da psicologia de massas e da engenharia do consentimento. *Revista de Direito do Consumidor*, São Paulo, v. 141, p. 99-128, maio-jun. 2022.

[30]   MCGONIGAL, Jane. *Reality is broken: why games make us better and how they can change the world.* Penguin Books, 2011. p. 49.

ao disposto neles, geralmente sem qualquer oportunidade de alterar ou completar seu conteúdo. Desse modo, a contratação do serviço pelo usuário consumidor se dá mediante adesão aos termos de serviço ou termos de uso, e demais condições estipuladas, que podem constar tanto nesses termos de uso quanto em outras disposições estabelecidas pelo provedor de aplicação e comunicadas previamente à contratação (*e.g.*, políticas ou códigos de conduta).

A utilização dessas funcionalidades pressupõe a adesão, pelo usuário, a *termos de uso*, espécie de condições gerais contratuais que, predispostas pelo provedor de aplicação, definem o conteúdo da relação jurídica entre as partes. Assim, a fruição de serviços prestados exclusivamente por intermédio de uma aplicação, tais como a participação em uma rede social ou o acesso a serviços digitais paralelamente à fruição de serviços físicos, exige a adesão aos termos de uso, como, de resto, qualquer funcionalidade cujo download seja oferecido por plataformas digitais. Trata-se, portanto, de negócio jurídico, no qual o usuário declara vontade de utilizar a aplicação de internet, consentindo com as condições preestabelecidas pelo respectivo provedor de aplicação. Isso coloca em destaque uma série de questões atinentes à validade e aos efeitos do negócio jurídico.

Em primeiro lugar, mesmo celebrados pela internet, devem estar presentes os requisitos de validade do negócio jurídico, a saber: agente capaz; objeto lícito, possível, determinado ou determinável; forma prescrita ou não defesa em lei (artigo 104 do Código Civil).[31] Surgem, daí, questões de relevo, uma vez que, em negócios à distância – como os celebrados pela internet –, nem sempre se exige a qualificação do declarante, que, em muitas situações, pode ser uma criança ou um adolescente, ou contar com outra causa de incapacidade ou de limitação do seu poder de disposição. Em relação ao objeto do negócio jurídico, a ausência de disciplina legal sobre uma série de serviços e atividades realizadas pela internet não compromete sua validade, considerando o princípio da legalidade ("ninguém será obrigado a fazer ou deixar de fazer alguma coisa senão em virtude de lei" – artigo 5º, II, da CR/88). O mesmo se diga da forma do negócio, sobre a qual a ausência de proibição ou prescrição legal expressa consagra a liberdade de celebração. Nesse caso, contudo, não se deixa de notar que a forma específica da declaração de vontade, nos negócios jurídicos virtuais, vem sendo desafiada em relação ao seu objeto ou aos seus efeitos. Assim, por exemplo, a assinatura eletrônica, em diferentes níveis de exigência, (simples, avançada ou qualificada), para celebração de diferentes negócios jurídicos, inclusive aquelas com certificado digital (qualificadas), previstas no § 1º do artigo 10 da MP 2.200-2, de 24 de agosto de 2001, não dispensa as testemunhas instrumentárias para que o documento particular possa constituir título executivo extrajudicial (artigo 784, III, do Código de Processo Civil).

Já foi referido que a adesão aos termos de uso e a outras condições estabelecidas pelos provedores de aplicação constitui negócio jurídico. O fato de o usuário não poder alterar seus termos faz que assuma a natureza de contrato de adesão, para o qual o Código Civil de 2002 dispõe sobre regras de proteção do aderente nos artigos 423 (interpretação *contra proferentem*) e 424 (nulidade de cláusulas que imponha renúncia do aderente a

---

[31] MIRAGEM, Bruno. *Teoria geral do direito civil*. Rio de Janeiro: Forense, 2021. p. 378.

direito resultante da natureza do negócio).[32] Da mesma forma, quando se trata de relação de consumo – situação reconhecida, inclusive, no caso de oferta gratuita de serviços na internet, mas que envolva remuneração indireta –, incide o artigo 54 do CDC, com requisitos formais próprios e imposição do direito de esclarecimento específico do consumidor sobre as cláusulas predispostas.[33] Já, no caso de contratos interempresariais celebrados pela internet, uma vez reconhecida a paridade de forças entre os contratantes (como poderá ocorrer com provedores de aplicação ou sociedades empresárias de pequeno ou médio porte), a regra é de que a formação do conteúdo do contrato e a sua interpretação respeitem o livre exercício da autonomia privada (artigos 421-A e 113 do Código Civil).

No regime do CDC, deve ser dado conhecimento prévio aos consumidores sobre os termos de uso, antes de eventual aceitação. Preserva-se, aqui, o direito à informação, razão pela qual o que, eventualmente, deixar de ser comunicado não obriga o consumidor (artigo 46). Do mesmo modo, em muitas situações, os contratos entre usuários consumidores e aplicações de internet implicam uma relação que pode, inclusive, se estender no tempo, espécies de contrato de duração, sem termo final (contratos por tempo indeterminado). A natureza do serviço prestado pode dar causa à incorporação constante de novas tecnologias, bem como à conformação de modelos de negócio diversificados, que, inclusive, asseguram a sustentabilidade econômica da atividade, diante de sua oferta gratuita ao consumidor. A relativa velocidade da atualização tecnológica que caracteriza a sociedade da informação e os serviços digitais em geral, contudo, pode exigir, periodicamente, a atualização tanto do software e das mais diversas tecnologias que viabilizam a aplicação em si quanto dos próprios termos de serviço e das políticas que dispõem sobre o comportamento do provedor.

Registre-se, ainda, o fato de se identificar diferença quanto à compreensão em relação a aplicações de internet onerosas e gratuitas, em relação aos termos de uso e políticas de privacidade, e a extensão dos efeitos a manifestação de vontade no caso de obtenção do seu consentimento para o tratamento de dados pessoais do consumidor.[34] A própria gratuidade do uso da aplicação, muitas vezes, pode incentivar uma adesão menos atenta quanto às repercussões da vinculação do consumidor a certos termos de uso, em especial no tocante a cláusulas de limitação de responsabilidade por eventuais danos, ou autori-

---

[32] "Art. 423. Quando houver no contrato de adesão cláusulas ambíguas ou contraditórias, dever-se-á adotar a interpretação mais favorável ao aderente. Art. 424. Nos contratos de adesão, são nulas as cláusulas que estipulem a renúncia antecipada do aderente a direito resultante da natureza do negócio."

[33] "Art. 54. Contrato de adesão é aquele cujas cláusulas tenham sido aprovadas pela autoridade competente ou estabelecidas unilateralmente pelo fornecedor de produtos ou serviços, sem que o consumidor possa discutir ou modificar substancialmente seu conteúdo. § 1º A inserção de cláusula no formulário não desfigura a natureza de adesão do contrato. § 2º Nos contratos de adesão admite-se cláusula resolutória, desde que a alternativa, cabendo a escolha ao consumidor, ressalvando-se o disposto no § 2º do artigo anterior. § 3º Os contratos de adesão escritos serão redigidos em termos claros e com caracteres ostensivos e legíveis, cujo tamanho da fonte não será inferior ao corpo doze, de modo a facilitar sua compreensão pelo consumidor. § 4º As cláusulas que implicarem limitação de direito do consumidor deverão ser redigidas com destaque, permitindo sua imediata e fácil compreensão."

[34] Veja-se: BAMBERGER, Kenneth A. et al. Can you pay for privacy? Consumer expectations and the behavior of free and paid Apps. *Berkeley Technology Law Journal*, v. 35, n. 1, p. 327-366, 2020.

zação para o tratamento de dados.[35] Isso não elimina, contudo, a regularidade da adesão e do consentimento, demonstrada a informação adequada e clara sobre seu significado e sua extensão. Do mesmo modo, a Lei 12.965/2014, na mesma linha de proteção do esclarecimento prévio aos usuários e consumidores, define, como direito subjetivo destes, a "publicidade e clareza de eventuais políticas de uso dos provedores de conexão à internet e de aplicações de internet" (artigo 7º, XI).

Por outro lado, note-se que a constante atualização tecnológica que caracteriza as aplicações de internet – especialmente os aplicativos de utilização habitual, nos quais se desenvolve um vínculo duradouro entre o usuário-consumidor e o desenvolvedor – pode dar causa a modificações nos termos de uso para sua adaptação a tais condições. Isso é percebido tanto nos aplicativos oferecidos "gratuitamente" aos consumidores quanto nos realizados mediante pagamento. O caso dos modelos de negócio formados para a oferta gratuita de serviços ao consumidor na internet (mediante remuneração indireta), também para assegurar a sustentabilidade (economia do contrato), desenvolve-se sob o fundamento do denominado "sinalagma escondido" a que se refere a doutrina,[36] ou seja, de que a oferta do serviço pelo provedor de aplicações de internet guarda interesse de reciprocidade em determinado comportamento do consumidor – em especial a possibilidade de tratamento de dados pessoais. Por outro lado, não se perde de vista que a atualização dos termos de serviço e das políticas do fornecedor do aplicativo também se dá para incorporar obrigações comuns das partes que decorram de exigências novas, em termos de padrões de comportamento, explicitação de direitos e deveres, modos de utilização dos serviços ou incorporação de novas funcionalidades. Nesse sentido, os modelos contratuais entre consumidores e fornecedores sofrem significativo impacto,[37] em especial para conformar a necessidade de constante atualização tecnológica com o desenvolvimento de novas funcionalidades e, nesses termos, adaptação dos respectivos modelos de negócio.

Note-se que o artigo 51, XIII, do CDC, define, como cláusula abusiva, as que "autorizem o fornecedor a modificar unilateralmente o conteúdo ou a qualidade do contrato, após sua celebração". Nesse sentido, a proposta de alteração ou atualização dos termos de uso deve ser comunicada previamente ao consumidor, para que concorde ou não, admitindo-se, de acordo com o caso, na hipótese de recusa, a manutenção de versão anterior (conforme haja condições tecnológicas para tanto), ou a suspensão do acesso, futuro, em hipótese de resilição, respeitando sempre, a expectativa legítima do consumidor. Nesse

---

[35] GOMEZ-MARTIN, Laura E. Smartphone usage and the need for consumer privacy laws. *Pittsburgh Journal of Technology Law & Policy*, v. 12, n. 2, Spring 2012. KHOURI, Paulo Roberto Roque A. Direito do consumidor na sociedade da informação. São Paulo: Almedina, 2022. p. 225; BARROS, João Pedro Leite. *Direito à informação*: repercussões no direito do consumidor. Indaiatuba, SP: Foco, 2022. p. 244 e ss.

[36] MARQUES, Claudia Lima; MIRAGEM, Bruno. Serviços simbióticos do consumo digital e o PL 3.514/2015 de atualização do CDC: primeiras reflexões. In: LORENZETTI, Ricardo L. et al. *Contratos de serviços em tempos digitais*: contribuição para uma nova teoria geral dos serviços e princípios de proteção dos consumidores. São Paulo: Ed. RT, 2021. p. 396.

[37] DEPINCÉ, Malo. Freedom of contract and new economic models. In: WEI, Dan; NEHF, James P.; MARQUES, Claudia Lima (ed.). *Innovation and the transformation of consumer law*. Singapore: Springer Singapore, 2020. p. 27 e ss.

PARTE III · Cap. 4 · CONTRATOS DE CONSUMO DIGITAL | 927

aspecto, há substancial distinção entre aplicativos adquiridos mediante pagamento de preço pelo consumidor (remuneração direta), no que diz respeito aos elementos da oferta e à finalidade esperada pelo consumidor (inclusive quanto a sua utilização no tempo), e os oferecidos gratuitamente, hipótese em que se deve admitir a manutenção de reciprocidade de interesse – sempre admitindo, naqueles cujo acesso e fruição se realizam em troca do tratamento de dados do consumidor, os limites definidos pela lei.

4.2.2 Provedores de conexão

Os provedores de conexão são os que realizam a "habilitação de um terminal para envio e recebimento de pacotes de dados pela internet, mediante a atribuição ou autenticação de um endereço IP" (artigo 5º, V, da Lei 12.965/2014). Incluem, assim, tanto o serviço de acesso à internet quanto os denominados provedores de *backbone*, assim entendidos aqueles que oferecem infraestrutura de rede que permita a utilização de grandes volumes de dados, constituídos por roteadores de tráfego interligados por circuitos de alta velocidade. Prestam, portanto, serviço de intermediação na transmissão de mensagens e dados entre redes locais e outros servidores, assegurando sua conectividade. Os serviços de conexão à internet abrangem tanto a habilitação de terminais para acesso em geral, inclusive de consumidores, quanto os serviços de *backbone*, geralmente oferecidos em caráter empresarial, seja para fins corporativos de empresas com grande volume de dados para transmitir ou receber pela internet, seja para empresas que se utilizem desse serviço para oferecê-lo ou outras utilidades ao público.

O provedor de acesso oferece serviço que poderá ser considerado objeto de relação de consumo quando contratado ou usufruído por consumidor destinatário final. Na hipótese de oferta de acesso à rede para fins corporativos ou transmissão de grandes volumes, inclusive para fins de intermediação ou oferta de outros serviços ao público (como ocorre com o *backbone*), serão, geralmente, qualificadas como relações de natureza empresarial, afastando a incidência do CDC.

Tratando-se de relação de consumo, os serviços de conexão à internet não podem ser suspensos, a não ser por débito diretamente decorrente de sua utilização (artigo 7º, IV, da Lei 12.965/2014), ao tempo que também se assegura ao usuário o direito à "manutenção da qualidade contratada da conexão à internet" (artigo 7º, V, da Lei 12.965/2014). Nesse ponto, convergem a disciplina da Lei 12.965/2014, que regula a internet no Brasil, e as normas de proteção do consumidor, com suas normas relativas à oferta e à sua eficácia vinculativa do fornecedor (artigo 30 c/c artigo 35 do CDC).

Outros direitos básicos assegurados aos usuários de internet e, do mesmo modo, reforçados pelas normas de proteção do consumidor, quando se trata de relação de consumo, são o direito a "informações claras e completas constantes dos contratos de prestação de serviços, com detalhamento sobre o regime de proteção aos registros de conexão e aos registros de acesso a aplicações de internet, bem como sobre práticas de gerenciamento da rede que possam afetar sua qualidade" (artigo 7º, VI, da Lei 12.965/2014), e o de "não fornecimento a terceiros de seus dados pessoais, inclusive registros de conexão, e de acesso a aplicações de internet, salvo mediante consentimento livre, expresso e informado ou nas hipóteses previstas em lei" (artigo 7º, VII, da Lei 12.965/2014). O direito básico à informação do consumidor, nesse caso (artigo 6º, III, do CDC), encontra operatividade também na eficácia vinculativa da oferta (artigo 30 do CDC), assim como, eventualmente, na responsabilidade do fornecedor por defeito ou vício de informação (artigos 14 e 20 do CDC), ou na ineficácia das obrigações previstas no contrato sem que se tenha dado conhecimento prévio ao consumidor (artigo 46 do CDC). Nos mesmos termos, pela obrigação imposta, expressamente, aos provedores de conexão, sobre a publicidade e a clareza de eventuais políticas de uso (artigo 7º, XI, da Lei 12.965/2014).

Submetem-se os provedores de conexão, ainda, a um dever de não discriminar, tratando de modo isonômico os pacotes de dados transmitidos por seu intermédio. Trata-se da consagração, no direito brasileiro, do denominado princípio de neutralidade da rede, todavia admitindo exceção, definida nos termos de regulamentação, em vista de requisitos técnicos indispensáveis à prestação adequada dos serviços e das aplicações; e priorização de serviços de emergência (artigo 9º, § 1º, I e II, da Lei 12.965/2014). A neutralidade da rede, nesses termos, tem também o propósito de impedir condutas anti-concorrenciais, evitando que certos agentes econômicos ajustem condições de utilização da rede que resultem no impedimento de ingresso de novos competidores. Tratando-se a provisão de conexão como serviço de telecomunicação, contudo, a legislação permite sua contratação como espécie de serviço de valor adicionado (artigo 61, § 2º, da Lei Geral de Telecomunicações),[38] hipótese em que diferenciação possa ser admitida,[39] desde que respeitada a transparência e qualidade dos serviços prestados.

Nesse sentido, ganha destaque o dever de informar do fornecedor (provedor de conexão), na publicidade[40] e nos demais meios de oferta, sobre os condicionamentos

---

[38] Assim o artigo 61 da Lei 9472/1997 (Lei Geral de Telecomunicações): "Art. 61. Serviço de valor adicionado é a atividade que acrescenta, a um serviço de telecomunicações que lhe dá suporte e com o qual não se confunde, novas utilidades relacionadas ao acesso, armazenamento, apresentação, movimentação ou recuperação de informações. § 1º Serviço de valor adicionado não constitui serviço de telecomunicações, classificando-se seu provedor como usuário do serviço de telecomunicações que lhe dá suporte, com os direitos e deveres inerentes a essa condição. § 2º É assegurado aos interessados o uso das redes de serviços de telecomunicações para prestação de serviços de valor adicionado, cabendo à Agência, para assegurar esse direito, regular os condicionamentos, assim como o relacionamento entre aqueles e as prestadoras de serviço de telecomunicações".

[39] HOBAIKA, Marcelo Bechara de Souza; BORGES, Luana Chystyna Carneiro. Responsabilidade jurídica pela transmissão, comutação ou roteamento e dever de igualdade relativo a pacote de dados. In: LEITE, George Salomão; LEMOS, Ronaldo (coord.). *Marco ciivl da internet*. São Paulo: Atlas, 2014. p. 651 e ss

[40] "Recurso especial e agravo em recurso especial. Ação coletiva. Direito do consumidor. Internet. Banda larga. Velocidade. Publicidade enganosa por omissão. Ausência de informações essenciais. Efeitos da omissão. Boa-fé objetiva e proteção da confiança legítima. Proporcionalidade e razoabilidade. Arts. 4º, III, e 35 do CDC. Reexame necessário. Art. 19 da Lei 4.717/65. Sucumbência. Ocorrência. Efeitos da sentença de procedência. Extensão. *Erga omnes*. 1. Cuida-se de ação coletiva de consumo, ajuizada pelo recorrente em face da agravante, na qual sustenta que a agravante pratica publicidade enganosa, pois noticia apenas a velocidade informada como referência da banda larga, que não é equivalente àquela garantida e efetivamente usufruída pelos consumidores ao utilizarem o serviço de acesso à internet. 2. O propósito recursal é determinar se: a) a publicidade que não contém informações sobre o mínimo garantido da velocidade de internet que será efetivamente usufruída pelo consumidor configura publicidade enganosa por omissão; b) houve sucumbência do autor da ação coletiva, apta a ensejar o duplo grau de jurisdição obrigatório previsto no art. 19 da Lei 4.717/65; c) os efeitos da sentença proferida em ação coletiva de consumo deve ser restringidos à competência do órgão jurisdicional prolator; d) a omissão de informação essencial, eventualmente verificada na hipótese concreta, tem o condão de vincular o fornecedor a alguma prestação contratual; e) era indispensável, na hipótese concreta, a fixação da responsabilidade genérica da ré pelos danos causados; e f) é correta a suspensão da exigibilidade da obrigação

PARTE III · Cap. 4 · CONTRATOS DE CONSUMO DIGITAL | 929

do serviço, ao mesmo tempo que se observa o dever de assegurar padrões adequados à prestação, ou seja, para que se atenda à finalidade que, legitimamente, dela se espera.

4.3 ASPECTOS DISTINTIVOS DO CONTRATO DE CONSUMO DIGITAL

O contrato de consumo digital, sendo contrato, observa os requisitos de validade próprios dos negócios jurídicos em geral (artigo 104 do Código Civil), assim como os requisitos específicos do CDC. A oferta de consumo realizada na internet vincula o fornecedor, por sua exposição em sítio eletrônico, sua apresentação ao consumidor mediante uso de aplicativo, por e-mail, serviço de mensageria (*e.g.*, WhatsApp, Telegram) ou redes sociais, entre outros meios que venham a se desenvolver. A equivalência funcional do contrato de consumo na internet e fora faz que a forma da contratação não desnature seu caráter negocial, de modo que a capacidade do agente, o objeto e o meio de declaração da vontade devam ser observados. Por outro lado, a confiança gerada pelo meio, especialmente em vista das características da internet, com sua despersonalização, desmaterialização e desterritorialização do contrato, deve ser considerada.

Assim, por exemplo, deve ser considerado no tocante à própria prova de existência e conteúdo do contrato de consumo digital. A possibilidade de inversão do ônus da prova em favor do consumidor (artigo 6º, VIII, do CDC), em benefício da demonstração da existência do contrato, seu conteúdo ou requerimentos do consumidor no curso da sua execução, e a possibilidade de sua prova, por mensagens, comprovantes de pagamento/débito, protocolos ou fotografias/impressões de tela com informações requeridas.

---

de fazer imposta à ré ao trânsito em julgado da condenação. (...) 5. O princípio da transparência (art. 6, III, do CDC) somente será efetivamente cumprido pelo fornecedor quando a informação publicitária for prestada ao consumidor de forma adequada, clara e especificada, a fim de garantir-lhe o exercício do consentimento informado ou vontade qualificada. 6. No que diz respeito à publicidade enganosa por omissão, a indução a engano decorre da circunstância de o fornecedor negligenciar algum dado essencial sobre o produto ou serviço por ele comercializado, induzindo o consumidor à contratação por meio de erro, por não ter consciência sobre elemento que, se conhecido, prejudicaria sua vontade em concretizar a transação. 7. Na hipótese em exame, verifica-se a ocorrência da publicidade enganosa por omissão, haja vista a ausência de informação clara sobre qual a qualidade do serviço que está sendo contratado e que será prestado ao consumidor, prejudicando seu conhecimento sobre as características do serviço (informação-conteúdo) e sobre a utilidade do serviço, o que pode dele esperar (informação-utilização). (...) 11. A publicidade, da forma como divulgada – sobretudo quando contenha elementos capazes de iludir o consumidor –, tem os mesmos efeitos de uma oferta ao público, prevista no art. 429 do CC/02, de modo que o fornecedor de produtos ou serviços obriga-se nos exatos termos da publicidade veiculada. Precedentes. 12. A definição dos efeitos da publicidade enganosa sobre o contrato de consumo tem como norte os princípios da boa-fé objetiva e o da proteção da confiança e da expectativa legítima, sendo averiguados de forma proporcional e razoável, com a harmonização e compatibilização, vislumbrada no art. 4º, III, do CDC, da proteção do consumidor com a necessidade de desenvolvimento econômico e tecnológico. 13. Na hipótese dos autos, embora a publicidade tenha omitido informação essencial sobre o conteúdo do serviço que oferta ao mercado, – qual seja, os requisitos mínimos de velocidade que efetivamente devem ser garantidos ao consumidor – não gera no consumidor médio expectativa legítima de que a velocidade será sempre a aquela denominada de 'velocidade nominal máxima', pois há a advertência de que a velocidade está 'sujeita a variações'. 14. A proteção à boa-fé e à confiança do consumidor está satisfeita, portanto, no reconhecimento do direito de rescindir o contrato sem encargos por não desejar receber o serviço em que a velocidade mínima que lhe é garantida – e não informada na publicidade – é inferior às suas expectativas, nos termos do art. 35, III, do CDC (...)" (Resp 1.540.566/SC, 3ª Turma, Rel. Min. Nancy Andrighi, j. 11.09.2018, *Dje* 18.09.2018).

Nesse particular, a própria existência da declaração de vontade válida (expedida pelo consumidor a quem se atribua a celebração do contrato) é decisiva. Nesse sentido, os meios para atestar a identidade do consumidor, assim como a existência e o conteúdo da declaração de vontade, são ônus do fornecedor, que deles deve se desincumbir. Assim a exigência de declarações e confirmações por mensagens e códigos para autenticações sucessivas, como em aplicativos de assinaturas digitais.[41] Vale observar, inclusive, a adoção de tecnologias mais recentes, como o reconhecimento facial, o qual, todavia, deve contar com meios de vincular o signo com a efetiva manifestação de vontade do consumidor em relação a determinado conteúdo contratual,[42] evitando situações de erro de declaração (o consentimento do consumidor não se dirige às condições contratuais a que foi vinculado automaticamente), ou mesmo inexistência da declaração, quando a captura da imagem do consumidor e seu reconhecimento, por si só, não se vinculam a uma declaração negocial,[43] podendo ter sido obtida de modo enganoso e sob diferentes justificativas, especialmente pelo aproveitamento de vulnerabilidade agravada ou específica do consumidor (artigo 39, IV, do CDC).

---

[41] Distinga-se, contudo, as assinaturas digitais, por intermédio de critérios de autenticação sucessiva, e a assinatura com certificação digital, cuja validade resulta de lei. Para a diferenciação: MIRAGEM, Bruno. *Teoria geral do direito civil.* Rio de Janeiro: Forense, 2021. p. xx.

[42] "Ação declaratória de inexistência de débito c/c indenização por danos materiais e morais. Sentença de procedência. Recurso do réu. Empréstimo consignado. Regularidade da contratação demonstrada pelo banco réu. Instrumento celebrado eletronicamente, com envio de documentos pessoais e fornecimento de 'selfie', cuja idoneidade não foi impugnada pelo autor. Valor contratado disponibilizado ao autor. Biometria facial admitida como meio de contratação. Precedentes jurisprudenciais. Dados pessoais relacionados ao autor são compatíveis com aqueles existentes no momento da contratação e vinculados ao sistema eletrônico da instituição financeira. Legítimos os descontos efetuados pelo banco réu, não há que se falar em declaração de inexigibilidade do contrato de empréstimo consignado, tampouco em repetição de indébito ou indenização por danos morais. Sentença reformada. Recurso provido" (TJSP, ApCív 1002555-33.2022.8.26.0347, 38ª Câmara de Direito Privado, Rel. Spencer Almeida Ferreira, j. 22.02.2023).

[43] "Apelação Cível. Contrato bancário. Empréstimo consignado. Ação declaratória de inexistência de relação contratual c.c indenização por danos materiais e morais e tutela provisória de urgência. Sentença de improcedência. Inconformismo. Aplicação do CDC. Interpretação mais favorável ao consumidor. Empréstimo consignado eletrônico. Contratação negada. Prova negativa. Ônus da prova da regularidade da contratação que incumbe à ré. Adesão inequívoca não demonstrada. Documentação exibida cujo envio, pelo autor, não restou demonstrado. Falha na prestação do serviço. Responsabilidade objetiva. Ônus da ré de provar que as transações foram realizadas pelo autor. Prova não produzida. Falha que não a exime de responsabilidade ao constituir relação de negócio alheio à vontade de interposta pessoa, operando descontos de seu benefício. Restituição das partes ao 'status quo ante' que se impõe, nos termos da fundamentação. Repetição em dobro. EAREsp n. 676.608/RS. Compensação em liquidação com o crédito recebido pelo autor. Dano moral configurado. Indenização devida. Sentença reformada. Ônus sucumbenciais carreados à ré. Recurso provido" (TJSP, ApCív 1001684-64.2022.8.26.0553, 22ª Câmara de Direito Privado, Rel. Hélio Nogueira, j. 09.03.2023); no mesmo sentido: "Apelação. Contratação eletrônica de empréstimo pessoal por meio de biometria facial. Idoso. Ausência de comprovação de efetiva manifestação da vontade e ciência inequívoca da contratação. Validade da contratação não demonstrada. Responsabilidade objetiva da instituição financeira. Artigo 14 do CDC. Restituição do indébito devida pela forma simples. Tema nº 929 do C. STJ. Dano moral configurado. Vulnerabilidade do consumidor idoso. Valor da indenização reduzido para R$ 5.000,00. Princípios da proporcionalidade e da razoabilidade. Aplicação da Súmula nº 54 do C. STJ. Recurso do réu parcialmente provido. Recurso do autor provido" (TJSP; ApCív 1000202-59.2022.8.26.0334, 14ª Câmara de Direito Privado, Rel. Luis Fernando Camargo de Barros Vidal, j. 08.03.2023).

A despersonalização e a desmaterialização dos contratos de consumo digitais, por outro lado, vão destacar a importância do cumprimento do dever de informar do fornecedor e, inclusive, aperfeiçoar a forma como este se dá, em benefício do esclarecimento dos consumidores.

4.4 O DEVER DE INFORMAR NOS CONTRATOS DE CONSUMO DIGITAIS

Entre os vários deveres emergentes mais relevantes da sociedade da informação, a atuar instrumento de redução da complexidade das relações sociais contemporâneas[44] e de reforço da confiança entre os sujeitos de relações sociais e jurídicas,[45] encontra-se, indiscutivelmente, o dever de informar. Em se tratando das relações de consumo por intermédio da internet, o dever de informar do fornecedor decorre de positivação legal de um direito básico do consumidor à informação, desdobrado por uma série de disposições específicas relativas a informações de distintos aspectos da relação de consumo. Da mesma forma, considerando a finalidade de esclarecimento e autonomia do consumidor, o conteúdo do dever de informar não é estabelecido *a priori*, senão a partir de situações concretas e identificadas, que vão determinar que informações serão consideradas relevantes, assim como o modo eficiente de sua transmissão ao consumidor. No caso das relações estabelecidas por intermédio da internet, reconhece-se, desde logo, uma espécie de vulnerabilidade técnica do consumidor em relação ao meio. A rigor, à exceção de especialistas em informática, todos os demais serão vulneráveis, porquanto não tenham domínio sobre uma série de informações relativas: (a) a aspectos técnico-informáticos (armazenamento de informações, segurança sobre os dados pessoais transmitidos pela rede, procedimentos de acesso a determinadas informações), (b) aspectos decorrentes do caráter imaterial da contratação, ou, ainda, (c) do fato de ser celebrada à distância, bem como aspectos relativos à defesa e à efetividade de seus direitos, como é o caso de contratações celebradas entre consumidores e fornecedores de cidades, estados ou países distintos, além dos obstáculos a eventual demanda judicial ou extrajudicial visando assegurar o cumprimento dos termos da obrigação.

Daí por que o dever de informar na internet atende, em primeiro lugar, a uma de suas finalidades básicas no sistema de proteção do consumidor, que é justamente a prevenção de danos.[46] Da mesma forma, permite a formação livre e racional do consumidor quanto às relações estabelecidas por intermédio da internet, permitindo a reflexão sobre suas restrições e seus riscos, ao assegurar a equidade informacional das partes.[47]

---

[44] MARQUES, Claudia Lima. *Confiança no comércio eletrônico e a proteção do consumidor*: um estudo dos negócios jurídicos de consumo no comércio eletrônico. São Paulo: Ed. RT, 2004. p. 31-32. NETTO LÔBO, Paulo Luiz. A informação como direito fundamental do consumidor. *Revista de Direito do Consumidor*, São Paulo, v. 37, p. 59-76, jan.-mar. 2001. VIAL, Sophia Martini. Contratos de comércio eletrônico de consumo: desafios e tendências. *Revista de Direito do Consumidor*, São Paulo, v. 80, p. 277-334, out.-dez. 2011.

[45] MIRAGEM, Bruno. *Abuso do direito*: proteção da confiança e limite ao exercício das prerrogativas jurídicas no direito privado. Rio de Janeiro: Forense, 2009. p. 157 *et seq.*

[46] Sobre a finalidade de prevenção de danos do dever de informar, veja-se o trabalho de: BARBOSA, Fernanda Nunes. *Informação*: direito e dever nas relações de consumo. São Paulo: Ed. RT, 2009. p. 119 *et seq.*

[47] KRETZMANN, Renata Pozzi. *Informação nas relações de consumo*: o dever de informar do fornecedor e suas repercussões jurídicas. Belo Horizonte: Letramento, 2019. p. 104 e ss.

932 | CURSO DE DIREITO DO CONSUMIDOR – *Bruno Miragem*

É constantemente afirmado pelos estudos sobre contratos o traço da *despersonalização* das relações contratuais,[48] decorrentes da maior complexidade das relações sociais e econômicas e, em última análise, também dos meios eletrônicos e telemáticos da celebração dos ajustes.[49] A rigor, por despersonalização caracteriza-se, antes de tudo, o distanciamento entre as partes das contratações celebradas pela internet. Nesse contexto, a informação prestada ao destinatário dos serviços oferecidos pela internet passa a configurar o instrumento mais eficaz na aproximação dos parceiros contratuais. Mediante a transmissão de informação entre as partes, ambas passam a observar certa equidade informacional sobre os termos da relação jurídica estabelecida, aproximando-se, mesmo no ambiente virtual.

Um dos aspectos essenciais dessa aproximação das partes por intermédio de informações que criem e protejam situações de confiança entre si,[50] estão as informações que estabeleçam conexões entre os sujeitos da relação jurídica e o ambiente não virtual, real, onde se podem localizar na eventualidade de desacertos ou quaisquer outras dificuldades no completo êxito da relação estabelecida pela internet.

Assim se dá, por exemplo, no Direito europeu, em que um dos principais deveres dos prestadores de serviço por intermédio da internet constitui-se no dever de informar. Nesse sentido, o artigo 4º da Diretiva 2000/31/CE, sobre comércio eletrônico, estabelece como dever dos prestadores de serviços por intermédio da internet, entre outros, o de que facultem aos destinatários dos serviços e às autoridades competentes acesso fácil, direto e permanente, pelo menos, às seguintes informações: nome do prestador, endereço geográfico em que o prestador se encontra estabelecido, elementos de informação relativos ao prestador de serviços, incluindo seu endereço eletrônico, que permitam contatá-lo rapidamente e comunicar direta e efetivamente com ele; número de inscrição em registro comercial ou público (quando for o caso), bem como, tratando-se de serviços submetidos à autorização, os dados relativos a ela.

No Direito brasileiro, inexiste obrigação legal específica com mesmo conteúdo. Contudo, é de toda razão considerar que tais informações podem ser consideradas eficientes para o atendimento ao direito à informação do consumidor previsto no artigo 6º, III, do

---

[48] Nesse sentido, veja-se, entre outros os seguintes estudos publicados na coletânea *A nova crise do contrato*, organizada por Claudia Lima Marques, em 2007: MARQUES, Claudia Lima. A chamada nova crise do contrato e o modelo de direito privado brasileiro: crise e confiança ou de crescimento do contrato. MIRAGEM, Bruno. Função social do contrato, boa-fé e bons costumes: nova crise dos contratos e a reconstrução da autonomia negocial pela concretização das cláusulas gerais. *A nova crise do contrato*: estudos sobre a nova teoria contratual. São Paulo: Ed. RT, 2007. p. 17-86; e MIRAGEM, Bruno. Função social do contrato, boa-fé e bons costumes: nova crise dos contratos e a reconstrução da autonomia negocial pela concretização das cláusulas gerais. In: MARQUES, Claudia Lima (coord.). *A nova crise do contrato*: estudos sobre a nova teoria contratual. São Paulo: Ed. RT, 2007.

[49] Vale a referência aos célebres estudos, na doutrina italiana, dando conta de viva controvérsia em relação ao papel da vontade como elemento nuclear dos contratos celebrados pela Internet, de: IRTI, Natalino. Scambi senza accordo. *Rivista Trimestrale di Diritto e Procedure Civile*, Milano, v. 52, n. 2, p. 347-364, giugno 1998; e OPPO, Giorgio. Disumanizzazione del contrato? *Rivista di Diritto Civile*, Padova, n. 5, p. 525-533, sett.-ott. 1998; e, por fim, a réplica de Natalino Irti ao artigo de Oppo: IRTI, Natalino. É vero, ma... – Replica a Giorgio Oppo. *Rivista di Diritto Civile*, Padova, v. 2, p. 273-278, 1999.

[50] Sobre a necessidade de proteção da confiança como condição pressuposta do êxito das práticas estabelecidas pelo comércio eletrônico: GARCÍA, Gema Alejandra Botana. Noción de comércio electrónico. *Comercio electrónico y protección de los consumidores*. Madrid: La Ley, 2001. p. 20.

CDC, bem como ao conceito de adequação dos serviços prestados via internet, segundo o significado de serviço adequado que emerge das normas do código. Daí por que, embora não em sua totalidade, podem ser estabelecidas por intermédio de regulamentação, com fundamento no artigo 55 do CDC, ao menos em relação àquelas atividades que estejam submetidas a poder regulamentar de proteção do consumidor. De resto, são conhecidas iniciativas, de cunho parlamentar, que, visando regular as relações estabelecidas pela internet, incorporam alguns dos deveres de informação presentes na diretiva europeia. Merece referência o PL 3.514/2015 da Câmara dos Deputados, que altera o CDC para dispor sobre o comércio eletrônico, resultante do trabalho da Comissão de Juristas do Senado Federal, de 2012, e cuja tramitação já alcança mais de dez anos.

Merece atenção igualmente, nos contratos digitais e, sobretudo, na oferta de produtos e serviços por intermédio de redes sociais, a crescente participação de pessoas naturais, elevadas à condição de celebridades como resultado de divulgação na própria internet, ou, ainda, que potencializam, na internet, o reconhecimento pessoal, profissional ou social decorrente de atividades realizadas fora da rede de computadores, na promoção e oferta de produtos e serviços. Originalmente, prevalece, no direito brasileiro, interpretação mais restritiva quanto à possibilidade de que celebridades que participam de anúncios publicitários venham a responder diante do consumidor como integrantes da cadeia de fornecimento. No caso da sua atuação na internet, contudo, algumas características da promoção de produtos e serviços devem ser tomadas em consideração. Comumente denominadas como "influenciadores" ou "influenciadores digitais" (*digital influencers*), essas celebridades, geralmente, administram uma conta em rede social com a finalidade específica de obter seguidores para lhes dirigir mensagens publicitárias.

O influenciador digital, embora seja também um usuário da rede,[51] organiza e executa sua participação visando otimizar a capacidade de persuasão e divulgação de informações, incrementando sua credibilidade para diversas finalidades, entre as quais a oferta de produtos e serviços no mercado de consumo. Normalmente, o influenciador não produz, executa ou comercializa produtos ou serviços, mas testemunha sobre suas qualidades e, eventualmente, pode mesmo tornar disponível o acesso digital para contratação, podendo ainda oferecer vantagens (*e.g.*, descontos ou brindes) aos consumidores

---

[51] Merece atenção, nesse particular, a figura de determinados usuários e consumidores que se vinculam de modo específico a determinados produtos e serviços, ou a suas marcas, manifestando-se proativamente sobre suas qualidades ou seus defeitos, mediante relatos de suas experiências de consumo. São denominados *prosumers*, indicando um sentido novo à expressão atribuída a Alvin Toffler, em sua conhecida obra *A terceira onda* (TOFFLER, Alvin. *The third wave*. New York: Morrow, 1980) – na origem, indicava consumidores que também passam a produzir parte dos produtos e serviços que utilizam (daí *producer--consumer*). Em outro sentido, tornam-se produtores de informações sobre produtos e serviços que consomem, passando a se destacar como personagens relevantes para a comunicação mercadológica dos fornecedores, influenciando a concepção do que virá ao consumidor. O exemplo recorrente é o das donas de casa que rejeitaram marca de mistura para bolo que exigia apenas a adição de água porque elas mesmas queriam adicionar leite ou ovos frescos. O denominado movimento *prosumer*, assim, vai determinar a valorização da experiência do consumo e das informações que alguns consumidores satisfeitos ou não repassem aos demais, por intermédio dos meios de comunicação ou de serviços de avaliação específicos (KOTLER, Philip. The prosumer movement: a new challenge for marketers. *Advances in Consumer Research*, v. 13, p. 510-513, 1986. A distinção entre a manifestação espontânea do consumidor sobre suas experiências de consumo e aquela que se organiza com fins econômicos por influenciadores digitais é decisiva para o reconhecimento da atividade publicitária.

que contratarem por determinado modo que identifique o contato com a oferta por seu intermédio. A atividade dos influenciadores, nesse sentido, pode compreender o investimento de recursos para a conquista de seguidores, assim como de engajamento nas publicações veiculadas, inclusive com direcionamento de conteúdo a público específico mediante contratação do serviço junto ao provedor de aplicação da rede social ("conteúdo patrocinado"), ou formação de canais específicos em aplicações de distribuição de vídeos para públicos específicos (*e.g.*, os denominados *YouTubers*, que assumem a designação da principal aplicação do gênero YouTube, cujo comportamento, inclusive, é, muitas vezes, mimetizado pelos espectadores – caso dos YouTubers mirins e outros que produzem conteúdo, inclusive publicitário, direcionado a crianças e adolescentes). Há, nesse sentido, uma organização da atividade visando a fins econômicos. Essas características justificam o argumento da distinção entre os influenciadores digitais e as celebridades que, na publicidade tradicional, se restringiam a divulgar ou testemunhar sobre qualidades de produtos ou serviços, contudo sem se envolverem com a produção e a edição do conteúdo, tampouco empregando outros recursos para a veiculação da mensagem. Por tais razões, encontram-se, na doutrina especializada, estudos que sustentam a responsabilidade solidária e objetiva dos influenciadores digitais.[52] Parece, entretanto, ser o caso de examinar, diante das diferentes formas de atuação identificadas para os denominados influenciadores digitais, aquelas em que existe sua efetiva participação na cadeia de fornecimento e outras restritas à divulgação publicitária – sem prejuízo, também nestes casos, da observância aos princípios que disciplinam a atividade, notadamente a identificação, a vinculação e a veracidade, sem prejuízo da vedação do abuso.

4.5 DEVER DE INFORMAR E FORMAÇÃO DO CONTRATO DE CONSUMO DIGITAL

Entre as características do contrato de consumo digital, pode-se sintetizar a inexistência de contato pessoal entre o consumidor e o fornecedor, assim como a dificuldade de o consumidor aferir a idoneidade e honestidade do fornecedor, a maior incerteza sobre o cumprimento da prestação contratual pela outra parte, a dificuldade de localização geográfica das partes, bem como, muitas vezes, de realizar prova idônea da existência e conteúdo do negócio celebrado entre as partes.[53]

Como anota a doutrina, não há contrato sem manifestação de vontade que lhe dê origem.[54] Contudo, o exame do modo como se consubstancia, na atualidade, essa manifestação, é que se altera, visando acompanhar a evolução social. No caso da manifestação da vontade pela internet, a noção de proteção da confiança e de aproximação das partes originalmente distantes, mediante comunicação por intermédio da rede de computadores, vincula-se ao cumprimento do dever de informar e, especialmente, quando se trata

---

[52] SAMPAIO, Marília de Ávila e Silva; MIRANDA, Thainá Bezerra. A responsabilidade civil dos influenciadores digitais diante do Código de Defesa do Consumidor. *Revista de Direito do Consumidor*, São Paulo, v. 133, p. 175-204, jan.-fev. 2021.

[53] PEREIRA, Joel Timóteo Ramos. *Direito da internet e comércio eletrónico*. Lisboa: Quid Juris, 2001. p. 169.

[54] PASQUAL, Cristina Stringari. Oferta automatizada. *Revista de Direito do Consumidor*, São Paulo, v. 67, p. 100-124, jul.-set. 2008.

PARTE III · Cap. 4 · CONTRATOS DE CONSUMO DIGITAL | **935**

de relação de consumo, à satisfação do direito à informação ou ao esclarecimento do consumidor por ocasião da celebração do contrato.

A formação do contrato de consumo digital pressupõe os mesmos elementos previstos para a disciplina dos contratos de consumo em geral, normalmente, com a aceitação de uma oferta pelo consumidor, embora, em casos específicos, possam ocorrer tratativas prévias, e negociações relativa aos termos da prestação entre consumidor e fornecedor. A aceitação da oferta de consumo na internet compreende a manifestação de vontade do consumidor, que pode ser expressa de diferentes modos. Em ofertas padronizadas veiculadas em sítios eletrônicos ou aplicativos, a manifestação de vontade se dá por intermédio de cliques em botões ou caixas de diálogo apresentadas na tela. Nesse caso, tanto cliques sucessivos, mediante etapas de apresentação dos termos do contrato e coleta do consentimento expresso (*clickwrap*), ou, ainda, antecedido do conhecimento e da aceitação sobre as condições gerais em tela apartada, mediante clique em botão ou hiperlink específico (*browsewrap*).[55] No primeiro caso (*clickwrap*), o fornecedor ativamente busca colher o consentimento do consumidor, mediante caixas de diálogo que devem conter a informação básica de formação do vínculo contratual seguido do respectivo botão de aceitação (*e.g.*, "concordo", "sim", "de acordo"), em paralelo à opção de rejeição (*e.g.*, "discordo", "não", "rejeito"), de modo que se assegure ao consumidor a ciência da possibilidade de encerrar a interação pré-negocial. No segundo caso (*browsewrap*), o fornecedor torna disponível o *link*, mas a manifestação de vontade será colhida apenas na hipótese de o consumidor acessar e conhecer os termos para depois consentir. A impessoalidade, que é própria dos contratos de consumo digitais, reforça o dever de informar do fornecedor, assim como o ônus de formular objetivamente os termos em que o consentimento do consumidor deverá ser colhido. Em muitos casos que envolvem a aquisição de softwares ou aplicativos, a coleta da manifestação de vontade do consumidor pode se dar no momento do primeiro uso – inclusive após a aquisição (os denominados contratos *shrink-wrap*). Nessas situações, eventual discordância do consumidor com os termos da licença de uso ou outras condições estabelecidas pode dar causa à resilição do contrato, inclusive pelo exercício do direito de arrependimento (artigo 49 do CDC), respeitado o uso de boa-fé, especialmente em relação a bens digitais (evitando, por exemplo, em conformidade com a boa-fé, que o consumidor manifeste arrependimento depois de ter fruído completamente a utilidade e as vantagens do bem). Pode haver, igualmente, a exigência de preenchimento prévio de formulario eletrônico com dados do consumidor, que, inclusive, podem permanecer arquivados junto ao fornecedor – conforme hipótese legal que autoriza o respectivo tratamento de dados – dispensando o cumprimento da etapa em transações futuras. A rigor, a manifestação de vontade não terá uma forma específica, podendo compreender qualquer meio suficiente para demonstrar a existência de consentimento válido para a celebração do contrato.

O modo como o fornecedor ordena caixas de diálogos e as respectivas manifestações de vontade do consumidor são objeto de interpretação para a identificação da celebração

---

[55] Para a distinção entre os meios de recolha do consentimento, em especial à luz da jurisprudência norte--americana, e a exigência da convergência das declarações de vontade (*meeting of the minds*), ainda são válidas e didáticas as considerações de: CASAMIQUELA, Ryan J. Contractual Assent and Enforceability in Cyberspace. *Berkeley Technology Law Journal*, Berkeley, v. 17, n. 1, p. 475-495, 2002.

válida do contrato. O fato de clicar para abrir o conteúdo das condições gerais, por exemplo, não implica, necessariamente, aceitação, assim como a inclusão de itens em área própria, para futura conclusão da compra, não implica, desde logo, a conclusão do contrato (*e.g.*, o acréscimo de itens no "carrinho de compras"). A rigor, a declaração de vontade para contratar deve ser colhida mediante expresssa informação de que, com aquela específica manifestação de vontade, ultrapassadas sucessivas etapas, estará concluído o contrato, vinculando-se o consumidor.

No direito europeu, o artigo 10 da Diretiva 2000/31/CE estabelece, em caráter complementar a outras informações já constantes da legislação, sobretudo em vista da proteção do consumidor, que sejam prestadas pelo fornecedor do serviço, em relação à formação e à eficácia do contrato celebrado por intermédio da internet, "em termos exatos, compreensíveis e inequívocos", informações sobre: "a) as diferentes etapas técnicas da celebração do contrato; b) se o contrato celebrado será ou não arquivado pelo prestador do serviço e se será acessível; c) os meios técnicos que permitem identificar e corrigir os erros de introdução anteriores à ordem de encomenda; d) as línguas em que o contrato pode ser celebrado". Ainda, consta, como dever do prestador de serviço, que os termos contratuais e as condições gerais contratuais sejam fornecidos ao destinatário de modo que seja possível armazená-los e distribuí-los. Trata-se de informações que, transpostas à realidade brasileira, servem para preencher o significado do direito à informação do consumidor, assim como iluminam a interpretação do artigo 31 do CDC, no que diz respeito aos deveres específicos de informação a serem atendidos pelo fornecedor por ocasião da oferta de consumo.

Por outro lado, ganhou, ao longo do tempo, maior relevância para o direito do consumidor no consumo digital a própria apresentação das informações em sites e aplicativos, ou seja, o modo como é realizada a oferta e a própria manifestação de vontade do consumidor. Note-se, em primeiro lugar, que o próprio meio de acesso à internet diversificou-se ao longo do tempo. Inicialmente restrito a acesso pelos denominados "computadores de mesa" (desktops), migrou para computadores portáteis (notebooks) e outros dispositivos móveis, como tablets, smartphones, relógios inteligentes, ou mesmo pelo aperfeiçoamento tecnológico de outros aparelhos, como a televisão ("Smart TVs"). O modo como se realiza a interação do consumidor com esses diferentes meios de acesso também faz que varie o modo de percepção das informações e manifestação de vontade para contratação. Assim, por exemplo há sites que, a partir de um cadastro prévio, permitirão as contratações seguintes por intermédio de um clique, outros que exigirão confirmação sob meios diversos (*e.g.*, contratação de dois cliques), e assim por diante. A visualização da oferta, das condições contratuais ou das características do produto varia também, por aspectos relacionados ao meio (*e.g.*, dimensões da tela), assim como o modo de manifestação de vontade (pelo toque, *touch*, mediante digitação – com ou sem uso de senha –, por mouse, impressão digital, reconhecimento facial ou pela combinação de alguns desses elementos).

Essa variabilidade de situações permite, por outro lado, estratégias dos fornecedores para favorecer e agilizar a contratação pelo consumidor,[56] o que, por vezes, pode violar

---

[56] Embora essa estratégia de persuasão e manipulação já fosse conhecida da publicidade e comunicação mercadológica tradicional, a digitalização e o desenvolvimento do consumo digital abriram novas pos-

os deveres de informação e esclarecimento, ou mesmo fraudar a própria manifestação de vontade[57] (quando inexistente, ainda, em certo estágio do acesso do consumidor ao site ou aplicativo), sobretudo pelo uso de elementos de design dos sítios de internet que ocultam, confundem ou enganam consumidores, a fim de incentivá-los a realizar escolhas ou declarações não intencionais e, por vezes, prejudiciais aos seus próprios interesses. Em outros termos, trata-se de estratégias que incentivam os consumidores, no acesso e na utilização de sítios de internet e aplicativos, a praticar atos tomados como signos de declarações que, todavia, divergem de sua vontade real.

Esses padrões comerciais escusos ou deceptivos são reconhecidos pela expressão *dark patterns* e, além da violação direta de direitos dos consumidores, têm efeitos anti-concorrenciais, podendo ser considerados também espécies de condutas de concorrência desleal.[58] Sua definição, inclusive, foi incorporada ao Código Civil da Califórnia pela lei como "uma interface de usuário projetada ou manipulada com o efeito substancial de subverter ou prejudicar a autonomia do usuário, sua tomada de decisão ou escolha, conforme definido em regulamento" ("a user interface designed or manipulated with the substantial effect of subverting or impairing user autonomy, decision making, or choice, as further defined by regulation").[59] Note-se que o uso desses padrões não caracteriza, necessariamente, o exercício de pressão do fornecedor sobre consumidor – razão pela qual abordagens nesse sentido são consideradas insuficientes[60] –, mas de estratégias de persuasão, ou mesmo de manipulação, prevalecendo-se da vulnerabilidade do consumidor.

Entre as principais práticas de fornecedores identificadas no consumo digital, seja para contratação do fornecimento de produtos ou serviços, seja para acesso e tratamento aos dados dos consumidores, a partir desses padrões escusos ou deceptivos, estão as seguintes: (a) inclusão furtiva de produto em carrinho ou cesta de compras, sem consentimento, com opção de exclusão ou caixa de seleção em página anterior; (b) inclusão de custos adicionais até então ocultos, na fase final de conclusão da contratação; (c) assinatura oculta, pela qual o consumidor obriga-se ao pagamento de certo valor periódico, após período experimental gratuito ("continuidade forçada" do contrato, ou "armadilha de assinatura"); (d) alerta de escassez ou urgência, pela qual há indicação da iminência de encerramento da oferta ou disponibilidade de produto ou serviço em certo prazo anunciado (*e.g.*, cronômetro que registra o tempo restante ou mensagens que indicam a proximidade do esgotamento do estoque); (e) utilização de recursos de linguagem visual, sonora ou de imagens para direcionar a atenção dos consumidores em sentido oposto ao

---

sibilidades a partir do recurso ao *design* de sítios de internet e da organização das informações e fases de contratação neles disponíveis. A respeito, veja-se: KOLLMER, Tim; ECKHARDT, Andreas. Dark patterns: conceptualization and future research directions. Business & Information Systems Engineering, v. 65, p. 201-208, 2023. Disponível em: doi.org/10.1007/s12599-022-00783-7. Acesso em: 20.07.2023.

[57] CALO, Ryan. Digital market manipulation. *The George Washington Law Review*, v. 82, 2014. p. 1005.

[58] LEISER, M. R.; CARUANA, Mireille. M. Dark patterns: light to be found in Europe's Consumer Protection Regime. *Journal of European Consumer and Market Law*, v. 10, n. 6, p. 237-251, 2021.

[59] Artigo 1798.140, (l), do Código Civil da Califórnia (*Californian Civil Code*), incluído pelo *Californian Privacy Rights Act*, de 2020.

[60] EBERS, Martin. Liability for Artificial Intelligence and EU Consumer Law. *Journal of Intellectual Property, Information Technology and Electronic Commerce Law*, Feb. 2021. p. 209. Disponível em: ssrn.com/abstract=3855110. Acesso em: 20.07.2023.

de determinadas opções de escolha; (f) métodos de constrangimento ou culpabilização do consumidor, visando envergonhá-lo por determinada decisão ou por declinar da contratação (*confirmshaming*); (g) redação capciosa de perguntas ou questões visando confundir o consumidor, induzindo resposta divergente daquela que poderia resultar se houver a compreensão adequada do seu conteúdo ("perguntas capciosas"); (h) métodos de pressão sobre o consumidor para que opte pela aquisição de versão mais custosa de determinado produto (*upselling*), ou produtos relacionados (*cross-selling*); (i) uso de mensagens sucessivas que indiquem a atividade de outros usuários realizando a contratação, pressionando o consumidor a adotar o mesmo comportamento; (j) utilização de testemunhos de consumidores não identificados, sem origem certa, buscando caracterizar proximidade; (l) realização de anúncios caracterizados como outra espécie de conteúdo, incentivando o acesso pelo consumidor (e, no caso, violando o princípio da identificação da publicidade, artigo 36 do CDC); (m) pedido de acesso à rede de contatos do consumidor sob o pretexto de utilização para fins de seu interesse, mas que, de posse dos dados, os utiliza para promoção de produtos e serviços, por vezes, servindo-se da credibilidade do próprio consumidor que tornou disponível as informações.[61]

As estratégias vinculadas ao design de determinado sítio de internet que podem caracterizar-se como prática abusiva são variadas. Por exemplo, a posição onde sejam tornadas disponível as opções, aproveitando-se da orientação de leitura (da esquerda para a direita, próprio dos idiomas românicos, como o português), ou a diferença de destaque para opções de contratação ou exclusão de itens previamente incluídos (*opt-out*) podem induzir o consumidor em erro.

Todas essas situações, embora ausente previsão específica relativa à internet, conforme o caso, caracterizam-se como práticas abusivas previstas no CDC, em especial as relacionadas nos incisos IV, V e VI, do artigo 39 (enviar ou entregar, sem solicitação prévia, produto ou serviço; prevalecer-se da fraqueza ou ignorância do consumidor para impingir-lhe produtos ou serviços; ou, ainda, executar serviços sem elaboração de orçamento prévio e autorização expressa do consumidor). Da mesma forma, alguns desses padrões utilizados na internet violam diretamente o direito do consumidor à informação clara e adequada (artigo 6º, III), sujeitando-se às consequências específicas dessa violação, como publicidade enganosa (artigo 37, § 1º) e ineficácia da obrigação no caso de não haver oportunidade efetiva de conhecimento prévio sobre o conteúdo do contrato (artigo 46).

Registre-se, porém, que esses padrões escusos se revestem de abusividade não apenas na formação do contrato de consumo digital, repercutindo, muitas vezes, na própria manutenção forçada do vínculo. É o caso da adoção, pelo fornecedor, de protocolos diferentes para celebrar a contratação (automatizada, sem interação humana) e para encerrá-la (exigindo contato pessoal, por sistema ou telefônico, com sensível acréscimo de tempo exigido para esse fim), criando obstáculos para a extinção do vínculo e, consequentemente, para interromper o pagamento, geralmente automatizado (*e.g.*, débito em conta-corrente ou cartão de crédito).

---

[61] MARQUES, Claudia Lima; MENDES, Laura Schertel; BERGSTEIN, Laís. *Dark patterns* e padrões comerciais escusos. *Revista de Direito do Consumidor*, São Paulo, v. 145, p. 295-316, jan.-fev. 2023; SAMPAIO, Marília de Ávila e Silva; JANDREY, Claudio Luiz. *Dark patterns* e seu uso no mercado de consumo. *Revista de Direito do Consumidor*, São Paulo, v. 143, p. 231-257, set.-out. 2022.

4.6 INADIMPLEMENTO DO CONTRATO DE CONSUMO DIGITAL

No contrato de consumo digital, uma das situações de maior vulnerabilidade do consumidor diante do fornecedor se dá no caso de resolução do contrato e extinção do vínculo. Nesse sentido, tanto no exercício do direito de arrependimento (artigo 49 do CDC) quanto no descumprimento contratual (de modo mais comum, por vício do produto ou do serviço, artigos 18 e 20 do CDC), ou, ainda, no descumprimento da oferta (artigo 35 do CDC). A vulnerabilidade digital é espécie de vulnerabilidade agravada no ambiente digital, que decorre de características do meio, entre as quais a distância entre os contratantes e a necessidade de providências do fornecedor, no caso de inadimplemento a que tenha dado causa, visando assegurar efetividade ao direito do consumidor de extinguir o contrato, como é o caso em que se deve assegurar condições para a devolução do produto, a suspensão do débito do consumidor, a correção do vício do produto ou do serviço, ou a devolução de valores pagos. No caso do exercício do direito de arrependimento pelo consumidor, é necessário que sejam oferecidos meios para assegurar a efetividade da tutela do interesse do consumidor.

O inadimplemento do contrato pelo fornecedor dá causa a situações em que a resolução do contrato implique a devolução de produto; aliás, é correto, em vista do princípio da efetividade do direito do consumidor, que a negativa do fornecedor em responder pelas providências de reenvio, ou facilitar sua realização, quando cabível, possa caracterizar tal conduta como descumprimento contratual.

Em relação a tais circunstâncias, a técnica para adequada proteção dos consumidores vem sendo a de assegurar, via imposição de dever aos fornecedores, que se disponham a atuar na internet, de informações que permitam ao consumidor sua localização geográfica, como modo de garantir o adimplemento das obrigações ou dirigir eventuais pretensões. No direito europeu, os deveres específicos de informação previstos no artigo 4º da Diretiva 2000/31/CE, sobre comércio eletrônico, exigem que estejam disponíveis para o consumidor os dados relativos ao nome e à localização geográfica do fornecedor, bem como as suas informações de contato.

Da mesma forma, nesse particular, note-se que, pela regra de competência do juízo prevista no Código de Defesa do Consumidor, independentemente da localização do fornecedor, a competência do juízo para demandar em vista de descumprimento de deveres pelo fornecedor será a do domicílio do consumidor (artigo 101, I, do CDC).

No caso do inadimplemento do contrato de consumo digital pelo consumidor, por sua vez, a atenção volta-se para os meios utilizados pelo fornecedor para exercer seu direito de crédito – incidindo na hipótese o artigo 42 do CDC, que proíbe, na cobrança de dívidas, a exposição do consumidor a ridículo, assim como sua exposição a constrangimento ou ameaça. Esse limite ao exercício do direito pelo fornecedor deve ser destacado em face do desenvolvimento de novas tecnologias que permitem, em contratos digitais ou em relação a produtos e serviços "inteligentes", a adoção de meios automatizados visando compelir o devedor à satisfação da dívida. A suspensão automática da fruição do serviço, sem prévio aviso, pode ser arrolada entre essas hipóteses (*e.g.*, o automóvel locado que "desliga" automaticamente), assim como o débito automático dos valores devidos pelo consumidor, independentemente de reclamação sua sobre incumprimento do fornecedor, regularmente formulada.

940 | CURSO DE DIREITO DO CONSUMIDOR – *Bruno Miragem*

Todavia, o próprio desenvolvimento do consumo digital, as suas formas de contratação e os diversos modelos de negócio dos fornecedores na internet exigem que sejam examinados com mais detalhes, em especial no tocante à estrutura da relação jurídica que dela resulte, assim como a sua repercussão para os direitos dos consumidores.

4.7 PROVEDORES DE INTERMEDIAÇÃO E RESPONSABILIDADE CONTRATUAL

Há provedores de aplicações de internet que atuam como sítios de intermediação de negócios relativos a produtos e serviços, realizando atividade de aproximação de interessados na realização de negócios pela rede de computadores. Formam, geralmente, estrutura da economia de plataforma, como espécie de plataformas digitais, nas quais são o meio de contato e, por vezes, promovem o ambiente de oferta e contratação entre fornecedores e consumidores, dando causa à discussão sobre a extensão da sua responsabilidade em relação ao próprio cumprimento desses contratos de consumo digital. A questão, afinal, é definir se cabível, na hipótese, a responsabilidade do provedor de intermediação que, não interferindo no objeto do contrato ou na sua execução, no mais das vezes uma compra e venda de produto ou prestação de serviços –, atuou no sentido de aproximar os interessados no negócio, sendo remunerado por percentual do valor do negócio, taxas de utilização do serviço ou por recursos decorrentes da publicidade veiculada no sítio, tratamento de dados dos respectivos usuários ou outro meio. Por outro lado, considera-se o argumento contrário, da ausência de qualquer responsabilização do provedor por inadimplemento contratual, uma vez que, nessas hipóteses, a atividade de intermediação poderia ser equiparada a de um caderno de classificados de periódico,[62] sem qualquer possibilidade de intervenção no contrato.

---

[62] "Recurso especial. Ação de restituição de quantia paga c.c. reparação por danos morais e materiais. compra e venda de veículo na plataforma 'OLX'. Fraude cometida pelo suposto fornecedor. Sociedade empresarial que atuou como mero site de classificados, disponibilizando a busca de mercadorias e serviços na internet, sem qualquer intermediação nos negócios jurídicos celebrados. Ausência de responsabilidade. Culpa exclusiva da vítima e de terceiros caracterizada. Acórdão recorrido mantido. Recurso especial desprovido. 1. A controvérsia posta nos autos cinge-se em saber se a sociedade empresarial que disponibiliza espaço para anúncios virtuais de mercadorias e serviços (no caso, a plataforma 'OLX') faz parte da cadeia de consumo e, portanto, deverá ser responsabilizada por eventuais fraudes cometidas pelos usuários. 2. A relação da pessoa com o provedor de busca de mercadorias à venda na internet sujeita-se aos ditames do Código de Defesa do Consumidor, ainda que o serviço prestado seja gratuito, por se tratar de nítida relação de consumo, com lucro, direto ou indireto, do fornecedor. 3. Não obstante a evidente relação de consumo existente, a sociedade recorrida responsável pela plataforma de anúncios 'OLX', no presente caso, atuou como mera página eletrônica de 'classificados', não podendo, portanto, ser responsabilizada pelo descumprimento do contrato eletrônico firmado entre seus usuários ou por eventual fraude cometida, pois não realizou qualquer intermediação dos negócios jurídicos celebrados na respectiva plataforma, visto que as contratações de produtos ou serviços foram realizadas diretamente entre o fornecedor e o consumidor. 4. Ademais, na hipótese, os autores, a pretexto de adquirirem um veículo '0 km', por meio da plataforma *online* 'OLX', efetuaram o depósito de parte do valor na conta de pessoa física desconhecida, sem diligenciar junto à respectiva concessionária acerca da veracidade da transação, circunstância que caracteriza nítida culpa exclusiva da vítima e de terceiros, apta a afastar eventual responsabilidade do fornecedor. 5. Recurso especial desprovido." (STJ, REsp 1.836.349/SP, 3ª Turma, Rel. Min. Marco Aurélio Bellizze, j. 21.06.2022, *DJe* de 24.06.2022); "Ação de rescisão de contrato, cumulada com indenização. Compra e venda celebrada pela Internet. Consumidor que teve acesso ao fornecedor por meio de um *pop up* contendo anúncio de um monitor LCD de 17 polegadas. Clicando

PARTE III · Cap. 4 · CONTRATOS DE CONSUMO DIGITAL | **941**

Nesse sentido, quando existe a participação do provedor de aplicações não apenas na divulgação de produtos oferecidos por terceiros mas também na garantia da qualidade e procedência, pontuando e distinguindo os negociantes cadastrados no site,[63] ou, ainda, assegurando/confirmando o pagamento realizado, sua atividade estende-se para além de mero anúncio, afastando a possibilidade de comparação a cadernos de classificados. Nesses casos, torna-se fornecedor de serviços a quem queira vender ou comprar por intermédio da internet, atraindo a incidência do CDC, ao estar presente, em ao menos um dos polos, o consumidor.[64]

O rápido surgimento de novos modelos de negócios na internet faz que seja necessário distinguir a natureza da intermediação realizada pelo provedor. Isso porque há situações em que o provedor de aplicações participa como intermediador sem ter conhecimento do conteúdo do contrato a ser celebrado entre as partes – sua participação direciona--se apenas à aproximação entre potenciais interessados – fornecedores profissionais ou pessoas físicas.

Note-se que, independentemente do modelo de negócios adotado pelo provedor de aplicações, sendo atividade de aproximação de interessados no negócio, pode qualificar--se como espécie de serviço de que trata o artigo 3º, § 2º, do CDC. Da mesma forma, é remunerado, direta ou indiretamente, por intermédio de contraprestação das partes ou da comercialização de espaços de publicidade. Daí poder indicar-se como espécie de relação de consumo e poderem as vítimas de eventuais fraudes, por meio da aplicação, fazer jus ao regime de responsabilidade por fato do serviço previsto no artigo 14 do CDC. Há, pois, de parte dos provedores que intermedeiam negócios, o dever de segurança em relação ao serviço que prestam. Contudo, isso estende o dever de segurança aos serviços que presta o próprio provedor, que, afinal, deverá ter caracterizado o defeito como nexo de imputa-ção da responsabilidade por fato do serviço. É demasiado sustentar que respondem, de

---

nesse boxe, ele teve acesso ao Shopping UOL, que se apresenta como um serviço de busca de produtos e serviços, com regras gerais a serem observadas pelo usuário e também o 'Guia De Compra Segura', contendo cautelas a serem tomadas para evitar dissabores. Serviço que equivale aos classificados de um jornal ou revista. Consumidor que deixa de tomar esses cuidados. Recurso provido para julgar impro-cedente o pedido em relação à Recorrente" (TJSP, Recurso 2914, 3ª Turma Cível, Rel. Des. Theodureto de Almeida Camargo Neto, j. 12.06.2008).

[63] Nesse sentido decidiu o TJRS que, uma vez credenciado e distinguido com avaliações positivas no site de compras, não pode o provedor, de modo arbitrário, promover o descredenciamento do usuário, sob pena de afetar sua credibilidade diante dos demais usuários, dando causa a dano indenizável (TJRS, ApCív 70041956384, 17ª Câm. Cív., Rel. Des. Liege Puricelli Pires, j. 10.11.2011, DJ 23.11.2011).

[64] Veja-se a decisão do STJ: "Direito do consumidor. Recurso especial. Sistema eletrônico de mediação de negócios. Mercado livre. Omissão inexistente. Fraude. Falha do serviço. Responsabilidade objetiva do prestador do serviço. 1. Tendo o acórdão recorrido analisado todas as questões necessárias ao deslinde da controvérsia não se configura violação ao artigo 535, II, do CPC. O prestador de serviços responde objetivamente pela falha de segurança do serviço de intermediação de negócios e pagamentos ofere-cidos ao consumidor. 3. O descumprimento, pelo consumidor (pessoa física vendedora do produto), de providência não constante do contrato de adesão, mas mencionada no site, no sentido de conferir a autenticidade de mensagem supostamente gerada pelo sistema eletrônico antes do envio do produto ao comprador, não é suficiente para eximir o prestador do serviço de intermediação da responsabilidade pela segurança do serviço por ele implementado, sob pena de transferência ilegal de um ônus próprio da atividade empresarial explorada. 4. A estipulação pelo fornecedor de cláusula exoneratória ou atenuante de sua responsabilidade é vedada pelo artigo 25 do Código de Defesa do Consumidor.5. Recurso provido" (STJ, REsp 1.107.024/DF, 4ª Turma, Rel. Min. Maria Isabel Gallotti, j. 01.12.2011, DJe 14.12.2011).

modo integral, pelo descumprimento contratual ou pela fraude de terceiro, quando sua atividade se esgota na mera aproximação entre possíveis contratantes. Da mesma forma, como bem define a jurisprudência, "a relação entre o ofertante e o intermediador será ou não de consumo a depender da natureza da atividade exercida pelo anunciante do produto ou serviço. Se o vendedor for um profissional que realiza a venda de produtos com habitualidade, ele não se enquadrará no conceito de fornecedor instituído no art. 3º do CDC, de modo que a responsabilidade civil do site será regida pelas normas previstas no Código Civil. Lado outro, caso o vendedor não seja um profissional e não venda produtos ou ofereça serviços de forma habitual, havendo falha na prestação de serviços por parte do intermediário, aplicam-se as normas previstas no CDC. Sendo a relação de consumo, para emergir a responsabilidade do fornecedor de serviços, é suficiente a comprovação do dano; da falha na prestação dos serviços e do nexo de causalidade entre o prejuízo e o vício ou defeito do serviço".[65]

---

[65] "Civil. Recurso especial. Ação de compensação de danos materiais. Violação a dispositivo da CF. Não conhecimento. Fraude praticada por adquirente de produto anunciado no mercado livre. Endereço de e-mail falso. Produto entregue sem o recebimento da contraprestação exigida. Falha na prestação dos serviços. Inexistência. Fato de terceiro. Rompimento do nexo de causalidade. Julgamento: CPC/2015. 1. Ação de indenização por danos materiais ajuizada em 09/03/2018, da qual foi extraído o presente recurso especial interposto em 26/03/2020 e atribuído ao gabinete em 07/08/2020. 2. O propósito recursal é definir se o site intermediador no comércio eletrônico pode ser responsabilizado por fraude perpetrada por terceiro, a qual culminou na venda do produto pelo ofertante sem o recebimento da contraprestação devida. 3. A alegada violação a dispositivo constitucional não pode ser apreciada na via estreita do recurso especial. 4. O comércio eletrônico é utilizado em larga escala pelos consumidores e, ante a proliferação dos dispositivos móveis, se tornou, para muitos, o principal meio de aquisição de bens e serviços. Nesse cenário, os sites de intermediação (facilitadores) têm especial relevância, já que facilitam a aproximação de vendedores e compradores em ambiente virtual. O Mercado Livre atua nesse ramo desde 1999, propiciando a veiculação de anúncios na internet e o contato entre ofertantes e adquirentes. A principal finalidade desses sites é viabilizar a circulação de riquezas na internet e equiparar vendedores e adquirentes, de modo a simplificar as transações online. 5. Para o Marco Civil da Internet, os sites de intermediação enquadram-se na categoria dos provedores de aplicações, os quais são responsáveis por disponibilizar na rede as informações criadas ou desenvolvidas pelos provedores de informação. Isso significa que os intermediadores estão sujeitos às normas previstas na Lei 12.965/2014, em especial àquelas voltadas aos provedores de conteúdo. 6. A relação jurídica firmada entre o site intermediador e os anunciantes, embora tangencie diversas modalidades contratuais disciplinadas no CC/02, é atípica. Tal circunstância impõe ao julgador a laboriosa tarefa de definir o regime de responsabilidade civil aplicável ao vínculo firmado entre o intermediário e o ofertante. 7. O responsável pelo site de comércio eletrônico, ao veicular ofertas de produtos, disponibilizando sua infraestrutura tecnológica e, sobretudo, ao participar das respectivas negociações em caso de aceitação por parte do adquirente, assume a posição de fornecedor de serviços. A remuneração pelo serviço prestado pelo intermediador, por sua vez, é variável e pode ser direta ou indireta. Nesta, a remuneração é oriunda de anúncios publicitários realizados no site, enquanto naquela, normalmente é cobrada uma comissão consistente em percentagem do valor da venda realizada no site. 8. A relação entre o ofertante e o intermediador será ou não de consumo a depender da natureza da atividade exercida pelo anunciante do produto ou serviço. Se o vendedor for um profissional que realiza a venda de produtos com habitualidade, ele não se enquadrará no conceito de fornecedor instituído no art. 3º do CDC, de modo que a responsabilidade civil do site será regida pelas normas previstas no Código Civil. Lado outro, caso o vendedor não seja um profissional e não venda produtos ou ofereça serviços de forma habitual, havendo falha na prestação de serviços por parte do intermediário, aplicam-se as normas previstas no CDC. Sendo a relação de consumo, para emergir a responsabilidade do fornecedor de serviços, é suficiente a comprovação do dano; da falha na prestação dos serviços e do nexo de causalidade entre o prejuízo e o vício ou defeito do serviço. 9. Na espécie, o fato de o fraudador não ter usufruído de mecanismos utilizados na intermediação do comércio eletrônico, nem utilizado-se da plataforma disponibilizada pelo Mercado Livre para praticar a fraude, obsta

PARTE III · Cap. 4 · CONTRATOS DE CONSUMO DIGITAL | **943**

O que, nessas situações, se exige do provedor de aplicações que atue na intermediação, em atendimento ao seu dever de segurança, é que possua os dados corretos e completos que identifiquem quem atua por seu intermédio, ou, ainda, quando se disponha a atestar o cumprimento de determinada providência pela outra parte[66] – hipóteses em que a falta dessas informações ou de sua correção implica violação de dever pelo fornecedor que explora o serviço. A responsabilidade dos provedores que atuam na intermediação de negócios decorre, em se tratando de contratos de consumo, da violação de um dever de segurança; ou seja, existirá responsabilidade quando deixarem de observar deveres de registro, segurança de rede ou outros que impliquem facilitação de fraudes a consumidores, por parte de terceiros. Todavia, não deve se estender, como regra, ao descumprimento contratual (ou vício do produto ou do serviço), nas hipóteses em que não atuou de modo especial para atestar a qualidade de produtos ou serviços, tampouco participou do seu fornecimento. Considerando, todavia, a liberdade de modelos de negócio que caracteriza a própria disciplina da internet no direito brasileiro (artigo 3º, VIII, da Lei 12.965/2014), o exame concreto das relações contratuais entre o provedor de aplicações e os fornecedores que ofertam produtos e serviços por seu intermédio, bem como o modo como elas são percebidas pelos consumidores, deve sempre servir de critério para delimitação de eventual responsabilidade.

4.8 PROVEDORES DE INTERMEDIAÇÃO E PROMOÇÃO DE COMPRAS COLETIVAS PELA INTERNET

Outra situação completamente diversa diz respeito aos denominados provedores de aplicações de internet que organizam e ofertam as denominadas "compras coletivas". Muito popular anos atrás, mas atualmente em relativo desuso, trata-se de um sistema em que fornecedores de produtos e serviços anunciam, em determinado sítio de internet, oferta cuja contratação deve se dar exclusivamente por meio do provedor, comprometendo-se a assegurar uma vantagem substancial (normalmente desconto no preço), sob a condição

---

a qualificação do ocorrido como uma falha no dever de segurança. Não houve, ademais, divulgação indevida de dados pessoais, nem mesmo violação do dever de informar. Resta ausente, assim, a falha na prestação dos serviços. Não só, a fraude praticada por terceiro em ambiente externo àquele das vendas online não tem qualquer relação com o comportamento da empresa, tratando-se de fato de terceiro que rompeu o nexo causal entre o dano e o fornecedor de serviços. 10. A falta de indicação do dispositivo legal sobre o qual recai a divergência inviabiliza a análise do dissídio. 11. Recurso especial parcialmente conhecido e, nessa extensão, desprovido" (STJ, REsp 1.880.344/SP, 3ª Turma, Rel. Min. Nancy Andrighi, j. 09.03.2021, *DJe* 11.03.2021).

[66] "Comércio eletrônico. Ação de indenização por danos materiais proposta por consumidor, vítima de fraude praticada por terceiro, em face de empresa de intermediação de negócios via Internet denominada 'Mercado Livre'. Aplicação do Código de Defesa do Consumidor por se tratar de prestação de serviços. Excludente de responsabilidade decorrente de culpa exclusiva do consumidor, que não observou os procedimentos de segurança antes de liberar a mercadoria. E-mail fraudulento enviado pelo suposto comprador, sem a participação da empresa intermediadora, noticiando a efetivação do pagamento e solicitando liberação da mercadoria. Informações claras e precisas constantes do site da recorrente alertando para a necessidade de verificação do pagamento na própria página do 'Mercado Livre' antes da liberação da mercadoria e da autenticidade do endereço da página recebida por e-mail para que o usuário não corra o risco de ser vítima de e-mail falso em nome do site. Inexigibilidade, porém, da comissão de intermediação. Sentença parcialmente reformada. Recurso provido em parte" (TJSP, 1ª Turma Cível, Rel. Des. Jorge Tosta, j. 19.12.2007).

de que determinado número de consumidores venha a celebrar o contrato. Os termos do negócio e, especialmente, as vantagens oferecidas ao consumidor estarão condicionados ao atingimento de certo número de negócios que sejam celebrados com consumidores interessados dentro de um prazo preestabelecido pelo site.

Nesse caso, a possibilidade de contratação, normalmente, é restrita a consumidores que estejam pré-cadastrados junto ao site de compras, assim como as condições da oferta implicam que a vantagem oferecida (geralmente desconto de preço) possa ser aproveitada desde que atendidas exigências de prazo, horário específico, ou outros critérios que venham a delimitar estritamente os termos da oferta. Para o fornecedor de produtos e serviços, a utilização dos serviços de um site de compras coletivas é vantajosa, pois, ao mesmo tempo que atinge uma parcela de consumidores a um custo relativamente baixo, organiza sua política de descontos aproveitando-se de um critério de escala que lhe reduz o risco, uma vez que só será obrigado a cumprir com o preço anunciado se houver determinado número de interessados na contratação.

Não resta dúvida, por outro lado, de que, em relação ao consumidor, esses sites de compras coletivas oferecem vantagens e desvantagens. A vantagem mais evidente é aproveitar-se de uma política de vendas de escala oferecida pelo fornecedor, usufruindo de preços com descontos que não iria obter em ofertas realizadas fora da internet. Contudo, submete-se, igualmente, a alguns riscos, quais sejam: (a) o fato de a oferta ser feita, na maioria das vezes, por prazo determinado pode submeter o consumidor à pressão, prejudicando sua avaliação sobre a conveniência do negócio; (b) a facilitação do consumo leva o consumidor, muitas vezes, a adquirir produtos e serviços desnecessários ou de utilidade reduzida, estimulando o hiperconsumo; (c) há claro apelo à vantagem do preço, sem maior atenção à qualidade dos produtos e serviços; (d) as ofertas anunciadas não divulgam com o mesmo destaque as vantagens e as demais condições do negócio (prazos, horários ou dias específicos para fruição da oferta), vindo, muitas vezes, a surpreender o consumidor.

Nesse sentido, cumpre examinar a responsabilidade dos sites que realizam o anúncio, mas, mais do que isso, realizam eles próprios o negócio com o consumidor, recebem o pagamento e depois o repassam ao fornecedor efetivo do produto ou serviço. Não há dúvida de que pertencem à cadeia de fornecimento, não apenas porque se remuneram com a oferta mas igualmente porque organizam e viabilizam a oferta nas condições diferenciadas em que é realizada. Assim, respondem solidariamente pelos vícios dos produtos e dos serviços comercializados por seu intermédio (artigos 18 e 20 do CDC). Da mesma forma, equiparam-se a comerciantes no caso de responsabilidade por fato do produto (artigo 13 do CDC), assim como respondem solidariamente no caso de fato do serviço (artigo 14 do CDC).[67]

---

[67] "Direito do consumidor e responsabilidade civil. Ação de rescisão contratual c/c repetição de indébito c/c indenizatória. Rito sumário. Oferecimento de pacote de viagem. Propaganda em sítio eletrônico. Agência de turismo em atuação conjunta com administradora de rede de compras coletivas. Descumprimento de acordo. Desorganização completa. Impossibilidade de utilização do serviço. Comprovação de pagamento. Cobranças indevidas em cartão de crédito. Falha na prestação do serviço. Dano moral caracterizado. 1. Incontroverso o defeito na prestação do serviço fornecido pelas empresas rés. Ao que se observa, as demandadas atuaram em conjunto no oferecimento de pacote turístico de viagem ao exterior, em sítio eletrônico, a primeira ré, agência de turismo, e a segunda, administradora de rede de compras coletivas, atuante no mercado de consumo como intermediária da negociação, com propaganda

PARTE III · Cap. 4 · CONTRATOS DE CONSUMO DIGITAL | **945**

Ademais, são os sites de compras coletivas que devem atender aos deveres relativos à oferta e ao dever de informar e esclarecer quanto aos seus termos, de acordo com os artigos 30 e 31 do CDC. Não raras vezes, a fruição dos benefícios da oferta, nesses casos, submete-se a regras complexas, desconhecidas do consumidor no momento da contratação. Já no que se refere a eventuais restrições ou condicionamentos da oferta que não tenham sido comunicados adequadamente antes da celebração do contrato, registre-se que não obrigarão o consumidor em relação ao site ou ao fornecedor do produto ou serviço (artigo 46), assim como o descumprimento da oferta, do modo como foi compreendida pelo consumidor, enseja a possibilidade de aplicação do artigo 35 do CDC, a fim de poder exigir-se seu cumprimento específico, o abatimento do preço, ou a resolução do negócio, sem prejuízo de perdas e danos.[68] Por fim, cabe referir que pode o consumidor exerce, em relação ao site de compras coletivas, o direito de arrependimento de que trata o artigo 49 do CDC, cabendo ao site realizar a devolução do pagamento.

Já no que diz respeito ao fornecedor que anuncia nos sites de compra coletiva, e deles se serve para atrair os consumidores, além dos deveres inerentes ao cumprimento dos termos da oferta, não poderá, na execução do contrato, diferenciar entre consumidores que contrataram pela internet, com o respectivo desconto, e outros consumidores que o fazem diretamente, sob pena de dar causa a discriminação indevida.

4.9 PROVEDORES DE INTERMEDIAÇÃO E CONSUMO COLABORATIVO: A ECONOMIA DO COMPARTILHAMENTO NA INTERNET

Entre as várias transformações que o desenvolvimento da internet vem viabilizando na sociedade de consumo contemporânea, está o surgimento da denominada economia do compartilhamento, também conhecida como consumo colaborativo. Essa economia dita do compartilhamento *sharing economy* concebe novos modelos de negócio não mais concentrados na aquisição da propriedade de bens e na formação de patrimônio individual, mas no uso em comum – por várias pessoas interessadas – das utilidades oferecidas por um mesmo bem.[69] A estruturação desses negócios ganha força pela internet e se dá tanto

---

tentadora e vantagens diversas, ludibriando, ao final, a autora, adquirente da oferta, que se viu frustrada pela falta de informações coerentes quando efetivamente tentou utilizar o produto, e aqui, frise-se, sem sucesso; 2. A segunda ré argumenta que a responsabilidade pela falha pertence exclusivamente à primeira ré, razão pela qual não deve arcar com atos praticados por terceiros. No entanto, veicula as campanhas publicitárias de seus anunciantes, e, se assim não fosse, a autora nunca saberia que tal serviço ora em discussão seria oferecido, caso não tivesse ativa participação na propagada e auferisse lucros com as compras efetuadas pelos interessados. Logo, deve responder solidariamente com sua parceira de divulgação pelos danos causados, nos termos da legislação consumerista; 3. Prejuízo moral evidenciado, presente o fenômeno perceptível da responsabilização civil. Não se trata de mero aborrecimento do cotidiano, ante o investimento malfeito, sem olvidar a decepção gerada pela ilicitude no atuar das rés, ao deixarem a consumidora em situação constrangedora, até porque pretendia presentear com o pacote turístico seus familiares, o que, por óbvio, não ocorreu; 4. Reparação moral bem sopesada, montante de R$ 12.000,00 (doze mil reais), diante do caráter *in re ipsa* do dano, tudo em harmonia com os princípios da razoabilidade e proporcionalidade; 5. Recurso desprovido" (TJRJ, ApCív 0027472-52.2011.8.19.0206, 11ª Câm. Cív., Rel. Adolpho Andrade Melo, j. 21.11.2012).

68 Nesse sentido: TJSP, ApCív 0116503-18.2011.8.26.0100, 36ª Câm. de Direito Privado, Rel. Pedro Baccarat, j. 23.08.2012.

69 MELLER-HANNICH, Caroline. *Verbraucherschutz und Sharing Economy*. Conferência da Rede Alemanha-Brasil de Pesquisas em Direito do Consumidor, UFRGS, 2015, *mimeo*.

sob o modelo *Peer to Peer* (P2P) quanto sob o modelo *Business to Business* (B2B), ou seja, entre pessoas não profissionais e entre empresários.

Há várias formas de interpretar-se o fenômeno, desde uma interpretação com ênfase econômica, que dá conta de uma redução de custos e otimização de recursos em razão do compartilhamento, até uma interpretação cultural, que identifica, nesse novo modelo favorecido pela internet, uma genuína inspiração de reação ao consumismo e adesão ao consumo sustentável. Por outro lado, também serve para viabilizar o acesso a bens e utilidades de maior custo (a exemplo do *car sharing*), mediante precisa definição das necessidades a serem satisfeitas (transporte eventual) e o dispêndio apenas daquilo que for utilizado (mensalidade, gasolina utilizada de um local a outro, sem pagar estacionamento).

Muitos setores da economia já estão sendo afetados por essa nova forma de oferecer e consumir produtos e serviços no mercado, como é o caso do transporte de pessoas, ou a locação de automóveis, e o compartilhamento de veículos, a hospedagem turística, utilização de ferramentas, entre outros. Quem opta pelo compartilhamento, de um lado, quer fruir da maior utilidade possível dos bens de sua propriedade e ser remunerado por isso, em caráter eventual ou não. De outro lado, quem procura utilizar os bens sem adquiri-los visualiza a oportunidade de investir apenas o necessário para satisfazer sua necessidade momentânea, abrindo mão de imobilizar parte de seus recursos em bens que utilizará apenas eventualmente.

A tendência é de franca expansão, possibilitada pela criatividade e pelo desenvolvimento de novas plataformas de negócios na internet pelas denominadas empresas *start-ups*, reconhecidas pela estruturação de modelos de negócio inovadores em diversos setores. Note-se que a prestação de serviços ou a oferta de bens podem ser realizadas por intermédio de uma plataforma digital, por pessoas que não atuam necessariamente como profissionais nem se organizam sob a forma empresarial. É o caso daquele que deseja alugar um dos cômodos da sua casa, por temporada, para um casal de turistas, ou daquele que divide o uso do seu automóvel ou de certas ferramentas com outras pessoas interessadas, visando repartir os custos dessa utilização ou mesmo ser remunerado e obter certo lucro dessa atividade.

Não se deve confundir o fornecimento de produtos e serviços por intermédio de plataforma digital e economia do compartilhamento (ou consumo compartilhado). Embora seja certo que só se tornou possível o consumo compartilhado pelo desenvolvimento da internet e, no seu âmbito, do fornecimento por plataforma digital, esta é um modelo de negócios que se desenvolve no mercado de consumo digital que pode ou não envolver a oferta de consumo compartilhado. É certo que a noção de compartilhamento contém em si um sentido legitimador de certos modelos de negócios, atraindo certa visão positiva ao associá-los a outras noções, como as de sustentabilidade ou uso racional de recursos.[70] Nesse particular, a noção de compartilhamento, não raro, associa-se também à de conectividade ou de comunidade, utilizadas em diferentes contextos na internet.[71] No entanto, a precisão do que se trate consumo compartilhado, distinguindo-se da mera

---

[70]   MUCELIN, Guilherme. Peers Inc.: a nova estrutura da relação de consumo na economia do compartilhamento. *Revista de Direito do Consumidor*, São Paulo, v. 118, p. 77-126, jul.-ago. 2018.

[71]   JOHN, Nicholas A. *The age of sharing*. Cambridge: Polity Press, 2017. p. 44 e ss.

organização de certa prestação de serviços mediante oferta por plataforma tecnológica na internet, resultará de uma noção mais larga ou mais estrita que se der à noção de compartilhamento. Afinal, a simples organização de uma rede de prestadores de serviços na internet, bem como sua oferta em comum, por si, não tem por que ser identificada com consumo compartilhado, ainda que caracterize o fornecimento por plataforma digital.[72]

Em todos esses casos, contudo, está presente o fenômeno da conexidade contratual, e deve-se perguntar, justamente, se podem ser caracterizadas como relações de consumo aquelas estabelecidas entre quem deseja contratar a utilização e o outro que oferece e compartilha o uso de um bem, mesmo não sendo um empresário ou profissional que realize a atividade de modo organizado, ou, ainda, situações já conhecidas de pessoas comuns que se utilizam, de modo espontâneo e eventual, da internet para vender coisas usadas. A rigor, essas situações em que não está presente uma organização profissional, ou o exercício habitual da atividade para a obtenção de lucro, não se consideram relações de consumo.

De outro modo, contudo, são as situações em que o consumo colaborativo pela internet se utiliza de plataforma digital mantida por alguém que se dispõe a viabilizar espaço ou instrumento de oferta por intermédio de um site ou aplicativo. Quem explora o site ou aplicativo atua não apenas como um facilitador mas também como aquele que torna viável e, por vezes, estrutura determinado modelo de negócio. Em outros termos, o site ou aplicativo permite o acesso à internet e atua como guardião desse acesso, um *gatekeeper* ("guardião do acesso") que assume o dever, ao oferecer o serviço de intermediação ou aproximação, de garantir a segurança do modelo de negócio, despertando a confiança geral ao torná-lo disponível pela internet.[73] No direito brasileiro, estarão qualificados, indistintamente, como provedores de aplicações de internet, de acordo com a definição que estabeleceu o artigo 5º, VII, c/c artigo 15 da Lei 12.965/2014. Prevê a norma que se constituam na forma de pessoa jurídica, exercendo a atividade de forma organizada, profissionalmente e com fins econômicos.

É a confiança no meio oferecido para trocas e compartilhamentos a base do comportamento das partes, levando-as a aderir ao modelo de negócio e, por intermédio de determinada plataforma (site ou aplicativo), manifestar a vontade de celebrar o negócio. Exige-se, daí, o domínio de certas informações sobre quem se dispõe a oferecer o bem para uso compartilhado, ou as características do produto ou serviço oferecido, ou, ainda, sobre aquele que pretende obter a contraprestação em dinheiro, a segurança quanto ao modo como se viabiliza o pagamento. Nesses casos, poderão participar, inclusive, outros agentes, como aqueles que administrem os meios de pagamento para adimplemento do contrato, ou, ainda, seguradores, no caso em que a plataforma se disponha a garantir certos interesses das pessoas envolvidas no negócio.

Nesses casos, os deveres de lealdade são exigíveis de todos, mas a pergunta que surge é qual a posição daquele que organiza e mantém o site ou o aplicativo de internet, assim

---

[72] DOMURATH, Irina. Verbraucherrecht in der Plattformökonomie. In: In: MICKLITZ, Hans-Wolfgang et al. (Hrsg.). *Verbraucherrecht 2.0*: Verbraucher in der digitalen Welt. Baden-Baden: Nomos, 2017. p. 104.

[73] Para o papel da confiança na estruturação das relações de consumo na internet, veja-se, por todos: MARQUES, Claudia Lima. *Confiança no comércio eletrônico e a proteção do consumidor*: um estudo dos negócios jurídicos de consumo no comércio eletrônico. São Paulo: Ed. RT, 2004. p. 32 e ss.

como desempenha essa atividade com caráter econômico, remunerando-se direta (por percentual dos valores contratados ou por taxas fixas) ou indiretamente (por publicidade ou formação e negociação de banco de dados, por exemplo).

O dever desse guardião será o de garantir a segurança do meio negocial oferecido, em uma espécie de responsabilidade em rede, cuja exata extensão, contudo, será definida caso a caso, conforme o nível de intervenção que tenha sobre o negócio. Há situações em que poderá haver responsabilidade do intermediador pela satisfação do dever principal de prestação do negócio objeto de intermediação com o consumidor.[74] Entretanto, na maior parte das vezes, aquele que apenas aproxima e intermedeia o negócio deverá garantir a segurança e a confiança no meio oferecido para realizá-lo, não respondendo, necessariamente, pelas prestações ajustadas entre as partes.

O critério para a exata distinção dessas situações reside no próprio conteúdo do serviço oferecido pelo site ou aplicativo de internet, o qual, como regra, uma vez viabilizada a oferta de produtos e serviços no mercado de consumo, atrai a incidência do Código de Defesa do Consumidor e caracteriza aquele que o explora como fornecedor de serviços (artigo 3º). Contudo, para caracterizar-se o vício ou defeito do serviço, como é próprio ao sistema de responsabilidade do fornecedor, deverá ser determinado, de antemão, quais os fins (artigo 20) ou a segurança (artigo 14) que, legitimamente, seriam esperados pelos consumidores em relação ao serviço oferecido por aquele que explora o site ou aplicativo que promove a intermediação entre as partes.

Tratando-se de serviços de intermediação, portanto, não bastará apenas a qualificação daquele que a promove com fins econômicos como fornecedor. A exata medida da responsabilidade daquele que explora o site ou aplicativo que viabiliza o consumo colaborativo mediante compartilhamento de bens e serviços deriva da confiança despertada – e daí a necessidade da precisa definição de vício ou defeito da prestação –, o que dependerá do exame, caso a caso, do modelo de negócio organizado a partir do site ou aplicativo.

O desenvolvimento de sites e aplicativos que promovam alternativas de consumo compartilhado de bens e serviços se associa, em geral, ao melhor interesse do consumidor, uma vez que eles permitem uma melhor utilização de produtos e serviços e, ao mesmo tempo, podem fomentar a concorrência com setores organizados da economia,[75] melhorando suas práticas. Tratando-se de serviços oferecidos no mercado de consumo, há incidência da legislação de proteção do consumidor. Uma pergunta final que traduz as

---

[74] Sustentando a solidariedade da cadeia de fornecimento por vícios decorrentes de produtos e serviços na economia do compartilhamento: MARQUES, Claudia Lima. A nova noção de fornecedor no consumo compartilhado: um estudo sobre as correlações do pluralismo contratual e o acesso ao consumo. *Revista de Direito do Consumidor*, São Paulo, v. 111, p. 247-268, maio-jun. 2017. Cunhando a expressão "fornecedor fiduciário" para aqueles que exploram as plataformas e organizam o modelo de negócio de compartilhamento, e sustentando a regra de sua responsabilidade solidária pelos vícios dos serviços prestados por terceiros vinculados com fundamento na confiança despertada no consumidor: SCHWARTZ, Fabio. A economia compartilhada e a responsabilidade do fornecedor fiduciário. *Revista de Direito do Consumidor*, São Paulo, v. 111, p. 221-246, maio-jun. 2017.

[75] Veja-se, a respeito: DEMARY, Vera. Competition in the sharing economy. *IW Policy Paper*, n. 19, 2015. p. 4 e ss. Disponível em: iwkoeln.de/fileadmin/publikationen/2015/235445/Sharing_Economy_Policy_Paper. pdf. Acesso em: 20.07.2023. No direito brasileiro: COUTO, Rainer; NOVAIS, Leandro. Regulação de tecnologias disruptivas: uma análise de *sharing economy*. *Revista de Direito do Consumidor*, São Paulo, v. 111, ano 26, p. 269-292, maio-jun. 2017.

PARTE III · Cap. 4 · CONTRATOS DE CONSUMO DIGITAL | **949**

dificuldades de lidar com as inovações trazidas pela internet diz respeito à necessidade de regulação específica, ou não, dessas várias situações de compartilhamento.

Tenha-se em conta que o reconhecimento da aplicação do Código de Defesa do Consumidor à oferta de aplicações de internet em geral (artigo 7º, XIII, da Lei 12.965/2014 – Marco Civil da Internet) é, por si, uma garantia aos consumidores de produtos e serviços, inclusive nos modelos de consumo colaborativo em que aquele que promove a intermediação atua profissionalmente. Nesses termos, deve-se levar em consideração que o excesso de regulamentação específica e difusa pode inibir a formação de um ambiente seguro para inovação. Já incidem em conjunto sobre as relações que surjam da intermediação realizada por provedores de internet o Código de Defesa do Consumidor e a Lei 12.965/2014, para assegurar a adequada proteção da confiança despertada pelas novas tecnologias, como é o caso das situações de consumo colaborativo desenvolvidas por intermédio da internet.

4.10 RESPONSABILIDADE DO FORNECEDOR PELO FATO DO PRODUTO E DO SERVIÇO NA INTERNET

O regime de responsabilidade pelo fato do produto ou do serviço previsto no CDC, bem como seus pressupostos (atividade do fornecedor, nexo de causalidade, dano e defeito), aplica-se, igualmente, no mercado de consumo digital, aos fornecedores que venham a causar danos aos consumidores. Naturalmente que, nesse caso, certas características do ambiente digital determinam desafios ao intérprete e aplicador das normas de proteção do consumidor, sejam relacionados à qualificação do que se deva considerar como produto ou serviço defeituoso, sejam as peculiaridades da sua adequada demonstração e prova. Para tanto, a precisão sobre o dever de segurança do fornecedor, ou melhor, a segurança legitimamente esperada pelo consumidor, exige o reconhecimento dessas características do meio digital e das ofertas de produtos e serviços por seu intermédio, assim como os riscos envolvidos.

Da mesma forma, a identificação dos causadores do dano e a eventual extensão de responsabilidade com fundamento no próprio CDC (pela solidariedade dos integrantes da "cadeia de fornecimento") desafiam a qualificação diante de diferentes modelos de fornecimento de produtos e serviços na internet. Esta, aliás, supõe a interpretação sistemática das normas do CDC e do seu regime de responsabilidade e outras leis, em especial do Marco Civil da Internet (Lei 12.695/2014) e da Lei Geral de Proteção de Dados (Lei 13.709/2018), que, expressamente, preservam a incidência das normas de proteção do consumidor.

Os danos aos consumidores no mercado de consumo digital são diversos e seguem em expansão. É o caso do acesso ou da divulgação indevida de dados pessoais, ou de tratamento irregular de dados, com fins ou resultados discriminatórios, assim como violação da privacidade do consumidor. Ademais, há a divulgação de informações inexatas ou falsas de modo que lhe cause dano à honra; o acesso não autorizado a dados financeiros, inclusive com o desvio de recurso em conta na prestação de serviços bancários pela internet (*internet banking*), ou a de meios de pagamento digitais, inclusive com contratações mediante fraude; a oferta de serviços ou exposição indevida de conteúdo inadequado a certos consumidores com vulnerabilidade agravada (especialmente crianças); o assédio de consumo, mediante técnicas de importunação do consumidor; o desvio do tempo do consumidor, mediante exigência de dedicação excessiva para solução de problemas no fornecimento de produto ou serviço, ou cumprimento de procedimentos repetidamente, impedindo atendimento célere das demandas relativas ao exercício de direitos do consumidor, entre outras situações.

Além dessas situações que resultam, tipicamente, de relações de consumo, há riscos relacionados a aplicações de internet que vêm ganhando destaque, relacionados à fruição dos serviços para divulgação de informações falsas, ofensa à honra e à privacidade pessoal, ou divulgação de mensagens ilícitas, de cunho discriminatório ou ofensivo, inadequadas a certos grupos (crianças, por exemplo) ou atentatórias à Constituição. Nesses casos, note-se que também se trata da fruição de serviço prestado no âmbito de relações de consumo, colocando-se, de um lado, o dever de qualidade do fornecedor da aplicação e, de outro, os riscos que lhe são inerentes, de modo que a falha no atendimento à segurança legitimamente esperada venha a caracterizar o defeito do serviço. No caso do conteúdo próprio gerado por aplicações de internet, há responsabilidade quanto à violação de direitos e à causação de danos, inclusive pelo regime geral de responsabilidade civil (artigo 186 c/c 927, *caput*, do Código Civil) ou previsto em legislação especial (*e.g.*, no caso de danos decorrentes da violação de direitos de propriedade intelectual, o artigo xx da Lei xx).

Já no caso de conteúdo gerado por terceiros, o regime definido pelos artigos 19 e 20 da Lei 12.965/2014 – Marco Civil da Internet –, sujeito a diversas críticas e mesmo questionamento sobre sua constitucionalidade, é aplicado, para exigir a prévia notificação do provedor de aplicação sobre a existência do conteúdo ilícito gerado por terceiro, para o fim de providenciar remoção. Nesse caso, por conteúdo gerado por terceiros tem-se qualquer informação ou dado, manifestação de pensamento veiculado por pessoas naturais ou jurídicas por intermédio de aplicações de internet (*e.g.*, redes sociais, blogs, entre outros).

A discussão sobre o tema da responsabilidade dos provedores de aplicações de internet por conteúdo gerado por terceiros perpassa diferentes fases no direito brasileiro e suscita debates atuais sobre a revisão do modelo legal adotado há quase uma década. A questão abrange, sobretudo, situações em que o ambiente digital favorece a ocorrência do ilícito, em razão de incentivos pela ausência de identificação do autor, ou pelos meios disponíveis para assegurar maior alcance da ofensa, inclusive por intermédio de algoritmos e sua utilização para maximizar a divulgação do conteúdo. A esse respeito, já referia Guilherme Magalhães Martins que a existência de relações em um ambiente aberto, em que os sujeitos muitas vezes são cobertos pelo anonimato e de comunicação por meio de protocolos, faz que se deva abandonar "a visão individualista, baseada na presença de uma vítima concreta e de um responsável passível de identificação".[76] Sob o mesmo argumento, sustentou-se, originalmente, nas situações em que determinada aplicação de internet visa vantagens econômicas, diretas ou indiretas, em razão do que promove a possibilidade de divulgação do conteúdo potencialmente lesivo como atrativo ou consequência da sua atividade.

---

[76] MARTINS, Guilherme Magalhães. *Responsabilidade civil por acidente de consumo na internet*. São Paulo: Ed. RT, 2008. p. 56-57.

Essa característica coloca em um mesmo plano tanto aplicações de internet que ofereçam redes de relacionamento ("redes sociais"), nas quais se permite, de modo gratuito, a divulgação de perfis pessoais e toda sorte de informações afetas ao âmbito de relacionamento virtual com as mais variadas finalidades sociais, quanto outras de intermediação negocial, cuja finalidade básica é a aproximação entre interessados na celebração de contratos. Sob esse argumento original, a exploração econômica dessas atividades, sob diferentes modelos, seria o fundamento para a responsabilização no caso de danos que se conformassem como risco da sua atividade econômica. No princípio da internet (e, inclusive, nas primeiras edições deste *Curso*), sustentou-se a responsabilidade objetiva dos provedores de aplicação, fundada no risco da atividade, de modo coerente com o que dispõe o artigo 14 do CDC e o artigo 927, *caput*, do Código Civil, que sentencia: "Haverá obrigação de reparar o dano, independentemente de culpa, nos casos especificados em lei, ou quando a atividade normalmente desenvolvida pelo autor do dano implicar, por sua natureza, risco para os direitos de outrem". Da mesma forma, caracterizando-se os serviços prestados pelos provedores de aplicação *como* objeto de uma relação de consumo, incidiria o regime da responsabilidade pelo fato do serviço (artigo 14 do CDC), que presume o *risco-proveito* de toda a cadeia de fornecedores vinculados à prestação de serviço, ao referir que: "O fornecedor de serviços responde, independentemente da existência de culpa, pela reparação dos danos causados aos consumidores por defeitos relativos à prestação dos serviços, bem como por informações insuficientes ou inadequadas sobre sua fruição e riscos".[77] Assim os exemplos de danos causados por conteúdo gerado por usuário que se cadastre utilizando-se dados falsos em uma rede social, ou que, tendo informado dados para realização de operações comerciais em um site, tem essas informações utilizadas de forma não autorizada, ou desviada de sua finalidade original,[78] excluindo-se, contudo, a hipótese de mensagens ofensivas enviadas por e-mail, na qual não se reconhece o dever do provedor de fiscalizar o conteúdo da mensagem privada, mantendo o dever de cooperar para identificação do autor do ilícito.[79] *Nesse sentido, inclusive, orientou-se a jurisprudência*

---

[77] Indicando a solidariedade da cadeia de fornecimento no caso de anúncio ofensivo realizado em site da Internet, veja-se: STJ, REsp 997.993/MG, 4ª Turma, rel. Min. Luis Felipe Salomão, j. 21.06.2012, *DJe* 06.08.2012. Cogitável, igualmente, o reconhecimento de risco concorrente, a que se refere a tese de TARTUCE, Flávio. *Responsabilidade civil objetiva e risco*: a teoria do risco concorrente. São Paulo: Método, 2011. p. 240 *et seq.*

[78] MARTINS, Guilherme Magalhães; LONGHI, João Victor Rozatti. A tutela do consumidor nas redes sociais virtuais – responsabilidade civil por acidentes de consumo na sociedade da informação. *Revista de Direito do Consumidor*, São Paulo, v. 78, abr.-jun. 2011. p. 215 *et seq.*

[79] "(...) 4. A fiscalização prévia, pelo provedor de correio eletrônico, do conteúdo das mensagens enviadas por cada usuário não é atividade intrínseca ao serviço prestado, de modo que não se pode reputar defeituoso, nos termos do artigo 14 do CDC, o site que não examina e filtra os dados e imagens encaminhados. 5. O dano moral decorrente de mensagens com conteúdo ofensivo enviadas pelo usuário via e-mail não constitui risco inerente à atividade dos provedores de correio eletrônico, de modo que não se lhes aplica a responsabilidade objetiva prevista no artigo 927, parágrafo único, do CC/2002. 6. Ao ser comunicado de que determinada mensagem possui conteúdo ilícito, deve o provedor de correio eletrônico agir de forma enérgica, suspendendo a respectiva conta de e-mail, sob pena de responder solidariamente com o autor direto do dano, em virtude da omissão praticada. 7. Ao oferecer um serviço por meio do qual se possibilita que os usuários externem livremente sua opinião, deve o provedor de correio eletrônico ter o cuidado de propiciar meios para que se possa identificar cada um desses usuários, coibindo o anonimato e atribuindo a cada manifestação uma autoria certa e determinada. Sob a ótica da diligência média que se espera do provedor, deve este adotar as providências que, conforme as circunstâncias específicas de

pelo reconhecimento do dever dos provedores de manter meios de identificação dos usuá-rios dos sites que fazem publicar neles conteúdo próprio, cuja violação enseja, entretanto, responsabilidade objetiva, por culpa *in omittendo*.[80]

A jurisprudência firmada pelo Superior Tribunal de Justiça sobre a responsabilidade do provedor de internet por danos causados por conteúdo gerado por terceiros, contudo, desde logo, aplicou o CDC, porém sem reconhecer a responsabilidade objetiva (indepen-dentemente de culpa) do provedor, sob o fundamento da ausência de um dever geral de vigilância em relação ao comportamento de terceiros.[81] Adotou, no direito brasileiro,

---

cada caso, estiverem ao seu alcance para a individualização dos usuários, sob pena de responsabilização subjetiva por culpa *in omittendo*. 8. Por mais que se intitule um site de seguro, a Internet sempre estará sujeita à ação de *hackers*, que invariavelmente conseguem contornar as barreiras que gerenciam o acesso a dados e informações. Assim, a impossibilidade de identificação da pessoa responsável pelo envio de mensagem ofensiva não caracteriza, necessariamente, defeito na prestação do serviço de provedoria de e-mail, não se podendo tomar por legítima a expectativa da vítima, enquanto consumidora, de que a segurança imputada a esse serviço implicaria a existência de meios de individualizar todos os usuários que diariamente encaminham milhões de e-mails. 9. Mesmo não exigindo ou registrando os dados pessoais dos usuários do Hotmail, a Microsoft mantém um meio suficientemente eficaz de rastreamento desses usuários, que permite localizar o seu provedor de acesso (esse sim com recursos para, em tese, identificar o IP do usuário), medida de segurança que corresponde à diligência média esperada de um provedor de correio eletrônico. (...)" (STJ, REsp 1.300.161/RS, 3ª Turma, Rel. Min. Nancy Andrighi, j. 19.06.2012, *DJe* 26.06.2012).

80   "Civil e consumidor. Internet. Provedor de conteúdo. Usuários. Identificação. Dever. Guarda dos dados. Obrigação. Prazo. Dispositivos legais analisados: Arts. 4º, III, do CDC; 206, § 3º, V, 248, 422 e 1.194 do CC/02; e 14 e 461, § 1º do CPC. 1. Ação ajuizada em 30.07.2009. Recurso especial concluso ao gabinete da relatora em 04.11.2013. 2. Recurso especial que discute os limites da responsabilidade dos provedores de hospedagem de blogs pela manutenção de dados de seus usuários. 3. Ao oferecer um serviço por meio do qual se possibilita que os usuários divulguem livremente suas opiniões, deve o provedor de conteúdo ter o cuidado de propiciar meios para que se possa identificar cada um desses usuários, coibindo o ano-nimato e atribuindo a cada imagem uma autoria certa e determinada. Sob a ótica da diligência média que se espera do provedor, do dever de informação e do princípio da transparência, deve este adotar as providências que, conforme as circunstâncias específicas de cada caso, estiverem ao seu alcance para a individualização dos usuários do site, sob pena de responsabilização subjetiva por culpa *in omittendo*. Precedentes. 4. Uma vez ciente do ajuizamento da ação e da pretensão nela contida – de obtenção dos dados de um determinado usuário – estando a questão *sub judice*, o mínimo de bom senso e prudência sugerem a iniciativa do provedor de conteúdo no sentido de evitar que essas informações se percam. Essa providência é condizente com a boa-fé que se espera não apenas dos fornecedores e contratantes em geral, mas também da parte de um processo judicial, nos termos dos arts. 4º, III, do CDC, 422 do CC/02 e 14 do CPC. 5. As informações necessárias à identificação do usuário devem ser armazenadas pelo provedor de conteúdo por um prazo mínimo de 03 anos, a contar do dia em que o usuário cancela o serviço. 6. Recurso especial a que se nega provimento" (STJ, REsp 1.417.641/RJ, 3ª Turma, Rel. Min. Nancy Andrighi, j. 25.02.2014, *DJe* 10.03.2014).

81   "Direito Civil e do Consumidor. Internet. Relação de Consumo. Incidência do CDC. Gratuidade do serviço. Indiferença. Provedor de conteúdo. Fiscalização prévia do teor das informações postadas no site pelos usuários. Desnecessidade. Mensagem de conteúdo ofensivo. Dano moral. Risco inerente ao negócio. Inexistência. Ciência da existência de conteúdo ilícito. Retirada imediata do ar. Dever. Dispo-nibilização de meios para identificação de cada usuário. Dever. Registro do número de IP. Suficiência. 1. A exploração comercial da internet sujeita as relações de consumo daí advindas à Lei nº 8.078/90. 2. O fato de o serviço prestado pelo provedor de serviço de internet ser gratuito não desvirtua a relação de consumo, pois o termo 'mediante remuneração' contido no artigo 3º, § 2º, do CDC deve ser interpretado de forma ampla, de modo a incluir o ganho indireto do fornecedor. 3. A fiscalização prévia, pelo prove-dor de conteúdo, do teor das informações postadas na web por cada usuário não é atividade intrínseca ao serviço prestado, de modo que não se pode reputar defeituoso, nos termos do artigo 14 do CDC, o site que não examina e filtra os dados e imagens nele inseridos. 4. O dano moral decorrente de mensa-

PARTE III · Cap. 4 · CONTRATOS DE CONSUMO DIGITAL | **953**

mesmo antes da sua consagração legislativa, o critério do *notice and takedown*, a exigir a reclamação da vítima da ofensa para provocar o dever de retirada do conteúdo do site pelo provedor,[82] eximindo-o de um dever geral de vigilância do conteúdo veiculado nas aplicações de internet.[83] No mesmo sentido, precedente do STJ envolveu provedor de pesquisa na internet, em relação ao qual uma artista célebre pretendeu impedir a associação de seu nome a determinada prática criminosa ("pedofilia"), de modo que impedisse que o provedor divulgasse resultados para essas buscas. A decisão da Corte, nesse caso, aplicando o CDC, concluiu que a filtragem dos sites não constitui serviço do provedor de pesquisa, razão pela qual não se pode reputar defeituoso, de maneira que atraia o artigo 14, para imputar-lhe responsabilidade pelo fato do serviço. Fundou seu entendimento, igualmente, na prevalência da liberdade de informação no caso concreto.[84] O caso dizia

---

gens com conteúdo ofensivo inseridas no site pelo usuário não constitui risco inerente à atividade dos provedores de conteúdo, de modo que não se lhes aplica a responsabilidade objetiva prevista no artigo 927, parágrafo único, do CC/02. 5. Ao ser comunicado de que determinado texto ou imagem possui conteúdo ilícito, deve o provedor agir de forma enérgica, retirando o material do ar imediatamente, sob pena de responder solidariamente com o autor direto do dano, em virtude da omissão praticada. 6. Ao oferecer um serviço por meio do qual se possibilita que os usuários externem livremente sua opinião, deve o provedor de conteúdo ter o cuidado de propiciar meios para que se possa identificar cada um desses usuários, coibindo o anonimato e atribuindo a cada manifestação uma autoria certa e determinada. Sob a ótica da diligência média que se espera do provedor, deve este adotar as providências que, conforme as circunstâncias específicas de cada caso, estiverem ao seu alcance para a individualização dos usuários do site, sob pena de responsabilização subjetiva por culpa *in omittendo*. 7. Ainda que não exija os dados pessoais dos seus usuários, o provedor de conteúdo, que registra o número de protocolo na internet (IP) dos computadores utilizados para o cadastramento de cada conta, mantém um meio razoavelmente eficiente de rastreamento dos seus usuários, medida de segurança que corresponde à diligência média esperada dessa modalidade de provedor de serviço de internet. 8. Recurso especial a que se nega provimento" (STJ, REsp 1.193.764/SP, 3ª Turma, Rel. Min. Nancy Andrighi, j. 14.12.2010, *DJe* 08.08.2011). No mesmo sentido: REsp 1.396.417/MG, 3ª Turma, Rel. Min. Nancy Andrighi, j. 07.11.2013, *DJe* 25.11.2013; e REsp 1.444.008/RS, 3ª Turma, Rel. Min. Nancy Andrighi, j. 25.10.2016, *DJe* 09.11.2016. Refira-se, ainda: AgRg no AREsp 484.995/RJ, 4ª Turma, Rel. Min. Antonio Carlos Ferreira, j. 03.02.2015, *DJe* 10.02.2015.

82 STJ, REsp 1.771.911/SP, 3ª Turma, Rel. Min. Nancy Andrighi, j. 16.03.2021, *DJe* 26.04.2021.

83 Veja-se nossos comentários à decisão em: MIRAGEM, Bruno. Aplicação do Código de Defesa do Consumidor às relações entre provedores de conteúdo da internet e seus consumidores: critérios para identificação da relação de consumo no cyberespaço e a responsabilidade do fornecedor – comentários ao Resp 1.193.764/SP. *Revista de Direito do Consumidor*, São Paulo, v. 79, p. 407-436, jul.-set. 2011.

84 "Civil e consumidor. Internet. Relação de consumo. Incidência do CDC. Gratuidade do serviço. Indiferença. Provedor de pesquisa. Filtragem prévia das buscas. Desnecessidade. Restrição dos resultados. Não cabimento. Conteúdo público. Direito à informação. 1. A exploração comercial da Internet sujeita as relações de consumo daí advindas à Lei 8.078/1990. 2. O fato de o serviço prestado pelo provedor de serviço de Internet ser gratuito não desvirtua a relação de consumo, pois o termo 'mediante remuneração', contido no artigo 3º, § 2º, do CDC, deve ser interpretado de forma ampla, de modo a incluir o ganho indireto do fornecedor. 3. O provedor de pesquisa é uma espécie do gênero provedor de conteúdo, pois não inclui, hospeda, organiza ou de qualquer outra forma gerencia as páginas virtuais indicadas nos resultados disponibilizados, se limitando a indicar *links* onde podem ser encontrados os termos ou expressões de busca fornecidos pelo próprio usuário. 4. A filtragem do conteúdo das pesquisas feitas por cada usuário não constitui atividade intrínseca ao serviço prestado pelos provedores de pesquisa, de modo que não se pode reputar defeituoso, nos termos do artigo 14 do CDC, o site que não exerce esse controle sobre os resultados das buscas. 5. Os provedores de pesquisa realizam suas buscas dentro de um universo virtual, cujo acesso é público e irrestrito, ou seja, seu papel se restringe à identificação de páginas na web onde determinado dado ou informação, ainda que ilícito, estão sendo livremente veiculados. Dessa forma, ainda que seus mecanismos de busca facilitem o acesso e a consequente di-

respeito à ação indenizatória interposta por pessoa atingida por ofensas e ilações falsas divulgadas em página de rede social mantida na internet. Nesse sentido, o STJ, embora tendo reconhecido a aplicação do CDC ao caso, ao pronunciar-se pela ausência do dever geral de vigilância por parte dos provedores, decidiu, afinal, não estarem presentes os pressupostos do dever de indenizar. Note-se que a decisão, nesse particular, embora mencionando, em várias oportunidades, ser o caso de responsabilidade objetiva (coerente, no caso, com a aplicação do CDC), termina por não conceder a indenização sob o argumento de que não cabe aos provedores a vigilância geral do conteúdo colocado por terceiros na internet, mas apenas agir se notificados pela vítima acerca de eventual lesão a seus direitos. Lança mão o voto condutor do acórdão de exemplos do direito comparado, ao referir que: "os Estados Unidos, por exemplo, alteraram seu *Telecomunications Act*, por intermédio do *Communications Decency Act*, com uma disposição (47 U.S.C. § 230) que isenta provedores de serviços na *internet* pela inclusão, em seu site, de informações encaminhadas por terceiros. De forma semelhante, a Comunidade Europeia editou a Diretiva 2000/31/CE, cujo artigo 15, intitulado 'ausência de obrigação geral de vigilância', exime os provedores da responsabilidade de monitorar e controlar o conteúdo das informações de terceiros que venham a transmitir ou armazenar".

Partiu-se do pressuposto de que os provedores de aplicação de internet não deveriam atuar no controle do conteúdo, seja por impossibilidade – dado o volume de dados a serem considerados –, seja pela cautela de que a adoção de filtros automáticos pudesse comprometer demasiadamente a liberdade de expressão na internet. A interpretação dessa decisão e de outras que se seguiram, para guardar coerência com o regime de responsabilidade previsto no artigo 14 do CDC, é de que a caracterização do defeito, ou seja, da falha da prestação de serviços que dá causa ao dano, resultaria, precisamente, da omissão do provedor de aplicação de internet em remover o conteúdo depois de notificado da sua ilicitude e dos danos a que dá causa. Desse modo, ausente o defeito do serviço, o dano resultaria exclusivamente da conduta do terceiro que gera e divulga o conteúdo em questão, hipótese também reconhecida para afastar a responsabilidade do fornecedor (culpa exclusiva de terceiro, artigo 14, § 3º, do CDC).

No direito europeu, o artigo 15 da Diretiva 2000/31/CE excluiu, expressamente, a existência de uma obrigação geral de vigilância dos provedores, consistente na ausência

---

vulgação de páginas cujo conteúdo seja potencialmente ilegal, fato é que essas páginas são públicas e compõem a rede mundial de computadores e, por isso, aparecem no resultado dos sites de pesquisa. 6. Os provedores de pesquisa não podem ser obrigados a eliminar do seu sistema os resultados derivados da busca de determinado termo ou expressão, tampouco os resultados que apontem para uma foto ou texto específico, independentemente da indicação do URL da página onde este estiver inserido. 7. Não se pode, sob o pretexto de dificultar a propagação de conteúdo ilícito ou ofensivo na web, reprimir o direito da coletividade à informação. Sopesados os direitos envolvidos e o risco potencial de violação de cada um deles, o fiel da balança deve pender para a garantia da liberdade de informação assegurada pelo artigo 220, § 1º, da CF/88, sobretudo considerando que a Internet representa, hoje, importante veículo de comunicação social de massa. 8. Preenchidos os requisitos indispensáveis à exclusão, da web, de uma determinada página virtual, sob a alegação de veicular conteúdo ilícito ou ofensivo – notadamente a identificação do URL dessa página – a vítima carecerá de interesse de agir contra o provedor de pesquisa, por absoluta falta de utilidade da jurisdição. Se a vítima identificou, via URL, o autor do ato ilícito, não tem motivo para demandar contra aquele que apenas facilita o acesso a esse ato que, até então, se encontra publicamente disponível na rede para divulgação. 9. Recurso especial provido" (STJ, REsp 131.6921/RJ, 3ª Turma, Rel. Min. Nancy Andrighi, j. 26.06.2012, *DJe* 29.06.2012).

de um dever tanto de vigiar *as informações que transmitem ou armazenem* quanto *de procurar ativamente fatos ou circunstâncias que indiciem ilicitudes.* Foi autorizado aos Estados-membros apenas que, ao incorporarem as normas da Diretiva, definissem a obrigação de que os provedores informem prontamente às autoridades competentes sobre as atividades empreendidas ou informações ilícitas prestadas pelos autores aos destinatários dos serviços por eles prestados, "bem como a obrigação de comunicar às autoridades competentes, a pedido destas, informações que permitam a identificação dos destinatários dos serviços com quem possuam acordos de armazenagem". Nesse sentido, percebe-se a opção europeia que não reconheceu, originalmente, hipótese de responsabilidade dos provedores de internet, quando sua atividade contemplasse o simples transporte ou a transmissão de informações pela rede mundial de computadores (artigo 12 da Diretiva 2000/31/CE), a armazenagem temporária (*caching*) (artigo 13 da Diretiva 2000/31/CE), ou, ainda, a armazenagem em servidor, na qual este não tenha, contudo, conhecimento efetivo da atividade ou informação ilegal, ou, na hipótese em que saiba da ilegalidade, atue com diligência no sentido de retirar ou impossibilitar o acesso às informações (artigo 14 da Diretiva 2000/31/CE).

Nesses termos, percebe-se que a disciplina de direito comunitário afastou, expressamente, o dever de vigilância do provedor sobre o conteúdo gerado por terceiros, delimitando, com isso, o próprio dever de segurança esperado dos serviços em questão. Exige apenas que, a partir do conhecimento sobre a atividade ilegal, atue para retirar ou suspender o acesso ao conteúdo ilícito (*atuação diligente*).

Esse entendimento inspirou o legislador brasileiro para editar, em 2014, a Lei 12.965/2014 – o Marco Civil da Internet – e definir, a partir dela, o regime de responsabilidade dos provedores de aplicações de internet pelo conteúdo gerado por terceiros, conforme será visto a seguir.

4.11 RESPONSABILIDADE DOS PROVEDORES DE INTERNET POR CONTEÚDO GERADO POR TERCEIROS NA LEI 12.965/2014 (O DENOMINADO "MARCO CIVIL DA INTERNET")

Originalmente, a jurisprudência e a doutrina brasileiras distinguiam, quanto aos regimes de responsabilidade dos provedores de internet, a disciplina do Código Civil da do Código de Defesa do Consumidor. Com o advento da Lei 12.965/2014, os deveres dos provedores de internet e a sua responsabilidade por danos causados passam a observar regime especial fixado por essa norma, no que diz respeito à responsabilidade por conteúdo gerado por terceiros. A elaboração e a aprovação pelo Congresso Nacional dessa lei, denominada *Marco Civil da Internet*, foram acompanhadas com grande entusiasmo, especialmente em vista da promoção e proteção do acesso e da utilização da internet no Brasil. Contudo, é indisfarçável que, no processo de deliberação parlamentar, se destacou a necessidade de promoção da liberdade de expressão – reagindo-se a quaisquer disposições que pudessem ser restritivas desse direito fundamental – sem considerar o fato de se constituir, no ambiente digital, uma extensão do mercado de consumo – um mercado de consumo digital – no qual os provedores de aplicações orientam sua atuação e constituem modelos de negócios para a oferta de serviços a serem remunerados direta ou indiretamente pelos usuários, animados pelo exercício da liberdade de iniciativa econômica.

Essa visão explica a adoção de modelos estritos de responsabilização dos provedores de aplicações de internet, sob a justificativa de valorização da liberdade de informação e expressão como base do regime democrático e do Estado de Direito. Temia-se que, sob o risco de responsabilização dos provedores, pudesse desenvolver-se censura indevida de conteúdos publicados ou tornados disponíveis por intermédio da internet, deixando-se de considerar incentivos para que os provedores de aplicações, também como fornecedores de produtos e serviços, restringissem atuação de acompanhamento dos diversos conteúdos, igualmente em vista da captação de um maior número de usuários.

Ao longo do tempo, por outro lado, o aperfeiçoamento das técnicas de tratamento de dados pessoais, assim como o direcionamento ou a segmentação do conteúdo, amplia a repercussão do conteúdo gerado em aplicações de internet e, inclusive, o risco de danos, não apenas individuais mas também coletivos. Nesse sentido, não foi em caráter preventivo, ou mesmo para o ressarcimento de danos, considerando, na disciplina da responsabilidade dos provedores de aplicações, o regime de responsabilidade que permita um modelo mais eficiente de distribuição dos custos dos riscos de danos causados no ambiente digital, facilitando a reparação e compensação da vítima.

Distingue-se, na definição da regra de responsabilidade dos provedores, o provedor de conexão (provedor de acesso) do provedor de aplicações de internet (provedor de conteúdo). No caso do provedor de conexão, o artigo 18 da Lei 12.965/2014 estabelece que "não será responsabilizado civilmente por danos decorrentes de conteúdo gerado por terceiros". Assim, considerando que o provedor de conexão tem por função apenas promover o acesso à rede, mas não controla o conteúdo disponibilizado, não responderá pelas consequências que podem advir da sua divulgação.

Com a vigência da Lei 12.965/2014, passa-se a identificar dois regimes de responsabilidade distintos: primeiro, aquele em virtude de danos decorrentes de conteúdo tornado disponível pelo próprio provedor, elaborado por profissionais e/ou pessoas a ele vinculados, portanto responsabilidade por fato próprio; e o outro regime de responsabilidade, por sua vez, define a obrigação do provedor a indenizar consequências da divulgação de conteúdo produzido por terceiros e propagado por seu intermédio. No primeiro caso, sendo a atividade do provedor de conteúdo profissional e visando ao desenvolvimento de atividade econômica no mercado de consumo, confirma-se a incidência do CDC e seu regime de responsabilidade pelo fato do serviço (artigo 14). Por outro lado, tratando-se de atividade típica de imprensa por intermédio da internet, e da produção de conteúdos próprios pelo provedor que os divulga, o regime de responsabilidade parece ser o do Código Civil.

Já no que diz respeito a conteúdos gerados por terceiros e divulgados pelo provedor de aplicações de internet, tem lugar a incidência do disposto no artigo 19 da Lei 12.965/2014, que impõe regime de responsabilidade subjetiva, fundada na culpa, uma vez que o provedor só responderá se, tendo sido notificado judicialmente, "não tomar as providências para, no âmbito e nos limites técnicos do seu serviço e dentro do prazo assinalado, tornar indisponível o conteúdo apontado como infringente". Desse modo, é responsabilidade por omissão na adoção de providências que sabe, mediante notificação judicial, serem ofensivas a direito alheio. Por outro lado, também em relação ao conteúdo gerado por terceiros, quando digam respeito à divulgação, sem autorização de seus participantes, de

PARTE III · Cap. 4 · CONTRATOS DE CONSUMO DIGITAL | 957

imagens, de vídeos ou de outros materiais contendo cenas de nudez ou atos sexuais de caráter privado, estabelece o artigo 21 da Lei 12.965/2014 a responsabilidade subsidiária do provedor, quando, após a notificação pelo participante ou seu representante legal, deixar de promover a indisponibilização do conteúdo. Trata-se de regra especial para o que se convencionou denominar *cyber revenge* (ou "vingança virtual"), diante da grande repercussão de fatos dessa natureza, especialmente envolvendo adolescentes. Em relação a tal situação, contudo, a lei é restritiva ao extremo, definindo que responderá o provedor quando "deixar de promover, de forma diligente, no âmbito e nos limites técnicos do seu serviço", a indisponibilização do conteúdo. Remonta, assim, a uma responsabilidade subsidiária e subjetiva, de modo que responderá apenas naquilo que aquele que gerou o conteúdo deixe de responder diretamente.

A disponibilização do conteúdo na rede, por intermédio do provedor de aplicações de internet, não se considera, *per se*, concausa para eventual dano. O artigo 19 da Lei 12.965/2014 exige que o provedor de aplicações de internet seja notificado judicialmente, e de modo específico, sobre o conteúdo considerado lesivo. A exigência de ordem judicial para reclamar providências e pressuposto para imputação de responsabilidade civil do provedor de aplicações de internet, ao mesmo tempo que privilegia a liberdade de expressão, impõe à vítima o ônus de recorrer ao Poder Judiciário, para adoção de providência que a velocidade de difusão da informação pela internet recomenda que seja de grande rapidez, no sentido de impedir a disseminação do conteúdo ofensivo. Nesse sentido, aliás, a lei brasileira é mais condescendente do que a norma comunitária europeia, que se resume a não impor uma obrigação geral de vigilância ao provedor (artigo 15 da Diretiva 2000/31/CE).

Desse modo, decisões como as que, até o momento, se estabeleciam na jurisprudência, em casos como o da responsabilidade dos sites de relacionamento por conteúdo ofensivo à personalidade,[85] não têm mais lugar no regime instituído pela Lei 12.965/2014, se não for antecedido da notificação judicial.

Ainda, deve-se mencionar que, segundo a lei brasileira, a ordem judicial que determine ao provedor a indisponibilidade do conteúdo ofensivo deverá conter, sob pena de nulidade, a "identificação clara e específica do conteúdo apontado como infringente, que permita a localização inequívoca do material" (artigo 19, § 1º, da Lei 12.965/2014). Evidencia-se, assim, a opção legislativa que não estima os riscos da atividade dos provedores de aplicações de internet, eximindo aqueles que a desenvolvem da responsabilidade dos danos daí advindos quando se trata de conteúdo gerado por terceiros. O disposto na Lei 12.964/2014, contemplando a regra do *notice and takedown* definido já antes na jurisprudência (*e.g.*, REsp 1.193.764/SP), consagrou a visão mais estrita, no tocante à

---

[85] "Reparação de danos morais. Acusações, ameaças e ofensas perpetradas pela ré contra a autora, através de página de relacionamento na Internet (Orkut). Prova suficiente a evidenciar a autoria das agressões. Danos morais configurados, diante da violação à honra e imagem da autora, possibilitada a perpetuação da ofensa diante do meio utilizado. Sentença confirmada pelos próprios fundamentos. Recurso desprovido" (TJRS, Recurso Cível 71001772623, 3ª Turma Recursal Cível, Rel. Des. Eugênio Facchini Neto, j. 11.11.2008, *DJ* 17.11.2008). No mesmo sentido: TJRJ, ApCív 0035977-12.2009.8.19.0203, 11ª Câm. Cív., Rel. Des. Roberto Guimarães, j. 08.02.2012, *DJ* 07.03.2012, *RDC* 82/451.

limitação de responsabilidade.[86] Esse modelo fundado no artigo 19 da Lei 12.965/2014 é, atualmente, questionado no tocante à sua desatualização diante do desenvolvimento da capacidade de tratamento de dados e mesmo quanto a sua inconstitucionalidade por impor restrição excessiva ao direito de reparação dos danos, mediante seu condicionamento à prévia notificação judicial do provedor de aplicações acerca do conteúdo ilícito gerado por terceiros.[87]Trata-se de tema em exame pelo Supremo Tribunal Federal por intermédio dos Recursos Extraordinários 1.037.396/SP e 1.057.258/MG (Temas 987 e 533 da repercussão geral), que examinam a responsabilidade de provedores de aplicativos ou de ferramentas de internet pelo conteúdo gerado pelos usuários e a possibilidade de remoção de conteúdos ofensivos a direitos de personalidade, ou que possam incitar o ódio ou difundir notícias fraudulentas, a partir de notificação extrajudicial, que aguardam decisão da Corte. Até que haja decisão do STF nos casos destacados, observa-se o entendimento de que, embora sujeito a crítica em face da restrição imposta para remoção de conteúdo, inclusive a merecer aperfeiçoamento legislativo, não é possível identificar o artigo 19 da Lei 12.965/2014 como ofensa direta à norma constitucional.

Anote-se mais uma vez, contudo, que, em se tratando de conteúdos gerados pelo próprio provedor, não incidirá o disposto no artigo 19 da Lei 12.965/2014, de modo que, quando esteja caracterizada sua atividade econômica no mercado, mediante equiparação da vítima a consumidor (artigo 17 do CDC), o regime de responsabilidade por fato do serviço previsto no CDC (artigo 14), mantendo-se, aí, a responsabilidade objetiva e solidária nele definida. Do mesmo modo, em relação a danos decorrentes de conteúdo gerado pelo próprio provedor de aplicações de internet, é relevante a identificação do terceiro, que não se deve considerar aquele que seja parceiro negocial ou integrante da cadeia de fornecimento. O terceiro a que se refere o artigo 19 da Lei 12.965/2014, no âmbito das relações de consumo, será outro usuário da aplicação, como ocorre, especialmente, em caso de danos decorrente de conteúdo divulgado em rede social, em que usuários se servem do meio para divulgar conteúdo ilícito, com a possibilidade de causar dano.

No caso de incidência do CDC a situações de responsabilidade do provedor em decorrência de danos causados por conteúdos gerados pelo próprio provedor, a imputação da responsabilidade independente de culpa, em decorrência do risco negocial, admitirá, igualmente, hipóteses de exoneração da obrigação de indenizar as previstas no artigo 14, § 3º, do CDC. São elas a demonstração pelo fornecedor de que, tendo prestado o serviço, não existe o defeito (inciso I), ou a culpa exclusiva do consumidor ou de terceiro. Da mesma forma, deverá pautar a identificação do defeito como causa de responsabilização a ressalva legal prevista no § 2º do artigo 14 do CDC, qual seja, a de que o serviço não será considerado defeituoso pela adoção de outras técnicas, o que remete, naturalmente, à conclusão, no que concerne aos serviços prestados pela internet, de que sua atualização

---

[86] Nesse sentido, veja-se os casos invocados por: LEONARDI, Marcel. Responsabilidade dos provedores de serviços de internet por atos de terceiros. In: SILVA, Regina Beatriz Tavares da; SANTOS, Manoel Jorge Pereira (org.). *Responsabilidade civil na Internet e nos demais meios de comunicação*. São Paulo: Saraiva, 2007. p. 172.

[87] MARTINS, Guilherme Magalhães. Vulnerabilidade e responsabilidade civil na internet: a inconstitucionalidade do art. 19 do Marco Civil. *Revista de Direito do Consumidor*, São Paulo, v. 137, p. 33-59, set.-out. 2021.

tecnológica não tem por consequência a imputação de defeito aos serviços prestados sem o incremento decorrente de novos conhecimentos obtidos mediante pesquisa e desenvolvimento.

O caráter desterritorializado da internet, por outro lado, incrementa a insegurança e a vulnerabilidade dos consumidores nas relações estabelecidas no ambiente digital, promovendo o dever de segurança imposto aos fornecedores que se utilizem da rede.[88] Nesse sentido, tome-se em consideração o princípio da proteção da vítima como corolário da responsabilidade civil na moderna sociedade de consumo. Para tanto, também as técnicas processuais de tutela desses direitos devem ser aplicadas de modo orientado ao objetivo de efetiva reparação do dano. Isso é especialmente relevante no ambiente digital, em que a demonstração da relação de causalidade (e mesmo as correlações que ora resultam do tratamento de dados), assim como as dificuldades de identificação dos autores do ilícito, é reconhecida como obstáculo para responsabilização.

Atualmente, discute-se, em face da realidade de extensão das situações de dano e sua extensão, a conveniência de revisão do modelo de responsabilização dos provedores de aplicações de internet por conteúdo gerado por terceiros, fundado no artigo 19 da Lei 12.965/2014. Tramitam, no Poder Legislativo, inclusive, projetos de lei visando a sua alteração. No direito estrangeiro, destaca-se o modelo europeu, fundado pelo Regulamento de Serviços Digitais (Regulamento 2065/2022 da União Europeia), que, mesmo preservando a ausência de uma obrigação geral de vigilância e inexistência de um dever de apuração ativa dos fatos (artigo 8º), porém condicionando a isenção de responsabilidade à presença de uma das seguintes condições: "a) Não tenha conhecimento efetivo da atividade ou conteúdo ilegal e, no que se refere a uma ação de indenização por perdas e danos, não tenha conhecimento de fatos ou de circunstâncias que evidenciem a ilegalidade da atividade ou do conteúdo; ou b) A partir do momento em que tenha conhecimento da ilicitude, atue com diligência no sentido de suprimir ou desativar o acesso aos conteúdos ilegais" (artigo 6º, 1). Essa regra, contudo, não tem aplicação às relações de consumo no caso de plataforma on-line que permite "aos consumidores celebrar contratos à distância com comerciantes, sempre que essas plataformas apresentem o elemento específico de informação ou permitam, de qualquer outra forma, que a transação específica em causa induza um consumidor médio a acreditar que a informação, o produto ou o serviço objeto da transação é fornecido pela própria plataforma em linha ou por um destinatário do serviço que atue sob a sua autoridade ou controlo" (artigo 6º, 3). Trata-se da consagração, na legislação europeia, da tutela da confiança dos consumidores no mercado de consumo digital e da responsabilidade pela confiança despertada. Assim, se a plataforma empresta a fornecedores que oferecem produtos e serviços por seu intermédio a confiança na qualidade e segurança tanto desses mesmos produtos ou serviços quanto da regular execução

---

[88] "Indenização. Dano moral. Transações feitas pela internet. Obrigação da instituição Financeira em oferecer segurança. A obrigação de ofertar segurança às operações realizadas através da Internet não é do correntista, e sim da instituição financeira. A instituição bancária é responsável, objetivamente, pelos danos causados aos seus correntistas pelos serviços por ela prestados. Verificado o evento danoso, surge a necessidade da reparação, não havendo que se cogitar da prova do prejuízo, quando presentes os pressupostos legais para que haja a responsabilidade civil" (TJMG, ApCív 1.0024.06.215178-2/001, Rel. Des. Mota Silva, j. 29.11.2007, *DJ* 18.12.2007).

do contrato, trata-se de um diferencial para atrair e promover novos negócios, razão pela qual responde perante os consumidores por eventuais incumprimentos, mesmo no caso de intermediação. Cumprirá, nesse caso, à plataforma isentar-se da responsabilidade esclarecendo de modo adequado, antes da contratação, os limites da sua responsabilidade e, sobretudo, distinguindo a atividade por ela prestada e aquela que está sendo contratada com o fornecedor direto por seu intermédio. Trata-se de entendimento que, no direito brasileiro, mesmo na ausência de norma expressa a respeito, pode iluminar a interpretação das disposições do CDC, em especial no tocante aos regimes de responsabilidade, à luz do princípio da boa-fé.[89] O cuidado necessário, contudo, é o de considerar esse entendimento não apenas àquilo que estende a responsabilidade das plataformas, mas, igualmente, ao seu critério de delimitação, qual seja, de que a oferta "induza um consumidor médio a acreditar, pela informação, o produto ou o serviço objeto da transação é fornecido pela própria plataforma online". As circunstâncias específicas das informações prestadas ao consumidor e sua compreensibilidade são decisivas para a caracterização ou não de uma situação de confiança e eventual imputação de responsabilidade.

No que diz respeito às relações de consumo, a prevalência do regime de responsabilidade pelo fato do serviço (artigo 14 do CDC), por danos causados ao consumidor, encontra, nos parâmetros definidos na Lei 12.965/2014, e mesmo, quando cabível, na LGPD, o critério que deve informar o conceito de defeito e, consequentemente, de serviço defeituoso, como pressuposto da imputação da responsabilidade do provedor de aplicações de internet como fornecedor de serviços no ambiente digital. Eventual alteração legislativa que venha a modificar esses critérios influenciará a definição de defeito prevista no CDC.

---

[89] MARQUES, Claudia Lima. *Confiança no comércio eletrônico e a proteção do consumidor*: um estudo dos negócios jurídicos de consumo no comércio eletrônico. São Paulo: Ed. RT, 2004. p. 240 e ss.

PARTE IV

DIREITO PROCESSUAL DO CONSUMIDOR

A proteção do consumidor por intermédio da criação de um microssistema jurídico de fundamento constitucional exigiu que as providências de tutela não apenas ficassem confinadas ao estabelecimento de novos direitos subjetivos, regras contratuais e regimes de responsabilidade. Foi necessária, igualmente, a previsão de normas processuais que assegurassem a efetividade dos direitos tutelados pelo CDC. Contudo, mais do que o estabelecimento de regras processuais relativas ao processo nos quais fosse autor o consumidor em defesa do seu direito, o CDC previu uma série de outros instrumentos e regras especiais, ampliando e modificando, substancialmente, aspectos como a legitimação para agir (artigo 82) e a eficácia da coisa julgada (artigos 103 e 104), estabelecendo, dentro do microssistema, regras que fundam a tutela coletiva de direitos, em acréscimo às normas já estabelecidas na Lei da Ação Civil Pública (Lei 7.347/1985).

Da mesma forma, as regras processuais do CDC vão prever novos deveres ao Estado--juiz na promoção da defesa do consumidor prevista constitucionalmente. Em primeiro lugar, são reconhecidos novos poderes instrutórios, como é exemplo principal a faculdade de inversão do ônus da prova (artigo 6º, VIII), assim como a previsão de provimentos específicos como os decorrentes da ação visando ao cumprimento específico das obrigações de fazer e não fazer, como a imposição de multa diária pelo descumprimento de decisão judicial (*astreintes*, artigo 84, § 4º) e a autorização para o juiz tomar as providências no sentido do alcance do resultado prático equivalente (artigo 84, § 5º). Da mesma maneira, estabeleceram-se garantias de efetividade da tutela jurisdicional, como a determinação do foro do domicílio do consumidor para as ações de responsabilidade (artigo 101, I), assim como a vedação da denunciação à lide (artigo 88) nessas hipóteses, neste último caso, com fundamento no direito do consumidor de acesso à Justiça. Refira-se, ainda, o papel ativo do juiz no processo, uma vez que assume também o dever estatal de proteção, sem descurar de sua imparcialidade no arbítrio do interesse das partes, o que se reconhece, por exemplo, na possibilidade do conhecimento e decretação de ofício, da nulidade de cláusulas abusivas, em vista da ordem pública de proteção do consumidor, assim como o dever de integração do contrato para o preenchimento de eventuais lacunas decorrentes das nulidades contratuais pronunciadas.

Para tanto, o CDC vai orientar-se em dois sentidos, prevendo regras para as ações individuais e para as ações coletivas. Igualmente, em muitas providências, vai antecipar alterações do processo civil brasileiro que ocorreram a partir do ciclo de reformas processuais, desde 1994, e que culminam com o novo Código de Processo Civil brasileiro de 2015, vigente desde março de 2016. O direito do consumidor, nesse sentido, vai romper – seguindo tendência sensível do processo civil nos países de sistema romano-germânico – com a divisão estanque entre regras de direito material e regras de direito processual. A preocupação com a efetividade vai estabelecer uma correspondência eficiente entre o direito subjetivo de proteção do consumidor e a finalidade observada a partir desse direito, com os meios processuais conducentes a esse fim. Essa correspondência, antes de um ensaio meramente formal já havido no direito tradicional sob a célebre disposição de que "a todo o direito corresponde uma ação que o assegura", passa a vincular direito material e os meios processuais conducentes a sua eficácia, com instrumentos inspirados pela efetivação dos direitos, combinando o reforço dos poderes do juiz, a celeridade e a utilidade da prestação jurisdicional.

Em matéria de tutela coletiva de direitos, o CDC vai determinar, na lei, em primeiro lugar, as categorias de direitos que serão objeto da tutela coletiva. É o caso dos direitos e interesses difusos, coletivos e individuais homogêneos. A possibilidade de tutela, em uma só ação, de direitos e interesses vinculados entre si em razão de sua origem comum ou em decorrência de um mesmo fato jurídico, ou, ainda, em face de sua natureza comum, revela-se como instrumento de grande utilidade em vista das características dos litígios entre consumidores e fornecedores no mercado de consumo.

Daí por que, em vista desses novos instrumentos e da releitura e ampliação da eficácia de conceitos processuais tradicionais como a legitimação para agir e a coisa julgada, o regramento processual do CDC opera grandes transformações no processo civil brasileiro, em especial no que se refere à tutela coletiva de direitos, cujas disposições do CDC, por força do disposto em seu artigo 117, aplicam-se, indistintamente, à tutela de todos os interesses e direitos difusos e coletivos.

1
TUTELA PROCESSUAL DO CONSUMIDOR

A tutela processual do consumidor, a par das disposições gerais aplicáveis a todo o processo civil estabelecidas pelo Código de Processo Civil (diálogo sistemático de coerência), divide-se, no CDC, entre normas que visam à tutela individual e outras que visam à tutela coletiva dos direitos do consumidor. De fato, entretanto, há um inegável privilégio em termos de inovação legislativa, com relação às ações coletivas, visando à proteção do direito dos consumidores. A razão disso parece estar vinculada ao fato de que, à época da edição do código, se vivia um momento de grande destaque desses instrumentos de tutela coletiva, seja pela vigência da Lei da Ação Civil Pública, desde 1985, seja mesmo pelo fato de a Constituição de 1988 ter reforçado as funções institucionais do Ministério Público (artigo 129 da Constituição), prevendo, entre estas, sua legitimação para promoção de ação civil pública na tutela de direitos difusos e coletivos (artigo 129, III), assim como outras funções que lhe sejam indicadas em lei (artigo 129, IX).

Da mesma forma, não passaram despercebidos do legislador os traços característicos das relações de consumo e dos litígios decorrentes. Segundo ensinam Ada Pellegrini Grinover e Kazuo Watanabe, "o legislador claramente percebeu que, na solução dos conflitos que nascem das relações geradas pela economia de massa, quando essencialmente de natureza coletiva, o processo deve operar também como instrumento de mediação de conflitos sociais neles envolvidos, e não apenas como instrumento de solução de lides". Entretanto, assinalam os eminentes processualistas, "essa preocupação pelas demandas coletivas de forma alguma significa desprezo pelas ações individuais".[1] Nesse sentido, previu o legislador a instituição de juizados especiais cíveis como instrumento no âmbito da Política Nacional das Relações de Consumo (artigo 5º, IV, do CDC) e a aplicação das regras do Código de Processo Civil naquilo em que as normas do microssistema de defesa do consumidor não estabeleceram em caráter específico (*e.g.*, a faculdade de inversão do ônus da prova).

A vocação para a tutela coletiva do CDC, assim, se dá, basicamente, pela repercussão que, em uma sociedade de consumo de massas, passa a ser observada pela atuação negocial do fornecedor, não apenas em vista de um consumidor especificamente considerado mas também a partir de um comportamento orientado para o mercado. As consequências dessa atuação e, portanto, as eventuais violações de direito dela decorrentes têm a potencialidade de atingir todo um grupo de consumidores que tenham estabelecido relações

---

[1] GRINOVER, Ada Pellegrini et al. *Código Brasileiro de Defesa do Consumidor*: comentado pelos autores do anteprojeto. 8. ed. Rio de Janeiro: Forense Universitária, 2004. p. 787-788.

964 | CURSO DE DIREITO DO CONSUMIDOR – *Bruno Miragem*

efetivas com o fornecedor, assim como toda a sociedade, que embora não tenha sido parte de uma relação de consumo individualmente considerada, está exposta à conduta violadora dos preceitos estabelecidos pelo CDC.

Nessa distinção, aparecem os dois grandes grupos de interesses objeto da tutela coletiva em direito do consumidor: dos *direitos transindividuais*, distinguidos em direitos difusos e coletivos, e dos *direitos individuais homogêneos*. Na primeira espécie, embora sejam titulares pessoas indeterminadas, por vezes todas as pessoas, seu traço distintivo é que o bem da vida de que se componham esses direitos não poderá ser repartido entre todos esses titulares em face de uma impossibilidade prática de fazê-lo (por exemplo, o direito ao meio ambiente sadio). Essa característica da transindividualidade, pois, faz com que, embora passíveis de proteção coletiva mediante representação judicial de todos os titulares, segundo expressa previsão legal, a fruição da finalidade pretendida pela tutela não tem como se dar em caráter individual. Já, nos direitos individuais homogêneos, a titularidade do direito é individual, podendo ser mensurada e aproveitada de modo distinto por cada um dos seus titulares. No entanto, em face da origem comum desses direitos, o traço de homogeneidade faz que a demonstração da existência do direito em favor de um dos titulares seja a mesma em relação a todos os demais. Por essa razão, tendo em vista a economia processual, assim como a facilitação da tutela desses direitos por quem não tenha condições fáticas, ou mesmo quando sua postulação a título individual não seja vantajosa dante da dimensão do dano (relação de custo-benefício), os efeitos da decisão prolatada em sede de ação coletiva para tutela desses direitos aproveitarão a todos os demais.

Contudo, não se retira do titular do direito a possibilidade de reclamá-lo individualmente quando for de seu interesse. Por essa razão, no que se refere aos direitos individuais homogêneos, o modelo de legitimação previsto no CDC admite a convivência entre a legitimação ativa de diversos órgãos e pessoas em representação do titular do direito, assim como que este demande em nome próprio, quando entender conveniente, variando, no caso, apenas a eficácia da coisa julgada produzida na demanda coletiva, o que se denomina *legitimação concorrente disjuntiva*.

Daí por que se vai justificar também, do amplo número de titulares dos direitos violados, que estes sejam representados por pessoas ou órgãos a quem se confira legitimidade ativa, assim como se estabeleça a extensão dos efeitos do julgado a todos os interessados. O fundamento dessa legitimação ativa para representação de direitos alheios, que, historicamente, se vinculou, primeiro, à necessidade de consentimento dos representados, com exigência do elemento volitivo no exercício do direito de ação, passou, em um segundo momento, a ser admitido também em vista do critério de comunhão de interesses dos diversos indivíduos, permitindo, igualmente, a tutela coletiva de direitos individuais.[2]

No que se refere às ações individuais, o CDC, além da previsão das ações de responsabilidade, permitiu a possibilidade de medidas visando à efetivação das normas de proteção do consumidor por via da adoção de providências que assegurem seu resultado prático,[3] cuja eficácia vincula-se não apenas à indenização do dano eventualmente causado

---

[2] LEAL, Márcio Mafra. *Ações coletivas*: história, teoria e prática. Porto Alegre: Fabris, 1998. p. 35.

[3] MARINONI, Luiz Guilherme. *Técnica processual e tutela dos direitos*. São Paulo: Ed. RT, 2004. p. 329.

PARTE IV · Cap. 1 · TUTELA PROCESSUAL DO CONSUMIDOR | 965

mas também à possibilidade de evitá-lo. Da mesma forma, determinou a possibilidade de inversão do ônus da prova em favor do consumidor, em virtude da hipossuficiência ou do juízo de verossimilhança das alegações, o que a prática judicial vem demonstrando ser o instrumento mais importante de facilitação da tutela do direito do consumidor em juízo.

Contudo, independentemente da espécie de tutela processual prevista, se individual ou coletiva, constitui traço comum entre ambas, decorrente de expressa previsão normativa do CDC, a proteção de direitos processuais do consumidor, os quais se traduzem, no processo civil, como espécies de "garantias especiais" do consumidor no litígio. A previsão de tais direitos de índole exclusivamente processual, por sua vez, tem como objetivo inequívoco assegurar a efetividade das normas de proteção do consumidor previstas no código, por intermédio da garantia de efetividade do processo, como instrumento apto para alcançar-se o resultado concreto de satisfação das pretensões legítimas veiculadas por meio de ação judicial.

1.1 NOÇÕES INTRODUTÓRIAS

A influência do liberalismo e do individualismo jurídico do século XIX sobre o processo civil estabeleceu, nas bases deste, a premissa da igualdade formal, identificando a relação processual como uma relação estabelecida pelo binômio *igualdade das partes e neutralidade do juízo*. Essa verdadeira ideologia do processo derivava, igualmente, da preocupação básica do racionalismo jurídico fundador da ciência jurídica moderna, da busca de certeza do direito como pressuposto básico para garantia e realização do valor segurança jurídica em relação a seus membros.[4] Apenas com a evolução do direito no século XX e a valorização do elemento efetividade do direito, a noção de igualdade processual acompanha a releitura do princípio da igualdade nos amplos campos da ciência jurídica para entender que por igualdade do processo também se deve ter em conta a definição aristotélica de *tratar os iguais igualmente e os desiguais desigualmente na medida da sua desigualdade.*[5] Nesse momento é que o juiz passa a ter um papel decisivo na efetivação dos direitos em jogo, por intermédio da própria efetivação da prestação jurisdicional, para a produção de uma decisão justa. O significado de igualdade processual, nesse sentido, se transforma, para adotar o que Ada Pellegrini Grinover denomina de significado social do princípio,[6] pelo qual há a previsão de novos instrumentos de tutela de direitos e a determinação de um papel mais ativo do juiz no sentido de colocar a parte vulnerável em condições de paridade com a parte mais fraca, reequilibrando uma relação processual desigual pela diferença de meios econômicos ou sociais das partes.

Por outro lado, como já referimos, a gradativa alteração de perfil dos conflitos decorrentes das relações na sociedade do consumo de massas vai estabelecer uma releitura, não apenas no direito do consumidor, senão em toda a ciência processual, sobre a função

---

4   SILVA, Ovídio A. Baptista da. *Jurisdição e execução na tradição romano-canônica*. São Paulo: Ed. RT, 1997. p. 103.

5   NERY JUNIOR, Nelson. *Princípios do processo civil na Constituição Federal*. 3. ed. São Paulo: Ed. RT, 1996.

6   GRINOVER, Ada Pellegrini. *Novas tendências do direito processual*: de acordo com a Constituição de 1988. São Paulo: Forense Universitária, 1990. p. 11.

966 | CURSO DE DIREITO DO CONSUMIDOR – *Bruno Miragem*

do processo civil e a necessidade de adequação dos instrumentos processuais orientados à realização do direito material.[7]

Em direito do consumidor, a garantia, por intermédio das normas do microssistema do CDC, de direitos das partes específicos em relação ao processo, e a indicação ao juiz de uma função de participação ativa no processo,[8] apontando o procedimento, determinando a produção de provas, promovendo os provimentos antecipatórios ou pronunciando *ex officio* as nulidades de direito material (cláusulas contratuais abusivas), ao tempo que realizam a integração do contrato (artigo 52, § 2º, do CDC), são manifestações dessa nova visão do processo em litígios envolvendo as relações de consumo. O juiz passa a considerar não apenas as questões de direito material ou aspectos procedimentais do litígio indicados no processo, senão também que se inclina na identificação das partes, sua desigualdade de posições jurídicas e o dever de, na condição de representante do Estado-juiz, também empreender os esforços com vista à realização do direito e à efetividade da tutela legal do consumidor.

Isso não significa, pondere-se, a perda da imparcialidade judicial, porque, por maiores que sejam as providências – fundadas na lei – adotadas em vista da realização da tutela dos consumidores, a decisão do processo sempre virá em acordo com os elementos objetivos disponíveis e as presunções admitidas legalmente, em especial no regime do CDC. Como ensina Marinoni, *autonomia não é sinônimo de neutralidade ou indiferença,*[9] razão pela qual o direito processual – e o processo propriamente dito – deve ser vislumbrado em acordo com o direito material de proteção do consumidor.

Por outro lado, a afirmação da tutela coletiva e a ampla legitimação para sua promoção via ações coletivas integram, ao mesmo tempo, o Estado, por meio de seus diversos órgãos de promoção da cidadania (o Ministério Público, Procon, as próprias pessoas políticas União, estados e municípios, entre outros), os consumidores e os grupos de consumidores organizados coletivamente por intermédio de associações civis, com vista à defesa de seus direitos. O estímulo à participação e à organização da sociedade civil,[10] por meio da legitimação para exercer, em nome dos consumidores lesados e de toda a sociedade, a defesa de seus interesses, constitui estímulo imprescindível não apenas à efetividade judicial dos direitos do consumidor, senão a um maior nível de conscientização e informação de todos os agentes econômicos em vista da promoção da harmonia das relações de consumo indicada no artigo 4º do CDC.

---

[7]   Entre outros: CALAMANDREI, Piero. *Derecho procesal civil*. Trad. Santiago Sentis Melendo. Buenos Aires: Ediciones Jurídicas Europa-América, 1962. v. 1. p. 369; FAZZALARI, Elio. *Note in tema di diritto e processo*. Milano: Giuffrè, 1953. p. 122-123; MARINONI, Luiz Guilherme. *Técnica processual e tutela dos direitos*. São Paulo: Ed. RT, 2004. p. 222; BEDAQUE, José Roberto dos Santos. *Direito e processo*: influência do direito material sobre o processo. 3. ed. São Paulo: Malheiros Editores, 2003. p. 51-52.

[8]   Assim também ocorre a partir das normas de direito do consumidor em outros sistemas, como no caso do direito francês, em que se reconhece ao juiz um papel ativo na condução do processo relativo aos litígios de consumo. Nesse sentido, veja-se: SOUPHANOR, Nathalie. *L'influence du droit de la consommation sur lê système juridique*. Paris: LGDJ, 2000. p. 280-285.

[9]   MARINONI, Luiz Guilherme. *Técnica processual e tutela dos direitos*. São Paulo: Ed. RT, 2004. p. 56.

[10]   WATANABE, Kazuo et al. *Código Brasileiro de Defesa do Consumidor*: comentado pelos autores do anteprojeto. 8. ed. Rio de Janeiro: Forense Universitária, 2004. p. 781-782.

PARTE IV · Cap. 1 · TUTELA PROCESSUAL DO CONSUMIDOR | 967

Daí por que o exame das normas processuais relativas às ações de defesa do consumidor deve ser feito, primeiramente, em razão dos direitos do consumidor em matéria processual.

1.2 ESTÁGIO ATUAL DO PROCESSO CIVIL BRASILEIRO E SUA REPERCUSSÃO NO DIREITO DO CONSUMIDOR: O CÓDIGO DE PROCESSO CIVIL DE 2015

O processo civil observa, nas últimas décadas, sensíveis transformações valorativas. Tradicionalmente, a separação dos planos do direito material e do processo teve por propósito assegurar às partes o acesso aos meios de defesa de seus interesses independentemente da razão que lhes assistia no plano do direito material. O valor em destaque era o da absoluta imparcialidade do juiz, retirando-lhe, por isso, o poder de iniciativa. Cabia às partes instruir o processo assistidas pela equidistância do julgador. A decisão resultava daí, fortemente associada à melhor habilidade na demonstração dos fatos para conhecimento judicial. Gradualmente, contudo, o sistema processual clássico foi demonstrando as suas dificuldades em relação às transformações de ordem social, política e econômica pelas quais rapidamente passou o mundo, e as novas exigências ao seu sistema de justiça, reclamando celeridade e efetividade das decisões judiciais.

No Brasil isso se fez sentir, especialmente, a partir das duas últimas décadas do século passado, o que bem demonstra, entre outros aspectos, as sucessivas reformas da legislação processual – todas, sem exceção – reclamando maior efetividade do processo. Da mesma forma, o estímulo ao reconhecimento e ao exercício de direitos como corolário da cidadania afirmada pela ordem constitucional de 1988 deu origem à massificação das demandas judiciais envolvendo litigantes contumazes, o que se tornou habitual no tocante às relações de consumo. A resposta inicial ao fenômeno – em grande parte dada pela conjugação da Lei da Ação Civil Pública e pela disciplina da tutela coletiva de direitos pelo CDC, percebia, na via coletiva, a resposta adequada, de modo que, a partir de uma decisão coletiva, se afirmasse o direito, a fim de tornar dispensáveis as ações individuais sobre o mesmo tema. A reação à tutela coletiva potencializada pelo CDC, contudo, especialmente no que diz respeito à restrição de sua eficácia territorial em um país de dimensões continentais como o Brasil, frustrou os reclamos de maior eficiência e efetividade do processo. A legislação que restringe a eficácia da coisa julgada das ações coletivas tal como originalmente previsto pelo CDC devolveu às cortes superiores a preocupação com novos instrumentos que permitissem assegurar a estabilidade das decisões e a efetividade do processo em relação aos titulares das pretensões deduzidas perante o Poder Judiciário.

O processo civil, então, é seduzido, gradualmente, por soluções variadas, apreendidas de diferentes sistemas estrangeiros, buscando assegurar a estabilidade das decisões e do próprio direito. Essas soluções trilham o caminho inverso ao inicialmente traçado pelo CDC. Reduz-se o prestígio da tutela coletiva de direitos e passa-se a considerar – em vista da inevitabilidade das ações individuais – a extensão dos efeitos da decisão no processo individual, prolatada pelos tribunais superiores, às causas iguais ou semelhantes pendentes. Aumenta-se, com isso, a confiança do legislador no Poder Judiciário, em especial nos órgãos de hierarquia mais elevada do sistema de justiça (tribunais superiores) e à própria jurisprudência como fonte do direito. Conforme refere Teresa Arruda Alvim Wambier, o

Poder Judiciário não mais se confina à interpretação do direito mas também o cria.[11] Para essa criação, utilizam-se diversos elementos, inclusive de padrões internacionais,[12] a fim de tornar viva a atuação judicial diante da integração da lei e da evolução da necessidade social. Essa forma de compreender o processo implica uma significativa mudança cultural, representada, especialmente, pela aproximação aos modelos de raciocínio e atuação judicial do *common law*.[13]

Essa nova visão do processo civil compreende uma dimensão teleológica, a considerar que sua realização não se confina ao interesse das partes, mas à promoção do interesse público, ao assegurar a realização dos direitos.[14] Trata-se de um sentido não apenas não contrário à Constituição mas também promocional da cláusula do devido processo legal que ela encerra.[15] O artigo 4º do CPC/2015 é representativo dessa ideia-força, ao referir: "As partes têm o direito de obter em prazo razoável a solução integral do mérito, incluída a atividade satisfativa". Da mesma forma uma dimensão técnica, definida por instrumentos que permitam assegurar a estabilidade e uniformidade do direito que resulte do processo.[16]

A dimensão técnica desse processo se apresenta, de um lado, pela conferência de mais poderes ao juiz. De outro, pela expansão da eficácia das decisões judiciais mesmo em casos individuais, seja por procedimentos específicos – visando à uniformização de entendimento jurisprudencial sobre certa questão de direito –, seja mediante outorga de autoridade e eficácia diferenciada a determinadas decisões.[17]

É nesse contexto de mudança cultural do processo e suas relações com o direito material e do próprio envolvimento das partes no processo que se edita, em 2015, novo Código de Processo Civil. Consagrando diferentes influências e com método de trabalho legislativo aberto, com larga participação de especialistas e interessados em geral,[18] o

---

[11]   WAMBIER, Teresa Arruda Alvim. Cada caso comporta uma única solução correta? In: MENDES, Aluisio Gonçalves de Castro; MARINONI, Luiz Guilherme; WAMBIER, Teresa Arruda Alvim. *Direito jurisprudencial*. São Paulo: Ed. RT, 2014. V. II. p. 1223.

[12]   WAMBIER, Teresa Arruda Alvim. Precedentes e evolução do direito. *Direito jurisprudencial*. São Paulo: Ed. RT, 2012. p. 86.

[13]   Sobre o tema, veja-se o interessante estudo de WAMBIER, Teresa Arruda Alvim. Precedentes e evolução do direito. *Direito jurisprudencial*. São Paulo: Ed. RT, 2012. p. 11 e ss.

[14]   PICÓ I JUNOY, Joan. El derecho procesal entre el garantismo y la eficácia: un debate mal planteado. In: AROCA, Juan Montero (coord.). *Proceso civil e ideologia*. Valencia: Tirant lo Blanch, 2006. p. 110.

[15]   Veja-se: DINAMARCO, Cândido Rangel. *Instituições de processo civil*. São Paulo: Malheiros Editores, 2003. v. I. p. 180; No mesmo sentido: OLIVEIRA, Carlos Alberto Alvaro de. O processo civil brasileiro na perspectiva dos direitos fundamentais. *Processo e Constituição*. Rio de Janeiro: Forense, 2004. p. 15 e ss.

[16]   CUNHA, Leonardo Carneiro da. O processo civil no Estado Constitucional e os fundamentos do projeto do novo Código de Processo Civil Brasileiro. *Revista de Processo*, São Paulo, v. 209, jul. 2012. p. 349-374.

[17]   O reconhecimento do papel do juiz e o reforço de seus poderes já há muito era percebido como tendência do direito processual contemporâneo, conforme se vê nas ponderações de FABRÍCIO, Adroaldo Furtado. As novas necessidades do processo civil e os poderes do juiz. *Ensaios de direito processual*. Rio de Janeiro: Forense, 2003. p. 403 e ss. Da mesma forma, veja-se, no ponto, o memorável estudo de: BARBOSA MOREIRA, José Carlos. A função social do processo civil moderno e o papel do juiz e das partes na direção e na instrução do processo. *Revista de Processo*, São Paulo, v. 37, jan.-mar. 1985. p. 146-147. Para essa reflexão, no direito italiano: SCARSELLI, Giuliano. *Poteri del giudice e diritti delle parti nel processo civile*. 4. ed. Napoli: Edizioni Scientifiche Italiane, 2010 (Collana *Quaderni de "Il giusto processo civile"*). p. 11.

[18]   WAMBIER, Teresa Arruda Alvim et al. (coord.). Apresentação. *Breves comentários ao novo Código de processo civil*. São Paulo: Ed. RT, 2015. p. 11-12.

PARTE IV · Cap. 1 · TUTELA PROCESSUAL DO CONSUMIDOR | **969**

texto do Código de Processo Civil não se pode dizer filiado a alguma tradição específica. Ao contrário, resulta da interação de distintas fontes, desde o *common law* até soluções havidas no direito europeu.

Por outro lado, o reconhecimento do direito das partes ao que se convencionou chamar de processo justo[19] implica também a definição de um novo padrão de relacionamento entre os sujeitos do processo, presidido pela boa-fé e pela colaboração entre as partes. Assim os artigos 5º e 6º do CPC/2015, respectivamente: "Aquele que de qualquer forma participa do processo deve comportar-se de acordo com a boa-fé"; e "Todos os sujeitos do processo devem cooperar entre si para que se obtenha, em tempo razoável, decisão de mérito justa e efetiva".

O dever de cooperação processual resulta de clara inspiração no direito comparado, notadamente a máxima de cooperação no direito alemão[20] e consagrado no antigo artigo 266 do Código de Processo Civil português de 1961, e ora no artigo 7º do Código de Processo Civil português de 2013. Sua consagração ocorre tanto como dever geral previsto no artigo 6º do CPC/2015 quanto em disposições específicas, como os deveres de colaboração para descobrimento da verdade e para realização de inspeção judicial a que se referem os artigos 378 e 379 do código, que também encontram paralelo no artigo 519 do Código de Processo Civil português de 1966, ora o artigo 417 do Código de Processo Civil de 2013.[21] Por outro lado, pelo princípio cooperativo, o juiz assume, igualmente,

---

[19] A noção de processo justo é adotada tomando, especialmente, as lições do direito italiano, em que a expressão tem sua origem, a partir da redação do art. 111 da Constituição Italiana, cuja primeira parte refere "La giurisdizione si attua mediante il giusto processo regolato dalla legge. Ogni processo si svolge nel contraddittorio tra le parti, in condizioni di parità, davanti a giudice terzo e imparziale. La legge ne assicura la ragionevole durata". Conforme conhecida lição de Nicolò Trocker, "justo é o processo que se desenvolve em respeito às normas constitucionais e aos valores da coletividade. E tal é o processo que se desenvolve perante um juiz imparcial, em contraditório de todos os interessados, em tempo razoável, como a propósito estabelece o art. 111 da Constituição" (TROCKER, Nicolò. Il nuovo articolo 111 della Costituzione e il – giusto processo in materia civili: profili generali. *Rivista Trimestrale di Diritto e Procedura Civile*, Milano, n. 2, p. 381-410, 2001). No mesmo sentido, veja-se: COMOGLIO, Luigi Paolo. Garanzie Costituzionali e "Giusto Processo" (Modelli a confronto). *Revista de Processo*, São Paulo, v. 90, p. 95-150, abr.-jun. 1998.

[20] A referência à máxima de cooperação (*Kooperationsmaxime*) é atribuída, originalmente, ao processualista alemão Karl August Bettermann, em artigo publicado em 1972, versando sobre os fundamentos constitucionais do processo civil (BETTERMANN, Karl August. Verfassungsrechtliche Grundlage und Grundsätze des Prozesses. *Juristischer Blätter*, v. 94, Jahrgang, Heft 3/4, p. 56-68, Feb. 1972). Buscava apreciar a noção de *Sammelmaxime* presente há longo tempo no Código Civil Austríaco (ZPO). Para as origens do *Sammelmaxime*, no direito processual civil austríaco, veja-se: WOLFF, Karl. *Grundriss des österreichischen Zivilprozessrechts*. 2. Auflage. Wien: Springer, 1947. p. 165. Para a relação entre o *Kooperationsmaxime* e o *Sammelmaxime* austríaco: HAHN, Bernhard. *Kooperationsmaxime im Zivilprozess?* Köln: Carl Heymanns Verlag, 1983. p. 88.

[21] Assim, o artigo 7º do Código de Processo Civil Português de 2013: "Princípio da cooperação. 1 – Na condução e intervenção no processo, devem os magistrados, os mandatários judiciais e as próprias partes cooperar entre si, concorrendo para se obter, com brevidade e eficácia, a justa composição do litígio. 2 – O juiz pode, em qualquer altura do processo, ouvir as partes, seus representantes ou mandatários judiciais, convidando-os a fornecer os esclarecimentos sobre a matéria de facto ou de direito que se afigurem pertinentes e dando-se conhecimento à outra parte dos resultados da diligência. 3 – As pessoas referidas no número anterior são obrigadas a comparecer sempre que para isso forem notificadas e a prestar os esclarecimentos que lhes forem pedidos, sem prejuízo do disposto no n.º 3 do artigo 417.º. 4 – Sempre que alguma das partes alegue justificadamente dificuldade séria em obter documento ou informação que condicione o eficaz exercício de faculdade ou o cumprimento de ónus ou dever processual, deve o juiz, sempre que possível, providenciar pela remoção do obstáculo".

uma função de assistência às partes colaborando, por intermédio de sua atuação oficiosa, para o impulso do processo.[22]

No tocante ao direito do consumidor, tem interesse, outrossim, a paridade de tratamento prevista em seu artigo 7º, nos seguintes termos: "É assegurada às partes paridade de tratamento em relação ao exercício de direitos e faculdades processuais, aos meios de defesa, aos ônus, aos deveres e à aplicação de sanções processuais, competindo ao juiz zelar pelo efetivo contraditório". Nesse caso, note-se que não se trata aqui de isonomia absoluta entre as partes, senão do que se convencionou denominar "igualdade" ou "paridade" de armas,[23] reconhecendo as desigualdades decorrentes da estrutura social ou da posição que ocupam as partes. Por isso, o objetivo da norma é, claramente, o de assegurar a igualdade material entre os litigantes, conferindo ao juiz poderes para flexibilizar o procedimento no tocante, entre outros aspectos, à dilação de prazos e à distribuição do ônus das provas e determiná-las de ofício (artigo 370).[24] Essa diretriz do CPC/2015 associa-se aos direitos assegurados ao consumidor no processo, a fim de promover o acesso efetivo à Justiça como acesso à tutela satisfativa do seu direito.

Desse modo, a vigência do Código de Processo Civil não se revela apenas como simples substituição da ordem processual vigente, senão de sua renovação valorativa, o que deve impactar sensivelmente a tutela processual do consumidor. A preocupação com a efetividade do processo já era a tônica do CDC desde sua edição, a constatar pelas regras que previam a possibilidade de inversão do ônus da prova, a tutela específica da obrigação e todo o sistema de tutela coletiva de direitos engendrado pelas normas de proteção do consumidor. As regras sobre a tutela coletiva de direitos, inclusive, não foram objeto de disciplina pelo CPC/2015, razão pela qual se preserva o sistema que associa as normas do CDC e da Lei da Ação Civil Pública. Ocorre, contudo, que, na perspectiva da renovação teórica, o CPC/2015 em parte converge com a lógica assentada pelo CDC, em parte tensiona, especialmente a partir de institutos processuais específicos, cuja eficácia poderá contrastar com a efetividade dos direitos do consumidor se não for adotada cuidadosa distinção e interpretação de sua conformidade com o direito fundamental de defesa do consumidor. Notadamente, é o caso de dois procedimentos incidentais, cujo exame se realiza adiante, de resolução de demandas repetitivas e de desconsideração da personalidade jurídica.

Não se perca a vista, contudo, de que o vetor fundamental do processo civil é a realização do direito material das partes. Desse modo, há evidente espaço para a coordenação das normas processuais e de direito material.[25] É o que fundamenta, por vezes, a adaptação do procedimento e adoção em comum de medidas próprias das tutelas de

---

[22] PROTO PISANI, Andrea. *Lezioni di diritto processuale civile*. Napoli: Jovene Editore, 1999. p. 219. No direito brasileiro, veja-se a tese de MITIDIERO, Daniel. *Colaboração no processo civil*: do modelo ao princípio. 4. ed. São Paulo: Ed. RT, 2019.

[23] Veja-se: DINAMARCO, Cândido Rangel. *Instituições de processo civil*. São Paulo: Malheiros Editores, 2003. v. I. p. 80.

[24] CARNEIRO, Paulo Cezar Pinheiro. Comentários ao art. 1º. In: WAMBIER, Teresa Arruda Alvim et al. (coord.). *Breves comentários ao novo Código de processo civil*. São Paulo: Ed. RT, 2015. p. 73.

[25] Veja-se, no ponto, a lição autorizada de Ovídio Araújo Baptista da Silva e sua fórmula de que "não existe ação sem direito" para sustentar a íntima ligação entre os conceitos de direito material e processual (SILVA, Ovídio A. Baptista da. *Jurisdição, direito material e processo*. Rio de Janeiro: Forense, 2008. p. 185).

PARTE IV · Cap. 1 · TUTELA PROCESSUAL DO CONSUMIDOR | 971

cognição e execução (a revolta da prática contra a teoria),[26] sempre em associação ao propósito de garantir a efetividade da proteção legal substancial, o que, no caso das relações de consumo, realiza direito fundamental de defesa do consumidor.

1.3 DIMENSÃO PROCESSUAL DOS DIREITOS BÁSICOS DO CONSUMIDOR

O CDC, ao lado das normas que estabelecem direitos subjetivos pertinentes à relação jurídico-material de consumo, também prevê, em vista da efetividade da tutela estabelecida na lei, uma série de direitos dos consumidores com respeito à relação processual a ser estabelecida no exercício das pretensões asseguradas por lei. Nesse sentido, enquanto, na relação jurídica de consumo, os direitos subjetivos dos consumidores são oponíveis quase que exclusivamente aos fornecedores (ainda que excepcionalmente também em relação ao Estado), no caso dos direitos pertinentes à relação processual, de titularidade do consumidor, estes serão dirigidos contra o Estado, especialmente o Estado-juiz, que deve assegurar a adequada prestação jurisdicional, que, no caso das ações de defesa do consumidor, se trata de uma prestação jurisdicional qualificada pelas normas específicas estabelecidas pelo microssistema em vista da efetividade dos direitos do consumidor.

Muitos direitos básicos do consumidor previstos no artigo 6º do CDC (veja-se item 1 da Parte II desta obra) possuem, inequivocamente, uma dimensão processual, associando a previsão substancial da proteção jurídica do consumidor e processual de defesa de seu interesse em juízo.

1.3.1 Acesso à Justiça

Em sua concepção tradicional, o direito de acesso à Justiça compreende o direito à possibilidade de acesso ao Poder Judiciário. Revela-se, portanto, sob seu aspecto formal, como direito de acesso à via judicial de solução de conflitos. Entretanto, modernamente, a compreensão do acesso à Justiça abrange não apenas a possibilidade de acesso às vias judiciárias mas também o acesso ao direito, determinando providências no sentido de tornar o direito conhecido[27] e permitindo o acesso a uma decisão justa. Nessa perspectiva ensina Kazuo Watanabe, ao estabelecer associação entre a noção de acesso à Justiça e o seu significado mais exato, de acesso a uma ordem jurídica justa. O exercício real – e a eficácia – desse direito de acesso, por sua vez, será realizado ao se observarem algumas condições materiais, como o direito à informação das partes (em especial da parte vulnerável), a adequação entre a ordem jurídica e a realidade social e econômica do País, o comprometimento dos juízes à realização de uma ordem jurídica justa, a disposição de instrumentos processuais que tornem possível a realização de efetiva tutela de direitos e a remoção dos obstáculos que se coloquem contra o acesso à Justiça nessas condições.[28]

---

[26] Conforme: SILVA, Ovídio A. Baptista da. *Processo e ideologia*: o paradigma racionalista. 2. ed. Rio de Janeiro: Forense, 2006. p. 153.

[27] Segundo Nalini, "antes de dizer o Direito, incumbe ao juiz fazer conhecer o Direito. Pois na medida em que o conhecimento daquilo que está disponível constitui pré-requisito da solução do problema da necessidade jurídica não atendida, é preciso fazer muito mais para aumentar o grau de conhecimento do público a respeito dos meios disponíveis e de como utilizá-los" (NALINI, José Renato. Novas perspectivas no acesso à justiça. *Revista do CEJ*, Brasília, v. 1, n. 3, p. 61-69, set.-dez. 1997).

[28] WATANABE, Kazuo. Acesso à justiça e sociedade moderna. In: GRINOVER, Ada Pellegrini et al. *Participação e processo*. São Paulo: Ed. RT, 1988. p. 128-135.

Em direito do consumidor, o artigo 6º, VII, consagra o acesso à Justiça, compreendendo tanto o acesso ao Poder Judiciário como também este deve se dar "com vistas à prevenção ou reparação de danos patrimoniais e morais, individuais, coletivos ou difusos, assegurada a proteção jurídica, administrativa e técnica aos necessitados". Há, portanto, a compreensão do direito de acesso à Justiça a partir de duas perspectivas: sob o *aspecto formal*, a possibilidade de acesso aos órgãos judiciários para o exercício da respectiva pretensão; sob o *aspecto substancial*, uma série de providências ao encargo do Estado visando contemplar e superar a situação de hipossuficiência do consumidor, assegurando a proteção jurídica, administrativa e técnica aos necessitados, a fim de equilibrar a posição das partes no processo em vista de uma decisão justa. Nesse contexto, cumpre lembrar que o artigo 5º do CDC, ao estabelecer as providências a cargo do Estado na promoção dos direitos dos consumidores, estabelece, entre outros instrumentos: "I – manutenção de assistência jurídica, integral e gratuita para o consumidor carente; II – instituição de Promotorias de Justiça de Defesa do Consumidor, no âmbito do Ministério Público; III – criação de delegacias de polícia especializadas no atendimento de consumidores vítimas de infrações penais de consumo; IV – criação de Juizados Especiais de Pequenas Causas e Varas Especializadas para a solução de litígios de consumo".[29] Lembre-se, da mesma forma, que, em vista do direito de acesso à Justiça, na tutela coletiva de direitos, o artigo 87, *caput*, do CDC estabelece que, "nas ações coletivas de que trata este código não haverá adiantamento de custas, emolumentos, honorários periciais e quaisquer outras despesas, nem condenação da associação autora, salvo comprovada má-fé, em honorários de advogados, custas e despesas processuais". A regra, evidentemente, tem em vista a oportunidade de exercício do direito de acesso à Justiça sem os gravames financeiros que poderiam inibir tal comportamento de parte dos legitimados para exercer essa defesa.

Da mesma maneira, o acesso ao consumidor à Justiça é assegurado pela definição legal quanto à garantia do foro do seu domicílio como competente para a ação judicial. É o que resulta dos artigos 6º, VII, e 51, XV. Todavia, note-se que a regra que fixa a competência do domicílio do consumidor, admitindo-se, ademais, a possibilidade de escolha entre este e o domicílio do fornecedor-réu para a interposição da ação, realiza situação associada ao direito de acesso à Justiça, sendo injustificável o reconhecimento do direito de opção do consumidor a uma terceira alternativa, considerando não se tratar de um ilimitado direito de opção quanto ao foro.[30]

---

[29] Note-se, todavia, que a adoção de varas especializadas em relações de consumo, embora seja providência prevista no sentido de facilitar o acesso do consumidor à justiça e de buscar qualificar, via especialização, a tutela judicial dos seus direitos, atualmente deve ser vista com reservas. Isso porque, ao se dirigir a pretensão para a vara especializada, desde logo se parte do pressuposto de que se trata, na hipótese, de uma relação de consumo. Contudo, também a identificação da relação de consumo, no caso, estará sob o controle judicial. E, tratando-se, na hipótese, de um critério de determinação da competência *rationae materia* do juízo, faz que a discussão de cunho material desvie-se para o âmbito processual, paralisando muitas vezes a pretensão para solução da questão de processo, ou mesmo anulando, ao final, os atos praticados pela vara especializada em face do reconhecimento de sua incompetência para o feito.

[30] Nesse sentido é o entendimento do STJ: "Agravo regimental no recurso especial. Exibição de documento. Competência. Consumidor-autor. Escolha aleatória. Impossibilidade. Precedentes. 1. Nos termos da jurisprudência desta Corte, a facilitação da defesa dos direitos do consumidor em juízo possibilita que este proponha ação em seu próprio domicílio, no entanto, não se admite que o consumidor escolha, aleatoriamente, um local diverso de seu domicílio ou do domicílio do réu para o ajuizamento do processo. 2. Agravo regimental não provido" (STJ, AgRg no REsp 1.405.143/MG, 3ª Turma, Rel. Min. Ricardo Villas Bôas Cueva, j. 20.03.2014, *DJe* 27.03.2014).

PARTE IV · Cap. 1 · TUTELA PROCESSUAL DO CONSUMIDOR | 973

1.3.1.1 *Jurisdição internacional e foro do domicílio do consumidor*

A expansão do consumo de produtos e serviços para além das fronteiras nacionais, cujo estímulo pelo desenvolvimento e acesso pela internet repercute decisivamente, coloca em destaque a competência para julgamento das demandas de consumo como um dos desafios principais à efetividade dos direitos do consumidor. Nesse sentido, não faltam exemplos nos contratos internacionais em geral, em que a imposição de cláusula de eleição de foro seja utilizada para beneficiar um dos contratantes com a submissão de eventual litígio a país cujas regras lhes sejam mais favoráveis.

A efetividade dos direitos dos consumidores em relações de consumo internacionais, então, será desafiada pelas regras de fixação de competência para processar e julgar eventuais litígios daí decorrentes. À vista disso, o Código de Processo Civil de 2015 inovou com regra relativa à jurisdição competente para processar e julgar questões decorrentes de relações de consumo.

Estabelece o artigo 22, II, do Código de Processo Civil de 2015: "Art. 22. Compete, ainda, à autoridade judiciária brasileira processar e julgar as ações: (...) II – decorrentes de relações de consumo, quando o consumidor tiver domicílio ou residência no Brasil". Trata-se de disposição que se encontra em acordo com o direito fundamental de defesa do consumidor e fundamenta-se no direito de acesso à Justiça. Refere-se a critério que independe do local onde tenha sido celebrado o contrato de consumo, assim como do local de cumprimento de suas prestações, que, em ambos os casos, poderá se dar fora do Brasil. O que atrai a jurisdição nacional, nesse caso, é o domicílio ou a residência do consumidor.

Trata-se de tendência internacional já prevista na União Europeia, pelo artigo 18 do Regulamento 1.215/2012 (Regulamento Bruxelas Reformulado). Entretanto, como assinala precisamente André de Carvalho Ramos, avança em relação à disposição europeia, uma vez que "não a restringe aos contratos internacionais de consumo dirigidos ao mercado brasileiro: basta a relação consumerista, não importando se o consumidor domiciliado ou residente no Brasil tenha aceito proposta dirigida ao nosso mercado ou procurou voluntariamente celebrar o contrato no exterior (consumidor turista, por exemplo)".[31]

No caso de concorrência de ações no Brasil e em país estrangeiro, incide a regra do artigo 24 do CPC/2015. Se formar coisa julgada a ação no Brasil, poder-se-á proceder ao juízo de delibação, deixando-se de homologar a decisão estrangeira.[32]

Discussão se estabelece, contudo, sobre a possibilidade ou não de derrogação da jurisdição nacional pelo consumidor com residência ou domicílio no Brasil, com fundamento no artigo 25 do CPC/2015, que dispõe: "Art. 25. Não compete à autoridade judiciária brasileira o processamento e o julgamento da ação quando houver cláusula de eleição de foro exclusivo estrangeiro em contrato internacional, arguida pelo réu na contestação". A valorização do princípio da autonomia da vontade nos contratos internacionais caracteriza o direito

---

[31] RAMOS, André de Carvalho. Jurisdição internacional sobre relações de consumo no novo Código de Processo Civil: avanços e desafios. In: MARQUES, Claudia Lima. GSELL, Beate (org.). *Novas tendências internacionais do consumidor*. São Paulo: Ed. RT, 2015. p. 569. Veja-se, no mesmo sentido: JAEGER JÚNIOR, Augusto; BARCELLOS, Nicole Rinaldi de. Jurisdição internacional e tutela processual do consumidor: foro do domicílio do consumidor como critério de jurisdição protetora. *Revista de Direito do Consumidor*, São Paulo, v. 131, p. 325-344, set.-out. 2020. p. 325-344.

[32] É o que, sob a égide do CPC revogado, ensinava Arruda Alvim. ARRUDA ALVIM, J. M. de. Competência internacional. *Doutrinas essenciais de processo civil*. São Paulo: Ed. RT, 2011. v. 2. p. 1111 e ss.

internacional privado contemporâneo. Contudo, também a proteção dos vulneráveis assume papel relevante nessa disciplina jurídica. A cláusula de eleição de foro, nos contratos de consumo, por sua vez, é considerada abusiva quando restringe o acesso do consumidor à Justiça, o que ocorre no caso em que se retira a possibilidade de demandar em seu lugar de domicílio ou residência.[33] Nesse sentido, a abusividade da cláusula não resulta do fato de se tratar ou não de estipulação em contrato de adesão,[34] mas do seu resultado como violadora do direito básico do consumidor. Por tal razão, o reconhecimento da nulidade da cláusula de eleição impede a homologação da sentença estrangeira no Brasil.

1.3.1.2 Cláusula de eleição de foro

Relevante mencionar que o Código de Processo Civil de 2015, ao admitir às partes a eleição do foro competente, define, em seu artigo 63, § 1º, que "A eleição de foro só produz efeito quando constar de instrumento escrito e aludir expressamente a determinado negócio jurídico". Contudo, define o § 3º do mesmo artigo que, "antes da citação, a cláusula de eleição de foro, se abusiva, pode ser reputada ineficaz de ofício pelo juiz, que determinará a remessa dos autos ao juízo do foro de domicílio do réu".

Observe-se que o CDC comina com a nulidade de pleno direito as cláusulas abusivas (artigo 51), o que abrange também a cláusula de eleição de foro, por dificultar o acesso do consumidor à Justiça (artigo 51, IV e XV). A indicação de ineficácia da cláusula pelo artigo 63, § 3º, do CPC/2015, desse modo, deve ser compreendida como consequência da invalidade (porque inválida, ineficaz). Contudo, tenha-se em conta que, no plano processual, a indicação de ineficácia de cláusula, a ser promovida apenas antes da con-

---

[33] Nesse sentido, reconhece o STJ a competência da Justiça brasileira em caso de contratos de consumo celebrados no exterior: "Recurso especial. Contrato de prestação de serviços hoteleiros. Pedido de rescisão. Negócio. Celebração no exterior. Pessoas físicas. Domicílio. Brasil. Relação de consumo. Autoridade judiciária brasileira. Competência. Art. 22, II, do CPC/2015. Cláusula de eleição de foro. Abusividade. Afastamento. Arts. 25, § 2º, e 63, § 3º, CPC/2015. Réu. Domicílio no brasil. Grupo econômico. Teoria da aparência. Súmulas nº 5 e 7/STJ. 1. A controvérsia resume-se a saber se a Justiça brasileira é competente para processar e julgar a ação de rescisão de contrato de negócio jurídico celebrado em território mexicano para ali produzir os seus efeitos, tendo como contratadas pessoas físicas domiciliadas no Brasil. 2. Compete à autoridade judiciária brasileira processar e julgar as ações decorrentes de relações de consumo, quando o consumidor tiver domicílio ou residência no Brasil. 3. Em contratos decorrentes de relação de consumo firmados fora do território nacional, a justiça brasileira pode declarar nulo o foro de eleição diante do prejuízo e da dificuldade de o consumidor acionar a autoridade judiciária estrangeira para fazer valer o seu direito. 4. A justiça brasileira é competente para apreciar demandas nas quais o réu, qualquer que seja a sua nacionalidade, estiver domiciliado no Brasil. 5. A revisão das matérias referentes à legitimidade da parte ré diante da existência de grupo econômico e à aplicação da teoria da aparência demandam a análise do conjunto fático-probatório e da interpretação de cláusulas contratuais, atraindo a incidência dos óbices das Súmulas nos 5 e 7/STJ. 6. Na hipótese, os autores pactuaram contrato de prestação de serviços hoteleiros com sociedade empresária domiciliada em território estrangeiro, para utilização de Clube/Resort sediado em Cancun, no México. Houve a celebração de contrato de adesão, sendo os aderentes consumidores finais, com residência e domicílio no Brasil, permitindo à autoridade judiciária brasileira processar e julgar a ação de rescisão contratual. 7. Recurso especial provido" (STJ, REsp 1.797.109/SP, 3ª Turma, Rel. Min. Ricardo Villas Bôas Cueva, j. 21.03.2023, DJe 24.03.2023).

[34] Diverge-se, nesse ponto, do entendimento de RAMOS, André de Carvalho. Jurisdição internacional sobre relações de consumo no novo Código de Processo Civil: avanços e desafios. In: MARQUES, Claudia Lima. GSELL, Beate (org.). Novas tendências internacionais do consumidor. São Paulo: Ed. RT, 2015. p. 571.

PARTE IV · Cap. 1 · TUTELA PROCESSUAL DO CONSUMIDOR | **975**

testação, sob pena de preclusão, reduz sensivelmente o alcance que originalmente se estabelece, nas relações de consumo, a partir da nulidade da cláusula abusiva. O artigo 51 faz referência à nulidade de pleno direito, a qual pode ser conhecida e decretada de ofício pelo juiz. Não se cogita, nas relações de consumo – ao contrário do que se possa eventualmente discutir em outras relações jurídicas, sobre as condições pelas quais se caracteriza a abusividade –, de convalidação da cláusula por inação ou preservação de sua eficácia em vista da preclusão processual, tampouco que se demonstre hipossuficiência da parte a quem prejudique o foro escolhido, a justificar, inclusive, a oportunidade de alegar o caráter abusivo da cláusula em contestação.[35]

Em relação à sua decretação de ofício pelo juiz, a tendência que se observa é a de, preservado este poder-dever judicial, assegurar a possibilidade de manifestação prévia das partes. Conforme mencionam os primeiros comentaristas do CPC/2015, "de ofício" não quer dizer "de plano", ou seja, sem a oitiva prévia do réu.[36] Trata-se de entendimento absolutamente razoável, promovendo o contraditório, em linha com o que dispõe o artigo 10 do CPC/2015: "O juiz não pode decidir, em grau algum de jurisdição, com base em fundamento a respeito do qual não se tenha dado às partes oportunidade de se manifestar, ainda que se trate de matéria sobre a qual deva decidir de ofício".

1.3.1.3   Foro do domicílio do consumidor e juízo universal na falência do fornecedor

Em relação à competência fixada no artigo 101 do CDC do foro do domicílio do consumidor, discussão atual diz respeito à prevalência ou não da regra estabelecida na norma de proteção do consumidor em face de outras estabelecidas no sistema visando à preservação de interesses específicos, o que tem especial relevância no tocante às situações em que o fornecedor venha a ter seu processo de recuperação judicial ou, ainda, a falência decretada pelo juízo, atraindo a incidência da Lei de Recuperação e Falências (Lei Federal 11.101/2005). No caso de recuperação judicial, o artigo 52, III, da Lei 11.101/2005 não determina o deslocamento da competência, mas tão somente a suspensão das execuções contra a empresa em recuperação, por determinação do juiz que a deferir. Contudo, no caso de falência, o artigo 76, *caput,* da Lei 11.101/2005 é expresso ao definir: "O juízo da falência é indivisível e competente para conhecer todas as ações sobre bens, interesses e negócios do falido, ressalvadas as causas trabalhistas, fiscais e aquelas não reguladas nesta Lei em que o falido figurar como autor ou litisconsorte ativo".

Observe-se que as exceções expressas ao juízo universal, fixadas em lei, serão apenas as demandas trabalhistas e fiscais em que o falido seja réu, não se referindo, assim, às demandas decorrentes de relações de consumo. É indiscutível que existiriam razões expressivas para que também as pretensões de consumidores lesados pelo falido fossem incluídas no rol de exceções ao juízo universal. No entanto, isso não ocorreu. Daí o entendimento mais atual do STJ, no sentido de reconhecer a atração do juízo universal da falência às pretensões de créditos de consumidores em decorrência de relação de consumo

---

[35]   Sem razão, a nosso ver, ou ao menos inaplicáveis às relações de consumo, as razões expostas por Bruno Silveira de Oliveira ao comentar o artigo 63 em: OLIVEIRA, Bruno Silveira de. Comentários ao art. 63. In: WAMBIER, Teresa Arruda Alvim et al. (coord.). *Breves comentários ao novo Código de processo civil.* São Paulo: Ed. RT, 2015. p. 236-237.

[36]   WAMBIER, Teresa Arruda Alvim et al. *Primeiros comentários ao novo Código de Processo Civil*: artigo por artigo. São Paulo: Ed. RT, 2015. p. 129.

976 | CURSO DE DIREITO DO CONSUMIDOR – *Bruno Miragem*

com o fornecedor falido,[37] assim também o da recuperação judicial para a execução de sentença havida contra a empresa em recuperação.[38]

---

[37] "Recurso especial. Relação de consumo. Cumprimento de sentença. Atos de constrição. Fornecedor em recuperação judicial. Competência. Juízo da recuperação. Proteção do consumidor e preservação da empresa. Princípios não absolutos. Ponderação. Manutenção da empresa. Tutela de interesses múltiplos. Prevalência. Interpretação sistemático-teleológica da Lei n. 11.101/2005. 1. A controvérsia dos autos consiste em definir a competência para realizar atos de constrição destinados ao cumprimento de sentença proferida por magistrado do juizado especial cível, em favor de consumidor, quando o fornecedor já obteve o deferimento da recuperação na vara empresarial. 2. O compromisso do Estado de promover o equilíbrio das relações consumeristas não é uma garantia absoluta, estando a sua realização sujeita à ponderação, na hipótese, quanto aos múltiplos interesses protegidos pelo princípio da preservação da empresa. 3. A Segunda Seção já realizou a interpretação sistemático-teleológica da Lei n. 11.101/2005, admitindo a prevalência do princípio da preservação da empresa em detrimento de interesses exclusivos de determinadas classes de credores, tendo atestado que, após o deferimento da recuperação judicial, prevalece a competência do Juízo desta para decidir sobre todas as medidas de constrição e de venda de bens integrantes do patrimônio da recuperanda. Precedentes. 4. Viola o juízo atrativo da recuperação a ordem de penhora online decretada pelo julgador titular do juizado especial, pois a inserção da proteção do consumidor como direito fundamental não é capaz de blindá-lo dos efeitos do processo de reestruturação financeira do fornecedor. Precedente. 5. Recurso especial provido para reconhecer a competência do juízo da 7ª Vara Empresarial da Comarca da Capital do Rio de Janeiro" (STJ, REsp 1.598.130/RJ, 3ª Turma, Rel. Min. Ricardo Villas Bôas Cueva, j. 07.03.2017, *DJe* 14.0302017). No mesmo sentido: "Civil, processual civil e falimentar. Agravo regimental no recurso especial. Recurso interposto sob a égide do CPC/73. Ação civil pública. Declaração de nulidade de cláusulas contratuais e reconhecimento de ineficácia da hipoteca. Consumidores adquirentes de imóveis residenciais da Encol. Legitimidade do Ministério Público. Existência de relação de consumo entre a incorporadora e os adquirentes de unidades imobiliárias. Ineficácia da hipoteca dada ao agente financeiro pelo incorporador. Adquirentes de boa-fé dos empreendimentos. Súmula n. 308 do STJ. Competência do juízo falimentar para processar e julgar a ação civil pública. Precedentes. Recurso especial. 1. Inaplicabilidade do NCPC a este julgamento ante os termos do Enunciado Administrativo n. 2 aprovado pelo Plenário do STJ na sessão de 09.03.2016: Aos recursos interpostos com fundamento no CPC/1973 (relativos a decisões publicadas até 17 de março de 2016) devem ser exigidos os requisitos de admissibilidade na forma nele prevista, com as interpretações dadas até então pela jurisprudência do Superior Tribunal de Justiça. 2. A jurisprudência dominante desta eg. Corte Superior já proclamou que o Ministério Público está legitimado a promover ação civil pública para a defesa de direitos individuais homogêneos disponíveis, quando constatada a relevância social objetiva do bem jurídico tutelado, bem como para ajuizar ação civil pública em que se postula a nulidade de cláusula contratual que autoriza a constituição de hipoteca por dívida de terceiro (ENCOL), mesmo após a conclusão da obra ou a integralização do preço pelo promitente comprador (REsp n. 334.929/DF). Precedentes. 3. O Código de Defesa do Consumidor atinge os contratos de promessa de compra e venda nos quais a incorporadora se obriga a construir unidades imobiliárias mediante financiamento. Acórdão recorrido em harmonia com a jurisprudência do STJ. Precedentes. Incidência da Súmula n. 83 do STJ. 4. A hipoteca firmada entre a construtora e o agente financeiro, anterior ou posterior à celebração da promessa de compra e venda, não tem eficácia perante os adquirentes do imóvel (Súmula n. 308 do STJ). 5. O Juízo universal é o competente para julgar as causas que envolvam interesses e bens da empresa falida, em detrimento do Juízo da situação do imóvel. Precedentes. 6. Agravo regimental não provido" (STJ, AgRg no REsp 1.261.198/GO, 3ª Turma, Rel. Min. Moura Ribeiro, j. 17.08.2017, *DJe* 01.09.2017).

[38] "Recurso especial. Recuperação judicial. Conflito de competência. Juizado Especial Cível. Execução singular movida contra a recuperanda. Prática de atos de constrição patrimonial. Impossibilidade. Relação de consumo. Irrelevância. 1. Conflito de competência suscitado em 09.11.2015. Recurso especial interposto em 28.03.2016 e concluso à Relatora em 30.09.2016. 2. Controvérsia que se cinge em definir se o juízo onde se processa a recuperação judicial da recorrente é o competente para processamento e julgamento de ação indenizatória derivada de relação de consumo em fase de cumprimento de sentença. 3. A interpretação conjunta das normas contidas nos arts. 6º, 47 e 49 da LFRE, bem como o entendimento do STJ acerca da questão, permitem concluir que o juízo onde tramita o processo de recuperação judicial – por ter à sua disposição todos os elementos que traduzem com precisão as dificuldades enfrentadas pelas devedoras, bem como todos os aspectos concernentes à elaboração e à execução do plano de soerguimento – é quem deve decidir sobre o destino dos bens e valores objeto de execuções singulares

PARTE IV · Cap. 1 · TUTELA PROCESSUAL DO CONSUMIDOR | **977**

Note-se, contudo, que o artigo 6º, § 1º, da mesma Lei 11.101/2005 estabelece que "Terá prosseguimento no juízo no qual estiver se processando a ação que demandar quantia ilíquida". Nesse sentido, o § 3º do mesmo artigo 6º define que o juiz competente para tais ações poderá determinar a reserva da importância que estimar devida na recuperação judicial ou na falência, "e, uma vez reconhecido líquido o direito, será o crédito incluído na classe própria". Nesses termos, é de se entender que a atração da competência do juízo universal da falência só terá lugar quando se tratar da execução de créditos já constituídos e líquidos em favor do credor-consumidor. Para o exercício da pretensão do consumidor no tocante a créditos ilíquidos, como ocorre quando pretenda indenização da violação de um direito, ou o exercício de opção que a lei lhe assegura em matéria de vícios ou de oferta, por exemplo, prevalece a competência do foro do domicílio do consumidor, nos termos do artigo 101 do CDC.[39] Da mesma forma, é de boa lógica preservar-se o foro do domicílio do consumidor também na hipótese de execução decorrente de lesão cometida por fornecedor falido, quando o ressarcimento se reclame dos sócios em face da desconsideração da personalidade jurídica, nos termos do artigo 28 do CDC. Nesse caso, sendo a pretensão dirigida ao patrimônio dos sócios do fornecedor falido, já por indicação da petição inicial da ação (artigo 134, § 2º, do CPC/2015), ou mediante instauração de incidente de desconsideração da personalidade jurídica (artigo 133, CPC/2015), deixam de figurar as razões que militam em favor da *vis atractiva* do juízo universal da falência, que são, justamente, a possibilidade de satisfação dos credores com os bens da massa falida ou mesmo a preservação econômica dos elementos de empresa.

1.3.2 Facilitação da defesa: distribuição e inversão do ônus da prova

Outro direito de natureza processual que tem enorme importância para defesa do consumidor é o que assegura a facilitação da defesa dos seus direitos. Esse contempla tanto a possibilidade de inversão do ônus da prova quanto, da mesma forma, a inadmissibilidade da produção de provas ou providências desnecessárias pelo fornecedor, que sirvam apenas para fins protelatórios, dada a natureza do direito em causa, como os casos em que há a vedação da denunciação da lide.[40] A justificativa para facilitação da

---

movidas contra a recuperanda, ainda que se trate de crédito decorrente de relação de consumo. 4. Recurso Especial Provido" (STJ, REsp 1.630.702/RJ, 3ª Turma, Rel. Min. Nancy Andrighi, j. 02.02.2017, *DJe* 10.02.2017).

[39] TJRS, ApCív 70071785992, 24ª Câmara Cível, Rel. Fernando Flores Cabral Junior, j. 26.04.2017; ApCív 70070939582, 9ª Câmara Cível, Rel. Tasso Caubi Soares Delabary, j. 29.03.2017; TJSP, ApCív 0004676-93.2012.8.26.0220, 20ª Câmara de Direito Privado, Rel. Roberto Maia, j. 10.10.2016, p. 11.10.2016.

[40] "Recurso especial. Denunciação à lide. Médica plantonista que atendeu menor que faleceu no dia seguinte. Ação de indenização contra o hospital. Denunciação da médica à lide. Impossibilidade. Serviço de emergência. Relação de preposição do médico com o hospital. Responsabilidade objetiva do hospital. Produção de provas que não interessam ao paciente. Culpa da médica. Ônus desnecessário. 1. A responsabilidade do hospital é objetiva quanto à atividade do profissional plantonista, havendo relação de preposição entre o médico plantonista e o hospital. Precedentes. 2. O resultado da demanda indenizatória envolvendo o paciente e o hospital nada influenciará na ação de regresso eventualmente ajuizada pelo hospital contra o médico, porque naquela não se discute a culpa do profissional. 3. Qualquer ampliação da controvérsia que signifique produção de provas desnecessárias à lide principal vai de encontro ao princípio da celeridade e da economia processual. Especialmente em casos que envolvam direito do consumidor, admitir a produção de provas que não interessam ao hipossuficiente resultaria em um ônus que não pode ser suportado por ele. Essa é a *ratio* do Código de Defesa do Consumidor quando proíbe, no artigo 88, a

978 | CURSO DE DIREITO DO CONSUMIDOR – *Bruno Miragem*

defesa é, indiscutivelmente, a projeção, no processo, da desigualdade fática estabelecida na relação de direito material.

Observa-se, no processo civil em geral, tendência do estabelecimento de uma nova dinâmica para atribuição do ônus da prova, reconhecendo, como critério útil à cooperação das partes para a definição da verdade sobre os fatos (artigo 373 do CPC/2015), a possibilidade de definirem-se os encargos para a produção da prova de acordo com a maior facilidade e pertinência entre os sujeitos da causa.[41] O Código de Processo Civil de 2015, nesse sentido, estabelece, em seu artigo 373, que "O ônus da prova incumbe: I – ao autor, quanto ao fato constitutivo de seu direito; II – ao réu, quanto à existência de fato impeditivo, modificativo ou extintivo do direito do autor". Contudo, prevê que, "Nos casos previstos em lei ou diante de peculiaridades da causa relacionadas à impossibilidade ou à excessiva dificuldade de cumprir o encargo nos termos do *caput* ou à maior facilidade de obtenção da prova do fato contrário, poderá o juiz atribuir o ônus da prova de modo diverso, desde que o faça por decisão fundamentada, caso em que deverá dar à parte a oportunidade de se desincumbir do ônus que lhe foi atribuído" (artigo 373, § 1º). Consagra-se a flexibilização da regra de imputação do ônus da prova para o processo civil em geral, mediante a possibilidade de sua distribuição pelo juiz entre as partes, conforme a impossibilidade de sua produção por uma das partes ou maior facilidade pela outra. Note-se que a disposição do código, embora se estabeleça como regra (artigo 373, *caput*) e exceção (artigo 373, § 1º), pode indicar, em relação à segunda hipótese, não propriamente inversão, mas nova regra de distribuição do ônus da prova, segundo premissas fáticas distintas (ou impossibilidade, ou maior facilidade na produção da prova). Não se confundem, portanto, inversão e regra de distribuição do ônus da prova, hipóteses tecnicamente distintas.[42]

Há moderação dessa regra de distribuição do ônus da prova no § 2º do artigo 373 do CPC/2015, ao dispor que "A decisão prevista no § 1º deste artigo não pode gerar situação em que a desincumbência do encargo pela parte seja impossível ou excessivamente difícil".

---

denunciação à lide. 4. A culpa do médico plantonista não interessa ao paciente (consumidor) porque o hospital tem responsabilidade objetiva pelos danos causados por seu preposto; por isso, é inviável que no mesmo processo se produzam provas para averiguar a responsabilidade subjetiva do médico, o que deve ser feito em eventual ação de regresso proposta pelo hospital. 5. A conduta do médico só interessa ao hospital, porquanto ressalvado seu direito de regresso contra o profissional que age com culpa. De tal maneira, a delonga do processo para que se produzam as provas relativas à conduta do profissional não pode ser suportada pelo paciente. 6. Recurso especial conhecido e não provido" (STJ, REsp 801.691/SP, 3ª Turma, Rel. Min. Ricardo Villas Bôas Cueva, j. 06.12.2011, *DJe* 15.12.2011). Admitindo a denunciação à lide em circunstâncias específicas em que "se imputa ao hospital a responsabilidade objetiva por suposto ato culposo dos médicos a ele vinculados, deve ser admitida, excepcionalmente, a denunciação da lide, sobretudo com o intuito de assegurar o resultado prático da demanda e evitar a indesejável situação de haver decisões contraditórias a respeito do mesmo fato" (STJ, REsp 1.832.371/MG, 3ª Turma, Rel. Min. Nancy Andrighi, j. 22.06.2021, *DJe* 01.07.2021).

[41] FERREIRA, William Santos. Comentários ao art. 373. In: WAMBIER, Teresa Arruda Alvim et al. (coord.). *Breves comentários ao novo Código de processo civil*. São Paulo: Ed. RT, 2015. p. 1009.

[42] Para a distinção, veja-se, entre outros, os trabalhos de CREMASCO, Suzana Santi. *A distribuição dinâmica do ônus da prova*. Rio de Janeiro: GZ, 2009; CAMBI, Eduardo. *A prova civil*: admissibilidade e relevância. São Paulo: Ed. RT, 2006. Para a exegese da regra do CPC/2015: GAGNO, Luciano Picoli. O novo Código de Processo Civil e a inversão ou distribuição dinâmica do ônus da prova. *Revista de Processo*, São Paulo, v. 249, p. 117-139, nov. 2015.

Toma-se clara referência, na norma, à restrição de que se imponha a qualquer das partes a obrigação de produção da denominada prova diabólica.[43]

Da mesma forma, admite-se que as partes convencionem entre si a distribuição do ônus da prova, considerando seu mútuo interesse, restringindo-se, contudo, que as provas em questão: (I) recaiam sobre direito indisponível da parte; e (II) tornem excessivamente difícil a uma parte o exercício do direito (artigo 373, § 3º, do CPC/2015). Trata-se de espécie de negócio jurídico processual, inovação do CPC/2015, como categoria que permite às partes disporem sobre "mudanças no procedimento para ajustá-lo às especificidades da causa e convencionar sobre os seus ônus, poderes, faculdades e deveres processuais, antes ou durante o processo" (artigo 190, *caput*, do CPC/2015). A rigor, nas relações de consumo, não parece possível a convenção entre as partes acerca do ônus da prova, em casos que envolvam relações de consumo. Isso porque a facilitação da defesa é, tipicamente, um direito subjetivo do consumidor, definido como espécie de direito básico (artigo 6º, VIII, do CDC), previsto em lei de ordem pública (artigo 1º do CDC), portanto indisponível às partes, de modo que está subsumido na limitação que estabelece o artigo 373, § 3º, I, do CPC/2015. O CDC permite a inversão do ônus da prova no processo como espécie de faculdade judicial nas hipóteses de *hipossuficiência do consumidor* ou *verossimilhança das suas alegações*. A determinação do que seja a *hipossuficiência do consumidor* se dá *in concreto*, devendo o juiz identificar, nesse conceito juridicamente indeterminado, em acordo com as regras de experiência,[44] a ausência de condições de defesa processual, por razões econômicas, técnicas, ou mesmo em face da sua posição jurídica na relação *sub judice* (é o consumidor que não teve acesso à cópia do contrato, por exemplo).

No mesmo sentido, a verossimilhança, que se vai apresentar como espécie de juízo de probabilidade, segundo as informações das partes no processo, ou seja, em acordo com o que se verifica do disposto no processo, se aquelas informações estariam ou não em acordo

---

[43] Segundo a lição jurisprudencial, sustentando, ademais, que atribuir o ônus da prova pode ser objeto de impugnação imediata: "(...) 6- O art. 373, § 1º, do CPC/15, contempla duas regras jurídicas distintas, ambas criadas para excepcionar à regra geral, sendo que a primeira diz respeito à atribuição do ônus da prova, pelo juiz, em hipóteses previstas em lei, de que é exemplo a inversão do ônus da prova prevista no art. 6º, VIII, do CDC, e a segunda diz respeito à teoria da distribuição dinâmica do ônus da prova, incidente a partir de peculiaridades da causa que se relacionem com a impossibilidade ou com a excessiva dificuldade de se desvencilhar do ônus estaticamente distribuído ou, ainda, com a maior facilidade de obtenção da prova do fato contrário. 7- Embora ontologicamente distintas, a distribuição dinâmica e a inversão do ônus têm em comum o fato de excepcionarem a regra geral do art. 373, I e II, do CPC/15, de terem sido criadas para superar dificuldades de natureza econômica ou técnica e para buscar a maior justiça possível na decisão de mérito e de se tratarem de regras de instrução que devem ser implementadas antes da sentença, a fim de que não haja surpresa à parte que recebe o ônus no curso do processo e também para que possa a parte se desincumbir do ônus recebido. 8- Nesse cenário, é cabível a impugnação imediata da decisão interlocutória que verse sobre quaisquer das exceções mencionadas no art. 373, § 1º, do CPC/15, pois somente assim haverá a oportunidade de a parte que recebe o ônus da prova no curso do processo dele se desvencilhar, seja pela possibilidade de provar, seja ainda para demonstrar que não pode ou que não deve provar, como, por exemplo, nas hipóteses de prova diabólica reversa ou de prova duplamente diabólica" (STJ, REsp 1.729.110/CE, 3ª Turma, Rel. Min. Nancy Andrighi, j. 02.04.2019, *DJe* 04.04.2019).

[44] Sobre a interpretação e concreção dos conceitos jurídicos indeterminados em processo civil, veja-se: BARBOSA MOREIRA, José Carlos. *Regras de Experiência e conceitos juridicamente indeterminados*. In: BARBOSA MOREIRA, José Carlos. Regras de experiência e conceitos juridicamente indeterminados. *Temas de direito processual*: segunda série. 2. ed. São Paulo: Saraiva, 1988. p. 61-72.

com um juízo de razoabilidade ou de probabilidade do que efetivamente tenha ocorrido.[45] Ademais, poderá decidir sobre a suficiência das provas apresentadas pelo consumidor,[46] sendo reconhecido ao fornecedor a necessidade de produzir a contraprova.[47] No caso das

---

[45] A respeito, veja-se: CALAMANDREI, Piero. Verità e verosimiglianza nel processo civile. *Rivista di Diritto Processuale*, Milano, n. 10, p. 164-192, 1955.

[46] Exemplo ilustrativo é o caso da contaminação de recém-nascido pelo vírus HIV. Em ação interposta contra hospital onde se deu o nascimento, logrou o autor demonstrar que, não sendo os pais portadores do vírus, a única hipótese factível de contaminação se deu por ocasião do nascimento. Nas exatas palavras da decisão: "(...) 2.1 Na espécie, a responsabilidade civil imputada ao hospital pela má prestação de seus serviços, que redundou nos danos suportados pelo demandante (contaminação pelo vírus HIV), provém, inegavelmente, da relação contratual estabelecida prévia e voluntariamente entre as partes. Deste modo, incumbe ao causador do dano demonstrar que observou detidamente os deveres impostos no ajuste, em especial o de incolumidade e de cuidado. 2.2 Ínsito ao contrato médico-hospitalar, que tem por escopo a conservação ou recuperação da saúde do paciente; ou a cura ou minoração dos efeitos de uma doença, são os deveres 'de cuidado', 'de agir de modo diligente', 'de incolumidade' e 'de segurança' do paciente. Com necessária observância de tais obrigações contratuais, incumbe ao hospital envidar todos os esforços à preservação do paciente – dentro do parâmetro da técnica médica –, propiciando--lhe um tratamento adequado, apto a viabilizar a recuperação da saúde do enfermo. 2.3 A partir das moldura fática delineada pelas instâncias precedentes, restou cabalmente demonstrado que o hospital, ao realizar procedimento médico indicado (transfusão de sangue) para a situação de emergência e risco a ele apresentado, acabou por contaminar o então paciente, ora recorrido, pelo vírus HIV, a evidenciar a não observância dos deveres contratuais de cuidado e de agir diligente. 2.4 Dos elementos probatórios reunidos nos autos, extrai-se o estabelecimento do liame causal entre a conduta do hospital e do dano suportado pelo paciente. Os pais do demandante, conforme demonstrado nos autos, não são portadores do vírus HIV. A única exposição do autor às possíveis formas de contaminação, considerada a sua terna idade em que diagnosticada a doença (três anos incompletos), deu-se por ocasião do procedimento de transfusão de sangue. 2.5 Deste modo, tal como restou reconhecido de modo uníssono pelas instâncias ordinárias, o hospital demandado incorreu em falha em seu banco de sangue, cujas unidades, caso testadas, não observaram a denominada 'janela imunológica', própria do vírus HIV, em conformidade com técnica médica, sendo certo que o hospital requerido não se desincumbiu do ônus de demonstrar qualquer intercorrência que pudesse evidenciar o rompimento do nexo de causalidade reconhecido, especialmente quanto ao (bom) estado de saúde dos doadores (...)" (STJ, REsp 655.761/SP, 4ª Turma, Rel. p/ Acórdão Min. Marco Buzzi, j. 23.09.2014, *DJe* 03.02.2015).

[47] Assim decidiu o STJ: "Civil. Processo civil. Recurso especial. Ação de reparação por danos materiais e compensação por danos morais. Consumidora do anticoncepcional 'Diane 35' que engravidou, de forma indesejada, durante a utilização do produto em face de defeito deste, porque cartelas com 20 comprimidos, ao invés de 21, foram colocadas no mercado. – A consumidora mostrou que fazia uso regular do anticoncepcional, mas não que consumiu, especificamente, uma das cartelas que foram colocadas à venda com defeito. Defende-se a recorrente alegando que, nessa hipótese, ao julgar procedente o pedido indenizatório, o Tribunal responsabilizou o produtor como se este só pudesse afastar sua responsabilidade provando, inclusive, que a consumidora não fez uso do produto defeituoso, o que é impossível. – Contudo, está presente uma dupla impossibilidade probatória: à autora também era impossível demonstrar que comprara especificamente uma cartela defeituosa, e não por negligência como alega a recorrente, mas apenas por ser dela inexigível outra conduta dentro dos padrões médios de cultura do país. – Assim colocada a questão, não se trata de atribuir equivocadamente o ônus da prova a uma das partes, mas sim de interpretar as normas processuais em consonância com os princípios de direito material aplicáveis à espécie. O acórdão partiu de uma prova existente para concluir em um certo sentido, privilegiando, com isso, o princípio da proteção ao consumidor. – Se for negada a suficiência da prova relativa ao consumo reiterado do produto como sustentáculo para a conclusão do Tribunal, restará, apenas, a opção de acolher em seu lugar uma presunção de que a consumidora teria proposto a ação para se aproveitar daquele receituário e de uma situação pública de defeito no produto, fazendo-se passar por vítima do evento sem sê-lo. – Assim, trocar-se-ia uma conclusão resultante da análise de uma prova evidente, da realidade dos fatos e dos princípios jurídicos aplicáveis, por uma outra presunção isolada que depende da indevida inserção de um qualificativo doloso à pretensão da autora. – A recorrente alega que o nascimento de um filho jamais pode ser causa de dano moral; porém, deve-se anotar

PARTE IV · Cap. 1 · TUTELA PROCESSUAL DO CONSUMIDOR | **981**

relações de consumo, o juiz, para verificar a existência ou não de verossimilhança, debruça-se, no mais das vezes, sobre as práticas conhecidas do mercado, o que, normalmente, ocorre nas relações entre consumidores e fornecedores, bem como em informações de domínio público ou particular, desde que todas devidamente explicitadas por ocasião da fundamentação da decisão de inversão do ônus probatório.

Outro aspecto de enorme relevância com respeito à faculdade de inversão do ônus da prova pelo juiz é o momento em que ele deve ser produzido. Note-se que qualquer das alternativas logicamente possíveis, como no momento da citação do réu, no início da instrução processual ou no momento da sentença, apresenta uma série de argumentos em contrário. Inicialmente, considerou-se que, em vista da necessidade de compatibilizar o direito fundamental de defesa do consumidor com as garantias processuais de ampla defesa e devido processo, o momento mais adequado parece ser o da instrução processual[48] – entendimento consolidado na jurisprudência[49] –, quanto mais não seja mediante advertência da possibilidade de inversão do ônus da prova na sentença.[50] O Código de Processo Civil de 2015 parece confirmar esse entendimento, ao indicar que deve o juiz, na fase de saneamento e organização do processo, "definir a distribuição do ônus da prova" (artigo 357, III). Recorrendo-se da decisão interlocutória relativa à inversão, e sobrevindo, antes do seu exame, a sentença de mérito, eventual provimento do recurso pode dar causa, conforme o caso, à anulação da sentença e à reabertura da instrução probatória.[51]

Não pode se perder de vista, contudo, o caráter decisivo da possibilidade de inversão do ônus da prova para efetividade dos direitos do consumidor. A especialização e a sofisticação tecnológica dos produtos e serviços oferecidos no mercado de consumo, aliadas à debilidade econômica ou à técnica do consumidor na defesa dos seus direitos, terão, na possibilidade de inversão do ônus da prova, em boa parte das vezes, o único recurso em vista da procedência da demanda judicial do consumidor. Por outro lado, igualmente, a própria posição dominante do fornecedor na relação de consumo justifica a possibilidade de inversão do ônus da prova. Afinal, é o fornecedor o expert, que, normalmente, conhece, com profundidade, aspectos técnicos do produto ou serviço objeto da relação de consumo e domina, igualmente, o processo de contratação, produzindo e mantendo

---

que o produto defeituoso é um anticoncepcional, cuja finalidade é proporcionar à mulher uma escolha quanto ao momento de ter filhos. Nesse contexto, a falha do remédio frustra tal opção, e nisso reside a necessidade de compensação pelos danos morais. – Na presente hipótese, acrescente-se ainda o fato de que a criança, infelizmente, veio a falecer no parto. – A alteração do valor fixado a título de compensação pelos danos morais só deve ser revista em hipótese que indique insuportável absurdo, o que não ocorre na presente hipótese. Precedentes. – A partir da vigência do CC/02, aplicam-se juros de mora de 1% ao mês, nos termos de reiterados precedentes da 3ª e da 4ª Turma. Recurso especial não conhecido" (STJ, REsp 918.257/SP, Rel. Nancy Andrighi, j. 03.05.2007, *DJ* 23.11.2007, p. 465).

[48] No mesmo sentido: ALMEIDA, João Batista de. *A proteção jurídica do consumidor*. 5. ed. São Paulo: Saraiva, 2006. p. 106.

[49] STJ, REsp 1.286.273/SP, 4ª Turma, Rel. Min. Marco Buzzi, j. 08.06.2021, *DJe* 22.06.2021; AgInt nos EDcl no AREsp 2.014.001/MG, 3ª Turma, Rel. Min. Ricardo Villas Bôas Cueva, j. 24.10.2022, *DJe* 28.10.2022.

[50] A inversão do ônus da prova como regra de juízo a ser deduzida na sentença judicial é o entendimento de: WATANABE, Kazuo et al. *Código Brasileiro de Defesa do Consumidor*: comentados pelos autores do anteprojeto. 8. ed. Rio de Janeiro: Forense Universitária, 2004. p. 796.

[51] STJ, AgInt no AREsp 1.345.965/RJ, 4ª Turma, Rel. p/ Acórdão Min. Maria Isabel Gallotti, j. 19.02.2019, *DJe* 15.03.2019.

consigo documentos e registros acerca da relação com o consumidor. Não é por outra razão que a hipossuficiência – considerada como impossibilidade de produzir provas sobre determinado fato – decorre não apenas de certas condições econômicas mas também do fato de não possuir o consumidor domínio sobre a formação e o desenvolvimento da relação de consumo. Daí se justificar – como entende a jurisprudência majoritária atualmente – que essa possibilidade de inversão do ônus da prova ocorra também nas ações civis públicas, em que o autor será o Ministério Público ou as associações.[52] Nesse sentido, é de se perguntar também se tem aplicação nas ações que envolvem relações de consumo, nas quais se admita a inversão do ônus da prova com fundamento no artigo 6º, VIII, do CDC, a limitação de que trata o artigo 373, § 2º, do CPC/2015, ou seja, se a faculdade judicial de inversão do ônus da prova com fundamento no direito básico do consumidor à facilitação da defesa não poderá ser exercida se "gerar situação em que a desincumbência do encargo pela parte seja impossível ou excessivamente difícil".

Sempre é de registrar que o CDC estabelece disciplina tutelar do consumidor. Suas normas especiais visam assegurar a tutela efetiva do consumidor. Há situações mesmo em que a atribuição do ônus da prova *ope legis* imputa a responsabilidade do fornecedor, afastada apenas se produzir prova de fatos específicos (caso da responsabilidade pelo fato do produto e do serviço, prevista nos artigos 12, § 3º, e 14, § 3º). Haveria, pois, limitação imposta à inversão do ônus da prova, a fim de tornar inefetiva a proteção legal, que justamente se dirige para permitir a tutela dos direitos definidos em lei? Quer parecer que as situações do artigo 373, § 2º, do CPC/2015 e do artigo 6º, VIII, do CDC são substancialmente distintas. A limitação à imposição do encargo de produzir prova impossível ou excessivamente difícil relaciona-se com a regra de distribuição pelo juiz no interesse do processo, visando à cooperação das partes com a busca da verdade (artigo 378 do CPC/2015). Nesse cenário, fica evidenciado que a impossibilidade ou dificuldade extrema de produção da prova não deva prejudicar a parte, mediante distribuição do ônus da pro-

---

[52] "Processual civil e administrativo. Ofensa ao artigo 535 do CPC. Inocorrência. Ação civil pública. Abusividade na comercialização de combustíveis. Inversão do ônus da prova a favor do Ministério Público. Possibilidade. Tutela de direitos e de seus titulares, e não propriamente das partes da ação. 1. Trata-se, na origem, de ação civil pública movida pelo recorrido em face da recorrente em que se discute abusividade na comercialização de combustíveis. Houve, em primeiro grau, inversão do ônus da prova a favor do Ministério Público, considerando a natureza consumerista da demanda. Esta conclusão foi mantida no agravo de instrumento interposto no Tribunal de Justiça. 2. Nas razões recursais, sustenta a recorrente ter havido violação aos artigos 535 do Código de Processo Civil (CPC), ao argumento de que o acórdão recorrido é omisso, e 6º, inc. VIII, do Código de Defesa do Consumidor (CDC), pois o Ministério Público não é hipossuficiente a fim de que lhe se permita a inversão do ônus da prova. Quanto a este último ponto, aduz, ainda, haver dissídio jurisprudencial a ser sanado. 3. Em primeiro lugar, é de se destacar que os órgãos julgadores não estão obrigados a examinar todas as teses levantadas pelo jurisdicionado durante um processo judicial, bastando que as decisões proferidas estejam devida e coerentemente fundamentadas, em obediência ao que determina o artigo 93, inc. IX, da Constituição da República vigente. Isto não caracteriza ofensa ao artigo 535 do CPC. Precedentes. 4. Em segundo lugar, pacífico nesta Corte Superior o entendimento segundo o qual o Ministério Público, no âmbito de ação consumerista, faz jus à inversão do ônus da prova, a considerar que o mecanismo previsto no artigo 6º, inc. VIII, do CDC busca concretizar a melhor tutela processual possível dos direitos difusos, coletivos ou individuais homogêneos e de seus titulares – na espécie, os consumidores –, independentemente daqueles que figurem como autores ou réus na ação. Precedentes. 5. Recurso especial não provido" (STJ, REsp 1.253.672/RS, 2ª Turma, Rel. Min. Mauro Campbell Marques, j. 02.08.2011, *DJe* 09.08.2011). No mesmo sentido: TJRS, AI 70044991495, 19ª Câm. Cív., Rel. Voltaire de Lima Moraes, j. 10.04.2012.

PARTE IV · Cap. 1 · TUTELA PROCESSUAL DO CONSUMIDOR | **983**

va. Situação distinta é a de inversão que realiza direito subjetivo de uma das partes, caso daquela que beneficia o consumidor em ações das quais seja parte. No primeiro caso, a distribuição do ônus da prova se dá no interesse do processo; no segundo, no interesse na realização de um direito fundamental de proteção. As situações não parecem se confundir.

Isso não significa, contudo, que a inversão do ônus da prova em favor do consumidor se dê em caráter absoluto.[53] A lei define que se deva preencher os requisitos de hipossufi-ciência ou verossimilhança das alegações. No caso da hipossuficiência, ela expressa causas que impliquem a impossibilidade do consumidor de produzir a prova em seu favor. A verossimilhança parte de um juízo hipotético, sem vinculação com fatos concretos, senão com juízos hipotéticos de como se dá a ordem natural das coisas, as regras de experiência.[54] A norma do artigo 6º, VIII, do CDC faz referência expressa às regras de experiência.[55] No preenchimento das condições para a inversão do ônus da prova, deve o juiz fundamentar a decisão de inversão, a qual é passível de revisão. É no exame da verossimilhança das alegações do consumidor que se encontram os limites interpretativos para rejeitar-se a possibilidade de inversão do ônus da prova em situações nas quais a versão não pareça crível, no que se exigirá a demonstração dos fatos constitutivos que afirmam seu direito. Pela mesma razão, não se exigirá do fornecedor, via inversão, que produza prova sobre o óbvio ou o notório, bem como daqueles a que se refere o artigo 374 do CPC/2015.

Uma questão importante, a esse respeito, tem relação com o direito à inversão do ônus da prova e a necessidade de produção de prova pericial indispensável ao deslinde da demanda. Cabe a pergunta se está contemplada, no direito à inversão do ônus da prova, a possibilidade de que o juiz impute o dever de arcar com as despesas para realização da perícia ao fornecedor-réu da ação. No caso, se isso resultaria natural do direito à inversão do ônus da prova, ou se, ao contrário, tal providência seria excessivamente gravosa ao réu, inclusive comprometendo a isonomia das partes no processo.[56] Por outro lado, não se pode perder de vista que o sentido da inversão do ônus da prova é justamente assegurar a igualdade das partes no processo. Sob o ponto de vista lógico, contudo, a possibilidade de inverter o ônus da prova poderia trazer em seu sentido a admissibilidade da imposição das despesas com a produção da prova ao réu, uma vez que a prova em si pode ser con-siderada tanto em seu desfavor (uma prova que aproveite ao consumidor-autor) quanto,

---

[53]   STJ, AgInt no AREsp 1.061.219/RS, 2ª Turma, Rel. Min. Og Fernandes, j. 22.08.2017, *DJe* 25.08.2017.

[54]   Veja-se: FLACH, Daisson. *A verossimilhança no processo civil*. São Paulo: Ed. RT, 2009. p. 41 e ss.

[55]   Para o conceito, veja-se: BARBOSA MOREIRA, José Carlos. Regras de experiência e conceitos juridi-camente indeterminados. *Temas de direito processual*: segunda série. 2. ed. São Paulo: Saraiva, 1988. p. 62.

[56]   Nesse sentido decidiu o STJ: "*Código de Defesa do Consumidor. Prova. Inversão do ônus da prova. Perícia. Honorários. Construção civil. SFH. –* O CDC assegura ao consumidor hipossuficiente o direito de exercer sua defesa em juízo. As regras legais que procuram efetivar esse princípio não criam privilégio a seu favor, apenas procuram estabelecer alguma igualdade entre as partes. – Perícia considerada indispensável para a ação em que se alega defeitos na construção do prédio adquirido por pessoas de baixa renda, pelo SFH, e que não foi feita porque os autores não reuniram o numerário suficiente para pagar os honorá-rios do perito. – Renovação do julgamento da apelação a fim de que a Câmara aprecie a existência dos pressupostos de fato para a inversão do ônus da prova (artigo 6º, VIII, do CDC). Recurso conhecido e provido em parte" (STJ, REsp 347.632/SP, Rel. Min. Ruy Rosado de Aguiar Júnior, j. 24.06.2003, *DJU* 01.09.2003, p. 291).

ao contrário, a determinação da impossibilidade de sua realização, ou mesmo de seu resultado material ser favorável à defesa.

Sobre o tema, controverso, há clara divisão na jurisprudência, indicando-se a possibilidade de imposição ao fornecedor, a partir da inversão do ônus da prova, dos custos para produção da prova pericial,[57] e outra posição, restringindo o sentido da regra que permite a inversão do ônus da prova apenas à situação de que deverá o fornecedor sofrer os efeitos da ausência de perícia.[58] Naturalmente que o exame, pelo juiz, dos pedidos de produção de prova pelas partes deve ser feito com extrema prudência, sobretudo para evitar requerimentos de produção de provas excessivos ou sem conexão efetiva com os fatos controvertidos do processo, assim também em vista da paridade de armas que deve ser observada entre as partes na relação processual (artigo 7º).

Da mesma forma, o Código de Processo Civil de 2015 inova ao dispor sobre a prova pericial, consistente em exame, vistoria ou avaliação. O artigo 464 do CPC/2015, conduto, define que o "O juiz indeferirá a perícia quando: I – a prova do fato não depender de conhecimento especial de técnico; II – for desnecessária em vista de outras provas produzidas; III – a verificação for impraticável". Por outro lado, prevê o CPC/2015 a possibilidade de que o juiz possa, de ofício ou a requerimento da parte, substituir a perícia por prova técnica simplificada, quando o ponto controvertido for de menor complexidade (artigo 464, § 2º). Consistirá a prova "na inquirição de especialista, pelo juiz, sobre ponto controvertido da causa que demande especial conhecimento científico ou técnico" (artigo 464, § 3º). Trata-se de relativa inovação no processo civil, embora já prevista no artigo 35 da Lei dos Juizados Especiais (Lei 9.099/1995), de um lado, por trazer o depoimento pessoal do expert sobre os temas de prova, perante o juízo, podendo reduzir os debates de interpretação que, por vezes, acompanham o laudo pericial tradicional, e, de outro lado, por permitir maior flexibilidade e simplificação na coleta das informações relevantes para decisão. Nessa perspectiva, converge a doutrina, igualmente, no sentido de, embora silenciando o CPC/2015 sobre o procedimento de inquirição do expert, ser dada oportunidade de as partes e os seus assistentes técnicos participarem da inquirição, em acordo com o direito ao contraditório e à ampla defesa.[59]

1.3.3 Efetividade do processo

Uma das preocupações mais candentes em matéria de tutela de direitos é a da efetividade do processo. Isso porque, segundo a experiência prática amplamente reconhecida, a morosidade processual e a sua projeção excessiva no tempo, assim como a ausência de uma resposta prática adequada para o lesado que busca no Poder Judiciário a proteção legítima de seus interesses, vêm em prejuízo dos menos favorecidos – que não possuem

---

[57] STJ, AgRg no AREsp 798.652/MS, 4ª Turma, Rel. Min. Luis Felipe Salomão, j. 24.11.2015, *DJe* 01.12.2015.

[58] STJ, AgRg no AgRg no AREsp 575.905/MS, 4ª Turma, Rel. Min. Raul Araújo, j. 07.04.2015, *DJe* 29.04.2015.

[59] BRAGA, Paula Sarno. Comentários ao art. 364. In: WAMBIER, Teresa Arruda Alvim et al. (coord.). *Breves comentários ao novo Código de processo civil*. São Paulo: Ed. RT, 2015. p. 1181; WAMBIER, Teresa Arruda Alvim et al. *Primeiros comentários ao novo Código de Processo Civil*: artigo por artigo. São Paulo: Ed. RT, 2015. p. 749.

PARTE IV · Cap. 1 · TUTELA PROCESSUAL DO CONSUMIDOR | 985

condições de arcar com os custos da demanda por período tão grande[60] ou com a tibieza de seu resultado prático –, além de servirem de estímulo ao ofensor do direito que é demandado, à repetição da conduta antijurídica. A noção de efetividade, nesse sentido, como ensina Cândido Rangel Dinamarco, constitui "expressão resumida da ideia de que o processo deve ser apto a cumprir integralmente toda a sua função sociopolítica-jurídica, atingindo em toda a sua plenitude todos os seus escopos institucionais".[61]

O microssistema do CDC, ao dispor sobre a tutela judicial do consumidor empregou grande ênfase à busca da efetividade dessa proteção. Nesse sentido, estabeleceu previsão tanto de novos direitos subjetivos quanto de instrumentos para conferir maior amplitude e efetividade às normas de proteção estabelecidas. Assim, tanto a possibilidade de provimentos antecipatórios dotados de coercitividade (como no caso do artigo 84 do CDC, e a imposição de multa por descumprimento)[62] quanto a adoção de sentenças mandamentais ou, na ação coletiva, o aproveitamento dos efeitos úteis da sentença de procedência por todos os interessados configuram avanço considerável do processo de defesa do consumidor no CDC, incorporados, alguns deles, na sistemática geral do processo a partir das reformas do Código de Processo Civil iniciadas em 1994.

Existem, no CDC, três eixos básicos de promoção do direito à efetividade do processo: (a) a possibilidade de prevenção do aparecimento do dano, por intermédio do provimento antecipatório; (b) a ampliação da tutela coletiva a partir das normas consideradas no binômio legitimação para agir – efeitos da coisa julgada; e (c) a facilitação da tutela do direito do consumidor, com a possibilidade de inversão do ônus da prova. No primeiro caso, o artigo 84 do CDC estabelece que, nas ações de cumprimento das obrigações de fazer e não fazer, o juiz concederá a tutela específica ou determinará providências que assegurem resultado prático equivalente, admitindo a conversão em perdas e danos apenas por opção do autor ou diante da impossibilidade de provimento específico. Da mesma forma, a antecipação da tutela[63] e a possibilidade de cominação de multa diária em caso

---

[60]   Nesse sentido a lição de: TROCKER, Nicolò. *Processo civile e costituzione*. Milano: Giuffrè, 1974. p. 276-277.

[61]   DINAMARCO, Cândido Rangel. *A instrumentalidade do processo*. 7. ed. São Paulo: Malheiros Editores, 1999. p. 270.

[62]   "Agravo de instrumento. Cadastro em órgãos de restrição ao crédito pendente demanda judicial. Fixação de multa diária para o caso de descumprimento de decisão judicial. 1 – Enquanto sub judice a existência do débito ou o montante que a ele corresponde, autorizada está a concessão da tutela antecipatória, no sentido de que seja suspensa a inscrição do nome do devedor nos cadastros de inadimplentes. Ilegitimidade do agravante por eventuais anotações efetuadas no CADIN e SCI, cadastros restritos às instituições financeiras federais. 2 – Cabível a fixação de multa para o caso de descumprimento de determinação judicial, que tem caráter coercitivo e objetiva a compelir a parte a agir conforme a decisão. Previsão expressa nas disposições do CDC, artigo 84, § 4º. Fixação do *dies a quo* para a incidência da multa a partir da citação do devedor em eventual ação de execução de obrigação de fazer. 3. Conforme entendimento adotado por esta Câmara, não é possível a vedação do protesto de forma genérica, em ação ordinária de cunho revisional, sob pena de impedir o acesso do credor aos remédios legais previstos no ordenamento jurídico para satisfação do seu crédito. 4 – O artigo 6º, VIII, do CDC permite que o julgador inverta o ônus da prova em favor do consumidor, comprovada a hipossuficiência deste. Tal dispositivo autoriza, então, que o juiz determine ao banco a juntada dos contratos firmados, até porque, normalmente, é ele o único detentor de tais documentos. Decisão monocrática dando parcial provimento" (TJRS, AgIn 70.010.322.675, 12ª Câm. Cív., Rel. Marcelo Cezar Muller, j. 22.11.2004).

[63]   A antecipação da tutela é prevista expressamente pelo artigo 273 do CPC, desde a reforma de 1994. Sobre o tema, veja-se a lição de: ZAVASCKI, Teori. *Antecipação da tutela*. São Paulo: Saraiva, 1997. p. 69.

de descumprimento são providências que vêm, notadamente, em benefício do titular do direito. Inclusive no caso da antecipação da tutela, esta é expressamente prevista pelo artigo 84 do CDC, no tocante às ações visando ao cumprimento específico das obrigações de fazer e não fazer. Esse sistema se preserva em relação ao Código de Processo Civil de 2015. A interação entre os sistemas do CDC e do Código de Processo Civil anterior, reconhecida no direito brasileiro,[64] preserva-se em relação ao CPC/2015. Isso é, particularmente, visível em relação às modalidades de tutela provisória previstas na nova legislação, que define melhor tecnicamente as hipóteses de antecipação de tutela – que é técnica processual – previstas no código revogado (artigo 273), bem como a tutela propriamente dita, que é a realização do interesse do autor da ação.[65]

O CPC/2015 distingue a tutela provisória em tutela de urgência e tutela de evidência. Afirma a legislação, por sua vez, a distinção entre a técnica processual de antecipação de tutela e a natureza da tutela em si, que poderá ser satisfativa ou cautelar (artigos 303 e 305). A tutela de urgência "será concedida quando houver elementos que evidenciem a probabilidade do direito e o perigo de dano ou o risco ao resultado útil do processo" (artigo 300 do CPC/2015). Já a tutela de evidência terá lugar "independentemente da demonstração de perigo de dano ou de risco ao resultado útil do processo, quando: I – ficar caracterizado o abuso do direito de defesa ou o manifesto propósito protelatório da parte; II – as alegações de fato puderem ser comprovadas apenas documentalmente e houver tese firmada em julgamento de casos repetitivos ou em súmula vinculante; III – se tratar de pedido reipersecutório fundado em prova documental adequada do contrato de depósito, caso em que será decretada a ordem de entrega do objeto custodiado, sob cominação de multa; IV – a petição inicial for instruída com prova documental suficiente dos fatos constitutivos do direito do autor, a que o réu não oponha prova capaz de gerar dúvida razoável" (artigo 311 do CPC/2015). No caso das hipóteses dos incisos II e III, autoriza a norma que o juiz possa decidir liminarmente a questão (artigo 311, parágrafo único). Segundo sugere a doutrina, a tutela de evidência justifica-se em face da inconsistência da defesa do réu,[66] atual ou futura, ou seja, diante da probabilidade em tal grau que se reveste como evidente, de modo que mereça um tratamento diferenciado em vista do tempo de duração do processo.[67]

Da mesma forma, será útil à proteção dos interesses legítimos do consumidor a possibilidade de requerimento da tutela antecipada antecedente e sua estabilização, nos termos dos artigos 303 e 304 do CPC/2015. Dispõe o artigo 303, *caput*, do CPC: "Nos

---

[64] MANCUSO, Rodolfo de Camargo. *Manual do consumidor em juízo*. 4. ed. São Paulo: Saraiva, 2007. p. 182.

[65] A distinção doutrinária, de grande relevância para compreensão, inclusive, da própria estrutura do CPC/2015, tem suas origens no direito comparado. Nesse sentido, seja concedido remeter-se, pelo caráter didático da exposição, no direito italiano, a: COMOGLIO, Luigi Paolo; FERRI, Corrado; TARUFFO, Michele. *Lezioni sul processo civile*: il processo ordinario di cognizione. Bologna: Il Mulino, 2006. p. 68 e ss.

[66] MITIDIERO, Daniel. Comentário ao art. 311. In: WAMBIER, Teresa Arruda Alvim et al. (coord.). *Breves comentários ao novo Código de processo civil*. São Paulo: Ed. RT, 2015. p. 796.

[67] FUX, Luiz. *Tutela de segurança e tutela de evidência*. São Paulo: Saraiva, 1996. p. 321. Não escapa à doutrina que a concessão da tutela de evidência poderá resultar no efeito secundário de reduzir a resistência da parte demandada, estimulando a autocomposição do litígio. Conforme: PEYRANO, Jorge. Novedades procesuales: la tutela de evidencia. *Revista de Processo*, São Paulo, v. 189, p. 266-269, nov. 2010.

PARTE IV · Cap. 1 · TUTELA PROCESSUAL DO CONSUMIDOR | **987**

casos em que a urgência for contemporânea à propositura da ação, a petição inicial pode limitar-se ao requerimento da tutela antecipada e à indicação do pedido de tutela final, com a exposição da lide, do direito que se busca realizar e do perigo de dano ou do risco ao resultado útil do processo". Da mesma forma, refere o artigo 304: "A tutela antecipada, concedida nos termos do art. 303, torna-se estável se da decisão que a conceder não for interposto o respectivo recurso". Pode ocorrer que, tendo o consumidor urgência no reconhecimento de sua pretensão, requeira a tutela antecipada e esta se configure com caráter satisfativo à sua pretensão, considerando a cessação da situação que justificou o requerimento.[68] É a hipótese da pretensão para exclusão ou retificação de dados inscritos indevidamente em bancos de dados de proteção ao crédito, ou, ainda, o fornecimento de documentos do aluno de instituição de ensino que se recuse a fornecê-los em razão de inadimplência. Nesses casos, pode o pedido da ação consistir apenas na dedução do pedido de tutela antecipada e da tutela final, com repercussões evidentes para a economia processual e a efetividade da tutela, uma vez que, com a ausência de recurso pela parte contrária àquela em favor de quem se concedeu a tutela, o processo se extingue (artigo 304, § 1º, do CPC).

No caso das ações coletivas, o CDC estabelece ampla possibilidade de benefício dos interessados em relação aos efeitos de procedência das ações, visto que, em matéria de direitos difusos e coletivos, a improcedência da ação coletiva, como refere o CDC, não prejudica os direitos individuais das partes, eventualmente conexos aos que foram objeto da ação (artigo 103, § 1º), assim como, em relação aos direitos individuais homogêneos, a improcedência não atinge os interessados que não tiverem intervindo no processo (artigo 103, § 2º).

Desse modo, como afirma Bedaque, "a conscientização de que o processo vale não tanto pelo que é, mas fundamentalmente pelos resultados que produz, tem levado estudiosos a reexaminar os institutos processuais, a fim de sintonizá-los com a nova perspectiva metodológica da ciência".[69] Nesse sentido, o CDC tem, também no campo do processo, o caráter renovador de incorporar normas com vista a uma maior efetividade para proteção do consumidor vulnerável que conserva, no processo para tutela jurisdicional dos seus direitos, uma condição de hipossuficiência em relação ao fornecedor.

1.3.4 Métodos de autocomposição e meios alternativos de solução de conflitos

O aumento exponencial das demandas judiciais versando sobre relações de consumo, tanto nos juizados especiais cíveis quanto na Justiça comum, o elevado tempo de conclusão desses processos e, por vezes, o custo para o próprio Estado e para o consumidor, superior ao interesse lesado do qual se pretende a tutela, vêm acentuando a discussão sobre a utilização, na solução de demandas de consumo, de métodos de autocomposição,

---

[68] RANGEL, Rafael Calmon. A estabilização da tutela antecipada antecedente nas demandas de consumo. *Revista de Direito do Consumidor*, São Paulo, v. 107, p. 509-528, set.-out. 2016.

[69] BEDAQUE, José Roberto dos Santos. *Direito e processo*: influência do direito material sobre o processo. 3. ed. São Paulo: Malheiros Editores, 2003. p. 16. Registrando essa tendência processual de promoção da efetividade, porém recomendando seu balanceamento com as garantias processuais, veja-se: BARBOSA BARBOSA MOREIRA, José Carlos. Efetividade do processo e técnica processual. *Revista de Processo*, São Paulo, v. 77, p. 168-176, jan.-mar. 1995.

assim como métodos alternativos de solução de conflitos. Tais discussões ganharam força no direito brasileiro a partir da promulgação do Código de Processo Civil, em 2015, que disciplina e incentiva métodos de autocomposição, por intermédio da conciliação judicial e da mediação. Entre os deveres do juiz, estabelece o artigo 139, V, do CPC/2015: "promover, a qualquer tempo, a autocomposição, preferencialmente com auxílio de conciliadores e mediadores judiciais". Da mesma forma, já há mais tempo, identifica-se, em especial mediante recurso a experiências de outros sistemas jurídicos, a possibilidade de utilização da arbitragem e seus limites nos litígios relativos ao direito do consumidor. Examinem-se ambas as questões a seguir.

1.3.4.1   Mediação e conciliação

A mediação e a conciliação, para além de medidas de iniciativa do juiz, revelam-se como medidas de política judiciária, conforme define o artigo 165, *caput*, do CPC/2015: "Os tribunais criarão centros judiciários de solução consensual de conflitos, responsáveis pela realização de sessões e audiências de conciliação e mediação e pelo desenvolvimento de programas destinados a auxiliar, orientar e estimular a autocomposição". Da mesma forma, admite-se a formação de câmaras privadas de conciliação e mediação, com seus profissionais inscritos em cadastros nacionais ou do respectivo tribunal em que atuem (artigo 167 do CPC/2015). Indica o CPC que "o conciliador, que atuará preferencialmente nos casos em que não houver vínculo anterior entre as partes, poderá sugerir soluções para o litígio, sendo vedada a utilização de qualquer tipo de constrangimento ou intimidação para que as partes conciliem" (artigo 165, § 2º). Por sua vez, o mediador "atuará preferencialmente nos casos em que houver vínculo anterior entre as partes, auxiliará aos interessados a compreender as questões e os interesses em conflito, de modo que eles possam, pelo restabelecimento da comunicação, identificar, por si próprios, soluções consensuais que gerem benefícios mútuos" (artigo 165, § 3º).

De fato, a utilidade dos meios de conciliação e mediação em matéria de consumo pode resultar em benefícios para a celeridade da solução das demandas dos consumidores, com redução dos custos para o sistema judicial e para as próprias partes envolvidas. Não é por outra razão que, desde logo, já se percebe o incentivo dos órgãos do Poder Judiciário a esses métodos de solução de controvérsias. No entanto, é preciso atentar-se a algumas peculiaridades do seu exame especialmente em relação às relações de consumo. Primeiramente, note-se que é dever do fornecedor oferecer canais de atendimento aos consumidores, em especial por intermédio dos serviços de atendimento ao consumidor, exigência normativa para os fornecedores de serviços, regulada pela União, nos termos do Decreto Federal 11.034/2022. Nesse particular, o recurso dos consumidores ao Poder Judiciário, seja por intermédio de ações judiciais propostas segundo o procedimento comum, sejam mediante aquelas propostas no âmbito dos juizados especiais cíveis, revela, muitas vezes, o próprio desinteresse ou incapacidade do fornecedor de conhecer diretamente eventuais inconformismos do consumidor ou ausência de disposição em atender ao requerido por ele. Não se pode pretender que a utilização da conciliação e da mediação se revele como um custo a mais a ser suportado pelo Poder Público em vista da ineficiência dos fornecedores em promover um atendimento adequado aos consumidores. Nesse ponto, é necessário atentar-se para a distinção entre litigantes habituais e litigantes eventuais e o modo como os primeiros, utilizando-se da violação do direito e contando com o desestímulo para demandas, podem se utilizar do Poder Judiciário para, em uma economia de escala, obter vantagem global de múltiplas irregularidades de pequena repercussão financeira praticadas em relação a um número expressivo de vítimas. Esse comportamento não é desconhecido no âmbito das relações de consumo no Brasil.

É evidente, contudo, a utilidade da conciliação e da mediação para a solução mais rápida de demandas que envolvam relações de consumo. Para tanto, será necessário considerar, em primeiro lugar, a vulnerabilidade do consumidor, especialmente em relação à igualdade das partes reconhecida como um dos aspectos elementares comuns à conciliação e à mediação. Conforme bem assinala Fabiana D'Andrea Ramos, a exigência de igualdade não significa desconhecer a vulnerabilidade do consumidor nas relações de consumo, mas assegurar, na relação que se estabeleça, seja na conciliação, seja na mediação, o equilíbrio entre as posições jurídicas, de modo que a desigualdade fática entre consumidor e fornecedor deverá ter em vista essa circunstância peculiar, gerando para o conciliador ou o mediador a necessidade de adotar métodos ou procedimentos que compensem essa situação, assim como alertar o consumidor quando as opções em debate sejam excessivamente prejudiciais ao seu interesse.[70]

Refira-se, ainda, quanto à exigência de imparcialidade e independência do conciliador ou do mediador, a consideração de que não pode ele exercer, ao mesmo tempo, a representação do grupo de algum dos envolvidos com interesse na causa. Assim, a princípio, elimina-se a possibilidade de que seja conciliador ou mediador um representante de entidades de fornecedores, ou de associações de consumidores, por exemplo. Nada impede, contudo, que a conciliação ou a mediação se estabeleçam por intermédio de particulares, com o acompanhamento de autoridades públicas, como ocorreu já em programas de indenização de vítimas e familiares de vítimas de acidentes aéreos;[71] ou se cogitem mesmo que os próprios órgãos administrativos de defesa do consumidor se ocupem dessa atividade.[72] Tais procedimentos têm por fim assegurar a própria confiança que deve resultar dos meios de autocomposição de conflitos.

É preciso dar ênfase, entretanto, a um aspecto essencial. A adoção da conciliação, da mediação, ou, ainda, de qualquer outro método de autocomposição de conflitos, não pode, de modo direto ou indireto, impedir o acesso do consumidor ao Poder Judiciário, e a possibilidade de deduzir sua pretensão para conhecimento de um juiz. Imperativo, aqui, o direito fundamental de acesso à Justiça, consagrado no artigo 5º, XXXV, da Constituição da República: "A lei não excluirá da apreciação do Poder Judiciário lesão ou ameaça a direito". A conveniência de uma solução não significa qualquer solução porque mais rápida. É da essência da conciliação e da mediação o respeito ao interesse das partes.

---

[70] RAMOS, Fabiana D'Andrea. Métodos autocompositivos e respeito à vulnerabilidade do consumidor. In: MARQUES, Claudia Lima; REICHELT, Luis Alberto. *Diálogos entre o direito do consumidor e o novo CPC*. São Paulo: Ed. RT, 2017. p. 74.

[71] RAMOS, Fabiana D'Andrea. Métodos autocompositivos e respeito à vulnerabilidade do consumidor. In: MARQUES, Claudia Lima; REICHELT, Luis Alberto. *Diálogos entre o direito do consumidor e o novo CPC*. São Paulo: Ed. RT, 2017. p. 75.

[72] MONTEIRO FILHO, Carlos Édison do Rêgo. O problema da massificação das demandas consumeristas: atuação do Procon e proposta de solução à luz do direito contemporâneo. *Revista de Direito do Consumidor*, São Paulo, v. 108, p. 293-313, nov.-dez. 2016.

Isso também é verdadeiro em relação à imposição ao consumidor, como exigência prévia à proposição de ação judicial, de procedimentos que demonstrem iniciativa de solução administrativa do conflito, antes de levá-lo ao conhecimento do Poder Judiciário. A jurisprudência brasileira vem reconhecendo essa hipótese em situações como o caso de vício do produto ou do serviço, em que a reclamação ao fornecedor, prévia à proposição da ação, caracteriza a pretensão e o respectivo interesse processual. Isso ocorre, igualmente, em relação à ação de exibição de documentos, em que a demonstração do requerimento direto ao fornecedor é condição para reconhecimento do interesse de agir.[73]

Todavia, observe-se que esse mesmo entendimento não pode prevalecer em relação ao acesso ou à postulação mediante serviços administrativos, oferecidos pelos órgãos de defesa do consumidor. Não pode a pretensão judicial estar condicionada a anterior postulação junto aos Procons, ou, ainda, à plataforma virtual oferecida pela Secretaria Nacional do Consumidor, conhecida como "Consumidor.gov", e à resposta do fornecedor por esse intermédio. Sob pena de caracterizar obstáculo sem previsão legal e flagrantemente inconstitucional ao acesso do consumidor à jurisdição.[74] Ao lado de evidente risco da exclusão digital, que afeta, sobretudo, consumidores idosos e sem familiaridade com as novas tecnologias,[75] não é demais lembrar que o consumidor, ao procurar o Poder Judiciário, muitas vezes já buscou resolver sua questão diretamente com o fornecedor, ainda que sem intermediação do Estado. Exigir mais essa intermediação é buscar onerar o consumidor em tempo de espera ainda maior do que aquele em que ele já suporta eventual inadimplemento. Lamentavelmente, contudo, esse tem sido o entendimento sustentado por parte da jurisprudência nacional.[76]

---

[73] STJ, REsp 1.304.736/RS, 2ª Seção, Rel. Min. Luis Felipe Salomão, j. 24.02.2016, *DJe* 30.03.2016.

[74] Tendo em comum a contrariedade à imposição de condições não previstas em lei como obstáculos ao exercício do direito de ação, um efeito secundário da restrição do acesso ao Poder Judiciário bem registrado pela doutrina é que, ao retirar dele "a possibilidade de julgamento dos conflitos massificados, reduz-se consideravelmente a possibilidade de alteração da realidade social", conforme: REHBEIN, Veridiana Maria. Soluções consensuais nas relações de consumo. *Revista de Direito do Consumidor*, São Paulo, v. 112, p. 397-433, jul.-ago. 2017; REICHELT, Luis Alberto; BASCHIROTTO, Maria Lucia Galvane. Por uma leitura crítica da plataforma consumidor.gov.br sob a ótica do direito fundamental de acesso à justiça. *Revista de Direito do Consumidor*, São Paulo, v. 146, p. 235-250, mar.-abr. 2023.

[75] FACHIN, Luiz Edson; SILVA, Roberta Zumblick Martins da. Direito do consumidor, novas tecnologias e inclusão digital. *Revista de Direito do Consumidor*, São Paulo, v. 139, p. 19-29, jan.-fev. 2022.

[76] "Apelação cível. Direito privado não especificado. Ação declaratória de nulidade para cancelamento de registro. Determinação de solução do conflito de consumo por meio do projeto solução direta-consumidor não atendida. Ausência de interesse processual configurado. Extinção do feito. O interesse processual só existe quando a parte necessita da atividade do Estado-Juiz para a tutela do direito reclamado, que, de outra forma, não seria obtida, situação não verificada no caso concreto, na medida em que a autora optou por ignorar a determinação judicial de prévia tentativa de solução do litígio por meio do projeto Solução Direta-Consumidor, criado pelo Poder Judiciário gaúcho em parceria com a Secretaria Nacional do Consumidor do Ministério da Justiça (determinação essa entendida e reconhecida como válida por este órgão fracionário), impondo-se a manutenção do decreto de extinção do feito, com fundamento no artigo 485, inciso VI, do Código de Processo Civil. Apelação desprovida" (TJRS, ApCív 70074812744, 12ª Câmara Cível, Rel. Ana Lúcia Carvalho Pinto Vieira Rebout, j. 19.10.2017). No mesmo sentido: "Apelação cível. Direito privado não especificado. Telefonia. Ação declaratória de inexigibilidade de débito. Projeto solução direta-consumidor. – Cada demanda nova no Judiciário implica congestionamento, talvez o fenômeno mais corrosivo à jurisdição contemporânea. Nessa linha, o congestionamento *in genere* constitui fator de relevância na exegese legal necessária para resolver o problema da efetividade da prestação jurisdicional. – Ocorrendo um conflito entre o direito individual ao ajuizamento de uma

1.3.4.2 Arbitragem de consumo

A possibilidade de utilização da arbitragem como método de decisão dos litígios que envolvem relações de consumo é tema que desperta atenção cada vez maior no direito brasileiro. Inicialmente, a rejeição da possibilidade de recorrer-se à arbitragem de consumo constituía unanimidade, ademais pelo entendimento de constituir-se em um obstáculo ao acesso à Justiça, garantia fundamental e direito básico do consumidor assegurado em lei (artigo 6º, VII, do CDC). Da mesma forma, considerando a noção de igualdade que deve presidir a relação entre as partes na arbitragem, colocava-se em causa a possibilidade de celebração de contrato de adesão com cláusula compromissória de arbitragem, sem esta se caracterizar como cláusula abusiva. Nesses termos, o artigo 51, VII, do CDC refere, expressamente, no rol de suas cláusulas abusivas, aquelas que "determinem a utilização compulsória de arbitragem".

No entanto, é forçoso observar que o CDC não proíbe, expressamente, a realização da arbitragem, sobretudo quando se dê em comum acordo entre o consumidor e o fornecedor. Naturalmente que milita contra a hipótese a dificuldade de preservar-se a autonomia do consumidor nos casos de litígio, em especial quanto à exata compreensão sobre a natureza facultativa do procedimento em face da possibilidade de recorrer-se diretamente ao Poder Judiciário.[77] Sabe-se, contudo, que não se cogita, no sistema jurídico brasileiro, de incompatibilidade entre a arbitragem e a garantia de acesso à Justiça (artigo 5º, XXXV, da Constituição da República), conforme, aliás, foi definido pelo STF ao confirmar a constitucionalidade da Lei de Arbitragem (Lei 9.307/1996).[78] Afinal, o que se exclui é o conhecimento do juiz sobre a causa, mas não do acesso à jurisdição, que continuaria sendo realizada na figura do árbitro.[79]

Há argumentos sedutores em relação às vantagens da arbitragem, remetendo a decisão a árbitros particulares, em vez da decisão pelo juiz, submetendo-se ao processo judicial. Nos contratos empresariais, tem destaque a possibilidade de utilizar-se do conhecimento especializado do árbitro nas questões submetidas à sua decisão, a celeridade e racionalidade da decisão. Nas relações de consumo, entretanto, é de se notar que a proteção jurídica do consumidor diz respeito justamente à intervenção do Estado nas relações entre consumidores e fornecedores, a fim de limitar a autonomia das partes em vista da proteção do vulnerável. Essas peculiaridades fazem que se coloque em discussão

---

demanda e o interesse coletivo ao menor congestionamento, é viável ao Juiz tratar do caso na perspectiva da regulação da coexistência dos dois direitos, excluindo o primeiro e preservando a ideia de menor congestionamento, porque obviamente mais relevante do ponto de vista social, razão de estarmos falando em abuso de direito, este, reconhecível até de ofício. – É legal a decisão que suspende o andamento do feito até a comprovação da tentativa da solução extra e pré-judicial, pelo mecanismo oficial ofertado pelo TJRS, da solução do conflito antes da judicialização, sob pena de extinção, por carência de ação. Apelo desprovido" (STJ, ApCív 70074607888, 17ª Câmara Cível, Rel. Gelson Rolim Stocker, j. 31.08.2017).

[77] Para um inventário atual das críticas à admissão da arbitragem de consumo no direito brasileiro, veja-se: SQUEFF, Tatiana; ANDERLE, Andressa. Inaplicabilidade da arbitragem nas relações de consumo. In: CARVALHO, Diógenes F. de; FERREIRA, Vitor Hugo Amaral; SANTOS, Nivaldo dos (org.). *Sociedade de consumo*: pesquisas em direito do consumidor. Goiânia: Espaço Acadêmico, 2017. v. 3. p. 71 e ss.

[78] SE-AgR 5.206/EP, Rel. Min. Sepúlveda Pertence, j. 12.12.2001, *DJU* 30.04.2004, p. 29.

[79] NERY JUNIOR, Nelson et al. *Código Brasileiro de Defesa do Consumidor*: comentado pelos autores do anteprojeto. 8. ed. Rio de Janeiro: Forense Universitária, 2004. p. 580-581.

uma série de questões, por exemplo: a quem caberiam as despesas com a remuneração dos árbitros e demais custos do procedimento arbitral; a possibilidade de a desigualdade econômica das partes influenciar a decisão dos árbitros; a falta de conhecimento do consumidor quanto ao procedimento e às suas peculiaridades; entre outras questões. Dessa forma, inclusive, é de se reconhecer que, mesmo em sistemas nos quais há previsão de arbitragem dos litígios de consumo, se coloca em causa se ela não deva se estruturar de modo substancialmente distinto, mediante recurso à arbitragem institucional com árbitros permanentes e a participação equidistante do Estado.[80] Nesse sentido, a Constituição e o CDC impõem ao Estado uma série de deveres destinados a assegurar a efetividade dos direitos dos consumidores.

Nesse particular, registre-se que a Lei 13.129/2015, que introduziu alterações à redação original da Lei da Arbitragem, previu, expressamente, no texto aprovado pelo Congresso Nacional, a possibilidade da arbitragem de consumo, ao incluir o § 3º ao artigo 4º da Lei 9.307/1996, referindo que, "na relação de consumo estabelecida por meio de contrato de adesão, a cláusula compromissória só terá eficácia se o aderente tomar a iniciativa de instituir a arbitragem ou concordar expressamente com a sua instituição". Essa disposição, contudo, foi vetada pela presidente da República, contando como razões do veto que, "da forma prevista, os dispositivos alterariam as regras para arbitragem em contrato de adesão. Com isso, seria autorizado, de forma ampla, a arbitragem nas relações de consumo, sem deixar claro que a manifestação de vontade do consumidor deva se dar também no momento posterior ao surgimento de eventual controvérsia e não apenas no momento inicial da assinatura do contrato. Em decorrência das garantias próprias do direito do consumidor, tal ampliação do espaço da arbitragem, sem os devidos recortes, poderia significar um retrocesso e ofensa aos princípios de proteção do consumidor".

O CDC, contudo, não veda, expressamente, a instituição de compromisso arbitral.[81] Conforme refere Nelson Nery Junior, a interpretação *a contrario sensu* do artigo 51, VII, veda apenas a arbitragem compulsória. Não havendo compulsoriedade, mas expressa aceitação do consumidor, nada impede sua utilização.[82] Nesse sentido, aliás, seria possível sua articulação com o artigo 4º, § 2º, da Lei de Arbitragem, que estabelece: "Nos contratos de adesão, a cláusula compromissória só terá eficácia se o aderente tomar a iniciativa de instituir a arbitragem ou concordar, expressamente, com a sua instituição, desde que por escrito em documento anexo ou em negrito, com a assinatura ou visto especialmente para essa cláusula".

A jurisprudência do STJ reconheceu, expressamente, a possibilidade de arbitragem de consumo, ao decidir sobre a validade de convenção de arbitragem estabelecida em

---

[80] MENEZES CORDEIRO, António. A arbitragem de consumo. In: PINTO MONTEIRO, António et al. *Estudos de Direito do Consumidor*. Actas do Colóquio. Resolução alternativa de litígios do consumo, n. 11. Coimbra: Centro de Direito do Consumo, 2016. p. 71.

[81] Antônio Junqueira de Azevedo sustenta que, enquanto a cláusula compromissória de fato se encontra vedada no sistema do CDC, por força do artigo 51, VII, o mesmo não se diz do compromisso arbitral, espécie de convenção das partes em que é possível decidir, inclusive por equidade, desde que "dentro do limite das normas cogentes do Código de Defesa do Consumidor" (AZEVEDO, Antônio Junqueira de. A arbitragem e o direito do consumidor (*Arbitration and consumer's rights*). *Estudos e pareceres de direito privado*. São Paulo: Ed. RT, 2004. p. 235-245).

[82] NERY JUNIOR, Nelson et al. *Código Brasileiro de Defesa do Consumidor*: comentado pelos autores do anteprojeto. 8. ed. Rio de Janeiro: Forense Universitária, 2004. p. 581-582.

contrato de financiamento imobiliário.[83] Da mesma forma, firmou-se o entendimento no sentido de que "o art. 51, VII, do CDC limita-se a vedar a adoção prévia e compulsória da arbitragem, no momento da celebração do contrato, mas não impede que, posteriormente, diante de eventual litígio, havendo consenso entre as partes (em especial a aquiescência do consumidor), seja instaurado o procedimento arbitral".[84] Anote-se, todavia, que essa possibilidade não elimina o exame da concordância expressa do consumidor em dois momentos distintos da relação entre os contratantes: primeiro, na aceitação da cláusula compromissória, quando da celebração do contrato de consumo e, da mesma maneira, quando da instauração do procedimento arbitral pelo consumidor, ou seu consentimento expresso quando instaurado pelo fornecedor.

---

[83] "Direito processual civil e consumidor. Contrato de financiamento imobiliário. Contrato de adesão. Convenção de arbitragem. Possibilidade, respeitados determinadas exceções. 1. Um dos nortes a guiar a Política Nacional das Relações de Consumo é exatamente o incentivo à criação de mecanismos alternativos de solução de conflitos de consumo (CDC, art. 4º, § 2º), inserido no contexto de facilitação do acesso à Justiça, dando concretude às denominadas 'ondas renovatórias do direito' de Mauro Cappelletti. 2. Por outro lado, o art. 51 do CDC assevera serem nulas de pleno direito 'as cláusulas contratuais relativas ao fornecimento de produtos e serviços que: VII – determinem a utilização compulsória de arbitragem'. A *mens legis* é justamente proteger aquele consumidor, parte vulnerável da relação jurídica, a não se ver compelido a consentir com qualquer cláusula arbitral. 3. Portanto, ao que se percebe, em verdade, o CDC não se opõe a utilização da arbitragem na resolução de conflitos de consumo, ao revés, incentiva a criação de meios alternativos de solução dos litígios; ressalva, no entanto, apenas, a forma de imposição da cláusula compromissória, que não poderá ocorrer de forma impositiva. 4. Com a mesma *ratio*, a Lei n. 9.307/1996 estabeleceu, como regra geral, o respeito à convenção arbitral, tendo criado, no que toca ao contrato de adesão, mecanismos para proteger o aderente vulnerável, nos termos do art. 4º, § 2º, justamente porque nesses contratos prevalece a desigualdade entre as partes contratantes. 5. Não há incompatibilidade entre os arts. 51, VII, do CDC e 4º, § 2º, da Lei n. 9.307/96. Visando conciliar os normativos e garantir a maior proteção ao consumidor é que entende-se que a cláusula compromissória só virá a ter eficácia caso este aderente venha a tomar a iniciativa de instituir a arbitragem, ou concorde, expressamente, com a sua instituição, não havendo, por conseguinte, falar em compulsoriedade. Ademais, há situações em que, apesar de se tratar de consumidor, não há vulnerabilidade da parte a justificar sua proteção. 6. Desarte, a instauração da arbitragem pelo consumidor vincula o fornecedor, mas a recíproca não se mostra verdadeira, haja vista que a propositura da arbitragem pelo policitante depende da ratificação expressa do oblato vulnerável, não sendo suficiente a aceitação da cláusula realizada no momento da assinatura do contrato de adesão. Com isso, evita-se qualquer forma de abuso, na medida em o consumidor detém, caso desejar, o poder de libertar-se da via arbitral para solucionar eventual lide com o prestador de serviços ou fornecedor. É que a recusa do consumidor não exige qualquer motivação. Propondo ele ação no Judiciário, haverá negativa (ou renúncia) tácita da cláusula compromissória. 7. Assim, é possível a cláusula arbitral em contrato de adesão de consumo quando não se verificar presente a sua imposição pelo fornecedor ou a vulnerabilidade do consumidor, bem como quando a iniciativa da instauração ocorrer pelo consumidor ou, no caso de iniciativa do fornecedor, venha a concordar ou ratificar expressamente com a instituição, afastada qualquer possibilidade de abuso. 8. Na hipótese, os autos revelam contrato de adesão de consumo em que fora estipulada cláusula compromissória. Apesar de sua manifestação inicial, a mera propositura da presente ação pelo consumidor é apta a demonstrar o seu desinteresse na adoção da arbitragem – não haveria a exigível ratificação posterior da cláusula –, sendo que o recorrido/fornecedor não aventou em sua defesa qualquer das exceções que afastariam a jurisdição estatal, isto é: que o recorrente/consumidor detinha, no momento da pactuação, condições de equilíbrio com o fornecedor – não haveria vulnerabilidade da parte a justificar sua proteção; ou ainda, que haveria iniciativa da instauração de arbitragem pelo consumidor ou, em sendo a iniciativa do fornecedor, que o consumidor teria concordado com ela. Portanto, é de se reconhecer a ineficácia da cláusula arbitral. 9. Recurso especial provido" (STJ, REsp 1.189.050/SP, 4ª Turma, Rel. Min. Luis Felipe Salomão, j. 01.03.2016, *DJe* 14.03.2016).

[84] STJ, REsp 1.854.483/GO, 3ª Turma, Rel. Min. Nancy Andrighi, j. 08.09.2020, *DJe* 16.09.2020.

Desse modo, embora a arbitragem seja admitida no sistema jurídico brasileiro, é do exame das circunstâncias concretas de sua previsão no contrato de adesão e da aceitação do consumidor, mediante esclarecimento pleno quanto às consequências da cláusula (em especial para evitar-se a caracterização da abusividade ao identificar-se como cláusula-surpresa), que se determinará a validade da convenção. Da mesma forma, do exame do procedimento arbitral em seus aspectos práticos é que se deverá verificar o atendimento aos direitos do consumidor quanto aos procedimentos que assegurem a tutela de aspectos indisponíveis da proteção legal, de ordem pública, que lhe é endereçada.

2

DIMENSÃO COLETIVA DA TUTELA DO CONSUMIDOR

2.1 TUTELA COLETIVA DO CONSUMIDOR

A ideologia tradicional do processo civil compreendia o fenômeno da relação processual exclusivamente como hipótese de conflito intersubjetivo, entre indivíduos que disputavam entre si, com a mediação e decisão do Estado, determinado bem da vida que polariza seus interesses.

Atualmente, assim como as relações jurídicas tornam-se massificadas, os conflitos delas decorrentes assumem esse mesmo caráter, dando ensejo a conflitos de massa (*mass tort cases*), cuja dinâmica e eficácia devem obedecer a esse caráter amplo, redefinindo aspectos como a legitimação ativa e os efeitos da decisão em vista dessa nova característica.[1] As vantagens da tutela coletiva de direitos são evidentes, pelo simples fato de que, a partir de uma só ação,[2] resulta decisão cuja eficácia destina-se à proteção de todos os titulares de direito violado.[3]

A tutela coletiva de direitos, a princípio, comporta o reconhecimento de interesses coletivos a serem reconhecidos e protegidos. Nesse sentido, três são os sentidos mais assentes do que se deva considerar como interesse coletivo: primeiro, a noção de interesse coletivo como *interesse pessoal de determinado grupo*; em seguida, seu reconhecimento como *soma de interesses individuais*; e, por fim, a noção de interesse coletivo como *síntese de interesses individuais*, hipótese em que interesses individuais são "atraídos por semelhança e harmonizados pelo fim comum", dando origem a uma espécie de *fenômeno coletivo*.[4]

---

[1] Veja-se, a respeito, as importantes observações de CAPPELLETTI, Mauro. Formazioni sociali e interessi di gruppo davanti alla giustizia civile. *Rivista di Diritto Processuale Civile*, Milano, n. 3, p. 361-402, 1975.

[2] Essa facilitação decorrente da maior eficácia da tutela coletiva é demonstrada, *a contrario sensu*, pelos esforços do legislador, no processo de reformas do Código de Processo Civil, em reduzir ou limitar a formação dos chamados litisconsórcios multitudinários, em que o contingente de autores de uma mesma ação seja muito numeroso. Nesse sentido parece ter vindo a redação do parágrafo único do artigo 46 do antigo CPC, ora reproduzido no art. 113, § 1º, do CPC/2015, que refere: "O juiz poderá limitar o litisconsórcio facultativo quanto ao número de litigantes na fase de conhecimento, na liquidação de sentença ou na execução, quando este comprometer a rápida solução do litígio ou dificultar a defesa ou o cumprimento da sentença". No § 2º do mesmo art. 113, consta: "O requerimento de limitação interrompe o prazo para manifestação ou resposta, que recomeçará da intimação da decisão que o solucionar".

[3] GRINOVER, Ada Pellegrini. A tutela jurisdicional dos interesses difusos no direito comparado. *A tutela dos direitos difusos*: jurisprudência, doutrina e trabalhos forenses. São Paulo: Max Limonad, 1984. p. 78-84.

[4] MANCUSO, Rodolfo de Camargo. *Interesses difusos*: conceito e legitimação para agir. 6. ed. São Paulo: Ed. RT, 2004. p. 55.

CURSO DE DIREITO DO CONSUMIDOR – *Bruno Miragem*

Contudo, além desses fatores, aponta Rodolfo de Camargo Mancuso, "o processo coletivo, por sua notória aptidão para resolver – com menor custo e duração – conflitos de largo espectro, próprios de uma sociedade de massa, por certo vem somar ao esforço que hoje se desenvolve para a consecução de um novo modelo, onde uma resposta judiciária possa resolver os megaconflitos, em modo isonômico, antes que eles se fragmentem em multifárias ações individuais".[5]

O CDC, ao regular a defesa do consumidor em juízo, privilegia a criação de uma nova sistemática de tutela de direitos, a título coletivo. Para tanto, estabelece a classificação de novas espécies de interesses e direitos a serem protegidos mediante tutela coletiva, quais sejam: *interesses* e *direitos difusos, coletivos* e *individuais homogêneos.* O traço comum de todos eles é a pluralidade de titulares, a justificar sua proteção por uma mesma e única demanda. Distinguem-se, entretanto, quanto ao traço da sua divisibilidade ou não. Enquanto os interesses e direitos difusos e coletivos caracterizam-se como transindividuais, ou seja, são indivisíveis e percebidos do mesmo modo por todos os seus titulares, os interesses e direitos individuais homogêneos são passíveis de proteção coletiva em vista de sua origem comum, mas percebidos pelos seus titulares de modo individual.

Com relação aos interesses e direitos individuais homogêneos, contudo, sua divisibilidade e a possibilidade de serem tutelados individualmente fazem que o CDC refira à possibilidade de que a pretensão objeto dessa demanda seja reclamada tanto por intermédio de ação coletiva quanto por cada titular do direito em questão, isoladamente, mediante demanda individual. A convivência da legitimação coletiva com a possibilidade de postulação individual configura a denominada *legitimação concorrente disjuntiva.*[6] A decisão do titular do direito em interpor ação individual ou de mantê-la no caso de a interposição da ação coletiva ser posterior paralisa, em relação a si, os efeitos da sentença da demanda coletiva quando esta é de improcedência. Nesse sentido, o artigo 103, § 2º, refere que, na hipótese dos direitos individuais homogêneos, "em caso de improcedência do pedido, os interessados que não tiverem intervindo no processo como litisconsortes poderão propor ação de indenização a título individual".

O exame da tutela coletiva do consumidor, assim, comportará: em primeiro lugar, a classificação dos interesses e direitos em disputa; em segundo lugar, a legitimação ativa para promoção das ações coletivas e os efeitos da sentença de procedência do pedido; em terceiro, o exame das regras atinentes à liquidação e à execução do julgado.

2.2 NOVA CLASSIFICAÇÃO DOS DIREITOS SUBJETIVOS E SUA TUTELA PROCESSUAL

A determinação de uma nova sistemática de tutela coletiva de direitos passa pelo reconhecimento de quais espécies de direitos serão objeto dessa via processual. Com

---

[5]   MANCUSO, Rodolfo de Camargo. *Jurisdição coletiva e coisa julgada*: teoria geral das ações coletivas. São Paulo: Ed. RT, 2007. p. 75.

[6]   Sobre essa característica do sistema brasileiro, mesmo antes da Lei da Ação Civil Pública e do CDC, encontrava exemplo na legitimação conferida à ação popular, como bem observa Barbosa Moreira, ao examinar o disposto na Lei 4.717/1965. BARBOSA MOREIRA, José Carlos. A proteção jurisdicional dos interesses coletivos e difusos. In: GRINOVER, Ada Pellegrini (coord.). *A tutela dos interesses difusos.* São Paulo: Max Limonad, 1984. p. 98-106.

PARTE IV · Cap. 2 · DIMENSÃO COLETIVA DA TUTELA DO CONSUMIDOR | 997

inspiração no direito estrangeiro,[7] a construção conceitual de novas espécies de direitos tuteláveis pela via coletiva tem como aspecto característico sua vinculação a fins eminentemente processuais, ainda que, em muitos casos, possa se reconhecer um caráter material em sua definição (por exemplo, a definição do direito ao meio ambiente como espécie de direito difuso, porque de titularidade difusa, cuja proteção, por conceito, deve se dar sempre pela via coletiva).

O artigo 81, parágrafo único, do CDC estabeleceu três espécies de interesses e direitos passíveis de tutela pela via coletiva: os *interesses ou direitos difusos*, os *interesses ou direitos coletivos* e os *interesses ou direitos individuais homogêneos*, definindo-os nos seguintes termos: "I – interesses ou direitos difusos, assim entendidos, para efeitos deste código, os transindividuais, de natureza indivisível, de que sejam titulares pessoas indeterminadas e ligadas por circunstâncias de fato; II – interesses ou direitos coletivos, assim entendidos, para efeitos deste código, os transindividuais, de natureza indivisível de que seja titular grupo, categoria ou classe de pessoas ligadas entre si ou com a parte contrária por uma relação jurídica base; III – interesses ou direitos individuais homogêneos, assim entendidos os decorrentes de origem comum".

Alguma discussão – de resto, hoje, sem maior repercussão prática – houve com relação à utilização da expressão combinada direitos e interesses, para designar as espécies passíveis de proteção via ação coletiva. Nesse sentido, ensina Rodolfo de Camargo Mancuso que "o acesso à justiça não é só franqueado a quem se afirme a titularidade de um direito subjetivo resistido ou insatisfeito, bem podendo ser judicializado um interesse, desde que legítimo (direitos reflexamente protegidos)".[8] O que muda, contudo, segundo o professor paulista, é o "critério para se caracterizar o interesse que é jurisdicionável: antes era só a titularidade que conduzia ao regime da coincidência entre a pessoa titular do direito e o autor da ação (legitimação ordinária); hoje evoluiu-se para o critério da relevância social, acoplado à idoneidade da representação em juízo".[9]

Assim, o CDC adota solução salomônica ao prever, de modo conjunto, a proteção de interesses e direitos. Isso porque, em certas circunstâncias, existirá dificuldade na definição de determinado bem jurídico passível de proteção como direito subjetivo, em acordo com o significado que tradicionalmente lhe vem sendo indicado pela doutrina. A proteção dos consumidores não se conforma apenas em relação àqueles que tenham sido sujeitos de relações de consumo, senão a toda a coletividade, que envolve tanto quem tenha celebrado contratos de consumo quanto quem esteja simplesmente exposto às práticas do mercado, sem necessariamente possuir vínculo jurídico formal com fornecedores, ou quem tenha violado as normas previstas no CDC. Essa conclusão, aliás, é que emerge do disposto no parágrafo único do artigo 2º do CDC, que, ao lado da definição de consumidor *standard*,

---

[7] Notadamente, repetem-se como fontes inspiradoras do direito brasileiro sobre o tema as obras dos italianos: VIGORITI, Vincenzo. *Interessi collettivi e processo*. Milano: Giuffrè, 1979; e TROCKER, Nicolò. La tutela giurisdizionale degli interessi diffusi con particolare riguardo alla protezione dei consumatori contro atti di concorrenza sleale: analisi comparativa dell'esperienza tedesca. *La tutela degli interessi diffusi nel diritto comparato*. Milano: Giuffrè, 1976. Já, no que se refere aos direitos individuais homogêneos, predomina a influência norte-americana das *class actions for damages*. A respeito, veja-se: KLONOFF, Robert H.; BILICH, Edward K. M; MALVEAUX, Suzzette. *Class actions and other multi-party litigation*: cases and materials. 2. ed. West Group Publishing, 2006.

[8] MANCUSO, Rodolfo de Camargo. *Manual do consumidor em juízo*. 4. ed. São Paulo: Saraiva, 2007. p. 46.

[9] MANCUSO, Rodolfo de Camargo. *Manual do consumidor em juízo*. 4. ed. São Paulo: Saraiva, 2007. p. 47.

CURSO DE DIREITO DO CONSUMIDOR – *Bruno Miragem*

refere: "Equipara-se a consumidor a coletividade de pessoas, ainda que indetermináveis, que haja intervindo nas relações de consumo".

Examinemos, pois, as espécies de direitos ou interesses previstas no CDC.

2.2.1 Interesses ou direitos difusos

Os interesses ou direitos difusos, como mencionamos, são aqueles transindividuais, de natureza indivisível, de que sejam titulares pessoas indeterminadas e ligadas por circunstâncias de fato. Trata-se de direitos ou interesses que independem da existência de uma relação jurídica anterior entre seus titulares e aqueles contra quem serão tutelados. Há, nesse sentido, uma cadeia abstrata de pessoas, cujo interesse real ou presumido pela norma autoriza sua proteção pela via exclusiva da ação coletiva.

Segundo ensina Hugo Nigro Mazzilli, a distinção entre interesses e direitos difusos e coletivos se dá com relação tanto à origem da lesão quanto à abrangência do grupo. Ensina, assim, que os interesses difusos supõem titulares indetermináveis, ligados por circunstâncias de fato, enquanto os coletivos dizem respeito a grupo, categoria ou classe de pessoas determinadas ou determináveis, ligadas pela mesma relação jurídica básica. Por sua vez, os interesses coletivos referem-se a grupo, categoria ou classe de pessoas determináveis. Possuem, todavia, um ponto de contato, que é a indivisibilidade do interesse.[10]

Em termos conceituais, então, ensina Mancuso, ao definir os interesses difusos como "interesses metaindividuais, que, não tendo atingido o grau de agregação e organização necessários à sua afetação institucional junto a certas entidades ou órgãos representativos dos interesses já socialmente definidos, restam em estado fluído, dispersos pela sociedade civil como um todo (*v.g.* o interesse à pureza do ar atmosférico), podendo, por vezes, concernir a certas coletividades de conteúdo numérico indefinido (*v.g.* os consumidores). Caracterizam-se: pela indeterminação dos sujeitos, pela indivisibilidade do objeto, por sua intensa litigiosidade interna e por sua tendência à transição ou mutação no tempo e no espaço".[11] Note-se que os titulares desses interesses difusos podem estar circunscritos a determinada região ou mesmo a uma unidade da federação, conforme a projeção da atuação daquele contra quem se dirige a pretensão, mantendo-se, contudo, indefinida a titularidade numérica dos interessados.

Em direito do consumidor, considerando que o mercado de consumo, em termos de proteção normativa do CDC, é integrado por consumidores efetivos e todos aqueles expostos às práticas de mercado, são exemplos de interesses difusos passíveis de tutela coletiva os dos consumidores expostos à publicidade enganosa ou abusiva, ou, ainda, a práticas comerciais abusivas, mesmo que não tenham adquirido ou utilizado qualquer produto ou serviço. Isso porque quem sofre tais práticas resta exposto aos prejuízos decorrentes destas, como é o caso de serem convencidos ao consumo ou afetados, de algum modo, com a atuação ilícita do consumidor. Basta, nesse sentido, essa potencialidade de dano para que haja o interesse difuso de todos os consumidores de coibir a continuidade do ilícito, reprimir a iniciativa via ação de reparação (que reverte em favor do fundo de

---

[10] MAZZILLI, Hugo Nigro. *A defesa dos interesses difusos em juízo*. 19. ed. São Paulo: Saraiva, 2006. p. 50-53.

[11] MANCUSO, Rodolfo de Camargo. *Interesses difusos*: conceito e legitimação para agir. 6. ed. São Paulo: Ed. RT, 2004. p. 150.

PARTE IV · Cap. 2 · DIMENSÃO COLETIVA DA TUTELA DO CONSUMIDOR | **999**

direitos difusos) ou outros meios previstos em lei (*e.g.*, contrapropaganda), ou, ainda, a prevenção de futuros comportamentos ilícitos com o mesmo teor.

Da mesma forma ocorrerá com relação ao direito à saúde e à segurança do consumidor, que, entre as projeções que alcança, abrange a proteção do direito do consumidor contra produtos nocivos ou perigosos à saúde. Tendo sido colocados esses produtos no mercado, em desacordo com as normas do CDC (artigos 8º a 10), nasce o interesse difuso dos consumidores em coibir a prática, por intermédio da proibição de colocação desses produtos no mercado, assim como sanção pelo ilícito, por meio de multa ou quaisquer das demais sanções cabíveis, entre as relacionadas no artigo 56 do CDC.

2.2.2 Interesses ou direitos coletivos

Com relação aos direitos ou interesses coletivos, define-os o artigo 81, parágrafo único, II, como os *transindividuais, de natureza indivisível de que seja titular grupo, categoria ou classe de pessoas ligadas entre si ou com a parte contrária por uma relação jurídica base*. Em outros termos, são direitos cujo vínculo de identidade refere-se a uma relação jurídica básica existente antes da lesão ou ameaça de lesão a ser tutelada.

No caso dos interesses ou direitos coletivos, visto que existe uma relação jurídica base vinculada a todos os titulares do direito a ser tutelado, percebe-se que os titulares desses direitos serão identificáveis e determináveis, uma vez que pertencerão a categoria ou grupo vinculado entre si, ou a parte contrária. Nesse sentido, refere Kazuo Watanabe: "Nas duas modalidades de interesses ou direitos difusos, é a determinabilidade das pessoas titulares, seja por meio da relação jurídica base que as une (membros de uma associação de classe ou ainda acionistas de uma mesma sociedade), seja por meio do vínculo jurídico que as liga à parte contrária (contribuintes de um mesmo tributo, prestamistas de um mesmo sistema habitacional, ou contratantes de um segurador com um mesmo tipo de seguro, estudantes de uma mesma escola etc.)".[12]

Em direito do consumidor, as circunstâncias da existência de um interesse ou direito coletivo passíveis de proteção são variadas. Haverá um interesse coletivo sempre quando houver controvérsia acerca de determinada estipulação contratual, quando o interesse da parte for o de anular, suspender ou modificar os termos do ajuste. Assim, por exemplo, quando se discuta um índice de reajuste abusivo diante dos índices praticados no mercado (*e.g.*, mensalidades escolares,[13] de planos de saúde[14]).

---

[12] WATANABE, Kazuo et al. *Código Brasileiro de Defesa do Consumidor*: comentado pelos autores do anteprojeto. 8. ed. Rio de Janeiro: Forense Universitária, 2004, p. 805. No mesmo sentido: LEONEL, Ricardo de Barros. *Manual do processo coletivo*. São Paulo: Ed. RT, 2002. p. 107.

[13] "Ação civil pública. Cobrança antecipada e reajuste das mensalidades escolares. Legitimidade ativa *ad causam* do Ministério Público. 1. As Turmas que compõem a 2ª Seção deste Tribunal são competentes para decidir questões relativas a reajustes de mensalidades escolares por estabelecimentos de ensino particulares. Precedentes da Corte Especial. 2. O Ministério Público tem legitimidade ativa para propor ação civil pública para impedir a cobrança antecipada e a utilização de índice ilegal no reajuste das mensalidades escolares, havendo, nessa hipótese, interesse coletivo definido no artigo 81, II, do CDC. 3. A atuação do Ministério Público justifica-se, ainda, por se tratar de direito à educação, definido pela própria Constituição Federal como direito social. 4. Recurso especial conhecido e provido" (STJ, REsp 138.583/SC, Rel. Min. Carlos Alberto Menezes Direito, j. 06.08.1998).

[14] "Processual civil. Recurso especial. Ação civil pública. Ministério Público. Legitimidade. Planos de saúde. O Ministério Público detém legitimidade para a propositura de ação civil pública com o fito de obter

1000 | CURSO DE DIREITO DO CONSUMIDOR – *Bruno Miragem*

Daí por que tenha o CDC, ao tratar dos efeitos da sentença nas ações coletivas relativas a direitos e interesses coletivos, estabelecido sua eficácia *ultra partes, mas limitadamente ao grupo, categoria ou classe* (artigo 103, III), ou seja, a decisão só atingirá os titulares de direito vinculados àquele interesse protegido, a partir da relação jurídica base que define essa categoria de interesses tuteláveis.

2.2.3 Interesses ou direitos individuais homogêneos

O artigo 81, parágrafo único, III, estabelece os interesses ou direitos individuais homogêneos, como os *decorrentes de origem comum*. A necessidade da determinação precisa do que se deva entender por interesses ou direitos individuais homogêneos é de grande importância na sistemática da tutela coletiva do consumidor e do processo coletivo de modo geral. A definição legal referida no artigo 81 do CDC, como sendo aqueles de "origem comum", parece ser excessivamente ampla para admitir uma adequada identificação dos interesses em questão. Note-se que critério semelhante é adotado para a determinação do litisconsórcio facultativo previsto no artigo 46 do CPC ("mesmo fundamento de fato e de direito"). Dessa forma, em termos práticos, parece ser necessário distinguir em quais pretensões há o traço de homogeneidade e em quais há de representar simples soma de pretensões, a ensejar a ação plúrima, mediante litisconsórcio facultativo. Daí por que a doutrina e a jurisprudência contemporânea vêm adotando outros critérios, dentre os quais sugere Mancuso "a predominância da dimensão coletiva sobre a individual, aliada à superioridade, em termos de eficácia, da tutela coletiva sobre a individual".[15]

A origem da tutela dos direitos individuais homogêneos está no direito norte-americano, por intermédio do desenvolvimento da *class action*, segundo a qual qualquer interessado pode ingressar com ação em representação dos demais, o que não ocorre no Brasil diante da expressa indicação dos legitimados pela norma.[16] Nos países de *common law*, as *class actions* desenvolveram-se sob a influência da *equity*,[17] a fim de permitir que se levasse ao tribunal demanda proposta em favor de um grande número de pessoas (indivíduos ou organizações) com interesses comuns. Desse modo, uma pessoa ou um pequeno grupo de pessoas passa a representar um grupo maior de indivíduos nas hipóteses em que o grande número de titulares de interesses veiculados na ação não tenha possibilidade real de intervir (poderão ser milhares de titulares desse direito, geograficamente afastados) ou possa dar causa a dificuldades em relação ao trâmite da demanda.[18]

Segundo refere Ada Pellegrini Grinover, o sistema do CDC, ao prever a tutela dos interesses individuais homogêneos, inspirou-se nas *class actions for damages* do direito norte-americano, entretanto com algumas distinções. Assim, por exemplo, a previsão rela-

---

pronunciamento judicial acerca da legalidade de cláusulas constantes de contrato de plano de saúde. A legitimação extraordinária justifica-se pelo relevante interesse social e pela importância do bem jurídico a ser tutelado" (STJ, REsp 208.068/SC, Rel. Min. Nancy Andrighi, j. 08.10.2001).

[15] MANCUSO, Rodolfo de Camargo. *Jurisdição coletiva e coisa julgada*: teoria geral das ações coletivas. São Paulo: Ed. RT, 2007. p. 76.

[16] ALMEIDA, João Batista de. *A proteção jurídica do consumidor*. 5. ed. São Paulo: Saraiva, 2006. p. 251.

[17] MANCUSO, Rodolfo de Camargo. *Jurisdição coletiva e coisa julgada*: teoria geral das ações coletivas. São Paulo: Ed. RT, 2007. p. 29.

[18] LEONEL, Ricardo de Barros. *Manual do processo coletivo*. São Paulo: Ed. RT, 2002. p. 65.

PARTE IV · Cap. 2 · DIMENSÃO COLETIVA DA TUTELA DO CONSUMIDOR | **1001**

tiva aos efeitos da coisa julgada *erga omnes* que só alcança todos os titulares dos interesses individuais tutelados na ação coletiva na hipótese de procedência da ação (artigo 103, III), ou seja, para beneficiá-los. Caso contrário, permanecem os titulares com o direito a promover suas ações individuais, na hipótese de improcedência da ação. Nesse sentido, são requisitos para admissibilidade das *class actions* no direito norte-americano quando "um ou mais membros de uma classe podem processar ou serem processados representando todos, apenas se (1) a classe é tão numerosa que a reunião de todos os membros é impraticável, (2) há questões de direito ou de fato comuns à classe, (3) as demandas ou exceções das partes representativas são típicas das demandas ou exceções da classe e (4) as partes representativas protegerão justa e adequadamente os interesses da classe".[19]

As *class actions* foram previstas em definitivo no direito norte-americano, a partir das *Federal Rules of Civil Procedure*, primeiro editadas em 1938 e após, complementadas e consolidadas em seu perfil atual, em 1966. Esta última alteração, aliás, estabeleceu dois requisitos adicionais para efeito de admissão da *class action*, quais sejam: "A prevalência das questões de direito e de fato comuns em relação às questões de direito ou de fato individuais, e a superioridade da tutela coletiva sobre a individual, em termos de justiça e eficácia da sentença".[20]

Trata-se os direitos individuais homogêneos, antes de tudo, de direitos individuais. Logo, sua proteção pela via coletiva vai depender ainda de dois requisitos, quais sejam: sua *homogeneidade* e *origem comum*. A origem comum dos direitos pode decorrer tanto de circunstância de fato quanto de direito, não necessitando haver uma unidade de fato ou de tempo.[21] Essa origem comum pode ser próxima ou remota, e essa distinção será útil para definição do grau de homogeneidade dos direitos postulados. Exemplifica Kazuo Watanabe, como causa próxima ou imediata, a queda de um avião que vitima diversas pessoas e, como causa remota ou mediata, a hipótese de dano à saúde, decorrente de produto nocivo, que pode ter tido como causa próxima as condições pessoais ou o uso inadequado do produto.[22] O traço da homogeneidade, que é requisito adjetivo à existência do direito visando à promoção de sua satisfação via tutela coletiva, será examinado pelo juiz quando da apreciação do pedido e da causa de pedir, ocasião em que deverá identificar os elementos comuns entre os diversos interesses emergentes de uma mesma situação de fato, caracterizando ou não a prevalência dos interesses comuns em relação aos individuais.

Em direito do consumidor, a experiência brasileira vem sendo rica na tutela de interesses e direitos individuais homogêneos, como no caso de indenizações decorrentes de acidentes de consumo envolvendo grande número de vítimas. Assim, por exemplo,

---

19   GRINOVER, Ada Pellegrini et al. *Código Brasileiro de Defesa do Consumidor*: comentado pelos autores do anteprojeto. 8. ed. Rio de Janeiro: Forense Universitária, 2004. p. 855-856.

20   GRINOVER, Ada Pellegrini et al. *Código Brasileiro de Defesa do Consumidor*: comentado pelos autores do anteprojeto. 8. ed. Rio de Janeiro: Forense Universitária, 2004. p. 857.

21   Segundo ensina Teori Albino Zavascki, no esteio da lição de José Carlos Barbosa Moreira, tratam-se na verdade de "direitos acidentalmente coletivos" (ZAVASCKI, Teori Albino. *Processo coletivo*: tutela de direitos coletivos e tutela coletiva de direitos. São Paulo: Ed. RT, 2006. p. 54).

22   WATANABE, Kazuo et al. *Código Brasileiro de Defesa do Consumidor*: comentado pelos autores do anteprojeto. 8. ed. Rio de Janeiro: Forense Universitária, 2004. p. 807.

CURSO DE DIREITO DO CONSUMIDOR – *Bruno Miragem*

o caso da explosão de um *shopping* na cidade de Osasco, em São Paulo,[23] ou o caso do desabamento do edifício Palace, no Rio de Janeiro. Ainda, há situações de produtos defeituosos que terminam por causar danos aos consumidores, como foi o caso dos placebos vendidos como anticoncepcionais (caso Microvlar), que, por isso, não serviram aos fins a que se destinavam, dando causa a situações de gravidez indesejada e determinando a indenização.[24]

2.3 TUTELA COLETIVA NO CDC E NA LEI DA AÇÃO CIVIL PÚBLICA

A sistemática da tutela processual coletiva genérica no direito brasileiro foi inaugurada pelo advento da Lei 7.347/1985 (Lei da Ação Civil Pública – LACP), que disciplinava a ação civil pública de responsabilidade por danos causados ao meio ambiente, ao consumidor, a bens e direitos de valor artístico, estético, histórico, turístico e paisagístico, posteriormente acrescentada da infração à ordem econômica e a todo e qualquer outro interesse difuso ou coletivo. A Lei da Ação Civil Pública representou grande avanço com relação ao reconhecimento de interesses difusos e coletivos passíveis de proteção, assim como o estabelecimento, pela primeira vez, de uma ampla legitimação para interposição das ações, indicando-as ao Ministério Público, à União, aos estados, ao Distrito Federal e aos municípios, às autarquias, às empresas públicas, às fundações e às sociedades de economia mista, além das associações civis, a possibilidade de promover a demanda a título coletivo, em representação dos interessados. A partir da Lei 11.448/2007, que veio alterar a redação da Lei 7.347/1985, passou a incluir-se, entre os legitimados ativos, a Defensoria Pública, firmando um grande marco para o papel institucional desse órgão de Estado, de assistência jurídica aos necessitados. Mais recentemente, a Lei 13.004/2014 ampliou o rol de interesses protegidos pela lei, definindo a legitimação das associações que incluam, entre suas finalidades institucionais, "a proteção ao patrimônio público e social, ao meio ambiente, ao consumidor, à ordem econômica, à livre concorrência, aos direitos de grupos raciais, étnicos ou religiosos ou ao patrimônio artístico, estético, histórico, turístico e paisagístico".[25]

A regulação da tutela coletiva, inaugurada pela Lei da Ação Civil Pública, foi seguida pelo Código de Defesa do Consumidor, ao definir o objeto da proteção processual (a definição dos interesses envolvidos), a legitimação e os efeitos da coisa julgada. Daí que, como já tivemos oportunidade de referir, "um dos principais traços do CDC em matéria processual é sua decisiva interlocução com a Lei da Ação Civil Pública, seja no sentido de utilizar-se, na defesa coletiva do consumidor, dos instrumentos previstos naquela, mas

---

[23] STJ, REsp 279.273/SP, Rel. Min. Ari Pargendler, Rel. p/ Acórdão Min. Nancy Andrighi, j. 04.12.2003, *DJ* 29.03.2004, p. 230.

[24] STJ, REsp 866.636/SP, Rel. Min. Nancy Andrighi, j. 29.11.2007, *DJ* 06.12.2007, p. 312.

[25] O artigo 5º da Lei 7.347/1985, atualmente, tem a seguinte redação: "Têm legitimidade para propor a ação principal e a ação cautelar: I – o Ministério Público; II – a Defensoria Pública; III – a União, os Estados, o Distrito Federal e os Municípios; IV – a autarquia, empresa pública, fundação ou sociedade de economia mista; V – a associação que, concomitantemente: a) esteja constituída há pelo menos 1 (um) ano nos termos da lei civil; b) inclua, entre suas finalidades institucionais, a proteção ao patrimônio público e social, ao meio ambiente, ao consumidor, à ordem econômica, à livre concorrência, aos direitos de grupos raciais, étnicos ou religiosos ou ao patrimônio artístico, estético, histórico, turístico e paisagístico".

PARTE IV · Cap. 2 · DIMENSÃO COLETIVA DA TUTELA DO CONSUMIDOR | **1003**

principalmente introduzindo novas disposições naquela lei, a partir das contribuições que a experiência no curso dos cinco anos entre a edição da primeira em relação à instante de promulgação do Código. Em grande medida o CDC e a Lei da Ação Civil Pública constituem, em matéria de tutela coletiva dos direitos, um só universo, cujas normas de ambos os diplomas legislativos dialogam entre si".[26] Essa noção de diálogo de fontes, desenvolvido relativamente ao direito material pela lição de Claudia Lima Marques,[27] tem como resultado mais significativo a adoção, nos processos sob a égide da LACP, de regras acerca de situações sobre as quais sua redação original silenciava, como é o caso da ampliação da legitimação para agir (ora superado pelo advento da Lei 11.448/2007), dos efeitos da coisa julgada, da possibilidade de liquidação e execução individual do julgado, ou mesmo da possibilidade de defesa coletiva de interesses e direitos individuais homogêneos concebidos pelo CDC.

Note-se que essa interação entre a Lei da Ação Civil Pública e o CDC, a princípio, teria sido impedida pelo veto presidencial ao artigo 89 do CDC, que, expressamente, a previa. Contudo, há preservação da vigência do artigo 117 do CDC, que introduziu o artigo 21 da LACP, com redação semelhante à disposição vetada. A partir dessa disposição, desenvolve-se o diálogo de complementaridade e de coerência entre as normas, uma vez que o CDC estabelece as definições aplicáveis à tutela coletiva, na proteção tanto dos consumidores quanto dos demais interesses difusos e coletivos previstos no ordenamento brasileiro. Não procedem, assim, as interpretações restritivas da aplicação do regime da tutela coletiva previsto no CDC, confinando-o à aplicação para proteção apenas dos interesses de consumidores. A interação dos sistemas, firmada pelo artigo 21 da Lei da Ação Civil Pública, implica a aplicação comum das disposições do CDC às situações reguladas pela Ação Civil Pública, e no sentido inverso.

2.4 LEGITIMIDADE PROCESSUAL PARA DEFESA COLETIVA DO CONSUMIDOR

Em nosso sistema processual, o direito de ação é conferido, como regra, ao titular do direito ou interesse a ser satisfeito por intermédio da tutela jurisdicional. Em caráter excepcional, confere-se esse direito a outros órgãos e entidades, visando à legitimidade para demandar em favor dos legitimados, em regime de substituição processual. Ao mesmo tempo que configura uma opção do legislador, em estabelecer um rol de legitimados para exercício do direito de demanda, a questão da legitimação envolve também uma questão técnica, relativa a sua adequação à realidade social, e à efetividade da proteção normativa veiculada por intermédio da tutela a que se referem os legitimados. O artigo 82 do CDC, ao relacionar os legitimados para promoção da tutela coletiva do consumidor, estabeleceu: "Para os fins do artigo 81, parágrafo único, são legitimados concorrentemente: I – o Ministério Público, II – a União, os Estados, os Municípios e o Distrito Federal; III – as entidades e órgãos da Administração Pública, direta ou indireta, ainda que sem persona-

---

[26] Assim referimos em nossos comentários ao CDC: MARQUES, Claudia Lima; BENJAMIN, Antônio Herman V.; MIRAGEM, Bruno. *Comentários ao Código de Defesa do Consumidor*. 2. ed. São Paulo: Ed. RT, 2006. p. 1.247.

[27] MARQUES, Claudia Lima; BENJAMIN, Antônio Herman V.; MIRAGEM, Bruno. *Comentários ao Código de Defesa do Consumidor*. 2. ed. São Paulo: Ed. RT, 2006. p. 25-58.

1004 | CURSO DE DIREITO DO CONSUMIDOR – *Bruno Miragem*

lidade jurídica, especificamente destinados à defesa dos interesses e direitos protegidos por este código; IV – as associações legalmente constituídas há pelo menos um ano e que incluam entre seus fins institucionais a defesa dos interesses e direitos protegidos por este código, dispensada a autorização assemblear". Trata-se de espécie de *legitimação concorrente disjuntiva*, pela qual qualquer um dos legitimados arrolados no preceito legal pode agir de modo autônomo, sem a concordância dos demais, bem como preserva ao particular o direito de promover – tratando-se de direitos individuais homogêneos – sua ação individual, se assim entender, que não se vê sobrestada pelo advento da ação coletiva.

Distingue-se, doutrinariamente, a existência de uma legitimação ordinária e extraordinária para proposição das demandas. A legitimação ordinária diz-se quando o direito de postular em juízo é conferido ao titular do respectivo direito subjetivo objeto da demanda. Já a legitimação extraordinária ocorre quando o titular do direito de ação não é o mesmo titular do direito objeto da ação, circunstância em que seu direito de agir decorre de previsão normativa específica.

Uma questão candente em matéria de tutela coletiva de direitos é se a legitimação dos órgãos e entidades previstos na lei é da espécie legitimação ordinária ou extraordinária. Defende Márcio Mafra Leal que a legitimação dos órgãos e entidades para a interposição de ações visando à tutela de direitos difusos e coletivos seria extraordinária, sobretudo em consideração ao fato de que não haveria, nessas hipóteses, um titular de direito substantivo determinado para propor a ação.[28] Segundo Nelson Nery Junior, a hipótese, nesse caso, não seria de legitimação ordinária ou extraordinária, mas, sim, de legitimação autônoma, mediante expressa previsão legal.[29] Rodolfo Mancuso, por sua vez, faz referência a uma legitimação anômala.[30] Já Thereza Alvim qualifica como legitimação institucional.[31]

Na verdade, devem ser separados os interesses passíveis de tutela por ação coletiva em dois grupos: os *transindividuais*, compostos dos interesses difusos e coletivos, e os *individuais homogêneos*. No primeiro caso, tratando-se de direitos sem titulares determinados (ainda que, com relação aos interesses coletivos, sejam determináveis), parece-nos caber com acerto a referência doutrinária à existência de uma legitimação autônoma, porquanto a legitimidade *ope legis* dos órgãos e entidades previstos na norma do artigo 82 do CDC se dá em relação a interesses cuja tutela via coletiva é adequada à própria natureza do direito e à ausência de titulares habilitados a promoverem a demanda. Já no que se refere aos interesses ou direitos individuais homogêneos, considerando que os legitimados para a ação não são titulares do interesse ou direito postulado em juízo, havendo, no caso, sua substituição processual pelos órgãos e entidades indicados na lei, é possível falar-se, nesse caso, de legitimação extraordinária, mediante expressa previsão legal, uma vez que quem pode interpor a ação não será titular do direito a que ela visa,

---

[28]   LEAL, Márcio Mafra. *Ações coletivas*: história, teoria e prática. Porto Alegre: Fabris, 1998. p. 125-126.

[29]   NERY JUNIOR, Nelson. Aspectos do processo civil no Código de Defesa do Consumidor. *Revista de Direito do Consumidor*, São Paulo, v. 1, jan.-mar. 1992. p. 220; THEODORO JÚNIOR, Humberto. A tutela dos interesses coletivos (difusos) no direito brasileiro. *Revista Jurídica*, Porto Alegre, v. 182, p. 5-24, 1992; LEONEL, Ricardo de Barros. *Manual do processo coletivo*. São Paulo: Ed. RT, 2002.

[30]   MANCUSO, Rodolfo de Camargo et al. *Comentários ao Código de Proteção do Consumidor*. São Paulo: Saraiva, 1991. p. 340.

[31]   ALVIM, Thereza. *O direito processual de estar em juízo*. São Paulo: Ed. RT, 1996. p. 119.

PARTE IV · Cap. 2 · DIMENSÃO COLETIVA DA TUTELA DO CONSUMIDOR | 1005

mas, ao contrário, aparece como substituto processual dos titulares, que, inclusive, poderão optar por promover a demanda individual a par da ação coletiva, em face da chamada legitimação concorrente disjuntiva.

Ainda nessa questão, e com referência especial às ações coletivas para tutela de interesses ou direitos individuais homogêneos, é interessante observar a sua fonte inspiradora no direito norte-americano, qual seja: as *class actions*. Enquanto neste a legitimação pode ser conferida a um dos titulares do direito que demonstrar aptidão para levar adiante a ação, no direito brasileiro o rol de legitimados já é determinado, a princípio, na lei (artigo 82 do CDC). Tal exame, no direito norte-americano, é realizado mediante o juízo sobre a existência ou não da representatividade adequada (*adequacy of representation*). Esse exame da representatividade adequada, contudo, não abrange todos os possíveis legitimados. Com relação aos órgãos estatais, a princípio, essa representatividade é presumida.[32] Já em relação aos particulares que buscam ter reconhecida sua legitimação, sejam eles associações, sejam indivíduos, deverá haver uma apreciação prévia do juiz quanto à sua representatividade para proposição de uma ação coletiva.

No caso das associações, sua representatividade será avaliada a fim de verificar sua credibilidade e aptidão para promover e sustentar uma demanda coletiva, a partir do modelo das *organizational private attorney general*.[33] Já no caso do indivíduo que tenha sido vítima de lesão a um direito seu e deseje qualificar-se como autor coletivo, pode requerer autorização ao tribunal, denominada *certification order*, a partir da qual a ação passa a ser processada como demanda coletiva, permitindo a extensão dos efeitos da coisa julgada para os demais membros da classe.[34] Nesse exame, distinguiram-se as *class actions* em diversas espécies, entre as quais aquelas que seriam essencialmente coletivas (*true* e *hybrid class actions*) e as que, apenas em sua forma de demanda, assumiriam feição coletiva, por conta de os sujeitos interessados estarem reunidos na mesma ação, mas limitando os efeitos da decisão somente aos partícipes da demanda (*spurious class action*).[35] Como refere Rodolfo de Camargo Mancuso, a *Rule 23* do *Federal Rules of Civil Procedures* delineou o perfil contemporâneo das *class actions* a partir da alteração de 1966, seguida pela alteração de 1998, de cuja redação vigente pode-se destacar alguns aspectos: "(i) ênfase na adequada representação como situação legitimante para o autor ideológico; (ii) exigência de que prevaleçam os aspectos que uniformizam os interesses no interior da classe, sobre os elementos que os distinguem; (iii) a deliberação judicial quanto a superioridade do trato processual coletivo, no contraste com o que se obteria com o fracionamento do conflito em múltiplas demandas individuais; (iv) superação da precedente distinção entre *true, hibrid* e *spourius class actions*, tornando se uma só a demanda coletiva, certos que apenas o seu conteúdo é que pode ser formado por interesses: (a) ligados ou comuns, sendo esse o tipo-padrão, ou ainda (b) exercidos em face da

---

[32] LEAL, Márcio Mafra. *Ações coletivas*: história, teoria e prática. Porto Alegre: Fabris, 1998. p. 127.

[33] LEAL, Márcio Mafra. *Ações coletivas*: história, teoria e prática. Porto Alegre: Fabris, 1998. p. 131.

[34] LEAL, Márcio Mafra. *Ações coletivas*: história, teoria e prática. Porto Alegre: Fabris, 1998. p. 133; MANCUSO, Rodolfo de Camargo. *Jurisdição coletiva e coisa julgada*: teoria geral das ações coletivas. São Paulo: Ed. RT, 2007. p. 41-42.

[35] MANCUSO, Rodolfo de Camargo. *Jurisdição coletiva e coisa julgada*: teoria geral das ações coletivas. São Paulo: Ed. RT, 2007. p. 35.

classe, em modo de uma *injunction*, tomando natureza declaratória (*declaratory relief*), ou enfim (c) concernentes a sujeitos coalizados entre si de maneira uniforme, por conta de uma dada conduta da parte indigitada do polo passivo".[36]

No direito brasileiro, ainda que a legitimação ativa para promoção das ações coletivas – incluídas, aí, as de defesa dos interesses individuais homogêneos – decorra da lei, sustenta a doutrina a utilidade da adoção do critério da representatividade adequada para efeito de controle do acesso à via coletiva. Nesse sentido refere Kazuo Watanabe, observando o caso de demandas coletivas levadas a efeito por associações que, embora obedecendo aos requisitos legais, "não apresentam a credibilidade, a seriedade, o conhecimento técnico-científico, a capacidade econômica, a possibilidade de produzir uma defesa processual válida, dados sensíveis esses que constituem as características de uma representatividade idônea e adequada".[37] Da mesma forma critica – o eminente jurista paulista – a atuação do Ministério Público em algumas circunstâncias, nas quais, em sua visão, esse órgão desborda das funções que lhe são conferidas pela Constituição e pela lei. Sustenta, pois, o cabimento e a possibilidade do controle judicial da *representatividade adequada* em nosso sistema processual,[38] o que transparece, a seu ver, das decisões dos tribunais brasileiros acerca da legitimidade do Ministério Público para defesa dos direitos individuais homogêneos.[39]

Nesse sentido, aliás, encaminhou-se o Anteprojeto de Código Brasileiro de Processos Coletivos, decorrente de trabalho liderado pela professora Ada Pellegrini Grinover, ao estabelecer a legitimação tanto das associações quanto de pessoas físicas, a demonstração da sua representatividade adequada,[40] por intermédio de: (a) credibilidade, capacidade e

---

[36] MANCUSO, Rodolfo de Camargo. *Jurisdição coletiva e coisa julgada*: teoria geral das ações coletivas. São Paulo: Ed. RT, 2007. p. 37.

[37] WATANABE, Kazuo et al. *Código Brasileiro de Defesa do Consumidor*: comentado pelos autores do anteprojeto. 8. ed. Rio de Janeiro: Forense Universitária, 2004. p. 825.

[38] De modo geral, sustenta Teori Zavascki a necessidade de pertinência entre a atuação e as finalidades de órgãos, pessoas e entidades legitimadas e o objeto da ação coletiva proposta (ZAVASCKI, Teori Albino. *Processo coletivo*: tutela de direitos coletivos e tutela coletiva de direitos. São Paulo: Ed. RT, 2006. p. 75).

[39] WATANABE, Kazuo et al. *Código Brasileiro de Defesa do Consumidor*: comentado pelos autores do anteprojeto. 8. ed. Rio de Janeiro: Forense Universitária, 2004. p. 825.

[40] Assim o artigo 19 do Anteprojeto do Código Brasileiro de Processos Coletivos: "Art. 19. Legitimação. São legitimados concorrentemente à ação coletiva ativa: I – qualquer pessoa física, para a defesa dos interesses ou direitos difusos, desde que o juiz reconheça sua representatividade adequada, demonstrada por dados como: a) a credibilidade, capacidade e experiência do legitimado; b) seu histórico na proteção judicial e extrajudicial dos interesses ou direitos difusos e coletivos; c) sua conduta em eventuais processos coletivos em que tenha atuado; II – o membro do grupo, categoria ou classe, para a defesa dos interesses ou direitos coletivos e individuais homogêneos, desde que o juiz reconheça sua representatividade adequada, nos termos do inciso I deste artigo; III – o Ministério Público, para a defesa dos interesses ou direitos difusos e coletivos, bem como dos individuais homogêneos de relevante interesse social; IV – a Defensoria Pública, para a defesa dos interesses ou direitos difusos, coletivos e individuais homogêneos, neste último caso quando os membros do grupo, categoria ou classe de pessoas forem predominantemente hipossuficientes; V – as pessoas jurídicas de direito público interno, para a defesa dos interesses ou direitos difusos, coletivos e, quando relacionados com suas funções, dos coletivos e individuais homogêneos; VI – as entidades e órgãos da Administração Pública, direta ou indireta, ainda que sem personalidade jurídica, especificamente destinados à defesa dos interesses e direitos indicados neste Código; VII – as entidades sindicais e de fiscalização do exercício das profissões, restritas as primeiras à defesa dos interesses e direitos ligados à categoria; VIII – os partidos políticos com representação no Congresso Nacional, nas Assembleias Legislativas ou nas Câmaras Municipais, conforme o âmbito

PARTE IV · Cap. 2 · DIMENSÃO COLETIVA DA TUTELA DO CONSUMIDOR | **1007**

experiência do legitimado; (b) seu histórico na proteção judicial e extrajudicial dos interesses ou direitos difusos e coletivos; e (c) sua conduta em eventuais processos coletivos em que tenha atuado.

Parece clara a utilidade do critério da representatividade adequada para o controle dos critérios de efetiva pertinência da atuação de determinada associação legitimada por lei, sobretudo em favor de que o Poder Judiciário não dê sequência a ações notadamente sem embasamento legal, visando, muitas vezes, apenas constranger ou intimidar o réu, como espécie de chantagem judicial (*judicial blackmail*). Contudo, a eleição dos critérios para aferição dessa representatividade do autor coletivo é crucial para a determinação da eficácia da própria regra de legitimação coletiva consagrada, entre nós, no CDC. Não é demais lembrar que, em sua primeira versão, o Anteprojeto de Código de Processos Coletivos previa, entre os critérios para avaliação da representatividade adequada, a "capacidade financeira para condução do processo coletivo".[41] Conhecendo-se a situação da maioria das associações de consumidores no Brasil, todavia, a comprovação dessas condições seria, na maior parte das vezes, impossível de ser realizada, em vista do patrimônio escasso ou praticamente inexistente dessas entidades. Tanto isso é verdade que a regra prevista no CDC, em seu artigo 87, determina justamente que, nas ações coletivas, "não haverá adiantamento de custas, emolumentos, honorários periciais e quaisquer outras despesas, nem condenação da associação autora, salvo comprovada má-fé, em honorários de advogados, custas e despesas processuais", o que abrange tanto a ação principal quanto eventuais ações preparatórias.[42]

---

do objeto da demanda, para a defesa de direitos e interesses ligados a seus fins institucionais; IX – as associações civis e as fundações de direito privado legalmente constituídas há pelo menos um ano e que incluam entre seus fins institucionais a defesa dos interesses ou direitos indicados neste Código, dispensadas a autorização assemblear ou pessoal e a apresentação do rol nominal dos associados ou membros. § 1º Na defesa dos interesses ou direitos difusos, coletivos e individuais homogêneos, qualquer legitimado deverá demonstrar a existência do interesse social e, quando se tratar de direitos coletivos e individuais homogêneos, a coincidência entre os interesses do grupo, categoria ou classe e o objeto da demanda. § 2º No caso dos incisos I e II deste artigo, o juiz poderá voltar a analisar a existência do requisito da representatividade adequada em qualquer tempo e grau de jurisdição, aplicando, se for o caso, o disposto no parágrafo seguinte. § 3º Em caso de inexistência do requisito da representatividade adequada (incisos I e II deste artigo), o juiz notificará o Ministério Público e, na medida do possível, outros legitimados, a fim de que assumam, querendo, a titularidade da ação. § 4º Em relação às associações civis e às fundações de direito privado, o juiz poderá dispensar o requisito da pré-constituição, quando haja manifesto interesse social evidenciado pelas características do dano ou pela relevância do bem jurídico a ser protegido. § 5º Será admitido o litisconsórcio facultativo entre os legitimados. § 6º Em caso de relevante interesse social, o Ministério Público, se não ajuizar a ação ou não intervier no processo como parte, atuará obrigatoriamente como fiscal da lei. § 7º Havendo vício de legitimação, desistência infundada ou abandono da ação, o juiz aplicará o disposto no § 3º deste artigo. § 8º Em caso de inércia do Ministério Público, aplica-se o disposto no parágrafo único do artigo 7º deste Código. § 9º O Ministério Público e os órgãos públicos legitimados, agindo com critérios de equilíbrio e imparcialidade, poderão tomar dos interessados compromisso de ajustamento de conduta às exigências legais, mediante cominações, com eficácia de título executivo extrajudicial, sem prejuízo da possibilidade de homologação judicial do compromisso, se assim requererem as partes".

41 Conforme transcrição de: WATANABE, Kazuo et al. *Código Brasileiro de Defesa do Consumidor*: comentado pelos autores do anteprojeto. 8. ed. Rio de Janeiro: Forense Universitária, 2004. p. 827.

42 "Agravo de instrumento. Direito privado não especificado. Ação cautelar de exibição de documentos. Tratando-se de ação preparatória para o ajuizamento de ação civil pública, não há que se falar em adiantamento de custas pelo autor coletivo, aplicando-se à espécie as regras inscritas no artigo 18, da Lei de

O CDC, ao regular a legitimação ativa dos órgãos e das entidades para interposição das ações coletivas, indicou, expressamente, em seu artigo 82, a legitimidade do Ministério Público, das pessoas políticas União, estados, município e Distrito Federal, dos órgãos e das entidades da Administração Pública, direta ou indireta, como ou sem personalidade jurídica, destinados à defesa dos interesses dos consumidores (*e.g.*, Procon),[43] além das associações legalmente constituídas há pelo menos um ano e que incluam, entre seus fins institucionais, a defesa dos interesses e direitos protegidos pelo CDC. Até mesmo o prazo prévio de um ano da constituição da associação pode ser dispensado mediante ato judicial em vista do "manifesto interesse social evidenciado pela dimensão ou característica do dano, ou pela relevância do bem jurídico a ser protegido" (artigo 82, § 1º).

Nesse sentido, a representatividade adequada, avaliada a critério do juiz, não pode configurar um óbice à legitimação conferida por lei, restringindo o acesso das pessoas legitimadas à Justiça a partir de critérios que, ao menos no direito vigente, não restam configurados. Nada impede, contudo, que, por intermédio da interpretação dos critérios e das normas legais para definição da legitimidade ativa de órgãos e entidades relacionados no artigo 82, possa o juiz limitar o exercício da demanda em vista de critérios previstos pelo próprio ordenamento. É o que vem fazendo a jurisprudência no caso da limitação da legitimidade do Ministério Público para defesa dos direitos difusos, coletivos, e apenas dos interesses individuais homogêneos que tenham relevância social,[44] em vista da disciplina constitucional das competências do *Parquet*, que estabelece, entre suas funções, a defesa dos interesses sociais e individuais indisponíveis (artigo 127 da Constituição). Por essa razão, autoriza a jurisprudência brasileira a atuação do Ministério Público no tocante a interesses individuais homogêneos disponíveis apenas quando estes se encontrem reves-

---

Ação Civil Pública, e no artigo 87, do CDC. Precedentes desta Corte. Agravo de instrumento provido" (TJRS, AgIn 70.012.485.199, 14ª Câm. Cív., Rel. Des. Rogerio Gesta Leal, j. 03.08.2005).

[43] "Ação civil pública. Direitos individuais homogêneos. Cobrança de taxas indevidas. Candidatos a inquilinos. Administradoras de imóveis. Legitimidade ativa do Procon – Coordenadoria de Proteção e Defesa do Consumidor, por meio da Procuradoria-Geral do Estado para ajuizar ação coletiva para proteção de direitos individuais homogêneos. Prescrição. Multa do artigo 84, § 4º, do Código de Defesa do Consumidor. Repetição em dobro. Multa do artigo 538, parágrafo único, do Código de Processo Civil. Súmula 07 da Corte. Precedentes. 1. O Procon – Coordenadoria de Proteção e Defesa do Consumidor, por meio da Procuradoria-Geral do Estado, tem legitimidade ativa para ajuizar ação coletiva em defesa de interesses individuais homogêneos, assim considerados aqueles direitos com origem comum, divisíveis na sua extensão, variáveis individualmente, com relação ao dano ou à responsabilidade. São direitos ou interesses individuais que se identificam em função da origem comum, a recomendar a defesa coletiva, isto é, a defesa de todos os que estão presos pela mesma origem. No caso, o liame está evidenciado, alcançando os candidatos a inquilinos que são cobrados de taxas indevidas. 2. A prescrição é vintenária, na linha de precedentes da Terceira Turma, porque não alcançada a questão pelo artigo 14 do Código de Defesa do Consumidor. 3. Cabível é a multa do artigo 84, § 4º, do Código de Defesa do Consumidor, mas deve ser observada na sua fixação o comando legal, não sendo razoável aquela imposta pela sentença no valor de R$ 100.000,00. 4. A repetição do indébito pelo valor em dobro não se impõe quando presente engano justificável, o que não é o caso quando o Acórdão recorrido identifica a existência de fraude à lei. 5. O exame da documentação existente, que serviu de fundamento para a configuração da taxa cobrada como de intermediação, vedada na Lei especial de regência, não pode ser reexaminada, a teor da Súmula 07 da Corte. 6. Não tem cabimento a multa do artigo 538, parágrafo único, do Código de Processo Civil, quando interposto o recurso na cobertura da Súmula 98 da Corte. 7. Recursos especiais conhecidos e providos, em parte" (STJ, REsp 200.827/SP, Rel. Min. Carlos Alberto Menezes Direito, j. 26.08.2002).

[44] WATANABE, Kazuo et al. *Código Brasileiro de Defesa do Consumidor*: comentado pelos autores do anteprojeto. 8. ed. Rio de Janeiro: Forense Universitária, 2004. p. 826.

PARTE IV · Cap. 2 · DIMENSÃO COLETIVA DA TUTELA DO CONSUMIDOR | 1009

tidos de relevância social. Daí por que cumpre examinar, detalhadamente, a atuação de cada um dos entes legitimados coletivos, segundo o rol do artigo 82 do CDC.

2.4.1 Ministério Público

O artigo 82, I, do CDC estabelece a legitimação do Ministério Público para exercício das ações coletivas que tenham por objeto a tutela dos direitos previstos no CDC (artigo 81). Aqui, em preliminar, cumpre fazer-se distinção doutrinária bastante comum entre a *ação civil pública* e a *ação civil coletiva (ação coletiva* stricto sensu). Embora guardem semelhanças, têm distinções com relação a seus fundamentos e respectivos objetos. A ação civil pública, disciplinada pela Lei 7.347/1985, é destinada à defesa dos interesses ou direitos difusos ou coletivos – que são, por natureza, transindividuais e indivisíveis –, assim como dos direitos individuais homogêneos de caráter social.[45] Já a ação civil coletiva, prevista no CDC, é destinada à tutela dos consumidores, vítimas ou sucessores, e é adequada para a proteção dos direitos individuais homogêneos – que são, por natureza, divisíveis.[46] A utilidade da distinção reside no fato de que, na ação civil coletiva, "a condenação em dinheiro é sempre genérica; o destino do produto é preferencialmente destinado para os beneficiários (e não – ou só excepcionalmente – para o Fundo); a liquidação e a execução podem ser feitos a título individual, há exigência de ampla divulgação da ação e o beneficiário pode ser admitido como litisconsorte ativo".[47] No que se refere à ação civil pública, a condenação é sempre certa em dinheiro ou em obrigação de fazer ou não fazer (artigo 3º); a destinação do produto da condenação em dinheiro é o Fundo de Defesa dos Direitos Difusos (e não para os beneficiários), não se admite a liquidação e a execução a título individual.[48]

O Ministério Público tem sua legitimação derivada diretamente das normas constitucionais que estabelecem suas funções institucionais e respectivas competências. Nesse sentido, o artigo 127 da Constituição da República determina que incumbe ao Ministério Público a defesa *dos interesses sociais e individuais indisponíveis*. Do mesmo modo, o artigo 129 elege, entre as funções institucionais do Ministério Público, "promover o inquérito civil e a ação civil pública, para a proteção do patrimônio público e social, do meio ambiente e de outros interesses difusos e coletivos" (inciso III), assim como "exercer outras funções que lhe forem conferidas, desde que compatíveis com sua finalidade, sendo-lhe vedada a representação judicial e a consultoria jurídica de entidades públicas" (inciso IX).

Dessa forma, é forçoso concluir que o Ministério Público possui legitimação para interpor tanto a ação civil pública quanto a ação coletiva, conforme se apresente a tutela de interesses difusos, coletivos ou individuais homogêneos (artigos 5º da Lei 7.347/1985

---

[45] ALMEIDA, João Batista de. *A proteção jurídica do consumidor*. 5. ed. São Paulo: Saraiva, 2006. p. 258.

[46] No mesmo sentido: MAZZILLI, Hugo Nigro. *A defesa dos interesses difusos em juízo*. 19. ed. São Paulo: Saraiva, 2006. p. 67- 68; MARINONI, Luiz Guilherme; ARENHART, Sérgio Cruz. *Manual do processo de conhecimento*. 2. ed. São Paulo: Ed. RT, 2003. p. 757. Márcio Mafra Leal critica a inutilidade da distinção, observando que as ações possuirão mesma estrutura processual, e os mesmos efeitos, se propostas com fundamento no CDC ou na Lei da Ação Civil Pública: LEAL, Márcio Mafra. *Ações coletivas*: história, teoria e prática. Porto Alegre: Fabris, 1998. p. 188.

[47] ALMEIDA, João Batista de. *A proteção jurídica do consumidor*. 5. ed. São Paulo: Saraiva, 2006. p. 259.

[48] ALMEIDA, João Batista de. *A proteção jurídica do consumidor*. 5. ed. São Paulo: Saraiva, 2006. p. 259.

1010 CURSO DE DIREITO DO CONSUMIDOR – *Bruno Miragem*

e 82, I, do CDC),[49] bem como para requisitar as informações do consumidor que sejam necessárias ao pleno conhecimento da situação.[50] Como ensinam Cláudio Bonatto e Paulo Valério Dal Pai Moraes, "a mera exposição das pessoas a práticas comerciais e contratuais abusivas é o suficiente para que o Ministério Público intervenha para a proteção e devida aplicação do CDC".[51] Entretanto, esse entendimento não é pacífico, como a seguir se observa.

2.4.1.1 Ministério Público e defesa dos interesses individuais homogêneos

A rigor, não se encontra reserva, na doutrina ou na jurisprudência, à legitimidade do Ministério Público para defesa dos interesses difusos e coletivos, dado o traço de indivisibilidade que os caracteriza e a manifesta relevância social na sua proteção. A questão mais polêmica concentra-se na legitimação do Ministério Público para a defesa dos interesses individuais homogêneos. Isso porque, conforme já examinamos em ter-

---

[49] "Administrativo. Processual Civil. Recurso Especial. Ação Civil Pública. Legitimidade ativa do Ministério Público na defesa de interesses ou direitos individuais homogêneos. Artigos 127 e 129, III e IX, da CF. Vocação constitucional do Ministério Público na defesa dos direitos fundamentais. Direito à saúde. Dignidade da pessoa humana. Relevância pública. Expressão para a coletividade. Utilização dos institutos e mecanismos das normas que compõem o microssistema de tutela coletiva. Efetiva e adequada proteção. Recurso Provido. 1. 'O Ministério Público é instituição permanente, essencial à função jurisdicional do Estado, incumbindo-lhe a defesa da ordem jurídica, do regime democrático e dos interesses sociais e individuais indisponíveis' (artigo 127 da CF). 2. 'São funções institucionais do Ministério Público: (...) III – promover o inquérito civil e a ação civil pública, para a proteção do patrimônio público e social, do meio ambiente e de outros interesses difusos e coletivos; (...) IX – exercer outras funções que lhe forem conferidas, desde que compatíveis com sua finalidade, sendo-lhe vedada a representação judicial e a consultoria jurídica de entidades públicas' (artigo 129 da CF). 3. É imprescindível considerar a natureza indisponível do interesse ou direito individual homogêneo – aqueles que contenham relevância pública, isto é, de expressão para a coletividade – para estear a legitimação extraordinária do Ministério Público, tendo em vista a sua vocação constitucional para a defesa dos direitos fundamentais. 4. O direito à saúde, como elemento essencial à dignidade da pessoa humana, insere-se no rol daqueles direitos cuja tutela pelo Ministério Público interessa à sociedade, ainda que em favor de pessoa determinada. 5. Os artigos 21 da Lei da Ação Civil Pública e 90 do CDC, como normas de envio, possibilitaram o surgimento do denominado Microssistema ou Minissistema de proteção dos interesses ou direitos coletivos amplo senso, no qual se comunicam outras normas, como o Estatuto do Idoso e o da Criança e do Adolescente, a Lei da Ação Popular, a Lei de Improbidade Administrativa e outras que visam tutelar direitos dessa natureza, de forma que os instrumentos e institutos podem ser utilizados com o escopo de 'propiciar sua adequada e efetiva tutela' (artigo 83 do CDC). 6. Recurso especial provido para determinar o prosseguimento da ação civil pública" (STJ, REsp 695.396/RS, 1ª Turma, Rel. Min. Arnaldo Esteves Lima, j. 12.04.2011, *DJe* 27.04.2011).

[50] "Administrativo – Mandado de segurança – Relação entre consumidor e banco – Requisição de informações pelo Ministério Público – Inexistência de abuso de poder. 1. Inadmissível recurso especial quanto à questão que, a despeito da oposição de embargos declaratórios, não foi apreciada pelo tribunal *a quo*. 2. Conforme os fatos narrados pelo Tribunal de origem, o objetivo das requisições do membro do Ministério Público foi buscar informações acessíveis a qualquer pessoa que pretenda utilizar-se dos serviços ofertados pela Instituição financeira, os quais estão disponíveis aos consumidores e à coletividade. 3. Os serviços e produtos oferecidos pelas instituições financeiras são considerados do gênero consumo. Logo, quando na defesa dos usuários desses produtos e serviços, lícito é ao Ministério Público requisitar, tal como ocorrido no caso concreto, documentos e dados que não se enquadram entre os protegidos pelo sigilo bancário, pois acessíveis a todos os clientes. Recurso especial conhecido em parte e improvido" (STJ, REsp 1.094.770/DF, 2ª Turma, Rel. Min. Humberto Martins, j. 01.09.2009, *DJe* 18.09.2009).

[51] BONATTO, Cláudio; MORAES, Paulo Valério Dal Pai. *Questões controvertidas no Código de Defesa do Consumidor*. 2. ed. Porto Alegre: Livraria do Advogado, 1999. p. 161.

PARTE IV · Cap. 2 · DIMENSÃO COLETIVA DA TUTELA DO CONSUMIDOR | 1011

mos conceituais, tais interesses são, antes de tudo, individuais e divisíveis, podendo ser mensurado o *quantum* que pertence a cada um dos respectivos titulares. A circunstância de serem tutelados de modo coletivo deve-se a dois fatores principais, quais sejam: sua origem comum e homogeneidade, assim como a possibilidade e conveniência de sua tutela coletiva, a fim de evitar a multiplicação de processos e o risco de decisões contraditórias. Nesse sentido, inclusive, consiste na disposição do artigo 92 do CDC, que, *a contrario sensu*, reforça, expressamente, a legitimidade do Ministério Público para defesa dos interesses individuais homogêneos. Por outro lado, há os que reconheçam, nesses interesses previstos no CDC, espécies de interesses ou direitos disponíveis (ou seja, que poderiam ser manejados ou passíveis de demanda de seus respectivos titulares), razão pela qual sua defesa pelo Ministério Público estaria em contradição com o disposto na Constituição da República, ao reservar a atuação do órgão à defesa dos interesses individuais indisponíveis (artigo 127).[52]

A evolução doutrinária e jurisprudencial, contudo, veio a assentar entendimento pelo qual a atuação do Ministério Público em defesa dos interesses individuais homogêneos será cabível quando existir manifesto interesse social,[53] em vista da dimensão ou das características do dano a ser ressarcido, ou houver relevância do bem social a ser tutelado, ou mesmo a estabilidade do próprio sistema, cuja preservação seja de interesse de toda a sociedade.[54] Esse conceito de interesse ou relevância social, por sua vez, deverá ser preenchido, em vista do exame do caso concreto,[55] a partir da consideração dos interesses a serem tutelados.[56] Da mesma forma, há de se reconhecer a existência de um estímulo, na legislação brasileira, inclusive por razões de política judiciária, à formação do processo coletivo visando à tutela de interesses individuais homogêneos, a fim de evitar a multiplicação de ações individuais, o que, certamente, termina em reconhecer a importância da legitimação do Ministério Público para causas dessa espécie.[57] Nesse

---

[52] Para uma visão crítica da tutela coletiva dos interesses individuais homogêneos pelo Ministério Público, veja-se: ZAVASCKI, Teori Albino. *Processo coletivo*: tutela de direitos coletivos e tutela coletiva de direitos. São Paulo: Ed. RT, 2006. p. 223 et seq.

[53] "Recurso especial. Processo civil. Legitimidade ativa do Ministério Público. Ação civil pública. Validade de cláusula. Contrato de arrendamento mercantil. – A legitimidade do Ministério Público na defesa de interesses individuais homogêneos está vinculada ao reconhecimento de relevante interesse social. – Na hipótese, o Ministério Público tem legitimidade para ajuizar ação civil pública objetivando a análise da validade de cláusulas abusivas de contrato de arrendamento mercantil celebrado pelos consumidores do Estado do Maranhão. Recurso especial provido" (STJ, REsp 509.654/MA, Rel. Min. Carlos Alberto Menezes Direito, j. 24.08.2004).

[54] MAZZILLI, Hugo Nigro. *A defesa dos interesses difusos em juízo*. 19. ed. São Paulo: Saraiva, 2006. p. 161-162.

[55] Assim ensina: ZANELLATO, Marco Antonio. Sobre a defesa dos interesses individuais homogêneos dos consumidores pelo Ministério Público. In: SAMPAIO, Aurisvaldo; CHAVES, Cristiano (coord.). *Estudos de direito do consumidor*: tutela coletiva – homenagem aos 20 anos da Lei da Ação Civil Pública. Rio de Janeiro: Lumen Juris, 2005. p. 395-406.

[56] Assim decidiu o STJ: "Ação civil pública. Ministério Público. Legitimidade. Dever de informação. O Ministério Público tem legitimidade para promover ação civil pública contra estabelecimento escolar, atendendo a representação da associação de pais de alunos, para a defesa do interesse de receber informação adequada e indenização por danos" (STJ, REsp 94.810/MG, Rel. Min. Ruy Rosado de Aguiar Júnior, j. 17.06.1997, *DJU* 18.08.1997, p. 37.872).

[57] Nesse sentido o precedente do STF: "Política judiciária. Macroprocesso. Estímulo. Tanto quanto possível, considerado o direito posto, deve ser estimulado o surgimento de macroprocesso, evitando-se a prolife-

1012 | CURSO DE DIREITO DO CONSUMIDOR – *Bruno Miragem*

sentido, aliás, compreendeu o STJ ao editar a Súmula 601, consignando que "o Ministério Público tem legitimidade ativa para atuar na defesa de direitos difusos, coletivos e individuais homogêneos dos consumidores, ainda que decorrentes da prestação de serviço público" (2ª Seção, j. 07.02.2018, *DJe* 14.02.2018).

2.4.1.2 Procedimentos extraprocessuais do Ministério Público

A atuação do Ministério Público na tutela coletiva não se resume à legitimidade para interpor a ação civil pública. Ao contrário, observa-se, na legislação, uma série de instrumentos de atuação independentes do processo, como a competência do Ministério Público para expedir requerimentos, promover audiências públicas, emitir recomendações, bem como celebrar compromissos de ajustamento de conduta. Alexandre Gavronski, ao examinar a atuação extraprocessual do Ministério Público, distingue esses instrumentos no que denomina *técnicas extraprocessuais de informação da tutela coletiva* e *técnicas extraprocessuais de criação e concretização do direito da tutela coletiva.*[58] No caso das primeiras, notadamente, observa-se sua finalidade de informar a atuação do Ministério Público, para que verifique e forme convencimento sobre a existência de lesão a direitos cuja tutela lhe incumbe (inquérito civil, requerimentos e audiências públicas). Já as que importam na criação do direito decorrem, em regra, ou da atuação direta do Ministério Público, vinculando-o – como é o caso da recomendação –, ou do acordo entre o órgão e particulares que devam se submeter às suas disposições (o compromisso de ajustamento de conduta).

Em muitas situações, há de se reconhecer a complementaridade dos procedimentos extraprocessuais e processuais, o que é evidenciado no caso do inquérito civil, o qual poderá servir para prévia investigação e produção de provas que sustentem a pretensão de futura ação civil pública. Por outro lado, a expedição de requerimentos e a audiência pública podem servir tanto para informar o convencimento do próprio agente do Ministério Público competente quanto para permitir a oitiva das partes envolvidas e a possibilidade de participação de todos os interessados.

2.4.1.2.1 Inquérito civil

Entre os modos de atuação do Ministério Público na defesa dos interesses e direitos dos consumidores consagrados no CDC, está a instauração de inquérito civil, prévio à interposição de eventual ação civil pública, com o objetivo de apurar a conduta do particular para formar o convencimento do próprio órgão quanto ao cabimento ou não da interposição de ação civil pública. Segundo ensina João Batista de Almeida, "trata-se de procedimento preparatório da tutela jurisdicional, de caráter administrativo e extrajudi-

---

ração de causas decorrentes da atuação individual. Legitimidade. Ação civil pública. Ministério Público. Cartões de crédito. Proteção adicional. Disposição contratual. O Ministério Público é parte legítima na propositura de ação civil pública para questionar relação de consumo resultante de ajuste a envolver cartão de crédito" (STF, RE 441.318/DF, Rel. Min. Marco Aurélio, j. 25.10.2005, *DJU* 24.02.2006, p. 24).

[58] GAVRONSKI, Alexandre Amaral. *Técnicas extraprocessuais de tutela coletiva*. São Paulo: Ed. RT, 2011. p. 2 95 *et seq.*

cial, de iniciativa exclusiva do Ministério Público".[59] A finalidade do inquérito civil, cuja instauração é facultativa, concentra-se na apuração de fatos de seu conhecimento que possam configurar violação de direitos ou outros comportamentos ilícitos, cuja fiscalização esteja a cargo do Ministério Público.

O inquérito civil é disciplinado pelos artigos 8º e 9º da Lei da Ação Civil Pública. Nesse sentido, refere o artigo 8º mencionado: "Artigo 8º Para instruir a inicial, o interessado poderá requerer às autoridades competentes as certidões e informações que julgar necessárias, a serem fornecidas no prazo de 15 (quinze) dias. § 1º O Ministério Público poderá instaurar, sob sua presidência, inquérito civil, ou requisitar, de qualquer organismo público ou particular, certidões, informações, exames ou perícias, no prazo que assinalar, o qual não poderá ser inferior a 10 (dez) dias úteis. § 2º Somente nos casos em que a lei impuser sigilo, poderá ser negada certidão ou informação, hipótese em que a ação poderá ser proposta desacompanhada daqueles documentos, cabendo ao juiz requisitá--los". Tratando-se de informações cobertas por sigilo, o poder de requisição do Ministério Público é limitado quando o fundamento do sigilo é constitucional, como é o caso do sigilo de comunicações telefônicas, dependendo de autorização judicial (artigo 5º, inciso XII, da Constituição Federal). Quanto a informações bancárias, como regra, dependem também de autorização judicial, exceção feita quando se tratar de verbas públicas, conforme precedente do STF (MS 21.729/DF, Rel. Min. Néri da Silveira).[60]

Já o artigo 9º da Lei da Ação Civil Pública refere: "Se o órgão do Ministério Público, esgotadas todas as diligências, se convencer da inexistência de fundamento para a propositura da ação civil, promoverá o arquivamento dos autos do inquérito civil ou das peças informativas, fazendo-o fundamentadamente". Tais disposições são aplicáveis à atuação do Ministério Público na defesa dos direitos dos consumidores por expressa referência do artigo 90 do CDC, assim como são indicadas no artigo 6º, VII, *a* e *d*, da Lei Complementar 75/1993 (em relação ao Ministério Público da União, com previsão correlata nos Estados).

A utilidade do inquérito civil é incontestável. Por seu intermédio, há investigação e coleta de elementos necessários para servir de base à propositura de uma das ações públicas a seu cargo ou, ainda, à celebração de termo de ajustamento de conduta.[61] Daí por que, em razão dessa sua característica tipicamente investigatória, se caracteriza como procedimento inquisitorial. As provas produzidas no âmbito do inquérito civil, por sua vez, têm natureza relativa, podendo ser afastadas, contudo, apenas mediante prova no processo judicial que se submeta ao princípio do contraditório.[62] Todavia, é certo que,

---

[59]   ALMEIDA, João Batista de. *A proteção jurídica do consumidor*. 5. ed. São Paulo: Saraiva, 2006. p. 266.

[60]   GAVRONSKI, Alexandre Amaral. *Técnicas extraprocessuais de tutela coletiva*. São Paulo: Ed. RT, 2011. p. 302.

[61]   Sobre o tema veja-se: MAZZILLI, Hugo Nigro. *O inquérito civil*: investigações do Ministério Público, compromissos de ajustamento e audiências públicas. 2. ed. São Paulo: Saraiva, 2000.

[62]   "Processo civil – Ação civil pública – Inquérito civil: valor probatório – Reexame de prova: Sumula 7/STJ. 1. O inquérito civil público e procedimento facultativo que visa colher elementos probatórios e informações para o ajuizamento de ação civil pública. 2. As provas colhidas no inquérito têm valor probatório relativo, porque colhidas sem a observância do contraditório, mas só devem ser afastadas quando há contraprova de hierarquia superior, ou seja, produzida sob a vigilância do contraditório. 3. A prova colhida inquisitorialmente não se afasta por mera negativa, cabendo ao juiz, no seu livre convencimento, sopesá-las. 4. Avanço na questão probatória que esbarra na Sumula 7/STJ. 5. Recursos

1014 CURSO DE DIREITO DO CONSUMIDOR – *Bruno Miragem*

ocorrendo ilegalidade ou desvio de finalidade no curso do procedimento, este poderá ser trancado por intermédio de mandado de segurança impetrado pelo interessado.[63] Da mesma forma, deve ser observada, com relação à instauração do inquérito, a divisão interna de competências dos diversos órgãos do *Parquet*, assim como as áreas de atuação do Ministério Público Estadual e Federal.[64]

Realizadas as diligências necessárias ao convencimento do membro do Ministério Público que o preside, a conclusão do inquérito civil pode se dar de três modos distintos: (a) segundo o artigo 9º, se, esgotadas todas as diligências, o titular do órgão do MP se convencer da inexistência de fundamento para a propositura da ação civil, promoverá o arquivamento dos autos do inquérito civil ou das peças informativas; por outro lado, (b) se, a partir das conclusões do inquérito, forem identificadas provas e/ou indícios de lesão a qualquer dos direitos tutelados pelo MP, deverá ser determinada a interposição de ação civil pública contra os responsáveis; e (c) uma terceira hipótese, que visa compor os interesses contrapostos e assegurar celeridade ao cumprimento da legislação, assim como recomposição dos danos causados (se for o caso), é a celebração de compromisso de ajustamento de conduta, previsto no artigo 5º, § 6º, da Lei da Ação Civil Pública, com a redação que lhe determinou o artigo 113 do CDC. Note-se, contudo, que, optando pela promoção de arquivamento do inquérito, esta deverá ser submetida ao Conselho Superior a que estiver subordinado o órgão responsável, podendo este simplesmente homologar a mencionada promoção, ou rejeitá-la, hipótese em que deverá designar outro órgão para o ajuizamento da ação civil correspondente (artigo 8º, § 4º, da Lei da Ação Civil Pública).

Lembre-se que, no sistema do CDC, desde a instauração do inquérito civil, por ato de membro do Ministério Público, até seu encerramento, não flui o prazo para exercício, pelo consumidor, do direito de reclamar vícios aparentes do produto ou serviço, conforme estabelece o artigo 26, § 2º, III, do código.

2.4.1.2.2 Audiências públicas

As audiências públicas não têm previsão expressa no CDC, ao contrário de outras legislações que lhe seguiram, com o objetivo de promover a participação dos interessados em geral nos temas que afetem a coletividade. Todavia, poderão ser realizadas pelo Mi-

---

especiais improvidos" (STJ, REsp 476.660/MG, 2ª Turma, Rel. Min. Eliana Calmon, j. 20.05.2003, *DJ* 04.08.2003). Veja-se também, interpretando a decisão do STJ: QUEIROZ, Ronaldo Pinheiro. A eficácia probatória do inquérito civil no processo judicial: uma análise crítica da jurisprudência do STJ. *Revista de Processo*, São Paulo, v. 146, p. 189-204, abr. 2007.

[63] MAZZILLI, Hugo Nigro. *A defesa dos interesses difusos em juízo.* 19. ed. São Paulo: Saraiva, 2006. p. 403.

[64] ALMEIDA, João Batista de. *A proteção jurídica do consumidor.* 5. ed. São Paulo: Saraiva, 2006. P. 267 *et seq.*; MAZZILLI, Hugo Nigro. *A defesa dos interesses difusos em juízo.* 19. Ed. São Paulo: Saraiva, 2006. P. 404-405. Nesse sentido decidiu o STJ: "*Constitucional e processual civil. Alegado descumprimento de normas relativas à higiene e à segurança do trabalho. Inquérito civil e ação civil pública. Ilegitimidade do Ministério Público Estadual. O Ministério Público é uno e indivisível, mas apenas na medida em que os seus membros estão submetidos a uma mesma chefia.* Essa unidade e indivisibilidade só dizem respeito a cada um dos vários Ministérios Públicos que o sistema jurídico brasileiro consagrou. Assim, o Ministério Público Estadual não tem legitimidade para instaurar, contra sociedade empresária, pessoa jurídica de direito privado, inquérito civil para apurar o descumprimento de normas relativas a higiene e a segurança do trabalho, nem para ajuizar, decorrentemente, Ação civil pública. Recurso provido" (STJ, RMS 5.563/ RS, Rel. Min. Cesar Asfor Rocha, j. 21.08.1995, *DJU* 16.10.1995, p. 34.609).

PARTE IV · Cap. 2 · DIMENSÃO COLETIVA DA TUTELA DO CONSUMIDOR | **1015**

nistério Público em matéria afeta aos direitos dos consumidores, em vista do que dispõe o artigo 27, parágrafo único, IV, da Lei 8.625/1993 (Lei Orgânica Nacional do Ministério Público), que relaciona, entre as providências de que pode fazer uso o órgão, no exercício de suas atribuições: "IV – promover audiências públicas e emitir relatórios, anual ou especiais, e recomendações dirigidas aos órgãos e entidades mencionadas no *caput* deste artigo, requisitando ao destinatário sua divulgação adequada e imediata, assim como resposta por escrito".

Nesse sentido, algumas características podem ser reconhecidas na audiência pública promovida pelo Ministério Público, por exemplo: (a) tem a finalidade de instruir/informar uma decisão futura; (b) possui caráter consultivo; (c) desenvolve-se com predomínio da participação oral dos interessados; (d) não possui um procedimento formalizado.[65]

No entanto, é inegável sua importância, especialmente quando diz respeito a questões de maior complexidade, em que a possibilidade de participação direta dos agentes envolvidos favorece o esclarecimento comum, tanto do Ministério Público quanto da sociedade em geral, sobre os temas objeto de exame, qualificando, portanto, a tutela coletiva dos consumidores.

2.4.2 União, Estados, Municípios e Distrito Federal

A legitimação das pessoas políticas União, estados, municípios e Distrito Federal para interposição das ações coletivas visando à tutela dos direitos dos consumidores é reflexo da eficácia abrangente do direito fundamental de defesa do consumidor (artigo 5º, XXXII), sem prejuízo de a sua legitimação já estar prevista, com respeito à ação civil pública, desde a Lei 7.347/1985. Note-se, aqui, que a legitimação para agir, na interposição da respectiva ação coletiva, não deixa de exigir uma relação de pertinência da União, dos estados, do Distrito Federal os dos municípios com o objeto da demanda a ser veiculada pela via coletiva. Nesse sentido, faz-se sentir a plena utilidade do critério da representatividade adequada, quanto mais não seja para negar a legitimidade da pessoa política que ingressa com demanda em relação à qual não guarda qualquer proximidade, seja em relação aos consumidores contemplados, ou aos bens jurídicos objeto de proteção. Como ensina Kazuo Watanabe, "se nenhum nexo mantêm, porque os consumidores pertencem a outro Município ou a Estado diverso, evidentemente a legitimação *ad causam* não lhe diz respeito. Todavia, se os interesses ameaçados ou lesados guardam ligação com vários Municípios qualquer deles poderá tomar a iniciativa da demanda".[66]

O reconhecimento da legitimação às pessoas políticas, embora tenha inegáveis méritos, em vista da ampliação da tutela dos direitos dos consumidores, não vem, todavia, sendo utilizado em acordo com as possibilidades que oferece.[67] Em alguma medida,

---

[65] GAVRONSKI, Alexandre Amaral. *Técnicas extraprocessuais de tutela coletiva*. São Paulo: Ed. RT, 2011. p. 329.

[66] WATANABE, Kazuo et al. *Código Brasileiro de Defesa do Consumidor*: comentado pelos autores do anteprojeto. 8. ed. Rio de Janeiro: Forense Universitária, 2004. p. 821.

[67] Notável exceção, contudo, observa-se da decisão do STJ: "*Ação civil pública. Defesa dos consumidores. Assistência à saúde. Interesse ou direito coletivo. Distrito federal. Legitimação ativa. Artigo 82, II, do CDC.* I – Nos termos do artigo 82, II, do CDC tem o Distrito Federal legitimidade ampla para promover ação civil pública, visando a proteção de interesses ou direitos coletivos de associados, na referida unidade

1016 | CURSO DE DIREITO DO CONSUMIDOR – *Bruno Miragem*

é certo, pela possibilidade que as pessoas políticas têm de determinar condutas por parte dos fornecedores e demais agentes de mercado. Dessa forma, têm à disposição a possibilidade de exercício de seu poder de polícia, ou mesmo pela produção de normas jurídicas específicas, prevendo comportamento e cominando sanções, sobretudo em vista da competência legislativa concorrente em matéria de produção e consumo, prevista na Constituição da República.

2.4.3 Entidades ou órgãos da Administração Pública

Além das pessoas políticas União, estados, Distrito Federal e municípios, o artigo 82, III, do CDC relaciona, entre os legitimados para a defesa dos direitos nele previstos, as entidades e os órgãos da Administração Pública, direta ou indireta, ainda que sem personalidade jurídica, especificamente destinados à defesa dos interesses e direitos protegidos por esse código. Trata-se de órgãos e entidades da Administração Pública que tenham a finalidade de defesa dos consumidores. Nesse rol, estão incluídos os Procons, ou como se denominem os órgãos estaduais e municipais que tenham por finalidade a defesa do consumidor.[68] Do mesmo modo, mediante interpretação extensiva da norma do artigo 82, III, do CDC, reconheceu o STJ a legitimidade de comissão técnica de defesa do consumidor do Poder Legislativo Estadual, portanto órgão interno, sem personalidade jurídica.[69] Confessamos certa dificuldade em aderir a essa interpretação, uma vez que a

---

federativa, de empresa prestadora de serviços de saúde. II – Recurso especial conhecido e provido" (STJ, REsp 168.051/DF, Rel. Min. Eduardo Ribeiro, j. 19.05.2005, *DJU* 20.06.2005, p. 263).

68 *"Ação civil pública. Direitos individuais homogêneos. Cobrança de taxas indevidas. Candidatos a inquilinos. Administradoras de imóveis. Legitimidade ativa do Procon – Coordenadoria de Proteção e Defesa do Consumidor, por meio da Procuradoria-Geral do Estado para ajuizar ação coletiva para proteção de direitos individuais homogêneos. Prescrição. Multa do artigo 84, § 4º, do Código de Defesa do Consumidor. Repetição em dobro. Multa do artigo 538, parágrafo único, do Código de Processo Civil. Súmula 07 da Corte. Precedentes.* 1. O Procon – Coordenadoria de Proteção e Defesa do Consumidor, por meio da Procuradoria-Geral do Estado, tem legitimidade ativa para ajuizar ação coletiva em defesa de interesses individuais homogêneos, assim considerados aqueles direitos com origem comum, divisíveis na sua extensão, variáveis individualmente, com relação ao dano ou a responsabilidade. São direitos ou interesses individuais que se identificam em função da origem comum, a recomendar a defesa coletiva, isto e, a defesa de todos os que estão presos pela mesma origem. No caso, o liame está evidenciado, alcançando os candidatos a inquilinos que são cobrados de taxas indevidas. 2. A prescrição e venenaria, na linha de precedentes da Terceira Turma, porque não alcançada a questão pelo artigo 14 do Código de Defesa do Consumidor. 3. Cabível e a multa do artigo 84, § 4º, do CDC, mas deve ser observada na sua fixação o comando legal, não sendo razoável aquela imposta pela sentença no valor de R$ 100.000,00. 4. A repetição do indébito pelo valor em dobro não se impõe quando presente engano justificável, o que não e o caso quando o Acórdão recorrido identifica a existência de fraude a lei. 5. O exame da documentação existente, que serviu de fundamento para a configuração da taxa cobrada como de intermediação, vedada na Lei especial de regência, não pode ser reexaminada, a teor da Sumula 07 da Corte. 6. Não tem cabimento a multa do artigo 538, parágrafo único, do Código de Processo Civil, quando interposto o recurso na cobertura da Sumula 98 da Corte. 7. Recursos especiais conhecidos e providos, em parte" (REsp 200.827/SP, Rel. Min. Menezes Direito, j. 26.08.2002, *DJU* 09.12.2002, p. 339).

69 "Processual Civil. Direito do Consumidor. Ação Civil Pública. Sistema de bilhetagem eletrônica de ônibus realizada pela Fetransporte – Riocard. Artigos 81 e 82 do Código de Defesa do Consumidor. Legitimação ativa da Comissão de Defesa do Consumidor da Assembleia Legislativa do Estado do Rio de Janeiro. Interpretação das normas que regem a ação civil pública. 1. Cinge-se a controvérsia a legitimidade da Comissão de Defesa do Consumidor da Assembleia Legislativa do Estado do Rio de Janeiro para propor Ação Civil Pública visando a obrigar os associados da Federação das Empresas de Transporte

PARTE IV · Cap. 2 · DIMENSÃO COLETIVA DA TUTELA DO CONSUMIDOR | **1017**

norma é expressa ao indicar a legitimação a "entidades e órgãos da Administração Pública", o que, a nosso ver, supõe vínculo orgânico, e não exercício de função administrativa – como menciona o acórdão.

Por outro lado, note-se que a norma em questão refere-se aos atos especificamente destinados à defesa do consumidor. Nesse sentido, durante bom tempo, questionou-se se os órgãos que, embora não destinados especificamente, tivessem, entre suas atribuições, a defesa do consumidor estariam legitimados a interporem ações coletivas em defesa dos direitos dos consumidores. É certo que a interpretação da norma estabelece critério restritivo à admissão de vários órgãos públicos e entidades que apenas mediatamente têm por finalidade a defesa dos consumidores, como seria o caso, por exemplo, dos órgãos de vigilância sanitária, de controle de alimentos, além de outros, que têm, entre suas funções, a defesa do consumidor.

A situação mais grave, contudo, dizia respeito à legitimação da Defensoria Pública para interposição de ações coletivas. Como se sabe, a Defensoria Pública constitui-se como órgão da Administração, cuja finalidade precípua era a de assistência aos necessitados. Nesse sentido, o artigo 134 da Constituição da República prescreve: "A Defensoria Pública é instituição permanente, essencial à função jurisdicional do Estado, incumbindo-lhe, como expressão e instrumento do regime democrático, fundamentalmente, a orientação jurídica, a promoção dos direitos humanos e a defesa, em todos os graus, judicial e extrajudicial, dos direitos individuais e coletivos, de forma integral e gratuita, aos necessitados, na forma do inciso LXXIV do art. 5º desta Constituição Federal". Incumbe, pois, à Defensoria Pública, entre suas atribuições, a defesa dos consumidores hipossuficientes, prestando-lhe orientação e representando-lhes em juízo quando for o caso. Em muitos estados, inclusive, a atuação da Defensoria Pública é amplamente reconhecida na defesa do consumidor. Ocorre que, a teor do artigo 82, III, não é correto considerá-la como ór-

---

de Passageiros do Estado do Rio de Janeiro – Fetransporte a informar o saldo do Riocard (sistema de bilhetagem eletrônica de ônibus) sobre cada débito realizado no respectivo cartão. 2. O CDC conferiu legitimação para ajuizamento de demandas coletivas, inclusive para a tutela de interesses individuais homogêneos, as 'entidades e órgãos da Administração Pública, direta ou indireta, ainda que sem personalidade jurídica, especificamente destinados a defesa dos interesses e direitos' do consumidor (artigo 82, III). 3. As normas que regem a Ação Civil Pública – símbolo maior do modelo democrático, coletivo, eficiente e eficaz do acesso à Justiça, na sua concepção pós-moderna – convidam a ampliação judicial, jamais a restrição, do rol de sujeitos legitimados para a sua propositura. O Juiz, na dúvida, decidira em favor do acesso à Justiça, pois a negação da legitimação para agir demanda vocalização inequívoca do legislador. 4. A recorrente – Comissão de Defesa do Consumidor da Assembleia Legislativa do Estado do Rio de Janeiro – e entidade ou órgão técnico vinculado ao Poder Legislativo Estadual com competência, expressa e específica, para atuar na tutela do consumidor, integrando o Sistema Nacional de Defesa do Consumidor. 5. A previsão normativa para ajuizar demandas coletivas na hipótese dos autos foi inserida, em fevereiro de 2006, no artigo 26, § 49, 'd', do Regimento Interno da Assembleia Legislativa do Estado do Rio de Janeiro, reforma (diga-se, de passagem, desnecessária) realizada rigorosamente para expressar tal possibilidade. 6. Na apreciação da legitimação para a proposição de ações coletivas, não se deve entender restritivamente a expressão 'Administração Pública', referida no artigo 82, III, do CDC. Para o intérprete da lei, como o STJ, importa apenas indagar se o órgão em questão exerce, com base em autorização legal, função administrativa e, por meio dela, a defesa do consumidor, de modo análogo ou semelhante ao Procon. 7. Recurso Especial provido para reconhecer a legitimidade da Comissão de Defesa do Consumidor da Assembleia Legislativa do Rio de Janeiro para a propositura de demanda coletiva visando a defesa do consumidor" (STJ, REsp 1.075.392/RJ, 2ª Turma, Rel. Min. Castro Meira, Rel. p/ Acordão Min. Herman Benjamin, j. 15.12.2009, *DJe* 04.05.2011).

gão público destinado especificamente à defesa do consumidor, razão pela qual, em que pesem os esforços de muitos de seus integrantes, não lograram êxito no sentido de serem reconhecidos como legitimados ativos para defesa coletiva dos direitos coletivos no âmbito do CDC. A nosso ver, em benefício da efetividade do direito do consumidor, e mesmo em vista do critério da representatividade adequada que preside a aferição da legitimidade ativa dos órgãos e entidades não previstos expressamente na norma do artigo 82, o reconhecimento de legitimação à Defensoria Pública estaria de acordo com interpretação teleológica da referida norma do CDC, sobretudo quando fossem verificadas situações em que dezenas ou centenas de necessitados acorressem ao Poder Judiciário, por intermédio da Defensoria Pública, com demandas individuais idênticas. A utilidade da tutela coletiva nesses casos não apenas vem em benefício dos representados, quanto mesmo em favor do próprio Poder Judiciário, em vista da economia processual a ser realizada.

No entanto, se resistência havia quanto à legitimação da Defensoria Pública, esta foi totalmente afastada com as alterações normativas que firmaram o destaque e a importância do perfil institucional desse órgão. Em primeiro lugar, a Emenda Constitucional 45/2004 conferiu às Defensorias Públicas dos estados autonomia funcional e administrativa (artigo 134, § 2º, da Constituição). Lembre-se, aqui, que a maioria das críticas a sua atuação dizia respeito a sua proximidade com a Administração (e, daí, a eventual não interposição de demandas contra a Fazenda Pública), assim como às condições, muitas vezes, precárias de atendimento ao cidadão. Por outro lado, a Lei 11.448/2007 alterou a Lei da Ação Civil Pública para fazer incluir, no rol dos legitimados para interposição da Ação civil pública, a Defensoria Pública (artigo 5º, II, da Lei 7.347/1985). Nesse sentido, não restam mais dúvidas quanto à sua legitimação ativa para defesa coletiva dos direitos dos consumidores com relação a seus direitos difusos e coletivos. Até mesmo com relação aos direitos individuais homogêneos – que, a princípio, são a principal categoria manejada pelo órgão –, há de se reconhecer a legitimação da Defensoria Pública, uma vez que os efeitos da sentença beneficiem os necessitados que se encontrem assistidos por sua atuação.[70] Nesse particular, a noção de necessitado aqui admitirá duas compreensões distintas: uma mais estrita, reconhecendo como tais aqueles que ostentem hipossuficiência econômica, falta

---

[70] "Processual civil. embargos de declaração. Omissão no julgado. Inexistência. Ação civil pública. Defesa coletiva dos consumidores. Contratos de arrendamento mercantil atrelados à moeda estrangeira. Maxidesvalorização do real frente ao dólar norte-americano. interesses individuais homogêneos. Legitimidade ativa do órgão especializado vinculado à defensoria pública do estado. I – O Nudecon, órgão especializado, vinculado à Defensoria Pública do Estado do Rio de Janeiro, tem legitimidade ativa para propor ação civil pública objetivando a defesa dos interesses da coletividade de consumidores que assumiram contratos de arrendamento mercantil, para aquisição de veículos automotores, com cláusula de indexação monetária atrelada à variação cambial. II – No que se refere à defesa dos interesses do consumidor por meio de ações coletivas, a intenção do legislador pátrio foi ampliar o campo da legitimação ativa, conforme se depreende do artigo 82 e incisos do CDC, bem assim do artigo 5º, inciso XXXII, da Constituição Federal, ao dispor, expressamente, que incumbe ao 'Estado promover, na forma da lei, a defesa do consumidor'. III – Reconhecida a relevância social, ainda que se trate de direitos essencialmente individuais, vislumbra-se o interesse da sociedade na solução coletiva do litígio, seja como forma de atender às políticas judiciárias no sentido de se propiciar a defesa plena do consumidor, com a consequente facilitação ao acesso à Justiça, seja para garantir a segurança jurídica em tema de extrema relevância, evitando-se a existência de decisões conflitantes. Recurso especial provido" (STJ, REsp 555.111/RJ, 3ª Turma, Rel. Min. Castro Filho, j. 05.09.2006, *DJ* 18.12.2006). No mesmo sentido: STJ, AgRg no AgRg no Ag 656.360/RJ, 3ª Turma, Rel. Min. Paulo de Tarso Sanseverino, j. 15.03.2011, *DJe* 24.03.2011.

PARTE IV · Cap. 2 · DIMENSÃO COLETIVA DA TUTELA DO CONSUMIDOR | **1019**

de recursos econômicos para fazer frente à ação; e outra mais ampla, reconhecendo como necessitados aqueles que ostentem certa vulnerabilidade, não apenas econômica, que justifique a atuação da Defensoria Pública em seu favor.[71] Trata-se do reconhecimento de uma função institucional à Defensoria Pública de defesa dos vulneráveis (*custos vulnerabilis*).[72]

2.4.4 Associações de consumidores

A legitimação das associações para postular pela via coletiva dos direitos estabelecidos no CDC constitui previsão de grande relevância, com vista a promover a auto-organização dos consumidores para defesa dos seus direitos. Trata-se, como sugere Kazuo Watanabe, do estímulo a uma nova mentalidade participativa da sociedade na efetivação dos direitos do consumidor. A própria Política Nacional das Relações de Consumo, prevista no artigo 4º do CDC, estabelece, entre as iniciativas a serem adotadas mediante atuação governamental, o incentivo à criação e ao desenvolvimento de associações representativas. Ao conferir a legitimação dessas associações para realizar a defesa coletiva do consumidor, o CDC consagra seu papel institucional, permitindo o acesso ao Poder Judiciário para consecução de suas finalidades (*e.g.*, o IDEC, a Proteste, a Adecon/PE, entre outras). Essa legitimação, aliás, já havia sido conferida pela Lei da Ação Civil Pública, relativamente à defesa de direitos difusos e coletivos, vindo o CDC a acrescer, na abrangência da sua atuação, também os direitos individuais homogêneos.[73]

Segundo dispõe o artigo 53 do CC, as associações são pessoas jurídicas de direito privado que se caracterizam pela ausência de fins econômicos e são constituídas por meio a reunião de pessoas com vista a uma finalidade comum. São instituídas mediante realização da assembleia dos associados, que delibera pela criação da associação, pela elaboração e aprovação do estatuto social, e pelo respectivo registro desses atos no Registro Civil das Pessoas Jurídicas (artigo 45 do CC, e artigos 114 e 119 da Lei 6.015/1973 – Lei de Registros Públicos). A determinação dos fins da associação, conforme se depreende do artigo 82, IV, é o critério essencial para efeito da aferição de sua legitimidade, uma vez que apenas poderão promover a tutela coletiva as associações que tenham, entre seus fins institucionais, a defesa dos interesses e direitos protegidos pelo CDC. Ademais, tal disposição legal determina que está dispensada a autorização assemblear para efeito da tutela prevista no CDC. A razão de ser dessa dispensa mencionada na lei diz respeito à controvérsia havida com relação ao disposto no artigo 5º, XXI, da Constituição da República, o qual refere

---

[71] Reconhecendo a ampla legitimação da Defensoria Pública, não apenas em razão da hipossuficiência econômica mas também para defesa dos vulneráveis em geral, orientou-se decisão do STJ no EREsp 1.192.577/RS, Corte Especial, Rel. Min. Laurita Vaz, j. 21.10.2015, *DJe* 13.11.2015. Também o STF, ao decidir pela improcedência da ação direta de inconstitucionalidade proposta pela Associação Nacional dos Membros do Ministério Público (Conamp), confirmou a legitimidade ativa da Defensoria Pública: STF, ADI 3.943, Tribunal Pleno, Rel. Min. Cármen Lúcia, j. 07.05.2015, p. 06.08.2015.

[72] MAIA, Maurilio Casas. A facilitação da defesa do consumidor em juízo na formação de precedentes e um novo interveniente processual em favor do vulnerável: a Defensoria Pública enquanto *custos vulnerabilis*. *Revista de Direito do Consumidor*, São Paulo, v. 127, p. 407-435, jan.-fev. 2020.

[73] "Ação coletiva. Legitimidade de parte ativa. Plano de saúde. – O 'Instituto Brasileiro de Defesa do Consumidor – IDEC' tem legitimidade para propor ação coletiva em defesa dos consumidores de planos de saúde (artigo 81, parágrafo único, III, c/c o artigo 82, I, *c*, do CDC. Recurso especial conhecido e provido" (STJ, REsp 171.373/SP, Rel. Min. Barros Monteiro, j. 27.04.2004, *DJU* 02.08.2004, p. 395).

que "as entidades associativas, quando expressamente autorizadas, têm legitimidade para representar seus filiados judicial ou extrajudicialmente". No caso das associações que tenham, entre suas finalidades, a defesa dos interesses dos consumidores, essa autorização expressa já consta da própria razão de ser da associação. Esse entendimento aplica-se, inclusive, para afastar a exigência de quórum de deliberação prévia para interposição de ação coletiva por associação, quando prevista em leis especiais, como é o caso da que trata da legitimidade da associação representativa de estudantes para representá-los em ação coletiva em relação ao reajuste abusivo de mensalidades escolares.[74]

A *affectio societatis* que reúne os associados na constituição do ente associativo já faz clara a autorização para defesa dos interesses dos seus membros. Exceção há apenas às ações coletivas interpostas contra o Poder Público, em relação às quais o parágrafo único do artigo 2º-A da Lei 9.494/1997 (introduzido por Medida Provisória e vigente em vista da MP 2.180-35/2001) estabelece como requisito de admissibilidade que a petição inicial seja acompanhada "com a ata da assembleia da entidade associativa que a autorizou, acompanhada da relação nominal dos seus associados e indicação dos respectivos endereços". Essa restrição à atuação das associações é válida apenas para ações em que seja réu a União, estados, Municípios e suas autarquias e fundações, demonstrando claramente o objetivo de dificultar a interposição de ações contra o Poder Público e, por isso, violando o princípio da igualdade[75] ao estabelecer benefício exclusivo ao Estado.

Do ponto de vista técnico, por sua vez, como bem ressalta Kazuo Watanabe, a norma em apreço opera confusão entre a atuação da associação em representação de seus associados e a sua condição de legitimada ativa para interposição de ações coletivas, nas quais atuam por direito próprio.[76] Ensina da mesma forma Sérgio Shimura, ao assinalar que "a

---

[74] "Ação Civil Pública. Centro Acadêmico de Direito. Legitimidade. Associação Civil regularmente constituída. Representação adequada. Lei nº 9.870/99. Exegese sistemática com o CDC. 1. Os 'Centros Acadêmicos', nomenclatura utilizada para associações nas quais se congregam estudantes universitários, regularmente constituídos e desde que preenchidos os requisitos legais, possuem legitimidade para ajuizar ação civil pública em defesa dos direitos individuais homogêneos, de índole consumerista, dos estudantes do respectivo curso, frente à instituição de ensino particular. Nesse caso, a vocação institucional natural do centro acadêmico, relativamente aos estudantes de instituições de ensino privadas, insere-se no rol previsto nos artigos 82, IV, do CDC, e artigo 5º da Lei nº 7.347/85. 2. A jurisprudência do STF e do STJ reconhece que, cuidando-se de substituição processual, como no caso, não é de exigir-se autorização *ad hoc* dos associados para que a associação, regularmente constituída, ajuíze a ação civil pública cabível. 3. Por outro lado, o artigo 7º da Lei 9.870/99, deve ser interpretado em harmonia com o artigo 82, IV, do CDC, o qual é expresso em afirmar ser 'dispensada a autorização assemblear' para as associações ajuizarem a ação coletiva. 4. Os centros acadêmicos são, por excelência e por força de lei, as entidades representativas de cada curso de nível superior, mercê do que dispõe o artigo 4º da Lei nº 7.395/85, razão pela qual, nesse caso, o 'apoio' a que faz menção o artigo 7º, da Lei nº 9.870/99 deve ser presumido. 5. Ainda que assim não fosse, no caso houve assembleia especificamente convocada para o ajuizamento das ações previstas na Lei nº 9.870/99 (fls. 76/91), havendo sido colhidas as respectivas assinaturas dos alunos, circunstância em si bastante para afastar a ilegitimidade aventada pelo acórdão recorrido. 6. Recurso especial provido" (STJ, REsp 1.189.273/SC, 4ª Turma, Rel. Min. Luis Felipe Salomão, j. 01.03.2011, DJe 04.03.2011).

[75] WATANABE, Kazuo et al. *Código Brasileiro de Defesa do Consumidor*: comentado pelos autores do anteprojeto. 8. ed. Rio de Janeiro: Forense Universitária, 2004. p. 823; LEONEL, Ricardo de Barros. *Manual do processo coletivo*. São Paulo: Ed. RT, 2002. p. 176.

[76] WATANABE, Kazuo et al. *Código Brasileiro de Defesa do Consumidor*: comentado pelos autores do anteprojeto. 8. ed. Rio de Janeiro: Forense Universitária, 2004. p. 823.

PARTE IV · Cap. 2 · DIMENSÃO COLETIVA DA TUTELA DO CONSUMIDOR | **1021**

associação pode agir (1) com legitimação ordinária (na defesa de direitos difusos e coletivos), (2) extraordinária (na defesa de direitos individuais homogêneos) ou (3) como mera representação (quando age em nome e na defesa do direito de seus associados). Quando ajuíza ação coletiva, a associação atua sempre em nome próprio, seja como legitimada ordinária, seja como extraordinária, conforme é do sistema da tutela jurisdicional coletiva (artigos 5º da LACP, e 82 do CDC)".[77] Entende-se, assim, que a exigência de juntada da ata da assembleia que deliberou pela interposição da ação só tem lugar quando se trate de ação coletiva na qual a associação atue em representação dos seus associados (hipótese do artigo 5º, XXI, da Constituição), mas não no que se refere à legitimação em nome próprio,[78] para interposição de ação coletiva para defesa de direitos difusos, coletivos e individuais homogêneos.

2.4.4.1   Requisito da pré-constituição de um ano

Ao disciplinar a legitimidade ativa das associações para defesa coletiva, o CDC estabeleceu, como requisito objetivo dessa legitimação, que tais entidades já estivessem constituídas antes da interposição da ação pelo período não inferior a um ano. A razão de ser dessa disposição parece ter sido a de evitar a interposição de ações por associações sem densidade associativa, muitas vezes constituídas sem outra função que não a de litigar contra determinados fornecedores (mais uma vez o perigo da chantagem judicial, ou *judicial blackmail*). Todavia, o próprio CDC, no § 1º do artigo 82, atribui ao juiz o poder de dispensar o requisito da pré-constituição, nas ações coletivas para tutela de direitos individuais homogêneos, quando há *manifesto interesse social evidenciado pela dimensão ou característica do dano, ou pela relevância do bem jurídico a ser protegido*. Da mesma forma, o artigo 115 do CDC, que introduziu o artigo 17 da Lei da Ação Civil Pública, com a redação retificada em 10 de janeiro de 2007[79] para recuperar a referência original do CDC, estabelece que: "Em caso de litigância de má-fé, a associação autora e os diretores responsáveis pela propositura da ação serão solidariamente condenados em honorários advocatícios e ao décuplo das custas, sem prejuízo da responsabilidade por perdas e danos".

Trata-se de regra de flexibilidade da legitimação ativa para ações coletivas, endereçada ao juiz, para que este, ao realizar o exame *in concreto*, avalie a presença de manifesto interesse social em face de pelo menos uma dessas situações: a dimensão ou características do dano, ou a relevância do bem jurídico protegido. Note-se que o critério legal da avaliação do juiz não se dirige, a princípio, para o exame da associação autora da ação coletiva, mas

---

[77]   SHIMURA, Sérgio. A legitimidade da associação para a ação civil pública. In: SAMPAIO, Aurisvaldo; CHAVES, Cristiano (coord.). *Estudos de direito do consumidor*: tutela coletiva – homenagem aos 20 anos da Lei da Ação Civil Pública. Rio de Janeiro: Lumen Juris, 2005. p. 513-540.

[78]   Nesse sentido, decidiu o STJ: "Processo civil. Agravo no recurso especial. Embargos à execução. Caderneta de poupança. Apadeco. Ação civil pública. Impugnação específica. Inépcia. Prequestionamento. Legitimidade ativa. Súmula 83 do STJ. – É inepta a petição de agravo que não impugna, especificamente, os fundamentos da decisão agravada. – Inviável a análise do recurso especial quando o Tribunal de origem não debateu a matéria ventilada pelo recorrente. – A associação, que tem por finalidade a defesa do consumidor, pode propor ação coletiva em favor dos participantes de consórcio, desistentes ou excluídos, sejam eles seus associados ou não. Precedentes. Agravo não provido" (STJ, AgRg no REsp 651.038/PR, Rel. Min. Nancy Andrighi, j. 03.08.2004).

[79]   *Diário Oficial da União*, edição de 10 de janeiro de 2007, p. 1.

CURSO DE DIREITO DO CONSUMIDOR – *Bruno Miragem*

para aspectos de fato e de direito que ensejam a tutela jurisdicional. Entretanto, é inegável que, ao realizar a concreção dos conceitos normativos dimensão ou características do dano, ou, ainda, a relevância do bem jurídico protegido, não se furta o juiz de avaliar se aquela específica associação autora pode exercer de modo adequado sua legitimação em relação aos direitos postulados, assim como se as circunstâncias avaliadas permitem concluir sobre a conveniência da dispensa do prazo legal de pré-constituição. Não deixa de haver, nesse caso, ainda que lateralmente, um exame sobre a adequação da representatividade (*adequacy of representation*) da associação. Entre outras, aparece como hipótese própria de dispensa do prazo de pré-constituição, a circunstância de que a constituição da associação deve-se diretamente ao surgimento do direito a que ela visa defender em juízo.[80] Esse é o caso, por exemplo, das "associações de vítimas" de determinados acidentes de consumo, cuja constituição vincula-se à existência do fato danoso de que se originam os direitos a serem postulados em juízo.

2.4.4.2   *Representatividade adequada*

Como já tivemos oportunidade de referir, em sua origem no direito norte-americano, a defesa coletiva de direitos individuais homogêneos foi acompanhada, no sistema das *class actions*, do exame da representatividade adequada (*adequacy of representation*) como pressuposto do reconhecimento da legitimação ativa da pessoa física (hipótese inexistente em nosso sistema), ou da pessoa jurídica, em vista da representação dos demais titulares dos direitos em causa, cujas situações seriam abrangidas pela decisão da respectiva ação coletiva, a fim de resguardar os interesses, mesmo daqueles que não teriam ciência da existência da demanda. Esse procedimento de verificação da representatividade adequada configura condição necessária e suficiente para que seja conferida ampla eficácia à decisão final da demanda (*binding effect*), mesmo em relação àqueles que porventura não venham a participar ativamente do processo[81].

No direito brasileiro, embora a legitimação ativa para promoção da defesa coletiva dos direitos transindividuais e individuais homogêneos derive da própria lei (*ope legis*), tanto a doutrina quanto a jurisprudência vêm reconhecendo a utilidade do critério da representatividade adequada como instrumento para assegurar a relação de pertinência entre o legitimado e o objeto da demanda que visa promover.[82] Nesse sentido, sustenta-se a possibilidade de não reconhecimento da legitimidade do Ministério Público para a defesa de direitos individuais homogêneos disponíveis quando não esteja presente interesse social.[83]

---

[80]   STJ, REsp 1.443.263/GO, 3ª Turma, Rel. Min. Nancy Andrighi, j. 21.03.2017, *DJe* 24.03.2017.

[81]   VIGORITI, Vincenzo. *Interessi collettivi e processo*. Milano: Giuffrè, 1979. p. 266 *et seq.*

[82]   WATANABE, Kazuo et al. *Código Brasileiro de Defesa do Consumidor*: comentado pelos autores do anteprojeto. 8. ed. Rio de Janeiro: Forense Universitária, 2004. p. 825. Nesse sentido, vem sendo utilizada como critério de reconhecimento da tutela coletiva de outros interesses que não os de consumo, como no caso julgado pelo STJ, em que foi reconhecida a legitimidade de cooperativa de taxistas para representar seus cooperados em juízo (STJ, REsp 651.064/DF, Rel. Min. Luis Fux, j.15.03.2005, *DJU* 25.04.2005, p. 240).

[83]   MAZZILLI, Hugo Nigro. *A defesa dos interesses difusos em juízo*. 19. ed. São Paulo: Saraiva, 2006. p. 161-162.

PARTE IV · Cap. 2 · DIMENSÃO COLETIVA DA TUTELA DO CONSUMIDOR | **1023**

No caso das associações, há quem sustente a necessidade do estabelecimento de critérios para aferição de sua representatividade adequada *in concreto* pelo juiz (*ope judicis*), como instrumento necessário para evitar-se a interposição de lides temerárias ou a prática da chantagem judicial (*judicial blackmail*). Nesse sentido, mesmo, como já mencionamos, há propostas *de lege ferenda*, como é o caso do Anteprojeto do Código de Processo Coletivo, que estabelece, expressamente, em seu artigo 19, critérios para aferição da representatividade adequada, como "a) a credibilidade, capacidade e experiência do legitimado; b) seu histórico na proteção judicial e extrajudicial dos interesses ou direitos difusos e coletivos; c) sua conduta em eventuais processos coletivos em que tenha atuado".

Em nosso sistema vigente, contudo, os critérios para exame da representatividade adequada das associações, uma vez que sua legitimidade encontra-se prevista, *a priori*, na legislação, serão aqueles estabelecidos em lei, quais sejam: (a) *pertinência temática*; e (b) *prazo de pré-constituição, de um ano*. No caso das ações que envolvam a defesa coletiva de direitos previstos no CDC, o artigo 82, IV, estabelece que a legitimidade das associações está condicionada à circunstância de que tenham previsto, entre seus fins institucionais, a defesa dos direitos dos consumidores. Parece ser necessário, pois, que a finalidade de defesa dos consumidores conste do estatuto social da associação que busca ter reconhecida sua legitimidade.

Por outro lado, o prazo de pré-constituição, ao qual já referimos, é requisito objetivo que se satisfaz com a verificação do prazo decorrido do registro da entidade e a interposição da ação. *A contrario sensu*, a circunstância de dispensa do requisito da pré-constituição, o qual configura poder discricionário do juiz a partir da verificação de manifesto interesse social (artigo 82, § 1º), é que poderá se facultar ao juiz o exame das condições da associação postulante, para promover a defesa dos direitos objetos da demanda. Assim, a função de controle do juiz sobre os aspectos principais da ação coletiva, que, no direito norte-americano, aparece como uma das principais características das ações coletivas (*defining function*), sobretudo em vista do exame da representatividade adequada, no direito brasileiro resta praticamente toda regulada por lei. Nesse sentido, a margem de discricionariedade judicial será muito pequena e confinada apenas a circunstâncias específicas, como a dispensa do requisito da pré-constituição ou o exame da legitimidade do Ministério Público para defesa dos direitos individuais homogêneos. Neste último caso, aliás, a atuação judicial estará restrita ao exame da compatibilidade das normas do CDC (artigos 82, I, e 92) e da Constituição da República (artigos 127 e 129), relativas ao órgão.

2.4.5 Compromisso de ajustamento

O compromisso de ajustamento é resultado do convencimento de quaisquer dos órgãos públicos legitimados da conveniência e oportunidade da celebração de acordo com o autor do ilícito perseguido via inquérito civil ou diretamente[84] pelo Ministério Público, ou da atuação administrativa ordinária, no caso dos demais órgãos da Administração, em vista da maior utilidade e, consequentemente, maior efetividade da proteção

---

[84] Como aponta Ricardo de Barros Leonel, nada impede a celebração de compromisso de ajustamento sem que tenha havido a instauração do procedimento investigatório (LEONEL, Ricardo de Barros. *Manual do processo coletivo*. São Paulo: Ed. RT, 2002. p. 326).

1024 | CURSO DE DIREITO DO CONSUMIDOR – *Bruno Miragem*

dos direitos objetos do acordo. Tem como objeto o ajuste de comportamentos a serem adotados pelo autor do ilícito, visando a sua ação ou abstenção de determinada prática, a adoção de providências para diminuir ou recuperar todos os danos causados, assim como indenizá-los quando for o caso, e toda e qualquer outra providência tendente a diminuir as consequências do dano causado aos titulares dos interesses lesados. O compromisso de ajustamento foi, originariamente, previsto pelo Estatuto da Criança e do Adolescente, cuja tramitação legislativa e posterior promulgação se deram na mesma época do Código de Defesa do Consumidor. O CDC, contudo, ao implementar alterações na Lei da Ação Civil Pública, determinou a inclusão do § 6º ao artigo 5º dessa lei, a fim de ampliar para todas as hipóteses de ação coletiva a possibilidade de promover-se o compromisso de ajustamento de conduta.[85]

Trata-se de uma prerrogativa dos órgãos públicos legitimados para a interposição da Ação Civil Pública a opção por celebrar Termo de Ajustamento de Conduta (TAC), o qual é revestido da qualidade de título executivo extrajudicial.[86] A vantagem desse instrumento está justamente no estabelecimento de um vínculo jurídico com o autor do ilícito, o qual terá eficácia executiva. Isso significa que, uma vez tendo sido desrespeitada, pelo particular, qualquer das obrigações com as quais se comprometeu na celebração do termo, a entidade pública com a qual tiver celebrado este poderá, comprovada a existência da obrigação e seu descumprimento, executar as sanções nele previstas. Note-se que, no compromisso de ajustamento, não há, em nenhuma hipótese, concessões de direito por parte do órgão público legitimado,[87] senão que, por seu intermédio, o causador de dano ou autor do comportamento ilícito compromete-se com obrigação de fazer ou não fazer, ou mesmo providências compensatórias, destinadas à diminuição ou à reversão dos efeitos de sua atuação antijurídica.

Atualmente, o compromisso de ajustamento vem se revelando em um instrumento de grande utilidade na composição de interesses de consumidores e fornecedores, como espécie de meio alternativo à tutela jurisdicional. Uma primeira característica do compromisso de ajustamento é de que será celebrado, necessariamente, com um ente público, podendo o outro celebrante ser um particular ou mesmo outro ente público. Inclusive, pode até envolver mais de um órgão público, como ocorre quando, por exemplo, o Ministério Público e o órgão administrativo de defesa do consumidor tomam o compromisso de um

---

85 MARQUES, Claudia Lima; BENJAMIN, Antônio Herman V.; MIRAGEM, Bruno. *Comentários ao Código de Defesa do Consumidor.* 2. ed. São Paulo: Ed. RT, 2006. p. 1.215.

86 "Processo Civil. Recurso Especial. Compromisso de Ajustamento de Conduta. Título Executivo Extrajudicial. Legitimidade do Ministério Público para propor a Execução. 1. Consoante decidiu esta Turma, ao julgar o REsp 443.407/SP (rel. Min. João Otávio de Noronha, *DJ* 25.04.2006, p. 106), encontra-se em plena vigência o § 6º do artigo 5º da Lei n. 7.347/1985, de forma que o descumprimento de compromisso de ajustamento de conduta celebrado com o Ministério Público viabiliza a execução da multa nele prevista. No referido julgamento, ficou consignado que a Mensagem n. 664/90, do Presidente da República – a qual vetou parcialmente o Código de Defesa do Consumidor –, ao tratar do veto aos artigos 82, § 3º, e 92, parágrafo único, fez referência ao artigo 113, mas não o vetou. 2. Recurso especial provido para reconhecer a força executiva do compromisso de ajustamento de conduta firmado com o Município de Curitiba e a legitimidade do Ministério Público para o ajuizamento da execução" (STJ, REsp 828.319/PR, 2ª Turma, Rel. Min. Mauro Campbell Marques, j. 16.12.2010, *DJe* 08.02.2011).

87 MAZZILLI, Hugo Nigro. *A defesa dos interesses difusos em juízo.* 19. ed. São Paulo: Saraiva, 2006. p. 366-367.

fornecedor ou conjunto de fornecedores. Também é importante considerar que não se trata de uma transação, porquanto, em geral, possa ser concedido prazo para adequação de determinada conduta do fornecedor aos termos ajustados no respectivo compromisso.

Outro aspecto que deve ser considerado é a subordinação do compromisso de ajustamento às exigências legais. Não há, assim, como os órgãos públicos que tomam o compromisso, na condição de legitimados para defesa dos direitos dos consumidores, dispor sobre o direito subjetivo de que estes sejam titulares. Por tratar-se de espécie de negócio jurídico estabelecido entre o legitimado e o fornecedor, pode conter detalhamento sobre o modo de cumprimento do direito, no espaço da autonomia negocial das partes, desde que preserve e promova sua eficácia, o que poderá não ser, necessariamente, admitido nos estritos limites do pedido da ação coletiva.[88] De outra parte, a eficácia do compromisso encontra-se intimamente vinculada à previsão de cominações para o descumprimento das condutas ajustadas no título, uma vez que estas é que deverão ser exigidas quando do procedimento executivo fundado no respectivo instrumento (*e.g.*, a cominação de multa pelo descumprimento). Nesse aspecto, a introdução desse parágrafo na Lei da Ação Civil Pública torna sem efeito o veto presidencial ao § 3º do artigo 82, que previa a qualidade de título executivo extrajudicial aos compromissos de ajustamento celebrados especificamente no âmbito do CDC.

Por fim, considere-se que quaisquer dos órgãos públicos legitimados para a defesa coletiva dos consumidores prevista no CDC poderão promover a celebração do compromisso de ajustamento. Contudo, considerando que a atuação desses órgãos é independente entre si (legitimação concorrente disjuntiva), deve-se ressalvar que, mesmo já tendo sido celebrado compromisso de ajustamento por iniciativa de um dos legitimados, assiste a qualquer dos demais órgãos a possibilidade de discutir judicialmente os termos ajustados.

---

[88] "Recurso especial. Consumidor. Processual civil. Ação civil pública. Transporte aéreo. Dever de informação. Formulário escrito. Inexistência de norma específica ao tempo da propositura da ação. Improcedência. Danos morais coletivos. Inocorrência. Recurso provido. 1. É inviável o ajuizamento de ação civil pública para condenar certa companhia aérea a cumprir o dever de informar os passageiros acerca de atrasos e cancelamentos de voos, seguindo forma única e detalhada, sem levar em conta a generalidade de casos e sem amparo em norma específica, apenas com suporte no dever geral de prestar informações contido no art. 6º, III, do Código de Defesa do Consumidor. 2. A condenação em reparar o dano moral coletivo visa punir e inibir a injusta lesão da esfera moral de uma coletividade, preservando, em *ultima ratio*, seus valores primordiais. Assim, o reconhecimento de dano moral coletivo deve se limitar às hipóteses em que configurada grave ofensa à moralidade pública, sob pena de sua banalização, tornando-se, somente, mais um custo para as sociedades empresárias, a ser repassado aos consumidores. 3. No caso concreto, não restou configurada a grave ofensa à moralidade pública a ensejar o reconhecimento da ocorrência de dano moral coletivo. 4. Recurso especial provido" (STJ, REsp 1.303.014/RS, 4ª Turma, Rel. Rel. p/ Acórdão Min. Raul Araújo, j. 18.12.2014, *DJe* 26.05.2015). Vale, todavia, a referência ao voto vencido do Min. Luis Felipe Salomão, que afirma: "(...) é ponto incontroverso que o direito à informação é direito fundamental, consagrado em nosso ordenamento jurídico. Dessa forma, parece claro que não depende de regulamentação para ser cumprido. Se ficar comprovada a inadequação e insuficiência da informação prestada ao consumidor – como foi a conclusão do Tribunal de origem –, deve o fornecedor ajustar sua conduta". Da mesma forma, o voto do Min. Antônio Carlos Ferreira, ao referir que "parece-me ser bastante antigo o dever do transportador disponibilizar aos usuários dos seus serviços formulário impresso que ateste o eventual atraso. Trata-se de uma praxe anterior à Constituição de 1988, ao Código de Defesa do Consumidor e às normas da ANAC. (...). Não creio que a simples disponibilização desse formulário represente graves implicações em termos de custos à empresa aérea. Ademais, seja como for, trata-se de uma obrigação decorrente da relação de consumo".

1026 CURSO DE DIREITO DO CONSUMIDOR – *Bruno Miragem*

Nesse caso, as obrigações constantes do termo celebrado, considerando que os órgãos públicos não são os titulares dos direitos objetos do ajuste, servirão como padrão mínimo para a garantia dos direitos dos consumidores. Solução distinta dessa equivaleria a retirar dos demais legitimados e dos consumidores em geral, após a celebração do compromisso de ajustamento, o direito de acesso à Justiça para realização dos seus direitos, o que ofenderia não apenas os direitos preservados pelo CDC como também a garantia de acesso à Justiça prevista na Constituição.

2.5 AÇÕES COLETIVAS PARA DEFESA DE DIREITOS INDIVIDUAIS HOMOGÊNEOS

Já examinamos que os interesses ou direitos individuais homogêneos são os direitos individuais aos quais se admite tutela pela via coletiva, em vista da circunstância de decorrerem de origem comum. Em outras palavras, eles não perdem o seu caráter individual, visto que serão titulares desses direitos todos quanto tenham sofrido uma mesma lesão, ou tenham percebido um mesmo direito em decorrência de certa circunstância de fato e de direito. Assim, por exemplo, será direito individual homogêneo o direito à percepção de indenização de que sejam titulares todas as vítimas afetadas pela queda de um avião ou em decorrência de outro acidente de consumo, assim como seus sucessores, quando for o caso.

O que caracteriza o direito individual homogêneo, portanto, é a existência de uma origem comum, que liga todos os titulares, conferindo seu caráter homogêneo. A existência desse caráter homogêneo, aliás, configura pressuposto da sua postulação por intermédio da tutela coletiva. Para Ada Pellegrini Grinover, a falta de homogeneidade dos direitos postulados pode fazer que ela não seja admitida, por falta de possibilidade jurídica do pedido.[89]

Ocorre que, embora homogêneos em razão de sua origem, no que tange a seu conteúdo e, sobretudo, sua quantificação, cada titular terá em conta a extensão do seu direito, sua mensuração, a qual não será a mesma dos demais titulares. Daí por que a defesa coletiva de direitos individuais homogêneos, ao tempo que permite, na fase de conhecimento, a obtenção de uma sentença de procedência de conteúdo genérico (artigo 95 do CDC), em processo que pode ser promovido por algum dos autores coletivos previstos no artigo 82 do CDC, no que se refere à liquidação e à execução da sentença, oportuniza que seja realizada tanto pelos legitimados para defesa coletiva quanto por cada um dos titulares dos direitos contemplados pela tutela jurisdicional, o que é ínsito ao procedimento, uma vez que há a necessidade de liquidação da sentença, com vista a estabelecer o *quantum* que corresponderá a cada um.[90]

As ações coletivas para defesa de direitos individuais homogêneos, como já tivemos oportunidade de mencionar, tem sua inspiração principal no direito norte-americano

---

[89] GRINOVER, Ada Pellegrini et al. *Código Brasileiro de Defesa do Consumidor*: comentado pelos autores do anteprojeto. 8. ed. Rio de Janeiro: Forense Universitária, 2004. p. 863.

[90] Nesse sentido, aliás, é coerente a noção de titulares individuais e identificáveis presentes na ação, não se admitindo a liquidação por arbitramento quando se tratar de direitos ou interesses individuais homogêneos, conforme se orienta o entendimento do STJ: REsp 1.187.632/DF, 4ª Turma, Rel. p/ Acórdão Min. Antonio Carlos Ferreira, j. 05.06.2012, *DJe* 06.06.2013.

PARTE IV · Cap. 2 · DIMENSÃO COLETIVA DA TUTELA DO CONSUMIDOR | **1027**

e no modelo das *class actions for damages*. Nesse sistema, a ação coletiva só terá lugar quando reconhecido os requisitos da prevalência e superioridade dos interesses coletivos sobre os individuais. Conforme ensina Ada Pellegrini Grinover, "a análise das decisões judiciárias mais representativas, no campo das *class actions for damages*, demonstra que a existência dos mencionados requisitos tem sido reconhecida, até como facilidade, em campos que não são os do vício do produto: em matéria de desastres ambientais, de acidentes aéreos, de desmoronamento de obras, de prejuízos aos trabalhadores, muitas são as ações de classe reparatórias de danos individuais em que houve não só a *certification* [juízo de admissibilidade], mas também o juízo posterior, chegando-se à sentença final".[91]

Assim, com relação a sua incorporação em nosso sistema, por intermédio das ações coletivas para defesa de direitos individuais homogêneos, cuja sistemática está prevista nos artigos 91 a 100 do CDC, algumas considerações introdutórias são de grande utilidade. Em primeiro lugar, note-se que o artigo 91 do CDC assim refere: "Os legitimados de que trata o artigo 82 poderão propor, em nome próprio e no interesse das vítimas ou seus sucessores, ação civil coletiva de responsabilidade pelos danos individualmente sofridos, de acordo com o disposto nos artigos seguintes". O conteúdo dos direitos individuais homogêneos, de acordo com a sistemática do CDC, constitui, pois, um *direito à indenização*, de titularidade individual, que derive de um mesmo fato (evento, comportamento ou sucessão de comportamentos do fornecedor). Contudo, a ação coletiva para defesa de direitos individuais homogêneos não circunscreve seu objeto à reparação de danos dos consumidores em decorrência da responsabilidade do fornecedor por fato do produto ou do serviço (acidentes de consumo). Nesse mesmo regime de responsabilidade, o artigo 17 do CDC equipara a consumidores todas as vítimas do evento, as quais, por isso, serão igualmente titulares de direito à indenização, assim como os consumidores que porventura venham a ser prejudicados em decorrência da publicidade enganosa de um mesmo fornecedor.

O objeto dos direitos individuais homogêneos é divisível, porquanto cada titular-vítima experimentou um prejuízo distinto, razão pela qual a sentença de procedência apenas deverá fixar a responsabilidade do réu pelos danos em questão, assim como seu dever de indenizar, deixando a mensuração do *quantum* indenizatório para a fase posterior, da liquidação e execução do julgado.

No que tange à legitimidade ativa para as ações coletivas de defesa dos direitos individuais homogêneos, todos os legitimados para tutela coletiva (artigo 82) também o são para a espécie. São eles: (I) o Ministério Público; a União, (II) os estados, os municípios e o Distrito Federal; (III) as entidades e os órgãos da Administração Pública, direta ou indireta, ainda que sem personalidade jurídica, especificamente destinados à defesa dos interesses e direitos protegidos pelo CDC; (IV) as associações legalmente constituídas há pelo menos um ano e que incluam entre seus fins institucionais a defesa dos interesses e direitos protegidos pelo CDC. A legitimidade do Ministério Público, como já referimos, será reconhecida, uma vez observada a relevância social do interesse (veja-se item 2.2.2.1 desta III Parte). Nesse sentido, quando não for o autor da ação, deverá atuar como fiscal da

---

[91] GRINOVER, Ada Pellegrini et al. *Código Brasileiro de Defesa do Consumidor*: comentado pelos autores do anteprojeto. 8. ed. Rio de Janeiro: Forense Universitária, 2004. p. 858.

lei (*custos legis*), o que se justifica pelo interesse público presente na resposta jurisdicional adequada para o direito dos consumidores. A forma de legitimação ativa para essa espécie de tutela coletiva surge, então, como hipótese de legitimação disjuntiva e concorrente, e, no caso das ações para defesa de direitos individuais homogêneos, considerando que não será titular desses direitos,[92] atuará a título de substituição processual.[93]

Assiste aos indivíduos titulares dos direitos objeto da ação coletiva o ingresso na mesma na qualidade de litisconsortes.[94] Essa providência, que, aliás, é de tal modo a valorizada pelo CDC, que, inclusive, busca assegurar ampla publicidade da ação, até mesmo com a publicação de editais no órgão oficial, nos meios de comunicação, assim como a divulgação por parte dos órgãos de defesa do consumidor (artigo 94 do CDC). Contudo, do ponto de vista prático, a intervenção do consumidor titular de direito individual como litisconsorte ativo da ação coletiva é contraproducente.[95] Isso porque, caso não venha a participar da demanda coletiva, e a decisão desta seja de improcedência, conserva a possibilidade de ingressar com ação individual para reclamar indenização dos danos pessoalmente sofridos em razão do mesmo fato. No entanto, se tiver intervindo na ação na condição de litisconsorte, deverá submeter-se aos efeitos da improcedência do pedido (artigo 103, § 2º, do CDC). Todavia, na hipótese de procedência do pedido da ação coletiva, seus efeitos irão contemplar o titular do direito individual tutelado, independentemente de sua intervenção ou não no processo (artigo 103, III, do CDC). A única circunstância a ressalvar é a hipótese de o consumidor, titular do interesse individual homogêneo, não requerer a suspensão da ação individual que estiver promovendo no prazo de 30 dias a contar da ciência, nos autos, da interposição da demanda coletiva (artigo 104 do CDC).

Nada impede, por outro lado, que, em uma mesma ação coletiva, se pretenda a tutela de direitos individuais homogêneos e também de direitos difusos ou coletivos, que podem resultar de uma mesma situação de violação a direito do consumidor, a qual repercute de modo distinto em relação a consumidores atingidos diretamente, bem como na lesão a interesses da coletividade.[96]

---

[92] Diferentemente das *class actions* do direito norte-americano, em que um dos titulares do direito individual pode ser admitido como litigante em favor dos demais titulares, mediante requerimento e concessão da *certification* pelo juiz.

[93] GRINOVER, Ada Pellegrini et al. *Código Brasileiro de Defesa do Consumidor*: comentado pelos autores do anteprojeto. 8. ed. Rio de Janeiro: Forense Universitária, 2004. p. 869.

[94] CARVALHO, José Carlos Maldonado de. *Direito do consumidor*: fundamentos doutrinários e visão jurisprudencial. Rio de Janeiro: Lumen Juris, 2009. p. 227.

[95] Sem prejuízo de que ocorra, fazendo jus, inclusive, à isenção de custas e ônus sucumbenciais, conforme decidiu o STJ, no REsp 1.116.897/PR, 4ª Turma, Rel. Min. Luis Felipe Salomão, j. 24.09.2013, *DJe* 15.10.2013.

[96] "Direito coletivo e direito do consumidor. Ação civil pública. Plano de saúde. Cláusula restritiva abusiva. Ação híbrida. Direitos individuais homogêneos, difusos e coletivos. Danos individuais. Condenação. Apuração em liquidação de sentença. Danos morais coletivos. Condenação. Possibilidade, em tese. No caso concreto danos morais coletivos inexistentes. 1. As tutelas pleiteadas em ações civis públicas não são necessariamente puras e estanques. Não é preciso que se peça, de cada vez, uma tutela referente a direito individual homogêneo, em outra ação uma de direitos coletivos em sentido estrito e, em outra, uma de direitos difusos, notadamente em se tratando de ação manejada pelo Ministério Público, que detém legitimidade ampla no processo coletivo. Isso porque embora determinado direito não possa pertencer, a um só tempo, a mais de uma categoria, isso não implica dizer que, no mesmo cenário fático ou jurídico conflituoso, violações simultâneas de direitos de mais de uma espécie não possam ocorrer. 2. No caso

2.5.1 Competência

A competência jurisdicional para as ações coletivas de defesa dos direitos individuais homogêneos é estabelecida pelo artigo 93 do CDC, que refere: "Ressalvada a competência da Justiça Federal, é competente para a causa a justiça local: I – no foro do lugar onde ocorreu ou deva ocorrer o dano, quando de âmbito local; II – no foro da Capital do Estado ou no do Distrito Federal, para os danos de âmbito nacional ou regional, aplicando-se as regras do Código de Processo Civil aos casos de competência concorrente". Segundo Ada Pellegrini Grinover, embora inserida no capítulo relativo às ações coletivas para defesa dos interesses individuais homogêneos, a norma do artigo 93 "rege todo e qualquer processo coletivo, estendendo-se às ações em defesa de interesses difusos e coletivos".[97] Sugere, pois, uma aplicação da interpretação extensiva da norma.

Note-se que o artigo 93, expressamente, ressalva a competência da Justiça Federal para, após, fixar a competência das ações coletivas para a Justiça comum estadual. Segundo entendimento do STJ, em primeiro grau, mesmo nas causas em que exista interesse da União (o que, em tese, determinaria a competência da Justiça Federal), é reconhecida a competência da Justiça comum estadual para conhecer e julgar as demandas. Nesse sentido, duas são as alternativas estabelecidas pelo CDC, em matéria de competência territorial: (a) o foro do lugar do dano, quando este for de âmbito local; (b) o foro da capital do Estado, ou no Distrito Federal, para os danos de âmbito nacional ou regional.

A primeira hipótese, que fixa a competência do juízo do lugar do dano (*forum delicti comissi*), consagra regra que atende ao direito do consumidor de acesso à Justiça e mesmo de efetividade da prestação jurisdicional, porquanto essa proximidade pode auxiliar na produção de provas e, em muitos casos, até coincide com o lugar de domicílio das vítimas. A regra, para atribuição da competência, no caso, é a extensão do dano cuja

---

concreto, trata-se de ação civil pública de tutela híbrida. Percebe-se que: (a) há direitos individuais homogêneos referentes aos eventuais danos experimentados por aqueles contratantes que tiveram tratamento de saúde embaraçado por força da cláusula restritiva tida por ilegal; (b) há direitos coletivos resultantes da ilegalidade em abstrato da cláusula contratual em foco, a qual atinge igualmente e de forma indivisível o grupo de contratantes atuais do plano de saúde; (c) há direitos difusos, relacionados aos consumidores futuros do plano de saúde, coletividade essa formada por pessoas indeterminadas e indetermináveis. 3. A violação de direitos individuais homogêneos não pode, ela própria, desencadear um dano que também não seja de índole individual, porque essa separação faz parte do próprio conceito dos institutos. Porém, coisa diversa consiste em reconhecer situações jurídicas das quais decorrem, simultaneamente, violação de direitos individuais homogêneos, coletivos ou difusos. Havendo múltiplos fatos ou múltiplos danos, nada impede que se reconheça, ao lado do dano individual, também aquele de natureza coletiva. 4. Assim, por violação a direitos transindividuais, é cabível, em tese, a condenação por dano moral coletivo como categoria autônoma de dano, a qual não se relaciona necessariamente com aqueles tradicionais atributos da pessoa humana (dor, sofrimento ou abalo psíquico). 5. Porém, na hipótese em julgamento, não se vislumbram danos coletivos, difusos ou sociais. Da ilegalidade constatada nos contratos de consumo não decorreram consequências lesivas além daquelas experimentadas por quem, concretamente, teve o tratamento embaraçado ou por aquele que desembolsou os valores ilicitamente sonegados pelo plano. Tais prejuízos, todavia, dizem respeito a direitos individuais homogêneos, os quais só rendem ensejo a condenações reversíveis a fundos públicos na hipótese da *fluid recovery*, prevista no art. 100 do CDC. Acórdão mantido por fundamentos distintos. 6. Recurso especial não provido" (STJ, REsp 1.293.606/ MG, 4ª Turma, Rel. Min. Luis Felipe Salomão, j. 02.09.2014, *DJe* 26.09.2014).

[97] GRINOVER, Ada Pellegrini et al. *Código Brasileiro de Defesa do Consumidor*: comentado pelos autores do anteprojeto. 8. ed. Rio de Janeiro: Forense Universitária, 2004. p. 874.

pretensão de ressarcimento é objeto da ação. Se for a hipótese de dano de âmbito local, será determinada a competência do lugar do dano, como mencionado. Se for o caso de dano de âmbito regional ou nacional, o artigo 93, II, do CDC, estabelece a competência do foro da capital do estado ou do Distrito Federal. A compreensão dessa segunda regra de competência poderia induzir que, para os danos de âmbito regional, seria fixada a competência do foro da capital do estado, enquanto, para outros, de âmbito nacional, seria determinada a competência do foro do Distrito Federal. Entretanto, não é esse o entendimento da jurisprudência dominante. A nosso ver, com acerto, a regra do artigo 93, II, do CDC vem sendo interpretada como hipóteses alternativas facultando-se ao autor coletivo a interposição da ação tanto no Distrito Federal quanto na capital dos estados, situação em que se terá a competência concorrente do Distrito Federal e da capital dos estados. Essa interpretação é criticada sob o argumento de que "as regras de competência devem ser interpretadas de modo a não vulnerar a plenitude da defesa e o devido processo legal",[98] o que ocorreria na hipótese da competência concorrente em danos de âmbito nacional, obrigando os réus a se deslocarem para qualquer uma das diversas capitais do País para promover sua defesa.[99] Em que pese o respeitável entendimento, consideramos que essa interpretação majoritária de reconhecimento da competência concorrente entre o foro do Distrito Federal e das capitais dos Estados vem em benefício do direito de acesso à Justiça por parte dos consumidores organizados e demais órgãos legitimados. É preciso considerar, sobretudo em vista da realidade da atuação das associações, que, por mais organizadas que estejam, sua atuação, em geral, está restrita a determinada sede física, embora a abrangência de sua representação muitas vezes se estenda por várias regiões, estados, ou mesmo nacionalmente. Lembre-se que elas são constituídas para fins não econômicos, e muitas delas subsistem com dificuldades, sem prejuízo da eficácia e compromisso de sua atuação. Por outro lado, o fornecedor que venha a causar danos de âmbito nacional, em regra, será porque possui atuação de âmbito nacional. O controle realizado pelo juiz quanto à abrangência do dano, se local, regional ou nacional, pode servir para a definição da competência dentre as duas alternativas fixadas no artigo 93 (incisos I ou II), mas, com relação à competência para danos de âmbito regional ou nacional, parece-nos que o entendimento de que há concorrência entre os foros das capitais dos estados e do Distrito Federal é o mais adequado em vista da promoção do acesso à Justiça a todos os legitimados,[100] mas especialmente em relação às associações de defesa dos consumidores.

---

[98]   GRINOVER, Ada Pellegrini et al. *Código Brasileiro de Defesa do Consumidor*: comentado pelos autores do anteprojeto. 8. ed. Rio de Janeiro: Forense Universitária, 2004. p. 878.

[99]   "No microssistema de tutela coletiva, a Lei n. 7.347/1985, que rege a Ação Civil Pública, em seu art. 2º, estabelece a competência para propositura no foro do local onde ocorrer o dano. Por sua vez, o Código de Defesa do Consumidor, em seu art. 93, II, dispõe que, em caso de danos de âmbito nacional ou regional, é competente para a causa o juízo do foro da Capital do Estado ou do Distrito Federal. Trata-se de competências territoriais concorrentes e a escolha fica a critério do autor, com o objetivo de proporcionar comodidade na defesa dos interesses transindividuais lesados e facilitar o acesso à Justiça, de modo que não há que se falar em exclusividade do foro do Distrito Federal para o julgamento de ação civil pública de âmbito nacional" (STJ, CC 187.601/DF, 1ª Seção, Rel. Min. Francisco Falcão, j. 10.08.2022, *DJe* 16.08.2022).

[100] Nesse sentido decidiu o STJ: "Direito do Consumidor e Processual Civil. Ação Civil Pública. Dano ao consumidor em escala nacional. Foro competente. Exegese do artigo 93, inciso II, do CDC. 1. O alegado dano ao consumidor que compra veículo automotor, com cláusula de garantia supostamente abusiva, é de

PARTE IV · Cap. 2 · DIMENSÃO COLETIVA DA TUTELA DO CONSUMIDOR | **1031**

Da mesma forma, considere-se não caber, com relação à determinação do foro competente, que o fornecedor sustente a existência de cláusula de eleição de foro, a qual, nesse caso – a par de eventual entendimento sobre sua nulidade em face do seu caráter abusivo –, deve ser considerada ineficaz do ponto de vista processual. Isso porque, de acordo com a sistemática da defesa coletiva de interesses individuais homogêneos, os legitimados para agir não são titulares dos direitos que postulam, não existindo fundamento para que fiquem subordinados à relação jurídica de que não foram parte. Por outro lado, tratando-se de réu fornecedor de quem tenha sido decretada a falência, a jurisprudência do STJ vem se inclinando pelo juízo universal da falência como competente para as pretensões que envolvam interesses e bens do falido,[101] nos termos do artigo 76, *caput*, da Lei de Recuperação Judicial e Falência (Lei 11.101/2005), que dispõe: "O juízo da falência é indivisível e competente para conhecer todas as ações sobre bens, interesses e negócios do falido, ressalvadas as causas trabalhistas, fiscais e aquelas não reguladas nesta Lei em que o falido figurar como autor ou litisconsorte ativo".

2.5.2 Eficácia da decisão em caso de procedência do pedido

A decisão da ação coletiva de defesa de direitos individuais homogêneos, em caso de procedência do pedido formulado, terá por conteúdo condenação genérica do réu, estabelecendo sua responsabilidade pelos danos a serem indenizados (artigo 95). A eficácia da coisa julgada nessa hipótese, conforme o preceito do artigo 103, III, do CDC, possui eficácia *erga omnes*, para beneficiar todas as vítimas e seus sucessores. Nesse sentido, os titulares de direito reconhecidos via ação coletiva poderão habilitar-se para proceder à liquidação da sentença, procedimento que visa à apuração e à determinação do *quantum* da indenização devida a cada uma das vítimas e sucessores. Aqui, então, vai manifestar-se a natureza divisível dos direitos individuais homogêneos, porquanto o procedimento de liquidação, do qual deverão participar todos os titulares dos direitos postulados na ação julgada procedente, terá por utilidade a mensuração e exata determinação do *quantum* da indenização.

âmbito nacional, porquanto a garantia de que se cogita é a fornecida pela fábrica, não por concessionária específica, atingindo um número indeterminado de consumidores em todos os Estados da Federação. 2. No caso, inexiste competência exclusiva do Distrito Federal para julgamento de ações civis públicas cuja controvérsia gravite em torno de dano ao consumidor em escala nacional, podendo a demanda também ser proposta na capital dos Estados da Federação, cabendo ao autor a escolha do foro que lhe melhor convier. 3. Cumpre notar que, muito embora o inciso II do artigo 93 do CDC tenha criado uma vedação específica, de natureza absoluta – não podendo o autor da ação civil pública ajuizá-la em uma comarca do interior, por exemplo –, a verdade é que, entre os foros absolutamente competentes, como entre o foro da capital do Estado e do Distrito Federal, há concorrência de competência, cuidando-se, portanto, de competência relativa. 4. Com efeito, tendo sido a ação distribuída a uma vara cível do Distrito Federal, obtendo inclusive sentença de mérito, não poderia o Tribunal *a quo*, de ofício, por ocasião do julgamento da apelação, declinar da competência para a comarca de Vitória/ES, porque, a um só tempo, o autor, a quem cabia a escolha do foro, conformou-se com a tramitação do processo no Distrito Federal, e porque entre Vitória/ES e o Distrito Federal há competência concorrente para o julgamento da ação, nos termos do artigo 93, II, do CDC, não podendo haver tal providência sem a manifestação de exceção de incompetência. 5. Recurso especial provido" (STJ, REsp 712.006/DF, 4ª Turma, Rel. Min. Luis Felipe Salomão, j. 05.08.2010, *DJe* 24.08.2010).

[101] STJ, AgRg no REsp 1.261.198/GO, 3ª Turma, Rel. Min. Moura Ribeiro, j. 17.08.2017, *DJe* 01.09.2017.

Essa eficácia *erga omnes* da sentença de procedência, prevista no artigo 103, III, do CDC, não restou comprometida pela alteração introduzida na Lei da Ação Civil Pública pela Lei 9.494/1997. Esta, visando restringir os efeitos da coisa julgada nas ações coletivas, alterou a redação do artigo 16 da Lei da Ação Civil Pública para determinar que "a sentença civil fará coisa julgada *erga omnes*, nos limites da competência territorial do órgão prolator, exceto se o pedido for julgado improcedente por insuficiência de provas, hipótese em que qualquer legitimado poderá intentar outra ação com idêntico fundamento, valendo-se de nova prova". Ocorre que a Lei da Ação Civil Pública aplica--se à tutela dos interesses difusos e coletivos, não abrangendo os interesses individuais homogêneos regulados pelo CDC. Ademais, mesmo em relação aos direitos difusos e coletivos, uma vez que não foram, expressamente, revogadas as disposições do artigo 103 do CDC e, principalmente, o que dispõe o artigo 93 do CDC ao regular a regra de fixação da competência territorial do órgão em vista da abrangência do dano (local, regional ou nacional), pode-se concluir que, na defesa coletiva de direitos dos consumidores, se mantém plenamente a eficácia prevista nas normas do microssistema. O STJ, discutindo o foro para execução da sentença em ação coletiva que tenha por objeto direitos individuais homogêneos, decidiu pela possibilidade de o beneficiário da decisão promover a execução em seu domicílio, não importando a competência territorial do órgão julgador, sob pena de ofensa à coisa julgada. Nesses termos, decidiu, em recurso especial repetitivo, que "os efeitos e a eficácia da sentença não estão circunscritos a lindes geográficos, mas aos limites objetivos e subjetivos do que foi decidido, levando-se em conta, para tanto, sempre a extensão do dano e a qualidade dos interesses metaindividuais postos em juízo (arts. 468, 472 e 474, CPC e 93 e 103, CDC)".[102] Do mesmo modo, tratando-se de ação coletiva proposta por associação na condição de substituta processual, decidiu o STJ que têm legitimidade ativa para executar o julgado todos os beneficiados pela procedência do pedido, mesmo que não sejam associados à autora: "Em Ação Civil Pública proposta por associação, na condição de substituta processual de consumidores, possuem legitimidade para a liquidação e execução da sentença todos os beneficiados pela procedência do pedido, independentemente de serem filiados à associação promovente".[103]

---

[102] "Direito processual. Recurso representativo de controvérsia (art. 543-C, CPC). Direitos metaindividuais. Ação civil pública. Apadeco x Banestado. Expurgos inflacionários. Execução/liquidação individual. Foro competente. Alcance objetivo e subjetivo dos efeitos da sentença coletiva. Limitação territorial. Impropriedade. Revisão jurisprudencial. Limitação aos associados. Inviabilidade. Ofensa à coisa julgada. 1. Para efeitos do art. 543-C do CPC: 1.1. A liquidação e a execução individual de sentença genérica proferida em ação civil coletiva pode ser ajuizada no foro do domicílio do beneficiário, porquanto os efeitos e a eficácia da sentença não estão circunscritos a lindes geográficos, mas aos limites objetivos e subjetivos do que foi decidido, levando-se em conta, para tanto, sempre a extensão do dano e a qualidade dos interesses metaindividuais postos em juízo (arts. 468, 472 e 474, CPC e 93 e 103, CDC). 1.2. A sentença genérica proferida na ação civil coletiva ajuizada pela Apadeco, que condenou o Banestado ao pagamento dos chamados expurgos inflacionários sobre cadernetas de poupança, dispôs que seus efeitos alcançariam todos os poupadores da instituição financeira do Estado do Paraná. Por isso descabe a alteração do seu alcance em sede de liquidação/execução individual, sob pena de vulneração da coisa julgada. Assim, não se aplica ao caso a limitação contida no art. 2º-A, *caput*, da Lei n. 9.494/97. 2. Ressalva de fundamentação do Ministro Teori Albino Zavascki. 3. Recurso especial parcialmente conhecido e não provido" (STJ, REsp 1.243.887/PR, Corte Especial, Rel. Min. Luis Felipe Salomão, j. 19.10.2011, *DJe* 12.12.2011). No mesmo sentido: AgRg no REsp 1.380.787/SC, 2ª Turma, Rel. Min. Og Fernandes, j. 19.08.2014, *DJe* 02.09.2014; REsp 1.495.354/RS, 2ª Turma, Rel. Min. Herman Benjamin, j. 16.12.2014, *DJe* 06.04.2015.

[103] STJ, REsp 1.362.022/SP, 2ª Seção, Rel. Min. Raul Araújo, j. 28.04.2021, *DJe* 24.05.2021.

Contudo, na hipótese de já tiverem sido interpostas ações individuais pelos titulares de direitos individuais homogêneos e, no curso destas, ocorrer a promoção de ação coletiva por algum dos legitimados na forma do artigo 82 do CDC, os efeitos da eventual procedência dessa demanda coletiva só irão beneficiar os autores das ações individuais se estes requererem a suspensão das respectivas demandas.[104] O artigo 104 do CDC estabelece o prazo de 30 (trinta) dias a contar da ciência, nos autos, do ajuizamento de ação coletiva, para que esses autores das ações individuais requeiram a suspensão das respectivas demandas. A jurisprudência sustentará que a suspensão terá lugar apenas no caso de a ação não ter sido objeto de decisão de mérito.[105]

2.5.3 Eficácia da decisão em caso de improcedência do pedido

No caso de improcedência do pedido da ação coletiva que tenha por objeto a proteção de direitos individuais homogêneos, o artigo 103, § 2º, estabelece que "os interessados que não tiverem intervindo no processo como litisconsortes poderão propor ação de indenização a título individual". Em outros termos, a eficácia da coisa julgada na hipótese de improcedência do pedido não atinge os titulares do direito postulado, a não ser que tenham intervindo no processo como litisconsortes ativos do autor coletivo. Nesse sentido, tendo havido a sentença de improcedência, independentemente de seus fundamentos, poderá o titular dos direitos postulados pela via da tutela coletiva fazê-lo por intermédio de ação individual. A decisão de improcedência não vulnera a pretensão dos titulares do direito, embora termine por se configurar em precedente, o qual poderá ser considerado pelo juiz da ação individual. Trata-se, como bem refere a doutrina, da chamada coisa julgada *in utilibus*,[106] ou seja, de acordo com o resultado da demanda, possuindo o efeito vinculativo da decisão de improcedência apenas ao próprio autor coletivo e aos titulares dos direitos individuais homogêneos postulados que tenham participado do processo na qualidade de litisconsortes ativos. Aos demais, aproveitará apenas a sentença útil, que, no caso, será a sentença de procedência da demanda.

A demanda individual a ser proposta pelo titular dos interesses individuais (*e.g.*, ação indenizatória individual) apenas poderá renovar, se assim entender seu autor, os fundamentos de fato e de direito que sustentam a pretensão, e que já foram relacionados na ação coletiva julgada improcedente. Não há nada na demanda coletiva que vincule a atuação do titular do direito individual na hipótese de improcedência, podendo renovar a pretensão, via ação individual, por intermédio de pedido que o favoreça.

---

[104] Note-se que a regra é de suspensão das ações individuais na superveniência de ação coletiva. Havendo ações individuais propostas depois da ação coletiva com o mesmo objeto, não se há de cogitar de suspensão posterior, com o propósito de aproveitar-se de decisão mais benéfica ou célere do juízo coletivo. Nesse sentido: STJ, AgInt no REsp 1.457.487/RS, 1ª Turma, Rel. Min. Sérgio Kukina, j.22.08.2017, *DJe* 31.08.2017.

[105] STJ, AgInt na PET nos EREsp 1.405.424/SC, 1ª Seção, Rel. Min. Gurgel de Faria, j. 26.10.2016, *DJe* 29.11.2016.

[106] MANCUSO, Rodolfo de Camargo. *Jurisdição coletiva e coisa julgada*: teoria geral das ações coletivas. São Paulo: Ed. RT, 2007. p. 283-308; GRINOVER, Ada Pellegrini et al. *Código Brasileiro de Defesa do Consumidor*: comentado pelos autores do anteprojeto. 8. ed. Rio de Janeiro: Forense Universitária, 2004. p. 934.

1034 | CURSO DE DIREITO DO CONSUMIDOR – *Bruno Miragem*

Com tal providência, o CDC assegura a possibilidade de o titular de direito individual postulado por intermédio de ação coletiva optar por aguardar o curso regular da ação coletiva sem intervir no processo, qualificar-se como litisconsorte ativo[107] ou aguardar sua decisão definitiva. Nesta última situação, havendo decisão de procedência, não tendo havido a intervenção do titular do direito, este se beneficia da eficácia da sentença. No caso de improcedência, dada a característica da coisa julgada *in utilibus*, poderá renovar o pedido por intermédio de uma ação individual, não afetando resultado de improcedência da primeira demanda sobre a segunda ação, de caráter individual.

Da mesma forma ocorrerá na hipótese de ter sido requerida a suspensão da ação individual, mediante requerimento no prazo de até trinta dias contados da data de ciência, nos autos, do ajuizamento de ação coletivas superveniente. Nesse caso, havendo a improcedência da ação coletiva, o processo individual que se encontra suspenso retoma seu curso normal, podendo o autor ainda ser beneficiado com a sentença de procedência em sua demanda individual.

2.5.4   Liquidação e execução da sentença

A decisão de procedência da ação coletiva que tenha por objeto direitos individuais homogêneos, segundo dispõe o artigo 95 do CDC, será certa, ao fixar a responsabilidade do réu para a indenização dos danos reconhecidos na demanda, mas, ao mesmo tempo, será ilíquida, porquanto não estabelecerá um *quantum* indenizatório, nem quantos são os titulares do direito reconhecido. Separa-se, nesse ponto, do sistema das *class actions* do direito norte-americano, que lhe serviu de inspiração, no qual o juiz, desde logo, pode estabelecer, no momento da condenação, o valor da indenização devida. Assim, o procedimento de liquidação da sentença, previsto no artigo 97 do CDC, cujo objetivo é verificar quais são os interessados e a quanto cada um faz jus, em vista dos prejuízos individualmente sofridos.

Nesse sentido, não se perquire mais sobre a existência do dever de indenizar do réu, já reconhecido na decisão da ação coletiva. Apenas se irá verificar, entre os interessados que venham a se habilitar como titulares do direito reconhecido na sentença (vítimas do dano ou seus sucessores), se eles ostentam a qualidade exigida para fazer jus à indenização, ou seja, se sofreram os danos cujo dever de indenizar foi consagrado na sentença. Será admitido, nessa fase, como ensina Ada Pellegrini Grinover, o contraditório pleno e a cognição exauriente,[108] devendo o liquidante interessado demonstrar cabalmente a titularidade do direito em questão. Note-se que, nessa situação, a causa de exigibilidade da indenização já está afirmada, cabendo ao liquidante a demonstração de que a ela faz jus (*an debeatur*), sobretudo com a "demonstração do nexo causal entre a condenação

---

[107]   Quanto ao tema, questiona Sandra Lengruber se a hipótese seria de autêntico litisconsórcio ativo, para o que deveria investigar-se a possibilidade de o indivíduo prosseguir com a ação sozinho em caso de desistência do legitimado coletivo (LENGRUBER, Sandra. *Elementos das ações coletivas*. São Paulo: Método, 2004. p. 174). Parece-nos que essa possibilidade inexiste, em face da legitimação exaustiva do artigo 82 do CDC, que não reconhece a legitimação da pessoa física para interposição da demanda coletiva.

[108]   GRINOVER, Ada Pellegrini et al. *Código Brasileiro de Defesa do Consumidor*: comentado pelos autores do anteprojeto. 8. ed. Rio de Janeiro: Forense Universitária, 2004. p. 886.

genérica e a sua posição jurídica individual".[109] Um segundo momento será a definição do *quantum* indenizatório (*quantum debeatur*) a que faz jus cada liquidante habilitado. Nessa situação, o interessado deverá demonstrar quais danos materiais e morais suportou, a fim de mensurar o valor devido pelo réu. No elucidativo exemplo de Mancuso, se a sentença coletiva condena determinado laboratório a indenizar quem tenha ingerido medicamento fabricado por ele, e nocivo à saúde humana, caberá ao liquidante que pretende se habilitar à percepção da indenização: (1) que consumia tal produto, tendo, pois, sofrido danos; e (2) qual foi o dano e sua respectiva extensão.[110]

A liquidação se realiza a partir do título judicial, que é a certidão da sentença que julgou a demanda coletiva, assim como a comprovação ou não do trânsito em julgado, para efeito de se verificar se é caso de cumprimento provisório (artigos 520 a 522) ou definitivo (artigos 523 a 527 do CPC) da sentença. Além disso, pode ser promovida no domicílio do consumidor, não havendo, nesse particular, a prevenção do juízo que tenha prolatado a sentença.[111] O prazo para que os interessados se habilitem no procedimento de liquidação da sentença coletiva será de um ano, embora esse prazo, fixado no artigo 100 do CDC, não seja preclusivo,[112] mas apenas autoriza, não havendo, até o seu termo, a "habilitação de interessados em número compatível com a gravidade do dano", que qualquer dos legitimados para a interposição da tutela coletiva (artigo 82 do CDC) passe a promover a liquidação e execução do julgado. Distingue-se a hipótese do artigo 98 do CDC ("A execução poderá ser coletiva, sendo promovida pelos legitimados de que trata o art. 82, abrangendo as vítimas cujas indenizações já tiveram sido fixadas em sentença de liquidação, sem prejuízo do ajuizamento de outras execuções"),[113] que, no caso, não admite, como regra, legitimidade do Ministério Público para a execução relativa a direitos patrimoniais disponíveis,[114] da situação de determinação da *fluid recovery*, cuja finalidade está em não permitir, diante da ausência de titulares de direitos individuais interessados na liquidação e execução da indenização, que o fornecedor autor do ilícito deixe de responder patrimonialmente pelos danos causados. A ausência de interesse dos titulares dos direitos reconhecidos na sentença coletiva pode derivar de diferentes causas, desde o pequeno valor da indenização (no caso dos pequenos danos multiplicados pela economia de escala do fornecedor) até a falta de conhecimento – por maior que sejam os

---

[109]   MANCUSO, Rodolfo de Camargo. *Manual do consumidor em juízo*. 4. ed. São Paulo: Saraiva, 2007. p. 242.

[110]   MANCUSO, Rodolfo de Camargo. *Manual do consumidor em juízo*. 4. ed. São Paulo: Saraiva, 2007. p. 242-243.

[111]   STJ, REsp 1.098.242/GO, 3ª Turma, Rel. Min. Nancy Andrighi, j. 21.10.2010, *DJe* 28.10.2010; STJ, Resp 1.122.292/GO, 2ª Turma, Rel. Min. Castro Meira, j. 21.09.2010, *DJe* 04.10.2010.

[112]   Tratando-se de pretensão reparatória por danos causados pelo fornecedor, o prazo prescricional será de cinco anos, em conformidade com o disposto no artigo 27 do CDC. Nesse sentido, referido prazo será interrompido em face da citação válida do processo (artigo 219) do CPC, voltando a fluir a partir da intimação da sentença definitiva que reconhece o direito, que, inclusive, poderá ser realizada por edital, conforme: GRINOVER, Ada Pellegrini et al. *Código Brasileiro de Defesa do Consumidor*: comentado pelos autores do anteprojeto. 8. ed. Rio de Janeiro: Forense Universitária, 2004. p. 887.

[113]   Para o caráter subsidiário dos legitimados coletivos para a execução do julgado, veja-se: STJ, REsp 1.156.021/RS, 4ª Turma, Rel. Min. Marco Buzzi, j. 06.02.2014, *DJe* 05.05.2014.

[114]   STJ, REsp 1.801.518/RJ, 3ª Turma, Rel. Min. Paulo de Tarso Sanseverino, j. 14.12.2021, *DJe* 16.12.2021.

1036 | CURSO DE DIREITO DO CONSUMIDOR – *Bruno Miragem*

esforços de publicidade, inclusive com a publicação de editais sobre o trânsito em julgado da sentença – acerca da titularidade do direito em questão.

Quanto ao lugar onde deve se dar a liquidação e execução da sentença na ação coletiva, uniformizou seu entendimento o STJ, no sentido de que poderá ser feita no domicílio do consumidor, e não necessariamente perante o juízo que prolatou a decisão.[115]

Essa extensão da legitimação coletiva também para a promoção da liquidação e execução da sentença visa garantir a efetividade da tutela, por intermédio da exigência da indenização ainda quando não existam interessados formalmente habilitados. Criou-se, então, a partir da jurisprudência norte-americana, uma espécie de reparação fluida (*fluid recovery*),[116] cuja destinação, embora não seja o ressarcimento direto e específico dos lesados, poderá ser fixada por estimativa,[117] com finalidade conexa ou associada aos fins perseguidos pela norma, que, no caso do CDC, será a proteção do direito dos consumidores. O artigo 100, parágrafo único, do CDC estabelece, então, que "O produto da indenização devida reverterá para o fundo criado pela Lei 7.347, de 24 de julho de 1985". Trata-se do Fundo Federal de Direitos Difusos, cujos recursos são geridos por um Conselho Federal Gestor, na forma do disposto pela Lei 9.008/1995, que administra a destinação dos recursos para reparação dos danos causados ao meio ambiente, ao consumidor, a bens e direitos de valor artístico, entre outros. Em nosso sistema, como a indenização nessa circunstância reverte em favor do Fundo destinado às várias espécies de direitos coletivos – transindividuais e individuais homogêneos –, pode ocorrer de que nem sempre tais recursos estarão vinculados aos direitos concretamente ofendidos, podendo ser utilizados para reparação de direitos de outra espécie (*e.g.*, possibilidade de os valores da indenização por danos ambientais serem utilizados em projetos relativos à defesa do consumidor, e vice-versa).[118]

A destinação dos recursos para esse Fundo previsto na Lei da Ação Civil Pública, entretanto, é residual, uma vez que a prioridade será – tratando-se de direitos individuais homogêneos – a reparação específica a cada uma das vítimas de dano, titulares do direito individual à reparação, objeto da ação coletiva. Nesse sentido, a indenização só deverá reverter ao Fundo dos Direitos Difusos se não houver interessados habilitados *em número compatível com a gravidade do dano*. Nesse caso, a liquidação da sentença terá em vista não o dano individualmente causado a cada consumidor – o que seria, evidentemente, impossível diante da ausência de interessados –, mas, sim, o valor total do prejuízo causado como parâmetro para fixação do valor da indenização, considerando, igualmente, o seu caráter preventivo (função preventiva da indenização).

---

[115] STJ, REsp 1.243.887/PR, Corte Especial, Rel. Min. Luis Felipe Salomão, j. 19.10.2011, *DJe* 12.12.2011.

[116] GRINOVER, Ada Pellegrini et al. *Código Brasileiro de Defesa do Consumidor*: comentado pelos autores do anteprojeto. 8. ed. Rio de Janeiro: Forense Universitária, 2004. p. 893; MANCUSO, Rodolfo de Camargo. *Manual do consumidor em juízo*. 4. ed. São Paulo: Saraiva, 2007. p. 248-249.

[117] "A ausência das informações necessárias para a constatação dos prejuízos efetivos experimentados pelos beneficiários individuais da sentença coletiva não deve inviabilizar a utilização da reparação fluida. Nessa hipótese, a indenização poderá ser fixada por estimativa, podendo o juiz valer-se do princípio da cooperação insculpido no art. 6º do CPC/2015 e determinar que o executado forneça elementos para que seja possível o arbitramento de indenização adequada e proporcional" (STJ, REsp 1.927.098/RJ, 3ª Turma, Rel. Min. Nancy Andrighi, j. 22.11.2022, *DJe* 24.11.2022).

[118] A respeito, veja-se: SHIMURA, Sérgio. *Tutela coletiva e sua efetividade*. São Paulo: Método, 2006. p. 193-194.

PARTE IV · Cap. 2 · DIMENSÃO COLETIVA DA TUTELA DO CONSUMIDOR | 1037

2.5.5 Prazo prescricional e ações coletivas

Um aspecto que ganhou relevo a partir da alteração de consolidado entendimento jurisprudencial do Superior Tribunal de Justiça diz respeito ao prazo para interposição da ação coletiva e à sua relação com o prazo prescricional da pretensão individual por ela contemplada. Isso porque sempre foi claro que não se confundiam os dois temas: o prazo prescricional da pretensão individual é regra de direito material e, quando não esgotado, viabilizaria seu exercício tanto pela via individual quanto pela via coletiva. Nesse sentido não teria como se referir a um prazo diverso para a ação em si. Esse entendimento, contudo, foi vulnerado por decisão do STJ em relação à pretensão de poupadores que cobravam expurgos inflacionários decorrentes de planos econômicos governamentais das décadas de 1980 e 1990, dos saldos de cadernetas de poupança das quais eram titulares, e que o fizeram por intermédio de ação coletiva. Ocorre que, no caso, se referiu o STJ à existência de pretensões individuais e "pretensões coletivas" – estas últimas, por não existirem ao tempo dos fatos, porque anteriores ao CDC, que as teria constituído, observariam prazo prescricional fixado por analogia, de cinco anos, previsto na Lei da Ação Popular (artigo 21 da Lei 4.717/65).[119] Recorde-se que a citação válida, mesmo no processo coletivo, serve para interromper o prazo prescricional.

A questão central[120-121] é perquirir se está correta a indicação de prazo de exercício de pretensão (questão de direito material), mediante recurso analógico a prazo de lei de

---

[119] "Civil e Processual Civil. Ação Civil Pública decorrente de direitos individuais homogêneos. Poupança. Cobrança dos expurgos inflacionários. Planos Bresser e Verão. Prazo prescricional quinquenal. 1. A ação civil pública e a ação popular compõem um microssistema de tutela dos direitos difusos, por isso que, não havendo previsão de prazo prescricional para a propositura da Ação Civil Pública, recomenda-se a aplicação, por analogia, do prazo quinquenal previsto no artigo 21 da Lei n. 4.717/65. 2. Embora o direito subjetivo objeto da presente ação civil pública se identifique com aquele contido em inúmeras ações individuais que discutem a cobrança de expurgos inflacionários referentes aos Planos Bresser e Verão, são, na verdade, ações independentes, não implicando a extinção da ação civil pública, que busca a concretização de um direto subjetivo coletivizado, a extinção das demais pretensões individuais com origem comum, as quais não possuem os mesmos prazos de prescrição. 3. Em outro ângulo, considerando-se que as pretensões coletivas sequer existiam à época dos fatos, pois em 1987 e 1989 não havia a possibilidade de ajuizamento da ação civil pública decorrente de direitos individuais homogêneos, tutela coletiva consagrada com o advento, em 1990, do CDC, incabível atribuir às ações civis públicas o prazo prescricional vintenário previsto no artigo 177 do CC/16. 4. Ainda que o artigo 7º do CDC preveja a abertura do microssistema para outras normas que dispõem sobre a defesa dos direitos dos consumidores, a regra existente fora do sistema, que tem caráter meramente geral e vai de encontro ao regido especificamente na legislação consumerista, não afasta o prazo prescricional estabelecido no artigo 27 do CDC. 5. Recurso especial a que se nega provimento" (STJ, REsp 1.070.896/SC, 2ª Seção, Rel. Min. Luis Felipe Salomão, j. 14.04.2010, *DJe* 04.08.2010).

[120] "(...) 1. O ordenamento jurídico pátrio, a teor dos artigos 103, § 2º, e 104, da Lei nº 8.078/90 – Código de Defesa do Consumidor –, impele o Substituído a permanecer inerte até a conclusão do processo coletivo, na medida em que a ele impõe o risco de sofrer os efeitos da sentença da improcedência da ação coletiva – quando nela ingressar como litisconsorte –; e de não se beneficiar da sentença de procedência – quando demandante individual. 2. Diante desse contexto, a citação válida no processo coletivo, ainda que este venha ser julgado extinto sem resolução do mérito em face da ilegitimidade do Substituto Processual, configura causa interruptiva do prazo prescricional para propositura da ação individual. 3. Recurso especial a que se nega provimento" (STJ, REsp 1.055.419/AP, 5ª Turma, Rel. Min. Laurita Vaz, j. 06.09.2011, *DJe* 21.09.2011).

[121] Para detalhes sobre o caso concreto e nosso entendimento quanto a suas peculiaridades, especialmente no tocante à imprescritibilidade das ações relativas à poupança popular prevista no artigo 2º, § 1º, da Lei 2.313/1954, bem como à necessidade de proteção da confiança dos jurisdicionados em relação à alteração de jurisprudência em ações coletivas, remete-se ao parecer *pro bono* que elaboramos com

natureza processual, que diz respeito a outra espécie de pretensão, transindividual, em proteção do Erário (como é o caso da Lei da Ação Popular). Parece-nos, a toda evidência, que essa não é a solução adequada.[122] Isso porque o prazo prescricional é matéria típica de direito material, e como tal deve ser reconhecido, tanto na identificação da norma aplicável quanto na sua interpretação e aplicação. Daí por que a solução indicada pelo STJ nesse caso parece-nos incorreta. A rigor, são dois os prazos possíveis no ordenamento jurídico atual para reconhecer a prescrição da pretensão e – consequentemente – dar causa à inviabilidade da ação coletiva: (a) ou o prazo de cinco anos relativo à pretensão reparatória, previsto no artigo 27 do CDC; ou (b) o prazo de dez anos, previsto no artigo 205 do Código Civil, de caráter subsidiário. Tratando-se de pretensão havida antes da vigência do Código Civil de 2002, admite-se, ainda, a aplicação da regra de direito inter-temporal do seu artigo 2.028 ("Artigo 2.028. Serão os da lei anterior os prazos, quando reduzidos por este Código, e se, na data de sua entrada em vigor, já houver transcorrido mais da metade do tempo estabelecido na lei revogada"). Não há de se reconhecer, assim, a existência de distinções entre prazos de prescrição de pretensões individuais e "pretensões coletivas". Não há pretensão coletiva em se tratando de direitos individuais homogêneos. É sempre pretensão individual que pode ser objeto de tutela pela via coletiva de natureza condenatória.[123] A disciplina do próprio direito e da pretensão decorrente de sua violação, por sua vez, é estabelecida por norma de direito material, não se prestando à analogia com prazos processuais.

Já no que diz respeito às hipóteses da contagem do prazo para a execução individual de sentenças proferidas em ações coletivas, segundo entendimento consolidado do STJ, o prazo prescricional começa a fluir do trânsito em julgado da sentença a ser executada.[124] Nesse sentido, o próprio STJ reconhece que, "no tocante ao processo coletivo, o orde-namento jurídico pátrio – arts. 103 e 104 da Lei 8.078/90, aplicáveis à ação civil pública (art. 21 da Lei 7.347/1985) – induz o titular do direito individual a permanecer inerte, até o desfecho da demanda coletiva, quando avaliará a necessidade de ajuizamento da ação individual – para a qual a propositura da ação coletiva, na forma dos arts. 219, e § 1º, do CPC/73 e 240, e § 1º, do CPC/2015, interrompe a prescrição –, ou, em sendo o caso, promoverá o ajuizamento de execução individual do título coletivo". Desse modo, "A existência de ação coletiva não impede o ajuizamento de ação individual, por aquela não induzir litispendência, mas interrompe ela o prazo prescricional para a propositura da demanda individual. Entretanto, ajuizada ação individual com o mesmo pedido da

---

Claudia Lima Marques, publicado na *Revista de Direito do Consumidor*: MARQUES, Claudia Lima; MIRAGEM, Bruno. Prescrição das ações coletivas, pretensão dos depositantes em poupança popular e a proteção da confiança do jurisdicionado na alteração de jurisprudência consolidada dos tribunais. *Revista de Direito do Consumidor*, São Paulo, v. 77, p. 373-427, jan. 2011.

[122] No mesmo sentido posiciona-se: ALMEIDA, João Batista de. *Aspectos controvertidos da ação civil pública*. 3. ed. São Paulo: Ed. RT, 2011. p. 243-245.

[123] Para a identificação da natureza condenatória da ação quando submetida à prescrição, veja-se a lição, já clássica, de: AMORIM, Agnelo. Critério científico para distinguir a prescrição da decadência e para identificar as ações imprescritíveis. *Revista dos Tribunais*, São Paulo, v. 744, p. 725-750, out. 1997.

[124] Assim decidiu o STJ de acordo com a sistemática dos recursos especiais repetitivos: STJ, REsp 1.388.000/PR, 1ª Seção, Rel. Min. Napoleão Nunes Maia Filho, Rel. p/ Acórdão Min. Og Fernandes, j. 26.08.2015, *DJe* 12.04.2016.

PARTE IV · Cap. 2 · DIMENSÃO COLETIVA DA TUTELA DO CONSUMIDOR | **1039**

ação coletiva, o autor da demanda individual não será beneficiado pelos efeitos da coisa julgada da lide coletiva, se não for requerida sua suspensão, como previsto no art. 104 da Lei 8.078/1990".[125] A proposição da execução pelo legitimado extraordinário para a propositura da ação civil pública não interrompe o prazo prescricional da pretensão dos lesados à reparação dos respectivos danos individuais.[126] Por outro lado, os beneficiários da sentença em ação coletiva não podem ser prejudicados por eventual inércia do autor da ação para promover a execução da sentença, de modo que eventual reconhecimento da prescrição intercorrente na execução coletiva não prejudica as execuções promovidas individualmente.[127]

2.6 COISA JULGADA NAS AÇÕES COLETIVAS

A coisa julgada é instituto primeiro de direito processual, mas com profundas projeções no direito material (*e.g.*, direito constitucional, direito civil).[128] Em termos conceituais, pode ser definida como *a autoridade e eficácia de uma sentença judicial, quando não existam contra ela meios de impugnação que permitam modificá-la.*[129] Trata-se, assim, de uma exigência de estabilidade jurídica, razão pela qual a lei torna imutável, a partir de certo momento, o conteúdo da norma formulada na sentença, de modo que mais nenhum recurso possa ser interposto com relação ao julgado.[130] Dois são os aspectos fundamentais a serem considerados com relação à coisa julgada: primeiro, a chamada autoridade da coisa julgada, pela qual esta só tem eficácia para as partes que integraram o processo; segundo, a denominada eficácia natural da coisa julgada, pela qual toda sentença emanada do Estado-juiz produz efeitos para além do processo, podendo vir a alcançar terceiros.[131] Essas projeções dos efeitos da coisa julgada na relação entre as partes, e, conforme dadas condições, diante de terceiros, estão concentradas na compreensão do processo e da relação processual bipartida entre autor e réu, em vista da solução de um conflito intersubjetivo individualizado. No que se refere à eficácia da coisa julgada em matéria de defesa coletiva de direitos, a explicação da sua eficácia natural não é suficiente para compreender e explicar a projeção dos efeitos em vista de um número indeterminado de sujeitos (no caso dos direitos transindividuais), ou mesmo em relação a indivíduos que, embora não participem do processo, são beneficiados diretamente em vista da ação proposta por órgão ou entidade com legitimação autônoma (direitos individuais homogêneos). Isso porque, conforme refere Rodolfo de Camargo Mancuso, tal eficácia resulta de fatores objetivos

---

[125] STJ, REsp 1.761.874/SC, 1ª Seção, Rel. Min. Assusete Magalhães, j. 23.06.2021, *DJe* 01.07.2021.

[126] STJ, REsp 1.758.708/MS, Corte Especial, Rel. Min. Nancy Andrighi, j. 20.04.2022, *DJe* 11.05.2022.

[127] STJ, AgInt no REsp 1.960.015/PE, 2ª Turma, Rel. Min. Og Fernandes, *DJe* 01.04.2022; STJ, AgInt no REsp 1.927.562/PE, 1ª Turma, Rel. Min. Sérgio Kukina, j. 12.12.2022, *DJe* 15.12.2022.

[128] Veja-se, a respeito dessas projeções da coisa julgada no direito material, o estudo de MANCUSO, Rodolfo de Camargo. A coisa julgada e sua recepção no Código Civil. In: FILOMENO, José Geraldo Brito et al. *O Código Civil e sua interdisciplinaridade*: os reflexos do Código Civil nos demais ramos do direito. Belo Horizonte: Del Rey, 2004. p. 283-306.

[129] COUTURE, Eduardo J. *Fundamentos del derecho procesal civil.* Buenos Aires: Depalma, 1985. p. 401.

[130] BARBOSA MOREIRA, José Carlos. A eficácia preclusiva da coisa julgada material no sistema do processo civil brasileiro. *Temas de direito processual civil*: primeira série. São Paulo: Saraiva, 1988. p. 97.

[131] MANCUSO, Rodolfo de Camargo. *Jurisdição coletiva e coisa julgada*: teoria geral das ações coletivas. São Paulo: Ed. RT, 2007. p. 361.

que a determinam, quais sejam: "(i) a natureza indivisível do interesse e a correlata indeterminação dos sujeitos; (ii) a necessária irradiação extra-autos dos efeitos do julgado, em diverso escalonamento; (iii) o endereçamento dessa projeção para faixas diversas do universo coletivo, tanto podendo ser uma inteira coletividade (difusos: eficácia *erga omnes*); um grupo/categoria/classe (coletivos em sentido estrito: eficácia ultra partes); um número expressivo de sujeitos (individuai homogêneos: eficácia *erga omnes*, focada naquele contingente numérico); (iv) o pedido formulado (...)".[132]

Daí por que é correto considerar que, no caso da eficácia da coisa julgada nas ações coletivas, os efeitos porventura estabelecidos não são decorrência natural desse instituto processual, senão de expressa previsão do legislador, que, atendendo a certas conveniências e finalidades, determina-lhe certas projeções, para além da mera vinculação das partes à decisão definitiva do processo.

Essa eficácia expandida da coisa julgada prevista pelo legislador, em verdade, decorre da indivisibilidade do próprio objeto das ações coletivas, ao mesmo tempo que a natureza dos direitos sob tutela[133] (difusos, coletivos, individuais homogêneos) torna impossível exigir a presença de todos os legitimados ordinários no processo em litisconsórcio multitudinário que, se fosse formado, tornaria impossível o regular curso do processo.

Daí é que, em relação às ações coletivas de consumo, mas, de resto, aplicáveis suas disposições a todo o sistema de tutela coletiva brasileiro, previu o artigo 103 do CDC a eficácia da coisa julgada para as ações coletivas em defesa dos direitos difusos, coletivos e individuais homogêneos. A eficácia da coisa julgada, nessas circunstâncias irá distinguir-se em vista dos direitos objeto da ação coletiva. Nesse sentido, no caso da ação coletiva para tutela de direitos difusos, o artigo 103, I, do CDC estabelece a eficácia *erga omnes* da decisão definitiva, salvo hipótese de improcedência por falta de provas (coisa julgada *secundum eventum probationis*), hipótese em que qualquer legitimado poderá interpor ação com o mesmo fundamento jurídico, mas mediante apresentação de novas provas.

No caso dos direitos coletivos, o artigo 103, II, do CDC estabelece a eficácia *ultra partes* do julgado, ou seja, favorecendo todo o grupo, categoria ou classe titular dos direitos postulados e reconhecidos na ação, em face de relação jurídica base, dá causa ao referido direito. Ressalva-se, nesse aspecto, a hipótese de improcedência da ação por falta de provas, circunstância pela qual qualquer dos legitimados, a exemplo das ações coletivas concernentes a interesses difusos, poderá renovar o pedido em nova demanda (coisa julgada *secundum eventum probationis*).

Por fim, a coisa julgada nas ações coletivas que tenham por objeto direitos individuais homogêneos, como referimos, terá eficácia *erga omnes* apenas na hipótese de procedência do pedido. Nesse caso, distingue-se substancialmente em relação à eficácia prevista para as demais hipóteses de ação coletiva (relativas a interesses difusos e coletivos), estabelecendo o critério da procedência do pedido como determinante da eficácia expandida da decisão

---

[132] MANCUSO, Rodolfo de Camargo. *Jurisdição coletiva e coisa julgada*: teoria geral das ações coletivas. São Paulo: Ed. RT, 2007. p. 366.

[133] BARBOSA MOREIRA, José Carlos. Tutela jurisdicional dos interesses coletivos e difusos. *Temas de direito processual civil*: terceira série. São Paulo: Saraiva, 1984. p. 216.

PARTE IV · Cap. 2 · DIMENSÃO COLETIVA DA TUTELA DO CONSUMIDOR | **1041**

(coisa julgada *secundum eventum litis*)[134]. Na hipótese de improcedência, os interessados que não tiverem intervindo no processo como litisconsortes da ação coletiva – e, portanto, ficam submetidos, como partes, à eficácia da coisa julgada daquela demanda – poderão propor ação de indenização a título individual.

A eficácia expandida da coisa julgada no sistema do CDC é a pedra de toque da existência do processo coletivo. A possibilidade de promover, via previsão legal da legitimidade dos autores coletivos, a proteção de direitos difusos, coletivos e individuais homogêneos apenas terá sentido se o resultado da demanda puder aproveitar não apenas aos sujeitos do processo (que, em regra, não são titulares dos direitos postulados), mas a todos os interessados no seu resultado final. Em outros termos, a defesa coletiva de direitos justifica-se quando a decisão terminativa do processo produz efeitos úteis aos interessados, estendendo sua eficácia para quem não seja parte do processo nem tenha notícia da sua existência. Para tanto é que se estrutura a sistemática da coisa julgada nas ações coletivas, prevista nos artigos 103 e 104 do CDC.

2.6.1 Coisa julgada nas ações coletivas para defesa de direitos ou interesses difusos

O artigo 103, I, do CDC refere que as ações coletivas que tenham por objeto a tutela de direitos difusos fazem coisa julgada *erga omnes*, "exceto se o pedido for julgado improcedente por insuficiência de provas, hipótese em que qualquer legitimado poderá intentar outra ação, com idêntico fundamento valendo-se de nova prova". Os direitos difusos, como já tivemos oportunidade de referir, são os direitos transindividuais de titularidade indeterminável, uma vez que, muitas vezes, dizem respeito a todas as pessoas, ou mesmo a toda a humanidade. A coisa julgada no processo coletivo se dá visando à contemplação de certas faixas do interesse coletivo,[135] e a titularidade do direito não mais é pressuposto da legitimação.

A técnica da coisa julgada nas ações coletivas não se desprende da sua finalidade de promover a efetividade dos direitos dos consumidores (e, em geral, dos demais beneficiados do sistema coletivo). Daí por que, ao mesmo tempo que não se admite que seus efeitos venham a prejudicar os titulares de direito, em face de seu caráter vinculante, poderá, certamente, beneficiá-los, em vista do aproveitamento máximo do processo.[136] É isso que ocorre nas ações coletivas concernentes à defesa de direitos difusos. Ao estabelecer que a decisão da ação coletiva tem eficácia *erga omnes*, exceto se o pedido for improcedente por insuficiência de provas, o legislador fixa, em benefício dos consumidores e demais titulares dos direitos postulados, a chamada eficácia *secundum eventum probationis*,[137]

---

[134] Registre-se a observação crítica de Antônio Gidi, para quem não será a coisa julgada considerada *secundum eventum litis*, uma vez que ela se produzirá de qualquer modo, com a decisão terminativa do feito. O que difere, contudo é a extensão dos efeitos da demanda, que, no caso de procedência, produzirá eficácia *erga omnes* ou *ultra partes*, beneficiando os interessados que não participaram da demanda (GIDI, Antônio. *Coisa julgada e litispendência nas ações coletivas*. São Paulo: Saraiva, 1995. p. 73).

[135] MANCUSO, Rodolfo de Camargo. *Manual do consumidor em juízo*. 4. ed. São Paulo: Saraiva, 2007. p. 205.

[136] MANCUSO, Rodolfo de Camargo. *Manual do consumidor em juízo*. 4. ed. São Paulo: Saraiva, 2007. p. 212.

[137] MANCUSO, Rodolfo de Camargo. *Jurisdição coletiva e coisa julgada*: teoria geral das ações coletivas. São Paulo: Ed. RT, 2007. p. 283 *et seq.*

ou seja, protege a utilidade que a sentença já possui, no caso de procedência, visando alcançar situações semelhantes de que são partes outros tantos titulares de direitos, cujo caráter comum, de transindividualidade, dispensa a instalação de nova demanda, com a promoção do contraditório e de outras provas no processo. Isso porque, tendo havido a procedência da ação, resta caracterizada a causa geradora do direito postulado, que é transindividual, razão pela qual o disposto na sentença aproveita a todos que demonstrarem ser titulares do direito reconhecido na ação coletiva. Por outro lado, havendo a improcedência da ação, quando esta se der em razão da falta de provas do alegado pelo autor coletivo, qualquer dos demais legitimados poderá renovar os seus termos, com a ressalva de que deverão ser acompanhados de nova dilação probatória.

Note-se, por fim, que a coisa julgada nas ações coletivas visando à proteção de direitos difusos não prejudicará, em qualquer hipótese, os direitos individuais dos integrantes da coletividade que vierem a demandar em razão de fato que já fora objeto de exame naquela demanda. Não haverá, portanto, vinculação em termos de cognição e decisão judicial sobre os fatos ou suas consequências, entre o apurado e decidido na demanda coletiva e os termos da ação individual, embora não se possa desconhecer que o resultado da ação coletiva possa constituir importante precedente para orientação do juiz da ação individual.

2.6.2 Coisa julgada nas ações coletivas para defesa de direitos ou interesses coletivos

A ação coletiva que tenha por objeto direitos coletivos – ou seja, aqueles em que seus titulares estão ligados em face de uma relação jurídica base – terá sua eficácia da coisa julgada *ultra partes*, entre as partes litigantes e o grupo, categoria ou classe a que se refere a ação. Assim, ocorre entre os consumidores que tenham celebrado uma mesma espécie de contrato de adesão com determinado fornecedor. A decisão que porventura decretar a nulidade da cláusula abusiva constante desses instrumentos terá sua eficácia projetada para todo o grupo de contratantes, independentemente de sua participação ou não no processo.

Nesse sentido, aliás, reafirme-se a absoluta inaplicabilidade, no âmbito das relações de consumo reguladas pelo CDC, do artigo 2º-A da Lei 9.494/2000 (incluído pela Medida Provisória 2.180-35/2001), que estabeleceu: "A sentença civil prolatada em ação de caráter coletivo proposta por entidade associativa, na defesa dos interesses e direitos dos seus associados, abrangerá apenas os substituídos que tenham, na data da propositura da ação, domicílio no âmbito da competência territorial do órgão prolator". Como ensina Ada Pellegrini Grinover, ao se referir à norma em apreço, o problema não reside na eficácia da sentença – como pretendeu o legislador ao tentar estabelecer a restrição –, mas de pedido,[138] razão pela qual, ao delimitar a eficácia da coisa julgada aos substituídos que tenham na data da propositura da ação domicílio no âmbito da competência territorial

---

[138] GRINOVER, Ada Pellegrini et al. *Código Brasileiro de Defesa do Consumidor*: comentados pelos autores do anteprojeto. 8. ed. Rio de Janeiro: Forense Universitária, 2004. p. 924. No mesmo sentido, Rodolfo Mancuso, fazendo referência à relação entre a eficácia expandida da coisa julgada e o objeto litigioso: MANCUSO, Rodolfo de Camargo. *Jurisdição coletiva e coisa julgada*: teoria geral das ações coletivas. São Paulo: Ed. RT, 2007. p. 352 *et seq.*

do órgão prolator, não se atentou para a particularidade com a qual o CDC estabelece essa competência territorial. Ora, a regra do artigo 93 do CDC estabelece a amplitude da competência territorial em virtude da extensão do dano, indicando a competência do foro da capital do estado ou do Distrito Federal para danos de abrangência regional ou nacional (interpretando-se como competência concorrente). Em outras palavras, faz que a decisão desses órgãos (independentemente de se tratar da Justiça Federal ou Estadual) seja estabelecida em razão da extensão do dano, motivo pelo qual a modificação introduzida pelo artigo 2º-A da Lei 9.494/2000 não tem nenhuma aplicação no sistema da eficácia da coisa julgada do CDC.

A única ressalva do artigo 103, II, do CDC, quanto à eficácia da coisa julgada nas ações coletivas que versem sobre direitos coletivos, é a hipótese da decisão de improcedência por falta de provas, hipótese em que não deverá ser admitida eficácia vinculativa da decisão em relação aos demais legitimados para exercício da pretensão. Nesse caso, opera-se a eficácia *secundum eventum probationis*, visto que a decisão da ação coletiva só se projeta sobre os titulares de direito que não participaram da lide, na hipótese de o julgamento de procedência ou improcedência decorrer do juízo definitivo sobre a relação jurídica em exame.

O § 1º do artigo 103, então, completa o conteúdo eficacial da sentença da ação coletiva em relação aos demais interessados, estabelecendo que "Os efeitos da coisa julgada previstos nos incisos I e II não prejudicarão interesses e direitos individuais dos integrantes da coletividade, do grupo, categoria ou classe". Desse modo, a eficácia da coisa julgada na ação coletiva que verse sobre direitos coletivos só vincula os demais interessados na hipótese de procedência da ação (coisa julgada *in utilibus*). Na hipótese de improcedência, os titulares dos direitos veiculados na ação coletiva poderão obter o resultado almejado na demanda, a partir do exercício de sua pretensão individual. Entretanto, se já existir a ação individual por ocasião da interposição da ação coletiva, o consumidor que deseje aproveitar dos seus efeitos deverá requerer a suspensão do processo individual no prazo de trinta dias contados da data de ciência, nos autos, do ajuizamento da demanda coletiva (artigo 104).

2.6.3 Coisa julgada nas ações coletivas para defesa de direitos ou interesses individuais homogêneos

A ação coletiva para defesa de direitos individuais homogêneos já foi objeto de nossa análise, assim como o que se refere à eficácia da coisa julgada nessas demandas (itens 2.3.2 e 2.3.3, *supra*). Convém, no entanto, fazer referência ao artigo 103, III, do CDC, que estabelece, para decisão de procedência dessas ações coletivas, eficácia *erga omnes*, apenas no caso de procedência do pedido, a fim de beneficiar todas as vítimas e seus sucessores do evento danoso objeto da demanda. Nesse sentido, perceba-se mais uma vez presente a regra da coisa julgada *secundum eventum probationis*, já que, ocorrendo a hipótese de improcedência da ação, a decisão não afeta os demais interessados, titulares de direitos individuais objeto da demanda inexitosa. Ressalvada, nesse aspecto, a hipótese de terem sido parte da ação como litisconsortes do autor coletivo, hipótese em que serão afetados pela eficácia natural da coisa julgada, de imutabilidade da decisão para as partes do processo (artigo 103, § 2º).

1044 | CURSO DE DIREITO DO CONSUMIDOR – *Bruno Miragem*

Por outro lado, no caso de haver ação individual promovida por titular de direito individual e, no curso desta, ser interposta ação coletiva postulando a condenação do autor pelo mesmo fato que dá causa à pretensão individual (determinando-lhe a homogeneidade), o autor da ação individual só aproveitará os efeitos benéficos da decisão de procedência da demanda coletiva se requerer a suspensão da demanda que interpôs dentro do prazo de trinta dias contados da ciência, nos autos, do ajuizamento do processo coletivo.

2.6.4 Coisa julgada *in utilibus*

Eficácia reconhecida à coisa julgada no sistema do CDC é a chamada coisa julgada *in utilibus*. Trata-se do efeito útil da coisa julgada, de modo que o conteúdo da decisão de mérito da ação coletiva aproveite para as ações individuais que tenham por causa de pedir o mesmo fato. Como ensina Mancuso, "o fulcro desta técnica parte da premissa que a coisa julgada não pode prejudicar terceiros (*allis non preiudicare*), mas não há razão plausível para que, eventualmente, não possa beneficiá-los".[139] Esse efeito útil da coisa julgada coletiva resulta justamente da desnecessidade de promoção de novo contraditório nas ações individuais porventura existentes sobre a mesma causa de pedir, determinando o efeito vinculante da decisão coletiva na parte em que ela reconheceu a existência do direito e a condenação do réu ao pagamento de indenização. Caberá ao titular do direito, beneficiado por essa extensão da eficácia da decisão coletiva, promover, desde logo, sua liquidação, a fim de demonstrar que se enquadra entre os beneficiários da decisão em pauta (*an debeatur*), assim como a quantificação dos prejuízos sofridos, que servirão de base para a fixação da indenização pelo réu (*quantum debeatur*).

A coisa julgada *in utilibus* aparece no regime do CDC em duas situações: primeiro, o § 3º do artigo 103 estabelece que "Os efeitos da coisa julgada de que cuida o artigo 16, combinado com o artigo 13 da Lei 7.347, de 24 de julho de 1985, não prejudicarão as ações de indenização por danos pessoalmente sofridos, propostas individualmente ou na forma prevista neste código, mas, se procedente o pedido, beneficiarão as vítimas e seus sucessores, que poderão proceder à liquidação e à execução, nos termos dos arts. 96 a 99". Em outras palavras, o resultado da ação civil pública, embora diga respeito à defesa de direitos difusos e coletivos, beneficiará o titular de direito cuja pretensão contra o réu na hipótese de procedência do pedido seja demonstrada em fase de liquidação. Afinal, do fato e demais circunstâncias reconhecidas nessa espécie de demanda coletiva, decorrem também direitos individuais de titularidade do liquidante/exequente interessado. Desse modo, por exemplo, se for interposta ação buscando cessação da prática de publicidade enganosa pelo fornecedor (interesse difuso), assim como o recolhimento ao Fundo de Direitos Difusos, de indenização relativa aos prejuízos decorrentes daquela atuação ilícita do fornecedor, poderá o consumidor efetivamente prejudicado pelo fato em questão demonstrar esse prejuízo e quantificá-lo, visando ressarcir seu prejuízo.

Uma segunda hipótese de coisa julgada *in utilibus* é a que prevê o artigo 104 do CDC, pela qual os efeitos da coisa julgada *erga omnes* ou *ultra partes* referentes, respectivamente, às ações coletivas para defesa de direitos individuais homogêneos (*erga omnes*) ou coleti-

---

[139] MANCUSO, Rodolfo de Camargo. *Manual do consumidor em juízo*. 4. ed. São Paulo: Saraiva, 2007. p. 212.

vos (*ultra partes*) não beneficiarão os autores das ações individuais se não for requerida a suspensão dessas demandas no prazo de trinta dias, a contar da ciência, nos autos, do ajuizamento da ação coletiva. É caso da ação coletiva visando compelir uma instituição bancária a não mais cobrar valor relativo a uma tarifa indevida. A decisão de procedência, contudo, poderá ser transportada (*in utilibus*) a ações individuais, ou mesmo coletivas (direitos individuais homogêneos), visando à devolução dos valores pagos indevidamente.

Da mesma forma, produz-se a eficácia da coisa julgada quando tenha havido ação penal sobre o mesmo fato que dá causa a direito individual, circunstância em que a sentença penal condenatória produzirá seus efeitos civis, dando certeza sobre a materialidade e a autoria do crime que se constitui o fundamento da ação coletiva no âmbito civil. Assim, por exemplo, se sócios ou administradores de algum fornecedor forem condenados criminalmente (com fundamento no CDC ou em outra norma penal), a certeza acerca da existência e da responsabilidade do fato objeto da sentença será transportada para o âmbito civil, permitindo à vítima ou aos seus sucessores a possibilidade de promover, desde logo, a liquidação e execução da sentença.

Por fim, a derradeira hipótese da eficácia *in utilibus* da coisa julgada é a que refere o inciso III, do artigo 103 do CDC. Nesse caso, como já referimos, a eficácia *erga omnes* da coisa julgada decorrente de ação coletiva sobre direitos individuais homogêneos só se produz na hipótese de procedência do pedido, em benefício das vítimas e dos seus sucessores (quando for o caso). Na hipótese de improcedência da ação coletiva, não há qualquer efeito sobre o direito das vítimas e dos sucessores e a possibilidade do exercício de sua pretensão individual em juízo, desde que não tenham participado como parte na ação coletiva, sob a qualidade de litisconsortes do autor – circunstância em que ficam impedidos de litigar em vista da eficácia natural da coisa julgada que vinculará as partes do processo.

2.6.5 Competência do juízo e efeitos da coisa julgada

Como já mencionamos, a competência jurisdicional para as ações coletivas no microssistema processual do CDC é estabelecida pelo seu artigo 93, que dispõe: "Ressalvada a competência da Justiça Federal, é competente para a causa a justiça local: I – no foro do lugar onde ocorreu ou deva ocorrer o dano, quando de âmbito local; II – no foro da Capital do Estado ou no do Distrito Federal, para os danos de âmbito nacional ou regional, aplicando-se as regras do Código de Processo Civil aos casos de competência concorrente". Assim, o critério de fixação da competência do juízo é do âmbito de propagação do dano objeto da demanda coletiva. Se o dano for local, a norma determina a competência do foro do local onde ocorreu ou deva ocorrer o dano. Já no caso do dano de âmbito regional ou nacional, a regra fixa a competência dos foros da capital do estado ou do Distrito Federal, sendo interpretada essa competência, no caso de dano de âmbito nacional, como espécie de competência concorrente (dando ensejo à aplicação das regras do CPC sobre prevenção, na hipótese da interposição de mais de uma ação coletiva). Dessa forma, considerando que a competência do juízo se estabelece em face da abrangência do dano, é intuitivo que, também em matéria de eficácia da decisão, seja considerada esta em vista do objeto litigioso da ação coletiva. Isso faz que, conforme refere Rodolfo de Camargo Mancuso, "acabam tendo enorme repercussão os acontecimentos sobrevindos após o momento em que se fixa o objeto litigioso, assim no campo dos fatos (...) como também no campo do direito".[140]

O que determina a eficácia da coisa julgada é a lei. Nesse sentido, o artigo 103 do CDC indica a existência dos efeitos *erga omnes* (incisos I e III) e *ultra partes* (inciso II) para as decisões prolatadas em ações coletivas, observadas as circunstâncias do efeito benéfico da sentença (*in utilibus*) e de improcedência por falta de provas (*secundum eventum probationis*). Ocorre que, como já mencionado, o advento da Lei 9.494/1997 e de alterações posteriores teve por objetivo a limitação da eficácia da coisa julgada das ações coletivas, por intermédio de duas disposições: (a) a primeira modificava o artigo 16 da Lei da Ação Civil Pública e restringia a eficácia da coisa julgada *erga omnes* aos limites da competência territorial do órgão prolator; (b) a segunda introduzia norma nova (artigo 2º-A), que estabelecia, nas ações interpostas por associações em defesa dos interesses de seus associados, a eficácia da sentença de procedência restrita aos associados que, na data da interposição da ação, tinham seu domicílio no âmbito da competência territorial do órgão prolator.

Houve, na hipótese, todavia, viva confusão entre as noções de competência territorial do juízo e os limites subjetivos da coisa julgada, uma vez que estes não se fixam pela competência do órgão. É a amplitude e a extensão do dano (local, regional ou nacional) que fixam a competência do foro (local, capital dos estados, Distrito Federal), e é a espécie de direito que compõe o objeto litigioso da ação que estabelece a eficácia da coisa julgada coletiva (*erga omnes* ou *ultra partes*). Essas noções são inconfundíveis, razão pela qual as normas fixadas pela Lei 9.494/1997 não modificam em nada a sistemática adotada pelo microssistema de tutela coletiva do CDC e, por força do seu artigo 117, também a sistemática adotada pela Lei da Ação Civil Pública (Lei 7.347/1985),[141] em vista da aplicação comum entre as disposições de ambos os diplomas.

2.6.6 Concomitância de ações coletivas

No que se refere à concomitância de ações coletivas versando sobre o mesmo objeto, uma vez verificada a expansão dessa espécie de ação, passa a existir o perigo de atomização do fenômeno coletivo, por intermédio da interposição sucessiva de diversas ações. Nesse sentido, afirma Rodolfo de Camargo Mancuso, essa eficácia da coisa julgada coletiva "somente pode funcionar na prática se o operador do direito admitir que há certas realidades ontologicamente incindíveis, não fracionáveis, que por isso mesmo reclamam resposta judiciária unitária, porque do contrário, chega-se a uma situação caótica, com a prolação de decisões coletivas contraditórias".[142]

---

[140] MANCUSO, Rodolfo de Camargo. *Jurisdição coletiva e coisa julgada*: teoria geral das ações coletivas. São Paulo: Ed. RT, 2007. p. 355.

[141] Nesse sentido: MANCUSO, Rodolfo de Camargo. *Manual do consumidor em juízo*. 4. ed. São Paulo: Saraiva, 2007. p. 217; GRINOVER, Ada Pellegrini et al. *Código Brasileiro de Defesa do Consumidor*: comentado pelos autores do anteprojeto. 8. ed. Rio de Janeiro: Forense Universitária, 2004. p. 924; MAZZILLI, Hugo Nigro. A defesa dos interesses difusos em juízo. 19. ed. São Paulo: Saraiva, 2006. p. 497; LEONEL, Ricardo de Barros. *Manual do processo coletivo*. São Paulo: Ed. RT, 2002. p. 284; NERY JUNIOR, Nelson; NERY, Rosa Maria. *Código de Processo Civil anotado*. 8. ed. São Paulo: Ed. RT, 2004.

[142] MANCUSO, Rodolfo de Camargo. *Manual do consumidor em juízo*. 4. ed. São Paulo: Saraiva, 2007. p. 226.

PARTE IV · Cap. 2 · DIMENSÃO COLETIVA DA TUTELA DO CONSUMIDOR | **1047**

Daí por que, havendo a concomitância de duas ações coletivas, é de notar que sua dimensão coletiva derivada do objeto litigioso das ações, uma vez que venham a coincidir, deve resolver-se de acordo com as regras de prevenção do juízo previstas no Código de Processo Civil, pelas quais a citação válida torna prevento o juízo, induzindo a litispendência[143] (artigo 337, § 3º, do CPC/2015: "Há litispendência quando se repete ação que está em curso") e consequente extinção do segundo processo sem resolução do mérito (artigo 485, V, do CPC/2015), o que poderá ser conhecido de ofício em qualquer tempo e grau de jurisdição (artigo 485, § 3º, do CPC/2015). Ainda, poderá ser reconhecida a existência de conexão, hipótese em que deverá ser prolatada decisão conjunta (artigo 55, § 1º, do CPC/2015). Note-se que, mesmo na ausência de exata caracterização de conexão entre as ações coletivas, pode incidir a regra do § 3º do artigo 55 do CPC/2015, sem correspondência no direito anterior, que estabelece: "Serão reunidos para julgamento conjunto os processos que possam gerar risco de prolação de decisões conflitantes ou contraditórias caso decididos separadamente, mesmo sem conexão entre eles". É preciso dizer que, nesse ponto, o novo CPC traz mais dúvidas do que certezas. A noção de risco de prolação de decisões conflitantes é excessivamente larga e escapa aos conceitos técnicos assentados de conexão, ou, ainda, de continência, prevista no artigo 56 do CPC/2015, que permite a decisão simultânea das ações[144]. Pode-se argumentar que se trata de uma diretriz para que o juiz seja "flexível e ampliativo"[145] no reconhecimento da conexão. Por outro lado, discute-se a própria pertinência da norma, considerando-se, nas hipóteses em que exista o risco, se esteja diante de hipótese típica de conexão.[146] Especificamente no tocante às ações coletivas, propôs-se, no Anteprojeto do Código Brasileiro de Processos Coletivos, regra visando à solução da questão,[147] dispondo sobre a prevenção do juízo em que a demanda tiver sido distribuída em primeiro lugar.

2.6.7 Custas processuais e honorários profissionais (advocatícios e periciais)

No que se refere às ações coletivas, o artigo 87 do CDC, na linha do que já dispunha o artigo 18 da Lei da Ação Civil Pública, estabelece que "não haverá adiantamento de custas, emolumentos, honorários periciais e quaisquer outras despesas,[148] nem condenação da associação autora, salvo comprovada má-fé, em honorários de advogados, custas

---

[143] Lembre-se que o CDC só impede a litispendência entre ações coletivas e individuais (artigo 104), não, obviamente, entre duas ações coletivas.

[144] A rigor, estabelece o artigo 57 do CPC/2015 que: "Quando houver continência e a ação continente tiver sido proposta anteriormente, no processo relativo à ação contida será proferida sentença sem resolução de mérito, caso contrário, as ações serão necessariamente reunidas". O artigo 58, então, dá conta do julgamento simultâneo das ações ao definir: "A reunião das ações propostas em separado far-se-á no juízo prevento, onde serão decididas simultaneamente".

[145] WAMBIER, Teresa Arruda Alvim et al. *Primeiros comentários ao novo Código de Processo Civil*: artigo por artigo. São Paulo: Ed. RT, 2015. p. 123.

[146] OLIVEIRA, Bruno Silveira de. Comentários ao art. 63. In: WAMBIER, Teresa Arruda Alvim et al. (coord.). *Breves comentários ao novo Código de processo civil*. São Paulo: Ed. RT, 2015. p. 225.

[147] MANCUSO, Rodolfo de Camargo. *Manual do consumidor em juízo*. 4. ed. São Paulo: Saraiva, 2007. p. 224.

[148] "*Ação coletiva de consumo. Associação de pais de alunos. Agravo de instrumento. Preparo. Isenção*. A associação de pais de alunos que promove ação coletiva de consumo está isenta do pagamento do preparo do recurso de agravo de instrumento que interpôs. Artigos 87 do Codecon e 511, parágrafo único do

1048 | CURSO DE DIREITO DO CONSUMIDOR – *Bruno Miragem*

e despesas processuais". Como já tivemos oportunidade de referir, trata-se de medida legislativa que visa oportunizar o amplo direito de acesso à Justiça dos consumidores, inclusive como estímulo aos legitimados coletivos para defesa de seus representados ou para tutela dos interesses e direitos difusos e coletivos.

A exegese da regra estabelecida no artigo 87 do CDC, por um lado, desobriga os autores da ação coletiva do pagamento das despesas processuais, assim como dos ônus sucumbenciais, mesmo na hipótese de improcedência da ação, "salvo comprovada má-fé"[149]. Essa mesma regra, naturalmente, não se aplica aos réus da ação, aos quais incumbe, na hipótese de procedência da demanda, arcar com as despesas processuais e demais ônus sucumbenciais ao estilo do direito processual comum. Da mesma forma, incumbe aos réus, no decorrer do processo, responder pelas custas das provas que pretenderem produzir (*e.g.*, perícias) e pelas demais custas processuais, como o preparo de recursos.

A facilitação do exercício do direito que se visa preservar com a isenção prevista no artigo 87 do CDC, note-se, é providência que objetiva o estímulo do exercício do direito de demanda coletiva em favor do consumidor.[150] Nesse sentido, é necessário destacar que abrange somente a parte autora da ação,[151] assim como não exime, na fase da execução do julgado, quando esta se dê a título individual (execução individual da sentença coletiva), do pagamento de custas e honorários de advogado pelo trabalho efetivamente feito na liquidação e execução do julgado.[152]

CPC. Recurso conhecido e provido" (STJ, REsp 111.640/MG, Rel. Min. Ruy Rosado de Aguiar Júnior, j. 11.03.1997, *DJU* 12.05.1997, p. 18.816).

[149] STJ, EDcl no REsp 160.355/SP, Rel. Cesar Asfor Rocha, j. 18.06.1998, *DJU* 03.11.1998, p. 152; STJ, EDcl no REsp 160.808/SP, Rel. Min. Nilson Naves, j. 15.10.1998, *DJU* 17.02.1999, p. 148.

[150] Note-se, nesse sentido, a interpretação estrita da norma para identificar nela autorização apenas em relação à facilitação dos direitos dos consumidores, mas não a outros direitos ou interesses manejados pelo legitimado coletivo: "(...) 3. O Superior Tribunal de Justiça já fixou entendimento de que é possível conceder às pessoas jurídicas o benefício da assistência judiciária, desde que seja demonstrada a impossibilidade de arcar com as despesas do processo sem prejuízo da própria manutenção, entendimento que também se aplica aos sindicatos. Precedentes. 4. 'A isenção de custas e emolumentos judiciais, disposta no artigo 87 da Lei 8.078/90 destina-se facilitar a defesa dos interesses e direitos dos consumidores, inaplicável, portanto, nas ações em que sindicato busca tutelar o direito de seus sindicalizados, ainda que de forma coletiva. Daí, inaplicáveis o CDC e a Lei 7.347/85' (REsp 876.812/RS, 1ª T., rel. Min. Luiz Fux, *DJe* 01.12.2008) 5. Agravo regimental improvido" (STJ, AgRg no Ag 1253191/RS, 6ª Turma, Rel. Min. Maria Thereza de Assis Moura, j. 20.09.2011, *DJe* 28.09.2011).

[151] "*Processual civil. Recurso especial. Preparo. Lei 7.347/85*. 1. Diz o artigo 18 da Lei 7.347/85: 'Nas ações de que trata esta lei, não haverá adiantamento de custas, emolumentos, honorários periciais e quaisquer outras despesas, nem condenação da associação autora, salvo comprovada má-fé, em honorários de advogado custas e despesas processuais'. 2. A jurisprudência desta Casa tem oferecido uma interpretação restritiva ao privilégio processual, limitando-o ao autor da ação, tal como ocorre na ação popular. Na verdade, não se mostra razoável estender o benefício àqueles que se encontram no polo passivo da relação processual. Seria fora de propósito, no caso concreto, dar incentivo àquele que é condenado por improbidade administrativa, causando danos à sociedade. 3. Recurso especial conhecido em parte e improvido" (STJ, REsp 193.815/SP, Rel. Min. Castro Filho, j. 24.08.2005, *DJU* 19.09.2005, p. 240).

[152] Nesse sentido, refira-se a série de decisões do STJ na direção de serem devidos honorários advocatícios nas ações coletivas, mesmo quando interpostas contra a Fazenda Pública, não se aplicando, na hipótese, o preceito do artigo 1º-D da Lei 9.494/1997, que restringe essa possibilidade. Entre outros, veja-se: REsp 911.314/PR, Rel. Min. Felix Fischer, *DJU* 12.04.2007; e EDcl nos EDcl no REsp 542.336/RS, Rel. Min. Paulo Gallotti, j. 07.11.2006, *DJU* 11.12.2006, p. 429.

PARTE IV · Cap. 2 · DIMENSÃO COLETIVA DA TUTELA DO CONSUMIDOR | **1049**

Já no que se refere às ações interpostas pelo Ministério Público, no exercício de sua legitimação coletiva ativa, o entendimento predominante é de que se estende ao órgão a aplicação das normas dos artigos 87 do CDC e 18 da Lei da Ação Civil Pública. Daí que, por um lado, não poderá o Ministério Público ser condenado ao pagamento de despesas processuais e demais ônus sucumbenciais, salvo comprovada má-fé,[153] assim como, no que se refere às custas de produção de prova pericial, o entendimento do STJ vem sendo o de que, do mesmo modo, é isento o órgão da antecipação de honorários periciais.[154]

2.7 DIMENSÃO COLETIVA E TUTELA INDIVIDUAL DO CONSUMIDOR: JULGAMENTO DE CASOS REPETITIVOS

O êxito do acesso à Justiça do consumidor convive com a resposta ineficiente do Estado na repressão à violação dos seus direitos. Com o passar dos anos, o aumento de ações judiciais passou a ser uma constante que acompanha não apenas o direito do consumidor, mas uma série de temas decididos pelo Poder Judiciário, gerando litigantes habituais (certos fornecedores, concessionários de serviços públicos, a própria União, em

---

[153] "*Sucumbência. Ação civil pública. Ministério Público. Precedentes.* 1. O fato de o Ministério Público figurar no polo ativo da ação civil pública não afasta a incidência do artigo 18 da Lei 7.347/85, na linha de precedentes da Corte. 2. Recurso especial conhecido e provido" (STJ, REsp 220.549/SP, Rel. Min. Carlos Alberto Menezes Direito, j. 16.05.2000, *DJU* 01.08.2000, p. 266). No mesmo sentido: "*Processo civil. Ação civil pública. Honorários advocatícios. Ministério Público autor e vencedor.* 1. Na ação civil pública, a questão da verba honorária foge inteiramente das regras do CPC, sendo disciplinada pelas normas próprias da Lei 7.347/85, com a redação dada ao artigo 17 pela Lei 8.078/90. 2. Somente há condenação em honorários, na ação civil pública, quando o autor for considerado litigante de má-fé, posicionando-se o STJ no sentido de não impor ao Ministério Público condenação em honorários. 3. Dentro de absoluta simetria de tratamento, não pode o *Parquet* beneficiar-se de honorários, quando for vencedor na ação civil pública. 4. Recurso especial improvido" (STJ, REsp 493,823/DF, Rel. Min. Eliana Calmon, j. 09.12.2003, *DJU* 15.03.2004, p. 237).

[154] STJ, REsp 508.478/PR, Rel. Min. José Delgado, j. 07.10.2003, *DJU* 15.03.2004, p. 161. Sob a égide do CPC/2015, reafirma-se o entendimento de que a responsabilidade pela antecipação dos honorários periciais em ação civil pública proposta pelo Ministério Público incumbe à Fazenda Pública: "Processual civil. Agravo interno no agravo em recurso especial. Ação civil pública. Adiantamento dos honorários periciais. Responsabilidade do estado a que estiver vinculado o Ministério Público, autor da ação. Tese firmada em recurso repetitivo. Incidência, por analogia, da Súmula 232/STJ. Inaplicabilidade do art. 91 do CPC/2015. Princípio da especialidade. Precedentes do STJ. Violação à cláusula de reserva de plenário não configurada. 1. A Primeira Seção do STJ, sob o rito dos recursos dos recursos repetitivos, firmou a tese no sentido de que os valores dos honorários periciais devem ser suportados pela Fazenda Pública à qual se ache vinculada a parte autora da ação civil pública, em aplicação analógica da Súmula 232/STJ (REsp 1253844/SC, Rel. Ministro Mauro Campbell Marques, primeira seção, julgado em 13/03/2013, *DJe* 17/10/2013). 2. As Turmas de Direito Público do STJ entendem que, mesmo na vigência do CPC/2015, cabe à Fazenda Pública arcar com o adiantamento dos honorários de perícia requerida pelo Ministério Público em sede de ação civil pública (AgInt no RMS 55.757/SP, Rel. Min. Manoel Erhardt (Desembargador convocado do TRF-5ª Região), Primeira Turma, *DJe* 29/04/2021; AgInt no AREsp 1768468/SP, Rel. Ministro Herman Benjamin, Segunda Turma, *DJe* 01/07/2021; AgInt no RMS 59.106/SP, Rel. Ministra Regina Helena Costa, Primeira Turma, *DJe* 21/03/2019; AgInt no RMS 56.423/SP, Rel. Ministra Assusete Magalhães, Segunda Turma, *DJe* 12/09/2018). 3. A existência de posicionamento monocrático e isolado do Supremo Tribunal Federal, em sentido contrário ao da jurisprudência desta Corte, não configura a superação dos precedentes elencados pela decisão agravada, tampouco caracteriza violação à cláusula de reserva de plenário. 4. Agravo interno não provido" (STJ, AgInt no AREsp 2.028.790/RJ, 2ª Turma, Rel. Min. Mauro Campbell Marques, j. 17.10.2022, *DJe* 19.10.2022).

demandas tributárias ou previdenciárias etc.), pressionando o Poder Judiciário para uma solução ágil e relativamente uniforme, que assegure a própria estabilidade do Direito.

Esse desafio da solução de ações em massa acabou provocando, ainda sob a égide do antigo Código de Processo Civil, a previsão de instrumentos processuais com a finalidade de promover eficazmente a uniformização de jurisprudência nacional, realizando a competência constitucional do Superior Tribunal de Justiça (artigo 105, III, *c*, da Constituição de 1988). A inclusão do artigo 543-C permitiu, desde logo, a restrição do acesso de determinados recursos especiais cujas decisões já tivessem tido seu entendimento pacificado pelo STJ.[155]

Embora inspirada em razões de política judiciária, sobretudo em relação à preocupação com as ações individuais massificadas, a consequência da aplicação dessa nova sistemática do recurso especial oferecia sensíveis riscos à efetividade dos direitos dos consumidores. Isso porque, apesar de ter conferido espécie de natureza objetiva ao recurso especial, uma vez que concentrava o exame da questão de direito envolvida, admitindo, inclusive, a manifestação de *amicus curiae* (à semelhança do procedimento das ações de controle concentrado de constitucionalidade), em alguns aspectos foram notadas dificuldades no acesso dos consumidores à Justiça, em especial à instância especial. Notadamente, os seguintes aspectos: (a) a escolha dos recursos julgados como representati-

---

[155] Previa o 543-C do Código de Processo Civil revogado: "Quando houver multiplicidade de recursos com fundamento em idêntica questão de direito, o recurso especial será processado nos termos deste artigo. § 1º Caberá ao presidente do tribunal de origem admitir um ou mais recursos representativos da controvérsia, os quais serão encaminhados ao Superior Tribunal de Justiça, ficando suspensos os demais recursos especiais até o pronunciamento definitivo do Superior Tribunal de Justiça. § 2º Não adotada a providência descrita no § 1º deste artigo, o relator no Superior Tribunal de Justiça, ao identificar que sobre a controvérsia já existe jurisprudência dominante ou que a matéria já está afeta ao colegiado, poderá determinar a suspensão, nos tribunais de segunda instância, dos recursos nos quais a controvérsia esteja estabelecida. § 3º O relator poderá solicitar informações, a serem prestadas no prazo de quinze dias, aos tribunais federais ou estaduais a respeito da controvérsia. § 4º O relator, conforme dispuser o regimento interno do Superior Tribunal de Justiça e considerando a relevância da matéria, poderá admitir manifestação de pessoas, órgãos ou entidades com interesse na controvérsia. (...) § 7º Publicado o acórdão do Superior Tribunal de Justiça, os recursos especiais sobrestados na origem: I – terão seguimento denegado na hipótese de o acórdão recorrido coincidir com a orientação do Superior Tribunal de Justiça; ou II – serão novamente examinados pelo tribunal de origem, na hipótese de o acórdão recorrido divergir da orientação do Superior Tribunal de Justiça (...)". Com fundamento, então, no § 8º do artigo 543-C do CPC, o STJ editou a Res. 8, de 07.08.2008 – posteriormente revogada pela Emenda Regimental 24, de 2016 –, que, ao estabelecer os procedimentos relativos ao processamento e julgamento dos recursos especiais repetitivos, indicou, em seu artigo 1º, § 2º, que: "O agrupamento de recursos repetitivos levará em consideração apenas a questão central discutida, sempre que o exame desta possa tornar prejudicada a análise de outras questões arguidas no mesmo recurso". O artigo 256 do Regimento Interno do STJ, em vigor, define: "Art. 256. Havendo multiplicidade de recursos especiais com fundamento em idêntica questão de direito, caberá ao presidente ou ao vice-presidente dos Tribunais de origem (Tribunal de Justiça ou Tribunal Regional Federal), conforme o caso, admitir dois ou mais recursos especiais representativos da controvérsia, que serão encaminhados ao Superior Tribunal de Justiça, ficando os demais processos, individuais ou coletivos, suspensos até o pronunciamento do STJ. § 1º Os recursos especiais representativos da controvérsia serão selecionados pelo Tribunal de origem, que deverá levar em consideração o preenchimento dos requisitos de admissibilidade e, preferencialmente: I – a maior diversidade de fundamentos constantes do acórdão e dos argumentos no recurso especial; II – a questão de mérito que puder tornar prejudicadas outras questões suscitadas no recurso; III – a divergência, se existente, entre órgãos julgadores do Tribunal de origem, caso em que deverá ser observada a representação de todas as teses em confronto".

PARTE IV · Cap. 2 · DIMENSÃO COLETIVA DA TUTELA DO CONSUMIDOR | 1051

vos da controvérsia pelo STJ era ato discricionário do relator, em relação ao qual não se previa possibilidade de oposição de qualquer ordem; (b) ao relator no STJ cabia, ainda, determinar a suspensão da tramitação, nos tribunais, dos processos relativos à mesma controvérsia;[156] (c) o critério de agrupamento dos recursos, estabelecido, então, por resolução do STJ, dizia respeito apenas à questão central de direito que o fundamenta, e cujo exame pudesse tornar prejudicada as demais. Em edições anteriores deste *Curso*, ainda sob a égide do CPC ora revogado, sustentamos, justamente, que "a escolha do recurso repetitivo, sobretudo em demandas envolvendo relações de consumo, pode representar significativo prejuízo dos interesses do consumidor, porquanto mesmo os meios de defesa deste para sustentar a tese do recurso perante o STJ, ou mesmo a insuficiência dos argumentos lançados no recurso, podem dar causa à suspensão e – afinal – à negativa de seguimento de recursos sobre a mesma controvérsia, cujo conteúdo e demonstração das razões que o fundamentam estejam desenvolvidos com maior precisão".

A partir de 2014, adotou o STJ, em certos casos, e sempre por iniciativa do relator, a promover, além da manifestação escrita dos *amicus curiae* admitidos na ação, também audiências públicas para apresentação das posições favoráveis ou contrárias às teses em discussão.

O novo Código de Processo Civil de 2015, então, sistematiza e disciplina esses instrumentos de resolução de demandas repetitivas, bem como valoriza os precedentes judiciais.[157] Revela, assim, uma preocupação sensível com a uniformização e estabilidade da jurisprudência. Nesse sentido, estabelece o artigo 926 do CPC/2015: "Art. 926. Os tribunais devem uniformizar sua jurisprudência e mantê-la estável, íntegra e coerente. § 1º Na forma estabelecida e segundo os pressupostos fixados no regimento interno, os tribunais editarão enunciados de súmula correspondentes a sua jurisprudência dominante. § 2º Ao editar enunciados de súmula, os tribunais devem ater-se às circunstâncias fáticas dos precedentes que motivaram sua criação". De relevo é a regra em questão para atentar à necessidade de plena adequação fática e jurídica entre as circunstâncias fáticas dos precedentes e o conteúdo das súmulas, de modo que não se deduza, de decisões sob determinadas premissas fáticas, conclusões generalizantes que as contradigam.

Da mesma forma, quando haja alteração do entendimento dominante dos tribunais superiores, seja no julgamento de casos repetitivos, seja mesmo em súmula, os §§ 3º e 4º do artigo 927 do CPC/2015 estabelecem: "§ 3º Na hipótese de alteração de jurisprudência dominante do Supremo Tribunal Federal e dos tribunais superiores ou daquela oriunda de julgamento de casos repetitivos, pode haver modulação dos efeitos da alteração no

---

[156] *"Recurso repetitivo. Processual civil. Recurso especial. Ação coletiva. Macrolide. Correção de saldos de cadernetas de poupança. Sustação de andamento de ações individuais. Possibilidade.* 1. Ajuizada ação coletiva atinente a macrolide geradora de processos multitudinários, suspendem-se as ações individuais, no aguardo do julgamento da ação coletiva. 2. Entendimento que não nega vigência aos artigos 51, IV e § 1º, 103 e 104 do Código de Defesa do Consumidor; 122 e 166 do Código Civil; e 2º e 6º do Código de Processo Civil, com os quais se harmoniza, atualizando-lhes a interpretação extraída da potencialidade desses dispositivos legais ante a diretriz legal resultante do disposto no artigo 543-C do Código de Processo Civil, com a redação dada pela Lei dos Recursos Repetitivos (Lei n. 11.672, de 08.05.2008). 3. Recurso especial improvido" (STJ, REsp 1.110.549/RS, 2ª Seção, Rel. Min. Sidnei Beneti, j. 28.10.2009, *DJe* 14.12.2009).

[157] MARINONI, Luiz Guilherme. *Precedentes obrigatórios*. São Paulo: Ed. RT, 2010. p. 149.

interesse social e no da segurança jurídica. § 4º A modificação de enunciado de súmula, de jurisprudência pacificada ou de tese adotada em julgamento de casos repetitivos observará a necessidade de fundamentação adequada e específica, considerando os princípios da segurança jurídica, da proteção da confiança e da isonomia".

As iniciativas levadas a efeito no âmbito do direito processual civil, especialmente com a edição do CPC/2015, para a solução das ações de massa, ou seja, aquelas cujo número de demandas de idêntico fundamento, considerados os direitos individuais de cada demandante em relação a réus comuns, têm larga repercussão no direito do consumidor. De um lado, mecanismos de solução de controvérsias de modo mais célere podem ser vistos como positivos à tutela dos direitos dos consumidores, dando certeza e estabilidade ao seu direito. Contudo, a restrição ao seguimento de recursos ou a alteração de entendimento – principalmente das cortes superiores, como o STJ – a partir da decisão de um caso individual exige que sejam demonstrados todos os aspectos relevantes da controvérsia, sob pena de comprometer a efetividade dos direitos do consumidor. Isso ocorre, sobretudo, em razão da natureza massificada das relações de consumo e, em consequência, das lesões que porventura dela decorram.

Essa preocupação não escapa da atenção dos processualistas, conforme demonstra Antonio do Passo Cabral, ao referir que "a seleção da causa-teste tem importância crucial na efetividade do julgamento do incidente. De um lado, ao escolher para afetação ao procedimento dos repetitivos um processo inadequado, também a decisão do incidente pode não vir a ser a melhor solução da controvérsia de massa, com evidente impacto sistêmico deletério pela multiplicação da conclusão a todos os outros processos". Prossegue o professor da UERJ, alertando, com precisão: "Por outro lado, quando diante de litigantes habituais, que podem estrategicamente optar por um de muitos processos como aquele a partir do qual provocarão o incidente, abre-se espaço para certo direcionamento da cognição no incidente a favor do interesse que desejam ver prevalecer, e assim, pensarmos em critérios que permitam inadmitir a tramitação ou corrigir a seleção das causas, em razão de uma inadequada escolha do processo-piloto, parece ser uma preocupação fundamental".[158]

O raciocínio do agente econômico pode orientar-se, muitas vezes, pelos ganhos decorrentes da diferença entre a quantificação do prejuízo causado a terceiros em face de determinada ineficiência no fornecimento de produtos ou serviços e o número de demandas que efetivamente decorram desse modo de atuação. O número de demandas judiciais que decorrem da lesão (em outros termos, o número de consumidores que efetivamente demandarão em juízo por seus prejuízos) será, na imensa maioria das situações, menor do que o total de pessoas lesadas. Daí o ganho econômico eventual do agente econômico com determinada conduta delitiva. Ainda assim, o número de demandas judiciais, dada a natureza e extensão das relações estabelecidas por esse agente econômico no fornecimento de produtos e serviços, será igualmente significativo. Daí é que a adequada precisão dos critérios para seleção das causas que deverão fixar as teses tem aptidão para influenciar,

---

[158] CABRAL, Antonio do Passo. A escolha da causa-piloto nos incidentes de resolução de demandas repetitivas. *Revista de Processo*, São Paulo, v. 231, p. 201-224, maio 2014.

PARTE IV · Cap. 2 · DIMENSÃO COLETIVA DA TUTELA DO CONSUMIDOR | **1053**

significativamente, o grau de efetividade dos direitos do consumidor e o estímulo ou não a condutas ilícitas por parte do fornecedor no mercado de consumo.

Contudo, há de assinalar-se que muitas questões que envolvem relações de consumo dizem respeito às questões de fato, as quais envolvem a apreciação de provas e/ou de fatos que abrangem as tratativas e a própria execução do fornecimento do produto ou serviço pelo fornecedor. Daí por que a demonstração dessas circunstâncias de fato, ao mesmo tempo que privilegia e qualifica o exame dos juízes ordinários e dos próprios tribunais estaduais, recomenda maior prudência dos julgadores da instância especial na escolha dos processos-paradigma para a decisão uniformizadora, definição do precedente ou eventual edição de súmula com eficácia vinculante. A preocupação que se registra, sem dúvida, é que justas razões de política judiciária, visando à seleção dos casos pela instância especial, e que ora são consagradas no CPC/2015, não se constituam em óbices ao acesso dos consumidores à Justiça ou comprometam a efetividade dos seus direitos.

A decisão de casos repetitivos tem repercussão variada no âmbito do processo judicial. Reproduzindo os aspectos mencionados por Bruno Dantas[159] a partir dos dispositivos do CPC/2015, é possível identificar os seguintes efeitos: (a) concessão da tutela de evidência no caso da tese firmada em julgamento de casos repetitivos (artigo 311, II, do CPC/2015); (b) improcedência liminar do pedido que contrariar tese já decidida pelo STJ ou STF em matéria de casos repetitivos (artigo 332, II e III); (c) não cabimento de remessa *ex officio*, quando decisão estiver em acordo com o julgamento de caso repetitivo (artigo 496, 4º, II e III); (d) dispensa de caução para execução de sentença em acordo com tese definida em julgamento de caso repetitivo (artigo 521, IV); (e) possibilidade de modulação dos efeitos e exigência de fundamentação adequada e específica para alteração do entendimento fixado em julgamento de caso repetitivo (artigo 927, §§ 3º e 4º); (f) possibilidade de negativa de seguimento, pelo relator, de recurso fundado em decisão contrária ao decidido pelo STF ou pelo STJ em sede de julgamento de recursos repetitivos (artigo 932, IV, *b*, e V, *b*); (g) possibilidade de julgamento de plano de conflito de competência pelo relator, quando fundada em decisão decorrente do julgamento de recursos repetitivos (artigo 955, parágrafo único, II); (h) cabimento de reclamação para assegurar autoridade da decisão proferida em julgamento de casos repetitivos (artigo 988, IV); e (i) ineficácia da desistência do recurso, e continuidade do julgamento, pelo STF e pelo STJ, da tese jurídica subjacente em casos repetitivos (artigo 998, parágrafo único).

Em relação aos meios de coletivização de demandas, o CPC/2015 define um incidente de resolução de demandas repetitivas (artigo 976 e ss.), bem como disciplina específica para o julgamento de recursos especiais e extraordinários repetitivos (artigo 1.036 e ss.).

Examinam-se, a seguir, ambas as situações.

2.7.1 Incidente de resolução de demandas repetitivas

Trata-se o *incidente de resolução de demandas repetitivas* de procedimento previsto no Código de Processo Civil de 2015, pelo qual se permite a uniformização do enten-

---

[159] Adotamos a relação de situações afetadas pela decisão de casos repetitivos mencionada por: DANTAS, Bruno. Do incidente de resolução de demandas repetitivas. In: WAMBIER, Teresa Arruda Alvim et al (coord.). *Breves comentários ao novo Código de processo civil.* 2. ed. São Paulo: Ed. RT, 2016, p. 2279 e ss.

dimento do tribunal acerca de determinada tese jurídica. Inspirado no direito alemão (*Munsterverfahren*)[160], embora também seja encontrado em outros sistemas,[161] o incidente caracteriza-se pela cisão da competência sobre a causa, de modo que o tribunal em que instaurado o incidente decide a tese prevalente. Pressupõe a existência de repetição de processos em curso, com risco de ofensa à isonomia em face de decisões contraditórias. Dessa forma, oferece aos tribunais em geral (tribunais de justiça dos estados e tribunais regionais federais, entre outros) a possibilidade de uniformizar seu entendimento sobre causas controvertidas, permitindo maior estabilidade e eficiência na solução das demandas que lhe são submetidas.

Estabelece o artigo 976 do Código de Processo Civil de 2015: "Art. 976. É cabível a instauração do incidente de resolução de demandas repetitivas quando houver, simultaneamente: I – efetiva repetição de processos que contenham controvérsia sobre a mesma questão unicamente de direito; II – risco de ofensa à isonomia e à segurança jurídica".

Exige-se que haja processos repetitivos com uma mesma questão de direito controvertida,[162] ou seja, não se trata de eventual expectativa que determinada situação jurídica possa vir a ser objeto de diversas demandas, de modo que o tribunal competente possa ter uma atuação preventiva ou antecedente à formação dessas ações, pacificando o entendimento, mas, sim, da efetiva existência de processos cuja questão jurídica subjacente seja a mesma.

Não cabe o incidente de resolução de demandas repetitivas quando já houver sido afetado, por um dos tribunais superiores, no âmbito de sua competência, recurso para definição da tese sobre questão de direito repetitiva, caso do recurso especial e do recurso extraordinário repetitivos (artigo 976, § 4º). A desistência ou o abandono da causa, por sua vez, não impede o julgamento do repetitivo (artigo 976, § 1º). Poderá o Ministério Público intervir e assumir sua titularidade no caso de desistência ou abandono (artigo 976, § 2º).

Podem instaurar o incidente os legitimados pelo artigo 977 do CPC/2015, a saber: o juiz ou relator do caso, as partes do processo, o Ministério Público ou a Defensoria Pública, sendo seu julgamento confiado ao órgão que o regimento interno do tribunal definir, que deverá julgar também o recurso do qual se originou o incidente (artigo 978). A instauração e o julgamento do incidente, por sua vez, serão objeto de divulgação e publicidade, inclusive por banco de dados eletrônicos com informações específicas e as teses jurídicas controvertidas, os fundamentos da decisão e os dispositivos normativos relacionados, comunicado ao Conselho Nacional de Justiça (artigo 979).

---

[160] Conforme referido na exposição de motivos do novo Código de Processo Civil, "com os mesmos objetivos, criou-se, com inspiração no direito alemão, o já referido incidente de Resolução de Demandas Repetitivas, que consiste na identificação de processos que contenham a mesma questão de direito, que estejam ainda no primeiro grau de jurisdição, para decisão conjunta". Sobre o ponto, ver CABRAL, Antonio do Passo. O novo procedimento-modelo (*Musterverfahren*) alemão: uma alternativa às ações coletivas. *Revista de Processo*, São Paulo, v. 147, p. 123-146, maio 2007.

[161] No direito inglês, há previsão no Código de Processo Civil de 2000 acerca dos litígios de grupo (*group litigation order*), que envolve a decisão de caso teste (*test claim*), permitindo uma decisão com eficácia coletiva de demandas com fundamento em mesma questão de fato ou de direito. Nesse sentido, veja-se: ANDREWS, Neil. *O moderno processo civil*: formas judiciais e alternativas de resolução de conflitos na Inglaterra. 2. ed. Trad. Teresa Arruda Alvim Wambier. São Paulo: Ed. RT, 2012. p. 539 e ss.

[162] Para a definição da questão controvertida, veja-se o estudo de MARINONI, Luiz Guilherme. Uma nova realidade diante do projeto do CPC: a *ratio decidendi* ou os fundamentos determinantes da decisão. In: DIDIER JR., Fredie et al (org.). *Novas tendências do processo civil*: estudos sobre o projeto do novo Código de Processo Civil. Salvador: JusPodivm, 2013. p. 809-871.

A admissão do incidente determina a suspensão, pelo relator, dos processos pendentes, que tramitem no âmbito de competência do tribunal que o instaurar. Da mesma forma, pode o relator requisitar informações a órgãos em cujo juízo tramita processo no qual se discuta o objeto do precedente, os quais deverão prestá-las no prazo de quinze dias, e deverá intimar o Ministério Público para que se manifeste também no prazo de quinze dias (artigo 982, I, II, e III). O incidente deverá ser julgado no prazo de um ano. Não o sendo, cessa a suspensão dos processos determinada quando de sua admissão (artigo 980).

O artigo 982, § 4º, permite que aquele que for parte em processo tramitando em outro estado ou região (conforme se trate da competência territorial do tribunal) possa requerer ao STF ou ao STJ o sobrestamento dos processos em todo o território nacional, o que também é reconhecido ao Ministério Público e à Defensoria Pública (artigo 982, § 3º). Decidido o incidente, cessa a suspensão dos processos, caso não haja interposição de recurso especial ou extraordinário contra a decisão (artigo 982, § 4º).

Admite o incidente a intervenção de *amicus curiae* e de assistente simples. Estabelece o artigo 983, *caput*: "Art. 983. O relator ouvirá as partes e os demais interessados, inclusive pessoas, órgãos e entidades com interesse na controvérsia, que, no prazo comum de 15 (quinze) dias, poderão requerer a juntada de documentos, bem como as diligências necessárias para a elucidação da questão de direito controvertida, e, em seguida, manifestar-se-á o Ministério Público, no mesmo prazo". A intervenção do *amicus curiae* justifica-se pelo interesse social envolvido no processo e pela repercussão da decisão. No caso das demandas que envolvem direitos do consumidor, associações civis de defesa e/ou promoção do direito do consumidor, bem como órgãos de defesa do consumidor, podem atuar como tais. Já o assistente simples é terceiro titular de interesse jurídico na tese jurídica objeto do incidente, decorrente de relação jurídica da qual faça parte (artigo 119 do CPC/2015). Entende a doutrina que todo aquele que tenha a causa de que seja parte suspensa por força da instauração do incidente é titular de interesse jurídico para se manifestar.

Como efeito do julgamento do incidente de recursos repetitivos, a tese jurídica a qual se refira será aplicada "I – a todos os processos individuais ou coletivos que versem sobre idêntica questão de direito e que tramitem na área de jurisdição do respectivo tribunal, inclusive àqueles que tramitem nos juizados especiais do respectivo Estado ou região; II – aos casos futuros que versem idêntica questão de direito e que venham a tramitar no território de competência do tribunal, salvo revisão na forma do art. 986" (artigo 985). A parte final do artigo 985, II, por sua vez, preserva a possibilidade de revisão da decisão, o que pode se dar de ofício ou mediante requerimento do Ministério Público ou da Defensoria Pública (artigo 986). Note-se que o precedente que resulta da decisão torna-se obrigatório, inclusive para os órgãos do próprio tribunal que prolatou a decisão (vinculação horizontal). O procedimento de revisão, por seu turno, é estrito, devendo observar as mesmas formalidades definidas para instauração do incidente que deu origem à decisão a ser revista.[163] O desrespeito à tese objeto da decisão do precedente dá direito à interposição de reclamação (artigo 985, § 1º), nos termos do artigo 988, IV, do CPC/2015.

---

[163] Aqui é de interesse a lição de Taruffo sobre o "autoprecedente", indicando sua menor força em relação aos precedentes nos quais haja relação de vinculação vertical, em que a decisão vinculante decorre dos tribunais superiores (TARUFFO, Michele. *Precedente e giurisprudenza*. Napoli: Editoriale Scientifica, 2007. p. 28).

1056 CURSO DE DIREITO DO CONSUMIDOR – *Bruno Miragem*

Da decisão do incidente, cabe recurso especial e extraordinário, o qual terá efeito suspensivo, e cuja decisão pelo STJ ou pelo STF será aplicada a todos os processos individuais e coletivos que tenham por objeto a mesma questão de direito (artigo 987). O recurso extraordinário, por sua vez, terá presumida a repercussão geral da questão constitucional discutida (artigo 987, § 2º).

2.7.2 Recursos especial e extraordinário repetitivos

O Código de Processo Civil de 2015 unifica o procedimento para afetação e julgamento dos recursos extraordinário e especial repetitivos, realizados sob a égide do CPC revogado, a partir do que estabeleciam os artigos 543-B e 543-C, e detalhado por resolução do STF e do STJ, respectivamente. Esse procedimento já se revelou, sob a égide do CPC revogado, de grande importância para o direito do consumidor, tendo questões controvertidas sido objeto de diversos recursos repetitivos, especialmente no âmbito do STJ.

Percebido como útil instrumento de racionalização da Justiça, as preocupações em relação ao procedimento já havidas antes da vigência do CPC/2015 se renovam, sobretudo no tocante à escolha do recurso a ser afetado e à sua capacidade de demonstrar todos os aspectos que envolvem o objeto da discussão. Da mesma forma, há preocupação com a própria qualidade da representação das partes. Isso é especialmente verdadeiro nas demandas repetitivas que envolvam relações de consumo, uma vez que, muitas vezes, envolvem os mesmos fornecedores litigantes habituais, e de outro lado centenas ou milhares de consumidores, em causas das quais apenas um recurso será selecionado e afetado para decisão. Isso pode prejudicar sensivelmente a paridade de armas (artigo 10 do CPC/2015), considerando que a defesa do contingente de consumidores estará confiada, no caso, ao advogado do consumidor no recurso selecionado e aos *amicus curiae*, que apenas tratarão dos aspectos controvertidos indicados pela Corte.

O cabimento do recurso extraordinário e especial repetitivo é previsto pelo artigo 1.036 do CPC/2015, o qual estabelece: "Sempre que houver multiplicidade de recursos extraordinários ou especiais com fundamento em idêntica questão de direito, haverá afetação para julgamento de acordo com as disposições desta Subseção, observado o disposto no Regimento Interno do Supremo Tribunal Federal e no do Superior Tribunal de Justiça". A partir da afetação, os tribunais de justiça e os tribunais regionais federais encaminharão ao STF ou ao STJ, conforme o caso, dois ou mais recursos representativos da mesma controvérsia para fins de afetação, determinando a suspensão dos processos pendentes (artigo 1.036, § 1º). Essa seleção feita pelos tribunais, contudo, não vincula o relator do recurso extraordinário ou especial repetitivo, que poderá selecionar outros representativos da controvérsia (artigo 1.036, § 4º). Sobre os critérios a serem considerados para a seleção dos recursos, o § 6º do artigo 1.036 estabelece que "somente podem ser selecionados recursos admissíveis que contenham abrangente argumentação e discussão a respeito da questão a ser decidida".

Uma vez selecionado o recurso, será proferida pelo relator a decisão de afetação, na qual, segundo o artigo 1.037 do CPC/2015: "I – identificará com precisão a questão a ser submetida a julgamento; II – determinará a suspensão do processamento de todos os processos pendentes, individuais ou coletivos, que versem sobre a questão e tramitem no território nacional; III – poderá requisitar aos presidentes ou aos vice-presidentes dos

PARTE IV · Cap. 2 · DIMENSÃO COLETIVA DA TUTELA DO CONSUMIDOR | **1057**

tribunais de justiça ou dos tribunais regionais federais a remessa de um recurso representativo da controvérsia". Nesse caso, se esses recursos tiverem por objeto outra matéria além daquela objeto da afetação, cumprirá ao tribunal antes decidir a questão afetada para depois deliberar sobre as demais (artigo 1.037, § 7º).

Note-se a preocupação do legislador, que, ao determinar que a decisão de afetação deva identificar, com precisão, a questão submetida a julgamento, define que será prevento o relator que primeiro tiver proferido a decisão. Trata-se de efeito que se associa com a confiança em relação à estabilidade da jurisprudência, evitando surpreender aquele que – confiando na decisão de afetação – deixa de mobilizar-se na defesa de seu interesse, sendo surpreendido pelo tribunal. Para ilustrar, sob a égide do CPC revogado, trata-se, em parte, das críticas à decisão do Recurso Especial 1.061.530/RS[164], que deu origem à Súmula 381 do STJ, a qual definiu que, "nos contratos bancários, é vedado ao julgador conhecer, de ofício, da abusividade das cláusulas".[165]

O prazo para julgamento do recurso extraordinário ou especial repetitivo é de um ano da data de afetação, prazo após o qual cessa a suspensão dos processos, e a partir do qual será admitido que outro relator do mesmo tribunal superior afete dois ou mais recursos representativos (artigo 1.037, §§ 4º a 6º, do CPC/2015).

Assiste à parte que tiver seu processo suspenso, tanto nas instâncias ordinárias quanto no próprio tribunal competente para julgamento do recurso repetitivo (STF ou STJ), demonstrar a distinção entre a questão a ser decidida no processo e aquela que será julgada no recurso afetado, com o objetivo de requerer o prosseguimento do seu processo. O requerimento deverá ser endereçado ao juiz (caso esteja em primeiro grau) ou ao relator do recurso (artigo 1.037, § 10). Ouvida a outra parte, e reconhecida a distinção do caso, será dado prosseguimento ao processo. Da decisão que decide sobre a distinção do caso, cabe recurso de agravo de instrumento (no caso da decisão de juiz de primeiro grau) ou agravo interno (no caso da decisão do relator).

Antes do julgamento do recurso repetitivo, pode o relator solicitar ou admitir a manifestação de pessoas, órgãos ou entidades com interesse na controvérsia, assim como convocar audiência pública, com *experts*, e requisitar informações de tribunais inferiores a respeito da controvérsia (artigo 1.038).

A decisão dos recursos afetados implica a declaração, como prejudicados, dos demais recursos que tratem de idêntica controvérsia ou que serão decididos aplicando a tese firmada no julgamento (artigo 1.039). Publicado o acórdão-paradigma, define o artigo 1.040 do CPC/2015, "I – o presidente ou o vice-presidente do tribunal de origem negará seguimento aos recursos especiais ou extraordinários sobrestados na origem, se o acórdão

---

[164] MIRAGEM, Bruno. Nulidade das cláusulas abusivas nos contratos de consumo: entre o passado e o futuro do direito do consumidor brasileiro. *Revista de Direito do Consumidor*, São Paulo, v. 72, p. 41-77, out.--dez. 2009; TRAJANO, Fábio. A inconstitucionalidade da Súmula 381 do Superior Tribunal de Justiça. *Revista de Direito do Consumidor*, São Paulo, v. 73, p. 51-77, jan.-mar. 2010; PAULA, Flávio Henrique Caetano de. A violação do CDC pelo STJ nas Súmulas 381, 385 e 404 e a necessidade de cancelamento destas. *Revista de Direito do Consumidor*, São Paulo, v. 91, p. 397-404, jan.-fev. 2014; NERY JUNIOR, Nelson. Questões de ordem pública e seu julgamento *ex officio*: considerações sobre o verbete "STJ 381", da súmula da jurisprudência predominante do STJ. *Revista de Direito Privado*, São Paulo, v. 60, p. 237-254, out.-dez. 2014.

[165] STJ, 2ª Seção, j. 22.04.2009, *DJe* 05.05.2009.

recorrido coincidir com a orientação do tribunal superior; II – o órgão que proferiu o acórdão recorrido, na origem, reexaminará o processo de competência originária, a remessa necessária ou o recurso anteriormente julgado, se o acórdão recorrido contrariar a orientação do tribunal superior; III – os processos suspensos em primeiro e segundo graus de jurisdição retomarão o curso para julgamento e aplicação da tese firmada pelo tribunal superior; IV – se os recursos versarem sobre questão relativa a prestação de serviço público objeto de concessão, permissão ou autorização, o resultado do julgamento será comunicado ao órgão, ao ente ou à agência reguladora competente para fiscalização da efetiva aplicação, por parte dos entes sujeitos a regulação, da tese adotada".

Pode a parte desistir da ação em curso no primeiro grau, independentemente do consentimento do réu, antes de proferida a sentença, se a questão discutida nela for idêntica à resolvida no recurso. (artigo 1.040, § 1º). Se a desistência ocorrer antes da contestação, ficará a parte isenta do pagamento de custas e honorários de sucumbência.

Por outro lado, se: "Mantido o acórdão divergente pelo tribunal de origem, o recurso especial ou extraordinário será remetido ao respectivo tribunal superior (...)" (artigo 1.041 do CPC/2015). Por outro lado, se for realizado juízo de retratação, com alteração do acórdão divergente, o tribunal de origem deverá decidir as demais questões cujo enfrentamento se torne necessário em decorrência da alteração (artigo 1.041, § 1º). Se houver reexame pelo órgão que prolatou o acórdão recorrido, e o acórdão versar sobre outras questões, caberá ao presidente do tribunal determinar a remessa do recurso ao tribunal superior para julgamento das demais questões, independentemente de ratificação do recurso ou de juízo de admissibilidade (artigo 1.041, § 2º).

3
EFETIVIDADE DA TUTELA DOS DIREITOS DOS CONSUMIDORES

Ao lado das ações coletivas que têm por finalidade a obtenção de provimento judicial com eficácia *erga omnes* em favor dos consumidores, as disposições do CDC e a própria prática processual vêm desenvolvendo diversas espécies de ações judiciais visando à realização concreta dos direitos do consumidor postulados em juízo. Além das ações judiciais de defesa do consumidor, de igual importância atentar-se ao procedimento das ações em causa. A relevância da determinação do procedimento tem a ver com o modo pelo qual o processo se desenvolverá, por exemplo: possibilidade maior de realização de provas, maior formalidade em vista do tempo do processo. Como ensina Mancuso, trata-se *do modo e da forma pela qual o processo seguirá seu curso*.[1] Assim, por exemplo, a importância, nos conflitos decorrentes dos litígios de consumo, das ações interpostas de acordo com o rito sumário, no procedimento comum previsto na Lei 9.099/1995, nos juizados especiais cíveis.

As ações de titularidade dos consumidores são diversas, desde aquelas em que exigem o cumprimento de uma obrigação de fazer ou não fazer, relativamente ao cumprimento dos deveres legais e contratuais de parte dos fornecedores. Da mesma forma as ações de responsabilidade, pelas quais os consumidores lesados em decorrência de vício ou fato do produto ou do serviço legitimam-se para interposição de ação visando à condenação do fornecedor como responsável pelo dano causado, e seus consectários legais – as alternativas em caso de vício com base nos artigos 18 e 19 (abatimento do preço, substituição do produto, resolução do contrato, complementação de medida ou peso), ou, o que é, deveras, mais comum, a responsabilidade pelos danos causados pelo fato do produto, em decorrência de defeito nele presente.

Ao lado dessas ações expressamente previstas no CDC, há espécies de demandas consagradas pela *praxis* judicial, dentre as quais se destaca o amplo contingente de ações revisionais. A ação revisional é expressão que enseja um largo significado, mas que, em direito do consumidor, revela a pretensão do consumidor de que seja reconhecida a procedência de algum destes pedidos: (a) a nulidade de cláusula abusiva e consequente manutenção do contrato revisado; (b) a revisão do contrato, para modificação da cláusula abusiva presente desde o momento da celebração; (c) a revisão do contrato com respectiva repactuação dos termos e valores das prestações contratadas em face de fato superveniente

---

[1]   MANCUSO, Rodolfo de Camargo. *Manual do consumidor em juízo*. 4. ed. São Paulo: Saraiva, 2007. p. 65.

que deu causa ao seu desequilíbrio. Em todos esses casos, a procedência das ações revisionais implica a intervenção direta do Estado-juiz no contrato celebrado por particulares. Essa intervenção, ao tempo que se justifica pela sua finalidade de reequilíbrio contratual, do cumprimento da lei e do mandamento constitucional de defesa do consumidor, não deverá desconsiderar o pacto já celebrado, cuja invalidade ou relativização dependerá do convencimento judicial sobre seu cabimento.

Por fim, as ações cautelares em direito do consumidor configuram outra grande espécie de demanda. Sua adoção, contudo, deve ser considerada em vista dos interesses estratégicos da parte no processo. Apenas para mencionar uma das ações cautelares mais utilizadas em direito do consumidor, a de exibição de documento ou coisa, tem o objetivo de, no mais das vezes, requerer documentos que estão de posse do fornecedor em vista da espécie de contrato ou do modo como é celebrado (*e.g.,* quando não é fornecida cópia para o consumidor).[2] A oportunidade estratégica da cautelar nesses casos prende-se à absoluta falta de conhecimento dos termos do contrato. Caso contrário, não é demais lembrar que, não tendo sido a cópia do contrato entregue ao consumidor, poderá caber ao fornecedor a apresentação da cópia de seus termos, mediante a inversão do ônus da prova facultado ao juiz, por meio de requerimento do consumidor, no processo de conhecimento.

Examinemos, pois, as principais ações previstas no CDC, para cumprimento do disposto em suas normas, a fim de assegurar os direitos dos consumidores.

3.1 AÇÃO DE CUMPRIMENTO ESPECÍFICO DA OBRIGAÇÃO

As ações visando ao cumprimento específico da obrigação de fazer ou não fazer podem cobrir um largo espectro de pretensões do consumidor. Assim, por exemplo, o cumprimento específico da oferta, previsto no artigo 35, com a correspondente entrega do produto ou prestação do serviço, conforme anunciado. Da mesma forma, em uma relação contratual contínua (nos contratos cativos, ou relacionais), a pretensão de obstar a resolução promovida pelo autor, pretendendo obter o produto ou serviço ajustado, a fim de dar continuidade à relação contratual. Já, entre os provimentos visando à abstenção do fornecedor de realizar condutas tendentes à violação dos direitos do consumidor, está a ação que busca impedir a inscrição indevida do consumidor nos bancos de dados de informações negativas (Serasa, SPC), a proibição de que se coloque no mercado produto ou serviço que apresente alto grau de nocividade ou periculosidade, de não obstar a realização da prestação contratual etc.

---

[2] *"Processual civil. Recurso especial. Hospital. Acesso a documentos médicos requerido pelo próprio paciente. Negativa injustificada pela via administrativa. Ensejo de propositura de ação de exibição de documentos. Ônus de sucumbência. Princípio da causalidade.* – De acordo com o Código de Ética Médica, os médicos e hospitais estão obrigados a exibir documentos médicos relativos ao próprio paciente que requeira a exibição. – A negativa injustificada à exibição de documentos médicos pela via administrativa, que obrigou o paciente à propositura de ação à sua exibição pela via judicial, tem o condão de responsabilizar o hospital pelo pagamento dos ônus de sucumbência, em atenção ao princípio da causalidade, nos termos dos precedentes firmados no STJ. Recurso especial conhecido e provido" (STJ, 3ª Turma, Rel. Min. Nancy Andrighi, j. 02.12.2003).

PARTE IV · Cap. 3 · EFETIVIDADE DA TUTELA DOS DIREITOS DOS CONSUMIDORES | 1061

Para o acolhimento dessas e de outras pretensões de titularidade dos consumidores, o CDC estabeleceu, em seu artigo 84, uma série de regras visando reforçar a efetividade da tutela jurisdicional nesses casos, uma vez que previu novas providências judiciais a serem adotadas em vista de assegurar o cumprimento das determinações expedidas, sobretudo em vista do resultado prático equivalente ao cumprimento da obrigação. Há, nesse sentido, a possibilidade de combinação de diversos pedidos,[3] como os de natureza mandamental (abster-se de fazer publicidade enganosa ou abusiva), em conjunto com providência cominatória (promover contrapropaganda); providências cautelares (retirada de produto), combinada com pedido de natureza condenatória (pagar indenização), entre outros.

No sistema do CDC, parece haver um evidente reforço das decisões de caráter mandamental,[4] entendidas como aquelas nas quais o juiz, a par de eventualmente condenar o réu ou lhe cominar uma sanção, ordena determinado comportamento de ação ou abstenção, a ser observado sob pena de caracterizar desobediência do juízo. Essa lógica do CDC está preservada, e sua vigência não contradiz o que define o Código de Processo Civil de 2015. Ao contrário, há clara comunhão de propósito de ambas as leis.[5] Nesse sentido, o artigo 84 do CDC estabelece, em seu *caput*: "Na ação que tenha por objeto o cumprimento da obrigação de fazer ou não fazer, o juiz concederá a tutela específica da obrigação ou determinará providências que assegurem o resultado prático equivalente ao do adimplemento". Em seus parágrafos, o artigo 84 vai relacionar quais as providências confiadas ao juiz para a promoção do direito pleiteado na ação. Dispõe, então: "(...) § 1º A conversão da obrigação em perdas e danos somente será admissível se por elas optar o autor ou se impossível a tutela específica ou a obtenção do resultado prático correspondente. § 2º A indenização por perdas e danos se fará sem prejuízo da multa (art. 287 do CPC). § 3º Sendo relevante o fundamento da demanda e havendo justificado receio de ineficácia do provimento final, é lícito ao juiz conceder a tutela liminarmente ou após justificação prévia, citado o réu. § 4º O juiz poderá, na hipótese do § 3º ou na sentença, impor multa diária ao réu, independentemente de pedido do autor, se for suficiente ou compatível com a obrigação, fixando prazo razoável para o cumprimento do preceito. § 5º Para a tutela específica ou para a obtenção do resultado prático equivalente, poderá o juiz determinar as medidas necessárias, tais como busca e apreensão, remoção de coisas e pessoas, desfazimento de obra, impedimento de atividade nociva, além de requisição de força policial". A redação original do artigo 84, § 2º, do CDC faz referência ao CPC revogado. Deve ser compreendida em vista do que dispõe, atualmente, o artigo 500 do CPC/2015: "A indenização por perdas e danos dar-se-á sem prejuízo da multa fixada periodicamente para compelir o réu ao cumprimento específico da obrigação". Note-se que a exigibilidade da multa requer a intimação pessoal do devedor, conforme refere corretamente a Súmula

---

[3]   Nesse sentido: MANCUSO, Rodolfo de Camargo. *Manual do consumidor em juízo*. 4. ed. São Paulo: Saraiva, 2007. p. 74.

[4]   Nesse sentido, quanto às decisões cujo objeto é a antecipação da tutela pretendida com relação ao pedido principal, sustenta Ovídio Baptista da Silva que sempre deverão ter uma eficácia mandamental ou executiva (SILVA, Ovídio A. Baptista da. *Curso de processo civil*. 6. ed. São Paulo: Ed. RT, 2002. v. 1. p. 137-138).

[5]   Para uma visão geral da tutela específica da obrigação no CPC/2015, veja-se o estudo de: GAIO JR., Antônio Pereira. A tutela específica no novo Código de Processo Civil. *Revista de Processo*, São Paulo, v. 241, p. 313-336, mar. 2015.

1062 | CURSO DE DIREITO DO CONSUMIDOR – *Bruno Miragem*

410 do STJ: "A prévia intimação pessoal do devedor constitui condição necessária para a cobrança de multa pelo descumprimento de obrigação de fazer ou não fazer".

3.1.1 Disciplina específica do CDC e o Código de Processo Civil de 2015

Em primeiro lugar, observa-se a prevalência, no sistema do CDC, em assegurar o cumprimento específico da obrigação, a fim de desestimular o fornecedor-devedor a optar pelo simples descumprimento da obrigação e eventual responsabilidade por perdas e danos decorrentes da violação do contrato. Em uma economia de escala, como é a que se observa nos contratos de consumo de massa, a opção pelo descumprimento pode ser, muitas vezes, economicamente vantajosa para o fornecedor, que, diante disso, calcula seu risco de eventual responsabilização por uma parte dos consumidores que sofrem o inadimplemento. Esse comportamento, flagrantemente contrário à boa-fé, é superado pela providência judicial prevista no artigo 84, § 1º, do CDC, uma vez que este estabelece que a conversão da obrigação em perdas e danos só deve ocorrer por opção do consumidor--credor, ou se impossível a tutela específica ou o resultado prático equivalente.[6]

Essa conversão em perdas e danos, contudo, não se dá sem que, sendo cabível, seja cominada sanção ao fornecedor por descumprimento, quando for o caso, em conjunto com a indenização. Assim, a expressa referência do CDC ao artigo 287 do CPC revogado, ora definido pelo artigo 500 do CPC/2015, e que incorpora, no nosso sistema processual, as denominadas *astreintes*, cuja finalidade não se encontra na maior indenização ou benefício do autor da ação, senão em assegurar a soberania da decisão do juízo, resguardando sua autoridade.

Deve-se dizer, contudo, que as *astreintes*, como meio eficaz de coerção para cumprimento de sua obrigação pelo réu, não vem cumprindo adequadamente seu papel, em especial pelo fato de que parte da jurisprudência vem compreendendo, em face do atingimento de valores elevados a esse título, justamente em razão do tempo de descumprimento, ser possível a redução da multa aplicada.[7] Há, nesse caso, evidente contradição

---

[6] *"Processual civil. Ação civil pública. Proteção ao consumidor. Assistência. Transformação do resultado. Leis 7.347/1985 (art.21). Lei 8.078/1990 (artigo 84 e § 1º) – CPC, artigos 50 e parágrafo único, 264, parágrafo único, 267, I e VI, 295, I, e parágrafo único, III, 302, 303 e 462. 1. Ação civil pública, reforçada por disposições do Código de Defesa do Consumidor, quanto à intervenção de terceiros interessados para apuração de responsabilidade por danos morais e patrimoniais, acolhe a aplicação supletiva do CPC (artigos 50 e 54). Outrossim, diferentemente de outras ações de jurisdição litigiosa, nos quais os efeitos da sentença alcançam somente as partes integradas a relação processual formada, na ação civil pública a eficácia e erga omnes (artigo 16 Lei 7.347/1985, artigos 16, 19 e 21). 2. O ingresso do assistente na relação processual formada na espécie em causa guarda conteúdo e repercussões peculiares, recebendo a causa no estado em que se encontrar, mas sem excluir causa superveniente (artigo 462 do CPC). Pois a prestação jurisdicional há de compor a lide como ela se apresenta no momento da entrega. O direito superveniente e o direito objetivo pela ocorrência de fatos novos constitutivos, modificativos ou extintivos da pretensão deduzida na inicial. 3. Impossível a tutela específica inicialmente pedida, quanto ao resultado, viabiliza-se a transformação preconizada em lei (danos e perdas), já que a sentença deve refletir o estado de fato da lide no momento em que for proferida. No caso, sem alteração substancial da causa de pedir, no pertencente ao resultado, notória causa superveniente forçou a transformação (artigo 84 e § 1º, da Lei 8.078/90). 4. Recurso improvido" (STJ, REsp 89.561/SP, Rel. Min. Milton Pereira, j. 03.04.1997, DJU 28.04.1997, p. 15811).*

[7] Assim: "Reclamação. Juizados especiais. Competência para executar seus próprios julgados. Valor superior a 40 salários mínimos. *Astreintes*. Descumprimento de liminar. Redução do *quantum* da multa diária.

às razões que levaram à sua introdução no ordenamento jurídico brasileiro, a reclamar sua força coercitiva real, em consonância com o perfil contemporâneo do processo civil, em especial com a vigência do CPC/2015.[8] Ora, se a soma devida pelo réu revela-se muito elevada, justamente pelo tempo decorrido no descumprimento da decisão judicial, sua redução ulterior em nada contribui à efetividade da medida. Pelo contrário, estimula a resistência do réu em vista da possibilidade futura de escapar aos efeitos plenos da sanção.

A possibilidade de antecipação da tutela e, de modo acessório, a imposição de multa diária pelo descumprimento do comando judicial têm finalidade de assegurar o caráter coercitivo da medida, ou ainda da própria sentença final do processo. Note-se que se trata de uma faculdade integrante dos novos poderes indicados ao juiz no processo, razão pela qual o próprio § 4º fará referência a que a imposição da multa se dá de modo independente do pedido do autor, se o magistrado entender que seja ele *suficiente* ou *compatível* com a obrigação, assim como fixando prazo razoável para o cumprimento de sua determinação. Essa disposição do CDC está de acordo com o que estabelece o CPC/2015, que, em seu artigo 497, dispõe: "Na ação que tenha por objeto a prestação de fazer ou de não fazer, o juiz, se procedente o pedido, concederá a tutela específica ou determinará providências que assegurem a obtenção de tutela pelo resultado prático equivalente. Parágrafo único. Para a concessão da tutela específica destinada a inibir a prática, a reiteração ou a continuação de um ilícito, ou a sua remoção, é irrelevante a demonstração da ocorrência de dano ou da existência de culpa ou dolo". O artigo 499 do CPC/2015, por sua vez, refere: "A obrigação somente será convertida em perdas e danos se o autor o requerer ou se impossível a tutela específica ou a obtenção de tutela pelo resultado prático equivalente". A tutela inibitória do ilícito ou de remoção do ilícito terá lugar tanto nas ações individuais quanto na tutela coletiva,[9] o que poderá ocorrer, por exemplo, em casos de produtos co-

---

Reclamação parcialmente procedente. 1. Nos termos do artigo 3º, § 1.º, I, da Lei 9.099/1995, compete ao Juizado Especial a execução de seus julgados, inexistindo, no preceito legal, restrições ao valor executado, desde que, por ocasião da propositura da ação, tenha sido observado o valor de alçada (RMS 33.155/MA, 4ª T., rel. Min. Maria Isabel Gallotti, *DJe* 29.08.2011). 2. O fato de o valor executado ter atingido patamar superior a 40 (quarenta) salários mínimos, em razão de encargos inerentes à condenação, não descaracteriza a competência do Juizado Especial para a execução de seus julgados. 3. A multa cominatória prevista no artigo 461, §§ 4º e 5º, do CPC não se revela como mais um bem jurídico em si mesmo perseguido pelo autor, ao lado da tutela específica a que faz jus. Sua fixação em caso de descumprimento de determinada obrigação de fazer tem por objetivo servir como meio coativo para o cumprimento da obrigação. 4. Dessa forma, deve o juiz aplicar, no âmbito dos juizados especiais, na análise do caso concreto, os princípios da razoabilidade e proporcionalidade, além de não se distanciar dos critérios da celeridade, simplicidade e equidade que norteiam os juizados especiais, mas não há limite ou teto para a cobrança do débito acrescido da multa e outros consectários. 5. No caso concreto buscou-se, na fase de cumprimento de sentença, o recebimento de valor a título de *astreintes* no montante de R$ 387.600,00 (o que corresponde, em valores atualizados até a presente data e com juros de mora a R$ 707.910,38), quando o valor da condenação principal – danos morais – ficou em R$ 3.500,00. 6. Sopesando o fato de o valor fixado a título de *astreintes* revelar-se, na hipótese, desarrazoado ao gerar o enriquecimento sem causa, com a gravidade da conduta da reclamante ao manter o nome do autor em cadastro restritivo por mais de dois anos, sem justificativa razoável, o valor da multa deve ser reduzido para R$ 30.000,00 (trinta mil reais). 7. Reclamação parcialmente procedente" (STJ, Rcl 7.861/SP, 2ª Seção, Rel. Min. Luis Felipe Salomão, j. 11.09.2013, *DJe* 06.03.2014).

[8] STJ, REsp 1.582.981/RJ, 3ª Turma, Rel. Min. Marco Aurélio Bellizze, j. 10.05.2016, *DJe* 19.05.2016.

[9] ZANETI JR., Hermes; ALVES, Gustavo Silva; LIMA, Rafael de Oliveira. A tutela específica contra o ilícito (artigo 497, parágrafo único, CPC/2015) nas ações coletivas em defesa do consumidor. *Revista de Direito do Consumidor*, São Paulo, v. 110, p. 389-422, mar.-abr. 2017.

CURSO DE DIREITO DO CONSUMIDOR – *Bruno Miragem*

locados no mercado com riscos anormais de dano ao consumidor, ou, ainda, hipóteses de divulgação de publicidade enganosa.

Note-se que, se verificar, desde logo, que poderá não ser possível a concessão da tutela específica, o autor tem a possibilidade, já na petição inicial, de formular pedido subsidiário, nos termos do artigo 326 do CPC/2015.[10]

Tratando-se da obrigação de entregar coisa, o artigo 498 do CPC/2015 estabelece: "Na ação que tenha por objeto a entrega de coisa, o juiz, ao conceder a tutela específica, fixará o prazo para o cumprimento da obrigação". Seu parágrafo único, então, define: "Tratando-se de entrega de coisa determinada pelo gênero e pela quantidade, o autor individualizá-la-á na petição inicial, se lhe couber a escolha, ou, se a escolha couber ao réu, este a entregará individualizada, no prazo fixado pelo juiz".

Note-se que o papel das *astreintes* é decisivo para a efetividade da tutela específica. Conforme assinala Kazuo Watanabe, permite que o juiz proceda, em cada caso concreto, "ao adequado equilíbrio entre o direito e a execução respectiva, procurando fazer com que esta última ocorra de forma compatível e proporcional à peculiaridade de cada caso".[11]

Esses provimentos confiados ao juiz para garantir a eficácia da decisão que concede a tutela provisória de urgência ou de evidência ou a própria tutela definitiva na sentença de mérito inspiram-se, marcadamente, no direito estrangeiro e, como já afirmamos, têm em vista não apenas a efetividade do direito do consumidor como também a autoridade do juízo.

Assim, por exemplo, nas ações de cumprimento específico da oferta. Note-se que o artigo 35 do CDC, ao estabelecer o caráter vinculante da oferta, estabeleceu, em favor do consumidor, três alternativas de demanda em relação ao fornecedor, quais sejam: (a) exigir o cumprimento forçado da obrigação, nos termos da oferta, apresentação ou publicidade; (b) aceitar outro produto ou prestação de serviço equivalente; ou (c) rescindir o contrato, com direito à restituição de quantia eventualmente antecipada, monetariamente atualizada, e a perdas e danos. Poderá ocorrer que esses pedidos sejam apresentados de modo alternativo na ação, ou seja, o consumidor exige, a princípio, o cumprimento forçado da obrigação, nos termos da oferta, inclusive com recurso às medidas de competência do juízo, como a determinação de cumprimento sob pena de multa. Entretanto, sendo impossível o cumprimento ou mesmo – em determinado momento – tornando-se inútil o atendimento do pedido para o consumidor, poderá optar pelas outras medidas, inclusive pela resolução do negócio cumulado com a indenização correspondente. Sem prejuízo, note-se, de reclamar desde logo, exercendo o direito de escolha entre as alternativas estabelecidas no artigo 35 do CDC, a resolução do contrato e a condenação do fornecedor inadimplente em perdas e danos.

Em relação ao cumprimento da sentença que reconheça a exigibilidade da obrigação de fazer ou não fazer, incide o artigo 536 do CPC/2015, que confere ao juiz, de ofício ou

---

[10] "Art. 326. É lícito formular mais de um pedido em ordem subsidiária, a fim de que o juiz conheça do posterior, quando não acolher o anterior. Parágrafo único. É lícito formular mais de um pedido, alternativamente, para que o juiz acolha um deles."

[11] WATANABE, Kazuo et al. *Código Brasileiro de Defesa do Consumidor*: comentado pelos autores do anteprojeto. 8. ed. Rio de Janeiro: Forense Universitária, 2004. p. 843.

PARTE IV · Cap. 3 · EFETIVIDADE DA TUTELA DOS DIREITOS DOS CONSUMIDORES | **1065**

a requerimento da parte, para a efetivação da tutela específica ou do resultado prático equivalente, determinar as medidas necessárias à satisfação do exequente. Admite-se, então, que determine, entre outras medidas, "a imposição de multa, a busca e apreensão, a remoção de pessoas e coisas, o desfazimento de obras e o impedimento de atividade nociva, podendo, caso necessário, requisitar o auxílio de força policial" (artigo 536, § 1º). Essas medidas aplicam-se também a ações que tenham por objeto deveres de fazer e de não fazer de natureza não obrigacional, como é o caso, no direito do consumidor, da retirada do mercado de produtos impróprios para consumo pelo fornecedor, por exemplo (artigo 536, § 5º). Já, no caso da obrigação de entregar coisa, o artigo 538 do CPC/2015 refere que, "no prazo estabelecido na sentença, será expedido mandado de busca e apreensão ou de imissão na posse em favor do credor, conforme se tratar de coisa móvel ou imóvel".

A imposição de multa (*astreintes*) independe do requerimento da parte, podendo ser aplicada *ex officio* em qualquer fase do processo. Assim define o artigo 537 do CPC/2015: "A multa independe de requerimento da parte e poderá ser aplicada na fase de conhecimento, em tutela provisória ou na sentença, ou na fase de execução, desde que seja suficiente e compatível com a obrigação e que se determine prazo razoável para cumprimento do preceito".

Pode ocorrer, contudo, que a multa inicialmente imposta não atinja o objetivo de constranger o réu a cumprir a obrigação, revelando-se ineficiente. O § 1º do artigo 537 do CPC/2015 permite ao juiz, de ofício ou a requerimento da parte, "modificar o valor ou a periodicidade da multa vincenda ou excluí-la, caso verifique que: I – se tornou insuficiente ou excessiva; II – o obrigado demonstrou cumprimento parcial superveniente da obrigação ou justa causa para o descumprimento". Observe-se que a revisão da multa quanto ao valor ou à periodicidade se dá para o futuro, em relação a parcelas vincendas.[12] No caso do excesso, há possibilidade de supressão do crédito decorrente das multas, que, embora não refira expressamente a norma, pode ser total ou parcial. Conforme já se mencionou, essa flexibilidade na fixação e exigibilidade da multa cominatória (*astreintes*) deve ser utilizada com cuidado pelo magistrado, sobretudo para não deslegitimar sua utilidade, diante da descrença do réu na manutenção da sanção, com isso encorajando o descumprimento da ordem judicial. Em outros termos, eventual praxe de redução sistemática das *astreintes* em razão de seu caráter excessivo, quando este se deva, sobretudo, à reiteração do descumprimento do réu, prejudica a própria finalidade da medida, que se dirige à promoção do adimplemento forçado, pela via judicial.

Destaque-se que o § 3º do artigo 537 prevê que a multa é passível de cumprimento provisório, devendo ser depositada em juízo, admitindo-se seu levantamento após o trânsito em julgado da sentença favorável à parte.

3.1.2 Tutela inibitória específica

O artigo 84 do CDC, determina novas providências judiciais visando assegurar a efetividade do direito postulado na demanda, no que toca ao cumprimento específico

---

[12] Sobre o tema, veja-se, ainda no regime do antigo Código, o trabalho de AMARAL, Guilherme Rizzo. As *astreintes* e o processo civil brasileiro: multa do art. 461 do CPC e outras. Porto Alegre: Livraria do Advogado, 2010. p. 226 e ss.

da obrigação de fazer ou não fazer. Nesse sentido, estabeleceu, entre outras providências judiciais com a finalidade de assegurar a efetiva tutela do direito, assim como a própria autoridade do juízo,[13] a possibilidade de antecipação da tutela antes da decisão final de mérito (incorporada, em 1994, ao CPC revogado, em seu artigo 273, e ora definida no artigo 294 e ss. do CPC/2015), bem como a possibilidade da imposição de multa diária ao réu na hipótese de descumprimento.

Entretanto, uma dificuldade prática que não restou resolvida nesse âmbito foi a de situações nas quais existam, em uma mesma ação, pedidos cumulados, visando, de um lado, à reparação de danos causados e, de outro, à proibição de que sejam introduzidos no mercado determinados produtos ou serviços defeituosos que tenham dado causa aos danos reclamados. Nessa situação, poderá ocorrer que, a título de antecipação da tutela e em vista da segurança e da saúde dos consumidores, desde logo seja determinada a abstenção do fornecedor-réu de promover o oferecimento de tais produtos. Todavia, no que toca ao pedido de reparação, pode ocorrer que, concluído o processo, não tenha havido por parte daquele consumidor a comprovação dos pressupostos da responsabilidade civil e, diante disso, a decisão final de improcedência da ação, o que estabeleceria que as liminares concedidas para determinar a remoção do ilícito estariam com sua eficácia esgotada.[14] Nesse sentido, o parágrafo único do artigo 497 do CPC/2015 admite: "Para a concessão da tutela específica destinada a inibir a prática, a reiteração ou a continuação de um ilícito, ou a sua remoção, é irrelevante a demonstração da ocorrência de dano ou da existência de culpa ou dolo".

Aqui, não se exige demonstração de fato, mas mera possibilidade. Isso porque, conforme salienta Luiz Guilherme Marinoni, "evidenciado o ilícito praticado e sua probabilidade, e restando apenas o dano para ser demonstrado, o juiz deverá conceder imediatamente a tutela antecipada de remoção e a tutela antecipada inibitória, sem que tenha que pensar em *fumus boni iuris* ou em *periculum in mora*. É que essa modalidade de tutela antecipatória exige direito evidente e não apenas direito provável, ou direito que ainda dependa da produção da prova".[15] Será o caso próprio de um produto que esteja evidenciado como perigoso ou nocivo à saúde do consumidor, cuja proibição da fabricação e do comércio poderá ser determinada pelo juiz e mantida por suas razões, independentemente de qualquer outra decisão em relação aos demais pedidos porventura existentes no processo.

---

[13] "*Direito do consumidor. Publicidade enganosa. Caracterização. Obrigação de não mais procedê-la, sob pena de multa.* 1. Ostenta-se enganosa a publicidade que, em página inteira de jornal, na parte superior, supermercado lista produtos e preços e, na inferior, com destaque, anuncia garantia total extra, seguida de texto com destaque ainda maior, dizendo que a pessoa ganha grátis o produto se encontrá-lo com preço mais baixo junto a concorrente do que o praticado pelo anunciante, como tal entendido (preço praticado) aquele do jornal, e não o da loja sujeito à manipulação instantânea para frustrar o direito do consumidor. (...) Se a lei prevê, em tal caso, a contrapropaganda, sanção mais severa, nada obsta que o pedido se limite a um *minus*, impondo-se a obrigação de não veicular a publicidade, sob pena de multa. Exegese dos artigos 37, § 1º, 56, XII, e 60, do CDC; e artigo 30 do CDC, artigo 1.512 do CC/1916 e artigo 854 do CC/2002. 2. Apelação provida" (TJRS, 1ª Câm., Rel. Des. Irineu Mariani, j. 05.11.2003).

[14] MARINONI, Luiz Guilherme. *Técnica processual e tutela dos direitos.* São Paulo: Ed. RT, 2004. p. 304.

[15] MARINONI, Luiz Guilherme. *Técnica processual e tutela dos direitos.* São Paulo: Ed. RT, 2004. p. 304-305.

PARTE IV · Cap. 3 · EFETIVIDADE DA TUTELA DOS DIREITOS DOS CONSUMIDORES | 1067

Da mesma forma, o artigo 102 do CDC estabelece espécie de ação inibitória de caráter coletivo, para qual é legitimado qualquer um dos órgãos ou entidades referidos no artigo 82, e que visa "compelir o Poder Público competente a proibir, em todo o território nacional, a produção, divulgação distribuição ou venda, ou a determinar a alteração na composição, estrutura, fórmula ou acondicionamento de produto, cujo uso ou consumo regular se revele nocivo ou perigoso à saúde pública e à incolumidade pessoal". A determinação expressa dessa ação tem a utilidade de permitir aos legitimados para defesa do consumidor a possibilidade de compelir o próprio Estado ao cumprimento de seu dever constitucionalmente estabelecido, sendo reconhecida a possibilidade de opor ao Poder Público as providências judiciais visando à efetividade da medida. A sentença decorrente dessa ação terá nítida eficácia mandamental, hipótese em que, procedente, deverá consubstanciar-se em uma ordem para que a autoridade realize a providência objeto da demanda, inclusive sob pena de desobediência, em acordo com o artigo 330 do CP.[16]

3.2 AÇÃO DE RESPONSABILIDADE CIVIL DO FORNECEDOR

A ação de responsabilidade civil do fornecedor constitui-se pelo exercício da pretensão indenizatória do consumidor em virtude de danos sofridos em decorrência de produtos ou serviços introduzidos no mercado de consumo, assim como de falhas na atuação negocial dos agentes econômicos no mercado. Pode se dar tanto a título coletivo – quando o direito de ação é exercido por qualquer um dos legitimados no artigo 82 do CDC – quanto a título individual, hipótese em que o próprio consumidor lesado ou seus sucessores ingressam com a ação com a pretensão condenatória do fornecedor ao pagamento de indenização pelos danos causados.

Sobre as ações de responsabilidade, o artigo 101 do CDC reconhece a aplicação, no que couber, das normas relativas à tutela coletiva de direitos (artigos 81 a 100). Fixa, entretanto, a regra de competência para tais ações, estabelecendo que podem ser interpostas no domicílio do consumidor.[17] Nesse sentido a norma de determinação

---

[16] WATANABE, Kazuo et al. *Código Brasileiro de Defesa do Consumidor*: comentado pelos autores do anteprojeto. 8. ed. Rio de Janeiro: Forense Universitária, 2004. p. 901; MANCUSO, Rodolfo de Camargo. *Manual do consumidor em juízo*. 4. ed. São Paulo: Saraiva, 2007. p. 178.

[17] *"Direito do consumidor. Competência. Contrato de adesão. Foro de eleição. Domicílio do consumidor*. 1. Em se tratando de relação de consumo prevalece o foro do domicílio do consumidor. 2. Recurso não conhecido (STJ, REsp 121.796/MG, j. 17.02.2004, rel. Min. Humberto Gomes de Barros, *DJU* 15.03.2004, p. 263). Em outras situações acórdãos do STJ vêm sustentando a necessidade de se verificar, ainda que se trate de contrato de adesão, da seguintes hipóteses, que presentes dão causa a abusividade da cláusula de eleição do foro: a) quando a parte aderente não tenha compreensão do sentido e alcance da disposição; b) quando, em razão da cláusula, o acesso ao Poder Judiciário tornar-se inviável ou especialmente difícil; e c) quando se tratar de contratos de obrigatória adesão que tenham por objeto produto ou serviço fornecido com absoluta exclusividade por determinada empresa. Neste sentido: *Recurso especial. Contrato de adesão. Foro de eleição. Declinação de ofício. Critério territorial. Enunciado 33 da Súmula/STJ. Reexame de matéria fática. Impossibilidade. Código de Defesa do Consumidor. Orientação da terceira seção. Recurso desprovido*. I – A competência territorial, em virtude do seu caráter relativo, nos termos do Enunciado 33 da súmula desta Corte não pode ser declarada de ofício. II – A cláusula de eleição de foro inserida em contrato de adesão é, em princípio, válida e eficaz, salvo: a) se, no momento da celebração, a parte aderente não dispunha de intelecção suficiente para compreender o sentido e as consequências da estipulação contratual; b) se da prevalência de tal estipulação resultar inviabilidade ou especial dificuldade de acesso ao Judiciário; c) se se tratar de contrato de obrigatória adesão, assim entendido o que tenha

1068 | CURSO DE DIREITO DO CONSUMIDOR – *Bruno Miragem*

de competência do artigo 101, I, do CDC é especial em relação à norma do artigo 100 do CPC.[18]

Da mesma forma, o artigo 101, II, do CDC autoriza o fornecedor-réu da ação que tiver contratado seguro a promover o chamamento ao processo da seguradora. Trata-se de norma em evidente benefício do consumidor, uma vez que permite a ampliação do número de réus (o fornecedor e seu segurador), hipótese em que, no caso de procedência do pedido, qualquer um poderá ser executado e obrigado ao pagamento da indenização, nos termos da sentença. Igualmente, na hipótese de falência do fornecedor, poderá o consumidor demandar diretamente contra a seguradora contratada por ele, sendo vedada, pelo mesmo artigo 101, II, segunda parte, a denunciação da lide, nessa hipótese de ação direta contra a seguradora, do Instituto de Resseguros do Brasil (IRB).

As ações de responsabilidade do consumidor estão intrinsecamente vinculadas – como não poderia ser diferente – às normas de direito material relativas à responsabilidade civil. Nesse sentido, o pedido da ação, consistente na condenação do fornecedor-réu ao pagamento de indenização pelos danos causados, identifica os elementos de prova que deverão ser deduzidos em juízo. A legitimação das partes, desde o autor consumidor ou do fornecedor, deve restar configurada. Lembre-se que poderão ser demandados quaisquer dos fornecedores integrantes da cadeia de fornecimento (ressalvada a responsabilidade subsidiária do comerciante na hipótese de fato do produto). Da mesma forma, o pedido e a causa de pedir decorrem de uma ação ou omissão referida ao fornecedor. Deverá, a princípio, ser demonstrada, no processo, a existência dos requisitos da responsabilidade do fornecedor – conduta, nexo de causalidade, defeito e dano –, assim como dos danos sofridos pelos consumidores. Admite-se, em vista do processo, que, a partir dos fatos colacionados, se estabeleçam presunções, tanto no que diz respeito à existência do defeito, cuja prova cabal pode ser dispensada (em vista mesmo da impossibilidade material de ser realizada),[19] quanto no que tange ao nexo de causalidade e ao dano moral, quando

---

por objeto produto ou serviço fornecido com exclusividade por determinada empresa. III – Não se pode em sede de recurso especial afastar as conclusões a que chegou o acórdão recorrido a respeito da dificuldade para a defesa decorrente de eleição de foro se, para tanto, se arrimou a instância de origem em fatos cuja ocorrência é vedado reexaminar no apelo extremo. IV – A Segunda Seção, na sessão de 13 do corrente, houve por bem modificar seu entendimento para definir a competência, em se tratando de contratos de adesão, sob a disciplina do Código do Consumidor, como absoluta, a autorizar, consequentemente, o pronunciamento de ofício do juiz perante o qual ajuizada a causa em primeiro grau" (STJ, REsp 167.918/SP, Rel. Min. Sálvio de Figueiredo Teixeira, j. 21.05.1998). Estendendo a regra para situações de equiparação a consumidor (caso da pretensão de pescadores artesanais em razão de dano ambiental): STJ, AgInt no AREsp 1.724.320/RJ, 4ª Turma, Rel. Min. Maria Isabel Gallotti, j. 06.03.2023, *DJe* 10.03.2023.

[18] *"Agravo de instrumento. Competência territorial. Foro da sede da pessoa jurídica e foro do domicílio do consumidor. Artigo 100, IV, a, do CPC e artigo 101, I, do CDC. A competência territorial do foro do domicílio do consumidor para as ações de responsabilidade civil que envolvam relação de consumo artigo 101, I, do CDC – é regra posterior e especial, que prevalece, destarte, sobre a regra anterior e geral do foro da sede quando figurar no polo passivo pessoa jurídica artigo 100, IV, a, do CPC. A norma de competência do CPC é aplicada, evidentemente, quando não for caso de relação de consumo. Precedentes deste Tribunal. Agravo de instrumento a que se nega seguimento em decisão monocrática"* (TJRS, AgIn 70.012.144.036, 6ª Câm. Cív., Rel. Ubirajara Mach de Oliveira, j. 30.06.2005).

[19] De referir-se, nesse sentido, a situação peculiar nas ações indenizatórias, em que o fornecedor-réu postula a produção de provas, providência que, contudo, contradiz eventual conduta anterior, e tem muitas vezes ou a finalidade de produção de provas inócuas, ou a tentativa de demonstrar a impossibilidade de provar

PARTE IV · Cap. 3 · EFETIVIDADE DA TUTELA DOS DIREITOS DOS CONSUMIDORES | 1069

houver – hipótese em que a caracterização do dano decorrerá dos fatos demonstrados no processo, e sua aptidão de razoavelmente produzir um dano dessa natureza.

3.3 INCIDENTE DE DESCONSIDERAÇÃO DA PERSONALIDADE JURÍDICA

Um dos temas mais controvertidos no plano da responsabilidade patrimonial diz respeito à extensão dos efeitos das obrigações da pessoa jurídica a seus sócios ou administradores. Conhecida como desconsideração da personalidade jurídica, foi recebida pelo direito brasileiro, via doutrina, e, sedimentada sob a aplicação judicial, foi consagrada na legislação. Notadamente, a regra geral do artigo 50 do Código Civil. Contudo, no direito do consumidor, mereceu disciplina específica, tornando mais abrangentes as hipóteses que autorizam a desconsideração da personalidade jurídica, conforme previsto no artigo 28 do CDC, cujo *caput* dispõe: "O juiz poderá desconsiderar a personalidade jurídica da sociedade quando, em detrimento do consumidor, houver abuso de direito, excesso de poder, infração da lei, fato ou ato ilícito ou violação dos estatutos ou contrato social. A desconsideração também será efetivada quando houver falência, estado de insolvência, encerramento ou inatividade da pessoa jurídica provocados por má administração". Atenção merece, entretanto, seu § 5º, que dispõe: "Também poderá ser desconsiderada a pessoa jurídica sempre que sua personalidade for, de alguma forma, obstáculo ao ressarcimento de prejuízos causados aos consumidores".[20]

As discussões sobre a conveniência e alcance da norma do CDC, especialmente no sentido de maior previsibilidade quanto ao deferimento da desconsideração e extensão dos efeitos das obrigações ao patrimônio dos sócios ou administradores de causa à previsão de um incidente próprio como meio de oportunizar a possibilidade de manifestação e defesa dos demandados.[21] A rigor, a definição de um procedimento específico para a desconsideração da personalidade jurídica, por intermédio de incidente, está de acordo com a diretriz de proteção da confiança das partes (não surpresa), prevista nos artigos 9º e 10 do CPC/2015. Da mesma forma, enfatiza o caráter excepcional da medida.

---

fatos que, a rigor, podem se dar em face do tempo decorrido (e não que não tenham ocorrido), como também da iniciativa, quando se tratar de ações interpostas no Juizado Especial, de sugerir a hipótese de maior complexidade da causa (sobretudo quando se tratar de provas periciais), visando provocar o pronunciamento judicial pela incompetência do juízo especial. A avaliação sobre a conveniência da produção da prova, por intermédio do deferimento ou não da medida, requer o prudente arbítrio do magistrado no exercício de seus poderes instrutórios do feito, como bem demonstra a decisão do TJRS: "Consumidor. Produto de consumo durável. Trator que se parte ao meio enquanto era puxado do atoleiro. Recusa de cumprimento da garantia contratual (relativa a material e fabrico), não obstante o sinistro, a reclamação e a presente ação terem sido formuladas dentro do seu interregno. Hipótese que não se confunde com a garantia legal. Preliminar de decadência afastada. Inexistência de laudo ou parecer técnico que justificasse a recusa lacônica, endereçada ao consumidor, no sentido de que a garantia não cobria aquele 'tipo de avaria'. Omissão que retira o embasamento ético e jurídico do requerimento de perícia pela ré, a esta altura inócua, de modo a buscar deslocar a competência do JEC. Prefaciais afastadas. No mérito, nenhuma demonstração fez a ré do mau uso ou da equivocada conduta do autor na tentativa de desatolar o trator. Ação procedente. Recurso a que se nega provimento" (TJRS, Recurso Cível 71.001.107.317, 2ª Turma Recursal Cível, Rel. Mylene Maria Michel, j. 24.01.2007, *DJ* 01.02.2007).

20   REsp 1.537.890/RJ, 3ª Turma, Rel. Min. Paulo de Tarso Sanseverino, j. 08.03.2016, *DJe* 14.03.2016.

21   Flávio Tartuce refere-se a um "clamor doutrinário" pela imposição da regra: TARTUCE, Flávio. *O novo CPC e o direito civil*: impactos, diálogos e interações. Rio de Janeiro: Método, 2015. p. 72.

O artigo 133 do CPC/2015 refere: "O incidente de desconsideração da personalidade jurídica será instaurado a pedido da parte ou do Ministério Público, quando lhe couber intervir no processo". A regra em questão define, a partir da lei processual, que a desconsideração da personalidade jurídica não poderá ser decretada de ofício pelo juiz, o que teria por efeito delimitar os termos da interpretação do artigo 28 do CDC, silente no tema.[22] Por essa visão, apenas quando houver pedido da parte interessada ou do Ministério Público, processando-se o incidente, será deferida ou não a desconsideração. O mesmo se diga, em razão do § 2º do mesmo artigo 133, em relação à desconsideração inversa da personalidade jurídica, pela qual a pessoa jurídica possa vir a responder por obrigações contraídas pelos sócios. Todavia, dispensar-se-á a instauração do incidente se houver pedido com esse fim já na petição inicial, hipótese em que o sócio ou a pessoa jurídica serão citados para participar da ação (artigo 134, § 2º, do CPC/2015). Nesse particular, anote-se que não se deve fazer distinção entre os sócios (se administradores da sociedade ou não) para efeito de reconhecer a legitimação passiva para o incidente de desconsideração ou mesmo, diretamente, se dirigir a petição inicial da ação.[23] Em relação aos administradores que não sejam sócios da pessoa jurídica, vem se orientando a jurisprudência do STJ no sentido de excluí-los da incidência específica do artigo 28, § 5º, do CDC.[24]

Nas causas que tenham por objeto relação de consumo, há controvérsia sobre a aplicação do artigo 133 do CPC/2015, no ponto em que ele impede a decretação *ex officio* da desconsideração da personalidade jurídica, em especial com o fundamento da ordem pública constitucional de que se reveste o CDC.[25] Evidencia-se que o propósito da norma é assegurar o direito ao contraditório e à ampla defesa daquele que pode vir a responder, com seu patrimônio, pelas obrigações contraídas pela pessoa jurídica, ou, ainda, esta, no caso de desconsideração inversa. Dificuldades no processamento do incidente, ou até mesmo a própria locução "o juiz poderá", definida no artigo 28 do CDC, militam em favor da possibilidade da decretação de ofício. Há também razões de ordem prática, tendo em vista que um grande número de ações promovidas pelo consumidor o são no âmbito dos juizados especiais cíveis, não raro sem a representação por advogado, conforme autoriza a legislação para as causas com valor até o correspondente a 20 salários mínimos. Nesses casos, a dedução do pedido é feita diretamente pelo consumidor, na maior parte das vezes leigo, eventualmente com alguma colaboração do servidor do cartório judicial. Nessas hipóteses, é evidente o desconhecimento do consumidor em relação à possibilidade de requerer a desconsideração, razão pela qual não integrará o pedido original. Da mesma forma, tratando-se de relações de consumo estabelecidas com pequenos fornecedores, a realidade brasileira se impõe, pela qual a formalização de sociedades com capital social manifestamente insuficiente para o exercício das

---

[22] CÂMARA, Alexandre Freitas. Comentário ao art. 134. In: WAMBIER, Teresa Arruda Alvim et al. (coord.). *Breves comentários ao novo Código de processo civil*. São Paulo: Ed. RT, 2015. p. 426-427; WAMBIER, Teresa Arruda Alvim et al. *Primeiros comentários ao novo Código de Processo Civil*: artigo por artigo. São Paulo: Ed. RT, 2015. p. 252.

[23] STJ, REsp 1.250.582/MG, 4ª Turma, Rel. Min. Luis Felipe Salomão, j. 12.04.2016, *DJe* 31.05.2016.

[24] STJ, REsp 1.860.333/DF, 4ª Turma, Rel. Min. Marco Buzzi, j. 11.10.2022, *DJe* 27.10.2022.

[25] Assim, TARTUCE, Flávio. *O novo CPC e o direito civil*: impactos, diálogos e interações. Rio de Janeiro: Método, 2015. p. 77-78.

PARTE IV · Cap. 3 · EFETIVIDADE DA TUTELA DOS DIREITOS DOS CONSUMIDORES | **1071**

atividades a que se propõem, assim como a absoluta falta de distinção entre o patrimônio do sócio (pequeno empresário) e o da sociedade, faz que a desconsideração da personalidade jurídica seja a única hipótese de assegurar alguma efetividade à decisão que reconheça a responsabilidade do fornecedor. Desse modo, por mais discutível que seja a solução processual, o fato é que, ao se definir um procedimento, deverá ser observado na aplicação do direito material. De qualquer sorte, note-se que, mesmo se admitindo a decretação de ofício da desconsideração, isso não elimina o dever de assegurar a manifestação prévia à decisão das partes que venham a sofrer seus efeitos. É o que resulta do artigo 10 do CPC/2015.

O efeito da instauração do incidente será a suspensão do processo e citação do sócio ou da pessoa jurídica para manifestar-se e requerer provas. Concluída a instrução do processo, será proferida decisão interlocutória, da qual cabe recurso (artigo 136 do CPC/2015). Acolhido o pedido de desconsideração, define o artigo 137 do CPC/2015 que "a alienação ou a oneração de bens, havida em fraude de execução, será ineficaz em relação ao requerente". Note-se, nesse particular, o entendimento de que os efeitos da desconsideração só se estabelecem para caracterizar a fraude à execução se o beneficiário tinha como ter conhecimento da existência do incidente.[26]

A doutrina vem considerando positivos os efeitos do incidente de desconsideração da personalidade jurídica previsto no CPC/2015 para a efetividade do direito do consumidor.[27] Entre os aspectos destacados, está o fato de eliminar-se o debate havido até então sobre a necessidade ou não de ação autônoma para postular a desconsideração, ainda que a própria jurisprudência já tivesse afastado essa exigência. No entanto, aspecto mais relevante é a possibilidade assegurada pelo artigo 134, § 2º, do CPC/2015, de que a desconsideração seja requerida já na petição inicial da ação, eliminando a necessidade de instauração do incidente.

3.4 PRODUÇÃO ANTECIPADA DA PROVA E EXIBIÇÃO DE DOCUMENTOS

Providências antecedentes à demanda assumem, desde logo, grande utilidade nas demandas que envolvem direitos do consumidor, especialmente no tocante à necessidade de obter provas sobre a existência e o conteúdo da relação de consumo, que sob a vigência do CPC revogado se dava tanto mediante as ações cautelares de exibição (artigo 844 do CPC revogado, especialmente quando relativas a litígios sobre o contrato de consumo, em que não fora entregue ao consumidor cópia do instrumento da contratação) quanto a produção antecipada de provas (artigo 846 do CPC revogado).

Embora haja a possibilidade de inversão do ônus da prova nas ações que tenham por objeto relações de consumo, há necessidade, muitas vezes, de indicar a partir de uma demonstração mínima dos fatos ou mesmo a existência de relação jurídica anterior entre as partes (quando existente, por exemplo, um instrumento contratual celebrado entre as

---

[26] CÂMARA, Alexandre Freitas. Comentário ao art. 134. In: WAMBIER, Teresa Arruda Alvim et al. (coord.). *Breves comentários ao novo Código de processo civil*. São Paulo: Ed. RT, 2015. p. 429.

[27] SILVA, Joseane Suzart Lopes da. O incidente de desconsideração da personalidade jurídica no novo CPC e a efetiva proteção dos consumidores. *Revista de Direito do Consumidor*, São Paulo, v. 113, p. 213-248, set.-out. 2017.

partes), ou o seu próprio conteúdo – no caso de pretender-se o reconhecimento de abusividade. Acrescente-se, ainda, em demandas que envolvem relações ou fatos havidos na internet, a devida demonstração desses fatos, que pode ser feita por inspeção judicial ou atestada pelo juízo, e quando anteriores à ação, ou para precaver-se de desaparecimento das informações divulgadas na página, por intermédio de ata notarial, como ora prevê o artigo 384 do CPC/2015.[28]

Em relação à produção antecipada de provas, o artigo 381 do CPC/2015 refere que será admitida nos casos em que: "I – haja fundado receio de que venha a tornar-se impossível ou muito difícil a verificação de certos fatos na pendência da ação; II – a prova a ser produzida seja suscetível de viabilizar a autocomposição ou outro meio adequado de solução de conflito; III – o prévio conhecimento dos fatos possa justificar ou evitar o ajuizamento de ação".

É competente para a produção antecipada da prova o juízo do foro onde ela deva ser produzida ou o foro do domicílio do réu (artigo 381, § 2º, do CPC/2015). Não há, contudo, prevenção da competência do juízo para ação que venha a ser proposta (§ 3º).

A produção antecipada da prova será realizada mediante petição, na qual o requerente deverá justificar a necessidade de antecipação da prova e mencionará, com precisão, os fatos sobre os quais deve recair (artigo 382 do CPC/2015). O juiz, então, determinará, de ofício ou a requerimento da parte, a citação de interessados na produção da prova ou no fato a ser provado, salvo se não houver caráter contencioso (artigo 382, § 1º, do CPC/2015).

Dado seu caráter preparatório, contudo, não se pronunciará o juiz sobre a ocorrência ou a inocorrência do fato, ou sobre suas consequências jurídicas (artigo 382, § 2º, do CPC/2015). Interessados podem requerer a produção da prova no mesmo procedimento instaurado pelo requerente originário, salvo se a produção conjunta acarretar demora excessiva (artigo 382, § 3º, do CPC/2015).

Não se admite, no procedimento de produção antecipada da prova, defesa ou recurso, salvo da decisão que indeferir totalmente a produção da prova pleiteada pelo requerente originário (artigo 382, § 4º). O artigo 383 do CPC/2015 define, então, que, uma vez produzida a prova, "os autos permanecerão em cartório durante 1 (um) mês para extração de cópias e certidões pelos interessados". Ao final do prazo, serão entregues àquele que promoveu a medida (artigo 383, parágrafo único, do CPC/2015).

Outro procedimento é o de exibição e documento ou coisa, previsto no artigo 396 e seguintes do Código de Processo Civil de 2015. Não traz grandes distinções em relação ao procedimento regulado pelo artigo 355 e seguintes do CPC revogado. A jurisprudência do STJ, por sua vez, consolidou-se no sentido de admitir cabível o pedido de exibição, desde que haja demonstração da existência de relação jurídica entre as partes, o prévio pedido do documento ao fornecedor, que não tenha sido atendido pelo fornecedor, e o pagamento do custo do serviço conforme previsão contratual ou regulamentar.[29] Nesse

---

[28] "Art. 384. A existência e o modo de existir de algum fato podem ser atestados ou documentados, a requerimento do interessado, mediante ata lavrada por tabelião. Parágrafo único. Dados representados por imagem ou som gravados em arquivos eletrônicos poderão constar da ata notarial."

[29] "Processo civil. Recurso especial representativo de controvérsia. Art. 543-C do CPC. Expurgos inflacionários em caderneta de poupança. Exibição de extratos bancários. Ação cautelar de exibição de documentos. Interesse de agir. Pedido prévio à instituição financeira e pagamento do custo do serviço. Necessidade. 1.

PARTE IV · Cap. 3 · EFETIVIDADE DA TUTELA DOS DIREITOS DOS CONSUMIDORES | **1073**

sentido, diverge de entendimento anterior que reconhecia o cabimento da pretensão, independentemente da existência de anterior requerimento administrativo.[30] Aqui parece necessária uma distinção. Quando se trata de documento que o consumidor tem direito de receber, por força do contrato ou da lei, a exigência de prévio pedido administrativo só se justifica se não tenha havido já o descumprimento da obrigação de entrega para o consumidor (caso da cópia do contrato, por exemplo, de que trata o artigo 46 do CDC). Outra situação ocorre quando se trata da exibição de documento cujo acesso se dá no interesse exclusivo da produção de prova em juízo, mas ao qual o consumidor não teria acesso, por força do contrato ou da lei, sem sua solicitação ao fornecedor. Nesse caso, faz sentido a existência de prévio pedido administrativo, conforme indica a jurisprudência do STJ.

O artigo 397 do CPC/2015 define que o pedido da parte para exibição de documento conterá "I – a descrição, tão completa quanto possível, do documento ou da coisa, ou das categorias de documentos ou de coisas buscados; II – a finalidade da prova, com indicação dos fatos que se relacionam com o documento ou com a coisa, ou com suas categorias; III – as circunstâncias em que se funda o requerente para afirmar que o documento ou a coisa existe, ainda que a referência seja a categoria de documentos ou de coisas, e se acha em poder da parte contrária". Estando em poder de terceiro, este será citado para responder no prazo de quinze dias (artigo 401 do CPC/2015). Havendo recusa, ou negando – o terceiro – ter a posse do documento, o juiz designará audiência especial, tomando seu depoimento e das partes. Havendo recusa, e o juiz ordenando-lhe o depósito, se o terceiro descumprir, será expedido mandado de apreensão, requisitando-se, se necessário, força policial, sem prejuízo da responsabilidade por crime de desobediência (artigo 403, parágrafo único, do CPC/2015).

Pode ocorrer, contudo, mesmo tendo o consumidor postulado a produção antecipada da prova, que não sejam os documentos ou as provas requeridas obtidos por essa via processual, em vista de diversas razões, como a negativa do fornecedor, a alegação de inexistência dos documentos ou sua destruição. O artigo 359 do CPC revogado fundamentou entendimento segundo o qual, havendo recusa injustificada no fornecimento do contrato, há de se presumirem verdadeiros os fatos alegados pelo autor.[31] Esse entendi-

---

Para efeitos do art. 543-C do CPC, firma-se a seguinte tese: A propositura de ação cautelar de exibição de documentos bancários (cópias e segunda via de documentos) é cabível como medida preparatória a fim de instruir a ação principal, bastando a demonstração da existência de relação jurídica entre as partes, a comprovação de prévio pedido à instituição financeira não atendido em prazo razoável, e o pagamento do custo do serviço conforme previsão contratual e normatização da autoridade monetária. 2. No caso concreto, recurso especial provido" (STJ, REsp 1.349.453/MS, 2ª Seção, Rel. Min. Luis Felipe Salomão, j. 10.12.2014, *DJe* 02.02.2015).

[30] STJ, AgRg no REsp 1.228.289/RS, 4ª Turma, Rel. Min. Marco Buzzi, j. 17.12.2013, *DJe* 04.02.2014.

[31] "Agravo regimental. Agravo em recurso especial. Ação de revisão contrato de cartão de crédito. Incidente de exibição de contrato. Recusa injustificada. Presunção de veracidade. Artigo 359 do CPC. 1. Em se cuidando de relação jurídica entre instituição financeira e consumidor de serviços bancários, presumem-se verídicos os fatos alegados na falta de exibição incidente de contrato. Embora não caiba a multa pelo descumprimento, que na hipótese não foi cogitada, o efeito da não exibição do instrumento contratual revisando, ou da ilegitimidade da recusa, é ter como verdadeiros os fatos que a parte adversa quer provar, nos termos do art. 359 do CPC. 2. Agravo regimental a que se nega provimento" (STJ, AgRg no AREsp 434.539/RS, 4ª Turma, Rel. Min. Maria Isabel Gallotti, j. 18.03.2014, *DJe* 25.03.2014).

mento, claramente, se preserva em vista do artigo 400 do CPC/2015: "Art. 400. Ao decidir o pedido, o juiz admitirá como verdadeiros os fatos que, por meio do documento ou da coisa, a parte pretendia provar se: I – o requerido não efetuar a exibição nem fizer nenhuma declaração no prazo do art. 398; II – a recusa for havida por ilegítima". Tais situações devem ser levadas ao conhecimento do juiz na ação principal e serão consideradas para efeito da formação do convencimento do magistrado no que diz respeito ao exercício da faculdade de inversão do ônus da prova.

Inova, entretanto, o CPC/2015, na previsão do parágrafo único do artigo 400, o qual estabelece: "Sendo necessário, o juiz pode adotar medidas indutivas, coercitivas, mandamentais ou sub-rogatórias para que o documento seja exibido". A competência para definição da melhor medida que permita ao magistrado a satisfação da pretensão é de sua escolha, considerada as características do caso. Nesse aspecto, nota-se que, admitindo a lei medidas coercitivas ou mandamentais, discute-se sobre o cabimento da imposição de multa cominatória, o que desafia o entendimento consolidado atualmente pela jurisprudência[32] e expresso na Súmula 372 do STJ: "Na ação de exibição de documentos, não cabe a aplicação de multa cominatória".

3.5 AÇÕES REVISIONAIS NO DIREITO DO CONSUMIDOR

De grande relevância para a efetividade dos direitos do consumidor são as chamadas ações revisionais. Já referimos que a expressão *revisão dos contratos* ou sua dimensão processual, as *ações revisionais*, podem indicar uma série de situações distintas. Dizem respeito tanto a ações revisionais em decorrência da alteração das circunstâncias (quebra da base do negócio jurídico em decorrência de fatos supervenientes ou, ainda, segundo a teoria da imprevisão, imprevisíveis) quanto à nulidade ou à modificação de cláusula contratual considerada abusiva (artigos 6º, V, e 51). Da mesma forma, podem ter lugar não como ações revisionais propriamente ditas, senão como espécie de embargos do devedor, os quais contam com ampla tutela cognitiva sobre a higidez do crédito exigido.[33] Essencialmente, o pedido da ação revisional tem em vista a modificação do contrato celebrado pelas partes, seja pela simples supressão de parte deste (nulidade de cláusulas), seja por uma inovação positiva, requerendo ao juiz que modifique os termos do contrato, mediante intervenção direta, de certo modo *reescrevendo* seus termos. Nos casos em que se requer a nulidade da cláusula abusiva, a sentença terá efeito declaratório,[34] para determinar a existência da nulidade de pleno direito e sua consequência. Igualmente, quando atingirem todo o contrato, hão de ter eficácia *desconstitutiva*, ou *constitutiva negativa* (artigo 51, § 2º), porquanto identificada hipótese de cláusula abusiva que compromete a

---

[32] "Recurso especial representativo da controvérsia. Processual civil. Expurgos inflacionários. Caderneta de poupança. Cumprimento de sentença. Exibição de extratos bancários. *Astreintes*. Descabimento. Coisa julgada. Inocorrência. 1. Para fins do art. 543-C do CPC: 1.1. 'Descabimento de multa cominatória na exibição, incidental ou autônoma, de documento relativo a direito disponível'. 1.2. 'A decisão que comina *astreintes* não preclui, não fazendo tampouco coisa julgada'. 2. Caso concreto: Exclusão das *astreintes*. 3. Recurso Especial provido" (STJ, REsp 1.333.988/SP, 2ª Seção, Rel. Min. Paulo de Tarso Sanseverino, j. 09.04.2014, *DJe* 11.04.2014).

[33] STJ, REsp 1.365.596/RS, 3ª Turma, Rel. Min. Nancy Andrighi, j. 10.09.2013, *DJe* 23.09.2013.

[34] MANCUSO, Rodolfo de Camargo. *Manual do consumidor em juízo*. 4. ed. São Paulo: Saraiva, 2007. p. 175.

PARTE IV · Cap. 3 · EFETIVIDADE DA TUTELA DOS DIREITOS DOS CONSUMIDORES | 1075

validade do contrato, há de ser decretada sua nulidade *in totum*. Da mesma maneira, terá efeitos constitutivos a sentença que modificar a relação contratual, mediante alteração de cláusulas contratuais, nos termos autorizados pelo artigo 6º, V, do CDC, uma vez que seu objeto será, de modo precípuo, a modificação da relação jurídica estabelecida entre as partes. Ressalte-se, contudo, que, conforme entendimento do STJ, "A simples propositura da ação de revisão de contrato não inibe a caracterização da mora do autor" (Súmula 380).

No caso das ações revisionais, o objeto litigioso concentra-se na existência de abusividade ou não da cláusula contratual, quando o pedido consiste na decretação de nulidade da respectiva cláusula. O legitimado passivo para a ação, por sua vez, deve ser o fornecedor contratante, não se impedindo, todavia, que a pessoa jurídica líder do conglomerado econômico no qual se fez a contratação, por força da teoria da aparência, possa ser igualmente legitimada para responder à ação revisional.[35] Ademais, no que toca às revisionais visando à modificação das cláusulas contratuais em razão de fatos supervenientes que as tornem excessivamente onerosas, a controvérsia residirá na demonstração da existência do fato em questão e em sua aptidão para produzir o desequilíbrio contratual, de tal modo que cause a onerosidade excessiva do contrato.

Em todos esses casos, uma vez que o fundamento da ação revisional será sempre o desequilíbrio objetivo das partes no contrato, a procedência do pedido dependerá da adequada demonstração desse desequilíbrio. A questão de maior dificuldade, sobretudo para o juiz, será a de precisar, em termos quantitativos a existência do desequilíbrio, diante da ausência de um paradigma útil para realização da análise. Assim ocorre, atualmente, em matéria de controle de juros, em que a decretação da abusividade da cláusula, em vista do que dispõe o artigo 51, IV, do CDC (obrigações iníquas, abusivas, que coloquem o consumidor em desvantagem exagerada, ou sejam incompatíveis com a boa-fé ou a equidade), deve ser demonstrada segundo parâmetros técnicos, adequadamente explicitados pelo juiz na sentença. Note-se, nesse particular, que a expressão *desvantagem exagerada* constitui espécie de conceito indeterminado, destacando a necessidade de argumentação do juiz quanto aos aspectos de seu convencimento que determinaram o conteúdo da decisão proferida.

Da mesma forma, no que diz respeito à modificação da cláusula contratual, mediante alteração das circunstâncias, a necessidade de correta exposição do raciocínio judicial, em acordo com as fontes do direito aplicáveis (doutrina, jurisprudência), constitui traço indispensável da sentença de procedência ou improcedência do pedido. Nas ações revisionais com fundamento na alteração das circunstâncias (quebra da base do negócio jurídico ou mesmo a teoria da imprevisão), a necessária demonstração de que o comprometimento do equilíbrio contratual é decorrência de uma causa externa não atribuível às partes não deixa de obedecer a certo grau de subjetividade da avaliação judicial, porquanto: (a) será o juiz que estabelecerá conclusão sobre a aptidão da causa em comprometer o equilíbrio contratual; ao mesmo tempo que (b) deverá demonstrar que a causa referida na petição do

---

[35] "*Processual civil. Recurso especial. Revisão de cláusulas contratuais. Legitimidade. Banco líder de conglomerado financeiro*. O banco líder de conglomerado financeiro é parte legítima para responder à ação de revisão de cláusulas de contrato de mútuo feneratício, realizado em suas instalações, com pessoa jurídica diversa, mas integrante do mesmo grupo econômico. Aplicação da teoria da aparência. Recurso especial provido" (STJ, REsp 879.113/DF, 3ª Turma, Rel. Min. Nancy Andrighi, j. 01.09.2009, *DJe* 11.09.2009).

1076 CURSO DE DIREITO DO CONSUMIDOR – *Bruno Miragem*

autor não apenas estava apta a romper o equilíbrio do contrato, como que efetivamente o fez. Para tanto, deverá estabelecer o liame lógico de causalidade entre o fato superveniente e o efeito, que é o desequilíbrio contratual.

Observados esses requisitos, restará regular a intervenção do juiz no contrato, para cumprimento da lei e assegurar o equilíbrio das prestações das partes (sinalagma contratual), em acordo com os preceitos da boa-fé objetiva e da equidade, que presidem a interpretação e execução dos contratos de consumo.

3.6 AÇÃO DE EXIGIR CONTAS

O Código de Processo Civil revogado previa – segundo disciplina tradicional no direito brasileiro – a ação de prestação de contas. O CPC/2015 impôs câmbio de terminologia, passando a se referir à ação de exigir contas. A rigor, revela em parte o objeto da ação, que veicula pretensão do autor perante o réu, para que este lhe dê informações e documentos que atestem contas a cuja informação tenha direito. Não perde a ação, contudo, seu caráter dúplice. Pode o autor ser quem queira tomar contas ou quem deseje prestá-las, pretendendo ou não decisão judicial que reconheça saldo em seu favor. No entanto, não se perca de vista que a ação de exigir contas não substitui nem deve ser interposta no lugar de ação revisional quando tenha por objeto discutir eventual invalidade de cláusulas contratuais.[36]

Trata-se de ação bastante útil na defesa dos direitos dos consumidores, uma vez que, em diversas oportunidades, especialmente nos contratos bancários, financeiros ou de previdência privada,[37] cuja compreensão do crédito ou débito do consumidor depende de cálculos de distintas complexidades, e, com isso, a necessidade de obter, junto ao fornecedor, as informações sobre os dados financeiros de determinada relação jurídica.[38] Nesse sentido já decidiu o STJ acerca da legitimidade para sua interposição pelo titular de conta-corrente bancária (Súmula 259), assim como a respeito de que não se aplica, no tocante ao prazo para sua interposição, aquele previsto no CDC para reclamação de vícios do produto e do serviço (Súmula 477).[39] Não se admite, contudo, a prestação de contas para o caso de financiamento bancário, em razão da ausência da disposição de valores do consumidor para a instituição financeira.[40]

---

[36] STJ, REsp 1.231.027/PR, 2ª Seção, Rel. Min. Maria Isabel Gallotti, j. 12.12.2012, *DJe* 18.12.2012.

[37] STJ, REsp 600.744/DF, 3ª Turma, Rel. Min. Castro Filho, j. 06.05.2004, *DJ* 24.05.2004.

[38] Sobre os requisitos do cabimento da ação de prestação de contas em contratos bancários e financeiros, exigindo o detalhamento e a individualização da impugnação aos registros: ABRÃO, Carlos Henrique. Prestação de contas bancária. *Revista de Direito Bancário e do Mercado de Capitais*, São Paulo, v. 9, p. 267-272, jul. 2000.

[39] "Processual civil. Recurso especial. Ação de prestação de contas. Prazo decadencial. Artigo 26 do Código de Defesa do Consumidor. Não incidência. Recurso representativo da controvérsia. 1. O artigo 26 do Código de Defesa do Consumidor dispõe sobre o prazo decadencial para a reclamação por vícios em produtos ou serviços prestados ao consumidor, não sendo aplicável à ação de prestação de contas ajuizada pelo correntista com o escopo de obter esclarecimentos acerca da cobrança de taxas, tarifas e/ou encargos bancários. 2. Julgamento afetado à Segunda Seção com base no procedimento estabelecido pela Lei nº 11.672/2008 (Lei dos Recursos Repetitivos) e pela Resolução STJ 8/2008. 3. Recurso especial provido" (STJ, REsp 1.117.614/PR, 2ª Seção, Rel. Min. Maria Isabel Gallotti, j. 10.08.2011, *DJe* 10.10.2011).

[40] REsp 1.244.361/PR, 4ª Turma, Rel. Min. Maria Isabel Gallotti, j. 25.09.2012, *DJe* 30.10.2012.

PARTE IV · Cap. 3 · EFETIVIDADE DA TUTELA DOS DIREITOS DOS CONSUMIDORES | **1077**

O artigo 550 do CPC/2015 refere que "Aquele que afirmar ser titular do direito de exigir contas requererá a citação do réu para que as preste ou ofereça contestação no prazo de 15 (quinze) dias". Na petição inicial, deve o autor especificar, em detalhes, as razões pelas quais exige as contas, juntando os documentos que couberem (artigo 550, § 1º). Prestadas as contas, pode o autor da ação impugná-las, oferecendo fundamentação adequada, e, havendo impugnação específica, pode o juiz conceder ao réu prazo para apresentar os documentos que a justifiquem.

O procedimento da ação de prestação de contas, que pode ser proposta pelo consumidor no seu domicílio,[41] é relativamente célere. Nesse sentido, pode o consumidor requerer a citação do fornecedor para que, em quinze dias, apresente as contas ou conteste a ação (artigo 550 do CPC/2015), prazo esse que foi expandido em relação ao previsto no CPC revogado, de apenas cinco dias, muitas vezes considerado impraticável em vista do período e da extensão das informações requeridas pelo consumidor ao fornecedor.[42] Se essas forem prestadas, o consumidor terá, então, quinze dias para manifestar-se quanto às informações ofertadas pelo fornecedor (artigo 550, § 2º). O pedido da ação, por sua vez, não deve ser genérico, indicando ao menos o período ou sobre que aspectos ou operações se requer esclarecimento.[43]

Por outro lado, não havendo contestação do fornecedor, ou negando-se ele a prestar contas, o juiz o condenará a fazê-lo, na sentença que julgar procedente o pedido, no prazo de quinze dias. O artigo 552 do CPC, por sua vez, define que a ação de exigir contas apurará o saldo e constituirá título executivo judicial em favor do credor.

---

[41] "Processual civil. Ação de prestação de contas. Planos de benefícios (saúde e renda mensal). Previdência privada complementar. Competência. Foro do local do possível dano. Lei 8.078/90, artigo 93, I. Normas adjetivas de aplicação imediata. Foro de eleição rejeitado. Contrato de adesão. I. À ação de prestação de contas movida após a vigência do Código do Consumidor devem ser aplicadas as normas adjetivas dele constantes relativas ao foro competente que, no caso dos autos, fixa-se onde poderá se produzir o dano, pelo recebimento, a menor, pelo autor, em seu domicílio, das prestações devidas a título de contraprestação pela filiação em planos de benefícios prestados pela entidade de previdência privada complementar. II. Não prevalência, de outro lado, do foro contratual de eleição, visto que não se configura em livre escolha do consumidor, mas mera adesão a cláusula preestabelecida pela instituição previdenciária que seleciona a Comarca onde tem sede, implicando em dificultar a defesa da parte mais fraca, em face dos ônus que terá para acompanhar o processo em local distante daquele onde reside. Precedentes. III. Recurso conhecido e provido" (STJ, REsp 119.267/SP, 4ª Turma, Rel. Min. Aldir Passarinho Junior, j. 04.11.1999, *DJ* 06.12.1999).

[42] Nesse sentido, em parecer para instituição bancária, posiciona-se favoravelmente a essa possibilidade: FABRÍCIO, Adroaldo Furtado. Flexibilização dos prazos como forma de adaptar procedimentos – ação de prestação de contas. Parecer. *Revista de Processo*, São Paulo, v. 197, p. 413-444, jul. 2011. Em sentido contrário, sustentando a impossibilidade de alteração dos prazos: CHIAVEGATTI, Ricardo; NUNES, Thiago Marinho. Ação de prestação de contas e instituições financeiras: consumidor acima da lei? Atualidades e reflexões sobre o procedimento da prestação de contas e algumas decisões emblemáticas recentes da jurisprudência brasileira. *Revista de Processo*, São Paulo, v. 164, p. 283-295, out. 2008.

[43] STJ, AgRg no AREsp 560.813/PR, 3ª Turma, Rel. Min. Ricardo Villas Bôas Cueva, j. 15.08.2017, *DJe* 28.08.2017.

PARTE V

PROTEÇÃO ADMINISTRATIVA DO CONSUMIDOR

Ao estabelecer o direito fundamental de defesa do consumidor em seu artigo 5º, XXXII, a Constituição da República determinou ao Estado o dever de realizá-lo, sob suas diferentes projeções, como o Estado-legislador (que promulgou o CDC, nos termos do artigo 48 do ADCT), o Estado-juiz, que, por intermédio das regras de processo, exerce seu poder jurisdicional em acordo com a Constituição e as leis, a fim de promover a efetividade dos direitos do consumidor, assim como estabeleceu o dever do Estado de agir diretamente, pelo exercício de sua função executiva, promovendo as providências de caráter administrativo, visando à promoção da defesa do consumidor.

Caberá à Administração Pública, por intermédio de seus órgãos e suas entidades, o dever de promover a defesa do consumidor no âmbito das providências administrativas de sua competência, conforme o estabelecido no próprio CDC. Para tanto, a criação e o funcionamento de órgãos com competência específica de proteção do consumidor, assim como o exercício de competência por esses mesmos órgãos (Procon, Senacon), são acrescidos de providências endereçadas a todos os órgãos da Administração, em seus respectivos âmbitos de competência, de dar cumprimento às normas legais previstas no CDC, em vista tanto do dever estatal de defesa do consumidor quanto do respeito ao princípio da legalidade.

Já fizemos referência à transversalidade do direito do consumidor sobre as demais disciplinas jurídicas, dispondo sobre temas de direito privado, processual, administrativo, entre outros. Essa transversalidade também se projeta na atuação da Administração Pública. A existência de órgãos administrativos com competência específica de proteção ao consumidor não elimina o poder-dever dos demais, de respeito às normas do código, assim como sua implementação de acordo com sua competência fixada em lei. Assim ocorre, atualmente, em relação às agências reguladoras ou aos demais órgãos de regulação de mercado (Cade, Banco Central), todos dotados de competência e vinculados à realização das normas de proteção do consumidor.

1

A ADMINISTRAÇÃO PÚBLICA E A DEFESA DO CONSUMIDOR

O CDC consagrou, para a defesa dos direitos subjetivos do consumidor, a via judicial – fundada na garantia constitucional de acesso ao Poder Judiciário – e a via administrativa, de competência dos distintos entes federados (artigo 55, § 1º, do CDC). Interessa-nos, nesse ponto, o exame da defesa administrativa, a partir do exame, em um primeiro momento, do sistema de proteção e defesa do consumidor organizado em âmbito federal.

A União exerce sua competência administrativa no que se refere à matéria atinente ao Código de Defesa do Consumidor, basicamente, por meio do Sistema Nacional de Defesa do Consumidor (SNDC), previsto no artigo 105 do CDC. Este dispõe: "integram o Sistema Nacional de Defesa do Consumidor (SNDC), os órgãos federais, estaduais, do Distrito Federal e municipais e as entidades privadas de defesa do consumidor". O SNDC é coordenado, atualmente, pela Secretaria Nacional do Consumidor (Senacon), criada pelo Decreto 7.738, de 28 de maio de 2012, o qual lhe indica "exercer as competências estabelecidas na Lei nº 8.078, de 11 de setembro de 1990".[1] Sucede, nesse caso, o Depar-

---

[1] Atualmente, vige o artigo 17 do Anexo I ao Decreto 11.348, de 2023, que dispõe: "À Secretaria Nacional do Consumidor compete: I – formular, promover, supervisionar e coordenar a política nacional de proteção e defesa do consumidor; II – integrar, articular e coordenar o Sistema Nacional de Defesa do Consumidor; III – articular-se com órgãos e entidades da administração pública federal com atribuições relacionadas à proteção e à defesa do consumidor; IV – orientar e coordenar ações para a proteção e a defesa do consumidor; V – prevenir, apurar e reprimir infrações às normas de defesa do consumidor; VI – promover, desenvolver, coordenar e supervisionar ações de divulgação dos direitos do consumidor, com vistas ao exercício efetivo da cidadania; VII – promover ações para assegurar os direitos e os interesses do consumidor; VIII – fiscalizar e aplicar as sanções administrativas previstas na Lei nº 8.078, de 11 de setembro de 1990, e em outras normas pertinentes à defesa do consumidor; IX – adotar medidas para a manutenção e a expansao do Sistema Nacional de Informações de Defesa do Consumidor e garantir o acesso às informações; X – receber e encaminhar consultas, denúncias ou sugestões apresentadas por consumidores, entidades representativas ou pessoas jurídicas de direito público ou privado; XI – firmar convênios com órgãos e entidades públicas e com instituições privadas para executar planos e programas, e atuar em defesa do cumprimento de normas e de medidas federais; XII – incentivar, inclusive com recursos financeiros e programas especiais, a criação de órgãos públicos estaduais, distritais e municipais de defesa do consumidor e a formação, pelos cidadãos, de entidades com esse objetivo; XIII – celebrar compromissos de ajustamento de conduta, na forma prevista em lei; XIV – exercer as competências estabelecidas na Lei nº 8.078, de 1990; XV – elaborar e divulgar o elenco complementar de cláusulas contratuais e práticas abusivas, nos termos do disposto na Lei nº 8.078, de 1990; XVI – dirigir, orientar e avaliar ações de capacitação em defesa do consumidor destinadas aos integrantes do Sistema Nacional de Defesa do Consumidor; XVII – determinar ações de monitoramento de mercado de consumo para subsidiar políticas públicas de proteção e defesa do consumidor; XVIII – solicitar a colaboração de órgãos e entidades de notória especialização técnico-científica para a consecução de seus objetivos;

CURSO DE DIREITO DO CONSUMIDOR – *Bruno Miragem*

tamento de Proteção e Defesa do Consumidor (DPDC), o qual é referido, expressamente, no CDC e passa a ser órgão de apoio subordinado à Secretaria Nacional, vinculada à estrutura do Ministério da Justiça.[2] Entretanto, a atuação administrativa da União não se restringe às competências estabelecidas pelo CDC, estendendo-se à atividade de regulação da atividade econômica – a qual, em virtude da reforma do Estado, implementada a partir da década de 1990, é realizada pelas agências reguladoras,[3] além dos órgãos da administração direta vinculados aos respectivos ministérios.[4] Examine-se, então, de modo breve, as duas espécies de atuação administrativa, concentrando-se, todavia, na atuação dos órgãos administrativos especializados de defesa do consumidor, organizados no SNDC.

1.1 AGÊNCIAS REGULADORAS E DEFESA DO CONSUMIDOR

As agências reguladoras brasileiras, criadas no esteio de uma reforma estrutural da Administração Pública – inspirada em modelo de forte influência norte-americana –, surgem como resultado de um processo de descentralização administrativa, regulando a prestação de serviços públicos delegados e mesmo setores da atividade privada em que

---

XIX – representar o Ministério na participação em organismos, fóruns, comissões e comitês nacionais e internacionais que tratem da proteção e da defesa do consumidor ou de assuntos de interesse dos consumidores, exceto se houver designação específica do Ministro de Estado que disponha de maneira diversa; XX – solicitar à polícia judiciária a instauração de inquérito para a apuração de delito contra os consumidores; e XXI – representar ao Ministério Público, para fins de adoção das medidas necessárias ao cumprimento da legislação de defesa do consumidor, no âmbito de sua competência". O Departamento de Proteção e Defesa do Consumidor (DPDC), previsto no artigo 105 do CDC, foi preservado como órgão de assessoramento da Secretaria Nacional do Consumidor, conforme se observa das competências que lhe fixa o artigo 18 do Decreto 11.348/2023.

[2] A sucessão do DPDC pela Senacon deve ser observada, especialmente, como espécie de evolução institucional do tema da proteção do consumidor no âmbito da Administração Federal, dada a posição e representatividade mais relevante de uma secretaria nacional em relação a um departamento na estrutura administrativa do Poder Executivo.

[3] O fenômeno da criação de agências reguladoras surge a partir da década de 1990, como resultado do processo de reforma do Estado a partir da revisão do modelo advindo do Estado Social, com um enorme arco de atribuições além das tradicionalmente endereçadas à atividade estatal. Isso se observa dos argumentos de um dos artífices dessa reforma no Brasil, que, ao referir-se ao modelo pretendido, indica a necessidade de superar o que enumera como os três aspectos da crise brasileira: a crise fiscal, a crise quanto ao modo de intervenção do Estado e quanto à forma burocrática dessa intervenção (BRESSER-PEREIRA, Luiz Carlos. *Reforma do Estado para a cidadania*: a reforma gerencial brasileira na perspectiva internacional. São Paulo: Editora 34, 1998. p. *31 et seq.*).

[4] "Administrativo – Auto de infração – Conmetro e Inmetro – Leis 5.966/1973 e 9.933/1999 – Atos normativos referentes à metrologia – Critérios e procedimentos para aplicação de penalidades – Proteção dos consumidores – Teoria da qualidade. 1. Inaplicável a Súmula 126/STJ, porque o acórdão decidiu a querela aplicando as normas infraconstitucionais, reportando-se *en passant* a princípios constitucionais. Somente o fundamento diretamente firmado na Constituição pode ensejar recurso extraordinário. 2. Estão revestidas de legalidade as normas expedidas pelo Conmetro e Inmetro, e suas respectivas infrações, com o objetivo de regulamentar a qualidade industrial e a conformidade de produtos colocados no mercado de consumo, seja porque estão esses órgãos dotados da competência legal atribuída pelas Leis 5.966/1973 e 9.933/1999, seja porque seus atos tratam de interesse público e agregam proteção aos consumidores finais. Precedentes do STJ. 3. Essa sistemática normativa tem como objetivo maior o respeito à dignidade humana e a harmonia dos interesses envolvidos nas relações de consumo, dando aplicabilidade *a ratio* do Código de Defesa do Consumidor e efetividade à chamada Teoria da Qualidade. 4. Recurso especial conhecido e provido. Acórdão sujeito às disposições previstas no artigo 543-C do CPC e na Resolução 8/2008-STJ" (STJ, REsp 1.102.578/MG, Rel. Min. Eliana Calmon, j. 14.10.2009, *DJe* 29.10.2009).

a intervenção do Estado é exigência do interesse público. No caso dos primeiros, a Lei 8.987, de 13 de fevereiro de 1995 – que estabelece o regime jurídico das concessões e permissões de serviços públicos –, determina, em seu artigo 30, parágrafo único, que "A fiscalização do serviço será feita por intermédio de órgão técnico do poder concedente ou por entidade com ele conveniada e, periodicamente, conforme previsto em norma regulamentar, por comissão composta de representantes do poder concedente, da concessionária e dos usuários".

A Lei 9.427, de 26 de dezembro de 1996, que institui a Agência Nacional de Energia Elétrica (Aneel), não estabelece, entre as atribuições desse órgão, a defesa do consumidor.[5] Nas matérias pertinentes à atividade econômica, a agência tem a atribuição de dirimir, no âmbito administrativo, as divergências entre as concessionárias, permissionárias, autorizados, produtores independentes e autoprodutores, bem como entre esses agentes e seus consumidores (artigo 3º, V).[6] Também é sua atribuição a defesa da concorrência (artigo 3º, VIII e XIX). Já o artigo 4º, § 3º, da lei determina que o processo decisório da agência que implicar afetação dos direitos dos agentes econômicos do setor elétrico ou dos consumidores deverá ser precedido de audiência pública com os interessados.[7]

Acerca dos serviços de telecomunicações, a Lei 9.472, de 16 de julho de 1997, estabelece, em seu artigo 3º, um elenco de direitos dos usuários.[8] Em relação a estes, o artigo 19, XVIII, estabelece, entre as atribuições da Agência Nacional de Telecomunicações (Anatel), a de "reprimir infrações aos direitos dos usuários". Entre as diretrizes para a execução das

---

[5]   Embora, de se dizer, que o artigo 14 do Decreto 2.335/1997, que constitui a Aneel, indica que esta aplicará, "no que couber, o disposto no Código de Proteção e Defesa do Consumidor".

[6]   A legislação do setor elétrico utiliza o termo consumidor em sentido extremamente amplo, englobando também o que se pode denominar grandes consumidores, agentes econômicos que têm prerrogativa legal para livre contratação do fornecedor de energia, de acordo com a lógica de estímulo à concorrência do mercado. Assim os artigos 15 e 16 da Lei 9.074/1995. Há, nesse sentido, um descompasso entre as normas do setor de energia e o CDC, no que se refere à identificação e à definição do consumidor a ser protegido.

[7]   Nesse sentido, por exemplo, a Resolução Aneel 1.000, de 7 de dezembro de 2021, que estabelece as regras de prestação de serviço público de distribuição de energia elétrica, define que, a par das suas disposições, ela "não afasta a necessidade de cumprimento do disposto na regulação da ANEEL e na legislação, em especial: I – na Lei nº 8.078, de 11 de setembro de 1990, que instituiu o Código de Defesa do Consumidor e estabelece normas de proteção e defesa do consumidor, de ordem pública e interesse social; e II – na Lei nº 13.460, de 26 de junho de 2017, que dispõe sobre a participação, proteção e defesa dos direitos do usuário dos serviços públicos" (artigo 1º, § 3º).

[8]   Assim o artigo 3º da Lei 9.472/1997 (Lei Geral de Telecomunicações): "O usuário de serviços de telecomunicações tem direito: I – de acesso aos serviços de telecomunicações, com padrões de qualidade e regularidade adequados à sua natureza, em qualquer ponto do território nacional; II – à liberdade de escolha de sua prestadora de serviço; III – de não ser discriminado quanto às condições de acesso e fruição do serviço; IV – à informação adequada sobre as condições de prestação dos serviços, suas tarifas e preços; V – à inviolabilidade e ao segredo de sua comunicação, salvo nas hipóteses e condições constitucional e legalmente previstas; VI – à não divulgação, caso o requeira, de seu código de acesso; VII – à não suspensão de serviço prestado em regime público, salvo por débito diretamente decorrente de sua utilização ou por descumprimento de condições contratuais; VIII – ao prévio conhecimento das condições de suspensão do serviço; IX – ao respeito de sua privacidade nos documentos de cobrança e na utilização de seus dados pessoais pela prestadora do serviço; X – de resposta às suas reclamações pela prestadora do serviço; XI – de peticionar contra a prestadora do serviço perante o órgão regulador e os organismos de defesa do consumidor; XII – à reparação dos danos causados pela violação de seus direitos".

1084 | CURSO DE DIREITO DO CONSUMIDOR – *Bruno Miragem*

políticas públicas de telecomunicação pela agência, por sua vez, está a harmonização da regulamentação setorial às normas gerais sobre relações de consumo (artigo 8º, V, *a*, do Decreto 9.612/2018).

Já a Agência Nacional de Vigilância Sanitária (Anvisa), criada pela Lei 9.782, de 26 de janeiro de 1999, possui atribuições estabelecidas pelo artigo 7º do mencionado diploma, que envolvem matérias de prevenção e controle dos riscos à saúde do consumidor. Para tanto, cabe à agência regular e fiscalizar uma série de produtos e responder, por exemplo, pelo seu registro (artigo 7º, IX), expedindo certificados de boas práticas de fabricação (artigo 7º, X).

Outra Agência que tem atribuição de regulamentar setor afeto aos interesses dos consumidores é a Agência Nacional de Saúde Suplementar (ANS), criada pela Lei 9.961, de 28 de janeiro de 2000. Ela tem atribuição legal, segundo o artigo 4º, XI, da mencionada lei, para estabelecer critérios, responsabilidades, obrigações e normas de procedimento para garantia dos direitos dos consumidores assegurados nos artigos 30 e 31 da Lei 9.656, de 1998.[9] Também cumpre à ANS articular-se com os órgãos de defesa do consumidor, visando à eficácia da proteção e defesa do consumidor de serviços privados de assistência à saúde, de acordo com o disposto na Lei 8.078/1990 (artigo 4º, XXXVI, da Lei 9.961/2000).

Todas as agências reguladoras mencionadas, conforme se procurou demonstrar, incluem, entre suas atribuições, de modo mais ou menos expresso, a consideração dos interesses dos consumidores na regulação da atividade econômica de que se ocupam. Ao mesmo tempo, o próprio CDC é expresso em seu artigo 22, ao incluir, no seu âmbito de incidência, os serviços públicos cuja prestação caracterize-se como relação de consumo,

---

[9]   Estabelece a Lei 9.656/1998, em seus artigos 30 e 31: "Art. 30. Ao consumidor que contribuir para produtos de que tratam o inciso I e o § 1º do art. 1º desta Lei, em decorrência de vínculo empregatício, no caso de rescisão ou exoneração do contrato de trabalho sem justa causa, é assegurado o direito de manter sua condição de beneficiário, nas mesmas condições de cobertura assistencial de que gozava quando da vigência do contrato de trabalho, desde que assuma o seu pagamento integral. § 1º O período de manutenção da condição de beneficiário a que se refere o *caput* será de um terço do tempo de permanência nos produtos de que tratam o inciso I e o § 1º do art. 1º, ou sucessores, com um mínimo assegurado de seis meses e um máximo de vinte e quatro meses. § 2º A manutenção de que trata este artigo é extensiva, obrigatoriamente, a todo o grupo familiar inscrito quando da vigência do contrato de trabalho. § 3º Em caso de morte do titular, o direito de permanência é assegurado aos dependentes cobertos pelo plano ou seguro privado coletivo de assistência à saúde, nos termos do disposto neste artigo. § 4º O direito assegurado neste artigo não exclui vantagens obtidas pelos empregados decorrentes de negociações coletivas de trabalho. § 5º A condição prevista no *caput* deste artigo deixará de existir quando da admissão do consumidor titular em novo emprego. § 6º Nos planos coletivos custeados integralmente pela empresa, não é considerada contribuição a coparticipação do consumidor, única e exclusivamente, em procedimentos, como fator de moderação, na utilização dos serviços de assistência médica ou hospitalar. Art. 31. Ao aposentado que contribuir para produtos de que tratam o inciso I e o § 1º do art. 1º desta Lei, em decorrência de vínculo empregatício, pelo prazo mínimo de dez anos, é assegurado o direito de manutenção como beneficiário, nas mesmas condições de cobertura assistencial de que gozava quando da vigência do contrato de trabalho, desde que assuma o seu pagamento integral. § 1º Ao aposentado que contribuir para planos coletivos de assistência à saúde por período inferior ao estabelecido no *caput* é assegurado o direito de manutenção como beneficiário, à razão de um ano para cada ano de contribuição, desde que assuma o pagamento integral do mesmo. § 2º Para gozo do direito assegurado neste artigo, observar-se-ão as mesmas condições estabelecidas nos §§ 2º, 3º, 4º, 5º e 6º do art. 30. § 3º Para gozo do direito assegurado neste artigo, observar-se-ão as mesmas condições estabelecidas nos §§ 2º e 4º do artigo 30".

sejam eles prestados pela própria Administração, sejam prestados mediante regime de concessão e permissão.

Mais recentemente, foi editada a Lei 13.848, de 25 de junho de 2019, que passou a disciplinar a gestão, a organização, o processo decisório e o controle social das agências reguladoras. Entre as inovações trazidas pela lei, está a submissão do processo decisório da agência, acerca de atos normativos que editem, à prévia análise de impacto regulatório, cujas situações em que será exigida deverá ser definida em regulamento. Da mesma forma, exige que todo o processo decisório das agências indique, necessariamente, os pressupostos de fato e de direito que determinarem suas decisões, inclusive a respeito da edição ou não de atos normativos.

O artigo 31 da Lei 13.848/2019, por sua vez, estabeleceu o dever das agências reguladoras, no exercício de suas atribuições, e em articulação com o Sistema Nacional de Defesa do Consumidor (SNDC) e com a Secretaria Nacional do Consumidor, qual seja: "zelar pelo cumprimento da legislação de defesa do consumidor, monitorando e acompanhando as práticas de mercado dos agentes do setor regulado". Para tanto, poderão celebrar convênios de cooperação dos órgãos do SNDC, assim como termos de ajustamento de conduta com pessoas físicas e jurídicas submetidas a sua competência regulatória (artigo 32 da Lei 13.848/2019). Do mesmo modo, o exercício das respectivas competências conferidas por lei às agências reguladoras deve, sob o marco do princípio da legalidade, vincular-se à aplicação do CDC e à realização do direito fundamental de defesa do consumidor (artigo 5º, XXXII, da Constituição da República). No caso de desatenção a esse poder-dever implícito na competência legal que lhes é conferida, podem as agências reguladoras,[10] assim como quaisquer outros órgãos ou entidades da Administração Pública, ser constrangidas a atuar segundo a lei.

1.2 EXERCÍCIO DO PODER DE POLÍCIA E DEFESA DO CONSUMIDOR

A moderna concepção do Estado de Direito tem na garantia de direitos dos seus cidadãos o seu fundamento mais precioso. Essa finalidade, tipicamente estatal, de conceder e garantir

---

[10] "Administrativo. Processual civil. Ação civil pública. Anvisa. Código de Defesa do Consumidor. Dever--poder de fiscalização e normatização. Informação. Valor nutricional. Variação de 20%. Advertência em rótulo de produtos alimentícios. Art. 535, II, do CPC. Ausência de omissão. 1. O Ministério Público Federal, após apurar irregularidades na rotulagem de produtos *light* e *diet*, ajuizou Ação Civil Pública contra a Agência de Vigilância Sanitária – ANVISA – a fim de que a autarquia, utilizando-se do seu poder de normatizar e fiscalizar bens e atividades de interesse para a saúde, exija que passe a constar, nos rótulos alimentícios, advertência de variação de 20% nos valores nutricionais. 2. O consumidor tem o direito de ser informado no rótulo dos produtos alimentícios da existência de variação de 20% nos valores nutricionais, principalmente porque existe norma da ANVISA permitindo essa tolerância. 3. O dever de informação exige comportamento positivo e ativo, pois o CDC afasta a regra *caveat emptor* e não aceita que o silêncio equivalha à informação, caracterizando-o, ao contrário, como patologia repreensível, que é relevante somente em desfavor do fornecedor, inclusive como oferta e publicidade enganosa por omissão, punida civil, administrativa e criminalmente pelo CDC. 4. Sobretudo em alimentos e medicamentos, os rótulos constituem a via mais fácil, barata, ágil e eficaz de transmissão de informações aos consumidores. São eles mudados frequentemente para atender a oportunidades efêmeras de *marketing* e de negócio, como eventos desportivos ou culturais. Não parece razoável, por conseguinte, alegar que a inclusão expressa da frase 'variação de 20% dos valores nutricionais' das matérias-primas utilizadas cause onerosidade excessiva aos fabricantes. 5. Recurso Especial parcialmente provido" (STJ, REsp 1.537.571/ SP, 2ª Turma, Rel. Min. Herman Benjamin, j. 27.09.2016, *DJe* 20.08.2020).

direitos, a partir da evolução jurídico-política dos últimos séculos, passou a ser desempenhada em primeiro plano pela Constituição – que sistematiza o reconhecimento dessas prerrogativas, assim como disciplina o modo como as demais normas jurídicas as ampliam ou restringem.

É exatamente esse fundamento do Estado, de organização da convivência social a partir da restrição a direitos e liberdades em favor de um interesse geral, que lhe outorga a prerrogativa de prescrever limitações a condutas individuais em favor do que hoje se denomina, apropriadamente, *interesse público*. Essa atuação prática se realiza por *órgãos do Estado*, que, na sua atuação concreta em favor do bem-estar individual e do progresso social, denominamos *Administração*.[11] Assim como aos poderes do Estado cumprem tarefas típicas como a de legislar em relação ao Poder Legislativo e a de compor litígios, em relação ao Poder Judiciário, à Administração incumbe a realização de tarefas executivas, de interferência material na vida dos particulares, tendo em vista o interesse público.

Essa prerrogativa de interferência no âmbito da atividade do sujeito privado, então, é que se convenciona denominar *poder de polícia administrativo*, ou, simplesmente, *poder de polícia*. Nesse sentido a definição de Odete Medauar, para quem o "poder de polícia é a atividade da Administração que impõe limites a direitos e liberdades".[12] Acerca desse conceito, naquilo que apresenta como limitação a direitos e liberdades, preferimos denominar *conformação* de determinados direitos em face de situações específicas, dado que o conteúdo e a extensão do direito são estabelecidos a partir da intervenção estatal.

O mestre alemão Otto Mayer preferiu, no início do século, uma definição que nos parece mais adequada, exatamente pela abrangência que oportuniza. Definiu o poder de polícia como sendo "a atividade do Estado que visa defender, pelos meios do poder da autoridade, a boa ordem da coisa pública contra as perturbações que as realidades individuais possam trazer".[13]

Ao mesmo tempo, constata-se, na doutrina especializada, uma dificuldade de precisão conceitual, em face da sua utilização reiterada para fenômenos diversos. Celso Antônio Bandeira de Mello identifica, basicamente, dois sentidos para o termo *poder de polícia*. Um amplo, que consistiria na atividade estatal de condicionar a liberdade e a propriedade ajustando-as aos interesses coletivos que indicam o universo das medidas do Estado – inclusive as normas legislativas produzidas pelo poder competente. Esse é o entendimento no direito norte-americano, no qual o *police power* comporta a regulação legal de direitos privados outorgados pela Constituição.[14]

Em sentido estrito, contudo, se pode identificar o poder de polícia como espécie de *intervenção genérica ou específica do Poder Executivo, destinada a alcançar o mesmo fim de interferir nas atividades de particulares tendo em vista os interesses sociais*.[15] Embora

---

[11] ALESSI, Renato, 1949, p. 37 apud MEIRELLES, Hely Lopes. *Direito administrativo brasileiro*. 20. ed. São Paulo: Malheiros Editores, 1995. p. 83.

[12] MEDAUAR, Odete. Poder de Polícia. *Revista de Direito Administrativo*, Rio de Janeiro, n. 199, p. 89-96, jan.-mar. 1995.

[13] MAYER, Otto. *Derecho administrativo alemán*. Buenos Aires: De Palma, 1951. t. II. p. 5.

[14] BANDEIRA DE MELLO, Celso Antônio. *Curso de direito administrativo*. 11. ed. São Paulo: Malheiros Editores, 1999. p. 559.

[15] BANDEIRA DE MELLO, Celso Antônio. *Curso de direito administrativo*. 11. ed. São Paulo: Malheiros Editores, 1999. p. 560.

PARTE V · Cap. 1 · A ADMINISTRAÇÃO PÚBLICA E A DEFESA DO CONSUMIDOR | 1087

outros autores de prestígio indiquem entendimentos distintos,[16] no que respeita à defesa do consumidor o fundamento do poder de polícia administrativo adota o sentido identificado pelo eminente professor paulista. Afinal, o interesse público a ser realizado revela-se a partir do artigo 5º, XXXII, da Constituição da República, que, ao mesmo tempo, estabelece o consumidor como titular de direitos fundamentais,[17] cuja consideração na regulação jurídica da atividade econômica é reafirmada pelo artigo 170, III, da Constituição.[18]

Daí por que o poder de polícia administrativo, no que toca à defesa do consumidor, responde pela presença da Administração em situações ou relações jurídicas que, ordinariamente, seriam de direito privado, mas que a intervenção do ente público transfere, obrigatoriamente, à égide do regime jurídico de direito público. Diz respeito, como expressa Alessi, não à limitação de um direito determinado, mas a um elemento que auxilia no desenho do próprio perfil desse direito.[19] Não há limitação a direito, mas sua *conformação*, de acordo com os limites que as normas constitucionais, legislativas, e as editadas pela própria Administração, conferem a um direito determinado.

A técnica utilizada pela doutrina de direito administrativo para definição do poder de polícia tem sido a de comparação entre este e a atividade de prestação de serviço público. Enquanto o poder de polícia consistiria, basicamente, em preceitos de caráter negativo – o que se depreende das próprias expressões "limitação" e "restrição", no sentido de tornar menor algo que é originariamente maior –, os serviços públicos envolvem a ideia de uma ação positiva da Administração.

A finalidade do poder de polícia administrativo seria, em tese, a de evitar que um mal se produzisse a partir da ação de particulares. Assim, a atuação negativa se daria no sentido de evitar o prejuízo do interesse coletivo.[20] Esse entendimento nos leva a observar que seu objetivo, em regra, é obter do particular uma abstenção relativamente a determinada situação de fato. De outro modo, em certas situações, exigir-se-ia do particular uma atuação eminentemente positiva, um fazer, como no exemplo recorrente da doutrina de direito administrativo, de imposição ao proprietário de um prédio em ruínas para que realize reparos para sua adequação às normas sobre construções.

No caso da defesa do consumidor, a imposição de deveres positivos no exercício do poder de polícia é significativa. Por exemplo, atos administrativos definindo regras para atendimento ao dever de informar previstas no código, ou no âmbito dos Estados-

---

[16] A partir do conceito de poder de polícia administrativo, há quem sustente outras divisões, como Moreira Neto, para quem se poderia destacar a polícia administrativa no sentido que já indicamos, e a polícia de segurança, como a atividade do Estado especificamente voltada para repressão da criminalidade (MOREIRA NETO, Diogo de Figueiredo. *Curso de direito administrativo*. 3. ed. Rio de Janeiro: Forense, 1976. p. 308).

[17] Veja-se, a respeito, as reflexões de MARQUES, Claudia Lima. *Contratos no Código de Defesa do Consumidor*. 4. ed. São Paulo: Ed. RT, 2003. p. 304 *et seq.*

[18] Assim nossas conclusões em: MIRAGEM, Bruno. O direito do consumidor como direito fundamental: consequências jurídicas de um conceito. *Revista de Direito do Consumidor*, São Paulo, v. 43, jul.-set. 2002. p.130 *et seq.*

[19] ALESSI, Renato. *Principii di diritto amministrativo*. 2. ed. Milano: Dott. A. Giuffrè, 1971. v. 1. p. 530 *et seq.*

[20] BANDEIRA DE MELLO, Celso Antônio. *Curso de direito administrativo*. 11. ed. São Paulo: Malheiros Editores, 1999. p. 560.

1088 | CURSO DE DIREITO DO CONSUMIDOR – *Bruno Miragem*

-membros, que, por intermédio dos órgãos administrativos estaduais, ou mesmo do Poder Legislativo,[21] dispõem, supletivamente, sobre a conduta dos fornecedores em vista da proteção do consumidor.[22]

O exercício do poder de polícia, tratando-se da defesa administrativa do consumidor, compreende a imposição de deveres positivos, em favor da proteção dos interesses legítimos do consumidor. Seu exercício não está condicionado à provocação ou à reclamação de consumidores individuais ou qualquer outra pessoa. A vinculação à finalidade pública específica de defesa do consumidor faz a própria atuação dos órgãos de defesa do consumidor e demais órgãos com competência correlata atuarem de ofício,[23] embora se possa argumentar, *a contrario sensu*, que a ideia de ação positiva seria aparente, uma vez que a verdadeira finalidade permaneceria negativa, no sentido de evitar que as situações pretendidas sejam efetuadas de maneira que não causem dano ao consumidor.[24] A nosso ver, trata-se de uma falsa polêmica; afinal, equivale negar a existência de toda atuação positiva, uma vez que o agir estivesse sendo realizado a partir de um comportamento negativo em relação à consequência ou ao resultado de não agir, o que é incorreto em termos de lógica jurídica. Na verdade, a predominância do aspecto da ação negativa – ou obtenção de uma inação – deriva, basicamente, da transformação histórica do poder de polícia e do próprio Estado, de uma realidade política liberal em que a liberdade individual era a regra, e a intervenção sua exceção.[25] A estrutura do Estado social exige sua intervenção na determinação ou no estímulo de condutas conforme o interesse público definido.

É melhor observar-se o poder de polícia como a imposição de condicionamentos aos administrados, que ora serão negativos – um *non facere* –, ora positivos – um *facere*. Na defesa do consumidor, equivale dizer que a proteção contra a publicidade enganosa, por exemplo, tanto pode se dar pela proibição dessa modalidade de publicidade, que deixe de conter as informações constantes do artigo 37, § 1º, do CDC, quanto pelo estabelecimento de informações consideradas essenciais que, detalhando o preceito legal, realizem o direito subjetivo à informação do consumidor, o que poderia ser viabilizado por meio de uma portaria, por exemplo.

A manifestação material desse poder de interferência da Administração pode se dar a partir do que Bandeira de Mello refere como *atos preventivos, fiscalizadores e repressivos*. Dos primeiros (*preventivos*) seriam exemplo as autorizações e licenças as quais a Adminis-

---

[21] Veja-se: MARQUES, Claudia Lima; MIRAGEM, Bruno; MOESCH, Teresa. Comentários ao Anteprojeto de Lei Geral de Defesa do Consumidor do Estado do Rio Grande do Sul, da OAB/RS. *Revista de Direito do Consumidor*, São Paulo, v. 90, p. 399-406, nov.-dez. 2013.

[22] STJ, AgRg no AgRg no REsp 1.261.824/SP, 2ª Turma, Rel. Min. Herman Benjamin, j 14.02.2012, *DJe* 09.05.2013.

[23] STJ, REsp 1.794.971/SP, 2ª Turma, Rel. Min. Herman Benjamin, j. 10.03.2020, *DJe* 24.06.2020.

[24] BANDEIRA DE MELLO, Celso Antônio. *Curso de direito administrativo*. 11. ed. São Paulo: Malheiros Editores, 1999. p. 562.

[25] Sobre a evolução histórica do conceito de poder de polícia, veja-se: MEDAUAR, Odete. Poder de Polícia. *Revista de Direito Administrativo*, Rio de Janeiro, n. 199, jan.-mar. 1995. p. 90; e DI PIETRO, Maria Sylvia Zanella. *Direito administrativo*. 5. ed. São Paulo: Atlas, 1995. p. 93. Esta, aliás, é perspicaz ao confrontar os diferentes conceitos de duas épocas. Primeiro o clássico, ligado à concepção liberal do século XVIII, que visualizava o poder de polícia como a "atividade estatal que limitava o exercício dos direitos individuais em benefício da segurança". Em seguida o conceito moderno, de "atividade do Estado consistente em limitar o exercício dos direitos individuais em benefício do interesse público".

PARTE V · Cap. 1 · A ADMINISTRAÇÃO PÚBLICA E A DEFESA DO CONSUMIDOR | 1089

tração tem a competência de conceder ou não. Os atos *fiscalizadores*, por sua vez, seriam aqueles tais quais inspeções, vistorias e exames realizados pela Administração. Por fim, *repressivos* seriam os atos que importem, por exemplo, a imposição de multa, embargo, intervenção de atividade e apreensões.[26]

A defesa administrativa do consumidor comporta as três modalidades de expressão do poder de polícia, desde seu caráter preventivo, como na celebração de compromissos de ajustamento (artigo 6º do Dec. 2.181/1997) ou mesmo nas iniciativas de educação do consumidor (*e.g.*, artigo 55, *caput*, do CDC e artigo 3º, IV do Dec. 2.181/1997), passando pela fiscalização do cumprimento das disposições do Código de Defesa do Consumidor e de legislação correlata (artigos 9º a 11 do Dec. 2.181/1997), até a repressão às infrações às normas de proteção ao consumidor (artigo 18 e ss. do Dec. 2.181/1997).

A indicação do termo *poder de polícia*, desde há muito, tem sido objeto de críticas variadas da doutrina especializada. Odete Medauar, por exemplo, demonstra que o conceito do termo "polícia" tem se modificado ao longo do tempo, desde sua pioneira concepção como faculdade de regular tudo o que se encontrava sob a égide do Estado, exceto as atividades vinculadas à justiça e às finanças.[27]

A evolução das atribuições estatais a partir das transformações do direito constitucional contemporâneo reclama do Estado uma série de tarefas antes exercidas pelos particulares, ou mesmo as remetidas ao Estado originariamente, em face de transformações da realidade social – como o caso dos direitos dos consumidores com o surgimento da sociedade do consumo de massas. A consequência imediata dessas novas exigências foi uma expansão física e política do Estado[28] e o avanço da sua intervenção, sobretudo em relação à atividade econômica, antes exclusiva à ação do particular.[29] É o que Eros Roberto Grau chamará de *estatização da economia*, cuja finalidade – segundo entende – é incorporar o sistema capitalista na Constituição, visando à preservação deste.[30] No que interessa a este estudo, destaca-se a atividade interventiva do Estado, a fim de promover a livre concorrência e a defesa do consumidor.[31]

Na doutrina de direito administrativo, então, surgiu a percepção de que se havia criado uma concepção autônoma de poder de polícia, para o que, na verdade, se resume à aplicação da lei.[32] Entre nós, Carlos Ari Sundfeld criticou o conceito tradicional de poder

---

[26] BANDEIRA DE MELLO, Celso Antônio. Serviço público e poder de polícia: concessão e delegação. *Revista Trimestral de Direito Público*, São Paulo, n. 20, 1997. p. 23.

[27] MEDAUAR, Odete. Poder de Polícia. *Revista de Direito Administrativo*, Rio de Janeiro, n. 199, jan -mar. 1995. p. 91.

[28] A expressão é de LIMA, Amílcar Castro de Oliveira. *O Poder Executivo nos estados contemporâneos*: tendências na experiência mundial. Rio de Janeiro: Artenova, 1975. p. 19-20.

[29] Conforme demonstra MILIBAND, Ralph. *The state in capitalist society*. New York: Basic Books Publishers, 1969. p. 126 *et seq.*

[30] GRAU, Eros Roberto. *A ordem econômica na Constituição de 1988*: interpretação e crítica. 3. ed. São Paulo: Malheiros Editores, 1997. p. 27.

[31] A relação entre a livre concorrência e a proteção do consumidor é necessária, uma vez que aquela terá seu fundamento último nesta. Nesse sentido, veja-se o excelente trabalho de GLÓRIA, Daniel Firmato Almeida. *A livre concorrência como garantia do consumidor*. Belo Horizonte: Del Rey, 2003. p. 93 *et seq.*

[32] GORDILLO, Augustín A. *Teoría general del derecho administrativo*. Buenos Aires: Macchi, 1979. p. 534 e ss.

de polícia sob a perspectiva da mera abstenção do particular, bem como o disfarce em que se procurou investi-lo, pela utilização da expressão *limitações administrativas*.[33] Defende a adoção de um novo conceito, de *administração ordenadora*, concentrada questão de *em que medida e sob que regime pode o Estado interferir na aquisição, no exercício e na extinção de direitos da vida privada*.[34] Define seu conceito, então, como *a parcela da função administrativa desenvolvida com o uso do poder de autoridade, para disciplinar, nos termos e nos fins da lei, os comportamentos dos particulares no campo de atividades que lhes é próprio*.

A atuação da Administração, assim, reforçaria seus laços com o conceito de interesse público, fundamento de intervenção na vida privada, e o princípio da legalidade. Nesse aspecto, a lei é que há de estabelecer o conteúdo do poder de polícia administrativo e da sua interferência na autonomia individual.

Os órgãos administrativos de defesa do consumidor têm sua sede legal nos artigos 55 e 106 do CDC, que, especificamente, lhes indicam atribuições e o exato conteúdo do poder que deverão exercer na ordenação do mercado, sob o viés da proteção do consumidor. Estabelecem, de um lado, o poder normativo (*preventivo*) da Administração Pública da União, dos Estados e do Distrito Federal para regular a produção, a industrialização, a distribuição e o consumo de produtos e serviços (artigo 55, *caput*). De outro, concedem a todos os entes federados – incluindo os municípios – o poder de fiscalização e controle (*fiscalizador e repressivo*)[35] da produção, industrialização, distribuição e publicidade de produtos ou serviços e do mercado de consumo. Para tanto, detalham os interesses que devem presidir a atuação administrativa (o interesse público promovido), qual seja, a preservação da vida, da saúde, da segurança, da informação e do bem-estar dos consumidores (artigo 55, § 1º). Não se perde de vista, da mesma forma, que prestam serviço público ao receberem reclamações do consumidor que dão origem ao exercício do poder de fiscalização, mas que também podem viabilizar meio de mediação e solução de conflitos de consumo, sobretudo, atualmente, por intermédio de plataforma digital – caso do Portal Consumidor.gov, mantido pela Secretaria Nacional do Consumidor como plataforma oficial da Administração Pública federal direta, autárquica e fundacional para a autocomposição nas controvérsias em relações de consumo, nos termos do Decreto 10.197, de 2 de janeiro de 2020. O recurso a plataformas digitais de autocomposição de conflitos de consumo, aliás, tem sido uma tendência em vários sistemas,[36] visando à redução de litigiosidade e agilidade na resposta, pelos fornecedores, das demandas dos consumidores.

O artigo 55, *caput*, do CDC estabelece a competência da União, dos estados e do Distrito Federal para legislar sobre normas de consumo, reiterando a competência concorrente prevista na Constituição da República (artigo 24, I e VIII). De outra parte, o § 1º da mesma disposição reconhece a todos os entes federados a competência para fiscalização

---

[33] SUNDFELD, Carlos Ari. *Direito administrativo ordenador*. São Paulo: Malheiros Editores, 1997. p. 13.

[34] SUNDFELD, Carlos Ari. *Direito administrativo ordenador*. São Paulo: Malheiros Editores, 1997. p. 18.

[35] Embora se observe na atividade de fiscalização também um caráter educativo, como no caso da organização e divulgação anual dos cadastros de reclamações fundamentadas pelos órgãos de defesa do consumidor, com a finalidade de defesa e orientação destes, conforme os artigos 44 do CDC e 57 *et seq.* do Dec. 2.181/1997.

[36] CIPRIANO, Ana Cândida Muniz. Nouvelles plateformes pour les conflits de consommation. *Revista de Direito do Consumidor*, São Paulo, v. 136, p. 301-333, jul.-ago. 2021.

PARTE V · Cap. 1 · A ADMINISTRAÇÃO PÚBLICA E A DEFESA DO CONSUMIDOR | 1091

e controle do fornecimento de bens e serviços, para o que poderão editar normas para o melhor cumprimento dessas atribuições. Segundo observa Zelmo Denari, nesse aspecto, a lei está a referir tanto normas ordinárias de consumo quanto normas regulamentares de fiscalização e controle.

Note-se que o exercício da competência fiscalizatória compreende o poder de requisitar informações dos fornecedores sobre sua conduta negocial, dados econômico-financeiros, e qualquer outra informação que subsidie a ação dos órgãos de defesa do consumidor. Eventual desatendimento de requisição regularmente feita implica caracterização de desobediência,[37] nos termos do artigo 55, § 4º, do CDC: "§ 4º Os órgãos oficiais poderão expedir notificações aos fornecedores para que, sob pena de desobediência, prestem informações sobre questões de interesse do consumidor, resguardado o segredo industrial". Nesse sentido, é uniforme o entendimento de que, além de eventual imputação penal, ficará sujeito às demais sanções administrativas, inclusive à sanção de multa.[38] Nesse caso, anote-se que o poder de polícia administrativo é exercido para proteção tanto do consumidor individualmente considerado – e que tenha seus direitos violados – quanto da coletividade de consumidores. É a infração a deveres pelos consumidores o que será objeto de sanção. Nesse sentido, não será determinante mesmo no caso da ação administrativa que tenha sido deflagrada a partir da infração a direitos de consumidores individualmente considerados, se posteriormente, no curso dessa atuação, a ocorrência de composição ou acordo com o fornecedor. A ação administrativa, assim, pode ter causa em reclamação do consumidor ou constatação de violação de seu direito, mas não se subordina à sua solução específica, em vista da vinculação ao interesse público.[39]

---

[37] MIRAGEM, Bruno. In: MARQUES, Claudia Lima; BENJAMIN, Antônio Herman V.; MIRAGEM, Bruno. *Comentários ao Código de Defesa do Consumidor*. 3. ed. São Paulo: Ed. RT, 2010. p. 1115 *et seq.* No mesmo sentido: AZEVEDO, Fernando Costa de. Considerações sobre o direito administrativo do consumidor. *Revista de Direito do Consumidor*, São Paulo, v. 68, p. 38-90, out. 2008.

[38] "Direito do Consumidor. Descumprimento do dever de prestar informações. Aplicação de multa pelo PROCON. Decreto 2.181/1997. 1. Dispõe o artigo 55, § 4º, do Código de Defesa do Consumidor (CDC), que 'Os órgãos oficiais poderão expedir notificações aos fornecedores para que, sob pena de desobediência, prestem informações sobre questões de interesse do consumidor, resguardado o segredo industrial'. 2. Assim, a recusa do fornecedor em prestar informações pode ensejar o crime de desobediência, além de sujeitá-lo às demais sanções administrativas previstas no próprio artigo 55, sistemática seguida pelo artigo 33, § 2º, do Decreto 2.181/1997. 3. Recurso Especial provido" (STJ, REsp 1.120.310/RN, 2ª Turma, Rel. Min. Herman Benjamin, j. 24.08.2010, *DJe* 14.09.2010).

[39] "Processual civil. Mandado de segurança. Código de Defesa do Consumidor. Sanção administrativa. PROCON. Poder de polícia de consumo. Acordo entre fornecedor e consumidor não exclui aplicação de sanção administrativa. Desnecessidade de produção de prova pericial. Dilação probatória. Ausência de direito líquido e certo. Recurso ordinário não provido. 1. Cuida-se, na origem, de Mandado de Segurança impetrado pela ora recorrente contra decisão supostamente ilegal proferida pelo Secretário de Estado da Administração Penitenciária e Justiça do Estado de Goiás e pela Superintendente do Procon-GO, que, sem antes realizar perícia e analisar acordo celebrado entre a consumidora reclamante e a empresa, a esta cominaram multa por atraso na prestação de serviço de reparo em veículo automotor. 2. O Tribunal a quo denegou a segurança e assim consignou na sua decisão: 'No tocante ao acordo, este Tribunal já decidiu no sentido de que a infringência da legislação consumerista, por si só, enseja a aplicação da multa prevista no artigo 56, inciso I, do Código de Defesa do Consumidor, ainda que a consumidora e a prestadora de serviço tenham entabulado acordo quando o processo administrativo encontrava-se em tramitação junto ao PROCON-GO.' (fl. 384). Correto o acórdão recorrido, pois a sanção administrativa prevista no Código de Defesa do Consumidor funda-se no poder de polícia de consumo que o Procon detém para cominar penas em razão de transgressão dos preceitos da Lei 8.078/1990. Eventual acordo

1092 | CURSO DE DIREITO DO CONSUMIDOR – *Bruno Miragem*

Outra manifestação do poder de polícia é o *poder regulamentar da Administração.* Este, segundo Celso Antônio Bandeira de Mello, não se restringe ao aclaramento ou à interpretação da lei. Acentua, de modo crítico, que o poder Executivo não é um pedagogo para alcançar além do que desejou o legislador. Assim, assevera que aos regulamentos cumpre a disciplina mais específica de situações que a lei não tratou em pormenor pelo fato de serem irrelevantes para a configuração dos direitos e obrigações nela formados.[40]

O poder regulamentar é exercido nos limites da lei a que se refere, influindo a discricionariedade administrativa na produção desse regulamento. No caso da defesa do consumidor, a Administração exerce seu poder estabelecendo padrões e procedimentos a serem observados na realização das suas finalidades.[41] Nesse sentido, por exemplo,

---

celebrado entre fornecedor e consumidor não apaga o ilícito administrativo, nem exclui a incidência da sanção. 3. Quanto à alegação de que era necessária a produção de prova pericial para demonstrar se o veículo apresentava ou não vício de fabricação, o Tribunal de origem entendeu 'ser desnecessária a perícia, pois a questão versada no processo administrativo que culminou com a multa é facilmente comprovada por prova documental' (fl. 383). 4. Por fim, destaque-se que o Mandado de Segurança detém entre seus requisitos a demonstração inequívoca de direito líquido e certo pela parte impetrante, por meio da chamada prova pré-constituída, inexistindo espaço para dilação probatória. 5. Assim, não há direito líquido e certo a ser amparado pelo Mandado de Segurança. 9. Recurso Ordinário não provido" (STJ, RMS 48.866/GO, 2ª Turma, Rel. Min. Herman Benjamin, j. 13.12.2016, *DJe* 28.08.2020).

40 BANDEIRA DE MELLO, Celso Antônio. *Ato administrativo e direitos dos administrados.* São Paulo: Ed. RT, 1981. p. 91.

41 "Processual civil. Administrativo. Controvérsia à luz de interpretação constitucional. Competência do Colendo Supremo Tribunal Federal. Falta de prequestionamento. Código de Defesa do Consumidor. Artigo 57. Ato normativo regulador. Súmula 7/STJ. Razoabilidade. Reexame do contexto fático-probatório. 1. Fundando-se o Acórdão recorrido em interpretação de matéria eminentemente constitucional, descabe a esta Corte examinar a questão, porquanto reverter o julgado significaria usurpar competência que, por expressa determinação da Carta Maior, pertence ao Colendo STF, e a competência traçada para este Egrégio STJ restringe-se unicamente à uniformização da legislação infraconstitucional. 2. Controvérsia dirimida pelo C. Tribunal a quo à luz da Constituição Federal, razão pela qual revela-se insindicável a questão no âmbito do Superior Tribunal de Justiça, em sede de Recurso Especial, nos seguintes termos: 'Cumpre primeiro, registrar que atos de natureza política não podem ser delegados, tampouco o exercício do poder regulamentar poderia sê-lo. A atribuição é privativa do chefe do poder executivo, nos termos do artigo 84, IV, CF e artigo 34, IV, CE, como bem acentuou a empresa apelante. Assim, refoge ao Senhor Governador o poder de delegar atribuição genérica para regulamentar, mesmo a secretário de Estado, o que não o impede de consignar em decreto regulamentar de uma lei, que o Secretário especificará mais providências administrativas por ordem de serviço ou resolução. Nesta linha, o Ato Normativo n. 001/02 expedido pela Superintendência de Proteção aos Direitos do Consumidor do Estado de Goiás tem a força de um parecer ou despacho normativo, pois tem o escopo de padronizar posturas administrativas, evitando recursos internos, vez que previne decisões conflitantes exauridas pelo referido órgão' (fls. 227). 3. Os critérios de aferimento dos prejuízos decorrentes da atuação da empresa, bem como a adequação do valor da multa imposta com fundamento no Ato Normativo n. 001/02, expedido pelo órgão de defesa do consumidor, resta obstada nesta instância especial porquanto calcado no Princípio da Hierarquia das normas e no Princípio da Legalidade, com manifesta essência constitucional. 4. *In casu,* assentou o Tribunal a quo, *verbis:* 'Os atos normativos típicos expedidos para regulamentar ou explicitar lei, sem inovar o direito, estão adstritos ao juízo de legalidade, assim como os demais atos administrativos, e é sobre este enfoque que a matéria rende apreciação. Sobreleva averiguar se o ato administrativo em questão extrapolou o comando legal consumerista (artigo 57), que leva em conta para a fixação da pena de multa os seguintes critérios: a gravidade da infração, a vantagem auferida e a condição econômica do fornecedor' (fls. 228). 5. O prequestionamento é indispensável, por isso que a sua falta torna inadmissível o recurso especial nos termos da Súmula n. 282/STF, *verbis:* 'é inadmissível o recurso extraordinário, quando não ventilada na decisão recorrida, a questão federal suscitada' (Súmula 282/STF). 6. *In casu,* o Tribunal de origem dirimiu a controvérsia nos termos do artigo 3º do CDC, inatacado pela ora recorrente, razão pela qual incide, *in casu,* o verbete sumular 283/STF. 7. *Ad argumentandum* tantum, o ato administrativo de

PARTE V · Cap. 1 · A ADMINISTRAÇÃO PÚBLICA E A DEFESA DO CONSUMIDOR | **1093**

o Decreto 2.181/1997, que especifica a organização do Sistema Nacional de Defesa do Consumidor e estabelece normas gerais para a aplicação das sanções administrativas. Em grau inferior, situam-se as portarias, espécies de atos administrativos ordinatórios internos, cujas determinações vinculam apenas os que estão sujeitos ao poder hierárquico da Administração, e instrumento típico da atuação, por exemplo, da Secretaria Nacional do Consumidor (Senacon) do Ministério da Justiça, que coordena o SNDC (artigo 3º do Decreto 2.181/1997, com a redação determinada pelo artigo 7º do Decreto 7.738/2012).

O exercício do poder regulamentar da Administração, nesse sentido, pode contemplar a edição de regras para detalhamento de procedimentos ou do modo de atendimento a direitos subjetivos dos consumidores assegurados pela lei. Essas normas especializam o conteúdo de disposições legais, podendo, inclusive, informar a decisão de outros poderes, como é o caso do Poder Judiciário.

Historicamente, tornaram-se conhecidas as Portarias da antiga SDE/MJ que dispunham sobre tipos de cláusulas abusivas, em face da enumeração não exaustiva do artigo 51 do CDC. Tais portarias foram editadas com fundamento no artigo 56 do Decreto 2.181/1997 e tinham por objetivo a orientação dos órgãos do SNDC. Nesse sentido, não inovam ou agregam disposições ao CDC, tendo apenas a finalidade de divulgar o entendimento do órgão administrativo sobre a abusividade de determinadas cláusulas dos contratos de consumo. Na prática, consolidavam o entendimento originário da atuação prática dos órgãos administrativos de defesa do consumidor, configurando uma tentativa de sua sistematização. A apreciação sobre eventual abusividade de cláusulas contratuais, a ser considerada pelo SNDC é atribuição, agora, da Secretaria Nacional do Consumidor, *de ofício*, ou mediante provocação dos legitimados pelo artigo 82 do CDC para a defesa coletiva dos direitos dos consumidores, ou por terceiros interessados, mediante procedimento de consulta pública a ser regulamentado pela própria Senacon (artigo 56, § 3º, do Dec. 2.181/1997).[42]

Tais normas fixam o entendimento dos órgãos administrativos, servem de inspiração à jurisprudência, porém não vinculam particulares, porquanto não tenham o órgão que as produziu competência normativa primária. Pode-se fixar, todavia, certa interpretação de norma legal (do CDC, por exemplo), definindo certo sentido e abrangência, como é próprio da norma regulamentar.

1.3 PROCEDIMENTO ADMINISTRATIVO DE *RECALL*

O *recall* (chamar de volta, "rechamar") é anglicismo que se traduz em expressão consagrada no direito brasileiro. Consiste em procedimento pelo qual o fornecedor, constatando que colocou no mercado produto ou serviço defeituoso, promove a informação ao público quanto a esse fato, e adota as providências necessárias para corrigir o

---

caráter normativo emanado do PROCON, subordinou-se ao ordenamento jurídico hierarquicamente superior, *in casu*, o artigo 57 do Código de Defesa do Consumidor, complementando-o para dar-lhe efetivo cumprimento, ao prever as regras de condutas a serem observadas na esfera administrativa. 8. Recurso especial não conhecido" (STJ, REsp 926.518/GO, 1ª Turma, Rel. Min. Luiz Fux, j. 25.11.2008, *DJe* 02.03.2009).

42   STJ, AgInt no REsp 1.664.584/GO, 1ª Turma, Rel. Min. Regina Helena Costa, j. 19.09.2017, *DJe* 27.09.2017.

defeito ou retirar o produto do mercado, visando assegurar a incolumidade psicofísica e patrimonial dos consumidores.

Seu fundamento legal é o artigo 10 do CDC. Estabelece a norma que: "O fornecedor não poderá colocar no mercado de consumo produto ou serviço que sabe ou deveria saber apresentar alto grau de nocividade ou periculosidade à saúde ou segurança". O § 1º desse artigo, por sua vez, estabelece que "O fornecedor de produtos e serviços que, posteriormente à sua introdução no mercado de consumo, tiver conhecimento da periculosidade que apresentem, deverá comunicar o fato imediatamente às autoridades competentes e aos consumidores, mediante anúncios publicitários". Já o § 2º define que os anúncios publicitários em questão, veiculados na imprensa, rádio e televisão, têm seu custo às expensas do fornecedor. Da mesma forma, é estabelecido dever do Estado, sempre que tiver conhecimento de periculosidade de produtos ou serviços à saúde ou à segurança dos consumidores, de informá-los sobre isso.

O *recall* não se constitui, necessariamente, em um procedimento administrativo. Como regra, a partir do momento em que o CDC fez referência ao dever de informação às "autoridades competentes", assim como impõe à União, aos estados, ao Distrito Federal e aos municípios o dever de comunicar ao público a periculosidade de produtos ou serviços de que tenham conhecimento, induziu-se a prever um procedimento administrativo para organizar as providências necessárias. Nada obsta, contudo, que decorra de determinação judicial (*e.g.*, como resultado de ação para cumprimento específico de obrigação de fazer).

Da mesma forma, note-se que, embora se tenha o *recall*, a partir do que dispõe o artigo 10 do CDC, como procedimento que se consubstancia em um dever de informar pós-contratual do consumidor, acerca de produtos e serviços colocados no mercado, a própria regulamentação da lei expande seu significado, fazendo abranger, igualmente, providências de correção do defeito e/ou retirada do produto do mercado. Isso porque, note-se, a providência do *recall* decorre da circunstância de já haver ocorrido a violação do dever originário pelo fornecedor, que é de introduzir no mercado produtos e serviços com a segurança que legitimamente deles se espera (ou seja, que deem causa apenas a riscos razoáveis e previsíveis, nos termos do artigo 8º do CDC).[43] Nesse sentido, o *recall* visa à prevenção de danos, por intermédio de providências materiais que o evitem, ou porque corrigem o defeito e extinguem o perigo, ou porque recolhem/retiram o produto do mercado. Intuitivo, portanto, que a simples realização do *recall* não afasta ou mitiga a responsabilidade do fornecedor pelos danos que podem decorrer do produto ou serviço defeituoso, afinal, este já deu causa à violação do dever originário, quando ofertou o que não poderia/deveria ofertar. Em relação ao consumidor que não tenha aderido ao *recall* promovido pelo fornecedor, há quem defenda que, havendo dano causado pelo defeito não corrigido, por negligência do consumidor, possa se cogitar da exclusão da responsabilidade do fornecedor, ou ao menos sua redução em face de concorrência de condutas

---

[43] De destacar, contudo, que a mera convocação de *recall* não da causa *per se* a dano moral do consumidor, conforme já decidiu o STJ, no AgRg no Ag 675.453/PR, 4ª Turma, Rel. Min. Aldir Passarinho Junior, j. 14.02.2006, *DJ* 13.03.2006.

PARTE V · Cap. 1 · A ADMINISTRAÇÃO PÚBLICA E A DEFESA DO CONSUMIDOR | 1095

(ou de culpa,[44] como de modo menos técnico, porém consagrado, prefere nossa legislação civil – artigo 945 do CC/2002).

Não parece a melhor solução. O dever originário de oferecer segurança é o do fornecedor. Ele o viola introduzindo no mercado produtos defeituosos.[45] Por outro lado, o não atendimento ao *recall* não autoriza presunção de dolo ou culpa do consumidor. Se houver prova de negligência ou imprudência do consumidor pela não adesão ao *recall*, a discussão se deslocará. Aí será questão de se determinar em que medida a omissão contribuiu com o dano, é sua causa determinante, porém jamais para excluir o dever de indenizar do fornecedor.

Outra coisa é se o dano decorrente do produto defeituoso for causado a terceiro (*bystander*). Nesse caso, a responsabilidade do fornecedor é certa. Diga-se mais uma vez: colocou o produto ou serviço defeituoso no mercado e, com isso, violou dever originário de segurança. Pergunta-se, então: poderá o consumidor que não realizou o *recall* que lhe tenha sido oportunizado ter contribuído com o dano (concorrência de causas)? Daí decorreria solidariedade? A princípio, recorde-se que o CDC impõe deveres ao fornecedor e, segundo seu regime, é ele que responde pelos danos causados aos consumidores e àqueles que se submetem ao mesmo regime por equiparação. Ademais, há presunção absoluta de vulnerabilidade do consumidor, de modo que não se pode pretender que conheça ou se presumir sua capacidade de realizar o *recall* e eventual omissão. Não se elide, contudo, que, segundo o Código Civil, se possa identificar eventuais consequências decorrentes de seu comportamento, mas não no CDC.

O *recall* era originalmente disciplinado pela Portaria 789, de 27 de agosto de 2001, do DPDC/MJ, que regulamentava a comunicação do *recall* no âmbito federal. Atualmente, tem sua disciplina fixada pela Portaria 618, de 1º de julho de 2019, editada pela Senacon.

Por essa norma, fica regulamentado o modo de atendimento pelo fornecedor, de notificar o Ministério da Justiça, ora por intermédio da Secretaria Nacional do Consumidor, especialmente quanto a prazos, conteúdo das informações e demais providências que deverão ser adotadas a fim de prevenir danos decorrentes de produtos defeituosos. Fixa o prazo de 24 horas a partir do conhecimento da possibilidade de que tenham sido introduzidos, no mercado de consumo brasileiro, produtos ou serviços que apresentem "nocividade ou periculosidade", para que o fornecedor comunique à Senacon sobre o início das investigações. Essas investigações realizadas pelo fornecedor, então, não poderão ultrapassar 10 dias úteis, a não ser que se demonstre, de modo circunstanciado, a necessidade de extensão do prazo. Uma vez concluída a investigação, o fornecedor deve apresentar o comunicado para realização de chamamento, com informações completas sobre o fornecedor, a descrição pormenorizada do produto ou serviço e do respectivo defeito, entre outras informações (artigo 3º da Portaria 618/2019).

---

[44] GARCIA, Leonardo de Medeiros. *Direito do consumidor*: Código comentado e jurisprudência. 6. ed. Niterói: Impetus, 2010. p. 110.

[45] Nesse sentido, decidiu o STJ: "Civil. consumidor. Reparação de danos. Responsabilidade. *Recall*. Não comparecimento do comprador. Responsabilidade do fabricante. A circunstância de o adquirente não levar o veículo para conserto, em atenção a *recall*, não isenta o fabricante da obrigação de indenizar" (STJ, REsp 1.010.392/RJ, 3ª Turma, Rel. Min. Humberto Gomes de Barros, j. 24.03.2008, *DJe* 13.05.2008).

Aliás, será essa comunicação a ser realizada, preferencialmente por sistema eletrônico próprio disponível para esse fim, o principal documento que fixa as condições do *recall* promovido pelo fornecedor. Nela constam a identificação do fornecedor, as informações sobre o produto e o defeito respectivo, a descrição dos riscos, a quantidade de produtos ou serviços sujeitos ao defeito, a sua distribuição geográfica, a indicação das medidas já adotadas para sanar o defeito e prevenir ou reduzir os riscos, o plano de mídia para alerta dos consumidores e o plano de atendimento aos consumidores, entre outros elementos relevantes para permitir a eficiente prevenção de danos e correção do defeito identificado.

Da mesma forma, a Portaria 618/2019 define, detalhadamente, o conteúdo do plano de mídia (artigo 4º) e do plano de atendimento ao consumidor (artigo 5º), sem prejuízo do aviso de risco, que deverá ser imediatamente comunicado aos consumidores dos respectivos produtos ou serviços, sem prejuízo da comunicação à coletividade ao conteúdo das informações a serem imediatamente fornecidas, para que permitam a identificação dos produtos e serviços defeituosos, eventuais acidentes já ocorridos em razão dele e sua repercussão futura (artigo 2º). Por outro lado, exige-se, igualmente, que o fornecedor, desde logo, apresente, já com a notificação, um plano de mídia para comunicação dos consumidores (artigo 3º), um plano de atendimento aos consumidores (artigo 4º) e um modelo de aviso de risco ao consumidor (artigo 5º), de modo que as providências, a partir da notificação, logo possam ser implementadas. Em relação à elaboração do plano de atendimento, em particular, merece atenção o artigo 5º da norma citada, estabelecendo que deverá ter em conta as melhores práticas nacionais e internacionais, assim como as diretrizes da Organização para a Cooperação e o Desenvolvimento Econômico (OCDE), em especial aquelas relacionadas a indutores (*insights*) comportamentais ao consumidor – o que é uma novidade em relação à disciplina regulamentar anterior.

Deverá o fornecedor, então, durante a realização da campanha de *recall*, apresentar à Senacon relatórios quadrimestrais (ou em prazo outro que vier a ser fixado pelo caso) de atendimento aos consumidores, que indiquem a quantidade de produtos ou serviços recolhidos ou reparados, sem prejuízo do relatório final, apontando "a quantidade de consumidores atingidos em número e percentual, em termos globais e por unidade federativa, justificativa e medidas a serem adotadas em relação ao percentual de produtos ou serviços não recolhidos nem reparados, e identificação da forma pela qual os consumidores tomaram conhecimento do aviso de risco" (artigo 8º, II). Embora defina que, "Após o encerramento do quinto ano da campanha de chamamento o fornecedor poderá requerer a dispensa ou a dilação do prazo para a apresentação dos relatórios periódicos" (artigo 8º, § 4º), a norma confere à Senacon larga discricionariedade para definição de prazos em vista das circunstâncias e características do caso.

Da mesma forma, obriga-se o fornecedor a realizar relatórios periódicos quanto ao atendimento ao *recall* pelos consumidores (com intervalo máximo de sessenta dias), informando "a quantidade de produtos ou serviços efetivamente recolhidos ou reparados, inclusive os em estoque, e sua distribuição pelas respectivas unidades federativas" (artigo 7º, I), e um relatório final dando conta de quantos consumidores foram atendidos e qual sua representação percentual em relação ao universo de consumidores atingidos (artigo 7º, II). Destaque-se, do mesmo modo, que a norma regulamentar em questão (artigo 9º) explicita dever legal do fornecedor, que é o de promover o conserto do defeito ou recolhimento do produto, quando solicitado pelo consumidor, gratuitamente, a qualquer tempo, mesmo após encerrada a campanha especificamente promovida para esse fim.

A Senacon, no caso de *recall*, atua com ampla competência para acompanhamento e supervisão do procedimento a ser proposto e realizado pelos fornecedores, podendo, no caso de sua ineficácia, ou, ainda, de violação dos preceitos legais relativos à comunicação dos consumidores (artigo 10), sem prejuízo dos decorrentes da própria correção do defeito, exercer seu poder de polícia para exigir cumprimento ou sancionar a violação dos direitos do consumidor.

2
O SISTEMA NACIONAL DE DEFESA DO CONSUMIDOR

O Sistema Nacional de Defesa do Consumidor reúne o conjunto dos órgãos administrativos ocupados da proteção do consumidor, conforme indicado no CDC. O SNDC, que articula a atuação dos órgãos administrativos de todos os entes federados, é coordenado pela União, por meio da Secretaria Nacional do Consumidor (Senacon) (artigo 3º do Decreto 2.181/1997, com a redação determinada pelo artigo 7º do Decreto 7.738/2012). Essa vinculação, aliás, foi objeto de debate na doutrina, no que se refere à subordinação dos órgãos estaduais e do Distrito Federal à coordenação superior de órgão vinculado à Administração Pública da União. Segundo relata Luiz Amaral, dois entendimentos existem para a questão. O primeiro, de que este dispositivo seria inconstitucional, uma vez que representaria a interferência indevida da União nos estados e municípios. Em sentido diverso, os que defendem a constitucionalidade do artigo da lei, observando que a Constituição, ao prever que o Estado promoverá, na forma da lei, a defesa do consumidor (artigo 5º, XXXII), faz referência ao Estado em sentido amplo, isto é, abrangendo União, estados-membros e municípios. Assim, incumbiria à União a coordenação e harmonização do sistema, o que se faria necessário para evitar modos diversos de atuação administrativa, causados, eventualmente, em virtude dos diferentes modos de agir dos inúmeros órgãos.

A expressão legal adotada pelo artigo 106 do CDC é "coordenação", o que, por si, não há de significar necessária vinculação. Refere, pois, um conteúdo de orientação, que há de servir para a razoável uniformização dos procedimentos adotados em âmbito nacional. Corrobora esse entendimento o fato de ter se observado, quando da edição do Decreto 861/93, um sensível mal-estar da doutrina especializada no tocante à distribuição de competências, uma vez que conferia aos estados e aos municípios apenas a função de fiscalização das normas e sanções administrativas estabelecidas pela União.[1]

O Decreto 2.181/1997, que veio a revogá-lo, estabeleceu ao órgão federal de coordenação do sistema – ora a Senacon, em seu artigo 3º, uma série de atribuições de caráter (a) *político-institucional* (incisos I e IV); (b) *consultivo* (incisos II e III); e *fiscalizador* (incisos V a XIII). Em relação ao último, a atribuição de fiscalização envolve o exercício do poder de polícia administrativo em inúmeras hipóteses, o que leva autores como Daniel Fink a

---

[1] Nesse sentido DENARI, Zelmo et al. *Código Brasileiro de Defesa do Consumidor*: comentado pelos autores do anteprojeto. 6. ed. Rio de Janeiro: Forense Universitária, 1999. p. 557.

1100 | CURSO DE DIREITO DO CONSUMIDOR – *Bruno Miragem*

criticar a ênfase indicada às atribuições de fiscalização.[2] Essa crítica, todavia, é superada pelo tempo, considerando, atualmente, que o principal aspecto da atuação administrativa do Estado nas relações de consumo associa a formulação política e a função de fiscalização das atividades, em especial quanto ao cumprimento da série de normas que direta ou indiretamente se dirigem à proteção dos consumidores.

O exame que fazemos do Sistema Nacional de Defesa do Consumidor divide-se em dois aspectos: (1) sobre as atribuições legais do sistema; (2) sobre o exercício do poder de polícia pelos órgãos administrativos de defesa do consumidor.

2.1 COMPOSIÇÃO

A existência de órgãos administrativos de proteção do consumidor é identificada desde há muito tempo, em diversos países do mundo. Nos Estados Unidos[3], em 1914, foi constituída a Federal Trade Commission e, em seguida, o Office of Consumer Affairs. Uma lei federal de 1972 delegou, ainda, ao órgão governamental Consumer Product Safety Commission a edição de normas de segurança para produtos destinados ao consumo popular. No âmbito europeu, a França caracteriza-se pela expressiva atuação de entidades privadas de defesa do consumidor, como a Unión Fédérale de la Consommation e o Institut National de la Consommation.[4] Na Inglaterra o Director General of Fair Trading, criado pelo Fair Trading Act, de 1973.[5] Em relação a outros países, como Portugal e Espanha, disposições constitucionais específicas determinam ao Poder Público, prioritariamente, o dever de proteção ao consumidor.[6]

---

[2] FINK, Daniel Roberto et al. *Código Brasileiro de Defesa do Consumidor*: comentado pelos autores do anteprojeto. 6. ed. Rio de Janeiro: Forense Universitária, 1999. p. 841. O autor critica fortemente o que denomina de "ênfase quase patológica no exercício das atribuições de fiscalização".

[3] Um interessante panorama sobre a natureza da atividade de regulação administrativa nos Estados Unidos em: LANDIS, James. *The administrative process*. New Heaven: Yale University Press, 1938. p. 21 *et seq.*

[4] TÁCITO, Caio. Direito do consumidor. *O direito na década de 1990*: novos aspectos – estudos em homenagem ao Prof. Arnoldo Wald. São Paulo: Ed. RT, 1992. p. 15.

[5] Assim LOWE, R.; WOODROFFE, G. F. *Consumer law and practice*. London: Sweet & Maxwell, 1991. p. 267.

[6] Nos países da Europa, conforme demonstra Stiglitz, é comum a atividade de associações de consumidores, que, em geral, são subvencionadas pelo Estado. Na Alemanha, por exemplo, convivem a Associação dos Consumidores em âmbito nacional e as centrais de consumidores regionalmente. Existe, ainda, o Instituto do Consumidor, órgão estatal de informação aos consumidores, com sede em Bonn. Na Bélgica, atuam, em âmbito privado, a Associação dos Consumidores, criada em 1957, e a União Feminina para Informação e Defesa do Consumidor, de 1959. Na Holanda, a Associação dos Consumidores (1954), bem como a Fundação para Contato com os Consumidores, a Fundação para Reclamações dos Consumidores (com finalidade de arbitragem) e a Fundação para Investigação Científica dos Assuntos dos Consumidores. Entre os poderes públicos, destacam-se o Comitê para Assuntos do Consumidor (de caráter consultivo) e o Comitê Interministerial para Proteção dos Consumidores (1974), que tem a função de coordenar a atividade governamental em diversos campos de interesse das relações de consumo. Na França, três são as principais organizações privadas que atuam em âmbito nacional: a União Federal de Consumidores (1951); a Organização Geral dos Consumidores (1959); e a Associação Força dos Trabalhadores Consumidores (1974). Ainda existem organizações regionais de relevo, como a da Alsácia, do Loire e de Languedoc-Roussillon. No âmbito administrativo, atua o afamado Instituto Nacional do Consumo e, a partir de 1976, o Secretariado de Estado em Matéria de Consumo. Na Grã-Bretanha, em âmbito privado, salientam-se a Associação de Consumidores (1957), que atua nacionalmente, e a Federação Nacional de Agrupamentos de Consumidores (1963),

PARTE V · Cap. 2 · O SISTEMA NACIONAL DE DEFESA DO CONSUMIDOR | **1101**

O espírito do código é o de integração da atuação dos diversos órgãos públicos e entidades privadas na atividade de promoção da defesa do consumidor. Isso é percebido, desde logo, pelos princípios da Política Nacional das Relações de Consumo, expressos no artigo 4º, que relaciona, entre outros, a ação governamental no sentido da efetiva proteção do consumidor, seja por iniciativa direta, incentivo à criação e ao desenvolvimento de associações representativas, seja pela presença do Estado nas atividades de regulação e fiscalização do mercado de consumo.[7] Para tanto, sem prejuízo de outras iniciativas, o artigo 5º do código determina a manutenção de assistência jurídica, integral e gratuita para o consumidor carente, a instituição de promotorias de justiça de defesa do consumidor, a criação de delegacias de polícia especializadas no atendimento de consumidores, e a concessão de estímulos à criação e ao desenvolvimento das associações de defesa do consumidor.

---

que atua na coordenação das diversas organizações locais. Ainda, o Instituto Nacional de Investigação sobre Assuntos do Consumidor, o Conselho Nacional para Proteção do Consumidor e os conselhos de consumidores dos setores nacionais (com divisões nos ramos de eletricidade e transporte). No âmbito administrativo, há a o Secretariado de Estado para Preços e Proteção do Consumidor e o Conselho Nacional do Consumo, funcionando este último como entidade independente. Na Suíça, identifica-se um dos mais intensos movimentos de associação de consumidores. Em âmbito nacional, a Comunidade de Ação de Assalariados e Consumidores (1966), o Grupo de Estudos para Questões do Consumidor (1962) e a Federação dos Consumidores (com sede em Berna). Ainda, o Instituto da Economia Doméstica e o Fundo de Promoção para Informação dos Consumidores. Em âmbito regional, merecem destaque três organizações dirigidas às mulheres: o Fórum de Consumidoras da Suíça alemã, a Federação "Romanade" de Consumidoras e a Associação de Consumidoras da Suíça italiana. Na esfera administrativa, destacam-se a Comissão Federal de Consumo (de caráter consultivo) e seus departamentos, nos quais estão integrados os diversos sujeitos da relação de consumo, bem como especialistas. Essa comissão é secretariada pelo Escritório Federal de Consumo, que atua como intermediário da Administração e das organizações de consumidores. Na Espanha, há, em âmbito privado, a Organização de Consumidores e Usuários, a Federação de Consumidores e a Associação Geral de Consumidores e Usuários. Na esfera administrativa, salienta-se o Escritório de Informação ao Consumo (1968), que, após o advento da Constituição de 1978, passou a atuar no âmbito do Ministério do Consumo, por meio dos seguintes órgãos: o Instituto Nacional do Consumo, as Direções Gerais de Inspeção do Consumo em âmbito regional e os Escritórios de Informação ao Consumidor em âmbito municipal. Na Finlândia, há a Organização dos Consumidores (1965); na Noruega (1953) e na Dinamarca (1947), há o Conselho de Consumo. Na Dinamarca ainda, em âmbito administrativo, há o Conselho de Economia Doméstica, e, na Noruega, o Instituto para Investigação dos Direitos do Consumidor. Na Suécia, salienta-se a Agência Nacional de Consumo. Além desses todos, existem entidades e órgãos de defesa do consumidor no âmbito público e privado em diversos outros países europeus, como Áustria, Irlanda, Luxemburgo e Itália, conforme: STIGLITZ, Gabriel. *Protección jurídica del consumidor*. 2. ed. Buenos Aires: De Palma, 1988. p. 54 *et seq.*

[7] Assim decidiu o STJ, assinalando a compatibilidade das competências específicas do órgão administrativo e as finalidades de proteção do consumidor estabelecidas no CDC: "Processual civil e administrativo. Recurso especial. Não recepção pela CF/88 dos artigos 3º e 9º da Lei 5.966/73. Matéria de índole constitucional. Violação aos artigos 3º, alíneas *d, e* e *f*, 5º e 9º da Lei 5.966/73. Inexistência. Resolução do Conmetro e portaria do Inmetro. Fundamento na Lei 5.966/73 e no CDC. Recurso parcialmente conhecido e desprovido. 1. É inadequada a via do especial para a apreciação de suposta não recepção de dispositivos legais pela Constituição Federal de 1988, pois tal resultaria em usurpação da competência do Pretório Excelso. 2. Não há ilegalidade na Resolução 11/88 do Conmetro e na Resolução 74/95 do Inmetro, por se tratarem de atos que estabelecem normas e critérios para efetivar a política nacional de metrologia, nos termos da Lei 5.966/73. 3. Ademais, Código de Defesa do Consumidor veda a introdução no mercado de consumo de qualquer produto ou serviço em desacordo com as normas expedidas pelos órgãos oficiais competentes (artigo 39, VIII). 4. Recurso parcialmente conhecido e, nessa parte, desprovido" (STJ, REsp 416.211, Rel. Min. Denise Arruda, j. 04.05.2004, *RT* 827/206).

O artigo 105 determina que integram o SNDC tanto órgãos públicos quanto entidades privadas na defesa dos consumidores. Inicialmente, tivemos entendimento mais restrito sobre quais órgãos integram o sistema.[8] Atualmente, contudo, parece-nos fora de dúvida que todos os órgãos que se vinculem de modo direto ou indireto à defesa do consumidor são, naturalmente, integrantes do SNDC. Essa atuação, no caso dos órgãos públicos vinculados à Administração, em geral, é manifestada nas atribuições do órgão, que podem ser tanto a formulação de políticas públicas de proteção do consumidor quanto a regulação e fiscalização do mercado de consumo e dos setores econômicos que o compõem.

Assim, em primeiro plano, integram o SNDC os órgãos públicos diretamente envolvidos na defesa do consumidor, que, em âmbito estadual e municipal, geralmente, são identificados pela sigla Procon. A rigor, integram o SNDC os órgãos que tenham por finalidade específica a defesa do consumidor, mas nada deveria impedir que assim se considerem aqueles que tenham, entre suas várias atribuições, a proteção do consumidor.

Esse entendimento sobre a ampla participação dos órgãos ou das entidades da Administração no SNDC sempre foi objeto de certo debate, sustentando-se, em outro sentido, que apenas aqueles que tivessem como competência principal a defesa do consumidor poderiam ser considerados integrantes do sistema. Correto parecia ser o entendimento mais amplo, inclusive para efeito de fortalecimento do próprio SNDC. Alteração legislativa de 2019, contudo, consolidou o entendimento mais estrito, ao menos em relação às agências reguladoras, uma vez que, ao reconhecer sua competência para "zelar pelo cumprimento da legislação de defesa do consumidor", define que exercerão suas atribuições "em articulação com o Sistema Nacional de Defesa do Consumidor" (artigo 31 da Lei 13.848/2019). Trata-se de decisão expressa do legislador no sentido de apartar as agências reguladoras do SNDC, tornando-os distintos ao determinar que se articulem para o adequado cumprimento da legislação de defesa do consumidor.

Não estão sob a égide da Lei 13.848/2019 – conhecida como "Lei das Agências Reguladoras" – outros órgãos e entidades da Administração não criados como agência. Nesse sentido, refira-se que, embora tenham, inclusive, capacidade postulatória e legitimação ativa para interposição de ações coletivas, por força do artigo 82 do CDC, poderão ou não ter personalidade jurídica própria e, com isso, legitimidade passiva para ações que tenham por objeto questionar sua atuação.

Assim, por exemplo, o Conselho Administrativo de Defesa Econômica (Cade), ao qual a Lei 12.529/2011, que institui o Sistema Brasileiro de Defesa da Concorrência, atribui competência para reprimir as condutas caracterizadas como abuso do poder econômico, inclusive com a criação de um tribunal administrativo de defesa econômica (artigo 5º, inciso I). Essa opção legislativa mais restritiva quanto à composição do SNDC, todavia, ao excluir, expressamente, as agências reguladoras, não parece autorizar outros órgãos que, embora não sejam formalmente designados como agência, desempenham, ao menos em parte, atribuições semelhantes. No caso do Cade, isso porque, em que pese sua

---

[8] MIRAGEM, Bruno. Defesa administrativa do consumidor no Brasil: alguns aspectos. *Revista de Direito do Consumidor*, São Paulo, v. 46, p. 120-163, abr.-jun. 2003.

PARTE V · Cap. 2 · O SISTEMA NACIONAL DE DEFESA DO CONSUMIDOR | 1103

atividade específica relacione-se com a defesa da ordem econômica, que é seguramente indissociável da defesa do consumidor. A própria Lei 12.529/2011, a exemplo do que já fazia a lei anterior de defesa da concorrência (Lei 8.884/1994), em seu artigo 1º, diz: "Esta Lei estrutura o Sistema Brasileiro de Defesa da Concorrência – SBDC e dispõe sobre a prevenção e a repressão às infrações contra a ordem econômica, orientada pelos ditames constitucionais de liberdade de iniciativa, livre concorrência, função social da propriedade, *defesa dos consumidores* e repressão ao abuso do poder econômico". Ao mesmo tempo, contempla o interesse do consumidor como critério de atuação dos diferentes órgãos do sistema (artigos 19, I, 45, V, e 88, § 6º, II). Entre as sanções que prevê, está a própria inscrição do infrator que cause lesão à ordem econômica, no Cadastro Nacional de Defesa do Consumidor (artigo 38, III). No entanto, a orientação legislativa encaminha-se em restringir como integrantes do SNDC apenas os órgãos e as entidades cuja principal competência envolva a defesa do consumidor, fomentando, por outro lado, a articulação dos demais órgãos e entidades da Administração com competências diversas, mas relacionadas mediatamente à defesa do consumidor, com aqueles que integrem o SNDC.

Os órgãos do SNDC terão capacidade postulatória e legitimação ativa para proposição de ações coletivas, por força do artigo 82 do CDC, podendo ou não ter personalidade jurídica própria, e, com isso, legitimidade passiva para ações que tenham por objeto questionar sua atuação.[9]

Da mesma forma, contempla o artigo 105 do CDC, como integrantes do SNDC, as entidades privadas de defesa do consumidor, por exemplo: associações de defesa do consumidor, movimentos de donas de casa, entre outras entidades que indiquem, em seus atos constitutivos, essa finalidade.

O Decreto 10.417/2020 criou o Conselho Nacional de Defesa do Consumidor, "com a finalidade de assessorar o Ministro de Estado da Justiça e Segurança Pública na formulação e na condução da Política Nacional de Defesa do Consumidor, e, ainda, formular e propor recomendações aos órgãos integrantes do Sistema Nacional de Defesa do Consumidor para adequação das políticas públicas de defesa do consumidor" (artigo 1º). As competências do conselho são propositivas e opinativas, sem caráter vinculante.

---

[9] "Processual Civil e Administrativo. Ação declaratória de nulidade de decisão administrativa. Aplicação de multa. Ilegitimidade passiva *ad causam* do PROCON. Falta de personalidade jurídica. Interpretação dos artigos 5º, inciso XXXII, da CF/1988 e 81 e 82 do CDC. Nulidade do julgado. Inocorrência. 1. O Tribunal *a quo* julgou satisfatoriamente a lide, pronunciando-se sobre o tema proposto, tecendo conside rações acerca da demanda, tendo apreciado a questão acerca da legitimidade passiva da recorrida, ainda que não tenha expressamente dissecado acerca dos artigos apontados pela recorrente. 2. Não há que se falar, ainda, em obscuridade do acórdão vergastado, pois esse expressou de forma transparente que a recorrida teria legitimidade ativa *ad causam*, com base nos artigos 81 e 82 do CDC, sendo que lhe falta a legitimação passiva em razão da falta de personalidade jurídica, inexistindo, portanto, contradição. 3. De acordo com os artigos 81 e 82 do CDC, os PROCONs possuem legitimidade ativa *ad causam* para a defesa dos interesses dos consumidores. Precedente: REsp 200.827/SP, rel. Min. Carlos Alberto Menezes Direito, *DJ* 09.12.2002. 4. No entanto, pela interpretação dos referidos artigos do Código Consumerista e do artigo 5º, inciso XXXII, da CF/1988, bem como de acordo com a doutrina pátria, ainda que tenham capacidade postulatória ativa, os PROCONs não podem figurar no polo passivo das lides, eis que desprovidos de personalidade jurídica própria, mormente não extensível à legitimação passiva a regra prevista na Lei 8.078/90. 5. Recurso especial não provido" (STJ, REsp 1.194.767/SP, 2ª Turma, Rel. Min. Mauro Campbell Marques, j. 14.12.2010, *DJe* 08.02.2011).

1104 | CURSO DE DIREITO DO CONSUMIDOR – *Bruno Miragem*

Sua composição é de quinze membros, sendo doze representantes do Poder Público, um representante de associações civis de defesa do consumidor, um representante dos fornecedores e um jurista.

2.2 COMPETÊNCIA

Diversas as legislações que contêm a previsão de um sistema nacional, sob a égide da Administração Pública, coordenando a política de defesa e proteção ao consumidor. Entre elas, podemos destacar as do México, de Portugal, da Venezuela, da França, da Espanha, dentre outros países. Os órgãos encarregados da proteção do consumidor possuem, em geral, atribuições normativas e de fiscalização dos seus próprios comandos, de acordo com o princípio da autoexecutoriedade (*self-executing*) característico do direito administrativo.[10]

No sistema do CDC brasileiro, a competência do Sistema Nacional de Defesa do Consumidor (SNDC) está regulada pelo artigo 106, bem como pelo Decreto 2.181/1997. Dispõe o diploma legal, sobre a competência do Departamento de Proteção e Defesa do Consumidor, ora sucedido pela Secretaria Nacional do Consumidor (Senacon) como organismo de coordenação do SNDC de: "(...) I – planejar, elaborar, propor, coordenar e executar a política nacional de proteção ao consumidor; II – receber, analisar, avaliar e encaminhar consultas, denúncias ou sugestões apresentadas por entidades representativas ou pessoas jurídicas de direito público ou privado; III – prestar aos consumidores orientação permanente sobre seus direitos e garantias; IV – informar, conscientizar e motivar o consumidor através dos diferentes meios de comunicação; V – solicitar à polícia judiciária a instauração de inquérito policial para a apreciação de delito contra consumidores, nos termos da legislação vigente; VI – representar ao Ministério Público competente para fins de adoção de medidas processuais no âmbito de suas atribuições; VII – levar ao conhecimento dos órgãos competentes as infrações de ordem administrativa que violarem os interesses difusos, coletivos, ou individuais dos consumidores; VIII – solicitar o concurso de órgãos e entidades da União, Estados, do Distrito Federal e Municípios, bem como auxiliar a fiscalização de preços, abastecimento, quantidade e segurança de bens e serviços; IX – incentivar, inclusive com recursos financeiros e outros programas especiais, a formação de entidades de defesa do consumidor pela população e pelos órgãos públicos estaduais e municipais; XIII – desenvolver outras atividades compatíveis com suas finalidades". Os incisos X, XI e XII da lei foram vetados.

Acerca das atribuições legais do sistema, Luiz Amaral nota, em um dos primeiros estudos sobre o tema, que, gradativamente, o exercício da atividade de informação e conscientização do consumidor pelo Estado, sobre seus direitos e suas garantias, fará que a própria estrutura estatal reduza sua intervenção, sendo substituída pela atuação direta dos consumidores na defesa de seus próprios interesses.[11] De outro modo, no que se refere

---

[10] Sobre esse princípio jurídico-administrativo: Medauar, Odete. *Direito administrativo moderno*. 6. ed. São Paulo: Ed. RT, 2002. p. 159.

[11] O CDC prevê instrumentos específicos de promoção, pelos próprios consumidores, da defesa de seus interesses. Entre esses instrumentos, destacam-se as denominadas convenções coletivas de consumo,

à atribuição do órgão administrativo de representação ao Ministério Público para que este adote as medidas processuais cabíveis, esta tem se revelado eficiente instrumento de defesa dos direitos do consumidor, por meio da articulação entre as vias administrativa e judicial. Assim, por exemplo, é o caso das convenções coletivas de consumo previstas no artigo 107 do CDC: "As entidades civis de consumidores e as associações de fornecedores ou sindicatos de categoria econômica podem regular, por convenção escrita, relações de consumo que tenham por objeto estabelecer condições relativas ao preço, à qualidade, à quantidade, à garantia e características de produtos e serviços, bem como à reclamação e composição do conflito de consumo".

Conforme observamos em estudo anterior, as convenções coletivas de consumo constituem "espécie de negócio jurídico pelo qual as entidades privadas de representação de consumidores e fornecedores podem regular relações de consumo no que diz respeito a condições relativas ao preço, à qualidade, à quantidade, à garantia e características de produtos e serviços, bem como à reclamação e composição de conflitos de consumo. Trata-se, no caso, de ajuste entre particulares, e tem seus efeitos condicionados à formalidade do registro no Cartório de Títulos e Documentos".[12] Trata-se de um estímulo à organização dos consumidores por intermédio de suas associações e da negociação entre as partes. Contudo, seu limite material será a própria lei, uma vez que as normas da convenção submetem-se ao disposto no próprio CDC e nas demais leis, não tendo validade qualquer disposição convencional que afaste ou contrarie normas cogentes. A principal crítica que se faz com relação a essas convenções de consumo é o fato de que, embora se vinculem apenas aos filiados das entidades que celebram a convenção, podem afetar terceiras pessoas, uma vez dirão respeito à regulação do fornecimento de produtos e serviços eventualmente consumidos por integrantes e não integrantes dessas signatárias.[13] Daí o destaque que se deve dar aos limites de sua liberdade de estipulação de regras no mercado de consumo apenas naquilo em que não contrariem, mas, sim, complementem e explicitem as normas legais de proteção do consumidor.

O Sistema Nacional de Defesa do Consumidor, nesse sentir, atende ao que dispunha a Recomendação da ONU 39/248, de 1985, a qual desafiava os governos a estabelecer e manter uma infraestrutura adequada que permitisse formular, aplicar e vigiar o funcionamento das políticas de proteção ao consumidor. Em relação a esse aspecto, há o entendimento de parte da doutrina de que não apenas os órgãos administrativos integrantes do SNDC têm competência para fiscalização das relações de consumo de que trata a Lei 8.078/1990. Os órgãos administrativos de controle e regulação setorial da atividade econômica privada, no

---

previstas no artigo 107 do CDC, que se caracterizam como um negócio jurídico entre pessoas jurídicas representativas de consumidores e segmentos de fornecedores, e que têm por objeto o estabelecimento de obrigações relativas ao preço, à qualidade, à quantidade, à garantia e às características do produto, bem como à reclamação e à composição do conflito de consumo. Sua obrigatoriedade, na dicção do Código, decorre do respectivo registro em cartório, o que vincula as partes.

[12] MARQUES, Claudia Lima; BENJAMIN, Antônio Herman V.; MIRAGEM, Bruno. *Comentários ao Código de Defesa do Consumidor*. 2. ed. São Paulo: Ed. RT, 2006. p. 1.187-1.188.

[13] Nesse sentido, veja-se a tese de doutoramento de: MACIEL JÚNIOR, Vicente de Paula. *Convenção coletiva de consumo*: interesses difusos, coletivos e casos práticos. Belo Horizonte: Del Rey, 1996. p. 130-131.

âmbito de suas competências, teriam igualmente o dever de aplicar o CDC às relações que, na atividade que lhes compete regular, se caracterizassem como relações de consumo. É o caso, por exemplo, do Banco Central do Brasil em relação à atividade bancária e financeira,[14] que, em virtude do processo que *bancarização*,[15] acaba por inserir grande parte dos contratantes desses serviços, integralmente, na condição de consumidores.

Os órgãos do SNDC atribuição também para planejar, elaborar, propor, coordenar e executar a política nacional de proteção e defesa do consumidor (artigo 3º, I, do Decreto 2.181/1997). Deverão incumbir-se dessas atividades com atenção aos princípios estabelecidos pela Política Nacional de Relação de Consumo (artigo 4º da Lei 8.078/1990). Tais princípios têm por objetivo o atendimento das necessidades dos consumidores, o respeito a sua dignidade, saúde e segurança, a proteção de seus interesses econômicos, a melhoria de sua qualidade de vida, bem como a transparência e a harmonia das relações de consumo, atendidos os diversos princípios que são explicitados pela lei. Servem, assim, como vetores da atividade estatal de proteção do consumidor e, em especial, dos órgãos administrativos vinculados ao SNDC, que devem levar a efeito a política prevista na lei.

O CDC estabelece, em seu artigo 5º, os instrumentos dispostos pelo Poder Público para execução da política pública de defesa do consumidor. Relaciona, pois, a manutenção de assistência jurídica integral e gratuita para o consumidor carente (artigo 5º, I), que, em relação à obrigação dos estados e dos municípios, foi vetada pelo presidente da República. Preservou-se, entretanto, a instituição de promotorias de justiça de defesa do consumidor, no âmbito do Ministério Público (artigo 5º, II), que, atualmente, são responsáveis por um importante trabalho de defesa preventiva do consumidor; a criação de delegacias de polícia especializadas no atendimento de consumidores vítimas de infrações penais de consumo (artigo 5º, III); a criação de juizados especiais de pequenas causas e varas especializadas para a solução de litígios de consumo (artigo 5º, IV); e a concessão de estímulos à criação e desenvolvimento das associações de defesa do consumidor (artigo 5º, V).

O Código de Defesa do Consumidor, ao ter por finalidade a proteção do consumidor como sujeito vulnerável da relação jurídica de consumo, o fez tendo em vista exatamente a equalização da relação entre consumidor e fornecedor, criando instrumentos inéditos de proteção. Entre eles, já vimos, estão os órgãos vinculados a todas as esferas administrativas (União, estados, Distrito Federal e municípios), que, reunidos do SNDC, têm competência normativa, de controle e fiscalização das atividades atinentes à relação de consumo. Nessa competência de fiscalização reside, inclusive, o poder de examinar o conteúdo dos contratos de consumo, suas condições contratuais gerais fixadas pelo fornecedor, para, reconhecendo eventual abusividade de suas disposições, aplicar sanção aos fornecedores

---

[14] Nesse sentido: EFING, Antônio Carlos. O dever do Banco Central do Brasil de controlar a atividade bancária e financeira, aplicando as sanções administrativas previstas no sistema de proteção ao consumidor. *Revista da Ajuris*, Porto Alegre, v. 2, edição especial, p. 593-598, mar. 1998.

[15] A expressão é de Antônio Herman Benjamin apud MARINS, James. Proteção contratual do Código de Defesa do Consumidor a contratos interempresariais, inclusive bancários. *Revista de Direito do Consumidor*, São Paulo, v. 18, p. 94-104, abr.-jun. 1996. Comenta o autor que a expressão "bancarização" foi colhida por Benjamin do direito norte-americano, observando que, nas sociedades ocidentais de massa, a submissão ao sistema bancário é quase compulsória.

PARTE V · Cap. 2 · O SISTEMA NACIONAL DE DEFESA DO CONSUMIDOR | 1107

que as estipularam.[16] Isso também vale com relação à identificação de prática abusiva, mesmo que ausente do rol exemplificativo do artigo 39 do CDC.[17]

---

[16] "Administrativo. Consumidor. Procedimento administrativo. Plano 'net virtua'. Cláusulas abusivas. Transferência dos riscos da atividade ao consumidor. Procon. Atividade administrativa de ordenação. Autorização para aplicação de sanções violadoras do CDC. Controle de legalidade e interpretação de cláusulas contratuais. Atividade não exclusiva do judiciário. Fundamentação sucinta. Possibilidade. Divergência incognoscível. Súmula 83/STJ. Redução da proporcionalidade da multa administrativa. Súmula 7/STJ. 1. O Código de Defesa do Consumidor é zeloso quanto à preservação do equilíbrio contratual, da equidade contratual e, enfim, da justiça contratual, os quais não coexistem ante a existência de cláusulas abusivas. 2. O art. 51 do CDC traz um rol meramente exemplificativo de cláusulas abusivas, num conceito aberto que permite o enquadramento de outras abusividades que atentem contra o equilíbrio entre as partes no contrato de consumo, de modo a preservar a boa-fé e a proteção do consumidor. 3. O Decreto n. 2.181/1997 dispõe sobre a organização do Sistema Nacional de Defesa do Consumidor – SNDC e estabelece as normas gerais de aplicação das sanções administrativas, nos termos do Código de Defesa do Consumidor (Lei n. 8.078/1990). 4. O art. 4º do CDC (norma principiológica que anuncia as diretivas, as bases e as proposições do referido diploma) legitima, por seu inciso II, alínea 'c', a presença plural do Estado no mercado, tanto por meios de órgãos da administração pública voltados à defesa do consumidor (tais como o Departamento de Proteção e Defesa do Consumidor, os Procons estaduais e municipais), quanto por meio de órgãos clássicos (Defensorias Públicas do Estado e da União, Ministério Público Estadual e Federal, delegacias de polícia especializada, agências e autarquias fiscalizadoras, entre outros). 5. O PROCON, embora não detenha jurisdição, pode interpretar cláusulas contratuais, porquanto a Administração Pública, por meio de órgãos de julgamento administrativo, pratica controle de legalidade, o que não se confunde com a função jurisdicional propriamente dita, mesmo porque 'a lei não excluirá da apreciação do Poder Judiciário lesão ou ameaça a direito' (art. 5º, XXXV, da CF). 6. A motivação sucinta que permite a exata compreensão do decisum não se confunde com motivação inexistente. 7. A sanção administrativa aplicada pelo PROCON reveste-se de legitimidade, em virtude de seu poder de polícia (atividade administrativa de ordenação) para cominar multas relacionadas à transgressão da Lei n. 8.078/1990, esbarrando o reexame da proporcionalidade da pena fixada no enunciado da Súmula 7/STJ. 8. 'Não se conhece do recurso especial pela divergência, quando a orientação do Tribunal se firmou no mesmo sentido da decisão recorrida' (Súmula 83/STJ). Recurso especial conhecido em parte e improvido" (STJ, REsp 1.279.622/MG, 2ª Turma, Rel. Min. Humberto Martins, j. 06.08.2015, *DJe* 17.08.2015). No mesmo sentido: "Processual civil e administrativo. Recurso especial. Fundamentação suficiente. Atribuição legal dos órgãos de defesa do consumidor (Procon). Poder regulamentar e sancionador. Interpretação de cláusulas contratuais por órgão de defesa do consumidor para aferir abusividade. Possibilidade. Sanção administrativa por cláusula que esta corte entende não abusiva. Ilegalidade da sanção. Ato administrativo que, pretendendo dirimir conflito na seara consumeirista, determina ao fornecedor de produtos e serviços a restituição de valores ao consumidor. Impossibilidade. Ilegalidade do ato. 1. Constatado que a Corte de origem empregou fundamentação adequada e suficiente para dirimir a controvérsia, é de se afastar a alegada violação do art. 535 do CPC. 2. Os órgãos de defesa do consumidor possuem a atribuição legal de aplicar multas aos fornecedores de produtos ou serviços sempre que houver infração às normas consumeiristas, observada a proporcionalidade, mediante ponderação sobre a gravidade da infração, vantagem auferida e condição econômica do fornecedor. 3. Incumbe aos órgãos administrativos de proteção do consumidor proceder à análise de cláusulas dos contratos mantidos entre fornecedores e consumidores para aferir situações de abusividade. Inteligência dos arts. 56 e 57 do CDC e 18 e 22 do Decreto 2.181/97. 4. Não obstante, a Segunda Seção desta Corte assentou, no julgamento do REsp 1.119.300/RS, sob o rito do art. 543-C do CPC, que 'é devida a restituição de valores vertidos por consorciado desistente ao grupo de consórcio, mas não de imediato, e sim em até trinta dias a contar do prazo previsto contratualmente para o encerramento do plano' (Rel. Min. Luis Felipe Salomão, DJe 27.08.2010). Assim, aplicando o direito à espécie, resulta ilegal a aplicação de sanção administrativa em virtude de previsão contratual que a jurisprudência desta Corte entende não abusiva. 5. É ilegal, por extrapolar do seu poder regulamentar e sancionador, todo provimento de órgãos de defesa do consumidor que, pretendendo dirimir conflitos nas relações de consumo, determina ao fornecedor de produtos ou serviços a restituição de valores ao consumidor. 6. Recurso especial não provido" (STJ, REsp 1.256.998/GO, 1ª Turma, Rel. Min. Benedito Gonçalves, j. 22.04.2014, *DJe* 06.05.2014). Ainda, veja-se: STJ, REsp 1.652.614/GO, 2ª Turma, Rel. Min. Herman Benjamin, j. 06.04.2017, *DJe* 27.04.2017; STJ, AgInt no REsp 1.594.968/SC, 1ª Turma, Rel. Min. Benedito Gonçalves, j. em 08.03.2021, *DJe* 10.03.2021.

[17] STJ, REsp 1.539.165/MG, 2ª Turma, Rel. Min. Humberto Martins, j. 23.08.2016, *DJe* 16.11.2016.

1108 | CURSO DE DIREITO DO CONSUMIDOR – *Bruno Miragem*

2.3 COMPETÊNCIA CONCORRENTE DOS ÓRGÃOS DO SNDC

A relação dos diversos órgãos do SNDC entre si, no desempenho da série de competências que lhes são reconhecidas, submete-se às regras de atuação indicadas no código e no Dec. 2.181/1997, sem prejuízo da existência de legislação estadual específica sobre a matéria. Assim, os procedimentos de apuração e sanção de infrações aos direitos do consumidor são previstos pelo artigo 5º do Decreto que os regulamenta.[18] Este estabelece a competência dos órgãos federal, estaduais e municipais, no seu âmbito de atuação, para atuar de modo que tais infrações sejam reprimidas.

Entre as diversas questões que desafiam a atuação administrativa dos órgãos de defesa do consumidor integrantes do SNDC, está a possibilidade prática de que existam – em se tratando de violações praticadas por fornecedores às normas do CDC que atingem consumidores situados em mais de um Estado e, portanto, submetidos à competência de mais de um órgão integrante do sistema. A questão relevante, nesse particular, é afastar a caracterização de *bis in idem* pela concorrência de sanções pela mesma infração por órgãos distintos. Nesse sentido, é de mencionar a decisão do STJ, no REsp 1.087.892/SP, segundo a qual, "não obstante os órgãos de proteção e defesa do consumidor, que integram o Sistema Nacional de Defesa do Consumidor, serem autônomos e independentes quanto à fiscalização e controle do mercado de consumo, não se demonstra razoável e lícito a aplicação de sanções a fornecedor, decorrentes da mesma infração, por mais de uma autoridade consumerista, uma vez que tal conduta possibilitaria que todos os órgãos de defesa do consumidor existentes no País punissem o infrator, desvirtuando o poder punitivo do Estado".[19]

---

[18] "Processual civil e Administrativo. PROCON. Alagoas. Regularidade. CDA. Higidez. Regularidade. Súmula 7/STJ. 1. O Decreto Federal 2.181/97 veio a regulamentar a forma de aplicação das sanções administrativas previstas no Código de Defesa do Consumidor. 2. O artigo 4º desse diploma legal determina que o órgão de defesa do consumidor seja criado na forma lei – artigo 55 da Lei 8.078/90 – não havendo vedação que seja substituído por decreto estadual ou municipal, mormente quando já existente no momento da edição do Codecon ou do Decreto Federal. 3. Não cabe aferir a higidez da CDA em recurso especial, quando a revisão demandar reexame fático-probatório dos elementos do processo, nos termos da Súmula 7/STJ. 4. Recurso especial conhecido em parte e não provido" (STJ, REsp 960.875/AL, 2ª Turma, Rel. Min. Castro Meira, j. 06.11.2008, *DJe* 01.12.2008).

[19] "Administrativo. Processual Civil. Recurso Especial. Mandado de segurança. Código de Defesa do Consumidor. Violação do artigo 535 do CPC não configurada. Procedimentos administrativos instaurados por órgãos federal e estadual de proteção e defesa do consumidor. Competência concorrente. Aplicação de multas pela mesma infração. Impossibilidade. Poder punitivo do Estado. Princípio da razoabilidade e da legalidade. Artigo 5º, parágrafo único, do Decreto 2.181/97. 1. Caso em que são aplicadas multas administrativas pelo DPDC e pelo PROCON-SP a fornecedor, em decorrência da mesma infração às normas de proteção e defesa do consumidor. 2. Constatado que o Tribunal de origem empregou fundamentação adequada e suficiente para dirimir a controvérsia, dispensando, portanto, qualquer integração à compreensão do que fora por ela decidido, é de se afastar a alegada violação do artigo 535 do CPC. 3. No mérito, não assiste razão à recorrente, não obstante os órgãos de proteção e defesa do consumidor, que integram o Sistema Nacional de Defesa do Consumidor, serem autônomos e independentes quanto à fiscalização e controle do mercado de consumo, não se demonstra razoável e lícito a aplicação de sanções a fornecedor, decorrentes da mesma infração, por mais de uma autoridade consumerista, uma vez que tal conduta possibilitaria que todos os órgãos de defesa do consumidor existentes no País punissem o infrator, desvirtuando o poder punitivo do Estado. 4. Nos termos do artigo 5º, parágrafo único, do Decreto 2.181/97: 'Se instaurado mais de um processo administrativo por pessoas jurídicas de direito público distintas, para apuração de infração decorrente de um mesmo fato imputado ao mesmo fornecedor, eventual conflito de competência será dirimido pelo DPDC, que poderá ouvir a Comissão

PARTE V · Cap. 2 · O SISTEMA NACIONAL DE DEFESA DO CONSUMIDOR | 1109

O artigo 5º, *caput* e parágrafo único, do Decreto 2.181/1997 (com a alteração realizada pelo Decreto 10.417/2020), que regulamenta o Sistema Nacional de Defesa do Consumidor, estabelece:

> "Artigo 5.º Qualquer entidade ou órgão da Administração Pública, federal, estadual e municipal, destinado à defesa dos interesses e direitos do consumidor, tem, no âmbito de suas respectivas competências, atribuição para apurar e punir infrações a este Decreto e à legislação das relações de consumo.
>
> Parágrafo único. Se instaurado mais de um processo administrativo por pessoas jurídicas de direito público distintas, para apuração de infração decorrente de um mesmo fato imputado ao mesmo fornecedor, eventual conflito de competência será dirimido pela Secretaria Nacional do Consumidor do Ministério da Justiça e Segurança Pública, que poderá ouvir o Conselho Nacional de Defesa do Consumidor, considerada a competência federativa para legislar sobre a respectiva atividade econômica."

Da mesma forma, o artigo 16 do Decreto 2.181/1997, com a alteração determinada pelo Decreto 10.417/2020, define: "Nos casos de processos administrativos em trâmite em mais de um Estado, que envolvam interesses difusos ou coletivos, a Secretaria Nacional do Consumidor do Ministério da Justiça e Segurança Pública poderá avocá-los, ouvido o Conselho Nacional de Defesa do Consumidor, e as autoridades máximas dos sistemas estaduais".

Trata-se de mais uma iniciativa visando definir critérios para a solução de conflito de competências entre órgãos do SNDC. Todavia, tendente a ser inexitosa. Afinal, a competência da Senacon – como sucessora do DPDC/MJ – para a resolução dos conflitos entre órgãos da União será admissível se fixada por lei. No entanto, em se tratando de conflito entre órgãos de distintas unidades federativas, há questão constitucional, relacionada à autonomia dos entes federados, que não pode ser solucionada por decreto federal. Sobre isso apontavam já os autores do anteprojeto do CDC, como Daniel Roberto Fink, destacando que conflitos entre órgãos de um mesmo ente federado devem ser resolvidos no âmbito da mesma unidade federativa. Sendo distintos, o recurso seria ao Poder Judiciário.[20]

Essa concorrência de competências administrativas pode se dar tanto no cotejo entre a competência de órgãos pertencentes a distintos entes federados (SENACON *vs.* órgãos estaduais e municipais; órgão estadual *vs.* órgãos municipais; órgão estadual *vs.* órgão estadual; e órgão municipal *vs.* órgão municipal) e eventual conflito no conteúdo no processo ou conteúdo das decisões (*conflito vertical* de competências) quanto no exercício de competência dos órgãos de defesa do consumidor e outros órgãos de competência regulatória de determinado setor econômico ou de prestação de serviço público

---

Nacional Permanente de Defesa do Consumidor – CNPDC, levando sempre em consideração a competência federativa para legislar sobre a respectiva atividade econômica.' 5. Recurso especial não provido" (STJ, REsp 1.087.892/SP, 1ª Turma, Rel. Min. Benedito Gonçalves, j. 22.06.2010, *DJe* 03.08.2010). Seja consentido remeter aos comentários de nossa autoria: MIRAGEM, Bruno. Competência administrativa concorrente de fiscalização e repressão de infrações pelos órgãos administrativos de defesa do consumidor limites do exercício do poder de polícia administrativa e efetividade da proteção do consumidor – comentários ao REsp 1.087.892/SP. *Revista de Direito do Consumidor*, São Paulo, v. 77, p. 431-451, jan. 2011.

[20] FINK, Daniel Roberto et al. *Código Brasileiro de Defesa do Consumidor*: comentados pelos autores do anteprojeto. 6. ed. Rio de Janeiro: Forense Universitária, 1999. p. 857.

1110 | CURSO DE DIREITO DO CONSUMIDOR – *Bruno Miragem*

(*e.g.*, agências reguladoras, Banco Central). Nesse segundo caso, contudo, o exercício de competência entre distintos órgãos (denominado *conflito horizontal* de competências) é de solução menos complexa, especialmente por não se tratar necessariamente de uma disputa, mas de competência comum dos órgãos de defesa do consumidor e dos órgãos regulatórios para fiscalização e controle do mercado, considerando a finalidade pública específica cuja realização deve ser o objetivo de cada órgão.[21] Assim, o próprio STJ no sentido de reconhecer, por exemplo, a competência comum dos órgãos de defesa do consumidor e do Banco Central para fiscalização do cumprimento das normas de direito do consumidor pelas instituições financeiras.[22] Ainda, como refere outro precedente da

---

[21] STJ, RMS 26.397/BA, 2ª Turma, Rel. Min. Humberto Martins, j. 01.04.2008, *DJe* 11.04.2008; STJ, REsp 1.122.368/AL, 1ª Turma, Rel. Min. Luiz Fux, j. 03.09.2009, *DJ* 14.10.2009; RMS 24.921/BA, 1ª Turma, Rel. Min. Denise Arruda, j. 21.10.2008, *DJe* 12.11.2008.

[22] "Administrativo. Penalidade aplicada pelo PROCON à instituição financeira. Infração à legislação consumerista. Negativa de fornecimento de informações a correntista. Legitimidade. Competência do BACEN adstrita às infrações às normas que regem as atividades estritamente financeiras. 1. O poder sancionatório do Estado pressupõe obediência ao princípio da legalidade do qual se dessume a 'competência da autoridade sancionadora', cuja carência de aptidão inquina de nulidade o ato administrativo. 2. A fiscalização das instituições financeiras e a aplicação de penalidades correspectivas, nos termos do artigo 10, IX, da Lei 4.595/1964, é de competência privativa do BACEN, *verbis*: 'Artigo 10. Compete privativamente ao Banco Central da República do Brasil: (...) IX – Exercer a fiscalização das instituições financeiras e aplicar as penalidades previstas'. 3. Verbete Sumular 297, deste STJ, *verbis*: 'O Código de Defesa do Consumidor é aplicável às instituições financeiras', nos termos do seguinte precedente, deste E. STJ: 'Administrativo. Recurso ordinário em mandado de segurança. Multa aplicada pelo Procon à companhia de seguros. Possibilidade. Precedentes do STJ. Desprovimento do recurso ordinário. 1. Na hipótese examinada, a ora recorrente impetrou mandado de segurança contra ato do Secretário de Justiça e Direitos Humanos do Estado da Bahia, em face da aplicação de multa administrativa em decorrência de processo que tramitou no Procon, a qual violaria direito líquido e certo por incompetência do órgão de proteção ao consumidor, pois as companhias de seguro somente podem ser supervisionadas pela Susep. 2. O tema já foi analisado por esta Corte Superior, sendo consolidado o entendimento de que o Procon possui legitimidade para aplicar multas administrativas às companhias de seguro em face de infração praticada em relação de consumo de comercialização de título de capitalização e de que não há falar em *bis in idem* em virtude da inexistência da cumulação de competência para a aplicação da referida multa entre o órgão de proteção ao consumidor e a SUSEP. 3. Nesse sentido, em hipóteses similares, os seguintes precedentes desta Corte Superior: RMS 24.708/BA, 1ª T., rel. Min. Teori Albino Zavascki, *DJe* 30.06.2008; RMS 25.065/BA, 1ª T., rel. Min. Francisco Falcão, *DJe* 05.05.2008; RMS 26.397/BA, 2ª T., rel. Min. Humberto Martins, *DJe* 11.04.2008; RMS 25.115/BA, 2ª T., rel. Min. Castro Meira, *DJe* 28.03.2008. 4. Desprovimento do recurso ordinário' (RMS 24.921/BA, 1ª T., j. 21.10.2008, rel. Min. Denise Arruda, *DJe* 12.11.2008). 4. *In casu*, o processo administrativo proposto por correntista em razão de ter sido descontado valor de sua conta-corrente sem o seu conhecimento junto ao PROCON, tendo a autarquia permanecido inerte quanto ao pleito da correntista, que culminou na aplicação de penalidade pelo Procon/AL à CEF, com fulcro nos artigos 6º, III, 14 e 42, parágrafo único, da Lei 8.078/1990 e no artigo 13, V, do Dec. 2.181/1997, *verbis*: 'Artigo 6.º São direitos básicos do consumidor: (...) III – a informação adequada e clara sobre os diferentes produtos e serviços, com especificação correta de quantidade, características, composição, qualidade e preço, bem como sobre os riscos que apresentem; (...) Artigo 14. O fornecedor de serviços responde, independentemente da existência de culpa, pela reparação dos danos causados aos consumidores por defeitos relativos à prestação dos serviços, bem como por informações insuficientes ou inadequadas sobre sua fruição e riscos (...). Artigo 42. Na cobrança de débitos, o consumidor inadimplente não será exposto a ridículo, nem será submetido a qualquer tipo de constrangimento ou ameaça. Parágrafo único. O consumidor cobrado em quantia indevida tem direito à repetição do indébito, por valor igual ao dobro do que pagou em excesso, acrescido de correção monetária e juros legais, salvo hipótese de engano justificável'. 'Artigo 13. Serão consideradas, ainda, práticas infrativas, na forma dos dispositivos da Lei 8.078/1990: V – deixar de empregar componentes de reposição originais, adequados e novos, ou que mantenham as especificações técnicas do fabricante,

PARTE V · Cap. 2 · O SISTEMA NACIONAL DE DEFESA DO CONSUMIDOR | **1111**

Corte, "a atividade fiscalizadora e normativa das agências reguladoras não exclui a atuação de outros órgãos federais, municipais, estaduais ou do Distrito Federal, como é o caso dos Procons ou da própria Secretaria de Direito Econômico do Ministério da Justiça, por meio de seu Departamento de Proteção e Defesa do Consumidor, que podem fiscalizar, apenas, qualquer pessoa física ou jurídica que se enquadre como fornecedora na relação de consumo, nos termos do artigo 3º e parágrafos do Código de Defesa do Consumidor".[23] Da mesma forma, mencione-se que têm competência os Procons, inclusive para aplicar sanção à empresa pública federal quando se trate de infração a direitos do consumidor,[24] justamente porque é a existência da relação de consumo que atrai seu poder de fiscalização, não a natureza jurídica do fornecedor.

O problema surge, justamente, em relação à coordenação das competências próprias dos órgãos de proteção e defesa do consumidor dos diferentes entes federados, pois, nesse caso, a finalidade pública a que se vinculam o procedimento sancionatório e o ato administrativo de aplicação de multa é a mesma, e, neste sentido, eventual concorrência de procedimentos e sanções dá causa, com mais facilidade, à invocação pelo infrator do princípio do *ne bis in idem*, impedindo mais de uma sanção pelo mesmo fato. Daí por que a necessidade do estabelecimento de critérios para: (a) identificação da existência ou não de conflito no exercício de competência por órgãos administrativos de defesa do consumidor distintos para fiscalização e repressão de uma mesma infração; e (b) na hipótese de identificação do conflito, quais os critérios admissíveis para sua solução.

No caso dos órgãos administrativos de defesa do consumidor, a experiência brasileira destas quase três décadas de vigência do Código de Defesa do Consumidor observou diferentes formas de criação e funcionamento, em acordo com as normas legais e constitucionais e a tradição administrativa dos diferentes entes federados. Nesse sentido, identifica-se a possibilidade de se constituírem como órgãos internos de assessoramento direto do Chefe do Poder Executivo (Secretarias de Estado/Secretarias Municipais), até órgãos internos de Secretarias, entes da Administração indireta (como a Fundação Procon/SP, que dá causa ao caso judicial em exame), ou mesmo que tal atividade não seja indicada a um órgão específico, sendo compreendida mediante criação como programa ou divisão interna de órgãos administrativos mais complexos. No cerne da distinção,

---

salvo se existir autorização em contrário do consumidor'; 5. Consectariamente, verifica-se que a penalidade foi aplicada, não em decorrência de qualquer violação às normas que regem as instituições financeiras, mas, em verdade, em razão da omissão da autarquia em responder o pleito administrativo formulado por correntista que solicitara esclarecimentos acerca de débito desconhecido em sua conta, caracterizando-se, portanto, como uma infringência à legislação consumerista. 6. O ato administrativo de aplicação de penalidade pelo Procon à instituição financeira por infração às normas que protegem o Direito do Consumidor não se encontra eivado de ilegalidade porquanto inocorrente a usurpação de competência do BACEN, autarquia que possui competência privativa para fiscalizar e punir as instituições bancárias quando agirem em descompasso com a Lei 4.565/1964, que dispõe sobre a Política e as Instituições Monetárias, Bancárias e Creditícias. 7. Raciocínio inverso conspiraria contra a *ratio essendi* dos dispositivos questionados, porquanto inviabilizaria o acesso do consumidor-correntista à satisfação dos seus direitos haja vista que inexiste no ordenamento jurídico pátrio a descentralização nos Estados das atividades desempenhadas pelo Bacen. 8. Recurso especial desprovido" (STJ, REsp 1.122.368/AL, 1ª Turma, Rel. Min. Luiz Fux, j. 03.09.2009, *DJ* 14.10.2009).

[23] STJ, AgRg no REsp 1.081.366/RJ, 1ª Turma, Rel. Min. Benedito Gonçalves, j. 05.06.2012, *DJe* 12.06.2012.

[24] STJ, REsp 1.366.410/AL, 2ª Turma, Rel. Min. Eliana Calmon, j. 19.09.2013, *DJe* 26.09.2013.

observa-se, de um lado, a criação do órgão dotado ou não de personalidade jurídica própria e com diferentes graus de autonomia diante da atuação do Chefe do Poder Executivo. De outro lado, em relação ao órgão federal de proteção e defesa do consumidor, é o próprio código que determina – de forma que se pode dizer até incomum – a criação de um Departamento Nacional de Proteção e Defesa do Consumidor, ora Secretaria Nacional do Consumidor (Senacon), como órgão *de coordenação da política do Sistema Nacional de Defesa do Consumidor*, prevendo, inclusive, competências específicas no seu artigo 106, entre as quais: I – planejar, elaborar, propor, coordenar e executar a política nacional de proteção ao consumidor; II – receber, analisar, avaliar e encaminhar consultas, denúncias ou sugestões apresentadas por entidades representativas ou pessoas jurídicas de direito público ou privado; III – prestar aos consumidores orientação permanente sobre seus direitos e garantias; IV – informar, conscientizar e motivar o consumidor através dos diferentes meios de comunicação; V – solicitar à polícia judiciária a instauração de inquérito policial para a apreciação de delito contra os consumidores, nos termos da legislação vigente; VI – representar ao Ministério Público competente para fins de adoção de medidas processuais no âmbito de suas atribuições; VII – levar ao conhecimento dos órgãos competentes as infrações de ordem administrativa que violarem os interesses difusos, coletivos, ou individuais dos consumidores; VIII – solicitar o concurso de órgãos e entidades da União, estados, do Distrito Federal e municípios, bem como auxiliar a fiscalização de preços, abastecimento, quantidade e segurança de bens e serviços; IX – incentivar, inclusive com recursos financeiros e outros programas especiais, a formação de entidades de defesa do consumidor pela população e pelos órgãos públicos estaduais e municipais; XIII – desenvolver outras atividades compatíveis com suas finalidades. Da redação da norma, observa-se caráter nitidamente subsidiário ao exercício do poder de polícia pela Senacon, privilegiando-se, no caso, competências de formulação e execução de políticas públicas de defesa dos direitos do consumidor e a articulação e coordenação do Sistema Nacional de Defesa do Consumidor.

O fundamento da competência de fiscalização e controle repressivo das infrações aos direitos do consumidor, contudo, encontra-se no disposto no artigo 4º, VI, do CDC, que prevê, como princípio da Política Nacional das Relações de Consumo, a "coibição e repressão eficientes de todos os abusos praticados no mercado de consumo, inclusive a concorrência desleal e utilização indevida de inventos e criações industriais das marcas e nomes comerciais e signos distintivos, que possam causar prejuízos aos consumidores", bem como, no artigo 55, § 1º, do CDC, que estabelece: "§ 1º A União, os Estados, o Distrito Federal e os Municípios fiscalizarão e controlarão a produção, industrialização, distribuição, a publicidade de produtos e serviços e o mercado de consumo, no interesse da preservação da vida, da saúde, da segurança, da informação e do bem-estar do consumidor, baixando as normas que se fizerem necessárias". A regra de competência, portanto, é do ente federado, que se articula visando à criação de órgãos específicos para serem titulares dessa competência, conforme sugere o artigo 105 do CDC ("Integram o Sistema Nacional de Defesa do Consumidor – SNDC –, os órgãos federais, estaduais, do Distrito Federal e municipais e as entidades privadas de defesa do consumidor").

É sempre de referir, com auxílio da lição de Ruy Cirne Lima, que competência, em sentido administrativo, é *a medida de poder que a lei confere a uma pessoa administrativa determinada.*[25] Nesse sentido, quem fixa competência é a Constituição ou norma legal que com ela esteja conforme. No caso do órgão administrativo federal de defesa do consumidor, a norma que o cria e fixa sua competência é o próprio Código de Defesa do Consumidor (artigo 106 do CDC). Nos estados e nos municípios, norma legal de iniciativa do Poder Executivo aprovada pelo respectivo parlamento, ainda que se saiba da realidade em que, sendo órgãos criados por desdobramento (a partir do segundo nível da administração), se admita a criação por decreto, porém sem competência própria, sendo admissível apenas a especificação das competências fixada em lei ao órgão mais abrangente.[26]

No caso das competências de órgãos de diferentes entes federados, visto que têm sua sede normativa nas respectivas leis federais, estaduais ou municipais que a estabelecem, nesse particular são dotadas de eficácia territorial, ou seja: a medida de poder conferida pela lei o é em determinado território (nacional, estadual ou municipal) e nesse território é que vige. A concorrência de competências dos diferentes órgãos de defesa do consumidor é, antes de tudo, concorrência de competências territoriais, em que, na relação dos entes federados distintos, ocorre de a União sobrepor competência dos estados e dos municípios, o mesmo ocorrendo em relação aos estados e aos municípios que os integram.

A partir da perspectiva do particular – que, no caso do processo administrativo para apuração e sanção de infrações a normas do Código de Defesa do Consumidor, como regra, será o fornecedor –, a simples sobreposição de competências indica a possibilidade, em tese, de multiplicação das sanções aplicadas em relação a uma mesma infração, por tantos órgãos administrativos de defesa do consumidor quanto existam, no âmbito do território sobre o qual a exercem. Da mesma forma, a submissão de decisões contraditórias entre si sobre um mesmo fato, nos diversos processos (o que, em verdade, pode representar, igualmente, certa vulnerabilidade do próprio sistema de proteção de direitos dos consumidores). Para tanto, ao regular o Código de Defesa do Consumidor no exercício de sua competência regulamentar, a União, por intermédio do Dec. 2.181/1997, previu, em seu artigo 5º, parágrafo único, a possibilidade de que eventual conflito de competência entre os órgãos possa ser dirimido pela Senacon.

Embora de se registrar o mérito da iniciativa de buscar, via exercício do poder regulamentar, regular as situações de conflito de competência entre diferentes órgãos administrativos, especialmente em razão de critério pertinente para fixação da competência (competência legislativa para legislar sobre a respectiva atividade econômica), a rigor se trata de norma sem utilidade para a solução do problema, por várias razões. Primeiro, porque, ao se tratar de conflito de competência de órgãos administrativos, pode ser interpretado como regra de solução de conflitos entre entes federados, a exigir lei formal para sua fixação, bem como em relação ao princípio federativo. Em sentido inverso, a solução de conflito pode ser compreendida sob abrangência da competência legal da Senacon, de coordenação do sistema.

Entretanto, o critério eleito, de atribuição de competência executiva de fiscalização e controle, em vista de competência constitucional para legislar sobre a matéria, embo-

---

[25] LIMA, Ruy Cirne. *Princípios de direito administrativo*. São Paulo: Ed. RT, 1987. p. 187.

[26] Para detalhes, veja-se: MIRAGEM, Bruno. *A nova administração pública e o direito administrativo*. São Paulo: Ed. RT, 2011. p. 235.

ra incentivada pela melhor doutrina,[27] é de eficácia duvidosa em matéria de defesa do consumidor, uma vez que a competência legislativa relativa à proteção do consumidor é compreendida tanto em face da competência concorrente da União e dos estados para legislar sobre produção e consumo (artigo 24, V, da CF/1988) ou danos ao consumidor (artigo 24, VIII, da CF/1988) quanto em matéria de contratos de consumo, competência privativa da União para legislar sobre direito civil (artigo 22, I, da CF/1988), a qual é conferida também para legislar sobre propaganda comercial (artigo 22, XXIX, da CF/1988). Da mesma maneira, a competência transversal dos municípios para legislar em assuntos de interesse local (artigo 30, I, da CF/1988), cuja abrangência tem sido definida de modo casuístico pela jurisprudência brasileira. Nesse sentido, também considera a doutrina administrativista que tal critério deve observar moderação, considerando que a competência privativa da União para legislar (artigo 22 da CF/1988) lhe indicaria competência para exercício da polícia administrativa sem excluir a dos estados e dos municípios *quanto a aspectos externos à essência mesma da matéria atribuída à União.*[28]

Da mesma forma é de rigor admitir, na esfera administrativa, a aplicação de sanções concomitantes, considerando a finalidade pública perseguida, que não apenas é de punir o infrator como também evitar/fazer, cessar/recuperar, eventuais prejuízos à comunidade.[29] No caso, a doutrina distinguirá, a despeito do texto normativo, entre *sanções* e *medidas de polícia*, sendo as primeiras dotadas de caráter eminentemente punitivo, ao passo que as segundas seriam dotadas de finalidade de preservação do interesse público.[30] Todavia, não se admite, no direito administrativo sancionador, mediante sua aproximação ao sistema de garantias constitucionais penais, que um indivíduo seja punido mais de uma vez em razão do mesmo fato/infração.[31]

Nesse sentido, embora o Decreto 2.181/1997 coloque a Senacon como árbitra do conflito entre dois outros órgãos administrativos, são mais comuns situações em que concorre a competência do próprio órgão federal e dos órgãos estaduais, a fim de dar causa a

---

[27] BANDEIRA DE MELLO, Celso Antônio. *Curso de direito administrativo.* 16. ed. São Paulo: Malheiros Editores, 2003. p. 731-732; MEIRELLES, Hely Lopes. *Direito administrativo brasileiro.* 27. ed. São Paulo: Malheiros Editores, 2002. p. 127.

[28] BANDEIRA DE MELLO, Celso Antônio. *Curso de direito administrativo.* 16. ed. São Paulo: Malheiros Editores, 2003. p. 733. No mesmo sentido: OLIVEIRA, Régis Fernandes de. *Infrações e sanções administrativas.* 2. ed. São Paulo: Ed. RT, 2005. p. 76-77.

[29] STJ, REsp 1.130.103/RJ, 2ª Turma, Rel. Min. Castro Meira, j. 19.08.2010, *DJ* 30.08.2010.

[30] OSÓRIO, Fábio Medina. *Direito administrativo sancionador.* São Paulo: Ed. RT, 2000. p. 98.

[31] NOBRE JÚNIOR, Edilson Pereira. Sanções administrativas e princípios de direito penal. *Revista dos Tribunais,* São Paulo, v. 775, p. 449-470, maio 2000.; OSÓRIO, Fábio Medina. *Direito administrativo sancionador.* São Paulo: Ed. RT, 2000. p. 102. No mesmo sentido, em vista das relações de consumo, observa Álvaro Lazzarini que "a aplicação cumulativa de sanções previstas no CDC, artigo 56, assim, é legítima, como também é legítima a apenação também nas esferas civil e criminal, dada a autonomia que o Direito reconhece para elas. Entendo, porém, que no campo da responsabilidade administrativa é de duvidosa juridicidade apenar-se o fornecedor infrator com as penas previstas no Código de Defesa do Consumidor e, ainda, com as definidas em normas específicas, como previsto no final do artigo 56, *caput*, do aludido Código. Entendo que essa faculdade deve ser utilizada com certo cuidado, evitando o denominado *bis in idem*, ou seja, uma apenação duas ou mais vezes, pela mesma conduta do fornecedor, pela mesma ou diversa autoridade. No caso, como sabido, o *bis in idem* será a repetição (*bis*) de punição sobre a mesma conduta ilícita (*in idem*), o que violenta a consciência jurídica (LAZZARINI, Álvaro. Tutela administrativa e relações de consumo. *Revista dos Tribunais,* São Paulo, v. 704, p. 7-16, jun. 1994).

PARTE V · Cap. 2 · O SISTEMA NACIONAL DE DEFESA DO CONSUMIDOR | **1115**

possíveis conflitos, no que se destaca também a questão da autonomia dos entes federados. Entre os estudiosos do tema no direito do consumidor, observa-se a crítica à ausência de um critério explícito que sustente a competência concorrente dos entes federados no exercício da competência de polícia administrativa. Refere a esse respeito Marcelo Sodré, para quem "quando todos os conflitos dentro do Sistema Nacional precisam ser levados ao Poder Judiciário é porque o sistema não está funcionando como tal".[32]

A admissão de competência concorrente dos diferentes órgãos administrativos de defesa do consumidor parece ser a solução indicada pelo sistema jurídico brasileiro, seja pelo expresso texto da norma (artigo 55, § 1º, do CDC), seja mesmo pelo critério de fixação da competência administrativa em face da competência legislativa fixada pela Constituição. Assim, Senacon, Procons estaduais e municipais são competentes para exercer poder de polícia, fiscalizando e aplicando sanções por infrações ao disposto no Código de Defesa do Consumidor. A situação, todavia, pode dar causa a extremos, como na hipótese de uma mesma sanção de multa, por exemplo, ser aplicada em seu limite máximo por diversos órgãos competentes, o que pode desbordar da proporcionalidade da sanção, quando tomada em seu conjunto – a infração cometida pelo fornecedor e sua capacidade econômica de responder a ela sem que haja prejuízo de suas operações.[33]

Nesse sentido, pois, é que a decisão do STJ no REsp 1.087.892/SP pode ser objeto de crítica ao desconsiderar a competência concorrente dos órgãos administrativos de defesa do consumidor e não se debruçar sobre o critério da correta solução dessas questões. Pelo que se infere do cumprimento da atribuição de coordenação do sistema, é possível defender-se a solução do conflito pela Senacon. Ademais, por determinar o Decreto 2.181/1997 – em seu artigo 5º, parágrafo único – que a decisão daquele órgão administrativo pode ser precedida por consulta à Comissão Nacional Permanente de Defesa do Consumidor. Embora essa consulta se dê – ao contrário do desejável – de modo facultativo ("poderá ouvir"), reforça o caráter de coordenação que reveste a atuação da Senacon no caso. Essa solução, contudo, não é livre de riscos, uma vez que se refere à distribuição de competência no âmbito da federação. Alguns estudos sustentam a aplicação, aqui, do princípio da subsidiariedade, reconhecendo a competência dos municípios quando em confronto com os estados, sob o argumento de que "a proteção ao consumidor será tanto mais efetiva quanto mais próximo o órgão de proteção".[34] Trata-se de entendimento, entretanto, que, por si mesmo, não resolve a elementar dificuldade na repressão às violações ao direito do consumidor, que é o fato de a extensão do mercado brasileiro fazer

---

[32]   SODRÉ, Marcelo. *Formação do Sistema Nacional de Defesa do Consumidor*. São Paulo: Ed. RT, 2007. p. 283.

[33]   Essa situação fática que se pode produzir leva a doutrina, inclusive, a sugerir soluções visando indicar articulação entre os diferentes órgãos de defesa do consumidor, como é o caso de Vitor Andrade, ao sugerir que, nas infrações de caráter estadual, se indica a competência do Procon da Capital do Estado/Procon Estadual, ou, ainda, as de caráter nacional à Senacon. Trata-se de soluções, contudo, *de lege ferenda*, uma vez que sua adoção depende de expressa fixação de competência dos órgãos administrativos em questão (MORAES, Vitor de Andrade. *Sanções administrativas no Código de Defesa do Consumidor*. São Paulo: Atlas, 2008. p. 137-138).

[34]   OLIVEIRA, Cristiane Catarina Fagundes de. Fundamentos constitucional-federativos para competências no âmbito do sistema nacional de defesa do consumidor: breves notas ao art. 105 do CDC. *Revista de Direito do Consumidor*, São Paulo, v. 103, p. 199-223, jan.-fev. 2016.

que, invariavelmente, as infrações a direito se deem sob a competência de diversos entes da federação, municípios e estados. Dizer-se, simplesmente, da preferência dos órgãos municipais é argumento circular, pois deixa de considerar a extensão de condutas mais graves, com danos de maior repercussão, como aqueles que abrangem boa parte do território nacional onde haja a distribuição de produtos, a prestação de serviços ou a sua divulgação publicitária, por exemplo.

Contudo, destaque-se a *ausência* (ou *insuficiência*, se for considerado o artigo 5º, parágrafo único, do Dec. 2.181/1997) de um critério legal expresso para delimitação dessas competências em vista do equilíbrio entre o poder-dever do estado de defesa do consumidor e a razoabilidade/proporcionalidade da sanção administrativa a ser imposta aos fornecedores.

Refira-se, ademais, que o exercício do poder de polícia para fiscalização da conduta dos particulares em favor dos interesses do consumidor não é exclusividade dos órgãos administrativos de defesa do consumidor. Ao contrário, são diversos os órgãos que integram a Administração Pública, cuja atuação repercute diretamente na proteção de interesses da população em geral, incluindo os consumidores. Os exemplos são diversos, bastando mencionar a Vigilância Sanitária em matéria de segurança da saúde dos consumidores, ou o Corpo de Bombeiros e os municípios em matéria de prevenção contra incêndios e outros acidentes que vitimem os consumidores. Aliás, é de se dizer, nesses casos, que, havendo a omissão no exercício do atendimento de suas competências, que seja reconhecida como causa determinante para a ocorrência de acidentes de consumo, a responsabilidade do Poder Público não pode ser afastada.[35] Da mesma forma, a complexi-

---

[35] Nesse sentido, aliás, sustentou-se em parecer *pro bono* oferecido à Defensoria Pública do Estado do Rio Grande do Sul, para a ação de responsabilização do Município de Santa Maria e do Estado do Rio Grande do Sul, na fiscalização do funcionamento da Boate Kiss, cujo incêndio acabou por causar a morte de mais de duas centenas de pessoas. A ação coletiva proposta pela Defensoria Pública, contudo, não teve êxito, no STJ, em relação ao Município e ao Estado. A tese, entretanto, em vista dos contornos fáticos do trágico evento, vem sendo admitida pela jurisprudência do Tribunal de Justiça do Rio Grande do Sul, condenando o Estado e o Município, solidariamente com o fornecedor do serviço, à indenização das vítimas. Nesse sentido, veja-se: "Apelações cíveis. Responsabilidade civil. Ação de indenização por danos morais. Incêndio. Boate Kiss. Responsabilidade solidária dos entes públicos. Legitimidade do sócio cotista. Dano moral. *Quantum*. 1. O sócio cotista é parte legítima para figurar no polo passivo da demanda, ainda que o contrato de cessão de crédito careça de averbação. 2. Responsabilidade solidária dos entes públicos em razão dos danos decorrentes de omissão do Estado. Culpa demonstrada pela negligência no cumprimento do dever legal de fiscalização. 3. O conjunto probatório demonstra que o ente público não realizou nova vistoria no local após o vencimento do alvará, permitindo que a casa noturna 'Boate Kiss' funcionasse fora dos padrões mínimos de segurança exigidos pela Lei. A atuação preventiva do corpo de bombeiro poderia ter identificado as irregularidades decorrentes das mudanças no *layout* do prédio (instalação de espuma acústica imprópria, extintores vencidos, saídas de emergências insuficientes) e consequentemente evitado a tragédia. 4. Responsabilidade da empresa Santo Entretenimentos Ltda. A casa noturna responde objetivamente pela deficiente prestação de serviços, consubstanciada na ausência de plano de prevenção contra incêndio eficaz, precariedade das instalações e isolamento acústico inadequado que contribuíram para o incêndio e prejudicaram a evasão do público do recinto. Os fatos alegados na inicial foram suficientemente demonstrados pela parte autora. Excludentes de responsabilidade previstas no CDC não evidenciadas no caso concreto (...)" (TJRS, ApCív 70072959299, 6ª Câmara Cível, Rel. Ney Wiedemann Neto, j. 20.07.2017). Para exame do parecer, veja-se: MIRAGEM, Bruno. Parecer de resposta à consulta da Defensoria Pública Estadual sobre a responsabilidade solidária do Estado do Rio Grande do Sul e do Município de Santa Maria/RS no acidente de consumo ocorrido com o incêndio da Boate Kiss. *Revista de Direito do Consumidor*, São Paulo, v. 88, jul.-ago. 2013.

dade da Administração Pública no Brasil, em especial a partir de sua estrutura federal e da repartição das várias competências administrativas, revela que o êxito pleno da proteção dos consumidores pressupõe a coordenação e a articulação da atuação dos diversos órgãos e entidades titulares de distintas competências relativas a aspectos complementares da tutela dos interesses do consumidor.

3

A REGULAÇÃO ADMINISTRATIVA DOS SERVIÇOS PÚBLICOS E O DIREITO DO CONSUMIDOR

A atividade regulatória da economia e dos serviços públicos pela Administração observou, nos últimos anos, um significativo desenvolvimento legislativo e institucional, diretamente vinculado ao processo de reforma do Estado levado a efeito desde o princípio da década de 1990.[1] Esse processo pelo qual passou o Estado brasileiro desenvolveu-se em diversas fases[2] e atendeu a distintos objetivos, dentre os quais é possível destacar a alienação de patrimônio público – por meio do processo de desestatização –, a delegação da prestação de serviços públicos aos particulares e a obtenção de recursos para diminuição do *déficit* financeiro do setor público.

Em um primeiro momento, a reforma estrutural do Estado deu-se pela alienação do controle acionário de empresas (em sua maioria empresas públicas e sociedades de economia mista) representativas da intervenção estatal na atividade econômica.[3] Em seguida, a face mais conhecida do processo passa a ser a venda do controle das empresas estatais prestadoras de serviço público, ao mesmo tempo que se providencia a delegação à iniciativa privada da atividade de prestação do serviço. A escassez dos investimentos públicos e a necessidade de sua qualificação, sobretudo para o atendimento das principais exigências dos serviços públicos – adequação e universalidade – são os argumentos centrais a justificar esse procedimento.[4] O pressuposto básico da alienação das empresas estatais prestadoras e da delegação da atividade ao ente privado é de que o Estado, em face da

---

[1] Nesse sentido, veja-se o nosso: MIRAGEM, Bruno. *A nova administração pública e o direito administrativo*. São Paulo: Ed. RT, 2011. p. 65 *et seq*. No mesmo sentido, destacou-se em nossos *Comentários*: MARQUES, Claudia Lima; BENJAMIN, Antônio Herman V.; MIRAGEM, Bruno. *Comentários ao Código de Defesa do Consumidor*. 3. ed. São Paulo: Ed. RT, 2010. p. 1121 *et seq*.

[2] A iniciativa pioneira é o Decreto 83.740/1979, que criou o Programa Nacional de Desestatização, restringindo a criação de novas entidades estatais e iniciando o processo de privatização. Em 1985, é criado, por meio do Dec. 51.991, o Conselho Interministerial de Privatização. Então, em 1990, a Lei 8.031 cria o Programa Nacional de Desestatização, o mais amplo do gênero, que acaba por originar extensa legislação a respeito. Em 1997, a Lei 9.491 altera procedimentos do PND e revoga a Lei 8.031/1990. A respeito dessa evolução legislativa: TÁCITO, Caio. O retorno do pêndulo: serviço público e empresa privada – o exemplo brasileiro. *Revista de Direito Administrativo*, Rio de Janeiro, v. 202, p. 1-10, out.-dez. 1995.

[3] O Programa Nacional de Desestatização previa diversas modalidades de privatização, entre as quais estabelecia a preferência pela pulverização da participação acionária junto ao público, aos empregados, aos acionistas, aos fornecedores e aos consumidores. Essa preferência estabelecida pela lei, contudo, não foi obedecida. A respeito, veja-se: STÜBER, Walter Douglas. A reforma da ordem econômica e financeira. *Cadernos de Direito Constitucional e Ciência Política*, São Paulo, v. 14, p. 80-91, jan.-mar. 1996.

[4] MOREIRA NETO, Diogo de Figueiredo. Reforma da ordem econômica e financeira. *Cadernos de Direito Constitucional e Ciência Política*, São Paulo, v. 9, p. 22-25, out.-dez. 1994.

insuficiência de recursos, e mesmo das restrições legais e de organização do setor público, não tinha como prover as condições necessárias à prestação de um serviço adequado. Por essa razão, em regra, a prestação direta dos serviços pelo ente público caracteriza-se por ser deficiente, não atendendo aos reclames do interesse público. Nesse aspecto, nota-se que a satisfação do consumidor do serviço serviu para legitimação da delegação deste ao setor privado,[5] sob o argumento de que apenas a flexibilidade inerente à livre-iniciativa dos particulares ofereceria as condições necessárias para prestação do serviço adequado e, sobretudo, para sua universalização.

O interesse do consumidor, desse modo, serviu como legitimação do processo de desestatização e constituição da estrutura de regulação dos serviços públicos. Para tanto, as agências reguladoras criadas para regular o exercício da atividade de prestação dos serviços públicos pelo particular têm sua origem vinculada à finalidade principal de garantir a efetiva realização desses interesses.[6]

Entretanto, o desafio seguinte que se impõe a essa conclusão é identificar quais seriam os interesses do consumidor de serviços públicos. Alguns aspectos deverão ser necessariamente considerados. Parece-nos possível identificar, entre outros, a *adequação* e a *eficiência* do serviço prestado, bem como a *modicidade das tarifas*, como interesses tipicamente associados ao interesse dos consumidores. Ao mesmo tempo, em razão de elementos que informam a noção geral de serviço público, também pertence a esse elenco de interesses reconhecidos o *direito de acesso* ao serviço, para os que dele ainda não usufruem. Esta última questão, entretanto, abrigada sob o *princípio da universalidade dos serviços públicos*, vai enfrentar a tensão entre os interesses dos *consumidores incluídos* no mercado e daqueles que são ainda *consumidores potenciais*. Ademais, a composição desses interesses – segundo a aguda lição de José Reinaldo de Lima Lopes – vai apresentar um nítido caráter *redistributivo*,[7] presente na contribuição financeira dos consumidores incluídos (presente na composição do valor da tarifa), para a extensão do serviço aos *potenciais* consumidores que ainda não possuem acesso a este.

A legislação decorrente do processo de regulação fez referência, em diversos momentos, à proteção do consumidor, ou, simplesmente, a seus interesses ou direitos. Ocorre que, embora a legislação tenha disposto de mecanismos de proteção dos interesses do consumidor, sua efetividade está condicionada à atuação dos órgãos de regulação. No caso do direito de acesso ao serviço, por exemplo, em que pese associado ao princípio

---

[5]   MARQUES, Claudia Lima. A regulação dos serviços públicos altera o perfil do consumidor. *Revista Marco Regulatório*, Porto Alegre, n. 1, p. 22-27, 1998. p. 22-27.

[6]   Sobre as funções das agências reguladoras, veja-se: MIRAGEM, Bruno. *A nova administração pública e o direito administrativo*. São Paulo: Ed. RT, 2011. p. 109 *et seq.*; MARQUES, Claudia Lima; BENJAMIN, Antônio Herman V.; MIRAGEM, Bruno. *Comentários ao Código de Defesa do Consumidor*. 3. ed. São Paulo: Ed. RT, 2010. p. 1121 *et seq.*

[7]   Trata-se da tese defendida pelo professor paulista e aprovada no V Congresso Brasileiro de Direito do Consumidor, promovido pelo Instituto Brasileiro de Política e Direito do Consumidor, e publicada na *Revista de Direito do Consumidor*: LOPES, José Reinaldo de Lima. Direito do consumidor e privatização. *Revista de Direito do Consumidor*, São Paulo, v. 26, p. 119-124, abr.-jun. 1998. Sobre o caráter distributivo do direito do consumidor, o mesmo autor aprofundou sua reflexão em um segundo estudo: LOPES, José Reinaldo de Lima. O aspecto distributivo do direito do consumidor. *Revista de Direito do Consumidor*, São Paulo, v. 41, p. 140-150, jan.-mar. 2002.

da universalidade, o cumprimento das metas estabelecidas pela legislação diz respeito ao nível de exigência estabelecido pelas agências reguladoras.

Daí por que, como já afirmamos,[8] os órgãos reguladores brasileiros, ocupados da regulação, tanto da prestação de serviços públicos por entes privados quanto de atividades econômicas em sentido estrito,[9] têm por missão "regular, normatizar, controlar e fiscalizar as atividades desenvolvidas por particulares tendo em vista o interesse público (desenvolvimento de ações de proteção à saúde (...) e a defesa dos interesses dos consumidores, almejando a manutenção da qualidade dos serviços e produtos ofertados, os preços justos, o respeito aos menos privilegiados e às minorias etc.)".[10]

Nesse contexto, dois são os setores em que a atividade de regulação da prestação dos serviços públicos tem surgido de modo constante, em boa parte motivando críticas sobre a insuficiência de sua atuação, são os serviços de fornecimento de energia elétrica e de telecomunicações. Essa avaliação crítica, se, de um lado, pode ser creditada à insuficiente proteção oferecida aos consumidores pelas respectivas agências, de outro lado, se vincula ao fato de que se trata de serviços amplamente difundidos e mesmo, no que se refere ao fornecimento de energia elétrica, amplamente conhecidos como *serviços essenciais*.

3.1 A REGULAÇÃO ADMINISTRATIVA DOS SERVIÇOS PÚBLICOS

A aplicação do Código de Defesa do Consumidor à atividade regulatória dos serviços públicos é conclusão que necessariamente emerge da observância do princípio da legalidade que informa a atividade dos órgãos administrativos competentes para realizá-la.[11] O CDC, por sua vez, estabelece, em seu artigo 22, que "Os órgãos públicos, por si ou suas empresas, concessionárias, permissionárias ou sob qualquer outra forma de empreendimento, são obrigados a fornecer serviços adequados, eficientes, seguros e, quanto aos essenciais, contínuos".

É certo, contudo, que a atividade regulatória não se restringe apenas à defesa do consumidor. A rigor, visa ao atendimento do interesse coletivo[12] e mesmo, quando observada

---

[8] MIRAGEM, Bruno. Defesa administrativa do consumidor no Brasil: alguns aspectos. *Revista de Direito do Consumidor*, São Paulo, v. 46, p. 120-163, abr.-jun. 2003. p. 136.

[9] Nesse sentido a distinção de GRAU, Eros Roberto. *A ordem econômica na Constituição de 1988*. 8. ed. São Paulo: Malheiros Editores, 2003. p. 98.

[10] CUÉLLAR, Leila. *As agências reguladoras e seu poder normativo*. São Paulo: Dialética, 2001. p. 79-80.

[11] No mesmo sentido, decidiu o STJ, ao afirmar que "todos os contratos de concessão de serviço público, assim como as normas administrativas editadas pelas Agências Reguladoras, subordinam-se ao princípio da legalidade e ao regime jurídico do Código de Defesa do Consumidor, estatuto maior de controle de abusos praticados no mercado de consumo. Descabe fazer uso da chamada discricionariedade técnica para, pela porta dos fundos – por meio de artifícios incompatíveis com o legal, o razoável, o justo, a boa-fé, a dignidade humana –, negar direitos e obrigações estabelecidos na ordem jurídica com o desiderato de proteção dos vulneráveis e hipervulneráveis. Logo, sempre que necessário, o Judiciário não só pode, como deve, intervir preventiva, reparatória e repressivamente, de modo a assegurar a inteireza dos direitos dos consumidores e de outros sujeitos débeis, prerrogativa essa perfeitamente compatível com o princípio da separação dos poderes" (STJ, AgInt no AREsp 2.018.450/RJ, 2ª Turma, Rel. Min. Herman Benjamin, j. 10.10.2022, *DJe* 04.11.2022).

[12] DERANI, Cristiane. *Privatização e serviços públicos*: as ações do Estado na produção econômica. São Paulo: Max Limonad, 2002. p. 83 *et seq.*

CURSO DE DIREITO DO CONSUMIDOR – *Bruno Miragem*

sua autonomia e independência, à realização de direitos fundamentais,[13] razão pela qual, necessariamente, deverá observar a composição de interesses diferenciados, e muitas vezes divergentes, dos diversos grupos envolvidos. A isso, Sérgio Varella Bruna identifica como *neopluralismo*, em que os diferentes interesses de grupos podem dar margem a desvios dos órgãos da Administração no exercício de sua missão essencial. Assim, para que se evite o privilégio de interesses particulares em detrimento do interesse coletivo, é necessário criar estruturas institucionais que contemplem a atuação clara e visível deles, ainda que isso por si só não possa garantir plenamente a isenção do seu processo decisório.[14]

A identificação do interesse coletivo, então, é estabelecida pela composição dos diferentes agentes envolvidos na relação jurídica sob regulação. Ainda que contribuição dos interesses não possa ser objeto de uma mensuração objetiva, é perfeitamente adequada a consideração de dois fatores vocacionados a legitimar a atividade de regulação, quais sejam: a *proporcionalidade* na valoração das pretensões envolvidas; e a *institucionalização de procedimentos de participação* dos interessados. Em sentido semelhante, Sérgio Varella Bruna, no esteio das lições de Sargentich, identifica três valores fundamentais à atividade administrativa, quais sejam: o ideal da legalidade (*rule of law ideal*), o ideal do interesse coletivo (*public purposes ideal*) e o ideal do processo democrático (*democratic process ideal*).[15] Consigna, então, que esses mesmos valores podem ser vislumbrados desde uma expressão principal – a qual, entretanto, está muitas vezes em descompasso com as necessidades de atuação administrativa – até uma expressão alternativa, tendo por ideia básica a revisão da tradicional distinção entre *política* e *direito*.[16] Aliás, a grande distinção entre a atividade regulatória e aquela tradicionalmente confiada ao Estado na intervenção do domínio econômico é justamente a conjugação das atividades típicas do exercício de poder de polícia com a formulação e execução de políticas públicas para determinado setor regulado.[17]

Ao mesmo tempo, essa tarefa não se revela como atividade cujo universo decisório esteja totalmente subordinado à discricionariedade política ou técnica do agente público. Ao contrário, a atuação administrativa, em que pese seja flexibilizada e tenha admitido seu alcance para além do estrito formalismo legal, permanece regulada pelo ordenamento jurídico, na exata medida em que esse constitui seu próprio fundamento de validade. É ilustrativa desse fenômeno a eleição, entre nós, da *eficiência* como *princípio constitucional informativo* da atividade administrativa, por meio da Emenda Constitucional 19/1998. Eleita como uma das *ideias-forças* das reformas administrativas ao longo da década de

---

[13] Nesse sentido ensina, em especial sobre a experiência europeia, o excelente estudo de: LIMBERGER, Têmis. Agências administrativas independentes no direito comparado: uma contribuição ao PL 3.337/2004. *Revista de Direito do Consumidor*, São Paulo, v. 51, p. 223-248, jul.-set. 2004.

[14] BRUNA, Sérgio Varella. *Agências reguladoras*: poder normativo, consulta pública, revisão judicial. São Paulo: Ed. RT, 2003. p. 56-57.

[15] BRUNA, Sérgio Varella. *Agências reguladoras*: poder normativo, consulta pública, revisão judicial. São Paulo: Ed. RT, 2003. p. 61. Ver também: MIRAGEM, Bruno. *A nova administração pública e o direito administrativo*. São Paulo: Ed. RT, 2011. p. 87.

[16] BRUNA, Sérgio Varella. *Agências reguladoras*: poder normativo, consulta pública, revisão judicial. São Paulo: Ed. RT, 2003. p. 62-63.

[17] MIRAGEM, Bruno. *A nova administração pública e o direito administrativo*. São Paulo: Ed. RT, 2011. p. 101.

PARTE V · Cap. 3 · A REGULAÇÃO ADMINISTRATIVA DOS SERVIÇOS PÚBLICOS | **1123**

1990, em boa medida a eficiência, como princípio constitucional, impõe à Administração o dever de obter o máximo de resultado de seus programas e suas ações, em benefício dos administrados.[18] Pode ser interpretada como dever de escolher o *meio menos custoso* para realização de um fim, ou mesmo como dever de *promover o fim de modo satisfatório*.[19]

Essa construção teórica parece aplicar-se com muita propriedade ao ordenamento jurídico brasileiro, a partir da vigência da Constituição da República de 1988, em especial no que diz respeito à denominada *ordem constitucional econômica*. Isso porque a intervenção jurídica na iniciativa econômica, adotando-se a distinção consagrada por Eros Roberto Grau, estabelece tanto a intervenção por *absorção* ou *participação* quanto a que se dá *por direção e por indução*.[20] No caso da regulação dos serviços públicos pelos órgãos administrativos, irá configurar-se como espécie de intervenção *sobre* a atividade econômica,[21] a qual se revela a partir de inúmeros aspectos, entre os quais a restrição à liberdade contratual reconhecida tradicionalmente aos particulares, bem como a imposição de deveres aos agentes regulados, de coordenarem seus interesses com os dos seus órgãos reguladores, como meio para melhor atingir os objetivos estatais.

A atividade regulatória, ainda que não se esgote nos limites do direito, tem nas normas estabelecidas pelo ordenamento jurídico a fonte de sua validade e legitimidade. É nesse ponto que o direito do consumidor, considerado em sua *dúplice previsão constitucional* – de *direito fundamental* e *princípio da ordem econômica* –, surge como critério informador da atuação administrativa[22] e mesmo legislativa do Estado, impondo a este que expressamente contemple.[23]

Como parte da ordem constitucional positiva, e tendo sido desenvolvido sob a atividade legislativa por expressa determinação da Constituição, não pode ele ser afastado ou desconsiderado na atividade de regulação econômica. Deve ser necessariamente observado, desde as disposições do próprio Código de Defesa do Consumidor, cujo primado é exigência do princípio da legalidade, ou mesmo, de modo direto, as disposições referidas nos artigos 5º, XXXII, e 170, IV, critérios de aferição da constitucionalidade da atuação administrativa propriamente dita.

No arcabouço legislativo do direito regulatório brasileiro, em diversas oportunidades, foram realizadas referências expressas aos interesses do consumidor. No setor de energia

---

[18]   MEDAUAR, Odete. *O direito administrativo em evolução*. 2. ed. São Paulo: Ed. RT, 2003. p. 242.

[19]   Nesse sentido: ÁVILA, Humberto. Moralidade, razoabilidade e eficiência na atividade administrativa. *Revista Brasileira de Direito Público*, Belo Horizonte, n. 1, p. 105-133, abr.-jun. 2003.

[20]   GRAU, Eros Roberto. *A ordem econômica na Constituição de 1988*. 8. ed. São Paulo: Malheiros Editores, 2003. p. 82-83. Na intervenção por direção, o Estado exerce pressão sobre a economia, estabelecendo mecanismos e normas de comportamento compulsório para sujeitos da atividade econômica em sentido estrito (excluídos os serviços públicos). Na intervenção por indução, o Estado manipula os instrumentos de intervenção em consonância e na conformidade das leis que regem o funcionamento dos mercados (GRAU, Eros Roberto. *A ordem econômica na Constituição de 1988*. 8. ed. São Paulo: Malheiros Editores, 2003. p. 127).

[21]   GRAU, Eros Roberto. *A ordem econômica na Constituição de 1988*. 8. ed. São Paulo: Malheiros Editores, 2003. p. 127.

[22]   Nesse sentido afirmamos em nosso: MIRAGEM, Bruno. O direito do consumidor como direito fundamental: consequências jurídicas de um conceito. *Revista de Direito do Consumidor*, São Paulo, v. 43, jul.-set. 2002. p. 111 *et seq.*

[23]   Veja-se: STF, RE 193.749/SP, Rel. p/ Acórdão Min. Maurício Corrêa, *DJU* 04.06.1998.

elétrica, a Lei 9.427, de 26 de dezembro de 1996, assim como o Decreto 2.335, de 6 de outubro de 1997, determinam que a Agência Nacional de Energia Elétrica (Aneel) terá seu processo decisório integrado por audiências públicas prévias, sempre que implicar afetação dos direitos dos interessados,[24] assim como exercerá sua atividade levando em conta as necessidades dos consumidores e o pleno acesso aos serviços de energia, criando condições para modicidade das tarifas, sem prejuízo da oferta.[25] Já, no setor de telecomunicações, há como exemplo a previsão expressa do direito de acesso aos serviços, sem discriminação, previsto no artigo 3º, I e III, da Lei 9.742, de 16 de julho de 1997, que dispõe sobre a organização dos serviços de telecomunicações e a criação de seu órgão regulador.[26]

A distribuição dessas competências de proteção dos interesses dos consumidores, da mesma forma, é observada nas leis de criação de outras tantas agências. Na própria lei de criação da Anatel, por exemplo, foi estabelecido, em seu artigo 3º, um elenco de direitos dos usuários,[27] assim como determinado no artigo 19, XVIII, que, entre as atribuições da Agência, está a de "reprimir infrações dos direitos dos usuários".[28] No caso de outras agências que constituem exemplo da intervenção do Estado na atividade econômica, ainda que não dizendo respeito a serviços públicos, essas competências de proteção do consumidor também são observadas. É o caso da Agência Nacional de Vigilância Sanitária (Anvisa), para a qual a Lei 9.782, de 26 de janeiro de 1999, em seu artigo 7º, estabelece a competência para atuação em matérias de prevenção e controle dos riscos à saúde do consumidor; ou mesmo o caso da Agência Nacional de Saúde Suplementar (ANS), criada pela Lei 9.961, de 28 de janeiro de 2000, e que tem atribuição legal, segundo o artigo 4º, XI, para estabelecer critérios, responsabilidades, obrigações e normas de procedimento para garantia dos direitos dos consumidores assegurados nos artigos 30 e 31 da Lei 9.656,

---

[24] Artigo 4º, § 3º, da Lei 9.427/1996.

[25] O artigo 2º, V, da Lei 10.848, de 15 de março de 2004, remete à norma regulamentar e dispõe sobre "condições e limites para repasse do custo de aquisição de energia elétrica para os consumidores finais".

[26] LOPES, José Reinaldo de Lima. Direito do consumidor e privatização. *Revista de Direito do Consumidor*, São Paulo, v. 26, abr.-jun. 1998. p. 120.

[27] Assim o artigo 3º da Lei 9.472/1997 (Lei Geral de Telecomunicações): "O usuário de serviços de telecomunicações tem direito: I – de acesso aos serviços de telecomunicações, com padrões de qualidade e regularidade adequados à sua natureza, em qualquer ponto do território nacional; II – à liberdade de escolha de sua prestadora de serviço; III – de não ser discriminado quanto às condições de acesso e fruição do serviço; IV – à informação adequada sobre as condições de prestação dos serviços, suas tarifas e preços; V – à inviolabilidade e ao segredo de sua comunicação, salvo nas hipóteses e condições constitucional e legalmente previstas; VI – à não divulgação, caso o requeira, de seu código de acesso; VII – à não suspensão de serviço prestado em regime público, salvo por débito diretamente decorrente de sua utilização ou por descumprimento de condições contratuais; VIII – ao prévio conhecimento das condições de suspensão do serviço; IX – ao respeito de sua privacidade nos documentos de cobrança e na utilização de seus dados pessoais pela prestadora do serviço; X – de resposta às suas reclamações pela prestadora do serviço; XI – de peticionar contra a prestadora do serviço perante o órgão regulador e os organismos de defesa do consumidor; XII – à reparação dos danos causados pela violação de seus direitos".

[28] Bem afirmado pela jurisprudência que a "aplicabilidade das normas de proteção do consumidor aos serviços de telecomunicações é reforçada pelo fato de que a LGT recepcionou, expressamente, sem reservas, o CDC, ao adotar o princípio da defesa do consumidor, na esteira da estrutura que a Constituição Federal concebe para a integralidade da ordem econômica (art. 170, V).Por isso, em nome e título próprios, mas também por chamamento explícito do legislador da Lei 9.472/1997, o CDC aplica-se, integralmente, à relação jurídica de telecomunicações" (STJ, REsp 1.232.252/SC, 2ª Turma, Rel. Min. Herman Benjamin, j. 13.09.2016, *DJe* 26.08.2020).

PARTE V · Cap. 3 · A REGULAÇÃO ADMINISTRATIVA DOS SERVIÇOS PÚBLICOS | **1125**

de 1998.[29] Também cumpre a ANS articular-se com os órgãos de defesa do consumidor, visando à eficácia da proteção e defesa do consumidor de serviços privados de assistência à saúde, de acordo com o disposto na Lei 8.078/1990 (artigo 4º, XXXVI, da Lei 9.961/2000).

Não parece correto afirmar que as normas editadas pelas agências (consubstanciadas por um universo de resoluções, portarias, instruções) inovam o ordenamento jurídico, exercendo atividade normativa secundária, de regulamentação das leis. Não é demais recordar que a competência regulamentar, segundo nosso direito constitucional, é providência privativa do presidente da República (artigo 84, IV, da Constituição da República). Assim, a atuação do órgão administrativo não pode descurar do regime jurídico estabelecido pela legislação em geral, sobretudo pelos marcos regulatórios, gerais e setoriais, incidentes diretamente sobre a atividade regulada.[30]

Elucida a questão Villela Souto, sentenciando que "a norma reguladora nada cria; apenas explicita, na forma e limites autorizados em lei, os conceitos necessários à sua implementação".[31] Nesse sentido, o exame da adequação dessas normas à lei não prescinde

---

[29] Estabelece a Lei 9.656/1998, em seus artigos 30 e 31: "Art. 30. Ao consumidor que contribuir para produtos de que tratam o inciso I e o § 1º do art. 1º desta Lei, em decorrência de vínculo empregatício, no caso de rescisão ou exoneração do contrato de trabalho sem justa causa, é assegurado o direito de manter sua condição de beneficiário, nas mesmas condições de cobertura assistencial de que gozava quando da vigência do contrato de trabalho, desde que assuma o seu pagamento integral. § 1º O período de manutenção da condição de beneficiário a que se refere o *caput* será de um terço do tempo de permanência nos produtos de que tratam o inciso I e o § 1º do art. 1º, ou sucessores, com um mínimo assegurado de seis meses e um máximo de vinte e quatro meses. § 2º A manutenção de que trata este artigo é extensiva, obrigatoriamente, a todo o grupo familiar inscrito quando da vigência do contrato de trabalho. § 3º Em caso de morte do titular, o direito de permanência é assegurado aos dependentes cobertos pelo plano ou seguro privado coletivo de assistência à saúde, nos termos do disposto neste artigo. § 4º O direito assegurado neste artigo não exclui vantagens obtidas pelos empregados decorrentes de negociações coletivas de trabalho. § 5º A condição prevista no *caput* deste artigo deixará de existir quando da admissão do consumidor titular em novo emprego. § 6º Nos planos coletivos custeados integralmente pela empresa, não é considerada contribuição a coparticipação do consumidor, única e exclusivamente, em procedimentos, como fator de moderação, na utilização dos serviços de assistência médica ou hospitalar. Art. 31. Ao aposentado que contribuir para produtos de que tratam o inciso I e o § 1º do art. 1º desta Lei, em decorrência de vínculo empregatício, pelo prazo mínimo de dez anos, é assegurado o direito de manutenção como beneficiário, nas mesmas condições de cobertura assistencial de que gozava quando da vigência do contrato de trabalho, desde que assuma o seu pagamento integral. § 1º Ao aposentado que contribuir para planos coletivos de assistência à saúde por período inferior ao estabelecido no *caput* é assegurado o direito de manutenção como beneficiário, à razão de um ano para cada ano de contribuição, desde que assuma o pagamento integral do mesmo. § 2º Para gozo do direito assegurado neste artigo, observar se ão as mesmas condições estabelecidas nos §§ 2º, 3º, 4º, 5º e 6º do art. 30. § 3º Para gozo do direito assegurado neste artigo, observar-se-ão as mesmas condições estabelecidas nos §§ 2º e 4º do art. 30".

[30] Refira-se, a respeito, à decisão do STJ, na qual postulava determinado fornecedor de serviços de telefonia a aplicação de multa moratória de 10% (dez por cento) em vez de 2 % (dois por cento), conforme interpretação extensiva dominante do artigo 52, § 1º, do CDC a todos os contratos de consumo: "Administrativo. Consumidor. Prestação de serviços de telefonia. Atraso no pagamento. Multa moratória. Redução de 10% para 2%. Artigo 52, § 1º, do CDC. 1. Os contratos de prestação de serviços de telefonia, por envolver relação de consumo, estão sujeitos à regra prevista no § 1º do artigo 52 do CDC, segundo a qual é de até 2% do valor da prestação (e não de 10%) a multa de mora decorrente do inadimplemento de obrigação no seu termo. 2. Recurso especial improvido" (STJ, REsp 436.224/DF, Rel. Min. Teori Zavascki, j. 18.12.2007, *DJ* 11.02.2008, p. 1).

[31] SOUTO, Marcos Juruena Villela. *Direito administrativo regulatório*. Rio de Janeiro: Lumen Juris, 2002. p. 52.

do exame dos objetivos incorporados no ato legislativo e das finalidades a serem persegui-das na produção normativa infralegal.[32] Em outros termos, os atos infralegais dos órgãos reguladores não podem, a qualquer título, inovar ou contrariar preceito expresso de lei.[33]

No caso do Código de Defesa do Consumidor, é possível identificar, quanto ao poder normativo das agências, um reforço do enquadramento legal exigido de quaisquer pro-vidências que digam respeito à relação entre as concessionárias e os consumidores.[34] No que tange à Aneel, por exemplo, o artigo 4º, XVI, do Decreto 2.335/1997 vai estabelecer, entre as suas competências, "estimular a melhoria do serviço prestado e zelar, direta e indiretamente, pela sua boa qualidade, observado, no que couber, o disposto na legislação vigente de proteção e defesa do consumidor". No mesmo sentido, como já mencionamos, consigna o artigo 14 do referido Decreto.

Em ambos os dispositivos, nota-se que a presença da expressão "no que couber" poderia conduzir a uma interpretação que admita a possibilidade de afastar-se a aplica-ção do CDC nas hipóteses em que a matéria fosse objeto de norma específica do setor elétrico. Com o devido respeito a eventuais entendimentos diversos, entendemos que não pode ser essa a conclusão do intérprete. Não se pode perder de vista o caráter de ordem pública consagrado no artigo 1º do CDC, com fundamento constitucional, cujo efeito mais elementar consagrado pelo ordenamento é justamente o caráter preferencial de suas disposições.[35] *Ad argumentandum*, se qualquer conteúdo fosse retirado da ex-pressão "ordem pública", prevista no artigo 1º do código, sua eficácia mínima seria a de determinar a prioridade das normas nele incorporadas, em relação a quaisquer outras que se pretendesse aplicar ao caso.

A expressão "no que couber", desse modo, a despeito de restar consignada em norma infralegal – decreto do Poder Executivo – e, portanto, não ter força normativa para res-tringir a aplicação de lei, parece conduzir não à restrição de aplicação do CDC a relações a que ele originariamente se aplicaria. Ao contrário, a interpretação mais adequada dessas disposições indica que a aplicação das normas do código tem pertinência a todas as re-lações jurídicas no âmbito da regulação do setor de energia elétrica que se caracterizem como relações de consumo. Desse modo, todas as relações em que estejam presentes as

---

[32]   BRUNA, Sérgio Varella. *Agências reguladoras*: poder normativo, consulta pública, revisão judicial. São Paulo: Ed. RT, 2003. p. 140.

[33]   Assim decidiu o STJ: "Administrativo. Energia elétrica. Fornecimento. Ofensa a resolução. Impossibi-lidade de exame na via eleita. Artigo 6º, § 3º, II, da Lei 8.987/95. Corte. Débitos antigos. Ilegalidade. 1. Resoluções, ainda que tenham caráter normativo, não se enquadram no conceito de 'tratado ou lei federal' inserido na alínea *a* do inciso III do artigo 105 da Constituição da República. 2. O princípio da continuidade do serviço público, assegurado pelo artigo 22 do CDC, deve ser obtemperado, ante a regra do artigo 6º, § 3º, II, da Lei 8.987/95, que prevê a possibilidade de interrupção do fornecimento de energia quando, após aviso, permanecer inadimplente o usuário, considerado o interesse da coletivi-dade. Precedentes. 3. É indevido o corte do fornecimento de energia elétrica nos casos em que se trata de cobrança de débitos antigos e consolidados, os quais devem ser reivindicados pelas concessionárias por meio das vias ordinárias de cobrança, sob pena de se infringir o disposto no artigo 42 do CDC. 4. Recurso especial conhecido em parte e não provido" (REsp 952.877/RS, Rel. Min. Castro Meira, j. 21.08.2007, *DJU* 03.09.2007, p. 162).

[34]   STJ, AgInt no AREsp 2.018.450/RJ, 2ª Turma, Rel. Min. Herman Benjamin, j. 10.10.2022, *DJe* de 04.11.2022.

[35]   MIRAGEM, Bruno. O direito do consumidor como direito fundamental: consequências jurídicas de um conceito. *Revista de Direito* do *Consumidor*, São Paulo, v. 43, jul.-set. 2002. p. 113.

PARTE V · Cap. 3 · A REGULAÇÃO ADMINISTRATIVA DOS SERVIÇOS PÚBLICOS | **1127**

figuras do consumidor e do fornecedor, assim como de produto ou serviço, de acordo com o âmbito de incidência que ele próprio definiu para si, em seus artigos 2º e 3º.

Isso retira do campo de aplicação do CDC, de imediato, agentes regulados do setor elétrico que não se enquadram na definição legal de consumidor, tais como os *autoprodutores*, *consumidores livres* ou *grandes consumidores*, cujo modo de aquisição e utilização da energia elétrica os afasta do conceito de *destinatário final* eleito pelo CDC. Em grande medida, realiza o conceito de ordem pública econômica vigente na atualidade, de proteção do mais fraco.[36]

Daí por que se pode concluir que, se o CDC não se aplica a todos aqueles que contratam o serviço de energia elétrica, é igualmente correto afirmar que sua aplicação é necessária nas hipóteses em que estiver caracterizada a existência de uma relação de consumo e seus respectivos elementos. Nesse caso, não se deve cogitar a aplicação de outra norma ao universo de questões que, reguladas pela legislação de proteção do consumidor, dizem respeito apenas a essa relação. Com mais razão, não se deverá cogitar de normas infralegais, emanadas pelo órgão regulador, como capazes de restringir a qualquer título – mesmo quando sob a alegação de que especificam o disposto em lei – as normas de proteção consagradas no CDC, e aplicáveis às relações entre o consumidor e as concessionárias fornecedoras.

Essa conclusão, não bastasse estar suficientemente embasada no sistema jurídico brasileiro por intermédio da interpretação coerente das normas regulatórias infralegais, o CDC – em vista do princípio da legalidade – e o próprio artigo 5º, XXXII, da Constituição da República, restou reafirmada pela Lei 13.848/2019, que dispõe sobre a gestão, a organização, o processo decisório e o controle social das agências reguladoras. Seu artigo 31, expressamente, consigna: "No exercício de suas atribuições, e em articulação com o Sistema Nacional de Defesa do Consumidor (SNDC) e com o órgão de defesa do consumidor do Ministério da Justiça e Segurança Pública, incumbe às agências reguladoras zelar pelo cumprimento da legislação de defesa do consumidor, monitorando e acompanhando as práticas de mercado dos agentes do setor regulado". A imposição do cumprimento da legislação de proteção do consumidor no exercício da atividade regulatória, nesses termos, decorre da atenção ao princípio da legalidade, reafirmado pelas normas gerais que disciplinam a atividade das agências reguladoras.

3.2 MARCOS REGULATÓRIOS E DIREITO DO CONSUMIDOR

A delegação da prestação de serviços públicos à iniciativa privada demandou uma intensa atividade legiferante, inclusive com alterações na Constituição da República.[37]

---

[36] SALAH, Mohamed Mahmoud Mohamed. As transformações da ordem pública econômica: rumo a uma ordem pública reguladora? *Filosofia do direito e direito económico*: que diálogo? Miscelâneas em honra de Georges Farjat. Lisboa: Instituto Piaget, 1999. p. 289-318.

[37] O processo de desestatização tem relação direta com, no mínimo, quatro emendas à Constituição da República na década de 1990. A Emenda Constitucional 5, que permitiu a concessão da exploração de gás canalizado; a Emenda Constitucional 6, que revogou o artigo 171 da Constituição, desfazendo a diferença entre empresa brasileira e empresa brasileira de capital nacional, e estimulando a participação do investidor estrangeiro; a Emenda Constitucional 8, que permitiu os regimes de concessão, permissão e autorização da prestação de serviços de telecomunicações; e a Emenda Constitucional 9, que flexibiliza o regime de exploração do petróleo.

CURSO DE DIREITO DO CONSUMIDOR – *Bruno Miragem*

Tendo sua sede normativa no artigo 175 da Constituição,[38] a prestação de serviços públicos, ao mesmo tempo que teve facultada sua delegação ao particular, dispôs sobre exigências indissociáveis dessa mesma delegação. Assim é que, entre outras providências, a Constituição remeteu à legislação ordinária a definição sobre quais os *direitos dos usuários* e no que se constitui a *obrigação de adequação do serviço*.

Reafirmamos que, por certo, a regulação dos serviços públicos não visa ao atendimento exclusivo dos direitos do consumidor. Ao contrário, desde os primeiros estudos sobre o tema no direito brasileiro, resta assentada a identificação de diversos aspectos pertinentes a essa atividade. Nesse sentido propugnava Bilac Pinto,[39] identificando, em relação ao que denominava *serviços de utilidade pública*,[40] aspectos de natureza política, social, administrativa, econômica, jurídica, financeira e econômica.

O controle e a fiscalização do modo de prestação dos serviços públicos pelo Estado, apontados por esse estudo clássico, permanecem praticamente os mesmos, sendo as espécies de regulamentação *puramente contratual* (por meio de normas no instrumento da delegação, o contrato de concessão), *por intermédio de comissões* (hoje substituídas pelas agências reguladoras), assim como pela *regulamentação direta* do Poder Público (mediante a atividade legislativa ou o exercício do poder de polícia pelo Estado).[41]

O modelo regulatório estabelecido na década de 1990 instituiu órgãos específicos para a atividade de regulação, as agências reguladoras.[42] Estas foram criadas no esteio de uma reforma estrutural da Administração Pública – inspirada em modelo de forte influência norte-americana[43] – e surgem como resultado de um processo de descentralização administrativa, regulando a prestação de serviços públicos delegados e mesmo setores da atividade privada em que a intervenção do Estado é exigência do interesse público.

---

[38] "Incumbe ao Poder Público, na forma da lei, diretamente ou sob regime de concessão ou permissão, sempre através de licitação, a prestação de serviços públicos. Parágrafo único. A lei disporá sobre: I – o regime das empresas concessionárias e permissionárias de serviços públicos, o caráter especial de seu contrato e de sua prorrogação, bem como as condições de caducidade, fiscalização e rescisão da concessão ou permissão; II – os direitos dos usuários; III – política tarifária; IV – a obrigação de manter serviço adequado."

[39] BILAC PINTO, Olavo. *Regulamentação efetiva dos serviços de utilidade pública*. Atual. Alexandre Santos Aragão. 2. ed. Rio de Janeiro: Forense, 2002. p. 53 *et seq.*

[40] Observa Alexandre Aragão, em suas notas de atualização ao estudo do Professor Bilac Pinto, que a expressão "serviços de utilidade pública" é utilizada pelo jurista mineiro de modo indistinto do conceito de "serviço público". Não considera, assim, distinção doutrinária posterior entre os serviços de utilidade pública, tomados como atividades privadas sujeitas a autorizações administrativas funcionais, e os serviços públicos, entendidos como denominação reservada para as atividades de interesse coletivo titularizadas pelo Poder Público (BILAC PINTO, Olavo. *Regulamentação efetiva dos serviços de utilidade pública*. Atual. Alexandre Santos Aragão. 2. ed. Rio de Janeiro: Forense, 2002. p. 23).

[41] BILAC PINTO, Olavo. *Regulamentação efetiva dos serviços de utilidade pública*. Atual. Alexandre Santos Aragão. 2. ed. Rio de Janeiro: Forense, 2002. p. 34 *et seq.*

[42] Nesse sentido, referimos em MARQUES, Claudia Lima; BENJAMIN, Antônio Herman V.; MIRAGEM, Bruno. *Comentários ao Código de Defesa do Consumidor*. 3. ed. São Paulo: Ed. RT, 2010. p. 732-733. Para exame aprofundado da natureza e função das agências reguladoras, veja-se: CUÉLLAR, Leila. *As agências reguladoras e seu poder normativo*. São Paulo: Dialética, 2001. p. 65 *et seq.*; JUSTEN FILHO, Marçal. *O direito das agências reguladoras independentes*. São Paulo: Dialética, 2002. p. 51 *et seq.*

[43] CUÉLLAR, Leila. *As agências reguladoras e seu poder normativo*. São Paulo: Dialética, 2001. p. 65 *et seq.*

PARTE V · Cap. 3 · A REGULAÇÃO ADMINISTRATIVA DOS SERVIÇOS PÚBLICOS | **1129**

Esse processo inaugura sua fase atual, com a edição da Lei 8.987/1995, que dispôs sobre o regime de concessão e delegação dos serviços públicos, que indicou, em seu artigo 6º, que "toda concessão ou permissão pressupõe a prestação de serviço adequado ao pleno atendimento dos usuários". Mais do que isso, estabeleceu, em seu § 1º, o exato sentido de *serviço adequado*, como sendo aquele que "satisfaz as condições de regularidade, continuidade, eficiência, segurança, atualidade, generalidade, cortesia na sua prestação e modicidade de tarifas".

Convencionou-se denominar, em se tratando da regulação dos serviços públicos e da definição das normas jurídicas incidentes no desenvolvimento dessa atividade, a expressão *marco regulatório*, ou, simplesmente, *marco legal*. Diz respeito, fundamentalmente, ao arcabouço normativo que estabelece as regras principais às quais se submetem os agentes econômicos que realizam a atividade de prestação de serviço público. Em geral, tem como característica singular o fato de apresentar baixa densidade normativa, fomentando a produção de normas setoriais infralegais, no âmbito do respectivo setor regulado, por meio da regulamentação administrativa de parte dos órgãos reguladores competentes.[44]

É possível, contudo, identificar, no ordenamento jurídico brasileiro, não apenas um marco legal referencial da regulação de determinado setor da atividade econômica, ou, mais especificamente, no caso dos serviços públicos, lei exclusiva que regule determinada atividade. Assim, não parece razoável supor que às relações jurídicas decorrentes da delegação dos serviços de telecomunicações incida exclusivamente a Lei Geral de Telecomunicações, ou que às relações pertinentes ao setor elétrico incidam apenas as normas da Lei 9.427/1995 e, depois, a Lei 10.848, de 15 de março de 2004. Inicialmente, considera-se que ambas devem ser interpretadas em consonância com as disposições de uma terceira norma à qual, necessariamente, fazem referência, qual seja, a Lei de Concessões e Permissões. De outro modo, suas relações jurídicas não se esgotam na mera definição da relação entre os prestadores de serviços públicos e o Estado, mas deverão estabelecer-se, igualmente, entre esses prestadores e os destinatários finais dos serviços públicos, seus usuários ou consumidores. Da mesma forma, não há por que desconsiderar as relações havidas pelos prestadores de serviço público entre si, dizendo respeito, por exemplo, à livre competição de mercado, em busca de novos consumidores e oportunidades para o aumento de seus ganhos econômicos.

Por essa razão, quando nos referimos ao *marco regulatório*, parece adequado identificá-lo não como uma única lei, senão com todas aquelas que digam respeito às relações jurídicas básicas do setor regulado, relativamente a seus elementos essenciais, quais sejam: (a) a relação entre o prestador de serviço público e o Estado (quando se tratar de serviço delegado); (b) a relação dos prestadores de serviço público entre si; (c) a relação entre os prestadores de serviço público e seus consumidores.

Essa distinção é possível, identificando-se a existência, em relação a cada setor econômico regulado, de *marcos regulatórios gerais* e *marcos regulatórios setoriais*. Os primeiros dizem respeito, indistintamente, às relações jurídicas comuns aos diferentes

---

[44] Nesse sentido, veja-se: ARAGÃO, Alexandre Santos de. O poder normativo das agências reguladoras e independentes e o Estado Democrático de Direito. *Revista de Informação Legislativa*, Brasília, n. 148, out.-dez. 2000. p. 287; SOUTO, Marcos Juruena Villela. *Direito administrativo regulatório*. Rio de Janeiro: Lumen Juris, 2002. p. 47-49.

CURSO DE DIREITO DO CONSUMIDOR – *Bruno Miragem*

serviços públicos prestados mediante delegação. Já os marcos setoriais são reconhecidos nas normas de previsão específica para determinado setor regulado, como é o caso, já referido, da Lei Geral de Telecomunicações ou das leis do setor de energia elétrica no Brasil.

3.2.1   Marcos regulatórios gerais

Como afirmamos, constituem os marcos regulatórios gerais normas de caráter geral, incidentes sobre a atividade de prestação dos serviços públicos, tendo em consideração elementos específicos que, em razão de um critério especial, que pode, inclusive, ser estranho à relação jurídica de prestação de serviços públicos, incidem sobre ela por força dessa especialidade, ou mesmo do fundamento constitucional que encerram. São gerais, nesse sentido, porque se aplicam em todas as relações jurídicas que apresentem determinada relação jurídica que constitui a razão de sua existência. Assim, quanto à atividade de prestação de serviços públicos, é correto identificá-los como normas que não se aplicam *apenas* a essa espécie de atividade, mas *inclusive* a ela, da série de *topos* normativos nos quais se identifica a relação jurídica especial que define.

É o caso do Código de Defesa do Consumidor e da Lei 12.529/2011, de defesa da concorrência. Ambos com assento constitucional específico (artigos 5º, XXXII, e 173, § 4º, da CF), têm por objeto a regulamentação de relações jurídicas que, em que pese *não se restrinjam* à atividade de prestação de serviços públicos, *também* são identificadas nessas normas, como é o caso da relação jurídica de consumo e da relação de competição de mercado pelos diferentes agentes econômicos ocupados de dada atividade.

As próprias legislações setoriais dos diferentes serviços públicos prestados sob o regime de delegação ao particular fazem referência a tais leis, como é o caso, por exemplo, do artigo 31 da Lei 13.848/2019, que dispôs sobre a gestão, a organização, o processo decisório e o controle social das agências reguladoras, ou, no âmbito infralegal, do artigo 19 do Regulamento da Agência Nacional de Telecomunicações (Anatel), aprovado pelo Decreto 2.338, de 7 de outubro de 1997, que vincula sua atuação da agência reguladora do setor de telecomunicações à aplicação do código de Defesa do Consumidor e ao Sistema Nacional de Defesa do Consumidor, estabelecido nos artigos 105 e 106,[45] sem prejuízo da competência das agências, fixadas nas respectivas leis de criação.[46] No mesmo sentido,

---

[45]   Assim, o artigo 19 do Regulamento da Anatel, aprovado pelo Decreto 2.338/1997: "Art. 19. A Agência articulará sua atuação com a do Sistema Nacional de Defesa do Consumidor, organizado pelo Decreto 2.181, de 20 de março de 1997, visando à eficácia da proteção e defesa do consumidor dos serviços de telecomunicações, observado o disposto nas Leis 8.078, de 11 de setembro de 1990, e n. 9.472, de 1997".

[46]   Assim, por exemplo, o artigo 3º, VIII e IX, da Lei 9.427/1996, com a redação determinada pela Lei 9.648, de 27 de maio de 1998, que estabelece, em relação ao setor de energia elétrica, a competência da Aneel para "(...) VIII – estabelecer, com vistas a propiciar concorrência efetiva entre os agentes e a impedir a concentração econômica nos serviços e atividades de energia elétrica, restrições, limites ou condições para empresas, grupos empresariais e acionistas, quanto à obtenção e transferência de concessões, permissões e autorizações, à concentração societária e à realização de negócios entre si;" e "IX – zelar pelo cumprimento da legislação de defesa da concorrência, monitorando e acompanhando as práticas de mercado dos agentes do setor de energia elétrica (...)". No mesmo sentido, ainda, o inciso XIII da mesma disposição, que estabelece a competência da Agência para "efetuar o controle prévio e *a posteriori* de atos e negócios jurídicos a serem celebrados entre concessionárias, permissionárias, autorizadas e seus controladores, suas sociedades controladas ou coligadas e outras sociedades controladas ou coligadas de controlador comum, impondo-lhes restrições à mútua constituição de direitos e obrigações, especialmente

PARTE V · Cap. 3 · A REGULAÇÃO ADMINISTRATIVA DOS SERVIÇOS PÚBLICOS | 1131

dispõe o artigo 127 da Lei Geral de Telecomunicações, que, ao tratar dos serviços prestados sob o regime privado, indica, taxativamente, o dever das prestadoras de respeitar os direitos dos consumidores.[47]

Ao lado das legislações de proteção do consumidor e de defesa da concorrência, entretanto, é possível reconhecer ainda, como marco regulatório geral, a própria Lei 8.987/1995, uma vez que esta, ao tempo que identifica seu âmbito de incidência nas delegações de serviço público sob regime de concessão e permissão, não distingue um serviço, mas todos os suscetíveis dessa providência, sem deixar de reconhecer a possibilidade de regulamentar aspectos específicos da prestação de determinado serviço público, às "normas legais pertinentes".[48]

Nesse caso, a Lei de Concessões, ao mesmo tempo que estabelece definições legais específicas a toda atividade de delegação de serviços públicos fundada no artigo 175 da Constituição da República (artigo 2º), realiza o próprio mandamento constitucional presente no parágrafo único, inciso IV, desse mesmo artigo, ao precisar o conceito e as características do *serviço adequado* em seu artigo 6º, §§ 1º a 3º: "(...) § 1º Serviço adequado é o que satisfaz as condições de regularidade, continuidade, eficiência, segurança, atualidade, generalidade, cortesia na sua prestação e modicidade das tarifas. § 2º A atualidade compreende a modernidade das técnicas, do equipamento e das instalações e a sua conservação, bem como a melhoria e expansão do serviço. § 3º Não se caracteriza como descontinuidade do serviço a sua interrupção em situação de emergência ou após prévio

---

comerciais e, no limite, a abstenção do próprio ato ou contrato". Já, no caso do setor de telecomunicações, a competência do Conselho Administrativo de Defesa da Concorrência é preservada pelo artigo 7º da Lei Geral de Telecomunicações: "Artigo 7º As normas gerais de proteção à ordem econômica são aplicáveis ao setor de telecomunicações. § 1º Os atos envolvendo prestadora de serviço de telecomunicações, no regime público ou privado, que visem a qualquer forma de concentração econômica, inclusive mediante fusão ou incorporação de empresas, constituição de sociedade para exercer o controle de empresas ou qualquer forma de agrupamento societário, ficam submetidos aos controles, procedimentos e condicionamentos previstos nas normas gerais de proteção à ordem econômica. § 2º Os atos de que trata o § 1º serão submetidos à aprovação do Conselho Administrativo de Defesa Econômica (Cade)". Mantém a Anatel, contudo, competência subsidiária, por força do artigo 19, XIX, do mesmo diploma legal. Já, em relação ao poder de polícia administrativo de proteção do consumidor, o artigo 19, parágrafo único, do Decreto 2.338/1997 conserva com a Anatel a competência privativa para imposição da maioria das sanções estabelecidas no artigo 56 do Código de Defesa do Consumidor, nos seguintes termos: "Parágrafo único. A competência da Agência prevalecerá sobre a de outras entidades ou órgãos destinados à defesa dos interesses e direitos do consumidor, que atuarão de modo supletivo, cabendo-lhe com exclusividade a aplicação das sanções do art. 56, incisos VI, VII, IX, X e XI da Lei 8.078, de 11 de setembro de 1990".

47 Assim o artigo 127 da Lei 9.472/1997: "A disciplina da exploração dos serviços no regime privado terá por objetivo viabilizar o cumprimento das leis, em especial das relativas às telecomunicações, à ordem econômica e aos direitos dos consumidores, destinando-se a garantir: I – a diversidade de serviços, o incremento de sua oferta e sua qualidade; II – a competição livre, ampla e justa; III – o respeito aos direitos dos usuários; IV – a convivência entre as modalidades de serviço e entre prestadoras em regime privado e público, observada a prevalência do interesse público; V – o equilíbrio das relações entre prestadoras e usuários dos serviços; VI – a isonomia de tratamento às prestadoras; VII – o uso eficiente do espectro de radiofrequências; VIII – o cumprimento da função social do serviço de interesse coletivo, bem como dos encargos dela decorrentes; IX – o desenvolvimento tecnológico e industrial do setor; X – a permanente fiscalização".

48 Assim o artigo 1º da Lei 8.987/1995: "As concessões de serviços públicos e de obras públicas e as permissões de serviços públicos reger-se-ão pelos termos do art. 175 da Constituição Federal, por esta Lei, pelas normas legais pertinentes e pelas cláusulas dos indispensáveis contratos".

1132 | CURSO DE DIREITO DO CONSUMIDOR – *Bruno Miragem*

aviso, quando: I – motivada por razões de ordem técnica ou de segurança das instalações; e, II – por inadimplemento do usuário, considerado o interesse da coletividade".[49]

Também deve ser considerada como marco regulatório geral a Lei 13.848/2019, que dispôs sobre a gestão, a organização, o processo decisório e o controle social das agências reguladoras. Em especial, considerando que resulta em importantes inovações no processo decisório das agências reguladoras em geral, instituindo a análise de impacto regulatório (AIR) prévia a elaboração e edição de atos normativos pelas agências reguladoras (artigo 6º), bem como disciplina a participação dos particulares (inclusive agentes regulados e consumidores) no processo decisório da agência[50] – com o propósito de emprestar maior robustez e credibilidade aos procedimentos de consultas e audiências públicas, já utilizados (artigos 9º e 10). Da mesma forma, busca disciplinar, ainda que em termos bastante genéricos, a interação entre as agências reguladoras de setores econômicos específicos ou de determinados serviços públicos e os órgãos de defesa da concorrência (artigos 25 a 28), de defesa do consumidor (artigo 31) e de defesa ambiental (artigo 33); e entre as próprias agências, quando tenham competência para regulação dos mesmos agentes (artigo 29).

É possível identificar, mesmo entre as diferentes legislações que configuram os marcos regulatórios gerais da prestação de serviços públicos, uma complementaridade normativa, que se opera por intermédio de uma estrutura de aberturas ou ressalvas presentes em suas disposições, acrescentando ou priorizando a aplicação das normas de uma norma específica, dentre as diversas envolvidas. Assim, por exemplo, o artigo 4º da Lei 8.987/1995, que, ao dispor sobre o elenco de direitos dos usuários, ressalva a aplicação, na hipótese, do Código de Defesa do Consumidor.[51] Nesse sentido, em relação aos direitos subjetivos dos usuários, estabelecidos na mencionada lei federal, é correto entender que eles são acrescentados àqueles previstos no CDC, indicando a essa norma preferência de aplicação.

A norma correspondente, no microssistema normativo do CDC, vem a ser o artigo 7º, que reconhece o caráter aberto do regime jurídico que institui, permitindo-lhe o acrés-

---

[49] Note-se, desse modo, que a interrupção dos serviços de distribuição de energia elétrica, como de resto dos serviços públicos sob a égide do CDC, só é admitida nestas duas situações: (a) por razões de ordem técnica ou de segurança das instalações, mediante prévio aviso; e (b) por inadimplemento do usuário, no interesse da coletividade, o que é regulamentado no âmbito do marco regulatório e/ou pela regulamentação administrativa pertinente a cada serviço. Frise-se, nesse sentido, que não serve como escusa dos fornecedores de serviços públicos a ocorrência de fenômenos climáticos previsíveis e periódicos para elidir sua responsabilidade quanto à ausência do serviço quando lhes é tecnicamente possível, a custos razoáveis inseridos na equação econômica da concessão, adotar providências para minorar ou evitar os efeitos do evento. Da mesma forma, situações que se verificam como cotidianas – como é o caso do dano decorrente de suspensão e retorno da corrente elétrica em relação a aparelhos elétricos – inserem-se no risco econômico da concessão, devendo, sem sombra de dúvida, ser suportadas pelo fornecedor--concessionário. Nesse sentido, aliás, a própria Agência Nacional de Energia Elétrica – Aneel – editou as Resoluções 61/2004, 360/2009, 414/2010 e 1000/2021 (vigente), que, ao dispor sobre a prestação de serviço público de distribuição de energia elétrica, regula os procedimentos de ressarcimentos aos consumidores por danos decorrentes de falhas no seu fornecimento. Frise-se: o prazo para demandar judicialmente, uma vez que o dano em questão se caracteriza como fato do serviço, será de 5 anos (prazo prescricional previsto no artigo 27 do CDC).

[50] CARVALHO, Luciana Luso. A competência normativa das agências reguladoras e a participação do consumidor. *Revista de Direito do Consumidor*, São Paulo, v. 136, p. 441-466, jul.-ago. 2021.

[51] Nesse sentido, o artigo 7º, *caput*, da Lei 8.987/95: "Sem prejuízo do disposto na Lei 8.078, de 11 de setembro de 1990, são direitos e obrigações dos usuários (...)".

cimo de outros direitos subjetivos ou vantagens consagrados nas diferentes legislações e fontes do direito.[52]

3.2.2 Marcos regulatórios setoriais

Ao lado do que denominamos de *marcos gerais*, situam-se os marcos regulatórios setoriais, constituídos por legislações que, tendo em vista a regulamentação de determinado setor da atividade econômica *stricto sensu* ou da prestação de serviço público, especificam regras atinentes a ele, sobretudo em razão de elementos técnicos que lhe são inerentes ou sua relevância especial em termos políticos, econômicos ou sociais.

Assim ocorre, por exemplo, em relação à regulação da atividade financeira, cuja relevância econômica determina que a regulação do setor – incluindo normatização e fiscalização deste – concentre-se no Banco Central do Brasil, no exercício da competência estabelecida pelos artigos 10 e 11 da Lei 4.595, de 31 de dezembro de 1964, a qual dispõe sobre o sistema financeiro nacional. Isso não impede, contudo, a identificação de outras legislações que se aplicam às relações jurídicas que envolvem o sistema financeiro, o que mais notadamente se observa com o próprio CDC.[53]

Quanto ao setor de energia elétrica, a regulamentação do setor envolve, fundamentalmente, três normas federais definidoras da atividade, quais sejam: as Leis 9.074/1995, 9.427/1996 e 10.848/2004. Isso sem prejuízo de uma série de normas incidentes em determinadas fases, relativas a determinados aspectos do processo de produção, comercialização e consumo da energia elétrica.[54] No caso, é comum identificar um *modelo institucional do setor*,[55] dispondo sobre as três atividades básicas do setor, de geração, transmissão e distribuição de energia elétrica.

---

[52]   Assim, o artigo 7º do CDC: "Os direitos previstos neste Código não excluem outros decorrentes de tratados ou convenções internacionais de que o Brasil seja signatário, da legislação interna ordinária, de regulamentos expedidos pelas autoridades administrativas competentes, bem como dos que derivem dos princípios gerais do direito, analogia, costumes e equidade". Quanto ao tema, tem se debruçado a doutrina sobre as influências recíprocas do CDC e outras leis, como no caso do Código Civil. Nesse sentido, veja-se: MARQUES, Claudia Lima. Introdução. In: MARQUES, Claudia Lima; BENJAMIN, Antônio Herman V.; MIRAGEM, Bruno. *Comentários ao Código de Defesa do Consumidor*. 3. ed. São Paulo: Ed. RT, 2010. p. 20.

[53]   Refira-se, a respeito, à conhecida decisão do STF, na ADIn 2.591/DF, que consagrou a aplicabilidade do CDC às instituições bancárias, financeiras, de crédito e securitárias, determinando, entre outros efeitos, a subordinação do Banco Central a suas normas. A respeito, veja-se os trabalhos publicados na coletânea publicada pelo Brasilcon: MARQUES, Claudia Lima; ALMEIDA, João Batista de; PFEIFFER, Roberto Augusto Castellanos. *Aplicação do Código de Defesa do Consumidor aos bancos*: ADIn 2.591. São Paulo: Ed. RT, 2006.

[54]   Nesse sentido, mencione-se, exemplificativamente, o Código de Águas (Decreto 26.234/1934), bem como as Leis 5.655/1971, 8.631/1993, 9.478/1997, 9.648/1998, 9.991/2000, 10.438/2000 e 13.203/2015, além do volumoso conjunto de normas administrativas editadas por diferentes órgãos da Administração.

[55]   O modelo atual, após a vigência da Lei 10.848/2004, segundo assinalou a proposta do Ministério de Minas e Energia, contemplou como temas principais os seguintes: 1) segurança do suprimento; 2) modicidade tarifária; 3) ambiente de contratação e competição na geração; 4) contratação de nova energia em ambiente de contratação regulado; 5) contratação de energia existente no ambiente de contratação regulado; 6) consumidores livres; 7) acesso a novas hidrelétricas por produtores independentes de energia; 8) novos agentes institucionais (BRASIL. Ministério de Minas e Energia –MME. *Modelo institucional do setor elétrico*. Brasília: MME, 2003. p. 8).

CURSO DE DIREITO DO CONSUMIDOR – *Bruno Miragem*

Ao mesmo tempo, a regulação do setor de energia elétrica caracteriza, ao longo da história brasileira, a preocupação dos sucessivos governos com o aumento da oferta do serviço, o que foi observado tanto como imperativo do desenvolvimento econômico quanto melhoria da qualidade de vida da população.[56] Em ambos os casos, as normas do setor encerraram a natureza de *política pública do Estado,* na qual são identificados aspectos de natureza econômica e social.

Nesse sentido, é indissociável da atividade de regulação da energia um *sentido econômico,* encerrando elemento de grande importância em termos de *política econômica.* Daí por que, inclusive, a regulação do setor apresenta, conforme certo entendimento, a distinção entre uma atividade de *regulação geral, destinada a estabelecer parâmetros de qualidade do serviço público*[57] – regulação de interesse público –, e outra, *regulação econômica,* voltada para determinados aspectos do setor – vinculados a objetivos e estratégias de natureza econômica, no que *substitui, em parte, o regime concorrencial.*[58]

A existência de marcos setoriais específicos do setor, nesse sentido, é considerada instrumento essencial para eficiência da regulação dos serviços de infraestrutura de natureza pública,[59] como é caso da energia elétrica.[60] A atividade de regulação, assim, ao mesmo tempo que previne as consequências decorrentes das chamadas *falhas de mercado,*[61] opera no sentido do desenvolvimento da própria atividade, em face de sua expressão estratégica do ponto de vista econômico e social.[62] Entretanto, a existência de marcos específicos dos diferentes setores não inviabiliza, por qualquer razão, a aplicação do CDC às relações de prestação de serviço público que se caracterizarem como relação de consumo.

---

[56] Para um panorama do desenvolvimento do setor elétrico no Brasil, veja-se o estudo de ROLIM, Maria João Pereira. *Direito econômico da energia elétrica.* Rio de Janeiro: Forense, 2002. p. 166-178.

[57] ROLIM, Maria João Pereira. *Direito econômico da energia elétrica.* Rio de Janeiro: Forense, 2002. p. 190.

[58] ROLIM, Maria João Pereira. *Direito econômico da energia elétrica.* Rio de Janeiro: Forense, 2002. p. 191.

[59] MARQUES NETO, Floriano Azevedo. A nova regulação estatal e as agências independentes. In: SUNDFELD, Carlos Ari (coord.). *Direito administrativo econômico.* São Paulo: Malheiros Editores, 2000. p. 75.

[60] ROLIM, Maria João Pereira. *Direito econômico da energia elétrica.* Rio de Janeiro: Forense, 2002. p. 195.

[61] Segundo Ronaldo Porto Macedo Júnior, o conceito de falhas do mercado é o que possui um maior grau de consenso, independentemente de posição filosófica ou ideológica, entre os defensores do consumerismo (MACEDO JÚNIOR, Ronaldo Porto. *Contratos relacionais e defesa do consumidor.* São Paulo: Max Limonad, 1998. p. 285).

[62] Nesse sentido, veja-se: SALOMÃO FILHO, Calixto. *Regulação da atividade econômica:* princípios e fundamentos jurídicos. 2. ed. São Paulo: Malheiros Editores, 2008. p. 135 *et seq.*

4
SANÇÕES ADMINISTRATIVAS: GÊNESE E APLICAÇÃO

As sanções decorrentes do processo administrativo de defesa do consumidor têm seu elenco estabelecido no artigo 56 do Código de Defesa do Consumidor e têm a finalidade precípua de assegurar a efetividade do direito do consumidor.[1] São elas: (a) pecuniárias, (b) objetivas e (c) subjetivas.[2] Distingue-se por se constituírem da imposição de multa (*pecuniárias*), serem relativas a produtos ou serviços (*objetivas*), ou, ainda, relativas à atividade do fornecedor (*subjetivas*). Sua aplicação deve observar, naturalmente, prévio processo administrativo, em que se oportunize o contraditório e a ampla defesa do acusado[3] da infração contra os direitos do consumidor.[4] Note-se que, na esteira da noção de devido processo administrativo, não se há de considerar, na ausência de resposta do

---

[1] RÊGO, Lúcia. *A tutela administrativa do consumidor*. São Paulo: Ed. RT, 2007. p. 143 *et seq.*

[2] DENARI, Zelmo et al. *Código Brasileiro de Defesa do Consumidor*: comentado pelos autores do anteprojeto. 6. ed. Rio de Janeiro: Forense Universitária, 1999. p. 566.

[3] "Processual civil. Recurso ordinário em mandado de segurança. Procon. Multa. Ausência do devido processo legal. Precedentes. 1. Recurso ordinário em mandado de segurança oposto contra acórdão que manteve aplicação de multa pelo Procon por ter a recorrente suprimido o fornecimento de energia elétrica a fornecedor, por certo lapso de tempo. 2. Anteriormente à aplicação de sanção pecuniária, deve o Procon oferecer oportunidade de defesa ao suposto infrator, o que, *in casu*, não se verificou. 3. Precedente desta Corte Superior. 4. Recurso provido" (STJ, RMS 21.519/RN, Rel. Min. José Delgado, j. 03.10.2006, *DJU* 13.11.2006, p. 225).

[4] "Administrativo. Recurso ordinário em mandado de segurança. Interrupção no fornecimento de energia elétrica. Falta de pagamento de tarifa. Aplicação de multa pelo Procon. Procedimento legal para aplicação da penalidade. Princípio do devido processo legal. Observância. Preenchimento dos requisitos formais do ato administrativo. Análise de redução do valor da multa. Inadequação da via eleita. Precedentes. 1. É obrigação da recorrente o fornecimento a todos os seus consumidores de um serviço seguro, adequado e eficiente. No caso vertente, comprovou-se que o serviço não foi oferecido adequadamente, tendo sido exigido do consumidor vantagem manifestamente excessiva, constituindo prática abusiva à luz do Código de Defesa do Consumidor. 2. O procedimento administrativo formal que gerou a aplicação da penalidade foi absolutamente respeitado, permitindo à recorrente a realização de sua defesa, sem ofensa alguma ao princípio constitucional do devido processo legal e seus desdobramentos: princípios do contraditório e da ampla defesa. 3. O mesmo se diga em relação à alegada nulidade do auto de infração pela não obediência aos requisitos essenciais na sua formalização. O artigo 48 do Decreto 2.181/97, que dispõe sobre as normas gerais para aplicação de sanções administrativas, é claro ao consignar que a inobservância de forma não acarretará a nulidade do ato se não houver prejuízo para a defesa. 4. Não é possível se analisar o pedido alternativo para redução do valor da multa, pois na via estreita do mandado de segurança não se admite dilação probatória. 5. Recurso não provido" (STJ, RMS 21.677/RN, Rel. Min. José Delgado, j. 01.03.2007, *DJU* 22.03.2007, p. 283).

fornecedor, a produção de eficácia qualquer, nem analogicamente, à eficácia como a da revelia, própria do processo judicial.[5]

Esse procedimento, por sua vez, em âmbito federal, encontra-se amplamente regulado pelo Decreto 2.181/1997.[6] Quanto ao procedimento, incide, igualmente, a Lei do Processo Administrativo Federal (Lei 9.784/1999), e, nos estados e nos municípios, as respectivas leis disciplinadoras do processo administrativo no âmbito de cada entidade, cuja falta dá causa à aplicação subsidiária da norma federal. Nesse particular, da incidência subsidiária da norma federal ou mesmo com previsão específica em leis que disciplinem em âmbito estadual e federal, é de grande utilidade na lesão aos direitos do consumidor que deem causa ao exercício do poder de polícia administrativo não apenas a aplicação das sanções previstas às diversas infrações mas também a atuação preventiva da administração, em especial no tocante a providências cautelares que se façam necessárias a impedir a ocorrência do dano, sua cessação ou mitigação de seus efeitos. Nesse sentido, no curso do processo administrativo, prevê, expressamente, o artigo 45 da Lei 9.784/1999, que, "em caso de risco iminente, a Administração Pública poderá motivadamente adotar providências acauteladoras sem a prévia manifestação do interessado". Naturalmente que tanto a verificação da situação de risco iminente que justifica a adoção das providências acauteladoras quanto o próprio conteúdo delas deverão ser motivados e submeter-se aos controles ordinários da ação administrativa, inclusive ao exercido pelo Poder Judiciário. No entanto, é indiscutível que, também no âmbito do processo administrativo de defesa do consumidor, a fim de assegurar sua efetividade, a adoção de providências anteriores à decisão final de mérito, e mesmo antes da própria manifestação do interessado, pode ser feita com o propósito de impedir ou fazer cessar a lesão. Nesse caso, não há necessidade que se cuide, em um primeiro momento, de processo administrativo sancionador, dirigindo-se a atuação administrativa apenas a impedir, evitar ou mitigar efeitos prejudiciais aos consumidores. São providências independentes da apuração de eventuais responsabilidades, na esfera administrativa, para posterior aplicação de sanção, cuja processualidade é comunicada, em comum, pelos princípios do direito administrativo e, no que couber, pelos princípios processuais penais. No caso da imposição de sanção, desse modo, não se prescinde que a violação de direito do consumidor invocada esteja prevista como infração,[7] de modo que a

---

5   STJ, RMS 12.105/PR, Rel. Min. Franciulli Neto, j. 03.03.2005, *DJU* 20.06.2005, p. 174.

6   Artigos 33 a 55 do Decreto 2.181/1997. Para detalhes do procedimento administrativo, remeto ao nosso: MIRAGEM, Bruno. Defesa administrativa do consumidor no Brasil: alguns aspectos. *Revista de Direito do Consumidor*, São Paulo, v. 46, p. 120-163, abr.-jun. 2003.

7   "Direito administrativo. Recurso ordinário em mandado de segurança. Procon. Aplicação de multa no exercício do poder de polícia. Princípio da legalidade. Ausência de tipicidade da infração. 1. O procedimento administrativo pelo qual se impõe multa, no exercício do Poder de Polícia, em decorrência da infringência a norma de defesa do consumidor deve obediência ao princípio da legalidade. É descabida, assim, a aplicação de sanção administrativa à conduta que não está prevista como infração. 2. Recurso ordinário provido" (STJ, RMS 19.510/GO, Rel. Min. Teori Zavascki, j. 20.06.2006, *DJU* 03.08.2006, p. 202).

responsabilização do infrator se revista de objetividade jurídica,[8] como é o caso das hipóteses relacionadas no artigo 12 do Decreto 2.181/1997.[9]

Antes de adentrarmos no exame de cada uma delas, entretanto, cabe afirmarmos que, em face do disposto no Decreto 2.181/1997, afora as penalidades de multa, apreensão do produto e imposição de contrapropaganda, as demais, na hipótese de existir a órgão normativo ou regulador da atividade econômica do fornecedor infrator (*e.g.*, as agências reguladoras), deverão ser submetidas à confirmação por esse órgão, como condição para sua eficácia (artigo 18, § 3º).

Isso não quer dizer, contudo, que os órgãos de defesa do consumidor não possam aplicar sanções sobre setores regulados por outros órgãos públicos, como é o caso dos serviços públicos cuja competência se atribui às agências reguladoras, ou atividades econômicas controladas e fiscalizadas por órgãos com competência específica, a exemplo da atividade bancária e financeira (pelo Banco Central do Brasil)[10] e dos seguros privados (pela Superintendência dos Seguros Privados). Não se confundem, assim, atribuições de fiscalização e controle, visando a finalidades diversas de interesse público, com a competência de defesa do consumidor, que surge em vista da situação fática de o produto ou serviço ser colocado no mercado de consumo.[11]

---

8   "A responsabilidade administrativa no CDC é solidária, incluindo, no polo subjetivo, toda a rede de fornecedores – fabricante, importador, distribuidor e vendedor final. Limitá-la ao sujeito mais próximo do consumidor equivaleria a aceitar, por meio de extremado artificialismo, a utilização do poder de polícia para finalidade ilícita de blindagem de atores dominantes no mercado de consumo, de que decorreria o enfraquecimento do cânone da isonomia e a terceirização de infrações por meio de 'laranjas'. A imputabilidade concentrada serviria para isentar irrestritamente o fabricante e o distribuidor, despejando apenas contra o fornecedor derradeiro (amiúde o elo menos potente da corrente de fornecimento) todo o peso da reprimenda administrativa a vícios de qualidade, quantidade e informação. (...) Exigir elemento subjetivo na responsabilidade administrativa de consumo – de pessoa jurídica –, além de agregar pressuposto não previsto pelo legislador, contraria o *ethos*, a lógica e a harmonia do microssistema normativo especial, lastreado no reconhecimento *ope legis* da vulnerabilidade do consumidor, em cujo interesse agem os Procons. A responsabilidade administrativa de pessoa jurídica e as sanções previstas no art. 56 do CDC seguem o regime objetivo e solidário da responsabilidade civil, dispensados dolo ou culpa e com incidência sobre todos aqueles que compõem a cadeia de fornecedores" (REsp 1.784.264/ SP, 2ª Turma, Rel. Min. Herman Benjamin, j. 25.06.2019, *DJe* 20.08.2020).

9   Assim, os artigos 12, 13 e 22 do Decreto 2.181/1997, que tipificam diversas espécies de infrações administrativas relativas à violação dos direitos dos consumidores.

10   "Administrativo. Poder de polícia. Aplicação de multa pelo Procon à empresa pública federal. Possibilidade. 1. A proteção da relação de consumo pode e deve ser feita pelo Sistema Nacional de Defesa do Consumidor – SNDC – conforme dispõem os artigos 4º e 5º do CDC, e é de competência do Procon a fiscalização das operações, inclusive financeiras, no tocante às relações de consumo com seus clientes, por incidir o referido diploma legal. 2. Recurso especial não provido" (STJ, 2ª Turma, REsp 1.103.826/ RN, Rel. Min. Mauro Campbell Marques, j. 23.06.2009, *DJe* 06.08.2009).

11   Nesse sentido decidiu o STJ: "Administrativo e consumidor – Publicidade enganosa – Multa aplicada por Procon a seguradora privada – Alegação de *bis in idem*, pois a pena somente poderia ser aplicada pela SUSEP – Não ocorrência – Sistema Nacional de Defesa do Consumidor – SNDC – Possibilidade de aplicação de multa em concorrência por qualquer órgão de defesa do consumidor, público ou privado, federal, estadual, municipal ou distrital. 1. A tese da recorrente é a de que o Procon não teria atribuição para a aplicação de sanções administrativas às seguradoras privadas, pois, com base no Decreto n. 73/66, somente à SUSEP caberia a normatização e fiscalização das operações de capitalização. Assim, a multa discutida no caso dos autos implicaria verdadeiro *bis in idem* e enriquecimento sem causa dos Estados, uma vez que a SUSEP é autarquia vinculada ao Ministério da Fazenda; enquanto que o Procon, às Secretarias de Justiça Estaduais. 2. Não se há falar em *bis in idem* ou enriquecimento sem causa do Estado

1138 | CURSO DE DIREITO DO CONSUMIDOR – *Bruno Miragem*

Já no que se refere às infrações a direitos dos consumidores, que se configuram, ao mesmo tempo, infrações à ordem econômica e ao direito da concorrência, deve-se lembrar que a violação às normas de proteção do consumidor confirma a competência dos órgãos administrativos de defesa do consumidor.[12]

Da mesma forma, note-se que a sanção administrativa, com fundamento no artigo 56 do CDC, não se confunde com a indenização devida aos consumidores lesados pelas práticas infrativas aos direitos estabelecidos na lei. Nesse sentido, a existência de decisão em ação indenizatória, ou mesmo a composição judicial, pela via de acordo entre as partes, não elimina a possibilidade de aplicação e cobrança de multa administrativa, cuja natureza de penalidade não se confunde com o ressarcimento de eventuais vítimas da infração.[13]

4.1 SANÇÕES OBJETIVAS

As sanções administrativas que determinam providências relativas a produtos ou serviços no mercado de consumo são as estabelecidas nos incisos II, III, IV, V e VI do artigo 56 do CDC, quais sejam: apreensão, inutilização, cassação do registro, proibição de fabricação, ou suspensão do fornecimento de produtos ou serviços. Distingue sua aplicação a natureza do direito violado – o que vai determinar a adequação da medida à prevenção ou à diminuição de danos aos consumidores. O artigo 58 do CDC, nesse sentido, prevê o elenco de sanções a serem aplicadas (ao lado da revogação da concessão ou permissão,

---

porque à SUSEP cabe apenas a fiscalização e normatização das operações de capitalização pura e simples, nos termos do Decreto n. 73/66. Quando qualquer prestação de serviço ou colocação de produto no mercado envolver relação de consumo, exsurge, em prol da Política Nacional das Relações de Consumo estatuída nos artigos 4º e 5º do Código de Defesa do Consumidor (Lei n. 8.078/90), o Sistema Nacional de Defesa do Consumidor – SNDC que, nos termos do artigo 105 do Código de Defesa do Consumidor é integrado por órgãos federais, estaduais, municipais e do Distrito Federal, além das entidades privadas que têm por objeto a defesa do consumidor. Recurso ordinário improvido" (RMS 26.397/BA, 2ª Turma, Rel. Min. Humberto Martins, j. 01.04.2008, *DJe* 11.04.2008).

[12] "Mandado de segurança. Revendedora de combustíveis. *Dumping*. Multa aplicada pelo Procon. Legitimidade. Violação caracterizada. Ordem denegada. I – Trata-se de mandado de segurança impetrado pela ora recorrida, visando anular a multa aplicada pelo Procon em decorrência da prática de *dumping* no âmbito da revendedora de combustíveis, originada de denúncia feita pelo Sindicato Varejista. II – Não há como se afastar a legitimidade do Procon na hipótese *sub judice*, tendo em conta, principalmente, a determinação contida no Código de Defesa do Consumidor no sentido de coibir de forma eficiente todos os abusos praticados no mercado de consumo, inclusive a concorrência desleal. III – Recurso provido, com a denegação da ordem" (STJ, REsp 93.8607/SP, Rel. Min. Francisco Falcão, j. 04.09.2007, *DJU* 08.10.2007, p. 234).

[13] "Processual civil e administrativo – Recurso ordinário em mandado de segurança – Multa imposta pelo Procon a concessionária por corte indevido de energia elétrica – Observância ao devido processo legal – Direito a defesa prévia: Inexistência – Reparação do dano – Formalidade do ato administrativo – Artigo 48 do Decreto 2.181/97 – Revisão do *quantum*: Impropriedade. 1. Inexiste violação ao devido processo legal quando a autuada é intimada de todos os atos praticados no procedimento administrativo. 2. A lei não garante à infratora o direito à apresentação de defesa prévia à imposição da penalidade. 3. Segundo o artigo 56 da Lei 8.078/90, a reparação, na esfera judicial, por parte do fornecedor, não obsta a aplicação das sanções, que têm por objetivo a punição pela infração às normas que tutelam as relações de consumo. 4. Não se reconhece a nulidade do auto de infração se as irregularidades apontadas não causarem prejuízo à defesa (artigo 48 do Decreto 2.181/97). 5. Em sede de mandado de segurança não é possível verificar a razoabilidade ou não da multa aplicada em face da gravidade da infração cometida. Precedentes desta Corte. 6. Recurso improvido" (STJ, RMS 22.241/RN, 2ª Turma, Rel. Min. Eliana Calmon, j. 07.11.2006, *DJ* 20.11.2006). No mesmo sentido o REsp 1164146/SP, Rel. Min. Luiz Fux, j. 02.03.2010.

PARTE V · Cap. 4 · SANÇÕES ADMINISTRATIVAS: GÊNESE E APLICAÇÃO | **1139**

se for o caso) nas *hipóteses de vício de quantidade ou qualidade,* por *inadequação*[14] ou *insegurança* do produto ou serviço.

A decisão da sanção a ser aplicada, nessa perspectiva, dependerá, primeiro, da observação pela autoridade administrativa sobre qual seja a mais adequada para preservação do direito dos consumidores. A atuação administrativa, nesse caso, estará estritamente vinculada a esse fim de interesse público, não devendo avançar para além do necessário à preservação desses direitos. Assim, por exemplo, sendo factível que a apreensão do produto, por si, preserva direitos dos consumidores em face da natureza do defeito identificado, não se há de concluir pela inutilização dele, o que não acrescentaria em nada a efetiva proteção do consumidor. A determinação da sanção administrativa aplicável, nos limites da legislação, não desobriga a autoridade administrativa de preservar a razoabilidade e a racionalidade da sua decisão.

Isso porque as sanções objetivas, embora configuradas como penalidade na esfera administrativa à infração de direito dos consumidores, têm por finalidade principal a proteção dos consumidores em relação a danos ocasionados pela utilização de produtos ou serviços. Eventual constrangimento econômico do infrator, com finalidade punitiva, deve ser reconhecido, de acordo com a sistemática da lei, à sanção pecuniária de multa administrativa.

Outra sanção administrativa estabelecida no artigo 56, XII, do CDC é a imposição de contrapropaganda, cujas hipóteses de aplicação são indicadas no artigo 60 da lei. Este prevê sua aplicação quando o fornecedor incorrer na prática de publicidade enganosa ou abusiva (artigo 36 e ss. do CDC). Ao contrário das demais sanções subjetivas, cujo objeto revela uma providência negativa do fornecedor infrator, caracterizada como um *não fazer* (suspensão, intervenção ou interdição das atividades), a contrapropaganda caracteriza-se pela imposição de uma providência positiva daquele que promoveu a publicidade ilícita.

O conteúdo da sanção é determinado pelo artigo 60, § 1º, do CDC e caracteriza-se pelo dever imposto ao fornecedor infrator de divulgar na "mesma forma, frequência e dimensão e, preferencialmente no mesmo veículo, local, espaço e horário, de forma capaz de desfazer o malefício de publicidade enganosa e abusiva". As disposições dos §§ 2º e 3º do mesmo artigo, que determinavam à Administração Pública a execução da medida, foram vetadas pelo presidente da República, sob o argumento de que a imposição de contrapropaganda, sem que se estabelecessem parâmetros legais precisos, poderia dar ensejo a abusos que poderiam, inclusive, redundar na paralisação da atividade empresarial.[15]

Das sanções administrativas previstas pelo CDC, certamente a imposição de contrapropaganda é das que suscitam maiores dificuldades de aplicação. É incontroversa a possibilidade de limitação da atividade publicitária, o que é reconhecido pela própria Constituição da República em seu artigo 220, § 4º. Todavia, a limitação constitucional indica, expressamente, os setores afetados à limitação. Nesse sentido, a imposição legal

---

[14] O conceito legal de inadequação é estabelecido no artigo 18, § 6º, do CDC, que, segundo referem Arruda Alvim et al., é norma de significativa amplitude (ARRUDA ALVIM. *Código do Consumidor comentado...,* p. 275).

[15] DENARI, Zelmo et al. *Código Brasileiro de Defesa do Consumidor:* comentado pelos autores do anteprojeto. 6. ed. Rio de Janeiro: Forense Universitária, 1999. p. 570-571.

CURSO DE DIREITO DO CONSUMIDOR – *Bruno Miragem*

de proteção contra a publicidade abusiva ou enganosa poderia ensejar questionamento quanto à sua constitucionalidade.

No que se refere à publicidade enganosa, sua identificação e sanção por meio de processo administrativo de defesa do consumidor não oferece maiores problemas, uma vez que a atuação administrativa se restringe em verificar a presença da informação falsa ou a indução a esta (*enganosa comissiva*), ou, ainda, a ausência de dado essencial da peça publicitária que induza o consumidor a erro (*enganosa por omissão*).[16] Nesse sentido, a atuação da autoridade administrativa é restrita à observação de elementos objetivos. Ainda que, em alguns casos, o critério da *essencialidade* de determinada informação submeta-se ao juízo discricionário da autoridade, a fundamentação da decisão faz que seja perfeitamente possível verificar sua regularidade.

Em se tratando da publicidade abusiva, todavia, dadas as dificuldades conhecidas de precisão e determinação do conceito, sua verificação para os fins de imposição da sanção de contrapropaganda oferece alguns desafios. É abusiva, no sentido que lhe determina o artigo 37, § 2º, do CDC, entre outras, "a publicidade discriminatória de qualquer natureza, a que incite a violência, explore o medo ou a superstição, se aproveite da deficiência de julgamento e experiência da criança, desrespeita valores ambientais, ou que seja capaz de induzir o consumidor a se comportar de forma prejudicial ou perigosa à sua saúde ou segurança".

As hipóteses de caráter exemplificativo, indicadas no CDC, são meramente informativas de determinados limites à atividade criativa da atividade publicitária, o que no âmbito constitucional permite identificar a necessidade de composição do direito fundamental à liberdade de expressão e outros de mesmo *status*, inclusive a necessidade de proteção da dignidade da pessoa humana.

A dificuldade maior situa-se no controle administrativo da atividade publicitária, em se tratando da sua *abusividade*, dado o caráter aberto do conceito legal.[17] Benjamin assinala que o direito ainda não logrou identificar um critério infalível para a determinação desse conceito. Indica tratar-se de uma noção plástica, em formação, a qual, por um critério residual, "em matéria de publicidade patológica, pode-se afirmar que abusivo é tudo aquilo que não seja enganoso".[18]

O exame pela autoridade administrativa das hipóteses de publicidade abusiva fora do rol exemplificativo indicado no artigo 37, § 2º, se realizado, reclamará a fundamentação

---

[16] BENJAMIN, Antônio Herman. *Código Brasileiro de Defesa do Consumidor*: comentado..., p. 282 et seq. No mesmo sentido: MARQUES, Claudia Lima. *Contratos no Código de Defesa do Consumidor*. 4. ed. São Paulo: Ed. RT, 2003. p. 627 *et seq*.

[17] No Brasil, é conhecida a atividade de autorregulamentação publicitária por meio do Conselho Nacional de Autorregulamentação Publicitária (Conar), formado por agentes do mercado publicitário – entre os quais: anunciantes, veículos de comunicação e agências de publicidade –, pois, pelo que se depreende da "jurisprudência" daquele órgão, também o controle privado do mercado tem dificuldades para a avaliação do conteúdo da publicidade abusiva além dos critérios legais. Dos casos indexados pelo Conar, os critérios utilizados são os mesmos do artigo 37, § 2º, do CDC.

[18] Afirma ainda a tentativa de a Suprema Corte norte-americana, sem muito sucesso, estabelecer alguns parâmetros ao conceito de abusividade, considerando abusivo "aquilo que ofende à ordem pública (*public policy*), o que não é ético ou o que é opressivo ou inescrupuloso, bem como o que causa dano substancial aos consumidores" (BENJAMIN, Antônio Herman et al. Código Brasileiro de Defesa do Consumidor: comentado..., p. 297).

PARTE V · Cap. 4 · SANÇÕES ADMINISTRATIVAS: GÊNESE E APLICAÇÃO | 1141

exaustiva sobre as razões da decisão, sobretudo porque, em se tratando de abusividade, a intervenção do poder público é exceção ao exercício da liberdade criativa pelo publicitário. A limitação constitucional da atividade publicitária é exaustiva quando refere determinados produtos que podem sofrer restrição.[19] Ao mesmo tempo, determina que esta se dê por meio de lei. Daí por que, em se tratando do controle da publicidade abusiva pelos órgãos de defesa do consumidor, como obstáculo ao exercício da liberdade criativa, só podem prevalecer razões de caráter objetivo. Estas, por sua vez, devem ser demonstradas de modo inequívoco no processo administrativo e, evidentemente, na explicitação dos motivos da decisão administrativa que este suportar.[20]

4.2 SANÇÕES SUBJETIVAS

À exceção da sanção de revogação ou concessão de uso, as sanções subjetivas previstas no CDC, e que afetam a realização da atividade do fornecedor infrator, serão aplicadas apenas nas hipóteses de reincidência, conforme estabelece o artigo 59 do código. São consideradas sanções subjetivas, previstas no artigo 56, as seguintes: *suspensão temporária da atividade* (inciso VII); *revogação da concessão ou permissão de uso* (inciso VIII); *cassação da licença do estabelecimento ou de atividade* (inciso IX); *interdição, total ou parcial, de estabelecimento, de obra ou de atividade* (inciso X); *intervenção administrativa* (inciso XI); e *imposição de contrapropaganda* (inciso XII).

O artigo 59 do código indica que as sanções de cassação do alvará de licença, de interdição e de suspensão temporária da atividade, bem como a de intervenção administrativa, serão aplicadas apenas quando "o fornecedor reincidir na prática das infrações de maior gravidade", previstas no próprio CDC e na legislação de consumo em geral. Dois requisitos são pressupostos da aplicação dessas sanções: (a) *o fato da reincidência do fornecedor*; (b) *que essa reincidência se refira a infrações de maior gravidade*.

Percebe-se que a reincidência do fornecedor é elemento necessário à aplicação, pela autoridade, das sanções subjetivas indicadas no artigo 59. Havendo ação judicial em que se discuta a imposição da penalidade, a norma exclui a consideração do caso para efeito da identificação da reincidência, até o trânsito em julgado da pendência. Já o Dec. 2.181/1997 define reincidência, em seu artigo 27, como "a repetição de prática infrativa, de qualquer natureza, às normas de defesa do consumidor, punida por decisão administrativa irrecorrível". Estabelece, contudo, o prazo de cinco anos (a ser contado da data da decisão administrativa definitiva da primeira infração até a decisão da segunda) como período máximo para caracterização da reincidência prevista no CDC (artigo 27, parágrafo único).

Para além disso, a norma indica que não basta tal reincidência, mas que ela se dê em relação às *infrações de maior gravidade*. Esse conceito – tendo em vista a diversidade dos direitos subjetivos consagrados pelo código ao consumidor – não tem uma expressa

---

[19] O artigo 220, § 4º, da Constituição da República refere a possibilidade de restrição, por meio de lei, da publicidade de tabaco, bebidas alcoólicas, agrotóxicos, medicamentos e terapias.

[20] E, sem prejuízo da fundamentação mais bem articulada do ato administrativo que imponha a sanção, as chances de revisão judicial do ato e sua anulação são imensas, dado o alto grau de subjetividade envolvido no conceito, fora das hipóteses previstas no artigo 37, § 2º.

definição da norma. Ao contrário, o exame comparativo dos diversos direitos, ou mesmo das infrações penais cominadas no CDC (artigos 61 a 80), não permite a identificação do grau de lesividade ou gravidade delas Em relação às últimas, poder-se-ia indicar – em analogia com o direito penal – o critério da pena cominada como critério para aferir maior ou menor gravidade da conduta. De todo modo, considerando o caráter relativo da expressão *maior gravidade* (algo só é maior ou menor do que determinado paradigma), o método proposto não seria tecnicamente adequado.

O conceito de *maior gravidade*, assim, só tem como ser preenchido satisfatoriamente de modo discricionário pela autoridade administrativa, que, para tanto, deverá fundamentar seu juízo.

De outro modo, a imposição das sanções de natureza subjetiva, além dos critérios expressos na lei, deve obedecer aos mesmos critérios de eficiência da defesa dos direitos dos consumidores que referimos quando do exame das sanções objetivas, ou seja, a intervenção estatal na atividade econômica do fornecedor apenas se justifica como meio de garantir a tutela de direitos dos consumidores. O que preside a atuação administrativa nesses casos é a melhor garantia e efetivação dos direitos do consumidor, o que, de resto, se exige a partir do próprio princípio da eficiência da Administração.

Isso pode ser mais bem observado nos critérios legais indicados para a imposição da sanção de intervenção administrativa (artigo 59, § 2º). Refere o dispositivo legal que "a pena de intervenção administrativa será aplicada sempre que as circunstâncias de fato desaconselharem a cassação de licença, a interdição ou suspensão da atividade". A norma remete à Administração, para que decida se as circunstâncias do caso "desaconselham" ou não a imposição das outras sanções. Havendo, da autoridade, o entendimento – devidamente justificado – de que as sanções de cassação, interdição ou suspensão não são adequadas, faculta-lhe a imposição da intervenção.

Todavia, entenda-se que qualquer espécie de intervenção estatal na atividade privada é exceção ao princípio da livre-iniciativa, previsto no artigo 170, *caput*, e parágrafo único, da Constituição da República. Nesse sentido, não só a intervenção administrativa como também as demais sanções que limitem ou impeçam o exercício da atividade pelo particular configuram medidas extremas, cuja imposição deve passar pelo crivo criterioso dos princípios da razoabilidade e da proporcionalidade.[21]

No que se refere à pena de cassação da concessão, o artigo 59, § 1º, do CDC indica que a sanção será aplicada à concessionária de serviço público nas hipóteses de violação de obrigação legal ou contratual. Em relação às obrigações legais, observe-se que o próprio código, em seu artigo 22, estabelece tais serviços como relações de consumo. Inclusive, indica aos fornecedores de tais serviços, além da observação genérica dos direitos dos

---

[21] Ambos, razoabilidade e proporcionalidade, são princípios expressos do processo administrativo (artigo 2º, *caput*, da Lei 9.784/1999). A razoabilidade refere-se à adequação da discricionariedade do administrador a *standards* médios da comunidade, o que, em certa medida, no direito civil, desde há muito, se construiu como o conceito de homem médio, como um padrão, um paradigma de conduta. A proporcionalidade, de outro modo, diz respeito ao mandamento de adequação das medidas administrativas e aos fins perseguidos por ela, o que, em termos, legislativos se observa no artigo 2º, parágrafo único, IV, da Lei 9.784/1999, que, expressamente, refere a necessidade de adequação entre meios e fins e a expressa vedação a que se imponham obrigações, restrições e sanções em medida superior ao estritamente necessário ao atendimento do interesse público.

PARTE V · Cap. 4 · SANÇÕES ADMINISTRATIVAS: GÊNESE E APLICAÇÃO | 1143

consumidores previstos na lei, que, em relação aos serviços públicos, estes sejam adequados, eficientes e seguros e, quanto aos essenciais, contínuos.[22] O parágrafo único do artigo 22, por sua vez, remete ao regime de responsabilidade do código eventuais infrações aos direitos por ele garantidos.

4.3 SANÇÕES PECUNIÁRIAS

A imposição de multa pecuniária é ato consagrado no direito administrativo. Segundo o magistério de Hely Lopes Meirelles, trata-se de espécie de ato punitivo a que se sujeita o administrado, a título de compensação, por dano presumido da infração.[23] No que se refere à defesa administrativa do consumidor, está prevista como espécie de sanção no artigo 56, I, do CDC.

O artigo 57, por sua vez, estabelece critérios legais para graduação do valor da multa. Aponta três parâmetros, quais sejam: a gravidade da infração, a vantagem auferida e a condição econômica do fornecedor. A mesma disposição determina, então, em seu parágrafo único, os limites mínimo e máximo dela, estabelecendo que seu montante nunca será "inferior a duzentas e não superior a três milhões de vezes o valor da Unidade Fiscal de Referência (UFIR) ou índice equivalente que venha a substituí-lo". Da mesma forma, pode norma estadual ou municipal, no seu âmbito de competência, fixar critérios para aplicação de sanção, de modo coerente com a norma federal.[24]

A sanção pode se aplicar a tantas situações de violação dos direitos do consumidor, independentemente do número de reclamações que deram causa ao exercício da compe-

---

[22] Sobre a aplicação do CDC aos serviços públicos, veja-se o item 5.4.3 da Parte I desta obra. O critério eleito na doutrina e jurisprudência brasileira, sob influência do consagrado estudo de Adalberto Pasqualotto sobre o tema, submete ao regime do CDC os serviços públicos que, na classificação de Hely Lopes Meirelles, se classificam como serviços públicos *uti singuli*, em regra prestados mediante taxa ou tarifa. Assim se manifesta o ilustre professor gaúcho: "A disciplina correta dos serviços públicos protegidos pelo CDC deve considerar a interrelação existente com a disciplina desses mesmos serviços no direito constitucional e no direito administrativo. Segundo esses parâmetros, não são abrangidos no CDC os serviços públicos próprios, prestados *uti universi* diretamente pelo Estado, mantido pelos tributos gerais, porque falta-lhes, sob a ótica do Código do Consumidor, o requisito da remuneração específica. Segundo esse mesmo critério, os serviços públicos impróprios, prestados direta ou indiretamente pelo Estado ou, ainda, por meio da concessão, autorização ou permissão, estão sob a tutela do CDC, porque remunerados pelo pagamento específico de taxas ou tarifas" (PASQUALOTTO, Adalberto de Souza. Os serviços públicos no Código de Defesa do Consumidor. *Revista de Direito do Consumidor*, São Paulo, v. 1, 1993. p. 145). No mesmo sentido, veja-se o item 5.4.3 da Parte I do presente trabalho.

[23] MEIRELLES, Hely Lopes. *Direito administrativo brasileiro*. 27. ed. São Paulo: Malheiros Editores, 2002. p. 191.

[24] Decidiu o STJ: "(...) 1. É autoaplicável o art. 57 do Código de Defesa do Consumidor – CDC, não dependendo, consequentemente, de regulamentação. Nada impede, no entanto, que, por decreto, a União estabeleça critérios uniformes, de âmbito nacional, para sua utilização harmônica em todos os Estados da federação, procedimento que disciplina e limita o poder de polícia, de modo a fortalecer a garantia do *due process* a que faz jus o autuado. 2. Não se pode, *prima facie*, impugnar de ilegalidade portaria do Procon estadual que, na linha dos parâmetros gerais fixados no CDC e no decreto federal, classifica as condutas censuráveis administrativamente e explicita fatores para imposição de sanções, visando a ampliar a previsibilidade da conduta estatal. Tais normas reforçam a segurança jurídica ao estatuírem padrões claros para o exercício do poder de polícia, exigência dos princípios da impessoalidade e da publicidade. Ao fazê-lo, encurtam, na medida do possível e do razoável, a discricionariedade administrativa e o componente subjetivo, errático com frequência, da atividade punitiva da autoridade (...)" (STJ, AgRg no AgRg no REsp 1.261.824/SP, 2ª Turma, Rel. Min. Herman Benjamin, j. 14.02.2012, *DJe* 09.05.2013).

tência do órgão administrativo.[25] Na prática, contudo, os órgãos de defesa do consumidor enfrentam dificuldades na aplicação segura dos critérios indicados na lei, devidamente embasados em dados técnicos. As circunstâncias e características da infração cometida raras vezes permitem a quantificação da vantagem do fornecedor (sobretudo porque, em maior ou menor grau, será uma vantagem presumida). Do mesmo modo, a gravidade da infração e a condição econômica do infrator servem, no mais das vezes, como critérios para determinação do valor da multa, sendo prestigiados os critérios de dosimetria fixados em regulamento a partir dos parâmetros definidos no próprio artigo 57 do CDC.[26] A jurisprudência reconhece a competência do Poder Judiciário para revisar o valor das multas aplicadas, ainda que em caráter excepcional,[27] "em hipóteses de desproporcionalidade flagrante, como nas penalizações ínfimas ou exorbitante".

Aplicada a multa após regular procedimento administrativo, não sendo paga no prazo fixado ao infrator, deve ser inscrita em dívida ativa, seguindo sua execução as regras próprias da execução fiscal.

Os recursos recolhidos a título de multa,[28] quando no âmbito federal, são destinados, pelo artigo 57 do CDC, ao Fundo de Defesa dos Direitos Difusos, previsto na Lei 7.347/1985, o qual tem por finalidade "a reparação dos danos causados ao meio ambiente, ao consumidor, a bens e direitos de valor artístico, estético, histórico, turístico, paisagístico, por infração à ordem econômica e a outros interesses difusos e coletivos" (artigo 1º, § 1º, da Lei 9.008/1995 e Decreto 1.306/1994).[29] No caso dos valores oriundos

---

[25] "Processual civil. Consumidor. Embargos à execução fiscal. Multa aplicada pelo Procon. Competência do Procon. 1. O entendimento do Tribunal de origem, de que o Procon não possui competência para aplicar multa em decorrência do não atendimento de reclamação individual, não está em conformidade com a orientação do STJ. 2. A sanção administrativa prevista no art. 57 do Código de Defesa do Consumidor funda-se no Poder de Polícia – atividade administrativa de ordenação – que o Procon detém para cominar multas relacionadas à transgressão dos preceitos da Lei 8.078/1990, independentemente de a reclamação ser realizada por um único consumidor, por dez, cem ou milhares de consumidores. 3. O CDC não traz distinção quanto a isso, descabendo ao Poder Judiciário fazê-lo. Do contrário, o microssistema de defesa do consumidor seria o único a impedir o sanciona- mento administrativo por infração individual, de modo a legitimá-lo somente quando houver lesão coletiva. 4. Ora, há nesse raciocínio clara confusão entre legitimação para agir na Ação Civil Pública e Poder de Polícia da Administração. Este se justifica tanto nas hipóteses de violações individuais quanto nas massificadas, considerando-se a repetição simultânea ou sucessiva de ilícitos administrativos, ou o número maior ou menor de vítimas, apenas na dosimetria da pena, nunca como pressuposto do próprio Poder de Polícia do Estado. 5. Recurso Especial provido" (STJ, REsp 1523117/SC, 2ª Turma, Rel. Min. Herman Benjamin, j. 21.05.2015, *DJe* 04.08.2015). No mesmo sentido: STJ, AgInt no REsp 1.594.667/MG, 1ª Turma, Rel. Min. Regina Helena Costa, j. 04.08.2016, *DJe* 17.08.2016.

[26] STJ, AgInt nos EDcl no REsp 1.707.029/SP, 2ª Turma, Rel. Min. Herman Benjamin, j. 09.04.2019, *DJe* 29.05.2019; AREsp 1.628.145/SP, 2ª Turma, Rel. Min. Herman Benjamin, j. 09.02.2021, *DJe* 01.07.2021.

[27] STJ, AgInt nos EDcl no REsp 1.918.410/MS, 1ª Turma, Rel. Min. Regina Helena Costa, j. 08.08.2022, *DJe* 12.08.2022. Veja-se, em perspectiva crítica sobre a dosimetria das sanções: PEREIRA, Flávia do Canto. *Proteção administrativa do consumidor*: Sistema Nacional de Defesa do Consumidor e a ausência de critérios uniformes para aplicação de multas. São Paulo: Ed. RT, 2021. p. 89 e ss.

[28] A exigibilidade desses recursos é garantida juridicamente, na hipótese do não pagamento pelo fornecedor infrator, pela inscrição em dívida ativa, para subsequente cobrança executiva, conforme estabelece o artigo 55 do Dec. 2.181/1997.

[29] O Fundo de Defesa dos Direitos Difusos, regulamentado pelo Decreto 1.306/1994, é gerido de modo colegiado por meio de um Conselho Federal Gestor, integrante da estrutura organizacional do Ministério da Justiça, composto de membros de órgãos federais, do Ministério Público Federal e de entidades civis

de multas arrecadadas por infração a direito dos consumidores, o artigo 30 do Decreto 2.181/1997 determina sua destinação ao financiamento de projetos relacionados com os objetivos da Política Nacional das Relações de Consumo, com a defesa dos direitos básicos do consumidor e com a modernização administrativa dos órgãos públicos de defesa do consumidor, depois de aprovados pelo Conselho Gestor. Já, em relação aos valores resultantes de sanções dos órgãos municipais e estaduais de defesa do consumidor, assiste aos respectivos entes federados a faculdade de criar fundos próprios de proteção do consumidor no âmbito de suas respectivas competências. Nesse sentido, o artigo 31 do Decreto 2.181/1997 estabelece que, na falta de fundos municipais, os recursos reverterão em favor dos estados e, na falta destes, ao Fundo Federal mencionado.

---

constituídas a pelo menos um ano que tenham, entre suas finalidades institucionais, a proteção de um dos bens jurídicos aos quais o Fundo tem por objetivo oferecer reparação (artigo 5º, V, da Lei 7.347/1985). A disciplina do Fundo de Defesa dos Direitos Difusos estabelece a prioridade de reparação específica do dano causado pela infração a direitos difusos protegidos, quando isso for possível (artigo 7º, parágrafo único, do Decreto 1.306/1994). Todavia, havendo concurso de créditos decorrentes de infrações a direitos difusos recolhidas ao Fundo e indenizações de prejuízos individuais resultantes do mesmo evento, esses prejuízos terão, segundo o artigo 99 do CDC, preferência para pagamento (artigo 8º, *caput*, do Decreto 1.306/1994), ficando sustada a destinação dos valores recolhidos ao Fundo enquanto pendentes as ações individuais.

Parte VI

Direito Penal do Consumidor

A proteção normativa do direito do consumidor admite, no microssistema previsto no CDC, a previsão de normas de direito privado, direito processual, direito administrativo e, no que se refere às condutas criminais no âmbito das relações de consumo, normas penais específicas. A Constituição da República, ao consagrar o direito fundamental de defesa do consumidor, conferiu ao Estado a tarefa de promovê-lo, pelas distintas formas de proteção estatal, inclusive pela criminalização de condutas lesivas ao bem jurídico decorrente dessa expressa previsão constitucional. É de lembrar-se, a respeito, a lição de Luiz Regis Prado, para quem são suscetíveis de proteção penal todos os direitos do cidadão consagrados no texto constitucional.[1] Da mesma forma, o direito penal contemporâneo, nesse sentir, é chamado a responder o desafio de acautelar-se com relação aos riscos da vida moderna, mediante uma técnica penal adequada, por intermédio da previsão de normas penais em branco, tipos abertos, e o estabelecimento de punição para tipos penais abstratos e culposos.[2]

Em nosso sistema, contudo, a proteção do consumidor por meio de normas penais não foi isenta de críticas. Como assinala José Geraldo Brito Filomeno, houve, de diversos setores representativos de fornecedores, críticas à previsão de tipos penais referindo condutas no âmbito do direito do consumidor.[3]

Da mesma forma, segundo relato do mesmo autor, a tarefa de eleição e determinação das condutas a serem tipificadas não foi isenta de dificuldade. Ao contrário. Considerando que as normas penais previstas nos artigos 61 a 80 do CDC são espécies de crimes denominados crimes econômicos ou contra a economia popular, sua previsão necessitou decidir quanto a um aspecto principal, qual seja: a previsão exaustiva das espécies e normas penais relativas a crimes econômicos no âmbito da ampla legislação extravagante, ou apenas de alguns aspectos relativos às relações de consumo. Como refere Filomeno, o entendimento preponderante foi o de prever, no CDC, apenas tipos penais relativos a

---

[1] PRADO, Luiz Regis. Direito penal econômico. São Paulo: Ed. RT, 2004. p. 98.
[2] ABANTO VÁSQUEZ, Manuel. *Derecho penal económico*: consideraciones jurídicas y económicas. Lima: Idemsa, 1997. p. 24.
[3] FILOMENO, José Geraldo Brito et al. *Código Brasileiro de Defesa do Consumidor*: comentado pelos autores do anteprojeto. 8. ed. Rio de Janeiro: Forense Universitária, 2005. p. 662-663.

condutas e demais aspectos previstos na própria lei,[4] sobretudo diante da enorme dificuldade de reunir, em uma só lei, todas as demais normas que determinam tipos penais relativos à proteção, por exemplo, da economia popular, das relações de consumo ou da saúde pública. Apesar disso, não é desconhecida a pouca efetividade da repressão penal aos crimes contra as relações de consumo, tanto no que diz respeito ao desestímulo da conduta quanto no que concerne à demonstração concreta da conduta típica no exercício da persecução penal.[5]

Do ponto de vista histórico, desde a primeira legislação penal brasileira, o Código Criminal de 1830, alguns tipos penais foram previstos visando à repressão de crimes que se realizavam no mercado, como é o caso do estelionato. Assim, por exemplo, a tipificação, como estelionato,[6] "a troca de cousas que se deverem entregar, por outras diversas". Da mesma forma, o Código Penal de 1890, no início da República, estabelecerá, pioneiramente, entre os crimes contra a tranquilidade pública (Título III), os crimes contra a saúde pública (Capítulo III), protegendo a esse título aqueles que adquiriam produtos dessa espécie.[7] Já no século XX, diversas normas foram editadas visando à repressão de delitos cometidos no mercado, de que é exemplo mais célebre a Lei de Usura (Decreto 22.626, de 7 de abril de 1933), assim como o Decreto 22.796, de 1º de junho de 1933, relativo à fraude de alimentos.

O Código Penal de 1940 ampliou essa proteção, até então vinculada à proteção dos direitos da parte, identificando-os com os interesses da comunidade, como os crimes de estelionato e outras fraudes (artigos 171 a 174),[8] o crime de fraude no comércio, previsto

---

[4]   FILOMENO, José Geraldo Brito et al. *Código Brasileiro de Defesa do Consumidor*: comentado pelos autores do anteprojeto. 8. ed. Rio de Janeiro: Forense Universitária, 2005. p. 650.

[5]   Nesse sentido, veja-se as conclusões de: CORDEIRO, Carolina Souza. Os desafios dos crimes contra as relações de consumo e as tendências do processo penal atual. *Revista de Direito do Consumidor*, São Paulo, v. 112, p. 365-393, jul.-ago. 2017.

[6]   Veja-se, a respeito, as observações de: PAULA PESSOA, V. A. de. *Codigo Criminal do Imperio do Brazil annotado*. Rio de Janeiro: Livraria Popular, 1877. p. 416-424.

[7]   PIERANGELI, José Henrique. *Códigos Penais do Brasil*: evolução histórica. São Paulo: Ed. RT, 2001.

[8]   Assim, os artigos 171 a 174 do CP: "Estelionato: Art. 171. Obter, para si ou para outrem, vantagem ilícita, em prejuízo alheio, induzindo ou mantendo alguém em erro, mediante artifício, ardil, ou qualquer outro meio fraudulento: Pena – reclusão, de um a cinco anos, e multa. § 1º Se o criminoso é primário, e é de pequeno valor o prejuízo, o juiz pode aplicar a pena conforme o disposto no artigo 155, § 2º Nas mesmas penas incorre quem: Disposição de coisa alheia como própria: I – vende, permuta, dá em pagamento, em locação ou em garantia coisa alheia como própria; Alienação ou oneração fraudulenta de coisa própria: II – vende, permuta, dá em pagamento ou em garantia coisa própria inalienável, gravada de ônus ou litigiosa, ou imóvel que prometeu vender a terceiro, mediante pagamento em prestações, silenciando sobre qualquer dessas circunstâncias; Defraudação de penhor: III – defrauda, mediante alienação não consentida pelo credor ou por outro modo, a garantia pignoratícia, quando tem a posse do objeto empenhado; Fraude na entrega de coisa: IV – defrauda substância, qualidade ou quantidade de coisa que deve entregar a alguém; Fraude para recebimento de indenização ou valor de seguro: V – destrói, total ou parcialmente, ou oculta coisa própria, ou lesa o próprio corpo ou a saúde, ou agrava as consequências da lesão ou doença, com o intuito de haver indenização ou valor de seguro; Fraude no pagamento por meio de cheque: VI – emite cheque, sem suficiente provisão de fundos em poder do sacado, ou lhe frustra o pagamento. Fraude eletrônica: § 2º-A. A pena é de reclusão, de 4 (quatro) a 8 (oito) anos, e multa, se a fraude é cometida com a utilização de informações fornecidas pela vítima ou por terceiro induzido a erro por meio de redes sociais, contatos telefônicos ou envio de correio eletrônico fraudulento, ou por qualquer outro meio fraudulento análogo. § 2º-B. A pena prevista no § 2º-A deste artigo, considerada a relevância do resultado gravoso, aumenta-se de 1/3 (um terço) a 2/3 (dois

no artigo 175,[9] assim como os crimes contra a saúde pública, previstos nos artigos 272 a 280 da codificação penal, e outros que podem ser cometidos no curso de uma relação de consumo, como é o caso do crime de moeda falsa, entre outros (artigo 289 e ss.). A Lei 12.653, de 28 de maio de 2012, por sua vez, veio tipificar como crime prática usual de hospitais e clínicas de saúde, caracterizada pela exigência ou pelo condicionamento de prestação de garantia para prestação de serviço de atendimento médico-hospitalar de emergência, introduzindo novo tipo penal por intermédio do artigo 135-A do Código Penal. Vale anotar, contudo, que a opção pela criminalização da conduta do fornecedor pela Lei 12.653/2012 revela um claro aspecto simbólico. A própria pena prevista para o crime (detenção de três meses a um ano e multa) é, na prática, irrelevante. Nesse sentido, embora conceitualmente vá ao sentido contrário à redução do papel do direito penal do consumidor, ao prever novo tipo penal específico, mantém-se, assim como os demais crimes contra as relações de consumo, entre os de menor potencial ofensivo. Ainda assim, lembre-se que a função do direito penal do consumidor é de proteção de toda a sociedade com respeito aos crimes relativos às relações de consumo, à proteção do bem jurídico *relação de consumo*, a partir do reconhecimento da vulnerabilidade do consumidor no mercado e da determinação constitucional de sua proteção.

Resulta positivo da Lei 12.653/2012 o dever de informação ao consumidor por intermédio de cartaz dentro do estabelecimento hospitalar, em lugar visível, com os seguintes dizeres: "Constitui crime a exigência de cheque-caução, de nota promissória ou de qualquer garantia, bem como do preenchimento prévio de formulários administrativos, como condição para o atendimento médico-hospitalar emergencial, nos termos do art. 135-A do Decreto-Lei 2.848, de 7 de dezembro de 1940 – Código Penal" (artigo 2º). Essa iniciativa, por si, pode cumprir função de esclarecimento pré-contratual ao consumidor

---

terços), se o crime é praticado mediante a utilização de servidor mantido fora do território nacional. § 3º A pena aumenta-se de um terço, se o crime é cometido em detrimento de entidade de direito público ou de instituto de economia popular, assistência social ou beneficência. Estelionato contra idoso ou vulnerável: § 4ºA pena aumenta-se de 1/3 (um terço) ao dobro, se o crime é cometido contra idoso ou vulnerável, considerada a relevância do resultado gravoso. § 5º Somente se procede mediante representação, salvo se a vítima for: I – a Administração Pública, direta ou indireta; II – criança ou adolescente; III – pessoa com deficiência mental; ou IV – maior de 70 (setenta) anos de idade ou incapaz. Duplicata simulada: Art. 172. Emitir fatura, duplicata ou nota de venda que não corresponda à mercadoria vendida, em quantidade ou qualidade, ou ao serviço prestado. Pena – detenção, de 2 (dois) a 4 (quatro) anos, e multa. Parágrafo único. Nas mesmas penas incorrerá aquele que falsificar ou adulterar a escrituração do Livro de Registro de Duplicatas. Abuso de incapazes: Art. 173. Abusar, em proveito próprio ou alheio, de necessidade, paixão ou inexperiência de menor, ou da alienação ou debilidade mental de outrem, induzindo qualquer deles à prática de ato suscetível de produzir efeito jurídico, em prejuízo próprio ou de terceiro: Pena – reclusão, de dois a seis anos, e multa. Induzimento à especulação: Art. 174. Abusar, em proveito próprio ou alheio, da inexperiência ou da simplicidade ou inferioridade mental de outrem, induzindo-o à prática de jogo ou aposta, ou à especulação com títulos ou mercadorias, sabendo ou devendo saber que a operação é ruinosa: Pena – reclusão, de um a três anos, e multa".

[9] Assim, o artigo 175 do CP: "Enganar, no exercício de atividade comercial, o adquirente ou consumidor: I – vendendo, como verdadeira ou perfeita, mercadoria falsificada ou deteriorada; II – entregando uma mercadoria por outra: Pena – detenção, de seis meses a dois anos, ou multa. § 1º Alterar em obra que lhe é encomendada a qualidade ou o peso de metal ou substituir, no mesmo caso, pedra verdadeira por falsa ou por outra de menor valor; vender pedra falsa por verdadeira; vender, como precioso, metal de ou outra qualidade: Pena – reclusão, de um a cinco anos, e multa. § 2º É aplicável o disposto no artigo 155, § 2º".

e mesmo constituir em razão para o desestímulo da prática definida expressamente como ilícita da exigência de garantia, conforme previsto na própria lei.[10]

Ao lado dessas normas previstas no Código Penal, estabelece o CDC novos tipos penais. Contudo, a correta compreensão – e aplicação – das normas penais previstas no CDC é a que o situa no contexto de diversas outras leis cuja finalidade mediata ou imediata é a punição dos chamados delitos econômicos.[11] Desse modo, é preciso ter em consideração a Lei 1.521/1951 (que dispõe sobre os crimes contra a economia popular), a Lei Delegada 4/1962 (sobre a intervenção no domínio econômico para assegurar a livre distribuição de produtos necessários ao consumo do povo), o artigo 7º da Lei 8.137/1990 (crimes contra as relações de consumo) e, ainda, aspectos específicos previstos como contravenções na Lei 8.245/1991 (sobre locações prediais urbanas) e nos artigos 50 a 52 da Lei 6.766/1979 (sobre loteamentos), assim como os crimes contra a ordem financeira, previstos nas Leis 4.595/1964 e 7.492/1986, e os previstos na Lei 8.176/1991 (abastecimento de combustíveis), na Lei 7.802/1989 (que disciplina o comércio de agrotóxicos – artigos 15 e 16), nas Leis 9.695/1998 (sobre adulteração ou falsificação de medicamentos) e 9.677/1998 (que altera o tipo dos crimes contra a saúde pública do Código Penal) e, finalmente, os previstos na Lei 8.137/1990 (que define crimes contra a ordem tributária, econômica e contra as relações de consumo).

Em especial, as normas penais do CDC devem ser observadas em conjunto com as previstas na Lei 8.137/1990, que, ao lado de outras espécies de delitos econômicos, tipifica, em seu artigo 7º, os *crimes contra as relações de consumo*, a saber: "Constitui crime contra as relações de consumo: I – favorecer ou preferir, sem justa causa, comprador ou freguês, ressalvados os sistemas de entrega ao consumo por intermédio de distribuidores ou revendedores; II – vender ou expor à venda mercadoria cuja embalagem, tipo, especificação, peso ou composição esteja em desacordo com as prescrições legais, ou que não corresponda à respectiva classificação oficial; III – misturar gêneros e mercadorias de espécies diferentes, para vendê-los ou expô-los à venda como puros; misturar gêneros e mercadorias de qualidades desiguais para vendê-los ou expô-los à venda por preço estabelecido para os demais mais alto custo; IV – fraudar preços por meio de: *a)* alteração, sem modificação essencial ou de qualidade, de elementos tais como denominação, sinal externo, marca, embalagem, especificação técnica, descrição, volume, peso, pintura ou acabamento de bem ou serviço; *b)* divisão em partes de bem ou serviço, habitualmente oferecido à venda em conjunto; *c)* junção de bens ou serviços, comumente oferecidos à venda em separado; *d)* aviso de inclusão de insumo não empregado na produção do bem ou na prestação dos serviços; V – elevar o valor cobrado nas vendas a prazo de bens ou serviços, mediante a exigência de comissão ou de taxa de juros ilegais; VI – sonegar insumos ou bens, recusando-se a vendê-los a quem pretenda comprá-los nas condições publicamente ofertadas, ou retê-los para o fim de especulação; VII – induzir o consumidor ou usuário a erro, por via de indicação ou afirmação falsa ou enganosa sobre a natureza, qualidade

---

[10] Para o tema, veja-se o nosso: MIRAGEM, Bruno. A tipificação do crime de condicionar o atendimento médico-hospitalar emergencial à prestação de qualquer garantia – comentários à Lei 12.653/2012. *Revista de Direito do Consumidor*, São Paulo, v. 83, p. 303-310, jul.-set. 2012.

[11] Para uma síntese histórica das normas penais pertinentes à proteção do consumidor no direito brasileiro e no antigo direito lusitano, veja-se: ANDRADE, Pedro Ivo. *Crimes contra as relações de consumo*: artigo 7º da Lei 8.137/90. Curitiba: Juruá, 2007. p. 71-82.

PARTE VI • Direito Penal do Consumidor | **1151**

do bem ou serviço, utilizando-se de qualquer meio, inclusive a veiculação ou divulgação publicitária; VIII – destruir, inutilizar ou danificar matéria-prima ou mercadoria, com o fim de provocar alta de preço, em proveito próprio ou de terceiros; IX – vender, ter em depósito para vender ou expor à venda ou, de qualquer forma, entregar matéria-prima ou mercadoria, em condições impróprias ao consumo". Para tais crimes, estabelece pena de detenção, de 2 (dois) a 5 (cinco) anos, ou multa.

Já no que tange ao requisito subjetivo do tipo, estabelece o parágrafo único do artigo 7º que os tipos previstos nos incisos II, III e IX admitem a punição em sua modalidade culposa, hipótese em que se reduz a pena de detenção de 1/3 (um terço) ou a de multa à quinta parte.

O bem jurídico tutelado pelas normas penais insertas no CDC é a *relação de consumo*.[12] Trata-se, pois, de parte do direito penal econômico, cujas normas penais visam à tutela do bem jurídico ordem econômica. Nesse sentido, noticia Zanellato que o critério proposto, ainda em 1977, pelo Comitê Europeu para os Problemas Criminais do Conselho da Europa, considera abrangidos pelo direito penal econômico, entre outros, os seguintes tipos de infrações: "formação de cartéis, abuso do poder econômico pelas empresas multinacionais, infrações fiscais, infrações cambiárias, infrações contra os consumidores, concorrência desleal, publicidade enganosa e violação das normas de segurança e saúde".[13] Note-se que a noção de bem jurídico penal é considerada em relação àqueles que se caracterizam como imprescindíveis para assegurar as condições de vida, desenvolvimento e paz social.[14] A delimitação dos bens jurídicos supraindividuais, dado seu caráter difuso, surge – é fora de dúvida – como um importante desafio ao direito penal que, até seu surgimento, se ocupava da identificação de bens jurídicos ligados diretamente ao indivíduo, como é o caso da vida, do patrimônio ou da liberdade.[15] Note-se, como já tivemos a oportunidade de afirmar na primeira parte desta obra, que as relações de consumo, ou seja, a circunstância de os indivíduos tomarem parte de relações de consumo ao mesmo tempo que interagem no mercado de consumo, é pressuposto de rigorosa necessidade no atual estágio do desenvolvimento histórico da humanidade, marcado pelo triunfo da denominada sociedade de consumo de massas. Desse modo, há de se considerar que o CDC, ao fixar as definições relativas aos elementos da relação de consumo, como consumidor, fornecedor, produto e serviço, é base conceitual para definição de crimes contra as relações de consumo previstos nos tipos penais nele fixados, e informativo – embora não vinculante – da interpretação e aplicação de outras normas, em especial da Lei 8.137/1990.

O direito penal do consumidor, nesse sentido, funda-se no princípio da especialidade, reconhecido no direito penal, segundo o qual a existência de norma penal especial

---

[12] Conforme Antônio Herman Benjamin, em: MARQUES, Claudia Lima; BENJAMIN, Antônio Herman V.; MIRAGEM, Bruno. *Comentários ao Código de Defesa do Consumidor*. 2. ed. São Paulo: Ed. RT, 2006. p. 895. No mesmo sentido: LECEY, Eladio. Autoria singular e coletiva nas infrações contra o ambiente e as relações de consumo. *Revista da Ajuris*, Porto Alegre, v. 28, n. 68, p. 36-49, nov. 1996.

[13] ZANELLATO, Marco Antônio. O direito penal econômico e o direito penal de defesa do consumidor como instrumentos de resguardo da ordem pública econômica. *Revista de Direito do Consumidor*, São Paulo, n. 5, p. 152-153, jan.-mar. 1993.

[14] PRADO, Luiz Régis. *Bem jurídico-penal e Constituição*. 3. ed. São Paulo: Ed. RT, 2003, p. 70.

[15] BUSTOS RAMÍREZ, J. Perspectivas atuais do direito penal econômico. *Fascículos de Ciências Penais*, Porto Alegre, n. 4, p. 3-15, abr.-jun. 1991.

derroga o tipo mais amplo, previsto em norma penal que, por isso, se considera geral. Como observa Rogério Greco, "em determinados tipos penais incriminadores há elementos que os tornam especiais em relação a outros, fazendo com que, havendo uma comparação entre eles, a regra contida no tipo especial se amolde adequadamente ao caso concreto, afastando, desta forma, a aplicação da norma geral".[16] Há, na norma penal especial, nesse sentido, elementos que a especificam, restringindo seu alcance mediante previsão de características da conduta, finalidade ou bem jurídico tutelado, a estabelecer uma distinção especializante em relação a tipo penal mais amplo, que, em relação a algum desses critérios, os descreva de modo mais abrangente. A existência de uma norma penal especial (e, consequentemente, de um tipo penal especial) tem preferência, segundo o princípio da especialidade, em relação à norma penal geral.[17] Daí deriva a origem, a partir da prescrição normativa de tipos penais específicos de tutela das relações de consumo, do direito penal do consumidor.

---

[16]   GRECO, Rogério. *Curso de direito penal*: parte geral. Rio de Janeiro: Impetus, 2003. p. 30-31.

[17]   BITENCOURT, Cezar Roberto. *Manual de direito penal*: parte geral. São Paulo: Ed. RT, 1999. p. 166.

FUNÇÃO DO DIREITO PENAL NA REPRESSÃO AOS CRIMES CONTRA AS RELAÇÕES DE CONSUMO

A função do direito penal, no tocante às relações de consumo, é a proteção do bem jurídico *relação de consumo*. Como refere Antônio Herman Benjamin, trata-se a relação de consumo de "um bem jurídico autônomo (no cotejo com outros bens jurídicos), supraindividual (que vai além da pessoa do consumidor individual) e imaterial (não tem realidade material-naturalística)".[1] Nesse sentido, nota-se que a proteção penal do consumidor, em certo sentido, existe desde antes da própria existência da relação de consumo, sob a definição de diversos tipos legais, como os relacionados na Lei 1.521/1951, ou na Lei Delegada 4/1962,[2] por exemplo. A definição do bem jurídico *relação de consumo*, assim, tem a função de estabelecer – no mesmo momento de surgimento e organização do direito do consumidor como disciplina jurídica autônoma – um conceito integrativo das normas penais relativas aos interesses abrangidos pela definição, que se não está expressamente prevista, resta devidamente caracterizada pela definição de seus elementos essenciais (sujeitos e objeto).

O fato de se tratar de bem jurídico supraindividual, do mesmo modo, autoriza o entendimento doutrinário e jurisprudencial acerca da desnecessidade da utilização das categorias do direito penal tradicional, estabelecendo a distinção entre crimes de perigo abstrato e concreto, em vista da natureza do dano decorrente do ilícito, que se caracteriza como *dano supraindividual*. Essa natureza supraindividual do bem jurídico protegido pelas normas penais no direito do consumidor exige do intérprete e aplicador da norma a compreensão de que os sujeitos passivos nela previstos serão: tanto a *coletividade de consumidores* quanto o *consumidor individualmente considerado*.

A função do direito penal do consumidor, assim, é de proteção de toda a sociedade com respeito aos crimes relativos às relações de consumo, bem como proteção do bem jurídico *relação de consumo*, a partir do reconhecimento da vulnerabilidade do consumidor no mercado e da determinação constitucional de sua proteção. Assume também o caráter preventivo, visando preservar o direito fundamental de defesa do consumidor,

---

[1] MARQUES, Claudia Lima; BENJAMIN, Antônio Herman V.; MIRAGEM, Bruno. *Comentários ao Código de Defesa do Consumidor*. 2. ed. São Paulo: Ed. RT, 2006. p. 895.

[2] Registre-se que a Lei Delegada 4 foi revogada pela Lei 13.874/2019 – cognominada Lei da Liberdade Econômica.

inclusive reconhecendo um mandado de criminalização[3] de condutas lesivas a partir desse expresso comando constitucional.

O direito penal do consumidor tem sua sede em duas normas: no Código de Defesa do Consumidor e na Lei 8.137/1990, que define crimes contra a ordem tributária, econômica e *contra as relações de consumo*. Daí por que o exame da repressão penal dos crimes de consumo tenha de levar em consideração os tipos penais estabelecidos em ambos os diplomas legais, identificando, em cada um deles, os parâmetros que orientam a previsão normativa desses tipos penais, quais sejam: a especialização dos tipos penais específicos de proteção do bem jurídico *relação de consumo*; a harmonização desses tipos penais com outras normas penais existentes; a punição de delitos considerados graves por intermédio da repressão penal, quando se considere insuficiente a resposta oferecida pelas sanções administrativas e pela indenização civil, assegurando o caráter preventivo das condutas, em vista da efetividade das normas de proteção do consumidor.[4]

---

[3]   RIBEIRO DANTAS, Marcelo Navarro; GOUVEIA, Thais Caroline Brecht Esteves. Teoria dos mandados de criminalização e a o direito do consumidor como direito fundamental. *Revista de Direito do Consumidor*, São Paulo, v. 139, p. 335-354, jan.-fev. 2022.

[4]   ZANELLATO, Marco Antônio. O direito penal econômico e o direito penal de defesa do consumidor como instrumentos de resguardo da ordem pública econômica. *Revista de Direito do Consumidor*, São Paulo, n. 5, jan.-mar. 1993. p. 157.

2

TIPOLOGIA DOS CRIMES CONTRA AS RELAÇÕES DE CONSUMO: CDC E LEI 8.137/1990

A relação entre os tipos penais previstos no CDC e os relacionados na Lei 8.137/1990 é necessária. Isso porque a legislação que define os crimes contra a ordem tributária, financeira e as relações de consumo estabelece tipos penais plenamente afetos à realidade do mercado de consumo, ainda que sem a utilização uniforme da terminologia fixada no CDC. Antônio Herman Benjamin faz referência à existência de *crimes de consumo próprios* e *crimes de consumo impróprios*, sendo esta última categoria que abrange os crimes acidentalmente de consumo e os crimes reflexamente de consumo. Com relação aos *crimes acidentalmente de consumo*, consideram-se aqueles definidos pela legislação penal como tipos cujas condutas descritas podem se dar em qualquer situação, havendo ou não relação jurídica preexistente. Contudo, o fato de que ocorram eventualmente no âmbito de uma relação de consumo, ou tenham no consumidor individual ou na coletividade de consumidores o sujeito passivo de sua realização, vai caracterizá-los como crimes *acidentalmente de consumo*. Será o caso dos crimes de homicídio ou lesões corporais culposos (artigos 121, § 3º, e 129, § 6º, do CP), perigo para a vida ou saúde (artigo 132 do CP), estelionato (artigo 171 do CP), fraude no comércio (artigo 175 do CP) ou o caso das infrações de medida sanitária preventiva (artigo 268 do CP). Os *crimes reflexamente de consumo*, por sua vez, são aqueles dos quais, apenas mediata ou indiretamente, decorrem a proteção do consumidor e a relação de consumo. É o caso dos tipos penais previstos na legislação sobre crimes financeiros, contra a ordem econômica, ou contra a economia popular. Nesses casos, da proteção dos bens jurídicos específicos ali estabelecidos, decorre. de modo indireto, a proteção do consumidor considerado individualmente e como coletividade, uma vez que os efeitos da norma em questão contribuem, necessariamente, com o respeito e a satisfação dos legítimos interesses desses sujeitos.

Os *crimes de consumo próprios* amparam, direta e imediatamente, o consumidor, em uma relação de consumo.[1] Dizem respeito à violação de deveres por partes dos fornecedores e consumidores, identificados como tais, de acordo com a definição legal do CDC. Já os *crimes de consumo impróprios*, que, durante largo tempo, foram a única previsão normativa em direito penal, para a proteção do consumidor, incluem tipos penais previstos em outras leis, que adotam uma tipologia flexível,[2] sem expressa referência aos sujeitos definidos no CDC – consumidor e fornecedor –, mas com vista a sua proteção

---

[1] MARQUES, Claudia Lima; BENJAMIN, Antônio Herman V.; MIRAGEM, Bruno. *Comentários ao Código de Defesa do Consumidor*. 2. ed. São Paulo: Ed. RT, 2006. p. 898.

[2] MARQUES, Claudia Lima; BENJAMIN, Antônio Herman V.; MIRAGEM, Bruno. *Comentários ao Código de Defesa do Consumidor*. 2. ed. São Paulo: Ed. RT, 2006. p. 896.

1156 | CURSO DE DIREITO DO CONSUMIDOR – *Bruno Miragem*

por intermédio do estabelecimento de tipos penais pela proteção do mercado e da ordem econômica em geral.

Todavia, a relação entre as duas normas – CDC e Lei 8.137/1990 –não é isenta de críticas. Seu fundamento reside na falta de uniformidade terminológica, assim como na excessiva gravidade das penas impostas, em especial no artigo 7º da Lei 8.137/1990.[3] Há autores, mesmo, que criticam como desnecessários alguns tipos penais de proteção do consumidor.[4] Por outro lado, há críticas, quanto à técnica legislativa do legislador, tanto do CDC como da Lei 8.137/1990, acerca da utilização indevida de conceitos indeterminados na formulação dos tipos penais,[5] e mesmo em relação ao caráter assistemático da previsão normativa dos diversos tipos penais em distintas legislações.[6]

Outra crítica recorrente, no que tange ao direito penal do consumidor, é que suas normas estariam em contradição ao princípio da mínima intervenção que preside a moderna interpretação do direito penal contemporâneo. Nesse sentido, sustenta-se que as penas fixadas para os crimes de consumo, por um lado, seriam demasiado severas (penas de reclusão de até quatro anos, previstas pelo CDC) e, de outro lado, não obedeceriam à necessária gradação das condutas e a sua distinção em vista do potencial lesivo para a coletividade (em especial no que tange à Lei 8.137/1990, que, em seu artigo 7º, estabelece a mesma pena para todas as condutas ali descritas, de detenção, de dois a cinco anos, ou multa).

Contudo, embora respeitáveis as críticas formuladas, com elas não concordamos. Em primeiro lugar, porque a compreensão do bem jurídico *relações de consumo*, tutelado pelos crimes estabelecidos no CDC e no artigo 7º da Lei 8.137/1990, deve ser tomada como espécie de bem jurídico supraindividual. Aliás, nesse particular é de mencionar que a própria identificação do bem jurídico-penal *relações de consumo* decorre de perene evolução do direito penal econômico, evoluindo gradativamente da tutela da economia popular para a proteção da ordem econômica até o reconhecimento das relações de consumo como realidade inserida no conceito maior de ordem econômica e digna de tutela penal específica.[7] Não se há, entretanto, de confundir-se a tutela penal das relações de consumo com a tutela penal da economia popular ou da própria ordem econômica. A economia popular e a ordem econômica abrangem conceitos mais amplos, de poder econômico e de mercado, que não comportam apenas a relação fornecedor-consumidor, própria das relações de consumo, podendo-se nela verificar antagonismo dos agentes econômicos entre si ou destes em relação aos consumidores.[8] Portanto, não apenas atinge

---

3   Nesse sentido, veja-se: WUNDERLICH, Alexandre. Sobre a tutela penal das relações de consumo: da exegese da Lei 8.078/90 à Lei 8.137/90 e as consequências dos "tropeços do legislador". *Revista Jurídica*, n. 336, Porto Alegre, p. 77-98, out. 2005.

4   TORON, Alberto Zacharias. Aspectos penais da proteção do consumidor. *Fascículos de Ciências Penais*, Porto Alegre, n. 4, 1991. p. 49.

5   Assim, Antonio Cezar Lima da Fonseca em seu sólido estudo sobre o direito penal do consumidor: FONSECA, Antonio Cezar Lima da. *Direito penal do consumidor*: Código de Defesa do Consumidor e Lei 8.137/90. 2. ed. Porto Alegre: Livraria do Advogado, 1999. p. 37.

6   ANDRADE, Pedro Ivo. *Crimes contra as relações de consumo*: artigo 7º da Lei 8.137/90. Curitiba: Juruá, 2007. p. 114.

7   SANGUINÉ, Odone. Introdução aos crimes contra o consumidor: perspectiva criminológica e penal. *Revista dos Tribunais*, São Paulo, n. 675, p. 315-330, jan. 1992; PASSARELLI, Eliana. *Dos crimes contra as relações de consumo*. São Paulo: Saraiva, 2002. p. 161.

8   PRADO, Luiz Regis. *Direito penal econômico*. 2. ed. São Paulo: Ed. RT, 2007. p. 36-37.

PARTE VI · Cap. 2 · TIPOLOGIA DOS CRIMES CONTRA AS RELAÇÕES DE CONSUMO: CDC E LEI 8.137/1990 | **1157**

a coletividade como também tem em consideração todas as circunstâncias existentes no mercado, que possam afetar de algum modo os consumidores. Isso faz que a interpretação dos crimes de consumo não se limite apenas aos tipos penais que observem as definições exatas do CDC (artigos 2º e 3º),[9] senão de todos aqueles que, mediata ou imediatamente, tutelam as relações de consumo desde suas múltiplas perspectivas, seja em consideração da proteção imediata do consumidor, seja, de modo reflexo, por intermédio da proteção do mercado, da livre concorrência etc.

Da mesma forma, não se perca de vista que todos os tipos penais estabelecidos pelo CDC são crimes de menor potencial ofensivo, de acordo com o disposto no artigo 61 da Lei 9.099/1995.[10] Nesse sentido, nos crimes em que a pena máxima prevista seja igual ou menor de dois anos, não havendo previsão de procedimento especial, são passíveis de transação penal,[11] uma vez observados os requisitos estabelecidos pelo artigo 76 da mesma Lei.[12]

Do exame dos tipos penais previstos no artigo 7º da Lei 8.137/1990, verifica-se que as espécies normativas ali estabelecidas dizem respeito tanto a crimes cuja previsão protege diretamente o consumidor quanto o fazem de modo indireto. Assim, são exemplos da primeira espécie as hipóteses dos incisos I ("favorecer ou preferir, sem justa causa, comprador ou freguês,[13] ressalvados os sistemas de entrega ao consumo

---

[9] No mesmo sentido: MARQUES, Claudia Lima; BENJAMIN, Antônio Herman V.; MIRAGEM, Bruno. *Comentários ao Código de Defesa do Consumidor*. 2. ed. São Paulo: Ed. RT, 2006. p. 893-894; FILO-MENO, José Geraldo Brito et al. *Código Brasileiro de Defesa do Consumidor*: comentado pelos autores do anteprojeto. 8. ed. Rio de Janeiro: Forense Universitária, 2005. p. 665-666. Em sentido contrário: WUNDERLICH, Alexandre. Sobre a tutela penal das relações de consumo: da exegese da Lei 8.078/90 à Lei 8.137/90 e as consequências dos "tropeços do legislador". *Revista Jurídica*, n. 336, Porto Alegre, p. 77-98, out. 2005. p. 95.

[10] "Art. 61. Consideram-se infrações penais de menor potencial ofensivo, para os efeitos desta Lei, as contravenções penais e os crimes a que a lei comine pena máxima não superior a 2 (dois) anos, cumulada ou não com multa."

[11] Antes da alteração da norma do artigo 61 da Lei 9.099/1995, em 2006, os crimes de menor potencial ofensivo eram os que a lei estabelecia a pena máxima não superior a um ano, hipótese em que nem todos os crimes de consumo tipificados no CDC estavam abrangidos. Nesse sentido, veja-se, antes da alteração da norma, as considerações de: PASSARELLI, Eliana. *Dos crimes contra as relações de consumo*. São Paulo: Saraiva, 2002. p. 41.

[12] "Art. 76. Havendo representação ou tratando-se de crime de ação penal pública incondicionada, não sendo caso de arquivamento, o Ministério Público poderá propor a aplicação imediata de pena restritiva de direitos ou multas, a ser especificada na proposta. § 1º Nas hipóteses de ser a pena de multa a única aplicável, o Juiz poderá reduzi-la até a metade. § 2º Não se admitirá a proposta se ficar comprovado: I – ter sido o autor da infração condenado, pela prática de crime, à pena privativa de liberdade, por sentença definitiva; II – ter sido o agente beneficiado anteriormente, no prazo de cinco anos, pela aplicação de pena restritiva ou multa, nos termos deste artigo; III – não indicarem os antecedentes, a conduta social e a personalidade do agente, bem como os motivos e as circunstâncias, ser necessária e suficiente a adoção da medida. § 3º Aceita a proposta pelo autor da infração e seu defensor, será submetida à apreciação do Juiz. § 4º Acolhendo a proposta do Ministério Público aceita pelo autor da infração, o Juiz aplicará a pena restritiva de direitos ou multa, que não importará em reincidência, sendo registrada apenas para impedir novamente o mesmo benefício no prazo de cinco anos. § 5º Da sentença prevista no parágrafo anterior caberá a apelação referida no art. 82 desta Lei. § 6º A imposição da sanção de que trata o § 4º deste artigo não constará de certidão de antecedentes criminais, salvo para os fins previstos no mesmo dispositivo, e não terá efeitos civis, cabendo aos interessados propor ação cabível no juízo cível."

[13] A doutrina especializada critica, a nosso ver com acerto, a utilização não técnica – e antiquada – das expressões "comprador" ou "freguês", em vez de "consumidor". Nesse sentido, veja-se: ANDRADE, Pedro Ivo. *Crimes contra as relações de consumo*: artigo 7º da Lei 8.137/90. Curitiba: Juruá, 2007. p. 117.

por intermédio de distribuidores ou revendedores"), II ("vender ou expor à venda mercadoria cuja embalagem, tipo, especificação, peso ou composição esteja em desacordo com as prescrições legais, ou que não corresponda à respectiva classificação oficial") e IX ("vender, ter em depósito para vender ou expor à venda ou, de qualquer forma, entregar matéria-prima ou mercadoria, em condições impróprias ao consumo").[14] Já no que se refere aos crimes que, de modo indireto, promovem a proteção do consumidor, há o exemplo dos incisos VI ("sonegar insumos ou bens, recusando-se a vendê-los a quem pretenda comprá-los nas condições publicamente ofertadas, ou retê-los para o fim de especulação") e VII ("induzir o consumidor ou usuário a erro, por via de indicação ou afirmação falsa ou enganosa sobre a natureza, qualidade do bem ou serviço, utilizando-se de qualquer meio, inclusive a veiculação ou divulgação publicitária"). Há, nesse sentido, uma expansão do âmbito de consideração do bem jurídico tutelado pelas relações de consumo, em vista de todas as circunstâncias e condutas que têm possibilidade de afetar seu regular desenvolvimento. Ora, a relação de consumo protegida pelos tipos penais do CDC e da Lei 8.137/1990 se dá no âmbito do mercado de consumo. Nessa perspectiva, todas as condutas que, dentro do mercado de consumo, tenham por consequência a afetação da relação de consumo podem, em tese, ser objeto de normas penais estabelecendo os tipos correspondentes.

Já no que se refere à alegada dissociação entre o direito penal do consumidor e o princípio da mínima intervenção que informa a ciência do direito penal contemporâneo, mais uma vez é de destacar o caráter supraindividual do bem jurídico tutelado nesse ramo especial do direito penal, assim como o fato de, em nosso sistema, a Constituição da República expressamente endereçar ao Estado o dever fundamental de defesa do consumidor. O modo como o Estado promove essa defesa inclui, fora de dúvida, a previsão de tipos penais que conduzam à repressão de condutas consideradas lesivas ao bem jurídico protegido. Assim, parece haver condições para que se discuta a conveniência ou não do estabelecimento de novos tipos penais, ou a adequação das respectivas penas que estabelecem. No entanto, isso não autoriza que se aponte uma incorreção técnica do legislador ao dispor sobre a matéria. Como salienta Odone Sanguiné, observa-se, em muitos sistemas, a tendência de criminalização dos bens jurídicos supraindividuais com relativo rigor.[15] Essa tendência decorre, de um lado, da necessidade de uma resposta efetiva a condutas de alto potencial lesivo; de outro, a projeção dos efeitos decorrentes dos danos que ocasionam. A respeito, observa Claus Roxin, para quem, diante da nova sociedade de riscos, não poderá o direito penal abster-se de intervir, devendo, contudo, observar a

---

[14] "Processual penal. *Habeas corpus*. Trancamento de ação penal. Denúncia recebida pela prática do crime previsto no artigo 7º, inc. IX, c/c o artigo 12, inc. III, da Lei 8.137/90 (exposição ou depósito para a venda de produtos em condições impróprias para o consumo). Prazo de validade vencido. Delito formal. Desnecessidade de perícia para atestar a impropriedade do produto para consumo. Perigo abstrato. Ordem denegada. 1. A exposição ou depósito de produtos destinados à venda com prazo de validade vencido é fato que se encontra tipificado na legislação penal (Lei 8.137/80, artigo 7º, IX – condições impróprias ao consumo) como crime formal, que dispensa a realização de perícia para atestar sua efetiva impropriedade, tendo em vista que a mera transgressão da norma legal caracteriza o delito, que é de perigo presumido. 2. Ordem denegada" (STJ, HC 38.200/PE, Rel. Min. Arnaldo Esteves de Lima, j. 23.11.2004, *DJU* 01.02.2005, p. 589).

[15] SANGUINÉ, Odone. Introdução aos crimes contra o consumidor: perspectiva criminológica e penal. *Fascículos de Ciências Penais*, Porto Alegre, v. 4, n. 2, p. 17-43, abr.-jun. 1991.

PARTE VI · Cap. 2 · TIPOLOGIA DOS CRIMES CONTRA AS RELAÇÕES DE CONSUMO: CDC E LEI 8.137/1990 | 1159

necessidade de se preservar a referência ao bem jurídico e os demais princípios de imputação próprios do Estado de Direito, deixando de atuar quando isso não seja possível.[16]

Daí por que a proteção do consumidor pela via penal, sobretudo pela consolidação de um direito penal do consumidor, deve ser compreendida não apenas pela visualização das normas estabelecidas pelo CDC, senão pelo arcabouço normativo previsto no direito brasileiro pela consideração e aplicação da norma-base do CDC em conjunto com as demais leis, as quais se referem – conforme ensina Filomeno –, ainda que de forma indireta, à defesa e à proteção do consumidor.[17] Essa conclusão deduz-se da própria interpretação do artigo 61 do CDC, que, expressamente, estabelece: "Constituem crimes contra as relações de consumo previstas neste Código, sem prejuízo do disposto no Código Penal e leis especiais, as condutas tipificadas nos artigos seguintes". Logo, o próprio CDC preserva o campo de aplicação das demais legislações específicas que tratem das relações de consumo, a par das distinções próprias da descrição das condutas típicas nos diferentes diplomas. A complementaridade das disposições, principalmente no que tange aos elementos da relação jurídica de consumo (consumidor, fornecedor, produto ou serviço), já está sendo realizada pela jurisprudência,[18] em vista da necessidade de precisão das definições expressas nos respectivos tipos penais.

2.1 OS TIPOS PENAIS NA LEI 8.137/1990

A Lei 8.137/1990, ao definir crimes contra a ordem tributária, econômica e contra as relações de consumo, prevê, em seu artigo 7º, tipos penais que, ao terem em vista a tutela do bem jurídico *relação de consumo*, se inserem no direito penal do consumidor. Tem em vista, portanto, a proteção dos interesses econômicos ou sociais do consumidor, tutelando de modo indireto, a vida, a saúde, o patrimônio e o mercado.[19]

Como é próprio dos crimes contra as relações de consumo, também em relação aos tipos penais definidos no artigo 7º da Lei 8.137, o sujeito ativo é o fornecedor, considerado como pessoa natural que realiza a atividade descrita no artigo 3º do Código de Defesa do Consumidor.

Nesse particular, note-se que a interpretação das normas penais é, como regra, interpretação estrita, que considera os elementos constantes no tipo empregando-lhe significado específico. Nesse sentido, embora seja correto considerar que a interpretação das normas dos tipos penais previstos no artigo 7º da Lei 8.137 faça uso dos conceitos

---

[16] ROXIN, Claus. *Derecho penal*: parte general. Trad. Diego Manuel Luzón-Peña et al. Madrid: Civitas, 1997. v. 1. p. 61. No mesmo sentido, desenvolve em: ROXIN, Claus. *La evolución de la política criminal, el derecho penal y el proceso penal*. Trad. Carmen Gómez Rivero y María del Carmen García Cantizano. Valencia: Tirant lo Blanch, 2000. p. 27.

[17] FILOMENO, José Geraldo Brito et al. *Código Brasileiro de Defesa do Consumidor*: comentado pelos autores do anteprojeto. 8. ed. Rio de Janeiro: Forense Universitária, 2005. p. 665.

[18] "Penal e processual penal. Recurso especial. Artigo 7º, IX, da Lei 8.137/90 e artigo 18 § 6º, I, do CDC. Exame pericial. Desnecessidade. A conduta do comerciante que expõe à venda a matéria-prima ou mercadoria, com o prazo de validade vencido, configura, em princípio, a figura típica do artigo 7º, IX, da Lei 8.137/90 c/c o artigo 18 § 6º, da Lei 8.078/90, sendo despicienda, para tanto, a verificação pericial, após a apreensão do produto, de ser este último realmente impróprio para o consumo. O delito em questão é de perigo presumido (Precedentes do STJ e do Pretório Excelso). Recurso provido" (STJ, REsp 620.237/PR, Rel. Min. Felix Fischer, j. 21.10.2004, *DJU* 16.11.2004, p. 315).

[19] PRADO, Luiz Regis. *Direito penal econômico*. 2. ed. São Paulo: Ed. RT, 2007. p. 149.

1160 | CURSO DE DIREITO DO CONSUMIDOR – *Bruno Miragem*

e definições estabelecidos no Código de Defesa do Consumidor, não se lhe reconhece interpretação extensiva, senão nos estritos limites admitidos pelos elementos que constituem a conduta típica.

2.1.1 Favorecimento ou preferência, sem justa causa, de comprador ou freguês

O artigo 7º, I, da Lei 8.137/1990 estabelece como crime a conduta de "favorecer ou preferir, sem justa causa, comprador ou freguês, ressalvados os sistemas de entrega ao consumo por intermédio de distribuidores ou revendedores". É entendimento majoritário na doutrina de que o tipo em questão revogou o crime previsto no artigo 2º, II, da Lei 1.521/1951 – que definia os crimes contra a economia popular, que dispunha: "favorecer ou preferir comprador ou freguês em detrimento de outro, ressalvados os sistemas de entrega ao consumo por intermédio de distribuidores ou revendedores".[20] Isso porque dispôs posteriormente sobre mesma conduta típica prevista naquela norma.

Os elementos nucleares do tipo penal, favorecer ou preferir, significam distinguir alguém, priorizá-lo, concedendo-lhe benefício ou privilégio. No caso do tipo penal em questão, trata-se de delito comissivo, que se perfaz pela conduta do agente fornecedor de favorecer ou preferir comprador ou freguês *sem justa causa*. Note-se que a ausência de justa causa é que dá à conduta do fornecedor o caráter penalmente vedado. Favorece ou prefere incidindo na conduta típica do artigo 7º, I, o fornecedor que, ao priorizar o atendimento a comprador ou freguês, o faz sem justa causa. A existência de justa causa, nesse sentido, não apenas torna o fato atípico como igualmente elimina qualquer espécie de proibição ou restrição à conduta do fornecedor. Se houver justa causa na escolha por determinado comprador ou freguês, não cometerá o delito prescrito na norma. Essa priorização de clientela, inclusive, responde à própria necessidade de reconhecer, em situações específicas, ou de acordo com o produto ou serviço prestado pelo fornecedor, o atendimento de critérios de preferência de determinados consumidores, em vista de determinadas condições subjetivas transitórias ou permanentes que apresentem, ou em um sistema de priorização que respeite critérios equânimes de acesso aos produtos e serviços oferecidos. Será o caso da preferência de atendimento a pessoas idosas ou gestantes, ou, ainda, a priorização de atendimento, mediante ordem de chegada ou pré-agendamento, aos consumidores que atenderam aos critérios comuns oferecidos pelo fornecedor.

Em relação ao tipo penal em questão, da mesma forma, há de se identificar o comprador ou freguês previstos no tipo com a definição legal de consumidor. A dissociação tem a ver com o apego do legislador da Lei 8.137/1990 às condutas descritas na Lei dos Crimes contra a Economia Popular (Lei 1.521/1951), em detrimento da definição legal contemporânea de consumidor, prevista no Código de Defesa do Consumidor. O uso das expressões comprador ou freguês, embora criticado,[21] não afasta a possibilidade de configuração da conduta típica. Isso porque, embora se possa cogitar de comprador apenas em relação aos produtos objeto de relações de consumo (uma vez que os serviços, nesse caso, não se submetem a contrato de compra e venda), assegura-se a abrangência do tipo

---

[20]   PRADO, Luiz Regis. *Direito penal econômico*. 2. ed. São Paulo: Ed. RT, 2007. p. 149; PASSARELLI, Eliana. *Dos crimes contra as relações de consumo*. São Paulo: Saraiva, 2002. p. 156; COSTA JÚNIOR, Paulo José da; COSTA, Fernando José da. *Crimes contra o consumidor*. 2. ed. São Paulo: Atlas, 2008. p. 96.

[21]   Nesse sentido a autorizada crítica de: PRADO, Luiz Regis. *Direito penal econômico*. São Paulo: Ed. RT, 2004. p. 150.

PARTE VI · Cap. 2 · TIPOLOGIA DOS CRIMES CONTRA AS RELAÇÕES DE CONSUMO: CDC E LEI 8.137/1990 | **1161**

mediante a referência ao freguês. Note-se, todavia, que não se exige aqui a existência ou realização efetiva de uma relação de consumo. Basta o favorecimento, com vista à celebração efetiva dessa relação de consumo, ou, ainda, de vantagem no relacionamento do fornecedor com o consumidor.

Por fim, é de se considerar certa impropriedade na parte final do tipo inscrito no artigo 7º, I, da Lei 8.137/1990. A ressalva aos sistemas de entrega ao consumo por intermédio de distribuidores ou revendedores, como situações de exceção à incidência da norma penal, indica realidade que, prevista de modo genérico, ou deixa de considerar situações em que a venda do produto é realizada por pessoa distinta da que responde pela entrega, embora favorecendo o mesmo fornecedor, bem como situações em que a atuação de distribuidor ou revendedor não elimina a possibilidade de favorecimento pelo fornecedor (núcleo do tipo penal), ou não se trata propriamente de relação de consumo, mas de intermediação mercantil. Daí por que a ressalva, que exclui da conduta típica qualquer favorecimento que se estabeleça em situações nas quais o modo de fornecimento se dê por sistema de distribuição ou por revendedor, em nada contribui para interpretação e aplicação da norma. Pelo contrário, indica hipótese apta a gerar incerteza quanto à sua aplicação.

2.1.2 Venda ou exposição à venda de mercadoria com embalagem ou especificações em desacordo com as prescrições legais

O segundo crime contra as relações de consumo previsto na Lei 8.137/1990 é o previsto no tipo descrito em seu artigo 7º, II. No caso, trata-se de espécie que já tinha paralelo, embora mais genérico, no artigo 2º, III, da Lei dos Crimes contra a Economia Popular (Lei 1.521/1951), assim como tipo penal do crime de estelionato previsto no artigo 175, I, do Código Penal. Contém, entretanto, descrição da conduta típica de modo mais específico. Prevê duas condutas típicas a partir da previsão do comportamento delituoso de realizar a venda ou de expor à venda. O primeiro caso constitui crime comissivo e de resultado material, ao exigir a efetiva venda da mercadoria. Já o segundo, ao se tratar de comportamento de expor à venda, é crime de perigo abstrato, não se exigindo, neste caso, o resultado material.[22]

O tipo penal, mais uma vez, aqui, faz referência à mercadoria. O conceito, como bem refere Lima da Fonseca, relaciona-se com o direito dos negócios, considerando-se mercadoria o objeto da compra e venda mercantil. Contudo, para efeito de aplicação da norma, subsome-se o conceito de mercadoria no conceito de produto.

São dois os critérios estabelecidos na lei. A embalagem, tipo especificação, peso ou composição, para caracterizar o crime, deve estar em desacordo com prescrições legais ou não corresponder à classificação oficial. É amplo o tipo penal que se resulta da norma. Isso porque tem a ver com a oferta e a embalagem do produto – assim como a ausência das informações constantes para conhecimento do consumidor[23] – e a própria composição

---

[22] FONSECA, Antonio Cezar Lima da. *Direito penal do consumidor*: Código de Defesa do Consumidor e Lei 8.137/90. 2. ed. Porto Alegre: Livraria do Advogado, 1999. p. 254.

[23] "Recurso ordinário em *habeas corpus*. Crime contra as relações de consumo. Inépcia da denúncia. Vestibular que contém a descrição das normas que complementam o tipo penal em branco. Peça inaugural que atende os requisitos legais exigidos. Ampla defesa garantida. Mácula não evidenciada. 1. O artigo 7º, inciso II, da Lei 8.137/1990 constitui norma penal em branco, dependendo de complementação. Doutrina. 2. Na espécie, consta da denúncia que, em cumprimento à ordem de serviço, policiais com-

1162 | CURSO DE DIREITO DO CONSUMIDOR – *Bruno Miragem*

do produto, que respeita as suas próprias características e, nesse sentido, o cumprimento do dever de adequação do produto – como isento de vícios.

Ao exigir atendimento a prescrições legais ou classificação oficial, remete o tipo, no primeiro caso, à norma legal (lei em sentido formal); no segundo caso, contudo, admite norma legal ou infralegal que estabeleça classificação, desde que proveniente de quem detenha competência para tanto.

Assim, por exemplo, é o caso das situações de adulteração de combustível ou de bebidas alcoólicas, em que se diz adulterar em face do desacordo do produto com a composição fixada por norma administrativa da autoridade competente. Segundo a regra do artigo 7º, II, não é preciso que o fornecedor tenha sido quem tenha manipulado a composição do combustível em desacordo com a regra oficial. Basta que o exponha para venda ou, como é intuitivo, que tenha realizado a venda. Contudo, é necessário que se demonstre, nesse caso, a alteração da composição do produto.[24]

2.1.3 Mistura de gêneros e mercadorias de espécies diferentes, para venda ou exposição como puros ou de mais alto custo

O tipo previsto no inciso III do artigo 7º da Lei 8.137/1990 especializa o disposto no inciso II da mesma norma, ao dispor: "misturar gêneros e mercadorias de espécies diferentes, para vendê-los ou expô-los à venda como puros; misturar gêneros e mercadorias de qualidades desiguais para vendê-los ou expô-los à venda por preço estabelecido

---

pareceram estabelecimento comercial do recorrente para investigar possível crime contra as relações de consumo, lá encontrando diversas mercadorias expostas à venda, cujas embalagens não apresentavam as informações exigidas pelos artigos 6º, inciso II, e 31, ambos do Código de Defesa do Consumidor. 3. Verifica-se, assim, que o Ministério Público indicou adequada e suficientemente as normas que complementam o tipo penal infringido, não havendo que se falar, assim, em inépcia da exordial. 4. Quanto ao ponto, é imperioso destacar que, ao contrário do que sustentado pela defesa, não se exige que a norma complementadora tenha natureza penal, admitindo-se, inclusive, que dispositivos infralegais sejam utilizados como complementos dos tipos penais em branco. Doutrina. Precedente. Venda de mercadorias cujas embalagens estavam em desacordo com as prescrições legais. Existência de laudo pericial atestando as irregularidades. Prova idônea da materialidade delitiva. Desprovimento do reclamo. 1. Da leitura do artigo 7º, incisos II, da Lei 8.137/1990, percebe-se que se trata de delito contra as relações de consumo não transeunte, que deixa vestígios materiais, sendo indispensável, portanto, a realização de perícia para a sua comprovação, nos termos do artigo 158 do Código de Processo Penal. Precedente. 2. A peça vestibular foi instruída com laudo pericial, que concluiu que as embalagens de parte dos produtos apreendidos estão desprovidas de marca, sem origem de fabricação e sem composição do material, ao passo que as embalagens de outros deles não contêm data de fabricação e de validade, o que é suficiente para a comprovação da materialidade do delito em tela, uma vez que a legislação os considera impróprios ao consumo, na forma dos artigos 6º, inciso III, e 31, ambos do Código de Defesa do Consumidor. 3. Se a própria legislação consumerista considera imprestáveis para utilização os produtos em desacordo com as normas de distribuição ou apresentação, revela-se improcedente o argumento de que seria necessário exame pericial de natureza diversa do que foi realizado, sendo suficiente a constatação de que as embalagens estão em desacordo com as exigências da legislação consumerista. Precedente. 4. Recurso desprovido" (STJ, RHC 119.874/SP, 5ª Turma, Rel. Min. Jorge Mussi, j. 21.11.2019, *DJe* 28.11.2019).

24 "Crime contra as relações de consumo. Artigo 7º, II, Lei n. 8.137/90. Adulteração de vinho. Adição de açúcar. Prova da materialidade. Insuficiência. Apelo do MP improvido" (TJRS, ApCrim 70030936694, 4ª Câm. Crim., Rel. Des. José Eugênio Tedesco, j. 26.11.2009). No mesmo sentido: "Crime contra as relações de consumo. Mercadoria com a composição em desacordo com as prescrições legais. Comete o crime previsto no artigo 7º, II, da Lei 8.137/90, o agente que vende e expõe à venda vinho cuja composição está em desacordo com as prescrições legais. Condenação mantida" (TJRS, ApCrim 70022101919, 4ª Câm. Crim., Rel. Des. Constantino Lisbôa de Azevedo, j. 24.01.2008).

PARTE VI · Cap. 2 · TIPOLOGIA DOS CRIMES CONTRA AS RELAÇÕES DE CONSUMO: CDC E LEI 8.137/1990 | **1163**

para os de mais alto custo". No mesmo sentido, reproduz, em parte, o disposto no inciso V do artigo 2º da Lei 1.521/1951, *in verbis*: "misturar gêneros e mercadorias de espécies diferentes, expô-los à venda ou vendê-los, como puros; misturar gêneros e mercadorias de qualidades desiguais para expô-los à venda ou vendê-los por preço marcado para os de mais alto custo". A rigor, o tipo penal prevê conduta comissiva do agente (misturar gêneros e mercadorias), com vistas à finalidade de venda ou exposição à venda como se fossem puros; ou, ainda, misturar qualidades diferentes de gêneros e mercadorias para venda ou exposição à venda pelo de maior preço. Nota-se que se distingue o âmbito de aplicação da Lei de Economia Popular (Lei 1.521/1951) e da Lei 8.137/1990. O tipo do artigo 2º, V, da Lei de Economia Popular tem aplicação na relação entre agentes econômicos quando se projeta na lesão à economia popular. Já o artigo 7º, III, da Lei 8.137/1990 pressupõe a existência de uma relação de consumo; portanto, é crime cujo agente será o fornecedor.[25]

Observam-se críticas sobre a disposição legal em comento. A rigor, o uso de expressões tais como gênero e espécie, que necessariamente terão relação entre si, nem sempre será exato. O que é gênero e espécie dependerá do critério utilizado (produtos alimentícios, produtos agrícolas, produtos industrializados, de origem animal). Da mesma forma, distingue entre produtos puros e misturados. O que seja puro ou misturado e a finalidade de venda, que em tudo parece, diz respeito à finalidade de ludibriar o consumidor. Contudo, na situação *in concreto* em que se tenha de demonstrar tais elementos que constituem o fato típico, há inequívoca dificuldade de sua identificação. Assim o será, igualmente, na parte final da descrição legal, ao prever a finalidade de estabelecer a produtos misturados o de mais alto custo. A rigor, serve a regra para produtos tabelados, com o paradigma de preço, que caracteriza critério de avaliação do alto custo a que se refere a norma, mas, do mesmo modo, indica a mistura de produtos de diferentes preços para vender o conjunto pelo preço do mais valioso.[26]

2.1.4 Fraude a preços

O artigo 7º, IV, da Lei 8.137/1990 prevê o crime de fraude de preços. As alíneas do inciso IV, então, dispõem sobre os meios para realização da fraude a preços, quais sejam: (a) alteração, sem modificação essencial ou de qualidade, de elementos tais como denominação, sinal externo, marca, embalagem, especificação técnica, descrição, volume, peso, pintura ou acabamento de bem ou serviço; (b) divisão em partes de bem ou serviço, habitualmente oferecido à venda em conjunto; (c) junção de bens ou serviços, comumente oferecidos à venda em separado; (d) aviso de inclusão de insumo não empregado na produção do bem ou na prestação dos serviços. Fraudar significa utilizar-se de ardil para enganar o consumidor. O tipo penal em questão dá conta da conduta de fraudar preço, ou seja, utilizar-se de artifício de modo que indique falsamente ao consumidor impressão sobre o preço do produto. O preço é o valor expresso em moeda corrente, que se atribui como contraprestação ao contrato de compra e venda, e que, no caso dos contratos de consumo, se indica também, em sentido mais abrangente, como contraprestação pecuniária do consumidor em relação à prestação de serviços. Nesse sentido, toda conduta comissiva do fornecedor no sentido de indicar ao produto preço diverso do que realmente

---

[25] FONSECA, Antonio Cezar Lima da. *Direito penal do consumidor*: Código de Defesa do Consumidor e Lei 8.137/90. 2. ed. Porto Alegre: Livraria do Advogado, 1999. p. 258.

[26] PRADO, Luiz Regis. *Direito penal econômico*. São Paulo: Ed. RT, 2004. p. 152-153.

CURSO DE DIREITO DO CONSUMIDOR – *Bruno Miragem*

lhe seja atribuído. Os meios executivos previstos na norma são os diversos modos pelos quais se descaracteriza o produto original em relação ao qual se atribui determinado preço, fazendo-o parecer outro de preço diverso. Esses meios executivos podem ser tanto alterações externas, em relação à aparência do produto, sem, contudo, se alterar substancialmente seu conteúdo (alteração, sem modificação essencial ou de qualidade, de elementos tais como denominação, sinal externo, marca, embalagem, especificação técnica, descrição, volume, peso, pintura ou acabamento de bem ou serviço), quanto a divisão do produto ou serviço em partes, porém sem respeitar a repartição proporcional do preço. Nesse caso, deve-se considerar a proporção para fixação do preço em unidades e o modo como o produto habitualmente é oferecido. Há dificuldade para determinar a expressão habitualmente fixada na norma.[27] Por habitual tem-se comportamento repetido, constante ou reiterado. Ocorre que os hábitos de consumo ou mesmo o modo como se oferecem produtos e serviços no mercado se alteram, e, com isso, descaracteriza-se por si o caráter habitual. A mesma observação tem validade em relação à alínea *c*, que dá conta da fraude a preço mediante junção de bens e serviços comumente oferecidos à venda em separado. Comumente diz respeito à conduta que é comum, no mesmo sentido do que é habitual. O que ora é comum pode não o ser em seguida. O que vale aqui, igualmente, é a utilização do meio para fraudar o preço ao consumidor, atribuindo-lhe valor distinto do que tem, iludindo o consumidor por intermédio dos expedientes estabelecidos na norma.

Por fim, refira-se o meio executivo previsto no inciso *d* do artigo 7º, IV, da Lei 8.137/1990, que indica o aviso de inclusão de insumo não empregado na produção do bem ou na prestação dos serviços, como meio de induzir a engano o consumidor. O aviso de inclusão de insumo, nesse caso, serve para indicar, como regra, maior valor ao produto. Sendo falsa a indicação do insumo, a razão para majoração do preço inexiste, caracterizando a fraude prevista no tipo penal.

2.1.5 Elevação indevida do valor cobrado nas vendas a prazo

O crime previsto no artigo 7º, V, da Lei 8.137/1990, é o de mais difícil ocorrência. Estabelece a norma em comento: "elevar o valor cobrado nas vendas a prazo de bens ou serviços, mediante a exigência de comissão ou de taxa de juros ilegais". Note-se que a elevação do valor cobrado nas vendas a prazo, por si, não é ilícito ou abusivo. Trata-se de espécie de outorga de crédito para o consumo, ou pelo próprio fornecedor do produto ou serviço, ou por instituição financeira, em geral por intermédio de contrato conexo celebrado entre o consumidor e a instituição que ofereça o crédito. O crime resta caracterizado quando a elevação do valor cobrado nas vendas a prazo se dá por intermédio da exigência de comissão ou taxa de juros ilegais. No caso, é elemento objetivo do tipo penal a ilegalidade da comissão ou taxa de juros cobrada pelo fornecedor. Eis a dificuldade mais significativa de aplicação da norma.

Isso porque, como se sabe, a legislação de proteção do consumidor, seja a Lei 8.137, seja mesmo o CDC, não prevê limite ou qualquer espécie de paradigma a taxas de juros. As regras sobre juros se retiram da legislação em geral. No caso das instituições bancárias

---

[27] PRADO, Luiz Regis. *Direito penal econômico*. São Paulo: Ed. RT, 2004. p. 153; FONSECA, Antonio Cezar Lima da. *Direito penal do consumidor*: Código de Defesa do Consumidor e Lei 8.137/90. 2. ed. Porto Alegre: Livraria do Advogado, 1999. p. 262.

PARTE VI • Cap. 2 • TIPOLOGIA DOS CRIMES CONTRA AS RELAÇÕES DE CONSUMO: CDC E LEI 8.137/1990 | **1165**

e financeiras, o entendimento consolidado no direito brasileiro é de inexistência de limite para os contratos que estabeleçam, quanto à fixação dos juros praticados em contratos de empréstimo (mútuo), como ocorre na outorga de crédito.[28] O mesmo não se diga em relação a outros fornecedores, os quais, a princípio, se submetem ao disposto no artigo 591 do Código Civil, que estabelece: "Destinando-se o mútuo a fins econômicos, presumem--se devidos juros, os quais, sob pena de redução, não poderão exceder a taxa a que se refere o art. 406, permitida a capitalização anual". O artigo 406 do Código Civil, por sua vez, disciplinando os juros moratórios, refere: "Quando os juros moratórios não forem convencionados, ou o forem sem taxa estipulada, ou quando provierem de determinação da lei, serão fixados segundo a taxa que estiver em vigor para a mora do pagamento de impostos devidos à Fazenda Nacional". Os juros para a mora do pagamento de impostos da Fazenda Nacional, por sua vez, são regulados pelo artigo 161, § 1º, do Código Tributário Nacional, o qual refere que "Se a lei não dispuser de modo diverso, os juros de mora são calculados à taxa de um por cento ao mês". No caso, o limite de juros remuneratórios para outorga de crédito entre particulares observa o limite máximo de 1% ao mês. No caso de comissões ilegais, considera-se ilegal a cobrança de qualquer valor a título de intermediação da outorga de crédito para o consumo, uma vez que se considere serviço inerente à atividade de fornecimento de produto ou serviço.

2.1.6 Sonegação de insumos ou bens para fins de sonegação

O artigo 7º, VI, da Lei 8.137/1990 prevê como crime a conduta típica de sonegar insumos ou bens, recusando-se a vendê-los a quem pretenda comprá-los nas condições publicamente ofertadas, ou retê-los para o fim de especulação. Refere a norma sobre a sonegação de insumos e bens. No caso de bens, entendem-se estes, no âmbito das relações de consumo, como produtos, razão pela qual a recusa de venda nos termos ofertados publicamente ou a sua retenção para fins de especulação configuram a conduta típica em questão. No caso da recusa de venda de insumos, ou da sua retenção para fins de especulação, apenas indiretamente configura ofensa às relações de consumo. Isso porque quem adquire insumo não é consumidor, mas, ao contrário, agente econômico, em geral fornecedor, visando ao incremento e ao desenvolvimento de sua atividade econômica. *Sonegar* significa ocultar, esconder ou simplesmente negar existência, no caso, de bens (produtos) ou insumos. A retenção para fins de especulação importa que se defina, com precisão, o que se entende por especulação. A especulação não é, em si, ofensiva à ordem jurídica e, portanto, não é, por si, objeto de repressão penal. Especular é apostar em dadas condições ou fatos futuros; especulação em sentido econômico visa realizar aposta em dadas condições futuras com a finalidade de obtenção de ganhos econômicos. O que é considerado para a previsão de conduta penal típica é a especulação que se pretenda realizar mediante retenção de produtos ou serviços para venda futura. Pressupõe-se que

---

[28] Especialmente em face da competência reconhecida ao Conselho Monetário Nacional, pelo artigo 4º da Lei 4.595/1964, e da edição da Resolução 389, de 15 de setembro de 1976 (posteriormente revogada), que estabeleceu a liberdade de fixação de juros pelas instituições bancárias e financeiras, afirmada pela Súmula 596 do Supremo Tribunal Federal e, após a promulgação da Constituição de 1988, por sucessivas decisões do mesmo STF (*e.g.*: ADI 4, Tribunal Pleno, Rel. Sidney Sanches, j. 07.03.1991, *DJ* 25.06.1993; AI 528.833 AgR, 2ª Turma, Rel. Gilmar Mendes, j. 23.10.2007, *DJe* 23.11.2007; AI 487.429 AgR, 1ª Turma, Rel. Eros Grau, j. 29.03.2005, *DJ* 03.06.2005).

1166 | CURSO DE DIREITO DO CONSUMIDOR – *Bruno Miragem*

os produtos e serviços no mercado de consumo atendam a necessidades de consumo da sociedade. Nesse sentido, o fornecedor que sonegar/reter produtos com vista à obtenção de ganhos futuros (em geral decorrente do acréscimo no preço ou ágio resultante da demanda) realizará a conduta típica descrita no inciso VI do artigo 7º da Lei 8.137/1990.

2.1.7 Indução do consumidor ou usuário a erro

O artigo 7º, VII, da Lei 8.137/1990 prevê como crime o comportamento de "induzir o consumidor ou usuário a erro, por via de indicação ou afirmação falsa ou enganosa sobre a natureza, qualidade do bem ou serviço, utilizando-se de qualquer meio, inclusive a veiculação ou divulgação publicitária". O tipo penal em questão contém a finalidade de indução do consumidor a erro. Induzir é persuadir de modo que leve o consumidor a crer sobre qualidades de produto ou serviço. Admite, naturalmente, a forma tentada, que se identifica quando, tendo havido a conduta de induzir, o consumidor não seja levado, afinal, a equívoco. Pressupõe, igualmente, a existência de indicação ou afirmação falsa sobre a natureza ou qualidade do produto. Admite a utilização de quaisquer meios executivos, exemplificando a divulgação de mensagem publicitária.

Não há necessidade de que se tenha estabelecido a contratação de aquisição do produto ou serviço. Basta que tenha havido a indução, que, contudo, deverá estar demonstrada para admissão do tipo descrito na norma penal. Nesse sentido, é preciso estabelecer a relação de causa e efeito entre determinada informação ou publicidade divulgada pelo fornecedor e a conclusão errônea do consumidor, a fim de deixar evidente que a conclusão equivocada decorre da informação equivocada divulgada pelo fornecedor. Induzir a erro significa induzir a uma falsa representação da realidade. Logo, o erro (falsa representação da realidade) decorre da informação divulgada pelo fornecedor. A descrição do tipo, contudo, faz referência a *indicação ou afirmação falsa ou enganosa*. A princípio, pois, não há se falar em omissão dolosa como conduta típica, tratando-se de crime comissivo. Contudo, lembre-se que o caráter enganoso da informação se dá tanto pela divulgação de informação materialmente falsa quanto pela omissão de dado essencial sobre determinado produto ou serviço, tal como uma restrição de uso, uma interação necessária com outro produto, serviço ou comportamento do consumidor para obtenção de resultados esperados. Nesse caso, lembre-se do exemplo da publicidade em que se admite o caráter enganoso por ação ou omissão. Daí é que, para não confundir, se esclareça: o crime previsto no tipo penal em questão é comissivo. Todavia, a conduta pode se dar tanto pela divulgação de informação materialmente equivocada quanto pela omissão de informação essencial para a correta identificação das qualidades do produto ou serviço. A natureza comissiva da conduta (induzir) associa-se ao caráter comissivo ou omissivo da informação, no tocante à sua incorreção.[29]

---

[29] "*Habeas corpus*. Processual penal. Crime contra as relações de consumo. Plano de saúde. Indução de consumidores a erro. Responsabilidade penal objetiva. Inocorrência. Devida demonstração fático-probatória da responsabilidade penal. Princípio da correlação. Observância. Meio de execução. Omissão. Cabimento. Continuidade delitiva configurada. Desclassificação para crime de estelionato. Impossibilidade. Princípio da especialização. 1. Devidamente demonstrada a fundamentação fática-probatória em relação a responsabilidade penal da paciente, não cabe, na via estreita do *habeas corpus*, desconstituir o entendimento das instâncias ordinárias, para reconhecer a ocorrência de responsabilidade penal objetiva. 2. Para que exista ofensa ao princípio da correlação, é necessário que a condenação ocorra por fato diverso do imputado na denúncia, o que em nenhum momento foi demonstrado. 3. O núcleo do tipo do crime

PARTE VI • Cap. 2 • TIPOLOGIA DOS CRIMES CONTRA AS RELAÇÕES DE CONSUMO: CDC E LEI 8.137/1990 | **1167**

O tipo penal em questão faz referência à indução do consumidor a erro. Logo, a conduta do fornecedor vincula-se à formação de um juízo ou compreensão equivocada do consumidor sobre qualidades do produto ou serviço, mediante informação falsa ou enganosa. Nesse sentido, pressupõe-se a necessidade de que se identifique a falsidade ou enganosidade da informação divulgada pelo agente. Nesse caso, está-se diante de crime que se apresenta sob a modalidade dolosa, em que o agente sabe e/ou produz a falsidade da informação para voluntariamente induzir a erro o consumidor.

Não é demais lembrar que o tipo penal do artigo 7º, VII, da Lei 8.137/1990 distingue-se daquele previsto no artigo 66 do CDC. No Código de Defesa do Consumidor, o tipo penal refere: "Fazer afirmação falsa ou enganosa, ou omitir informação relevante sobre a natureza, característica, qualidade, quantidade, segurança, desempenho, durabilidade, preço ou garantia de produtos ou serviços". São evidentes as distinções das condutas previstas em ambas as normas. A previsão do CDC faz referência à informação relevante, indicando, desde logo, a que se referem tais informações. No caso da norma prevista na Lei 8.137/1990, a referência à enganosidade é genérica, porém associada apenas à *natureza* ou à *qualidade* do produto ou serviço.

Da mesma forma, a norma da Lei 8.137/1990 explicita a natureza da conduta do agente ("induzir"), enquanto o crime previsto no artigo 66 do CDC é de mera conduta, exigindo-se apenas o comportamento de realizar a afirmação falsa ou enganosa. Nesse caso, aliás, situa-se a principal distinção entre os tipos penais em cotejo. Isso porque a incidência do artigo 66 do CDC exige mera demonstração de que a afirmação falsa ou enganosa foi realizada (crime de natureza formal), enquanto, no caso do artigo 7º, VII, da Lei 8.137/90, é necessária a demonstração de que o consumidor (algum consumidor) foi induzido pela afirmação falsa, ou seja, que tenha tido seu ânimo de aquisição do produto ou serviço diretamente conformado pelo comportamento antijurídico de divulgação da falsidade pelo agente fornecedor (crime de natureza material).[30]

Interessante, nesse caso, é discutir-se sobre a possibilidade ou não da modalidade de tentativa no caso do tipo penal em exame. Admite a hipótese Antonio Cezar Lima da Fonseca, considerando que esta ocorre "quando se impede, pela contrainformação à indicação falsa e enganosa do fornecedor, que o usuário/consumidor incida no erro".[31] De fato, tenta-se induzir, mas não consegue alcançar o intento em face de causa que se interpõe ao resultado, há aí a caracterização da tentativa. Diversa, contudo, é a situação em que, havendo a afirmação falsa pelo agente, esta não é suficiente para induzir o consumidor a erro. Nesse caso, é possível atrair a incidência do artigo 66 do CDC, uma vez que

---

do artigo 7º, inciso VII, da Lei n. 8.137/1990, é a conduta comissiva de induzir, que pode se realizar por qualquer meio, inclusive mediante omissão, como na espécie, em que a sonegação de informações foi o que levou os consumidores a erro. 4. Embora a coletividade de pessoas equipare-se ao consumidor, quando a indução a erro se der contra vítimas indetermináveis, prejudicando as relações de consumo, não há como se trilhar o caminho inverso, para indeterminar vítimas certas e afastar a configuração de vários crimes, entendendo inaplicável a continuidade delitiva aos crimes contra o consumidor. 5. Impossível a desclassificação da conduta dos pacientes para o crime de estelionato em razão do princípio da especialidade, que determina que a aplicação da lei especial preponderará sobre a lei geral. 6. *Writ* denegado" (STJ, HC 43.078/MG, 5ª Turma, Rel. Min. Laurita Vaz, j. 02.02.2006, *DJ* 20.03.2006).

30   PRADO, Luiz Regis. *Direito penal econômico*. São Paulo: Ed. RT, 2004. p. 156; COSTA JÚNIOR, Paulo José da; COSTA, Fernando José da. *Crimes contra o consumidor*. 2. ed. São Paulo: Atlas, 2008. p. 106

31   FONSECA, Antonio Cezar Lima da. *Direito penal do consumidor*: Código de Defesa do Consumidor e Lei 8.137/90. 2. ed. Porto Alegre: Livraria do Advogado, 1999. p. 268.

CURSO DE DIREITO DO CONSUMIDOR – *Bruno Miragem*

afirmação falsa ou enganosa foi feita, porém não há de se falar em tentativa da conduta descrita no artigo 7º, VII, da Lei 8.137/1990.

2.1.8 Destruição, inutilização ou dano de matéria-prima ou mercadoria para provocar alta de preço

O tipo penal previsto no artigo 7º, VIII, da Lei 8.137/1990, prevê: "destruir, inutilizar ou danificar matéria-prima ou mercadoria, com o fim de provocar alta de preço, em proveito próprio ou de terceiros". Tem paralelo no artigo 3º, I, da Lei 1.521/1951 (Lei de Economia Popular). A redação da Lei 8.137/1990, contudo, é mais abrangente. Trata-se de tipo penal cujo bem jurídico tutelado diretamente é a relação de consumo e expande sua finalidade para a proteção da ordem econômica de modo geral, considerando-se que a norma visa coibir a especulação antijurídica de preços por intermédio de conduta antieconômica já coibida parcialmente, no plano administrativo e civil, pela antiga Lei de Defesa da Concorrência (artigo 21, XV a XVII, da Lei 8.884/1994) e pela atual (artigo 36, III e § 3º, I, *a*, IX e X, da Lei 12.529/2011). Note-se, contudo, que, se a finalidade do agente for a de prejudicar a concorrência, não incidirá o tipo penal em exame, mas a norma da Lei de Defesa da Concorrência.

A conduta típica (destruir, inutilizar ou danificar) diz respeito à eliminação ou à afetação da integridade de matéria-prima ou mercadoria. Leia-se: matéria-prima para produção de mercadoria, considerada aqui como bem móvel objeto de compra e venda. Por matéria-prima tem-se o bem cuja utilização posterior, mediante novas iniciativas do processo produtivo, sirva à produção de novo bem, ou bem dotado de valor agregado. A finalidade da conduta do agente deve ser a de provocar a alta de preços em seu favor ou de terceiro. Deverá demonstrar-se, então, não apenas a conduta material do agente (destruição, inutilização ou dano da mercadoria) como também a finalidade que o move, de provocar a alta de preço. A consumação do crime se dá com a afetação da integridade da mercadoria,[32] de modo que, mesmo se não atingido o resultado pretendido, da elevação de preços, uma vez caracterizada ser essa a finalidade da conduta delitiva, vai haver crime.

2.1.9 Venda, depósito ou exposição para venda de mercadoria ou matéria-prima impróprias para o consumo

O inciso IX do artigo 7º da Lei 8.137/1990 prevê: "vender, ter em depósito para vender ou expor à venda ou, de qualquer forma, entregar matéria-prima ou mercadoria, em condições impróprias ao consumo". A conduta típica prevista na norma é ampla. Sanciona-se a conduta de vender, tanto quanto a de expor a venda ou entregar matéria-prima ou mercadoria em condições impróprias ao consumo. A norma em apreço tem paralelo no artigo 279 do Código Penal, que referia: "Artigo 279. Vender, ter em depósito para vender ou expor à venda ou, de qualquer forma, entregar a consumo substância alimentícia ou medicinal avariada". Essa disposição foi revogada pela própria Lei 8.137/1990, razão pela qual se pode entender que, do artigo 7º, IX, resulta especialização da norma geral em questão.

Consideram-se em condições impróprias para o consumo, entre outros, os produtos (conceito que se amolda ao conceito de mercadoria presente no tipo) que estejam com o

---

[32] COSTA JÚNIOR, Paulo José da; COSTA, Fernando José da. *Crimes contra o consumidor*. 2. ed. São Paulo: Atlas, 2008. p. 109.

PARTE VI • Cap. 2 • TIPOLOGIA DOS CRIMES CONTRA AS RELAÇÕES DE CONSUMO: CDC E LEI 8.137/1990 | **1169**

prazo de validade vencido e permaneçam expostos à venda ao consumidor. Basta, nesse sentido, a exposição, inexigindo-se, para além da demonstração, de que foi ultrapassado o termo final do prazo de validade do produto e o produto segue exposto para o consumidor. Há, nesse caso, perigo presumido.[33] É de se afirmar que o STJ já consolidou entendimento de que basta, para caracterizar o tipo previsto no inciso IX do artigo 7º da Lei 8.137/1990, a conduta do comerciante que vende ou expõe à venda, sendo dispensável, inclusive, a prova pericial, quando presentes outros elementos aptos a formar a convicção do julgador,[34] uma vez tratar-se de crime de perigo abstrato.[35] Contudo, há de se exigir

---

[33] "Penal e processual penal. Recurso especial. Artigo 7º, inciso IX, da Lei 8.137/90 e artigo 18 § 6º, inciso I, do Código de Defesa do Consumidor. Exame pericial. Desnecessidade. A conduta do comerciante que expõe à venda a matéria-prima ou mercadoria, com o prazo de validade vencido, configura, em princípio, a figura típica do artigo 7º, inciso IX da Lei n. 8.137/90 c/c o artigo 18 § 6º da Lei n. 8.078/90, sendo despicienda, para tanto, a verificação pericial, após a apreensão do produto, de ser este último realmente impróprio para o consumo. O delito em questão é de perigo presumido (Precedentes do STJ e do Pretório Excelso). Recurso provido" (REsp 620.237/PR, 5ª Turma, Rel. Min. Felix Fischer, j. 21.10.2004, *DJ* 16.11.2004). No mesmo sentido: RHC 9.235/SP, 6ª Turma, Rel. Min. Hamilton Carvalhido, j. 18.04.2000, *DJ* 18.09.2000.

[34] "Processual penal. Recurso especial. Crime contra a relação de consumo. Produto impróprio ao consumo. Perícia. Desnecessidade. Delito formal. Recurso conhecido e provido. 1. Consoante o entendimento pacificado no Superior Tribunal de Justiça, a conduta do comerciante que vende ou expõe à venda produto impróprio ao consumo é suficiente para configurar o delito constante do artigo 7º, inciso IX, da Lei 8.137/90, sendo desnecessária a comprovação da materialidade delitiva por meio de laudo pericial, desde que existam outros elementos de convicção a respeito, como no caso, mesmo porque se cuida de crime formal, de perigo abstrato. 2. Recurso conhecido e provido para, anulando o acórdão recorrido, determinar ao Juízo singular que proceda ao trâmite regular do feito, desde o recebimento da denúncia" (STJ, REsp 1.060.917/RS, 5ª Turma, Rel. Min. Arnaldo Esteves Lima, j. 19.03.2009, *DJe* 13.04.2009). No mesmo sentido: RHC 15.087/SP, 6ª Turma, Rel. Min. Hamilton Carvalhido, j. 21.02.2006, *DJ* 05.02.2007. Da mesma forma: "Penal. Recurso especial. Crimes contra relação de consumo. Artigo 7º, XI, da Lei n. 8.137/1990. Produto nocivo à saúde. Imprescindibilidade de demonstração da impropriedade. Desaparecimento dos vestígios. Admissibilidade de comprovação da materialidade por outros meios de prova. 1. Para a configuração do tipo penal descrito no art. 7º, inciso IX, da Lei n. 8.137/1990, é imprescindível a demonstração inequívoca da impropriedade do produto. 2. A realização do exame pericial somente é obrigatória nas infrações que deixam vestígios ou quando, sendo possível sua realização, esta não ocorreu por inércia dos órgãos de persecução penal. 3. Assim, não obstante haver uma ordem de preferência para a comprovação da materialidade delitiva, por meio de exame pericial, poderá ser ele suprido por outros meios de prova, na impossibilidade de sua realização. 4. No caso concreto, diante do desaparecimento natural do produto, pois prontamente consumido pelas vítimas, e de seis casos de intoxicação alimentar graves relatados em prontuários médicos, é temerária a absolvição sumária do acusado em decorrência da ausência de perícia, por constituir demasiado apego ao formalismo e subtração do exercício da ação penal pelo Ministério Público. 5. Recurso especial provido" (STJ, REsp 1.369.828/DF, 6ª Turma, Rel. Min. Rogério Schietti Cruz, j. 06.05.2014, *DJe* 28.10.2014). No mesmo sentido, sustenta o STJ que: "Recurso especial. Penal. Crimes contra relação de consumo. Abatedouro clandestino. Art. 7º, IX, da Lei n. 8.137/1990. Produto nocivo à saúde. Imprescindibilidade de demonstração da impropriedade por exame pericial. Inércia estatal. Recurso provido. 1. Para a configuração do tipo penal descrito no art. 7º, IX, da Lei n. 8.137/1990, é imprescindível a demonstração inequívoca da impropriedade do produto. 2. A realização do exame pericial somente é obrigatória nas infrações que deixam vestígios ou quando, sendo possível sua realização, esta não ocorreu por inércia dos órgãos de persecução penal. 3. Era viável, à época, por ocasião da vistoria realizada por agente do Conselho Regional de Medicina Veterinária, a apreensão das codornas abatidas destinadas à comercialização e sua submissão à perícia, a fim de comprovar a inadequação da mercadoria ao consumo. Não bastava a mera presunção de que a impropriedade do produto decorria do abate clandestino e da ausência de identificação do produto e do serviço de inspeção federal. 4. Recurso especial provido" (STJ, REsp 1.575.406/SP, 6ª Turma, Rel. Min. Rogerio Schietti Cruz, j. 22.08.2017, *DJe* 31.08.2017).

[35] "Criminal. Recurso especial. Fabricação e manutenção em depósito de produtos fabricados para consumo em desacordo com as normas regulamentares e sem registro no Ministério da Saúde. Crime contra a re-

1170 | CURSO DE DIREITO DO CONSUMIDOR – *Bruno Miragem*

perícia, segundo precedente do STF, quando necessário à demonstração inequívoca da impropriedade do produto,[36] assim como sua nocividade ao consumidor.[37] Não será o caso em que a impropriedade resulte do desatendimento das normas regulamentares relativas à embalagem objeto de falsificação.[38]

---

lação de consumo. Desnecessidade de laudo pericial para a constatação da impropriedade da mercadoria. Delito de perigo abstrato. Recurso provido. O tipo do inciso IX do artigo 7º, da Lei n. 8.137/90 trata de crime formal, bastando, para sua concretização, que se coloque em risco a saúde de eventual consumidor da mercadoria. Cuidando-se de crime de perigo abstrato, desnecessária se faz a constatação, via laudo pericial, da impropriedade do produto para consumo. Precedentes. Recurso provido para restabelecer a sentença de primeiro grau, quanto à condenação pelo crime contra as relações de consumo" (STJ, REsp 472.038/PR, 5ª Turma, Rel. Min. Gilson Dipp, j. 16.12.2003, *DJ* 25.02.2004, p. 210). No mesmo sentido: STJ, RHC 98.989/PE, 5ª Turma, Rel. Min. Jorge Mussi, j. 04.12.2018, *DJe* 12.12.2018.

[36] "*Habeas corpus*. Crime contra as relações de consumo. Fabricação e depósito de produto em condições impróprias para o consumo. Inciso IX do artigo 7º da Lei 8.137/90, combinado com o inciso II do § 6º do artigo 18 da Lei n. 8.078/90. Configuração do delito. Crime formal. Prescindibilidade da comprovação da efetiva nocividade do produto. Reajustamento de voto. Necessidade de demonstração inequívoca da impropriedade do produto para uso. Independência das instâncias penal e administrativa. Ônus da prova do titular da ação penal. Ordem concedida. 1. Agentes que fabricam e mantém em depósito, para venda, produtos em desconformidade com as normas regulamentares de fabricação e distribuição. Imputação do crime do inciso IX do artigo 7º da Lei n. 8.137/90. Norma penal em branco, a ter seu conteúdo preenchido pela norma do inciso II do § 6º do artigo 18 da Lei n. 8.078/90. 2. São impróprios para consumo os produtos fabricados em desacordo com as normas regulamentares de fabricação, distribuição ou apresentação. A criminalização da conduta, todavia, está a exigir do titular da ação penal a comprovação da impropriedade do produto para uso. Pelo que imprescindível, no caso, a realização de exame pericial para aferir a nocividade dos produtos apreendidos. 3. Ordem concedida" (HC 90.779, 1ª Turma, Rel. Min. Carlos Britto, j. 17.06.2008, *DJ* 24.10.2008). No mesmo sentido: STJ, AgRg no REsp 1.953.598/SC, 5ª Turma, Rel. Min. Joel Ilan Paciornik, j. 09.08.2022, *DJe* 15.08.2022; RHC 60.937/RJ, 6ª Turma, Rel. Min. Sebastião Reis Júnior, j. 01.10.2015, *DJe* 01.03.2016.

[37] "*Habeas corpus*. Processual penal. Crime contra as relações de consumo. Artigo 7º, inciso IX, da Lei nº 8.137/90. Indiciamento formal após o recebimento da denúncia. Constrangimento ilegal configurado. Mercadoria imprópria para consumo. Perícia. Necessidade para constatação da nocividade do produto apreendido. Ordem concedida. 1. É consolidada a jurisprudência desta Corte no sentido de que constitui constrangimento ilegal o indiciamento formal do acusado após recebida a inicial acusatória. 2. Para caracterizar o elemento objetivo do crime previsto no artigo 7º, inciso IX, da Lei nº 8.137/90, referente a mercadoria 'em condições impróprias ao consumo', faz-se indispensável a demonstração inequívoca da potencialidade lesiva ao consumidor final. 3. No caso, evidenciam os autos, mormente a sentença condenatória e o acórdão que a confirmou, que não houve a realização de perícia para atestar a nocividade dos produtos apreendidos. 4. Ordem concedida para anular o indiciamento formal do Paciente e trancar a ação penal" (STJ, HC 132.257/SP, 5ª Turma, Rel. Min. Laurita Vaz, j. 23.08.2011, *DJe* 08.09.2011). Em sentido contrário, dispensando a perícia por se tratar de crime de perigo abstrato: "Criminal. Resp. Fabricação e manutenção em depósito de vinho para consumo em desacordo com as normas regulamentares. Crime contra as relações de consumo. Desnecessidade de laudo pericial para a constatação da impropriedade da mercadoria. Delito de perigo abstrato. Recurso Provido. O tipo do inciso IX do artigo 7º, da Lei nº 8.137/80 trata de crime formal, bastando, para sua concretização, que se coloque em risco a saúde de eventual consumidor da mercadoria. Cuidando-se de crime de perigo abstrato, desnecessária se faz a constatação, via laudo pericial, da impropriedade do produto para consumo. Precedentes. Recurso provido, nos termos do voto do relator" (STJ, REsp 1.163.095/RS, 5ª Turma, Rel. Min. Gilson Dipp, j. 09.11.2010, *DJe* 22.11.2010). No mesmo sentido, sinalizando o entendimento consagrado no STJ: REsp 1.453.275/SC, 6ª Turma, Rel. Min. Maria Thereza de Assis Moura, j. 15.09.2015, *DJe* 01.10.2015.

[38] "Recurso ordinário em *habeas corpus*. Recurso ordinário em *habeas corpus*. Crime contra as relações de consumo. Depósito para venda de cigarros com selos de IPI falsificados. Existência de laudo pericial atestando que a mercadoria estava embalada em desacordo com as normas legais. Prova idônea da materialidade delitiva. Desprovimento do reclamo. 1. Da leitura do artigo 7º, incisos II e IX, da Lei 8.137/1990, percebe-se que se trata de delito contra as relações de consumo não transeunte, que deixa vestígios materiais, sendo indispensável, portanto, a realização de perícia para a sua comprovação, nos

PARTE VI · Cap. 2 · TIPOLOGIA DOS CRIMES CONTRA AS RELAÇÕES DE CONSUMO: CDC E LEI 8.137/1990 | **1171**

Trata-se o tipo do artigo 7º, IX, da Lei 8.137/1990 de norma penal em branco, cujo significado resulta da necessária aplicação de definições presentes em outra norma, ou retirada da técnica e da ciência. O que seja mercadoria ou matéria-prima em condições impróprias de consumo tem, no § 6º do artigo 18 do CDC, regra de interpretação. Estabelece a norma em apreço: "§ 6º São impróprios ao uso e consumo: I – os produtos cujos prazos de validade estejam vencidos; II – os produtos deteriorados, alterados, adulterados, avariados, falsificados, corrompidos, fraudados, nocivos à vida ou à saúde, perigosos ou, ainda, aqueles em desacordo com as normas regulamentares de fabricação, distribuição ou apresentação; III – os produtos que, por qualquer motivo, se revelem inadequados ao fim a que se destinam". A definição legal é apta a preencher o significado do tipo penal,[39] de modo que se considerem impróprios aqueles produtos cujo prazo de validade esteja vencido,[40] ou, ainda, os que se encontrem com deterioração, alteração, adulteração ou avaria, bem como produtos falsificados ou nocivos à vida ou à saúde. Da mesma forma, os produtos em desacordo com normas regulamentares de fabricação, distribuição ou apresentação, ou que não tenham sido submetidos à inspeção oficial exigida antes de sua colocação no mercado.[41]

Note-se que também aqui se trata de crime formal, de perigo abstrato, razão pela qual a materialidade delitiva apresenta-se mediante a realização da conduta pelo fornecedor. Como se percebe dos elementos do tipo, não se exige a venda ou entrega em condições impróprias. Basta que o fornecedor a tenha em depósito para vender, ou, ainda, com mais razão, que exponha para a venda. Exige-se, para caracterização do tipo, a finalidade

---

termos do artigo 158 do Código de Processo Penal. Doutrina. Precedentes do STJ e do STF. 2. A peça vestibular foi instruída com laudos de constatação de irregularidades na comercialização de cigarros, que concluíram que 'o produto apreendido está em desacordo com as normas de fabricação e distribuição, haja vista que teve seu Registro dos Dados Cadastrais suspenso pela ANVISA', o que é suficiente à comprovação da materialidade do delito em tela, uma vez que, nos termos do artigo 18, § 6º, incisos I e II, do Código de Defesa do Consumidor, são impróprios ao uso e consumo os produtos em desacordo com as normas regulamentares de distribuição e apresentação. 3. Se a própria legislação consumerista considera imprestáveis para utilização os produtos em desacordo com as normas de distribuição ou apresentação, revela-se improcedente o argumento de que seria necessário exame pericial de natureza diversa do que foi realizado, sendo suficiente a constatação de que os cigarros estavam embalados em desacordo com as prescrições legais. Precedente. 4. Recurso desprovido. Cassada a liminar anteriormente deferida" (STJ, RHC 98.989/PE, 5ª Turma, Rel. Min. Jorge Mussi, j. 04.12.2018, *DJe* 12.12.2018).

[39] HC 9.768/SP, 5ª Turma, Rel. Min. Felix Fischer, j. 04.11.1999, *DJ* 13.12.1999.

[40] "Recurso de *habeas corpus* interposto contra decisão denegatória proferida pelo Superior Tribunal de Justiça. Pretensão ao trancamento de ação penal por infração ao artigo 7º, IX, da Lei n. 8.137/90 c/c o artigo 18, § 6º, da Lei n. 8.078/90. Exposição à venda de mercadoria com prazo de validade vencido. A tipificação da figura penal definida no artigo 7º, IX, da Lei n. 8.137/90, por ser norma penal em branco, foi adequadamente preenchida pelo artigo 18, § 6º, I, do Código de Defesa do Consumidor, que define como impróprio ao uso e consumo produto cujo prazo de validade esteja vencido. A exposição à venda de produto em condições impróprias ao consumo já configura o delito, que é formal e de mera conduta, consumando-se com a simples ação do agente, sendo dispensável a comprovação da impropriedade material. Recurso de *Habeas Corpus* improvido" (STF, RHC 80.090, 1ª Turma, Rel. Min. Ilmar Galvão, j. 09.05.2000, *DJ* 16.06.2000). Em sentido contrário, exigindo também nesses casos de produto vencido a perícia para a caracterização do crime, o entendimento do STJ: HC 388.374/SC, 6ª Turma, Rel. Min. Antonio Saldanha Palheiro, j. 21.11.2017, *DJe* 01.12.2017; AgRg no REsp 1.902.045/SC, 5ª Turma, Rel. Min. Ribeiro Dantas, j. 03.08.2021, *DJe* 10.08.2021; AgRg no REsp 1.556.132/SC, 6ª Turma, Rel. Min. Maria Thereza de Assis Moura, j. 17.03.2016, *DJe* 31.03.2016.

[41] AgRg no REsp 968.946/RS, 5ª Turma, Rel. Min. Napoleão Nunes Maia Filho, j. 26.05.2009, *DJe* 29.06.2009.

1172 | CURSO DE DIREITO DO CONSUMIDOR – *Bruno Miragem*

que move o agente fornecedor, a destinação do produto à venda (elemento subjetivo do tipo), admitindo-se, nesse particular, em face do disposto no parágrafo único do artigo 7º, a modalidade culposa. Nesse sentido, caracteriza fato atípico o mero transporte de produto impróprio, em face da ausência da presença do comando da conduta prevista no tipo ("transportar"),[42] ou outra conduta que não se enquadre precisamente à conduta típica, em face da interpretação estrita da norma penal. Da mesma forma, a conduta típica indica *vender, ter em depósito para vender* ou *expor à venda*, ou, ainda, *de qualquer forma, entregar matéria-prima ou mercadoria*, todas as hipóteses que pressupõem a finalidade econômica de mercancia. Ter em depósito para vender é ter em sua guarda com pronta possibilidade de venda, assim também a finalidade da entrega de matéria-prima ou mercadoria. A consumação do crime, desse modo, se dá por formas diversas (venda, depósito para venda, exposição para venda ou entrega). Se tem em depósito para fins de destruir ou inutilizar, ou, ainda, devolver ao fabricante, não o tem para venda, razão pela qual não se realiza a conduta típica.

Lembre-se que, em relação à conduta do inciso IX, o parágrafo único do artigo 7º da Lei 8.137/1990 admite a modalidade culposa, hipótese em que se configura negligência, imprudência ou imperícia do fornecedor.

2.2 COMPETÊNCIA PARA PROCESSAR E JULGAR OS CRIMES CONTRA AS RELAÇÕES DE CONSUMO

Alguma discussão gerou a determinação da competência jurisdicional para o processamento da ação penal relativa aos crimes contra as relações de consumo. A divergência tem origem na interpretação do artigo 109, VI, da Constituição da República, que determina a competência da Justiça Federal para processar e julgar "os crimes contra a organização do trabalho e, nos casos determinados por lei, contra o sistema financeiro e a ordem econômico-financeira". Nesse sentido, incumbia considerar se os crimes contra as relações de consumo, previstos tanto na Lei 8.137/1990 quanto no próprio Código de Defesa do Consumidor, estariam ou não abrangidos na referência da norma constitucional aos crimes contra a ordem econômico-financeira. Atualmente, contudo, resta assentado o reconhecimento da Justiça comum estadual para o processamento da ação penal, em especial quando não esteja presente lesão específica a bens, serviços ou interesses da União, que, ademais, é o critério constitucional genérico de atribuição de competência jurisdicional à Justiça Federal. Nesse sentido decidiu o STJ: "*Conflito de competência. Processual penal. Artigo 7º, inciso II, da Lei 8.137/90. Dumping e adulteração de combustível. Inexistência de interesse da União. Justiça comum estadual.* 1. A Lei n. 8.137/90 não previu a competência diferenciada para os crimes elencados contra a ordem tributária, econômica e contra as relações de consumo. Dessa forma, evidencia-se a competência da

---

[42] "Apelação. Crime contra as relações de consumo. Carne. Impropriedade para consumo. Ausência de laudo pericial. 'Transportar'. Ação atípica. Absolvição mantida. Para comprovação do crime de exposição à venda, de produto impróprio para consumo, é imprescindível a realização de perícia. Mercadoria apreendida enquanto era transportada é fato atípico, pois tal verbo não está previsto no tipo penal em questão. Recurso improvido" (TJRS, ApCrim 70022676290, 4ª Câm. Crim., Rel. Des. Gaspar Marques Batista, j. 28.02.2008). É também o entendimento do STJ: REsp 1.575.406/SP, 6ª Turma, Rel. Min. Rogerio Schietti Cruz, j. 22.08.2017, *DJe* 31.08.2017.

PARTE VI · Cap. 2 · TIPOLOGIA DOS CRIMES CONTRA AS RELAÇÕES DE CONSUMO: CDC E LEI 8.137/1990 | **1173**

Justiça Comum Estadual, *ex vi* do artigo 109, inciso VI, da Constituição Federal 2. Ademais, na hipótese vertente, a possível prática de dumping ou adulteração de combustível não demonstrou qualquer lesão a bens, serviços ou interesses da União, nos termos do artigo 109, inciso IV, da Carta Magna. 3. Conflito conhecido para declarar competente o Juízo da Vara Criminal de Londrina/PR, ora suscitante" (STJ, CComp 42.957/PR, 3ª Seção, Rel. Min. Laurita Vaz, j. 09.06.2004, *DJ* 02.08.2004). *A contrario sensu*, de se admitir igualmente que, quando caracterizada, em relação ao crime, a existência de lesão específica a bens, serviços ou interesses da União, a competência é da Justiça Federal para processar e julgar a respectiva ação penal.

Em regra, a competência será a do lugar da infração, nos termos do artigo 70 do Código de Processo Penal: "A competência será, de regra, determinada pelo lugar em que se consumar a infração, ou, no caso de tentativa, pelo lugar em que for praticado o último ato de execução".[43] Da mesma forma, conforme a jurisprudência, considerando a reiteração da prática delitiva, todavia em locais diferentes e em relação a diferentes consumidores, considera-se faculdade do julgador o reconhecimento da conexão para o efeito de reunião dos processos em um único juízo.[44]

---

[43] STJ, CC 107.342/GO, 3ª Seção, Rel. Min. Nefi Cordeiro, j. 13.08.2014, *DJe* 21.08.2014.

[44] STJ, AgRg no RHC 164.167/SP, 6ª Turma, Rel. Min. Olindo Menezes (Desembargador Convocado do TRF 1ª Região), j. 18.10.2022, *DJe* 21.10.2022.

3

TIPOS PENAIS NO CÓDIGO DE DEFESA DO CONSUMIDOR

A par das condutas típicas relacionadas na legislação penal acerca de crimes de consumo impróprios, o CDC vai estabelecer uma série de tipos penais, visando à proteção de diversos aspectos da relação de consumo. Nesse sentido, privilegia a descrição de condutas que violam deveres expressos previstos em outras disposições do código, estabelecendo um universo de crimes de consumos próprios, identificados com a proteção específica do consumidor individual ou da coletividade de consumidores.

3.1. OMISSÃO DE DIZERES OU SINAIS OSTENSIVOS E DE ALERTA SOBRE A NOCIVIDADE OU PERICULOSIDADE DO PRODUTO

O artigo 63 do CDC define como crime a conduta típica de "omitir dizeres ou sinais ostensivos sobre a nocividade ou periculosidade de produtos, nas embalagens, nos invólucros, recipientes ou publicidade". A conduta típica admite sua caracterização sob as formas dolosa e culposa (artigo 63, § 2º). Da mesma forma, estabelece, em seu § 1º, que "incorrerá nas mesmas penas quem deixar de alertar, mediante recomendações escritas ostensivas, sobre a periculosidade do serviço a ser prestado".

O tipo penal visa proteger o direito básico à informação, em especial o direito do consumidor de ser informado sobre riscos dos produtos e serviços oferecidos no mercado de consumo. Os conceitos do que seja nocividade e periculosidade são definições que guardam relação com o que estabelecem os artigos 8º a 10 do CDC. A conduta omissiva prescrita no tipo, diz a conduta do fornecedor, relativa à informação em sinais ostensivos sobre a periculosidade ou nocividade do produto. No que se refere às definições dos produtos ou serviços que devam ser considerados perigosos ou nocivos, os artigos 8º e 9º do CDC estabelecem: "Art. 8º Os produtos e serviços colocados no mercado de consumo não acarretarão riscos à saúde ou segurança dos consumidores, exceto os considerados normais e previsíveis em decorrência de sua natureza e fruição, obrigando-se os fornecedores, em qualquer hipótese, a dar as informações necessárias e adequadas a seu respeito. (...) Art. 9º O fornecedor de produtos e serviços potencialmente nocivos ou perigosos à saúde ou segurança deverá informar, de maneira ostensiva e adequada, a respeito da sua nocividade ou periculosidade, sem prejuízo da adoção de outras medidas cabíveis em cada caso concreto". Os riscos dos produtos e serviços poderão ser riscos inerentes (se característicos deles) ou adquiridos (quando em razão de defeito). Nesse sentido, o dever de informar violado na hipótese desse tipo penal é o da periculosidade inerente, ou seja, os riscos normais e previsíveis a que faz referência o artigo 8º do CDC.[1] Isso porque, havendo risco adquirido (defeito) que seja do conhecimento do fornecedor, há um dever expresso no CDC de que, sendo do conhecimento prévio do fornecedor, não deverá introduzi-lo no mercado (artigo 10 do CDC), e, na hipótese de ter conhecimento posterior da periculosidade adquirida, deverá "comunicar o fato imediatamente às autoridades competentes e aos consumidores, mediante anúncios publicitários" (artigo 10, § 1º).

No que tange ainda à descrição do tipo, note-se que há expressa referência na conduta descrita, ao modo como devam ser prestadas as informações. Afinal, constitui conduta típica omitir dizeres ou sinais ostensivos "nas embalagens, nos invólucros, recipientes ou publicidade". Nesse sentido, refere-se Benjamin que, "faltando a informação sobre riscos nas 'embalagens', nos 'invólucros', nos 'recipientes' ou mesmo na 'publicidade', o delito se configura. Vale dizer, em qualquer um deles, isolada ou cumulativamente. O dever de informar é sempre apreciado de modo universal, isto é, levando-se em conta todos os meios de comunicação entre o fornecedor e o consumidor. O fornecedor, por informar na embalagem, não deixa de ser responsabilizado quando não o faz na publicidade, se tal for necessário, segundo as circunstâncias do caso".[2] Ressalte-se que, ao referir o modo como seriam prestadas as informações, o legislador, expressamente, vinculou que a informação adequada ao consumidor deva ser por escrito (o que ocorre no tocante às embalagens, aos recipientes e aos invólucros) e apenas excepcionalmente via oral (admissível apenas, e de acordo com as circunstâncias identificadas, na publicidade).

Não se diferem periculosidade ou nocividade em vista das normas do CDC, porquanto ambas são qualidades do produto que se associam à consequência potencial de lesão à saúde e à segurança dos consumidores. Trata-se, assim, de elementos normativos do tipo, que deverão ser avaliados de acordo com o caso, em consideração ao produto a que se referem, assim como a exata identificação e dimensão dos riscos efetivos que representam.

A consumação do crime opera-se, conforme ensina João Batista de Almeida, com a divulgação, ou entrega ao comércio ou ao consumidor, do produto, sem o fornecimento da respectiva informação ostensiva sobre os riscos.[3] Trata-se, pois, de crime de mera conduta.[4] Mais uma vez aqui, vale a referência a esse elemento descritivo do tipo. O dever de informar, para ser adequadamente atendido – e em sentido inverso, sua violação que pode caracterizar a conduta típica do artigo 63 –, depende da existência ou não de informação ostensiva. Esse caráter ostensivo da informação, cujo não atendimento subsome-se ao tipo do artigo 63, remete às noções de informação destacada, que chame a atenção e seja facilmente percebida e compreendida pelos consumidores.

Trata-se, assim, de um crime de perigo abstrato. Logo, não exige, para sua configuração, a existência de dano do consumidor. Satisfaz-se, pois, com a demonstração da conduta omissiva do fornecedor. Contudo, uma questão que gera certa discussão doutrinária diz

---

[1]   MARQUES, Claudia Lima; BENJAMIN, Antônio Herman V.; MIRAGEM, Bruno. *Comentários ao Código de Defesa do Consumidor*. 2. ed. São Paulo: Ed. RT, 2006. p. 905.

[2]   MARQUES, Claudia Lima; BENJAMIN, Antônio Herman V.; MIRAGEM, Bruno. *Comentários ao Código de Defesa do Consumidor*. 2. ed. São Paulo: Ed. RT, 2006. p. 909.

[3]   ALMEIDA, João Batista de. *A proteção jurídica do consumidor*. 5. ed. São Paulo: Saraiva, 2006. p. 213.

[4]   PASSARELLI, Eliana. *Dos crimes contra as relações de consumo*. São Paulo: Saraiva, 2002. p. 53.

PARTE VI · Cap. 3 · TIPOS PENAIS NO CÓDIGO DE DEFESA DO CONSUMIDOR | 1177

respeito à possibilidade de caracterização do crime sob as modalidades dolosa e culposa (tipo subjetivo). A lei, expressamente, admite a forma culposa, nesse sentido atendendo ao princípio da excepcionalidade que a informa, pela qual esta deve estar expressamente prevista (conforme artigo 18 do CP). Nessa perspectiva, divide-se a doutrina, sustentando Filomeno e Benjamin a possibilidade de punição da conduta decorrente de imprudência, negligência ou imperícia,[5] enquanto João Batista de Almeida e Arruda Alvim questionam essa possibilidade, justificando que se trata de espécie de crime omissivo puro.[6]

O sujeito ativo do crime é o fornecedor, podendo, nesse caso, ser considerado todo aquele que atuou para que o produto fosse introduzido no mercado e, tendo, em razão de sua participação no processo de fornecimento, o dever de informar sobre os riscos, deixou de fazê-lo. Já como sujeito passivo tem-se a coletividade de consumidores exposta aos riscos não comunicados na forma prevista pelo CDC, qual seja, de modo ostensivo, para permitir sua identificação.

As penas previstas para o crime previsto no artigo 63 variam de detenção de seis meses a dois anos e multa, na hipótese de crime doloso, a detenção de um a seis meses ou multa, na hipótese de crime culposo. Assim, com relação à multa, no crime praticado com dolo será a mesma pena acessória, enquanto no crime culposo será alternativa a critério do juiz. Cumpre lembrar, nesse particular, que as multas fixadas como pena criminal serão fixadas em dias-multa, atendendo ao que disciplina o artigo 77 do CDC.

3.2 OMISSÃO DE COMUNICAÇÃO E DE RETIRADA DO PRODUTO NOCIVO OU PERIGOSO DO MERCADO

O tipo penal previsto no artigo 64 do CDC tem íntima ligação com o que estabelece o artigo 63. O tipo previsto no artigo 63 configura-se como a conduta omissiva por deixar de informar riscos relativos à nocividade ou à periculosidade de produtos, em geral no momento da oferta do produto e sua introdução no mercado (daí as referências às informações prestadas na embalagem, no invólucro ou no recipiente). Já o tipo do artigo 64 faz referência a momento posterior ao ingresso do produto no mercado, razão pela qual tal produto deverá ter essa sua periculosidade ou nocividade identificada posteriormente à sua colocação no mercado, e, nesse caso, omitir-se de informar às autoridades competentes e aos consumidores, assim como promover as providências necessárias para a retirada do produto do mercado, quando determinado por autoridade competente.

Estabelece, assim, o artigo 64 do CDC: "Deixar de comunicar à autoridade competente e aos consumidores a nocividade ou periculosidade de produtos cujo conhecimento seja posterior à sua colocação no mercado: Pena – Detenção de seis meses a dois anos e

---

5 MARQUES, Claudia Lima; BENJAMIN, Antônio Herman V.; MIRAGEM, Bruno. *Comentários ao Código de Defesa do Consumidor.* 2. ed. São Paulo: Ed. RT, 2006. p. 909-910; FILOMENO, José Geraldo Brito et al. *Código Brasileiro de Defesa do Consumidor*: comentado pelos autores do anteprojeto. 8. ed. Rio de Janeiro: Forense Universitária, 2005. p. 691. Inclinando-se no mesmo sentido: FONSECA, Antonio Cezar Lima da. *Direito penal do consumidor*: Código de Defesa do Consumidor e Lei 8.137/90. 2. ed. Porto Alegre: Livraria do Advogado, 1999. p. 140.

6 ALMEIDA, João Batista de. *A proteção jurídica do consumidor.* 5. ed. São Paulo: Saraiva, 2006. p. 213; ARRUDA ALVIM, J. M. de. *Comentários...*, p. 138; PASSARELLI, Eliana. *Dos crimes contra as relações de consumo.* São Paulo: Saraiva, 2002. p. 55.

multa. Parágrafo único. Incorrerá nas mesmas penas quem deixar de retirar do mercado, imediatamente quando determinado pela autoridade competente, os produtos nocivos ou perigosos, na forma deste artigo". Trata-se, pois, de crime omissivo próprio e de mera conduta, de ação única e instantâneo.[7]

O artigo 67 do CDC, a rigor, prevê duas condutas típicas. Uma primeira diz respeito à omissão do fornecedor de informar aos consumidores e à autoridade competente a nocividade ou periculosidade de que tenha tido conhecimento após a colocação do produto no mercado (artigo 67, *caput*). Logo, não há de se dizer que tinha o dever de informar desde antes da introdução do produto no mercado, porquanto não tinha nem deveria ter conhecimento da presença de riscos decorrentes da sua periculosidade ou nocividade. Constitui espécie de elemento normativo do tipo o disposto no artigo 10, § 1º, do CDC, que estipula: "O fornecedor de produtos e serviços que, posteriormente à sua introdução no mercado de consumo, tiver conhecimento da periculosidade que apresentem, deverá comunicar o fato imediatamente às autoridades competentes e aos consumidores, mediante anúncios publicitários".

Trata-se de crime de mera conduta, não se exigindo, para que se configure, a existência de qualquer resultado naturalístico. Basta, pois, que, tendo conhecimento da periculosidade ou nocividade do produto, deixe de informar aos consumidores e à autoridade competente, ou, ainda, deixe de providenciar sua retirada quando determinado. Da mesma forma, trata-se de crime que só admite a modalidade dolosa.

A segunda conduta típica é a prevista no artigo 64, parágrafo único, a qual, da mesma maneira, se configura pelo conhecimento posterior à introdução do produto no mercado da sua periculosidade ou nocividade inerente. Contudo, a omissão, nesse caso, reside no fato de deixar de retirar imediatamente o produto do mercado, desde quando determinado pela autoridade competente. A omissão se configura pela não retirada do produto quando determinado. Depende, pois, para se configurar, da existência dessa determinação da autoridade. Nesse sentido, ensina Benjamin, ao relacionar os requisitos objetivos do tipo como sendo: "a) que exista uma determinação da autoridade competente, válida e conforme ao Direito; b) que o produto seja perigoso ou nocivo à incolumidade físico-psíquica do consumidor; c) que a retirada não seja efetuada ou que o seja inoportunamente".[8]

Note-se que tanto o aviso tardio à autoridade competente ou aos consumidores quanto a retirada que não seja imediata não eliminam a configuração do crime prescrito na norma do artigo 64.[9] No que toca, especialmente, à descrição estabelecida no parágrafo único do artigo 64, de que a retirada deve se dar *imediatamente*, sua interpretação se estabelece em vista da possibilidade razoavelmente considerada de quem, sendo impelido a realizar a retirada, deve fazê-lo no menor tempo possível. Esse período temporal pode

---

[7] ALMEIDA, João Batista de. *A proteção jurídica do consumidor*. 5. ed. São Paulo: Saraiva, 2006. p. 59.

[8] MARQUES, Claudia Lima; BENJAMIN, Antônio Herman V.; MIRAGEM, Bruno. *Comentários ao Código de Defesa do Consumidor*. 2. ed. São Paulo: Ed. RT, 2006. p. 914.

[9] FONSECA, Antonio Cezar Lima da. *Direito penal do consumidor*: Código de Defesa do Consumidor e Lei 8.137/90. 2. ed. Porto Alegre: Livraria do Advogado, 1999. p. 144; MARQUES, Claudia Lima; BENJAMIN, Antônio Herman V.; MIRAGEM, Bruno. *Comentários ao Código de Defesa do Consumidor*. 2. ed. São Paulo: Ed. RT, 2006. p. 914.

PARTE VI · Cap. 3 · TIPOS PENAIS NO CÓDIGO DE DEFESA DO CONSUMIDOR | **1179**

ser verificado por critérios técnicos sobre o menor tempo possível[10] para realizar a providência de retirada do produto do mercado, reputando-se que estará satisfeita ou não a expressão indicada no tipo, não em consideração ao início do procedimento de retirada (que pode levar certo tempo, e mesmo não contar, após ter sido iniciado, com a devida agilidade do fornecedor), mas, sim, em vista do momento da sua conclusão. Isso porque a retirada do produto deve ser entendida como o seu recolhimento ao depósito, fora do alcance dos consumidores, e totalmente excluído da atuação comercial das partes, ou, ainda, destruídos.

O sujeito ativo dos crimes previstos no artigo 64 é qualquer fornecedor que, tendo conhecimento da nocividade ou periculosidade do produto, deixa de comunicar à autoridade e aos consumidores e, tendo havido determinação dessa mesma autoridade competente, não tenha providenciado a imediata retirada do produto do mercado. Por sua vez, é sujeito passivo dos crimes mencionados a coletividade de consumidores.

3.3 EXECUÇÃO DE SERVIÇO DE ALTO GRAU DE PERICULOSIDADE SEM AUTORIZAÇÃO

O tipo penal previsto no artigo 65 do CDC prevê: "Executar serviço de alto grau de periculosidade, contrariando determinação de autoridade competente: Pena Detenção de seis meses a dois anos e multa. § 1º As penas deste artigo são aplicáveis sem prejuízo das correspondentes à lesão corporal e à morte. § 2º A prática do disposto no inciso XIV do art. 39 desta Lei também caracteriza o crime previsto no *caput* deste artigo". Trata-se da previsão, em matéria de prestação de serviços como objeto das relações de consumo, da proteção com relação àqueles que apresentem alto grau de periculosidade. Note-se que o legislador, por lapso, não fez referência, nesse particular, aos produtos. Contudo, entre os requisitos objetivos do tipo, temos que: (a) o serviço executado possua alto grau de periculosidade; e (b) que haja contrariedade à determinação de autoridade competente. Note-se, nesse particular, que se trata o tipo em questão de *norma penal em branco*,[11] uma vez que a contrariedade à determinação da autoridade depende do conteúdo desta, a ser fixado no seu respectivo âmbito de competência. Define, com propriedade, Ruy Cirne Lima, mestre maior do direito administrativo, que competência é a medida de poder que a lei confere a uma pessoa administrativa determinada.[12] Logo, a definição de qual a autoridade competente que se subsome aos termos do tipo descrito no artigo 65 do CDC depende de a qual órgão administrativo será conferido o poder em questão. Da mesma forma, para que haja o preenchimento da conduta descrita no tipo, é necessário que tenha existido *determinação de autoridade*, ou seja, que o órgão administrativo competente

---

[10] Assinalando a dificuldade de interpretação da disposição: FONSECA, Antonio Cezar Lima da. *Direito penal do consumidor*: Código de Defesa do Consumidor e Lei 8.137/90. 2. ed. Porto Alegre: Livraria do Advogado, 1999. p. 149; PASSARELLI, Eliana. *Dos crimes contra as relações de consumo*. São Paulo: Saraiva, 2002. p. 63.

[11] Conforme Zaffaroni e Pierangeli, normas penais em branco são aquelas que têm seu significado completado por outra norma. Assim: ZAFFARONI, Eugenio Raúl; PIERANGELI, José Henrique. *Manual de direito penal brasileiro*: parte geral. São Paulo: Ed. RT, 1997. p. 451-452. No mesmo sentido JESUS, Damásio de. *Direito penal*. São Paulo: Saraiva, 1997 (parte geral, v. 1). p. 98-99.

[12] LIMA, Ruy Cirne. *Princípios de direito administrativo*. São Paulo: Ed. RT, 1987. p. 187.

1180 | CURSO DE DIREITO DO CONSUMIDOR – *Bruno Miragem*

tenha se manifestado formalmente sobre as condições, os requisitos ou outros aspectos relativos ao serviço prestado pelo fornecedor. Essa manifestação pode ser tanto específica, e concretizada por intermédio de um ato administrativo de autorização, quanto genérica, por intermédio da expedição de normas e demais regulamentos administrativos disciplinando aspectos da prestação de serviço pelo fornecedor. Nada impede, entretanto, que a autoridade competente seja mesmo a autoridade judicial, que, no exercício do seu poder jurisdicional, realize determinações para cumprimento do fornecedor.

Nesse sentido, exemplifica Antônio Herman Benjamin, com a situação da UTI de um hospital que, sem ter equipamentos apropriados, é objeto de determinação judicial, no âmbito de decisão de uma ação civil pública, que proíbe novos atendimentos até a implementação de melhorias. O desrespeito a essa determinação configuraria, em tese, a conduta típica prevista no artigo 65 do CDC.[13]

Por outro lado, desperta grande insegurança na interpretação e aplicação da norma penal a expressão "alto grau de periculosidade".[14] Sobre o significado da expressão, duas são as questões a serem enfrentadas: primeiro, sobre a inexistência de uma definição exata do que signifique a expressão; segundo, o modo de atribuição de significado à norma. Não há como ser definido *a priori* o que se deve considerar como alto grau de periculosidade. Nesse sentido, parece-nos que o critério seguro para a definição do significado da expressão seja a referência às determinações administrativas do órgão competente, cuja atuação pressuporá a caracterização do serviço como perigoso. Isso porque outro método de interpretação do conceito consiste na recondução da interpretação do conceito às regras de experiência do juiz, opção que sofre críticas em vista da excessiva indeterminação e subordinação da interpretação e aplicação do tipo penal ao arbítrio judicial.

O § 1º do artigo 65 admite, expressamente, o concurso de crimes, quanto ao homicídio e a lesões corporais, razão pela qual, tendo havido como resultado material do crime lesões corporais (artigo 129 do CP) ou homicídio (artigo 121 do CP), suas penas deverão ser aplicadas de modo independente. Da mesma forma, é correto identificar, ainda que pouco provável na prática,[15] a possibilidade de sua consumação na forma de tentativa, porquanto possa existir a circunstância na qual, estando o fornecedor em fase preparatória da prestação do serviço, é impedido, por exemplo, pela atuação imediata da autoridade competente para fiscalização.[16]

Já o § 2º do artigo 65 foi introduzido pela Lei 13.425/2017, que estabeleceu diretrizes gerais sobre medidas de prevenção e combate a incêndio e a desastres em estabelecimentos, edificações e áreas de reunião de público, como resposta do Poder Legislativo ao trágico incêndio da Boate Kiss, no Rio Grande do Sul, de que resultaram 242 vítimas fatais. Define

---

[13] MARQUES, Claudia Lima; BENJAMIN, Antônio Herman V.; MIRAGEM, Bruno. *Comentários ao Código de Defesa do Consumidor*. 2. ed. São Paulo: Ed. RT, 2006. p. 917.

[14] FONSECA, Antonio Cezar Lima da. *Direito penal do consumidor*: Código de Defesa do Consumidor e Lei 8.137/90. 2. ed. Porto Alegre: Livraria do Advogado, 1999. p. 153; PASSARELLI, Eliana. *Dos crimes contra as relações de consumo*. São Paulo: Saraiva, 2002. p. 63-64.

[15] Assim: ALMEIDA, João Batista de. *A proteção jurídica do consumidor*. 5. ed. São Paulo: Saraiva, 2006. p. 215.

[16] FONSECA, Antonio Cezar Lima da. *Direito penal do consumidor*: Código de Defesa do Consumidor e Lei 8.137/90. 2. ed. Porto Alegre: Livraria do Advogado, 1999. p. 155.

a norma que "A prática do disposto no inciso XIV do art. 39 desta Lei também caracteriza o crime previsto no *caput* deste artigo". O inciso XIV do artigo 39 do CDC define como prática abusiva "permitir o ingresso em estabelecimentos comerciais ou de serviços de um número maior de consumidores que o fixado pela autoridade administrativa como máximo". Há, nesse particular, uma precisão quanto ao *caput*, que prevê a contrariedade à determinação de autoridade competente. A forma da determinação da autoridade, nesse caso, poderá se dar por alvará, notificação ou licença, conforme estabeleça a legislação para diversos fins, inclusive para prevenção e combate a incêndio e desastres.

É sujeito ativo do crime o fornecedor que executa o serviço perigoso, em desconformidade sem autorização da autoridade competente. Como sujeito passivo, tem-se, em primeiro plano, a coletividade de consumidores, assim como aquele diretamente exposto ao serviço perigoso. Da mesma forma o será a Administração Pública, em vista do desrespeito à sua autoridade representada pelo descumprimento das normas que estabelece para o regramento do modo de execução do serviço, e sua competência para autorização. O crime, por sua vez, só admite a modalidade dolosa, sendo punido com penas de seis meses a dois anos de detenção e multa, a qual será fixada em dias-multa, de acordo com o que disciplina o artigo 77 do CDC.

3.4 AFIRMAÇÃO FALSA OU ENGANOSA, OU OMISSÃO DE INFORMAÇÃO RELATIVA A PRODUTO OU SERVIÇO

O artigo 66 do CDC ocupa-se da criminalização de conduta atinente à publicidade ou à oferta de produtos ou serviços. Está assim redigida a norma em comento: "Fazer afirmação falsa ou enganosa, ou omitir informação relevante sobre a natureza, característica, qualidade, quantidade, segurança, desempenho, durabilidade, preço ou garantia de produtos ou serviços: Pena – Detenção de três meses a um ano e multa. § 1º Incorrerá nas mesmas penas quem patrocinar a oferta. § 2º Se o crime é culposo; Pena Detenção de um a seis meses ou multa".

Cuida-se, na hipótese, da proteção da coletividade de consumidores contra a oferta enganosa. Nesse sentido, aliás, cumpre uma distinção. Segundo Benjamin,[17] a repressão penal dos crimes relacionados ao *marketing* divide-se entre tipos penais relativos ao *marketing* não publicitário, como é o caso do artigo 66 do CDC, e os demais que pressupõem o desempenho de atividade publicitária para sua configuração (artigos 67 a 69 do CDC). Assim, por exemplo, estará sob a égide do artigo 66 toda espécie de conduta promocional em que ausente o suporte publicitário, como as técnicas de venda no próprio estabelecimento comercial ou mesmo as vendas porta a porta (*door-to door*). Em todos os casos, a objetividade jurídica em consideração é a proteção da informação e do direito de escolha do consumidor. Trata-se de crimes de mera conduta, que se realizam a partir do comportamento do fornecedor em afirmar informação falsa ou enganosa ou omitir informação relevante. Entretanto, podem ser praticados em concurso formal ou material com outros crimes contra as relações de consumo ou mesmo os tipos previstos no restante da legislação penal.

---

17 MARQUES, Claudia Lima; BENJAMIN, Antônio Herman V.; MIRAGEM, Bruno. *Comentários ao Código de Defesa do Consumidor*. 2. ed. São Paulo: Ed. RT, 2006. p. 921.

Os requisitos objetivos do tipo são: (a) que tenha sido feita afirmação falsa ou enganosa (as expressões, a nosso ver, se equivalem), ou, ainda, omissão de informação; (b) que a informação objeto de falsidade ou omitida seja relevante em vista das características do produto; (c) que a informação diga respeito a natureza, característica, qualidade, quantidade, segurança, desempenho, durabilidade, preço ou garantia de produtos ou serviços. O meio empregado para a realização do crime é importante para distinguir o tipo previsto no artigo 66 da conduta típica descrita no artigo 67 do CDC. Note-se que, no caso do artigo 66, não há previsão sobre os meios pelos quais será veiculada a informação falsa ou haverá a omissão da informação. Contudo, até para distingui-lo do tipo previsto no artigo 67, exclui-se da conduta descrita no tipo as informações ou omissões de informação realizadas por intermédio da publicidade.[18] A referência à publicidade enganosa no artigo 67 abrange suas duas espécies, publicidade enganosa comissiva e omissiva, nos termos do artigo 37, §§ 1º e 3º, do CDC. Assim, interpreta-se o artigo 66 como relativo – conforme já mencionamos, à conduta comissiva ou omissiva do fornecedor, no sentido de fraudar ou ludibriar o consumidor, nas situações em que haja oferta não publicitária, assim como nas tratativas pessoais, muitas vezes com a presença física das partes.

O artigo 66 do CDC, assim, vincula-se aos requisitos estabelecidos para a oferta pelos artigos 30 e 31 do CDC, contudo fazendo-se referência ao fato de que, embora tendo reproduzido, em grande parte, os critérios de relevância das informações a serem prestadas na oferta (*e.g.*, natureza, qualidade, quantidade), silenciou quanto à necessidade de as informações serem prestadas em língua portuguesa.[19] Essa ausência de menção expressa no tipo penal, de requisito exigível, no plano civil, para cumprimento do dever de informar na oferta de consumo, impõe que se conclua pelo entendimento deliberado do legislador em não criminalizar a conduta de não dispor das informações relevantes em língua portuguesa, o que, a nosso ver, se revela uma atitude acertada.

O crime tipificado no artigo 66 admite sua realização sob as modalidades dolosa e culposa. Nesse sentido, tanto há de se perquirir a intenção do agente para a realização do crime quanto há de se admitir a conduta motivada pela imprudência, negligência ou imperícia do fornecedor.

Como sujeito ativo do crime, tem-se o fornecedor, assim como todos que patrocinem ou promovam a divulgação da informação com proveito econômico, da informação que saibam ou deveriam saber ser falsa, além da omissão de informação relevante. Por sua vez, o sujeito passivo diz respeito à coletividade de consumidores, assim como ao consumidor individualmente considerado que tenha sido prejudicado pela conduta típica. A pena fixada para o crime é de três meses de detenção e multa, para modalidade dolosa. Já para o crime praticado com culpa, a pena é de um a seis meses de detenção, ou multa, a qual, se aplicada, é fixada em dias-multa, de acordo com o que estabelece o artigo 77 do CDC.

---

[18] FONSECA, Antonio Cezar Lima da. *Direito penal do consumidor*: Código de Defesa do Consumidor e Lei 8.137/90. 2. ed. Porto Alegre: Livraria do Advogado, 1999. p. 165; MARQUES, Claudia Lima; BENJAMIN, Antônio Herman V.; MIRAGEM, Bruno. *Comentários ao Código de Defesa do Consumidor*. 2. ed. São Paulo: Ed. RT, 2006. p. 922; PASSARELLI, Eliana. *Dos crimes contra as relações de consumo*. São Paulo: Saraiva, 2002. p. 71.

[19] FONSECA, Antonio Cezar Lima da. *Direito penal do consumidor*: Código de Defesa do Consumidor e Lei 8.137/90. 2. ed. Porto Alegre: Livraria do Advogado, 1999. p. 164.

PARTE VI · Cap. 3 · TIPOS PENAIS NO CÓDIGO DE DEFESA DO CONSUMIDOR | 1183

3.5 PROMOÇÃO DE PUBLICIDADE ENGANOSA OU ABUSIVA

O artigo 67 descreve a conduta penal típica da realização ou promoção da publicidade ilícita, enganosa ou abusiva. A repressão penal à publicidade ilícita possui, sem dúvida, uma amplitude em termos de proteção da coletividade de consumidores maior do que o tipo do artigo 66. Isso porque a atividade publicitária, conforme já examinamos amplamente, tem a potencialidade de causar danos muito mais extensos do que a mera oferta não publicitária, em vista de sua difusão por intermédio das diversas mídias. O caráter amplo dos danos causados pela publicidade ilícita, contudo, contrasta com a simplicidade do tipo estabelecido no artigo 67 do CDC, que dispõe: "Fazer ou promover publicidade que sabe ou deveria saber ser enganosa ou abusiva: Pena Detenção de três meses a um ano e multa". A objetividade jurídica do tipo visa à proteção tanto do direito à informação e à liberdade de escolha dos consumidores (proibição da publicidade enganosa) quanto do respeito à sua integridade física e moral (publicidade abusiva).

Trata-se a espécie de norma penal em branco, uma vez que a definição do que seja publicidade enganosa ou abusiva remete ao exame das definições legais estabelecidas no artigo 37, §§ 1º e 2º, do CDC. Referem os dispositivos em questão: "(...) § 1º É enganosa qualquer modalidade de informação ou comunicação de caráter publicitário, inteira ou parcialmente falsa, ou, por qualquer outro modo, mesmo por omissão, capaz de induzir em erro o consumidor a respeito da natureza, características, qualidade, quantidade, propriedades, origem, preço e quaisquer outros dados sobre produtos e serviços. § 2º É abusiva, dentre outras, a publicidade discriminatória de qualquer natureza, a que incite à violência, explore o medo ou a superstição, se aproveite da deficiência de julgamento e experiência da criança, desrespeita valores ambientais, ou que seja capaz de induzir o consumidor a se comportar de forma prejudicial ou perigosa à sua saúde ou segurança".

Mais uma vez, trata-se de crime de mera conduta, visto que não cogita, para sua consumação, a produção do resultado lesivo.[20] São requisitos objetivos do tipo: (a) a realização ("fazer") ou a promoção de publicidade; (b) a existência de uma ação mercadológica que se possa considerar publicidade; (c) a caracterização dessa publicidade como enganosa ou abusiva. Já como requisitos subjetivos do tipo, a utilização da expressão "que sabe ou deveria saber" conduz a entendimento uníssono quanto a sua modalidade dolosa. Isso porque, se sabia ser enganosa ou abusiva a publicidade e a promoveu, age com dolo quem a faz ou promove. Já se eventualmente não sabe, mas deveria saber, induz dois entendimentos possíveis. Primeiro, de que a ausência do conhecimento do caráter enganoso ou abusivo da publicidade deriva de imprudência, negligência ou imperícia do agente, o que se agrava em vista de que ambos os sujeitos ativos do crime, o anunciante-fornecedor e o publicitário, são profissionais em suas respectivas áreas, devendo supor o conhecimento dos aspectos que conduzem à caracterização da publicidade como enganosa ou abusiva. Lembre-se, todavia, como refere João Batista de Almeida, que a interpretação da expressão "deveria saber" constante na descrição da conduta típica, remete, segundo muitos autores, à previsão do dolo eventual, sobretudo em vista de que, em homenagem ao princípio da reserva legal (artigo 18 do CP), a admissão da modalidade culposa deveria constar ex-

---

[20] Em sentido contrário, sustentando que se trata de crime de dano: PASSARELLI, Eliana. *Dos crimes contra as relações de consumo*. São Paulo: Saraiva, 2002. p. 76.

pressamente em um parágrafo do respectivo artigo.[21] Segue-se, nesse particular, o entendimento de que a previsão de modalidade culposa, por ser excepcional, deve ter previsão expressa na norma.[22] Parece-nos, contudo, que a modalidade culposa resulta identificada a partir da expressão "deveria saber", constante na descrição da conduta típica.[23] Ora, se deveria saber e não sabe tratar-se a publicidade de espécie enganosa ou abusiva, é porque violou dever de cuidado e, sobretudo, de perícia, no que consta que tenha sido realizada e promovida por profissionais. A nosso ver, com o devido respeito aos entendimentos em contrário, é o que basta para que haja a configuração da culpa do agente.

O tipo penal é sucinto ao indicar as condutas "fazer" ou "promover" publicidade. O fazer, nesse sentido, remete à noção de elaborar, planejar, criar as peças publicitárias, seu plano de divulgação, enfim, a conduta que indique a produção da peça publicitária. Nesse sentido, abrange, como sujeito ativo do crime, sob essa perspectiva, o publicitário, o qual pode praticar o crime em concurso com o anunciante-fornecedor, a quem cabe a aprovação final da peça publicitária. Isso porque, muitas vezes, o publicitário já recebe do anunciante-fornecedor os termos nos quais pretende que se produza a peça publicitária, com as mensagens ou os aspectos que busca destacar, inclusive, muitas vezes, aspectos formais de como deveria ser realizada ou transmitida. Questiona-se, nesse ponto, a possibilidade de imputação da responsabilidade criminal do veículo de comunicação ou de quem divulgue a publicidade (tanto em rádios, jornais ou revistas quanto em *outdoors*, painéis, distribuição de panfletos etc.). Não há dúvida de que, quando tenha sido a publicidade realizada pelo próprio veículo de comunicação ou empresa de divulgação (como pode ser o caso das empresas que oferecem espécie de serviço acessório de elaboração da peça publicitária a seus clientes que desejam anunciar), há responsabilidade criminal do dirigente ou responsável, na medida da sua culpabilidade.[24] Da mesma forma há, em relação aos membros de uma equipe, assim como aos dirigentes da agência de publicidade, responsabilidade pela publicidade veiculada, também avaliada na medida da sua culpabilidade. Já no que tange à expressão "promover", indica-se, naturalmente, a responsabilidade do anunciante--fornecedor, que patrocina e aprova a publicidade em questão, e que, por isso, responderá pessoalmente na pessoa de quem tenha autorizado ou de seus dirigentes.

Por outro lado, embora a conduta típica remeta à norma do artigo 37 do CDC para definição do que se deva considerar como publicidade enganosa ou abusiva, é sabido que, especialmente em relação ao conceito de abusividade em matéria publicitária, há

---

[21]   ALMEIDA, João Batista de. *A proteção jurídica do consumidor*. 5. ed. São Paulo: Saraiva, 2006. p. 217. Sustentando tratar-se de dolo eventual, entre outros: FILOMENO, José Geraldo Brito. *Manual dos direitos do consumidor*. São Paulo: Atlas, 1991. p. 139; ARRUDA ALVIM, J. M. de. *Comentários...*, p. 145; FONSECA, Antonio Cezar Lima da. *Direito penal do consumidor*: Código de Defesa do Consumidor e Lei 8.137/90. 2. ed. Porto Alegre: Livraria do Advogado, 1999. p. 177-178.

[22]   SANTANA, Hector Valverde; MAGALHÃES, Roberta Cordeiro de Melo. A controvérsia em torno do elemento subjetivo no criem de publicidade enganosa ou abusiva. *Revista de Direito do Consumidor*, São Paulo, v. 127, p. 357-383, jan.-fev. 2020.

[23]   MARQUES, Claudia Lima; BENJAMIN, Antônio Herman V.; MIRAGEM, Bruno. *Comentários ao Código de Defesa do Consumidor*. 2. ed. São Paulo: Ed. RT, 2006. p. 940. Em sentido contrário: PASSARELLI, Eliana. *Dos crimes contra as relações de consumo*. São Paulo: Saraiva, 2002. p. 76-77.

[24]   COELHO, Fábio Ulhoa. *O empresário e os direitos do consumidor*. São Paulo: Saraiva, 1994. p. 292; FONSECA, Antonio Cezar Lima da. *Direito penal do consumidor*: Código de Defesa do Consumidor e Lei 8.137/90. 2. ed. Porto Alegre: Livraria do Advogado, 1999. p. 179.

PARTE VI · Cap. 3 · TIPOS PENAIS NO CÓDIGO DE DEFESA DO CONSUMIDOR | **1185**

certa abertura de significado do conceito do que seja abusivo. Essa abertura ou impreci-são conceitual, que, em direito civil, conduz a uma importante e salutar flexibilidade de interpretação da norma no que se refere ao tipo penal, pode ser criticável pela relativa indeterminação, em contradição com as exigências técnicas de fixação do tipo. Em sentido contrário, Antônio Herman Benjamin sustenta que a amplitude do tipo penal não é sem razão. A criação de infrações penais "gerais" permite uma maior adaptabilidade do tipo penal às mutações mercadológicas, velozes por excelência.[25]

O sujeito ativo do crime, assim, será o publicitário, o anunciante-fornecedor e, eventualmente, o veículo de comunicação ou qualquer outro que divulgue a publicidade ilícita. Já o sujeito passivo será a coletividade de consumidores, bem como o consumi-dor individualmente considerado que porventura tenha sido diretamente atingido pela publicidade ilícita em questão.

Admite-se o concurso de crimes, conforme seja a espécie de publicidade ilícita pro-duzida, se enganosa ou abusiva. Assim, por exemplo, tratando-se de publicidade abusiva, se esse caráter se der em vista da incitação à violência, poderá haver concurso com os crimes previstos nos artigos 287 do CP (apologia ao crime ou criminoso). Da mesma forma a publicidade que seja abusiva em razão de atentar contra a proteção legal que o Estado confere à criança e ao adolescente, hipótese em que há concurso com os tipos dos artigos 228 e 254 do CP.[26] Igualmente, há de se reconhecer a possibilidade de tentativa, porquanto possa a publicidade estar pronta para a divulgação, mas esta ser obstada por fatos alheios à vontade do agente. A pena para o crime é de detenção de três meses a um ano e multa, sendo esta fixada nos termos do artigo 77 do CDC.

3.6 PROMOÇÃO DE PUBLICIDADE PREJUDICIAL OU PERIGOSA

O artigo 68 do CDC estabelece como crime a realização de publicidade prejudicial ou perigosa. Assim é redigido: "Fazer ou promover publicidade que sabe ou deveria saber ser capaz de induzir o consumidor a se comportar de forma prejudicial ou perigosa a sua saúde ou segurança: Pena – Detenção de seis meses a dois anos e multa". Mais uma vez aqui, a finalidade do legislador é a proteção da integridade física e moral do consumidor, assim como seu direito à informação. Trata-se de espécie de tipo penal complementar ao artigo 67, que tipifica a conduta de promoção da publicidade enganosa ou abusiva. Isso porque, dentro da definição de publicidade abusiva, já se encontra aquela "capaz de induzir o consumidor a se comportar de forma prejudicial ou perigosa à sua saúde ou segurança" (artigo 37, § 2º). Todavia, a justificativa do tipo penal mais restrito, tendo em conta apenas o aspecto mais lesivo aos consumidores, como é o caso de sua integridade psicofísica, se encontra na previsão de sua pena-base maior (seis meses a dois anos de detenção e multa), em relação à prevista para o artigo 67 (três meses a um ano e multa).[27]

---

[25]   MARQUES, Claudia Lima; BENJAMIN, Antônio Herman V.; MIRAGEM, Bruno. *Comentários ao Código de Defesa do Consumidor*. 2. ed. São Paulo: Ed. RT, 2006. p. 939.

[26]   Para mais exemplos, veja-se: FONSECA, Antonio Cezar Lima da. *Direito penal do consumidor*: Código de Defesa do Consumidor e Lei 8.137/90. 2. ed. Porto Alegre: Livraria do Advogado, 1999. p. 180-181.

[27]   Eliana Passarelli critica a opção legislativa da norma em destaque, sustentando que deveria ser prevista como espécie de qualificadora do tipo do artigo 67 (PASSARELLI, Eliana. *Dos crimes contra as relações de consumo*. São Paulo: Saraiva, 2002. p. 77).

1186 | CURSO DE DIREITO DO CONSUMIDOR – *Bruno Miragem*

Obedece, portanto, ao princípio da graduação da pena, em vista do caráter mais lesivo da conduta típica descrita.

Assim como nos referimos com relação ao disposto no tipo penal do artigo 67, a descrição da conduta a partir das referências a "fazer" ou "promover" publicidade diz respeito à atuação do agente no sentido de elaborar, planejar, criar as peças publicitárias, seu plano de divulgação, enfim, trata-se da conduta que indique a produção da peça publicitária. Daí por que relaciona como possíveis sujeitos ativos do crime o publicitário, o qual pode praticar o crime em concurso com o anunciante-fornecedor, este a quem compete a aprovação final da campanha ou peça publicitária. Em muitas situações, conforme referimos, o publicitário já recebe do anunciante-fornecedor os termos nos quais deve ser produzida a peça publicitária, com as mensagens ou os aspectos que devem ser colocados em relevo, inclusive, muitas vezes, aspectos formais de como deveria ser realizada ou transmitida. Da mesma forma, cabe aqui a referência sobre a possibilidade ou não de responsabilidade criminal do veículo de comunicação ou de quem divulgue a publicidade (tanto em rádios, jornais ou revistas quanto em *outdoors*, painéis, distribuição de panfletos etc.). Repetimos, assim, nosso entendimento com relação ao tipo previsto no artigo 67. Tendo sido a publicidade realizada pelo próprio veículo de comunicação ou empresa de divulgação (como pode ser o caso das empresas que oferecem espécie de serviço acessório de elaboração da peça publicitária a seus clientes que desejam anunciar), há responsabilidade criminal do dirigente ou responsável, na medida da sua culpabilidade.[28] Igualmente se dará com respeito aos membros de uma equipe, assim como aos dirigentes da agência de publicidade, que tenha responsabilidade pela publicidade veiculada, também avaliada na medida da sua culpabilidade. Em relação à expressão "promover", nela está contida a atuação do anunciante-fornecedor, que patrocina e aprova a publicidade em questão, e que, por isso, responderá pessoalmente na pessoa de quem tenha procedido à autorização ou de seus dirigentes.

O crime constitui-se em crime de mera conduta, não necessitando, assim, que, em razão da publicidade, tenha decorrido prejuízo ao consumidor, bastando a identificação da existência da publicidade com capacidade de induzir o consumidor a comportar-se de modo perigoso ou prejudicial a sua saúde. Dessa forma, podem ser destacados como requisitos do tipo penal do artigo 68 do CDC: (a) que tenha sido feita ou produzida publicidade em qualquer de suas formas; (b) que essa publicidade tenha capacidade para induzir o consumidor a comportar-se de modo perigoso ou prejudicial a sua saúde e segurança. Induzir, nesse sentido, significa persuadir, mover, ou estimular alguém a realizar determinado ato. Há, portanto, uma iniciativa, consciente ou não, de atuar na formação da vontade de outrem.[29] Note-se que o exame sobre a capacidade de indução da publicidade deve se dar com o reconhecimento de critérios técnicos, envolvendo os conhecimentos das áreas de psicologia, comunicação social e medicina. O próprio Código Brasileiro de

---

[28] COELHO, Fábio Ulhoa. *O empresário e os direitos do consumidor*. São Paulo: Saraiva, 1994. p. 292; FONSECA, Antonio Cezar Lima da. *Direito penal do consumidor*: Código de Defesa do Consumidor e Lei 8.137/90. 2. ed. Porto Alegre: Livraria do Advogado, 1999. p. 179.

[29] FONSECA, Antonio Cezar Lima da. *Direito penal do consumidor*: Código de Defesa do Consumidor e Lei 8.137/90. 2. ed. Porto Alegre: Livraria do Advogado, 1999. p. 186.

PARTE VI · Cap. 3 · TIPOS PENAIS NO CÓDIGO DE DEFESA DO CONSUMIDOR | **1187**

Autorregulamentação Publicitária, editado pelo Conar, prevê, em seu artigo 33: "Este Código condena os anúncios que: (a) manifestem descaso pela segurança, sobretudo quando neles figurarem jovens e crianças ou quando a estes for endereçada a mensagem; (b) estimulem o uso perigoso do produto oferecido; (c) deixem de mencionar cuidados especiais para a prevenção de acidentes, quando tais cuidados forem essenciais ao uso do produto; (d) deixem de mencionar a responsabilidade de terceiros, quando tal menção for essencial; (e) deixem de especificar cuidados especiais no tocante ao uso do produto por crianças, velhos e pessoas doentes, caso tais cuidados sejam essenciais". Da mesma forma, pode o juiz identificar no conteúdo da publicidade, segundo regras de experiência, o incentivo (que, por si, revela a aptidão para induzir o comportamento) a determinadas práticas perigosas ou lesivas ao consumidor. Assim, por exemplo, a publicidade que mostra automóveis trafegando em velocidade além dos limites permitidos no Brasil, ou aquela dirigida a crianças, que mostra personagens infantis comportando-se de modo perigoso.

As expressões presentes no tipo penal, "sabe" ou "deveria saber", conduzem a que, no tocante aos seus elementos subjetivos do tipo, possa o crime ser praticado com dolo ou culpa, em que pesem os respeitáveis entendimentos em contrário relativos.[30]

Pode haver concurso do crime previsto no artigo 68 do CDC com outros crimes tipificados no Código Penal, como é o caso de homicídio (artigo 121 do CP) e lesões corporais (artigo 129 do CP). Da mesma forma, poderá o crime ser cometido em concurso de pessoas (coautoria ou participação), considerando a atuação do publicitário, do fornecedor-anunciante e de outros profissionais que se ocupem da divulgação da publicidade para os consumidores.

3.7 OMISSÃO NA ORGANIZAÇÃO DE DADOS RELATIVOS À PUBLICIDADE

O artigo 69 do CDC determina como crime: "Deixar de organizar dados fáticos, técnicos e científicos que dão base à publicidade: Pena Detenção de um a seis meses ou multa". Segundo salienta Filomeno, a preocupação essencial nesse tipo penal é de "tornar efetiva as obrigações estabelecidas pela parte material do Código".[31] O dever do fornecedor de manter os dados fáticos que embasam a publicidade está previsto no artigo 36, parágrafo único, do CDC, com a seguinte redação: "O fornecedor, na publicidade de seus produtos ou serviços, manterá, em seu poder, para informação dos legítimos interessados, os dados fáticos, técnicos e científicos que dão sustentação à mensagem".

Mais uma vez, a hipótese é de crime de mera conduta, assim como de tipo que só irá admitir como elemento subjetivo sua prática a título de dolo.[32] No que se refere aos seus elementos objetivos, há: (a) a existência de publicidade; (b) deixar de organizar os dados que comprovem o conteúdo da mensagem publicitária. A noção de "dados" expressa na norma deve ser considerada como abrangente de todas as informações que

---

[30] Em sentido contrário, os que sustentam a necessidade de previsão expressa da conduta culposa e, diante de sua ausência, interpretam a expressão "deveria saber" como previsão relativa ao dolo eventual, conforme mencionamos no item 3.5, relativamente ao crime previsto no artigo 67 do CDC.

[31] FILOMENO, José Geraldo Brito et al. *Código Brasileiro de Defesa do Consumidor*: comentado pelos autores do anteprojeto. 8. ed. Rio de Janeiro: Forense Universitária, 2005. p. 730.

[32] No mesmo sentido: PASSARELLI, Eliana. *Dos crimes contra as relações de consumo*. São Paulo: Saraiva, 2002. p. 80.

1188 | CURSO DE DIREITO DO CONSUMIDOR – *Bruno Miragem*

digam respeito à publicidade em questão e que sejam úteis para comprovação de sua veracidade. No que diz respeito às espécies de dados a serem arquivados, relacionam-se os de natureza fática, técnica e científica. Os primeiros dizem respeito aos elementos de fato que a própria mensagem publicitária divulgou, como é o caso do uso de expressões como "o mais barato da cidade", "o preferido das donas de casa", entre outras. Por outro lado, os dados técnicos dizem respeito ao método ou modo de funcionamento do bem, enquanto os dados científicos são aqueles que buscam apoio em qualquer das ciências.[33]

O sujeito ativo do crime é aquele a quem se imputa o dever de organizar os dados relativos à publicidade, no caso, o fornecedor. Contudo, não é sujeito ativo do crime o publicitário ou quem divulga a publicidade, como é o caso dos veículos de comunicação. Já o sujeito passivo do crime é a coletividade de consumidores exposta à publicidade, e a quem interessa o acesso às informações.

3.8 EMPREGO DE COMPONENTES USADOS SEM AUTORIZAÇÃO DO CONSUMIDOR

O artigo 70 do CDC determina como crime: "Empregar na reparação de produtos, peça ou componentes de reposição usados, sem autorização do consumidor: Pena Detenção de três meses a um ano e multa". Trata-se de tipo penal que visa conferir efetividade ao dever estabelecido no artigo 21 do CDC. Prevê essa norma: "No fornecimento de serviços que tenham por objetivo a reparação de qualquer produto considerar-se-á implícita a obrigação do fornecedor de empregar componentes de reposição originais adequados e novos, ou que mantenham as especificações técnicas do fabricante, salvo, quanto a estes últimos, autorização em contrário do consumidor". Trata-se de um tipo penal que vem a complementar a previsão do artigo 175 do CP, relativo à fraude no comércio.[34] O sujeito ativo do crime, nesse sentido, é o prestador do serviço de reparação, sendo sujeito passivo a coletividade de consumidores potencialmente sujeita aos prejuízos decorrentes da conduta ilícita do fornecedor. O cometimento do crime se dá apenas na modalidade dolosa, consistente na vontade livre e consciente de empregar peças ou componentes usados sem ter a competente autorização do consumidor.

Os elementos objetivos do tipo são: (a) a prestação do serviço de reparação de produto; (b) o emprego de peça ou componente de reposição usado; (c) a ausência de autorização do consumidor. Note-se que o crime em questão apenas ocorre na hipótese de emprego de peça ou componente de reposição usado na prestação de serviços de reparação. Não atinge as situações em que há reposição desnecessária de peças (se novas), tampouco a utilização de peças usadas na fabricação de produtos. Por peças usadas entende-se aquelas que já tenham sido utilizadas, após sua utilização, ao menos uma única vez. Assim, embora o artigo 21 do CDC exija a utilização de peças novas e originais, ao criminalizar a conduta houve previsão apenas a que a peça utilizada não seja nova, não se exigindo sua falta de originalidade. Originais, por sua vez, são as peças de mesma origem e qualidade

---

[33] MARQUES, Claudia Lima; BENJAMIN, Antônio Herman V.; MIRAGEM, Bruno. *Comentários ao Código de Defesa do Consumidor*. 2. ed. São Paulo: Ed. RT, 2006. p. 944-945.

[34] FILOMENO, José Geraldo Brito et al. *Código Brasileiro de Defesa do Consumidor*: comentado pelos autores do anteprojeto. 8. ed. Rio de Janeiro: Forense Universitária, 2005. p. 733.

PARTE VI · Cap. 3 · TIPOS PENAIS NO CÓDIGO DE DEFESA DO CONSUMIDOR | **1189**

daquelas utilizadas no processo de fabricação do produto. Contudo, o emprego de peças não originais, embora configure um ilícito civil, não poderá ser considerado um ilícito penal, a teor do que dispõe o artigo 70 do CDC.

No caso da utilização de peças usadas na produção de produtos, contudo, ainda que a hipótese não esteja abrangida pelo tipo do artigo 70, a proteção do consumidor pode ser alcançada pelo tipo estabelecido no artigo 7º, VII, da Lei 8.137/1990, que descreve como conduta típica: "Induzir o consumidor ou usuário a erro, por via de indicação ou afirmação falsa ou enganosa sobre a natureza, qualidade do bem ou serviço, utilizando-se de qualquer meio, inclusive a veiculação ou divulgação publicitária".[35] Da mesma forma, por intermédio do crime de estelionato, previsto no artigo 171 do CP, hipótese em que não se exige o dano, mas simplesmente o perigo ao objeto jurídico tutelado.[36]

Outra questão de relevo quanto à correta interpretação e aplicação da norma do artigo 70 do CDC diz respeito ao requisito objetivo da ausência de autorização do consumidor. Como regra no direito do consumidor, a autorização desta para realização de providência que, em tese, é a exceção à regra (utilização de peças usadas em vez de novas), deve ser expressa. Entretanto, admite-se a autorização implícita quando o consumidor busca os serviços de um prestador que, sabidamente, trabalha apenas com peças usadas, recondicionadas,[37] assim como nas hipóteses em que a autorização é feita após o emprego da peça, caso em que desaparece a incriminação.[38]

Há, da mesma maneira, de ser reconhecida a possibilidade de tentativa,[39] porquanto exista a possibilidade de perceber-se a tempo de evitar a colocação das peças ou dos componentes usados durante a execução do serviço de reparação do produto.

3.9 COBRANÇA ABUSIVA DE DÍVIDAS

O artigo 71 do CDC prevê como crime: "Utilizar, na cobrança de dívidas, de ameaça, coação, constrangimento físico ou moral, afirmações falsas incorretas ou enganosas ou de qualquer outro procedimento que exponha o consumidor, injustificadamente, a ridículo ou interfira com seu trabalho, descanso ou lazer: Pena Detenção de três meses a um ano e multa". Trata-se da norma que criminaliza conduta igualmente rejeitada, conforme disposto no artigo 42, *caput*, do CDC, que estabelece: "Na cobrança de débitos, o consu-

---

[35] Nesse sentido: MARQUES, Claudia Lima; BENJAMIN, Antônio Herman V.; MIRAGEM, Bruno. *Comentários ao Código de Defesa do Consumidor*. 2. ed. São Paulo: Ed. RT, 2006. p. 947.

[36] Identificando a proximidade entre os tipos penais: PASSARELLI, Eliana. *Dos crimes contra as relaçoes de consumo*. São Paulo: Saraiva, 2002. p. 81.

[37] FONSECA, Antonio Cezar Lima da. *Direito penal do consumidor*: Código de Defesa do Consumidor e Lei 8.137/90. 2. ed. Porto Alegre: Livraria do Advogado, 1999. p. 200.

[38] FONSECA, Antonio Cezar Lima da. *Direito penal do consumidor*: Código de Defesa do Consumidor e Lei 8.137/90. 2. ed. Porto Alegre: Livraria do Advogado, 1999. p. 201; MARQUES, Claudia Lima; BENJAMIN, Antônio Herman V.; MIRAGEM, Bruno. *Comentários ao Código de Defesa do Consumidor*. 2. ed. São Paulo: Ed. RT, 2006. p. 948.

[39] FILOMENO, José Geraldo Brito et al. *Código Brasileiro de Defesa do Consumidor*: comentado pelos autores do anteprojeto. 8. ed. Rio de Janeiro: Forense Universitária, 2005. p. 736; FONSECA, Antonio Cezar Lima da. *Direito penal do consumidor*: Código de Defesa do Consumidor e Lei 8.137/90. 2. ed. Porto Alegre: Livraria do Advogado, 1999. p. 202-203; ALMEIDA, João Batista de. *A proteção jurídica do consumidor*. 5. ed. São Paulo: Saraiva, 2006. p. 220.

midor inadimplente não será exposto a ridículo, nem será submetido a qualquer tipo de constrangimento ou ameaça". A norma penal do artigo 71, nesse sentido, é ainda mais específica na descrição da conduta proibida do que o previsto no artigo 42 do CDC. Isso porque, além da referência às situações de exposição ao ridículo, constrangimento ou ameaça, o legislador faz referência a uma série de situações, por exemplo: afirmações incorretas ou enganosas, assim como a proteção do consumidor com relação a procedimentos que interfiram em seu trabalho, descanso ou lazer. Da mesma forma, a norma do artigo 42-A do CDC, introduzido pela Lei 12.039/2009, refere que "Em todos os documentos de cobrança de débitos apresentados ao consumidor, deverão constar o nome, o endereço e o número de inscrição no Cadastro de Pessoas Físicas – CPF ou no Cadastro Nacional de Pessoa Jurídica – CNPJ do fornecedor do produto ou serviço correspondente". Para efeito do tipo penal do artigo 71 do CDC, eventual falsidade das informações indicadas no artigo 42-A pode dar causa à caracterização do crime nele estabelecido, uma vez que resulte na exposição do consumidor ou interfira no seu trabalho, descanso ou lazer.

Em primeiro lugar, deve ser explicitado que a norma penal em comento não veda a cobrança de dívidas em si mesmo, o que, de resto, seria inaceitável. O que se controla, pela tipificação da conduta como crime, é o modo como se realiza a cobrança da dívida, criminalizando-se a utilização de meios que constranjam ou afetem a integridade psicofísica do consumidor.

São elementos objetivos do tipo: (a) a existência de uma dívida a ser cobrada; (b) a utilização, na cobrança da dívida, alternativa ou cumulativamente, de: (b.1) ameaça; (b.2) coação; (b.3) constrangimento físico ou moral; (b.4) afirmações falsas incorretas ou enganosas; (b.5) qualquer outro procedimento que exponha o consumidor, injustificadamente, a ridículo ou interfira com seu trabalho, descanso ou lazer. Note-se que a norma tem tipo aberto ao prever a criminalização de "qualquer outro procedimento que exponha o consumidor, injustificadamente". A tarefa de preenchimento do significado conceitual das expressões em apreço será do juiz. O critério de avaliação do exercício do direito de cobrança em relação às práticas previstas no artigo 71 do CDC deve observar a existência de qualquer uma das situações ali descritas. Por *ameaça* entende-se a conduta capaz de atemorizar a vítima. A *coação*, por sua vez, trata-se de temor de dano ou grave ameaça de dano, assim como no constrangimento físico ou moral, resta configurada a utilização de ameaça imediata de danos ao consumidor, ainda que possa ser considerada como abrangida pela referência expressa à ameaça ou coação.[40]

Já no que diz respeito à vedação de que o exercício do direito de cobrança interfira no ou trabalho, descanso ou lazer do consumidor-devedor, parece-nos que essa conduta penal típica deve ser compreendida em conjunto com o disposto na parte antecedente do dispositivo, que lhe determina o elemento finalístico da disposição. Nesse sentido, será crime a cobrança que interfira no trabalho, descanso ou lazer do consumidor quando essa interferência tiver por conteúdo o constrangimento ou sua exposição ao ridículo. Caso contrário, em muitas situações, a própria cobrança de dívidas se tornaria inviável, a considerar-se que alguém, quando não estiver no seu lugar de trabalho, estará em descanso

---

40 FONSECA, Antonio Cezar Lima da. *Direito penal do consumidor*: Código de Defesa do Consumidor e Lei 8.137/90. 2. ed. Porto Alegre: Livraria do Advogado, 1999. p. 208.

PARTE VI · Cap. 3 · TIPOS PENAIS NO CÓDIGO DE DEFESA DO CONSUMIDOR | 1191

ou atividades de lazer, impedindo, na prática, a cobrança da dívida em qualquer ocasião. Nesse sentido é que o entendimento acerca dessa interferência no local de trabalho vem admitindo interpretações pelas quais é cabível sua configuração em situações nas quais o exercício da cobrança envolve incômodos para os colegas de trabalho do devedor, submetendo-o a ofensas, assim como a situação em que se afixa cartaz no estabelecimento comercial, dando destaque ao fato da inadimplência.[41] Da mesma forma, a utilização de cartas lacradas e de telefonemas requerendo seu comparecimento à empresa de cobranças não configura não é considerada, conforme decisões já prolatadas, hipótese de aplicação do artigo 71 do CDC.[42]

O sujeito ativo do crime é quem realiza a cobrança da dívida, podendo ser o fornecedor titular do crédito, assim como o responsável ou os funcionários da empresa de cobrança que realizam qualquer uma das condutas relacionadas no tipo previsto pelo artigo 71 do CDC. Já os sujeitos passivos são a coletividade de consumidores lesada pela conduta dos fornecedores e o consumidor lesado diretamente pela atuação criminosa.[43] O crime só é admitido sob a forma dolosa, podendo ser caracterizado tanto o dolo direto quanto o dolo eventual.

3.10 IMPEDIMENTO OU OBSTÁCULO DE ACESSO A INFORMAÇÕES

O artigo 72 do CDC prevê como crime: "Impedir ou dificultar o acesso do consumidor às informações que sobre ele constem em cadastros, banco de dados, fichas e registros: Pena Detenção de seis meses a um ano ou multa". A finalidade da disposição é a proteção dos consumidores em relação ao conhecimento de informações constantes nos arquivos de consumo. Note-se que o acesso a essas informações, constantes em arquivos de consumo, é garantido ao consumidor por intermédio do recurso constitucional do *habeas data*. Entretanto, sua existência não compromete a utilidade do artigo 72 do CDC. Isso porque a norma em questão criminaliza conduta que se apresenta como violadora dos deveres impostos ao fornecedor, por meio do artigo 43 do CDC, mediante a atuação do fornecedor para impedir ou dificultar o acesso às informações pelo consumidor. O objeto jurídico principal do crime em exame é a proteção das relações de consumo e, em seguida, o direito de acesso a informações pelos consumidores.[44]

Trata-se de crime comissivo, visto que exige uma ação do fornecedor, e doloso, devendo estar caracterizada a vontade livre e consciente do fornecedor de impedir o acesso às informações pelo consumidor. São elementos objetivos do tipo: (a) a existência de dados relativos ao consumidor em cadastros, bancos de dados, fichas e registros; (b) a ação do fornecedor visando impedir ou dificultar o acesso a esses dados. Uma vez que se trate de crime de mera conduta, não há necessidade de demonstração de prejuízo pela falta de

---

[41] ALMEIDA, João Batista de. *A proteção jurídica do consumidor*. 5. ed. São Paulo: Saraiva, 2006. p. 221.

[42] ALMEIDA, João Batista de. *A proteção jurídica do consumidor*. 5. ed. São Paulo: Saraiva, 2006. p. 221.

[43] Em sentido contrário, é o entendimento de Antônio Herman Benjamin, ao identificar exclusivamente a coletividade de consumidores como sujeito passivo do crime: MARQUES, Claudia Lima; BENJAMIN, Antônio Herman V.; MIRAGEM, Bruno. *Comentários ao Código de Defesa do Consumidor*. 2. ed. São Paulo: Ed. RT, 2006. p. 950-951.

[44] PASSARELLI, Eliana. *Dos crimes contra as relações de consumo*. São Paulo: Saraiva, 2002. p. 91.

1192 | CURSO DE DIREITO DO CONSUMIDOR – *Bruno Miragem*

acesso às informações por parte do consumidor.[45] Trata-se apenas, como se depreende do núcleo do tipo, de *impedir* ou *dificultar*. *Impedir* significa, nesse caso, tornar impossível, proibir, vedar, opor-se, não permitir.[46] Já *dificultar*, no caso, deve ser interpretado como embaraçar, impor condições exageradas, fazer demorar.

O sujeito ativo do crime é o fornecedor ou quem mantenha banco de dados em que constem as informações solicitadas pelo consumidor. Nesse sentido, podem ser sujeitos ativos do crime tanto os fornecedores que coletam e mantêm em seus arquivos as informações solicitadas quanto empresas ou demais serviços que tenham por finalidade o arquivamento e a gestão dessas informações, por intermédio de seus dirigentes ou responsáveis. O sujeito passivo, por seu turno, diz respeito tanto à coletividade de consumidores quanto aos consumidores que individualmente tiveram negado seu direito de acesso à informação. Não se admite a tentativa, porquanto o crime de mera conduta, de acordo com as disposições do tipo, restringe-se à conduta completa, integrativa da conduta típica descrita, de *impedir* ou *dificultar*.

Por fim, cumpre referir a pena para prática do crime, como sendo de seis meses a um ano de detenção, ou, ainda, admitida como pena alternativa, a multa, fixada em dias-multa, de acordo com o artigo 77 do CDC.

3.11 OMISSÃO NA CORREÇÃO DE DADOS

O artigo 73 do CDC prevê como crime: "Deixar de corrigir imediatamente informação sobre consumidor constante de cadastro, banco de dados, fichas ou registros que sabe ou deveria saber ser inexata: Pena Detenção de um a seis meses ou multa". O tipo previsto no artigo 73 complementa o disposto no artigo 72 do CDC. Enquanto o artigo anterior refere-se à conduta de impedir o acesso à informação constante nos arquivos de consumo pelos consumidores, o artigo 73 refere-se à omissão do fornecedor ou de quem tenha a gestão do arquivo de consumo de informações inexatas nele constante. O objeto da proteção, nesse caso, é o direito de retificação dos dados inexatos pelo consumidor, previsto no artigo 43, § 3º, do CDC, que dispõe: "(...) § 3º O consumidor, sempre que encontrar inexatidão nos seus dados e cadastros, poderá exigir sua imediata correção, devendo o arquivista, no prazo de cinco dias úteis, comunicar a alteração aos eventuais destinatários das informações incorretas". Cumpre referir que por informações inexatas, a teor do disposto no artigo 73, encontram-se aquelas que mantêm, entre as informações constantes nos arquivos de consumo, dívida já prescrita,[47] em vista do que dispõe o artigo 43, § 5º, do CDC ("§ 5º Consumada a prescrição relativa à cobrança de débitos do consumidor, não serão fornecidas, pelos respectivos Sistemas de Proteção ao Crédito,

---

[45] Nesse sentido: FILOMENO, José Geraldo Brito et al. *Código Brasileiro de Defesa do Consumidor*: comentado pelos autores do anteprojeto. 8. ed. Rio de Janeiro: Forense Universitária, 2005. p. 747; FONSECA, Antonio Cezar Lima da. *Direito penal do consumidor*: Código de Defesa do Consumidor e Lei 8.137/90. 2. ed. Porto Alegre: Livraria do Advogado, 1999. p. 217.

[46] MARQUES, Claudia Lima; BENJAMIN, Antônio Herman V.; MIRAGEM, Bruno. *Comentários ao Código de Defesa do Consumidor*. 2. ed. São Paulo: Ed. RT, 2006. p. 954.

[47] Nesse sentido: FILOMENO, José Geraldo Brito et al. *Código Brasileiro de Defesa do Consumidor*: comentado pelos autores do anteprojeto. 8. ed. Rio de Janeiro: Forense Universitária, 2005. p. 748.

PARTE VI · Cap. 3 · TIPOS PENAIS NO CÓDIGO DE DEFESA DO CONSUMIDOR | 1193

quaisquer informações que possam impedir ou dificultar novo acesso ao crédito junto aos fornecedores").

Os elementos objetivos do tipo são: (a) a existência de informação incorreta em cadastro, banco de dados, fichas ou registros; (b) a inexatidão das informações arquivadas; (c) a não correção imediata da informação. A descrição da conduta típica faz menção a que o sujeito ativo do crime deixe de "corrigir imediatamente informação". A interpretação do que se deva considerar como *imediatamente* vincula-se a aspecto temporal que deve ser verificado em cotejo com o momento em que se teve conhecimento da inexatidão. Assim, imediata é a retificação feita desde logo, a partir do momento em que teve ou deveria ter conhecimento da inexatidão. É o caso do momento da reclamação procedida pelo consumidor, ou da verificação do equívoco por intermédio de auditoria das informações arquivadas na empresa. De se admitir aqui, naturalmente, o tempo razoável para que o fornecedor ou o gestor do banco de dados verifiquem, quando for o caso, a correção das informações corrigidas pelo consumidor. Esse prazo, *a priori*, resta estabelecido no artigo 43, § 3º, que consigna um prazo de 5 (cinco) dias úteis para as providências de retificação. Nesse sentido, é de se considerar que a consumação do crime se dá após passados os cinco dias sem que seja providenciada a respectiva retificação do registro.[48]

Trata-se de crime de mera conduta, omissivo puro, razão pela qual na se perquire sobre a existência ou não de resultado danoso para o consumidor. Da mesma forma, as expressões "sabe" ou "deveria saber", presentes na descrição da conduta, assinalam a punição do crime sob a modalidade dolosa ("sabe") ou culposa ("deveria saber"). O sujeito ativo do crime é o arquivista, seja o fornecedor que coletou os dados e os mantém arquivados, seja o gestor de arquivo de consumo. Já os sujeitos passivos do crime são a coletividade de consumidores e o consumidor individualmente lesado pela omissão, o qual teve sua dignidade, honra e crédito afetados pela manutenção do registro incorreto. A pena para o crime em exame é de seis meses de detenção ou multa (fixada de acordo com o artigo 77 do CDC), havendo uma equiparação entre as sanções atribuídas aos crimes, independentemente de terem sido praticados por dolo ou culpa.

3.12 OMISSÃO NA ENTREGA DE TERMO DE GARANTIA

O artigo 74 prevê como crime: "Deixar de entregar ao consumidor o termo de garantia adequadamente preenchido e com especificação clara de seu conteúdo: Pena Detenção de um a seis meses ou multa". Trata-se de tipo penal bastante criticado pela doutrina penal, em vista de sua suposta contradição com o princípio da insignificância, uma vez que se trata de crime de potencial ofensivo bastante reduzido para a coletividade.[49]

---

[48] MARQUES, Claudia Lima; BENJAMIN, Antônio Herman V.; MIRAGEM, Bruno. *Comentários ao Código de Defesa do Consumidor*. 2. ed. São Paulo: Ed. RT, 2006. p. 957; FONSECA, Antonio Cezar Lima da. *Direito penal do consumidor*: Código de Defesa do Consumidor e Lei 8.137/90. 2. ed. Porto Alegre: Livraria do Advogado, 1999. p. 225; FILOMENO, José Geraldo Brito et al. *Código Brasileiro de Defesa do Consumidor*: comentado pelos autores do anteprojeto. 8. ed. Rio de Janeiro: Forense Universitária, 2005. p. 748; PASSARELLI, Eliana. *Dos crimes contra as relações de consumo*. São Paulo: Saraiva, 2002. p. 95.

[49] FONSECA, Antonio Cezar Lima da. *Direito penal do consumidor*: Código de Defesa do Consumidor e Lei 8.137/90. 2. ed. Porto Alegre: Livraria do Advogado, 1999. p. 229.

CURSO DE DIREITO DO CONSUMIDOR – *Bruno Miragem*

Todavia, tal qual estabelecido, trata-se da proteção penal do dever instituído pelo artigo 50 do CDC, que estabelece: "A garantia contratual é complementar à legal e será conferida mediante termo escrito. Parágrafo único. O termo de garantia ou equivalente deve ser padronizado e esclarecer, de maneira adequada em que consiste a mesma garantia, bem como a forma, o prazo e o lugar em que pode ser exercitada e os ônus a cargo do consumidor, devendo ser-lhe entregue, devidamente preenchido pelo fornecedor, no ato do fornecimento, acompanhado de manual de instrução, de instalação e uso do produto em linguagem didática, com ilustrações". Da interpretação do artigo 50 do CDC, percebe-se que a garantia à qual faz referência o CDC – e, inclusive, o artigo 74 do CDC – é aquela relativa à garantia contratual, quando esta existir. A garantia legal, conforme estabelece o artigo 24 do CDC, independe de termo expresso.

Desse modo, verificam-se como elementos objetivos do tipo do artigo 74 do CDC: (a) a existência de garantia contratual; (b) a não entrega de termo de garantia que explicite de modo claro seu conteúdo e abrangência. A finalidade da disposição é a proteção do direito à informação do consumidor. Da mesma forma, configura-se um crime omissivo puro, de mera conduta, razão pela qual não se há de perquirir o resultado danoso decorrente da lesão. Entretanto, considere-se que a mera entrega do termo de garantia, por si só, não afasta a configuração do crime, porquanto este poderá se caracterizar na hipótese de o termo de garantia oferecido pelo fornecedor ao consumidor não for "adequadamente preenchido e com especificação clara do seu conteúdo".[50] O que se deva considerar como "adequadamente preenchido" segundo descrição da conduta típica terá seu significado estabelecido pelo artigo 50 do CDC, que estabelece – como vimos – uma série de requisitos a serem observados em relação ao conteúdo do termo de garantia.

O crime descrito no artigo 74 será praticado apenas mediante dolo do agente. Como sujeito ativo do delito, tem-se o comerciante que deixa de entregar o termo de garantia, mas também o fabricante quando competir a ele o fornecimento de termos de garantia padronizados, acompanhando o produto. Como sujeito passivo, tem-se a coletividade de consumidores. Nesse sentido, menciona Benjamin um aspecto que denota claramente esse caráter coletivo do sujeito passivo, fazendo referência a que não descaracteriza o crime o fato de o termo de garantia ser entregue após o fornecimento do produto, mediante anuência do consumidor. Sustenta, então, que, mesmo na hipótese de concordância do consumidor, considerando ser a coletividade de consumidores a lesada pela conduta em questão, o crime será reputado como consumado.

---

[50] PASSARELLI, Eliana. *Dos crimes contra as relações de consumo.* São Paulo: Saraiva, 2002. p. 100.

4
CIRCUNSTÂNCIAS AGRAVANTES E ATENUANTES

Constituem circunstâncias agravantes, previstas no artigo 76 do CDC, o fato de os crimes: "I – serem cometidos em época de grave crise econômica ou por ocasião de calamidade; II – ocasionarem grave dano individual ou coletivo; III – dissimular-se a natureza ilícita do procedimento; IV – quando cometidos: *a)* por servidor público, ou por pessoa cuja condição econômico-social seja manifestamente superior à da vítima; *b)* em detrimento de operário ou rurícola; de menor de dezoito ou maior de sessenta anos ou de pessoas portadoras de deficiência mental, interditadas ou não; V – serem praticados em operações que envolvam alimentos, medicamentos ou quaisquer outros produtos ou serviços essenciais". As circunstâncias agravantes são aquelas específicas que se apresentam no cometimento de determinado crime, as quais, por sua natureza, aumentam a reprovação social deste. Nesse sentido, o CDC prevê, no artigo 76, uma série de circunstâncias agravantes, desde aquelas que envolvem considerações político-criminais, como as dos incisos I, II e V, até aquelas que dizem com o sensível aumento do grau de culpabilidade do delito, como é o caso das previstas nos incisos III e IV. No caso, as agravantes previstas no CDC, relativas ao aumento do grau de culpabilidade do agente, são aquelas que indicam uma atuação dolosa específica do sujeito passivo com dissimulação do ilícito (inciso III, cuja aplicação pode se dar, *e.g.*, em relação aos crimes relativos à publicidade ilícita), ou mesmo aquelas que dizem respeito ao aproveitamento da situação de desigualdade e superioridade econômica ou psicofísica do ofensor sem relação à vítima (inciso IV, *b*), ou, ainda, por quem viole seu dever funcional (inciso IV, *a*). Por outro lado, considera-se agravante o fato de o crime ter sido cometido em relações que tenham por objeto produtos ou serviços essenciais, uma vez que, em tais circunstâncias, há um aumento das consequências lesivas do ilícito, o que também ocorre com relação ao disposto nos incisos I e II do artigo 76.

Além das agravantes expressamente previstas no CDC, devem ser reconhecidas as circunstâncias agravantes previstas no Código Penal,[1] com especial relevo para a situação da reincidência. A reincidência, prevista como agravante pelo artigo 61, I, do CP, é plenamente aplicável no sistema do direito penal do consumidor, até em garantia da efetividade das normas do CDC, assim como, conforme ensina Antonio Cezar Lima da Fonseca, se

---

[1] Sobre o tema diverge a doutrina. Para um panorama das opiniões divergentes, veja-se: FONSECA, Antonio Cezar Lima da. *Direito penal do consumidor*: Código de Defesa do Consumidor e Lei 8.137/90. 2. ed. Porto Alegre: Livraria do Advogado, 1999. p. 103.

constitui *em meras circunstâncias, e não em elementares, do crime.*[2] As agravantes deverão ser descritas na denúncia, não se admitindo que sejam acrescidas posteriormente, como ó e caso em que resulte grave dano individual ou coletivo apenas depois de identificado (artigo 76, II, do CDC), sob pena de violação do princípio da correlação.[3]

Da mesma forma parecem incidir na espécie as atenuantes genéricas previstas no Código Penal, quando pertinentes em vista do caso concreto, em simetria com as razões esposadas para o reconhecimento das circunstâncias agravantes, em vista da necessidade de determinar-se uma pena adequada para o criminoso.

---

[2] FONSECA, Antonio Cezar Lima da. *Direito penal do consumidor*: Código de Defesa do Consumidor e Lei 8.137/90. 2. ed. Porto Alegre: Livraria do Advogado, 1999. p. 103.

[3] STJ, HC 332.671/SP, 6ª Turma, Rel. Min. Ericson Maranho (Desembargador Convocado do TJ/SP), j. 15.12.2015, *DJe* 02.02.2016.

5
OUTRAS PENALIDADES E PENAS RESTRITIVAS DE DIREITOS

O artigo 78 do CDC estabelece que: "Além das penas privativas de liberdade e de multa, podem ser impostas, cumulativa ou alternadamente, observado o disposto nos artigos 44 a 47, do Código Penal: I – a interdição temporária de direitos; II – a publicação em órgãos de comunicação de grande circulação ou audiência, às expensas do condenado, de notícia sobre os fatos e a condenação; III – a prestação de serviços à comunidade". A lei outorga, assim, ao juiz a possibilidade de aplicação cumulativa às penas estabelecidas nos respectivos tipos penais, ou sua substituição em face das penas previstas no artigo 78 do CDC. A substituição ocorrerá quando: "(...) I – aplicada pena privativa de liberdade não superior a quatro anos e o crime não for cometido com violência ou grave ameaça à pessoa ou, qualquer que seja a pena aplicada, se o crime for culposo; II – o réu não for reincidente em crime doloso; III – a culpabilidade, os antecedentes, a conduta social e a personalidade do condenado, bem como os motivos e as circunstâncias indicarem que essa substituição seja suficiente" (artigo 44 do CP).

Há certa discussão na doutrina sobre o fato de serem as penas previstas no artigo 78 do CDC autônomas ou não. Se consideradas autônomas, será permitido ao juiz escolher a sanção mais adequada,[1] dentre aquelas fixadas como pena-base do tipo e as estabelecidas no mencionado artigo 78. Por outro lado, considerando serem penas acessórias, acrescem às penas previstas nos respectivos tipos penais.[2] O fato é que, após a promulgação do CDC, o legislador veio a alterar o Código Penal, estabelecendo as penas previstas em seu artigo 44 e ss. como espécies de penas alternativas. Entretanto, consideramos que o regime do CDC constitui norma especial em relação ao Código Penal, estabelece a faculdade judicial da determinação das penas previstas no artigo 78 como *penas alternativas*, no sentido ora previsto no Código Penal, ou *acessórias*, aplicando-as cumulativamente às penas fixadas no tipo. Cumpre ao juiz, ao decidir pela substituição, fundamentar sobre as razões do seu convencimento, em especial no que diz respeito ao juízo de culpabilidade, antecedentes e conduta social do condenado, assim como a adequação da pena substituta determinada. Para tanto, poderá estabelecer o tempo de cumprimento da pena estabelecida dentre as alternativas do artigo 78 do CDC pelo mesmo tempo da pena substituída,

---

[1] Nesse sentido: FONSECA, Antonio Cezar Lima da. *Direito penal do consumidor*: Código de Defesa do Consumidor e Lei 8.137/90. 2. ed. Porto Alegre: Livraria do Advogado, 1999. p. 82.

[2] Defende esse entendimento: FILOMENO, José Geraldo Brito et al. *Código Brasileiro de Defesa do Consumidor*: comentado pelos autores do anteprojeto. 8. ed. Rio de Janeiro: Forense Universitária, 2005. p. 759.

com exceção da situação em que a pena substituída é de até um ano, situação em que a pena restritiva de direitos poderá ser interposta por período menor, mas nunca inferior à metade daquela, conforme se depreende da interpretação do artigo 55, combinado com o artigo 46, § 4º, do CP.[3]

No que tange à interdição temporária de direitos a que se refere o inciso I do artigo 78 do CDC, esta consiste, de acordo com o artigo 47 do CP, na: "(...) I – proibição do exercício de cargo, função ou atividade pública, bem como de mandato eletivo; II – proibição do exercício de profissão, atividade ou ofício que dependam de habilitação especial, de licença ou autorização do poder público; III – suspensão de autorização ou de habilitação para dirigir veículo; IV – proibição de frequentar determinados lugares; V – proibição de inscrever-se em concurso, avaliação ou exame públicos".

Note-se que a pena restritiva de direitos poderá ser convertida em pena privativa de liberdade, na hipótese de descumprimento injustificado da restrição imposta (artigo 44, § 4º, do CP), assim como, na hipótese de sobrevir condenação à pena privativa de liberdade por outro crime, poderá o juiz da execução decidir sobre a conversão, deixando de aplicar a pena mais grave (privativa de liberdade), se possível ao condenado o cumprimento de pena menor.

Em relação à pena de prestação de serviços à comunidade, o artigo 46 do CP estabelece: "A prestação de serviços à comunidade ou a entidades públicas é aplicável às condenações superiores a seis meses de privação da liberdade. § 1º A prestação de serviços à comunidade ou a entidades públicas consiste na atribuição de tarefas gratuitas ao condenado. § 2º A prestação de serviço à comunidade dar-se-á em entidades assistenciais, hospitais, escolas, orfanatos e outros estabelecimentos congêneres, em programas comunitários ou estatais. § 3º As tarefas a que se refere o § 1º serão atribuídas conforme as aptidões do condenado, devendo ser cumpridas à razão de uma hora de tarefa por dia de condenação, fixadas de modo a não prejudicar a jornada normal de trabalho. § 4º Se a pena substituída for superior a um ano, é facultado ao condenado cumprir a pena substitutiva em menor tempo (art. 55), nunca inferior à metade da pena privativa de liberdade fixada".

No que se refere à pena prevista no artigo 78, II, do CDC, prevendo a publicação da notícia da condenação em órgãos de comunicação de grande circulação e audiência, trata-se de típica hipótese de pena acessória, estabelecendo, em conjunto com a pena de detenção ou multa estabelecida pelo juiz, que se dê conhecimento amplo do fato do processo e da condenação do ofensor.[4]

No caso dos crimes previstos no CDC, note-se que, pela pena-base fixada (todas até o máximo de dois anos de detenção), seu processamento será de competência dos juizados especiais criminais, em vista do que estabelece o artigo 61 da Lei 9.099/1995, havendo possibilidade de composição dos danos e conciliação das partes na fase preliminar (artigo 72 da Lei 9.099/1995). No mesmo sentido, não havendo conciliação, a legislação permite que o Ministério Público faça, desde logo, proposta de aplicação imediata de

---

[3]   FONSECA, Antonio Cezar Lima da. *Direito penal do consumidor*: Código de Defesa do Consumidor e Lei 8.137/90. 2. ed. Porto Alegre: Livraria do Advogado, 1999. p. 83.

[4]   Esse seria o propósito do artigo 78, segundo refere FILOMENO, José Geraldo Brito et al. *Código Brasileiro de Defesa do Consumidor*: comentado pelos autores do anteprojeto. 8. ed. Rio de Janeiro: Forense Universitária, 2005. p. 761.

PARTE VI · Cap. 5 · OUTRAS PENALIDADES E PENAS RESTRITIVAS DE DIREITOS | **1199**

pena restritiva de liberdade ou multa, a qual poderá ser aceita ou não pelo juiz.[5] Sendo deferida, ela não caracterizará reincidência, nem constará na certidão de antecedentes do réu, apenas constando de registro para evitar que o réu se aproveite do benefício nos cinco anos seguintes (artigo 76, § 4º, da Lei 9.099/1995).

Da mesma forma, com relação aos crimes cuja pena mínima for igual ou inferior a um ano, poderá o Ministério Público, ao oferecer a denúncia, propor a suspensão do processo por dois a quatro anos, desde que o acusado não esteja sendo processado nem tenha sido condenado por outro crime, bem como estejam presentes os demais requisitos que autorizem a suspensão condicional da pena (previstos no artigo 77 do CP).[6] Essa suspensão, uma vez deferida pelo juiz, fica subordinada ao cumprimento pelo réu das seguintes condições: "(...) I – reparação do dano, salvo impossibilidade de fazê-lo; II – proibição de frequentar determinados lugares; III – proibição de ausentar-se da comarca onde reside, sem autorização do Juiz; IV – comparecimento pessoal e obrigatório a juízo, mensalmente, para informar e justificar suas atividades" (artigo 89, § 1º, da Lei 9.099/1995).

Tais consequências derivam dos crimes contra as relações de consumo estabelecidos no CDC, cujas penas não são superiores a dois anos de detenção. A Lei 8.137/1990, contudo, ao fixar a pena-base dos crimes contra as relações de consumo previstos em seu artigo 7º, determinou que ela seja de dois a cinco anos de detenção, razão pela qual a competência para julgá-los não será do Juizado Especial Cível, mas do juízo ordinário, não se aplicando as regras de suspensão previstas na Lei 9.099/1995.[7]

---

[5]   Não caberá proposta do Ministério Público nesses termos, do mesmo modo, quando: "(...) I – ter sido o autor da infração condenado, pela prática de crime, à pena privativa de liberdade, por sentença definitiva; II – ter sido o agente beneficiado anteriormente, no prazo de cinco anos, pela aplicação de pena restritiva ou multa, nos termos deste artigo; III – não indicarem os antecedentes, a conduta social e a personalidade do agente, bem como os motivos e as circunstâncias, ser necessária e suficiente a adoção da medida" (artigo 76, § 2º, da Lei 9.099/1995).

[6]   Dispõe o artigo 77 do CP: "A execução da pena privativa de liberdade, não superior a 2 (dois) anos, poderá ser suspensa, por 2 (dois) a 4 (quatro) anos, desde que: I – o condenado não seja reincidente em crime doloso; II – a culpabilidade, os antecedentes, a conduta social e personalidade do agente, bem como os motivos e as circunstâncias autorizem a concessão do benefício; III – não seja indicada ou cabível a substituição prevista no art. 44 deste Código. § 1º A condenação anterior a pena de multa não impede a concessão do benefício. § 2º A execuçao da pena privativa de liberdade, não superior a quatro anos, poderá ser suspensa, por quatro a seis anos, desde que o condenado seja maior de setenta anos de idade, ou razões de saúde justifiquem a suspensão".

[7]   "Criminal. REsp. Crime contra as relações de consumo. Nulidade da sentença. Contradição. Não ocorrência. Dolo eventual. Caracterização. Suspensão condicional do processo. Pena alternativa de multa. Irrelevância. Recurso desprovido. I. Se não há contradição no decisum, que reconheceu a modalidade dolosa do crime, ante o reconhecimento da ocorrência do dolo eventual na conduta do réu, não há qualquer nulidade a ser declarada, com fundamento no artigo 381, III, do CPP. II. Se o *quantum* da pena mínima do delito imputado ao réu é de 02 anos de detenção – ultrapassando, o limite de 01 ano estabelecido pela Lei 9.099/95 –, incabível a concessão de suspensão condicional do processo. III. Para que seja possível a aplicação do sursis processual é necessário que a pena mínima cominada seja inferior a 01 ano, sendo irrelevante a previsão legal de pena pecuniária na forma alternativa ou cumulativa. IV. Recurso desprovido" (STJ, REsp 879.846/PR, Rel. Min. Gilson Dipp, j. 10.05.2007, *DJU* 29.06.2007, p. 707).

6
RESPONSABILIDADE DOS DIRIGENTES E OUTRAS PESSOAS QUE CONCORREM PARA O CRIME

O artigo 75 do CDC estabelece a regra relativa ao concurso de pessoas, nos crimes previstos no próprio código. Nesse sentido, dispõe o artigo 75, nos seguintes termos: "Quem, de qualquer forma, concorrer para os crimes referidos neste Código, incide as penas a esses cominadas na medida de sua culpabilidade, bem como o diretor, administrador ou gerente da pessoa jurídica que promover, permitir ou por qualquer modo aprovar o fornecimento, oferta, exposição à venda ou manutenção em depósito de produtos ou a oferta e prestação de serviços nas condições por ele proibidas".

Note-se que a norma do artigo 75 estabelece regra específica e, em alguma medida, reproduz a regra geral estabelecida no artigo 29 do CP: "Quem, de qualquer modo, concorre para o crime incide nas penas a este cominadas, na medida de sua culpabilidade. § 1º Se a participação for de menor importância, a pena pode ser diminuída de um sexto a um terço. § 2º Se algum dos concorrentes quis participar de crime menos grave, ser-lhe-á aplicada a pena deste; essa pena será aumentada até metade, na hipótese de ter sido previsível o resultado mais grave". Nesse sentido é a crítica reproduzida pela doutrina sobre a desnecessidade do artigo 75 do CDC, em face do disposto no Código Penal, assim como, por outro lado, a crítica relativa à responsabilidade dos dirigentes da pessoa jurídica prevista na norma.[1] Note-se que, nesse particular, o artigo 75 do CDC explicita a responsabilidade dos administradores, diretores e gerentes por crimes praticados no exercício do seu poder de direção da pessoa jurídica. Isso não exclui, contudo, o exame da culpabilidade do agente, porquanto deverão restar demonstradas cabalmente as condutas descritas de "promover, permitir ou por qualquer modo aprovar o fornecimento, oferta, exposição à venda ou manutenção em depósito de produtos ou a oferta e prestação de serviços" em violação ao disposto no CDC. Essa interpretação é a que se vislumbra, inclusive, do exame conjunto do disposto no artigo 75 do CDC e do que refere o artigo 11, *caput*, da Lei 8.137/1990, que dispõe: "Quem, de qualquer modo, inclusive por meio de pessoa jurídica, concorre para os crimes definidos nesta lei, incide nas penas a estes cominadas, na medida de sua culpabilidade". Nesse sentido, aliás, refira-se o entendimento de Alberto Toron, para quem a norma da Lei 8.137/1990 teria, inclusive, revogado a

---

[1] Conforme referem: FILOMENO, José Geraldo Brito et al. *Código Brasileiro de Defesa do Consumidor*: comentado pelos autores do anteprojeto. 8. ed. Rio de Janeiro: Forense Universitária, 2005. p. 755; e FONSECA, Antonio Cezar Lima da. *Direito penal do consumidor*: Código de Defesa do Consumidor e Lei 8.137/90. 2. ed. Porto Alegre: Livraria do Advogado, 1999. p. 56-57. Para a crítica da norma, veja-se: PASSARELLI, Eliana. *Dos crimes contra as relações de consumo*. São Paulo: Saraiva, 2002. p. 104-105.

CURSO DE DIREITO DO CONSUMIDOR – *Bruno Miragem*

norma do artigo 75 do CDC, por ter referido a expressão "inclusive por meio da pessoa jurídica".[2] Por outro lado, dado o teor da norma em questão, poderão ser sujeitos ativos do crime, além dos dirigentes da pessoa jurídica, os empregados que tiverem concorrido para o cometimento dos crimes previstos no CDC. Da mesma forma, não é necessário que a pessoa natural, sujeito ativo do crime, seja vinculada formalmente à empresa, tal como diretor ou empregado da pessoa jurídica. Basta que contribua, faticamente, para o cometimento do delito.

Não há de se referir, assim, a qualquer espécie de responsabilidade objetiva dos diretores, administradores ou gerentes, tampouco das demais pessoas naturais que concorram para o cometimento do crime. Como ensina Eladio Lecey, "a regra geral é a do Código Penal, decorrente, em termos de causalidade, da teoria da equivalência das condições. Qualquer contribuição ao resultado é considerada causa. No entanto, se a causalidade não pode variar, por força daquela teoria, a culpabilidade é de cada agente e há de ser medida no caso concreto, distintamente para cada concorrente. Ademais, não só a relevância causal é requisito do concurso, sendo indispensável o liame subjetivo entre os concorrentes, entendido como a consciência de contribuição ao delito. É o corolário do direito penal da culpa que abomina a responsabilidade objetiva".[3] Daí por que há de se considerar que a responsabilidade estabelecida no artigo 75 do CDC a diretores e administradores e gerentes da pessoa jurídica continua a ser subjetiva, ou seja, será determinada na medida da sua culpabilidade, segundo a avaliação das condutas previstas no artigo 75 do CDC.

---

[2]   TORON, Alberto Zacharias. Aspectos penais da proteção do consumidor. *Fascículos de Ciências Penais*, Porto Alegre, n. 4, 1991. p. 54.

[3]   LECEY, Eladio. Autoria singular e coletiva nas infrações contra o ambiente e as relações de consumo. *Revista da Ajuris*, Porto Alegre, v. 28, n. 68, p. 36-49, nov. 1996.

7

ASSISTÊNCIA E AÇÃO PENAL SUBSIDIÁRIA NOS CRIMES CONTRA AS RELAÇÕES DE CONSUMO

Determina o artigo 80 do CDC que "No processo penal atinente aos crimes previstos neste código, bem como a outros crimes e contravenções que envolvam relações de consumo, poderão intervir, como assistentes do Ministério Público, os legitimados indicados no art. 82, incisos III e IV, aos quais também é facultado propor ação penal subsidiária, se a denúncia não for oferecida no prazo legal". O CDC, nesse sentido, amplia a possibilidade de assistência da acusação para o processo relativo aos crimes nele previstos, reconhecendo às entidades ou aos órgãos da Administração direta ou indireta, mesmo sem personalidade jurídica (*e.g.*, Procon), assim como às associações de consumidores, a intervenção no processo como assistentes da acusação. A assistência, nesse caso, será regulada pelas normas dos artigos 268 a 273 do CPP.[1] Da mesma forma, confere a essas entidades a legitimidade para interposição da ação penal subsidiária, na hipótese de o Ministério Público não vir a oferecer a denúncia no prazo legal, que é de quinze dias se o réu estiver solto ou afiançado e cinco caso se encontre preso.

A importância da assistência dos órgãos e das entidades de defesa do consumidor reside no fato da sua especialização e possibilidade de oferecer subsídios à atuação do Ministério Público.[2] Do mesmo modo, sua legitimidade para promoção da ação penal

---

[1] Assim dispõem os artigos 268 a 273 do CPP: "Art. 268. Em todos os termos da ação pública, poderá intervir, como assistente do Ministério Público, o ofendido ou seu representante legal, ou, na falta, qualquer das pessoas mencionadas no art. 31. Art. 269. O assistente será admitido enquanto não passar em julgado a sentença e receberá a causa no estado em que se achar. Art. 270. O corréu no mesmo processo não poderá intervir como assistente do Ministério Público. Art. 271. Ao assistente será permitido propor meios de prova, requerer perguntas às testemunhas, aditar o libelo e os articulados, participar do debate oral e arrazoar os recursos interpostos pelo Ministério Público, ou por ele próprio, nos casos dos arts. 584, § 1º, e 598. § 1º O juiz, ouvido o Ministério Público, decidirá acerca da realização das provas propostas pelo assistente. § 2º O processo prosseguirá independentemente de nova intimação do assistente, quando este, intimado, deixar de comparecer a qualquer dos atos da instrução ou do julgamento, sem motivo de força maior devidamente comprovado. Art. 272. O Ministério Público será ouvido previamente sobre a admissão do assistente. Artigo 273. Do despacho que admitir, ou não, o assistente, não caberá recurso, devendo, entretanto, constar dos autos o pedido e a decisão".

[2] MARQUES, Claudia Lima; BENJAMIN, Antônio Herman V.; MIRAGEM, Bruno. *Comentários ao Código de Defesa do Consumidor*. 2. ed. São Paulo: Ed. RT, 2006. p. 971; FILOMENO, José Geraldo Brito et al. *Código Brasileiro de Defesa do Consumidor*: comentado pelos autores do anteprojeto. 8. ed. Rio de Janeiro: Forense Universitária, 2005. p. 774.

subsidiária apresenta-se como garantia de efetividade da persecução penal prevista no CDC, podendo, contudo, o Ministério Público, segundo a correta lição de Antonio Cezar Lima da Fonseca,[3] vir a aditar a queixa, assim como repudiá-la, apresentar denúncia substitutiva, intervir no processo e retomar a ação penal como parte principal.

---

[3] FONSECA, Antonio Cezar Lima da. *Direito penal do consumidor*: Código de Defesa do Consumidor e Lei 8.137/90. 2. ed. Porto Alegre: Livraria do Advogado, 1999. p. 64.

BIBLIOGRAFIA

ABANTO VÁSQUEZ, Manuel. *Derecho penal económico*: consideraciones jurídicas y económicas. Lima: Idemsa, 1997.

ABRÃO, Carlos Henrique. Prestação de contas bancária. *Revista de Direito Bancário e do Mercado de Capitais*, São Paulo, v. 9, p. 267-272, jul. 2000.

ABRÃO, Eliane Yachou. *Direitos de autor e direitos conexos*. São Paulo: Editora do Brasil, 2002.

ABRÃO, Nelson. *Direito bancário*. 12. ed. São Paulo: Saraiva, 2009.

ADAM, Leonie; MICKLITZ, Hans-Wolfgang. Verbraucher und Online-Plattformen. In: MICKLITZ, Hans-Wolfgang et al. (Hrsg.). *Verbraucherrecht 2.0*: Verbraucher in der digitalen Welt. Baden-Baden: Nomos, 2017.

AFTALIÓN, Enrique R.; VILANOVA, José; RAFFO, Julio. *Introducción al derecho*. Buenos Aires: Abeledo Perrot, 1999.

AGRAWAL, Ajay; GANS, Joshua; GOLDFARB, Avi. *Prediction machines*: the simple economics of artificial intelligence. Boston: Harvard Business Review Press, 2018.

AGUIAR DIAS, José de. *Da responsabilidade civil*. 6. ed. Rio de Janeiro: Forense, 1979. v. 1.

AGUIAR JÚNIOR, Ruy Rosado de. Aspectos do Código de Defesa do Consumidor. *Revista da Ajuris*, Porto Alegre, n. 52, p. 167-187, jul. 1991.

AGUIAR DIAS, José. *Da responsabilidade civil*. São Paulo: Saraiva, 1979. v. 2.

AGUIAR JÚNIOR, Ruy Rosado de. *Extinção dos contratos por incumprimento do devedor*. Rio de Janeiro: Aide, 1991.

AGUIAR JÚNIOR, Ruy Rosado de. Cláusulas abusivas no Código de Defesa do Consumidor. In: MARQUES, Claudia Lima. *Estudos sobre a proteção do consumidor no Brasil e no Mercosul*. Porto Alegre: Livraria do Advogado, 1994.

AGUIAR JÚNIOR, Ruy Rosado de. A boa-fé na relação de consumo. *Revista de Direito do Consumidor*, São Paulo, v. 14, p. 20-27, abr.-jun. 1995.

AGUIAR JÚNIOR, Ruy Rosado de. Responsabilidade civil do médico. *Revista dos Tribunais*, São Paulo, v. 718, ano 84, p. 33-53, ago. 1995.

AGUIAR JÚNIOR, Ruy Rosado de. Os juros na perspectiva do Código Civil. *In*: PASQUALOTTO, Adalberto; PFEIFFER, Roberto. *Código de Defesa do Consumidor e o Código Civil de 2002*. São Paulo: Ed. RT, 2005. p. 152-177.

AGUIAR JÚNIOR, Ruy Rosado de. *Comentários ao novo Código Civil*: da extinção do contrato – arts. 472 a 480. Rio de Janeiro: Forense, 2011. v. VI. t. II.

AGUIAR JÚNIOR, Ruy Rosado de. *Os contratos bancários e a jurisprudência do Superior Tribunal de Justiça.* Brasília: Conselho da Justiça Federal, 2003 (Série Pesquisas do CEJ, v. 11).

AGUIAR JÚNIOR, Ruy Rosado de. Os contratos no Código Civil francês e no Código Civil brasileiro. *Revista do Centro de Estudos Judiciários,* Brasília, n. 28, p. 5-14, jan.-mar. 2005.

ALBA, Isabel Espín. *La cláusula penal:* especial referencia a la moderación de la pena. Madrid: Marcial Pons, 1997.

ALBERTON, Genacéia da Silva. A desconsideração da pessoa jurídica no Código do Consumidor. Aspectos processuais. *Revista de Direito do Consumidor,* São Paulo, v. 7, p. 7-29, jul.-set. 1993.

ALBIGES, Cristophe. *De l'equité en droit prive.* Paris: LGDJ, 2000.

ALCÂNTARA, Hermes Rodrigues de. *Responsabilidade médica.* São Paulo: José Kofino, 1971.

ALESSI, Renato. *Principii di diritto amministrativo.* 2. ed. Milano: Dott. A. Giuffrè, 1971. v. 1.

ALEXY, Robert. *Teoría del discurso y derechos humanos.* Trad. Luis Villar Borda. Bogotá: Universidad Externado de Colombia, 1995.

ALEXY, Robert. *Teoría de los derechos fundamentales.* Madrid: Centro de Estudios Constitucionales, 1997.

ALEXY, Robert. *Teoría de los derechos fundamentales.* Trad. Ernesto Garzón Valdés. Madrid: CEPC, 2002.

ALMEIDA, Carlos Ferreira de. *Os direitos dos consumidores.* Coimbra: Almedina, 1982.

ALMEIDA COSTA, Mário Júlio de. *Direito das obrigações.* 9. ed. Coimbra: Almedina, 2004.

ALMEIDA, João Batista de. *A proteção jurídica do consumidor.* 5. ed. São Paulo: Saraiva, 2006.

ALMEIDA, João Batista de. *Aspectos controvertidos da ação civil pública.* 3. ed. São Paulo: Ed. RT, 2011.

ALPA, Guido. *Tutela del consumatore e controllo sull'impresa.* Bologna: Il Mulino, 1977.

ALPA, Guido. *Il diritto dei consumatori.* Roma: Laterza, 2002.

ALPA, Guido; BESSONE, Mario. *La responsabilità del produttore.* Milano: Giuffrè, 1987.

ALPAYDIN, Ethem. *Machine learning.* Cambridge: MIT, 2016.

ALTERINI, Atílio A.; CABANA, Roberto M. López. *La autonomía de la voluntad en el contrato moderno.* Buenos Aires: Abeledo Perrot, 1989.

ALVIM, Agostinho. *Da inexecução das obrigações e suas consequências.* São Paulo: Saraiva, 1972.

ALVIM, Thereza. *O direito processual de estar em juízo.* São Paulo: Ed. RT, 1996.

AMARAL, Francisco. A autonomia privada como poder jurídico. *Estudos jurídicos em homenagem a Caio Mário da Silva Pereira.* Rio de Janeiro: Forense, 1984.

AMARAL, Francisco. Autonomia privada. *Revista do Centro de Estudos Judiciários,* Brasília, v. 3, n. 9, p. 25-30, set.-dez. 1999.

AMARAL, Guilherme Rizzo. As *astreintes* e o processo civil brasileiro: multa do art. 461 do CPC e outras. Porto Alegre: Livraria do Advogado, 2010.

AMARAL, Luiz Otavio de Oliveira. *Teoria geral do direito do consumidor.* São Paulo: Ed. RT, 2010.

AMARAL JÚNIOR, Alberto do. O princípio da vinculação da mensagem publicitária. *Revista de Direito do Consumidor,* São Paulo, v. 14, p. 41-51, abr.-jun. 1995.

AMARO, Luciano. Desconsideração da pessoa jurídica no Código de Defesa do Consumidor. *Revista da Ajuris*, Porto Alegre, n. 58, p. 69-84. jul. 1993.

AMORIM, Agnelo. Critério científico para distinguir a prescrição da decadência e para identificar as ações imprescritíveis. *Revista dos Tribunais*, São Paulo, v. 744, p. 725-750, out. 1997.

AMORIM, Agnelo. Critério científico para distinguir a prescrição da decadência e para identificar as ações imprescritíveis. *Revista dos Tribunais*, São Paulo, n. 300, out. 1960.

ANDORNO, Luis. La responsabilidad civil médica. *Revista da Ajuris*, Porto Alegre, v. 59, nov. 1993.

ANDRADE, Fábio Siebeneichler de. *Da codificação*: crônica de um conceito. Porto Alegre: Livraria do Advogado, 1997.

ANDRADE, Pedro Ivo. *Crimes contra as relações de consumo*: artigo 7º da Lei 8.137/90. Curitiba: Juruá, 2007.

ANDREWS, Neil. *O moderno processo civil*: formas judiciais e alternativas de resolução de conflitos na Inglaterra. 2. ed. Trad. Teresa Arruda Alvim Wambier. São Paulo: Ed. RT, 2012.

ANHAIA MELO, Luiz de. *O problema econômico dos serviços de utilidade pública*. São Paulo: Prefeitura de São Paulo, 1940.

AÑÓN ROIG, María José. *Necesidades y derechos*: un ensayo de fundamentación. Madrid: Centro de Estudios Constitucionales, 1994.

ANTUNES VARELA, João de Matos. *Das obrigações em geral*. 10. ed. Coimbra: Almedina, 2000. v. 1.

ARAGÃO, Alexandre Santos de. O poder normativo das agências reguladoras e independentes e o Estado Democrático de Direito. *Revista de Informação Legislativa*, Brasília, n. 148, p. 275-299, out.-dez. 2000.

ARAÚJO, Fernando. *Teoria económica do contrato*. Coimbra: Almedina, 2007.

ARAÚJO, Fernando. *Introdução à economia*. 4. ed. Lisboa: AAFDL Editora, 2021.

ARAÚJO, Fernando. *Introdução à economia – I*: introdução e microeconomia. 4. ed. Lisboa: AAFDL Editora, 2021.

ARAÚJO, Fernando. *Introdução à economia – II*: microeconomia aplicada e macroeconomia. 4. ed. Lisboa: AAFDL Editora, 2022.

ARRUDA ALVIM, J. M. de. Competência internacional. *Doutrinas essenciais de processo civil*. São Paulo: Ed. RT, 2011. v. 2.

ASCENSÃO, José de Oliveira. Direito fundamental de acesso à cultura e direito intelectual. In: SANTOS, Manoel J. Pereira dos (coord.). *Direito de autor e direitos fundamentais*. São Paulo: Saraiva, 2011.

ASSIS, Araken de. *Contratos nominados*: mandato, comissão, agência e distribuição, corretagem e transporte. São Paulo: Ed. RT, 2005.

ATIYAH, Patrick. *The rise and fall of freedom of contract*. Oxford: Clarendon Press, 1979.

ATZ, Ana Paula. Responsabilidade pelo fato do produto tóxico no direito nos Estados Unidos e no Brasil. *Revista de Direito do Consumidor*, São Paulo, v. 119, set.-out. 2018.

AUSTIN, Arthur D. The tying arrangement: a critique and some new thoughts. *Wiscosin Law Review*, v. 88, p. 88-125, 1967.

AVANCINI, Helenara Braga. Direito autoral e dignidade da pessoa humana: a compatibilização com os princípios da ordem econômica. In: SANTOS, Manoel J. Pereira dos (coord.). *Direito de autor e direitos fundamentais*. São Paulo: Saraiva, 2011.

ÁVILA, Fernando Bastos de. *Pequena enciclopédia da doutrina social da igreja*. 2. ed. São Paulo: Loyola, 1993.

ÁVILA, Humberto. Moralidade, razoabilidade e eficiência na atividade administrativa. *Revista Brasileira de Direito Público*, Belo Horizonte, n. 1, p. 105-133, abr.-jun. 2003.

ÁVILA, Humberto. *Teoria dos princípios*: da definição e aplicação dos princípios jurídicos. São Paulo: Malheiros Editores, 2003.

AZEVEDO, Álvaro Villaça. Teoria da imprevisão e revisão judicial dos contratos. *Revista dos Tribunais*, São Paulo, v. 733, p. 109-119, nov. 1996.

AZEVEDO, Antônio Junqueira de. Responsabilidade pré-contratual no Código de Defesa do Consumidor: estudo comparativo com a responsabilidade pré-contratual no direito comum. *Revista da Faculdade de Direito da USP*, São Paulo, v. 90, 1995.

AZEVEDO, Antônio Junqueira de. A arbitragem e o direito do consumidor (*Arbitration and consumer's rights*). *Estudos e pareceres de direito privado*. São Paulo: Ed. RT, 2004.

AZEVEDO, Antônio Junqueira de. Cadastros de restrição ao crédito. Conceito de dano moral. *Estudos e pareceres de direito privado*. São Paulo: Ed. RT, 2004.

AZEVEDO, Antônio Junqueira de. Por uma nova categoria de dano da responsabilidade civil: o dano social. In: FILOMENO, José Geraldo Brito et al. *O Código Civil e sua interdisciplinaridade*: os reflexos do Código Civil nos demais ramos do direito. Belo Horizonte: Del Rey, 2004.

AZEVEDO, Antônio Junqueira de. Os princípios do atual direito contratual e a desregulamentação do mercado – direito de exclusividade nas relações contratuais de fornecimento – função social do contrato e responsabilidade aquiliana do terceiro que contribui com o inadimplemento contratual. *Estudos e pareceres de direito privado*. São Paulo: Ed. RT, 2004.

AZEVEDO, Antônio Junqueira de. Ciência do direito, negócio jurídico e ideologia. *Estudos e pareceres de direito privado*. São Paulo: Ed. RT, 2006.

AZEVEDO, Fernando Costa de. *Defesa do consumidor e regulação*. Porto Alegre: Livraria do Advogado, 2002.

AZEVEDO, Fernando Costa de. Considerações sobre o direito administrativo do consumidor. *Revista de Direito do Consumidor*, São Paulo, v. 68, p. 38-90, out. 2008.

BADIN, Arthur; SANTOS, Bruno Carazza dos; DAMASO, Otávio Ribeiro. Os bancos de dados de proteção ao crédito, o CDC e o PL 5.870/2005: comentários sobre direito e economia. *Revista de Direito do Consumidor*, São Paulo, v. 61, p. 11, jan. 2007.

BAGGIO, Andreza Cristina. *O direito do consumidor brasileiro e a teoria da confiança*. São Paulo: Ed. RT, 2012.

BALERA, Wagner. O direito constitucional a saúde. *Revista de Previdência Social*, v. 16, n. 134, p. 17-21, jan. 1992.

BALKIN, Jack M. The fiduciary model of privacy. *Harvard Law Review*, v. 123, n. 1, 2020.

BAMBERGER, Kenneth A. et al. Can you pay for privacy? Consumer expectations and the behavior of free and paid Apps. *Berkeley Technology Law Journal*, v. 35, n. 1, p. 327-366, 2020.

BANDEIRA DE MELLO, Celso Antônio. *Ato administrativo e direitos dos administrados*. São Paulo: Ed. RT, 1981.

BANDEIRA DE MELLO, Celso Antônio. Serviço público e poder de polícia: concessão e delegação. *Revista Trimestral de Direito Público*, São Paulo, n. 20, p. 21-28, 1997.

BANDEIRA DE MELLO, Celso Antônio. *Curso de direito administrativo*. 11. ed. São Paulo: Malheiros Editores, 1999.

BANDEIRA DE MELLO, Celso Antônio. *Curso de direito administrativo*. 16. ed. São Paulo: Malheiros Editores, 2003.

BARBOSA, Denis Borges. *Proteção das marcas*: uma perspectiva semiológica. Rio de Janeiro: Lumen Juris, 2008.

BARBOSA, Fernanda Nunes. *Informação*: direito e dever nas relações de consumo. São Paulo: Ed. RT, 2009.

BARBOSA, Fernanda Nunes. Informação e consumo: a proteção do consumidor no mercado contemporâneo da oferta. *Revista de Direito do Consumidor*, São Paulo, v. 88, p. 145 e ss., jul. 2013.

BARBOSA, Pedro Marcos Nunes. *Curso de concorrência desleal*. Rio de Janeiro: Lumen Juris, 2022.

BARBOSA MOREIRA, José Carlos. A proteção jurisdicional dos interesses coletivos e difusos. In: GRINOVER, Ada Pellegrini (coord.). *A tutela dos interesses difusos*. São Paulo: Max Limonad, 1984.

BARBOSA MOREIRA, José Carlos. Tutela jurisdicional dos interesses coletivos e difusos. *Temas de direito processual civil*: terceira série. São Paulo: Saraiva, 1984.

BARBOSA MOREIRA, José Carlos. A função social do processo civil moderno e o papel do juiz e das partes na direção e na instrução do processo. *Revista de Processo*, São Paulo, v. 37, p. 140-150, jan.-mar. 1985.

BARBOSA MOREIRA, José Carlos. A eficácia preclusiva da coisa julgada material no sistema do processo civil brasileiro. *Temas de direito processual civil*: primeira série. São Paulo: Saraiva, 1988.

BARBOSA MOREIRA, José Carlos. Regras de experiência e conceitos juridicamente indeterminados. *Temas de direito processual*: segunda série. 2. ed. São Paulo: Saraiva, 1988.

BARBOSA MOREIRA, José Carlos. *Temas de direito processual*: segunda Série. 2. ed. São Paulo: Saraiva, 1988.

BARBOSA MOREIRA, José Carlos. *Temas de direito processual civil*: quarta série. São Paulo: Saraiva, 1989.

BARBOSA MOREIRA, José Carlos. Efetividade do processo e técnica processual. *Revista de Processo*, São Paulo, v. 77, p. 168-176, jan.-mar. 1995.

BARLETTA, Fabiana Rodrigues. *A revisão dos contratos no Código Civil e no Código de Defesa do Consumidor*. São Paulo: Saraiva, 2002.

BARLETTA, Fabiana Rodrigues. O direito à autonomia do consumidor (idoso e doente) de planos de saúde em casos de emissão de "consentimento informado" e/ou de "diretivas antecipadas de vontade" e a responsabilidade civil do fornecedor dos serviços de saúde. *Revista de Direito do Consumidor*, São Paulo, v. 113, set.-out. 2017.

BAROCELLI, Sergio Sebastián. Cuantificación de daños al consumidor por tiempo perdido. *Revista de Direito do Consumidor*, São Paulo, v. 90, p. 119-140, nov.-dez. 2013.

BAROCELLI, Sergio Sebastián (dir.). *Diálogo de fuentes em el derecho del consumidor*. Perspectivas desde el derecho argentino. Saarbrücken: Editorial Académica Española, 2017.

BARRAL, Welber. Dumping *e comércio internacional*: a regulamentação *antidumping* após a Rodada do Uruguai. Rio de Janeiro: Forense, 2000.

BARROS, João Pedro Leite. *Direito à informação*: repercussões no direito do consumidor. Indaiatuba, SP: Foco, 2022.

BARROS, João Pedro Leite. *Arbitragem* online *em conflitos de consumo*. Florianópolis: Tirant lo Blanch/Iberojur, 2019.

BARROS MONTEIRO, Washington. *Direito das obrigações*. São Paulo: Saraiva, 2003 (Curso de direito civil, v. 5).

BARROSO, Luís Roberto. *Interpretação e aplicação da Constituição*. 3. ed. São Paulo: Saraiva, 1999.

BARROSO, Luís Roberto. Liberdade de expressão, direito à informação e banimento da publicidade de cigarro. *Temas de direito constitucional*. Rio de Janeiro: Renovar, 2001.

BARROSO, Luís Roberto. *O direito constitucional e a efetividade de suas normas*. 5. ed. Rio de Janeiro: Renovar, 2001.

BARROSO, Luís Roberto. *Temas de direito constitucional*. Rio de Janeiro: Renovar, 2001.

BARZILAI-NAHON, Karine. Toward a theory of gatekeeping: a framework for exploring information control. *Journal of the American Society for Information Science and Technology*, v. 59, n. 9, 1493-1512, 2008.

BASAN, Arthur Pinheiro. *Publicidade digital e proteção de dados pessoais*: o direito ao sossego. Indaiatuba, SP: Foco, 2021.

BASTOS, Aurélio Wander. *Dicionário de propriedade industrial e assuntos conexos*. Rio de Janeiro: Lumen Juris, 1997.

BATELLO, Sílvio Javier. A (in)justiça dos endividados brasileiros: uma análise evolutiva. In: MARQUES, Claudia Lima; CAVALLAZZI, Rosângela Lunardelli. *Direitos do consumidor endividado*: superendividamento e crédito. São Paulo: Ed. RT, 2006.

BAUMAN, Zygmunt. *Vida para consumo*: a transformação das pessoas em mercadoria. Rio de Janeiro: Jorge Zahar, 2008.

BAUMGARTNER, Ulrich; EWALD, Konstantin. *Apps und Recht*. München: C. H. Beck, 2016.

BECKER, Anelise. A doutrina do adimplemento substancial no direito brasileiro e em perspectiva comparativa. *Revista da Faculdade de Direito da UFRGS*, Porto Alegre, v. 9, 2000.

BECKER, Anelise. A natureza jurídica da invalidade cominada às cláusulas abusivas no Código de Defesa do Consumidor. *Revista de Direito do Consumidor*, São Paulo, v. 21, p. 117-131, jan.-mar. 1997.

BECKER, Anelise. *Teoria geral da lesão nos contratos*. São Paulo: Saraiva, 2000.

BEDAQUE, José Roberto dos Santos. *Direito e processo*: influência do direito material sobre o processo. 3. ed. São Paulo: Malheiros Editores, 2003.

BELMONTE, Cláudio. *Proteção contratual do consumidor*: conservação e redução do negócio jurídico no Brasil e em Portugal. São Paulo: Ed. RT, 2002.

BENACCHIO, Marcelo. Responsabilidade civil dos bancos por concessão abusiva de crédito. In: WAISBERG, Ivo; FONTES, Marcos Rolim Fernandes (coord.). *Contratos bancários*. São Paulo: Quartier Latin, 2006.

BENJAMIN, Antônio Herman V. O conceito jurídico de consumidor. *Revista dos Tribunais*, São Paulo, v. 628, p. 69-79, fev. 1988.

BENJAMIN, Antônio Herman V. Proteção do consumidor e patentes: o caso dos medicamentos. *Revista de Direito do Consumidor*, São Paulo, v. 10, p. 21-26, abr. 1994.

BENJAMIN, Antônio Herman V. Responsabilidade civil pelo dano ambiental. *Revista de Direito Ambiental*, São Paulo, n. 9, p. 5-52, jan.-mar. 1998.

BENJAMIN, Antônio Herman V. Introdução ao direito ambiental brasileiro. *Revista de Direito Ambiental*, São Paulo, v. 14, p. 48-82, abr. 1999.

BENJAMIN, Antônio Herman V. Prefácio. In: MARQUES, Claudia Lima. *Contratos no Código de Defesa do Consumidor*. 4. ed. São Paulo: Ed. RT, 2003.

BENJAMIN, Antônio Herman V. et al. *Comentários ao Código de Proteção do Consumidor*. São Paulo: Saraiva, 1991.

BENJAMIN, Antônio Herman V. et al. *Código Brasileiro de Defesa do Consumidor*: comentado pelos autores do anteprojeto. 8. ed. Rio de Janeiro: Forense Universitária, 2005.

BENJAMIN, Antônio Herman V. et al. *Comentários à Lei 14.181/2021*: a atualização do CDC em matéria de superendividamento. São Paulo: Ed. RT, 2021.

BENJAMIN, Antônio Herman V.; MARQUES, Claudia Lima; BESSA, Leonardo Roscoe. *Manual de direito do consumidor*. 9. ed. São Paulo: Ed. RT, 2020.

BENJAMIN, Antônio Herman V.; MARQUES, Claudia Lima; MIRAGEM, Bruno (org.). *O direito do consumidor no mundo em transformação*: em comemoração aos 30 anos do Código de Defesa do Consumidor. São Paulo: Ed. RT, 2020.

BERGSTEIN, Laís. Conexidade contratual, redes de contratos e contratos coligados. *Revista de Direito do Consumidor*, São Paulo, v. 109, p. 159-183, jan.-fev. 2017.

BERGSTEIN, Laís. *O tempo do consumidor e o menosprezo planejado*: o tratamento jurídico do tempo perdido e a superação das suas causas. São Paulo: Ed. RT, 2019.

BERGSTEIN, Laís; CALDERÓN, Ricardo Lucas. Mínimo existencial e a inconstitucionalidade material do Decreto 11.150/2022. *Revista de Direito do Consumidor*, São Paulo, v. 146, p. 55-80, mar.-abr. 2023.

BERNET-ROLLANDE, Luc. *Principes de technique bancaire*. 25. ed. Paris: Dunod, 2008.

BERTHIAU, Denis. *Le principe d'égalité et le droit civil des contrats*. Paris: LGDJ, 1999.

BERTONCELLO, Káren Rick Danilevicz. Seguro de pessoas e acesso ao mapa genético individual. *Revista de Direito do Consumidor*, São Paulo, v. 56, p. 75-89, out.-dez. 2005.

BERTONCELLO, Káren Rick Danilevicz. Os efeitos da publicidade na vulnerabilidade agravada: como proteger as crianças consumidoras? *Revista de Direito do Consumidor*, São Paulo, v. 90, p. 69-90, nov.-dez. 2013.

BERTONCELLO, Káren Rick Danilevicz. *Superendividamento do consumidor*: mínimo existencial – casos concretos. São Paulo: Ed. RT, 2015.

BERTONCELLO, Káren Rick Danilevicz. Núcleos de conciliação e mediação de conflitos nas situações de superendividamento: conformação de valores da atualização do Código de Defesa do Consumidor com a Agenda 2030. *Revista de Direito do Consumidor*, São Paulo, v. 138, p. 49-68, 2021.

BESSA, Leonardo Roscoe. Abrangência da disciplina conferida pelo Código de Defesa do Consumidor aos bancos de dados de proteção ao crédito. *Revista de Direito do Consumidor*, São Paulo, v. 42, p. 149-172, abr.-jun. 2002.

1212 | CURSO DE DIREITO DO CONSUMIDOR – *Bruno Miragem*

BESSA, Leonardo Roscoe. *O consumidor e os limites dos bancos de dados de proteção ao crédito*. São Paulo: Ed. RT, 2003.

BESSA, Leonardo Roscoe. Vícios do produto: paralelo entre o CDC e o Código Civil. In: PASQUALOTTO, Adalberto; PFEIFFER, Roberto. *Código de Defesa do Consumidor e o Código Civil de 2002*. São Paulo: Ed. RT, 2005.

BESSA, Leonardo Roscoe. Dano moral coletivo. *Revista de Direito do Consumidor*, São Paulo, v. 59, p. 78-108, jul.-set. 2006.

BESSA, Leonardo Roscoe. *Aplicação do Código de Defesa do Consumidor*: análise crítica da relação de consumo. Brasília: Brasília Jurídica, 2007.

BESSA, Leonardo Roscoe. *Cadastro positivo*: comentários à Lei 12.414, de 09 de junho de 2011. São Paulo: Ed. RT, 2011.

BESSA, Leonardo Roscoe. Dano moral coletivo e seu caráter punitivo. *Revista dos Tribunais*, São Paulo, v. 919, p. 515-528, maio 2012.

BESSA, Leonardo Roscoe. Responsabilidade civil dos bancos de dados de proteção ao crédito. *Revista de Direito do Consumidor*, São Paulo, v. 92, p. 49-73, mar.-abr. 2014.

BESSA, Leonardo Roscoe. *Código de Defesa do Consumidor comentado*. Rio de Janeiro: Forense, 2021.

BETTERMANN, Karl August. Verfassungsrechtliche Grundlage und Grundsätze des Prozesses. *Juristischer Blätter*, v. 94, Jahrgang, Heft 3/4, p. 56-68, Feb. 1972.

BETTI, Emílio. *Teoria geral do negócio jurídico*. Coimbra: Coimbra Editora, 1969. t. II.

BEVILÁQUA, Clóvis. A Constituição e o Código Civil. *Revista dos Tribunais*, São Paulo, v. 97, ano 34, p. 31-38, set. 1935.

BEVILÁQUA, Clóvis. *Theoria geral do direito civil*. São Paulo: Red, 1999.

BEYLEVELD, Deryck; BROWNSWORD, Roger. *Consent in the law*. Oxford: Hart Publishing, 2007.

BILAC PINTO, Olavo. *Regulamentação efetiva dos serviços de utilidade pública*. Atual. Alexandre Santos Aragão. 2. ed. Rio de Janeiro: Forense, 2002.

BIONI, Bruno Ricardo. *Proteção de dados pessoais*: a função e os limites do consentimento. Rio de Janeiro: Forense, 2019.

BITELLI, Marcos Alberto Sant'Anna. Direito de autor e novas mídias. *Revista de Direito Privado*, São Paulo, v. 3, p. 95-109, jul. 2000.

BITELLI, Marcos Alberto Sant'Anna. O anteprojeto de revisão da Lei de Direito Autoral do governo Lula. *Revista de Direito das Comunicações*, São Paulo, v. 3, p. 153-170, jan. 2011.

BITENCOURT, Cezar Roberto. *Manual de direito penal*: parte geral. São Paulo: Ed. RT, 1999.

BITTAR, Carlos Alberto. O controle da publicidade. Sancionamentos a mensagens enganosas e abusivas. *Revista de Direito do Consumidor*, São Paulo, v. 4, p. 126-131, out. 1992.

BITTAR, Carlos Alberto. O direito de autor e o impacto das novas técnicas. *Revista dos Tribunais*, São Paulo, v. 701, p. 13-16, mar. 1994.

BITTAR, Eduardo C. B. Direitos do consumidor e direitos da personalidade: limites, intersecções, relações. *Revista de Direito do Consumidor*, São Paulo, v. 37, p. 197-205, jan.-mar. 2000.

BLOCH, Cyril. *Aix in Provence*: Presses Universitaires d'Aix-Marseille, 2002.

BLOISE, Walter. *A responsabilidade civil e o dano médico*. Rio de Janeiro: Forense, 1987.

BOBBIO, Norberto. *A era dos direitos*. Trad. Carlos Nelson Coutinho. 11. ed. São Paulo: Campus, 1992.

BOBBIO, Norberto; MATTEUCCI, Nicola; PASQUINO, Gianfranco. *Dicionário de política*. 9. ed. Brasília: Editora da UnB, 1997.

BOLSON, Simone Hegele. *Direito do consumidor e dano moral*. Rio de Janeiro: Forense, 2002.

BONATTO, Cláudio; MORAES, Paulo Valério Dal Pai. *Questões controvertidas no Código de Defesa do Consumidor*. 2. ed. Porto Alegre: Livraria do Advogado, 1999.

BORDIN, Fernando Lusa. Justiça entre gerações e a proteção do meio ambiente: um estudo do conceito de equidade intergeracional em direito internacional ambiental. *Revista de Direito Ambiental*, São Paulo, v. 52, p. 37-61, out. 2008.

BORGES, Gustavo. O consumidor, o novo CPC e a efetividade da tutela jurisdicional. *Revista de Direito do Consumidor*, São Paulo, v. 102, p. 333-352, out.-dez. 2015.

BORGES, Gustavo; MAIA, Maurilio. Dano temporal: por sua emancipação. In: BORGES, Gustavo; MAIA, Maurilio Casas (org.). Dano temporal: o tempo como valor jurídico. Florianópolis: Tirant lo Blanch/Empório do Direito, 2018.

BORGHETTI, Jean-Sébastien. *La responsabilité du fait des produits*: étude de droit comparé. Paris: LGDJ, 2004.

BOURGOIGNIE, Thierry. *Éléments pour une théorie du droit de la consommation*. Bruxelles: Story-Scientia, 1988.

BOURGOIGNIE, Thierry. Le contrôle des clauses abusives dans l'intérêt du consommateur. *Revue Internationale de Droit Compare*, n. 3, p. 519-590, 1982.

BOURGOIGNIE, Thierry. O conceito jurídico de consumidor. *Revista de Direito do Consumidor*, São Paulo, v. 2, p. 7-51, 1992.

BOURGOIGNIE, Thierry. Proteção do consumidor e desenvolvimento sustentável: consumidor soberano, poluidor, responsável ou vítima? Trad. Matheus Linck Bassani. *Revista de Direito do Consumidor*, São Paulo, v. 109, p. 17-37, jan.-fev. 2017.

BRAGA, Paula Sarno. Comentários ao art. 364. In: WAMBIER, Teresa Arruda Alvim et al. (coord.). *Breves comentários ao novo Código de processo civil*. São Paulo: Ed. RT, 2015.

BRAUNER, Daniela Corrêa Jacques. *Igualdade, diversidade e vulnerabilidade*: revisitando o regime das incapacidades rumo a um direito privado solidário de proteção à pessoa. São Paulo: Ed. RT, 2021.

BRESSER-PEREIRA, Luiz Carlos. *Reforma do Estado para a cidadania*: a reforma gerencial brasileira na perspectiva internacional. São Paulo: Editora 34, 1998.

BRITO, Dante Ponte de. *Publicidade subliminar na internet*. Rio de Janeiro: Lumen Juris, 2017.

BRITO, Maria Zenaide Brasilino Leite; TORRES, Larissa Fontes de Carvalho (org.). *Reflexões críticas de direito do consumidor*: estudos em homenagem ao Professor Fernando Vasconcelos. João Pessoa: Ideia, 2013.

BRUNA, Sérgio Varella. *Agências reguladoras*: poder normativo, consulta pública, revisão judicial. São Paulo: Ed. RT, 2003.

BRUNI, Adriano Leal; FAMÁ, Rubens. *Gestão de custos e formação de preços*. 5. ed. São Paulo: Atlas, 2009.

BUCAR, Daniel; VIOLA, Mario. Tratamento de dados pessoais por legítimo interesse do controlador: primeiras questões e apontamentos. In: TEPEDINO, Gustavo; FRAZÃO,

Ana; OLIVA, Milena Donato (coord.). *Lei Geral de Proteção de Dados Pessoais* e suas repercussões no direito brasileiro. São Paulo: Ed. RT, 2019.

BUSSANI, Mário. *As peculiaridades da noção de culpa*: um estudo de direito comparado. Trad. Helena Saldanha. Porto Alegre: Livraria do Advogado, 2000.

BUSSATA, Eduardo Luiz. *Resolução dos contratos e teoria do adimplemento substancial*. São Paulo: Saraiva, 2007.

BUSTOS RAMÍREZ, J. Perspectivas atuais do direito penal econômico. *Fascículos de Ciências Penais*, Porto Alegre, n. 4, p. 3-15, abr.-jun. 1991.

BUTCHER, H. J. *A inteligência humana*. 2. ed. Trad. Dante Moreira Leite. São Paulo: Perspectiva, 1981.

CABRAL, Antonio do Passo. O novo procedimento-modelo (*Musterverfahren*) alemão: uma alternativa às ações coletivas. *Revista de Processo*, São Paulo, v. 147, p. 123-146, maio 2007.

CABRAL, Antonio do Passo. A escolha da causa-piloto nos incidentes de resolução de demandas repetitivas. *Revista de Processo*, São Paulo, v. 231, p. 201-224, maio 2014.

CACHAPUZ, Maria Cláudia. Os bancos cadastrais positivos e o tratamento à informação sobre (in)adimplemento. *Revista da Ajuris*, Porto Alegre, v. 40, n. 131, p. 255-269, set. 2013.

CAHALI, Francisco José. *Curso de arbitragem*: mediação, conciliação, tribunal multiportas. 8. ed. São Paulo: Ed. RT, 2020.

CAILLAUD, Bernard; JULLIEN, Bruno. Competing Cybermediaries. *European Economic Review*, v. 45, n. 4-6, p. 797-808, 2001.

CALAIS-AULOY, Jean; STEINMETZ, Frank. *Droit de la consommation*. 5. ed. Paris: Dalloz, 2000.

CALAMANDREI, Piero. Verità e verosimiglianza nel processo civile. *Rivista di Diritto Processuale*, Milano, n. 10, p. 164-192, 1955.

CALAMANDREI, Piero. *Derecho procesal civil*. Trad. Santiago Sentis Melendo. Buenos Aires: Ediciones Jurídicas Europa-América, 1962. v. 1.

CALDERÓN, Maximiliano Rafael; HIRUELA, María del Pilar. Daño informático y derechos personalísimos. In: GHERSI, Carlos Alberto (coord.). *Derecho de daños*. Buenos Aires: Abeledo Perrot, 1999.

CALIXTO, Marcelo Junqueira. *A responsabilidade civil do fornecedor de produtos pelos riscos do desenvolvimento*. Rio de Janeiro: Renovar, 2004.

CALIXTO, Marcelo Junqueira. O art. 931 do Código Civil de 2002 e os riscos do desenvolvimento. *Revista Trimestral de Direito Civil*, Rio de Janeiro, v. 21, p. 53-93, jan.-mar. 2005.

CALIXTO, Marcelo Junqueira. *A culpa na responsabilidade civil*: estrutura e função. Rio de Janeiro: Renovar, 2008.

CALO, Ryan. Digital market manipulation. *The George Washington Law Review*, v. 82, p. 995-1051, 2014.

CALVÃO DA SILVA, João. *Responsabilidade civil do produtor*. Coimbra: Almedina, 1990.

CÂMARA, Alexandre Freitas. Comentário ao art. 134. In: WAMBIER, Teresa Arruda Alvim et al. (coord.). *Breves comentários ao novo Código de processo civil*. São Paulo: Ed. RT, 2015.

CAMBI, Eduardo. *A prova civil*: admissibilidade e relevância. São Paulo: Ed. RT, 2006.

BIBLIOGRAFIA | **1215**

CAMOZZATO, Cinara. A tutela da evidência e a proteção do consumidor. *In*: MARQUES, Claudia Lima; REICHELT, Luis Alberto (org.). *Diálogos entre o direito do consumidor e o novo CPC*. São Paulo: Ed. RT, 2017.

CANARIS, Claus-Wilhelm. *Pensamento sistemático e conceito de sistema na ciência do direito*. Trad. António Menezes Cordeiro. Lisboa: Fundação Calouste Gulbenkian, 1996.

CANARIS, Claus-Wilhelm. *Direitos fundamentais e direito privado*. Trad. Ingo Wolfgang Sarlet e Paulo Mota Pinto. Coimbra: Almedina, 2006.

CANOTILHO, J. J. Gomes. *Direito constitucional e teoria da constituição*. 2. ed. Lisboa: Almedina, 1998.

CANOTILHO, J. J. Gomes et al. *Comentários à Constituição do Brasil*. São Paulo: Saraiva, 2013.

CANTO, Rodrigo Eidelvein, Direito do consumidor e vulnerabilidade no meio digital. *Revista de Direito do Consumidor*, São Paulo, v. 87, p. 179-210, maio 2013.

CAPPELLETTI, Mauro. Formazioni sociali e interessi di gruppo davanti alla giustizia civile. *Rivista de Diritto Processuale Civile*, Milano, n. 3, p. 361-402, 1975.

CAPUTO BASTOS, Guilherme Augusto; SAYEG, Ricardo Hasson. Estatuto de Defesa do Torcedor e a segurança de eventos desportivos: uma análise sobre a responsabilidade objetiva atribuída às entidades equiparadas a fornecedor e aos seus dirigentes. *Revista de Direito do Consumidor*, São Paulo, v. 137, set.-out. 2021.

CARLUCCI, Aída Kemelmajer de. Derecho de los consumidores y derecho de la libre competencia. In: STIGLITZ, Gabriel; HERNÁNDEZ, Carlos A (org.). *Tratado de derecho del consumidor*. Buenos Aires: La Ley, 2015. t. I.

CARNEIRO, Paulo Cezar Pinheiro. Comentários ao art. 1º. In: WAMBIER, Teresa Arruda Alvim et al. (coord.). *Breves comentários ao novo Código de processo civil*. São Paulo: Ed. RT, 2015.

CARNEIRO DE FRADA, Manuel António de Castro Portugal. *Teoria da confiança e responsabilidade civil*. Coimbra: Almedina, 2004.

CARPENA, Heloisa. *Abuso do direito nos contratos de consumo*. Rio de Janeiro: Renovar, 2001.

CARPENA, Heloisa. *O consumidor no direito da concorrência*. Rio de Janeiro: Renovar, 2005.

CARRON, Blaise; BOTTERON, Valentin. How smart can a contract be? In: KRAUS, Daniel; OBRIST, Thierry; HARI, Olivier (ed.). *Blockchains, smart contracts, decentralised autonomous organizations and the law*. Cheltenham: Edward Elgar, 2019.

CARTAPANIS, André. Sous l'égide du G-20: vers une régulation macroprudentielle des banques In: ARTUS, Patrick (dir.). *Quelles perspectives pour les banques?* Paris: PUF, 2009.

CARVALHO, Ana Paula Gambogi. O consumidor e o direito à autodeterminação informacional: considerações sobre os bancos de dados eletrônicos. *Revista de Direito do Consumidor*, São Paulo, v. 46, p. 77-119, abr.-jun. 2003.

CARVALHO, Diógenes Faria de. *O princípio da boa-fé objetiva nos contratos de consumo*. Goiânia: PUC-GO, 2011.

CARVALHO, Diógenes Faria de; FERREIRA, Vitor Hugo Amaral; SANTOS, Nivaldo dos (org.). *Sociedade de consumo*: pesquisas em direito do consumidor. Goiânia: Espaço Acadêmico, 2017. v. 3

CARVALHO, Francisco Pereira de Bulhões. *Sistema de nulidades dos atos jurídicos*. Rio de Janeiro: Forense, 1981.

CARVALHO, Jorge Morais. *Compra e venda e fornecimento de conteúdos e serviços digitais*: anotação ao Decreto-lei nº 84/2021, de 18 de outubro. Coimbra: Almedina, 2022.

CARVALHO, Jorge Morais et al. *Diretivas 2019/770 e 2019/771 e Decreto-lei nº 84/2021*: compra e venda, fornecimento de conteúdos e serviços digitais, conformidade, sustentabilidade e dados pessoais. Coimbra: Almedina, 2022.

CARVALHO, José Carlos Maldonado de. *Direito do consumidor*: fundamentos doutrinários e visão jurisprudencial. Rio de Janeiro: Lumen Juris, 2009.

CARVALHO, Luciana Luso. A competência normativa das agências reguladoras e a participação do consumidor. *Revista de Direito do Consumidor*, São Paulo, v. 136, p. 441-466, jul.-ago. 2021.

CARVALHO DE ALMEIDA, Luiz Cláudio. A repetição do indébito em dobro no caso de cobrança indevida de dívida oriunda de relação de consumo como hipótese de aplicação dos *punitive damages* no direito brasileiro. *Revista de Direito do Consumidor*, São Paulo, v. 54, p. 161-172, abr.-jun. 2005.

CARVALHO DE MENDONÇA, Manoel Ignácio. *Doutrina e prática das obrigações*. Rio de Janeiro: Freitas Bastos, 1938. t. II.

CARVALHOSA, Modesto. *Comentários à Lei das Sociedades Anônimas*. 3. ed. São Paulo: Saraiva, 2009. v. 4, t. II.

CARVALHOSA, Modesto. *Direito econômico*. São Paulo: Ed. RT, 1973.

CASADO, Márcio Mello. *Proteção do consumidor de crédito bancário e financeiro*. São Paulo: Ed. RT, 2000.

CASAMIQUELA, Ryan J. Contractual Assent and Enforceability in Cyberspace. *Berkeley Technology Law Journal*, Berkeley, v. 17, n. 1, p. 475-495, 2002.

CASTANHEIRA NEVES, Antônio. *Digesta*: escritos acerca do direito, do pensamento jurídico, da sua metodologia e outros. Coimbra: Coimbra Editora, 1995.

CASTELLS, Manuel. *A era da informação*: economia, sociedade e cultura – a sociedade em rede. 3. ed. São Paulo: Paz e Terra, 2000.

CASTELLS, Manuel. *Galáxia da internet*: reflexões sobre a internet, os negócios e a sociedade. Trad. Maria Luiza X. de A. Borges. Rio de Janeiro: Zahar, 2003.

CASTELLS, Manuel. *Communication power*. London: Oxford University Press, 2009.

CASTRO NEVES, José Roberto de. *O Código do Consumidor e as cláusulas penais*. Rio de Janeiro: Forense, 2006.

CATALAN, Marcos. Da abusividade impregnada à cláusula contratual que condiciona a liberação de guias para a realização de exames e (ou) para a internação hospitalar à solicitação de médico cooperado: um estudo de caso. *Direito do consumidor em movimento*: diálogos com tribunais brasileiros. Canoas: Unilasalle, 2017.

CATALAN, Marcos. *Direito do consumidor em movimento*: diálogos com tribunais brasileiros. Canoas: Unilasalle, 2017.

CATALAN, Marcos (org.). *Direito e consumo*: discussões contemporâneas. Londrina: Thoth, 2023.

CAVALIERI, Sergio. *Programa de responsabilidade civil*. 3. ed. São Paulo: Malheiros Editores, 2002.

CAVALIERI, Sergio; DIREITO, Carlos Alberto Menezes. *Comentários ao novo Código Civil*: da responsabilidade civil, das preferências e privilégios creditórios. Rio de Janeiro: Forense, 2004.

CHAISE, Valéria. *A publicidade em face do Código de Defesa do Consumidor*. São Paulo: Saraiva, 2001.

CHALHUB, Melhim Namem. *Da incorporação imobiliária*. 2. ed. Rio de Janeiro: Renovar, 2005.

CHAMATROPULOS, Demetrio Alejandro. *Estatuto del consumidor comentado*. Buenos Aires: La Ley, 2016. t. II.

CHARDIN, Nicole. *Le contrat de consommation de crédit et l'autonomie de la volonté*. Paris: LGDJ, 1988.

CHAVES, Antônio. *Responsabilidade pré-contratual*. Rio de Janeiro: Forense, 1959.

CHAVES, Rui Moreira. *Regime jurídico da publicidade*. Coimbra: Almedina, 2005.

CHEREDNYCHENKO, Olha O. *Fundamental rights, contract law and the protection of weaker party*: a comparative analysis of the constitutionalisation of contract law, with emphasis on risky financial transaction. München: Sellier European Law Publishers, 2007.

CHERMAN, Yuri César. Publicidade invasiva: ofensa a direitos da personalidade. *Revista de Direito do Consumidor*, São Paulo, v. 112, p. 177-199, jul./ago. 2017.

CHIAVEGATTI, Ricardo; NUNES, Thiago Marinho. Ação de prestação de contas e instituições financeiras: consumidor acima da lei? Atualidades e reflexões sobre o procedimento da prestação de contas e algumas decisões emblemáticas recentes da jurisprudência brasileira. *Revista de Processo*, São Paulo, v. 164, p. 283-295, out. 2008.

CHINELATTO, Silmara Juny de Abreu; MORATO, Antônio Carlos. Fornecedor aparente. *Revista de Direito do Consumidor*, São Paulo, v. 131, ano 29, p. 45-70, set.-out. 2020.

CHIRONI, G. *La colpa extra contrattuale nel diritto civile odierno*. 2. ed. Torino: Fratelli Bocca Editori, 1906. v. 1.

CHRISTENSEN, Clayton M. *The innovator's dilemma*. Boston: Harvard Business School Press, 1997.

CHRISTENSEN, Clayton M.; RAYNOR, M.; MCDONALD, R. What is disruptive innovation? *Harvard Business Review*, Dec. 2015.

CHRISTIE, George C. et al. *Cases and materials on the law of torts*. Saint Paul: West Publishing Co., 1997.

CIPRIANO, Ana Cândida Muniz. Nouvelles plateformes pour les conflits de consommation. *Revista de Direito do Consumidor*, São Paulo, v. 136, p. 301-333, jul.-ago. 2021.

COBRA, Marcos. *O impacto da propaganda*. São Paulo: Atlas, 1994.

COELHO, Fábio Ulhoa. *Desconsideração da personalidade jurídica*. São Paulo: Ed. RT, 1989.

COELHO, Fábio Ulhoa. *O empresário e os direitos do consumidor*. São Paulo: Saraiva, 1994.

COELHO, Fábio Ulhoa. *Curso de direito comercial*. 15. ed. São Paulo: Saraiva, 2011. v. 1.

COLL, Liz; SIMPSON, Robin. *Connection and protection in digital age*: the internet of things and challenges for consumer protection. London: Consumers International, Apr. 2016.

COLLINS, Chris. *Enter the Metaverse – The Beginners Guide to Virtual Worlds*: NFT Games, Play-to-Earn, GameFi, and Blockchain Entertainment such as Axie Infinity, Decentraland, The Sandbox, Meta, Gala, Gods Unchained, Bloktopia, and More!. [*S.l.*]: Publishing Forte, 2022.

COMISSÃO MUNDIAL SOBRE O MEIO AMBIENTE E DESENVOLVIMENTO. *Nosso futuro comum*. Rio de Janeiro: FGV, 1987.

COMOGLIO, Luigi Paolo. Garanzie Costituzionali e "Giusto Processo" (Modelli a confronto). *Revista de Processo*, São Paulo, v. 90, p. 95-150, abr.-jun. 1998.

COMOGLIO, Luigi Paolo; FERRI, Corrado; TARUFFO, Michele. *Lezioni sul processo civile*: il processo ordinario di cognizione. Bologna: Il Mulino, 2006.

COMPARATO, Fábio Konder. A proteção do consumidor. Importante capítulo do direito econômico. *Revista da Consultoria-Geral do Estado do RS*, Porto Alegre, v. 6, n. 14, p. 81-105, 1976.

COMPARATO, Fábio Konder. Grupo societário fundado em controle contratual e abuso de poder do controlador. *Direito empresarial*: estudos e pareceres. São Paulo: Saraiva, 1990.

COMPARATO, Fábio Konder. *Afirmação histórica dos direitos humanos*. São Paulo: Saraiva, 2001.

COMPARATO, Fábio Konder. *O poder de controle na sociedade anônima*. 3. ed. Rio de Janeiro: Forense, 1983.

COPPEL, Philip. *Information rights*. 5. ed. Oxford: Hart Publishing, 2020.

CORBISIER, Isabelle. A la recherche d'une action directe em droit allemand des obligations e des assurances. In: FONTAINE, Marcel; GHESTIN, Jacques. *Les effets du contrat à l'egard des tiers*: comparaisons franco-belges. Paris: LGDJ, 1992.

CORBO, Wallace. *Discriminação indireta*: conceito, fundamentos e uma proposta de enfrentamento à luz da Constituição de 1988. Rio de Janeiro: Lumen Juris, 2017.

CORDEIRO, Carolina Souza. Os desafios dos crimes contra as relações de consumo e as tendências do processo penal atual. *Revista de Direito do Consumidor*, São Paulo, v. 112, p. 365-393, jul.-ago. 2017.

CORRÊA DE OLIVEIRA, José Lamartine. *A dupla crise da personalidade jurídica*. São Paulo: Saraiva, 1979.

CORTADA, James W. *Information and the modern corporation*. Cambridge: MIT, 2011.

CORTÉS, Pablo. *Online Dispute Resolution for consumers in the European Union*. London: Routledge, 2011.

COSTA, Jaderson Costa da. A publicidade e o cérebro da criança. In: PASQUALOTTO, Adalberto de Souza; BLANCO, Ana. *Publicidade e proteção da infância*. Porto Alegre: Livraria do Advogado, 2014.

COSTA JÚNIOR, Paulo José da; COSTA, Fernando José da. *Crimes contra o consumidor*. 2. ed. São Paulo: Atlas, 2008.

COUTANT-LAPALUS, Christelle. *Le príncipe de la réparation intégrale em droit privé*. Aix de Marseille: Presses Universitaires d'Aix de Marseille, 2002.

COUTO, Rainer; NOVAIS, Leandro. Regulação de tecnologias disruptivas: uma análise de *sharing economy. Revista de Direito do Consumidor*, São Paulo, v. 111, ano 26, p. 269-292, maio-jun. 2017.

COUTO E SILVA, Almiro do. Privatização no Brasil e o novo exercício de funções públicas por particulares. Serviço público "à brasileira"? *Revista da Procuradoria-Geral do Estado do Rio Grande do Sul*, Porto Alegre, v. 27, n. 57, supl., p. 207-325, 2003.

COUTO E SILVA, Clóvis do. *A obrigação como processo*. Porto Alegre: UFRGS, 1964.

BIBLIOGRAFIA | **1219**

COUTO E SILVA, Clóvis do. Dever de indenizar. In: FRADERA, Véra Maria Jacob de (org.). *O direito privado brasileiro na visão de Clóvis do Couto e Silva*. Porto Alegre: Livraria do Advogado, 1997.

COUTO E SILVA, Clóvis do. A teoria da base do negócio jurídico. In: FRADERA, Véra Maria Jacob de (org.). *O direito privado brasileiro na visão de Clóvis do Couto e Silva*. Porto Alegre: Livraria do Advogado, 1997.

COUTURE, Eduardo J. *Fundamentos del derecho procesal civil*. Buenos Aires: Depalma, 1985.

COVAS, Silvânio. O cadastro positivo e a proteção dos dados pessoais do consumidor. *Revista de Direito Bancário e do Mercado de Capitais*, São Paulo, v. 45, p. 31, jul. 2009.

COVAS, Silvânio. O cadastro positivo. *Revista de Direito Bancário e do Mercado de Capitais*, São Paulo, v. 52, p. 29-43, abr. 2011.

CRASWELL, Richard; SCHWARTZ, Alan. *Foundations of contract law*. New York: Oxford University Press, 1994.

CRAVO, Daniela Copetti. Direito à portabilidade de dados: interface entre a defesa da concorrência, do consumidor e proteção de dados. Rio de Janeiro: Lumen Juris, 2018.

CREMASCO, Suzana Santi. *A distribuição dinâmica do ônus da prova*. Rio de Janeiro: GZ, 2009.

CROUCH, Dennis. The social welfare of advertising to children. *The University of Chicago Law School Roundtable*, v. 9, n. 1, 2002.

CRUZ, Gisela Sampaio da. *O problema do nexo causal na responsabilidade civil*. Rio de Janeiro: Renovar, 2006.

CRUZ, Guilherme Ferreira. *Teoria geral das relações de consumo*. São Paulo: Saraiva, 2014.

CUÉLLAR, Leila. *As agências reguladoras e seu poder normativo*. São Paulo: Dialética, 2001.

CUEVA, Ricardo Villas Bôas. A proteção da propriedade intelectual e a defesa da concorrência nas decisões do CADE. *Revista do Ibrac – Direito da concorrência, Consumo e Comércio Internacional*, São Paulo, v. 16, n. 1, p. 121-147, jan. 2009.

CUEVA, Ricardo Villas Bôas. Funções e finalidades dos programas de *compliance*. In: CUEVA, Ricardo Villas Bôas; FRAZÃO, Ana (coord.). *Compliance*: perspectivas e desafios dos programas de conformidade. Belo Horizonte: Fórum, 2018.

CUNHA, Leonardo Carneiro da. O processo civil no Estado Constitucional e os fundamentos do projeto do novo Código de Processo Civil Brasileiro. *Revista de Processo*, São Paulo, v. 209, jul. 2012.

DANTAS, Bruno. Do incidente de resolução de demandas repetitivas. In: WAMBIER, Teresa Arruda Alvim et al (coord.). *Breves comentários ao novo Código de processo civil*. 2. ed. São Paulo: Ed. RT, 2016.

DAVENPORT, Thomas H.; RONANKI, Rajeev. Artificial intelligence for the real world. In: PORTER, Michael E. et al. *On AI, analytics and the new machine age*. Boston: Harvard Business Review Press, 2019.

DEITOS, Marc; MICHEL, Voltaire de Freitas. A inclusão do consumidor como parte interessada na aplicação das medidas *antidumping*: a evolução do tema na Organização Mundial do Comércio e a transposição para o direito brasileiro. *Revista de Direito do Consumidor*, São Paulo, v. 118, ano 27, p. 481-498, jul.-ago. 2018.

DE LUCCA, Newton. *Direito do consumidor*. 2. ed. São Paulo: Quartier Latin, 2008.

DE LUCCA, Newton. *Da ética geral à ética empresarial*. São Paulo: Quartier Latin, 2009.

DELLA GIUSTINA, Vasco. *Responsabilidade civil dos grupos*: inclusive no Código do Consumidor. Rio de Janeiro: Aide, 1991.

DEMARY, Vera. Competition in the sharing economy. *IW Policy Paper*, n. 19, p. 1-27, 2015. Disponível em: iwkoeln.de/fileadmin/publikationen/2015/235445/Sharing_Economy_Policy_Paper.pdf. Acesso em: 20.07.2023.

DEMOGUE, René. *Traité des obligations en general*. Paris: Arthur Rousseau, 1925. t. V.

DENARI, Zelmo et al. *Código Brasileiro de Defesa do Consumidor comentado pelos autores do anteprojeto*. 8. ed. Rio de Janeiro: Forense, 2005.

DEPINCÉ, Malo. Freedom of Contract and New Economic Models – A New Approach of European and French Law for the Internet of Things. *In*: WEI, Dan; NEHF, James P.; MARQUES, Claudia Lima (ed.). *Innovation and the Transformation of Consumer Law*: National and International Perspectives. Singapure: Springer-SSAP, 2020.

DENARI, Zelmo et al. *Código Brasileiro de Defesa do Consumidor*: comentado pelos autores do anteprojeto. 6. ed. Rio de Janeiro: Forense Universitária, 1999.

DEPINCÉ, Malo. Freedom of contract and new economic models. In: WEI, Dan; NEHF, James P.; MARQUES, Claudia Lima (ed.). *Innovation and the transformation of consumer law*. Singapore: Springer Singapore, 2020.

DERANI, Cristiane. *Direito ambiental econômico*. São Paulo: Max Limonad, 2001.

DERANI, Cristiane. *Privatização e serviços públicos*: as ações do Estado na produção econômica. São Paulo: Max Limonad, 2002.

DESSAUNE, Marcos. *Desvio produtivo do consumidor*: o prejuízo do tempo desperdiçado. São Paulo: Ed. RT, 2012.

DESSAUNE, Marcos. *Teoria aprofundada do desvio produtivo do consumidor*: o prejuízo do tempo desperdiçado e da vida alterada. 2. ed. Vitória: Edição do Autor, 2017.

DEWEY, John. The historic background of corporate legal personality. *Yale Law Journal*, v. 35, p. 655 e ss., 1926.

DIAS, Daniel; NOGUEIRA, Rafaela; QUIRINO, Carina de Castro. Vedação à discriminação de preços sem justa causa: uma interpretação constitucional e útil do art. 39, X, do CDC. *Revista de Direito do Consumidor*, São Paulo, v. 121, ano 28, p. 51-97, jan.-fev. 2019.

DIAS, Lúcia Ancona Lopez de Magalhães. *Publicidade e direito*. São Paulo: Ed. RT, 2010.

DIAS, Lúcia Ancona Lopez de Magalhães. *Publicidade e direito*. 2. ed. São Paulo: Ed. RT, 2013.

DILL, Amanda Lemos. A delimitação dogmática do legítimo interesse para tratamento de dados pessoais: as bases para a futura concreção. In: MENKE, Fabiano; DRESCH, Rafael de Freitas Valle (coord.). *Lei Geral de Proteção de Dados*: aspectos relevantes. Indaiatuba, SP: Foco, 2021.

DI MAJO, Adolfo. Clausole generali e diritto delle obbligazioni. *Rivista Critica de diritto Privato*, p. 539-571, 1984.

DIDIER JR., Fredie et al. (org.). *Novas tendências do processo civil*: estudos sobre o projeto do novo Código de Processo Civil. Salvador: JusPodivm, 2013.

DINAMARCO, Cândido Rangel. *A instrumentalidade do processo*. 7. ed. São Paulo: Malheiros Editores, 1999.

DINAMARCO, Cândido Rangel. *Instituições de processo civil*. São Paulo: Malheiros Editores, 2003. v. I.

DINAMARCO, Cândido Rangel. O novo Código de Processo Civil brasileiro e a ordem processual civil vigente. *Revista de Processo*, São Paulo, v. 247, p. 63-103, set. 2015.

DINIZ, Maria Helena. *Norma constitucional e seus efeitos*. São Paulo: Saraiva, 1989.

DI PIETRO, Maria Sylvia Zanella. *Direito administrativo*. 5. ed. São Paulo: Atlas, 1995.

DIREITO, Carlos Alberto Menezes. O consumidor e os planos de saúde. *Revista Forense*, Rio de Janeiro, v. 90, n. 328, p. 312-316, out.-dez. 1994.

DOBSON, Juan M. *El abuso de la personalidad jurídica em el derecho privado*. 2. ed. Buenos Aires: Depalma, 1991.

DOBSON, Juan M. Lifting the veil in four countries: The law of Argentina, England, France and the United States. *International and Comparative Law Quarterly*, v. 35, n. 4, p. 839-863, 1986.

DOLINGER, Jacob. *A evolução da ordem pública no direito internacional privado*. Rio de Janeiro: Gráfica Luna, 1979.

DOMONT-NAERT, Françoise. As tendências atuais do direito contratual no domínio da regulação das cláusulas abusivas. *Revista de Direito do Consumidor*, São Paulo, v. 12, p. 17-24, out.-dez. 1994.

DOMURATH, Irina. Verbraucherrecht in der Plattformökonomie. In: In: MICKLITZ, Hans-Wolfgang et al. (Hrsg.). *Verbraucherrecht 2.0*: Verbraucher in der digitalen Welt. Baden-Baden: Nomos, 2017.

DONATI, Antigono; PUTZOLU, Giovanna Volpe. *Manuale di diritto delle assucurazioni*. 9. ed. Milano: Giuffrè, 2009.

DONEDA, Danilo. *Da privacidade à proteção dos dados pessoais*. Rio de Janeiro: Renovar, 2006.

DONEDA, Danilo. O direito fundamental à proteção de dados pessoais. In: MARTINS, Guilherme Magalhães; LONGHI, João Victor Rozatti (coord.). *Direito digital*: direito privado e internet. 2. ed. Indaiatuba, SP: Foco, 2019.

DONEDA, Danilo; MENDES, Laura Schertel; CUEVA, Ricardo Villas Bôas (coord.). *Lei geral de Proteção de Dados (Lei nº 13.709/2018)*: a caminho da efetividade – contribuições para a implementação da LGPD. São Paulo: Ed. RT, 2020.

DUARTE, Nestor. In: PELUSO, Antonio Cezar (org.). *Código Civil comentado*. São Paulo: Manole, 2012.

DUGUIT, León. *Traité de droit constitutionnel*. Paris: Librairie Fontemoing, 1923. v. 2.

EBERS, Martin. Liability for Artificial Intelligence and EU Consumer Law. *Journal of Intellectual Property, Information Technology and Electronic Commerce Law*, p. 204-221, Feb. 2021. Disponível em: ssrn.com/abstract=3855110. Acesso em: 20.07.2023.

EFING, Antônio Carlos. O dever do Banco Central do Brasil de controlar a atividade bancária e financeira, aplicando as sanções administrativas previstas no sistema de proteção ao consumidor. *Revista da Ajuris*, Porto Alegre, v. 2, edição especial, p. 593-598, mar. 1998.

EFING, Antônio Carlos. *Bancos de dados e cadastros de consumidores*. São Paulo: Ed. RT, 2002.

EFING, Antônio Carlos. *Contratos e procedimentos bancários à luz do Código de Defesa do Consumidor*. 2. ed. São Paulo: Ed. RT, 2012.

EFING, Antônio Carlos; GREGORIO, Carolina Lückemeyer. Greenwashing e rotulagem ambiental no direito do consumidor à informação. *Revista de Direito do Consumidor*, v. 113, ano 26, p. 439-455, set.-out. 2017.

EHRHARDT JÚNIOR, Marcos; CATALAN, Marcos; MALHEIROS, Pedro (coord.) *Direito do consumidor e novas tecnologias*. Belo Horizonte: Fórum, 2021.

EIDENMÜLLER, Horst. The rise of robots and the law of humans. *Zeitschrift für Europäisches Privatrecht*, v. 4. Munich, 2017.

1222 | CURSO DE DIREITO DO CONSUMIDOR – *Bruno Miragem*

ENGISCH, Karl. *Introdução ao pensamento jurídico*. Trad. J. Baptista Machado. 6. ed. Lisboa: Fundação Calouste Gulbenkian, 1988.

ENGRÁCIA ANTUNES, José. *Os grupos de sociedades*: estrutura e organização jurídica da empresa plurissocietária. Coimbra: Almedina, 1993.

EUROPEAN UNION. *Evaluation of Council Directive 85/374/EEC on the approximation of laws, regulations and administrative provisions of the Member States concerning liability for defective products.* Luxembourg: Publications Office of the European Union, 2018.

EVANS, David S.; SCHMALENSEE, Richard. *Matchmakers*: the new economics of multisided platforms. Cambridge: Harvard Business Review Press, 2016.

FABIAN, Cristoph. *O dever de informar no direito civil*. São Paulo: Ed. RT, 2002.

FABRE-MAGNAN, Muriel. *Les obligations*. Paris: PUF, 2004.

FABRÍCIO, Adroaldo Furtado. As novas necessidades do processo civil e os poderes do juiz. *Ensaios de direito processual*. Rio de Janeiro: Forense, 2003.

FABRÍCIO, Adroaldo Furtado. *Ensaios de direito processual*. Rio de Janeiro: Forense, 2003.

FABRÍCIO, Adroaldo Furtado. Flexibilização dos prazos como forma de adaptar procedimentos – ação de prestação de contas. Parecer. *Revista de Processo*, São Paulo, v. 197, p. 413-444, jul. 2011.

FACHIN, Luiz Edson; SILVA, Roberta Zumblick Martins da. Direito do consumidor, novas tecnologias e inclusão digital. *Revista de Direito do Consumidor*, São Paulo, v. 139, p. 19-29, jan.-fev. 2022.

FACCHINI NETO, Eugênio. Inovação e responsabilidade civil: os riscos do desenvolvimento no direito contemporâneo. In: SAAVEDRA, Giovani Agostini; LUPION, Ricardo (org.). *Direitos fundamentais, direito privado e inovação*. Porto Alegre: EdiPUCRS, 2012.

FACCHINI NETO, Eugênio. Consentimento e dissentimento informado – limites e questões polêmicas. *Revista de Direito do Consumidor*, São Paulo, v. 102, ano 24, p. 223-256, out.--dez. 2015.

FACCHINI NETO, Eugênio. O maior consenso possível – o consentimento informado sob o prisma do direito comparado. *Revista de Direito Civil Contemporâneo*, São Paulo, v. 4, p. 53-105, jul./set. 2015.

FARIAS, Cristiano Chaves de; ROSENVALD, Nelson. *Curso de direito civil*. São Paulo: Atlas, 2015. v. 1.

FARIAS, Edilsom. *Liberdade de expressão e comunicação*. Teoria e proteção constitucional. São Paulo: Ed. RT, 2004.

FAUST, Florian. Digitale Wirtschaft – Analoges Recht: Braucht das BGB ein Update? *Neue Juristische Wochenschrift – Beilage*, v. 29, 2016.

FAZZALARI, Elio. *Note in tema di diritto e processo*. Milano: Giuffrè, 1953.

FEIGELSON, Bruno; BECKER, Daniel; CAMARINHA, Sylvia M. F. (coord.) *Comentários à Lei Geral de Proteção de Dados*: Lei 13.709/2018. São Paulo: Ed. RT, 2020 (Coleção Direito e Novas Tecnologias).

FERNANDES, Victor Oliveira. *Direito da concorrência das plataformas digitais*. São Paulo: Ed. RT, 2022.

FERNANDES NETO, Guilherme. *Abuso do direito no Código de Defesa do Consumidor*: cláusulas, práticas e publicidades abusivas. Brasília: Brasília Jurídica, 1999.

FERNANDES NETO, Guilherme. *Direito da comunicação social*. São Paulo: Ed. RT, 2004.

FERRAZ, Carolina Valença et al. (coord.). *Manual de direitos da pessoa com deficiência*. São Paulo: Saraiva, 2012.

FERRAZ FILHO, Raul Luiz; PATELLO DE MORAES, Maria do Socorro. *Energia elétrica*: suspensão do fornecimento. São Paulo: LTr, 2002.

FERRAZ JR., Tercio Sampaio. *Introdução ao estudo do direito*: técnica, decisão, dominação. 2. ed. São Paulo: Atlas, 1994.

Ferreira, Ivette Senise. O direito penal da informática. *Revista da Pós-Graduação da Faculdade de Direito da Universidade de São Paulo*, n. 4, p. 9-26, 2002.

FERREIRA, Vitor Hugo do Amaral; CARVALHO, Diógenes Faria de; SANTOS, Nivaldo dos. Sociedade de consumo. *Pesquisas em direito do consumidor*. Goiânia: Espaço Acadêmico, 2016. v. 2.

FERREIRA, Vitor Hugo do Amaral. *Tutela de efetividade no direito do consumidor brasileiro*: a tríade prevenção-proteção-tratamento revelada nas relações de crédito e consumo digital. São Paulo: Ed. RT, 2022.

FERREIRA DA SILVA, Jorge Cesa. *A boa-fé e a violação positiva do contrato*. Rio de Janeiro: Renovar, 2001.

FERREIRA DA SILVA, Jorge Cesa. *Adimplemento e extinção das obrigações*. São Paulo: Ed. RT, 2006.

FERREIRA DA SILVA, Luis Renato. A função social do contrato no novo Código Civil e sua conexão com a solidariedade social. In: SARLET, Ingo Wolfgang (org.). *O novo Código Civil e a Constituição*. Porto Alegre: Livraria do Advogado, 2003.

FERREIRA DA SILVA, Luis Renato. *Revisão dos contratos*: do Código Civil ao Código do Consumidor. Rio de Janeiro: Forense, 1998.

FERREIRA DE ALMEIDA, Carlos. Conceito de publicidade. *Boletim do Ministério da Justiça*, n. 349, out. 1985.

FERREIRA DE ALMEIDA, Carlos. *Texto e enunciado do negócio jurídico*. Coimbra: Almedina, 1992.

FERREIRA DE ALMEIDA, Carlos. Interpretação do contrato. *Revista de Direito do Consumidor*, São Paulo, v. 17, p. 5, jan.-mar. 1996.

FERREIRA, William Santos. Comentários ao art. 373. WAMBIER, Teresa Arruda Alvim et al. (coord.). *Breves comentários ao novo Código de processo civil*. São Paulo: Ed. RT, 2015.

FERRER CORREIA, A. *Erro e interpretação na teoria do negócio jurídico*. Coimbra: Almedina, 2001.

FERRI, Giovani. O princípio do desenvolvimento sustentável e a logística reversa na Política Nacional de Resíduos Sólidos (Lei 12.305/2010). *Revista dos Tribunais*, São Paulo, v. 912, p. 95-115, out. 2011.

FEUZ, Paulo Sérgio. *Direito do consumidor nos contratos de turismo*. São Paulo: Edipro, 2003.

FIECHTER-BOULEVARD, Frédérique. La notion de vulnérabilité et as consécration par le droit. In: COHET-CORDEY, Frédérique (org.). *Vulnérabilité et droit*: le développement de la vulnérabilité et ses enjeux en droit. Grenoble: Presses Universitaires de Grenoble, 2000.

FILOMENO, José Geraldo Brito. *Manual dos direitos do consumidor*. São Paulo: Atlas, 1991.

FILOMENO, José Geraldo Brito et al. *Código Brasileiro de Defesa do Consumidor*: comentado pelos autores do anteprojeto. 6. ed. Rio de Janeiro: Forense Universitária, 1999.

FILOMENO, José Geraldo Brito et al. *Código Brasileiro de Defesa do Consumidor*: comentado pelos autores do anteprojeto. 8. ed. Rio de Janeiro: Forense Universitária, 2005.

FINK, Daniel Roberto et al. *Código Brasileiro de Defesa do Consumidor*: comentado pelos autores do anteprojeto. 6. ed. Rio de Janeiro: Forense Universitária, 1999.

FIN-LANGER, Laurence. *L'équilibre contractuel*. Paris: LGDJ, 2002.

FINLAY, Steven. *Credit scoring, response modeling and insurance rating*. 2. ed. Londres: Palgrave Macmillan, 2012.

FLACH, Daisson. *A verossimilhança no processo civil*. São Paulo: Ed. RT, 2009.

FLORENCE, Tatiana Magalhães. Aspectos pontuais da cláusula penal. In: TEPEDINO, Gustavo (coord.). *Obrigações*: estudos na perspectiva civil-constitucional. Rio de Janeiro: Renovar, 2005.

FONSECA, Antonio Cezar Lima da. *Direito penal do consumidor*: Código de Defesa do Consumidor e Lei 8.137/90. 2. ed. Porto Alegre: Livraria do Advogado, 1999.

FONSECA, Arnoldo Medeiros da. *Caso fortuito e teoria da imprevisão*. 3. ed. Rio de Janeiro: Forense, 1958.

FONSECA, João Bosco Leopoldino. *Cláusulas abusivas nos contratos*. Rio de Janeiro: Forense, 1993.

FONSECA, Ricardo Tadeu Marques da. O novo conceito constitucional de pessoa com deficiência: um ato de coragem. In: FERRAZ, Carolina Valença et al. (coord.). *Manual de direitos da pessoa com deficiência*. São Paulo: Saraiva, 2012.

FORTES, Pedro Rubim Borges; MARTINS, Guilherme Magalhães; OLIVEIRA, Pedro Farias. O consumidor contemporâneo no show de Truman: a geodiscriminação digital como prática ilícita no direito brasileiro. *Revista de Direito do Consumidor*, São Paulo, v. 124, p. 235-260, jul./ago. 2019.

FORGIONI, Paula Andreia. *A evolução do direito comercial brasileiro*: da mercancia ao mercado. São Paulo: Ed. RT, 2009.

FRADERA, Véra Maria Jacob de. O dever de informar do fabricante. *Revista dos Tribunais*, São Paulo, v. 656, p. 53-71, jun. 1990.

FRADERA, Véra Maria Jacob de. Responsabilidade civil dos médicos. *Revista da Ajuris*, Porto Alegre, v. 19, n. 55, p. 116-139, jul. 1992.

FRADERA, Véra Maria Jacob de (org.). *O direito privado brasileiro na visão de Clóvis do Couto e Silva*. Porto Alegre: Livraria do Advogado, 1997.

FRADERA, Véra Maria Jacob de. A ineficácia das cláusulas abusivas no sistema brasileiro do Código de Defesa do Consumidor: uma abordagem clássica. *Revista de Direito do Consumidor*, São Paulo, v. 43, p. 316-324, jul.-set. 2002.

FRADERA, Véra Maria Jacob de. Contratos típicos no Código Civil. In: AZEVEDO, Antônio Junqueira de et al. *Princípios do novo Código Civil e outros temas*: homenagem a Tulio Ascarelli. São Paulo: Quartier Latin, 2008.

FRANCESCHELLI, Vincenzo; LEHMANN, Michael. Superamento della personalità giuridica e società collegate: sviluppi di diritto continentale. *Responsabilità limitata e gruppi di società*. Milano: Giuffrè, 1987.

FRAZÃO, Ana. *Dever geral de cuidado das plataformas diante de crianças e adolescentes*. São Paulo: Insituto Alana, 2021.

FREITAS FILHO, Roberto; LIMA, Thalita Moraes. Indenização por dano extrapatrimonial com função punitiva no direito do consumidor. *Revista de Direito do Consumidor*, São Paulo, v. 87, p. 93-122, maio-jun. 2013.

FREITAS FILHO, Roberto. Saúde suplementar, tempo das resoluções da ANS e dever jurídico dos fornecedores de serviços de saúde. *Revista de Direito do Consumidor*, São Paulo, v. 142, p. 351-376, jul.-ago. 2022.

FRIAS, Felipe Barreto. Instituto da cópia privada no direito autoral brasileiro – análise dogmática e crítica. *Revista dos Tribunais*, São Paulo, v. 846, p. 66-96, abr. 2006.

FRIEDMAN, Milton; FRIEDMAN, Rose. *Free to choose*: a personal statement. San Diego: Harvest Book, 1990.

FRITZ, Karina Nunes. Herança digital: quem tem legitimidade para ficar com o conteúdo digital do falecido? In: MARTINS, Guilherme Magalhães; LONGHI, João Victor Rozatti (coord.). *Direito digital*: direito privado e internet. 3. ed. Indaiatuba, SP: Foco, 2020.

FROTA, Mário. *A publicidade infanto-juvenil*: perversões e perspectivas. 2. ed. Curitiba: Juruá, 2006.

FURTADO, Wilson. A cópia privada e direitos fundamentais. In: SANTOS, Manoel J. Pereira dos (coord.). *Direito de autor e direitos fundamentais*. São Paulo: Saraiva, 2011.

FUX, Luiz. *Tutela de segurança e tutela de evidência*. São Paulo: Saraiva, 1996.

GAGNO, Luciano Picoli. O novo Código de Processo Civil e a inversão ou distribuição dinâmica do ônus da prova. *Revista de Processo*, São Paulo, v. 249, p. 117-139, nov. 2015.

GAILLARD, Émile. *Générations futures et droit privé*: vers un droit des générations futures. Paris: LGDJ, 2011.

GAIO JR., Antônio Pereira. A tutela específica no novo Código de Processo Civil. *Revista de Processo*, São Paulo, v. 241, p. 313-336, mar. 2015.

GALASSO, Giuseppe. Il diritto privato nella prospettiva post-moderna. *Rivista di Diritto Civile*, Padova, anno XXVI, parte prima, p. 13-31, 1980.

GALDÓS, Jorge Mario. Responsabilidad civil de los proveedores de servicios en Internet. In: TRIGO REPRESAS, Félix A. (org.). *Responsabilidad civil: doctrinas esenciales*. Buenos Aires: La Ley, 2007. t. VI.

GALGANO, Francesco. La democrazia dei consumatori. *Rivista Trimestrale di Diritto e Procedura Civile*, v. 35, n. 1, p. 38-48, mar. 1981.

GALGANO, Francesco. *El negocio jurídico*. Trad. Blaco Gascó e Lorenzo Albentosa. Valencia: Tirant lo Blanch, 1992.

GAMA, Guilherme Calmon Nogueira da. Propriedade intelectual. *Revista dos Tribunais*, São Paulo, v. 907, p. 123-155, maio 2011.

GARCÍA, Gema Alejandra Botana. Noción de comércio electrónico. *Comercio electrónico y protección de los consumidores*. Madrid: La Ley, 2001.

GARCIA, Leonardo de Medeiros. *Direito do consumidor*: Código comentado e jurisprudência. 6. ed. Niterói: Impetus, 2010.

GARFINKEL, Simson. *Database nation*: the death of privacy in 21th century. Sebastopol: O'Reilly Media, 2000.

GAVRONSKI, Alexandre Amaral. *Técnicas extraprocessuais de tutela coletiva*. São Paulo: Ed. RT, 2011.

GAZOTTO, Gustavo Martinelli Tanganelli; EFING, Antônio Carlos. Os limites toleráveis do *neuromarketing* nas relações de consumo. *Revista de Direito do Consumid*or, São Paulo, v. 135, p. 375-396, maio-jun. 2021.

GEIGER, Christophe; GRIFFITHS, Jonathan; HILTY, Reto M. Declaração sobre o "Teste dos três passos" do direito de autor. *Revista de Direito Privado*, São Paulo, v. 41, p. 293-312, jan. 2010.

GHERSI, Carlos Alberto. La paradoja de la igualdad del consumidor en la dogmatica contractual. *Revista de Direito do Consumidor*, São Paulo, v. 36, p. 38-44, out.-dez. 2000.

GHERSI, Carlos Alberto. *Relación médico-paciente*. Mendoza: Ed. Cuyo, 2000.

GHESTIN, Jacques. Introduction. In: JAMIN, Cristophe; MAZEAUD, Denis. *Les clauses abusives entre profissionels*. Paris: Economica, 1998.

GHESTIN, Jacques. Introduction. In: FONTAINE, Marcel; GHESTIN, Jacques. *Les effets du contrat à l'egard des tiers*: comparaisons franco-belges. Paris: LGDJ, 1992.

GIDI, Antônio. Aspectos da inversão do ônus da prova no Código do Consumidor. *Revista de Direito do Consumidor*, São Paulo, v. 13, p. 33-41, jan.-mar. 1995.

GIDI, Antônio. *Coisa julgada e litispendência nas ações coletivas*. São Paulo: Saraiva, 1995.

GIERKE, Otto von. *La función social del derecho privado*. Trad. Por José M. Navarro de Palencia. Madrid: Sociedad Española, 1904.

GILMORE, Grant. *The death of contract*. Columbus: The Ohio State University Press, 1992.

GIORGIANNI, Francesco; TARDIVO, Carlo-Maria. *Manuale di diritto bancário*. 2. ed. Milano: Giuffrè, 2005.

GLÓRIA, Daniel Firmato Almeida. *A livre concorrência como garantia do consumidor*. Belo Horizonte: Del Rey, 2003.

GOBBLE, MaryAnne M. The case against disruptive innovation. *Research-Technology Management*, v. 58, n. 1, p. 59-63, 2015.

GOMES, Joaquim Benedito Barbosa. *Ação afirmativa e princípio constitucional da igualdade*: o direito como instrumento de transformação social (A experiência dos EUA). Rio de Janeiro: Renovar, 2001.

GOMES, Orlando. *Contratos*. 18. ed. Rio de Janeiro: Forense, 1999.

GOMES, Orlando. *Novos temas de direito civil*. Rio de Janeiro: Forense, 1983.

GOMES, Orlando. *Obrigações*. 15. ed. Rio de Janeiro: Forense, 2002.

GOMES, Orlando. *Introdução ao direito civil*. 19. ed. Rio de Janeiro: Forense, 2007.

GOMEZ-MARTIN, Laura E. Smartphone usage and the need for consumer privacy laws. *Pittsburgh Journal of Technology Law & Policy*, v. 12, n. 2, Spring 2012.

GÓMEZ MONTORO, Angél J. La titularidad de derechos fundamentales por personas jurídicas: um intento de fundamentación. *Revista Española de Derecho Constitucional*, Madrid, n. 65, p. 49-105, 2002.

GONZÁLEZ ZAVALA, Rodolfo M. Prueba del nexo causal. *Revista de Derecho de Daños*, Buenos Aires, t. 2003-2, 2003.

GORDILLO, Augustín A. *Teoría general del derecho administrativo*. Buenos Aires: Macchi, 1979.

GOULART, Guilherme Damasio. Por uma visão renovada dos arquivos de consumo. *Revista de Direito do Consumidor*, São Paulo, v. 107, ano 25, p. 447-482, set.-out. 2016.

GRAEBER, David. *Dívida*: os primeiros 5000 anos. Lisboa: Edições 70, 2022.

BIBLIOGRAFIA | 1227

GRAEFF, Bibiana. Direitos do consumidor idoso no Brasil. *Revista de Direito do Consumidor*, São Paulo, v. 86, p. 65-74, mar. 2013.

GRASSI NETO, Roberto. *Segurança alimentar*: da produção agrária à proteção do consumidor. Tese (Livre-docência) – Faculdade de Direito da Universidade de São Paulo, São Paulo, 2011.

GRASSI NETO, Roberto. *Segurança alimentar*: da produção agrária à proteção do consumidor. São Paulo: Saraiva, 2013.

GRAU, Eros Roberto. *A ordem econômica na Constituição de 1988*: interpretação e crítica. 3. ed. São Paulo: Malheiros Editores, 1997.

GRAU, Eros Roberto. *Parecer requerido pela Associação Brasileira de Distribuidores de Energia Elétrica – Abradee*. São Paulo, maio de 2001, *mimeo*.

GRAU, Eros Roberto. *A ordem econômica na Constituição de 1988*. 8. ed. São Paulo: Malheiros Editores, 2003.

GRAU, Eros Roberto. Constituição e serviço público. In: GRAU, Eros Roberto; GUERRA FILHO, Willis Santiago. *Direito constitucional*: estudos em homenagem a Paulo Bonavides. São Paulo: Malheiros Editores, 2003.

GRAU, Eros Roberto; GUERRA FILHO, Willis Santiago. *Direito constitucional*: estudos em homenagem a Paulo Bonavides. São Paulo: Malheiros Editores, 2003.

GRECO, Rogério. *Curso de direito penal*: parte geral. Rio de Janeiro: Impetus, 2003.

GREENGARD, Samuel. *The internet of things*. Cambridge: MIT, 2015.

GREGORI, Maria Stella. *Planos de saúde*: a ótica da proteção do consumidor. 3. ed. São Paulo: Ed. RT, 2011.

GRINOVER, Ada Pellegrini (coord.). *A tutela dos direitos difusos*: jurisprudência, doutrina e trabalhos forenses. São Paulo: Max Limonad, 1984.

GRINOVER, Ada Pellegrini. A tutela jurisdicional dos interesses difusos no direito comparado. *A tutela dos direitos difusos*: jurisprudência, doutrina e trabalhos forenses. São Paulo: Max Limonad, 1984.

GRINOVER, Ada Pellegrini. *Novas tendências do direito processual*: de acordo com a Constituição de 1988. São Paulo: Forense Universitária, 1990.

GRINOVER, Ada Pellegrini et al. *Código Brasileiro de Defesa do Consumidor*: comentado pelos autores do anteprojeto. 6. ed. Rio de Janeiro: Forense Universitária, 1999.

GRINOVER, Ada Pellegrini et al. *Código Brasileiro de Defesa do Consumidor*: comentado pelos autores do anteprojeto. 8. ed. Rio de Janeiro: Forense Universitária, 2004.

GRINOVER, Ada Pellegrini et al. *Código Brasileiro de Defesa do Consumidor*: comentado pelos autores do anteprojeto. 8. ed. Rio de Janeiro: Forense Universitária, 2005.

GRINOVER, Ada Pellegrini et al. *Código Brasileiro de Defesa do Consumidor*: comentado pelos autores do anteprojeto do CDC e da Lei do Superendividamento. 13. ed. Rio de Janeiro: Forense, 2022.

GROTTI, Dinorá Adelaide Musetti. *O serviço público e a Constituição brasileira de 1988*. São Paulo: Malheiros Editores, 2003.

GRÜNWALD, Andreas; NÜβING. Machine to machine (M2M): Kommunikation Regulatorische fragen bei der Kommunikation im Internet der Dinge. *Multimedia und Recht*, Munich, Jun. 2015.

GUÉGAN-LÉCUYER, Anne. *Dommages de masse et responsabilité civile*. Paris: LGDJ, 2006.

GUIMARÃES, Paulo Jorge Scartezzini. *Dos contratos de hospedagem, de transporte de passageiros e de turismo*. São Paulo: Saraiva, 2007.

GUSMÃO, José Roberto D'Affonseca; D'HANENS, Laetitia Maria Alice Pablo. Breves comentários à proteção do *trade dress* no Brasil. *Revista dos Tribunais*, São Paulo, v. 919, p. 585-597, maio 2012

HACKL, Cathy; LUETH, Dirk; DI BARTOLO, Tommaso. *Navigating the metaverse*: a guide to limitless possibilities in a web 3.0 world. New Jersey, US: Wiley, 2022.

HAHN, Bernhard. *Kooperationsmaxime im Zivilprozess?* Köln: Carl Heymanns Verlag, 1983.

HALM, Wolfgang E.; ENGELBRECHT, Andreas; KRAHE, Frank (Hrsg.). *Handbuch des Fachanwalts Versicherungsrecht*. Köln: Luchterhand, 2011.

HALPÉRIN, Jean-Louis. *Histoire du droit prive français depuis 1804*. Paris: PUF, 2001.

HART, Herbert. *O conceito de direito*. 2. ed. Trad. Ribeiro Mendes. Lisboa: Fundação Calouste Gulbenkian, 1994.

HÄRTING, Niko. Anonymität und Pseudonymität im Datenschutzrecht. *Neue Juristische Wochenschrift*, Munich, v. 66, n. 29, p. 2065-2071, 2013.

HATTENHAUER, Hans. *Conceptos fundamentales del derecho civil*: introducción histórico--dogmática. Barcelona: Ariel, 1987.

HECK, Luiz Afonso. Direitos fundamentais e sua influência no direito civil. *Revista da Faculdade de Direito da UFRGS*, Porto Alegre, v. 16, 1999.

HELBERGER, Natali. Profiling and targeting consumers in the Internet of Things – a new challenge for consumer law. In: SCHULZE, Reiner; STAUDENMAYER, Dirk (ed.). *Digital revolution*: challenges for contract law in practice. Baden-Baden: Nomos, 2016.

HENRIQUES, Isabella; VIVARTA, Veet. *Publicidade de alimentos e crianças*: regulação no Brasil e no mundo. São Paulo: Saraiva, 2013.

HERRERA, Edgardo López. *Teoría general de la responsabilidad civil*. Buenos Aires: Lexis-Nexis, 2006.

HESSE, Konrad. *Derecho constitucional y derecho privado*. Madrid: Civitas, 1991.

HINTZE, Mike. Science and privacy: data protection laws and their impact on research. *Washington Journal of Law, Technology & Arts*, Washington, v. 14, n. 2, p. 103-137, 2019.

HOBAIKA, Marcelo Bechara de Souza; BORGES, Luana Chystyna Carneiro. Responsabilidade jurídica pela transmissão, comutação ou roteamento e dever de igualdade relativo a pacote de dados. In: LEITE, George Salomão; LEMOS, Ronaldo (coord.). *Marco ciivl da internet*. São Paulo: Atlas, 2014.

HOBSBAWM, Eric. *A era dos extremos*: o breve século XX (1914-1991). São Paulo: Companhia das Letras, 1996.

HOFFMANN-RIEM, Wolfgang. *Teoria geral do direito digital*. Trad. Italo Fuhrman. Rio de Janeiro: Forense, 2021.

HOWELLS, Geraint. *The tobacco challenge*: legal policy and consumer protection. Farnham: Ashgate, 2011.

HOWELLS, Geraint; MICKLITZ, Haus W.; WILHELMSSON, Thomas. *European fair trading law*: the unfair commercial practices directive. Hampshire: Ashgate, 2006.

HOWELLS, Geraint et al. *Handbook of research on international consumer law*. Cheltenham: Edward Elgar Publishing, 2010.

IRTI, Natalino. *L'età della decodificazione*. 3. ed. Milano: Giuffrè, 1989.

IRTI, Natalino. Scambi senza accordo. *Rivista Trimestrale di Diritto e Procedure Civile*, Milano, v. 52, n. 2, p. 347-364, giugno 1998.

IRTI, Natalino. É vero, ma... – Replica a Giorgio Oppo. *Rivista di Diritto Civile*, Padova, v. 2, p. 273-278, 1999.

ITURRASPE, Jorge Mosset; LORENZETTI, Ricardo Luis. *Defensa del consumidor*. Buenos Aires: Rubinzal Culzoni, 1993.

ITURRASPE, Jorge Mosset et al. *Daños*: globalización – Estado – economía. Buenos Aires: Rubinzal Culzoni, 2000.

JACOBINA, Paulo Vasconcelos. *A publicidade no direito do consumidor*. Rio de Janeiro: Forense, 1996.

JACOBSON, Peter D.; WASSERMAN, Jeffrey. *Tobacco control laws: implementation and enforcement*. Washington: Rand P., 1997.

JAEGER JÚNIOR, Augusto; BARCELLOS, Nicole Rinaldi de. Jurisdição internacional e tutela processual do consumidor: foro do domicílio do consumidor como critério de jurisdição protetora. *Revista de Direito do Consumidor*, São Paulo, v. 131, p. 325-344, set.-out. 2020.

JAMIN, Cristophe; MAZEAUD, Denis. *Les clauses abusives entre profissionels*. Paris: Economica, 1998.

JAYME, Erik. Identité culturelle et intégration: le droit international privé postmoderne – cours général de droit international privé. In: ACADÉMIE DE DROIT INTERNATIONAL DE LA HAYE. *Recueil des Cours*: Collected Courses of the Hague Academy of International Law. The Hague: Martinus Nijhoff Publishers, 1995. t. 251, II.

JAYME, Erik. O direito internacional privado do novo milênio e a proteção da pessoa humana face à globalização. Trad. Claudia Lima Marques e Nádia de Araújo. *Cadernos do Programa de Pós-Graduação em Direito/UFRGS*. Edição em homenagem à entrega do título de Doutor *Honoris Causa*/UFRGS ao jurista Erik Jayme. Porto Alegre: UFRGS, 2003. p. 85-97.

JESUS, Damásio de. *Direito penal*. São Paulo: Saraiva, 1997 (parte geral, v. 1).

JOELSONS, Marcela. *Lei Geral de Proteção de Dados*: fronteiras do legítimo interesse. Indaiatuba, SP: Foco, 2022.

JOHN, Nicholas A. *The age of sharing*. Cambridge: Polity Press, 2017.

JOHNSON, R. W. Legal, social and economic issues in implementing scoring in the United States. In: THOMAS, Lyn C.; EDELMAN, David B.; CROOK, Jonathan N. *Readings in credit scoring*. New York: Oxford University Press, 2004.

JORGE, Fernando Pessoa. *Ensaio sobre os pressupostos da responsabilidade civil*. Coimbra: Almedina, 1999.

JOSSERAND, Louis. *De l'abus des droits*. Paris: Arthur Rousseau, 1905.

JOSSERAND, Louis. *De l'esprit des droits et de leur relativité*: theorie dite de l'abus des droits. Paris: Dalloz, 2006.

JUSTEN FILHO, Marçal. *O direito das agências reguladoras independentes*. São Paulo: Dialética, 2002.

KAC, Larissa Andréa Carasso (coord.). *Atividade publicitária no Brasil*: aspectos jurídicos. São Paulo: Almedina, 2021.

KAHN, Lina M. Amazon's antitrust paradox. *The Yale Law Journal*, v. 126, n. 3, p. 710-805, Jan. 2017.

KARAM, Marco Antonio. Resolução de contrato imobiliário: comentários à Lei 13.768/2018. *Revista de Direito do Consumidor*, São Paulo, v. 123, ano 28, maio-jun. 2019.

KARIMI, Abbas. *Les clauses abusives et la théorie de l'abus de droit*. Paris: LGDJ, 2001.

KARSAKLIAN, Eliane. *O comportamento do consumidor*. São Paulo: Atlas, 2000.

KASER, Max. *Direito privado romano*. Trad. Samuel Rodrigues e Ferdinand Hämmerle. Lisboa: Fundação Calouste Gulbenkian, 1999.

KASER, Max; KNÜTEL, Rolf. *Römisches Privatrecht*. 20. Auflage. München: Verlag C.H.Beck, 2014.

KATSH, Ethan; RIFKIN, Janet. *Online Dispute Resolution*: resolving conflicts in cyberspace. São Francisco: Jossey-Bass, 2001.

KATSH, Ethan; RULE, Colin. What we know and need to know about online dispute resolution? *South Caroline Law Review*, v. 67, p. 329-344, 2015.

KELSEN, Hans. *Teoria pura do direito*. Trad. João Baptista Machado. São Paulo: Martins Fontes, 1999.

KERN, Bernd-Rüdiger. A função de satisfação na indenização do dano pessoal. Um elemento penal na satisfação do dano? *Revista de Direito do Consumidor*, São Paulo, v. 33, p. 9-32, jan.-mar. 2000.

KHOURI, Paulo Roberto Roque A. *Direito do consumidor*. 5. ed. São Paulo: Atlas, 2012.

KHOURI, Paulo Roberto Roque A. *Direito do consumidor na sociedade da informação*. São Paulo: Almedina, 2022.

KILBORN, Jason J. Comportamentos econômicos, superendividamento; estudo comparativo da insolvência do consumidor: buscando as causas e avaliando as soluções. In: MARQUES, Claudia Lima; CAVALLAZZI, Rosângela Lunardelli. *Direitos do consumidor endividado*: Superendividamento e crédito. São Paulo: Ed. RT, 2006.

KIMBRO, Stephanie. What we know and need to know about gamification and online engagement. *South Carolina Law Review*, v. 67, p. 345-376, 2016.

KIPKER, Dennis-Kenji; WALKUSZ, Michael. *Implementation guidelines on EU GDPR and Chinese Cybersecurity Law*. Alphen aan den Rijn: Wolters Kluwer, 2020.

KLOEPFER, Michael. *Informationsrecht*. Munique: Beck, 2002.

KLONOFF, Robert H.; BILICH, Edward K. M; MALVEAUX, Suzzette. *Class actions and other multi-party litigation*: cases and materials. 2. ed. West Group Publishing, 2006.

KOLLMER, Tim; ECKHARDT, Andreas. Dark patterns: conceptualization and future research directions. *Business & Information Systems Engineering*, v. 65, p. 201-208, 2023. Disponível em: doi.org/10.1007/s12599-022-00783-7. Acesso em: 20.07.2023.

KOSELLECK, Reinhart. *Histórias de conceitos*. Trad. Markus Hediger. Rio de Janeiro: Contraponto, 2020.

KOTLER, Philip. The prosumer movement: a new challenge for marketers. *Advances in Consumer Research*, v. 13, p. 510-513, 1986.

KRAUS, Daniel; OBRIST, Thierry; HARI, Olivier (ed.). *Blockchains, smart contracts, descentralised autonomous organizations and the law*. Cheltenham: Edward Elgar, 2019.

KRETZMANN, Renata Pozzi. *Informação nas relações de consumo*: o dever de informar do fornecedor e suas repercussões jurídicas. Belo Horizonte: Letramento, 2019.

KÜMPEL, Siegried. Proteção do consumidor no direito bancário e no direito do mercado de capitais. *Revista de Direito do Consumidor*, São Paulo, v. 52, p. 319-346, out. 2004.

LAMBERT-FAIVRE, Yvonne; LEVENEUR, Laurent. *Droit des assurances*. Paris: Dalloz, 2011.

LANDIS, James. *The administrative process*. New Heaven: Yale University Press, 1938.

LARENZ, Karl. *Base del negocio jurídico y cumplimiento de los contratos*. Trad. Carlos Fernandez Rodriguez. Madrid: Editorial Revista de Derecho Privado, 1956.

LARENZ, Karl. *Derecho de obligaciones*. Trad. Jaime Santos Brinz. Madrid: Editorial Revista de Derecho Privado, 1958. t. I.

LARENZ, Karl. *Derecho civil*: parte general. Trad. Miguel Izquierdo. Madrid: ERDP, 1978.

LAUFER, William S. The compliance game. *Revista dos Tribunais*, São Paulo, v. 988, p. 67-80, fev. 2018.

LAZZARINI, Álvaro. Tutela administrativa e relações de consumo. *Revista dos Tribunais*, São Paulo, v. 704, p. 7-16, jun. 1994.

LEÃES, Luis Gastão Paes de Barros. *A responsabilidade do fabricante pelo fato do produto*. São Paulo: Saraiva, 1987.

LEAL, Lívia. Internet e morte do usuário: a necessária superação do paradigma da herança digital. *Revista Brasileira de Direito Civil*, v. 16, abr.-jun., 2018.

LEAL, Márcio Mafra. *Ações coletivas*: história, teoria e prática. Porto Alegre: Fabris, 1998.

LECEY, Eladio. Autoria singular e coletiva nas infrações contra o ambiente e as relações de consumo. *Revista da Ajuris*, Porto Alegre, v. 28, n. 68, p. 36-49, nov. 1996.

LECLERC, Gérard. *A sociedade da comunicação*. Lisboa: Piaget, 2000.

LE GOFF, Jacques. *Lo sterco del diavolo*: il denaro nel medievo. Roma: Laterza, 2010.

LEISER, M. R.; CARUANA, Mireille. M. Dark patterns: light to be found in Europe's Consumer Protection Regime. *Journal of European Consumer and Market Law*, v. 10, n. 6, p. 237-251, 2021.

LEITE, George Salomão; LEMOS, Ronaldo (coord.). *Marco civil da internet*. São Paulo: Atlas, 2014.

LEMOS, Patrícia Faga Iglecias. *Resíduos sólidos e responsabilidade civil pós-consumo*. São Paulo: Ed. RT, 2011.

LEMOS, Patrícia Faga Iglecias et al. *Consumo sustentável*: caderno de investigações científicas. Brasília: Ministério da Justiça, 2013. v. 3.

LENGRUBER, Sandra. *Elementos das ações coletivas*. São Paulo: Método, 2004.

LEONARDI, Marcel. Responsabilidade dos provedores de serviços de internet por atos de terceiros. In: SILVA, Regina Beatriz Tavares da; SANTOS, Manoel Jorge Pereira (org.). *Responsabilidade civil na Internet e nos demais meios de comunicação*. São Paulo: Saraiva, 2007.

LEONARDI, Marcel. *Fundamentos de direito digital*. São Paulo: Ed. RT, 2019.

LEONEL, Ricardo de Barros. *Manual do processo coletivo*. São Paulo: Ed. RT, 2002.

L'HEREUX, Nicole. *Droit de la consommation*. 4. ed. Québec: Yvon Blais, 1993.

LIMA, Alvino. *Culpa e risco*. 2. ed. São Paulo: Ed. RT, 1999.

LIMA, Amílcar Castro de Oliveira. *O Poder Executivo nos estados contemporâneos*: tendências na experiência mundial. Rio de Janeiro: Artenova, 1975.

LIMA, Cíntia Rosa Pereira de. *Autoridade nacional de proteção de dados e a efetividade da Lei Geral de Proteção de Dados*: de acordo com a Lei Geral de Proteção de Dados (Lei n. 13.709/2018 e as alterações da Lei n. 13.853/2019) e as sugestões de alteração do CDC (PL 3.514/2015). São Paulo: Almedina, 2020.

LIMA, Cíntia Rosa Pereira de (coord.). *Comentários À Lei Geral de Proteção de Dados*: Lei n. 13.709/2018, com alteração da Lei n. 13.853/2019. São Paulo: Almedina, 2020.

LIMA, Clarissa Costa de. O cartão de crédito e o risco de superendividamento: uma análise da recente regulamentação da indústria de cartão de crédito no Brasil e nos Estados Unidos. *Revista de Direito do Consumidor*, São Paulo, v. 81, p. 239-261, jan.-mar. 2012.

LIMA, Clarissa Costa de. *O tratamento do superendividamento e o direito de recomeçar dos consumidores*. São Paulo: Ed. RT, 2014.

LIMA, Gabriela Eulalio de. *A complexidade do mercado de consumo*: um estudo sobre a (in) eficiência do *compliance* para o bem-estar social. Rio de Janeiro: Lumen Juris, 2022.

LIMA, Otto de Souza. *Teoria dos vícios redibitórios*. São Paulo: Ed. RT, 1965.

LIMA, Ruy Cirne. *Princípios de direito administrativo*. São Paulo: Ed. RT, 1987.

LIMA, Ruy Cirne. Do juro do dinheiro. *Revista de Direito Bancário e do Mercado de Capitais*, São Paulo, v. 12, n. 45, p. 345-357, jul. 2009.

LIMBERGER, Têmis. Agências administrativas independentes no direito comparado: uma contribuição ao PL 3.337/2004. *Revista de Direito do Consumidor*, São Paulo, v. 51, p. 223-248, jul.-set. 2004.

LISBOA, Roberto Senise. *Contratos difusos e coletivos*. São Paulo: Ed. RT, 1997.

LISBOA, Roberto Senise. Prática comercial abusiva. *Revista de Direito do Consumidor*, São Paulo, v. 39, jul.-set. 2001.

LOBEL, Orly. The law of platform. *Minnesotta Law Review*, v. 101, p. 87-166, 2016.

LOHSSE, Sebastian; SCHULZE, Reiner; STAUDENMAYER, Dirk. *Trading data in the digital economy*: legal concepts and tools. Münster Colloquia on EU Law and the Digital Economy III. Baden-Baden: Nomos, 2017.

LONG, M. et al. *Les grands arrêts de la jurisprudence administrative*. 16. ed. Paris: Dalloz, 2007.

LOPES, José Reinaldo de Lima. *Responsabilidade civil do fabricante e a defesa do consumidor*. São Paulo: Ed. RT, 1992.

LOPES, José Reinaldo de Lima. Crédito ao consumidor e superendividamento: uma problemática geral. *Revista de Direito do Consumidor*, São Paulo, v. 17, jan.-mar. 1996.

LOPES, José Reinaldo de Lima. Direito do consumidor e privatização. *Revista de Direito do Consumidor*, São Paulo, v. 26, p. 119-124, abr.-jun. 1998.

LOPES, José Reinaldo de Lima. O aspecto distributivo do direito do consumidor. *Revista de Direito do Consumidor*, São Paulo, v. 41, p. 140-150, jan.-mar. 2002.

LOPES, José Reinaldo de Lima. Raciocínio jurídico e economia. *Revista de Direito Público e Economia*, Belo Horizonte, n. 8., p. 137-170, out.-dez. 2004.

LOPES, Maria Elisabete Villaça. O consumidor e a publicidade. *Revista de Direito do Consumidor*, São Paulo, v. 1, p. 149-183, jan. 1992.

LORENZETTI, Ricardo L. *Fundamentos do direito privado*. Trad. Véra Maria Jacob de Fradera. São Paulo: Ed. RT, 1998.

LORENZETTI, Ricardo L. Redes contractuales: conceptualización jurídica, relaciones internas de colaboración, efectos frente a terceros. *Revista da Faculdade de Direito da UFRGS*, Porto Alegre, v. 16, p. 161-202, 1999.

LORENZETTI, Ricardo L. *Comercio electrónico*. Buenos Aires: Abeledo Perrot, 2001.

LORENZETTI, Ricardo L. *Consumidores*. Buenos Aires: Rubinzal Culzoni, 2003.

LORENZETTI, Ricardo L. *Tratado de los contratos*: parte general. Buenos Aires: Rubinzal Culzoni, 2004.

LORENZETTI, Ricardo L. *Teoria da decisão judicial*: fundamentos de direito. Trad. Bruno Miragem. São Paulo: Ed. RT, 2009.

LOWE, R.; WOODROFFE, G. F. *Consumer law and practice*. London: Sweet & Maxwell, 1991.

LUHMANN, Niklas. *Confianza*. Trad. Amada Flores. Cidade do México: Anthropos, 1996.

MACCULLOCH, Angus. The consumer and competition law. In: HOWELLS, Geraint et al. *Handbook of research on international consumer law*. Cheltenham: Edward Elgar Publishing, 2010.

MACEDO JÚNIOR, Ronaldo Porto. *Contratos relacionais e defesa do consumidor*. São Paulo: Max Limonad, 1998.

MACEDO JÚNIOR, Ronaldo Porto. Os contratos previdenciários, a informação adequada e os riscos do consumidor. *Revista de Direito do Consumidor*, São Paulo, v. 26, p. 221-229, abr.-jun. 1998.

MACEDO JÚNIOR, Ronaldo Porto. Globalização e direito do consumidor. *Revista de Direito do Consumidor*, São Paulo, v. 32, p. 45-54, out. 1999.

MACHADO, Jónatas E. M. *Liberdade de expressão*: dimensões constitucionais da esfera pública no sistema social. Coimbra: Coimbra Editora, 2002.

MACHADO, Paulo Afonso Leme. O princípio da precaução e a avaliação de riscos. *Revista dos Tribunais*, São Paulo, v. 856, p. 35-50, fev. 2007.

MACIEL JÚNIOR, Vicente de Paula. *Convenção coletiva de consumo*: interesses difusos, coletivos e casos práticos. Belo Horizonte: Del Rey, 1996.

MAGALHÃES, José Carlos. *Lex mercatoria*: evolução e posição atual. *Revista dos Tribunais*, São Paulo, v. 709, p. 42-45, nov. 1994.

MAIA, Maurilio Casas. A facilitação da defesa do consumidor em juízo na formação de precedentes e um novo interveniente processual em favor do vulnerável: a Defensoria Pública enquanto *custos vulnerabilis*. *Revista de Direito do Consumidor*, São Paulo, v. 127, p. 407-435, jan.-fev. 2020.

MAKUSCH, William M. Scoring applications. In: MAYS, Elizabeth (ed.). *Handbook of credit scoring*. Chicago: Glenlake Publishing Co., 2001.

MANCUSO, Rodolfo de Camargo. A coisa julgada e sua recepção no Código Civil. In: FILO-MENO, José Geraldo Brito et al. *O Código Civil e sua interdisciplinaridade*: os reflexos do Código Civil nos demais ramos do direito. Belo Horizonte: Del Rey, 2004.

MANCUSO, Rodolfo de Camargo. *Interesses difusos*: conceito e legitimação para agir. 6. ed. São Paulo: Ed. RT, 2004.

MANCUSO, Rodolfo de Camargo. *Jurisdição coletiva e coisa julgada*: teoria geral das ações coletivas. São Paulo: Ed. RT, 2007.

MANCUSO, Rodolfo de Camargo. *Manual do consumidor em juízo*. 4. ed. São Paulo: Saraiva, 2007.

MANCUSO, Rodolfo de Camargo et al. *Comentários ao Código de Proteção do Consumidor*. São Paulo: Saraiva, 1991.

MANIET, Françoise. Os apelos ecológicos, os selos ambientais e a proteção dos consumidores. *Revista de Direito do Consumidor*, São Paulo, v. 4, p. 7-25, out. 1992.

MANÓVIL, Rafael Mariano. *Grupos de sociedades en el derecho comparado*. Buenos Aires: Abeledo Perrot, 1998.

MARIGHETTO, Andrea. Proposta de leitura comparativa e sistemática do Código de Consumo italiano. *Revista de Direito do Consumidor*, São Paulo, v. 80, p. 13-47, out.-dez. 2011.

MARINONI, Luiz Guilherme. *Técnica processual e tutela dos direitos*. São Paulo: Ed. RT, 2004.

MARINONI, Luiz Guilherme. *Precedentes obrigatórios*. São Paulo: Ed. RT, 2010.

MARINONI, Luiz Guilherme. Uma nova realidade diante do projeto do CPC: a *ratio decidendi* ou os fundamentos determinantes da decisão. In: DIDIER JR., Fredie et al (org.). *Novas tendências do processo civil*: estudos sobre o projeto do novo Código de Processo Civil. Salvador: JusPodivm, 2013.

MARINONI, Luiz Guilherme; ARENHART, Sérgio Cruz. *Manual do processo de conhecimento*. 2. ed. São Paulo: Ed. RT, 2003.

MARINS, James. *Responsabilidade da empresa pelo fato do produto*: os acidentes de consumo no Código de Proteção e Defesa do Consumidor. São Paulo: Ed. RT, 1993.

MARINS, James. Proteção contratual do Código de Defesa do Consumidor a contratos interempresariais, inclusive bancários. *Revista de Direito do Consumidor*, São Paulo, v. 18, p. 94-104, abr.-jun. 1996

MARINS, James. *Habeas data*, antecipação de tutela e cadastros financeiros à luz do Código de Defesa do Consumidor. *Revista de Direito do Consumidor*, São Paulo, v. 26, p. 105-112, abr.-jun. 1998.

MARQUES, Claudia Lima (org.). *Estudos sobre a proteção do consumidor no Brasil e no Mercosul*. Porto Alegre: Livraria do Advogado, 1994.

MARQUES, Claudia Lima. A regulação dos serviços públicos altera o perfil do consumidor. *Revista Marco Regulatório*, Porto Alegre, n. 1, p. 22-27, 1998.

MARQUES, Claudia Lima. *Contratos no Código de Defesa do Consumidor*. 3. ed. São Paulo: Ed. RT, 1999.

MARQUES, Claudia Lima. Direitos básicos do consumidor na sociedade pós-moderna de serviços: o aparecimento de um sujeito novo e a realização de seus direitos. *Revista de Direito do Consumidor*, São Paulo, v. 35, p. 61-96, jul.-set. 2000.

MARQUES, Claudia Lima. Solidariedade na doença e na morte: sobre a necessidade de ações afirmativas em contratos de planos de saúde e de planos funerários frente ao consumidor idoso. *Revista Trimestral de Direito Civil*, Rio de Janeiro, v. 8, p. 3-41, 2001.

MARQUES, Claudia Lima. Diálogo entre o Código de Defesa do Consumidor e o novo Código Civil: do "diálogo das fontes" no combate às cláusulas abusivas. *Revista de Direito do Consumidor*, São Paulo, v. 45, p. 70-99, jan.-mar. 2003.

MARQUES, Claudia Lima. Proteção do consumidor no âmbito do comércio eletrônico. *Revista da Faculdade de Direito da UFRGS*, Porto Alegre, v. 23, p. 47-93, 2003.

MARQUES, Claudia Lima. Solidariedade na doença e na morte: sobre a necessidade de "ações afirmativas" em contratos de planos de saúde e de planos funerários frente ao consumidor idoso. In: SARLET, Ingo Wolfgang (org.). *Constituição, direitos fundamentais e direito privado*. Porto Alegre: Livraria do Advogado, 2003.

MARQUES, Claudia Lima. *Contratos no Código de Defesa do Consumidor*. 4. ed. São Paulo: Ed. RT, 2003.

MARQUES, Claudia Lima. A responsabilidade dos médicos e do hospital por falha no dever de informar ao consumidor. *Revista dos Tribunais*, São Paulo, v. 827, p. 11-48, 2004.

MARQUES, Claudia Lima. *Confiança no comércio eletrônico e a proteção do consumidor*: um estudo dos negócios jurídicos de consumo no comércio eletrônico. São Paulo: Ed. RT, 2004.

MARQUES, Claudia Lima. Três tipos de diálogos entre o Código de Defesa do Consumidor e o Código Civil de 2002: superação das antinomias pelo "diálogo das fontes". In: PASQUALOTTO, Adalberto; PFEIFFER, Roberto. *O Código de Defesa do Consumidor e o Código Civil de 2002*. São Paulo: Ed. RT, 2005.

MARQUES, Claudia Lima. Violação do dever de boa-fé de informar corretamente, atos negociais omissivos afetando o direito/liberdade de escolha. Nexo causal entre a falha/defeito de informação e o direito/liberdade de escolha. Nexo causal entre a falha/defeito de informação e defeito de qualidade nos produtos de tabaco e o dano final morte. Responsabilidade do fabricante do produto, direito a ressarcimento dos danos materiais e morais, sejam preventivos, reparatórios ou satisfatórios. Parecer. *Revista dos Tribunais*, São Paulo, v. 835, p. 75-133, maio 2005.

MARQUES, Claudia Lima. Sugestões para uma lei sobre o tratamento do superendividamento de pessoas físicas em contratos de crédito ao consumo: proposições com base em pesquisa empírica de 100 casos no Rio Grande do Sul. In: MARQUES, Claudia Lima; CAVALLAZZI, Rosângela Lunardelli. *Direitos do consumidor endividado*: superendividamento e crédito. São Paulo: Ed. RT, 2006.

MARQUES, Claudia Lima. *Contratos no Código de Defesa do Consumidor*. 5. ed. São Paulo: Ed. RT, 2006.

MARQUES, Claudia Lima. Prefácio. In: SCHMITT, Cristiano Heineck. *Cláusulas abusivas nas relações de consumo*. São Paulo: Ed. RT, 2006.

MARQUES, Claudia Lima. Introdução. In: MARQUES, Claudia Lima; BENJAMIN, Antônio Herman V.; MIRAGEM, Bruno. *Comentários ao Código de Defesa do Consumidor*. 3. ed. São Paulo: Ed. RT, 2010.

MARQUES, Claudia Lima. *Contratos no Código de Defesa do Consumidor*. 6. ed. São Paulo: Ed. RT, 2011.

MARQUES, Claudia Lima. *Contratos no Código de Defesa do Consumidor*. 8. ed. São Paulo: RT, 2016.

MARQUES, Claudia Lima. A nova noção de fornecedor no consumo compartilhado: um estudo sobre as correlações do pluralismo contratual e o acesso ao consumo. *Revista de Direito do Consumidor*, São Paulo, v. 111, p. 247-268, maio-jun. 2017.

MARQUES. Claudia Lima. *Contratos no Código de Defesa do Consumidor*. 9. ed. São Paulo: RT, 2019.

MARQUES, Claudia Lima; ALMEIDA, João Batista de; PFEIFFER, Roberto. *Aplicação do Código de Defesa do Consumidor aos Bancos*: ADIn 2.591. São Paulo: Ed. RT, 2006.

MARQUES, Claudia Lima; BENJAMIN, Antônio Herman; BESSA, Leonardo Roscoe. *Manual de direito do consumidor*. São Paulo: Ed. RT, 2007.

MARQUES, Claudia Lima; BENJAMIN, Antônio Herman V.; MIRAGEM, Bruno. *Comentários ao Código de Defesa do Consumidor*. 2. ed. São Paulo: Ed. RT, 2006.

MARQUES, Claudia Lima; BENJAMIN, Antônio Herman V.; MIRAGEM, Bruno. *Comentários ao Código de Defesa do Consumidor*. 3. ed. São Paulo: Ed. RT, 2010.

MARQUES, Claudia Lima; BENJAMIN, Antônio Herman V.; MIRAGEM, Bruno. *Comentários ao Código de Defesa do Consumidor*. 4. ed. São Paulo: Ed. RT, 2014.

MARQUES, Claudia Lima; BERTONCELLO, Karen Danilevicz. Publicidade e infância: sugestões para a tutela legal das crianças consumidoras. In: PASQUALOTTO, Adalberto. Montiel Alvarez, Ana Maria Blanco. *Publicidade e proteção da infância*. Porto Alegre: Livraria do Advogado, 2014.

MARQUES, Claudia Lima; CAVALLAZZI, Rosângela Lunardelli. *Direitos do consumidor endividado*: superendividamento e crédito. São Paulo: Ed. RT, 2006.

MARQUES, Claudia Lima; DAN, Wei. *Consumer law and socioeconomic development*: national and international dimensions. Cham: Springer, 2017.

MARQUES, Claudia Lima et al. (coord.). *Saúde e responsabilidade 2*: a nova assistência privada à saúde. São Paulo: Ed. RT, 2008.

MARQUES, Claudia Lima et al. (ed.). *The global financial crisis and the need for consumer regulation*: new developments on international protection of consumers/*La crisis financiera mundial y la necesidad de regulación de la protección de los consumidores*: nuevos desarollos en la protección internacional de los consumidores. Porto Alegre/Asunción: Orquestra Editora, 2012.

MARQUES, Claudia Lima; GSELL, Beate (org.). *Novas tendências internacionais do consumidor*. São Paulo: Ed. RT, 2015.

MARQUES, Claudia Lima; LIMA, Clarissa Costa de; BERTONCELLO, Káren R. D. Anteprojeto de Lei dispondo sobre a prevenção e o tratamento das situações de superendividamento de consumidores pessoas físicas de boa-fé. *Revista de Direito do Consumidor*, São Paulo, v. 73, 2010.

MARQUES, Claudia Lima; MAZZUOLI, Valerio de Oliveira. O consumidor-depositário infiel, os tratados de direitos humanos e o necessário diálogo das fontes nacionais e internacionais: a primazia da norma mais favorável ao consumidor. *Revista de Direito do Consumidor*, São Paulo, v. 70, p. 93-138, abr.-jun. 2009.

MARQUES, Claudia Lima; MENDES, Laura Schertel; BERGSTEIN, Laís. *Dark patterns* e padrões comerciais escusos. *Revista de Direito do Consumidor*, São Paulo, v. 145, p. 295-316, jan.-fev. 2023.

MARQUES, Claudia Lima; MIRAGEM, Bruno. *O novo direito privado e a proteção dos vulneráveis*. 2. ed. São Paulo: Ed. RT, 2014.

MARQUES, Claudia Lima; MIRAGEM, Bruno. Novo Código de Processo Civil e o diálogo das fontes para a proteção do consumidor. In: MARQUES, Claudia Lima; REICHELT, Luis Alberto. *Diálogos entre o direito do consumidor e o novo CPC*. São Paulo: Ed. RT, 2017.

MARQUES, Claudia Lima; MIRAGEM, Bruno. Constitucionalidade das restrições à publicidade de bebidas alcoólicas e tabaco por lei federal: diálogo e adequação do princípio da livre-iniciativa econômica à defesa do consumidor e da saúde pública (art. 170, CF/88). Parecer. *Revista de Direito do Consumidor*, São Paulo, v. 59, p. 197-240, jul.-set. 2006.

MARQUES, Claudia Lima; MIRAGEM, Bruno. *Doutrinas essenciais*: direito do consumidor. São Paulo: Ed. RT, 2011.

MARQUES, Claudia Lima; MIRAGEM, Bruno. Prescrição das ações coletivas, pretensão dos depositantes em poupança popular e a proteção da confiança do jurisdicionado na alteração de jurisprudência consolidada dos tribunais. *Revista de Direito do Consumidor*, São Paulo, v. 77, p. 373-427, jan. 2011.

MARQUES, Claudia Lima; MIRAGEM, Bruno. Comentários ao art. 54-E. In: MARQUES, Claudia Lima; BENJAMIN, Antônio Herman V.; MIRAGEM, Bruno. *Comentários ao Código de Defesa do Consumidor*. São Paulo: Ed. RT, 2021.

MARQUES, Claudia Lima; MIRAGEM, Bruno. Serviços simbióticos do consumo digital e o PL 3.514/2015 de atualização do CDC: primeiras reflexões. In: LORENZETTI, Ricardo L. et al. *Contratos de serviços em tempos digitais*: contribuição para uma nova teoria geral dos serviços e princípios de proteção dos consumidores. São Paulo: Ed. RT, 2021.

MARQUES, Claudia Lima; MIRAGEM, Bruno; MOESCH, Teresa. Comentários ao Anteprojeto de Lei Geral de Defesa do Consumidor do Estado do Rio Grande do Sul, da OAB/RS. *Revista de Direito do Consumidor*, São Paulo, v. 90, p. 399-406, nov.-dez. 2013.

MARQUES NETO, Floriano Azevedo. A nova regulação estatal e as agências independentes. In: SUNDFELD, Carlos Ari (coord.). *Direito administrativo econômico*. São Paulo: Malheiros Editores, 2000.

MARSDEN, Chris; CAVE, Jonathan. Beyond the "net neutrality" debate: price and quality discrimination in next generation consumer access to internet content. *TPRC*, 2007. Disponível em: ssrn.com/abstract=2103636. Acesso em: 20.07.2023.

MARTINEZ, Ana Paula. A defesa dos interesses dos consumidores pelo direito da concorrência. *Revista do Ibrac – Direito da Concorrência, Consumo e Comércio Internacional*, São Paulo, v. 11, p. 67-99, jan. 2004.

MARTINEZ, Wladimir Novaes. *Comentários ao Estatuto do Idoso*. São Paulo: LTr, 2004.

MARTINS, Eliseu. *Contabilidade de custos*. 9. ed. São Paulo: Atlas, 2003.

MARTINS, Fernando Rodrigues. *Princípio da justiça contratual*. São Paulo: Saraiva, 2009.

MARTINS, Fernando Rodrigues. A emancipação insuficiente da pessoa com deficiência e o risco patrimonial ao novo emancipado na sociedade de consumo. *Revista de Direito do Consumidor*, São Paulo, v. 104, p. 203-255, mar.-abr. 2016.

MARTINS, Fernando Rodrigues; FERREIRA, Keila Pacheco. A contingente atualização do Código de Defesa do Consumidor: novas fontes, metodologia e devolução de conceitos. *Revista de Direito do Consumidor*, São Paulo, v. 83, p. 11-53, jul.-set. 2012.

MARTINS, Fernando Rodrigues. A saúde privada complementar como sistema jurídico hipercomplexo e a proteção à confiança. *Revista de Direito do Consumidor*, São Paulo, v. 120, p. 77-101, nov.-dez. 2018.

MARTINS, Guilherme Magalhães. *Responsabilidade civil por acidente de consumo na internet*. São Paulo: Ed. RT, 2008.

MARTINS, Guilherme Magalhães. Dano moral coletivo nas relações de consumo. *Revista de Direito do Consumidor*, São Paulo, v. 82, p. 87-109, abr.-jun. 2012.

MARTINS, Guilherme Magalhães. A regulamentação da publicidade infantil no Brasil. A proteção do consumidor e da infância. *Revista de Direito do Consumidor*, São Paulo, v. 102, nov.-dez. 2015.

MARTINS, Guilherme Magalhães. Vulnerabilidade e responsabilidade civil na internet: a inconstitucionalidade do art. 19 do Marco Civil. *Revista de Direito do Consumidor*, São Paulo, v. 137, p. 33-59, set.-out. 2021.

MARTINS, Guilherme Magalhães. *O direito ao esquecimento na sociedade de informação*. São Paulo: Ed. RT, 2022.

MARTINS, Guilherme Magalhães; BASAN, Arthur Pinheiro. Limites ao *neuromarketing*: a tutela do corpo eletrônico por meio dos dados neurais. *Revista de Direito do Consumidor*, São Paulo, v. 143, p. 259-283, set.-out. 2022.

MARTINS, Guilherme Magalhães; LONGHI, João Victor Rozatti. A tutela do consumidor nas redes sociais virtuais – responsabilidade civil por acidentes de consumo na sociedade da informação. *Revista de Direito do Consumidor*, São Paulo, v. 78, p. 191-221, abr.-jun. 2011.

MARTINS, Guilherme Magalhães; LONGHI, João Victor Rozatti (coord.). *Direito digital*: direito privado e internet. 2. ed. Indaiatuba, SP: Foco, 2019.

MARTINS, Guilherme Magalhães; LONGHI, João Victor Rozatti (coord.). *Direito digital*: direito privado e internet. 3. ed. Indaiatuba, SP: Foco, 2020.

MARTINS, Guilherme Magalhães; LONGHI, João Victor Rozatti; FALEIROS JÚNIOR, José Luiz de Moura. *Comentários à Lei Geral de Proteção de Dados Pessoais*: Lei 13.709/2018. Indaiatuba, SP: Foco, 2022.

MARTINS, Pedro Baptista. *O abuso do direito e o ato ilícito*. 3. ed. Rio de Janeiro: Forense, 1997.

MARTINS, Plínio Lacerda. O caso fortuito e a força maior como causas de exclusão da responsabilidade civil no Código do Consumidor. *Revista dos Tribunais*, São Paulo, v. 690, p. 287-291, abr. 1991.

MARTINS, Plínio Lacerda. A inversão do ônus da prova na ação civil pública proposta pelo Ministério Público em defesa dos consumidores. *Revista de Direito do Consumidor*, São Paulo, v. 31, p. 70-79, jul.-set. 1999.

MARTINS, Plínio Lacerda. *O abuso nas relações de consumo e o princípio da boa-fé*. Rio de Janeiro: Forense, 2002.

MARTINS-COSTA, Judith. A teoria da imprevisão e a influência dos planos econômicos governamentais na relação contratual. *Revista dos Tribunais*, São Paulo, v. 670, p. 41-48, ago. 1991.

MARTINS-COSTA, Judith. A guerra do vestibular e a distinção entre publicidade enganosa e clandestina. *Revista de Direito do Consumidor*, São Paulo, v. 6, p. 219-231, abr.-jun. 1993.

MARTINS-COSTA, Judith. O princípio da vinculação contratual da publicidade: características e interpretação do negócio jurídico de oferta no microssistema do Código de Defesa do Consumidor. In: MARQUES, Claudia Lima (org.). *Estudos sobre a proteção do consumidor no Brasil e no Mercosul*. Porto Alegre: Livraria do Advogado, 1994.

MARTINS-COSTA, Judith. *A boa-fé no direito privado*: sistema e tópica no processo obrigacional. São Paulo: Ed. RT, 1999.

MARTINS-COSTA, Judith (org.). *A reconstrução do direito privado*. São Paulo: Ed. RT, 2002.

MARTINS-COSTA, Judith. Mercado e solidariedade social entre cosmos e *taxis*: a boa-fé nas relações de consumo. *A reconstrução do direito privado*. São Paulo: Ed. RT, 2002.

MARTINS-COSTA, Judith. Os danos à pessoa no direito brasileiro e a natureza da sua reparação. *A reconstrução do direito privado*. São Paulo: Ed. RT, 2002.

MARTINS-COSTA, Judith. *Comentários ao novo Código Civil*: do inadimplemento das obrigações. Rio de Janeiro: Forense, 2004. v. 5. t. II.

MARTINS-COSTA, Judith; PARGENDLER, Mariana. Usos e abusos da função punitiva. As *punitive damages* no direito brasileiro. *Revista do Centro de Estudos Judiciários*, Brasília, n. 28, p. 15-32, jan.-mar. 2005.

MATEUS, Cibele Gralha; MATEUS, Renata Gralha. Vinculação de particulares aos direitos fundamentais. O princípio da proteção integral da criança e a liberdade na publicidade: até onde podemos ir? In: PASQUALOTTO, Adalberto de Souza; BLANCO, Ana. *Publicidade e proteção da infância*. Porto Alegre: Livraria do Advogado, 2014.

MAYER, Otto. *Derecho administrativo alemán*. Buenos Aires: De Palma, 1951. t. II.

MAYER-SCHÖNBERGER, Viktor; CUKIER, Kenneth. *Big data*. New York: Mariner Books, 2014.

MAZEAUD, Denis. *La notion de la clause pénale*. Paris: LGDJ, 1992.

MAZEAUD, Henri; MAZEAUD, Leon. *Traité théorique et pratique de la responsabilité civile*. 4. ed. Paris: Montchrestien, 1945. v. 1.

MAZEAUD, Henri; MAZEAUD, Leon; TUNC, André. *Tratado teórico práctico de la responsabilidad civil delictual y contractual*. Trad. Luis Alcalá-Zamora y Castillo. Buenos Aires: Ediciones Jurídicas Europa América, 1977.

MAZZILLI, Hugo Nigro. O deficiente e o Ministério Público. *Revista dos Tribunais*, São Paulo, v. 629, p. 64-71, mar. 1988.

MAZZILLI, Hugo Nigro. *O inquérito civil*: investigações do Ministério Público, compromissos de ajustamento e audiências públicas. 2. ed. São Paulo: Saraiva, 2000.

MAZZILLI, Hugo Nigro. *A defesa dos interesses difusos em juízo*. 19. ed. São Paulo: Saraiva, 2006.

MCCARTHY, John; HAYES, Patrick J. Some philosophical problems from the standpoint of artificial intelligence. In: MELTZER, B.; MICHIE, D. *Machine Intelligence 4*. Edinburgh: Edinburgh University Press, 1969. Disponível em: formal.stanford.edu/jmc/mcchay69.pdf. Acesso em: 20.07.2023.

MCGONIGAL, Jane. *Reality is broken: why games make us better and how they can change the world*. Penguin Books, 2011.

MEDAUAR, Odete. Poder de Polícia. *Revista de Direito Administrativo*, Rio de Janeiro, n. 199, p. 89-96, jan.-mar. 1995.

MEDAUAR, Odete. *Direito administrativo moderno*. 6. ed. São Paulo: Ed. RT, 2002.

MEDAUAR, Odete. *O direito administrativo em evolução*. 2. ed. São Paulo: Ed. RT, 2003.

MEDAUAR, Odete. Usuário, cliente ou consumidor? In: YARSHELL, Flávio Luiz; MORAES, Maurício Zanoide de. *Estudos em homenagem à Professora Ada Pellegrini Grinover*. São Paulo: DPJ, 2005.

MEDON, Felipe. *Inteligência artificial e responsabilidade civil*: autonomia, riscos e solidariedade. São Paulo: JusPodivm, 2022.

MELLER-HANNICH, Caroline. *Verbraucherschutz und Sharing Economy*. Conferência da Rede Alemanha-Brasil de Pesquisas em Direito do Consumidor, UFRGS, 2015, *mimeo*.

MEIRELLES, Hely Lopes. *Direito administrativo brasileiro*. 20. ed. São Paulo: Malheiros Editores, 1995.

MEIRELLES, Hely Lopes. *Direito administrativo brasileiro*. 27. ed. São Paulo: Malheiros Editores, 2002.

MELEDO-BRIAND, Danièle. A consideração dos interesses do consumidor e o direito da concorrência. *Revista de Direito do Consumidor*, São Paulo, v. 35, p. 39-59, jul. 2009.

MELLO, Erika Farah de. *Trade dress*: análise comparativa dos tribunais nacionais de 1996 a 2011. *Revista da ABPI*, São Paulo, v. 121, p. 3-23, nov.-dez. 2012.

MELLO, Leonardo Tozarini; SODRÉ, Marcelo Gomes. O consumo no mundo infantojuvenil e a publicidade indireta dos meios digitais. *Revista de Direito do Consumidor*, São Paulo, v. 136, jul.-ago. 2021.

MELLO FRANCO, Vera Helena. Contratos. *Direito civil e empresarial*. São Paulo: Ed. RT, 2009.

MELTZER, B.; MICHIE, D. *Machine Intelligence 4*. Edinburgh: Edinburgh University Press, 1969.

MENDES, Aluisio Gonçalves de Castro; MARINONI, Luiz Guilherme; WAMBIER, Teresa Arruda Alvim. *Direito jurisprudencial*. São Paulo: Ed. RT, 2014. v. II.

MENDES, Francisco Schertel; CARVALHO, Vinicius Marques. *Compliance*: concorrência e combate à corrupção. São Paulo: Trevisan Editora, 2017.

MENDES, Gilmar Ferreira. Direitos fundamentais: eficácia das garantias constitucionais nas relações privadas – análise da jurisprudência da Corte Constitucional alemã. *Direitos fundamentais e controle de constitucionalidade*. São Paulo: Celso Bastos, 1999.

MENDES, Gilmar Ferreira; COELHO, Inocêncio Mártires; BRANCO, Paulo Gustavo Gonet. *Hermenêutica constitucional e direitos fundamentais*. Brasília: Brasília Jurídica, 2000.

MENDES, Gilmar Ferreira; COELHO, Inocêncio Mártires; BRANCO, Paulo Gustavo Gonet. *Curso de direito constitucional*. São Paulo: Saraiva, 2007.

MENDES, Laura Schertel. *Privacidade, proteção de dados e defesa do consumidor*: linhas gerais de um novo direito fundamental. São Paulo: Saraiva, 2014.

MENDES, Laura Schertel. A vulnerabilidade do consumidor quanto ao tratamento de dados pessoais. In: MARQUES, Claudia Lima; GSELL, Beat (org.). *Novas tendências do direito do consumidor*: rede Alemanha-Brasil de pesquisa em direito do consumidor. São Paulo: Ed. RT, 2015.

MENDES, Laura Schertel. Autodeterminação informacional: origem e desenvolvimento conceitual na jurisprudência da corte constitucional alemã. In: DONEDA, Danilo; MENDES, Laura Schertel; CUEVA, Ricardo Villas Bôas (coord.). *Lei geral de Proteção de Dados (Lei nº 13.709/2018)*: a caminho da efetividade – contribuições para a implementação da LGPD. São Paulo: Ed. RT, 2020.

MENDES, Laura Schertel; ALVES, Sérgio Garcia; DONEDA, Danilo (coord.). *Internet e regulação*. Série IDP. São Paulo: Saraiva Educação, 2021.

MENDES, Laura Schertel; DONEDA, Danilo. Reflexões iniciais sobre a nova Lei Geral de Proteção de Dados. *Revista de Direito do Consumidor*, São Paulo, v. 120, p. 469-483, nov.-dez. 2018.

MENDES, Laura Schertel et al. (coord.). *Tratado de proteção de dados pessoais*. 2. ed. Rio de Janeiro: Forense, 2023.

MENDES, Laura Schertel; FONSECA, Gabriel Campos Soares da. Proteção de dados para além do consentimento: tendências de materialização. In: MENDES, Laura Schertel et al. *Tratado de proteção de dados pessoais*. Rio de Janeiro: Forense, 2021.

MENEZES CORDEIRO, António. *Manual de direito bancário*. Coimbra: Almedina, 1999.

MENEZES CORDEIRO, António Manuel da Rocha e. *Da boa fé no direito civil*. Coimbra: Almedina, 2001.

MENEZES CORDEIRO, António. A arbitragem de consumo. In: PINTO MONTEIRO, António et al. *Estudos de Direito do Consumidor*. Actas do Colóquio. Resolução alternativa de litígios do consumo, n. 11. Coimbra: Centro de Direito do Consumo, 2016.

MENEZES CORDEIRO, A. Barreto. *Direito da proteção de dados*: à luz do RGPD e da Lei n.º 58/2019. Coimbra: Almedina, 2020.

MENKE, Fabiano; DRESCH, Rafael de Freitas Valle (coord.). *Lei Geral de Proteção de Dados*: aspectos relevantes. Indaiatuba, SP: Foco, 2021.

MICKLITZ, Haus W. The general clause on unfair practices. In: HOWELS, Geraint; MICKLITZ, Haus-W.; WILHELMSSON, Thomas. *European fair trading law*: the unfair commercial practices directive. Hampshire: Ashgate, 2006.

MICKLITZ, Hans-Wolfgang et al. (Hrsg.). *Verbraucherrecht 2.0*: Verbraucher in der digitalen Welt. Baden-Baden: Nomos, 2017.

MILARÉ, Édis. *Direito do ambiente*. São Paulo: Ed. RT, 2005.

MILIBAND, Ralph. *The state in capitalist society*. New York: Basic Books Publishers, 1969.

MINOW, Martha. *Making all the difference*: inclusion, exclusion and American Law. Ithaca: Cornell University Press, 1990.

MIRAGEM, Bruno. A liberdade de expressão e o direito de crítica pública. *Revista da Faculdade de Direito da UFRGS*, Porto Alegre, n. 22, 2002.

MIRAGEM, Bruno. O direito do consumidor como direito fundamental: consequências jurídicas de um conceito. *Revista de Direito do Consumidor*, São Paulo, v. 43, p. 111-132, jul.-set. 2002.

MIRAGEM, Bruno. Defesa administrativa do consumidor no Brasil: alguns aspectos. *Revista de Direito do Consumidor*, São Paulo, v. 46, p. 120-163, abr.-jun. 2003.

MIRAGEM, Bruno. O conceito de domicílio e sua repercussão às relações jurídicas eletrônicas. *Revista de Direito Privado*, São Paulo, v. 19, p. 10-45. jul.-set. 2004.

MIRAGEM, Bruno. Os direitos da personalidade e os direitos do consumidor. *Revista de Direito do Consumidor*, São Paulo, v. 49, p. 40-76, jan. 2004.

MIRAGEM, Bruno. Abuso do direito: ilicitude objetiva no direito privado brasileiro. *Revista dos Tribunais*, São Paulo, v. 842, p. 11-44, dez. 2005.

MIRAGEM, Bruno. Conteúdo da ordem pública e os direitos humanos: elementos para um direito internacional pós-moderno. In: MARQUES, Claudia Lima; ARAÚJO, Nádia de. *O novo direito internacional*: estudos em homenagem a Erik Jayme. Rio de Janeiro: Renovar, 2005.

MIRAGEM, Bruno. Diretrizes interpretativas da função social do contrato. *Revista de Direito do Consumidor*, São Paulo, v. 56, p. 22-45, out.-dez. 2005.

MIRAGEM, Bruno. *Responsabilidade civil da imprensa por dano à honra*: o novo Código Civil e a Lei de Imprensa. Porto Alegre: Livraria do Advogado, 2005.

MIRAGEM, Bruno. Cláusulas abusivas nos contratos bancários e a ordem pública constitucional de proteção do consumidor. In: MARQUES, Claudia Lima; ALMEIDA, João Batista de; PFEIFFER, Roberto. *Aplicação do Código de Defesa do Consumidor aos Bancos*: ADIn 2.591. São Paulo: Ed. RT, 2006.

MIRAGEM, Bruno. A ADIn 2.591 e a constitucionalidade da aplicação do CDC às instituições bancárias, de crédito e securitárias: fundamento da ordem pública constitucional de proteção do consumidor (STF, ADIn 2.591/DF, rel. p/ acórdão Min. Eros Grau).

1242 | CURSO DE DIREITO DO CONSUMIDOR – *Bruno Miragem*

Comentário de jurisprudência. *Revista de Direito do Consumidor*, São Paulo, v. 61, p. 287-296, jan.-mar. 2007.

MIRAGEM, Bruno. Aplicação do CDC na proteção contratual do consumidor-empresário: concreção do conceito de vulnerabilidade como critério para equiparação legal (STJ, REsp 476.428-SC, rel. Min. Fátima Nancy Andrighi, j. 19.04.2005, *DJU* 09.05.2005). Comentário de jurisprudência. *Revista de Direito do Consumidor*, São Paulo, v. 62, p. 259-268, abr.-jun. 2007.

MIRAGEM, Bruno. Função social do contrato, boa-fé e bons costumes: nova crise dos contratos e a reconstrução da autonomia negocial pela concretização das cláusulas gerais. In: MARQUES, Claudia Lima (coord.). *A nova crise do contrato*: estudos sobre a nova teoria contratual. São Paulo: Ed. RT, 2007.

MIRAGEM, Bruno. Responsabilidade civil médica no direito brasileiro. *Revista de Direito do Consumidor*, São Paulo, v. 63, p. 52-91, jul.-set. 2007.

MIRAGEM, Bruno. *Abuso do direito*: proteção da confiança e limite ao exercício das prerrogativas jurídicas no direito privado. Rio de Janeiro: Forense, 2009.

MIRAGEM, Bruno. Mercado, direito e sociedade da informação: desafios atuais do direito do consumidor no Brasil. In: MARTINS, Guilherme Magalhães. *Temas de direito do consumidor*. Rio de Janeiro: Lumen Juris, 2009. p. 71-99.

MIRAGEM, Bruno. Nulidade das cláusulas abusivas nos contratos de consumo: entre o passado e o futuro do direito do consumidor brasileiro. *Revista de Direito do Consumidor*, São Paulo, v. 72, p. 41-77, out.-dez. 2009.

MIRAGEM, Bruno. Responsabilidade por danos na sociedade de informação e proteção do consumidor: desafios atuais da regulação jurídica da internet. *Revista de Direito do Consumidor*, São Paulo, v. 70, p. 41, jul.-set. 2009.

MIRAGEM, Bruno. *A nova administração pública e o direito administrativo*. São Paulo: Ed. RT, 2011.

MIRAGEM, Bruno. Aplicação do Código de Defesa do Consumidor às relações entre provedores de conteúdo da internet e seus consumidores: critérios para identificação da relação de consumo no cyberespaço e a responsabilidade do fornecedor – comentários ao Resp 1.193.764/SP. *Revista de Direito do Consumidor*, São Paulo, v. 79, 407-436, jul.-set. 2011.

MIRAGEM, Bruno. Ausência de comunicação prévia pelo segurado e agravamento do risco no contrato de seguro: comentários à Súmula 465 do Superior Tribunal de Justiça. *Revista de Direito do Consumidor*, São Paulo, v. 80, p. 419-432, out.-dez. 2011.

MIRAGEM, Bruno. Competência administrativa concorrente de fiscalização e repressão de infrações pelos órgãos administrativos de defesa do consumidor limites do exercício do poder de polícia administrativo e efetividade da proteção do consumidor – comentários ao REsp 1.087.892/SP. *Revista de Direito do Consumidor*, São Paulo, v. 77, p. 431-451, jan. 2011.

MIRAGEM, Bruno. Mercado, fidúcia e banca: uma introdução ao exame do risco bancário e da regulação prudencial do sistema financeiro na perspectiva do crédito. *Revista de Direito do Consumidor*, São Paulo, v. 77, p. 185-243, jan. 2011.

MIRAGEM, Bruno. Os contratos de previdência privada e o Código de Defesa do Consumidor na visão do Superior Tribunal de Justiça – comentários sobre as súmulas 289, 291, 321 e 427, do STJ. *Revista de Direito do Consumidor*, São Paulo, v. 78, p. 315-338, abr.-jun. 2011.

MIRAGEM, Bruno. A tipificação do crime de condicionar o atendimento médico-hospitalar emergencial à prestação de qualquer garantia – comentários à Lei 12.653/2012. *Revista de Direito do Consumidor*, São Paulo, v. 83, p. 303-310, jul. 2012.

MIRAGEM, Bruno. Comissão de permanência e contrato bancário: comentários à nova Súmula 472 do STJ. *Revista de Direito do Consumidor*, São Paulo, v. 83, p. 311-328, jul. 2012.

MIRAGEM, Bruno. Direito do consumidor e ordenação do mercado: o princípio da defesa do consumidor e sua aplicação na regulação da propriedade intelectual, livre concorrência e proteção do meio ambiente. *Revista de Direito do Consumidor*, São Paulo, v. 81, p. 39-90, jan. 2012.

MIRAGEM, Bruno. *Eppur si muove*: diálogo das fontes como método de interpretação sistemática no direito brasileiro. In: MARQUES, Claudia Lima (org.). *Diálogo das fontes*: do conflito à coordenação de normas do direito brasileiro. São Paulo: Ed. RT, 2012.

MIRAGEM, Bruno. Fundamento e finalidade da aplicação do Código de Defesa do Consumidor às instituições financeiras: comentários à Súmula 297 do STJ. *Revista de Direito do Consumidor*, São Paulo, v. 82, p. 359-376, abr. 2012.

MIRAGEM, Bruno. Inscrição indevida em banco de dados restritivo de crédito e dano moral: comentários à Súmula 385 do STJ. *Revista de Direito do Consumidor*, São Paulo, v. 81, p. 323-338, jan. 2012.

MIRAGEM, Bruno. Proteção da confiança do consumidor e responsabilidade das cooperativas médicas que operam com a mesma marca – comentários à decisão da ApCiv 893.413-2 do TJPR. *Revista de Direito do Consumidor*, São Paulo, v. 83, p. 329-348, 2012.

MIRAGEM, Bruno. Publicidade de palco, *merchandising* e os limites da responsabilidade das emissoras de televisão: comentários ao REsp 1.157.228/RS. *Revista de Direito do Consumidor*, São Paulo, v. 82, p. 377-402, 2012.

MIRAGEM, Bruno. Responsabilidade objetiva dos bancos por danos aos consumidores causados por fraude ou crime de terceiros: risco do empreendimento, conexão da atividade do fornecedor e fortuito interno – comentários ao REsp 1.197.929/PR. *Revista de Direito do Consumidor*, São Paulo, v. 81, p. 405-438, jan. 2012.

MIRAGEM, Bruno. *A nova administração pública e o direito administrativo*. 2. ed. São Paulo: Ed. RT, 2013.

MIRAGEM, Bruno. *Abuso do direito*: ilicitude objetiva e limite ao exercício de prerrogativas jurídicas no direito privado. 2. ed. São Paulo: Ed. RT, 2013.

MIRAGEM, Bruno. *Contrato de transporte*. São Paulo: Ed. RT, 2013.

MIRAGEM, Bruno. *Direito bancário*. São Paulo: Ed. RT, 2013.

MIRAGEM, Bruno. Parecer de resposta à consulta da Defensoria Pública Estadual sobre a responsabilidade solidária do Estado do Rio Grande do Sul e do Município de Santa Maria/RS no acidente de consumo ocorrido com o incêndio da Boate Kiss. *Revista de Direito do Consumidor*, São Paulo, v. 88, jul.-ago. 2013.

MIRAGEM, Bruno. Serviços postais, relação de consumo e responsabilidade da Empresa de Correios e Telégrafos por atraso na entrega. *Revista de Direito do Consumidor*, São Paulo, v. 86, p. 311-334, mar.-abr. 2013.

MIRAGEM, Bruno. Serviços turísticos, espetáculos esportivos e culturais no mercado de consumo: a proteção do consumidor nas atividades de lazer e entretenimento. *Revista de Direito do Consumidor*, São Paulo, v. 85, p. 67-114, jan.-fev. 2013.

MIRAGEM, Bruno. Tendências da responsabilidade civil das instituições financeiras por danos ao consumidor. *Revista de Direito do Consumidor*, São Paulo, v. 87, p. 51-91, maio-jun. 2013.

MIRAGEM, Bruno. Vício oculto, vida útil do produto e extensão da responsabilidade do fornecedor. *Revista de Direito do Consumidor*, São Paulo, v. 85, p. 325-353, jan.-fev. 2013.

MIRAGEM, Bruno. A proteção da criança e do adolescente consumidores: possibilidade de explicitação de critérios de interpretação do conceito legal de publicidade abusiva e prática abusiva em razão da ofensa a direitos da criança e do adolescente por resolução do Conselho Nacional da Criança e do Adolescente – Conanda. Parecer. *Revista de Direito do Consumidor*, São Paulo, v. 95, set.-out. 2014.

MIRAGEM, Bruno. Consumo sustentável e desenvolvimento: por uma agenda comum do direito do consumidor e do direito ambiental. *Revista do Ministério Público do Rio Grande do Sul*, Porto Alegre, n. 74, p. 229-244, jan.-abr. 2014.

MIRAGEM, Bruno. O direito dos seguros no sistema jurídico brasileiro: uma introdução. *Revista de Direito do Consumidor*, São Paulo, v. 96, nov.-dez. 2014.

MIRAGEM, Bruno. *Direito civil*: responsabilidade civil. São Paulo: Saraiva, 2015.

MIRAGEM, Bruno. Transporte coletivo de passageiros e mobilidade urbana: desafio do direito do consumidor no século XXI. *Revista de Direito do Consumidor*, São Paulo, v. 100, jul.-ago. 2015.

MIRAGEM, Bruno. *Direito civil*: direito das obrigações. 2. ed. São Paulo: Saraiva, 2018.

MIRAGEM, Bruno. Os direitos do segurado e os deveres do segurador no direito brasileiro atual e no Projeto de Lei do Contrato de Seguro (PLC 29/2017): exame crítico. In: VII Fórum de Direito do Seguro José Sollero Filho. São Paulo: IBDS/Roncarati, 2018.

MIRAGEM, Bruno. *Curso de direito do consumidor*. 8. ed. São Paulo: Ed. RT, 2019.

MIRAGEM, Bruno. *Direito bancário*. 3. ed. São Paulo: Ed. RT, 2019.

MIRAGEM, Bruno. *Direito administrativo aplicado*: a nova administração pública e o direito administrativo. 3. ed. São Paulo: Ed. RT, 2019.

MIRAGEM, Bruno. Discriminação injusta e o direito do consumidor. In: BENJAMIN, Antônio Herman V.; MARQUES, Claudia Lima; MIRAGEM, Bruno (org.). *O direito do consumidor no mundo em transformação*: em comemoração aos 30 anos do Código de Defesa do Consumidor. São Paulo: Ed. RT, 2020.

MIRAGEM, Bruno. Princípio da vulnerabilidade: perspectiva atual e funções no direito do consumidor contemporâneo. In: MIRAGEM, Bruno; MARQUES, Claudia Lima; DIAS, Lucia Ancona Lopez de Magalhães (org.). *Direito do consumidor*: os 30 anos do CDC. Rio de Janeiro: Forense, 2020.

MIRAGEM, Bruno. *Responsabilidade civil*. 2. ed. Rio de Janeiro: Forense, 2021.

MIRAGEM, Bruno. *Direito das obrigações*. 3. ed. Rio de Janeiro: Forense, 2021.

MIRAGEM, Bruno. *Teoria geral do direito civil*. Rio de Janeiro: Forense, 2021.

MIRAGEM, Bruno. *Compliance* e o direito do consumidor: aspectos conceituais. In: MIRAGEM, Bruno; DENSA, Roberta (coord.). Compliance *e relações de consumo*. Indaiatuba, SP: Foco, 2022.

MIRAGEM, Bruno; CARLINI, Angélica (org.). *Direito dos seguros*: fundamentos de direito civil, direito empresarial e direito do consumidor. São Paulo: Ed. RT, 2014.

MIRAGEM, Bruno; DENSA, Roberta (coord.). Compliance *e relações de consumo*. Indaiatuba, SP: Foco, 2022.

MIRAGEM, Bruno; LIMA, Clarissa Costa de. Patrimônio, contrato e proteção constitucional da família: estudo sobre a repercussão do superendividamento sobre as relações familiares. *Revista de Direito do Consumidor*, São Paulo, v. 91, p. 85-116, jan.-fev. 2014.

MIRAGEM, Bruno; MARQUES, Claudia Lima. O direito fundamental de proteção do consumidor e os 20 anos da Constituição: fundamentos e desafios do direito do consumidor contemporâneo. In: MARTINS, Ives Gandra; REZEK, Francisco. (org.). *Constituição Federal*: avanços, contribuições e modificações no processo democrático brasileiro. São Paulo: Ed. RT, 2008. p. 644-667.

MIRAGEM, Bruno; MARQUES, Claudia Lima. Anteprojetos de lei de atualização do Código de Defesa do Consumidor. *Revista de Direito do Consumidor*, São Paulo, v. 82, p. 331-356, abr. 2012.

MIRAGEM, Bruno; MARQUES, Claudia Lima. *O novo direito privado e a proteção dos vulneráveis*. São Paulo: Ed. RT, 2014.

MIRAGEM, Bruno; MARQUES, Claudia Lima. Autonomia dos vulneráveis no direito privado brasileiro. In: GRUNDMAN, Stefan et al. (org.). *Autonomie im Recht*: Schriften zum Portugiesischen und Lusophonen Recht. Baden-Baden: Nomos, 2016.

MIRAGEM, Bruno; PETERSEN, Luiza. *Direito dos seguros*. Rio de Janeiro: Forense, 2022.

MIRANDA, Jorge. *Manual de direito constitucional*. 2. ed. Coimbra: Coimbra Editora, 1998. t. IV.

MIRANDA, Jorge. *Manual de direito constitucional*. Coimbra: Coimbra Editora, 2000. t. II.

MITIDIERO, Daniel. Comentário ao art. 311. In: WAMBIER, Teresa Arruda Alvim et al. (coord.). *Breves comentários ao novo Código de processo civil*. São Paulo: Ed. RT, 2015.

MITIDIERO, Daniel. *Colaboração no processo civil*: do modelo ao princípio. 4. ed. São Paulo: Ed. RT, 2019.

MONTEIRO, António Pinto. O papel dos consumidores na política ambiental. *Revista de Direito Ambiental*, São Paulo, v. 11, p. 69-74, jul. 1998.

MONTEIRO FILHO, Carlos Édison do Rêgo. O problema da massificação das demandas consumeristas: atuação do Procon e proposta de solução à luz do direito contemporâneo. *Revista de Direito do Consumidor*, São Paulo, v. 108, p. 293-313, nov.-dez. 2016.

MONTESQUIEU, Charles Louis de Secondat. *Do espírito das leis*. São Paulo: Abril Cultural, 1979.

MOON. *The constitutional protection of freedom of expression*. Toronto: University of Toronto Press, 2000.

MOORE JR., Barrington. *Aspectos morais do crescimento econômico*. Rio de Janeiro: Record, 1999.

MORAES, Paulo Valério Dal Pai. *Código de Defesa do consumidor*: o princípio da vulnerabilidade no contrato, na publicidade e nas demais práticas comerciais. Porto Alegre: Síntese, 1999.

MORAES, Paulo Valério Dal Pai. Os tabeliães, os oficiais registradores e o CDC. *Revista de Direito do Consumidor*, São Paulo, v. 61, p. 142-189, jan.-mar. 2007.

MORAES, Paulo Valério Dal Pai. *Código de Defesa do Consumidor*: o princípio da vulnerabilidade no contrato, na publicidade, nas demais práticas comerciais (interpretação sistemática do direito). 3. ed. Porto Alegre: Livraria do Advogado, 2009.

MORAES, Vitor de Andrade. *Sanções administrativas no Código de Defesa do Consumidor*. São Paulo: Atlas, 2008.

MORAES, Voltaire de Lima. Anotações sobre o ônus da prova no Código de Processo Civil e no Código de Defesa do Consumidor. *Revista de Direito do Consumidor*, São Paulo, v. 31, p. 63-69, jul. 1999.

MORAIS, Ezequiel; PODESTÁ, Fábio Henrique; CARAZAI, Marcos Marins. *Código de Defesa do Consumidor comentado*. São Paulo: Ed. RT, 2010.

MORATO, Antonio Carlos. O cadastro positivo de consumidores e seu impacto nas relações de consumo. *Revista de Direito Bancário e do Mercado de Capitais*, São Paulo, v. 53, p. 13-26, jul. 2011.

MOREIRA, Carlos Roberto Barbosa. Notas sobre a inversão do ônus da prova em benefício do consumidor. *Revista de Processo*, São Paulo, v. 86, p. 295-309, 1997.

MOREIRA ALVES, José Carlos. *Direito romano*. 6. ed. Rio de Janeiro: Forense, 2000. v. 2.

MOREIRA ALVES, José Carlos. *A parte geral do Projeto de Código Civil brasileiro*: subsídios históricos para o novo Código Civil brasileiro. São Paulo: Saraiva, 2003.

MOREIRA JÚNIOR, Sebastião. *Regulação da publicidade das bebidas alcoólicas*. Brasília: Consultoria Legislativa do Senado Federal, 2005. *mimeo*.

MOREIRA NETO, Diogo de Figueiredo. *Curso de direito administrativo*. 3. ed. Rio de Janeiro: Forense, 1976.

MOREIRA NETO, Diogo de Figueiredo. Reforma da ordem econômica e financeira. *Cadernos de Direito Constitucional e Ciência Política*, São Paulo, v. 9, p. 22-25, out.-dez. 1994.

MORISON, Elting E. *Men, machines, and modern times*. 50th anniversary edition. Cambridge: The MIT Press, 2016.

MOROSINI, Fábio. Visões acerca do novo direito da comunicação de massa. *Revista de Direito do Consumidor*, São Paulo, v. 50, p. 182-214, abr.-jun. 2004.

MORSELLO, Marco Fábio. *Contratos de transporte*: novos paradigmas do caso fortuito e força maior. São Paulo: Ed. RT, 2021.

MOSCHETTO, Bruno; ROUSSILON, Jean. *La banque et ses functions*. 5. ed. Paris: PUF, 2004.

MOTA PINTO, Carlos Alberto da. *Teoria geral do direito civil*. 3. ed. Coimbra: Coimbra Editora, 1996.

MOTA PINTO, Carlos Alberto da; PINTO MONTEIRO, António; MOTA PINTO, Paulo. *Teoria geral do direito civil*. 5. ed. Coimbra: Gestlegal, 2020.

MOURA, Walter Faiad de. O Código de Defesa do Consumidor e as Resoluções 2.878/2001 e 2.892/2001 do Bacen – Manual do cliente e usuário de serviços financeiros. In: MARQUES, Claudia Lima; ALMEIDA, João Batista de; PFEIFFER, Roberto Augusto Castellanos. *Aplicação do Código de Defesa do Consumidor aos bancos*: ADIn 2.591. São Paulo: Ed. RT, 2006.

MUCELIN, Guilherme. Peers Inc.: a nova estrutura da relação de consumo na economia do compartilhamento. *Revista de Direito do Consumidor*, São Paulo, v. 118, p. 77-126, jul.-ago. 2018.

MUCELIN, Guilherme. *Conexão online e hiperconfiança*: os *players* da economia do compartilhamento e o Direito do Consumidor. São Paulo: Ed. RT, 2020.

MUCELIN, Guilherme; CUNHA, Leonardo Stocker Pereira. *Relações trabalhistas ou não trabalhistas na economia do compartilhamento*. São Paulo: Ed. RT, 2021.

MURPHY, Edward J.; SPEIDEL, Richard E.; AYRES, Ian. *Studies in contract law*. 5. ed. Westbury, NY: The Foundation Press, Inc., 1997.

NALINI, José Renato. Novas perspectivas no acesso à justiça. *Revista do CEJ*, Brasília, v. 1, n. 3, p. 61-69, set.-dez. 1997.

NASCIMENTO, Victor Hugo Alcade. Os desafios do *compliance* contemporâneo. *Revista dos Tribunais*, São Paulo, v. 1003, p. 51-75, maio 2019.

NEGREIROS, Teresa. *Teoria do contrato*: novos paradigmas. Rio de Janeiro: Renovar, 2002.

NEGREIROS, Teresa. *Teoria do contrato*: novos paradigmas. 2. ed. São Paulo: Renovar, 2006.

NEGROPONTE, Nicholas. *Being digital*. New York: Alfred A. Knopf, 1995.

NERY JUNIOR, Nelson. Aspectos do processo civil no Código de Defesa do Consumidor. *Revista de Direito do Consumidor*, São Paulo, v. 1, p. 200-221, jan.-mar. 1992.

NERY JUNIOR, Nelson. Os princípios gerais do Código Brasileiro de Defesa do Consumidor. *Revista de Direito do Consumidor*, São Paulo, v. 3, p. 44-77, set.-dez. 1992.

NERY JUNIOR, Nelson. O regime da publicidade enganosa no Código Brasileiro de Defesa do Consumidor. *Revista de Direito do Consumidor*, São Paulo, v. 15, p. 210-211, jul.-set. 1995.

NERY JUNIOR, Nelson. *Princípios do processo civil na Constituição Federal*. 3. ed. São Paulo: Ed. RT, 1996.

NERY JUNIOR, Nelson. Questões de ordem pública e seu julgamento *ex officio*: considerações sobre o verbete "STJ 381", da súmula da jurisprudência predominante do STJ. *Revista de Direito Privado*, São Paulo, v. 60, p. 237-254, out.-dez. 2014.

NERY JUNIOR, Nelson et al. *Código Brasileiro de Defesa do Consumidor*: comentado pelos autores do anteprojeto. 8. ed. Rio de Janeiro: Forense Universitária, 2004.

NERY JUNIOR, Nelson; NERY, Rosa Maria. *Código de Processo Civil anotado*. 8. ed. São Paulo: Ed. RT, 2004.

NERY JUNIOR, Nelson; NERY, Rosa Maria. *Código Civil comentado*. 7. ed. São Paulo: Ed. RT, 2009.

NETTO LÔBO, Paulo Luiz. A informação como direito fundamental do consumidor. *Revista de Direito do Consumidor*, São Paulo, v. 37, p. 59-76, jan.-mar. 2001.

NETTO LÔBO, Paulo Luiz. Princípios sociais dos contratos no Código de Defesa do Consumidor e no novo Código Civil. *Revista de Direito do Consumidor*, São Paulo, v. 42, p. 187-195, abr.-jun. 2002.

NICOLAS, Véronique. Le sinistre. In: BIGOT, Jean (dir.). *Traité de droit des assurances*. Paris: LGDJ, 2002. t. 3.

NIEDERMEIER, Robert; MPAME, Mario Egbe. Processing personal data under article 6(f) of the GDPR: the concept of legitimate interest. *International Journal for the Data Protection Officer, Privacy Officer and Privacy Counsel*, p. 18-28, 2019.

NISHIYAMA, Adolfo Mamoru. *A proteção constitucional do consumidor*. Rio de Janeiro: Forense, 2002.

NISHIYAMA, Adolfo Mamoru; ARAÚJO, Luiz Alberto David. O Estatuto da Pessoa com Deficiência e a tutela do consumidor: novos direitos? *Revista de Direito do Consumidor*, São Paulo, v. 105, p. 103-121, maio-jun. 2016.

NISSENBAUM, Helen. *Privacy in context*: technology, policy and the integrity of social life. Stanford: Stanford University Press, 2010.

NOBRE, Marcos. Desenvolvimento sustentável: origens e significado atual. In: NOBRE, Marcos; AMAZONAS, Maurício de Carvalho. *Desenvolvimento sustentável*: a institucionalização de um conceito. Brasília: Edições Ibama, 2002.

NOBRE JÚNIOR, Edilson Pereira. Sanções administrativas e princípios de direito penal. *Revista dos Tribunais*, São Paulo, v. 775, p. 449-470, maio 2000.

NORONHA, Fernando. *Direito das obrigações*. São Paulo: Saraiva, 2003. v. 1.

NUSDEO, Fábio. *Curso de economia*: uma introdução ao direito econômico. São Paulo: Ed. RT, 1997.

NUNES JÚNIOR, Vidal Serrano. *Publicidade comercial*: proteção e limites na Constituição de 1988. São Paulo: Juarez de Oliveira, 2001.

NUNES JÚNIOR, Vidal Serrano. A publicidade comercial dirigida ao público infantil. In: MARTINS, Ives Gandra da Silva; REZEK, José Francisco. *Constituição Federal*: avanços, contribuições e modificações no processo democrático brasileiro. São Paulo: Ed. RT, 2008.

OCDE (ORGANIZAÇÃO PARA A COOPERAÇÃO ECONÔMICA E DESENVOLVIMEN-TO). *The economic and social role of internet intermediaries*. OECD, Apr. 2010.

OCDE (ORGANIZAÇÃO PARA A COOPERAÇÃO ECONÔMICA E DESENVOLVIMEN-TO). Protecting consumers in peer platform markets: 2016 Ministerial meeting on the digital economy background report. *OECD Digital Economy Papers*, n. 253, 2016.

OLIVA, Milena Donato; RENTERIA, Pablo. Obrigação de meios e assunção de riscos pelo consumidor. *Revista de Direito do Consumidor*, São Paulo, v. 111, maio-jun. 2017.

OLIVA, Milena Donato; VIÉGAS, Francisco de Assis. Tratamento de dados para a concessão de crédito. In: TEPEDINO, Gustavo; FRAZÃO, Ana; OLIVA, Milena Donato (coord.). *Lei Geral de Proteção de Dados Pessoais* e suas repercussões no direito brasileiro. São Paulo: Ed. RT, 2019.

OLIVEIRA, Amanda Flávio de. Defesa da concorrência e proteção do consumidor: análise da situação político-institucional brasileira em relação à defesa do consumidor e da concorrência tendo em perspectiva os estudos empreendidos por ocasião dos 90 anos da Federal Trade Commission. *Revista do Ibrac – Direito da Concorrência, Consumo e Comércio Internacional*, São Paulo, v. 14, p. 169-181, jan. 2007.

OLIVEIRA, Bruno Silveira de. Comentários ao art. 63. In: WAMBIER, Teresa Arruda Alvim et al. (coord.). *Breves comentários ao novo Código de processo civil*. São Paulo: Ed. RT, 2015.

OLIVEIRA, Carlos Alberto Alvaro de. O processo civil brasileiro na perspectiva dos direitos fundamentais. *Processo e Constituição*. Rio de Janeiro: Forense, 2004.

OLIVEIRA, Carlos Alberto Alvaro de. *Processo e Constituição*. Rio de Janeiro: Forense, 2004.

OLIVEIRA, Cristiane Catarina Fagundes de. Fundamentos constitucional-federativos para competências no âmbito do sistema nacional de defesa do consumidor: breves notas ao art. 105 do CDC. *Revista de Direito do Consumidor*, São Paulo, v. 103, p. 199-223, jan.--fev. 2016.

OLIVEIRA, Juarez de (org.). *Comentários ao Código de Proteção do Consumidor*. São Paulo: Saraiva, 1991.

OLIVEIRA, Júlio Moraes. *Consumidor-empresário*: a defesa do finalismo mitigado. Belo Horizonte: Arraes Editores, 2012.

OLIVEIRA, Marcos Cavalcante de. *Moeda, juros e instituições financeiras*. 2. ed. Rio de Janeiro: Forense, 2009.

OLIVEIRA, Moacyr de. Deficientes: sua tutela jurídica. *Doutrinas essenciais de direitos humanos*. São Paulo: Ed. RT, 2011. v. 4.

OLIVEIRA, Régis Fernandes de. *Infrações e sanções administrativas*. 2. ed. São Paulo: Ed. RT, 2005.

O'NEIL, Cathy. *Algoritmos de destruição em massa*: como o *big data* aumenta a desigualdade e ameaça a democracia. Trad. Rafael Abraham. Santo André, SP: Rua do Sabão, 2020.

OPPO, Giorgio. Disumanizzazione del contrato? *Rivista de Diritto Civile*, Padova, n. 5, p. 525-533, sett.-ott. 1998.

OSÓRIO, Fábio Medina. *Direito administrativo sancionador*. São Paulo: Ed. RT, 2000.

OSSOLA, Frederico; VALLESPINOS, Gustavo. *La obligación de informar*. Córdoba: Avocatus, 2001.

PASQUAL, Cristina Stringari. *Estrutura e vinculação da oferta no Código de Defesa do Consumidor*. Dissertação (Mestrado) – Universidade Federal do Rio Grande do Sul, Porto Alegre, 2003.

PASQUAL, Cristina Stringari. Oferta automatizada. *Revista de Direito do Consumidor*, São Paulo, v. 67, p. 100-124, jul.-set. 2008.

PASQUALOTTO, Adalberto de Souza. A responsabilidade civil do fabricante e os riscos do desenvolvimento. *Revista da Ajuris*, Porto Alegre, p. 7-24, s/d.

PASQUALOTTO, Adalberto de Souza. Os serviços públicos no Código de Defesa do Consumidor. *Revista de Direito do Consumidor*, São Paulo, v. 1, p. 130-148, 1993.

PASQUALOTTO, Adalberto de Souza. *Os efeitos obrigacionais da publicidade no Código de Defesa do Consumidor*. São Paulo: Ed. RT, 1997.

PASQUALOTTO, Adalberto de Souza. O Código de Defesa do Consumidor em face do novo Código Civil. *Revista de Direito do Consumidor*, São Paulo, v. 43, p. 96-110, jul.-set. 2002.

PASQUALOTTO, Adalberto de Souza. O Código de Defesa do Consumidor em face do novo Código Civil de 2002. In: PASQUALOTTO, Adalberto; PFEIFFER, Roberto. *O Código de Defesa do Consumidor e o Código Civil de 2002*. São Paulo: Ed. RT, 2005.

PASQUALOTTO, Adalberto de Souza. *Contratos nominados II*: seguro, constituição de renda, jogo e aposta, fiança, transação e compromisso. São Paulo: Ed. RT, 2008.

PASQUALOTTO, Adalberto de Souza. *Contratos nominados III*. São Paulo: Ed. RT, 2008.

PASQUALOTTO, Adalberto. O destinatário final e o "consumidor intermediário". *Revista de Direito do Consumidor*, São Paulo, v. 74, p. 7-42, abr. 2010.

PASQUALOTTO, Adalberto de Souza. Dará a reforma ao Código de Defesa do Consumidor um sopro de vida? *Revista de Direito do Consumidor*, São Paulo, v. 78, p. 11-20, abr.-jun. 2011.

PASQUALOTTO, Adalberto de Souza. Publicidade do tabaco e liberdade de expressão. *Revista de Direito do Consumidor*, São Paulo, v. 82, p. 11-60, abr.-jun. 2012.

PASQUALOTTO, Adalberto de Souza. Autorregulamentação da publicidade: um estudo de modelos europeus e norte-americano. *Revista de Direito do Consumidor*, São Paulo, v. 112, jul.-ago. 2017.

PASQUALOTTO, Adalberto de Souza. O contrato de seguro de vida não renovado por decisão unilateral da seguradora: reflexões em torno do direito dos segurados à renovação. *Revista de Direito do Consumidor*, São Paulo, v. 128, mar.-abr. 2020.

PASQUALOTTO, Adalberto de Souza; BLANCO, Ana. *Publicidade e proteção da infância.* Porto Alegre: Livraria do Advogado, 2014.

PASQUALOTTO, Adalberto de Souza; SCALETSCKY, Carolina Litvin. Da responsabilidade civil da plataforma digital na economia compartilhada. *Revista de Direito do Consumidor*, São Paulo, v. 142, p. 77-99, jul.-ago. 2022.

PASQUALOTTO, Adalberto de Souza; SOARES, Flaviana Rampazzo. Consumidor hipervulnerável: análise crítica, substrato axiológico, contornos e abrangência. *Revista de Direito do Consumidor*, São Paulo, v. 113, p. 81-109, set.-out. 2017.

PASQUALOTTO, Adalberto de Souza; TRAVINCAS, Amanda Costa Thomé. Alunos são genuínos consumidores? – Notas sobre a aplicação do CDC no contexto da educação superior e seu impacto sobre a liberdade acadêmica. *Revista de Direito do Consumidor*, São Paulo, v. 106, jul.-ago. 2016.

PASSARELLI, Eliana. *Dos crimes contra as relações de consumo.* São Paulo: Saraiva, 2002.

PASSOS, Alexandre Doria. *A tutela administrativa do consumidor e o acesso à justiça: reflexões a partir do procedimento da reclamação.* Rio de Janeiro: Lumen Juris, 2021.

PAULA, Flávio Henrique Caetano de. A violação do CDC pelo STJ nas Súmulas 381, 385 e 404 e a necessidade de cancelamento destas. *Revista de Direito do Consumidor*, São Paulo, v. 91, p. 397-404, jan.-fev. 2014.

PAULA PESSOA, V. A. de. *Codigo Criminal do Imperio do Brazil annotado.* Rio de Janeiro: Livraria Popular, 1877.

PEIXOTO, Ester Lopes. O princípio da boa-fé no direito civil brasileiro. *Revista de Direito do Consumidor*, São Paulo, v. 45, p. 140-171, jan.-mar. 2003.

PEREIRA, Agostinho Oli Koppe. *Responsabilidade civil por danos ao consumidor causados por defeitos dos produtos*: teoria da ação social e o direito do consumidor. Porto Alegre: Livraria do Advogado, 2003.

PEREIRA, Caio Mário da Silva. *Lesão nos contratos.* 2. ed. Rio de Janeiro: Forense, 1959.

PEREIRA, Caio Mário da Silva. *Instituições de direito civil.* 8. ed. Rio de Janeiro: Forense, 1990. v. 3.

PEREIRA, Caio Mário da Silva. *Responsabilidade civil.* Rio de Janeiro: Forense, 1998.

PEREIRA, Caio Mário da Silva. *Lesão nos contratos.* 6. ed. Rio de Janeiro: Forense, 1999.

PEREIRA, Caio Mário da Silva. *Instituições de direito civil.* 10. ed. Rio de Janeiro: Forense, 2001. v. 3.

PEREIRA, Flávia do Canto. *Proteção administrativa do consumidor*: Sistema Nacional de Defesa do Consumidor e a ausência de critérios uniformes para aplicação de multas. São Paulo: Ed. RT, 2021.

Pereira, Joel Timóteo Ramos. *Direito da internet e comércio eletrónico.* Lisboa: Quid Juris, 2001.

PEREIRA, Juliana; CIPRIANO, Ana Cândida Muniz. Proteção e defesa do consumidor turista e visitante no Brasil. *Revista de Direito do Consumidor*, São Paulo, v. 102, out.-dez. 2015.

PERLINGIERI, Pietro. *La personalità umana nell'ordinamento giuridico*. Camerino: Jovene Editore, 1972.

PERLINGIERI, Pietro. *Il diritto civile nella legalità costituzionale*. 2. ed. Napoli: Edizioni Scientifiche Italiane, 1991.

PEYRANO, Jorge. Novedades procesuales: la tutela de evidencia. *Revista de Processo*, São Paulo, v. 189, p. 266-269, nov. 2010.

PFEIFFER, Roberto Augusto Castellanos. Proteção do consumidor e defesa da concorrência: paralelo entre práticas abusivas e infrações contra a ordem econômica. *Revista de Direito do Consumidor*, São Paulo, v. 76, p. 131-151, out. 2010.

PFEIFFER, Roberto. *Defesa da concorrência e bem-estar do consumidor*. São Paulo: RT, 2015.

PICÓ I JUNOY, Joan. El derecho procesal entre el garantismo y la eficácia: un debate mal planteado. In: AROCA, Juan Montero (coord.). *Proceso civil e ideologia*. Valencia: Tirant lo Blanch, 2006.

PIERANGELI, José Henrique. *Códigos Penais do Brasil*: evolução histórica. São Paulo: Ed. RT, 2001.

PIERRI, Deborah. Políticas públicas e privadas em prol dos consumidores hipervulneráveis – idosos e deficientes. *Revista de Direito do Consumidor*, São Paulo, v. 92, p. 221-298, mar.-abr. 2014.

PIMONT, Sebastien. *L'economie du contrat*. Aix-em-Provence: Presses Universitaires d'Aix--Marseille, 2004.

PINHEIRO, Alexandre Sousa; GONÇALVES, Carlos Jorge. Artigo 6º. In: PINHEIRO, Sousa Alexandre (coord.). *Comentário ao Regulamento Geral de Proteção de Dados*. Coimbra: Almedina, 2018.

PINHEIRO, Armando Castelar; PORTO, Antônio José Maristrello; SAMPAIO, Patrícia Regina. (org.) *Regulação e novas tecnologias*. Rio de Janeiro: FGV Editora, 2022.

PINTO, André Almeida Matos de; MONTENEGRO, Diego; PINHEIRO, Lauro Augusto Vieira Santos. O *trade dress* e sua aplicação no Brasil. *Revista da ABPI*, São Paulo, v. 121, p. 45-54, nov.-dez. 2012.

PINTO MONTEIRO, António et al. *Estudos de Direito do Consumidor*. Actas do Colóquio. Resolução alternativa de litígios do consumo, n. 11. Coimbra: Centro de Direito do Consumo, 2016.

PINTO VIEIRA, Adriana Carvalho; CORNÉLIO, Adriana Régio. Produtos *light* e *diet*: o direito à informação do consumidor. *Revista de Direito do Consumidor*, São Paulo, v. 54, p. 9-27, abr.-jun. 2005.

PINTO VIEIRA, Ana Lúcia. *O princípio constitucional da igualdade e o direito do consumidor*. Belo Horizonte: Mandamentos, 2002.

PIORE, Michael J.; SABEL, Charles F. *The second industrial divide*: possibilities for prosperity. New York: Basic Books, 1986.

PODSZUN, Rupprecht; KREIFELS, Stephan. Digital Platforms and Competition Law. *Journal of European Consumer and Market Law*, v. 5, n. 1, p. 33-39, 2016.

POLIDO, Walter. *Contrato de seguro*: novos paradigmas. São Paulo: Roncarati, 2010.

POLIDO, Walter. Da limitação da autonomia privada nas operações de seguros: coletivização dos interesses – nova perspectiva social e jurídica do contrato de seguro. *Revista de Direito do Consumidor*, São Paulo, v. 74, p. 284-324, abr.-jun. 2010.

POLIDO, Walter. *Contrato de seguro e a atividade seguradora no Brasil*: direito do consumidor. São Paulo: Roncarati, 2015.

POLLMAN, Elizabeth. The making and meaning of ESG. *European Corporate Governance Institute – Law Working Paper*, n. 659, p. 1-53, 2022. Disponível em: deliverypdf.ssrn.com/delivery.php?ID=2181250681021171251230950210950990101030820610200050630861020951270121261131001130781231181001200501041121190740801230240021040200590050390770941251051001260720730490140110781231180920150000690300841140670960260781130111200680880280871011110060210988&EXT=pdf&INDEX=TRUE. Acesso em: 17.07.2023.

PONTES DE MIRANDA, Francisco Cavalcanti. *Tratado de direito privado*. Rio de Janeiro: Borsoi, 1959. t. XXIV.

PONTES DE MIRANDA, Francisco Cavalcanti. *Tratado de direito privado*. Rio de Janeiro: Borsoi, 1970. t. IV.

PONTES DE MIRANDA, Francisco Cavalcanti. *Tratado de direito privado*. Rio de Janeiro: Borsoi, 1971. t. XXII.

PONTES DE MIRANDA, Francisco Cavalcanti. *Tratado de direito privado*. Rio de Janeiro: Borsoi, 1972. t. XXXVIII.

PONTES DE MIRANDA, Francisco Cavalcanti. *Tratado de direito privado*. Rio de Janeiro: Borsoi, 1972. t. XLII.

PONTES DÉ MIRANDA, Francisco Cavalcanti. *Tratado de direito privado*. Rio de Janeiro: Borsoi, 1972. t. XLV.

PONTES DE MIRANDA, Francisco Cavalcanti. *Tratado de direito privado*: parte especial. Atualizador: Bruno Miragem. São Paulo: Ed. RT, 2012 (Direito das obrigações; mútuo; conta-corrente, t. XLII).

PONTES DE MIRANDA, Francisco Cavalcanti. *Tratado de direito privado*: parte especial. Atualizador: Bruno Miragem. São Paulo: Ed. RT, 2012 (Direito das obrigações; contrato de transporte; contrato de parceria; jogo e aposta. Contrato de seguro, t. XLV).

PONTES DE MIRANDA, Francisco Cavalcanti. *Tratado de direito privado*: parte especial. Atualizador: Bruno Miragem. São Paulo: Ed. RT, 2012 (Direito das obrigações; seguros, t. XLVI).

PONTES DE MIRANDA, Francisco Cavalcanti. *Tratado de direito privado*: parte especial. Atualizadores: Claudia Lima Marques e Bruno Miragem. São Paulo: Ed. RT, 2012 (Direito das obrigações; locação de coisas, t. XL).

PONTES DE MIRANDA, Francisco Cavalcanti. *Tratado de direito privado*: parte Especial. Atualizadores: Claudia Lima Marques e Bruno Miragem. São Paulo: Ed. RT, 2012 (Direito das obrigações; representação; fiança; edição; empreitada, t. XLIV).

PONTES DE MIRANDA, Francisco Cavalcanti. *Tratado de direito privado*: parte especial. Atualizador: Bruno Miragem. São Paulo: Ed. RT, 2012 (Direito das obrigações; negócios bancários e de bolsa, t. LII).

PONTES DE MIRANDA, Francisco Cavalcanti. *Tratado de direito privado*: parte especial. Atualizadores: Claudia Lima Marques e Bruno Miragem. São Paulo: Ed. RT, 2012 (Direito das obrigações; negócios jurídicos bilaterais, t. XXXVIII).

BIBLIOGRAFIA | **1253**

PORTO, Antônio José Maristrello; NOGUEIRA, Rafaela; QUIRINO, Carina de Castro. Resolução de conflitos *on-line* no Brasil: um mecanismo em construção. *Revista de Direito do Consumidor*, São Paulo, v. 114, p. 295-318, nov.-dez. 2017.

POTHIER, R. J. *Tratado das obrigações*. Campinas: Servanda, 2001.

POUND, Roscoe. *An introduction to the philosophy of law*. New Haven: Yale University Press, 1982.

PRADO, Luiz Régis. *Bem jurídico-penal e Constituição*. 3. ed. São Paulo: Ed. RT, 2003.

PRADO, Luiz Regis. *Direito penal econômico*. São Paulo: Ed. RT, 2004.

PRADO, Luiz Regis. *Direito penal econômico*. 2. ed. São Paulo: Ed. RT, 2007.

PRATA, Ana. *A tutela constitucional da autonomia privada*. Coimbra: Almedina, 1982.

PRIEST, George S. A theory of consumer product warranty. In: CRASWELL, Richard; SCHWARTZ, Alan. *Foundations of contract law*. New York: Oxford University Press, 1994.

PRIEUR, Michel. *Droit de l'environnement*. Paris: Éditions Dalloz, 2004.

PROTO PISANI, Andrea. *Lezioni di diritto processuale civile*. Napoli: Jovene Editore, 1999.

QUEIROZ, Odete Novais Carneiro. *Da responsabilidade por vício do produto e do serviço*. São Paulo: Ed. RT, 1998.

QUEIROZ, Ronaldo Pinheiro. A eficácia probatória do inquérito civil no processo judicial: uma análise crítica da jurisprudência do STJ. *Revista de Processo*, São Paulo, v. 146, p. 189-204, abr. 2007.

RAMOS, André de Carvalho. Jurisdição internacional sobre relações de consumo no novo Código de Processo Civil: avanços e desafios. In: MARQUES, Claudia Lima. GSELL, Beate (org.). *Novas tendências internacionais do consumidor*. São Paulo: Ed. RT, 2015.

RAMOS, André Luiz Arnt; FROTA, Pablo Malheiros da Cunha. Digital content products deceptive marketing language, legalese and Brazilian e-commerce regulation. *Revista de Direito do Consumidor*, São Paulo, v. 116, mar.-abr. 2018.

RAMOS, Fabiana D'Andrea. Métodos autocompositivos e respeito à vulnerabilidade do consumidor. In: MARQUES, Claudia Lima; REICHELT, Luis Alberto. *Diálogos entre o direito do consumidor e o novo CPC*. São Paulo: Ed. RT, 2017.

RAMSAY, Iain. Consumer protection in the era of informational capitalism. In: WILHELMSSON, Thomas; TUOMINEN, Salla; TUOMOLA, Heli. *Consumer law in the information society*. Hague: Kluwer Law International, 2001.

RAMSAY, Iain. O controle da publicidade em um mundo pós-moderno. *Revista de Direito do Consumidor*, São Paulo, v. 4, out.-dez. 1992.

RANGEL, Rafael Calmon. A estabilização da tutela antecipada antecedente nas demandas de consumo. *Revista de Direito do Consumidor*, São Paulo, v. 107, p. 509 528, sct.-out. 2016.

RÁO, Vicente. *O direito e a vida dos direitos*. São Paulo: Ed. RT, 1997. v. 1.

RASKIN, Max. The law and legality of smart contracts. *Georgetown Law Technology Review*, v. 1, p. 305-341, 2017.

REALE, Miguel. *A nova fase do direito moderno*. 2. ed. São Paulo: Saraiva, 1998.

REDCLIFT, Michael. *Sustainable development*. London: Methuen, 1987.

RÊGO, Lúcia. *A tutela administrativa do consumidor*. São Paulo: Ed. RT, 2007.

REHBEIN, Veridiana Maria. Soluções consensuais nas relações de consumo. *Revista de Direito do Consumidor*, São Paulo, v. 112, p. 397-433, jul.-ago. 2017.

REICH, Norbert. *General principles of EU Civil Law*. Cambridge: Intersentia, 2014.

REICHELT, Luis Alberto. Sobre o conteúdo do direito fundamental à tutela do consumidor em juízo e sua interação com o direito fundamental ao acesso à justiça. *Revista de Direito do Consumidor*, São Paulo, v. 137, set.-out. 2021.

REICHELT, Luis Alberto; BASCHIROTTO, Maria Lucia Galvane. Por uma leitura crítica da plataforma consumidor.gov.br sob a ótica do direito fundamental de acesso à justiça. *Revista de Direito do Consumidor*, São Paulo, v. 146, p. 235-250, mar.-abr. 2023.

REICHELT, Luis Alberto; PERES, Fabiana Prietos. A inconstitucionalidade de solução de conflitos mediante a utilização de arbitragem no direito do consumidor. *Revista de Direito do Consumidor*, São Paulo, v. 139, jan.-fev. 2022.

RENNER, Karl. *The institutions of private law and their social functions*. Trad. Agnes Schwarzschild. London: Routledge & Kegan Paul, 1976.

REQUIÃO, Rubens. Abuso de direito e fraude através da personalidade jurídica (*disregard doctrine*). *Revista dos Tribunais*, São Paulo, v. 410, p. 12-24, dez. 1969.

RESTA, Giorgio. Revoca del consenso ed interesse al trattamento nella legge sulla protezione dei dati personali. *Rivista Critica del Diritto Privato*, Bologna, n. 2, anno XVIII, p. 299-333, giugno 2000.

RIBEIRO, Alfredo Rangel. *Direito do consumo sustentável*. São Paulo: Ed. RT, 2018.

RIBEIRO, Elmo Pilla. *Contribuição ao estudo da norma de direito internacional privado*. Porto Alegre: [*s.n.*], 1964.

RIBEIRO, Elmo Pilla. *O princípio de ordem pública em direito internacional privado*. Porto Alegre: [*s.n.*], 1966.

RIBEIRO, Juliana Tedesco Racy et al (coord.). *ESG nas relações de consumo – ESG in consumer relations*. São Paulo: Singular, 2022.

RIBEIRO, Luciana Antonini. A privacidade e os arquivos de consumo na internet: uma primeira reflexão. *Revista de Direito do Consumidor*, São Paulo, v. 41, p. 151-165, jan.-mar. 2002.

RIBEIRO DANTAS, Marcelo Navarro; GOUVEIA, Thais Caroline Brecht Esteves. Teoria dos mandados de criminalização e a o direito do consumidor como direito fundamental. *Revista de Direito do Consumidor*, São Paulo, v. 139, p. 335-354, jan.-fev. 2022.

RICHARD, Efraín Hugo. Daños producidos por el dumping. In: ITURRASPE, Jorge Mosset et al. Daños: *globalización – Estado – economía*. Buenos Aires: Rubinzal Culzoni, 2000.

RINESSI, Antonio Juan. *Relación de consumo y derechos del consumidor*. Buenos Aires: Astrea, 2006.

RINESSI, Antonio Juan. *El deber de seguridad*. Buenos Aires: Rubinzal Culzoni, 2007.

RIPERT, Georges. *O regimen democrático e o direito civil moderno*. São Paulo: Saraiva, 1937.

RIPERT, Georges. *A regra moral das obrigações civis*. Campinas: Bookseller, 2000.

RIVOLTA, Gian Carlo M. Gli atti d'impresa. *Rivista di Diritto Civile*, Padova, n. 1, anno XL, genn.-febbr. 1994.

RIZZARDO, Arnaldo. *Contratos de crédito bancário*. 8. ed. São Paulo: Ed. RT, 2009.

RIZZATTO NUNES, Luiz Antônio. *Comentários ao Código de Defesa do Consumidor*. São Paulo: Saraiva, 2000.

ROBERTO, Wilson Furtado. *Contratos de distribuição e comércio eletrônico em linha*. Curitiba: Juruá, 2022.

ROCHA, Roberto Silva da. Natureza jurídica dos contratos celebrados com *sites* de intermediação no comércio eletrônico. *Revista de Direito do Consumidor*, São Paulo, v. 61, 230-269, jan.-mar. 2007.

ROCHA, Sílvio Luís Ferreira da. *Responsabilidade civil do fornecedor pelo fato do produto no direito brasileiro*. São Paulo: Ed. RT, 1992.

ROCHA, Sílvio Luís Ferreira da. *A oferta no Código de Defesa do Consumidor*. São Paulo: Lemos, 1997.

ROCHET, Jean-Charles; TIROLE, Jean. Platform competition in two-side markets. *Journal of the European Economic Association*, v. 1, n. 4, p. 900-1029, 2003.

RODYCZ, Wilson. A obrigatoriedade de o ofertante cumprir a oferta publicitária à luz do Código de Defesa do Consumidor. In: MARQUES, Claudia Lima. *Estudos sobre a proteção do consumidor no Brasil e no Mercosul*. Porto Alegre: Livraria do Advogado, 1994.

ROLIM, Maria João Pereira. *Direito econômico da energia elétrica*. Rio de Janeiro: Forense, 2002.

ROLLO, Arthur Luis Mendonça. *Responsabilidade civil e práticas abusivas nas relações de consumo*. São Paulo: Atlas, 2011.

ROPPO, Enzo. *O contrato*. Coimbra: Almedina, 1988.

ROSA, Fabiano Machado da; COSTA, Luana Pereira da. *Compliance* antidiscriminatório: lições práticas para um novo mundo corporativo. São Paulo: Ed. RT, 2022.

ROSE, Pauline (dir.). *Relatório de Monitoramento Global de Educação para Todos*. Paris: Unesco, 2013. Disponível em: unesco.org ou efareport.unesco.org.

ROSTRO, Bruno Montanari. *Aspectos jurídicos e econômicos da fase pré-contratual*. Rio de Janeiro: Processo, 2022.

ROSSETTI, Marco. *Il diritto dele assicurazioni*. Padova: Cedam, 2011. v. I.

ROXIN, Claus. *Derecho penal*: parte general. Trad. Diego Manuel Luzón-Peña et al. Madrid: Civitas, 1997. v. 1.

ROXIN, Claus. *La evolución de la política criminal, el derecho penal y el proceso penal*. Trad. Carmen Gómez Rivero y María del Carmen García Cantizano. Valencia: Tirant lo Blanch, 2000.

RUBISTEIN, Ira; LEE, Ronald D.; SCHWARTZ, Paul M. Data mining and internet profiling: emerging regulatory and technological approaches. *University of Chicago Law Review*, v. 75, p. 261-285, 2008.

SAAD, Eduardo Gabriel. *Comentários ao Código de Defesa do Consumidor*. 2. ed. São Paulo: LTr, 1997.

SAAVEDRA, Giovani Agostini; LUPION, Ricardo (org.) *Direitos fundamentais, direito privado e inovação*. Porto Alegre: EdiPUCRS, 2012.

SAFFER, H.; DAVE, D. Alcohol advertising and alcohol consumption by adolescents. *National Bureau of Economic Research, Working Paper*, Cambridge, n. 9676, 2003.

SALAH, Mohamed Mahmoud Mohamed. As transformações da ordem pública econômica: rumo a uma ordem pública reguladora? *Filosofia do direito e direito económico*: que diálogo? Miscelâneas em honra de Georges Farjat. Lisboa: Instituto Piaget, 1999.

SALOMÃO FILHO, Calixto. *Direito concorrencial*: as estruturas. São Paulo: Malheiros Editores, 1998.

SALOMÃO FILHO, Calixto. *Regulação da atividade econômica*: princípios e fundamentos jurídicos. 2. ed. São Paulo: Malheiros Editores, 2008.

SALOMÃO NETO, Eduardo. *Direito bancário*. São Paulo: Atlas, 2005.

SAMPAIO, Aurisvaldo. *Contratos de planos de saúde*. São Paulo: Ed. RT, 2010.

SAMPAIO, Aurisvaldo; CHAVES, Cristiano (coord.). *Estudos de direito do consumidor*: tutela coletiva – homenagem aos 20 anos da Lei da Ação Civil Pública. Rio de Janeiro: Lumen Juris, 2005.

SAMPAIO, José Adércio Leite. *O direito à intimidade e à vida privada*. Belo Horizonte: Del Rey, 1998.

SAMPAIO, Marília de Ávila e Silva; JANDREY, Claudio Luiz. *Dark patterns* e seu uso no mercado de consumo. *Revista de Direito do Consumidor*, São Paulo, v. 143, p. 231-257, set.-out. 2022.

SAMPAIO, Marília de Ávila e Silva; MIRANDA, Thainá Bezerra. A responsabilidade civil dos influenciadores digitais diante do Código de Defesa do Consumidor. *Revista de Direito do Consumidor*, São Paulo, v. 133, p. 175-204, jan.-fev. 2021.

SANGUINÉ, Odone. Introdução aos crimes contra o consumidor: perspectiva criminológica e penal. *Fascículos de Ciências Penais*, Porto Alegre, v. 4, n. 2, p. 17-43, abr.-jun. 1991.

SANGUINÉ, Odone. Introdução aos crimes contra o consumidor: perspectiva criminológica e penal. *Revista dos Tribunais*, São Paulo, n. 675, p. 315-330, jan. 1992.

SANSEVERINO, Paulo de Tarso Vieira. *Responsabilidade civil no Código do Consumidor e a defesa do fornecedor*. São Paulo: Saraiva. 2002.

SANSONE, Priscila David. A inversão do ônus da prova na responsabilidade civil. *Revista de Direito do Consumidor*, São Paulo, v. 40, out.-dez. 2001.

SANTANA, Héctor Valverde. *Prescrição e decadência nas relações de consumo*. São Paulo: Ed. RT, 2002.

SANTANA, Héctor Valverde. *Dano moral no direito do consumidor*. São Paulo: Ed. RT, 2009.

SANTANA, Hector Valverde; MAGALHÃES, Roberta Cordeiro de Melo. A controvérsia em torno do elemento subjetivo no criem de publicidade enganosa ou abusiva. *Revista de Direito do Consumidor*, São Paulo, v. 127, p. 357-383, jan.-fev. 2020.

SANTOLIM, Cesar Viterbo Matos. *Os princípios da proteção do consumidor e o comércio eletrônico no direito brasileiro*. Tese (Doutorado) – UFRGS, Porto Alegre, 2004.

SANTOLIM, Cesar. Anotações sobre o anteprojeto da comissão de juristas para a atualização do Código de Defesa do Consumidor na parte referente ao comércio eletrônico. *Revista de Direito do Consumidor*, São Paulo, v. 83, p. 73-82, jul.-set. 2012.

SANTOS, Andreia Mendes. Uma relação que dá peso: propaganda de alimentos direcionada para crianças, uma questão de saúde, direitos e educação. In: PASQUALOTTO, Adalberto; BLANCO, Ana. *Publicidade e proteção da infância*. Porto Alegre: Livraria do Advogado, 2014.

SANTOS, Manoel J. Pereira dos (coord.). *Direito de autor e direitos fundamentais*. São Paulo: Saraiva, 2011.

SANTOS, Oscar López. Protección jurídica del consumidor de servicios en España. *Revista da Ajuris*, Porto Alegre, v. 1, edição especial, p. 274-282, mar. 1998.

SANTOS, Ricardo Bechara dos. *Direito de seguro no novo Código Civil e legislação própria*. Rio de Janeiro: Forense, 2006.

SANTOS, Vitória Monego Sommer. A compra e venda nas relações de consumo e a nova Directiva europeia 2019/771. *Revista de Direito do Consumidor*, São Paulo, v. 132, p. 375-392, nov.-dez. 2020.

SARLET, Ingo Wolfgang. Os direitos fundamentais sociais na Constituição de 1988. *Revista de Direito do Consumidor*, São Paulo, v. 30, p. 97-124, abr.-jun. 1999.

SARLET, Ingo Wolfgang. *Dignidade da pessoa humana e direitos fundamentais*. Porto Alegre: Livraria do Advogado, 2001.

SARLET, Ingo Wolfgang (org.). *Constituição, direitos fundamentais e direito privado*. Porto Alegre: Livraria do Advogado, 2003.

SARLET, Ingo Wolfgang (org.). *O novo Código Civil e a Constituição*. Porto Alegre: Livraria do Advogado, 2003.

SARLET, Ingo Wolfgang. *A eficácia dos direitos fundamentais*. 6. ed. Porto Alegre: Livraria do Advogado, 2006.

SARLET, Ingo Wolfgang. Mínimo existencial e relações privadas: algumas aproximações. In: MARQUES, Claudia Lima; CAVALAZZI, Rosângela Lunardelli; LIMA, Clarissa Costa de (org.). *Direitos do consumidor endividado II*: vulnerabilidade e inclusão. São Paulo: Ed. RT, 2016.

SARRA, Andrea Viviana. *Comercio electrónico y derecho*: aspectos jurídicos de los negocios en Internet. Buenos Aires: Astrea, 2001.

SAUX, Edgardo Ignácio. Causalidad y responsabilidad de los grupos: caso de autor anônimo y de autor identificado. *Revista de Derecho de Daños*, Buenos Aires, t. 2003-2, 2003.

SAYEG, Ricardo Hasson. Práticas comerciais abusivas. *Revista de Direito do Consumidor*, São Paulo, v. 7, jul-set. 1993.

SCARSELLI, Giuliano. *Poteri del giudice e diritti delle parti nel processo civile*. 4. ed. Napoli: Edizioni Scientifiche Italiane, 2010 (Collana *Quaderni de "Il giusto processo civile"*).

SCARTEZZINI GUIMARÃES, Paulo Jorge. *A publicidade ilícita e a responsabilidade civil das celebridades que dela participam*. São Paulo: Ed. RT, 2001.

SCARTEZZINI GUIMARÃES, Paulo Jorge. *Vícios do produto e do serviço por qualidade, quantidade e insegurança*: cumprimento imperfeito do contrato. São Paulo: Ed. RT, 2004.

SCHANZENBACH, Max M.; SITKOFF, Robert H. Reconciling fiduciary duty and social conscience: the law and economics of ESG investing by a trustee. *Stanford Law Review*, v. 72, p. 381-454, 2020.

SCHAUBE, Renate. Interaktion von Mensch und Maschine: Haftungs- und immaterialgüter-rechtliche Fragen bei eigenständigen Weiterentwicklungen autonomer Systeme. *Juristen Zeitung*, Tübingcn, v. 72, p. 342-349, n. 7, 2017.

SCHAUER, Frederick. *Profiles, probabilities and stereotypes*. Cambridge, MA: Belknap Harvard, 2003.

SCHMECHEL, Philipp. *Verbraucherdatenschutzrecht in der EU-Datenschutz-Grundverordnung*. Berlin: Sachverständigenrat für Verbraucherfragen beim Bundesministerium der Justiz und für Verbraucherschutz, 2016.

SCHMECHEL, Philipp. Verbraucherdatenschutzrecht in der EU-DatenschutzGrundverord-nung. In: MICKLITZ, Hans-Wolfgang; JOOST, Lucia A. Reisch Gesche; ZANDER--HAYAT, Helga (Hrsg.). *Verbraucherrecht 2.0 – Verbraucher in der digitalen Welt*. Baden--Baden: Nomos, 2017.

SCHMIDT NETO, André Perin. *Contratos na sociedade de consumo*. 2. ed. São Paulo: RT, 2019.

SCHMIDT, André Perin. Revisão dos contratos com base no superendividamento: do Código de Defesa do Consumidor ao Código Civil. Curitiba: Juruá, 2012.

SCHMIDT NETO, André Perin; CHEVTCHIK, Mellany. Obsolescência programada nas relações de consumo. *Revista de Direito do Consumidor*, São Paulo, v. 134, mar.-abr. 2021.

SCHMITT, Cristiano Heineck. Indenização por dano moral do consumidor idoso no âmbito dos contratos de planos e de seguros privados de assistência à saúde. *Revista de Direito do Consumidor*, São Paulo, v. 51, p. 130-154, 2004.

SCHMITT, Cristiano Heineck. *Cláusulas abusivas nas relações de consumo*. São Paulo: Ed. RT, 2005.

SCHMITT, Cristiano Heineck. Reajustes em contratos de planos e de seguros de assistência privada à saúde. In: MARQUES, Claudia Lima et al. (coord.). *Saúde e responsabilidade 2*: a nova assistência privada à saúde. São Paulo: Ed. RT, 2008.

SCHMITT, Cristiano Heineck. A proteção do interesse do consumidor por meio da garantia à liberdade de concorrência. *Revista dos Tribunais*, São Paulo, v. 880, p. 9-32, fev. 2009.

SCHMITT, Cristiano Heineck. *Consumidores hipervulneráveis*: a proteção do idoso no mercado de consumo. São Paulo: Atlas, 2014.

SCHMITT, Cristiano Heineck; MARQUES, Claudia Lima. Visões sobre os planos de saúde privada e o Código de Defesa do Consumidor. In: MARQUES, Claudia Lima et al. (coord.). *Saúde e responsabilidade 2*: a nova assistência privada à saúde. São Paulo: Ed. RT, 2008.

SCHMITZ, Amy J. RULE, COLIN. *The new handshake*: Online Dispute Resolution and the future of consumer protection. Chicago: American Bar Association, 2017.

SCHULZE, Reiner; STAUDENMAYER, Dirk (ed.). *Digital Revolution*: challenges for contract law in practice. Baden-Baden: Nomos, 2016.

SCHUMPETER, Joseph A. *Capitalism, socialism and democracy*. London/New York: Routledge, 1976.

SCHWALBACH, José Gaspar. *Direito digital*. 3. ed. Coimbra: Almedina, 2021.

SCHWARTZ, Fabio. A economia compartilhada e a responsabilidade do fornecedor fiduciário. *Revista de Direito do Consumidor*, São Paulo, v. 111, p. 221-246, maio-jun. 2017.

SCHWENKE, Matthias Cristoph. *Individualisierung und Datenschutz*: Rechtskonformer Umgang mit personenbezogenen Daten im Kontext der Individualisierung. Wiesbaden: Deutscher Universitäts-Verlag, 2006.

SEGALL, Pedro Machado. *Obsolescência programada*: a tutela do consumidor nos direitos brasileiro e comparado. Rio de Janeiro: Lumen Juris, 2018.

SEN, Amartya. *Desenvolvimento como liberdade*. Trad. Laura Teixeira Motta. São Paulo: Companhia das Letras, 2000.

SERICK, Rolf. *Forma e realtà della persona giuridica*. Milão: Giuffrè, 1966.

SERPA LOPES, Miguel Maria. *Curso de direito civil*. 6. ed. Rio de Janeiro: Freitas Bastos, 1988. v. I.

SHANNON, Claude E. The mathematical theory of communication. *The Bell System Technical Journal*, v. 27, p. 379-423, July-Oct., 1948.

SHANNON, Claude E.; WEAVER, Warren. *The mathematical theory of communication*. Champaign: University of Illinois Press, 1963.

SHETH, Jagdish N.; MITTAL, Banwari; NEWMAN, Bruce I. *Comportamento do cliente*: indo além do comportamento do consumidor. São Paulo: Atlas, 2001.

SHIMURA, Sérgio. A legitimidade da associação para a ação civil pública. In: SAMPAIO, Aurisvaldo; CHAVES, Cristiano (coord.). *Estudos de direito do consumidor*: tutela coletiva – homenagem aos 20 anos da Lei da Ação Civil Pública. Rio de Janeiro: Lumen Juris, 2005.

SHIMURA, Sérgio. *A defesa dos interesses difusos em juízo*. 19. ed. São Paulo: Saraiva, 2006.

SHIMURA, Sérgio. *Tutela coletiva e sua efetividade*. São Paulo: Método, 2006.

SILVA, Anderson Lincoln; MAIA, Maurilio Casas. *Reflexões sobre o direito à saúde*. Florianópolis: Empório do Direito, 2016.

SILVA, Henrique José Haller dos Santos. O paradoxo da Lei n. 14.431/2022: permissão de empréstimos consignados para beneficiários de programas de distribuição de renda em meio ao cenário de superendividamento da população brasileira. In: CATALAN, Marcos (org.). *Direito e consumo*: discussões contemporâneas. Londrina: Thoth, 2023.

SILVA, José Afonso da. *Aplicabilidade das normas constitucionais*. 3. ed. São Paulo: Malheiros Editores, 1998.

SILVA, José Afonso da. *Curso de direito constitucional positivo*. 19. ed. São Paulo: Malheiros Editores, 2001.

SILVA, Joseane Suzart Lopes da. O incidente de desconsideração da personalidade jurídica no novo CPC e a efetiva proteção dos consumidores. *Revista de Direito do Consumidor*, São Paulo, v. 113, p. 213-248, set.-out. 2017.

SILVA, Joseane Suzart Lopes da. Os contratos imobiliários diante da Lei Federal 13.786/2018 e a fundamental proteção da parte vulnerável: os consumidores. *Revista de Direito do Consumidor*, São Paulo, v. 122, mar.-abr. 2019.

SILVA, Ovídio A. Baptista da. *Jurisdição e execução na tradição romano-canônica*. São Paulo: Ed. RT, 1997.

SILVA, Ovídio A. Baptista da. *Curso de processo civil*. 6. ed. São Paulo: Ed. RT, 2002. v. 1.

SILVA, Ovídio A. Baptista da. *Processo e ideologia*: o paradigma racionalista. 2. ed. Rio de Janeiro: Forense, 2006.

SILVA, Ovídio A. Baptista da. *Jurisdição, direito material e processo*. Rio de Janeiro: Forense, 2008.

SILVA, Wilson Melo da. *Responsabilidade sem culpa*. 2. ed. São Paulo: Saraiva, 1974.

SILVEIRA, Paulo Caliendo Velloso da. A proteção de dados no direito comparado. *Revista da Ajuris*, Porto Alegre, v. 71, p. 302-343, nov. 1997.

SILVEIRA, Reynaldo Andrade da. *Práticas mercantis no direito do consumidor*. Curitiba: Juruá, 1999.

SILVEIRA JÚNIOR, Antonio Morais da; VERBICARO, Dennis. A tutela normativa da publicidade infantil na relação de consumo e seus desafios. *Revista de Direito do Consumidor*, São Paulo, v. 112, jul.-ago. 2017.

SIMÃO, José Fernando. *Os vícios do produto no novo Código Civil e no Código de Defesa do Consumidor*. São Paulo: Atlas, 2003.

SIMITIS, Spiros. Die informationelle Selbstbestimmung – Grundbedingung einer verfassungskonformen Informationsordnung. *Neue Juristische Wochenschrift*, München, v. 37, n. 8, p. 398-405, 1984.

SIMITIS, Spiros (Hrsg.). *Bundesdatenschutzgesetz*. 8. Auf. Baden-Baden: Nomos, 2014.

SIMON, Herbert A. Rational choice and the structure of the environment. *Psychological Review*, Washington, v. 63, n. 2, p. 129-138, 1956.

SKARLOFF, Jeremy M. Smart contracts and the cost of inflexibility. *University of Pennsylvania Law Review*, v. 166, p. 263-303, 2017.

SOARES, Ardyllis Alves. A tutela internacional do consumidor turista. *Revista de Direito do Consumidor*, São Paulo, v. 82, p. 113-175, abr.-jun. 2012.

SOARES, Ardyllis Alves. As cláusulas de paridade nos contratos de consumo com agências de turismo *on-line*: análise sobre desenvolvimentos nacionais europeus. *Revista de Direito do Consumidor*, São Paulo, v. 131, set.-out. 2020.

SOARES, Roberto Oleiro. As funções punitiva e preventiva da responsabilidade civil nas relações de consumo. Belo Horizonte: Letramento, 2018.

SODRÉ, Marcelo. *Formação do Sistema Nacional de Defesa do Consumidor*. São Paulo: Ed. RT, 2007.

SOMBRA, Thiago Luís Santos. *A eficácia dos direitos fundamentais nas relações privadas*. 2. ed. São Paulo: Atlas, 2011.

SOMBRA, Thiago Luís Santos. *Fundamentos da regulação da privacidade e proteção de dados pessoais*: pluralismo jurídico e transparência em perspectiva. São Paulo: Ed. RT, 2019.

SOUPHANOR, Nathalie. *L'influence du droit de la consommation sur lê système juridique*. Paris: LGDJ, 2000.

SOUTO, Marcos Juruena Villela. *Direito administrativo regulatório*. Rio de Janeiro: Lumen Juris, 2002.

SOUZA, Motauri Cicochetti de; FREITAS, Denilson de Souza. As pessoas em situação de pobreza nas relações de consumo: a hipervulnerabilidade e os direitos humanos. *Revista de Direito do Consumidor*, São Paulo, v. 141, maio-jun. 2022.

SOZZO, Gonzalo. *Antes del contrato*: los cambios en la regulación jurídica del período pre-contractual. Buenos Aires: Lexis Nexis, 2005.

SPECHT, Louisa; HEROLD, Sophie. Roboter als Vertragspartner? Gedanken zu Vertragsabs-chlüssen unter Einbeziehung automatisiert und autonom agierender Systeme. *Multimedia und Recht*, Munich, n. 1, 2018.

SPINDLER, Gerald. Regulierung durch Technik. In: MICKLITZ, Hans-Wolfgang et al. (Hrsg.). *Verbraucherrecht 2.0*: Verbraucher in der digitalen Welt. Baden-Baden: Nomos, 2017.

SQUEFF, Tatiana; ANDERLE, Andressa. Inaplicabilidade da arbitragem nas relações de consumo. In: CARVALHO, Diógenes F. de; FERREIRA, Vitor Hugo Amaral; SANTOS, Nivaldo dos (org.). *Sociedade de consumo*: pesquisas em direito do consumidor. Goiânia: Espaço Acadêmico, 2017. v. 3.

SRNICEK, Nick. *Platform capitalism*. Cambridge: Polity Press, 2017.

STALLINGS, William. *Operating systems*: internals and design principles. 7. ed. Boston: Prentice Hall, 2012.

STIGLER, Zack. *Regulating the web*: network neutrality and the fate of the open internet. Lanham, MD: Lexington Books, 2013.

STIGLITZ, Gabriel. *Protección jurídica del consumidor*. 2. ed. Buenos Aires: De Palma, 1988.

STIGLITZ, Gabriel. *Autonomía de la voluntad y revisión del contrato*. Buenos Aires: De Palma, 1992.

STIGLITZ, Gabriel. O direito do consumidor e as práticas abusivas – realidade e perspectivas na Argentina. *Revista de Direito do Consumidor*, São Paulo, v. 3, jul.-set. 1992.

STIGLITZ, Gabriel. Responsabilidad civil por daños derivados de la informática. In: TRIGO REPRESAS, Félix (org.). *Responsabilidad civil*: doctrinas esenciales. Buenos Aires: La Ley, 2006. t. VI.

STIGLITZ, Gabriel. El contrato de seguro como contrato de consumo. In: STIGLITZ, Gabriel; HERNÁNDEZ, Carlos A (org). *Tratado de derecho del consumidor*. Buenos Aires: La Ley, 2015. t. II.

STIGLITZ, Gabriel. El principio de acceso al consumo sustentable. In: STIGLITZ, Gabriel; HERNÁNDEZ, Carlos A (org.). *Tratado de derecho del consumidor*. Buenos Aires: La Ley, 2015. t. I.

STIGLITZ, Gabriel. Evolución del derecho del consumidor en Argentina. In: STIGLITZ, Gabriel; HERNÁNDEZ, Carlos A (org.). *Tratado de derecho del consumidor*. Buenos Aires: La Ley, 2015. t. I.

STIGLITZ, Gabriel; HERNÁNDEZ, Carlos A (org.). *Tratado de derecho del consumidor*. Buenos Aires: La Ley, 2015. t. I a IV.

STIGLITZ, Gabriel. Constitucionalización del derecho del consumidor: experiencia argentina. *Revista de Direito do Consumidor*, São Paulo, v. 113, p. 57-63, set.-out. 2017.

STIGLITZ, Gabriel; SAHIÁN, José. El principio antidiscriminatóriemen el derecho del consumidor. *Revista de Direito do Consumidor*, v. 136. São Paulo, jul.-ago. 2021.

STOFFEL-MUNCK, Philippe. *L'abus dans le contrat*: essai d'une théorie. Paris: LGDJ, 2000.

STUART, Mariana Battochio; VALENTE, Victor Augusto Estevam. Direito penal e proteção de dados pessoais: uma leitura dialógica a partir da Lei 13.709/18 e do direito do consumidor. *Revista de Direito do Consumidor*, São Paulo, v. 140, p. 333-357, mar.-abr. 2022.

STÜBER, Walter Douglas. A reforma da ordem econômica e financeira. *Cadernos de Direito Constitucional e Ciência Política*, São Paulo, v. 14, p. 80-91, jan.-mar. 1996.

SUMPTER, David. *Dominado pelos números*: do Facebook e Google às *fake news* – os algoritmos que controlam nossa vida. Trad. Anna Maria Sotero e Marcelo Neto. Rio de Janeiro: Bertrand Brasil, 2019.

SUNDFELD, Carlos Ari. *Direito administrativo ordenador*. São Paulo: Malheiros Editores, 1997.

SZAFIR, Dora. *Consumidores*: análisis exegético de la Ley 17250. 4. ed. Montevideo: Fundación de Cultura Universitaria, 2014.

TÁCITO, Caio. O equilíbrio financeiro na concessão de serviço público. *Revista de Direito Administrativo*, Rio de Janeiro, v. 63, p. 1-15, 1961.

TÁCITO, Caio. Direito do consumidor. *O direito na década de 1990*: novos aspectos – estudos em homenagem ao Prof. Arnoldo Wald. São Paulo: Ed. RT, 1992.

TÁCITO, Caio. O retorno do pêndulo: serviço público e empresa privada – o exemplo brasileiro. *Revista de Direito Administrativo*, Rio de Janeiro, v. 202, p. 1-10, out.-dez. 1995.

TARTUCE, Flávio. *Responsabilidade civil objetiva e risco*: a teoria do risco concorrente. São Paulo: Método, 2011.

TARTUCE, Flávio. *O novo CPC e o direito civil*: impactos, diálogos e interações. Rio de Janeiro: Método, 2015.

TARUFFO, Michele. A atuação executiva dos direitos: perfis comparativos. *Revista do Processo*, São Paulo, v. 1, p. 59-72, jul.-set. 1990.

TARUFFO, Michele. *Precedente e giurisprudenza*. Napoli: Editoriale Scientifica, 2007.

TAWIL, Nadir N. Commercial speech: a proposed definition. *Howard Law. Journal*, v. 27, p. 1015-1027, 1984.

TRAJANO, Fábio. A inconstitucionalidade da Súmula 381 do Superior Tribunal de Justiça. *Revista de Direito do Consumidor*, São Paulo, v. 73, p. 51-77, jan.-mar. 2010.

TEPEDINO, Gustavo. *Multipropriedade imobiliária*. São Paulo: Saraiva, 1993

TEPEDINO, Gustavo. A responsabilidade civil nos contratos de turismo. *Revista de Direito do Consumidor*, São Paulo, v. 26, p. 83-95, abr.-jun. 1998.

TEPEDINO, Gustavo. A responsabilidade civil por acidentes de consumo na ótica civil--constitucional. *Temas de direito civil*. Rio de Janeiro: Renovar, 1999.

TEPEDINO, Gustavo. A tutela da personalidade no ordenamento civil-constitucional brasileiro. *Temas de direito civil*. Rio de Janeiro: Renovar, 1999.

TEPEDINO, Gustavo. *Temas de direito civil*. Rio de Janeiro: Renovar, 1999.

TEPEDINO, Gustavo. O Código Civil, os chamados microssistemas e a Constituição: premissas para uma reforma legislativa. *Problemas de direito civil-constitucional*. Rio de Janeiro: Renovar, 2000.

TEPEDINO, Gustavo. A responsabilidade médica na experiência brasileira contemporânea. *Revista Trimestral de Direito Civil*, Rio de Janeiro, v. 2, p. 41-75, abr.-jun. 2002.

TEPEDINO, Gustavo (coord.). *Obrigações*: estudos na perspectiva civil-constitucional. Rio de Janeiro: Renovar, 2005.

TEPEDINO, Gustavo. Notas sobre o nexo de causalidade. *Temas de direito civil*. Rio de Janeiro: Renovar, 2006. t. II.

TEPEDINO, Gustavo; BARBOZA, Heloisa Helena; BODIN DE MORAES, Maria Celina. *Código Civil interpretado conforme a Constituição da República*. Rio de Janeiro: Renovar, 2004. v. 1.

TEPEDINO, Gustavo; FRAZÃO, Ana; OLIVA, Milena Donato (coord.). *Lei Geral de Proteção de Dados Pessoais* e suas repercussões no direito brasileiro. São Paulo: Ed. RT, 2019.

THEODORO JÚNIOR, Humberto. A tutela dos interesses coletivos (difusos) no direito brasileiro. *Revista Jurídica*, Porto Alegre, v. 182, p. 5-24, 1992.

TEPEDINO, Gustavo; TEFFÉ, Chiara Spadaccini. Consentimento e proteção de dados pessoais na LGPD. In: TEPEDINO, Gustavo; FRAZÃO, Ana; OLIVA, Milena Donato (coord.). *Lei Geral de Proteção de Dados Pessoais* e suas repercussões no direito brasileiro. São Paulo: Ed. RT, 2019.

TERRA, Aline de Miranda Valverde; OLIVA, Milena Donato; MEDON, Filipe. Herança digital e proteção do consumidor contra cláusulas abusivas. Revista de Direito do Consumidor, São Paulo, v. 135, p. 335-350, maio-jun. 2021.

TEUBNER, Gunther. Corporate codes in the varieties of capitalism: how their enforcement depends upon difference between production regimes. *Indiana Journal of Global Legal Studies*, v. 24, n. 1, p. 81-97, Winter 2017.

THALER, Richard H. Mental accounting and consumer choice. *Marketing Science*, v. 4, n. 3, p. 199-214, Summer 1985.

THALER, Richard H.; SUNSTEIN, Cass R. *Nudge*: improving decisions about health, wealth and happiness. New York: Penguin Books, 2008.

BIBLIOGRAFIA | **1263**

THEODORO JÚNIOR, Humberto. *Curso de direito processual civil*. 38. ed. Rio de Janeiro: Forense, 2002.

THIEFFRY, Patrick. *Commerce électronique*: droit international et européen. Paris: Éditions Litec, 2002.

THIERER, Adam. Advertising, commercial speech and first amendment parity. *Charleston Law Review*, v. 5, 2010-2011.

THIREAU, Jean-Louis *Introduction historique au droit*. 2 ed. Paris: Flamarion, 2003.

THOMAS, Lyn C.; EDELMAN, David B.; CROOK, Jonathan N. *Readings in credit scoring*. New York: Oxford University Press, 2004.

TOFFLER, Alvin. *The third wave*. New York: Morrow, 1980.

TOMASETTI JÚNIOR, Alcides. Transparencia e información eficiente: un modelo dogmático para el Código Brasileño de protección del consumidor. In: ITURRASPE, Jorge Mosset; LORENZETTI, Ricardo Luis. *Defensa del consumidor*. Buenos Aires: Rubinzal Culzoni, 1993.

TORON, Alberto Zacharias. Aspectos penais da proteção do consumidor. *Fascículos de Ciências Penais*, Porto Alegre, n. 4, p. 45-58, 1991.

TOSCANO DE BRITO, Rodrigo Azevedo. *Incorporação imobiliária à luz do CDC*. São Paulo: Saraiva, 2002.

TRENTMANN, Frank. *The empire of things*: how we bacame a world of consumers – from fifteenth century to the twenty-first. London: Harper Perennial, 2017.

TRIGO Represas, Félix (org.). *Responsabilidad civil*: doctrinas esenciales. Buenos Aires: La Ley, 2006.

TRINDADE, Manoel Gustavo Neubarth. Economia de plataforma (ou tendência a bursatilização dos mercados): ponderações conceituais distintivas em relação à economia compartilhada e à economia colaborativa e uma abordagem de análise econômica do direito dos ganhos de eficiência econômica por meio da redução dos custos de transação. *Revista Jurídica Luso-Brasileira*, n. 4, ano 6, p. 1977-2013, 2020.

TRINDADE, Manoel Gustavo Neubarth. *Análise econômica do direito dos contratos*: uma nova abordagem do direito contratual como redutor das falhas de mercado. Londrina: Thoth, 2021.

TROCKER, Nicolò. *Processo civile e costituzione*. Milano: Giuffrè, 1974.

TROCKER, Nicolò. La tutela giurisdizionale degli interessi diffusi con particolare riguardo alla protezione dei consumatori contro atti di concorrenza sleale: analisi comparativa dell'esperienza tedesca. *La tutela degli interessi diffusi nel diritto comparato*. Milano: Giuffrè, 1976.

TROCKER, Nicolò. Il nuovo articolo 111 della Costituzione e il – giusto processo in materia civili: profili generali. *Rivista Trimestrale di Diritto e Procedura Civile*, Milano, n. 2, p. 381-410, 2001.

TUCCI, José Rogério Cruz e. Código do Consumidor e processo civil: aspectos polêmicos. *Revista dos Tribunais*, São Paulo, v. 671, p. 32-39, set. 1991.

TURNER, Jacob. *Robot rules*: regulating artificial intelligence. Cham: Palgrave Macmillan, 2019.

TZIRULNIK, Ernesto. *Regulação do sinistro*: ensaio jurídico. 3. ed. São Paulo: Max Limonad, 2001.

TZIRULNIK, Ernesto; CAVALCANTI, Flávio de Queiroz B.; PIMENTEL, Ayrton. *Contrato de seguro de acordo com o novo Código Civil brasileiro*. 2. ed. São Paulo: Ed. RT, 2003.

VASCONCELOS, Fernando A.; MAIA, Maurilio Casas. O direito à saúde: por uma base constitucional e consumerista. In: SILVA, Anderson Lincoln; MAIA, Maurilio Casas. *Reflexões sobre o direito à saúde*. Florianópolis: Empório do Direito, 2016.

UNCITRAL. *Uncitral Technical Notes on Online Dispute Resolution*. New York: UN, 2017.

VAN LOO, Rory. Rise of the Digital Regulator. *Duke Law Journal*, v. 66, 2017.

VAZ, Isabel. Os interesses do consumidor nas fusões e incorporações de empresas. *Revista de Direito do Consumidor*, São Paulo, v. 35, p. 219-231, jul. 2000.

VEDEL, Georges. *Derecho administrativo*. Trad. Juan Rincón Jurado. Madrid: Aguilar, 1980.

VENOSA, Sílvio de Salvo. A força vinculante da oferta no Código Civil e no Código de Defesa do Consumidor. *Revista de Direito do Consumidor*, São Paulo, v. 8, p. 79-91, out.-dez. 1993.

VENOSA, Sílvio de Salvo. *Direito civil*: teoria geral das obrigações e teoria geral dos contratos. São Paulo: Atlas, 2001.

VERBICARO, Denis; OHANA, Gabriela. O reconhecimento do dano moral coletivo consumerista diante da prática empresarial do *bluewashing*. *Revista de Direito do Consumidor*, São Paulo, v. 129, p. 369-398, maio-jun. 2020.

VERBICARO, Denis; OLIVEIRA, Lis Arrais. A vulnerabilidade algorítmica do consumidor: a extração e o compartilhamento indevidos de dados pessoais nas relações de consumo digitais. In: EHRHARDT JÚNIOR, Marcos; CATALAN, Marcos; MALHEIROS, Pablo (coord.). *Direito do consumidor e novas tecnologias*. Belo Horizonte: Fórum, 2021.

VERBICARO, Dennis; VERBICARO, Loiane; VIEIRA, Janaína. *Direito do consumidor digital*. Rio de Janeiro: Lumen Juris, 2020.

VERBICARO, Denis; VIEIRA, Janaína do Nascimento. A hipervulnerabilidade do turista e a responsabilidade das plataformas digitais: uma análise a partir da perspectiva da economia colaborativa. *Revista de Direito do Consumidor*, São Paulo, v. 127, jan.-fev. 2020.

VERRUCOLI, Piero. *Il superamento de la personalità giuridica della società di capitali nella "Common Law" e nella "Civil Law"*. Milano: Giuffrè, 1964.

VERSTERGAARD, Torben; SCHRODER. Kim. *A linguagem da propaganda*. Trad. João Alves dos Santos. São Paulo: Martins Fontes, 2000.

VESTING, Thomas. *Gentleman, gestor, homo digitalis*: a transformação da subjetividade jurídica na modernidade. Trad. Ricardo Campos e Gercélia Mendes. São Paulo: Contracorrente, 2022.

VIAL, Sophia Martini. Contratos de comércio eletrônico de consumo: desafios e tendências. *Revista de Direito do Consumidor*, São Paulo, v. 80, p. 277-334, out.-dez. 2011.

VIAL, Sophia Martini. Artigo 104-C e seus parágrafos. In: BENJAMIN, Antônio Herman V. et al. *Comentários à Lei 14.181/2021*: a atualização do CDC em matéria de superendividamento. São Paulo: Ed. RT, 2021.

VIEIRA, Patricia Ribeiro Serra. *A responsabilidade civil objetiva no direito de danos*. Rio de Janeiro: Forense, 2004.

VIGORITI, Vincenzo. *Interessi collettivi e processo*. Milano: Giuffrè, 1979.

VILLELA SOUTO, Marcos Juruena. *Direito administrativo regulatório*. Rio de Janeiro: Lumen Juris, 2002.

VILLEY, Michel. Essor et déclin du volontarimse juridique. *Leçons d'histoire de la philosophie du droit*. Paris: Dalloz, 1962.

VILLEY, Michel. *A formação do pensamento jurídico moderno*. Trad. Cláudia Berliner. São Paulo: Martins Fontes, 2005.

VINEY, Genevieve; JOURDAIN, Patrice. *Traité de droit civil*: les effets de la responsabilité. 2. ed. Paris: LGDJ, 2001.

VITA, Jonathan Barros; FUZETTO, Murilo Muniz. A relação entre gamificação e relação de consumo à luz da psicologia de massas e da engenharia do consentimento. *Revista de Direito do Consumidor*, São Paulo, v. 141, p. 99-128, maio-jun. 2022.

VIVANTE, Cesare. *Trattato de Diritto Commerciale*. 4. ed. Milano: Casa Editrice Dott. Francesco Vallardi, 1920.

VOGEL, Christian. *Vom Anlegerschutz zum Verbraucherschutz – Informationspflichten in europäischen Kapitalmarkt-, Anlegerschutz- und Verbraucherschutzrecht*. Baden-Baden: Nomos, 2005.

WACLAWIK, Anke. Versicherungsaufsichtsrecht. In: HALM, Wolfgang E.; ENGELBRECHT, Andreas; KRAHE, Frank (Hrsg). *Handbuch des Fachanwalts Versicherungsrecht*. Köln: Luchterhand, 2011.

WALD, Arnoldo. O direito do consumidor e suas repercussões em relação às instituições financeiras. *Revista de Informação Legislativa*, Brasília, n. 11, jul.-set. 1991.

WALD, Arnoldo. O Código de Defesa do Consumidor e os bancos. *Revista de Direito Bancário e do Mercado de Capitais*, São Paulo, n. 35, p. 277-287, out.-dez. 2007.

WALINE, Marcel. *L'individualisme et le Droit*. Paris: Éditions Domat Montchrestien, 1945.

WAMBIER, Teresa Arruda Alvim. *Direito jurisprudencial*. São Paulo: Ed. RT, 2012.

WAMBIER, Teresa Arruda Alvim. Precedentes e evolução do direito. *Direito jurisprudencial*. São Paulo: Ed. RT, 2012.

WAMBIER, Teresa Arruda Alvim. Cada caso comporta uma única solução correta? In: MENDES, Aluisio Gonçalves de Castro; MARINONI, Luiz Guilherme; WAMBIER, Teresa Arruda Alvim. *Direito jurisprudencial*. São Paulo: Ed. RT, 2014. V. II.

WAMBIER, Teresa Arruda Alvim et al. (coord.). Apresentação. *Breves comentários ao novo Código de processo civil*. São Paulo: Ed. RT, 2015.

WAMBIER, Teresa Arruda Alvim et al. (coord.). *Breves comentários ao novo Código de processo civil*. São Paulo: Ed. RT, 2015.

WAMBIER, Teresa Arruda Alvim et al. *Primeiros comentários ao novo Código de Processo Civil*: artigo por artigo. São Paulo: Ed. RT, 2015

WANDT, Manfred. Allgemeines Verscherungsvertragsrecht. In: HALM, Wolfgang E.; ENGELBRECHT, Andreas; KRAHE, Frank (Hrsg.). *Handbuch des Fachanwalts Versicherungsrecht*. Köln: Luchterhand, 2011.

WATANABE, Kazuo. Acesso à justiça e sociedade moderna. In: GRINOVER, Ada Pellegrini et al. *Participação e processo*. São Paulo: Ed. RT, 1988.

WATANABE, Kazuo et al. *Código Brasileiro de Defesa do Consumidor*: comentado pelos autores do anteprojeto. 8. ed. Rio de Janeiro: Forense Universitária, 2004.

WEBER, Rolf H. Liability in the internet of things. *Journal of European Consumer and Market Law*, v. 6, n. 5, p. 207-212, 2017.

WEBER, Rolf H. Statement. In: SCHULZE, Reiner; STAUDENMAYER, Dirk (ed.). *Digital Revolution*: challenges for contract law in practice. Baden-Baden: Nomos, 2016.

WEINGARTEN, Celia. El valor económico de la confianza para empresas y consumidores. *Revista de Direito do Consumidor*, São Paulo, v. 33, p. 33-50, jan. 2000.

WENDERHORST, Christiane. Besitz und Eigentum im Internet der Dinge. In: MICKLITZ, Hans-Wolfgang et al (Hrsg.). *Verbraucherrecht 2.0*: Verbraucher in der digitalen Welt. Baden-Baden: Nomos, 2017.

WERBACH, Kevin; CORNELL, Nicolas. Contracts ex machina. *Duke Law Journal*, v. 67, p. 313-382, 2017.

WESENDONCK, Tula. O regime da responsabilidade civil pelo fato dos produtos postos em circulação – uma proposta de interpretação do art. 931 do Código Civil sob a perspectiva do direito comparado. Porto Alegre: Livraria do Advogado, 2015.

WIEACKER, Franz. *História do direito privado moderno*. Trad. António Manuel Hespanha. Lisboa: Fundação Calouste Gulbenkian, 1993.

WIENER, Norbert. *Cybernetics*: or *control and communication in the animal and the machine*. Paris: Hermann & Cie Editeur; Cambridge: The Technology Press, 1948

WIESE, Leopold; BECKER, H. O Contacto Social. In: CARDOSO, Fernando Henrique; IANNI, Octávio (org.). *Homem e sociedade*: leituras básicas de sociologia geral. São Paulo: Companhia Editora Nacional, 1961.

WILHELMSSON, Thomas. The consumer's right to knowledge and the press. In: WILHELMSSON, Thomas; TUOMINEN, Salla; TUOMOLA, Heli. *Consumer law in the information society*. Hague: Kluwer Law International, 2001.

WILHELMSSON, Thomas. Existiria um direito europeu do consumidor – e deveria existir? *Revista de Direito do Consumidor*, São Paulo, v. 53, p. 181-198, jan.-mar. 2005.

WILHELMSSON, Thomas; TUOMINEN, Salla; TUOMOLA, Heli. *Consumer law in the information society*. Hague: Kluwer Law International, 2001.

WINTGEN, Robert. *Étude critique de la notion d'opposabilité*: les effets du contrat à l'égard des tiers en droit français et allemand. Paris: LGDJ, 2004.

WOLFF, Karl. *Grundriss des österreichischen Zivilprozessrechts*. 2. Auflage. Wien: Springer, 1947.

WUNDERLICH, Alexandre. Sobre a tutela penal das relações de consumo: da exegese da Lei 8.078/90 à Lei 8.137/90 e as consequências dos "tropeços do legislador". *Revista Jurídica*, n. 336, Porto Alegre, p. 77-98, out. 2005.

XAVIER, José Tadeu Neves. A teoria da desconsideração da pessoa jurídica no novo Código Civil. *Revista de Direito Privado*, São Paulo, n. 10, p. 59-85, abr.-jun. 2002.

ZAFFARONI, Eugenio Raúl; PIERANGELI, José Henrique. *Manual de direito penal brasileiro*: parte geral. São Paulo: Ed. RT, 1997.

ZAMPIER, Bruno. *Bens digitais*. Indaiatuba, SP: Foco, 2017.

ZANELLATO, Marco Antonio. O sancionamento penal da violação do dever de informar no Código de Defesa do Consumidor. *Revista de Direito do Consumidor*, São Paulo, v. 8, p. 92-100, out.-dez. 1993.

ZANELLATO, Marco Antônio. O direito penal econômico e o direito penal de defesa do consumidor como instrumentos de resguardo da ordem pública econômica. *Revista de Direito do Consumidor*, São Paulo, n. 5, p. 152-153, jan.-mar. 1993.

ZANELLATO, Marco Antonio. Sobre a defesa dos interesses individuais homogêneos dos consumidores pelo Ministério Público. In: SAMPAIO, Aurisvaldo; CHAVES, Cristiano (coord.). *Estudos de direito do consumidor*: tutela coletiva – homenagem aos 20 anos da Lei da Ação Civil Pública. Rio de Janeiro: Lumen Juris, 2005.

ZANETTI, Cristiano de Sousa. *Responsabilidade pela ruptura das negociações*. São Paulo: Juarez de Oliveira, 2005.

ZANETI JR., Hermes; ALVES, Gustavo Silva; LIMA, Rafael de Oliveira. A tutela específica contra o ilícito (art. 497, parágrafo único, CPC/2015) nas ações coletivas em defesa do consumidor. *Revista de Direito do Consumidor*, São Paulo, v. 110, p. 389-422, mar.-abr. 2017.

ZANNONI, Eduardo A. Cocausación de daños: una visión panorámica. *Revista de Derecho de Daños*, Buenos Aires, t. 2003-2, p. 7-20, 2003.

ZAVASCKI, Teori Albino. *Antecipação da tutela*. São Paulo: Saraiva, 1997.

ZAVASCKI, Teori Albino. *Processo coletivo*: tutela de direitos coletivos e tutela coletiva de direitos. São Paulo: Ed. RT, 2006.

ZHANG, J.; CASSWELL, S. Impact of liking for advertising and brand allegiance on drinking and alcohol-related aggression: a longitudinal study. *Addiction*, v. 93, n. 8, p. 1209-1217, Aug. 1998.

ZUBOFF, Shoshana. *The age of surveillance capitalism*: the fight for a human nature at the new frontier of power. New York: Public Affairs, 2019.

ZWEIGERT, Konrad; KÖTZ, Hein. *Introducción al derecho comparado*. Trad. Arturo Aparício Vazquez. Ciudad de México: Oxford University Press, 2002.